Bibliotheca Hispana Vetus, Sive, Hispani Scriptores Qui Ab Octaviani Augusti Aevo Ad Annum Christi Md. Floruerunt, Volume 1

Nicolás Antonio, Francisco Pérez Bayer, Jerónimo Román de la Higuera, Flavius Lucius Dexter, Maximus (Bishop of Saragossa), Liudprand (Bishop of Cremona)

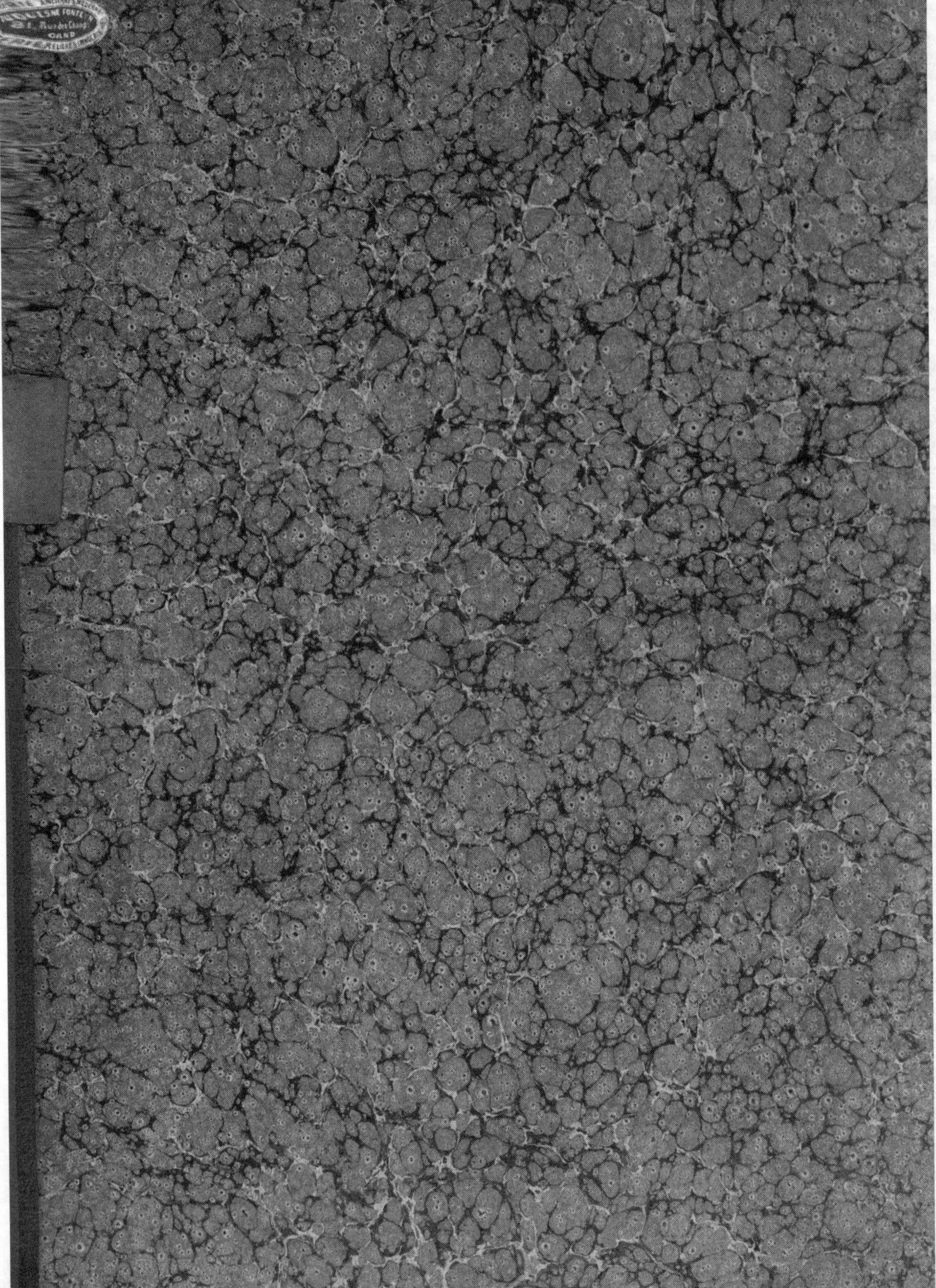

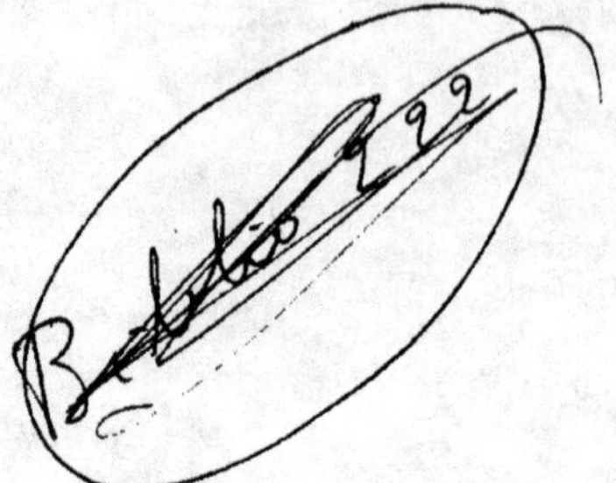

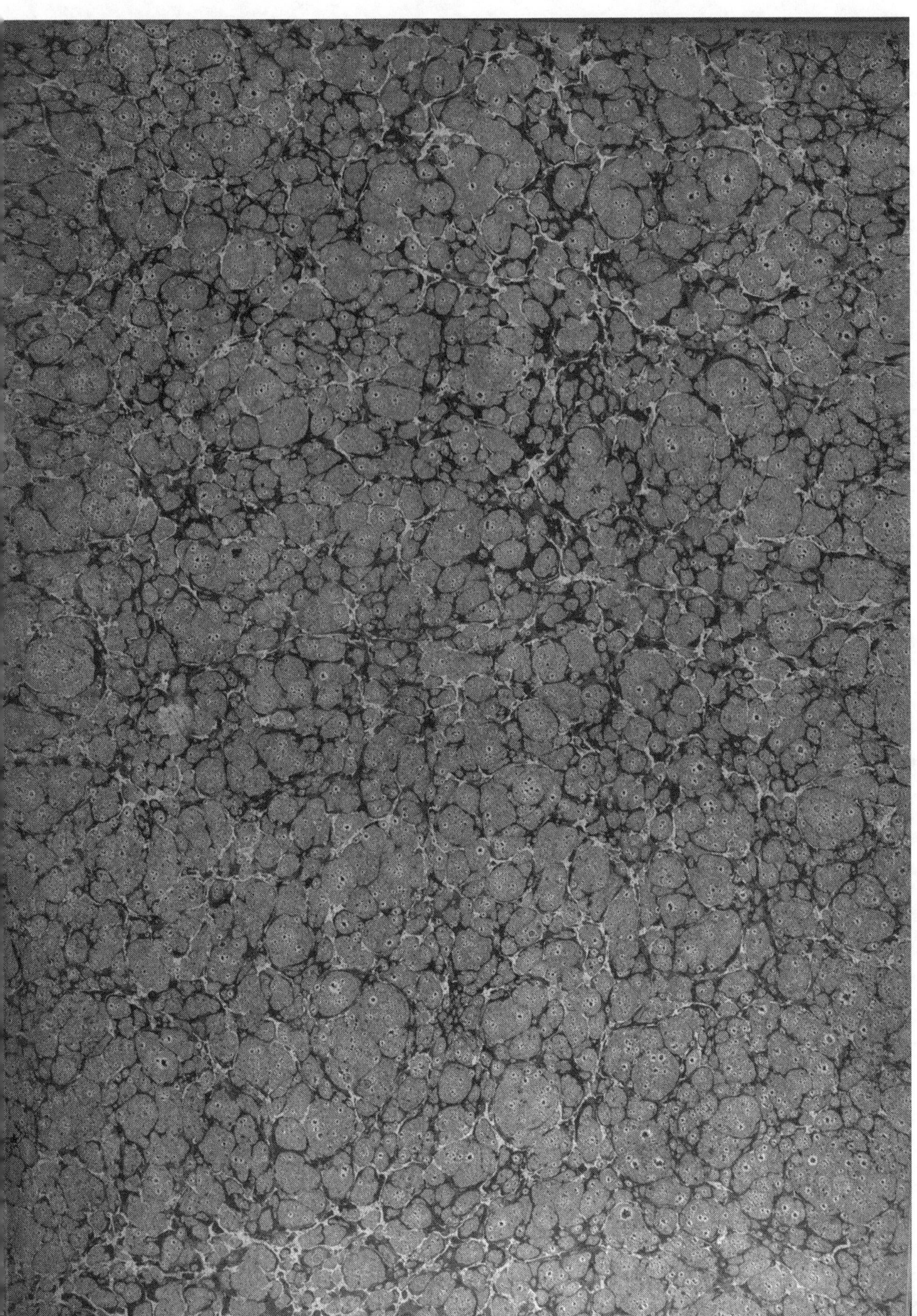

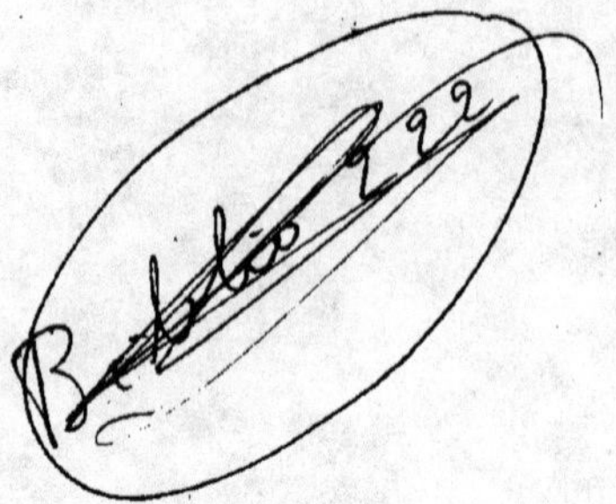

BIBLIOTHECA
HISPANA VETUS.
TOMUS PRIMUS.

CAROLO·III
HISPANIAR·ET·INDIAR·REGI
PIO·FEL·AVG·P·P·
REGIA·BIBLIOTHECA·PALATINO·MATRITENSIS
VOTA·SAECVLARIA·
..............habeat Secum ſervetque ſepulcro.

BIBLIOTHECA
HISPANA VETUS,

SIVE

HISPANI SCRIPTORES QUI AB OCTAVIANI AUGUSTI ÆVO
ad annum Christi MD. floruerunt.

AUCTORE

D. NICOLAO ANTONIO HISPALENSI I.C.
Ordinis S. Iacobi equite, patriæ Ecclesiæ canonico, regiorum negotiorum in Urbe & Romana curia Procuratore generali, Consiliario regio.

CURANTE

FRANCISCO PEREZIO BAYERIO,
Valentino, Sereniss. Hisp. Infantum Caroli III. Regis filiorum Institutore primario, Regiæ Bibliothecæ Palatino-Matritensis Præfecto,

QUI

Et prologum, & Auctoris vitæ epitomen, & notulas adiecit.

TOMUS PRIMUS

COMPLECTENS MILLIARIUM SÆCULUM.

MATRITI
APUD VIDUAM ET HEREDES D. IOACHIMI IBARRÆ REGII QUONDAM TYPOGRAPHI.
MDCCLXXXVIII.

PROLOGUS.

I. Bibliothecæ Hispanæ Veteris edendæ occasio. II. Operis dignitas et præstantia, item raritas. III. Affectum vixque exasciatum ab Auctore relictum; IV. bona tamen fide in publicum emissum fuisse. V. Confutantur obtrectatores. VI. Quid in hac editione præstitum sit. VII. Præmonenda alia.

CASU magis quam consilio factum, Lector optime, quod cum immortali CL. NICOLAI ANTONII Scriptorum Hispaniæ Bibliotheca quam NOVAM vocant, et VETUS eiusdem Auctoris unà prodeat. Cum enim quo tempore benignè indulgente Clementissimo Hispaniarum Rege CAROLO III. ad Regiæ Palatino-Matritensis Bibliothecæ præfecturam evocatus fui, comperissem eiusdem Bibliothecæ iussu atque impensis NOVÆ editionem adornari, diuque iam sudare sub prelo: non satis consilium probare poteram; neque è Regiæ Bibliothecæ decore futurum arbitrabar, si eius ductu et auspiciis germana unius parentis proles denuo apud nos, ut Romæ olim, seorsùm ac præposterè in publicum exiret. Sed neque viam invenire erat qua serpenti latè in dies malo subveniretur, et interea typographicæ operæ urgebantur. Quæ cum sæpius animo reputarem, illud identidem succurrebat, inque eo temporis articulo unum superesse videbatur, si intermisso tantisper quem olim continuandum ac perficiendum ad me receperam de Phœnicum et Græcorum in Hispania numis labore, dum scilicet Bibliothecæ VETERIS editio appararetur ac prelo maturesceret, unicè in hoc studium incumberem, eique me penitus totum devoverem. Atque id quidem ut continuò exsequerer non pauci ex amicorum numero suadebant et quotidiano convicio flagitabant; quamvis alii conceptam de veterum numorum opere propediem edendo spem atque opinionem ex animis abiicere prorsus nollent. Interea tamen cum apud priores illos suscepta numorum occasione per Hispaniam et Lusitaniam itinera atque obstrictam de iisdem evulgandis fidem causarer: privatam eam denique et à libero, id est vacuo ab officiis homine, profectam, quæque proinde iniuncti mihi postea à Rege muneris publici rationibus posthabenda omnino esset, dictitabant: quo tandem factum ut novum hunc, neque sane exiguum, sed minimè pœnitendum BIBLIOTHECÆ HISPANÆ VETERIS QUAM CITIUS IN LUCEM EDENDI laborem ultrò mihi imposuerim; maluerimque prudentiam in hac re meam desiderari, quam si id non præstitissem neglecti planèque deserti officii reprehensionem incurrere. Atque hæc quidem ut qualemqualem cessationi meæ ab incœpto pridem opere excusationem obtendam in prologi limine præmonenda duxi; simul ut quicquid à me in huius editionis negotio præstitum fuerit, totum id tumultuarii ac fere extemporalis laboris opus æstimes, immortaliaque ut ne speres.

II. DE Bibliothecæ autem Hispanæ Veteris dignitate ac præstantia, si quæ mihi alienis olim studiis intento singulatim occurrebant universa colligerem atque huc adducerem, actum profecto egisse, atque in re minime dubia testibus non necessariis uti iuremerito dicerer. Sed ne tamen omnino id gratis affirmare videar, Quetifus, Echardus, Fabricius, Mansius, Wolffius, Bandinus, Hagiographi Antuerpienses, et quis non è recentioribus Bibliographis? uni eidem inter reliquarum Europæ gentium Bibliothecas principatum facilè deferunt; atque ubi de nostratium scriptis apud eos agitur, aut de vita, ætate, genere, dignitatis gradu, rebusque illorum gestis dubium occurrit, unus omnium Nicolaus Antonius ac præsto est, qui nodum verbo expediat, rimasque et hiatus scripturæ atque orationis expleat. Immo absque eo esset, plurimorum qui Hispaniam atque horum occasione qui Europam universam scriptis nobilitarunt memoria periisset funditus, ac ne nomina quidem eorum cognita haberemus. De raritate verò, ut paucis dicam, si rara sunt præclara omnia, ut alicubi Tullius (1), quodnam inter Hispanorum quæ nostra ac parentum ætas protulit scripta Veteris Hispanæ Bibliothecæ opere rarius, quodnam paratu, atque etiam inventu difficilius? (2).

III. ATQUE hòc maximè dolendum, quod non quemadmodum eius Auctor *Novam* Bibliothecam absolvit, typisque commissam vidit, *Veterem* itidem perfecerit, vulgaverit, aut prelo saltem maturam reliquerit. Licet enim á prioris illius Bibliothecæ editione, nimirum ab anno MDCLXXII. ad Nicolai Antonii in Hispaniam ex Urbe reditum et mortem, solidum undecennium effluxit, quo tempore, quantum Ipsi per negotia licuit, in posteriore hac seu *Vetere* expolienda ac typis apparanda nullum studium neque laborem intermisisse constet (3): supremam tamen eidem manum imponere minimè potuit, affectumque ac vix exasciatum opus reliquit, in quo plurima vel nunc elliptica, mutila, et lacunosa passim offendas (4). Atque ego quidem existimo, ex quo primùm Ille ad *Novam* Bibliothecam maturius evulgandam animum appulit, uni eidem quanto citius expediendæ ac typis apparandæ curam et cogitationem omnem intendisse, dilatâ interea, dum fata Deusque sinerent, et tantum non neglecta *Vetere*, longe difficiliore, quæque, ut è mox dicendis apparebit, si ad Critices atque Historiæ leges typis unquam evulganda esset, incudi primùm eam reddere, atque omnino refingere oportebat. Is certe utriusque Bibliothecæ δευτερόπρωτον excusans, *Veterem* vix conceptam fuisse docet, cum *Nova* iam tum edita esset, sibique tunc alienis curis maxime districto atque implicato prioris illius brevi absolvendæ copiam minime esse ingenuè profitetur (5).

IV. V. UTCUMQUE tamen hæc sint, illud pro certo statuendum, integrum Bibliothecæ *Veteris* textum, longe tamen auctiorem ac locupletiorem quam esset anno MDCLXXII. nimirum cum *Nova* edita primùm fuit, eumque autographum, ab Auctoris morte ab eius heredibus ex Hispania Romam ad eximium Cardinalem Iosephum Saenzium Aguirrium

(1) De amicitia 21. (2) CL. Emmanuel Riscus Augustinianus *Hispaniæ Sacræ* Henrici Florezii Continuator retulit mihi Matriti non ita pridem, Veterem Hispanam Nicolai Antonii Bibliothecam, quæ duobus iisque exilibus constat voluminibus, viginti et octo numis aureis (*Doblones*), qui LXXXIV. uncias, seu solidas septem Romanas argenti libras conficiunt coemtam ab eo fuisse.

(3) Elicitur id è variis Bibliothecæ Veteris locis in quibus Matritenses post eius ab Urbe reditum amicos Gasparem Ibannezium de Segovia Marchionem Acropolitanum postea Mondejarensem, Iosephum Pellicerium, Hippolytum Samperium atque alios laudat, èque eorum commercio plurima in Bibliothecam suam hausisse narrat. Tomo II. pag. 35. col. 2. n. 27. Rom. Edit. *De alio* (inquit) *huius operis exemplo in Regia Bibliotheca Escurialensi servato, Laurentii Cocci Umbri, qui apud nos diu vixit ::: diemque suum obiit, nota in schedis eius reperta* (Matriti scilicet) *aurem vellit*... Tomo II. pag. 203. col. 1. n. 686. *Hoc enim anno* (inquit) *quo hæc scribimus MDCLXXIX.* &c. Scribebat autem Matriti, quò pervenisse à Cl. Gregorio Mayansio in eiusdem Vita §. 22. dicitur die IV. Ianuarii eiusdem anni. Alibi ac sæpius de utraque Bibliotheca loquens variat. Tomo II. p. 162. col. 1. n. 305. *De quo nos* (inquit) *in altera Bibliothecæ prius editæ parte* IAM DIXIMUS.. Tomo II. p. 177. col. 1. n. 429. *Quem inter Scriptores duorum posteriorum sæculorum* LAUDATUM DIMISIMUS; eâdem tamen pagina col. 2. n. 431.: *De quo* (Ferdinando Perezio Gusmanno) *in altera huius Bibliothecæ parte* NOS AGEMUS. Mitto alia.

(4) T. 1 pag. 400. prioris Edit. col. 1. n. 453. huius autem nostræ p. 543. deesse videtur integrum fere caput XXI. Libri VI. quo loco adiecta est margini hæc Cardinalis Aguirrii, seu potius Emmanuelis Martini, nota: *Exemplis hæc* (nimirum personati Luitprandi in evulgando Chronico propositum) *comprobare animo hæserat auctoris; sed tamen iis destituimur: forte quod cum caput hocce in opportunius, aut expeditius tempus distulisset, immaturâ morte præventus, illud absolvere minime potuerit.* =. T. I. p. 154. col. 1. n. 361. Rom. Edit. *Augustinus* (inquit) *meminisse potuit in libris contra Iulianum Pelagianum non ante annum ...... scriptis;* in nostr. edit. p. 202. col. 2. =. T. I. p. 370. col. 2. n. 289. *Anno Arabum CCCXX. qui respondet circum circa anno Nat. Domini*...... In hac editione lacuna hæc impleta est p. 505. col. 1. n. 292. =. T. I. p. 353. Rom. Ed. col. 1. n. 196. *Editum fuit* (inquit) *opus Basileæ absque auctoris nomine anno* ...... Hui. Edit. T. I. p. 480. col. 2. =. T. II. p. 38. Rom. Ed. col. 1. n. 45. huius autem p. 54. col. 2. *Qui* (inquit) *faucibus præsidentium ingeri non sinuntur mediatorum rabie* ...... =. T. II. p. 123. col. 1. n. 377. Rom. Ed. huius autem p. 185. col. 1. n. 376. *Hic est* (inquit) *Martinus* ...... =. T. II. p. 221. col. 2. n. 839. Ed. Rom. huius vero p. 339. col. 2. init: *Egregio* ...... *Neapolis Reginæ* ...... *coniugi.* =. T. II. p. 220. col. 2. n. 831. Ed. Rom. huius vero p. 338. col 1. *Vincentius* (inquit) *de Burgos, Ordinis* ...... Sunt et alia.

(5) In Novæ Bibliothecæ prologo §. *De Bibliothecar. utilit.* circa finem: *Nec enim totius operis* (inquit, id est, *Bibliothecæ Veteris*) *paulo post absolvendi copia nunc est, districtis negotiorum sollicitudine, quæ quidem ægre satis viæ, id quò progressum hucusque fuit tot pergere annis permisit* &c.

rium transmissum, atque Huius iussu et impensis anno MDCXCVI. optima fide, qualis nunc Eruditorum manibus teritur, duobus voluminibus formâ folii typis evulgatum fuisse; neque Cl. Emmanuelem Martinum Alonensem postea Decanum, cui edendi atque emendandi operis provincia ab Amplissimo Cardinale demandata fuit, *quicquam ex eo vel in re minima mutavisse, exceptis iis quæ exscriptorum sive incuria sive ignorantia* (1) *solœca evaserant aut frequenti stribiligine afflata* (2); *immo vero et à supplendis lacunis, cum facillime id præstare posset, abstinuisse; ne fidem* (ut ipse ait) *Auctoris violasse quodammodo diceretur* (3). Atque idem eximius Cardinalis, seu quisquis demum Monitorum, quæ Tomo I. Biblioth. Vet. pag. XXXVII. præmittuntur auctor est, *Emmanuelem Martinum bina Bibliothecæ Hispanæ Veteris volumina fidelissime edenda et corrigenda curâsse* ibidem affirmat. Neque aliud Purpuratum Patrem doctrinâque et pietate insignem decuit, et vel maxime cum id ageret, ut Viri dum vixit amicissimi memoriam nulli labori nullis sumtibus parcens propagaret ad posteros.

Quæ fusius aliquanto quam par erat persequi necesse habui, ex quo nescio quonam meo fato incidi in Epistolam seu potius libellum Hispanicum ἀδέσποτον octava formâ, XLV. foliis opistographis constantem, postremoque omnium seu XLVI. quod in adversa tantum pagina exaratum est, notamque numeralem Arabicam 91. exhibet; in aversa vacuum, atque eo loco ellipticum, absque editoris, loci, annive quo exaratus fuit notatione; in eiusdem tamen pag. 58. sub FERDINANDO VI. Hispaniarum Rege conscriptus dicitur, huncque titulum præsefert: *Carta de un Caballero de Granada à un su Amigo en la Corte*: quibus, ut vides, Auctor patriam edicit, genus falsò iactat, nomen ego evestigiò atque indubie promerem; sed tamen

Est et fideli tuta silentio
Merces,

ut Venusinus olim vates.

Agit autem in eo de confictis Regioque tandem edicto prid. Non. Martii MDCCLXXVII. proscriptis ultricibusque flammis commissis Granatensibus monumentis anno MDCCLIV. ac deinceps in Alcazabensi eiusdem urbis arce detectis atque erutis, quæ miris mactat elogiis, eorumque occasione, ut mox dicemus, in viros quosque optimos, quibus illa parum arriserant, acriter invehitur et plane debacchatur. Ac ne quid de libello, Lector, desideres, nunquam is publicè excusus vulgatusve aut venum expositus est, sed manuali, ut ita dicam, furtivoque prelo subactus compressusque et in librorum typis editorum morem utcumque conformatus: id quod mira characterum quibus constat permixtio et inæqualitas, fugientes atque inversæ vix ut internosci queant literæ, obliqui undantesque linearum sulci, insueta vocum compendia, atque universa eiusdem facies, velut exserto digito indicat.

Atque hæc de libelli notis, quas ne huc gratis adduxisse videar, admonendus præterea es, eius Auctorem de Vetere Scriptorum Hispaniæ Bibliotheca *vehementer suspicari, legitimusne Nicolai Antonii fœtus sit, an subdititius aut minime sincerus* (4): *agnoscere eum quidem relicta à Nicolao Antonio, ut vulgo circumferebatur, manuscripta quædam Bibliothecæ Veteris* ADVERSARIA, *eaque ab heredibus Romam ad Cardinalem Aguirrium transmissa, atque edita ibidem fuisse, curante Emmanuele Martino Alonensi* (postea) *Decano, qui nonnulla in iis emendavit* (5); *sed in eo negotio plus sibi quam par esset licen-*

(1) Cl. Mayansius ea Nicolao Antonio iure et merito imputat in Eius vita §. 26. cum Bibliothecæ Veteris textus Romam transmissus, et absque Exscriptorum ope editus fuerit.

(2) In additione Tomo I. Bibliothecæ Veteri præmissa, pag. XXXVI.

(3) Ibidem. (4) Pag. 60. *Otro* (inquit) *de los Autores que S. P.* (Martinus scilicet Sarmientus Monachus Benedictinus) *cita ::: es D. Nicolas Antonio, y esta cita es como la del P. Kirker* (id est, non minus falsa); *porque en las obras* GENUINAS *de D. Nicolas, no se hallarà tal especie: y digo* GENUINAS, *porque en esto hai sus trabaxillos.*

(5) Pag. 61. *Dicese q. aviendo dexado D. Nicolas unos Apuntamientos MS. para esta obra, sus Hereederos los remitieron à Roma al Cardenal de Aguirre q. los hizo imprimir, encargando este negocio à D.* (Manuel) *Marti Dean de Alicante su Bibliotecario q. ordenò el original emmendando algunos descuidillos* &c.

tiæ ac libertatis assumsisse (1). Præterea, asserere idque notatu dignum existimare, *quod nullum in Nicolao Antonio fundamentum exstet ad persuadendum, eâ mente fuisse ut quæ reliquerat Bibliothecæ Veteris* FRAGMENTA *publici unquam iuris faceret* (2); ac propterea *donec pura et autographa Nicolai Antonii* ADVERSARIA (quæ vix eo nomine digna putat: LOS TALES QUALES APUNTAMIENTOS (3), id est *tumultuarii operis notulas*) *exhibeantur, in præconcepta suspicione perstare perstiturumque esse*, nimirum ut vitiata ea et corrupta ab Emmanuele Martino existimet.

Atque ita quidem de his disputat libelli Auctor, tutus ut coniicio latebris, aut intra spem veniæ cautus. At ego hariolum potius ac plane divinum hominem appellaverim, quippe qui solis divinationibus utitur, vixque ullius horum quæ temerè in vulgus spargit rationem affert. Quoniam autem ex iis nonnulla præclusa à nobis atque occupata sunt, paucis reliqua confutare oportet, et quidem ipsis Nicolai Antonii verbis, apud quem in Bibliothecæ Novæ prologo pag. XXXV. hæc legimus: *Iam ut specimen huius nostri Historici operis adumbremus, Bibliothecâ integra* (id est, integro utriusque Bibliothecæ opere) *omnium Hispanorum qui unquam uspiamve monumenta sui prodiderunt literis mentem nos diu gravidam gerimus, nec tamen unico partu exonerandam;* et paucis interiectis: *Bibliothecam oportere in duas distingui partes, quarum* POSTERIOR *eos qui ante duo hæc, præteritum et quod excurrit, sæcula vixêre, librorum auctores contineret;* PRIOR *vero superioris ætatis Scriptoribus adiudicaretur;* moxque: PRIOR *temporum ductum*, POSTERIOR *autem nominum prima elementa sequeretur. Cum vero* HUIC PARTI *ut pote maiori, et cum extensiori studio expediendæ curam nostram præcipue intendissemus, observantes insuper et loculis suis reponentes quæ ad* PARTEM *spectarent* ALTERAM: *crevit et ad finem perducta est* HÆC, *scilicet rei naturâ posterior, semota* ILLA, *et post se relicta quæ præcedere omnino debuit.* Quibus vir eximius et suum de *Vetere* Scriptorum Hispaniæ Bibliotheca in lucem edenda propositum, et causas cur *Nova* præcesserit edocet; prioremque illam seu *Veterem* non FRAGMENTA neque ADVERSARIA, quemadmodum importunè libelli Auctor, sed BIBLIOTHECAM apposite et congruenter vocat.

Superest igitur discutiendum, sincerusne sit Bibliothecæ Veteris textus legitimusque, an in eo typis edendo atque emendando nimium sibi Emmanuel Martinus indulserit. Atque hoc ego iudicium si per libelli Auctorem liceret libens aliis permitterem; cum is sim qui bonis placere et minime quemquam lædere studeam. Sed uni Veritati in re præsertim historica litandum. Martinus, ne in re quidem minima concepta Nicolai Antonii verba mutasse ait, *iis dumtaxat exceptis quæ solœca evaserant:* id quod si bona fide præstitum ab eo fuit, in magna illorum messe non parvum posteris spicilegium reliquisse dicendus est. Neque solœca is tantum, sed intoleranda alia atque absurda, tum in Historia, tum in Geographia, Chronologia, et Bibliographia intacta præteriit ac penitus omisit: quod ne temerè dictum Lector existimes, unum eorum et alterum speciminis loco huc sistam, alia extrà ordinem subiungam, è quibus solœca ex asse, reliqua magnam partem à nobis correcta aut in Notis observata atque animadversa sunt.

Et

(1) Pag. 65. *Que la experiencia* (inquit) *à acreditado en nros. tiempos con el libro* DE LA CENSURA DE HISTORIAS FABULOSAS *que con el titulo* DE OBRA POSTHUMA DEL MISMO D. NICOLAS ANTONIO, ADELANTANDO LA LICENCIA QUE SE HAVIA TOMADO MARTÎ SU MAESTRO *imprimió en Valencia en* 1742. *el referido D. Gregorio Mayans* &c. idque cum paulo antè, pag. scilicet 64. dixisset: *En cuio supuesto no me ha de negar VS. es cosa durissima; q. dexando uno entre sus papeles algunos* MS. *ò apuntaciones q. trabaxò con algun motivo, los q. no dio à luz ò porq. no estaban perfectamente acabados, ò porq. se le ocurrio q. emmendar en ellos, ò porq. varìò de dictamen en alguno de los puntos q. tenia escritos, despues de su muerte sin haberlo antes ordenado en vida ò por clausula de su Testamento, se tòme otro la Licencia no solo de publicar aquella obra à nombre del Difunto, sino la de emmendarla suplirla y añadirla, de q. resulta q. con el nombre de un Autor mui grave se finge un Libro, haciendo en èl contra su sentir Expressiones importantes à las particulares ideas y Empeños de los que manexan la Impression.*

(2) Pag. 61. et 62. *Deviendo VS.* (inquit) *tener presente* q. no se halla fundamento alguno para *persuadir que hubiesse tenido* (D. Nicolas Antonio) *animo de imprimir* aquellos FRAGMENTOS; *porq. ademas de q. lo hiciera antes de la Bibl. Nova para seguir la Cronologia de los* AA. &c.

(3) Pag. 66. y 67. *En el interin* (inquit) *q. no se exhiban* LOS PUROS ORIGINALES DE LOS APUNTAMIENTOS *q. D. Nicolas dexò para la Bibl. Vetus, persisto y persistirè en mi sospecha; y ojala que deviessemos al Cuidado de los q.* (*segun se dice*) *solicitan la reimpression de dhos. Libros, recogiessen* LOS TALES QUALES APUNTAMIENTOS *de letra de D. Nicolas, y los hiciesen imprimir como estàn, q. aun asi serian mas utiles al publico.*

Et solœca quod attinet, in prioris editionis Tomo I. pag. 94. col. 1. n. 416. ut Galenum minime ad nos pertinere probet, eius locum adducit è libro *De alimentorum facultatibus* in quo post DAMASCENAS PRUNAS (sic pro DAMASCENA PRUNA) secundum assignat locum iis quæ in ea regione quam Iberiam ac Hispaniam nominant proveniunt. Eodem Tomo pag. 67. col. 1. n. 295. in fine *Marcilius* (inquit) *Claudii Mussambertii Abbavillæi assumto nomine, Commonitorium in Hypomnemata publicavit Ramirezii*, MULTÆ FELLIS (pro MULTO FELLE) *plenum*, idque cum non ita pridem, paginâ nimirum 25. col. 1. n. 94. dixisset: *Dionem* EODEM FELLE *adversûs Cassium, Brutum, Ciceronemque usum*. In iis autem duplicem præterea idiotismum Hispanicum observare licet; Hispani enim PRUNA (*CIRUELAS*), FEL (*HIEL*) utrumque femineo genere dicimus. Vidêsis plura in Notis (1).

Quæ vero ad Historiam, Chronologiam et Bibliographiam spectant acervatim, quemadmodum in Adversaria retuli, huc sisto. Tomo I. pag. 75. col. 2. n. 330. tributum ab Hadriano Imp. civibus suis ITALICENSIBUS in Bætica (hodie SANTIPÔNCE) COLONIÆ honorem existimat, innixus singulari atque incertæ originis lapidi Vulsiniensi à Grutero relato, adversûs trium Italicæ hodiedum atque Hispali superstitum incorruptam fidem: in quibus ITALICENSES longe post Hadriani tempora, non COLONIÆ, quemadmodum oportuisset factum si vere COLONI essent, sed REIPUBLICÆ, et SPLENDIDISSIMI ORDINIS ITALICENSIUM titulis Floriano et Probo Imperatoribus sese devotos profitentur: de quo nos in Not. ad hunc locum T. I. p. 98. n. 3.

Tomo II. pag. 125. col. 2. n. 393. de Astruco quodam Piera Iudæo Barcinonensi loquens: *Astrucus hic* (inquit) *diversus ab eo videri debet, filius forsan eius qui* URBE DAROCENSI *disputationi illi* CORAM BENEDICTO XI. *anno* HUIUS SÆCULI (nimirum XIV. de cuius Scriptoribus eo loco agit) *decimo tertio interfuit, nominante eum Salomone filio Virgæ* &c. In quibus tot fere in Historia et Chronologia lapsus dixeris esse quot verba. Disputatio enim cuius Salomon Ben Virgæ meminit, non in urbe Darocensi sed Dertosæ; nec coram Benedicto XI. longe antiquiore, sed coram Benedicto XIII. (*de Luna*); neque demum sæculo XIV. sed sub initia sequentis, nimirum anno Christi MCCCC. XIII. habita fuit, ut lippis et tonsoribus notum est.

Tomo I. pag. 69. col. 2. n. 304. LALÆTANIAM confundit *cum populis ad oram interni seu Mediterranei maris positis, quorum* (inquit) *Tarraco est;* cum Tarraco et littorales circum ipsam ad utramque maris oram populi Ibero et Rubricato amnibus interclusi ad COSSETANOS pertineant; nec LALÆTANIA nisi à Rubricato versûs Orientem incipiat, ut è Plinio Lib. III. c. 2. discimus. Vid. not. nostr. ad hunc locum T. I. p. 90. n. 2.

Eodem Tomo I. pag. 162. col. 1. n. 399. Traiani pontem ad Alcantaram urbem DURIO amni impositum asserit: *Quasi Oppidani* (inquit) *populi, quorum mentio est in celeberrimi Alcantaræ urbis* SUPRA DURIUM PONTIS *inscriptione significentur:* quo quid absurdius?

Eiusdem Tomi pag. 245. col. 1. n. 69. Iuniorem Isidorum Cathedram Hispalensem QUADRAGINTA FERE ANNIS TENUISSE ait ex Ildefonso; paulò tamen inferius eâdem pagina col.

(1) Tomo I. prioris editionis pag. 14. col. 2. n. 49. *Ioannes* (inquit) *Guallensis* Franciscanus in FLORILEGIO *de vita et dictis Philosophorum* QUEM *Lucas Wadingus edidit* &c. = Eodem T. pag. 103. col. 1. n. 3. *Anno* (inquit) *CCCV.* POST *Diocletiani et Maximiani in vitam privatam* SECESSIONE &c. = Item eiusdem Tomi pag. 147. col. 1. in ipso statim initio n. 223. *Eudoxia* (inquit, Iunior Valentiniani III. uxor) *templum exstruxit ea occasione* (missæ scilicet Eidem ab Eudoxia Seniore matre, alterius è catenis quibus B. Petrus Apostolus Hierosolymis vinctus ab Herode fuerat) *in eoque custodiri voluit auro quovis* PRETIOSIOR FERREUS HIC THESAURUS &c. Item p. 154. col. 1. n. 361. Asturium subscripsisse *in Concilio* (inquit) *Toletano circa* ANNUM SÆCULARE CD. *celebrato*: quod et repetit eodem T. p. 366. col. 1. init. n. 259. ANNUM SÆCULARE *octingentesimum*. Item pag. 363. col. 2. n. 247. *Pelagio* (inquit) POTIOR ipsius Alfonsi de se TESTIMONIUM &c. Item pag. 365. col. 2. in Summario capitis XI. Libri VI. *Nulla* (inquit) *Prædestinatianorum hæresis, contra* SIRMONDUM causam suam AGENTIS &c. Tomo II. p. 109. col. 2. n. 275. *Atque* HUNC *quidem* (inquit) HISTORICO-MUSICUM OPUS *quin Alfonso Regi haud inepte tribuamus, nullam invenimus rationem*. Item p. 128. col. 1. init. n. 5. *Adelantati* (inquit) UT CUM VULGO LOQUITUR, *Murciæ Regni filius*, pro: *ut cum vulgo loquar*. Item pag. 182. col. 1. n. 472. HUNC LIBRUM *in Castellanum Sermonem* CONVERSUM *à Martino Martinez Dampies* ::: ASSERVATUR MS. *in Bibliotheca Hispalensis Ecclesiæ*. Mitto huius generis alia.

col. 2. n. 71. *Deusdedit* (inquit) *ab anno vixit in Romano Pontificatu* DCXIV. *usque ad* DCXVII. *dumtaxat*, IN MEDIO IPSO TRICENNARIO HISPALENSI ISIDORI PONTIFICATU.

Eodem Tomo pag. 57. col. 2. n. 254. Trebellium Pollionem notissimum tertii sæculi exeuntis Scriptorem unum è Triginta Tyrannis facere videtur. Eius de M. Fabio Quintiliano loquentis verba hæc sunt: *Declamator Romani generis* (Quintilianus) A TREBELLIO POLLIONE *in vita Posthumii Iunioris*, UNO EX XXX. TYRANNIS *audiit* &c.

Tomo II. p. 172. col. 1. in Summario capitis VIII. Libri X. pollicetur se acturum de ALPHONSO Carrillo Albornozio Ioannis secundi Castellæ Regis aucupio Præfecto, eiusdemque Regis Historiæ Annotatore; quem tamen non ita pòst, paginâ scilicet 177. col. 2. n. 433. PETRUM nominat, quod verum eius nomen fuit. Rursum, eundem pag. 178. col. 2. n. 441. ALPHONSUM, et numero sequenti seu 442. PETRUM, idque Hieronymi Suritæ fide, moxque ex Uztarrozio ALPHONSUM. In Scriptorum Indice Tomo II. præmisso, literâ A. ALPHONSUS legitur, omisso suo loco, sive literâ P. PETRI CARRILLI ALBORNOZII nomine, quod à nobis repositum fuit.

Eodem Tomo II. pag. 211. col. 2. in Summario capitis XIV. Libri X. IOANNEM Perez de Valentia Episcopum Christopolitanum celeberrimæ expositionis Psalmorum scriptorem sistit; quem tamen in eiusdem capitis textu pag. 215. col. 1. n. 779. atque item in præfixo eidem Tomo Scriptorum Indice IACOBUM, et vulgari Valentinorum sermone IAUME, aliàs IACME vocat, quo dum viveret nomine appellatus fuit.

Demum ne multus in hoc sim, Tomo I. pag. 256. col. 2. n. 116. pro FULBERTO notissimo sæculi XI. Scriptore, laudatur qui nuspiam locorum aut gentium exstitit FULGENTIUS CARNOTENSIS: Tomo II. pag. 129. col. 2. num. 15. pro: *Advocatus DIDACI*, ut ibidem legitur, omnino restituendum: *Advocatus* PETRI LUPI AYALÆI, de quo eo loco agitur: Eodem Tomo pag. 220. col. 1. n. 822. ALEXIUS Vanegas del Busto Toletanus, Scriptor Hispanici operis *Agonia del transito de la muerte* falso nominatur ALPHONSUS: quæ itidem suis locis emendata sunt.

Mitto plura huius generis alia quæ mihi hanc editionem apparanti sæpius occurrebant, præter barbara, obsoleta, Gothicique planè saporis vocabula, ad quæ in priore illa Romana passim allidas, Lector. I nunc igitur, quæso, et libelli Auctorem, si forte eum nôris (vivit enim et valet) meis verbis roga, num adhuc in sua perstet persiturusve sit hæresi, ut vel nunc existimet Emmanueli Martino qui tot nævos maculasque in Bibliothecæ Veteris textu inemendatas reliquit, otium ad eundem refingendum atque adulterandum suppetierit? Sed de hoc hactenus.

V. ACRIUS certe atque occultius adversus Nicolaum Antonium et Veterem Scriptorum Hispaniæ Bibliothecam in cunis adhuc vagientem, Romæ atque apud nos, anno MDCXCVIII. bellum parabatur, in quo non tantum eius Auctor Iansenismi insimulatus, sed eximii etiam Cardinalis Aguirrii, cuius illa iussu et impensis biennio antè in lucem prodierat, nomen et fama quodammodo inusta, atque in non parvum discrimen adducta sunt. Eius belli historiam (quoniam minime vulgaris paucisque, ut puto, Eruditorum hactenus nota est), undeque illam et qua occasione hauserim, si recte atque ordine exposuero, non ingratum Tibi, Lector, neque ab instituto meo alienum laborem præsumsisse videar. Cum anno MDCCLVII. ex Urbe, in qua tunc FERDINANDI VI. Hispaniarum Regis iussu diversabar, Eodem benigne annuente Bononiam evocatus fuissem, ut Regio nomine insigne Albornozianum Sancti Clementis Hispanorum Collegium visitarem, quo in munere solidus et amplius annus exigendus mihi fuit; ubi ad chartophylacium deventum est, incidi in XI. spissa Cardinalis olim Aguirrii volumina MSS. formâ folii, quibus plurima ad Eum pertinentia magnamque partem autographa inerant, nimirum Imperatorum, Regum, Cardinalium, Principum atque eruditorum virorum transmissæ ad Eundem epistolæ cum ἀμοιβαίαις, aliaque pæne innumera doctissimi amplissimique viri opuscula (1): è quibus breviora in privatum usum integrè descri-

(1) Allata, si bene memini, ea volumina Bononiam ex Urbe fuisse dicebantur à quodam N. Peregrini Bononiensi, qui Cardinali Aguirrio à Secretis fuerat, atque ab huius morte in Patriam translatus, et in Sancti Clementis Hispanorum Collegium cooptatus fuit, ut in eo Capellani munere fungeretur.

scripsi, reliqua, quo loco invenienda essent ubicumque opus iisdem foret, singulatim notavi atque in Ephemeridas retuli; inque iis Latinam Epistolam ἀδέσποτον quæ volumine secundo continetur, absque anni locive quo scripta fuit nota, hoc titulo: *Calumnia convicta, seu Epistola familiaris Cleandri ad Clarissimum et Eruditissimum virum Evaristum super Memoriali nuper porrecto Hispano idiomate ad Regem Catholicum à Patre Ioanne de Palazòl Societatis Iesu, nomine et iussu Tyrsi Gonzalez eiusdem Societatis Generalis Præpositi;* binas item alias Cardinalis Aguirrii ad Ioannem Baptistam Larditum Monachum Benedictinum Salmanticensis eiusdem Instituti Collegii alumnum, XIII. Iulii, et X. Augusti MDCXCVIII. exaratas, sextoque volumine comprehensas, in quibus de Nicolao Antonio, deque Veteris Hispaniæ Bibliothecæ opere agebatur.

Harum ego epistolarum exempla ut quamcitiùs ad me deferrentur curavi, votique tandem compos effectus sum interventu Cl. atque amicissimi viri Eugenii Llaguni Amirolæ ex equestri Sancti Iacobi Ordine, primariique è Decemviris Supremi R. P. C. quod Statûs vocant Ergasterii, qui meis ad Ampliss. Dominum Ioannem Iosephum de Alfranca Bononiensis Hispanorum Collegii Rectorem ea de re literis ac postulatis commendationis suæ cumulum addidit, effecitque ut illarum apographum optimâ fide descriptum et cum autographo collatum continuò ad me mitteretur: quo nomine pro eo ac debeo meritas utrique grates ago atque habeo.

Atque in priore illa epistola quam Anonymus Auctor *Calumniæ convictæ* titulo inscriptam voluit, totus est ut sub Cleandri nomine Cardinalem Aguirrium (nisi Ipse is suam sibi fabulam ludit spectatque, ut pronum coniicere est) et Nicolaum Antonium ab omni Iansenismi macula et suspicione vindicet purgetque; in reliquis Aguirrius Larditum urget ut eam epistolam sive *Calumniæ convictæ* opusculum quantò citius Salmanticæ edendam curet, et quoquoversum per Hispaniam et Europam emittat.

Ego verò ternas ex asse ac lubens hoc loco epistolas describerem, priorem saltem illam Cleandri, quæ maximè rem causamque de qua agimus continet, nisi Prologi modus et angustiæ prohiberent; excerpam tamen ex ea quæ in rem nostram facere videntur, omissis aliis in quibus quisquis demum auctor eius est longius excurrit et paulo liberius evagatur.

Sed cum in manus meas (inquit is alicubi) *incidisset supplex libellus quem Ioannes Palazolus eius Societatis vir* (de qua in Epistolæ exordio multa, nec sine aceto præfatus fuerat) *nomine eiusdem Tyrsi Gonzalez Catholicæ Maiestati exhibuit contra prætensos Iansenistas, animadverti* &c. Et post pauca: *In quo libello Tyrsus Gonzalez, cuius nomine loquitur Ioannes Palazolus, omnes qui severiorem disciplinam moralem sectantur tamquam Iansenistas traducit* &c.; et mox quæ propiùs nos spectant: *Ceterum hæc quæ præmissi iustus dolor expressit, quo sum non mediocriter conturbatus, cum in eodem libello animadvertissem per insignem calumniam in discrimen adduci integram famam doctissimi atque Eminentissimi viri Cardinalis de Aguirre, quam inculpatis moribus, pietatis studio, religiosis operibus, ac tot editis libris Christianæ Reipublicæ utilissimis, et ab omnibus piis ac doctis viris maxime commendatis sibi comparavit. Quamvis enim aliqua ibi adducantur, quibus videntur ipsum Cardinalem nolle impetere; tamen nemo est qui non videat obliquè eum taxari, dum pagina 12. eius libelli audent affirmare in Hispana Bibliotheca Vetere D. Nicolai Antonii, quæ impensis et iussu prædicti Cardinalis impressa est anno 1696. approbari tamquam Catholicam quintam propositionem quam ex libro Iansenii duo Summi Pontifices tamquam hæreticam condemnarunt: quia ibi Catholicæ esse dicuntur Prudentii Hispani Trecensis in Gallia Episcopi sententiæ quæ ibi referuntur. Sed quam calumniosè id agant apud Gentem in his rebus suspiciosam Hispanam, apparet iis qui in istis materiis versati sunt ::: Certe* (pergit) *si propositiones hæreticas in Hispana Bibliotheca contineri deprehendisset, debuisset Pater Tyrsus de his Romanam Ecclesiam commonefacere; cum liber Romæ sit editus et Ipse Romæ moretur; sed non est adeo imprudens, ut non cognoscat quæ suæ causæ conducunt: excogitavit longe dissitum adire Tribunal apud quod suas querimonias deferret. Scit Ipse Romanum Pontificem, scit Eminentissimos Cardinales iam Romæ secrevisse doctrinas* &c.

Pergit subinde ut probet allatam à Nicolao Antonio è Prudentio Trecensi thesim, ni-

nimirum *quod Sanguis Christi effusus quidem sit pro omnibus credentibus, non vero pro iis qui nunquam crediderunt, nec hodie credunt, neque unquam credituri sunt*, Catholicam omnino esse, neque ulli censuræ Theologicæ obnoxiam, explicans quo sensu à Prudentio prolata, quo ab Augustino, Prospero, Thoma atque ab omnibus fere Theologis recepta sit et quasi per manus tradita; idque confirmat Concilii Valentini III. et Lugdunensis Ecclesiæ auctoritate, atque ipsis Carisiacis capitulis, quæ specie tenus contrariæ sententiæ favere ait; cum in iis, quod ordine quartum atque omnium postremum est, his Prosperi verbis claudatur: *Poculum humanæ salutis* (in aliis exemplis est *Poculum immortalitatis*) *quod confectum est de infirmitate nostra et virtute Divina hoc habet quidem in se, ut omnibus prosit, sed si non bibitur non medetur*; ac demum ut Prudentium diversum omnino á Prædestinatianis (si vere unquam exstitit horum hæresis) sensisse adstruat, longissimè hæc invicem distare ait: *Sanguis Christi pro omnibus credentibus* (quæ Prudentii, Nicolai Antonii, et Cardinalis Aguirrii thesis est), et *pro solis prædestinatis effusus fuit*; cum non omnes credentes prædestinati sint; eamque communem et receptissimam Theologorum sententiam esse affirmat, quam tandem his claudit: *Quod si potuit Concilium* (Valentinum) *Sanguinem Christi quoad efficaciam pro iis qui numquam credituri sunt, nec crediderunt fusum non esse definire: cur non liceat Nicolao Antonio, vel Cardinali de Aguirre, vel iis quorum fidei commissa est editio Hispanæ Bibliothecæ, in eo sensu Prudentii sententiam Catholicam pronuntiare; cum in eodem sensu Catholica pronuntietur ab omnibus Theologis qui Divum Augustinum et Divum Thomam secuti duas voluntates in Deo distinguunt* &c: quæ totidem atque ipsis fere verbis de Prudentio, seu Galindone Prudentio Trecensi Episcopo Scriptore Hispano repetit Nicolaus Antonius quo loco de Eo agit, nimirum Bibliothecæ Veteris Lib. VI. cap. XI. atque in eandem sententiam, postquam sensim partium studia deferbuêre sedatioribus iam animis amicè coniurant recentiores Historici ac Theologi fere omnes Fleurius (1), Cellierius (2), Billuartus (3), Natalis Alexander (4), Bertius (5), Anonymus Gallus Historiæ Ecclesiasticæ Abbreviator (6), alii.

Num quid autem Ioannes Palazolus cum suo tandem libello profecerit parum constat; ac ne illud quidem, an is à CAROLO II. Hispaniarum Rege ad Supremum Matritense violatæ Fidei Tribunal, cuius de hoc negotio cognoscendi ac pronuntiandi partes erant, deferri iussus fuerit. Sed neque si quid eius Senatus Patres de libello statuerunt quod hactenus nos lateat; aut an postquam typis edita atque omnium manibus circumlata fuit Cleandri epistola, ab invidioso iudicio abstinendum censuerint: quæ de Palazoli libello.

De Cleandri autem epistolæ auctore, fueritne scilicet sub eo nomine latens Cardinalis Aguirrius, id quod nobis arridere non ita pridem dicebamus, an personatus aliquis ex amicorum aut congerronum Eiusdem numero, non incuriosè neque inepte quis quærat. Ego quæ pro utraque parte è prælaudatis tribus epistolis elici atque afferri possunt bona fide in medium adducam, nihil tamen interea definiens. Et quidem si quæ in priore illa Cleandri de Cardinalis Aguirrii doctrina, moribus, religiosis operibus, libris utilissimis &c. leguntur, Ipsi vel incogitanti aut aliis distracto et plane absorpto excidissent, quis non in viro alioqui laudatissimo, amplissimisque in Republica Christiana muneribus egregie functo modestiam immo et verecundiam desideraret? Hoc uno ne Ipsi epistolam tribuam prohibeor. Sed quid si è contrario, præ nimio Is atque impotenti Nicolaum Antonium seque à calumnia vindicandi desiderio (quis enim ei pudor insit aut modus?), ac simul sperans de epistolæ auctore clam perpetuo fore omnia: quod officium ab aliis exspectare honestius fuisset, sibi Ipse sub Cleandri nomine latens, singularisque amici memoriæ gratificaturus occupaverit; et quæ de se palam vulgoque ab aliis prædicari nove-

(1) Hist. Eccl. T. x. ad ann. 848. et deinceps usque ad 859. pag. 471. 501. 505. 524. 538. 554. 581. 609. 632. 642. 645. Edit. Paris. MDCCXXVIII. 4.
(2) T. XIX. pag. 203. cap. XI. à n. I. ad IX.
(3) Part. I. Tract. de Deo ac de Divin. attribut. Diss. VII. de volunt. Dei art. VI. et VII. et Diss. de Provident. et prædest. et reprobat. art. X. De hæresi Prædestinatiana.
(4) Hist. Eccl. V et N. T Tom. VI. Diss. V. in fin. in Animadvers. in causa Gotescalchi.
(5) Breviar. Hist. sæc. IX. Tom. I. p. 215. Edit. Basan. 1767.
(6) Abregè de l' Histoire Ecclesiastiq. Cologne 1752. T. VI. p. 557. ad sæc. IX.

verat, quasi ab iisdem profecta essent, epistolæ inserere nîl moratus fuerit? Cleander certe in eiusdem fine Aguirrii præconia inculcat augetque ut mox dicemus; immo et Aguirrius palam in literis ad Larditum epistolam in Hispaniam transmissam non secus ac propriam commendat eumque urget ut quamcitius edi ac per Europam evulgari procuret, modum insuper et rationem ut quam cautissime id fiat ipsi præscribens. Sistimus utriusque epistolæ loca (1).

Præterea Cleandri epistola ab Hispano homine scripta fuit, quod manifeste indicant frequentes Hispani sermonis in eadem idiotismi, neque stilus multum abludit à Scholastico pulvere, quem nunquam penitus Aguirrium excussisse ex aliis Eius scriptis elicitur. Immo, nisi vehementer ego fallor, Ipse in extrema epistolæ clausula eiusdem auctorem sese prodere modò, modò occultare amat atque ad salices fugere; ita enim loquitur: *Innumera alia adderem, nisi hæc sufficere existimarem: quæ quidem scripsi dolore commotus, cum conspicerem Eminentissimum et doctissimum virum, quem ob insignem eruditionem atque pietatem plurimum veneror, affectâ ætate et valetudine similibus conviciis immerito lacessiri. Quod ipsi Deus* (notanda hæc sunt) *præteritos si redderet annos, qualis erat cum adversus potentiores adversarios congredi non detrectavit: qualis erat cum innumeros libros ederet sapientia refertissimos: qualis erat cum Romanæ Ecclesiæ defensionem suscepit: profecto non expectavisset alienam manum ut se ab hac calumnia vindicaret.* Quibus demum et illud addi posset, nisi casu evenisse dicimus, quod à *Cardinalis* vocabulo non longo intervallo distet *Cleandri* nomen si literas alio ordine colloces.

VI. IAM VERO ad ea quæ in hac editione præstitimus deveniamus. Et quidem præter singularia nonnulla de quibus pro re nata superius egimus, primùm omnium Auctoris textum purum atque integrum nullaque non ex parte priori editioni conformem sistimus, paulo tamen aliter interpunctum, periodis colisque et κόμμασι discretum, atque ad simplicissimas orthographiæ Latinæ leges accommodatum, ut nulla sit prorsus interpunctionis nota nisi ubi Te paululum respirare ac sustentari oporteat. Si quando autem longior occurrit clausula quam vix uno anhelitu legere aut recitare nisi ægrè possis, eam quantum per sententiam licuit dividuam fecimus, et singulis thesibus protases et apodoses proprias accommodavimus: leviora in vocabulis menda, nimirum typographica, evestigiò correximus, gravioribus medicas utcumque manus adhibuimus, una præeunte orationis sententiâ, nec nisi postquam lecto sæpius atque observato textu mentem Auctoris nobis videbamur assecuti (2). Quod si integra literâ parum id procederet, hoc nobis indulsimus

b

(1) *Romæ* 13. *Iulii* 1698. ,Ya supongo (*inquit Aguirrius*) que à estas horas avra V. R. leido muy despa- ,cio aquella defensa que Yo con el correo que salio de aqui el dia 10. del mes pasado de Junio remitî à Sala- ,manca à manos del Señor D. Adrian Cónique para que la comunicasse luego con V. R. con todo el maior re- ,cato y reserva, y sin perder correo ni tiempo pensassen imediatamente en el modo de hacerla imprimir; y ,luego que ella estuviesse sacada à luz, procurassen, segun la instruccion que Yo remitî à V. R entonces, de ,despacharla por toda Europa; pues todo esso era necessario, y lo es ahora mucho mas para rebatir la calumnia ,atroz, que aquel Sugeto en nombre de su General ha publicado contra la digna y estimable memoria de nuestro ,famoso Español D. Nicolas Antonio, y no menos contra mi credito tan indecentemente manchado en aquel Me- ,morial que presentaron al Rey los meses passados &c.

Romæ 10. *Augusti* 1698. 'De mucho gusto (*inquit*) me ha sido la carta de V. R. pues hè salido del ,cuidado en que estaba de si havrian llegado con seguridad aquellos papeles, que Yo remitî à D. Adrian Có- ,nique y à V. R. juntos con carta mia de 10. del mes passado de Junio ::: Para el correo siguiente espero tener ,aviso de V. R. que estè todo concluido, y juntamente que me haia remitido un exemplar de ello, y distrai- ,do los demas por todas partes, dentro y fuera de España, segun la nota y instruccion que Yo le embiè: pues ,me crea V. R. que hà convenido el executarlo assi, para desengañar al mundo, y descubrir la calumnia con ,que aquellos amigos havian procurado obscurecer la gloria de nuestro insigne Autor D. Nicolas Antonio, y des- ,acreditarme à mî al mismo tiempo con la maña y arte que V. R. havrâ ya reparado &c.

(2) Tomo I. pag. 257. col. 1. n. 118. *lin.* 4. *Sanctus Ildefonsus* (inquit) *in libro de viris illustribus Isidori operà recensens* HOMINUM (restitui: HORUM) *non meminit.* = Eodem Tomo pag. 274. col. 1. n. 216. *lin.* 7. 8. *Pariter* (inquit) *honoris Regiæ Curiæ atque eius Antistitis datum ::: quod Toletani Præsules Reges* URGERENT (restitui: UNGERENT) &c. Item pag. 284. col. 2. n. 268: *Commenta* (inquit) *sunt vanissimi capitis, quæ et in codice Estepano :::* DESIDERATUM (rest. DESIDERANTUR) *et iis* &c. = Item pag. 323. col. 1. in Summario capitis secundi Libri VI. IBERIA (rest. HESPERIA) quemadmodum in eiusdem capitis textu pag. 325. col. 2. n. 39. è Paulino Aquileiensi. = Tomo II. pag. 99. col. 1. n. 205. *Nescio autem* (inquit) *deferendane sit fides asserenti non nemini ac pro se laudanti* MONASTERII (rest. MONTANERII) *librum: De los linages de Cataluña.* = Tomo II. pag. 122. col. 2. n. 373. *Id quod in paucorum* (Scriptorum) *dinumeratione causam posset apud aliquos* (Franciscus Ximenesius, sive Eximênis) *dubiam reddere; in tot vero hactenus* IN AUDITORIUM (rest. INAUDITORUM), *tot falso nomine, aut ex falsis libris laudatorum* &c. = T. II. pag. 169. col. 1. init. n. 361. *Qui-*

mus ut verbulum è diverso charactere, atque uncinulis inclusum adderemus; ea vero licentiâ parcè admodum neque pro lubidine usi sumus, sed ut tuis Lector quammaxime commodis inserviremus. Quæ ad textus literam.

Circa Scriptores autem elucubrataque ab iisdem opera, necnon circa ætatem et patriam, sive loca in quibus natales hauserunt, quamvis in celeberrimis Italiæ MStorum. codicum Bibliothecis Romanis, Venetis, Patavinis, Bononiensibus, Florentinis, Taurinensi Regia, Ambrosiana-Mediolanensi, Quiriniana-Brixiensi, Maffæiana-Veronensi et fortassis aliis; necnon in Hispaniæ nostræ Regia Laurentiana Escurialensi (quam, si Arabicos codices excipias, integram excussi, recensui et quinque spissis voluminibus formâ folii MStorum. omnium in ea contentorum catalogos confeci) Salmanticensi, Toletana, Regia Palatino-Matritensi cui nunc fausto benignoque CAROLI III. Regis sidere præsum: quamvis, inquam, in iis aliisque minorum Gentium Bibliothecis plurima olim observaverim quæ ad Scriptorum virorumque Hispaniæ illustrium seriem contexendam faciunt; atque huius etiam editionis occasione insigniorum per Europam Bibliothecarum catalogos typis iam editos quantum per temporis angustias licuit excusserim, eo videlicet consilio ut quæcumque Nicolai Antonii diligentiam effugisse viderentur immortali Eiusdem Bibliothecæ Veteri suis locis insererem: id tamen in infinito pæne atque inexhauribili ut ita loquamur argumento ad finem atque exitum perducere optandum mihi magis quam sperandum erat. Atque illud noveram, quicumque tandem hanc provinciam sortitus ad eam utcumque ornandam seriò animum appelleret, modò tamen otii ac librorum abunde ei esset, longe uberiorem præ illa quæ hactenus mihi obtigit Auctorum et scriptorum messem facile obventuram. Sed nec propterea ab incœpto destiti aut abieci animum. Itaque, ut periculo facto disces, quæcumque mihi in privatis adversariis aut in iam editis librorum catalogis, à primo ad XV. Salutis sæculum, sive ad annum Christi sesquimillesimum, occurrebant indicta Nicolao Antonio Hispanorum nomina scriptave seu manu exarata sive etiam typis excusa: ea ut continuo Bibliothecæ nostræ suis locis aut sub finem eius sæculi quo literis consignata fuerunt adiicerentur sedulo curavi: fictitia repuli (1); tum si quicquam dubii circa nonnullorum patriam emerserat, eius diiudicandi arbitrium mihi interea permissi, atque ex iis alios minime ad nos pertinere censui (2), alios dudum patriâ exsulantes restitui atque Hispanis asserui (3): Poetarum quos *Provinciales*, vulgus autem *Trobadores* id est *Strophatores* appellat; necnon Hispanorum qui circa annum Christi MCCC. (4) atque integro etiam sæculo XV. floruêre nomina in unum compuli ac digessi (5); item Hebræorum, horumque interdum scripta recensui, ætatemque ac sæculum quo singula literis aut typis commissa fuerunt indicavi (6): vetera Romanorum Gothorumque apud nos inedita prorsus monumenta (7), item Hispanorum sepulcralia in Urbe olim, atque in itinere meo Hispanico et Lusitanico ex autographis αὐτοχειρί descripta, necnon primarias, seu PRINCIPES quas vocant omne genus librorum editiones designavi atque in medium protúli.

Ac

Quibus omnibus (inquit) *et Curiæ approbare is* (Alphonsus scilicet Tostatus) *tandem conatus est, se quidem subtiliter paradoxèque, non tamen* A CATHOLICÆ (rest. ACATHOLICÈ) *aut contra perpetuam Ecclesiæ persuasionem quicquam propugnâsse* &c. Mittimus eius generis alia.

(1) In his *Petrum Cæsaraugustanum* sæculi, ut vulgo ferebatur, IV. Scriptorem, et librum *De potestatibus Sæculi* falsò eidem adscriptum, Tomo I. huius Edit. p. 167. n. 18. Not. 1. = *Servandum Auriensem*, quem sæculo VIII. vixisse apud nos volunt stultarum genealogiarum sectatores, atque *Hispanicarum rerum Historiæ compendium* quod ipsi eidem tribuunt T. I. hui. edit. p. 438. n. 15. Not. 2. = *Archaricum Bracarensem*, eiusque *Epistolam ad Elipandum Toletanum* T. I. p. hui. edit. 444. n. 40. Not. 1. = *Petrum Seguinum* Auriensem Episcopum eiusque *Historiam inventionis corporis Sanctæ Euphemiæ V. et M.* T. II. p. 24. n. 92. Not. 2. = *Thomam de Templo et Ioannem de Monte* T. II. p. 66. n. 120. Not. 3. = *Antonium de Castellanos* T. II. p. 248. n. 321. Not. 4.

(2) *Gerardum Cremonensem* quæ urbs Insubriæ est in Gallia Cisalpina T. I. p. 505. n. 294. Not. 2... *Nicolaum Sagundinum* (male nonnullis *Saguntinum*) Græcum Euboicum ad Euripum in Bœotia, hodie *Negroponto* T. II. p. 295. n. 580. Not. 3.. *Bartholomæum Faccium* (Fachs) Genuensem, quem alii nostratem Valentinum faciunt, *Ibidem*. Vid. Ximenus Biblioth. Valent. in Eo.

(3) *Guidonem* (Nerei) *de Valentia* Episcopum Tripolitanum. Syriæ an Africæ incertum, Tom. II. pag. 6. col. 2. Not. et pag. 163. col. 2. Not. *Guidonem de Monte Rocherio* (Mont-Rochêr, seu Roquêr, aut Rogêr) T. II. p. 155. col. 2. Not. 1.

(4) Tom. II. pag. 105. (5) Tom. II. p. 353. (6) In fine cuiusque sæculi. (7) Tom. I. p. 369.

Ac ne quid ornandæ ac locupletandæ editioni deesset, exemplum fragmenti membranæ, ad annum MDLXXXVIII. die XVIII. Martii Granatæ in vetere quadam turre, cui Turpianæ postea nomen pro lubidine appictum fuit, detectæ, in qua *Prophetia de mundi exitu* Divo Ioanni Evangelistæ attributa, et Patricii Sacerdotis *Relatio de Sacris quibusdam Beatissimæ Virginis* MARIÆ *et Sancti Stephani Protomartyris lipsanis* contineri dicebantur: è primævo fidissimoque omnium apographo in Regia Escurialensi Bibliotheca superstite, nunquam hactenus edito, paucissimisque mortalium viso, (quod eodem anno MDLXXXVIII. ab Amplissimo Granatensium Canonicorum Collegio ad Philippum II. Hispaniarum Regem transmissum fuit) optimâ fide manuque propriâ desumtum in æs incîdi atque ad verum repræsentari feci, eâdem nimirum chartæ formâ, eodem prorsus literarum charactere ac linearum œconomiâ, iisdemque omnino rubro et nigro coloribus quale in archetypo Escurialensi visitur; ac pro re nata in huius editionis Tomo I. è regione paginæ 490. collocari: quo loco quid ego de eiusdem antiquitate et fide sentiam paucis expono. Et quoniam in huius Bibliothecæ opere toties inculcatur memoria confictorum Fl. Dextri, M. Maximi, Luitprandi, Iuliani, et Eutrandi Chronicorum, quæ sub sæculi XVI. exitum infelici partu in lucem prolata fuere, et confovendis veteranis collactaneisque ab Innocentio XI. confixis, novitiisque etiam Granatensium monumentorum fabulis, nimirum, quæ in eadem urbe conficta atque ad annum MDCCLIV. ac deinceps detecta atque eruta sunt: de iis quoque agere, et SYNOPSIN HISTORICAM, quæ in fine prioris voluminis exstat, adiicere decrevi: in qua illorum incunabula et latebras, inventionis seriem, incrementa, fortunam denique ac supremum excidium uno haustu ebibere valeas.

VII. ATQUE hæc quidem, Lector optime, dum ad Te venio ornatu prologi. Sunt tamen alia quorum tractatio quoniam modo à me in hac editione instituta atque ad finem perducta sit, paucis ut commemorem locus admonet. Et primo quidem in conficiendis notulis eas quæ proprie ad Bibliothecam, id est ad Scriptorum nomina, lucubrationes, ætatem, patriam aliaque id genus pertinent, præcipuas semper habui ac pro imposito mihi munere de iisdem quantum licuit accuratè egi; sed interdum tamen nonnihil ad Historica, Geographica, Chronologica, Etymologica, atque ad Romanarum antiquitatum studia diverti, inque iis longius aliquantò quam par esset evagatus fui: nimirum verebar nî ita facerem, nimiumne illæ exiles exsuccæque evaderent, Tibique, quem grata potius varietate et illecebris moratum vellem, tædium et nauseam ingenerarent. II. Anonymos scriptores Nicolao Antonio indictos, nisi quos patria, dignitatis aut honorum gradus, peculiarisve scriptionis indoles aut tale aliquid velut intento digito designat, parum moratus sum. III. In his qui patriâ Hispanorum dialecto scripta literis consignarunt ornandis atque illustrandis, inque eorumdem lucubrationibus recensendis ac penitius describendis multus Tibi, nisi nostras es, fortasse videar; dandum id tamen Hispano nomini ac sermoni, atque iis etiam qui parum Latinè nôrunt gratificandum in eo fuit. IV. In sequioris ævi scriptoribus à Nicolao Antonio prætermissis, quos ad sæculi cuiusque finem reieci, chronologicum ordinem examussim servare minime licuit; cùm quòd nonnullorum ætas ubi primum in illos incidi penitus explorata non esset, tùm quod plagulæ quibus unius et alterius eorum nomina non suo loco posita pridem fuerant, prela iam typographica evaserant cum plene de iis mihi innotuit. V. Bibliothecæ Regiæ Palatino-Matritensis codices indesignatis pluteis loculisque quibus continentur laudare necesse habui, donec novi eorum catalogi perficiuntur atque in lucem prodeunt. VI. Auctoris Prologum Romanæ Novæ Bibliothecæ editioni præfixum, quem Veteris Editores aliquanto decurtatum in huius quoque limine repetitum exhibuêre, consulto omisi. VII. Postremo specimen characteris Romanæ rarissimæque omnium Silii Italici editionis MCDLXXI. quod in prioris voluminis paginam 113. retuli, quia in linearum seu versiculorum œconomia nonnihil à typographo immutatum fuisse deprehendi, plenius atque accuratius hoc loco repræsentari feci, nimirum ut illud cum eius editionis exemplo quod in Regis Galliarum Bibliotheca exstare unicè dicitur committere ac diiudicare valeas, sitne idem an diversum ab eo quod mihi obtigisse penesque me exstare ibidem dixi.

E Libri primi initio.

RDIOR: ARMA: Qui-
bus celo se gloria tollit
Aeneadū. patiturq ferox
oenotria iura
Carthago da musa decus memorare laborū
Antique hesperie,

In fine libri XVII. nimirum in aversa pagina folii 179. nisi me computatio fallit versus ultimus.

Prolē tarpeii mētit: roma tonantis

FINIS

Syllius Italicus cuius Maiores Italica hispanie urbe orti fuere prima Etate declamauit: Mox foro uacauit. Inter primores urbis sine potētia. Sine inuidia fuit:

Pergitque per lineas 19. é quibus postremas quinque sistimus.

consularem reliquit: Tedio insanabilis claui In Neapolitano abstinētia cibi uita functus est: Anagens. Lxx. Opus iā Neglectū Pomponius recognouit. Anno domini. Mcccclxxi. Vi. Caléd. Mai. Rome.

AC PLURA hoc loco de Nicolai Antonii stilo ac Latinitate adderem nisi prædioli mei angustias probè nôssem. Verùm illud tamen non dissimulabo quod assiduum mihi Veteris Hispanæ Eiusdem Bibliothecæ studium peperit, nimirum cum in ea Ciceronis veterumque Scriptorum ac Poetarum quos aureæ Latinitatis vocant nomina et loca passim atque ubivis occurrant, nihil quicquam magis quam Ciceronem aureæque immo et argenteæ ætatis scriptores eorumque phrasin desiderari: usque adeo stilus eius scaber atque horridus mihi semper visus est et peregrinum nescio quid sonans. Atque existimo Viro alias eximio, atque ad Historiam Criticenque et severiora studia naturâ comparato, non item teretes rotundasque obtigisse aures quibus legitimæ orationis periodi ambitum numerosque et occultam planeque arcanam harmoniam perciperet: id quod Catoni ac Veterum non paucis, nostraque etiam ætate viris ceteroquin doctissimis, qui in Philosophia Theologia atque aliis disciplinis maxime inclaruerunt accidisse video; nisi dicimus in communi eius quo Nicolaus Antonius vixit sæculi Latinæ Linguæ in Hispania naufragio impuras Eum et lutulentas ebibisse aquas, quarum saporem nec adhibita iugi veterum Scriptorum lectione potuerit unquam ex ore atque animo stirpitus evellere.

POSTREMO, nisi multus iam essem, iis quæ de illustribus Hispanorum scriptoribus ac de eorum doctrina Nicolaus Antonius in Novæ Bibliothecæ prologo præfatus olim fuerat,

rat, nonnulla hoc loco de hodierno Literarum in Hispania statu adiicienda erant, et maxime postquam nuperus Scriptor Gallus ἄδηλος Hispano nomini gratis insultare, et *quid tandem totis his decem sæculis Hispanis Europa debeat*? palam sciscitari nihil veritus est. Atque hunc ego hominem, modò ratione contendendum cum eo sit, una ac simplicissima viâ ab ordine præceptaque de Hispanis opinione deiectum ac deturbatum iri existimaverim, si quis eidem Scriptorum quos ab anno Christi M. ad MD. Hispania nostra protulit, ipse vero ignorare videtur, catalogum cum Gallis qui eodem tempore lucubrationes suas ediderunt conferendum bona fide exhibeat, sæcula sæculis, scripta scriptis, viros denique viris invicem committens. Ac subirascor Hispanis qui in eo scriptis confutando otium atque operas male collocarunt; quippe qui nôrim à Gallorum cordatissimis non sine offensione ac stomacho exceptum fuisse. Et quisnam quæso est qui nesciat, non minus Literarum quam reliqua mundi imperia rerum vicissitudinibus obnoxia esse, atque huc illuc fluminis ritu ferri; neque amœniores tantùm sed severiores quoque Musas amare ubique conspici, ubique ab Eruditis coli ac libere per orbem peregrinari? Ac si malesano illi qui tot turbas libens volens concitavit sciscitari impunè licuit, *quid tandem Europa debeat Hispanis nostris*? cur non et his vicissim quærere ab ipso liceat, quid ei demum Gallia sua, quidve ipse doctis cordatisque per Europam viris nisi contemtum et ludibrium debuerit? Verum si Gallos Hispanis committere propositum ei unquam fuit, aut alias inter utramque Gentem dissidium vult, valeat longum formosus cum lepidissimis suis præstigiis, multaque merces unde potest sibi defluat; sed tamen viderit satisne opportunè hanc aleam tentet. Namque, ut à doctis viris qui frequentes ad nos è Galliis veniunt accepimus, atque ut mihi è gratissimo quod cum eorum nonnullis intercedit literarum commercio innotuit: ex quo Galli Physicorum experimentis et Mathematicis disciplinis penitus sese totos devovêre, prisca illa ac patrum religione multos per annos apud eos conservata tum Sacræ Scripturæ atque utriusque Historiæ, tum etiam Sanctorum Patrum, Conciliorum Dogmatumque Ecclesiæ, immo et Græcarum Latinarumque literarum studia languescere ac non parum inclinare cœperunt: qua de re unum eorum aliquem non semel audivimus conquerentem. Sed hæc citra invidiam. Etenim

Non odio, non vi, studio non deinde nocendi
Scribimus.

E rusticano secessu nostro *Benicácim*-ensi ad promontorium Iugi Caprasiæ in Ilergavonibus IV. Augusti MDCC.LXXXVIII.

DE NICOLAI ANTONII VITA, SCRIPTIS, aliisque ad Eum pertinentibus.

CUM tot passim ac tam præclara doctorum virorum, Nostratium, Exterorum de Vetere ac Nova Nicolai Antonii Scriptorum Hispaniæ Bibliotheca iudicia et præconia exstent, mirandum sanè quod nemo hactenus Eius vitam evulgaverit, scriptaque et munera per Eundem egregiè obita recensuerit. Ac nisi Ipse is in Novæ Bibliothecæ fronte honestissimo in patria sacerdotio auctum, amplissimisque in Republica muneribus et honoribus functum atque honestatum fuisse edixisset planeque orbi sese præbuisset spectandum: exigua fortasse admodum rerum ab Eo gestarum notitia permanâsset ad posteros. Cl. Gregorius Mayansius propagandæ illustrium virorum memoriæ ac demerendis literis natus, cum relictam in schedis ab eodem Nicolao Antonio *Censuram Historiarum* quas apposite *Fabulosas* appellavit edendam sibi proposuisset, plurima ad Eum pertinentia collegit Vitæque Eiusdem, Valentinæ MDCCXLII. eius operis editioni præmissæ, primus ut puto omnium intulit ac seræ posteritati consecravit: cuius ego viri eximii laborum fructum ut pleno sinu capiam atque in areolam meam traducam, optimum consilium visum est; sed ita tamen ut in nonnullis Eius diligentiam adiuvem, ac pro accepto munere insignem Ipsi inflictam CENSURÆ HISTORIARUM editionis occasione calumniam, quam dum vixit penitus ignoravit, detegam, repellam, atque in illius auctorem retorqueam.

Ni-

Nicolaus Antonius Hispali anno MDCXVII. die XXXI. (aliàs XXVIII.) Iulii illustri loco natus fuit (1), parentibus Nicolao item Antonio et Maria Bernal (2) Hispalensibus, atque in patria pueritiam exegit. In Dominicanorum eiusdem urbis Collegio Divo Thomæ Aquinati sacro Grammatices humaniorumque literarum tirocinium posuit, Artiumque etiam liberalium ac Sacræ Theologiæ studiis per biennium operam dedit: mox in Magistri Roderici de Sancta Ella (vulgo *de Maêsse Rodrigo*) quod publicum Hispalensis urbis gymnasium est, solido anno Iuris Canonici auditor fuit, indeque Salmanticam ad annum MDCXXXVI. translatus, atque emenso ibidem quadriennali literario stadio Baccalaureatûs in eodem Iure honorem anno MDCXXXIX. adeptus est.

Videtur autem aliquantò diutius ea in urbe constitisse, atque animum deinde applicuisse ad Iuris Civilis studia: id quod præclarum Eius opus *De exilio* Antuerpiæ apud Iacobum Meursium anno MDCLIX. editum sed multo antè elaboratum (3), necnon intentata *De libertis*, ac *De nominibus propriis Pandectarum* (4) alia suadent, Ipseque alicubi profitetur (5); atque in eo studio celeberrimum Franciscum Ramos del Manzano primarium insignis eius Academiæ Antecessorem, Caroli postea II. Hispaniarum Regis Institutorem et Francorum Comitem &c. Magistrum nactum fuisse: quod Ipse in prologo librorum *De exilio* declarat inquiens: *Cum primum parturire cœpi hunc* De exilio *tractatum fere immaturum nec iustæ dum magnitudinis, remisi Salmanticam* (ex Hispali ut coniicio) *ad Præceptorem meum D. Franciscum Ramos del Manzano* &c. atque eadem repetit Lib. II. c. 14. n. 19.

Quæ loca adducere necesse habui in huius rei confirmationem et simul ut obiectum Cl. Emmanueli Martino, ipsique si Deo placet Cardinali Aguirrio mendacii crimen eluam: quorum occasione sciendum, Virum hunc eximium ubi primum ex ephebis excessit atque, ut credibile est, prius quam Monasticum induisset cucullum, Salmanticæ itidem in Iurisprudentiæ castris eodem Francisco Ramos del Manzano duce militâsse, ut Idem sibi testis est in loco inferius adducendo (6); atque hinc in *Monitis ad Lectorem* Bibliothecæ Veteri præmissis (7) Nicolaus Antonius ab Emmanuele Martino (sive ab ipso Cardinali Aguirrio, namque uter horum eius opusculi auctor sit ignoratur) *Cardinalis Aguirrii in Iurisprudentiæ studiis* CONDISCIPULUS dicitur: quod et Mayansius inde mutuo sumtum repetit (8); Pseudo-eques tamen ille Anonymus Granatensis, quem non ita pridem in prologo laudatum dimisimus, falsò id affirmari, immo impossibile factu esse asserit multisque probare nititur (9): quasi qui non eodem partu in lucem editi sunt, nequeant ger-

(1) Mayansius in eius vit. init. XXXI. Martinus tamen in Adversariis quorum meminit Cl. Didacus Alexander de Galvez Sanctæ Patriarchalis Ecclesiæ Hispalensis Bibliothecarius in literis ad me datis Hispali VI. Septemb. MDCCLXXXVIII. XXVIII. Iulii in lucem editum fuisse ait. Die certe VII. Augusti MDCXVII. salutari regenerationis lavacro tinctus fuit, ut in authentico Baptizatorum Sacrarii eiusdem Sanctæ Ecclesiæ albo, Libro XXVIII. legitur: *Lunes siete del mes de Agosto de mill y seiscientos y diez y siete años: Yo el Mro. Benito Fernandez de Burgos Cura del Sagrario de esta Santa Iglesia baptizè à Nicolas hijo de Nicolas Antonio y de Doña Maria Bernâl su muger. Fue su Padrino Guillermo'Ymeasel vezino de esta Collacion. fo. ut supra = Mro. Benito Fernandez de Burgos.*

(2) Mayansius, §. 1. *Maria Nicolas Bernart.*

(3) Nimirum ab anno MDCLII. quo, sub die XII. Martii eius edendi facultas Auctori concessa fuit. Mayansius in Eius vit. §. 10.

(4) Meminit Ipse utriusque huius operis; prioris quidem in *De Exilio* Lib. 1. c. 3. n. 10. posterioris in Bibliotheca Vetere, Tom. II. pag. 150. Rom. Edit. col. 1. n. 186. huius autem pag. 228. col. 1.

(5) *Et tamen* (inquit in Præfat. Bibl. Nov. §. de Bibliothecar. utilitate) *nescio quo meo fato extra meam Vtriusque Iuris professionum* &c.

(6) In *Ludis Salmanticensibus*, Salmant. 1668. editis fol. Ludo I. pag. 3. in Nuncupatoria eid. Francisco Ramos del Manzano: *Unum est* (inquit Aguirrius) *quod metuam in supremo consule, Literatorum Principe, Sapientium oculo: in magna et capacissima mente, probata cœlo terræque, nempe eruditio penitissima, selecta, multiplex :: Non hæc privata* (pergit) *laus, sed publica et ab ingenuo homine ac teste oculato olim dum* in Iurisprudentiæ castris Te duce ac primæ legionis Magistro militarem ::: *Recognosces forte scintillam aliquam è tuo lumine excussam: erit forsan quod ex apparatissima penu tuæ eruditionis depromptum videatur* &c.

(7) Pag. XXXVIII. n. VII. (8) In vit. Nic. Antonii §. 26.

(9) In furtivi libelli: *Carta de un Caballero de Granada* &c. pag. 62. *Y aunque es verdad* (inquit) *q. esta Historieta* (Epistolæ nimirum à Card. Aguirrio ad Nicolaum Antonium paulo ante huius mortem, ut ferebatur, scriptæ) *con la noticia de q. el Card. Aguirre fue Condiscipulo en Salamanca de D. Nicolas, la copiò à la letra Mayans de su Maestro Martì q. la refiere al §. VII. de sus Monitas ad Lectorem del T. I. de la Bibl. Vetus, con la expression de q. la carta escrita por D. Nicolas fue* 10. *dias antes de su muerte; es constante*

germani fratres appellari, quamvis ab iisdem parentibus progenitos fuisse constet. Sed ut ad Nicolaum Antonium redeamus.

In patriam redux eam incoluisse videtur ad annum usque MDCXLV. quo nimirum Matritum profectus fuit ut à Philippo IV. Hispaniarum Rege impetraret equestre Sancti Iacobi Ordinis stemma, quo tandem sequenti anno seu MDCXLVI. exeunte Augusto mense insigniri meruit. Anno MDCLIX. generalis negotiorum Hispaniæ in Urbe et Curia Romana Procurator ab eodem Philippo Rege renuntiatus fuit; moxque privatas etiam Supremi apud nos violatæ Fidei Dicasterii, necnon Neapolitani Regni, Ducâtus Mediolanensis, Insulæque Siciliæ procurationes obtinuit. Ab Alexandro VII. Portionarii in patriæ Ecclesia munere auctus, quod Is sacerdotium Paschasio (1) S. R. E. Cardinali Aragonio cessit, accepto vicissim eiusdem Ecclesiæ Canonicatu, cuius possessionem iniit exeunte Augusto (2) MDCLXIV. ac demum à Carolo II. Philippi F. Hispaniarum Rege ab Urbe, in qua totos XVIII. annos manserat, anno MDCLXXVIII. Matritum revocatus ut Fisci Regii in Consilio quod olim *Cruciatæ* appellabatur et nostra memoriâ suppressum fuit Procuratorem ageret: quo munere ad annum usque MDCLXXXIV. egregie functus, ineunte eiusdem vere vehementi epilepsiâ correptus atque huic qua fruimur luci subtractus ibidem fuit XIII. Aprilis, et in subterraneo fornice (*Bóveda* vernaculè vocant) Ædis Spiritui Sancto sacræ Instituti Clericorum Regularium Minorum tumulatus, adiecto epigrammate

,Aqui yaze D. Nicolas Antonio Cavallero
,que fue del Orden de Santiago, Canonigo
,de la Santa Iglesia de Sevilla, Agente
,General de S. M. en Roma y de su Con-
,sejo, Oydor Fiscal en el Real de Cruza-
,da. Fallecio en 13. de Abril de 1684.
,Ætatis suæ 67. (3).

Scripta quod spectat, in tanta eorum messe nullum Auctore superstite lucem vidit præter libros *De exilio*, et *Novam Scriptorum Hispaniæ Bibliothecam*; Vetus hæc Romæ duodecennio ab Eius morte, *Censura Historiarum* Valentiæ anno MDCCXLII. curante Mayansio typis edita fuit, ut paulo antè diximus, deque ea inferius sermo recurret. Reliqua affecta nondumque prelo matura, ut Tractatus *De libertis*, et *Pseudo-Chronicorum Dextri et Iuliani Censura*; aut tantum exasciata deletitiisque schedis commissa in Regia Palatino-Matritensi Bibliotheca sedulò asservantur. In his *Rufi Festi Avieni emendationes: Notæ ac variantes lectiones in Eugenii Toletani et Dracontii carmina: Hermes Biblicus*, seu miscella variorum omne genus argumentorum collectio: *Series Historicorum tam Græcorum quam Latinorum*, in qua omnes eorum Historiæ secundum ætates rerum gestarum chronologicè recensentur, è Gerardo Ioanne Vossio *de Historicis* Græcis et Latinis: *Censura universalis*, seu doctorum virorum de veteribus scriptoribus iudicia, ordine alphabetico: *Animadversiones in Historiam Toletanam Comitis de Mora*, atque *in Ioannis Tamayi lapsus in secundo Martyrologii Hispanici* volumine: *Bina* Eiusdem per Hispaniam

te q. Marti se halucinò en esta Especie, porq. el Card. ni fue condiscipulo de D. Nicolas en la Jurispr. ni pudo serlo, como verà quien advirtiesse q. el Card. nacio año 1630. *y D. Nicolas en* 1617. *y ademas de esto q. havia ya este acabado sus estudios en* 456. (existimo restituendum 645. id est 1645.) *quando paso à Madrid à solicicitar el havito* de S. TIAGO *q. se puso, y en este año no tenia el Cardenal mas que* 15 *de edad q. aun no havia pasado del Monasterio de su Patria al de la Universidad de Salamanca.* Ita omnino, iisdemque verborum compendiis, atque eâdem κακογραφίᾳ.

(1) E Tabulariis S Ecclesiæ Hispalensis. Mayansius §. 15. *Petrum* appellat.

(2) Ex iisdem: *die scilicet XXIII. Augusti.* Mayansius §. 15. *XXVII. Iunii.*

(3) Ita Ioannes Loaysa Canonicus Hispalensis et singularis olim Nicolai Antonii amicus in libro MS. sepulcralium inscriptionum Sanctæ Ecclesiæ Hispalensis pag. 255. quem autographum possidere significavit prælaudatus D. Didacus Alexander de Galvez in literis Hispali ad me datis 3. Septembris 1788. Consonat vetus rationum Cœnobii Spiritus Sancti Cler. Reg. Minor. Matritensis liber (periit namque sepulcri inscriptio) in quo ad ann. 1684. fol. 37. b. legitur: *En* 15. de Mayo *de* 1684. *entraron seiscientos Reales del nicho funeral y entierro de D. Nicolas Antonio Cavallero del Orden de Santiago del Consejo de Cruzada por orden del P. Felipe Grimaldo;* Et fol. 91. *En* 16 *de Abril de* 1684. *entraron setenta y seis reales de una Missa cantada con vigilia y doce missas rezadas por D. Nicolas Antonio, de orden del P. Felipe Grimaldo:* quemadmodum accepi à R. P. Michaele Enguid Cler. Reg. Min. Provinciali Præposito in lit. Matriti 28. Oct. 1788.

niam *Itineraria*: præter conatum scribendæ *Bibliothecæ Hispano-Rabbinicæ* cui non perfunctoriam operam adhibuit (1), ac *De nominibus propriis Pandectarum*, cuius ut incœpti ac postea renuntiati à se operis Ipse alicubi meminit in Bibliotheca Vetere (2); necnon præter ingentis, quod animo gerebat typisque apparabat, molis opus, hoc titulo: *Trophæum Historico-Ecclesiasticum, Deo Veritati erectum è manubiis Pseudo-Historicorum qui Fl. Lucii Dextri, M. Maximi, Helecæ, Braulionis, Luitprandi, et Iuliani nomine circumferuntur: hoc est, Vindiciæ veræ atque dudum notæ Hispanarum rerum Historiæ, germanarum nostræ Gentis laudum, non è Germano-Fuldensibus Chronicis emendicatarum in libertatem et puritatem plena assertio* (3): quibus demum adnumerari debent: *Additiones ad Novam Scriptorum Hispaniæ Bibliothecam* ex Eiusdem autographis in Regia Palatino-Matritensi servatis propediem edendæ.

Verum de *Censura* quam *Fabulosarum Historiarum* titulo inscripsit, atque à Gregorio Mayansio Valentiæ editam diximus, nova nunc nobis cum prælaudato Pseudo-equite Granatensi disputandi materies insurgit, qui temerè atque inconsideratè *eam à Cl. Editore adulteratam, plurimisque et Veritati, et Hispanici nominis honori adversantibus intercalatam fuisse* asserit, subdens *propterea meritas Eum pœnas luisse, Regio, quod hodiedum obtinet vigetque Decreto promulgato in quo universa* CENSURÆ *Editio, unà cum archetypo eius exemplo suppressa atque usui, publico subtracta fuere.* Sistimus eius verba quæ dum inviti legimus, nimirum ut optima fide huc transcribamus, ipsæ nobis furtivi libelli paginæ erubescere quodammodo videntur (4).

Qua vero eiusdem auctor confidentiâ, immo qua fronte viro ingenuo ac veritatis, si quis unquam uspiamve ac patrii decoris amantissimo eam iniuriam irroget, solus ipse viderit ac secum reputet, in cuius unius cor tantum scelus ascendisse potuit. Atqui impunè alias

Nec semel hoc fecit, nec si retractus erit iam
Fiet homo,

ut cum Horatio loquar; atque idem, vel nunc, id est, postquam sumta modò, modò detracta larvâ immerentem patriam Hispaniamque atque Europam pæne universam putidissimis conspurcavit mendaciis fidem sibi deinceps absque sponsore idoneo adhibendam sperat. Mayansius quid in eius CENSURÆ editione præstiterit bona fide edocet, et vel manifesta autographi errata in apographum suum transtulisse affirmat, quæ tamen postea dum opus ederetur, ne illud deformarent, emendare necesse habuit (5): ab implendis item lacunis, nisi quarum implendarum unica ac certissima via erat, religiose abstinuisse, piosque Nicolai Antonii manes ne in re quidem minima vexâsse perhibet (6): quæ nisi probo ac spectato viro affirmanti credimus, Historicorum fidem communemque vitæ societatem è medio tollere necesse est. Verum si alia desint omnia, unum eius *Censuræ* Nicolai Antonii autographum in Regia Palatino-Matritensi Bibliotheca servatum furtivi libelli auctorem inconsiderantiæ ac temeritatis, immo etiam falsitatis calumniæque reum perpetuo arguet et convincet.

De pœnis autem quas merito Mayansium luisse subdit, ac de Regio quod adhuc nunc vigeat decreto adversus eum promulgato, miserendum homini levissimo potius quam imputandum censeo. Atque is quidem priorem tantùm fabulæ actum spectasse videtur, in quo Mayansium *Censuræ* editionis occasione plurima atque acerba ab invidis et obtrecta-

(1) Meminit huius Operis in Biblioth. Vetere Lib. VII. cap. I. n. 6. huius Edit. T. II. p. 2. col. 2. fin.
(2) Tom. II. pag. 150. col. 1. Romanæ Edit. n. 186. huius autem pag. 228. col. 1.
(3) De hoc opere Mayansius in vit. Nic.Ant. §. 88. atque in eiusdem vitæ fine.
(4) *De q. resulta* (inquit in eius libelli pag. 65.) *q.* con el nombre de *un Autor muy Grave se finge un Libro haciendo en el contra su sentir Expresiones importantes solo á las particulares Ideas y Empeños de los que manexan la Impresion: q. la Experiencia à acreditado en nros. tiempos con el* Libro de la Censura de Historias Fabulosas *q. con el Titulo* de Obra Posthuma del mismo *D. Nicolas Antonio, adelantando la Licencia q. se havia tomado Martí su Mro. imprimio en Valencia en 1742. el referido D. Gregorio Mayans, el* (pag. 66. *qual aviendo adulterado unos M. S. de dho. D. Nicolas, è intercalado en ellos Muchas Expresiones contra la verdad, y aun contra el Honor de la Nacion; merecio el Justo Castigo y Censura del Decreto Real en q. se mandò prender toda la Impresion del dho. Libro con el Original* (*cuya execucion se cometio en Madrid y en Valencia à los Alcaldes de Casa y Corte*) *prohibicion que hasta hoy subsiste* &c.
(5) In eius vit. §. 121. (6) §. 114.

ctatoribus, constanti tamen atque invicto animo, pertulisse verè atque ex fide populo narratum fuit. Namque Regii Castellæ Senatus-consulto x. Cal. April. MDCCXLIII. centum et ultra quos possidebat MS. codicibus momento temporis spoliatus, suppressa *Censuræ* editio, ac demum Ipse, quod omnium caput erat, apud eundem Senatum, atque apud violatæ Fidei Patres suspectæ Religionis postulatus fuit. Brevi tamen interfuit Deus qui nodum tanto vindice dignum solveret. Vix trimestre spatium intercessit, cum MS. Codices optima fide nullaque Mayansii impensâ Eidem restituti, permissa absque offensione *Censuræ* Editio, reiectæ criminationes, ac novo Regii Senatus-consulto XXII. Octobris eiusdem anni, prius illud inductum atque abrogatum fuit. Rem universam quoque gesta est ordine narrat Ioannes Christophorus Strodtmanus Gymnasii Osnabrugensis Rector in Mayansii vita, ad quem remittendus et quasi manuducendus erat furtivi libelli auctor, ut tandem aliquando saperet atque altius pedem in scribendo figeret; interea tamen Strodtmani periochen quæ propiùs nos spectat (1), novissimique omnium Regii Senatus-consulti super eo negotio promulgati exemplum (2) nostræ assertionis prædem optimum sistere sufficiat. Quæ de Nicolao Antonio, eiusque scriptorum occasione de Cl. viro, cive, ac singulari dum vixit amico et studiorum meorum fautore Gregorio Mayansio præmonenda duxi.

c

(1) Ioann. Christoph. Strodtmanus in vit. Greg. Mayansii Wolfenbuttelæ MDCCLVI. n. 148. *Denique vix tertius mensis* (inquit) *completus fuit, cum Valentiæ pridie Calendas Iulias anni* 1743. *omnia manuscripta restituta fuerunt Gregorio Mayansio et ea quidem intacta, ita iubente Supremo Consilio Gubernationis* (Sala primera de Gobierno) *quod absque ullo Mayansii sumtu id fieri voluit, atque ita ut iussum est executioni mandatum fuit.* Num. 149. *Supererat tamen* (pergit) *difficultas recuperandi Nicolai Antonii Censuram Historiarum fabulosarum ::: ac tandem aliquando de Supremi Gubernationis Consilii sententia librorum restitutio facta fuit, decernente ac declarante illo Senatu* VIII. *cal. Novembr.* MDCCXLIII. *ita fieri debere absque ullo Mayansii sumtu, etiam si præcesisset iussum contrarium Cardinalis Molinæ Episcopi Malacitani Gubernatoris Consilii Regii* &c.

(2) ‘D. Miguel Fernandez Munilla Secretario del Rei nuestro Señor de Camara, el mas antiguo, y de Govier-
,no del Consejo: Certifico que haviendose visto por los Señores de èl el Expediente causado por D. Pedro Valdes
,y Leon Alcalde del Crimen de la Real Audiencia de Valencia en razon de recoger de poder de D. Gregorio Ma-
,yans y Siscar vezino de la Villa de Oliva todas las Obras, y papeles manuscritos que se le encontraron de D. Ni-
,colas Antonio Fiscal que fue del Consejo de Cruzada, para lo que precedio orden del Eminentissimo Señor Carde-
,nal de Molina Obispo de Malaga Governador del Consejo; y teniendo presente el Inventario de los aprehendidos
,y deposito que de ellos se hizo en poder de Juan Bantista Vergara, depositario de dicha Real Audiencia, quedando
,en poder del dicho D. Pedro Valdes el Quaderno impresso con Notas y Manuscritos de la Era de España, con lo
,que sobre todo se dixo por los Señores Fiscales: por Decreto que proveyeron en veinte y dos de este mes, man-
,daron *corra la referida Obra* (de la censura de Historias Fabulosas) *en el modo y forma* que salio à
,luz; y en su consequencia se levante el sequestro y deposito de su Impression, y demas Papeles, aprehendi-
,dos, volviendose uno y otro à D. Gregorio Mayans para que use de ello como le convenga y lo practicaba an-
,tes del sequestro: lo que participè al referido D. Pedro Valdes para su execucion en la parte que le toca, co-
,mo parece del citado Expediente y resolucion que por ahora queda en la Secretaria de Camara de Govierno de
,mi cargo. Y para que conste lo firmè en Madrid à veinte y seis de Octubre de mil setecientos y quarenta y
,tres. *Et subscribit*: ‘D. Miguel Fernandez Munilla: ==

ADDITIO,

In qua Emmanuel Marti nonnulla præfatur, quæ ad hanc priorem Bibliothecæ partem ſpectant.

[E Romana editione.]

IN huius operis editione id præſertim nobis obſervandum propoſuimus, ne ſcilicet concepta auctoris verba vel in re minima mutaremus; exceptis iis quæ (exſcriptorum ſive incuriâ, ſive ignorantiâ) ſolœca evaſerant, ac frequenti ſtribiligine afflata. Id enim in prole poſtuma neceſſarium apprimè exiſtimo; ne illatam ei à manu obſtetrice fraudem ſuſpicentur, aut dolo malo depexam, fucatamque. Iccirco lacunas aliquot quas auctoris manus non repleverat, parvo licèt negotio citraque laborem implere potuiſſem, eas nihilominus attingere religioni duxi, ne auctoris fidem violare quodammodo videretur. Nonnulla præterea, quæ in Pſeudo-chronicorum auctores, ſeu potiùs larvas acriter, ac liberiori calamo dicta fuerant, ut operi auferretur invidia, vel ablata penitus fuerunt, vel temperata.

Libro ſeptimo cap. 1. poſt numerum quintum notatum erat in autographo ad oram auctoris manu: *Hîc de Ebrethmo in folio volanti.* Sed folium illud abs dubio excidit, cùm ibi minimè reperiatur.

Monitum etiam lectorem volumus D. Nicolaum Antonium in animo geſſiſſe, ſtrenuam, nec brevem, inſtituere diſquiſitionem ad calcem huius Bibliothecæ veteris ſuper Pſeudo-Iuliani Chronico; ut in fine cap. octavi ac initio noni libri ſeptimi facturum ſe pollicetur. Sed id tam egregiè, tot rationum momentis, tanto criſeos pondere, duobus integris capitibus ibi præſtitit, ut vel deperditi, vel non ſcripti opuſculi iacturam, minus ægrè ferre valeamus.

Scriptores Arabes ex Hiſpanæ Bibliothecæ corpore, ubi priùs collocati fuerant, avulſit, ac in alium tranſtulit locum; in Bibliothecam ſcilicet, quam iccircò Arabico-Hiſpanam indigitavit. Ex quibus illos excepit, qui abiurato veteri errore in Chriſtianæ militiæ caſtra tranſierunt. Idem de Scriptoribus Hebræis facere in votis habuit, ac peregit forſitan; ſed neſcio quo fato id opuſculum (quod aureum futurum fuiſſe nemo dubitat) vel deperditum eſt, vel alicubi latet inter blattas tineaſque. Cum enim ſemel ac iterum D. Cardinalis de Aguirre per literas petiiſſet, ut nobile illud Bibliothecæ membrum diligentiſſimè conquiſitum ad ſe tranſmitteretur, ſi forſan inter auctoris ſchedas deliteſceret; reſponſum eſt, opus illud, ſi fortè à D. Nicolao ſcriptum, ἐς κόρακας abiiſſe; cùm nullum eius veſtigium deprehendatur. Hanc Bibliothecæ partem Hiſpano-Rabbinicam appellavit plurimis in locis, ac præſertim libro ſeptimo cap. 1. num. 6. ubi Ionæ Ben Ganach & Iſaaci Cordubenſium, ac Iehudæ Barcinonenſis mentione opportunè facta, eos à præcipuo opere ſubmovet, ac in propriam Bibliothecam transferendos monet. Idemque repetit in fine capitis ſexti eiuſdem libri, dum de Hebræorum Hiſpanorum coryphæis Moſe Maimonide, eiuſque præceptore Ioſepho Ben Meir, Abrahamo Aben Eſra, Ioſepho, cum duobus filiis Davide & Moſe Kimkiis, ac Iehuda levita, in tranſcurſu loquitur.

Scriptores quorum ætas ignoratur, in unum Bibliothecæ angulum coegit, eorum nominibus alphabeti ordine digeſtis: quod etiam obſervavit in Bibliotheca Arabico-Hiſpana. Hæc ſunt, de quibus lectorem monere viſum eſt.

MO-

MONITA QUÆDAM

Ad Lectorem de opere & ipsius auctore.

[E Romana editione.]

I. PRodit in lucem nunc primùm BIBLIOTHECA VETUS HISPANA, sive recensio accurata illorum omnium Scriptorum, seu Auctorum, qui sub Hispano cælo nati, aliquid publicæ luci commisisse inveniuntur quâvis linguâ, ab ineunte imperio Octaviani Augusti, usque ad annum eræ Christianæ millesimum quingentesimum. Quâvis, inquam, linguâ: idest, non modò Latinâ & Hispanâ, sed etiam Græcâ, Arabicâ & Hebraica. Multos enim Hispanos in unaquaque ex iis olim plura scripsisse, & publicæ luci dedisse, constat perspicuis & exploratis veterum monumentis, suo loco proferendis.

II. Porrò Auctor huius BIBLIOTHECÆ VETERIS HISPANÆ nemo alius est, nec facilè esse potuit, quàm eximius ille vir, inexhaustæ eruditionis & infinitæ propemodum lectionis laude apud omnes homines doctos cuiuslibet nationis & instituti tandiu celebris D. NICOLAUS ANTONIUS. Natus Hispali anno huius sæculi decimo septimo & ibidem bonis avibus initiatus, studiis literarum humaniorum, & philosophiæ apud Dominicanos Hispalenses operam dedit: deinde ab ineunte adolescentia Salmanticæ accuratum studium utriusque iuris collocavit sub clarissimis præceptoribus, sed potissimùm sub D. Francisco Ramos del Manzano, diù primario Cæsarei Iuris professore, ac celebri Scriptore, qui postea summus Philippi IV. Regis consiliarius, ac tandem Caroli II. Monarchæ magister fuit. Porrò Nicolaus inter innumeros ferè auditores eiusdem gymnasiarchæ, præcelluit usque adeò, ut adhuc florente iuventute, in lucem miserit Antuerpianis typis egregium illud opus, *De exsilio*, sive *De pœna exsilii*, *exsulumque conditione & iuribus*, tribus libris contentum, quod ubique locorum distractum fuit, non absque laude auctoris.

III. Deinde plura & maiora volvens animo, præsertim ad historiam, polymathiam & criticen librorum omnis ferè generis & disciplinæ spectantia, rediit Hispalim, atque ibidem in secessu, & procul ab omni ferè sæculi cura, immersus studiis, potiorem vitæ partem traduxit, præsertim apud regium monasterium sancti Benedicti Hispalensis, ubi & copiosam librorum supellectilem nactus fuit è Bibliotheca Rev. Patris Magistri Benedicti de la Serna, abbatis eiusdem monasterii, & decani facultatis theologicæ apud Salmanticensem Academiam, ubi per plures annos theologiæ doctor celebris & professor exstiterat.

IV. In eo igitur secessu Nicolaus, tum inventis eiusdem monasterii libris, tum conquisitis undique locorum, nec solùm ex reliquis bibliothecis eiusdem nobilissimæ urbis Hispalensis innumeris aliis eò confluentibus terrâ marique, post ingentem paraturam, ut Tertullianicè loquar, rei librariæ, & omnimodæ eruditionis, aggressus fuit Herculeum opus Bibliothecæ Hispanæ, eiusque magnam partem ibidem elaboravit, & adhuc affectam secum attulit Romam ann. MDCLIX. quò ablegatus fuit iussu Philippi IV. Regis Catholici, ut negotia ad eandem Coronam spectantia in Hispania, utraque Siciliâ, & tribunalibus sanctæ Inquisitionis curaret Romæ, titulo Agentis generalis. Id autem accuratissimè obivit per duodeviginti annos cum magna prudentiæ, doctrinæ & integritatis opinione apud omnes. Carissimus ibidem fuit ob dexteritatem, maturitatem, & alias egregias animi dotes, oratoribus Maiestatis Catholicæ, præsertim Ludovico Ponze de Leon, Cardinali Aragonensi, D. Petro Aragonensi, Marchioni Astoricensi, Cardinali Nitardo, & Marchioni del Carpio, in quorum secretioribus consiliis liberè, & modestè simul sensum suum protulit.

V. Cùm autem toto eo tempore apud Romanos Pontifices, Cardinales, Principes & quoslibet alios viros graves, aut eruditos cuiuslibet nationis & instituti, restituisset integram, & numeris omnibus plenam vitæ, morum, ac doctrinæ suæ existimationem, non propterea sibi quicquam utilitatis aut honoris, vel redituum, præsertim Ecclesiasticorum, petiit. Eâ nimirum fuit animi magnitudine, & ita liber ab omni quæstu ac philargyria, ut contentus semper esset mediocribus illis stipendiis, quæ sibi ratione illius officii publici à Regibus Hispaniæ consignata erant. Verùm prædictus Cardinalis Aragonensis, qui pollebat gratiâ speciali apud Alexandrum VII. passus non fuit tam insignem virum anguste vivere, aut strictis facultatum legibus subiacere. Quare ipsi nihil cogitanti impetravit ab eodem Pontifice Canonicatum Ecclesiæ gravissimæ Hispalensis, cuius fructus de cetero percepit. Quibus certè usus non fuit ad divitias comparandas, aut scrinia auro implenda, sed duntaxat ad opera pietatis, & praeterea ad emendum undique exquisitos cuiuslibet generis libros, quibus bibliothecam insignem, & fortasse nulli alteri Romanarum (exceptâ Vaticanâ) inferiorem instruxit, usque ad triginta circiter millia exemplarium, seu corporum, ut aiunt.

VI. Tanta voluminum accessione, & pertinaci studio tot annorum in Urbe, ultra illos, quos in Hispania duxerat, tandem elaboravit integrum opus, verè Herculeum, Bibliothecae Hispanae, quatuor voluminibus in folio, ut aiunt, comprehensum. Duo priora illorum edidit Romae, quibus accuratè recensuit omnes illos auctores Hispanos, qui aliquid publicae luci commisisse inventi sunt ab anno Christi millesimo quingentesimo usque ad annum circiter millesimum sexcentesimum septuagesimum. Itaque duo illa volumina ubique locorum sparsa, vivente ipso auctore, solùm exhibent notitiam accuratam, & crisin recentium Hispaniae Scriptorum, qui floruere postremis hisce duobus saeculis: quapropter titulo Bibliothecae novae Hispanae iure insigniri possunt, & debent, si fortè de cetero recudantur. Duo autem posteriora volumina, quae auctor ipse nondum omnino perfecta in quibusdam locis reliquit, duntaxat exhibent scripta Hispanorum omnium veterum, idest illorum, qui floruere spatio quindecim saeculorum, nimirum ab imperio Octaviani Augusti, usque ad annum Christi millesimum quingentesimum. Unde his duobus voluminibus, nunc primùm in publicam lucem prodeuntibus, iure titulus datur BIBLIOTHECAE VETERIS HISPANAE.

VII. Longum autem esset enarratu dicere quot tempora, quot impedimenta & dilationes occurrerint tam insigni operi edendo. Satis sit indicare, seu breviter dicere, insignem illius auctorem post editos Romae duos illos priores Tomos Bibliothecae Hispanae, & obitum ibidem munus praedictum Agentis regii cum summa laude per annos circiter viginti, rediisse in Hispaniam, iussu Catholici Monarchae Caroli II. ut sederet Matriti inter consiliarios regii Senatûs Cruciatae, ut vocant, cui & interfuit summa integritate ac fide usque ad obitum. Quamvis enim multi dicant in quodam eius scrinio inventum fuisse diploma regium, quo electus fuit consiliarius supremi Iustitiae Senatûs: id certum est, Nicolaum nostrum reipsâ non pervenisse ad id munus exercendum: an modestiâ singulari, an praeterea vehementi desiderio maioris otii & recessûs in Senatu illo minùs oneroso, ad perficiendum & expoliendum hanc partem Bibliothecae suae veteris, cui immortuus fuit Matriti anno MDCLXXXIV. ineunte vere, epilepsiâ vehementi abreptus. Decem circiter diebus ante obitum, admonitus per literas à quodam amico circa nonnulla spectantia ad opus istud, scripsit propria manu longam & eruditissimam epistolam ad ipsum eâ de re, quae casu interiit, aut saltem nondum apparuit, & dignissima esset quae in lucem proferretur. Sed fortassis tandem apparebit aliquando inter varias schedas aut epistolas, vel adversaria D. Cardinalis de Aguirre, olim eius condiscipuli Salmanticae in studio iurisprudentiae, ad quem scripta fuit. Porrò cùm Nicolaus praeter librariam supellectilem, quam magnis sumtibus Româ secum Matritum asportaverat, nullas omnino divitias aut facultates, aut mobilia pretiosa reliquerit, quin potiùs alieno aere gravatus obierit, nepotes ipsius ex sorore, simul & heredes D. Adrianus Conique & ipsius fratres Canonici Salmanticenses, pariter aere alieno onerati, nullatenus potuerunt hanc posteriorem Bibliothecae partem edere, quamvis saepè id tentaverint multiplici via.

VIII. Unde iis tandem visum est mittere Romam opus ipsum Bibliothecae veteris propria auctoris manu scriptum ad praedictum Eminentissimum D. Cardinalem de Aguirre, si fortè auctoritate sua, aut sumtu proprio illud tandiu desideratum ab omnibus, edere dignaretur. Ipse autem, ut est literarum amans, & munificus erga omnes eruditos, ac dignus aestimator scriptorum D. Nicolai Antonii, quem impensè dilexit, & per epistolas saepè convenit, paulò ante obitum ipsius libentissimè id oneris in se recepit. Quare nulli parcens labori aut sumtui, erexit à fundamentis Romae officinam typographicam elaboratis characteribus Graecis & Latinis varii generis eleganti forma. Typographum autem elegit Antonium Rossi Venetum, satis industrium artificem, qui & ipse antea curaverat editionem quatuor voluminum *Collectionis Maximae Conciliorum Hispaniae &c.* ab eodem D. Cardinali in lucem editae. Ut autem editio haec accuratissima & correctissima esset, idem D. Cardinalis, illam dirigendam plenè & omnino curandam commisit Bibliothecario & convictori suo D. Emmanueli Marti, natione Hispano & patriâ Valentino, satis noto Romae ob singularem eruditionem Graecam & Latinam, qui ingenti cura & pertinaci labore duo haec volumina Bibliothecae veteris fidelissimè edenda & corrigenda curavit, ac praeterea ad marginem quibusdam locis adiecit notulas aliquot opportunas eiusdem Cardinalis nomine. Si qua autem plura circa auctorem, aut opus ipsum Bibliothecae Hispanae, praesertim huius veteris, quae nunc primùm prodit, praefari oportuerit, seu praemonere lectoribus, idem D. Emmanuel Marti in se recipiet, prout opportuniùs ipsi fuerit visum.

Εἰς τὴν τοῦ Νικόλεω Ἀντωνίου Βιβλιοθήκην τῶν τῆς Ἱσπανίας Συγγραφέων, εἰς φῶς δοθεῖσαν σπουδῇ τοῦ ἐνδοξοτάτου Καρδινάλεως τοῦ

ΙΩΣΗΦΟΥ ΣΑΕΝΖ Α'ΓΥΙΡΡΕ.

Ἔσχατον Εὐρώπας μεγαθύμων ἔθνος Ἰβήρων,
Νάοντες γαῖαν βώλακι βριθομένην·

Τὰν Δούρου περιάρδει ὕδωρ γλυκὺ ἀνθεμόεντος,
Χρύσεα πλουτίζει τάνδε Τάγου ψάμαθος·

Δέξατε εὐμενέως τοῦδ' ἀνέρος ἔσχατα δῶρα,
Τοῦ πρόσθεν γ' ὔμμιν πόλλα χαρισαμένου·

Ὑμετέρων τε βίους Γραφέων νῦν δέξατε πάντων,
Τούσδε πόνους λογίου δέξατε ΝΙΚΟΛΕΩ·

Τοὺς ἀνὴρ ὔμμιν πέμπει περίσημος Α'ΓΥΙΡΡΗΣ,
Τιμάσας φίλον κἂν χθονὶ κευθόμενον·

Τοὺσδε φρενὸς σοφοῦ ἀνδρὸς ἑοῖς ἐνεδέξατο κόλποις
Παῖδας, τοῖς ἰδίοις ἶσα τόκεσσι φιλῶν·

Οὐ γὰρ τῶν νεκρῶν ὀλίγη χάρις ἐστὶν ἐν αὐτῷ·
Ζῶντα φίλον τιμᾷ, καὶ νεκροῦ οὐκ ἔλαθεν·

Καὶ νῦν Ἱσπανοὶ μενεχάρμαι, ὅσσοι ἄριστοι,
Χαίρεθ', ὅτι καθαρὰν ἕξετε ἱστορίαν·

Τὰν γὰρ ταῖς ἰδίας φρενὸς ἰδμοσύνῃσι πεποιθὼς
ΝΙΚΟΛΕΩΣ, μύθους θάρσεας ἐξεβάλων,

Παντοίων ἐκάθηρε δολῶν, κ' ἀψεύδεα θῆκεν·
Τόσσος ἀλαθείας τὸν κατέλαμψεν ἔρως·

Τὰν ῥὰ βεβήλωσεν μένος ἀνδρῶν οὐδενοσώρων,
Θηρώντων δόξαν ψεύδεσι τὰν ἄδικον·

Νήπιοι, οὐκ ἴσασιν, ὅτι ταχὺ τὸ κλέος ἔρρει,
Τὸ κτήσαντο βροτοὶ ταῖς ἀπάταισι νοῶν·

Νῦν τῶν ψευδολόγων κλέος ὄλλυται, ἤδε καὶ εὐχή,
Τᾷ ἔφασαν, δεῖλοι, ζώεμεν ἀΐδιοι·

Αὔταρ ΝΙΚΟΛΕΩ ἐσθλὸν κλέος οὔποτ' ὀλεῖται,
Οὔποτε δυνόμενον δέρξεται ἠέλιον·

Τοῖος γὰρ πρόφρων οἱ ἐπίρροθος ἐστὶν Α'ΓΥΙΡΡΗΣ,
Ὅς δύναται λαθὰν ἐξέλασ' εἰς ἔδαφος·

Ὥστε γὰρ οἱ αὐτῷ ἔπορεν κλέος ἄφθιτον αἰεί,
Οὕτω κ' ἀΐδιον κλεῖος ἔδωκε φίλῳ.

Ἰοάννης Βαπτιστὴς ὁ ἐκ τῶν Μιρῶν Κασίνας·

De Bibliotheca Scriptorum Hispaniæ D. NICOLAI ANTONII, quam in lucem emittit Eminentissimus Cardinalis

IOSEPHUS SAENZ DE AGUIRRE.

GENTES magnanimæ quæ Europæ extrema tenetis,
Quæ ditem glebis rastro agitatis humum:

Durius irriguam reddit quam floridus amnis,
Aurea quam pulcri ditat arena Tagi;

Excipite hæc vobis rursus, quæ munera mittit
Vir, qui iam vobis munera prima tulit.

Scriptorum vestrûm Vitas nunc porrigit omnes;
Queis modo NICOLEI fama labore redit:

Inclytus has vobis præbet generosus AGUIRRES,
Extinctum decorans debito honore virum.

Eius nam mentis prolem suscepit alendam,
Atque parem voluit fœtibus esse suis.

Nam magno & vitâ functos dignatur honore,
Quorum post etiam funera durat amor.

At nunc, Hispani, subeant nova gaudia vobis,
Nam tandem historia vestra fidelis erit.

Hanc etenim propria confisus mente sagaci,
Dum figmenta hominum reiicit, atque dolos

NICOLEUS varios, puram veramque reliquit:
Veri namque ipsum magnus agebat amor.

Namque profanare id voluit gens perdita, cuius
Laudem non æquis carpere, cura, dolis.

Stulti non novêre brevi, quod gloria cessat,
Quam mentis pravâ fraude habuere viri.

Fallaces homines! periit modo gloria vestra,
Quam sperabatis vivere perpetuam.

At bona NICOLEI nunquam laus ipsa peribit,
Semper sed solem cernet inocciduum.

Ipsi magnus opem ad famam nam præbet AGUIRRES
Qui poterit lethem funditus obruere;

Namque sibi ut nomen iure immortale paravit,
Sic æternum alios nomen habere finit.

D. Io. Baptista de Miro monachus Casinensis.

INDEX AUCTORUM
QUI IN HOC PRIMO TOMO CONTINENTUR.

ASTERISCO NOTATI, SUPPOSITITII VEL FALSO HISPANIÆ ATTRIBUTI; QUI VERO CURSIVO CHARACTERE EXARANTUR ADDITI A NOTATORE IN HAC EDITIONE SUNT.

A

B

C

D

E

F

G

H

I

Iu-

L

M

NE-

N

O

P

Q

R

S

T

V

NICOLAUS ANTONIUS HISPALENSIS I.C. ORD. S. IACOBI EQUES, *in Patria Ecclesia Canonicus Regius Consiliarius Regiorumque in Urbe, et Romana Curia Procurator Generalis natus XXXI Julii, ann. MDCXVII denatus ineunte vere MDCLXXXIV*

Utraque TE VETUS et NOVA BIBLIOTHECA parente
Gaudet, & Hesperium promovet Orbe decus;
REGIA iure igitur bene BIBLIOTHECA merentis
Os habitumque Orbi sistit in aere tuum.

BIBLIOTHECÆ VETERIS HISPANÆ,

SIVE

SCRIPTORUM HISPANÆ GENTIS, QUI AB OCTAVIANI AUGUSTI IMPERIO USQUE AD ANNUM ECCLESIÆ TRECENTESIMUM FLORUERUNT,

LIBER PRIMUS.

CAPUT PRIMUM.

Primum esse IULIUM HYGINUM *Augusti libertum, & qui agmen ducit in scriptoribus Hispanis. Vita eius ex Tranquillo. Patria. Cornelii Alexandri dicti Polyhistoris sectator fuit. Caius Licinius, cuius* HYGINUM *familiarissimum fuisse Suetonius ait, C. Asinius Pollio verius fuerit. Columellæ sensus exponitur. Fabularum* HYGINO *adscriptus liber non certò eius est; nec item* Astronomicum Poeticum *Marco Fabio Quintiliano forsan dicatum. Certiora eiusdem opera quæ perierunt ex veteribus laudatoribus commendantur.* Propempticon *quid? Quisnam auctor* Gromatici*, & alterius* De limitibus *librorum* HYGINO *seu* HYGENO *attributorum.* Groma*, seu* Gruma*, quid?* HYGINUS De castrametatione *idem cum proximè dictorum operum auctore forsan auctor. De* TURANNIO GRACULA*, atque eius opere quodam Geographico.*

PRIMUS est C. IULIUS HYGINUS, quem in Hispanorum Scriptorum censum, veteris ævi monumenta consulentes, referre possimus. Cuius memoriam nullis aliis potioribus consignare hìc verbis dabitur, quam his Suetonii Tranquilli ex libello *De illustribus Grammaticis*: C. IULIUS HYGINUS *Augusti libertus, natione Hispanus, etsi nonnulli Alexandrinum putant, & à Cæsare Romam advectum Alexandriâ captâ. Studiosè & avidè imitatus est Cornelium Alexandrum Grammaticum Græcum, quem propter antiquitatis notitiam* Polyhistorem *multi, quidam* Historiam *vocabant. Præfuit Palatinæ Bibliothecæ, nec eo secius plurimos docuit; fuitque familiarissimus Ovidio Poetæ, &* C. Licinio *Consulari historico, qui eum pauperem decessisse tradit, & liberalitate sua, quoad vixit, sustentatum. Huius libertus fuit Iulius Modestus, in studiis atque doctrina vestigia patroni secutus.* Inhærebimus & nos his Suetonii vestigiis, elogium ut explanemus, Hyginumque simul meritis prosequamur laudibus. *Hyginum*, non *Higynum* aut [a] *Higinum* vel [b] *Iginum*, scribi debere notat Vossius [c]: rectè; quemadmodum enim ab ὑγίεια per syncopen ὑγεία dicitur, sic planè ab ὑγιεινός fit ὑγεινός. Ita est in lapidibus exaratum [d]: *Caius Iulius Hyginus Augusti libertus*, Octavii scilicet, qui ex testamenti & adoptionis lege Iulii Cæsaris magni avunculi [e] nomen ferebat. Inde *Iuliæ* dictæ leges quas idem tulit Augustus *De adulteriis*, *De maritandis ordinibus*, *Sumtuaria*, *De ambitu*, aliæque. *Natione Hispanus.* Id credunt, magis quàm Ægyptium esse, ex Alexandria capta advectum à Cæsare, noviores [f], præcipueque Hispani.

2. *Studiosè & avidè imitatus est Cornelium Alexandrum Grammaticum Græcum.*

[a] Ita semper Barthius vocat. ad. Statii lib. 5. Silv. carm. 3. v. 74.

[b] Ita se reperisse in vetustissimis membranis scholior. in Virgilium ait idem ad Theb. 5. v. 153.

[c] *De Histor. Latinis*, lib. 1. cap. 20.

[d] *Thesauro inscript.* Gruter. Pag. 2. 1. P. 935.8. P. 1106. 4.

[e] Sueton. cap. 7. Dio. lib. 45. Aurelius Victor. in *Epitome*.

[f] Matamorus *De Academiis & doctis Hisp. viris.* Mariana lib. 3. c. ult. Vasæus in *Chronico* ad annum DCCXLV.

Is eſt Alexander ſive Mileſius, quod Suidas; ſive Cotyæus ex Phrygia minore, quod [g] Stephanus & Etymologus [h] aiunt, Cornelius cognominatus à Cornelio Lentulo, cuius fuit ſervus, interimque pædagogus, indeque libertus, more uſitato aſſumendi patronorum nomina. *Vir acutus* (Alexander hic) *& variæ ſcientiæ, ac Græcorum iis notiſſimus, qui non dicis cauſâ & perfunctoriè fructum cepere ex ſtudiis:* laudatus ſic ab Euſebio *De præparat. Euangelica* lib. 9. cap. 17. de quo, & eius ſcriptis multa collegit Voſſius in *De hiſtoricis Græcis* commentario [i], & Ioannes Ionſius Holſatus in *Hiſtoriæ Philoſophicæ* ſuis *ſcriptoribus* [k]. Planè hic nominatus fuit *Polyhiſtor*, uti apud Suidam, Euſebium, Servium Grammaticum, & paſſim audit: dictus & *Hiſtoria*, quod apud Suetonium tantùm legimus; ſcripſiſſe enim dicitur, eodem Stephano auctore [l], περὶ παντοδαπῆς ὕλης τεσσαράκοντα δύο λόγους: hoc eſt *De omnigenis rebus libros quadraginta duos*, præter alia plurima & varia. Quare hi qui ad Hyginum noſtrum referunt Alexandri elogia iſta, quæ unà cum aliis tribuit huic non verò illi Suetonius, parum advertenter de re ſunt locuti: è quorum numero eſt Ioannes Vaſæus in *Hiſpaniæ Chronico* [m], & Stephanus Garibaius in *Compendio Hiſtoriali Hiſpaniæ*.

[g] De urbibus. V. κοτυαίων.
[h] Verbo διδάσκα. & verbo περιῤῥηδής.
[i] Lib. 1. c. 22.
[k] Lib. 2. c. 16.
[l] V. κοτυάιον.
[m] Ad annum DCCXLV.

Præſuit Hyginus Palatinæ Bibliothecæ, de qua nihil dicam poſt Iuſti Lipſii *De Bibliothecis* [n] Syntagma; ſiquidem vel Ioannes Lomeierus eidem Spartæ ornandæ mancipatus, iis quæ à Lipſio præoccupata erant nihil adiungere habuit [o]. Servus etiamtum forſan Bibliothecæ curam habuit; nam & lapides priſci munere iſto ſervos non dedignantur. Romanus [p] habet:

[n] Lib. 6. cap. 27. in fine.
[o] Lib. *De Bibliothecis*, c. 6. in fine.
[p] *Theſauri*, pag. 584. 6.

SVLPICIÆ
THALLVSÆ
ANTIOCHVS TI. CLAVDI
CÆSARIS A BIBLIOTHECA
LATINA APOLLINIS
CONIVGI SVÆ
BENEMERITÆ.

Atque alius item [q].

[q] Pag. 578. 5.

L. VIBIVS AVG. SER. PAMPHILVS
SCRIBA
LIB. ET A BIBLIOTHECA LATINA
APOLLINIS.

Palatinam utrobique intelligo, quam templo Apollinis Palatino coniunctam fuiſſe Suetonius auctor eſt [r].

[r] In Auguſto cap. 29.

3. *Nec eo ſecius plurimos docuit.* Fortè in Palatio ipſo; nam & aliis eiuſdem Grammaticæ profeſſionis propter artis excellentiam indultum fuiſſe legimus, ut ibi docerent. Suetonius ipſe de M. Antonio Niphone, & Verrio Flacco refert in libello iſto *De illuſtribus Grammaticis*. Erant enim per totam urbem ſcholæ Grammaticæ, magnique habebantur eiuſdem profeſſores, ut ex eodem conſtat Commentario.

4. *Fuitque familiariſſimus Ovidio Poetæ, & C. Licinio Conſulari hiſtorico.* De primo nihil habeo quo confirmem Tranquilli narrationem. C. Licinius autem quis fuerit dubitari video. Voſſius legendum exiſtimat: *C. Aſinio* (*Pollioni* ſcilicet) ei, qui cum Cn. Domitio Calvino Coſ. fuit anno DCCXXIII. (immo DCCXIII.) (1) ac hiſtoriam condidit belli civilis, de quo latè idem Voſſius lib. 1. cap. 17. Hanc ſuam coniecturam ſimul & Eliæ Vineti eſſe confirmat eodem lib. 1. cap. 10. ubi de Licinio Macro: de quo fortaſſe hìc ait locutum Suetonium, ſi vulgaris placeat ſcriptura. Nam & *Hiſtoriam* C. Licinius Macer, ſeu *Annales*, aut libros *Rerum Romanarum* ſcripſit, nuſquam tamen de Conſulatu eius legitur; immo Prætorium tantum virum, ne damnaretur, mortem ſibi conſciviſſe narrant Valerius Maximus [s], & Plutarchus in *Ciceronis vita*. Nec moriens is, vivo adhuc Cicerone accuſatore (qui & ipſe occiſus eſt nondum ſolide potito rerum Romanarum Octavio Auguſto) (2) potuit de Hygino Octavii liberto ac de eius morte ſcribere, ut Suetonius proſequitur. Quare veroſimilius videtur C. Aſinium Pollionem eſſe eum, de quo apud Tranquillum mentio, qui totis XLVII. annis æqualis fuit Octavii imperio, & octogenarius obiit, auctore Euſebio [t]; quique in aliquo ſuorum operum ſcripſerit pauperem deceſſiſſe Hyginum & liberalitate ſua, quoad vixit, ſuſtentatum: quod opus Aſinii Pollionis beneficentiæ in literarum amantes conforme eſt: cuius viri *hoc Romæ inventum* (ait Plinius [u]) *qui primus bibliothecam dicando* (hoc eſt, publici uſus faciendo) *ingenia hominum rem publicam fecit*. Summus quippe orator, & literarum ſtudioſus, quidnî tam variæ do-

[s] Lib. 9. c. 12.
[t] *In Chron.* Olymp. 195.
[u] Lib. 35. c. 2. item lib. 5. cap. 30.

(1) Immo verius DCCXIV: quod & Noſter agnoſcere videtur *infr. cap. II. n.* 23. Vid. Notat. temp. Auguſti. Io. Alb. Fabricii & Panv. Faſt.

(2) *Octavio Auguſto*. Aſſumto *Auguſti* titulo, id eſt poſt adoptionem delatumque ipſi Imperium, non amplius *Octavius*, ſed *Octavianus* dicendus, ut ap. Ciceron. *XV. ad Att.* 12. & *XVI. paſſ.* Sex. Aur. Victor. *De Cæſarib.* c. 1. & in lapidibus. A numis utrumque nomen exſulat.

doctrinæ hominem, qualis noster fuit, egenum non sublevaverit? Præter hos Virgilium quoque facilè admitteremus carum ac familiarem habuisse nostrum, si hæc verba Columellæ hunc sensum haberent. Enumerans auctor hic cap. 1. lib. 1. *De re rustica* Latinos huius argumenti scriptores post Catonem, duos Sacernas, Scropham Tremellium, & M. Terentium Varronem: *mox Virgilium* (ait) *qui carmine quoque potentem fecit* (agricolationem scilicet); *nec postremò quasi pædagogi eius meminisse dedignemur Iulii Hygini.* Magis tamen est, ut se ipsum Columella pædagogum agricolationis appellet, qui muneri suo intentus nomenclatorem eorum qui circa hoc argumentum versati sunt lectoribus agit. De Iulio Modesto Hygini liberto, quod Suetonius adiungit, non est cur simus nimium soliciti. Abunde est scire Agellium lib. 3. cap. 9. secundum eius librum *Quæstionum rerum confusarum* commendasse; atque item librum eius *De feriis* Macrobium lib. 1. cap. 4. 10. & 16. eundemque sæpiusculè à Charisio Grammatico laudari absque ulla operis nota. Si autem post ampliatam Tranquilli narrationem quæras à me quidnam de Hygini patria censeam, vix erit ut in re illo iam tempore incerta plusquam coniectando agam. Suadet quidem Alexandrinum fuisse, hoc est Græcanicæ urbis & linguæ hominem, amor quo prosecutus Alexandrum Polyhistorem Græcum dicitur; ex altera parte Hispanam, hoc est Latini orbis originem, Latinè semper ipse commentatus confirmare mihi quodammodo videtur. Vix enim potuit inter Græcè loquentes natus adeo oblivisci patriæ, ut non aliqua è tot commentariis, quæ iam producimus, vernaculo sibi sermone conficeret. Scripsit namque Latina Opera plurima, quorum minima pars edacem temporis effugere dentem valuit (1). Quæ quidem supersunt Hygino inscripta hæc sunt.

5. *Poeticum Astronomicum*, quod Ioannes Soter primus forsan Coloniæ publici iuris fecit anno MDXXXIV (2). rursusque Basileæ Hervagius, cum aliis scilicet Palæphato, Fulgentio, Phurnuto, Albrico, Arato, & Proclo, anno MDXXXV. iterumque MDXLIX. Item Episcopius MDLXX. quas editiones Gesneri epitomator laudat. Parisiis quoque Guilielmus Iulianus MDLXXX. in 8. si Draudi fides non vacillat. His posterioribus omnibus ab Hervagiana prima editionibus, nisi fallor, præfertur *Poetico Astronomico* eiusdem auctoris nomine insignis.

6. *Fabularum* liber, quem primus Iacobus Mycillus ex Codice quodam Longobardicis notis exarato, Ioannis Hervagii iam laudati Basileensis typographi hortatu ut in lucem ederet, cum *Astronomico Poetico*, emendavit disposuitque: ceteros auctores adiungens qui sive de fabulosis huiusmodi narrationibus, sive de figuris cælestibus, quod duorum Hygini operum argumentum est, scripserant. *Fabularum* hic liber sine *Astronomico*, unà cum Fulgentio, Iulio Firmico Materno, & Albrico, à Hieronymo Commelino, sive ex eius præmortui officina, prodiit anno MDXCIX. in 4. &, nì fallor, Genevæ MDCVIII. in 8. Cum omnibus quæ exstant, adcurante Ioanne Scheffero. Quibus accedunt Thomæ Munckevi Annotationes in *Fabulas*, Hamburgi apud Gothifredum Schulzen in 8. anno MDCLXXV. aut circiter.

7. Nec tamen Hygino auctori favens Mycilliani huius codicis inscriptio plene dùm persuasit viris doctis & sagacibus ab Augusti liberto illo famigerato ævi sui, hoc est elegantissimi, Grammatico, alterum ex his monumentis, *Fabularum* nempe librum, fuisse editum. Nempe ipsius Mycilli iudicio *nec purus est*, *nec elegans* (Fabularum liber) *adeò ut in quibusdam parum etiam Latinus videri queat.* Philologus & criticus nostri temporis magnus Gaspar Barthius has Fabulas epitomen esse credidit ab aliquo confectam ex Hygino & aliis, lib. 4. *Adversar.* cap. 11. & lib. 10. cap. 12. ab Aviano scilicet. Quod idem innuit lib. 8. cap. 6. in fine: quibus duobus locis quamplures ex hoc libro phrases verbaque parum usitata aliis, ei tamen passiva, nec sine ineptorum nota observat; quamquam plura etiam ex his commendet. Nec aliter Thomas Reinesius, exacti iudicii, atque eruditionis vir multiplicis, qui lib. 3. *Var. lectionum*, cap. 11. [x] nonnulla in hoc libro *Fabularum vix infima latinitate subsistere* (ait) *ac trivialem doctrinam sapere;* nec alio quàm *Pseudo-Hygini* nomine auctorem vocat. Et sanè mirum videri debet, cur Hyginiani operis non meminerint Latini scriptores qui

[x] Pag. 372.

A 2

(1) Veteris & Romani Scriptoris, qui eum diserte Hispanum facit, testimonio potius quam coniectoris standum. Io. Lud. Vives non Hispanum modo, sed *conterraneum suum*, id est *Valentinum* nominat *prælect. in Georg. Virg.* quod non temere à tanto viro dictum existimaverim.

(2) Prodiit primum Venetiis 1481 & 1485. curante Erhardo Ratholt; deinde ibidem ap. Aldum Senior. 1497. I. Alb. Fabric. *Bibl. Lat.* II. c. 1.

qui ex Fabulis eorum Ethnicos admonere suorum errorum connixi sunt, Lactantius, Arnobius, Minucius, Augustinus; nec item Fulgentius ille qui *Mythologico* suo quamplurimos unde profecit auctores, tam Græcos quàm Latinos laudat: quorum catalogum Mycillus editionibus Hervagianis præfixit. Tam celebrem scriptorem, si de eodem argumento elucubrasset, fugisse tot summorum literis virorum notitiam parum verisimile est. Utut sit, exstare hanc Epitomen omnium Poetarum magnopere interesse censet idem Barthius [y]. Inferioris temporis Ioannes Saresberiensis, qui lib. 11. *De nugis curialium*, cap. 18. Hyginum inter Astronomos qui prolapsi sunt ad Fabulas, appellat, *De Astronomico-Poetico* intelligi debet.

[y] Ad lib. 5. Theb. v. 233.

8. *De Astronomico* hoc *Poetico* forsan aliter sentiendum est; nec ideo quòd huius auctor *Genealogiarum* à se conscriptarum meminit, credendus est innuere voluisse *Fabularum* librum, uti postea monebimus cum de his *Genealogiis* agamus. Movet tamen scrupulum, quòd opus hoc M. Fabio dicatum fuerit, eidemque *scriptori*: quem Quintilianum esse cùm nomen indicat, tum professio; neque enim alius M. Fabius inter scriptores superioris usque ad Augustum à Quintiliano temporis memoratur. Scriptori dicatum opus constat ex his proœmii verbis: *Facilius etiam ex scriptis tuis perspici potuit*: scilicet Grammaticum non versuum modulatione tantùm, sed historiarum quoque varietate præstare debere. Quo loco videtur ad Quintiliani cap. 8. lib. 1. respexisse, ubi ad Grammatici officium pertinere ait historiarum enarrationem, quam Grammaticæ partem idem *Historicam* vocat sequenti capite, à *Methodica* distinguens; sive ad cap. 4. eiusdem libri, quo citra varias artes, in hisque siderum rationem, Grammaticam vix posse perfectam esse docet: de qua re Gerardus Ioannes Vossius cap. 3. *De arte historica* videri potest. Quare non dubitavit Raphael Volaterranus [z] Quintiliano fuisse inscriptum opus, sicut nec Populierius [a], quem Vossius laudat [b]. Hygini tamen opus agnoscere videntur S. Isidorus *De natura rerum*, cap. 17. & 18. & Honorius Augustod. lib. 11. *De philosophia mundi*, cap. 5. Quare hanc partem tuetur Barthius stupendæ lectionis vir non uno loco [c], sed à futilissimo quodam effarctore interpolatum; aliàs *si sanus esset, elegantissimum, & multorum aliorum*, qui inde profecerunt, *parentem*. Adiungendus Ioannes Saresberiensis *De nugis curialium* lib. 11. cap. 18. nuper laudato. Obscura res, & quæ maiori examine indigere videtur. Certiùs autem Hygini fuere, quæ hodie non supersunt, opera: hæc scilicet.

[z] Lib. 16. *Comment.*
[a] Lib. 5. *De historia.*
[b] Lib. 5. *De H. L.* cap. 20.
[c] Ad lib. 5. Silv. 3. v. 74. Ad lib. 4. Theb. v. 194. & 430. & ad lib. 7. v. 255.

9. *De vita rebusque illustrium virorum.* Agellius sextum huius operis librum adducit, C. Fabricii exemplum abstinentiæ inclytum commendaturus lib. 1. *Noctium Atticarum*, cap. 14. quem potiùs, quàm Hyginum ipsum, per me viderit Ioannes Saresberiensis, hoc ipsum Fabricii ex Hygino factum laudans lib. 5. *Polycratici*, cap. 7. Id quoque opus, nec diversum aliud, innuisse videtur idem Agellius quum lib. 7. cap. 1. Iulii Hygini, C. Oppii, aliorumque qui *De vita & rebus Africani* scripserunt, auctoritate utitur. Asconium Pedianum, qui ad Ciceronis *Pisonianam* commentatus L. Hyginum libro priore *De viris claris* de domo M. Valerio ædificata sumtu publico in Palatio Varronis testimonium afferentem laudat: iure huc reducimus, mutato prænomine *Lucii*, quod *L.* denotat, in *Iulii* nomen; prioremque librum, non quidem ut vulgò de altero ex duobus, sed de primo ex multis intelligentes: quod ex rectæ Grammaticæ regulis ac veterum usu Scriptorum esse, adversus Priscianum, Diomedem, Donatum, Servium, & è novioribus Laurentium Vallam ostendit multis eorum laudatis testimoniis Grammaticorum princeps Franciscus Sanctius Brocensis in sua *Minerva* [d] sive Grammatico opere. Sanctus Hieronymus Hygini hunc commentarium similiter agnoscit in proœmio *De scriptoribus Ecclesiasticis*; immo & Eusebius ab eodem conversus in Latinum in principio *Chronici* his verbis: *Quod & in libro Hygini historiæ singulæ conscriptæ declarant.*

[d] Lib. 2. c. 10.

10. *Exemplorum* liber Agellio visus, uti apparet ex his eius verbis è lib. 10. cap. 18. *Exstat nunc quoque* Theodectis *Tragœdia; quæ inscribitur* Mausolus, *in qua eum magis quàm in prosa placuisse Hyginus in* Exemplis *refert.*

11. *De urbibus Italicis* meminit Servius Grammaticus ad versum illum: *Caulonisque arces & navifragum Scylacæum*, lib. 3. *Æneidos*, cuius hæc verba: *Quòd secundùm Hyginum, qui scripsit de situ urbium Italicarum, olim non est*; atque iterum ad lib. 7. & Macrobius lib. 5. *Saturnal.* cap. 18. ubi de Pelasga Hernicorum origine: *Et Hernicum quidem hominem Pelasgum* (ait) *ducem Hernicis fuisse Iulius Hyginus in lib. 2. Urbium non paucis verbis probat.* Eoque habuit oculos de Ita-

Italia idem referens, & Iani in ea regno, cap. 7. lib. 1. Servius item ad 1. *Æneidos*, carmen istud:

——*Romulus excipiet gentem.*

Eapropter Hyginus inter auctores legitur, quibus Plinium fuisse usum ad conficiendos libros 3. 4. 5. & 6. Geographicos, ex *elenchis* eorundem librorum apparet.

12. *Genealogiarum* libri. Horum primi recordatur in *Poetico Astronomico*, ubi de Persei signo agens, *Grææ fuerunt* (inquit) *Gorgonum custodes, de quo in primo libro* Genealogiarum *scripsimus, quæ utraque uno oculo usæ existimantur.* Nec existimes hunc eundem esse oportere cum *Fabulis* commentarium. Multa enim continent *Fabulæ*, quibus *Genealogiarum* appellationem parum convenire fatendum necessario est. Nec in *Fabulis* mentio hæc de Græis Gorgonum, hoc est Medusarum, custodibus uno tantùm oculo utentibus (nisi duo me fallunt) hodie legitur; cùm commodùm ubi de Danae, eiusque hoc filio Perseo & Andromedæ liberatione, fabulis scilicet LXIII. & LXIV. de hac re agere debuerit. Quare non est cur *Astronomici* auctorem pro notho habeamus, ex eo quòd *Fabularum* auctori hanc notam impegimus. Satius fuerit *Genealogiarum* hoc *opus* Hygino Augusti liberto aliunde abiudicare, scilicet ex his quæ suprà in *Astronomici Poetici* mentione annotata à nobis sunt. Nam si Auctor illius operis M. Fabio fuit Quintiliano æqualis: idem affirmari de eo oportere qui *Genealogias* scripsit, proculdubio est.

13. *Commentarii in Virgilium.* Horum non semel aut iterum Agellius meminit lib. 1. cap. 21. *Hyginus autem non hercle ignobilis Grammaticus, in Commentariis quæ in Virgilium fecit confirmat, & perseverat non hoc à Virgilio relictum, sed quod ipse invenerit in libro qui fuerit ex domo atque familia Virgilii.* ——*Et ora*

Tristia tentantum sensu torquebit amaror.

Versus est ex lib. 2. Georgicorum 246. Ad hos ergo libros pertinuere etiam Commentarii. Libro quoque 5. cap. 8. lib. 6. cap. 6. lib. 10. cap. 16. & lib. 16. cap. 6. Sed in postremo isto Hyginum, *ex quarto librorum quos de Virgilio fecit*, citat. Macrobius hoc ipsum Hygini ultimum testimonium, quòd circa *bidentum* nomen est, ex Agellio desumsisse videtur, nisi quòd appellat [e] quintum pro quarto, qui apud Agellium legitur.

[e] Lib. 6. *Saturn.* cap 9.

14. *De proprietatibus deorum.* Debemus Macrobio huius Commentarii notitiam lib. 3. *Saturn.* cap. 8. his verbis: *Hyginus enim de proprietatibus deorum cùm de astris & stellis loqueretur, ait oportere his volucres immolari.*

15. *De Penatibus* liber. Macrobius item hunc laudat eodem lib. 3. cap. 4. *Addit Hyginus* (verba eius audis) *in libro quem de diis Penatibus scripsit.*

16. Προπεμπτικὸν *Cinnæ.* Quod Charisius Grammaticus [f] lib. 1. commendat opus prosaicum, ut ex adductis ex eo apparet verbis; quamvis *Propempticum* carmen illud Veteres dixere, quod cum aliquo libro aut homine mittitur, à Græco προπέμπειν quod *præmittere*, seu *deducere*, aut *prosequi euntem* sonat. Talis fuit Statii Papinii *Propempticon Metii Celeris* lib. 3. *Silvarum* Carm. 2. Helvii Cinnæ *Propempticon Pollionis*, cuius idem Charisius meminit [g]: *Propempticon Ampelii* ab Himerio editum: Sidonii Apollinaris *Propempticon ad libellum quendam suum.* De quo carminis genere Iulius Cæsar Scaliger videndus in *Poetica* [h]. Ioannes à Wower *Polymathiæ* cap. 13. descriptionem itineris Cinnæ hoc nostri *Propemptico* contineri existimat; Caius autem Helvius Cinna is qui *Propempticon* scripsit *Pollionis*, idem is videtur cuius *Propempticon* scripsisse nostrum Hyginum diximus. Nam Asinius Pollio, & Hyginus, & Helvius Cinna eiusdem temporis, scilicet Iuliani & Octaviani, sunt. De Cinna Virgilius *Ecloga* 9.

Nam neque adhuc Vario videor vel dicere Cinna
Digna, sed argutos interstrepere anser olores.

Eiusdem Tetrastichon de Arati *Phænomenis* in malva descriptis Isidorus refert lib. 6. *Originum*, cap. 12. Vossium consule de veterum Poetarum temporibus scribentem [i], quo libro de Latinis agit. Quòd autem in epitome legitur Gesnerianæ Bibliothecæ scripsisse in *Cinnæ Smyrnam* Hyginum nostrum, uti & L. Crassitium Pansam, nescio an solido nitatur testimonio.

[f] Verbo *Iteris.*

[g] Lib. 1. verbo *Belidis.*

[h] Lib. 3. cap. 104.

[i] Lib. 2. cap. 1. in fine.

17. *De Agricultura*, plusquam uno libro; nam secundum laudat idem Charisius Grammaticus lib. 1 [k]. & ante eum Columella idem opus innuit, ex quo nostrum laudat in libris *De re rustica*, præsertim cap. 1. lib. 1. cuius loci iam meminimus; & lib. 3. cap. 2. & lib. 11. cap. 2. Et ad hunc Geoponicum commentarium referri debet, quòd Plinius in *Elenchis* eorum omnium historiæ suæ librorum quibus de arboribus plantis & agricultura egit, nempe à lib. 12. usque ad 22. Hyginum inter auctores laudet per quos profecerit; sive alius sit qui *Elenchis* à Plinio confectis, ut ex procemio constat, aucto-

[k] Verbo *Radicium.*

ctorum attexuit quos consuluisset is catalogum.

18. *De apibus* liber, fortè huius *De agricultura* operis fuerit portio. Attamen Columella hunc disertè appellat lib. 9. cap. 13. *Hyginus quidem* (ait) *in eo libro quem De apibus scripsit*, &c. Idemque subintelligit de apibus agens lib. 9. cap. 2. 11. 13. 14. quorum testimonium primum laudem non contemnendam Hygini continet. *Venio* (inquit) *nunc ad alveariorum curam, de quibus neque diligentius quicquam præcipi potest quàm ab Hygino iam dictum est, nec ornatius quàm à Virgilio, nec elegantius quàm à Celso. Hyginus veterum auctorum placita secretis dispersa monumentis industriè collegit, Virgilius poeticis floribus illuminavit, Celsus utriusque memorati adhibuit modum.* Hæc annotare habuimus, quæ de Hygini lucubrationibus Veteres docuere nos, & ex his Vossius, qui *De historicis latinis*, lib. 1. cap. 20. huius hæc laudavit opera. Nec tamen omnia, ut suspicor; nam *De animalibus*, aut saltem *De avibus*, per me scripserit, qui in memoratis Elenchis nomen suum inter eos profitetur quibus usus fuit Plinius, dum *De animalibus volatilibus* lib. 10. atque item parvulis (insectos intellige) ac reptilibus lib. 11. commentaretur.

19. *De re militari* opus aliquod eidem tribuit Ioannes Saresberiensis Episc. lib. 6. *De nugis curialium*, cap. 19. quam siquis (de hac arte ait) ediscere voluerit, adeat Catonem Censorium. Legat & illa, quæ Cornelius Celsus, quæ Iulius Hyginus, quæ Vegetius Renatus posteris præscribenda duxerunt.

20. Hyginum certè aliquem, aut Hygenum, non verò nostrum, habet auctorem liber ille qui *Gromaticus*, sive *De limitibus constituendis*; & alter ille qui *De limitibus* inscribitur in editione Rigaltiana *Scriptorum qui de finibus regundis scripserunt*: qui duo libri hac auctoris appellatione notati leguntur. Nam in priore auctor disertè meminit Lucani, & in posteriore Vespasiani Traianique Augustorum, quòd non animadvertit Raphael Volaterranus [l]. At cùm *Groma*, sive *Gruma* mensura sit, seu metiendi instrumentum διόπτρα ἢ τῶν μέτρων, sive locus medius in quem directæ quatuor conveniunt viæ (quo verbo persæpè utitur opusculorum istorum auctor & alii *De limitibus* scriptores antiqui; ac *degrumari* apud Lucilium, sive *grumari* idem sit quòd μετρεῖν *metiri* [m]): nescio in quam huius opusculi editionem Gaspar Barthius incidit, quæ *Grammaticum*, non *Gromaticum* præseferebat uti ex lib. 2. cap. 20. *Adversariorum* apparet, quo percurrit aliqua ex isto libro, & iudicium suum de eo interponit. Nec tamen hic auctor Iulium vixisse Hyginum sub Antoninis existimavit, quod Gerardus Ioannes Vossius imputare ei videtur de scientiis Mathematicis agens [n], immo Hyginum, sive Hygenum *Gromatici* auctorem clarissimè distinguit ab Augusti liberto. Hyginus certè *De castrametatione*, sive *De castris metandis* scriptor (quem libellum Vegetio suo Scriverius attexuit [o]) diversi ab his duobus opusculi auctor idem videtur.

[l] Lib. 16. *Comment.*

[m] Vide Rigaltium in notis ad *Finium regund. auctores*, pag. 110.

[n] *De Matheseos nat. & const.* cap. 34. §. 8.

[o] Pag. 110.

21. Hygino æqualem, aut superiorem forsan, TURANNIUM GRACULAM Geographici cuiusdam operis auctorem existimo. Meminit quippe de eo Plinius, tum inter auctores, quorum *commentariis* adiutus fuit *rei Geographicæ*, in *Elencho* lib. 3. primo loco, & ante Cornelium Nepotem, Titum Livium, Agrippam, Varronem, & Hyginum ipsum recensens; tum in præfatione eiusdem lib. 3. unde nobis omne id constat, quod hoc nostro de cive scriptum superest. *Quindecim millia passuum* (ait) *in longitudinem, quas diximus fauces Oceani patent, quinque millia in latitudinem, à vico Mellaria Hispaniæ ad promontorium Africæ Album, auctore Turannio Gracula iuxtà genito.* Ex aliqua ergo Hispaniæ ad fretum Herculis, aut in vicina ora posita urbe fuisse is videtur; nec tamen obstinatè contenderim ex hoc Plinii testimonio Graculam necessariò Hispanum fuisse; cùm non minùs aptè de eo qui in Africa fuerit ortus Plinii verba explicari valeant. Is tamen, qualisqualis fuerit, Geographicum quidpiam publicitus dedit, unde Plinus profecerit: quo quidem opere intra Hispaniæ res continuisse stilum inde colligimus, quòd nonnisi in huius lib. 3. *Elencho* nomen eius appareat: quem librum ab Hispaniæ descriptione auctor exorsus, hac de causa ut suspicor ante alios auctores suos *Graculam* in dicto *Elencho* laudavit, non verò quòd ceteros, qui deinde nominati sunt, præcesserit.

CAPUT II.

LUCIUS CORNELIUS BALBUS *Gaditanus, historiarum scriptor sub Augusto. Duo eiusdem fuere nominis, patruus alter alterius. Gesta utriusque distinguuntur, suaque uniuscuiusque iis vendicantur. Velleii Paterculi locus exponitur. Plinius corrigitur. Romæ quis exterorum primus triumphaverit? Ioannes Baptista Salazarius antiquitatum Gaditanarum illustrator iusto encomio donatur.* Ephemeridem, *seu* Diarium *alterutrius, &* Exe-

Exegeticon libros famâ dumtaxat esse nota. In seniorem propendimus. Balbum Cornelium Theophanem Capitolinus non rectè dixit.

22. AD idem Augusti imperium ætatemque LUCIUM CORNELIUM BALBUM Gaditanum refero, historicum & scriptorem, nomine isto haud multis notum. Ferè enim cum scriptis eius memoria istorum obliterata est. Sed uter duorum eiusdem nominis huc sit à me advocandus, ante omnia quærentibus morem geram, expressis quàm possim breviter utriusque notis, rebusque eorum gestis curiosè distinctis: quod nescio ante me aliquis an præstiterit, excepto uno Ioanne Baptista Salazario Gaditanæ Ecclesiæ Portionario, in eo præstantis eruditionis quantumvis parvæ molis libro quem *De Gaditanæ urbis antiquitatibus* vernaculo sermone in publicum edidit, post quem nec inutilis nostra opera erit. Deinde verò laudatis alterutrius eorum scriptis, de auctore id quod potis ero coniecturâ assequi, in medium proponam.

23. Duo sanè Lucii Cornelii Balbi fuere, secundusque prioris ex fratre nepos, Gadibus uterque natus, Romanus uterque civis, munerumque reipublicæ gestorum, & clararum necessitudinum splendore posteris commendatus. Lucius Cornelius Balbus senior is est, quem tum Cneus Pompeius, & M. Crassus, tum M. Tullius Cicero, iuris civitatis causam dicentem, elegantissima oratione defendit. Adhæserat nempe hic ab adolescentia ipsa Romani nominis cultoribus in patria urbe, dictoque militiæ sacramento stipendia primùm fecerat sub Q. Cæcilio Metello Pio, cùm in secundo suo cum L. Sylla Consulatu, anno Urbis DCLXXIV. Sertorianum in Hispania bellum administraret. Coluit inde maximè Cneum Pompeium, socium in eodem bello Metello datum, Quæstoremque illius Marcum Memmium. Duobus illis acerrimis interfuit prœliis, quibus uterque dux Romanus primùm prope Sucronem, iterumque iuxta Turiam, Hispaniæ Tarraconensis fluvios, cum Sertorio decertavere; & usque ad debellatum fortissimum reipublicæ hostem castra Romana secutus est. Virum ergo ita bene de se atque Republica meritum civitate Romana Pompeius donaverat; Senatusque, L. Gellio & Cn. Cornelio Consulibus, anno U. C. DCLXXXII. lata lege sanciverat, eo iure uti omnes debere eos, quibus Pompeius concessisset. Odio tamen Pompeii, sive Cæsaris cui non minùs familiaris Balbus fuit ut mox dicetur, postulatus reus usurpati iuris Romanæ civitatis eo colore fuit quòd cùm civis esset suæ urbis Gadium, non potuerit ex fœderato populo in Romanam ascisci; amittebat enim suam quisque urbem cum Romana donabatur, quod non sine iniuria, & contra ius fœderis factum aiebat accusator. Hæc omnia ex laudata Ciceronis oratione, & ex Plinii cap. 43. lib. 7. constant. Hic ipse Cornelius anno U. C. DCCXIV. & Canidius Crassus Consules fuere, non ordinarii, sed suffecti Domitio Calvino & Asinio Pollioni, uti videtur in *Tabulis Capitolinis* ab Onuphrio Panvinio illustratis, atque item apud Dionem [q] refertur. (1) Consul, inquam, primus fuit externorum hominum, eo honore functus, *quem maiores* (ait Plinius lib. 7. cap. 43.) *Latio quoque negaverunt*. In amicis quoque Cæsaris eum in paucis præcipuum fuisse (an Pompeii relictis partibus?) constat; siquidem Cæsaris Præfectus fabrûm in bello fuit, eiusque absentis negotia Romæ aliàs curavit. Nam adhuc Agellii Grammatici tempore (ut ipse refert lib. 17. cap. 9.) libri supererant Epistolarum C. Cæsaris ad Caium Oppium & Balbum Cornelium, munere isto huic devinctos, nuncupatarum. Fuit quidem is adeò divitiis affluens, parique divitiis magnificentia, ut diem suum obiturus populo Romano in singula capita vicenos quinos denarios, Dione teste, legaverit [r], quæ summa ditissimorum quoque Regum facultates excedit [s].

24. Lucius alter Cornelius Balbus, senioris ex fratre nepos, in amicitia Cæsaris floruit cùm adversus Pompeium arma gereret, ingentibusque in eundem & Octavianum, ac propriæ virtutis meritis eò progressus, ut Proconsulatum Africæ, triumphum ex Garamantibus eiusdem populis, ac Pontificatum adeptus sit. Verba Velleii Paterculi [t] referentis ea quæ Balbus egregiè fecit, cùm Cæsariani exercitus pars esset Pompeiano in Macedonia oppositi, digna sunt quæ huc advocemus. *Tum Balbus Cornelius* (ait) *excedente humanam fidem temeritate ingressus castra hostium, sæpiusque cum Lentulo* (hic erat unus ex Consulibus illius anni, qui Pompeium sequebantur) *collocutus, Consule dubitante quanti se venderet, illis incremen-*

[q] Lib. 48.

[r] Dio. lib. 48.

[s] Vide Salazar Antig. de Cadiz lib. 1. c. 12. in fine.

[t] Ex lib. 2. c. 51.

(1) Non igitur anno U. C. DCCXIII. Consules fuere Cn. Domitius Calvinus & C. Asinius Pollio, quod Noster suprà *cap.* I. n. 4. dixerat; sed sequenti seu DCCXIV.

mentis fecit viam, quibus non Hispaniensis natus, sed Hispanus in triumphum & Pontificatum assurgeret, fieretque ex privato Consularis: non Hispaniensem, sed Hispanum iure eum vocans, qui non origine tantùm, sed & patria & natu Hispanus esset. Frustra ergo Velleii verba hæc lacerant, quæ recta sunt, Interpretes. Ita namque editio ultima Lugduno-Batava Antonii Thysii, non turbanda quidem, præsefert (1). Accedit Plinii aliud testimonium Velleiano huic conferendum super Balbi rebus, de Garamantibus loquentis lib. 5. cap. 5. *Omnia armis Romanis superata, & à Cornelio Balbo triumphata unius omnium externo curru, & Quiritum iure donato: quippe Gadibus nato civitas Romana cum Balbo maiore patruo data est.* Legendum prorsus, *externorum* pro *externo*. Nam simia Plinii Solinus ita expressit cap. 32. *Garamantas Cornelius Balbus subegit, & primus ex hac victoria triumphavit, primus sane de externis, utpote qui Gadibus accessit ad gloriam nominis triumphalis.* Ac similiter, de altero Balbo Cornelio Plinius lib. 7. cap. 43. *Primus externorum, atque etiam in Oceano genitorum, usus illo honore, &c.* Triumphi memoria durat quoque in tabulis triumphalibus Capitolinis.

L. CORNELIUS P. F. BALBUS
PROCOS. A.
DCCXXXIV. EX AFRICA VI.
K. APRILIS.

Primo autem exteri hominis triumpho Marcum Perpernam opponas, qui de Aristonico Asiæ tyranno olim triumphaverat. Sed non iure id factum & irritatum idem Plinius alibi docet [u]. *Ita M. Perpernæ nomen adumbratum, falsus Consulatus, caliginis simile imperium, caducus triumphus, aliena in urbe improbè peregrinatus est.* Sed nec ideo Plinianum de Balbo alterum testimonium levicula illa correctione positum in tuto manet. Falsum enim est, unum seu primum omnium externorum Balbum Quiritum fuisse donatum iure. Ita enim videntur corrigenda Plinii verba aliàs inepta: *uno seu primo omnium externorum curru & Quiritum iure donato.* Nam quod ad ius Quiritum sive civitatis pertinet, non uni ei soli aut primo contigisse cetera Plinii ostendunt verba; siquidem ait datam ei civitatem cum Balbo maiore patruo. Nisi *cum* præpositio, non temporis, sed rei, nota sit. Quod quidem confirmare videtur Ciceronis silentium de hoc iuniore Balbo, in oratione illa pro seniore. Nihil enim aliud magis ei ad manum esse debuit Pompeii factum excusaturo, aliaque de aliis ab eodem Pompeio in civitatem Rom. tunc temporis adscitis exempla adducenti, quàm iuniori quoque huic Balbo similiter eum fecisse. *Neque verò id in uno* (ait) *Cornelio fecit, nam & Gaditanum Hasdrubalem ex bello illo Africano, & Mamertinos, Ovios, & quosdam Uticenses, & Saguntinos fabros civitate donavit.* Quare magis credo huic diù post patruum hunc contigisse honorem, forteque cum civibus suis omnibus, quum Gades beneficio Cæsaris anno DCCV. iure civitatis donatæ sunt, Dione teste lib. 41. (2) De donatione currus ei facta, obscurus, aut mutilus fortè, locus sic emendari potest, si suppetias verbo uno eamus *ut triumpharet curru* legentes, ad differentiam ovationis, quæ equo fiebat. Nisi *currum* absolutè pro triumpho dixerit auctor; aut màvis pro *curru*, *triumpho* legere.

25. Hic idem anno DCCV. iuxta Panvinii computum, Cæsari strenuè militabat, uti è Paterculo accepimus. Anno DCCXXXIV. sub Octaviano ivit Africam Proconsul, Garamantas debellavit, ac de iis triumphum Romæ reversus egit, uti Plinius, Solinus, & Fasti referunt. Proconsul, inquam, qui non antea fuerat Consul: quod olim necessarium fuit, non verò Augusti hoc tempore, quo in provincias populi Romani non ex Consulibus, sed ex privatis creabantur Proconsules: quem morem Claudius Salmasius ad Spartianum observavit in *Hadriani vita* [x]. Idque innuere Paterculus voluit, cùm *ex privato* factum ait *Consularem*. Ædificavit idem civibus suis novum oppidum *Neapolim* dictum, quod Strabo narrat lib. 3. *triumphalem* Balbum *virum*, ne de incerto loquatur, vocans. Pontificatus quidem annus in obscuro est; non autem Theatri ab eo Romæ exstructi, & Coss. Tiberio & Quintilio Varo (DCCXL.) dedicati. Auctores sunt Dio Cassius lib. 54. Plinius lib. 36. cap. 7. Tacitus lib. 3. *Annal.* cap. 72.

26. Hæc ultima est in Romanis libris L. Cornelii Balbi iunioris memoria, cuius pater Publius fuit, ut in tabulis triumphalibus legitur, dignique is & patruus in-

[u] Lib. 3. c. 4.

[x] Pag. 56.

(1) Item novissima Petri Burmanni Lugd. Batav. 1724. ap. Sam. Luchtmans: Parisiensis 1675. in usum Ser. Delphini: aliæque correctiores passim.

(2) Sed quæ, rogo, fuisset tunc peculiaris Balbi iunioris laus?

inter nomina haberi, posteritatique commendari, quæ honori patriæ atque ævo fuere. Quorum virorum historiæ hanc lucem distinctionis immisisse non absque operæ pretio erit. Ferè enim omnes qui de his loquuntur recentiores historici, partim homines, partim eorum res gestas inter utrumque confundunt. Ambrosius Morales [y] iuniori tribuit Consulatum. Iacobus Schegius, & Valens Acidalius, alter Balbum de quo Velleius loquitur [z] eundem esse cum eo, qui moriens cum populo Rom. sic liberalis fuit; alter cum eo quem Tullius defendit, existimavere [a]. Ioannes Gerardus Vossius, flos literatorum, fallitur quoque in tribuendo iuniori Balbo Consulatum. Crassior tamen error fuit viri doctissimi Cælii Rhodigini lib. 12. cap. 8. dum verba ista Plinii [b] *Fuit & Balbus Cornelius maior Consul*, ita accipit, quasi Balbus ideo maior dicatur Consul quod priori loco renuntiatus fuisset, penes quem fasces forent; qui & secum abripuit Dalechampium [c]. Distinctiùs aliis de utroque Balbo cive suo locutus est, uti annotavimus, Ioannes Baptista Salazarius, quem consulesis, & cum his confer.

[y] Lib. 8. c. 50.
[z] lib. 2.
[a] In *notis ad Velleii* hunc locum in editione Lugdunensi Ant. Thysii 1653.
[b] Lib. 7. c. 43.
[c] In notis ad Plinii locum.

27. Uter eorum quorundam operum auctor sit coniectari vix possumus. At quæ opera? ais.

28. *Ephemeridem* (hoc est *Diarium*, uti Sempronius Asellio interpretatur apud Agellium lib. 5. cap. 18.) eleganter scriptam. Sidonium Apollinarem habeo rei auctorem lib. 9. Epist. 14. *ad Burgundionem*, (*qui*) de rerum à Cæsare Iulio gestarum celebratoribus loquens *Nam si omittantur* (*ait*) *quæ de titulis Dictatoris invicti scripta Patavinis sunt voluminibus, quis opera Suetonii, quis Iuventii Martialis Historiam, quisve ad extremum Balbi Ephemeridem fando adæquaverit?* Quæ non aliud fuit nisi Historia Cæsaris; eoque referenda sunt Suetonii hæc verba [d]: *Cuius rei, ne quis fabulosam aut commentitiam putet, auctor est Cornelius Balbus familiarissimus Cæsaris.* An Cæsaris hæc Ephemeris est, quam Symmachus Protadio scribens se ad eum mittere dicit [e], unde Gallorum priscas memorias haurire possit? Non utique, sed Cæsaris libros de bello Gallico Symmachus intellexit, uti Vossius monuit [f]; aut signatum propria *Ephemeridis* notâ opus aliud quod Plutarchus [g] laudat, Serviusque [h], his de opere isto adductis quæ in *De bello Gallico* libris nusquam, ut credimus, reperias. Igitur *Ephemeridem* Cæsaris rerum Balbus scripserit, nec antequam Hirtius *Belli Gallici* Cæsarianum opus libro octavo suppleverit. Balbo enim hic nuncupatus ab auctore, si aliter esset, mancipatæ iisdem rebus à Balbo operæ quî non meminisset? Suspicatus fuit Vossius hanc Ephemeridem librum forte esse *De bello Hispaniensi*, quod *Diarium* Iosephus Scaliger vocat, *Prolegomenis in Manilium.* Hunc enim Hirtius, qui singulares *De bello Africano & Alexandrino* libros edidit, uti fatetur ipse in præfatione supplementi Gallicani belli proximè laudati: si & Hispaniensem hunc Commentarium scripsisset, cur illaudatum loco sic opportuno ad Balbum Hispanum scribens reliquisset? Neque consignatam Balbi *Ephemeridi* à Sidonio laudem deterit, quod duriusculè loqui auctor huius libri quibusdam videatur, quinimmo & barbarè. Iniquam enim hanc censuram Scaliger nuper laudatus taxat, *eoque scripto nihil latinius concipi* posse ait; non diffitetur tamen inconditè loqui auctorem: quæ inter se longe distare rectè contendit. Atque id iudicium Gerardus Vossius probat [i]. Sed nos contenti simus, id quod Suetonius etiam [k], de huius libri nescire auctore.

[d] In *Iulii* cap. 81.
[e] Lib. 4. Ep. 18.
[f] Lib. 1. de H. L. cap. 13. ubi de Cæsare.
[g] In *Iulio*.
[h] In 9. *Æneid.* apud eundem Vossium.
[i] De H. L. lib. 1. cap. 13.
[k] In *Iulio* cap. 56.

29. Ἐξηγητικῶν etiam libri Cornelio Balbo tribuuntur apud Macrobium lib. 3. cap. 6. dum observat Virgilium dixisse:

—gramineoque viros locat ipse sedili.

Non vacat (inquit Macrobius) *quod dixit: nam propria observatio est in Herculis sacris epulari sedentes; & Cornelius Balbus* Ἐξηγητικῶν *lib.* 18. *ait, apud aram maximam observatum, ne lectisternium fiat.* Non alibi, credo, huius tam vasti operis, non minore quàm XVIII. saltem librorum numero contenti, mentio. Ἐξήγησις *enarratio* est, seu *explicatio.* Ἐξηγητὰς eos Græci appellant, qui scholiis seu Commentariis scriptorem aliquem illustrant, immo eos peculiariter qui res ad deorum cultum spectantes interpretabantur: de quo & Budæus, & Henricus Stephanus legi possunt. Quorum posteriorum aliquis opportunè scripserit de ritu in sacris Herculis observato; nisi & nota ad Virgilii versum propria eius credenda sit, qui ad hunc Poetam enarrationes ediderit. Planè Latinum opus, quantumvis Græcè inscriptum, intelligere debemus. Res enim Romana agitur, & sub Cornelii Balbi nomine Græcus non facilè, nisi aliàs constet, scriptor lateat.

30. Quidnî latere possit? Ais; cùm Cornelius Balbus hic amicissimus Pompeii & Historiæ scriptor, *Theophanes* appellatus fuerit: quod agnomen quid Græcum sonat, originem fortè. Iulium Capitoli-

l In Maximo, & Balbino.

num audis [l] de Balbino Imperatore loquentem: *Familiæ vetustissimæ* (ut ipse dicebat) *à Balbo Cornelio Theophane originem ducens, qui per Cn. Pompeium civitatem meruerat, cùm esset suæ patriæ nobilissimus, idemque Historiæ scriptor*. Potuitne luculentiùs demonstrari senior Balbus Gaditanus? Hæc enim omnia ei conveniunt. Fateor hærere me in *Theophanis* appellatione, nusquam alibi celeberrimo suæ ætatis viro tributa. Fuit quidem *Teophanes* Lesbius sive Mytilenæus, à Pompeio & is civitate donatus, eiusque familiarissimus: quem Pompeii rerum scriptorem Valerius Maximus appellat [m], cuiusque, ut illustrissimi Græciæ viri Pompeioque admodum cari, Strabo lib. 13. Mytilenæos recensens literis claros, Plutarchus in *Pompeio*, ac Velleius Paterculus lib. 2. meminere. Quid autem hìc commune cum Cornelio Balbo, ac, si Deo placet, Theophane Capitolini? dictusne Græcus ille *Cornelius Balbus Theophanes?* Non credimus; omnes enim qui Græcum laudant, Theophanem tantùm, nec aliter vocant. Fuerit quidem eius filius M. Pompeius, quem Augustus Procuratorem Asiæ, Tiberius autem inter primos amicorum habuit, uti apud Strabonem legimus [n]. Sed huic potuit in obsequium Pompeii benefactoris hoc nomen à patre imponi. Quare autem Græcus ille à Cornelio Balbo sit nuncupatus, non ulla congrua reddi potest ratio. Suspicari aliquis posset in Capitolino errorem, delendamque Balbi Cornelii mentionem, Theophanis servato nudo nomine; nisi Balbi & Balbini nominum propinquitati videatur inniti, quòd eiusdem se esse cum Balbo familiæ Balbinus iactaret. Immo, si reducendus in ordinem Capitolinus est, *Theophanis* ego mentionem delerem, *Balbi Cornelii* conservarem: Capitolino impingens, quòd ex duobus unum fecerit hominem, nec animadverterit utrumque potuisse ab eodem Pompeio civitate donari, eumque haberi: nobilissimum item patriæ suæ, atque Historiæ scriptorem esse. Ita placebat de Capitolini hoc testimonio, in quo deficimur aliorum ducatu. Nam Salmasius nihil, Casaubonus autem non nihil, sed difficultatis securus, ad rem contulere. Quisquis autem duorum Balborum tam *Ephemeridem* quàm Ἐξηγητικῶν libros scripserit, nostrum Scriptorum album locupletatum venit. Ego ad seniorem inclino, Iulii Capitolini vel etiam errantis, quod aliorum esto iudicium, vestigia sequens. Solus enim hic senior dare ansam errori potuit confundendi Balbum Cornelium qui à Pompeio civitate fuit donatus, cum Theophane, beneficio eiusdem Romano cive (1).

m Lib. 8. c. 14.

n lib. 13.

CAPUT III.

Declamationum usus Romæ. Declamatores Hispani. Μελέται *Græcorum.* Μελετᾷν *Hygini. Princeps eorum* M. PORCIUS LATRO *Cordubensis, cuius historicus Marcus fuit Seneca. Tetradium declamatorum* Latro, Tuscus, Albutius, Gallio. *Porcii declamationes; & an eius sit quæ adversus Catilinam eius nomen præsefert. Eiusdem obitus. Declamatores alii nostræ gentis à Seneca laudati* Cornelius, Victor Statorius, Iunius Gallio, ac Turrinus Clodius. *Fabulas, controversias, Græcorum* πλάσματα, *de eadem re dici posse. Quisnam Senecæ* Gallio *hic fuerit? Dionis Cassii locus corruptus. De* Sextilio Hena *Poeta Cordubensi. Quintilianum à Marco Seneca memoratum Marci Fabii Quintiliani avum aliis, parentem aliis, sed minus compertè videri. Alphonsi Garsiæ Matamori hallucinationes duæ de M. Fabii parente.*

31. EIUSDEM Augusti ævo, cuius libertus Hyginus fuit & quo vixerunt uterque Balbus, declamandi studium floruisse nec sine Hispani nominis præcipuo quodam honore, documentis quampluribus docemur. Rhetorum scholæ serò in urbem admissæ, ut narrat Suetonius libello *De illustribus Rhetoribus*. Exercebantur in iis qui ad rem publicam non imparati, sed eloquentiæ iam priùs initiati accedere volebant declamationibus dicendis: quas *controversias* hoc ipsum ævum vocavit, notas olim Græciæ, μελέτας que appellatas; quarumque primus auctor Æschines in otio suo Rhodiensis exsilii fuisse, in *Bibliotheca* Cod. LXI. à Photio refertur: ex quo verbum formavit latinum Hyginus *commeletare* pro *meditari*, usurpatum Fab. 165. de Marsya; nam μελετᾷν *meditari* est. Eas, si ad veritatem accommodatæ essent similesque orationibus in foro haberi consuetis, summus Rhetor Quintilianus [o] non

o Lib. 10. c. 5. Instit. orat.

(1) De *Theophanis* agnomine, quod Nostrum in tot angustias coniecit, plana res est, atque integrâ Capitolini fide; cum ex Cicerone *pro Balb.* 25. & *ad Att. VII.* 7. constet Balbum patruum à Theophane Mytilenæo adoptatum, cuius propterea nomen assumere iure potuit. *Ephemeris* & *Exegeticorum libri* utrius è Balbis fuerint, non facile internoveris. *Patrui* certe sunt quatuor hodiedum superstites ad Ciceronem literæ *Libr. VIII. & IX. ad Att.* Plura de utroque Balbo ac luculenter Auctores *Historiæ literar. Hisp. Tom.* IV. lib. 8.

non solùm adolescentibus ut inventionem simul atque dispositionem exercerent, sed consummatis ac iam in foro claris viris utilissimas existimavit. De quo studio pluribus docti viri huius temporis egerunt [p]. Hanc quidem viam in publicum proficiendi, & ad forenses actus ingenium vultumque instruendi, præmuniebant aliis Rhetores seu eloquentiæ præceptores: qui aliquando ipsi foro se dabant, nec semel in scholis & ludis suis intentatis veris causis, omnique forensi concertatione, toto vitæ spatio hærebant. Clarus inter alios huius studii asseclas & magistros è municipio Cordubensi PORCIUS LATRO fuit, MARCI prænomine ab Eusebio auctus, quem in scriptis suis vix sibi superstitem Marcus Annæus Seneca, civis eius Senecarumque inclytus propagator, oblivioni ereptum, famæ quam vivus obtinuerat piè vindicavit. Ferè enim totum quod de hoc summo viro literarum traditur monumentis ipsi debemus. Censebat hic Seneca de his qui in ætatem suam incidissent declamatoribus rogatu filiorum (Novati, qui & Gallio, Iunioris Senecæ, atque Annæi Melæ) in procemio lib. 1. *Controversiarum*: cuius elogio quamvis prolixo Latronem non defraudabo; neque enim alio magis idoneo uti possum aut luculento: *Latronis Porcii carissimi mihi sodalis memoriam sæpiùs cogar retractare, & à prima pueritia usque ad ultimum eius diem perductam familiarem amicitiam cum voluptate maxima repetam. Nihil illo viro gravius, nihil suavius, nihil eloquentiâ sua dignius. Nemo plus ingenio suo imperavit, nemo plus indulsit. In utraque parte vehementi viro modus deerat: nec intermittere studia sciebat, nec repetere. Quum se ad scribendum concitaverat iungebantur noctibus dies, & sine intervallo graviùs sibi instabat, nec desinebat nisi defecerat. Rursus cùm se dimiserat, in omnes lusus & in omnes iocos se resolvebat. Cùm verò se silvis montibusque tradiderat, omnes illos agrestes in silvis ac montibus natos laboris patientiâ ac venandi solertiâ provocabat; & in tantam sic vivendi pervenerat cupiditatem ut vix posset ad priorem consuetudinem retrahi. At quum sibi manum iniecerat, & se blandiendo unde abduxerat revocarat, tantis viribus incumbebat in studium, ut non tantùm nihil perdidisse sed multum acquisivisse desidiâ videretur.* Et post pauca: *Nulli tamen intermissio manifestiùs proderat. Quoties ex intervallo dixerat, multò fortiùs violentiùsque dicebat. Exsultabat enim novato & integrato robore, & tantùm à se exprimebat quantùm concupierat. Nesciebat dispensare vires suas, sed immoderati adversum se imperii fuit; ideoque studium eius prohiberi debebat, quia regi non poterat. Itaque solebat & ipse, quum se assiduâ & nunquam intermissâ contentione fregerat, sentire ingenii lassitudinem, quæ non minor est quam corporis sed occultior. Corpus illi erat & naturâ solidum, & multa exercitatione duratum. Itaque nunquam ardentis impetus animi deseruit: vox robusta sed sordida, lucubrationibus & negligentiâ non naturâ infuscata, beneficio tamen laterum extollebatur; & quamvis inter initia parum attulisse virium videretur, ipsa actione accrescebat. Nulla unquam illi cura vocis exercendæ fuit. Illum fortem, agrestem, & Hispanæ consuetudinis morem non poterat dediscere: utcumque res tulerat ita vivere, nihil vocis causâ facere, non illam per gradus paulatim ab imo usque ad summum perducere, non rursus à summa contentione paribus intervallis descendere, non sudorem unctione discutere, non latus ambulatione reparare. Sæpe cùm per totam lucubraverit noctem ab ipso cibo statim ad declamandum perveniebat. Iam verò cùm rem inimicissimam corpori faceret, vetari nullo modo poterat. Post cœnam ferè lucubrabat, nec patiebatur alimenta per somnum quietemque æqualiter digeri, sed perturbata & dissipata in caput agebat. Itaque & oculorum aciem confuderat, & colorem mutaverat.* Vellit hic aurem Plinius, qui lib. 20. cap. 14. de cumino agens, hunc eundem nostri colorem fuisse agnoscit. *Verumtamen* (ait) *omne pallorem bibentibus gignit. Ita certè ferunt Porcii Latronis, clari inter magistros dicendi adsectatores, similitudinem coloris studiis contracti imitatos.* Putabis excogitatum ab Horatio idipsum de imitatoribus suis Epist. XIX. lib. 1.

——Quod si
Pallerem casu, biberent exsangue cuminum.

32. Sed ad Senecam redeamus. *Memoriâ, & naturâ quidem felix, sed plurimum adiutâ arte: nunquam ille quæ dicturus erat edíscendi causâ relegebat. Edidicerat illa cùm scripserat; cùm id in illo magis mirabile videri possit, quòd nec lentè & anxiè, sed eodem modo, quo dicebat impetu scribebat.* Et mox: *In illo non tantùm naturalis memoriæ felicitas erat, sed ars summa & ad apprehendenda quæ tenere debebat & ad custodienda: adeò ut omnes declamationes suas, quascumque dixerat, teneret. Iam itaque supervacuos sibi fecerat codices. Aiebat se scribere in animo.*

[p] Vide Andream Schotum in *Præfat. ad M. Senecam de auctorit. & declamandi ratione*, Alciatum lib. 4. *Parergon.* 15.

Cogitata dicebat, ita ut in nullo usquam verbo eum memoria deceperit. Historiarum omnium summa notitia. Iubebat aliquem nominari ducem, & statim eius acta cursu reddebat. Recurremus iterum ad Senecæ hunc locum, qui totum posteris servavit Latronem.

33. Ex Hispania eum fuisse hinc apertè colligimus, immo & patriâ Cordubensem civemque istiusmet Senecæ, cùm contractæ sibi cum eo à prima pueritia amicitiæ mentionem idem filiis iniecerit. Frequentâsse eum admodum iuvenem (Romæ scilicet ut existimo) Marillii Rhetoris ludum unà cum eodem Seneca, ex iis quæ huius laudata verba ponè sequuntur verbis novimus: primam itidem controversiam ibi declamâsse, quæ hodie est prima libri huius 1. *Controversiarum*. Eo indè loco haberi cœpit, ut à Quintiliano [q] *primus clari nominis professor*, sicuti & à Plinio *clarus inter magistros dicendi* audiat. Marcus Seneca declamatores laudans, primum Tetradium, hoc est excellentiorum aliis quatuor constituit chorum, in eoque loco *nostrum* appellat. *Primum Tetradium* (ait) *quorum faciam quæritis? Latronis, Tusci, Albutii, Gallionis. Hi quotiens conflixissent, penes Latronem gloria fuisset, penes Gallionem palma; reliquos ut vobis videtur componite.* Adhuc tamen eum magis extulit, cum in Prooemio lib. 4. aliàs 8. *Declamatoriæ virtutis unicum exemplum* appellare non dubitavit, dignum utique Augusto nonnunquam auditore: quod idem lib. 2. Contr. 12. refert. Ovidius quoque Naso Latronis admirator fuit, quem tam studiosè audivisse apud eundem Senecam [r] dicitur, ut multas eius sententias in versus suos transtulerit, cuius rei exemplum unum atque aliud curiosè annotat. Quare qui aliquid non prorsus Latinum in homine subolebat Hispano exactissimi ingenii vir Messala: *suâ* saltem *linguâ disertum* esse, cùm audisset eum declamantem pronuntians auctore eodem Seneca [s], ingenium saltem homini concessit, sermonem quamvis eidem obiecerit. Solatio esse poterat quòd Livio etiam miræ facundiæ viro Patavinitatem quandam Asinius Pollio imputaverat, ut Quintilianus refert lib. 8. *Instit.* cap. 1. Latronis etiam cum laude meminit Quintilianus lib. 9. cap. 2. ex declamatione quam non habemus.

34. Ex his qui ferè semper in scholæ umbra se continuerunt *meditamentis* seu *imaginibus iudiciorum*, uti [t] Fabius appellat, non veris causis addicti, noster fuit. Oravit certè is aliquando ad populum pro Rustico Porcio propinquo suo in Hispania, usque eò tamen confusus, auctore Seneca [u], *ut à solœcismo inciperet; nec antè confirmari potuit, tectum ac parietes desiderans, quàm impetravit ut iudicium ex foro in basilicam transferretur.* Quod & Quintilianus lib. 10. cap. 5. *Institutionum* memorat. Idem contigisse oratorum coryphæo Demostheni ac Theophrasto Eresio, testis est Ælianus lib. 8. *Variæ hist.* cap. 12. In scholis sua illi vis inerat, ibi semper is declamabat, non discipulos exercentes se audiebat. Seneca iterum [x]: *Declamabat ipse tantùm, & aiebat se non esse magistrum, sed exemplum. Nec ulli alii contigisse scio, quàm apud Græcos Nicetæ, apud Romanos Latroni, ut discipuli non audiri desiderarent, sed contenti essent audire.* In re ipsa fuere qui putârint, fortiter quidem, sed parùm subtiliter eum dixisse; *cùm in illo* (ait resumtus iam è proœmio libri primi Seneca) *si qua alia virtus fuit, etiam subtilitas fuerit.* Prosequiturque id formâ, quam in declamando servabat. *Id quod à nullo fieri animadverto, semper fecit. Antequam dicere inciperet, sedens quæstiones eius quàm dicturus erat controversiæ proponebat, quod summæ fiduciæ est. Ipsa enim actio multas latebras habet, nec facile potest, si quo loco subtilitas defuerit, apparere; cùm orationis cursus iudicium audientis impediat, dicentis abscondat. At ubi nuda proponuntur membra, siquid aut numero aut ordine excidit, manifestum est. Quid ergo? Unde hæc de illo fama? Nihil est iniquius his qui nusquam putant esse subtilitatem, nisi ubi nihil est præter subtilitatem; & in illo cum omnes oratoriæ virtutes essent, hoc fundamentum tot & tantis superstructis molibus obruebatur. Nec deerat in illo, sed non eminebat; & nescio an maximum vitium subtilitatis sit, nimis se ostendere. Magis nocent insidiæ quæ latent. Utilissima est dissimulata subtilitas: quæ effectu apparet, habitu latet.* Et paulo post: *Hoc quoque Latro meus faciebat, ut amaret sententias. Cùm discipuli essemus apud Marillium Rhetorem, hominem satis aridum paucissima bellè sed non vulgato genere dicentem; cùm ille exilitatem orationis suæ imputaret controversiæ, & diceret necesse est me per spinosum locum ambulantem suspensos pedes ponere, aiebat Latro: non me hercle tui pedes spinas calcant, sed habent. Et statim ipse dicebat sententias quæ interponi argumentis cum maximè declamantis Marillii possent*, cum his quæ sequuntur de vario exercitationum eius genere. Latro autem

[q] Lib. 10. c. 5. *Inst. Orator.*

[r] Lib. 2. contr. 10.

[s] Lib. 2. contr. 12.

[t] Lib. 2. cap. 11.

[u] Procem. lib. 4. aliàs 8.

[x] Lib. 4. aliàs 8. contr. 25.

[y] Lib. 3. aliàs 7. contr. 19.

tem in declamationibus (alio loco [y] ait) *semper contrahebat, & quicquid poterat tutò relinquere præteribat. Itaque & quæstionum numerum minuebat, & locos nunquam attrahebat; illos quoque quos occupaverat non diu dicebat, sed valenter. Hoc erat itaque præceptum eius: quædam declamatorem tamquam Prætorem facere debere minuendæ litis causâ.* Vehementiam eius in epilogis idem celebravit [z]; & quòd, cùm scholastici magno clamore ex quadam eius controversia quicquam non ita laude dignum laudâssent, invectus fuerit in eos ut debuit.

[z] Lib. 3. contr. 19.

35. Græcis quoque literis caruisse nostrum innuunt hæc ex lib. 5. [a] *Hanc sententiam Porcius Latro virilius dixit, qui non potest furto suspectus esse; Græcos enim & contemnebat & ignorabat.* Quoddam eius quoque de coloribus controversiarum dictum refertur in eiusdem lib. 5. præfatione. Et nos collegimus quicquid ad Latronem, apud Marcum hunc eius sodalem leguntur Senecam; non ea tamen illius fragmenta, sententias, colores, quæ partim ac per totum hoc *Controversiarum* opus ferè adducit. Propter hæc autem pulcherrimorum olim corporum membra, adhuc in centone hoc Annæano spirantia, tribuimus PORCIO LATRONI *Controversiarum* opus fortè iam deperditum; cùm excussa memoria Senecæ, non liber aliquis, suppeditabat ei quæ ore ipso Latronis ita se exercentis olim exceperat. Nam ad *Controversias* præfatus: *Nulli ferè* (ait) *commentarii maximorum declamatorum exstant, aut, quod peius est, falsi.* Sed meminit idem orationis, quam opposuit Latro eiusdem Messalæ, qui peregrinitatis eum insimulaverat, *Pythodoro.* Quo enim alio sensu hæc intelligam è Controversia XII. lib. 11? *Non tulit hanc contumeliam Latro, & pro Pythodoro Messalæ orationem disertissimam recitavit, quam suasoriam Theodoro declamavit per triduum.* Tam obscurum nobis est quisnam *Pythodorus* Messalæ, quàm quisnam *Theodorus* triduanæ huius orationis auditor fuerit. Nec nisi vanam ostendit spem subiungens: *quæ dixerit suo loco reddam, cùm ad suasorias venero*; nihil horum enim in *Suasoriarum* libello repræsentatum ab eo legimus. Huic loco immittere tentavit lucem Ioannes Fridericus Gronovius ita legens: *Orationem disertissimam recitavit, suæ compositam Suasoriæ, quam de Theodoro declamavit per triduum.* Messalæ opus disertissimum (ut Gronovio placet), seriumque ludicro opposito superare contendit opere. Quod neque satis capio, & discedit nimium à vulgata scriptura. Sed sicut Latronis fuit opposita Messalæ parum æquo iudicio hæc oratio: ita non huius, sed Capitonis de Popilio, eam, quæ Latroni subiiciebatur, fuisse, Marcus idem Annæus Seneca, qui Porcii rerum prora & puppis est, in quinti libri procemio disertè admonet. Cuius Capitonis ex ea oratione adducta nonnulla controversiâ XVII. quæ de Popilio est Ciceronis interfectore, lib. 2. *Controversiarum*, qui aliàs septimus audit, legi possunt (1).

[a] Contr. 33.

36. Latronis titulo insignitam *Adversus Catilinam* orationem exstare novimus. Sed eam tanto viro indignam existimat Vossius *De nat. & constit. Rhetor.* cap. 15. Gaspar autem Barthius lib. 24. *Adversar.* cap. 5. nihil dubitat quominus sit genuina, cuius & declamationis quædam corrigit explanatque. Quamvis idem lib. 50. cap. 9. ambiguum se esse, utrum albâ, an nigrâ lineâ signet, ingenuè fateatur: *certè nec personam suam sustinere videtur* (ait), *nec omnino pessimi est ingenii.* Editam vidimus cum Sallustii operibus. Hic autem tantus vir, cui naturâ datum fuerat sic vehementer, cui rei applicuisset, velle; tamque pulcra & fortia de *simulacris* istis *præliorum* (sic enim ab Agellio [b] gymnastici hi sermones audiunt) excogitare ac dicere: cùm de se ipso deliberandum fuit, imbecilliorem & non suæ nec Hispanæ virtutis animum ostendit; nisi mortem sibi consciscentibus aliqua apud ethnicos fortitudinis laus constiterit, quod negaverit Lucius Seneca Christianæ ac veræ disciplinæ propugnator. *Marcus Porcius Latro* (ait Eusebius in *Chronico*) *Latinus declamator, tædio duplicis quartanæ se interfecit:* duobus scilicet ante Christi Salvatoris natalem annis, Octaviani Augusti quadragesimo.

[b] Lib. 7. c. 3. Noct. Attic.

37. Laudantur in eodem *Declamationum* systemate ab Hispano auctore nostræ gentis alii, quibus hæc eadem professio declamandi in certaminibus huiusmodi Rhetoricis placuit. CORNELIUS nempe, sive propter originem sive cognomine dictus HISPANUS, QUINTILIANUS, VICTOR STATORIUS: quibus ex coniectura IUNIUM GALLIONEM, AC TURRINUM CLODIUM adiungimus. Dicetur à nobis iam de his omnibus, Quintiliano excepto qui seorsum propter difficultates huius nominis tractari meretur. CORNELIUM HISPANUM sæpe Marcus

(1) Implicatissima hæc sunt, quorum sententiam non ego facile divinaverim; paulo tamen quam fuerant accuratius interpuncta.

cus Seneca, sive HISPANUM CORNELIUM, solemni apud alios commutatione nominum [c], nec semel HISPANI tantùm nomine in *Suasoriis* & in *Controversiis* ad partes advocat, non sine laude. Culpavisse tamen quendam eius colorem prudentes, controversiâ XVI. lib. 3. [d] adnotat. Nationum nominibus, sicut & urbium, satis scio quandoque appellari solitos qui ad eas non attinerent; neque enim Gallos omnes (quod frequens Romanis fuit cognomen) è Gallia oriundos, neque Afros Græcosque ex Græcia aut Africa necessariò fuisse dixeris. Græcum Arelatensem Episcopum, ad quem Sidonius scribit [e], & Syrum natione Alexandrinum, hoc est Ægyptium, qui Nestorem scriptis impugnavit, à Gennadio *De scriptoribus Ecclesiast.* cap. 81. laudatum nominâsse abundè erit: unà cum Setabensis in Valentino regno urbis hac inscriptione [f].

[c] Videndus Gronovius in Notis ad Suasoriam 6. in fine.

[d] Alias septimi in excerptis.

[e] Lib. 6. ep. 8. lib. 7. ep. 2. 7. & 11. lib. 9. ep. 4.

[f] Apud Escolanum in Hist. Valent. lib. 9. cap. 18.

CORNELIÆ
P. F.
PROPINQVÆ
CHALDÆA Q. F.
VERECVNDA
MATER (1).

At è contrario desumtas à loco, unde quæque in urbem processisset, familiarum Romanarum appellationes, post Sigonium Panviniumque, nihil veriùs esse contendit magni iudicii atque eruditionis, paucos inter nostræ ætatis, medicus Germanus Thomas Reinesius in quadam Epistola [g]. Cùm ergo Cornelium hunc aliundè fuisse nemini in mentem venerit: compellatio equidem haud trahit nos, sed ducit ad pronuntiandum pro Hispanis eius natalibus, aut saltem origine.

[g] 30. ad Christoph. Adamum Rupertum pag. 263.

38. De VICTORE STATORIO res clara est. Audiamus Senecam in *Suasoria* secunda, sive apud eum trecentos illos qui ad Thermopylas adversus Xerxem constiterunt Laconas, variorum Rhetorum verbis, mansurine, an fugam arrepturi essent, deliberantes. *Decentissimi generis* (ait) *stultam sententiam referam Victoris Statorii municipis mei, cuius fabulis memoria dignissimis aliquis suasoria occasione contradictionem sumsit. At* (inquit) *trecenti sumus, & ita respondet* (Victor scilicet) *sed viri, sed armati, sed Lacones, sed ad Thermopylas. Nunquam vidi plures trecentos.* Cuius testimonii, subobscuri aliàs sensus [h], id saltem nos verba manifestè docent, Victorem Statorium & Cordubæ natum fuisse, & *fabulas* memoriâ dignissimas scripsisse. Quod de *Suasoriis*, aut *Controversiis*, utroque declamandi argumento, intelligere possumus. Nihil enim sonare diversum dixeris à fabularum appellatione Græcorum πλάσματα *fictiones*, aut πλασματικοὺς λόγους, *fictitios sermones*: quæ tam Gregorius Nazianzenus, quam Photius Codice 61. hanc ipsam rem innuentes usurpavere; sive *Fabulas* de quibuscumque, etiam non fictarum rerum, compositionibus dictum existimes. Eò enim nos origo ducit vocabuli, & proba exempla, quæ observaverunt Philologi etymologiarum notatores [i]. Λαλιὰς seu λαλιὰς *loquelas*, *à* λαλέω *loquor*, uti à *fabulando*, *fabulas*, eodem modo dixisse posterioris ævi scriptores Græcos, cùm de his loquerentur declamationibus, docet nos *De Rhetoricæ natura & constitutione* 16. capite Gerardus Ioannes Vossius.

[h] Vide Gronovium in Notis.

[i] Vossius in *Etymologico*. Martinius in *Lexico*.

39. IUNIUS GALLIO eiusdem Marci Senecæ familiaris valdè fuit. Propinquum Martinus Ant. del Rio coniectatur [k], aut Senecæ ipsius de quo loquimur fratrem, aut Helviæ eius filiæ coniugem, ut & huius filium Novatum adoptaverit, qui deinde IUNIUS audivit ANNÆUS GALLIO, utriusque familiæ complexus nomina. Ita namque eum Eusebius vocat paulò post referendus, qui egregium declamatorem fuisse ait. Duo igitur GALLIONES, germanus alter, adscitus in hanc familiam alter, Marci Senecæ filius natu maximus, Lucii Senecæ frater: cui quidem hic sub Novati adhuc appellatione libros *De ira* nuncupavit, quemque pater Marcus similiter appellat, Novato, Senecæ, Melæ filiis *Controversiarum* libros 1. 7. ac 10. inscribens. Agimus nunc de IUNIO GALLIONE, quem Quintilianus [l] *patrem*, Marcus item Seneca *nostrum Gallionem* sæpiùs vocat [m]. Hunc vidimus paulò antè primo in Tetradio Declamatorum, unà cum Porcio Latrone, Tusco, & Albutio à Seneca positum, adeò ut *si conflixissent*, *penes Latronem gloria fuisset, penes Gallionem palma.* Quibus si constat verbis sensus aliquis, nonnihil Gallioni quàm Porcio felicioris aut vehementioris eloquentiæ consignatum iis videtur. Miror cespitâsse hìc Gerardum Ioannem Vossium, qui *De natura & constitu-*

[k] In *Prolegomen. ad Sen. Tragædias* lib. 2. cap. 3.

[l] Lib. 3. *Instit.* cap. 1. lib. 9. c. 2.

[m] *Suasoria* 3. lib. 2. contr. 9. & 13.

(1) Misere lapsus est in eius lectione Escolanus; cum non CHALDÆA, sed CIALDÆA disertissime lapis habeat: quemadmodum & Diagus legit *Annal. Regn. Val. lib. III. cap.* 11. Exstat hodiedum in vestibulo ædium Zephyrini Ortizii Equitis in vico *de Moncada*, quem ante hoc triennium vidi ac descripsi.

tutione Rhetoricæ cap. 15. celebratum hoc testimonio à Marco parente existimat Gallionem, sive Novatum filium: planè oblitus scribere eum ad Novatum ipsum cum aliis duobus filiis *Controversiarum* libros, dum adhuc adolescentes & immaturi essent. Laudat idem Declamatorum censor Gallionis dictum lib. 11. Controvers. 9. de Othone Iunio loquens: *Edidit quidem quatuor libros* Colorum, *quos bellè Gallio noster Antiphontis libros vocabat. Tantum in illis somniorum est.* Antiphon Atheniensis *De somniis* scripsit, ut ex Fulgentio *Mythologiarum* lib. 1. constat, ubi de Apolline & lauro agit, cuius verba restituit Reinesius iam laudatus lib. 3. *Variar. lect.* cap. 11 [n]. Eiusdem auctoris & scripti Suidas meminit. Apud eundem Senecam [o] celebratur Gallio, inde ut videtur, quòd sordidis etiam verbis appositè uteretur. *Hoc nemo præstitit unquam* (ait) *Gallione nostro decentius. Iam adolescentulus cùm declamaret, aptè & convenienter & decenter hoc genere utebatur. Quod eò magis mirabar, quia tenera ætas refugit omne non tantùm quod sordidum, sed & quod sordido simile est.* Refert idem Gallionis iocum, sive responsum Messalæ datum de Nicete, ad finem *Suasoriæ* tertiæ; atque item alibi sententiam laudat ab eo dictam, cum de tollendis trophæis Persicis Atheniensibus deliberantibus in *Suasoria V.* tollenda solus contenderet. *Hoc loco* (ait) *disertissimam sententiam dixit, quæ vel in oratione vel historia ponitur* (de Xerxis nempe militibus) *: Diutiùs illi perire possunt, quàm nos vincere.* De quo referens Dio Cassius lib. 58. Γάϊον Γαλλῖνον Γαλλιῶνα falso cognomine auctum vocat, transversum agens Del-rium nostrum in *Prolegomenis ad Senecam.* Gallio fortasse est ille, ad quem Ovidius Augusti ævo direxit elegiam IX. quarti libri *De Ponto.* Tinnitus, quem in oratione tribuit Gallioni scriptor libri *De causis corruptæ eloquentiæ*, ad hunc referri forsan debet: quemadmodum & S. Hieronymi ad cap. 8. Isaïæ testimonium *disertissimi oratoris* Gallioni præstitum, quamvis iunioris hoc fuisse elogium vero mihi similius est.

[n] Pag. 351.

[o] In proœmio 3. aliàs 7. contr.

40. Sub Tiberii imperio, quo ut credimus præcipuè floruit, ob intempestivam sententiam de militibus Prætorianis actis stipendiis ad quatuordecim gradus equitum in spectaculis admittendis, *curiâ statim, deinde Italiâ exactus* à sævissimo Principe; *& quia incusabatur facilè toleraturus exsilium delectâ Lesbo insula nobili & amœna, retrahitur in urbem, custoditurque domibus magistratuum*, C. Cornelio Tacito auctore [p]. De reditu nihil dicitur. Adoptavit Gallio Novatum Senecæ in filium, non ante Caii tempora, sub quo libri *De ira* scripti sunt ac Novato inscripti. Hunc Hispanum ex coniectura fecimus. Unde enim *nostrum* propriè magis quàm ex communi patria, sive ex propinquitate M. Annæus appellet? ante adoptionem scilicet Novati, cùm *Controversiarum* formandis insisteret libris. Nec Declamator tantùm eius famæ fuit, quam diximus; sed & *De Rhetorica* scripsit, Quintiliano attestante lib. 3. *Instit. orator.* cap. 1. *Scripsit de eadem materia non pauca Cornificius, aliqua Stertinius, non nihil pater Gallio; accuratè verò priores Gallione Celsus & Lenas, & ætatis nostræ Virginius, Plinius, Rutilius.* Hæc ille. Diversus est Iunius Gallio, uti iam diximus, sive Iunius Annæus Gallio, de quo nondum tempus est huic Commentario memoriam consignare.

[p] Lib.6.Ann. 3.

41. Pro TURRINI CLODII patria Hispana locum subinde repræsentare Marci eiusdem Senecæ sit satis, ut alii æstiment. *Solebat declamare studiosè* (ait in Præfatione lib. 5. aliàs 10.) *Turrinus Clodius, cuius filius fraterno nobis amore coniunctus est, adolescens summæ eloquentiæ futurus, nisi mallet exercere quantum habet, quàm sequi quantum consequi posset. Sed Turrinus Clodius multum de viribus remiserat, dum Apollodorum sequitur, & summam legem dicendi eum putat. Tantùm tamen illi superfuit virium, quantum valeret, etiam si ars adesset. Sententias dicebat excitatas insidiosè aliquid petentes. Nunquam non de colore Latroni controversiam fecit. Latro nunquam solebat disputare in convivio; at aliquando declamare ex tempore solebat. Dicebat quosdam esse colores prima facie duros, asperos: eos non posse nisi actione probari. Negabat itaque ulli placere posse, nisi totum nôssent se & suas vires, & illorum fiduciâ aliis metuenda & prærupta evadere. Multa se non persuadere iudici, sed auferre. Turrinus contrà, nihil probare nisi tutum, non quia imbecillus erat, sed quia circumspectus. Causas nemo proposuit diligentiùs, nemo respondit paratiùs. Et pecuniam itaque & dignitatem quam primùm* (Gronovius mavult *primam*) *in provincia Hispania habuit, eloquentiæ debuit. Nam quidem erat patre splendidissimo, avo Divi Iulii hospite; sed civili bello attenuatæ domus nobilis vires excitavit, & ita ad summam perduxit dignitatem, ut siquid illi defuit, scias locum defuisse. Inde filius quoque eius, idest meus (nunquam enim il-*

illum à vobis distinxi), habet in dicendo paternam diligentiam, quæ vires ex industria retundit. Hoc & in ipso genere vitæ sequitur ad summa evasurus iuvenis, nisi modico contentus esset. Ideo dignus est cuius tam modestis cupiditatibus fortuna præstet fidem. Hæc Seneca. Summa hæc inter utramque familiam necessitudo, hospitem fuisse Iulii Cæsaris avum Turrini, dignitas ab hoc in Hispania exercita, nonnihil favent suspicioni de patria eius nostræ.

42. Declamatoribus à Marco Seneca laudatis Poetam, & ipsum in monumentis huius Rhetoris tantùm superstitem, adiungemus. Is est SEXTILIUS HENA, de quo quid vetustas ad nos transmiserit, ex *Suasoria* nostri VII. seu *Historicorum de Cicerone elogiis*, habeto: *Sextilius Hena fuit homo ingeniosus magis quàm eruditus, inæqualis Poeta, & penè quibusdam locis talis, quales esse Cicero Cordubenses Poetas ait, pingue quiddam sonantes atque peregrinum. Is hanc ipsam proscriptionem* (Ciceronis) *recitaturus in domo Messalæ Corvini, Pollionem Asinium advocaverat, & in principio hunc versum non sine assensu recitavit:*

Deflendus Cicero est, Latiæque silentia linguæ.

Pollio Asinius non æquo animo tulit, & ait: Messala, tu quid tibi liberum (an libitum?) *in domo tua videris; ego istum auditurus non sum, cui mutus videor; atque ita consurrexit. Huic interfuisse recitationi* (ita Lipsius corrigit vulgarem lectionem nullius sensus in Epistola quadam ad Othonem Hartium *De recitatione veterum*) *Severum quoque Cornelium scio, cui non æquè displicuisse hunc versum quàm Pollioni apparet: quòd meliorem quidem, sed non dissimilem illi, & ipse composuit.* *Innuit scilicet illud:*

Conticuit Latiæ tristis facundia linguæ.

Hæc de Sextilio Hena.

43. Hos inter, quibus olim Declamatio institit, quorumque monumentis hinc inde excerptis constant Marci Senecæ *Controversiarum* libri, Quintilianus est; & semel tantùm ab eo adductus in exemplum in controversia de illo qui fingebatur debilitare expositos, ut per mendicantes eos debilitatos pecuniam ab aliis emungeret. *Circa hunc sensum* (ait [q]) *est & ille à Quintiliano dictus: Nescio utrumne vos miserabiliores dicam quòd alimenta accipitis, an quòd huic datis. Accipitis enim quia debiles estis, ei datis per quem debiles estis.* Sed meminit & in Præfatione eiusdem libri non plenè laudans: *Pertinere autem ad rem non puto quomodo L. Magius gener T. Livii declamaverit, quamvis aliquo tempore suum populum habuit; cùm illum homines non in ipsius honorem laudarent, sed in soceri ferrent: quomodo L. Asprenas aut Quintilianus senex declamaverit. Transeo istos, quorum fama cum ipsis exstincta est.* Senem nisi appellâsset, ut à iuniore alio distingueret, inconvenienter locutus videbatur. Proinde hunc iuniorem M. Fabii Quintiliani parentem fuisse non nemo dixerit; alii eundem M. Fabium. Porro Quintiliani cuiusdam Tribuni plebis Cornelius Tacitus lib. 6. *Annalium* meminit sub Tiberio: cui quidem hunc Augustum exprobrâsse iuventam dicit; sed hunc esse illum de quo soliciti sumus, quamvis conveniat ætas, nemo affirmare audebit. Fabium certè Quintilianum huius declamatoris nepotem fuisse pluribus recentiorum arrisit. Nam præter Pithœum ac Thadæum Ugoletum declamationum illustratores [r], Gerardus Ioannes Vossius [s], Andreas Schotus [t], aliique ita censent. Filium existimasse alios compertum quoque est; atque inde odium Quintiliani adversus L. Senecam Marci filium, quòd Quintilianum illum seniorem, M. Fabii ut aiunt parentem, ferè pro nihilo habuerit. Refert id Alphonsus Garsias Matamorus in Apologetico *De academiis & doctis Hispaniæ viris*, confundens tamen Lucium Senecam cum Marco eius patre Quintiliani depressore. Quem errorem alio cumulavit vir disertus, cùm existimavit declamatorem à Seneca contemtim habitum Afranium Quintilianum esse, qui cum aliis in Neronis necem coniuravit. Nam præterquam quòd Quinctianus iste, non Quintilianus appellabatur, & senatorii ordinis erat, quod de Quintilianis non legitur: quo tempore M. Seneca in *Controversiis* de Quintiliano censuit, diem suum iam ille obierat; Afranius autem Quinctianus unà cum Seneca filio, Lucano, & aliis perduellionis adversus Neronem reis, diù post M. Senecæ obitum supplicio fuit impensus.

44. Planè huic, quam diximus, Declamatoris cum M. Fabio propinquitati haud parum obstare videtur quod apud Eusebium legitur [u], M. Fabium Quintilianum Romam à Galba perductum. Unde colligitur eam familiam tunc primùm in Italiam venisse. Nec dissentit Angelus Politianus [x], quum ait, colligere se patrem Quintiliani eruditum virum fuisse, & in reipublicæ suæ administratione (*Calagurrim* Hispaniæ urbem intelligas) honestissimè versatum. De Quintilianorum domo seu familia quod suspicantur Hispa-

[q] Lib. 5. seu 10. contr. 32.

[r] In *Præfat. suarum edit.*

[s] *Instit. Orat.* lib. 1. cap. 11. & *De Rhetor. nat & constit.* cap 15.

[t] In *Præfat. ad Controvers.*

[u] In *Chronico* Neronis 13. anno.

[x] Præfat. ad *Instit. Oratorias.*

ſpanam fuiſſe [y], veſtigiis inducti priſcarum Hiſpaniæ inſcriptionum: non tanti eſt ut rem poſſit in tuto ponere; maximè cùm vix ſit ut Quintilianus ille Tribunus plebis à Tacito memoratus, ex Hiſpana gente, exterus quantumvis urbe donatus, iſti fuerit muneri impoſitus. Non ergo contendemus valdè pro aſſerendis huius Quintiliani declamatoris Hiſpanis natalibus, cui M. Seneca tam parum favit; nec declamationes, quæ Quintiliani nomine inſcriptæ circumferuntur, quæque Marcum Fabium auctorem non habent, huic quem abdicamus, adiudicare animus eſt. De quibus cùm ad M. Fabium Quintilianum ſtilum vertamus, iudicia virorum de re doctiſſimorum in medium producemus.

[y] Ambr. Morales lib. 9. *Hiſt. Hiſp.* cap. 27.

CAPUT IV.

De MARCO ANNÆO SENECA *Lucii Senecæ parente. Diu is ignotus, atque à Silio diſtinctus. Sidonii Apollinaris carmen de Senecis obſcurum. Pater Marcus Novati, Lucii Senecæ, Melæque. Novatus ab adoptivo patre Iunius Annæus Gallio dictus. Annæus Mela Lucani poetæ genitor. Duo Senecæ Martialis. Eiuſdem* ter numeranda domus *Senecæ quare dicta? De Annæo cognomine & familia Cordubenſi. Marci uxor Lucii mater Helvia, aliis Albina, non indocta femina. Marcus mirabili memoria.* Suaſoriæ *eius &* Controverſiæ. *Quinam colores Rhetorum? De harum editionibus & illuſtratoribus. Antonii Covarrubiæ, Didaci fratris, & D. Franciſci à Quevedo laus. Periiſſe proprias Marci Senecæ declamationes. Iudicium de iis quæ exſtant. Mortis eius tempus.*

45. DEBEMUS MARCO ANNÆO SENECÆ iam laudatorum Rhetorum notitiam. *Ferè enim* (ait ille iam de ſuo ævo in præfatione controverſiarum) *nulli commentarii maximorum Declamatorum exſtant, aut, quod peius eſt, falſi.* Debet iis M. Seneca, quòd ex eorum ſententiis *Controverſiarum* in iſto opere, quod toties laudavimus, conſtructum famæ ſuæ monumentum fauſtè ac feliciter poſteris dedicaverit. Habebimus nos invicem pro his gratias, ſimulque Hiſpaniæ noſtræ ANNÆAM domum literis & virtute inclytam, Romanæque reipublicæ decorem maximum, aſſerere incipiemus. Diù quidem fuit ignotus vulgo literatorum Marcus Seneca; & quidquid ferebatur monumentorum Senecæ nomine inſcriptum, vel ad Philoſophum, vel ad Poetam opinione hominum referebatur; potuitque diſtinctio hæc Poetæ ac Philoſophi carmine hoc Sidonii Apollinaris inniti. Ad Felicem is excuſat [z], quòd libello ſuorum *Carminum* nihil argumenti contineatur heroici, aut ſeverioris:

Non quod Corduba præpotens alumnis
Facundum ciet, hìc putes legendum,
Quorum unus colit hiſpidum Platona,
Incaſſumque ſuum monet Neronem,
Orcheſtram quatit alter Euripidis, &c.
Pugnam tertius ille Gallicani
Dixit Cæſaris, &c.

Quibus verſibus apertè laudantur Senecæ duo, alter Philoſophus, alter Poeta, tertiuſque Lucanus bellorum civilium deſcriptor. Ita credidit Xicho Polentonus, & Rudolphus Agricola qui ad quaſdam declamationes nonnihil ſubiecit explanationis, Lucius Marinæus Siculus [a] Gellio Bernardino laudato, Ferdinandus quoque Pincianus noſter cùm ad Ioannis Menæ vulgaris Poetæ verſus commentaretur [b], *Epitomes Geſnerianæ* auctor. Alii nonniſi unicum agnoverunt Senecam Rhetorem Philoſophum Poetam, è quorum numero eſt Iacobus Philippus Bergomenſis [c]; &, quod plus eſt, Antonius etiam Poſſevinus qui Lucio Senecæ *Declamationum* librum, qui patris eſt, tribuit [d]: quod & olim credidit Ioannes Sareſberienſis lib. 8. cap. 13. *De nugis curialium. Legantur* (inquit de Seneca) *epiſtolæ eius, libri de Beneficiis, aut Clementia; illi quoque quos decem oratorum ſententiis ſub imagine declamationum ſcholarium illuſtravit.* Qui autem primus meminit M. Senecæ Rhetoris, diſtinguentiumque hunc à filio Philoſopho, Raphael Volaterranus eſt in *Anthropologia*, quem ſecuti ſunt Alciatus libro 4. *Parĕrgon* cap. 14. Ambroſius Morales lib. 9. *Hiſt. Hiſpan.* cap. 9. Lipſius lib 1. *Electorum*, cap. 1. Andreas Schotus in *De auctore declamationum* ſtatim laudanda *Diſſertatione*, atque inde omnes qui de Senecis locuti ſunt: ut nefas hodie ſit *Declamationes* non illi ſi quis tribuat, uti Del-rius ait; Ioannes item Ludovicus Vives Rhetorem Senecam alicubi laudans, videtur certè huius ſententiæ fuiſſe: quam quidem Ioanne Boccaccio obnitente Franciſcum Petrarcham tenuiſſe audivit, refertque Andreas Schotus in Præfatione ſeu Diſſertatione paulò antè laudata *De auctore Controverſiarum*, ad editionem Pariſinam anni MDCXIX. Philoſophus verò diſtinguenduſne ſit à Poeta, alius erit diſſerendi locus.

46. Sufficit nobis nunc pro vindicanda Senecæ Rhetoris memoria, tum *Marci* prænomen, tum diſtincta filiorum eius mentio in controverſiarum nuncupatione; necnon & ratio ætatis, quæ diverſum neceſſariò eum conſtituit à Lucio Annæo Sene-

[z] Carm. 9. v. 227.

[a] *De laudib. Hiſp.* lib. 6.

[b] Copla 124.

[c] In *Supplem. Hiſt.* fol. 128.

[d] In *Apparatu ſacr.* verbo Seneca.

neca Philosopho. *Marco* inscribuntur controversiæ in antiquis libris Mss. (*Lucium* tamen, ex aliis fortasse, Martinus Antonius Del-rius credidit, ut ex adductis eius *Prolegomenis ad Senecæ Tragœdias* constat); cùm extra dubitationis aleam sit *Lucii* prænomine appellatum Senecam Philosophum fuisse. Deinde is libros *Controversiarum* quos superstites habemus, excepto secundo, filiis suis nuncupavit, quos disertè nominat *Novatum*, *Senecam*, *Melam*: quos ipsos Tacitus, cum Melæ meminit *Annalium* lib. 16. fratres vocat: *Mela, quibus Gallio & Seneca, parentibus natus.* Hos si distinxerimus sigillatimque indicaverimus, palam erit *Marco* filium fuisse *Lucium Senecam* Philosophum. *Novatum*, sive *M. Annæum Novatum*, pater Marcus Annæus Seneca primum inter fratres appellat semper, natu esse maximum non obscurè significans: quare & Lucius Seneca eius frater, uti mox videbitur, sub *Gallionis* iam nomine, quod assumserat ob causam paulò post subiungendam, in Epistola CIV. dominum suum non alio respectu appellâsse videtur. Adoptatus hic *Novatus* à Iunio Gallione, Marci patris amico & fortè cive, ut cap. 3. annotavimus: quam adoptionem primus, ut existimo, subodoratus est, de ea enim clarè nusquam constat, Mart. Anton. del Rio in *Prolegomenis* laudatis *ad Senecæ Tragœdias*, quem omnes alii sequuntur, Schotus, Lipsius, ceteri. Assumsit sibi adoptivi patris nomen, dictus inde *Iunius Annæus Gallio*, de quo & loco suo agemus. *Seneca* ergo post Novatum à patre appellatus, *Lucius* est Philosophus & Neronis præceptor; *Mela* demum postremus omnium dictus, *Annæus Mela* est Lucani pater de quo & mox.

47. Hi tres cùm absque ulla dubitatione Tacito affirmante fratres sint, filiique à Rhetore disertè appellati, manifestissimum iam cuique redditum est, seniorem Philosopho hunc Senecam Declamatorum laudatorem, parentemque eius & fratrum fuisse. Quod quidem ætatis ratio adhuc magis confirmat. Seneca hic, de quo nunc quærimus, Marco Ciceroni ævo æqualis fuit. *Omnes* (ait [e]) *magni in eloquentia nominis, excepto Cicerone, videor audisse. Nec Ciceronem quidem ætas mihi eripuerat, sed civilium bellorum furor, qui tunc totum Orbem pervagabatur, intra Coloniam meam me continuit. Alioquin in illo atriolo, in quo duos grandes prætextatos ait secum declamare solitos, potui illud ingenium, quod solum populus Romanus par imperio suo habuit, cognoscere; & quod vulgò de alio dici solet, sed de illo propriè debet, potui vivam vocem audire.* Adolescentem prorsus iam fuisse oportet eum, quem domi non tenera sed cauta ætas belli civilis discriminum continuerit ne Romam veniret, maturum utique studiis Rhetorum diiudicandis. Cicero autem Tullius anno Augusti Imp. primo, Hirtio & Pansa Coss. (Eusebio ac *Dialogi de oratoribus* auctore notantibus) fuit occisus. A quo tempore usque ad XI. Neronis annum Senecæ Philosopho fatalem, anni intercesserunt non minus quàm septem supra centum: scilicet Augusti LV. Tiberii XXIII. Caligulæ IV. Claudii XIV. Neronis usque ad Senecæ obitum XI. qui collectim annorum CVII. summam priùs dictam conficiunt: quibus adiungendi sunt ii quos in ætate habuisse credendus est Rhetor noster, quando de Cicerone actum fuit. Itaque necessariò eò veniendum est, ut aut Senecam, si unicus est ex Rhetore & Philosopho compactus, plusquam CXX. annis vixisse; aut alterum Rhetorem, alterum ab eo diversum Philosophum fuisse admittamus.

[e] In *præfat.* lib. 1. *Controv.*

48. Hi ergo duo Senecæ, quibus gloriatur Corduba, nempe *Marcus Annæus* noster, eiusque filius *L. Annæus Seneca*, quosque innuere voluit Martialis Liciniano [f] scribens:

Duosque Senecas, unicumque Lucanum
Facunda loquitur Corduba;

non verò Philosophus & Poeta, ut aliquo tempore, Sidonii forsan fide uti iam diximus, fuit existimatum: de cuius testimonio quid censeri debeat, cùm Senecam Poetam aliquem à Philosopho distinctum haud fuisse comprobemus, locus erit monendi opportunus. Neque est, ut *ter numeranda* Senecæ *domus* apud eundem Martialem huic numero opponas; nam epigramma illud XL. lib. 4. unde ista sunt:

Atria Pisonum stabant cum stemmate toto,
Et docti Senecæ ter numeranda domus.
Prætulimus tantis solum te Postume rebus,
&c.

vel ad tres fratres germanos *Senecas* Marci Rhetoris filios quos iam memoravimus, *Novatum* sive *Gallionem*, *Lucium* ipsum *Senecam*, & *Melam*, referendum est (quò inclinare videtur Martinus Antonius del Rio [g]); vel, quod magis credimus, *ter numerandam* Græca imitatione, pro valdè memoranda Martialis dixit: quam vim apud Græcos τρὶς habet, & Galli usurpant *tres* pro nota superlativi, uti Martialis docent interpretes, Erasmusque in *Adagiis* [h]. Eaque magis ad propositum Poetæ interpretatio est; imputat enim Postumo, quòd solum eum frequentaverit, relictis domibus

[f] lib 1. ep. 52.

[g] In Prolegomenis ad Tragœdias lib. 2. cap. 2.

[h] Prov. *Ter.* pag. 451.

bus C. Pisonis Senecæque; cùm in Pisone *clarus apud vulgus rumor, & adversus amicos largitas* (uti de eo Tacitus loquitur), in Seneca Neronis alumni favor se invitarent.

49. Marcus hic Seneca Cordubæ natus fuit, quam quidem nobilissimam Bæticæ Provinciæ urbem *coloniæ suæ* appellatione in adducto iam testimonio innuere voluit. Ea enim, quæ olim Corduba vernaculo gentis nomine audiebat inter primas, sive ut Strabo refert [l] prima Romanis colonia facta est, deductis eò Romanorum selectissimis, atque ideo *Patricia* cognominata, ut ex lapidibus & numismatis ibi repertis effossisque Antiquarii [k] monent. Ex *Annæa* gente eum fuisse nomen eius indicat, filiorumque, & Lucani nepotis: equestri eâ, ut ex Philosophi ad Neronem apud *Annalium* Scriptorem [l] verbis constat. *Annæos* ab *annis* dictos fuisse haud est à vero absonum, sicut *Senecas* à senectute; nam *senicam* pro sene usurpatum olim, Pomponii testimonio Nonnius Marcellus docet [m]. Temerè igitur Ambrosius Morales lib. 9. *Histor. Hisp.* cap. 9. à *se necando* vocabulum Senecæ innocuum derivat, in quo præiverunt ei alii; siquidem Ioannes Guallensis Franciscanus in Florilegio *De vita & dictis illustrium Philosophorum*, quod Lucas Wadingus edidit, id ipsum ex aliorum sententia inculcat cap. 17. partis 4. Senecæ nomine appellatus apud Nicephorum in chronologia, Patriarcha Hierosolymorum decimus. *Annæum* an *Anneum* dixeris rectiùs, in *Prolegomenis ad Tragœdias* lib. 1. cap. 1. Del-rius quærit, & Arnaldus Pontacus *ad Eusebium notis* [n]. *Helviam* duxisse uxorem *Marcum*, ex *Consolatione* ad eam coniuge iam orbatam Lucii Annæi filii constat. *Albinam* alii vocant, de quo Del-rius. In antiqua *& severa domo* hæc instituta (ut eiusdem Senecæ verbis utar) patre adhuc superstite fuit, cùm amisso iam olim M. Seneca marito, Lucii filii in Corsica exsulis officio sublevaretur. Immo & Annæus Mela, si vera dixerit vetus auctor *de Lucani* huius Melæ filii *vita*: apud quem, & Lucanum ipsum Cordubæ natum, octimestremque Romam fuisse translatum legimus; nisi Marcus in urbem veniens filios Cordubæ reliquerit. Venit ergo Augusto non dudum imperante; cùm nisi hoc sit Pollionem Asinium & viridem & iam senem (quod in prooemio quarti libri ait) vix audire potuerit; extinctus enim Asinius fuit octogenarius anno Augusti XLVII. in Urbe. Ex libello Lucii Senecæ *De consolatione ad Helviam matrem* constat etiam Helviam ab studiis bonarum omnium artium non alienam fuisse. *Utinam quidem* (ait) *virorum optimus pater meus, nimis maiorum consuetudini deditus, voluisset te sapientum præceptis erudiri potiùs quàm imbui! non parandum tibi nunc contra fortunam esset auxilium, sed proferendum. Propter istas, quæ literis non ad sapientiam utuntur sed ad luxuriam instituuntur, minus est indulgere studiis passus. Beneficio tamen rapacis ingenii plus quàm pro tempore hausisti. Iacta sunt disciplinarum omnium fundamenta.*

[l] lib. 3. *Geograph.*

[k] Morales In *Antiquitatib. Hispan.* ubi de Corduba, & *De Cordubæ Antiquit.* Ludov. Nonius in *Hispania* sua c. 19. Roa de *Cordubæ Principatu.*

[l] lib. 14.

[m] *De propriet. serm.* c. 1. Verbo *Senica* §. 59.

[n] Pag. 579. ubi de Lucano.

50. Ea forsan comite & filiis venit Romam primùm, Augusto imperante, Marcus Annæus Seneca; nam & filios in patria susceptos fuisse, Lucium scilicet, multoque magis Gallionem seu Novatum primogenitum, ex eadem *Consolatione* manifestum est. Sub Marillio Rhetore una cùm Porcio Latrone navavit eloquentiæ studiis sedulam eam, quæ in *Controversiarum* emicat libris, operam: cuius Marillii sententiarum gemmulis libros illos multis ornavit locis, præceptorem eum alicubi appellans [o]. Adiutus ad hæc & quævis alia studia, præter ingenii perspicacis maturique ac subacti iudicii dotes, memoriâ stupenda & quæ in miraculum procederet. Nam & *duo millia nomina recitata, quo ordine erant dicta, reddere; & ab his qui ad audiendum præceptorem communem convenerant, singulos versus à singulis datos, cùm plures quàm ducenti efficerentur, ab ultimo incipiens usque ad primum recitare solebat*, ut ipse de se ait in præfatione *Controversiarum* ad filios. Quâ quidem, licet ætate iam tum quassatâ ut ibidem queritur, adhuc tamen admirabili gaudebat, cùm præfatum *Controversiarum* opus eorum quos audierat Rhetorum dictis coagmentatum, non ex commentario aut scripto aliquo, sed exinde tamquam ex ditissima penu depromeret. Eloquentiam unicè dilexit: cui quidem addictum exemplo suo vixisse inter alios Melam filium gratulatur ei in præfatione secundi libri. Apponam verba ipsa, ne cùm possim eius elegantissimis utar meis: *Hæc eò libentiùs, Mela fili carissime, refero, quia video animum tuum ab civilibus officiis abhorrentem, & ab omni ambitu aversum, hoc unum concupiscentem nihil concupiscere, ut eloquentiæ tantùm studeas.* Et statim: *Nec est quòd insidias putes tibi fieri, quasi id agam ut te bene cedentis studii labor teneat. Ego vero non sum bonæ mentis impedimentum. Perge quò inclinat animus, è paterno contentus ordine subduc fortunæ magnam tui partem. Erat quidem tibi maius ingenium quàm fratribus tuis* (audis?) *omnium bonarum artium capacissimum: est & hoc ipsum melioris ingenii pig-*

[o] lib. 3. contr. 17.

pignus, non corrumpi bonitate eius ut illo malè utaris. Sed quoniam fratribus tuis ambitioſæ curæ ſunt, foroque ſe & honoribus parant in quibus ipſa quæ ſperantur timenda ſunt: ego quoque aliquando eius proceſſus avidus & hortator laudatorque, vel periculoſæ, dum honeſtæ modò, induſtriæ, duobus filiis navigantibus te in portu retineo. Hæc ille, ut bene credas audire te Senecæ Philoſophi patrem. Cuius quidem Rhetoricum opus ex quo è tenebris in lucem hominum venit, haud parum fuit exiſtimationis conſecutum.

51. Dividitur id in SUASORIAS & CONTROVERSIAS. *Suaſoriæ* declamationes ſunt, ſeu exercitationes ſcholaſticæ ſuper materiis ad deliberandum propoſitis, ex hiſtoria nempe deſumtis, eæque non modo Poetis utiliſſimæ, aut Hiſtoriarum futuris ſcriptoribus, Quintiliano teſte [p]; verùm & Oratoribus, hoc eſt veras cauſas agentibus, neceſſariæ. Libellus hic ſeptem tantùm *ſuaſorias* continet. *Controverſiarum* autem quinque habemus integros libros, fragmenta verò decem librorum; nam totidem fuerunt. Tertius qui nunc eſt integrorum, ſeptimus fuit: quartus octavus, quintus item decimus: primus & ſecundus in ordine ſuo ſtant, quod ex fragmentorum ſyſtemate perſpicuum redditur. Quare M. Senecam poſtmodum edituris ſuadet in præfatione Amſtelodamenſis omnium utriuſque Senecæ operum editionis Ioannes Fredericus Gronovius, eo ordine utantur ut iis numeris quibus ab auctore ſunt diſpoſiti *Controverſiarum* hi libri eos reddant, ſubiicientes integris eorum excerpta, & ubi illi deficiunt excerpta tantùm. Harum declamationum, cauſarum ſcilicet (uti iam diximus) forenſium in ſcholis velitationum, non ipſe auctor eſt Seneca ſed compilator. Quicquid enim ſuper is controverſiis ab his declamatoribus audiverat quos filii non fuerant per ætatem conſecuti memoriaque retinebat: ipſe id totum in eas coniecit, nec ſemel de aliorum dictis cenſuit: de qua re multis ipſe in proœmio totius operis. At unamquamque controverſiarum, genuſque ſcribendi trifariam dividit: primò ponit accuſationem & defenſionem rei, aut è converſo: deinde diviſionem cauſæ in quæſtiones quæ in ea factæ ab iis ſunt: tertio colores quibus uſi. *Colores* intelligo prætextus & velamenta in cauſis excogitata ad culpam declinandam, quod totum dicentis ingenio non aliqua ex inſtrumento defenſione conſtat, ut Quintilianus docet [q]. Quorum colorum quatuor libros apud noſtrum Senecam Otho Iunius edidiſſe legitur [r]. Interdum Græcorum ſententias Latinis interpolavit: *Ut poſſitis* (ait [s]) *æſtimare primùm quàm facilis Græcæ eloquentiæ in Latinum tranſitus ſit, & quàm omne quòd bene poteſt dici commune omnibus gentibus ſit; deinde ut ingenia ingeniis conferatis, & cogitetis Latinam linguam facultatis non minus habere, licentiæ minus.* Hæc ille. In editionibus præire Suaſoriis controverſias debuiſſe inde colligimus, quòd lib. 2. contr. 12. de Porcio Latrone loquens, redditurum ſe ea inquit quæ ille aliquando dixerit, cùm ad ſuaſorias venerit. Attamen omnes ferè præponunt *Suaſorias*, ſcilicet prima Germanica Frobenii anni MDXII (1): prima Hervagiana, quam Eraſmus interpolavit (nam alterius Cælius Secundus Curio turbavit ordinem): Lugdunenſis Gryphii & quæ has ſecutæ ſunt, ut Schotus ad Senecam præfatus docet.

[p] lib. 3. *Inſt. orat.* cap. 8.

[q] lib. 4. c. 2.

[r] lib. 2. contr. 9.

[s] lib. 5. contr. 33.

52. Quamdiu quidem pro eodem habitus eſt Declamator & Philoſophus Seneca, tamquam poſterioris huius eſſent in lucem temporum *Controverſiæ* perductæ ſunt. Quando autem primùm, dicere non auſim. Declamationes certè aliquot cum Rodolphi Agricolæ commentariis Baſileenſibus formis Bebelius anno 1529. edidit. Noviores editiones inter M. & Lucium Senecam iam diſtinguunt. Sed ſive unius, ſive diverſorum crediderint lucubrationes eſſe omnes Senecæ inſcriptas, perpurgandis *Declamationibus* (ſive *Suaſoriæ* ſint, ſive *Controverſiæ*) viri clariſſimi navàrunt operam. Laudantur quidem præter Agricolam nuper dictum Eraſmus, Ferdinandus Nonius Pincianus, Nicolaus Faber, M. Antonius Muretus, Ioannes Gruterus, Andreas Schotus, & omnium poſtremus Ioann. Fredericus Gronovius. In Græcis autem verbis reſtituendis fruſtra ſe conſuluiſſe Mss. codices Eraſmus & Pincianus conqueſti ſunt: adeò corrupti erant omnes. Antonius verò Covarrubias noſter Didaci frater, vir Græcè doctiſſimus, plura ex codice quodam eruta cum Petro Ciaconio Toletano communicaverat: quem codicem Andreas Schotus ad manum habuit, atque item alterum *Excerptorum* Antonii Auguſtini Archiep. Tarraconenſis, quum ornandæ eidem Spartæ incubuit, notiſque uberioribus

(1) *Germanica* inquam; prævivere namque Tarviſina *Suasoriarum* ſive *Declamationum* apud Bernard. de Colonia 1478. penes nos & in Catal. Libror. Ducis de la Valliere num. 1245. exhibita, cuius etiam Ioann. Alb. Fabricius meminit Bibl. Lat. Lib. II. c. 9. in Not. Item Veneta *Controverſiarum* 1490. & 1503. ap. eund. Fabric. l. c.

bus obscurissimis prælucere libris excogitavit: ex quo viderat Mureti positam in *Lucio* illustrando operam, eò quòd morte præoccupatus fuisset, in *Marco* cessare; nonnihil tamen hìc præstitisse Muretum Franciscus Bencius in editione Senecæ utriusque operum, cui immortuus ille fuerat, monet: usus ipse quatuor codicibus, Vaticano optimo, Augustodunensi qui Iacobi Dalechampii fuit, Brugensique, & nescio quo alio. Quo tempore Nicolaus etiam Faber ex ingenio, & consultis dumtaxat editionibus sanâsse huius operis plura vulnera dicitur. Nec adhuc satis; nam & Gronovius sedulò hìc post omnes versatus, duobusque Isaaci Vossii Mss. usus exemplaribus excerptorumque alio Hugenii, relinquere se etiam ipsum repurgandum Augiæ stabulum ingenuè fatetur. Harum declamationum illam, sive Suasoriam sextam, in qua deliberatur Ciceronis nomine, deceatne eum rogare sospitatem suam ab Antonio, in Hispanum vertit sermonem elegantissimè D. Franciscus de Quevedo Villegas, vir inter nos ingenio & eloquentia nec minus eruditione clarus, adiunctis antiquorum à Marco Seneca laudatorum propria pulcherrima consultatione.

53. Perierunt quidem, ut & alia aliorum Rhetorum (quod ipse alicubi monet [t]) *Declamationes* Marci propriæ: quarum una fuit ea quam M. Fabius Quintilianus laudat lib. 9. cap. 11: *Novi verò* (ait), *& præcipuè Declamatores; audaciùs, nec me hercle sine motu quodam imaginantur: ut Seneca in Controversia cuius summa est, quòd pater filium & novercam, inducente altero filio, in adulterio deprehensos occidit:* Duc, sequor: accipe hanc senilem manum, & quocumque vis imprime. *Et paullò post:* Aspice (*inquit*) quod diu non credidisti. Ego verò non video, nox oboritur & crassa caligo. *Habet hæc figura manifestiùs aliquid. Non enim narrari res, sed agi videtur.* Hactenus ille optimus Oratorum censor, qui *evidentiam* alibi appellat hanc figuram, libro nimirum 9. cap. 2.

[t] Procem. lib. 1.

54. Quale autem iudicium & stilus harum controversiarum auctoris sit, Andreas Schotus [u] prudenter monuit. Nihil nempe esse in Lingua Latina, cùm à Cicerone discesseris, scriptum puriùs atque elegantiùs: iudicium verò, quod semper fuit estque perpaucorum hominum, & acumen in aliorum ingeniis dictisque censendis summum, ac illius proprium. *Dissentio igitur* (infit) *à viro qui memoriâ nostrâ Senecam hunc Rhetorem leviter doctum ac quasi proletarium appellat.* Hæc ille. Martinus Antonius del Rio hic est, quem innuit in *Prolegomenis ad Senecæ Tragœdias* lib. 2. cap. 2.

[u] In præfatione toties laudata.

55. Reperiuntur autem manu exaratæ in Bibliotheca Veneta S. Antonii, teste Thomasino [x], cum additione scilicet *Declamationes Senecæ Nicolai Treveth* (1). Vixisse autem nostrum Senecam usque ad Tiberii ultima tempora ex eo suspicatur Lipsius, quòd in libris eius Seianianæ coniurationis mentio fit; nec locum indicat. Quare opus est ut qui lib. 2. Contr. 11. Lepidi præceptoris Neronis meminerit, quem & proprio tantùm nomine in fragmento præfationis lib. 4. Lepidum appellavit: alterum Neronem ab imperatore cui præmortuus ipse fuit diversum, cuiusque præceptor Seneca fuit, significare voluerit: nempe Tiberium Claudium Neronem Liviæ filiæ Augusti coniugem eiusve filium ab Augusto adoptatum ut post se imperaret, qui verè Claudius Tiberius Nero dicebatur, ut constat ex Aurelii Victoris *Epitome*, & libro aureo *De Cæsaribus*.

[x] Pag. 14.

CAPUT V.

LUCIUS IUNIUS MODERATUS COLUMELLA *Gaditanus, agrariæ rei scriptor celeberrimus, Lucii Senecæ æqualis. Quisnam Volusius Consul cuius ipse meminit? Romanus lapis ex coniectura emendatur. Columellæ patria.* Siri *condendis fructibus putei apud Bæticos, nunc* silos. *Columella gens. Cælius Rhodiginus notatur.* De agricultura *auctores à Columella celebrati. Huius* De re rustica *librorum commendatio. Cassiodorus corrigitur. Liber* De arboribus *non utique huius operis pars. De huius editionibus. Idem sit an diversus Moderatus Gaditanus Pythagoreus philosophus Græcè qui scripsit, ambiguum.* Gadiræus *&* Gaditanus *idem.* Gadaræ *Palæstinæ gentilis* Gadarenus, *non* Gadareus.

56. SED antequam cetera domus Annææ decora in medium afferam, evocandus est è Tiberiano & Claudiano ævo in hunc ordinem clarorum scriptorum LUCIUS IUNIUS MODERATUS COLUMELLA Gaditanus, clarus ante alios agriculturæ magister & il-

(1) Exstant in Regia Laurentiana Escurialensi terni *Suasoriar.* & *Controversiar.* Codices: Lit. Q. *Plut.* 1. *num.* 18. & sub num. 8. eiusdem plutei: Item *Lit.* T. *Plut.* 3. *num.* 12. atque in aliis Hispaniæ Bibliothecis non infrequentes. In Regia Matritensi *Declamationes* Hispanico iure donatæ Alfonso de Cartagena Episcopo Burgensi Interprete.

illustrator. Ætatem quâ præcipuè floruit inde expungimus, quòd Senecis fratribus æqualis vixerit, Lucium Philosophum tunc viventem laudaverit, Gallionis familiaritate usus sit, ac post consulatum Lucii Volusii opus suum scripserit: de quibus singulis perstrictim agemus. Meminit is Senecæ lib. 3. cap. 3. de vineis verba faciens: *Sed & Nomentana regio nunc celeberrimâ famâ est illustris, & præcipuè quam possidet Seneca vir excellentis ingenii atque doctrinæ, cuius in prædiis vinearum iugera singula culleos octonos reddidisse plerumque compertum est.* Gallionem, eiusdem Senecæ fratrem ex adoptione ita dictum, sive mavis Annæum Novatum (nisi Iunius fuerit ipse Gallio adoptator) compellat ipse amicissimè suum vocans in fine libri 9. *Quæ reliqua vobis rusticarum rerum pars superest, de cultu hortorum, Publi Silvine, deinceps ita ut tibi & Gallioni nostro complacuerat, in carmen* (inquit) *conferemus.* Adiunximus commentatum Columellam fuisse post Volusii consulatum; nam id ex eius his verbis constat: *Sed & ipse nostrâ memoriâ* (septimo capite lib. 1. ait) *veterem Consularem, virumque opulentissimum Lucium Volusium asseverantem audivi, patrisfamilias felicissimum fundum esse, qui colonos indigenas haberet.* Lucii Volusii cognomento Saturnini Consulatûs meminit Plinius lib. 7. cap. 14. & 48. & Tacitus lib. 3. Annalium; sed, ne erres, duo *Lucii Volusii* fuere distincti à *Q. Volusio*, qui Consul fuit cum P. Cornelio Scipione anno Urbis DCCCIX. redemti orbis LVIII. Claudii Cæsaris secundo, ut ex fastis & inscriptione [y] quadam, atque ex eodem Tacito [z] constat. Non hunc *Quintum*, sed disertè *Lucium* vocat *Volusium* noster, alterum scilicet, & antiquiorem, & Consulem, de quo Tacitus [a]: *Fine anni concessere vita insignes viri L. Volusius & Sallustius Crispus* (1). *Volusio vetus familia, neque tamen præturam egressa, ipse Consulatum intulit, censoriâ etiam potestate legendis equitum decuriis functus, opumque, quîs domus illa immensum viguit, primus adcumulator.* Annus hic, de quo loquitur, annus fuit U. C. DCCLXXIII. quo Coss. fuere M. Aurelius Messala & M. Aurelius Cotta, Tiberii Augusti sextus, Christi nati XXII. Hunc innuere voluit, veterem iccircò vocans consularem sed suæ memoriæ, hoc est suæ ætatis, Columella: veterem, ut ab altero L. Volusio distingueret, qui superioris filius videtur mihi fuisse, necnon & Q. Volusii Consulis pater, de quo suprà monui.

[y] Apud Panvinium hoc anno.
[z] Annal. 13. 25.
[a] Ann. 3. 30.

57. L. Volusius hic Iunior, Q. Volusio ut credimus filio, & P. Scipione Coss. triginta sex post illum seniorem, tribus & nonaginta annis natus obiit: quod apud eundem annalium scriptorem legimus [b]. Quo adhuc in vivis agente scribebat, existimo, suum opus noster. Hunc etiam Volusium Consulem ponimus, cum Plinio, sic eum interpretantes: *Marcus Perpenna, & nuper L. Volusius Saturninus* (ait lib. 7. cap. 48.) *omnium quos in consulatu sententiam rogaverant superstites fuere. Perpenna septem reliquit ex iis quos Censor legerat. Vixit annis XCVIII.* Adiungere potuit, uti Tacitus, Volusium XCIII. vixisse. Conferre hunc locum cum isthoc eiusdem Plinii oportet ex eodem libro [c]: *Nuper etiam Lucio Volusio Saturnino in urbis præfectura extincto: notum è Cornelia* (sic lego pro, *est Cornelia*) *Scipionum gentis Volusium Saturninum, qui fuit Consul, genitum post LXII. annum.* De eodem homine utrobique agi, usurpatum illud temporis recentis adverbium persuadet; eò magis quòd vivacis & longævi argumentum sit senem sexagenarium parentem fieri potuisse. Scribebat Plinius sub Vespasiano, cuius filio Tito nuncupavit *Historiam* suam; nec verosimile est, quòd nuper vixisse de Lucio Volusio seniore, hoc est de eo dixerit qui anno Christi XXII. hoc est ante quinquaginta ut minimum annos fato cesserat. At nihil Tacitus de præfectura L. Volusii iunioris urbana, nec fuisse Consulis Quinti Volusii patrem: id quod, dum de rebus agit sub hoc Consule gestis, exprimere debuisset. Sed quod omissum à Tacito est suppletum potiùs gratulemur Plinio, quàm ex silentio Taciti derogemus Plinio fidem.

[b] Lib. 13. 30.
[c] Cap. 14.

58. Quintus tandem Volusius Saturninus, eo quo diximus anno Consulatu functus est cum P. Cornelio Scipione, qui ille ipse est Lucii Volusii è Cornelia filius in senectute genitus, de quo Plinius monuit. Ne autem id omittam, Quintum alterum Volusium Saturninum hic primus generavit, cuius Consulatum video in fastos relatum unà cum Domitiano Augusto; nisi idem fuerit cum Claudiani temporis illo Consule, quod vix crediderim; cùm inter hunc & istum Consulatum anni intercesserint XXXV. Ignotus auctor fastorum à Cuspiniano adductus ita habet: *Domitianus XVI. & Saturninus*, qui lucem habet ab

(1) Cave hunc Sallustium cum florentissimo rerum Romanarum Scriptore confundas. Sororis filius fuit, à quo Sallustianum æs. De eo Horat. *II. Carm.* 2. Tacit. Annal. *I.* 6. alii.

[d] Pag. 300. 1.

ab inscriptione Romana apud Gruterum [d], ubi post alia:

.......TETTIENVS SERENVS COOPT.
IMP. CÆS......... AVG. GERM. XVI.
COS.
Q. VOLUSIVS SATVRNINVS
P. R. C. ANN. DCCCXLIV.

Scriptum crediderim hoc potiùs modo:

IMP. CÆS......... AVG. GERM. XVI.
Q. VOLVSIO SATVRNINO COSS.

[e] Apud Panvinium in *Fastis* ad annum U. C. 839.
[f] In eius vita cap. 6. & 13.

Nam intercidisse Domitiani nomen & restituendum esse, *Germanici* titulus quo in numis [e] dignoscitur propter victorias à Suetonio [f] memoratas ab eo assumtus, & anni conditæ urbis nota (id enim significant singulares illæ P. R. C. nempe, POST ROMAM CONDITAM) in huius imperium incurrentis, dubitare non sinunt. Conditæ urbis ann. DCCCXLIV. si Sethi Calvisii calculum, aut saltem DCCCXLV. si Panvinii fastos sequimur, cum XVI. isto Domitiani Consulatu concurrit. Cuspinianus aliquot annis discrepat. Et Suetonius disertè ait [g] consulatum eum XVI. cœpisse.

[g] Cap. 13.

59. Hunc Consulem alii vocant A. VOLUSIUM SATURNINUM, uti est apud Sethum (consuli potuit sicubi exstat lapis de vero prænomine), & fuisse hoc magistratu primùm functum ante annos quinque, cum Domitiano XIII. asserunt. Quæ magis confirmant diversum eum à Q. Volusio Claudiani temporis. Dives opum hæc domus à L. Volusio, cuius recordatur Columella, vetere illo consulari primum adcumulatarum, Lucii alterius parsimoniâ crevit: ita ut in exemplum innocuæ opulentiæ obiecta Senecæ sit à Nerone, verbis Taciti [h] moderationem eius taxante. Paulò hæc laxiùs, ut in re subobscura, ne ignoraretur Columellam ante ann. Chr. XXII. Tiberiique Cæsaris VI. Romam ex Hispania & Gadibus, unde erat domo, iam venisse; siquidem à Volusio eo anno vitâ functo, præceptum Agriculturæ illud, quo de iam diximus, excipere potuit.

[h] Lib. 14. 56.

60. Gadibus enim natus ille fuit. Municipium iccircò Gaditanum non semel suum appellavit: nempe lib. 8. cap. 16: *Ut Atlantico faber* (de piscibus loquitur) (1) *qui & in nostro Gaditano municipio generosissimis piscibus adnumeratur, eumque prisca consuetudine* Zaum *appellant*. Et lib. 10. *De cultu hortorum* metrico lactucarum laudans genera:

Et mea, quam generant Tartessi litore Gades,
Candida vibrato discrimine, candida thyrso est.

Item lib. 5. cap. 5. quum de M. Columella patruo agit, de quo paulò post dicemus. Bæticam quoque provinciam suam innuere voluit, quum transmarinarum regionum appellans usum: in iis suarum meminit, ut in cap. 6. lib. 1: *Possunt etiam defossa frumenta servari, sicut transmarinis quibusdam provinciis, ubi puteorum in modum quos appellant* siros, *exhausta humus editos à se fructus recipit; sed nos in nostris regionibus quæ redundant uligine, magis illam positionem pensilis horrei, &c. probamus.* Meminit *sirorum*, ut id cursim tangam, M. Varro lib. 1. *De re rustica*, cap. 57. & 63. Plinius lib. 18. cap. 30. vernaculumque & nunc *Silos* gentis nostræ Bæticæ vocabulum est (2).

61. *Columella* gens, si nominis attenditur forma, Latinam originem præseferre videtur: unde est, quòd uti *Fenestellam* à calvitie, ita *Columellam* à proceritate dictam nescio à quo doctus [i] Cælius notaverit Rhodiginus. Marcus Columella patruus fuit Moderati nostri, quem ipse non semel in exemplum adducit sedulæ agri colendi operæ, lib. 2. cap. 16. *Quod M. Columellam patruum meum, doctissimum & diligentissimum agricolam, sæpe numerò usurpâsse memoriâ repeto;* & lib. 5. cap. 5. doctrinâ eius in aliis quoque studiis laudatâ, instat eidem iterum elogio. *Marcus quidem Columella patruus meus, vir illustribus disciplinis eruditus, ac diligentissimus agricola Bæticæ provinciæ;* et lib. 7. cap. 2. *Nam cùm in municipium Gaditanum ex vicino Africæ miri coloris silvestres ac feri arietes, sicut aliæ bestiæ, munerariis deportarentur: Marcus Columella patruus meus, acris vir ingenii atque illustris agricola, quosdam mercatus in agros transtulit, & mansuefactos tectis ovibus admisit.* Libenter hæc testimonia huc transfero, ne magnâ iniuriâ laudatum aliis

[i] Lib. 24. var. Lect. cap. 5.

(1) Faber, al. *Zaus Zeusve*: piscis genus Atlantico mari gaudens & Gadibus inter præcipuos habitus. De eo Plin. *IX.* 18.

(2) *Silo*, & in pl. *Silos*, à *Siro* & *Siros*, *r.* scilicet in *l.* conversa: quemadmodum à Lat. *cerebrum turtur*, Hispanica *celébro tórtola* & alia. Scrobes sunt subterraneæ puteorum in morem, *quarum* teste Varrone (*I. de R. R.* 54.) *in agro Carthaginensi & Oscensi* (atque apud nostrates Valentinos) *frequens est usus.* Curtius *VII. Hist.* 4. Relandus à Persica & Arabica voce جرة *giarra*, vase scilicet dolio simili in quo fruges conduntur, *siros* derivat; & quidem Lemosinis nostris vinaria atque olearia dolia *giarras*: unde Hispanica *jarra* & *jarro* pro vase μονώτῳ descendere puto. Vas utrimque auritum sive ansatum Græcis δίωτον; atque hinc forsan Hispanicum *candiota*, quod item ansati vasis genus est: quasi *cantara diota*.

aliis quàm Columellæ verbis dimittam virum eius famæ ac doctrinæ: à quo videtur mihi studium is & industriam nobilissimæ atque utilissimæ artis animo excepisse, propriisque in latifundiis exercitâsse. Nam & vineta in Ceretano, Ardeatino, Carceolano, & Albano agris habuisse legitur [k].

[k] Lib. 3. c. 3. & 9.

62. Peregrinatus est aliquando in Orientalibus orbis Romani regionibus, cùm in Cilicia Syriaque mense Iunio atque Iulio sesamam conseri se vidisse affirmaverit [l]. Gallionem & Publium Silvinum in paucis videtur caros & familiares habuisse: quorum huic *De agricultura* opus inscriptum voluit, eidemque & Gallioni eatenus detulit, ut prosaicæ huius operis telæ metricum librum *De hortorun cultu* ex eorum consilio attexere non recusaverit, ut ex fine libri noni apparet. Cornelium item Celsum sæpius & exquisitè laudat, uti [m] *non solùm agricolationis, sed & universæ naturæ prudentem virum.* Quem hominem non ita honorificè Quintilianus excepit in fine *Institutionum.* Eundem iterum, & Iulium Atticum ætatis suæ ipsius Columellæ celeberrimos auctores pronuntiavit non uno loco [n]: quorum priorem Celsum totum corpus disciplinæ quinque libris complexum esse; posteriorem autem Atticum *De vitibus* librum singularem edidisse refert [o]. Idem hic est Cornelius Celsus cum eo cuius *De re medica* commentarium habemus; nam & fuisse Philosophum & Medicum & Rhetorem, deque omnibus his disciplinis ac *De re rustica & militari* scripsisse, Quintilianus [p] auctor est. Atticum in eorum ponit numero, quos præsentes habuit auctores Plinius, quum de vitibus & vineis lib. 14. egit: in cuius libri elencho *Actius* malè pro *Attico* edi solet, aliter ac in sequentium 15. ac 17.

[l] Lib. 2. c. 10.

[m] Lib. 2. c. 2.

[n] Lib. 3. c. 17 & lib. 4. cap. 8.

[o] Lib. 1. c. 1.

[p] Lib. 10. c. 1. & lib. 12. c. ult.

63. Hic ergo Lucius Iunius Moderatus Columella præter alios libros qui interciderunt opus edidit laudatissimum *De re rustica* ad Publium Silvinum, nescio quem: post Græcos auctores, atque item Latinos M. Catonem, patrem & filium Sacernas, Scropham Tremellium, M. Terentium Varronem, Hyginum, & eos qui nuper à me laudati sunt, Cornelium Celsum, & Iulium Atticum, Iulium item Græcinum, IuliiAgricolæ Cornelii Taciti soceri (ut credo) parentem, carmineque Virgilium: quorum omnium operis initio [q] meminit. Constat id libris duodecim prosaicis; decimus tamen eorum metricus est *De cultu hortorum* inscriptus: supplere quadantenus desiderante nostro ea quæ in *Georgicis* omiserat, posterisque post se memoranda relinquere Virgilius significaverat, ut in proœmio huius libri expressum legimus. Quo pertinent & hi versus:

[q] Lib. 1. c. 1.

Hortorum quoque te cultus Silvine docebo,
Atque ea quæ quondam spatiis exclusus iniquis
Cum caneret lætas segetes & munera Bacchi,
Et te magna Pales, necnon cælestia mella,
Virgilius nobis post se memoranda reliquit.

64. Stilus est emendatissimus, eiusque nomine *principibus Latinæ linguæ scriptoribus* (ait Gaspar Barthius lib. 37. *Adversar.* cap. 7.) *meritò accensetur auctor, sermonis suavitate, politiâ, & vi quoque & eruditione. Eius* Hortulus *purum & verè latinum carmen est, non tumidum, inflatum, absonum; sed naturali venustate elegans, nec adfectans declamatorios flores, perpetuæ orationis dedecus & corruptionem.* Hæc Barthius in eo capite, quo ex hoc libro quædam observationibus propriis illustrat [r]. Idem animadversionibus ad Statii lib. 11. Theb. v. 213. *elegantissimum carmen* vocat, *quodque nativam ingenuamque poesim illo adhuc ævo cum paucis servavit;* atque huius nomine auctorem, *etiam in tantillo scripto genuinæ poeseos principum non postremum,* ad lib 6. v. 104 Idem Ludovico Nonio laudato atque eius Diætetico, ad lib. 11. v. 707. *Dignus erat* (inquit) *longè pulcherrimus Columellæ liber* (De cultu hortorum) *non alio quàm tali Medico & Philologo interprete. Hortamur nos virum præstantissimum, ut eam à se curam impetrari sinat: nos si quicquam contrà exposcet, quod opis nostræ fuerit, contrà illi largiemur.* Hæc ille. Necnon propter integrum opus *De re rustica, nitidissimum eum auctorem* ad lib. 4. Silvar. carm. 9. v. 42. appellat, & *elegantissimum, & verè Romani ingenii scriptorem & poetam,* ad lib. 6. Theb. v. 360: sicut & *virum eloquentissimum, & qui nunquam pro dignitate satis extolli possit,* Ferdinandus Pincianus in *Præfatione* ad suas *in Senecam Annotationes.* Egregiè item Cassiodorus senator de hoc opere censuit *De divinis lectionibus* cap. 28. *Pari etiam modo* (ait) *in agris colendis, in apibus, in columbis, necnon & piscibus alendis, inter ceteros Columella & Ælianus auctores probabiles exstiterunt; sed Columella sexdecim libris per diversas agriculturæ species eloquens ac facundus illabitur, disertis potiùs quàm imperitis accommodus, ut operis eius studio* (lege *studiosi*) *non solùm communi fructu, sed etiam gratissimis epulis expleantur.* Sic legi pro *explicantur*, quod in editione nostra est, debere non dubitamus.

[r] Videndus ipse in lib. 20. cap. 19.

Sex-

65. Sexdecim librorum hæc mentio apud Cassiodorum, nisi damnanda erroris sit, ad alios quorum postea meminimus, huius argumenti quoque eos, referenda est. Nos duodecim tantùm habemus superstites, & nothum si Deo placet alium *De arboribus* inscriptum: quiquidem cùm olim tertii locum occuparet, Iucundi Veronensis diligentiâ qui ad Leonem X. Papam recognitum à se Columellam & alios *Rei rusticæ* scriptores direxit, deprehensus haud pars esse totius operis. Quare iam ab Aldi Manutii editione Veneta anni MDXIV. reiectus est è non suo loco, & in appendicem coniectus. Quatuor id argumentis iure factum comprobavit ex Iucundo Aldus. Primò quia hic liber cuius initium est *Quoniam de cultu agrorum abundè primo volumine præcepisse videmur, non intempestiva erit arborum virgultorumque cura, quæ vel maxima pars habetur rei rusticæ:* eiusdem argumenti & initii est cum sequenti, quarto loco priùs deinde iam tertio collocato, qui ita incipit *Hactenus arborum cultus (ut ait præstantissimus Poeta*, &c.) *Sequitur arborum cura, quæ pars rei rusticæ vel maxima est.* Secundò: in hoc libro nunquam nominatur P. Silvinus, ut fit in aliis omnibus. Tertiò, quia de arboribus pomiferis, de cythiso, de olivis, de aliis quibusdam quibusde in hoc de arboribus, tractavit in eo qui nunc quintus est: quod bis in eodem opere haud fecisse eum dubitari nequit. Quartò: in principio octavi refert se quæ ad colendi ruris scientiam & pecuariæ negotiationem attinent septem libris memorasse: in undecimo se undecimum præceptum rusticationis memoriæ tradere: unde comprobatur, reiecto illo non huius corporis membro, reliqua omnia rectè coagmentari, verbisque auctoris respondere. An autem liber ille *De arboribus* eiusdem sit interrogatus: crediderim certe hunc librum bis fecisse Columellam, prætulisseque eum quem Silvini procudit notâ, reiecto altero.

66. Columellæ editionem antiquissimam, sive etiam alias, quæ præcesserunt Aldinam, Venetam priùs dictam anni MDXIV. prorsus ignoro (1). Ex quo tamen Aldus sive alius, Catonem, Varronem, Columellam sub iugo illo auctorum *De re rustica* orbi literatorum edidit, lex eadem dicta est sequentibus editionibus Parisiensibus MDXXIX. Io. Petit, MDXXXIII. & MDXLIII. Venetæ Aldinæ eiusdem anni MDXXXIII. Lugdunensi Gryphianæ MDXLIX. Basileensi Hervagianæ, itemque Romanæ MDXC. Heidelbergensi Commelini MDXCV. & si quæ aliæ: additis quoque passim aliis, *Palladio* (scilicet) *Veteribus inscriptionibus fratrum arvalium, Iunio Philargyrio ad Bucol. & Georg. Virgilii*, præsertim in Romana MDXC. *De cultu hortorum* liber seorsum editus fuit Parisiis MDXLIX. in 4°.

67. Enarratores illustratoresque sortitus est Columella iam laudatum Iucundum Veronensem, Georgium Alexandrinum qui *Vocum* apud hos auctores *priscarum enarrationem*, Philippum Beroaldum qui *Annotationes* anno MDXLIII. apud Gryphium, Petrum Victorium qui *Castigationes*, & *Castigationum explicationes* MDXLII. in 8°. Iosephum Scaligerum & Fulvium Ursinum, qui *Notas* in editione Commelini adiunxere. Ad librum *De cultu hortorum* commentarios L. Pomponii Fortunati editos novimus unà cum Baptistæ Pii, Beroaldi, aliorumque aliquot annotationibus. Lancilloti etiam nescio cuius expositio eiusdem libri est inter Latinos Codices Bibliothecæ Mediceæ in eius *Catalogo* [s]. Gaspar Barthius libri *Adversar.* 37. integrum caput 7. explicandis aliquot eiusdem locis mancipavit. Porrò Columellam Italis vulgarem fecit Petrus Laurus Mutinensis, Venetiisque anno MDLIV. in 4°. typis Nicolai Bevilaquæ, & MDLXIV. in 8°. edidit. *Exstat penes Afros* (Ioannes Leo ait [t]) *ingens quoddam in tres divisum partes volumen. Thesaurum agriculturæ vocant. Hic iis temporibus è Latino in eorum linguam versus est, cùm Mansor apud Granatas rerum potiretur:* cuius portio *Thesauri* Columellæ forsan libri sunt; è Latino siquidem derivatus ad Afros dicitur; nisi Magonis Carthaginensis opus de agricultura 28. libris comprehensum is contineat. Hoc enim ex Punico in Latinum translatum fuisse auctoritate Senatus, Plinius refert lib. 18. cap. 3. Mss. Codicibus qui adhuc uti velit, quærere poterit binum, quo se usum fuisse scriptum reliquit Petrus Victorius, altero D. Marci Bibliothecæ, altero sodalium Augustinianorum S. Galli Florentinæ urbis. Alius est in Bibliotheca monasterii S. Germani à Pratis in urbe Parisiensi, quem laudat Ægidius Menagius in *Observationibus ad Diogenis Laertii vitas*

[s] Pag. 56.

[t] In *Descrip. Africæ* lib. 1. cap. *Quos habeat Africæ aer* &c. pag. 80. in editione Lugduno-Batava MDCXXXII.

D

(1) Princeps omnium Columellæ & Rei Rusticæ Scriptorum editio Veneta Nicolai Ienson fol. 1472. si Auctori Catalogi librorum Ducis de la Valliere credimus num. 1502. Io. tamen Alb. Fabricius *Bibl. Lat. Lib.* 1. *c.* 2. *in Catone* principem Catonis & aliorum de R. R. Scriptorum editionem, Georgii Merulæ auspiciis excusam Venetiis per Nic. Ienson Anno 1470. fuisse in Bibliotheca Cl. Ioannis Mori affirmat; nisi error est in anni notatione.

[u] Lib. 1. In *Cleobulo* pag. 34.
[x] Eius Catalogus pag. 58.

tas [u]. Tria exemplaria in Medicea [x] (1).

68. *De lustrationibus* cogitavit & noster opus edere, ut ex his eius verbis apparet: *Hoc loco certum habeo quosdam* (ait lib. 11. cap. ultimo) *cùm solemnia festorum percensuerim, desideraturos lustrationum ceterorumque sacrificiorum, quæ pro frugibus fiunt, morem priscis usurpatum. Nec ego abnuo docendi curam, sed differo in eum librum, quem componere in animo est, cùm agricolationis totam disciplinam præscripsero.* Cuius cùm nemo ex Antiquis mentionem usquam fecerit, curæ isti eum renuntiâsse, aut satisfacere impeditum fuisse, verosimilius est.

69. *De generibus surculorum* libros & ipse suos laudat auctor lib. 11. cap. 11. ubi post enumerata varia pabulorum genera: *cetera* (inquit) *neque enumerare, ac minus serere dignamur, excepta tamen cythiso, de qua diximus in his libris, quos* De generibus surculorum *conscripsimus.* Agit quidem is de cythiso lib. 5. cap. 12. ubi & capite antecedenti de insitione arborum, sed non ita ut æquare videatur spem librorum *De generibus surculorum* factam. Nisi *surculos* de arboribus dixerit, & intelligenda sint quæ totis tribus libris à tertio usque ad quintum de arboribus disserit: quod magis credo; cùm initio libri tertii hæc dixerit: *Nam ex surculo vel arbor procedit, vel olea, vel frutex*, &c.

70. Iunio Moderato Columellæ Gaditano, cognominis causa, nec minus ætatis, iure MODERATUM subiungimus GADITANUM, ita dictum à patria Gadibus, quem Stephanus de hac urbe agens laudat ὁ πολίτης γαδειρεύς. Οὕτω γὰρ τὰ πέντε βιβλία ἐπιγέγραπται τῶν πυταγορικῶν σχολῶν Μοδεράτου Γαδειρέως. Hoc est: *Civis Gadireus. Sic enim inscribuntur quinque libri Pythagoricarum lucubrationum Moderati Gadirei.* Idem, an aliud eiusdem opus est, ex quo laudatur à Malcho in Pythagoræ vita? Μοδερᾶτος ὁ ἐκ Γαδείρων πάνυ συνετῶς ἐν ἕνδεκα βιβλίοις συναγαγῶν τὸ ἀρέσκον τοῖς ἀνδράσι. Id est: *Moderatus ex Gadibus doctissimè libris undecim quæ hominibus placent colligens*; nisi numerus in altero istorum deerraverit. Sub Moderati tantùm nomine & Pythagorei Philosophi, meminerunt eiusdem Porphyrius apud Simplicium *ad libros Physicorum* [y], & in *Vita Plotini* & *Pythagoræ* ipsius; atque item lib. 3 eius operis quod *Adversus Christianos* composuit, cuius exinde verba *Historiæ* suæ lib. 6. cap. 19. Eusebius exscripsit Cæsareæ Episcopus, necnon & Suidas in Ὠριγένης & S. Hieronymus *contra Rufinum* agens [z], qui *virum eloquentissimum* vocat. Nec dubito quin pro *Oderati*, legendum sit *Moderati* nomen apud Syrianum cognomento Philoxenum in *Comm. ad Aristotelis Metaphysicorum* lib. 12. cum doctissimo *Eusebianæ Historiæ* interprete Henrico Valesio in annot. ad paulò prius laudatum ex ea testimonium.

[y] Lib. 1. com. 65.

[z] Apologia adv. Ruffinum.

71. De ætate haud sinit dubitare nos Plutarchus, ex quo ait *Symposiacorum* lib. 8. quæst. 6. à Lucio Thusco, Moderati Pythagorici discipulo Romæ ad cœnam vocatum se à Sylla fuisse. Plutarchus sub Traiano floruit. Incidit ergo in ætatem Columellæ, quam percurrimus, Moderati memoria. Cùm verò tam Moderati proprium, quàm Gaditani patrium nomen ævumque utrique communia sint: valdè miror nemini hucusque in mentem venisse, ut ex Moderato Columella Gaditano, & ex Moderato Gaditano eundem coagmentâret hominem utriusque disciplinæ, rei nempe rusticæ ac Philosophiæ auctorem. Quod nullo quidem idoneo posset argumento ab animo eius qui excogitâsset convelli. Quòd enim Græcè scripserit qui patriâ Gaditanus esset, aut scribere voluerit qui sic Latinâ pollebat eloquentiâ, contingere posse, dum conveniant cetera, nemo inficias iverit. Prorsusque Gaditanum hominem sermone Græcorum fuisse usum fateri oportet eum, qui vel Gaditanum hunc Philosophum Pythagoræ symmystam diversum contenderit à Columella eius cive agricola. Sed quid si Latinâ linguâ ille scripserit? quid si eapropter Latini auctoris inter Græcos recordatus, *eloquentissimum* eum appellet Hieronymus, cùm de aliis Pythagoreis nihil tale usurpaverit? Quid si Diogenes Laertius, qui necessariò post Moderatum *De vitis Philosophorum* interque eos de Pythagora scripsit, iccircò hunc non laudavit, qui plurium aliorum res eius Philosophi narrantium meminit, quòd Latinum scriptorem minùs notum habuerit? At Stephanus è Græcæ inscriptionis Μοδεράτου Γαδειρέως formâ ethnicon vocabulum *Gadirei* comprobat, quòd è Latina minimè posset. Item Eusebius Porphyrii verbis Origeni imputans, quòd inter alios sectæ Pythagoricæ Moderatum quotidie habuerit in manibus: eximiam inde eiusdem Origenis in Græcanicis disciplinis eruditionem confirmat [a].

[a] Lib. 6. cap. 19.

72. Haud quidem minimi momenti obiiciuntur nobis, sed quæ ineluctabilia certè non sunt. Græcanica namque eruditio, vel ea dici haud incongruenter potuit, quæ

(1) Nec rara occurrunt in Hispaniæ Bibliothecis. Bina nobis suppeditat Regia Laurentiana Escurialensis Lit. *R. Plut. I.* num. 7. & *Lit.* Q. *Plut. I.* num. 12.

quæ circa Græcum Philoſophum, Græcamque ſectam, quantumvis partim in Latino aliquo eius enarratore verſaretur. Nec Stephano, aut Hermolao Grammatico eius epitomatori iniurii fuerimus, credentes potuiſſe iis aut totum Moderati opus Græcè tranſlatum ex Latino, aut ſaltem eius titulum Græcè conceptum exhiberi. Attamen nec ſic protectam de Pythagorici operis huius auctore coniecturam tueri animus eſt. Nihil enim adulantes nobis parcimus, aut pro certis venditare incerta volumus.

73. Reſtat autem ſcrupulum, ſi Deo placet, removere eius fortè, qui *Gadaram* etiam nunc ab antiquo uſque ævo in Palæſtina urbem dictam huc advocare, reiectis ad fines orbis Gadibus noſtris, tribuereque Moderato patriam velit. Sed utique *Gadaræ*, uti à *Gadira* diſtinctæ, idem recordatur Stephanus, qui huic non illi civem adiudicat Moderatum; neque à *Gadara* ſeu *Gaddara Gadireus*, ſed *Gadarenus* appellari debuiſſet, uti à *Boſtra Boſtrenus* & à *Gangra Gangrenus*, quod apud eundem annotatur (1). Ita audivit Theodorus Gadarenus Sophiſta, magiſter Tiberii Cæſaris qui varia ſcripſit in Rhetoricis & Hiſtoricis. Nec inculcamus quod ad Hebræorum gentem, non ad Græcorum, urbs iſta ſpectans Græcum ſcriptorem edere vix potuerit; nam in ditione Iudæorum non ſemper hanc fuiſſe, ſed à Iudæis vindicatam Straboni [b] credimus: qui nec tacet inde oriundos Philodemum Epicureum, Meleagrum, & Menippum cognomento Spudogelæum, Theodorumque oratorem qui ætate ſua viguit, Græci nominis uti res ipſa docet ac diſciplinæ omnes non Iudaicæ. At inculcamus id ipſum Strabonis teſtimonium ad excludendam à natalibus Moderati noſtri *Gadaram* iſtam. Philoſophum enim ſibi æqualem, ut ſuprà vidimus (nam Strabo ſub Tiberii imperio commentabatur) eumque famoſiſſimum, non potuit non inter *Gadaræ* Scriptores enumerare, ſi Gadarenus eſſet. Concurrit cum ad Gades reſpicientibus, non ad Gaddaram Palæſtino-Græcam, Latinum hominis non Græcum nomen *Moderatus*, quod nemo hactenus Græca civitate donavit.

[b] Lib. 16.

CAPUT VI.

De Senecis Marci filiis tribus Cordubenſibus. MARCUS ANNÆUS NOVATUS, *ſive poſt adoptionem* IUNIUS ANNÆUS GALLIO *Declamator, Græciæ ſeu Achæorum Proconſul, cuius meminit Actorum liber. Plinius non temerè corrigitur. Huius opera deſiderantur. Andreæ Schoti, & Martini Antonii del Rio in duobus Gallionibus non ſatis diſtinguendis lapſus. Annæi Melæ aliqua laus.*

74. Redeo ad Senecas, hoc eſt à Gadibus ad Cordubam, magnum huius familiæ heroem dicturus, poſtquam de Novato & Mela eius fratribus, quicquid ævi illius memoria ſuppetit annotavero. MARCUS ANNÆUS NOVATUS, Marci Senecæ Rhetoris filius natu maximus, de quo parentis occaſione ſuprà locutus ſum, aliàs IUNIUS ANNÆUS GALLIO ut in Euſebii Chronico, ſive ANNÆUS GALLIO ut apud Plinium lib. 31. cap. 6. quem Lipſius haud vidit, cùm de hoc nomine dubitaret in *Vita Senecæ* (& reverâ deeſt quoque in pluribus Euſebii codicibus, ut Arnaldus monet Pontacus [c]), ex quo ut credimus à Iunio Gallione adoptatus [d] fuit ita ex more adoptionis dictus, communis cum novo parente nominis æquivoco id apud poſteros damni aut commodi expertus eſt, ut Gallioni tributam ab ſcriptoribus priſcis laudis confeſſionem vel alterius propriam vindicare ſibi videatur poſſe, vel ſibi debitam communicare debere alteri. Quintilianus enim, ſive qui auctor eſt dialogi *De oratoribus*, Gallionis tantùm nomen inter eius diſciplinæ ac profeſſionis recenſet viros. *Ceterùm ſi omiſſo optimo illo & perfectiſſimo genere eloquentiæ* (ait) *eligenda ſit forma dicendi: malim hercle C. Gracchi impetum, aut L. Craſſi maturitatem, quàm calamiſtros Mæcenatis, aut tinnitus Gallionis: adeò malim Oratorem vel hirtâ togâ induere, quàm fucatis & meretriciis veſtibus inſignire.* Quibus verbis affectatam & parum virilem eius dicendi formam accuſat, ex ſententia *Oratoriarum inſtitutionum* auctoris, qui eodem verbo uſus atque eidem præcepto inſiſtens, non obſcurè mihi videtur vindicare ſibi dialogum illum velle, cuius apud criticos cauſam dicit. *Nam tumidos, & corruptos, & tinnulos, & quocumque alio cacozeliæ genere peccantes, certum habeo* (inquit [e]) *non virium, ſed infirmitatis vitio laborare.* Idem Quintilianus de Gallione noſtro intelligendus, atque ideo emendandus forſan fuerit Del-rii iudicio, dum lib. 9. cap. 11. *Publii Novanii Gallionis*

[c] Col. 573. ubi de hoc Gallione.

[d] Obſervavit primus Del-rius quem alii ſequunt. & Schotus *De claris apud Senecam Rhetoribus*, Lipſiusque.

[e] Lib. 2. cap. 3.

(1) Euſtathius *Comm. in Dionys. Perieg.* v. 451. Τὸ δὲ ἐθνικὸν αὐτῆς (Γαδείρας) τετραχῶς λέγεται Γαδειρίτης, καὶ Γαδειρεὺς, καὶ Γαδειραῖος· καὶ Γαδειρανὸς, ὡς Βοσποράνὸς· *Gentile autem ipſius* (ſcilicet urbis ſive inſulæ Gadium nomen) *quadrupliciter dicitur: Gadirita, & Gadirenſis*, & *Gadiranus* (paroxytonum); *item & Gadiranus, ſicut Boſporanus* (oxytonum).

nis meminit, pro *Iunio*, ſive *Annæo Novato Gallione*.

75. Declamatorem igitur, ſive oratorem, oportuit Gallionem fuiſſe, quem in exemplum adduxit illa ætas huius dicendi generis. Quemnam autem Gallionem? Certe utrumque, ſi auctores priſcos ſequimur; nam Gallioni ſeniori, ſive parenti, nihil non ſupremæ in re oratoria laudis à Marco Seneca in *Controverſiis* datum, cùm de eo agerem opportunè docui. Et patris Gallionis Quintilianus eodem lib. 9. cap. 11. recordatur, teſtimonio eius verbiſque adductis his ex quadam declamatione: *Remiſſiùs & pro ſuo ingenio pater Gallio: Dura, anime, hodie: dura, heri fortior fuiſti.* At æqua huic celebratur laude filius, idem Senecæ frater, in Chronico Euſebiano [f] *Iunius Gallio, frater Senecæ, egregius declamator propria ſe manu interfecit.* Nec alium ſignificare voluiſſe dixeris Sanctum Hieronymum, quum paribus verbis ac in vertendo Euſebio uſus dum ad Iſaïam commentatur, *diſertiſſimum declamatorem* Gallionem vocat; aut Statium (qui) in *Genethliaco Lucani* [g], Bæticam provinciam alloquens:

Lucanum potes imputare terris.
Hoc pluſquàm Senecam dediſſe mundo,
Aut dulcem generâſſe Gallionem.

Quòd dulcedinis elogium ad *tinnitum* eius Gallionis, quem *De oratoribus* dialogus laudat, non parum attinere videtur. Huic autem generi prorſus contraria eſt gravitas, quam Gallioni quoque Sidonius Apollinaris nonnuſquam attribuit [h]: *Tua verò tam clara, tam ſpectabilis dictio eſt, ut illi diviſio Palæmonis, gravitas Gallionis, abundantia Delphidii, Agrætii diſciplina, fortitudo Alcimi, Adelphii teneritudo, vigor Magni, dulcedo Victorii, non modò non ſuperior, ſed vix æquiparabilia ſcribantur.* Alio hæc ſpectant prorſus, quàm ad dulcem aut tinnulum oratorem. Suſpicabar de alio ſui temporis Gallione Sidonium poſſe loqui, uti ſui temporis viros & Rhetores Delphidium, Agrætium, Alcimum, Adelphium, Magnum, Victorium, Sapaudo ſuo cedere palmam iubet. Sed ſuſpicabar tantùm, animadvertens Palæmoni haud minus quàm ceteris, & Gallioni eam legem dictam, qui Palæmon Hadriani tempore in hac eadem Rhetorica arte floruit, Euſebio teſte [i]. Sua ergo gravitatis attributio, uter ſit illorum, per me reſtet Gallioni. In qua tamen ambiguitate quid cuique debeatur exiſtimandi: virtus Gallionis noſtri, cùm teſtimonio fratris, tum ætatis illius iudicio manifeſtior eſt quàm ut virum Hiſpaniæ haud pœnitendum debita poſſimus commendatione fraudare. Magnam certè feciſſe eius Senecam in præfatione lib. 4. *Natur. Quæſtionum*, qui legeris locum fateberis.

76. Maximo ingenio & digniſſimo fuiſſe, comem & incompoſitè ſuavem, omnibus dulcem, in evitando adulationis malo fortiſſimum, inde poſteris conſtat. His virtutibus meruit, ut *nemo non parum* eum amaverit (eiuſdem Senecæ verbis) *etiam qui amare plus non poſſet*. Huic nuncupavit frater ſuum *De vita beata* libellum; eidem cum fratribus, filiis ſuis, Marcus Seneca *Controverſiarum* operis maiorem partem. Reipublicæ hic deditus *honores induſtria conſecutus eſt*, ait idem Seneca Helviam [k] matrem conſolaturus: quos ambire eum eo iam tempore docuit nos Marcus Rhetor parens, quo in *Controverſiarum* directione ad eum & fratres verba faceret. At quos honores? Græciæ inter alia Proconſul fuit, ſive mâlis Achaiæ, cuius provinciæ nomine hic magiſtratus appellabatur propter Achæorum merita & excellentiam, ut Pauſanias refert [l]: quod munus gerens Iudæos Græciæ incolas expertus eſt moleſtos dicamque pietatis intendentes Paulo Apoſtolo, eoſque à ſe inauditos reiecit, ut ex *Actis* [m] conſtat. Confirmat Seneca Epiſtolâ 104. Lucilio referens Gallionem, *cùm in Achaia febrem habere cœpiſſet, aſcendiſſe protinus navem*, clamitantem, *non corporis eſſe ſed loci morbum*. Sub Claudio id muneris geſſiſſe, duo evincunt. Primum eſt, à Seneca huius Cæſaris exſule obtendi Helviæ matri ſolatio Gallionis dignitatem. Alterum, in Actis dici, ἀνθυπατεύοντος Γαλλίωνος τῆς Ἀχαΐας· *Proconſulatum in Achaia gerente Gallione*, Paulo intentatum iudicium: quod ante Claudium dici non potuit, qui Achaiam proconſularem olim ſub Auguſto provinciam, à Tiberio Senatui ademtam, & cum Macedonia coniunctam, priſtinæ reſtituit Proconſularis conditioni, ut apud Suetonium [n], ac Dionem [o] legitur.

77. Nec Proconſul tantùm Achaiæ, immo & Conſul etiam, ſi Plinii hæc lectio conſtat è lib. 31. cap. 6. *Præterea eſt alius uſus multiplex, principalis verò navigandi phthiſi affectis, ut diximus, aut ſanguinem egerentibus. Sicut proximè Annæum Gallionem feciſſe poſt conſulatum meminimus. Neque enim Ægyptus propter ſe petitur, ſed propter longinquitatem navigandi.* Quòd de phthiſicorum ex Italia in Alexandriam peregrinatione ait, Cornelius Celſus confirmat lib. 3. capite 22. & ex parte Cælius Aurelianus lib. 2. *Chron.* cap. ultimo. Nobis tamen huius Conſulis nomen in Faſtis nuſ-

[f] Sub num. MMLXXX. Neronis 10.

[g] Lib. 2. Silv. 7.

[h] Lib. 5. ep. 10.

[i] Ad num. OL. CCXXVII. Hadriani 16.

[k] In *Conſolat.* ad eam cap. 16.

[l] In *Achaicis*.

[m] Cap. 18.

[n] In *Claudio* cap. 25.

[o] Lib. 60.

nuſquam invenientibus placet magis *poſt Proconſulatum* in Plinio legere. Nam de Gallione noſtro eum agere *Annæi* evincit nomen. Eidem Dioni acceptum ferimus, quòd Gallionis ingenium in quodam ioco eius quem refert ſuſpicere poſſimus. Extinctus fuerat Agrippinæ uxoris ac Neronis dolo Claudius Cæſar, quem tamen uterque luxerunt in numerum deorum ut referretur procurantes. Gallio autem pauciſſimis verbis plurima complectens, cùm utique eos qui in carcere necarentur magnis uncis in forum carnifices ac inde in profluentem protraherent, unco Claudium in cælum raptum dixit.

78. De morte ut dicamus reſtat. Euſebio ſi credimus, ſive S. Hieronymo, *Iunius Gallio, frater Senecæ, egregius declamator propriâ ſe manu interfecit*, anno ſcilicet Neronis decimo [p]. Sed quòd uno ante mortem Senecæ fratris periiſſe ſcribat, provocatus negabit Tacitus inſimul cum Dione. *Iunium Gallionem* (ait [q] ille) *Senecæ fratris morte pavidum & pro ſua incolumitate ſupplicem, increpuit Salienus Clemens hoſtem & parricidam vocans.* Supervixit ergo fratri. Confirmat Dio in *Breviario* Xiphilini [r] (nam hoc loco deficit eius Hiſtoria). καὶ οἱ ἀδελφοὶ ὕστερον ἐπαπώλοντο, *& fratres* (Senecæ) *poſtea perierunt.* Perire quidem potuit manu propria, nam Græcum verbum non repugnat, & conveniet genus mortis ab Euſebio aſſignatum: cui hoc loco & ſæpè aliàs Ioſephus Scaliger huiuſmodi anachroniſmos opprobrat.

[p] Sub num. MMLXXX.

[q] Lib. 15. cap. 73.

[r] Lib. 62.

79. Sed quæres, Gallionem cur inter ſcriptores collocamus? Declamator qui egregius fuit, teſte etiam & alibi Hieronymo [s], *Declamationes* debuit ſcribere, ut Porcius Latro, ut alii ſuprà laudati ex Hiſpania Rhetores. Et innuit quicquam, alterius forſan generis, ab eo ſcriptum frater Seneca in *Naturalibus Quæſtionibus* [t]. *Atqui Eteſiæ ob hoc ſomniculoſi à nautis & delicati vocantur, quod (ut ait Gallio) mane neſciunt ſurgere.* Scribebat id operis paulò ante mortem, ut loco ſuo dicemus, cùm ex duobus Gallionibus ſenior forſan obiiſſet ſuperſtite iuniore: quem abſque ulla nota diſtinctionis appellatum, quàm in ſenioris mentione alibi non prætermiſerat, omnino ſignificare videtur. Præſtatque aſſenſum Lipſius. Immo & Gallione ſe uſum, dum *De re herbaria* lib. 20. *Hiſtoriæ* ſuæ *naturalis* ſcriberet, Plinius aſſerit: qui forſan haud alius à noſtro eſt. Miror autem Andreæ Schoti viri eruditiſſimi hallucinationem in duobus diſtinguendis Gallionibus, quos cùm maximè diſtinguere vult, ex duobus unum Senecæ Rhetoris filium & philoſophi fratrem parum advertenter facit in libello *De claris apud Senecam Rhetoribus.* Eſt quoque huius Gallionis nomine quòd conqueramur de Del-rio noſtro; iniuriâ enim magnâ hunc privat, Gallionemque ſeniorem ornat elogiis Senecæ fratris: qui *dominum* ſuum, uti fratrem natu grandiorem, appellavit Epiſt. 105. auctoris *Dialogi* qui tinnitum attribuit, Euſebii *diſertiſſimum* apellantis *oratorem*, D. Hieronymi in Iſaiam, & S. Lucæ in *Actis*.

[s] Ad cap. 8. Iſaiæ.

[t] Lib. 5. cap. 11.

80. ANNÆUS quoque MELA, fratrum natu minimus (hìc enim pauliſper ab ordine recedimus, Lucio interim qui maiori operâ luſtrandus eſt cedente ſuum locum fratri) eo elogio donatus fuit à Marco parente ut, qui commendare eum prolixiùs velit, fruſtrà ſit. Animum nempe filio tribuit [u] *à civilibus officiis abhorrentem, & ab omni ambitu averſum, hoc unum concupiſcentem, nihil concupiſcere, ut eloquentiæ tantùm* ſtuderet: *maius*, quàm fratrum eſſet, *ingenium, omniumque bonarum artium capaciſſimum.* Duravit planè in ea moderatione vitæ orbatus etiam patre; nam in *Conſolatione ad Helviam* communem matrem diſertè Seneca utriuſque fratris conditionem exprimens, *alter* (inquit [x]) *honores induſtriâ conſecutus eſt, alter ſapienter comtempſit. Acquieſce alterius filii dignitate, alterius quiete, utriuſque pietate. Alter in hoc dignitatem excolit ut tibi ornamento ſit, alter in hoc ſe ad tranquillam quietamque vitam recepit, ut tibi vacet.* Cornelius autem Tacitus aliò reſpexiſſe Melam ait abſtinentiâ iſtâ. *Mela quibus Gallio & Seneca parentibus natus, petitione* (ait) *honorum abſtinuerat per ambitionem præpoſteram, ut eques Romanus conſularibus potentiâ æquaretur: ſimul acquirendæ pecuniæ brevius iter credebat per procurationes adminiſtrandis Principis negotiis.* Et quæ ſequuntur de eius morte. Quibus abſtineo, ne in eo qui nullo ſcripto opere ad hunc noſtrum ordinem pertinet ultrà divagemur; & quia in Lucani eius filii mentione de eo iterum agendi redibit occaſio. De Melæ cognomine aliqua notabimus in *Pomponio Mela*.

[u] Præfatione lib. 2. *controv.*

[x] Cap. 16.

CAPUT VII.

LUCIUS ANNÆUS SENECA *Marci filius Cordubæ natus. Attalum Stoicum, Socionem Pythagoricum, Demetrium Cynicum ſectatus. Exſul Corſicæ ſub Claudio, Conſul ſuffectus, ac dives valdè, Neroniſque præceptor, cuius ad nutum extinctus. Quinam de Senecæ rebus geſtis commentati ſint. Laudes eius, elogiaque veterum. Penè Chriſtianus, non Chriſtia-*

stianus. De quibus falsi accusentur tam eius mores quàm stilus. Lipsii & Mureti de hoc ultimo iudicia prudentissima.

[y] *Carmine ad Felicem*, v. 227.

81. CORDUBA, *præpotens* illa urbs *alumnis* Apollinaris Sidonii verbis [y], ac Bæticæ nobilissima, LUCIO ANNÆO SENECÆ, uti & Novato seu Gallioni, & Melæ eius fratribus patria fuit: parentes Marcus Annæus Seneca Rhetor atque Helvia, Ciceronis matri alterius disertissimi cognominis, Hispani ambo: notusque is ex doctrina sua & scriptis literatorum cœtui, quemadmodum & nota ea ex libello filii elegantissimo qui *De consolatione ad matrem* inscribitur. Natalem ei annum communem cum Iesu Salvatore nostro fuisse, coniecturæ Lipsii credens Libertus Fromondus colligit, dum ad *Natur. quæst.* lib. 6. cap. 4. commentatur. E provincia venit in urbem aut cum patre aut post eum, puer adhuc materteræ *perlatus manibus*, ut ipse ibidem ait, sub Augusti imperio. Non verò (ut somniavit Xicho Polentonus Senecæ patris *Declamationum* explanator) perductus ex patria unà cum fratribus à Cn. Domitio Aenobarbo, qui Cordubæ rebellionem pacaverat, emtus ab eo & libertate donatus. Quare in Tiberii Cæsaris principatum iuventæ suæ tempus incidisse is quoque refert [z].

[z] Epist. 108.

82. Incubuit studiis eloquentiæ sapientiæque totus à puero: eloquentiæ, ut monenti patri, sapientiæ verò ut sibi ac proprio genio obsequeretur. Sectatus enim fuit inter alios ætatis suæ Philosophos Stoicum Attalum, cuius Marcus Seneca cum eximia laude in *Suasoriis* [a] meminit. Huius scholam obsidebat [b], primus eo veniebat, inde novissimus exibat. Socioni quoque Pythagorico adhæsit puer, atque utriusque sectæ disciplinam ab iis avido hausit pectore: adeò ut & Pythagoram imitaturus abstinere animalibus cœperit [c], nec nisi patre rogante ad ea redierit: cùm posset superstitiosum id videri quo tempore Tiberius alienigena quædam movebat sacra, & inter argumenta superstitionis quorumdam animalium abstinentia poneretur. Demetrium Cynicum in magna admiratione & amore habuit: quem *virum* vocat *magnum, etiamsi maximis compararetur:* virum alibi [d] *acerrimum, & contra omnia naturæ desideria pugnantem;* & iterum [e] acutissimè ac fortiter, datum à natura illis temporibus, *ut ostenderet* (ait) *nec illum à nobis corrumpi, nec nos ab illo corripi* (aliàs *corrigi*) *posse*. Hunc secum circumferebat, & cum illo reiectis conchyliatis loquebatur, hunc mirabatur etiam senex, & cùm ad Lucilium scriberet, postrema ætate. Porro indutum [f] his monitoribus semel hunc severum Philosophiæ habitum retinuit, etiam cùm ad civitatis reduceretur vitam, & ad nutum patris causas agere cœpisset. *Modò apud Socionem Philosophum* (ait [g]) *puer sedi, modò causas agere cœpi, modò desii velle agere* (forsan cùm patrem amisit) *modò desii posse*, velocitatem computans temporis.

[a] Suas. 2.
[b] Epist. 108.
[c] Eadem Ep. 108.
[d] *De vita beata* cap. 18.
[e] Lib. 7. de Benef. cap. 8.
[f] Vide Ep. 61.
[g] Epist. 49.

83. Narrat Dio [h] Lucium Senecam sub Caligula penè interiisse, quòd causam quandam in senatu præsente eo egregiè egisset: adeò quos eminere eloquentiâ noverat, primas sibi in hac laude arrogans, aversabatur. Damnaverat nempe iam eum Imperator; dimisit tamen feminæ cuiusdam quâ utebatur fidem secutus, laborare Senecam tabe nec diù superviсturum opportunè ingerentis. Significatum forsan morbi illud genus, cui ille uni se assignatum fuisse ad Lucilium ait Epist. 54. *Suspirium* quod vocant medici (ἄσθμα Græcorum) seu *meditationem mortis*: ubi Mercurialis [i] *exercitationem*, Pontanus [k] *modulationem*, legi voluere.

[h] Lib. 59.
[i] Lib. 6. *Var.* cap. 16.
[k] *Notis ad Macrob.* lib. 1. *De somnio Scipion.* cap. 13.

84. Sub eodem Caio aut priùs honorum candidatus Quæsturam obtinuit, cuius muneris recordatur ipse in *Consolatione ad matrem* [l]. Et tamen nullius culpæ sibi conscius incurrit in culpæ suspicionem Claudio iam imperante, cùm invidiâ Messalinæ Augustæ insimulata adulterii Iulia Germanici filiâ, Lucius & ipse in commercium criminis vocaretur: quare & in exsilium eâ amandata, nec multò pòst interemta, relegatus quoque in insulam Corsicam Seneca ivit [m]. Cuius à se incursæ calamitatis consolationem scriptus inde libellus ad Helviam matrem, cuius sæpè meminimus, continet. Revocatus autem nonnisi post octennium transactum Agrippinæ alterius, Claudii uxoris, precibus [n]: quæ & Præturam ei impetravit, ac Domitii Neronis filii pueritiæ præfecit. Inde & Consul fuit, rerum iam Nerone domino; nam & apud Ulpianum [o] legimus, & in Iustiniani *Institutionibus* [p], *Neronis temporibus, Annæo Seneca Trebellioque Maximo Coss.* senatus-consultum (quod vocant *Trebellianum*) factum fuisse. Negat tamen Ausonius disertis his verbis [q] *Dives Seneca nec tamen Consul*: quæ ad ordinarium consulatum referre oportet, ut fecit Elias Vinetus, & alii passim; nam vel suffectum fuisse, hoc est (ut facetè idem Ausonius aliud agens ait [r]) sub aliis Consulibus consulatum egisse, Ulpiano haud credere minimè possumus. Suffectum inquam in locum P. Marii Celsi & L. Asinii Galli, anno

[l] Cap. 17.
[m] Dio lib. 60.
[n] Tacitus lib. 12. cap. 8.
[o] Leg. 1. §. 1. ad SC. Trebell.
[p] Lib. 2. tit. 23.
[q] *In gratiarum actione pro Consul.*
[r] Ibidem

no scilicet U. C. DCCCXIV. ut Mart. Ant. Del-rius existimat in *Prolegomenis ad Senecæ Tragœdias* (1).

85. Tunc temporis apud principem suum, rectâ dum viâ procederet, plurimum valuit, simulque cum Afranio Burro concordi proposito iuventam eius moderatus est, divitiis adeò pollens, domestica supellectile ac latifundiis, ut veræ Philosophiæ professioni quam scriptis præseferebat re ipsa & contrario vivendi tenore abrenuntiâsse videretur. Exstat clarissima eius apud *Annalium* disertissimum scriptorem [s] ad Neronem oratio, quâ declinandæ invidiæ hunc deprecatus est, ut opes quarum fulgore urbs præstringebatur iuberet in fortunam Principis recipi ac per procuratores administrari: agris sibi relictis, uti eorum culturæ intentus postmodum viveret. Et quamvis abnuente Nerone voto res caruisset: mutavit ipse tamen in posterum (ut Tacitus inquit) *instituta prioris potentiæ*, salutantium cœtus, comitatus, publicum devitans. Neronis octavo anno hæc contigisse eadem oratio nos docet.

[s] Lib. 14. Ann. cap. 53.

86. Excita verò Pisoniana decimi anni coniuratio quæ auctoribus exitio fuit, eadem involvit Senecam nostrum, quantumvis suspicionibus tantum urgeretur; ferroque grassari adversus eum, quando venenum non processerat, ingratissimus decrevit alumnus. Indictum ergo ei ut moreretur: quod exsolutis ferro venis ille exsecutus est ea fortitudine quam apud Tacitum [t] legi malumus. Non enim vitæ commentarios sed compendium dari res postulat. Matrimoniis autem duobus mactus Seneca nullis ut credo superstitibus obiit liberis. Amiserat enim ante exsilii sententiam eum quem ex priore uxore sustulerat, cuiusque ipse memor est in toties laudata *Consolatione ad matrem*. Ductâ deinde Paulinâ nobili femina cùm senex iam rerumque potens esset, convixit ei tempus usque ad ultimum, peneque commortuus est. Solverunt enim uterque venas, Paulinæ tamen mors fuit Neronis iussu inhibita.

[t] Lib. 15. c. 60. Euseb. Chron. num. OL. CCXI.

87. *Vitam Senecæ* quæ Xichonis Polentoni prodiit nomine Aurelio Augustino tributam fuisse Lilius Gyraldus scribit *De Poetis* dialogo 8. [u] Xicho autem iste Polentonus Patavinus *De vitis illustrium Scriptorum Latinæ linguæ* libros 18. usque ad S. Isidorum Hispalensem pertingentes certò scripsit, qui Romæ extant Mssti. in Bibliotheca Collegii Capranicensis; atque Hispali in ea quæ fuit Ferdinandi Colon, nunc autem Hispalensis cathedralis templi: uti lego in schedis Alphonsi Ciaconii Dominicani. Huius autem auctoris magnus error ille est, Senecæ vitam usque ad CXIV. annum ætatis prorogantis. Sed Iannotii Mannoti aliam Marci Senecæ fuisse apud Paulum Petavium annotavit in editione *Tragœdiarum* Petrus Scriverius. Ex recentioribus simili opera functi sunt Crinitus, Gyraldus, Lipsius, Del-rius, Nicolaus Faber, alii. Sed Iannotius ille quem nuper diximus vertisse se eam *Senecæ vitam* ex Plutarcho, qui eam nullus scripsit, cur iactaverit ignoramus. Affirmat quippe translatam inde ab eo Michael Pocciantius in *Catalogo Scriptorum Florentinorum*.

[u] Pag. 317.

88. Virtutis sapientiæque hic magnus heros, eo vitæ, eo mortis genere æquè ut inter æquales vixit, ad posteritatem pervenit clarus, nullis non apud omnium ætatum homines elogiis famæque documentis ornatus. Quæ quidem ante alia consulerentur, si non vivis eius rei argumentis in æternitate dignis operibus, quæ auctorem expressissimè ostendunt, iniuria temporum sibimetipsi derogans pepercisset. Elogia tamen aliqua hìc in medium proferam ætatis quâ vixit sequentiumque, laudandis libris aliud caput daturus. Columellæ [x] Lucius noster est *vir excellentis ingenii atque doctrinæ*. Plinio [y] *eruditionis* tempore suo *princeps*. Tacitus *claritudinem studiorum eius* [z], *amœnum ingenium* [a], *ac temporis illius auribus accommodatum*, *multarumque rerum experientiam* [b] fortunæ ac loco suo æqualem prædicat. Dionis Cassii iudicio & confessione, quamvis Senecæ aliàs non multum propitii, ὁ πάντας μὲν τοὺς καθ' ἑαυτὸν Ῥωμαίους, πολλοὺς δὲ καὶ ἄλλους σοφίᾳ ὑπεράρας. *Omnes sui temporis Romanos, multosque alios sapientiâ superans*. Quintiliano, alteri quantumvis eiusdem gentis haud multùm æquo censori, *versatus in omni genere eloquentiæ, ingenio facili & copioso, multo studio rerumque cognitione* fuisse dicitur [c]; *tractâsseque omnem studiorum materiam: multa probanda in eo, multa etiam admiranda esse*, cùm deterere magis viri clarissimi pergit famam, confessus.

[x] Lib. 3. *De re rust.* cap. 3.
[y] Lib. 14. c. 4.
[z] Lib. 12. Ann. 8.
[a] Lib. 13. c. 3.
[b] Lib. 13. c. 6.
[c] Lib. 10. cap. 1.

89. Christiani etiam scriptores summo loco habuerunt. Lactantius [d], *omnium Stoico-*

[d] Lib. 2. c. [illegible]

(1) Et quidem in Panvinii Fastis ann. v. c. DCCCXIV. L. Annæus Seneca suffectus Consul cum Trebellio legitur *ex Calendis Iulis* pag. 30. edit. Sanctandreanæ 1588: quo loco non *Marci*, sed *Lucii* filius per errorem dicitur. At idem Panvinius *in Comment.* pag. 203. eius Consulatum ex Tacito ac Dione ad annum sequentem sive V. C. DCCC. XV. refert.

corum acutissimum [e], morum vitiorumque publicorum & descriptorem utilissimum, & accusatorem acerrimum. Celsos Senecas, hunc & patrem, aut fortè alium, quem Tragicum putaverat à Philosopho diversum, poetam celebraturus Sidonius Apollinaris [f] vocavit. Quibus scilicet Christianæ ac veræ religioni eatenus convenientem doctrinam sectari, ac mores colere visus fuit, ut ferè pro domestico Ecclesiæ audiat. Nam Tertullianus [g] huc respiciens, *Senecam* sæpè *nostrum*, & S. Hieronymus sine restrictione ulla *Senecam nostrum*, dixere. Nec mirum S. Doctorem sic locutum, qui *De scriptoribus* agens *Ecclesiasticis* (hoc est de rebus Ecclesiæ agentibus, quamvis non Christianis: unde & Philo & Iosephus Iudæi in hoc Catalogo conspiciuntur) Lucium Senecam *continentissimæ vitæ hominem*, ferè sanctum & Christianum agnovit. Sanctissimus quoque Hipponensium Præsul, dum in libris *De civitate Dei* [h] de Senecæ libro *Contra superstitiones* tempore suo exstante ac libertate illius in reprehendendis Romanorum erroribus ageret, opportunè observavit, cùm de Iudæorum sacramentis iam tum à Christianis alienatorum acerrimè censuisset: nihil eum de Christianis adiunxisse, ne *vel laudaret* (inquit) *contra suæ patriæ veterem consuetudinem, vel reprehenderet contra propriam forsitan voluntatem.*

[e] Lib. 5. c. 9.

[f] In Carm. 22. Versu 161.

[g] *De Anima.* cap. 20.

[h] Lib. 7. cap. 11.

90. Penè Christianum diximus. At quod suspicantur quidam [i] Senecam Christianum occultè fuisse, sicuti haud probatur ex literarum libello illo amœbææ consuetudinis cum Gentium Apostolo, quas eorum non esse pluribus placet: ita prorsus improbatur ex Senecæ ipsius sparsis per varia eius opuscula parum piè dictis: quorum argumento Erasmus [k] hanc coniecturam inanem esse censuit, prudenter adiungens maiore fructu legendum Senecam si legatur ut, quemadmodum fuit, paganus: quàm ut Christi fide imbutus; nam & Christianæ dicta vehementer afficient, & secus dicta minus lædent. Cui adstipulatur Delrius in *Prolegom. ad Tragœdias. Verè potuit esse verus Dei cultor, si quis illi monstrâsset*, ut Lactantius loquitur lib. 6. cap. 24. Modium videsis in *Novantiquis* Epist. 21. Planè Philosophiæ veram disciplinam calluisse & coluisse eum, constans apud omnes ferè antiquos, & his noviores, opinio est. Boethiusque confirmat Philosophiæ suæ consolatricis verbis: *At Canios, at Senecas, at Soranos quorum nec vetusta nec incelebris memoria est, scire potuisti: quos nihil aliud in cladem detraxit* (potius legerem *pertraxit*) *nisi quòd nostris* (Philosophiæ ipsius) *moribus instituti studiis improborum dissimillimi videbantur.* Sprevisseque eum ridicula deorum ethnicæ religionis numina, vel ex libello *De morte Claudii*, & hoc *De superstitionibus*, Barthius lib. 11. *Advers.* cap. 22. observavit.

[i] Laurentius de la Barre in scholiis ad *S. Lini Pseudo hist. de Passione Apost. Petri & Pauli.*

[k] In præfatione ad secundam editionem suam huius auctoris.

91. Sed examinemus iam aut dispellamus nonnullorum parum Senecæ æquorum partim censiones, partim calumnias. Non enim unicus fuit in hoc agmine C. Caligula [l], qui famæ Senecæ tunc gliscentis invidiæ impar, *commissiones* eum *componere*, hoc est, ut puto, declamatorias orationes quibus Rhetores pro palma inter se committebantur [m]; & *arenam sine calce* in scriptis suis præstare aiebat, ad sententiis frequens illud fractumque brevibus periodis dicendi genus certè respiciens. De stilo & libris postea, nunc convicia in mores videamus.

92. Suetonius Tranquillus ait de Nerone [n]: *Liberales disciplinas omnes ferè puer attigit, sed à Philosophia eum mater avertit, monens imperaturo contrariam esse; à cognitione veterum Oratorum, Seneca præceptor, quo diutius in admiratione sui detineret.* Minus hoc & ignoscendum; sed quæ Philosopho præstantissimo Dio Cocceianus imputat, quo turpiora eò magis calumniosa sunt. Dio inquam Cassius, non ille in libris suis superstes, sed in Excerptis Ioannis Xiphilini atque item aliis Constantini Porphyrogennetæ iussu collectis & cum versione ac Notis Francisci Valesii viri doctissimi ante quadraginta annos vulgo communicatis. Ibi enim lib. 61. Senecæ non tantùm cum Agrippina Neronis matre consuetudinem, in Iulia Germanici adulterium opprobrat; sed & quòd præceptor tyranni esset, aulæ cupidus, assentator Messalinæ uxoris & libertorum Claudii, quorum laudibus plenum in exsilio Corsicæ exarâsset libellum, ditissimus, & luxui ac libidini mancipatus. Abstineo eius verbis, ne prolixior sim in referenda Græci hominis maledicentia. Dioni quidem non parum in historia; Cornelio autem Tacito plus defero, qui res & homines suæ ætatis sub Traiano florens magis notas habuit, Dionemque Alexandro Mammææ filio æqualem tot annis præcessit. Et solet Tacitus nihil dissimulare quod non modò verus, sed etiam falsus rumor sparsisset. Nimirum is *iniuriam* [o] vocat exsilium Senecæ irrogatum. Non ergo iure imputatum credidit in Iulia Germanici filia adulterium. Relinquo meras illas P. Suillii adversus nostrum calumnias apud eundem Tacitum [p], hominis ferociâ animi, aut de his quæ essent reprehensione indigna, aut quæ vanis dumtaxat rumoribus inniterentur, sui reatus uti

[l] Sueton. teste in eius *Vita* c. 53.

[m] Vide Heinsium in *Proleg. ad Aristarchum sacrum*, pag. 643. Barthium lib. 23. *Adv.* cap. 28. & Animad. ad Statii lib. Theb. 6. v. 143.

[n] Cap. 52.

[o] Lib. 12. cap. 8.

[p] Lib. 13. cap. 42.

uti credebat auctorem urgentis. Nihil verè turpe, aut Dionis verborum germanum
[q] Lib. 14. cap. 52. inculcatum de Seneca idem Tacitus refert [q] Neroni fuisse, cùm magis deberet, potentiâ (*scilicet*) eius apud Principem criminationibus opportunum factum inclinante.

93. Docuit ipse usque ad extremum vitæ diem ante & post criminationes istas, dives, mediocris, exsul, florens gratiâ sui Principis, eadem severissimæ sapientiæ
[r] Epist. 108. præcepta. Scribens ad Lucilium [r], intra annum ut creditur mortis, ex antiqua Attali disciplina retinuisse ait se unguentorum, vini, balneorum abstinentiam perpetuam, in aliisque omnibus modum abstinentiæ similem. *Laudare solebat* (ait) *Attalus culcitam quæ resisteret corpori: tali utor etiam senex, in qua vestigium apparere non possit.* Parum credibile est ita palam de se loqui ausum, qui iis moribus & lasciviâ esset quæ Græcus arguit historicus; cùm & ipsius Senecæ confessione verissimum sit, *nullos peius mereri de omnibus mortalibus, quàm qui Philosophiam velut aliquod artificium venale didicerunt, qui aliter vivunt quàm vivendum esse præcipiunt:* quid si adiungas, *immo quàm se vivere iactant?* Et non dubito quin libelli *De vita beata* per tempus calumniarum scripti argumentum ex parte is fecerit maledicis suis ut responderet: quod doctè fecit cap. 17. & quæ id consequuntur.

94. Abstineo plena oppositorum refutatione, Dionemque eodem felle adversus Cassium, Brutum, Ciceronemque usum, ad *Prolegomena* in *Senecæ Tragœdias* Martini Ant. Del-rii viri doctissimi temeritatis suæ arguendum remitto. Collegit quidem ea omnia quæ famam Senecæ onerant veterum testimonia Ioannes Henricus Mei-
[s] Cap. 22. bomius *De vita Mæcenatis* [s] scribens, ut nempe dilueret obiecta huic eius heroi à Seneca, dilaceratâ magni viri famâ: quæ intemperantia virum sic præstantem omnimoda eruditione & in literas merito non multum decet: uti & Antonius Possevinus in *Apparatu sacro*, ut more suo in quibus cavendum esset à lectione Senecæ operum admoneret. Videsis Guidonem Pancirolum lib. 2. Var. cap. 377. At Senecam aliquantò modestiùs de ambitione expostulavit Franciscus Petrarcha confictâ ad eum epistola 3. inter eas quas *Ad viros illustres* inscripsit.

95. Iam de stilo & monumentis præter Caligulam culpavere nostrum antiqui Scriptores, M. Fabius Quintilianus modestè & in laudem sæpiùs inclinans, Agellius Grammaticus, aliorum uti videri vult iudicio & verbis malignitatem propriam aut certè aversum ab studiis sapientiæ animum prodens. Sed præoccupavit magnus Lipsius defensionem in *Iudicio super Seneca & eius scriptis* editioni suæ præambulo, unde est hoc pronuntiatum rem determinans: *Itaque sententiam pro te, Seneca, audacter ferimus. In Philosophia, & præsertim morali eius parte, vicisti qui fuerunt, qui erunt: accipe palmam, non magis quàm Herculi clavam (omnes omnia faciant) extorquendam. In ipsa eloquentia duæ tuæ virtutes eximiæ, copia in brevitate, vehementia in facilitate. De copia bonus iudex & sagax statim agnoscit, & Fabius ut peculiarem virtutem etiam alibi assignat* copiam Senecæ, vires Africani, maturitatem Afri: *ut videre merito sit illos qui siccum & aridum nobis dicunt. At de vehementia ego eius miror, & est tota oratio ferè accincta, intenta; & robur in ea & acrimonia, quâ vel ad Demosthenem se iactet.* Δεινότης (dicendi vis) *quæ mirabilem illum oratorem facit, cum isto certè ei communis est, itemque numeri illi viriles. Unde autem nisi ab animo tali? & pectus est (pulcherrimo sensu Fabius) quod disertos facit, & vis mentis.* Hæc ille.

96. Addam viri eloquentissimi M. Antonii Mureti iudicium de stilo Senecæ, quod reservavit ex eius cineribus Franciscus Bencius & ipse disertissimus. Edidit hic Senecæ utriusque opera, quæ parata editioni Muretus reliquerat; et in Præfatione ad Contarenum Cardinalem, *Lucium Annæum Senecam tanti* (ait) *faciebat, ut eum non modò ut sapientissimum (quod omnes fatentur) verùm etiam ut disertissimum (quod negant nonnulli) laudaret auctorem. Ab hoc enim ille non tantùm præcepta vivendi, sed etiam ornamenta eloquendi peti posse dicebat. Nimirum eius orationem pressam quidem esse ac subtilem, sed concinnam ac splendidam plenissimamque gravitatis: sententias enim ipsas ita frequentes ut æquent prope numerum verborum; verba autem ita inter se apta & cohærentia, ut nullum movere loco possis substituendi alterius gratia quin corrumpatur, nullum tollere quin concidat oratio, &c.* Legesis etiam Martini Ant. Del-rii *Prolegomena in Senecæ Tragœdias*, ubi de eius vita.

97. Quintiliani autem de nostro verba transcripsit in libri sui *Polycratici* 8. caput 13. Ioannes Saresberiensis, nec plenum inter eos iudicium (Senecam & Quintilianum intelligo) ausus fuit interponere. Attamen, *consentiam* (inquit) *facilè literatiorem exstitisse Quintilianum, & acumine & gravitate dicendi præcedere. At ille* (Seneca) *diligentior est, & quantum in Rhetoricis vincitur, tantum vincit in ethica.*

E Ad-

Adducit quoque is Frontonis testimonium de Seneca quod nusquam alibi legitur: *Tantus utique, ut eum Fronto secundum quosdam nepos Plutarchi, cuius meminit in prima Iuvenalis sic*

Frontonis platani, convulsaque marmora clamant,

Semper eum sic asserat universos exterminare errores, ut aurea videatur sæcula reformare, & deos ab humano genere exsulantes eius operâ revocatos hominibus contractâ societate miscere. Quid autem de Gesnero faciemus, qui de Antonio Thylesio Consentino, eo qui *De coloribus* scripsit, viro quidem impensè erudito Latineque versibus pangendis suo sæculo clarissimo agens hæc parum opportunè de Seneca scripsit: *Seneca enim tametsi plenus sententiarum, arsque fortasse, quæ præstari ab scriptoribus omnibus præcipuè debet, in eo non requiratur: tantum abest ut eum Latinè & purè locutum esse existimem, ut ob id etiam in Latinorum Scriptorum numerum cooptandum esse minimè censeam. At Thylesius de suo &c.* Hæc Gesnerus, tamquam Latinè ac purè quid esset loqui solus noverit inter tot celeberrimos omnium ætatum viros eloquentiam Senecæ commendantes.

CAPUT VIII.

De Senecæ scriptis. De consolatione ad matrem. Libri excellentia. Sophologii auctor corrigitur. Lipsii observatio minus recta. De vita beata *insigne opus. Quisnam Lucilius ad quem Epistolæ? Apocolocynthôsis de morte Claudii eximia satyra, & unde huic nomen.* Excerpta De paupertate & remediis fortuitorum *an Senecæ sint? Plura opera eius deperdita referuntur. Lactantius vindicatur ab illustratore Servatio Gallæo. De libro* Notarum *Senecæ tributo. Epistolas ad Paulum Apostolum huiusque ad eum indignas esse quæ horum censeantur. Latè comprobatur neque huius esse* De quatuor virtutibus *librum, sed Martini Dumiensis. Senecæ illustratores atque editores.*

98. SEQUITUR ut referamus Lucii Senecæ scripta, quæ vel sunt naturalis vel moralis Philosophiæ, vel poetica, vel tandem satyrica; atque hæc partim deperdita, partim hodie exstantia. Ordinem temporis quo sunt stilo ducta si scire cupis, Martinum Antonium Del-rium in doctis ad Tragœdias prolegomenis consule; nobis namque vulgarem, quo edita leguntur, haud turbare satius visum.

99. *De ira* libri III. ad Novatum fratrem, qui postea Annæus Gallio ut diximus sub Caligula, cuius, ut adhuc inhærentis Reipublicæ iugo, meminit [t].

[t] Lib 3. cap. 18. & 19.

100. *De consolatione ad Helviam matrem* scripsit ex Corsica, exeunte primo exsilii anno, sub Claudii initium, ut iam diximus. *Animis & eloquentiâ plenum opus* (Lipsii iudicio) *numeris & structurâ compositum, atque etiam ordine præter cetera dispositum, adeo ut palmam inter ceteros poscat.* Aliàs *ad Albinam* legitur, aliàs *ad Helviam.* Placet eruditis *Helviæ* nomen, quod notum historiæ fuit Romanæ. *Helvius Pertinax* atque inde fortasse *Helvidius, Helvia* mater Ciceronis, colonia *Helvia Ricina* ex inscriptionibus confirmant (1). Apud auctorem *Sophologii* fœdo errore legitur *Seneca in comessationibus ad Elinam, seu Elivam* pro, *in consolationibus* (ut credimus) *ad Helviam.*

101. *De consolatione ad Polybium*, imperfectus vigintique ferè capitibus à principio mutilus. Is Polybius Claudio ab studiis fuit libertus, immo à libellis, Græcè Latineque non vulgariter doctus, monumentis & notus ætati suæ isti. Scriptum est adulatorium (fateor) parumque Senecâ, hoc est Philosopho gravissimo nedum Stoico dignum [u]; dandum tamen est aliquid naturali sui & suorum caritati. Exsul degebat in Corsica procul à matre, à fratribus eius desiderio languentibus. Permisit sibi eorum causâ quod fortè non permisisset suâ, ut libertum apud Claudium præpotentem occasione amissi fratris opportunis officiis adiret, atque eius interventu Cæsarem ipsum, cuius in hoc libello non minimas esse partes voluit, aut consolandi Polybium suum, aut ipsum Senecam supplicem auscultandi. Cuius officii solicitus esse toto capite 33. videtur exactor. Planè eis, qui ut eluant maculâ istâ Philosophi famam, nothi causam huic scripto movent, stilus, ordo, sententiarum aculei, & integra conformatio illius resistit.

[u] Vide Lipsium hic, & Del-rium in *Prolegom.* lib. 2. cap. 7.

102. *De consolatione ad Martiam* A. Cremutii Cordi filiam, illius qui ut effugeret Seiani manus inediâ sibi mortis viam aperuit, ut ex hoc ipso libello [x], & *Annalium* auctore [y], constat, atque eam obitum filii sui Metilii iam tertium annum lugentem. Inter insignes hunc numerant librum il-

[x] Cap. 22.
[y] Lib. 4.

(1) HELVIAM Gentem domesticos Cordubæ lares habuisse indicat lapidis fragmentum hodie ibidem exstans in ædibus D. de Villacevallos, quod vidi ac descripsi nimirum:

HELVIA. TA......
M. HELVIO......
ET. PATRO......
IVLIO. T......

illustratores Senecæ [a], diffusiorem quidem & minùs quàm Senecæ alii contractum, ut Del-rio placet.

[a] Lipsius Delriusque.

103. *De providentia*, sive: *Quare bonis viris mala accidant, cùm sit providentia* liber singularis, scriptus ut videtur post Caii obitum, ut ex 4. apparet capite, in exsilio fortè. Communis est locus, sed quem inter alios egregiè tractat in *De providentia* orationibus, maximè sextâ, Theodoretus.

104. *De tranquillitate animi* liber, non *De tranquillitate vitæ* ut vulgo magis legitur. Εὐθυμίαν inscripsit libro suo Democritus, quod Cicero vertit *tranquillitatem animi*, ut notat hìc Muretus. Hunc non exstare totum Lipsius credit, quia partes non bene cohærent, & quicquam supponitur dictum quod nusquam legitur. Ideo nempe quòd in fine libri dixerit: *Habes, carissime, quæ possent tranquillitatem tueri, quæ restituere;* aitque Lipsius nulla huius partitionis seu ordinis vestigia reperiri. Quod nollem dictum. Toto enim libro inculcata videas quæ tranquillitatem conservare & amissam restituere possint. In aureum hoc opusculum Notas edidit Ioannes à Cockier Leodii 1607. in 8.°

105. *De constantia sapientis*, sive: *Quòd in sapiente non cadit iniuria.* Scriptum verè Stoicum, & censione eiusdem Lipsii *magni animi, magni ingenii, atque etiam eloquii: unde licet robur in temporum hominumque quotidiana malitia capere.* Eodem quo superius tempore credit formatum.

106. *De clementia*, ad Neronem Cæsarem, libri duo, cùm annum hic ageret XIX. hoc est sub initium Principatûs, ut apparet ex cap. 9. prioris libri. Sed mancum quoque hoc esse opus ex contextu ipso & brevitate posterioris manifestum est. Ad hos libros notæ Ioannis Calvini pestilentissimi Hæresiarchæ seu commentarii exstant, à Philippo Lauro anno MDXXXII. in 8.° (quo loco haud novimus) editi.

107. *De brevitate vitæ*, ad Paulinum liber, uxoris suæ Paulinæ fortè germanum fratrem; nam ad iuvenem scriptum innuit caput eius 19. sicut & paulò post Caii Cæsaris obitum, caput. 18.

108. *De vita beata*, ad Gallionem fratrem. Quo, arrepta occasione inculcandi circa hoc sapientiæ præcepta, calumniatoribus opulentiæ suæ & morum respondet, cùm cœpit causam suam agere, averso iam animi Cæsare. Imperfectus quoque hic liber est; & quæ coagmentabantur in vulgaribus editionibus capiti 28. mutilo & ipsi, iure seiunxit Lipsius in sua, & quasi fragmentum alterius sive libri sive epistolæ subiunxit inscriptum:

109. *De otio aut secessu sapientis.* Quæ pars fine etiam, seu conclusione, deficitur. Hoc autem *De vita beata* libro *nihil præstantius usquam habemus* (Barthius ait [a]) *sacris quidem literis exceptis, quas ille de proximo ita tangit ut & legisse videri possit.*

[a] Ad Statii lib. 2. Silv. cap. 2. v. 129.

110. *De beneficiis*, ad Æbucium Liberalem libri VII. sub Nerone scripti; aliàs de Claudio in fine libri primi aliter, nec eo contemptu fieret mentio.

111. *Epistolæ* CXXIV. *ad Lucilium* veterem amicum, quem & equestris ordinis & procuratorem Cæsaris in Sicilia fuisse, ex his ipsis & lib. 4. *Natural. quæstionum* [b] constat: in cuius præfatione veluti describit Lucilium. Nec dubito quin responsoriæ ad literas Lucilii plures harum sint; meminit quippe eius literarum sæpiùs [c]. Malim tamen cum Lipsio, non omnes veras esse & assiduè missas; sed secutum Senecam hoc genus liberè ac de quibus placuisset scribendi sub Lucilii nomine [d]. Dividebantur olim hæ epistolæ in libros; nam apud Agellium [e] liber 22. epistolarum Senecæ laudatur: cuius exindè verba, in quibus Ennium poetam Ciceronemque ipsum necnon & Virgilium taxatos legimus, nunc non apparent: ut necessarium sit admittere nonnulla ex his epistolis intercidisse. Dividunt sanè, quamvis variè, codices manuscripti; attamen in novis editionibus iure hæc prætermissa est divisio.

[b] Præfatione & cap. 1. & ex ep. 19. & aliis.

[c] Ep. 2.3.19. 21.24. & aliis.

[d] De Lucilio Del-rium vide.

[e] Lib. 12. c.

112. Sequuntur quos de Philosophia naturali ad eundem Lucilium elucubravit noster, scilicet:

113. *Naturalium quæstionum* lib. VII. meteorologici penè omnes, & ultimo ferè loco ab eo scripti, & quando epistolæ; nam & libri 6. initio terræ motûs meminit qui Campaniæ infestus fuit Coss. Virginio & Memmio, scilicet biennio ante eius mortem, anno U. C. DCCCXVI. quem tamen *Annalium* scriptor [f] ad superiorem reiicit. Opus istud innuere forsan voluit Iacobus Magnus in *Sophologio*, *De natura rerum* vocans: quæ opinio est Martini Antonii Del-rii in *Prolegomenis ad Senecæ Tragœdias* lib. 2. cap. ultimo.

[f] Lib. 15.

114. Ἀποκολοκύνθωσις, sive *ludus de morte Claudii Cæsaris*: quomodo hunc libellum primus Latinè indigitavit à se inventum & publicandum Beatus Rhenanus Selestadiensis, cuius inventionis & Ioannes Cuspinianus meminit [g]; nihil tamen huius continet Græcum nomen, idque festivum satis, ut opusculum totum, *varium, doctum, argutum, venustum, cui nec Venus nec Lepor aliquid addant*, ut Lipsius ait. Barthius pariter, *nihil acutius* dici potuisse, libellumque hunc suum facili negotio Se-

[g] *In fastos, consulatu Marcelli & Aviolæ.* pag. 322.

h Ad Statium lib. 3. Silv 3. v. 77.
i Ad Theb. 1. v. 36.
k Dial. 8. de Poet. pag. 317.
l Ad Theb. 2. v. 64.

necam *Momo ipsi Salium* approbaturum ait [h]. *Amarissimum & acutissimum satyricum* alibi vocat [i]. Dio Cassius expressit titulum, & prora & puppis est ut Senecæ satyram hanc vindicemus, quamvis subdubitaverit Gyraldus aliquando [k]; miratur tamen propter eum fortè idem Barthius [l], *fuisse qui alii quàm Senecæ hunc ingeniosissimum & doctissimum libellum adscriptum voluerint.* Lib. 60. ait Dio, seu Xiphilinus: Συνέθηκε μὲν γὰρ καὶ ὁ Σενέκας σύγγραμμα, Ἀποκολοκύνθωσιν αὐτὸ, ὥσπερ τινα ἀπαθανάτωσιν ὀνομάσας. *Composuit enim & Seneca libellum, Apocolocynthôsin inscribens, veluti apotheôsin, sive inter deos quandam relationem.*

115. Quid autem sit *apocolocynthôsis*, rem acu tetigisse mihi Daniel Heinsius, & ex eo Libertus Fromondus videntur in Præfatione suarum ad libellum Notarum in Lipsiana editione: ut talis dicatur eodem modo ac ἀποθέωσις *relatio in Deum*, seu ἀπαθανάτωσις, *transformatio in immortalem.* Quæ verba veterem ritum ethnicorum consecrandi principes significare posita sunt. (Fortasse melius *apocolocyntheôsin* iccircò legendum censuit Barthius [m]). Ἀποκολοκύνθωσις enim *transformationem in cucurbitam*, sive *cucurbitæ in Deum* significabit; Κολοκύνθη enim *cucurbita* est. Convenit Ioannes Schefferus Argentinensis, qui hoc tempore multa erudita protulit profertque, in *Academicarum lectionum* libro, cuius aliqua portio sunt *Notæ in Apocolocynthôsin.* Multò aptius hoc est, quàm quòd aliis [n] placuit, propter colocynthidem ita dictum, ex qua verosimiliter confectus fuit boletus, quo quasi pharmaco purgatorio usus fuit letaliter Claudius. Quo respiciens Xylander ἀπακολοκύνθωσιν Dionis *de immortalitate fungo parta* interpretari non veritus fuit.

m Ad Theb. lib. 2. v. 64.

n Hadriano Iunio lib. 1. *Animadver.* c. 17.

116. At his omnibus dudum olimque adhæserunt fragmenta quædam seu *Excerpta*, ut præferunt editiones, *è libris Senecæ* scilicet *De paupertate*, atque item *De remediis fortuitorum*. Priora incipiunt: *Honesta, inquit Epicurus, res est paupertas.* Certè ille hoc argumentum, si quando valdè vacaret, ut ex fine epist. 87. constat, discutere meditabatur. His fragmentis lucem, immo & emendationem, ab epistola 17. quæ incipit: *Proiice omnia*, accedere posse Pincianus notat, uti & Obsopæus desumta ea esse ex epistolis 2. 4. 9. 14. 16. 17. 18. 20. 36. 80. 81. & 87. Leodegarius tamen quidam à Quercu annotationes in hunc, quem Senecæ putavit, librum edidit Parisiis MDLVI. in 4.° Verderio teste in *Bibliotheca Gallica*. Posteriorum hoc initium est: *Licèt cunctorum poetarum carmina gremium tuum semper illustrent*, &c. Quæ Senecæ abiudicari satiùs sit, quantumvis ad eius imitationem conficta videantur, aut ex eius sententiis emendicata: quàm cum iis errare qui admiserunt, Philippo Bergomensi, Lucio Marinæo, & si qui alii sunt. Adiudicantur Senecæ vulgò in scriptis manu libris, quorum unum vidimus in bibliotheca Palatina Romæ cod. 1546. eodem initio prologi ad Gallionem.

117. Collegerunt ab his diversorum iamque olim deperditorum Senecæ operum titulos viri docti [o], quorum industriâ hìc nos uti necessariò debemus. Ea sunt:

o Del-rio in *Proleg. ad Sen. Tragœdias.* Lipsius *De vita & scriptis Senecæ.*

118. *De superstitione*, magnâ bonorum studiorum iacturâ deperditum. Quid enim de hoc argumento sperari non debuit à viro sapientissimo, qui semel animo suo imposuit ut falsam gentis suæ religionem traduceret, civibusque exprobraret? S. Augustinus lib. 6. *De civitate Dei*, cap. 10. *Nam in eo libro, quem contra superstitiones condidit* (Annæus Seneca, quode loquitur) *multò copiosiùs atque vehementiùs reprehendit civilem istam & urbanam Theologiam, quàm Varro theatricam atque fabulosam.* Hæc Augustinus, qui & eodem capite & sequenti, ex eo libro pulcherrima quædam transcribit fragmenta. Barthium adiungi non frustrà erit è libro 11. *Adversariorum*, cap. 20. quem & intellexit in *Apologetico* his verbis Tertullianus [p]: *Infrendite, inspumate: iidem estis, qui Senecam aliquem pluribus & amarioribus de vestra superstitione perorantem probatis.* Observavit Lipsius lib. 1. *Electorum* cap. 18. aliique. Dialogisticum fuisse opus, ex Diomedis lib. 1. *De oratione & eius partibus*, cap. *De his quæ perfectum tempus non habent*, manifestum est. Dialogum quippe laudat Senecæ *De superstitione.* Miror autem non alium ex his, qui religionem Christianam eo ferè tempore derisis gentilium superstitionibus impugnârunt, huius meminisse operis, Arnobium, Lactantium, Minucium; ne Græcos memorem.

p Cap. 12.

119. *Moralium*, seu *Morales*, seu *Philosophiæ moralis* libri. Lactantius exinde fragmenta adducit lib. 1. cap. 16. & lib. 2. cap. 2. & lib. 6. cap. 14. & 17. Interpretor de Philosophia morali, quam se quodam opere velle complecti professus auctor fuit ad Lucilium epist. 106. Idem in ep. 109. *Persolvi* (ait) *quod exegeras, quamquam in ordine rerum erat, quas moralis Philosophiæ voluminibus complectimur.*

120. *Exhortationum* libri. Ex opere isto quædam Lactantio debemus, qui lib. 1. cap. 7. ita habet: *Et est illud verum quod dixisse in* Exhortationibus *Senecam suprà retuli.* Et mox: *Quod Seneca vir acutus in* Ex-

Exhortationibus *vidit. Nos, inquit, aliunde pendemus. Itaque ad aliquem respicimus, cui, quod est optimum in nobis, animam debeamus. Alius nos edidit, alius instruxit. Deus ipse se fecit.* Quæ cùm apertè sint verbá Senecæ, iniuriâ invehitur in Lactantium Servatius Galleus nuperus eius illustrator, quasi Deum se ipsum fecisse is crediderit. Idem eiusdem libri cap. 5. & lib. 3. cap. 15. & lib. 6. cap. 24. ubi eius verba adducit, quibus *Exhortationes* terminavit, verè Chistiana. At ex eodem capite paulò infrà constat divisas libris has fuisse, cùm *eius operis primum* (quid nisi librum?) laudet Lactantius.

121. *De immatura morte* liber laudatur ab eodem Lactantio lib. 3. cap. 12. Auctor *Sophologii* Iacobus Magnus *De matura morte* appellat lib. 3. cap. 1. & lib. 7. cap. 7. Martino Del-rio potiùs quàm liber ab aliis diversus, aliqua ex epistolis ad Lucilium est de argumento isto concepta; non tamen persuadet, usque dum inibi verba ostendat à Lactantio adducta.

122. *De matrimonio* liber. Debemus hanc notitiam S. Hieronymo libro *Adversus Iovinianum* primo. *Scripserunt* (ait) *Aristoteles & Plutarchus & noster Seneca* De matrimonio *libros, ex quibus & superiora nonnulla sunt, & ista quæ subiicimus.* At quæ subiicit pura puta Senecæ videntur verba, non ullius ex Græcis illis. Habes quicquid ex hoc libro & aliis Senecæ reliquum est in *Fragmentis* quæ Lipsius in editione sua collegit.

123. *De providentia*, diversum & laxius eo quod habemus, si Deo placet, opus. Nam in libelli istius, quem *De providentia* quoque, sive meliùs *Quare bonis viris mala accidant cùm sit providentia* indigitatum priùs laudabamus, initio hæc habet: *Quæsisti à me, Lucili, quid ita, si providentiâ mundus ageretur multa bonis viris acciderent mala? Hoc commodiùs in contextu operis redderetur, cùm præesse universis providentiam probaremus, & interesse nobis Deum. Sed quoniam à toto particulam revelli placet, & unam contradictionem manente lite integra solvere: faciam rem non difficilem, causam deorum agam.* Quibus perspicuum mihi est integrum *De providentia* opus significâsse, non aliud, veluti *Moralium*, quod innuit Lipsius; vereque hoc Senecâ dignum fuerit argumentum.

124. *De terræmotu* se scripsisse ait ipse lib. 6. *Nat. quæst.* cap. 4. cui certè hìc superaddidit, quæ ætas ei aut ad scientiam aut ad experientiam adiecisset, ut ipse loquitur.

125. *Dialogi orationesque*, nescio cuius argumenti, quorum Fabius meminit lib. 10. cap. 1. *Tractavit etiam omnem ferè studiorum materiam; nam & orationes eius, & poemata, & epistolæ, & dialogi feruntur.* Ex dialogis unicum reperiri, *Sensus & rationis*, Erasmus credidit, ut videre est in *Præfatione* eius *ad Senecam.* Orationes quidem, vel quas dixit ipse, vel quas Neroni publicè recitaturo dictavit. Ex his eæ sunt fortè, quibus Nero vivente adhuc Claudio Iliensibus ut omni publico munere solverentur, Bononiensi coloniæ igni haustæ ut centies sestertiûm largitione subveniretur, Taciti fide [q], impetravit. Illud certius est, orationem quâ Nero laudavit Claudium funeris die Senecæ esse. *Quamquam oratio à Seneca composita* (ait idem Tacitus [r]) *multum cultûs præferret, ut fuit illi viro ingenium amœnum & temporis illius auribus accomodatum.* Adnotatumque à senioribus subiungit, *primum ex his, qui rerum potiti essent, Neronem alienæ facundiæ eguisse.* Item id scriptum, quod Nero ad Senatum misit occisa matre, Quintilianus disertis verbis Senecæ attribuit lib. 8. cap. 5. cuius literæ meminit etiam Dio Cassius lib. 61. At ipse proprio nomine multas habuisse dicitur. *Modò* (ipse ait alicubi [s]) *causas agere cœpi.* Et meminimus Dionem [t] referre, quod & suprà observatum [u], penè eum interiisse Caii odio ex invidia, quòd præsente eo causam quandam egregiè in senatu egisset. Quid si & *Controversias*? si nostrum significare voluit Quintilianus lib. 9. cap. 2. non verò patrem?

126. *De fortuitis.* Tertullianus in *Apologetico* (ait): *Multi apud vos ad tolerantiam doloris & mortis hortantur, ut Cicero in Tusculanis, ut Seneca in* Fortuitis, *ut Diogenes, ut Pyrrhon, ut Callinicus*, &c. Inde esse ea videtur sententia bis tributa Senecæ ab eodem Tertulliano, & libro *De anima* cap. 42. *& de resurrectione carnis* cap. 1. *Post mortem omnia finiri, etiam ipsam.* Quæ quidem non reperitur in iis fragmentis suprà laudatis, quæ cum ceteris nostri auctoris libris edi solent, quæque in aliquibus codicibus ex libro *De remediis fortuitorum ad Gallionem poetam* inscribuntur *excerpta*, Martino Antonio Del-rio auctore in *Prolegomenis ad Tragœdias.*

127. *De officiis.* Laudat Diomedes Grammaticus lib. 1. *De oratione* [x]. *Rursum Seneca* De officiis: *Si cervicem præstitero, ait, pro, præbuero.*

128. *De forma mundi.* Cassiodorus auctor est in libello *De astronomia*, his verbis: *De quo librum Seneca consentanea Philosophiæ disputatione formavit, cui titulus est* De forma mundi: *quem vobis idem*

[q] Lib. 12. Ann. cap. 58.

[r] Lib. 13. c. 3.

[s] Ep. 49.

[t] Lib. 59.

[u] Cap. antecedenti.

[x] Cap. *De speciebus præter. perfecti.*

idem (lego *item*) *relinquimus relegendum.* Iisdem verbis Boethius in libello *De Geometria*, cap. *De utilitate Geometriæ*, quem Cassiodorus exscripsisse videtur, cùm ei supervixerit.

129. *De situ Indiæ*, seu *Commentatio de India*, quomodo Plinius vocat lib. 6. cap. 17. *Seneca etiam apud vos* (inquit) *tentata Indiæ commentatione, sexaginta amnes ejus prodidit, gentes duodeviginti centumque.* Laudat quoque Servius ad lib. 9. *Æneidos* his verbis: *Ganges fluvius Indiæ est, qui secundum Senecam in* Situ Indiæ *novem alveis fluit.*

130. *De sacris & situ Ægypti.* Hujus operis meminit idem Servius ad 6. librum [y]. *Seneca* (ait) *scripsit* De situ & de sacris Ægyptiorum. *Hic dicit circa Syenem extremam Ægypti partem esse locum, quem Philas, idest Amicas, vocant*, &c.

[y] Ad vers. *Hic demum lucos Stygios.*

131. *Epistolæ ad Novatum.* Quas oportet Lucilianis numero inferiores haud fuisse; siquidem Priscianus in libro *De ponderibus* decimum earum librum commendavit. *Seneca in decimo epistolarum ad Novatum* (ait) *viginti quatuor sestertia, idest talentum Atticum parvum.* Hæc ille. Quæ cùm in epistolis ad Lucilium non reperiantur, admittere Prisciani fide alias istas *ad Novatum* debemus, fratrem scilicet, etiamtum sui iuris & nominis, ante quàm ad sacra Gallionis per adrogationem transiret.

132. *Epistolas ad Maximum Cæsonium* videmur posse adiungere, propter hæc Martialis ex epigrammate 44. lib. 7.

Facundi Senecæ potens amicus,
Caro proximus, aut prior Sereno.
Hic est Maximus ille, quem frequenti
Felix litera paginâ salutat.

Hic est Maximus Cæsonius vir consularis à Nerone damnatus, Senecæ nostro amicissimus, de quo ipsum in epistola 87. adire potes, ac Tacitum 15. *Annalium*; quemque ab eo salutatum frequentibus literis ut alter Lucilius aut Novatus, credunt ex hoc loco Martialis interpretes, & Martinus Antonius Del-rius in *Prolegomenis ad Tragœdias*, Nicolaus Faber in *Præfat. ad Senecæ opera.*

133. *Notarum* quoque librum, si non fallit de eo fama. *Notas* intelligo scripturæ quoddam compendium, quo singulis figuris aut characteribus vocabula integra celerrimè notabant veteres huius artis notariæ periti, ex ore dicentium excipientes: de quibus eruditè, ut solet, Lipsius in quadam epistola [z] ad Leonardum Lessium, Gruterus [a], Ioannes Henricus Meibomius [b], Ioannes Brodæus [c], Matthæus Raderus [d], & alii. S. Isidorus lib. 1. *Originum* cap. 21. postquam tribuisset Ennio inventum, Tullio Tironi Ciceronis liberto, & aliis augmentum artis: *deinde* (ait) *Seneca contractu omnium, digestoque, & aucto numero, opus effecit in quinque millia*, Notarum scilicet. Quod tamen testimonium Lipsius iam laudatus multifariam corrigit. His exaratum vidit olim *Psalterium* Ioannes Trithemius [e], Hygini *De sideribus* portionem Petrus Bembus [f]. Systema *Notarum* quibusdam, ut vocat, commentariis & capitibus distinctum, ad calcem *Thesauri* sui *inscriptionum* Ianus Gruterus, *Tironis Tullii* atque *Annæi Senecæ* inscriptum nominibus, ex duobus MSS. codicibus qui *id utcumque* (ita loquitur) *balbutiebant*, primus publicavit (1). Non tamen sine aliqua admixtione Christianarum notarum, quas, si Ioanni Trithemio nuper laudato credimus, S. Cyprianus Martyr pro Christianorum usu veteribus adiecit.

[z] Cent. 1. *Ad Belgas* ep. 27.
[a] In editione sua *Notarum Tironis & Senecæ* cum *Thes. Inscript.*
[b] In *Vita Mæcenatis* cap. 26.
[c] Notis ad Martialis epigram. 206. alias 179. lib. 14.
[d] Notis ad idem epigr.
[e] Qui in *Polygraphia* refert.
[f] Ex ep. 8. ad Iulium II. Papam lib. 1.

134. Lipsio [g] autem Marcus, non Lucius Seneca *Notarum* huius augmenti visus fuit auctor. Et sanè Philosophus sprevisse hoc inventum, & ad vilissima reiecisse mancipia legitur [h]. Non tamen sufficiens ea ratio, ut ab eo ad Marcum parentem abeamus. Addidisse his dicitur ut notarii uterentur, non invenisse aut iactâsse inventum. Et Isidorus Senecæ attribuit, quo per excellentiam designatur Philosophus. Exstareque apud Cl. Puteanum, & in aliorum bibliothecis exemplaria huius operis cum hac epigraphe *Lucii Annæi Senecæ liber Notarum numero quinque millium*, Nicolaus Faber in Præfatione ad eius opera refert. De Notis vide etiam Ægidium Menagium, exquisitæ eruditionis virum, in observationibus ad Laertii vitas [i].

[g] Epist. 27.
[h] Ep. eius 90.
[i] Lib. 3. pag. 96.

135. Hæc certò Senecæ, ut de versibus interim taceam. Cetera nulla firmiore coniectura tributa ei dixeris. *Historiam* scilicet, ex Lactantii lib. 7. cap. 15. ubi ait Senecam Romanæ urbis tempora in ætates distribuisse: quo nixi testimonio, quòd Lucius Annæus Florus *Compendii rerum Romanarum* auctor simili distributione in prologo usus legatur, eundem cum nostro Annæo Seneca nonnulli existimavere, ut & historiam eam noster scripserit [k]. Sed de hac re locus erit tractandi opportunior

[k] Improbati à Nicolao Fabro in præf. ad Senecæ opera.

(1) Exstat in Terentiano Escurialensi Codice *Lit. S. Plut.* 3. *num.* 23. ineuntis ut videtur sæculi XII. qui olim ad Hieron. Suritam mox ad Honoratum Ioannem Caroli quondam Hisp. Principis Institutorem pertinuit, folium integrum cum alterius parte iisdem uti apparet Tironis & Senecæ notis exaratum.

quum

quum de Floro agemus. *Præfationes* propter Fabii Quintiliani ista ex lib. 8. cap. 3. *Nam memini iuvenis admodum inter Pomponium & Senecam etiam præfationibus esse tractatum, an*, gradus eliminat, *apud Accium in Tragœdia dici oportuisset*. Non enim video *Præfationes* de alio, quàm quod alicui operi præponitur dici; nec id solùm vocabulum significare id, ad quod præfatus fueris, posse. Cogitabam *De prælectionibus*; sed fortasse *præfationes* collocutiones sunt seu confabulationes, quæ inter præsentes fiunt. Quoniam *præfari*, de eo quem præsentem coramque fari cum alio dicere velis, non incongruè usurpabitur; cùm & *præsens* à *pro*, hoc est coram, & *ens* dicatur, *s* literâ interiectâ, ut apud Ausonium [l]:

Spondere qui nos noxia, quia præsest, vetat.

De qua derivatione in *Etymologico* suo [m] Vossius: cui credimus magis quàm ad hunc eundem poetæ locum Eliæ Vineto, qui *præsest* pro *præs'est*, sive *præsto est*, per synalepham dictum censuit.

[l] In *Dictis sapientum*.

[m] Verbo *Præs*, & *Præsens*.

136. *De arte dicendi* quicquam, propter Quintiliani hæc è libro 9. cap. 2. cùm de iureiurando agit, an eo uti oratores deceat: *Nam & totum iurare nisi ubi necesse est, gravi viro parum convenit. Et est à Seneca dictum eleganter, non patronorum hoc esse sed testium.* Id etenim præcepti oratoribus dicti aliàs quàm de arte scribens nonnisi ineptè inculcare potuit.

137. *Laudationes Augustarum & libertorum* sui temporis, ex eo quod Ioannis Xiphilini *excerptorum* ex Dione [n] hæc leguntur in Latina interpretatione Guil. Xylandri: *Assentatores detestabatur, cùm ipse reginas coleret & libertos, ac laudationes quorumdam componeret.* Sed mens Dionis apertior mansit in *excerptis* aliis Constantini Porphyrogennetæ editionis Valesianæ [o]. Τούς τε κολακεύοντάς τινα διαβάλλων, αὐτὸς οὕτω τὴν Μεσσαλῖναν, καὶ τοὺς τοῦ Κλαυδίου ἐξελευθέρους ἐθώπευσεν, ὥστε καὶ βιβλίον σφίσιν ἐκ τῆς νήσου πέμψαι ἐπαίνους αὐτῶν ἔχον, ὃ μετὰ ταῦτα ὑπ' αἰσχύνης ἀπήλειψε. Hoc est ex interpretatione Henrici Valesii: *Et qui assentatores probris incesseret, idem Messalinam ac libertos Claudii adeò omni adulatione ambierat, ut librum refertum eorum laudibus ex insula, in qua exsulabat, iis mitteret, quem tamen pudore postea ductus stilo verso delevit.* Quæ propter libellum eum, de quo iam diximus, *consolationis ad Polybium* Claudii libertum Dio Cassius annotavit.

[n] Lib. 62. pag. 694.

[o] Pag. 685.

138. *Epistolas* quoque *ad Paulum Apostolum* in iis quæ perperam nostro Lucio attribuuntur collocamus. De his literis loquimur, quæ hodie circumferuntur *Senecæ ad Paulum*, vicissimque *Pauli ad Senecam*: novem scilicet Philosophi nostri, quinque verò Apostoli; leguntur que in *Bibliotheca* Xysti Senensis [p], qui eas admittit; scripsisseque ad eas breves quosdam commentariolos Iacobum Fabrum Viennensem Episcopum ibidem annotat. Certè harum epistolarum notitia non recens est, sed quarto sæculo, quod ex SS. Hieronymo & Augustino constat, iam vulgaris fuit. Hieronymus enim *Senecam* (uti ipse [q] ait) *non poneret in catalogo Sanctorum, nisi eum illæ epistolæ* provocâssent *quæ leguntur à plurimis, Pauli ad Senecam, & Senecæ ad Paulum: in quibus cùm esset Neronis magister & illius temporis potentissimus, optare se dicit eius esse loci apud suos, cuius sit Paulus apud Christianos.* Et D. Augustinus [r] laudaturus Senecæ quandam sententiam, *qui temporibus* (ait) *Apostolorum fuit, cuius etiam quædam ad Paulum Apostolum leguntur epistolæ.* Prætereo nunc S. Lini Papæ testimonium ex eius pseudo-epigrapho opere *De Passione Petri & Pauli*, quo Xystus Senensis utitur.

[p] Lib. 2. ad verb. *Paulus Apostolus*.

[q] *De script. Eccles.*

[r] Epist. *ad Macedonium* 53.

139. Hunc enim librum communiter improbant fictitiique notâ inurunt catholici doctores Baronius [s], Bellarminus [t], Spencæus [u], Possevinus [x], Labbeus [y], uti & heterodoxi Andreas Rivetus [z], Gerardus Ioannes Vossius [a], Gaspar Barthius [b], alii. Prætereo & Lucii Dextri conficta huic rei statuminandæ, è pseudo-chronico verba ad ann. LXIIII. Hic enim auctor nondum approbavit fidem suam recto iudicio utentibus viris. Sanè ulterioris temporis etiam fuit hæc persuasio, ut legitimæ haberentur memoratæ epistolæ; cùm & earum meminerint Ioannes Saresberiensis [c], Iacobus Magnus [d], Petrus Cluniacensis [e], admittantque aliqui ex duobus ultimis sæculis scriptores, Raphael Volaterranus [f] & Iacobus Philippus Bergomensis [g]. At quisquis ille fuerit *De passione Apostolorum* scriptor, dummodo non Linus, potuit cum Hieronymo & Augustino vulgi rumores sequi; aut aliæ fuere ab his quæ nunc leguntur epistolæ tunc vulgares. Et Ioannes Saresberiensis potiùs ad Hieronymi verba respexerit, quàm ut epistolis det testimonium.

[s] *Annal.* I. ad ann LXIX. 6.

[t] *De script. Eccles.*

[u] Lib. 6. *De continentia* c. 2.

[x] In *Apparatu*, voce *Linus*.

[y] *De script. Eccles.*

[z] In *Critico sacro*.

[a] *De hist. Græcis* lib. 2. cap. 9.

[b] Lib. 43. *Adv.* 13.

[c] Lib. 8. *Polyc.* cap. 13.

[d] In *Sophol.* lib. 6. cap. 6, & lib. 7. cap. 9.

[e] Epist.....

[f] In *Anthropol.*

[g] *Supplem. Chron.* lib. 8. fol. 128.

140. Nam, ut non nihil de singulis dicam, in prima Senecæ haud scias quid velint verba hæc de epistolis Pauli: *Quos sensus non puto ex te dictos, sed per te; certè aliquando ex te & per te.* In secunda Pauli, quæ statim subiicio indigna sunt Apostolo, qui spiritum Dei sequebatur, nimirum: *Sed quod literis meis vos refectos scribis, felicem me arbitror tanti viri iudicio. Neque enim diceris censor, sophista, ac magister tanti principis, & etiam omnium, nisi quia*

quia vera dicis. Iudicio Senecæ putet se felicem Paulus Dei Apostolus? & Senecæ quæcumque dicta probet, magistrum omnium eundem professus? Tertia Senecæ non magis Latina est, quàm Seneca barbarus est. *Reddere diem*, pro *assignare*, *decreveram non priùs edere, nisi priùs* &c. Latinitas respuit. Et quisnam in quarta Pauli, *audire literas* pro *legere*, admiserit? & quæ sequuntur: *Cùm primùm igitur venire cœperis, invicem nos & de proximo videbimus.* Par est omnino Senecæ quinta, Paulique ad Senecam & Lucilium sexta. Pseudo-Paulus in octava impius est, qui nolit notitiam salutaris disciplinæ pervenire ad Cæsarem; & ineptus, qui incongruè inconsequenter, ac nescio cuius reginæ habita mentione, eam absolvat. Nonam Senecæ puræ putæ ineptiæ condivere. Decimæ Pauli quid faciemus? Cuius totum argumentum est conniti parum rectam & congruentem sectæ suæ inscriptionem esse, ut *Paulus Senecæ salutem* dicens præferatur: cuius & conclusio, ut Senecam *devotissimum* vocet *magistrum* Christi Apostolus.

141. Undecima, quâ reponit Seneca huic de forma inscriptionis Paulinæ sententiæ, nihil recedit à superiorum absurditate. In qua tamen nescio quid eius, quod Augustinus legerat in his quas vidit epistolis, exstare videtur. Tu lector iudica. Haud quidem debere ait abstinere illum ab ea inscribendi se atque amici nomini suum nomen præferendi stilo, *ne tam tentare me quàm ludere videaris* (ait); *quippe cùm scias civem esse te Romanum. Nam qui meus, tuus apud te locus,* (Delio natatore hæc indigent) *qui tuus, vellm ut meus.* Duodecima parum cohærentia de urbis incendio, aut potiùs falsa, nonne refert? quippe qui cùm auctore Tacito [h], *domum, & insularum, & templorum quæ amissa sunt numerum inire haud promtum fuerit:* apud hunc legamus: *centum triginta duæ domus, insulæ quatuor, sex diebus arsere, septimus pausam dedit.* In tertiadecima, Latinitati ut morem gerat Paulum suadet Seneca, quasi Latinè non Græcè Apostolus scriberet. Ultima Pauli iam Christo adhærentem supponit Senecam.

[h] Lib. 15. c. 41.

142. Stilus autem in omnibus, nec illius temporis, nec mediocris alicuius auctoris, nedum elegantissimi Senecæ est: sensus inepti, obstrusi, sæpeque investigabiles. Priores epistolæ absque Consulum mentione, posteriores Consulibus notatæ sunt: qui verò non constant; nam decimam Neronis quarto, ac Messalæ Consulatu subscriptam redarguit Tacitus, qui tertium Neronis Consulatum, non quartum, lib. 3. [i] eum vocat, in quo Messalam habuit collegam. Huic autem Pauli epistolæ hoc anno v. Kal. Iulii datæ, non ante x. Kal. Aprilis sequentis anni, quo Consules fuere Apronianus (sic dicere debuit) & Capito: responsum Seneca dedisse fingitur, cùm uterque Romæ esset. Annus item incensæ urbis non habuit Coss. Frigium & Bassum, quod legitur in epist. XII. Senecæ ad Paulum. Cornelius Tacitus [k] patratum id scribit C. Lecanio & M. Licinio Coss. Aliter vocat Frontinus [l], Crassum nempè Frugi & Lecanium Bassum; attamen iidem sunt in utroque auctore, scilicet Caius Lecanius Bassus & Marcus Licinius Crassus Frugi: uti P. Licinius Crassus ille dictus, cuius cum exaggerata laude tricesimi libri initio Livius meminit. Agnomen *Frugi* aliorum quoque fuit; sed non quidem ex agnomine solo vocari debuit Consul iste, quantumvis pro *Frigio* epistolæ *Frugi* reponendum esse, quod libenter nos admittimus, contendat aliquis. Tandem Leo & Sabinus, qui postremæ harum epistolæ tribuuntur Consules, nusquam alibi sunt, nec Leonis nomen in eius ætatis usu fuisse legimus.

[i] Cap. 34.

[k] Ubi suprà.

[l] Lib. 2. *de Aquæduct.*

143. Hæc paulo fusiùs de pseudepigraphis nostri Senecæ epistolis, quas uno ore damnat Criticorum senatus. Videri possunt inter alios Ioannes Lorinus *in Acta Apostolorum* cap. 18. v. 13. qui suspicatur eiusdem pseudo-auctoris esse libellum illum *De passione SS. Apostolorum* Lini nomine inscriptum, & has epistolas: Daniel Heinsius in *Exercit. sacr.* lib. 11. cap. 4. in fine, Baronius 10. tomo *Annal.* ad ann. LXVI. num. 11. qui & à Pseudo-Lini opusculo notam de epistolis eam opinionem credit, uti & Rivetus *Critici sacri* lib 1. cap. 5. Possevinus in *Apparatu sacro*, verbo *Seneca*: Onuphrius *De primatu Petri* lib. 1. parte 3. dissuasione 15. pag. 268. Lælius Bisciola *Horar. subcisiv.* tomo 1. lib. 15. cap. 1. Erasmus epist. nuncupatoriâ ad Petrum Episc. Cracoviensem in editione Senecæ operum quæ hodie legitur, & libro *Epistolarum* 28. Lipsius *De vita & scriptis Senecæ* cap. 10. Gaspar Barthius lib. *Advers.* 43. cap. 13. Martinus Ant. Del-rius in *Prolegom. ad Senecæ Tragœdias* lib. 2. cap. ultimo: Ioann. Ludov. Vives ad S. August. lib. 6. *De civit. Dei* cap. 10. Theophilus Raynaudus *De bonis & malis libris* partit. 1. erotem. 10. num. 180. Quantumvis Xysto Senensi aliter placuerit, & Francisco Bivario [m], ut Dextro suo fidem conciliaret; atque his antiquiores parum advertenter crediderint Lucius Marinæus Siculus *De laud. Hisp.* lib. 6. & Iac. Philip-

[m] Ad Ann. 64. pag. 124.

lippus Bergomensis in *Supplem. Chron.* [n].

144. Cum his epistolis cadit quoque quòd Seneca scripserit *De copia verborum*: quem librum in istarum epistolarum quadam mittere se ait Paulo supposititius auctor. Nihilominus tamen fuit qui suppositionem hanc foverit; nam Thomasino teste [o], in bibliotheca monasterii S. Antonii urbis Patavinæ liber exstat *Seneca Philosophus* inscriptus, cui accedit *L. Annæi Senecæ Cordub. Stoici discipuli liber* De copia verborum *ad B. Paulum.* Nugæ, nugæ. Et frustrà sunt Marinæus Siculus, Bergomensis [p] & alii, qui hunc inter Senecæ opera librum enumerant.

145. At quæ ab aliquot antè sæculis existimata sunt, non minùs quàm cetera olim, notha Senecæ opera, tum

146. *De quatuor virtutibus* liber est. Quem Martini Dumiensis Abbatis in Gallæcia opus esse illud, quod ei S. Isidorus [q], Honorius Augustodunensis [r] & Sigebertus Gemblacensis [s] tribuunt, vulgaris est Eruditorum sententia [t]. Nam & id eius nomine inscriptum, inter veterum Patrum alia, *Bibliothecæ* sextum volumen continet. Atqui iam dudum adhæsit Senecæ operibus; proindeque forsan Servatus Lupus Ferrariensis Abbas verbis ex hoc libro, tamquam *ex sæculari literatura* desumtis, utitur epistolâ 54. parum tamen immutatis à Dumiensis textu qui in manibus est: adeò ut Stephano Baluzio [u] viro erudito & de pluribus medii sæculi scriptoribus optimè merito, hæc varietas occasionem dederit existimandi librum hunc à Seneca olim scriptum, postea verò à Martino descriptum & abbreviatum fuisse, qua arte librum Senecæ suum fecerit. De quo, cùm ad Martinum accesserimus, proprio magis loco disquiremus. Præferunt certè veteres editiones, Basileensis quam Erasmus procuravit anno MDXV. atque alia Hervagii anni MDLVII. cum nota tamen Cælii Secundi Curionis librum Senecæ abiudicantis, quod & vidisse ait Erasmum; ut & Coloniensis anni MDXCVI. Quædam verò ut supposititium partum reiecêre, hoc est Antuerpienses omnes cum Lipsii Notis, Gruteriana apud Commelinum MDXCIV. Amstelodamensis cum Gronovii, aliæ. Seorsum hic *De quatuor virtutibus* liber Senecæ adscriptus, *De formula honestæ vitæ* etiam inscriptus, prodiit Venetiis ex officina Francisci Ziletti MDLXXXVI. in 12.° Manuscripti antiqui codices consentiunt, bibliothecæ Cæsareæ à Lambecio laudatus [x], Escurialensis, & Ambrosianæ Mediolanensis, ut ex earum constat catalogis.

[n] Fol. 128.

[o] *De biblioth. Patav. mss.*

[p] Locis suprà citatis.

[q] *De script. Eccles.* cap. 22.

[r] *De script. Eccles.* cap. 26.

[s] Cap. 19.

[t] Del-rii *Prolegomen. Sen.* Labbei *de scriptor. Eccles.* in Martino Bracarensi, Bivarii ad Maximi Chronicon anno 577. Nicolai Fabri præf. ad Senecæ opera, Cælii Secundi Curionis editione eorundem operum Basileensi anni 1557.

[u] In Notis ad hanc Servati epist.

147. Item *De moribus* librum manuscripti codices & *Sophologii* auctor supponunt Senecæ nostro. Hunc eundem cum superiore Labbeus existimavit [y]. Sed distinguunt Marinæus Siculus [z], Martinus Del-rius, Ioannes Philippus Bergomensis, Codex biblioth. Ambrosianæ, in quo diversi sunt *De moribus*, & *De formula honestæ vitæ*. Hunc commentario libro illustrare conatus est Leodegarius à Quercu, editque cum *De paupertate* alio, Parisiis MDLVI. in 4.° apud viduam Petri Attaignant, ut in *Bibliothecæ Gesner. supplemento* Verderius refert. Quem similiter *De paupertate* librum Del-rii iudicium sequentes nostro Senecæ abiudicamus.

148. *De septem artibus liberalibus* librum quoque alium ceteris annumerant Senecæ iidem Bergomensis, & Siculus, Didacus item Rodriguez de Almela [a] Hispanus historicus non contemnendus, atque alii. Vertitque hunc in vulgarem Hispaniæ linguam iussu Ioannis II. Castellæ Regis, unà cum quinque aliis, Anonymus quidam: cuius interpretationis hoc initium est: *Deseas saber, que es lo que me parece de los estudios liberales*, &c. Quam fortè vidit interpretationem Ferdinandus Mexia, qui laudat tamquam Senecæ id operis lib. 2. *Nobiliarii* sui cap. 33. Sed verè hic non liber sed epistola est 88. ad Lucilium, notatque ibi Lipsius; quamvis aliàs non uno in codice seorsum ab epistolis *liber* audiat. Hæc eadem interpretatio Hispanica librum alium continet: *De los preceptos y doctrinas*, qui incipit: *No hay cosa tan mortal á los ingenios humanos como la luxuria*, &c. Quem citat is, quo de nuper diximus, Ferdinandus Mexia lib. 2. in introductorio post caput 33. Didacus de Almela iam laudatus, *De los Amonestamientos y doctrina*, vocat: quem excerpta esse credimus hinc inde ex aliis & aliis auctoris libris, quæ iniuriâ temporis & exscriptorum Senecæ ipsius nomen usurpaverint. Idem Ferdinandus Mexia quoddam eidem Senecæ nomine appellat opus *De cavalleria* dictum, quod intelligo *De re militari*, lib. 2. cap. 33 (1).

[x] Lib. 2. secundi volum. *de biblioth. Cæsar.* cap. 8. pag. 934.

[y] *De script. Eccles.* in *Martino Bracar.* tom. 2. pag. 61.

[z] Mar. Siculus lib. 6. Del-rius ubi proximè, Berg. in *Supplement.* pag. 128.

[a] In lib. Hispano *El Valerio de las Historias*, dicto.

(1) In Regio Matritensi Codice Hispano operum utriusque Senecæ, quem suprà cap. IV. laudavimus, Iuniori seu Philosopho inscribuntur terna de quibus hoc loco Noster agit opuscula, nimirum I. *De las artes liberales.* Incipit: *Deseas saber &c.* Anonymo interprete: II. *De las doctrinas.* Inc. *No hay cosa mas mortal* &c. interprete Alfonso de Cartagena Episcopo Burgensi iussu Ioannis II. Castellæ Regis: III. *Algunos dichos de Séneca en el fecho de la Cavallería Romana.* Inc. *Tú me cree* &c Anonymo item interprete & fortassis eodem Alfonso: è quibus postremum nihil est aliud quam

149. *Proverbia* item ab eo nata vulgus diu existimavit, quæ Publii Syri & Laberii mimographorum puri puti sunt *mimi*. Ioannes Saresberiensis & ipse falsus fuit, qui meminit in *Polycratico* [b]. Cui vulgus consentiens & aliis imposuit [c]. Sed animadverterunt iamdiu viri docti [d], & alios monuerunt de vero auctore.

[b] Lib. 8.
[c] Bergomensi, Almelæ, Marinæo.
[d] Cælius Secundus Curio, & post eum omnes.

150. De illustratoribus Senecæ, atque eius horum operum editionibus, restat quæ nota habemus ea dicere. Lucii Annæi Senecæ quorundam operum Neapoli sub Ferdinando Rege excusorum anno MCDLXXV. uti existentis editionis in bibliotheca Regis Galliarum, Philippus Labbeus meminit [e]. Tarvisina editio Bernardi de Colonia anni MCDLXXVIII. quam vidit Gronovius [f], inter antiquissimas est (1): quam per me secuta fuerit Veneta per Bernardinum de Coris de Cremona adornata (cuius etiam Gronovius meminit) anno MCDXCII. Inter hæc Paulus Pompilius, qui se unum ex sodalitate Literatorum S. Victoris in Quirinali vocat, Romæ edidit inter alias suas lucubrationes philologicas *Lucii Annæi Senecæ vitam*, ad Joannem Lopim (2) Decanum Valentinum: quam in Vaticanæ bibliothecæ MS. codice num. 2222. vidimus: de quo Pompilio & hoc eius libro agimus in Appendice ad huius Bibliothecæ priorem partem *, ubi de his qui de rebus Hispaniensibus quicquam commentati sunt. Post has notam habeo Basileensem Frobenii anni MDXV. cum Erasmi Notis margini adscriptis, quam valdè aversatum eundem fuisse ex altera editione iam laudanda constat. Hoc eodem anno *Ludum de morte Claudii* qui hucusque desiderabatur, inventum à se in Germania cum Notis propriis Basileæ edidit Beatus Rhenanus Selestadiensis, qui primus (ait Matthæus Fortunatus Pannonius paulò pòst referendus) *aliquam lucem in Senecam aperuit, spemque dedit posse illum emendari.* Hic inde Matthæus *Naturalium quæstionum* libros accuratissimè recognitos, cum Annotationibus propriis apud Aldum anno MDXXII. publicavit Venetiis, homo exactè doctus, diligens, sobrii sanique iudicii, uti Erasmo [g] visus. Qui quidem Erasmus veterem illam cum scholiis suis editionem Frobenianam seriò improbans, Rodolphi Agricolæ usus Notis & emendationibus manu ad oram sui codicis exaratis (in quibus mirum est quàm multa divinârit), & item Sigismundi Gelenii apud Frobenium correctioni præfecti castigationibus, alteram adornavit editionem Basileensem anno MDXXIX. adiunctâ *Senecæ vita*, quam aliquis non prorsus indiligens ex Suetonio, Cornelio Tacito, & Hieronymo decerptam literis prodiderat. Huius auctorem Franciscum Petrarcham fuisse ex MS. codice qui fuit Pignorii, alioque penes se existente Ioannes Philippus Thomasinus in *Bibliothecis Patavinis Mss.* [h] affirmat.

[e] In *Bibliotheca Ms.* pag. 338.
[f] In *Præfatione* Elzevirianæ editionis anni MDCLVIII.
* Ex iis scilicet, quæ Romæ editæ fuerunt, continentibus scriptores XVI. & XVII. sæculorum.
[g] In *Præfatione* edit. Basil. MDXXIX.
[h] Pag. 86. & 134.

151. Ferdinandus hinc Pincianus noster Senecæ admovit manus, & quindecim non minùs exemplarium ope quinque ferè millia eius loca meliora fecit, castigationibus suis ex officina Veneta Ioannis August. à Burgo-Franco anno MDXXXVI. prodire iussis. Huic editioni tertia successit Basileensis apud Ioann. Hervagium anno MDLVII. cum Cælii Secundi Curionis castigationibus, Ferdinandi Pinciani luculentissimo de Seneca testimonio, *Vitâ Senecæ* à Xichone Polentono ex Tacito & Suetonio decerptâ, & Rodolphi Agricolæ in Controversias seu Declamationes commentario. Ferè enim omnes istæ & quæ his successerunt editiones utrumque Senecam, Philosophum & Rhetorem, aut confundunt inter se aut coniungunt. Exeunte ferè superiore sæculo plures eximii viri desudârunt in hac palæstra. Dionysius Gotofredus, qui novam editionem sex tomis distributam adornavit, quorum ultimo *Coniecturarum* eiusdem, & *Variarum lectionum* libri 5. continentur: item *loci communes*, sive *Aureorum* libri ex eodem Seneca, & *Nomenclator selectarum dictionum & adagiorum* utilissimus (hæc prodiit Coloniæ apud Gymnicum anno MDXCIII. haud primùm fortè; cum eiusdem Gotofredi *pro coniecturis* istis suis *in Senecam ad Ioannem Gruberium responsio*, Francofurti anno MDXCI. emissa in lucem feratur); Marcus item Antonius Muretus, & Ianus Gruterus. Muretus diem suum obiens anno MDLXXXV. dum Senecæ à se emendati pararet editionem, lampada videtur haud

quam Sylloge Sententiarum, præceptorum atque admonitionum de re militari præsertim Romanorum. Plura de his in Alfonso de Cartagena. Senecam præterea Philosophum Hispanico ex parte sermone donarunt Ioann. Martin. Corderius Valentinus Antuerp. 1555. Lud. Carrillo & Sotomaior Matriti 1611. 1613. Petrus Fernandez Navarrete 1627. alii.

(1) Penes nos. Exstant in hac editione *Declamationum Senecæ libri X.* seu verius fragmenta: quæ non Lucium sed Marcum Parentem auctorem habent.

(2) Forsan is Ioannes Lopis fuerit qui *Aureum formalitatum speculum Scoti & Maironis* edidit Neapoli 1505. ad Franciscum Ximenium Antistitem Toletanum. De eo Noster *Bibl. nov. Hisp.* & Vinc. Ximenus *Bibl. Valent.* T. 1. pag. 366.

hanc Francifco Bencio Societatis IESU facerdoti difertiffimo tradidiffe moriens, é cuius manu ea prodiit quam habemus, Romana, typis Bartholomæi Graffii eiufdem anni MDLXXXV. in folio cum Notis Mureti, & *Indice* Iulii Rofcii Hortini. Huius exemplum habent Leidenfes in bibliotheca, cuius catalogus proftat, Iosephi Scaligeri manu pluribus in locis ad oram annotatum. Quibus quidem Notis Gruterus addidit ex bibliothecæ Palatinæ libris MSS. ut pleraque loca fuppleret, confirmaret, corrigeret, illuftraret, typis ufus Commelinianis apud Heidelbergam anno MDXCIV. in folio adiunctis, cùm difputatione à fe habita, cùm Senecæ *De providentia* librum interpretaretur, Romæ III. Non. Iunii MDLXXV. tum Nicolai Fabri in *De Claudii morte ludum*, & Marci Rhetoris libros Notis. Audio & anno fubfequenti MDXCV. cum iifdem Gruteri Notis, duobus voluminibus in 8°. Senecæ omnia (ignotum mihi unde) prodiiffe.

152. Andreas item Schotus & Francifcus Iuretus exornando incubuere Senecæ nomini. Nam & Parifienfis ex typographia Iacobi Rofæ anni MDCII. in folio, vel Commeliniana MDCIV. in folio, amborum præfefert Notas. Hinc Iuftus Lipfius vir clariffimus fuam telam orfus eft bene de Seneca in publicum merendi, nuncupatâ Paulo V. recens Pontifici Max. primâ suâ huius operum cum fcholiis editione Antuerpienfi anni . . . . quam & aliæ ufque ad quartam annis MDCXXXII. MDCXXXVII. & MDCLII. adiunctis ad *Quæftiones naturales* Liberti Fromondi fcholiis fecutæ funt. Lugduno-Batava fucceffit anni MDCIX. in 16°. auctoris textu contenta. Utriufque Senecæ Marci & Lucii operum cum diverforum commentariis Parifina editio Hadriani Perier anni MDCVII. laudatur inter libros bibliothecæ Lugduno-Batavæ. Aliis tamen ad id tempus vifis locupletior furrexit Parifina Petri Chevalier anni MDCXIX. folio: quippe quæ uberiores Notas continet Nicolai Fabri, Andreæ Schoti, Iani Gruteri, Francifci Iureti, Iufti Lipfii, Ioannis Petreii, Ferdinandi Pinciani, & Ioannis Obfopæi, cum adiecto Andr. Schoti *De claris apud Senecam Rhetoribus* libro; tum deinde Frederici Morellii fcholiis in *De beneficiis* libros, & præfatione quadam Lutetiæ ab eo habita, tandemque libro ifto *Aureorum* Gotofredi. Cui fucceffit altera Parifina anno MDCXXVII. cum eorundem aliorumque commentariis, nempe Mureti, Fabri, Iureti, Gotofredi, Florentis Chriftiani, Erafmi, Lipfii, Gruteri, Schoti, Pinciani, Petreii, Rhenani, Hadriani Iunii, Obfopæi, Frederici Morellii, Ludovici Dorleans, Petri Scriverii, Ifaaci Pontani, & Danielis Heinfii. Et fequenti MDCXXVIII. Genevenfis, quam Theodorus de Iuges eorundem fuprà memoratorum interpretum fcholiis, ad calcem uniufcuiufque capitis, ut fecerat Lipfius, fubiectis digeftifque, nova addidit Iacobi Dalecampii medici, quæ ad manum forte fortunâ habuit. Hæc duobus tomis alterum & alterum Senecam repræfentavit apud Alexandrum Pernetum, & apud Stephanum Gamonetum. Parifiis Lugdunique Batavorum anno MDCXL. duplex alia editio tribus tomis in 12.° abfque ullis Notis facta fuit, fortaffeque aliæ alibi. Sequuntur aliæ duæ Lugduno-Batavæ utriufque Senecæ à Ioanne Frederico Gronovio procuratæ quatuor voluminibus in 12.° quorum quartus eiufdem auctoris Notas continet. Prodiit prior ferenifs. Chriftinæ Suecorum Reginæ nuncupata Lugd. Batavorum ex officina Elzeviriana MDCXLIX. pofterior magis locuples Amftelodami MDCLVIII (1).

153. Inedita aliorum alia Senecæ commentaria fervant fortaffe plura bibliothecæ. Nos Andreæ (non Francifci) Peccii Eugubini illud habemus notum, quod in *Catalogo Scriptorum Umbriæ* Ludovicus Iacobillus laudavit. Andreæ enim Peccii de Eugubio anno MCDXXXIII. fcriptus in epiftolas Senecæ commentarius fervatur in libris Ducis Urbini Vaticanæ bibliothecæ cod. 1022. in folio. Item commentaria Gafparini Bergomenfis in libros epiftolarum Senecæ cuftodiuntur in eadem bibliotheca Urbinatenfi cod. 1026. in folio.

154. Annotatis Latinis editionibus & illuftratoribus omnium operum: de fingularium qui bene meruerint exornatione, aut vel integra vel partis alicuius in-

(1) Fugiffe nihilominus Noftri diligentiam videntur vett. Operum L. Annæi Senecæ editiones *De remediis fortuitorum* Ioannis Veldener 1473. (quo loci incertum): Romana, *Epiftolarum*, *libris XXV.* per Arn. Pannartz in domo Petri de Maximis 1475: de quibus Catalog. Ducis de la Valliere nn. 4405. 4434: Item Parifienfis *De remed. fortuit.* Petri Cæfaris & Ioannis Stol abfque anni notatione, fed omnino circa 1474; & præcipue Neapolitana *omnium Operum* apud Matthiam Moravum 1475. fol. *Sub Blafio Romero Monacho Populeti*: *Divo Ferdinando regnante*: de quibus Maittairius *Annal. Typogr.* T. I. P. I. pagg. 110. & 115. nifi poftrema hæc fuerit cuius Phil. Labbeum meminiffe Nofter ait fuprà n. 150. Sed illa *quorumdam* tantum Senecæ *operum* fuit, ut ibidem dicitur. . . . . . . -

terpretatione subiungere animus est. Antiquissimus ut credo Philosophi ex Latino in vulgarem linguam interpres est ille qui Ioannis II. Castellæ Regis iussu aliquot eius libros Hispanè tantùm scientibus communicavit, hoc est: *Las epistolas*: *De la vida bienaventurada*: *De las siete artes liberales* (est epist. 88. uti iam diximus): *De la providencia de Dios*. Aliàs qui adiungitur *De las amonestaciones y doctrinas*, Senecæ non est: de quo nos agimus in *Anonymo* Senecæ interprete in hac priore *Bibliothecæ* parte. Prodiit hæc interpretatio Hispali anno MCDXCI. ac deinde Antuerpiæ apud Io. Steelsium MDLI. in 8.° Senecam quoque se interpretari intellexit Petrus Diaz de Toledo, qui eiusdem Ioannis Regis iussu *Proverbia*, hoc est *Mimos* illos quos Laberii & P. Syri esse diximus, & Hispanè vertit, & paraphrasi sive glossis explanavit. Petrus Diaz Navarrete Serenissimis Ferdinando Hispaniæ Infanti & Isabellæ Reginæ à secretis, septem alios libros vertit: *De la divina providencia*, *De la vida bienaventurada*, *De la tranquilidad del ánimo*, *De la constancia del sabio*, *De la brevedad de la vida*, *La consolacion á Polybio*. Septimus qui sequitur *De la pobreza*, fragmentum illud est ex variis eius sententiis coagmentatum. Porrò quinque *De clementia* libros D. Alphonsus de Rebenga eques Alcantaræ: *De beneficiis* septem Gaspar Ruiz Montianus Benedictinus monachus vulgares fecere. *Flores* ex operibus Senecæ collegit Ioannes Martinus Cordero.

155. Gallorum linguæ totum Senecam se communicaturum, interpretationique commentaria & annotationes plurimorum doctorum hominum adiecturum, in se olim receperat Antonius Verdier, ut in *Bibliotheca Gallica* ipse refert. At rem exsecutum esse Petrum de Rier & quidem laudabiliter, docere nos poterit C. Sorellius in eiusdem inscriptionis libro [l]. Tribuuntur quoque Claudio Seysellio Sabaudo Taurinensi Archiepiscopo Gallicè conversa *Opera Senecæ* Lugduni edita MDLVI. [k] atque item Guilielmo de la Teyssoniere Sebusiano [l].

156. Italorum sermone loqui eum fecere, præter alios forsan, cùm Benedictus Varchi, qui *De beneficiis* Florentiæ MDLIV. in 4.° tum Franciscus Lesdonatus, qui *De ira* libros cum annotationibus Patavii MDLIX. Laurentii Pasquati formis, quos etiam nostra ætate iterum convertit Sanctus Conti della Rocca Contrada, Carolo Emmanueli II. Sabaudiæ Duci dedicatos, & anno MDCLIX. Romæ editos; tum Io. Baptista Donus Florentinus, qui epistolas Venetiis MDXLIX. in 4.° apud Aurelium Pincium publicavere. In bibliotheca certè S. Antonii Veneta, Thomasino teste [m], MSS. visuntur epistolæ Senecæ Etrusco idiomate eleganter scriptæ; necnon in Medicea tribus exemplaribus, ut è catalogo apparet [n].

157. Germani libris moralibus gaudent Michaelis Hern industriâ, ut in *Supplem. Gesner. Bibliothecæ* Frisius refert. Birgitta Tott matrona nobilis & erudita Danica dedit Senecæ scripta in vernaculum versa Soræ MDCLVIII. in folio, auctore Alb. Bartholino *De scriptis Danorum*.

158. Latinæ operæ *Naturalium quæstionum* libris prìus à Matthæo Fortunato, hinc à Liberto Fromondo mancipatæ, facta est in superioribus mentio. *De morte Claudii* liber cum scholiis Beati Rhenani, unà cum Synesii libello *De laude calvitii*, Basileæ prodiit anno MDXV. In *De clementia* libros Ioannis Calvini pestilentissimi hæretici commentarius laudatur à Gesnero in *Bibliotheca*. *De ira* opus seorsum edidit, nescio an adiunctis Notis, Henricus Ernstius professor Soranus Soræ MDCLII. in 12.° Longè verò antiquior illa est opera, quam posuit Dominicus quidam de Peccioli Dominicanus, *Apologeticum* scribens *super lecturam epistolarum Senecæ* (ad quas & commentatus dicitur is de quo paulò ante Andreas Peccius) & Lucas Episcopus Auximanus, qui Clementi VI. Papæ nuncupâsse dicitur *Excerpta ex libris Senecæ Philosophi*, *Senecæ Rhetoris*, *& Senecæ Tragici*, cum Notis: qui duo, uti Labbeus scribit [o], in bibliotheca Regis Galliarum MSS. [p] reperiuntur. Senecæ Philosophi aureum opusculum *De tranquillitate animi* cum novis accuratissimis Notis Ioannis à Cockier non vidimus, quantumvis Leodii MDCVII. in 8.° excusum dicatur. Senecam plures defloraverunt, & quasi ex amœnissimo horto flores collegerunt: quos inter laudatur auctor *Senecæ Christiani* Augustæ editi MDCXXXVII. in 24.° hoc est, ex sententiis illius institutio hominis Christiani: qui Ioannes Bapt. Schellemberg Germanus Iesuita est Philippo Alegambe teste. Hubertus item Scutteputæus sententias utriusque Senecæ collectas dedit Autuerpiæ MDCXIII.

159. Senecæ vitam Hispanâ linguâ edidit Ioannes Paulus Martyr Rizo Matriti MDCXXV. in 4.° Ad res gestas Senecæ ac Neronis politicas & morales observationes vulgari etiam lingua in eo libro cui *Seneca y Neron* inscripsit Matriti edito MDCXLI. in 8.° Ferdinandus Alvarus Diez

[l] Cap. 11. *Des Traductions*. pag. 225.
[k] Auctore Andr. Rossoti in Syllabo Scriptorum Pedemontanorum, &c.
[l] Apud eundem Rossotum.
[m] Bibl. Venetæ pag. 13.
[n] Pag. 83.
[o] In *Biblioth. Ms.* pag. 313.
[p] Cod. 233. & 626. partis 1.

Diez de Aux elucubravit. *Seneca impugnado de Seneca* liber est Alfonsi Nuñez de Castro ibidem editus MDCL. adversus quem alius pro Seneca insurrexit.

160. Reperiuntur Senecæ epistolæ MSS. in bibliotheca Veneta S. Antonii [q] non uno codice; item libri alii singulares [r]. Epistolæ iterum novem non minus voluminibus seu exemplis in bibliotheca Medicea [s]: librorum *De clementia* duo, *De beneficiis* tria ibidem sunt (1).

[q] Thomasinus pag. 15. & 34. Bibl. Venetæ.
[r] Idem pag. 14.
[s] Catalogus pag. 53. & pag. 82.

CAPUT IX.

Idem LUCIUS SENECA *philosophus cum Tragœdiarum scriptore, licèt plures distinguant: quod videtur Sidonius Apollinaris facere, Terentianus Maurus, Eutropius, Paulus Diaconus. Sidonii duplex sphalma. Viri gravissimi carmina & maximè Tragœdias conscripsere. Inter Petrarcham & Bocaccium adhuc super hac re differentia. Rodolphus Agricola notatur aliique Tragicum Philosophi filium existimantes. Dubium persistere, an omnes Senecæ inscriptæ Tragœdiæ eiusdem poetæ an diversorum sint. Senecæ tributas quidem à veteribus Grammaticis* Medeam, Herculem furentem, Thyestem, Troadas, Hippolytum, Œdipum, Agamemnona. *Lipsii iudicium distinguentis inter earum omnium auctores & gradus. Huius à Scaligero insignis discrepantia. Danielis Heinsii, Ioannis Isaaci Pontani, Gasparis Barthii, Martini Antonii Del-rii de auctoribus crisis.* Octaviam *omnes ferè reiiciunt. De harum Tragœdiarum stilo & virtutibus, earumque editionibus ac interpretibus in vulgares linguas, manuque exaratis exemplaribus. Nicolaus Trivet Anglus quis?*

161. NEC solùm vulgari sermone seu prosaico Lucius Annæus Seneca illustravit Latinam eloquentiam; verùm etiam metrico, & numeris ligato. Quintiliani fide [t] novimus in omni ferè studiorum materia eum versatum: tractâsse & poesim, legique eius *& orationes, & poemata, & epistolas, & dialogos.* Nec aliud colligitur ex crebro carmine, quo *Ludum* suum *de morte Claudii* Imperatoris interpunxit. Feruntur & *Epigrammata* in omnium manibus, quæ in exsilio suo scripsisse dicitur [u]. Obiectum certè ei ab æmulis apud Principem fuit discipulum, carmina crebriùs factitare postquam Neroni amor eorum venisset. Pliniusque iunior inter magna exempla quæ ad facienda & amanda carmina fuit secutus, Annæum appellavit Senecam epist. 3. lib. 5. Nec satis scio an eius sint; certè ei imputantur in codice MS. bibliothecæ Cæsareæ Viennensis Petro Lambecio teste libro II. *Commentar.* de hac biblioteca cap. 8. pag. 935. sequentia duo distìcha:

[t] Lib. 10. c. 1.
[u] Exstant in edition. Lipsii, Scriverii, aliis.

Auro quid melius? iaspis. Quid iaspide? sensus.
Quid sensu? ratio. Quid ratione? modus.
Vento quid levius? fulmen. Quid fulmine? fama.
Famâ quid? mulier. Quid muliere? nihil.

Priscianus certè grammaticus libro 7. hunc versum laudat Senecæ:

Gausapa si sumsit, gausapa sumta probat,

in quo ait Ovidium fuisse eum secutum. Quare cùm de ingenio poeticæ artis compote certi simus: an auctor sit eorum poematum quæ Senecæ inscribuntur nomine hoc est *Tragœdiarum* disquirere, hoc opus, hic labor. Scimus versatam fuisse hanc ab aliis molam; sed ne argumentum deseramus, retractanda est necessariò à nobis controversia ista ex aliorum observationibus.

162. In primis distinguunt plures Senecam Philosophum à Seneca Tragico. Nec subiret de his mirari qui indoctis nati sæculis antiqua monumenta diiudicare vix poterant, præiudicio titulorum, aut falsis nescio unde ortis persuasionibus absque ullo examine fidem præstantes; aut qui horum ductum secuti, etiam meliora tempora adepti, adhuc tamen non perruperunt istos carceres. Aliquod maius pondus continet Sidonii Apollinaris testimonium è Carmine 9. *Ad Magnum Felicem*, qui disertissimè duos Senecas, philosophum unum, poetam alterum, atque unà Lucanum Cordubæ alumnos urbis laudat.

Non quod Corduba præpotens alumnis
Facundum ciet, hic putes legendum:
Quorum unus colit hispidum Platona,
Incassumque suum monet Neronem;
Orchestram quatit alter Euripidis,
Pictum fæcibus Æschilum secutus,
Aut plaustris solitum sonare Thespin,
Qui post pulpita trita sub cothurno
Ducebant olidæ marem capellæ.
Pugnam tertius ille Gallicani
Dixit Cæsaris &c.

Ab alio item Terentiani Mauri grammatici versu colligi posse videtur scriptorem Tragœdiarum Senecam non Lucium Annæum, sed eo recentiorem alium fuisse. De carmine ait bucolico:

In

(1) Omnium ferè quæ exstant L. Ann. Senecæ operum exempla MSS. Latino præsertim idiomate nullibi non obvia sunt in Hispaniæ Bibl. Regia Matritensi, Laurentiana Escurial. Salmantina, Complutensi, Hispalensi, &c.

In Tragicis iunxere choris hunc sæpe diserti
Annæus Seneca, & Pomponius antè Secundus.

Nam cùm eiusdem temporis Lucius Annæus Seneca philosophus & Pomponius fuerit Secundus: malè adaptabitur, nisi Senecæ alteri aliquantò inferioris Philosopho ætatis, quòd Pomponius eum præcesserit. Ab Eutropio quoque & Paulo Diacono Seneca Tragicus alius à Philosopho videtur existimatus. Et cur M. Fabius in ævi sui poetis inter Valerium Flaccum, Lucanum, Bassum, Rabirium, Pedonem, Senecæ locum inviderit? Legatur eius cap. 1. lib. 10. Sed maioribus argumentis credimus, præter Senecam Rhetorem, non alium quàm Philosophum Lucium Annæum eius filium ævo isto vixisse, cui Tragici poetæ cognomentum & fama convenire possit. Martialis quidem [x]

Duos Senecas, unicumque Lucanum

dumtaxat agnovit, qui eius ævi æqualis ignorare Marcum patrem Lucii haud potuit. Immo Statius Papinius Lucani natales dum celebrat in *Genethliaco* huic rei scripto, unius tantùm Senecæ, hoc est Philosophi eius patrui, recordatur: haud prætermissurus Senecam poetam, si non idem sed alius fuisset, occasione celebrandi poetæ. Hæc eius carmina de Corduba horum patria:

Lucanum potes imputare terris,
Hoc plusquàm Senecam dedisse mundo,
Aut dulcem generâsse Gallionem.

[x] Lib. 1. ep. 62.

163. Nec ad rem minimum est, quòd ubicumque apud Veteres laudantur ex his Tragœdiis versus, non ab alio quam à Seneca simpliciter appellato inscriptos videas. Quintilianus [y] *Medeam*, Terentianus [z] quædam ex alia Tragœdia quam subiicuit carmina, Valerius Probus [a] *Hecubam* Senecæ, nihil distinguentes laudant. Consentiunt quoque ferè libri omnes in Lucii Annæi Senecæ inscriptione *Tragœdiis* præfixa. Nec ulla mentio usquam est aut filii aut fratris Senecæ, hoc appellati nomine, quo cum confundi potuerit Philosophus aut carmina controvertere. Sidonius certè haud potest excusari erroris in distinguendis Senecis contracti: cui nempe fortè non fuit notus Marcus; existimavitque Martialem de duobus locutum, Poetam aliquem à Philosopho diversum significâsse. Nec in hoc credi debere magis Sidonio aiunt viri docti, quàm in eo quòd isto ipso carmine cultum à Seneca Platonem fuisse dixerit, qui nullum Academiæ vestigium libris usquam suis impressum reliquit; eundemque Platonem *hispidum* appellaverit, cuius eloquentiam extollere laudibus omnis ætatis homines nusquam cessant. Adiunxit non ita æquè aliquis [b], errâsse etiam dum Lucano tribuit cecinisse Gallicum Cæsaris bellum. Iniuriâ quidem. Non enim pugnam à Cæsare in Gallia commissam Sidonius à Lucano dictam significâsse videri debet, eo quòd *Cæsarem* appellaverit *Gallicanum*, hoc est qui in Galliis diu belligeraverit ac de Galliis triumphum egerit, indeque ad pugnam à Lucano descriptam descenderit.

[y] Lib. 9. cap. 2.
[z] *De metris. titulo De tertia tome Hendecasyllabi.*
[a] Lib. 1. *Gram. Instit. De syllab. natural. & de adverbiis.*
[b] Del-rius in *Proleg. ad Senecæ Trag.* lib. 2.

164. At Mauri Terentiani ordo servatus inter Senecam & Pomponium Secundum, haud quidem evincit sensisse Grammaticum non æqualis fuisse ætatis; sed illud tantùm, priusquam Seneca applicuerit poesi & Tragœdiis animum, eius studii famâ Pomponium floruisse; sive Senecam & Pomponium hoc ipsum de quo loquitur antè factitâsse: ita ut adverbium *antè* non διακριτικῶς, sed συγκριτικῶς significet. Pauli Diaconi lib. 8. hæc verba sunt de Neronis ævo: *huius temporibus poetæ pollebant Romæ Lucanus, Iuvenalis, & Persius, Senecaque Tragicus. Mussonius atque Plutarchus philosophi.* Quibus videtur potiùs Lucium Senecam poetis contribuisse, quàm à Philosopho distinxisse. Cur enim inter philosophos non laudavit si alius is fuit? Eutropius vulgaris nihil tale usquam dixit; siquidem Eutropius ille cuius esse dicuntur *Historiæ miscellæ* à Paulo Diacono editæ priores......... libri, non ille purus est; sed ab eodem Paulo in alium ferè transformatus.

165. Quintilianus frustrà prætenditur, sive quia infensus Senecæ patri Marco ob Quintiliani senioris (fortè parentis) famam studiorum contemtim habitam Senecæ nostro parùm se ostendit æquum, cum de eo sermonem habuit; sive quia epici operis poetas ibi, non alios laudare intendit. Nec item poeticis studiis gravitas repugnat philosophi. Plinius certè iunior doctissimos, gravissimos, sanctissimosque homines carmina ait [c] scriptitâsse (pluresque nominat qui Senecæ gravitate morum ac philosophiæ professione minimè cesserint), præsertim Tragœdias, quas omne genus scripti superare gravitate Vates [d] credidit. Martinus Antonius Delrius [e] & Ioannes Isaacus Pontanus [f] consuli de tota hac re possunt.

[c] Lib. 5. ep. 3.
[d] Ovidius.
[e] In *Proleg. ad Trag.* lib. 2.
[f] *Proleg. ad easdem.*

166. Invaluit, fateor, multis sæculis ignoratio *Tragœdiarum* auctoris, & adhuc manet vel apud eos qui iudicio, non præiudicio aliorum, de his rebus censent. At Veteribus persuasio fortè inerat (uti iam vidimus) de duobus Senecis Philoso-

ſopho & Tragico. Quam opinionem nondum ſatis afflixit iam à Petrarchæ ævo clarior Antiquitatis cognitio. Hic enim in quadam epiſtola [g] Senecam moralium operum auctorem Tragœdiarum eundem eſſe auctorem apertè dixit, nec ullo aut altero ulteriori teſtimonio confirmat. Huius veſtigiis incedunt qui inter Philoſophi opera libros (ita vocant) *Tragœdiarum* referunt, Vincentius Bellovacenſis [h], Iacobus Philippus Bergomenſis [i], Iacobus Magnus [k], Hieronymus Avantius, Daniel Caietanus Senecæ illuſtratores. Eodem tempore Ioannes Boccaccius aliter ſenſiſſe dicitur, & Collutius quidam, vir diſertiſſimus appellatus, uti Xicho Polentonus ſcribit in *Vita Senecæ*. Hic eſt Collutius Pierius Florentinus poeta & philoſophus, cuius Pocciantius meminit in *Catal. Script. Florent.* cuius certè epiſtola ad fratrem ſuum hanc quæſtionem continet, quæ quidem præcedit *Senecæ Tragœdias* in codice Vaticano manu eleganti ſcripto num. 1645. ad quas & notas marginales Collutius fortè idem oræ affixit, Lucæ, uti ait, editas. Et Rudolphus Agricola [l] quàm fœdè hallucinatus eſt, horum errori adhærens qui Lucium Annæum Senecam philoſophum tres habuiſſe filios, Senecam alterum Tragœdiarum auctorem, Novatum, & Melam Lucani patrem exiſtimavere! Lilius quoque Gregorius Gyraldus aut filium, aut fratrem Philoſophi, uti & Collutius in prædicta epiſtola, Tragicum credidit [m]. Diſtinguere poetam à Philoſopho alii contenti ſunt, ut Matamorus noſter [n], Ioan. Mariana [o], Ambr. Morales [p], Ioannes Vaſæus [q], Marinæus Siculus [r]. Pendent utrumque referentes, ac nuſquam pedem figentes, Eraſmus [s], Alciatus [t], Gellius Bernardinus Marmita [u], Petrus Crinitus [x]. Decoxit ferè iam de duobus Senecis opinio, manetque controverſia: utrum uni Senecæ philoſopho decem *Tragœdiæ* omnes quæ in unum ſyſtema pridiem coivere tribuendæ ſint, an inter Senecam & alium ſeu alios anonymos dividendæ. Nec inſcriptiones manuſcriptorum codicum litem dirimunt, variantes in deſignando auctore; nam & *M. Annæi Senecæ*, & item *L. Publii Senecæ* qui præſeferrent nomen, Hieronymus Commelinus vidit; & qui *Marci*, Lipſius.

167. *Medeam* certè Quintilianus Senecæ attribuit lib. 9. cap. 2. *Interrogamus* (ait) *aut invidiæ gratiâ, ut Medea apud Senecam:*

Quas peti terras iubes?

Qui verſus hodie in *Medea* Tragœdia legitur [y]. Ex *Hercule* autem *furente* hos verſus laudat Senecæ nomine Terentianus Maurus [z]:

Exemplum Senecæ dabo:
Thebis læta dies adeſt:
Aram tangite ſupplices,
Pingueis cædite victimas.

Ex *Thyeſte* Lactantius, ſive Luctatius, Papinii interpres [a], hoſce:

Neſcitis cupidi arcium,
Regnum quo iaceat loco.

Qui & hodie exſtant [b]. Hanc, ne erres, ſub *Tantali* appellatione Dominicus Nanus in *Polyanthea*, nec aliam hactenus ab ullo tributam Senecæ, frequenter laudat. Quod Georgius Fabricius in Notis ad eam Tragœdiam advertit. Præterea Senecæ *Hecubam* Valerius bis laudat Probus [c], ut *hymen* maſculini generis confirmet aliquando eſſe, & ex ea hunc verſum:

Quicumque hymen funeſtus, inlætabilis.

Et ut *illic* adverbium poſtremam reciperę longam, hoc laudato verſu:

Ilium eſt illic, ubi fumus altè:

qui duo *Troadibus* vel nunc exſtant [d]. Potuitque aliàs hæc *Troadum* Tragœdia indigitari ab Hecuba earum præcipua, ſicuti & *Phædra*, quæ nunc *Hippolytus*. Nam ex *Phædra* Senecæ Priſcianus [e] hunc advocat, qui *Hippolyti* verſus eſt [f]:

Hippolyte, nunc me compotem voti facis.

Quo *Phædræ* nomine in codice Lipſii inſcriptam fuiſſe hanc Tragœdiam, ipſe in Notis ad *Hippolytum* ſcriptum reliquit. Tandem *Œeaipum* dixeris, conſentiente iſto Grammaticorum ævo, eiuſdem noſtri eſſe; cum Valerii Probi hæc ſint è lib. 1. *Œdipodis, & Œdipodæ Seneca:*

Œdipodis domus.

Niſi quòd in huius tituli Tragœdia aliter legitur [g]:

Ambigua ſoli noſcere Œdipodæ datur.

Et alibi [h]:

Natura in uno vertit Œdipode novos
Commenta partus.

Et alibi [i]:

Vultus Œdipodem hic decet.

Immo & *Agamemnonem*; cùm Priſcianus [k] è Seneca laudet quòd *compote voto* dixerit, uti habet *Agamemnon* [l] vulgaris:

Compote voto reddunt grates.

His ergo Grammaticis fidem qui præſtaverit, Senecæ is tribuat neceſſe eſt ſaltem has ex decem Tragœdiis, *Medeam*, *Herculem furentem*, *Thyeſtem*, *Troadas*, *Hippolytum*, *Œdipum*, & *Agamemnona*.

168. E recentioribus qui non unius eſſe omnes auctoris exiſtimavere, nullus alii concordat, ſi excipias eos qui generaliter loquuntur, nec de ſingularibus cenſent, ut Gaſpar Barthius [m], Gerardus Ioannes

[g] Lib. 4. *epiſt. famil.* videnda & epiſtola 10. libri *epiſtol. ad viros illuſt.* & epiſt. 3. libri 3. *Rerum memorab.* cap. 3.
[h] Spec. Hiſtor. lib. 8. cap. 102.
[i] *Supplement. Chron.* lib. 8.
[k] *Sophologii* lib. 8.
[l] Præfat. ad *Quæſtion. naturales Senecæ.*
[m] Dial. 8. *De Poetis* p. 316.
[n] In *Apologetico.*
[o] Lib. 4. *Hiſt. Hiſp.*
[p] Lib. 9. *Hiſt. Hiſp.* cap. 10.
[q] In *Chron. Hiſp.*
[r] *De laudibus Hiſpaniæ.*
[s] Prol. ad Senec.
[t] Lib. 4. *Parergon* cap. 14.
[u] Præfat. in *Tragœdias.*
[x] *De Poetis Lat.* cap. 54.
[y] Actu 3. verſu 453.
[z] *De metris*, ubi ſuprà.
[a] Lib. 4. *Theb.*
[b] Choro ſecundi Actus verſ. 341.
[c] Lib. 1. *Inſt. gramm.*
[d] Actus 4. initio verſ. 862. & in choro eiuſdem v. 1054.
[e] Lib. 6. Gram.
[f] 710.
[g] Actu 2. verſ. 216.
[h] Actu 5. v. 943.
[i] Verſ. 1003.
[k] Lib. 6.
[l] Choro 2. v. 365.
[m] Ad lib. 1. Thebaid. v. 53.

nes Vossius [n], & alii. Iustus Lipsius tres aut quatuor subodoratur [o]. Senecæ philosopho *Medeam* attribuit unam, Quintiliani dicto audiens. *Thebaidem* alicui ex superiore Augusti aut bellorum civilium ævo, cui certè palmam inter omnes defert. Alias Lucio, aut Marco Senecæ; sed nec Philosopho, nec patri Philosophi, verùm inferioris sub Traiano ætatis. *Octaviam* demum alii valdè ab omnibus illis diverso: quam severè iudicat verbere eruditorum, non plausu excipiendam. Cui ferè consentit in extollendis supra alias *Medea* ac *Thebaide* Gaspar Scioppius in *Consultat. de scholarum & studiorum ratione.* Quintus Septimius Florens Christianus in Notis ad *Thebaidem*, hanc & *Œdipum* Senecæ magni quasi geminas vocat. In *Thebaide* putida multa & affectata esse censuit Iosephus Scaliger, quæ Lipsio *alta, docta, grandis, scripti gemmula, & inter prima Romana scripta.* Eidem Scaligero non tam vilis est *Octavia* quàm Lipsio est, immo digna Senecæ ævo; *& Critici* (ait) *qui aliud sentiunt, somniant.* Quis crederet Criticæ hos coryphæos sic in diversa ituros?

[n] *De poëtis Latinis* cap. 3.
[o] In Notis ad eas, & epist. ad Raphelengium.

169 Daniel Heinsius *Dissertat. De Tragœd. auctoribus* aliis accuratiùs, Lipsianis Tragœdiis quatuor, diversimodè autem consideratis, quintam addidit, *Troades* nimirum cum nulla Græcarum conferendam: *Hippolytum* divinum opus, & Latinorum paucis cedens: *Medeam*, dignam quæ eiusdem argumenti Ovidianam sequeretur, Lucio Annæo nostro; *Herculem furentem, Thyestem, Œdipum*, & *Agamemnona* Marco Senecæ alicui, non Rhetori ac Lucii genitori: tres reliquas singulis diversis adscribens, nempe *Thebaidem* quam indignam prorsus esse eâ Lipsii commendatione: *Herculem Œtæum*, nec Senecarum ævi nec Latinam quidem semper, cuius talia reprehendit multa; tandemque *Octaviam* triviali prorsus moneta percusam censet. At observavit idem in *Medea*, quicquid sequitur post versum 652. chori tertii hunc

Idmonem quamvis bene fata nôsset,

pedagoguli alicuius esse: ita mendaciis, anachronismis, stribliginibus, ineptiis scatet. Ioanni deinde Isaaco Pontano Philosophi sunt *Medea, Troades, Hercules furens, Hippolytus, Thyestes*, quarum laudati Grammatici meminerunt sub Senecæ nomine; & forsan *Œdipus*, eaque quam Nero apud Dionis Xiphilinum præter *Herculem furentem* atque *Thyestem* egisse dicitur, *postquam* (ut ait Tacitus [p]) *amor ei carminum venisset.* De reliquis, potiùs quàm interponit iudicium suum, eorum redarguit qui Marco illi quasdam tribuunt ut Philosopho adiudicent; eo præcipuè argumento, quòd quæ sunt Philosophi Stoicismi dictata sæpè ingerant, aliæ minimè: productis passim locis harum Stoam, illarumque sectas alias redolentibus.

[p] Lib. 14. *Annal.*

170. Gaspar Barthius de auctore omnium ambiguus, *Thebaida nobile drama vocat* [q]*; magni enim & præclari ingenii, haud dubiò ex Annæa domo, si non Senecæ ipsius, quo tamen animus valdè proclivis est, fœtus* (inquit) *est; nec ad implendas leges Tragœdiæ scriptum, & tantam acutarum sententiarum vim trahens, ut merito laudari princeps sui generis possit.* Œdipum spernit [r] omnino, *tamque futilem* credit, ut se eius pudeat.

[q] Ad lib. 4. Theb. Statii v. 1. & ad lib. 7. v. 485.
[r] Ad lib. 4. v. 1.

171. Martinus autem Antonius Delrius, quo *nemo Criticorum meliùs Tragœdias recoxit* (ut Iani Gruteri verbis utar [s]), *commentator* ab eodem *optimus* dictus, unius Senecæ omnes decem esse olim existimaverat, cùm *Adversaria* sua ad eas formaret: à qua opinione in Prolegomenis de harum auctore postea editis utcumque abiit, *Octaviam* excipiens: de cetero iis subscribens qui unum Senecam philosophum omnium auctorem agnoscunt. Istam autem *Octaviam*, quam Iul. Cæsar Scaliger *Neronem* contra librorum fidem appellat [t], suspicatur [u], uti & Vossius [x] aliique, Annæi Flori esse qui in Hadrianum Augustum lusit, & *Breviarium historiæ* scripsit: quem appellatum fuisse L. Annæum Senecam Florum verisimile esse ait. Profectoque ipsum huius Tragœdiæ textum prodit Nerone vivo, qui supervixit Senecæ, minimè potuisse scribi. Scaliger autem filius, Scevæ Memoris cuiusdam poetæ qui sub Domitiano floruit, cuiusque *Herculis* Tragœdiæ meminit Fulgentius, putavit opus *Octaviam* esse, uti Vossius idem [y] & Ægidius Menagius [z] notant. At prudenter iudicio meo Del-rius, quem puduit fortasse, uti & nos, inter tot viros huius studii principes tam contraria sentientes novam sibi censuram deferre.

[s] In Notis *ad Thebaid.*
[t] Lib. 1. *poet.* cap. 8.
[u] In *Comm. ad Octaviam.*
[x] De Hist. Lat. lib. 1. cap. 30. & *De poetis Latinis* cap. 4.
[y] Cap. 3. *De poetis Latin.*
[z] Observ. ad Laertium lib. 6. pag. 142. col. 2.

172. Existimationem iam subiungimus de his tragœdiis generaliter habitam. Accium, Pacuvium, Titium, Cassium Parmensem, Varium, Ovidium, cuius *Medea* laudatur, Pomponium Secundum, Tragicosque omnes alios perdidimus. Unus instar omnium superstes Seneca, nulli Græcorum (quantumvis inventiones his debeantur) maiestate carminis inferior, cultu verò aut nitore vel Euripide maior,

ab

ab Scaligero [a] reputatur. Æschylum & Euripidem videtur imitari voluisse, si Crinito [b] credimus: Sophoclem alicubi sed frustrà, si eidem Scaligero. In choris describendis superâsse omnes Græcos censuit Bartholomæus Riccius *De imitatione* [c] docens: à quo & Senecæ copia iure celebratur, *qui cùm tot fabulas scripserit* (& hic inter illos est qui favent Philosopho) *novus tamen semper appareat, nunquam sui similis, neque qui quod aliàs dixisset in alium mutuetur locum, ut flumen qui fluit semper, neque quæ aqua semel prælapsa est unquam relabatur.* Marcus Antonius Muretus [d] poetam hunc *præclariorem, & vetusti sermonis diligentiorem* existimavit, *quàm quidam ineptè fastidiosi suspicarentur.* Cuius hæc opera mirâ sententiarum & rerum ubertate referta, *eam* (Gyraldus [e] inquit) *auctoritatem apud patres nostros comparavere, ut quò quis plures ex iis versus memoriæ mandasset, eo magis à doctioribus commendaretur; à plerisque tamen* (adiungit) *qui naris emunctioris essent, in ordinem quodammodo tempore suo redacta.*

[a] Lib. 6. *poet.* cap. 6.

[b] *De poetis* in eo.

[c] Lib. 1.

[d] Lib. 2. *Var. lect.* cap. 4.

[e] *De poetis* Dial. 8.

173. Hæc fama unici & tam insignis Tragœdiæ Latinæ auctoris invitavit Eruditorum quamplurimos, ut abstergerent ab eo quicquid iniuriâ temporum rubiginis adhæsisset, & ad typorum lucem labis purum, quoad fieri posset, adducerent. Hi partim lucubrationes suas in lucem ediderunt, partim cecinisse hactenus sibi solis videntur. Prætereo ex antiquissimis prioris generis qui lucem viderunt Lactantium sive Luctatium grammaticum, & ipsum Papinii scholiasten (cuius *Periochæ* harum Tragœdiarum è MS. codice à Georgio Fabricio editæ olim sunt, quæ ferè in omnibus editionibus conspiciuntur); & ad recentiores me converto, postquam revixit studium critices, huic Spartæ adornandæ intentos. Primus, quod sciam, huc studium suum intendit Nicolaus Franceth Dominicanus, domesticis suis ignotus, cuius MS. in has *Tragœdias glossa* conservatur in bibliotheca Ferdinandi Coloni Ecclesiæ Hispalensis, cum epistola quadam ad auctorem F. Nicolai Episcopi Ostiensis & Veliternini. Hic fuit Nicolaus Martini de Prato eiusdem ordinis Prædicatorum Cardinalis Episcopus Ostiensis creatus anno MCCCIII. defunctusque anno MCCCXXI. Avenione, teste Ughello in *Italia sacra.* Et quidem decimo quinto sæculo duos illustratores habuerunt *Tragœdiæ*, Gellium Bernardinum Marmitam Parmensem, Danielemque Caietanum Cremonensem, quorum cum commentariis (quot autem post principem editionem annis ignoramus) excusæ Venetiis fuere: cum prioris scilicet anno MCDXCII (1); cum posterioris sequenti anno. Exstat in laudata Coloniana bibliotheca Hispalensis Ecclesiæ altera editio Veneta earumdem Tragœdiarum cum commentario Bernardini Marmitæ anni MDX. in folio: in quo codice per oram frequentes exstant notæ, ut in aliis pluribus veterum libris, eorum possessoris Ferdinandi Columbi magni Christophori filii. Diximus de prima editione nihil nobis certum esse, nisi ea Herbipolensis sit, quam optimam & emendatissimam Delrius vocat, cui nulla anni nota præfixa est, sed hi versus tantùm subiecti:

Clauditur iste liber Senecæ repetendus in omne
Ævum: hunc ardenti pectore lector ama.
Presserat Herbipolis Martinus in urbe decenter
Lipsec. Hoc munus candide lector ama.

Secutæ sunt Veneta editio MDX. Philippi Pincii, Florentina Philippi de Giunta MDXIII. quam procuravit Benedictus philologus Florentinus, Dominico Benivenio Sancti Laurentii Florentiæ urbis canonico dedicatam; indeque anno MDXV. Parisiensis cum commentariis Iodoci Badii Ascensii, & emendationibus Maserii, & aliorum duorum.

174. Paulò post, ferè trium millium erratorum correctione à Hieronymo Avantio Veronensi meliores factas edidit anno MDXVII. (Venetiis item, ut credimus) Andreas Asulanus; easdemque sic emendatas cum laudatis Marmitæ atque Caietani *expositionibus* anno MDXXII. Bernardinus de Vianis, typographus & ipse Venetus. Basileensem Henricopetrinam anni MDXXIX. 8.° Lugdunensem Gryphianam MDXXXVI. à Ludovico Carrione curatam, Lipsiensemque typis Ernesti Vogelini, & hanc cum *variis lectionibus* Georgii Fabricii Chemnicensis, & epistola *De Tragœdiarum usu* ad Palatinos fratres Wolfgangi comitis filios alii laudant. Georgius hic Fabricius post Hieronymum Avantium *De generibus carminum apud Senecam* commentatiunculam adiecit: qui & ex omnibus Tragœdiis centurias IV. *Pro-*

(1) Immo MCDLXXXII. ut Ioann. Alb. Fabricius notat *Biblioth. Lat. lib. II. cap. 9. n. 14.* addens falli eius iudicio qui Herbipolensem Tragœdiarum Senecæ editionem principem omnium existimant. Catalogus Ducis *De la Valliere* sub num. 2589. meminit editionis Lugdunensis 1491. neque tamen ei principatum defert, sed in Parisiensem Io. Higman & Vuolfangi Hopil inclinare videtur, quamvis hæc annum non præferat.

verbiorum collegit aliàs, ediditque Lipsiæ typis eiusdem Ernesti Vogelini anno MDLXVI; nisi hæc editio sit Lipsiensis nuper laudata. Ponè it Antuerpiensis Plantini cum adversariis Martini Antonii Del-rii; at in hoc saltem minùs accurata, quòd quæ hic in *adversariis* monuerit se tollere & corrigere, non sunt in textum relata. Hæc prodiit anno MDLXXVI. cui successit Lugduno-Batava MDLXXXVIII. cum Iusti Lipsii *animadversionibus* ex veteri libro optimæ notæ, ac celebri illa præfatione seu epistola ad Franciscum Raphelengium *De Tragœdiarum scriptore*, unaque ipsius Raphelengii Notis. Quæ editio Lipsiana repetita fuit Heildelbergæ anno sequenti MDLXXXIX.

175. Eodem autem anno MDLXXXVIII. *Thebais* edita est Parisiis à Frederico Morellio cum Q. Septimii Florentis Christiani Notis. Laudatur & Martini Nutii Antuerpiensis anni MDCI. in 16.° apud Draudum, & eâ antiquior Genevensis Iacobi Staer MDXCIX in 16.° Ex eodem bibliopolio Commeliniano exiit altera Heildelbergensis editio anno huius sæculi quarto cum Iani Gruteri Notis. Lugduni deinde Batavorum prodiit cum Scaligeri *animadversionibus* anno MDCXI. eodemque cum Danielis Heinsii, quas præcedit *De Tragœdiarum auctoribus* dissertatio doctissima. Emicuit postea MDCXX. copiosissima illa huius Tragici operis editio Parisina Petri Billaine typis in publicum data cum titulo *Syntagmatis Tragœdiæ Latinæ* tribus partibus divisi: quarum prima hæc continet *Prolegomenôn* libros tres, scilicet primum *De Tragœdia*, secundum *De Lucii Annæi Senecæ vita & scriptis*, tertium *De versibus Tragicis, maximè Senecæ*. Accedunt *fragmenta veterum poetarum Tragicorum, & opinationes in easdem*. Secunda pars hæc: *L. Annæi Senecæ Tragedias novem*: incerti auctoris *Octaviam*. *Adversaria* in has olim excusa, *nunc emendata*. Tertia demum *commentarium* novum in easdem, & *indices* totius *syntagmatis*.

176. Atque hoc eodem anno, quasi fatali Senecæ illustrando, Lugdunensem illam Hollandicam Ioannes le Maire typographus ex recensione & museo Petri Scriverii foras emisit cum *Animadversionibus & Notis* Lipsii, Raphelengii, Q. Septimii Florentis Christiani, Hieronymi Commelini, Scaligeri, Gruteri, Heinsii, Georgii Fabricii, iam laudatis; & Ioannis Isaaci Pontani non antea editis. Subiecta sunt (uti aversa frontis præsefert pagina; nam liber meus quæ sequuntur non habet, reservata forsan alteri volumini quod non vidimus) eiusdem Petri Scriverii *Collectanea veterum Tragicorum, Livii, Ennii, Nævii, Pacuvii, Accii, & aliorum fragmenta. De iisdem amplissima testimonia & elogia veterum: item nomenclator omnium Latinorum Tragicorum*: tandem *Gerardi Ioannis Vossii castigationes & Notæ in fragmenta*. Ex eadem urbe & officina Guilielmi Iansonii anno MDCXXIV. eædem prodierunt sine ullis Notis: uti ex Amstelodamensi alia cum Notis Thomæ Farnabii anno MDCXXIII. in 12.° Ioannes Fridericus Gronovius, cum Notis propriis & variorum edi curavit Lugduni Batav. MDCLXI. & fama est novam editionem parari à Iodoco Plumero Amstelodamensi bibliopola. *Annotata* verò in Senecæ has Tragœdias continet liber annotatorum Iacobi Bononiensis Parisiis editus in folio ab Ascensio anno MDXI. cuius in Lucano postea mentio erit. Matthæus quoque Raderus ad *Medeam* commentarium Monachii apud Melchiorem Segin edidit anno MDCXXXI. in 12.° qui & reliquisse refertur similes alios in *Troadas*, *Thyestemque*. Audio etiam de editione Genevensi apud Iacobum Crispinum MDCXXVII. in 4.° *Medeam* ac *Thebaidem* seorsum ab aliis editas Ingolstadii in officina Sartorii monet Draudus.

177. Latent alii Tragœdiarum codices & earum illustratores in bibliotecis manu dumtaxat exarati. Laurentina regia Escurialis duos habet codices, utinam ab incendio magno illo anni MDCLXXI. superstites. Primum membranaceum literis paulò vetustioribus scriptum in folio: secundum eodem genere scripturæ cum *commentario*, quem auctor *Catalogi* pro certo se habere ait S. Thomæ Aquinatis esse. Ego autem nusquam legi de hoc eius opere (1). Venetiis in S. Antonii publica quam fun-

(1) Quinos ego Tragœdiarum Senecæ Codices in Escurialensi Bibliotheca reperi quo tempore conficiendis MStorum. eius Catalogis, anno nimirum 1763. Regio iussu eò delatus sum: nimirum I. sub *Lit. T. Plut.* 3. *n.* 11. sæculo ut videtur XIII. exaratum, qui ad Regiam Aragoniæ Domum olim pertinuit: reliquos aliquanto recentiores: *Lit. N. Plut.* 3. *nn.* 6. & 21. *Lit. M.* Plut. 3. nn. 16. & 25. Quod autem Noster subdit Auctorem Escurialensis Catalogi pro certo habuisse *commentarium alterius è binis quos recenset Codicibus in Senecæ Tragœdias Sancti Thomæ Aquinatis esse*: descendere puto ex nota præfixa Codici eiusdem Bibliothecæ *Lit. S. Plut.* 2. n. 8. inscripto *Thomæ* (ut videtur) *Anglici Ord. Præd. commentaria in X. L. Ann. Senecæ Tragœdias*. In eo enim post veterem hanc rubricam *Com-*

fundavit Dominicus Cardin. Grimanus, *Tragœdiæ* visuntur eleganter scriptæ [f]. Medicea bibliotheca XII. habet exempla [g]. Patavii apud canonicos regulares S. Ioannis in Viridario, atque item in bibliotheca Eremitarum, scriptum exstare *super Tragœdias Senecæ* auctore Nicolao Treveth Dominicano, sodalis Philippus ait Thomasinus [h]. Qui etiam asservatur in bibliotheca Vaticana inter libros Ducis Urbini codice MS. 996 in folio. incipit : *Tria genera Theologiæ*, &c. Nicolaus hic fuit Treveth, vel Trivet, Anglus, qui floruit circa annum MCCCLX. scripsitque inter alia humaniora & historica super declamationes Senecæ, quem commentarium ei Gesnerus Antoniusque Senensis tribuunt, non hunc super eiusdem Tragœdias. Ambrosiana Mediolanensis pulcherrimum habet harum codicem cum argumentis Albertini Mussati. Patavinus hic fuit variorum operum auctor, Gesnero teste. Dionysius item Thuscus de Rubertis è Burgo Sancti sepulcri Ordinis Eremitarum, qui florebat circa annum MCCCXXVIII. *super Tragœdias* scripsisse *commentaria* in Iacobilli *Catalogo Scriptorum Umbriæ* refertur. Italicâ linguâ scriptum in easdem Tragoedias commentarium servat bibliotheca regia Parisiensis, Labbeo teste [i]. In Biblioteca S. Marci Venetiis MS. esse Tragoediarum codicem moniti à Draudo [k] sumus.

[f] Thomasin. in *Biblioth. Veneta*, pag. 15.

[g] Catalogus pag. 47.

[h] In *Biblioth. Patavina Ms.*

[i] In *Nova biblioth. Ms.* pag. 331.

[k] *Bibliotheca* pag. 1196.

178. Nec minùs alteram illustrationis operam, maximi semper habitam, quæ in convertendis Latinis in vulgares linguas monumentis ponitur, adhibere Tragoediis Senecæ curaverunt civiliores Europæ nationes. Apud nos vetustissimo translatum sermone hoc opus vidit olim D. Thomas Tamaius [l] (1). Et quidem Catalanorum linguâ conversas inter libros exstitisse Gabrielis Soræ Aragonensis ex eius liquet librorum indice. Nec ante multos annos *Troadas* vertit in Hispanicum, atque eruditis suis tractatibus *Nueva idea de la Tragedia*, & *Exercitacion escolástica del Teatro*, quasi paradigma quoddam adiunxit D. Iosephus Antonius Gonzalez de Salas eques Calatravensis, doctus ille Petronii Arbitri explanator cuius nos loco suo mentionem faciemus. Italis vulgarem fecit *Thyestem* Ludovicus Dulcis. Et nonne omnes? Sic enim audivimus. *Agamemnonis* Gallicè conversæ à Carolo Toustain, & Parisiis apud Martinum Iuvenem anno MDLVI. in 4.° excusæ Draudus [m] meminit. Sed Michaelis de Marolles Abbatis de Villeloin prosaicam *Senecæ Tragœdiarum* interpretationem laudatam video in *Bibliotheca Gallica* [n] C. Sorellii regii chronographi.

[l] In *Catalogo librorum Hisp. Ms.*

[m] In *biblioth. peregrin.* pag. 160.

[n] Cap. 11 *Des Traductions.* pag. 228.

CAPUT X.

DE M. ANNÆO LUCANO, & ACILIO LUCANO *eius avo materno quorundam operum auctore. Lucani vitæ duæ antiqui auctoris, forsan Suetonii Tranquilli. De matre eius Acilia Lucana. Ioannes Ægidius Zamorensis taxatur. Portentum in puero aliis commune. Magister Cornutus. Emendator sæpiùs coniecturâ Vitæ Auctor. Quæstura eius, & qua ætate. Quænam causæ indignationis adversus Neronem. Coniuratio in eum & mors. Carmina quædam è Pharsalico opere à moriente cantata. Opera quæ scripsit non exstantia. Statius de his sæpè enodatus. Barthius reprehensus. Pomponii Sabini versus de Lucano & eius scriptis.* De bello civili *decem libri superstites, deque eo iudicium veteris & nostræ ætatis. Historicusne an poeta Lucanus? De Polla Argentaria Lucani uxore. Explicatur Sidonius. Barthii inconstantia. Panegyrici ad Pisonem an Lucanus auctor? & quisnam hic Piso?* De Pharsaliæ *illustratoribus, editionibus, & in vernaculas Europæ linguas translatoribus.*

179. SUMMI huius poetæ res iuxta morem huius commentarii descripturis, religio esset aliis quàm veteris, ut suspicari datur, *De vita* eius auctoris vestigiis insistere. Hunc è commentario, uti aiebat, vetustissimo Ioannes Britannicus edidit primus, & ut germanum antiqui ævi monumentum ferè reputari videas. Sed qualem? duæ enim sunt *Vitæ*; atque ambas attribui Suetonio Tranquillo, ut caput sit libelli eius *De poetis*, passivum est inter Criticos. Gerardus Ioannes Vossius

Commentaria D. Thomæ in Senecæ tragœdias, legitur Cl. Ambrosii Moralis manu optime mihi cognita : *Hæc commentaria Sancti Thomæ* prorsus *sunt. Id constat ex simili exemplari quod habet Regium Sancti Laurentii Cœnobium* (non dum hoc de quo loquitur eò delatum fuerat) *ubi initio depictus est monachus Dominicano habitu, scribens ; & citat hic frequenter sua in Boethium commentaria.* Atqui postrema hæc verba commentariorum opus in Senecam Divo Thomæ Aquinati prorsus abiudicant. Sanctus enim Doctor minime sua in Boethium commentaria citare potuit, cum nulla scripserit ; quamvis edita sub eius nomine circumferantur Nurembergæ ap. Kobergers 1486. Lugduni ap. Ioann. de Prato 1491. (penes nos) & fortassis alibi; sed Thomas quidam de Iorz *Anglicus* dictus : de quo videsis Quetisum & Echardum in *Scriptor. Ord. Præd.* sive alter ex eiusdem Familiæ cognominibus.

(1) Exstant etiamnum in Laurentiana Escurialensi Lit. S. Plut. 2. n. 7. *L. Annæi Senecæ Tragœdiæ IX.* ab Anonymo sæculi ut videtur XV. Interprete in Hispanum Sermonem conversæ.

hanc probat quæ incipit: *Marcus Annæus Lucanus patrem habuit* &c. Ex ea enim sunt quæ explicat lib. 1. *De historicis Latinis*, cap. 26. & fortè Barthius *Animadv. ad Statii Genethliacum Lucani* in principio. Sed idem Barthius utramque vidit, percurritque iudicio critico *Adversariorum* lib. 23: priorem hanc, cuius nos verbis inhæremus, cap. 3. (quam initio Suetonii fuisse deinde glossis effarctam & contaminatam etiam alibi ait [o]), posteriorem cap. 28. Iosephus Scaliger alteram vidit, ut constat ex eius in *Culicem* Virgilii Notis. Habemus nos hìc eam quam edidit cum Lucano suo variorum Notis illustrato Lugduni Batavorum anno MDCLVIII. Cornelius Schrevelius, & huius vestigiis inhæremus, Lucani res breviter descripturi. Alteram Grotius edidit in editione sua Lucani, estque in antiquissimis editionibus anni MCDLXXV. MCDLXXVII. fereque in omnibus quæ subsecutæ sunt.

[o] Ad lib. 2 Silvar. carm. 7. v. 1. & ad lib. 6. Theb. v. 322.

180. MARCUS ANNÆUS LUCANUS (ait) *patrem habuit M. Annæum Melam ex provincia Bætica Hispaniæ interioris* (fortè *ulterioris*: nec *interioris* displicet) *Cordubensem, equitem Romanum, illustrem inter suos, notum Romæ & propter Senecam fratrem, clarum per omnes virtutes virum, & propter studium vitæ quietioris, quod sequens magis à turba recedebat, minus latebat.* De patre Lucani testimonium habemus Taciti lib. 16. *Annalium*, quo loco de Annæo Mela agens, *idem Annæum Lucanum* (inquit) *genuerat, grande adiumentum claritudinis*, de quo loco suo egimus. Nec dubito quin de Mela intelligendum sit quicquid de vitæ quietioris studio nuper audivimus: quasi allusum sit ad eiusdem Taciti hæc: *Mela quibus Gallio & Seneca parentibus natus petitione honorum abstinuerat* (quamquam adiungat suo more Tacitus) *per ambitionem præposteram, ut eques Romanus Consularibus potentiâ æquaretur: simul acquirendæ pecuniæ brevius iter credebat per procurationes administrandis principis negotiis.* Aut potius ad Lucii philosophi eius fratris censionem de Mela & Gallione, cuius loco suo meminimus.

181. *Matrem habuit & regionis eiusdem & urbis, Aciliam nomine, Acilii Lucani filiam Oratoris* (Barthius corrigit prudenter, *orator is*) *operæ apud proconsules fréquentis, & apud clarissimos viros nonnullius ingenii* (Barthius dispungit, *& apud clarissimos viros, non nullius ingenii*) *adeò non improbandus, ut in scriptis aliquibus hodie quoque duret eius memoria, cuius cognomen huic inditum apparet.* Plura huius periodi ostendunt, utpote nova & indicta aliis, scripti antiquitatem: matris & avi nomina quæ absque hoc prorsus ignorarentur: matris inquam; nam *Atillæ*, non *Aciliæ* nomine apud Tacitum ea vocatur *Annalium* 15. cap. 56. Et *Aciliam* Cordubæ familiam fuisse ostendit lapis apud Moralem lib. 9. *Hist. Hisp.* cap. 10. *Acilium* quoque oratorem, sive causarum defensorem fuisse, atque item ingenii sui aliquot monumentis funeri suo supervixisse: à quo *Lucani* appellatio nostro poetæ indita fuit. Ingeniosulus vero is [p], qui obrutus ævi sui prorsus ineruditi caligine, sic de Lucani appellatione illinebat chartis: *Dictus est* Agnæus *ab eventu.* Agneos *Græcè*, apes *Latinè*. *Refert namque Vaca commentator, quòd cùm natus esset Lucanus, super eius verticem examen apum consedit: unde ab apibus cognominatus est* Agnæus. *Vel dicitur* Lucanus *à* luceo, *quia præ aliis poetis* luxit, *id est splenduit opus eius. Vel secundùm vulgus* Lucanus *dicitur, quia de* Luca *castro, quod est prope Cordubam, exstitit oriundus. Sed primum authenticum exstat magis.* Haud potuit ineptè aut falso magis quicquam dici. Nihil enim tam certum est, quàm quod ἁγνὸς castum, μέλισσαι autem *apes* significent; nullaque sit ἁγνῷ & *apis* cognatio. De eventu autem illo paulò pòst vitæ auctorem audiemus. *Lucani* autem agnominationis ratio, undecumque insistas meræ nugæ sunt. *Luque* oppidum est prope Cordubam, nullius tamen famæ aut nominis Romano tempore: quare nec fuisse credimus [q]. *Lucanorum* appellationis *Lucaniam* Italiæ provinciam fundum fuisse non minùs dixeris, quàm Gallorum, Afrorum, Syrorum (quibus nominibus plures sunt appellati) Galliam, Africam, Syriam. His nugis relictis, de Acilio Lucani avo nihil addere habemus, nec scriptorum eius aliqua extra hanc (quod ego sciam) memoria exstat.

[p] Ioannes Ægidius Zamorensis in *fragmentis Ms.*

[q] Meminit huius vanæ credulitatis Morales lib. 10. cap. 10. & refellit.

182 *Natus est* III. *Nonas Novembris, C. Cæsare Aug. Germanico II. L. Cæsiano I. Coss. sed in patria sua non valuit educari, fatorum credo decretis, ut id ingenium, quod orbem famâ sui impleturum cresceret, in domina mundi aleretur urbe. Octavum enim mensem agens Romam translatus est.* Caii Augusti secundus Imperii annus hic fuit, quo Coss. fuere idem Caius II. & L. Apronius Cæsianus. Si ergo (uti in Marci Senecæ mentione iam annotatum fuit) venit is cum filiis Romam Augusto adhuc imperante, & Lucanus Melæ filius Cordubæ fuit natus: necesse est Melam ab urbe rediisse in patriam, ibique uxorem duxisse Aciliam, recentique

que prole mactum iter in urbem denuò arripuisse. De patria Corduba locuples testis est Statius Papinius in *Genethliaco.* Et quidem ad Marci Lucani infantiam respexisse videtur patruus Seneca, quum in *Consolatione ad matrem Helviam* (Lucani ipsius aviam): *Ab his ad nepotes quoque respice* (inquit) *Marcum blandissimum puerum, ad cuius conspectum nulla potest durare tristitia* &c. quod placuit viris doctis [r].

183. *Ac ne dispar eventus in eo narraretur eius qui in Hesiodo refertur, cùm opinio tunc* (Barthius rectè *opinio eum*) *non dissimilis maneret, cunas infantis quibus ferebatur apes circumvolârunt, osque insedere complures, aut dulcem iam tum spiritum eius inhaurientes, aut fecundum, & qualem nunc existimamus, futurum significantes.* Quod hic auctor de Hesiodo & Lucano nos docet, idem referunt de Platone M. Tullius [s], Plinius [t], Valerius Maximus [u], Ælianus [x]. De Pindaro idem Ælianus [y]; ac de sanctissimis atque doctissimis Episcopis Ambrosio Mediolanensi, Paulinus in eius vita; & Isidoro Hispalensi, auctor item anonymus eius Vitæ. Observavit *Miscella observatione* 5. Matthias Berneggerus, ut solet, eruditè.

184. *Præceptoribus tum eminentissimis est eruditus, eosque intra breve temporis spatium ingenio adæquavit, unà verò studentes superavit profectibus.* Inter præceptores Annæus Cornutus fuit, quem virum illo tempore doctrina & eruditione clarissimum Dionis Cassii [z] fide novimus, seu potiùs epitomatoris eius Xiphilini. Auctor antiquus anonymus *Vitæ Persii Flacci* poetæ: *cum esset amorum* XVI. *amicitiâ cœpit uti Annæi Cornuti.* Et mox: *Per Cornutum cognovit Annæum etiam Lucanum æquævum, auditorem Cornuti. Nam Cornutus illo tempore Tragicus fuit, sectæ Stoicæ, qui libros philosophiæ reliquit.* Ita habent postremæ editiones, cùm priùs legeretur *Tragicus fuit sectæ poeticæ*, ut ex Vossio constat [a], qui auctor fuit correctionis. Poetam fuisse Cornutum id confirmat, quod Nero cogitans res Romanas versibus scribere, præter alios adhibuisse hunc apud eundem Dionis epitomatorem referatur [b]. Idem auctor vitæ Persii ait Lucanum adeò mirari scripta Flacci (huius Persii nempe) *ut vix retineret se illo recitante à clamore, quin illa vera esse poemata diceret.* E Suetonii Tranquilli *De poetis* libro hanc *Vitam* esse, uti sunt Horatii, Terentiique, atque illam Lucani nostri, ut iam diximus, Gerardi Vossii suspicio est.

185. *Declamavit & Grecè & Latinè cum magna admiratione audientiæ.* Statius certè in *Genethliaco*, utriusque, nedum poeticæ tantùm, eloquentiæ laudem ei consignat:

> *Vestra est ista dies, favete Musæ;*
> *Dum qui vos geminas tulit per arces* [c],
> *Et vinctæ pede vocis & solutæ*
> *Romani colitur chori sacerdos.*

186. *Ob quod puerili mutato in senatorium cultum, & in notitiam Cæsaris Neronis facile pervenit, & honore vixdum ætate* (ætati forsan) *debito dignus iudicatus est. Gessit autem Quæsturam, in qua cum collegis, more tum usitato, munus gladiatorium edidit secundo populi favore. Sacerdotium etiam accepit auguratus. Equidem hactenus tempora habita secunda.* Senatorum quidem filii habitum hunc, qui senatorius dicebatur, induebant statim ab assumtione virilis togæ. Suetonius de Augusto: *liberis senatorum* (ait) *quò celeriùs reipublicæ assuescerent, protinus à virili toga* (hoc est ab induta virili toga) *latum clavum induere, & curiæ interesse permisit.* Pleni sunt huius observationis rerum Romanarum illustratores [d]. Non tamen dissimulabo suspicari me pro *virili* minus rectè *puerili* scriptum; cum de filio Annæi Melæ, quem ascendisse ad senatoriam dignitatem nusquam legimus, nunc agatur: qui hoc privilegio frui, aut statim à prætextata, hoc est puerili ætate, latum clavum induendi ius obtinere vix potuisse videtur. Nisi dicamus sub initium Neronis impetratum fuisse ei à Seneca patruo, ut laticlavio prætextam commutaret. Conveniunt enim quòd Lucanus diem suum obierit decimo Neronis anno, ætatis vicesimo septimo, ut videbimus; & quòd decimum septimum ætatis ageret, deponendæ prætextæ annum, cùm Nero imperare cœpisset: à quo tempore in huius notitiam pervenerit quod auctor Vitæ ait. Quæsturam aliquo ex sequentibus annis, certè ante diem, gessit. Quantumvis enim quæsturam, notante Ulpiano [e], ingressus fuerit, & quasi primordium gerendorum honorum, sententiæque in senatu dicendæ: eius tamen, sicut & cuiuscumque alterius magistratus gerendi legitima ætas, nondum venit ante vicesimum secundum, ut ex Plinii quadam epistola [f] colligi videtur; sive vicesimum quintum, ut Iusto Lipsio [g], sive vicesimum septimum annum, quod Sigonio [h] & aliis placuisse novimus. De gladiatorum ludo à Quæstore Lucano, more tunc usitato, edito, Cornelii duo testimonia sunt. Claudii tempore, hoc est eius imperii septimo anno, P. Dolabella censuit [i] *spectaculum gladiato-*

---

[r] Schoto *De claris apud Senecam rhetoribus.* in Mela. Del-rio *Proleg. ad tragœdias* lib. 2. cap. 3.

[s] *De divinatione* lib. 1.

[t] Lib. 11. cap. 17.

[u] Lib. 1. cap. 6.

[x] Lib. 12. *Variæ hist.* cap. 56.

[y] ibidem.

[z] Fine lib. 62. *Histor.*

[a] *De poetis Latinis* pag. 43.

[b] De Cornuto videndus idem Vossius *De hist. Lat.* lib. 1. cap. 26.

[c] Ita pro *artes* rectè correxit Barthius.

[d] Sigonium vide *De ant. iure pop. Rom.* lib. 2. cap. 2. Casalium *de urbe & Imp. Rom.* cap. 28.

[e] L. Un. §. 3. *de off. quæst.*

[f] Lib. 10. ep. 80.

[g] Not. ad Taciti lib. 3. cap. 29.

[h] Lib. 2. *De antiquo iure pop. Rom.* cap. 2. Brodæo ad Polleti *de hist. fori Rom.* lib. 5. cap. 8. Narbonæ *De ætate ad omn. act. requisita* anno XXVII.

[i] Lib. 2. *Ann.* cap. 22.

torum per omnes annos celebrandum pecuniâ eorum, qui quæsturam adipiscerentur. Rursus ab eius statim morte, Nerone recens inaugurato, Senatus obtinuit [k], *ne designatis quidem quæstoribus edendi gladiatores necessitas esset.* Necessitas, inquam; sed absque ea duravit mos edendi: quod etiam post senatûs hoc decretum fecit cum collegis suis Lucanus.

[k] Lib.13.cap. 5.

187. *Quæ autem sequuntur mutata invidiâ & odio Neronis, ipsi exitium, domesticis luctum miserabilem attulerunt. Inter amicos enim Cæsaris, quod tam conspicuus fieret profectus in poetica, frequenter offendebatur.* Offendebat nempe Cæsaris amicos, quòd in poetica etiam ad invidiam Neronis profecisset: quasi dicat *inter Cæsaris amicos frequenter offendebatur in id, quòd tam conspicuus &c.* non vulgo nota phrasi. Nisi placet collocatio à Barthio excogitata [l]: *Cæsar enim inter amicos frequenter offendebatur, quòd* &c. sive alia, quam præfert in capite *Adversariorum* suprà laudato.

[l] In *Animadv. ad Statii Genethliacon Lucani* v. 58.

188. Sequitur: *quippe & certamine pentaterico* (lege *pentaeterico*, hoc est *quinquennali*) *acto in Pompeii Theatro laureis, recitante Nerone, fuerat coronatus.* Geminus Suetonii locus de more hoc Neroniano recitandi orationes versusque in publico certamine, & coronâ victori oblatâ. *Deinde* (ait) *in orchestram senatumque* (senatûs locus orchestra in theatro) *descendit, & orationis quidem carminisque Latini coronam, de qua honestissimus quisque contenderat, ipsorum* (præpositorum certamini) *consensu concessam sibi recepit.* Sic ille [m] non de successu nostro, quo Lucano delatam coronam audivimus: *Et extempore* Orphea *scriptum in experimentum ingenii ediderat, & tres libros, quales videmus.* Obscurum quale genus poematis *Orpheus* esset, de quo infrà, ex quo tres supererant libri, nec plures fortè scripserat.

[m] In *Nerone* c. 12.

189. *Quare inimicum fecit* (sibi) *Imperatorem, quo ambitiosè imitante* (Barthius non sine suspicione glossematis legit, *ambitione intimante*; & alibi [n] *pro ambitiosè imitante:* mallem ego *pro*, aut, *præ ambitione irritante*) *non hominum tantum, sed & artium sibi principatum vindicantem, & interdictum* (ita placet cum Barthio [o]) *est ei poeticâ, interdictum est etiam causarum actionibus.* Dio confirmat, sive ex eo Xiphilinus, fine libri 62. ὁ δὲ δὴ Λουκανὸς ἐκωλύθη ποιεῖν, ἐπειδὴ ἰσχυρῶς ἐπὶ τῇ ποιήσει ἐπῃνεῖτο· Id est: *Lucanus autem quòd in poesi admodum laudaretur, prohibitus fuit carmina scribere.* Et Tacitus [p]: *Lucanum propriæ causæ* (inquit) *accendebant* (ad coniurandum in Neronem, ut mox dicemus) *quòd famam carminum eius premebat Nero, prohibueratque ostentare, vanus assimulatione* [q]. Quod verò adiungit Vita de causarum actionibus ei prohibitis, docet nos causas Lucanum actitâsse. Altera illa Vita fragmento quodam apud Barthium laudato lib. 23. *Adv.* cap. 28. eam causam iræ Lucani prætendit: ægrè tulisse eum, *recitante se subitò, ac nullâ, nisi refrigerandi sui causâ, indicto senatu Neronem recessisse:* hoc est, *frigore*, ut exponit, *feriendi*, & contemptui habere eum se significandi. Insigne exemplum Neronianæ iracundiæ adversus Epirotam quendam victoriâ sese in certamine tragico adversus Cæsarem ipsum efferentem, habes apud dialogi *De fossione Isthmi* auctorem inter Luciani alios; qui & ait Neronem etiam *Pythicum os* (Pythium oraculum) *unde voces inspirare solebant, obturare conatum fuisse, ut & Apollinem voce spoliaret.* Quem locum observavit [r].

[n] Ad lib. 2. Sil. var. Statii carm. 7. v. 58..

[o] Ubi proximè.

[p] Lib. 15. *Ann.* cap. 49.

[q] Hanc lectionem Taciti Barthius tuetur ad lib. 2. Silv. 7. v. 45.

[r] Ubi proximè v. 58.

190 *Hoc factum Cæsaris* (prosequitur) *iuvenili æstimans animi calore, speransque ultionem, à coniuratis in cædem Neronis socius assumtus est; sed parum faustè. Deceptus est enim à Pisone & Consularibus, aliisque prætura perfunctis illustribus viris.* Coniurationem hanc accuratissimè narrat Cornelius *Annalium* lib. 15. à quo nihil deduci potest, unde deceptum à sociis Lucanum dicere possimus. Quare Barthius probabat magis ut: *Deceptus est enim cum Pisone* &c. legeretur.

191. *Dum vindictam expetit, in mortem irruit. Nam sua sponte, coactus vitâ excedere, venas sibi præcidit:* usitato tunc oppetendi mortem genere, ut manibus carnificis suffurarent se qui ad supplicia quærerentur, quo usi sunt in hac ipsa coniuratione Lucius Seneca, Atticus Vestinus Consul, ipse etiam Caius Piso destinatus Imperator. Fertur moriens Lucanus eos versus è Pharsaliæ libro nono cecinisse, quibus Tullum Catonis militem in Libya ab hæmorrhoide, quod serpentis genus est, morsum elegantissimè & expressissimè descripserat:

> *Sanguis erant lacrymæ : quæcumque foramina novit*
> *Humor, ab his largus manat cruor: ora redundant*
> *Et patulæ nares : sudor rubet : omnia plenis*
> *Membra fluunt venis : totum est pro vulnere corpus.*

Uti monet in lib. 5. Taciti Notis Marcus Vertranius Maurus, præter alios. Sed huius memini, ut ex occasione demirer Chri-

Christianum hominem de cælestibus ludentem. *Ii sunt, quos M. Annæus Lucanus fertur dixisse cum in sua resolutus initia cælo cælestem animam reddidit.* Quæ verba mihi aurem vellunt, ut impium illum Helvetiorum hæreticorum patriarcham Zuinglium rideam, qui ad Franciscum I. magnum illum Galliarum Regem scribens cupit eum in cælo beatum videre: in quo cum aliis cælitibus *Herculem*, *Theseum*, *Camillum*, *Scipiones* collocare haud veritus fuit: quod à Labbeo notatum in fine *cenotaphii Ioannæ Papissæ* legimus. Lucano tamen, ut è diverticulo in viam, publico programmate conservatam fuisse famam ostendit, si fidei lubricæ non est lapis Romanus, quem è Fabricii *Antiquitatibus* Gruterus habuit:

M. ANNÆO LVCANO
CORDUBENSI POETÆ
BENEFICIO NERONIS FAMA
.... SERVATA ....

quamvis spuriis & suppositititiis ille accenseat (1).

192. Meminit & in *Lucani Vita* Petrus Crinitus. *Periitque pridie Cal. Maias, Attico Vestino & Nerone Syllano Coss.* XXVII. *ætatis annum agens, non sine iactura utilitatis, cùm patriæ quæ tantam immaturè amisit indolem, tum studiorum quoque.* Et rationem subiungit: *Reliqui enim* X. (sic fortè pro VII. legendum est; quamvis Barthius nihil mutet, ad septemque posteriores operis libros quos inemendatos reliquisse ait Lucanum referat, uti & Gesnerus in *Bibliotheca*) Belli civilis *libri locum calumniantibus, tamquam mendosi, non darent.* Mendosos pro incorrectis posuit, seu vitiis nonnullis maculatos. Horatius [s]:

[s] Primo *Serm.* satyra 6.

——— *Si vitiis mediocribus, aut mea paucis*
Mendosa est natura.

Et Psalmista: *Omnis homo mendax.*

193 Ideo sequitur: *Qui tametsi sub vero crimine*, hoc est vitio seu vitiis quibus notatus mansit (Barthius *sub vano crimine* legit, aut, *irrito crimine*) *non egent patrocinio* (hoc est frustrà eis patrocinaberis, aut quia nulla vitia, aut quia non excusabilia): *de iisdem dici quod in Ovidii libris præscribitur potest: Emendaturus, si licuisset, erat. Exstant eius & alii complures* (libri) *ut* Iliacon, Saturnalia (Scriverio debemus veram hanc lectionem ac duorum operum distinctionem, cùm antea *ut illa consaturnalia* legeretur), Catascomon, Silvarum x. *Tragœdia* Medea *imperfecta*, Salticæ *fabulæ* XIV. & Hyppamata (sic dividimus) *prosa oratione in Octavium Sagittam & pro eo*, De incendio urbis, Epistolarum *ex Campania: non fastidiendi quidem omnes, tales tamen ut Belli civilis videantur accessio.* Hucusque Vita. Sed nos iam de his libris poetæ agemus, restituto apud Suetonianam si Deo placet superiorem narrationem, eò quòd emendationis omnino indiget. Scripsit ergo Lucanus præter libros *De bello civili* (ad quos tandem deveniemus) plures qui desiderantur libros: qui si exstarent (poeticos nunc intelligo), longè iucundiores eum lectores habiturum Barthius ad initium *Genethliaci* Statiani affirmare ausus est.

194. *Orpheum* tribus libris extemporè scriptum, ut *Vitæ* auctor ait, in experimentum ingenii: de quo Statius in *Genethliaco*, versibus paulò pòst referendis. Barthius tamen lib. 23. *Adv.* cap. 3. in versu isto Statii

Et sedes reserabis inferorum,

diversum ab Orpheo subodoratur opus, *inferorum descriptionem*: quod confirmat in Notis ad Statii hunc locum [t].

[t] Lib 2. *Silv.* 7. v. 57.

195. *Iliacon.* Ex Luctatio Papinii Scholiaste id apertè constat. *Lucanus* (ait [u]) *de Phaetonte in libro qui inscribitur Iliacon, ita:*

[u] In 6. *Theb.*

Haud aliter raptum transverso limite cæli, &c.

Vir doctissimus Lilius Gyraldus *Iliaconita* videtur apud Luctatium legisse, ut apparet ex eius dialogo *De poetis* 4. Statii hi versus pertinent è *Genethliaco* laudato:

Ac primùm teneris adhuc in annis
Ludes Hectora Thessalosque currus,
Et supplex Priami potentis aurum,
Et sedes reserabis inferorum.

Duo hìc opera innuit, *Iliacon & Orphea. Iliacon*, hoc est, Troiana gesta, tribus prioribus: *Orpheum* postremo (nisi & portionem eiusdem *Iliaci* operis, ut Barthius credit, significet): ad quem *Orpheum* pertinet & alter hic versus

Et

(1) Longe maior adhibenda est fides superstiti etiamnum Cordubensi lapidi in quo LVCANI agnomen legitur, *en las costanillas de San Lorenzo* in horto indigenis *De los aldavones.* Sic habet

L. AEMILIVS
LVCANVS
L. SEMPRON
NER..... ERIO
S. T. T. L

Item Granatensi, in *Alcazabæ* arce, Pedrazæ ac Mendozæ indicto, nimirum:

CORNELIAE. L. F
CORNELIANAE
P. VALERIVS. LVCANVS
VXSORI. INDVLGEN
TISSIMAE. D. D.
L. D. D. D.

Utrumque ante hoc triennium vidi ac descripsi.

Et noster tibi proferetur Orpheus, quem & corrumpi, & pessimo sensu donari ab aliis video, ut statim notabitur. In invidiam Neronis qui urbi faces immisit Ilii seu Troiæ conflagrationem Lucanum cecinisse credit idem Barthius [x]; eoque respicere versus hos Genethliaci [y]

Dices culminibus Remi vagantes
Infandos Domini nocentis ignes;

quamvis alibi [z] ad *catacausmon*, de quo opere infrà, eosdem versus referat. Idem autem cum *Iliaco* videtur opus, uti & Barthius admittit.

[x] Animadv. ad lib. *Theb.* 6. v. 322.
[y] Lib. 2. Silv. 7. v. 60.
[z] Animadv. in d. v. 60.

196. *Hectoris lytra.* Quam citari ab aliquo ex Grammaticis monet Vossius [a]. *Hectoris lytram* Ennius scripsit, hoc est, Hectorei cadaveris redemtionem à Priamo factam, auri magna vi Græcis numerata, ut innuitur hoc versu

Et supplex Priami potentis aurum;

atque item à Q. Septimio Dictys *De bello Troiano* interprete Latino, quem Barthius laudat [b]. Quidnî etenim haud diversum existimemus, cum Vitæ auctor *Lytræ* non meminerit, *Iliaci* meminerit; eademque sit materia, & Statius coniecturæ non resistat? Pergamus.

[a] *De Hist Lat.* lib. 1. cap. 26.
[b] *Animadv. ad Statii* istum *versum*.

197. *Saturnalia*, usurpato & ab aliis titulo, uti à Macrobio. Sed argumentum latet. Nihil enim aliud inscriptio continet, quàm quòd scripta hæc, qualiacumque sint, Saturnaliorum, hoc est ferialium dierum tempore.

198. *Catascomon.* Apud Luctatium Statii scholiastem [c] *Catagonion*: quod alicubi Barthius credidit [d] ex *Silvarum* libris carmen aliquod fuisse, seu potiùs *Catacausmon*, uti corrigit Iosephus Scaliger & Vossius [e], & alibi Barthius [f] admisit; aut *Catacaumon*, quod est *incendium.* Idem est *cauma* καῦμα, à καίω, sive καυσόω, *uro*: sicut *catacauma*, κατάκαυμα, à κατακαίω, *exuro.* Conceptum nempe, ut videtur, opus de conflagratione urbis à Nerone procurata, de qua disertè ut solet Tacitus, Dio Cassius, Suetonius, aliique. Idemque sensisse videtur Petrus Crinitus [g]. Scaliger verò & cum eo Barthius [h], idem existimabat hoc opus cum *Iliaco* nuncupato, quasi esset *Catacausmon Iliacum.* Sed auctorem *Vitæ* habet contrarium, qui planè duo hæc distinxit. Barthio [l] arridet potiùs ut κατασκόπιον legatur, *speculam* scilicet, seu *speculatorium*: hoc est sub nomine isto quid satyricum, nec sine exemplo inter nos Hispanos; nam adversus scriptum quoddam historicum magni viri (1) Franciscus Roales Salmanticensis professor Matheseos clarus, *La mironeria* hoc eodem sensu inscribens formavit. At valdè id ab eo quod omnes codices præseferunt distat. Nec minus καταστόμιον, quod idem excogitavit Barthius alibi [k]. Absque dubio Statius Papinius ad *Catacausmon* habuit oculos, cùm his versibus significare voluit Lucani opus aliquod, non (quod interpretantur) contentionem cum Nerone. Iudex lector esto:

Ingratus Nero dulcibus theatris,
Et noster tibi proferetur Orpheus.
Dices culminibus Remi vagantes,
Infandos domini nocentis ignes.

Importunissimè ex *proferetur* correxit Barthius [l] *præferetur*, interpretatusque est ingratum futurum theatris Neronem, Orpheumque suum (Calliope mater loquitur) Lucano præferendum esse. Mentionem Lucani operum iam superioribus versibus cœptam, sequentibusque continuatam, nonnisi ineptissimè Papinius potuit bino isto carmine, in quo de Nerone & Orpheo agitur, interrumpere. Quamnam vero laudem poetæ continet, Calliopem dicere Neronem ingratum spectatoribus futurum, Orpheum autem Lucano præferendum? Hoc enim sonant verba, non id quod Barthius parum feliciter excogitavit, præferendum Lucani Orpheum Orpheo Neronis. Aptissimum planè est, ut indicare his Statius libros aliquos voluerit Lucani sensu: *proferetur à te, Lucane*, hoc est *cantabitur*, cùm Nero in theatrali re parum populo gratus, tum Orpheus; *dicesque incendium urbis*, &c. Sive ingratum Neronem dixerit dulcibus theatris, quòd ludicra illa sibique carissima urbis, atque adeò frequentata loca, igne à se per emissarios iniecto absumi permiserit.

[c] Ad lib. *Theb.* 9.
[d] Ad eundem versum.
[e] Ubi suprà.
[f] Ad Statii *Genethl. Lucani* v. 60.
[g] *De poetis.* in *Lucani vita.*
[h] Ubi proximè.
[l] Lib. 23. *Adv.* cap. 3.
[k] Ad lib. 6. *Theb.* v. 322.
[l] In *Animadv.* ubi suprà.

199. *Silvarum* x. libri, ut credo, de quibus nihil annotare habemus, nisi quòd iure reprehendatur Domitius Calderinus; primum vel solum *Silvarum* inter Latinos poetas scriptorem Statium existimans: ut Barthius notat [m]. Qui *utinam illæ* (ait) *exstarent*, *Pharsaliam utique premerent.* Et alibi [n], contigisse his ferè decem *Silvarum* Lucani libris, quod Statii quinque nunc desideratis: quorum adeò memoriam *Thebais* (idem de *Pharsalia* dixeris) obliteravit, ut cum ista sæpissimè duo poemata, illi nunquam prorsus à Grammaticis citentur.

[m] Ad lib. 2. *Theb.* v. 326.
[n] Ad lib. 6. *Theb.* v. 322.

Me-

(1) *Angeli* scilicet *Manrici* clarissimi Cisterciensis Ordinis Historici, & Pacensis (qua voce urbem *Badajoz* dictam designari vulgus falso sibi persuadet) Episcopi, cuius nomini parcere vult hoc loco Noster; verum id prodit *Biblioth. Nov. Tom. I. in Franc. Roales*; scriptum autem historicum quod subticet: *Parentalia Salmanticensis Academiæ nomine* in funere *Philippi III. Hispan. Regis Angelo Manrico auctore.*

200. *Medeam tragœdiam*; sed imperfectam. Audacter quidem post eiusdem argumenti alias magnorum poetarum Ovidii, & Lucii Senecæ eius patrui. Sed quemadmodum non deterruit Senecam Ovidii nomen ac prærepta laus; nec item Lucanum, qui præiverat Seneca. Huius Tragœdiæ nullus meminit absque hoc è *Vita* testimonio: non Quintilianus, non Statius, ut innuere visus fuit Del-rius, & observavit iam in principio huius *Genethliaci* Animadversionum Barthius.

201. *Salticas fabulas* XIV. Rectè à saltibus derivat Vossius, quòd res narraverint in saltibus contingentes, ut amores Satyrorum & Nympharum. Itali hoc genus fabulas *Boscareccie* vocant, sicut & *Piscatorie* quæ ad piscatores pertinent. Barthio [o] à *saltandi* verbo placuit; saltabantur enim poemata, ut gestus saltantium voci admotus expressiorem fabulam redderet. *Salticam puellam* Tertullianus [p] & Adhelmus [q] Herodiadis filiam dixere; saltatorumque coram populo suorum poematum Ovidius meminit [r]. Quæ & ipse alibi observat doctè auctor, in animadversionibus nempe ad Statium [s].

[o] Lib. 23. c. 3.

[p] *Adv. Gnosticos* cap. 10.

[q] *De Virgin.* cap. 8.

[r] Lib. 2. *Trist.*

[s] Lib. *Theb.* 6. v. 322.

202. *Hyppamata*. Quodnam genus fuerit dissimulavit se nescire Vossius, remisit se ad alium locum 505. librorum titulos hic Barthius explanans: quem animadversionibus iam laudatis *ad Statium* [t] debemus, ut mox dicemus.

[t] D. v. 322. pag. 470. tomi 3.

203. Prosa oratione *contra Octavium Sagittam*, *& pro eo*. Sicne distinguere placet ista quæ percurrimus verba, neque cum iis quæ antecesserunt aut sequuntur coniungere? ut aliqua hæc sit ex causis quas Lucanus egit, aut in foro, aut exercitationis causa domi, conscripta duplici contra reum & pro eo oratione. Hic est Octavius Sagitta Tribunus plebis, ob occisam Pontiam Postumiam stupro cognitam, quæ aversabatur eius nuptias, lege Iulia *de sicariis* damnatus: de quo Tacitus *Annalium* 13. cap. 44. & *Historiarum* 4. cap. 44. Minimè, ait Barthius ubi proximè, *Hippamatum* inscriptionem scripto huic adversus Sagittam tribuens, *Vitæque* hunc locum non ut nos interpungens. Eum consule.

204. *De incendio urbis*. Aliudne, an idem cum superiore *Catacausmi* opus? Diversum fuisse credo, prosaicam scilicet narrationem huius cladis; nam de prosæ orationis scriptis iam auctor loquitur, quum & prosæ eloquentiæ decus ei consignat Statius his versibus:

Dum qui vos geminas tulit per arces,
Et vinctæ pede vocis & solutæ,
Romani colitur chori sacerdos.

205. *Epistolarum ex Campania scriptarum* librum adiungere his debemus ex Papinio.

206. *In laudem Pollæ Argentariæ* quicquam. Uxor ea Lucani. Papinius ita:

Tu castæ titulum decusque Pollæ
Iucunda dabis allocutione.

Non spernendi omnes hi libri fuere, ait *Vitæ* auctor; tales tamen, ut accessio videantur magni illius operis *De bello civili*. Cuius quidem mentioni præmittere non abs re erit Pomponii Sabini versus, sive encomion aut epitaphium poetæ nostri, in quo secutus is videtur fuisse *Vitam* hanc quam persequimur; è quibus & Pomponium in distinguendis Lucani quibusdam operibus nobiscum sensisse apparet.

Bætis ave, natale solum, est Annæa propago.
De genitore Mela dat mater Acilia terris.
Vix luna octonos cælo confecerat orbes,
Quum me Roma sui respersit Tiberis undâ,
Servatumque foro traxit, Phœboque dicavit.
Hinc SILVÆ, GEMINÆQUE FACES, *reus inde* SAGITTA,
ORPHEUS *ingrati stimulus livorque tyranni,*
Dum civile nefas aperit PHARSALIA *nostræ,*
Inviditque Nero famæ, Musæque canentis
Interrupit opus gladio, venisque resectis
A sectore, sacros maculavit sanguine vultus.

Ubi *geminas faces* de alio & alio opere *Catacausmi* & *De incendio urbis* intelligere posse videmur. Accessio inquam cetera omnia opera existimari possunt magni & præcipui operis.

207. *De bello civili* (Cæsaris & Pompeii) sive *Pharsalia*, ut inscribitur: qua posteriore appellatione à se donatum fuisse ex isto apparet carmine [u]

[u] Lib. IX. v. 985.

——— *Pharsalia nostra*
Vivet, & à nullo tenebris damnabitur ævo.

Constat X. libris, quibus supplementum aliorum septem fecit Thomas Maius Anglus: id quod seorsum aliàs editum Cornelius Schrevelius Lugduno-Batavæ suæ Lucani editioni, nescio an primus, addiderit. Hos libros intellexit Statius, cùm cecinit post memorata omnia alia nostri opera:

Mox cœptâ generosior iuventâ,
Albos ossibus Italis Philippos,
Et Pharsalica bella detonabis,
Et fulmen ducis inter arma Divi,
Libertate gravem pia Catonem,
Et gratum popularitate Magnum.

Et mox:

Hæc primo iuvenis canes sub ævo,
Ante annos Culicis Maroniani.

Nempe ante XVI. ætatis annum, quo dicitur *Culicem* poematium conscripsisse Virgilius. Attamen alludi his videtur ad id quod legimus apud Scaligerum in Notis ad *Culicem* hunc: *Suetonius Tranquillus* (inquit) *in vita Lucani, quæ adhuc formis excusa non est, ait Lucanum inter æqualium suorum plausus, cùm magno successu ac favore poema aliquod à se compositum recitâsset, ut ostenderet quanto iunior quàm Virgilius poeticam attigisset, exultabundum dixisse: Quantum mihi restat ad Culicem?* Hæc Scaliger ex altera *Vita*, uti videre est apud Barthium lib. 23. *Advers.* cap. 28. At similius vero est Lucanum (si id credimus, Statiumque, quod censuit Barthius aliter [x], vera & non assentatoriè locutum) modestè cessisse gloriæ Virgilii, etiam ex hoc in adolescenti ea ætate confecto poematio collectæ; atque amicorum plausibus quasi intercedentem dixisse, multum sibi adhuc famæ conficiendum restare spatium, ut *Culicis* æquale opus conficere posset. Idque sic factum refert Ambrosius Morales lib. 9. *Hist. Hisp.* cap. 10. nescio unde collectum. Sed pro aliqua non vulgari eorum notitia, qui immatura adhuc ætate scriptis editis claruerunt, operæ pretium erit Paulum Colomesium consulere in Notis ad Quintilianum non dudum editis [y]. Superiorem deinde Lucretio, Ennio, Varroni Atacino *Argonauticorum* veteri ante Valerium Flaccum scriptori, Ovidioque, propter hoc opus, Lucanum nostrum (poeticè, an ex animi sententia?) declarat Papinius:

Cedet Musa rudis ferocis Enni,
Et docti furor arduus Lucreti,
Et qui per freta duxit Argonautas,
Et qui corpora prima transfigurat;

cedereque solùm iubet magno Maroni, futurum tamen ipsi in pretio non vulgari & veneratione:

Quin maius loquor. Ipsa te Latinis
Æneis venerabitur canentem.

Sinamus interim inter se digladientur Barthius Reinesiusque de eo an Lucanum, an Senecam Tragœdiarum scriptorem Guilielmus subintellexerit Brito Philippidos lib. 12. versu 883.

Digna quibus studeat Sophocles & Ibera poesis.

Reinesius pro Lucano stat, epistola 20. & 22. *ad Christianum Daumium.* Barthius autem pro Seneca, in *Animadversionibus* suis ad Britonem. Lucani certè hoc opus, ex quo iam editum in vulgus apparuit, magno pretio haberi cœpit, ac propter id Lucanus. Mirum tamen, si absolutum quicquam omnibus numeris in illa ætate præstiterit, quod frequenter inculcari videas. Aliis enim probari nequit consilium scribendi carmine iustam historiam; nam poetam, & ficta narrantem, pro eodem habent. Quintilianus certè consignata Lucano magna quadam ingenii laude, poetice tamen eius laudi aut nomini non obscurè detraxit. *Lucanus ardens & concitatus* (ait [z]) *& sententiis clarissimus, & ut dicam quod sentio, magis oratoribus quàm poetis annumerandus.* Servius in primum *Æneidos* [a]: *Quod diximus poetica arte prohiberi ne apertè ponat historiam, certum est. Lucanus namque in numero poetarum esse non meruit; quia videtur historiam composuisse, non poema.* Quæ ipsa verba Isidorus usurpat *Originum* lib. 8. cap. 7. Petronii, Lucani σύγχρονος, simile iudicium hæc ex *Satyrico* eius continent: *Ecce* Belli civilis *ingens opus: quisquis attigerit, nisi plenus literis, sub onere labetur. Non enim res gestæ versibus comprehendendæ sunt, quod longè melius historici faciunt; sed per ambages deorumque ministeria, & fabulosum sententiarum tormentum præcipitandus est liber spiritus, ut potiùs furentis animi vaticinatio appareat, quàm religiosæ orationis sub testibus fides.* Eleganter quidem. Cui de Lucani opere iudicio assensit Iornandes in libro *De rebus Geticis*, plus historicum, quàm poetam vocans: Ioannes Saresberiensis lib. 11. *Polyeratici* cap. 19. novioresque alii à Barthio laudati *Adversar.* lib. 53. cap. 6. & ad lib. *Thebaidos* 3. vers. 426. Idem in animadversionibus ad Statii carmen de Lucano iam toties laudatum [b] Pharsaliam censet *densitate sententiarum & acuminum laborare; quod si elaborare eam potuisset* (ait) *auctor, utique à vera poesi, heroica quidem & Romana, propiùs distaret. Nec absonè iudicaturum* (addit) *qui longam eam satyricam tragœdiam dixerit, hexametris conceptam, ne planè vulgò talis haberetur.* Alibi in eisdem animadversionibus ingenii acumen laudans, iudicium in tota operis œconomia non æqué, *quæ talia sunt* (ait [c], Lucani carmina de fama quædam è libro primo laudans pulcherrima) *ut felicitatem naturæ facilè asserat, modò iudicium in toto opere concinnando minus esset iuvenile.* Postponit idem alio loco [d] Martiali & Statio Papinio Lucanum, quamquam uterque in gratiam Pollæ eius quondam uxoris vehementer eum laudaverint.

208. Nec defuere tamen olim inter æquales, quorum alia esset de Lucani poetica laude sententia. Martialis festivè concepta hæc legitur [e]:

Sunt quidam qui me dicunt non esse poetam;
Sed qui me vendit bibliopola putat.

Au-

[x] Ad hunc Statii versum 74. carm. 7. lib. 2. *Silvar.*

[y] Inter eius opuscula pag. 227.

[z] Lib. 10. *Institut. orat.* c. 1.

[a] Vers. 281.

[b] Lib. 2. *Silvar.* 7. v. 1.

[c] Ad lib. 5. *Theb.* v. 694.

[d] Lib. 2. *Silvar.* 7. v. 1.

[e] Lib. 14. epig. 194.

Auctorque ipse dialogi *De caussis corruptæ eloquentiæ* [f], qui existimatur Quintilianus esse, Virgiliano atque Horatiano sacrario, quatenus ad poeticum decorem attinet, minimè Lucanum arcet. *Exigitur iam ab oratore* (ait) *poeticus decor, non Accii aut Pacuvii veterno inquinatus; sed ex Horatii, & Virgilii, & Lucani sacrario prolatus.* Et ore quidem rotundo edita illa sunt Valerii Martialis [g], Statiique Papinii [h], obnoxieque forsan dicta in gratiam Pollæ Argentariæ Lucani relictæ, feminæ clarissimæ: quæ tamquam ob adulationem intolerabilia à nonnullis taxantur. Ursit hinc post Floridum Sabinum [i] acrior eo Barthius [k] poetam suum Statium, quem tamen ab accusatione tueri Daniel Heinsius [l] conatus est. Quæstionem hanc de Lucani poesi aliis solvendam relinquo. Videri possunt Barthius lib. 23. *Adv.* cap. 28. Iulius Cæsar Scaliger lib. 1. *Poetices* cap. 2. Vossius *De Hist. Latinis* lib. 1. cap. 26. & lib. 1. *Instit. poeticarum* cap. 7. §. 2. Cælius Rhodiginus lib. 7. *Var.* cap. 4. ac de Lucani laudibus Ianus Rutgersius lib. 6. *Variorum* cap. 9. in fine.

209. Sed ut non prætermittamus de Polla Argentaria quod è re sit notare, diversa quidem videtur ea esse à Polla coniuge Pollii, cuius villam Surrentinam idem Statius lib. 2. *Silvarum* descripsit. Aliter enim de Polla ista Papinius loquitur, quam de vidua Lucani, atque ætatis, ut credere par est, provectioris femina, cui parum conveniebat iuvenilis gratiæ commendatio, videtur loqui potuisse. Potioribusne innituntur argumentis, qui Pollam Lucani credunt Statio Papinio post prioris viri mortem nupsisse? Nam quò alio pertinent è *proœmio* eiusdemmet secundi *Silvarum* libri ista? *Excludit volumen Genethliacon Lucani, quod Polla Argentaria, carissima uxorum, cùm hunc diem fortè consecraremus, imputari sibi voluit.* Aut quomodo explicabimus Apollinaris Sidonii è *Carmine* 23. sive *Narbone* [m] hos versus?

Quid quos duplicibus iugata tædis
Argentaria Polla dat poetas?

Ad quem locum Ioannes Savaro bis nupsisse Pollam admittit poetis duobus, Lucano & Statio, sicut & Sirmondus, atque olim Baptista Pius [n]. Sed si audeamus imputare Sidonio errorem alium, ei errori quem in distinguendis Senecis admisit parem, exsolvemus haud ægrè nos ab hoc posteriori Pollæ matrimonio. Videtur quidem mihi Sidonius ab illis Papinii verbis deceptus tale quid existimâsse. Atqui epistolæ illius verba planissimè sic accipienda sunt, ut vel *carissima uxorum,* Lucani defuncti coniugis respectu, hoc est, quæ marito dilectissima fuit, Polla audiat; aut cum auctoritate quorumdam codicum [o], quomodo & alicubi excusum est [p], *clarissimam uxorum* subrogemus. Etenim necesse est quomodocumque hinc emergere; nam de Statio Papinio certi sumus, Claudiam ab adolescente ductam, in senium etiam iam vergenti, & postquam reliquit urbem atque in patriam secessit Neapolim, superfuisse uxorem: id quod ex *carmine* [q] ad eandem his docemur versibus:

——— *Etenim tua (nempe benigna*
Quam mihi sorte Venus iunctam florentibus annis
Servet & in senium) tua, quæ me vulnere primo
Intactum thalamis & adhuc iuvenile vagantem
Fixisti, tua frena libens docilisque recepi.

Rectè ergo Barthius, qui *Adversarior.* lib. 160. cap. 4. adhuc inedito, forsanque per Christianum Daumium [r], aliumve aliquando in lucem edendo, alteras Pollæ has nuptias consutare se ait etiam in publicatis postumis ad Statium Animadversionibus [s] contra Sidonii doctissimos interpretes Savaronem & Sirmondum: existimans feminæ clarissimæ & generosissimæ gratam rem facturos, forteque Lucani demortui amici memoriæ hoc dantes, celebrâsse tam hunc Papinium, quàm Martialem, poetæ diem natalitium: Papinium quidem *Genethliaco* isto, Martialem verò tribus *Epigrammatis* [t] ad Pollam directis.

210. Ceterum quod cœpimus colligere de Lucani Pharsalia minùs favorabiliter dicta, videtur confirmare auctor *Vitæ* in adductis suprà his verbis: *Reliqui enim septem* (aut *decem*, ut nos existimamus) Belli civilis *libri locum calumniantibus tamquam mendosi non darent* (hoc est si auctor non ita immatura morte esset occupatus), *qui tametsi sub vero crimine non egent patrocinio. De iisdem dici quod in Ovidii libris præscribitur, potest: Emendaturus, si licuisset, erat.* De quibus tamen diximus & tunc, quid Barthio displicuerit. Petronius quoque Arbiter in eius æmulationem videtur fragmen illud seu *Specimen*, quomodo vocat, *Belli civilis*, satyrico suo intexuisse: veluti paratum se in comparationem venire significans. Ab aliis tamen ingenti donatur atque illimitata laude. Quid enim præstantius & argutius de eo potuit, quàm quod Martialis dixit?

Hæc est illa dies, quæ magni conscia partus,
Lucanum populis, & tibi Polla, dedit.

[f] Cap. 20.
[g] Lib. 7. ep. 20. 21. 22.
[h] In *Genethliaco* iam laudato v. 31. 35. & 39.
[i] Lib. 2. *subcis. lect.* cap. 20.
[k] Ubi proximè ad initium.
[l] Lib. *De Constit. Tragœdiæ*, ab eodem Barthio adductus.
[m] Vers. 166.
[n] Ad lib. 2. *Sidon.* ep. 10.
[o] Lindenbrogius vidit.
[p] In Argentinensi editione Grasseri.
[q] Lib. 3. Silvar. 5.
[r] Promisit is in prooemio editionis *Animadvers. in Statium.*
[s] Ad *epistolam* lib. 2. *Silvar.* nuncupatoriam, & ad lib. 2. carmen 7. v. 1. & 35.
[t] 20. 21. 22. lib. 7.

Heu! Nero crudelis, nullaque invisior umbra,
Debuit hoc solum non licuisse tibi.

Statius Papinius Pharsaliam videtur, ut monuimus, *Æneidi* haud postposuisse. Quam ob rem atque etiam ob id quod præposuerit Lucanum Senecæ, impatientissimè à Barthio tractatur [u]: qui nec dubitavit Lucano Martialem, ipsumque Papinium præferre, uti iam diximus [x]. Meminisse tamen debuit poetam à fingendo dici, atque Homeri munus esse ornare suum Achillem.

[u] Ad *Genethl. Lucani* v. 31. & 35. & ad Willelm. Briton. lib. 9.

[x] Lib. 53. *Advers.* cap. 6. & *ad Genethl.* principium.

211. *Optimum* quidem *poetam* Orosius in proœmio lib. 6. *Historiarum*, sicuti & *doctissimum poetam* Ioannes Saresberiensis in *Polycratico* [y], ac *divino ingenio præditum* vocant. Nec discedunt ab hoc iudicio noviores Farnabius, Schotus, Dempsterus, atque ipse Barthius, cui alio loco [z] est Lucanus *poeta magni ingenii, neque vulgaris doctrinæ, spiritus verò prorsus heroici;* magnaque semper fuisse auctoritate, præcipuè apud Philosophos dicitur, *propter grave, nervosum, & acutum, vibransque & penetrabile sententiarum pondus, quibus universa eius oratio mirificè floret: adeo ut in eo genere parem nunquam ullum habuerit.* Idem tamen paulò pòst quantum friget in Lucani laudibus! Siquidem postquam Virgilio, cui Lucanum conferri ut vidimus valde indignatur, *ingenium, iudicium, nervos, eloquentiam, candorem, sublimitatem, genium* denique *ubique divinum* tribuisset: è contrario in Lucano non aliud nisi *vehementiam* agnoscit, *eruditionem* verò *mediocrem* (*præeruditum* alibi vocat [a] parùm constanter), *eloquentiam corruptam, naturam immodicam, iudicium ambiguum, nervos audaciores quàm firmiores, candorem vix agnoscendum, sublimitatem affectatam, genium temerarium potiùs quàm prudentem aut circumspectum.* Quas acerbitates extenuare aut diluere vix possunt quæ ibidem sequuntur: *Quæ tamen nonnisi comparatione Virgilii prolata volo; scio enim quàm pauci sunt alii, qui Lucani etiam vitia suis virtutibus sint assecuti.* Nempe, ut Plautinum proverbium est, Barthius

[y] Lib. 2. c. 19.

[z] Lib. 53. *Advers.* cap. 6.

[a] Lib. 23. *Advers.* cap. 28.

Altera manu fert lapidem, panem ostentat alterâ.

Sed revera inæqualitatem Poetæ, ac sine modo quandoque impetum, *hostem* scilicet *maximum eius temperamenti quod in uno omnino Marone & admirabile est & divinum*, accusat Iulius Scaliger in *Poetica* [b]. Similem quoque eum equo indomito incompositè saltanti, aut militi validissimè intorquenti hastam parum tamen consideratè & attentè, dicit Gyraldus, cetera in laudes ingenii eius effusus, dialog. 4. Vide etiam Philippum Brienium [c]. Nullam Astronomiæ in eo peritiam, quamvis importunè sæpius rerum cælestium mentionem interiiciat, agnoscunt alter Scaliger [d] Barthiusque [e]; quantumvis *astrorum & philosophiæ doctissimus* à Nicolao de Clemangis [f] audiverit. Franciscus tamen quidam Insulanus procurator Parisinus *Apologiam pro Lucano Mathematicam* adversus Scaligerum edidit Parisiis MDLXXXII. in 4°. [g] Qui quidem Scaliger hoc scriptum aliudve significare volens in *Prolegomenis ad Manilium*, non hoc tantùm auctore confutato, sed & Hispano alio, quem absque nomine *summa eruditione & acerrimo iudicio* virum vocat (1), reprehenso: iterum in Lucanum, atque acriùs insurgit, erroresque eius in Astronomia Geographiaque, immo & in historia commissos veterem causam agens colligit. Noster autem D. Franciscus de Quevedo politica & militaria Lucani monita non parum commendat post hæc laudata carmina:

——— *Fatis accede deisque,*
Et cole felices, miseros fuge.

Siempre (ait) *hé leido esto de buena gana, y á este admirable poeta (niégueselo quien quisiere) con atencion en lo politico y militar, preferido á todos despues de Homero.* Nec prætereunda sunt duo circa *Pharsaliam*: certane quî sciam? Lucanum à Polla in eo opere conficiendo adiutum; deinde priores septem versus Senecæ patrui esse, cum Lucanus ab eo

Quis furor ô cives?

exor-

[b] Lib. 3. cap. 27.

[c] *De poetis Latinis* lib. 3. ante opus *Acutè dicta poetarum.*

[d] Lib. 1. ep. 3.

[e] Lib. 53. c. 6.

[f] Epist. 5.

[g] Meminit Paulus Colomesius in Gallia Orientali pag. 117. & in opusc *Clavis epist. Scaligeri* pag. 146.

(1) Inter tot præstantes in Hispania Iosephi Scaligeri ævo doctrina atque eruditione viros, non facile divinare est quem Noster suppresso nomine designaverit. Videtur autem alterum esse è Lucani aut Manilii illustratoribus. Scaligeri hæc sunt (*proleg. in M. Manil.*): *Hic sub Ammone sive sub Tropico, cum librata dies meridiem facit, nulla umbra iacitur. At ultra Ammonem sive Tropicum in Noton umbra cadit. Hæc est mens Astrologiæ Lucani. Quam quum Hispanus quidam summa eruditione & acerrimo iudicio à nobis castigari vidisset, is ut popularem suum defenderet, atque ab eo tantum ἀπόσπασμα deprecaretur, illustri facinore rem explicatam dedit. Nam sex posteriores versus traiicit post secundum: ut versibus prioribus de Tropico Cancri agi velit tantum; reliquis de sphæra recta. Sed homo acutissimus non assecutus est sententiam horum versuum &c.* Quæ nos acrius ut eum in lucem proferremus stimulabant. Et propendebamus in Ferdinandum Nonnium Pincianum, Petrum Ioannem Nunnesium, Petrum Ciacconum, Hieronymum Munnozium, qui affinis argumenti lucubrationes ediderent; memineratque paulo ante Scaliger *Ioannis* cuiusdam *de Rojas* inter eius ævi Mathematicos qui Manilium legerant; sed ipsa nominis eius professio suspicionem ab eo removet. Viderint quibus sit plus otii.

exorsus esset. Hactenus de Lucani ob scriptam *Pharsaliam* apud latinitatis & poeticæ artis amatores existimatione ac merito.

212. Tribuuntur quoque ei duo alia à superioribus diversa opera. Nempe quòd *De Phasi* fluvio scripserit: cuius rei mentionem apud unum Iacobum Philippum Bergomensem in *Supplemento historiarum* [h] legimus. Ceteri altum tacent; quare nec nos facilè credimus. Alterum est *Panegyricus ad Calpurnium Pisonem*, sive *Catalecton de laude Pisonis*: quomodo præ se in libro fert quem vidit Scaliger. Si nostri est, erit & (uti aiunt) Calpurnius Piso ad quem dirigitur, is qui adversus Neronem, advocato ad partes infeliciter poetâ & panegyristâ ipso, propriam sibi accelerans necem rebellavit. Planè Ovidio aut Lucano à pluribus adscribi solet [i], à quibusdam [k] verò affirmatè Lucano abiudicari; & utrimque causæ sunt. Pro Lucano, ferè omnia quæ panegyrista Pisoni suo attribuit, ea C. Pisoni Neronianæ coniurationis auctori Cornelius attribuit Tacitus (1).

[h] Fol. 128. ubi de Lucano.

[i] A Carolo Sigonio lib. 3. *De iudiciis* c. 28. & in editionibus Scaliger, Pithœus, Iunius, laudati à Barthio ubi proximè infrà.

[k] Barthio lib. *Adver*. 49. cap. 7. qui Lipsium laudat, & lib. 21. cap. 2.

213. Prætereo generis nobilitatem genti communem, *facundiam tuendis civibus* (ait ille [l]) *exercebat*: multus quidem est poeta in celebranda eius forensi eloquentia; nam inter alia:

Sed quæ Pisonum claros visura triumphos
Olim turba vias impleverat, agmine denso
Ardua nunc eadem stipat fora, quum tua mœstos
Defensura reos vocem facundia mittit &c.

[l] Lib. 15. *Ann*. 48. & ad Statii lib. 2. *Silvar*. 7. v. 54. Item Gisberto Cupero lib. 3. *Observat*. c. 1.

Sequitur apud Tacitum, *largitionem adversus amicos, & ignotis quoque comi sermone & congressu*. Poeta & liberalitatem prædicat:

Quis tua cultorum iuvenis facunde tuorum
Limina pauper adit, quem non animosa beatum.
Excipit, & subito iuvat indulgentia sensu?

Aderant etiam fortuita (subdit Cornelius) *corpus procerum, decora facies*. Panegyricus similiter:

Sed super ista movet plenus gravitate serena
Vultus, & insigni præstringit imagine visus.

Facit & Lucani adolescens ætas, ut credamus hæc illum de se dixisse, quæ sunt in *Panegyrico*:

Est mihi, crede, meis animus constantior annis,
Quamvis nunc iuvenile decus mihi pingere malas
Cœperit, & nondum vicesima venerit ætas.

214. Sed contra Lucanum & Pisonem istum alia obnituntur ex eodem *Carmine*. Nam vix Lucanus, Melæ filius, Senecæ, qui auctoritate & opibus tunc maximè florebat, ex fratre nepos, humilem sibi domum tenuemque fortunam, provocandi erga se Pisonis favoris causâ, tribuisse credendus est. Conveniunt potiùs egeno ignobili atque emergere nitenti poetæ, quæ sequuntur carmina:

Tu nanti protende manum, tu Piso latentem
Exsere: nos humilis domus, & sincera parentum,
Sed tenuis fortuna, suâ caligine celat.

Id quod post hæc scripta observatum vidi à Gisberto Cupero *Observat*. lib. 3. cap. 1. Nec Pisoni adaptantur, nunquam Consuli, quæ de consulatu manifesta sunt in Panegyrico:

Quis dignè referat, qualis tibi luce sub illa
Gloria contigerit, quâ tu reticente senatu,
Cùm tua bissenos numeraret purpura fasces,
Cæsareum grato cecinisti pectore numen.

Cadit ergo, vel solo ex hoc loco, directum poema C. Pisoni huic fuisse Neroniani temporis, & consequenter Lucani auctoris esse.

215. At Calpurniæ gentis quos Consules habuit post obtentam ab Augustis rempublicam Romanum imperium, usque ad Pertinacis ac Severi tempora, hos novimus:

Sub AUGUSTO ANNO URBIS DCCXXX. CN. CALPURNIUS, CN. filius, PISO, cum Augusto XI. Consule, cuius meminit Tacitus lib. 2. *Annal*. 43. Dio lib. 53. in fine.

ANNO DCCXXXVIII. L. CALPURNIUS, L. fil. PISO, cum M. Druso.

ANNO DCCXLVI. CN. CALPURNIUS, CN. filius, CN. nepos, PISO, cum Tiberio. Is filius est eius, qui cum Augusto Consul fuit, de quo & meminit Tacitus eodem lib. 2. cap. 43. & de hoc consulatu lib. 3. cap. 16. Occîdit se hic sub Tiberio, relictis CN. & M. Pisonibus.

Sub TIBERIO ANNO DCCLII. L. CALPURNIUS, CN. fil. PISO, cum Cosso Lentulo. Hic videtur Lucius Piso à Tacito laudatus lib. 3. cap. 11. & 68. qui Præfectus fuit urbi & Pontifex, obiitque octogenarius sub Tiberio. Tacitus lib. 6. cap. 10.

ANNO DCCLXXIX. L. CALPURNIUS CN. filius, CN.

(1) Præcipue verò lib. XXVII. cap. 13. quo loco rem ex professo tractat. En eius verba: *Carmen quod in Pisonis laudem habemus, minime omnium Lucani per communes sensus esse potest: quicquid aliis dicatur, aut è semibarbaris scripturis producatur*. Pergitque id non improbabilibus rationibus confirmando.

CN. nepos, Piso, cum M. Licinio Crasso. Hic Lucius idem est cum CN. Pisone, CN. Consulis anno DCCXLVI. quem occisum à se ipso diximus, filio. Mutavit quippe prænomen ex sententia Cottæ Consulis, quum damnatus fuit pater, auctore Tacito lib. 3. cap. 17.

Sub NERONE ANNO DCCCIX. L. CALPURNIUS L. filius, L. nepos, PISO, cum Nerone ipso II. cuius consulatûs Tacitus mentionem habet lib. 13. cap. 28. & 31.

Sub M. ANTONIO PHILOSOPHO ANNO CMXXVII. CALPURNIUS PISO cum M. Salvio Iuliano.

216. Planè si Ovidius auctor carminis fuerit, Cneum Calpurnium illum Pisonem alloqui potuit qui Augusti collega fuit in consulatu, aut Lucium qui Marci Drusi. Hi quidem duo Pisones videntur ad quos misit libellum suum *De arte poetica* Horatius. Quamvis mentio in Panegyrico isto de eodem Horatio & Virgilio & Mæcenate facta, posteriorem aliquantò sapiat ætatem. Si Lucanus fuerit auctor, nulli alii componere eum possumus quàm L. Calpurnio, qui anno DCCCIX. cum Nerone fuit Consul; videturque filius Lucii Calpurnii alterius fuisse qui anno DCCXXXVIII. Marci Drusi collega fuit; nam & huius patri & Lucii, de quo agimus Calpurnii avo, *Lucii* prænomen dant Capitolinæ tabulæ. Conveneritque optimè, si hoc sequi placeat, ætas nondum vicenaria poetæ cum istius consulatûs anno, quo verè ætatis undevicesimum agere Lucanum oportuit, qui DCCCXVII. Coss. Silio Nerva & Attico Vestino, ætatis suæ vicesimoseptimo, quod ex Vita discimus, occubuit. Nondum tamen persuaderi possum Lucano excidisse tam de se ac domo sua vilem & abiectam existimationem continentia verba.

217. Absoluta eius *Vitæ* Lucani, quam credimus à Suetonio scriptam, non indiligenti paraphrasi: præter id quod de altera illa, quæ incipit *Annæus Seneca è Corduba Bæticæ*, & supra monitum fuit: adiungere non inutile erit, legi & in quibusdam editionibus fragmentum, sive desumtam ex dimidiato codice (ut præsefert vetustissima quædam anni MCDLXXVII.) particulam ad poetæ vitam pertinentem. Principium est: *Prima ingenii experimenta*, & finis: *Epulatusque largiter brachia ad secandas venas præbuit medico.* Adiunguntur in diversis aliis editionibus formatæ à Ioanne Sulpicio, Petro Crinito, & forsan aliis, Vitæ.

218. Restat de illustratoribus atque editionibus *Pharsaliæ* (quandoquidem cetera periêre) nostro more, quæ comperta habemus, annotare. Scholiastes quidem antiquus Lucani apud Barthium fuit, cuius ipse meminit ad *Thebaidem Statii* Variis [m] locis, & apud *Guilielmum Britonem* [n]. Exstat & in Vaticano codice MS. 5989. Anonymi in Lucanum commentarius, qui hos versus apposuit:

Confer opem famulo Sancta Maria tuo.
. . . . . . Romæi genuit Florentia motum
Pandere nunc scripto Lucanus quod sonet isto.
Hæc quoque . . . . regino sanguine cretus,
Compater iniunxit precibus, dilectio iussit.
Id quoque Ioannes mihi ò dulcissima proles.

Incipit commentarius: *Exortum est in tenebris*, &c. & quidem notæ bene antiquæ, ut etiam ex carmine isto sæculi planè barbari apparet. At verò Lucanus quo anno aut quo loco primùm formis excusus sit, certè dicere non ausim. Videtur autem princeps mihi Romana illa editio, quam procuravit recognovitque Io. Andreas Aleriensis Episcopus MCDLXIX. in folio, quam principem ceterarum iudicabat Gronovius [o], esseque in bibliotheca Regia Parisiensi monet Labbeus in *nova biblioth. MS. supplem.* 2. [p] Visitur quoque ea in libris vaticanis editis ex loculo sive armario 28. Nuncupavit is Paulo II. Papæ hunc suum Lucanum, addiditque Poetæ *vitam* auctore Pomponio Infortunato. In qua inter alia legitur: *Pharsaliam non finivit, cuius primos tres libros cum uxore correxit: quos inscitiâ depravatos cum reliquis septem Ioannes Andreas Antistes Aleriensis diligentissimè nostro tempore emendavit, rogantibus Conrado & Arnoldo, qui ne lingua Romana pereat, libros laudabili inventione imprimunt.*

In fine legitur:

Hoc Conradus opus Svveynheym ordine miro
Arnoldusque simul Pannarts unâ æde colendi
Gens Theotonica Romæ expediêre sodales,
MCDLXIX.

Unde magis confirmor in ea opinione, ut antiquissima hæc sit Lucani editio (1). Vene-

[m] Pag. 38. 66. 638. 1065.

[n] Lib. 3. pag. 195.

[o] Vide *Diatribem* eius ad *Statium* folio 160.

[p] Pag. 350.

(1) Princeps proculdubio omnium ea est Romana 1469. testibus Ioann. Alb. Fabricio *Biblioth. Lat.* II. 10: Auctore catalogi librorum Ducis de la Valliere n. 2508. & aliis. Maittairius *Annal. Typogr.* T. I. (al. IV.) *part. I. pag.* 14. eam numerat in libello supplici Conradi Sweynheymii & Arnoldi Pannartz Typographorum nomine Sixto IV. Pont Max. 20. Martii 1472 oblato; ac CCLXXV. non pluribus exemplis constitisse ait.

neta quidem cum Omniboni Vicentini commentariis anno MCDLXXV. principem illam fortè secuta est. Atque ea quidem anno etiam MCDLXXVII. apud Guerinum, & anno MCDLXXXVI. apud Nicolaum Battivonem Alexandrinum in eadem urbe edita. Omnibonus Leonicenus Vicentinus claruisse dicitur circa annum MCDXX. scripsisseque etiam in Ciceronem, Quintilianum & alia. In Lugduno-Batavæ bibliothecæ libris Lucanus est cum antiquis commentariis MCDLXXXVI. & item cum duobus commentariis Venetiis MCDXCVIII.

219. Hoc ipso tempore Baptista Guarinus Veronensis in Lucani Pharsaliam, Gesnero auctore, commentatus dicitur: is nempe Guarinus de quo legendus est Lilius Gyraldus eius discipulus [q]. Aldinam vidimus editionem unà cum Catullo, Tibullo, & Propertio, & Aldi eiusdem epistola ad M. Ant. Maurocenum equitem Venetum anni MDII. in 8.° Ioannes Sulpicius Verulanus, *explicationis* titulo usus, commentariis aliis locupletavit poetam nostrum, quæ quidem instruxere Venetam duplicem editionem: alteram MDV. quam Gesnerus idem laudat, alteramque ex officina Augustini de Zanis anno MDXI. in folio emissam; tertiamque Argentinensem MDIX. in 4.° Ioannis Sulpicii tempore sua in literis merita retulere in commentarios suos Lilius idem Gregorius Gyraldus *De poetis* sui temporis dialogo 1. Sabellicus *De latinæ linguæ reparatoribus*, Gesnerusque in *Bibliotheca*, & alii. Editionem item aliam Mediolani procuràsse apud Leonardum anno MDVIII. Hyacinthum Arpinum lego in Andreæ Rossoti Syllabo *Scriptorum Pedemontanorum & Sabaudorum*. Anno item MDXI. Parisiis edita sunt Iacobi à Cruce Bononiensis *annotata in Ovidium*, *Virgilium*, *Persium*, *Lucanum*, *Papinii Silvas*, *Senecæ Tragedias*, *Horatium*, *Martialem*, *Silium Italicum*, *& alios* apud Ascensium, in folio. Anno verò MDXII. Parisiis prodiit in 8.° *Pharsalia cum familiari & perlucida annotatione* Petri de Ponte Brugensis cæci, cuius ex aliis quoque similibus monumentis, bibliothecæ Belgicæ auctores Swertius & Andreas meminere.

[q] Dialog. 1. *de poetis sui temporis*.

220. Post biennium lucem vidit copiosior aliis poetæ nostri atque eius scholiorum sylloge, nempe idem Pharsaliæ opus *recognitum à G. Vercellano cum commentario Ioannis Sulpicii* antea laudati, Philippi Beroaldi Bononiensis, è primis Scriptorum veterum ex quo renata hæc studia sunt illustratoribus, Iodoci Badii, & annotatis ab Antonio Sabellico, Iacobo Bononiensi, qui & in Sallustium commentatus est, Beroaldo, & Baptista Pio ex annotationibus prioribus & posterioribus, quas in varia priscorum auctorum fecit loca. Parisiensis omnia hæc continet anni MDXIV. editio quæ repetita est, nihilo demto, Mediolani in officina Io. Angeli Scinzenzeler MDXXV. Aldinam vidimus Lucani tantùm operis, M. Antonio Mauroceno Veneto equiti nuncupatam, anni MDXV. in 8.° Anno autem MDXIX. Thomas Guichardus Rhodius Tolosæ habuit orationem in conventu illius Academiæ in Pharsaliam, quæ edita est per Ioannem de Guerlias eodem anno. Lugdunensem Gryphii MDXXXIV. in 8.° MDLI. in 8.° & in 16.° MDLXIX. in 16.° Venetam Iacobi Iuntæ anni MDXXXV. in 8.° Coloniensem Gymnici MDXXXVII. Venetam aliam Aldi nescio cuius temporis: Parisiensem Stephani MDXLV. in 8.° sine ullis Notis omnes laudari video; pariter atque alias, Basileensem anni MDLI. cum annotationibus Henrici Glareani, quem sæpius laudat Hortensius mox dicendus; item cum similibus annotationibus Iacobi Micylli Francofurti MDLI in 4.°: Parisiensem cum *Notis* Iacobi à Cruce, & Ant. Coccii.

221. Lambertus deinde Hortensius Batavus explanationes luculentas in idem poema Basileæ apud Henricum Petrum vulgavit anno MDLXXVIII. in folio, unà cum Sulpicii commentariis. Et quidem Hortensius has suas lucubrationes præ aliis omnibus habuisse videtur; siquidem anno MDLXXII. cùm Narda Hollandiæ urbs, in qua profitebatur, armis Philippi Regis à Frederico Albano occupata esset: relictis ceteris omnibus, uti refert in *Bibliotheca Belgica* Valerius Andreas, id solum quod in Lucanum elucubraverat secum auferre conatus fuerit. Et tamen omnino alio recensitore, quàm Lambertus est hic Hortensius, poetam habere opus censet Barthius in Animadversionibus ad Statii Thebaidem [r]. Theodorus item Pulmanus diligens & industrius ille veterum auctorum corrector, in aliis & Lucanum operâ suâ iuvit, & cum accurato indice Antuerpiæ in Plantiniana officina anno MDLXXVII. rursusque MDXCII. in 16.° edidit. Bersmanni aliam non indiligentem laudat editionem Barthius lib. 58. *Adversf.* cap. 9. Ea prodiit Lipsiæ MDLXXXVI. in 4.° & MDLXXXIX. in 8.° Et Parisiis, ut audio, Bersmannus notus affatim est ex editionibus Virgilianâ & Ovidianâ, laudaturque à Franc. Modio *Novantiquar. lect.* epist. 63. 83. & 96. Scioppio *Susp. lect.* lib. 5. cap. 8. Bersmanniana hæc editio, Notis ad oram illustris, addidit Notas in pri-

[r] Lib. 10. v. 910.

primum lib. Ioach. Camerarii, & in totos decem Micylli; item in Lucani Panegyricum ad Pisonem Iof. Scaligeri Not. ab Hadriano Iunio priùs restitutum.

222 Inde Hugo Grotius Notas suas in eundem poetam, retento Pulmaniano indice adiunctisque variis lectionibus, Lugduni Batavorum anno MDCXIV. in vulgus emisit. Iterumque MDCXXVI. in 4.° apud Ioan. le Maire, & Amstelodami ex officina Elzeviriana MDCLI. in 24.° Hanc omnes ad suum usque tempus pro emendatissima habuere docti viri, uti Vossius in *Arte gramm.* lib. I. *De analogia*, Rutgersius lib. I. *Var. lect.* cap. 12. & lib. II. cap. 18. Schrevelius in prooemio suæ editionis Lugduno-Batavæ de qua infrà, aliique innumeri. Quas, credo, secutæ sunt marginales Farnabii Notæ cum Pharsaliæ opere ipso sæpiùs, & Francof. in 8.° MDCXXIV. & tandem cum Grotianis MDCXLIII. & MDCLXV. in 12.° Amstelodami typis commissæ. Cornelius Schrevelius demum Leidensis professor, spectatus toties in hac palæstra edendorum cum selectissimis Notis auctorum veterum, adornavit ultimam, quod sciam, Lugduno-Batavam anni MDCLVIII. in 8.° editionem typis Francisci Hackii, cum integris Notis Grotii & Farnabii, selectissimisque Hortensii, Sulpicii, veterum interpretum; necnon & Claudii Salmasii, & Ioannis Frederici Gronovii, nempe ad Grotianæ exemplum, cum eiusdem Grotii variis lectionibus & Pulmani Indice.

223. Sunt & aliæ editiones, Raphelengiana MDCXII. in 24.° Colinæi, quam plures laudant, & in corpore, atque item in choro poetarum Latinorum. Præter hos Lucani scholiastas meminisse haud iniquum est Zoni, vel Cioni Florentini, cuius cum prolixis commentariis in bibliotheca regia Parisiensi, si Labbeo credimus, uti & in S. Laurentii Florentiæ (quod ex Antonio Magliabecho, viro eruditionis atque industriæ singularis, & cui observationes nostræ plurimum debent, amico nostro, istius urbis cive, magnique Etruriæ Ducis bibliothecario novimus) Pharsalia exstat manu exarata. Adhuc tamen post tot virorum doctorum curas Lucanus eget interprete, qualem Barthius alicubi [s] desideravit, solerte & acuto, qui rem seriò agere velit: quo applicare animum aliquando idem Barthius promisit [t]. Speratur quidem in Lucanum aliquid optimæ notæ ab erudito viro Ezechiele Spanhemio, (utinam nostro (1)) quem Romæ olim vidimus, quum priores suas *De usu & præstantia veterum numismatum* curas in hac urbe publicavit.

[s] *In Statium* lib. I. *Silvar.* 4. v. 91. & lib. 6. *Theb.* v. 827.

[t] Ad lib. 4. *Theb.* v. 727.

224. Qui verò interpretati sint poetam in vulgares linguas multos habemus. Gallicam interpretationem iam ab anno MD. editam Parisiis fuisse Labbeo [u] atque Draudo [x] credimus. Exstat recens illa Michaelis de Marolles Abbatis de Villeloin plurium Latinorum poetarum interpretis, prosaica sæpiùs edita, cuius ipse in opere *De vita sua*, quod *Les memoires* inscriptum voluit, non uno loco meminit [y]; & altera metrica Domini de Brebeus laudata à C. Sorellio in *Bibliotheca Gallica* [z], & forsan ab eodem de Marolles in prologo suæ versionis, quam Parisiis anno MDCLV. editam vidimus. Italica non una est. Anonymus circa annum MCCCX. aut circiter in Florentinam linguam convertit poetam: quæ magni habetur versio ob linguæ puritatem, & inter eos libros, quorum auctoritas præcipua est in stili ratione, venit ab auctoribus *Vocabularii* linguæ *de la Crusca*, hoc est, Tuscæ, annumeratus: cuius auctorem esse putat Zucharum Bencivennium eques Salviatus [a]. Exstat & *Lucani liber editus in Vulgari sermone, metrico tamen, per Rever. Patrem & Dom. L. Cardinalem de Montichiello.* Ita enim editum est Mediolani apud Cassanum à Montegazzi anno MCDXCII. in 4.°: quam editionem servari Vintimigliæ in Angelici Aprosii Augustiniani bibliotheca legimus [b]. Nostro. hoc & superiori sæculo interpretationes suas versibus, ut vocant, solutis, hoc est liberè desinentibus, factas edidere, cùm Iulius Morigius Ravennæ MDLXXXVII. in 4.° teste mihi Andrea Rossoto [c]; & F. Albertus Campana Florentinus, Dominicanus, sacræ scripturæ professor Patavinus (cuius quidem Iacobus Gaddius [d] & Io. Philippus Thomasinus [e] cum laude meminere) qui Venetiis edidit anno MDCXL. apud Sarzinam in 12.°: tum Paulus Abrianus ibidem MDCLXVIII. apud Io. Iacobum Hertz in 8.° Gaddius item & Andreas Rossotus [f] Ioannem Mariam Vantum Bononiensem formâsse aliam octonariis rhyth-

[u] In *Nova Bibliotheca Ms.* pag. 339.

[x] In *Catalogo officinali.*

[y] Pag. 55. 173. & 195.

[z] *Bibliotheque Francoise* cap. II.

[a] *Nelli Avvertimenti della lingua Toscana sopra il Decamerone del Bocaccio* vol. I. fol. 112.

[b] Refert Andreas Rossotus proximè laudandus.

[c] In *Syllabo Scrip. Pedemontii*, in *Andrea Valfredo.*

[d] *De scriptor. non Ecclesiast.* volum. I. in Lucano.

[e] In *Elogiis virorum illustrium.*

[f] In Syllabo in *Andrea Valfredo.*

(1) Quo nomine Auctor Ezechielem Spanhemium *nostrum* optet, nisi de Religionis negotio intelligamus, non facile divinare est. Isaacus Verburgius in eius vita præmissa T. II. de *præst. & usu numism. Edit Amstel.* 1717. eiusdem obitum, qui anno 1710. Novembri mense contigit, referens, *ex hac vita ad meliorem transiisse ait; neque eius pietatem & fidem in Deum & Iesum Christum sinere de ea re dubitare;* subdit tamen continuo: *licet nonnemo paulo post mortem Spanhemii scripserit, præter veram Religionem Spanhemio nihil defuisse*: quæ novam divinandi materiam præbent. In Lucanum autem nihil edidisse è Verburgii, qui alia Spanhemii opera recenset, silentio discimus.

rhythmis versionem, non tamen edidisse refert. Laudatur omnium ultimus ab Andrea Rossoto [g] inter sui Pedemontii scriptores, ipse quoque Lucani interpres, Andreas Valfredus I. U. Doctor, Braydensis: cuius interpretationis exordium *Bibliothecæ suæ Aprosianæ* [h] intexuit floribus Archangelus Aprosius Augustinianus sub fictitio nomine Cornelii Aspasii.

[g] In Syllabo pag. 46.

[h] Pag. 398. edit. Bonon. 1673. 16.

225. Hispani nostri poetam suum pro dignitate habuere. Nam soluta oratione opus Pharsaliæ vernaculum popularibus suis optimè reddidit Martinus Lasso de Oropesa, Francisco S. R. E. Cardinali Mendozæ viro doctissimo à secretis, Burgensis canonicus, edendamque postumam hanc versionem reliquit, quæ Burgis prodiit ex officina Philippi Iuntæ MDLXXXVIII. in folio; immo & priùs Antuerpiæ MDLXXXV. Metricam interpretationem habemus duplicem: alteram Hieronymi à Porres medici, cum annotationibus fratris eius monachi Hieronymiani regii Escurialensis cœnobii. Manuscriptam vidit D. Thomas Tamaius [i]. Altera recentior est poetæ magni D. Ioannis de Xauregui Hispalensis, quæ apud testamenti eius exsecutores reperta, edita demum typis fuit Matritensibus anno MDCLXXXIII. in 4.° Anglica necnon editio Londinensis Lucani in eam linguam conversi anni MDCXIV. in 4.° laudatur in *Bibliothecæ Bodleianæ catalogo*.

[i] Refert ipse in *Catalogo libror. Hispanorum*.

226. Inter Lucani rerumve à Lucano descriptarum illustratores nuncupari dignus est Ioannes Baptista Bellus Iesuita, qui è duabus diatribis, alteram *De mensæ & die victoriæ Pharsalicæ* Tolosæ edidit MDCXXXVII. in 8.° ut poetæ locum de hac re satis obscurum exponeret. Lucani MSS. codices quam plurimos existere in bibliothecis publicis & privatis, ipsa virorum doctorum monumenta qui iis quondam usi sunt aut eos viderunt, frequentissimè produnt, & bibliothecarum editi catalogi ostendunt [k]. In Vaticana quidem plura exemplaria vidimus, cum Notis etiam marginalibus aliqua, in quibus ferè omnibus ad imitationem Virgiliani tetrastichi quod afixum fuit initio magni operis, Pharsaliam præcedunt quatuor hi versus:

[k] In Magni Etruriæ Ducis unâ bibliothecâ volumina non minus 24. visuntur, ut ex eius constat Catalogo, pluteo 35. lib. latinor.

Corduba me genuit, rapuit Nero, prœlia dixi,
Quæ gessere pares, hinc socer inde gener.
Continuo nunquam direxi carmina ductu,
Quæ tractim serpant: plus mihi comma placet (1).

In ora cuiusdam libri legitur è regione *comma*, & pro eius declaratione, *discretio:* hoc est, ut existimo, auctorem carminis huiusce Lucanum excusare voluisse de versuum non uno ductu, sed divisionibus & commatis interruptorum frequentia: quam nemo reprehendit, quod sciam, in poeta solidorum ac teretum plerorumque carminum artifice.

CAPUT XI.

POMPONII MELÆ *ætas. Urbs eius natalis incerta ob eius Geographici operis corruptum, & à pluribus vexatum locum. Salmasii, Bocharti, Isaaci Vossii postremæ omnium emendationes. Tingi Hispana. Iulia Traducta. Melaria, seu Mela, urbs oræ Hispanæ.* MELONEM *pro* MELA *vocavit haud rectè Servius grammaticus.* Geographiæ *eius laudes, principis inter Latinos huius argumenti lucubrationis. Quinam de auctore bene olim meruerint in hoc opere illustrando, typis edendo, & in vulgares linguas convertendo.*

227. Ne separaremus Senecas, & in his Lucanum, retro habuimus POMPONIUM MELAM, quiquidem præcedere debuit hunc saltem ultimum, utpote Claudio Augusto æqualis. Ad huius enim Britannicam expeditionem à Suetonio [l] Tacitoque [m] memoratam referri illa debent, quæ de Britanniæ rebus breviter explorandis, iamque perviâ factâ istâ insulâ Principum maximo, cap. 6. libri tertii *Geographiæ* suæ scripta reliquit: quod primus observavit Ioachimus Vadianus, sequunturque Elias Vinetus, & nullus non ex recentioribus. Pomponium Hispanum ex Bætica provincia fuisse certius est, quàm unde domo fuerit; cùm eius testimonium in quo natale expressit oppidum, per Scriptorum manus corruptissimum ad nos pervenerit, & nescio an sanus vel nunc sit inter virorum doctorum tot manus, quos eruderandi hunc locum Melæque patriam asserendi cura solicitavit. Verba eius sunt ex fine capitis 6. libri secundi Hispaniæ interiorem describentis oram, uti habent antiquissimæ editiones: *In eoque Carteia, ut quidam putant, aliquando Tartessos; & quam transvecti ex Africa Phœnices habitant, atque unde nos sumus, cingenteratum, Mellaria, & Belo, & Besippo*, &c.

[l] Claudii vitâ.

[m] In *Agricolæ vita*.

I nem-

(1) Bina nobis Lucani exempla membranacea suppeditat Regia Bibliotheca Matritensis: alterum sæculi ut videtur XIII. ineuntis, alterum paulo recentius; utrumque tamen cum Anonymi commentario perpetuo. Laurentiana Escurialensis quaterna, nimirum *Lit. G. Plut. III.* num. 6. *Lit. M. Plut. II.* nn. 7. 8. & *R. Plut. III.* n. 23.

nempe qui latêre quicquam loci quem ſcriptura haud oſtendit, in verbo illo *cingenteratum* ſubodorati non ſunt : vel *Mellariam* in Melæ patriam, quæ ponè ſequitur, ex propinquo aſſumſere, quæ hodierno tempore nuſquam eſt (Hermolaum Barbarum intelligo, Ferdinandum Pincianum, Iſaacum Caſaubonum, Ambroſium Moralem [n], Ioan. Marianam [o], Ioan. Vaſæum [p], Philippum Brietium [q]); vel *Tarteſſum* cuius mentio præceſſerat : quod Petro Ciaconio, Andreæ Schoto, aliiſque magis placuit. Hi enim omnes nihil minùs quàm inter *Tarteſſum* & *Mellariam* fuiſſe collocatum ab auctore aliquod aliud oppidum credidere. Icciicò Hermolaus pro *cingenterato*, *cingente freto*, vel *attingens fretum* ſubrogavit : quam caſtigationem minimè frivolam Hieronymus appellat Zurita in Notis ad Itinerarium Antonini [r]. Ciaconius *ex gente ea* : quaſi è Phœnicibus & Phœnicia urbe oriundum ſeſe profiteatur Mela : id quod probavit Franciſcus Sanctius, & Andreas Schotus. Pincianus autem τὸ *cingentera*, ut nihili verbum, furcâ expelli voluit. Primus Elias Vinetus *Cingentera* oppidi nomen eſſe, Melæque patriam exiſtimavit.

228. Sed ultra audens Claudius Salmaſius, ſuſcitare aggreſſus fuit ſepultum antea oppidi nomen ex iſto vocabuli cadavere. Excogitavit [s] enim legi poſſe debereque, *atque unde nos ſumus, Tingi altera, tum Mellaria*, &c. proximè ad monſtrum illud ſcripturæ. Quod Samuel Bochartus inſigni Strabonis teſtimonio fulcire ſe non temerè exiſtimavit. Summus enim ille Geographus apertè docet, tranſvectos ex Tingi Africæ in Hiſpaniam, poſitum è regione Hiſpaniæ litus & oppidum incoluiſſe. Ecce illud è lib. 3. pag. 139. Ἦν δὲ καὶ Ζῆλις τῆς Τίγγιος ἀςυγείτων· ἀλλὰ μετώκισαν ταύτην εἰς τὴν περαίαν Ῥωμαῖοι, καὶ ἐκ τῆς Τίγγιος προσλαβόντες τινάς, hoc eſt : *Fuit & Zelis Tingi vicina urbs; ſed eam Romani in oppoſitum litus tranſvexerunt, nonnullis etiam ex Tingi aſſumtis.* Hanc è colonis Tingitanis Africæ formatam urbem *Iuliam* illam *Tranſductam* eſſe credunt Caſaubonus & Bochartus, de qua legimus apud Plinium lib. 5. cap. 1. *Nunc eſt Tingi, quondam ab Antæo condita, poſtea à Claudio Cæſare, cùm coloniam faceret, appellata Traducta Iulia;* in eo tamen falſum, quòd Tingi Africanæ cognomentum *Iuliæ Traductæ* (quod proprium fuiſſe dicunt Hiſpanæ Tingi) per errorem attribuat, Claudioque Cæſari factum : quod ex nomine ipſo loci Iulii aut Octaviani Cæſaris colligitur fuiſſe. Et mirè iuvat hanc coniecturam oppidi ſeu urbis *Traductæ* mentio in Hiſpania & faucibus ipſis freti, ſeu proxima continenti Africæ ora, apud idoneum ſcriptorem Gregorium Turonenſem [t]: *Poſt hæc proſequentibus Alamannis* (hoc eſt *Suevis*, ut ſuprà explicuerat) *uſque ad Traductam, tránſito mari* (hoc eſt freto) *Vandali per totam Africam ac Mauritaniam ſunt diſperſi.* Conſulesîs memoratos huius caſtigationis aſſertores; quam tamen improbavit Iſaacus Gerardi Ioannis filius Voſſius in obſervationibus ſuis ad Melam noſtrum [u]; legitque ipſe *Tingi Cetraria* : ſic dictam aſſerens à cetratis ulterioris Hiſpaniæ cohortibus, quarum Cæſar meminit [x]: quæ eadem eſt *Traducta Cetraria*, *& Iulia Ioza*, *& Iulia Traducta*, variantibus eiuſdem urbis appellationibus, deducta ab eodem Iulio Cæſare colonia.

229. Veroſimilia hæc ſunt, & digna ſuis auctoribus. Quid autem impedit pro *cingentera*, *Tingi Ibera* emendare? Sed id relinquimus aliorum arbitrio ut cretâ notent carboneve. Melariæ verò civem connitentibus Melam, non minimum videri forſan debet argumenti in eo eſſe, quòd tam oppidi quàm viri cognomentum è proxima Africa derivatum videatur. Notiſſima eſt fabula aureorum malorum, ſeu mâvis ovium & horti Heſperidum, Lixo Africæ tributa [y]. Laboravit nempe in æquivoco Græco verbo priſcorum Scriptorum eruditio; nam μῆλα æque ſignificant *mala & oves*. M. Varro : *In Libya ad Heſperidas* (ait [z]) *unde aurea mala, ideſt ſecundum antiquam conſuetudinem capras & oves, quas Hercules ex Africa in Græciam exportavit. Ea enim ſua voce Græci appellarunt* μῆλα. Iunctis his Stephani [a] è Græco Latinis : *Melus verò & Melaria duæ urbes in iiſdem finibus eandem emphaſim habent, à denominatione malorum, quæ aurea ab Hercule adſportata eſſe dicuntur ex Libya.* Huic etymo adhærentes, *Melariam & Melam* ſimplici *l*, aliter atque urbis nomen ſcribi ſolet, debebimus legere.

230. *Melæ* cognomentum Hiſpaniæ proprium exiſtimat fuiſſe Elias Vinetus [b]; atque huc referri debere, quemadmodum Melam Lucani parentem, ita & cognominem illum Romanum equitem, qui hauſto porri ſucco ſub Tiberio periit, Plinio affirmante lib. 19. cap. 6. & Flavium Melam Iuriſconſultum, cuius mentio fit ab Ulpiano in lib. 1. §. 12. *De cloacis* (1). Quo tamen ſolo indicio Flavium hunc Melam Hiſpanis annumerare non auſim ſcri-

[n] Lib. 9. cap. 6.
[o] Lib. 4. cap. 2.
[p] In *Chron. Hiſp.* ſub anno XLIV. Chriſti.
[q] In *Parallelis Geog.* parte 1. lib. 1. cap. 3.
[r] Pag. 557.
[s] *In Solinum Exercitat.* pag. 288.
[t] Lib. 2. *Hiſt. Francorum* c. 2.
[u] Pag. 197.
[x] Lib. 1. *Belli civ.*
[y] Videndi Plinius lib. 5. c. 1. Marcianus Capella, Iſidorus lib. 15. cap. 10.
[z] Lib. 2. *De re ruſt.* cap. 10.
[a] In Μῆλος.
[b] *Præfatione quadam in Melam.*

(1) Et l. *Mela* 14. ff. *de alim. & cibar. leg.* ò lib. II. Fideicommiſſor.

scriptoribus. *Melam* diximus Lucani parentem, quem licèt Taciti & Senecæ editiones *Melam* cum duplici *ll* vulgò habeant: in Eusebii tamen aliquot MSS. codicibus vel *Melas*, vel *Mela* exstare docuit nos Arnaldus Pontacus in notis ad huius *Chronicon* [c], ubi de *Annæo* isto agit *Mela*.

[c] Col. 576.

231. De hoc auctore nihil aliud Antiquitas ad nos transmisit, quàm quod ipse docet in opere suo geografico superstes. Nullo tamen eius testimonio utuntur Grammatici, cùm possent ex scripto elegantissimo, & verè Latino. Nisi Servius sit excipiendus, cùm Melonem auctorem esse ait [d] septem ostia esse Gangis fluvii, cùm id ipsum apud Melam legatur [e]: quod Vossius annotavit. Plinius dumtaxat meminit in iis quos ad conficiendos quatuor *Historiæ* suæ geographicos libros, scilicet tertium, quartum, quintum, & sextum auctores habuit.

[d] Ad *Æneid.* lib. 9.

[e] Lib. 3. c. 7.

232. Opus inquam reliquit nobis *De situ orbis*, aliàs *De Chorographia* ut Vossius [f], etiam *De Geographia* ut Vinetus [g] admonent, inscriptum, Geographiæ scilicet totius breviarium sive compendium, cùm fortè prolixius aliquod excogitâsset aliud aggredi: quod innuisse his videtur verbis in præfatione: *Dicam aliàs plura & exactiùs; nunc ut quæque clarissima & strictim.* Primus, eorum saltem qui exstant è Latinis, huic opere sese mancipavit. Adeò autem arrisit id novioribus iudicio utentibus, ut inter Geographorum principes Melam, atque hunc eius librum inter perfectissima undique monumenta vetustatis enumerent. Arias Montanus noster in nuncupatoria epistola Itinerarii Beniamini Tudelensis, *doctissimus* (ait) *liber* De situ orbis *inscriptus, cui vel descriptionum elegantiâ, vel brevitate atque perspicuitate, vel ipsa rerum commemoratione & copia, nullus eiusdem artis, quamvis copiosus atque eloquens auctor, meâ quidem sententiâ est anteponendus.* Andreas Schotus, cuius ut videbimus non contemnenda impensa fuit in hoc auctore opera, adeò eleganter eum censet [h] argumentum tractâsse, ut *Marcum Tullium, si Geographica scribere ut T. Attico promiserat voluisset, ne venustiùs quidem & accuratiùs de orbis situ dicere potuerit.* Henricus Stephanus in præfatione ad quandam suam editionem, *nescio* (ait) *quam in hoc scriptore dignitatem & gravitatem animadvertere videor.* Brevitatem inde ac proprietatem eius laudat, exemplisque audacis cuiusdam in usurpandis metaphoris elegantiæ confirmat. Nec dubitat quin ea, quibus pro fide vetustatem esse alicubi Pomponius ipse ait, ex optimis quibusque ac celeberrimis scriptoribus excerpserit. Alphonsus Garsias Matamorus in *Apologetico* suo [i]: *At Pomponium Melam sic egò, dum nihil ago, cum doctissimis Geographis comparare, neque ineptè tamen, neque imperitè soleo: ut Straboni Cretensi eruditionem, Plinio diligentiam, Ptolemæo artem tribuam; huic quidem uni quum valdè laudare cupio, omnia libenter largior; quum intra modum verò laudationis consisto, brevitate pariter & elegantiâ præter ceteros commendo.* Item: *Scriptorem verè principibus Latinorum accensendum, in admirabili brevitate nihil minus quàm obscurum:* quam quidem *summam, sed non solam illius laudem*, censet Barthius [k], qui & *elegantissimum*, & *longè elegantissimum* alibi appellat [l]. Abstineo aliis testimoniis in re tam certa: ut iure quidem Vossius Claudii Verderii [m], universalis illius censoris iudicium, qui dictionem Melæ culpare haud veritus est, suspendat naso.

[f] Lib. 1. *De Hist. Latinis* cap. 25.

[g] *In præfatione* quadam *De Pomponio Mela.*

[h] In *præfatione ad Abraham. Ortel. Itiner. Antonini cum Notis Zuritæ.*

[i] *De doctis Hispan. viris.*

[k] Lib. 15. *Adv.* cap. 6.

[l] Lib. 14. cap. 17. & lib. 57. cap. 19.

[m] In *Censione in omnes ferè auctores.*

233. Ad eos, quibus bene de Pomponio mereri cura fuit, accedendo, *magna nec circumspecta minùs ingenia* (idem Barthius ait [n]) *elegantissimum hunc auctorem restituêre.* Priorem alium haud novimus Hermolao Barbaro, qui *lucubrationes* suas *ad Melam* nuncupans Alexandro VI. P. M. tercenta Melæ ulcera, vel cicatrice vel splenio contexisse se iactat. Has in Melam *castigationes* Hermolai, cum eiusdem *in Plinium* aliis, excusas in Italia fuisse lego in *Gesneriana Bibliotheca epitome.* Ponè it Ioachimus Vadianus Helvetius Sant-Gallensis, cuius mactus scholiis Mela prodiit Viennæ (forsan primùm) ex officina Lucæ Alantzei anno MDXVIII. nisi antiquior sit Basileensis Henrici Petri editio à *Gesneriana epitome* laudata: quod magis credimus. Habemus nos Parisiensem apud Christianum Wechelum MDXL. in folio, ubi adiecta sunt loca controversa inter Vadianum & Ioannem Camertem Franciscanum ex commentariis ad Solinum, cui Vadianus respondet. Est & alia editio Veneta typis Aldi anni MDXVIII. quam vidimus in bibliotheca Sapientiæ Romanæ. De Vadiano tamen ita censet Petrus Ioannes Olivarius: *Vadianus vir omnium iudicio eruditissimus, præter ea quæ ex variis auctoribus citat (unde facilè colligere possis hominem multæ fuisse lectionis) rarò adducit, quo vel locos depravatos emendet, vel desideratos restituat, contentus illâ doctissimâ ostentatione; quamquam iis quæ ad historiam spectant non minus valuerit ille quàm digressionibus prolixissimis & molestissimis.* Non ergo criticum egit Vadianus, sed explanatorem & illustratorem tantùm.

[n] Lib. 14. cap. 17.

234. Has illius editiones, aliæ (absque explicationis tamen aliqua ope) præcesserant. Venetæ anni MCDLXXVII. in 4.° & MCDLXXXII. quarum Labbeus meminit [o] (1). Secutus fuit Vadiani propositum bene de Pomponio merendi proximè à me laudatus Petrus Ioannes Olivarius, qui auctorem hunc unà cum *Auctario annotationum instaurationeque* (ut præsefert titulus) totius libelli, & *castigatione perquam multorum locorum* Parisiis anno MDXXXVI. edidit; sub qua tamen ambitiosa inscriptione vix nisi hodierna geographica, subiecta Melæ antiquis locorum nominibus, reperire est. Anno MDXXXVIII. Basileæ prodiit *Iulii Solini & Pomponii Melæ rerum toto orbe memorabilium thesaurus, cum diversis Francisci Floridi Sabini pro Plauto & aliis apologiis.* Ita enim inscriptus liber legitur. Lugdunensis quoque editio Ant. Vincentii MDLI. in 8.° nihil præter Olivarii annotationes continet, ac Melæ textum: quemadmodum & Parisiensis Henrici Stephani MDLXXVII. in 4.° unà cum Dionysio Alexandrino *De situ orbis*, Æthici *Cosmographiâ*, & Solini *Polyhistore*. Rursus simul cum Solino, Mela, & Hermolai Olivariique in eum lucubrationibus Basileæ anno . . . . . prodiit ex Roberti Winter officina; atque iterum cum *Tabulis geographicis* ex eadem.

[o] Biblioth. Ms. pag. 357.

235. Sed cùm adhuc maiore indigeret industria Geographorum hæc gemma, Ferdinandus Nonnius Pincianus, vir castigandis antiquis scriptoribus veluti factus, observationes suas prodire fecit Salmanticæ anno MDXLIII. in 8.° atque eas quidem singularis diligentiæ iudiciique, ut mox videbimus. *Spicilegium* tamen ab his omnibus relictum est, quod Andreas Schotus colligeret *ex Pomponii Melæ* De situ orbis *libris*: cui addidit *Parallela loca huius & Herodoti*, ex quo plura eum desumsisse Barthius quoque annotavit [p]. Plantinus hoc *Spicilegium* edidit anno MDLXXXII. in 4.° Nec prætereundum est quòd in ea, quam proximè diximus, Parisiensi editione, Henricus Stephanus bene doctam epistolam præmisit, displicere sibi plura docens ex Olivarii editione, quam sequitur, quæ quidem emendari ex MSS. codicibus possent: quod aliquot exemplis confirmat. Videbatur quidem nihil industriæ prætermissum desiderandumve à Melæ cultoribus, cùm ante non multos annos Isaaci Vossii *Observationes ad Pomponium De situ orbis* Hagæ comitis ex officina Adriani Ulacq MDCLVIII. in 4.° emissæ fuere: in quibus eius diligentiâ factum est, ut absolutissimum qui Pomponium desideret, non alia uti editione aut commentario debeat. Habuit is ad manum plures veteres codices MSS. Vaticanum, Arundellianum, Sereniss. Christinæ Suecorum Reginæ, & Nicolai Heinsii.

[p] Lib. 15. *Adv.* cap. 15.

236. Restat autem iudicium adnectere eiusdem Vossii de iis qui se in hac Sparta ornanda præcesserant: *Ex his qui castigationes in hunc edidere auctorem solus nobis profuit Pincianus. Vir iste quantumvis nobili apud suos ortus loco, plus tamen literis quàm natalibus debet. Crassiora sunt illa menda, quæ Hermolaus Barbarus, & ipse aliàs vir insignis, sustulit. Andreas Schotus homo quidem bonus & eruditus, sed quem successus potiùs quàm voluntas destituit. Vadiani annotationes rus & stivam olent. Olivarii nescio cuius commentariolus imi subsellii magistellum prodit. Quid nos præstiterimus, non est nostrum iudicare.* Hæc Vossius.

237. Interpretationes huius operis vulgarium linguarum adhuc quærimus: nostrorum tamen hominum industriæ non ignari, à quibus unam habemus & alteram: *La Geografia de Pomponio Mela ilustrada con nombres modernos de lugares, montes, y rios*, anno MDCXLII. in 8.° Ludovicus Tribaldus Toletanus, regius Chronographus, versionis auctor, publicavit Matriti. Nec diu pòst D. Iosephus Antonius Gonzalez de Salas: *El compendio geografico y historico del orbe antiguo*: ita renovatæ suæ versioni inscribens; unàque novas illustrationes ad obscuriora loca quædam adiungens, Matriti etiam anno MDCXLIV. in 4.°

238. Asservantur plures in bibliothecis publicis manu exarati Pomponianæ geografiæ codices, ad quos recurrere docti viri, Melæ amantes, possint: nempe in Medicea quatuor [q] (2). . . . . . .

[q] Ut in eius *Catalogo* pluteo 30. Latini.

CA-

(1) Præcesserat & Mediolanensis Antonii Zaroti 1471. in 4.° quam Auctor Catalogi de la Valliere n. 4488. *principem* vocat; Isaacus tamen Vossius ap. Fabricium *Biblioth. Lat II.* 8. *in Mela*, Mediolanensem sui iuris alteram 1472. in 4.° à Cruceio emendatam, primam omnium existimabat.

(2) In nova Bibliotheca Medicea Angeli Mariæ Bandinii Florentiæ 1775. quinos Pomponii Melæ Geographicorum Codices reperi, nimirum Tom. V. Plut. XXX. nn. 18. 19. 20. 21. & Tom. VII. Plut. XCI. n. 6. Quinos itidem in Regis Galliarum, Tomis III. & IV. nn. 4800. 4832. . . 33. . . 34. & 7489. Item alterum in Zalusciana Dresdensi 1752. n. 59. alios fortassis alibi: è quibus, quod notatu dignum, bini tantum Medicei, nimirum Tomi V. nn. 19. & 21. ad sæculum XIV. pertinent; reliqui omnes sequenti seu XV. exarati fuere. Neque in Bibliothecis in quibus ætas codicum adscribitur, si Vaticanum omnium antiquissimum atque Arundellianum, itemque alium Ser. olim Christinæ Suecorum Reginæ quibus Isaacus Vossius usus est excipias, occurrunt nisi raro admodum

CAPUT XII.

DE MARCO FABIO QUINTILIANO. *Quomodo proferendum hoc eius cognomen. Calagurritanus is patriâ, frustra obsistente clarissimis de eo testimoniis veterum quodam vitæ auctore. Explicatus Martialis. Calagurris duplex, Nassica & Fibularia. Qualis orator Quintilianus. Oratio eius pro Berenice, & quænam hæc femina. Primus aperuit Romæ scholam publico stipendio. Nepotum è sorore Domitiani institutor, filiorum scilicet Flavii Clementis & Domitillæ Vespasiani filiæ, qui pro vera religione passi creduntur, quod aliis inobservatum, latè firmatur. Domitilla exsul in Pontia insula, atque eadem Martyr, ab hac diversa: in quo vindicatur à calumnia Scaligeri Martyrologium Romanum. Iuvenalis in Quintiliano laudando versus exponuntur. Consulares ei honores à Cæsare indulti. Eiusdem querelæ minus piæ ob amissum unicum filium Quintilianum. Michaelis Roussel, historiæ Pontificiæ auctoris, similis, at Christiana lamentatio. Qualenam* Oratoriarum institutionum *opus, eximias veterum & noviorum laudes meritum? S. Hilarius Quintiliani imitator. Et tamen accusantur à non uno* Institutiones. *De earum inventione & editionibus, simulque castigatoribus & illustratoribus.* De causis corruptæ eloquentiæ *liber periit, quemadmodum & quædam declamationes. Eiusdemne dialogus sit* De oratoribus, *ac declamationes, tam prolixæ, quàm breviores eidem tribui solitæ? Variæ de hac re noviorum sententiæ. Ioannes Antonius Campanus laudatur, atque earundem declamationum explanatores, atque editiones.*

239. SUPERSUNT enarrandi duo viri olim & nunc celeberrimi ex hoc primo sæculo, Quintilianus & Martialis: quorum quisnam obierit prior nondum liquet. Ideo inter æquales eiusdem temporis alterum præferre alteri liberum est.

DE MARCO FABIO (1) QUINTILIANO (Quinctilianum, non Quintilianum scribendum esse, propterea quòd ita inscripta sunt antiquis lapidibus Quinctii & Quinctilii nomina, Paulus Colomesius vir eruditus censet in Notis ad *Institutiones oratorias* non pridem editis cum aliis opusculis; sed nos nec minus Quintios & Quintilianos in iisdem reperimus): De M. FABIO inquam QUINTILIANO nusquam olim dubitatum fuit, quin Hispanus ex Calagurritana esset urbe. Idoneus enim auctor Eusebius disertè scribit [r]: *M. Fabius Quintilianus Romam à Galbâ perducitur.* Et alio loco [s]: *Quintilianus ex Hispania Calagurritanus primus Romæ publicam scholam aperuit, & salarium è fisco accepit.* Ausoniusque inter professores Burdigalenses Tiberium Victorem Minervium pro dignitate celebraturus, Quintilianum alterum postquam appellaverat, sic habet:

> *Adserat usque licet Fabium Calagurris alumnum,*
> *Non sit Burdigalæ dum cathedra inferior.*

240. Sed accessit, à nescio quo (2) scripta, Quintiliani Vita quibusdam editionibus, cuius auctor verissimâ gloriatur se coniecturâ adduci, ut fidem libris *Temporum* (Eusebianis nimirum) non habeat, in quibus legitur Quintilianus Calagurrâ (ut ait) urbe Hispaniæ oriundus. Id, quia non minimum ad rem de qua agimus pertinet, examinare æquum est. Martialem ante alia, inquit, Calagurritani agri alumnum, cùm Iberos memoriâ dignos epigrammatis suis insereret, nullam de Quintiliano fecisse mentionem; quantumvis aliàs cum veneratione appellaverit. Qua eadem ratione motus, cùm maximè laudandis inhæreret Hispanis doctrinâ illustribus Marinæus Siculus, civem hunc his abdicavit [t]. Nempe alludunt ad hoc epigramma [u]:

> *Verona docti syllabas amat vatis:*
> *Marone felix Mantua est.*
> *Censetur Apona Livio suo tellus,*

Stel-

[r] In *Chronico* Olymp. CCXI.

[s] Olymp. CCXVI.

[t] Lib. 25. *De Rebus Hispaniæ.*

[u] Lib. I. ep. 62.

dum vetustiores Pomponii Codices: ut conicias sicubi reperiantur, quo habendi sint in pretio; & præcipue si quis vexatum toties ab Interpretibus libri secundi locum de Pomponii patria: *Atque unde nos sumus Tingentera: tum Melaria* &c. sincerum atque incorruptum nobis conservavit.

(1) In editione Veneta Peregrini de Pasqualibus 1494. M. CELIVS FABIVS QVINTILIANVS initio legitur; cum quæ proxime eam præcessit item Veneta Boneti Locatelli 1493. M. FABIVS QVINTILIANVS tantum habeat.

(2) Fuerit fortassis eius vitæ auctor Omnibonus Leonicenus Vicentinus Quintiliani ab anno 1471. illustrator, Philosophusque & Rhetor celeberrimus. In Quintiliani enim oratoriarum Institutionum editione Veneta 1494. Peregrini de Pasqualibus paulo ante laudata, subditur continuo nuncupatoriæ Omniboni epistolæ ad Rev. Moysem de Busarellis Episcopum Belunensem, atque hoc initio: *Quintilianus, ut mea fert opinio, Romæ natus est* &c. quæ indicare videntur utramque ab eodem auctore profectam. Exstat præterea eadem vita in Boneti Locatelli editione Veneta 1493. videturque Omnibonus, aut quisquis eius auctor fuerit, posteriori seu 1494. nonnihil addidisse. Prior enim Locatelli tantum habet: *Quintilianus Romæ natus est* &c. omisso: *ut mea fert opinio.* Præterea in eiusdem vitæ fine Locatelli editio: *Quoniam is qui tradit fide caret*; Peregrini autem: *is qui tradit apud me fide caret*: quæ ansam coniiciendi præbent vitæ auctorem cum hæc typis ederentur in vivis egisse, nonnullaque pro arbitrio ex eadem immutasse. Omnibonus autem si Antonio Orlando *Orig. Typogr. ap. Fabric. in eo* credimus, diem obiit anno 1524. Erunt tamen qui Laur. potius Vallam eius vitæ auctorem existiment.

Stellâque, nec Flacco minus.
Apollodoro plaudit imbrifer Nilus;
Nasone Peligni sonant.
Duosque Senecas unicumque Lucanum
Facunda loquitur Corduba.
Gaudent iocosæ Canio suo Gades,
Emerita Deciano meo.
Te, Liciane (1), gloriabitur nostra,
Nec me tacebit, Bilbilis.

Poetas hìc tamen, at non omnes, nedum Hispanos, qui laudem ex quibuscumque scriptis collegissent, celebrandi animus fuit Martiali. Quî enim, nisi hoc esset, Ciceronem & alios memoriâ dignissimos prætermisisset? Solos inquam quosdam poetas cum locis eorum natalibus epigrammate complexus est, ut tandem ad Licianum civem suum, & ad se ipsum laudandos deveniret. Quare nihil mirum Quintiliano in poetis minimè datum locum fuisse. Catullum nempe ex Verona, Virgilium ex Mantua, Auruntium Stellam & Valerium Flaccum ex Patavio, Apollodorum ex Ægypto, Nasonem ex Pelignis, Senecas & Lucanum ex Corduba, Canium Gaditanum, Decianum Emeritensem, Licianum seque ipsum Bilbilitanos, poetas omnes, ab urbibus suis, quibus honori & ornamento fuerint, nunquam ait tacendos. Ais tamen, prætermissum à me Livium, qui unà cum aliis laudatur, quem quidem poetam fuisse nusquam legitur. Immo & utrique Senecæ famam ex hoc studio convenire posse inficiaris. Livium quidem datâ operâ prætermisimus; non enim is ex proposito ac directè laudatur. Hi enim versus

Censetur Apona Livio suo tellus,
Stellâque, nec Flacco minus,

hunc sensum habent: Apona tellus, hoc est Patavina quæ Livio historico maximè nobilitatur, non minus poetis duobus Stellâ & Flacco celebris est. De duobus verò Senecis poetis, sive ii sint Rhetor cum Philosopho, sive hic cum aliquo ex fratribus, necesse est ut habeamus Martiali asserenti fidem.

241. Item Romæ natus fuit Quintilianus (si *Vitæ* credimus Scriptori); cùm cognoverit ipse adolescentulus (quod alicubi refert) Domitium Afrum & Senecam sub Nerone defunctos, hoc est ante Galbam, qui Fabium perduxisse in urbem dicitur. De Afro id quod assumitur lego apud Fabium [x], de Seneca nusquam. Et verum est Domitium Afrum sub Nerone periisse [y]. Quæ quidem id solùm evincunt, Quintilianum etiam Nerone vivo Romæ fuisse. Quod sanè contingere potuit, si post priorem in urbem adventum in patriam reversus, à Galba in urbem sit reportatus. Minùs urget quòd Quintilianus Romæ declamator à Seneca memoretur, quem avum fuisse huius nostri Fabii auctor *Vitæ* constanter affirmat. Id enim nihil minus quàm compertum est, ut loco suo notavimus. Deinde & contingere potuit quòd avus eius Romæ degeret, nepos autem Calagurri in patria fuerit ortus: quemadmodum & Marcus Seneca Romæ floruit, nepos autem Lucanus ex Mela parente Cordubæ natus ab auctore *Vitæ* refertur. Tandem obiicitur, quòd Fabius noster mentionem facit patris, qui causidicus fuit apud principem. Quod nec ipsum de statu movere nos debuerit, considerantes utrumque verum esse posse: & quod noster Romam venerit adolescens, & quod eum genitor postea sit secutus. Sed tamen id in Quintiliano non invenimus.

242. Fidem ergo Eusebio Ausonioque affirmantibus ex Calagurri Hispaniæ urbe fuisse iure præstamus, cum Politiano [z], Raphaele Volaterrano [a], Cataneo [b], Iacobo Philippo Bergomensi [c]. Ex qua tamen Calagurri? Duo enim fuere in Hispano tractu: altera *Nassica*, altera *Fibularia* cognominatæ: seu *Calagurritani Nassici* & *Fibularii* apud Plinium lib. 3. cap. 3. Sic enim legendum esse, non autem *Nascica*, & *Nascici* ut vulgò editur, ex numo evicit vir clarissimus Hieronymus Zurita in Notis ad *Itinerarium Antonini* [d] (2). Postrema hæc Fibularia exstat ad Iberum fluvium, Prudentii poetæ ut creditur patria, memorabilis Pompeiana obsidione & constantiâ tuendarum Sertorii partium. Prioris illius ignoratur etiam situs, quæ olim Cæsarianis adhæsisse ab ipso refertur Cæsare in commentariis *De bello civili*. Quænam verò istarum produxerit Fabium Quintilianum, neminem affirmare posse arbitratur cum iudicio idem Zurita. Ceteri [e] *Fibulariæ*, quia ea notior est & superstes, passim hoc decus attribuunt, aut non distinguentes attribuere videntur (3).

243. Patrem habuit declamatorio studio ac forensi deditum. Testis ipse filius ce-

[x] Lib. 5. c. 7. & lib. 12. cap. ultimo.
[y] Tacitus lib. 14. *Ann.* c. 17.
[z] *Declamatione pro Quintiliano.*
[a] In *Anthropologia.*
[b] Ad Plin. *epist.* 14. lib. 2.
[c] *Supplem. ad* ann. LXXII.
[d] Pag. 539.
[e] Angelus Politianus in *Præfat. ad Quintilian.* quem laudat Arnaldus Oihenartus in *Notitia Vasconiæ* lib. 2. cap. 7. Petrus Nonnius in *Hispaniæ descript.* cap. 81. Morales lib. 9. *Hist. Hisp.* cap. 27. Mariana lib. 4. *Hist. Hisp.* cap. 3. Vasæus in *Chron. Hisp.* ad ann. Christi LXX. Marinæus Siculus lib. 6. *De laud. Hisp.*

(1) Scripserim *Liciane* ut in editionibus correctioribus ad usum Ser. Delphini Interpr. Vincentio Collesso I. C. Amstel. 1701. & in Corn. Schrevelii Hackiana Lugd. Bat. 1670. lib. I. Epig. L. *altam Liciane Bilbilim*; hoc tamen loco *Te Liciniane* &c. apud eundem legitur.

(2) Exhibet hunc numum Cl. Florezius *Num. Colon. & Munic. Hisp.* Tab. XI. n. 9. habeturque in Regiæ Bibliothecæ Matritensis Museo, atque alibi apud nos non infrequenter.

(3) In Codice Bibliothecæ Galliarum Regis Part. IV. num. 7504. M. Fabius Quintilianus Institutionum Ora-

celebrato in *Institutionibus* [f] patris quodam ioco in equivoco ludentis, cùm contra eum diceret qui se legationi immoriturum promiserat, paucisque deinde vix insumtis diebus re infecta redierat: *Non exigo* (inquit) *ut immoriaris legationi: immorare.* Veniens aliquando Romam (à Galba enim primùm fuisse eum perductum ea excludunt quæ suprà considerata fuêre) applicuit se totum studiis eloquentiæ, ac deinde causis tuendis, magnorum eius temporis Oratorum [g] exemplo, quos affectari & observare diligenter solebat, inflammatus. Domitium Afrum unum ex iis esse, laus ei à Fabio data [h], Pliniusque in epistola [i] quadam satis innuunt. Exercuisse ipsum se in controversiis & suasoriis, ubi de stilo suo disponendæ orationis agit [k], annotatum posteris voluit. Nec dissimulavit ea quæ à natura ipsa rectè faciendi operis subsidia acceperat modestè prædicare: hoc est memoriam, quâ eâ valuisse, ut siquando interveniret orationi cœptæ aliquis qui hunc honorem mereretur, iterare ad verbum dicta sufficeret: de quo ad eos qui interfuerunt provocat, fidem dictis facturus [l]; deinde phantasiam concipiendis rerum absentium imaginibus facilem [m], ut interesse iis ac veluti præsentibus commoveri (quam summè in oratoriis commendat virtutibus) quasi videretur; nec solum lacrymæ, sed & pallor quoque & verosimilis dolor eum comprehenderent.

244. Inter orationes quas habuit duæ sunt quarum ipse meminit. Altera *in causa Nævii Aproniani* [n], in qua quærebatur, præcipitatane ab eo uxor esset; an ipsa sua se sponte iecisset? Altera [o] *pro Regina Berenice*, apud eam ipsam dicta. *Fuerant etiam quidam rerum suarum* (inquit) *iudices. Nam & in libris observationum à Septimio editis adfuisse Ciceronem tali causæ invenio: & ego pro Regina Berenice apud eam ipsam dixi.* Ea est Berenice, seu Beronice, Agrippæ Magni filia, Agrippæ alterius iunioris soror, Herodis patrui sui Chalcidis Regis vidua [p]. Hanc, postquam à Polemone, etiam Rege Ciliciæ cui nupta deinde fuerat, divertisset [q], incestu à fratre Agrippa, ut fama erat, cognitam; & cùm bellum in Iudæos suscitatum fuisset Romanis faventem [r]: Titus adamavit, Romæque cùm Vespasianus pater imperium adeptus fuisset, in palatio habuit [s] nuptiarum spe allactatam. Eam tamen, cùm id molestè ferret populus Romanus, domum regredi iussit [t]. Hæc ipsa est quæ cum fratre Agrippa coram Festo præsule audivit Paulum Apostolum [u]; & quam Iuvenalis ut sibi Romæ visam significare voluit, non aliam Ægyptiam, illis versibus è Satyra 6.

> —*Deinde adamas notissimus, & Berenices*
> *In digito factus pretiosior: hunc dedit olim*
> *Barbarus incestæ, dedit hunc Agrippa sorori* [x].

245. Huius causam in re fortè pecuniaria (nam ditissimam fuisse feminam Iosephus notat [y]) egit apud eam Quintilianus. Adiungit Angelus Politianus in præfatione laudata, orationem tertiam, quâ eandem Berenicem subiecti marito testamenti accusatam defendit. Nobis nunc, unde id habuit, memoria non suppeditat. Iccirco audiendus non est Gaspar Barthius, alioqui eruditione clarus in paucis, qui librum seu dialogum *De oratoribus* de quo postea, ideo negat [z] esse nostri auctoris, quòd nusquam forensis eius facundia laudetur. Frequentabat utique forum, simulque ut videtur eloquentiam in schola iuventutem docebat: cuius moderator summus à Martiale audiit in epigrammate [a] ad eum directo. Nam & ab Eusebio accepimus, primum aperuisse eum Romæ scholam & salarium à fisco accepisse. Quæ tamen nisi collectim intelligas: primum scilicet fuisse eum præceptorem iuventutis, (*et*) publico stipendio exhibitum: negabunt vero consentanea esse [b], quibus auditæ sunt apud Ciceronem, Senecamque, & ipsum Quintilianum superioris temporis scholæ. In hac certè nostri Plinius Cæcilius Secundus profecit. Ea de causa præceptorem nominat eum alicubi [c], & frequentatos à se alibi [d] refert Quintilianum & Nicetam sacerdotem: cuius etiam meminit dialogi *De oratoribus* Scriptor. Vicennio iam docendi exacto: scilicet Vespasiani aliquot, Titi duobus annis, Domitiani quartodecimo aut circiter (quod postea non supputatus temerè calculus comprobabit): impetrata studiis suis publicis quiete, de ratione dicendi ut scribere aggrederetur, postulationibus amicorum concessit. Nec diu pòst à Domitiano impositus est nepotum è sorore educationi, ut ipse in proœmio quarti libri *Institutionum* refert.

246. Quales autem hi fuerint è sorore Domitiani nepotes, nusquam scriptum animadvertas. Hi nimirum ii sunt, ne dubites,

[f] Lib. 9. cap. 3.
[g] Lib. 10. c. 1.
[h] Lib. 10. c. 1.
[i] 14. lib. 2.
[k] Lib. 7. cap. 1.
[l] Lib. 20. c. 2.
[m] Lib. 6. cap. 2. in fine.
[n] Lib. 7. cap. 2.
[o] Lib. 4. cap. 1.
[p] Iosephus lib. 20. *Antiquitat.* 3.
[q] Idem. cap. 5.
[r] Tacitus lib. 2. *Histor.* 81.
[s] Dio lib. 66.
[t] Suetonius in *Tito.* cap. 7. Aur. Victor in *Epitome*, Dio ubi proximè.
[u] *Actorum* c. 25. 13. & 26. 30.
[x] De hac Regina agunt multi, qui super *Actus* scripsêre, atque item Christoph. Noldius in *Hist. Idumæa* num. 72.
[y] Lib. 20. c. 5.
[z] Lib. 44. *Adv.* 8.
[a] 90. lib. 2.
[b] Morales lib. 9. *Hist.* cap. 27.
[c] Lib. 2. ep. 14. *Maximo.*
[d] Lib. 6. ep. 5. *Fundano.*

Oratoriarum auctor insigni errore CARTHAGINENSIS legitur. De Hispana huius Scriptoris patria late Cl. Xaverius Lampillas *Saggio Storico apolog. della Letteratura Spagnuola Tom. II. Dissert.* V. §. VII.

tes, quorum Suetonius nomina his comprehendit [e]: *Denique* (Domitianus) *Flavium Clementem patruelem suum, contemptissimæ inertiæ, cuius filios etiamtum parvulos successores palam destinaverat; & abolito priore nomine, alterum Vespasianum appellari iusserat, alterum Domitianum: repentè ex tenuissima suspicione tantùm non in ipso eius consulatu interemit.* Hæc Suetonius. Planè, si patruelis Domitiani Augusti Flavius Clemens fuit, nepotesque sororis Domitiani Quintilianus instituit: propinquitatem eorum sic necessariò ponimus, uti arbor subiecta repræsentat.

[e] In Domitian. cap. 15.

FLAVIUS SABINUS senior procreavit

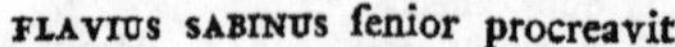

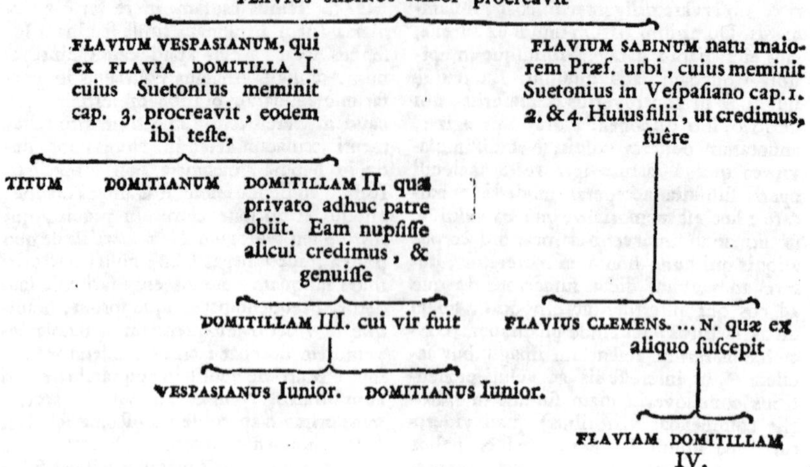

247. Non prætereunda est data fortè occasio hunc locum tractandi, ex quo feminarum illustrium Ecclesiæ Christianæ nunquam pœnitendarum, nondum hactenus inter Scriptores compertæ veritatis historiæ lumen immittimus; simulque Quintiliano institutionem contigisse Flavii Clementis ac Domitillæ, Christi ut non temerè creditur Martyrum, prolis confirmamus. Ex Flavio Sabino Vespasianum & Sabinum procreatos Suetonius Scribit [f]. Idem ait [g] Vespasiano ex Flavia Domitilla (*Flaviæ* nomen à marito mutuata est) tres filios fuisse, Titum scilicet, Domitianum, & aliam Domitillam. Hæc diversa est à Domitilla, quam tertiam distinctionis gratiâ vocamus, Flavii Clementis uxore; cùm secunda illa Vespasiani filia patre adhuc privato, quod ex eodem constat auctore, obierit; Clementis verò uxor viro suo superfuerit, à Domitiano in Pandatariam insulam relegata. Domitillam ergo illam secundam nupsisse alicui credimus, & procreâsse Domitillam hanc tertiam, quæ Clementi propinquo, ut iam diximus, elocata, Vespasianum & Domitianum iuniores peperit, Quintiliani discipulos. Quare proprio hi vocabulo apud eundem [h] *Domitiani sororis* vocantur *nepotes*: non ut significentur præter usum Latinæ linguæ (quod Turnebo placuit [i]) ex sorore nepotes. Flavii Sabini senioris ex latere Vespasiani stirpem audisti. Eccillam nunc ex Sabini iunioris, Vespasiani fratris. Duorum hic saltem fuit parens, Flavii Clementis, & eius sororis *ignoti nominis.* Hæc mater Flaviæ Domitillæ (quartam apellavimus) Christi Martyris. Flavius autem Clemens Domitillam tertiam Vespasiani patrui neptem uxorem duxit, uti suprà diximus: ex qua Vespasiano pronepotes, Domitianoque sororis nepotes procreavit eos, qui Fabio nostro in disciplinam traditi sunt.

248. Iam ut probemus dicta, Flavium Clementem ex Vespasiani fratre natum oportet fuisse, qui Domitiani patruelis à Suetonio appellatur. *Patrueles, marium fratrum filii*, ait Nonius Marcellus [k], & confirmant Romanæ leges [l]. Ἀνεψιὸν vocat Dio [m], sive ex eo Xiphilinus: quod tamen verbum commune est fratrum & sororum filiis, hoc est patruelibus & consobrinis, ut notant Lexicographi. Consul hic Flavius Clemens cum Domitiano ante annum fuerat, quum interemtus ab ipso est. Rem Dio luculentiùs narrat [n], ac Domitillæ uxoris eius meminit: Καὶ τῷ αὐτῷ ἔτει ἄλλους τε πολλοὺς, καὶ τὸν Φάβιον (lego Φλάβιον) Κλήμεντα ὑπατεύοντα, καίπερ ἀνεψιὸν ὄντα, καὶ γυναῖκα, καὶ αὐτὴν συγγενῆ ἑαυτοῦ, Φλα-

[f] In Vespas. cap. 1. 2. & 4.
[g] Cap. 3.
[h] Procemio lib. 4.
[i] In Notis ad hunc locum.
[k] De propriet. sermon. cap. 19. Isid. lib. 9. Orig. cap. 6.
[l] L. 10. §. 15. De gradibus & affinibus.
[m] Lib. 67.
[n] Lib. LXVII. in Domit.

Φλαβίαν Δομιτίλλαν ἔχοντα, κατέσφαξεν ὁ Δομιτιανός. ἐπηνέχθη δὲ ἀμφοῖν ἔγκλημα ἀθεότητος. Quæ quidem Latinis ſonant verbis : *Atque eodem anno, cùm alios plures, tum Flavium Clementem Conſulem* (ſeu potiùs *Conſularem*) *etſi patruelis eius eſſet, ac Flaviam Domitillam, & ipſam eius conſanguineam uxorem haberet, morte affecit, illato ambobus crimine impietatis.* Domitillam dixit, ſive ad Domitianum referens ſive ad Clementem συγγενῆ ἑαυτοῦ, *propinquam eius ;* Domitiani etenim ex ſorore nepos, Clementis verò, ſororis patruelis filia erat. Crimen impietatis quale fuerit, ex his quæ apud Dionem ſequuntur planè colligitur : ideo ſcilicet, quia cum aliis pluribus εἰς τὰ τῶν Ἰουδαίων ἤθη, *in Iudæorum mores* tranſierant, hoc eſt Chriſtianæ fidei ſacramentum dixerant, ut interpretantur Eccleſiæ Hiſtorici [o]. *Quorum pars* (infit Dio) *occiſa eſt, pars ſpoliata facultatibus. Domitilla tantummodo in Pandatariam relegata eſt.* Et Domitillam quidem iſtam, cùm *Flaviæ* nomen, tum *Domitillæ* cognomen, ſatis innuunt alterius Domitillæ Domitiani ſororis filiam eſſe. Id quod egregiè confirmat literatus lapis Romanus ad D. Clementem, cuius Gruterus meminit in *Theſauro inſcriptionum* [p], & Carolus Patinus in *Numiſmatis æreis Imperat. Rom.* [q]

[o] Baron. to. I. *Annal.* ad ann. XCVIII. n. 5.

[p] Pag. 245. 5.
[q] Pag. 109. *Edit. Amſtel.* 1696.

FLAVIA DOMITILLA
FILIA FLAVIÆ DOMITILLÆ
CÆSARIS .... ANI NEPTIS FECIT
GLYCERÆ L. ET LIBERTIS
LIBERTABUSQ. POSTERISQ.
EORVM.
CVRANTE T. FL. ONESIMO
CONIVGI BENEMER.

De huius filiis, eiuſdem Domitiani ſororis nepotibus, Quintilianus ſibi ad inſtitutionem traditis refert gloriaturque. At quidem tum traditis, quum orbati utroque parente, morte patris exſilioque matris, ſub avunculi magni Domitiani cura remanſere.

249. Domitillis autem his tribus quartam adiungere aliam debemus, laudati Flavii Clementis ex ſorore neptem, virginem : quæ, referentibus Euſebio [r], Nicephoro Calliſto [s], Eutropio [t], & Martyrologii Romani auctore [u], ab eodem Domitiano propter Chriſti profeſſionem in inſulam Pontiam relegata, & poſt aliquot annos revocata, Terracinæ iuſſu Traiani martyrio fuit impenſa. Ioſephus Scaliger [x], tantùm ut Martyrologo calumniaretur, aut homonymiâ falſus, Domitillam hanc eandem credidit cum alia Clementis uxore, proindeque negavit virginis titulum rectè ei datum; cumque vidiſſet inſularum Pontiæ alteri, Pandatariæ alteri aſſignata exſilia : ex duabus quoque unam facere inſulam fuit conatus, ſed in irritum; nam *Pontia & Pandataria* diverſæ inſulæ ſunt, altera adverſus *Formias* (ſeu *Caietam* hodie), altera in ſinu Puteolano, apud Plinium [y], Melam [z], & omnes Geographos. Domitillæ quoque duæ ſunt : altera Clementis uxor, Dionis ; altera neptis eiuſdem ex ſorore, Euſebii, Nicephori Calliſti, Eutropii teſtimonio, quod ſecutus eſt Martyrologii auctor. In Græco Euſebii [a] : Ἐξ ἀδελφῆς γεγονυῖαν Φλαβίου Κλήμεντος : *ex ſorore genitam Flavii Clementis.* In Nicephori [b] : Ἀδελφιδῆν Φλαβίου Κλήμεντος. Pollux ait [c] : Ὁ δὲ ἀδελφοῦ ἢ ἀδελφῆς υἱός, ἀδελφιδοῦς. καὶ ἡ θυγάτηρ αὐτῶν ἀδελφιδῆ. *Filius fratris ſororisve* ἀδελφιδοῦς, *filia vero iſtorum* ἀδελφιδῆ. Eutropius eodem pede ſtat [d] : *Flavii Clementis conſulis ex ſorore neptis.* Ita & ſonant Euſebiana Chronici ex Hieronymi verſione. Atqui (ait Scaliger) in Græcis huius Chronici eſt: ἐξαδέλφην Κλήμεντος, *patruelem Clementis ;* & verè ἐξάδελφοι inter ſe fratrum filii ſunt, idem quod ἀνεψιοί. Sed Græca Euſebiani Chronici ea habemus, quæ ſervata ſunt à Georgio monacho, cuius auctoritas multo inferior eſt Euſebianæ Græcæ hiſtoriæ auctoritate quam poſſidemus. Nec ineptiam Euſebio facilè appingimus, qualis certe fuerit ſi Domitillam Clementis, uti Scaliger exiſtimavit, coniugem, non coniugis, ſed patruelis aut conſobrinæ vocabulo ſignificaverit. Item non alio reſpexiſſe videtur quàm ad utramque Domitillam Cornelius Tacitus, quum, *non vidit Agricola* (inquit [e]) *obſeſſam curiam, clauſum armis ſenatum, & eadem ſtrage tot conſularium cædes, tot nobiliſſimarum feminarum exſilia & fugas.* Rem Eccleſiæ ad Quintilianum aliquomodo ſpectantem, nec ſatis dum perſpicuam, non perfunctoriè agere debuimus.

[r] Lib. 3. *Hiſt. Eccleſ.* cap. 18. & in *Chronic.* Olymp. CCXVIII.
[s] Lib. 3. *Hiſt. Eccleſ.* cap. 9.
[t] *Hiſt. Miſcellæ* lib. 9.
[u] 7. Maii.
[x] *Animadv. ad Euſeb. chron.* pag. 205.
[y] Lib. 3. cap. 6.
[z] Lib. 2. cap. 7.
[a] Lib. 3. *Hiſt.* 18.
[b] Lib. 3. c. 9.
[c] Lib. 3. c. 4.
[d] Lib. 9.
[e] In *Vita Agricolæ.*

250. Ex Palatino iſto munere Quintiliano noſtro forſan honores divitiæque. Credere enim Iuvenali de divitiis debemus, non tamen olim ita affluentibus, ut non audierit à Plinio (*Secundo*) ſibi amiciſſimo *facultatibus modicus*, in epiſtola ad eum ſcripta [f] : quaquidem nupturæ eius filiæ quinquaginta millia numûm conferre ſe ait, ut ex conditione mariti Nonii Celeris ornata & inſtructa ad viri domum tranſiret. Planè Iuvenalis Satyra 7, inter tot millia nihili rebus impenſa, cum profeſſoribus illiberaliter & ſordidè agi conqueritur :

Hos inter ſumtus ſeſtertia Quintiliano,
Ut multum, duo ſufficient : res nulla minoris
Conſtabit patri, quàm filius.

[f] Lib. VI. ep. 32.

K At

At sibi opponit:

——*Unde igitur tot*
Quintilianus habet saltus?

Non esse tamen à regula propter unum aut alterum exemplum discedendum concludit.

——*Exempla novorum*
Fatorum transi;

A felicitate enim quâ quisque pollet hoc ait, non ab alio derivare.

——*Felix & pulcher & acer:*
Felix & sapiens & nobilis & generosus &c.
——*Distat enim, quæ*
Sidera te excipiant, modò primos incipientem
Edere vagitus, & adhuc à matre rubentem.
Si fortuna volet, fies de rhetore consul;
Si volet hæc eadem, fies de consule rhetor.

Persecutus sum hucusque Iuvenalis sententiam, quia ex his postremis versibus Quintilianum ascendisse ad consulatum non nemo colligere amat; & veluti satyricè tactum eundem à Poeta: qui causas habuisse suboffensionis dicitur, eo quòd cùm in *Institutionibus* Latinos Satyræ auctores Lucilium, Horatium, Persiumque laudâsset, Iuvenalis non meminerit; sed negamus causam aliquam Satyræ datam; cùm Fabius noster, ne virorum insultaret modestiæ, contentus fuerit his concludere: *sunt clari hodieque, & qui olim nominabuntur.* Immo Quintilianus semper quasi eloquentiæ ac virtutis nomine à Iuvenale appellatur: uti quum Satyrâ 6. ait:

——*Hispulla tragœdo*
Gaudet: an exspectas ut Quintilianus ametur?

ubi vetus notat Scholiastes. Et item:

Dic aliquem, sodes, heic Quintiliane colorem.

251. Sed neque negamus potuisse alludi à Poeta ad Quintiliani honores consulares, quibus ornatum eum fuisse Ausonio credimus [g]. *Quintilianus* (ait) *consularia per Clementem ornamenta sortitus, honestamenta nominis potiùs videtur quàm insignia potestatis habuisse.* Quod & probat Turnebus lib. 22. *Adversariorum* cap. 22. Idque innuunt ea eiusdem Quintiliani verba, quibus in proœmio lib. 6. lamentatur se amisisse filium *consulari nuper adoptione, ad omnium spes honorum patris admotum:* hoc est, novâ patris in consularem ordinem quasi adoptione, indultis ei ornamentis huius honoris, factâ, idoneum paternis iisdem honoribus redditum; ut enim adoptio fictio est naturæ: sic ornamentorum consularium concessio adepti reverâ consulatus fictio fuit. Quòd Fabii interpretes non animadverterunt. Clemens, auctor honoris Quintiliani, Flavius Clemens est Domitiani patruelis, de quo suprà.

[g] In *Panegyr.*

252. Impendebat is totus operi, quum Quintilianum filium amisit. Reliquus erat ex duobus quos pepererat ei uxor undevicesimo & ipsa ætatis anno extincta. Quorum carissimorum sibi pignorum iacturam elegantissimè, uti non uno loco animadvertit Barthius [h], idem tamen impatientissimè ac verè impiè, incusatâ etiam deorum providentiâ, deflet in proœmio sexti libri. Unde colligitur provectiore ætate duxisse eum in matrimonium viri prætorii sororem adolescentulam. Indulgendum nempe iis est qui tenerrimè diligunt, si dolorem suum testatum scriptis etiam relinquere volunt, uti ad Quintiliani fecit exemplar ævo nostro Michael Roussel *Historiæ Pontificiæ iurisdictionis* auctor, cuius bona pars præfationis ad lectorem deploratio est amissæ coniugis. An verò hæc tam immaturè mortua Fabii coniux illa fuerit Tutilii filia, cuius meminit Plinius lib. 6. epistola 32. obscurum mihi non est: qui sciam ex antedicta illa non nisi duplicem procreâsse Fabium prolem masculam, quod manifestè apparet ex præfatione laudata. Priores igitur per me fuerint hæ nuptiæ cum Tutilii nata, ex qua filiam procreaverit: quam quidem destinatam Nonio Celeri sponsam, summâ illâ (cuius ex hac eadem epistola meminimus (1)) instruxit Plinius Secundus. Hoc enim convenientius est fortunæ Quintiliani antequam Palatinis honoribus divitiisque augeretur. Quo autem is anno obierit, nusquam legitur.

[h] Lib. 122. *Advers.* cap. 3. & ad Statii lib. 2. *Silvar.* 1. v. 222. & lib. 5. *carm.* 5. vers. 2.

253. Superstat sibi quidem vir clarissimus in magno, nec satis unquam laudando opere *Institutionum oratoriarum*, quas duodecim libris absolvisse biennio se, ad Tryphonem scripsit bibliopolam: quibus Marcello Victorio inscriptis, oratorem futurum à tenera ætate primisque literis ad rhetoricæ artis fastigium veluti manu ducit: de quo ille multis in principio, hoc est præfatione primi, & cap. ultimo duodecimi libri lectu dignissimis. Ciceronis *De rhetorica* monumentis præferre hoc opus, nempe isto ex capite, non dubitant viri Tullianæ gloriæ amantissimi: cuius utilitas tanta est, Angeli Politiani iudicio, quantam vix fortasse in unius alteriusve ex omni Græcorum Latinorumque voluminum copia inveniemus. Prudenter ab aliis [l] existimatum fuit orationibus Ciceronis Quintilianique præceptis in rheto-

[l] Petr. Gelandius *In præfat.* suæ editionis anni MDLXVII.

(1) Videlicet, quinquaginta numûm millium.

torica re non solùm æquatam à Latinis Græciam, verùm longissimo quidem fuisse intervallo superatam.

254. Pro dignitate operis locutus olim videtur nobis Ioannes Antonius Campanus in epistola quadam ad Antonium Muretum, ubi postquam contulisset inter se M. Tullium Ciceronem & Quintilianum, *deesse eloquentiæ* (ait) *quidquid à Quintiliano non discas; atque ibi artem desinere dicendi, ubi ultimum eius fuit præceptum.* Ciceronem item *amplissimum ingeniorum laudatorem*, Quintilianum *iudicem æquissimum* vocat. *Quintilianus mira moderatione* (prosequitur) *iudicem se inter Græcos & Latinos constituit: mirâ illorum laude, nostrorum æmulatione iudicium peregit; & veluti in medio positus, multa concedit omnibus, nemini detrahit quicquam: ut non minus scisse eum rectè iudicare existimes quàm voluisse. Et hunc ubi noveris, omnium & studia & ingenia noveris. Proinde de Quintiliano sic habe, post unam beatissimam & unicam felicitatem M. Tullii, quæ fastigii loco suspicienda est omnibus & tamquam adoranda, hunc unum esse, quem præcipuum habere possis in eloquentiæ ducem: quem si assequeris, quicquid tibi deerit ad cumulum consummationis, id à natura desiderabis, non ab arte deposces.* Hæc verè diserteque Campanus. Res oppidò prolixa esset congerere hìc è recentioribus Quintiliano atque *Institutionibus* eius reddita summæ cuiusdam laudis testimonia [k]. Contentus quidem antiquorum paucis elogiis ero. *Declamator Romani generis acutissimus* à Trebellio Pollione in *Vita Postumi iunioris*, unius ex XXX. tyrannis, audiit. *Egregius doctor* à Cassiodoro [l]. Sidonius item Apollinaris cùm [m] acrimoniam eius, tum copiam per fluminis [n] extollit metaphoram:

Qua Crispus brevitate placet, quo pondere Varro,
Quo genio Plautus, quo flumine Quintilianus,
Qua pompa Tacitus, nunquam sine laude loquendus.

255. Non satis constat cur S. Hieronymus ad Romanum *De optimo genere interpretandi* scribens, S. Hilarium duodecim Quintiliani libros stilo imitatum & numero fuisse dicat. Consule sìs Erasmi epistolam [o] quandam de Hilarii operibus ad Ioannem Carondiletum archidiaconum Panormitanum. Ioannes Saresberiensis lib 8. *Polycratici* cap. 13. censionem eius de Senecæ operibus adducens & in examen vocans, literatiorem Senecâ eum sibi videri non dissimulat, atque acumine & gravitate dicendi eum præcedere. Verba Saresberiensis dedimus de Seneca olim agentes. Interim alias ad virtutes præceptoris absolutissimi laudare subit modestiam in ferendo de ipso opere iudicio, ingenuitatemque in retractanda sententia, cuius exemplum luculentissimum cap. 6. lib. 3. reliquit. Nec tamen desunt quibus non omnia Quintiliani probentur. Gerardus Ioannes Vossius [p] queritur quòd plura rudi Minerva tractaverit. Gaspar Barthius [q], quòd de poetis non rectè iudicaverit: de Valerio Flacco sinistrè aut malignè locutus sit, (quod tamen iniuriâ ei tribuit): Catullum haud laudaverit. Item alibi [r], quòd reprehenderit Arati opus *Phenomenôn*. In quo virum præstantis eruditionis fefellit planè suum iudicium, aut præiudicium potiùs, de Quintiliano; cùm verba huius siccitatem argumenti eloquentiæ incapacis, minimè verò poetam incusent. Eiusdem Barthii iudicio [s], *ingeniosissimus*, quidem, *& præceptorum artis suæ valdè peritus fuit scriptor; præterea Ciceroni addictissimus, sed in quo polymathiam agnoscamus exiguam, contemptu insigni eorum intercurrente, quæ non legerat.* Nimis ille acriter in tantum virum. Quintilianum verò eius famæ rhetorem à nullo Rhetorum Latinorum, nisi me oculi fefellerunt, laudari valdè miratus sum; atque eo magis quòd Grammatici eum laudant, Diomedes lib. II. & Priscianus lib. I.

256. Harum *Institutionum* olim deperditarum inventionem, cùm literis affulgere nova dies cœpit, Poggio debemus Brandolino Florentiæ urbis civi, & à secretis: qui apud Constantiam, dum Synodus generalis in ea urbe celebraretur, codicem Quintiliani quodam in monasterio reperit [t], uti & Silii Italici libros *De Punico bello*, si Ugolino Verino credimus [u]:

Quin etiam solers Germanis eruit antris
In Latium altiloqui divina volumina Sili;
Integer orator nobis Fabiusque relatus
Est huius virtute viri, qui tempore longo
Exsul & ignotus peregrinis torpuit oris.

Atque item Asconium Pedianum in S. Galli monasterio Helvetiorum. Sed tamen aliqua Quintiliani antea visa fuerant à Gasparino Bergomate, ut constat ex his Raphaelis Volaterrani [x]: *Quintiliano quoque tunc invento semilacero emendando multam cùm adhibuisset operam, Quintilianus integer & ex omni parte incolumis repertus est.*

257. Vetustissimam se habere Quintiliani editionem Basileensem admodum bonam scripsit Barthius [y], unde quædam corrigit in ea posterioribus. Tarvisinam quidem anni MCDLXXXII. folio Labbeus laudat in *Biblioth.* MS. [z] Venetamque huiusmet sæculi quo typographia inven-

K 2

[k] Videsìs Barthium lib. 31. *Adv.* 5.

[l] In *Compendio Rhetoricæ.*

[m] Lib. 5. *epist.* 10.

[n] *Paneg. ad Anthemium.*

[o] 8. Lib. 28. in edit. Londin.

[p] *Inst. Orator.* lib. 4. cap. 10. §. 3.

[q] Lib. 56. *Adv.* 11. & ad Statii lib. 6. *Theb.* vers. 93.

[r] Lib. 1. *Adv.* cap. 15.

[s] Ad lib. *Theb.* 6. vers. 93.

[t] Iacobus Phil. Bergom. *Suppl. ad* ann. LXXII. Mariana lib. 4. *Hist.* cap. 3. Michael Pocciantius *Cat. Script. Florent.*

[u] Lib. 2. *De Illust. urb. Flor.* apud Michael. Pocciantium.

[x] *Com. urban.* lib. 21. cap. *De his qui reliquis in artibus claruerunt* pag. 489.

[y] Lib. 14. *Adv.* 18.

[z] Pag. 349.

venta est, anni scilicet MCDXCIV. ex officina Peregrini de Pasqualibus Bononiensis novimus. Has verò eane præcessit, quæ cum commentariis Laurentii Vallæ, Pomponii, ac Sulpicii (excidit nunc quo loco) prodiit, unà cum laudata priùs Ioannis Antonii Campani epistola? Atque item alia Omniboni Leoniceni ad Moysen de Busarellis Bellunensem Episcopum, qui diem suum obiit anno eiusdem sæculi LXX.[a] in qua se ait Latina Quintiliani omnia castigata dedisse; nec tamen ad Græca, lituris potius quàm literis expressa, eandem industriam cum fructu applicare potuisse (1). Exstat iam in hac editione Quintiliani Vita illa, de qua mentio & iudicium initio fuit factum (2); quamque nos Laurentium Vallam habere auctorem existimamus. Pomponius & Sulpicius scholiastæ: Iulius (*scilicet*) Pomponius Sabinus, qui sub Pio II. Papa floruit, & Ioannes Sulpicius Verulanus, noti aliàs, sunt huiusmodi lucubrationum artifices. Valla autem primus magnâ curâ descriptum exemplar in lucem edidit. Angeli Politiani & Hermolai Barbari in corrigendo Quintiliano industria laudatur.

[a] Ut constat ex *Ital. sacra* in episc. Bellunensibus.

258. Has ponè sequitur, nisi fallimur, Parisiensis anni MDXVI. in folio ex Ascensianis ædibus, cum Raphaelis Regii, Georgii Merulæ, & Iodoci Badii Ascensii *In depravationes Institutionum annotationibus*: ubi Ascensius ait se ex codice, qu m Laurentius Vallensis possedisse atque emendâsse credebatur, sexcenta loca restitu..e. At eiusdemmet Iodoci Badii Ascensii *familiares* (uti vocat) *commentarii* cum Baudii annotationibus anno MDXXVIII. ex eadem Parisiensi officina prodiere. Et eiusdem Badii Ascensii *commentarius in Quintilianum* De officio discipulorum, *&* in *Sulpicii carmen* De moribus in mensa servandis, è Lugduno aliquando prodiisse, in catalogo librorum bibliothecæ Bodleianæ legitur; novimusque hanc exstare editionem Lugdunensem anni MDXIV in 4.° in Hispalensis Ecclesiæ bibliotheca. Raphaelis verò Regii (qui idem est forsan cum Raphaele Volaterrano, coniectante Vossio lib. 3. *De Hist. Lat.* cap. 12.) non valdè probatur à doctis opera; immo castigâsse eum nonnulla, quædam vertisse in deterius, & pravis auctoritatem dedisse Antonius Pinus deinde laudandus conqueritur. Liber ita inscriptus exstat in bibliotheca Hispalensis Ecclesiæ: *Raphaelis Regii in depravationes oratoriæ Quintiliani institutionis, annotationes*, Venetiis MDXXII. folio. Petrus item Mosellanus Protogensis, decurso hoc eodem usque ad septimum librum stadio, annotationes quoque suas prelo commisit Basileæ apud Adamum Petrum MDXXVII. 8.° quas inde recoxit anno MDXLI. Lugduni Sebast. Gryphius. Necnon Ioannis Sicardi curâ Basileensis prodiit alia MDXXIX. atque item alia ex officina Gymnici MDXXXIII. cum Giberti Longolii præfatione. Inde castigationes & annotationes Guilielmi Philandri, & auctoris textum ad exemplar eius quæ ibi præcesserat editionis superioris anni, Gryphius Lugduni anno MDXXXV. publicavit.

259. Cum Ioachimi Camerarii, Ioannis Sichardi & aliorum, necnon laudati nuper Guil. Philandri annotationibus & castigationibus, Coloniæ Gualterus Fabricius anno MDLV. 8.° ex officina sua exire fecit. Cuius & anni est editio Lugdunensis Gryphii in 8.° *Institutionum* & undeviginti *declamationum.* Anno sequenti ediderunt Parisienses Thomæ Ricardi formis *In M. Fab. Quintilianum commentarios valdè succintos & elegantes*, in 4.° Hi Turnebi esse dicuntur, careant licèt eius nomine. Ponè it Veneta Hieronymi Schoti MDLXVII. in folio, cum argumentis Petri Gallandii professoris Latinarum literarum Regii, annotationibus Petri Mosellani in VII. libros priores, Ioachimi Camerarii in primum & secundum, tandemque Antonii Pini Portodomæi Lusitani commentario in tertium doctissimo. Lugduni quoque in Gallia anno MDLXXX. in 8.° prodiere. Legimus quoque Stephanum Riccium doctissimorum virorum annotationes in libroshos Institutionum summo studio in ordinem à se redactas Lipsiæ anno MDLXX. edidisse. Ulterioris temporis nullam vidimus, usque ad postremam Lugduno-Batavam Hackii anni MDCLXV. in 8.° cum Angeli Politiani & Petri Gallan-

(1) Petrus Burmannus Quintiliano à se edito Lugd. Bat. 1720. præmisit catalogum huius Scriptoris editionum ab inventa typographia: exorsus à Romana Ulrici Han sive Galli 1468. fol. quam Maittairio incognitam fuisse asserit, ac de ea consulendum D. de la Caille *Histoir. de l'Imprimerie.* Post hanc recenset Romanam alteram Conradi Sweynheym & Arnoldi Pannartz 1470. fol. & Venetam Nicolai Ienson 1471. fol. Auctor tamen Catalogi librorum Ducis de la Valliere num. 2333. *Romanam Ulrici Galli in via Papæ* 1470. fol. PRINCIPEM omnium vocat. Sed fuerit forsan prænotata Burmanni editio, quamvis annum 1468. præseferat, eadem cum illa Catalogi de la Valliere; cum utraque Romæ, in folio, per Ulricum Han seu Gallum, & curante Ioanne Antonio Campano in vulgus emissa dicatur.

(2) Nimirum num. 240. huius capitis.

landii præfationibus utilissimis, Turnebique, Camerarii, Parei, Gronovii, & aliorum, secundum formam Batavicarum editionum, Notis.

260. Prodiit demum ex officina Elzeviriana Ultraiectina anno MDCLXIX. libellus aureus variorum Pauli Colomesii opusculorum, quem claudunt *Ad M. F. Quintiliani Institutiones oratorias* huius auctoris selectæ eruditionis Notæ. Laudatur item Sententiarum ex Quintiliano libellus, auctore Stephano Ioanne Stephanio Dano, professore Sorano Eloquentiæ, apud Albertum Bartolinum *De scriptis Danorum.* Compendium quoque Quintiliani Franciscus Patricius confecerit, si verè id Patavii in bibliotheca ad D. Mariæ Pratalleæ (quod Thomasinus in *Bibliothecis Patavinis Mss.* affirmat [b]) custoditur. Et legimus, sive hoc, sive aliud huius auctoris compendium Valentiæ anno MDLIV. in 8.° typis editum. Præter alios ævi nostri Criticos plura Quintiliani emendavit, illustravit, vindicavit Ioannes Gebhardus Crepundiorum seu Iuvenilium curarum libris tribus Hannoviæ MDCXV. in 4.° editis. Immò & inter antiquiores Iacobus Lodoicus Strebæus Gallus Quintiliani secundum, tertium, & quintum librum Partitionum oratoriarum à se in compendium redactos edidisse dicitur Parisiis apud Thomam Richardum. Præter Latinos interpretes & illustratores sortitus est Quintilianus Italicum Horatium Toscanellam, quem Iolitus Venetiis MDLXVII. edidit in 4.° & Gallicum N. Abbatem de Pure, cuius in *Bibliotheca Gallica* M. C. Sorèll meminit. Hispanam verò interpretationem nemo hactenus, quod sciam, aggressus fuit. Præstò sunt doctis hominibus Quintiliani amatoribus *Institutionum* harum MSS. exemplaria in bibliothecis publicis. Medicea una habet novem, ut ex eius constat catalogo. Petrus quoque Ramus rhetoricas in Quintilianum distinctiones foras emisit, cum aliis dialecticis & philosophicis Parisiis apud Wekelium. Ioannes item Buteonis Gallus Delphinas mathematicus, Gesnero laudante, ad locum Quintiliani geometricum explanationem confecit.

[b] Pag. 48.

261. *De causis* quoque *corruptæ eloquentiæ* librum se scripsisse affirmat noster in prooemio sexti, & fine octavi. Quod opus, auro contrà non carum omnibus eloquentiæ veteris studiosis futurum, omnino periit. Nulla enim ratio satis urget ut Lipsio assentiamur, qui *De oratoribus* dialogum, incerti adhuc auctoris sed eminentissimo quovis auctore dignum, eundem hunc esse credidit. Perfectus enim est dialogus; & tamen in eo frustrà quæsieris *De hyperbole*, aut generaliter *De tropis* locum, quem se pleniùs tractâsse in hoc *De causis corruptæ eloquentiæ* libro, in octavi ait *Institutionum* fine. Proxima quidem, fateor, materia est, sed diversa utriusque operis: quod planè haud unum existimo, utrumque tamen Quintiliani, ut iam dicam.

262. *Actionem*, quam habuit *in causa Nævii Aproniani*, emisit solam in publicum, *seductus*, ut ait ipse [c], *iuvenili gloriæ cupiditate.* Et tamen ferri sub nomine suo alias addidit, *negligentiâ excipientium in quæstum notariorum corruptas*: *quæ minimam partem* (inquit) *mei habent.* Ferebantur quoque sub eodem Quintiliani nomine etiam tum eius ævo duo *Artis rhetoricæ* libri: *neque editi* (ait ipse [d]) *à me, neque in hoc comparati. Namque alterum sermone per biduum habito pueri quibus id præstabatur exceperant; alterum pluribus sanè diebus, quantum notando consequi potuerant, interceptum: boni iuvenes, sed nimium amantes mei, temerario editionis honore vulgaverant.* Hos *Artis* videtur libros grammaticus Rufinus in libello *De metris comicorum* [e] innuere, cùm Quintilianum in *Arte* laudat. Sed reverà ex *Institutionum* noni cap. 4. verba sunt de numeris & structura Demosthenis eò adducta: quod opus *Artem* vocat Rufinus.

[c] Lib. 7. c. 2.

[d] Lib. 1. prooemio.

[e] Tom. 2. *Grammatic. veter.* pag. 2715.

263. Vulgaria fuere Lactantii etiam & Hieronymi tempore alia Quintiliani. Nam prior ille, cùm *Fanaticum* [f], tum *Capite obvolutum* eius laudat: quæ videntur declamationum capitula. Harum autem in eis quæ Quintiliani nomine circumferuntur non ulla exstat mentio. Posterior Hieronymus, atque item Alcuinus [g], transcriptis Hieronymi verbis, eo tamen illaudato, eam Quintiliano controversiam tribuunt in qua accusatur matrona, quòd æthiopem peperit: pro cuius defensione id quod in equarum gregibus apud Hispanos fit, refertur adducere. Exstat quidem inter Calpurnii Flacci declamationes ea quæ *Natus æthiops* inscribitur: in eaque Hispaniæ mentio, sed non equarum naturæ in Hispania: quòd planè debuit, ut à Hieronymo hanc significatam arbitremur. Argumenta nempe declamationum quædam veluti solemniora olim fuere, in quibus ingenii quisque sui vires experiebatur. Iccircò unius atque eiusdem materiæ plures diversorum reperiri non semel contigit.

[f] Lib. 1. *Instit.*

[g] *De quæstionibus in Genesim* apud Barthium lib. 58. *Advers.* cap. 13.

264. Duo supersunt de quibus magnis animis controverti solet quærique, an Quintiliano, an alteri adiudicanda sint: dialogus *De oratoribus* ac *Declamationes.* Cornelio Tacito à non nemine prius illud, dia-

dialogus nempe *De oratoribus*, tribui solet; sed plures pro Quintiliano nostro calculi sunt. Alii credunt nullius istorum esse. Stilus certè plus sapit Fabianam, quam Cornelianam phrasin. Favet etiam nostro quòd propria eius, hoc est eloquentiæ artis materia sit, quam dialogus continet; cùm de Tacito nusquam audiamus rhetoricis eum dissertationibus stilum mancipâsse. Nec disconvenit ætas; nam constat ex eodem opere auctorem iuvenem admodum intervenisse (ut ex vero aliquo fingit) dialogo illi inter Maternum, Aprum, Iulium Secundum, & Messalam, qui habitus ibidem dicitur sexto anno Vespasiani Augusti: quum Aper annos colligit, qui ab interitu Ciceronis præterierant. Ab hoc tempore si statuamus reliquos eiusdem Vespasiani IV. Titi II. Domitiani XIV. qui simul XX. annos conficiunt; primamque iuventutem (quam sibi tribuit anno illo VI. Vespasiani auctor dialogi) post vicesimum quintum, huius ætatis initium computemus: quadragesimum quintum egisse Quintilianum (si auctor sit dialogi), cùm per vicennium docuisset, *Institutiones* scribebat, uxorem undeviginti annorum, cui pater esse (ut annuit ipse [h]) poterat amisit, colligemus. In quo nihil video Quintiliani rebus non conforme. Secessionem quidam faciunt ab hac inter Tacitum & Quintilianum controversia, & neutrius horum famæ ex hoc scripto partæ velificantur. Et quidem alicuius ex dialogistis esse suspicatur Barthius [i], *Gallionis* Vossius [k].

265. *Declamationum*, sive *Causarum*. Nam Quintilianum *De causis* in Glossario MS. suo citari, & Quintiliani libros *Causarum* apud Gualterum Burleum libro *De vitis philosophorum*, qui vixit anno MCCCXXX. Vossius refert in *De rhetorices natura & constitutione* cap. 15. *Declamationum*, inquam, sub Quintiliani nomine vulgarium duo genera sunt: aliæ prolixiores XIX. his titulis: *Paries palmatus: Cæcus in limine: Miles Marianus* &c. de quibus postea; breviores aliæ CXLV. atque hæ superstites ex CCCLXXXVIII. quarum auctorem Fabii Quintiliani avum, nempe illum quem sui temporis declamatorem laudat Marcus Seneca rhetor, existimant. In hac video sententia esse Laurentium Vallam, si Vitæ est auctor, Volaterranum, Thaddeum Ugoletum [l], Petrum Pithoeum [m], Gerardum Ioannem Vossium [n].

266. Nonnullis tamen minimè libet Quintiliano huic *Institutionum* auctori, quem sciunt declamationibus se exercuisse, iubere his vel avo cedere. Angelum Politianum [o] intelligo, Ioannem Antonium Campanum [p], Petrum Ærodium [q] qui eas Notis illustravit, Barthium [r] qui fragmenta hæc esse, aut excerpta ex Quintiliani veris putat declamationibus ab aliquo antiquo rhetore, uti alias M. Senecæ & Calpurnii Flacci. Nec suffragium negaturus videtur in antiquis Trebellius Pollio, qui Quintiliani declamatoris Romani generis acutissimi declamationibus insertas esse quasdam Postumi iunioris refert [s]. Quæ vix ille de alio quàm de magno Quintiliano dixerit ita magnificè.

267. De prioribus illis undeviginti præter Ioannem Ant. Campanum de quo mox dicemus, Persivaldumque Bellingenium Brugensem, nullum vidi hactenus qui esse Quintiliani affirmare audeat. Nihil enim minùs sunt quàm huius præceptis in opere *Institutionum* traditis conformes. Quod Philelphus [t] olim notavit, ex eoque Quintilianum. Innuit, nec damnat hanc existimationem Ioannes Ludovicus Vives [u]: probant Erasmus [x], Vossius pater [y], Petrus Ærodius [z], Gaspar Barthius [a], Ioannes Mariana [b], Ambr. Morales [c], Andr. Schotus [d]; atque eas in scriptis quibusdam libris Marco Floro adiudicari annotaverunt Vossius [e] Barthiusque, atque item Iacobus Durantius lib. 2. *Variar.* cap. 17. Aliis placet Postumi iunioris, qui unus fuit ex XXX. Rom. Imperii tyrannis, eas esse, propter hæc Trebellii Pollionis in *Vita* eius verba: *Fuit autem Postumus (quod solum memoratu dignum est) ita in declamationibus disertus, ut eius controversiæ Quintiliano dicantur insertæ.* Non quidem Quintiliani sunt; sed, uti ait Barthius [f], *lectu omnes dignissimæ* sunt.

268. Quod si sequimur, hoc est Fabii Quintiliani non esse, videndum est quo declinanda sit modo auctoritas S. Hieronymi, apud quem ad *Præsidium* scribentem legitur, putare se *controversiæ Quintiliani* Præsidium recordari, *in qua pauper causatur dolens ob interitum apum flores ab impotentissimo divite venenatos.* Declinabimus quidem, si de alio Quintiliano locutum Doctorem sanctissimum, aut commixtas fuisse iam in unam syllogen diversorum declamationes, quod Pollio nuper laudatus innuit, credamus. Præstat de utrisque, tam XIX. quàm CXLV. iudicium audire Ioannis Antonii Campani, clari ante duo sæcula philologi, ut observes lector quàm inter se hominum de rebus opiniones sint contrariæ. Scribens hic ad Cardinalem Senensem ait illi CXXXVI. ex illis brevioribus declamationes allatas ad se è Germania fuisse, quas quidem Quintiliani esse sic arbitratur, ut *alterius & temporis & studii*

[h] In procemio lib. 6.
[i] Lib.44. *Adv.* cap. 8.
[k] *De Rhetor. nat. & constit.* cap. 15.
[l] *Præfat. ad suam edit.*
[m] *Præfat. ad Christ. Thuanum.*
[n] Lib.1. *Instit. Orator.* cap. 2. & *de Rhet. nat.* cap. 15.
[o] *Præfat. ad Instit.*
[p] *Ep. ad Card. Senensem.*
[q] *Præfat. ad declam.*
[r] Lib.58. *Adv.* cap. 13.
[s] In huius vita.
[t] Lib 3. epist. ult.
[u] Lib. 4. *De causis corrupt. artium.*
[x] In *Ciceroniano.*
[y] Lib.1. *Instit. Orat.*
[z] *Præfat. ad declam.*
[a] Lib.58. *Adv.* cap. 13. & ad l. 2. *Theb.* v. 406.
[b] Lib. 4. *Hist. Hisp.* cap. 3.
[c] Lib.9. *Hist. Hisp.* cap. 27.
[d] In *Tract. de auctore declamat. Senecæ, & declam. rat.*
[e] Tum ubi proximè, tum *De Rhetor. nat.* c. 15.
[f] Ad lib. 2. *Theb.* v. 406.

dii (verba eius audis) *putem, quam undeviginti quæ circumferuntur illius nomine. Alia vis, alia gratia, diversus ornatus utriusque est. Et inter finitimas perquàm longam* agnoscit *distantiam, sed qualis esse inter optima possit*; creditque *in his nuper inventis* (brevioribus scilicet) *ad verum declamatum in scholis esse; illas alteras otii cuiusdam domestici secretiorisque studii fuisse; multaque scripta ad ingenium, multa ingesta, multa incumulata, multa quoque ad poeticas expressa delicias: quòd non tam alienis placere auribus, quàm ingenii sui viribus obsequi vellet.* Et mox: *Plus in illis* (antiquis & prolixioribus) *copiæ argumentorum, sententiarum, acuminis, elaborationis esse; has* (breviores) *puriores, latiniores videri, fluentes non minus naturâ quàm arte, candidas, quietas, non fuscas, non turbulentas, sponte lætas, non studio coactas, &, ut pluribus me obiiciam telis, stilo orationis, qui fuit per Ciceronis tempora, propinquiores. Per cetera illas priores* (undeviginti) *antepono. Nam & magnitudine illic amplior, & sententiis sublimior, & verbis numerosior multò est, & nullum locum non adit, & acriter insurgit, &, quod in eo aliquando desideraverim, raró demittitur. Affectus autem (quibus nisi fuerit Orator armatus quæ inferre possit vulnera vix habet) omnes videtur effundere; nisi quòd eos numeros multò reddit obtusiores quàm si impetu & velocitate iacerentur. Hæc de meo iudicio dicta; coniecturam facere ex ipso codice licet: primùm, quod* CCCLX. *fuisse ostenditur, quem numerum nescio an alius quàm Quintilianus impleverit. Deinde quoniam Quintiliano attribuuntur; nec multò post Quintiliani ævi tempora scriptum tam vetustum codicem puto, ut errari tam recenti memoria non potuerit; tum quòd subsequuntur declamationum Senecæ decem libri: ut dubitari non possit, nec Senecæ quidem esse: quanquam illud quoque accedit, quòd abest Seneca longissimè à tanta puritate.* Hæc Campanus, qui adiungit in illo codice Calpurnii quoque Flacci excerpta esse, & quòd Antonii Iuliani (nescio cuius, sed nos de eo agemus infrà), & extemporaneæ Quintiliani promittuntur. Vides de utroque declamationum systemate viri docti iudicium.

[g] Lib. 58. *Adv.* cap. 13.

269. Barthius non dissentit [g] in longioribus undeviginti, quas vocat *integras*, uti alias *excerpta* tantùm; & eas putat quantivis pretii esse, miraturque adeò negligi, ut rarissimus quisque eius testimoniis etiam inter curiosos utatur. Vossius [h] quoque, non aspernandas, sed haud Quintiliani esse florentissimi scriptoris, censet. Quantum abit de his censio Francisci Philelphi viri suo ævo præstantis! *Ieiunas* eas esse ait, *atque à rebus, quibus rhetor ille* (Quintilianus) *abundavit, inopes: ut aratoris potiùs quàm oratoris esse; nedum eius qui de bene dicendi præceptis iucundissimo stilo acerrimoque iudicio pertractâsset.* Quæ verba adducit, nec iudicium improbat, Andreas Schotus in opusculo suo *De auctore declamationum* quæ M. Senecæ inscribuntur, *& declamandi ratione.*

[h] *De Rhet. nat. & constit.* cap. 15.

270. Nobis tot inter opinionum difficultates iniuncti officii memoria non excidit, ut auctorum nostrorum quæcumque sunt, aut quibusdam non omnino absurdè existimantibus esse videntur, quosnam recenti literarum ætate inventores aut illustratores habuerint, annotemus. Integras declamationes illas XIX. *Institutionibus* coîsse iam, & sub eodem Quintiliani nomine olim vulgatas vidimus. Annectuntur enim iis in Parisiensi MDXXXI. Venetâ MDLXVII. & aliis, in quarum ultimò dicta editione *ad primam & secundam annotationes* legere est Persivaldi Belingenii cæci nati, ut præ se inscriptio fert. Recentior est breviorum inventio, ut ex Campano habemus, qui non CXLV. quæ hodie exstant, sed CXXXVI. tantùm allatas ad se è Germania scripsit. Has primus, ut videtur, promulgavit Thaddæus Ugoletus Parmensis in patria anno MCDXCIV. Thaddæus iste Ugoletus, humanus doctusque vir, Regi Pannoniæ Matthiæ libros ornamentaque alia Florentiæ aliquando procurabat, nempe cùm Angelus Politianus, cuius verbis hominem laudamus, *Miscellaneorum* cap. 23. scribebat. Unde editionem Quintiliani declamationum anni MCDLXXXI. in folio, quam Labbeus in *Biblioth. Ms.* [i] laudat, ad alias declamationes longiores libentes referimus.

[i] Pag. 349.

271. Deinde renovata iis est lucis usura è typographia Parisiensi Ioannis Parvi MDIX. usque dum Petrus Ærodius ICtus. Andegavensis *Declamationes M. Fabii Quintiliani* CXXXVI. *quæ ex* CCCLXXXVIII. *supersunt, castigatas & scholiis illustratas, ac in lucem* (ut ait) *postliminio revocatas*, Parisiis iterum, sed apud Fredericum Morellium MDLXIII. edi curavit, *mere* scilicet *iuridico commentario* ait Barthius [k]; cùm adhiberi oporteat his illustrandis *ingenium subactum omni antiquitatis lectione, & omnium auctorum consulta in numerato habens.* Atqui homines à Barthio desiderati opem tulere hactenus veteri scripto, quamvis non absolutam: Petrus nimirum Pithoeus ad Christophorum Thuanum regiæ Galliarum curiæ præsidem primaria directa editione Parisiensi: aliâ circa annum MDLXXX. ad-

[k] Lib. 58 cap. 13.

adiunctis *Calpurnii Flacci* (ut titulus præseferebat in codice quo usus est) *excerptis X. Rhetorum minorum*; atque item Gronovius. Cum quorum omnium Notis, scilicet Thaddæi, Ærodii, Pithœi, & Gronovii declamationum integrum opus quæ Quintiliano quoquomodo tribui solent: hoc est, undeviginti perfectæ, & CXLV. excerptæ seu breviores, ex officina Hackiana Lugduno-Batava anno demum MDCLXV. quo & *Institutiones*, in lucem prodiit. Novimus & Heidelbergæ anno MDXCIV. in 8.° iam antea editas. Observavit autem immensæ lectionis vir Barthius [l] has declamationes sub nomine *Altercationum* habuisse laudareque Rodolphum Agricolam lib. 3. *De inventione rhet.* cap. 15. atque item Basilium Fabrum, qui scholasticum lexicon Latino-Germanicum scripsit, aliquot centurias Quintiliani declamationum Oporino excudendas dedisse, ut idem scribit in Quintiliani commemoratione. De interpretationibus vulgarium linguarum nihil adhuc novimus.

[l] Ad lib. 9. *Theb.* Statii v. 169.

272. Schedæ MSS. Quintiliani, tam *Declamationum* quàm *Institutionum*, sunt in bibliothecis Venetis [m]. Lugduno-Batava servat declamationum codicem Romæ scriptum in membrana anno MCCCLXVIII. in folio, ut ex eius apparet catalogo [n] (1).

[m] Vide Thomasinum *Bibl. Ven.* pag. 10. 12. 14. 27. 28. 31. 99.

[n] Pag. 399.

CAPUT XIII.

M. VALERIUS MARTIALIS *Bilbilitanus. Ubinam Bilbilis. Eiusdem versus de patria sua vindicatus germanæ lectioni adversus Scriverium. Diversus Gargilius Martialis* De re rustica *scriptor. Valerio nostro unde nomen* Coci *adhæserit. De eius parentibus Domitii Calderini error. Honores eidem concessi. Quonam tempore præcipuè floruit. Reditus eius in patriam. Quoddam eius epigramma non satis aptè ad Hadriani Imperatoris ævum refertur. Plinii iunioris de eo elogium, atque item aliorum. Catulli cum eo comparatio. Variantia de Martiali recentiorum iudicia. Barthius uti multiplex in commentando, ita in censendo parum constans. Quid in poeta significet* auris Batava? *Quòd vitium eius operum obscœnè loquendi, non eius sed ævi vitium fuerit. Spectaculorum liber non unius Martialis, sicut nec Priapeia unius Virgilii. De libris* XIV. *epigrammatum. Non omnia eius exstare carmina. Enarrantur epigrammatum editores, castigatores, commentatoresque. Ramirezii genus elucubrandi, nec eius sanum iudicium in reprehensione evirati Martialis editionum. De vulgaribus aliquot eius interpretibus. De* CANIO *poeta Gaditano. Leviter emendatur de eo Martialis epigramma.* Iocosæ Gades. *De Canii uxore. Diversus alius Canius Livio æqualis. De Emeritensi* DECIANO, *& Martialis cive* LICINIANO, *cuius epigramma de eo laudatur. Iuliani Toletani Archipresbyteri fabula. De* M. UNICO *poeta. De* MATERNO. HERENNIUS SENECIO *Hispanus. Eius laudes.* Helvidii Prisci vitæ *scriptor. Domitiani iussu interficitur.*

273. NIHIL toto isto, & forsan omnibus sæculis, Roma habuit festivius & argutius, simulque disertius M. VALERIO MARTIALI Bilbilitano. De patria testatur ipse non uno loco, scilicet epigrammate 62. lib. 1.

Te, Liciane, gloriabitur nostra,
Nec me tacebit, Bilbilis.

Et epigrammate 103. lib. 10.

Municipes, Augusta mihi quos Bilbilis acri
Monte creat, rapidus quam Salo tingit aquis.

Et Sidonius carmine 23.

Quid celsos Senecas loquar, vel illum
Quem dat Bilbilis alta Martialem,
Terrarum indigenas Ibericarum?

Ea urbs, quam *Augustæ* (2) cognomento illustrem præ se numus Tiberii fert [o], è principibus Celtiberorum urbibus, & ab Geographis laudata [p], superstes adhuc S. Paulini [q] ævo, irruptione forsan Maurorum deserta aut excissa fuit. Durat certè adhuc duorum millium passuum intervallo à *Calatayúd* nobilissimo Aragoniæ regni municipio separata, & *acer mons* ille Martiali dictus [r], quem *Salo tingit* fluvius, & ruinæ veteris oppidi, è quibus plures Augusti, Neronis, Traiani, & Philippi Imperatorum numi egesti sunt. Montem corrupto vocabulo *Báubala* [s] al. *Bámbola*, vicum verò in ruinis ædificatum (si alius non designatur locus à Hieronymo Zurita [t]) *Huermeda* nunc vocant. *Aquis & armis nobilem* iure dixit [u] civis eius Martialis noster. Diu enim est, quòd *aquis* pro *equis* legendum esse primus vidit magnus Zurita, uti refert Antonius Augustinus [x], probantque Barrerius [y], & Nonius [z]. Aquis enim Salonis fluvii immersum candens ferrum ita temperabatur, ut arma ex eo fabrefacta mirè & ante alia probarentur: quod Plinius refert [a], & ipse Martialis [b]. Id secutus est D. Laurentius Ramirez de Prado poetæ nostri interpres: cui tantùm ut

[o] Adolphus Oco in *Tiberio.*

[p] Ptolemæo. Antonin. *Itiner. ab Emerita Cæsaraug.*

[q] *Carm. ad Ausonium.*

[r] Epigr. 103. lib. 10.

[s] Barrerius in *Itinerario.* Nonius in *Hispan. suæ* cap. 75.

[t] Notis ad *Itiner. Anton.* pag. 587.

[u] Lib. 1. cap. 50.

[x] *Dial.* 3. *De las Medallas.*

[y] In *Itinerar.* pag. 77.

[z] Cap. 75.

[a] Lib. 34. cap. 14.

[b] Ep. 50. lib. 1. & ep. 55. lib. 4.

(1) Mss. Quintiliani Institutionum Oratoriarum Codices binos in Bibliotheca Regia Escurialensi vidimus, nimirum *Lit. E. Plut. III. n.* 5. & *Lit. R.I.* 13.

(2) Atque item *Italicæ* ut passim in numis apud Cl. Florezium *Tabb.* IV. V. et alibi.

ut obsisteret magis quàm ex animi sententia ut credimus, futilibus sanè seque indignis rationibus antiquam lectionem Petrus Scriverius, ingratis quidem Musis, regerere conatus fuit [c]. Sed aliquantò nos hìc prolixiùs; nec enim minùs pertinet ad argumentum operis unde domo scriptores, quàm quòd gentis nostræ fuerint, referre.

274. Martiales plures in ipso etiam nostro Martiale & aliis legeris, sed cum prænomine, ut pro diversis non habere non possis. Cave tamen ne Martialem à Palladio in libris *De re rustica* passim absque alia nota distinctionis laudatum, cum M. Valerio nostro confundas. Gargilius enim ille est Martialis, ita ab eodem alicubi vocatus Palladio [d], *De re hortensi* auctor, cuius meminit & Cassiodorus [e], & Servius grammaticus [f]: idem fortasse cum eo, qui non tam disertè quàm verè, Vopisco [g] teste, Imperatorum scripsit Vitas, laudatus quoque ab Ælio Lampridio [h].

275. Scioli sunt qui COCUM proprio cognomine appellatum Valerium nostrum ex eo credunt, quod ab Ælio Lampridio *Martialis cocus* auctor eius epigrammatis laudetur, quod de frequenti léporis esu ad Gelliam in libris usque nunc exstat epigrammatum [i]. Eò Ioannem Saresberiensem iidem advocant, qui vel *Martialem cocum*, vel etiam *Cocum* ut Martialem significet, passim appellat [k]: unde eo recentiores Vincentius Bellovacensis [l], Iacobus Magnus [m], Blondus Forolíviensis [n], Iacobus Philippus Bergomensis [o], alii; & exstare in codicibus vetustis quibusdam *M. Valerii Martialis Coci* lemma Scriverius notavit [p], uti & in Lampridii Casaubonus [q]; quamquam disertè Salmasius [r] Notis ad eundem notaverit, *Coci* vocabulum tam in prima editione Lampridii, quàm in veteribus membranis deesse. Quod & Gerardo Vossio magis placet [s]; aut non *Coci*, sed *coce*, pro *quoque*, veteri scribendi more, scriptum in Lampridio fuerit: quod Meursius [t] & Ramirezius [u] probant, itemque Claverius [x] (1). Saltem cognomen adscititium, non gentile fuerit, & ab aliquo primùm, (eò quòd frequenter de re agit culinaria, præcipuèque lib. 13. cui *Xenia* inditum nomen) iuxta eorum hominum morem accomodatum, quibus solemne fuit cognominare maximos etiam scriptores ab eventu aliquo, sive laudis aut notæ causâ. Sic Ovidium *Getam*, Iuvenalem *Ethicum*, Statium *Aquilinum*, Propertium *Nautam*, Prudentium *Amœnum*, & quamplures alios, eâdem ferè importunitate quâ Martialem *Cocum* appellavere: de quo more Gaspar Barthius lib. 6. *Adversariorum* cap. 1. copiosè disserit (2). Nec ideo minùs è recentissimis interpretibus, cùm Robertus Titius [y] & Raderus [z], tum Theodorus Marcilius *Cocum* semper vocat Martialem, iure ob id reprehensus ab Iosepho Scaligero, cùm ad Scriverium mitteret *Diatriben* suam *criticam* super *Spectaculorum* libro adversus eundem Marcilium; atque à Laurentio Ramirezio [a], cui quum respondit is sub Claudii Mussamberti nomine, à varietate materiarum, quas ut varia iura peritus coquus scitè miscuit, ita dictum Martialem adhuc contendit insulsissimè (3). Nec minus iniuriùs est iudicio meo Martiali, vir aliàs in his literis præstantissimus Gerardus Ioannes Vossius, qui à patris officio derivatum ei admittit *Coci* nomen [b].

276. Natus is Calendis Martiis [c] (non quidem ex Frontone & Flaccilla parentibus, ne cum Domitio Calderino erremus; hæc enim nomina sunt parentum Erotii puellæ, quam deflet mortuam epigr. 37. libri quinti), literisque in patria insigniter eruditus, (Calagurritanum alumnum nescio quo sensu Raderus dixerit [d]), cum primùm per ætatem licuit Romam se contulit, Neronis, ut necesse est ac ostendemus inferiùs, tempore: qua in urbe non statim florere cœpit; vix enim reperire est inter tot epigrammata sive Neronis sive eius suc-

L ces-

[c] Ep. 50. aliàs 49.
[d] Lib. 4. tit. 9.
[e] *De div. lection.* cap. 28.
[f] In 4. *Georgicorum.*
[g] In *Probi vita.*
[h] In *Vita Alexandri.*
[i] Lib. 5. ep. 30.
[k] Lib. 7. *De nugis cur.* cap. 12. lib. 8. cap. 13.
[l] *Spec. doct.* lib. 3. cap. 37.
[m] In *Sophologio* sæpè.
[n] In *Umbria illustrata.*
[o] In *Supplem. Chron.* ad ann. Christi xc.
[p] In *epist. ad lect.* lib. 1.
[q] *Notis ad Alexand. vitam* pag. 168.
[r] Pag. 213.
[s] *De poetis latinis* pag. 46.
[t] *Auct. Philolog.* cap. 13.
[u] Ep. 1. *Spectaculorum.*
[x] In *Ep. nuncupat. Not. ad Martial.* edit. Morellianæ MDCXVII.
[y] Lib. 7. *Controv. locorum* 21.
[z] In *Vita Martialis.*
[a] Ad ep. 1. *Spectacul.*
[b] *De poetis Latin.* pag. 46.
[c] Lib. 10 ep. 23.
[d] In *Vita Martialis.*

(1) Ut CIRINUS, CIETA: pro QUIRINUS, QUIETA. Vetus lapis Cordubæ in ædibus D. de Villacevallos quem vidi ac descripsi

D. M. S.
CIRCIA
CIETA
ANN. XXXXIII.
K.S.H.S.E.S.T.T.L.

Item à Latinis *Cytherea*, *scena*, *scævus*: Hispanica *Quiteria* propr. *esquina*, *izquierdo*; à Græcis σκυλάω, σκῦλον, Lat. *spolio*, *spolium*, Hispanica *esquilar*, *esquilo*, *esquileo* &c. ut mittamus prisca illa atque obsoleta *insece* & *insecendo*, pro *inseque*, id est *insequere*, et *insequendo* apud Catonem et Ennium de quibus A. Gellius *Noct. Att. XVIII.* 9.

(2) *Mótes* atque *apódos* id genus cognomenta vernaculè Hispani dicimus, quale olim Lucilli Pannonicæ legionis Centurionis fuit in coorta post Augusti mortem militari seditione interfecti: cui quòd fracta vite in militis dorso *alteram* clara voce, ac rursus *aliam* posceret, ut Tacitus *Annal.* I. 23. refert, militari facetiâ *Cedo alteram* cognomen inditum. Itemque alterius è cognominibus Tribunis Aurelianis *Manu ad ferrum* vocati apud Fl. Vopiscum *in Aurelian. cap.* 6. Atque eòdem nonnulli referunt eiusdem Taciti *loc. cit.* Centurionem alterum *cognomento Sirpicum*; et Metrobium Statorem *signo Sapricum* apud Gruterum pag. DCXXXI. 7.

(3) Solemni scilicet τῶν ναρθηκοφόρων ritu: iure propterea Iosepho Scaligero, *arrogantissimus & imperitissimus commentator* dictus, apud Nostrum *Biblioth. Hisp. nov. in Laur. Ramiresio.*

cessorum, ne quidem Vespasiani rerum ævive aliquam notam. Titum nempe celebrare cœpit versibus, biennii principem; sed Domitiani quindecennio potissimùm habitus in pretio fuit. Quinimmo & ab eo ornatus iure trium liberorum, equitis Romani, ac Tribunicio munere. De primo illo constat ex lepidissimo ad uxorem epigrammate [e] isto, post alterum ad Domitianum gratulatorium:

Natorum mihi ius trium roganti,
Musarum pretium dedit mearum
Solus qui poterat. Valebis uxor:
Non debet domini perire munus.

De equestri ordine ac Tribunicio munere sibi concessis ad Nævolum scribenti credimus [f], quæ honoris causâ ei Cæsar indulserit. Paucis autem contentus vixit, nec tamen egenus. Consule ipsum ad Quintilianum de se referentem [g]. Et lepidè quidem simul & magnificè ad Pastorem quendam se non ad luxum & superbam ostentationem opes desiderare (ad quid ergo?) ait.

Est nihil ex istis: superos ac sidera testor.
Ergo quid? ut donem, Pastor, & ædificem.

Epigrammate 23. lib. 9.

277. Hoc enim in otio vivendi genus, atque adeò festivis iocis captandi sibi virorum principum ac totius urbis favorem, præ forensibus exercitiis habuit, unde lucra sibi proventura maxima sperare poterat. Et tamen abstinuit à grandioris alicuius operis aggrediendi consilio, usus illa vulgari sed vera excusatione [h], Mæcenatem sibi deesse. Ex quo enim (alicubi ait) Cilnius Mæcenas à Virgilio paupertatem malignam repulit,

Protinus Italiam concepit, & arma virumque,
Qui modo vix Culicem fleverat ore rudi.

278. Romæ usque ad Traiani imperium continuò mansit, excepto quòd in Æmilia, seu Gallia togata peregrinatus aliquando fuit; unde quædam è libro 3. carmina dignoscuntur conscripta [i]. Sed tandem curiæ pertæsus, aut parùm Traiano gratus, severiori & blanditiarum seu iocorum amœnitatibus intacto principi: cogitavit in patriam reditum [k], & exsecutus est quatuor iam & triginta annorum urbis incola [l], cùm ferè ageret ætatis septimum & quinquagesimum [m]. Quonam autem Traiani, incertum; attamen discessisse eum non recenti principatu, uti video ab aliquibus colligi: ex eo conficitur, quòd post Cæsaris reditum è Germania Dacorumque profligatum bellum profectus sit, aut eo anno saltem. Victoria hæc scilicet prima de Decebalo Dacorum Rege (nam duæ fuere, alteraque post biennium) in consulatum Traiani tertium & Frontonis tertium incidit, qui fuit annus eius imperii etiam tertius, urbis DCCCLIII. Christianæ redemtionis CI. aut sequens. Eusebianum *Chronicon* CIII. constituens numo redarguitur, in quo quidem anno isto, quo III. fuit consul, Dacicus iam Traianus sculpitur. Huius temporis sunt postrema Valerii Martialis Romana monumenta; nam lib. 11. epigrammate 5. de tertio consulatu Nervæ (hoc est Nervæ Traiani) Ianum alloquitur, eundem sequenti à iustitia laudat, reversum fortè iam è Germania; nam anteriore libro 10. *De adventu Cæsaris Traiani*, & item *Ad Rhenum de eodem*, 6. & 7. inscribuntur epigrammata.

[e] Lib. 2. ep. 92.
[f] Lib. 3. ep. 95. lib. 4. ep. 27. & lib. 5. ep. 13.
[g] Lib. 2. ep. 90. & ep. 56. lib. 1.
[h] Lib. 1. epig. 108. ad L. Iulium.
[i] Ep. 1. 4. 5. 56. & lib. 4. ep. 25. Observat Scriverius in *Notis* ad lib. 3. ep. 67.
[k] Pertinent ep. 20. 78. 96. 103. libri 10.
[l] Lib. 10. epig. 24. 103. & 104. lib. 12. ep. 34.
[m] Lib. 10. ep. 24.

279. Proficiscentem viatico Plinius carum sibi poetam iuvit: quod ipse scribit in quadam epistola [n], directi ad se olim à Martiale carminis memor, cuius partem epistolæ intexere non dubitavit, hodieque decimo libro [o] integrum legitur. Ex Hispania sanè scriptus est totus duodecimus, nec nisi post triennium provincialis vitæ emissus Romam, Prisci veteris amici qui nuper inde appulerat iudicio priùs subiectus, ad quem ea super re directa est epistola libro præfixa. Lamentatur quidem is quærere se in patria illius civitatis quibus assueverat aures, iudicia, ingenia, bibliothecas, theatra, conventusque; ac pro iis conqueritur municipalium dentium rubiginem livoremque subrogata; & tamen Iuvenali epig. 18. ait, post otia sua & vitæ genus descriptum,

Sic me vivere, sic me iuvat perire.

Adhærebat lateri viva etiamtum uxor Marcella, Bilbilitana & ipsa, quam quidem alicubi [p], ut rudem uxoriis lusibus stringit, alibi [q] summis ornat laudibus ingenii, urbanitatisque magis Romanæ quàm municipalis: quam sibi unam disertè concludit pro Roma esse. Celebrat [r] eiusdem uxoris hortos, dominæ, ut ait, data

Munera post septima lustra reverso;

sibique pro Alcinoi hortis in pretio habitos.

280. Quot verò annis post hæc vixerit, nemini credo notum. Nec assentior viro eruditissimo [s], qui usque ad Hadriani superfuisse tempora, nullo rei adducto argumento existimavit. Tale enim non est, quòd de Hadriano scripsisse dicatur epigramma istud [t]:

Difficilis, facilis, iucundus, acerbus es idem:
Nec tecum possum vivere, nec sine te.

Eò quòd *semper in omnibus varium* appellaverit eum Dio Cocceianus. Non est inquam tale hoc argumentum; cùm hoc libro

[n] Lib. 3. epist. ult.
[o] Epig. 19.
[p] Lib. 11. ep. 43.
[q] Lib. 12. ep. 21.
[r] Lib. 12. ep. 31.
[s] D. Thomæ Tamaio de Vargas in libro: *Novedades antiguas.* seu: *Verdad de Dextro, novedad* 15.
[t] Lib. 12. ep. 47.

bro 12. contentum epigrammata istud sit, quem Prisco direxit post triennium editi anterioris libri 11: sexto aut septimo nempe Traiani, qui tredecim adhuc ferè alios, priusquàm Hadrianus rerum potiretur, regnavit annos.

281. Certè quidem in magna vixit fama & amore omnium qui iocis elegantibus delectarentur: quod non ille nesciens, variis in locis *toto notum in orbe* se: *toto orbe*, nedum Romæ, *legi*: omnium sinubus condi, terique manibus modestè iactat [u]; ipseque sibi formavit hoc tetrastichon subscribendum imagini, quam clarorum virorum aliis Avitus quidam erat adiuncturus [x].

Ille ego sum nulli nugarum laude secundus,
Quem non miraris, sed puto, lector, amas.
Maiores maiora sonent, mihi parva locuto
Sufficit in vestras sæpè redire manus.

Nec parcit suæ ex eo laudi quòd vitia insectatus fuerit, personas minimè; ait enim ad Munatium Gallum [y]:

Hunc servare modum nostri novêre libelli:
Parcere personis, dicere de vitiis.

Hoc sensu, nec alio, appellatus fuit *mordax sine fine* à Sidonio carm. 9. De eoque testimonium Plinii Cæcilii Secundi habemus ad nuntium de Martialis obitu in Hispania Prisco suo scribentis. *Audio* (inquit [z]) *Valerium Martialem decessisse, & molestè fero. Erat homo ingeniosus, acutus, acer, & qui plurimum in scribendo & salis haberet & fellis, nec candoris minus. Prosecutus eram viatico secedentem: dederam hoc amicitiæ, dederam etiam versiculis quos de me composuit. Fuit moris antiqui, eos qui singulorum laudes vel urbium scripserant, aut honoribus aut pecuniâ ornare; nostris verò temporibus, ut alia speciosa & egregia, ita hoc in primis exolevit. Nam postquam desiimus facere laudanda, laudari quoque ineptum putamus.* Optimè quidem, & ad nostros etiam hodiernos mores. Ælius quoque Verus Imperator, literarum amans & eorum qui eas amarent, qui secum multos disertos & eruditos semper habuit [a], deliciisque non minùs diffluere solebat, *Martialem epigrammaticum poetam* (Spartianus ait) *Virgilium suum* dicebat.

282. Verè *ingeniosissimus, artificiosissimus, festivissimus, lepidissimus* fuit *epigrammatum poeta*, ut Politiani [b], Pontani [c], Turnebi [d], aliorumque verbis laudem: qui argutiam simul & brevitatem, epigrammatis peculiares virtutes, Cæsaris Scaligeri iudicio [e], coniunxit semper. *Multa sunt eius* (inquit magnus idem poetarum censor [f]) *epigrammata divina, in quibus & sermonis castitas, & argumenti species luculenta est, versus verò candidi, numerosi, plenique, denique optimi.* Comparatum aliis sui ac superioris ævi Satyricis, uni Catullo palmam deferre eum, tum de se ipse fassus fuit [g], tum alii censent [h]; nec solidè tamen omnes. Feliciorem in argutiis Catullo, quamvis rebus aliis multò sit eo inferior minusque cultus & limatus, existimabat Thomas Correa Lusitanus, eloquentiæ professor Romæ non incelebris, *De epigrammate* libello [i]. *Virum ingeniosissimum, & ad concinnanda epigrammata factum, ideamque veri & nobilis epigrammatistæ* Philippus Brietius ultimus poetarum censor appellat [k].

283. Nec minùs expertus fuit noster contraria quorumdam iudicia: ut ferè nihil in favore hominum ac de rebus existimatione fixum & perpetuum est. *Scurram de trivio* appellavit nescio quis, à Lipsio [l] improbatus Turneboque [m]. Raphael Volaterranus (quàm temerè!) libellum epigrammatum *omnino reiiciendum* censuit: *quippe qui neque elegantiæ Latinæ, neque moribus prosit.* Posterius quidem in parte verum est, prius verò de elegantia Latinæ linguæ adversis & indignantibus Musis ab homine bene aliàs de historia merito scriptum. De Andrea Naugerio ait Iovius [n], Martiali adeò severum hostem fuisse, ut *quotannis stato die Musis dicato multa eius volumina, tamquam impura, cum execratione Vulcano dicarentur* (1). Impuritatem nempe eam aversabatur, non quæ castitati ingrata, sed quæ Musis esset: præpostero nec sanæ prorsus mentis, quod factum prodit, iudicio. Lilius quoque Gyraldus existimabat [o] ex Martialis libris quædam, nec plurima, seligi posse bonorum digna lectione, quibus libellus non utique magnus conficeretur; reliqua, quod & ipse Martialis ait, scombris & siluris involucra relinqui.

284. Barthium quoque inter eos haud libenter habeo, quibus Martialis non id quod iure meretur debet. Nollem viro insignis erga humanitatis literas meriti detractum à me quicquam non plenæ laudis, si dixero, uti ferebat occasio, iudicium suum iudicio alicuius opponendi, aut supponendi: ita nigro calculo eius intercessisse laudibus, candidove suffragari solitum fuisse Barthium. Immensi quoque operis & nunquam quiescentis calami est, incurrere in se-

[u] Lib. 1. ep. 2. lib. 5. ep. 13. lib. 3. ep. 95.
[x] Lib. 9. ep. 1.
[y] Lib. 10. ep. 33.
[z] Ep. ultima lib. 3.
[a] Spartianus in eius *Vita*.
[b] *Declamat. pro Quintiliano.*
[c] Lib. 3. *de Serm.* cap. 18.
[d] Lib. 8. *Adv.* 4. & lib. 13. 19.
[e] Lib. 3. *de poetica*, cap. 126.
[f] Lib. 6. *poet.*
[g] Lib. 10. ep. 78.
[h] Muretus, Claverius in *epist. nuncup. Notar. ad Mart.* Lipsius lib. 1. *epistol. quæst.* 5.
[i] Pag. 29. edit. Bonon. 1591.
[k] Lib. 3. *De poetis Latinis*, quod opus præmittitur *Acutè dictis Poetarum.*
[l] lib. 1. *epist. quæst.* 5.
[m] Lib. 13. *Adv.* 119.
[n] In *Elogiis.*
[o] Dial. 10. *De poet.* pag. 373.

(1) Hanc de Naugerio fabulam, eiusque ut aliarum plurium auctorem Paulum Iovium, sibilo iam explosit Cl. Thomas Serranus noster *Epist. ad Clementium Vannetium* edita Ferrariæ 1776.

semetipsum aliquando, atque alibi dictorum oblivisci. Barthius planè Martialem non illiberaliter laudare [p], Martialem in *Adversariis* passim illustrare, sæpiusque in idipsum redire solet. Idem tamen alicubi [q], quòd noster Lucanum comparaverit Virgilio, in eum (uti priùs in Lucanum ipsum, Papiniumque, alterum eius encomiasten, stilum strinxerat) invehitur his verbis: *De Martiali silere melius puto, qui quum de Lucano paria de Papinio iudicavit, morem suum secutus est adulandi, & conviciis petendi pro lubitu quemlibet. Quam ille rem cum obscenitatis licentia solam dignam epigrammate ferè arbitratus est. Nam si tria hæc illi eximas* (adulandi, ac detrahendi, obscenaque dicendi morem intelligo) *reliquorum utique tenuis erit census, gratia verò præ ceteris nulla.* Emollit inde aliquantisper sententiæ rigorem. *Et si ingenio non negem illum, tot personarum histrionem, non paucis ex ipsa orchestra meritò præferendum esse.* Quorum quantumvis ægrè appareat idoneus sensus, aliquam ingenii laudem poetæ concedere videntur. Aliquam? Et tamen eidem Barthio Martialis est [r] *ingeniosissimus poetarum, castigatissimus* [s], *festivissimus* [t], *unus omnium argutissimus, circumspectissimus, & subtilissimi acuminis vates* [u]; *doctissimus* item *poeta*, atque eius [x] *lepôrum flumen omnium aliorum ingeniis* præstantius eidem visum. Alibi [y] est ei *candoris eximii & salis multi.* Quid plura? Nescio quid (præter obscenitatem) non summis laudibus in Martiale efferant hæc eiusdem Barthii verba : loquitur de epig. 92. lib. 10. *Sed tanta omnium verborum in hoc epigrammate tamque viva & spirans est elegantia: ut se ipsum longè superâsse in eo vir ingeniosissimus videatur. De quibus scriptis iudicent alii ut volunt. Mihi scazon ipsius incomparabilis videtur, ut in quo gravitas certet cum lepôre & candore; in aliis generibus carminum usque ad miraculum laudatis*, (crederem scriptum *laudandus*) *modo abesset spurcitia, quæ dum reprehendit sæculi mores, eidem placere cupit.* Idem ingeniosissimas fictiones nominum, quas inscribit epigrammatis, lib. 1. cap. 6. consilium idem laudat poetæ notandi sæculi vitia sub nomine ficto, sed apto exprimendæ rei: ut quicumque culpæ illi se obnoxium senserit, reprehensionem sibi factam credat, lib. 58. cap. 18. : quod ipsum secutum se consilium in epist. ad lectorem lib. 1. poeta innuit. Hæc omnia Barthius, idem & unus cum eo qui tam nauci Martialem se habere, oblitus nempe sui, videri voluit. Quod utique annotare oportuit, ne auctoritas præstantis famæ philologi transversos agere, poetæ qui delectantur argutiis, posset.

[p] Lib. 1. *Adv.* cap. 6.

[q] Lib. 53. cap. 6.

[r] Lib. 1. *Adv.* 6. lib. 27. cap. 16.

[s] Lib. 6. c. 11.

[t] Lib. 11. cap. 13. & lib. 54. cap. 19.

[u] Lib. 14. cap. 14.

[x] Lib. 27. cap. 11.

[y] Ad Statii lib. 10. *Theb.* vers. 831.

285. Batavorum quoque de se iudicium quodammodo corrupit noster, *aurem Batavam* (uti *Bœoticam* solebant Græci) de ineleganti & crassa usurpare visus [z]. Quam iniuriam genti factam reduxit ad animum suum Erasmus Roterodamus, ex eo tantùm poetæ loco [a] proverbialem exsculpens formam : quæ aut nulla est, aut laudem potiùs continet severitatis, & pudoris obscenitatum hostis, observante Scriverio [b], & ipso Batavo ; remque eò tandem vertit Erasmus. Non item intactum prætercam, Pontano [c] visum fuisse, verba quædam apud Martialem *non solùm à faceto aliena* reperiri ; *verùm aut obscena ipsa admodum scurrilliaque, aut maximè ampullosa & acida : quod quidem* (ait) *Hispanicum est.* Vellem subnotâsset acida ista, atque Hispani tumoris verba, ut videri posset iuréne an iniuriâ nos taxaverit.

286. Planè obscena eius epigrammata Priapæasque argutias nullus non improbavit hactenus, qui Christianos oculos auresque consentire Christianis debere novit moribus. Nec tamen ex eo quòd evitandus in hac parte nunc sit : ideo ex eius quo vixit ævi usu vituperandus est; eò enim iam perducti sumus verecundiâ pietatis, ut erubescamus lascivè dictorum, etiam cùm factis maximè lascivimus : quod secus olim erat, cùm taliter loqui Latinè loqui videretur Martiali [d] : cùm in Floralibus nudæ mulieres verbis & motibus obscenissimis festum coram omni populo conficerent : cùm fescennina verba, hoc est impudicissima, iácere lusus, immo nuptiarum vernaculus mos esset : cum denique epigrammatarii poetæ omnes qui seriis relictis ludicra sectabantur, hoc est Catullus, Marsus, Pedo, Getulicus huius generis principes, atque etiam Augustus Imperator, ut constat ex epig. 21. lib. 11. & ex epistola lib. 1. Martialis nostri, non minùs licenter scriberent.

287. Quæ ergo Martialis famam hodie sustinent nomineque inscribuntur, *Epigrammatum* XIV. libri sunt: quibus alius *Spectaculorum* præponitur. Decimo tertio ac decimo quarto peculiares tituli *Xeniorum* & *Apophoretorum* inditi. Quorum duorum lemmata seu inscriptiones, non item ceterorum, è poetæ manu sunt. *Spectaculorum*, sive *De spectaculis* liber aliorum præambulo, quantumvis à Domitio Calderino & forsan aliis [e], existimatus poetæ nostri germanus : nihil aliud verè est quàm diversorum carminum de isto argumento à diversis scriptorum collectio : quam fortè Mar-

[z] Lib. 6. ep. 82. ad Rufum.

[a] In Adagiis, *Auris Batava.*

[b] *Notis ad hoc epigramma.*

[c] Lib. 3. *De sermone* c. 18.

[d] In epist. ad lib. 1.

[e] Radero in *Prolegom.* c. 5.

Martialis, propriis quibuſdam inſertis epigrammatis, in publicum edidit: ſicut *Priapeia* eſſe plurium carmina de Priapo ac rebus venereis in unum collecta, inſcribantur licèt Virgilii nomine, viros inter eruditos convenit. Ita de *Spectaculorum* libro cenſuere Gruterus [f], Scriverius [g], Rutgerſius [h], Voſſius [i], Barthiuſque [k]. Pertineantne omnia huius libri ad Titi, an ad fratris eius Domitiani ſpectacula in amphitheatro, quod verè à Veſpaſiano abſolutum Titus dedicavit filius, edita: inter Lipſium [l] & Marcilium [m] controverſia eſt. Ceterùm ſub Tito, Domitiano, Nerva, Traianoque, ut vidimus, totum *Epigrammatum* hoc quatuordecim contentum libris opus conſtat ſcriptum. Lemmata non ſunt auctoris, ut obſervavit poſt Ramirezium [n] Scriverius [o], poſſidere ſe teſtatus MSS. codices, in quibus ea nuſquam comparent. Quod ſecus eſt in poſterioribus duobus libris, quorum titulos ipſe profitetur poeta ſe addidiſſe [p]. Alias plura non intelligerentur.

288. Xenia prior eorum, ſcilicet decimus tertius, comprehendit: hoc eſt diſticha ſingula τοῖς ξένοις, *hoſpitibus*, per Saturnaliorum dies mittenda, edulii alicuius inſcripta nomine, ſed ſine re tamen; nam ut ipſe ait:

Hæc licet hoſpitibus pro munere diſticha mittas,
Si tibi tam rarus, quàm mihi, numus erit.

Raderum [q] conſule ſìs de *xeniorum* origine & vocabulo. *Apophoreta*, unde inſcribitur XIV. liber, munera ſunt quæ convivis dabantur domum exportanda: quod innuit poeta ſtatim initio [r]

Præmia convivæ det ſua quiſque ſuo.

Et ex Suetonii, Lampridii, ac Divi Ambroſii teſtimoniis obſervavere Turnebus lib. 9. *Adverſariorum* cap. 23. Lipſius lib. 1. *Saturnal.* cap. 16. Raderus iam laudatus ad eundem librum Notis.

289. Non omnia tamen poetæ opera ad noſtram ætatem perveniſſe, indicio eſt quòd cuiuſdam epigrammatis mentio fiat apud Iuvenalis veterem ſcholiaſten [s], cuius non alibi veſtigium exſtat. Huius finem hunc ille exſcripſit, verè redolentem Martialis ingenium, in Domitianum nempè Flavii generis dehoneſtamentum:

Flavia gens, quantum tibi tertius abſtulit heres!
Pænè fuit tanti non habuiſſe duos.

Id obſervavit Scriverius, coniecitque in Notas ſuas [t]. Quod autem Radero placet [u], ſubindicari nonnulla nunc non exſtantia poetæ carmina eiuſdem epigrammate *ad lectorem* 114. lib. 1. an verum ſit affirmare non auſim; quod verò argutatur in epigrammate 25. *Ad Stellam* de charta maiori ac minori, deperditoque aliquo eiuſdem Poetæ de venatione léporum carmine: iure reprehenditur à Ramirezio noſtro [x]. Immo & inſerta legi quædam his libris quæ Martialis non ſunt, video placere doctis viris. Inde ſcilicet epigrammata hæc proſcripſit Scriverius: 78. libri 4. ab Hadriano Iunio neſcit unde advectum; item 90. *De ruſticatione* inſcriptum

Rure morans quod agam &c.

Et quædam alia, quæ ad finem lib. 7. idem Iunius edidit: quæ quidem in editione ſua Scriverius ad calcem, ut ſuppoſititia, reiecit. De illo ruſticationis idem exiſtimabat Raderus.

290. Deventum eſt ad editionem & interpretationem Poetæ; faciendumque operæ pretium aliquod in enarrandis his qui de eo quicquam his tribus ſæculis meruere. Primam editionem inter alios laudat omnibus ferè paginis Scriverius, eamque alicubi [y] millibus aliis trecentis facilè antiſtare ait. Veneta hæc haud eſt anni MCDLXXV. in folio; neque item alia quæ Mediolani anno MCDLXXVIII. in folio etiam prodiit, quam exſtare in Regis Galliarum bibliotheca Labbeus monuit [z], ſed ſuperioris temporis aliqua (1); cùm has præceſſerint Calderini *commentaria*, ut iam diximus, anno MCDLXXIV. Venetiis. Domitius Calderinus Veronenſis, bene notus vir, ſummiſque laudibus à Lilio Gyraldo dum de poetis commentaretur [a] donatus, hæc manu exaratis libris collatis quinque vetuſtiſſimis per oram ſparſa Laurentio Mediceo Coſmæ nepoti, Petri filio, magno pòſt literatorum Mæcenati, dicavit; atque hoc anno aliàs MCDLXXX. (cuiuſnam typis non dicitur) in folio edidit. Quæ quidem repetita editio eſt ibidem anno MDX. [b] Lugdunique MDXXII. Ponè it Veneta alia MCDXCII. eâdem formâ, cum commentariis Petri Marſi apud Bonetum Locatellum, quæ non vidimus, nec typi noviores inſtauravere. Iure quidem, ſi quam is Silio Italico adhibuiſſe operam à Dauſquio dicitur, eius ſimilem poe-

[f] Ad ep. 4. *ſpectac.*
[g] *Præf. Notar. ad Martialem.*
[h] Lib. 5. *var. lect.* cap. 15.
[i] *De poetis Latinis.* pag. 46.
[k] Lib. 40 *Adv.* 15.
[l] Cap. 7. *de Amphit.*
[m] *Notis ad hunc lib. ſpect.*
[n] Ad ep. 28. *ſpect.*
[o] *Præf. ad Notas.*
[p] Lib. 13. ep. 3. & lib. 14. ep. 2.
[q] Ad huius lib. inſcriptionem.
[r] Epig. 1.
[s] Ad Satyræ 4. illud: *Cum iam ſemianim. laceraret Flavius orbem &c.*
[t] Ad finem libri *ſpectaculorum* pap. 28.
[u] In *Prolegom.* cap. 2.
[x] Hypomn. ad hoc epig.
[y] Ad ep. 92. lib. 9. pag. 211.
[z] In *Nova biblioth.* MS. ſup. plem. 9.
[a] Dialogo 11 *De poetis ſui temporis.*
[b] Scriver. pag. 213. & 214.

(1) Ea eſt Ioanne Alb. Fabricio teſte *Biblioth. Lat. II.* 20. *n.* 3. *in Martiale*, Romana 1473. fol. Princeps autem omnium, ſi Maittairio credimus *Annal. Typogr. T. I. pag.* 71. Veneta Vindelini de Spira 4.° abſque anni notatione ſed circa annum 1470. cuius exemplum exhibet Auctor catalogi librorum Ducis de la Valliere num. 2538; poſtque eam Ferrarienſis 1471. 4.° quam Fabricius loc. cit. in Leidenſi Bibliotheca exſtare ait. Item Mediolanenſis 1478. 4.° Maittairii *Part. I. pag.* 133. Penes nos Veneta Ioannis de Colonia 1475. & alia item Veneta Thomæ Alexandrini 1482. Noſtro indicta.

poetæ nostro adhibuit. Petrus fuit hic nomine Riscinensis, nî fallor, Marsus, de quo Gyraldus, Paulum tamen appellans, cum laude meminit dialogo 1. *de poetis sui temporis.*

291. Eodem ferè tempore, anno scilicet MCDXC. aut circiter, sed post Calderinum quem laudat, eximius eius sæculi philologus Angelus Politianus in *Miscellaneis* suis [c], plura Martialis explanavit loca. Necnon & Nicolaus Perotus Saxo-ferratensis, Præsul Sipontinus, qui anno MCDLXXX. è vita cessit, voluminis ingentis rei grammaticæ, cui *Cornu-copiæ*, sive *Latinæ linguæ commentaria* inscripsit: unum Martialem, seu potiùs epigrammata eius aliqua, si Deo placet, è *Spectaculorum* libro, analysi grammatica excutienda, materiem & argumentum destinavit. Publicatum id opus est Venetiis ab Aldo, & Basileæ MDXXVI. per Valentinum Curionem in folio. Georgius item Merula Alexandrinus, nullo alio ut videtur consilio quàm ut Calderinum reprehenderet, Notis quibusdam suis aliquam huius quo vixit sæculi editionem locupletavit. Notæ quidem & nobis sunt è sequenti XVI. sæculo Aldino-Venetæ MDI. [d] & MDXVII. & nescio an Aldi alia etiam Veneta MDX. [e] ad cuius exemplar Lugdunensis MDXXII. conformata dicitur. Interim Ascensius Parisinus typographus anno MDXI. *Annotata* edidit Iacobi Crucii Bononiensis *in Virgilium, Ovidium, Lucanum, Martialem nostrum, & Senecæ Tragœdias, aliosque*, in folio. Est & Parisiensis editio Colinæi MDXXVIII. aliaque MDXXXIX. [f] Basileensis cum Iacobi Micylli annotationibus apud Hervagium, quam Gesnerus laudat [g]: quemadmodum & Tigurinam aliam à se procuratam. Item Basileensis alia Henrici Petri MDXXXVIII. 8.° quam vidimus in Vaticanis libris. Item Lugdunensis Gryphiana MDXLVIII. [h] cuius Antonii Gryphii Notas videtur mihi aliquando Scriverius indicare [i]. Est & Parisiensis ex officina Io. Boulierii MDLIX. [k] Argentinensis ex Lazari Zetzneri MDXCV. in 16.° Gollariensis ex Ioannis Vogdii MDCXII. in 12.° Hadrianus item Iunius Hornanus Batavus Antuerpiensem adornavit editionem formis Plantinianis anno MDLXVI. in 8.° Scriverius duarum Plantinianarum meminit [l] sibi à Vossio mutuatarum.

292. Iani deinde Gruteri laudabilis erga Martialem operæ monumentum duæ exstant editiones, in quibus non solùm Notis propriis, sed & collatione optimorum codicum Palatinæ Bibliothecæ, cui præerat, egregiè poetam iuvit. Has Notas in suo Martiali Scriverius etiam cum suis & aliorum dedit: qui Ramirezium nostrum eo quòd editionem hanc Gruteri *inaniter gloriosam* appellare haud sit veritus, acriter, & uti aliàs solet, iudicii atque arrogantiæ puerilis expostulat: *præstantissimam* eam *prorsusque incomparabilem* (si ignoscantur aliqua operarum sphalmata) omnino existimans. Ac certè non debuit vir doctissimus de magnæ famæ Critici exsculpta his tot manuscriptorum subsidiis opera sic acerbam sententiam dicere, saltem ne ipse acerbè audiret. Ex Gruteri manu lampada veluti suscepit Matthæus Raderus Iesuitarum sodalis, qui non tantùm novis iisdemque eximiis commentariis Martialem explicuit & illustravit Ingolstadii apud Sartorium MDCII. in publicum datis; sed & prætermissis, ut ait, prætextatis verbis & mollioribus versiculis, poetam non tam eviravit quàm honestum ex inhonesto reddidit, atque in Iuventutis manus iam absque ulla noxa venire fecit. Quamvis non is primus rei auctor; reperio enim Edmondum Augerium eiusdem Societatis idem consilium priùs probâsse, Antuerpiæque edidisse apud Plantinum vindicatum sic ab omni turpitudine Poetam (uti lego in *Epitome Gesneriana*) anno MDLXVIII. in 8.° Idem fecit post Raderum & Augerium eiusdem instituti vir Gallus Andreas Frusius, Martiale cum aliis poetis à lascivis versibus expurgato, Romæ MDCVIII. in 8.° & Lugduni MDCXVIII. in 16.° edito.

293. Scio ex parte probatum huiusmodi consilium ab his, qui licet integrum sine ulla deductione Poetam typis post Raderum commiserint, attingere Notis quæque omisêre obscena. Ita Schrevelius fecit [m], quem mox laudabimus. Scaligeri Iulii hæc verba sunt post laudatum exaggeratè Martialem: *alia fœda ne legerim quidem, tantum abest ut ad censuram vocem.* Et excerpenda ex Martiali atque aliis similibus, censet Erasmus [n], quæ tutò Iuventuti perlegi possint. Videndus Vincentius Placcius *De scriptis & scriptoribus anonymis & pseudonymis* cap. 10. §. 295. præter innumeros pietatis mystas scriptores, qui huic consilio firmando insistunt. Honorifica de Iesuitis verba super hac re dabimus Ioannis Conradi Dieterici (aliàs adversarii) è Prolegom. ad *Antiquit. Biblicas* [o] Nec potest omnino ea Iesuitarum institutio improbari, qui scholis profuturos poetas nonnunquam castigant, aut, ut loquuntur, castrant; ne teneris mentibus iuvenum libidinum, quæ in se magna est, licentia detur. Ignatius Loyola Terentium optimum Latinitatis auctorem

[c] Ea loca collegit Scriverius in sua editione.

[d] Scriverius p. 111. & 125. estque in Vaticana armario 29.

[e] Idem p. 196. & 213.

[f] Idem p. 197.

[g] In *epitome.* in *M. Val. Mart.*

[h] Scriver. pag. 197.

[i] Pag. 129.

[k] Pag. 197.

[l] Pag. 204.

[m] Notatq. ep. ad lectorem.

[n] *Epist.* 18. *lib.* 28. sive *nuncupat. ad Ciceron. Tuscul. quæst.*

[o] Pag. 33.

rem vetuit nominatim in scholis explicari: quòd eum parum verecundum & parum pudicum arbitraretur, ut P. Maphæus lib. 3. de vita Ignatii cap. 8. retulit. Hæc Dietericus, qui multa doctè cumulat de casta poesi legenda, inhonesta damnanda. Quo magis miror unum Ramirezium apertè improbare ausum [p], quod ita nemo hactenus. Fateor non ex iis esse quæ obscenitatis nomine abdicari debuerunt de Leandro epigramma illud quod furcillis eiectum à Radero fuisse Ramirezius ægrè tulit; nihil enim severiori aure indignum continet: verè tamen castum & pium consilium, non verbis irrisione plenis, non mustea prorsus ratione absolutè traduci debuit. Quod sanè de clarissimo apud nos famâ atque dignitate viro nollem iure dictum.

[p] Epig. 25. lib. spect. De Leandro.

294. Circa hæc tempora (nempe anno MDLXXX. (1)) Theodorus Marcilius ludimagister Parisiensis, in *Spectaculorum* librum commentaria publicitus in ea urbe dedit: quem ponè sequitur ex interpretum ordine is quem proximè dicebam Ramirezius. D. Laurentium Ramirez de Prado Regium plurium annorum, quum è vita discessit, consiliarium, doctrinâ virum disertaque urbanitate spectabilem intelligo. Hic iuvenis adhuc *Hypomnemata* in Martialem, hoc est in *De spectaculis* & priores quatuor libros anno MDCVII. in 8.° Parisiis videre lucem fecit. De quo opere Iosephi Scaligeri exstat iudicium Petro Scriverio directum, nosque inter recentiores Hispanos altera *Bibliothecæ* parte affatim dicemus. Sed tamen quòd insultâssent eius *Hypomnemata* eximiæ in his literis præstantiæ viris Grutero, Raderoque, atque item Marcilio ei nuper memorato: tum Petrus Scriverius de consilio Scaligeri quasi agens Gruteri causam, tum ipsi Raderus & Marcilius excitati sunt, ut molestum adversarium loco illo existimationis, quem obtinuerat, eiicerent.

295. Petrus Scriverius Harlemensis Martialem edidit, & in eum animadversiones; nec his contentus, addidit Iusti Lipsii, Iani Rutgersii, Ioannis Isaaci Pontani Notas in eundem poetam ad se directas; necnon Iani Gruteri iam editas, atque item alias repetitæ prælectionis è multis aliis de novo inspectis codicibus manu exaratis; item *Iosephi Scaligeri diatriben criticam, quâ Theodori Marcilii commentarius, notæque in epigrammata* De Cæsaris amphitheatro & venationibus *ordine expunguntur, auctorque* (carminum) *pluribus locis illustratur*; Ioannis inde Brodæi Turonensis Galli partem è miscellaneis eiusdem, Hadriani Turnebi ex adversariis, Angeli Politiani è Miscellaneis suis excerptas Notas: quæ simul edita sunt Lugduni Batavorum à Ioanne Maire annis MDCXVIII. & MDCXIX in 12.° Hanc Martialis editionem præ ceteris probant recentiores; & Scriverius quidem totus est in depectendo Ramirezio, sed non illâ habitâ de eo ob egregiam indolem rationis moderatione, quam imposuerat Scaliger. Raderus verò Martialem suum recoctum dedit curis secundis, immo & tertiis; Moguntiæ apud Kinckium MDCXXVII. folio: in quibus eundem Ramirezium non leviter defricuit. Tandemque Marcilius, Claudii Mussambertii Abbavillæi assumto nomine, commonitorium in Hypomnemata publicavit Ramirezii multi fellis plenum.

296. Restant mihi nunc duæ recentiores aliis editiones dicendæ. Prior Parisiensis est Claudii Morellii anni MDCXVII. Martialis omnes libros continet cum variorum doctorum virorum commentariis, notis, observationibus, emendationibus, & paraphrasibus, indiceque verborum omnium, opera Iosephi Langii confecto. Illustratorum item Martialis catalogus adiicitur: scilicet Domitii Calderini, Georgii Merulæ, Theodori Marcilii, Desiderii Heraldi, Nicolai Rigaltii, Laurentii Ramirez de Prado, Christophori Coleri, Iosephi Scaligeri, Frederici Morellii, Claudii Mussambertii, Stephani Clauerii, Hadriani Iunii, & Theodori Pulmani. Sed in hac editione nonnisi hæc sunt quæ iam referam: Martialis Vitæ duæ, Domitii Calderini & Petri Criniti: liber *Spectaculorum* cum Notis eiusdem Domitii, Merulæ, Coleri, & Ramirezii: idem versibus Græcis redditus à Iosepho Scaligero, insigni cum elogio auctoris & operæ è Casauboni manu: Ad quatuor priores libros Domitii, Merulæ, & Ramirezii; ad reliquos Domitii ferè unius Notæ. Præter hæc seorsum Nicolai Rigaltii aliquod; annotationumque flosculus Stephani Claverii, Mussambertii commonitorium, Desiderii Heraldi animadversiones iam olim ab anno MDC. Henrico Turrio Bullionæo Duci nuncupatæ; indexque præter alios magnus ille omnium Martialis verborum, Langii. Quare cùm desint ista in editione Raderi, & omnium eorum quos Scriverius collegit, lucubrationes: mancum, nostro iudicio, Martialem studiosus illius habebit, nisi has tres Morellii, Scriverii, Raderianamque ul-

(1) Immo anno 1503. (& rursum ann. 1601.) Vid. Auctor Gallici operis: *Memoir. pour servir a l' Histoire des Hommes illustres dans la Republ. des Lettres T. XXVII. in Theod. Marcil.*

ultimam editiones sibi comparaverit.

297. Quibus autem earum non fuerit copia, veluti compendium erit antiquarum omnium vel ultima Lugdunensis Batava Francisci Hackii anni MDCLVI in 8.° cum iisdem Farnabii & aliorum Notis; vel Anglicana, indeque expressæ aliæ cum Thomæ Farnabii Notis marginalibus, editiones: quarum aliqua Sedanensis MDCXXIV. 8.° aliqua Amstelodamensis est anni MDCXLIV. in 12.° accurante Cornelio Schrevelio, viro erudito. In qua exemplum Scriverii secutus, epigrammatum aliquot supposititiorum ut creditur Martialique affictorum, præcipuè ab Hadriano Iunio, ad calcem collectionem: in quibus aliqua sunt Martiale non, ut existimo, indigna. Notas item Ioannis Frederici Gronovii toto opere inter alias variorum sparsas, tum aliqua tardiùs sibi communicata locisque suis inserenda, Schrevelius adiecit. Adhuc tamen post tot illustres viros huic Spartæ seriùs ornandæ intentos, Martialem criticæ opis indigentem Barthius non uno loco existimat [q]: quod præstare ipse meditabatur [r]. Baltassar Bonifacius Iustinopolitanus Episcopus *coniecturas in Martialem* Dominico Molino Venetûm Duci direxisse dicitur, & Pinellianæ Ducalis typographiæ formis edidisse anno MDCXXXV. 4.° Cæsar quoque Zarotus domo è *Capo d'Istria* ditionis Venetæ, Doctor medicus dedit in vulgus: *M. Valerii Martialis epigrammatum medica aut philosophica consideratione enarrationem; sive de medica Martialis tractatione commentarium*, Venetiis apud Baba MDCLVII. 4.° Nuperrimè verò inter eos libros, qui ad usum serenissimi Regis Galliarum Delphini ex officinis Parisiensibus in lucem editi sunt, M. Valerius Martialis prodiit à Vincentio Colesso Notis illustratus MDCLXXX. 4.°

[q] Lib. 11. *Adv.* cap. 13. & lib. 54. cap. 19.
[r] Lib. 2. *Theb.* vers. 285.

298. Poetam nostrum bona ex parte habent vernaculum politiores Europæ nationes, certantibus Hispanis, Gallis, Italis ad suum eorum sermonem argutissimos & elegantissimos deducere sales. Gallis equidem Michael de Marolles Abbas de Villeloin prosa oratione communicavit integrum opus, quod editum vidimus Parisiis in 8.° apud Guilielmum de Luyne MDCLV. cuius versionis meminit ille in *Memoriis*, uti appellat, suis. Plura Itali reddiderunt poetæ, plura Hispani. Attamen memoriâ teneo vel totum Martialem, vel saltem spectacula & quatuor eius priores libros, unà cum novo commentario pro Laurentio Ramirezio adversus Mussambertii maledicta à se propediem edendo, Petrum de Abaunza virum eruditum Hispalensem advocatum Hispanis versibus à se quoque conversum edere pollicitum fuisse; priùs tamen quam se liberaret promissione decessit (1). Laudantur (ne id intactum relinquamus) veteris Martialis epigrammatum MSS. codices, è quorum numero is est, cuius Labbeus meminit, vetustissimus & optimus, in *Nova bibliotheca* MS. [s]. Tria habet volumina magni Etruriæ Ducis bibliotheca, ut ex eius constat catalogo [t] (2).

[s] Pag. 371.
[t] Pag. 46.

299. De Martiale dictum ad satietatem; nec tamen ultra rem Bibliothecæ. Dabimus nunc veluti appendicem vatum quorumdam Hispanorum, quorum memoriam eidem debemus Martiali. Huius est epigramma hoc è libro 1. [u].

[u] Epig. 62.

Verona docti syllabas amat vatis:
Marone felix Mantua est.
Censetur Apona Livio suo tellus,
Stellâque nec Flaco minus.
Apollodoro plaudit imbrifer Nilus:
Nasone Peligni sonant.
Duosque Senecas unicumque Lucanum
Facunda loquitur Corduba.
Gaudent iocosæ CANIO *suo Gades,*
Emerita DECIANO *meo.*
Te, LICIANE *gloriabitur nostra,*
Nec me tacebit, *Bilbilis.*

CANIUS Gadibus natus, DECIANUS Emeritæ, LICIANUS seu LICINIANUS Bilbili non ex nihilo celebrantur hoc epigrammate, summisque comparantur Musæ Latinæ mystis. Supersunt quidem nulla istorum opera; sed nulla fuisse dicere nemo audebit. CANIUS RUFUS lepôre sic & urbanitate, cùm fabularetur, adstantes detinebat, ut caussam dederit eidem nostro sic scribendi [x]:

Sirenas, hilarem navigantium pœnam,
Blan-

[x] Lib. 3. epig. 64.

(1) Iosephus Gonzalez de Salas Hispanus Pomponii Melæ Interpres & Illustrator Poetam quoque nostrum patrio sermone donavit, inscribens *Marcial redivivo*: quod opus lucem non vidit. Ita Ioann. Ant. Pellicerius Regiæ Bibliothecæ Matritensis subcustos *Ensayo de una Bibliotheca de Traductores Matriti* 1778. in eo. Item Iosephus Morêll Iesuita selectiora è Spectaculorum atque è sex prioribus Martialis libris epigrammata metrice in Hispanum Sermonem transtulit, notis illustravit, ediditque Tarracone 1683. Exstat præterea in Regia Bibliotheca Matritensi metrica alia Hispana XII. Martialis librorum, atque item de Spectaculis versio recens Anonymo interprete. Emmanuel demum Martinus Alonensis Decanus doctrinæ ac scriptorum laude clarus *Martialis disticha & epigrammata aliquot Græcè expressit*, impensè à Iano Interamnensi Ayalæo, Poeta & ipso minime vulgari, laudata, ut refert civis atque amicus olim singularis meus Cl. Gregorius Mayansius in eius vita præmissa vulgatis Martini Epistolis.

(2) Tria itidem exstant in Regia Laurentiana Escurialensi, nimirum *Lit. E. Plut. III.* n. 16. *Lit. M. Pl. II.* n. 16 *Lit. S. Pl. III.* n. 11. Exstitit quoque in Olivariensi *Lit.* M. MS. pag. 207.

Blandasque mortes, gaudiumque crudele,
Quas nemo quondam deserebat auditas,
Fallax Ulysses dicitur reliquisse.
Non miror: illud, Cassiane, mirarer,
Si fabulantem Canium reliquisset.

300. Ridet alibi lepidissimo carmine, quòd Canius rideret semper, aut saltem vultu esset ad speciem ridentis efformato. Panisque ait statuam in æde Ditis ad Terentum Campi Martii notissimam, non iam Pana ridentem, sed Canium Pane ipso magis ridibundum (ut Plauti verbis loquar) atque hilarem, repræsentare [y]:

Cœpit, Maxime, Pana quæ solebat,
Nunc ostendere Canium Terentos.

Ubi, ne quid dissimulem, Maximum illum, ad quem epigramma directum apparet, loco motum vellem (à nupera enim manu, quod olim diximus, hæc lemmata sunt), atque ita legi:

Cœpit maximè, Pana quæ solebat,
Nunc ostendere Canium Terentos.

Non ait ostendi aut repræsentari desiisse imagine sua Deum illum ridiculum, postquam Romæ Poeta diffluere risu atque hilaritate, instar illius, apparuit; sed Canium maximè, deinde Pana, repræsentari affirmat. Deleto igitur *Maximi* titulo, quibus non inutiliter argutari visi erimus, hos præferre *De Canio* epigraphen oportebit. Eiusdem sensus & illud est [z]:

Dic Musa quid agat Canius meus Rufus:
Utrùmne chartis tradit ille victuris
Legenda temporum acta Claudianorum?
An quæ Neroni falsus adstruit scriptor?
An æmulatur improbi iocos Phædri?
Lascivus elegis, an severus herois?
An in cothurnis horridus Sophoclæis?
An otiosus in schola Poetarum
Lepôre tinctos Attico sales narrat? &c.

Cui Musa respondit:

Vis scire quid agat Canius tuus? Ridet.

301. Ex cuius epigrammatis principio exsculpere sibi non temerè visi sunt Raderus & Ramirezius quicquam historicum, sed carmine, conscribere Canium, quo tempore ludebat in eum Martialis: eo consilio forsan, ut amico homini hac veluti strictura, victuris ut accubaret chartis iucundo relicto otio persuaderet. Ego tamen haud video cur magis ita suspicentur de historico, quàm de tragico aut heroico aliquo alio opere; Caniique totam laudem in lepidè fabulando iocosisque fundendis versibus pono. Neque enim, nisi iniuriâ Martialeque ipso refragante [a], ad eum referemus quod Gaditano cuidam alicubi (in tetrasticho [b] scilicet parum pudico atque iccircò huc non advocando) per iocum imputatur, scribere nihil, & tamen Poetam esse. E Gadibus autem Poeta vix potuit chartis non lascivire, quas *iocosas* ideo dixit Martialis: quomodo & *iocosam* Floram epig. 1. lib. 1. & easdem Gades *improbas* non uno loco [c]. Saltationum & chorearum quas Gaditanæ ducebant puellæ, usum impudicissimum Martialis produnt interpretes, & alii passim [d]. Attamen Theophilam, Canio desponsam uxorem, non minùs castitatis quàm doctrinæ nomine poeta laudavit noster in hoc epigrammate [e]:

Hæc est illa tibi promissa Theophila, Cani,
Cuius Cecropia pectora dote madent.
Hanc sibi iure petat magni senis Atticus hortus,
Nec minus esse suam Stoica turba velit.
Vivet opus quodcumque per istas miseris aures:
Tam non femineum nec populare sapit.
Non tua Pantænis nimium se præferat illi,
Quamvis Pierio sit bene nota choro.
Carmina fingentem Sappho laudârit amatrix:
Castior hæc, & non doctior illa fuit.

Canius autem, quem reprehensum à Livio ob id quòd multarum esset puellarum amator Valerius quidam refert in epistola ad Rufinum, quæ cum epistolis D. Hieronymi [f] in lucem prodiit: alius à nostro esse videtur; cùm Livius quarto Tiberii anno diem suum obierit, neque iam eo superstite florens Canius pertingere potuit ad ævum Martialis: nedum esse eius ætatis ut de Theophila cogitaret ducenda. Quod non animadvertit Lilius Gyraldus [g], multo cautior in distinguendo eum à Canio Iulio, cuius meminit Seneca.

302. Canium rediisse in patriam, atque cùm iterum remearet Romam in itinere extinctum fuisse, prodit, si vera est eius tumuli inscriptio quam Villenæ repertam ex Cyriaco Anconitano Ambrosius Morales historiæ suæ [h] & Ianus Gruterus ex Morali & Strada *Thesauro* suo *veterum inscriptionum* [i], sed inter supposititias & spurias, inseruit, quam hìc dabimus:

HEVS VIATOR SI VLLA TIBI
PIETAS INEST VERTE HVC
ORA.
HEIC SVNT CINERES C. CANII
POETÆ QVI AD QVART. VSQVE
OLYMP. IN VRBE OMNIB.
CHARVS VIX. DEINDE IN HISPAN.
REVERS. NEMIN. LÆS. TAND.
CVM AD VETERES CVPER. SODAL.
IN LATIVM REMEARE
PERPETVOQ. CVM POPVLO QVIR.
VIV. DVRA NIMIVM FATA
PRÆRIPVERE ET IN ITIN. OCCVB.
L. ALBINVS CIT. HISP. PROC. HOC
MARMORE TEXIT.

[y] Lib. 1. epig. 70.
[z] Lib. 3. ep. 20.
[a] Laudato epig. 62. lib. 1.
[b] Lib. 10. ep. 102.
[c] Lib. 5. ep. 79. & lib. 1. ep. 42. ex emendatione Ramirezii.
[d] Ramirezius lib. 1. epig. 42. Ioannes Bapt. Suarez de Salazar *Antiguedades de Cadiz*. lib. 4. c. 3. Barthius lib. 25. *Adv.* c. 1.
[e] 68. al. 69. lib. 7.
[f] Tom. 4.
[g] Dialogo 4. de poetis.
[h] Lib. 9. *Hist. Hisp.* c. 27.
[i] Pag. 10.

Si lapis non fallit, L. Albini proconsulis mentio ad tempus Domitiani, Nervæ, aut Traiani manu ducit nos. Secuta enim sub Hadriano est altera provinciarum Hispanicarum divisio & administratio [k]: nempe duarum *citerioris & ulterioris* loco, quinque provinciæ factæ: *Tarraconensis*, *Carthaginensis*, *Gallæcia*, *Lusitania*, *Bætica*, ut *Tingitanam* Africæ nunc prætermittam *ulterioris* antiquæ portionem. Bætica & Lusitania legatis consularibus, reliquæ præsidibus commissæ; cùm antea citerior Hispania per proconsulem administraretur: quod tum aliis argumentis, tum inscriptione Barcinonensi [l] comprobatur, quæ sub Domitiani imperio Publii Romulii citerioris Hispaniæ proconsulis memoriam retinet (1).

[k] Aur. Victor. in *Hadriano* Sextus Rufus in *Breviar.*

[l] Apud Moralem lib. 9. cap. 25.

303. Ad DECIANUM Emeritæ urbis civem plura pertinent carmina laudis & præcipuæ existimationis ferè omnia plena. Lib. 1. ep. 9. constantiæ eius consilioque applaudit contemnendi mortem, quin eam prævenias, hoc est crimine proprio pereas, ne alieno moriaris. Epigrammate 40. lib. 1. nihil summæ laudis ei non tribuit:

Si quis erit raros inter numerandus amicos,
Quales prisca fides famaque novit avos:
Si quis Cecropiæ madidus, Latiæq. Minervæ
Artibus, & vera simplicitate bonus:
Si quis erit recti custos, imitator honesti,
Et nihil arcano qui roget ore deos:
Si quis erit magnæ subnixus robore mentis:
Dispeream si non hic Decianus erit.

Eidem cum epistola nuncupat secundum librum, cuius epigramma 5. ei quoque inscribitur. Unde novimus Decianum causas agitavisse, hoc est oratoriam exercuisse artem, ut ferè omnes qui reipublicæ vacabant, ut constat ex hoc disticho:

Sæpe domi non es, cùm sis quoque sæpe negaris:
Vel tantùm causis, vel tibi sæpe vacas.

Decianumque sibi esse cariorem Canio satis indicat iam laudatis versibus [m]:

Gaudent iocosæ Canio suo Gades,
Emerita Deciano meo.

Unde parum video cur Ramirezius de Emeritensi Deciano dicta hæc omnia dubitaverit [n].

[m] Ex ep. 62. lib. 1.

[n] Ad ep. 9. lib. 1.

304. LICINIANUS (an LICIANUS? uti aliis placet, non Vossio [o]) ex Bilbili, civis Poetæ nostri (quod ex laudato epig. 62. lib. 1. constat), ad Laletaniam, hoc est populos ad oram interni maris quorum Tarraco est (2) positos, (*non*) aliquo ex látere, nisi affectu dixeris tantùm amoreque, pertinuit. Degebat is in Hispania quo tempore florebat maximè Romæ Martialis, scribebatque primum librum. Nam huius 50. epigrammate salutatur à nostro ille, cùm discederet in Hispaniam, quasi Bilbilim & Celtiberos æstivo tempore, Tarraconem Laletanosque hieme procul à curis & ambitionis urbanæ morsibus habitaturus. Cuius epigrammatis conclusio, aurea prorsus, est:

[o] *De poetis latinis* pag. 49. al. 246.

Mercetur alius grande & insanum sophôs:
Miserere tu felicium;
Veroque fruere non superbus gaudio,
Dum Sura laudatur tuus.
Non impudenter vita quod reliquum est petit,
Quum fama quod satis est habet.

Vacavisse foro, nec minùs dedisse Musis operam Licinianum, hinc facile est colligere. Σοφῶς [p] verbum Græcum acclamandi poeticorum operum recitatores, ut & Latina *euge*, *bellè*, apud Persium [q]: quod quidem ad poesin, ut Suræ mentio ad forense (relictum à Deciano opus) forsan pertinet; Palphurius enim Sura causidicus non incelebris illorum temporum, utriusque amicus. Dandum ergo vitæ, hoc est quietæ vitæ, ait, petenti, quod reliquum vitæ est, quum fama quod satis est habet.

[p] Lib. 1. ep. 4. & 67. lib. 3. ep. 46. lib. 6. ep. 48. Ramirezius ad ep. 4. lib. 1. Cressol. in *Theat. vet. Rhetorum* lib. 3. c. 20. §. 5.

[q] Sat. 1.

305. Hic autem Licinianus, aut *Lucius* est *Licinianus*, aut ab eo alius est *Lucius* ille, ad quem libri 4. epig. 55. dirigitur: Poeta & hic, Celtiberque:

Lucî, gloria temporum tuorum,
Qui Graium [r] veterem Tagumque nostrum
Arpis cedere non sinis disertis:
Argivas generatus inter urbes,
Thebas carmine cantet aut Mycenas,
Aut claram Rhodon, aut libidinosæ
Ledæas Lacedæmonis palæstras.
Nos Celtis genitos & ex Iberis,

No-

[r] *Caium* pro *Graio* legendum, hoc est *Caium*, sive *Caunum* montem (hodie *Moncaio*) vir eruditissimus Isaacus Vossius contendit Notis ad Melæ c. 1. lib. 3. pag. 228.

(1) Non magis fidendum Barcinonensi P. Romulii inscriptioni à Moralio *Lib. IX. c.* 25. allatæ, quam superiori C. Canii, et L. Albini. Utraque sese suspectam & plane spuriam evestigio prodit.

(2) Alludit ad vers. ex epigramm. 50. libri I. ad Licianum:

Aprica repetes Tarraconis litora,
Tuamque Laletaniam.

Adiuvandus omnino hic locus fuit addito *non* uncinulis incluso, atque è diverso charactere, ut germana eius sententia elici possit. Videtur autem in eo Noster *populos ad oram interni maris, quorum Tarraco est, positos* cum Laletania confundere; cum Tarraco & litorales ad utramque eiusdem oram populi Ibero & Rubricato amnibus inclusi ad Cossetanos pertineant; neque Laletania nisi à Rubricato incipiat. Plinius (III. 2.): *Rubricatum à quo Laletani* (versûs Orientem scilicet): *regio Cossetania ab Ibero: flumen Subi: Colonia Tarraco Scipionum opus.* Diversa igitur Poetæ á Laletania fuere Tarraconis litora: diversi item fuerint Liciani cognomines, quorum alteri in eodem epigrammate Laletania iure *sua* dicitur; altero, eoque Scriptore, quo Bilbilis communis ei cum Martiale patria gloriari olim possit, Epigramm. 62. eiusdem libri I. sed hoc alii viderint.

Nostræ nomina duriora terræ,
Grato non pudeat referre versu.
Sævo Bilbilin optimam metallo, &c.

Hic certè unus ex illis est, in quo ludere de facilitate quorumdam nostratum voluit pseudo-chronici auctor, qui Iulianus Toletanus archipresbyter esse fingitur, unde hæc sunt [s]: *Licinianus, qui & Licinius notus Martiali creditur passus* VII. *Augusti Novocomi.* De quo nos suo loco in censura ad Iulianum sect. . . . ubi de Geographia eius, verbo *Graius* fluvius.

[s] Num. 53.

306. Proculdubio & noster est MARCUS UNICUS, poeta quoque is, à Martiale uti coniunctus sibi sanguine laudatus lib. 12. epigrammate 44. ubi & fratris etiam poetæ æmulari eum famam, sed diverso carminis genere ait. Scriptus hic liber XII. in Hispania, quo & movemur ut UNICOS fratres asseramus gentiles Hispaniæ. Eccillum:

UNICE, cognato iunctum mihi sanguine nomen,
Quique geris studiis corda propinqua meis,
Carmina cum facias soli cedentia fratri,
Pectore non minor es, sed pietate prior.
Lesbia cum tenero te posset amare Catullo,
Te post Nasonem blanda Corinna sequi.
Nec deerant Zephyri, si te dare vela iuvaret;
Sed tu litus amas: hoc quoque fratris habes.

307. Nec memoriâ indignus nostrâ est quem suâ istâ dignum Martialis credidit MATERNUS, lib. 10. epig. 37.

Iuris & æquarum custos sanctissime legum,
Veridico Latium qui regis ore forum:
Municipi, Materne, tuo, veterique sodali,
Callaicum mandas si quid ad Oceanum,&c.

308. Eiusdem Domitiani Cæsaris temporis, quod persequimur, æqualis fuit clarissimæ famæ vir HERENNIUS SENECIO: quem nos, nisi fallimur, primi ex recentioribus Hispaniæ nostræ, atque adeò Bæticæ provinciæ civem & scriptorem asserimus, post Ioannem Cuspinianum, alieno satis atque difficili ad inveniendum loco id ipsum quod adhuc inter nos mansit obscurum & invulgatum, annotantem [t]. Ait ille: *Fuerunt plures Seneciones. Herennius Senecio in Bætica natus, & ibi Quæstor, accusante Metio Caro interficitur à Domitiano: quòd nullum magistratum post Quæsturam longo tempore medio petiisset: quod Helvidii Prisci vitam composuisset, acceptis à Fannia uxore commentariis. Unde Tacitus: Nos innocenti sanguine Senecio perfudit.* Hucusque Cuspinianus, de cuius fide in asserenda patria huic Senecioni diu perplexi fuimus; cùm nec ipse unde id novisset adiunxerit, nec è civibus nostris aliquis usquam unquamve in celebrandis Hispaniæ hominibus scriptoribusque famâ claris Herennii huius sic ob integrè actam vitam, fortiter peractum mortis opus, inclytique viri gesta conscripta venerabilis ac memorandi meminerit; fereque eò inclinabam, ut abiudicandum à nobis hunc honorem, haud nostrum, existimarem: taxato sive indiligentiæ sive æquivocationis Cuspiniano, cui neque Dio Cassius, neque Tacitus, neque Plinius (*Secundus*), ubi de exitu Senecionis agunt, de patria quicquam adnotantes suffragarentur: cùm in eiusdem Plinii alium locum incidimus, quo de Senecionis, & suæ Bæticæ provinciæ contra Bæbium Massam in senatu advocatione, ad Tacitum scribens [u], refert damnato Massâ Senecionem à se petiisse, ut siquidem iniunctam ambobus accusationem concorditer exsecuti essent, quicquam simul & eâdem concordiâ circa custodienda damnati bona à Consulibus postularent. Cui Plinius respondit: *Cùm simus advocati à Senatu dati*, (iam verba sunt epistolæ) *dispice num peractas putes partes nostras, Senatus cognitione finita. Et ille* (Senecio) *tu quem voles tibi terminum statues, cui nulla cum provincia necessitudo nisi ex beneficio tuo, & hoc recenti; ipse & natus ibi & Quæstor in ea fui. Tum ego: si fixum tibi istud ac deliberatum, sequar te; ut si qua ex hoc invidia erit, non tua tantùm sit.*

[t] In *Comment. de Consul. Roman.* an. Chr. CIX. urbis DCCCLVIII. *sub Coss. Senecione IV. & Sura III.* pag. 345.

[u] Lib. 7. epist. ult.

309. Cui testimonio statim acquievimus, Senecionem hunc pro cive ac provinciali nostro ex totis visceribus strictissimè amplexati. Clara enim viri fama dum viveret, clarior ob iniustissimam illatam moriendi necessitatem, clarissima ob scriptionis argumentum vehementissimè invitabat. Nam in primis Herennius Senecio in Hispania natus dignum se præstitit Quæsturæ munere, prætorio deinde obtento, & inter eloquentiæ publicarumque actionum sectatores non incelebres olim numerabatur, quum Bæticæ suæ provinciæ partes coram Consulibus egit, Plinio collega referente. Abstinuit sub Domitiano Imperatore diu à petendis muneribus viro prætorio quasi debitis, tempora non obscurè aversatus reipublicæ infelicissima. Quæ eius modestia in Cæsaris invidiam, forteque timorem vertit: quasi abstinens publico damnare gesta principis, ac meditari salubre aliquid in publicum posse videretur. Accessit, quòd accusante Metio Caro reus dictus est scriptæ à se *Helvidii Prisci vitæ*. Osoris etenim tyrannorum memoria tyranno principi quomodo non esset ingratissima? Rem narrat Dio Cassius [x], cuius hæc è Græco latina verba: *Itemque He-*

[x] In *Excerptis* à Xiphilino lib. 67.

Herennium Senecionem, (scilicet occîdi Domitianus iussit) *quòd cùm vixisset diutissimè post Quæsturam, nullum magistratum petivisset; quodque Helvidii Prisci vitam conscripsisset.*

310. Quod autem Cuspinianus addidit, factum hoc ultimum acceptis à Fannia uxore commentariis, ex Plinii Cæcilii elegantissima epistola intelligitur Prisco inscripta [y] de Fanniæ valetudine (Helvidii scilicet viduæ), ubi inter alias eius feminæ fortissimæ laudes, *Bis maritum* (ait) *secuta in exsilium est, tertiò ipsa propter maritum relegata. Nam cùm Senecio reus esset, quòd* De vita Helvidii *libros composuisset, rogatumque se à Fannia in defensione dixisset: quærente minaciter Metio Caro an rogâsset? respondit: Rogavi. An commentarios scripturo dedisset? Dedi. An sciente matre? Nesciente. Postremo nullam vocem cedentem periculo emisit; quin etiam illos ipsos libros, quamquam ex necessitate & metu temporum abolitos, Senatus-consulto publicatis bonis, servavit, habuit, tulitque in exsilium exsilii causam.* Plinianæ elegantiæ verba! quibus adiungi merentur Taciti ex vita Agricolæ ista [z]: *Legimus, cùm Aruleno Rustico Pætus Thrasea, Herennio Senecioni Priscus Helvidius, laudati essent, capitale fuisse; neque in ipsos modò auctores, sed in libros quoque eorum sævitum, delegato Triumviris ministerio, ut monumenta clarissimorum ingeniorum in comitio ac foro urerentur.* Atque iterum inferiùs: *Nos innocenti sanguine Senecio perfudit.*

[y] Lib. 1. ep. 19.

[z] Cap. 2.

311. Pætus Thrasea à Nerone occisus ob dicendi & sentiendi libertatem, ex Arria uxore filiam Fanniam habuit, quæ Helvidio Prisco olim collocata, ea ipsa est cui Plinius elogio illo veluti parentavit. Helvidius, in cuius vitæ combustis, quod audivimus, sævitiâ temporum posteaque omnino deperditis commentariis, non levem literaria res & morum doctrina iacturam fecit, auctore Tacito [a], ut eius descriptioni addamus nihil, *Civis, senator, maritus, gener, amicus, cunctis vitæ officiis æquabilis, opum contemptor, recti pervicax, constans adversus metus* fuit. Quibus virtutibus vix potuit sub dominis non optimis ad excellentiam nominis tutò grassari. Occîdit namque eum Domitianus, non utique Nero, ut colligas ex Taciti pravâ (iudicio etiam Lipsii [b]) lectione: quæ in oratione Helvidii ipsius in senatu contra Marcellum Eprium Thraseæ soceri delatorem sub Vespasiani initium habita diu mansit. *Fuisse* (ait Helvidius) *Vespasiano amicitiam cum Thrasea, Sorano, Senecione* (1), *quorum accusatores etiamsi puniri non oporteat, ostentari non debere.* Malè enim iam interfecti Senecionis mentio Helvidio imputatur, cuius à Domitiano diu postea occisi gestas res in literas Senecio retulit.

[a] Lib. 4. *Hist.* cap. 5.

[b] In Notis ad Tacit.

CAPUT XIV.

De TRAIANO *Imperatore. Patriam eius Italicam fuisse Bæticæ municipium. Sextus Aurelius Victor aliter nunc conceptus aut reiicitur aut emendatur. Lipsio satisfit, qui oriundusne an ortus ex Hispania fuerit, nondum sibi liquere dixit. Lapis Hispanus de Traiano suspectus, sicut & provincia Arevatum. Ortus aliquo loco, idem quod ibi natus. Dio explicatur.* TRAIANI & TRAII *ex Hispania. Traianus historiâ caret. Imperator Theodosius unde. Dacicum bellum à Traiano descriptum, & in lapidea columna iussu eius sculptum. Alphonsus Ciaconius laudatur.*

312. SÆCULO secundo redemti per Christum orbis tres tantùm habet quos posteris iactet scriptores Hispania, Imperatores unum & alterum, Traianum nempe Hadrianumque, hisque ingenii lucubrationibus adhuc feliciorem, quia superstes etiam nunc in illis est, Lucium Annæum Florum, qui sub duobus illis floruisse dicitur.

313. MARCUS ULPIUS TRAIANUS, sic ante Imperium & priusquam adoptione ad sacra Nervæ transiret, nuncupatus, ut ex numo [c] constat, & ex vetustis scriptoribus: post adoptionem verò NERVA TRAIANUS, nisi constantissimo totius Antiquitatis testimonio Italicæ in Hispania ortus nosceretur: poterat utique Sextus Aurelius Victor subdubitare aliquem facere, ab aliis diversissimus. Quippe qui ait [d]: *Ulpius Traianus ex urbe Tudertina, Ulpius ab avò dictus, Traianus à Traio paternì generis auctore*, &c. Unde hausisse videtur *Historiæ miscellæ* auctor, quem pro Hispana patria testem paulò pòst producemus. Sextus inquam Aurelius Victor, ex cuius libris *De vita & moribus Imperatorum Romanorum à Cæsare Augusto usque ad Theodosium* confecta est *epitome*, alius ab eo eiusdem nominis, à quo habemus elegantissimum biceps opus, *De viris illustribus* ac *De Cæsaribus.* Hic enim priore illo antiquior, uti plerum-

[c] Apud Goltzium in *Thes.* cap. 4. pag. 63.

[d] In Epitome.

(1) Pro *Senecione* igitur legendum *Sentio*: quemadmodum Lipsius hunc locum restituit in Notis ad Tacitum IV. Historiar. 7. & habet Taciti Editio Amstelodamensis Elzeviriana 1672. Item Parisiensis 1771. curante Gabr. Brotier lib. IV. Historiar. 7. & præcipue in Not. ad eund. loc.

rumque, etiam in referenda Traiani patria totus ab illo abiit, uti mox videbimus. Referemus nos huius aliorumque testimonia, quibus ſtatuminabimus quoque Hadrianum ex Hiſpania fuiſſe.

314. Appianus Alexandrinus primum obtinere debet locum, qui eodem tempore vixit, ſed ſub Antoninis hiſtoriam ſcripſit. Hic in Ibericis: Καὶ αὐτοῖς ὁ Σκιπίων ὀλίγην ϛρατιὰν, ὡς ἐπὶ εἰρήνῃ καταλιπὼν, συνῴκισε τοὺς τραυματίας ἐς πόλιν, ἣν ἀπὸ τῆς Ἰταλίας Ἰταλικὴν ἐκάλεσε· καὶ πατρὶς ἐστι Τραϊανοῦ τε καὶ Ἀδριανοῦ, τῶν ὕϛερον Ῥωμαίοις ἀρξάντων τὴν αὐτοκράτορα ἀρχήν. *Relicto, utpote in pacata regione, haud valido præſidio, Scipio milites omnes vulneribus debiles in unam urbem compulit, quam ab Italia Italicam nominavit, & patria fuit Traiani & Hadriani, qui ultimò Romanum imperium tenuere.* Sexti Aurelii Victoris in libello *De Cæſaribus* hæc verba ſunt de Nerva loquentis: *Namque Ulpium Traianum Italica urbe Hiſpaniæ ortum, ampliſſimi ordinis tamen atque conſulari loco, adrogatum accepit & dedit.* Eutropius *Breviarii* lib. 8. *Succeſſit ei Ulpius Traianus Crinitus natus Italicæ in Hiſpania*, &c. Rarum hìc quòd *Criniti* nomen adiecit, indictum aliis omnibus, præterquam iis qui ab Eutropio videntur id ipſum hauſiſſe, qualis inter alios eſt Conradus Urſpergenſis Abbas [e]. Euſebius in *Chronico*: *Traianus Agrippinæ in Galliis Imperator factus, natus Italicæ in Hiſpania.* Proſper Aquitanus in *Chronico* integro, cuius priorem partem debemus diligentiſſimo atque præſtantiſſimo Labbeo in *Nova bibliotheca* MSS. *librorum*, ſic habet: *Traianus Agrippinæ in Galliis Imperator factus, natus Italicæ in Hiſpania.* Hiſpanum alii ſine ulla natalis urbis notitia nuncupant. Dio Caſſius lib. 68. ſive ex eo *Excerpta*: *Neque rurſus* (ait) *eum deterruit* (Nervam) ὅτι Ἴβηρ ὁ Τραϊανὸς· ἀλλ' οὐκ Ἰταλὸς οὐδ' Ἰταλιώτης ἦν· ἧττόν τι παρὰ τοῦτο αὐτὸν ἐποιήσατο· ἐπειδὴ μηδεὶς πρόϛεν ἀλλοεθνὴς τὸ τῶν Ῥωμαίων κράτος ἐσχήκει. Id eſt: *quòd Traianus homo Hiſpanus; ſed neque Italus erat neque Italicus; quodque ante eum nemo alterius nationis imperium Romanum obtinuerat.* Vixit autem Dio ſub Alexandro Mammeæ filio, ante dimidiatum tertium ſæculum. Oroſius lib. 7. anno ab U. C. DCCCXLVII. *Traianus genere Hiſpanus, undecimus ab Auguſto, reipublicæ gubernacula Nervâ tradente ſuſcepit.* Claudianus in *laude Serenæ reginæ*:

Quid dignum memorare tuis Hiſpania terris
Vox humana valet?

Et mox:

——— Tibi ſæcula debent
Traianum: ſeries his fontibus Ælia fluxit.

315. Sed & idem patriam Cæſarum urbem indicare voluit *Italicam*, cum de Mariæ filiæ Stiliconis, Honorii Auguſti uxoris, prole auguratur, patrium eidem proli Bætim, quòd inde eſſet Honorius coniux, vocans. Hiſpania de Stilicone loquitur [f], ad Honorium veluti verba dirigens:

Exiguûmne putat, quòd ſic complexus Iberam
Progeniem, noſtros immoto iure nepotes
Suſtinet, ut patrium commendet purpura Bætim?

Italica enim, Romanum ad Bætim flumen municipium, tribus ab Hiſpali paſſuum millibus, hoc eſt leucâ Hiſpanicâ, *Sevilla la vieja* vulgò dictus, ruinarum hodie locus, famâ tantùm ſupereſt. Paulus Diaconus lib. 11. *De geſtis Romanorum*, quo Eutropii hiſtoriam continuat: *Eâdem proviſione, quâ quendam legerat Nerva Hiſpanum virum Traianum, per quem reſp. reparata eſt, accitum & ipſe nihilominus æquè ab Hiſpania Theodoſium, faventibus cunctis apud Sirmium purpuram induit.* Ex Latini Pacati Panegyrico Theodoſio dicto hæc ſunt iam allatorum germana: *Hæc* (Hiſpania) *iudicum mater, hæc principum eſt. Hæc Traianum illum, hæc deinceps Hadrianum miſit Imperio: huic* (Theodoſio) *te debet Imperium.* Ex his fontibus plures Hiſpanum, vel in Hiſpania natum recentiores his laudatis dixere, Marianus Scotus, Chronicæ compendioſæ auctor anonymus, aliique.

316. Qui adverſus tot hiſtoricorum teſtimonia unum opponere auctorem velit epitomes, nullus erit, ſpero. Maximè cùm emaculari facilè poſſit, & ex adverſis ad noſtras adduci non invitus partes. Ulpium Traianum ex urbe Turdetana, non Tudertina fuiſſe, Sextus Aurelius Victor certo certiùs dixit. Verè enim Italica in Turdetanis Bæticæ populis. Strabo lib. 3. *Turdetaniam igitur ſupra litus, quod intra flumen Anam eſt, iacêre contingit. Eam autem Bætis fluvius dividit.* Et poſt quædam laudata huius provinciæ oppida: *Poſt has Italica & Ilipa ſuper Bæti.* Sic Lipſius V. Cl. coniectatus fuit ſagaciter emendari poſſe, quantumvis in re dubius, ut ſtatim videbimus; calculumque appoſuit ſuum amicus noſter, vir iuxta probus & eruditus Rodericus Carus Utrarienſis, in nunquam ſatis laudata *Conventus iuridici Hiſpalenſis deſcriptione* vulgari, dum de Italica & Traiano agit; atque huic urbi (iam non urbi) ſuum civem vendicat. Quamvis *Tudertinæ* urbis nomen legi iam olim apud Victorem indicio ſit, quòd Conradus Abbas Urſpergenſis in *Chronico* idem nomen retinuerit. *Ulpius Traianus Crinitus* (ait) *ex urbe Tudertina genitus.* Sed addidit tamquam expli-

[e] In *Chronic.*

[f] Lib. 2. v. 236.

plicaturus, *genere Hispanus*, ut sic auctores ceteros cum Victore dissidentes conciliaret. Retinuit quoque, iisdem Victoris usus verbis, *Tudertinæ* urbis vocabulum *Historiæ miscellæ* auctor, Urspergensi antiquior, nec uti is explicuit; immo prorsus repugnantia, nisi corrigatur, uti corrigi debere Victorem diximus, affirmavit. *Anno ab U. C.* DCCCLI. (ait lib. 10.) *Ulpius Crinitus Traianus ex urbe Tudertina, Ulpius ab avo dictus, Traianus à Traio, &c. natus in Hispania.*

317. Iccircò nec ausus est è recentioribus aliquis huius solùm testimonii argumento, ex depravata forsan scriptura Victoris desumto, Italiæ aut urbi Tudertinæ (*Todi* nunc in Umbria dicitur) Traianum adscribere. Unus tantùm, non verò huic testimonio innitens, sed Plinii Cæcilii ex Panegyrico cuidam verbo, Iustus Lipsius subdubitavit [g], Traianusne à natali loco, an ab origine Hispanus audiat. Ait Plinius [h] ad Traianum verba faciens, strenuamque disciplinæ militaris observantiam eius laudans: *Postquam verò studium armorum à manibus ad oculos, ad voluptatem à labore translatum est: postquam exercitationibus nostris non veteranorum aliquis, cui decus muralis aut civica, sed Græculus magister assistit: quàm magnum est unum ex omnibus patrio more, patria virtute lætari; & sine æmulo, ac sine exemplo secum certare, secum contendere, ac sicut imperat solus, solum ita esse qui debeat imperare!* Quod hic dixerit *patrio more*, aptissimè de Romanæ militiæ more interpretantur Catanæus & Raianus: cùm non ignorarent Traianum meruisse in Romano exercitu, Imperatorem ducemque esse Romani exercitus, cum de eo hæc efferret Plinius; *Patrioque more, patria virtute lætari* Traianum dici, hoc est propriâ huius populi, & Romani exercitus, cui præesset. Lipsio tamen suboluit aliam fuisse Panegyristæ mentem, qui *aut verè Romanum* (ait) *Traianum habet, aut callidè ubique dissimulat Hispanum fuisse.* Mirum quidem hoc in Plinio, cùm plerumque id obtineat similes inter laudatores, ut à patria virum quem ornare undique contendunt, in primis laudent. Ita fecit ex hac eadem patria Italica Theodosium commendans Latinus Pacatus [l], ex Pannonia Maximianum Claudius Mamertinus, alios alii ex suis eorum locis natalibus. Sed tamen ex isto silentio, aut ex verbi illius non rectè applicata significatione ad Romanam patriam, evellere frustrà velit Lipsius quod sic altis historiæ radicibus hæret infixum.

[g] In *Notis ad hunc Panegyricum.*

[h] Cap. 13. ex recenti divisione huius Panegyrici Traiano dicti.

[l] In *Panegyrico Theodosio dicto.*

318. Consideremus & reliqua ab eo, ut sibi tenebras offunderet, undique coacervata. In lapidem ante omnia offendit ita inscriptum [k]:

IMP. CÆS. NER. TRAIANO
AVG. GERM. DAC. PARTH. PON.
MAX. TR. P. XV. COS. VI. P. P. DE
ROM. IMPERIO DE PATERNA
ET AVITA HISP. PATRIA ET DE
OMNI HOM. GEN. MERITISS.
POPULARES PROVINC.
AREVATVM [l] OPT. PRINC.

Argutatur ex eo Lipsius. Nominat Hispaniam *paternam & avitam patriam. Cur non eius simpliciter, si ibi natus?* Reponimus, hunc lapidem ex illis esse, quos Cyriacus tantùm Anconitanus exstare olim dixit [m], quos omnes suspectos habent nostri historici. Ignota deinde nobis, nec usquam audita est *provincia Arevatum*, uti video editum à Grutero & Panvinio, sive *Arenatum*, quod habet Ambrosius Morales. Nec facile credimus provinciæ integræ, uti urbis aut loci unius notitiam, potuisse omnes veteres Hispaniæ descriptores fugere. *Arevaci* populus fuit à fluvio *Areva* dictus, Plinio teste [n]; *Arevaci* Appiano. Horum tamen gignendi casus non *Arevacum*, sed *Arevacorum* formari debuit. Nec malè aliquis aut imperfectè, laudaturus patriam, laudare se paternam & avitam, hoc est generis & familiæ totius patriam, diceret.

319. Subiungit Lipsius Aurelium Victorem *Italicâ ortum* scribere Traianum, non utique *Italicæ natum.* Ortum alicubi esse, aut alicunde oriundum, diversa esse eiusdem verbi significata vel pueri sciunt. *Ortus* esse *in urbe* aut *urbe* dicitur qui natus: *oriundus ex urbe*, cuius pater aut maiores inde sunt. Nec negamus confundi aliquando hæc participia, rarò tamen; & Victoris hic stilus est, ut propriè verbum *ortum* pro *nato*, *oriri* pro *nasci* accipiat. In Caio Caligula: *Genere materno, Agrippa; Drusus, Germanici pater, è quo is oriebatur, avi erant.* In Severo: *Quin etiam Tripoli, cuius Lepti oppido oriebatur, bellicosæ gentes submotæ procul.* Leptim enim patriam Severi fuisse ex Spartiano [o] liquet. Et quidem *Lepti oriri* & *Italicâ ortus*, cum auferendi casu sine præpositione germana sunt. In Aurelio Alexandro: *Syriæ orto*, ubi deest *urbe*; nam sequitur, *cui duplex, Cæsarea & Archa nomen est.* In Decio: *Et Decius Sirmiensium vico ortus.*

320. Pergit Lipsius, neque Pacatum pro patria Hispania in Panegyrico esse. Fatemur equidem non satis clarè eum loqui distincteque inter Traianum & Hadrianum: quorum hunc ex Hispano parente Romæ or-

[k] Reperitur in his Notis Lipsii, & in *Thes.* Gruteri pag. 247. & apud Moralem lib. 9. *Hist. Hisp.* cap. 28. Panvinium in *Fastis* lib. 2. ad ann. urb. c. DCCCLXIV.

[l] Aliàs ARENATUM.

[m] Morales lib. 9. *Hist. Hisp.* cap. 28. Ant. Augustin. dial. 2. *De las medallas.*

[n] Lib. 3. cap. 3. & lib. 4. c. 20.

[o] In Vita eius.

ortum, illum autem in Hiſpania fuiſſe natum defendimus. Siquidem eâdem complexione Imperio miſſum ab Hiſpania utrumque ait. Dionis teſtimonium quod inde Lipſius enervare conatur, robuſtius eſt quàm ut impreſſioni vel huius tanti viri cedat. Ideo fidem aliàs Dionis ſugillat, excuſans non omnino credendum ei de Traiano dicenti, qui Hadrianum πολίτην Τραϊανοῦ *civem Traiani*, falsò dixerit; cùm certè Hadrianum Romæ fuiſſe natum conſtet. Servabimus tamen nos Dioni famam, reponentes Lipſio, vel ſecutum Græcum hiſtoricum Latinos auctores qui Hadriano æque uti propinquo Traiano eandem Italicam adſcribunt patriam, ut mox videbimus; vel non incongruè πολίτην *civem* alicuius dici, qui ubi natus ille fuit inde habuit parentem.

321. Lipſius tandem exclamat argumentis ſuis aliquantulum deferens: *O in viro tam illuſtri pudendas tenebras! Ubi eſtis Græci Latinique, qui vitam & res huius principis ſcripſiſtis? Supra decem fuiſſe ſcio* [p]; *ſed ò (dolor!) fuiſſe.* Iure quidem lamentatur vir magni iudicii exſtare ac legi Neronis, Domitiani, Commodi, Helagabali, & aliorum generis humani propudiorum vitas, Traiani non extare; quippe Suetonius in Domitiano deſiit; *Auguſtæ* verò hi quos vocant *hiſtoriæ* auctores, ab Hadriano incœpere, duobus iuſtiſſimis principibus Nervâ Traianoque abſque hiſtoria relictis, ac veluti voragine quadam abſorptis, aut ſaltem uno Dione, atque eo ibi mutilo, nitentibus.

[p] Acolium vitæ Traiani ſcriptorem Lampridius laudat.

322. Sed quatenus ad patriam attinet, non eſt quare maiora deſideremus argumenta, quam illa ſunt quæ iam collegimus, & à ſubdubitatione clariſſimi ſcriptoris vindicavimus. Unum tamen prætereundum non eſt, quod confirmat ſubrogationem *Turdetanæ* urbis in *Tudertinæ* locum Sexti Aurelii Victoris ceteris aptiorem eſſe; nam quod adiungit is de Traiano ſic dicto à *Traio* generis paterni auctore: pertinere & hoc ad Bæticam comprobat egregiè lapis vel hodie exſtans in *Alcolea* oppido ad Bætis oram, paucis milliaribus ab Italica diſtante, *municipio Flavio Arvenſi* olim dicto, quem vidit Rodericus Carus, & nos illac tranſeuntes. Eccillum:

Q. TRAIO Q. TRAII AREIANI FIL.
QVIR. AREIANO ARVENSI
HVIC ORDO MVNICIPII FLAVII
ARVENSIS OB MERITA
LAVDATIONEM IMPENSAM
FVNERIS LOCVM SEPVLTVRÆ
ET STATVAM DECREVIT
ÆMILIA LVCIA MATER ET
SERGIVS RVFINVS PATER EIVS
II. VIR IMPENSAM REMISERE.

In quo vides *Traii* nomen alibi non facilè reperiendum illius tractûs fuiſſe. Unde Ioannes Triſtanus, monetariæ rei illuſtrator eruditiſſimus, volum. I. de Traiani numiſmatibus agens, peculiari diſſertatione de Traiani nomine [q] non male ſuſpicatur Quintum hunc Traium ſive parentem ſive avum imperatoris, Traium nempe illum generis, ut Victor loquitur, auctorem fuiſſe (1). Quod verò ex duobus Græcis auctoribus Phileterio ac Theophilo, quos Tzetzes adducit, à *Tragos* Græco vocabulo quòd capram ſonat, ſive quòd caprinæ formæ auribus eſſet, ſive quòd in bellicis expeditionibus aſperrima & munitiſſima loca caprâ velocior cum exercitu tranſiliret: commenta huius gentis nauci habenda ſunt. Addit idem Triſtanus à *Traiis capitibus* Hiſpaniæ, cuius Antonini *Itinerarium* meminit, inter Tarraconem Dertoſamque, Traiani nomen derivatum videri. Sed niſi *Tria capita* ſit loci nomen: *Tiara*, ſive *Teara capita*, à *Tiar-Iulia* Ptolemæi, qui ſunt *Teari Iulienſes* Plinii, forſan eſt, ex ſententia Hieronymi Suritæ, Notis ad *Itinerarium* [r] (2). Ita-

[q] Pag. 377.

[r] Pag. 547.

(1) De gente ULPIA Traiani γνησίᾳ (cumque MARCI prænomine quod eiuſdem ante adoptionem fuiſſe conſtat): nihil eſt quod dubitemus eam Italicæ in Bætica, tertio ab Hiſpali lapide, domeſticos habuiſſe lares; cum ad hanc uſque diem eius memoriam ſuſtineat lapis Italicenſis (*Santiponce* vicum appellant indigenæ) Roderico Caro indictus, & fortaſſe ineditus, quem propterea ſiſtere placuit. Exſtat in atrio ſecundariæ portæ Cœnobii Hieronymianorum Sancto Iſidoro Hiſpalenſi ſacri, unde eum ante hoc triennium deſcripſi

D · M · S
M · VLPIO · HEVRETO · IN
FANTI · SVAVISSIMO · QVI
VIX · ANNIS · V · MENS · III ·
VIBIVS · ZOTICVS · ET · VAL ·
SPONDE · PAR · FIL · DVLCIS

Exſtat quoque ibidem fragmentum pulcherrimum in marmore Pario literis ſemuncialibus Traiano Imperatori ut videtur ſacrum, nimirum

AESARI
NERVAE
IF · MAX
· L · F · MAE
IVS-IVSTV
ITI

(2) *Traia capita* ſeu *Triacapita* Antonini, & *Tiar Iulia* Ptolemæi diverſa ſunt oppida: prius illud Coſſetanorum, XVII. ab Ibero amne qua parte Dertoſam alluit paſſuum millibus ad lævam, non procul, ut coniicere eſt, à vico indigenis hodie

El

323. Italica ergo Bæticæ municipium locus Traiani Augusti natalis fuit. Proinde qui generalem historiam sub Rege Alphonso X. texuêre, oportet quidem eos proprios sibi oculos fascinâsse, dum Traianum in oppido *Pedraza*, quod Extremaduræ est, ortum affirmant. Quem errorem inde ortum credimus, quòd Italicæ veteri locum hunc & nomen subrogatum fuisse confectorum eius historiæ animo sedit. Idatius quoque Lemicensis Episcopus, sæculi quinti scriptor, Italicensibus natalibus minimè favet, aliud scilicet agens. Nam cùm fama constans sit, Marcellini Comitis, Iornandisque, atque item Sexti Aurelii Victoris & Pauli Diaconi testimoniis subnixa, Theodosium Augustum maiorem Traiani civem, & ex genere eius fuisse: Idatius tamen aliam Theodosio adscribit patriam. *Theodosius natione Hispanus* (ait) *de provincia Gallæciæ civitate Cauca à Gratiano Augustus appellatur.* Maxima quidem Idatii est auctoritas, Hispani, & in ea provincia nati unde esse Theodosium vix nisi rei gnarus scribere ausus esset. Nihil tamen moveor, ut ab aliorum sententia discedam. Idatius enim videtur id ex historia Zosimi Græci historici, qui sub Theodosio floruit iuniore, desumsisse. Vixit enim Idatius atque obiit sub Leone Imperatore, ut scribit S. Isidorus [a]. Zosimus quidem eandem, quam Idatius, patriam Theodosio tribuit: cuius testimonium, utpotè Gallæciæ suæ propitium, temerè forsan tantumque ne aspernaretur, amplexatus fuit Idatius. Contrarium enim de Theodosio scribunt, domo eum ex Italica fuisse affirmantes, Marcellinus Comes sub Iustiniano, principio Chronici: *Theodosius Hispanus Italicæ divi Traiani civitatis.* Iordanus sive Iornandes Marcellini æqualis iisdem verbis [b]. Nec Zosimo Græco auctori facilè credimus de rebus nostris loquenti. Mirum enim est quàm caligare & parùm videre soleant in Latina geographia orbis Græci Scriptores. Sozomenus lib. 7. cap. 2. de Gratiano agens: Κοινωνὸν ἐποιήσατο τῆς ἀρχῆς ἐν τῷ Σιρμίῳ Θεοδόσιον, γένους τῶν ἀμφὶ τὸ Πυρηναῖον ὄρος Ἰβήρων. *Consortem Imperii in Sirmio urbe Theodosium creavit, ex Hispanis qui circa Pyrenæum montem sunt oriundum.* Quo nihil potuit crassiore Minerva dici. Eâdem ferè loquuntur ignorantiâ patrii loci eiusdem Cæsaris ii qui Hispanum dumtaxat appellant. Cedrenus in *Compendio* τῷ γένει Ἴβηρ ἦν τῶν Ἑσπερίων. *Genere Iber erat ex Hispanis.* Socrates lib. 5. cap. 2. ἐκ τῶν εὐπατριδῶν τῆς Ἱσπανίας καταγινόμενος. *Ex Hispaniæ patritiis ortus.* Similiter peccant in Hadriano, ut videbimus eô devenientes. De Theodosio hæc divagantes, sed non extra rem, à Traiano nostro scriptore.

[a] *De script. Eccles.*

[b] Lib. 1. *De regnor. success.*

324. Scripsit enim Traianus *Historiam belli Dacici* à se profligati, victo priùs, deinde capto, cùm rebellâsset, Rege Decebalo. Id enim breviter. Nec enim scribere historiam de Traiani rebus, quæ Cæsareæ historiæ argumentum sit, animus noster est; sed consignare Hispano Augusto inter tot laudes optimi, maximi, & in paucis laudandi principis, scriptoris etiam laudem. Careremus sanè hac notitia, si non unius exstaret Prisciani locus in *Grammaticis*, unde scripsisse *Dacica* Traianum nosceremus lib. 6. ubi de nominibus in *i* terminatis non Latinis agit: *Inveniuntur* (ait) *barbara in* i. *ut Iliturgi oppidum. Livius in lib.* 23. *ab urbe condita*: *Iliturgi oppidum oppugnabatur. Traianus in* 1. Dacicorum*: Inde Berzobin, deinde Aixi processimus.*

325. Videtur autem mihi Traianus id quodammodo cogitâsse quod fabulantur de priscis orbis post diluvium incolis, scientias omnes & quicquid experientiâ comperissent eatenus duabus columnis, alteri lateritiæ alteri lapideæ sculpsisse: ut sive aqua iterum, sive ignis aliquando genus mortalium delevisset, altera earum, omniaque ibi contenta ad instruendum quod renovandum esset hominum genus, remaneret. Pari modo providentissimus princeps futuri quasi præsagus, haud contentus fuit gloriosissimum bellum, omniaque in eo gesta propriâ industriâ chartis commendare; sed & lapideam columnam erexit in medio foro quod simul ædificavit ac mirificè ornavit, altissimam, in cuius apice cineres suos servari, circumque ab ima ad summam quicquid in hoc bello actum est affabrè sculpi voluit. Hanc curiosè descripsit celarique primus fecit & excudi Alphonsus Ciaconius noster, Dominicanus sodalis, quæ publici usus facta fuit sub hoc titulo: *Historia utriusque belli Dacici à Traiano Cæsare gesti, ex simulacris eiusdem, quæ in columna Romæ videntur,* Romæ MDLVI. Atque ante paucos annos eadem lapidea historia iterum in chartaceum volumen è sua mole descendit operâ ce-

El Perellò dicto; posterius hoc Ilerçaonum XX. circiter milliaribus ad eiusdem fluminis dextram in mediterraneis: quod à loco in quo situm est & qualicumque cum *Tiare Iulia* nominis affinitate, nonnulli oppidum *Traiguera* nunc dictum suspicantur. Plin. III. 3. n. 15. *Teari, qui & Iulienses.* Harduin. in Not. n. 13. Τιαριουλία *in Ilercaonum mediterraneis civitatibus apud Ptolemæum.* Est et apud Antoninum *Thiar* alterum inter Ilicen, et Carthaginem Spartariam; sed huc non pertinet.

celatoriâ Petri Sancti Bartoli Perusini, iuvenis hac arte præstantis: quæ in eadem urbe ab anno MDCLXXII. elegantioribus quàm olim formis excusa, literatorum oculos, multoque magis animum pascit.

326. At nec temerarium fuisset Traiani laudibus aliis, poetæ quoque adscribere laudem; nam quantumvis Plinius lib. 5. epist. 3. excuset se versus edere, non exemplis privatis magnorum virorum tantùm, sed principum quoque suæ gentis *Divi Iulii*, *Divi Augusti*, *Divi Nervæ*, *ac T. Cæsaris* (ita enim cum initiali litera hoc postremum nomen semper editur); & interpretes *Titum* intelligant, quem facilem & promtum in fingendis versibus Suetonius in eius vita, & Plinius alter in præfatione historiæ suæ fuisse aiunt: nobis arridet potiùs ut compendio isto scribendi significatus fuerit Traianus (cuius tempore florebat & literas istas formabat Plinius, & quem non voluit apertiùs dicere, viventem adhuc & curis Imperii deditum & immersum hac otiosorum hominum occupatione quandoque distringi); quàm Titus Cæsar, qui ante Nervæ mentionem, ut ordinem hucusque servatum prosequeretur, debuisset à Plinio dici. Nec abstinuisset utique is in Cæsare isto nominando *Divi* appellatione, qua in aliis usus fuit, uti abstinere debuit in laudando Traiano adhuc superstite, principeque modestissimo & abstinentissimo similium adulationum. Immo Græcè eum versificatum apparet ex epigrammate quodam, quod in Anthologia legitur lib. 2. cap. 13. eius nomine, ubi nasutum valdè quendam hominem sic deridet:

Ἀντίον ἠελίου στήσας ῥῖνα, καὶ στόμα χάσκων,
Δείξεις τὰς ὥρας πᾶσι παρερχομένοις (1).

CAPUT XV.

DE HADRIANO *Imperatore. Italicæ is ortus ex magis vulgari fama: sive natus Romæ ex patre Italicensi, matre Gaditana. Themistii error & correctio. Aurelii Victoris error. Hadriani doctrina mira & multiplex eximiè à veteribus commendata. Libri* De vita sua. Catacriani *etiam, Antimachi imitatione, ab eo scripti. Multa de hac inscriptione ex multis, itemque coniectura nostra. Sermones eiusdem, & orationes, ac declamationes, & carmina. Epistola eius de Christianis laudatur, à quibus non aversus fuit.* Alexandriadis *opus non eius, sed Hadriani Sophistæ. Hispanis scriptoribus* MARCUM ANTONINUM *Imperatorem adiungimus propter Hispanam eius masculam originem. Libri eius*, τῶν εἰς ἑαυτὸν, *sive* De vita sua, *atque eorum editiones & interpretationes. Franciscus Cardinalis Barberinus laudatur.*

327. TRAIANI consobrinus fuit ÆLIUS HADRIANUS cognomento AFER, Italicensis, cuius ex Domitia Paulina Gaditana filius HADRIANUS, post quæsturam actam, plebisque tribunatum ac præturam, tandemque consulatum, adoptionem Traiani meruit, cui & in Imperio successor fuit. Res eius gestas curiosissimè descriptas ab Ælio Spartiano habemus. Inde nobis duo tantùm decerpere, quæ huius loci sunt, animus est: patriam & scripta Hadriani; simulque præstantem eius doctrinam & studia, quæ scriptis deperditis famam quodammodo asserere videntur.

328. Italicæ ortum, uti Traianum, fuisse Hadrianum si affirmaremus, optimos historiæ Romanæ scriptores haberemus duces. Nam hi magno consensu in id conspirant. Appianus Alexandrinus [u] in Traiano laudatus Italicam utriusque πατρίδα, *patriam* vocat. Dio Cassius [x] πολίτην, *civem* vel *municipem* Traiani Hadrianum facit. Eusebius clarissimè: *Hadrianus Italicæ in Hispania natus*, *consobrinæ* (legendum videtur *consobrini* iuxta Spartianum) *Traiani filius fuit.* Sextus Aurelius Victor in *De Cæsaribus* libello, diem suum obiisse Traianum ait *morbo*, *grandæva ætate*, *adscito priùs ad Imperium Hadriano*, *cive propinquoque.* Eutropius [y] *natum* ait *Italicæ in Hispania*, uti Traianum. Cassiodorus in *Chronico*: *Huic successit Hadrianus*, *utrâque linguâ peritissimus*, *Italicæ natus ex consobrina Traiani* (expressit errorem Eusebianæ vulgaris forsan tunc scripturæ) *qui regnavit annis viginti.* Auctor *Chronographiæ ex Idatio* Caroli Magni æqualis, quem Andreas Schotus volum. 4. *Hispaniæ illustratæ* edidit (quamvis Idatium scripsisse *orbis Chronicon* aliàs ignoremus) Hispani meminit natalis tantùm. *Hadrianus in Hispania natus*, *consobrinæ Traiani filius fuit:* sicut & Latinus Pacatus in *Panegyrico Theodosii: Hæc* (Hispania) *Traianum illum*, *hæc deinceps Hadrianum misit Imperio.*

329. Rhasis ipse Arabs, qui Regum Arabum in Hispania historicus eius linguæ Hispaniensem historiam reliquit, exstatque ea hodie cùm Lusitanè tum Castellanè translata, manuscripta, sic habet: *Despues de Traiano reynó Hadrian, e fue Reye e señor de España, e reynó veynte*

[u] *Ibericis.*

[x] Lib. 69. excerptis, principio.

[y] Lib. 7.

(1) Adversum Soli nasum si opposueris atque os diduxeris, Prætereuntibus omnibus diei horas indicabis. (*umbrâ* scilicet)

te y dos años, e dicen que fue natural de Italica Sevilla. Confudit nempe *Italicam* destructam cum proxima Hispali superstite; aut forte iam tum credebatur Hispalis ex Italicæ ruinis nata: quæ falsa persuasio hodierno nomini, *Sevilla la vieja,* hoc est Hispalis veteris dedisse ansam videtur (1). Themistii etiam Græci oratoris ad Theodosium verba ex oratione 5. huc referenda sunt, licèt in errore nunc cubent, vindicanda prorsus in rectam sententiam: *Quæ tamen eadem* (virtus) *Traianum, Antoninum, cives tuos & principes complexa est, à quibus longè acceptum regnum Deus ipse tradidit.* Hæc ex versione Donzellini, cùm Græca ad manum non habeam (2). Nemini autem perspicuum non erit *Hadrianum* restituendum esse *Antonini* (qui nullo auctore nisi è longinquo, uti & monebimus, Hispanus aut Theodosii & Traiani civis fuit) loco.

330. Agellius quoque his confert symbolam lib. 16. *Noct. Atticarum* cap. 13. ubi de municipiis & coloniis Romanis docens, *de cuius opinionis* (ait) *tam promiscuæ erroribus Divus Hadrianus, in oratione quam de Italicensibus, unde ipse ortus fuit, in Senatu habuit, peritissimè disseruit: mirarique se ostendit, quòd & ipsi Italicenses, & quædam item alia municipia antiqua, in quibus Uticenses nominat, cùm suis moribus legibusque uti possent, in ius coloniarum mutare gestiverint.* Hanc orationem petentibus ut videntur Italicensibus coloniæ ius, ad Senatum Hadrianus habuit: quibus quidem tunc eum concessisse honorem istum credimus; nam cum *coloniæ* titulo antiquus lapis [z] Vulsinii in Italia repertus Italicam repræsentat (3). Fortasseque ad hunc honorem patriæ indultum inter alios Dio respexit, verbis quæ & non minimum ad id quod de patria dicimus Hadriani conferunt. *In hac peregrinatione* (ait [a]) *ædificavit theatra in plerisque civitatibus, instituitque certamina sine regio apparatu aut magnificentia, quam nisi Romæ nunquam adhibuit.* Factaque hac Romæ urbis mentione, statim: Τὴν δὲ πατρίδα, καίπερ μεγάλα τιμήσας, ϗ πολλὰ ϗ ὑπέρφαρα αὐτῇ δοὺς, ὅμως οὐκ ἶδε. *Patriam verò, quamquam ei magnos honores tribuit, multaque & magnifica dedit, nunquam tamen vidit.* Hic enim agnoscere iterum Dio videtur patriam Hadriani in provincia, aliamque à Roma esse.

[z] Apud Gruterum p. 385. 1. Carum in *Conv. iuridic. Hispal.* cap. 12.

[a] Fragm. lib. 69.

331. Quam tamen urbem Imperii sedem ei natalem fuisse adversus tot historiæ idoneos auctores Ælius ait Spartianus: qui quidem præferendus vix esset ceteris, nisi *Vitæ Hadriani* libris ab ipso relictis, quos paulò priùs laudat, instructus, id scripsisse videretur. *Origo Imperatoris Hadriani vetustior* (ait) *à Picentibus, posterior ab Hispaniensibus manat; siquidem Adriâ ortos maiores suos apud Italicam Scipionum temporibus resedisse, in libris* Vitæ suæ *Hadrianus ipse commemorat. Hadriano pater Ælius Hadrianus cognomento Afer fuit, consobrinus Traiani Imperatoris: mater Domitia Paulina Gadibus orta: soror Paulina nupta Serviano: uxor Sabina, avus Marullinus, qui primus in sua familia senator Pop. Rom. fuit. Natus est Romæ* IX. *Cal. Febr. Vespasiano septies & Tito quinquies consulibus.* Hæc Spartianus, cui tam ido-

(1) De *Rhasis* seu *Rasis* germana olim rerum Hispanicarum historia; atque hodierna, quæ sub ipsius nomine Hispanicè reddita circumfertur, suppostitia aut passim interpolata innumerisque fabulis respersa: plura Noster in scriptoribus sæculi X. quibus et nos pauca subiungemus.

(2) Themistii Græca hæc sunt: Α'λλ' ὁ Τραϊανόνγε οὐδὲ Μάρκον, οὐδὲ Α'ντωνεῖνον τοὺς σοὺς πολίτας καὶ ἀρχηγέτας, καὶ ἐξ ὧν πόρρωθεν ἡμῖν (sic) ὁ Θεὸς τὴν σὴν Βασιλείαν ἐφωρμιάζετο· ut in editione Dionysii Petavii Paris 1618. id est, ut in eiusdem versione: *Nunquam à te manus excutiet, sive nunquam te derelinquet virtus: quemadmodum nunquam dereliquit Traianum atque Antoninum populares maioresque tuos: à quibus iam tum Imperium tuum Divina Providentia moliebatur.*

(3) Tributum Italicensibus ab Hadriano Coloniæ honorem, quod Noster hoc loco innuit, vix adducar ut credam; cum altum de eo sileant Historici, ac *ff.* libri. Veteres numos MVNICIPII titulo inscriptos minime huc pertinere scio. Vulsiniensi autem singulari atque incertæ originis lapidi (quamquam è Fulvii Ursini schedis Thesauro suo illatum Gruterus asserat), cur tantum tribuendum sit plane non video. Præferri certe non debet Italicensibus in patrio solo ad hanc diem exstantibus, in quibus Italicenses longe post Hadriani tempora REIPVBLICÆ, non COLONIÆ nomine, uti oportuisset factum si vere coloni essent, Floriano et Probo Imperatoribus devotos sese profitentur. Binos præ aliis, qui REIPVBLICÆ aut SPLENDIDISSIMI ORDINIS titulum præseferunt, Italicæ à me ante hoc triennium descriptos repræsentare animus erat; sed cum horum alterum, Floriani scilicet, à Literario Hispalensium cœtu non ita pridem evulgatum noverim (*Memor. Literar. de Sevilla T. I.*) alterum Probo inscriptum, atque ut existimo ineditum sistere sufficiat

:::::::::::::::::::: CAES
:::::::::::::::::::: PROBO
:::::::::::: CTO. AVG.
:::::::: IB . POTEST . COS.
::::::::::: TALICENSIVM
:::::::::: OTA . NVMINI
:::::: IESTATIQVE . EIVS
:::: DICANTE . AVRELIO
::: LLO . V . P . A . V . P . ET
:: VRATORE . REIPVBLIC.
ITALICENSIVM.

Exstat item alius in arce Regia Hispalensi in quo: AELIAE . Q . F . LICINIAE . VALERIANAE :: SPLENDIDISSIMVS . ORDO . ITALICENSIVM &c.

idoneum rerum suarum scriptorem secuto fidem non temerè habemus; præsertim cùm & ipse aliàs non semel patriæ nomine Italicam compellâsse videatur, unde oriundum Hadrianum iam notavisset. Sic enim explico ea quæ paulò pòst Spartianus habet: *Quintodecimo anno ad patriam rediit* (*rediit*, quasi inde aliquando exiisset, quod Casaubono occasionem dedit suspicandi conceptum forsan Italicæ, quantumvis Romæ natum) *ac statim militiam iniit: venandi usque ad reprehensionem studiosus. Quare à Traiano abductus à patria, & pro filio habitus*, &c. Multoque magis hæc: *Per Latina oppida Dictator & Ædilis & Duumvir fuit. Apud Neapolim Demarchus, in patria sua Quinquennalis, & item Adriæ Quinquennalis, quasi in alia patria, & Athenis Archon fuit.* Confirmarique posse hanc Spartiani sententiam ipsis illis Claudiani carminibus è *Serenæ Reginæ laude*, quæ pro asserendis Italicæ Traiani natalibus superiore adducta sunt capite, non nemo dixerit. De Hispania ait:

——— *tibi sæcula debent*
Traianum: series his fontibus Ælia fluxit.

332. Quibus ultimò dictis genus *Æliorum* hoc est *Ælii Hadriani*, hinc fluxisse & oriundum esse tantùm significat. Qui tamen sic mites sumus erga Spartianum, natalem Hadriani locum Hispaniæ tollentem: iidem Sexti Aurelii Victoris, qui *Epitomen Cæsarum* dedit, oscitantiam vix toleramus. *Ælius Hadrianus* (ait) *stirpis Italicæ. Ælio Hadriano Traiani principis consobrino Adriæ orto genitus: quod oppidum agri Piceni etiam mari Adriatico nomen dedit.* Adriâ orti maiores generis Italicam translati fuere, unde origo Hadriano posterior, de quo eidem credimus Vitæ suæ scriptori apud Spartianum. Iungamus ergo Victorem hunc cum *Chronologiæ*, quam vocant *compendiosam*, anonymo auctore [b], unde hæc sunt dictorum germana: *Ab isto Hadriano mare Adriaticum dicitur. Fuit autem de Adria civitate.* Stupidius nihil excogitari quidem potuit.

[b] Edito inter alios *Rer. Germanicar. Scriptores* à Pistorio pag. 712.

333. Asserto genti nostræ Hadriano (sive ortus is Italicæ, sive Italicensi patre Gaditana matre fuerit natus) certè literarum studia, & præstantissimi ad omniaque veluti facti ingenii capacitas, non minùs quàm Imperium Respublica, principatum inter eruditos retulere. Decerpemus aliqua ex Spartiano in huius rei testimonium. In Quæstura, *cùm orationem Imperatoris in Senatu agrestiùs pronuntians risus esset: usque ad summam peritiam & facundiam Latinis operam dedit.* Item infrà: *Fuit poematum & literarum omnium studiosissimus: arithmeticæ, geometriæ, picturæ peritissimus.* Nec non *oratione & versu promtissimus, & in omnibus artibus peritissimus. Mathesin sic scire visus est, ut serò Calendis Ianuariis scripserit quid ei toto anno posset evenire: ita ut eo anno quo periit, usque ad illam horam quâ est mortuus scripserit quid acturus esset. Fuit memoriæ ingentis, facultatis immensæ; nam & ipse orationes dictavit, & ad omnia respondit. Nomina plurium sine nomenclatore reddidit, quæ semel & congesta simul audiverat. Libros statim lectos, & ignotos quidem, plurimis memoriter reddidit. Uno tempore scripsit, dictavit, audivit, & cum amicis fabulatus est.* Victor concinit in *Epitome: Atheniensium studia moresque hausit, non sermone tantùm, sed & ceteris disciplinis, canendi, psallendi, medendique scientiâ, musicus, geometra, pictor, fictorque ex ære vel marmore, proximè Polycletos & Euphranoras. Perinde omnino ad ista erat factus, ut elegantius nusquam quicquam humanæ res expertæ videantur.* Μουσικώτατος, *doctissimus*, seu *eruditissimus* ab Athenæo audit: quo loco cur *moderatissimum*, *humanissimum* interpres verterit, nondum video, lib. 3. cap. 29. *Curiositatum omnium explorator* à Tertulliano. Virtutes ceteras, vitia quoque non describimus: ab Spartiano, Dione, duobusque Victoribus, atque aliis petenda. Doctrina quippe tantùm ad nos spectat.

334. Unde scripsisse plura tam prosâ quàm versâ oratione dicitur, quæ omnia periere. Colligemus verò nos, velut è naufragio tabulas, horum omnium notitiam. In primis *De vita sua* libros, quos libertis suis edendos eorum commisit nomine. Spartianus: *Famæ celebris Hadrianus tam cupidus fuit, ut libros vitæ suæ scriptos à se libertis suis literatis dederit, iubens, ut eos suis nominibus publicarent; nam Phlegontis libri Hadriani esse dicuntur.* Phlegontis Tralliani, Hadriani liberti, alia usque nunc vel in fragmentis exstant; quæ verò supponi sibi passus fuit Hadriani ova, prorsus periere. Verum hoc scriptum significare Dio videtur, quum scripsisse Hadrianum ait [c], Antinoum in Ægypto mortuum, quòd in Nilum cecidisset. Græcè ergo commentatus est de vita sua; nam Phlegon, cuius nomina inscripta, Græcus, Grecèque scripsit [d], *Chronica* scilicet, sive *Olympiadum* opus *De mirabilibus*, quod Meursius edidit; ac *De longævis* libellum, aliaque à Suida memorata. Græcam nimirum eruditionem affectavit Hadrianus, ingenium secutus qui ad eam declinabat: ita ut eodem Spartiano teste à nonnullis *Græculus* diceretur.

[c] Lib. 69. pag. 793. edit. Hanoviensis.

[d] Vide Salmasium ad hunc Spartiani locum, Vossium *De hist. Græcis* lib. 2. cap. 11. Scaligerum Not. ad *Eusebii Chron.* sub n. MMXLIV. Ionsium *De hist. philos. scriptoribus*, lib. 4. cap. ult. p. 344. post Photium, & Suidam.

335. Eâdem prorsus linguâ scripti ab eo fuere *Catacriani* libri, ut innuit his Spartianus: *Catacrianos libros obscurissimos* (ait) *Antimachum imitando scripsit.* Antimachum quidem Clarium Græcum poetam [e] eo pretio habuisse dicitur, ut οὗ μηδὲ τὸ ὄνομα πολλοὶ πρότερον ἠπίσταντο, *cuius ne nomen quidem multi scirent*, Homero è medio sublato, in eius locum, Dione teste [f], inducere cogitaverit. Et tamen huic post Homerum secundas deferre partes Grammaticorum consensum Quintiliano [g] credimus. Mirum quàm in asserendo huius operis Hadrianæi titulo viri præstantissimæ eruditionis ingenio suo indulserint. Parum verosimiliter Gyraldus [h], qui κατ' Ἀδριανοῦ, aut κατὰ Τραϊανοῦ, hoc est, *de Traiano*, sive *de Hadriano* inscripsisse operi auctorem credidit. Quod enim ad priorem correctionem spectat, hoc prorsus esset confundere hos cum libris *De vita sua*, quos disertissimè Spartianus distinxit. Et in titulo isto Græco improprietatem Isaacus Casaubonus notat [i]. Nomen item aliquod hominis hìc restituendum existimavit Ianus Parrhasius, nempe κατ' Ἀκκιανοῦ, *contra Accianum*, tutorem Hadriani: quem libri aliquot sic vocant; non autem, quomodo apud Spartianum legitur, Tatianum: coniecturâ inde natâ, quod uti Spartianus idem ait, *Tatianum* (ita semper nominant libri editi) *ut conscium tyrannidis, & argui passus est, & præscribi.*

336. *Catachlianos*, ab ἀχλὺς *caligine*, hoc est caliginosissimos & obscurissimos, Hermolaus Barbarus [k] præferebat. Scaligero *Catachrianos*, immissâ eò aspirandi literâ placuit corrigi posse, dictosque Græcè, τῶν κατὰ χρείαν λεγομένων: quode Casaubonum consule [l]. Hic verò ex Regis Gallorum & Puteani schedis, ubi vel *Catacaymos*, vel *Catacaimos* legerat, suspicatus fuit *Catacaumos*, vel *Catacausmos* (quæ pura puta Græca sunt vocabula) inscripsisse Hadrianum: quòd sive Phaetontæum orbis fabulosum incendium, poetici verè operis argumentum; sive, iuxta Heraclyti aliorumque philosophorum placitum, ultimam eiusdem terrarum orbis ἐκπύρωσιν *deflagrationem* continerent.

337. At cùm in aliis libris tam Hadrianus Turnebus quàm Claudius Salmasius *Catacannas* reperissent: prior ille multùm ab scriptura discedens *colocynthas*, κολοκύνθας, hoc est *cucurbitas* legere ausus fuit [m]: existimans Dionem dixisse scriptum eo nomine librum ab Hadriano: quod nec improbat Isaacus Casaubonus. Poterat autem hæc ex Dione cogitatio alio subrogato apud Spartianum verbo (quod cum magnorum in his literis Apollinum venia dictum sit) explicari, de quo nos postea. Sed alium sensum habere Dionis hæc de huius Imperatoris in Apollodorum architectum odii causâ loquentis Salmasius existimat: Τὸ δ' ἀληθὲς, ὅτι τοῦ Τραϊανοῦ κοινουμένου τι αὐτῷ περὶ τῶν ἔργων, εἶπε τῷ Ἀδριανῷ παραλαλήσαντί τι· Ἄπελθε, καὶ τὰς κολοκύνθας γράφε. Architectus Apollodorus, qui forum & odeum & gymnasium Traiano fecerat, indignatus Hadriano adhuc privato nescio quid ineptum de arte hac coram Traiano ipso dicenti, expulit eum à se tamquam cucurbitarum pictorem, architecturæ autem ignarum. *Sed tamen* (Dio ait) *vera causa* (odii) *fuit, quòd cùm Traianus quædam de his operibus cum illo communicaret, Hadrianusque nescio quid obloqueretur: dixerit ei: Abi, & cucurbitas pinge.* Verbum γράφω tam *scribere* quàm *pingere* significat Græcis, unde æquivocum.

338. Neque hinc aptum quicquam elici pro coniectura posse Turnebi & Casauboni annotavit Salmasius. Quare is retinens *Catacannas* lectionem, sic scriptum ab Spartiano putat: τῶν κατὰ κάννας, *libros obscurissimos, Antimachum imitando scripsit*: quasi τὰ κατὰ Κάννας, *res ad Cannas gestæ* sint; opusque metricum Græcè de Cannensi clade scriptum intelligit. Fecerat hoc paulò antè Silius Italicus Latinè.

339. Ab his omnibus abiit diversus, nec forsan ab scopo deerravit, Heribertus Rosveidus Societatis Iesu vir eruditissimus, qui in *Catacrianis* seu κατὰ κριανῶν libris Hadrianum egisse suspicatur de iis, qui sub Ariete signo orti essent, qui κριανοὶ (Heribertus ait) vocabantur, ἀπὸ κριοῦ, *ab ariete.* Convenit quippe, tum deditum summopere huic astrologicæ arti eum fuisse, ut vidimus: tum Antinoum, delicias eius, constellatione ista natum, ut ex numo eius quodam apparet, cuius postica pars arietem præfert [n]. Quid autem si *Catacrinos*, seu κατὰ κρίνων libros Spartianus scripserit? Nam & non nihil in rem tot magnis sermonibus obscurissimam proletarius ego philologorum conicere non gravabor. Et non abludit quòd *Catacriticos* tam Alciatus quàm Gyraldus ipse non improbavere. Et quid si Apollodori illa obiurgatio Hadriano facta ad huius nominis librum respexerit? κρίνον *lilium* est Græcis, immo & *cucurbita*, Suida auctore. Quo immutatæ paululum scripturæ dispendio, & explicabunt Dionem, & aliquem de cucurbitis commentarium (fortè satyricum, qualis & fuit Senecæ *Ludus* seu *Apocolocynthôsis*) Hadriano asserent ii, quibus Turnebus Casaubonusque in hoc labyrintho placuerint Dædali. Aut si mâvis alio sensu κατὰ κρίνων inscriptionem donare: præsto sunt aliæ significationes; nam &

[e] De quo Lil. Gyraldus dialogo *De poetis* Turnebus lib. 28. *Adv.* cap. 38. Reinesius I. *Var.* II. Ionsius *De hist. philos. script.* lib. I. cap. 6. pag. 32. Casaub. hic.

[f] Ubi suprà.

[g] Lib. 10. *Inst. orat.* cap. I. Vide Salmasii notam hìc de Antimachi præstantia.

[h] *Dialogo* 5. *De poetis.*

[i] Ad Spartianum hìc.

[k] Apud eundem Gyraldum.

[l] *Notis ad Spartianum.*

[m] Lib. 2. *Adv.* cap. 15.

[n] Apud Casaubonum ad Spartiani hunc locum.

& κρίνα, *mendicos*, Polluce [o] ac Suida testibus; & κρίνον saltationis genus, sive saltationis gestum quendam, quod ex Apollophane docet Athenæus [p], significant. Sed iam ad alia.

340. Laudantur quoque à grammaticis Latinis Hadriani *Sermones*, *& orationes*: Latina ipsa; nam ex iis fragmenta aut verba adducunt. *Sermonum* libros è Sosipatro novimus Charisio, qui primum adducit [q]: *Obiter. Divus Hadrianus* Sermonum *primo quærit an latinum sit. Quamquam (inquit) apud Labeonem hæc vox esse dicatur, & eam Scaurus Latinam esse non neget* (ita rectè legit Salmasius [r]) *: addit quòd veteres eâdem soliti sint dicere, non addentes viâ: ut sit* κατ' ἔλλειψιν, *ut Plautus inquit:*

Eâdem bibes, eâdem tibi dedere suavium. Quamquam D. Augustus reprehendens Tiberium Cæsarem ita loquitur: Scribis enim per viam ἀντὶ τοῦ obiter. *Sed Divus Hadrianus, tametsi* (inquit) *Augustus non pereruditus homo fuerit, ut id adverbium ex usu potiùs quàm ratione protulerit. Si quis autem eius rei rationem velit penitùs investigare, de consortio præpositionum, quem adæquè sub titulo* ἀφαιρέσει *dedimus, legere non gravetur.* Hæc Sosipater.

341. *Orationum* idem grammaticus meminit. *Validissimè. Divus Hadrianus* Orationum (videtur melius *Oratione*) XII. *A vobis, Patres Conscripti, peto, & impetratum validissimè cupio, ut proximè imaginem Augusti argenteum* (sic lego pro *argento*) *potiùs clypeum, sicut Augusto, ponatis.* Orationes fortè, quas habuit ad Senatum aut alias collectio hæc continebat quam vidit Charisius: qualis fuit illa *De Italicensibus* eius civibus, Agellio nota [s], in qua de iuribus coloniarum & municipiorum, ut ille ait, peritissimè disseruit; atque item illæ quas pro Traiano (pro usu intelligo Traiani, ut recitarentur ab eo in Senatu) dictaverat. Cuius quidem officii causâ crevisse ei Traiani familiaritatem Spartianus notavit.

342. *Declamationes* eiusdem Photius laudat in Bibliotheca [t]. Græcas nempe; nec enim Latinorum hic auctor meminit. *Lectæ sunt Hadriani Augusti variæ declamationes, dicendi moderatione temperatæ, nec iniucundæ.*

[o] Lib. 6. cap. 48.

[p] Lib. 3. pag. 114. edit. Lugd. anni MDCXII.

[q] Lib. 2. *Inst. Gram.* Adv. *obiter.*

[r] *Notis ad Spartian.* p. 7.

[s] Lib. 16. c. 3.

[t] Cod. 100.

343. *Cum professoribus & philosophis* (ait idem Spartianus) *libris vel carminibus invicem editis sæpe certavit. Altercatio Hadriani Imperatoris cum Epicteto philosopho*, Parisiis edita fuit anno MDCII. in 8.° cuius editionis meminit Bodleianæ sive Oxoniensis bibliothecæ postremus catalogus. Poematum enim carminisque omnis generis studiosissimus fuit, eodem referente. Carminum, sive ἔπεσι, in Plotinæ laudem Traiani uxoris scriptorum, Dio meminit, qui & laudat Græcum hunc versum in Pompeii laudem, cùm ei parentaret, effusium.

Τῷ ναοῖς βρίθοντι πόσση σπάνις ἔπλετο τύμβου.

Pænè caret tumulo cui tot modò templa fuere.

Hadriani Cæsaris epigramma in ἡμίξηρον, sive *semiaridum*, habetur in Anthologia. Eius quoque sunt versus illi quos reposuit Floro poetæ [u], doctis tot viris [x] in examen vocati; atque item alii dimetri hi, quos fudit moriens, apud eundem Spartianum:

Animula, vagula, blandula,
Hospes comesque corporis,
Quæ nunc abibis in loca
Pallidula, rigidula, nudula,
Nec, ut soles, dabis iocos.

Quorum affectationem haud probat Spartianus, adiuncto quòd *tales, nec multo meliores, fecerit Græcos.* Vossio tamen haud ita videntur [y] tam Latini quàm Græci. Gaspar quoque Barthius carmen aliud eiusdem producit [z], quod fragmentum videtur maioris operis de Amazonum historia, in epigrammatum veterum sylloge, ut suspicamur, à Petro Pithœo editum: id quod & inter Ausonii exstat opera [a], *quo quidem epigrammate pauca ingeniosiora ab omni antiquitate exstare idem putavit* [b]: *rotundissimum* id alibi [c] appellans. Incipit:

Ut belli sonuere tubæ, violenta peremit
Hippolyte Teutranta, Lyce Clonon, Oebalon Alce, &c.

Inscripti ab eo Borysthenis equi demortui monumento epigrammatis Dio meminit [d], quod sive Latinum, sive è Græco Latinè conversum, producit alibi, atque in examen revocat idem Barthius [e] (1). Meminit Appuleius Hadriani carminum in *Apologia. Divus Hadrianus* (ait) *cùm Voconii ami-*

[u] *Apud Spartianum.*

[x] Vide post Turnebum, Casaubonum & Salmasium hic, Barthium lib. 34. cap. 12.

[y] *De poetis Latinis* cap. 4. pag. 51. ac *De poetis Græcis* cap. 9. pag. 74.

[z] Lib. 32. c. 12.

[a] In editione Burdegal. anni MDCIV. paginâ 593.

[b] Ad lib. 7. *Theb.* v. 642. & lib. 8. v. 446.

[c] Lib. 8. v. 697.

[d] Ubi suprà.

[e] Lib. 23. c. 1.

(1) Pepercisse videtur non ita pridem Noster Hadriani existimationi, subticens versus quos in ganeonem Florum regesserat, quasi parum tanto Cæsare dignos; Borysthenis vero epitaphium, poemation est dicolon choriambicum Anacreonticum plane non inelegans, videndum apud Barthium, atque emendatius apud Salmasium *in Notis ad Spartian. in Hadriano.* In Bibliotheca Laurentiana Medicea Plut. XXXIII. Cod. I. col. 88. exstat *Claudiani in Honorii equum epigramma;* et in vulgatis eius Poetæ operum Codicibus *Ad zonam, chlamydem et frena* quibus ornari ac regi oportuit; hæc tamen ad Serenam potius, quæ textili auro Phrygionioque opere ea ornaverat fratrique Honorio Aug. dono miserat, referenda. In Bibliotheca Galliarum Regis inter Codd. Latt. n.6389. *Hadriani Imperatoris versiculi de Teutrante: Epigramma in Almonem, Theonem, et Thyrsim.* Item n.6630. *Epigrammata tria Hadriani Imperatoris.*

amici ſui poetæ tumulum verſibus ornaret, ita ſcripſit:

Laſcivus verſu, mente pudicus erat.

& paulò pòſt: *Multa præterea ipſius Divi Hadriani idgenus me legere memini.* Pithœus quindecim Anacreonticos illos, qui in lib. 3. *Vet. epigrammat.* ſect. 11. leguntur, Hadriani eſſe putabat. Sed diſſentit Voſſius [f], quod ſæpiùs in metrum peccent. *Fortaſſe tamen* (ait) *Græcè ſcripſerit Hadrianus, quæ ſic alius verterit. Veriùs Hadriani eſt* (ſubiungit) *quod in eadem epigrammatum collectione legitur libro 4. atque incipit* [g]:

[f] *De poetis Latinis* cap. 4.

[g] Pag. 258.

Ut belli ſonuere tubæ.

344. *Literarum* quoque eius quarundam non ſine præcipua laude veteres recordantur. Spartianus quidem earum, quas dedit ad Senatum petens Traiano divinos honores, quas ille *accuratiſſimas* vocat. Apud Dionem [h] mentio fit cuiuſdam epiſtolæ, in qua oſtenditur, ὅσον κακόν ἐστιν ἐπιθυμοῦντά τινα ἀποθανεῖν, μὴ δύνασθαι, *quantum ſit malum mori volentem minimè poſſe.* Germana huius videtur altera in medicos mordaciter ſcripta, in qua cùm ægrotans medicis omnibus qui in toto Romano Imperio erant accerſitis nullum fructum operæ eorum expertus eſſet: profeſſionem ipſam & artem damnavit, referente S. Epiphanio in libello *De menſuris* §. 14. Extat de Ægypto & Ægyptiorum vitiis alia eius ad Servianum conſulem ex Phlegontis eius liberti habita libris in Saturnini tyranni vita, quam Vopiſcus ſcripſit. Iuſtinus item in *Apologetico ad Antoninun Auguſtum*, ex eoque Euſebius [i], laudant Hadriani *epiſtolam ad L. Minutium Fundanum Aſiæ proconſulem de Chriſtianis.*

[h] In excerptis Xiphilini.

[i] Lib. 4. *Hiſt. Eccl.* cap. 8.

345. Notum eſt tam Quadratum quàm Ariſtidem dediſſe ad Hadrianum ſcriptam Chriſtianæ profeſſionis defenſionem. Unde ei non prava de his mens. Immo propitius in Chriſtianos fuit, ſi verum eſt quod Ælius Lampridius in *Alexandri Severi* narrat *vita* [k]. *Chriſto templum* (ait) *facere voluit. Quod & Hadrianus cogitâſſe fertur, qui templa in omnibus civitatibus ſine ſimulacris iuſſerat fieri: quæ hodie iccircò quia non habent nomina dicuntur Hadriani, quæ illæ ad hoc parâſſe dicebatur; ſed prohibitus eſt ab his qui conſulentes ſacra repererant omnes Chriſtianos futuros, ſi id optatò eveniſſet, & templa reliqua deſerenda.* Doſithei magiſtri librum continentem *Hadriani Imperatoris ſententias & epiſtolas*, unà cum S. Valeriani Cimelienſis Epiſcopi *De bono diſciplinæ* ſermone, & S. Iſidori Hiſpalenſis Epiſcopi *De Prælatis* fragmento: publici iuris fecit Genevæ MDCII. in 8.° emendata omnia à ſe & illuſtrata Melchior Hamennelton neſcio quis. Exſtant & Nicolai cuiuſdam Carharini *Notæ ad altercationes Hadriani Imperatoris*, Avarici Bituricum editæ: quos libros non vidimus; niſi ea altercatio eſt cum Epicteto, de qua ſuprà.

[k] Caſaubono in *Notis* huius loci non probatus, quócum facit S. Paulinus à Baronio adductus ad an. CXXXVII. n. 5.

346. Fuit & iuſtiſſimarum legum auctor Hadrianus, cùm & *diſciplinam civilem* (Spartiani verbis) *non aliter* tenuerit *quàm militarem*, inſignibuſque Iuriſconſultis uteretur, Iulio nempe Celſo, Salvio Iuliano, Neratio Priſco, aliiſque. Plurium ab eo legibus comprehenſorum Spartianus mentionem habuit; Vegetiuſque iis eius conſtitutionibus, quas de re militari promulgaverat, ſe profeciſſe ait [l]. Tandem Renatus Bottereau, Iuriſconſultus Gallus, *Hadrianum legiſlatorem* [m] nobis dedit, quo libro leges omnes Hadriani Cæſaris quæ in Iuris libris ſunt hiſtoricè explanantur atque eruditè. Non hìc meminimus Ἀλεξανδριάδος *Alexandriadis*, Græci poematis quod Hadriano tributum apud Stephanum legimus, ſcilicet in Ἀστραία & in Σάνεια primum ac ſeptimum eius librum laudantem. Nullus enim auctorem facit huiuſce operis Cæſarem, quamvis indubiè ei adſcribat Ioannes Freinshemius in *Prolegomenis ad Curtii hiſtoriam* cap. 4. *De his qui de rebus Alexandri ſcripſerunt.* Placet mihi Geſneri iudicium hac in re hærentis; cùm & Hadriani ſophiſtæ eſſe poſſit, cuius Philoſtratus vitam ſcripſit inter Sophiſtas. Talis utique operis mentionem feciſſet Spartianus ſi ab Auguſto Hadriano editum fuiſſet.

[l] Lib. 1. c. 8. *De re milit.*

[m] Pictavii editum MDCLXI. in 8.

347. Vixit Hadrianus (ſi Spartiano credimus) annis LXXII. menſibus V. diebus XVII. imperavit annis XXI. menſibus XI. ſive, ut Sextus Aurelius Victor ac Dio Caſſius, annis XX. menſibus XI. cùm vixiſſet LXII. tantùm. Obiit anno ſalutis Chriſtianæ CXXXVII. aut ſequentium aliquo uſque ad quadrageſimum: adeo obſcura ſunt tam ingreſsûs quàm exitûs eius tempora. Vide Baronium tomo 3. ad annum CXL. Scaligerum libro 5. *De emendatione temporum* & *Notis ad Euſebii Chronicon*: Salmaſium & Caſaubonum ad Spartiani *Hadrianum*: Petavium latè ac diligenter in Scaligerum & alios animadvertentem, *Notis* ad S. Epiphanii librum *De menſuris*, excurſu *De Romanorum Imperatorum chronologia.*

348. Hadriano iure optimo ſubiicimus, & in hoc ampliſſimo ordine Scriptorum Hiſpaniæ collocamus MARCUM ANTONINUM, *Philoſophum* vulgò iam dictum, cuius proavus paternus Annius Verus, hoc eſt maſcula origo, (uti Iulius Capitolinus docet in eius vita) ex Succubitano fuit Hiſpaniæ municipio. Huius meminit Plinius (nec al-

alter quod sciam (1)) lib. 3. cap. 1. inter Bastitaniæ vergentis ad mare oppida, hoc est Bæticæ illius quæ inter Bætim fluvium & Oceanum (sumit Oceanum pro mari ut existimo) sita est. *Celeberrima inter hunc* (Bætim) *& Oceani oram in Mediterraneo Segeda, quæ Augurina cognominatur, Iulia quæ Fidentia*, &c. *Hippo nova, Ilurco, Osca, Escua, Succubo, Nuditanum, Tucci vetus, omnia Bastitaniæ vergentis ad mare.* Cuius quidem oppidi memoria tantùm superest, locus ignoratur: digni prorsus faventiore fortuna, cum *Anniam* hanc gentem Romæ dederit, & in ea præcipuum Marcum hunc Aurelium principem optimum, cui vitæ sanctitas & philosophiæ amor *Philosophi* nomen apud posteritatem peperêre. Ita enim is vixit ut Platonis sententiam in ore semper habitam in se ipso cunctis approbaverit, *florere rempublicam si aut Philosophi imperarent, aut Imperatores philosopharentur.* Ita vixit, ut superato apud omnes pietatis conscientiâ defuncti desiderio, nemo eum in die luctus plangendum censuerit: *certis omnibus* (ait Capitolinus) *quòd à diis commodatus ad deos rediisset.*

349. Adeò autem is fuit literarum antiquarum studiosus, ut non ulli Græcorum aut Romanorum in genere isto, ut Herodianus ait [n], cedere debeat. Cuius rei testimonio sunt (verbis utar Politiani optimæ interpretationis) *permulta, quæ ab illo dicta atque conscripta ad nos usque pervenerunt.* Indicavit nempe libros duodecim Antonini nomen præseferentes, qui hodie exstant, τῶν εἰς ἑαυτὸν inscripti. Hos Suidas [o] τοῦ ἰδίου βίου διαγωγὴν, *propriæ vitæ ductum* seu *formationem*; Nicephorus Callistus [p] βιβλίον παιδείας, *doctrinæ* seu *institutionis* librum Marco filio scriptum interpretantur. Attamen Suidam non rectè capiunt qui ex ea eius paraphrasi Antonini *De vita sua* hos libros inscribunt: qui ferè titulus vulgi auribus, nec alius hucusque insedit. Hunc præferunt veteres editiones, de quibus nunc paucis priùs quàm de germana operis admoneam inscriptione.

[n] Initio lib. 1. *Hist.*

[o] In verbo: Μάρκος.

[p] Lib. 3. cap. 31. *Hist.*

350. Accepit quidem id à Conrado Gesnero Tigurino ex bibliothecæ Palatinæ codice Guilielmus Xylander, è Græcoque Latinum factum edidit primùm Tiguri anno MDLVIII. deinde iterum Basileæ MDLXVIII. correctius. Secuta fuit Lugdunensiis editio anni MDCXXVI. Tigurinam, non Basileensem uti diximus meliorem, exprimens, cum alicuius Notis parum Merico Casaubono, quem statim laudabimus, probatis. Est & alia Argentinensis [q] quâ Salmasius fuit usus. Nostra verò ætate duo, seorsum tamen, in Anglia viri Mericus Casaubonus Isaaci filius, Thomasque Gatakerus ornandæ huic Spartæ, clarissimoque operi ab erroribus sive interpretationis sive editionum vindicando gnaviter incubuere. Prior ille cùm id Anglis vulgare fecit, tum deinde latinam Xylandri versionem pluribus locis emendavit, Notasque & proprias emendationes adiecit, & Londini in 8.° apud M. Flesher anno MDCXLIII. edidit. Gatakerus autem adhuc eo posterior typis mandavit Cantabrigiæ anno MDCLII. in Thomæ Buck officina in 4.° confectam à se olim, & ante quàm Casaubonus, ederet Antoninum suum, novam eiusdem operis interpretationem, additis annotationibus doctissimis, antiquæ, immo Christianæ philosophiæ verè penu. Inscribunt nempe his libris τῶν εἰς ἑαυτὸν. Casaubonus, *De se ipso, & ad se ipsum:* existimans verbis Græcis utrumque comprehendi; Gatakerus *De rebus suis*, sive *De his quæ ad se pertinere censebat:* cùm neque reiiciat [r], *De his quæ propter se, aut in usum suum descripserat,* interpretantes. Lilius tamen Gyraldus M. Antoninum ἐκ τῶν κατ' αὐτὸν, *ex iis quæ apud se essent*, quomodo videtur legisse titulum operis, citat. Hoc ante paucos annos è Græco fonte in Italiæ vernaculum derivavit sermonem, dignissimum quidem in omnes verti linguas opus, quamvis suppresso nomine, Romanæ decus purpuræ, Francis-

[q] Vide Gatakerum in præloquio ad Antoninum suum.

[r] Principio annotationum pag. 1.

(1) Meminit & Hirtius *De bell. Hispaniensi* cap. 7. *Ucubim* nominans Bastetaniæ vergentis ad mare oppidum Conventûs Cordubensis, inter quod & Atteguam Cn. Pompeius hanc á Cæsaris obsidione liberaturus trans flumen Salsum castra in monte locasse dicitur. Incertus utriusque locus, sed *Ucubis* tamen multo incertior. *Atteguam* non temere quis iuxtà oppidum *Fernan-Nuñez* hodie dictum locaverit, tertio fere ab *Ulia*, quam *Montem-maiorem* vocant, decimo sexto vero à Corduba milliari; cum castra Cæsaris proximè *Atteguam* sita fuisse dicantur, duorum tamen non amplius passuum millium intervallo. *Salsum* ego flumen hodie *Guadajozillo* dictum conjicio, octonis scilicet à Corduba, totidem circiter ab oppido *Fernan-Nuñez* atque *Ulia* passuum millibus dissitum. Superest igitur ut inter finitima eius tractûs oppida *Montilla*, *Espejo*, *Aguilar*, *Montalban*, *Monturque* & si quæ sunt alia, utrum *Ucubi* fuerit divinemus. Cl. Florezius T. X. pag. 152. n. 47. *Atteguam* dirutum hodie oppidum *Teba la vieja* indigenis dictum existimat, è Moralio Cordubensi locorum probe gnaro; repugnat tamen Cellarius, qui *Atteguam* Dionis *libr. XLIII.* sive *Ateguam* ut ab Hirtio in Hispaniensi bello scribitur, ambigui situs *apud ipsos Hispanos esse* asserit: aliis eam in via ab Antiquaria Hispalim, aliis prope urbem *Alcalá la Real* dictam, quod ipsi verosimilius videtur, collocantibus. Cave autem *Salsum* flumen, de quo proximè dictum, cum binis cognominibus quæ secundùm Iliturgin in Bætin influunt confundas.

ciscus Cardinalis Barberinus, edique fecit Romæ apud Iacobum Dragondellum MDCLXXV. in 12.° unà cum breviore vita auctoris ac doctis quibusdam annotationibus (1).

CAPUT XVI.

De Lucio Annæo Floro. *Hispanum hunc & ex Annæa gente. Taxantur ii qui Galliæ originem imputant. An idem cum Floro poeta? & unde ei hoc cognomen* Flori? *Rerum Romanarum nostri Epitomen non esse è Livio compendium. Qualesnam huius Epitomes stilus & virtutes? Quinam eius editores & vindices? De argumentis librorum Livii eidem tributis. An is auctor* Octaviæ *tragœdiæ, quæ Senecæ præsefert nomen?*

351. Eruditorum ferè communi consensu [a] Anneæ Hispanæ genti, & Hispaniæ ipsi Lucium Annæum Florum *Epitomes historiæ Romanæ* auctorem, qui sub Traiano & Hadriano vixit, accensemus. Lucii prænomen esse ei in aliquibus libris pro Iulii, quod in aliis est, affirmant Lipsius & Pontanus: sicut & Annæi familiare nomen firmatur eidem librorum veterum scripturâ; habetque id princeps & antiquissima editio, Nazarianusque ille codex manu ante octingentos & ampliùs annos exaratus, quo usus fuit Claudius Salmasius [t]: qui codex etiam auctori passim tributum Flori agnomen præsefert.

352. His ex fide veteris scripturæ iactis, repellendum sequitur Raphaelis Massæi Volaterrani dictum [u], Flori nempe nostri parentem esse Iulium Florum, quem M. Fabius [x] loquens de Iulio Secundo familiari suo laudat in *eloquentia Galliarum* (ubi eam exercuit) *principem*, Iulii iam dicti Secundi patruum appellans: quem temerè id uti certum affirmantem ex coniectura tantùm Vossius sequitur [y], seu filium, seu nepotem illius nostrum existimans. Christophorus verò Adamus Rupertus [z] nostra ætate id non credidit; cùm referat, idem de Iulio Floro quod Volaterranus Ericium Puteanum [a] sensisse. Miror sanè Ioannem Isaacum Pontanum [b] Volaterrano attribuere diversum quid, nempe *Lucium Annæum Florum* nominâsse *Iulium Florum Secundum*, quòd existimâsset eundem cum Iulio illo Secundo esse Quintiliani æqualem & familiarem; cùm Volaterranus neque eo nomine appellet, neque cum Secundo Florum confundat. Planè tributa nostro passim *Annæi*, atque in plerisque veteribus libris etiam *Senecæ*, ut Vossius affirmat, nomina coniecturam istam refellunt.

353. De *Flori* cognomine magis ambigas; nam ex quo in antiquis libris non esset sed *Lucii Annæi* tantùm, Lactantius Firmianus nonnemini [c] videtur existimâsse ex Senecarum gente esse auctorem hunc *epitomes*, cuius Romanæ urbis temporum in ætates distributione laudatus Lactantius utitur; atque ideo hunc *Senecæ* nomine, non Philosophum, quod aliis placet, subindicare voluisse. De qua re Vossio [d] magis quam Salmasio huius coniecturæ credimus auctori; cùm perspicuum sit non eam distributionem ætatum fieri in epitome quam Senecæ Lactantius tribuit. Freinshemius quoque dubitat [e] de *Flori* cognomine: quod quidem ansam dedit recentioribus cogitandi hunc eundem esse Florum poetam, cuius versiculos ad Hadrianum, rursusque alios Hadriani ad eum Spartianus memorat [f]. Ita credunt electissimi huius sæculi rerum huiusmodi observatores [g]. Certè *Annæi Flori ad Hadrianum* sive epistolæ sive libri verbis utitur Charisius grammaticus lib. 1. *De analogia* tractans [h]. *Nam & Varro* (ait) *sic inscribit librum suum*: De poematis. *Et Annæus Florus ad Divum Hadrianum: Poematis delector*. Quæ & alibi eiusdem libri [i] referuntur verba. Item & hæc alia: *Florus ad Divum Hadrianum: Quasi de Arabe aut Sarmata manubias*. Confirmatque stilus epitomes ad poeticum accedens, quod exemplis firmat Rupertus [k]. Idem cum Salmasio non abnuit huiusmet Flori esse fragmenta illa quæ Pithoeus edidit [l], *De qualitate vitæ*, & *Pervigilium Veneris*; itemque amœnissimum illud ab eodem Pithoeo primò vulgatum:

Venerunt aliquando rosæ. Proh veris amœni
Ingenium! Una dies ostendit spicula florum,
Altera pyramidas nodo maiore tumentes:
Tertia iam calathos: totum lux quarta peregit
Floris opus. Pereunt hodie nisi mane legantur.

Sed circa *Flori* & *Senecæ* cognomina, uti Lucius Annæus Novatus Marci Senecæ filius Lucii philosophi frater à Gallione adoptatus, Iunius Gallio deinde appellatus fuit: ita existimat Vossius Lucium Annæum Senecam nostrum in Flori alicuius familiam transitu per adoptionem facto Lucium Annæum Florum vocari deinceps potuisse.

354. Scripsit, quisquis ille sit, sub Traia-

(1) Prodiit item Græcè atque Hispanicè Matriti anno 1785. apud Ant. de Sancha 4°. Interprete Hyacintho Diazio de Miranda, cum notis eiusdem.

[a] Lipsius 2. *Elect.* c. 5. 10. Isaacus Pontanus in *Oratione Isagogica ad Florum*. Vossius *De hist. Latin.* lib. 1. c. 30. Rupertus *Observ. ad Florum*.

[t] Laudat in *Prologo* ad *Flori* editionem, & passim in *Notis*.

[u] Lib. 21. *Comm. urban.* sive *De anthropologia*.

[x] Lib. 10. c. 3.

[y] Ubi suprà.

[z] *Observat. ad Florum.* p. 4.

[a] *Comm. ad hist. Insub.* lib. 5. pag. 4.

[b] *Oratio Isagogica ad Florum.*

[c] Salmasio in *prolog. ad suum Florum.*

[d] Ubi suprà.

[e] In Notis ad Florum principio.

[f] In vita Adriani.

[g] Salmasius *ad Spartianum*. Rupertus *obs. ad Florum*, initio. Vossius ubi suprà. Hankius *De Rom. rerum scriptorib.* par. 1. cap. 15. art. 1. §. 5.

[h] Pag. 38. coll. veter. gramm.

[i] Pag. 113.

[k] *Obs. ad Flor.* pag. 2.

[l] In *collectione epigrammatum veterum.*

iano Augusto *Rerum Romanarum epitomen* libris quatuor. Sub Traiano, inquam, cùm sub eo movere Imperium lacertos dicat [m], quod Antecessorum inertiâ veluti consenuisset. Scio placuisse aliquibus [n] aliam eius loci lectionem, scilicet: *sub Traiano principe* movit *lacertos*, ad Hadriani tempora remittentibus scriptorem: quam scripturam non refellit tantùm id quod sequitur cum præsenti verbo: *& præter spem omnium senectus Imperii quasi reddita iuventute revirescit*; sed & optima ratio, non prætermissurum Florum quicquam in laudem Hadriani post sic magnificè laudatum Traianum dicere, si prudens immo urbanus videri volebat. Consentiunt in hoc optimus quisque Flori illustratorum [o]. Quâ autem Florus fronte dixerit à Cæsare Augusto in sæculum suum quo scribebat non multò minùs esse annos ducentos, cùm ab novo principatu Augusti ad Traiani postrema nonnisi CXLIII. anni numerentur? Observavere iam viri eruditi hunc nodum; & pars solvere, pars autem scindere amant. Vide Vossium, Rupertum, Salmasiumque, à quibus pete quid probabile sit Florum dixisse (1).

355. Ne autem quis intelligat librorum seu historiæ Titi Livii epitomen hanc esse, uti Iustinus epitomator Trogi Pompeii fuit: notatum quoque à Lipsio [p], Pontano [q], Vossioque [r] non eum eâdem lineâ cum Livio ire, sed abire ab eo frequenter, immo à vero; multos enim metachronismos, multos etiam prochronismos est in eo deprehendere: quod notatum quoque à Ruperto [s] & Vossio [t]. At opus quidem *compositè, disertè, eleganter scriptum* audit à Lipsio, *in quo subtilitas brevitasque sæpe mira, & sententiarum quædam gemmulæ cum iudicio insertæ & veritate*. Christophorus Colerus [u], *tersissimum libellum*, ac nihilo minus iucundè spectandum *quàm Apellis tabulas: compositum* quidem *& elegans* iudicioque magno *cum subtilitate & brevitate* sententias in tanta rerum varietate inserens. Salmasius *elegantissimum Rom. historiæ breviarium* vocat [x], alibique [y], *politissimum, elegantissimum, acutissimumque scriptorem* Florum: quomodo & Vossius [z], *elegantem, disertum, ac verè floridum*: subiungit tamen, *si pauca frigidè dicta excipias*; Sed quibus argutari semper in proposito est, hi in hunc scopulum non infrequenter impingere solent. *Huius scriptoris Romanæ historiæ compendium statuam elaboratissimam Corinthia simul arte & materia inter monumenta veterum eminente mihi* (Barthius ait [a]) *referre videtur*. Tumorem alii & affectationem, stilumque potiùs poeticum & panegyricum quàm historicum alii excipiunt [b], à quibus supradictæ ei diserti & amœni atque elegantis auctoris laudes conferuntur (2).

356. Huius principem editionem passim laudant interpretes [c], nec indicant tamen (3). Philippus certè Beroaldus post typographiam magno literarum bono inventam primus apposuit manus huic operi medicas; nihil tamen sæpe minus (ait alicubi Rupertus [d]) quàm medicas: Ioannes item Ricutius Vellinus vulgò à patria dictus Camers, ordinis Minorum, Notis præluxit, quas edidit Hervagius Basileæ anno MDXXVIII. iterumque MDXXXII. Coloniæque anno MDXXXVII. Gymnicus. Moguntiæ item alius MDLI. 8.° atque antea Parisiis Christianus Wechelius MDXLII. unà cum Sexti Rufi Breviario. Præcesserat tamen Veneta editio non indiligens (iudicio Ioannis Freinshemii [e]) anni MDX. atque alia Aldina eiusdem urbis MDXXI. si Gesnero credimus. Aliam dedit multis pòst annis Hieronymus Commelinus, quæ correctissima existimata est à Salmasio [f]. Ioannes Stadius Brabantus, vir magni habitus à Iosepho Scaligero, professor historiæ & mathematicarum artium Parisiensis, ornandæ huic Spartæ successit, ediditque vivus Florum cum commentario Coloniæ MDLXXIX. decedenteque eo, paulo pòst filius Hieronymus auctiùs & emendatiùs subiecit iterum Plantiniano prelo MDLXXXIV. Prodiit & Coloniæ (aliàs Antuerpiæ): iterum MDC. semper in forma octavi, ut vocant.

357. Eliæ Vineti quoque Florus, nescio quo anno, auxit harum editionum pulcherrimi operis catalogum, in pluribus mutatus ex MSS. codicibus, ut Salmasius notat [g], ægreque habet. Gruterus & Notas addidit editioni Heidelbergensi MDCIX. quæ & Salmasianas continet. Claudius enim hic Salmasius nactus codicem, quem Nazarianum vocat, ante octingentos annos scriptum aliosque, mirè illustravit hanc epitomen correctionibus & Notis, quas deinde Lugduni Batavorum edidere MDCLV.

[m] In *prolog.*
[n] Ioanni Camerti, & Claudio Salmasio.
[o] Freinshemius, Rupertus ad hunc locum, Vossius ubi suprà.
[p] Lib. 2. *elect.* cap. 5.
[q] *Orat. Isagogica ad Flor.*
[r] Lib. 1. c. 30.
[s] Pag. 5.
[t] Ubi proximè.
[u] Epist. *De studio politico.*
[x] In *Notis ad prologum.*
[y] In fine *Notarum.*
[z] Ubi suprà.
[a] Ad lib. 1. *Theb.* v. 334.
[b] Videndi Rupertus ad lib. 1. cap. 10. §. 8. & cap. 13. §. 17. 19. 21. Barthius lib. 18. *Adv.* cap. 18. & *Notis in Rutilii Itiner.* pag. 65.
[c] Vossius ubi suprà, Rupertus ad lib. 1. cap. 11. §. 9. Labbeus in bibl. MS. pag. 351.
[d] Lib. 1. c. 11. §. 9.
[e] Notis ad Flori principium.
[f] Præfat. ad suam edition.
[g] Ad lib. 1. cap. 13.

(1) Io. Alb. Fabricius *Biblioth. Lat. II.* 23. verbo litem dirimit, & pro CC. restituendum censet CL.

(2) Paulò acerbius Florum excipiunt recentiores I. G. Heineccii Interpretes, frigidas ei hyperbolas obiicientes, quodque τὴν δεινότητα non observaverit; nihilominus tamen cum fructu legendum censent. *Fund. stil. cult. Part. III. cap. I. Not.*

(3) Princeps Flori editio si Io. Alb. Fabricio credimus *Biblioth. Lat. II.* 28. Parisiensis est in Sorbonæ Domo absque anni nota, sed circa 1470. per Ulricum Gering et Socios, à Maittairio relata *Annal. Typograph.* T. I. pag. 87.

8.° tertioque cum variis Amstelodamenses, ut mox dicemus. Cum Ioannis Freinshemii, aliorumque selectis Notis & locupletissimo indice Argentinæ prodiit MDCXXXII. in 8.° & MDCLV. cum brevibus Notis & observatis, maximè politicis, Ioannis Isaaci Pontani. Amstelodami iterum ex officina Iansonii MDCXXXV. in 24.° cum Zevecotii observationibus, præcipuè quoque politicis, Hardevici MDCXXXIII. 12.° & Amstelodami MDCXXXVIII. 12°.

358. *Florus illustratus*, sive Christophori Adami Ruperti observationes ad Lucium Annæum Florum, politicæ, morales, historicæ, philologicæ, criticæ, typis Norimbergensibus Ioannis Tauberi in manibus omnium eruditorum nunc est, & iure quidem; ceteris enim istiusmodi eius operibus paria facit, & utilissima & pulcherrima continet. Ioannes post omnes hos Minellius (qui ad Farnabii Thomæ formam pluribus veteris ævi scriptoribus facem notarum brevissimarum accendit ad oramque librorum disposuit) de Floro inter alios benemeritus est. Prodiit auctor his conspicuus tum anno MDCLXIV. tum MDCLXX. Roterodami ex domo Arnoldi Leers. Ad hæc Florus cum variorum Notis, integris nempe Salmasii, & selectissimis aliorum, unà cum *Ampelio* è bibliotheca eiusdem Salmasii producto, agmen elegantissimarum clauderet editionum Amstelodami apud Elzevirios anno MDCLX. in 8.° excusus; nisi unus ex eis libris veterum poetarum & historicorum qui ad usum Delphini Galliarum renovata opera illustrati atque editi sunt *Lucius Annæus Florus cum interpretatione & Notis Annæ Tanaquillis Fabri filiæ* (quæ in Dyctis Cretensis Daretisque Phrygii pseudo-historiis Troianis similem navavit operam) Parisiis MDCLXXIV. in 4.° emissus in publicum fuisset. Ut prætercam quòd cum aliis Latinis scriptoribus Romanæ historiæ, tum Hanoviæ MDCXI. tum Genevæ ex officina Petri de la Roviere MDCXXIII. in folio; necnon & in collectione, quam vocant *historiæ Romanæ epitomen*, Amstelodamensi MDCXXX. in 16.° & in historiæ Augustæ Scriptorum Latinorum minorum, quam quibusdam animadversionibus Marcus Zuerius Boxhornius illustravit, Lugduni Batavorum anno MDCXXXII. in 12.° edita fuit hæc epitome.

359. Hæ ferè omnes editiones, post quatuor historiæ in compendium redactæ hos libros, argumenta librorum Titi Livii centum & quadraginta eidem Floro passim adiudicari solita comprehendunt: ex quo opere, & quidem optimi commatis, scire nobis est in deperditis magno literarum Latinarum, magno Romanæ antiquitatis malo, eorumdem pluribus quid continеretur, quidque hodie ex serie illa rerum inclytæ Reip. gestarum posteri desiderare debeant. Suspicatus quoque Gerardus Ioannes Vossius fuit (sed suspicatus tantùm) posse huius Lucii Annæi Flori esse *Octaviam* tragœdiam: quam, cùm certo certius sit Philosophum non habuisse auctorem, verosimile videtur è proximo aliquo Annæi, aut fortè Senecæ (quomodo uti diximus appellatur noster in nonnullis libris) nominis fundo in viciniam Senecæ tragœdiarum commigrasse. Intercipit tamen Philippus Brietius postremus Latinorum poetarum censor. *Quod autem Vossius putat* (inquit [h]) *eius esse* Octaviam; *si ex fragmentis statuere licet, magna ex isto fœtu Annæo Floro inuritur iniuria.* Quæ de Floro satis (1).

[h] Lib. 3. *De poetis Latin.* ante *acutè dicta poetarum.*

CAPUT XVII.

DE ANTONIO IULIANO *ab Agellio & Minucio Felice laudato. Eius* De Iudæis *opus, sub Hadriano.* Os Hispanum *quid apud Agellium? Eiusdem commentaria. De* VOCONIO ROMANO *saltem à matre Hispano. Saguntini lapides. Gasparis Escolani in iis exponendis non rectum iudicium. Eius carmina ab Hadriano Cæsare laudata.*

360. VALDE celebris est in *Noctium Atticarum* Agellii, sive Auli Gellii grammatici libris huius temporis rhetor ex Hispania ANTONIUS IULIANUS. De quo ea omnia ibidem annotata strictim colligere animus est, si relicto tantisper Agellio, qui nullam scriptoris laudem certò ei consignat, aliunde hanc eidem non temerè asseramus. Minucius Felix in aureo libello, quem ab *Octavii* nomine inscripsit, de Iudæis loquens variaque eorum fortunâ, quum obsequentes Numini fuere prosperrimâ, quum refractarii iniquâ: *scripta eorum* (inquit) *relege; vel si Romanis magis gaudes, ut transeamus veteres, Flavii Iosephi vel Antonii Iuliani* De Iudæis *require: iam scies nequitiâ suâ hanc eos meruisse fortunam; nec quicquam accidisse quod non sit his, si in contumacia perseverarent, antè prædictum.*

361. Vidit hunc locum Gerardus Ioannes

(1) De MStis. L. Ann. Flori Codicibus, nihil hoc loco ut alias Noster. Quatuor exhibet neque vulgaris notæ Regia Laurentiana Bibliotheca Escurialensis *Lit. C. Plut. IV. n.* 16... *Lit. K. III.* 20. *Lit. O. III.* 22. & *Lit. N. II.* 20.

nes Vossius, nec ausus est de huius Iuliani ætate affirmare quicquam, iccircoque ad incertæ historicos reiecit [i]. Sed cùm nomen idem sit cum eius qui ab Agellio commendatur: accedit & non spernenda eiusdem quoque ætatis coniectura. Nam scripsisse hunc Minucianum *De Iudæis* auctorem circa Hadriani tempora quibus excisa est prorsus ea gens aut exsul ire à Hierosolymis iussa, non temerè affirmes. Obiecerat Cæcilius ethnicus Octavio (quorum duorum de religione disputationem continet iste Felicis dialogus) [k]: *Iudæorum sola & misera gentilitas*, (pro *gente* dixit) *unum & ipsi Deum, sed palam, sed templis, aris, victimis, cæremoniisque coluerunt: cuius adeò nulla vis nec potestas est, ut sit Romanis numinibus cum sua sibi natione captivus.* Cui ea quæ iam produximus respondet Octavius, his etiam additis: *Ita priùs eos* (Iudæos) *deseruisse comprehendes, quàm esse desertos; nec, ut impiè lóqueris, cum Deo suo captos, sed à Deo ut disciplinæ transfugas deditos.* Quæ omnia videntur ad eius nationis ultimam auspiciis Hadriani debellationem referri debere, cùm res tunc temporis gestæ in recenti memoria essent; eaque expeditio Hadriani dedisse Antonio Iuliano *De Iudæis* scribendi occasionem: uti expeditio Traiani Titique anterior Flavio Iosepho describendi *bellum Iudaicum* dederat.

i Lib. 3. *De hist. Latin.* parte altera pag. 696.

k §. x.

362. Si autem, ut suspicamur, historicus iste rhetor ille Agellianus est: eius Grammatici calamo describi iam à nobis debet. Lib. 1. cap. 4. ait: *Antonius Iulianus rhetor perquam fuit honesti atque amœni ingenii, doctrinâ quoque istâ utiliore ac delectabili, veterumque elegantiarum curâ & memoriâ multâ fuit. Ad hoc scripta pleraque omnia antiquiora tam curiosè spectabat, & aut virtutes pensitabat, aut vitia rimabatur, ut iudicium esse factum examussim diceres.* Idem lib. 18. cap. 5. *Virum hercle bonum, & facundiæ florentis* appellat. Lib. 19. cap. 9. sic inquit: *Adolescens è terra Asia de equestri loco, lætæ indolis morisque, & fortunâ bene ornatus, & ad rem musicam facili ingenio ac libenti, cœnam dabat amicis ac magistris sub urbe in rusculo celebrandæ lucis annuæ, quam principem sibi vitæ habuerat. Venerat tum nobiscum ad eandem cœnam Antonius Iulianus rhetor, docendis publicè iuvenibus magister, Hispano ore florentisque homo facundiæ, & rerum literarumque veterum peritus.*

363. Narrat inde Agellius rogatu Antonii quosdam illius adolescentis pueros puellasque quædam ex Anacreonte aliisque Græcis cantâsse: qua occasione exprobrantibus qui aderant Græcis, *Iulianum rhetorem lacessere cœpisse, insectarique tamquam prorsus barbarum & agrestem, qui ortus terrâ Hispaniâ foret, clamatorque tantum & facundiâ rabidâ iurgiosaque esset* (declamatorem intelligentes (1), *eiusque linguæ exercitationes doceret* (Latinæ scilicet) *quæ nullas voluptates, nullamque mulcedinem Veneris atque Musæ haberet*, & quæ sequuntur; subditque responsionem Iuliani, atque opposita ab eo iis quæ ex Anacreonte aliisque cantata fuerant amatoria & tenera Latinorum tria epigrammata, Valerii nempe Æditui, Porcii Licinii, & Q. Catuli, sanè veterum poetarum, *quibus mundius, venustius, limatius, pressius, Græcum Latinumve nihil quicquam reperiri* putabat; vereque dignum existimo ea subiicere, quæ recitaturus illa carmina Hispanus noster præmisisse dicitur: *Permittite mihi quæso* (hæc eius verba) *operire pallio caput, quod in quadam parum pudica oratione Socratem fecisse aiunt.* Id est (ut credimus) *os Hispanum* quod Agellius nostro tribuit, hoc est verecundum, modestum, grave ac serium: quod iniuriâ quidem solet ab exteris hominibus arrogantiæ insimulari superbiæque. De eodem Iuliano alia refert idem auctor lib. 9. cap. 15. & lib. 15 cap. 1. ubi *declamationes* eius *scholasticas*, quarum unius meminit eo capite, *eiusdem* semper esse ait *facundiæ; non eiusdem tamen quotidie felicitatis.* At videtur idem Agellius *commentariorum* Iuliani meminisse: ut iam eo etiam capite *Bibliothecæ* pars audire valeat.

364. Narrat Agellius docuisse eum familiares suos quadam die, in versu Ennii isto

Denique vi magna quadrupes eques atque elephanti
Proiiciunt sese,

Eques, non *equus*, ut aliàs, legi debere: quod probavit Virgilii atque Lucilii te-

sti-

(1) Immo *clamatorem*: quæ longe diversa sunt; et *clamatorem tantum*, ut significarent nihil præterea Iulianum esse: non Rhetorem, multoque minus *Oratorem, Declamatoremve. Clamatores odiosi et molesti*, quales olim Cicero præsagiebat fore Rhetoris cuiusdam Córacis auditores; deque iis, quia Κόραξ *corvus* Latinè valet: *patiamur nos quidem* (aiebat lepidè *III. de Oratore num.* 21.) *eum pullos suos excludere in nido, qui evolent.* Simile quid apud Sallustium de Catilina: *satis loquentiæ*, non *eloquentiæ*: cuius vocabuli invidiam Sereniss. Hispaniæ Infans GABRIEL BORBONIVS modestè sane atque è dignitate leniit: *harto afluente en el decir.* Vulgus tamen Interpretum evestigio reddidisset: *mucha labia: mui hablador*, aut tale aliquid.

ſtimoniis, reperirique affirmans ita inſcriptum in codice emendatiſſimo. Concluditque Agellius (capite nempe 5. libri 18.): *Hæc tum nobis Iulianus & multa alia, eruditè ſimul & affabiliter dixit. Sed eadem ipſa* (adiungit) *poſt etiam* in pervulgatis commentariis *ſcripta offendimus*. Cuiuſnam, niſi Iuliani? Sed *commentarii* propriè ſunt nudæ narrationes ſine aliquo ornatu, digerendæ poſtmodum in hiſtoriam, ſeu aliud ſcripti genus, uti ex Cicerone docent Etymologi [l]. Adverſariane explicabimus? ſed *pervulgatorum* reſiſtit nota. *Adverſaria* enim promtuaria ſunt rerum obſervatarum, non ut edas ſed ut opportunè utaris. Sed pervulgata ſunt forſan poſt eius obitum, velut aliæ quævis ſchedæ relictæ. Dicam liberè ſolemnibus verbis: Nondum liquet.

[l] Voſſius in *etymolog.*

365. Inclytum quoque fuit ſub iiſdem principibus Nerva Traiano Hadrianoque Hiſpanum VOCONII ROMANI nomen, à Plinio Cæcilio in pluribus epiſtolis celebratum, præcipuè ad Priſcum ſcribens [m]: *Is erit Voconius Romanus. Pater ei in equeſtri gradu clarus, clarior vitricus, immo pater alius; nam huic quoque nomini pietate ſucceſſit. Mater è primis citerioris Hiſpaniæ. Scis quod iudicium provinciæ illius, ſcis quanta ſit gravitas. Ipſe Flamen proximè fuit.* Scire aves eius, quem Priſco commendat, alias ſcilicet proprias dotes? *Hunc ego* (ait) *cùm ſimul ſtuderemus, antè familiariterque dilexi: ille meus in urbe, ille in ſeceſſu contubernalis: cum hoc ſeria, cum hoc iocos miſcui. Quid enim aut illo fidelius amico aut ſodale iucundius? Mira in ſermone, mira etiam in ore ipſo vultuque ſuavitas. Ad hoc ingenium excelſum, ſubtile, dulce, facile, eruditum in cauſis agendis. Epiſtolas quidem ſcribit ut Muſas ipſas Latinè loqui credas. Amatur à me plurimùm, nec tamen vincitur. Etenim iuvenis ſtatim iuveni quantum potui per ætatem avidiſſimè contuli, & nuper ab optimo principe trium liberorum ius impetravi: quod quamquam parcè & cum delectu daret, mihi tamen tamquam eligeret indulſit.* Prætermitto alia illic videnda. Inſcriptæ ſunt item *Voconio Romano* ſive *Romano* tantùm, quod fortè idem eſt, epiſtola 5. libri 1: prima libri 2: 13 libri 3. quâ miſit ei corrigendum Panegyricum Traiano dictum, etiam cum *viri doctiſſimi* nota; pertinet & epiſtola 3. libri 10. quâ à Traiano eodem petit Voconio lati clavi honorem, hoc eſt in ſenatorium ut promoveretur ordinem. Ceteræ *Romano* inſcriptæ, an ad alium *Romanum* pertineant affirmare non auſim, ſcilicet 15. & 23. lib. 6. octava lib. 8. ſeptima & viceſima octava lib. 9.

[m] Lib. 2. ep. 13.

366. Novimus quidem ex Plinio maternam ſaltem Hiſpanam Voconii originem, è provincia quam vocabant citeriorem. In qua, ſcilicet in Saguntinæ urbis reliquiis, *Murviedro* huius temporis, Valentini regni, purum putum inſcribitur cuidam lapidi *Voconii Romani* nomen. Ecce illum [n]:

VOCONIVS ROMANVS
PATRI OPTIMO.

[n] Gruteri *Theſau.* pag. 748.

Fortè Voconii pater uxorem duxerat eius matrem Sagunti, unde ea domo erat: cuius filius, quamtumvis Romæ agens, obeunti diem ſuum ſtatuam in urbe illa erexit. Contulit tamen ſe deinde mater ad virum alterum qui Voconium in filium adoptavit, eique tam hic alter parens quàm mater locupletem cenſum reliquêre. Plinii hæc paulò antè præmiſimus: *Pater ei in equeſtri gradu clarus, clarior vitricus, immo pater alius; nam huic quoque nomini pietate ſucceſſit*, ſive ut aliis placet, *nam huic quoque nomine & pietate ſucceſſit.* Sed clarius eadem de re ad Traianum: *Pro moribus Romani mei, quos & liberalia ſtudia exornant & eximia pietas, quæ hanc ipſam matris liberalitatem, & ſtatim patris hereditatem, & adoptionem à vitrico meruit. Auget hæc & natalium & paternarum facultatum ſplendor* &c.

367. Qua ſtante adoptione neceſſarium Voconio fuit vocari deinceps adoptantis etiam nomine. Unde à vero non abludit pertinere ad eum & alteram ex duabus his Saguntinis inſcriptionibus; nam de utraque nondum aſſentio Gaſpari Eſcolano [o] Valentinarum rerum hiſtorico id affirmanti [p].

[o] Lib. 7. *Hiſt. Valent.* cap. 18.

[p] *Theſ. Inſcriptionum* pag. 818. 6.

POPILIÆ. L. F.
RECTINÆ AN. XVIII.
C. LICINIVS C. F.
GAL. MARINVS
VOCONIVS ROMANVS
VXORI.

Hic ſepulcralis lapis in gradibus quibus aſcenditur ad ædem maximam vel hodie ſuperſtes eſt. Conſpicitur eodem loco alter, qui præſefert ſtatuæ dedicationem, cuius erat baſis [q]:

[q] *Theſ.* pag. 489. 10.

C. VOCONIO C. F. GAL.
PLACIDO AED. II. VIRO
II. FLAMINI II. QVÆSTORI
SALIORVM MAGISTRO

Ut priorem illam inſcriptionem aſſeramus noſtro (quod & Ambroſio Morali arriſit [r]) movet in primis integrum nomen *Voconii Romani*: quod utique aliàs non legitur, quantumvis plures exſtent *Voconiis* inſcripti lapides cum aliis cognominibus *Pauli*, *Vacculæ*, *Vituli*, apud Gruteri *Theſaurum* [s]; dein-

[r] Lib. 9. c. 16.

[s] Pag. 489. 9. & 11. & pag. 58. 3.

deinde quòd integrum non minùs exstet ibi assumtum & adscititium aliud ex lege adoptionis, *Licinii* videlicet *Marini*. Retinuisse etenim cum novo etiam vetus nomen eos qui in alienam familiam transiissent, vel exempla Traiani post Nervæ adoptionem *Nervæ Traiani*, atque item Hadriani post Traiani eiusdem adoptionem *Traiani Hadriani* dictorum, etiamsi innumeris deficeremur aliis, persuaderent. Nam quod Escolanus PLACIDI, alterius lapidis cognomen, suspicatur ei ab ingenii elegantia & festivitate inditum, parùm urget; sicuti nec FLAMINIS nota adiuncta, quod munus gessisse nostrum Plinius dixit ad Priscum scribens; id etenim non tam raò contingebat munus, ut veluti proprius esse debeat huius de quo agimus Voconii characterismus; cùm Voconiorum, Vacculæ, & Pauli monumenta superius laudata [t], hoc etiam *Flaminis* honore conspicua sint.

[t] *Thesauro.* pag. 489. 9. 11.

368. Sed pergit idem Escolanus ultrà, sumto ex *Licinii* hoc adoptivo nomine argumento, ut credat hunc ipsum Licinium esse poetæ Martialis amicum, de quo Escolanus agere credit duo eius epigrammata. Quem errorem excusare frustrà erit; cùm eorum alterum [u] disertissimè conceptum sit de Licinio Sura, cui Plinius literas dedit [x] quique Consul fuit: alterum ad Licinium Augusti libertum ditissimum, quem sumtuosissimè tumulatum fama est, utique sit referendum. Nec item Voconii huius Romani res agitur in epigrammate alio [y] *ad Thestylum* puerum, in quo & inadvertenter lapsus idem auctor fuit. Nam cuius in eo carmine doctos libellos poesimque Valerius celebrat Martialis, apertissimè is *Voconius Victor* semel atque iterum appellatur.

[u] Epig. 46. lib. 7.
[x] Epig. 30. lib. 4.
[y] Lib. 7. epig. 28.

369. Non igitur ex Licinio data doctrinæ, Voconiove poeseos laude à Martiali, assignabimus in hac nostra Scriptorum sylloge Voconio Romano locum; sed ex L. Appuleii his verbis *Apologiæ primæ*, quæ ad eum pertinere credimus: *Divus Hadrianus, cum Voconii amici sui poetæ tumulum versibus veneraretur, ita scripsit:*

Lascivus versu, mente pudicus erat.

Quod nunquam ita dixisset, si forent lepidiora carmina argumentum impudicitiæ habenda. Hæc Appuleius (1).

CAPUT XVIII.

De scriptoribus incertè aut prorsus falsò Hispanorum catalogo accensitis. IUVENALEM, PHILONEM HEBRÆUM, CLAUDIANUM, *uti & ARISTOTELEM, ineptissimè à quibusdam Hispaniæ attribui; sicuti &* IUSTINUM *Trogi epitomatorem. Plausibilius autem* TROGUM POMPEIUM *&* SILIUM ITALICUM. *Trogum origine Gallum fuisse. Martinus Polonus, Ioannes Ægidius Zamorensis, & alii, curiositatis indiligentis expostulantur. Iuliani & Hauberti falsa chronica.* SILIUM ITALICUM *magis verosimiliter Hispaniæ adscribi, sed non sufficienti argumento ex* ITALICI *cognomine.* ITALICUS *&* ITALICENSIS *diversa gentium nomina.* Italica *alia in Pelignis Italiæ populis, sive* Corfinium. *Ab* Italica *etiam* Italicus. *De cohorte* Italicensi, *cuius Cornelius in Actis centurio, figmentum Pseudo-Dextri ex transcursu taxatur.*

370. PRIUSQUAM duobus his primis sæculis valedicamus, lucubrationum istarum quicquam iis auctoribus mancipandum est, quos lubrica fides nonnullorumque recentiorum auctoritas Hispanorum Scriptorum catalogo accenset. IUVENALEM aliquos nostratem dixisse qui sub Domitiano floruit annotare erubescerem, nisi Ioannes Vasæus vir diligens historicusque nostrarum rerum non contemnendus id scriptum reliquisset. *Iuvenalem* (inquit [z]) *sunt qui Hispanis adscribant, quod ego nec affirmare possum neque refellere;* subiungitque: *Illud rectè commemini, ante annos* XV. *vidisse me Segoviæ, dum illic in aula Isabellæ Augustæ agerem, in turri quadam è*

[z] In *Chron. Hispan.* ad an. Christi xc.

(1) De Hispana, eaque Saguntina Voconii de quo agimus non modo origine sed patria, dicam mox, ubi pauca de crassis Lilii Gyraldi circa eam erroribus præmonuero. Primùm enim omnium Voconium nostrum *Victorem* cognominat, confunditque cum illo cuius Martialis *VII. Epigr.* 29. *ad Thestylum* meminit; atque in hunc errorem pertrahit Vasæum *Chron. Hisp. ad ann. Christi CX.* Gasp. Escolanum *Hist. Valent. VII.* 18. & fortassis alios. Deinde pro Romana Voconii patria Plinium Secundum testem gratis adhibet. Plinius Voconium non á patria *Romanum* appellat, sed ab agnomine in urbe atque in Provinciis non infrequenti, cuius varia exstant apud Gruterum et alios exempla, immo et Voconiæ gentis quodammodo peculiari, ut in allatis á Nostro lapidibus. Præterea epistolas sæpe *Romano suo* inscribit omisso *Voconii* nomine, more scilicet Romanis usitatissimo sese mutuo per agnomina salutandi, *Cæsaris* nempe, *Cinnæ*, *Crassi*. Neque demum è media Roma literas *Romano*, hoc est, qui patriâ tantum Romanus non autem eo nomine in Urbe notissimus esset, inscriptas dedisse Plinius nisi admodum ridiculè potuit. Gentis igitur nomen *Voconius* fuit, *Romanus* agnomen. De Hispania autem, deque Sagunto Voconiorum patria et fortunarum sede, ternis quos Noster adducit lapides, alium adiungam in quo VOCONIA PANCARPE VOCONII scilicet LIBERTA legitur Gandiæ in vico *El Tosal* dicto, in ædibus Collegii eius Urbis Canonicorum, quem sæpius vidi atque in adversaria mea retuli: ex quo firmatur Voconiam gentem Sagunti atque in litorali Valentini regni plaga domesticos lares habuisse.

à regione portæ D. Andreæ saxum cuius hæc erat inscriptio:

PVBLIO IVVENALI IVVENALIS.

Hæc ille. Quos autem ille auctores huius rei habuerit, subticere non debuit, si memoratu digni essent. Quod ipsum dico de Stephano Garibaio qui similiter loquitur [a]; & historico Segoviensis urbis Didaco à Colmenares, qui civibus suis adulandi hanc non prætermisit occasionem; cùm versus illi quorum vim declinare præsumit ex fine tertiæ Satyræ, clariores sint quàm ut de patria eius Aquino dubitare possimus: quod & vidit vetus eius interpres. Nec inscriptus lapis IUVENALIS nomine in Hispania ulterius quid suadere videtur, quàm inde occasionem ab aliquo sciolo arreptam affirmandi de Iuvenalis patria Hispania: quod aliàs nusquam legitur. Nec nos palpum civibus nostris obtrudere nari sumus.

[a] Lib. 7. comp. *Hist. Hisp.* cap. 12.

371. Adhuc magis mirum videri debet, quòd quidam PHILONEM HEBRÆUM *natione*, (ut loquitur S. Hieronymus) *patriâ* (uti Photius & Suidas) verè *Alexandrinum* ex Ægypto Græcum scriptorem, in Hispania natum; Alexandriæ tantùm incolam asseverare nullo quidem auctore sit ausus. Ioannem Andream Quenstedt Luteranum intelligo, qui *De patriis illustrium doctrinâ & scriptis virorum* dialogum scripsit.

372. CLAUDIANUM quoque poetam eiusdem urbis Alexandriæ nobis imputat Fabricius Gaubertus in prologo *Historiæ* suæ *Aragoniæ Regum*.

373. Sed coniungamus hos errores cum eorum errore qui ARISTOTELEM Hispanum credidere, nempe Lucas Tudensis in prologo ad chronicon *De laudibus Hispaniæ*, Ioannes Ægidius de Zamora, quem paulò pòst laudabimus, in quibusdam *Adversariis*: quibus crediderunt ex nostris recentiores nonnulli [b].

[b] Garibai lib. 5. cap. 8. Enciso *Geographia* fol. 34. Torreblanca *De iure spirituali* fol. 19. Gongora *Hist. de Navarra* quos ridet Ioannes Genesius de Sepulveda Epistolâ quadam (95. *ad Ioann. Cordubam Decan. Cordub.*)

374. Frequentioribus autem contenditur testimoniis TROGUM POMPEIUM Augustæi ævi historicum, cuius *Philippicarum historiarum* dedit posteris quod hodie superstes est *breviarium* Iustinus, nostratem esse. Ex Ioannis Ægidii Zamorensis Franciscani, qui sæculo decimo tertio literas coluit historicas in Hispania sæculique barbariem in pluribus sapit, fragmentis adhuc ineditis hæc sunt, quæ captum hominis non obscurè produnt: *De Pompeio Trogo* (ait) *sic legitur in chronicis summorum Pontificum & Imperatorum: Pompeius Trogus natione Hispanus floruit Antonini Pii tempore. Hic totius orbis historias à tempore Nini Regis Assyriorum usque ad monarchiam Cæsaris Latino sermone deduxit, distinguens per libros* XLIV. *quorum abbreviationem fecit Iustinus eius discipulus. Qui Iustinus philosophus Antonino Pio librum de Christiana religione compositum tradidit, & benignum eum Christianis fecit.* Exscripsit nempe Martinum Polonum Dominicanum, cuius est *Chronicon* illud *summorum Pontificum atque Imperatorum*; cumque eo confudit utrumque Iustinum, ethnicum Latinum, & Christianum Græcum: de quibus & errore isto Martini, post Ioannem Vasæum [c] consuli Gerardus Vossius [d] debet. Iisdem vestigiis ire videas Ioannem Gerundensem Episcopum [e], Lucium Marinæum Siculum [f], Franciscum Tarafam [g], Gaubertum Fabricium [h], aliosque facilè credulos. His adiungo auctorem ficulneum (1) pseudochronici Iuliano archipresbytero Toletano adscripti, quo habetur [i] Bletissæ (*Ledesma* hodie est Castellæ veteris oppidum) Trogum fuisse natum. Cui consentit Haubertus Hispalensis in eiusdem farinæ chronico [k].

[c] *Chron. Hisp.* ad ann. Christi CXL.
[d] Lib. 1. de *Hist. Lat.* c. 32.
[e] Principio *Paralipom. Hisp.*
[f] Lib. 7. *De laud. Hisp.*
[g] *De Regibus Hisp. in Tito Antonino.*
[h] In prologo *Histor. Aragoniæ.*
[i] Num. 50.
[k] Anno CIX.

375. Immo & IUSTINUM ipsum nonnullis creditum esse Hispanum Vasæus tradit [l]. Incerta hæc prorsus aliunde quàm ex Martini, & Pseudo-Iuliani, & Pseudo-Hauberti chronicis persuaderi debuissent. Nos certi sumus Trogum origine Gallum fuisse ex Vocontiis Galliæ Narbonensis populis: quod ipse lib. 10. referente Iustino [m] annotatum posteris reliquit; Iulianumque & Haubertum supposititios esse auctores, alibi à nobis falsitatis suæ arguendos (2). Iccircò hunc minimè agnoscunt Hispaniæ civem, qui ornandæ historiæ nostræ adscititiis & exteris opus non esse prudenter existimant, Ambrosius Morales [n], Ioannes Vasæus [o], Stephanus Garibaius [p], Andreas Garsias Matamorus [q], ceteri.

[l] Ubi suprà.
[m] Lib. 43. cap. 5. in fine.
[n] Lib. 9. cap. 37.
[o] Ubi suprà.
[p] Lib. 6. cap. 26.
[q] In *Apologetico*, fine.

376. Adhuc magis pro SILIO ITALICO Hispaniæ asserendo connituntur nonnulli ex nostris, nec sine aliqua ex vero adducta similitudine; maximè cùm pro extera eius patria nihil argumentorum suppedita-

(1) *Ficulneum* vocat, id est *inutilem*, *nullius frugis*, ut *ficulnus* olim Horatii *I. Serm.* 8.

...... *truncus inutile lignum:*

Item *ficulnei viri*, *ficulneæ merces* ut est in proverbio; seu potius ad Pseudo-Chronici auctoris cognomen alludit, nimirum *De la Higuera*, quod idem Hispanis valet ac Latinis *ficulnus*.

(2) Abunde id præstitit Noster in eximio opere Hispanico: *Censura de Historias fabulosas* Valentiæ typis evulgato in fol. 1742. curante Cl. Gregorio Mayansio: qui & Nostri vitam præmisit, et Hispanorum doctrina atque eruditione præstantium complures de eodem argumento epistolas adiecit.

tari videant. Quare his litem non intendimus usurpati alieni; lucem tamen aliquam huic rei dabimus ostensis utrimque rationum momentis. Stant utique pro Hispana eius origine, non dico vetus natæque typographiæ æqualis persuasio; nam in primis editionibus apposita eius Vita nihil ulterius habet quàm è maioribus suis Hispanum, natu verò Romanum fuisse (1); sed Petrus Crinitus [r], ut suspicor primus coniecturæ auctor quamquam aliunde se de eo doctum referat: Io. Bapt. Egnatius [s], Ludovicus Carrio [t], Alphonsus Garsias Matamorus [u], Florianus Docampo [x], Ambrosius Morales [y], Andreas Resendius [z], Ioannes Vasæus [a], Stephanus Garibaius [b], Ioannes Marieta [c], Alphonsus Ciaconius in schedis; contenditque validè ut id persuadeat ultimus nostrorum Rodericus Carus in *Conventûs iuridici Hispalensis* docta *descriptione* [d]. Subdubitat, nec suffragium dare audet, Ioannes Mariana [e] & si qui alii.

377. Affirmatè verò negant Lilius Gyraldus [f], Ioannes Camers [g], Gerardus Ioannes Vossius [h], Claudius Dausqueius [i], &, quod magis est, Hieronymus Surita noster [k], quos sequitur Ioannes Andreas Quenstedius in *De patriis illustrium doctrinâ virorum* dialogo. Tota res pendet ab unica ITALICI appellatione, quâ sententiam affirmantem illi, abnuentem hi comprobari censent. Opponitur quippe, *Italicum* contra regulam latini sermonis dici de cive Italicæ, quem *Italicensem* appellari debere aiunt. Hirtius *De bello Alexandrino* Titum Thorium *Italicensem* vocat; Agelliusque Hadrianum ex *oratione quam de Italicensibus unde is erat in Senatu habuit*, laudat [l]. Callistratus Iurisconsultus non aliter conceptum Divorum fratrum *Verinæ Italicensi* rescriptum docuit in lege 27. *ff. De pœnis*. Græci quoque similiter efferunt. Stephanus in Ἰταλίᾳ ait: Ἔστι καὶ Ἰταλικὴ πόλις Ἰβηρίας· τὸ ἐθνικὸν Ἰταλικήσιος. *Est & Italica urbs Hispaniæ. Gentile nomen Italicensis.* At Achillem hunc negantium Italicæ nostræ Hispanæ hunc civem, ipsi debilitant asserentes *Italicæ* alterius Italæ civem esse: quo nomine vocatam fuisse *Corfinium* Pelignorum metropolin ex Diodoro & Strabone confirmare sibi videntur. Non minùs enim ab hac quàm à nostrate Italica debuere municipes *Italicenses*, non *Italici* audire; siquidem analogia eadem est.

378. Miror tamen á viris doctis credi hanc *Italicam* potuisse dare nomen Silio poetæ, quasi vera ista fuerit, Siliique ævo perennaverit, urbis appellatio. Rebellantes enim Italorum plures populi ob denegatam sibi civitatem Romanam, Lucio Marcio Philippo & Sexto Iulio Coss. Olympiade CLXXII. uti Diodorus refert: imposuerunt sibi universorum metropolin *Corfinium* in Pelignis urbem, appellaveruntque τὴν κοινὴν πόλιν Ἰταλίαν, *communem urbem Italiam.* Sic apud Photium legitur, qui hoc Diodori fragmentum ex libro 37. aut 38. nobis conservavit [m]. Demus enim Ἰταλικήν, *Italicam*, hoc loco pro *Italia* legendum, ex quo *Corfinium Italicam* à conspirantibus dictam Strabo lib. 5. *Geographiæ* referat, Velleiusque confirmet Paterculus lib. 2; quantumvis in Paterculo tantùm legamus iuxta vulgarem scripturam *Corfinio* impositum cognomen *Italici*. Nec aliter accepit *De antiquo iure Italiæ* agens doctissimus Sigonius [n]. Cessante vero hoc sociali bello, duravisse istud urbis nomen, delendique è memoria hominum prorsus exempli & calamitatis vestigium, quis unquam dixit aut suspicatus est? Cum præsertim Corfinii veteris appellationis frequentissima exstet in Romanis sequentium annorum monumentis, nulloque aliter concepto interrupta mentio, ut videre est in Cæsaris *De bello civili* commentariis, & passim apud Italiæ illustratores. Exstat quidem, ne hoc dissimulem, apud Macrobium [o] historia C. Vettii Peligni Italicensis, quem comprehensum à cohortibus suis ut Pompeio traderetur servus eius occidit. Sed fortè hic erat Pelignus nomine, non gente, ex Italica Hispaniæ. Sedet enim mihi, Corfinio id per seditionem impactum nomen in Pelignis omnino deletum cum seditione fuisse.

379. Afflicta hac de Italica Pelignorum sententiâ, superest ut refugium fiat ad Italiæ ipsius nomen, unde *Italicum* ex analogiæ regula dictum existiment. Sed nec ab eadem exorbitare regula, nec sine idoneis testibus locutus è contrario videbitur, qui ab iam unica Hispaniæ *Italica* derivaverit *Italici* nomenclaturam. Ita enim conceptum esse nostri municipii nomen videtur in Spartiani *Hadriano*. *Post hæc Hispanias petit* (Hadrianus ipse) *& Tarracone hiemavit, ubi sumtu suo ædem Augusti restituit, omnibus Hispanis Tarraconem in conventum vocatis, delectumque ioculariter, ut verba ipsa ponit Marius Maximus, detrectantibus Italicis vehementissimè, ceteris prudenter & cautè, consuluit.* In populis Hispaniæ, quorum habuit conventum Hadrianus, quibusnam nisi *Italicæ* civibus hoc factum

r *De poetis Latinis.*
s In annot. ad Hist. Aug.
t Lib. 1. *Emend.* cap. 17.
u Ubi proximè.
x Lib. 4. cap. 31.
y Lib. 9. cap. 20.
z In *Encomio Lovanii.*
a In *Chronico* ad ann. LXX.
b Lib. 7. c. 6.
c *Hist. Eccles. de Esp.* lib. 21. cap. 9.
d Lib. 3. c. 13.
e Lib. 4. c. 3.
f Dial. 4. *De poetis.*
g *Scholiis in Florum.*
h Lib. 1. de *Hist. Lat.* c. 29.
i *Comm. ad Silium* principio.
k *Notis ad Anton. Itiner.*
l Lib. 16. cap. 13.
m Bibliotheca cod. 244. pag. 1184. in edit. Schoti Græco-Lat.
n Lib. 3. fol. 107. edit. Ziletti 1560.
o Lib. 1. Saturn. cap. 11.

(1) Romana editio MCCCC LXXI. VI. Cal. Maii de qua nos infra, in fine huius capitis hæc habet: *Sylius Italicus: cuius maiores Italica Hispaniæ urbe orti fuere primâ ætate declamavit.*

ctum accommodes? Hadrianus Turnebus ita existimabat [p], quomodo & Ambrosius Morales interpretatus est [q]. Analogia item id admittit. Nam ab *Ithaca* Ulysses *Ithacus* [r] non *Ithacensis*: à Troia *Troianus* & *Troius* [s], à Concana Concanus [t], à Bracara *Bracarus* [u] æquè ut *Bracarensis* fit. Collegit horum omnium exempla Rodericus Carus, adiunxitque Hispanienses lapides, *Italicorum* qui appellarentur nomine inscriptos [x] hosce:

L. RVFINVS PRIMVS ITALICVS
D. REGINENSIS A. XL.
FABIA CAMPANA VXOR.
M.M. FECIT. H. S. E.
S. T. T. L.

Uti & *Italicæ* cuiusdam feminæ Castulonensi hoc epitaphio notæ:

D. M. S.
PARIDIÆ ANNO. XXII.
C. VALERIVS PATER
VALERIA ITALICA MATER (1).

380. Nondum tamen in solido pedem figimus. Nam *Italicos* in Spartiani testimonio de omnibus ab Italia oriundis, hoc est originis Italicæ, coloniarum nempe Romanarum incolis; non verò de unius *Italicensis* municipii civibus: magni duo illustratores *Historiæ Augustæ* Scriptorum Isaacus Casaubonus & Claudius Salmasius aptissimè ad rem de qua agitur interpretantur; uti & apud Sallustium nos scimus in *De bello Iugurtino* Italicos dictos milites qui Cirtam Adherbalis Numidiæ Regis præcipuam urbem ab impressione Iugurthæ defendebant, non ab Italica Bæticæ, sed ab Italia eos qui ibi relicti fuerant à Romanis. Delectum militarem indixerat Hispanis Imperator, quorum iis qui Itali essent origine ioculariter, germanis verò Hispanis (quos αὐτόχθονας, sive inde oriundos dicere possumus) haud minùs, sed serio detrectantibus: prioribus illis, utpote magis obnoxiis & quasi spernentibus, vehementissimè; posterioribus, qui veluti precario obtemperabant, cautè & prudenter consuluit. Hæc Spartiani explanatio verbi illius, quomodocumque distinguant (Salmasius enim aliter à Casaubono legit) commodissimè adaptatur, idoneaque admodum videri debet. Præterea gentile nomen seu patrium ab *Italica* esse *Italicum*, neque ab analogiæ illo usu hæc nomina contrahente, ut vidimus, neque ab *Italici* in Hispania nomine, aliter sentientibus persuadebimus. Hi enim certi sunt à nobis quærere Italicumne patriæ vocabulum, gentisve, an familiæ cognomentum credamus. Si prius illud placet (cùm non minùs ab *Italia* quàm ab *Italica* fieri possit *Italicus*): undenam in Silio factum hoc, non autem illud conficiemus? Si familiæ agnomen (quod certius videtur esse) dixeris, eiusque Hispanæ: stabit adversus nos, & adversus lapides nostros Italus lapis Ravennas hanc ipsam hominis appellationem exhibens:

FLAVIÆ Q. F. SALVTARI
CONIVGI KARISSIMÆ
L. PVBLICIVS ITALICVS DEC. ORN.
ET SIBI V. P.

Abstineo manum ab scribendo integro legati collegio fabrorum municipii Ravennatensis relicti monumento, in quo & *Publiciorum* (familiæ id nomen) *Flaviani* & *Italici*, Lucii Publicii eiusdem filiorum, mentio est: unde constat agnomen esse parentis filiique commune Publicio familiari nomini adiunctum, minimè verò patriæ appellationem, ac multò minus Hispanæ.

381. Sed quibus solemne est arrogare undecumque laudem propriis rebus, nec vereri exterorum *citra damnum affectûs* (ut Quintiliano utar) existimantium iudicium, eandem hi sequentes formationis seu etymologiæ regulam, quâ quidem necessariò appellatum ab *Italica* Silium poetam, eorum quos suprà iam laudavimus animis infixum credidere: *cohortem* quoque *Italicam* Cornelii centurionis *Actorum* cap. 10. memoratam, ab eodem Bæticæ Hispaniæ municipio dictam fuisse, tamquam pro aris pugnantes focisque contendunt. Id nimirum à Pseudo-Dextro mali: cuius ficulneus artifex haud veritus fuit Cornelium hunc *Actorum* quem Petrus Apostolus convertit; itemque alium Euangelicum qui confessus est Christum in cruce morientem; ac tertium denique illum, cuius servum Christus sanavit [y], Italicenses, hoc est Italicæ natos fuisse, chartis illinere [z]. Cuius dicto ut fides præstruatur ab enarratoribus [a], *cohortis Italicæ* nomine, cuius centurio erat prior ille ex tribus in *Actis* laudatum, qui ibidem esse ferebatur, manualibus ut aiunt oculis inspicerem, cumque apographo quod penes me erat conferrem: in quo et lusi operam, et cum plurima quæ inibi supersunt monumenta sedulo perlustrassem planeque omnia corrasissem: in hanc PARIDIAM, neque VALERIAM ITALICAM non incidi.

(1) Periit dubio procul inscriptio hæc; nec Rodericus Carus (lib. III. c. 17.) quo tandem loci Castulone exstet exstiteritve indicat. Certe ego ante hoc triennium veteres eius urbis reliquias ruderaque evolvi omnia, nulli labori neque sumtui parcens, dum MITHRAE REGI inscriptum lapidem antiquo et exoleto Græcorum Hispaniensium charactere exaratum, qui ibidem esse ferebatur, manualibus ut aiunt oculis inspicerem, cumque apographo quod penes me erat conferrem: in quo et lusi operam, et cum plurima quæ inibi supersunt monumenta sedulo perlustrassem planeque omnia corrasissem: in hanc PARIDIAM, neque VALERIAM ITALICAM non incidi.

[p] Lib.29. *Advers.* cap.12.
[q] Lib.9. c.31.
[r] Apud Virgil. 2. Æn. v. 104. Martialis lib.11. epig.105.
[s] Virgil. 6. *Æn.* v.403.
[t] Horat. lib.3. carm. ode 4.
[u] Plinius lib.3. cap. 3.
[x] *Conv. Iurid. de Sevilla* L.3. c.17.
[y] Lucæ cap.7.
[z] In *Chron.* ad annum XXXIV. & XL.
[a] Bivario ad *Chronicon* ann. XXXIV. comm. 3. Caro lib. 3. *Conv. iurid. Hispal.* cap.13.

datus, validissimam iudicio suo confirmationem eliciunt. Namque cohortes dictas à natione militum quibus constabant, consequenterque *Italicam* ab Italicæ natis militibus, fumosa præsumtione, tamquam ex cortina loquentes, venditant.

382. Quibus, ne longiùs evagemur, opponere contenti erimus inscriptionem veterem [b], unde sibi notitiam certiorem *cohortis* huius *Italicæ* possint exsculpere. Foro-Sempronii ea habetur Urbinatis Ducatûs, *Fosombrone* hodie dictâ, urbe.

[b] In *Thes. inscript.* pag. 434. 1.

L. MÆSIO L. F. POL.
RVFO PROC. AVG.
TRIB. MIL. LEG. X.
APOLLINARIS TRIB.
COH. MIL. ITALIC. VOLVNT.
QVÆ EST IN SYRIA PRÆF.
FABRVM BIS.
MVNICIPES ET INCOLÆ OB MERITA EIVS QVOD ANNONA
KARA FRVMENT.
DENARIO MODIVM PRÆSTITIT. EARVMQVE DEDICAT.
RVFVS EPVLVM DEDIT
DECVRIONIB. SING. HS. XXX. SEX VIRIS ET AVGVSTALIB.
SING. HS. XII. PLEBI SING. HS. IV.

Quæ sanè inscriptio Foro-Semproniensem in Italia civem nobis exhibet, cohortis Italicæ voluntariorum quæ in Syria erat, tribunum: è quo Itali hominis munere, si certum esset à natione militum (quibus præerant centuriones cives) cohortes nomen habuisse: certiore poterat deduci calculo ex Italia quam ex Italica fuisse cohortem illam quæ in Syria merebatur, militum Italicorum voluntariorum. Quæ quidem eadem forsan fuit cum illa Cornelii, Cæsaræ Palestinæ degentis; cùm Palæstina Syriæ largè sumtæ pars olim fuerit habita. Legionis tertiæ cognomento *Italicæ* multa mentio fit in *Notitiæ* libro [c]. Secunda item, aliæque legiones in inscriptionibus audiunt *Italicæ* [d]. Fuerint ergo omnes ex milite Hispano Italicæ nato? Nullus credo sic iudicii inops sit, qui non mecum ludificari se à rogante credat. Sed planè id rei aliàs, si vita suppetat, maiori opera procurandum: indicare tantùm hìc non frustrà fuit Silii Italici causâ, deductique haud necessariò eius nominis ab Italica Hispaniæ. De huius morte & rebus in vita gestis consule sìs Plinii epistolam septimam libri tertii (1).

[c] *Partis Occident.* cap. 84.

[d] Vide Thesaurum tit. *Quæ ad rem militarem spectant.*

383. Editus fuit Romæ (fortè primum (2)) Silius Italicus anno MCDLXXI. Summo Pontifici Paulo II. dicatus à Joanne Andrea Episcopo Aleriensi in insula Cyrno (id est Corsica) qui, ut ait, recognitionem quindecim diebus absolvit; atque inde Venetiis per Baptistam de Tortis MCDLXXXIII. & MCDXCII. cum interpretatione Petri Marsi, & epistola ad Illustrissimum Principem Virginium Ursinum: quæ duæ editiones cum quadam Poetæ Vita brevissima in libris Vaticanis exstant. Basileæ etiam prodiit ex officina Thomæ Wolfii cum annotationibus Hermanni Buschii MDXXII. in 8.° & Venetiis apud Aldum MDXXIII. & Lugduni MDXLVII. in 16.° Claudius Dausquius Sanctomarius canonicus Tornacensis cum Notis suis tandem Parisiis edi curavit apud Davidem Douceur MDCXVIII. in 4.° Sed olim Domitium Calderinum hunc poetam

P emen-

(1) Qui plura de Silii patria desideret, adeat. Christophorum Cellarium *Dissert. de C. Sil. Ital. Poeta Consulari* præmissa *Punicorum* editioni Traiectensi ad Rhenum 1717. 4.to curante Arn. Drakenborch. Summa huc redit: *Silium neque in Hispania natum, quia Martialis, ubi maxime poterat, nihil memoravit; neque in Pelignorum urbe Corfinio, cuius* Italicum *nomen incertum ::: Sed ex quocumque alio casu vel causa potuisse* Italici *cognomen habere :::* quamquam iis qui Silii maiores è Bætica derivant, non repugnet.

(2) Hæc princeps proculdubio est omnium Silii Italici editio, consentientibus Maittairio, qui eam in Svveynheymii et Pannartzii Typographorum libello supplici Sixto IV. Pont. Max. oblato recenset, addens CCLXXV. non amplius exemplis constitisse *Annal. Typogr. T. I. pag.* 50. Io. Alb. Fabricio *Biblioth. Lat.* II. 12. & Auctore Catalogi Ducis de la Valliere *n.* 2514. Idem tamen Auctor *Bibliogr. Instructiv. Bell. Lettr. Tom. I. n.* 2793. Romanam aliam editionem indicat, eodem anno 1471. atque, ut coniicit, ab iisdem Svveynheymio et Pannartzio vulgatam, sed multo præ priore illa rariorem, cuiusque exemplum unicum se vidisse ait in Parisiensi Regia Bibliotheca; neque alterum ulli unquam suæ, id est Librariæ, artis popularium eatenus cognitum fuisse. Exstat penes me; inque eiusdem fine, atque eodem prorsus charactere ac linearum œconomiâ legitur.

Opus iã Neglectũ Pomponius rel cognouit. Anno domini. MccccIxxi. Vi. Calẽd. Mai. Rome.

emendâsse atque interpretatum fuisse, Lilius refert Gyraldus dialogo 4. *De poetis.*

CAPUT XIX.

Falsa de S. HIEROTHEO *Hispano ferè unius sæculi credulitas. De Dionysii scriptis (unde Hierothei notitia) vel inter catholicos dubitari. Quando hæc primùm visa. De Hierotheo Atheniensi Græcorum testimonia aliqua: Latinorum nulla exstare. Errori de Hierotheo Hispano ansam dedisse Ambrosium Moralem : ceteros tenuisse, atque inter eos Pseudo-Dextrum. Moralis æquivocatio inter Hierotheum & Philotheum. Leonis Allatii laus. Hierotheum Areopagitam fuisse Athenis, consequenterque Atheniensem. De Areopagitarum munere, etiam Rom. Imp. ævo. Multa Græcorum testimonia huic fabulæ confutandæ producuntur. Hierotheum patriâ Emporitanum à Pseudo-Luitprando fingi. Absurditates in Hierothei historia.*

384 ALIQUANTO robustiore brachio affligenda est recens, & in ipso mendacii gremio nata atque educata opinio huius tantùm sæculi : Hierotheum nempe, qui S. Dionysii Areopagitæ præceptor fuisse dicitur, ab eoque in eius libris præclarè laudatur, non Segoviæ modò in Hispania Episcopum, verùm etiam natalibus Hispanum fuisse. Hæc nempe una est è fabulis, quibus ludificari nos voluere grex ille historicorum à Gnathone quodam Hispano à septuaginta aut circiter annis confictorum: quos quidem plures & non indocti viri hactenus at minus cautè amplexi sunt; pars autem melior & verecundior Hispanique veri honoris amans, crebris iam quotidie in publicum oblatis testimoniis uti spurios & piacularia potiùs monstra, quàm eorum auctorum, quos ementiuntur, prolem abdicant & aversantur : Flavium Dextrum eorum omnium coryphæum, eiusque eodem patre natos germanos fratres Maximum, Braulionem, Helecam Cæsaraugustanos : Luitprandum Ticinensem, Iulianum Toletanum ; necnon infelici adhuc sub constellatione ab non incertis genitoribus editos Aulum Halum, Haubertum Hispalensem, Gregorium Bæticum, Liberatum Gerundensem, nostræ ætatis propudia, veræque historiæ calamitatem intelligo. De quibus omnibus loco suo iudicium habebitur. Necesse tamen est huc devenientibus, ne in duorum sæculorum quæ transcurrimus Scriptorum albo Hierotheum aliquis desideret, nostri silentii causam ostendi ; immo ex iis quæ accuratè magis tempore suo dicenda & probanda sunt, præsumi & supponi quædam, de quibus non priùs certior fieri lector poterit quàm ad cuiusque horum Pseudo-scriptorum ætatem stili cymbam appellamus.

385. S. HIEROTHEI nomen, obscurum olim aliquot sæculis, unà cum vulgò tributis S. Dionysio Areopagitæ libris emicuit primùm Græcanicæ Ecclesiæ indeque Latinæ, prorsusque in eadem, ut dici solet, navi ambo feruntur. Planè scio non sine controversia Dionysio illi magno Areopagitæ Sancti Pauli Apostoli discipulo adiudicari commentarios illos, quorum auctorem eum esse à multis retrò sæculis passiva omnium ferè catholicorum persuasio est : quam cùm improbare & affligere totis viribus heterodoxi sint conati : res eò devenit, ut expensis utriusque partis rationibus, viri etiam doctissimi ac pientissimi sic de ea opinentur, uti de iis opinari æquum est, quæ itáne an minus fuerint ad religionem nihil intersit.

386. Quare haud moratus ea quæ pro Areopagita, & tot iam sæculorum credulitate Baronius Bellarminusque [e] Cardinales, Delrius [f] Lancelius [g] Halloixius [h] Corderius [i] Iesuitæ : Saussaius [k] & Menardus [l] copiosissimè disseruerunt : Ioannes Morinus [m] eruditissimus Congregationis Oratorii ut vocant presbyter, datâ operâ, nec primus ut inquit Dionysii hæc opera eiusne Areopagitæ essent in dubium vocavit, validissimisque fundamentis negantem sententiam fulcivit, ipse adhuc iudicium aliorum requirens : quod & nuper fecit Eminentissimus dignitate, innocentiâ vitæ, pariter atque iudicii præstantiâ eruditionisque omnimodæque doctrinæ merito Ioannes Bona S. R. E. Cardinalis ex Reformatorum Cisterciensium ordine assumtus, in aureo suo *Rerum liturgicarum* opere [n]. Prolixiùs, integro nempe volumine, Ioannes Dallæus Gallus, hæreticus Calvinianus, sed inter suos huius ætatis doctores celeberrimus, Dionysii Areopagitæ nomine hos libros falsò inscriptos ante aliquot annos persuadere conatus est.

387. Quam si sequeremur opinionem, facile erat Hierothei historiam ad quartum aut quintum Ecclesiæ sæculum deducentibus, quo tempore (ut placuit Antiareopagitis) horum commentariorum auctor vixisse creditur, fabulatorem Hispanum coarguere mendacii. Sed ne doctissimis hominibus plus sapere velle videamur, Dionysius per me esto Areopagita Pauli discipulus & Athenarum Episcopus, cui debemus Hierothei memoriam; sitque Hierotheus Dionysii præceptor, dummodo Atheniensis natu, non Hispanus (quod huius

[e] *De scriptorib. Eccl.* ad annum. LXXI.

[f] In *vindiciis Areopagiticis.*

[g] ....

[h] In *scrip. Eccles. primi sæculi ad S. Dionysii vitam.* q. 2.

[i] ....

[k] *De mysticis Galliæ script.*

[l] ....

[m] *De sacris ordinat.* in *Præfatione ad Ritus à S. Dionysio traditos.* pag. 27. & seqq.

[n] Lib. I. cap. 8.

ius capitis argumentum erit); si tamen ingenuè priùs fateamur, vix posse nos quicquam his novi adiungere quæ tam Latino sermone Petrus Halloix Iesuitarum sodalis admodum doctus, quàm Hispano D. Gaspar Ivañez de Segovia Acropolitanus Marchio, nunc iam ista quum scribimus Mondexarensis, & inter Hispaniæ Magnates totius antiquitatis doctrinâ iudicioque exacto vir, amicus noster: prior quidem ille in *Notationibus ad vitam* [o]; posterior verò in *Apologia pro Segoviensi S. Fructi, excluso Hierotheo, patronatu* [p]; & latiùs & luculentiùs in secunda parte *Dissertationum Ecclesiasticarum* Græcis è monumentis Latinisque diligentissimè tractavit.

[o] In *De scriptoribus primi sæculi* volumine I. pag. 621. & sequentibus.

[p] *Discurso historico por el Patronato de S. Frutos contra la supuesta catedra de S. Hierotheo en Segovia* Cæsar-August. editus apud Ioann. de Ibar. MDCLXVI. in 4.

388. Hierothei præter Dionysium nemo eorum meminit quibus Ecclesiasticorum Scriptorum colligere nomina curæ fuit: non Hieronymus, non Gennadius, non Isidorus; neque item illi quorum in catalogis Dionysius ipse iam apparet, Honorius Augustodunensis & Henricus Gandavensis. Libri dumtaxat Græcorum Ecclesiastici tam veteres quàm recentes eius nomen posteris commendavere: Menologium nempe à Cardinali Sirleto versum, ab Henrico Canisio in lucem editum ita habet [q]: *Natalis S. P. N. Hierothei, qui fuit unus è numero Areopagitarum, qui ab Apostolo Paulo instructus, magnum illum Dionysium Areopagitam Christi fide instruxit. Cùm autem benè ac religiosè vixisset, migravit ad Dominum.* Semestre alterum, quod è Vaticanæ bibliothecæ vetustissimo codice publicavit primus Ferdinandus Ughellus Cisterciensis, SS. Vincentii & Anastasii Abbas doctissimus, in *Italia* sua *sacra* [r] pleniùs aliquanto rem ipsam docet. *Hierotheus magnus antistes, ex novem virorum numero qui Athenis senatores erant, præceptor Dionysii Areopagitæ, fide Christi institutus est à sacris Apostolis, quos secutus magnam Christianæ genti laudem attulit. Nam & exodios hymnos in funere sanctæ ac præclaræ reginæ nostræ Dei genitricis semperque Virginis Mariæ conscripsit, & concinuit; & cùm in Apostolorum oculis nihil non honestissimi & optimi gereret, eo sapientiæ & cogitationis processit, ut Dionysium, quem magnus Apostolus Paulus ad Christi fidem converterat, virtute & auxilio sanctissimi Spiritus de cælestibus virtutibus, atq; angelicis ordinibus, atque omni ornatu cælesti docuerit. Scripsit autem & alios libros, in quibus de magnis mysteriis disseruit. Cumque totum suæ vitæ tempus in pietate & virtute multoque Dei cultu consumsisset, multisque iccircò à Deo donatus esset muneribus, obdormivit in Domino.* Sic interpretatus est hoc testimonium Petrus Arcudius Corcyrensis.

[q] Die IV. Oct.

[r] Tomo 6.

389. *Menæa*, hoc est *Mensalia*, hæc habent [s] ex interpretatione Petri Halloixii: *Erat hic in Areopago unus è novem senatoribus qui primum à Paulo Apostolo Fidei doctrinâ imbutus, deinde Athenarum Episcopus ordinatus est. Ipse autem magnum Dionysium eâdem fidei in Christum doctrinâ instruxit: idem quoque ad sanctissimam Deiparæ sepulturam in sanctorum Apostolorum cœtu præcentor fuit, totus excedens, totus se deserens, & ab omnibus, à quibus audiebatur & videbatur, Deo correptus, & divinus dilaudator habitus. Vitâ tandem bene exactâ, cùm sua præclara vivendi ratione & insignibus virtutibus Deum lætificâsset, migravit ad Dominum.* Quæ ipsa, Græca tamen, verba Menæorum in Breviarum recens, quo ex Clementis VIII. Pont. Maximi indulto Græci omnes occidentales iter agentes vel ægrotantes iam utuntur, ab Antonio Arcudio, auspiciis eiusdem Papæ formatum, coniecta sunt. Atque hi (*sunt*) fontes unde ad Romanum Martyrologium & Latinos scriptores omnes qui meminerunt Hierothei memoria derivavit. Baronius certè Cardinalis exinde habitam reformato à se Martyrologio huic Romano intexuit, quæ antea non erat. Ioannes Molanus Usuardi telæ consuit, additâ commodum G. literâ, quâ (ut ipse monet ad Lectorem sectione x.) *Græcorum horologii*, sive *horarum* libri, Venetiis excusi anno MDXXXIII. testimonium intelligi voluit. Quem eundem librum in Hierothei restauranda memoria exscribere se dum idem versaret opus, Petrus quoque admonet Galesinius.

[s] Eadem die IV. Octob.

390. Si hos demas qui ab istis Græcis protecerunt auctoribus, frustrà alibi Hierotheum quæsieris. Non Beda, non Ado, non Usuardus, non Rhabanus, aut Notkerus, non Wandelbertus, non Rosweidi *vetus*, non Dacherii, ut appellat, *Hieronymianum Martyrologium*, non vetustius aliud quod *Hieronymiani* quoque nomine insignitum ante aliquot annos publicavit Franciscus Maria Florentinius Lucensis, laudavere; nec item noviores, Primus Cabilonensis, Maurolycus, Equilinus, Mombritius, Surius, Felicius, cæteri: verbo dicam: ex Latinis Hagiologis, exceptis Hispanis quibusdam quos statim laudabimus, nemo. Unde robustissimum argumentum ante alia nascitur, nihil ad nos sed ad Græcos tantùm Orientis incolas Hierotheum pertinuisse, quem tam effusè addito etiam *patris nostri* nomine qui alius est Græcæ proprietatis characterismus, uti ex omnibus his libris

bris constare cuique poterit, hi soli celebrant [t].

391. Cui si opponatur debile illud responsionis telum, Græcos Hierotheum Areopagitam & Athenarum Episcopum quod vidimus colere, ac sacris precibus frequentare supplices; Hispanis verò, atque adeò Latinæ nostræ Ecclesiæ, huiusmet Præsulis sui memoriam aut incuriâ hominum aut iniuriâ temporum excidisse: iam erit nobis opus ad supposititiæ huius de Hierothei Episcopatu Segoviensis urbis historiæ fontes manu lectorem ducere; eamque non veterem & certam, sed falsissimam, & absurdissimis erroribus plenam ostendere.

392. Præterito planè sæculo apud nostræ Hispaniæ cives invalescere cœpit, absque ullo tamen idoneo rei testimonio, pia credulitas Hierotheum in Hispania ortum fuisse, in eaque à Paulo Apostolo conversum Athenas venisse: cuius nempe urbis tum Areopagita, tum præsul exstiterit. Quisnam verò huius sic novæ rei, à maioribus nostris ne quidem auditæ, primus fuerit auctor si quæris: ex Ambrosii Moralis quodam errore (ut secundus error esse solet) originem persuasioni datam existimo, atque alii mecum: à quo ceteri sine ullo rei examine literis id ipsum librisque suis historici nostrates consignavere. Huius enim verba ex cap. 12. lib. 9. quod *De divino Hierotheo* inscribitur *in Hispania orto*, transcripsit in opus suum *De Sanctis Hispaniæ* [u] Ioannes Marieta: quibus duobus auctoribus nituntur reliqui, Alphonsus Villegas [x], Franciscus Padilla [y], Hieronymus Romanus [z], Ioannes Pineda [a], Thomas de Truxillo [b], quos laudat ad rem comprobandam Franciscus Bivarius in Dextri commentario [c], Martinus item à Roa Iesuita [d]: quod & dicendum est de Thoma Tamaio [e], quamvis Moralem ipse non laudet.

393. Eorum autem qui Moralem præcessere nullus id novit aut in monumenta sua digessit. Marinæum Siculum intellige, Ioannem Vasæum, Alphonsum Venerum, Laurentium de Padilla, Stephanum Garibaium, Petrum Antonium Beuterum, Alphonsum Garsiam Matamorum: qui omnes de S. Pauli adventu in Hispanias, vel de sanctis doctisque hominibus earum vernaculis accuratè referentes, de Hierotheo altùm siluere. E recentioribus Ioannes Mariana in medio se continuit, ferè autem & è transverso damnans affirmantem sententiam, his nempe verbis lib. 4. cap. 3. *Sunt qui Hierotheum cognomento* Divinum *Dionysii Areopagitæ magistrum scribant, ex Hispania, ubi ortus erat, & ubi rempublicam moderabatur rebus gerendis præfectus idoneusque, à Paulo Apostolo deductum peregrinationis comitem. Quam opinionem refellunt alii, Athenis natum confirmantes magnorum virorum auctoritate.*

394. Inter eos autem quos Ambrosii Moralis auctoritas egit transversos, Pseudo-Dextrum Toletanum non iniuriâ appellamus. Huius enim vestigia relegit is revera, tot licèt videri voluerit sæculis eum præcessisse, cùm in Chronico ad annum Domini LXXI. sic scripsit: *S. Hierotheus natione Hispanus, quem à Paulo conversum discipuli sui Dionysii gloria clarum fecit, ad Hispanias se contulit, priùs Episcopus Atheniensis, pòst Segoviæ in Arevacis Episcopus sanctitate mirandus habetur.* Quæ quidem in eodem cerebro natus Luitprandus sic ampliavit [f]: *Macer* (D. Laurentius Ramirez *Sacer* adnotavit ad oram suæ editionis) *Hierotheus Hispanus, Emporitanus, olim sub Imperatore Tiberio Tarraconensis gubernator perrexit anno* XLV. *Cyprum, ubi Paulum audiens, conversus est ad Fidem, & eum secutus.* Dextrum, cum eius consecraneo Luitprando, iam rei auctores laudant omnes ii, qui post publicationem eorum in lucubrationibus suis locum hunc tetigere.

395. Sed falsa hæc & commentitia esse testimonia, cùm ex iis quæ propriis locis de utroque horum pseudo-historicorum dicenda sunt, tum interim è duobus hìc extra dubitationis aleam ponendis, idoneisque testibus & argumentis apertissimè confirmandis; necnon & simul Atheniensem Hierotheum fuisse non Hispanum, facilè ei qui non contendere sed verum discere amat, persuadebimus. Alterum est, laborâsse in æquivoco, falsumque aut nimiùm credulum Moralem fuisse, à quo ad alios vana hæc persuasio descendit; alterum deinde, Hierothei patriam necessariò fuisse Athenarum urbem.

396. Priorem partem non temerè assumsisse nos probandam, lectum historiæ Moralis caput 12. lib. 9. & accuratè examinatum, cumque aliis quorum testimoniis utitur collatum auctoribus, manifestum faciet. Paulum scilicet Apostolum refert convertisse in Hispaniis ac secum portâsse Hierotheum, eximiæ doctrinæ atque eius sanctitatis virum, ut & postea inditum fuerit ei *Divini* cognomentum: qui Dionysium Areopagitam cælestia illa, quæ in literas retulit, mysteria docuerit. Nec nisi prolixè admodum referri posse quæcumque Græci auctores, qui commentariis suis explanaverunt Dionysii huius libros, de Hiero-

[t] Ut propterea non antiqui, sed recentis stili sit, quod legitur in Calendar. Græco sub initium Liturgici, seu Missalis Græci, Romæ editi anno MDCLXXXI. ad diem 21. Mart. Βενεδίκτου πατρὸς ἡμῶν ἡγουμένου ὄρους Κασίνου. *Benedicti patris nostri Abbatis montis Casini.* Vix enim credi potest Græcos S. Benedictum in Italia natum olim eo titulo indigitâsse. Licet fateri debeamus, ita etiam legi in Calendario Græcorum edito à Genebrardo sub finem præcedentis sæculi. Hæc pauca addere visum in gratiam amicissimi D. Nicolai Antonii. GARD. DE AGUIRRE.

[u] Lib. 6. c. 1.

[x] In *Flore Sanctor.*

[y] *Hist. Ecclef. Hisp.* 1. part. centur. 1. cap. 22.

[z] *Republ del mundo.*

[a] *Monarquía Eccles.*

[b] *Thes. concionat.*

[c] *Ad ann...*

[d] *Historia de Ecija* lib. 2. c. 4.

[e] *Verdad de Dextro Novedad.* 3. fol. 91.

[f] *Adversario* 236. aliàs 210.

rothei doctrina exaggeratè locuti sunt. *Quorum* (subiungit Latinè nunc sonans) *auctorum grande est testimonium, quibus sanè proclive fuit argumento Graeci nominis civem Graeciae Hierotheum adscribere, nisi rei evidentia coegisset eos nostratem profiteri. Hi enim illi sunt, qui affirmant Hispanum fuisse, & à Paulo in Hispania conversum, & in comitatu perductum. Idem scribit Simeon Metaphrastes, apud quem tamen, necnon & in quibusdam ex his quos diximus Graecis ad S. Dionysium commentariis, per errorem Philotheus audit. Ast in aliis, praecipueque in eorum vitis, atque iisdem S. Dionysii operibus, Hierotheus (quod debet) appellatur. Cumque Metaphrastes aliique affirmaverint hunc esse, quo tempore ad Christum Pauli operâ conversus fuit, praefectum: verosimile est alio nomine tunc vocatum. Hierothei quippe nomen Graecum est, Deoque dicatum hominem, aut simile aliud significat. Quod quidem potuit ei, cùm promeruisset proprieque accomodaretur, imponi.*

397. Dedimus hucusque ex vernaculo Latina scriptoris eximii verba, qui si cum bono hìc dormitavit Homero, nihil in eo passus non humanum videri debet. Philotheum nempe, cuius mentio est apud Metaphrasten, unum eundemque cum Hierotheo existimavit; unde & ipse errore lapsus fuit, & alios errare fecit in asserendis Hierothei natalibus. Audi sìs Metaphrastis narrationem in commentario *De certaminibus, laboribus, peregrinationibus, & consummatione sanctorum Apostolorum Petri & Pauli*, quem Latinum habes apud Surium [g]: *Illam autem* (hospitem S. Pauli feminam intellige quae verba haec *Paulus Christi praeco* in S. Apostoli fronte viderat) *propter visionem insperatam invasit & voluptas & timor; & lacrymis plena procidit ad pedes Apostoli, & catechesi ab eo instituta, primùm quidem suscipit baptismum, appellata Xanthippe; postea autem Probus eius maritus, qui erat notus Neroni, deinde etiam Philotheus Praefectus, & deinceps omnes qui illam habitabant regionem.* Haec ille tantùm de praedicatione Pauli in Hispania.

[g] Tom. 3. *De vitis Sanctor.* 29. Iunii.

398. Metaphrasten huius historiae auctorem laudat Surius. An autem eius an alterius sit, nec ipse Leo Allatius Vir Cl. optimus ac doctissimus senex mihi dum viveret admodum carus, in diiudicandis Simeonis operibus, dispungendisque Metaphrastaei huius magni operis *De vitis Sanctorum* partibus quae alium parentem vel quae ipsum liquidò habuerunt auctorem, curiosissimus, quicquam nos docet [h]. Alibi autem nusquam huius rei aut Philothei conversionis vestigium reperio; nec in Oecumenio ipso cui aliquam huius historiae mentionem idem Morales tribuit. Nullam quippe is facit, nec aliud quàm in commentariis ultimi capitis Epistolae ad Romanos desiderium Pauli Hispanos invisendi, & amorem quo erga eos accendebatur exponit; nedum ut quicquam de eius rebus in Hispania gestis referat. Scio huius historiae Vasaeum meminisse in *Hispaniae Chronico* (1), adductis Iacobi Fabri Stapulensis è *commentario in Epistolam ad Romanos* verbis: qui Faber Sophronium laudat Hierosolymitanum Patriarcham eius rei, conversionis nempe Xanthippes Probi & Philothei auctorem. Sed fortè Sophronii nomine hunc ipsum commentarium, qui Metaphrastis aliàs creditur, inscriptum vidit Faber; aut fortè Sophronii esse suspicatus est cum Possevino, Vossio, & Margarino Bignaeo, qui hunc edidit in *Bibliothecae SS. PP.* volumine septimo. Quod minus credit Labbeus in dissertationibus historicis *De scriptoribus Ecclesiasticis*, in Sophronio [i].

[h] Diatribe *de Simeonibus*, pag. 80. & sequentibus.

[i] Tom. 2. pag. 367.

399. Demus tamen id Metaphrasti, seu alii qui rei auctor sit. Iccircone Philotheus praefectus à Paulo in Hispania conversus, Hierotheus ille erit à Dionysio discipulo tot evectus in caelum laudibus? Inadvertenter id Morales credidit, magnoque sui erroris augmento conatus est Metaphrastis propriam lectionem corrumpere, Philotheum inde qui erat expellens, & Hierotheum substituens. Vides quàm vanus & crassus error hominis aliàs diligentissimi admissus semel auctorisque sui existimatione suffultus, in testimonium rei aliis suffecerit, sensimque in communem, ut iactatur, Hispanae gentis traditionem percrebuerit. Hoc unico fundamento ruinoso & labili nititur haec magna moles. Huic superaedificata sunt Hagiologorum Morale recentiorum omnium de Hierotheo Hispano testimonia; aut dent nobis antiquiorem cui res in mentem venerit, sive qui literis eam consignaverit. Planè ut Philotheus & Hierotheus in unum coagmententur hominem, à Dextro [k] & eius assecla Iuliano [l] (de quo & noster aliquando erit sermo) haud facilè obtinebimus.

[k] Ad ann. LXIV. n. 4. ad ann. XCI. n. 6. Braulioneque in *Addition.*

[l] In *Chronico* n. 21. & 27. & *Adversar.* 202.

400. Nunc satis erit nobis Moralem, quem

(1) Ad annum Christi LXVII. quo loco post recitata Fabri Stapulensis verba Divos Gregorium, Isidorum et Thomam testes adhibet itineris & praedicationis Pauli in Hispania; ipse tamen nihil audet, nisi videri sibi *non sine causa bis Paulum Epistolâ ad Romanos affirmasse se in Hispaniam profecturum.*

quem honoris semper causâ nuncupamus, deceptum similitudine utriusque inter se nominis, Hierotheum Hispanâ donâsse origine ex eo solùm quòd Philotheum in Hispania conversum à Paulo Apostolo apud Metaphrasten legisset. Quod incogitanter dictum sic tamen novioribus placuit, tamquam si auditori alicui suo Pythagoras rei auctor fuisset. Equidem hanc historiæ, ut sic dixerim, bullam, temerè natam, temerè auctam, quam nondum aliquis seriò agens exsufflaverat, nec ideo minùs in aerem qui latebat paulo pòst abituram, Logodædalus suscepit noster Toletanus (1): qui Dextrum ceterosque huius fidei chronographos finxit: fovere, solidare conatus est, nativæque vanitati, quantum vanus potuit, eripere. Successitque ei res prosperrimè. Postquam enim sub Dextri nomine, qui existimatus fuit & adhuc obstinatè colentibus est verus Dexter Hierothei lecta fuit Hispana origo: quasi trabali clavo firmatum nonnullis visum est, quod vagus rumor nullo certo aut saltem idoneo auctore passim vulgaverat.

401. Nullo inquam idoneo auctore; cùm argumentum alterum, quo ausus fuit Morales ex Sancti Dionysii scholiastarum auctoritate quibus attribuit quod improbatum imus de Hierothei origine Hispana, haud minus vanum sit. Nam ex duobus Dionysii operum paraphrastis, Maximo nempe & Georgio Pachimere quos notos habemus, nemo id affirmasse legitur. Nec item Georgius Syncellus in *Encomio* eiusdem *Dionysii*. Quorum alicuius si testimonium aliquod huc pertinens oculis hausissent, non verò alicui vano rei auctori fidem adhibuissent Morales, & qui validè suscepit hanc ipsam originem defendendam Bivarius: dubio procul verba illius, quæ tantum Hispaniæ decus stabilire idonea erant, nobis non invidissent. Hoc argumento ducti frequenter iam dicto Moralis, & horum S. Dionysii commentatorum, quæ nulla sunt, iactatis testimoniis fidem abrogant etiam hi [m] apud quos adhuc Hispaniensium Hierothei natalium vel ex uno Pseudo-Dextri Chronico fides constat.

[m] Martinus de Roa *hist. de Ecija*. lib. 2. cap. 4. Didacus Colmenar. *hist. de Segovia* c. 4. §. 6. Thomas Tamaius *Verdad de Dextro* Nov. 3.

402. Hucusque vidimus vanæ traditionis fontes, & Hierotheum nullo probationis genere, nulla vel levissimi argumenti specie nostrum fingi. Sed neque satis hoc est, nisi urgeamus nec potuisse nostrum esse. Hierotheum Athenis Areopagitam fuisse agnovit *Menologii* auctor, *Menæa* verò & *Semestre* alterum *Vaticanum*, nonnisi unum pronuntiant ex novem senatoribus qui in Areopago Athenarum urbis ius dicebant. Nec ideo hi Areopagitam negâsse credendi sunt auctores (in Areopago etenim Areopagitis tantùm locus erat); culpandi tamen sunt erroris in assignando Areopagitis numero, qui nullo certo numero fuere. Novenarius autem ille non Areopagitarum, sed Archontum fuit. Magistratum sic appellabant, quem gerebant quotannis Archon, Rex, Polemarchus, cum sex Thesmothetis. Ex his, qui in hoc magistratu laudabiliter se gessissent Areopagitæ in perpetuum creabantur: qui ordo fuit iudicum amplissimus & sanctissimus. In magistratum verò Archontum (novem illos ita nuncupabant) qui Areopagitici velut seminarium fuit, non alii quàm cives Athenienses ex utroque parente, à tertia usque generatione, iique meritis in rempublicam, censuque idoneo prædicti allegebantur. Idque ab antiquo tempore usque ad id de quo nunc quærimus, hoc est Athenarum urbis Romano iam Imperio obnoxiæ, Dionysiique ac Hierothei ætatem duravit. Tantum abest ut Hierotheus alienigena in Areopagitarum collegium cooptari potuisse videatur. Singula si liquidò confirmabimus idoneis auctoribus, reponere nihil credo habebunt adversarii, præter Dextri & Luitprandi nomina, hoc est merum phantasma.

403. Plutarchum în Pericle audiamus. Docebit nos in primis Areopagitas nonnisi ex Archontibus creari. Καὶ ταχὺ θεωρικοῖς καὶ δικαστικοῖς λήμμασιν, ἄλλαις τε μισθοφοραῖς καὶ χορηγίαις συνδεκάσας τὸ πλῆθος ἐχρῆτο κατὰ τῆς ἐξ Ἀρείου πάγου βουλῆς, ἧς αὐτὸς οὐ μετεῖχε, διὰ τὸ μήτ' Ἄρχων μήτε θεσμοθέτης, μήτε βασιλεὺς, μήτε πολέμαρχος λαχεῖν. Αὗται γὰρ αἱ ἀρχαὶ κληρωταί τε ἦσαν ἐκ παλαιοῦ, καὶ διὰ αὐτῶν οἱ δοκιμασθέντες ἀνέβαινον εἰς Ἄρειον πάγον. Idest: *Et brevi theatralibus & iudicialibus sportulis, atque aliis mercenariis donis & largitionibus corrupta plebe usus est* (Pericles) *adversus Areopagi curiam, cuius ipse pars non erat: quòd nec Archon, nec Thesmothetes, nec Rex, nec Polemarchus sortitò cooptatus esset. Hi enim magistratus sortitò antiquitus creabantur, & per hos postquam probati fuissent in Areopagum ascendebant.* Quod & Pollux docet lib. 9. cap 38. ubi de Atheniensium foris; & Georgius Pachymeres in prooemio ad opera S. Dionysii his verbis ex Græco Latinis: *Non enim cuiusvis erat inter Areopagitas censeri; sed quem*

(1) *Higueram*, seu *Ficulneum* innuit *Hieronymum Romanum*, qui patriâ Toletanus fuit. Cave autem ne hunc cum *Hieronymo Romano Lucronensi* Augustiniano auctore operis Hispanici *Republicas del mundo* paulo antè laudato, nimirum. 392. confundas.

quem multa ſapientia, & proba vita, & in omnibus culpæ vacatio ad tantam evexerat dignitatem. Siquidem Athenis ex novem principibus conſtitutis (Archontes intellige) *oportebat eſſe Areopagitas: quorum numerus ad unum & quinquaginta extenſus fuit.* Hæc Pachymeres. Idemque Maximus in prologo ſuo ad eadem opera ex Androtione id probans in *Atticorum* 11. Iccircò Plutarchus in Solonis vita ex annuis magiſtratibus conſtitiſſe hunc dicit Areopagitarum ſenatum.

404. At in Archontum ſeu Theſmothetarum ordinem non aſciſci alienigenas Iulius idem Pollux teſtis eſt eodem lib. 9. cap. 8.[n] Qui de examine ſeu diſcuſſione ſuper his habenda qui ad hunc magiſtratum vocari poterant, Ἐκαλεῖτο (ait) δέ τις θεσμοθετῶν ἀνάκρισις· εἰ Ἀθηναῖοί εἰσιν ἑκατέρωθεν ἐκ τριγονίας, καὶ τῶν δήμων πόθεν· καὶ εἰ Ἀπόλλων ἐστὶν αὐτοῖς πατρῷος καὶ Ζεὺς Ἑρκεῖος· καὶ εἰ τοὺς γονέας εὖ ποιοῦσι· καὶ εἰ ἐστρατεύοντο ὑπὲρ τῆς πατρίδος· καὶ εἰ τὸ τίμημά ἐστιν αὐτοῖς. *Erat autem quædam Theſmothetarum diſcuſſio apellata: an ſcilicet ex utroque parente à tertia uſque generatione Athenienſes eſſent, & ex quibus populis: an Apollo eſſet illis patrius, & Iupiter Herceus: an parentibus benefacerent: an pro patria militarent, & an cenſum idoneum haberent.* Pertinet huc Demoſthenes in appellatione contra Eubulidem extrema, ubi probare nititur ſe utrimque eſſe Athenienſem, & Apollinis patrii & Iovis Hercei habere gentiles. Fuit, nec diffiteor, aliquando ut ex Archontum ſenatu non crearentur Areopagitæ. Philochorus lib. 3. *Atticorum*, qui ſub Antiocho Magno (ut Voſſio videtur[o]) vixit, de eo nos docet. Maximi verba ſunt è prologo nuper laudato: *Poſtea pluribus* (præter Archontas) *conceſſus fuit Areopagi ſenatus, id eſt ex viris illuſtribus quinquaginta & uni; ſed nobilibus tamen, ut diximus, ac divitiis vitæque modeſtiâ excellentibus, ſicut Philochorus in tertio Atticorum narrat.*

[n] Aliàs 6.

[o] *De hiſt. Græcis.* lib. 1. c. 18.

405. Attamen ex non civibus ſeu peregrinis allegi potuiſſe Areopagitam qui dixerit, Athenienſium mores & ingenium minùs noverit. Et Himerius Sophiſta qui ſub Imperatoribus vixit, Plutarchi & Sexti Philoſophorum quos laudat[p] ætate poſterior, apertè id ipſum confirmat. *Quare dimittite mihi* (ad Athenienſis ſenatus patres ait[q]) *veſtro decreto filium; & dein vocem illam liberalem, ſeu vindicationes ſecundum libertatem acclamate, ut tamquam Athenienſis (quod eſt ac ſi dicerem liber) apud nos & dicat & ſcribat, & ſi dii velint etiam in republica honores aſſequatur.* Hactenus ex Schoti interpretatione. Nec extra rem eſt quòd Athenienſes adeò ſibi in civitate ſua placuerint, ut maiores ſuos αὐτόχθονας, hoc eſt, *ibi natos* nec aliunde gentium delatos, crederent: de qua re plena ſunt Græcorum commentaria[r]; atque adeò in civem non alium admitterent, niſi qui ob ſtrenuam populo navatam operam civitate Athenienſi donari meruiſſet, uti Demoſthenes oratione *in Neæram* docet.

[p] In *funebri laudatione filii* apud Photium col. 243. columnâ editionis Græcolat. A. Schoti. 1114.

[q] In *Areopagitica* apud eundem Photium col. 1110.

[r] Plato in *Monexeno.* Demoſth. in *orat. funebri.* Themiſtius *orat.* 19. Lycurgus *orat. adv. Leocratem.* Thucydides lib. 6. in *orat. Periclis.* Æſchines *epiſt.* 11.

406. Duravit quidem hæc ſpecies reipublicæ, iidem magiſtratus, eædem leges, eadem Archontum & Areopagitarum exiſtimatio eo etiam tempore, quum Athenienſibus non fuit omnino libera reſpublica, ſed Romanis obnoxia. Hadrianus Imperator Athenis Archon fuit, Spartiano[s] & Phlegonte Tralliano auctoribus. Quò & Dio trahendus eſt, cuius verba Latina dabimus ex lib. 59. *At Dionyſia, defunctus maximo apud eos* (Athenienſes) *magiſtratu, patriaque veſte indutus magnificè celebravit.* Gallienus quoque, cùm de eligendo alio Imperatore milites deliberarent, *apud Athenas Archon erat, ideſt, ſummus magiſtratus* (ait Trebellius Pollio[t]). Idem *Areopagitarum præterea cupiebat ingeri numero:* quæ eiuſdem Pollionis verba ſunt. *Etſi enim Romani dominarentur* (ait Maximus[u]) *tamen Athenas & Lacedæmoniam propriis uti legibus ſinebant. Unde adhuc apud Athenienſes magiſtratus Areopagitarum munere ſuo fungebantur.*

[s] In *Hadriano.*

[t] In eius vita.

[u] In *prologo ad Dionyſii opera.*

407. Scio ex iſto nuper adducto teſtimonio Trebellii Pollionis quicquam deduci adverſus nos poſſe: tamquam Gallieni ævo Archontes iam non ex civibus neceſſariò crearentur. Ea enim ſunt eius verba: *Cùm tamen ſibi milites dignum Principem quærerent, Gallienus apud Athenas* Ἄρχων *erat, ideſt, ſummus magiſtratus, vanitate illa quâ & civis adſcribi deſiderabat, & ſacris omnibus intereſſe: quod neque Hadrianus in ſumma felicitate, neque Antoninus in adulta fecerat pace.* Et poſt pauca: *Areopagitarum præterea cupiebat ingeri numero, contempta propè republicâ.* Archon ergo ante quàm civis fuit Gallienus; aut ſaltem etiam civitate donatis patebat huius magiſtratus honos: quod ipſum allubeſcet de Hierotheo coniectari, Archonte priùs ex alienigena civitate donato, & ex Archonte Areopagitâ. Sed ſi verum amamus exemplum Hadriani Cæſaris plus ad nos pertinet, Hierothei ferè æqualis, quàm Gallieni tertii ſæculi Imperatoris. Vides autem quòd Hadrianus etiamſi Archon adſcitus fuiſſet declinante iam in adulationem veteri obſervantia: adeo uti auſus non fuit muneris prærogativâ, ut ſacris

cris Atheniensium interesse noluerit, uti Pollio animadvertit, contrarium tribuens impotentiæ Gallieni, quæ forsan fuerit & sequentium temporum corruptela.

408. Sed si vera lectio huius est, & non altera hæc præferenda *qua & civis adscribi desideravit* Gallienus, antè scilicet quàm, & ut Archon iure creari posset, Imperatorum rerum dominorum exemplo, nihil promovemus ad id quod privatis licuit. Hierotheum verò Hispanum nullâ inter Athenienses & gentem suam commercii aut fœderis commendatione subnixum, diversè tamque longè positæ nationis, alteriusque linguæ hominem Athenas sic prosperè insedisse, ut & civis, & Archon & Areopagita creari mereretur: planè mira sic esset res, ut gravissimis etiam auctoribus id ita contigisse affirmantibus vix haberemus fidem. Quid autem deficientibus omnis generis testimoniis, quæ fidem aliquam sibi concilient, exarmataque & sufflaminata Moralis nostri argumentatione facere debebimus?

409. Excipiunt tamen ex Luitprando [x] Hierotheum Emporitanum fuisse in Hispania, hoc est originis Græcæ, immo & Atheniensis; nam *Emporium*, seu *Emporiæ*, in ora Hispaniæ Tarraconensis maritima ædificata urbs, ex una parte Græcorum Phocensium colonia fuit, ut ex Livio constat [y], ex altera Hispanorum indigetum. *Phocis* autem, seu *Phocea Æolidis*, Atheniensium & ipsa colonia, ut iactatur [z]. Plures enim deduxisse in Asiæ continentem Athenarum iuventutem, vel Ausonius in huius urbis elogio testis est, ne Græcis utar:

Unde per Ioniæ populos & nomen Achæum
Versa Graia manus, centum se effudit in
urbes;

ac de Atheniensibus disertè Seneca in *Consolatione ad Helviam matrem* cap. 6. *Atheniensis in Asia turba est.* Ex quibus testimoniis à nobis allatis sibi ad adstruendam falsò fidem validum surgere munimentum crediderint, qui pro his nugis tamquam pro aris digladiantur focisque. Quum Luitprandum audis, meram veri olim historici Longobardi umbram, sive nomen tantùm falsis quibusdam vanissimi hominis cogitationibus adscriptum velim intelligas (*Lector*): qui fortè adhuc ignarus es chimæræ huius apud nos grassantis, quam exarmabit spero hic idem noster cum eò pervenerit commentarius.

[x] *Adversario* 210. editionis Thomæ Tamaii.

[y] Lib. 34.

[z] Ferrarius asserit in *Lexico Geographico*, ex nescio quo auctore.

410. Dexter utique de Hierothei patria urbe nihil novit, contentus Hispanum dicere. Cuius silentium ne officeret adeò novæ ac ferè incredibili Hispani hominis Athenis Areopagitæ creati pseudo-historiæ, quærendus omnino fuit cautiori operâ modus leniendi hanc asperitatem: videlicet Græco-Hispana urbs unde ortus Hierotheus origine gentis Græcus, ac si Deo placet Atheniensis, & munerum suæ antiquæ gentis & urbis confirmaretur capax. Huic expediendæ rei confictum est Luitprandi hoc ut vocat *Adversarium*, quod sic edidit Thomas Tamaius: *Macer Hierotheus Hispanus Emporitanus, olim sub Imperatore Tiberio Tarraconensis gubernator, perrexit anno* XLV. *Cyprum, ubi Paulum audiens conversus est ad Fidem, & eum secutus est.* Sed hic auctor eius notæ vel apud eos est quibus verus auctor est, ut Hierotheum ex ea Græcorum colonia oriundum esse minimè ei credant; immo *Astigitanum* [a], hoc est è Bæticæ provinciæ colonia *Astigi*, sive *Augusta Firma* (hodie *Ecija*); seu mâvis *Urgabonensem* [b], ex oppido eiusdem provinciæ *Arjona*, potiùs existiment. Quibus ultimò dictis natalibus favere voluit planus ille, qui Auli Hali versibus historiam conspurcavit Hispanam, & quod magis dolendum est sacram. Videri potest Ioannes Tamaius in *Martyrologii Hispani* tom. 5. ad diem IV. Octobr. Ipse etiam pseudo-historiæ tenor è Dextro & Luitprando concinnatus parum arridet nostris, eorum etiam auctorum sacramento addictis historicis. Aiunt illi conversum à Paulo Apostolo Hierotheum, Cypri nempe, quod adiungit Luitprandus. Historicis autem nostris, vel in Hispania, vel potiùs Athenis ipsis, placet [c].

411. Inverisimilia hæc omnia sunt. Conversioni namque Hispaniensi, cui ansam dedit in Philothei & Hierothei confusione Moralis error, manifestè resistit, Hierotheum transeunti ex mortali ad cælestem vitam Deiparæ Virgini adstitisse, uti discipulus Dionysius retulit [d]: qui transitus contigit omnino antequàm Paulus Apostolus, si quando venit, in Hispaniam veniret & Hierotheum ad Fidem, quod hæc affirmat pars, converteret. Athenis verò id non contigisse, silentium evincit Lucæ [e]: cui conversionem Dionysii referenti nullatenus excidisse credendum est Hierothei, tanti viri atque eiusdem Dionysii præceptoris, similem ad Euangelii sacramentum evocationem: quod prudenter considerat sacræ Scripturæ interpretum decus Ioannes Lorinus [f]. Quare animi pendent cordatiores è nostris auctores [g]. Non minus impeditam ingredientur viam, qui cum Luitprando id in Cypro factum contendent. Nimirum si huic aures damus, priùs Tiberii tempore Hierotheus Tarraco-

[a] Ita Marieta lib. 22. *De las ciudades de España.* Valdes *De dignit. Reg. Hisp.* c. 6. Roa *histor.* de *Ecija* lib. 2. c. 4.

[b] Franciscus Rus-puerta *Histor. Eccles. de Jaen* 2. parte. Bilches *Santos de Jaen* par. 1. cap. 10. Ximena *en los Obispos de Jaen.* pag. 21.

[c] Padilla *Histor. Eccles.* parte 1. cent. 1. cap. 22. Tamaio *Verdad de Dextro* novedad 3. fol. 94.

[d] Lib. 1. *De Div. nom.* c. 3.

[e] *Actor.* c. 17.

[f] In *Comm.* ad hunc *Actorum* locum.

[g] Roa ubi suprà f. 19. Ioannes de la Puente lib. 2. *De las conven. de las Monarquias*, cap. 12.

conensis fuit gubernator, atque inde Cyprum veniens, ab commorante ibi tunc temporis Apostolo susceptus est in gremium Christianæ religionis. Quæ eius conversio vel fuit ante gesta Athenis munera, & in his Areopagiticum, vel postea. Neutrum dixerit qui non Pseudo-Luitprandi habebit frontem. Neque enim Christianismo initiatus ethnica & superstitiosa munera suscepisse; nec Areopago iam addictus ad gubernandam in Hispania Tarraconensem (sive urbem sive provinciam, quod non satis in Luitprando distinctum habetur), neque inde in Cyprum divertere potuisse credendus est.

412. Macri etiam nomen, quo indagator inclytus Antiquitatis Luitprandus Hierotheum appellavit, eam excitat mihi suspicionem: lapidem aliquem nomine isto *Macri* & præfecturæ honore inscriptum fuisse alicubi ab eo visum, & occasionem inde arreptam confingendi & compingendi binominem, qui nusquam fuit, mortalem: quo genere prodigiorum solet is, & alii eiusdem parentis filii credulorum oculos ludificari. Nec quod aliàs legi notant Luitprandi editores, *Sacer* scilicet, *Macri* loco: statim ut typorum sphalma contemnendum est; cùm Iulianus, alterum hydræ istius fabulatricis caput Luitprandi germanus frater è ficulneo parente, confirmare hanc lectionem videatur mihi alicubi dicens [h]: *Sacer, & ante eum Petrus, Clemens, Timotheus, & quotquot inviserunt Hispanias, inviserunt sepulcrum beatissimi & sancti Iacobi.* Sed nimiùm iam hæ nugæ nos detinent. Quibus tales eæ non videbuntur, permittemus dolere vehementer (quod non unus è nostris facit) [i] de vita S. Hierothei à discipulo Dionysio scripta, quam sibi è Furnensis nescio cuius monasterii bibliotheca exscribi desiderare se, ad Albertum quendam monachum scribens falsus idem fingit Iulianus [k], iam nunc deperdita; cuius tamen, uti laudatæ in commentariis Dionysii Græcis, recordatur Lilius Gyraldus dial. 5. *De poetis* [l] (1).

[h] *Chron.* n. 24.

[i] Roa ubi suprà fol. 78. Bilches dict. cap. 10.

[k] *Epist. præambula ad Chron.*

[l] Pag. 208.

CAPUT XX.

Idem quod in Hierotheo ausos esse in GALENO *&* SERENO SAMMONICO *Hispaniæ tribuendis Pseudo-Haubertum ac Pseudo-Luitprandum. Galeno eventus quidam temerè adscripti. Huius patria Pergamus. Parens & avus Græci, & in Græcia.* SERENORUM *omnium Gallæciæ falsò adscripta origo. Crassissimi Pseudo-Luitprandi errores in utriusque Sereni Sammonici rebus disquirendis. Uxor Philippi Imperatoris* SEVERA, *non* SERENA. *Quintus medicus à Galeno laudatus diversus fuit à Quinto Sereno Sammonico. Galeni ætas.* SERENUS GRANIUS *Asiæ proconsul aut* GRANIANUS, *non* GRAVIUS, *qui de Christianis ad Hadrianum scripsit. Nomina propria hominum transire illibata in aliam linguam. Præsumtio eorum qui Galenum è Bergomo Italiæ fuisse admiserunt corripitur. Falsi quidam è Pseudo-Hauberti Chronico huius sæculi scriptores seu viri docti Hispaniæ.*

413. PUDET, pudet me insumere operam in convellendis ab quorundam hominum mentibus, *quos* (ut Plinius loquitur) *nunquam leviter aut cunctis credendi saties capit*, his quas magno famæ nostræ malo admittunt, immo adorant, fabulis. Nisi tamen portenta hæc falsitatis & mendaciorum cæsis veritati expiamus victimis: perget de historiæ religione delusorum licentia & impunitas, unà & credulorum superstitio, (quod facit hactenus) triumphare velle. Nempe sub ea constellatione ipsa quæ Dextrum atque eius continuatores, seu potiùs totidem ominosissima historiæ nostræ produxit monstra, formatum heri aut nudiustertius fuit Hauberti Hispalensis (ut videri voluit) monachi Benedictini Chronicon: quod quidem D. Antonius Lupian Zapata primus invenisse commentariisque illustrâsse refertur, tandemque sub specioso titulo vulgari *Poblacion Ecclesiastica de España* duobus voluminibus Gregorius Argaizius Benedictinus & ipse monachus cum commentariis, ut iactat, propriis in lucem edidit. Qualia autem & quàm fœda huius gangrænæ mendacitatis ulcera sint, alibi erit prodendi locus. Nunc interim, quia res agitur huius quod percurrimus temporis, ab uno (quod poteris) disce omnia, Lector.

414. *Floret hoc tempore* (sic legitur ad annum CXL. Christiani iam sæculi) *Galenus medicus, natus Gallæciæ urbe Taraganica.* Audistine? Claudius Galenus, medicorum ille coryphæus, non quidem ex Asia Græcanica, sed ex Gallæcia est Hispaniæ? Atqui audieram Pergamenum patria

(1) Meminit quidem huius Hierothei vitæ Lilius loco à Nostro laudato *Edit. Lugd. Batav.* 1696. *col.* 284. *init.* his verbis: *Quin et de ipso Hierotheo* (Dionysius) *librum edidit, cuius hæc fuit inscriptio*: περὶ τοῦ μακαρίου Ἱεροθέου: *id quod in Commentariis Græcis observavi.* Paulus tamen Colomesius in notis ad hunc Gyraldi locum explicans quæ sint ista commentaria: *Suidam* (inquit) *intellige, qui haud quaquam innuit de Hierotheo librum à Dionysio fuisse scriptum, ut nos olim existimabamus; sed respicit tantum caput tertium Dionysiani operis de Divinis nominibus, ubi de Hierotheo.*

triâ fuisse. Licebit ergo, huius unius fide Hauberti, universæ Antiquitati, & Galeno ipsi mentitionem impingere? Licebit per eos utique qui edere nobis hæc talia non contenti, propugnare ac tueri audent, chartis & famæ atque otio suo pessimè consulentes. Qui vero sapiunt, coniungere hanc cum aliis de Galeno dictis poterunt fabulis: nempe eum in Iudæam profectum fuisse ut Christi miracula examinaret, ibidemque mortuum fuisse; sive (ut Michael Glycas refert [m]) in Mariam Magdalenam incidisse, eique referenti Christum sanâsse cæcum quendam, respondisse: ex cognitione quam haberet metallorum naturæ potuisse id ei procedere: quæ omnia in *Galeni elogio Chronologico* [n] Philippus Labbeus notavit. Galenum certè, quòd Pergami Asiæ, Attalicorum Regum olim regiâ fuerit natus Pergamenum dictum, vel pueri sciunt. Ita vocant quique vel antiqui vel recentiores historici qui eius meminere, Georgius monachus Syncellus Constantini ævo in Chronographia [o]: Anastasius Bibliothecarius in Historia [p] qui Galienum, & genere Pergamenum appellat, Eutropium [q] exscribens: Suidas [r], Marianus Schotus [s], alii. Adiungam Hispanicum historicum ante non multos annos publicatum, auctorem scilicet Chronici anno Domini DCCCLXXXIII. scripti, quod sub Dulcidii Salmanticensis Episcopi nomine editum apud nos fuit, ubi hæc legimus: *Galienus medicus Pergamo genitus Romæ clarus habetur.* Et qui à duobus sæculis sive memoriam eius habuerunt, sive vitam descripserunt, Raphael Volaterranus [t], Iacobus Philippus Bergomensis [u], Andreas Laguna [x].

415. Sed nonne ipse palam sæpiusque de Pergamo uti de patria, deque Græca lingua uti de vernacula loquitur? Prætermitto ea nunc testimonia [y], quæ Pergami eum habitâsse, ac veluti propriam coluisse urbem, Gregorii Argaizii iudicio dumtaxat evincunt. Is enim Hauberti causâ potiùs malè audire ab hominibus ratione utentibus, quàm sincerè ac eruditè de eo ferre sententiam voluit. Quare hìc in ordinem reducendus est, & absurdissimi huius mendacii defensionis exsertè admonendus. Apertissimè Galenus Pérgamum appellat non uno loco *patriam. De libris propriis* libelli primo capite: *Confestim urbe excedens in patriam properavi.* Et mox: *post reditum meum in patriam.* Et cap. 2. *Profectus itaque sum à Roma in patriam, completo iam septimo & tricesimo ætatis anno. Tres autem libelli à me scripti ante quàm Smyrnam ex Pergamo Pelopis medici & Albini Platonici gratiâ proficiscerer, à quibusdam mihi redditi sunt.* Et statim: *Post eam igitur è Roma profectionem, cùm tandem in patriam pervenissem, illic considens cum familiaribus versabar.* Et in *De anatomicis administrationibus* lib. 1. *Porrò per id tempus adhuc in patria studebam Satyro annum iam quartum in Pergamo agenti, cum Costunio Rufino, qui nobis divi Æsculapii templum exstruxerat. Quintus autem Satyri præceptor haud multò antè è vita excesserat.* Atque ideo Æsculapium Deum patrium alibi vocat [z], quòd in Pergamo is coleretur: quod & ex hoc Sereni Sammonici constat carmine de eodem Æsculapio in præfatione libri metrici *De medicina*:

Qui colis Ægæas, qui Pergama, quique Epidaurum.

416. Avum item & proavum habuit Galenus [a] literis Græcis & artibus institutos liberalibus, patrem verò [b] Græcè doctissimum, pædagogumque & doctorem Græcæ eloquentiæ: quæ de Gallæciæ civibus quî dici potuere? Crevit ipse atque institutus est in lingua Græca [c]. Hispaniam autem sic describit, ut longè posita & invisa solemus. *De alimentorum* enim *facultatibus* scribens, post Damascena pruna (1) secundum assignat locum iis, *quæ in ea regione, quam Iberiam ac Hispaniam nominant, proveniunt.* Quinimmo pro vera patria stant ii auctores, quos maximè colere ac sequi Hauberti editor Argaizius debet soletque: Dexter scilicet historicorum antesignanus in Chronico suo, & auctor *Chronici Æmilianensis*, quod idem Argaizius vidit. I nunc, & Galenum dic in Hispania ortum, Haubertumque veracem!

417. At quibusdam aliis argumentis verosimilia dixisse Haubertum Argaizius comprobat? Absurdissimis, falsis, & indignis profectò quæ ab ore eius prodeant, qui li-

[m] *Annal. ab Orbe cond.* 3. parte pag. 231. edit. Græco-Latin. Parisiensis.

[n] Pag. 39. & 54. edit. Parisiensi MDCLX.

[o] Ad an. Mundi MMMMMDCLXV. edit. Græco-Latinæ Parisiensis pag. 353.

[p] Ad an. Mundi MMMMMDCLXV. pag. 18. edit. Parif. MDCXLIX.

[q] Lib. 10. *Hist.*

[r] In verbo Γαληνὸς·

[s] In *Chron.* ad annum Christi CXLVII.

[t] In Anthropologia.

[u] Ad annum CXLVII.

[x] In *Vita Galeni*, edita cum *Operum Indice* Venetiis apud Hier. Schotum MDXLVIII. in 8.

[y] *De composit. medicam. per genera* lib. 1. cap. 13. ubi Attalum Pergami Regem, suum Regem vocat; & *De composit. pharmacorum secundum locos*, lib. 2. ubi de nive Pergami frequenti, ac mox de atramento Pergameno.

[z] *De propriis libris* cap. 2.

[a] Eodem libro cap. 11.

[b] *De differ. pulsuum* lib. 2.

[c] Ibidem.

(1) *Almacenas* hodie pro *Damascenis* vernaculè Hispani appellant, præcipuè Toletani, qua in urbe maximus eorum, atque eximii saporis proventus est. Sunt autem autumnalia. Meminit Hispanicorum Galenus alibi, nimirum *VII. de simplic. medic.* Damascenorum seu Syriacorum Plinius *XIII.* 5. *et XV.* 13. Petronius *Satyr. Edit. Blav.* 1669. *pag.* 102. Martialis *V. Epigr.* 18. *et XIII. Ep.* 19. Columella *De cult. hort. vers.* 404. Palladius *XII.* 7. ceteri qui de R. R. scripsere; atque item Virgilius *Eclog.* 2. sed addit *cerea*, quæ huc non pertinent; nam quæ nostratibus *almacenas*, coloris sunt subnigri in rubrum vergentis, albicante et fugitivo flore conspersa. Quamquam autem apud Veteres non primas in mensis obtinuerint; Nonius tamen *Not. ad Petron. l. c.* Hispanica *multo præ Damascenis dulciora*: Galenus paulo ante laudatus *alvo levando aptiora* esse ait.

literas & libros tractat. Involvit nempe hoc fabulæ portentum cum inaniore adhuc fabula. QUINTUM SERENUM SAMMONICUM, medici libri metrici auctorem, Gallæcum ex Luitprandi testimonio (Luitprandus alter est è terræ filiis, in vanitatis gremio natus auctor, ut proprio loco admonebimus): Quintum esse illum fingit Galeni præceptorem, cuius ipse passim recordatur: hunc quoque propinquum seu cognatum Galeni fuisse coniectatur ex nomine ipso *Galeni*, quod *Serenum* significat. Immo & ex eadem familia Serenorum Gallæcorum esse ait SERENUM GRAVIUM Asiæ proconsulem qui ad Hadrianum scripsit pro Christianis, Iustino martyre & Eusebio testibus: quocum in Asiam ad munus hoc gerendum proficiscente, Niconem propinquum eò se cum Galeno filio contulisse, non abludere à vero suspicatur. Somnia hæc sunt ac refelli indigna, si non homines essent quibus probari opus est solem existere.

418. De Quinto Sereno Sammonico (ut hinc exordiar adscriptumque Hispaniæ scriptorem quoque hunc abdicatum dimittam) has effutivit nugas suppositítius Luitprandus [d]: *Quintus Serenus, Quinti Sereni filius, ad quem scripsit S. Bacchius Iustinus philosophus & martyr epistolam longam anno* CLVI. (*scripserat anno* CLIV. *ad S. Anicetum Papam*) *natione Hispanus, ex oppido Gallæciæ Samone, nunc vulgò* Samos, *unde dictus est* Samonicus. *Fuit, ut quibusdam placet, iunioris Gordiani, qui vixit annis* XXXV. *præceptor; nec multò pòst à Caracalla iussus est occidi in balneo (creditur ut pater Christianus, cuius causâ occisus credi potest), fuit medicus celeberrimus. Multa scripsit* De medicina, *in qua plurimum excelluit. Ex huius genere fuit Serenus martyr, & sancta Serena uxor Diocletiani Augusti: cuius neptis fuit etiam S. Susanna virgo & martyr, filia S. Gabini Martyris.* Item numero sequenti [e]: *Zenas & Q. Serenus Samonenses ex Gallæcia convenerunt Romæ Iustinum; & licèt coniugati, reversi in Hispaniam utebantur officio catechistarum, ut ex Iustino philosopho constat. Decessit Q. Serenus Samone in Gallæcia cum opinione sanctitatis anno* CLXV. *relicto filio adolescentulo, qui fuit egregius medicus, & virtutis ac religionis amantissimus. Dies senioris Q. Sereni dicitur fuisse* XIV. *Cal. Martii, illo anno. Medici duo filii Quintus & Marcus Sereni passi sunt sub Severo Alexandro. Item tertius & quartus Sereni passi cum aliis in Africa sub Diocletiano. Horum filii L. Serenus monachus familiaris Diocletiano, & Publius Serenus: martyr in Africa hic, ille verò in Hispania, Sexti Firmii in Bætica passus est sub Diocletiano anno* CCXC. *Horum erat cognata Sancta Serena uxor Diocletiani. Serena uxor Imperatoris Philippi, mater fuit Serenæ uxoris Diocletiani.* Cacoethem nugandi, aut potiùs de rebus tam sacris mentiendi! Sereni ergo tribus istis Ecclesiæ sæculis quotquot fuere, hos omnes si Pseudo-Luitprando Haubertoque aures damus Gallæca dederit Serenorum propago.

[d] *Adversario* 175.

[e] Adversario 176. & 177.

419. Hæc fuit prorsus ludionis huius, & aliorum eius similium in fallendo mens & consilium, spoliare illustribus earum hominibus externas regiones, quos Hispaniæ adscribere nominis æquivoci ductum sequentibus semel placuisset. Arrisit ergo *Samonici* nomen, quo *Serenus* appellatur, medicus auctor; visumque aptum ut fingeretur ab oppido Gallæciæ *Samos*, uti gentile derivatum. Hinc Q. Serenus Sammonicus Hispanus è Gallæcia repentè factus. Eandemque profectò metamorphosin passus fuisset, si notus fabulatori Samona Episcopus Gazensis *Dialogi* cuiusdam auctor *cum Achmete Saraceno Mahometano* circa annum MCCXXIX. conscripti, volumineque 4. *Bibliothecæ SS. PP.* exstantis. Sed ne is Q. Serenus Sammonicus sterilis apud nos vixerit, advocatum iri ad angulum hunc Hispaniæ oportuit nostræ quicquid *serenum* in toto unquam fuit historiæ illius temporis cælo, hoc est quicquid *Serenorum* usquam vixit aliquave commendatum laude floruit. Agedum, singula consideremus capita, bipedumque insulsissimum tot ferè mendaciorum quot verba effutivit arguamus.

420. *Quintus Serenus, Q. Sereni filius, ad quem cùm remisisset S. Bacchius Iustinus philosophus & martyr epistolam longam anno* CLVI. &c. Et postea: *Zenas & Q. Serenus Samonicus ex Gallæcia convenerunt Romæ Iustinum; & licèt coniugati, reversi in Hispaniam utebantur officio catechistarum, ut ex Iustino philosopho constat.* Obfirmatus præpostero consilio Serenos omnes in cinnum colligendi & urbe Gallæca donandi, recordatus fuit S. Iustini martyris epistolam ad Zenam & Serenum *De vita Christiana* inter cetera eius exstare opera, de cuius fide Bellarminus dubitat: hunc eundem esse cum *Sereno Sammonico* fingit, qui in scriptis gentilicam superstitionem ubique prodit; nam & Phœbum & Æsculapium in limine invocat suæ medicinæ; de ea quoque in aliis scriptis egit, quorum apud Macrobium [f] Arnobiumque [g] memoria exstat; necnon frequenter in isto operæ magicæ artis remediorum cum aliis il-

[f] Lib. 3. *Saturn.* cap. 9. 16. & 17.

[g] Lib. 6. *Adv. Gentes.*

illius ævi & sequentis medicis Alexandro Tralliano, Aetio, Marcello Empyrico usum commendat, observante ad ultimam Amstelodamensem huius operis editionem erudito viro Roberto Keuchenio. Egregium sanè Iustini de vita Christiana auditorem, & Gallæcæ Christianitatis catechistam! quem diu post Iustini martyrium sub Marco Antonino Imp. philosopho transactum, Caracalla cœnantem occidit [h]: Arnobius inter alios gentilicæ historiæ scriptores, quorum testimoniis ad refellendas gentium persuasiones utitur, laudat [i]; quique in libris *Ad Antoninum* [k] (eumdem credo illum qui Iustinum neci dedit) tot superstitiones literis consignavit. Præterea S. Iustinum martyrem *S. Bacchium Iustinum* falsò appellat: qui non *Bacchius* proprio nomine, sed Prisci filius, Bacchii nepos fuit, uti de se ipse refert *Apologetico ad Antoninum*, & ex eo Eusebius lib. 4. *Hist. Eccles.* cap. 12. aut *Prisci Bacchii* filius, quomodo apud S. Hieronymum legitur [l]: ubi, & in Honorio Augustodunensi [m] fortè subrogandum sit, *patre Prisco Bacchii*. Certè nullus ex antiquis Iustini laudatoribus aliud ei nomen præter id, cum *philosophi* additione, attribuit: quorum testimonia collegit Petrus Halloix in *Illustrium Ecclesiæ Orientalis Scriptorum* volumine altero.

[h] Spartian. in *Caracalla*.

[i] Lib.6. *Adv. Gentes*.

[k] Spartian. in *Antonino Geta*.

[l] *De Scriptor. Eccles.* c. 23.

[m] *De Scriptor. Eccles.* cap. 24.

421. Prosequitur Luitprandi larva: *Scripserat* (Iustinus nempe) *anno* CLIV. *ad S. Anicetum Papam*. Inclytus nempe martyr in ea *ad Zenam & Serenum epistola* hæc habet: *De quorumdam, prout eorum fert præsumtio, institutione & disciplina &c. in epistola ad Papam perquam diligenter & accuratè disserui.* De hac docere nos voluit nugivendulus, ad Anicetum scriptam esse Romanum Papam. At quidem stilus eius temporis planè respuit *Papam* absolutè de Pontifice dici Romano: quod Baronius vidit. Nec Anicetus Ecclesiæ præfuit usque ad annum CLXVII. Tantum abest ut ad eum anno CLIV. Iustinus scripserit, quo anno sedisse Hyginum annales Ecclesiastici nos docent.

422. *Natione Hispanus ex oppido Gallæciæ, vulgò* Samos, *unde dictus est* Samonicus. Data nempe fuit fabulatori occasio de Sammonici patria ludendi, ex quo nescire se fatentur docti viri [n] undenam Sereno id contigerit nomen. Ecquidem corruet planè nostri etymon, si *Sammonicum* (quomodo in quibusdam Macrobii & Arnobii MSS. codicibus reperitur) cum duplici *m*, non *Samonicum*, quod aliàs vulgare est, præferre libeat. Gallæcæ autem urbis *Sami*, aut *Sammi*, nulla apud Antiquos mentio. Nec ideo quia ignoramus nominis caussam, temerè fingenda est, aut fingenti auscultandum. *Samonium Cretæ* promontorium Straboni [o], Melæ [p], Plinio [q] laudatum scimus. Unde potiùs quam à *Samo* insula Ægæi maris, à qua *Samius* planè diceretur, appellanti *Samonicum* faciliùs credemus.

[n] Keuchenium vide in Prolegomenis ad Serenum.

[o] Lib. 10.

[p] Lib. 2. c. 7.

[q] Lib.4. c.12.

423. *Fuit (ut quibusdam placet) iunioris Gordiani, qui vixit annis* XXXV. *præceptor. Nec multo post à Caracalla iussus est occidi in balneo. Creditur, ut pater Christianus, cuius causâ occisus credi potest. Fuit medicus celeberrimus. Multa scripsit de medicina, in qua plurimum excelluit.* Quæ quidem propria parentis sunt, filio attribuit. At ea distinxerunt apertissimè Spartianus & Capitolinus. Quem quidem Caracalla occidit cœnantem (non in balneo), is pater Sammonicus fuit, non iunior qui Caracallæ tot supervixit annis, & Gordiani fuit præceptor. Hic ipse est qui medica arte excelluit eiusque artis opera reliquit, non filius. Spartianum audi: *Occisique nonnulli* (in vita Caracallæ ait) *etiam cœnantes, inter quos etiam Sammonicus Serenus, cuius libri plurimi ad doctrinam exstant.* Idem in Geta Severi filio: *Sereni Sammonici libros familiarissimos habuit, quos ille ad Antoninum scripsit.* Præter enim vulgarem *Medicinæ* librum carmine scriptum, *Rerum reconditarum* opus tribuit Sereno Sammonico Macrobius [r]. Ad quod magis quàm ad medicum opusculum Spartianus per me respexerit. Meminit item Ioannes Saresberiensis lib. 8. *De nugis curial.* cap. 7. Sammonici Sereni temporibus Severi principis. Antoninumne cui inscripti libri fuere Caracallam ipsum intelligam, an M. Antoninum philosophum, qui eo triginta annis superior fuit imperandi ætate: ambiguus sum.

[r] Lib. 3. *Saturn.* cap. 9.

424. Planè hunc doctrinæ eximiæ virum alterius Sereni Sammonici, quo præceptore usus Gordianus iunior fuit, parentem fuisse, docet clarissimè Capitolinus. *Sereno Sammonico* (in vita Gordiani ipsius iunioris ait) *qui patri eius* (Gordiano seniori) *amicissimus, sibi autem præceptor fuit, nimis acceptus & carus, usque adeò ut omnes libros Sereni Sammonici patris sui, qui censebantur ad* LXII *millia, Gordiano minori moriens ille relinqueret.* Neque hic ergo medica arte & libris clarus, neque à Caracalla occisus, quæ somniavit Luitprandus: qui & impiè de caussa mortis eius qui verè à Caracalla occisus fuit Sereni senioris, adiungere non erubuit credi posse Fidei causâ eum occidi iussum; cùm ex Spartiano [s] compertum sit

[s] In vita Caracallæ.

ſit occiſum eum iuſſu Caracallæ eò ſolùm quòd Getæ faviſſet partibus. Sed redeamus ad fabulam noſtram.

425. *Ex huius genere fuit Serenus martyr, & S. Serena uxor Diocletiani Augusti, cuius neptis fuit S. Suſanna virgo & martyr, filia S. Gabini martyris.* Serenum martyrem eum fortè intellexit, cuius hiſtoriam catalogo ſuo Petrus de Natalibus lib. 3. cap. 47. conſignatam reliquit. De Serena Diocletiani uxore, & Suſanna eiuſdem Auguſti nepte, conſule ſìs Baronium [t].

[t] Tomo 2. ad ann. CCXCV.

426. Proſequitur Adverſario 158. *Deceſſit Q. Serenus Samonicus Gallæciæ cum opinione ſanctitatis anno* CLXV. *relicto filio adoleſcentulo, qui fuit egregius medicus, & virtutis ac religionis amantiſſimus.* Occiſum eum Romæ à Caracalla fuiſſe diximus, quòd Getæ partes foviſſet: qui Caracalla anno Chriſti CCXII. ſive CCXIII. (1) imperare cœpit. Pietatem ethnicis hominibus temerè attributam, illis vindicandum quorum curæ id commiſſum eſt libenter relinquimus.

427. *Dies ſenioris Quinti Sereni dicitur fuiſſe* XIV. *Cal. Martii illo anno.* Habuiſſe quidem ob oculos videtur mihi nugivendulus noſter Serenum martyrem, qui non XIV. ſed VII. Cal. Martii ab Hagiologis memoratur [u]. Facilis enim error in exſcribendo auctoris exemplo. Nec quòd ille monachus & ſub Maximiano dicatur fuiſſe martyr opponas; dummodo Serenus fuerit, & aptus nomine ad ludendam hanc fabulam: in quo te paulò inferiùs confirmabimus.

[u] Martyr. Rom. Galeſinus hoc die. Equilinus lib. 3. cap. 147.

428. *Medici duo filii Quintus & Marcus Sereni paſſi ſunt ſub Severo Alexandro.* Aut nihil video, aut impudentiâ ſuâ uſus auctor eſt ad huc trahendum Serenos duos Origenis diſcipulos, quorum ſub Severo Imperatore martyrii lib. 6. *Hiſt.* ſuæ cap. 14. Euſebius meminit. *Poſt Plutarchum* (ait [x]) *ſecundus ex Origenis diſcipulis martyr fuit Serenus, qui Fidem quam acceperat igne examinatam ac probatam exhibuit.* Et poſt nominatos alios, Heraclidem Heronemque: *præter hos quintus* (ait) *ex eodem auditorio Chriſtianæ pietatis athleta Victor renuntiatus eſt Serenus, priori illi cognominis*, &c. Hos nempe Quinti & Marci nomine appellatos voluit Luitprandus hypobolimæus: Quinti nempe, ut martyrem Chriſti ac Origenis diſcipulum, ex Quinto Sereno Sammonico iuniore, ſenioris filio, crearet: qui nempe Quintus Serenus tot annis poſt Severum erudivit in literis Gordianum, ut iam vidimus. Nec repugnat coniecturæ noſtræ, quòd ſub Severo Alexandro referat contigiſſe martyrium, qui alius à Severo prorſus fuit. Hæc enim alia eſt oſcitantia eius, qui ne quid etiam volens verum diceret, fatali quadam neceſſitate adigebatur.

[x] Ex Verſione Valeſii.

429. *Item tertius & quartus Sereni paſſi ſunt cum aliis in Africa ſub Diocletiano.* Niſi in his reſpexerit ad aliquos Tertii & Quarti nomine appellatos martyres, qui nonnulli ſunt in ſacrorum faſtorum tabulis [y]: libenter fatebimur noſtri abigei veſtigia nondum hìc nos deprehendiſſe.

[y] *Tertius* M. 19. Octob. in *Romana* veteri, & apud Adonem. & 6. Decemb. in Romana. *Quartus* 10. Maii. 6. Aug. ibidem, & 5. Novemb. in appendice Adonis.

430. *Horum filii Lucius Serenus monachus familiaris Diocletiani, & Publius Serenus martyr: in Africa hic, ille verò in Hiſpania Sexti Firmii in Bætica paſſus eſt ſub Diocletiano anno* CCXC. Pergit omniſcius vir Serenorum ſucceſſionem pertexere, Tertiique & Quarti filios ait fuiſſe *Lucium Serenum* monachum, Sexti Firmii in Hiſpania, & *Publium* in Africa martyres. Undenam tagaces manus ſubripuerint *Serenum* illum *monachum* martyrem ſcire cupis? Equilinum Epiſcopum adi, & libri 3. cap. 147. *Serenum monachum* laudatum oſtendes ſub Maximiano (Diocletiani collega) Sirmii martyrem; ex *Sirmio* enim celebri Pannoniæ urbe facta eſt ad nutum tabulatoris *Sexti Firmii* nota Hiſpaniæ urbs ad oram Bæticæ. Publius autem Africæ martyr quærendus eſt vel XIX. Februarii, vel ſecundâ Novembris diebus.

431. *Horum erat cognata S. Serena uxor Diocletiani* (de qua ſuprà dictum). *Serena uxor Imperatoris Philippi, mater fuit Serenæ uxoris Diocletiani.* Stupiditatem an inverecundiam hominis averſabimur, qui Serenam ſuſtinuit chartis illinere atque huic familiæ inſerere, quæ quidem Severa fuit nomine, ad quam ſcripſiſſe Origenem teſtatur Euſebius. Certè is Σεβῆραν, *Severam* lib. 6. cap. 36. diſertè appellat. Integrum nomen fuit *Marcia Otacilia Severa*, id quod ex pluribus numis tam Græcis quàm Latinis obſervat docetque Ezechiel Spanhemius in *De præſtantia & uſu numiſmatum antiquorum* [z]. Hæc nimirum eruditio eſt Pſeudo-Luitprandi; & huius lucubrationibus veritati propriè *adverſariis* inniti adhuc nonnulli ſuſtinent: quibus

plum-

[z] Edit. 2. anni MDCLXXI. Amſtelod. *diſſert.* 7. pag. 635.

(1) Immo anno CCXI. Urbis conditæ 964. Lolliano Gentiano et Pomponio Baſſo Coſſ. De quo videndi Dio in *Faſtis lib. LXXVII. præmiſſis*: Onufrius *Olymp. CCXLVII.* Patarolus *Ser. Augg. n. 22.* Hoc certe anno Chriſti CCXI. atque Urbis conditæ 964. Severus Imperator Caracallæ et Getæ parens Eboraci in Britannia deceſſiſſe dicitur: Dioni quidem PRID. NON. FEBRVAR. Panvinio ANTE DIEM III. EID. APR. Agnoſcit paulo infra Noſter hanc chronologiam, num. ſcil. 432.

plumbei oris & cordis homo Ioannes Tamaius validè suffragabitur, si poetæ sui Auli Hali carmen, à se ut credimus formatum, ac *Pro SS. Serenis Hispanis* inscriptum; actusque illos Quinti Sereni, propaginemque Luit-prandinam Serenorum XIX. Februarii diebus inserta, stupidissima non esse ac falsissima, germanaque Luitprandinæ fictionis persuaserit (1).

432. Redeamus tamen ad Argaizium Hauberti assertorem, & reliqua eius argumenta verè plumbea; siquidem in Luitprando nihil ei subsidii esse usque nunc pervicimus. Quintum, ait, quem supra omnes sui temporis medicos excelluisse & in anatomica re experientissimum fuisse Galenus docet [a], eundem esse cum Q. Sereno Sammonico, quem Galeni præceptorem falsò autumat. Galenus sanè non audivit Quintum, sed discipulos eius Satyrum Pergami, Numisianum Corinthi; & hic Quintus obiit Antonini Pii ævo. Quintus autem Serenus Sammonicus occisus fuit à Caracalla, ut vidimus. Res plana erit si animadvertamus Quintum, diem suum obiisse dum Galenus Satyro eius discipulo operam daret, ut ex aliquo [b] ex suprà laudatis pro Galeni patria testimoniis constat. Post Satyrum audivit Pelopem & Numisianum eiusdem Quinti discipulos, indeque Romam venit initio principatûs Antonini, hoc est Marci Antonini, quem dicimus, cognomento philosophi (qui imperare cœpit anno CLXI.): quod ipse etiam in eodem loco refert. Quid ergo Quintus hic ad Sammonicum, quem occîdit Caracalla, ab anno CCXI. (2) Imperator Romanus, integris quinquaginta post Antonini Pii mortem: cuius tempore, nec postea, obiisse diem suum Quintum certo certius est?

[a] *De Præcognit. ad Postumum*, & *de libris propriis* cap. 2.

[b] *De anatom. administ.* lib. I. cap. 2.

433. Unde fit crassissimum impactum fuisse Hauberto errorem ab eo qui hunc hominem velut Prometheus alter finxit, dum ad Antonini Pii tempora, ad annum scilicet CXL. res florentes Galeni refert. Eo enim anno gerebat in ætate Galenus novem, aut circiter. Venit quippe is primùm Romam XXXII. annos natus, quod annotatum reliquit ipse in Hippocratem *De articulis* [c] scribens. Adventus autem hic imperantibus Marco Aurelio Antonino & Lucio Vero contigit: quorum ipse meminit, bellique Parthici seu Mesopotamici à Lucio gesti, quum de prædicto adventu verba facit [d]. Venit quidem Romam è Pergamo quò urbis huiusce suæ turbas fugeret; ferè autem post quinquennium Romæ transactum in patriam rediit, septimo nempe ac tricesimo ætatis anno; nec diu ibi moratum in Italiam rursus evocari eum contigit ab Imperatoribus Marco & Lucio ex urbe Aquileia: quò quidem se pervenisse sub id tempus quo lues grassata vehemens extinctusque alter eorum Lucius fuit, in commentario *De libris propriis* refert [e]. Scilicet annis CLXIX. & sequenti, hoc est, horum Augustorum imperii octavo & nono, quod ex Chronico Eusebii constat; Galeni autem ipsius tricesimo octavo, aut circiter. Unde quisnam non videt perspicuè colligi anno CXL. quo florere Galenus ab Hauberto dicitur, vix decennalem puerum fuisse? Non ergo Antonini Pii (quod Argaizius Haubertum suum secutus ait), sed Antonini Philosophi eius successoris medicus fuit Galenus.

[c] §. 23.

[d] *De Præcognit. ad Postumum* c. 2. vol. 4.

[e] Eodem capite.

434. Ad Serenorum prosapiam aliquot antè annis à se editam, Gallæciæque assertam, Argaizius nos deinde vocat, confirmaturus Hauberti nugas; contenditque Serenum Asiæ proconsulem qui pro Christianis ad Hadrianum scripsit, Hispanum ex Gallæcia fuisse; indeque secum in Asiam & Pergamum propinquum Galenum duxisse. At quibusnam ad asserendam Sereni proconsulis patriam istam agit testibus? Eusebio, ait, & Hadriano ipso, qui *Serenum* disertè *Gravium*, hoc est Gallæcum vocat. Siccine licet oculis nostris illudere, monumentorumque veterum temerare fidem velle? *Serenus Granius* hic est apud Eusebium in Chronico [f]: quomodo, & appellavere Orosius & Marianus Schotus; sive *Granianus*, quod ex Iustino Martyre, atque eiusdem Eusebii historia, literisque ipsis Hadriani Cæsaris ab utroque adductis aptiùs probatur. Ἐπιστολὴν ἐδεξάμην γραφεῖσάν μοι ἀπὸ Σερηνίου Γρανιανοῦ λαμπροτάτου ἀνδρὸς, ὅντινά συ διάδεξας. *Literas à Serenio Graniano, viro clarissimo, cui tu in provincia successisti, ad me datas accepi*, Hadrianus ait ad Minucium Fundanum. Hanc ita conceptam epistolam fuisse S. Iustinus ait *Apologiâ secundâ pro Christianis* Antonino Pio & filiis nuncupatâ, ex eoque

[f] *Hadriani* anno. x.

(1) Appicti Aulo Halo à Tamaio Carminis, quale *Tom. I. Martyr. Hisp.* pag. 183. legitur, gustum sistere placuit,

Plurimis en urbem ditavit ubere Romam
Samonicis glebâ, sanctis Ibera domus.
Primitias QVINCTVS *Romæ dedit arte* SERENVS
Mirabili quondam, cum fuit urbis honos.
Is alium QVINCTVM *genuit; qui Medicus illum*
Caracalla fecit balneis occidere &c.

Viderint quæso qui Tamaii epulis delectantur, barbamne is unguesque ponere unquam curaverit: nimirum ut Poetæ pretium nomenque ipsi decernant.

(2) Vid. notata nostra suprà num. 426. de Caracallæ principatûs initio.

que Eusebius lib. IV. *Hist.* cap. 9. & Nicephorus Callistus lib. 3 cap. 27.

435. Utcumque autem sit, undenam tua, Hauberti propugnator, *Gravium* pro *Granium* aut *Granianum* supponendi temeritas, quasi *Granianorum* aut *Graniorum* apud Romanos haud notum esset nomen? Granius Flaccus *De indigitamentis* scriptor

g *De die natali* cap. 3. laudatur à Censorino [g]. Granius Licinianus, & Granius Flaccus à Macrobio [h].

h Lib. 1. *Saturn.* cap. 16. & 18. *Thesaurum inscriptionum* consule, & inter plures alios *Granium Serenum* lapidi

i Pag. 533. 6. Romano sic inscriptum reperies [i]:

C. BEATI MAXIMI
VETER. COH. IX
PR. S. MONTANI. T. P. I.
M. GRANIVS SERENVS
MIL. COH. V. PR. >.
POMPEII. H. F. C.

Granianus item cognomento fuit *Iulius* declamator is, cuius in Alexandri Severi vita Lampridius mentionem habuit. Neque *Gravii* nomen Gallæcum denotat (1); aliàs Gallæci fuerint nomine L. Gravius Seio, & Gravia T. L. Secunda, quorum mentio est in Gruterianis inscri-

k Pag. 182. 6. & pag. 967. 12. ptionibus [k]. Hæc nempè Argaizius vocat argumenta in historica re evidentia.

O cor Zenodoti! ô iecur Cratetis!

436. Nec his contentus adiungit alterum ex *Galeni* nomine, quod Græcè idem significare ac *Serenum* ait. Ex quo nasci contendit argumentum mutatæ cum Græca Hispanæ patriæ; simulque assumti, Græcos inter, Græci nominis, vernaculo Latino respondentis. *Claudium* ergo putat nomen fuisse ei proprium, *Galeni*que appellativum. Sed omnia hæc temerè & inconsequenter dicta sunt. Temerè; nusquam enim exempla mutati hoc modo nominis è Latino in Græcum eiusdem significationis vocabulum suppeditavit eius ævi historia. Sed Latina omnia propria nomina Græcis passim in usu fuere, sicuti & Latinis Græca; leviter tantùm iuxta grammaticæ propriæ regulas ad alterius linguæ usum efformata. *Plutarchus* Latinis semper dictus, *Eusebiusque*, *Gregoriusque*, *Basiliusque*, & alii Græcæ originis homines, illibata ibique idiomatis Græci appellatione: non *Opulentus*, non *Pius*, aut *Vigilantius*, aut *Regius*, quod Latinè ea sonant vocabula. Pariter atque inter Græcos Constantinus, Iustinus, Iustinianus, Augustinus, non quidem transformati sunt in eiusdem significationis, quod poterat, Græca nomina; sed propriæ originis nomina inter Græcos conservavere. Ridiculumque esset ex eo quòd Γαληνὸς, sive Γαλῆνος, *tranquillum*, haud minùs quàm *serenum* significat, *Suetonium Tranquillum* (cuius pater fuit Suetonius Lenis, referente filio in Othonis vita) cùm in Græciam venisset in *Suetonium Galenum* transformari. Hæc planè nominum familiæ prærogativa perpetua est, ut vel apud exteros maneant, nec oblivioni detur originis claritudo. Et persuaderi se Argaizius tulit, Galenum ex serenissima ea Serenorum Gallæcorum stirpe procreatum, sic facilè passurum aboleri memoriam generis, & in barathrum Græcæ transformationis præcipitari.

437. Sed, inquit, immo *Claudii* propriam appellationem retinuit, appellativam *Sereni* nomenclaturam Græcis notâ eorum cudendam permisit. Immo si *Claudius* nomine fuit Galenus, (de quo, cùm ipse *Galenum* se tantùm [l], (*et*) nusquam nec is nec alii [m] *Claudium* appellent, dubitare non temerè possumus) generis nomen illibatum hac ipsa ratione, quam inculcavimus retinere debuit; eo quòd personæ proprium erat, in quodvis aliud transformari permisso. Hæc dicimus Argaizii sermone loquentes: non ignari, & *Claudium*, & *Serenum* gentis esse vocabula, Græcosque unico tantùm nomine contentos vixisse: quòd mihi indicium esset falsò attributæ Galeno Pergamensi *Claudii* appellationis, nisi aliàs novissem Græcis qui civitate Rom. donati essent, in more fuisse propriis nominibus Romana adiungere. Archias enim ille quem defendit Cicero, *Aulus Licinius Archias*: *Musa*, *Antonius Musa*: *Diodotus* medicus, *Petronius Diodotus* apellari voluere: uti de Claudio Galeno loquens observavit Petrus Lambecius lib. II. comment. *De Bibliotheca Cæsarea* cap. 7. [n]

l *In Hipp. lib.* 6. *de morbis vulg.* §. 2.

m Laudant quippe sub *Galeni* nomine ex antiquis Eusebius lib. 5. *Hist. Eccles.* cap. 28. Alex. Aphrod. ad lib. 8. *Topic.* Suidas, alii.

n Pag. 591.

Ab-

(1) Sub *Gallæcis* sive *Gallaicis* et Bracari, et Cœlerini, & Grovii, & Limici, & Querquerni, & Artabri, aliique obscuriores populi continebantur, ut est apud Cellarium et veteres Geographos. *Grovii* Ptolemæi Edit. Romanæ 1507. seu *Grivi* ut apud ipsum in Hispaniæ tabula, aliis vero *Gravii*, Durio & Minio amnibus claudebantur, & per eos Avo, Céladus, Nebis, Minius, & cui oblivionis cognomen est Limia rectà in mare aut in Durium influebant, teste Mela lib. III. c. 1. Fuere qui apud hunc Scriptorem loco citato pro *Groviis*, *Gronios* legerent: unde opinio manavit diversos populos à Graviis fuisse, ut Cellarius notat *lib. II. c.* 1. *n.* 53. Silius *lib. III. v.* 366. *Gravios* à Graiis sive Græcis derivat, inquiens

Et quos nunc *Gravios* violato nomine *Graiûm*
Œneæ misêre domus,

ut est in vulgatis editionibus; Romana autem nostra 1471. paulo antè laudata pro *Graiûm Gravûm* exhibet; *Granios* autem populos nemo hactenus quem legerim dixit.

438. Absolvamus tandem de Galeni patria, & Hauberti atque eius sequacium vanitate verba facere: quem Galenum non dubitavit & Bergomensi urbi Italiæ civem asserere Donatus Calvus Augustinianus in scena literaria Bergomensium Scriptorum vulgaris idiomatis, eo tantùm quòd Bergomus (*urbs*) olim audierit *Pergamus*; idque secutus sit hoc tantùm argumento usus Ioannes Michael Albertus Carrara medicus in quadam oratione ad capitulum ut vocant fratrum Minorum anno MCDLX. habita. Sic ludunt etiam docti homines de veneranda antiquitate.

439. Sed nondum relinquere has nugas permissum nobis, nisi priùs lectorem nostrum opportunè admoneamus Pseudo-Haubertum implêsse illustribus viris Hispaniæ fastos utriusque huius sæculi. Eccillos:

ANNO VII. AULUS ELPIDIUS *poeta Calagurritanus floret.*

XV. *Toleti moritur* GABIDIUS *orator, & simul concionator.*
Cauce, quod Burgos est in Vaccæis, obiit LUCIUS *poeta.*

XXIV. *Gerundæ in Catalaunis moritur plenus dierum & ægritudine* RUFUS PAULATUS *concionator.*
Libyæ obiit plenus dierum & ægritudine PAULUS LÆTUS *rhetoricus insignis.*
Conchæ Camporum floret HORTELIUS, *filius Orontii Reguli, orator insignis.*

LI. *Sintriæ floret* L. SENECA *philosophus, & catholicus.* Nisi LUCIUM intelligat SENECAM, vulgò notum.

LXIII. *Bletissæ floret* EUTYCHIUS *poeta Lyricus.*

CVI. *Emeritæ floret* AURELIUS DIACONUS *valdè concionarius, idest poeta.*

CXXVI. *Salmanticæ floret* ESIDIUS *poeta.*

CXLIV. *Tyde circa Rucinum floret* RUFUS DIACONUS *concionarius.*

CLII. *Hoc eodem anno memoria habetur* S. HIEROTHEI *Segoviensis Episcopi. Vitam eius scripsit Petrus eiusdem civitatis Episcopus.* Fabulam fulciendæ fabulæ!

CLVIII. *Carthagine Spartaria florent* IULIANUS, MODESTUS, ET RUFUS *philosophi.*

CLXVII. *Tyrasone obiit* PAULUS *valdè concionarius, simulque philosophus.*

CLXXVIII. *Salmanticæ floret* RUFUS DIACONUS *Episcopi Saturnini, valdè historicus.*

CLXXXI. *Circa Hispalim Utriculi floret* LUCIUS NATUS *theologus maximus.*

CLXXXII. HIERONTIUS *poeta Hispanus Romæ floret.*

CLXXXVII. SOCRATES *philosophus Italicæ moritur.*

440. Puduit nempe huius Chronici auctorem subverecundæ adhuc frontis aliorum similium Scriptorum, quos malesana mens ad huiusmodi fictionibus veram historiam deturpandam coegit. Dextri enim, Maximi, Luitprandi, Iuliani, quos intelligo, notis aliàs rebus personisve superstruere fabulas propositum fuit perpetuum. At quia abyssus abyssum invocat, secretoque impunito crimine quodammodo ad publicum invitamur: Haubertus iam ausus est, non ut alii transformare aut mutare de loco in locum, ex pluribus unum ex unove plures homines facere; sed quod verè Deus solus potest, falsò ipse qui nusquam fuerunt, ex nihilo fingere; omninoque in fabulatoriam artem gravissimam totius doctrinæ historiam impudentissimè convertere.

CAPUT XXI.

Tertium sæculum scriptoribus vacuum. LUCIUS VALERIUS *inter scriptores Hispanos à Pseudo-Dextro intrusus, ab eorum albo expungitur.* CALEDONIUS *Episcopus Bracarensis temerè Scriptorum Hispanorum censui adiudicatus. Scripsisse* vitam S. Petri Ratistensis *creditur. Hugonis Episcopi Portugallensis epistola ad Mauricium Archiep. Bracarensem. Caledonius Episcopus Africæ, non Hispaniæ. De* POMPONIO *&* LUCIANO *idem statuitur.* Iosiniana *&* Rucumma *Africæ Ecclesiæ. Fortè* Dionysiana *legendum pro* Iosiniana. PAULATUS *Toletanus Episcopus alius à* POMPONIO*: quod nomen illi falsò inditum. Hugonis epistola* νοθείας *&* ὑποβολῆς *arguitur. Petrus S. Iacobi Apostoli discipulus primus Bracarensis antistes.*

441. SÆCULUM tertium scriptoribus Hispanis carens illustraverunt, & meliori aureola coronaverunt Sancti Christi martyres, rubricâ sanguinis sui Christianam legem cordibus scribentes, atque Hispanam gentem & Ecclesiam potiori quàm ea est quæ ab scribendi merito nasci-

citur, laude cumulantes, posteritatique consignantes. Nec tamen desunt quæ falsò attribuuntur sæculo isti suppositorum hominum, à nonnullis vera existimata; sed ea quidem verè conficta, & otiosorum nugacibus fabulis computanda, monumenta.

442. Pseudo-Dexter in Chronico ad annum CCC. [o] ita habet: LUCIUS VALERIUS *Hispanus Berosi fragmenta in quinque partes digessit.* Totidem nunc leguntur libri Berosi illius quem Annius Viterbiensis edidit, & catholicis Hispaniarum Regibus Ferdinando atque Elisabethæ nuncupavit: exagitati à tot celebribus eruditione viris: defensi ab aliis præsertim Dominicanis [p], quorum sodalis Annius fuit: quibus utrisque partibus renuntiare videntur nec solidè damnare Berosianam hanc telam, sed quænam in ea sint veteris aut sequioris notæ quærendum intimare, homines huius sæculi humanioribus in literis atque in disciplina historica, necnon in critices studio præstantissimi [q] (1). Satis autem ad rem de qua agimus impræsentiarum est, nôsse Toletanum Archimedem nostrum, horum αὐτομάτων fabricatorem, qui genio utebatur iis simili quorum industriâ sive Berosianum hoc sive alia huiusmodi monumenta succrevere: ante alia decuisse, ne inter tot succollata dictisque suis statuminata falsa, testimonium aliquod eius desideraretur Berosianæ legitimitatis controversiæ præstitum. Huc ergo respexisse planum in Lucii Valerii hac mentione; ut scilicet formæ Berosiani operis quod ab Annii manu excidit quinque partitæ, Latinum aliquem assignaret auctorem, haud ambiguum mihi est. Itaque Dextri fide tantùm Scriptorum immissus numero Valerius Hispanus, in eadem navi cum assertore suo vehitur: quæ tota rimis iam fatiscit, brevique demergetur.

443. Alter est huic tempori adiudicatus scriptor CALEDONIUS Episcopus Bracarensis, ille cuius Pseudo-Dexter his meminit ad annum CCLXVIII. [r] *Caledonio Bracarensi, ad quem scribit S. Cyprianus, succedit Narcissus.* Meminit & Maximus [s], & Pseudo-Iulianus [t], præcessisse eum in Episcopatu S. Secundum, sub Imperatore Valeriano in Cyrte Numidiæ urbe martyrem confingens. Hunc volunt scriptam reliquisse vitam S. Petri de Ratis, primi ut creditur eiusdem Bracarensis Ecclesiæ Episcopi: unde acceptum fragmentum epistola quædam continet *Hugonis Portugallensis præsulis ad Mauricium antistitem Bracarensem:* quæ superioribus annis in Lusitania apparuit, ex autographo ut credi volunt à Gaspare Alvarez de Losada regii Ulissipponensis tabularii custode transcripta, & ad Franciscum Bivarium Cisterciensem *commentariorum suorum ad Dextri Chronicon* versantem machinam, remissa: quam quidem laudatus Bivarius in testimoniis seu *elogiis auctorum qui Dextri cum laude meminerunt,* nobis repræsentavit. Eccillam:

EPISTOLA HUGONIS EPISCOPI PORTUGALLENSIS.

Domino meo Mauricio Archiepiscopo Bracarensi, salutem.

444. *INvenio S. Petrum Ratistensem fuisse in Hispania vicarium S. Iacobi, dum in Britannias & alias provincias perrexit; quâ verò potestate penitùs ignoro. Sunt etiam qui dicunt eàdem functum dum vixit. Huius vicariæ auctor, & alterius à B. Petro Apostolorum principe commissæ, est Caledonius Bracarensis in vitâ eiusdem B. Petri, quæ cum aliis Sanctorum Hispanorum actis in pervetusto codice membraneo scripto de mandato Argioviti, quondam huius sedis Episcopi, apud me est. Sic enim habet.*

445. *S. Petrus civis Bracarensis, qui & Samuel dictus, à S. Iacobo Ioannis fratre Zebedæi filio, suscitatus, in Episcopum Bracarensem consecratus est, & ab eo missus, multis* [u] *ibi eius generis tribubus dispersis, & gentiles convertit. Inde digressus, Tyde Iriæque prædicat, & per totam maritimam oram ad promontorium usque Cynthium, sive & Ulyssæum; instituitque ex discipulis sui magistri, quos secum adduxerat, Episcopos, Portucalle, Eminio, Conimbricæ, Olyssippone, & ultra Nerium promontorium alios; & ad eius exemplum non in una tantùm civitate commorabatur, sed zelo fidei mediterranea citra & ultra Tagum, populosque sibi commissos, ambiens, Ægitaniæ, Calleusiæ, Emeritæ, Ambratiæ, & in aliis*

R Vet-

[o] In edit. Bivarii comm. I. n. 13. pag. 316.

[p] Leandro Alberto in *Descrip. Italiæ.* Diago lib. 2. *Annal. Valent:* Alphonso Maldonato in *Chronico universali*, sive tractatu quodam huius argumenti ei annexo. Thoma Mazza Foroliviensi tandem in *apologet. pro Joanne Annio.*

[q] Bern. Baldus *divinatione in tabulam Eugubinam æneam.* Barthius *animadv. al Gallum*, pag. 62. & ad Rutilii *Itinerarium* lib. 2. vers. 33. Reinesius epist. 35. ad *Rupertum* pag. 241. Cui se conformat idem Christianus Adamus Rupert. epist. 48. pag. 417. idem Reines. epist. I. ad Vorstium, quarum fasciculus præcedit editionem epistolarum ad Christianum Daumium Ienæ MDCLXX. in 4.

[r] In edit. Bivariana p. 288.

[s] Ad an. DCXII. num. 18.

[t] *Adv.* 633.

[u] *Multos*, credo, & *dispersos* postea.

(1) Echardus (*Script. Ord. Præd. T. II.* pag. 5.) prolatis Ioannis Annii de Beroso et Manethone monumentis, varia doctorum virorum pro eo et in eum iudicia adducit, neutri partium favens, contentusque ne quis interea virum summo in honore domi atque in Urbe omnium domina dum vixit habitum pro falsario aut impostore habeat: *Delusus* (inquit) *si velis aut falsus dicatur, cum monumenta sibi delata antiqua credidit; at nec ratio neque religio permittit, ut ceu fallax et veterator sine teste traducatur;* et pergit subinde historiolam de saxeis æneisque ab Annio confictis terrâque furtim conditis certoque tempore eruendis monumentis, quam Cl. Antonius Augustinus (*Dialog. X. de numism.*) è Latinii Latinii ore se excepisse refert, lepidam fabellam esse asserens, prorsusque indignam cui à tantis viris fides adhiberetur.

Vettonum & Lusitanorum urbibus verbum Dei disseminat; & transacto ad Pannonias Durio in Bracaram Augustam rediit.

446. *Quindecim mensibus vix ferè elapsis, eius magister Iacobus ad Cæsaraugustam ædiculam excitavit in honorem Deiparæ Virginis, creatoque ibi Athanasio discessit, & Bracaram venit, ubi sacrat eidem Dominæ cum Pio Hispalensi & Elpidio Toletano Episcopis, & aliis ex primis eius discipulis, ædiculam in quadam crypta prope balnea, iuxta templum ab Egyptiis Isidi quondam dicatum. Et inde Brigantio navim transcendens in Britannias appulit, relicto Bracaræ S. Petro eius vicario, & primario inter alios quos sacrârat in Hispania Episcopos.* Hactenus, ut videtur, ex Caledonio. Sed prosequitur Hugo.

447. *De prima legatia ad Hispanias à B. Clemente missa sic Dexter Paciani filius in historia ad Orosium, quam in eodem codice descriptam invenio: Philippus cognomento Philotheus &c.* Sequuntur ea quæ Pseudo-Dexter habet ad annum XCI. sui Chronici [x]; quamvis in re magni momenti, quode infrà monebimus, hoc fragmentum epistolæ Hugonis, Dextrique contextus ipse, utrumque à Bivario excusum, discrepent. Tunc sequitur ex fine epistolæ: *De aliis legationibus multa idem Dexter & Maximus Cæsaraugustanus Episcopus. Unde veniat serenitas vestra &c.* Notat Bivarius ruptum hìc filum epistolæ, ceteraque in codice MS. desiderari. Sed nihil in toto volumine hoc Bracarensis alicuius levissimi hominis, qui ad recentem Pseudo-Dextri & aliorum Chronicorum inventionem suæ patriæ rem & ipse strenuè agere meditatus fuit, quicquam solidi aut probabilis emicat.

[x] Num. 6. & 8. pag. 180.

448. CALEDONIUS, sive CALDONIUS, Episcopus fuit Africæ, non Hispaniæ; si is est, quocum Cyprianus sanctissimus martyr literas sæpiùs commutavit. At fuisse hunc, fateri debent qui pro Dextri Maximi & Juliani fide tamquam pro aris & focis decertare parati sunt. Liquet id ex frequenti utriusque Cypriani & Caldonii inter se consuetudine: unde arguitur non ita separatos degere, quantum distat Africana Carthago à Bracarensi urbe Gallæciæ Hispanæ. Et quid caùsæ iis fuerit adeò frequenter reciprocandi literas, præsertim de rebus Africanæ Ecclesiæ quæ nec minimum pertinebat ad Bracarensem antistitem? Præterea quòd *collegam & coepiscopum* sæpe vocat Caldonium Cyprianus [y], ad comprovincialem præsulem potiùs pertinet, quam ad eum qui diversæ gentis, diversæ orbis plagæ populis præesset. Quid quòd in unum congregata Synodus Africæ provinciæ propriæ, cùm deliberatum fuisset Romam quosdam legatos ad Cornelium Papam destinare ut de legitima eiusdem ad Pontificatum promotione certiores fierent, & Africanum istum cœtum certiorem redderent: Caldonio & Fortunato, ex eadem Synodo ut colligitur hoc munus imposuere? *Sed cùm statuissemus* (Cyprianus [z] ad Cornelium cum collegis suis scribit) *collegæ complures qui in unum conveneramus, ut legatis ad vos coepiscopis nostris Caldonio & Fortunato missis omnia integra suspenderentur &c.*

[y] Lib. 2. epist. 10. & 11. lib. 4. ep. 8. lib. 5. ep. 4.

[z] Ep. 8. lib. 4. aliàs in edit. Pamelii ep. 45.

449. Eiusdem Caldonii mentio fit in synodali alia [a] ad eundem Pontificem scripta, cuius hæc directio: *Cyprianus, Liberalis, Caldonius, Nicomedes, Cæcilius, &c. Cornelio fratri.* Item in alia [b] Episcoporum provinciæ Africæ propriæ ad Episcopum provinciæ Numidiæ, hocce capite: *Cyprianus, Liberalis, Caldonius, Iunius, &c. Ianuario, Saturnino &c.* Sunt & aliæ Cypriani ad Caldonium, & huius ad Cyprianum; è quarum una [c] constat eundem Cyprianum destinâsse Caldonium & Herculanum vice sua ad sedandas Ecclesiæ turbas Felicissimi cuiusdam causâ exortas. Diem tamen suum iam obiisse Caldonium celebratæ Carthaginensis Synodi tempore, qua decretum non rectè fuit ut hæretici ad Ecclesiam reversi per pœnitentiam rebaptizarentur: inde liquere videtur, quòd non ulla eius à sanctissimo Cypriano inter alios Episcopos, qui laudatæ Synodo interfuerunt, mentio fiat.

[a] Ep. 4. lib. 1. in edit. Pamelii ep. 45.

[b] Ep. 12. lib. 2. aliàs ep. 70.

[c] Epist. 7. lib. 5. aliàs ep. 38.

450. Huic tam evidenti documento Africani Pontificatus Caldonii, frivolum & stramentitium Dextri testimonium opponere Bivarius eo ore præsumit, quod non, ut virum doctum decebat, sublinere sibi ludicræ istius inventionis fuco iam olim permiserat. Caldonium quidem is agnoscit in Africa constituendum esse Episcopum hoc tempore quo istæ literæ datæ sunt; sed postmodum ex Africano Episcopo Bracarensem creatum fuisse suspicatur [d]. At resistit suus ipsius Achilles contrarium iactans, nempe factum iam Bracarensem rebus & actis Africanis sese miscuisse. *Per Hispanias* (ait) *celebris erat memoria Pomponii Paulati, Calidonii Bracarensis, Luciani Cæsaraugustani Episcopi, qui præterquam fuerunt scriptores egregii, Concilio cuidam Carthaginensi cum aliis Africanis interfuerunt & subscripserunt.* Ita ille in Chronico ad annum CDXXXVI. [e] quo loco non solùm ait hos tres Hispanos Episcopos interfuisse cum aliis Africanis Concilio isti Africano, verùm & om-

[d] In comm. ad an. CCLXVIII. pag. 290.

[e] Num. 10.

omnes fuisse scriptores egregios. Quod quidem ut examinemus propositum huius operis omnino decet.

451. Sed ante alia eventilandum est, quod de Hispano POMPONII & LUCIANI (quorum mentio est in Africanis Conciliis & Cypriani epistolis) Episcopatu vanissimè iactavit consutus ille totus fabulis huiusmodi Pseudo-historicus. Alludit forsan is ad Concilium illud Carthaginense III. de causa rebaptizationis anno CCLVI. aut CCLVIII. sub Stephano Papa celebratum: in quo decreta fuit uti diximus hæreticorum rebaptizatio, cuique subscripsisse dicuntur Pomponius & Lucianus; hi tamen cum assignatione suæ utriusque Ecclesiæ. *Confessor* (inquam) *Pomponius à Iosiniana dixit; & Lucianus à Rucumma dixit.* Hi verò Africæ Pontifices; nam in vestibulo id annotatum legimus his verbis: *Cùm in unum Carthagine convenissent Calendis Septembris Episcopi plurimi ex provincia Africa, Numidia, Mauritamia, cum presbyteris & diaconibus &c.* Cur etenim non adiunctum, *ex Hispania*, si inde trium nobilissimarum, Toletanæ, Bracarensis, ac Cæsaraugustanæ Ecclesiarum antistites cum Africanis interfuere? Profectò ea adiectio non minimum ponderis suadendo rebaptizationis dogmati allatura fuisse videtur, si non solùm ex Africa, sed & ex Hispania quoque habitis suffragiis, comprobatum Romam ad Stephanum remitteretur. Neque obstat, quòd *Iosinianæ* aut *Rucummæ* Ecclesiarum appellationes non alibi facilè legantur. Certè hìc leguntur non tantùm Latinè, sed & Græcè in versione huius Synodi, quam Zonaras in sua *Collectione Canonum* dedit [f]. *Iosinianæ* autem loco, si *Dionysianam* (ut aliàs legitur) subrogare placet, in *Collatione Carthaginensi* nomen legitur [g] *Vidoris Episc. Dionysianensis.* Deficit quidem hìc Caldonii nomen.

[f] Prostat & in edit. Paris. Labbeana *Concilior.* tom. I. pag. 798.

[g] Edit. Binii tom. I. Concil. pag. 824.

452. Aut allusit Pseudo-Dexter ad Concilium aliud Carthaginense, in quo de modo actum fuit lapsos ad pœnitentiam admittendi: cuius quidem est synodalis epistola [h], quade nuper diximus, ad Cornelium Papam. In hac tamen nomina leguntur Caldonii Pomponiique; deest verò Luciani. Neque hunc Pomponium dixeris eundem esse cum POMPONIO PAULATO, qui postea fuit Toletanus Episcopus. Hæc enim epistola synodalis, cui inter alios cum Cypriano Metropolitano sese inscripsit Pomponius: data fuit anno CCLIII. aliàs CCLV. quo habitam eam Synodum legimus [i]. Concilium item trium provinciarum *De rebaptizandis hæreticis*, cui Pomponius, uti iam diximus, à *Iosiniana* appellatus interfuit, habitum fuit aut CCLVI. aut CCLVIII. [k] Ille verò Paulatus Toletanus præsul, cui ementitium inditum fuit à fabulatoribus nostris Pomponii quoque nomen, Toletanus iam erat his annis Episcopus: utpote qui Dextri fide (quo sæpe ad convincendas eiusdem fabulas & quidem iure utimur) anno CCXLV. Vincentio in Sede ista successerat.

[h] Ep. 2. lib. I. aliàs epist. 54.

[i] Baron. tom. 2. ann. CCLV. num. 5.

[k] Baron. ann. CCLVIII. n. 27.

453. Caldonius ergo, ut iam concludam, cuius Cyprianus toties recordatur, Africæ propriæ fuit Episcopus, non Bracaræ in Hispania: sicuti nec Pomponius, ad quem se consulentem de virginibus Deo dicatis, quæ cum masculis in eodem lecto repertæ fuissent, scribit cum aliis Episcopis Cyprianus [l]: ille est Paulatus, quem Toletana Ecclesia Episcopum habuit; quantumvis id non solum Dextro, sed & Maximo [m] quoque imposuerint dictum qui hoc nostro sæculo sub horum larva, plures incautos fefellere.

[l] Ep. II. lib. I. aliàs ep. 62. in edit. Pamelii.

[m] Ad ann. DCXII. n. 19.

454. Excluso ab Hispaniarum Ecclesia Caledonio isto quem nobis fingunt memoratæ vitæ S. Petri Ratistensis auctorem: ex ipso iam eiusdem vitæ contextu, & Hugonis Portugalensis qui eâ utitur verbis, seriò colligamus oportet inventa hæc omnia nuper fuisse, ac nihil de veræ antiquitatis gustu continere. Hugo enim Portugalensis ait constare ex Caledonio de duplici vicaria legatione S. Petri Ratistensis, alterâ quàm à S. Iacobo, altera quàm à S. Petro Apostolorum principe habuit. Cùm tamen verbis utramque Caledonianis confirmare debuisset, delegatas ibi Petro Ratistensi vices suas à Iacobo Apostolo dumtaxat legimus; de Petri verò Apostoli vicariatu eidem commisso ne γρῦ quidem. Adducto autem Caledonii testimonio de Iacobæis, uti dictum, vicibus, Hugo prosequitur: *De prima legatia ad Hispanias à B. Clemente missa sic Dexter Paciani filius &c. Philippus cognomento Philotheus &c. Paulum Apostolum secutus adhæsit Clementi, à quo legatus missus in Hispanias. Barcinone &c. & in multis aliis urbibus prædicat.* Quid ais Hugo? Primam hanc Philothei fuisse legationem in Hispania per Clementem provisam, quam tot annis præcesserat alia paulò priùs à te Caledonii verbis comprobata, Petri Ratistensis Iacobi Apostoli vicarii?

455. Sed si dices primam hanc vocari nunc ex his quas B. Clemens in Hispanias destinavit, non verò ceterarum omnium primam: excusationem admittimus,

mus, ne calumniari fortè videamur. Sed nonne vel cæcus quisque videt hanc duarum legationum Iacobææ & Clementinæ cumulatam ab Hugone isto Portugalensi larvato mentionem ad agitatam (non quidem quum vivebat Hugo verus Portugalensis Episcopus sed postea, Bracarensem inter ac Toletanam Ecclesias de primatu Hispaniarum quæstionem respicere; & ad eam pro Bracarensi determinandam ab Lusitano aliquo (ne de Losada quid sinistrum suspicer) antiquorum Caledonii & Hugonis nominum auctoritati suppositam? Icircò enim primæ illius ex Caledonio meminit à S. Iacobo Ratistensi Petro Episcopo Bracarensi per Lusitaniam & Gallæciam commissæ; ac deinde illius quam Clementis nomine Philippus Philotheus Toleti, atque in aliis reliquæ Hispaniæ urbibus exercuit: ut plane comprobet priùs in Lusitania quàm alibi lumen Evangelii coruscâsse, dignitatemque Episcopalem initium habuisse.

456. Sed inquiramus in verba ipsius Caledonii: *Sanctus Petrus civis Bracarensis, qui & Samuel dictus, à S. Iacobo Ioannis fratre, Zebedæi filio suscitatus, in Episcopum Bracarensem consecratus est, & ab eo missus, multis ibi eius generis tribubus dispersis, & gentiles convertit.* Fama quidem ab antiquo veniens, atque illius Bracarensis populi traditio est in Ecclesiasticum ritum admissa, Petrum S. Iacobi Apostoli discipulum atque ab eo Bracarensem ordinatum antistitem pro defensione fidei Christianæ martyrio impensum eo loco fuisse: quousque historia Ecclesiasticorum illius Metropolis librorum in lectionibus diurni officii vulgaris sese extendit. Cui veritatis areæ superædificata est insulsa fabula restituti ad corporalem vitam (qua iam à sexcentis annis cesserat) Samuelis iunioris Prophetæ, aliàs Malachiæ senioris: qui cum tribubus Hebræorum à Nabuchodonosore in Hispaniam usque propulsis olim venerat, Petri nomen post suscitationem sortiti. Huic fabulæ testimonium dixere omnes hi, quorum artes fuere historiæ veræ aut verosimilis nostratis lumen crassissimis insulsissimarum fictionum tenebris offundere, & quasi diem nobis tollere. Athanasius nempe, de quo inter commentitios prioris sæculi Scriptores egimus, S. Iacobi & ipse discipulus, vulgò creditus est primus Cæsaraugustanus præsul, in fragmento quodam eius, nescio cuius operis, nescio ubi exstante (1).

(1) Animus initio fuit ubi ad hanc Bibliothecæ Hispanicæ partem deveni, in qua de fictitiis Berosi et Manethonis fragmentis, necnon de Flavii Dextri, Hauberti, Maximi, Luitprandi, et aliorum pseudochronicis nonnulla delibanda fuere: pauca itidem de nuper apud nos, ab anno scilicet 1754. Granatæ in Alcazabensi arce erutis eiusdem commatis monumentis subiungere: nimirum ut patriæ historiæ fidei mature consulerem, novamque hanc pestem sæculique nostri infamiam ab Hispania procul amoverem. Verùm cum væsaniam scriptores scriptaque pro lubidine confingendi nullum non è decem prioribus huius Bibliothecæ sæculis pervasisse noverim: satius duxi ad postremi omnium, quod MILLIARIUM vocant, sive ad huius voluminis finem, peculiarem de hoc argumento tractationem reiicere: quo loco, ne quid Lector desideret, Granatensium monumentorum latebras, eorum inventionis historiam, incrementa, fortunam, supremum denique excidium exponam quam brevissimè potero.

BIBLIOTHECÆ VETERIS HISPANÆ,

LIBER SECUNDUS.

DE SCRIPTORIBUS QUARTI ECCLESIÆ SÆCULI.

CAPUT PRIMUM.

In Christiani recèns imperii, hoc est Constantini ætate, HOSIUS *Cordubensis Episcopus Scriptorum princeps inter Hispanos, verè Hispanus, & plagis propter pietatem ab ethnicis vexatus. Concilii Eliberitani, cui is interfuit, tempus. D. Ferdinandus à Mendoza & D. Emmanuel Gonzalez Tellez laudantur, huius Concilii illustratores. Amatus à Constantino & cultus plurimùm Hosius. In Concilio Arelatensi causam dixit. Conversionem Constantini fortè promovit. Insignis de hac re quamvis subobscurus Zosimi locus à Baronio explanatus cum Sozomeni reprehensione. Synodo Nicænæ præfuit vices Silvestri Papæ gerens: princeps idem in Sardicensi de causa S. Athanasii. Eius apud hæreticos reverentia. In Sirmiensi Pseudo-Synodo Arianorum partibus quodammodo cessit, sed Athanasium non condemnavit. De pœnitentia eius eidem Athanasio credimus: quem ut Sanctum Græci colunt, & Veterum plures mirè post obitum laudant. Sancti Isidori de eius obitu historia suspecta. Eiusdem Hosii opera. Chalcidii philosophi dedicatio commentarii sui in Timæum Platonis Hosio nostro forsan facta. Hosii nomen temerè appositum in Decreto Gratiani.*

ACCEDIMUS iam ad meliora tempora, quum è gentilitatis perruptis carceribus datum fuit propitio numine genti nostræ aliquando emergere, ac in libertatem Euangelicæ legis atque unius Dei confessionem sese alacri animo vendicare. Profectò ingredimur sæculum, quo Anonymus ille Græcus terrarum orbis descriptor, quem Iacobus Gothofredus Dionysii filius primus in lucem protulit: ad Hispaniam, sive ut ille vocat Spaniam, è Gallia convertens stilum, γῆν πλατεῖαν, ϗ μεγίστην, ϗ πλουτοῦσαν ἀνδράσι διδακτοῖς· *terram latam, & maximam, ac viris doctis* appellat *divitem*. Quam verè unus HOSIUS Cordubæ urbis Episcopus, Conciliorum magnus ille & quasi germanus pater, etsi alii deficerent, nobilitare clarissimamque apud omnes reddere potuisset. Hunc primum, aut inter primos Constantiniani hoc est Romani Imperii, sacerdotum Christi iam reverentis ævi, sacros Fidei athletas & morum institutores procreavit Hispania: verè post longum doctrinæ silentium sesquisæculo ferè observatum: quo scilicet intermedio tempore contenta vixit persecutionum quassata turbinibus, non tam atramento quàm sanguine, non tam ore quàm opere, testimonium sanè omni eloquentiæ artificio sincerius & efficacius pietati reddere. Sed statim atque propugnare Fidem scriptis, promovere consilio, explanare in sacris conventibus, & ab adversariis sartam tectamque tueri opus fuit eorum, qui pontificio aut sacerdotali pollebant munere: factus est in pace ab alienigenis Ecclesiæ data locus doctrinæ, strictaque adversus domesticos è via exorbitantes Hispanorum ingeniorum acies. Cuius rei exemplum inter alia Hosius is, quem coryphæum patrum illa ætas vidit, à quo & nos initium huic libro facimus, maximè præbuit.

2. Fuit quidem Hosius Hispanus, & forsan Cordubensis. Anticipatè dicimus Græcum non fuisse, quantumvis Græco ap-

appellatum *Hosii* nomine, quod *sanctum* denotat; cùm ex actis Nicænæ Synodi inter Græcos patres [n] locutum eum per interpretem constet. Sed præterquam quòd gestum in Hispania Episcopi munus, inde eum oriundum interim dum aliunde diversum non proferatur satis docet: S. Athanasius disertis scriptum reliquit verbis [o], ubi è Sirmio & Constantii Imperatoris aula in patriam suam atque Ecclesiam eum rediisse commemorat. Nec abludit Simeon Metaphrastes in *Narratione eorum quæ gesta sunt Nicææ à Synodo* [p], ubi de Hosio: *Corduba verò* (inquit) *urbs Hispaniæ de eo se iactabat*. Huius urbis iam Episcopus, sæviente in Christi fideles Maximiano Imperatore, sive cruciatu corporis sive in exsilium missione, confessionis munus (ut ipse ait Epistola quadam ad Constantium [q]) explevit. De exsilio testimonium sancti eiusdem Athanasii [r]; de notis stigmatibus in corpore apparentibus cùm venisset ad Nicænum Concilium, Nicephori [s] habemus.

3 Paulò pòst, nisi calculus nos fallit, hoc est anno cccv. post Diocletiani & Maximiani in vitam privatam secessionem, rerum dominis Galerio & Constantio Chloro, Eliberitanæ Synodo interfuit Hosius uti ex inscriptionibus apparet. Hoc anno celebratum Bæticæ provinciæ hoc Concilium, non autem uno ante Nicænum, scilicet cccxxiv. (sive diù pòst, quod aliis placet) rectè iudicio meo statuêre Baronius [t], & ex eo Binius [u], & ante eos Ferdinandus à Mendoza vir clarissimus in Apologetico pro Concilio isto [x] ad Philippum Regem II. directo. Nollem autem post meridiem visum tenebras adhuc Dextri doctum virum D. Emmanuelem Gundisalvum Tellez, supremi S. Inquisitionis Concilii patrem, necnon regiæ Pincianæ Cancellariæ præsidem, Regium Castellæ senatorem, nunc fato functum in novis ad hocce Concilium Notis sectari maluisse.

4 Fama viri ad aures Constantini, quum rerum fuit dominus, facilè pervenit. Quare ad se vocato, & consilio eius in rebus Ecclesiasticis usus est, & (ut Socrates ait [y]) *amavit eum & coluit plurimum*. Huius apud Cæsarem plurium quidem annorum sive perpetuæ sive intermissæ moræ, plura remansere in veteribus monumentis vestigia. In damnatione Donati hæretici, absolutioneque Cæciliani Carthaginensis præsulis, quam in Arelatensi Concilio pronuntiatam Constantinus ratam habuit, suggessisse id ei Hosium nostrum inter fautores Donati fama fuit: quòd S. Augustinus *Contra Parmenianum* [z] scribens ait. Sabino autem & Rufo Coss. hoc habitum iudicium (hoc est anno Chr. CCCXVI. [a]) eiusdem S. Doctoris testimonio [b] credimus. Quo ipso in Concilio Arelatensi causam dixisse Hosium nescio cuius imputatæ ei culpæ (1); damnatumque ab Hispanis, absolutum à Gallis Episcopis fuisse refert [c] sanctissimus idem scriptor Hosium defendens.

5. Ortâ deinde inter Alexandrum Alexandriæ Episcopum & Arium de æqualitate filii Dei cum patre discordiâ, priusquam altiores radices ageret [d], misit ad eos Constantinus cum literis suis Hosium, circa annum scilicet cccxviii. qui convocato Alexandriam Concilio, uti ex divo Athanasio [e] constat, plura alia expediri fecit, de quibus consulendi sunt Ecclesiastici Annales [f]; quoad verò Arii causam, quantumvis plurimum temporis in Oriente insumsisse videatur, re tamen infecta rediit ad curiam. Quare indici placuit Nicænam Generalem Synodum ad sedandas has turbas: quod sequentibus annis contigit. Exstatque huius medii temporis constitutio Imperatoris ad Hosium directa de manumissionibus in Ecclesia: quam esse datam anno cccxx. aut circiter (nam variat computum (2)), ex Coss. Crispo II. & Constantino II. legi subscriptis apertè colligitur.

6. His ipsis Coss. contigisse Crispi Cæsaris procuratum ab ipso Constantino parente interitum, eumque occasionem dedisse eiusdem Imperatoris ad Christianam fidem conversioni: Zosimus subobscurè ut ethnicus retulisse videtur. In qua re si Cæsaris Cardin. Baronii coniecturam [g] sequi velimus, Hosius noster saluberrimi consilii auctor fuit. Narrat quippe Zosimus pertæso Imperatori, abominantique patratam in filio cædem, nec à gentilium sectis ullum (affirmante Sopatro Platonico) piaculum aut lustrationem huius criminis speranti: quendam Hispanum, nomine Ægyptium, Romam delatum Palatinisque mulieribus familiarem factum, & ad Cæsaris colloquium admissum: poeniten-

[n] In actis Concil. Nicæni lib. 2. *De eo quòd oportet tres personas intelligi &c.* & rursus sub titulo *Contradictio philosophi pro Ario.*

[o] *Epist. ad Solitar.*

[p] Apud Surium x. Iulii.

[q] Adducta à S. Athanas. ubi proximè.

[r] Apologiâ *De fuga sua.*

[s] Lib. 8. c. 14.

[t] Tom. 3. an. cccv. num. 38.

[u] *Notis* ad hoc Concilium.

[x] Lib. 1. c. 2.

[y] Lib. 1. *Hist. Eccl.* cap. 7.

[z] Lib. 1. c. 8.

[a] Ex computo Onufrii.

[b] Lib. *Contra Donatistas.* cap. 33.

[c] Lib. 1. *Contra Parmen.* cap. 5.

[d] Socrates lib. 1. cap. 7. Sozomen. lib. 1. cap. 16.

[e] *Apolog.* 2.

[f] Baron. tomo 3. ad ann. cccxix. num. 22. & seqq.

[g] Tom. 3. ann. cccxxiv. num. 17.

(1) *Traditionis* videlicet *sacrorum librorum*: quod ei crimen ipsique Melchiadi Papæ & aliis qui Cæciliani Episcopi Carthaginensis partibus favebant à Donatistis appictum fuerat: ut in Augustino *lib. I. contra epist. Parmeniani cap. IV. n.* 6. *et seq.* legitur; ac signanter de Melchiade *in Breviculo collationis III.ª diei cum Donatistis cap. XVIII. n.* 34.

(2) Anno certe Christi CCCXXI. ut apud Onufrium et Norisium in Fastis Consularibus Græcis Anonymi *Tom. IV. pag.* 611; nisi quod qui Onufrio est annus Urbis conditæ 1073. idem Græco Norisii Anonymo 1074. numeratur.

tentiam doctrinæ Christianorum habere vim abolendi quodcumque peccatum, confirmâsse. Id quod persuasisse ei statim refert.

7. Zosimi hanc narrationem Sozomenus non reiicit solùm, sed & datâ operâ convellere argumentis nititur [h]; quam tamen Baronius non sic spernit, Sozomeni adversus eam dicta insulsitatis & ineptiæ arguens. Existimat enim non sic Zosimum loqui ut vocari Ægyptium affirmet eum qui Constantino de suscipiendo Christianorum dogmate persuasit; sed quòd Ægyptius quidam ex Hispania Romam venisset: quod quidem *Ægyptii* vocabulum pro magno usurpatum non semel ex [i] sacris literis, Iosepho [k], & Porphyrio [l] docet; & hunc putat Baronius, magiæ ab infideli Zosimo insimulatum, non alium quàm Hosium fuisse, qui recèns à legatione ista quam diximus Ægyptiaca rediisset. Sed quòd ex Evagrio emendanda Zosimi contendit verba, nullo tamen Evagrii libro ad oram adnotato: me haud intelligere fateor; cùm Evagrius historiæ suæ ab hæresis Nestorianæ sub imperio Theodosii origine initium fecerit, ac de Constantinianis rebus nihil prorsus scripserit. De cetero rem non parum verosimilem, & sanè acutè à Doctissimo & piissimo historicorum coryphæo excogitatam, Hosii gratiâ libenter amplectimur.

8. Quem postea vice Silvestri Papæ [m] Generali CCCXVIII. patrum Nicænæ Synodo contra Arianam insaniam Nicææ in Bithynia Paulino & Iuliano Coss. anno, ut vulgò creditur, CCCXXV. celebratæ, unà cum Victore (aliàs Vito, seu Vitone) & Vincentio Romanis presbyteris interfuisse, & ante alios omnes uti debuit subscripsisse: ipsorum actorum & Ecclesiæ historiarum omnium testimonia confirmant [n]; quamvis de proedria nonnulli dubitent [o]. Pariter atque locum inter alios patres & principatum [p] in Sardicensi Concilio adversus Arianorum pestilentem contumaciam sub Iulio Papa circa annum CCCXLVII. coacto eundem Hosium tenuisse, clamant gestæ tunc temporis & eo in loco res monumentis literarum consignatæ, atque historici veteres. Cuius hominis maximam fuisse in eo congressu auctoritatem existimationemque, verba eius ad Constantium Constantini filium scribentis [q] manifestè produnt: quibus ait iudicem se obtulisse solum, si iis placuisset, Arianis Episcopis Athanasium Alexandrinum condemnantibus: in ea nempe causa ob quam congregatum Concilium fuerat universale totius Ecclesiæ, quasi ab eius nutu ceteri omnes patres omnino penderent. Quare ab Athanasio fuisse is dicitur Concilii προήγορος *princeps*, *ductor*, *director* (ut observavit Alderetus noster paulò pòst laudandus; & ex isto Athanasii loco Henricus Stephanus [r], qui de hac significatione dubitavit aliquantulum, confirmare poterat): in quo quidem Concilio Sanctus Præsul Alexandrinus ab adversariorum calumniis absolutus, atque eum damnantes damnati fuere.

9. Pervicere tamen paulò pòst Ariani, ut Constantium sectæ suæ ac schismatis fautorem haberent, atque hostem iis qui cum Athanasio communicabant, ut item Liberium Papam, pluresque alios Episcopos in exsilium mitteret. Qua viâ munita ad Hosium impetendum ea usi sunt ratione apud principem, quæ præcipuam istius ante alios omnes Ecclesiarum pastores tunc temporis exstitisse famam, necnon & maximum in eo situm Ecclesiasticæ rei momentum, palam facit. Nihil nempe hactenus expeditum tot exsiliorum terroribus aiebant fuisse, quamdiu Hosius in sua, *reliqui omnes in suis* cuiusque *Ecclesiis* agere videbantur: qui verè posset *verbis & auctoritate fidei suæ* alios *omnes contra se inducere*, *princeps* (ut fatebantur) *synodorum: qui si quid scriberet, ubique audiretur: qui formulam Fidei in Nicæna synodo concepit, & Arianos ubique pro hæreticis traduxit.* Quæ verba ipsorum sunt apud Athanasium [s] verè Hosii encomiasten insignem.

10. Vocato igitur ad se Hosio ex Hispania, tantùm abfuit quòd ad subscribendum Athanasii condemnationi vel minis vel precibus induceret constantissimum senem: ut potiùs Cæsar ipse rationibus eius ut Athanasius ipse ait conterritus, veterem retinere sententiam & ad patriam redire permiserit. Irritatus tamen denuò ab Arianis inconstantissimus Imperator, revocatum ad se Hosium anno CCCLVII. Sirmii in Pannonia eâ tormentorum ut fama est sævitiâ virum iam centenarium vexari fecit: ut imbecillitate corporis impar verberibus, quasi ad tempus cedendo, voluntati Arianorum in Synodo ibi congregatorum subscripserit; Athanasium tamen non condemnaverit: quod ab Athanasio ipso [t], Socrate [u], & Sozomeno [x], & Nicephoro [y] notum habemus.

11. Insurgit hinc magna & utrimque gravissimis veterum testimoniis subnixa quæstio de Hosii morte. Vulgaris enim est in libello *De scriptoribus Ecclesiasticis* S. Isidori Hispalensis Hosii laudatio in vituperationem desinens: à quo is dicitur infelicissimo & horrendo mortis gene-

[h] L. 1. c. 5.

[i] Actor. 21.

[k] *Antiq.* lib. 20. cap. 6. & *De bello Iudaico* lib. 2. cap. 12.

[l] In *vita Plotini.*

[m] Id negant quidam, interque alios Blondellus in Præf. Apolog. Gen. Franciæ. fol. 1. * 5. pag. 2.

[n] De vicibus Papæ Silvestri ab eo exercitis Eusebii testimonium exstat in *Vita Silvestri* MS. quam citat Ratramnus Corbeiensis *Adv. Græcos* lib. 4. cap. 8. tom. 2. Spicilegii Dacheriani pag. 147

[o] Vide Iosephum Arabem sive Ægypt. qui præfat fecit ad edit. Arabicam *Concilii Nicæni* apud Seldenum in *Eutychii Origines* pag. 130. Ioannem de la Puente lib. 1. *De la conveniencia de las dos Monarquias* cap. 7. §. 4. & 5.

[p] Vices Iulii Papæ negat ei Blondellus ubi suprà fol. 50. *

[q] Exscripsit eam *Epistolam* Athanasius in *Epist. ad solitariam vitam agentes.*

[r] In *Lexico Græco* tom. 4. seu *Append.* v. προηγορέω.

[s] In eadem *Epist. ad Solitarios.*

[t] *Apologia* 2. in fine.

[u] Lib. 2. cap. 24. & cap. 26.

[x] Lib. 4. c. 5.

[y] Lib. 9. c. 31.

nere ad preces S. Gregorii Episcopi Eliberitani, adversus quem deiectionis ab Episcopatu sententiam iamiam pronuntiaturus erat, in terram corruisse, distortisque ore & cervicibus exspirâsse. Quamvis enim historia hæc in libro *De viris illustribus* S. Isidori (sic enim appellatur) non tam diffundatur uti diffusa est in eodem libro qualem Scriptorum Ecclesiasticorum collectores edidere: infelicis tamen Hosii exitus conceptis verbis meminit. Sicut & Auxilius lib. II. *De ordinationibus Formosi* Papæ cap. 23 [z]. Cui narrationi quodammodo favere videntur qui Hosii casum referentes ac detestantes, pœnitentiæ neutiquam meminere: quales sunt S. Hilarius [a], Sulpicius Severus [b], Phœbadius sive Sœbadius Agennensis [c], Vigilius martyr [d], & Ecclesiasticæ historiæ auctores, Socrates, Sozomenus, Nicephorus [e].

12. Sed contra id quod Isidoro excidit Luciferianorum schismaticorum Faustini & Marcellini relationem secuto, sive contra id quod Isidori libro ex hac ipsa relatione fuit aliorum operâ intrusum: Athanasius magnus testimonio suo nos assensum præstare cogit: auctor æqualis, gravissimus, & qui Hosii exitum ignorare non potuit. Hic enim pœnituisse eum lapsûs, & in veræ fidei confessione obiisse non obscuris testatur verbis: *Tantam vim intulit seni* (Constantius) *& ita eum arctè tenuit, ut afflictus, adstrictusque, malè ægreque cum Ursacio & Valente communicaret; sed tamen ut contra Athanasium non subscriberet.* Additque idem S. Doctor: *Verùm ne ita quidem eam rem pro levi habuit. Moriturus enim, quasi in testamento suo eorum vim protestatus est, & Arianam hæresim condemnavit, vetuitque eam à quoquam probari ac recipi.* Quo Athanasii testimonio quid magis evidens aut efficax impugnandæ de Hosio & Gregorio fabulæ, ac pœnitudini confessoris clarissimi propugnandæ afferri desiderarive possit, nullus video.

13. Iuvat plurimùm quòd in Oriente Syri Hosium colunt & in Calendario habent die V. Novembris, quod ex ore Archiepiscopi Damasceni Romæ se excepisse Franciscus Bivarius in Dextri refert commentario [f]. Extensè hunc locum discussère, ne nobis hìc ulterius hærendum esset, viri undique eruditissimi [g], quos consulere, Lector, poteris. Planè dignus hoc exitu ille fuit, qui confessione illius ætatis Ecclesiasticorum atque Episcoporum universi Christiani orbis veluti apex fuit, literisque, gravitate, eloquentiâ, & integritate primas tenuit. S. Athanasius pleno ore patrem Hosium vocat [h] *Patrem Episcoporum magnum Hosium; & Hispaniarum magnum illum Hosium* [i]. Idem ab eo audit ἀληθῶς ὅσιος [k], *verè sanctus;* & Ἀβραμιαῖος γέρων *Abrahamicus senex;* atque eius ὁ βίος ἀνεπίληπτος, *vita irreprehensibilis.* Audiamus eundem magnum patrem de Hosio magnificè loquentem [l]: Ποίας γὰρ οὐ καθηγήσατο συνόδου; καὶ λόγων ὀρθῶς οὐ πάντας ἔπεισε; ποία τις Ἐκκλησία τῆς τούτου προστασίας οὐκ ἔχει μνημεῖα τὰ κάλλιστα; τίς λυπούμενός ποτε προσῆλθεν αὐτῷ, καὶ οὐ χαίρων ἀπῆλθε παρ' αὐτοῦ; τίς ᾔτησε δεόμενος, καὶ οὐκ ἀνεχώρησε τυχὼν ὧν ἠθέλησε; idest, Petro Nannio interprete: *In qua enim Synodo ille non dux & antesignanus fuit? quem non ille recta tuendo in sententiam suam pertraxit? Quæ Ecclesia illius præsidentiæ non pulcherrima monumenta retinet? quis illum mœstus adiit, ut non lætus abierit? quis indigus ab eo postulavit, quòd non postulatum obtinuerit?* A Socrate etiam audit [m] ὁ περιβόητος τοῖς τότε ἀνθρώποις, *inter mortales tunc celebratissimus.* Ab Eusebio ipso parum Homousianis propitio [n], ὁ πάνυ βοώμενος, *decantatissimus.* In *Politica Metrophanis & Alexandri* apud Photium cod. 256. τοὔνομα ὅσιος καὶ τὸν βίον, *nomine & re sanctus.* Et quod plus est, universa Synodus Sardicensis Œcumenica, cui ipse præfuit, in epistola synodali ad ceteros omnes qui eò non venerant Episcopos, non dubitavit huic magno antistiti τοῦ εὐγηροτάτου, τοῦ καὶ διὰ τὸν χρόνον, καὶ τὴν ὁμολογίαν, καὶ διὰ τὸ τοσοῦτον κάματον ὑπομεμενηκέναι, πάσης τιμῆς τε καὶ αἰδοῦς τυγχάνοντος ἀξίου· hoc est: *Senis admodum venerandi, ac tum propter ætatem & confessionem, tum propter gravissimos exantlatos labores, honore summo & reverentia prosequendi*, elogio commendare. Legitur ea apud Theodoretum lib. II. *Hist.* cap. 8. Adeò ut vel simpliciter ac nomine tantùm suo appellari posset, quem ignorabat nullus. Quare Constantinus Cæciliano Carthaginis Episcopo scribens [o] imponit ei quandam pecuniæ summam sibi à Rationali Africæ conferendam, κατὰ τὸ βρέβιον τὸ πρὸς σὲ παρὰ Ὁσίου ἀποσταλέν: *iuxta Breve ad eum ab Hosio directum* dividere.

14. Quod autem ad bibliothecam Scriptorum pertinet, Hosius scriptor quoque fuisse refertur. Ex libro S. Isidori *De viris illustribus* hæc sunt quæ sequuntur, non ex vulgaribus editionibus eorum qui collegerunt huius argumenti scriptores, Suffridi Petri, & Hauberti Miræi; sed ex sancti Hispaniarum Doctoris ipsis operibus, èque Matritensi editione omnium accuratissima. *Hosius Cordubensis Ecclesiæ civitatis Hispaniarum Episcopus, eloquentiæ viribus exercitatus, scripsit ad sororem suam* De laude virginitatis *Epistolam pulcro ac di-*

- [z] Exstat apud Ioan. Morinum *De sacris ordinat.* parte 2. pag. 371.
- [a] Lib. *contra Constantium.*
- [b] Lib. 2. *Eccles. Hist.*
- [c] *Adv. Arianos.*
- [d] *Contra Eutychem* lib. 5.
- [e] Hanc partem urget amore deprimendi Hispana quæque David Blondellus in *Præfat. Apologet. Genealogiæ Francicæ adv. Chifletium* folio uti notatur LI. * I.
- [f] Ad ann. CCCLX. * 2.
- [g] Baronius *Anno* CCCLVII. num. 30. & seq. Ferdin. de Mendoza *De confirmando Conc. Iliberitano* lib. I. ad subscriptionem Hosii; ibidemque in *Commentar. novis* Emman. Gonzalez Tellez. Amb. Morales lib. 10. cap. 37. Padilla *Histor. Eccles. de España* cent. 4. cap. 53. Ibañes de Pineda *Monarquia Eccles.* lib. 13. c. 5. Bernardus Alderete *Antiguedades de España* lib. I. c. 3. Theophilus Rainaudus in *Hoplotheca* sect. 2. serie 3. c. 26. Morinus lib. I. *Exercitat.* cap. 20. Villeg. *Flos Sanctor.* tom. ::: Valdes *De Dig. Reg. Hisp.* c. 7. n. 20. Bivarius ad *Dextrum* anno 360. n. 2. Matamorus in *Apologet.* Godefridus Hermantius in *Vita S. Athanasii* Gallica tom. 2. lib. 8. cap. 4. Petrus Mantuanus in lib. *Advertencias á la hist. del P. Mariana* pag. 76.

- [h] *Apolog. ad Constantium*, & in *Epist. ad Solitarios.*
- [i] Apol. ad Constant.
- [k] Dictis *Epist. & Apologiâ.*
- [l] *Apologia de fuga sua.*
- [m] Lib. 2. *Hist.* cap. 29.
- [n] *De vita Constant.* lib. 3. c. 7.
- [o] Exstat epistola apud Eusebium lib. 10. *Hist.* cap. 6.

diserto comtam eloquio. Composuitque & aliud opus De interpretatione vestium sacerdotalium quæ sunt in veteri Testamento, *egregio quidem sensu & ingenio elaboratum. In Sardicensi etiam Concilio quamplurimas edidit ipse sententias.* Hæc ille. Concepit idem *Formulam Fidei* in Concilio Nicæno ut ait Athanasius [p]; & interim habemus, omnibus aliis deperditis, Epistolam illam ad Constantium directam, & ab eodem Athanasio conservatam [q].

[p] *Epist. ad solitarios.*

[q] *Dicta Epist. ad solitarios.*

15. At nonne hæc perpetui eiusdem Hosii nostri panegyristæ verba, scripsisse eum & alia de rebus Fidei super quibus tunc temporis tam acriter contendebatur significare, quod & ratio ipsa etiam sine ullo persuaserit auctore, videntur? In disputatione scilicet contra Arianos (1), postquam admonuisset minimè fidendum hæreticorum verbis aut scriptis, quòd calliditate plena essent omnia ethnicisque sophismatibus concepta ad seducendos simplices, Εἰ μὲν (inquit) οὖν παρὰ ὀρθοδόξων ἦν τὰ γραφόμενα, οἷα ἂν ἐγεγόνει παρὰ τοῦ μεγάλου καὶ ὁμολογητοῦ Ὁσίου, καὶ Μαξιμίνου τοῦ τῆς Γαλλίας, ἢ τοῦ διαδεξαμένου τούτου, ἢ παρὰ Φιλογονίου καὶ Εὐσταθίου τῶν τῆς ἀνατολῆς, ἢ Ἰουλίου καὶ Λιβερίου τῶν Ἐπισκόπων Ῥώμης, &c. οὐδὲν ἦν ἐν τοῖς γραφομένοις ὑποπτεύειν· ἄδολος γὰρ καὶ ἁπλοῦς ἐστὶν ὁ τῶν ἀποστολικῶν ἀνδρῶν τρόπος. idest: *Si enim scripta ista ab orthodoxis proficiscerentur, qualia sunt magni illius & confessoris Hosii, Maximini Galliæ, aut eius successoris; aut Philogonii & Eustathii Orientis Episcoporum; aut Iulii & Liberii Romæ Pontificum &c.* (plures alios inde appellat) *nihil esset quod in his scriptis suspicarere; sincera enim & simplicia apostolicorum virorum ingenia sunt.* At certè de iis qui comites Hosio hìc dantur, affirmare quòd quicquam literis mandaverint, uno aut altero excepto, vix possumus. Videtur & ad eosdem in *Epistola de Synodis Arimini & Seleuciæ* respexisse, quo loco ait, ex Latina P. Nannii versione: *Quòd si ad hanc rem usus Synodi desideratur, supersunt acta patrum. Nam neque hac in parte negligentes fuere qui Nicææ convenerunt; sed ita accuratè scripserunt, ut qui sinceriter eorum scripta legat, facilè reminiscatur eius in Christum religionis, quæ à sacris literis annuntiatur.* Nisi de actis synodalibus hæc intelligenda sint.

16. Restat nobis annotare Chalcidium philosophum uti creditur Christianum, commentarium suum Latinum in Platonis Timæum Hosio cuidam nuncupâsse. Quem quidem alium non esse ab Hosio Cordubensi, cùm Augustinus Iustinianus [r] Nebiensium Episcopus doctissimus è Dominicanorum sodalitio, tum Gaspar Barthius [s] non uno loco arbitrati sunt. Chalcidius quidem sub hac inscriptione: *Chalcidius Hosio suo*, ita habet: *Conceperas animo florente omnibus studiis humanitatis excellentique ingenio tuo spem dignam proventu operis ad hoc tempus intentati, eiusque usum à Græcis Latio mutuandum statueras. Et quamquam ipse hæc cùm faciliùs, tum commodiùs facere posses: credo propter admirabilem verecundiam ei potiùs malueris iniungere, quem te esse alterum iudicares.* Unde duo colliges: alterum Græcè scire eum oportuisse, qui de Græco in Latinum convertere Platonicum hoc opus cogitâsset (quócum an bene stare poterit, quòd per interpretem in Concilio Nicæno sit locutus?): alterum est vix intelligi de Hosio posse gravissimo ac sanctissimo, eiusque senectæ quam vidimus Episcopo, sæcularium studiorum eum à Chalcidio celebratum amorem, & quòd Christi tam strenuus discipulus Platonis adhuc libris operam daret.

[r] In *Epistola* quadam à Meursio edita cum suo *Chalcidio.*

[s] Lib. 48. *Adv.* cap. 8. & in *Animadvers. ad Cælestinæ Tragœdiam* Hispanam à se versam.

17. Sed priori obiectioni facimus satis positâ ob oculos differentia inter Græcè scire, & Græcè loqui scire. Potuit quidem Hosius Græcæ linguæ peritiam, nec tamen eloquentiam habere ita ut expeditè sine ullo interprete loqueretur & eleganter, uti in congressu illo magno decebat. Puto nulli id concessum ex viris, quantumvis Græcè doctissimis, non in Græcia natis, ut in concione coram Græcis Græcè audeant sermocinari aut disputare. Nec item posterius retardare nos debet; cùm potuerit florenti adhuc ætate Hosio nondumque dignitate macto Ecclesiastica opus suum Chalcidius nuncupare; cùm nec philosophica studia dedecere tunc temporis viderentur Christianos, quorum studium fuit non tam ex Evangelii hoplotheca quàm ex reconditioribus philosophorum placitis ad ethnicorum expugnandam præsumtionem arma desumere. Aliàs Origenes, Basilius, Gregorius Nazianzenus, Ioannes Chrysostomus, Eusebius Cæsareensis inter Græcos: Tertulianus, Lactantius, Augustinus, Arnobius, Hieronymus inter Latinos ob sæcularis doctrinæ eruditionem professioni suæ ac dignitati nimiùm quantum obstitissent! Cùm ergo nihil sit in Chalcidii hac nuncupatione quo excludatur ab ea Hosius noster; Chalcidiusque Christianus fuerit (uti Barthius notat [t]) at-

[t] Cap. 8. ubi suprà.

S

(1) Frustra hæc in Athanasii disputatione contra Arianos quæsieris. Habentur in Epistola Encyclica ad Episcopos Ægypti et Libyæ. Tom. I. P. I. Edit. Paris. studio Monach. S. Mauri 1698. pag. 278. n. 8.

atque incertæ ætatis auctor : maneat quidem ei ſuffragio etiam noſtro hæc memoria, viciſſimque Chalcidii libro hic honos ut ſummo ſuerit eius ævi paulò poſt futuro directus viro (1).

18. Nec interim tacendum cenſeo nomen Hoſii per errorem poſitum legi in Decreto Gratiani cap. 2. diſtinct. 56. ubi tamquam à Damaſo Papa dictum videmus Hoſium Papam filium fuiſſe Stephani ſubdiaconi : aliis deinde appellatis, qui cùm filii presbyterorum eſſent Apoſtolicæ Sedi præfuerunt. Hic enim neceſſariò error eſt aut Gratiani, aut Paleæ, aut ſcribentium; nam nec Damaſi ſunt verba in eo capite adducta, nec ibi de aliis quàm ſummis Eccleſiæ agitur Pontificibus. Lapſum notavit magnus vir Antonius Auguſtinus dialogo 6. *De emendatione Gratiani.* In veteri libro legitur : *Deus dedit Papa filius Stephani ſubdiaconi*, ut in ſcholiis novioribus eiuſdem notatur Decreti (2).

CAPUT II.

De GREGORIO BÆTICO *Eliberitano Epiſcopo. De eo Marcellini & Fauſtini Luciferianorum hæreticorum teſtimonium non prorſus ei favere. De Luciferianorum errore. Luciferi Calaritani ſententia, atque de eo S. Hieronymi obſcurus locus. Scriptum* De Trinitate *ad Gallam Placidiam Gregorio tribui, quod verius fuiſſe Fauſtini ad Flacillam alii exiſtimant : nos ambigimus. Fabulæ Dextri & Luitprandi pſeudo-hiſtoricorum de Gregorio. Nullus fuit Toletanæ Eccleſiæ præſul Gregorius, cui geſta omnia Bætici falsò attribuuntur. Figmenta utriuſque Pſeudo-hiſtorici curioſè examinamus & refellimus. Innocentii I. Papæ decretalis epiſtola, & S. Hieronymi de Lucifero Calaritano & Gregorio Eliberitano verba exponuntur. Bivarii præſumtio ſugillatur. Tyanenſi Cappadociæ Concilio interfuiſſe Gregorium Toletanum cum aliis Hiſpaniæ Epiſcopis vice Liberii Papæ, fabulam eſſe Pſeudo-Iuliani. Baronium non recta uſum fuiſſe Theodoreti verſione, pro qua germanam producimus. Roma arx Romani imperii. Arcis etymon. Amphitria in Hiſpania Geographiæ monſtrum.* Hitæ *ſeu* Fitæ *oppidi nomen unde? Gregorii Complutenſis à Toletano diverſi Epiſcopi alia inſolentior. Pſeudo-Dextri fabula.*

19. SED quia GREGORIUS cognomento aut à patria BÆTICUS, Eliberitanus Epiſcopus, reſtitiſſe Hoſio ut vidimus in hiſtoria illa refertur, certò autem huius temporis æqualis fuit : examinari æquum eſt quidnam de hoc viro abſonum, quidnam conſonum veritati hactenus ſit literis conſignatum. Fundus rei eſto S. Hieronymi de eo teſtimonium. *Gregorius Bæticus* (ait [u]) *Eliberi Epiſcopus uſque ad extremam ſenectutem diverſos mediocri ſermone tractatus compoſuit*; & De Fide *elegantem librum, qui hodieque ſupereſſe dicitur* : ex quo ſua mutuatus eſt Honorius Auguſtodunenſis [x]. Hic idem fuit prorſus cum GREGORIO HISPANO ſeu SPANO Epiſcopo, cuius hoc inſcripta nomine epiſtola quædam ſupereſt Euſebii Vercellenſis præſulis, à Pithoeo eruta & unà cum S. Hilarii fragmentis in huius operibus à Nicolao Fabro edita : quam & aliàs Hoſii cauſam agens inſcripſit Baronius [y]. Huius initium, quod ad nos ſpectat,

[u] *De Scriptor. Eccleſ.* c. 105.

[x] *De Scriptor Eccleſ.* libell. 2. cap. 106.

[y] Ad ann. CCCLVII. n. 35. tom. 3.

EUSEBIUS AD GREGORIUM

EPISCOPUM SPAN.

Domino Sanctiſſimo fratri Gregorio Epiſcopo Euſebius in Domino ſalutem.

LITERAS Sinceritatis tuæ accepi quibus, ut decet Epiſcopum & Dei ſacerdotem, tranſgreſſori te Hoſio didici reſtitiſſe, & pluribus cedentibus Arimino in communicatione Valentis & Urſacii & ceterorum quos ipſi agnito blaſphemiæ crimine antè dam-

(1) Latinam Timæi Platonis verſionem à Chalcidio Philoſopho Cordubenſis Oſii hortatu factam eique nuncupatam fuiſſe, elicitur è binis Galliarum Regis Codicibus, altero ſcilicet num. 6282. ſæculo XII. exarato, in quo legitur: *Timæus Platonis de Græco in Latinum petente Ioſio, ſive potius Oſio Cordubenſi Epiſcopo, à Chalcidio viro claro tranſlatus* &c. alio, num. 6283. ſæculi XIV. in quo idem opus dicitur *in Latinum à Chalcidio converſum et Oſio Epiſcopo Cordubenſi nuncupatum.* Addesîs Barthium Adverſ. XLVIII. cap. 8. immo Chalcidium ipſum qui in eius verſionis pag. 219. (Edit. Lugd. Bat. 1617) de myſteriis Chriſtiani dogmatis, ac de ſtella in Epiphania Domini Magis oſtenſa loquens, ſubdit: *Quæ tibi* (Hoſi, myſteria) *multo melius ſunt comperta quam ceteris.*

(2) De Hoſio, deque eius exitu exituſque loco, ac de ſama eiuſdem poſtuma, poſt Ferdinandum Mendozam *De confirm. Concil. Iliber. ad Clementem VIII. lib. I. in Subſcript.* et Cardin. Aguirrii notata ad eundem locum *Tom. I. Concilior. Hiſp. Edit. Vet. Romanæ pag.* 309. videndus omnino Cl. Henricus Florezius *Hiſp. Sacr. Tom. X. tract. XXXIII. c.* 5. quo loco argumentum plene exhaurit, iureque Antuerpienſes Hagiographos reprehendit (*pag.* 179. *n.* 38.) quod in prætermiſſis ad diem XXVII. Auguſti ſcripſerint *Hoſium Athanaſii damnationi ſubſcripſiſſe*; cum contrarium apud Athanaſium ipſum diſertiſſime legatur *Epiſt. ad ſolitar. vit. agentes* ſive *Hiſt. Arianor. ad Monachos Tom. I. P. I. Edit. Paris. S. Maur.* 1698. *pag.* 372. *n.* 45. addens Hoſii apud Græcos memoriam in Menologiis et Martyrologio metrico ad diem XXVII. Auguſti celebrari; et apud Syros ad diem V. Novembris.

damnaverunt, assensum tuum denegâsse, Fidem scilicet servans quam patres Nicæni scripserunt. &c.

20. De rebus agit duorum Conciliorum, Sirmiensis (si tale dici meruit) & Ariminensis. In priore quod celebratum fuit anno CCCLVII. (vestigia semper Baronii sequor) Hosius ætate ac tædio ærumnarum fractus cessit, subscripsitque Arianorum fidei formulæ. In posteriore, duobus transactis annis CCCLIX. scilicet Arimini coacto, damnatus est ante omnia Arius atque eius sequaces; postmodum tamen Ursacii & Valentis decepti dolo catholici ferè omnes Episcopi, cuidam formulæ subscripsere in qua deletum fuit Nicænum & catholicum *Consubstantialitatis* Filii cum Patre Deo vocabulum. Gregorius igitur & restitisse Hosio in Sirmiensi, & assensum suum denegâsse novæ illi formulæ Ursacii & Valentis in Ariminensi conventibus ab Eusebio dicitur. Neque enim Hosium interfuisse huic posteriori Synodo, si is tamen adhuc in vivis erat, alicubi lego (1). At Gregorium Bæticum seu Eliberitanum Episcopum hunc fuisse qui Sirmii Hosio restitit, parique animi constantia Ursacii & Valentis ceterorumque Arianorum dolis aut unus aut in paucis Arimini se opposuit, vix dubitari potest [a].

[a] Agnoscunt Nicolaus Faber ad illud S. Hilarii *fragmentum*, Baroniusque ubi suprà.

21. Hactenus enim valere debet narratio illa ex Marcellini & Faustini opusculo ab Isidoro (si ita est) probata. Marcellinus quidem & Faustinus presbyteri sectæ Luciferianorum adhærentes, quæ minimè ad pœnitentiam seu communicationem eos recipiebat qui olim prævaricâssent: librum quendam de gestis Episcoporum *qui ad destructionem Homousii* (*consubstantialitatis* Græcum nomen) *Arimino convenerunt* Imperatoribus Theodosio iuniori & Arcadio porrexere, uti Gennadius in *Faustino* [a], & Anonymus ille auctor *De* XII. *scriptoribus Ecclesiasticis*, qui Isidoro & Ildephonso subiici solet in *Marcellino* [b] referunt. Eo libro, quem Iacobi Sirmondi beneficio ab anno MDCL. editum habemus, narratur contentio illa inter Hosium Cordubensem & Gregorium Eliberitanum Episcopos in Corduba urbe coram Clementino Constantii Augusti vicario, infelixque eius occasione Hosii obitus: unde & Anonymus ille *De* XII. *scriptoribus* auctor, Marcellini laudato opere, ac S. Isidorus eo illaudato rem deduxere.

[a] *De Script. Eccles.* c. 16.

[b] In fine.

22. At quantumvis turpissimi huius exitus notam abolere velimus Hosio famam ex Athanasio servantes: admittendum est omnino inter Hosium & Gregorium Eliberitanum dissidium contigisse aliquod; ad minusque Gregorium iam hoc tempore Episcopum ex his fuisse qui in catholicorum præsulum convulsione ista ferè universali confessionis illibatæ radicibus fixi stetere. Aliàs minimè eum laudâssent Presbyteri opusculi auctores: quorum in eo id fuit propositum uti iam diximus, ut in gratiam suæ Luciferianæ sectæ pœnitentes non admittentis, eos qui Arimini Arianis non communicâssent tamquam solos verè catholicos afficerent laudibus; illos verò qui aliter fecissent irremissibili anathemate condemnarent. In quo haud prorsus rectum callem tenuisse Gregorium non temerè dixeris (2); videturque ita existimâsse S. Hieronymus, dum nostrum cum Lucifero Calaritano antistite qui Luciferiani schismatis auctor fuit coniungit. *Lucifer Calaritanus Episcopus* (in *Chronico* suo, additione ad Eusebii Chronicon, ait) *moritur, qui cum Gregorio Episcopo Hispaniarum & Philone Libyæ, nunquam se Arianæ miscuit pravitati*: hoc est, qui cum Arianismi labe usquam notatis, atque etiam iis qui notatos ad communionem recepissent, communicare nunquam voluit [c]: quod eum fecisse ait cum Gregorio Eliberitano (quisnam etenim alius Hispaniarum ille Episcopus?) & Libyæ Philone. Nec alia esse potest apta huius testimonii sententia, quin aliis pluribus Occidentis Episcopis qui prævaricati nunquam sunt iniuria fiat enormis. Et hic sanè fuit Luciferi & eius sequacium error secessioque ab Ecclesia [d]: quæ quidem Christi exemplo & præceptis instructa criminum reos ita habet, ut pertinacibus ter-

[c] Ita Hieronymum explicat Arn. Pontacus hic.

[d] Severus Sulpicius lib. 2.

(1) Decesserat Sirmii biennio antè, Hosius multo iam labore atque ærumnis fractus, anno scilicet CCCLVII. ut elicitur ex Athanasii epistola *ad solitar. vit. agentes*, quæ Hosii ut iam defuncti meminit, et aut eodem anno CCCLVII. exeunte, aut sub initium sequentis scripta omnino fuit. Recentior certe esse non potest; cum in ea Leontii Episcopi Antiocheni adhuc viventis mentio exstet, qui paucos post menses supervixit; nam in Ancyrana Synodo quæ anno sequenti, sive CCCLVIII. congregata fuit, iam successor eius Eudoxius Antiochenus Episcopus nominatur. Vidend. Cl. Florezius *H. S. Tom.* x. *tract.* XXXIII. *cap.* 5. *nn.* 82. 83.

(2) Gregorii Bætici sive Eliberitani famam strenue tuetur Cl. Florezius *H. S. Tom. XII. tract.*37. *c.*3. *à n.* 82. adversus Baronium et Recentiores ostendens Hieronymi de Luciferi morte locum, qualis apud Labbeum (*Biblioth. MSS.*) et in Prosperi Chronico legitur: minime Gregorium, uti neque Philonem Libyæ Episcopum tangere, nisi quatenus de iis asserit *nusquam sese Arianæ pravitati commiscuisse*, quæ laus ipsis cum Lucifero communis fuit; at de uno hoc Lucifero addere: *ipse à suorum communione descivit.*

ribilem, at verò resipiscentibus indulgentem se præbeat.

23 Hieronymi sanè verba subobscura sunt, nec satis detegunt illius sententiam, laudetne trium illorum Episcoporum factum, an reprobet. Certè Hieronymus ita de B. Lucifero (sic eum appellat) existimavit [e], ut *bonum pastorem* eum diceret, sed qui *segregatis paucis ovibus reliquum gregem* deseruerit, *multam prædam bestiis relinquens*: quæ ut diceret de eius meriti viro, ad asperrimum se venisse conqueritur locum veritati ex conscientia serviendi, cum iactura etiam id dicendi quod nollet. Quare nullus, quod sciam, hæresis expostulare unquam, sed schismatis ex indiscreto zelo tantùm ausus fuit Luciferum: quod idem Hieronymus generalibus iis & culpæ nihil significantibus verbis intelligi voluisse videtur. Attamen ex quo in fastis Ecclesiasticis die 24. Aprilis legitur coliturque Gregorius Eliberitanus Episcopus, colligere possumus haud permansisse eum in hac sententia; sive aliâ viâ quàm secessionis & schismatis Arianam blasphemiam & Arianorum captiones detestatum.

[e] Adversus Luciferianos dialogo.

24. *De Trinitate* autem, sive *De Fide* commentarios, ut putavit Gregorii nostri, carie obsitos, oblivione obrutos, mendisque labefactatos purgavit ediditque (ut Baronius loquitur [f]) Achilles Statius Lusitanus anno MDLXXV. ex codice qui repertus fuit in Abbatia Ferrariensis agri, quam *Pomposam* vocant, descriptos & ad Gallam Placidiam inscriptos. Quæ quidem nuncupatio parum consona est, ut monebimus, vero; atque item quòd Faustinus presbyter ille Luciferianus iam memoratus adversus Arianos & Macedonianos septem libris ad Flacillam Reginam directis, Gennadio affirmante, disputaverit. Optimæ notæ Scriptores huic potiùs (*Faustino*) quàm Gregorio tribuunt *De Fide* hos commentarios; nuncupationisque honorem non Gallæ Placidiæ, sed Flacillæ Reginæ habitum existimant. Statque valida adversus Gregorium ratio, si manere velimus intactam inscriptionem. Galla enim Placidia Theodosii Magni filia ex altera eius uxore Galla, neutiquam aut vix nata erat cùm à S. Hieronymo supradictum elogium Gregorius reportavit. Liber quippe hic *De Scriptoribus Ecclesiasticis* absolutus ac nuncupatus fuit Dextro, decimo quarto Theodosii Imp. anno; & usque ad eum nec ultrà Scriptorum contexit catalogum, ut ex prologo eius constat. Quo tempore scriptus iam erat *De Fide* liber, immo non parum antè scriptus; quicquam enim vetustatis continent verba illa S. Doctoris: *&* De Fide *elegantem libellum, qui hodieque superesse dicitur*; si hæc ultima sint ad librum potiùs quàm ad auctorem referenda.

[f] *Notis ad Martyrolog.* die 24. Aprilis.

25. At nonnisi sexennio ante hæc scripta Gallam Placidiæ matrem uxorem Theodosius duxit, ut ex Marcellini Comitis chronico, unico tantùm anno discrepantis, & ex Zosimo tradit Baronius [g]. Demus tamen primo tempore natam ex hoc matrimonio Placidiam. Cuiusnam ætatis, quadriennemne, an quinquennem fuisse eam putas, cui talia libri auctor loquitur? *Incipiamus ergo obedientes religiosissimis præceptis tuis confligere cum adversario*; & quæ sequuntur alia. Unde palam fit provocatum ab ea literis priùs auctorem ad scribendum descendisse. Rectè quidem atque opportunè admonuit Baronius [h], errore factum fuisse, ut Galla Placidia pro Galla Augusta, eius scilicet matre, in dedicatione scriberetur: ad quam, uti Augusti uxorem, non ad Gallam Augusti filiam, pertinere potest *Reginæ* tributa ei appellatio. *Sed quæso, Regina, sentias quod multa in hoc loco &c.* illaque ad Augustam prorsus directa: *Reginam te orbis Romanus suspicit; & quòd iam nihil est quo ampliùs crescere debeas in rebus humanis, sublimitatibus non contenta terrenis, sacra in Deum Fide cælestia desideras possidere.*

[g] Ad annum CCCLXXXVII. 58. tomo 4.

[h] Tom. 4. ad an. CCCLXXXVIII. num. 100.

26. Attamen (uti suprà diximus) Faustini cuiusdam presbyteri hoc opus esse contendunt alii, ductum sequentes manuscriptorum aliorum codicum, in quibus liber hac fronte conspicitur: *Faustinus Augustæ Flaccillæ.* Hæc fuit prima Theodosii eiusdem senioris uxor, ea pietate femina ut (S. Gregorii Nysseni eam in funere laudantis elogio) *Arianorum infidelitatem, similiter atque simulacrorum cultum abominaretur*: cui quidem *Flaccillæ Reginæ* (vocabatur ea *Ælia Flaccilla*, non *Placilla* uti apud Græcos omnes audit cùm verum nomen servet numus (1), confirmentque alia à Baronio magno adducta [i]) scripsisse Faustinum *adversus Arianos & Macedonianos* libros septem Gennadius monuit. Quare in editione magnæ SS. Patrum Bibliothecæ à Margarino Bignæo adornatæ volumine tertio, conservata quidem inscriptio Gregorii Bætici huic libro fuit; non tamen absque Margarini

[i] Tom. 4. ad an. CCCLXXXVI. 35. & 36. Strada *De vitis Imperat.* p. 201.

(1) Apud Bandurium *in Theodosio M.* AEL. FLACCILLA AVG. cum perpetua in aversa epigraphe: SALVS REIPVBLICAE. Unus Pataroli numus *Ser Aug. LII.* integrum AELIAE nomen exhibet.

ni notatione, Fauſtini hoc eſſe opus, non Gregorii. Quod neque Bellarminus [k], neque Poſſevimus [l], improbare videntur; ſiquidem de Fauſtini ſeptem iſtis libris à Gennadio laudatis loquentes, ad hoc ipſum opus, quod ſub Gregorii appellatione à Margarino editum fuit, lectores remittunt; ipſi tamen parum conſtantes aut attenti, qui Gregorio etiam Bætico idem opus adiudicant. Diſtinctè magis de re cenſuit Philippus Labbeus [m] pro Fauſtino ſuffragium ferens, adiungenſque omnium Eruditorum hanc exiſtimationem poſt Trithemium eſſe.

[k] *De Scriptor. Eccleſ.* ad ann. CCCLXVII.

[l] In *Apparatu ſacro.* v. *Fauſtinus.*

[m] *De Scriptor. Eccleſ. diſſertatione*, tom. I. pag. 313.

27. Nos verò, qui nihil nobis tale arrogamus, maximè credimus diverſum eſſe hunc librum (unico tantùm contextu olim ut putamus & abſque ulla diviſione capitum, in quæ hodie iam ſectum eſt, continuatum) à Fauſtini opere ſeptem libris diſtincto. Gregorius *De Fide* inſcripſit librum ſuum teſte Hieronymo, ſeu cum addito *ſive de Trinitate*: quomodo Achilles Statius edidit. Fauſtinus autem (ſi Gennadio credimus) *adverſus Arianos & Macedonianos.* Fatemur ultima libri parte de Spiritu Sancto agi, adverſus quem blaſphemiam ſuam direxerat Macedonius. Sed quod Gregorius Bæticus ſub titulo & argumento ſuo *De Fide* ſeu *De Trinitate*, adverſus perſonam Filii tantum & non adverſus perſonam Spiritus Sancti errores aſſumſerit refellendos: non ulla ratione valebit in tuto poni. Et Barthius quidem non ineruditus eſt, nec Baronius: quorum poſterioris ſenſum iam vidimus; prior autem ille lib. 42. *Adverſ.* cap. 8. iis ipſis quibus nos urgens argumentis, Fauſtinum quendam non bona fide interpolâſſe hunc librum ſuſpicatur, & addidiſſe nonnulla ſuppreſſo auctoris veri nomine. *Nam præfationi* (ait) *quædam præfixa ſunt, quæ Gregorii reliquum ſtilum minimè ſapiunt* (1).

28. Hucuſque licuit de Gregorii rebus metere germanæ hiſtoriæ campum, lolio intacto, quod inimici hominis ut Evangelio utar pravitate olim ſparſum, eò ſuccreſcere permiſit ſocordia huius ſæculi: ut penè iam facultatum noſtrarum prodigi audiamus; immo divino Numini & patriæ ingrati, qui non tantùm hæc ſegetis ſimulacra in horrea ducimus, ſed vanitatis ſuæ nativo aere paſci ac ventilari permittimus. E Pſeudo-Dextri nempe, & aliorum falsò ſe ſub antiquitatis titulo venditantium cenſurâ præſumenda aliqua ſunt, ut falſiſſima eſſe omnia ea perſuadeamus, tam quæ de Gregorio noſtro abſurdè ac temerè dicta, quam quæ eidem iniquè ablata ab eis ſunt, ut corniculam quandam plumis alienis veſtiant. Mirum enim quantum in hac deformanda Eliberitani Epiſcopi hiſtoria ſibi indulſerint malè feriati homines. Videlicet, ſi Dextro fidem habemus [n], Gregorius Bæticus Galliarum prætorio fuit priùs præfectus; deinde ut alter Ambroſius è ſæculari munere ad Epiſcopatum Eliberis urbis poſt Auguſtalis mortem aſſumtus (2), Gallæ Placidiæ carus, nec ante annum CDXXIII. diem ſuum obierit.

29. Deinde ſi Pſeudo-Luitprando verba danti credimus [o], natus fuerit Gregorius Compluti anno CCCXLII. præfectus Galliis à Gratiano datus, à Maximo exauctoratus, Epiſcopus anno CCCLXXXIX. creatus, ingratiis tamen Innocentii Papæ qui de eo conqueſtus fuit: unum & alterum librum, *De Fide* ſcilicet recens Epiſcopus, deinde *De Trinitate* ad Gallam Placidiam Conſtantii uxorem anno CDXX. ſcripſerit: anno demum CDXXII. vitâ functus. Hæc omnia Hiſpanarum antiquitatum hi noſtri vindices. Nec non & Martyrologium Hiſpanorum ſub Diocletiano & Maximiano martyrum Gregorii huius no-

[n] Ad annúm CCCLXXXVIII. 4. *Auguſtali in ſede Bætica Eliberitana ſuccedit Gregorius ex Præf. præt. Galliæ, iam confectæ, & gravioris ætatis, vir apprimè pius & egregie bonas artes doctus* §. Ad annum CDVII. *Gregorius etiam Bæticus iam in ultima ſenectute conſtitutus, ſed vegetus, & integris animi corporiſque viribus, apprimè carus Gallæ Placidiæ Auguſtæ &c.:* §. Ad annum CDXXIII. *Obiit Gregor. Bæticus cùm priùs dicâſſet librum de Fide ſeu de Trinitate Gallæ Placidiæ Auguſtæ feminæ lectiſſimæ.*

[o] Luitprandus adverſ. 195. & 196. item 190 & 191. item 45

(1) Circa Gregorii Bætici Sedem, ſcripta, reſque geſtas vix eſt ubi pedem figant Hiſtorici. Sedem incertam reddit Æmilianenſis Præſulum Eliberitanorum catalogus in quo unicus legitur, multo tamen præ noſtro antiquior, Gregorius. Eius ſcriptum *de Fide* Hieronymi ævo ſuperſtes, periit aut etiamnum latet. Quod autem ſub eodem aut affini titulo vulgo ipſi adſcribitur, Fauſtini Luciferiani eſſe conſtat: ſicut et Gregorii Nazianzeni tractatum alterum *de Fide* itidem inſcriptum inter huius Sancti Doctoris opera *Orat.* 49. ceu invictis rationibus oſtendit Cl. Florezius *H. S. Tom. XII.* tract. 37. c. 3. adverſus Queſnellum, Fabricium, Natal. Alexandrum, Cellierium et alios apud eundem, qui Gregorii noſtri eſſe exiſtimant. Res demum eiuſdem Gregorii geſtas miſerè à Luciferianis deturpatas putidiſque mendaciis reſperſas conſtans Hiſtoricorum opinio eſt: quibus nova, ut videbimus longeque putidiora ſuperſtruxit Ficulneus Pſeudo-Chronicorum Dextri & Luitprandi auctor. Videndus omnino de his Florezius l. c.

(2) Exſtiteritne unquam uſpiamve locorum aut gentium Auguſtalis hic Eliberitanus merito dubitari poteſt. In Æmilianenſi Præſulum eius Eccleſiæ catalogo, quem ſæpius autographum vidi atque accurate deſcripſi, certe non legitur. Exſtat quidem in eo ſexto poſt D. Cæcilium loco *Auguſtulus* (*al. Auguſtulus*), ſed binis fere ſæculis Gregorio, qui à Pſeudo-Dextro *poſt Auguſtalis mortem aſſumtus dicitur*, antiquior, ac propterea minime cum eo confundendus. Ludovico item Baviæ ac Bermudezio Pedrazæ Granatenſibus Hiſtoricis, incognitus omnino hic Auguſtalis fuit; indictumque omnibus quotquot Eliberitanorum Præſulum catalogos texuere poſterior hic fuiſſe aſſerit *Hiſt. Eccl. Granat. Part. II. cap.* 17. Non iure igitur Cl. Florezius Tom. XII. *pag.* 110. *n.* 58. Noſtrum reprehendit, quod alicubi (*Cenſ. de Hiſt. fab. lib. VII. c.* 3. *n.* 18.) ſcripſerit *nullum unquam inter Eliberitanos Præſules exſtitiſſe, Auguſtalem nomine.*

nomine recèns ostensum fuit Matritensibus typis: de quo sigillatim (res enim tanti est) capite sequenti agemus.

30. Nec eo contentus eiusmodi fabularum coagmentator, imposuit sibi ut alium Gregorium è nihilo fingeret Ecclesiæque Toletanæ intruderet: quocum dividere Gregorium Bæticum honores suos partamque egregiè actis famam è re esse præsumsit eiusdem Toletanæ Ecclesiæ: quam sive iure sive iniuriâ opimis aliarum spoliis mactam & ornatam voluit. Gregorius ergo hic Toleti Episcopus (non ille Eliberis) Pseudo-Dextri calculo [p], interfuit Concilio Ariminensi [q]: exsul inde Minoricam ivit: cum Sancto Hilario literas commutavit. Luitprandi etiam & Iuliani fide [r], is fuit (non Bæticus) qui Hosio restitit [s], Auxentium Mediolanensem Toleti deinde Romæ in Concilio damnavit [t]: Roma solvens ad Concilium venit Tyanense anno CCCLXIV. ac tandem XXII. Decembris Amphitriæ vitam cum morte commutavit. Vehementer scilicet dolebat hominem Toleti civem (ut suo perspicuum loco fiet) de alio quàm de Toletano præsule, & uti credi volebat Hispaniarum iam tum primate, prædicari constantiam illam quâ restitisse Hosio & Arianorum Ariminensibus technis, seque nunquam perfidiæ eorum miscuisse, Gregorius Hispaniarum sive Spaniæ celebratur Episcopus. Quare eundum fuit ad consuetas artes, & Gregorius aliquis antistes, horum facinorum patrator, Sedi Toletanæ affingendus. Cauténe, ais, & callide? Minimè quidem, sed nimis oscitanter & infrunitè, ita ut vel pueris qui nondum ære lavantur mendacia sese prodant, veritatique testimonium dicant. Attingemus, quàm potis est breviter, singula & lumen his tenebris immittemus.

31. Natum Gregorium Bæticum Compluti fuisse (ut ordine procedamus, expedientes priorem hanc partem) anno CCCXLII. ait Luitprandus [u]. Id negamus nos cum S. Hieronymo, qui dum in eius elogio anno CCCXCII. conscripto vel extremam senectutem eum tunc agere affirmans quomodo aliqui interpretantur; vel in tam gravi ætate iam demortuum significans, quæ aliis placet verborum S. Doctoris sententia: Luitprandi fidem omnino refellit. Cùm enim ab illo anno CCCXLII. usque ad CCCXCII. quinquaginta dumtaxat anni intercesserint: quinquagenario homini extremam attribuere, nedum senectutem Hieronymum, quisnam dicere audebit? Scriptum verò fuisse hoc anno, quem dicimus, à S. Hieronymo illum *De Scriptoribus Ecclesiasticis* librum, certissima res est. Siquidem collegisse in eo se dicit in præfatione ad Dextrum ut ei hortanti obsequeretur, omnes qui de scripturis sanctis à passione Christi usque ad XIII. Theodosii Imperatoris annum memoriæ aliquid prodidissent. De SS. Gregorio Nysseno & Ambrosio uti de vivis loquitur [x]: quorum prior anno CCCXCV. aut sequenti, posterior autem CCCXCVII. obiere. Ioannem Antiochenum, hoc est Chrysostomum, presbyterum adhuc vocat [y], qui anno CCCXCVIII. ad Constantinopolitanam Ecclesiam fuit promotus Episcopus. Gregorium Nazianzenum ait [z] ante triennium sub Theodosio decessisse, cuius imperium non excessit annum huius sæculi nonagesimum quintum. S. Augustini haud meminit, quòd is paulo antè, scilicet anno CCCLXXXVIII. baptizatus fuerit: quæ omnia confirmant huius libri argumentum minimè transgredi illius temporis limites, quos ei Dexter ipseque auctor præscripsissent.

32. Præfectum Prætorio Galliarum fuisse Gregorium, à Gratiano quidem ei muneri impositum, à Maximo autem tyranno depositum: inde nos Dexter docet, Luitprandusque. Opportunè figmento accidit, quòd Severus Sulpicius circa hoc tempus in negotio Priscilliani *Sacræ Historiæ* lib. II. Gregorii cuiusdam in Galliis præfecti meminerit. Hunc creatum Eliberi Episcopum hinc visum iisdem auctoribus impune fingi posse, quòd ex Innocentii I. Papæ quadam epistola notum sit Gregorium quendam è forensi exercitatione ad sacerdotium in Hispaniis assumtum fuisse: quod factum non approbavit Innocentius, Hispanis Episcopis Synodum Toleti celebrantibus scribens [a]. Atqui non tempus modò directæ epistolæ, sed & eius series traducit fabulam. Tempus inquam; Gregorius enim factus anno CCCLXXXIX. Episcopus dicitur; Innocentius verò nonnisi post duodecim absolutos, anno CDII. ad pontificium thronum fuit vocatus. Verba autem Pontificis ordinationem Gregorii istius improbantis ad sic antiquum factum referri vix possunt; immo nec applicari ad causam Præfecti Gregorii in Episcopum promoti. Innocentius ait: *Quantos enim ex iis qui post acceptam baptismatis gratiam in forensi exercitatione versati sunt, & obnitendi pertinaciam susceperunt, adscitos ad sacerdotium esse comperimus: è quorum numero Rufinus & Gregorius perhibentur? Quantos ex aliqua militia, qui cùm potestatibus obedirent, severa necessariò præcepta sunt executi? Quantos ex curiali-*

[p] Ad annum CCCLVI. & Luitprando Advers. 144. aliàs 188.

[q] Ad annum CCCLX.

[r] Luitprandus Advers. 164. aliàs 188.

[s] Iulianus in Chron. nu. 170.

[t] Idem n. 170. & Advers. 458.

[u] *Gregorius, Episcopus post Eliberitanus, natus Compluti in Hispania anno* CCCXLII. *per omnes ætates literis & bonis moribus floruit. Exercuit se in gubernatione. A Gratiano factus est P. P. Galliarum. Idem submotus à Maximo. Postea rediens Hispanias factus est Episcopus Eliberitanus. Successit Augustali, anno* CCCLXXXIX. *Scripsit librum ad Gallam Placidiam August. an.* CDXX. *Moritur anno* CDXXIV. *cùm esset ferè octogenarius. Relatus est inter divos. De quo Innocentius I. queritur quòd homo iudex statim factus esset Episcopus. Sunt qui dicant priùs fuisse Malacitanum, & inde translat.* Luitprand. Advers. 195.

[x] Cap. 124. & 128.

[y] Cap. 329.

[z] Cap. 117.

[a] Epist. exstat in *Collect. Concil. Hisp.* Loaysæ pag. 51. & in Paris. recentissima Conciliorum tom. 2. col. 1274.

libus, qui dum parent potestatibus, quæ sibi sunt imperata fecerunt? Quantos qui voluptates & editiones populo celebrârunt, ad honorem summi sacerdotii pervenisse? quorum omnium neminem, ne ad societatem quidem ordinis clericorum oportuerat pervenire.

33. Tam clara hìc distinctio fit, ut magis clara nequeat, inter sacerdotium & summum sacerdotium, hoc est, Episcopalem dignitatem [b]: inter advocatos, iudicum ministros, curialesque, & magistratus ipsos munerum editores. Ex advocatis ordinatos fuisse sacerdotes Rufinum & Gregorium contra Nicæni Concilii regulam [c] Papa conqueritur. Id quomodo ad præfectum Episcopum creatum pertinebit, qui inter eos sanè, quorum ultimo loco mentio fit, voluptatum scilicet ac editionum auctores, connumerari potiùs debuit? Nec video qualem contineat deformitatem ab Innocentio taxandam, ut è præfectis prætorio, adeò illustri quantumvis sæculari dignitate, crearentur Episcopi. Præstò enim est S. Ambrosii exemplum non sine divino nutu ex hac ipsa præfecturæ dignitate in Archiepiscopum Mediolanensem electi, ut ex Paulino vitæ eius scriptore constat, referturque in *Annalibus Eccles.* ad annum CCCLXXIV. num. 4. Ita visum Illyricianis Episcopis quum ad Asianos sic scripsêre: *Dum hac de re scriberemus ad vos, commonefacti sumus, ut in his vestris literis scriberemus etiam de Episcoporum, collegarum scilicet nostrorum, institutione: ut si quomodo fieri queat, è magistratibus qui probata spectataque fide fuerunt, Episcopatu functuri cooptentur; sin autem tales non reperiantur, è sacerdotum collegio &c.* Et mox: *minimè verò de curia, aut militum ductoribus.* In iisdem *Annalibus* anno CCCLXV. num. 19.

[b] De usu huius complexi pro Episcopatu vide Baron. tom. 4. ad ann. CCCLXXXV. 25. & in Notis ad Martyrolog. IX. Aprilis.

[c] In eadem epist. sect. 6.

34. Item ait Pontifex: *Quorum factum ita reprehendimus, ut propter numerum corrigendorum ea quæ quoquo modo facta sunt in dubium non vocemus, sed Dei potiùs iudicio dimittamus.* Factum videlicet improbat, sed non irritat nec irritum declarat. Et tamen Luitprandus iste sciolus, *Rufus* (ait [d]) *Episcopus Oretanus synchronus S. Gregorio Bætico ex iudice simul electus: qui duo, & alii iubentur deponi ab Innocentio I. & deponerentur, nisi iam fuissent mortui.*

[d] Adverf. 190. aliàs 166.

35. Præterea Augustalis dicitur Eliberitanus ille Episcopus cui Gregorius noster successerit. Certè nondum constat, vel uni atque eidem Dextro, quonam tempore Augustalis hic Hispaniarum falsus Episcopus obierit. Primò enim ad annum CCCLXXXII. *S. Augustalis* (ait) *Episcopus Eliberitanus moritur in Gallia, dum catholicorum causâ illic diu immoratur.* Idem autem ad annum CCCLXXXVIII. n. 5. *Augustalis* (ait) *Eliberitanus Episcopus Arelate moritur, ac in Sanctorum numerum relatus est, cuius memoria colitur* VII. *Septembris.* Hoc igitur decessit anno, qui ante sex annos iam decesserat. Quicquid autem de hac contradictione dicendum sit, noscere aves, Lector, unde Augustalis magica Pseudo-Dextri arte in Hispanias fuit evocatus? Iuratò dicam. Inter alia huius generis concepit animo ludius noster, ut quoscumque Sanctos absque loci notatione in Martyrologiis reperisset veluti magnetica vi quadam ad Hispanias attraheret: de quo eius consilio exsecutioni per totum Chronicon mandato alibi agemus. Martyrologium ergo Romanum hoc animo percurrenti, lecta est die VII. Septembris *In Galliis S. Augustalis Episcopi & Confessoris memoria*; subiectaque Baronii nota referentis in Beda esse, *Arelate.* At cùm in Concilio Arausicano I. sub Leone Papa Augustalis subscripserit, eidemque simul Hilarius Arelatensis Episcopus: alterius potius civitatis (ait Baronius) videtur fuisse Episcopus hic Augustalis. Arrepta est igitur occasio fallendi, dum opportunam dolo ac rapinæ videt sancti viri mentionem. Ac ne deesset ei Ecclesia quem Baronius Arelatensi cedere fecerat, adiudicata fuit apud Eliberitanos; datusque huic novo Episcopo locus: semoto interim Gregorio Bætico, abrogatoque ei istorum gestorum eximio honore, quæ paulò pòst dicemus. Hæc scilicet modestia est & eruditio nostrorum pseudo-historicorum (1).

36. Gallæ Placidiæ carus itidem fuit, nec nisi ante annum CDXXIII. decessit. Hæc nempe ad asserendum Achillis Statii editionis titulum, de quo iam locuti sumus, excogitata sunt. Quare ut Gregorius ætatem Placidiæ rebus tam seriis maturam adipisceretur: extremæ senectutis seni, (quòd erat anno nonagesimo secundo supra tercentesimum S. Hieronymo) triginta duo alii additi sunt anni à macrobiorum his progenitoribus.

37. Duplex inde opus Gregorio tribuitur [e], *De Fide* alterum cùm factus fuisset recens Episcopus exaratum: *De Trinitate* alterum ad Gallam Placidiam Constantii iam uxorem anno CDXX. Et hæ meræ nugæ sunt conciliare volentis Hiero-

[e] *Composuit primò inter alia librum* De Fide *etiam cùm primo cœpisset inire Pontificatum; at petente Galla Placidia Augusta anno* CDXX. De Trinitate *composuit alterum (quem credo S. Hieronymum non vidisse) cùm iam nupserat Constantio Augusto, qui cœpit anno* CDXIX. Luitpr. adv. 197.

(1) Recole notata superiori numero.

ronymi testimonium super libro illo *De Fide* inscripto, atque eo anno CCCXCII. iam edito, cum Gallæ Placidiæ, quæ tunc puellula adhuc erat, nuncupatione, alteri huic & recentiori *De Trinitate* libro prorsus affigenda; si somniare cum his oneirologis placeat.

38. Veniamus iam ad hypobolimæum Gregorium, quo ut speramus haud ultrà se Toletani iactabunt. Planè hic Horatiana illa cornicula est alienis spoliis dives, è Gregorii Bætici & aliorum eiusdem nomenclaturæ gestis, quasi totidem furtivis amicta coloribus, moturaque paulò pòst risum, cùm nostrâ operâ

——*Suas repetitum venerit olim*
Grex avium plumas.

Primò Toletanis ignotum fuit Gregorii hoc pontificium usque dum Dextri comparuisset Chronicon; immo Audentium Olympio successisse nullo intermedio in amplissima ista Sede, præsulum series docet [f]; fateturque in *Historia Toletanæ urbis & regni* adhuc inedita Hieronymus Romanus de la Higuera Iesuitarum sodalis, cum quo agitanda nobis est inferiùs causa super Dextri rebus. Cuius quidem testimonio sic validè Gregorius hic Toletanus premitur, ut eo tantùm subnixi condemnare eum falsi & suppositîtii iudicio valeamus. Vis tamen huius argumenti nondum hoc loco aciem suam approbare poterit, usque dum è fontibus ipsis, cùm ad Dextrum perveniamus, tota huius falsi Chronici veraque historia reveletur. Interim contenti simus verbis Higueræ huc pertinentibus oræ affixis [g] (1).

[f] Apud Loaysam in *Collect. Concil. Hispan.* in *prolegomen.* pag. 21. Padilla *Histor. Eccles.* cent. 5. cap. 2.

[g] Lib. 9. *Hist. Tolet.* cap. 9. *Muerto pues el doctisimo Pontifice Olympio, sucediòle en la silla y primacia de Toledo Audencio de nacion Español.*

39. Deinde replicamus Gregorium Bæticum fuisse iam Eliberi Episcopum quo tempore Hosius obiit, argumento ex historia illa quantumvis interpolata verisque falsa commiscente, Faustini & Marcellini deducto: scilicet anno CCCLX. aut circiter. Unde cadit effatum Dextri, assumtionem eius ad Episcopatum Eliberitanum anno CCCLXXXVIII. constituentis: triginta ferè post Hosii mortem, & vix quatuor antequam scripsisset Hieronymus Gregorium Bæticum Eliberi Episcopum *usque ad extremam senectutem diversos mediocri sermone tractatus* composuisse. Consiliumque manifestè se prodit, votumque excludendi Bæticum à laude illa in confessione fidei olim reportata: quod quidem non aliter succedere posse existimavit facinoris auctor, quàm Episcopatu Bætici in tempus longè inferiùs tracto, & alterius Gregorii Toletano supposito: ad quem, uti sui nominis unicum Hispanum per id tempus antistitem, Hosio, Ursacio, ac Valenti resistendi gloria referretur. Hæc inquam gloria, & si Deo placet altera etiam cum Lucifero Calaritano sentiendi.

40. Planè hìc hallucinatus fuit insigniter pseudo-historicus noster, cui tam egregium, Toletanoque præsule dignum, *Arianæ pravitati se non immiscuisse* (quod Hieronymus ait de Gregorio Hispaniarum Episcopo) visum fuit: ut egerrimè tulerit coronam hanc alterius quàm Toletanæ Ecclesiæ præsulis tempora cingere; cum potiùs debuisset hunc, uti nævum, alterius impressum faciei damnare, quàm Toletano inurere Episcopo. Nempe non ut laudet, sed tantùm ut referat pervicaciam Luciferi, atque cum eo Gregorii Hispaniarum, & Philonis Libyæ Episcoporum, sic locutus est Hieronymus; laudare enim neutiquam potuit consilium Luciferi: quod alibi apertissimè damnat [h], & cum eo uti schismaticum, non uti hæreticum, universi Ecclesiæ Scriptores [i]. Ita nempe aversatus est Calaritanus hic, aliàs sanctissimis moribus præsul, Arianam perfidiam: ut nec etiam pœnitentibus Arianis communicare voluerit; immo & communicantes æquè cum iisdem respuerit. Eique & aliis eius sectatoribus, *displicuit in Ecclesia catholica*, (ut ait Augustinus) *quòd verè catholicæ sanctitatis est, ut tamquam vera mater, nec peccantibus filiis superbè insultet, nec correctis difficilè ignoscat.* Ignoscendum ergo Gregorio Bætico, non invidendum est quòd huic sectæ adhæserit; nec ideo indigno (cùm resipuisse credendus sit) sanctitatis nomine honoreque: quæ & Lucifero Calaritano [k] Vercellis, atque in Sardinia ob eandem causam præstari comperta res est.

[h] *Dial. adv. Luciferianos.*

[i] S. Ambros. *Orat. in Satyri fratris obitum.* S. Aug. *De agone Christ.* cap. 30. & *De hæresibus* cap. 81. Videndi Baronius ad annum CCCLXII. tom. 4. *Annal.* num. 220. & seqq. Petavius tom. 2. *Theolog. dogmaticæ.*

[k] Antiochus Bronchus in c. 2. *Apocal.* Spondanus in *Epit. Baronii* ad an. CCCLXII. Ambros. Machin *De Luciferi sanctitate* integro volum.

41. Verum autem dixisse Dextrum contendentes, nusquam non Dextri & asseclarum eius de Gregorio isto adversus Gregorium Bæticum testimoniis agùnt affectatissimis [l]; cùm non minus ipsi fidem suam approbare necesse habeant. Sed & rationis arietem admovere audent, quamvis stramentitium. Bivario iniurii haud sumus,

[l] Luitprand. *adv.* 188. Iulian. *Chronicon* num. 167.

(1) Hoc primum loco *Hieronymum Romanum Higueram Iesuitarum sodalem* proprio atque Instituti quod professus fuit appellat nomine; neque tamen testimonium eius adducit è confiсto ab eodem Dextri Chronico, sed ex Historia Toletanæ Urbis, quam nos olim ac sæpius autographam Toleti vidimus apud eiusdem Instituti populares. Exemplum aliud MS. authenticum exstat in Regia Bibliotheca Matritensi novem vol. fol.

mus, qui eâ uti ausus est. *Episcopi Hispaniarum* nomen à S. Hieronymo huic tributum (*Gregorio*) qui cum Lucifero non bene sensit, satis significare primatem Toletanum. Nempe si hoc argumentum admittimus, Idatius Clarus & Iustus Urgellitanus, *Hispaniarum* appellatus uterque *Episcopus* à S. Isidoro [m]: Leander Hispalensis eodem dignitatis nomine salutatus à S. Gregorio [n], Gordianusque *Episcopus Ecclesiæ Hispaniæ* dictus in codice quodam Conciliorum antiquissimo [o]: Toletani fuere antistites. Rogareque Bivarium iure possumus, an Fastidius *Britannorum Episcopus* à Gennadio [p], sive Faustus Rhegiensis *Galliarum* ab Scriptore *Vitæ S. Fulgentii Ruspensis* [q] dicti, totius regni sui tenuerint primatum? Innumera sunt huius rei exempla; & iam quòd Fastidium Londinensem crediderint Episcopum hac ipsa ratione moti Bàlæus & Pitsæus, acriter eos Iacobus Usserius vir eruditissimus reprehendit [r]; necnon & Rocchus Pyrrhus in *Notitia Ecclesiarum* [s] *Sicularum* hoc ipsum aliis exemplis confirmat. Nimirum aut ignorabatur, aut non succurrebat Hieronymi referentis memoriæ Sedes Episcopi, de quo erat sermo: qui defectus necessariò supplendus fuit generali provinciæ nomine. Immo, quod mirum videri debet, in Conciliis subscribentes ipsi parcere aliquando propriis Sedium vocabulis consuevere, nationis contenti notâ. In Concilio Romano sub Gregorio II. anno DCCXXI. Sinderedus *Episcopus ex Hispania*, Sedulius *Episcopus Britanniæ*, Fergustus *Scotiæ* nomen suum non aliter professi sunt.

[m] *De Scriptor. Eccl.* cap. 2.
[n] Cap. 80. *De consecr.* dist. 2. Ant. Aug. *De emend. Gratiani* lib. 1. dial. 2.
[o] Vide *Mariana* lib. 2. cap. 12.
[p] *De Script. Eccles.* cap. 56.
[q] *Ut duo libri quo Faustus Episcopus Galliarum contra gratiam subdolo sermone composuit.*
[r] *De primordiis Britannicarum Eccles.* cap. 11. pag. 317.
[s] In *Messanensi* ad ann. DXCIV. num. 3. & in *Disquis.* 2. *De Metropolita Siciliæ* §. 5. ad fin. 2. tom.

42. Quod attinet ad amicitiam S. Hilarii Pictaviensis Episcopi [t], Gregorioque isti datas ab eo frequenter literas: somnia mera sunt; nec in Hilarii operibus aliqua exstat ad Gregorium inscripta, unde occasionem planus assumserit. Eundem interfuisse Ariminensi Concilio [u], acta eius deperdita in causa sunt ut ex iisdem non refellamus. Minoricæ idem exsulâsse Gregorius fingitur [x], ut gloriæ confessionis Hilarii atque Luciferi aliorumque ab Ariminensis Concilii exitu relegatione damnatorum præsul Toletanus paria faceret. Damnâsse Auxentium Mediolanensem, quem Damasius prædamnaverat Pontifex, Concilio Toleti coacto, Iuliano credere non debemus, cui Dexter suus resistit. Nam hic ait [y] Gregorium Toletanum diem suum anno CCCLXVI. obiisse, nec ante sequentem CCCLXVII. Liberio Papæ subrogatum fuisse Damasum. Non ergo prædamnare Damasus potuit Auxentium, quem Gregorius exemplo eius postea damnaverit. Accepisse quoque is refertur [z] à Liberio Papa (aliàs à S. Felice) enclyticas (*encyclicas* [a] dicere debuit) literas: quia in libro *De Romanorum Pontificum vitis* [b], qui vel Luitprandi vel alterius est, tam in Liberio quàm in Felice notatur scripsisse eos omnibus Episcopis adhortatorias ad sustinendas persecutiones. At venisse eundem Gregorium unà cum duobus aliis Romam, & quod magis est Tyanam usque Cappadociæ ad Concilium ibi congregatum, eique uti legatos Apostolicæ Sedis præfuisse: falsissimè & impudentissimè à Iuliano dicitur, ex Basilio Cæsareensi constare id adiungere ausus. Blateronis producere verba tamquam refutare erit. *Anno CCCLXIV.* (ait [c]) *Gregorius Episcopus Toletanus, Himerius Tarraconensis, Idatius Bracarensis, venientes Romam confirmant suis syngraphis fidem Concili Nicæni, eandemque formam afferunt ad Concilium Tyanense, ibique honorificè recipiuntur, & præsunt ut legati Apostolici Concilio Orientalium, ut ex B. Basilio Cæsareensi Episcopo constat.* Idem ferè in *Chronico* [d] legitur.

[t] Quod Dexter ait ad annum CCCLVI. & CCCLX.
[u] Idem anno CCCLVI.
[x] Idem ibid.
[y] Ad annum CCCLXVI. num. 2.
[z] Apud Iulian. in *Chron.* num. 173.
[a] *Circulares.*
[b] Edito cum ceteris Luitprand. Antuerpiæ à Plantino MDCXL.
[c] *Advers.* 458.
[d] Num. 170.

43. Res quomodo acta est, breviter ostendemus. Circa annum CCCLXV. ad Liberium Papam venerunt Romam Eustachius Sebastensis, Silvanus Tarsensis, Theophilus Castabalorum in Cilicia Episcopi propter Arianam hæresim depositi; atque ut admitterentur ad communionem, suo & plurium aliorum Orientis præsulum nomine subscripserunt & professi sunt Nicæni Concilii Generalis Fidem & symbolum: dolosè quidem, aliudque in ore, aliud in animo habentes. Qui tamen communicatoriis Papæ literis [e], atque item aliis quibus restitutio trium horum in Sedes suas præcipiebatur à Liberio; necnon & communicatoriis etiam seu pacificis Episcoporum Siciliæ epistolis, in reditu per eam insulam & aliarum Occidentis regionum impetratis, instructi ad suos rediere. Cumque per id tempus celebraretur Concilium Tyanæ civitatis Cappadociæ ab Episcopis catholicis: eò veniens Eustachius cum sociis, literisque ostensis, statim decreto patrum in suam Sedem restitutus fuit. Narrant hæc Socrates lib. 4. cap. 11. & Sozomenus lib. 6. cap. 10. & S. Basilius epist. 73. Ostensis, inquam, literis, non solùm Liberii Papæ, sed & Episcoporum Italiæ, Galliæ, Africæ, & Siciliæ: quod Sozomenus disertè notat [f]. Basilius quoque nihil aliud quàm de literis: *Quæ verò sint illi* (Eustachio Sebasteno) *à beatissimo Episcopo Liberio proposita, & ad quæ consenserit, nobis clam est; nisi quòd epistolam attulit, per quam restitueretur.* Eam ubi

[e] Exstant inter *Liberii epistolas* num. 13. tom. 2. *Conciliorum.*
[f] Lib. 6. c. 12.

Tyanæa Synodo exhibuit, in suum locum restitutus est. Hæc ille. Quæ quidem verba apertissima & efficacissima sunt significare nullum Pontificium legatum in eo Concilio intervenisse, qui res quomodo inter Liberium & Eustachium acta fuisset, certiores facere posset patres. Siquidem uni epistolæ fidem habuere, cetera ignari. Atque id est quod ex Basilio constat, non Pseudo-Iuliani chimærica illa in Concilio præfectura trium Hispaniæ Metropolitanorum, Toletani, Tarraconensis, & Bracarensis. Quorum, nec ullius alterius Occidentis Episcopi in eo Concilio præsentis, neque Basilius, neque Sozomenus [g], qui rem uti facta est diligenter ac distinctè referunt, meminere.

[g] Sozomenus lib. 6. cap. 12.

44. Ne autem id quod certissimum est infringere possint adversarii adductis ex Baronio literis synodalibus Illyricianæ Synodi ad Episcopos Asianæ, Phrygiæ, Caro-phrygiæ, & Pacatianæ datis, eoque, quod inde collegisse videtur Baronius ipse: opportunum erit id non prætermittere. Aiunt Illyriciani Episcopi [h]: *Has nostras literas misimus per dilectum fratrem nostrum & collegam Elpidium presbyterum.* Et infrà: *Itaque coacti sumus dominum & collegam nostrum Elpidium cum literis Româ, quæ est caput imperii, ad vos mittere, ut discat utrum vestra prædicatio ita se habeat, an non.* Ex quibus videtur (unde enim aliò?) concepisse vir doctissimus Elpidium à Liberio missum ad Orientales legatum Illyricianam hanc epistolam secum portâsse. Quod quidem (pace tanti viri dictum sit) neutiquam ea epistolæ verba significant. Græca, inquam, quæ servavit Theodoretus in *Historia* sua [i]: siquidem Latina, quibus scriptam fuisse iudico, nusquam exstant. Ἀναγκαῖον οὖν ἔσχομεν πέμψαι πρὸς ὑμᾶς τὸν κύριον ἡμῶν καὶ συλλειτουργὸν Ἐλπίδιον ἀπὸ τῆς βασιλευούσης Ῥωμαίων ἀρχῆς τοῦτο τὸ γράμμα ἔχοντα, καταμαθόντα εἴγε ἄρα οὕτως ἔχει τὸ κήρυγμα ὑμῶν: hoc est (ut fideliter reddam, non versionem sequens Ioannis Christophorsoni, quam exscripsit Baronius) *Necessarium igitur duximus mittere ad vos dominum nostrum & comministrum Elpidium ex Romanorum arce regia cum hac epistola, ut nos doceat itane sit prædicatio vestra.* Elpidium aiunt Romanum natu esse, non è Roma missum, immo se illum mittere affirmant, eumque appellant συλλειτουργὸν, *comministrum* suum, ad indicandum presbyterum esse è corpore illius provinciæ cleri; aut, si mavis, Episcopum, sumto iuxta ritum veterem [k] *presbyteri* (sicuti & *sacerdotis* consuevit) nomine pro Episcopo: quod non affirmaverim. Ἀπὸ βασιλευούσης Ῥωμαίων ἀρχῆς, non ita siccè & obscure vertere debuit Christophorsonus, ut *Româ, quæ est caput imperii*, tantùm redderet: quod nullum sensum habet in oratione. *Ex Roma* satis erat dixisse; paraphrasim enim Romanæ urbis ea verba continent. Nos vertimus, *ex regia Romanorum arce*, quæ eadem cum Roma est. Scio verbi ἀρχῆς significationem pro *initio*, ac metaphoricè pro *principatu*: quia princeps primus aliorum est. Quâ metaphorâ usos credo Latinos in efformando suo *arcis* nomine, quod veluti summitatem significat: quia in summis quisque locis arces construebantur. Nec video quare aliunde quærant huius nominis etymon nisi è Græco ἀρχὴ, hi qui inquirunt in Latinas origines. *Arx* enim tres primas continet Græci nominis literas. Consule sìs apud Vossium [l] quid Solinus, Varro, Servius, quid tandem ipse Vossius censuerit. Fungerus [m] etiam visus, non credo suis coniecturis quicquam propioris etymi apportabit. Quod autem de Roma sic Græcus loquatur auctor, facilè inveniet exempla *arcis* de quacumque re in summo posita, aut summi gradus apud Barthium lib. 19. *Adversariorum* cap. 5. Præterea nusquam legitur Elpidium hunc in Synodum Tyanensem venisse, quamvis Eustachii Sebasteni adventûs atque per Illyricum transitûs causa videatur conscripta epistola. Quare neque hinc quicquam affulgere lucis potuit ad perrumpendas cimmerias Pseudo-Iuliani tenebras.

[h] Apud Baron. tomo 4. ad an. CCCLXV. n. 18. & 2. tomo *Conciliorum* ultimæ edit. Paris. col. 832.

[i] Lib. 4. c. 9. & 2. tomo *Concilior.* pag. 832.

[k] De quo plura S. Hieronym. ex sacris libris, quorum testimonia collegit Auxilius lib. 2. *De ordination. Formosi Papæ* cap. 26. apud Morin. *De sac. Eccl. ordinat.* part. 2. pag. 373. & idem Morinus par. 3. exercit. 3. cap. 2. §. 2. S. Isidor. *De Script. Eccles.* cap. 2. *Sacerdotem pro Episc.* dixit.

[l] In *Etymologico*, v. *Arx.*

[m] In *Etymologico trilingui.*

45. Veniamus iam ad scenæ exitum, hoc est Gregorii Toletani mortem. Debuit sancta hæc esse; fictitio enim viro tot sanctè gestorum meritis decorato, ut personam impositam dignissimè gereret, omnino æquum fuit ut quo posset modo adiudicaretur locus in Sanctorum catalogis. Martyrologium ergo Romanum, ut aliàs, adit noster Prometheus, statuæ domi factæ infundere volens furtivo ausu sanctitatis animam. Excutiuntur Gregorii omnes qui in syllabo sunt, nec ullus reperitur dolo opportunus. Gradus inde fit ad Petri Equilini catalogum, & hìc sistitur statim atque deventum fuit in hanc cuiusdam Gregorii mentionem. *Liberatus Confessor, & Gregorius Episcopus eodem die in Amphitria claruerunt* (hoc est die XIII. Calend. Ianuarii, sive XX. Decembris) ait ille [n]. Huic solo superstruere placuit mendacii fabricam. At quantis impensis! Liberato in primis quærendum fuit munus inter nos, dandaque Hispana civitas; deinde Amphitriæ antiquo nomini adaptandum recens vulgareque, quasi ex antiquo illo corruptum nomen. Relegamus er-

[n] Lib. 2. cap. ult. num. 17.

ergo plani vestigia. *Amphitriæ* (Pseudo-Dextri [o] verba audis) *quæ Carpetanorum urbs est, nunc Fitria, S. Liberatus Episcopus Eliberitanus feliciter moritur* XIII. *Cal. Ianuarii.*

[o] Ad annum CCCLXVI.

46. Hoc iacto fundamento Liberati, & Amphitriæ in Hispania mentionis, ultrà progredi iam tutiùs visum. *Delatus est* (idem ait [p]) *S. Gregorius Toletanus Amphitriâ Toletum; & in Hispania inter divos est relatus* XX. *die Decembris* [q]. Nondum tamen finis; nam & facta iterum sive huius sive alterius Gregorii mentio rem confundit, vereque levitatem & inconstantiam prodit artificis. *Amphitriæ, quæ nunc Fita, S. Gregorius Episcopus Complutensis* XII. *Cal. Ianuarii*, ait idem auctor [r] in prioribus editionibus, non in Bivariana. Franciscus enim Bivarius hanc Gregorii Complutensis Episcopi memoriam ex hoc loco tamquam importunam delevit. Idem tamen Bivarius alibi [s] de hac re agens duos Gregorios agnovisse atque laudâsse Dextrum cum Iuliano suo contendit, alterum Complutensem, qui obiit anno Christi XCIV. XII. Calen. Ianuarii; cuiusque translatio facta fuit Amphitriâ Toletum anno CCCLXVI. alterum Toletanum, cuius obitûs hoc ipso anno Dexter meminit; atque item Iulianus Petri archidiaconus S. Iustæ Toletanæ, Dextri consecraneus: *Hoc anno* (ait [t]) X. *Cal. Iulii Pontifex Toletanus Gregorius sanctè Toleti moritur.* Diversus ecce dies mortis Bivarii iudicio, diversitatem utriusque Gregorii clarissimè ostendit. Sed frustra lavat Æthiopem doctus scholiastes, aut confirmatum it ac distinctum quæ reapse confusa temereque dicta sunt, densissimisque suppositionis tenebris involuta. Gregorii enim eo die XIII. Cal. Ianuarii, sive XX. Decembris ab Equilino Episcopo facta mentio, vix eius testimonio satis subnixa est. Martyrologium enim Romanum longè abit. S. Liberati hocce meminit ista die sic: *Romæ SS. MM. Liberati & Baiuli*: ex Beda scilicet. Usuardus Liberati tantùm meminit: *In Amphitrea S. Liberati.* Ita habet Antuerpiensis quâ utimur editio [u]. Bivarius tamen legisse videtur in alia Lovaniensi antiquiore [x] utriusque Sancti Liberati & Gregorii Episcoporum nomina; nam & præseferre hanc lectionem ait, cùm alios MSS. Hispaniæ, tum Nucalensis monasterii Cisterciensium membranaceum ac vetustissimum codicem eius Martyrologii. Rhabanus & Notkerus iisdem verbis: *In Oriente natale S. Theclæ virginis & S. Liberati*: quomodo & legitur in vetustiore quod S. Hieronymi esse Franciscus Maria Florentinus, vir diligentissimus cuius industriæ hoc debemus antiquitatis monumentum, existimavit.

[p] Ad annum CCCLXVI. n. 2.

[q] Exstat & Iuliani locus ex Chronico num. 174. iuxta hunc Dextri corrigendus.

[r] Ad annum XCIV.

[s] Comm. ad Marc. Maximum in additionibus ad S. Braulionem pag. 61.

[t] In Chron. ad annum CLXXIV.

[u] Apud Nutium MDLXXXIII. in 8.

[x] An. MDLXVIII.

47. In loci nomine ab *Amphitrea* discedit aliquantulum Franciscus Maurolycus, qui addidit etiam Liberato Gregorium, ab Equilino forsan doctus: *In Amphicia SS. Liberati & Gregorii Episcopi.* Unde si vera esset colligenda è proximo lectio: sive *Amphissiæ*, sive *Amphissæ*, coniectabatur Florentinus iam laudatus, subrogari posse: quarum altera urbs Achaiæ, altera magnæ Græciæ fuit. De loco nos suspicabamur, pro *in Amphitrea*, quæ nusquam est civitas, *in amphiteatro* legi non ineptè posse: quasi Romæ passus sit Liberatus cum Baiulo, si vera sit Bedæ ac Martyrologii Romani lectio, à bestiis eo loco dilaniatus. Nihil tamen affirmamus, sed id contra Pseudo-Dextrum animadvertimus.

48. De Liberati Episcopatu nusquam, neque ab Equilino, qui fundus omnino rei est, neque à Maurolyco nos doceri. Quinimmo Equilinus disertè vocat confessorem Liberatum, uti Gregorium Episcopum: quorum priore illo nomine viri Sancti, qui neque martyres sunt neque Episcopi appellari solent. Cùm ergo fasti Ecclesiastici sic varient in posteris consignandâ Liberati & Gregorii mentione: negabimus non iniuriâ fidem ei, qui neque ullius fidei est, neque alios habet qui fidem eius liberent. Præsertim cùm *Amphitriæ* vocabulum Geographiæ monstrum sit; ipseque eius assertor & vindex, ne sine quorundam utilitate mendacium diceret, ridicula interpretationis affectatione sese heri & nudius tertius concepisse hunc fœtum planissimè declaraverit. Audisne illud? *Amphitriæ, nunc Fitria*, aliàs *Fita*, aut simpliciùs *Ita*: quomodo variè legitur in prima editione Cæsaraugustana [y], & in Hispalensi Roderici Cari [z]: qui in Notis suis præfert ex MS. codice suo *Fita*, improbans aliam lectionem *Sittia*, quæ est in Cæsaraugustana [a] (1). Nimia quidem cupiditas municipio *Hita* hodie nominato gratificandi corrumpere fecit omnem antiquitatis saporem. Namque *Hita* novum nomen, non illius sæculi est: veniens scilicet ex corrupto verbo Latino *figere* & *fi-*

[y] Ad annum CCCLXVI.

[z] Ad ann. LXVII. & CCCLXVI.

[a] Ad ann. LXVII.

(1) In codice Matritensi Regio, Higueræ ut videtur synchrono, diversimode *Sita* et *Chita* legitur: nimirum anno LXVII. in *Liberato*: *Amphitriæ, quæ Carpetanorum urbs est, nunc* Sita, *Sanctus Liberatus Episcopus Illiberritanus* &c. et anno CCCLXVI. in *Gregorio*: *Relatus est Sanctus Gregorius Toletanus Amphitreæ, nunc* Chita *Toletum* &c. Una est veritas & perpetuo eadem.

fixo eius participio. Quod fixum est & firmum, ante duo aut tria sæcula, Hispani *hito* aut *fito* appellabant: unde ludus puerorum *el hito* dictus: clavus scilicet in terra fixus, quem ludentes veluti scopum quendam ferire satagunt: unde dicimus vel nunc antiquo retento verbo *dar en el hito*, hoc est *ferire scopum*; cum aliis huiusmodi quæ D. Sebastianus de Horosco & Covarrubias in *Thesauro Linguæ Castellanæ* curiosè collegit [b]. Præsertim hocce convenit nomen huic oppido, quod in colle positum pulcrè emicat & latè longèque conspicitur. Aliud autem prorsus oppidum fuit, si verè fuit ubi nunc Hita est, quam Rodericus Toletanus Episcopus *Fita* vocat [c] (1). Gaspar Barrerius [d] existimavit *Cesatam* Antonini, quam Ptolemæus *Cesadam* vocat. Nec ante barbarorum in Hispanias irruptionem, dominantibus adhuc Romanis occasio fuit corrumpendi propria locorum nomina: quæ quidem hi conservabant curiosissimè, etiam in iis locis quibus Romana aliqua honoris cognomenta, sine detrimento vernaculæ nomenclaturæ, adiungere placuisset. Unde enim, aut cuius linguæ est *Fitria* vocabulum, aut ubinam gentium natum, aut quomodo in Hispaniam irrupit, *Amphitreæ* antiquato?

[b] Verbo *Hita*, & *Hito*.

[c] Lib. 6. *hist. Hisp.* cap. 23.

[d] In *Itinerario* suo.

49. Nec sustineri aut defendi, ut iam finiamus, potest alter ille Gregorius Complutensis Episcopus primi sæculi, quem ex his Pseudo-Dextri tenebris Bivarius contendit proferre in lucem. Certum enim est ex S. Isidori libello *De Scriptoribus Ecclesiasticis* [e], nullum fuisse ante Asturium Compluti Episcopum. *Inde* (ait) *ut antiquitas fert in Toleto sacerdos nonus, & in Compluto agnoscitur primus.* Nec dissimulaverim phrasin illam *inter divos aliquem Sanctum referendi*, aliquot post Dextrum sæculis in Ecclesiam fuisse introductam.

[e] *Al. de Vir. illustr.* cap. 2.

CAPUT III.

GREGORIO *iam laudato* BÆTICO *tributum Martyrologium, nuperum inventum esse nebulonis alicuius, temerè ac frustrà commendatum à Gregorio Argaizio Benedictino. Comprobatur id ex silentio S. Hieronymi, & ex comparatione cum Pseudo-historicorum scriptis, & ex operis ipsius barbarie, & Geographiæ ignorantia. Solinus explicatur. Bracara Gallæciæ, non Lusitaniæ.* Easo *non Cantabrorum, sed Vasconum, Gregorii tempore. Non potuisse hunc uti oppidorum nominibus quæ Gothi & Arabes introduxere.* Masburgium *Gothicum nomen.* Burgum *apud Vegetium:* Burgi *apud Sidonium, Orosium, & alios:* Burgarii *Cæsarum Arcadii & Honorii, non huius temporis vocabula.* Burgi *aut* Burgum *unde dicta? Burgensis urbis conditor. Argumentis è Seneca & Orosio deductis pro Germanorum ingressu in Hispanias ante Gothicam irruptionem fit satis. Hauberti Hispalensis fictitium Chronicon. Burgi & Castella seorsum nominata olim ab Historicis nostris. Roderici Toletani & Sampiri Asturicensis Episcoporum error de tempore conditæ Burgorum urbis.* Μόρβογοι *Ptolemæi. Francisci Tarafæ oscitantia.* Cauca, *non* Ceuca *à Lucullo vastata. Francisci Modii in Frontino crisis taxatur. Diversam à* Cauca *fuisse* Aucam, *& hanc à* Burgis. Radegundis *haud vernaculum Hispanæ linguæ nomen.* Alcanadre *ab Arabibus ita dictum, sicut &* Albaida, *sive* Albelda. Eiroca *fluvius.* Arlanza *flumen,* Aslancia *sive* Asilanse *olim appellatum.* Tritium *duorumne an trium oppidorum vocabulum? De* Tritii Metalli *vero nomine coniectura nostra veteri confirmata inscriptione.* Anagarum, *sive* Nágera, *cuius gentis nomen & urbs. Mauritanorum, uti & Pœnorum, linguæ ab Arabica diversæ. Novissimorum sæculorum vocabula minimè potuisse à Gregorio usurpari. Portentosa, & nullius linguæ martyrum nomina qui in hocce Martyrologio laudantur. De* Terasiæ *ac* Teresiæ *nominibus.* Sansól *oppidum unde? Caci furis imitatione commentitii huius Chronici artificem in transcribendo Pseudo-Dextro & sequendo Ptolemæum ducem versatum: erroresque Ptolemæanarum editionum suos fecisse.* Illurgi *pro* Illiturgi: Ugiam *pro* Oducia: Nabrissam *pro* Nebrissa: Urbonam *pro* Urgabona, *& alia pro veris falsa vocabula usurpâsse.*

50. SEPARAVIMUS discutiendum hoc alio capite an Gregorii eiusdem Bætici foetus sit Martyrologium quoddam ante

(1) Nec si ex *Amphitria* aut *Fitria* recens & plane Hispanicum *Fita* sive *Hita* vocabulum descendere concedamus, satis exploratum fuerit ad Carpetanos, ut apud Pseudo-Dextrum legitur, id oppidum pertinuisse; cum hodiernum *Hita*, si uspiam locorum hoc de quo agimus ævo exstitit, non procul à Contrebia urbe (quam Caraccam id est *Guadalaxaram* vulgo existimant) versùs Orientem situm fuisse credibile sit. Livius autem Carpetaniam à Contrebia disiungere videtur; cùm devictis à Q. Fulvio Flacco ad Æburam Celtiberis *legiones per Carpetaniam ad Contrebiam ductas fuisse afferat* (*Lib. XL. c.* 33.) Et mox: *Flaccum à Contrebia profectum per Celtiberiam populabundum plurima castella oppugnasse.* Hinc ut coniicio recentioribus Geographis et præcipue Christ. Cellario enata suspicio fuit (*Lib. II. c.* 1. *n.* 75.) Contrebiam in ipso limite Celtiberorum fuisse; eamque propterea in veteris Hispaniæ charta inter Carpetanos, Arevacas et Lusones collocat.

te paucos annos vulgare factum, sub inscriptione hac, nempe *Catalogi SS. martyrum, qui sub Diocletiani & Maximiani imperio in Hispania martyrium passi sunt*, sive eiusdem sensus vernacula. Singulare etenim examen requirit, quod sub tam speciosa fronte sese venditat; resque agitur maximi momenti, non ad Hispaniam tantùm attinens, sed ad universalem Ecclesiam; siquidem in eo opere laudantur martyres, quorum alibi mentio nulla sacris fastorum veterum monumentis commissa reperitur. Quid ergo si hoc falsum opus & commentum insani capitis? Expiandum prorsus igne scelus fuerit de rebus sic sacris ludos facere, tamquam de inventionibus profanis dramatumque fabulis posset. Defendunt ii geminum esse Gregorii fœtum, quibus infixum est Berosos, Dextros, Maximos, Luitprandos, Iulianos, Haubertos, Liberatos, huius & alterius sæculorum monstruosos partus fovere sinu, exosculari, familiæque verorum historiæ Scriptorum intrudere. Nos, & omnes qui non transversâ aut ex affectu vident, abdicamus. Rectè iam sentientium iudicium esto, utra cedere alteri pars debeat.

51. Inventio huius catalogi nihil habet solidi fundamenti: tota ruinosa est. Gregorius Argaizius Benedictinus, vir cetera doctus ac diligens Ordinis sui chronographus, exemplum habuit Chronici Hauberti cuiusdam ut vocat Hispalensis eiusdem familiæ sodalis, cui insertum hoc erat Martyrologium: quod quidem seorsum ac sub proprio titulo, unà tamen cum Hauberti opere Notis illustratum dedit foras Matriti [f]. Sed à quonam habuit? Si præfationem eius consulimus, nihil aliud quàm curiosum quendam exscripsisse id exemplum ab exemplari suo ad preces Rev. P. Fr. Ioannis de Samaniego Abbatis generalis sui Benedictini Ordinis, exprimemus. Tacuit nempe auctoris huius beneficii, quod minime debuit, nomen: contentus indicare se de eo loqui homine, cuius industriæ commissum fuerat Ecclesiæ metropolitanæ Burgensis antiqua monumenta digerere, forsan ut in publicum aliquando committeret. Aliàs autem omnibus compertum est his notis significari D. Antonium Lupian Zapata Valentinum, ut fama ferebat, Segobricensem, cuius mentio à nobis fiet in altera huius nostræ Bibliothecæ parte (1). Quisnam autem hic, aut cuius fidei homo, atque ea omnia quæ ab eo in manus venerunt Argaizii: cùm ad tempora, ut credi volunt, Hauberto æqualia perventum fuerit opportuno loco demonstrabimus. Interim in eadem navi esse utrumque, Gregorium & Haubertum, satis sit annotare.

[f] Sub hoc titulo Hispano: *Poblacion Eclesiastica de España, y noticia de sus primeras honras, hallada en los escritos de S. Gregorio Obispo de Granada, y en el Chronicon de Hauberto Monge de S. Benito. Illustrados por el Maestro Fr. Gregorio de Argaiz Chronista de la misma Religion.* Matriti MDCLXVII. & sequentibus quatuor tomis.

52. Sed iam adversus ipsum opus expostulationis nostræ æquitatem duplici argumentorum genere ostendimus, extra ipsum nempe, & ex ipso desumtorum. Extrà hæc sunt: S. Hieronymus, qui Gregorium Bæticum seu Eliberitanum *diversos tractatus mediocri sermone* scripsisse nos monuit: hunc utilissimum, tamque Dei Ecclesiæ gloriosum, à nullo hactenus editum, de Diocletianæis martyribus in Hispania saltem pro Fide interfectis indictum præterire neutiquam debuit. Tum, Dexter (si verus Dexter esset quod ex adverso non ambigitur) & Luitprandus (si legitimus is & non adulterinus) in rebus Gregorii referendis sic uterque industrius ac diligens: minimè gentium adiungere prætermisissent conscriptum ab eo hunc catalogum, quo data materies tam ampla fuerit Dextri Chronico. Qua enim fronte, si is vir Dexter esset quem S. Hieronymus laudat, & Gregorius sui ferè scriptor temporis seminâsset Hispanæ hunc Ecclesiæ agrum quem is demessuit, celeberrimoque antistiti hunc colligendis SS. martyrum Hispanorum nominibus partam utique gloriam invidisset?

53. Præterea, id operis tam Hispanis proficui & æstimabilis, à viro undique conspicuo natum, sanctitateque auctoris sui non minùs quàm argumenti pretio commendatissimum: quorsum aliò terrarum exportatum fuit aut Lethes fluvii demersum aquis, ut non illud sanctissimi Hispaniarum præsules usquam viderint, qui fastos nostræ gentis sacros, Isidorianumque ut vocant orandi ritum olim confecere? Atqui maximam eorum martyrum partem in catalogo isto laudatorum, si paucos excipias qui aliàs nobis sunt noti & nunquam non cultu excepti, Ecclesia nostra ne quidem aliarum esse martyres gentium hactenus intellexit. Quomodo ergo nisi stulta pietate fascinata excipiet gremio & ulnis eos, qui nulla antiquitatis, nulla præiudicii commendatione subnixi, tutelarium

(1) Valentinum hoc loco Noster sed ex fama tantum; in Bibliotheca autem nova *gente Valentinum patriâ Segobricensem* diserte Antonium Lupianum Zapatam vocat, fortasse ab ipso delusus. Protheus hic, cuius verum nomen fuit *Antonius Nobis*, patriam habuit Oppidum *Tuyr* in Comitatu Ruscinonensi non procul Perpiniano, cetera tacendus gentibus. Videndi de eo Iosephus Pellicerius de Ossau *Trofeo de la verdad de la historia* Valentiæ 1676. pag. 47. Ios. Rodriguezius *Biblioth. Valent.* pag. 529. qui procul à nostratibus hanc pestem abigit.

rium gentis divorum numerum augere, & si Deo placet antiquorum uniuscuiusque Ecclesiæ patronorum longissimi temporis possessionem turbare contendunt? Profectò id esset de re, suo iure studio singulari & exquisita curiositate tractari & conservari digna, ne quidem eam habere curam, quæ vel in profanorum librorum ad Lydium criticæ artis & iudicii lapidem examinandis auctoribus sagacissimos quosque exercere viros ac divexare solet.

54. Sed iam dudum in his quæ prudentiorum solicitant neque tamen cogunt assensum, extraque opus ipsum aliunde id coarguunt, moram trahimus. Planè alia sunt plurima in catalogo ipso suppositionis eius argumenta, eaque si noctuinis non cernantur oculis meridiana luce clariora. In primis ex CXXXIX. aut CXL. quæ Martyrologium continet, XXIV. tantum capitula seu tmemata cum Dextri concordant *Omnimoda historia*; CV. verò evagantur liberè, atque illaudatis à Dextro martyribus gloriantur; unde iam formamus argumentum omnium primum. Quare enim Dexter, qui Gregorio fuit recentior, in Chronicon suum, quod quidem triumphantibus gloriosissimorum Christi athletarum coronis ornare maximè voluit, nonnisi aliquot coniecit ex pluribus quos Gregorius laudaverat? Aut enim vidit, aut non vidit eius Martyrologium, scripturus Chronicon. Si primum dicas, iniurius es diligentiæ pietatique summi viri: qui propter hoc maximè stilum in manus sumsit, ut ignorata vulgo aut ex hominum memoria facilè obliteranda Christianæ fortitudinis decora hæc perennaturis in ævum chartis commendaret. Quænam autem efferre magis debuit quàm ea quæ tacuit? Monasteria integra virginum Deo sacratum sævo
[g] §§.30.&53. gladio excisa [h]: martyrum plurimorum greges eâdem carnificina collectim dilania-
[h] §§.5.18.46. 54.63. tos [g]. Si autem non visum à Dextro Gregorium contendas: misera hæc evasio est; nec minùs ei viro, quem totum industriam & sagacitatem fuisse tot sectatorum ora tot scripta clamant, iniqua & iniuriosa. Maximè si Gregorius Eliberitanus ad id usque tempus inter vivos fuerit, quod in eiusdem Chronico Dextri annotatum legimus, hoc est illud quo maximè Dexter ipse floruit. Quî enim potuit in eadem Hispania cum Gregorio tot annis manens, & *Historiam* suam *omnimodam* sub incude habens (ab anno scilicet CCCXCII. quo iam huius historiæ quasi absolutæ meminit Hieronymus, usque ad eum, quo fingitur diem suum obiisse, annum sequentis sæculi XLIV.) inclyti confessoris & antistitis aureum hunc libellum ignorare; aut cum adeptus fuisset, non inde ad Chronicon suum locupletandum ea quæ priùs ignoraverat conferre?

55. Quid quòd sæculi non adhuc barbari Scriptor, qui *elegantissimum de Fide librum* apud Hieronymum reliquisse dicitur, barbaro prorsus ore locutus fingitur in falso isto Martyrologio? Quid quòd errores admisisse in chronographica & geographica re crassissimos? Planè solœca hæc sunt: *adiectos in mare* [i], atque item *in* [i] §§.18.&63.
ignem [k], non semel dici martyres. *Sætabis* [k] §.10.
(ait §. 115.) *S. Rufinianus presbyter*. In Ptolemæo, quem ob oculos habuit (uti postea videbimus) inventor, *Sætabis* in nominandi casu est. At noster *Sætabi* in auferendi casu dicere debuit. Quod ipsum fuit verum nomen indeclinabile, non verò *Sætabis* (1). Ideo non *Sætabenses*, sed *Sætabitani*, populi apud Plinium lib. 3. cap. 3. & per compendium ab Avieno in *Ora maritima* vers. 470.

Attollit inde se Sætabina civitas.

Uti nos legi debere, pro *Sitana*, existimamus. (2) Idem noster *Illicis* pro *Illici* §. 116. habet.

56. Error autem quovis homine, vel alphabetario nedum magno viro Gregorio indignus, *Oceanum* de Mediterraneo [l] Vide Paul. Merulam Cosmograph. 1. parte lib. 3. c. 7.
mari (sive quem appellabant eius ævi mortales [l] *internum* aut *nostrum*, aut saltem ab

(1) Ita in numis perpetuo, quos magno numero contrectavimus, et apud Cl. Florezium *Col. et munic. Hisp.* Tab. XXXIX. SAETABI. At si pro SITANA, quemadmodum in vulgato Avieni textu, legimus SETABINA ut hoc loco Noster: versus fiet hypermeter.

(2) *Sitana* omnino legendum, ut in vulgatis Avieni codicibus, exigente id non metri tantum ratione sed et Auctoris scopo, cui non mediterraneas Hispaniæ urbes, qualis Sætabi est, sed oram tantum maritimam describere propositum fuit. Est igitur ex coniectura nostra *Sitana civitas propinquo ab amne sic vocata Ibericis*, ut Avienus ait, Valentini regni oppidum indigenis hodie *Cullèra* dictum, in editissimo olim ac prærupto monte, nunc in planitie ad eiusdem radices ipsaque Sucronis fluvii ostia Orientem versùs situm: *non longe à cuius fluminis divortio*, ut pergit, *præstringit amnis Tyrius*, id est Turia, *oppidum Tyrin*, sive Valentiam, nostram quæ XX. inde passuum millibus abest, Orienti propior. Antoninus in *à Tarracone Carthaginem Spartariam*, *Edit. Wesselingii* pag. 400. *Sucronem* (amnemne an oppidum?) vocat.

SEPELACI (*hodie Buriana*)... M. P. XXIIII.
SAGVNTVM (*Morviedro*)... M. P. XXII.
VALENTIA.............. M. P. XVI.
SVCRONEM (*Cullèra*)...... M. P. XX.

Putaverim utrumque. Sed Plinius III. 3. eius ætate deletum oppidum fuisse innuit: *Sucro fluvius & quondam oppidum*. Videndi Surita et Wesselingius *Not. ad Anton. Itiner.* Nubiensis *Clim. IV. Part.*

ab iis quas alluebat regionibus *Ibericum*, *Gallicum*, *Ligusticum*, *Tyrrhenum*) dicere. Neque enim verum planè est, quod non nemo [m] credidit, Solinum appellare hoc *Oceani* nomine, *Polyhistoris* sui 26. capite. Solinus namque agnoſcit tantùm eaſdem eſſe aquas utriuſque maris Oceani & interni, atque illud per Gaditani freti anguſtias in iſtud infundi; nuſquam tamen ait infuſum vocari adhuc Oceanum (1). Verba eius hæc: *Sed Gaditanum fretum à Gadibus dictum. Atlanticus æſtus in* NOSTRUM *mare diſcidium orbis immittit. Nam* Ὠκεανὸς, *quem Græci ſic nominant à celeritate, ab occaſu ſolis irrumpens lævo latere Europam radit, Africam dextro; ſciſſiſque Calpe & Abila montibus, quos dicunt columnas Herculis, inter Mauros funditur & Hiſpaniam. Ac freto iſti, cuius* XV. *millia paſſuum efficit longitudo, latitudo vix ſeptem, quodam oſtio aperit limen* INTERNI *æquoris miſtus mediterraneis ſinibus, quos ad uſque Orientem propellit. Horum* (ſinuum ſcilicet) *qui Hiſpanias perfundit Ibericus fertur & Balearicus; qui Narbonenſem provinciam Gallicus*, &c. Et aliud quidem eſt naturâ eundem eſſe Oceanum, qui freto immittitur, cum interno mari; aliudque ſic perturbatè loqui hiſtoricum de re geographica, ut quæ ad oram interni ac Iberici maris ſita urbs eſt, eam ad Oceanum conſtitue-
§. 29. re audeat. At bis hoc facit Martyrologus [n]. *Carthagine in mari Oceano Sancta Baſſa.*
§. 66. Iterumque [o]: *Rhodæ circa Oceanum S. Paulus Abbas.* Cùm notæ omnibus urbes ſint *Carthago nova* ſeu *Spartaria*, *& Rhoda*, intra mediterranei limites: prior Murciæ regni, poſterior Cataloniæ principatûs, in ora maris collocatæ.

57. Alia etiam novitatis veſtigia exſtant in frequentibus, quos committit, anachroniſmis, ævo Gregorii ea quæ huius noſtri ſunt ſecurè attribuens. Bracaram nimirum urbem in Luſitania conſti-
§. 131. tuit [p]. *Bracaræ in Luſitania SS. Regulus & Felix.* Ad quem locum conſcientiâ tactus Argaizius cautè monuit, inde colligi iam hoc tempore Gregorii Luſitaniam fines mutâſſe, è Durioque flumine ad Minium uſque ſe extendiſſe. Errat quidem is, ne deerraſſe Pſeudo-Gregorium fateatur, toto Geographiæ cælo. Diu enim poſtea Gallæciæ provinciæ; prout à Luſitania diſtinguebatur, metropolis adhuc fuit Bracara. Ne nunc veteres advocem Geographos melioris notæ, qui Durio flumine Luſitanos à Gallæcis diſterminari nos docent [q]. Rem ſatis conficiet ſequioris temporis uſus, monumentis frequentibus ſeſe prodens, quorum aliqua dabimus. Synodi Bracarenſis primæ ſub Ariamiro Suevorum Rege erâ DXCIX. hoc eſt anno DLXI. celebratæ hoc eſt principium: *Cùm Gallicia provinciæ Epiſcopi, Lucretius, Andreas*, &c. *ex præcepto præfati glorioſiſſimi Ariamiri Regis in metropolitana eiuſdem provinciæ Bracarenſi Eccleſia conveniſſent.* Et infrà adhuc clariùs: *Beatiſſimus Papa urbis Leo* &c. *per Turibium notarium Sedis ſuæ ad Synodum Galliciæ contra impiam Priſcilliani ſectam ſcripta ſua direxit. Cuius etiam præcepto Tarraconenſes & Carthaginenſes Epiſcopi, Luſitani quoque & Bætici, facto inter ſe Concilio, regulam Fidei contra Priſcillianam hæreſim cum aliquibus capitulis conſcribentes, ad Balconium tunc huius Bracarenſis Eccleſiæ præſulem direxerunt.* In Concilio etiam ad Lucum ſub Theodemiro eiuſdem gentis Rege erâ DCVII. ſive anno DLXIX. alia cum Bracarenſi Gallæciæ metropolis erecta eſt in urbe Lucenſi. In Synodo Bracarenſi II. ſub Mirone Rege erâ DCX. ſive anno DLXXII. idem omnino dicitur. Sed ne excipiat aliquis Geographiam Eccleſiaſticam diverſam à ſæculari eſſe: Idatius, qui ſæculo quinto vixit, Lemicenſiſque in Gallæcia fuit Epiſcopus, *Theoderico Rege* (ait [r]) *cum exercitu ad Bracaram extremam civitatem Gallæciæ pertendente* &c. Et alibi [s]: *Suevi in ſolitam perfidiam verſi, regionem Gallæciæ adhærentem fluvio Durio deprædantur.*

58. Immo adhuc poſt Saracenorum in Hiſpanias ingreſſum ſervavit antiquos ſuos fines Gallæcia uſque ad Durium flumen Sebaſtianus Epiſcopus Salmanticenſis, qui ſub Rege Alphonſo Magno floruit, ſive alius

[m] Philipp. etius in *Parall. Geograp.* 1. parte 6. cap. 3.

[q] Vide Reſendium lib. 1. *Antiquit. Luſitan.* Ludovicum Nonnium in *Hiſpania* c. 29.

[r] In *Chron. Olymp.* CCCIX.

[s] *Olymp.* CCCX.

Part. 1. *Caſtellum Colira* vocat, idque à Valentia XXV. P. M. abeſſe ait: ومن بلنسيه الي حصن قليرة خمسة وعشرون ميلا id eſt; *Et à Valentia ad Caſtellum Coliram XXV.* M. P. Pergitque: *Et à Colira ad Deniam* XL. M. P. *Caſtellum Colira modo mari ambitur, eſtque munitiſſimum ad oſtium fluminis* Xócar شقر *appoſitum, circumdatum à Meridie monte quodam maximo: cuius è faſtigio deprehenduntur* يابسة في البحر *arida, ſeu montes aridi, in mari:* id eſt *Ebuſus Inſula*, يابسا *Iabeſa* ſeu *Arida* Arabibus dicta: Hebraeis יבשה *Iabaſcha*, indigenis *Ibiza*, iiſdem prorſus ſono et ſignificatu. Erunt fortaſſe qui ob nominis affinitatem, hodiernum *Sueca* oppidum in eadem Sucronis ripa paulo ſupra Coliram ſitum exiſtiment.

(1) Eſt quidem apud Plinium (III. 3.) *Oceani ora* pro *Mediterraneo* ſive interno mari: quod tamen eo loco *Oceano* opponit *Atlantico*. Poetæ pro quocumque mari *Oceanum* dixere, ut Virgilius & alii paſſim.

alius Chronici Sebastiano tributi auctor, de quo loco suo dicemus, Sancii cognomento Crassi Legionis Regis percurrens tempora: *egressus Rex Sancius* (ait) *ex Legione venit Gallæciæ, & domuit eam usque ad fluvium Dorii.* Confirmatque Rodericus Toletanus, veterem nomenclaturam à sui temporis usu distinguens. *Interea Alcorexi Rex Agarenorum* (ait lib. 5. cap. 12.) *eam partem Gallæciæ quæ nunc Portugallia dicitur, & usque ad Sanctum Iacobum devastavit.* Similia cap. 16. expressiusque cap. 10. *Coegit usque ad Dorium, qui dividit Gallæciam & Lusitaniam.* Huic luci quandam maiorem ingeret lucem, Argaizii iudicio, M. Maximi auctoritas; cùm is monasterium Dumiense, quod fuit prope Bracaram, in Gallæcia verbis clarissimis, nec semel collocet [t]. Quibus quidem hìc abstineo, quòd ipse tamquam digitos suos & manus procul dubio habet nota, contentus ceteris quod rei est veris testimoniis, abundè persuasisse.

[t] In *Chronico* ad ann. Christi DXL. §. 5. & DL. §. 2.

59. Huic alius tamquam lac lacti similis error est. *Easo* in Cantabris collocat §. 60. his nempe qui hodie ita dicuntur generali nomine Cantabrorum ad Guipuscoæ Viscaiæ & Alabæ provinciarum incolas extenso; sub Romanis autem, ætateque Gregorii, Vasconum fuit oppidum, quibus id Ptolemæus affigit. Cantabri autem longè ab his collocati, quod plures probant, & inter alios Arnaldus Oihenartus in *Notitia utriusque Vasconiæ.* Hinc ex iam dictis colliges ignorare haud potuisse verum Gregorium, eius quâ vixit ætatis Hispaniarum divisionem; falsum verò & hypobolimæum potuisse hodierno usu, qui in Lusitania Bracaram, in Cantabris *Eason* habet, misere deceptum iri (1).

60. Imponitur quoque absurdissimè quarti sæculi scriptori Gregorio ut is usus sit locorum nominibus, quorum vel Gothi vel Arabes in Hispanias diu post eius obitum infusi auctores fuere. Quo quidem argumenti telo, cùm petamus & confodiamus causæ iugulum, districtiore vibrandum est cura. *Masburgium* hodiernam *Burgos* urbem appellat: Radegundam virginem Salmantinam laudat: quæ Germaniæ pura puta sunt vocabula Hispanis rebus inepta; cùm inter Hispanos & Germanos nullum Gregorii ævo, uti postea irruentibus Gothis, esset commercium. *Alcanadræ, Albaidæ, Nagaxarasæ* urbium: *Arlanzonis* fluvii disertè meminit: vocabulorum absque dubio Arabicorum, quæ Saracenis tercentum & ultrà annis post Gregorium Hispanias ingressis accepta ferimus. *Burgum* [u] Septentrionalis linguæ verbum est, quâ gentes utebantur è gelida illa orbis plaga Italiæ, Galliis, tandemque Hispaniis infusæ. Burgundionum esse monet Luitprandus, non is quem toties deridemus, sed legitimus, lib. 3. *Rerum gestarum ab Imperatoribus & Regibus* cap. 12. *Et quoniam ipsi* (ait) *domorum congregationem quæ muro non clauditur* burgum *vocant*, Burgundiones, *quod est, à burgo expulsi, à Romanis appellati sunt.* Agnovit & Burgundionum, hoc est Germanorum, esse nomen Orosius lib. 7. cap. 32. cum Isidoro lib. 2. *Originum* cap. 2. & 4. & Paulo Diacono lib. 2. antiquissimamque Germanici nominis in ripa Rheni urbem *Asciburgium* in huiusmet originis confirmationem exstitisse olim ex Tacito [x] novimus. Pleni sunt recentes doctissimorum hominum commentarii huiusce observationis [y].

[u] Cuius meminit §. 82.

[x] *De moribus German.* c. 3. & lib. *Histor.* 4. cap. 33.

[y] Vossius *De vitiis sermonis* lib. 2. cap. 3. Henr. Spelmannus in *Glossario.* Bern. Alderete *Orig. de la lengua Castellana.* lib. 3. cap. 3. verbo *Caliobriga* pag. 290. Stewechus in Vegetii lib. 4. c. 10. Gothofredus Iacobus ad titulum *De burgariis* in cod. Theodos. Pithœus 1. Advers. c. 4. Menagius in *Originibus Linguæ Gallicæ* vernaculis verbo *Burg.* Besoldus cum pluribus in *Thes. practico.* verb. *Burg.*

61. Nec de statu movere nos Vegetius debet, qui vulgarem suo, hoc est Valentiniani sub quo & Gregorius noster vixit ævo, *burgum* dictum castellum parvum lib. 4. *De re militari* cap. 10. scribit. *Castellum parvulum, quem* burgum *vocant, inter civitatem & fontem convenit fabricari* (ab obsessis scilicet) ait. Quinimmo burgorum in Hispania notitiam paulò post hæc tempora præbet Arcadii & Honorii Imperatorum ad Vincentium P. P. Galliarum directa lex *Unica* tit. 14. qui *De burgariis* inscribitur lib. 7. codicis Theodosiani, unà cum lege 2. tit. 19. lib. 12. eiusdem codicis, quæ in Iustinianæo est l. 6. *De fundis rei privatæ* lib. 11. *Lex nostra præcepit* (aiunt laudati Cæsares in dicta lege *Unica*) *ut hi quoque qui intra Hispanias, vel in quibuscumque locis ausi fuerint burgarios vel solicitare vel receptare* &c. *Burgarii* appellabantur qui *burgis*, ut ex posterioribus illis legibus colligitur, serviebant.

62. Dùm ergo constat *burgos* in Hispaniis eo tempore haud ignotos fuisse, nonne calumniari videmur Martyrologo hunc locum urgentes? Minimè quidem. Sæculum enim integrum annorum inter Diocletianæam stragem quam descripsisse Gregorius fingitur, atque Honorii & Arcadii regnum, qui *burgariorum* in Hispania meminerunt, ferme fluxit. Nempe à quar-

(1) *Easo.* Ptolemæo *Oeaso* Vasconum proprie dictorum oppidum et cognomine promontorium eidem imminens in ipsis Pyrenæi radicibus Oceano Cantabrico et Aquitanico obversum. Plinio (*III.* 3. et *IV.* 20. *n.* 34.) *Olarso*: nunc pagus indigenis *Oiarçum* dictus, octavo aut circiter ab urbe Fonterabia milliari.

quarti sæculi fine ulteriora tempora vulgare iam fecerant vel inter Romanos hoc *burgi* vocabulum, ut constat ex Sidonii Apollinaris carmine [z] *Burgus Pontii Leontii* inscripto, quo domum illius seu castrum in Gallia ripæ Duranii fluminis superædificatum celebrat [a]. Ante id tempus nusquam extra Germanos limites audita fuere scriptove consignata *burgi*, *burgorum*, aut *burgariorum* nomina. Crebra enim cum Germanis bella hæc vocabula veluti urbe donavere. Planè certum est Orosii tempore haud ita fuisse, sed Burgundionum linguæ propria: quos *nomen* (ait) *ex opere præsumsisse; quia crebra per limitem habitacula constituta* burgos *vulgò vocant*. Erant ergo castella turresve limitaneæ, cùm apud barbaros, tum apud Romanos qui ab illis didicere. Ideo *clausuris & burgis* custodiri fines in Africa olim solitos Iustinianus ait in lege 11. §. *Et omnes* 4. cap. *De officio Præf. Præt. Africæ.* Qui limites, quòd frequenter flumina essent, iis burgi imponebantur: unde quæ munitæ fluminibus adiacerent domus, ita appellari cœpere. Quod innuit Sidonius [b]:

Cernere iam video quæ sint tibi, burge, futura.
Diceris sic, namque domus de flumine surgunt,
Pendentesque sedent per propugnacula thermæ.

63. Planè sunt qui à Græco πύργος hoc nomen derivent [c], quòd Βύργος proferebant Macedones Thracesque, ut Casaubonus in *Commentariis ad Strabonem* observavit. Sed Germani quibus magis de rebus suis credendum est, constanter linguæ gentis illud vendicant [d]; cùm maximè omnis locus munitus, confugium omne, *burg* [e] vel hodie inter eos audiat. Neque enim potuere ii à Græcis accipere, tam cælo & usu separata gente, quod verbum antiquissimè domi habuerunt. Nisi ab Hebræa origine utraque, quod suspicatur Vossius, & Germana & Græca vox fluxerit: id quod de *briga* coniectamur Hispano vocabulo, quod propriâ linguâ Hispaniæ veteris urbem significat; quamquam doctissimus Alderetus ad Græcum πύργος referre malit [f]. Ceterùm à Germanis natam Burgensis urbis appellationem, quoquot inter nos historicam rem cum iudicio tractavere omnes admittunt [g], ea coniecturâ ducti quòd auctor eius fuerit Comes D. Didacus Porcellus cum genero suo Nunnio Bellidez aut Belchidez, nobili Germano, à quo nomen urbi impositum gentis suæ vernaculum credere proclive est. Ante hoc tempus, scilicet Adephonsi catholici Legionis Regis ævum, non huius urbis nominísve ulla mentio.

64. Sed insurgunt, Germanos in Hispaniam sub Gallieno Imperatore irrupisse ac duodecim annis eas insedisse. Orosius lib. 7. cap. 22. *Germani ulteriores abrasâ potiuntur Hispaniâ.* Et cap. 41. *Irruptæ sunt Hispaniæ &c.* Et infrà: *Quod etiam sub Imperatore Gallieno per annos prope duodecim Germanis evertentibus exceperunt.* Immo antiquiorem aliam eiusdem gentis in Hispaniam expeditionem innuere videtur Seneca, dum de populorum transmigrationibus in *Consolatione ad Helviam matrem* agit. *Pyrenæus* (ait) *Germanorum transitus non inhibuit.* Unde Alphonsus de Cartagena in *Anacephalæosi Hispaniæ* cap. 4. *Demum exercitus multi ab Alemania* (inquit) *& insulis adiacentibus Hispaniam inundantes, Almonizis expulsis apud Hispanos magnis temporibus regnaverunt: donec Pœni ab Africa transeuntes magnam Hispaniæ partem subiecerunt.* Sed Orosio demus id quod ex bono aliquo exceperit auctore, quantumvis in Gallieni rebus, commotique sub eo totius orbis triginta non minus tyrannos passi relatione, nihil de Hispania eo tempore vastata Trebellius commemoret Pollio. Nedum tamen inde conficitur, gentem vastatricem & incursionibus tantùm intentam dare nomen potuisse iis terris, quas delere ac exscindere, non excolere aut firmare urbibus imperioque nitebatur. Orosio credamus ipsi, qui nos huc adigit. *Exstant adhuc* (statim ait) *per diversas provincias in magnarum urbium ruinis parvæ & pauperes ædes, signa miseriarum & nominum* (scilicet veterum ante ruinam) *indicia servantes: ex quibus nos quoque in Hispania Tarraconem nostram ad consolationem miseriæ præsentis ostendimus.* Sive autem recta, sive non lectio illa sit Senecæ, Germanos innuentis in Hispaniam superatis Pyrenæis transiisse; at certò scimus nullum horum ingressûs aut dominationis vestigium in geographicis Ptolemæi, Pomponii, Plinii, aliorumque monumentis relictum.

65. Quare cùm tribus primis sæculis nulla in Hispaniis diversarum gentium bella turres limitaneas, præcipuè in mediterraneis locis à mari longe dissitis, sub appellatione *burgorum*, iuxta Vegetii notationem, construere suaserint: credendum omnino est, *burgorum* nomen cum Gothorum gente audiri apud nos cœptum; veramque esse historicorum nostrorum assignatam nobilissimæ urbi, Castellæ veteris nunc primariæ, originem: ut scilicet à Didaco Porcello Comite, eius ut fer-

V

[z] 22.

[a] Scaliger. lib. 2. *Ausonianar. lect.* cap. 9.

[b] Landato carmine 22. *De Paulini burgo.*

[c] Sirmondus ad Sidonii hoc carmen 22. Gotofredus ad l. 2. lit. P. cod. *De off. P. P. Africæ.* Hadr. Iunius lib. 5. *Animadv.* c. 6. Cuiacius 3. *observat.* 24. Casaubonus ad Strabonem.

[d] Barthius *Animadv. ad Guil. Brittonem* lib. 7. vers. 391. Vossius lib. 2. cap. 3. Cluver. lib. 1. *Germaniæ veteris*, cap. 13.

[e] Barthium vide ubi proximè.

[f] Lib. 3. cap. 3. *Del origen de la lengua Castellana.*

[g] Garibay lib. 10. *Comp. hist. Hisp.* c. 5. Morales lib. 15. *hist. de España* cap. 17. Mariana lib. 8. cap. 2. Puente *Conven. de las Monarquias*, lib. 3. cap. 10.

fertur rei auctore, in unum eundemque populum plures circumcirca minores populi coaluerint, locusque inde à *burgis* seu oppidulis plurativo numero *Burgi* dictus sit: eodem forsan tempore, quo à pluribus castellis in Maurorum & Christianorum collimitio positis, *Castella* nuncupari cœpit ditio illa, quæ Comitibus primùm deinde Regibus paruit, atque hodie veluti principatum in ceteram Hispaniam tenet. Relinquamusque Franciscum Tarasam his Germanis Burgorum fundationem tribuentem [h], rerum Hispanicarum peritia apud eos censeri, quibus æquè persuaserit Oretanorum populum & Legionis septimæ Geminæ urbem, quam *Germanicam* falsò vocat, ab eadem esse Germanorum origine. Super quibus ei pudorem imperat Ioannes de la Puente Dominicanus, iudicio & antiqua doctrina vir pollens & subactus [i].

66. Et quid quòd non *Burgi*, sed *Masburgi* audiat hæc à confictitio Gregorio (uti & ab Hauberto [k]) urbs? Scire aves unde data ei ansa hæc fingendi? A Marinæo scilicet lecto in *De rebus Hispaniæ* lib. 3. [l] *In quibus* (ait) *civitas est insignis & antiquissima, quam Burgensem nunc vocant, & Masburgi dictam fuisse quondam legimus, quæ dicebatur & Auca. Quod nomen mihi verosimilius esse videtur, propterea quòd etiam montes apud eandem urbem nunc Ocani dicuntur, & Aucani melius dicerentur; tametsi Plinius non Aucam sed Caucam nominavit.* Expressiùs Franciscus Tarafa [m]. *Per hoc tempus urbs Burgensis, vulgò* Burgos, *olim dicta Masburgi, aliis Bravum sive Auca, iubente Comite Didaco domino Castellæ novis colonis habitari cœpta est, ut habet Hispanica historia.* Hæc est, ut credimus, quæ vulgò audit *Historia generalis* Alphonsi Regis X. iussu confecta, in antiquis tamen rebus lubricæ omnino fidei. Erroris causam paulò inferiùs dicemus.

67. Confirmandæ huic origini *Masburgem* ab Hauberto nuper dicto Hispalensi nigro etiam theta notando nomine, confictam novimus insigni illo, & antiquitatem omnem exhauriente, de fundatione hùius urbis segmento sarmentitii Chronici [n] ad annum DCCCLXXXIV. *Didacus Comes Castellæ & Aucæ civitatem Masburgensem reædificat mandato Regis Adephonsi. Hodie dicitur* Burgos, *clara civitas in Vaccæis: antiquo tempore dicebatur Ceuca, aliis Bravum, aliis Auca Tabularia, vel Ceuca Tabularia.* Quo ex testimonio non solùm labascit fides Hauberti ipsius aliàs affligenda, sed & Gregorius suppositititius Martyrologii auctor coarguitur. Nam quod & hic posterior innuit *Masburgum*, nedum *Burgorum* nomen, iam vulgatum fuisse Diocletiani ævo hoc est ante annum CCC. & quod prior ille Haubertus apertè fabulatur, Didacum Comitem reædificâsse *Masburgensem* urbem, quasi ea olim fuisset & in pristinum statum Comitis operâ rediisset: falsissimum est, refelliturque auctorum veterum locis, quibus nondum aliquis falsitatis dicam impegit.

[h] De Regibus Hisp. in Valeriano tomo. I. Hisp. illustr. pag. 536.

[i] Lib. 3. *De la concord. de las dos Monarquias* cap. 10.

[k] In *Chron.* ad ann. Christi LXII. & DCCCLXXXIV.

[l] *Hisp. illustr.* tom. I. pag. 312.

[m] *De Regibus* Hisp. in Alphonso III. *Hisp. illustratæ* volum. I. pag. 550.

[n] Sub tit. *Poblacion Eclesiastica de España* dedit hoc & alia fabulosa Gregorius Argaizius. Hoc autem *Chronicon* editum est 2 part. primi tomi Matriti MDCLXVIII. Segmentum autem istud pag. 596.

68. Hi nullam aliam nisi *Burgorum* appellationem à fundatione ipsa huius urbis agnovere. Sebastianus, existimatus Salmanticensis Episcopus (sive is sit Alphonsus Rex III. Magnus ut aliis placet qui id Chronicon scripsit brevissimum pro more illorum temporum, quod à Pelagio res persequitur usque ad Ordonium I. Hispaniæ è tumulo caput efferentis Regem): *Eo tempore* (ait de regno loquens Alphonsi cognomento Catholici, & à Pelagio tertii, qui rerum potitus est ab era DCCLXXVII.) *populantur Primorias, Levana* [o], *Trausmera* [p], *Supporta* [q], *Carranza* [r], *Burgis, quæ nunc appellantur Castella, & pars maritimæ Galliciæ.* Terræ tractuum, seu mâvis vallium, hæc omnia ferè sunt nomina inter montes Hispaniæ ad mare septentrionale vergentis vel hodie vulgaria; non autem oppidorum. Ab his cùm aufugissent incolæ sibi à Mauris timentes: sub hoc Rege multorum prœliorum victore ausi sunt ea loca repetere, denuoque vallium iam dictarum habitare oppida. Unus ergo ex his tractibus *Burgi* appellabatur, qui deinde vocatus est *Castella*, ut Sebastianus ait: qui & alibi Burgensem provinciam vocat [s]. Hunc quidem hodie contineri sub nomine vulgari, *las siete* [t] *merindades de Castilla la vieja*, aut sub prima & præcipua earum quæ *merindad de Castilla la vieja* propriè audit, non longè à Burgensi urbe: non temerè cum Stephano Garibaio [u] suspicamur, Sebastiani annotationem sequentes.

69. Ideo etiam fundata *Burgis* urbe duravit *Castellæ* nomen seorsum ab ea, ut constat ex charta quadam publica Garciæ Navarræ Regis, qua sese regnâsse in Pampelone, in Alava, & in Castellâ; Fernandum verò fratrem in Legione, & in Burgis, erâ scilicet MLXXXIV. quod est notatu valdè dignum. Adducit eam, & similem aliam idem Garibaius lib. 22. cap. 28. & 29. Qui huic terræ portioni Regio ferè præerat nomine, hunc illa ætas Castellæ Comitem nuncupâsse videtur. Sampirus Asturicensis Episcopus, qui Sebastianum

[o] *Provincia de Lievana,* sive *Asturias de Santillana.*

[p] *Valle de Trasmiera.*

[q] *Valle de Soperta.*

[r] *Valle de Carranza.*

[s] In *Ramiro I.* erâ DCCCLXXX.

[t] *Merindad* tractus terræ est quæ ab uno iudice regitur, vulgò *Merino,* seu *Maiorino.*

[u] Lib. 22. *hist. Hisp.* cap. 29.

num continuavit ſub Alphonſo III. ſeu Magno, interfuiſſe conſecrationi Compoſtellanæ S. Iacobi Apoſtoli Eccleſiæ, atque inde Ovetenſi Concilio [x], inter alios proceres ait *Ordarium Caſtellæ & Aucæ Comitem* [y]. Porrò *erâ* CMXXII. *populavit Didacus Comes Burgis mandato Aldephonſi Regis*. Sic legitur in codice Compoſtellano [z] (*tumbo* vulgus vocat) quo privilegia eius Eccleſiæ olim collecta ſervantur; nec non & in aliis annalibus ac priſci ævi monumentis, quorum Ambroſius Morales meminit [a].

70. Hic ille fuit Didacus Porcellus Comes ſuprà laudatus, quem Caſtellæ præfuiſſe hoc tempore aliunde compertum eſt [b]. Conſonat in anno fundationis, formamque diſertè refert, quamvis alieno prorſus loco, Rodericus Toletanus Epiſcopus lib. 5. *De rebus Hiſpaniæ* cap. 25. *Sub iſto* (Sanctio nempe cognomento Maiore, in quo graviter errat [c]) *Comes Didacus Porcelli populavit Burgis: quam quia ex burgellis plurimis ademerat, Burgis ſtatuit nominari, erâ nongenteſimâ viceſima ſecundâ*. Regem ſub quo factum id opus Alphonſum III. Magnum Rodericus vocare debuit, qui eius eræ, quam rectiſſimo aſſignat calculo, æqualis fuit. Sampirus eodem ferè maculatus errore exſtat, qui ad Ranimiri II. tempora refert, haud aberrans tamen à verò urbis nomine [d]. *Populavit Didacus comes Burgis*. Ipſe quoque paulò antea hæc habet [e]. *Et quidem Rex Ordonius, ut erat providus & perfectus, direxit Burgis pro Comitibus &c.*

71. Omnia hæc in medium adduximus, quo magis confirmaremus nuſquam apud auctores noſtros non lubricæ fidei Burgorum urbis ante Didaci Comitis fundationem; nec *Masburgi* uſquam, nedum ſic antiquo tempore, mentionem fieri; Haubertumque id factum referentem hoc uſurpato nomine, quod nullus eorum agnovit, impudenter ludere. Nec quicquam iuvat *Murbogorum* gentis ſeu populi apud Ptolemæum, dum Tarraconenſis Hiſpaniæ loca refert, mentio. Quantum enim Μύρβογοι *Murbogi* huius auctoris, quorum Βραῦον *Bravum* urbem laudat, à *Masburgis* diſtat (1)? Villanovanus autem in Ptolemæo ſuo, ex Marinæo & Tarafa, impoſuit ſibi ut ſcriberet *Bravum Masburgi* olim dictum, nulla nominum ſimilitudine, nulla veteris auctoris fide innitens. Unde de Burgenſis urbis appellatione iſta ſuccrevit fabula, quam ſtabilire voluit ementito vetuſtatis nomine is qui Haubertum & Gregorium ætate abortus noſtrâ eſt.

[x] Celebratum fuit erâ CMX.

[y] Vide Moralem lib. 13. cap. 33.

[z] Apud Sandoval en *las notaciones á los Obiſpos de Caſtilla*, pag. 251.

[a] Lib. 15. cap. 16.

[b] Videndus Steph. Garibai. lib. 10. *del Comp. hiſt. de Eſpaña* cap. 3. Morales d. lib. 15. cap. 16.

[c] Ut notavit Morales d. cap. 16.

[d] In editione Sandovalis pag. 67. col. 2.

[e] Pag. 65. col. 1.

72. Quod inde in Hauberto ſequitur: *Hodie dicitur* Burgos, *clara civitas in Vaccæis*, ex affectata veteris Geographiæ eruditione iure traducimus. Quid enim ſi nobis de Hiſpali noſtra huius temporis ad æquales loquentibus hæc verba excidiſſent: *Vetus Hiſpalis, quæ nunc clara urbs eſt*, Sevilla *nuncupata in Turdetanis;* & non potiùs in Bætica ſeu Andaluzia provincia? Quid ſi de regia Matritenſi curia: *Mantua Carpetanorum, quæ nunc Matritum eſt in Carpetanis;* & non in Caſtellæ novæ regno? Puto riſum lectoribus etiam indulgentiſſimis nos moturos. Connectuntur & ſuperioribus hæc alia de eadem urbe: *Antiquo tempore dicebatur Ceuca, aliis Bravum, aliis Auca Tabularia, vel Ceuca Tabularia.* Iuncta ſcilicet ferè omnia in auctoris cerebro, nunquam alibi vel audita vel coniuncta.

73. Planè in priore parte huius portentoſi Chronici reædificatam Ceucam urbem fabulatur anno mundi MMMCMXXIX. [f] Si hoc nomine tunc appellata, quandonam tot formas quot Protheus fabuloſus mutavit? At ſi ab aliis & aliis exiſtimatam ait Masburgenſem urbem eandem cum ex his aliqua: quinam fuere hi inter nos critici, Hauberto ſuperiores, quos cura ſolicitavit conferendi veterem cum nova Geographia? Et tamen Argaizius hoc loco notat Numantini belli tempore iam Ceucam fuiſſe urbem civibus fortiſſimis plenam; cùm verè ea urbs, quam Lucullus Conſul vaſtavit in Vaccæis, Scipio inſtauravit bellum cum Numantinis gerens, Pompeius Hiſpanis dolo eripuit: *Cauca* conſtanter audiat apud Polybium [g] (Καῦκα, & Καυκαῖοι cives eius) & Frontinum [h], horum eventuum enarratores, Pliniumque [i]. Huius ultimi hæc ſunt: *Sicut in Vaccæorum* XVIII. *civitatibus, Intercatienſes, Pallantini, Lacovum, Deobricula, Siſáraca, Ambiſua Egiſamon* (Antonino *Segeſamon*) quod forſan hodiernum *Saſamón* fuerit; & in vicinis Autrigonibus *Virtobeſca* ſeu *Viroveſca* ut apud Antoninum, quam paſſim hodiernam *Brivieſcam* interpretantur. Qui Ptolemæo *Muſburgi* aut *Murbogi*, iidem forſan fuerint cum Plinii *Turmodigis*; nec locorum ſitus multum diſcrepat; præterea in his & *Segiſamonenſes* fuere ut apud Plin. III. 3. legimus.

[f] Ad hunc an. pag. 445.

[g] *De Hiſpan. bellis* pag. edit. ultim. Amſtel. CDLXXVIII. & iterum DXXIII.

[h] Lib. 1. *Stratag.* cap. 2. in veterib. editionib. rectè.

[i] Lib. 3. c. 3.

(1) De urbis *Burgos* hodie apud nos dictæ nomine atque origine nihil repugno. *Murbogos* autem ſeu *Muſburgos* Ptolemæi populos á Pſeudo-Hauberti *Maſpurgis*, ſeu quod idem eſt ab hodierno *Burgorum* urbis ſitu nimium quantum diſtare, quod Noſter hoc loco aſſerit, mihi quidem parum probabile eſt. *Murbogi* à Pelendonibus, Beronibus, Autrigonibus et Ibero amne atque à monte Vindio fere concluſi, ex mea ſententia non maximo terrarum à Burgenſibus hodiernis aberant. Fuere præterea in iis oppida *Bravum*, *Deobricula*, *Siſáraca*, *Ambiſua Egiſamon* (Antonino *Segeſamon*) quod forſan hodiernum *Saſamón* fuerit; & in vicinis Autrigonibus *Virtobeſca* ſeu *Viroveſca* ut apud Antoninum, quam paſſim hodiernam *Brivieſcam* interpretantur. Qui Ptolemæo *Muſburgi* aut *Murbogi*, iidem forſan fuerint cum Plinii *Turmodigis*; nec locorum ſitus multum diſcrepat; præterea in his & *Segiſamonenſes* fuere ut apud Plin. III. 3. legimus.

cobricenses, *Caucenses*. *Cauca* etiam in Antonini Itinerario est [k]. Sanè Frontinum temerè avertit aliò Franciscus Modius, pro *Chaucensibus*, seu *Causensibus* quod priùs legebatur, *Catinienses* subrogans; & ad *Catinam* fortè Plinii [l], Arcadiæ urbem, respiciens: acquiescente in ultima editione Amstelodamensi parum criticè Roberto Keuchenio. *Caucam* & ipse Rodericus Toletanus [m] retento Latino appellat nomine. *Bravum* oppidum Ptolemæus laudat, (quod quidem *Babavon* hodierni temporis esse Argaizius credit), *Aucam*, *Ceucamve Tabulariam* nullus. *Aucam*, inquam, cum hoc cognomine.

74. Aliàs *Auca* olim exstitit urbs Castellæ, cuius Episcopi ab ea dicti *Aucenses*. Multa mentio in historiis fit; omnino autem diversa à *Burgis*. Post Burgensem enim urbem fundatam, Aucensis Episcopus urbe sua detenta à Mauris titulum retinebat apud Rodericum Toletanum lib. 4. cap. 18. idemque eodem tempore *Aucæ* cap. 13. & *Burgis* oppidi cap. 16. lib. 6. meminit. *Auca Patricia* dicitur *in territorio Castellæ* in instrumento fundationis monasterii S. Martini vallis de Mena xv. Sept. erâ DCCCXXXVIII. [n] Hæc de Burgensis clarissimæ urbis origine paulò diffusiùs, ut Gregorium verum vindicaremus à falsi suppositione, Haubertoque interim ineptias suas opprobraremus, non omnino inutiliter annotare visum fuit. Sed iam ad alia fictionis vitia.

75. Radegundæ virginis mentio in Hispania adhuc Romæ subiecta falsitatem non minus prodit [o]. *Salmanticæ sancta Felicitas & Radegunda virgines*. Martyrium scilicet, innuit, in eadem Diocletiani persecutione sunt passæ. Nullam in fastis Ecclesiasticis Radegundæ alterius memoriam legimus [p], quàm Galliarum Reginæ Chlotarii uxoris, tandem Benedictinæ monialium Pictaviensis, sanctitate & miraculis feminæ clarissimæ. Hanc ex Germana stirpe fuisse, tum historiæ [q], tum nomen ipsum planissimè ostendit. Ea filia Berthari Regis Thuringorum fuit: quæ iccircò à Venantio Fortunato eius vitæ Scriptore audiit *natione barbara*, *de natione Thuringa*; & hanc captivam ductam coniugio sibi copulavit Chlotarius. Eiusdem originis & gentis sunt, Francorum nempe orientalium, hoc est Germanorum propago, *Ingundis* eiusdem Chlotarii secunda

[k] In *Itiner. ab Emerita Cæsaraugustam*.

[l] Lib. 4. cap. 6.

[m] Lib. 6. *Hist. Hisp.* cap. 23.

[n] Apud Sandoval in *fundationibus mon. S. Æmiliani* fol. 43.

[o] 129.

[p] Rom. Martyr. XIII. Augusti.

[q] Vita eius tum à Venantio Fortunato, tum à Bandomina quadam scripta apud Surium tomo 4. Greg. Turon. *Hist. Franc.* lib. 3. cap. 4. & 7. & lib. 8. cap. 44. & *De glor. Conf.* cap. 106.

uxor [r]; atque item alia *Ingundis* Sigeberti Austrasiæ Regis filia, S. Ermenegildi Principis Hispaniarum martyris coniux. *Fredegundis* Chilperici Galliarum Regis concubina. *Cunegundis* S. Henrici Imperatoris castissima coniux, & quotquot propria feminarum nomina similiter desinunt.

76. Unde ergo *Radegundis* nomen apud Hispanos eo tempore, quo nedum in Gallias ex Germania seu Francia orientali cum Francis transierat? Nec opponas ante omnem Francorum in Gallias descensum *Radegundem* quandam S. Martialis Lemovicensis Episcopi Christi Domini discipuli hospitem celebrari. Scio Bernardum Guidonem Dominicanum huius feminæ alicubi meminisse [s]. Sed nota cuique sunt, etiam Martialis Apostolatûs propugnatoribus, quæ huius historiæ & actis opponi solent: adeò ut his fateri necessarium sit (quod Saussaius facit [t]), genuina & sincera acta sub incursionibus barbarorum periisse, ut ex collectione quadam antiqua [u] miraculorum sancti eius corporis translationis etiam constat. Neque enim aliter declinare posse difficultatem ex *Gothorum* ibi facta mentione prudenter vident, quàm aut denegantes actis his vetustatis fidem, aut per errorem exscribentium hoc eo irrepsisse Gothorum nomen excusantes. Quod ipsum de *Radegundæ*, quam non minùs quàm *Gothorum* appellationem ferè quatuor respuunt Gallicanæ historiæ priora sæcula, existimari oportet.

77. Arabica item oppidorum nomina importunè laudata Gregorium non esse Martyrologii auctorem evincunt manifestissimè. Quî enim potuit quarti sæculi Scriptor noscere Arabum nomenclaturam, quæ non ante septimum, una cum eorum tyrannide, inficere Hispaniam cœpit? (1) *Alcanadre prope Iberum fluvium* (ait [x]) *S. Theodulus & filia eius Agnes*. Et paulò pòst: *Albaydæ in Cantabris circa fluvium Ireguæ Prudens & Ioannes* [y]. Oppida sunt (ex Argaizii interpretatione) Castellæ, seu Rioxæ, *Alcanadre* & *Albelda*: utrumque Arabicæ linguæ & originis: quod vel rudes Arabismorum Hispani idiomatis non ignorant. *Alcanadre*, seu *Alcanater*, arcus seu pontes sonat. Mauros pontem, qui Gaditanam insulam continenti committit (*de Suazo* nunc vocant) *Alcanater* dixisse, Geographus Nubiensis *Climatis* 4. prima parte nos docet (2). *Albaida* albam rem

[r] Sant-Marthani fratres in *Histor. generali Franciæ*, tom. 1. lib. 2. cap. 8. & 11. secundæ partis, & cap. 4. tertiæ partis.

[s] *Tract. de SS. Lemovicensibus* vol. 1. *Biblioth. MSS. librorum Labbei* pag. 635.

[t] *De mysticis Galliæ Scrip.* in *S. Martiali* pag. 322.

[u] Teste eodem Saussaio ibidem.

[x] §. 14.

[y] §. 16.

(1) Nec nisi cœpto iam et adolescere incipiente octavo salutis sæculo: ut in comperto est apud omnes.

(2) Bis meminit Nubiensis *Clim. IV.* part. I. τῶ القناطر *alcanáter*: quam vocem utroque loco Maronitæ Interpretes reddunt Latinè *pontes arcûs*; eosque intelligunt quibus insula Gades continenti iungitur. Meminit quoque in eodem Climate τῶ القنتير *alcantir*, eamque alteram esse ait è duabus insulis in Her-

rem denotat, ex *beidum*, album, & articulo *al* [z]. Unde & in Valentino regno *Albaida* oppidum, & ab eo dicta vallis. Item pagus sive castellum iuxta Cordubam similiter appellata: quibus in locis frequentissima hæserunt Arabicæ linguæ vestigia. Id quod Sebastianus ipse Salmanticensis suprà laudatus de re suæ ætatis scribens non obscurè significat. *Unde ob partam victoriæ causam tantùm in superbiam intumuit* (Muza rebellis quidam Cordubensis Regis) *ut se à suis tertium Regem in Hispania appellare præceperit. Adversus quem Ordonius Rex exercitum movit, & ad civitatem, quam ille* (Muza) *noviter miro opere instruxerat, &* Albaida *nomine imposuit, Rex cum exercitu ad eum venit, & munitione circumdedit.* Ita enim legi debere, non autem *Albelda*, ut in editione huius Chronici, quam à Sandovalio habemus, fuit excusum (præterquam quòd à Roderico Toletano sic vocatur [a], Dulcidiusque in Chronico non dudum typis edito, *Albaildam* urbem fortissimam dixit) ab Ambrosio Morali docemur, qui de hac re egit lib. 13. cap. ultimo *Hist. Hispaniæ*, atque iterum lib. 15. cap. 49. quo loco instrumentum omni exceptione maius, sive ut vocant privilegium adducit Sanctii cognomento *Abarca* Navarræ Regis, tempore fundationis monasterii *S. Martini de Alvelda* hodie nuncupati formatum, anno (uti supputato rectè calculo statuit diligentissimus Historicus) CMXX. hoc est erâ CMLVIII. [b] Ex quo quidem duo elicimus contra Gregorii fidem: *Albelda* sive *Albaida*, nomen esse Arabicum, testante ipso Rege Sanctio scripturæ auctore; necnon & fluvii nomen non *Iregua*, quod Pseudo-Gregorius habet, sed *Eyroca*, quomodo ibi appellatur, eo tempore fuisse.

[z] Vide Covarrubiam in *Thes. linguæ Castellanæ* verbo *Albaida*. Morales lib. 13. cap. ult. & lib. 15. cap. 49. & de articulo Arabum *al*, quod indicium est eius linguæ vocabuli. Vide Alderetum *Antiguedades de España y Africa* lib. 2. cap. 2. pag. 213. & lib. *Del origen de la lengua Castellana* lib. 3. cap. 15. Vossium in *Etymologico* verbo *Manacus*, & verbo *Alchymia*.

[a] Lib. 4. cap. 13. & 14.

[b] Moralis verba: *Este lugar se llamava en la lengua de aquellos infieles Albelda, y nosotros en la lengua Latina lo llamamos Alba, y está situado sobre el rio Iruega.* Ex Latinis privilegii. Et postea: *Tambien el rio que el Rey llama Eyroca, se nombra agora Iruega, y es el que passa junto à Albelda.*

78. Miser ergo martyrologus, quem uti mendacem oportebat quoque esse memorem, veteris huius instrumenti oblitus, quem suppeditare ei Moralis poterat: *Albaidam* Maurorum, & *Ireguam* hodiernum fluvii Albeldam oppidum præterfluentis nomina, Gregorii Eliberitani, immo Diocletianææ persecutionis tempore, nota & vulgaria fuisse absurdissimo errore & anachronismo sese involvens, incidensque ipse (iuxta Psalmum) *in foveam quam fecit*, supposititio affixit operi.

79. Simili laborat novitatis vitio *Arlanzonis* [c] fluvii nomen. Duo sunt eiusdem ferè appellationis in hoc tractu Castellæ veteris flumina, *Arlanza* & *Arlanzon*. (cum exteris mihi sermo est rerum nostrarum nesciis). Posterior à priore dictus videtur, eo quod eundem ferè cursum tenentes, demum inter se commiscentur, in Pisoracam inde sive *Pisuerga*, influunt. Et nulla quidem horum vetus memoria superest ante Maurorum irruptionem. Neque ego tamen ausim ad eorum linguam ea referre. Cùm verò Rodericus Archiepiscopus Toletanus Latino verbo nunquam *Arlanzam*, sed *Aslanciam*, idque non semel, appellet [d]: iure quidem dubitare possumus hocne sit unius eorum fluviorum vetus nomen, unde posteriores fecerint *Arlanza*; cùm & adhuc magis eius appellationem corruperint accolæ rustici, pro *Arlanza Relanzo* dicentes. *Aslanza* item audit in privilegio seu diplomate fundationis monasterii S. Petri *de Arlanza* dicti, quod Ferdinandum Gundisalvi Castellæ Comitem gloriosissimum habet auctorem, secundo idus Ianuarii erâ DCCCCL. concessum: quod in *Benedictinæ historiæ* voluminis primi appendice [e] Antonius Iepesius publici iuris fecit. Legimus quidem apud Sandovalium *Arlanzæ* nomen in sæculi undecimi quodam monumento [f]. Ipse tamen aliud producit [g] quo flumen hoc *Asilense* dicitur: *quorum reliquiæ* (SS. Petri, Pauli, Vicentii, Sabinæ, & Christetidis quæ in dicto monasterio servantur) *continentur* (ait) *in Asilense flumine*. Cui quidem nomini valdè consonat Roderici *Aslancia*. De hoc tamen eorum exspectanda suffragia sunt, quibus schedas veteris ævi consulere posse in huius Domus aliarumque tabulariis contigerit, bonaque fide his uti velle.

[c] §. 82.

[d] Lib. 5. cap. 2. cap. 12. lib. 6. cap. 13.

[e] Fol. 27.

[f] *Addit. ad Episc.* pag. 342.

[g] Pag. 345.

80. *Nagaxarasa* [h] monstrum purum putum certè est Geographiæ veteris, hoc est Romanorum temporis, nomenclaturæ. Argaizius tamen contendit vetus nomen hoc esse, non Arabicum; negatque idem oppidum cum *Tritio* fuisse hodierni temporis urbem *Naxera*, contra id quod vulgò magis creditur. *Tritium* olim duplex (haud enim omittere id opus est) apud Ptolemæum, cuius si recta sit vulgaris scriptura Τρίτιον μέταλλον in Beronibus alterum, τρίτιον τυβόρικον Vardulorum alterum, appellata sunt. Tertium addit nostri temporis historicus diligentissimus Iosephus Moretus Iesuita [i], scilicet *Tritium* in Autrigonibus, cu-

[h] §. 3.

[i] In *Investigat. ad histor. Navarræ* lib. 1. cap. 4. pag. 116.

Herculeo freto Tarifæ urbi obversis parumque à continente Hispaniæ remotis. *Alcanadre* autem *oppidum* prope *Iberum fluvium* si quis in Pseudo-Hauberto legerit: illico ad vicum *Alcanár* dictum in ipso Cataloniæ et Valentini regni limine, denis circiter ab Ibero milliaribus ad dextram in ora maritima ad fluminis *De la Cenia* dicti ostia situm quasi manuducetur. Sed mera hæc commenta sunt atque ægri somnia.

cuius Plinius meminit [k] simul cum *Virovesca*; bisque in Antonini Itinerario fit mentio [l], uti ad Occidentem *Virovescæ* eiusdem positi: quod manifestum fit ex viarum ductu. *Monasterio de Rodillas* & *Briviesca* huius temporis interpretatur. *Tritium Tuboricum*, quod in Vardulis Ptolemæus collocavit, *Motrico* urbem Viscaiæ provinciæ ad fluvium Devam idem Moretus putat, ita quidem quasi *Mons Tricius* dictam: argumento usus, quòd Plinius Vardulos ad oceani oram à Pyrenæi iugis ante Cantabrorum regionem constituat lib. 4. cap. 20. *Tritium-Metallum* Naxaræ urbi vicinum fuisse credit.

81. Nobis nondum arridet ut à communi virorum doctissimorum qui geographiam nostram egregiè calluerunt, discedamus; cùm præsertim Vardulorum *Tritium* à Ptolemæo laudatum, idem cum eo existimari posse credamus quod Antonini Itinerarium una statione à *Virovesca* versus Occasum constituit. Nam quicquid de Vardulorum situ iuxta oram maris Plinius dixerit: inverisimile haud est, sive hos sive alium eiusdem appellationis populum, Castellæ veteris eam partem quæ ab Autrigonibus tenebatur & ubi *Virovesca* fuit, atque nunc *Birviesca* est, incoluisse. Neque enim ex nihilo est, quòd hunc terræ tractum *Vardulia* nomine sequens veterum monumentorum ætas indigitaverit, uti ex antiquo Alphonsi Castellæ Regis III. cognomento Casti scriptura colligitur [m], ubi *Gallæciæ* & *Varduliensis provinciæ* Gallæciæ vicinæ (nec enim ad oram maris & antiquum Vardulorum situm hæc pertinere possunt) se compotem factum ait. Rodericus quoque Toletanus lib. 4. cap. 13. *Varduliæ* meminit; atque illud ipsum Sebastiani Salmanticensis (sive alius sit) testimonium, quod pro *Burgorum* eodem cum *Castella* nomine suprà à nobis adductum fuit, non *Burgis* habuit, sed *Vardulia, quæ nunc appellatur Castella*, in iis, quibus utebatur huius Chronici exemplaribus Ambrosius Morales [n]. Quod in opinione veterum fuisse certum habent noviorum [o] plures; quamquam, uti errorem nostrorum post captivitatem hominum antiquitatis rudium, reprehendant Stephanus Garibaius [p], & ex eo Ioannes Mariana [q]. Præ quorum sententia iudicium Hieronymi Suritæ [r] & Ambrosii Moralis habeo, qui confines populos huc usque limites suos extendisse, & ab ora maris per Guipuscoæ & Alavæ fines usque ad istam Castellæ veteris portionem, *Bureva* hodie dictam, penetrâsse, minimè absonum à vero iudicâsse videntur, quandoquidem in hoc vado nihil hærent.

82. *Tritium* ergo *Tuboricum* per me eo loci esto. Sed de *Tritio-Metallo* habeo quicquam iudicio criticorum subiicere. In Ptolemæo excudi solet τρίτιον μέταλον. Malim ego τρίτιον μεγάλον [s] *Tritium magnum*; & obscurum aliis Tarraconensem lapidem [t] huic rei lucem dare, ab eaque invicem accipere aio.

T. MAMILIO
SILONIS FIL. QVIR.
[u] PRÆSENTI.
TRITIENS. MEGALE [x]
OMNIB. HONORIB.
IN R. P. S. FVNCT.
DECVRIALI ALLEC
TO ITALICAM EX
CVSATO A DIVO
PIO FLAMINI P. H. C.
P. H. C.

83. Quamvis enim Ambrosius Morales [y] oppidum *Magalam* seu *Megalam* crediderit laudatum, quod nusquam alibi à se auditum fatetur: neutiquam tamen aliud oppidi nomen ibi admittit orationis tenor. Si enim Mamilius Silo Præsens Tritiensis patriâ, & in Rep. sua, *Tritio* videlicet, omnibus functus fuit honoribus: Megale illud vocabulum nisi cognomentum *Tritii* aliquod significet, nihil videtur posse significare. Quare præferendam credimus Gruteri lectionem MEGALE, qui profecisse ait se ex Andreæ Schoti schedis: quem Schotum scimus Tarracone in domo clarissimi antistitis Ant. Augustini diu commoratum; ac *Tritium Megâlon* in lapide isto vestigium sui, quod corrigendo Ptolemæo & vulgari persuasioni satis superque sit, reliquisse. Nec aversari debemus in media Hispania citeriore Latinâ provinciâ Græcum urbis cognomen. Magnus enim fuit usus Romanis civibus linguæ huius; neque Græci in Hispaniis peregrini fuere. Sive, quod magis est, Latinæ linguæ *Tritium magnum* suâ sic auctor Græcus vertit. Frustra ergo suppostitius noster Gregorius *Tritium Metelli* alicubi [z] scripserit, ab scholiaste valdè laudatus, quasi veram Ptolemæi lectionem ostenderit (1).

[k] Lib. 3. c. 3.

[l] *Itinere ab Asturica Tarraconem*, & *ab Asturica Burdigalam.*

[m] Apud Sandoval. *Annotat. ad Episcopos Hispaniæ historicos.* pag. 171.

[n] Vide lib. 13. cap. 14. *Hist. Hisp.*

[o] Sandoval ubi proximè pag. 92. Pellizer ad *Dulcidii Chronicon* fol. 26. Sandoval in *fundat. monast. S. Æmiliani* fol. 43.

[p] Lib. 9. cap. 6. *Hist. Hisp.*

[q] Lib. 7. *Hist. Hisp.* cap. 4. in fine.

[r] Notis ad Anton. Itiner.

[s] Erravit auctor; non enim τρίτιον μεγάλον rectum est, sed τρίτιον μέγα. CARDINALIS DE AGUIRRE.

[t] In *Thes. Insc.* pag. 432. 5. & apud Moralem in *Antiq. Hisp.* pag. 65. Occonis *Inscript. Hisp.* pag. 31.

[u] *Præbenti* apud Gruterum.

[x] *Magalae* apud Moralem & Occonem. Gruterus tamen ex Schoti schedis *Megale* habet.

[y] Ubi proximè.

[z] §. 98.

(1) Profecto τὸ MEGALE, ut omnino in lapide exstat, urbis aut oppidi TRITIENSIS epitheton sive cognomen est; neque aliud ea sede significare potest, ut recte Noster admonet. Ego ante annos minimum triginta lapidem descripsi αὐτόπτης, eiusque apographum, cum aliis quos Tarracone collegeram Cl. Antecessori Emerito Cervariensi Iosepho Finestresio evulgandos tradidi, quod ipse bona fide præstitit in Sylloge inscriptionum Romanarum Cataloniæ, edita Cervariæ 1762. 4.° in cuius pag. 84. *class. III.* n.

84. Hoc ergo *Tritium* transformatum fuisse in urbem *Náxaram* tulit hucusque persuasio vulgaris, etiam Historicorum non recentiorum, Sampiri [a] nempe Asturicensis & Roderici Toletani [b]: qui quidem sermone suo Latino *Anágarum* semper & ubique vocat, ut videre est lib. 4 cap 13. quam confirmat *Tritii* hoc etiam tempore cognominati, duobusque dumtaxat passuum millibus à *Náxara* urbe distantis pagi appellatio [c]. Nisi aliis placeat *Náxaram* ex ruinis veteris *Tritii* non eodem sed vicino isto loco surrexisse Maurorum operâ. Si autem *Tritium* fuit sub Romanis dicta hæc urbs: à quonam alio potuit, quam ab Arabum populo omnia deformante, in linguam vernaculam nova ista *Náxaræ* appellatione donari? Cùm præsertim (agnoscente Argaizio ipso alicubi [d]) nomen hoc *urbem inter rupes collocatam* Arabicè, & quidem è re ipsa sumta descriptione, significet. Confirmatque originem idem urbis nomen *Nágara*: scilicet apud Ptolemæum in Arabia Felice lib. 6. cap. 7. seu *Narangera*, aliàs *Naranga* eiusdem Ptolemæi in Africa lib. 4. cap. 3. quæ *Naraggara* videtur Antonini [e]. Unde Naraggaritensis Episcopi mentio in Carthaginiensi collatione. Idem tamen Argaizius uno contentus Gregorii Bætici testimonio id nunc negat, cum potiùs debuisset convulsam hinc & labefactatam dignoscere Gregorii fidem.

85. Tum quoque nescio quid de Mauris non adhuc Mahometanis inculcat, quos unà cum Carthaginiensibus in Hispaniam venientes non abnuit potuisse id aliaque Arabica nomina Hispanis oppidis & linguæ mutuari; quasi Carthaginienses, aut auxiliaris eorum ex Africa miles, Arabicam linguam iam tunc loquerentur, nec haberent propriam, Phœniciam scilicet sive Punicam, & Africæ ipsius eiusque regionum vernaculam. Scio inclinare huc, quò Argaizius oculos habuit, nempe ad linguæ Arabicæ antiquiorem in Africa quàm à Mahometanis Arabibus usum, plures sive doctrinâ sive Africanarum rerum notitiâ præstantes viros [f]: contradicentibus aliis [g] non sequioris ordinis, qui ante horum in Africam irruptionem ignotam ibi fuisse Arabicam contendunt linguam. Res hæc non multum ad rem nostram pertinet. Certum quippe est, tota Geographia veteri, quæ ex Plinii, Ptolemæi, Melæ, Strabonis, & aliorum colligitur monumentis, non ullum Arabicæ nomenclaturæ in Hispania locum assertum iri.

86. Remittamus ergo suam Argaizio, si eius est, coniecturam, unà cum pro *Nagaxeræ* antiquo nomine Pseudo-Gregorii atque item Pseudo-Hauberti Hispalensis non uno aut altero testimoniis [h]: quæ omnia & *Garusiæ* quoque vetustior alia eiusdem urbis appellatio, eorumdem impostorum auctoritate, quæ nulla est, etiam nullius iudicii hominibus ægrè ac vix commendanda, nostratis quidem historicæ rei atque Geographiæ mera sunt carcinomata, igne prorsus non fomentis curanda.

87. Quid item de eo auctore faciemus, qui recentioribus oppidorum nominibus alieno usurpatis ævo, in manifesti frequentisque anachronismi laqueos temerè atque inadvertenter incidit [i]? *Valpositam* pro *Vallepoſita* per apocopen degenerantis in vulgarem linguam Latinitatis à Gregorio laudari non potuisse, nullus non videt; cùm & multò inferioris ævi monumenta in tabulario huius oppidi (quæ nunc *Valpuesta* est) conservata, sive *Vallem-positam*, sive *Vallem-compositam* (quod Argaizio [k] credimus) appellent. *Munitæ* item, *Lecæ*, *Ianæ*, *Canulæ*, *Phigeræ*, *Cruilliæ* [l] vocabula inferioris Gregorio & Romanorum tempore ætatis omnino esse videntur. *Munilla*, *Leza*, Rioxæ provinciæ: *Iana*, Valentiæ: *Canillas*, eiusdem Rioxæ: *Figueras* & *Cruillas* [m], Cataloniæ oppida interpretatur scholiastes. *Lecam* ait idem, seu *Lezam*, eiusdem esse cum fluvio nominis *Leza* dicto, & hunc Latinis in veteribus monumentis *Licium* vocari. Quo sanè verbo uti debuit Gregorii Latinum ævum, non eo quod sequens corrupit barbaro-hispanum. *Canillas*, si vetus sit à *Canula* nomen, aliud confingendum tale erit regni Toletani oppidis *Canillas* & *Canillejas*. *Phigera* sic scriptum Græcæ originis oppidum esse credi voluisse videtur martyrologus; cùm Latinum sit à ficu arbore, uti alia

[a] In *Chronico* & rebus Ordonii II.

[b] Lib. 4. c. ult. in fine.

[c] Vide Marianam lib. 17. cap. 10.

[d] *Poblacion. de Esp.* tom. 1. parte 2. ad ann. DCCCXXX. Chronici Hauberti.

[e] *A Musti Cirtam, & ab Hippone Carthaginem.*

[f] Ludov. Marmolius, quem laudat & sequitur Alderetus in *Antiq. Hisp. & Africæ* lib. 3. cap. 32.

[g] Bochartus *Geog. sacræ* part. 1. lib. 1. c. 15. pag. 66.

[h] *Poblacion de España* ad annum Christi DCCCXXX. DCCCLXXXV. & alios.

[i] §. 8.

[k] Ad §. 8.

[l] §§. 15. 17. 26. 27. 52. 67.

[m] De Cruillas, sive tribus huius nominis oppidis seu baroniis agit Escolanus lib. 7. *Hist. Valent.* cap. 5. in fine.

n. 15. eiusdem exemplum, mei non immemor, exhibet: quod optime cum allato à Nostro quadrat; nisi quod in sexta linea vox FVNCTO plenè in autographo legitur. De MEGALE autem dixerim pace Eminentissimi Notatoris cuius præclarum nomen in margine visitur, paulo ab Eo quam par erat acerbius hoc loco Nostrum excipi; nec tanti has Grammaticorum tricas esse, ut propterea crassus ipsi error impingeretur. Et potuit optime ac Latinissime TRITIVM in recto casu MEGALE, ut et Græce ΜΕΓΑΛΗ, cognominari, subaudito VRBS: quemadmodum *Cascantum*, *Toletum*, *Dianium*, *Complutum* dicimus; et *Italica Municipium*; et apud Plinium (III. 3.) *adscriptum Bæticæ Barea*, id est *oppidum*: quod item verbum MEGALE, et Græcè ΜΕΓΑΛῌ, in tertio casu ut in lapide quo de agimus audiri et scribi debuit; nisi quod Latini subscriptum tertiis casibus singularis numeri *Iota* non agnoscunt.

alia eiusdem provinciæ *Figols*, *Figarola*, *Figol*, & quædam Castellæ tam oppida quàm familiarum cognomina. Iacobus certè Aragoniæ Rex II. anno MCCLXVII. *Figueras* hodiernum Empuritani tractus municipium fundavit: quo loco iam exstructa fuisse olim dicitur parochialis Ecclesia eodem nomine dicta, quod ex inspecto à se fundationis privilegio Antonius Vincentius Domenec *Cataloniæ Sanctorum* illustrator affirmat [n].

88. Nomina item eorum plura qui ut veri martyres laudantur, portentosæ formationis nulliusque ad aliquam eius ævi usus linguam analogiæ sunt: ut magica potiùs aut Gnosticæ superstitionis vocabula præseferre videantur. Nonne enim talia sunt [o] Retrogatus, Pentradus, Pontoratus, Phillulus, Leodegarus, Leonatodorus, Theoderodus, Doratodorus, Balisius, Zeridion, Domidianus, Marenianus, Mirificulosus, ac Turdeturus? muliebriaque [p] Celerita, Fugula, Geredis, Urba?

89. Vulgaris item Teresæ nomine sic auctor utitur [q], ut longissimè ab eo tempore quod sibi arrogat concepisse id liquidò appareat. Græca hæc certè tam viri quàm feminæ compellatio est, sive *Tarasia*, uti *Tarasius* Patriarcha ille Constantinopolitanus sanctitate illustris, cuius memoriam die XXV. Februarii fasti sacri continent, scribi debeat; sive *Therasia*, quod magis credimus, à *Therasiæ* insulæ non unius [r] origine, cuius gentilis Stephano teste [s] θειράσιος audiebat, sive à θηράω *venor*, *capio*. Quicquid autem de etymo dixeris, certè auctores multò etiam Gregorio inferiores *Tarasiam* sive *Therasiam* constanter appellant. S. Paulini uxor *Therasia* dicta ab Idatio [t]; & in nostra gente Ranimiri II. Legionis Regis coniux [u] *Tarasia* cognomine *Florentina*. Itemque Sanctii Crassi uxor, Veremundi Regis filia quædam, & eiusdem stirpis alia quæ monasterium S. Zoîli Carrionensis urbis exstruere fecit. Soror item Alphonsi V. Abdalæ Cordubensi desponsata, Veremundi etiam III. coniux. Item Sanctii Navarræ Regis filia; necnon & Alphonsi VI. ea quæ Henrico Portugalliæ nupsit Comiti; aliæque sive *Tarasiæ*, sive *Therasiæ* nomine, cùm à Sampiro Asturicensi [x], tum à Roderico Toletano [y] præsulibus omnes, nec alio donantur. *Teresa* verò nec huius temporis, ac multò minus eius quo hæc scribebat Gregorius larvatus, appellationis forma est.

90. Prætereo quòd ea fabulatur quæ in Dextri ridemus Chronico: *Brienæ* [z] Assyriæ martyris in Severa Hispaniæ triumphum: *Frigidæ* [a] urbis in Hispania mentionem [b]: Oretanum S. Spiridionis Episcopatum, aliaque. Quòd monasteria virginum gentilitatis tempore apud nos frequentia referat [c]: quòd oppidi *Sansòl* in confinibus Navarræ & Castellæ appellatione, configurato ad sonum eius qui nusquam fuit Sancto martyre *Sole*, mentiatur originem [d]; cùm & incolarum persuasio sit S. martyrem Zoîlum ibi maximè cultum dedisse causam nomini (1). Quod & Burgensis familia virorum nobilium *Sansóles* ab eodem tutelari martyre (ut vulgò creditur) agnominata; nusquamque *Solis* nomen ab Hispaniæ viris usurpatum aut agnitum (quamvis feminæ aliquando in usu habuerint) fuisse satis confirmant. Nec dissimulandum egregios huius persecutionis martyres non prætermissurum verum Gregorium, quod suppositio contigisse videmus: Eulaliam scilicet Barcinonensem, Severum eiusdem urbis Episcopum, Vincentium Valentinum, Iustum & Pastorem Complutenses, Cucusatem Barcinonensem, Eulaliam alteram Emeritensem, Iustam & Rufinam Hispalenses, aliosque.

91. Iam aliis huiusmodi argumentis premere Gregorium hunc ac vindicare verum Gregorium desinam, ut ruinoso & ferè conquassato Martyrologii suppositii muro arietem novum vallidissimum, quo res conficiatur, admoveam. Nota est omnibus semihominis Caci fabula ex Virgilio [e]. Furatus is fuerat Herculis boves, timensque deprehendi

> *— hos, ne qua forent pedibus vestigia rectis,*
> *Caudâ in speluncam tractos, versisque viarum*
> *Indiciis raptos, saxo occultabat opaco.*

Attamen investigavit furtum heros ille, speluncam divulsit, furem letho dedit, ac prædam recuperavit.

92. Simile quid patrâsse martyrologum perspicuè ostendemus, penetratâ feliciter magis quàm fortiter (Alcides enim non sumus) quâ ille usus est latendi arte; prorsusque miraberis, Lector, stuporem hominis, qui visus sibi fuit perdicis ad instar latere totus occultato dumtaxat capite. Martyrologium nempe confe-

[n] *Historia general de los SS. de Cataluña*, 1. Maii fol. 37.

[o] §§. 1. 17. 37. 38. 48. 60. 62. 74. 78. 100. 105. 118. 119.

[p] §§. 15. 26. 41. 95.

[q] §. 30.

[r] Insula huius nominis in Ægæo Plinio lib. 2. cap. 87. altera in Siculo, idem lib. 3. c. 9.

[s] In θειρασία.

[t] In Chronico.

[u] Morales lib. 16. cap. 17.

[x] In Chron. edit. Sandovalis pag. 67. & 69.

[y] Lib. 5. *Hist. Hisp.* cap. 8. 14. 18. 20. 22. lib. 6. cap. 2. & 21. lib. 7. cap. 5.

[z] §. 25.

[a] §. 84.

[b] §. 154.

[c] §§. 30. & 53.

[d] §. 23.

[e] Lib. 8. *Æneid.* v. 209.

(1) Cordubensem ut videtur: de quo Prudentius *Peristephánωn in hymn. XVIII. Mart. Cæsaraug.*

> *Corduba Aciscium dabit & Zoellum,*
> *Tresque coronas*

Notum alias de S. Zoilo Carrionensi.

secturus id consilium secutus est, ut laudatis à Pseudo-Dextro huius persecutionis Diocletianææ martyribus (nec tamen omnibus) domi natos sibi alios intexeret, ne videretur eum exscribere. At cùm posset ordine Dextri servato vellicatim ut ita dicam saltuatimque, rectà tamen gradiens, clepere quos libuisset martyres: Caco tamen sibi ad exemplum proposito audacis doli, quominùs posset facilè vestigiis deprehendi, segmenta Dextri huc pertinentia præpostero ferè ordine & à fine retrorsus ad principium relegere satiùs duxit. Segmenta inquam à Bivario facta pro commodiore textûs notarumque suarum usu. Chronici enim portionem annorum CCC. ac CCCVIII. gesta comprehendentem sic divisit in partes Bivarius, ut ex gestis annorum CCC. quatuor, ex CCCVIII. duas faceret, numeris seu paragraphis distinctas: quas quidem sub *Ccmmentarii primi*, *secundi*, *tertii*, aut *quarti*, nomine notabimus nos: quos segmentis subiecit, fidem rei hac tabella facturi.

Martyrologium Pseudo-Gregorii suis §§. distinctum.		Pseudo-Dextri pars Chronici ab anno CCC. usque ad CCCVIII. ex editione ac partitione Francisci Bivarii.
Ex editione Matritensi anni MDCLXVII.		Lugduni anno MDCXXVII.
§. IX.	Iuliobrigæ s. ANANIAS.	Anno CCCVIII. commentario 2. §. X. pag. 365.
§. XI.	Caperæ s. MARCUS.	Ibidem §. IX.
§. XIII.	Tarracone s. MAGINUS.	Ibidem §. VIII.
§. XXI.	Utriculi s. RUFINUS.	Ibidem §. V.
§. XXII.	Tucci THEODORUS, IULIANUS, & OCEANUS.	Ibidem §. VII. Hic turbavit paulisper ordinem.
§. XXV.	Securæ s. BRIENNA.	Ibidem §. III.
§. XXIX.	Carthagine s. BASSA.	Anno CCCVIII. comm. 1. §. v. pag. 358.
§. XLII.	Urgabone FELIX.	Ibidem §. IV.
§. XLVI. [f]	Iturisæ CCXXVIII. cives.	Anno CCC. comm. 3. §. VIII. pag. 334.
[g] §. LXXXVI.	Cæsaraug. innumerabiles M. M.	Ibidem §. XII.
§. LXXXVII.	Ibidem s. ENCRATIS.	Ibidem §. XIII.
§. LXXXVIII.	Ibidem s. LAMBERTUS.	Ibidem §. XIV. eiusdem pag.
§. CXXII.	Pax Augustæ ss. VINCENTIUS & ORENTIUS.	Anno CCCVIII. commentario 2. §. XIV. pag. 366.
§. CXXIII.	Palentiæ s. ANTONINUS.	Ibidem §. XI.
§. CXXIV.	Emeritæ s. LUCRETIA.	Ibidem §. XII.
§. CXXV.	Ulyssippone VERISSIMUS, & alii.	Ibidem §. I. pag. 365.
§. CXXVII.	Seguisamone s. PAPIANUS.	Anno CCC. comm. 4. §. XI. pag. 351.
§. CXXVIII.	Pampilone s. VALENS.	Ibidem §. IX.
§. CXXX.	Nertobrigæ ss. SYNESIUS & THEOPOMPUS.	Ibidem §. VI.
§. CXXXI.	Bracaræ s. SILVESTER.	Ibidem §. IV.
§. CXXXII.	Toleti s. LEOCADIA.	Anno CCC. comm. 3. §. XV. pag. 335.
§. CXXXIII. [h]	Iturisæ s. DIONYSIUS.	Ibidem §. VIII.
§. CXXXIV.	Oreti s. SPIRIDION.	Anno CCC. comm. 2. §. XVI. pag. 327.
§. CXXXV.	Tarracone IV. cives.	Ibidem §. X.
§. CXXXVI.	Eboræ ss. FELIX &c.	Ibidem §. IV. pag. 326.
§. CXXXVII.	Iuliobrigæ s. LUCIA.	Ibidem §. III.
§. CXXXVIII.	Iriæ Flaviæ s. SUSANNA.	Anno CCC. comm. 1. §. XV. pag. 316.
§. CXXXIX.	Hispali ss. ABUNDIUS & CARPOPHORUS.	Ibidem §. IV.

[f] Bis repetitur hæc memoria, hìc, & §. 133.

[g] Tres hi §§. eodem ordine in Dextro leguntur.

[h] Bis ut suprà §. 46.

93. Hausisti iam oculis, qua martyrologus arte sive astutiâ Pseudo-Dextri sit usus Chronico, éque Bivarianis partitionibus retrogrado ordine ut plurimùm vellicatis segmenta sua formaverit; nec tamen dolum occultandi voti factus compos fuerit. *Plena* enim *rimarum* (ut Terentio utar) fallendi libido est, *hac & illac perfluit*. Nec dicat falsi vindex, Dextrum, qui Gregorio inferior fuit ætate, vidisse ac decerpsisse hoc Martyrologium: unde similitudinis huius fuerit quæ opponitur cau-

causa. Nam qui Gregorii res summis laudibus extollit Dexter, aliaque omnia Hispaniæ decora sic diligenter collegisse videri vult: haud quidem tacuisset, si verus Dexter esset, Gregorio acceptum ferri debere hoc de Hispania meritum prosequendi stilo eius martyres in persecutionum potissima coronatos; saltemque omnes à Gregorio in Martyrologium suum coniectos intexuisset Chronico. Nulla enim quosdam præcipuos habendi, quosdam autem omittendi ratio fuerat. Præterea si Gregorium ob oculos habuisset, in mentione eorumdem nihil à typo suo deviâsset: quod tamen sæpe facit, ut collatione facta [1], si tanti res est, experiri quisque poterit.

94. Ostendam quoque aliud imposturæ vestigium huic simile in denotandis martyrum triumphalibus locis relictum. Agebatur nempe diebus nostris hoc negotium: formabatur inquam hic liber seu catalogus martyrum. Cumque donatum esset unicuique suum agonis oppidum eo quod tunc temporis erat appellatum nomine: coràm habendus fuit Geographus antiquus aliquis, eoque nomenclatore utendum. Placuit igitur Ptolemæus, spretis aliis qui advocari certè ad usum à vero Gregorio potuissent, Plinio scilicet, Pomponioque Mela, aut Strabone. Istius omnia vestigia premere, locisve eo ordine quo descripta essent consignare martyrum palmas minimè oportuit, ne recens manus ipsa se proderet; iccircò ad saltuariam illam, de qua nuper diximus, decerpendi formam deventum.

95. Exemplis res plana fiet. Belonem, Menlariam, Malacam, §§. 1. 3. 4. apud martyrologum, eodem ordine Ptolemæus descripsit. Osca, Nebrissa, Asta, Italica, Ucia, Saguntia, Lepa, Urbona, §§. 34. 35. 36. 37. 38. 39. 41. 42. Martyrologii: apud Ptolemæum eundem ordinem, interiectis tamen aliis, servant. Urbis Cauriensis, Eburæ, Norbæ Cæsareæ, Laconimurgi, Deobrigæ martyrologus §§. 48. 49. 51. 52. 53. meminit; eorumdemque Ptolemæus eodem ductu, Flaviobrigam, Menoscam, Easo, Alone, Barcinonem, Lunarium promontorium, Rubricatum fluvium, Blandam, Rhodam, hoc ipso tenore servato martyrologus §§. 58. 59. 60. 61. 62. 63. 64. 65. 66. ac Ptolemæus, laudant. Quo loco observatu dignum est Pseudo-Gregorium etiam in Rubricati fluvii & Lunarii promontorii locis à Ptolemæo in ea Cataloniæ sive Laletanorum ora geographicè memoratis, sibi placuisse quantumlibet hi triumphis martyrum fastorum albo consignandis minùs idonei sint; cùm ferè à vicinis aut aliquo modo attinentibus oppidis martyres extra ea passi audire soleant.

96. Sed prosequamur. Pincia, Glaudomirium, Ocellum, Iria Flavia, Aquæ calidæ, Maliaca, Brigentium, Beduna, Asturica, Forum Egurorum, Braccara, Portæ Augustæ, Masburgi, §§. 70. 71. & quæ succedunt usque ad 82. hunc ordinem in Martyrologio, eundemque apud Ptolemæum tenent. Idem omnino observatum utrobique est in laudandis Mentissa, Tina, Orceli, Sætabi, Illici, Thyar Iulia, Dertosa, Tritio Tuborico, Iacca, Tarraga, quorum in Martyrologio §§. 112. & sequentibus usque ad 121. mentio fit. Paulisper tamen ab hac socordia excitatus turbare voluit vestigia, uti callidæ ne iis deprehendantur bestiæ solent, ex §. 91. ad 106. Congio enim §. 91. & Cauca §. 92. (quæ apud Ptolemæum coniuncta sunt) laudatis, ex proximè superioribus Segisamam Iuliam §. 94. advocat; deinde ad ordinem rediens, Senticam §. 95. posteaque revocato gradu Eldanam §. 96. Inde secutus morem aliàs observatum, Visontium §. 97. Tritium Metallum 98. Setubiam 99. Retrogressus iterum Tucris §. 100. inde Carracam §. 101. Montescosam §. 102. Catenam (quæ Ptolemæo Altervia est) §. 103. Paternianam §. 105. Valsinium (Ptolemæi Belsinum) §. 106. quorum omnium Ptolemæus prædictus, sive seorsum aliis & aliis locis, sive nullo interiectis, *Geographiæ* lib. II. capitibus 4. 5. & 6. meminit.

97. Bona verba, ais; & anne ideo suppositiius fallaxque Gregorius, quòd in memorandis iuxta locorum collocationem sanctis martyribus Ptolemæum geographorum principem sit secutus? Audio. Sed minimè id quidem vitio fuisset vero Gregorio, si is Ptolemæi vestigia constanter relegisset à principio ad finem, Hispanæ eius descriptionis geographicæ tenori adhærens. At cùm non id semper fecerit, sed aliquando variaverit (uti iam notavimus posteaque magis confirmabimus): quod securitate peccavit priùs, oscitantiæ; quod autem conscientiâ deinde monitus,

Demum imâ gradiens verrit vestigia caudâ,

versutiæ hominis parum sibi constantis tribuendum est.

98. Coarguitur & aliâ coniecturâ Pseudo-Gregorius. Ponê Ptolemæum non it modò cùm sibi constat, sed & cùm per editionum incuriam in errore cubat hic Geographus. Quod utique vero Gregorio non contigisset gnaro locorum Hispaniæ, & qui Ptolemæo etiam cespitante

[1] In *S. Valentino* Dexter pag. 351. 9. & Gregor. §. 45. In *SS. Vincentio & sororibus* Dexter pag. 350. 2. & Greg. §. 49. In *S. Leocadia* Dexter pag. 335. 15. & Gregor. §. 50. In *S. Valentino* Episcopo Dexter pag. 351. 9. & Gregor. §§. 45. & 128.

te aut eius exscriptoribus, pedibus is stare labentemque sublevare potuisset. Exempla subnectimus. *Iliturgi* urbs Turdulorum in Bætica celebris fuit, cuius mentio in veteribus libris frequens [k]. *Iliturgitanorum* ordinis lapis meminit [l], quo loco ea exstitit repertus. Quam tamen Ptolemæus [m], & cum eo, sive eius editoribus, falsus Gregorius §. 19. *Illurgim* vocant. *Uciam* Ptolemæus appellavit [n] Turdetanorum oppidum, similiterque Gregorius §. 38. quæ verè *Oducia* fuit iuxta Italicam & Hispalim. Lapis fallere nescius sic habet Hispali exstans [o]:

C. ÆL. C. F. C. N. QVIR.
ACCITO [p] LITERATOR. OMN.
PATRONO
LINTRARII CANAMENSES.
ODVCIENSES. NEMENSES.

Item alius, in quo hæc tantùm legit Ambrosius Morales [q] in *Lora* oppido iuxta Bætim, eiusdem ferè tractus:

CORNELIA. L. FILIA ODVCIENSIS
HVIC ORDO..........

99. *Nabrissam*, pro *Nebrissa* eiusdem Bæticæ urbe Plinio, Silio, & aliis, magnique philologi Antonii Nebrissensis patria, Ptolemæi habent editiones [r]. *Nabrissam* item martyrologus §. 35. *Urbonam* præseferunt eædem incorrectæ editiones [s] loco *Urgabonæ*; idemque scripturæ vitium erat in Martyrologii [t] codice, quo Argaizius fuit usus, perstaretque, nisi hic verum loci restituisset nomen; sed neque hic tantus sui Gregorii error vulsit ei aurem, immo & *Urbonam* scripsisse Ptolemæum existimavit. *Municipium Albense Urgabonense* dictum id fuit; exstatque hanc appellationem præferens in *Arjona* oppido statuæ Hadriani Imperatoris inscriptio [u], à Grutero [x] non fideliter repræsentata. *Lancobriga* in Ptolemæi codicibus [y], & in Martyrologii §. 44. *Lacobriga* verè fuit: hodie *Lagos* in Portugalliæ seu Algarbii ora maritima [z] à Pomponio Mela Hispano sic disertè appellata [a]. Similem errorem commiserunt Ptolemæi editores, succollavitque sibi martyrologus §. 102. *Mentissam* appellantes quæ *Mentesa* Oretanorum fuit: celeberrimum olim oppidum, & præter Ptolemæum, à Plinio, Polybio, Livio, Antonini *Itinerarii* auctore, & in Conciliis Hispaniarum laudatum: quod nomen inscriptiones firmant [b].

100. Præter hæc vitia ex vitiato Ptolemæi textu contracta, sine hoc etiam duce notissima oppidorum Hispaniæ nomina corrupta nobis dat martyrologus. *Vervocam* §. 31. appellat quæ Plinii & Itinerarii est *Virovesca*, quod rectius est quàm Ptolemæi *Virvesca*, aut *Virdubesca*. Hodie *Birviesca* audit. Simili errore *Artigium* §. 32. appellat, quæ apud Ptolemæum est *Artigis*, alia prorsus, gentisque propria formatione; seu *Artigi*, quod adhuc magis proprium est, ut *Astigi*, *Sexti*, *Iliberi*, *Iliturgi*, *Tucci*, *Attubi*, aliaque Bæticæ provinciæ oppida. *Cascanatem* in Vasconibus §. 55. vitiosè positum fuisse, verum nomen clamat *Cascanti*, cuius meminit *Itinerarium* [c]; quemadmodum Cascantensium Plinius [d], & Hilarus Papa in quadam epistola [e] (1). Et feremus adhuc Geographiæ Hispanicæ hos errores vero Gregorio impingi?

101. Præterea id quod nobis obiecimus, Ptolemæi tenorem secutum fuisse Gregorium, disiicitur manifestè hac alia consideratione. Constat nempe Martyrologii opus partim commemoratione eorum qui apud Dextri Chronicon leguntur martyrum, partim eorum qui hìc tantùm. Cùm ergo suas auctór, ut ita dicam, merces exponit, Ptolemæo, isto quem observavimus modo adhæret, Geographicumque ordinem servat; cùm propolam agit Dextri mercium, exorbitat, immo ad loca immensum separata evolat. Paucis id ostendam. A Malaca [f] Bæticæ ad Concanam in Oceano Cantabrico, Augustobrigamque Tarraconensis item Hispaniæ, hinc [g] ad Sucam sive Sueam Bæticæ, inde rursus [h] ad Valpositam in ultima Tarraconensi ab eo connictam, & Iuliobrigam transit. Caparæ in Lusitania septemtrionali oppidi mentione facta [i], cum Dextro ad Bæticam se confert, in eaque [k] Salambinam (*Salobreña* hodie) laudat; inde alio æquali saltu [l] Tarraconem, Dextro iterum adhærens. Cetusæ in Vasconibus, Telæque in Asturibus, extremâ Hispaniâ, cùm meminisset [m]: à Dextro revocatus [n] Securam subiungit his in Bætica; Securæ autem Tarraconensis alia oppida, peculio iam suo usus, annectit. Artigim laudat [o] (*Alhama* hodie, ut creditur) in Turdulis Bæticis; statimque Sicorim, cum Dextro fictitiam in Cantabrorum finibus urbem; & post Sicorim, Dextro relicto [p], Oscam, Nebrissam, & alia Bæticæ. Sed manum de tabula, ne percurramus integrum opus

102. Non ergo perpetuò, sibique similem, toto opere verum Gregorium Ptole-

X 2

(1) Et numi non infrequentes inscripti MVNICIP. CASCANTVM apud Cl. Florezium *Col. et mun. Hisp. Tab. XVII.* atque apud Antiquarios passim.

[k] Polybio, Plinio, Livio, Antonino.
[l] Apud Moralem in *Antiq. Hisp.* cap. 1. lib. 6. fol. 56.
[m] Lib. 2. c. 4.
[n] Lib. 2. c. 4.
[o] Apud Gruterum pag. 345. Rodericum Carum in *Conv. iurid. Hispal.* lib. 3. cap. 8.
[p] Suspicatur Carus scriptum fuisse *Lintrariorum*, ut dedicatio sibi constet.
[q] In *Antiq. Hisp.* fol. 99.
[r] Eodem cap. 4. lib. 2.
[s] Ibidem.
[t] §. 42.
[u] Apud Moralem *Antiq. Hisp.* fol. 74.
[x] Habet is duas inscript. pag. 235. 6. & 249. 3. Altera *Albense Varcaonense*, altera *Albengense Urgabon.* malè pro *Albense Urgabon.*
[y] Cap. 5. eiusdem lib. 2.
[z] Resend. in *Antiq. Lusit.* lib. 4.
[a] Lib. 3. c. 1.
[b] Apud Moralem in *Antiq. Hisp.* cap. 5. fol. 73.
[c] *A Mediolano Legionem.*
[d] Lib. 3. c. 3.
[e] *Secunda ad Ascanium, & alios Tarracon. prov. episcop.* tom. 3. Concil. edit. Binii pag. 571.
[f] §. 4. & 5. & 6.
[g] §. 7.
[h] §. 8.
[i] §. 11.
[k] §. 12.
[l] §. 13.
[m] §. 23. & 24
[n] §. 25.
[o] §. 32.
[p] §. 33.

lemæi pressisse gressûs dixeris; immo potiùs Pseudo-Gregorium, partim Dextri partim suis centonibus malè consutum, vetustatem simulare non potuisse: deprehensum ubique falsum, inconstantem, iudicii inopem, & stuporem merum. Quæ ne comprehendat alios censura & culpa, inuri quamprimùm fucosæ merci palmarem, quâ dignoscatur, notam oportebit; immo cùm non solùm veris quibusdam martyribus, sed & confictitiis maiori ex parte consarcinatum fuerit opus: religionis servandæ iudices, quo ritu expiandum huiusmodi sit monstrum, pro muneris sui cura, ne serpat malum superstitionis, maturè deliberare. Censuram huius Martyrologii, seu confixionem iustam, lege sis apud Scriptores Actorum SS. Aprilis die XXIV.[q] in Gregorio Bætico.

[q] Pag. 271. tomi tertii.

CAPUT IV.

De IUVENCO PRESBYTERO. *Diversus is ab aliis eiusdem nominis. Ioannis Savaronis error. Primus poeta sacer Iuvencus. Evangeliorum, præcipuèque Matthæi, paraphrastes. Duorum Antoniorum, Augustini & Covarrubiæ, correctio laudatur in Gratiani Decreto. Iudicia de Iuvenco Gasparis Barthii, Criniti, Matamori, Ioannis Ludovici Vivis, & aliorum. Sub Constantino eum vixisse. De eius* Paraphrasis Evangeliorum *editionibus. Prognosticum de hoc opere prorsus Christianum Iuvenci, ab Ovidiano diversum. De* PETRO *Cæsaraugustano oratore. De* AQUILIO SEVERO, *& eius* Itinerario. *Quinam huius Græco nomine* Ὁδοιπορικοῦ *usi sint, aut de rebus suis scripserint. S. Hieronymi & Pseudo-Dextri testimonia inter se conferuntur.*

103. SUB iisdem Augustis, Constantino, qui anno CCCXXXVII. decessit, atque eius filiis Constantino, Constante, & Constantio, IUVENCUS floruit, sive ut volunt, CAIUS VECTIUS AQUILINUS IUVENCUS, aut C. AQUILINUS VESTIUS IUVENCUS, de quo veteribus exemplaribus doctus olim Petrus Pithoeus Philippum ipse Labbeum docuit, monetque hic in dissertatione historica *De Scriptoribus Ecclesiasticis* [r]. Hunc quidem *nobilissimi generis Hispanum presbyterum* S. Hieronymus vocat [s]; ex eoque Honorius Augustodunensis [t]. Sanctæ autem Rom. Ecclesiæ Cardinalem fuisse, undenam didicere Bergomensis, Marinæus Siculus, Eisengreiniusque?

104. A Iuvenco diversi sunt (ne id prætermittamus notatu dignum; raro enim hoc nomen hominis in veteribus monumentis offendere est), cùm Cælius Iuvencus Calanus *vitæ Attilæ* Hunnorum Regis scriptor, quem Barthius sæpe laudat, nec typis hactenus commissum novimus; tum eo superior Iuvencus Martialis, qui aut Cæsarum aut saltem Iulii conscripsit historiam, cuius Sidonius meminit lib. 9. epist. 14. Quo loco Ioannes Savaro, alioqui vir multæ lectionis ac diligentiæ, tam in textu ipso epistolæ quàm in commentario suo Iuvencum à Martiali distinguit, Martialemque eundem esse cum Gargilio Martiali *Historiæ Augustæ* scriptore, Alexandri Severi temporis, cuius tam Lampridius in huius Imperatoris quàm Vopiscus in Probi rebus mentionem habet, coniectatur. Quæ fuit quoque suspicio Iacobi Sirmondi [u], & Gerardi Ioannis Vossii [x]; qui tamen in Sidonii verbis alterum & alterum Iuvencum & Martialem agnoscunt. Atque alius est à nostro Iuvencius poeta vetus, quem Charisius in *Grammaticis* lib. 2. laudat: de quo adiri potuerit Barthius lib. 21. *Advers.* cap. 5.

105. Poesin vero sacram coluit noster Iuvencus, primusque omnium aliorum (ut Hieronymus epistolâ ad Magnum inquit) *non pertimuit Evangelii maiestatem sub metri leges mittere*: viâ ceteris rerum sacrarum vatibus Prudentio, Sedulio, Aratori, & aliis pariter audendi ostensâ munitaque. Confirmat Venantius Fortunatus initio librorum *De vita S. Martini*, his versibus.

Primus enim docili distinguens ordine carmen,
Maiestatis opus metri canit arte Iuvencus.
Hinc quoque conspicui radiavit lingua Sedulî &c.

Unde non mediocris Hispaniæ nostræ laus provenit, quæ primum sacrum poetam peperit.

106. Scripsit ergo *quatuor Evangeliorum* libros *hexametris versibus, ea penè ad verbum transferens*, uti ait Hieronymus [y]; Matthæum verò maxime sequitur [z]; iccircoque *Matthæi paraphrasten* Barthius eum vocat [a]. Exinde idem Hieronymus versum laudat, quo Magorum dona Christo infanti oblata, eorumque significationem brevissimè comprehendit. *Pulcherrimè* (ait [b]) *munerum sacramenta Iuvencus presbyter uno versiculo comprehendit:*

Thus, aurum, myrrham, Regique, Hominique, Deoque
Dona ferunt.

Quem versum (ut obiter id moneam) sic immutatum, non sine auctoritate priscarum membranarum, magis probavit Barthius [c]:

Au-

[r] Tom. I. pag. 673.
[s] *De Scriptor. Ecclesi.* cap. 84.
[t] Cap. 85.
[u] In eadem *Sidonii epistola.*
[x] De *H. L.* lib. 3. par. 2. verbo *Iuvencus.*
[y] *De Script. Ecclesi.*
[z] Barthius notat lib. 56. *Adv.* 31.
[a] Lib. 34. 13.
[b] In Matthæi cap. 2.
[c] Lib. 58. *Adv* 2.

Aurum, myrrham, thus, Regique, Hominique, Deoque

Ut partes sibi constent respondeantque. Labbeus aliter formavit [d]:

Aurum, thus, myrrham, Regique, Deoque, Hominique.

[d] *De Script. Eccles.* in *Iuvenco.*

107. Hoc ipsum *opus laboriosum* vocavit Gelasius Pontifex I. in decreto Concilii Romani celebratissimo illo, quod Burchardus [e] integrum, Gratianus [f] verò dimidiatum decretis suis inseruêre. *Item Iuvenci nihilominus* (ut Sedulii, cuius meminerat) *laboriosum opus non spernimus, sed miramur* : inter Hagiographos scriptores eum collocans. Legebatur olim apud Gratianum duplici errore fœdus hic locus: *Item Vincentii nihilominus laboriosum opus non spernimus, sed imitamur* : qui à Burchardo & Ivone [g] in Decreto suo purus omnino fuit deductus. Observavit correxitque errata ista vir magnus ille bono antiquarum literarum natus Antonius Augustinus in sua *Gratiani emendatione* [h]; & ante eum Covarrubias, alter Hispanæ atque omnimodæ eruditionis vindex, lib. 4. *Var. resolutionum* cap. 16. (1).

[e] Lib. 3. cap. 217.
[f] Cap. *Sancta* 15. distinct.
[g] Parte 4. cap. 69. aliter atque in *Panormia* lib. 1. tit. 11. cap. 3.
[h] Lib. 1. dial. 4.

108. Meminit etiam Iuvenci tribus post Gelasium ferè sæculis Beda *Retractationis in Acta Apostolorum* cap. 9. ac *De locis sanctis* cap. 4. Quæ testimonia industriæ ac eruditioni Philippi Labbei [i] debemus. Pluribus *Adversariorum* suorum locis laudat Iuvenci hoc opus Gaspar Barthius, qui Notas ad hunc meditabatur [k]. *Metro simplici* (alicubi ait [l]) *sed adeò non illatinè scripsit : ut etiam antiquæ eius linguæ ante Maronis ævum usitatæ non pauca in eo sint vestigia.* Alibi [m] poetam vocat *omnium Scriptorum simplicissimum : qui plus tamen in sinu gerat quàm fronte polliceatur. Æque* [n] *simplicem, sed cordatum piumque auctorem.* Alibi [o] *priscum auctorem & priscis æstimatum.* Tandem *non paulò eruditiorem* existimat [p], *quàm vulgò putent; quamvis stilum premat, & verba ipsa sacri Evangelii retinere laboret.*

[i] *De Script. Eccles.*
[k] Ait ipse lib. 8. cap. 1.
[l] Lib. 11. cap. 23.
[m] Lib. 8. c. 1.
[n] Lib. 56. cap. 13.
[o] Lib. 69. c. 5.
[p] Lib. 43. c. 23.

109. Quamplurima idem ex isto opere his & aliis capitibus commendat, rectæ ac priscæ Latinitati asserit, aliorum exemplis exornat, ex veteribus membranis restituit: quo magis desiderari par & æquum est, quas promiserat exstare & aliquando in lucem edi Notas. Nam & corruptissimos venisse ad nos, utpote qui in manibus omnium essent, hos auctores; atque adhuc medicæ valentioris egere opis, alibi monet [q]. Cuius quidem Barthii ea inter alios optimi consilii admonitio est, legi debere ac portari in sinu Christianos poetas, improbandosque aliquos homines, qui nisi cum Tullio & Marone sapiant, merum se rus olêre putant.

[q] Lib. 13. c. [illegible]

110. Libenter immoramur iis Barthii monitis, quibus Petri etiam Criniti iudicium de nostro lucem accipit, aut rectum non est. *Qua in re* (describendorum Evangeliorum ait) *maiori diligentia usus est in servanda rerum historia, quàm in demostranda ingenii sui elegantia.* Et Alphonsi Garsiæ Matamori qui *meliores versificatores quàm poetas* Iuvencum, ceterosque haud inventionis gloriâ turgentes Christianos, existimat [r]; necnon Ioannis Ludovici Vivis, cuius (lib. 3. *De tradendis disciplinis*) hæc sunt : *Iuvencus, Sedulius, Prosper, Paulinus, lutulentæ & perturbatæ sunt aquæ, salubres tamen, ut de quibusdam fluminibus ferunt.* Et Philippi Brietii [s], cui stilus Iuvenci *humilior est, dum Evangelii verbis nimis adhærescit, & veritatis quàm poeseos amantior; quique nimis restringit se, carmine magis pio quàm eleganti.* Ioannis Trithemii & Eisensgreinii elogiis abstineo : qui sæpe mihi non homines quales fuere, sed quales esse decuit, iisdem ferè semper verbis commendare videntur. Sunt & Iacobi Philippi Bergomensis [t], Volaterrani [u], Sixti Senensis [x], Centuriatorum [y], Baronii [z], Gyraldi [a], Scaligeri [b], Possevini [c] & plurium aliorum.

[r] In *Apologet.*
[s] Lib. 4. *De poetis Latin.* ante *Acutè dicta poetarum* pag. 48.
[t] Lib. 9. *Suppl.*
[u] *Anthropol.*
[x] *Bibliothecæ* pag. 272.
[y] Cent. 4. cap. 10. col. 681.
[z] Tom. 3. anno CCCXXXVII. n. 48.
[a] *De poetis* dialogo 5.
[b] *De poetica.*
[c] In *Appar.*

111. Sub Constantino id opus confectum à se ostendit auctor ipse in fine operis his versibus:

Hæc mihi pax Christi tribuit, pax hæc mihi sæcli,
Quam fovet indulgens terræ regnator apertæ
Constantinus, adest cui gratia digna merenti.

Sub quo Cæsare videtur præcipuè floruisse (quamvis Hieronymi ea [d], quâ utor, editio *sub Constantio* habeat) cùm ipse Hieronymus ad annum Constantini XXIV. [e] aliàs ad XXIII. Iuvenci florentis memoriam coniecerit. Quod cùm ita sit, mirari subit cur Sedulius qui ferè centum an-

[d] Antuerp. *Bibliot. Eccles.* Haub. Miræi MDCXXXIX.
[e] Pontacus notat ad Chron. S. Hieron. col. 698.

(1) Prædixerat Noster in huius capitis summario: *Duorum Antoniorum, Augustini, et Covarrubiæ correctio laudatur in Gratiani Decreto*; hìc autem *observavit correxitque errata ista vir magnus::: Antonius Augustinus in sua* Gratiani emendatione; et ante eum *Covarrubias::: libro 4. variarum resolutionum cap.* 16. quasi Antonius, et non Didacus eius frater germanus, Segoviensis Episcopus, operis inscripti *Variarum resolutionum ex Pontificio Regio et Cæsareo Iure* verus auctor fuerit, ut Noster Biblioth. Hisp. nov. in utroque Covarrubia; quamvis idem de Antonio loquens, plurimùm Didacum fratrem in eo opere elaborando iuvisse asserat.

annis inferior vixit, eiusdem scilicet argumenti enarrator, quod quidem *Paschale* eius *opus* continet: Iuvenci se exemplum secutum esse nusquam dixerit, ad Macedonium quendam opus dirigens.

112. Antiquissimam à nobis visam Iuvenci huius *Paraphrasis Evangeliorum* editionem Aldus Venetiis publicavit anno MDII. Eo enim anno data fuit epistola eius præambula Ro. Danieli Clario Parmensi directa, qui bonas literas publicè Ragusæ docebat. Hic se auctorem principis editionis profiteri videtur, dum ait publicare se sanctissimos libros qui circiter mille annos latuerant. Continet quippe ea Sedulii & Aratoris cum nostro Iuvenco, prætereaque Probæ Falconiæ centonem ex Virgilio, Homerocentona, ex Homero scilicet, & alia metricosacra opera. In Vaticana autem bibliotheca editorum [f] servatur *Iuvencus presbyter immensam Evangelicæ lectionis maiestatem heroicis versibus concludens*: ita scilicet inscriptus liber, sine loco editionis, aut nota temporis, charactere Gothico, in 4.° ut vocant, subiecto in fine Hermanni cuiusdam Buschii epigrammate in laudem Iuvenci (1).

[f] Num. 10375.

113. Secuta ponè, ut videtur, illa fuit Basileensis anni MDXLI. Unde & ex Oporini officina prodiit altera *Sylloge* dicta *Poetarum Christianorum*, Georgii Fabricii Chemnicensis poetæ & philologi sui temporis celeberrimi operâ MDLXIV. in 4.° *quæ nunc* (ait Barthius [g]) *manibus omnium teritur*. Et hæc continet sacram istam Iuvenci, Sedulii, & Aratoris trigam: sicuti & Lugdunensis prima anni MDLI. quam vidit Barthius [h], & altera Ioannis Tornesii MDLXVI. in 24.° quâ nos utimur. Prodiisse etiam Calari apud Vincentium Sembeninum MDLXXIII. in 8.° *Iuvenci historiam Evangelicam*, cum Sedulio, Aratore, & Venantii Fortunati duobus hymnis: omnia per Theodorum Pulmanum recognita & variis lectionibus, præsertim Iuvenci operis, locupletata novimus. Prætereo quòd *in Poetarum Latinorum choro*, atque item *corpore* habetur; necnon & in *Bibliotheca veterum Patrum* [i], quam perfectissimam, de Sedulio loquens, Philippus Labbeus appellat [k].

[g] Lib. 69. c. 5.

[h] Ibidem.

[i] T. 8. edit. Paris. MDCLXXIV.

[k] *De Script. Eccles.* tomo 2. pag. 335.

114. Optimis quidem usus est membranis MSS. Barthius, è quibus non parum à Iuvenci opere isto meruit. Glossas ibi quoque reperisse alicuius incerti monet, exindeque nonnullas depromere amat in *Adversariis* suis [l]. Existimo eundem esse hunc eius codicem cum membranis Coloniensibus sub Ludovico Pio scriptis, quas idem apud se esse affirmavit [m]. Exstant in bibliotheca Ambrosiana Mediolani tres aut quatuor codices manu exarati, in Oxoniensi alius, in Medicea [n] alius. Nullum verò hactenus habuisse Iuvencum, qui criticæ industriæ aut explicationis facem, quâ indiget, ei præluceret, præter unum Barthium ex parte aliqua, & Fabricium levi manu in re usum; eò magis miror, quòd cùm Antonius Nebrissensis noster, qui potuit debuitque unà cum Sedulio & Aratore multò magis Iuvencum civem suum commendare piis lectoribus à se explanatum: in Sedulio quidem industriæ suæ operam posteritati transmiserit, in Aratorem commentaria parata se habere alicubi testatus fuerit; Iuvenco autem Hispano nullus suppetias ivisse referatur.

[l] Lib. 11. cap. 23. & lib. 69. cap. 5.

[m] Lib. 13. cap. 19.

[n] Pluteo 26. Latin.

115. Metrica autem alia Iuvenci *ad Sacramentorum ordinem pertinentia*, quorum testis est S. Hieronymus, funditus periere (2).

116. Absolvam de Iuvenco, si priùs tantùm ostendero parallelum eiusdem cum Ovidio prognosticum, ex ethnico factum Christianum, de suo cuiusque opere. Ovidius in fine librorum *Metamorphoseon* ita habet, prorsus impiè:

Iamque opus exegi, quod nec Iovis ira, nec ignes,
Nec poterit ferrum, nec edax abolere vetustas.
Cum volet illa dies, quæ nîl nisi corporis huius
Ius habet, incerti spatium mihi finiat ævi,
Parte tamen meliore mei super alta perennis
Astra ferar, nomenque erit indelebile nostrum;
Quaque patet domitis Romana potentia rebus,

Ore

(1) Huius editionis exemplum, cumque eâdem epigraphe: *Iuvencus Presbyter, immensam &c.* possedisse se ait Fabricius *Biblioth. Lat. T. II. in Iuvenco;* laudatque Parisiensem Iuvenci editionem 1499. fol. cum Sedulio. Exstat penes me absque epigraphe *Iuvencus Presbyter &c.* et absque loci atque anni nota; sed aliquanto antiquior et circa annum ut videtur 1490. editus: una cum D. Cypriani Carmine *De ligno crucis:* Prudentii *Psychomachia:* Aratoris *Apostolica historia:* Antonii Nebrissensis *Cosmographia:* Columella *De cultu hortorum:* Palladio *De insitione*, et Val. Probo *De compendiis literarum*, formâ quarta.

(2) Iuvenci Presbyteri *Genesis liber* heroico eleganti carmine prodiit primùm Parisiis 1733. è vetustissimo nongentorum & ampliùs annorum Codice Corbeiensi, studio PP. Benedictinorum Edmundi Martene & Ursini Durand Congr. S. Mauri: qui & variantes lectiones & notas addidere. Exstat in *veter. Scriptor. & monumentor. collect.* Edmundo Martene adscripta, *T. IX. à pag.* 14.

Ore legar populi, perque omnia sæcula famâ,
Si quid habent veri vatum præsagia, vivam.

Noster autem quàm Christiana moderatione!

Quòd si tam longam meruerunt carmina famam,
Quæ veterum gestis hominum mendacia nectunt;
Nobis certa fides æternæ in sæcula laudis
Immortale decus tribuet, meritumque rependet.
Nam mihi carmen erunt Christi vitalia gesta,
Divinum in populis falsi sine crimine donum.
Nec metus ut mundi rapiant incendia secum
Hoc opus; hoc etenim forsan me subtrahet igni
Tunc cùm flammivoma descendet nube coruscans
Iudex, altithroni genitoris gloria, Christus.

Ovidium omnino ante oculos habens, & eius decantatissimos *Transformationum* libros.

117. Inter illa autem scripta, quæ nuper dictis eiusdem poetæ nostri verbis

——— *veterum gestis hominum mendacia nectunt,*

iure annumeramus, & annumerâsset Iuvencus, si superesset ipse, Dextri de eo annotationes: quibus [o] natum Olivæ, seu Cæsarobrigæ prope Arubraciam, atque inde venisse Salmanticam [p], ubi diem extremum viderit: interfuisse [q] quoque Eliberitano Concilio eundem fingere non dubitavit. Immo Haubertus Hispalensis, germanus ferè Dextri frater, Salmanticæ urbis fuisse ait Episcopum [r]. Cùm de patria Iuvenci urbe nusquam doceamur, proclive fuit ludionibus his patriam ei fingere. Ceterùm Episcopatui repugnat S. Hieronymi elogium, qui eum vocavit nonnisi presbyterum. At fictioni de præsentia eius in Concilio Eliberitano (quod, si Dexter consulatur, anno CCC. si Haubertus, anno CCCXV. habitum fuit) occasionem dedit nota quædam in editione Loaysæ apposita: quòd scilicet interfuissent ei unà cum XIX. Episcopis XXVI. presbyteri, quorum XXIV. tantùm nomina in vetusto codice, quem Zurita & Genebrardus laudant, referente Loaysa ipso, memorantur. Unus ergo ex his duobus prætermissis presbyteris, nî fallor, ex proposito Pseudo-Dextri Iuvencus fuerit. Sed ab his nugis manum iam abstineamus.

[o] In *Chronic.* ad ann. CDVII. 2.

[p] Ad annum CCCXXXVII. 2.

[q] Ibidem.

[r] In *Chronico* ad annum CCCXXXVII.

118. Sub eodem Constantio Cæsare PETRUS Cæsaraugustanus orator à S. Hieronymo his verbis in supplemento Eusebiani Chronici laudatur [s]: *Petrus Cæsaraugustæ Orator insignis docet.* Quem in Scriptorum numerum non retulissem, nisi à viro eruditissimo & fallere aut falli nescio D. Iosepho Pellizerio, in literis ad me Romam datis ex Hispania XXVI Martii MDCLXVII. admonitus essem Chronicon quoddam ab eo conscriptum: idem cum eo nisi fallimur opere, cuius *De potestatibus sæculi* nuncupati & à Vincentio Marinerio Valentino uti affirmat reperti, lucique typorum destinati, Iosephus idem Pellizerius meminit in eo libro quo distinxit Maximum Cæsaraugustanum præsulem à Marco Casinensi monacho [t]. Quod cùm hactenus prematur, exspectandum est ut vel ipse Pellizerius vel alius oculos in mente habens, legitimamne prodat an notham prolem hoc feraci talium fictionum sæculo ementiatur, nobis significare velint (1).

[s] Ad annum Chr. CCCLVI.

[t] In *Præfat.* sub tit. *Noticia de libros subscriptos falsamente.* Editus fuit Matriti MDCLXXI.

119. Eodem hoc tempore vixit, cùm post paucos annos hoc est sub Valentiniani Imperium vitâ functus fuerit, AQUILIUS SEVERUS, eiusdem sancti & maximi doctoris testimonio ad posteritatis memoriam propagatus, hoc scilicet [u]: *Aquilius Severus in Hispania, de genere illius Severi ad quem Lactantii duo epistolarum scribuntur libri, composuit volumen, quasi* Ὁδοι-

[u] *De Scriptoribus Eccl.* c. 3.

(1) Avidissime *Petri* huius *Cæsaraugustani* oratoris *Chronicon*, sive librum *De potestatibus sæculi* inscriptum quo de hoc loco Noster, inter Vincentii Marinerii Valentini MSta. quæ maximâ ex parte in Regia Bibliotheca Matritensi servantur, quæsivi, frustra tamen. Iosephus Pellicerius de Ossau, doctus ceteroquin vir, atque hoc nomine meritò suo laudatus à Nostro hîc et infrà *Lib. V. c.* 2. *in Maximo Cæsaraugustano*, falsâ et Ipsum & me lactavit spe huius chronici, ab eo, ut videtur, ex asse aut maxima ex parte confic̄ti: cuius ramenta quædam à Francisco Emman. de la Huerta *in Hispaniæ primitivæ* vernaculo opere Matriti anno 1738. edito, non sine consilio praiacta, dum Chronicon integrum prelo parabatur: Clarissimi nostrates ac veritatis patriique decoris amantissimi Gregorius Maiansius, & Emmanuel Sarmiento Benedictinus, necnon Auctores *Hispanicarum Ephemeridum* (*Del Diario*) scriptis suis proсciderunt, atque ad nutricum cunas amandarunt, Chronico eiusque auctore cum κακοποιόλοις perpetuis tenebris damnato. Rem narrat Cl. Hispaniæ Sacræ Continuator Emmanuel Risco Augustinianus Tom. XXXI. tract. 67. in *Petro Cæsaraugustano pag.* 19. Sensisse videtur Noster fraudem, dum infra *Lib. VI. c.* 3. Pellicerium ut amicum laudat, *sed sine veritatis præiudicio.* Pellicerii opus aliud Hispanicè inscriptum: *Maximo distinguido de Marco*, non Matriti, ut Noster hoc loco notat in margine, sed Valentiæ prodiit anno 1671. 4. apud Benedictum Macè.

Ὁδοιπορικὸν, *totius suæ vitæ statum continens, tam prosâ quàm versibus, quod vocavit* Καταστροφὴν, *sive* Πεῖραν, *& sub Valentiniano principe obiit.* Eadem ferè habet Honorius Augustodunensis [x] (1). In quibusdam MSS. ACHILLIUS, atque etiam ACILIUS audit. Severus igitur ille, ad quem Lactantius epistolarum libros duos confirmante eodem Hieronymo in mentione eius [y], direxit, Hispanus & ipse colligitur fuisse: quibuscum epistolis memoriam quoque huius viri certiorem amisimus.

120. Ex huius genere Aquilius Severus mistum prosâ & carmine opus exaravit, cui titulum Καταστροφὴν, hoc est *conversionem*, sive Πεῖραν, *transitum* scilicet, fecit. Id vitæ auctoris statum & varios eventus continuisse ait Hieronymus, & quasi Ὁδοιπορικὸν, hoc est, *viatorium* seu *itinerarium* appellat. Usus est hoc Ὁδοιπορικοῦ nomine Lactantius [z], iter suum de Africa usque ad Nicomediam descripturus: Venantius item Fortunatus [a], Wibertus seu Guibertus Tornacensis [b], S. Willibaldus [c], Hatto sive Hetto [d] Basileensis Episcopus, & alii forsan. Iulius autem Cæsar latino verbo usus, *Iter* inscripsit poema quoddam huius ut credimus formæ, uti Suetonius refert [e]. Alii *De vita sua* libros edidere, homines undique memorabiles, Augustus & Tiberius Cæsares, M. Vipsanius Agrippa, M. Æmilius Scaurus, Pub. Rutilius Rufus, Iosephus Hebræus, Iacobus Aragoniæ Rex, Maximilianus I. Carolus V. Augusti: ne alios minorum gentium referam. Aquilius autem noster Græco usus titulo idem sub iis nominibus *transitûs* aut *conversionis* persecutus fuit. Vossium consule *De Poetis Latinis* cap. 4 [f].

121. Hinc deducêris à me, Lector veritatis cupide, ad quemdam locum Pseudo-Dextro iniquum, quo de Severo nostro mentiri ut aliàs voluit. Audistine S. Hieronymi verba de Aquilio Severo? Nonne eius germana sunt hæc alia ex istius Chronico [g]? *Aquilius Severus domo Toletanus, ex genere alterius Aquilii Severi, ad quem Lactantius nuncupavit volumen epistolarum, hoc tempore magno in pretio habetur.* Necesse omnino est ut alius alium exscripserit. Adeò sibi duo hæc respondent testimonia. Atqui Hieronymus Dextri Chronicon, quando hæc scribebat, quantumvis sibi nuncupatum, nondum viderat, ut ipse affirmat [h]. Dexter autem quando librum *De Scriptoribus* exarabat Hieronymus, Chronicon suum iam conscripserat. Neuter ergo illorum potuit ab altero mutuari. Non igitur Dexter Paciani filius est fictitii huius Chronici auctor; sed recentior alius, qui nescivit prorsus dissimulare quòd à Hieronymo profecisset.

CAPUT V.

De PRISCILLIANO *hæretico. Sulpicii Severi incorrecta sæpiùs de eo historia notatur. Istius hæresis & supplicium; & tamen accusatores Idatius & Ithacius Episcopi à B. Martino Turonensi taxati. Quorumdam recentiorum error enormis in Priscilliano attribuenda sanctitate. Libri eius. Pseudo-Hauberti temeritas. De* LATRONIANO *seu* MATRONIANO, TIBERIANO, *&* DICTINIO, *eiusdem impietatis reis. Postremi huius conversio, & laudabilis fama. De his qui huic malo restiterunt,* IDATIO CLARO *Emeritensi ex coniectura Episcopo (alio quidem ab auctore libri adversus Warimadum Arianum, & ab Ithacio cuius pravos mores Severus reprehendit, & ab Idatio Lemicensi posterioris temporis): Cæsaraugustano item Concilio ac Toletano sub Syricio Papa, quod confusum fuit cum actis Toletani alterius sub Innocentio, nuncupati vulgò primi inter Toletana. Plura de hac sylloge seu collectione multarum in unum Synodorum. Pseudo-Dextri hac in historia vanitas. De* AUDENTIO. *An Toletanus Episcopus? Fictiones super hoc eiusdem Pseudo-Dextri & aliorum huius farinæ confutantur. Quædam de S. Basilio & Concilio Aquileiensi.*

122. SEQUUNTUR necessariò hic stilo referendi tres viri ad Gratiani usque tempora producentes sui memoriam, si pietatem excipias & infelicem exitum cetera scriptis & naturæ dotibus clari. PRISCILLIANUM intelligo, MATRONIANUM, & TIBERIANUM, à S. Hieronymo in commentarium *De Scriptoribus Ecclesiasticis* ob literarum studium & relicta sui monumenta, non sine laude illa quæ doctis quidem quantumvis pravis debetur, coniectos.

123. PRISCILLIANUS *de Gallæcia* [i] (Prosper Aquitanus ait in continuatione Eusebiani à S. Hieronymo latinitate donati ac locupletati Chronici [k]) *ex Manichæorum & Gnosticorum dogmate hæresim nominis sui condidit.* Iccircò Manichæi pars audiit à magno Hieronymo [l]; idemque Prosper sub Manichæorum appellatione hanc sectam à Maximo tyranno, uti dicemus, repressam fuisse ait [m]. Leo item Magnus Papa id confirmat ep. 93. De Gnosticorum, testis est Idatius in Chronico [n]. Imbiberat is earum sectarum errores intra Hi-

(1) Totidem quoque hæc atque ipsis verbis apud Gesneri Epitomatorem legas in *Aquilio Severo.*

[x] *De Scriptor. Eccl.* cap. 112.

[y] Eodem libro cap. 80.

[z] Teste eodem S. Hier. ibidem.

[a] Sigebertus cap. 45.

[b] Henr. Gandavensis c. 54.

[c] Apud Canisium tomo 4. *Ant. lect.*

[d] Haubertus Miræus in Auctario Bibliothecæ cap. 249.

[e] In eius vita.

[f] Pag. 55.

[g] Ad annum CCCLXX.

[h] *De Scriptor. Eccl.* cap. 132.

[i] Apud Marianum Scotum non rectè *De Galliis* lib. 2. Chron. ætate 6. an. CCCLXXIX.

[k] Ad annum CCCLXXX. seu *Consul. Ausonii & Holybrii.*

[l] Lib. *Contra Pelagianos* ad Ctesiphontem.

[m] In altero Chronico quod Pithoeus & Labbeus in *Biblioth. MSS.* edidere.

[n] Ad VII. ann. Theodosii senioris.

Hiſpaniam, ob claritatem ſanguinis doctrinæque præcipuus habitus cui novi dogmatis ſuccollaretur invidia; Marcus tamen Ægyptius in Hiſpanias veniens primus intulit, atque Agapen nobilem feminam, Elpidiumque corrupit rhetorem. *Ab his Priſcillianus eſt inſtitutus* (loquor iam Severi Sulpicii verbis [o] qui rem totam luculentiſſima brevitate poſterorum commendavit memoriæ) *familiâ nobilis, prædives opibus, acer, inquies, facundus, multa lectione eruditus, diſſerendi ac diſputandi promtiſſimus. Felix profectò* (addit) *ſi non pravo ſtudio corrupiſſet optimum ingenium. Prorſus multa in eo animi & corporis bona cerneres. Vigilare multum, famem ac ſitim ferre poterat, habendi minimè cupidus, utendi parciſſimus. Sed idem vaniſſimus & plus iuſto inflatior profanarum rerum ſcientiâ. Quin & magicas artes ab adoleſcentia eum exercuiſſe creditum eſt.*

[o] Lib. 2. *Sacræ hiſt.* 60.

124. Seducti ab eo plures ſunt, potiſſimique eorum duo Epiſcopi (quarum urbium ignoratur) Inſtantius & Salvianus. Inſurrexere tamen adverſus nocentiſſimam peſtem Hyginus Cordubenſis qui ſucceſſiſſe Hoſio creditur, Idatius Emeritenſis, & Ithacius (uti apud eundem Severum legitur) Soſſubenſis Epiſcopus. Quamvis enim utriuſque Eccleſiæ nomen Sulpicii codices corruperint; veſtigia tamen correctioris lectionis non obſcura retinuere. Quod enim *emeritæ ætatis ſacerdos* audit apud eum, uti proſtat, Idatius: quis non videt *Emeritæ civitatis* ſubrogari oportere? Quod obſervavit ante nos ſummus omni antiquitatis doctrina vir D. Thomas Tamaius de Vargas Toletanus [p]. Atque is per me fuerit Idatius cognomento *Clarus*, quem S. Iſidorus ex hac ipſa quâde agimus adverſus Priſcillianum contentione, in *Eccleſiaſticis Scriptoribus* laudat; qui tamen eius collegam non Ithacium ſed Urſacium (uti & ante eum Proſper [q]) vocat: quæ forſan præferenda erit lectio; nam & ſedis huius Sulpiciana appellatio (*Soſſubenſis* nempe quæ nuſquam reperitur) *Oſſonobenſis* rectiore putatur calculo [r]. *Oſſonoba* urbis nomen eſt in Luſitania meridiali: quod præſefert Plinius, Antonini Itinerarium, & lapides ſcripti (1), Conciliorumque monumenta, quibus eiuſdem præſules interfuere, ſub Emeritenſi nempe Archiepiſcopo: qui iccircò uſus fuiſſe ſuffraganei operâ iure videtur ad publicandam Cæſarauguſtani Concilii condemnatoriam Priſcillianiſtarum, Hyginique ipſius, qui ad eos ferè deſciverat, ſententiam.

[p] Notis ad Paul. Emerit. pag. 144.

[q] In *Chron.* Timaſio & Promoto Coſſ.

[r] Vide Sigonium in *Notis ad Sulpicium*, Marianam lib. 4. cap. 20. Loayſam in *Notis ad Conc. Cæſarauguſtanum.*

125. Sed ne hiſtoriæ apud Sulpicium palam omnium poſitæ nullo operæ pretio inſiſtamus: poſt principalia aliquot decreta hinc & inde impetrata, Idatiumque cum Ithacio ſive Urſacio ſuo (prævalentibus Priſcilliani, tum temporis iam Epiſcopi Abulenſis quomodocumque creati, rebus) ex Hiſpania fugatum: ſub Maximo tandem Tyranno, qui occidentales has imperii Romani adorſus partes in Galliis & Hiſpaniis dominabatur, iudicii Burdigalæ, ac deinde ut videtur Treveris adductis eò reis & accuſatoribus habiti, ſententiâ, Priſcillianus *gemino iudicio* (Sulpicium tranſcribimus) *auditus, convictuſque maleficii, nec diſſitens obſcœnis ſe ſtuduiſſe doctrinis, nocturnos etiam turpium feminarum egiſſe conventus, nudumque orare ſolitum:* nocens pronuntiatur, ac ſecuri percutitur, anno quo Conſules fuere Arcadius & Bauto, ſcilicet CCCLXXXVI. Cum magna tamen accuſatorum invidia, quibus ſanctiſſimus eius ætatis Epiſcopus Martinus Turonenſis, infenſiſſimus aliàs hæreticis, continenter calidiſque officiis obſtitit, ne ultrà quàm ſacerdotii iubebat manſuetudo reorum ultimum ſupplicium urgerent; & ne ſtudio vincendi pluſquam oportuit certantes accuſatorum vices exſequerentur. Quos non dubitavit Latinus Pacatus ethnicus [s] coram Theodoſio piiſſimo Cæſare indicata ſolùm re, *nominibus antiſtites, revera ſatellites atque*

[s] In *Panegyrico* ſect. 29.

(1) Plinius quidem *Lib. IV. c.* 22. Antoninus autem *Itin. De Eſuri Pace Iulia.* Meminêre item *Oſſonobæ* Ptolemæus *Lib. II. Hiſp. Luſit.* Strabo qui *Sonobam vocat Lib. III Edit. Amſtel.* 1707. *pag.* 211. Marcian. Heracl. *Lib. II. Peripl. int. Geogr. Minor. T. I. pag.* 42. Anonymus Ravennas *Lib. IV.* 43. Mela *Lib. III. c.* 1. Rhaſis apud Reſend. *lib. IV. Antiq. Luſit. cui Exubona, & Exubana* audit, *ingenito* ut ipſe ait *Linguæ Punicæ vitio;* atque etiam inſcripti lapides & numi ap. eundem & Cl. Florezium *Col. & Mun. Hiſp. part. III. Tab.* LXV. OS : : : : BA. & OƧSO. Putat autem Reſendius loco citato, & ex eo Cellarius, Florezius & Recentiores alii, urbis pæne dirutæ veſtigia adhuc exſtare prope Farum in pago ignobili *Eſtoy* indigenis dicto, quem tamen Roder. Carus *Conv. Iurid. Hiſpal. III.* 75. *Eſtombar* appellat; ſedem autem qua oljm floruit Epiſcopalem in urbem *Silves* tranſlatam. Apud Aguirrium T. II. Concil. Hiſp. pag. 315. ſub tit. *Interpretationes civitatum in Hiſpania quarum nomina à Saracenis mutata fuere*, legitur: *Exonoba Seduma.* Olivario *Not. ad Melam: Oſonaba. Silvera:* quas meras utriuſque divinationes eſſe exiſtimo. *Oſſonobæ* autem nomen ſæculo XI. penitus iam ab hominum memoria deletum fuiſſe elicitur è Geographo Nubienſi eius ævi Scriptore, qui Cunei urbes ſuo tempore exſtantes memorat, *Eccleſiam* ſcilicet *Ghorâb*, ſive *Algarbii*, *Silves*, *Mertolam, Tavilam*, *Sácres*, *Alcácer:* indicta prorſus *Oſſonobâ.*

adeò carnifices, sævitiam eorum detestatus, compellare. Quæ maximè Ithacium afficiebat censura, moribus aliàs non eo loco & partibus quas obstinatissimè ac stultissimè gerebat dignis; &, ut ait Sulpicius, audacem, loquacem, impudentem, sumtuosum, gulæque ac ventri plurimùm indulgentem.

126. Cæsos cum Priscilliano assecla rum quosdam, fugâ seu exsilio damnatos alios, idem refert. Nec tamen exstinctum eius sanguine quem accenderat per Gallias & Hispanias ignem, à busto veluti crevisse; martyrumque loco habitos qui iure perierant, Priscillianique nomen per summam superstitionem iuramentis præscribi cœptum, posteris in factiones divisis; adeò ut sanctissimus vir Hieronymus ea referre alicubi satiùs duxerit quæ de Priscilliano aliis placuissent. *Hic usque hodie* (ait [t]) *à nonnullis Gnosticæ, idest Basilidis & Marcionis, de quibus Irenæus scripsit, hæreseos accusatur, defendentibus aliis non ita eum sensisse ut arguitur.* Idem tamen & *sæculi gladio & totius orbis auctoritate* damnatum fuisse, alibi scriptum reliquit [u]. Et Priscillianistarum abominandos errores communis patrum Leonis Papæ [x], Hieronymi [y], Hilarii, Augustini [z], Orosii [a], Prosperi [b], & qui ab his profecerunt miprobavit sententia. Visum enim est (ait Leo Magnus) *omnem curam honestatis auferri, omnium coniugiorum copulam solvi, simulque divinum ius humanumque subverti, si huiusmodi hominibus usquam vivere cum tali professione licuisset.*

127. Adeò tamen ambiguum illud reorum damnatorum impotentiumque accusatorum res involvens iudicium illius ætatis hominum conturbavit noviorum quorundam mentes, ut vel sanctitatis & martyrii dignum titulis Priscillianum existimaverint, scriptisque suis donatum reliquerint. Equilinus Episcopus inter eos est, quem transcripsit Ioannes Marieta noster, & nescio an alii spongiæ digni incumbere. Hunc autem Abulæ datum, sive à clericis Ecclesiæ eius creatum fuisse temerè Episcopum, credamus oportet aienti Hieronymo; minimè autem Sulpicio fidamus, nominum quicquid in hac historia est infeliciter exprimenti, Labinensique quod nusquam fuit oppido impositum Priscillianum, nisi aliter is olim scripserit, affirmanti.

128. *Hic* (S. Hieronymus ait) *edidit multa opuscula, de quibus ad nos aliqua pervenerunt.* Verosimile est tam profanarum rerum, quâ multùm vigebat, doctrinæ, quàm Ecclesiasticarum de erroribus suis ea fuisse. Namque Orosius ad Augustinum de Priscilliani secta referens in *Commonitorio* [c], epistolæ cuiusdam eius verba produxit, quâ vanitatis suæ quendam articulum libro quodam, *Memoria Apostolorum* inscripto, suadere conatus est. Et in Toletano conventu [d] Comasius presbyter palinodiam canens, Priscillianum, *& quos malè condidit libros* condemnare se ait: quemadmodum & ibidem de libris & scriptis Priscilliani multa mentio verbis fit ceterorum Episcoporum qui in eodem congressu erroribus suis renuntiavere. Vincentius Lirinensis in *Commonitorio*: *Lege Pauli Samosateni opuscula, Priscilliani, Eunomii, ac reliquarum pestium: cernes infinitam exemplorum congeriem, prope nullam omitti paginam quæ novi ac veteris Testamenti sententiis fucata & colorata non sit*, inquit. Similiter Priscilliani scripturis, quas secundùm suum depravavit errorem, unà cum Dictinii Episcopi tractatibus; vel quæcumque hæreticorum scripta sub nomine Patriarcharum, Prophetarum, vel Apostolorum conficta legisset, universa Synodus Bracarensis erâ DXCVIII. habita anathema dixit. Cuius fortè generis fuit *Memoria* illa *Apostolorum*, quâ usus fuisse apud Orosium Priscillianus dicitur.

129. Sed ante quàm ab eo discedamus, vide, Lector, mecum stupiditatem eius qui nostris diebus sub Hauberti Hispalensis nomine monstrosum abortus est Chronicon. Verba eius ad annum CCCLXXXVIII. *Priscillianus hæresiarcha vermibus perivit Abulæ 3. Maii. In hora mortis, quum exspiravit, dixit quinque discipulis suis: Parochus noster & pastor est Pontifex Romanæ Ecclesiæ: servate id quod Ecclesia Romana servat. Unus discipulus eius Tarasius vocatus ad alios dixit: Verè iste Episcopus maluit animas nostras. Vera fides catholica est. Et nos damnaremur si præcepta salva sua non servaremus.* Et tamen audet Argaizius interpres & propugnator id excusare, deque alio Priscilliano prioris discipulo, quem *Caracanum* proprio nomine appellat, dictum fuisse, ex eodem Hauberto colligere se ait. Periit nempe frons de rebus. Fictitius auctor de Priscilliano agit hæresiarcha, hoc est, hæresis auctore: quod tamen Argaizius strenuè dissimulavit.

130. Nec solus hic ex Hispanis, quorum ob relicta sui monumenta meminimus, deviavit à recta Fidei via in exsecrandam hanc sectam. Quinimmo & duo alii doctrinæ laude illustres iisdem erroribus fœdati pœnamque apostasiæ debitam perpessi sunt.

[t] *De Scriptor. Eccles.* c. 121.

[u] Adv. *Pelagianos* ad Ctesiphontem.

[x] *Epist. ad Turibium.*

[y] Ubi proximè.

[z] *De hæresibus* ad Quodvult-Deum §. 70.

[a] In *Commonit.* de errore Priscillian. inter opera S. Augustini tom. 6.

[b] In Chronico.

[c] *De errore Priscillianist. & Origenist.* tom. 6. Oper. S. Augustini.

[d] Qui sub titulo *Toletani I.* editus est in *Conciliis Hisp.* pag. 48.

sunt. *Latronianum* ac *Tiberianum* hos Sulpicius nominat. LATRONIANUS, aliàs MATRONIANUS, insignis fuit poeta, gladioque simul cum Priscilliano & Euchrotia Delphidii Burdigalensis rhetoris, cuius Ausonius meminit [e], viduâ [f], & aliis, peremtus. *Matronianus* (ait S. Hieronymus [g]) *provinciæ Hispaniæ, vir valdè eruditus, & in metrico opere veteribus comparandus, cæsus est & ipse Treveris cum Priscilliano, Felicissimo, Iuliano, Euchrotia, eiusdem factionis auctoribus. Exstant eius ingenii opera diversis metris edita.* Eadem Prosper & Idatius in Chronicis suis habent.

[e] In *Professoribus* carm. 5.
[f] Sulpicius Severus lib. 2.
[g] *De Scriptor. Eccles.* cap. 122.

131. De TIBERIANO Severus: *Tiberianus ademtis bonis in Sylinam insulam datus.* Quis autem is fuerit, ab eodem S. Hieronymo petendum est. *Tiberianus Bæticus* (inquit) *scripsit pro suspicione, quâ cum Priscilliano accusabatur, hæreseos, apologeticum tumenti compositoque sermone. Postea post suorum cædem tædio victus exsilii mutavit propositum, & iuxta S. Scripturam canis reversus ad vomitum, suam filiam devotam Christo virginem, matrimonio copulavit.* Quæ verba ferè transcripsit in Chronicon suum Ado Viennensis. Attamen cùm sciamus Bæticum hunc, Hispanumque Latronianum fuisse: non multum unde loco fuerint ignorare dolendum est de his quibus ingenii eruditionisque sæculo illo decantatæ dotibus sic abuti malo suo contigit. *Sylina* autem, sive *Syllina* (*Silly* vulgò, ut Camdenus putat) insula est oræ Britannicæ adiacens. Quò à Treveris missum in relegationem, uti proximioris maris insulam, verisimile est. Diversus est qui sub Constantino floruit Præfectusque fuit prætorio Galliarum Tiberianus, cuius in Chronico Eusebiano mentio Olymp. CCLXXVIII. anno IV. & in libro *De Poetis Latinis* Gerardi Vossii cap. 4.

132. Deerravit cum his aliquando à recta via DICTINIUS Episcopus; sed in se reversus renuntiavit sectæ, & scripta sua damnavit in Concilio quodam Toletano, in quo facta eius Fidei professio inter acta servatur Concilii Toletani, ut vulgò audit, primi; cùm verè cinnus ex multis sit (1). Ibi legitur [h] post alia dixisse in consessu patrum: *Hoc in me reprehendo, quòd dixerim unam Dei & hominis esse naturam.* Item: *Ego non solùm correctionem vestram rogo; sed & omnem præsumtionem meam de scriptis meis arguo atque condemno.* Item: *In priori comprehensione mea, & in principiis conversionis meæ, quæcumque conscripsi, omnia me toto corde respuere.* Sequitur in actis hanc confessionem definitiva sententia, in qua refertur tam Dictinium hunc quàm Symphosium Episcopos ad Concilium antiquius isto, in quo causam præsentes dicebant, vocatos venire noluisse; attamen postea, sequestro pacis Ambrosio, utrumque admissum fuisse ad professionem Fidei, errorisque detestationem emittendam.

[h] In editione Loaysæ pag. 47.

133. Refertur quoque Symphosio Episcopo per tumultuantem plebem extortum fuisse *ut ordinaret Dictinium Episcopum, quem S. Ambrosius decrevisset bono pacis locum tenere presbyterii, non accipere honoris augmentum*: quæ verba sunt actorum. Ex quibus colligas statim ab initiatione Dictinii sive in Christianam religionem, sive in clericalem statum, exorbitâsse ad Priscilliani sectam, eoque tempore pro ea scriptis decertâsse. Idque verba ista illius significant paulò antè adducta: *& in principiis conversionis meæ quæcumque conscripsi.* Factumque à Symphosio Episcopum postquam veterem damnâsset errorem, & à S. Ambrosio eousque commendatus fuisset Toletanis patribus, ut si conditiones sibi præscriptas implêsset, reverti ad pacem posset. Sententia igitur eorumdem patrum hæc fuit, ut tam Symphosius quàm Dictinius in Ecclesiis suis consisterent, pacemque haberent: hoc est, reconciliationis indulto fruerentur, tandemque communionem cum reliquis Episcopis se habituros exspectarent, cùm id visum fuisset Simpliciano Mediolanensi Episcopo Ambrosii nuper fato functi successori, ceterisque sacerdotibus, cum Papa qui tunc erat. Interimque prohibitum eis fuit Episcopos, presbyteros, aut diaconos ordinare. Hæc omnia ex actis constant.

134. Ceterum Dictinii scriptorum fit quoque mentio in Bracarensi Concilio [i], quod & ipsum audit primum inter edita, XVII. anathemate; & in Epistola Leonis Papæ I. ad Turibium [k]. Atque ex ea ipsa liquet Dictinii vera in veram fidem &

[i] In edit. Loaysæ pag. 118.
[k] Quæ est 93.

(1) Verè in eam quæ vulgo prima Synodus Toletana inscribitur, quæque Era CCCCXXXVIII. die septimo Idus Septembris Stilicone Consule celebrata fertur: quicquid post Eliberitanam, ad finem usque sæculi IV. ab Hispanis Patribus circa Fidem & mores, atque Ecclesiasticam disciplinam sancitum ubique fuerat confluxisse videtur; atque ipsam Fidei Catholicæ regulam quæ non nisi ad annum sequentis sæculi XLVII. in Aquicelenensi Concilio Leonis M. iussu sub Balconio Bracarensi coacto edita primum fuit: ut ex huius Concilii Actis apud Loaysam & Aguirrium liquet. Videndus uterque & maxime Aguirrius in *Not. ad Conc. Hispan. generale Tom. II.* Conc. Hisp. *pag.* 202. *& seq.*

& in alterum hominem conversio. Ait enim Leo Magnus, improbare se quòd Dictinii tractatus à multis cum veneratione legerentur, ratione redditâ: *cùm si aliquid memoriæ Dictinii* (malè editum *Dicticinii*) *tribuendum* putarent, *reparationem eius magis* deberent *amare quàm lapsum*. Ideo à Toletanis patribus anno CCCC. coram quibus lecta sunt supra memorata confessio & sententia, ut mox dicemus, Dictinius *sanctæ memoriæ* audit. Planè Dictinius hic Asturicensis Episcopus fuisse vulgò creditur, cuius festum die .... Sept. hæc eius Ecclesia celebrat, lectionibus annotans Græcum eum gente ferri, & alia quæ videri poterunt in historiis nostratibus [l].

135. Hucusque ostendimus nostra Fidei vulnera in paucis, cetera non contemnendis, Hispaniæ viris. Iam res ipsa poscit, ut quinam è nostris tetrò huic malo salubria tempestivaque remedia porrexerint, subiungamus. Hoc autem à pluribus, sive seorsum sive in Concilia convenientibus, factum fuit: ne erga nos deficeret superabundans clementissimi Dei gratia (iuxta Apostoli [m] effatum) in quibus delictum abundaverat. Hæc ordine quo gesta sunt primi forsan ediseremus.

136. IDATIUS cognomento CLARUS is est qui cum Ithacio, alias Ursacio, institit Priscilliani & asseclarum eius damnationi. Quo quidem nomine cùm apud omnes malè audirent, Maximi tamen favore suffulti, ut videtur, quamdiu sceptra hic tenuit impuniti mansere. Sed statim atque sublatus è medio Tyrannus Valentiniani ac Theodosii ductu prope Aquileiam fuit, *Ecclesiæ communione* (Prosper [n] ait) *privati sunt*. Diverso tamen successu. Nam Idatius noster, qui zelo magis quàm contumaciâ videtur peccâsse, atque adeò minus nocens à Severo Sulpicio declaratus fuit: sponte se, eiusdem Sulpicii testimonio, Episcopatu abdicavit. De quo facto ita censet auctor: *Sapienter id & verecundè, nisi postea amissum locum repetere tentâsset*. Nullus enim, quod viderim, ambigit, pro *Nardacius* quod Sulpicii editiones habent, *nam Idatius* legendum. Quam ob inconstantiam nostrâ sententiâ missus in exsilium fuerit, in quo diem vidit extremum.

137. At non verbo tantùm & opere ipso noster olim persecutus fuit hanc hæresin, sed & scriptis quoque. Audi sîs S. Isidori Hispalensis Episcopi è libello *De Scriptoribus Ecclesiasticis* verba: *Idatius Hispaniarum Episcopus, cognomento & eloquio* Clarus, *scripsit quendam librum sub* Apologetici *specie, in quo detestanda Priscilliani dogmata, & maleficiorum eius artes, libidinumque eius probra demonstrat: ostendens Marcum quendam Memphiticum magiæ scientissimum, discipulum Manis fuisse & Priscilliani magistrum. Hic autem cum Ursacio Episcopo, ob necem eiusdem Priscilliani cuius accusatores exstiterant, Ecclesiæ communione privatus exsilio condemnatur; ibique diem ultimum obiit Theodosio maiore & Valentiniano regnantibus*. Hæc Isidorus. Unde novimus non diu in exsilio eum vixisse; cùm ab eo quo damnatus fuit ad Valentiniani obitum tres tantùm anni intercesserint, ut ex Prospero constat [o].

138. Sed ante quàm ab Isidoro discedamus, cùm Idatium *Hispaniarum Episcopum* is tantùm dixerit, quonam alio idoneo teste nos subnixi *Emeritensem* suprà vocavimus? Ex coniectura id tantùm & veræ lectionis vestigio in Sulpicii verbis servato. Cùm enim hìc auctor omnibus laudatis à se huius historiæ Episcopis assignaverit Sedes, Hygino Cordubensem, Ithacio Sossubensem, Priscilliano Labinensem (quantumvis editiones, ut suspicamur, vera corruperint nomina): parum fit verosimile Idatii tum temporis tam illustris viri Ecclesiam tacuisse. Ideo pro illis verbis, uti diximus, *emeritæ ætatis sacerdos*, quin *Emeritæ civitatis sacerdos* sit legendum, cum Drusio [p] & aliis nullus dubito. Atque ita intellexisse hunc locum historicos nostros [q] inde constat, quòd Emeritensem Episcopum vulgò Idatium appellent, etiam si Bracarensem alii credant [r].

139. Diversus hic toto cælo est Idatius ab altero eiusdem nominis, Lemicensis Ecclesiæ, proximeque sequentis sæculi Episcopo & historico: quos tamen Trithemius confudit, iccircò reprehensus ab iisdem nostræ historiæ auctoribus [s], atque historicorum illustratoribus [t]: de quo nobis proprio loco erit sermo. Diversus item, id ut repetam, ab Ithacio cuius mores carpit Severus Sulpicius: in quo aliter sensisse miror Franciscum Bivarium [u], Severoque imputâsse, quod Idatio viro clarissimo iniuriosè detraxerit, qui solùm Ithacii morum turpitudinem sugillavit, uti iam notavimus.

140. Exstat & Idatii cuiusdam sive Ithacii liber *Adversus Warimadum seu Warimundum* Arianæ sectæ diaconum, hoc est, explanatio difficiliorum S. Scripturæ de Trinitate locorum, editus in Bibliothecæ VV. PP. volumine IV. editionis Parisiensis. Cuius quidem auctor cùm in præ-

[l] Morales lib. 11. cap. 5.

[m] Ad Roman. cap. 5. 12.

[n] Timasio & Promoto Coss. ann. CCCXIX.

[o] *Chron.* Coss. Arcadio II. & Rufino anno CCCXCIII.

[p] In *Comment.* huius loci.

[q] Padilla tom. 1. *Hist. Eccles. de España* cent. 4. cap. 58. Mariana lib. 4. c. 20. Morales lib. 10. cap. 44.

[r] Bivarius *ad Dextrum* anno CCCLXXXIV. n. 5.

[s] Vaseo in *Chronico* ad an. CCCLXXXVIII.

[t] Vossio *de Hist. Latin.* lib. 2. cap. 17.

[u] Ad Dextri ann. CCCLXXXIV. num. 5.

præfatione dicat Neapoli se hunc librum scribere Campaniæ urbe: vix est ut pro eodem cum aliquo ex Hispanis Idatiis seu Ithaciis habeamus: quod & censuit Vossius [x], nec improbat Labbeus [y]. In quo huius Idatii opere quæ ad obiectiones 3. 4. & 5. respondet, ab illis verbis: *Deus filium suum misit* usque ad ea: *minoraretur in filio*: eadem epistolæ Hygini Papæ inserta legi observavit (ne id mihi obviam lectum omittam) Thomàs Reinesius epist. 8. ad Christianum Daumium: quod iam eo prior Blondellus animadverterat.

[x] Lib. 2. *De Hist. Lat.* cap. 17.

[y] *De Scriptor.* tom. I. pag. 495.

141. Post Idatii laudatam operam, qui pullulanti hæresis malo primus obstitit, secutus est patrum conventus in urbe Cæsaraugusta, cuius Sulpicius meminit. Nec tergiversabor valdè iis, qui & alibi Hispaniarum Episcopos priùs convenisse contenderint; dummodo testimonio Dextri abstineant, Emeritæ id factum Idatii operâ; nec non & quodam alio Lusitaniæ loco, referentis [z]. Dexter enim hypobolimæus ab hinc nonàginta annos historicum veterem sub larva fingens, auctoritate deficitur, quâ verus Dexter huc loci veniens fungeretur. Idatio (*Lemicensi*) historico potiùs credimus, qui ait [a] Priscillianum, cùm Italiam & Romam petiit in Cæsaraugustana ista damnatus Synodo, aliquod iam Episcoporum Conciliis auditum fuisse. Nisi temerè id ille pronuntiaverit de eo, qui nec etiam Cæsaraugustano iudicio se committere ausus [b], absensque condemnatus cum sociis fuit. Planè cuiusdam Cæsaraugustani Concilii nonnulli exstant canones [c], atque hi quidem non absoni à Priscilliani causa [d]; ipsa tamen damnatoriæ sententiæ acta periere. At eorum diserta mentio non modò apud Severum, sed & in Toletani, quod dicitur primum in vulgaribus editionibus, Concilii gestis mansit [e]. Cæsaraugustanum id Concilium in absentes Instantium & Salvianum Episcopos, Elpidium & Priscillianum laicos, damnationis sententiam dixit: adiuncto, adversus eos qui damnatis communicâssent, non dissimiliter ferè animadvertendum.

[z] Eodem anno CCCLXXXIV. n. 5.

[a] In Chronicó ad an. Theodosii senioris VII.

[b] Severo teste.

[c] *Collect.* Loaysæ pag. 31. Binianæ tom. I. pag. 684.

[d] Vide Baronium tomo 4. ad annum CCCLXXXI. 103. & sequentibus. Moralem lib. 10. cap. 44. & lib. 11. cap. 4.

[e] *Collectionis Concil. Hisp.* pag. 48.

142. Deinde maximum rei momentum constitit in eo quòd nec Delphinus Burdigalæ Episcopus damnatos eo loci manere, nec Ambrosius Mediolani, aut Damasus Romæ, in conspectum venire suum permisêre. Coacta demum Burdigalæ Synodus, Maximi tunc iam rerum in Occidente domini iussu, damnavit iterum Instantium Episcopum; damnâssetque Priscillianum, nisi is ad Imperatorem provocâsset. Deductus ergo in Treverensem urbem, passus ibi tandem cum aliis quos diximus capitalem sententiam indeque supplicium fuit.

143. At eorum sparso sanguine veluti fecundata est hæreticorum infelix seges, vigebatque adhuc cum maximis Episcoporum discordiis eo tempore quo Severus Sulpicius diligens totius rei historicus operi suo colophonem imposuit. Maximè autem hoc pessimo malo Hispaniam laborâsse, inde colligi potest quòd nusquam aliàs coactis Synodis serpenti adhuc post plures annos pesti obviam itum. Quales verò hæ fuerint, obscura res, & confusis plurium Conciliorum in unum gestis valdè intricata.

144. Toleti nempe habitum est, aut indictum saltem eò, in primis hac super re Concilium paulò post S. Ambrosii obitum, Syricio Papa, Simplicianoque successore Ambrosii Mediolani Episcopo: scilicet post annum CCCXCVII. aut CCCXCVIII. quo egregius ille antistes decesserat. Res sic se habet. Ex decreto Cæsaraugustani Concilii, quod habitum credimus anno CCCLXXXI. sive quòd nominatim tunc damnati, sive quòd damnatis postea communicâssent, Sedibus suis spoliati & à communione fidelium remoti remansere Symphosius, qui eidem Cæsaraugustanæ Synodo interfuerat, Dictiniusque Episcopi, unaque cum eis Comasius presbyter. Hi precibus apud Ambrosium eius seculi veluti oraculum interpositis, obtinuere ab eo literas ad Hispaniæ Episcopos: quibus, si tres hi iuxta præscriptam sibi ab eo regulam egissent, posse ad communionem accipi existimare se affirmabat. Quarum tamen literarum & pœnitentiæ tenorem iis contentum nihil minus ii quàm exsecutioni mandâsse videntur. Siquidem ad indictam Toleti Synodum evocati super iis quæ facturos se promiserant sciscitandi, venire noluerunt, immo insaniæ veteris quædam adhuc signa dedere.

145. Tandem verò in se reversis datus est alius patrum conventus Toleti, ibique præsentes Symphosius, Dictinius [f], Comasiusque prædicti disertè damnaverunt Priscilliani errores, & quicquid olim iis seducti peccavissent. Unaque & alii Episcopi, sive quòd à recta fide similiter deviâssent, sive quòd à Symphosio ordinati fuissent, aliorum communionem nondum habentes, eâdem renuntiatione usi, quicquid placuisset patribus se admissuros professi sunt. Et has quidem professiones, subsecutamque de pœnitentibus conciliarem sententiam, iis verbis quibus conceptæ sunt,

[f] Asturicensis. Baron. tom. 5. ad ann. CCCCV. 57. Morales lib. 3. cap. 5.

sunt, hodie legimus in diversæ ab hac Toletanæ Synodi, de qua paulò pòst dicemus, actis: quæ quidem unà cum superioris actis confusa præstrinxerunt huc usque legentium oculos, velut in unam eandemque Toletanam Synodum, quæ *prima* titulo in codicibus MSS. atque editis donata fuit, coniectos. Huc ergo tantùm pertinent ex corpore illo multiformi Toletani primi, ut præsefert, Concilii [g], *Exemplaria professionum in Concilio Toletano contra sectam Priscilliani;* non quidem in eo Concilio tunc factarum, sed productarum tantùm.

[g] Pag. 47. in Loayiæ edit. tom. I. Concil. Binianæ edit. pag. 742. & 2. tomo Labbeanæ Parisiensis pag. 1228.

146. Perspicua omnia ista quæ præmisimus erunt planè legentibus statim à principio dictas professiones. *Post habitum iam Concilium* (aliud scilicet sub Leone I. Papa, de quo postea videbimus) *Calendis Septembribus*, III. *Non. Septembris, post diversas cognitiones tunc habitas, sub die* VIII. *iduum Septembris excerptæ sunt de plenariis gestis* (dicti Concilii de quo agimus ante plures annos habiti) *professiones domini Symphosii & domini Dictinii sanctæ memoriæ* (hoc est, olim demortuorum) *Episcoporum, & domini sanctæ memoriæ Comasii tunc presbyteri, quas inter reliquos habuerunt in Concilio Toletano de damnatione Priscilliani vel sectæ eius, in hunc modum.* Sequitur inde abrenuntiatio & condemnatio erroris, à Symphosio & presbytero eius Comasio facta eodem die, ac III. iduum Septembris: quam ponè it sententia patrum definiens confitentibus pœnas canonicas. Hæc enim lecta quoque est in eo Concilio sub Leone, producta ex actis alterius sub Syricio: *Die qua suprà* (ibidem legitur) *Episcopi dixerunt: legatur scriptura sententiæ: & legit.*

147. Sequiturque sententiæ tenor à gestis productus, unde historia quam enarravimus apertè deducitur. *Etsi diu deliberantibus verum* (fortè *utrum*) *post Cæsaraugustanum Concilium, in quo sententia in certos quosque dicta fuerat: sola tamen una die præsente Symphosio, qui postmodum declinando sententiam præsens audire contemserat, arduum nobis esset audire iam dictos literis tamen sanctæ memoriæ Ambrosii* (iam hoc tempore fato functi) *quas post illum Concilium ad nos miserat, ut si condemnâssent quæ perperam egerant, & implessent conditiones quas præscriptas literæ continebant, reverterentur ad pacem* (*adde quæ sanctæ memoriæ Syricius Papa suasisset*) postrema hæc parenthesi conclusa verba sententiæ quæ ex veteribus actis legebatur minimè sunt, sed eius fortè qui legebat, aut alicuius è patribus qui audiebant; placuitque scripto & id comprehendi: quum enim sententia lata fuit, Ambrosius obierat, Syricius in vivis erat): *magnam nos constat præstitisse patientiam, etsi priùs indictum in Toletana urbe Concilium declinârant, ad quod illos evocaveramus*, &c.

148. Mentionem audis factam Concilii Toletani, ad quod fuerant rei vocati (longum enim tempus intermedium fuit, & in his controversiis elapsum XVIII. aut ferè nec minùs annorum à celebratione Cæsaraugustani Concilii) atque inde huius ab illo diversi, post D. Ambrosii obitum coacti, quod eorum causam absolvit. Omnes ii nempe vel ad pacem, ut sententia loquitur, vel ad communionem admissi retentis Ecclesiis; spectato nihilominus ab eorum quibusdam id quod Papa, qui tunc erat Syricius, & Sanctus Simplicianus Mediolanensis Episcopus, *reliquique* (ut ait) *Ecclesiarum sacerdotes* respondissent. Certè Simplicianus anno CCCXCVII. aut CCCXCVIII. datus S. Ambrosio successor, obiisse dicitur [h] sæculari anno CD. aut circiter. Unde patet aliquo ex his tribus quarti sæculi annis, quibus vivebat Simplicianus sub Syricio Pontifice Romano, ad quos delatum fuit à patribus ut gesta quasi absolverent & approbarent, habitum hoc Concilium fuisse. Quare assignatam in editionibus huic parti eram Hispaniensem CDXXXVIII. qui cum anno CD. sæculari concurrit, sponte suscipimus [i].

[h] Baronius anno CCCXCVII. num. 41. & an. CD. num. 3.

[i] Conveniunt Morales lib. 2. cap. 4. & alii.

149. Post XL. autem annos cœpit Ecclesiæ universali præesse Leo I. cognomento Magnus, is qui per Turibium notarium sedis Apostolicæ Asturicensem Episcopum super nefandissima ista secta nondum radicitus è Gallæciæ Ecclesiis exstirpata literas misit ad eiusdem Gallæciæ Synodum; ac per eundem fecit, ut universalis seu nationalis alia ceterarum (Gallæciâ excepta quæ Suevis parebat) Hispaniæ partium & Ecclesiarum, congregaretur: unde *Fidei regula contra Priscillianam hæresin* dimanavit, & ad Balconium Gallæciæ Metropolitanum, hoc est Bracarensem Episcopum, directa fuit. Hic autem Turibius, sive postquam munere isto sive antequam esset functus, ad eundem Sanctum Leonem Papam *libros* edidit, *in quibus* (verba sunt Montani Episcopi Toletani in epistola quadam ad fideles Palentinæ diœcesis Episcopo orbatæ [k]) *hanc sordidam hæresin explanavit, aperuit, & occultam tenebris suis, perfidiæque nube velatam, in propatulo misit.* S. Ildephonsus Toletanus de Montano loquens [l] hoc etiam laudat Tu-

[k] Edit. Loaysæ pag. 88.

[l] *De Script. Eccles.* cap. 3.

Turibii opus. Simul cum hac edita est alia Turibio nuncupata ab eodem Montano epistola. Sed cùm Montanus sæculo ferè integro post Leonem vixerit Papam: neutiquam potuit is ad Turibium eum scribere, qui Leonis Papæ nomen suis libris inscripserat: ut postea dicemus quum ad utriusque tempora Bibliotheca nostra pervenerit.

150. Planè duarum Synodorum, tam provinciæ Gallæciæ, quàm Toletanæ nationalis, atque Turibii operæ, meminere cùm Bracarense [m], tum ex parte Toletanum [n], quæ vulgò audiunt *prima*, Concilia. Signanter diximus huius universalis Concilii meminisse Toletanum cum *primi* nota vulgare: pro Toletano primo ἁπλῶς intelligens quicquid sub hoc titulo hinc inde collegit posterorum incuria. At nunc de ea parte loquor, quæ sub hac inscriptione post novendecim Episcoporum subscriptiones edita legitur: *Explicit constitutio Toletani Concilii.* Quæ quidem pars minimè subiicienda fuit synodalibus canonibus à novendecim patribus Toleti quoque, ut hactenus creditur, promulgatis. Hæc enim Synodus, cui Patruinus Episcopus præfuit, longo annorum intervallo præcessit Leonis Pontificatum, Turibiique navatam egregiè in formanda hac Fidei regula, nec minus dirigenda ad Balconium, operam. Immo nisi caput quoddam [o] ex XX. capitibus quibus constat ea Synodus sub Patruino, laudaretur in Concilio Toletano XI. [p] tamquam ex Toletano primo desumpta: suspicari possemus non Toleti eam conventionem fratrum celebratam fuisse, sed in provincia Gallæcia.

[m] In collect. Loaysæ pag. 116.
[n] In collect. Loaysæ p. 44.
[o] Can. 14.
[p] Can. 2.

151. Reddemus iam coniecturæ nostræ de omnibus his enuntiatis rationem. Provinciale ante alia sub Leone Concilium necessariò dividimus à nationali sub eodem; cùm in hoc Tarraconenses, Carthaginienses, Lusitani, ac Bætici convenerint Episcopi; illud verò Gallæciæ unius dicatur in Synodo Bracarensi, ubi & nationalis iam dicti mentio. Rursusque hanc Gallæciæ Synodum tempore Leonis Papæ celebratam, ab alia distinguimus novendecim patrum subscriptionibus illustrem, quæ Toletana existimata est hactenus, cùm Gallæcam suspicari aliquis valeat; quæque alteram Leonini temporis longè præcessit, nec de Priscilliani rebus quicquam cavisse legitur. Suspicionis meæ causas dabo. Planè video in principio ita editum: *Convenientibus Episcopis in Ecclesia Toleto* &c. Attamen regiæ huius urbis nomen sic malè hìc coagmentatur, ut merum spiret glossema. Quod quidem furcâ expellere possis, cum eo quod post nomina Episcoporum paucis ab hinc versibus legitur: *Isti sunt qui & aliis gestis adversus Priscilliani sectatores, & hæresin quam adstruxerat, libellarem direxere sententiam.* Perspicuum enim est non cohærere ista verba cum his quæ antecesserunt, aut cum his quæ sequuntur. Et diferentia Synodi novendecim Episcoporum à nationali altero Concilio, quod Bracarensium patrum testimonio [q] Priscillianæ hæresi anathema dixit: glossam coarguit manifestissimè [r]: cui quidem respondet eiusdem manus & audaciæ illa, quæ *regulæ Fidei* ad Balconium missæ à prædicto nationali Concilio adhæsit: *Ipsi etiam & suprà scripta viginti canonum capitula statuerunt in Concilio Toletano.* Id quod absque magna sagacitate dignosci potest additamentum novioris manus.

[q] Bracar. Concil. I. circa principium.
[r] Moral. observavit. lib. II. cap. 25.

152. In primis moveor ad exercitationis gratia propugnandum non Toleti sed in Gallæcia habitam hanc Synodum, ex variante quadam ab ea quæ excusa fuit lectione, quam vir gravissimus & eruditus Garsias Loaysa oræ affixit. Prætert ea absque *Toleti* nomine Episcoporum nomina; statimque, pro eo quod Loaysa edidit *Exsuperantius de Gallicia Lucensis conventus municipii Celenis*: hìc legimus *Leona Gallia, Lucentio. Hic conventus, municipiis Celonis actus est.* Nec vix aliter potuit loco primo subscribere ac nominari Paternus (aliàs Patronus): qui, ut ex sententia Priscillianæi fermenti Episcopis dicta & à nobis iam enarrata colligitur, Bracarensis fuit Episcopus [s]. Quod nec diffitebuntur qui Dextri vadis hærent, cùm in eius Pseudo-Chronico [t] sic scriptum legatur. Sed ait, Bracarensis cùm esset, præfuisse Concilio Toletano. Ait, inquam; sed temerè. Tum quia si provinciale fuit Concilium, uti ex raritate coeuntium apparet, vel in Gallæcia, vel in Carpetania celebrandum fuit, ex propriæ provinciæ non ex utriusque Episcopis. Si in Carpetania, undenam ad Toletanum conventum pertinebat Paternus Bracarensis, cum Exsuperantio illo de Gallicia, & municipio Celenis? aut quare in aliena provincia sedere atque subscribere primo loco ei datum? Asturius item Toleti eiusdem Pseudo-Dextri relatu Episcopus, cur sextum locum subscribens occupat? laudatus verò in actorum prooemio undecimum?

[s] Toletanum Episcopum fuisse tenet Morales lib. II. cap. 25. Loaysa ad Concil. Tolet. I. pag. 44. Idem Morales lib. II. cap. 4. Bracar. credit Bivarius ad Dextri an. n. CCCLXXXVI. Pendet in hac re Mariana lib. 4. cap. ult.
[t] Ad annum CDVII. num. 3.

153. Planiora quidem omnia sunt, si importunè aliàs uni Exsuperantio attributum patriæ aut Sedis nomen, hinc avulsum significare positum sit habiti Concilii

lii locum, *Celenas* ſcilicet Conventus Lucenſis municipium, in confinio iſtius & Bracarenſis conventûs poſitum, ut Plinius indicat [u], & in Antonini Itinerario ſæpius dictum (1).

[u] Lib. 4. cap. 20. *à Celenis conventus Bracarum.*

154. Hæc igitur Gallæciæ Synodus ad nos non pertinet, nec de Priſcilliani rebus definiviſſe quicquam refertur; ſed alia illa ſub Balconio Bracarenſi Leonis Papæ temporibus, atque item altera nationalis, à Bracarenſibus laudata patribus: quam ipſam Toleti congregatam non alicubi legimus, ſed ſuſpicamur tantùm. Videtur tamen dicta Gallæciæ Synodus novendecim Epiſcoporum non per plures annos ſeparanda eſſe ab eo Concilio, quod anno CD. aut circiter habitum fuiſſe iam retulimus in cauſa Epiſcoporum Priſcillianæ ſectæ, cùm & Paternus & Ortigius utrobique laudentur Epiſcopi.

155. Inſiſterem huic ſententiæ aſſerendæ niſi retardarent duo. Primum eſt, auctoritas Concilii Toletani XI. quâ utimur libenter in eo quod ait in collatione illius cœtus relatum fuiſſe canonem Toletani Concilii de non ſumente Euchariſtiam à ſacerdote, uti ſacrilego, propellendo: quæ ipſa ſententia & verba ſunt canonis XIV. Concilii XIX Epiſcoporum, de quo quærimus. Quòd verò non modò Concilium Toletanum, ſed Toletanum *primum*, à Toletanis Patribus XI. Concilii laudetur, ferè eſt ut gloſſema credam; cùm incertum valdè ſit an aliquod aliud ex his, quorum ſuprà recordati ſumus, in cauſa Epiſcoporum Priſcillianæ ſectæ coactorum Conciliorum, hoc præceſſerit. Secundò noſtrum retardat aſſenſum à ſuſpicione illa celebratæ in Gallæcia Synodi XIX. Epiſcoporum, quod in Innocentii Papæ I. epiſtola ad Toletanam Synodum qualis ea fuerit, directa, legimus: *Et quamvis dilectioni veſtræ, fratres cariſſimi, regulæ Nicænæ ſint cognitæ, ſecundum quas ordines eſſe faciendos per ſententiam decernitis* &c. Quibus quidem verbis alluſum videtur ad Patruini illa in Concilio XIX. Epiſcoporum: *Mihi autem placet conſtituta primitus Concili Nicæni perpetuò eſſe ſervanda* &c.

156. Sed ſi quæſieris, epiſtola hæc Innocentii Papæ I. ad Synodum in civitate Toletana conſtitutam directa cuiuſnam ex omnibus his conventibus patres allocuta ſit? Ad Synodum Toleti conſtitutam præſefert epiſtola. Et videtur quidem de eadem ordinationum prætermiſſa legitima forma, quam canones huius Synodi XIX. Epiſcoporùm reformare conati ſunt, eam conceptam eſſe. Aliter tamen nobis videtur ſubodorantibus ad Toletanum aliquod, ſed non hoc, Concilium ſcripſiſſe Innocentium. Moveor, quòd ſi habitum iſtud præſide Paterno fuit erâ (uti docet inſcriptio, & Stiliconis conſulatus nota confirmat) CDXXXVIII. hoc eſt reparatæ ſalutis anno CD. nondum Innocentius hoc anno ad pontificalem thronum aſcenderat [x].

[x] Creatus fuit anno CDII. Baronius ad hunc ann. ſect. 42.

Præ-

(1) Quiſquis Antoninum legerit *Itinere per loca maritima à Bracara Aſturicam*, in quo poſt CLXV. ſtadiorum, ſeu XX. circiter paſſuum millium intervallum, ſtatim occurrunt AQVÆ CELENÆ; & maxime in terreſtri alio *A Bracara item Aſturicam:* (pag. 429. Edit. Amſtel. Weſtenii 1735) in quo primùm

LIMIA.............. M. P. XIX.
TVDE.............. M. P. XXIII.
BVRBIDA.......... M. P. XVI.
TVROQVA.......... M. P. XVI.
AQVIS CELENIS..... M. P. XXIV.

illico apud ſe ſtatuet AQVAS CELENAS maritimum fuiſſe oppidum. Diſſentire tamen videtur Plinius inquiens (Lib. IV. c. 20.) *A Cilenis, conventus Bracarum, Heleni, Gravii, Caſtellum Tyde,* quaſi dicat, Ab AQVIS CELENIS ſecundo amne Minio, aut terreſtri itinere Tyden euntibus Helenos, ſive Ἕλληνας primum occurrere, mox Gravios &c. Quæ autem Straboni (L. III. p. 157.) Ἕλληνες urbs, ea Marianæ noſtro (Hiſt. Hiſp. L. I. c. 12.) hodiernum *Pontevedra* eſt oppidum, uno quidem atque altero milliari à mari diſſitum. Præterea Simlerus (Not. ad Anton. in Aquis Celen.) *Sunt autem* CILENI (inquit) *populi citerioris Hiſpaniæ apud Plinium, prope conventum Bracarum: forte* AQVÆ LEÆ *Ptolemæi;* LEAS autem AQVAS, ut mox dicemus, Ptolemæus in mediterraneis ponit. Magnus item Surita noſter (Not. ad Anton. l. c.) *Ptolemæus*, inquit, *in regione* Κιλινῶν *Caporis finitima* AQVAS CALIDAS *conlocat: ut hæ ſint quæ ab Antonino* CELENIÆ *nuncupantur*. Cellarius quoque (L. I. c. I. ſect. 3. n. 53.) *Interiora*, id eſt mediterranea, *Nemetobriga*, & AQVÆ CELENIÆ *vel* CILINÆ. Poſtremo Mela qui (L. III. c. I.) univerſam Hiſpaniæ oram occiduo Soli obverſam à Barbario ad Nerium ſive Artabrum promontorium deſcribit, inque ea Celticos, Grovios, Lambriacos, Præſamarchos, Tamaricos, Nerioſque omnium poſtremos ſingillatim recenſet: CELENORVM ſive AQVICELENENSIVM non meminit: quod meo iudicio conficit eos non litorales ſed mediterraneos fuiſſe. Incoluerintne autem Aurienſem urbem, *Orenſe* vernaculè appellatam, quod Recentiorum nonnullis placere video: non ſatis conſtat, mihique parum probabile eſt; multo enim ea urbs longius à mari abeſt, quam ut definitus à Plinio, Strabone, Ptolemæo, Antonino CELENIS locus ipſi congruere aut accommodari poſſit; arridetque potius AQVÆ-LEARVM ſedes, quas Ptolemæus (*Edit. Ulmen. Leonard. Hol.* 1482.) ad dextram Minii fluminis ripam collocat; iiſque non longo intervallo proximum eſt AQVARVM CALIDARVM oppidum, CALDAS hodie indigenis dictum: cuius nomen parum ab AQVIS CELENIS abludit, nominis autem ratio mirifice ipſi quadrat; cùm AQVARVM appellationem ab aquis CALIDIS ſive thermalibus ſortitum fuiſſe veroſimile ſit. Videndus Cl. Florezius *Hiſp. Sacr.* T. XVII. in ipſo ſtatim limine.

157. Præterea quamvis & Innocentii epistolam & Concilii decreta de ordinationibus egisse sit ex eorum lectione compertum: ferè nihil tamen in decretis video quod Innocentii epistolam atque eius monita exscripsisse aut expressisse videatur: de quo ad attentè considerantes quid utrobique inculcatum sit, provocamus; nullaque facta in canonibus, aut eorum procemio, receptæ à patribus epistolæ, ut solet atque æquum fuit, mentio, rem confirmat. Immo Innocentio, quum literas dedit, lecta iam fuisse synodalia hæc xx. decreta, ex his verbis earum, quæ paulò antè producta à nobis sunt, colligimus: *Et quamvis dilectioni vestræ, fratres carissimi, regulæ Nicænæ sint cognitæ, secundum quas ordines esse faciendos per sententiam decernitis; tamen aliquam partem* &c. In quibus respectus videtur habitus ad Paterni seu Patruini præsidis ea quæ diximus è præfatione canonum (1). Nec tamen aliorum Innocentius meminit, quibus cautum fuerat xx. canonum decretis.

158. Repeto. Vel ista lecta fuit ante canonum formationem in hac synodo, vel non fuit, epistola. Lectam dicis? Planè inurbanum fuerit susceptæ epistolæ nullam habere mentionem. Quinimmo & contumax, non omnibus his cavere malis quibus caveri debere admonebat Papa: scilicet, inter alia, ex militibus, & curialibus, & magistratibus non debere sacerdotes, ac multò minùs Episcopos, fieri; taliterque ordinatos cum ordinatoribus suis deponendos; item bigamiam à sacerdotio arcendam: de quibus in decretis nihil provisum exstat. Non lectam ais in synodo epistolam? Credimus & nos non lectam. Sed ad aliud Toletanum Concilium sub eo habitum anno CDII. aut postea (hoc enim anno creatus fuit) epistolam eam directam ab Innocentio Papa: cuius acta nunc deperdita verosimile est ordinationum rectæ formæ, iuxta præscriptum Papæ, ultimam manum imposuisse.

159. Baronius quidem primis Annalium suorum curis hæc duo Concilia, novendecim Episcoporum, atque eius ad quod Innocentius epistolam dedit, non bene distinxerat: uti fecit secundis, quæ ferè sapientiores sunt, in appendice quinti tomi, iam posterioribus editionibus in contextum recepta [y]: improbatis Morali [z] & Mariana [a] Hispaniarum historicis, atque de anachronismi vitio convictis. Francisco Bivario cum Baronio convenit [b]. Post lecta hæc consule sìs ea quæ de hac Conciliorum plurium confusione sub Toletani unius titulo annotaverunt laudatus Ambrosius Morales [c], Ioannes Vasæus [d], Ioannes Mariana [e], & post omnes Franciscus Bivarius, qui ceteris distinctiùs rem tractavit [f], admistis tamen Dextri sui testimoniis, Baronii atque aliorum observationibus armati; & quæ postremò de his Conciliis Toletanis ad unum reducendis excogitavit, Dextrum exagitans, Excellentissimus Mondexarensis Marchio *Dissertationum Ecclesiasticarum* tom. 1. disser. 4. cap. 2. Fortè nec legisse pigebit.

160. In hac enim historia Priscilliani atque eius sectæ Chronico suo committenda, non minùs quàm in aliis, aut fortè etiam plus, sibi falsus Dexter indulsit. Ei enim si verba danti credimus, Concilia hæc omnia in Priscillianææ sectæ causa debemus admittere.

I. EMERITENSE [g], ab Idatio Lusitaniæ metropolitano coactum anno CCCLXXXIV.

II. In LUSITANIA [h] aliud statim eodemque anno. Quasi Emerita urbs extra Lusitaniam fuerit.

III. TOLETANUM [i] eodem anno CCCLXXXIV. sub Syricio Papa.

IV. TOLETANUM [k] sub Anastasio Papa anno CD. Episcoporum XIX.

V. TOLETANUM [l] sub Innocentio anno CDV. ad quod direxit laudatam epistolam. Quibus accedit, non quidem à Dextro cu-

[y] Ad annum CDV num. 43.
[z] Lib. 2. cap. 5.
[a] Lib. 4. cap. ultimo.
[b] *Notis ad Dextri* anno CCCLXXXVI. pag. 410.
[c] Cap. 5.
[d] In *Chron.* ad ann. CDI.
[e] Lib. 4. cap. ultimo.
[f] Ubi proximè pag. 409.
[g] Ad annum CCCLXXXIV. 5.
[h] Ibidem.
[i] Ad annum CCCLXXXVIII. 8.
[k] Hoc anno n. 1. & CDVII. 3.
[l] Hoc anno.

(1) Dixerat paulo superius Noster de hoc *Paterno* seu *Patruino* nn. 150. & 152. neutrubi tamen clarius quam hoc loco utrumque confundit, atque è duobus unum eundemque Bracarensem Episcopum facit. Diversi omnino ac diversarum Sedium præsules fuere: *Paternus* quidem Bracarensis, *Patruinus* vero Emeritensis; quod utrumque in eiusdem primi dicti Concilii Toletani actis, & in Epistola Innocentii I. ad Episcopos ibidem congregatos legitur, qualem Iac. Sirmondus & post eum Card. Aguirrius *Tom. II. Concil. Hisp. à pag.* 153. edidere; nam apud Loaysam *Concil. Hisp. pag.* 51. integra non exstat. Et quidem *Paternus*, quòd à tumultuante Bracarensium plebe illegitimè ordinatus Episcopus, quodque olim Priscillianistarum popularis fuisset, causam in eo Concilio dixerat; confessus tamen iuratusque quod lectis Ambrosii Mediolanensis scriptis illico resipuerit, à Patribus Ecclesiam suam retinere permissus fuit, ut in *Exemplari definitivæ sententiæ eiusdem Concilii* legitur *nn.* 38. 44. 46. *Patruinus* vero diu à nonnullis Bracarensis, aliis Toletanus habitus: in integra illa apud Sirmondum & Aguirrium Innocentii I. Epistola *num.* 5. disertissime dicitur *Gregorii Emeritensis Episcopi decessor*, ut nullus superfit de eo ambigendi locus. Præterea *Asturius* sive *Asterius* ille qui sexto loco in eodem Concilio subscribit, Toletanus proculdubio Episcopus fuit, Ildefonso teste in *Catal. viror. ill.* Utraque ergo & Bracarensis & Toletana Sedes plena erat quo tempore de Patruino Emeritensi uni alicui ex duabus inserendo magno utrimque nisu inter competitores Primatûs Ecclesiarum Hispaniæ disceptabatur. Egregiè de his disputat Cl. Florezius *Hisp. Sacr. Tom. VI. Diss. de primo, ut vulgo audit, Concil. Tolet. à pag.* 49.

cuius ætas huc non attigisse dicitur, sed à M. Maximo [m].

VI. TOLETANUM Leonis Papæ auspiciis, cui præfuit Turibius Asturicensis Episcopus anno CDXLVIII.

161. Necnon & ludit uti solet Dexter in ornandis iis, qui huic causæ ac synodis quodammodo interfuere.

I. IDATIUM nunc metropolitanum Lusitaniæ hoc est Emeritensem, nunc metropolitanum Bracarensem nominat [n] paucis versibus interiectis.

II. CÆSARAUGUSTANI Concilii Episcoporum subscriptiones, quæ in editis leguntur, pro arbitrio transformat, Sedeque nudis Sedem assignat [o].

III. EXSUPERANTIUM, qui Concilio XIX. Episcoporum interfuit, Uxamensem facit antistitem [p], atque inde translatum fingit ad Ravennatensem in Italia Ecclesiam, esseque eum ad quem S. Hieronymus scripsit. At is iuxta edita à Loaysa XIX. Episcoporum nomina, *De Gallicia* fuit *Lucensis conventus municipii Celenis*. Nimirum ex tribus Exsuperantiis, milite ad quem scripsit Hieronymus, Episcopo Ravennatensi Sancto XXX. Maii die culto, & eo qui interfuit cum aliis XVIII. Gallæciæ Concilio, unus & idem Exsuperantius inter Dextri manus devenit [q].

IV. SPLENDONIUM, qui Cæsaraugustanæ subscripsit synodo tot ante annos, Ambraciensem in Lusitania Episcopum fuisse ait [r] anno CDXXIV.

His coniungenda sunt quæ Pseudo-Dextri imitator & interpres Pseudo-Iulianus de iisdem rebus & hominibus impudenter mentitur [s]. Quibus utique refellendis, & cum auctore suo absque ulla spe restitutionis proscribendis, deficit nobis in præsentiarum locus. Iam enim Priscilliani propugnatorumque & impugnatorum eius Hispanorum Scriptorum occasione nimis hîc moramur.

162. Sed nonne AUDENTIUS Toletanus Episcopus adversus impietatem istam calamum strinxit? Planè vero ut solet immiscuit falsum, is qui huiusce rei auctor est, ementitus Dexter [t]. *Audentius Episcopus Toletanus editis contra Priscillianum libris, ac habitis publicè contra Priscillianistas disputationibus mirificè floret.* AUDENTIUM sanè scripsisse adversus hæreses è Gennadio scimus. Toletanum fuisse Episcopum coniectamur tantùm; quòd aliàs compertum sit Audentium quendam Toletanæ Sedi præfuisse Asturii decessorem, ex Ildephonsino *Scriptorum Ecclesiasticorum* parvo catalogo [u]. *Audentius* (ait Gennadius [x]) *Episcopus Hispanus scripsit adversus Manichæos, & Sabellianos, & Arianos; maximè quoque speciali intentione contra Photinianos, qui nunc vocantur Bonosiaci, librum quem prætitulavit* De Fide adversus omnes hæreticos*: in quo ostendit antiquitatem Filii Dei coæternalem Patri fuisse, nec initium deitatis tunc à Deo Patre accepisse, quum de B. Maria Virgine homo Deo fabricante conceptus & natus est.* Ante quàm ostenderetur mortalibus nova Dextri & sequacium historia, eundem hunc esse cum Audentio Toletano Episcopo colligebant non temerè nostratis veræ historiæ coryphæi [y]; nec nunc abscedendi efficax aliqua ratio apparet; dummodo etiam vera dicenti Dextro atque eius simiæ Iuliano testimonium in hac re dicendi facultatem denegemus: collectis insuper, nigroque præfixo theta notatis, quæ hi de Audentio isto falsa credi voluere pro veris.

163. Primò Audentium fuisse ante quàm sacris initiaretur prætorio præfectum, ait Iulianus [z]. *Floret hoc tempore Flavius Maximus, Augontius vel Audentius, præfectus prætorio, vir pius & egregiè doctus, postea vero Episcopus Toletanus.* Tribus Anticyris caput insanabile! ut cum poeta loquar. Nam ex tribus, Imperatore scilicet, præfecto prætorio, & Episcopo incerti aut corrupti nominis, unum & eundem hominem compingere fuit conatus. Imperatore scilicet Flavio Magno Maximo (ita enim vocabatur, ut ex numis constat [a] uti & filius Flavius Victor Magnus Maximus) qui nempe istius Priscillianææ tragoediæ auctor fuit, idemque Theodosio Magno victori pœnas à se occisi dedit Gratiani Imperatoris. Is quia Hispanus à Zosimo audit [b], fortè visus fuit ordinari aptus in Hispanum Episcopum: cùm planè vix sit (cur) [c] ad hunc respexerit Iulianus; cùm *Flavii* nomen adeò fuerit Imperatoriæ gentis Flaviæ proprium, ut à Maximo usurpatum credat Baronius [d], quo se Constantinianæ gentis surculum esse Tyrannus fingeret.

164. Præfectus item prætorio quidam fuit Maximus sub Imperatore Constantino, ad quem directæ sunt eius quædam constitutiones. Quidam & alius sub Valentiniano, Valente, & Gratiano, quem Ammianus Maximinum vocat [e], largeque describit.

165. Priorem autem illum videtur innuere voluisse nugivendulus auctor, cùm & posterior hic sceleribus & indigno exitu infamis fuerit. Parum verò vel prior ille aptus est coagmentari cum Audentio Toletano Episcopo, qui ascendisse hanc ad Sedem fingitur à Pseudo-Dextro [f] anno CC-

[m] In *Chronico* ad an. CDXLVIII. 7.

[n] Ad annum CCCLXXXIV. n. 5. & 7.

[o] Ad annum CCCLXXXIV. 7.

[p] Ad annum CCCLXXXV. 2. & 10. & ad ann. CDVII. 4.

[q] Vide Iulianum *Chron.* nu. 203.

[r] Ad annum CDXXIV. 8.

[s] *Chron.* num. 184. 185. & sequentibus. & in *Adversariis* n. 520. Adiungendus Luitprand. *Advers.* 85. & 184.

[t] Ad annum CCCLXXXV. n. I. & Iulian. *Chronic.* n. 175.

[u] Cap. 2.

[x] *De Script. Eccles.* cap. 14.

[y] Morales lib. II. cap. 4. fol. 9. Vasæus ad an. CCCLXXXVIII. & CDI.

[z] *Chron.* n. 153. ad ann. CCCXL.

[a] Apud Patinum in *Imper. numism.* p. 488.

[b] In *Valentiniano & Theodosio* quem sequutus est Iulianus in *Chronic.* n. 177.

[c] Auct. *quin.*

[d] Tomo 4. ad an. CCCLXXXIII. num. I.

[e] Lib. 28.

[f] Ad hunc an. CCLXVI. & ad ann. CCCXCVI. cum Iuliano in *Chron.* n. 193.

CCCLXVI. & obiisse diem suum anno CCCXCVI. Huius enim ætatis vir obtinere vix summam istam præfecturæ dignitatem potuit sub Constantino annis CCCXXXII. & sequenti [g], quibus Pacatianus cum Hilariano, & Dalmatius cum Zenophilo Coss. fuere, hoc est LXIV. integris ante obitum annis: ad quam utpote sublimiorem aliis omnibus, etiam in quatuor iam à Constantino divisam dignitatem [h], vix nisi quadraginta saltem annis natus assumi potuisse videtur. Nisi ad Macrobiorum gentem, Dextro & asseclis eius olim cognitam, nodum hunc solvendum referamus. Episcopus incerti aut corrupti nominis Augentius est, cuius nomen inscriptum subscriptumque Cæsaraugustani Concilii, quæ exstant, actis legitur. Hic ne alius à Toletano, & ne Toletanus obscurus aliàs existimaretur: compingendus fuit Gerion ille triceps, Flavius Maximus Augentius sive Audentius, præfectus prætorio, & Episcopus Toletanus.

166. Contexunt inde prolixam Audentii gestorum telam, quicquid in buccam venisset, & ornare virum confictitiis licèt coloribus posset, eructantes Iulianus cum Dextro suo [i]. Patria nempe è Toleto urbe, origine verò è Sihignia, XXIV. M. passuum inde distante oppido agri Toletani (*Seseña* hodie audit) Audentium fuisse [k]: archidiaconi officio sub Gregorio Episcopo (post præfecturam scilicet) functum in eadem Ecclesia: res egregiè administrâsse [l], nec non & Luciferianos in Hispania tumultuantes mirâ eloquentiâ deterruisse [m]. Huius quoque sororem Leocadiam nupsisse Arintheo, ad quam S. Basilius Cappadociæ Episcopus literas dedit [n]. Electum fuisse Toletanum præsulem anno CCCLXVI. [o] Concilium inde Toleti coegisse post biennium [p]: accepisse literas frequentes, rescripsisseque Sanctis Basilio, Gregoriisque duobus, Nazianzeno & Nysseno [q]; quinimmo eundem Basilium (*Cæsaraugustanum* vocat pro *Cæsareensi*) Episcopum simul cum aliis Episcopis visitatum ivisse [r]: adversus Arianos & Photinianos scriptis suis pugnâsse [s]: Collegia iuvenum ad clericatum educandorum, negligentiâ temporum intermissa, redintegrâsse [t]: disputavisse item publicè cum Priscilliani sectatoribus, librosque contra eos edidisse [u], atque Concilia coegisse [x]: eius auctoritate & motu indictum fuisse adversus eosdem Cæsaraugustæ Concilium [y]: induxisse Gregorium Bæticum, ne ultrà cum Luciferianis sentiret. Obiisse tandem, ait Iulianus [z] Toleti anno CCCXCVI. corpusque eius terræ mandatum ipsa die Ascensionis Dominicæ. In quo adversantem habet Luitprandum, qui obiisse ait [a] III. die Decembris.

167. Nec contentus idem Iulianus tot de Audentio, sub annis quo gesta fingit, enuntiasse: post LXXX. circiter, mirabilem esse ait [b] memoriam Audentii Toletani, *qui commentarios elegantes edidit in epistolam S. Iacobi canonicam, quam dicit esse Iacobi Zebedæi filii* (verba eius audis affectationis plena): *quod ex commentariis Serrani, Olympii, Melantii, & aliorum, eiusdem esse credidit; quamquam Eusebius, homo Græcus & ab Hispanis longè remotus, aliter videtur sentire. Epistola hæc missa est ad tribus per Hispanias totas longè dispersas.* Hactenus antiquitatis indagator insignis Iulianus, qui rem Gennadio ignotam de Audentii hoc *in Iacobæam epistolam commentario* primus prodidit.

168. Idem ipse ultrà annotat [c], in Concilio Aquileiensi (sub Damaso Papa, Syagrio & Eucherio Coss. anno CCCLXXXI.) pro eodem Audentio interfuisse *Euarium* presbyterum (Euagrium), & pro Vidario Lusitano *Artenium* (*Artemium* potiùs) archidiaconum.

169. Denique ut nugis finem demus, huius Audentii senioris Toletani Episcopi ex sorore nepotem Audentium fuisse alium ait [d] iuniorem in Galliis Episcopum, qui Arausicano Concilio interfuit; utrumque autem consanguineum scribit [e] fuisse Aviti Imperatoris: qui Avitus socer fuit Sollii Apollinaris, pater Pupillianillæ (immo *Papianillæ*) uxoris eius. Relinquo alia æquè futilia Luitprandi testimonia [f] eiusdem prorsus telæ: quæ puderet utique omnia vel advertere oculis vel refutatione dignari, nisi argumentum nostrum cogeret ad exscribendum hìc saltem ex iisdem unum. *Sanctissimus Audentius* (ait [g]) *Episcopus Toletanus scripsit contra Bonosum in defensionem illibatæ Virginis Mariæ elegantes libros.*

170. Universa autem hæc Audentianæ historiæ capita, in eodem ficulnei auctoris nata cerebro, ipsa se se ac inventoris sui res Toletanas illiusque Ecclesiæ præsules raptis undique aliorum laudibus ornandi aut onerandi cacoethen apertissimè produnt. Prorsus enim temerè ac sine fronte iactata sunt quæ de consanguinitate cum Avito Imperatore utriusque Audentii audivimus. Quòd enim Toletanus Audentins ad Avitum Gallum Arvernis natum (Gregorio Turonense [h] & Sidonio [i] genero annotantibus) pertinuerit, idoneis non huius fidei testibus probandum fuit. Audentius in-

[g] Vide lib. 7. cap. *De codicillis*. & lib. 3. cod. Theod. in edit. Iacobi Gotofredi 1. tomo & *Prosopographiam* 6. tomo.
[h] Vide Pancirolum in *Notis ad notitiam Imp. Oriental.* cap. 5.
[i] Dexter ad ann. CCCLXVI. num. 1.
[k] Idem ad ann. CCCLX. num. 1.
[l] Iulianus in *Chron.* n. 172.
[m] Idem n. 199. & *Adv.* 462.
[n] Dexter ad ann. CCCLXVI.
[o] Idem ad ann. CCCLXVIII. num. 1.
[p] Dexter ibidem, Iulianus *Chron* n. 179. & *Adv.* 459. 461. 463.
[q] Iulian. num. 181.
[r] Dexter ubi suprà.
[s] Idem anno CCCLXX. num. 1.
[t] Idem anno CCCLXXXV. n. 1.
[u] Idem anno CCCLXXXVI. & CCCLXXXVIII. n. 8. Luitprandus *Adverf.* 186. aliàs 188. Iulianus n. 188.
[x] Iulian num. 187.
[y] Idem num. 199.
[z] Num. 193.
[a] *Adverf.* 189. aliàs 216.
[b] Chron. num. 248.
[c] Num. 249.
[d] *Chron.* num. 224.
[e] Idem num. 253.
[f] *Adv.* 183. 186. 187. 189. aliàs 210. 213. 214. & 216.
[g] Adverf. 187. aliàs 214.
[h] Lib. 2. *Hist. Franc.* cap. 11.
[i] In *Paneg. Aviti.* verf. 149.

inter alios Episcopos subscripsit Concilio Arausicano [k] sub Leone I. Papa. Non aliunde ansa data est coniungendo huic cum Audentio Toletano.

[k] Vide in edit. Paris. noviss. tom. 3. col. 1452.

171. Insulsissimè quoque excogitatum fuit quicquid putidè inculcatur toties de S. Basilii cum Audentio & aliis Hispaniæ Episcopis per literas consuetudine. Res ita contigit. Occidentales quidam Episcopi per Athanasium in Orientem reversum Basilio Magno Cæsareæ Cappadociæ antistiti scripserant. Quorum epistolæ is respondit, Sabino quodam gerulo [l], *Episcopis & fratribus qui sunt in Occidente responsionem* inscribens. Ad hos, ut credere pronum est, postea idem Basilius, cum paucis rectæ sententiæ orientalibus Episcopis infestissima persecutione hostium pacis ac veræ fidei conflictatis, destinavit legationem: qui quidem occidentales tunc nullo schismate diversabantur, sed concordes erant in Arianis impietatibus & hominibus damnandis.

[l] Exstat inter Basilii & Gregorii Theologi *epistolas* in edit Parisiensi *Opera S Basilii* ordine 61. cuius tempus Baronius non rectè digessit anno CCCLXXI. n.31.

172. Exstant huius rei indices epistolæ duæ [m]: altera *Meletii* (Antiocheni), *Eusebii* (Samosateni), *Basiliique* ipsius (Cæsareæ Cappadociæ Episcopi) nomine, non iam *occidentalibus*, sed signatè *Italis* & *Gallis* seu *coadiutoribus in Italia & Gallia* inscripta, ac per eundem Sabinum, ut videtur, Episcopum, quem coadiutorem [n] aliàs non vocâsset, transmissa. Altera solius Basilii per Dorotheum compresbyterum suum, scilicet Ecclesiæ suæ, *comministris Galliæ & Italiæ Episcopis* directa. Istarum argumentum, enarrare his malorum Iliadem, quæ Orientis Ecclesiæ sub improbis Episcopis & potestatibus sæcularibus (Valentis nempe Ariani Imperatoris, uti ex Theodoreto lib. 4. cap. 11. & sequentibus constat) patiebantur: deprecari eos ut apud Imperatorem (Valentinianum, qui partibus Occidentis præerat) causam illorum agerent, saltemque eorum aliqui ad invisendum eas, fratresque sub sævissimæ calamitatis iugo gementes consolandum, iter arriperent.

[m] Ibid. *Epist.* 69. & 70. & apud Baron. tom. 4. anno CCCLXXI. n.15. & 22.

[n] *Epist.* 61.

173. Huius epistolæ responsum accepit Basilius per eosdem ut ait compresbyteros, rursusque per eosdem alias dedit literas [o] eiusdem propositi ac reiteratæ postulationis, anno proximo. Quinimmo & factæ legationis tertiæ ad eosdem per Petrum quendam exstat mentio & instrumentum in epistola ipsa tunc mandata [p]. Quibus tamen omnibus nec respondisse occidentales, nec ullum eorum in Orientem venisse, conquestus fuit idem Basilius quartâ datâ epistola [q], quæ *ad occidentales* & ipsa inscribitur. Huius silentii negatæque ab occidentalibus communicationis causam legere est apud *Annalium Ecclesiasticorum* auctorem [r]. Nulla tamen in his omnibus epistolis Hispanorum Episcoporum diserta mentio, sed Italorum & Gallorum tantùm; immo idem Basilius ad Meletium Antiochenum scribens [s] de consilio suo mittendi Dorotheum, quem diximus: *Decretum est* (inquit) *ut hic ipse frater noster Dorotheus syndiaconus Romam proficiscatur, & permoveat quosdam ex Italia, ut nos invisant; idque per mare, ut eos effugiant, à quibus possint impediri.* Unde colligitur consolationem & subsidium in calamitate ab iis maximè dumtaxatve peti, qui proximiores essent, non in extremo ad Occidentem orbe positi.

[o] Ibid. *Epist.* 74. apud Baron. anno CCCLXXI. num.30. & ann. CCCLXXII. n. 4.

[p] Ibid. epist. 77. & in *Annalibus Eccles.* anno CCCLXXII. num. 57.

[q] Prima est viginti *Epistol.* seorsum ab aliis editarum ibid. col. 1031. & apud Baron. anno CCCLXXIII. num. 31.

[r] Ad ann. CCCLXXII. n 15. & 24.

[s] Epist. 57. & apud Baron. anno CCCLXXI. num. 14.

174. Quisnam ergo insufflavit in Iuliani aures [t], missas inter alios Occidentis Audentio Toletano & Firmino Pampilonensi atque Idatio Bracarensi Episcopis, Basilii literas, cùm inscriptio in genere concepta sit? Quisnam [u] invisisse Audentium quoque cum aliis Episcopis Basilium? Abruperat historiæ huius filum æqualibus destitutus monumentis Baronius [x]; irrupitque, veluti quæ deerant suppleturus, vacuum locum impudentissimus Pseudo-Iulianus. Qui eâdem petulantiâ lectâ eiusdem sanctissimi doctoris Basilii ad coniugem Arinthei prætoris consolatoria datâ epistolâ [y], Leocadiæ nomen feminæ imponens, quo magis Toletanam civem (martyrem novisti Toletanæ urbis Leocadiam) ementiretur: Hispanam uxorem Arintheo viro Græco, cuius apud Ammianum [z] mentio frequens, itemque in Theodoreto [a] & Claudiano [b] & fastis consularibus, nam & Consul fuit [c], collocare non dubitavit. Ex eadem autem hac Basilii epistola constat familiarem sibi habuisse Arintheum, atque in Oriente eum obiisse; siquidem excusat corporis imbecillitatem, quòd longioris profectionis motum ferre non valebat, quominus consolationis officium præsens ipse Arinthei relictæ exhiberet. Qui quidem (*Basilius*) fratris si talis esset eius Audentii, Toletani tunc adhuc Episcopi sibi tam familiaris, uti iactant nugivenduli nostri, mentionem quin inculcaret in aliquam solatii partem, vix continere se potuisse credendus est.

[t] In *Chron.* n. 179. & *Adv.* 461.

[u] *Chron.* num. 181.

[x] An. CCCLXXIV. num. 34.

[y] 5. *epistolarum* 21. seorsum editarum.

[z] Lib. 25. & 26.

[a] Lib. 4. *Hist.* 29.

[b] Lib. 1. *in Eutrop.* ver. 63.

[c] Cum Modesto sub Valentiniano.

175. Eiusdem audaciæ, adhuc tamen infelicioris, est annotatio [d] de Euagrio presbytero Audentii, & Artemio Vidarii Lusitani archidiacono, cum aliis Hispaniæ Episcopis, vel per se vel per nuntios suos in Aquileiensem Synodum convenientibus. Exstant nempe subscripti huic syn-

[d] Num. 249. *Synodus sub Audentio Aquileiensis fuit, pro quo interfuit Euagrius presbyter; pro Vidario Lusitano Artemius archidiaconus: cui etiam multi Pontifices Hispaniæ, vel per se, vel per nuntios, interfuerunt.*

synodo qui interfuerunt Episcopi Galliarum, Italiæ, & Pannoniæ. Quos inter laudantur legati Afrorum & Gallorum, ita:

Constantius Episcopus Scisciaxiacensis legatus Gallorum.
Iustus legatus Gallorum.
Felix legatus Afrorum.
Numidius legatus Afrorum.
Euagrius presbyter & legatus.
Artemius, Almachius, Ianuarius, Iovinus, Macedonius, Cassianus, Marcellus, Eustachius, Maximus, Chromatius, presbyteri.

176. Summopere afflixit hominem impotenter suarum rerum amantem deesse hìc memoriam Hispanorum Episcoporum; Euagrioque legato, absque notatione eius cuius legatus esset, commodum reperto: esto, ait, Euagri, tu legatus Audentii Toletani. Quod impunè ipsi fuisset, nisi duobus Gallorum, duobusque Afrorum æquaturus Hispanorum legatos, Artemium qui statim sequitur, archidiaconum Bracarensis Episcopi eiusque legatum fingere voluisset: miser parum advertens Artemium non minus iis qui sequuntur Episcopum fuisse, ut ex initio gestorum ipsius Concilii, notâque interveniențium ibi Episcoporum constat. Quid autem clarius ex iisdem actis, quàm convocatos fuisse tantùm Episcopos Italiæ viciniores? Verba Imperatorum (Gratiani, Valentiniani, & Theodosii) epistolæ in exordio lecta sic habent: *Nam quòd Ambrosius & vita merito & Dei dignatione conspicuus Episcopus Mediolanensium civitatis ibi multitudinem* [e] *non opus esse suggerit, ubi veritas non laboraret in pluribus, si locata esset in paucis; seque eorum qui contrà adstarent assertionibus, & sacerdotes vicinarum ex Italia civitatum satis abundeque sufficere posse suggerit: abstinendum venerabilium virorum fatigatione censuimus; ne quis vel maturo ævo gravis, vel corporali debilitate confectus, vel laudabili paupertate mediocris, insuetas repetat terras* &c. Hæc absentiæ Hispanorum causa, ad quam si animadvertisset desultorius scurra noster nîlque ultra doctus quàm tagaces porrigere manus ad inscripta synodalium patrum nomina ut iis abutatur (quod perpetuum ei atque eius collegarum crimen est), Euagrium & Artemium sua gerere munera permisisset, non utique nostris oneràsset.

[e] Multitudine.

177. Quis nunc huic homini credere non erubescat exarâsse Audentium alios à commentario illo, quem Gennadius laudat, *De Fide adversus omnes hæreticos?* Nempe *in epistolam Iacobi Apostoli?* Ut lapidem etiam Iulianus in hunc acervum iaciat scriptæ huius à Iacobo maiori epistolæ: quem inter nos logodædalus noster, nuperæ huius historiæ fabulosæ primus auctor, veluti inter Romanos Termini Dei aut Victoriæ fatalem statuam, collocare ac figere maximè voluit: tot Scriptores id affirmare faciens [f], quot elabi passus est è fecundissimo illo suo talium abortivorum gremio. De quo agere, quia extra rem & prolixum esset, nunc prætermittimus.

178. *Adversus Bonosum* item *de illibata Deip. Virginis puritate.* Cùm Gennadius scripsisse eum diserte affirmet adversus Photinianos, qui Photiniani iam eo tempore quo id affirmabat, hoc est iuxta finem quinti sæculi, Bonosiaci appellabantur; non autem adversus Bonosum ipsum hæresis auctorem, qui damnatus fuit ex auctoritate Capuani Concilii sub Syricio Papa ab Anycio Thesalonicensi Episcopo. De quo consulendus Baronius [g].

[f] Dextrum ad ann. XXXVII. §. 6. comment. 1. Helecam, in *Addition. ad M. Maximi Chronic.* n. 25. Liciniani Episcopi epistolam in collectione quadam Iuliani, quam Ramirezius edidit inter Luitprandi *opera* pag. 531. Iulianum *Advers.* 412. pag. 94. *Adv.* 413. 414. pag. 97. *Adv.* 434. 487. 490.

[g] Tomo 4. ad an. CCCLXXXIX. num. 73.

CAPUT VI.

De s. DAMASO *Papa. Cuiusnam urbis civis fuerit, incertum. Lusitaniam verosimiliùs hunc sibi adscribere, quàm Cataloniam & Matritum. Iosephi Mariæ Suarezii coniectura de patria Gadibus improbatur. Damasi gesta & laudes. Scripta incerta aliqua.* De virginitate *verò certum. Suarezius laudatur. Damasi epistolæ. Decretalium epistolarum codex bibliothecæ Viennensis. Supposititia est Damasi epistola ad S. Hieronymum. Notatur confusio Concilii Vasensis, seu Vasionensis. Petrus Lambecius laudatur. Aliæ epistolæ Damasi nothæ. Collectio decretalium epistolarum quàm lubricæ fidei apud plures hodie sit. De Chorepiscopis observantur quædam in transitu. Repertæ sunt nuper à Luca Holstenio duæ epistolæ. Damasi de Lactantio iudicium. Pseudo-Iuliani in laudanda alia epistola enormis lapsus. Damasi poesis. Quoddam inter eius carmina Claudiano Alexandrino adiudicari, qui Christianus fuisse dicitur. Epigrammata quædam latere apud varios Scriptores.* De vitis Romanorum Pontificum *librum non esse Damasi Papæ, sed alterius cognominis, aut Anastasii bibliothecarii, aut non unius auctoris. De epistolis Hieronymi ad Damasum, & Damasi ad Hieronymum, huic libro in quibusdam codicibus affixis. Benedictus Mellinus Christinæ Suecorum Reginæ amplissimæ à cura bibliothecæ laudatur. Damasi operum editiones. Vitæ Damasi tres: in quibus aliqui errores. Eudociæ, & Eudoxiæ plures eo sæculo. Barbaria de Arabia Latinè dictum, & de quavis gente Romanis non subiecta.*

Fal-

Falsam inscriptionem de Damasi Hieronymiano monachatu frustra Gregorium Argaizium tueri contendere. Eiusdem Argaizii levitas, & historiæ ignorantia.

179. SIQUIDEM tragœdiam de qua egimus superiore capite Priscillianæi iudicii, non diu post obitum Damasi Papæ Treveris actam novimus: nunc primùm tempus est sanctissimi huius nec minus docti viri, Hispaniarum ac totius Ecclesiæ fulgentissimi sideris, quicquid gestorum ad rem nostram pertinet, stilo ducendi.

180. Ex Hispania DAMASUM fuisse certum est & concessum. Affirmat liber *De vitis Pontificum* qui Anastasio bibliothecario attribui solet, atque ille alius qui Luitprando, eiusdem argumenti, indeque noviores [h]. Petrus Apostolicæ sedis diaconus in sermone quem in honorem S. Damasi edidit in titulo seu Ecclesia S. Laurentii, contigisse ibi mirabilia referens, quæ martyrine an Pontifici tribuenda forent ambigebatur: *quos* (inquit) *una patria genuit, una Ecclesia promovit, una basilica colit in terris, unus Deus coronat in cælis.* Apud Baronium ad annum CCCLXXXIV. num. 19. Vixit autem hic Petrus circa annum DCCCL. de quo nos docet idem Baronius ad hunc annum num. 16. & DCCCLXI. n. 57. & DCCCLXXII. num. 4. Si verò idem est cum Petro diacono Casinensi qui vitam scripsit S. Athanasii Episcopi Neapolitani, ut credit eruditissimus vir & amicus olim noster Iosephus Maria Suarezius Ex-episcopus Vasionensis, quocum Romæ de rebus Damasi non semel verba commutabam. Auctor item vitæ eius MS. qui servatur in codice archivi canonicorum S. Petri [i], *compatriotam* Damasi Laurentium martyrem vocat; nec non & eundem disertè Hispanum, ad finem vergens: si ea portio Vitæ [k], in qua Ioannis XIX. Papæ qui post millesimum vixisse dicitur mentio fit, à superioribus quæ maiorem antiquitatem continere mihi videntur non sit separanda. Nec Platina historiæ Pontificiæ auctor Hispanum negat, etiamsi Magdeburgenses Centuriatores [l] hunc de Romana patria, nescio qua fronte, auctorem laudent.

[h] Godefridus Viterbiensis in *Chron.* Petrarca in *Chron.* vulgari. S. Antoninus par. 2. tit. 9. c. 2. Platina in *Damaso.* Iacobus Philip. Bergom. *Supplem. Chron.* Sabellicus *Enneade* 7. lib. 8. Volaterranus lib. 22. *Comm. urbanorum.* Trithemius *De Script. Eccles.* Crinitus *De Poetis.* Gesnerus, & Hispani omnes. Ioann. Ægidius Zamorensis *De præconiis Hisp.* MS. tractat. 3. Auct. *Valerii Historiarum* vulgari lingua Hispana lib. 8. tit. 6. c. 5.

[i] Editæ cum operibus S. Damasi Romæ MDCXXXVIII. pag. 47. & 60.

[k] A verbis illis: *Fuit autem B. Damasus.* & pag. 60.

[l] Cent. 4. c. 10. col. 747. dum de Damaso loquuntur.

181. Succedit verò ei quod certum de gente est, incertum si quod usquam aliud de patria urbe. Nam qui Damasum sibi arrogant civem, vel Catalani, vel Castellani, vel item Lusitani sunt. Quorum ultimi constantiore antiquitatis suffragio partes suas tuentur. Ecclesia enim Bracarensis iam olim uti civem sacri sui territorii proprio officio colit ac veneratur; adduntque Lusitani, quòd ex Vimaranensi urbe (hodie *Guimaraens*) provinciæ Interamnensis: de quo ex vetusto Eborensis Ecclesiæ codice doctum, Breviario huius Ecclesiæ id se inseruisse Andreas Resendius alicubi ait [m]. Rodericus item d'Acunha in *Hist. Episcoporum Bracarensium* part. 1. cap. 51. duobus vetustissimis Breviariis Eborensi & Bracarensi, alteroque æquè antiquo Palentinæ Ecclesiæ rem confirmat. Ideo hanc partem olim & nunc sequuntur è nostris exterisque historicis quam plures [n]. Aliquantulum tamen resistit, quod *Guimaraens* à Wimarano aliquo homine Gotho, sive is sit Oveti Rex huius nominis, originem habuisse atque appellationem videatur; nisi subrogatum sit hoc recentius veteri nomini. Nam & *Citaniæ*, cuiusdam oppidi hodie diruti vestigia non longè à *Guimaraens* superesse, Bernardus Bracarensis Benedictinus hac de re alicubi agens scriptum nobis reliquit [o], unde patriâ Damasum fuisse suspicatur. Atque inde forsan originem habuit, quòd idem Egitanensis ab Onuphrio audiat (*Egedita* vetus oppidum Lusitaniæ ubi nunc *Idañez* (1) est) quomodo in editione eius operis *De Romanis Pontificibus* Veneta anni MDLVII. legitur [p]. Nam aliis editionibus aliter [q] dicere, nescio cuiusnam operâ impositum fuit.

182. Lusitanis hanc persuasionem Catalani remittunt: quippe qui olim iam sibi persuaserunt Damasum Cataloniæ civem fuisse; in eo tamen inter se dissidentes quòd vel Tarraconensem [r] affirmant, vel Arguelagensem [s] (*Argelaguès*) ex Bisuldunensis territorii atque Empuritanæ provinciæ oppido. Id quod & Barcinonensis Breviarii pervetusti lectiones [t] confirmant, & fixa omnium animis ab antiquoque imbibita traditio de cruce bibrachia ex vivificæ Salvatoris crucis fragmine formata, penes Ecclesiam S. Mariæ Bisuldunensis, tamquam dono Damasi patriæ suæ olim

[m] Epist. ad Quevedum *Hisp. illustratæ* vol. 2.

[n] Quos collegit Tamaius in *Mart. Hisp.* 11. Decembris ac præter hos Gaspar Barreiros in *Itinerario* suo, sive *Chorographia*, fol. 55. Angelus Rocha *De Biblioth. Vatic.* Lud. Iac. à S. Carolo in *Pontif. Bibliotheca.* Schotus in *Bibliotheca Hisp.*

[o] In edito opusculo quod laudat & examinat Gaspar Statius, dicto *Varias antiguedades de Portugal* cap. 16.

[p] Hanc secutus est Ioan. Bapt. de Cavalleriis in *Imaginibus Pontificum Rom.*

[q] Quædam edit. habent: *Lusitanus Vimaranensis*, quædam *Lusitanus* tantum.

[r] Beuter par. 1. *Hist.* cap. 25.

[s] Hieron. Puiades lib. 5. cap. 14. laudato Ant. Geraldino. Ant. Vincentius Domenec De Sanctis Catalon. III. Maii. Canales *Hist. de la Iglesia de Urgel*, cap. 13.

[t] Quæ sic habent: *Damasus Papa natione Hispanus ex agro Emporitano Citerioris Hispaniæ*, &c. apud Puiades d. cap. 14.

(1) Veteribus ICEDITA: ICÆDITA: IGÆDITA ut lapides apud Gruterum. In numis Sisebuti, Sisenandi, Roderici Gothorum Regum apud Cl. Florezium *Col. & munic. Hisp. Part. III. à pag.* 153. EGITANIA; in Recceswinthi apud Eundem pag. 264. EGETANIA: nunc indigenis *Idanha-velha*, Sedes olim Episcopalis, cuius exstat mentio in Concilio apud Lucum Augusti sub Theodomiro Suevorum Rege ad annum Christi DLXIX. *Aguirr. T. II. Conc. Hisp. p.* 300. & in Concilio Bracarensi secundo ann. Chr. DLXXII. *ap. Eund. T. II.* pag. 319. subscribit *Adorius Egitanæ Ecclesiæ Episcopus:* nunc in urbem *La Guardia* dictam translata.

olim facto, magno quidem pretio habita [u]. Accessitque huc manibus pedibusque Hauberti Hispalensis hesternus auctor, utpote non longè à Catalonia natus (1), hac suppositititia nota [x]: *Damasus presbyter Argelariæ natus circa Gerundam civitatem, succedit in sede Apostolica Liberio.*

183. Tandem Damasum sibi vendicant Matritenses, iisque ut morem gerant alii [y] non parvo numero, quasi religione quadam ducti ne curiæ regiæ hic per eos decedat honor. Fundus rei est Lucius Marinæus Siculus, qui etiam perhiberi hoc à multis nullo quidem laudato alicubi [z] scriptum voluit: non eo loco [a] ubi de Damaso inter viros Hispaniæ illustres egit; ibi enim *Damasus verò Papa natione Hispanus patre Antonio genitus* tantùm habet. Atqui huius hominis qualis sit in antiquis rebus auctoritas, Andreas Matamorus non dissimulat de eadem re agens: *Damasus* (ait in *Apologetico* [b]) *Matritensis; si qua tamen fides Lucio Siculo citra pudorem debetur, qui ex Mantua Carpetanum appellat.* Sic loquebantur superioris sæculi nostri homines quos nondum fascinaverat subsequens exeunte eo supposititia Dextri & aliorum historia: cuius Dextri formatori Toletano vix potuit non cum vicinis Matritensibus convenire.

184. Clavus ergo fixus fuit statuminandæ huic opinioni, iudicio eorum qui somniis huiusmodi credunt verè trabalis, his Pseudo-Dextri verbis [c]: *Liberio succedit Damasus ex Mantua Carpetanorum.* Quantumvis addiderit (glossam credit Bivarius) ut in principe & in Roderici Cari editionibus legitur: *Alii faciunt ex Igeditania Lusitanum, alii Tarraconensem,* quomodo scriptum ab auctore perperam simulante vetustatem, indubium mihi est: quasi à coævo scriptore Dextro ignorari potuerit vera Damasi patria. Luitprandus similiter verba dat credulis [d], dum de portis Toletanæ urbis tutelarium eius Sanctorum imaginibus ab Wamba Rege ornatis (*agit*), atque inter eas una SS. Damasi & Melchiadis Mantuæ Carpetanorum civium Maximorum Pontificum: quasi de Melchiade Hispano sententia non mera fabula sit, aliàs refellenda. Saguntinum demum vocâsse Damasum in oratione [e] ad Alexandrum Papam VI. die XXIII. Novemb. MCDXCII. D. Bernardinus S. R. E. Cardinalis Carvaialius fertur, nescio unde doctus, ut transversos ageret Valentini regni cives, qui & ipsi iam de Damasi patria litem ceteris competentibus movent [f] (2). Nec dissimulabo in gratiam viri percari atque humanissimi simul ac doctissimi Iosephi Mariæ Suarezii nuper laudati, suspicari eum, sed suspicari tantùm, posse Damasum nos tribuere Gadibus in Bætica. Nempe, cùm Eutychius M. Gaditanus in eodem sepulcro cum Damaso conditus nostro ævo sit repertus: affirmante Francisco Maria Florentino ad vetustum Martyrologium die 11. Decembris: à vero non abludere credit, voluisse Damasum contumulatum sese civi suo martyri ab ultimis Gadibus exportari iussо. Divinabat idem Suarezius nonnisi domestica celebrâsse Damasum, cùm in *carmine* de sacræ ædis S. Laurentii quæ in Damaso audit fundatione (apud Baronium anno CCCLXXXIV. num. 22.) ita cecinit:

Attica, Felicis Magni clarissima coniux,
Sumtibus hoc propriis ædificavit opus;

parentesque suos his laudatos, quasi Attica fuerit mater, Antonius autem, cognomento *Felix Magnus*, pater. Has tamen ei coniecturas non facilè approbavimus. Nec verosimile est, eo tempore quo Damasus Ecclesiam regebat senex, ædesque ista ædificabatur, eius adhuc in vivis parentes aut saltem matrem fuisse. Nec item Eutychio atque eidem Damaso commune sepulcrum quicquam patriæ huius Gaditanæ confert. Huic enim martyri, Gadium vulgò credito, Damasi corpus quisnam coniunxerit ignoratur. Iussisse enim eum ita post obitum suum fieri, parum convenit humilitati quam professus fuit, nolens se induci sepeliendum eo loci quò

[u] Domenec in *Hist. SS. Catalon.* III. Maii pag. 41.

[x] In *Chron.* ad ann. CCCLXVII.

[y] Apud Tamaium ubì suprà. Quintana-Dueñas *Santos de Toledo* pag. 368. Ægidius Gonzal. *Grandezas de Madrid* cap. 7.

[z] Lib. 2. *de Rebus Hisp.* pag. 309. *Hisp. illust.* tomo I.

[a] Lib. 6. qui *De viris doctrinâ illustribus* est in editione principe anni MDIX. aut circiter: qui liber deest in edit. huius operis, in *Hisp. illustrata.*

[b] *Hisp. illustratæ* tom. 2.

[c] In *Chron.* ad ann. CCCLXVI. num. 3.

[d] In *Chron.* ad ann. DCLXXVI.

[e] Editam audio à Ioanne Bruchardo magistro cæremoniarum Alex. VI. in *Dietario*, seu diario huius Pontificis.

[f] Gaspar Escolan. *Hist. Valent.*

(1) Nimirum *Pseudo-Lupianus Zapata*, seu verius *Antoninus Nobis* Ruscino-Perpinianensis, cuius vel maxime interérat Damasum Catalanum & pæne conterraneum suum facere; est enim Castrum seu vicus *Argelaguês* Emporitani agri, Ruscinoni oppidoque *Tuyr*, in quo Antonium natum fuisse pridem diximus, fere collimitanei. Idem autem Antonius Hauberti Hispalensis Chronicon obstetricante Gregorio Argaizio in vulgus emisisse creditur.

(2) Gratis hanc dicam Valentinis scribit Noster nihil certe tale de Damaso cogitantibus; neque apud Gasp. Escolanum quem pro se unicè, atque indesignato loco laudat in margine, verbum exstat ullum de Sagunto Damasi patria ubi eius maxime oportuit meminisse, nimirum *Hist. Valent. Lib. V. c. ult. & VII.* 23. cùm utrobique Saguntinos Valentinosque sanctitate, doctrina & muneribus insignes recenseat, inque iis Iustinianum, Iustum, Nebridium, Elpidium, Eutropium Episcopos, aliosque ante Hispaniæ cladem; neque demum Bibliographi Valentini Ortinus, Rodriguezius, Ximenus Damasum inter domesticos Scriptores referunt; immo Rodriguezius pag. 535. diversos ei Lares attribuit; & Escolanus ipse, qui *Lib. II. c. 6. n. 3. Hist. Valent.* obiter tantum atque aliud longe agens Bernardini Cardinalis Carvaialii Orationis ad Alexandrum VI. anno MCCCCXCII. habitæ meminit.

quò Sanctorum plura corpora invexerat.

Hac, fateor, Damasus volui mea condere membra;

Sed cineres timui sanctos versare piorum.

Apud Baronium reperies anno CCCLXXXIV. n. 31. Alterius ergo hæc fuerit cura utrumque eodem sepulcro claudendi, qui neutiquam ad martyris Damasique communem patriam aciem directam habuit mentis. Nec magis solicitudo, quâ fertur fuisse Damasus Eutychium ab Hispania Romam transferendi, sepulturam epitaphio adornandi, & in Ecclesia Laurentio martyri à se dicata sepeliendi, quicquam cui fidere debeamus continet. Carmen istud sepulcrale de Eutychio, (apud eundem Baronium laudati anni num. 21.) nihil de eius patria: quam non utique reticere decuit civem. Nec unus fuit Eutychius à Damaso laudatus martyr, sed plures de quibus carmina exstant. Satis superque igitur concedimus coniecturæ de tumulatione utriusque in eadem Ecclesia, Hispanum utrumque affirmantes, de quo nullus dubitat (1); cùm in Hispania celebrari Eutychium eo die XI. Decembris, antiqui omnes, nec minus antiquissimum à Florentino publicatum Martyrologium, eiusque gesta legi prodant. Qui has tres aut quatuor opiniones conciliare satagunt [g], consule sîs; nam nos ad alia.

185. Electus Damasus (*Iustiniani* cognomentum ei à nonnemine [h] tributum, unde gentium sit ignoramus) in successorem Liberii, non sine cuiusdam Ursicini diaconi contra nitentis oppositione; secutisque hinc turbis, quarum Ammianus Marcellinus meminit [i], in Romana urbe maxima virtute [k] per totos XVII. annos, duos menses, & XXVI. dies Pontificatum gessit maximum, ab anno scilicet CCCLXVII. usque ad CCCLXXXIV. damnatis in Concilio Romano non uno Ursacio & Valente, Auxentio Mediolanensi Episcopo, &

(1) Atqui non dubitant modò, sed Damasum Romanis plane civibus adscribunt Tillemontius (*Memoir. pour l' Hist. Tom. VIII. p.* 386. *&* 773. *Ed. Venet.* 1732.) Ant. Maria Merenda (*Opusc. & gest. Damasi, Romæ* 1754. *init.*) Greg. Iac. Terribilinus (*Add. ad Merend. Opusc. & gest. Damasi pag.* 1.) & fortassis alii. Immo quia Damasus *eadem qua Laurentius patria genitus* alicubi à Paulo Diacono dicitur: hunc quoque Levitam & martyrem invictissimum, dudum ut ipsi aiunt patriâ exsulantem, Romano tandem natali solo restituisse iactitant. Præiverat in hanc sententiam Cl. Oratorii Romani Presbyter Iosephus Blanchinus, singularis olim, vel dissentiens, amicus noster, vulgato primùm Veronensi mille & amplius annorum Sacramentario sub splendido *Leoniani titulo* (*In Anast. Biblioth. T. IV. Ed. Rom.* 1735. *à pag. XII.*) eique mox succenturiati fuere Franciscus Victorius Eques Romanus (*Dissert. Philolog. Romæ* 1751. *pag.* 91.): Iacobus Comes Acamus (*Dell' antichità autore è pregi del Sagrament. Veron. Romæ* 1748. *pag.* 224.): Anonymus Romanus *Memorie di S. Lorenzo, Romæ* 1756. *in Nuncup. ad Laur. Columnam*): aliique merito suo minime tacendi, sed quos prodere religio est. Atque hi quidem propriæ litis arbitrium sibi permittentes causam pro Romanis atque ἀναντιῤῥήτως dictam censuere, Laurentium subinde suum repetentes, deque recuperando cive nobilissimo Quiritum fidem inclamantes: ut vel Blanchinus, vir aliàs modestissimus, temperare sibi nequeat præ gaudio, quin erumpat (*Not. CVI. ad libell. Orat. antiquiss. rit. Gothici, inter Oper. V. Card. Thomasii T. I. pag.* 292.). *Ut pro Homero olim Colophonii, Chii, Salaminii, Smyrnæi: ita plerique nunc pro Sancto Laurentio faciunt. Pugnant de eius patria inter se, disserunt, atque contendunt, Laurentium unusquisque suum repetens, suum vindicans. Ego* (pergit) *nunquamne reponam? Me, me. adsum. Et quoniam S. P. Q. R. decreto civis Romanus sum, Laurentium Romanum fuisse dico, vindico, repeto atque confirmo ad eiusdem Populi Romani gloriam laudemque sempiternam. Nec solis coniecturis indulgeo, sed etiam testem locupletissimum affero Sacramentarium videlicet Leonianum::: Ex hoc igitur limpidissimo fonte puriores aquas hauriam, perficiamque profecto Laurentium non segregandum, cùm sit Romanus civis, à numero civium; sed contrà totius Urbis, & Sacri Collegii Apostolici acclamatione repetendum esse fateantur omnes.* Concluditque: *Si nihil de civitate* (Romana) *Sancti Laurentii dicerem, dicta causa esset.* Horum autem occasione Romæ cùm essem ad ann. 1756. frequensque in amicorum colloquiis de Laurentii patria sermo incideret, commentarium ibidem edidi inscriptum: *Damasus & Laurentius Hispanis asserti ac vindicati*, apud Ios. & Phil. de Rubeis 4°. itemque alium qui adhuc in schedis latet, *De auctore Sacramentarii Veronensis falso ac per summam iniuriam Sancto Leoni Magno appicti.* Ac de priore quidem Ioannes Laur. Berti Augustinianus clarissimus Theologus & Historicus (*Breviar. Hist. Eccl. ad ann.* 366. *in not.*) *Sanctos Damasum Pontificem & Laurentium M. Hispanos, quos nonnulli Recentiores Romæ exortos scripsere, Hispaniæ asseruit vindicavitque vir... Franciscus Perezius Bayerius.* Et Franciscus Ant. Zacharias Estensis Bibliothecæ præfectus Orbi Literario satis notus, in Oratione quam Bononiæ in Æde S. Laurentii *di Porta Stièra* 10. Aug. 1757. ad Populum habuit, cùm prædixisset *Si mosse Sisto ad elegger Lorenzo uom forestiero a suo Ministro*: hæc subnotat: *Che San Lorenzo fosse Romano, e non Spagnuolo, siccome volgarmente si crede, prese a provarlo il dotto P. Bianchini nelle note all' Orazionario Gotico-Spagnuolo che trâsse da un Codice Veronese; e' l Ch. Signor Comendatore Francesco Vettori nella sua Dissertazione Philologica stampata a Roma nel* 1751. *Ma' l... Canonico Franc. Perez Bayer hà ultimamente assiccurata a la sua nazione la gloria d' averci dato San Lorenzo con un fortissimo libro intitolato:* Damasus & Laurentius Hispanis asserti ac vindicati. Romæ 1756. Multum me in his fuisse agnosco; sed diversum egit nova præiudicataque de Damaso & Laurentio Blanchini opinio, quam cum ipsis auctore & propugnatoribus exstinctam, nec ulli unquam ex Eruditis quos maiorum gentium vocant deinceps probari audio.

[g] Bivar. *ad Dextrum* ubi suprà. Tamaius ubi suprà.

[h] Franc. Carrieres in *Chron. Pontificum.*

[i] Lib. 27.

[k] Vide notas Binii in Damasi vitam.

& Apollinariſtis, Arianæ fæcis reliquiis; necnon Macedonii adverſus Spiritum ſanctum blaſphemiis in Concilio Conſtantinopolitano Epiſcoporum Orientis, aliiſque pluribus egregiè & utiliter in Eccleſia geſtis rebus, ad poſteritatis omnem memoriam, exemplumque ſucceſſorum clariſſimus; necnon & miraculis poſt mortem inclytus, *egregius vir & eruditus in Scripturis*, *virgo*, (ut verbis laudem Hieronymi [l],) *& virginis Eccleſiæ Doctor*: idem iudicio Synodi Conſtantinopolitanæ [m] ſub Agathone Papa coactæ, Ὁ ἀδάμας τῆς πίστεως. *Fidei adamas*; atque item Chalcedonenſis Œcumenicæ [n], Τὸ τῆς Ῥώμης πρὸς δικαιοσύνην καλλώπισμα *Romanæ urbis decus ad iuſtitiam*; Theodoreti quoque elogio [o] ὁ πανεύφημος *omni laude digniſſimus*. Innumeri ſunt qui laudant veteres & noviores, quos ad alia properantes nunc pretermittimus, videndos apud Pontificiæ hiſtoriæ illuſtratores [p].

186. Exſtat quidem *vita Damaſi* ex libro Anaſtaſii, atque item è libro Luitprandi *De vitis Pontificum*. Præter has, tres aliæ vitæ & geſtorum eius relationes ex antiquiſſimis codicibus Romæ exſtantibus editæ ſunt in prolegomenis eiuſdem ſancti Pontificis operum Romanæ editionis à Martio Mileſio Sarazanio procuratæ. Necnon & Andreas Blancus Genuenſis Ieſuita metricè idem argumentum tractavit, quod inter poemata eius legitur [q]. In collectione Holſteniana veterum aliquot Eccleſiæ monumentorum [r] legitur *Diagramma* quoddam *chronotacticum* annorum omnium & geſtorum Pontificatûs Damaſi: quod conſulet is cui pretium operæ fuerit. Quod autem ad Bibliothecæ attinet propoſitum, elucubravit noſter plurima opera, ſive prorſa oratione, ſive rhythmica; nam & *elegans in verſibus componendis* à Hieronymo [s]; & *Papa elegantiſſimus* ab Hadriano I. ſucceſſore [t]; & εἰς ἐποποιΐαν εὐφυὴς *in re poetica promtus* apud Suidam [u] audit. Soluto quidem ſermone, ut exiſtimo, ſcripta hæc ei tribuuntur.

187. *De Fide contra hæreticos*, à Trithemio [x] addito initio operis: *Quoniam poſt Nicænum Concilium &c.* Sed quominus fidem Trithemio duorum ab hinc ſæculorum Scriptori habeam, ſilentium facit Hieronymi: quem talis argumenti liber latere non potuit, poſt Damaſi obitum *De Scriptoribus Eccleſiaſticis* elucubrantem; immo & ceterorum omnium qui ante Trithemium de eo ſcripſere. Quod ipſum cenſemus de eo qui inſcribitur

188. *De Trinitate* libellus. Non enim temerè credendum eſt Antoniis Verderio & Poſſevino (ſi verè id quod *Bibliothecæ Pontificiæ* auctor eis attribuit hi dixere; nam Poſſevini *Apparatum* nihil de iſto continere libello certus ſum) affirmantibus exſtare Conſtantinopoli manu exaratum. Quod autem iure illi adiudicant,

189. *De virginitate* opus eſt; cùm eius meminerit Hieronymus ad Euſtochium ſcribens [y]: *De virginitate libellos legas Papæ Damaſi verſu proſaque compoſitos.* In quibus maxima facta eſt iactura; cùm neque vir is egregius quem nuper laudavimus Ioſephus Maria Suarezius Vaſionenſis olim Epiſcopus, nunc ad Sancti Petri in Vaticano baſilicam Caroli S. R. E. Cardinalis Barberini vicarius, eruditionis & urbanitatis flos, ac noſter in paucis amicus, fidem ſuam dum viveret liberaverit, anno MDCLXXVIII. ſublatus nobis & muſis Romæ, Leone Allatio [z] & Ludovico Iacobo à S. Carolo [a] referentibus, olim obligatam *De virginitate* hos libros in publicum edendi. Haberemus quod æquare poſſemus pulcherrimis Baſilii, Gregorii Nyſſeni, Hieronymi, Fulgentii, Adhelmi aliorumque huius propoſiti commentariis.

190. *Enarrationes* Damaſi *in* XVI. *Prophetas* laudavere (undenam?) Centuriatores Magdeburgenſes cent. 4. cap. 10. in Damaſo [b].

191. *Epiſtolæ* quoque ei tribuuntur. Ac ſeptem quidem in Conciliorum antiquis collectionibus; aliæ etiam in Pariſienſi poſtrema inſcriptæ huius leguntur nomine. Harum duas Theodoretus *hiſtoriæ* ſuæ *Eccleſiaſticæ* inſeruit. Aliæ cum Hieronymo amœbææ inter ſancti doctoris opera exſtant. De ſingulis breviter. Planè in antiquis quas dixi collectionibus

192. Prima eſt *ad Paulinum Antiochenum Epiſcopum*, non Theſſalonicenſem, uti ad marginem annotabatur ante Binianam editionem. Huius meminit epiſtolæ *Proſphoneticus ſermo* Chalcedonenſis Concilii ad Martianum Imperatorem [c]. De Vitali eſt Apollinariſta hæretico, qui tamen ſeſe Damaſo doloſè ſubiecerat. Baronium conſule ad annum CCCLXXIII. n. 5. & Binium in Notis ad hanc epiſtolam. Quam quidem hactenus decurtatam & maiori ex parte mutilam editam fuiſſe docuit nos *Collectio* Romana *veterum aliquot hiſt. Eccleſiaſt. monumentorum*, à clariſſ. viro Luca Holſtenio dum viveret adornata, & poſt eius mortem Romæ anno MDCLXII. typis excuſa. Quæ quidem integram epiſtolam inter alia continet [d]. Hæc prima eſt epiſtolarum decretalium quas continet bibliothecæ Cæſa-

Aa reæ

[l] In Apolog. pro libris ſuis adv. Iovinianum ad Pammachium.
[m] In *ſermon. proſphon.* poſt 18. ſeſſ. tom. 5. pag. 272. Binianæ Pariſ. edit. ſeu tom. 6. pag. 1049. ult. Pariſ. edit. Labbeanæ.
[n] In *Allocutione ad Martianum Imp.* tom. 3. pag. 468. Binianæ Pariſ. edit. ſeu tomo 4. pag. 825. ult. edit. Pariſienſis Labbeanæ.
[o] Lib. 5. *Hiſt. Eccleſ.* cap. 2.
[p] Præcipuè Ludovic. Iacob. à S. Carolo in *Bibliothec. Pontificia*.
[q] Mediolani excuſa MDCXXXV. apud Guilielmum Ghiſulphum pag. 298.
[r] Pag. 298.
[s] *De Script. Eccleſ.* cap. 103.
[t] *Ep. ad Carolum Imper. pro Conc. II. Nicæno.*
[u] In Δάμασος.
[x] *De Script. Eccleſ.*
[y] Tom. 4.
[z] In *Apibus Urbanis.*
[a] In *Biblioth. Pontificia.*
[b] Col. 748.
[c] Tom. 3. Binianæ edition. pag. 468. & in operibus Clementis Papæ I.
[d] Pag. 181.

reæ Viennensis chartaceus admirandæ vetustatis codex Gothicis characteribus exaratus, quem mirè laudat Petrus Lambecius lib. 2. *Comm. de bibliotheca Cæsarea* cap. 8. pag. 932. Cùmque ultima earum epistolarum illa sit quàm ad Recaredum Gothorum Regem Gregorius Magnus dedit: nonnisi huius sancti Pontificis tempore videtur liber scriptus. Unde & argumentum fit adversus eas quæ superiorum Pontificum nomine sese dudum venditant.

193. Secunda *ad Episcopos Orientis*. Ea est quam Theodoretus intexuit lib. 5. cap. 10. agitque de Timothei Appollinaris discipuli damnatione. Habetur autem è Græco Theodoreti tantùm, cuius interpretationem Christophorsonus dedit, Baroniusque Annalibus inseruit ad eundem annum CCCLXXV. num 6. Nisi ea concepta fuerit Græcè ab auctore: quod magis credimus.

194. Tertia *ad Hieronymum presbyterum*. Ad quam responsum Hieronymi subiectum legimus. Supposititia hæc merces est, agnoscente Baronio ipso [e], cui recentiores consentiunt omnes, viri etiam eruditissimi [f]. Damaso quæ tribuitur corruptissima est ac ferè nullius sensus, nec responsio ei cohæret Hieronymi. Ineptè Pseudo-Damasus de LXX. virorum Græca versione loquens, duodecim eorum propriis vocat nominibus, quæ nec in Aristeæ libello [g] sunt. Supponit idem ruditatem omnino inverisimilem occidentalis Ecclesiæ in sacris officiis celebrandis. At Hieronymus, & ipse hypobolimæus, falsò assumit nondum in eiusdem occidentalis Ecclesiæ ritibus esse hymnum *Gloria Patri & Filio & Spiritui sancto*, quem *glorificationis* vocabant veteres; cùm Damasum precetur, ut secundum Orientis morem adiungi eum præcipiat omnibus horis à psallentibus in Occidente; constet verò ex Cassiani testimonio [h] id moris in Oriente præter Ægyptum ac Thebaidem minimè fuisse: eius inquam Cassiani qui longo tempore commoratum sese [i] ait in Palæstina quoque, ubi scribebat Hieronymus. Quare aut falsum Cassianus dixerit, aut Hieronymi hæc non est epistola.

195. Unde observo, nec huius sæculi esse ut supponitur constitutionem hanc Vasensis seu Vasionensis Concilii I. sub Iulio Papa paulò post Nicænum habiti: *Et quia non solùm in sede Apostolica* (Romæ) *sed etiam per totum Orientem, & totam Africam, vel Italiam, propter hæreticorum astutiam quâ Dei Filium non semper cum Patre fuisse sed à tempore fuisse blasphemant, in omnibus clausulis* (Cassianus negavit usum in clausula Psalmi) *post* Gloria Patri, *&c.* Sicut erat in principio &c. *dicitur: etiam & nos in universis Ecclesiis nostris hoc ita dicendum esse decrevimus.* Fatetur utique Binius, se huic primo Vasensi Concilio applicâsse istud, & alia duo capita, quæ permista cum aliis sub inscriptione Vasensis Concilii (fuere autem omnino tria, & quidem duo posteriora isto de quo agimus) & confusa reperit in aliis editionibus: Baronii hac in adiudicatione sententiam secutum, qui ita de hoc censuit [k] capite. Quare transferendum in aliquod ex duobus aliis eiusdem loci Conciliis, eius nempe temporis, quo hic usus iam obtinuisset, existimamus. Quicquid autem sit de his epistolis, adeò antiqua est persuasio germanas eorum auctorum esse, ut in MS codice bibliothecæ Cæsareæ Vienensis, qui Caroli Magni tempore scriptus fuit, eædem Damaso & Hieronymo inscriptæ legantur. Notat Petrus Lambecius, strenuus eiusdem bibliothecæ ac totius eruditionis illustrator, lib. II. *De bibliotheca Cæsarea* [l]. Sequitur in eodem codice, ut Lambecius ipse docet, amœbæum, sive alternè dictum, carmen de Davide & Damaso & Hieronymo, non parum corruptum, nec antea editum.

196. Quarta *ad Stephanum & ad Concilia Africæ*. Responsiva ad eiusdem *Stephani* (uti legitur) *Archiepiscopi, & trium Conciliorum Africæ ad Damasum de privilegiis Romanæ sedis epistolam*. Supposititiæ quoque istæ sunt, & tamquam Isidori Mercatoris merces à viris æquissimi etiam adversus inveteratas persuasiones iudicii damnatæ. Lacinias recentiorum iis monumentorum, quibus consutæ olim fuere, iam is collegit [m], quem solicitavit industria sua & studium pervicax ad examinandum hunc diu existimatum Ecclesiæ thesaurum; re autem vera id prorsus quod homines [n] etiam nostrarum partium doctissimi opportunè admoniti censuere. Tota certè hæc Damasi epistola merces, cento est hinc inde suffuratis verbis aliarum Pontificalium epistolarum sive sermonum constans, præcipueque Martini I. in Lateranensi Concilio anno DCXLII. Romæ celebrato: de quo ad ocularem experientiam, locorumque inter se collationem provocare Lector potes. Concurrit falsa Consulum nota fini affixa, Flavii scilicet & Stiliconis qui Coss. fuere anno CD. aut circiter, quatuordecim ferè post Damasi obitum. Nec repugnat quòd laudetur epistola hæc ab auctore *De Pontificum Romanorum vitis*, qui Luitprandus au-

[e] Tomo 3. anno CCCXXV. CLXXV.

[f] Binius in Notis ad hanc epist. Ioannes Card. Bona *Divinæ Psalmodiæ* cap. 16. §. 6. num. 2. Antonius Bellote in *observ. ad Ritus Eccles. Laudunensis* pag. 374. n. 8. ne dicam de heterodoxo Blondello paulò post nominando. Bellarminus *De Missa* lib. 2. c. 16.

[g] *De LXX. Legis Heb. interpretib.* Basil. MDXXXVI. & in *Biblioth. PP.*

[h] *De instit. Cœnob.* lib. 2. cap. 8.

[i] Prolog. eiusdem operis.

[k] Tomo 5. ad ann. CDXLII. 3.

[l] Pag. 283.

[m] David. Blondellus in *Pseudo-Isidoro* pag. 518. & seqq.

[n] Hincmarus Rhemensis Episcop. lib. 55. *Capitum*, c. 12. 23. 25. 36. Nicolaus de Cusa Cardin. *De concordia Catholica* lib. 3. cap. 2. Driedo *De dogmat. & script. Eccles.* lib. 1. cap. 2. part. 3. Espencæus *De continentia* lib. 1. cap. 6. Henricus Caltheisen in tract. *An Imper. sit unquam à Rom. ad Græcos translatum*. Anton. Augustinus, Bellarminus, Baronius, alii, à Blondello adducti in *prolegomenon* dicti operis c. 19. Præter hos qui suspectas ac dubiæ fidei credidere, apertè refutant eruditi omnes nostri temporis Ioannes Card. Bona *Rerum Liturg.* lib. 1. cap. 3. n. 1. Pet. Marca *De conc. Sacerd. & Imp.* lib. 3. cap. 5. & *De primatu Lugdun.* §. 8. Labbeus in ultima edit. Concil. Paris. ad marginem huius epist. Bellarminus nullam ex his epistolis auctoribus suis tribuit in libello *De Scriptoribus*. Christianus Lupus, vir doctissimus, Augustinianus, in *Synodorum decretis, & canonibus*, & ad ea *notis* par. 4. in *Dictati Gregorii VII.* cano-

audire solet. Inde enim colligere licet scriptum opus istud post publicatam hanc Isidori collectionem, quâ non modo hic auctor *Pontificiæ historiæ*, sed & ipsi summi Pontifices sæpè usi sunt: quemadmodum & Gratianus in sua decretorum sylloge.

197. Quinta *De Chorepiscopis, & qui iidem sunt; aut si aliquid sint, aut nihil; & de vana superstitione eorum vitanda. Prospero Numidiæ, Leoni, Reparato, &c.* Meminit etiam huius memoratus auctor *De vitis Pontificum*. Iisdem urgetur hæc ac superior νόθείας argumentis. Ex eadem enim illa Isidori Mercatoris collectione est cum ceteris epistolis à Clemente usque ad Syricium Damasi successorem; apparentque in ista Damasi aliarum fragmenta notata iam & observata, ex quibus consuta omnino videtur. Præterea & aliis. Directa dicitur ad Africæ Episcopos, in cuius Ecclesiarum monumentis nusquam legitur Chorepiscoporum mentio aut usus. Institutionem Chorepiscoporum vocat *improbam & nimis pravam*: quos paucis interpositis verbis Apostolorum tempore necessario pauperum curæ ministerio districtos fuisse confitetur: quod nec verum est; nulla enim tam altæ originis vestigia supersunt. *Iniquam & pravam*, inquam, vocat eorum institutionem, quos Concilia Neocæsareense can. XIII. Antiochenum can X. Ancyranum can. XIII. ante Damasum, Basiliusque epist. CLXXXI. & alia post Damasum Concilia agnoscunt nec improbant, sed intra limites sui muneris tantùm coercent. Item *audivimus* (ait) *eos iam esse prohibitos*. Et postea affirmanter inquit, exstinctos esse *à prædecessoribus suis, & à reliquis totius orbis Episcopis*. Quod utique falsum est; cùm interiora tempora Ecclesiæ hoc idem Chorepiscoporum munus agnoverint, nec damnaverint: id quod ex Ephesino, Chalcedonensi, Regiensi in Gallia & aliis, atque item Leonis I. epistola (si eius est, quod non credit Morinus [o]) constat; nullaque vel in tam multis Pontificum Damasi prædecessorum (quod præseferunt) epistolis, huius prohibitionis aut exstinctionis vola aut vestigium.

198. Fallit quoque Consulum nota quorum tempore scripta fuisse dicitur, Theodosii scilicet cum Livio. Theodosius enim vivente Damaso semel fuit Consul, sed cum Gratiano Imperatore anno CCCLXXX. Plura si cupis, Ioannem Morinum consule *De sacris ordinationibus* parte 3. exercitatione 4. cap. 1. Cui in re consentiunt, epistolam Damaso abiudicantes, viri undique doctissimi, Nicolaus Coeffeteaut *pro sacra Ecclesiæ monarchia* decertans [p], Christianus Lupus [q] egregius Conciliorum illustrator qui tamen *antiquam & doctam* alicubi appellat [r], Stephanus Baluzius [s]. De Chorepiscoporum origine ac munere præter superiores agunt, Damasum epistolæ auctorem credentes, quamplures alii eruditione præstantes viri [t].

199. Sexta *Damasi & Episcoporum qui ad eum in Romanam urbem ex Italia & Gallia convenerant, fratribus in Illyrico constitutis Episcopis* nuncupata, synodica epistola est Romani Concilii anno CCCLXIX. coacti. Quam intexuerunt historiis suis Theodoretus lib. 2. cap. 22. & Sozomenus lib. 6. cap. 22. Huius Latinus textus, ut credimus, nisi interpretatio sit è Græco ab hucusque editis diversissima, nec *ad Illyricos* sed *ad Orientis Episcopos catholicos* directa, inter alia veteris Ecclesiæ cimelia prodiit in *Collectione* iam superiùs laudata *veterum aliquod historiæ Ecclesiasticæ monumentorum*, cui navavit operam Lucas Holstenius, cum subiectis seu simul missis Symbolo & aliis actis Synodi iam dictæ Romanæ; nisi duæ sunt epistolæ, altera ad Illyrici, altera ad Orientis Episcopos, paulùm, uti eiusdem omnino argumenti, non sententiâ sed verbis variantes. In Græcis historiis deest Consulum mentio sub quibus datæ literæ, qui in Conciliorum editionibus Syricius & Ardaburis appellantur. Quæ nihili additio epistolæ fidem labefactare non debet. Ardabures cum Hierio Consul fuit non ante annum CDXXVII. tamdiu post Damasi obitum.

200. Septima *Damasi ad Episcopos Italiæ*. Cum suppositítiæ nota hæc etiam edita fuit Parisiis in magna Conciliorum editione à Philippo Labbeo & Gabriele Cossartio. Videturque tota ferè ex Leonis I. epist. 47. Martini I. & Hadriani I. verbis composita. Fingitur autem data ipsa iisdem, quibus superior, commentitiis Consulibus. Luitprando tributus liber *De vitis Romanorum Pontificum* huius quoque meminit; & ex ultima eius parte confectum est caput 3. quæstionis 2. causæ 5. in Decreto Gratiani. Edita hæc etiam legitur inter Clementis Romani opera. Hucusque de Damasi epistolis in Conciliorum collectione edi consuetis. Sed sunt & aliæ partim amissæ partim superstites, nec omnes tamen hæ germanæ.

201. Deperdita est epistola synodica ex quodam Concilio Romæ habito, cuius D. Athanasius ad Episcopos Africanos scribens mentionem habet: quam quidem à su-

nis 3. scholio p. 362. & ad 7. Concil. Rom. pag. 524. & par. 3. dissert. 1. procemial. *De Latini cleri continent.* pag. 59. & par. 1. ad can. 9. Concilii Chalcedonen. pag. 549. Stephanus Baluzius in *præf.* §. 4. ad Reginonem *De Eccle-siast. disciplinis.* Henricus de Noris, eruditione Ecclesiastica vir præstans, defæcatoque iudicio, hist. Pelagianæ lib. 2. cap. 24. Ioannes Filesacus non obscurè sequitur eos qui damnant in *De sacra Episcop. auctoritate* commentar. cap. 9. fol. 89.

[o] Paulò pòst citandus.

[p] Adversus Rempublicam M. Ant. de Dominis lib. 2. c. 9. num. 19. & lib. 3. cap. 1. nu. 16.

[q] Part. 5. *Scholior. & notar. ad Concilia.* scilicet *Concil. Rom. VII. sub Gregor. VII.* pag. 524.

[r] Tomo 2. ad Concil. VIII. Generale Can. XXIV. pagin. 1365.

[s] 12. *Notis ad Gratiani.* cap. *Quamvis* 68. dist. pag. 469. unà cum Ant. Aug. *De emendatione Gratiani* à se edito opere.

[t] Sebast. Cæsar. *De Eccles. Hierarchia.* 1. part. disput. 7. Ioann. Dartis *ad distinct.* 68. & *De Benefic.* sect. 1. cap. 3. fol. 17. Hallier *In def. Eccles. Hierarchiæ* lib. 4. cap. 5. pagin. 573. Cabassutius in *Notit. Conciliorum* ad Conc. Ancyranum. pag. 31.

superiori ad Illyricianos data diversam esse rectè vidit Baronius [u].

202. Epistolas alias ad diversos, è quibus favisse Damasum Gregorio Nazianzeno in controversia cum Maximo Cynico, Constantinopoli ordinato subdolè Episcopo, apparet, Nicolaus I. in epistola ad Michaelem Imperatorem laudat. *Denique* (ait) *ut ex his paucos commemoremus, nonne Maximus, postquam multum à Damaso Papa (sicut eius ad diversos epistolæ indicant) laboratum est, Constantinopoli pulsus est?* Conqueritur quidem iure Cardinalis Baronius [x] excidisse has epistolas. Fruimur tamen iam nos unâ aut alterâ Lucæ Holstenii beneficio. In collectione enim sæpius à nobis laudata [y] legitur missa quædam *ad Acolium, Eurydicum, Severum, Uranium, Philippum, & Ioannem,* quæ incipit: *Decursis literis.*

203. Alteraque seorsum [z] ad eundem Acolium. Hic fuit Episcopus Thessalonicensis à quo Theodosius fuit baptizatus, vir sanctitate & miraculis clarus: de quo videndus Socrates lib. 5. cap. 6. S. Ambrosius epist. 39. Quæ duæ recitatæ sunt in Romana Synodo sub Bonifacio Papa II. post consulatum Lampadii & Orestis, anno scilicet DXXXI. habita, edita quidem ea integra cum omnibus actis ab eodem Holstenio [a]. Maximus hic à Synodo Constantinopolitana fuit depositus anno CCCLXXXI. Historiam exponit Baronius [b].

204. Inter S. Hieronymi opera nonnullæ etiam editæ fuere *Damasi ad Hieronymum, & Hieronymi ad Damasum.* Secundo nempe volumine, *Hieronymi ad Damasum de hypostasibus Arianorum* duplex, quâ eum consulit de sententia in hac re tenenda. Tertio autem, *in quatuor Euangelia præfatio ad Damasum. Damasi quæstiones tres veteris legis. Hieronymi* ad eas *responsio. Hieronymi expositio primæ visionis Isaiæ ad Damasum. De Seraphim & calculo ardenti* ad eundem. *Damasi quæstio de Osanna.* Hieronymi *Responsio.* Eiusdem *De frugi & luxurioso filio* ad eundem. Item *Interpretatio quarumdam Homiliarum Origenis* eidem directa Damaso. Quarto, *duæ Symboli explanationes* ad eundem. *Epistola ad Hieronymum*, huiusque *ad Damasum*: alia Hieronymi *De oblationibus altaris*; & alia nescio cuius *De morte Hieronymi*, quæ falsò inscripta est Damaso; hic enim præcessit Hieronymum.

205. Quarum ea *Damasi ad Hieronymum*, quæ incipit: *Dormientem te* &c. *De tribus quæstionibus*, digna quidem lectu est, quamvis brevis: in qua quidem fatetur æquè vir sanctus doctusque nihil in hac luce iucundius existimare se quàm de Scripturis sermocinari, atque hoc animi pabulum omnia mella superare, adiungitque inter alia de Lactantii epistolis: *Fateor quippe tibi eos* (inquit) *quos mihi iam pridem Lactantii dederas libros, ideò non libenter lego, quia & plurimæ epistolæ in eis usque ad mille spatia versuum tenduntur, & rarò de nostro dogmate disputant: quo fit ut & legenti fastidium generet longitudo; & si quæ brevia sunt, scholasticis magis sint apta quàm nobis, de metris & regionum situ, & philosophis disputantia.* Hæc sunt *Epistolæ ad Probum, ad Severum, ad Demetrianum* quas S. Hieronymus Lactantio attribuit [c]: ex quibus fastidium, si hodie exstarent, libenter quidem devoraremus. Hoc verò Damasi de Lactantio iudicium iis adiungetur testimoniis, quæ Lugduno-Batavæ eius operum editioni cum variorum Notis Servatius Gallæus præfixit. Exstat quidem hæc epistola, quam Erasmus noluit esse Damasi; & alia brevissima *De Osanna* in Romana editione, de qua postea. Reliquæ desiderantur, quærendæ in Hieronymi operibus.

206. *Damasi ad Aurelium Carthaginiensem Episcopum.* Quâ Aurelio respondet, tamquam ad eum mittens Pontificum decessorum à Petro usque decreta, sive ut vocat *instituta*, supposititia omnino est. Cùmque hanc præfixerit collectioni suæ Pontificalium epistolarum Isidorus Mercator: prodidisse eum causam & fidem suam, his monumentis quæ primus publicavit accomodatam, facilè dixeris. Suppositionem agnovit Baronius [d], cum eoque Binius [e], Possevinus [f], alii. Vivo enim Damaso Aurelium Episcopum fuisse, cum S. Augustino historia eius temporis apertissimè negat.

207. Aliam Damaso falsò tribui *epistolam Theophilo & Anisio* scriptam, idem Possevinus [g] monet, reclamante Riveto lib. 3. *Critici sacri* cap. 14. quæ quidem ipsa æquè falsò inter S. Ambrosii opera tamquam eius sit, in qua tamen Ambrosii fit mentio, collocata legitur.

208. *Ad Gallos & Venetos Episcopos* datæ ab eo epistolæ qui ad Concilium convenerant. Meminit his verbis Pseudo-Iulianus in Chronico [h]: *Hispani non solùm servant fidem Concilii Nicæni, & cum Damaso Papa Rom. consentiunt; sed gloriantur se illæsam semper penes se conservâsse: ut testatur S. Damasus in epistola ad Gallos & Venetos Episcopos qui tunc ad Concilium convenerant.* Miserè lapsus est, uti so-

[u] Tomo 4. ad ann. CCCLXIX. num. 34.
[x] Tomo 4. ad ann. CCCLXXX. num. 5.
[y] Pag. 57.
[z] Pag. 42.
[a] Dicta collectione pag. 1.
[b] Dicto tom. 4. ad annum CCCLXXIX. nu. 24. & ad ann. CCCLXXX. num. 4. & seqq.
[c] De Scriptor. Eccles. cap. 80.
[d] Tomo 4. ad ann. CCCLXXIV. num. 11.
[e] In Præfat. Notar. ad epist. Damasi.
[f] In Apparatu v. Damasus.
[g] Ubi proximè.
[h] Num. 177.

ſolet; blatero. Hæc eſt illa epiſtola ſynodica Concilii Romani, cuius ſexto loco inter vulgò tributas Damaſo meminimus: in qua quidem mentio fit Gallicanorum & Venetorum fratrum, ſcilicet Epiſcoporum; itemque laus continetur illa non quidem Hiſpanis dumtaxat ſed Occidentalibus omnibus tributa, Nicænæ ſynodo atque Damaſo conſentiendi. Ait Damaſus ſe audiſſe à Gallicanis & Venetis Epiſcopis, *quoſdam* (ex Illyricianis, ut credimus, ſi vera eſt ad eos directio epiſtolæ) *hæreſibus favere*. Pſeudo-Iulianus autem ad Gallos & Venetos datam fingit epiſtolam. Quibusnam? *Qui tunc ad Concilium convenerant*. Damaſus ergo, eius teſtimonio, ad eos qui ad Concilium convenerant epiſtolam ſcripſit. Moviſſet hoc vel Craſſo riſum. Quid autem ineptius, quàm arrogatam omnibus Occidentalibus fidei ſinceritatem unius Hiſpaniæ civibus vindicare? Hæc facinora ſunt egregii hiſtorici. Hucuſque autem de epiſtolis, diſtinguentes legitimas ab ſpuriis: aliter atque Damaſi operum omnium editor Romanus fecit.

209. *Paſſionis SS. Marcellini & Petri relationem* tribuit noſtro Pontifici auctor quidam vitæ eius [i], *quam ſibi* (inquit) *eorumdem ſpeculatorem in ſua adoleſcentia aſſerit tradidiſſe*. *Spiculatorem* pro *ſpeculatorem* fortaſſe melius. Ante oculos habuit martyrium horum Sanctorum à Surio editum [k]. In huius namque fine legitur nota iſta: *Hæc omnia Damaſus, cùm Lector eſſet, puerulus didicit ab eo qui eos decollaverat; & poſtea factus Epiſcopus in eo etiam ſepulcro his verſiculis declaravit:*

Marcelline, tuos, pariter, Petre, noſce triumphos. &c.

Quæ ſincera narratio, & Damaſi abſque ulla honoris ſignificatione habita mentio, non obſcurè innuunt non alium ultra eum quærendum *Relationis* auctorem.

[i] In archivo S. Petri ſervatæ pag. 58. edit. Rom.

[k] Tomo 3. die 11. Iunii.

210. *De munificentia Conſtantini Imperatoris* libellum fortè Baronius viderat; quippe qui huius meminit in Martyrologio XVIII. die Novembris. Nuſquam tamen, quod ſciam, editus fuit. Carmine autem (cùm, aiente Hieronymo, *elegans in verſibus componendis ingenium haberet, multaque & brevia opuſcula heroico metro ediderit*) quæ ex his ad ætatem noſtram pervenerunt,

211. *Carmina* ſunt XL. in laudem SS. Apoſtolorum, aliorumque martyrum, de Chriſti Domini myſteriis, epitaphia quædam, elogia templorum Romanæ urbis, aliaque. Plura ex iſtis Baronius exſcripſit [l], magnoque operi affixit. Cetera in editione Romana repræſentata ſunt. Sed inter alia camen IX. *De Chriſto:*

Chriſte potens rerum, &c.

quod Martinus Del-rius aſſeruit noſtro Damaſo, à Raynaudo [m] probatus; alii Claudiano Alexandrino, eximio illi poetæ huius temporis, adiudicare amant. Ad Mamertum inclinat Mileſius [n]; ſed Barthius pervicaciſſimè contendit [o] Claudiani eſſe, atque ipſum Claudianum Chriſtianum fuiſſe. Certè hoc carmen aliis elegantius, & animi plenius eſt, Claudianæis ſimillimum (1).

[l] Tomo 4. ad ann. CCCLXXXIV. num. 21. & ſeqq.

[m] *De bonis & malis libris* part. 1. erot. 10. num. 208.

[n] In Notis.

[o] Lib. 1. *Adv.* 7. & in *Notis ad Claudian.* tomo 2. pagin. 1070.

212. Exſtant ſparſa variis locis alia eiuſdem noſtri poetæ carmina, quæ omnia maieſtatem gravitate Chriſtiana temperatam præſeſerunt. Iacobus Sirmondus in Notis ad Sidonii epiſt. 12. lib. 3. ex codice S. Mariæ Virdunenſis quoddam protulit cum hac epigraphe: *Ad Eccleſiam S. Laurentii in Damaſo, quæ alio nomine appellatur in Praſino. Ad fontem.* Incipitque:

Iſte ſalutares &c.

Quod quidem verè redolet Damaſi genium, uti & videbatur clariſs. Suarezio. Alterum carmen cum Damaſi nota ex Prudentii operum cod. MSto. qui erat Caroli Widmani, reipublicæ Auguſtanæ medico ordinario, communicavit vulgò Io. Weitzius, inter Iſonis magiſtri veteres ad Prudentium gloſſas latens [p], quod incipit:

Fama refert ſanctos dudum fleviſſe parentes,

in laudem ſanctæ Agnetis martyris. Neque à vero abſonum eſt aliud ibidem editum carmen quod *Conſtantinæ* (immo Conſtantiæ) *Conſtantini filiæ* nomine inſcribitur, *in*

[p] Pag. 807. in edit. Hannoviana MDCXIII.

(1) Non tanti faciendas puto Barthii coniecturas ut propterea carmen CHRISTO SERVATORI inſcriptum: *Chriſte potens* &c. Damaſo abiudicandum cenſeam; cùm præter *elegantis in pangendis verſibus ingenii* laudem, quam ei Hieronymus tribuit, idque non tantum propter eos qui ætatem tulerunt, quique à Sarazanio & aliis editi fuere: *doctus quoque utriuſque Linguæ ſermones* Damaſus audiat in Actis Chartophylacii Canonicorum Sancti Petri ab eodem Sarazanio vulgatis. Neque mirum, ſi qui ſimplices eatenus verſus ſacrarum Urbis ædium valvis inſculpendos panxerat, ut rudem populum edoceret: idem in ſolemni adprecatione pro incolumitate popularis Theodoſii Augusti nonnihil Herois maieſtati tributum voluerit, genioque indulſerit πρὸς ἐποποιΐαν, ut Hadrianus I. ait, εὐφυῆ, id eſt naturâ ad epopœiam comparato. Sane ut demus conceptum profectumque ab Ethnico, qualis verè Claudianus fuit, Chriſto Servatori votum pro ſalute Auguſti: quid, quæſo, Ethnici auctoris intererat fotum eum adiutumque à Chriſto, *ut feſtis Chriſtianorum ſacris, annua eorundem ieiunia ſincere celebraret*, quibus carmen clauditur? An non is potius ſalvum incolumemque Auguſtum vellet ut diu lætuſque intereſſet Quirini populo, ut cives imperio regeret Remque Romanam amplificaret?

in apſide baſilicæ quam in honorem eiuſdem martyris ipſa Romæ *condidit* conſtituendum, eiuſdem quoque Damaſi eſſe. Habent quidem duo hæc epigrammata operum editiones; agnovitque uti germana eius Baronius Cardinalis Ianuarii XXI. in Martyrologio. Sed integriora & correctiora apud Weitzium ſunt, quaſique alia: ut ex illo ſaltem principio conſtat. Quæ enim vulgò ſic leguntur:

Fama refert ſanctos dudum genuiſſe parentes,
Augmentum lugubris cantus tuba cùm crepuiſſet,
Nutricis gremium ſubitò liquiſſe puellam.

Weitzius correctè & cum vero ſenſu ita edidit:

Fama refert ſanctos dudum fleviſſe parentes
Agmen, cùm lugubres cantus tuba concrepuiſſet,
Nutricis gremium, &c.

Proque ſeptimo iſto verſu:

Nudam perfuſos crines & membra dediſſe.

Hunc ſaniorem quis non præferat?

Nudaque; diffuſum crinem per membra dediſſe.

Ut illud referat quod S. Ambroſius in ſermone de Agnetis martyris paſſione poſtea ſcripſit: *Statim ut exſpoliata eſt, crine reſoluto tantam denſitatem capillis eius divina gratia conceſſit*, &c. (1).

213. *Vita S. Nicolai Epiſcopi Myrenſis: quæ annuatim recitatur* (ait Ludovicus Iacobus à Sancto Carolo in *Bibliotheca Pontificia* [q]) *in profeſto dicti Sancti, Romæ in Tit. S. Nicolai in carcere Tulliano, ut nos monuit clariſs. dom. Suarez Vaſionenſis Epiſcopus per epiſtolam.*

214. *Summa quorumdam voluminum utriuſque Teſtamenti hexametris verſibus breviter comprehenſa*, laudatur ab auctore Vitæ [r]: quam aſſervari audivimus in archivo baſilicæ principis Apoſtolorum.

215. *In pſalterium carmina* eius circumferri, neſcio unde doctus affirmavit Geſnerus in *Bibliotheca*.

216. *De auctoritate Concilii Capuenſis* Damaſi notatum nomine opus MSTUM. in Baſileenſis urbis bibliotheca exſtare mihi auctor eſt Theophilus Spizelius in *Sacris bibliothecarum illuſtrium arcanis retectis* [s]. Sed arrogare ſibi alium parentem opus omnino habet hic commentarius; quia Capuana Synodus de cauſa ſchiſmatis Antiochenæ Eccleſiæ habita fuit poſt Damaſi obitum ſub Syricio [t] (2).

217. Reſtat nunc diſquirendum *De vitis Pontificum Romanorum* à Petro uſque ad Damaſum, ſeu anteceſſorem eius Liberium, commentarius, an eundem Damaſum auctorem habuerit. Media ætate vulgò ita exiſtimatum [u]. Sed noviores ſagacitate huius & ſuperioris ſæculi germana uſi conſtanter negant; & vel non unum earum auctorem, vel Anaſtaſium Bibliotecarium cuius continuatio eſt operis, vel certè Damaſum alium Portuenſem Epiſcopum ſubodorantur. Iccircò in re dubia maluit Ratramnus Corbeienſis monachus adverſus Græcos ſcribens lib. 4. cap. 7. *Apoſtolicorum geſtorum* appellatione hunc librum *Pontificalem* ſignificare, abſque ullo auctoris nomine. Quòd quidem Damaſi non ſit, plura evincunt. S. Hieronymus cur non meminit huius operis, ſic illuſtris ab argumento intentato ad illud tempus aliis? Stilus non ſapit ſtilum nitidum Damaſi, & phraſin cultam. Multa ibi dicuntur non vera, quæque nullius gravis & antiqui auctoris teſtimonio comprobari poſſint. In aſſignandis

(1) Immo aliter legendum, quemadmodum in autographo, ex quo illud ante triginta annos deſcripſi in Eccleſia Sanctæ Agnetis vulgo *Sant' Agneſe fuori delle mura*, via Nomentanâ, ſecundo ab Urbe lapide, nimirum

FAMA REFERT SANCTOS DVDVM RETVLISSE PARENTES
AGNEN CVM LVGVBRES CANTVS TVBA CONCREPVISSET∷∷
NVDAQVE PROFVSVM CRINEM PER MEMBRA DEDISSE &c.

Reliqua ut in ænea tabula quam ſubiecimus opuſculo noſtro de Damaſi patria. Sed nondum me hinc abire ſinit ogdoaſtichum in vetuſto Eſcurialenſi ſæculi XI. ineuntis codice *Lit*. b. *Plut. IV. n.* 17. præmiſſum explanationi Libri Cantici Canticorum Anonymi auctoris: quod ego ex argumento & ſtili ſimplicitate Damaſi eſſe coniicio; præſertim cùm in vitæ Eiuſdem Actis è Chartophylacio Canonicorum Sancti Petri à Sarazanio editis legam *ſummam quorundam voluminum tam Novi Teſtamenti quam Veteris hexametris verſibus breviter comprehendiſſe;* atque illud ipſum Damaſi epigramma Apoſtolo Paulo inſcriptum: *Iam dudum Saulus* &c. in antiquis Sacrorum Bibliorum editionibus, & maxime in Codicibus Pauli Epiſtolis præfixum videam, ut in Eſcurialenſi membr. ſæculi XIII. *Lit* b. *Plut. II. n.* 17. Utut ſit ſiſtere illud placuit prout in priori codice legitur:

Hunc cecinit Salomon mirâ dulcedine librum
Qui tenet aegregias ſponſi. ſponſeq; camenas
Aeccleſiae & Xpi laudes. hinc inde. canentes.
Et talami memorat ſocios. ſociaſque; fideles.
Has rogo mente tua iuvenis mandare. memento
Cantica ſunt. nimium falſi. meliora maronis
Hec tibi vera canunt vitæ * phennis
Aurib; ille tuis male fribula. falſa ſonabit.

Septimum verſum ſupplendum cenſeo adiecto aſteriſci vice τῷ: *documenta: monumenta: ſimulacra*, aut tali aliquo. In noviſſima Editione Matritenſi operum S. Iſidori ogdoaſtichum quode agimus huic Sancto Doctori non iure adſcribitur *Append. II. Tomi pag.* 50.

(2) In Bibliotheca Regis Galliarum Tom. II. MSS. Græcorum pag. 279. col. 1. n. 1295. habetur hic titulus: 28. *Damaſi Papæ anathematiſmi:* quæ forſam Diræ ſunt, ſive imprecationes hæreticis dictæ in aliquo è Conciliis Damaſi ævo celebratis.

[q] In *Damaſo*.

[r] Pag. 58.

[s] Pag. 29.

[t] Vide Baronium tom. 4. an. CCCLXXXIX. num. 67. *Collectionem Concil.* Labbeanam tomo 2. col. 1039.

[u] Petrus Equilinus lib. 1. c. 56. *Catal. SS.* Marinæus Siculus, Trithemius, Platina, Bergomenſis, Onuphrius, Gobelinus Perſona in *Coſmodromio* ætate 6. cap. 21. & ante eos Martinus Polonus in Præfat. ſui Chronici. Deinde ex novioribus Puiades in *Hiſt. Catalon.* lib. 5. cap. 15.

dis Consulibus manifesti ac crebri errores passim legentes remorantur. Quare princeps operis sui Baronius à multis, sive à duobus saltem auctoribus formatum fuisse opus, nec facilè innitendum ei, alicubi censuit [x], ac sæpe repetit. Anastasii Bibliothecarii, qui opus continuavit usque ad Nicolaum primum, integram esse totius operis fabricam, ex dictionis æqualitate alii censent [y]. Nonnulli tamen Anastasium eo potissimùm argumento excludunt, quòd Caroli Magni tempore, ante natum videlicet Anastasium, exaratus codex [z] *Vitarum* hanc partem de qua nunc quærimus Damaso disertè adscriptam habent. Nec tamen ii, quorum in excludendo Anastasio eadem sententia est, in assignando auctore conveniunt: aientibus eruditissimis huius temporis viris Damasi librum *Vitarum* esse, non quidem istius Pontificis, sed alterius, Portuensis videlicet Episcopi: quod Papirio Massono [a] primùm visum avidè arripuere alii [b]. Displicet autem hoc Labbeo, & ante eum Miræo. Damasum certè Portuensem antistitem frustrà requiras in albo eius Sedis, Cardinalitiæ nunc, alteriusque à prima Ostiensi, Episcoporum. Illum tamen existimant esse Damasum, cui epistola *De morte Hieronymi* ab Eusebio quodam inscripta ultimo doctoris maximi operum prostat volumine; cùm necessarium sit ad alium eam epistolam quàm ad nostrum Damasum, Hieronymo præmortuum, directam fuisse. Quisquis autem hic Damasus alter, eiusdem tamen ævi æqualis fuerit, nihil minùs quàm eius temporis auctoris stilum sapit stilus *libri Pontificalis*. Quod is observavit, qui primam huius procuravit Moguntinam editionem M Velsero Duumviro Augustano directam; indeque alii comprobant.

218. Habui penes me cùm hæc scriberem codicem MS. ex bibliotheca serenissimæ Christinæ Suecorum Reginæ, benignè mihi commodatum ab humanissimo ac docto viro Benedicto Mellino eius bibliothecario: in quo tam Isidori Chronicon, quàm hoc *Vitarum* opus olim descriptum fuit; nec parum diversè ab editis non semel conceptum. Habet autem epistolas præliminares duas: priorem Hieronymi ad Damasum, posteriorem Damasi ad Hieronymum, quæ ipsa satis stilo suo supposititia sese produnt. Quod ne temerè dictum videatur, in hunc locum transtulimus uti scripta reperiuntur: *Incipit Episcopalis epistola S. Hieronymi presbyteri. Beatissimo Papæ Damaso Hieronymus. Gloriam Sanctitati tuæ. Nam humilitas dedicatur, ut secundum Apostolicæ Sedis, quam cognovimus gubernari per tuam sanctitatem, curvi precamur, ut actus gestorum à Beati Petri Apostoli principatu usque ad vestra tempora quæ gesta sunt in Sedem tuam nobis per ordinem enarrare digneris. Quatenus nostra humilitas sentire cognoscat, quis de Episcopis supradictæ Sedis meruit martyrio coronari, vel quis contra canones Apostolorum excessisse cognoscatur. Ora pro nobis beatissime pater.* Maximi Hieronymi elegantiam! Sequitur altera: *Epistola Damasi. Damasus Episcopus urbis Romæ Hieronymo. Gaudet Ecclesia tuo fonte iam satiata, & ampliùs sitit curiositas temporum sacerdotalis, ut quod dignum est cognoscatur, & quod indignum respuatur. Tamen quod gestum est, quod potuimus reperire, nostræ Sedis est studium ad tuam caritatem gaudentes transmittere. Ora pro nobis sancte & compresbyter, & vale in Christo Iesu Domino nostro. Data Calend. Octobris. Missa de Roma Hierosolymam.* Huiusmodi nempe stribiligines nomen præseferunt elegantissimorum sui sæculi virorum. Quibus tamen olim vulgaribus fortè innixa fuit persuasio eorum, qui Damasum huius commentarii auctorem credidere.

219. Hæc epistolæ à Petro Lambecio viro eruditissimo è codice alio bibliothecæ Cesareæ lib. 11. Commentariorum de ea [c] iam editæ sunt: ex quarum posterioris verbis istis *tamen quod gestum est, quod potuimus reperire, nostræ Sedis studium ad tuam caritatem gaudentes direximus*: ipse colligit, alterius quàm Hieronymi, hoc est veterum notariorum quorum id esset munus hoc fuisse studium, quod mittere se ad Hieronymum ait epistolæ inscriptus Damasus. Qua tamen viri clarissimi observatione, atque duarum epistolarum non parum correctiore editione, post scripta hæc à me visâ excitatus, iudicium de his sustineo epistolis: quæ quidem doctiorum sententiam abnegantem auctorem huius libri esse Damasum minimè feriunt. Hos autem sequitur & validè rem agit adversus communem olim persuasionem doctus & eruditus vir D. Emmanuel à Schelstrate in opere suo cui titulus: *Antiquitas illustrata circa Concilia generalia & provincialia*, &c.

220. De Damasi omnium operum editione primus ut credo Martius Milesius Sarazanius iurisconsultus Romanus cogitavit: quæ industriæ eius accepta ferens nuncupavit olim Urbano VIII. Pont. Maximo Federicus Ubaldinus, & cum aliquot eiusdem Martii Notis Romæ Vatica-

[x] Tomo 1. *Ann.* ad annum LXIX. num. 35. & 38.

[y] Bellarminus *De Script. Eccles.* Vossius *De hist. Latin.* lib. 2. cap. 8. & 35. Miræus in *Notis ad Hieronym. De scriptor. Eccle.* Heterodoxique Cocus, Rivetus, ut ait Placcius *De scriptis Pseudonymis* in *Damaso.* Auctor præfationis Moguntinæ editionis huius libri anno MDCII. & Parisiensis anni MDCXLIX.

[z] Labbeus vidit, refertque in *Dissert. hist. De Eccles. script.* in *Damaso.* Aliumque servari huic similem in bibliotheca Cantabrigiensi testatur Vossius lib. 2. *De H. L.* cap. 35.

[a] *De vitis Pontificum.*

[b] Baronium, Bellarminum, Ciaconium, Iosephum Mariam Suarezium pro hac sententia laudat *Biblioth. Pontific.* auctor. Possevinum addere potuit. Sed Iosephus Maria Suarezius in hac re aliter apud me iudicavit, multorum nempe esse auctorum opus, cum Baronio.

[c] Cap. 8. pag. 924.

canis typis anno MDCXXXVIII. in 4°. in publicum edidit. Accedunt hìc Damasi operibus omnibus, quæ nomine eius seu verè seu aliter circumferuntur, triplex eiusdem Vita sive actorum compilatio. Prima incipit: *Quia scriptum est.* Brevis ea: cui adiungitur alia *libri Pontificalis* Anastasio Bibliothecario attributi; & utraque descripta fuit ex MS. codice antiquissimo: in qua tamen Vita facta Cardinalium mentio, aliaque petita è sequiore Latinitate, non ita antiquum habuisse auctorem arguunt. Præterea falsum aliàs videbitur, quod de Galla refertur Placidia Valentiniani Imperatoris filia, ob hortum sibi gratum extra urbem ædificandæ S. laurentii martyris Ecclesiæ, quæ nunc una è septem urbis nobilioribus & sanctioribus est, permittente Imperatore à Damaso dicatum, eidem infensa. Nulla enim Galla Placidia Damaso æqualis, Valentiniani filia; sed Theodosii ea certè fuit, quæ isto his diebus nomine appellabatur, ex Galla Valentiniani iunioris sorore, senioris filia, si Baronium sequimur: qui id non semel notatum voluit [d]; & nos in superioribus de Gregorio Bætico & libro ei tribui solito *De Fide ad Gallam Placidiam* loquentes, confirmavimus [e]. Quæ quidem historia constare vero poterit, si pro *Galla Placidia* legatur tantùm *Galla*, scilicet Theodosio, quem diximus, nupta. Hæc enim Valentiniani senioris & Iustinæ filia fuit, ut ex Zosimo [f] constat. Sed cùm & hanc Theodosii uxorem *Gallam Placidiam* nuncupatam fuisse, è nummis constare Ezechiel Spanhemius in dissertationibus suis *De præstantia & usu numismatum antiquorum* [g] observaverit (1); causa deest cur veterem scripturam sollicitare velimus.

221. Altera vita ex codice MS. archivi canonicorum basilicæ S. Petri à D. Constantino Caietano Abbate descripta dicitur: cuius exemplum itidem MS. in Barberina amplissima bibliotheca servatur [h]. In ea observavimus historiam istam de Galla Placidia diversimodè conceptam: nempe Gallæ Placidiæ attribui, Valentiniani, non quidem senioris sed iunioris ex Eudoxia filiæ. Habuisse enim ex hoc connubio Valentinianum hunc geminam prolem, Eudoxiam & Gallam Placidiam memoratam, disertè ait Vitæ auctor. Hæc eius verba [i]: *Quodam namque tempore, cùm dirutarum Ecclesiarum restaurationi B. Damasus operam daret, hortum quendam infra urbis mœnia positum ab Imperatore Valentiniano iuniore sibi dari poposcit, in qua compatriotæ sui B. Laurentii martyris Ecclesiam fabricaret.* Et infrà, postquam de devotione erga Damasum Valentiniani docuisset, *unde etiam actum fuerat* (ait [k]) *ut voluntate B. Damasi Eudoxiam Eudoxiæ Augustæ filiam, duceret in uxorem. Quæ videlicet tantùm postea in Christi fide & amore proficere meruit, ut basilicam B. Petri ad vincula construeret, quæ & Eudoxiæ usque hodie nuncupatur. Quâ suscepta duas ex ea filias genuit, quarum maior matris nomen sortita est, minor verò Galla Placidia vocabatur; sed maior in adolescentia defuncta est, unde Augustus in iuniorem affectu nimio ducebatur, eo quòd sibi unica remansisset. Hæc itaque audiens prædictum hortum B. Damaso* &c.

222. Fœdissimi anachronismi vitio laborant hæc omnia. Eudoxia quippe, quam innuit, nonnisi Valentiniani III. Constantii & Gallæ Placidiæ filii, Theodosii Magni & Flaccillæ nepotis coniux fuit. Duæ omnino Eudoxiæ, duæque Eudociæ quinto vixere seculo [l]. Prima Eudoxia Iulia Arcadii uxor, ærumnarum ac tandem obitûs S. Ioannis Chrysostomi auctor [m]. Secunda Ælia Eudocia Theodosii iunioris coniux, Leontii philosophi Atheniensis filia, quæ Homerocentonem, & alia scripsit [n]. Tertia Licinia Eudoxia, huius Eudociæ ex Theodosio filia, quæ Valentiniano III. nupsit primùm, indeque Maximo Tyranno: à Genserico Wandalorum Rege capta dimissaque [o]. Quarta Eudocia, Eudoxiæ huius secundæ & Valentiniani III. Imp. filia, quæ ab Hunnerico Genserici filio ducta materque Hulderici facta, demum abhorrens Arianum coniugem ab eo secessit, Hierosolymisque obiit. *Eudociæ* atque *Eudoxiæ* nomina clarissimè distinguunt numi & historiæ: quæ tamen alii confundunt [p]. In cognominibus Baronium [q] secuti sumus. Aliis [r] aliter placet.

223. Ex his Eudocia prima seu senior, Theodosii iunioris uxor, Hierosolyma veniens catenam alteram ex his quibus Apostolorum princeps vinctus fuerat, ad Eudo-

[d] Tom. 4. ad an. CCCLXXXVII. n. 58. & ad ann. CCCLXXXVIII. num. 100. item ad ann. CCCLXXV. num. 5.

[e] Hoc lib. 2. cap. 2.

[f] Lib. 4.

[g] Dissert. 7. pag. 640. in 2. edit. Amstelodam. MDCLXXI.

[h] Cod. 1234.

[i] Pag. 97.

[k] Pag. 48.

[l] Zosimus lib. 5. Vide Baron. tom. 5. ad ann. CCCXCV. n. 3.

[m] Marcellinus Com. Socrates lib. 7. cap. 21. Baronius ad ann. CDXXI. n. 2. & CDLXI. n. 17.

[n] Marcellinus Comes *Aetio & Sigisnuldo* Coss. Socrates lib. 7. cap. 44. Baronius ad ann. CDLXI. n. 17. & CDLV. n. 5.

[o] Nicephorus lib 15. c. 12. Procopius *De bello Wandal.* lib. 1. Baron. ad ann. CDLV. num. 14. & CDLXXI. n. 28.

[p] Uti Hieronymus Heninghes tom. 4. *Theat. Geneal.* pag. 944. & 945.

[q] Ad annum CDLXI. n. 17.

[r] Christ. Adamo Ruperto ad *Synopsim Besoldi* in *Theodosio iuniore.*

(1) *Galla* Valentiniani senioris filia, Theodosii Magni secunda uxor nunquam *Placidia* cognominata fuit; numi autem quos ei Mediobarbus & alii tribuunt, ad *Gallam Placidiam* eius filiam Ataulpho primum, dein Constantio Cæsari nuptam pertinent, ut optimè notavit Anselm. Bandurius (*Numism. Impp. Rom. T. II. in utraque Galla*). Nec Spanhemius (*De præst. & us. numism. Diss. XI. c. 2. n. 38. Ed. Amst.* 1717. *qua nos utimur*) *Gallam* Theodosii M. uxorem *Placidiam* cognominatam, sed *filiæ cognominem* fuisse affirmat: quod de *Gallæ* tantum prænomine intelligendum. Nulla igitur *Galla Placidia* Damaso æqualis exstitit: ut Noster paulo antè eodem hoc numero dixerat.

doxiam filiam, Valentiniani III. coniugem, Romam misit: quæ quidem Eudoxia templum exstruxit ea occasione, in eoque custodiri voluit auro quovis pretiosiorem ferreum hunc thesaurum, ut refertur in Annalibus Ecclesiasticis [s] & in Notis ad Romanum Martyrologium prima die Augusti. Facta igitur hæc sunt quinto sæculo, diu post Damasi mortem: qui uti diximus obierat anno CCCLXXXIV. Valentinianus autem Eudoxiam Theodosii filiam & Eudociæ Augustæ, de qua Vita in quam inquirimus, non ante annum CDXXXVII. plùs minùs, desponsavit [t].

[s] Tomo 5. ad ann. CDXXXIX. num. 7.

[t] Baron. ad ann. CDXXXII. num. 14.

224. Hoc demto errore, quædam exinde sunt mihi vetustatem sapere visa. Hieronymum ait [u] habitatum secessisse *Syriam Barbariæ iunctam*: Barbariam pro Arabia sumens, parum usitatè; sed è penu ipso latini purioris sermonis. Plautus in Persa [x],

Formâ expetendâ liberalem mulierem,
Furtivam, advectam ex Arabia penitissima.

Quæ tamquam repetens Toxilus ait:

——*Ne quis verò ex Barbaria penitissima*
Persequatur, etiam tu illam destinas. [y]

Sive pro *barbarorum*, hoc est, non subditorum Romanis regionibus. Hoc enim usurpavere sensu *barbariæ*, non minùs quam *barbarici* vocabulum, antiqui & boni Scriptores. Iustinus lib. 12. cap. 3. *Ibi nihil actum tot egregiis præliis ait, si incolumis orientalis Barbaria relinquatur.* Et cap. 6. *In ultimam deductos Barbariam.* Libro quoque 9. cap. 5. *Et confinis domitarum gentium Barbaria*: quomodo in veteribus libris legitur [z]. Plautusque iterum in Pœnulo [a] Græco more de Italia agens:

Macerato hoc pingues fiunt auro in Barbaria boves.

[u] Pag. 54.

[x] Actu 4. sc. 3. ver. 52. & 71.

[y] Vide Alderetum *Antiguedades de España y Africa*, lib. 3. cap. 28.

[z] Pareus notat in *Lexico Critico*, verbo *Barbaries*.

[a] Actu 3. sc. 2. vers. 21.

225. Indicium quoque aliud antiquitatis est, quòd *librum Pontificalem* haud tribuat Damaso. Mentio tamen Ioannis XIX. ac Stephani IX. præter Hadrianum I. versus finem facta, evincere videtur post decimum ad minus sæculum Vitam hanc scriptam. Tertiam demum S. Damasi Vitam adiunxit operum compilator à Benedicto presbytero uti præsefert conscriptam, parum quidem frugi; nam & Constantinum sub quo Liberius Pontifex nepotem facit Constantini Magni, qui filius fuit; immo Constantino huic sive Constantio tribuit quæ Magno parenti Eusebius, scilicet Nicomediæ baptizatum & mortuum esse [b]. Nec aliud tota est quàm Homilia quædam seu actio Ecclesiastica, in die solemnis festi S. Damasi corporis translationis.

[b] Eusebius de *Vita Constant.* lib. 4. cap. 61. Socrates lib. 1. cap. 26.

226. Huius sanè epistolas quas diximus Conciliorum omnes editiones repræsentant; quas verò cum Hieronymo commutavit, editiones sancti huius doctoris operum. Cum Clementis quoque Papæ I. *Recognitionibus* sex harum epistolas fuisse simul editas, Conrado Gesnero credimus [c]. Quasdam verò asservari MSS. Cantabrigiæ, in bibliotheca publica regni Angliæ [d] monuit *Pontificiæ* auctor. *Carmina* autem, seu *elogia* variorum *Sanctorum*, quæ Romæ passim in diversis Ecclesiis leguntur, perennioribus typis sculpta [e], coniecta sunt in *Bibliothecam SS. Patrum*, & in *veterum poetarum Christianorum collectionem* G. Fabricii. Edita quoque ab Aldo Venetiis anno MDI. apud Miræum leguntur. Ego tamen in Aldina editione anni MDII. *Carmen* dumtaxat reperio *De laudibus Pauli Apost.* Plura eorum Baronius in Annalibus [f] transcripsit, & Aringhius in *Romæ suæ subterraneæ* opere [g]: qui & de sepulcro almi Pontificis ad S. Laurentii ædem sacram quam *in Damaso* appellant, ultimaque eius sub Urbano VIII. auspiciis amplissimi viri Francisci Cardinalis Barberini Vice-Cancellarii, sacrique nunc collegii Decani, multis mihi nominibus venerabilis, eodem in templo honorificentissima collocatione pluribus agit [h] (1).

[c] In *Biblioth. epit.* ver. *Damasus.*

[d] Cod. 27. n. 2. & cod. 235. n. 3. & 7.

[e] Loca notat Mart. Milesius in Notis.

[f] Ad ann. CCCLXXXIV. à num. 21.

[g] Variis in locis. Quære tu Indicem.

[h] Lib. 3. c. 12. num. 17. & 18.

227. Inviti ab amplissimo viro inclytoque doctore ac Pontifice discedimus. Siquidem post annotata non indiligenter gesta eius quæ ad Bibliothecam pertinent adhuc subsistimus, & quidem non multum operæ pretium facturi, quantumvis veritati testimonium demus; ipsa enim fabulosa quam afflictum imus narratio, refellit ipsa sese absque aliena opera. Notabimus tamen, ne fallantur creduli. Lapis quidam iactatur à nonnemine [i] sic inscriptus in Catalonia.

[i] D. Canales in *Hist. Urgellensis Eccles.* citatus ab Argaizio tomo 1. *De la Poblacion Ecles. de España* par. 2. pag. 274.

HIC NATVS DAMASVS PONTIFEX ROMANVS
DISCIPVLVS ET MONACHVS S. HIERONYMI
PRESBYTERI, QVI OBIIT ERA CÆSARIS
CCCCV.

Monachum S. Hieronymi, hoc est ordinis sive instituti cuius auctor dicitur S. Hieronymus, fuisse Damasum, res est sibilo potiùs quàm refutatione excipienda; &

(1) Nonnulla item alia è Grutero, Sponio & Palatino Codice Damaso tribuit Merenda *in append. oper. & gest. Dam.* pag. 243.

& tamen Gregorius Argaizius Benedictinus, repugnantibus monachatui Damasi argumentis haud quidem obrui se sinere ait, contentus duobus pro monachatu perperam adductis. Primum est Petri Calzolari testimonium [k] qui ait Damasum fuisse monachum, quique pro se adducit huius rei testem Raymundum [l] nescio quem, sive Remondum monachum & historicum ut ait fidelem, ex opere *Collectario* appellato, parum aliis aut minimè notum qui de historicis in catalogos colligendis soliciti fuere: quasi antiquæ adeò res duorum triumve ante nos sæculorum auctoribus firmiter innitantur. Alterum est non bene colligi ex ministerio scribendarum epistolarum Damaso Papæ à Hieronymo præstito seniorem esse Hieronymo Damasum; nec item ex eo quòd admittamus contrarium, consequi nos posse Hieronymum ab epistolis Damaso minimè fuisse. Historiam nempe spernit omnem qui sic indulget sibi in rebus historicis: quas quidem non Lesbiâ regulâ inanium rei coniecturarum, sed rebus ipsis gestis ex idoneis auctoribus productis metiri oportet eos qui prodigere famam suam nolunt.

[k] In *Historia monastica* Italicâ linguâ scriptâ, giorn. 1. pag. 39.

[l] Videndus ibidem pag. 34.

228. S. Hieronymus adolescens adhuc in Orientem se conferens militavit sub Theodosii monachi disciplina (cuius quidem Theodosii meminit Theodoretus [m]) ut colligitur ex epistola ad eum missa; ibique mansit anachoreticam indeque monasticam vitæ normam secutus [n]; nec ante annum humanæ regenerationis CCCLXXII. Pontificatûs Damasi sextum decimum ad Concilium Romæ hoc anno celebratum venit [o]: in qua urbe triennio ferè acto, post Damasi mortem recessit inde iterum in Orientem & Hierosolymam [p].

[m] *Hist. Religiosæ* cap. 10. tom. 3. operum.

[n] Ex *Bulla confirmationis ord. S. Hieronymi.*

[o] Baron. t. 4. ad hunc ann. num. 2.

[p] Idem ad ann. CCCLXXXV. num. 7.

229. Oportuit ergo Damasum, si quando regulam à S. Hieronymo sibi instillatam amplexus fuit, tunc temporis amplexum fuisse quum sedecim actis in gubernatione totius Ecclesiæ annis eius ministerio utebatur: quem summi Pontificis institutorem fuisse auctoremque ei monachatûs tunc demum & in supremo dignitatis ac perfectionis apice à Damaso suscepti, nemo sanus credet insanienti Urgellensis epitaphii scriptori: quod Argaizius facit famæ securus; qui & ipse oculis suis cæcitatem indicit, cùm de Damasi atque Hieronymi ætate dubius hæret. Damasus mortuus est ferè octogenarius ut S. Hieronymus ait [q], anno CCCLXXXIV. Hieronymus supervixit Damaso XXXVI. annos, vitâ functus CDXX. natus verò, si Prospero credimus [r], XCI. si Bedæ, Adoni, & aliis [s], XCVIII. si Baronio calculum curiosè deducenti [t], LXXVIII. tantùm, vel LXXIX. Quicquid sit Argaizio remittendum est ut nos doceat undenam didicerit [*] ignorari, Damasusne an Hieronymus alterum ætate præcesserit.

[q] *De Script. Eccles.*

[r] In *Chron.* Theodosio IX. & Constantio III. Coss.

[s] Beda, Ado, Usuardus in *Martyrologiis*. Sigeb. in *Chronico.*

[t] Tomo 4. ad annum CCCLXXII. n. 61. tomo 5. ad ann. CDXX. num. 29.

[*] Verba eius pag. 275. inf. 5. *pues no se sabe tal antelacion en la edad.*

CAPUT VII.

De PACIANO *Barcinonensi antistite. Eisensgreinii error.* Barcino *iam Hieronymi ævo* Barcilo *dicta. Episcopi olim ex civibus. Paciani ævum.* Lampius, *non* Lampadius, *ille qui S. Paulinum sacris initiavit, Barcinone Episcopus. Paciani eloquentia & sanctitas. Eius opera quæ exstant. Quis Novatianus adversus quem scripsit?* Κέρβος *deperditum quale opus? De* OLYMPIO *Episcopo fortè Barcinonensi, & fortè eodem cum Lampio Paulini. Falsò assumi à Pseudo-Dextro Toletanum hunc Episcopum fuisse. Refelluntur de hoc nomine huiusmet Pseudo-Dextri, Luitprandi, & Iuliani chimæricorum historicorum figmenta. Germanum Olympii* De Fide *opus.*

230. **A**D eiusdem Cæsaris Theodosii senioris imperii tempora, non minùs vitæ innocenter actæ quàm doctrinæ merito illustris, PACIANUS attinet Barcinonensis Episcopus: de quo elogium in primis de libro Ecclesiasticorum Scriptorum S. Hieronymi proferendum est. *Pacianus in Pyrenæi iugis Barcilone Episcopus, castitate & eloquentia & tam vita quàm sermone clarus, scripsit varia opuscula, de quibus est* Κέρβος *&* Contra Novatianos *liber. Sub Theodosio Principe iam ultima senectute mortuus est.* Ex uno quidem homine duos fecit [u] magno errore Eisensgreinius, alterum Martianum alterum Pacianum appellans, Barcilonensem utrumque Episcopum & Novatianorum hyperaspisten (1). At hoc nomen & Vibio Paciano fuit M. Crassi amico, apud Plutarcum in huius vita.

[u] In *Catal. test. veritatis* ad an. CCCXCIII. & CDIX.

231. Geographia verò Hispaniæ longè à Pyrenæi iugis Barcinonem urbem Cataloniæ primariam in ora maris agnoscit, quam Hieronymum non accuratè descripsisse res ipsa clamat. Nec ideo tamen *Barcinonis* appellationem, quæ ab origine ei indita est, revocamus isthoc loco; cùm non minùs, hoc maximè Paciani ævo, indigitata *Barcilo* fuerit. Haud enim

(1) Quo sensu utrumque Pacianum suum Novatianorum *hyperaspisten* Eisensgreinius dixerit, plane non video; cum minimùm alter è cognominibus, nempe hic de quo Noster agit Barcinonensis Episcopus, perpetuus illorum malleus fuerit; nullibique non eorundem doctrinam *de non recipiendis lapsis* impugnet.

enim aliter Gennadius de Vigilantio [x], *Barcilonensem* eum parochiam tenuisse ait. Ita & S. Paulinus *Barcilone* se in Hispania sacris initiatum scribit Alypio [y]. Avienus item in *Ora maritima* [z]

——— Inde Tarraco oppidum,
Et Barcilonum amœna sedes ditium.

paululum iam degenerante priscâ nomenclaturâ in eam, quâ vulgus hanc hodie urbem vocat. Iornandis liber *De rebus Gethicis* [a] Barcilonam similiter habet; uti Olympiodorus [b] Græcè πρὸ τῆς Βαρκίνωνος *iuxta Barcilonem*, in templo quodam sepultum fuisse Theodoricum infantem, Ataulphi & Placidiæ filium, ait (1).

[x] De Script. Eccles. cap. 35.
[y] Inter S. Augustini Epistolas 35.
[z] Versu 520.
[a] Sect. 55.
[b] Apud Photium cod. 80. col. 187.

232. Hispanum patriâ fuisse, ac fortè Cataloniæ sive Barcinonis civem, affirmare vix possumus; coniectamur tamen ex mentione huius unica in Hispaniensi sacro munere, & ex antiquo more eligendi ferè Episcopum non alium quàm civem, de quo Iulius Papa I. in epistola ad Eusebianos scripta apud Athanasium in Apologia secunda: *Ubi enim est* (inquit) *iste Ecclesiasticus canon aut istiusmodi traditio Apostolica, ut in pace agente Ecclesia, & Episcopis concordibus cum Episcopo Alexandriæ Athanasio existente, immittere Gregorium peregrinum & externum hominem, neque Alexandriæ baptizatum, neque plebi cognitum, neque postulatum à presbyteris &c.*

233. Non ita constat quo anno ad sedem huius Ecclesiæ Pacianus ascenderit, quandiuve eam tenuerit [c]. Pseudo-Dextri namque testimonium [d], quantumvis idoneum esset, nihil ultrà nos docere poterat quàm eum anno CCCLXXV. Ecclesiæ isti iam præesse, anno autem CCCXCVI. iam vacuum Lampio successori locum reliquisse. Meus autem Chronici huius MSti. codex, diversissimi quidem ab eo qui hactenus eo sub nomine sese venditat (de quo quum ad Dextri mentionem deveniemus plenior à me notitia quærenda est): in ea parte quæ deperditi integri Chronici veluti synopsin brevissimam continet, ita habet:

[c] Videndi Puiades in *Hist. Cataloniæ*, lib. 5. c. 17.
[d] Ad ann. CCCLXX. n. 5.

Olympius Tolet. Episcopus ad annum CCCXLVII.
Severus martyr Barcil.
Pater meus.

At in ea parte quæ integra durat, ab anno scilicet CCCL. usque ad CDXXX. emortualem parentis annum disertè notat, ex quo ad CCCXCI. ita legitur:

Paciano Barcinonensi Episcopo parenti meo succedit Lampius, & Augustali Illiberitano Maturius &c. Quod optimè convenit cum S. Hieronymi facta de eo mentione in suo Scriptorum catalogo, quem composuisse eum anno XIV. Theodosii, hoc est CCCXCII. sæpiùs antea fuit à nobis notatum. Alii aliter existimant. Iacobus Philippus Bergomensis superfuisse etiam num credidit anno CDV. Aliis placet CDXI. Episcopologia duo Barcinonensia mortem eius assignant anno CCCXCIX. Michael Puiades & Ant. Domenec anno CCCXCVIII. qui omnes refelluntur S. Hieronymi testimonio. Rem acu tetigere Franciscus Diago lib. 1. & eo laudato Hier. Puiades lib. 5. cap. 17. Labbeus in dissert. *De Scriptor. Ecclesiasticis* ad CCCLXXX. inclinat.

234. Planè quòd Pacianum Severi martyris successorem innuit fuisse, communi repugnat de Severo Catalanorum persuasioni [e] (2), Eurici nempe eum Regis Gothorum tempore iussuque martyrio impensum. Successor autem eius Lampius ille est qui Paulinum, inclytum pòst futurum sanctitate ac doctrina Nolæ urbis in Campania Episcopum, sacris hoc est presbyterio initiavit: ut ipsemet Paulinus ad Alypium Tagastensem antistitem datis literis annotatum reliquit [f]. Quod contigisse anno CCCXCIII. annotat in *Paulino* suo *illustrato* Petrus Franciscus Chiffletius parte 2. cap. 4. Lampadium hunc asseclæ vocaverint Pseudo-Dextri, quomodo ille vocat [g]. Nos quare recedamus à Lampii nomine quo Paulinus utitur, & confirmat noster quem laudamus Dextri codex, non ullam videmus causam. Nisi Olympius

[e] Domenec *De Sanct. Catal.* VI. Nov. fol. 105.
[f] Epist. inter alias S. Augustini 35. inter Paulini 45.
[g] Ad ann. CCCXCVI. 1.

(1) Utroque nomine, Paciani ævo, id est exeunte sæculo IV. *Barcilonem* & *Barcinonem* vocatam fuisse arguunt Ausonius *Epist. XXIII. v.* 69.

.... *Me Punica lædit*
BARCÍNO.

Et v. 89.

..... *Ostrifero superaddita* BARCINO *ponto:*

Et Prudentius Περὶ στεφάν· in *Hymn. XVIII. MM. Cæsaraugust.*

BARCINON *claro Cucufate freta.*

Item Paulinus Nolanus *Epist.* III. ad Auson. v. 119.

.... *cui* BARCINO *amœna.*

Anonymus tamen Ravennas lib. IV. §. 42. BARCELONA; Nubiensis برشلونة BARXELÔNA idque perpetuò. In subscriptionibus Conciliorum promiscuè BARCILONA, BARCILLONA & BARCINO; quod postremum rarius. Mitto Ataulphi epitaphium in quo BARCINO legitur; meræ enim sunt Pseudo-Dextri nugæ. Vid. Cl. Finestresius *Syll. Inscript. Rom. in Catalon. pag.* 327.

(2) Successit certe Pacianus Prætextato, qui ad annum Christi CCCXLVII. Sardicensi Concilio sexto loco cum Hosio Cordubensi & aliis Hispaniæ Episcopis subscripsit: *Prætextatus ab Spaniis de Barcilona.* In Syllabo Barcinonensium Præsulum à Cl. Matth. Aymericho vulgato Barcinone 1760. pag. 467. Pacianus ἀμέσως Prætextato subiicitur: quod dubio non caret; cum Paciani obitus ad annum tandem Christi CCCXCI. vulgo referatur.

pius pro Lampio sit à Paulino laudatus: de quo in Olympii mentione hoc eodem capite.

235. *Castitate* Pacianus *&* *eloquentia* dicitur, *& tam vita quàm sermone clarus.* In MSTO. Henschenii clarissimi Sanctorum encomiastæ, aliter legi nos ipse docet [h], nempe *castigatæ eloquentiæ* : quemadmodum in Gemblacensi, quem Possevinus laudat, agnovitque Hieronymus Paulus in *Barcinone* sua [i]. Nec iuvat Honorius Augustodunensis ad dignoscendam veram Hieronymi lectionem; quippe qui *tam vita quàm sermone* clarum, dumtaxat ex archetypo exculpsit. Sophronius ita hunc locum παραφράζει ut neutri adhæreat: σώφρονι βίῳ, εὐφραδείᾳ, ϗ λόγῳ λαμπρός: *integritate vitæ, prudentia, & sermone clarus.* Castigati verò sermonis quo utitur laudem agnoscunt noviores critici, è quorum numero Ioan. Fredericus Gronovius libri *observationum in Ecclesiasticos auctores* capite 18. *S. Paciani* (ait) *Barcinone Episcopi pauca exstant, sed gravissimis scripta verbis ac sententiis, & diligenti veterum literarum imitatione.* Pergitque colligere elegantiæ flores, è latinæ linguæ coryphæorum hortis ab eo decerptos.

[h] 2. volum. Martii die IX. pag. 44.

[i] 2. volum. *Hisp. illustr.* pag. 842.

236. Certum est ab hoc Paciano procreatum fuisse Dextrum ex legitimis nuptiis (quod verisimile est [k]) natum, Hieronymo ipso teste [l]: de quo prolixiùs loquendi dabitur nobis infrà occasio. Vitæ sanctitatem prodit inveterata Ecclesiæ de ea opinio, cùm Martyrologia omnia IX. Martii, aliàs XI. diem natalem eius celebrandum præscribant. *Acta Sanctorum* [m] Henschenii & Papebrochii, aut *Hispanum* Tamaii *Martyrologium* [n] non transcribimus. Dies hic IX. Barcinone festus dies est ex præcepto Synodi Dioecesanæ Barcinonensis anni MDC [o].

[k] Diciturque in *officio Breviarii Barcin.* 4. lect.

[l] *De Script. Eccles.* c. 132.

[m] Die IX. Martii.

[n] Eodem die.

[o] Domenec ubi suprà die IX. Martii fol. 24.

237. Clarum adeò Episcopum, filii quoque Dextri literis ac dignitate posteris commendatum, celebriorem adhuc opuscula quædam verè catholica etiam nunc exstantia, præter alia deperdita, reddidere. Quorum, & utilissimæ doctrinæ nomine, apud Catalanos suos meruit olim sacro ritu doctorum proprio celebrari [p]. Quæ autem ante oculos habemus hæc sunt:

[p] Puiades lib. 5. cap. 17. fol. 239.

238. *Adversus Sempronianum Novatianum epistolæ* III. Prima est *De catholico nomine.* Secunda *De eius literis.* Tertia *Contra tractatus Novatianorum.*

239. *Parænesis, sive exhortatorius libellus ad pœnitentiam.*

240. *Sermo ad fideles & catechumenos* de baptismo. Hæc omnia volum. 4. *Bibliothecæ veterum Patrum*, tum seorsum exstant. Nimirum *Parænesin ad pœnitentiam*, aliam *De baptismo*, *epistolas duas ad Sempronianum*, *tractatumque* (quæ aliàs epistola) *adversus Novatianum*, primus edi curavit Parisiis apud Carol. Guillardum anno MDXXXVIII. in 4.° Ioannes Tilius: nuncupata Ioanni Gagnæo theologo & ecclesiastæ Francisci Regis primi, ac celeberrimo Scripturarum sacrarum interpreti. Epistolas edidit atque item cetera (ut credimus) opera, Paulus Manutius cum Salviano, Maximo, Sulpicio Severo, & aliis, Romæ MDLXIV. in folio, curâ Petri Galesini, Carolo Cardinali Borromæo dicata. Novatianus scilicet [q] S. Cornelii Papæ antagonista, primusque in Ecclesia Dei Antipapa [r], unà cum Novato quodam hæresin suscitavit tertio sæculo, quæ semel lapsos post baptismum non admittebat ad pœnitentiam; quare indigere eos alio contendebat baptismate: secundas nuptias condemnabat, similibusque aliis insaniis non hoc sæculo tantùm, sed & quarto, præsertimque in Occidente [s], quo tempore florebat Pacianus, ipsa furebat. Unde data ei occasio ad Sempronianum, ex Novatianorum grege, qui catholicum sibi arrogabant nomen, *De Catholico nomine* literas dandi (1) in quibus de huius nominis ratione illum docet; rursusque ad responsionem Semproniani reponens alteram tertiamque epistolam: præcipuum istud eius dogma pœnitentiam post baptismum fidelibus denegans (quare audire volebant, aut ironicè ab aliis appellabantur *Cathari*, hoc est *puri*) telis propugnans catholicæ veritatis, atque explanatis sacrorum librorum verbis quibus abutebatur hæreticus, in suis ipsum castris concidit. *Parænesis* autem *ad Pœnitentiam* ingeniosa est & elegans, ut inde potissimùm agnoscas quantum sermone valuerit Pacianus [t] (2).

[q] De eo S. Hieronym. *De Scriptor. Eccles.* cap. 70. Epiphan. *Hær.* 59. Cyprian. ep. 55. *Concil. Nicæn.* cap. 4. Baron. sæpè.

[r] Notat Baronius tomo 2. ad ann CCLIV. 74.

[s] Baron. tomo 4. ad ann CCCLXXXIX. 52.

[t] Omnia eius opera, collata priùs cum MSTO. codice Vaticano octingentorum, vel circiter, annorum antiquitatis, edidimus nos tomo II. *Collect. max. Concil. Hisp.* pag. 79. & sequentibus, adiectis notis, sive commentariis. CARD. DE AGUIRRE.

Alpa-

(1) Rogaverat prior Pacianum Sempronianus per literas *De Catholico nomine*: id est *cur Catholici ita vocarentur*; ac *De venia pœnitentiæ*, sive *De reparatione post lapsum. Summatim* (inquit Pacianus *Epist. I. 3.*) *ad ea quæ scribere dignatus es colloquemur.*

(2) Pacianum Barthius *Lib. XLII. 27. pag. 1920. priscum & eruditum Scriptorem* vocat. Prodiere *Paciani quæ exstant opera, nimirum Parænesis: Epistolæ, ac De baptismo* Latinè atque Hispanicè Valentiæ nostræ 1780. interprete Vincentio Noguera Ramón Patricio Valentino patriæque urbis Decurione perpetuo ex Equestri Ordine, cum egregio Eiusdem commentario & animadversionibus, præmissaque Dissertatione de Paciani vita & gestis; ac de Ecclesiastica illius ævi disciplina, ex eodem Vati-

241. Λέρβος, ſive huius Græcæ appellationis opuſculum, quod S. Hieronymus laudat, hodie non exſtat; nec item quale fuerit novimus. Κέρδος alii nominant. Suſpicari an licet Κέρνος ſcriptum? quomodo vas quoddam fictile audiebat in loculos diſtinctum, quod variis fructibus onuſtum ſacris adhibere ſolebant veteres. Varium enim opus, ſi tale fuit, non ineptè, uti & πέπλοι, στρῶμα, Ἀμαλθείας κέρας, à varietate & copia vocari potuit (1).

242. Fruſtrà fuit qui aliud *adverſus Donatiſtas* opus Paciano attribuit Stephanus Salazarius Cartuſianus [u] (2).

[u] *Diſcurſos ſobre el Credo,* diſc. 16. cap. 2.

243. OLYMPIUM Epiſcopum Hiſpanum inter Scriptores Eccleſiaſticos à Gennadio memoratum, eo quòd non unus aut alter ex noſtris hiſtoricis Barcinonenſem Epiſcopum Paciani ſucceſſorem conſtituit, huc ſiſtere oportet. Gennadii hæc ſunt [x]: *Olympius natione Hiſpanus, Epiſcopus, ſcripſit librum Fidei adverſus eos qui naturam & non arbitrium in culpam vocant: oſtendens non creatione, ſed inobedientiâ inſertum naturæ malum.* Hunc inſigni encomio donavit S. Auguſtinus *contra Iulianum Pelagianum* ſcribens, paulò à principio libri: *Olympus* (ita legimus in noſtro codice ſancti Doctoris operum, non *Olympius*) *Hiſpanus Epiſcopus, vir magnæ in Eccleſia & in Chriſto gloriæ, in quodam ſermone Eccleſiaſtico: Si Fides, inquit, unquam in terris incorrupta manſiſſet* &c. Laudat hunc ipſum inter ſanctos Dei antiſtites, memorabileſque doctores, quorum teſtimoniis adverſus Iulianum agit lib. 2. cap. 10. & lib. 3. cap. 17.

[x] *De Script. Eccleſ.* cap. 23.

244. At Barcinone antiſtitem fuiſſe Catalani Scriptores catalogo Epiſcoporum huius urbis docti contendunt: quorum Hieronymus Paulus [y] Barcinonenſis, *peritiſſimus* (Surita etiam teſte) *antiquitatis vir*, coryphæus eſto, probatus aliis. Huius verba, nec fruſtrà, hìc dabo: *Ornavit & hæc tempora antiſtes Olympius, cuius ſigni exemplo Pontius Paulinus Aquitanicus ſacris noſtris in hac urbe initiatus ad Pontificatum Nolanum aſſumtus eſt. Huius exſtant epiſtolæ ad Licentium poetam, Aurelii Auguſtini alumnum, religionis & humanitatis plenæ.* Nempe hic auctor non ſolùm exiſtimâſſe videtur mihi, eundem Olympium hunc eſſe cuius Paulinus ipſe in epiſtola ad Pammachium his meminit: *Scriptis enim ſancti viri fratris noſtri Epiſcopi Olympii, communis unanimi, nuper accepi tam inopinatum mihi quàm inoptatum tui mœroris* (propter obitum Paulinæ coniugis) *indicium*: quo loco ſubſtituendum fortè *patris* pro *fratris* fuerit; hac enim appellatione vocari à nondum Epiſcopo debuit Epiſcopus [z]. Immo & non *Lampium*, ſed *Olympium* appellatum, qui Paulinum ſacris initavit. Quod quidem ſincerè ab Hieronymo Paulo dictum, vellit nobis aurem ut non temerè dubitemus de ſcripto *Lampii* apud Paulinum eundem [a] nomine; Olympiumque ſubrogandum, quomodo legiſſe doctus ille videtur vir, commodùm ſuſpicemur. Sed ſuſpicemur tantùm. Quippe nos tantiſper detinet, parum vero ſimile eſſe Paulum de obitu Paulinæ Pammachii coniugis Romæ defunctæ non priùs Nolæ audiviſſe, quàm ab Olympio ex Hiſpania ſic longè diſſita factus certior eſſet. Si autem non tanti eſt hìc obex, cetera conveniunt hactenus dictis. Decedente enim è vivis Paciano circa annum CCCXCI. uti ſuperiùs diximus, ordinatus Paulinus fuerit à ſucceſſore Olympio anno CCCXCIII. idemque eius meminerit ad Pammachium anno CCCXCVI. aut circiter ſcribens: deque annorum ratione conſulendus eſt Paulini doctus ac diligens illuſtrator [b]. Quod quidem egregiè confirmat nulla mentio Lampii in catalogo Barcinonenſium præſulum, ſed Olympii tantùm, poſt Pacianum facta (3).

[y] In *Barcinone* ſua. 2. volum. *Hiſp. illuſt.* pag. 842.

[z] Obſervat Chiffletius, ſed nihil tentat, in *Paulini illuſtr.* par. 2. cap 12.

[a] *Epiſt.* 47. *ad Alypium.*

[b] Chiffletius 2. par. cap. 4. & 10.

245. Olympium verò circa hæc tempo-

ticano DCCC. annorum Codice, olim Chriſtinæ Suecorum Reginæ, quo Card. Aguirrius uſus fuit *Tom. II. Concilior. Hiſp.* cuius exemplum Romæ cum eſſem ad annum 1756. deſcribi mihi curavi & cum autographo accuratiſſime conferri, ſingulari amico ac Benemerentiſſimo Ioſepho Climentio Barcinonenſi poſtea Epiſcopo gratificaturus: quo demum ſumtûs miniſtrante typis editum fuit. Vulgaverat pridem eadem Paciani opera è Chartulariis Barcinonenſibus Cl. Florezius *Hiſp. Sacr.* T. XXIX. à pag. 390.

(1) Λέρβος ſeu verius Κέρβος, *Cervulus*: cuius Pacianus bis meminit *in Paræneſi n.* 2. Invectiva ſcilicet contra ritus Paganicos Romæ & in Provinciis, atque in Hiſpania & Barcinone Calendis Ianuariis obſervari ſolitos: in quibus perſonati viri & mulieres aſſumtiſque cervorum, vitulorum atque hinnulorum formis per urbium compita incedentes, inſanis clamoribus ac tumultu omnia complebant: ut ex Tertulliano, Gratiano, & Concilior. Hiſpan. Canonibus oſtendit Cl. modò laudatus Interpres.

(2) Apud Montfauconium *Biblioth. Bibliothecar. T. II. pag.* 1384. *col.* 1. *n.* 325. legi: *Pacianus, De accentu in pergam.* cuius in ſequenti numero alterum exſtat exemplar; exiſtimo autem pro *Pacianus*, *Priſcianum* reſtituendum.

(3) Syllabus indubitatorum Eccleſiæ Barcinonenſis Præſulum à Cl. Matthæo Aymericho Barcinone anno 1760. vulgatus, *Nom. & act. Epiſc. Barcinon. pag.* 467. Paciano *Lampium* ſubiicit. *Lampius* (inquit) *quem alii vocant Lampadium* (nimirum Pſeudo-Dexter ad annum Chriſti CCCLXXXII. quo tempore in vivis adhuc erat Pacianus) *intra ſæcu-*

pora nec priùs floruisse, inde mihi non leviter probatur, quòd cùm talis vir fuerit & Scriptor Ecclesiasticus, minimè tamen illius mentionem S. Hieronymus fecerit, cuius catalogus ad annum CCCXCII. quo fuit absolutus, pertingit tantùm. Aliud quoque argumentum suboritur ex libri ab eo scripti proposito, quem, ut videbimus, adversus Priscillianistas circa hoc tempus grassantes elucubrâsse videtur. An autem idem cum eo fuerit Olympio cuius Concilio I. Toletano subscriptum nomen extat, ambiguum fortè erit: Baronio [c] affirmante, negantibus aliis, præsertim Hieronymo Romano de la Higuera [d]: qui eo argumento utitur. S. Augustinum ubi suprà Olympium eo ordine laudâsse, ut Hilario, Ambrosio, Basilio, Gregorio Nazianzeno, Ioanneque Chrysostomo priorem non obscurè significaverit. Nos cum Higuera convenimus, non quidem ut Olympium Scriptorem hunc excellentissimum præferamus ætate magnis illis doctoribus, aut ab exeunte quarto sæculo ad aliud quodvis tempus ablegemus; sed quia subscribens Gallæciæ Synodo, non Toletanæ, (ut in præcedentibus [e] de Audentio tractantes evincere conati sumus) nihil videtur cum Olympio Barcinonensi, si talis fuerit, commune habuisse. Nec tunc ordo ille servatus ab Augustino removere nos à statu debet. Aliàs Basilius post Chrysostomum nominatus non utique eum præcesserit; cùm revera Basilius anno CCCLXXVIII. Chrisostomus CDVII. mortem obierint.

[c] Tomo 5. ad ann. CDV. 58.

[d] *Hist. Tolet.* MS. lib. 9. c. 7.

[e] Cap. 5.

246. Sed bonum verbum, aiunt intercedentes Olympii Catalano præsulatui Toletanarum rerum Scriptores, qui Pseudo-Dextri verbo audiunt. Quibus placandis necesse erit ab Olympii vera aut vero simili saltem historia nuper ostensa fabulosam ei à Pseudo-Dextro imputatam seriò distinguere, Toletanamque sedem ab hoc falsò eis, si unquam aliàs, irrogato honore vindicare. De Olympio habes in eius Chronico insanè debacchantis ingenii hos saltus, mendacissimeque hinc unde corrogata ut solet plurium eiusdem appellationis hominum gesta, & in unum coacervata, ut munus sibi solenne Ecclesiæ & urbi amplissimis impudenter adulandi strenuè prosequeretur. *Natali Pontifici Toletano* (ad annum ait CCCLII.) *succedit Olympius vir pius & doctissimus, ad quem aliquotiens scribit Gregorius Nazianzenus. Hic fuerat priùs in Thracia Episcopus. Relegatus in exsilium venit in Hispanias, & fuit electus à Toletanis loco Natalis: qui editis libris mirè contra hæreticos sui temporis pugnat.* Rursusque ad annum CCCLVI. [f] *Olympio viro celeberrimo & sanctissimo, qui Fidei causâ multos & incredibiles labores passus est (nam tertiò pro defensione fidei catholicæ foris, & in Hispania etiam, Toleti exsulaverat Episcopus, librosque edidit, quos inscripsit ad Cælestinum consulem Bæticæ, qui postea martyr fuit) succedit in ea Sede Gregorius* &c. Et paulò post [g]: *Celebris habetur memoria S. Olympii apud Toletanos, qui anno CCCXLV. interfuit Concilio Cordubensi in causa Athanasii, quo frequentes Episcopi confluxerunt ex Hispania, Gallia, Italiaque, Germaniaque. Inter alios præter Olympium Costus Cæsaraugustanus, Marcellus Castulonensis*, &c. Itemque ad annum CDXXVIII. [h] *Celebris habetur in Carpetania memoria pii Pontificis Olympii, cuius liber* De Fide *ibi & alibi diligenter volvitur.*

[f] 1. §. 2.

[g] §. 3.

[h] §. 2.

247. Nondum tamen fabularum finis: nam Pseudo-Iuliano impositum inde fuit, ut somniare pergeret. Ad annum is CCCLIV. in *Chronico* [i]: *S. Olympius Episcopus Thraciæ quo tempore Natalis* (Episcopus Toletanus, quem fingit exsulem huius Sedis, creatum fuisse Mediolani antistitem) *mittitur in exsilium in Italiam, & ille mittitur in Hispaniam, vacanti sedi Toletanæ præfuit. Fuit Scriptor nobilis, & acerrimus Fidei defensor. Cùm esset Episcopus Thraciæ interfuit Concilio Gangrensi. Fuit natione Hispanus ex Olyssippone civitate Lusitaniæ. Successit Natalio anno CCCLII. ad annum CCCLX.* Notaverat priùs idem auctor [k], interfuisse Concilio Nicæno generali Olympium *alterius diœcesis Episcopum; pòst verò in exsilium ad Hispaniam missum, Episcopum Toletanum.* Item [l]: *Olympius collegit Toleti Concilium de recipiendis laicis* (immo *lapsis*) *iam pœnitentibus, & iis etiam qui cum illis unquam communionem subierunt.* Et paulo pòst [m]: *Sanctus Olympius anno CCCLIX. Concilio Ariminensi* CD. *Episcoporum*, CCCXX. *Catholicorum*, LXXX. *Arianorum, interfuit.*

[i] Num. 161.

[k] Ad ann. CCCXXIV. num. 150.

[l] Num. 162.

[m] Num. 166. ad annum CCCLIX.

248. Necnon & Pseudo-Luitprandus symbolam suam contulit. *Adversario* 152. *Duo fuerunt* (ait) *Archiepiscopi Toletani vocati Olympii: alter ex Episcopo Thraciæ, vir sanctus, qui successit Natali, cuius meminit S. Augustinus; alter qui interfuit Toletano Concilio ex Episcopo Oxomensi: uter-*

culum IV. sedebat. Sacris initiavit Sanctum Paulinum Nolanum postea Episcopum. Eadem ferè de *Lampii* nomine in eiusdem operis pagg. 29. & 251. in *Lampio.*

uterque tamen nobilis Scriptor. Olympium hunc secundum Toletanum Episcopum, Martini successorem, obiisse, locumque reliquisse Fætadio vacuum anno CDXXIV. annotavit etiam Pseudo-Dexter [n]. Tot fictiones ferme quot verba. Ea tamen omnia in aliquot capita collegimus, ut faciliùs recidamus.

[n] Ad hunc annum CDXXIV. §. 7. 9. & 15.

I. *Olympium Olyssipponensem patriâ fuisse.*

II. *In Thracia Episcopum, & interfuisse Concilio Gangrensi.*

III. *Scripsisse ad eum literas Gregorium Nazianzenum.*

IV. *Venisse exsulem in Hispaniam, ibique rexisse Ecclesiam Toletanam absente Natalio. Qui Natalius exsul & ipse ex Hispania factus fuit Mediolani Episcopus.*

V. *Interfuisse eum Concilio Cordubensi, quo absolutus fuit Athanasius anno* CCCXLV.

VI. *Successisse Natalio in sede Toletana anno* CCCLII.

VII. *Coegisse Concilium Toleti pro recipiendis lapsis ad pœnitentiam.*

VIII. *Ariminensi Concilio interfuisse anno* CCCLIX.

IX. *Scripsisse libros inscriptos ad Cælestinum consulem Bæticæ, qui martyr fuit.*

X. *Obiisse anno* CCCLX.

249. Quoad primum nonne iam à limine ipso translucet malè consiliati inventoris temeritas, credendum sibi non ægrè fore sperantis Hispanum natu, hoc est Latinum hominem, in Thracia hoc est Græcæ Ecclesiæ creatum fuisse Episcopum? Sed ut hoc magis clareat, veram Olympii huius Græci antistitis historiam recensere opus. Diversum ab Hispano fuisse tam certum est, quàm utique certum est unum atque eundem esse hominem eum qui sub speciosis istis veterum historicorum Dextri, Luitprandi, Iuliani, titulis iam diu ludificatur simplicium oculos.

250. II. Olympius Aeneos in Thracia Episcopus, qui Sardicensi Concilio anno CCCXLVII. interfuisse creditur, Arianorum operâ è sua Sede depulsus est. S. Athanasius *Diodorum quoque Episcopum* (ait in epist. *ad Solitarios*) *sua Sede expulerunt. Olympium item ex Aenis, & Theophilum ex Traianopoli, ambos Episcopos Thraciæ, bonos & orthodoxos viros, infensos hæresi, calumniis appetivere* &c. Et paulò pòst *: Habebat autem edictum, ut non solùm è civitatibus & Ecclesiis eiicerentur; sed & capitali pœna ubicumque inventi essent plecterentur.* Olimpii mentio quidem fit in eiusdem Concilii canone XXI. quamvis subscriptio eius inter aliorum non hodie legatur. S. Olympii Thraciæ Episcopi ab Arianis sede pulsi mentio habetur in Fastis sacris XII. Iunii. Quòd verò idem hic Olympius unus fuerit ex Gangrensis Concilii patribus [o], iam primùm fabulatoris mendacium est. Quid enim Thraciæ Europæ cum Gangris Asiæ, hoc est Paphlagoniæ, urbe? aut Thraciæ Episcopo cum provinciali tantùm XVI. Episcoporum Synodo? Hosius Cordubensis Apostolicæ sedis legatus in Oriente id temporis hoc munus gerens interfuit quidem; sed pater ideo hic appellatus Conciliorum, quòd Constantino gratus & à Sylvestro Papa delegatus rem catholicam ubique iussus fuerit in iis partibus solicitè procurare, neutiquam debet exemplo suo id facere, ut suspicemur de alienæ provinciæ aliis etiam ab eo Episcopis ad eam Synodum convenientibus.

[o] Agit de Gangrensi Synodo Baronius ad ann. CCCLXI. num. 44. & sequentibus.

251. III. Alterum ab hoc, & absurdissimum est mendacium, quod assumit planus de Gregorii Nazianzeni ad hunc Olympium Episcopum datis literis. Olympius etenim, ad quem literas dedit Nazianzenus frequentes [p], non Ecclesiæ, sed sæculi potestas fuit: quem iccircò Ἄρχοντα, *præsidem* in quibusdam earum [q] appellat magnus ille vir. Præses nimirum Cappadociæ secundæ, cuius urbs est Nazianzum, ut ex epist. eius I. constans est. Frustraque Bivarius excogitatâ temporis differentiâ effugere has contendit salebras, Olympium ex iudice seu præside potuisse fieri præsulem iactans. Huic asylo committere se harum nugarum propugnatoribus frequentissimè est opus. Nec tamen doctus vir fuisset ausus sic excusare, si animadvertisset longè priùs floruisse Olympium illum Thraciæ Episcopum in Episcopali munere, quàm alterum Olympium ad quem Nazianzenus scripsit in sæculari. Rem nemini dubiam assumimus. Olympius anno CCCXLVII. aut circiter passus est exsilium post Sardicensem Synodum, uti iam diximus, quo tempore iuvenis Gregorius Athenis cum Basilio iam forsan studiis vacabat. Gregorii verò literæ ad Olympium datæ sunt postquam administraret ipse pro parente suo Gregorio Nazianzi Ecclesiam, sive iam ei successisset. Siquidem sacerdotium & canitiem obtendit alicubi [r] Olympio, ut sibi in quadam re gratificetur; immo & postquam (ex epist. LXXVI. id colligo) renuntiato in sui Successorem Episcopatu ruri ageret à turbis remotus, post annum scilicet CCCLXXXII. [s] Quod tempus quadraginta ferè annis Olympii Thraciæ res & obitus præcessere.

[p] Ad Olympium inscriptæ sunt epistolæ 40. 76. 77. 78. 172. 173. 174. & aliæ.

[q] Epist. 50. & 76.

[r] Epist. 78.

[s] Vide Labbeum *De Script. Eccles.*

252. Idem etiam iste Olympius præses, aut alius, iudex fuit à Constantio Imperatore datus Photino Sirmiensium Epi-

Episcopo in Concilio Sardicensi damnato ab Olympio Thraciæ illo antistite cum aliis: cuius hominis Epiphanius meminit de Photiniana loquens hæresi [t]. Alius ergo & alius Olympius Thraciæ Episcopus, & Olympius ad quem literas Gregorius dedit, etiamsi de duobus unum coagulare hominem ut aliàs sæpiùs figlinæ suæ imposuerit Toletanus horum Chronicorum artifex. Quem quidem non temerè suspicor, si incidisset in Gregorii Nysseni libellum περὶ τελειότητος *De perfectione* Olympio monacho directum, Olympium Toletanum Episcopum diu post mortem ad monachatum Nyssenique familiaritatem resurgere fecisset.

[t] Hæresi 71.

253. IV. Episcoporum exsulum ea catastrophe, videlicet Olympii in Toletanam & Natalis Toletani in Mediolanensem Ecclesiam translatio, merum somnium est. In sede Mediolanensi nullus sedit per hæc tempora Natalis nomine, ac multò minùs post Eristagium quem finxit Pseudo-Iulianus [u]. Qui si Eustorgium dicere voluit sanctissimum istius Ecclesiæ præsulem, Iulius ei nec alius successisse videtur [x], qui anno CCCXXXVII. Synodo Romanæ sub Iulio Papa celebratæ subscripsit. Sed ais: inter Eustorgium & Iulium cur non locum Natali dabimus, Iuliani huius fide, qui opportunè adiunxisse videtur Natalem paulò post assumtionem suam in eam Ecclesiam vitâ fuisse functum? Bellus certè homo es, qui pro tuendis his nugis sic incautè argutaris. Si enim post Eustorgium Natalem admittimus Mediolani Episcopum: fateamur necesse est anno isto CCCXXXVII. quo Iulius eam Sedem tenebat, è vivis iam ad superos ablatum prædictum Natalem fuisse: nimirum decem ad minus integris annis ante Concilium Sardicense atque exsilium Olympii Thraciæ Episcopi, eiusque ut fingitur in Hispaniam adventûs, vicariamque Natalis in Toletano Episcopatu iniunctam exsuli curam, eiusdemque demum Natalis Archiepiscopatum Mediolanensem. Natalis ergo decem iam annis mortuus, Pseudo-Iuliani thaumaturgiâ vitæ redditus, Toleti, atque inde Mediolani fuit Episcopus.

[u] In *Chron.* ad ann. CCCLIV. num. 160.

[x] Vide Ughellium *Ital. sacr.* t. 4. In *Episc. Mediol.* col. 60. Baron. tom. 3. ad annum CCCXXXVII. 69. 73. & sequentibus. Iulium Maternum auctorem operis *De mysteriis, & erroribus profanarum religionum* ex coniectura existimantem.

254. Non dissimulabo exempli mei MSti. Chronici huius in quod invehimur, Dextri de Olympio verba. In synopsi brevissima trium priorum sæculorum cum quarti dimidio sic legitur:

Olympius Toletanus Episcop. ad annum CCCXLVIII.

Indeque in altera (*eiusdem Chronici*) parte iam integra, ut videtur, à dimidiato quarto sæculo usque ad annum CDXXX. anno scilicet CCCLI.

Olympio decrepito Episcopo Toletano Audentius, acri vir iudicio & mira eruditione succedit.

Hactenus sciebat eius temporis Dexter, qualis ille sit, cuius verba dedimus; qui tamen in hanc molem quâ nunc eruditis omnibus non tam horrori quàm ludibrio est, postea crevit.

255. V. Interfuisse Olympium Concilio Cordubensi quo absolutus fuit Athanasius anno CCCXLV. æquè falsum & absurdissimè confictum est. Nam vel adhuc Thraciæ Episcopus eo usque venit, vel è Toleto creatus iam ibi Episcopus, aut saltem Natalis vicarius. E Toleto minimè potuit anno CCCXLV. qui post biennium, anno CCCXLVII. unus è Sardicensibus fuit patribus, ac nonnisi absoluto Concilio adactus in exsilium ire. E Thracia autem vocari ad Cordubensem Synodum quî potuit? cùm præsertim, si quæ ea fuit provincialis, aut certè occidentalium Ecclesiarum tantùm fuit. Habemus enim in re testes omni exceptione maiores ad excludendum ab ea orientalem Episcopum. Quosnam? ais. Eosdem illos qui Cordubensem hanc soli constituunt Synodum, Dextrum nempe, atque eum bicorporem, primitivum & interpolatum. Excusus enim ita habet [y]: *Celebris habetur memoria Sancti Olympii apud Toletanos, qui anno* CCCXLV. *interfuit Concilio Cordubensi in causa Athanasii: quò frequentes Episcopi confluxerunt ex Hispania, Gallia, Italia, Germaniaque.* (ex orientali Ecclesia nullus, ut colligitur) *Inter alios* (prosequitur) *præter Olympium, Costus Cæsaraugustanus, Marcellus Castulonensis, Florentinus Emeritensis, Prætextatus Barcinonensis & alii, numero omnes centum, qui & Athanasium absolverunt* (1). Quantum mutatus ab illo qui olim fuit exstatque in exemplari nostro! *Hosii diligentiâ* (ad annum habet CCCLII.) *Cordubæ Synodus collecta in causa Athanasii. Interfuerunt illi Audentius Episcopus Toletanus, Sempronianus Hispalensis, Augustalis Illiberitanus, Costus Cæsaraugustanus, Annianus Castulonensis, Domitianus Pacis Augustæ, Floren-*

[y] Ad annum CCCLVI. num. 3.

(1) Totidem hæc atque ipsis verbis, atque eodem ordine leguntur in Matritensi Regio Pseudo-Dextri Codice, Higueræ ut videtur synchrono; nisi quod post Prætextatum Barcinonensem *Idatius Eborensis* additur: cuius nec in Pseudo-Dextri editis, neque in eo quod Nostro obtigit MS. exemplo mentio exstat ulla.

rentinus Emeritensis, Prætextatus Barcinonensis, & alii, numero quadraginta, Hosio præside: qui omnes Athanasium præsentem absolverunt.

256. Vides Olympii loco Audentium Toletanum hìc subrogatum, qui non anno CCCXLV. sed CCCLII. huic interfuerit non centum, sed quadraginta dumtaxat Episcoporum, Synodo; cum eoque audis laudatos Hispalensem & Illiberitanum, Annianumque (non Marcellum) Castulonensem cuius mentio in Sardicensi Concilio, Domitianum item Pacis Augustæ qui in eodem Sardicensi *de Asturica* dicitur facili errore; & quod præcipuum est, Athanasium ipsum præsentem fuisse: quod quali consilio sublatum fuerit à prioris temporis Dextro, nec interpolator aut reformator ipse dixerit.

257. VI. De Olympii post Natalem Episcopatu Toletano, si eventilemus ab eo Pseudo-Chronicorum nugas: catalogi huius Ecclesiæ testimonium perhibent, unà cum serie præsulum, quorum in canone Missæ Breviarii Isidoriani mentio fit. At nihil ultrà de eo homine certi.

258. VII. Concilium Toleti ab eo coactum pro recipiendis lapsis qui pœniterent, & iis etiam qui cum iisdem communicâssent, propter Luciferianorum eo tempore aliter sentientium dogma, Pseudo-Iulianus æquè infeliciter finxit. Obiisse enim Olympius ab eodem ficulneo auctore dicitur anno CCCLX. quo nondum Lucifer huius dogmatis auctor se à communione orthodoxorum separaverat: quæ unica potuit esse cogendi Concilii causa. Nihil enim huiuscemodi schismatis auditum fuit ante Alexandrinam Synodum, cui Lucifer ipse interfuit, anno CCCLXII. celebratam [z]. Cùm etenim hæc sanxisset, *exceptis hæresum auctoribus, pœnitentes Episcopos Ecclesiis suis sociari* debere, ut loquitur S. Hieronymus [a]: inde, & forsan ex nescio unde nata ei Lucifero cum Eusebio Vercellensi controversia, redeuntem à Concilio hæc sententia à vero deviare fecit, ut ne semel quidem in hæresin lapsos, sed neque cum iis communicantes ad pœnitentiam & communionem admitteret. Concilium ergo Toletanum de recipiendis lapsis triennio saltem integro præcessit omnem de recipiendis lapsis controversiam. Unde non Scriptorem tantùm celeberrimum aliaque imputata ei, sed & prophetam magnum Olympium fuisse necessarium est nobis affirmare, si desipere aut decipere volumus.

[z] Baron. hoc ann. num. 176.

[a] *Adv. Luciferianos* cap. 2.

259. VIII. & X. An verò interfuerit Olympius eidem Ariminensi Concilio anno CCCLIX. celebrato, conveniat priùs inter Iulianum ac Dextrum, quàm nobis imponatur suffragandi munus. Prior ait [b] Olympium, posterior verò [c] successorem eius Gregorium Synodo adfuisse. Nec minus variant hi testes in obitûs anno: Dextro CCCLVI. aut circiter, Iuliano CCCLX. assignantibus. Qua in re meminisse iuvabit observationis nostræ iam suprà inculcatæ: Hieronymum de Olympio inter Scriptores non locutum, Gennadium autem locutum: quòd nempe post scriptum Hieronymi catalogum anno CCCXCII. videatur Olympius floruisse ac scripsisse. Quod quidem de Olympio Toletano CCCLVI. aut saltem CCCLX. vitâ functo dici nequit. Valdè tamen notatu dignum est, Luitprandum iisdem his dolis consutum quibus Dexter Iulianusque, cùm videret huius ætatis Olympio minimè convenire posse Toletani Concilii I. subscriptionem, de qua nos in superioribus egimus: alterum Olympium Toletanum Episcopum laudâsse istius subscriptionis auctorem. *Duo fuerunt* (ait *Advers.* 170. aliàs 152.) *Archiepiscopi Toletani vocati Olympii: alter ex Episcopo Thraciæ, vir sanctus, qui successit Natali, cuius meminit Augustinus: alter qui interfuit Toletano Concilio ex Episcopo Oxomensi. Uterque tamen nobilis Scriptor.* Quod utique vanissimè dictum fuerit, si Dexter non vanus est. Hic enim scribens Asturium in sede Toletana collocatum iam esse, quo tempore celebratum fuit Toletanum hoc (ut vulgus hactenus existimavit) primum Concilium novendecim Episcoporum testimoniis roboratum: necessariò admittit Asturium, sive Asterium (uti Loaysa edidit) ibidem nomen suum professum, nec alium esse Toletanum præsentem ibi Episcopum. Quonam igitur accipiemus loco Olympium, dum Toletano minimè possumus? Oxomensis fortè ais Episcopi, ex quo factus postea fuerit Toletanus. Sed Luitprandus resistit apertissimè, Olympium affirmans interfuisse huic Concilio Toletano *ex Episcopo Oxomensi*, hoc est qui talis antea fuerat. Præterea Pseudo-Dexter post Audentium, quem obiisse ait anno CCCXCIII. Asturium Ecclesiæ Toletanæ usque ad annum CDXXIV. præfuisse scribit; nec Olympium hoc tempore intermedio alium agnoscit, ac multò minùs catalogi Episcoporum istius Ecclesiæ. Igitur conveniat priùs Luitprando cum Dextro suo, atque ei forsan assensum præstabimus.

[b] Ad ann. CCCLIX. n.166.

[c] Ad ann. CCCLVI. num. 2.

260. At cur dissimulem id quod in meo MSto. cod. *fragmentorum Dextri, Maxi-*

ximi & Luitprandi, quem penes me asservari iam sæpiùs monui, diversissimum à Dextri typis editi memoratis legitur testimoniis, & laudatis nuper Luitprandi verbis conforme; saltem ut ostendamus quantum ab eo, quod primùm Dexter fuit, sive verum sive fictum, postea mutaverit? Nempe in dicto codice utriusque Olympii Toletani fit mentio. Ad annum CCCLI. uti iam in superioribus in transcursu annotavimus, *Olympio decrepito Episcopo Toletano Audentius, acri vir iudicio & mira eruditione succedit*. Confer sìs cum hoc testimonio excusa Dextri de seniore isto Olympio testimonia. Miraberis audaciam aut inconstantiam malesani hominis. Ad annum CDVIII. *Asturio succedit Olympius Toletanus Episcopus, qui libris editis illustris evasit*. Et ad annum CDXII. *Olympio Toletano præsuli Pentadius sufficitur, qui cum patribus in Concilio Africano Pelagium damnat*. Unde colliges hunc auctorem (qualis ille sit) duplicem agnovisse Toletanum huius nominis præsulem: seniorem anno CCCLI. fato functum successori Audentio locum reliquisse, non tamen eum Scriptorem: iuniorem alterum ab anno CDVIII. ad annum CDXII. Episcopum, cuius decessor Asturius, successor autem Pentadius fuerit; huncque libris editis illustrem (1).

261. Verè, si tanta esset huius manuscripti fides ut tutò ei possemus assensum præstare, magis consentanea est aliis hæc relatio de utroque Olympio veteribus & fidelibus monumentis. Nam de priore Olympio series Toletanorum Episcoporum, cuius suprà meminimus, fidem facit. Secundus ille fuerit Scriptor à Sancto Augustino laudatus, circa annum CD. aut circiter florens, qui adversus Priscilliani hæresin stilum strinxerit. Huius enim, si verum audivimus, anno CDXII. è vivis sublati, meminisse uti iam demortui Augustinus quidem potuit in libris *adversus Iulianum Pelagianum* non ante annum ******* scriptis [d]. Quo cum rectè convenit Asturium in Concilio Toletano circa annum sæcularem CD. celebrato subscripsisse Toleti iam Episcopum, Olympium verò alterius Sedis. Hæc de Olympio, sive Barcinonensi sive Toletano, è tenebris utcumque in aliquam lucis usuram vindicato sic à me dicta sunto, ut nolim harum Ecclesiarum alteri caussam adiudicare. Nihil enim video adhuc in ulla earum partium solidæ ac certæ vetustatis argumentorum, quibus credere se veritas possit. (2).

[d] Vide Henricum de Noris in *Hist. Pelagiana.*

262. IX. Tandem ad scripta deventum Toletani Olympii. Scripsisse eum libros *De Fide*, seu *adversus hæreticos*, *ad Cælestinum consulem Bæticæ qui postea martyr fuit*, Pseudo-Dexter ait. Cælestinus Bæticæ consularis lectus ei apud Moralem nostrum [e] hæc tempora percurrentem occasio fuit nuncupationem fingendi. Exstat quidem in codice Theodosii quædam Constantii lex *De bonorum proscriptionis forma*, Cælestino consuli Bæticæ directa: quod

for-

[e] Lib. 10. cap. 38. *Histor. Hisp.*

(1) In Regio Matritensi Pseudo-Dextri Codice diversa ac subversa omnia. Primum enim ad annum CCCLI. nihil prorsus de Audentio, neque de decrepito Olympio; quin potius anno sequenti seu CCCLII. Olympius Natali Toletano sufficitur. CCCLII. *Natali Pontifici Toletano succedit Olympius vir pius & doctissimus ad quem aliquoties scripsit Gregorius Nazianzenus. Hic fuerat prius in Thracia Episcopus &c.* Moxque *Anno* CCCLVI. *Olympio viro celeberrimo & sanctissimo qui Fidei causa multos & incredibiles labores passus est, nam etiam Toleti exsulaverat Episcopus, succedit in ea Sede Gregorius vir sanctus qui interfuit Concilio Ariminensi & valde contradixit Ursacio & Valenti &c.* Rursum: *Ab anno* CCCLX. & ante CCCLXIV. *Audentius Archidiaconus Toletanusque civis res Ecclesiasticas Gregorio absente mirabiliter administrat*. Et anno CCCLXVI. *Gregorio succedit in Sede Toletana* PRIMA *Audentius natus Toleti, oriundus Sisiniâ oppido in Carpetanis Toleto XXIV. M. P. vir eximiæ sanctitatis &c.* Præterea circa annum CCCLXXX. *Asturius cognomento Serranus fit Lector ab Audentio Toletano;* & atque ad annum CCCXCVI. *Asturius cognomento Seramius qui successerat sanctissimo viro Audentio in Sede Toletana, ut sanctus vir colitur;* & ad CCCCV. *Asturius Toletanus Pontifex cognomento Serranus valde carus Flavio Maximo Imperatori, & Sancto Audentio fuit amicus;* idque indictis prorsus ad annum usque CCCCXIX. ac deinceps Olympio & Pentadio Toletanis, quorum in excusis meminit. Monstra quis tanta explicet?

(2) Raptim percurri Cl. Henrici Norisii Historiam Pelagianam ex Nostri præscripto in marginali è regione nota; neque tamen incidi in hunc quode agimus Olympium. Meminit eius Augustinus *Libr. contra Iulianum I. c.* 8. *Hispanum magnæque in Ecclesia & in Christo gloriæ virum* vocans; Sedem tamen non indicat. Et satius quidem meo iudicio fuerit de eo legere Cl. Matthæi Aymerichi Nomina & Acta Episcopor. Barcinonensium, qui Part. 1. §. XVII. pag. 33. hæc habet: *Quod sane eius* (nimirum ut bona derelicta primi occupantis fiant) *si in Historia valet, credo equidem Barcinonensem Ecclesiam Toletanæ non facile largituram Sanctum Olympium; hunc namque solùm post inventa Chronica suum faciunt Toletani, quum Barcinonenses multò ante Chronica fuisse Sanctum Olympium Præsulem Barcinonensis Ecclesiæ deprædicent*. Ac si primæ Toletanæ Synodo, quæ ipso sæculari anno CCCC. aut sequenti habita fuisse creditur, subscribit, ut vidimus, sexto loco Asterius sive Asturius, qui Ildefonso teste *Catal. viror. illustr.* Toletanus Episcopus fuit: Olympio qui inter eiusdem subscriptores XIV. ordine numeratur, alia profecto Sedes assignanda erit. Interea tamen magno molimine magnas in his tam scrupulose examinandis ac refellendis nugas egisse Noster existimandus est.

forsan muneris nomen compendio notatum visum eidem Pseudo-Dextro fuit *consulem* significare; ita enim Bivarius edidit, non *consularem*: quæ tamen periodus in Cari editione Hispalensi deest (1). Adeò inter exscriptiones hoc fabulosum Chronicon *vires acquirebat eundo*, ut Virgilius de fama ait. Ne autem fabula hìc consisteret, quæsitum in Martyrologio Cælestinum oportuit aliquem, cum isto consulari atque Olympii amico liberaliter coagmentandum; ac præstò fuit Cælestinus inter alios martyres Maii die secundo appellatus. Haud enim decuit Olympium alii, quàm futuro paulò pòst martyri, lucubrationes suas inscribere.

263. His autem iam dispulsis quæ ad pseudo-historicorum Olympium spectant, Gennadii Olympium scripsisse novimus *De Fide*, seu *Fidei librum adversus eos qui naturam & non arbitrium in culpam vocant: ostendens, non creatione, sed inobedientiâ insertum naturæ malum.* Adversus Manichæos, aut propriùs ac propiùs (ut ego existimo) adversus Priscillianistas Manichæorum propaginem, Hispaniæ, ubi Olympius scribebat, veluti propriam. Fato cuncta & sideribus Bardesanes primus, inde Manichæus, subiecerat: à quibus Priscillianistæ hausere; neque evitari posse malum, naturæ ipsi à mala mente insitum, frustraque esse liberum arbitrium. Pelagiani vero, ne in hanc voraginem præcipitarent, miserè in contrariam partem deerrârunt. Quare adversus eos præcipuè insurrexere, *qui cum in suis peccatis humanam voluntatem debeant accusare: naturam potiùs accusantes hominum, per illam se excusare conantur*, ut S. Augustinus ait initio libri *De natura & gratia.* Sed Pelagianorum dogma libero concedens omnia arbitrio gratiæ autem nihil, non minùs pestilens fuit quàm contraria tollentium libertatem: adversus quam hæresin Olympius *Fidei* opposuit scutum, *quam etiam literarum sæcularium auctores* (Augustinus ibidem ait Sallustium [f] intelligens) *graviter arguerunt, exclamantes: Falsò queritur de natura sua genus humanum.* Hanc pestem inquam contraxerunt Priscillianus atque eius asseclæ ab impio Manichæo, *qui fatalibus stellis homines* alligabat, *opificiumque omnis carnis non Deo bono & vero, sed malignis angelis* tribuebat, ut idem S. Doctor ait *De hæresibus ad Quod-vult-Deum* scribens [g]. Quare non temerè diximus, adversus hos sui temporis blasphemos calamum strinxisse Olympium. Cuius quidem aliud videtur opus *Sermo* ille *Ecclesiasticus*, ex quo verba desumsisse Augustinum [h] iam notavimus.

[f] Initio *De bello Iugurthino.*

[g] Hæresi 70.

[h] Lib. 1. *contra Iulian.*

264. Sed nonne *ad Licentium poetam* quasdam epistolas religionis & humanitatis plenas Hieronymus Paulus Olympio nostro tribuit? Ita videbitur ei, qui parum animadverterit Paulino eum has adscribere Aquitano, inter cuius opera vel hodie exstant [l]: uti & alia ad eundem S. Augustini [k], in huius quoque epistolis.

[l] Epist. 46. & inter Augustini 36.

[k] Epist. 39.

265. Quisnam tandem MARTINUS sit, sive MARTIANUS (antequam absolvamus caput hoc) Barcinonensis etiam Episcopus ac Scriptor clarus, discere aves qui Franciscum Tarafam legisti sic loquentem [l]: *Martianus per idem tempus urbis Barcinonensis Episcopus, tam vitâ quàm sermone clarus, scripsit varia opuscula.* Sed subiungit: *Crediderim verò esse Pacianum.* Attamen Hieronymus Puiades in Cataloniæ historia [m] vulgari utrumque agnoscit, & Pacianum & Martianum, Tarafæ opponens S. Hieronymum utriusque meminisse. Ego in sancti doctoris libello *De Scriptoribus Ecclesiasticis* Pacianum laudatum lego, Martinum seu Martianum non lego, neque in Episcoporum Barcinonensium albo Hieronymus Paulus olim hunc viderat [n] (2).

[l] *De Regibus Hisp. in Theodosio seniore. Hisp. illustr.* 1. tomo pag. 539.

[m] Lib. 5. cap. 24.

[n] Vide eum in *Barcinone* sua tom. 2. *Hisp. illustr.* pag. 847.

CAPUT VIII.

De DEXTRO *Paciani filio. Præfectum prætorio fuisse, non in Oriente, quod falsò supponit eius Pseudo-Chronicon, nec in Occidente toto sed in Italia. Forma inscribendarum ab omnibus simul Augustis constitutionum imperialium refertur. Auctor hic Hieronymo ut celebraret Ecclesiæ Scriptores.* Omnimodæ *eius* historiæ, *quæ periit, aliquam partem à sæculo ferè tamquam germanum esset Dextri opus, intrusam dolo & ambitione inventoris, ut Hispaniam falsis cumularet honoribus, merum figmentum esse: de quo nos alibi.*

266. HUIUSMET exeuntis sæculi absque dubio est DEXTRI memoria, quam conservavit Hispanis sui historici magnus doctor Hieronymus; neque est aliquid solidum ac certum, quod movere nos de-

Cc 2

(1) Deest quoque in Regio sæpius laudato Matritensi Pseudo-Dextri exemplo; nec ulla prorsus in eo Cælestini Bæticæ consulis, aut consularis viri, neque eiusdem martyrii exstat mentio. *Celebris* (inquit ad annum CCCCXXVIII.) *habetur in Carpetania memoria pii Pontificis Olympii: cuius liber De Fide ibi & alibi diligenter volvitur.* Nihil prætera.

(2) Neque eum in Syllabum indubitatorum Barcinonensis Ecclesiæ Præsulum Cl. Matthæus Aymerichus retulit. Vide. Eiusdem *Nom. & Act. Barc. Præs. pag.* 467.

debeat, ut hinc ad sequens sæculum quintum res eius transferamus. Pacianum Episcopum Barcinonensem egregiumque Scriptorem nuper laudatum dimisimus. Huius filius Dexter fuit clarus parente optimo, clarus literis & honoribus gestis in sæculo. Vetus, inquam, & verus Dexter, quem unus S. Hieronymus non semel aut sine peculiari elogio posteritati commendavit. Quod nomen iam hoc sæculo ex innocenti & laudabili, fatalitate quadam in contrarium adeò degenerâsse ut fictitii ac sublesti proverbialis ferè appellatio sit, maximopere dolent probi ac seriò docti quique, Hispanique nominis verè amantes. Natus quippe ante octoginta fermè annos Dextri illius antiqui schemate sese venditans novitius alter: quem brevi sive propitia sive sinistra fama pro varia hominum opinione, per totum Latini orbis spatium enormiter famosum volare fecit. Sed hìc nondum nos Icaro huic cereis pennis audacissimè innixo verum historiæ solem in ruinam exitiumque opponemus, cum id peculiari opere à nobis procurandum sit; sed germanum Dextrum Paciani filium mutuatis ab Stridonensi magno encomiaste vivis coloribus describere opus & consilium est.

267. De patria nihil habemus dicere, nisi quòd Paciano Barcilone Episcopo natus nostras vulgò habitus sit, reclamante nullo aut aliorsum trahente. Sæculari autem militiæ dato nomine, variisque ut solet gestis reipublicæ muneribus, ad supremum tandem μετὰ τὰ σκῆπτρα (ut ait Zosimus) *citra regium* auctoritatis culmen in Occidente fuit assumtus anno Christiano CCCXCV. aut circiter. Hoc enim anno quo Coss. fuere Holybrius & Probinus, diemque suum obiit Theodosius Imper. *Dextro P. P.* (*Præfecto Prætorio*) directæ sunt leges aliquot in codice Theodosiano: nempe Lex LIII. & Lex LIV. *De cursu publico*: Lex II. *De indulgentiis debitorum*: Lex II. *Si quis pecunias conflav.* Lex V. *De executoribus & exactionibus*: Lex CXLVI. *De decurionibus*: omnes in eodem Theodosiano codice. In Occidente diximus, non in Oriente: quæ una è fabulis de Dextro iactatis. Nam cùm hæ leges sive mandata Mediolani concepta sint, quæ urbs Italiæ celeberrima ditionis fuit Imperatoris Honorii, eiusquè Occidentalis imperii propriæ (in qua commoratum hoc anno eundem Honorium exequiasque Theodosio parenti celebrâsse non sinit nos ambigere S. Ambrosii ea quam habuit coram eo laudatoria piissimi principis oratio): certissimum haberi debet Honorii has esse constitutiones ad Præfectum suo in occidentalibus partibus non in orientalibus prætorio directas; quantumvis uterque Cæsar (*Arcadius & Honorius*) his inscriptus ex more sit. In qualibet enim alterutrius, vel cuiuscumque ex pluribus Imperatoris sanctione, ætatis quâ nati sunt aut quâ rebus quique præesse cœperunt ordine servato, inscribebantur simul omnes uti sanctionis auctores: quasi unius eiusdem atque indivisi Imperii divisisse inter se administrationis curam, non principatûs maiestatem videri vellent.

268. Nec S. Hieronymus in *Apologia adversus Rufinum* secunda quicquam ait, nisi Præfectum prætorio fuisse. *Ante annos ferme decem, cùm Dexter amicus meus, qui præfecturam administravit prætorii, me rogâsset.* Nec tamen totius Occidentis præfecturam attribuimus Dextro, quæ nulla huius temporis tam ampla fuit; sed Italiæ, ex divisione Constantini sat vulgo notâ quatuor præfecturarum. Idque inde colligitur, quòd in laudata lege II. cod. Theodos. *De indulgentiis debitorum*, res ordinetur provinciæ Campaniæ quæ ad Præfectum Italiæ spectabat. Nec remorari nos debet nota illa inscriptionis harum legum, nempe LIII. & LIV. *De cursu publico*, quibus aliæ similes sunt in eodem titulo: *Dextro PP. O.* quæ quidem in ceteris deest. Vel enim *O* litera per compendium significat *Præfecto Prætorio*, non *Prætorii* legendum; vel si Orientis præfecturam denotare aliàs solet [a], hìc saltem, ubi apertissimè res ad præfecturam spectat Italiæ, vitiosa & supposititia est.

269. Hunc eundem, nec alium fuisse Dextrum existimo, ad quem anno quo Coss. fuere Valentinianus IV. & Eutropius, scilicet redemtionis nostræ CCCLXXXVII. Comitem per id tempus rerum privatarum, nuncupata fuit Lex II. in codice Iustinianæo *Ne rei dominicæ vel templorum* &c. sub Theodosio scilicet Magno in Orientis partibus; nam Constantinopoli, ubi hoc anno is fuit, lex data legitur. Ad quod munus fortè, nisi & alia fuerint, non ad præfecturam quæ nondum ei obvenerat respiciens Hieronymus anno CCCXCII. quo Scriptores laudabat Ecclesiasticos: *clarum apud sæculum* pronuntiavit nostrum. *Dexter* (inquit) *Paciani, de quo suprà dixi, filius, clarus apud sæculum, & Christi fidei deditus, fertur ad me* Omnimodam historiam *texuisse, quam nondum legi.*

270. Hic ipse sic animatus vir in studia historica solicitavit anxiè magnum eun-

[a] Ut observat Ursatus *De Notis Romanorum* pag. 366.

eundem Hieronymum ad colligendum ac describendum Ecclesiasticos Scriptores, eo libello quo vix alium utiliorem veteres membranæ nobis conservavere. Iccircò ei, quem hortatorem elucubrandi operis sibi fatetur fuisse, nuncupatione illius dignari æquum existimavit Hieronymus. *Hortaris Dexter* (ait in procemio) *ut Tranquillum sequens, Ecclesiasticos Scriptores in ordinem digeram*, &c. Qui paulò infrà Dextri eloquentiam non obscurè annotâsse videri potest, dum Ciceronem *suum Dextri* vocat. *Itaque Dominum Iesum Christum precor, ut quod Cicero tuus qui in arce Romanæ eloquentiæ stetit, non est facere dedignatus in Bruto, Oratorum Latinæ linguæ texens catalogum: id ego in Ecclesiæ eius Scriptoribus enumerandis dignè cohortatione tua impleam.*

271. *Omnimodam* hanc talis viri *historiam* in deperditis habuere undecim ferè sæculorum, qui his delectarentur studiis, homines: quorum quidem ad aures nihil de Dextro & scriptis eius aliud, quàm quod à Hieronymo erga eum amor ac viri fama expresserat, pervenisse legimus. Quum repentè, dum retrò proximum exiret sæculum, percrebescere rumor cœpit de inventa in Germaniæ quodam angulo memorata historia [p]. Auctor rei Iesuitarum sodalis quidam, Hieronymus Romanus de la Higuera nomine, Toletanus patriâ, undique munitus vir subsidiis curiosæ omnis quâ historica constat res doctrinæ. Amicis hic nuntiavit primùm, atque inde amicorum ope quemvis alium per Hispanias certiorem fieri voluit, remissum sibi à Thoma de Torralba eiusdem Societatis è Germaniæ Wormatia urbe *Dextri Chronicon*, sive *Historiam omnimodam*, unà cum M. Maximi, aliorumque Continuatorum fragmentis. Offendisse aiebat hunc Torralbam quendam istius urbis civem dum inter Germanos peregrinatur, qui penes se Fuldensi è bibliotheca ut referebat acceptum hunc thesaurum servabat: quem cum redimere ab eo vellet, frustrà fuit; codicem exscribendi permissione contentus. Atque huius exempli à Torralba excepti, sibique officiosè veluti ad præceptorem anno MDXCIV. transmissi, possessionem ubique iactabat, communicans inde per literas doctis sibique familiaribus aliquot viris, fragmenta quædam quæ ad momenta eorum pertinerent: ægrè se continens præ gaudio Higuera. Idem tamen post aliquot annos exempla alia huius sui exempli è manibus abire permisit. Quorum aliquod Cæsaraugustæ repertum, Ioannes Calderon Franciscanus anno MDCXIX. typis in eadem urbe committi curavit primus.

[p] Inventionis historiam referunt Didacus Murillus in *Histor. de N. Señora del Pilar*, cap. 4. & in *Apologetici eiusdem Historiæ* prologo. Franciscus Portocarrero *Vida de S. Ildefonso*, in procemio. Ioannes Calderon in præfatione Cæsaraugustanæ Dextri editionis. Franciscus Bivarius in *Apologia pro Dextro* editionis Lugdunensis, & in *Censura oper. Luitprandi* editionis Antuerpiensis, aliique.

272. Visa tamen in publica hominum luce illustrium horum virorum aliàs celebrium tam propitia secundaque rebus Hispaniæ nostræ monumenta, veluti ex orci faucibus erepta: mirum quantum exsultare, subsultare omnes qui aliquo honoris sensu pietatisve tangerentur statim fecere: provincias, urbes, Ecclesiarum collegia sacra, religiosorum hominum cœtus efferre se, ac nova sibi delata in gremium clarissimorum civium, sodalium, tutelarium, inclytarum actionum gestorumque olim famæ celebris ornamenta iactare, conferreque invicem & gratulari: tamquam si Pyrenæi saltus igne iterum correpti, Hispaniæ quanta est fines omnes metallorum liquefactorum torrentibus inundavissent. Hinc eruditiores curâ etiam solicitare ut ingruentem lætitiam non cæca mente, sed oculata suique ac suorum bonorum consciâ, suscepisse viderentur.

273. Eodem enim ferè tempore Rodericus Carus Utrariensis presbyter, Franciscus Bivarius Cisterciensis monachus, Thomas Tamaius Vargas regius historicus propugnandæ, exponendæ, illustrandæ, atque ornandæ huic Spartæ industriam omnem ingeniique atque eruditionis vires quibus pollebant maximis contulere. Carus expedivit certe rem edito Dextri ac Maximi systemate ex collatione aliquot MStorum. exemplarium, brevibusque Notis sed elegantibus & ingenuis munito, Hispali anno MDCXXVII. Bivario seriùs agenti volumen excidit satis grande soli Dextro impensum, Lugduni eodem anno; cum præcessisset utique triennio integro Thomæ Tamaii iustum opus sub *Dextri defensi* seu *Novitatum antiquarum* vulgari titulo, recens repertum Chronicon veteri auctori asserens, veraque esse maximo conatu contendens omnia in eo comprehensa, aut saltem falsa certò haud esse. Taceo innumeros qui aliud agentes, historias nempe regnorum, urbium, sacrarum familiarum, domorumve, generales, particulares, elogia, apologetica rerum Hispaniarum scribentes, Dextri versibus complevere omnes paginas: monetâ hac uti legitima passim expensa perque omnium sinus liberaliter sparsa.

274. At quamvis huic facilitati res tam novas temerè credendi, non unus aut alter ex nostris cui dextra in parte mamillæ cor saliret, indignatus, continere intra prudentiæ limites civium nostrorum philautiam quæ verè iudicii omnes faciebat partes, tam verbis præsentes quàm scri-

ſcripto per literas diu procuraviſſent : victi demum ſuppreſſique, & quaſi tacere compulſi ſunt prævalente ſuffragiorum numero, ac lenocinante cæco patriæ amori novæ mercis cupiditate. Niſi quod ante aliquot annos re pœnitiùs conſiderata, caſuque repertis non quidem levibus ſuſpicionis argumentis, negotium pænè iam apud nos confectum retractari cœpit, advocatâ ad partes liberè ſentiendi quâ rationis compotes ſumus ac dicimur facultate; fereque iam eò res proceſſit ut admoneri ſe noſtri cives non ægrè patiantur, à novis his chronologis hiſtoriæ noſtræ non lætas vires, ſed tumorem inditum; & quæ turgida & inflata ſit, habitiorem falsò apparere.

275. Sed quia de his fabulis peculiariter agendum nobis eſt in cenſura eiuſdem Pſeudo-Dextri, *Omnimodam* veri & germani Dextri *hiſtoriam* loculis bibliothecæ noſtræ Hiſpanorum Scriptorum, deperditam hodie iam, aut latentem inferimus tantùm, & ad alia pergimus : contenti annotâſſe obiter penes me eſſe illius Chronici, ſeu Chronicorum Dextri, Maximi, atque Luitprandi exemplum, quæ primò vel habuit, vel iactavit ſe habere Hieronymus Higuera (an è Germania accepta non auſim dicere); idque ab editis ſub eorum nomine in publicam lucem diverſiſſimum.

276. Stupes, Lector, demiratus confidentiam cenſuræ? Placaberis, ſpero, gratiaſque mihi de indicio habebis, quum collatis inter ſe Dextri nomine inſcripto & vulgari Chronico, nullam ut præſefert iacturam paſſo, ac noſtro altero acephalo maiorique ex parte mutilo, quod ad finem huius bibliothecæ partis edi curabimus; perpenſiſque noſtris ſuo tempore ſufficiendis pro huius poſterioris conſtantiori fide argumentis, ad occultum hactenus aut nondum ſatis reſeratum temerariæ aut veriùs impiæ ſuppoſitionis myſterium, manu & oculis contrectandum introducêris. Quære id Chronicorum fragmentum ad calcem operis, præambulamque noſtram annotationem (1).

CAPUT IX.

AVIENUM *Hiſpanum fuiſſe non eſſe improbabile, ac Theodoſiani ævi.* Noſtrum mare *Latini dixere de mediterraneo. Multus hic in Hiſpania & Hiſpanis laudandis. Punicis libris doctus. His nonniſi in Latinum converſis Plinium & alios fuiſſe uſos. Avienus ſynchronus S. Hieronymi, dialogiſta forſan in Macrobii* Saturnalibus, *& ad Theodoſium Macrobium directus Avieni liber Fabularum. Ethnicuſne an Chriſtianus? Phænomenon initium Platonem cum dictatis Chriſtianis exprimens. Expenditur eius alius locus Chriſtianiſmum ſapiens. Veterum ethnicorum mos imprecandi hoſtibus mala. Avieni poemata. Dioniſii Afri* περιήγησις, *atque eius è Græco interpretes. Arati* Phænomena *quinam in Latinum verterint.* De ora maritima *liber Avieni imperfectus. Verſus ex prologo correctiores dantur. Livii interpretatio carmine Iambico.* Fabularum *liber an eiuſdem ſit? Ioannis Balæi Angli de Rufino quodam auctore inepta aſſertio. D. Petrus Melian laudatur, cuius eſt editio ultima operum Avieni. Non eius videri* Rerum Romanarum *Rufi Feſti* epitomen. *Avieni elegantia. Pſeudo-Maximi & Pſeudo-Luitprandi de Avieno contraria & nugacia teſtimonia.*

277. AVIENUM huc ad Scriptorum Hiſpanorum augendum numerum, ſub idemque Theodoſii Magni ſive ſenioris, quo Dexter floruit, ſæculum non importunè advocamus. Nam & Hiſpanum natu fuiſſe hunc poetam, qui tribus libris ſuis nunc exſtantibus verſu luſtravit (ut cum alio poeta dicam)

Quod cælum, quod terra tenet, quod continet æquor,

non utique nos Hiſpani abſque virorum haud infimi ſubſellii peregrè natorum prævia conteſtatione temerè aſſumimus; & huius temporis eundem fuiſſe æqualem, poſtquam de patria quod ſcitu dignum ſit non vanè coniectari viros undique doctiſſimos oſtendemus. Petrus Crinitus [q], & Lilius Gyraldus [r] poetarum celebratores, Avieno apud nos patriam ex aliorum tribuunt opinione, quibus nec ipſi intercedunt. Hos ſequuntur paſſim noſtri: Damianus Goeſius [s] *De Hiſpania* ad Petrum Nannium ſcribens, Ioannes Vaſæus in *Chronico* [t], Alphonſus Garſias Matamorus *De doctis Hiſpaniæ viris* diſſerens [u], Ambroſius Morales lib. 10. cap. 34. Ioannes Mariana lib. 4. cap. 14. *Hiſpanæ hiſtoriæ.*

278. Sed arenæ ædificant qui teſtimonio eiuſdem poetæ utuntur [x], ex quo in libello *Oræ maritimæ*, mare illud quo Hiſpana ora alluitur, *mare noſtrum* dixerit [y]:

——— ut gurges hic noſtri maris
Longè explicetur, ut Atlanticus ſinus;

Et rurſus [z]:

In

[q] Lib. 5. *De poetis* cap. 80.
[r] Dial. 4. *De poetis* pag. 191.
[s] In *Hiſp. Illuſt.* tom. 1. pag. 1166.
[t] Ante ann. CCCXIV. *Hiſp. Illuſt.* tom. 1. pag. 650.
[u] *Hiſp. Illuſt.* tom. 2. pag. 809.
[x] Pet. Melian in *epiſt. nuncup.* edit. *Avieni operum.* Bivar. *ad Maximum* pag. 188.
[y] v. 83.
[z] v. 56.

(1) Habetur in fine ſecundi huius Bibliothecæ voluminis, poſt *Scriptores incerti temporis.*

In usque glebam proruit nostrum mare;
Necnon, &c. [a]

——————— *Si quis ad nostrum mare,*
Malacæque portum semitam tetenderit.

Mare enim *nostrum* omnes promiscuè Latini auctores appellavere id quod ex oceano per fretum Gaditanum infunditur, ac mediterraneum quasi inter Europam, Asiam, & Africam medium vocamus. *Id omne, quà venit quaque dispergitur, uno vocabulo* nostrum mare *dicitur*, ait Mela in principio *Operis geographici*. Et Orosius [b]: *Unde mare nostrum, quod Tyrrhenum vocatur, immittitur;* passimque observatur à recentioribus geographis [c].

279. Meliori argumento patriam Hispanam tuentur [d] qui laudes huic genti datas, Gallis autem denegatas; præsentemque observâsse poetam quod de nostra Tartesso seu Gadibus refert id innuere colligunt. In *Descriptione orbis terræ*, sive Dionisii translatione, *magnanimos Iberos*, *truces* autem *Gallos* vocat [e]:

——————— *Tellus Europa columnis*
Proxima magnanimos alit æquo cespite
Iberos (1);

Et paulò pòst [f]

Gallorumque truces populi per inhospita terræ
Vitam agitant.

Quæ autem de Gadibus stilo duxit, hausisse oculis se, his prodit in altero opere *Oræ maritimæ* [g]:

——————— *Ipsa Tartessus priùs*
Cognominata est, multa & opulens civitas
Ævo vetusto, nunc egena, nunc brevis,
Nunc destituta, nunc ruinarum agger [h] *est.*
Nos hoc locorum præter Herculaneam
Solennitatem vidimus miri nihil.

Observavit rectè etiam Franciscus Bivarius [i] auctoris tædium in versu exprimendis Gallis populorum nominibus [k], cùm de Hispanis nîl huiusmodi conqueratur. Accedit quòd multus est in describendis quæ circa fretum atque Herculis columnas sunt, nec ab his locis facilè discedit; cùm *Oræ* opus quod aggreditur *maritimæ* totius interni maris, usque ad specialem Taurici ponti à se petitam, ut ex initio constat, ita prolixum sit, ut nisi singulis partibus haud lentè peragratis vix potuerit ad exitum longissimæ viæ pertingere (2).

280. Forsan huic suspicioni opitulatur, quòd Avienus uti in Hispania ortus quæ Pœnos tot sæculis sive commercio sive servitio coluit, monumenta Punicorum librorum familiaria sibi fecit iisque usus fuit. Hæc enim sequitur in *Oræ* descriptione; non quidem *Hannonis Periplo* [l], quem Græcè translatum uti nunc exstat consulere potuit, aut Iubæ operibus Græcè loquentibus [m]; sed Himilconis, & aliis Punicorum Annalibus disertè laudatis [n]:

La-

[a] v. 180.

[b] Lib. 1. c. 2.

[c] Merula *Cosmog.* par. 1. lib. 3. Brietius in *Parallelis geogr.* par. 1. lib. 6. cap. 3.

[d] Bivarius ubi proximè.

[e] v. 415.

[f] v. 422.

[g] v. 269.

[h] Ita pro *ager* voluit Barthius lib. 28. *Adv.* 14. & consonat v. 592.

[i] Ad Dextrum ann.....

[k] *Oræ marit.* v. 668.

[l] Quem Solinus intelligit c. 27. in fine, de quo Vossius *De H. G.* lib. 4. c. 20. pag. 513.

[m] Idem lib. 2. cap. 4.

[n] v. 382.

(1) Atqui hæc Hispanorum laus à Dionysio potius, cuius hoc loco Avienus interpretem aut paraphrasten agit, profecta. Dionysius enim non semel *Iberos*, *eorumque gentem liberosque*, *magnanimos*, *illustres*, *multumque expetitos* sive *optatissimos*, vocat in *Descript. Orb.* nimirum vers. 282.

. . . . μεγαθύμων ἔθνος Ἰβήρων·
Et v. 334 . . . . ἀγαυῶν ἐςὶν Ἰβήρων·
Et 564 . . . . ἀγαυῶν παῖδες Ἰβήρων·
Et 485 . . . . τριλλίςοιν. . . . ἔθνος Ἰβήρων.

(2) Sane quæ de Gadibus hoc loco Noster ex Avieno, quæque paulo ante Avienus ipse de Tartesso, id est de prisco eius Urbis nomine, potentia, celebritate, deque Iubæ in eadem Duumviratu: de columnis Herculis: de cyanea marmoris in profundo maris imagine seu tænia, cuius à se quoque observatæ Nubiensis meminit (*clim. IV. part. I. pag.* 148.): præcipue vero peculiaris montium, fluminum, gentium, populorum & urbium oræ maritimæ Hispaniæ descriptio à Sacro ad Occasum promontorio ad paludem Taurum dictam in Orientali plaga, & Oranum fluvium, cuius, ut idem ait

. . . . *alveo*
Ibera tellus, atque Ligyes asperi
Intersecantur:

per Anam nimirum & Cynetas (Cuneum): per Tartessum fluvium (Bætin), Tartessiosque inde agrum & populos: per Gades, Montem argentarium (*Arenas-gordas* argenti stannive speciem referentes): per Carteram insulam (Carteiam, aut ei proximam *Algeciras* sive *Insulam viridem* جزيرة الخضرا *Gezirat-alchâdhra* Arabibus dictam): per Malacam fluvium & urbem Mœnace olim appellatam: per Sisurum montem, vastamque cautem quæ mare intrat profundum, à Phœnicibus cultam, Tartessiorum terminum (Charidemum promontorium ad Murgin hodie *Muxâcra*, Plinio Bæticæ finem): per inhospitales arenas, desertam tellurem orba cultorum sola (Mavitaniam & Deitaniam Plinii): per Natium portum (Cartaginem novam): per Ilerdam in ora (Ilicen sive Ilicitanum portum, hodie *Santa Pola*): Hemeroscopium (Dianium, *Denia*): Sitanam urbem propinquo ab amne Sucrone, *Xúcar*, sic vocatam (hodie *Cullêra*, non Sætabin sive *Xátiva* quæ urbs mediterranea est): per Tyrin (Valentiam nostram): per Caprasiæ iugum (*Cabo de Oropêsa*): Chersonesum (Peñiscola): Naccararum paludem (*L' Estány* sive Stagnum): Tyrichas nobiles (*Tyrig*): Montem Sellum (*Côll de l' alva*): Hylacten, Hystram, Sarnam (oppida ad Iberi fauces in utraque ripa atque ad proximi maris oram, *Amposta*, *Sant Iórdi*, *Hospitalêt*, *Cambrils*) Salauri (*Salóu*): Tarraconem, Barcinonem, Indigetas, Cæretas, seu Cæretanos, notas urbes populosque usque ad amnem Roschinum, atque Hispaniæ terminum: hæc inquam peculiaris prolixaque tot locorum apud Avienum descriptio (quorum nonnullis hodierna nomina per coniecturam adiunximus): facile persuadet ab ipso perlustrata pedibusque trita, saltem ei non incognita fuisse, neque ingratam eorumdem recensionem; cum contrà, ubi ad Ligyes & Galliam, sive ad Occitaniam & Provinciam devenit, vix unius Arelates & Massiliæ notarum scilicet urbium, & forsan Biterrarum *Bésara* meminerit.

Latè patere pelagus, extendi salum,
Himilco tradit;

Et mox [o]:

Hæc olim Himilco Pœnus oceano super
Spectâsse semet, & probâsse retulit.
Hæc nos ab imis Punicorum Annalibus
Prolata longo tempore edidimus tibi.

Non enim Romanis patens aditus ad hos libros nisi interpretationis auxilio, aut quòd iam apud eundem Iubam res in iis contentæ legerentur. Salustius [p] ideo Africæ origines se referre ait, uti *ex libris Punicis, qui Regis Hiempsalis dicebantur, interpretatum* sibi esset. Et Ammianus de Nili fontibus agens, Punicos libros, sed ex Iubæ fide, laudat [q]: *Rex autem Iuba Punicorum confisus textu librorum à monte quodam oriri eum exponit*, &c. Nec Plinius orbem atque in eo Africam descripturus, aut Himilconis aut librorum Punicorum testimonio utitur, quantumvis & Hannonis & Iubæ utatur; legamus licèt in elencho lib. 5. quo Africa describitur, inter alios auctores, Himilconis nomen. Hæc de patria Hispania; siquidem nonnisi coniecturis nos uti posse silentium auctoris in causa fuit, in tot geographicis locorum laudibus sui obliti.

281. De ætate autem non una sententia est. Nam præterquamquod secundo eum vixisse sæculo Genebrardus [r], Thevetusque [s] scriptum reliquerint, quos iure sugillat Vossius [t]: ad Diocletiani tempora eum pertinere nescio quo motus existimavit Crinitus, fereque idem credidit Vasæus [u], & Ioannes Mariana [x] eum sequentes. Sed ad hæc quæ nunc persequimur attigisse pertinereque, S. Hieronymus dubitare nos ultrà non sinit, Avienum uti æqualem laudans in commentariis Paulinæ ad Titum epistolæ: *Hemistichium* (inquit) *in Phænomenis Arati legitur, quem Cicero in Latinum sermonem transtulit, & Germanicus Cæsar, & nuper Avienus.* Quod adverbium ad centesimum usque annum retrotrahi posse audebit nemo dicere. *Nuper* enim, ut Festus ait [y], est *quasi noviper, quamquam dicamus novissimè.* Ita enim legendum, non *quasi noviter* quod aliàs editur, Iovianum Pontanum [z] secutus & bonos codices Gerardus Vossius in *Etymologico* monuit postumo [a].

282. Adstipulantur coniecturæ. Nam idem videtur noster atque Avienus collocutor, cum aliis Theodosiani ævi, *Saturnaliorum* Aurelii Theodosii Macrobii operis, ac Theodosius hic ipse ille ad quem directus est *Fabularum* Avieno inscriptarum liber. Ex more huius ævi, quo pluribus nominibus, proprio tamen uno tandem posito, nuncupari amabant, annotante viro clariss. Iacobo Sirmondo in Notis ad Sidonii operum præfationem. Certè ex Macrobii opere isto constat Avienum eo tempore quo dialogistam agere iussus fuit, iuvenem adhuc esse. *Verecundiam* enim *Avieni probi adolescentis* iuvare Servius rogatur lib. 6. cap. 7. cui convenit libri 7. caput 4. Macrobium autem Theodosium æqualem Imperatori Theodosio Magno & eius filiis vixisse, ex l. *Unica* tit. *De præpositis sacri cubiculi* Theodosiani codicis, quæ Honorii atque Theodosii est, constat; quippe quam pertinere ad *Saturnaliorum* Scriptorem cum Scaligero, Pontano, Vossioque, Iacobus Gotofredus in eiusdem legis commentario censet [b]. Eius enim temporis sunt Vettius Prætextatus, Flavianus, Cæcina Albinus, admissi ad colloquendum in dicto opere, ut ex inscriptionibus constat quas Isaacus Pontanus in Notis ad eiusdem cap. 17. lib 1. produxit.

283. Displicet autem nobis valdè, quòd Avienus hic *Saturnaliorum* dialogista ethnicum hominem præ se fert, ut alii omnes: quorum non alius pet totum opus nisi de diis Gentilitatis sermo. Avidissimè enim credimus Avienum poetam Christianum fuisse, aut Christianorum dogmatum gnarum & amantem. Nîl quippe sonant magis quàm Christianam philosophiam Theologiamque revelatam, quamvis sub Platonis aliorumve doctrinæ velo explicitam: quæque *Aratæorum Phænomenon* principium de Deo & invocatione eius, ac primordiis rerum continet. Quò enim respiciunt nisi ad Trinum Deum?

Inseruit ritè hunc primum, medium, atque
secundum.
Vox secreta canit, sibi nam permistus
utrinque,
Et fultus sese geminum latus, unus &
idem est
Auctor agendorum, propriique patrator
amoris.

Ita enim partim ex Grotio [c], partim ex Barthio [d] legimus. Quemnam verò alium quàm Mosen expressit de conditione rerum sic loquens?

Insociabilium discretio iusta deorum,
Cuius & extremum tellus opus, ignea
cuius
Lumina sunt latè sol & soror: ille diei
Tenaat ut infusi rutilum iubar, altera
noctis
Ut face flammanti tenebrosos rumpat
amictus.

Scio quid solidi vereque Christiani philosophia veterum non prorsus vana, lumi-

[o] v. 412.
[p] *De Iugurthino bello.*
[q] Lib. 22.
[r] In *Chron.* in *Aniceto Papa.*
[s] Lib. 2. *De vir. illust.* c. 41.
[t] *De H. L.* lib. II. 9.
[u] In *Chron.* ante annum CCCXV.
[x] Lib. 4. c. 14.
[y] Verbo *Nuper.*
[z] In Actio.
[a] Verbo *Nuper.*
[b] Tomo 2. tit. 8. lib. 6. pag. 82.
[c] In *Syntagmate Aratæorum, notisque ad Avieni paraphrasin*, pag. 83.
[d] Lib. 36. *Advers.* cap. 2.

mine ipsius naturæ Deive eius auctoris intus perfusa, sub mendacium deorum imaginibus latens, posteris aliquando referandum commendaverit [e]. Nusquam tamen propiùs ad Christianum accedentis sermonis quicquam me legisse memoriâ teneo.

[e] In re poetæ nostri Barthius lib. 57. *Adver.* cap. 15.

284. Aliunde etiam Christianum mihi se probat Avienus. Nempe ubi Dionysius Afer, cuius *Periegesis* græcæ paraphrasis latina est nostri auctoris *Descriptio orbis terræ*, dum de cetis seu balænis circum Taprobanem Asiæ insulam natantibus atque illac præternavigantibus infestissimis ageret: occurrere iis hostes imprecatur sic scribens [f]:

[f] v. 600.

Δυσμενέων τοι παῖδες ἐλιστόμενοι περὶ πόντον
Κείνοις ἀντιάσειαν ἀλώμενοι.

Latinè:

Hostium filii agitati per mare
Illis incurrant vagantes (1).

E contrario hanc pestem vel inimicos fugere desiderat noster his versibus, qui parum correctè usque nunc editi fuere; nec alio commodo sensu lectioneve donari posse videntur [g]:

[g] v. 782. *Orb. terr. descript.*

——— *Fervent Erythræi marmora ponti*
Tota feris: hæc ut rigidi iuga maxima montes [h]
Nubibus attollunt latus omne, & terga tumescunt:
Instar in his rupis [i] *spinæ tenor arduus adstat;*
Molibus in celsis scrupus [k] *quoque creber inhorret.*
Ah [l]*! ne quis rapidi subvectus gurgitis undâ*
Hæc [m] *in terga sali remum contorqueat unquam*
Ah [n]*! ne monstrigenis, hostem licèt, inferat æstus*
Fluctibus.

[h] *Montis* in editis.

[i] Statius 1. *Achil.* v. 55. *scopulosam cete* dixit.

[k] Aliàs *rupis*.

[l] In editis, *An æquis* nullo sensu.

[m] In edit. *Nec.*

[n] Edit. *Anne.*

Christianè hic & Evangelicè quod in auctore suo ethnicum erat expressit. *Amicos enim diligere omnium est*, (ait Tertullianus libello *ad Scapulam*) *inimicos autem solorum Christianorum.*

285. Myriade hunc urgere locum possem testimoniorum imprecationis huius veluti proverbialis: quod quidem actum Pareo in *electis Plautinis*, & Ruperto in *observationibus* ad *Sallustii Catilinarium* [o] esset rursus agere, apud quos plura Sophoclis, Xenophontis, Homeri, Græcorum: Ovidii, Plauti, Virgilii, Ciceronis, Horatii, Propertii, Latinorum prostant. Inter alia Horatius [p] quàm convenit Dionysio!

[o] Pag. 80. ad cap. 9.

[p] 3. *Carm.* 25.

Hostium uxores, puerique cæcos
Sentiant motus orientis Hædi, &
Æquoris nigri fremitum, & trementes
Verbere ripas.

Albinovanus de morte Drusi:

Urbs gemit, & vultu miserabilis induit unum.
Gentibus adversis forma sit illa precor;

Rursusque:

Hostibus eveniat longa senecta metu.

Similiter observo Appuleium locutum [q] *Diophanes* (ait) *Chaldæus mente viduus, necdum suus: hostes* (inquit) *& omnes inimici nostri tam dira, immo verò Ulysseam peregrinationem incidant.* Senecæ quoque id è *Consolatione ad Martiam* observavimus: *tamquam dirum omen respuat, & in capita inimicorum, aut ipsius intempestivi monitoris, abire illa iubeat.* Q. Serenus Sammonicus in *Medicina* sua metrica [r]:

[q] Lib. 2. *Metam.*

[r] Sub tit. *De fracturis & luxis sanandis.*

Infandum dictu, cunctis procul absit amicis,
Sed fortuna potens omen convertat in hostes.

Ad quos versus Rob. Keuchenius [s] Theognidis, Æschyli, Achillis Statii, & Cornelii Taciti alia cumulat. Christianorum, inquam, solorum proprium; nam & vir etiam à Deo inventus iuxta cor suum arcanum hoc nondum intellexisse videtur, quum *Averte* (aiebat [t]) *mala inimicis meis, & in veritate tua disperde illos.* Nisi David non privatas iniurias sed in Deum factas desiderabat ipsum ulcisci; aut fortè illo sæculo id licitum fuit, in quo ut idem ait Tertullianus [u] *impatientia occasionibus legis fruebatur.* Hæc ferè suadent mihi ut existimem nostris sacris addictum fuisse Avienum: quod potuit grandior factus, postquam maiorum sacra coluisset adolescens (2).

[s] Cum cuius *Notis* editus fuit Amstelod. MDCLXII. in 8.

[t] Psalm. 53.

[u] De *patientia* cap. 6.

286. Scripsit Avienus *Descriptionem orbis terræ* hexametris versibus, Dionysium Afrum (alii Alexandrinum, sive aliunde,

Dd

(1) A'λώμενοι, ab ἀλῶμαι *vagor*, *erro*, contractum ab ἀλάομαι; hoc tamen loco *errantes potius quam vagantes aut vagi*: quasi dixerit πλανώμενοι ut Eustathius ad hunc Dionysii locum, seu v. 600. E'χθροὶ ἄνδρες πλανώμενοι περὶ θάλασσαν ἐντύχοιεν ἀυτοῖς· id est: *Inimici homines errabundi per maria illis occurrant: in hæc* (monstra, scopulos) *incidant.* Idem apud Latinos. Virgil. Æn. I. 332.

.... *ignari hominumque locorumque*
Erramus...

& III. 200.

.... *cæcis erramus in undis.*

& mox v. 204. *Erramus pelago &c.* Aliàs: *Errant in montibus agnæ*, Ecl. II. 21. ac de armenti matribus III. Georg. 139.

.... *gravidæ cum mensibus errant.*

(2) Christianum Rufum Avienum Festum fuisse desiderandum potius quam credendum aut pro certo affirmandum. Ipse Tartessi, id est Gadibus, *Herculaneam solemnitatem se vidisse affirmat Or. marit.* v. 273. Et levia sunt, Fabricio teste *Bibl. Lat. lib. III. c.* 11. quibus Noster id suadere nititur.

de, de quo Suidas variè): hoc est eius περιήγησιν, non ut Priscianus grammaticus adstrictè ac breviter, sequenti tempore sub Zenonis nempe & Anastasii imperio; sed fusè magis, attemperatoque in paraphrasin stilo in latinum sermonem transferens, seu potiùs (ut Barthius ait [x]) *seipsum sæpiùs quàm auctorem suum* sequens. Dionysium sanè commentario doctissimo illustravit Eustathius Thessalonicensis ille Episcopus, qui parem in poetarum Græcorum principem navavit operam. Edidit hunc cum Dionysio Robertus Stephanus, variantesque poetæ lectiones adiecit. Transtulere, uti iam dictum, primùm Avienus, postea Priscianus, quem alii Remnium Fannium grammaticum & inter alios Valentinus Curio (qui Dionysii Græca cum latina ista interpretatione Cœliique Calcagnini annotationibus Basileæ typis propriis anno MDXXII. edidit) & Guillielmus Morellius existimant. Abel quidam Matthæus è recentioribus suam & ipse interpretationem edidit Græcis inhærens, quod & Andreas Papius Gandensis, Levini Torrentii ex sorore nepos, sed elegantiùs fecit: cuius tam Dionysii quàm paraphrastis (quisquis ille sit, Priscianus aut Remnius aliusve) cum doctis Notis editio Antuerpiensis Plantiniana anni MDLXXV. in manibus omnium est. Quæ, quia Dionysianos fontes adire eum qui Avieni libro isti operam dederit necessarium est, diligenter annotavimus. De Avieni autem ipsius editionibus postea: qui quidem, ut in superiore libro Dionysium secutus terrarum orbem, sic

[x] Lib. 46. *Adv.* cap. 16.

287. *Arati Phænomena* iisdem hexametris versibus interpretatus, astrorum omnium constellationes, & quibus cadentibus tota orbis devolutione quænam astra surgant, prognosticaque tempestatum eleganter descripsit. Aratus à *Sola* Ciliciæ urbe *Solensis* dictus, cuius & patriæ inter alios meminit Galenus in *Exhortatione ad bonas artes*, & Antipater in epigrammate quodam Græco [y]. Antigoni Gonatæ Macedonum Regis familiaris fuit. Eudoxum Gnidium ille secutus fuit. Quod innuit noster de Iove loquens:

Hic primum Gnidii radium senis intulit astris, &c.

Et postea:

Quæ rursùm ingénio, numerisquè Solensibus idem
Iupiter efferri melius dedit.

[y] Lib. 1. *Anthol.* c. 46. adde aliud incerti lib. 2. cap. 6.

288. *Phænomena* hæc Arati primus in Romanum sermonem convertit M. Tullius Cicero, cuius fragmenta tantùm exstant: quæ tamen interpolavit supplevitque, ut integram daret interpretationem propriis versibus, quo loco deerant Ciceroniana, vir cl. Hugo Grotius. Interpretatus quoque idem opus fuit Germanicus Cæsar, qui, si Iano Rutgersio [z] credimus, Cæsar Domitianus erit, qui parentem Vespasianum allocutus in operis ingressu fuerit, non Drusi filius is quem Tiberius adoptavit, ad quem Gyraldus inclinat [a]. Nam Germanici nomine Domitianum fuisse nuncupatum ex Quintiliano [b] & Martiale [c] compertum habemus. E recentioribus Aratum carmine vertit latino Nicolaus Alanus Anglus, editum Parisiis apud Andream Wekelum MDLXI. in 4.° Commentarios quoque in *Phænomena* quamplures edidisse dicuntur, quorum catalogum cap. 32. *De scientiis mathematicis* Gerardus Vossius dedit. Horum exstant Hipparchus, & Achillis Statii fragmentum, quos Petrus Victorius ex bibliotheca Medicea, ac Theon Alexandrinus, quem I. Valderus (nescio ubi) anno MDXXXVI. & Morellius Parisiis MDLIX. edidere. Germanici verò *paraphrasi Aratæana* cum scholiis quibusdam fruimur: quorum scholiorum Scriptor, vel ipse auctor versionis Germanicus (ut agnovit olim Lactantius [d], censuitque Politianus [e]) vel Cæsius (aliis Calpurnius) Bassus fuere. Avienus verò noster post tot insignes Arati interpretes (quibus & Iulium ipsum Cæsarem tam Iulius Firmicus [f], quàm Suidas annumerari volunt) non inutiliter bonas horas in eodem collocavit opere, Arati *optimum non solùm paraphrasten sed & interpretem* agens, ut Scaliger *ad Manilium* inquit [g]:

[z] Lib. 2. *Var. lect.* cap. 9.
[a] Dial. 5. *De poetis* cap. 9.
[b] Lib. 10. c. 1.
[c] Lib. 8. epig. 65. & aliis.
[d] Lib. 1. *De falsa relig.* c. 11.
[e] Cap. 38. *Miscell.*
[f] In *Præfat.* lib. 2. *Matheseos* & lib. 8. cap. 5.
[g] Pag. 51.

289. In ea, quæ princeps fuit, ut credimus, Arati edit. Veneta MCDLXXXVIII. in 4.° cuius Labbeus meminit, Græcum eius fragmentum tantùm, & Ciceronis quod exstat, publicata fuere. Sed vidimus nos in Vaticana bibliotheca non quidem Arati Græca, sed *Aratæanam* Avieni *interpretationem*, *Orbis descriptionem*, & *Oram maritimam*, de qua iam dicimus in eiusdem anni MCDLXXXVIII. editione Veneta Thomæ de Blavis de Alexandria in 4.° (1) Veneta quoque alia editio unius Avieni paraphrasis in Arati Phænomena anni MDXCIX. in Bodleiana sive Oxonien-

(1) Exstat apud Maittairium *Ann. Typ.* T. I. Part. I. pag. 207. *Arati Phænomenorum interpretatio*; atque *Oræ maritimæ descriptio* Venetiis 1488. Calend. Nov. Victore Pisano Recognitore, arte Antonii de Strata Cremonensis, Fabricio *Bibl. Lat. T. II. pag.* 95. non prorsus incognita.

nienſi exſtat bibliotheca. *Arataeorum ſyntagma*, hoc eſt *Arati Phaenomena cum interpretatione Ciceronis, Rufi Feſti, & Germanici* Morellius edidiſſe Pariſiis fertur anno MDLIX. in 4.° Prodiit quoque ex officina Sanctandreana MDLXXXIX. Attamen ex Hugonis Grotii manu locupletius acceptum Raphelengius typis Plantinianis Lugduni Batavorum edidit MDC. in 4.° in quo Aratus, Cicero, Germanicus, Avienuſque noſter conſpiciuntur: interpoſitae item Germanici verſibus figurae caeleſtium imaginum ex Suſiano quodam veteri libro. Omnia haec cum eiuſdem Grotii eruditiſſimis Notis. Proprio autem Marte Avienus elucubravit, aut elucubrare coepit

290. *De ora maritima*, iambicis verſibus, Probo directum opus, cui Taurici Ponti notitiam tantùm ab eo quaerenti, deſcriptionem totius orae maritimae ab oceano per omnes Europae plagas uſque ad Tauricum ipſum Pontum ut videtur mittere aggreſſus: fragmentum tantùm huius operis nobis reliquit. Probum hunc non alium ab eo conſulari Voſſius exiſtimabat [h], ad quem Claudianus ſcripſit. Ego autem nullum reperio huius nominis, ſed Probini tantùm cui nuncupata legitur huius poetae quaedam epiſtola. Conſtat ſanè ex Avieno ipſo cognatum ſibi, ac filii loco eſſe Probum, ubi ait:

[h] *De hiſt. Lat.* lib. 2. cap. 9.

His addo & illud, liberûm temet loco
Mihi eſſe, amore ſanguiniſque vinculo.

Quae carmina huc adduxi ut correctiora darem; quae quidem in editis corruptiſſima ſunt. Percurrit deſcriptio haec ab oceani confinio & freti Herculei anguſtiis ad Maſſiliam uſque in Galliae ora: reliqua deſiderantur. Quae hìc legis Hiſpaniae plura loca & locorum ſitus, abſque hoc fragmento, eſſe ignoraremus. Ea enim ut iam monuimus ex Punicorum libris deſcripſit, & ex graecis quae non habemus Geographis, quorum ipſe notavit in aditu libri nomina.

291. Scripſiſſe autem hunc pòſt *Deſcriptionem orbis* ipſe fatetur auctor [i].

——reliqua porrò ſcripta ſunt
Nobis in illo plenius volumine,
Quod de Orbis oris partibuſque fecimus.

[i] v. 71.

Quae duo, & alia forſan opera à ſe edita, cùm ad Aratum deſcribendum acceſſiſſet indicavit his verſibus:

O mihi nota adyti iam numina Parnaſſaei,
O per multa operum mea ſemper cura Camaene,
Iam placet in ſuperûm viſus ſuſtollere caelum.

Nam praeter haec omnia, improbi laboris opus,

292. *Livium totum iambis expreſſit*, ut Servius ait in illud Maronianum ex lib. 10.

Hinc Helenem petit, & Rhaeti de gente vetuſta
Auchemolum.

293. *Fabularum Aeſopicarum* liber ad Theodoſium, hoc eſt Macrobium, directus, eſſe quoque exiſtimatur noſtri Avieni. De nuncupatione quod diximus, praeter alia ſuperiùs annotata, comprobare mihi videntur Theodoſii eiuſdem laudes praefationi conſignatae: qui *in utroque literarum genere* (poeticâ ſcilicet & oratoriâ) & *Atticos graeca eruditione* ſuperare, & *Latinitate Romanos* dicitur. Quod bene adaptatur Macrobio *Saturnaliorum* Scriptori elogium. Huius ſententiae ſunt, Gyraldum reprobantes, qui Theodoſium Imperatorem credidit appellatum, Sirmondus quem ſuprà adduximus, & cum Pithoeo qui dubitanter, Paulus Colomeſius qui abſque ulla haeſitatione affirmavit *Cimeliorum Literariorum* cap. 38. Exemplo autem Socratis, qui quaſdam Aeſopi fabulas verſibus expreſſit elegiacis (unde diſtichon ſervavit Diogenes Laertius in eius Vita) poſt Gabriam qui graecis & ipſe verſibus, Phaedrumque qui latinis aliquam earum partem tranſtulit: quadraginta duas Avienus ſelegit, atque elegis tranſlatas dedit. In MSS. codicibus appellatur auctor & *Avianus*, & *Anianus*, ſive etiam *Abidnus*, ut Gyraldus ait [k]. *Anianum* laudat Accurſius alicubi [l] *Fabularum* auctorem *Avienum Mythologum* citari in MSS. & apud Petri Danielis *Servium* monet Barthius [m]. Ioanni autem Balaeo *Anglicorum Scriptorum* peſſimae fidei collectori in mentem venit, ut Rufinum quendam poetam Britannum, tam huius *Fabularum* libelli quam alterius *De oris maritimis* ſuprà memorati operis auctorem iactare auſus ſit: reprehenſus hoc nomine à Iacobo Uſerio in *De primordiis Britannicarum Eccleſiarum* cap. 16. [n] Sed pro Avieno ſtat idem cum ceteris (*id*) genus operis, idem auctoris genius: qui *gauderet* (ait Voſſius [o]) *aliorum inventa latinis verſibus reddere.* Ioannes item Saresberienſis, lib. 7. cap. 24. *De nugis curialium.* Sed Barthius Aviano, ac nîl minùs quàm noſtro Avieno *Fabulas* adiudicari debere ait [p]. *Cum ad huius ſpiritum & nervoſiſſimam dictionem collatae eae fabulae ſint vix trama figurae.* Cauſatur alibi [q] ut iudicium hoc tueatur, quòd *Fabularum* auctor Chriſtianum ſe prodat; quae tamen diſtinctionis nota parum contra nos urget, qui Avienum talem ſuſpicati ſumus. Praetexit & nominis diverſi-

[k] *Dial.* 4. pag. 191.
[l] In §. *De illa ſanè* Inſtit. *De Socitate.*
[m] Ad Statii lib. 5. *Theb.* v. 483.
[n] Pag. 797.
[o] Ubi ſuprà.
[p] Lib. 46. *Adv.* cap. 16. in fine.
[q] Lib. 19. c. 24. & lib. 27. cap. 3. & lib 50. cap. 7.

sitatem; sed in his facilis est unius literulæ in aliam lapsus, ut Vossius advertit. Nec ideo tamen Barthii iudicium nos audacter improbamus, aut *Fabularum* Scriptorem nostrum omnino volumus Avienum; Avianum licèt istum non inelegantem idem Barthius credat [r]. At quod huius tamen loci est, non dissimulamus eundem Barthium commentatiunculas quasdam vidisse Albini cuiusdam in *Flavii Aviani* (ut in priscis schedis vocatum ait) has *Fabulas*, unde lib 39. *Adv.* cap. 7. ac 13. producit, examinatque nonnulla. Isaacus Nicolaus Neveletus ad easdem *Fabulas* aliquid Notarum edidit.

[r] Lib. 50. c. 7.

294. His poetæ operibus adiungi solet etiam in vetustissima editione, quam vidit Barthius, cuiusque lib. 1. *Adv.* cap. 7. meminit, in Epigrammatum quoque & poematum veterum collectione à Pithœo edita, & in ultima Matritensi paulò pòst laudanda cum hac epigraphe quoddam carmen: *Rufus Festus Avienus* v. c. *Flaviano Murmecio* v. c. *suo salutem.* Quod quidem (Barthius ait) *pro dedicatione* Oræ maritimæ *habuerunt typographia nascente Grammatici non satis circumspecti, ut Crinitus, homo mirè ambitiosus in his quæ novit, in vita Avieni.* Et hoc sapit quidem Avieni nostri phrasin: quo ab amico Africana sibi vecta navi malogranata ut mittat, æger ipse, & *fellito* ut ait *oris sapore* affectus rogat. Annectuntur alia duo: *Sirenum allegoria*, Avieno non indignum carmen; & *ad amicos* aliud *de agro suo*, quod incipit: *Rure morans quid agam*, &c. quod cùm Martialis inter opera edi consuevisset, iam eiecerunt possessione tanti nominis viri eruditione præstantes. Scriverium vide sìs in fine Notarum ab lib. 4. huius poetæ. Cuncta hæc opera poetica editio Matritensis continet anni MDCXXXIV. quam vir eruditus D. Petrus Melian in conventu iuridico Guatemalensi regius ut vocant Auditor, à se ornatam ad D Laurentium Ramirezium de Prado Indiarum Concilii senatorem nuncupatoriâ satis eruditâ epistolâ direxit.

295. Sed eadem antiquissima uti iam diximus Veneta continet Thomæ de Blavis Alexandrini editio anni MCDLXXXVIII. in 4.° si excipias tamen *Fabulas*, unà cum Arati versione à Germanico, atque alia à Cicerone facta: Quinti Sereni Sammonici medico opere metrico, & Hygini astronomico. Præcedit in ea ad Avienum Victoris quædam epistola Pisani Paulo Pisano senatori Veneto directa. *De orbis terræ partibus* Venetiis olim, & fortè primùm prodiit liber Avieni anno MDII. in folio. Descriptio orbis terræ unà cum Ora maritima & Fabulis Antuerpiæ MDCXXXII. in 4.° Interpretatio Arati, hoc est Phænomena, Venetiis MD. in folio, emendata à Morellio Parisiis MDLIX. in 4.° & MDLXIX. in folio. Inter astronomica veterum scripta MDLXXXIX. in 8.° Fabulæ seorsum cum Notis Neveleti Parisiis MDCX. item MDCXXX. Quæ omnes editiones sunt in Barberina bibliotheca Romæ.

296. *Rufi Festi* autem nomen, quod fuit Avieno seu *Festi Rufi*, quorundam [s] excitavit mentes ut eundem hunc habere auctorem suspicentur *Epitomen rerum Romanarum*, quæ *Sexto Rufo* vulgariter, verùm à Raphaele Volaterrano *Festo Rufo* adscripta legitur (1). At cùm huius epitomes seu breviarii auctor Ioviani & Valentiniani eius successoris ætate scripserit; seque Valentiniano Cæsari cui librum inscriptum voluit profiteatur [t] *ævo graviorem* se iam esse: non video quomodo possit cum eo compingi Avieno, qui à *Saturnaliorum* Scriptore iuvenis adhuc dicitur. Valentinianus enim senior iste anno CCCLXXV. extinctus est; *Saturnalia* autem scripta sunt quo tempore Symmachus maximè florebat, qui Consul fuit cum Titiano anno CCCXCIV; tamque is, quàm Cæcina Albinus Imperatoribus Honorio & Theodosio urbi præfectus, ob gesta hæc iam fortè munera dignitatemve iis gerendis parem, *civitatis Romanæ lumina* à Servio grammatico eius operis dialogista compellantur. Itaque idem homo Festus sub Valentiniano iam senex, non potuit Theodosianorum ævo Cæsarum audire *iuvenis.* Quâ etiam differentia ætatis ab alio Avieno recentiore distinguimus; cùm & concurrat cognominis diversitas. Is fuit Gennadius Avienus, quem consularem vocat Sidonius lib. 1. ep. 9. quia Consul fuerat cum Valentiniano iuniore septimùm anno CDL. quo Theodosius obiit Arcadii filius, ut constat ex leg. *Ultim.* Cod. *De officio prætorum.*

[s] Vossium *De H. L.* lib. 2. cap. 8.

[t] In fine operis.

297. Ceterum quod ad ingenium spectat

(1) Et quidem in Regio Escurialensi sæculi IX. Codice, charactere quadro, *Lit. r. Plut. II. n.* 18. habetur hic titulus: *Incipit Breviarium Rufi Festi* V̄ Ī C̄. (Viri illustris Consularis) *de Breviario rerum gestarum Populi Romani.* Constat novem foliis formæ paulo supra quartam in contumaci membrana. In fine legitur: *Explicitum Breviarium Rufi Festi* V̄ Ī C̄· Agusti. Valenti *scriptum feliciter.* Puto autem restituendum *Sexti Rufi.*

ctat aliasque animi dotes, Avienus tener adhuc ætate eâ doctrinâ & alacritate modestiâque apud Macrobium depingitur, ut si idem sit cum poeta nostro Macrobianus ille, iam tunc specimina ediderit non vulgaris aliquando futuri vatis. Quidnam verò laudis ab Scaligero audierit iam ostendimus. Crinito est *poeta eruditus & elegans.* Gyraldo *tolerabilis, & dignus, saltem ob rerum cognitionem, ut aliquando legatur.* Ieiunè quidem & parum æquè, cum ab aliis ampliores sit laudes meritus. Barthium audiamus [u]: *Luculentum & grande carmen est Avieni* Periegesis *ex Dionysio descripta, potiùs quàm conversa. Dignum cum reliquis eiusdem poetæ subiisse censionem Iosephi Scaligeri, quam eum heroem literarium aliquando molitum, aut pollicitum, certè ex iis discimus quæ Phædro ab se edito adiecit Franciscus Raphelengius* [x]. Qui plura notat huius poetæ acumina & elegantias, subiiciens: *Talia multa hic præstantissimus poeta sepulta ferè inscitiâ librariorum & typographorum.* Idem alibi [y]: *Præstantissimus, & magni omninò oris vates, in iis est Rufus Avienus qui spiritum capiunt. In iambis verò venustus & eruditus. Vulgò minus utilis habitus: certè vel à doctis ipsis rarissimè nominatus, ob mendorum, credo, copiam.*

[u] Lib. 28. *Adv.* cap. 16.

[x] De Scaligeri hac destinatione vide etiam lib. 49. cap. 13. in fine.

[y] Lib. 28. c. 12.

298. In Arati quoque paraphrasi non minùs luculentus auctor eidem videtur Barthio [z] *graveque atque eruditum* hoc scriptum; sed tamen *venæ difficilioris, & quæ Afrum quid spiret.* Simillima sunt quæ de *Orbis descriptione*, atque in genere de quocumque eius censet opere [a]. *Multa non tam bona, quàm optima, vel & optimis meliora nobis suppeditant poemata Rufi Avieni, Scriptoris luculentissimi, poetæ verò adeò excellenti spiritu, ut nonnunquam sese ipsum vix videatur capere.* Et postea: *Talium immensa est vis apud Avienum. Est enim poeta admodum generosus & splendidus, quod in rebus tot difficultatibus nominum impeditis, & insuper alieni operis interpres, mirificè demonstravit. Utinam verò exstarent, quæ magis capacia tanti ingenii idem Scriptor edidit.* Idem alibi [b] *doctrinæ uberem* vocat, nec *ferè quicquam in eo legere* (ait) *quin eruditior* abscedat; parumque, aut ne vix quidem, cognitum eum pluribus antiquitatis qui sese crederent consultissimos, dolet. *Insignis ingenii vatem* in ad Statium animadversionibus [c], atque item *plenioris utique oris & spiritus, quàm qui interpretatione alienorum operum se deberet consumere.* Convenit in stili laudatione Philippus Brietius, dum post Crinitum, Gyraldum & alios, de Poetis latinis censet: *Stilus Rufi Avieni* (ait [d]) *tersissimus est, expeditus, & tempora meliora sapit.* Multos idem Barthius avere ait [e] hunc cum perpetuis animadversionibus, eaque formâ quæ talem decet poetam exornatum, in publicum dare. Nec nos olim desperabamus quicquam è penu nostra quæ huc facerent, experturi vires industriæ depromere si nacti essemus MS. aliquem codicem, qui hactenus latuit.

[z] Lib. 36. c. 12.

[a] Lib. 46. c. 16.

[b] Lib. 49. c. 13.

[c] Lib. 1. *Theb.* v. 635. & lib. 2. v. 38. pag. 274.

[d] Lib. 4. de *Poetis latinis* ante *Acutè dicta poetarum.*

[e] Lib. 49. c. 13.

299. Sed quousque tandem invidebis nobis (aiunt ii quibus ex nostris civibus confictitia arrident Chronica Toletani fœtus) luculentissimum de Avieni rebus Maximi Cæsaraugustani testimonium, quod aliorum agmen ducere debuit? Horum autem expostulatio tantum valet quantum Pseudo-Maximi auctoritas, quæ nulla est. Reiecimus quidem nos ficulnearum harumce nugarum ostensionem simul & refutationem in hunc locum, ne parum hoc fermenti mediis rebus immistum massam totam inficeret. Pseudo-Maximus ait [f]: *In regione Pedana* (aliàs *Pedania*) *in Oretania Hispaniæ floruit olim sub Castino Episcopo Toletano Rufus Magnus Festus Avienus, qui scripsit* De oris Hispaniæ & Situ orbis *vario carminum genere.* Sed hæc multiplici ex capite arguimus falsi. Primò, desunt in Maximo codicis Estepani. Deinde absurdum est nulla alicunde occasione habita, id quod olim factum fuit, historicum maximeque chronologum sive annalistam, rebus quas uti nunc factas prosequitur immiscere.

[f] In *Chron.* ad ann. CDLX. num. 4.

300. Quæ autem *Pedana* regio pars *Oretaniæ* in Hispania? Ita enim habet princeps editio Cæsaraugustana. Carus autem edidit: *In regione Oppidana, & in Oretania*: quasi *Oppidani* populi, quorum mentio est in celeberrimi Alcantaræ urbis super Tagum pontis Romana inscriptione, significentur. Bivarius tamen *in regione Pedana* (retinuit) *in Oretania*: portionem, seu regionem ut interpretatur Oretanorum hanc fuisse, quæ apud nos nunquam audita est, mordicùs tenens. Cui tamen à *Pedo* vetusto Romani agri oppido *Pedanis* Hispanis originem; & ab *Avia* Vaccæorum municipio Ptolemæo [g] cognito, seu Bæticæ Plinio [h]; aut à fluvio Gallæciæ, *Avia* nomen *Avieno* seu *Aviano* ingeniosè, ut alicui videbitur, deducenti; credant per me illi qui doctrinâ & ingenio abuti in nihili rebus commendatione aliqua dignum existimant.

[g] Lib. 2. c. 6.

[h] Lib. 3. c. 1.

301. Præterea Luitprandus in assignanda poetæ patria non parum à Maximo aberrat. *Obiit Rufus Festus Avienus* (ait [i]) *vir catholicus & Hispanus, civis Elborensis,*

[i] Adversf. 180. aliàs 250.

ſis, in Carpetania Hiſpaniæ eodem anno & die quo S. Auguſtinus aſcendit ad cælos. In ſua civitate ſepultus eſt præſente Maioriano Archiepiſcopo Toletano in æde S. Leocadiæ. Oretanos namque & Carpetanos populos invicem confundere, quod neceſſe eſt ei qui utrique horum auctorum adhibere fidem velit, Geographia recta non permittit [k]. Nec *Avienus*, quomodo noſter vulgò hactenus audit, ſed *Avianus* ab *Avia* formatur.

[k] Vide Plinium lib. 3. cap. 1. & 3. Ptolemæum lib. 2. cap. 6.

302. Deinde ait Pſeudo-Maximus ſub Caſtino Epiſcopo Toletano eum floruiſſe. Pſeudo-Luitprandus verò, eodem die & anno quo S. Auguſtinus (hoc eſt CDXXX. XXVIII. Auguſti) diem ſuum obiiſſe. Quæ duo eſſe ſimul nequeunt. Caſtinus enim non ante annum CDL. teſte eodem Pſeudo-Maximo, viginti nempe annis poſt mortem Avieni, Toletanus creatus fuit Epiſcopus. Æthiopem lavat Bivarius, qui non ſub Caſtino Epiſcopo ſed ſub eodem adhuc magiſtro militum in Hiſpaniis agente (idem enim cum Epiſcopo is fingitur) ut album ſcilicet nigro conciliet, floruiſſe Avienum iactat. Cùm enim Caſtinus militum magiſter bellum geſturus cum Wandalis anno CDXXII. miſſus in Hiſpaniam fuerit, reque in Bætica malè geſta victus Tarraconem aufugerit; quis ſanus credat ſub hoc homine floruiſſe eum aptè dici, qui nec in Bætica, nec miles erat? aut *ſub Caſtino Epiſcopo Toletano* idem eſſe auctori, quod ſub Caſtino tunc temporis duce, poſtea Epiſcopo? Quare damnata iſta ſic abſurda temporis nota, pro Caſtino Audentium vel Gregorium, qui Theodoſio Imperatori æquales vixere Toleti præſules, ſubſtituere aliàs placuit [l]. Nam quod in Pſeudo-Luitprando legitur, ſub Maioriano contigiſſe poetæ obitum, æquè contrarium eſt Toletanorum præſulum, quam hi auctores perſequuntur hiſtoriæ. Maximo enim annus CDXXXV. primus eſt Maioriani Epiſcopatus. Neque is potuit diem ſuum ante quinque annos obeuntis Avieni ſepulturæ intereſſe. Hiſtorici nempe noſtri ſeu ſomniatores potiùs Andabatarum more in ſeſe ipſos invicem irruunt, ac ſine miſſione decertant.

[l] D. Petro Melian in *Præfat.* ad Avieni opera.

303. Prope finieram de Avieno dicere, quum recordatus fui laudatorum alicubi fragmentorum Avieni *De urbibus Hiſpaniæ mediterraneis;* ſed quæ verè ſint ex Hieronymi Romani ab Higuera Ieſuitæ Toletani ſuſpectis mercibus. Hæc enim ait [m] ſe accepiſſe ex bibliotheca Cardinalis Carrafæ ex Urbe ad ſe adducta: quorum ipſe his locis *Hiſtoriæ Toletanæ* in ora memoratæ unum & alterum exſcripſit. Sed quia nunc non eſt ſub oculis prædicta hiſtoria, mutuabimur ex aliis aliqua forſan non ab iſtis diverſa. Apud alteram *urbis Toletanæ hiſtoriam* (quam fabuloſam non iniuriâ dicimus, utpote bona quamvis auctoris fide inventionum ficulnearum pannis conſutam) D. Petri de Roxas Mauræ Comitis cap. 9. lib. 4. dum de Circenſibus ludis Toletanis agitur, ex Sexti Rufi Avieni fragmentis comprobandæ huic antiquitati hoc prætenditur:

[m] Lib. 3. cap. 2. *Hiſt. Tolet. Ms.* & lib. 5. cap. 23.

Hinc Carpentani, carpenti è nomine & uſu
Sic dicti, quòd nobilitas hoc ferret equorum,
Qui patriæ [n] decus exſtiterant, qui gloria Circi.
Bætones hoc [o] zephyro genitos, hoc Suſana tellus
Mittit, inoffenſo ſolum [p] iuga prendere curſu.
O quoties Romæ, atque alibi, prævertere palmas
Iam partos [q] prope fulmineis didicere quadrigis!

[n] Pro *Patri*, quod editum eſt.

[o] *Hos* dicere voluit, ut credimus.

[p] *Solitos*, ut ſenſus conſtet.

[q] Imò *partas*.

304. Sed ſuppoſitos Avieno fuiſſe hos verſus, res ipſa clamat quæ iis præcipuè continetur: carpenta ſcilicet, quæ Romæ & aliis locis in uſu fuere, à Carpetanis Hiſpaniæ populis nomen habuiſſe. Quò enim aliqua veri ſimilitudine id cenſeri poſſet: in primis transformandum fuit gentis nomen à *Carpetanis* in *Carpentanos*, quod utique poeta facit abſque aliquo latinorum auctorum, quibus *Carpetani* conſtanter audiunt, exemplo. Conſulti quidem Livius [r] paſſim, & (cui magis quàm aliis credendum eſt, quippe in Hiſpania procuratori non ſemel aut bis) Plinius [s], & inter Græcos Ptolemæus [t], concurrunt: quibus utique latinis Scriptoribus in geographia noſtra magis deferri debet quàm græcis Plutarcho [u] & Straboni [x], *Carpentanos* efferentibus. Immo, quantumvis non parum transformato nomine *n* literam Polybius [y] Καρπησίους *Carpeſios* vocans, ſubtraxit: quò loci deveniens Livius lib. 21. cap. 5. Carpetanos pronuntiavit. Non enim *Carpeſii* & *Carpetani* alius & alius fuit populus, quamvis apud Stephanum [z] diverſi videantur. Hic tamen *Carpetanos* Καρπητανούς appellat.

[r] Lib. 21. c. 5.

[s] Lib. 3. cap. 2. & 3.

[t] Lib. 2. *Geog.* cap. 6.

[u] In *Hannibalis Vita.*

[x] Lib. 3. *Geog.*

[y] Lib. 3. *Hiſt.*

[z] In Κάρπεια, & in Καρπήσιοι.

305. Planè in vero Carpetanorum nomine Ambroſius noſter Morales hinc atque illinc varia nominis enuntiatione diſtractus hæſit [a], & ad *carpenta*, ut falſus iſte Avienus, quodammodo reſpexit: eò magis quòd nuſquam lapidi inſculptum gentis nomen aut numiſmati impreſſum videre ſit, cui præſtare magis fidem quàm ſcriptis libris deberemus. Neque tamen id ſufficit ut à Latinorum [b] conſtanti ſcriptura

[a] In *Antiquit. Hiſpaniæ.*

[b] Florianus noſter hanc ſequitur lib. 3. c. 41. Nonius c. 45. *Hiſpaniæ.* Alderet. lib. 3. *Origin. Hiſp.* c. 3. & 12. Ant. Nebriſſ. in *Lex. geograph.* Roderic. Toletanus lib. 1. cap. 3. Mariana lib. 1. cap. 4. Reſendius in deſcribendis Luſit. finibus lib. 1. *Ant. Luſitan.* Gerundenſis lib. 1. *Hiſpaniæ Paralipomenon.* Brietius in *Parallelis Geograph.* Roder. Sanctius lib. 1. c. 3.

ra discedamus, & Isidorus Archiepiscopus Hispalensis secutus videtur; quando *Carpentum* non à *Carpentanis* quos nullos sciebat esse, sed à quavis alia deduxit origine [c]. Noviores item alii etymologistæ eruditione viri præstantes nil aliud in mente habuerunt minus quàm Carpetanos Hispaniæ populum Romanorum carpentis appellationem peperisse, aut Romana carpenta Hispanæ genti & provinciæ: quod Morales fieri potuisse ægrè credidit.

[c] Lib. 20. *Origin.* cap. 12.

306. Planè si à Carpetanis, sive ut volunt Carpentanis, aut ab huius populi carpentis à quibus nomen ipse mutuaverit, Romanis carpentis cum usu advenerit appellatio: vix est ut hoc etymon haud passim Romæ notum esset; neque ut Ovidius coniecturâ usus ad Carmentam Evandri matrem oculos coniecerit *Fastorum* 1. libro dicens:

> *Nam priùs Ausonias matres carpenta vehebant:*
> *Hæc quoque ab Evandri dicta parente reor.*

Quo ipso denotat antiquiora in Urbe esse carpentorum usum nomenque, quàm ut ab Hispania, ignoto penê Romanis usque tunc regno, videantur propagata. Et convenit Livius libro 1. dum de Tullia Regis Tarquinii uxore ait: *Carpento certè in forum invecta evocavit virum.* Atque item lib. 5. antequam Hispania carpenta sua Romanis exhibere potuerit, *honorem* (ait) *matronis habitum ut pilento ad sacra ludosque, carpentis festo profestoque uterentur.* Neque vice versa rationem aliquam congruam adducent hi qui genti Hispanæ à Romanis carpentis factam appellationem contenderint, nullo huiusmodi exemplo inter tot populorum peragratæ à Romanis, ac demum subiectæ sibi Hispaniæ nomina religiosè ubique observata.

307. Quare, ut carpentis hi quos diximus, ita Carpetanis aliam originem nostrates alii quærunt. In Hispania Tartessum fluvium, hodie Bætim, dictum olim *Carpiam* alicubi docuit Pausanias [d]: unde *Carpesios* Livii [e], Polybii, & Stephani [f]; & *Carpetanos* aliorum dictos fuisse, propagatâ fluvii ad populos nomenclaturâ ut ferè solet, non temerè dixeris. Stephanus *Carpetanos* à *Carpeia* urbe appellatos credidit, quam alibi *Calpeiam* vocat [g]: Καὶ τὴν πόλιν Κάλπειαν. τινὲς τούτους Καρπιτανοὺς, ὡς Καλπιανοὺς, φασί: id est & *urbem Calpiam.* (sive *Calpeiam*) *Quidam hos dicunt Carpitanos* aut *Calpianos.* Ita enim credo esse legendum in Græco, Καλπιανούς. Item in verbo Καρπεία. Καρπεία εἴρηται ἐν τῷ Κάλπαι. ὅθι τινὲς Κάρπειαν τὴν πόλιν φασὶ, καί Καρπητανοὺς τὸ ἐθνικόν. *Carpeia. Dictum fuit in Calpæ: quòd aliqui dicunt Carpiam urbem, & gentile Carpetanos.* Aut si Græcæ linguæ impressa iam eo tempore si Deo placet vestigia sequamur, à χάρπος, *fructum* vocabulo Carpetanorum fluxisse nomen non difficile factu est, uberem terram designaturum. Quæri etiam potest origo genti ab Africana urbe *Carpi*: quæ (ut aliæ alibi eiusdem nominis) non obscura est in provincia ipsa Africa, unde Carpitani Episcopi huius gentis Conciliis interfuere, & cum Carthaginiensibus novis Hispaniæ incolis antiquioribus indigenis communicatum existimari. Sed nobis arridet magis vernaculum Hispanæ gentis, nec aliunde acceptum vocabulum fuisse: cui vel hodie principium acceptum ferre videntur loci quidam apud nos *Carpio* appellati in Bætica & Castella (1).

[d] Lib. 6.
[e] Lib. 13.
[f] Ubi suprà.
[g] In Κάλπαι.

308. Neque Avienus potuit germanus credere inter *carpenta* & *Carpetanos* commune aliquid esse. Accedit quod neque eidem potuit in mentem cadere ut carpenta cum equis circensibus iungeret; diversissima enim sunt carpenta & currus, vel in Græcis vel in Romanis ludis usurpati: quos bigas, trigas, quadrigas ab equorum numero vocare mos fuit. Carpenta enim frequenter mulæ, quandoque & equi ac boves trahebant; sed matronis aut magistratibus gradatim & cum pompa ducendis sedentibus, eaque maioris operæ & commoditatis quàm currus levissimi circensium agitatorum, quibus nonnisi stantes innitebantur. Plusculum hic morari poteram, testimonia veterum auctorum quibus omnia hæc comprobantur adducens; nisi ea & quicquid ad rem spectat in locuplete atque erudito *De re vehicularia* commentario lib. 2. cap. 11. ac sequentibus, ubi de circensibus curribus & cap. 17. ubi de carpento agit, Ioannes Schefferus Argentoratensis collegisset. Planè carmina ista per me Avieni erunt, si auctor aliquis carpenti vocabulo in circensi re usus ostendatur.

309. Quinimmo nec allusio nominis Romani vehiculi ad Hispanum populum tale argumentum est, quod Galli non eâdem vi urgere possint, ut *Carpentum* & *Carpentoracte* eorum urbs in Provincia quæ *Carpentràs* nunc audit eiusdem sint origi-

(1) Nullus tamen in Carpetanis, quod in rem de qua agitur aliquantò præsentius esset. Et novimus in Italia *Carporum* Principatum: & *Carpos* in Africa Proconsulari prope Carthaginem; & *Carpêsam* tertio à Valentia nostra lapide; & *Carpesios* & *Carpianos* alibi. Sed quid tum postea?

ginis. Nam & propria Gallorum vehicula significare volens Florus, non aliud quàm carpentorum nomen usurpavit. *Ante hunc diem* (lib. 1. cap. 18. ait) *nihil nisi pecora Volscorum, greges Sabinorum, carpenta Gallorum vidisses*: nempe ante Tarentinum bellum & Pyrrhum debellatum, ex eoque ditissimum triumphum reportatum. Aut propria septentrionalium gentium. Nam & Cimbris idem auctor Florus lib. 3. cap. 3. & Britannis cap. 10. attribuit. Mirum autem valdè est qua securitate noster Mauræ Comes, cui hocce Avieni primum fragmentum debemus, quasi notissimum affirmaverit, ludos Carpentos hoc est Toletanos, Herculi dum apud nos regnaret exhibitos, originem dedisse ludis Olympicis Romanorum; idque unico auctore nixus, qui adhuc latitat censoriæ huius ætatis virgulam timens.

310. Secundum Avieni fragmentum idem ipse Mauræ Comes adducit lib. 2. cap. 2. huiusmet *Historiæ Toletanæ*, quod nec minus prodit auctorem, etiam correctum à nobis & è pluribus erroribus editionis purgatum:

Et Carpetanos inter provecta [h] *sub auras*
Toletum labor Alcidæ, præclaræque [i] *gentis*
Metropolis, cingente [k] *Tago se* [l] *undique iactat,*
In qua tardigrados [m] *conspectat parte Triones.*
Hanc [n] *pater Alcides (ut dicunt) condidit urbem.*
Mox ubi tergemino [o] *victor Gerione peremto*
In Latium meditatur iter. Dionysia [p] *quondam*
Primum dicta fuit de fundatoris honesto
Nomine. Toletum alii dixere coloni.

[h] Editum est *proverte*, nullo sensu.
[i] Malè pro *præclaraque*.
[k] *Ingente* positum legitur.
[l] Pro *sese*.
[m] *Tardigradus* editum est.
[n] Pessimè editum *haud*.
[o] *Tergeminè* malè.
[p] Pro *Dionysii*.

Ex *Historia Toletana* Hieronymi de Higuera, & ex Alphonsi Tellii Menesii *Historia Orbis*, qui per Higueram profecit, desumere se istud fragmentum non dissimulat Mauræus Comes. Nec aliunde potuit quàm ab auctore ipso carminis, qui domi hæc Toletanæ urbis adulatoria machinabatur elogia, fumum pro igne ut venditaret, & quicquid sibi in buccam venerat, antiqui alicuius Scriptoris falso sigillo munitum vænale proponeret. Id quod manifestum redditur collatis in unum, quod nunc facimus, his tamquam ex Avieno mutuatis versibus, qui omnes Toletum clamant: ac si unius huius urbis laudibus constaret urbium mediterranearum Avieni descriptio. Neque enim ex his fragminibus aliquod hactenus Spartam aliam adornans in publicum prodit; aut, quod factum fuisse debuit, in manus D. Laurentii Ramirezii pervenit, quum Avieni operum editionem Petri Meliani operâ usus adornabat: cui Ramirezio tam fuit Higuera & quicquid ab eo processisset carum, & luce dignum.

311. Interea triplicem urbis nomenclaturam hìc habemus. Primam ab Hercule (aliquam enim ille imposuit), secundam à Dionysio seu Baccho *Dionysiam*, tertiam Toletum à nescio quibus colonis impositam. Quod inter aniles nostrorum historicorum qui omnia noscere se gloriantur quæ olim facta sunt, fabulas haberi debere auctor sum. Planè absurdè dicitur Toletum urbem se iactare Tago undique eam cingente, cùm statim audiamus hoc fieri qua parte septemtrionem respicit. Undique enim haud cingitur, quæ ex unica tantum cæli plaga cingitur. At si fundavit Hercules, utique nomen imponere debuit. Quomodo ergo à Dionysio primum fuit appellata? nam Dionysium ab Hercule necessariò distinguimus. Non igitur imputandum Avieno est, quod impotentiâ quadam gloriosissima quæque & antiquissima suæ urbi arrogandi, carminis auctor finxit.

312. Interim è duobus his fragmentis ex hoc opere *Descriptionis mediterranearum urbium Hispaniæ* quod Avieno imputatur desumtis, constat hexametris versibus id formatum fuisse. Quo magis novum videri debet hanc *Historiam* Mauræi Comitis *Toletanam* legentibus, huius fragmenti ultimò dicti continuationem quandam produci eiusdem libri 2. cap. 14. non iam hexametris, sed iambicis constantem versibus: in quo tamen hallucinatus fuit Comes differentiæ securus. Nam tertium hoc fragmentum iambici carminis, *Oræ maritimæ*, quod notissimum Avieni poemation est, D. Thomas Tamaius criticus melior adscribit. In quo etiam nos Higueræ subodoramur genium, & inventa sua ubique ingerendi ac intrudendi cacoethen: in quo & eiusdem Tamaii iudicium sic ab eruditione eius alienum desiderabunt omnes mecum, qui hocce Avieni *Oræ Maritimæ* carmen legentes, consideraverint quàm iniquo explicare loco Pseudo-Avienus veri corruptor versuum suorum aciem aggressus sit. Lacuna enim quam his aggestis implere voluit, nîl minus quam supplementum hoc admittit. Oculis tu, Lector, fidem præsta & ride.

313. Descriptâ iam hispaniæ ad mare interius quod mediterraneum vocamus orâ maritimâ, quæ Pyrenæis iuxta veterum quorumdam geographiam concluditur monti-

tibus: oram inde Narbonensis Galliæ descripturus, sic Avienus infit:

——— Post Pyrenæum iugum
Iacent arenæ litoris Cynetici,
Easque latè sulcat amnis Roschinus.

Fluvius hic idem existimatur cum eo quem Strabo lib. 4. *Ruscinonem* appellat: unde forsan legendum sit, *amnis Roscinus.* In Avieno sequitur:

Hoc Sordicenæ, ut diximus, glebæ solum est.
Stagnum hìc palusque quippe diffusè patet,
Et incolæ istam Sordicen [q] *cognominant.*
Præterque vasti gurgitis crepulas aquas
(Nam propter amplum marginis laxæ ambitum
Ventis tumescit sæpe percellentibus)
Stagno hoc ab ipso Sordus amnis effluit.

Quæ sequuntur ea sunt quæ hiant, & quò dolus malè consutus infeliciter sese ingerere voluit.

Ru . . . . effluentis ostiis
. . . . .
Sinuatur alto, & propria per dispendia
Cespes cavatur, eripit [r] *unda longior,*
Molesque multa gurgitis distenditur.

[q] *Fordicen* editum est malè.

[r] *Serpit* forsan.

Quo loco, si unius dumtaxat verbi duorumve in disrupto versu, & unius tantùm post hunc integri versus dispendium factum fuit, ut editio significat: apertus est planè sensus poetæ, qui ait: eâ parte quâ in mare effluit amnis Ruscino, venientem ex alto ac terras cavantem pontum quendam sinum formare. Prosequitur namque:

Tres namque in illo maximæ stant insulæ &c.

314. Stupebis, Lector, cùm Toletanæ urbis quandam specum *Herculis* à vulgo dictam huic lacunæ superædificatam, plaudentibus etiam qui analphabeti non sunt conspexeris. Thomas Tamaius [s], & Mauræus idem Comes [t], immo & Petrus Salazarius Mendozius [u], ex eodem fonte omnes, carmina ista produxere ad specus Toletanæ speciem transformata; sed quia fons turbidus perpetuò fluit, alio quidem & alio modo, vixque sibi constantia. Repræsentavimus nos hic unam & alteram ut magis appareat inconstantia eius, cui iam hoc, iam placebat aliud, atque interim permittebat è manu sua tam diversa excidere & ad amicorum pervolare. Thomæ Tamaii editio ita habet ex codice sibi monstrato à D. Bartholomæo Castrio Toletano canonico:

Toletum opus victoris Alcidæ . . . .
Hæc dicta . . . . à conditore . . H . . .
Spatia per longinqua vastum spatium cavo
Sinuatur antro, & propria per dispendia
Cespes cavatur, eripit unda longior,
Molesque multa gurgitis distenditur.

[s] Notis ad Luitprandum pag. 166.

[t] Lib. 2. cap. 14.

[u] In Prologo hist. Cardinalis Petri Gundis. à Mendoza.

At Mauræo Comiti feliciùs contigit ut integrum (quod illi visum fuit) hocce fragmentum sortiretur, apud quem sic legimus:

Toletum, opus victoris Alcidiæ, vado
Cingitur. Hæc dicta nunc Dionysia
A conditore. At spatia per longissima
Vastum cavatur antrum; at unda longior
Molesque multa gurgitis distenditur.

Quibus significare aiunt, magnam aquæ vim intra specum ipsam aliquando detinuisse eos qui huc penetravere.

315. In primis compertum esse cunctis debet, quo tempore & loco de Ruscinone Galliæ Narbonensis fluvio agebat, in poetæ mentem non venisse nec venire potuisse de Toletana specu: hoc est, maris oram legenti de quadam parte urbis quæ in meditullio est Hispaniæ, nulla sibi porrecta divertendi occasione, agere: id quod satis est ad furcillis eiiciendam è poetæ area notham, sive huius sit sive illius messem huc dolo immissam. Deinde non iniuriâ temeratorem Avieni, merces suas importunissimè atque ineptissimè quovis loco introducentem, sibilo excipiemus. Qui quidem an hic an alius fuerit, scire nunc nîl nostra interest; dum ab Avieno imputata ei testimonia ista mendacio dicta repulerimus: quod quidem & de Dextro censentes cap. 13. charact. 9. sect. 3. admonuimus.

316. Hoc nobis certum est, curiosè quondam & ante iactatam Dextri & aliorum inventionem, quod anno contigit MDXCIV. Hieronymum Romanum Higueram ab Hieronymo Blancas Cesaraugustano historico per literas quæsivisse de hoc opere Avieni. Epistolam habemus manu exaratam, è codice miscellaneo D. Iosephi Pellizerii transcriptam, in cuius fine *Si forte ad tuas manus* (ait) *devenit libellus aureus, vel excusus vel manuscriptus, Festi Rufi Avieni* De urbibus Hispaniæ, *qui* MS. *erat inter schedas doctissimi Suritæ, me admone; item de Latino Rhase historico Arabe.* Ad quam interrogationem Blancas ita respondit: *Sed sic habeto Suritam nostrum hac ipsa in re* (de Itinerario Antonini & geographia Hispaniæ loquitur) *plurimum operæ ac studii posuisse; nam & Itinerarium ipsum ad veterum quatuor exemplarium fidem restituit, & plenissimis illustravit commentariis: quos doctissimus Schotus, qui ex vestratibus est & in vestro Valentino collegio diversatur, sibi à Suritæ filio commodatos, ad Plantinum iam pridem, ut accepi, Antuerpiam misit excudendos. Facillimè inde poteris quod cupis expromere, & illam quoque Festi Rufi,*

ac Latini Rhaſis forſan, quam quæris notitiam. De iis namque, nec de aliis quæ ſciſcitaris adhuc nihil comperi, tametſi ipſius Suritæ ſchedas, & alia quæque potui ſcrutatus ſum. Hæc Blancas, qui Hieronymo Suritæ ante annos novem, ſcilicet MDLXXX. in urbe Cæſarauguſtana defuncto, ſupellectile ſua libraria monaſterio S. Engratiæ in cuius Eccleſia ſepulcrum elegerat legato relictâ, ſucceſſerat in chronographi munere, æquè ac in rerum antiquarum & totius eruditionis ſtudio, in eadem urbe manens, & qui ſcrutatum ſe fuiſſe Suritæ ſchedas nec reperiſſe quicquam de Feſti hoc affirmat opere. Qua conſiderata re mihi facilè perſuadeo, huiuſmodi de Feſti *Deſcriptione urbium Hiſpanarum* notitiam ad faciles Hieronymi Higueræ aures fraudulenter illuſorieque alicunde perveniſſe.

CAPUT X.

De AURELIO PRUDENTIO *Poeta. Calagurritanus potiùs quàm Cæſarauguſtanus. Expenduntur pro qualibet harum urbium argumenta. Geſta eius & munera. Andreæ Reſendii laus. Ephebus Romam ſe contulit, inde in patriam aliquando reverſus. Scholaſticus pro Advocato. Militia etiam de togata. Prudentii opera. Eius laudes. Reprehenduntur aliter ſentientes. De ara Victoriæ: quamdiu ſteterit Romæ. Contra Symmachum Prudentius ſcripſit. Dictuſne hic* AMŒNUS? *Et an eius* Enchiridion veteris & novi Teſtamenti? *Prudentii enarratores atque editiones. Pſeudo-Dextri de hoc fabulæ, atque item Pſeudo-Iuliani, & Pſeudo-Maximi. Franciſci Bivarii parum ſana interpretatio, & Prudentii correctio cuiuſdam carminis.*

317. TEMPUS iam eſt Prudentio locum dandi, quo Chriſtiano poeta magni nominis Hiſpanæ Muſæ adhuc magis quàm Iuvenco exſultant. AURELIUS PRUDENTIUS is CLEMENS integra eſt appellatione, AMŒNUS quoque per attributionem ab inferiore ſæculo, ut creditur, dictus. Patriam quæris in Hiſpania? vulgò ambigitur inter Cæſarauguſtam Aragoniæ regni principem, & Calagurrim Caſtellæ. Utraque enim eiuſdem tuetur ſe Prudentii teſtimoniis: utraque ſuffragatores huius conceſſi à Deo ſibi honoris habet. Pro Cæſarauguſta ſtant Antonius Nebriſſenſis [x], Aldus ſenior, qui vitam auctoris compendio ſcripſit editionique ſuæ Venetæ præfixit, Lucas Hoſiander [y], Georgius Remus [z] quos Weitzius laudat [a], Xyſtus Senenſis [b], Antonius Poſſevinus [c], Centuriatores Magdeburgenſes [d], Iacobus Spiegelius [e], Ioannes Vaſæus [f], Ludovicus Nonius [g], Alphonſus Garſias Matamorus [h], Ioannes Henichius [i], Georgius Fabricius [k], ſtrenuuſque affatim huius partis defenſor Martinus Carrillo, in *Vita S. Valerii Cæſarauguſtani præſulis* cap. 2. Calagurrim alii præferunt, uti Ambroſius Morales [l], Ioannes Marieta [m], Melchior Goldaſtus [n], Arnaldus Oihenartus [o], & ſi qui alii. Utramque enim harum urbium *ſuam*, & *oppidum ſuum* Prudentius vocat. Qui Cæſarauguſtanis favent, verſibus his nituntur ex hymno IV. *De XVIII. martyribus Cæſarauguſtanis*:

Bis novem noſter populus ſub uno
Martyrum ſervat cineres ſepulcro.
Cæſarauguſtam vocitamus urbem
Res cui tanta eſt;

Ac de S. Vincentio Valentiæ paſſo, Cæſarauguſtæ nato, infrà: . . .

Noſter eſt, quamvis procul hinc in urbe
Paſſus ignota;

Rurſuſque de iiſdem martyribus:

Hunc novum noſtræ titulum fruendum
Cæſarauguſtæ dedit ipſe Chriſtus.

318. Ad patriam verò Calagurritanam nos è contrario vertere oculos faciunt hæc hymno I. *De Hemeterio & Chelidonio MM. Calagurritanis* in fine carmina:

Hoc bonum Salvator ipſe, quo fruamur præſtitit,
Martyrum cùm membra noſtro conſecravit oppido,
Soſpitant quæ nunc colonos, quos Iberus alluit;

Immo in eodem illo Cæſarauguſtanorum martyrum hymno *ſuam* Calagurrim appellat: quod maximè notandum eſt. Nec aliter poſſe diſcordantia huius auctoris loca in concordiam redigi, quàm ſi dicamus non eum nomine proprio, ſed communi urbis aut oppidi ad cuius uſum pangebat carmen locutum fuiſſe, cùm martyres ſuos aut ſuæ urbis appellaret. Quod Gennadii his innuitur [p]: *Fecit & in laudem martyrum ſub aliorum nominibus*: Cæſarauguſtæ ſcilicet nomine quum XVIII. martyres Cæſarauguſtanos, & cum iis Vincentium levitam; Calagurris, quum *Hemeterium & Chelidonium;* ſicuti & Tarraconis, quum *Fructuoſum, Augurium & Eulogium* cecinit martyres. Nemo enim dixerit Prudentium Tarraconenſem eſſe, quantumvis in hymno VI. horum poſtremo loco dictorum martyrum hæc legerit:

O triplex honor, ò triforme culmen,
Quo noſtræ caput excitatur urbis,
Cunctis urbibus eminens Iberis.

[x] In *Notis ad hymn. S. Laurentii.*
[y] *Epit. Eccleſ. Hiſt.* cent. 4. lib. 1. c. 26.
[z] In *Epiſtol. ad Weitzium.*
[a] In editione ſua.
[b] In *Biblioth.* verbo *Aurelius Prud.* lib. 4.
[c] In *Apparatu.*
[d] Cent. 4. c. 10. col. 681.
[e] In *Interp. ad hymn. de mirac. Chriſti.*
[f] In *Chron. Hiſp.* an. CCCLI.
[g] In *Hiſpania* cap. 82.
[h] In *Apologetico.*
[i] In *Hiſtoria* par. 2. ſæculo 4. cap. 3. pag. 367.
[k] In *Prudentii vita*; qui tamen neſcio unde habuit Numantinum aliàs dici.
[l] Lib. 10. c. 41.
[m] Lib. 21. c. 23.
[n] Apud Weitzium.
[o] In *Notit. Vaſconiæ* lib. 2. cap. 7. pag. 139.
[p] *De Script. Eccleſ.* cap. 13.

319. E nullo ergo ex his locis, quin contradictione impliceris, patriam exsculpas; sed ex eo quòd in eodem illo quo Cæsaraugustæ urbis nomine ad usumve eiusdem XVIII. martyres celebrat, *suam* vocat Calagurrim. Res clara est. Cùm Christus in postremum iudicium venerit, exituras ait obviam ei Hispaniæ & aliarum gentium urbes cum martyrum vernaculorum ossibus, ut animabus suis copulentur (1).

Afra Carthago tua promet ossa
Ore facundo Cypriane doctor.
Corduba Acisclum dabit & Zoellum,
Tresque coronas.
Tu tribus gemmis diadema pulcrum
Offeres Christo genitrix piorum
Tarraco, intexit cui Fructuosus
Sutile vinclum. &c.
Parva Felicis decus exhibebit
Artubus sanctis locuples Gerunda.
Nostra *gestabit Calagurris ambos,*
Quos veneramur.

Calagurrim *suam* poeta dixit quod patria eius esset, quam & profiteri voluit ne dubitaretur, etiam cùm auspiciis nomineque Cæsaraugustanæ urbis martyres eius caneret (2).

320. Natalium quidem tempus, æta-

(1) Immo ut placabiles hostias ultori Deo orbemque iudicaturo offerant, iustissimæ nimirum eius indignationi leniendæ. *Non timet* (inquit v. 6.) Cæsaraugusta,

. . . . *mundi fragilis ruinam,*
Tot sinu gestans simul offerenda
Munera Christo.

Et v. 189.

Hæc sub altari sita sempiterno
Lapsibus nostris veniam precantum
Turba. . .

In vulgatis Codicibus, *precatur:* Regius autem Matritensis, de quo mox, optimè restituit *precantum*, Martyrum scilicet.

(2) De Prudentii patria quamvis in Calagurrim propendeam nihil definio. Diu de ea non Grammatici modo, neque obstinatis animis, sed summi viri Nostrates, Exteri, unius veritatis inquirendæ studio disputant; lis tamen adhuc est sub iudice Si nullum exstaret Prudentii monumentum præter Hemetherii & Chelidonii hymnum, una tunc esset omnium opinio, nimirum *Calagurritanum fuisse*; cum ipse in eo Calagurrim OPPIDUM NOSTRUM diserte appellet. At cum idem alibi ac sæpius NOSTRAM item CÆSARAUGUSTAM, immo & NOSTRAM TARRACONEM dixerit, hinc enata dubitatio est. Gennadius *De Scriptor. Eccl. cap.* 13. Prudentium *hymnos in laudem Martyrum aliorum nominibus scripsisse* asserit: quorum plerosque non incongruè apostrophas dixeris; cum in iis martyriales, ut ita dicam, singulorum urbes velut præsens alloquatur, Romam scilicet *in Laurentii:*

Antiqua fanorum parens
Iam Roma Christo dedita:::
Ritum triumphas &c.

Cæsaraugustam, *in XVIII. Martyrum*

Tu decem Sanctos revehes & octo
Cæsaraugusta &c.
Ede Successum, cane Martialem;
Sterne te totam Sanctis:::
Civitas &c.

Tarraconem *in Fructuosi & Sociorum*

Exsultare libet tribus patronis:::
Olim tempus erit ruente mundo
Quum te, Tarraco, Fructuosus acri
Solvet supplicio &c.

In iis autem hymnis quoties Prudentius peculiares urbium Martyres laudat, urbem qua de agit ea occasione NOSTRAM, aut OPPIDUM NOSTRUM vocat, ut fieri vulgo solet. Verum in hymno XVIII. Martyrum postquam Cæsaraugustam generalius NOSTRAM dixit, nimirum quia de patriis eius urbis Martyribus agebat: unam Calagurrim peculiari NOSTRÆ epitheto a reliquis quas in eo memorat Hispaniæ urbibus Corduba, Tarracone, Gerunda, Barcinone, Emerita, Compluto distinguit; videlicet quia præter Martyrum in iisdem passiones nihil hæ ad eum pertinebant. Hoc mihi quidem postquam quæ de Prudentii patria cùm apud veteres à Nostro laudatos, tum apud Ioann. Marianam, Fratres Argensolas & Cl. atque in primis amicum Emmanuelem Riscum Augustinianum Hispaniæ Sacræ Continuatorem (*Tom. XXXI. pag.* 102.) vulgo circumferuntur, ac non perfunctoriè legi: validissimum atque inevitabile pro Calagurritanis telum semper visum est: quod frustra declinasse sibi adblandiuntur, qui NOSTRAM in eo hymno à Prudentio Calagurrim dictam existimant, quod ea urbs ad Cæsaraugustanum olim Conventum pertinuerit; cum & Complutum, quam absque epitheto nominat, eiusdem Conventûs fuerit, teste Plinio *Lib. III.* 3. Sed & illud non minus Cæsaraugustanos urget, quod cum Prudentius in eodem XVIII. MM. hymno *rorem illum sanguinis* quo Sanctissimus Levita Vincentius Cæsaraugustam adspersit priusquam Valentiam nostram illustri martyrio decoraret, *à civibus velut ipsa Martyris membra coli* asserat, non addiderit *nostris*, aut tale aliquid quo pietatem in patriam significaret; aut pro CIVES, ut apud eum legitur, non potius NOSTRI scripserit, cum id verbum atque ea sede metri leges non respuant; & maxime cum paulo ante de Martyribus Calagurritanis loquens ad

NOSTRA *gestabit Calagurris ambos,*

subdiderit

Quos veneramur;

Et in proprio eorumdem Martyrum hymno sæpius OPPIDUM NOSTRUM : NOSTRA PERICLA : TERRAM IBERAM : COLONOS QUOS IBERUS ALLUIT inculcet. Demum *in Hymno S. Hippolyti Martyris* Prudentius Valerianum Episcopum ceu proprium Pastorem alloquitur; is autem Calagurritanus Præsul fuit, ut ex Nota sequenti constabit. Atque hæc è Prudentio de ipsius patria: quæ cum scriberem incidi in Regium Escurialensem Conciliorum codicem *Æmilianensem* dictum, Era MXXXII. sive anno Domini DCCCCXCIIII. exaratum, in cuius folio 346. pag. 1. col. 1. habetur hæc rubrica è manu Codici coæva: *Incipiunt nomina in libro virorum inlustrio. Inc.* I. *Simon Petrus.* II. *Iacobus frater Domini* &c. pergitque usque ad Sedulium qui ordine CXXXV. est; & post eum legitur: CXXXVI. *Iheronymus.* Et continuo iisdem folio & pagina: *Hucusque Iheronymus* : *Ex hinc Gennadius Massiliensis Episcopus*; & post Valerianum qui ordine primus est, legitur: II. PRUDENTIUS CALAGURRITANUS *Versificator insignis multa contra ereticos* & *paganos diverso edidit metro: nostrumque dogma luculentissimè cecinit.* III. *Iacobus Episcopus.* IV. *Iulianus Episcopus.* V. *Paulonas.* VI. *Vitellinus* &c. Eadem in Regio Escuria-

tem, vitæ gesta atque exercita munera inclusit eleganter idem in præfatione *Cathemerinon*, quæ instar commentarii eorum omnium est:

Per quinquennia iam decem,
Nî fallor, fuimus: septimus insuper
Annum cardo rotat, dum fruimur sole volubili.
Instat terminus, & diem
Vicinum senio iam Deus applicat.
Quid nos utile tanti spatio temporis egimus?
Ætas prima crepantibus
Flevit sub ferulis, mox docuit toga
Infectum vitiis falsa loqui, non sine crimine.
Tum lasciva protervitas,
Ac luxus petulans (heu pudet ac piget!)
Fœdavit iuvenem nequitiæ sordibus ac luto.
Exin iurgia turbidos
Armârunt animos, & malè pertinax
Vincendi studium subiacuit casibus asperis.
Bis legum moderamine
Frenos nobilium reximus urbium,
Ius civile bonis reddidimus, terruimus reos.
Tandem militiæ gradu
Evectum pietas principis extulit,
Assumtum propius stare iubens ordine proximo.
Hæc dum vita volans agit,
Irrepsit subitò canities seni
Oblitum veteris me Saliæ Consulis arguens,
Sub quo prima dies mihi.

321. Annus ergo (ut hinc exordiar in quo Prudentius desinit) poetæ natalis, annus quadragesimus octavus, aliis quinquagesimus supra trecentesimum fuit. Hic enim Flavium Salleam cum Flavio Philippo habuit Consules: cuius *Salleæ* seu *Saliæ* nomen in corrupto Prudentii versu illo hactenus latens, primus quod sciam Andreas Resendius noster, unaque Prudentii natale tempus reseravit. Ante eum quippe ita legebatur

Oblitum veteris Messaliæ Consulis arguens,

unde crassissimo errore Aldus, ab eoque decepti Xystus Senensis ac Centuriatores *Massaliæ Consulem* fuisse hunc prædicant: Massiliam fortè intelligentes, uti Hosiander [q], in eaque municipalem consulatum, iuxta illud Ausonii [r]: *Consul in ambabus.* Victor Giselinus ut conclamatum locum reliquit: Georgius Remus hallucinatus fuit, *Saliam* Consulem ibi deprehendens, sed ad Cæsaraugustæ consulatum nos amandans. Noster verò Petrus Mantuanus excusari non potest, qui præ germana ista lectione & sententia, tantùm ut Ioanni Marianæ detraheret, nescio quid de *Salia* Hispaniæ Tarraconensis iuxta Cantabros flumine dictum poetæ magnâ iniuriâ imputat. Sed neque hic solus, sed & Ferrarius in *Lexico geographico*, verbo *Calagurris*. Porrò Andreas (ut dixi) Resendius Lusitanus, vir omnis antiquitatis callentissimus, de mendo simulque de vera restituenda lectione Ioannem Vasæum Brugensem monuit: ut ipse in *Chronico Hispaniæ* [s] dum ad Prudentii ætatem venit fuit professus: eius huic emendationi, quam tamen acceptam ei non referunt, omnibus aliis criticis magno consensu assurgentibus. Huic quidem Resendio, non autem Vasæo, cur non gratias correctionis habuit Pulmannus, & qui ab eo de hac re monitus deinde fuit Giselinus? Belgæ nempe hi, suo quàm Hispano gratificari maluere.

[q] *Epit. Eccles. Hist.* cent. 4. lib. 1. c. 26.

[r] In *Urbibus.* in *Burdegala* & *Roma.*

[s] Ad ann. CCCLI.

322. Hæc ergo scribebat carmina anno CDV. aut CDVII. sub Imperatoribus Arcadio & Honorio, rebus divinis carmine ducendis vacans, post profana gesta munera, iuventutemque non omninò moderatè transactam. Rectè ergo se puero apostatam veræ fidei Iulianum rerum habenis præfuisse innuere voluit in *Apotheôseos* elegantibus versibus [t]. Ephebus enim iam potensque sui in urbem se contulit, & quod dignius est iam Christianus, ne ab ethnicismo venisse eum in castra Ecclesiæ credat aliquis. Nam Romam tendens visitavit is in Foro Cornelii (*Imola* hodie Romandiolæ) Cassiani martyris sepulcrum: cuius hymnum sic orditur:

[t] v. 17. & sequentibus.

Syl-

rialensi Sæculi X. Codice *Vigilano* dicto fol. 335. pag. 1. col. 2. & pag. 2. col 1. Item in Regiæ Bibliothecæ Matritensis Codice olim Ambrosii Moralii, eiusque autographis notis interspersо, qui congestam ab eodem syllogen continet Privilegiorum Castellæ & Legionis Regum Ecclesiis & Monasteriis concessorum, fol. 1. legitur: *En el mismo Monasterio* (Sanctæ Mariæ de Nájara) *quando trasladaron las reliquias de la Iglesia antigua á la nueva, dentro en la caxa donde estaba el cuerpo Santo de San Prudencio hallaron una tabla con estos versos*

Inclytus antistes Prudentius hic requiescit.
Quo Calagurra viget. per quem Tarracona nitescit.
Ecclesie fidei morumque dedit documenta.
Per quem perpetue vite capit emolumenta.
Hunc Rex Garsias [*] attulit hicque locavit
Hanc qui basilicam sumptu proprio fabricavit

Nîl moror verbum *Antistes*. *Garsiam* autem, Legionis Regem intelligo Alfonsi III. cognomento Magni filium qui paulo supra triennium regnavit: ab anno scilicet Christi DCCCCX. ad DCCCCXIV. At quid sibi velint *per quem Tarracona nitescit,* prorsus ignorare me fateor; nisi quis *Tirasona* (ut versus constet) pro *Tarracona* legi debere existimet, atque ad alium Prudentium referat. Diatriben *de Calagurri Nasica Prudentii patria* auctore G. L. laudat Io. Albert. Fabricius Biblioth. *Lat. T. II. lib. IV. cap.* 2.

[*] f. *huc.*

Sylla forum statuit Cornelius, hoc Itali urbem
Vocant ab ipso conditoris nomine.
Hic mihi cùm peterem te, rerum maxima Roma,
Spes est oborta prosperum Christum fore:

clauditque ita:

Audior, urbem adeo, dextris successibus utor,
Domum revertor, Cassianum prædico.

323. Advocationem Romæ ut credimus exercuit, unde *Scholastici*, quod idem atque advocati est, eum vocant nomine tam Beda [u] quàm Walafridus Strabo [x]. Vocabuli notionem, tam Græcis quàm Latinis communem, doctis haud ignotam, S. Macarii tantùm confirmamus testimonio ex homilia xv. ubi gradatim ab unoquoque in spiritualibus procedi argumento Scholastici profectus docet. *Qui literas primum* (ait) *in votis habet, pergit primùm ad ediscenda signa: ubi si primus fuerit, pergit ad scholam Latinorum, estque omnium ultimus. Rursum illic ubi fuerit primus, pergit ad scholam forensem, estque in ea rursum omnium ultimus & tiro.* εἶτα ὅταν γένηται σχολαστικὸς, ἔλαν τῶν δικολόγων παρὸς καὶ ἔσχατος ἐςί: *deinde ubi fuerit scholasticus, omnium causidicorum est novitius & ultimus.*

324. Militiam quoque armatam exercuisse visus fuit quibusdam [y], falsis æquivoco militiæ vocabulo quo poeta utitur. De militia enim togata seu palatina intelligendus est; forteque aliquod ex his munus fuisse sibi iniunctum significaverit, de quibus titulus est in Theodosiano codice [z] *De privilegiis eorum qui in sacro palatio militârunt.* Non ergo audiendi sunt [a] qui præfecturam urbanam aut [b] prætorii, neque qui [c] consulatum gessisse nostrum poetam dicunt: decepti tum *ordinis proximi* in quem assumtum se ait à principe (Theodosium ego intelligo aut Honorium) vocabulo, tum notâ illâ solemni V. C. Prudentio affixa: quæ non *virum consularem*, sed *virum clarissimum* significare posita est in veteribus monumentis. Petrum quoque Crinitum pariter fefellit id quod de munere suo Prudentius ait, ut præfecturam ei militiæ attribuat.

325. Mansit certè in urbe usque ad Arcadii & Honorii imperium, sub quorum posteriore scripsisse Romæ vulgo creditur adversus Symmachum libros duos. Relationem olim is fecerat dum urbi præesset ad Valentinianum, Theodosium, & Arcadium Augustos pro veteri deorum cultu, & pro conservanda ara Victoriæ adversus Christianos. Hoc tamen incertum nobis est, uti de scripti huius tempore disquirentes postea monebimus. Inde potiùs hanc eius in urbe præsentiàm colligimus, quod *Cathemerinon* laudatam præfationem anno CDV. scribens, nihil adhuc de discessu suo ab urbe, quod opportunè debuit, subiecerit.

326. Reversus tandem fuit in patriam Calagurrim; ibique sub Valeriano antistite hymnum edidit Hippolyti martyris. Et quidem à Roma absentis ea sunt ex eodem hymno verba [d]:

Innumeros cineres Sanctorum Romula in urbe
Vidimus, ò Christo Valeriane sacer.

Et quæ ad Valerianum [e]:

Quòd lætor reditu, quòd te, venerande sacerdos,
Complecti licitum est, scribo quòd hæc eadem,
Hippolyto scio me debere, Deus cui Christus
Posse dedit, quod quis postulet, annuere.

Idem censeo de hymno Cassiani martyris. Ea enim ex fine, quæ huc olim laudata, iterum advertimus, apertè id ostendunt:

Audior, urbem adeo, dextris successibus utor,
Domum revertor, Cassianum prædico.

Valerianum verò præsulem, & quidem urbis suæ, alloquitur in superiore Hippolyti hymno [f], ut ex his patet:

Rorantes saxorum apices vidi, optime Papa;

Et in fine [g]:

Sic me gramineo remanentem denique campo,
Sedulus ægrotam pastor ovem referas:

Ad quem quod ultrà ait, calidis votis eum rogans ut Hippolyti diem natalem in Ecclesia sua anniversarium colat, Calagurri poetam ad proprium urbis patriæ antistitem dirigere preces manifestum reddit [h]:

Si bene commemini, colit hunc pulcherrima Roma
Idibus Augusti mensis, ut ipsa vocat,
Prisco more diem; quem te quoque sancte Magister,
Annua festa inter dinumerare velim.
Crede, salutiferos feret hic venerantibus ortus,
Lucis honoratæ præmia restituens.
Inter solemnes Cypriani, vel Chelidonî,
Eulaliæque dies, currat & iste tibi.
Sic te pro populo, cuius tibi tradita vita est,
Orantem Christus audiat omnipotens.

327. In quo enim quum Cypriani Car-

[u] *De reform. metrica.*
[x] *De rebus Eccles.*
[y] Aldo in *vita.*
[z] Lib. 6. tit. 35.
[a] Georg. Fabricius in *comm. ad poetas Christ.*
[b] Nebrissensis in hunc locum.
[c] Aldus, Gyraldus: sed vide Alciatum lib. 3. *Disp.* cap. 4. Fabricium in poetæ *vita*, Vasæum in *Chron. Hispano.* ad ann. CCCLI. Giselin. hic alii apud Weitzium.
[d] Hymn. 11 v. 1.
[e] v. 179.
[f] v. 127.
[g] v. 243.
[h] v. 231.

Carthaginiensis, Eulaliæque Emeritensis, Chelidoniique festum diem à Valeriano in sua illorum utriusque urbe celebrari ait : Calagurrim vel ut intento designat indice, cuius Chelidonius & Hemeterius martyres fuere, non autem Cæsaraugustam. Huius enim posterioris antistiti festos eiusdem Ecclesiæ dies martyrum Prudentius memorans, non potuit non exemplis uti aut Vincentii, aut Encratidis, aut XVIII. vernaculorum eius martyrum, quos aliis hymnis uti proprios Cæsaraugustæ urbis predicaverat (1). Mirari tamen hìc subit hæreticos omnia hæc martyrum Christiani ac veteris cultus documenta, quæ auctor quarti & incorrupti adhuc ut aiunt, sæculi tot operum suorum locis sparsit, tamquam Sirenum scopulos surda pertransiisse aure; iisque antiquitatis testimoniis quibus planissimè ipsi novitatis arguuntur, erroris & superstitionis iam surgentis attribuere notas [i].

[i] Vide Magdeburg. Centur. cent. 4. cap. 10. col. 685.

328. Obitûs Prudentii ignoratur tempus. Attamen Victor Giselinus suspicatus fuit, usque ad Stiliconis proditionem ac necem minimè eum vixisse, quæ anno tertio decimo supra quadringentesimum accidit; idque coniectatur è servata, neque deleta in opere *Contra Symmachum* [k] exaggerata eiusdem Stiliconis laude, quam publicæ omnes inscriptiones ita conceptæ iussæ sunt omnino abdicare. Placeret utique coniectura ista, si æque uti delere vestigia huiusmodi lapidibus impressa, ita revocare in sinum exempla librorum per manus iam omnium volitantium, in censorum auctorumque potestate esset.

[k] Lib. 2. v. 228. ubi Giselinus.

329. At quàm vanè hic noster confunditur Prudentius cum alio cognomine Turiasonensi antistite! Philippus nempe Ferrarius (vestigia relegens nostratium Tarafæ & Truxilli) in *Topographia*, verbis *Tarraco* & *Turiaso*, quibus consentire aliquot antiqua Breviaria monet Bivarius ad Maximi *Chronicon* anno DLXXII. pag. 538. eundem credidit Aurelium Prudentium Clementem poetam cum Prudentio Episcopo Turiasonensi inferioris valdè ætatis. Bivarium consule.

330. Sed iam accedamus ad Prudentii laudes, famam, atque operum & stili virtutes. Gennadius insigni eum donavit elogio isto [l]: *Prudentius vir sæculari literatura eruditus composuit* Διττοχαῖον, *de toto veteri & novo Testamento personis excerptis. Commentatus est autem in morem Græ-*

co-

[l] *De Script. Eccles.* cap. 13.

(1) *Cypriani, Eulaliæ & Chelidonii solemnes dies* quorum in Hippolyti hymno Prudentius meminit; tum præcipue distichon quo votum suum claudit

Sic me gramineo remanentem denique campo
Sedulus ægrotam, Pastor, ovem referas,

Valerianum Calagurritanum Episcopum, propriumque Prudentii pastorem fuisse innuunt. Sed quis hic Valerianus Calagurritanus Antistes fuerit (inquit Cl. Hispaniæ Sacræ Continuator *Tom. XXXI. pag.* 108. *n.* 212.) cum nullum eo nomine exhibeant eius Ecclesiæ Præsulum catalogi? Arridet propterea ipsi Theodorici Ruinartii calculus eundem hunc Valerianum esse asserentis cum Valerio Cæsaraugustano huius nominis secundo, qui circa annum CCCLXXX. priori omnium eiusdem urbis Synodo interfuit & subscripsit : quam in sententiam inclinare etiam video Cl. Iosephum Blanchinum Congregationis Oratorii Romani Presbyterum (*Not. ad antiquiss. Rit. Goth. Orationar. int. Oper. V. Card. Thomasii pag.* 301.) Et Pseudo-Dextri, si Deo placet, Chronici auctorem : apud quem in Regio Matritensi Codice ad annum CCCCXXX. legitur : *Ad Valerium vel Valerianum Episcopum Cæsaraugustanum scribit Cyrillus* : quæ indicant non heri tantum aut nudiustertius, sed ineunte iam sæculo XVII. de Valerii huius seu Valeriani nomine ac Sede disceptatum inter Nostrates fuisse. Atque ego quidem cùm primùm hæc apud Cl. Hispaniæ Sacræ Continuatorem legerem, non sine maxima veri specie dici existimabam, parumque abfuit quin pronus in eandem sententiam descenderem; eoque referebam Prudentii in *hymno XVIII. Mart. Cæsaraug. Domum infulatam Valeriorum*, qua postrema voce utrumque Valerium Cæsaraugustanum designari arbitrabar : nimirum primum illum egregium Christi Confessorem cuius Sanctissimus Vincentius Martyr Levita fuit, & hunc de quo agimus Valerium seu Valerianum, qui primæ Cæsaraugustanæ adversus Priscillianistas Synodo subscripsit. Commodùm tamen incidi in prælaudatum Æmilianensem sæculi X. Codicem, in quo diserte, manuque ipsi coæva legitur, eodem fol. 346. pag. 1. col. 2. *Hucusque Iheronymus. Exhinc Gennadius Massiliensis Episcopus. Inc.* I. *Valerianus Calagorritane urbis Episcopus.* II. *Prudentius Calagorritanus Versificator &c.* Eadem habet Escurialensis Vigilanus Codex fol. 335. pag. 2. col. 1. Hoc autem testimonium quamvis non omnino in tuto collocet sententiam de Calagurritana Valeriani Sede, clarè tamen ostendit nihil diversum sæculo iam decimo sensisse Hispanos eius Codicis confectores, idque iam tum insedisse Nostratium animis. Quæ vero Cl. idem Continuator num. 214. subdit, fortassè à Prudentio non inclusum in Hippolyti hymno *Valerii* nomen, quòd id pentametri leges, quinto præsertim casu respuant; aut quòd eodem non *propriè*, sed *appellativè* Prudentius usus fuerit : leviora quidem sunt quam ut refelli debeant, ac si libere philosophari liceat, non prorsus explorata. Scimus enim Prudentium *Carminis leges ob amorem aureorum* ut ipse in hymno XVIII. MM. ait, *nominum* sæpius neglexisse, idque in ipsis *Valeriorum* & *Valeriani* vocibus : tum, nihil obesse quominus *Valerius* quinto casu pentametri sedem salvis poeseos legibus impleat, ut si pro

Vidimus ò Christi *Valeriane* sacer,

dixisset Prudentius

Vidimus ò Christi digne sacer *Valeri*,

aut alias aliter : demum *Valeriani* nomen nunquam nisi proprie, sive ut Grammaticorum filii loqui amant, nisi κυρίως usurpari posse.

Pseudo-Luitprandus quoque (quod suo nobis loco exciderat) *Valerium*, seu *Valerianum* habet cognomento *Tertium civem Cæsaraugustanum*, ut apud Nostrum infrà num. 355. huius capitis.

corum Hexaemĕron, de mundi fabrica, usque ad conditionem primi hominis, & prævaricationis eius. Composuit & libellos, quos Græcâ appellatione prætitulavit: Apotheôsis, Psychomachia, Hamartigenia: *idest*: De divinitate, De compugnantia animi, De origine peccatorum. *Fecit & in laudem martyrum sub aliorum nominibus invitatorium ad martyrium librum unum, & hymnorum alterum; speciali tamen intentione adversus Symmachum idololatriam defendentem. Ex quorum lectione agnoscitur palatinus miles fuisse.* Hæc Gennadius: quem ex more Honorius exscripsit Augustodunensis [m]. Prosper item Prudentii meminit [n]: *Prudentius lyricus poeta noster, Hispanus genere, illustre ingenii sui robur exercet.* Beda [o] *nobilissimum Hispaniarum Scholasticum* vocat, uti suprà diximus. Sigebertus [p]: *In Hispania Prudentius lyricus poeta claruit.*

331. Quoad stilum mirè is laudatur ab his qui virtutes eius perpenderunt; & tamen à Lilio Gyraldo alicubi *melior omnino Christianus, quàm poeta* audit [q]. Neglexisseque dicitur *desiderio pietatis ac Fidei linguæ castitatem & eloquentiam.* Ubinam, vellem non tacuisset vir doctissimus: quem minimè bonum de eloquentia & orationis puritate iudicem Georgius Fabricius hac de causa vocat. Hic & Leonardi Quercetani cuiusdam, qui malè de Prudentio censuit, hominis obscuri recordatur [r]; Petrique Summontii, nihil poetæ magno præter nudam religionem relinquentium. Impudenter & impiè Floridus lib. 3. *Variar. lect.* cap. 6. qui Sanazarii comparatione sacros omnes Latinos poetas boum loco habet; & unicum eius ad summum Pontificem epigramma innumeris Prudentiorum, Aratorum, ac Iuvencorum myriadibus præfert. Aliis [s] non semper observâsse videtur mensuras syllabarum. Cuius tamen licentiæ non pauca exempla Prudentio imputari non debere, sed editionibus, Ioannes Fredericus Gronovius inter *observationes suas ad Ecclesiasticos Scriptores* [t], & Gaspar Barthius lib. 21. *Adv.* cap. 4. contendunt: sicut & condonari huiusmodi peccata debere poetæ sacro: cuius argumentum & pleraque eleganter & argutè dicta, eluunt si quæ eius verè sint, maculas syllabarum, rectè ait Possevinus. Frigidior est etiam Gasparis Sciopii de Prudentio existimatio [u]: quippe cui *tolerabilis sanè poeta est*, & qui *aliàs ætatis consuetudine abripiatur, aliàs priscorum verborum usui, & Lucretii imitationi nimium indulgeat.* Rigidaque & insolentior Philippi Brietii [x], qui valdè indignatur Sidonio quòd eum Horatio coniunxerit: *quòd est profectò* (ait) *in bove & asino terram arare.*

[m] *De Script. Eccles.* cap. 13.
[n] In *Chron.* ad ann. II. Arcad. & Honorii.
[o] In opere Gramm.
[p] In *Chron.* ad an. CCCXCIII.
[q] Verbis, quæ inter elogia adducit in edit. Prudentii Ioannes Weitzius.
[r] In nuncupatione Actii dialogi Ioviani Pontani.
[s] Aldo in *vita*. Barthio l. 23. *Adv.* cap. 14. Possevino in *Apparatu*, verbo *Aurelius Prudentius*. Brietio lib. 4. *De poetis latinis*.
[t] Cap. 5. p. 60.
[u] In *Consult. de schol. & studior. ratione*.
[x] *De poetis latin.* lib. 4. ante *acutè dicta poetarum*.

332. At neque hæ, neque Gyraldi censuræ, neque Politiani aut Francisci Floridi, quibus Iacobus Gaddius *De Scriptoribus* adhæret, minùs æque aliæ, retardavere solidas aliorum maximorum in hac diiudicandi facultate virorum laudes. Erasmo [y] *tantum spirare Prudentius* videtur, *tum sanctimoniæ, tum sacræ eruditionis, ut mereatur inter gravissimos Ecclesiæ doctores annumerari.* Item [z]: *unus inter Christianos verè facundus poeta.* Ioanni Sichardo [a] *ingeniosissimus & elegantissimus.* Taubmano [b] *Omnium Christianorum poetarum prudentissimus est atque eruditissimus.* Christophoro Adamo Ruperto [c] *lac Musæ Christianæ.* A Iosepho Scaligero [d] *bonus* audit *poeta.* Barthius tamen in celebrando poeta nostro, immensisque laudibus ad poeticum culmen efferendo, primas tenet. Dabimus ex eo aliqua. Lib 8. cap. 11. & 12. *Sanctissimum* vocat *auctorem, neminemque eo* (ait) *diviniùs de christianis rebus unquam scripsisse*: lib. 9. cap. 20. *sibi carissimum, vatem eruditissimum, longeque omnium dulcissimum Christi olorem, sanctissimum, suavissimum, & eloquentissimum*: lib. 12. cap. 5. *Horatium Christianum*: lib. 43. cap. 2. & lib. 50. cap. 11. *divinum Scriptorem divinumque poetam*: lib. 54. cap. 12. *nullo non nomine, tempore, loco, studio commendabilem*: *quem illustrare, & correctum dare ingenii esse minimè vulgaris* censet lib. 11. cap. 15. *In quo est poeta* (lib. 21. cap. 14. inquit) *recondita eruditio, rarus in verbis lepor, in phrasi latinitas non impura, nisi qua imitatione sacræ loquelæ fregit volens regulam, & quà à barbarie exscribentium secus quam voluit non rarò scribere coactus est.* Pindarum quoque *divinum*, sicuti & *Horatium*, eo loco quo diximus, appellat lib. 8. cap. 11. Sed quòd Horatio comparat, imitatus videtur Sidonium ita animatum erga Prudentium, ut ex his liquet epistolæ 11. lib. 2. *Nam similis scientiæ viri, hinc Augustinus, hinc Varro, hinc Horatius, hinc Prudentius, lectitabantur.* Idem Barthius [e], *divinum Christi olorem*, [f] doctissimum vatem, & nullo veterum minorem si vanitates veritatis negotiis præponere voluisset. Prætermitto alia Rittershusii, Remi, Becmani, Mosellanici, Tiraquelli, Gisanii, Turnebi, Giselini [g].

333. Marcus quidem Hopperus ad editionem Hannovianam huius poetæ carminum præfatus, sic disertè de his omnibus censet [h]: *Visne carnis adversus concu-*

[y] In *hymn. de natali Iesu*.
[z] *De pueris liber. instit.*
[a] *Scholiis ad Psychom.*
[b] Apud Tob. Magirum in *eponymologio critico*, verbo *Prudentius*.
[c] In *observ. ad Florum* lib. 1. cap. 12. §. 7. pag. 387.
[d] Primis Scaligerianis pag. 86.
[e] Ad Statium lib. 2. *Theb.* v. 425.
[f] Ad lib. 5. v. 725.
[g] Quæ Weitzius collegit in sua editione.
[h] Exstat quoque in altera Weitzii edit. Hannoviana.

cupiscentiam armari? in Psychomachia, *quæ primò occurrit, te exerceto. Vis Domini nostri Iesu Christi miracula, & immensa quæ humano generi præstitit beneficia cognoscere, laudesque eius decantare?* Cathemerinôn *repetito. Vis sanctorum martyrum exemplis fidem & constantiam tuam in religione Christiana corroborare?* Peri-stephanôn *inspicito. Vis hæreticorum falsa vitare dogmata?* Apotheôsin & Hamartigeniam *legito. Vis horrendas gentilium superstitiones & idololatrias cum detestatione admirari? Ea quæ contra Symmachum scripsit cognoscito. Vis denique sacras utriusque Testamenti historias* ἐν ἐπιτομῇ *memoriæ mandare?* Enchiridion, *quod postremum est, evolvito.* Hæc ergo iam ordine pangamus.

334. Edita sunt à Prudentio vario carminum genere, & quidem Græcis titulis, Ψυχομαχία, quod Gennadius interpretatur *De compugnantia animi.* Elegantiùs poterat *De pugna animæ.* Qui liber docet verbis ipsius poetæ in præfatione,

——— *Quo milite pellere culpas*
Mens armata queat nostri de pectoris antro,
Exoritur quoties turbatis sensibus intus
Seditio, atque animum morborum rixa fatigat.

Continetque *Fidei cum idololatria, pudicitiæ cum libidine, patientiæ cum ira, superbiæ cum humilitate, luxuriæ cum sobrietate, avaritiæ cum largitate, concordiæ cum discordia,* decertationes. *Carmen* hoc *eximium inter omnia antiquitatis monumenta* Barthius vocat lib. 21. *Adversar.* cap. 11.

335. Καθημερινῶν *hymni.* Gennadius *hymnorum librum* appellavit. Quotidianum officium, seu per diem dicendas odas includit. Scilicet *ad galli cantum, hymnum matutinum, ante cibum, post cibum, ad incensum cerei paschalis, ante somnum, ieiunantium* (hoc utitur *Breviarium Isidorianum* seu *Gothicum*, per ferias hebdomadæ distributo), *post ieiunium, hymnum omni hora, in exsequiis defunctorum, hymnos* tandem *Calendis Ianuarii, ac die Epiphaniæ* dicendos.

336. Περὶ στεφάνων, sive *De coronis* liber. Gennadius: *Fecit & in laudem martyrum sub aliorum nominibus.* Quatuordecim hymni sunt, dicti, primus *Hemeterio & Chelidonio* martyribus Calagurritanis. II. *Laurentio archilevitæ.* III. *Eulaliæ virgini* (Prostat is in Breviario Isidoriano). IV. *Decem & octo martyribus Cæsaraugustanis.* V. *Vincentio martyri.* VI. *Fructuoso Episcopo Tarraconensi, & Augurio, & Eulogio diaconis.* VII. *Quirino martyri & Episcopo Sisciano.* VIII. *Pro loco ubi martyres passi sunt, qui baptisterium dicitur.* IX. *Cassiano martyri in Foro Cornelii.* X. *Romani martyris supplicium* omnium longissimum: quem quidem Aldus separâsse videtur ab aliis Περὶ στεφάνων hymnis, Romani martyris tragœdiam vocans. XI. *Passio Hippolyti martyris ad Valerianum* Calagurris *Episcopum.* XII. *Passio Petri & Pauli Apostolorum.* XIII. *Passio Cypriani martyris Episcopi Carthaginiensis.* XIV. & ultimus, *Passio Agnetis virginis.*

337. Ἀποθέωσις. Gennadius, *De divinitate* vertit, sicut & Trithemius, Eisengreiniusque. Barthius tamen vellet, *De divatione* legi. Hoc enim strictè significat ἀποθέωσις. *Non enim disputat* (ait ille *Adversariorum* lib. 41. cap. 24.) *an sit, vel quæ sit divinitas; sed scopus auctoris egregii est demonstrare divinitatem Christi, quòd is divino honore colendus sit, nec dispar patri, licèt humana natura deitate recepta sit, quæ vera est* ἀποθέωσις. Continet ea post præfationem, *hymnum in infideles, contra hæresin quæ Patrem passum esse affirmat* (*Patripassianorum* vocant), *contra Unionitas*, id est Sabellianos hæreticos, *contra Iudæos*, contra *Homuncionitas* Christum asserentes hominem tantùm: *de natura animæ adversus phantasmaticos*, qui Christum negabant verum habuisse corpus hominis: *de resurrectione carnis humanæ.*

338. Ἁμαρτιγένεια. *De origine peccatorum*, ait Gennadius; scilicet adversus Marcionitas, qui duplicem Deum affirmabant, alterum *qui prava efinxerat*, alterum *qui recta itidem condens induxerat*, ut ille ait. In cuius fine operis diserta ignis alterius ab inferno igne distincti mentio, quàm intimè purgatorii osores torquet hæreticos[1]! Malè hunc librum in duos Trithemius distinxit, græcum alteri, latinum alteri titulum adaptans; immo & præter hos tertium alium adversus Marcionitas confingens: qui tres unus dumtaxat est promiscuæ istius inscriptionis liber, latina autem iam inscriptione

339. *Contra Symmachum libri duo.* Relationem fecit Q. Aurelius Symmachus, aliis C. Aur. Avianus Symmachus urbi præfectus, ad Valentinianum, Theodosium & Arcadium Augustos pro veteri deorum non abolendo in urbe cultu, restaurandaque arâ Victoriæ: quæ nunc inter eius epistolas sexagesimæ primæ locum obtinet. Id contigit anno CCCLXXXIV. quo Symmachus præfecturam urbanam administravit vel sequenti, ut postea dicemus. Huic tamen relationi statim iussu Valentiniani Augusti S. Ambrosius epistolâ aliâ eundem ad Augustum datâ respondit, quæ &

[1] Vide Hosiandrum *epit. Eccles. histor.* cent. 4. lib. 1. cap. 26.

& cum aliis eiusdem S. Doctoris operibus & cum Symmachi epistolis edi solita est. Resumsit vero ipsum argumentum carmine tractandum poeta noster, ut hac occasione usus ethnicorum superstitiones Musarum etiam armis debellaret. Sed an protinus, quæritur, an aliquo temporis facto intervallo? Annalium Ecclesiasticorum auctor magnus post Aldum credit sub Honorio iam Cæsare huic eum incubuisse operi, atque ad hunc respicere versus istos ex lib. 2.

Quod genus ut sceleris iam nesciat aurea Roma,
Te precor, Ausonii dux augustissime regni,
Et tam triste sacrum iubeas, ut cetera, tolli.
Perspice, nonne vacat meriti locus iste paterni,
Quem tibi supplendum Deus, & genitoris amica
Servavit pietas? solus ne præmia tantæ
Virtutis caperet, partem tibi, nate, reservo,
Dixit, & integrum decus intactumque reliquit.
Arripe dilatam tua, dux, in sæcula famam:
Quodque patri superest, successor laudis habeto.
Ille urbem vetuit taurorum sanguine tingi:
Tu mortes miserorum hominum prohibeto litari.

Exstat namque constitutio Theodosii unà cum filiis Arcadio & Honorio *De tollendis paganorum sacrificiis*, quæ est lex 12. in cod. Theodos. *De paganis, sacrificiis & templis*: ad quam videtur poeta respexisse: quod nobis certissimum est.

340. Ut res plana fiat, noscere debemus primò [k], Valentinianum seniorem, qui creatus fuit Imperator anno CCCLXIV. indulsisse Romanis idolorum cultoribus ut staret Victoriæ ara in Capitolio, ut innuit ipse Symmachus in *Relatione*, quamvis ignorationem eius excuset Ambrosius [l]. Secundò, prohibitum postea fuisse hunc ritum, unde occasio Symmacho data cùm præfectus urbi esset de restituenda eadem ara preces porrigendi ad prædictos Augustos, Valentinianum iuniorem senioris filium qui anno CCCLXXVI. inauguratus imperio, Theodosium qui à Gratiano & laudato Valentiniano anno CCCLXXIX. collega assumtus fuit, & Arcadium Theodosii filium, si vera est Relationis inscriptio: quam post annum saltem CCCLXXXIII. quo Gratianus occubuit, factam fuisse oportet; non enim antea Valentinianus Theodosiusque sine Gratiano rempublicam gesserunt. Anno sequenti præfectus primùm urbi in Occidente fuit Symmachus, ut ex inscriptionibus legum Theodosiani codicis liquet [m]. Forteque continuavit proximo anno. Non enim eius ulla alii præfecto urbis nuncupata lex contrarium suadet: uti suadet quidem de anno CCCLXXXVI. Sallustii nomen inscriptum datis Mediolani, hoc est à Valentiniano Imperatore Occidentis, legibus [n]. Intra hoc biennium igitur adivit, senatus nomine, Valentinianum Symmachus pro restituenda Victoriæ ara. Tertiò, S. Ambrosium statim re audita intercessisse, libello dato ad Imperatorem ne id fieret, atque inde pleniore scripto persuasisse.

341. Quartò, Prudentium nostrum non statim, sed post plures annos metrico suo huic eiusdem consilii vacâsse operi. Nam & consulatûs Symmachi versu isto è libro 1. [o]

Ipse magistratum tibi Consulis, ipse tribunal
Contulit.

quem gessit anno CCCXCI. Debellatorum item Theodosio Maximi Eugeniique tyrannorum non obscurè meminit his versibus [p]:

Cùm princeps gemini bis victor cæde tyranni
Pulcra triumphali respexit mœnia vultu.

Quorum ultimus Eugenius anno CCCXCIV. victus & occisus fuit; item Holybrii consulatus, qui in annum incidit CCCXCV. his [q]:

Quin & Holybriaci generisque & nominis heres
Adiectus fastis, palmata insignis ab aula,
Martyris ante fores Bruti submittere fasces
Ambit, & Ausoniam Christo inclinare securim.

Quo eodem anno cùm Theodosius fato functus sit, iure id colligimus fuisse quod suprà ex Baronio & aliis monuimus, Honorio, qui in rebus Occidentis genitori successerat, carmen hoc de quo loquimur Prudentium direxisse. Quinimmo & victoriæ iuxta Pollentiam urbem de Alarico Gotho ab Stilicone reportatæ, tamquam recentis facti mentio ibidem habita [r], non ante annum CDIII. quo ea contigisse dicitur, nec diu post opus hocce editum fuisse persuadet. Cui occasionem non alia quidem dederit eiusdem Symmachi ad Honorium directa supplicatio; sed, quod magis credimus, veterem Prudentius iamque ab ipsa origine refutatam, carminis sui novum argumentum sumere voluit stili exercendi gratiâ. Nec finxit se eo tempore scribere, quo recèns nata fuit occasio. Si enim huc intendisset, minimè debuit res tot post-

[k] Baronius anno CCCLXXI. num. 130. Gothofredus in comm. ad leg. 7. cod. Theod. *De paganis*.
[l] *Epist.* 30. seu *Respons. ad Relationem*.
[m] *Chronologiam* eius in editione Gothofredi consulas in hoc anno.
[n] Ibid. hoc anno.
[o] v. 624.
[p] v. 411.
[q] v. 555.
[r] Lib. 2. v. 695. & 710.

postea annis patratas inculcare. Sed vivum, dignitateque florentem, nec minus fama doctrinæ atque eloquentiæ virum inhærere adhuc idolorum nugis considerantis, dolentisque illius vicem poetæ nostri consilium fuit, id quod Ambrosius prosa oratione olim exhibuerat religioni officium, versibus nunc replicare: quò non solum argumentis solidissimis confringeret vanitates ethnicas; sed & plenis erga Symmachum honoris & existimationis verbis pertinaciam eius ostensa veritate catholici dogmatis emolliret.

342. Isaacus Grangæus ad hos Prudentii libros commentarios elucubravit, qui seorsum ab aliis poetæ editi sunt Parisiis MDCXIV. in 8.° Hactenus certa sunt Prudentii opera nunc exstantia. Periit quippe

343. *In hexaemeron* opus, cuius Gennadius his recordatur: *Commentatus est & in morem Græcorum hexaemeron*, De mundi fabrica, *usque ad conditionem primi hominis & prævaricationem eius.* De operibus nempe sex dierum, carmine, ut intelligo; cùm Gennadius hoc inter & cetera opera non distinguat; digno maiestate atque elegantiâ stili, eruditioneque singulari poetæ nostri argumento, & in quo adhuc magis quàm in merè sacris eloquentia potuit per omnem naturæ sinum vela expandere. *In morem Græcorum* dixit Gennadius, quod usus noster fuerit Græca inscriptione, quâ usi sunt Basilius, Gregorius Nyssenus, & si qui alii. Periit quoque is, quem è Gennadio scripsisse nostrum constat,

344. *Invitatorius ad martyrium* liber. In quo non minorem fecit iacturam Christiana in Deum Regem martyrum pietas.

345. Controvertitur tamen eiusdemne sit, an alterius Prudentii, cognomento *Amœni*, qui ita cognominatus inscribitur, operis auctor,

Diptychon, aliis *enchiridion*, *veteris & novi Testamenti historiarum*, aliis *Tetrastica* de vetere & novo Testamento (1): quod singulis tetrastichis historias utriusque Testamenti præcipuas, veluti memoriæ causa, comprehendit. *Historiarum* librum Trithemius vocat. Hoc significâsse Gennadius creditur cùm ait: *Composuit* Διττοχᾶιον: *De toto veteri & novo Testamento personis excerptis.* A διττὸς id & ὀχὴ interpretantur, quasi *duplicem cibum* Aldus, Xystus Senensis, Possevinus, Labbeus, iam laudati. *Dirrochæum* vidit & Aldus alicubi falsò scriptum. Haubertus autem Gifanius primus contendit legi debere apud Gennadium Δίπτυχον, cui utraque manu Goldastus plaudit; nec improbat Labbeus.

346. *Enchiridion*, hoc est *Manuale*, legitur inscriptum operi [s], iuxta pentastichon, quod præfationis vicem supplet in Weitzii editione:

[s] Hoc induxisse in editionem suam Sichardus ait.

Incipiunt tituli libri manualis Amœni,
Excerptis quos personis tetrasticha claudunt.
Primus Adæ elato de crimine narrat & Evæ.
Tum singillatim numerata vocabula multa
Provida personæ pandit descriptio rhythmi;

Alia enim præfatio quæ incipit: *Immolat Deo Patri*, quibusdamque editionibus huic Enchiridio præfigitur, aut ut in Aldina subiungitur; alterius loci est, non huius: quod liquet ex carminis genere quo hoc manuale utitur hexametri, cui perperam adaptatur præfationis illud:

Nos citos iambicos
Sacramus, & rotatiles trochæos,
Sanctitatis indigi,
Nec ad levamen pauperum potentes.

Giselinus & Barthius rectè censent [t] *Peristephanon* libro hanc præfigi debere: uti præfixa est in eiusdem Giselini & Weitzii editionibus.

[t] lib. 8. *Adv.* 11.

347. Ducti verò *Amœni* isto agnomine, distinguunt quidam hunc à Prudentio Clemente, atque item quòd non sic excultus & elaboratus hic eis liber videatur, ut ceteri, qui compertè eius sunt. Ita existimavit Georgius Fabricius, & Melchior Goldastus, & postremus aliorum Philippus Brietius [u], *Amœnum* alterum à Prudentio poetam & ipsum Hispanum comminiscens. Sed Giselinus è collatione huius cum aliis Prudentii libris deprehendit, persuasitque frustrà esse, qui germanum huius fœtum alii exponunt. Quod hodie creditur, admittuntque Aldus, Labbeus, Barthius [x], qui & ipse parallela collegit [y] loca huius cum aliis libris: idem exemplis alibi [z] commonstrans tralatitium hoc fuisse inter recensitores aut exscriptores veterum auctorum, generis eorum aut stili notandi gratiâ, huiusmodi agnomina sive attributiones vulgatis nominibus appingere: quibus semel papyro commissis proclive fuit posteros uti veris nominibus aures accommodare. Ita Ovidius *Geta*, Statius *Aquilinus*, Martialis *Cocus*, Persius *Severus*, Petronius *Arbiter*, uti Prudentius *Amœnus*: *quia omnium Christianorum poetarum amœnitate & varietate lyricorum carminum*

[u] Lib. 4. *De poet. latin.* ante *acutè dicta poetarum.*

[x] Ubi proximè.

[y] Lib. 8. cap. 12.

[z] Lib. 6. cap. 1.

(1) Exstant in Regis Galliarum Bibliotheca *T. IV. pag.* 464. *col.* 2. *cod.* 8498.

num longè sit princeps, Barthius ait (1).

348. Ioannes Trithemius ultra hæc tributa nostro poetæ passim opera, auctorem eum facit singularium librorum *De animæ natura*, atque item *De resurrectione carnis*: quæ veræ partes sunt *Apotheoseos*; nec non *De martyribus*, qui primus est *Peristephanon* hymnus, in eoque iam comprehensus libro. Item *De statu animæ*, cum hoc principio: *Errat quisquis animas*; atque *De spe veniæ* orationis sive libri, hoc initio: *O Dee cunctiparens*. Laudat quoque is cum Eisensgreinio *De sancta Trinitate* (2) libros duos, qui nusquam exstant, quemadmodum nec epistolæ ad varios (3).

349. Primus qui novo more duorum ab hinc sæculorum explanare ardua Prudentii Clementis fuit conatus, Antonius Nebrissensis noster forsan est, qui *Annotatiunculas in Cathemerinon*, *Peristephanon*, & *Psychomachiam* elucubravit: quæ editæ sunt Lucronii MDXII. iterumque Antuerpiæ cum scholiis Ioannis Sichardi in aliqua poetæ carmina MDXL. cuius Sichardi operâ eodem anno seorsum Henricus Petri Basileæ publicaverat. Omitto nunc, quia nusquam est, *veterem* Prudentii *Scholiasten bene veteris ævi plura documenta præseferentem*, quem vidisse videtur Barthius, qui laudat in *Animadversionibus ad Statium* [a]. Erasmus Margaritæ Roperæ, Thomæ Mori ut credo filiæ, direxit *commentaria in hymnos de natali pueri Iesu*, ac de *Epiphania*, qui eius operum quinto volumine leguntur, & in Bibliotheca VV. PP. Iacobi quoque Spiegelii Selestadiensis, Imperatorum Caroli ac Ferdinandi à secretis, *commentarius* exstat sat prolixus in unum illum, qui *Omnis horæ seu de gestis & miraculis Christi* inscriptus est, hymnum. Post hos Georgius Fabricius Chemnicensis expositionem quatuor hymnorum, *Matutini*, *ante somnum*, *Omnis horæ* libri *Cathemerinon*, atque item *Romani martyris* (in quem & exstat Ioannis Murmellii commentarius) è libro de coronis, *seu Peristephanon*; & Adamus Siberus Grimnensis professor *scholidia* (uti vocat) *in primum*, *seu ad Galli cantum*. II. *Matutini*. V. *Ad incensum*. IX. *Omnis horæ*. XII. *Epiphaniæ*, dedere.

[a] Lib. 10. Theb. v. 657.

350. Laudabiliorem ceteris ante se omnibus operam huic Spartæ ornandæ Victor Giselinus Flander Sanfordianus navasse his planè videbitur, qui commentarium eius in Aurelium Prudentium Clementem legerit; tametsi digni, ne id dissimulem, Gasparis Barthii reprehensione [b] ob huius tituli præsumtionem, qui *Notas*, non *Commentarium* debuit operi inscribere; atque item quod affirmare ausus sit nullum ferè auctorem hoc poeta esse emendationi faciliorem [c]. Adhibuit quidem Giselinus, cùm se accinxisset novæ atque emendatiori formandæ editioni, antiquas omnes editiones pluraque manu exarata volumina, ususque operâ fuit Theodori Pulmanni typothetæ Plantiniani eruditi & industrii; necnon & Cornelii Valerii publici latinæ linguæ professoris doctissimi, qui vocabula omnia quæ ab Ecclesiasticis auctoribus hausit poeta, quæque à latinæ linguæ puritate longiùs abesse iudicabat, seorsum annotata cum Giselino communicaverat. Certè Barthius (uti optimè in hunc poetam animatus fuit, eidemque pluribus locis lumen in *Adversariis* & aliis animadversionibus suis, sive correctionis sive illustrationis intulit) si Notas quas meditari se alicubi dixerat [d] fuisset re exsecutus: Papinianis forsan & Claudianis haud inferiores Prudentianas eiusdem haberemus animadversiones.

[b] Lib. 9. cap. 20. & animadv. ad Statii lib. Theb. 2. v. 9.

[c] Lib. 11. Theb. v. 9.

[d] Lib. 9. cap. 20. in fine.

351. Andreas item Resendius criticus & poeta celebris famæ, Vasæo affirmante [e], premebat dum viveret *in Prudentium commentarios*. Nec non & Hauberti Gifanii haud contemnendas Notas, indicemque ad Prudentium remansisse apud filium Pragæ, cùm eius parens in ea urbe ineunte Augusto MDCIV. catholicè obiisset, famâ pervulgatum est, cuius Possevinus meminit [f]. Hunc defectum non tam Georgius Remus Adversariis, Notis Adamus, Theodorus Siberus in hymnum *De exsequiis defunctorum* commentariolo, Andreasque Wilkius in quosdam *Apotheoseos* versus expositione, quàm Ioannes Weitzius tandem supplere conatus fuit, formata editione ante alias emendatiore: quam collatis cum antiquioribus typorum fœtibus, manuscriptis Hœschelii, Bongarsii, Gruteri, Rittershusii, Becmani, & aliorum codicibus, adiunctisque ceterorum omnium, qui ad hunc poetam quomodolibet illustrandum ingenii sui operas contulerant, lucubrationibus: plenissimis suis ac doctissimis Notis Hannovianis he- re-

[e] In Chron. Hisp. ann. CCCLI.

[f] In Appar. verbo Aurel. Prud. Clemens.

Ff 2

(1) Dictum de his suprà *in Martiale Lib. I. cap.* XIII. n. 275. pag. 81.

(2) Diversum hoc videtur opus à *Prudentii carmine de Fide*, quod exstat in Bibliotheca Regis Galliarum *T. IV. pag.* 465. *col. I. cod.* 8500. col. I. cod. 8318. exstat *Prudentii Hymnus in Beatam Virginem Mariam*. Item in Bibliothecæ Vaticanæ indicibus à Montfauconio vulgatis *Bibl. Biblioth. T. I. pag.* 44. *col.* 2. *lit. D. n.* 1360. habetur *Prudentii, de Orthographia*.

(3) In Bibliotheca Regis Galliarum T. IV. pag. 448.

redum Ioannis Aubrii formis anno huius sæculi tertiodecimo in publicum emisit. Cui quidem maioris ornatus causa excerptas à se ex Caroli Widmani & Iacobi Bongarsii codicibus *Isonis* cuiusdam *magistri veteres* perpetuas *glossas*, integrique huius systematis subiecit *indicem*. Omisit Weitzius tamen Iacobi Meieri Flandri *Annotationes in hymnos duos trochaicos* nostri poetæ *de miraculis*, *& duorum martyrum*, Lovanii excusas cum propriis aliis versibus MDXXXVII. in 8.° Ita referunt Antonius Sanderus *De Scriptoribus Flandriæ*, & Valerius Andreas in *Bibliotheca Belgica*, male rem explicantes. Et tamen post tot & tantorum virorum operam Barthius existimabat [g] parum adhuc in hoc poeta corrigendo profectum fuisse.

[g] Ad lib. 2. *Theb.* v. 713. pag. 637.

352. Editionem principem eam habeto, quam Venetiis anno MDI. Aldus Manutius è sua officina in 4.° emisit, ad Danielem Clarium Ragusii literas profitentem, præfixa præfatione *De metris quibus Prudentius usus est*, atque item poetæ vitâ. Codicem Aldus ex Anglia sibi missum expressit, primumque hunc è sacris poetis, unà cum *Prosperi Aquitani quibusdam super S. Augustini sententias epigrammatis*, in lucem venire fecit (1). Sequitur Lucroniensis Hispana ea quæ auctorem Antonium Nebrissensem habuit, anni eiusdem sæculi duodecimi. Basileensis apud Catandrum anni MDXXVII. cum scholiis Ioannis Sichardi; & cum iisdem Henricopetrinæ, Gesneri epitomator Giselinusque meminere. Idem Giselinus Daventriensi usus est, ante septuaginta annos cùm id referret publicatâ. Veterum quoque poetarum Christianorum opera omnia atque eorum fragmenta, per Georgium Fabricium collecta, emendata, digesta & commentario exposita, Ioannes Oporinus anno MDLXIV. Basileæ edidit. Antuerpiana sequitur eiusdem anni, Coloniensisque à Mylio procurata cum Theodori Pulmanni Victoriique Giselini emendationibus & Notis, eiusdemque Giselini commentario: ex quorum emendatione in Lugduno-Batava quoque officina Raphelengius MDXCI. in 16.° emisit. Hannovianam à Weitzio procuratam anni MDCXIII. iam laudavimus, quæ instar omnium esse poterit, ut prætermittamus alias quærere. Nisi quòd duas Colonienses apud Birchmannum annorum MDLXXXV. & MDXCIV. in 8.° quod earum meminerit Georgius Draudus; & Ioannis Iansonii Amstelodamensem anni MDCXXXI. in parva consueta ab eo Latinorum veterum auctorum forma, quòd penes me sit, non est animus illaudatas relinquere.

353. Est quidem in Vaticana bibliotheca MStus. antiquæ satis notæ codex, cui affixus est numerus 5821. Prudentii omnia opera continens (2): in cuius primo folio notam hanc legimus recentioris manus: *Ioannes Antonius Mariettus Societ. Iesu presbyter hunc librum cùm Pragæ degerem accepi dono à Christophoro Colero viro doctissimo; cumque illum cum aliquot manuscriptis variis in locis diligentissimè contulerim, & nominatim cum celeberrimo vetustissimoque illo quod Ratisbonæ in S. Emeriani bibliotheca asservatur: & optimæ notæ, & ante multos annos ab exercitatissimo antiquario conscriptum esse censeo. MDCXVIII. idibus Iulii.* Hucusque nota: quod quidem tacere non debui, ne ignoraretur hinc peti posse novæ adhuc Prudentii editioni, si quæ fiet, aliquale ornamentum. Poetam nostrum, nescio an integrum, vernaculâ Hispanâ linguâ dedit Ludovicus Diez de Aux Cæsaraugustæ MDCXIX in 8.° (3).

Se-

(1) Ioannes Alb. Fabricius *Biblioth. Lat. T. II. Lib. IV. c.* 2. Prudentium Daventriæ anno 1472. prodiisse ait, indicto Typographo: quod & Maittairius confirmat *Ann. Typ. T. I. P. I. pag.* 99. eaque editio Giselino incognita non fuit, ut Noster paulo inferius.

(2) Vetustissimus omnium quos noverim Prudentii operum Codex *Apotheosin*, *Hamartigeniam*, *Psychomachiam* & nonnullos Περὶ Στεφάνων hymnos exstat in Bibliotheca Regis Galliarum *T. IV. p.* 426. *col.* 2. *cod.* 8084. cui subditur hæc nota: *Is Codex sexto sæculo videtur exaratus.*

(3) Huius Ludovici Diez de Aux ternos tantum Prudentii hymnos Hispanicè ac metricè redditos novimus: nimirum *Passiones Sanctorum Laurentii ac Vincentii*; & *hymnum Sanctorum XVIII. Martyrum Cæsaraugustanorum*; bisque ac sub diversis titulis nimirum: *Compendio de las Fiestas &c.* & *Traduccion de los hymnos &c.* Cæsaraugustæ anno 1619. in 4.° editos apud Ioannem de Lanaja & Quartanêt. Eulaliæ quoque Emeritensis hymnum Franciscus Antonius Suarezius de Castro Hispanicè vertit heroicis versibus παραφραστικῶς. Exstat in Hist. Emeritensis urbis Barnabæ Moreni de Vargas Matriti 1633. in 4.° fol. 99. à pag. 2. Manuscripti Latini Codices bini nobis dum hæc scribimus ad manum sunt: Escurialensis membranaceus *Lit. G. Plut. IV. num.* 23. satis antiquus & Gothici plane saporis; & Regius Matritensis *Catemerinon* & *Peristephánon* chartaceus sæculi XV. Sed ex vetere atque incorrupto exemplo descendens, in quo plurimæ atque eximiæ, & à vulgatis diversissimæ habentur lectiones. Sistimus earum gustum. In vulgatis Strophe XXIII. hymni Sanctorum duodeviginti Martyrum Cæsaraugustanorum ita habet:

Nonne Vincenti *peregre necandus*
Martyr his terris tenui notasti
Sanguinis rore *speciem* futuri
Morte propinqua?
Hoc colunt cives &c.

354. Segregavimus ex more id quod veræ & antiquæ historiæ de Prudentio nos docent, ab eo in quo simia illarum, novorum Chronicorum artifex Toletanus ludificari voluit. Ex Chronico Pseudo-Dextri non ullus aut alter locus huc pertinet. Præ quibus omnibus haberem, si antiqui illius auctoris esset, fragmenti Estepâni hunc quem subiecimus, utpote sinceriorem, & ex Prosperi Pithœani Chronico desumtum. Ad annum u. c. MCXLIX. qui Christianæ redemtionis CCCXVII. est, *Prudentius lyricus poeta Hispanus noster ingenii sui robur exercet;* nec ultrà aliquid. Vide cui fundo superædificata Pseudo-Dextri quatuor hæc testimonia fuere:

Anno CCCLXXX. 7. *Floret Fl. Prudentius, patre Cæsaraugustano, matre Calagurritana natus (Saliâ Consule) Cæsaraugustæ.* Ita sibi conciliare visus fuit discordantes de patria eius opiniones: quem & *Flavium*, inaudito antea prænomine, appellare libuit.

Anno CCCLXXXVIII. 7. *Prudentius Toleto, Cordubâ, ac Cæsaraugustâ in Hispania egregiè gubernatis, fit dux, & habetur orator celeberrimus, & poeta mirificus. Anno CD. petit Romam.* Ad locum id respicit è præfatione *Cathemerinon* iam adductum, quo bis se urbium nobilium frenos rexisse gloriatur. Sed iam à Dextro isto tres urbes, non duæ sunt; & poetam suo more agit, id quod non est fingendo. Lege sis scholiasten hunc nodum solventem, & altùm ridebis. Quid autem significet ducem Prudentium factum, neque ipse dixerit patrator doli, neque Scholiastæ sciunt. Qualis namque fuerit poetæ militia, iam monuimus.

Anno CCCXCVI. 3. *Prudentius lyricus Cæsaraugustanus Romæ scribit.* Nempe, qui non ante quadringentesimum annum Romam venerat, ante quatuor annos Romæ scribebat.

Anno CDXXIV. 12. *Prudentius Româ Cæsaraugustam rediens, ad sedem Cæsaraugustanam Sanctæ Mariæ plenus dierum & illustrium operum, post multas pugnas cum omnibus hæreticis sui temporis habitas, tranquillè moritur* (1).

355. Nec his contentus, Pseudo-Iuliani ore Prudentium inauguravit præsulem Cæsaraugustanum, in *Adversarios* [h] hic seriem texens huiusce urbis Episcoporum. *Nam Sancto Athanasio* (ait) *primo Theodorus* &c. *Costo Cassius, Cassio Valerius, vel Valerianus III. Valeriano Flavius Aurelius Prudentius Clemens civis Cæsaraugustanus, poeta celebris, ab anno CDX. ad annum CDXXIV. obiit primâ Novembris, cùm esset aliquantò septuagenario maior. Sepelitur cum lacrymis in æde sanctæ Mariæ de Columna. Huic successit Vincentius Arianus, & alii multi sancti Pontifices.* Quid enim non audet effrenata mentiendi libido! At huic Prudentii nostri post Vincentium III. præsulatui nihil validius opponi potest Pseudo-Dextri postremo testimonio, ibique de dignitate ista seu munere silentio. Quinimmo & apertissimo altero ad annum CDXXIII. ubi ait hoc anno Vincentio Cæsaraugustano Valerium subrogatum fuisse. Quod admitti nequit si Prudentius ab anno CDX. ad CDXXIV. huic Sedi præfuit. Repugnat non minus Pseudo-Maximi auctoritas, (etiam in fragmento nostro Estepâno exstans) qui *Valerio III. Petrum, Petro Simplicium* successisse, ad annum CDLX. (in fragmento ad annum CDLIV. seu Chronico) scripsit.

356. His enim fabularum viperis historiæ sinceritatem sævè mordentibus, ex iisdem alexipharmaca opponere recta persuadet criticæ medicinæ ratio. Valerius quidem (esto sit huius nominis tertius, quod aliis nunc disputandum relinquimus) Cæsaraugustano Concilio in Priscilliani causa circa annum CCCLXXX. celebrato interfuisse legitur, qui in Conciliorum editionibus præ se fert Cæsaraugustani præsulis titulum. Inter hunc & Vincentium, qui anno DXVI. Tarraconensi subscripsit Synodo [i], non ulla mentio Cæsaraugustani Episcopi præter illum euius tacito nomine Ascanius ceterique Tarraconensis provinciæ præsules, datis ad Hilarum Papam (qui anno CDLI. creatus fuit) literis [k], meminere: uti discimus ex tabulis Episcopalibus Cæsaraugustanæ Ecclesiæ [l]. Nonne silentium hoc de viro celeberrimæ suo ævo famæ Prudentio pontificium eius Cæsaraugustanum redarguit atque refellit? Cetera quoque Iuliani absurdissimè

[h] *Adv.* 497.

[i] In edit. Concil. Hisp. Loaysæ pag. 71.

[k] Inter *Hilari epist.* tomo 4. Concil. editionis Labbei col. 1033.

[l] Apud Martinum Carrillo in *Hist. S. Valerii*, pag. 226. Ant. Augustinum in *epist. ad Blancam* t. 3. *Hisp Illust.* pag. 835.

In Codice autem nostro:

Nonne Vincenti *peregrine quamvis*
Martyr his terris tenui notasti
Sanguinis rore *specimen* futuri
    Morte propinqua?
Hoc colunt cives &c.

Quibus & Poetæ mens & germana huius loci sententia nemini iam non obvia sunt; sermo autem non semel hactenus à Latio divertens eidem redditur.

(1) Totidem atque ipsis verbis habentur in Regio Matritensi Pseudo-Dextri Codice, in quem velut in sentinam videtur quicquid ubivis erat sordium confluxisse.

mè conficta sunt. Valerium alio nomine vocat Valerianum : quo huc trahat Valerianum Episcopum, quem poeta noster in hymno *Hippolyti martyris*, uti proprium (*Calagurritanorum*) antistitem, alloquitur.

357. Haud minus falsum & absurdum est Vincentium Arianum huic sæculo quinto assignari à Iuliano. Hic enim ille Vincentius est, quem de Episcopo Cæsaraugustano apostatam Leovigildi Gothorum Regis perversione factum, in *Gothorum historia* [m] Isidorus prodidit. Qui quidem Leovigildo æqualis, quem regnare cœpisse circa annum DLXVIII. historiis credimus, pessimè consuitur cum Valerio, Prudentii (uti incogitanter Pseudo-Iulianus ait) ex anno CDXXIV. successore, nisi sequisæculo integro is superfuerit. Quod neque pertinacissimi ficulneorum auctorum defensores facilè admiserint. Huius pretii est Toletana merces, quam nostris hominibus tam carò, hoc est contra fidem & famam, ineuntis huius sæculi malignitas vendidit.

[m] Sub era DCX.

358. Bona verba, ais; nam quod à Dextro audivimus, Prudentium in ædem Sanctæ Mariæ Cæsaraugustanam se recepisse, satis perspicuè ex eiusdem verbis comprobari ait Bivarius. Arrectis iam adstare auribus video te, curiose Lector, herbam porrecturum, si verè promissor rem præstiterit hoc tanto hiatu dignam. In *Enchiridio* ait eum sic scribere (potius, uti iam diximus è prologo *Peristephanωn* hæc laudat carmina).

Me paterno in atrio
Ut obsoletum vasculum caducis
Christus aptat usibus:
Sinitque parte in anguli manere.
Munus ecce fictile
Inimus intra regiam salutis.

Quid est munus inire (ait Bivarius) *intra regiam salutis : nisi intra domum Dei scribere, in cuius angulo se manere affirmat? quod & Dexter annotat. Suspicor in Prudentio legendum:*

Me materno in atrio
Christus aptat usibus caducis.

Pro:

Me paterno in atrio &c.

quandoquidem in templi matris Christi angulo degebat, ut Dexter scribit.

359. Doleo vicem probi ac sanè docti viri, qui tam parum feliciter otio suo & studiis est usus. Domus Dei, seu *regia salutis*, atque eius *atrium*, sive *angulus*, de Ecclesia Christianorum dicuntur : quod carminis totus contextus clamat. Nec subrogari *materni* vocabulum *paterni* loco potest ; cùm prima huius syllaba brevis, illius autem longa sit. Quærendum ergo fulciendæ huic Dextri fabulæ aliud solidius munimentum, quod criticis æquè ac poetis tale videatur.

CAPUT XI.

Falsò adscribi huius quarti sæculi Scriptoribus Hispanis S. MELCHIADEM *Papam. Errores plurimi in Primo Episcopo Cabilonensi notantur. Huius Pontificis epistolæ duæ falsò ei tributæ.* VIGILANTIUS *hæreticus, contra quem scripsit S. Hieronymus, non Hispanus sed ex Convenis Galliarum. Ubinam loci hæc urbs. S. Hieronymus exponitur, & ex coniectura emendatur. Baronii & aliorum de patria Vigilantii parum recta sententia.* DESIDERIUS & RIPARIUS *catholici adversus Vigilantium Scriptores. Pseudo-Dextri errores ac temerariæ præsumtiones.* LACTANTIUS FIRMIANUS *falsissime ab eodem Hispanis annumeratur. Pseudo-Haubertini alii Scriptores traducuntur,* LÆTUS, AULUS SEGUNTINUS, AMANDUS, IOANNES *Salariæ presbyter,* SICANIUS, ÆTHERIUS *Easonensis, & alter* IOANNES.

360. UTI Scriptores verè nostrates effusè atque gratanter amplectimur: ita eos qui civitati nostræ subdolis aut malè sanis quorumdam famæ suæ prodigorum hominum artibus adscriptos fuisse novimus ; curatum abire res domesticas & patriam ornatum, non permittimus tantùm sed & solidis argumentis adigimus.

361. Ex his est eius sæculi auctor MELCHIADES : quem sanctum Ecclesiæ universalis pastorem ab anno CCCXI. usque ad CCCXIII. ex quo tempore Primus Episcopus Cabilonensis in sua *Sanctorum Topographia* Mantuæ Carpentanorum falsò adscripsit, mordicùs nostri homines errorem hunc tueri, peregrinoque Pontifici Hispanam civitatem impingere datâ operâ contenderunt. Primus ait : *Mantua Hispaniæ Tarraconensis mediterranea civitas. Hìc Melchiades Papa ortus, Romæ Masi sub Maxentio martyr.* Frustra sunt oculisque non vident, qui Franciscum Maurolycum ad partes vocant. Hic enim in Martyrologio suo nîl de patria Melchiadis [n]. Neque ex eo tantùm quod Martyrologio huic *Topographiam* illam Primi vulgò subiungi voluit, Cabilonensis errores, qui frequentissimi sunt, Maurolycus suos fecit. Unde iniuriosi ei sunt, qui unà cum Cabilonensi huiusce rei auctorem hunc proferunt [o]. Et tamen uno hoc teste fidei sic lubricæ tota hæc Melchiadem Africanæ patriæ auferendi persuasio nititur. *Liber* enim *Pon-*

[n] Die X. Decemb.

[o] Bivarius ad *Dextrum* anno CCXLVIII. Ludov. Iacobus in *Biblioth. Pontif.* verbo *Melchiades.* Alph. Ciaconius *De vitis Pontif.* in *Melchiade.* Carus ad Dextrum eodem anno, & anno CCXCIX. Bleda *Hist. de S. Isidro labrador.* lib. I. cap. 3.

Pontificalis, quod unicum habemus talium rerum cuiuscumque illud sit monumentum consulere, Melchiadem, aliàs Miltiadem, natione Afrum vocat; itemque alterius libri *De vitis Pontificum* auctor, quem Luitprando attribuunt; conformesque his sunt neque ultrà sciunt Ecclesiastici omnes Scriptores. Si qui verò ita iudicio suo abusi sunt, ut duorum ab hinc sæculorum eumque tot errorum maculis fœdum Scriptorem, sive Damaso sive Anastasio bibliothecario, aut alii cui nemo hactenus vetustatem auctoritatemque denegavit præferendum putaverint: iure eos meritoque testimonii hac in re dicendi facultate deiicimus.

362. Sed cuicumque alii præferendus est Dexter, ais. Atque ego tibi non repugno, si Dextri verum germanumque dictum pro Hispana Melchiadis patria laudetur; non illius Dextri quem Toletanus Prometheus in hoc veteris idolum, quod fascinati quidam homines adhuc adorant, efformavit. Huius enim Chronici auctor, eo tantùm consilio facti ut palpum nobis obtruderet, sive falsum primùm fingendo, sive quæ ab alio dicta olim temerè ac falsò de rebus nostris fuissent, confirmando aut interpretando: inter veri & falsi confinia hunc terminalem lapidem figere sibi imposuit, ut Melchiadem origine Afrum, domo verò Hispanum, hoc est Mantuæ in Carpetanis natum Afris parentibus, pro conciliatione veteris cum nova historia iactaret. Non unum eius legitur huius sententiæ testimonium in vulgaribus editionibus. Anno CCXLVIII. *Melchiades, qui postea fuit Rom. Pontifex, in Hispania nascitur.* Anno CCXCIX. *Melchiades genere Afer in Hispaniæ urbe Mantua Carpetanorum ortus floret Romæ gloriâ sanctitatis & doctrinæ.* Et annoCCCVIII. [p] *In Sede Petri Caio successit Marcellinus, &c. Eusebio Melchiades, domo natalibusque Hispanus, genere verò Afer.* Cui quidem parentis sui primogenito auctori sacramentum dixerunt cetera omnis fabulosorum Thrasonum cohors, Luitprandus [q], & Iulianus [r], novæque alterius atque adeò magis monstrosæ originis fœtus Haubertus Hispalensis [s].

363. At horum pseudo-historicorum fides, quod toties confirmamus, eo infirmior est Cabilonensis fide, quòd hic falli potuit, fallere noluit; hi autem valedicentes vero, datâ operâ fallere voluere. Falli inquam Cabilonensis potuit, & falsus sæpe fuit: cuius quidem negligentiæ eum semel hìc expostulare reum sustinemus, ne ultrà huius *Topographiæ* præiudicio vani homines vana nobis pro certis commendent. *Attacum* vel *Acium* eam dixit [t] Beticæ urbem, quæ *Acci* est. *Abylam* [u] eam in qua passi sunt Vincentius cum Sabina & Christetide in meditullio Hispaniæ, unam ex columnis Herculis fuisse credidit, quæ in freto sunt. *Asturiam* [x], Hispaniæ illam civitatem ubi decollatus fuit Felix martyr pro *Gerunda*: *Almeria* [y] non solùm *Abdera*, sed & *Vega*, pro *Virgi* forsan: *Eliturgium* [z], sive *Licurgium*, sive *Turrigium*, pro *Iliturgi*: pro *Italica* Bæticæ [a], unde Geruntius martyr est, *Gallicam-Flaviam* Tarraconensis Hispaniæ posuit: Hispali [b] Iustum & Rufinum figulos martyres tribuit, quæ Iusta & Rufina sunt sorores; ibidemque Hermenegildum Gothorum principem martyrem, Braulionis Cæsaraugustani Episcopi fratrem appellavit: Iconium [c], quæ Isauriæ est, Hispaniæ urbem, indeque Quiricum & Iulittam fecit martyres, quod deinde Tharso attribuit [d]: *Osmai* [e] vel *Goxoma*, pro *Osma* sive *Uxama* urbe dixit: *Osicerdam* [f] Hispaniæ Tarraconensis supra Saguntum (*Osera* nunc vocant) confundit cum *Hospitali Roncevallis*, in quo quiescere ait Rollandum, in Pyrenæis montibus: *Muniliam* & *Helodem* vocat [g] Aragonenses virgines & martyres, quæ *Nunilo* & *Alodia* sunt: *Secubiæ* ait [h] inventum corpus S. Vincentii, quod in mare proiectum est, quod quidem Valentiæ contigit: Salmanticam [i] translatum scripsit fuisse id quod in ea urbe nunc floret gymnasium è Toleto propter abusiones quæ ibi fiebant: *Tarraconem*, *Arelatum* vocavit [k]. Hos de Hispanis tantùm rebus crassissimos Primi Cabilonensis errores collegimus, ne per alias nunc provincias vagaremur; cùm satis hominem istæ animadversiones prodant.

364. Planè autem Melchiadis mentionem eapropter hìc fecimus, quia inter Scriptores Pontifices is vulgò habetur; non sanè propter epistolam quæ eius nomen & hunc titulum præfert in veteribus Conciliorum editionibus: *De primitiva Ecclesia, & munificentia Constantini Magni Imperatoris circa eandem.* Hanc enim sic stupidè finxit quisquis finxit (Isidorum collectorem ipsum Baronius putat [l]) ut Melchiadem anno CCCXIII. aut circiter vitâ functum, de Concilio Nicæno & Constantini è Roma in Constantinopolin profectione, tam sequioris temporis successibus, loqui fecerit. Quare iam hodie ista epistola recentiorum Binii & Labbei, ceterarumque editionum castris eiecta optimo iure fuit. Notaveruntque Gratiani erro-

[p] Num. 15. in partitione, seu comm. 2. apud Bivarium.

[q] In *Chron.* ad an. DCLXXVI.

[r] In *Chron.* num. 72.

[s] In *Chron.* ad an. CCXLVIII.

[t] In *Attacum.*

[u] In *Abyla.*

[x] In *Asturia.*

[y] In *Almeria.*

[z] In *Eliturgium.*

[a] In *Gallica Flavia.*

[b] In *Hispalis.*

[c] In *Iconium.*

[d] In *Tharso.*

[e] In *Osmai*, & in *Osma.*

[f] In *Osicerda.*

[g] In *Osca.*

[h] In *Secubia.*

[i] In *Salmantica.*

[k] In *Tarracone.*

[l] An. CCCXII. num. 80.

rorem, qui hac usus est cum hac epigraphe in cap. *Futuram* 12. quæst. 1. viri doctissimi [m]. Durat tamen, nec talis damnationis fulmine icta adhuc alia epistola, quæ unica superest huius Pontificis nomine *ad omnes Hispaniæ* inscripta *Episcopos*. In quo tamen, cùm laciniæ recentiorum satis appareant; maximeque fragmentum satis grande ab Homilia quadam *De Pentecoste* (sive Eucherii Lugdunensis Episcopi, sive Eusebii Gallicani, aut Emisseni, sive tandem Fausti Regiensis, quod ambiguum est) desumtum atque eò absque ullo artificio coniectum, vellat lectorum aures: nîl temerè præsumserit, qui cum magno Annalium Ecclesiasticorum Scriptore hanc epistolam silentio damnaverit [n].

365. Intrudunt alii parum æquo iure nobis & Hispanis natalibus VIGILANTIUM hæreticum, qui verè Gallus patriâ fuit. Hic libellis quibusdam in publicum datis, virus falsorum dogmatum adversus beatorum pro vivis intercessionem, venerationem martyrum, vigiliarum in eorum sepulchris cereorumque diurnum usum, continentiæ propositum, per aliquas Hispaniarum & Galliarum plagas sparserat: de quo à Desiderio & Ripario presbyteris, quarumdamque Cataloniæ Ecclesiarum rectoribus admonitus magnus Ecclesiæ doctor Hieronymus hos errores Apologetico scripto libro [o] veluti malleo contudit: qui & obloquentem ac detrahentem sibi, quòd Originis frequentaret libros, epistola quadam in ordinem reduxit [p]. Unde nobis plura de eo homine, atque eius natalibus & peregrinationibus constant. *Linguâ* is quidem *politus*, Gennadio fuit auctore [q], *non sensu Scripturarum exercitatus*; sive ut censebat Hieronymus [r], *imperitus & verbis & scientiâ, & sermone inconditus, ne vera quidem potens defendere*.

366. Quibus autem placuit nostratem eum dicere, illud favet quòd *cauponem* eum *Calagurritanum* Hieronymus vocat, eundemque *mutum Quintilianum*, qui ex ea urbe fuit. Certissimum est tamen advenisse huc è Gallia, in eaque natum. Hieronymus principio libri [s]: *Multa in orbe mostra generata sunt. Centauros, & Sirenas, ululas, & onocrotalos in Esaia legimus* &c. *Cacum describit Virgilius: triformem Gerionem Hispaniæ prodiderunt. Sola Gallia monstra non habuit, sed viris semper fortissimis & eloquentissimis abundavit. Exortus est subitò Vigilantius, seu potiùs Dormitantius, qui immundo spiritu pugnet contra Christi spiritum*, &c. Quid clariùs potuit ab eo dici, ut mirari se significaret Galliam quæ monstra nunquam produxerat huius monstrosi partus matrem repentè factam? Atque id magis confirmat, patriâ eum ex Convenis Galliarum urbe fuisse affirmans. Verbis sancti viri quantumvis prolixioribus non parcam: illa enim causam continent, & adversariæ partis iugulum feriunt. *Nimirum respondet generi suo, ut qui & latronum & Convenarum natus est semine, quos Gn. Pompeius edomitâ Hispaniâ & ad triumphum redire festinans de Pyrenæis iugis deposuit, & in unum oppidum congregavit: unde & Convenarum urbs nomen accepit.* Hæc urbs Convenarum, sive Lugdunum Convenarum, hodie est *S. Bertrand de Comminges*: à regione huius nominis in Aquitania Pyrenæorum ad radices, Bertrandoque Episcopo veteris urbis instauratore sic vocata: de qua diligenter egit Arnaldus Oihenartus in *utriusque Vasconiæ notitia* lib. 3. cap. 1. [t] & cap. 12. [u] In Aquitania eam collocant geographi omnes [x], & auctores *Galliæ Christianæ*, in Episcopis Convenarum.

367. Ac ne putes de genere tantùm, non de patria Vigilantii locutum S. Hieronymum fuisse: pergendum est in eiusdem, quæ sequuntur, verbis. *Hucusque* (ait) *latrocinetur* (Vigilantius) *contra Ecclesiam Dei; & de Vectonibus, Arbacis,* (*Arevacis* forsan [y]) *Celtiberisque descendens, incurset Galliarum Ecclesias, portetque nequaquam vexillum Christi, sed insigne diaboli.* Non rectè iudicio meo hæc nonnulli intelligunt [z]: quasi Hieronymus dixerit è devictis gentibus Vectonum, Arevacorum, Celtiberorumque in unum collectis formatam à Pompeio Convenarum fuisse urbem. Apertè enim Hieronymus ait è Pyrenæis illum iugis deposuisse, quos convenire in unum illud oppidum voluit. Vectones autem, & Arevaci, ne nunc de Celtiberis agam, longissimo à Pyrenæis montibus terræ spatio distant. S. Hieronymus nîl aliud significare voluisse credendus est, quàm Vigilantium in Hispaniæ his quorum meminit populis hæreses suas seminâsse, posteaque in patriam vicinaque patriæ urbi loca remeâsse.

368. Tribus his populis Vectonibus. Celtiberis, & Arevacis, apud Plinium [a] etiam coniunctis, nollem quidem de possessione huius Hieronymiani loci movere controversiam. Nec tamen dissimulare possumus pro *Vectonibus*, *Vasconibus* legi posse: quorum urbs Calagurris fuit, quam Vigilantius forsan incoluit: iccircò, non verò quòd inde domo fuerit *caupo Calagurritanus*, & in perversum propter nomen

[m] Baronius tom. 3. ad ann. CCCXII. n. 80. Covarrubias c. 31. *Pract.* §. 1. & lib. 4. *Variar.* cap. 16. Villavincentius *de Studio Theolog.* lib. 4. cap. 3. obser. 4. Cusanus lib. 3. *Con. cord. cathol.* cap. 2.

[n] Uti Labbeus damnat, & olim Blondellus in *Pseudo-Isidoro*.

[o] Tom. 2. operum *Multa in orbe* &c.

[p] Eodem tom. 2. *Iustum quidem fuerat* &c.

[q] *De Script. Eccles.* cap. 35.

[r] In libro *Adv. Vigilantium*.

[s] *Adv. Vigilant.*

[t] Pag. 384.

[u] Pag. 517.

[x] Plinius lib. 4. cap. 19. Ptolem. lib. 2. cap. 7. Strabo lib. 4.

[y] Moretum vide in *Congressionibus Apologeticis*. Congres. 10. pag. 304.

[z] Oihenartus ubi proximè lib. 3. cap. 1. Sammarthani fratres in *Convenarum Episcopis*.

[a] Lib. 3. c. 3.

men viculi *mutus Quintilianus* ab Hieronymo dictus. Exemplo inde utitur apologista maximus urbis alterius à Pompeio ex hostibus seu latronibus sub iugum missis, uti Convenæ fuerant, conditæ: unde formamus argumentum alterum pro Gallicanis hæretici huius natalibus. *Fecit hoc idem Pompeius etiam in Orientis partibus, ut Cilicibus & Isauris piratis latronibusque superatis, sui nominis inter Ciliciam & Isauriam conderet civitatem* (quod & Strabo refert in 14.); *sed hæc urbs hodie servat scita maiorum, & nullus in ea ortus est Dormitantius. Galliæ vernaculum sustinent.* Dormitantium κατ' ἀντίφρασιν & irrisoriè eundem Vigilantium sæpe vocat [b]; nullumque huius notæ hominem natum ait Pompeiopoli, uti fuit Convenis Galliarum natus.

[b] Hìc & in *Epist. ad Riparium* præambula.

369. Cùm hæc tam apertè dicta sint, & Gennadius Gallum natione Vigilantium diserte vocaverit, consentiantque uti æquum est recentiores [c] quamplures: non video qua excusatione utar pro magno viro contrarium sentiente Baronio Cardinali [d], qui Gennadium erroris accusat Hispaniæque hunc civem impingit, ne Taraiæ [e] meminerim; aut pro Ioanne Mariana [f] & Ioanne Vasæo [g], qui natione Gallum credunt, patriâ verò uti ex S. Hieronymo colligi aiunt Pampilonensem: cuius Pampilonis apud Hieronymum nusquam fit mentio.

370. Ridiculus autem est Pseudo-Dexter, qui his emolliendis variantium opinionum difficultatibus invenit primus Calagurrim in Gallia. *Vigilantius hæreticus Calagurritanus* (ait) *ex Gallia.* Ad quem locum frustrà est Bivarius, Calagurrim hìc intelligens Nassicam ad radices Pyrenæi montis, in Barcinonensi conventu olim sitam (quod & Iosepho Moreto placuit [h]), non Calagurrim alteram Fibulariam Vasconum, quæ Ibero alluitur & nunc superest. Hæc enim non minùs quàm altera Hispaniæ Tarraconensis fuit urbs, ut ex Cæsare constat [i]. De utraque autem Calagurri adeas, quæso, Hieronymi Suritæ Notas in Antonini Itinerarium, Moralem libello *De antiquitatibus Hispaniæ*, & Ludovicum Nonium *Hispaniæ* suæ cap. 81. Quare non ullam istarum habuisse ante oculos Dextrum suum, fateatur necesse est Bivarius. Potuit quidem eius formator ad *Calagorgim* Aquitaniæ, cuius apud Itinerarium [k] habetur mentio, fictionis aciem intendere. Attamen, si eidem Itinerario credimus in milliarium numero, hæc à Convenis, quam Vigilantii patriam fuisse ab Hieronymo didicimus, quadraginta duobus distabat passuum millibus.

[c] Bernardus Lutzemburg. in *Catalogo Hæretic.* v. *Vigilantius.* Bergom. lib. 9. Sabellicus Enneade 7. c. 8. Beuter in *Chron. Hisp.* par. 1. c. 27. Puiades lib. 5. *Chronic. Catalon.* cap. 20. Bivarius ad Dextrum ann. CCCLXXXVIII. n. 11. Morales lib. 10. cap. 44. Lupus tomo 2. ad Concil. pag. 1182.

[d] Tomo 5. ad ann. CDVI. num. 40.

[e] In *Hispan.* cap. 80.

[f] Lib. 4. c. 20.

[g] In *Chron.* an. CCCLXXXVIII.

[h] *In Congressionibus Apologeticis* congres. 10. pag. 317.

[i] Lib. 1. *Bellor. civil.*

[k] In itinere ab Aquis Tarbell. Tolosam.

371. Attamen post hæc scripta delata ad nos sunt nova quædam Parisiis hoc anno MDCLXXXI. edita viri clarissimi Petri de Marca Parisiensis antistitis opuscula, in quorum numero Dissertatio quædam est *De Vigilantio*: quem quidem in Calagurri parvulo vico Sancti Bertrandi de Comenges proximo natum fuisse noviter contendit: quod mihi perplacet; nec creditu difficile est Calagurrim triplicem fuisse.

372. Vigilantio saltem id debemus, ut notos fecerit S. Hieronymo & orbi Christiano DESIDERIUM atque RIPARIUM presbyteros, in vicinia Barcinonensis urbis rectores Ecclesiarum. Horum alter Riparius de Vigilantio blasphemias suas Barcinone disseminante, ac de vicinis Ecclesiis iam inde infectionem contrahentibus ad Hieronymum primus detulisse videtur, ut constat ex S. Doctoris epistola [l] ad eum data: quâ breviter refutatis apostasiæ capitibus, monet eum ut Vigilantii scripta ad se remittat longiori volumine proscindenda. Inde iam, nec tamen ante biennium, non Riparius tantùm, sed cum eo Desiderius, prolixâ epistolâ per fratrem Sisinnium remissâ de iis omnibus quæ opus essent, eundem Hieronymum certiorem fecerunt: cuius is meminit in *Apologetico adversus Vigilantium*, unius noctis lucubratione ut ait [m] dictato: *Non possum* (ait [n]) *universa percurrere quæ sanctorum presbyterorum literæ comprehendunt. De libellis illius aliqua proferam.* Ad Riparium est & alia Hieronymi epistola [o], unde scimus viri magni confessione *Christi eum adversus hostes catholicæ fidei bella* bellâsse.

[l] Tom. 2. *Acceptis* &c.

[m] In fine.

[n] Circa medium.

[o] Eod. tom. 2. *Christi te* &c.

373. Exstat quoque ad Desiderium, si non alius est, quædam alia [p], in qua summis laudibus eloquentiam eius extollit. *Quotus igitur ego* (ait) *vel quantus sum ut eruditæ vocis merear testimonium, ut mihi ab eo palma eloquentiæ deferatur, qui scribendo disertissimè deterruit ne scriberem?* Adhortatur ibidem eum, ut cum Serenilla sorore, virgine uti coniicimus Deo sacra, Palestinæ loca sanctamque Hierosolymam visitatum veniat, deque libris suis à Desiderio desideratis, quod urbanè ac benignè debuit, respondet. Idem Desiderius est is qui obsecratus fuit Hieronymum ut in latinum ex hebraico sermone Pentateuchum transferret: quod ex eius translationis prologi initio constat. Legitur & inter sancti doctoris opera *Scriptorum Ecclesiasticorum* quidam catalogus [q] Desiderio inscriptus: qui doctorum hominum iudicio [r] nothus est, Hieronymoque indignus. De his duobus presbyteris, quia ad Catalanos pertinent, Hieronymus Pu-

[p] Tomo 3. *Lecto sermone* &c.

[q] Tom. 4. *Vis nunc acriter.*

[r] Erasmo in *Scholiis* ad hunc, Mariano Victorio, Possevino, Labbeo & aliis.

Puiades in *Chronico universali* eiusdem provinciæ lib 5. cap. 20. ac tribus sequentibus curiosè disseruit, ut alios nunc prætercam.

374. Sed Vigilantii, Desiderii, ac Riparii hoc sæculo meminimus quia Pseudo-Dexter huic affixit [s], non quòd revera hæc res eorum gestæ ad id pertineant. Quod aliud telum est, quo supposititium Scriptorem ferimus. Hieronymi enim *Apologeticus* conceptus fuit postquam Arcadius Imperator (verbis utor eiusdem Hieronymi [t]) *ossa beati Samuelis de Iudea transtulisset in Thraciam*: quod quidem factum fuisse non ante annum CDVI. Baronius refert, argumentisque confirmat [u].

375. Pudet refellere quæ Pseudo-Dextri aliorumque similium abortivorum huius nostræ ætatis auctorum fide sola, quæ nulla est, innituntur. *Triginta circiter Scriptores catholici* (ait ille [x]) *contra blasphemias Porphyrii philosophi scripserunt. In his nonnulli Hispani.* Quinam autem hi, adiungere noluit, ne imprudens laqueo decipulæve alicui pedem inferret. Hæc tamen periit frons Hauberto dicto Hispalensi, commentitio eidem chronologo qui Hispanos Porphirio-mastigas *Paulatum, Felicem, & Euthymium* nominat [y]. *Paulatus, Felix, Euthymius Hispani scripserunt contra Porphirium* (ait) *hæreticum.* Ignoravit hos nempe fidei catholicæ propugnatores Hieronymus, qui nihil huiusmodi videtur ignorâsse: Gennadius item & alii, qui suppleverunt, ampliaveruntque eius catalogum; ne nunc Eusebium vix aliorum, quàm Græciæ civium, laudâtorem commemorem. Lactantium confutâsse olim Porphirii blasphemias tacito eius nòmine; directisque contrâ eum libris Methodium Tyri, Eusebiumque nuper laudatum Cæsareæ; Apollinaris, Laodiceæ, Siriæ Episcopos antiquitati credimus [z]. Triginta verò fuisse qui confutaverint, iuxtà cum somniis habemus.

376. Immo LACTANTIUM ipsum FIRMIANUM Hispanum dicere non erubuit Pseudo-Dexter. *Lucius Cecilius Lactantius Firmianus Hispanus, Crispi Cæsaris Constantini filii Magister, pauper* (inquit [a]) *& abiectus Nicææ moritur.* Quæ verba intulit in portentosum Chronicon suum Haubertus nuper à me adductus Hispalensis [b]. Nullus, fateor, ex antiquis, quo natus ille loco sit unquam disertè dixit. Sed tamen Hieronymus ea de illo tradit, quæ in alium quàm in Africa natum hominem vix cadere possunt. Auditor fuit Arnobii, qui Afer & in urbe Sicca eiusdem Africæ florentissima rhetoricæ artis professor celebri fama tunc vigebat: accitus inde Nicomediam, ut eandem ibi artem doceret. Adolescentulus in scholis Africæ *Symposium* scripsit, & *Hodœporicum*, hoc est iter ex Africa usque ad Nicomediam. Hæc omnia, quæ ex Sancto Hieronymo habemus, Afrum non obscurè produnt Lactantium.

377. Laudat quoque Pseudo-Haubertus Hispanos huius sæculi pseudo-poetas, LÆTUM in *Pharo Celtibero circa Iberum*, anno CCCXV. AULUM SEGUNTINUM anno CCCXXXIX. AMANDUM *Rodaniæ circa Gerundam*, anno CCCLXXVIII. Tresque alios, quos barbarie affectatâ *valdè concionarios*, quod idem est ac poetas, vocat. IOANNEM *presbyterum Salariæ in Autrigonibus*, anno CCCXLIII. SICANIUM *Libyæ* CCCXXXI. ÆTHERIUM *diaconum oppidi Easo circa Oceanum*, CCCXC. IOANNEM *itidem presbyterum valdè* (ut loquitur) *historicum*, anno CCCLV. Quæ omnia ipso aere vaniora monumenta chimæricorum hominum eâdem quâ producuntur operâ dissipantur & exscinduntur (1).

BI-

[s] Ad ann. CCCXCII.

[t] Ad annum CCCXCII.

[u] In eodem *Apologetico*.

[x] Ad hunc annum CDVI. num. 45.

[y] In *Chronic.* ad an. CCCIX.

[z] S. Hieron. *De Scriptor. Eccles.* cap. 81. 83. 104.

[a] Ad annum CCCXVII. num. 2.

[b] Ad eundem annum.

(1) Huc refero, nimirum ad annum Christi CCCC. indictum ut videtur Nostro Bacchiarium (Monachusne an Episcopus fuerit incertum), quem male nonnulli Macceum vocant, & cum cognomine Sancti Patricii Discipulo confundunt; cuiusque Gennadius *cap. XXIV.* Honorius Augustodunensis *Lib. II. cap.* 24. Anonymus Mellicensis *cap.* 53. meminere, altùm tamen de eius patria atque origine silentes. Aub. Miræus *Auctar. LXXVII.* Pitseus *De Scriptor. Britann. c.* 88. Baleus *De Scriptor. Angl. I. c.* 46. & novissime Thomas Tannerus Episcopus Asaphensis *Biblioth. Britanno-Hibern. in eo pag.* 62. *init.* Anglis eum aut Hibernis Scriptoribus adscribunt. Potiori autem iure nostrum Hispani dicimus, ex quo primum Cl. Muratorius *T. II. Anecdotor. Biblioth. Ambros. Mediol.* Britannis eum abiudicavit; & post hunc Franciscus Florius Canonicus Aquilegiensis editis Romæ anno 1748. nonnullis eiusdem opusculis Hispaniæ & Gallæciæ in qua natales hauserat, bona fide restituit, civibusque Bracarensibus gratificatus fuit. Exstant indubia huius Scriptoris opera: *Bacchiarii Fides, seu Peregrinationis eius apologia*; ac: *De reparatione lapsi ad Ianuarium*, sive *De pœnitentia*: quorum illud à Cl. Muratorio anno 1698. primum editum fuit; hoc plus vice simplici vulgatum; & utrumque à Francisco Florio recusum, atque à Cl. Florezio *T. XV. Hisp. Sacr. à pag.* 470. præmissa de eiusdem vita, gestis, ætate, professione & scriptis tractatione in eiusdem Tomi pag. 351. quo loco cur potius quarto sæculari anno quam ad sequentis sæculi medium, ut vulgo placet, aut ad eiusdem exitum referamus, perspicua ratio redditur. Tannerus l. c. in Bibliotheca Bodleiana *NE. B.* 2. 1. exstare ait *Bacchiarii Epistolas*, quarum prior incipit: *Universitatis dispositio bifaria ratione &c.* & in Bibliotheca Oxoniensi Collegii Corporis Christi Cod. 139. *Eiusdem, Prognostica nativitatum:* quæ forsan ad Macceum pertinent. Nonnulli Codices *Sancti* eum honestant titulo, de quo late Florezius *pag.* 357. *n.* 90. In veteri librorum Almæ Ecclesiæ Toletanæ nostræ Inventario à me olim descripto hæc reperi: *In secunda parte eiusdem tertiæ banchæ* (seu *plutei*) *liber Sancti Bacchiarii de reparatione lapsi; & Iheronymi de Vita Sanctæ Paulæ.*

BIBLIOTHECÆ VETERIS HISPANÆ

LIBER TERTIUS.

DE SCRIPTORIBUS SÆCULI QUINTI.

CAPUT PRIMUM.

De OROSIO, *qui Paulus audit nomine. Tarracone an in Lusitania natus ambiguum esse; potiorem tamen causam videri Lusitanorum & in his Bracarensium. Idatius exponitur.* Sancti *nomen, honoris, non pietatis. D. Gaspar Ibañez de Segovia Marchio Acropolitanus, & Franciscus Maria Florentinius laudantur. Orosii peregrinationes ad S. Augustinum, ad S. Hieronymum, indeque iterum ad S. Augustinum. Orosius ne hic noster, an alius martyr ex Africa Romam transportatus fuerit? Orosii* Historiarum *libri* Hormestæ *appellatio undenam his advenerit? Cuius variæ apud varios transformationes referuntur. De eius editoribus & illustratoribus, ac de aliis eiusdem operibus. Ioannis Garnerii editio operum Marii Mercatoris, atque eius industria commendantur. Liber Apologeticus* De arbitrii libertate *Orosii est; quamvis confusus cum libro Augustini* De natura & gratia. *Alia ei opuscula seu verè seu per errorem attributa. Supposititia & ficta quæ de Orosio apud Pseudo-Dextrum & Pseudo-Maximum leguntur: scilicet de tribus aut quatuor Orosiis: de anno ortûs nostri. Francisci Bivarii anxietas in transferendo de loco ad locum Pseudo-Dextri testimonia quæ veris rerum temporibus non constabant; multa iterum de successibus Orosio æqualibus, ac de Erote & Lazaro Gallicanis, non Hispanis Episcopis, occasione refellendarum eiusdem pseudo-historici ineptiarum. Fictitius quoque alius Pseudo-Maximi Orosius, nostri ex sorore nepos.*

FERE ab initio huius quinti sæculi OROSIUS, quem Paulum appellavit nescio unde nomen hoc mutuata sequior ætas, clarere cœpit, pietatisque non minus quam doctrinæ nomine celebrari. Patria huius in obscuro est, fatali quadam illustrium quorumcumque virorum quasi necessitate, contendentibus undique urbibus, silentio ipsorum controversiis ansam præbente, decorem sibi & ornamentum ab eorum natalibus quærere. Vulgò quidem apud exteros Tarraconensis audit ac plerosque nostrorum: eo solùm indicio, quòd in recensendis septemtrionalium gentium in meridiales Romanæ ditionis plagas incursionibus; sive potiùs inundationibus, lib. 7. cap. 22. Tarraconem suam appellavit. *Ex quibus nos quoque in Hispania* (ait) *Tarraconem nostram ad consolationem miseriæ recentis ostendimus.* Cui testimonio communiter magis creditur à recentioribus [c] in assignanda eius patria. Nonnemo tamen olim fuit qui Cordubensem affirmaverit, quam opinionem Vasæus, & Garibaius referunt, sed tantùm ut obelo figant.

2. Maioribus copiis pro Lusitanis eiusdem pugnatur natalibus, nec sinè historicis argumentorum auxiliis. S. Augustinus ad Evodium epist. 102. ut Hieronymum de animæ origine consuleret, usum se fuisse ait occasione *cuiusdam sanctissimi & studiosissimi iuvenis presbyteri Orosii, qui ad se ab ultima Hispania, id est, ab Oceani litore, solo sanctarum Scripturarum ardore inflammatus advenerat.* Idem ad Sanctum Hieronymum epist. 28. *Nam inde ad nos* (ait) *usque ab Oceani litore properavit.* Venisse autem eum è patria liquet ex his *Commonitorii* ad Augustinum: *Dum considero qualiter actum est quod huc venirem, agnosco cur venerim: sine voluntate, sine necessitate, sine consensu de patria egressus sum, occulta quadam vi actus, donec in istius terræ litus allatus sum.* Non quidem ignorabat Augustinus quodnam Hispa-

[c] Ioan. Gerundensis in *Paralipom. Hisp.* initio Tomi I. *Hisp. illustr.* Franciscus Tarafa *De Regib. Hisp.* in *Arcadio.* Vasæus in *Chronic. Hisp.* ad annum CCCXCVIII. Volaterranus lib. 18. *Anthropol.* Marinæus Siculus *De laudibus Hisp.* lib. 6. Bergom. lib. 9. *Supplem.* ad ann. CDXL. Nonius *Hisp.* cap. 85. Morales lib. 11. cap. 17. Ludovicus Pons Icart *Grandezas de Tarragona*, cap. 24. Garibai lib. 7. cap. 57. Puiades *Chronica de Catalunya* lib. 6. cap. 14. Gaspar Estazo *Antiguedades de Portugal.* c. 69. n. 5. Miræus in *Scholiis ad Gennadium.* Labbeus Dissertat. *De Scriptor. Ecclesf.* par. 2. pag. 174.

ſpaniæ litus allueret Oceanus, longeque hunc à Tarraconis vicinia, quæ interiore mari nunc mediterraneo pulſatur, abeſſe; eamque non ultimæ Hiſpaniæ, immo Africo limiti quem incolebat Auguſtinus ferè vicinioris urbem eſſe. Atque huc uſque dicta videntur ſanè Tarraconem excludere; cetera quæ ſequuntur Bracaram adſtruere Oroſii patriam. Nimirum Avitus qui epiſtolam ſcripſit de inventione reliquiarum S. Stephani, Bracarenſis fuit presbyter. Idatius in Faſtis conſularibus Honorio X. & Theodoſio VI. auctor eſt, *& exſtant ex his geſtis epiſtolæ ſupradicti presbyteri* (Luciani) *& S. Aviti presbyteri Bracarenſis, qui tunc in Hieroſolymis degebant.* Certè hic videtur alter ex duobus his Avitis eſſe, quos cives ſuos Oroſius vocat in Commonitorio proximè laudato. Quem locum operæ pretium eſt expendere, quòd & huic controverſiæ non parum deſerviat, & cauſam aperiat exitûs Oroſii è patria, & ad Auguſtinum profectionis: unde ſibi famam ad poſteros ſcribendique occaſionem comparavit.

3. Infecerat Priſcilliana hæreſis inſanis dogmatibus ſuis Hiſpanam gentem, nondum exſtincta etiam poſt hæreſiarcham (ut Severus ait) & eius præcipuos ſectatores vindice gladio ſublatos. Inter hæc de animarum origine multa inſaniebat. Res erat etiam inter doctiſſimos anceps. *Tunc* (ait Oroſius) *duo cives mei, Avitus, & alius Avitus, cùm iam tam turpem & per ſe ipſam veritas ſola nudaret, peregrina petierunt. Nam unus Hieroſolymam, alius Romam profectus eſt. Reverſi, unus detulit Origenem, alius Victorinum. Ex his duobus alter alteri ceſſit; Priſcillianum tamen ambo damnârunt. Victorinum parum novimus, quia adhuc penè ante editiones ſuas Victorini ſectator ceſſit Origeni* (Hoc eſt, Avitus ſectator Victorini alteri Avito ſectatori Origenis ceſſit). *Cœperunt ex Origene* (infit) *magnifica plura proponi*, &c. Inde iam argumentantur ii quibus non placet horum alterutrum Avitum eſſe illum qui de Stephani protomartyris reliquiis elucubravit, Bracarenſem presbyterum ab Idatio laudatum. Malè enim adaptari putant *Sancti* elogium ei Idatio, quem falſas Origenis opiniones in reditu à Hieroſolymis cives ſuos docuiſſe Oroſius conqueritur.

4. Amicus noſter exquiſitæ eruditionis vir D. Gaſpar Ibañez de Segovia Marchio Mondexarenſis, qui in *Diſſertationibus* ſuis *Eccleſiaſticis* [d] plenè atque acriter Oroſii rerum à Pſeudo-Dextro conturbatarum innumeriſque fabulis fœdatarum vindicem egit, argumento ex contradictione ſanctitatis & erroris, reponit *Sancti* appellationem honoris aliquando cauſâ, non ſanctitatis titulo conferri per hæc tempora conſueviſſe: quod multis confirmat in Notis ad epiſtolas Martyrologio præfixas [e] Franciſcus Maria Florentinius, præſtanti eruditione noſtri temporis hagiologus, dum de ſanctitate Cæſareenſi Euſebio in iis tributa iure ambigit; atque iterum in Notis (1) Iunii [f], Leone laudato Allatio, viro noſtri temporis celeberrimo. Nos ſubiungimus iniurioſos eſſe erga hunc Avitum Origenis defenſorem: qui eò tantùm quòd Origenis placita de animabus atque earum principio commendaret, hæreſis ei notam inurunt. Quinimmo Auguſtinus, quem non minùs quàm alios hac re ſuper ſtringebat anxius dubitationis nodus, tantùm abeſt ut Avitum cum Origene ſuo hic damnaverit, ut potius excuſare quodammodo videatur. Immo eundem Avitum recantâſſe palinodiam, receſſiſſeque à defendendo eo quod prius commendaverat dogmate, Oroſii hæc ex eodem opere oſtendunt: *Iſti verò Aviti duo, & cum his Sanctus Baſilius Græcus, qui hæc beatiſſimè*, (fortè pro *rectiſſimè*) *docebant, quædam ex libris ipſius Origenis non recta, ut nunc perintelligunt, tradiderunt.*

[d] 1. parte diſſertat. 4. cap. 1.

[e] Pag. 65.

[f] Die XXI. pag. 626.

5. Qui cum Sancto Baſilio componuntur, indigni prorſus hæreſis notâ ſunt. Nugantur enim qui de Græco quodam Baſilio ad Hiſpanias cum Avitis appulſo verba hæc intelligunt. Demus tamen Oroſianum unum è duobus Avitis eundem eſſe cum Avito Bracarenſi, quem Idatius laudat, non hinc conſtare. Certè hic ipſe Bracarenſis Avitus Idatianus, qui hiſtoriam inventionis memoratarum Stephani protomartyris exuviarum è Græco Luciani presbyteri convertit in Latinum, ad Balconium Bracarenſem Epiſcopum cum univerſo clero eiuſdem Eccleſiæ literas dedit, quæ in Annalibus Eccleſiaſticis habentur [g]: in quibus literis ſeſe ait frequenter venire voluiſſe ad eos è Hieroſolymis ubi degebat, impeditum tamen fuiſſe hoſtium per Hiſpanias diffuſorum timore; & tamen Dominum Deum ſibi in-

[g] Tomo 5. ad an. CDXV. n. 3.

(1) Nollem hac occaſione præterire, in præfixo Miſſali quingentorum minimùm annorum noſtri iuris Codici Calendario, ſub *die XI. Calendarum Iulii*, legi, manu coævà: *Euſebii hyſtoriographi & Epiſcopi;* cuius tamen, uti nec *Paulini Epiſcopi*, qui Euſebium excipit, Miſſæ officia in Codicis corpore non exſtant.

indulsisse, *ut dilectissimus filius* (verba eius audis) *& compresbyter meus Orosius, usque ad has partes ab Africanis Episcopis mitteretur : cuius mihi* (ait) *caritas & consolatio vestrum omnium præsentiam reddidit.* Vix potuerunt hæc enuntiari de alio quàm de Balconii & ceterorum cive, quin sinceræ relationi vis inferatur. Quare hanc partem sequuntur viri docti [h], non quidem Lusitani omnes, sed & non Lusitani : quæ verè urgentioribus coniecturis nititur; cùm è contrario una Tarraconensis urbis cum *nostræ* adiecto, facta extra Hispaniam ab Orosio mentio, de Hispana loqui urbe Hispanum Scriptorem commodissimè significare possit (1).

6. Nostrum non est argumenti iudicem agere circa institutum vitæ Orosii, sæcularisne, an regularis presbyteri eos inter, qui ex eremitarum à magno Augustino institutorum, ut aiunt, familia, atque eos qui sub schemate canonicorum regularium eiusdem sancti doctoris doctrinam excepisse eum argutantur [i]. Quasi necessarium fuerit non aliter agere discipulum universalis doctoris, quàm adhærescentem alicui ex duobus his vastæ ac frugiferæ Ecclesiæ arboris, ut aiunt, ramis. Scimus quidem venisse ad S. Augustinum, veluti à Deo ductum, iuvenem, & veri cupidum, satisque doctrinæ philosophicæ atque theologicæ, necnon historiæ totius subsidiis instructum. Consuluit Orosius magnum hunc doctorem de rebus Fidei Hispanis, cùm sermone, tum quoque de scripto, in eo qui cum titulo *Commonitorii* ad Augustinum libellus inter huius epistolas legitur : cui sanctus doctor libellum alium reposuit pro responsione *contra Priscillianistas & Origenistas* ad Orosium inscriptum. Docuit nempe eum quod potuit in re sibi & docto cuique obscurissima [k] remisitque pleniùs instruendum Hierosolymas cum literis ad Hieronymum, illius sæculi doctrinæ omnis veluti oraculum. Quæ omnia ex epistola ad Evodium [l], & ex iisdem ipsis literis [m] ad Hieronymum directis constant. Ad huius secundi Gamalielis Christiani pedes veluti alterum Paulum multum profecisse Orosium, nec minus quàm sub Augustini disciplina, res ipsa persuadet.

7. In Palæstina divertenti alterum & alterum, præter expeditionis suæ præcipuam causam, expediendum fuit rei momentum. Pseudo-Synodus Diospoli coacta Pelagium per eos dies absolverat. Inventæ quoque fuerant circa idem tempus sanctissimi protomartyris Stephani, sanctorumque Gamalielis ac Nicodemi Christi discipulorum, Abibonisque Gamalielis filii venerabiles reliquiæ : de quarum inventione miraculosa Lucianus presbyter quidam sanctus græcè libellum ediderat. Utraque res eum fructum Orosio peperit, ut rediens ad Augustinum, haberet, quo tam ab Ecclesia universali Fidei res expediendo, quàm à quibusdam particularibus nuper religioso isto thesauro iis communicando meritum reportaret. Erotis enim & Lazari Gallorum Episcoporum qui tunc temporis peregrè illic agebant, literas de Pseudo-Concilii istius Palæstini seu Diospolitani gestis S. Augustino nuncupatas tulit secum in Africam regrediens. Quibus commotus ac rei indignitate Augustinus Carthagine Synodum convocavit. Quæ quidem iterum infesta & abominanda Ecclesiæ tam Pelagii quàm Cælestii nomina dogmataque declaravit: ut ex epistola ad Innocentium Pontificem totius Synodi data nomine compertum habemus; confirmatque Marius Mercator, horum temporum æqualis, cap. 3. Commonitorii Imperatori oblati super Cælestii nomine. Libellum item Luciani græcum ab Avito presbytero Bracarensi vulgarem omnibus græcè nescientibus factum de prædictæ inventionis historia; necnon & reliquiarum aliquam partem Aviti eiusdem mandato functus, ad Balconium Bracarensem Episcopum, totiusque huiusce urbis clerum, transportavit : quod ex epistola ad eos Aviti, superiùs iam à nobis laudata, confirmare possumus.

8. Duobus ferè annis ut creditur tota hæc peregrinatio, hoc est à XIV. ad XVI. supra quadragentesimum aut paulò ultrà, Orosio constitit [n]. Bene accurateque hæc digessit annorum spatia gestaque ad Marii Mercatoris opera Ioannes Garnerius [o]. Vanum etenim, & Ilias mendaciorum est id totum quicquid commentitius Dexter de Orosiis pluribus, (*de*) anno nativitatis iunioris (sic eum appellat) nostri, profectionis ad Augustinum, tempore & caussis, vanissimi, & malesani cerebri mortalis confingere non erubuit. De quibus paulò pòst.

9. Reversus è Hierosolymis vix committere potuit quin ad Augustinum in Africam rediret, eumque uti diximus de quæ-

[h] Brito *Monarch. Lusitan.* tomo 2. lib. 6. cap. 27. Acuña *Hist. de Braga* part. 1. cap. 58. Ant. de Purificatione *Chron. de los Ermitaños* cap. 1. §. 1. Bernardus de Braga apud Estazo cap. 70. num. 1. Cardosus in *Hagiol. Lusitano* tom. 3. die . . . . Padilla cent. 5. cap. 9. Marquez *Del origen de los Ermitaños*, cap. 10. §. 3. Marchio Acropolitanus *Dissert. Eccles.* part. 1. dissert. 4. cap. 1. num. 8. & seqq.

[i] Vide Herrera in *Alphabeto Augustiniano* pag. 226. Marquez *Origen de los Ermitaños*, cap. 10. §. 3. pag. 171. La Gandara *Cisne Occidental* parte 2. lib. 6. c. 7.

[k] Vide Baronium tom. 5. ad ann. CDXV. 39.

[l] Epist. 102.

[m] Epist. 28.

[n] Baron. tom. 5. ad ann. CCCXIV. 10. CCCXV. 2. 35. CDXVI. 4. Rivius in vita *S. Augustini.* Henricus de Noris in *Hist. Pelagiana* lib. 1. cap. 7.

[o] *Dissert.* 2. *De Synodis habitis in causa Pelagiana.*

(1) De Tarracone Pauli Orosii patria post Marchionem Mondexarensem, & Recentiores qui Bracarensibus favent, modeste sane, ac non improbabiliter disputat Paulus Ignatius de Dalmáses & Rós Patricius Barcinonensis edita peculiari Dissertatione Barcinone apud Raphaelem Figueró 1702. fol.

quæstionibus cum Hieronymo collatis, ac de Pelagianorum rebus certiorem redderet. Cogitavit inde in patriam, vectusque navigio usque Minoricam insulam, constitit aliquandiu in Magonis portu; sed *postquam transvehi ad Hispanias, sicut desiderabat, nequivit, remeare ad Africam denuò statuit.* Quæ verba sunt Severi Episcopi Minoricensis in quibusdam literis [p] ad omnes Episcopos, in quibus refert Iudæorum conversionem in hac insula ad intercessionem Stephani protomartyris sub adventum Orosii cum parte sacrarum eius reliquiarum factam. Venientem ergo eum ex Africa in Hispanias, sive ab hostibus Gothis & aliis nationibus timor sæve in his grassantibus, sive alia causa, repedare ipsum coegit in Africam. In qua per me manserit usque ad obitûs diem; nulla enim eius in patriam reditûs exstat vola aut vestigium. Nam & Raphael Volaterranus Carthagine diem suum obiisse Orosium, indeque Romam asportatum eiusdem corpus scriptum reliquit. *Decessit in Africa apud Carthaginem; sepultus verò* (ait) *Romæ in templo Eusebii ad trophæa Marii.* Sed crediderim potiùs confundi hunc nostrum à viro docto cum Orosio martyre, cuius sacras exuvias eo in templo asservari fama est, ut mox dicemus. Attamen huic nostro iudicio repugnabit fragmenti Estepani si aliqua est fides, in quo legitur diversissimè ab editis vulgaribus Pseudo-Maximi nugis ad annum Christi CDLXXI. *Paulus Orosius nonagenario maior adhuc Tarracone superest.*

[p] Apud Baronium tom. 5. ad ann. CDXVIII. 46.

10. Quod autem præcipuè ad Bibliothecæ rem attinet, Orosius hortatu Augustini, ad comprimenda ethnicorum (Symmachi fortasse atque aliorum similium) blasphema ora, quibus calamitatem omnem Romanæ reipublicæ ab hostibus aquilonaribus excitatam christianæ religioni adversus veterem idolorum superstitionem invectæ acceptam haberi debere vociferabantur; sive (ut verbis eiusdem Orosii dicam) *præsentia tempora veluti malis extra solitum infestissima, ob hoc solum quod crederetur Christus* & coleretur *Deus idola autem minus* colerentur *infamabant*: ex ipsa profana omnium gentium præcipueque Romana historia opus quoddam aggressus fuit sub titulo

11. *Historiarum* septem libros adversus hanc paganorum persuasionem, ad eundem Aurelium Augustinum directos. Ex quorum præfatione constat, cùm Augustinum ei auctorem harum lucubrationum fuisse, tum argumentum operis. In eo enim ait se collegisse, *quæcumque aut bellis gravia, aut corrupta morbis, aut fame tristia, aut terrarum motibus terribilia, aut inundationibus aquarum insolitâ, aut eruptionibus ignium metuenda, aut ictibus fulminum plagisque grandinum sæva, vel etiam parricidiis flagitiisque misera per transacta retrò sæcula* reperisset. Non aliam libri inscriptionem asserere ex Gennadio possumus, neque item ex eis qui post Gennadium scripsere. Gelasius Papa [q] *historiam adversus paganorum calumnias*: Freculphus Lexoviensis [r] *adversus gentes*: Gotfredus Viterbiensis *historias* simpliciter appellant. Alii *Chronica* vocant, ut Engelbertus Abbas Admontensis in *Speculo virtutum* MS. apud Barthium lib. 36. cap. 17. Martinusque Polonus in præfatione sui Chronici.

[q] Cum *Conc. Rom.* in cap. *Sancta* 3. distinct. 15.
[r] In *Chron.* tom. 2. lib. 5. cap. 12.

12. Adhæsit verò ei vulgaris illa *Hormestæ*, seu *Ormestæ*: in quo nomine neque Græcis neque Latinis cognito, crux fixa olim fuit iudicio utentibus, & in veteres memorias inquirentibus omnibus qui duobus his sæculis vixere. Non enim antiquitùs, sed ante duo hæc triave inolevit ut Orosianæ huic historiæ peregrina hæc epigraphe tribueretur. Vix enim reperire sit antiquiorem aliquem Scriptorem, cui nota fuerit [s]; si non ante aliquot sæcula scriptus sit codex ille Oxoniensis, cuius Thomas Iamesius meminit in *Bibliotheca Oxoniensi* (1). Trithemius [t] certè ita vocat, Gesnerus [u], Balæus [x], alii. Exclusis autem cognitione huius vocabuli, partim arrisit *Orchestram mundi*, nonnullis *Hormathum* legi debere, & in corrupti tituli occasionem inquirere.

[s] *Hormestæ* nuncupationem in Patavinis codicibus MSS. non reperiri monuit Thomasinus in *Biblioth. Patavina* pag. 16.
[t] *De Script.*
[u] In *Biblioth.*
[x] *De Script. Angliæ*. cent. 2. cap. 26.

13. *Orchestram* commodè nuncupari hoc opus primus excogitavit Stephanus Vinandus Pighius in *Hercule* suo *Prodicio*; & post eum inter alios Andreas Schotus in præfatione suarum Notarum ad editionem Moguntinam, de qua postea. Quod subinde nomen, veterem & ab auctore ipso venientem Chronici accrevisse titulum magistellorum recentiorum operâ, quibus nulla aut penè nulla fuit antiquitatis reverentia coniectatur lib. 3. *Variar. lectionum* cap. 3. in fine Thomas Reinesius; neque indoctè quidem, nam *quemadmodum in orchestra* (ait) *omnis generis spectacula, seria, ludicra, exhibentur: ita in isto commentario, ceu*

(1) Ioannes Iacob. Hoffman *Lexic. Univers. V. Ormesta* ait in Codicibus antiquis Pauli Orosii Collegii Navarrensis Parisiis, Monasterii Duniensis in Belgio, & Monasterii Vallis Sancti Martini Lovaniensis exstare hunc *Ormestæ* sive Hormestæ titulum: teste Paul. Ant. Dalmases in *De Paul Oros. patr. cap. III. p.* 33.

ceu in theatro, omnis generis historiæ, rerum Romanarum vicissitudines, infortunia, bella, cædes, victoriæ, & eventus producuntur & narrantur. Barthio tamen hoc seriò displicet lib. 36. cap. 16.

14. Gerardus Ioannes Vossius non *Orchestram* sed *Hormathum*, ὁρμαθὸν, legi posse aliquando coniectabatur [y]: hoc est *catenam*, seu seriem; quòd historia series rerum sit; desperans tamen se aliis id facilè persuasurum. Excurrit idem ad corruptæ inscriptionis causas, suspicatus germanum *De miseria hominum* titulum per compendiariam scribendi rationem quod moris fuit exaratum, in hoc *Hormestæ* monstrum degenerâsse; nam libros hosce *De miseria hominum* alicubi inscriptos legi à nonnemine didicerat. Barthius ab *Omnis historiæ* titulo *Hormestam* corruptè invalere potuisse, proximè laudato capite haud improbat. Bonifacius cap. 31. *De Scriptoribus Rom. historiæ* depravatum hoc vult ab *Orbis mœstitia*, seu potiùs ex *Or. m. ista*, sive *Orosii mundi historia.* Nec sine exemplo esset (infit Vossius) si ab *Hormisda* aliquo libri quem alii exscripserunt possessore, titulus operi adhæsisset.

[y] *De H. L.* lib. 2. cap. 14. & in *Hist. Pelag.* lib. 1. c. 17.

15. De tempore scriptionis censeo statim à suo in Africam adventu Augustini hortatu aggressum opus fuisse; deque eo tempore accipere nos debere quod lib. 5. cap. 2. de se ait, manere tunc in Africa quæ eum *tam libenter* exceperat, *quàm* ad eam *confidenter* accesserat; absolvisseque postquam rediisset in Africam è Palæstina circa annum CDXVII. hoc est U. C. MCXVIII. ut ipse ait in fine, observatque Baronius ad annum CDXV. n. 62. Quo nimirum tempore Augustinus operi magno *De civitate Dei* sedulò deditus undecimum eius librum formabat, ut ex eodem Orosio liquet in præfatione. In his Orosii libris descriptio exstat totius orbis in tres eius partes, Europam, Asiam, & Africam: quam ferè iisdem verbis Æthicus habet in *Cosmographia:* cuius ætas cum incerta sit, non facilè dixeris quisnam eorum ab altero desumserit, annotante Iosia Simlero in editione sua Basileensi anni MDLXXV. Æthici iam dicti cum aliis Geographis. Certè huius commentarii nomine insignem gratiam ab Ecclesia & piis omnibus noster iniit laudesque consecutus fuit. Gelasii enim iudicio est *vir eruditissimus*: Gennadio, *eloquens historiarum cognitor*, sicut & Prospero, apud quem pro *cognitor* meliùs *conditor* legitur: Cassiodoro [z] *Christianorum temporum & Paganorum collator.* Cuius verbis & sensu eo se *libentiùs* uti Ioannes Saresberiensis ait [a], *quòd Christianum* sciret, *& magni discipulum Augustini propter religionem Fidei nostræ veritati diligentiùs institisse.* Venantius item acuminis eum laudat nomine lib. VII. Epigr. I. v. 57.

[z] *De divin. lect.* cap. 17.

[a] *De nugis curial.* lib. 8. cap. 18.

Quod tonat Ambrosius, Hieronymus atque coruscat,
Sive Augustinus fonte fluente rigat,
Sedulius dulcis, quod Orosius edit acutus,
Regula Cæsarii linea nata sibi est.

Nihilominus accusatur nimiæ facilitatis in credendo, ac plerumque fides eius præstringitur à summis viris [b].

[b] Baronio sæpe, Lipsio *ad Tacitum* 4. *Annal.* Adde Casaubonum, & Vossium *De H. L.* lib. 2. cap. 14. Possevinum in *Apparatu.*

16. Huius historiæ editionem antiquissimam Venetam Bernardini de Vitalibus Barthius vidit [c] nescio cuius anni. Secuta est, ut credimus, alia Veneta anni MCDLXXXIII. in folio Octaviani Scoti operâ; & hanc tertia quæ anno MD. in folio etiam prodit. Deinde laudatur alia Parisiensis MDX. ab Oihenarto in *Notitia utriusque Vasconiæ* [d] (qui & meminit MS. codicis Navarrici Parisiensis Collegii): illam & vidit Christianus Daumius scribens Thomæ Reynesio [e]. Sequitur illa Eucherii Cervicorni MDXXVI. Coloniensis, ad quam Gerardus Bolsvinge Reckelinchusensis præfatus, sese ait ex tribus vetustis codicibus, unoque ex illis Coloniensis bibliothecæ qui propter antiquitatem vix iam legi poterat monstra priorum editionum sustulisse ac defectus supplêsse: quod nonnullis demonstrat exemplis. Vidimus nos in bibliotheca Romanæ Sapientiæ. Gerardi huius & Ioannis alterius Cæsarii viri doctissimi operam in hoc auctore navatam Franciscus laudat Fabricius Marcoduranus, qui post utrumque illustrando huic commentario incubuit; postque aliam Parisiensem editionem Ioannis Parvi anni MDXXIV. Gesnero notam, & alteram Petri Vidovæi MDXXXIV. ipse suam Coloniæ MDLXI. in 8.° apud Maternum Cholinum cum annotationibus emisit, & cum *Historiarum adversus paganos* titulo; atque iterum ibidem MDLXXXII. apud eundem Cholinum in 8.° In quo opere multa passim fuisse Orosium ab homine alioquin non inerudito sed ex ingenio grassante, Barthius conqueritur toties laudatus. Accesserunt Ludovici Lautii presbyteri Gandensis Notæ antiquioribus Fabricianis in editione quæ ultima Moguntiæ apud Cholinum prodiit anno MDCXV. ab Andrea Schoto recognita (1).

[c] Lib. 36. c. 17.

[d] Lib. 3. cap. 8. pag. 446.

[e] Inter ep. Reinesii ad Daumium ep. 9.

De

(1) Princeps omnium *Pauli Orosii Historiarum* editio est Augustana Ioannis Schußler 1471. fol. cuius me-

17. De translatoribus è latina in alias linguas, credamus si lubet Guilielmo Camdeno atque Gesneri epitomatori, Alfredum Anglorum Regem historiam Orosii in vernaculam gentis suæ convertisse. Exstat & Gallicè edita Parisiis apud Philippum de Noir MDXXVI in folio. Labbeus meminit in *Bibliotheca nova* MS. pag. 308. (1) Italicè forsan conversa est; at certò Hispanicè neque ea tamen publici iuris facta; cum MStam. reliquerit Didacus à Iepes Toletanus, uti & S. Augustini *De civitate Dei* libros: de quo in altera Bibliothecæ huius parte mentio est. Custodiuntur in bibliothecis codices hanc historiam continentes. In Veneta S. Antonii Thomasino teste [f] bina exempla sunt charactere eleganti scripta: alterum in S. Georgii in Alga: alterum in Cardinalis Bessarionis; necnon in Medicea cuius exstat catalogus, est Orosius *De calamitatibus totius mundi* inscriptus. Thomasinus quoque ait asservari alios MSS. codices in bibliotheca S. Ioannis in Viridario Patavii (2).

[f] Bibliothecæ Venetæ pag. 14. & 59.

18. Superest & Orosii *Commonitorium* iam suprà memoratum ad Aurelium Augustinum, in quo ei refert adventus sui ad eum ex Hispania usque causam, consulitque de gravissimis quæstionibus in gente sua controversis. Qui libellus inter opera sancti doctoris conspicitur.

19. *Apologeticus* autem liber *De arbitrii libertate* contra Pelagium constantiore fama Orosii esse quam non esse dicitur. Quamvis enim Petrus Wastelius Carmelita ut Spartam suam Ioannis Hierosolymitani Episcopi defensionis apparatissimè adornaret, hunc librum abdicare suo auctori (utpote adversus fidem historiæ peccantem, necnon Nestorianæ ac Novatianæ hæresis suspicione laborantem, demumque in optimæ famæ virum Ioannem iniuriosum) acerrimè sit conatus [g], quem ducem habuit Ioannes Baptista de Lezana in *Annalibus Carmelitanis* [h]; hæseritque Labbeo [i] & aliis aqua: communiter tamen placuit, iudicio etiam sagacissimorum huius sæculi hominum, ut fœtus Orosii sit legitimus. Ita post veteres Vincentium Bellovacensem [k], S. Antoninum [l], Trithemium, Gesnerumque, de hoc libro censent discussâ maturè re ii ferè omnes qui Pelagianæ hæresis historiam conscripsere: Vossius nempe lib. 1. cap. 17. sicuti & *De Hist. Latinis* lib. 2. cap. 14. Henricus de Noris eiusdem *Historiæ Pelagianæ* lib. 1. cap. 7. & accuratè magis Ioannes Garnerius dissertatione 6. *De scriptis adversum hæresin Pelagianam* cap. 3. quod est *De Orosii scriptis*, unà cum *Marii Mercatoris* quæ exstant *operibus* [m], Parisiis ante paucos annos primum publicatis. Eò enim contulit vir magnæ diligentiæ ac eruditionis quicquid dissipandis Wastelii criminationibus satis superque sit.

[g] Lib. 3. *Vindiciarum* in edit. *Ioannis Hierosol. operum* Bruxell. sect. 5. pag. 568.

[h] Ad ann. CDXV.

[i] *De Script. Eccles.* in *Paulo Orosio.*

[k] Lib. 18 *Specul. Hist.* c. 6.

[l] Part. 2. *Hist.* cap. 10.

[m] Pag. 354. prioris partis.

20. Eos ferè omnes dixi hac ire, qui Pelagianæ historiæ operam dedere. Excipiendus etenim Cornelius Iansenius est Iprensis Episcopus, cui minus accuratè hanc rem perpendenti ea propter visus fuit *Apologeticus* non esse Orosii, quia Hierosolymitani sub Ioanne conventus à Diospolitana Synodo diversi meminerit; cùm certissimum sit, & à S. Augustino sæpe aliisque comprobatum, diversa hæc duo Concilia sive conventus fuisse, eodem anno scilicet CDXV. habitos. De quo eosdem auctores [n] consulere Lector poterit. Dignum igitur Orosio commentarium iure existimavit Garnerius, *non grandem* quidem, *sed rerum dogmatumque* ita plenum censens, *ut nulli ferè eiusdem ævi lucubrationi cedat*, *multis præstet*, *ad invidiam usque nonnullorum.*

[n] Vossium ubi proximè. Noris d. cap. 7. & 8. Garnerium *Dissert.* 2. quæ *de Synodis* est cap. 2. & 3.

21. Planè in hunc librum, exscriptoris ut suspicari datur incuriâ, ex libro Augustini *De natura & gratia* fermè septemdecim, ab tertio usque ad decimum nonum, incidêre capita: quibus è medio sublatis de sensu nihil tollitur, sed omnia co-

meminere Caille, & ex eo Maittairius *Annal. Typ. T. I. Part. I. pag.* 94. Prostitit in Catal. libror. Ducis de la Valliere num. 4591. Hanc excepit Veneta Leonardi Achatis, curante Ænea Wulpe in eodem Catalogo num. 4592. Ioannes Alb. Fabricius *Biblioth. Lat. lib. IV. c.* 3. *n.* 6. Basileensem aliam laudat *antiquissimam*, indicio quidem anni carentem, sed *quam facile appareat diù ante finem sæculi XV. prodidisse*; postque hanc Venetam Octaviani Scoti 1483. indicta priore illa Bernardini de Vitalibus.

(1) Nullam hoc loco, neque alibi apud Labbeum in *Biblioth. Nov. MSS.* Gallicæ huius Pauli Orosii Historiarum versionis mentionem reperi; nisi fallunt Indices.

(2) Bini apud nos exstant Escurialenses Pauli Orosii Codices: alter *Hormestæ* sive *Historiarum* membranaceus ineuntis, ut videtur, sæculi XV. *Lit. m. Plut. III. n.* 23. *sub Iulio Solino*: alter *Quæstionum Orosii* & *responsionum Augustini de variis Sacræ Scripturæ* locis, item membranaceus satis antiquus, sæculo XI. eoque non multum adulto scriptus charactere Longobardico, Lit. *b.* Plut. IV. n. 17. sub *Isidoro Hispalensi*: quod opusculum Noster infrà num. huius capitis 22. Orosio & Augustino abiudicat, ex receptissima Bibliographorum sententia. In Bibliothecæ autem Laurentiano-Mediceæ Indice à Montfauconio vulgato *Bibl. Biblioth. T. I. pag.* 317. *col.* 1. *lit. A. sub Plutei* XXXVIII. n. XVIII. legitur: *P. Terentii Afri vita per Paulum Orosium.* Viderint de hoc otiosiores.

cohærent. Primum se huius observationis auctorem Vossius modestè sicuti semper solet iactat. Petrus autem Wastelius Andreæ tribuit Schoto. Rectène? Nam editioni Moguntinæ anni MDCXV. ab eo recognitæ assumentum hoc ut in anterioribus adhæret adhuc. Nisi postea animadverterit, curaveritque ne in systema veterum patrum uti debuit rescissus admitteretur: quod Garnerius videtur innuere. Non enim excerpta ex D. Augustino credenda hæc sunt ab Orosio; qui enim excerpit aut collectanea facit, non verbis auctoris quem transcribit sed suis loqui solet. Quod aliter hìc fit; nam Orosius sibi ea quæ magni doctoris sunt attribuit. Idem verò *Apologeticus* est cum libro *De libero arbitrio* (quamquam hic titulus non placeat Henrico de Noris, eò scilicet quòd pro gratia potiùs sit), non duo diversi, ut Possevinus credidisse videtur: apud quem quod opus audit *De origine animæ*, non aliud est à *Commonitorio*. Trithemius *De ratione animæ* vocavit. Adhæsit primùm Orosii operibus hic *Apologeticus* liber Lovanii MDLVIII. deinde Coloniæ MDLXXII. tandemque in Moguntina Cholini editione anni MDCXV. Exstat toquoque inter veterum patrum opera tomo 15. editionis Coloniensis, & in supplemento editionis Parisiensis.

22. Inter opera S. Augustini *Dialogus* legitur *sexaginta quinque quæstionum* (ut inscriptio habet) *sub titulo Orosii percontantis, & Augustini respondentis*. Hic tamen neque Augustini neque Orosii est ex communi sententia.

23. Aliàs quædam attribui nostro solent: nempe *Quæstiones de Trinitate & aliis sacræ Scripturæ locis ad Augustinum*, quæ cum eiusdem responsione anno MDXXXIII. Parisiis prodierunt ex officina Michaelis Vascosani. Incipit: *Licèt multi & probatissimi viri* &c. (*Item*) *De situ antiquæ Babilonis & Carthaginis* Orosio tributæ cuiusdam orationis in membranis annorum CC. exaratæ in bibliotheca MSS. latinorum Antonii Augustini mentio est. *De Adam* librum eiusdem laudat Franciscus Ximenis in libro *De les dones* (1), Valentinâ linguâ scripto: qui & *Epistolarium* ei attribuit. *Epistolas* ad S. Augustinum, quas & Trithemius laudat intelligo. Ab eodem Trithemio affigitur nostri operibus *In Cantica Canticorum Commentarius*, cui statim credidere Gesnerus & Possevinus. Sed hunc Honorii esse non Orosii, Honorii inquam Augustodunensis, qui (ut ipse de se ait [o]) *Cantica Canticorum ita exposuit, ut priùs exposita non videantur*; imposuisseque Trithemio aut ante eum alii corruptam inscriptionem, censuit à Geverarto Elmenhorstio admonitus Vossius *De Historicis Latinis* lib. 2. cap. 14. cùm priùs in *Pelagianæ historiæ* lib. 1. cap. 17. suspicatus fuisset in codicem aliquem, qui pro *Orig.* corruptè scriptum *Oros.* haberet, Ioannem Trithemium incidisse. Similiter videtur Vossio [p] peccatum ab Scriptore cuiusdam codicis MS. bibliothecæ collegii Benedicti Cantabrigiæ, in quo Orosium *De viris illustribus*, pro *Honorio* ut credit inscriptum, ex Thoma Iamesio refert.

[o] *De Script. Eccles.* in fine.

[p] *De H. L.* dicto cap 14.

24. In *Apologetico* etiam laudato hæc leguntur: *In libris quos ad Marcellinum scripsi, sicut potui explicare curavi.* Unde aliud Orosio contribuendum opus emergere dicas. Sed verba hæc ex libro S. Augustini *De natura & gratia* sunt uti monuimus, atque ad eiusdem libros tres ad Marcellinum *De peccatorum meritis & remissione* referenda sunt.

25. Quid verò huic de Orosio veritatis telæ falsi è Toletana officina historici subtexuerint, ne id prætermittamus, per summa capita colligendum est. Primò Pseudo-Dexter ex uno Orosio duos aut forsan tres finxit: seniorem historici nostri patrem *Flavium Paulum Orosium*, huius fratrem *S. Orosium*, tertiumque *Paulum Orosium* iuniorem historicum nostrum prioris filium. Præter hos alium Orosium monachum tamquam ex eadem familia, Orosii historici ex sorore nepotem laudat Pseudo-Maximus. Sed in omnibus his miserè conturbavit rationes suas harum fabularum inventor. De primo illo S. Oro-

Hh sio:

(1) *Cap. scilicet XII.* Iuvat integrum huius Scriptoris de Orosio locum, non facile alibi inveniendum sistere; atque eo maxime quod patriâ Lemovicensi Catalanorum lingua scriptus liber sit: *E aquest* (inquit) *exalsamént de las Dónes, posà Orósius en lo libre appellát* de Adám, *en lur recomandació. Díu axí: Oges tu qui mal vols parlár de Dónes. E ácten que de dóna éts axít, & per ella nodrít &c.* Id est: *Atque huius feminarum dignitatis meminit Orosius in libro inscripto:* de Adamo *in earum commendationem, inquiens: Heus tu qui feminis obloqui audes: memento quod ex femina natus, & per eam nutritus sis.* Francesch Eximeniç *De les Dones* Barcinone apud Mag. Ioannem Rosenbach Germanum 1495. fol. Notandum autem hunc *de Adamo* Paulo Orosio attributum librum non exstare in Catalogo Scriptorum quos Franciscum Eximenium pro arbitrio aut lubidine confinxisse Noster asserit in altero huius Bibliothecæ volumine *Lib. IX. cap. 7. nn.* 371. 372. nisi ἐλλιπὴς is Catalogus sit.

ſio: *S. Oroſius* (ait [q]) *Oroſii Tarraconenſis patruus Romæ floret.* De ſecundo Paulo Oroſio ſeniore [r]: *Sanctus Paulus Oroſius ſenior reſedit Romæ. Eius ex uxore filius Paulus Oroſius Carthagine mortuus Romam delatus eſt.* De tertio noſtro iuniore præcedentis filio [s]: *Sub Paciano Barcinonenſi Epiſcopo naſcitur Paulus Oroſius iunior, Tarraconenſis civis, diſcipulus S. Auguſtini.* Deinde poſt aliquot annos cauſam eius in Africam profectionis enarrans [t], *Paulus Oroſius* (ait) *acceptis literis Epiſcoporum Herodis* (*Erotis* potiùs) *Prudentii, & Lazari: Herodis inquam Dertoſani, Prudentii Ilerdenſis, Lazari Vicenſis, ex Concilio Toletano dudum habito collectis canonibus, ad Epiſcopos Africanos ad quoddam generale Concilium congregatos feſtinè ſe confert.* Poſteaque [u]: *Paulus Oroſius Fl. Lucii Oroſii filius, conſanguineuſque Paciani patris mei, civiſque Tarraconenſis, mirificè auſpicatur Hormeſtam, ideſt mundi Chronicon, quem ſuſcepit ſcribendum hortatu literiſque S. Auguſtini.* Hæc in Pſeudo-Chronico iſto poſtrema Oroſii memoria: cuius mortem is, qui præmortuus fuiſſe confingitur Dexter, Pſeudo-Maximo referendam reliquit. Hic ait [x]: *Paulus Oroſius Tarraconenſis civis centenario maior, veniens ex Africa Carthagine Spartaria moritur. Unde ut ſanctus vir Romam adſportatur, & in Eccleſia S. Euſebii, ubi patruus Oroſius* (ita legi debet) *iacebat, ſepelitur.*

26. Cuncta hæc anachroniſmis & contradictionibus ac fictionibus ſcatent. Sancti Oroſii memoriæ qui noſtri fingitur patruus, cauſam dedit Oroſius presbyter ille, qui unà cum Gregorio Euſebium ſub Conſtantio martyrem ſepelivit in cœmeterio Calliſti viâ Appiâ: uti legitur in faſtis Eccleſiaſticis XIV. Auguſti [y]. In Eccleſia ſeu titulo S. Euſebii Romæ aſſervari corpora SS. Euſebii, Oroſii, atque Paulini, è monumentis eiuſdem Eccleſiæ Baronius ad hunc diem in Notis prodidit [z]. Oroſii nomen invitavit Pſeudo-Dextrum, ut intimandum aſſumeret ex Oroſiorum Hiſpanorum fuiſſe hunc genere, ſed qui Oroſii huius in ea Eccleſia ſepulti meminere, martyrem eum vocant [a].

27. Huius frater Paulus Oroſius hiſtorici pater ab eodem Pſeudo-Dextro dicitur. Is tamen ſibi non conſtat. Nam alio loco [b] eum *Flavium Lucium Oroſium*, alio [c] *Paulum Oroſium* vocat. Iam hìc ſe prodit non obſcurè novitas. Nullus enim eo ſæculo ac pluribus ſequentibus, Scriptorem hunc alio quàm *Oroſii* nomine appellavit [d]: adeò ut neſcire me fatear, unde hoc Pauli nomen veterum ſilentio damnatum editiones Oroſii operum primùm exſculpſerint. Quod quidem nullus dubito antiquis codicibus auctoribus factum. Decimo quidem ſæculo iam invenitur cum Pauli nomine in Chronico Abbatiæ Senonenſis, quod Dacherius edidit tomo 3. *Spicilegii*. Et *Flavii* quidem prænomen eâdem qua ſanctitatis elogium temeritate inditum fuit ſeniori huic Oroſio.

28. Iam ad Pauli noſtri Oroſii res deveniendo, natus is fingitur anno CCCLXXXIV. ſub Paciano Barcinonenſi Epiſcopo. Hæc ad hunc annum legimus in prioribus editionibus Cæſaraugustana & Hiſpalenſi. Sed Bivarius ne auctorem ſuum damnaret inepta & abſurda dicentem, retrò ad annum CCCLXX. arbitrio illo traxit, quo extricaturus ſe ab his plagis quæ frequenter in hoc Pſeudo-Chronico lectoribus tenduntur fuit perſæpe uſus. Nam qui potuit natus eo anno CCCLXXXIV. poſt ſedecim alios, ſcilicet anno CD. tam immaturus gerendis rebus iiſque maximi momenti, adoleſcens ad Auguſtinum legatus trium Epiſcoporum deſtinari? Icircò is qui ſolvi non poterat abſcindendus nodus fuit. Natum verò eum dici ſub Paciano, hoc eſt Tarraconenſem Oroſium ſub Paciano Barcinonenſi alterius Eccleſiæ Epiſcopo, nonniſi amaxario ineptiarum exciderit.

29. Iam verò de Oroſii ad Auguſtinum expeditionis & à patria peregrinationis cauſa temporeque dicturus larvatus Dexter, miſerè ſe tot mendaciis quot verbis illaqueavit. Quoad tempus enim, rem anno CDXIV. ante quatuordecim narrat geſtam. Meridie verò clarius eſt Oroſium ex Hiſpania ad Auguſtinum profectum, poſtquam conſuluiſſet eum de animæ origine & aliis apud Hiſpanos controverſis, miſſum ab Auguſtino fuiſſe ad Hieronymum in Palæſtinam. In qua cùm verſaretur, apud Ioannem Hieroſolymitanum ſive ab eo coactam in ea urbe Synodum, de damnatione Cæleſtii in Carthaginienſi Concilio ante paucos annos facta, vocatus eò retulit: geſtorum in Dioſpolitana pro Pelagio Synodo teſtis fuit: inventionem reliquiarum Stephani & aliorum iiſdem diebus contingentem, Luciani græco libello latinè reddito Eccleſiæ Occidentali communicavit; reverſuſque tandem in Africam fuit renuntiaturus Africanis patribus quod temerè in Pelagii cauſa Dioſpoli fuerat factum. Cinnus hic rerum, uti diximus, ad annum CDXIV. treſque alios hunc conſequentes pertinent. Africani patres Cæleſtium damnaverant anno CDXII. Conſtat ex epiſtola

[q] Ad ann. CCCLII. num. 2.

[r] Ad ann. CCCLXII. n. 2.

[s] Ad ann. CCCLXX. num. 5. in edit. Bivarii, ut in aliis anterioribus ann. CCCLXXXIV.

[t] Ad ann. CD. num. 2.

[u] Ad ann. CDXVII.

[x] In Chron. ad ann. CDLXXI.

[y] Adonis, Uſuardi, martyr. Roman.

[z] Conveniunt .... *De Rom. Pontific.* in ..... Pompil. Tottus in *Roma moderna*, pag. 473.

[a] Baron. d. die XIV. Aug. Tottus ubi proximè.

[b] Ad ann. CDXVII.

[c] Ad ann. CCCLXVI.

[d] Videantur Auguſtinus, Hieronymus, Proſper, Gennadius, Gelaſius, laudati, Caſſiodorus *De div. lect.* c. 17. Herm. Contractus anno CDIII. Marian. Schotus ann. CDXVI. Sigebertus CCCXCIX. Hugo Floriacenſis in *Honorio*. Freculphus Lexov. tom. 2. lib. 5. cap. 12. Vinc. Bellovacenſis *Specul. Hiſt.* lib. 18. c. 6. Ioann. Sareberienſis lib. 6. *Polycrat.* cap. 18. in fine.

la Concilii Carthaginiensis ad Innocentium Papam anno CDXVI. data, ubi *ante fermè quinquennium* de Cælestio iudicatum disertè refertur. Conventus ille Hierosolymitanus, atque inde Diospolytanus, anno CDXV. habiti sunt, eodemque anno inventio sacrarum Exuviarum contigit. Lucianus inventor id apertè docuit in sua relatione, affirmans revelationem de illarum loco sibi factam III. Nonas Decembris, consulatu Honorii X. ac Theodosii VI. qui in hunc annum incidit, cùm Ioannes in *Lidda esset, quæ est Diospolis, Synodum agens.* Tantum abest ut piæ Orosii ad Augustinum expeditioni quadringentesimus Christi annus aptè assignetur.

30. Aiunt tamen qui huius anachronismi scopulum evitare sibi posse videntur, profectionem ad Augustinum ex Hispania hoc anno sæculari contigisse, apud eum tamen mansisse in Africa usque ad XIV. eiusdem sæculi annum, quo destinatus fuit ab eo ad Hieronymum. Frontem hominis partium studio duratam! Sed Augustinum ei opponimus, qui intra breves cancellos adventûs ad se Orosii, & in Asiam profectionis tempora restrinxit his verbis ex literis ad Hieronymum per eundem Orosium remissis [e]: *Ecce venit ad me religiosus iuvenis* &c. *famâ excitus, quòd à me posset de his quæ scire vellet, quicquid vellet audire. Neque nullum cœpit adventus sui fructum. Primò ne de me multum famæ crederet: deinde docui hominem quod potui; quod autem non potui, unde discere posset admonui, atque ut ad te iret hortatus sum.* Et in epistola alia ad Evodium Uzalensem Episcopum [f]: *Occasionem quippe cuiusdam sanctissimi & studiosissimi iuvenis presbyteri Orosii, qui ad nos ab ultima Hispaniâ, id est ab oceani litore, solo sanctarum Scripturarum amore inflammatus advenit, amittere nolui, cui ut ad illum quoque pergeret persuasi.*

[e] Inter Augustini ep. 28.

[f] Epist. 102.

31. His tam perspicuis testimoniis lumen adhuc accendit dereliquisse Hispanias Orosium post Wandalorum in eas irruptionem, quæ anno contigit CDX. sive Honorio VIII. & Theodosio Coss. ut Prosper & Cassiodorus affirmant: quibus consonat annus urbis conditæ ab eodem Orosio his malis assignatus lib. 7. cap. 40. Orosius enim ante discessum expertum se cum sua fuisse Hispania barbarorum sævitiam, disertè docet in Commonitorio ad Augustinum toties laudato: *Dilacerati graviùs* (inquit) *à Doctoribus pravis quàm à cruentissimis hostibus sumus:* Et aperte magis: *Ego ipse, qui hæc pro asserenda omnium temporum alternata calamitate percenseo, in relatu tanti mali, quo vel ipsa morte, vel formidine mortis acceptâ totus mundus intremuit, nunquid illacrymavi oculis?* &c. Et paulò pòst: *Cùm tamen si quando de me ipso refero, ut ignotos primùm barbaros viderim, ut infestos declinaverim, ut dominantibus abblanditus sim, ut infideles præcaverim, ut insidiantes subterfugerim, postremò ut persequentes in mari, ac saxis, spiculisque appetentes, manibus etiam penè iam apprehendentes repentinâ nebulâ circumfusus evaserim: cunctos audientes me in lacrymas commoveri velim* &c. Hæc omnia sibi ante discessum ab Hispanis contigisse Orosius ad Augustinum ait. Et Dextrum suum adhuc excusare perget Bivarius? Non credo nisi plumbei cordis fuerit, his quandocumque sibi ostenderentur ultrà repugnaturum.

32. Audivimus quidem ab ore ipso peregrè ab Hispania euntis Orosii [g], se *sine voluntate, sine necessitate, sine consensu de patria* egressum, *occulta quadam vi* actum, donec in litus Africæ allatus fuit. *Hìc demum* (prosecutus) *in eum resipui intellectum, quòd ad te venire mandabar.* Item ab ipso Augustino [h], *solo sacrarum Scripturarum ardore inflammatum* ad se venisse. Planè hæc falsa erunt, aut Dexter falsus qui ait: acceptis à quibusdam Episcopis Hispaniæ literis collectisque ex Toletana Synodo canonibus ad Africanos patres in Concilio generali congregatos festinè se contulisse. Id enim officium præstaturus non potuit non cum voluntate & cum consensu patriam relinquere; neque occulta vi adactus, nesciensque ad quem iret. At quorum Episcoporum literis? Erotis scilicet Dertusani, Prudentii Ilerdensis, & Lazari Vicensis. Portentum audaciæ aut saltem imperitiæ! Exspectabam Eutropii & Pauli nomina: de quibus *sed quoniam domini mei* (Orosius inquit in Commonitorii limine) *filii tui Eutropius & Paulus Episcopi eâdem, quâ & ego puer vester, salutis omnium utilitate permoti commonitorium iam dederunt de aliquantis hæresibus* &c.

[g] In Commonit. ad August. initio capitis adducto.

[h] Epist. 102. ad Evodium.

33. Hæc ad Augustinum ille, cùm ex Hispania recèns venisset, exarabat. Nihil horum. Eros, seu Heros, & Lazarus Galliarum fuere Episcopi: Heros Arelatensis, cuius Prosper meminit in *Chronico* [l], adiungens non iure eum his insulis spoliatum; Lazarus Aquensis; quorum utriusque Zosimus Papa meminit in epistolis ad Africanos Episcopos [k]: disertè eos referens, cùm alienigenæ essent, intra Gallias sacerdotia vendicâsse, quibus sese ipsi propriâ sententiâ abdicaverint, Pontifica-

[l] *Coss. Honor. IX. & Theod. V.* ann. CDXII.

[k] Tomo I. *Concilior.* Binianæ editionis pag. 875. & seq. & apud Baronium tom. 5. ad ann. CDXIII. n. 19.

li iudicio deinde submotos. Lazarum quoque Aquensium civitatis sacerdotem hoc est Episcopum disertè appellat. Gallos item vocat Episcopos S. Augustinus in libro *De gestis Palæstinis* sive *Pelagii*, à Velsero publicato: *Sancti fratres & Episcopi nostri Galli Eros & Lazarus.* Hi in Orientem abeuntes Pelagium accusavere coram Eulogio Cæsareæ Palæstinæ metropolita, cogendæque hac super re Diospolitanæ eiusdem provinciæ Synodi causa fuere: in qua Pelagio iniquè absoluto, converterunt se ad Augustinum patresque Africanos, literis ad eos datis: quas, occasione usi adornantis per eos dies reditum suum ad Augustinum Orosii, per eum direxerunt. Hæ literæ sunt Erotis & Lazari, quas in Africam ex Palæstina, tulit Orosius, ut in memorata Carthaginiensis Concilii ad Innocentium Papam epistola disertissimè refertur.

34. Neque ergo Hispani Episcopi Eros & Lazarus; neque eorum literis ex Hispania, sed ex Asia seu Palæstina, in Africam Orosius transfretavit instructus. Aperta hæc & distincta in Ecclesiasticis monumentis quibus fidem præstare cogimur magis sunt, quàm ut ab oscitante veræque historiæ ignaro omniaque susque deque habente Toleti cive, atque ævi nostri Dextro, in dubitationem aliquam afferri unquam possint. Quid ad hæc Bivarius? Rem suam agit, ac dummodo causæ suffragetur, apta an inepta excusatione utatur insuper habet. Pulsos nimirum ex Gallicanis Episcopatibus Erotem argutatur & Lazarum novas in Hispania Sedes Dertusanam Vicensemque adeptos fuisse. Ego tamen id tantùm ab eo doceri vellem, quonam tempore has Sedes obtinuerint. Respondere enim necesse est ei ante quadringentesimum, seu sæcularem annum. Eo quippe anno acceptis eorum, iam tunc Hispanis Ecclesiis præpositorum, literis in Africam se contulisse Orosium, suus eius Dexter attestatur. Atqui hoc falsissimum esse non minùs certum est, quàm Erotem & Lazarum Galliarum fuisse Episcopos. Eros anno quo Honorius IX. ac Theodosius V. consules fuere (hoc est CDXIII.) *cum Arelatensi oppido Episcopus præsideret* (Prosper ait), *à populo eiusdem civitatis insons* &c. *pulsus est; inque eius locum Patroclus ordinatur, amicus & familiaris magistri militum* &c. Non igitur ante annum hunc Episcopus fuit Arelatensis, nedum ex Arelatensi Dertusanus.

35. De Lazaro in epistola ad Africanos patres hæc ait Zosimus Papa [l]: *Vetus Lazaro consuetudo est innocentiam criminandi. Per multa Concilia in Sanctum Britium Coepiscopum nostrum Turonicæ civitatis* (hic fuit S. Martini successor) *diabolicus accusator inventus est. A Proculo Massiliensi in Synodo Taurini oppidi sententiam calumniatoris excepit. Ab eodem Proculo fit post multos annos sacerdos, tyrannici iudicii defensor, civitatis Aquensium* &c. *stetitque in eo hactenus umbra sacerdotii, donec in Tyranno imago staret imperii: quo loco post internecionem patroni sponte se exuit, & propria cessione damnavit.* Hæc Zosimus, nec aliter in alia de Proculi damnatione [m]. Memoria Britii Turonensis, & Concilii Taurini celebrati, ordinationisque Lazari post multos annos factæ à Proculo, evincunt plané sæculari anno quadringentesimo nondum Aquensi Ecclesiæ præsulem datum fuisse Lazarum; nedum ut iam eo tempore dimissâ Ecclesia istâ Gallicanâ Vicensem Hispanam sit adeptus.

36. Britius S. Martini successor fuit in Ecclesia Turonensi: qui Martinus non ante annum CCCXCVII. sive, ut quibusdam etiam placet, CD. ultrave in vivis esse desiit. Quare Taurinensis Synodus, quo tempore Britius iam Turonis sedebat habita, duobus non plus annis sæcularem quadringentesimum præcedere potuit. At Lazarus, qui hac in Synòdo sententiam calumniatoris ut Zosimus ait excepit, post multos annos à Proculo Massiliensi ordinatus fuit Aquensium Episcopus: qua temporis designatione biennium illud trienniumve à CCCXCVII. ad CD. significatum nemo sanus crediderit. Utrumque verò sub Tyranno (*Claudio*) Constantino, qui anno CDVIII. aut circiter, imperio in Britannia arrepto in Gallias transiit, Arelateque anno CDXII. à Constantino magistro militum Honorii victus & captus fuit, in Sedibus suis Arelatensi & Aquensi mansisse, tam ex Prospero quàm ex Zosimo constat. Lazarus enim à Zosimo dicitur [n] *tyrannici iudicii defensor, ac post internecionem patroni sponte se exuisse, & propria cessione damnâsse.* Qui Zosimus de Erote ibidem: *De Erote verò omnia similia: idem Tyrannus* &c. Novimus item è Prospero, Erote remoto Patroclum Arelatensibus Episcopum datum in Constantii magistri militum gratiam: hoc est postquam Constantino capto eam urbem ingressus fuit.

37. Eventilata autem sinceriore hac Pseudo-Dextri verborum, de Erote & Lazaro in Hispania sæculari anno iam præsulibus, explanatione: Bivarii aliam in ex-

[l] Epist. 4.

[m] Epist. 6.

[n] Dicta epist. 4.

excuſandis nugis acumine ſuo abutentis, quibuſnam excipiemus verbis? *Ceterum hoc anno CD. nondum, ut credo* (ait) *venerant in Hiſpaniam; & Dexter, cùm eos Dertuſanum & Vicenſem vocat Epiſcopos, ad tempus quo ſcribebat ipſe Chronicon reſpicit, non ad annum legationis Oroſii.* Viden' ut malè ſobrii auctoris ſui verenda pallio cooperire conetur pius interpres? quo equidem ſæpe uti habet opus: abſurdæ ac præpoſteræ excuſationis parum pro dignitate doctrinæ ſuæ, ingeniique, eruditioniſque ſecurus. Dexter ait Oroſium *acceptis literis Epiſcoporum Erotis, Prudentii, & Lazari: Erotis, inquam, Dertuſani, Prudentii Ilerdenſis, Lazari Vicenſis*, in Africam ſe contuliſſe. Quorum ſenſum aliò detorquens quàm verba ſonant, hoc eſt ineptiſſimè, Bivarius, quid aliud quàm ſiniſtrà amplectitur, dextrà metit ſegetem, propugnanſque tradit Dextri ſui cauſam: quem, ſi germanus eſſet, puderet utique tam abſurdè excuſari (1).

38. Idem deinde ait Bivarius, ex *epiſtola Carthaginienſis Concilii ad Innocentium Papam ſcripta haberi, fuiſſe hos in Hiſpania Epiſcopos, ut iam* (inſit) *dicam.* Quod tamen nuſquam eſt, dici verè nequit. Quare Bivario excidit, quod in ſe ſumſerat nos docere. Sed quid putas impingere in hunc ſcopulum ut navim rumperet Pſeudo-Dextrum fecit? Epiſtola nimirum illa Africanorum, ſeu Carthaginienſium patrum ad Innocentium Pontificem data, quam peſſimè is digeſſerat. In qua cùm legiſſet ad eos in Eccleſia Carthaginienſi congregatos ut Synodum haberent, veniſſe Oroſium cum literis Erotis & Lazari: falsò exiſtimavit de recenti eius ex Hiſpania adventu ſermonem haberi; cùm in eadem epiſtola de geſtis in Oriente in cauſa Pelagii & Cæleſtii diſerta mentio fiat: quorum aliqua pars in Palæſtina agens, qui ex Africa eò venerat, Oroſius fuit. Quod & ex epiſtola conſtat Silvani & Numidiæ Epiſcoporum ad eundem Papam.

39. Quod verò de *Hormeſta mundi* Dexter addit, æquè eum ut cetera impuros barbarorum ac recentium ſæculorum latices hauſiſſe oſtendit. Nec verò conſtat Oroſium anno CDXVII. auſpicatum fuiſſe opus iſtud, cum potiùs abſolverit, ut in ſuperioribus dictum fuit. Centenario autem maiorem ex Africa venientem Carthagine Spartaria mortuum, quod aiebat Pſeudo-Maximus, Romamque inde aſportatum, & in Eccleſia Sancti Euſebii ſepultum fuiſſe audiens: quis non ſtatim veſtigia hìc Raphaelis Volaterrani relecta deprehendit de Oroſio id referentis, quod Paulo noſtro perperam uti cenſemus attribuit; Baroniique Cardinalis Oroſii martyris in Eccleſia iſta S. Euſebii memoriam celebrantis, uti iam diximus?

40. Aliud eiuſdem Pſeudo-Maximi facinus in medium producere fas & æquum eſt, non alienum ab Oroſii rebus, quas abſolvere lubet. *Oroſius* (ait ad annum Chriſti DC.) *monachus Benedictinus, ex ſorore S. Oroſii presbyteri Tarraconenſis filius, floret in Celtiberia, ad quem S. Gregorius Papa literas dat. Qui genus duxit ab oppido Luſitaniæ dicto* Monteſancto, *Grecè verò* Oroſio. Quod Braulio etiam commentitius in Additionibus ad Maximum confirmat numero 40. Exſtant S. Gregorii Magni duæ epiſtolæ, altera [o] ad monachos in Chriſti-monte inſula conſtitutos, altera [p] ad Symmachum, in iiſque Oroſii Abbatis mentio. Quem ut arbori Oroſiano ingereret, quid non ineptiarum & abſurditatum admiſit nugivendulus? Pauli nempe Oroſii, qui (uti eiuſdem Pſeudo-Maximi dictatis convincamus) obiit anno CDLXXI. ex ſorore filius eſſe minimè is potuit, qui anno DC. hoc eſt triginta ferè ſuper centum annis poſt avunculi obitum florere dicitur. Quod ſic palmarium agnoſcere mendacium debuit potiùs interpres Bivarius, quàm deprehenſa difficultate ad incongruas verborum latinorum explanationes confugere. At, bone Deus! Oroſii pridem à Pſeudo-Dextro

[o] Lib.1.ep.49.

[p] Lib.1.ep.50.

(1) Pauli Oroſii temporibus, id eſt ſub ſæculi quinti initium, nullus in Hiſpania *Vicenſis* Epiſcopatus fuit, ut vel lippi & tonſores nôrunt; ſed qui nunc eo nomine, tunc *Auſonenſis* ſive *Auſonitanus* appellabatur: quo uno Bivarius cum ſuo Pſeudo-Dextro & Lazaro *Vicenſi* conficiuntur. Concilio Tarraconenſi anno Chriſti DXVI. habito ſubſcribit *Camidius Auſonitanæ Civitatis Epiſcopus:* Toletano III. anno DLXXXIX. *Aquilinus Auſonenſis:* Toletano VIII. anno DCLIII. *Guericus Auſonenſis;* & in antiquiſſimis Conciliorum Codicibus Hiſpalenſi & Ovetenſi apud Card. Aguirrium *Not. ad Conc. Lucen. T. II. Conc. Hiſp.* pagg. 302. 303. 305. Metropoli Tarraconenſi *Auſonæ* Sedes attribuitur; ut in Eſcurialenſi VIII. Sæculi Codice *Lit.* r. *Plut. II. n.* 18. in quo legitur: *Sub Tarracone Auſona.* Nec *Vici*, aut *Vici Auſonenſis* nomen, ex quo *Vicenſis Epiſcopatus* & hodierna *Vique* urbis compellatio deſcendunt, ulli alicui mortalium lecta neque audita unquam fuere ante Sæculi VIII. exitum, aut ſequentis initium, quo tempore Ludovicus Pius *Auſonam* urbem à Mauris everſam utcumque reſtituit; quòdque ob ædium paucitatem & civium infrequentiam imparem iudicaret ſuſtinendo *urbis*, aut *civitatis* nomini, *Vicum Auſonenſem* appellavit, ut docent Hiſtorici noſtrates atque exteri. Vid. Marcà *Marc. Hiſp. Lib. III. c.* 15.

tro Tarraconenses, iam à Pseudo-Maximo Lusitani sunt? & Mons sanctus (hodie *Monsanto* in Guardiensis Episcopi dioecesi) tam vetus oppidum est, ut Orosiis originem dederit; idemque oppidum bina habuerit nomina (mirum!) latinum alterum, alterum græcum? O caput helleboro curandum! omnia igitur in *osius* terminata nomina græcæ originis sunt, licet in medio Latio, sive Latino orbe nata; græcæque nomenclaturæ natalem locum proferre debent [q] Ambrosius, Fulgosius, &c.

[q] Pessimo exemplo utitur auctor. Verum enim est *Ambrosium* purum putum esse Græcum nomen. ἀμβρόσιον· quod θεῖον significat, ἄφθαρτον, ὑγρὸν, ἄμβροτον· De *Fulgosio* rectè censet: quibus addere potuisset nonnulla alia. CARDINALIS DE AGUIRRE.

CAPUT II.

De AVITO *Bracarensi & Luciano presbytero Ioannis Tamaii frequentes ac crassi errores. Georgius Cardosus reprehenditur Portugalliæ hagiologus. Plura nunc certi dogmatis antiquos patres latuere.* SEVERI *Minoricensis Episcopi epistola. Pseudo-Dextri etiam in hoc audacia. De* ISIDORO *Cordubensi Episcopo. Dubium an talis homo exstiterit. S. Augustini non est sermo de Assumtione Mariæ Virginis, qui Isidorum laudat. Hic enim laudatus in eo sermone Isidorus Hispalensis est. Pseudo-Dexter hìc etiam sistitur refellendus, de confictis duobus Isidoris Cordubensibus ex uno aut nullo. De Isidori Hispalensis Chronico aliqua præsumuntur, & de eiusdem* Allegoriarum *libro. Pseudo-Maximi* OROSIUS *Legionensis Episcopus chimæricus. Bivarius frustra ingenio utitur in occultandis planorum dolis & erroribus.*

41. SEVERUS Minoricensis Episcopus & AVITUS Bracarensis presbyter, ab Orosii rebus separari non debent. AVITUS enim, uti iam diximus, Luciani libellum *De inventione reliquiarum S. Stephani protomartyris & Nicodemi, & Gamalielis* in latinum sermonem transtulit. Idatius in *Fastis consularibus*, Honorio X. & Theodosio VI. Coss. *His Consulibus* (ait) *Stephanus primus martyr revelatur sancto presbytero Luciano die VI. feriâ, quæ fuit tunc* III. *Nonas Decembris, in Hierosolymis, S. Ioanne Episcopo præsidente. Et exstant in his gestis epistolæ supradicti presbyteri, & S. Aviti presbyteri Bracarensis, qui tunc in Hierosolymis degebat.* Gennadius [r] post laudes Luciani, *Avitus* (ait) *presbyter, homo Hispanus genere, antè relatam Luciani presbyteri scripturam (Revelationem* priùs appellaverat [s]) *in latinum transtulit sermonem, & additâ epistolâ suâ per Orosium Occidentalibus edidit.* Eadem Honorius [t], & *Florilegii* auctor [u], & Marianus Schotus [x].

[r] *De Script. Eccles.* cap. 47.

[s] Cap. 46.

[t] *De Script. Eccles.* cap. 46.

[u] Matthæus Westmonast. ad an. CDXVIII.

[x] Ad ann. CDXVI.

42. Hanc interpretationem Lucianæi operis, unà cum aliqua parte inventi corporis, hoc est *pulverem carnis atque nervorum; & quod fidelius certiusque credendum est* (idem ait) *ossa solida ac manifesta, sui sanctitate novis pigmentis vel odoribus pinguiora*, remisit Avitus per Orosium civem suum ad Balconium atque universum clerum & plebem Ecclesiæ suæ Bracarensis, nuncupatâ his epistolâ quæ in annalibus Ecclesiasticis [y], & apud Surium [z], & alios [a] legitur: quemadmodum & ipsa Aviti è Luciani græco sermone interpretatio, quam cum Vaticanis quatuor codicibus diligenter Baronius contulit (1). Lucianus rogatu Aviti, quem *patrem & sanctum Dei cultorem* vocat, relationem istam edidit; atque in ea fatetur sibi ex reliquiis sancti protomartyris à Ioanne

[y] Tom. 5. ad ann. CDXV. n. 3.

[z] Tom. 4. III. Aug.

[a] Britto *De Monarchia Lusit.* 2. par. lib. 6. cap. 27.

(1) In Græco Escurialensi sæculi IX. Codice charactere quadro exarato *Lit.* Φ. *Plut. III. n.* 2. exstat inter alia *Passio Beatissimi Protomartyris Stephani, eiusque sacrarum reliquiarum inventio & Constantinopolim translatio*, multo quam apud Surium & Baronium plenior; idem tamen utriusque fundus. In ea quo loco Baronius & Surius aiunt *inscriptum lapidem obrutum habentem ita: Celiel, quod interpretatur Servus Dei: & Apaan Dardan quod interpretatur* Nicodemus *& Gamaliel* &c. Græcus Codex habet: Καὶ τὸ ἐπίγραμμα αὐτῶν ἔχον οὕτοις· χελιὴλ· νασωὰμ· γαμαλιὴλ· καὶ ἄββιβος ὑιὸς αὐτοῦ· ἑρμηνέυεται δὲ ὁ χελιὴλ τῇ συριακῇ διαλέκτῳ στέφανος· καὶ ὁ νασωὰμ νικόδεμος· Id est: *Eorumque inscriptionem ita habentem: Cheliël, Nasoàm, Gamaliel & Abbibus eius filius. Cheliël autem Syriaco sermone interpretatur Stephanus; Nasoam vero Nicodemus. Syriacam* autem pro *Græca* dialecto scripsisse hoc loco videtur Interpres; cum Στέφανος & Νικόδημος Græca germana sint vocabula, Arabicæ licet atque Hebraicæ originis. Arabibus enim اكليل *iklîl corona* est, seu *cidaris aut capitis insigne* Gr. στέφανος, ἀπὸ τοῦ كل *Killa* cum *tesdid* duplicante: coniug. 2ª; Hebraicis autem נשיא עם *nassî ham: Princeps populi:* quò item Νικόδεμος recidit. In Escurialensi Codice Era DCCCCXCII. (Christi anno DCCCCLIV.) exarato *Lit. A. Plut. II. n.* 9. exstat insignis locus de Bethlehemiticis Beati Stephani reliquiis, collectis, Sanctarumque Melaniæ eiusque neptis Paulæ frequenti ad eas accessu, quem, quia nonnihil ad nos spectat, quin huc transferrem temperare mihi non potui. Rubrica DE UARBARIS SPANIA ADGRESSIS; pergitque *Inruentibus vero in Spanię partibus barbaris. remanserunt pauce possessiones. quas propter inrubtionem. hostium distraere non potuerunt. Tempore autem cum pax locis reddita fuisset. destinavit* (Melania) *fidelissimum ex servis suis iam liberum. qui ingressus in predictis regionibus quandam partem possessionum festinat distraere. Ex quibus non parbo collecto pretio revertens his defert. Quod videns beatissima quasi ex ore leonis ereptum gratias agens Deo continuo omnia in opus Dei distribuendo disponit* &c. Item: *Venit igitur natalis salbatoris Domini nostri Ihesu Christi. & dixit* (Melania) *uolo ad sanctum betlem occurrere. & ibi celebrare natalem Domini mei. nescio enim an uibam & recurrente anno hoc vi-*

ne Hieroſolymorum Epiſcopo *parvos de membris eius articulos, ac terram cum pulvere, ubi omnis eius caro conſumta eſt*, donata fuiſſe.

43. Lucianum hunc Aviti *homopolum* Ioannes Tamaius qua fronte dixit [b]? hoc eſt eiuſdem cum eo civitatis (1). Quod verbum græcæ originis adeò non intellexit Georgius Cardoſus Luſitaniæ Sanctorum hiſtoricus aliàs diligens, antiquitatis verò non admodum ſagax: ut *homopolum* Tamaii, *homem celeſtial*, quaſi *hominem poli* ſit interpretatus [c]. An verò hæc ſacra pignora in Bracarenſem Eccleſiam aliquando pervenerint nunquam dicitur, nec Bracarenſes ſciunt [d]; niſi commiſta ſint cum aliis in capſa argentea huius Sedis metropolitanæ, aut in Valentiæ oppidum eius diœceſis eo tempore tranſlata quo ibi colegiata fuit erecta Eccleſia: cuius aliquod veſtigium exſtare in eius dedicatione ſub *Inventionis S. Stephani protomartyris* titulo Luſitani obſervant. *Abundium Avitum* hunc appellant, neſcio unde docti, Ioannes Vaſæus [e], & Ioannes Mariana [f] (Morali [g] *Abundius* tantùm eſt): ex quibus, non ex antiquitatis adyto, id novit ſuppoſititius poeta is quem *Aulum Halum* nominant: de quo loqui paulò pòſt recurret.

[b] In *Martyr. Hiſp.* 17. Iun.

[c] Tom. 3. *Hagiolog.* eadem die XVII. Iun. pag. 728.

[d] Vide Cardoſum in *Hagiol. Luſit.* tomo 3. die VII. Iun.

[e] *Chron.* an. CCCLXXXVIII.

[f] Lib. 4. c. 20.

[g] Lib. 11. cap. 17. in fine.

44. Diximus nihil ſolidi afferri ut diſtinguamus hunc ab alio Avito cuius Oroſius meminit in Commonitorio ad Auguſtinum. Certè hic Oroſii civis fuit ut ex laudato opere conſtat: ſicut iſte de quo nunc agimus Bracarenſis fuit, civis & ipſe ut exiſtimamus Oroſii; forſanque ille Avitus ad quem epiſtolam quandam [h] S. Hieronymus ſcripſit, de his quæ cavenda eſſent Origenis libros περὶ ἀρχῶν legentibus: cuius epiſtolæ nec abludit argumentum ab Aviti illius propoſito, qui ab Hieroſolymis reverſus in patriam Oroſio affirmante [i] neſcio quid de animarum origine ex Origenis doctrina iactavit. Pſeudo-Dexter, ne hanc diſtinguendorum inter ſe auctorum aleam ſubiret, contentus fuit dicere ad annum CDXXIX. *Et multi presbyteri vocati Aviti florent cives Tarraconenſes* (2). In quo eum parum vidiſſe mecum contendent, qui non è Tarracone Oroſium qui horum, uti civium ſuorum, meminit, ſed aliunde fuiſſe credunt. Unde cadit etiam nobis fides Aviti mentionis in fragmento Eſtepano factæ huiuſmodi [k]: *Avitus Tarraconenſis presbyter floret.*

[h] Tomo 2. oper. S. Hier.

[i] In *Commonit. ad Auguſtinum.*

[k] Ad ann. CDXXI.

45. Miror utique Ioannis Tamaii ſecuritatem in temerè fingendis quæ non ſunt ut Avitum hunc in catalogum Sanctorum referat, eique memoriam Iunii decimæ ſeptimæ diei aſſignet [l]. Eſt quidem in faſtis ſacris mentio hac die *Aviti presbyteri & Confeſſoris*, ſed Aurelianenſi urbi tributa. Indene porrecta fuit anſa fingendi cuiuſdam ſub nomine Auli Hali carminis [m], quo & *Abundii* nomen & Aviti mortis dies annuſque exprimuntur? Nullus dubito. Poſt carmen enim legitur: *Obiit ſanctiſſimus presbyter Hieroſolymis XV. Cal. Iulii, Valentiniano & Anatolio Coſs. Erâ CDLXXVIII. hoc eſt Chriſti CDXL.*

[l] Tomo 3. *Martyr. Hiſp.* XVII. Iun.

[m] Apud eumdem Tamaium ibidem.

46. Temerè item & falsò Tamaius Lucianum eum qui græcè de revelatione ſibi facta & inventione reliquiarum ſcripſit, Hiſpanum vocat [n] & Aviti Hiſpani *homopolum* [o], hoc eſt civem ſeu concivem, ut ita cum recentioribus loquar. Impudentiam fictionis Lucianus ipſe arguit & græcus ſermo quo uſus fuit. *Lucianus* (in-

[n] In *Actis Abundii Aviti.*

[o] In Textu ipſo *Martyrologii.*

deam. Vadit itaque & cum nepta ſua Paula virgine Domini. Deinde quaſi ſciens ſe iam clerus (exiſtimo reſtituendum *celerius*) *migrare è ſeculo. uale facit nepti dicens. Ora prò me dulciſſima. iam amodo ſolo* (reſt. *ſolæ*) *abſque me celebrabitis natalicia Domini. quem ſermonem audientes. omnes qui aderant flere ceperunt. Reverſa vero ingreſſa eſt in ſanctam ſpeluncam & oravit. Altera vero die* cum eſſet in collecta beati Stephani protomartyris. *quum non procederet ad vigilias diluculo. uadens in eodem martyrio pręcepit oblationem de monaſterio ſuo ferri. non enim abebat conſuetudinem communicare. niſi & ipſa oblationem obtuliſſet. Igitur reuertens de martyrio. uigilat cum ſuis uirginibus. quas iam pręcipiente etſi non ſpiritu. tamen corpore incipieuat relinquere orfanas. erat enim & mea humilitas ibidem cum ipſa. & dicit ut ego primum legerem* inventionem reliquiarum beati Stephani. *Legerunt autem & alie tres ſorores. Poſtea vero ipſa legit de actibus apoſtolorum paſſionem ſancti Stephani. quia conſuetudo erat ei, per uigilias* (f. *pervigilia*) *ſanctorum quinque legere lectiones. Et cum compleſſet matutinos: dixerunt ei omnes ſorores. benedic nos ut mereamur te multorum ſanctorum uigilias celebrantem habere. Et ipſa dixit. ſaluet & benedicat vos Dominus. nam me non audietis amplius legentem. iam enim me Dominus uocat. iam cupio diſſolvi & eſſe in requiem. uos autem dulciſſima viſcera mea. & membra ſancta. in Chriſto uiuite* &c. Multus in hoc fui; atque invitiſſimus hinc diſcedo. Viderint quibus Hiſtoriæ atque Eccleſiaſticæ illius ævi diſciplinæ ſtudium cordi heret.

(1) *Homopolum*, bellus homo quaſi ὁμοπολίτην, ὁμόπολιν, ὁμοπάτριον dixit, ut utrumque Tarraconenſem faceret.

(2) Præter Alcimum Viennenſem, nemini non notum, *Avitos* Scriptores legimus Q. Octavium Donato τῶν ὁμοιοτελεύτων auctorem: item alium à Caſſiodoro laudatum *De orthographiæ peritia*: Alphium ſive Alphæum Poetam cuius fragmentum exſtat in *corpore* Poetarum Latinorum; nullum tamen civem Tarraconenſem, aut prænomine *Abundium*. Taceo *Avitum* Auguſtum, & Martialis alium *Lib. IX. Epigr.* 1. *Avitus* autem Hieronymi videtur noſter hic de quo agimus eſſe.

(inquit) *misericordiâ Dei indigens, & omnium hominum minimus presbyter Ecclesiæ Dei, quæ est in villa Caphargamala in territorio Hierosolymorum, S. Ecclesiæ, & omnibus sanctis qui sunt in Christo Iesu in universo mundo in Domino salutem.* Hispanus enim homo ad universæ Ecclesiæ directus Episcopos, cur græco potiùs quàm proprio gentis sermone relationem conceperit? *Caphargamala* autem, hoc est *Villa Gamalielis*, viginti passuum millibus à civitate Hierosolymis fuit ut in eadem relatione dicitur (*Capharsemeliæ* alterius villæ mentio ibidem fit, & *Capharnaum* in Evangelio eiusdem formationis), cui credere relationi debemus non Halo aut Tamaio, qui scimus qua religione tunc temporis ordinabantur addicebanturque Ecclesiis cives presbyteri, non alienigenæ.

47. Avitum quoque unà cum Orosio legationem ad Augustinum contra Priscillianistas & Origenistas explevisse idem falsissimè Tamaius tradit. Qui & ridiculè confingit Basilium quendam Græcum unà cum duobus Avitis in Hispaniam venisse, cui Basilio Origenianæ doctrinæ commendationem tribuerit Orosius. Quem enim Basilium Orosius in Commonitorio appellat, sanctus Basilius est. Avitos duos, alterum qui è Hierosolymis, alterum qui è Roma redierat, priorem quidem Victorini cuiusdam, posteriorem autem Origenis dogmata in patriam attulisse Orosius dixerat; brevique Victorini assecla cessisse alteri qui Origenem docebat. *Cœperunt ergo ex Origene* (ait) *magnifica plura proponi* &c. *Didicimus enim de Trinitate doctrinam satis sanam* &c. *Tunc deinde Scripturarum solutiones satis sobrias. Omnia hæc statim à sapientibus fideli pristinorum expurgatione suscepta sunt.* Sed infit: *Remansit sola offensa: de nihilo credere tunc persuasum erat esse animam, non tamen persuaderi poterat factam esse de nihilo argumentantes, quia voluntas de nihilo esse non possit. Hoc pænè usque ad nunc manet. Isti verò Aviti duo, & cum his S. Basilius Græcus, qui hæc beatissimè* (an *rectissimè?*) *docebant, quædam ex libris ipsius Origenis non recta, ut nunc perintelligunt, tradiderunt.*

48. Respuunt quidem omnem de Avitorum Basiliique hæretico dogmate suspicionem aut notam Orosii verba. Nec Basilius dici sanctus ab eo debuit cui hæretici loco esset; aut honoris hic titulus non sanctitatis iuxta id quod iam suprà observatum est videri potest, qui uni Basilio nulli autem ex Avitis tribuitur, cùm omnes in eadem navi ut proverbium ait vehantur. Non ergo de aliquo in Hispaniis præsente Basilio, sed de doctrina è libris S. Doctoris ab altero ex Avitis commendata Orosius accipiendus est. Certè Basilius doctor Ecclesiæ magnus in eo pretio habuit Origenem, ut unà cum Sancto Gregorio Nazianzeno flores eius è libris decerptos, ac *Philocalia Origenis* inscriptos in vulgus ediderit: quæ græcè & latinè tum Parisiis MDCXVIII, Ioanne Tarino Andegavo interprete, tum Cantabrigiæ MDCLVIII. excusa formis sunt.

49. Incerta multa primis sæculis fuere controversaque inter Ecclesiæ ipsos patres, quæ nunc certa sunt. *Ipsi etiam Apostoli Domini* (Augustinus ait Orosium de interrogatis instruens [p]) *præ ceteris electi, & lateribus cohærentes, eiusque ore pendentes, multa reperiuntur improbanda dixisse.* Quinimmo eorum quibusdam quæ in Avitis taxavit Orosius, nîl reponit Augustinus tam severæ censuræ: quandoque & remota à sensibus nostris summo studio negat indaganda [q]: de origine animæ quæstionem discutere se nolle ait [r]. Cuius quidem quæstionis hodierna de creatione earum eo quo infunduntur corporibus tempore, firma persuasio adeò veteres latuit: ut Philastrius hanc hæresin dixerit [s]: ipse doctor doctorum Augustinus nihil compertum sibi non uno loco [t] sit professus; Gregoriusque Pontifex, animane ab Adamo descenderit an singulis detur, incertum inter patres remansisse, atque in hac vita insolubile affirmare neutiquam dubitaverit [u]. Solem item & Lunam, sideraque alia sensu & ratione censeri, an non idem Augustinus certum sibi non esse ait [x]? Quæ & alia in defensionem Origenis, non ubique adprobatus, Petrus Halloixius collegit [y]; & nos huc advocamus, ne in S. Basilii facta cum Avitis, quorum opiniones aversabatur, apud Orosium mentione, non Græcum illum doctorem magnum, sed alium quempiam ab eo significatum cum Bivario [z] Tamaioque [a] incautus credat aliquis.

50. SEVERUS Minoricæ Hispaniarum insulæ Episcopus memoriam sui, Iudæorumque eiusdem insulæ conversionis, nuntiis rei literis ad omnes Episcopos totius orbis terrarum anno CDXVIII. qui post consulatum Honorii XI. & Constantii II. à Severo audit (revera Honorium XII. Theodosium VIII. Consules habuit) inscriptis ad posteros laudabiliter propagavit. Eo nimirum tempore quo Severus huic Ecclesiæ recèns fuerat impositus, advenit eò ex Hierosolymis veniens; sed tamen ut ex-

[p] Lib *ad Oros. contra Priscill. & Origenistas.*

[q] Cap. 11.

[r] Ibidem.

[s] *De hæresibus.*

[t] Hic & lib. 10. *De Genesi ad lit.* cap. 3. 10. & 23. ep. 28. *ad Hieron.* ep. 29. *ad Evodium* ep. 175. & 260. lib. 2. *Retract.* cap. 45. Videndus doctiss. Henricus de Noris in *Vindici.ir. Aug.* cap. 4. §. 3.

[u] Lib. 2. ep. 54. *Secundiano.*

[x] *Enchir. ad Laurent.* cap. 48. Noris cap. 4. §. 2.

[y] In *Origene defenso* lib. 3. cap. 7. & lib. 4. quæst. 1. pag. 237.

[z] Ad ann. CD. pag. 426.

[a] Tomo 3. *Mart. Hisp.* die XVII. Iun. pag. 541.

existimò Africâ priùs tactâ, & munere sibi olim imposito Augustinum & alios Africæ Episcopos de rebus Palæstinis admonendi diligenter impleto, noster Orosius. *Hic B. Stephani reliquias* (ait Severus) *quæ nuper revelatæ sunt, cùm ad Hispanias portare constituisset, ipsas sine dubio martyre inspirante in memorati oppidi* (Magonis) *Ecclesia collocavit.* Accensum deinde narrat præsentiâ sanctorum pignorum Fidei zelum adversus Iudaicam pravitatem. Eminebat inter alios Iudaicæ sectæ addictos istius insulæ ac loci incolas Theodorus quidam, non solùm inter Iudæos, sed & inter Christianos etiam præcipuus, qui in civitate ipsa omnibus curiæ muniis, atque adeò Defensoris, fuerat functus. Post quasdam inter partes turbas tactus is Spiritus sancti lumine, non solùm se, sed & universum apostatam populum Ecclesiæ gremio commisit. Rem totam è Severi epistola, quæ non brevis est, nec perfunctoriè concepta, meliùs disces. Quam quidem totam è Vaticanis schedis habitam Cæsar Cardinalis Baronius Annalibus suis [b] prudentissimè voluit insertam. Meminit eiusdem epistolæ Evodius Uzalensis in Africa Episcopus in libro 1. *De miraculis S. Stephani* cap. 2. [c] (1).

[b] Tomo 5. ad ann. CDXVIII. num. 49.

[c] Inter S. Augustini opera tomo 10. edition. Plant.

51. Sed & huc penetravit Pseudo-Dextri præpostera temeritas, cuius partes fuere Hispanum nomen, quo ea se cumque verteret, iure vel iniuriâ sive illius sive aliorum, intrudere. Magnum audi sìs Apollinem [d]: *Innocentius Hispanus ex urbe Carpetanorum Ebora, metu Gothorum urbes Hispanas incendentium ad insulam Minoricam cum multis sociis fugiens, convertitur ad Fidem, quem non multò pòst secutus est Theodosius Iudæus.* Perpetua nempe Dextri Toletani cura & consilium fuit atque iniuriosum satis genti nostræ, Iudæorum Hispanorum ampliare fovereque memoriam, origines ad extremam antiquitatem prorogare, virosque eius gentis posterorum committere monumentis. Sed quis non videt è Severi ipsius his verbis desumta, quæ de Innocentio audivimus? *Duo quidam primarii Iudæorum* (ait) *Meletius Theodori frater, & Innocentius, qui Hispaniarum cladem nuper effugiens cum famulis suis ad hanc insulam venerat* (*sicut nunc ipsi etiam cum sacramentorum terribili interpositione confirmant*) *; ad unam speluncam, vel potius rupem, convenerunt* &c. Nihil novi aut Severo indicti, nisi quòd Innocentium ait Eborensem, quem dumtaxat ex Hispania in eam insulam appulisse Severus nos docuerat. A cuius relatione discrepat Innocentium ante Theodorum conversum fuisse: *Theodorum* inquam, non *Theodosium*, quod habent omnes Dextri editiones; in eo etiam sublestæ fidei veroque contrariæ.

[d] Ad ann. CDXXIV. II.

52. Ad Orosium scripsisse *Commentarium in libros Regum* ISIDORUM Cordubensem Episcopum Sigebertus Gemblacensis scriptum reliquit [e], auctor sæculi duodecimi. Nos qui fontes scrutari amamus, non alium ab hoc invenire potuimus. Mirum sanè videri debet Scriptorem hunc per tot sæcula inter diligentissimos Scriptorum nomenclatores, Hieronymum, Gennadium, Isidorum, Ildephonsumque Hispanos, Honoriumque item Augustodunensem, ignotum atque indictum transiisse; tandemque uni homini Belgæ post octingentos ferè annos sese manifestâsse. Sigeberti verba: *Isidorus Cordubensis Episcopus scripsit ad Orosium libros quatuor in libros Regum.* Unde Trithemius didicit & in album suum intulit; ab eoque, sive à Sigeberto docti, laudant quoque Xystus Senensis, Gesnerus, Possevinusque; nostrarumque rerum Scriptores Petrus Mexia [f], Ioannes Vasæus [g], Ioannes Mariana [h].

[e] *De Script. Eccles.* cap. 51.

[f] In *vita Cæsar. Roman.*

[g] In *Chronic.* ad ann. CDXX.

[h] Lib. 6. cap. 7. in fine.

53. Vereor autem ne falsi omnes fuerint Sigeberti auctoritate, quemadmodum & ipse lecto Sermone quodam *De assumtione Mariæ Virginis*, qui inter S. Augustini opera vulgo editur. In eo legas: *Nam illum Evangelii versiculum quem Simeon dixit ad Domini matrem* Et tuam ipsius animam pertransibit gladius: *beatæ recordationis Ambrosius cùm tractaret, ait: Nec historia nec litera docet Mariam gladio vitam finisse. Hinc & Isidorus, incertum, inquit, per hoc dictum utrum gladium spiritûs, an gladium significet persecutionis.* Qui sanè ostenderat hunc Sermonem Augustini inscriptum nomine, quem germanum sancti doctoris existimavit opus, in eoque laudatum Isidorum, non potuit non Isidorum aliquem Augustino antiquiorem, æqualemve concipere. At cùm hæc verba Isidoro tributa reperiantur nunc in libro Isidori Hispalensis Episcopi *De ortu & obitu patrum utriusque Testamenti* [i]: cadit

[i] Cap. 68.

Ii

(1) Habetur huius Severi epistolæ exemplum satis antiquum in ea Bibliothecæ Vaticanæ parte quæ olim ad Comitem Palatinum Rheni pertinuit, sub *Lit. S.* hoc titulo: *Severi Sermo de miraculis reliquiarum Sancti Stephani in insula Baleari;* ut nos in eius Bibliothecæ excerptis Hispanis & Hispaniensibus notavimus ad annum 1755.

dit omnis de Augustino auctore illius Sermonis persuasio. Non enim potuit adducere is in testem Isidorum duobus sæculis eo iuniorem. Quare hunc Sermonem (quem Xystus Senensis legitimum credidit [k]) cuivis alii recentiores adiudicant. Communiter [l] Fulbertus Carnotensis, qui ineunte sæculo undecimo vitâ functus est, creditur auctor. Sed in codice Cluniacensi S. Autberto, seu Ambrosio Autberto, cuius & in *Apocalypsin* decem libri exstant, nomine inscriptum legi, auctor est Ioannes Mabillonus Benedictinus in *Actis SS. huius Ordinis* [m]. Exigam ergo Isidorum hunc ex Scriptorum nostrorum decuriâ? Minimè gentium, sed monebo tantùm quid hac in re timeam fieri potuisse. Nam quòd Isidorum Hispalensem iuniorem quidam vocitent, haud confirmat seniorem eo alium fuisse; cùm hi sint recentiores tantùm, qui semel admisso Cordubensi Episcopo, iunioris notam apposuere Hispalensi, ut ab altero, quem seniorem iccircò mos increbuit appellare, distinguerent (1).

[k] Lib. 4. *Biblioth.* verbo *Isidorus senior.*
[l] Labbeus in *dis. de Script. Eccles.* in *Fulberto.*
[m] Sæculo 3. parte 2. pag. 266.

54. Nec opponantur nobis Pseudo-Dextri quisquiliæ, hoc est fictionum absurdissimarum architecti. Ait is ad annum CCCLXXXIV. [n] *Isidorus senior Cordubensis continuat Chronicon à primo consulatu Theodosii.* Rursusque ad annum CDXXIII. [o] *Scribit per hæc tempora Isidorus iunior Cordubensis Episcopus* Allegoriarum *librum Paulo Orosio Tarraconensi; & super Lucam scripserat.* Tandem ad annum CDXXX. in fine Chronici: *Florebant opera Isidori iunioris Episcopi Cordubensis super Lucam & Reges. Moritur anno Domini CDXXX. Micuit egregiâ doctrinâ, & opinione mirabilis sanctimoniæ. Successit in Sede pontificali Cordubensi Gregorio viro sanctissimo doctissimoque anno circiter CD. Fuit Pontifex annis XXX.* Secuit nimirum in duos unum, aut si Deo placet nullum, quem agnoscere debeamus, Isidorum: alterum seniorem Cordubensem tantùm civem & historicum: alterum iuniorem, huiusmet urbis Episcopum, bibliorumque explanatorem. Priori *Chronicon*, posteriori *Allegoriarum & in Lucam commentarios* attribuit. Sed nos hæc omnia è Pseudo-Dextro priùs & eius interpretibus, deinde veritatis flabello eventilabimus.

[n] Num. 8.
[o] Num. 5.

55. In primis Dexter fragmenti nostri Estepani ne verbum quidem de Isidoro habet isto, aut Isidoris qui eius ævo adscribuntur. Immo Gregorii Cordubensis, cui successisse Isidorus hic iunior fingitur, mortis relatione anno CDXXX. absolvitur. *Gregorius Cordubensis* (ait) *moritur.* Ad hæc Cæsaraugustana editio princeps Isidorum Chronici auctorem *senioris*, Cordubensem Episcopum Allegoriarum Scriptorem cùm *iunioris*, tum deinde *senioris* compellat nomine. Consulenda enim hæc est, uti simplicior & auctoris mentem erroresque simillimè referens. Quare Rodericus Carus in sua Hispali *senioris* notam tribus his in locis retinuit, unum eundemque hominem credens. In quo disertè auctorem quem propugnabat deridendum aliis dedit; cùm *senioris* appellationem non ulli Isidoro, nisi respectu alterius iunioris, conferre potuerit verus ipsi creditus Dexter.

56. Quare Bivarius oculatior animadversa contradictione & absurditate, regulâ plumbeâ usus, non murum ad ipsam, sed ad murum ipsam Lesbiorum morem secutus adaptavit. Neque enim potuit aliter quàm à destruendo impressaque falsi vestigia delendo, Dextrum in aliquam tolerabilem veri speciem erigere. Quinimmo, si Bivario credimus, non quidem anno CD. sed CCCLXXXVIII. Isidorum in Sede Cordubensi subrogatum Hygino fateri debemus. Verba enim illa huic posteriori anno affixa *Hygino Cordubensi successit Gregorius senior. Scripsit ad Orosium super anno CCCLXXX.* non de Gregorio aliquo, sed de Isidoro accepisse videtur; cùm Isidori huius operum seriem enarrans [p] tribuerit ei *super annum CCCLXXX. ad Orosium* aliquid; quantumvis Gregorii nomen, quod in anterioribus etiam editionibus legitur, in textu servaverit. Sed iam in res ipsas impressionem faciamus.

[p] In comm. ad annum CCCLXXXIV. 8. pag. 405.

57. Bivarius Chronicon istud Isidori senioris Cordubensis id esse existimat quod Lucas Tudensis edidit Eusebiano appensum:

(1) Hæc Noster, nec sine acri & maturo examine de Cordubensi Isidoro: cui consonat nuperrime vulgatum à Cl. Florezio (*Hisp. Sacr. T. VIII. tract. XXVII. pag.* 167.) Ioannis Marianæ de tribus Isidoris testimonium, nimirum: *Cordubensis* (Isidorus) *nihil scripsit quod exstet; tametsi quædam illi Trithemius adtribuit.* Atqui in ea Bibliothecæ Vaticanæ parte, quæ olim Christinæ Suecorum Reginæ fuit, hæc legi ac descripsi Romæ anno 1755. ex eiusdem Catalogo, num. 231. *Isidori Cordubensis: De interpretatione quorundam nominum Veteris & Novi Testamenti ad Orosium Presbyterum Tarraconensem. Seu: Allegoriarum explicationes.* Inc. *Domino &c.* 123. *Cod. membran.* 4.° Qui *Senioris*ne huius Cordubensis Isidori, an Hispalensis *Iunioris* vulgo dicti germanus fœtus sit, alii viderint. Id nunc moneo, longe ante Trithemii & Sigeb. Gemblacensis tempora, atque ab ineunte iam sæculo X. Isidorum Hispalensem *Iunioris* titulo à cognomine alio distingui in Codice Escurialensi *Lit. Q. Plut. III. n.* 7. atque alibi: de quo plura forsan in Isidoro Hispalensi.

sum: quæ duo suis ipse verbis post Ildephonsi & Iuliani Episcoporum appendices continuavit. Quod Bivario inde fit probabile, quoniam valdè differt hoc Tudensis ab Isidori Hispalensis vulgari. Non animus est anticipare hìc de Chronico Isidori ea quæ ad Hispalensis præsulis tempora devenientibus sedulò pertractanda sunt. Quare in id tempus lectori facere satis differimus; hoc tantùm nunc opponentes Bivarianæ coniecturæ Isidori, Tudense Chronicon ab initio mundi ductum, ad Heraclii usque Imperatoris sive Sisebuti aut Cintilæ Gothorum Regum pertingere ætatem. Isidori autem Cordubensis id quod nunc primùm Dexter laudat ficulneus, à primo Theodosii consulatu initium habuit. Reliqua videamus.

58. Theodosius primùm, quo anno quintùm Gratianus Consul fuit, hoc est CCCLXXX.[q] Quod ergo pretium operæ, aut quænam notatu digna res post quadriennium consignare literis, ab eo consulatu Chronicon suum continuare Isidorum? Debuit hæc nota fieri anno ipso primi consulatus, occasione sumta ex ipso Chronici principio, quod ad manus esset. Quare enim hoc anno CCCLXXXIV. potiùs quàm alio è subsequentibus, chronologi hæc laus Isidoro tribuatur, non aliqua ratio congrua reddi potest. Inde iam alteri iuniori Cordubensi Episcopo Allegoriarum librum Pseudo-Dexter falsò adiudicat, qui Sancti Isidori est Hispalensis. Offenderunt quidem novatoris oculi in eo, quòd nuncupatus sit ab auctore opus *domino sancto ac reverendissimo fratri Orosio*, illicoque excogitatus fuit Isidorus alius historico Orosio æqualis; cùm debuisset potiùs æqualis Isidoro quæri Orosius aliquis. Et ad manum fuit Abbas ille, de quo Gregorius Magnus huius temporis Pontifex, cùm ad monachos insulæ Montis-Christi, tum ad Symmachum Defensorem scripsit[r]: de quo in alterius Orosii rebus fusè egimus. Fratrem certè nominat[s], quod insolens Episcopo ad non Episcopum loquenti. Sed cur non potuit hæc scribere Isidorus ante Episcopatum, aut Orosius Abbas ea dignitate aliquando augeri? Sed nec pertinaces sumus, ut hunc necessariò dicamus hac nuncupatione appellatum. Exstat quidem vestigium evidens temporis Gregoriani in ea huius operis allegoria de servis Evangelicis quibus talenta Dominus commiserat: *Alii in primo servo* (ait[t]) *sensus cordis & corporis acceptos, in secundo intelligentiam & opus, in tertio rationem intellexerunt*: quæ desumta ex S. Gregorio sunt, quod & Ioannes Grialius in notulis observavit[u].

59. Instat Bivarius: Non meminit huius *Allegoriarum* libri Braulio, nec Ildephonsus. Meminit utique Braulio dum tribuit Isidoro *De nominibus legis & Evangeliorum librum unum, in quo ostendit quid memoratæ personæ mysterialiter significent.* Colludamus verò interim cum Pseudo-Dextro, & ab eo quæramus quisnam ille Orosius Isidori senioris amicus? Paulus Orosius Tarraconensis, ait. Historicusne is celebris famæ, de quo tam nos multa in superiori capite? Quî potui alium his disertis verbis *Paulo Orosio Tarraconensi* significare velle? respondisset incunctanter si in vivis esset Bivarii Dexter. Minimè quidem è latere surgens ait Pseudo-Maximus, sed Orosio Legionensi Episcopo: *Sanctus Isidorus senior* (inquit[x]) *dedicat librum Allegoriarum Orosio Episcopo Legionis Septimæ-Geminæ in Hispania.* Bivarius hìc inter malleum & incudem positus, necesse habuit Paulum alterum Orosium Tarraconensem qui Episcopùs fuisset Legionis urbis, ab historico eiusdem nominis & cognominis, eiusdem urbis, atque eiusdem temporis diversum admittere. Cui per me iis, quibus anima pro sale sit, credere liceat.

60. Præterea, estne idem opus *Allegoriarum* hic liber cum eo *in libros Regum* commentario ad Orosium directo, quem Sigebertus Isidoro seniori attribuit? Nam si idem, quare ita vocat Sigebertus, cùm Allegoriæ ad utriusque Testamenti omnes libros pertineant? Aut si diversum, cur *in Reges commentariorum* Dexter non meminit? Sunt quidem inter Isidori Hispalensis opera *mysticorum expositiones sacramentorum*, sive *Quæstiones* in plures libros veteris Testamenti: in quibus *Quæstiones* sunt *in Regum libros.* Et fortasse Sigebertus hanc partem vidit, confuditque inadvertenter cum Allegoriis Orosio nuncupatis; credid itque alium Isidorum Hispalensi antiquiorem & Orosio æqualem auctorem operis.

61. Non tamen his contentus Pseudo-Dexter, *in Lucam* quoque hunc Isidorum suum seniorem scripsisse ait. Dicam quid imposuerit levissimo nugatori. Auctor Sermonis iam laudati *De assumtione Virginis*, quem aliis sancti Augustini (non iure quidem, cùm Fulberti Carnotensis, Ambrosii Auberti, alteriusve sit) magni doctoris operum editores inseverunt: pro Lucæ verbis his *Tuam ipsius animam pertransibit gladius* explanandis, Isidorum post S. Ambrosium adduxit. Quod Pseudo-Dextro ad Isi-

[q] Bar. tom. 4. ad hunc annum.

[r] Lib. 1. ep. 49. & 50.

[s] Observat Bivar. *ad Maximi* annum CDXXXII. num. 2.

[t] 2. parte *ex novo Testamento* pag. 252. edit. Matritensis.

[u] In eadem edit. Matrit.

[x] Ad annum CDXXXII. n. 2.

Isidori sui *in Lucam* commentarios fingendum satis superque fuit. Sed iam nos adnotavimus Isidori verba quæ in Sermone isto laudantur, in Isidori Hispalensis libro *De ortu & obitu patrum*, quin opus sit ad aliquem in Lucam commentarium recurrere, disertè legi. Reliqua Pseudo-Dextri de pontificatu & morte Isidori senioris, quam illum ad temerè confingendum libido fallendi, tam nos procliviter ad refutandum merisque annumerandum fabulis, veri studium trahit.

CAPUT III.

De ANONYMO *quodam poeta Hispano à Sidonio laudato. Merobaudes fortè hic Idatii, cuius exstat carmen de Christo. Merobaudes Valentiniani dux iunior alius, magister utriusque militiæ.* Bacaude *&* Bacauda *quid? Sidonii Apollinaris ætas. Pseudo-Dextri de Merobaude cæco fabula.* DRACONTII Hexaemeron *liber. Ab Eugenio Toletano auctus. Vossio quare incertum quâ ætate vixerit.* ASCANII *Tarraconensis Episcopi ad Hilarum Papam epistolæ duæ.*

62. Huius profectò ineuntis sæculi aut superioris exeuntis ANONYMUS quidam poeta Hispanus est, quem Sidonius Apollinaris, sæculi huiusmet quinti Scriptor, aliàs parum aut vix notum versibus suis immortalem reddidit. *Excusatorium* ille carmen *ad Felicem Magnum* direxit: quod totum in referendo quæ nollet canere, aut quibus canendis rebus, quibusve imitandis poetis impar esset, potiùs quàm in proprio aliquo argumento consumsit exornando. Post alia nempe ad Felicem ait, nullum ex anteriorum temporum magnis poetis hoc in carmine illum lecturum, neque item ex iis quos parentum ætas tulerat: quorum tres numerat, primum Gallum, secundum Ligurem, tertium Hispanum:

Nec qui iam patribus fuere nostris
Primo tempore maximi sodales:
Quorum unus Bonifacium secutus,
Necnon præcipitem Sebastianum,
Natales puer horruit Cadurcos
Plus Pandionias amans Athenas.

Varium huius poema non vulgari effert laude. Ignoratur tamen ab interpretibus, quemnam huius sæculi, quod innuit, poetam significet. Pergit:

Non tu hìc nunc legeris, tuumque fulmen,
O dignissime, Quintianus alter,
Spernens qui Ligurum solum & penates,
Mutato lare Gallias amâsti,
Inter classica signa, pila, turmas
Laudans Aetium, vacansque libro,
In castris hederâ ter laureatus;

Neque hic alicubi notus, quantumvis diserto appellatus nomine, Quintianus. Pergit iam ad tertium:

Sed nec tertius ille nunc legetur,
Bætim qui patrium semel relinquens,
Undosæ petiit sitim Ravennæ:
Plosores cui fulgidam Quirites,
Et carus popularitate princeps,
Traiano statuam foro locârunt.

63. Planè nihil hinc aliud colligere *Bibliotheca Hispanæ* in argumentum licet, quàm Bætis accolam celebrari à Sidonio, eius famæ & excellentiæ vatem, ut statuam in foro Traiano principis sui ac senatûs decreto cum eximiis aliis poetis meruerit. Nullum quidem hactenus è nostris vidimus, quem de hoc homine ita claro solicitaverit coniectandi amor. Unus quod sciam Iacobus Sirmondus, dum ad Sidonium Notas edit, Merobaudem suspicatur à poeta laudari. *Fuit enim hic* (ait [y]) *poeta & ortu Hispanus, ut tradunt.* Vellem non tacuisset rei auctores, cùm ego non ullum inveniam. Merobaudem certè eum innuit de quo Idatius in Chronico [z]: *Asturio magistro utriusque militiæ gener ipsius successor ipsi mittitur Merobaudes, natu nobilis, & eloquentiæ merito, vel maximè in poematis studio, veteribus comparandus; testimonio etiam provectus statuarum.* Vix potuit aliter magis proximè ad Sidonianam anonymi illius poetæ laudem. Quem fortè innominatum reliquit metri lege prohibitus. Exstat quidem in Collectione carminum Christianorum poetarum *De Christo* carmen hac inscriptione notatum: *Merobaudis Hispani scholastici de Christo.* Fortè huc habuit oculos Sirmondus quum retulit de Hispana Merobaudis patria quorumdam opinionem, atque hunc eundem credidit cum Merobaude Idatiano. Pseudo-Dexter autem somnia videns, & hìc comminiscitur [a] Merobaudem cæcum poetam lyricum Barcinonensem.

64. Quibus partim exornandis, partim in ordinem reducendis, quisnam hic homo fuerit annotare opus. Merobaudis sub Iuliani obitûs tempus meminit Philostorgius [b], referens eum cum aliis cadaver Iuliani deportâsse in Ciliciam: quod anno CCCLXIII. contigit. Eo militum ductore usus fuit Valentinianus (teste Ammiano [c]) Quadis bellum inferens; cuius quidem Valentiniani propinquus fuit: quod unus Sextus Aurelius Victor, sive huius *De vita & moribus Imperatorum Romanorum* operis epitomator, expressit [d]. Obeunteque diem suum Valentiniano anno

[y] Pag. 14.

[z] Theodosii iunioris anno XIX.

[a] Ad annum CDXXIII. num. 7.

[b] *Hist. Eccl.* lib. 8. §. 1.

[c] Lib. 30. pag. 455. edit. Hamburg. Lindebrogii.

[d] In *Valentiniano iuniore.*

no CCCLXXV. ſuperſtitibus rerumque habenas moderantibus Valente eiuſdem fratre, Gratianoque filio auctor cum Cereali fuit, ut Valentinianus iunior, ſenioris idem filius & Gratiani frater adhuc quadriennis (aliis novem annis natus [e]) ignaris Auguſtis, nec tamen factum poſtea improbantibus, Imperator proclamaretur: ut ex Ammiano Marcellino [f], Sexto Victore (qui tamen non Cerealem facti ſocium ſed Equitium appellat) aliiſque conſtat; propter hoc meritum biennio pòſt factus Conſul. Bino etenim conſulatu illuſtrem produnt faſti Merobaudem, ſemel cum Gratiano IV. anno CCCLXXVII. cuius Ammianus lib. 31. meminit [g], & in lapidibus [h] fit memoria; iterumque cum Saturnino anno CCCLXXXIII.

[e] Vide Baronium anno CCCLXXV. n. 6. Gothifr. in *Philoſtorgii* lib. 9. cap. 17. & lib. 11. cap. 1.

[f] Lib. 30. in fine.

[g] Pag. 482. eiuſdem edit.

[h] Apud Gruter. pag. 28. n. 6. & pag. 370. num. 3.

65. Noſter autem ſequenti poſt ultimum conſulatum anno, an alius aliquis eiuſdem nominis Ægypti dux fuit? ut ex leg. 43. *De appellationibus* in codice Theodoſii apparet. Certè ad Conſulem noſtrum pertinet quod Latinus Pacatus in Panegyrico Theodoſio dicto de eius obitu poſteris tradidit. Narrans hic quæ à Maximo Galliarum Tyranno ſævè geſta fuiſſent: *Quòd ſi cui ille* (de Maximo ait [i]) *pro ceteris ſceleribus ſuis minus crudelis fuiſſe videtur: veſtrum is, veſtrum, Vallio triumphalis, & trabeate Merobaudes, recordetur interitum: quorum alter poſt ampliſſimos magiſtratus, & purpuras conſulares, & contractum intra unam domum quendam honorum ſenatum, vitâ ſeſe abdicare compulſus eſt; alteri manibus ſatellitum gulâ domi fractâ*, &c. Poſteaque: *ſed in illos ſpeciales putaretur habuiſſe odiorum cauſas Tyrannus. Steterat enim uterque in acie Gratiani* (quem is occiderat) *& Gratianus utrumque dilexerat.* Hæc de hoc Merobaude invenimus dicere: à quo diverſus eſt Mellobaudis è Francorum Regibus, quo etiam uſus fuit Gratianus amico, bellicarumque in Germania expeditionum ſocio, ut ex eodem Ammiano liquet [k].

[i] Cap. 28.

[k] Lib. 30. pag. 448. & lib. 31. pag. 485.

66. Alius item à ſeniore iſto iunior Merobaudes, ad quem pertinet Idatii adductum teſtimonium, & ſi Deo placet Sidonianum elogium. Superior obiit iuſſu Maximi, qui exſtinctus fuit à Theodoſio anno CCCLXXXVIII. Iunior autem hic anno CDXLII. Olympiadis nempe CCCV. anno III. ſubrogatus ab Idatio dicitur Aſturio magiſtro utriuſque militiæ ſocero ſuo fuiſſe: qui *brevi tempore poteſtatis ſuæ* (apud eundem auctorem ponè legitur) *Aracellitanorum frangit inſolentiam bacaudatum. Mox nonnullorum invidia perurgente ad urbem Romam ſacra præceptione revocatur.* Ex Hiſpania, ut exiſtimo, ubi hoc bellum adverſus rebelles gerebat. Ita enim appellabantur rebelles, & *bagauda* ſive *bacauda* rebellio, de quo viri docti agunt [l] (1). Nam eundem Aſturium ad Hiſpanias miſſum Tarraconenſium cæcidiſſe multitudinem bacaudarum, paulò antè [m] Idatius dixerat. Hariolati ſumus de hoc Merobaude intelligendum, ſi de aliquo huius nominis intelligendus eſt, Sidonium. Convenit enim utrique eadem carminis pangendi exiſtimatio, atque item ſtatuæ honos poetæ decretus. Sidonius ait:

Ploſores cui fulgidam Quirites,
Et carus popularitate princeps,
Traiano ſtatuam foro locârunt.

Idatiuſque: *Teſtimonio etiam provectus ſtatuarum.*

[l] Bochartus in *Geographia ſacræ* altera parte, lib. 1. cap. 42. pag. 743. Boxhornius *Origin. Gallicanar.* cap. 2. pag. 21. Sirmondus *ad Sidonium* lib. 6. ep. 4.

[m] Olympiad. CCCV. anno 1.

67. Præterea Merobaudes alter, Valentiniano & Gratiano æqualis, eorumque propinquus (ut ex Victore novimus) eiuſdem cum iis gentis, hoc eſt Pannonius, fuerit. *Cibalis* enim Pannoniæ inferioris urbe Gratianus Valentiniani ſenioris pater natus, ut ex eodem Sexto Aurelio conſtat. Barbaræ autem originis homo vix potuit ad eam latini carminis excellentiam eniti. Sed tamen huic noſtræ coniecturæ illud obſtare dicas, quòd Sidonius celebrare voluiſſe videtur non ſuæ, ſed parentum ætatis virum, ut ex his colligimus:

Nec qui iam patribus fuere noſtris
Primo tempore maximi ſodales.

Quod an malè adaptatur ei, qui anno uti diximus CDXLII. in Hiſpaniis bello præ-

(1) *Aracellitani* Hieronymo Suritæ (*Not. ad Itin. Aug. ab Aſturica Burdigal.*) forte ſunt *incolæ hodierni oppidi Araciél dicti, in Navarræ regno inter Coretiam & Farum.* Cellario (*II. Sect.* 3. *n.*62.) & apud eum Oihenartio (II. 11.) *Huarte Araquil*: quinque aut ſex leucis ab urbe Pampilone verſus Occaſum: cuius incolas *Arocelitanos Plinii eſſe* minime dubitat. *Bagaudas* ſive *Bacaudas* ruſticanos primum in Gallia tumultuantes dictos fuiſſe teſtatur Oroſius (VII. 25.) unde id vocabulum ſeditioſorum, rebellium & latrocinantium proprium factum in Vaſconas tractumque Hiſpaniæ ab Aquilonari plaga Galliæ propiorem permanavit. Bochartus (*Geogr. I.* 42.) ut fere omnia, ab Hebræis derivat quibus בוגדים *Boguedim*, idem ac Latinis *perfidi* valet. Sæculo deinq ſeptimo lenita eſt vocabuli invidia ut vel in proprium virorum tranſiret nomen, præſertim in Meridionali Hiſpaniæ plaga. Octavæ Toletanæ Synodo anno DCLIII. interfuit & ſubſcripſit *Bacauda Epiſcopus Egarenſis* (*Cabra* oppidum eſt in Bætica): cuius inſigne ibidem ad hanc diem ſupereſt monumentum *Dedicationis Baſelicæ Sanctæ Mariæ* in lapide quadrifronte nullaque non ex parte inſcripto: quem ego ante hoc triennium vidi, deſcripſi atque ad verum depingi curavi; exſtatque in Itineris mei Bætici Ephemeridibus.

praerat, cum eo ipso tempore Sidonius floreret? Non malè quidem; nam potuit uterque Merobaudes cum Sidonio pariter vivere, verùm ætate impares esse; & parentem Sidonii Apollinarem, qui præfectus Galliarum sub Honorio fuit, Merobaudes carum & familiarem habere. Obiit enim Sidonius, ut creditur, anno CDLXXXII. viridi adhuc ætate; nam quo anno Consul fuit Asterius (scilicet CDXLIX. cum Protogene) adolescentem se, immo *nuper ex puero*, hoc est quindecennem aut circiter, ad Nammatium scribens, fuisse ait [n]. Convixit igitur Merobaudi iam viro reipublicæque maioribus honoribus opportuno, adhuc adolescens: quod satis est ut non ineptè Sidonius de eo dixerit sodalem sui parentis primo tempore, hoc est in adolescentia, extitisse.

[n] Lib.8. ep.9.

68. Hunc autem, ut finiamus, aut alterum Bæticæ provinciæ civem, immo Bætis accolam, Sidonius celebrat: quem relictâ patriâ Ravennam se contulisse ait, statuamque in foro Traiani habuisse. At Merobaudi Scholastico carmen *De Christo* tribuitur. Sed non impossibile est Scholasticum, hoc est advocationis munus eum gessisse, qui militaria munera postea gesserit. Nam Idatius de Merobaude suo non tacuit, *eloquentiæ merito* eum clarum fuisse. Cæco autem Barcinonensi quid faciemus? Tenebris nempe suis remittemus & commendabimus, finemusque cæcum cæcum ducere ut ambo in foveam cadant.

69. Dracontius sub Theodosio iuniore, qui ad usque quinquagesimum huius sæculi annum vitam extendit, poesis laude inter Christianos floruit vates. Supersunt rei testes, breve hoc Isidori testimonium [o]: *Dracontius composuit heroicis versibus hexaemeron creationis mundi*, & *luculenter quod composuit scripsit*: quod Honorius, ut solet, breviavit. Item opus ipsum ab Isidoro laudatum, quod manibus omnium teritur *Hexaemeron*, sive *opus sex dierum*, heroico carmine. Huic subiungitur alter libellus elegiacis versibus ad Theodosium Augustum, in quo veniam petit si quod in superiori opere incautus erravisset, precaturque condonari sibi quòd in eo de triumphis illius nihil dixerit. At illos *De creatione sex dierum* duos libellos, Eugenius Episcopus Toletanus iunior, (tertium alii ab Eugenio primo huius urbis Episcopo, sancti Dionysii sodali, appellitant) *quos antiquitas protulerat vitiatos* (ait Ildephonsus, Toletanus & ipse præsul [p],) *ea quæ inconvenientia reperit subtrahendo, immutando, vel meliorando, ita in pulcritudinis formam coegit, ut pulcriores de artificio corrigentis, quàm de manu processisse videantur auctoris*. Cuius viri sanctissimi iudicio de utroque poeta non parum detrahit αὐτοψία ipsa, quæ docet affatim quantum valuerit unusquisque eorum facultate pangendi carminis, ætatisque & convictûs barbaræ gentis, sub qua natus Eugenius fuit, consideratio. Subiungit Ildephonsus: *Et quia de die septimo idem Dracontius omnimodo reticendo semiplenum opus visus est reliquisse: iste & sex dierum recapitulationem singulis versibus renotavit, & de die septimo quæ illi visa sunt eleganter dicta subiunxit* (1).

[o] De Script. cap. 24.

[p] De Script. Eccles. cap. 14.

70. Hoc ita curatum opus primum prodiit Parisiis ex bibliotheca S. Victoris (uti Gesnerus scriptum reliquit [q]): deinde Basileæ cum veterum poetarum Christianorum operibus à Gregorio Fabricio; & in Bibliotheca veterum PP. à Margarino Bignæo, editionis secundæ [r] tomo 8. Tandem Iacobus Sirmondus Eugenii collectis versibus Dracontium unà cum iis edidit Parisiis anno MDCXIX. in 8.° Dracontii nempe utrumque librum, cùm secundum seu posteriorem primus Michael Ruizius Azagrius publicaverit, ut ipse in *Notulis ad Corippum* ait [s]. Nescio an Sirmondianam istam præcesserit alia Ioannis Weitzii adiectis eius notis, cuius ipse meminit in præfatione ad *S. Hilarii Pictaviensis Genesin*, Francofurti editam anno MDCXXV. Thomas sanè Reinesius hanc editionem alicubi laudans [t], Sirmondianâ priorem facit.

[q] In *Biblioth.*

[r] Parisiis MDCXXIV.

[s] Pag. 74.

[t] In epist. 7. ad Christianum Daumium pag. 18.

71. Unde cùm tam liquidò de auctoris ætate constet, mirum videri debet adeò perspicuam rem uni Vossio latuisse, qui in fine, seu ultimo capite *De ætate poetarum latinorum* in quod incertæ ætatis eos coniecit qui post Carolum Magnum vixere, hunc notissimum Theodosiani tempo-

(1) Dracontium Sirmondi cum Toletano Michaelis Ruizii Azagræ Sæculi XI. Codice, cuius in sequenti num. 70. mentio est, contulit & variantes lectiones adnotavit Cl. amicus &, in colligendis è Chartophylacio & Bibliotheca Illustrissimi Canonicorum Toletanorum Collegii quæ in patriam Historiam conferre possent monumentis, collega olim meus Andreas Marcus Burriél Soc. Iesu Presbyter magno rei literariæ damno ante annos aliquot præmatura morte abreptus: quas cum plurimis Eiusdem stupendi plane laboris atque industriæ fœtibus in Regiam Bibliothecam Matritensem postea delatas autographasque ad manum habeo. Exstat Codex in Bibliotheca Toletana *Plut. XV. n.* 15. beneficio Cl. Viri Ioannis Baptistæ Perezii eiusdem Ecclesiæ Canonici & Fabricæ Præfecti, ac demum Episcopi Segobricensis, Civis Valentini, quem non hoc tantum nomine meum iure appellaverim, ut in extremo eiusdem folio legitur.

poris poetam in hunc album contulit. *Mirè eruditum* vocat eum Gaspar Barthius, *licèt intricatiorem*, lib. 23. cap. 19. *Fuit enim plurimum ingenii* (ait) *in Christianis veteribus vatibus, & quidem sæpè adeò excellentis, ut dum illustrare volunt quædam, omnia confundant. Sanè Dracontius* (subiungit) *adeò acutè & nervosè de plerisque incidentibus loquitur, ut vix se ipsum satis intellexisse videatur. Tantum abest, ut ab iis potuerit sententia eius percipi, qui nostra ætate in ea re studuerunt.* Deprehendit idem excellens criticus nostri temporis, dum in *Adversariorum* opere ad Dracontium nostrum illustrandum ter recurrit [u], vestigia non unius manus: quare id quo utimur archetypon haud credit poetæ, sed ab Eugenio interpolatum.

[u] Lib. 7. cap. 20. lib. 9. cap. 7. lib. 23. cap. 19.

72. Planè quum adscribimus poetis nostris Dracontium, non ullum è veteribus sequimur. Nam nec Isidorus, nec Ildephonsus, nec Honorius qui olim meminere, unde domo fuerit monent. Neque item è recentioribus Gesnerus Bellarminusque. Ad quos ignotus fortè superioribus sæculis pervenit: ideo neque eius mentionem fecisse videas Philippum Bergomensem, Lilium Gyraldum, Raphaelem Volaterranum, Paulum Langium. At noviores, nescimus planè unde moti, Miræus in Notis ad Isidorum, & Labbeus in Dissertationibus ad Bellarminum, Margarinus Bignæus in editione Bibliothecæ Patrum, apertè Hispanum vocant. Novimus tamen ad partes quis Bivarium traxerit: nempe ficulneus Maximus, quem si esset alicuius fidei non admittere rei auctorem piaculum esset. Apage ergo Maximi hæc ad annum CDXXX. *Dracontius presbyter longævus moritur Oscæ.* Et ad annum DCXII. *Dracontius alter poeta Hispanus mirus habetur.* Quæ duo testimonia eidem, an duobus Dracontiis dicta sint, non audet Bivarius hariolari. Apage etiam credentis Maximo Pseudo-Hauberti nugas, qui ad eundem annum CDXXX. num. 24. *Sanctus vir Dracontius* (ait) *Oscæ Celtiberorum obiit, ubi erat presbyter.* Quod ipsum habeto de Iuliano dictum, qui Adversario 498. hunc Dracontium poetam eundem asserit cum Dracontio vicario Africæ sub Valentiniano & Valente anno CCCLXX. cuius mentio in Theodosiano codice (1).

73. Ascanius Tarraconensis metropolitanus Episcopus unà cum aliis huius provinciæ ad Hilarum Papam unam & alteram epistolam direxere anno huius sæculi LXV. Prior querelam continet de Silvano Calagurris Episcopo, in ultima parte ut aiunt eiusdem provinciæ constituto: qui ante septem aut octo annos cuidam urbi Episcopum nullis petentibus populis dederat; item alienum presbyterum, Tarraconensi clero iam aggregatum, Episcopum similiter ordinaverat; nec admonitus de eo quod contra patrum regulas iniustè perpetravisset, emendare voluerat. Altera epistola preces continet, quibus confirmari à se factum in Barcinonensi Ecclesia quærit Ascanius. Nundinarius Episcopus Barcinonensis Irenæum quendam à se ordinatum presbyterum cuiusdam municipii Ecclesiæ addixerat. Hunc moriens non heredem tantùm reliquerat, sed & supremis tabulis in locum suum, ut subrogaretur, optaverat. Quod cum omnis clerus & plebs eiusdem civitatis & optimi plurimi provinciales ratum haberi desiderarent: Ascanius ait se assensum præstavisse, & Episcopum eum Barcinonensem ordinâsse.

74. Lectæ sunt hæ duæ epistolæ in Concilio Romano, die anniversario Hilari Papæ ordinationis ut moris fuit congregato, Flavio Basilisco & Herminerico Coss. anno CDLXV. Cuius quidem Synodi iudicium secutus Pontifex unicâ duabus respondit literis. Priori quidem improbans Silvani Calagurritani præsumtionem ordinandi Episcopos citra conscientiam metropolitani; temporum autem necessitati, *honoratorumque & possessorum* (verba eius audis) *Turiasonensium, Cascantensium, Calagurritanorum, Virgiliensium, Tritensium, Legionensium, & Civitatensium* factum excusantium deprecationibus hoc nunc condonans, ut ordinati non removerentur; nihil autem deinceps contra Apostolica præcepta & Nicænos canones tentaretur. Alteri, ut Irenæus malè promotus ad Ecclesiam suam rediret, aliusque pro more de clero proprio Barcinonensibus eligeretur Episcopus. Singulariter etiam Ascanium aliâ reprehendit, non parum severâ, & auctoritatis plenâ epistolâ. Quæ omnia scripta in Hilari Papæ epistolis, rebusque eius tempore gestis, legi possunt [x].

[x] Tomo 4. Concil. edit. Labbeanæ Paris. col. 1032. 1034. 1062. & 1063.

CA-

(1) Mirandum sane nihil de Dracontio apud Pseudo-Dextrum legi; idque non modo in eiusdem Chronici fragmento à Nostro in fine secundi huius Bibliothecæ voluminis edito, quod (si quid unquam ad nos è Fuldensi Bibliotheca advectum est) unum id germanum esse perhibetur; sed neque in pleniori Pseudo-Dextri Chronici exemplo Regiæ Bibliothecæ Matritensis sæpius à me laudato.

CAPUT IV.

De IDATIO, *sive* HYDATIO *historico Lemicensi ex Gallæcia. Quænam urbs ista? Papirii Massoni error, atque item Georgii Cardosi multiplex in Idatii rebus. De huius ætate, & peregrinatione in Palæstina, atque item in Hispania Episcopatu, & rebus gestis. Chronicon Eusebii continuavit. Quisnam auctor Collectionis historicæ ex Idatio. Quis autem Toromachus, ex quo & idem profecit, nisi Gregorius Turonensis? Variæ huius Collectionis editiones, ante eam quæ primum facta est Idatiani germani Chronici à Ludovico S. Laurentii Cordubensi. Eiusdem Idatii* Fasti consulares. *De Cynegio præfecto Orientis Hispano apud eundem Idatium clarissimum testimonium. Diversus Idatius hic ab Idatio Claro Emeritensi Episcopo. De* TURIBIO *Asturicensi Episcopo & eius epistola, è qua multa notantur observatione valdè digna, de Apostolorum quibusdam actis ab hæreticis confictis. Leonis Papæ ad hunc epistola, atque item alia de eodem Montani Toletani Episcopi. Idem Turibius Asturicensis Episcopus cum Leonis notario. Bivarii hallucinatio. Bracarensem, quam primam dicimus, præcessit alia Synodus in eadem urbe. Turibius Palentinus ab Asturicensi diversus. A Pseudo-Iuliano de Turibio hoc posteriore inconsequenter & falsò dicta. Ioannes Tamaius reprehenditur. De duobus Turibiis item, Asturicensi & Palentino.* CEPONII *Episcopi carmen de fabula Phaetontis ad Satanam accomodata.*

75. ARCADIUM & Honorium eorumque successores ad Leonem usque, IDATIUS ætate æquavit chronographus. Alius hic ab Idatio, atque item Ithacio superioris sæculi, qui Priscillianum & eius asseclas non solùm piè ut ad se reversi converterentur, sed & sævè parumque Ecclesiasticis viris convenienter, ut publico etiam supplicio mactarentur, oppugnavere. Hydatium, si idem est, vocat Leo Pontifex [y], quasi ἀπὸ τοῦ ὕδατος *ab aqua* sit. Atque ita in exemplari suo antiquissimi Idatiani Chronici scriptum fuisse, Iacobus Sirmondus nos docet. Apud Sigebertum quoque sic scriptum alicubi est, & in Fredegarii Scholastici Chronico; non Idatium, quomodo & vocatur quidam alius Galliarum Episcopus, qui subscripsit synodicæ epistolæ huius gentis Concilii ad Leonem Papam [z]. Cui quidem scripturæ calculum suum Barthius obtulit lib. 51. *Adversar.* cap. 4. Limicensis noster à patria *Limica* vulgo audit, Gallæciæ urbe, aut *Lemicensis* à *Lemica*; uti legitur in editionibus eiusdem Chronici auctor loqui [a]: *Idatius provinciæ Gallæciæ, natus in Lemica civitate*, &c. A *Limica* veterum proclivis fuit in *Lemicam* deflexio. Ptolemæus quidem in *Limicis* Gallæciæ populis *Forum Limicorum* collocavit [b] iuxta Tydem in Grugiis seu Graviis, ut Plinius vocat [c]. Et nonne à *Limia* fluvio huic oppido nomen? Certè huius meminit hoc loco idem Plinius [d]: quem & *Æminium*, seu *Limeam*, aut *oblivionis* dictum alibi adnotat [e]. *Limeam* item vocat *oblivionis* cognominatum Pomponius [f]. Plura de isto flumine noster coniectatus fuit Florianus Docampus, ut erat antiquæ omnis Geographiæ apprimè gnarus, lib. 3. *Chronici* sui *Hispanici* vulgari lingua scripti, cap. 28.

[y] *Epist. ad Turibium*, de qua postea.

[z] Tomo 3. *Concil.* Labbeanæ edition col. 1332.

[a] In *præfat.*

[b] Lib. 2. c. 6.

[c] Lib. 4. c. 20.

[d] Lib. 4. c. 20.

[e] Lib. 4. c. 22.

[f] Lib. 3. c. 1.

76. Alius hic à *Lethe*, sive *oblivionis* quoque *flumine* in Bætica, quem hodie, affixo Arabico *fluvium* significante nomine, *Guadalete* vocamus (1). Planè hæc similium vocabulo sive attributione amnium confusio errare fecit doctissimum aliàs virum Papirium Massonum, in libello seu *Historiola calamitatum Galliæ* [g], *Idatium Lemicæ in Bætica Episcopum* laudantem.

[g] Tomo 1. *Coætan. Galliæ Script.* Duchesnii pag. 99.

77. Vetus hoc oppidum *Limica*, vel *Forum Limicorum*, Idatii autem ævo iam *Lemica*: quin oppidum sit *Ponte de Lima* huic flumini, vel hodie sic dicto inter Minium Duriumque adiacens, ponteque unde ei nomen utramque ripam committens, non video quid adduci in medium possit. Id enim medio fere itinere Tydem inter & Bracaram veteris Gallæciæ urbes, ab ostio Limiæ, ubi *Viana* conditum est oppidum, marique tribus leucis distat: adeò ut non alii melius conveniat modesta illa Idatii professio, *uti extremum plagæ, ita extremum* se dicentis *& vitæ*.

78. Quam ergo à veri orbita deerravit Georgius Cardosus Lusitaniæ hagiologus, vir diligens, sed in examinandis ultra conditum Portugalliæ regnum Lusitaniæ antiquitatibus obesse ut plurimum naris! Fefellit utique eum Pseudo-Iuliani flagitiosissimi totius nostratis historiæ temeratoris præiudicium, qui *Lamecensem* no-

(1) Retento scilicet τῷ κυρίῳ (quod *proprium* vulgò dicitur) vetereque *Lethes* nomine; *appellativo* autem *fluminis*, in *Guad* ab Arabibus mutato. Idem observamus in *Guadiana*, quæ vox est hybrida ex Arabico appellativo *Guad*; & *Ana* Romano ac proprio eius fluvii nomine conflata; atque in *Gébel Elbêira*, *Mons Iliberiæ* (vernacule *Sierra de Elvira*): cuius vocis appellativum *Mons*, in *Gébel* ab Arabibus conversum fuit, retento *Elbeira*, sive *Iliberiæ* quod proprium est nomine; atque in aliis eiusmodi.

nostrum hunc Idatium Episcopum vocat [h]: quasi ex eodem loco (hoc est *Lamego*, Episcopali nunc urbe) patriâ fuerit. Quod non facilè debuit credere [i] vir in geographia Lusitaniæ atque Gallæciæ veteris non prorsus hospes. Idatius enim Gallæciæ se esse provinciæ, atque in civitate *Lemica* natum clarissimè professus, Lamecensis urbis natales (quæ extra Gallæciæ fines, & ultra Durium amnem Gallæcos à Lusitanis iuxta Plinium [k] ceterosque omnes Geographos disterminantem, urbs hodie visitur) falsò sibi tributos, æquè clarè ac indubitanter docet.

79. Hierosolymam idem ductus (à patre forsan) ut ait ipse, *infantulus*, vidit sanctum Hieronymum: quem post aliquot adhuc annos *beato* mansisse *in corpore*, hoc est superstitem fuisse, ait in præfatione Chronici. Itemque in ipso Chronico [l] repetit non solùm Hieronymum, sed & Ioannem Hierosolymitanum, Eulogium Cæsareensem, Theophilumque Alexandrinum, Episcopos clarissimos, & infantulum se & pupillum vidisse. Quod quidem indicat, non uno aut altero tantùm anno mansisse eum Hierosolymis, Palæstinave, sed eousque dum infantilis & pupillaris quæ ponè sequitur ætatis aliquam partem in iisdem partibus transegerit. Idque simul viventibus laudatis patribus oportet factum: quorum cùm Hieronymus anno huius quod percurrimus, sæculi (*quinti*) XX. aut circiter [m]: Ioannes Hierosolymitanus post annum XV. sicut & Eulogius Cæsareensis (uterque enim Diospolitanæ Synodo hocce anno coactæ interfuere [n]): Theophilus Alexandrinus XII. Epiphanius omnibus his maturiùs ad beatos translatus paucis annis post sæculi secundum [o] tertiumve (Idatius eius, uti viventis, anno VI. hoc est Olympiadis CCXCVI. secundo meminit) vitâ functi referantur: in priores eiusdem ineuntis sæculi annos, quibus convivebant alii aliis, referenda saltem est Idatiana in Palæstinæ regionibus peregrinatio. Unde agnoscere debemus ante quadringentesimum sæcularem eum fuisse ortum. Quod & nobis Episcopatûs tempus magis adhuc postea confirmabit.

80. Tantum abest ut Suevus gente fuerit, quod ridiculè Hagiologii suæ telæ Cardosus intexuit [p]; cùm natus è Gallæcis patribus diu ante irruptionem Suevorum in Hispanias fuerit: quæ quidem irruptio, eo ipso auctore, Coss. Honorio VIII. ac Theodosio III. erâ CDXLVI. hoc est anno CDVIII. contigit. Nollem utique laboriosum pium & probum hominem adeò sibi ipsi in Idatio exornando defuisse, ut non semel aut bis, sed quot vitæ Idatianæ inculcavit capita toties ferè à veritate ipsa redarguendum se dederit. Nescio enim quo inductus, idolorum florente adhuc ætate cultorem Idatium, orthodoxorum quorumdam Episcoporum persuasione reduxisse gradum, seseque ad Ecclesiæ gremium anno CDXIX. convertisse, fingit. Ubinam etenim ad hunc annum (qui est Olympiadis CCXC. tertius), aut aliquem alium in Chronico verba illa: *Idatii ad Deum conversio peccatoris*, quæ ei à Cardoso imputantur? Certè in iis, quas ad manum habemus, editionibus nîl tale superest; nec si superesset, conversionem magis significare positum fuisset ex ethnicismo ad Christianismum, quàm ex sæcularis & profanæ, intra Christianismi tamen limites, ad spiritualis & Ecclesiasticæ vivendi normæ professionem.

81. Sacris enim initiatus, parem se fecit gerendo Episcopali muneri. Sed ubinam? Ab ipso enim nîl ultrà novimus, quàm *summi* fuisse *præsulem creatum officii*, uti in *præfatione* loquitur. Nec libellus ille *De* XII. *Scriptoribus*, qui Isidoro & Ildephonso subiici solet, ultrà aliquid quàm provinciæ Gallæciæ Episcopum vocat. Aquis-Flaviis nonnullis videtur [q]. Inde scilicet quòd, ut iam docebimus, in huius oppidi Ecclesia captus à Suevis, ab iisque liberatus in eandem redierit [r]. Sed non tale est hoc fundamentum cui statim assurgere debeamus. Præsertim cùm Sigebertus *Lemicæ Hispaniarum urbis Episcopum* disertè eum fecerit [s], idque alii è recentioribus frequentiores admittant. Intolerandum saltem omnique veri specie vacuum est, quod Cardosus Pseudo-Maximi & Pseudo-Iuliani auspiciis datâ operâ contenderit, tum Lamecesem (hoc est *Lamego* urbis) tum deinde Bracarensem antistitem egisse Idatium. Hæc enim ficulneæ mercis compendia sunt. Pseudo-Maximus [t] *Lamecensem* vocat Episcopum, nescio an advertenter. Iuliano etiam commentitio, sive ignoranter excidit, sive persuasum fuit *Lamecensem* appellari debere Idatium, non *Lemicensem*, Episcopum. Unde ait [u]: *Idatius ex Lamecensi Episcopus Bracarensis successerat anno CDLVI. Valerio.* Et alibi [x]: *Florebat per hæc tempora Castinus Episcopus Bracarensis, qui successerat Idatio anno CDXCIV.* Conveniuntque his alia eiusdem testimonia [y] de Bracarensi Episcopatu, rebusque in eo gestis. Quæ quidem statim redarguet gestorum Idatii series, ac mortis tempus.

[h] In *Chronico* num. 241.

[i] Ut facit *Hagiolog.* tomo 3. die VI. Maii pag. 101.

[k] Lib. 4. cap. 20. & 21.

[l] *Arcadii & Honorii* anno XIII. sive *Olymp.* CCXCVI. num. 4.

[m] Baronius tomo 5. ad an. CDXX. Labbeus tomo 1. *De Script. Eccles.* pag. 434.

[n] Baron. to. 5. ad ann. CDXV. num. 19. Labbeus *De Script. Eccl.* tomo 1. pag. 583.

[o] Baronius ad ann. CDII. num. 24. Labbeus *De Script. Eccles.* tom. 1. pag. 287.

[p] Ubi suprà die VI. Maii, pag. 101.

[q] Labbeo in *Dissertat. De Script. Eccles.* in *Idatio*, tomo 1. pag. 496. Et cum appellatione *Aquæflaviensis Episcopi* editum fuit in quadam editione Gallica apud Cardosum VI. Maii pag. 101.

[r] Olympiad. CCCX. anno II. sive Maioriani IV.

[s] *De viris illustr.* cap. 18.

[t] Ad annum CDXLVIII. 17.

[u] In Chron. num. 241.

[x] Num. 258.

[y] Chron. n. 166. 170 175.

82. Videor sanè mihi tempus consecrationis Idatii non temerè in annum CDXXVII. aut proximum huic alium conIicere, ex ipsius in *præfatione Chronici* his verbis: *Ab anno I. Theodosii Augusti in annum tertium Valentiniani Augusti* (is est CDXXVII.) *Placidiæ Reginæ filii, è supradicto à nobis conscripta sunt studio, vel ex Scriptorum stilo, vel ex relationibus indicantium. Exin immeritò adlectus ad Episcopatûs officium, non ignarus* &c. Iam Episcopus à Gallæcis suis missus ad Aetium ducem Romanorum se contulit, solicitaturus ut apparet Romana adversus Suevos, qui pacem cum Gallæcis initam arrepta occasione, ut ipse loquitur [z], conturbaverant auxilia aut saltem amicabilia officia. Id contigit anno CDXXXI. Rediitque anno sequenti unà cum Censorio duce ad Suevos legato: cuius & Episcoporum Gallæcorum interventu datis obsidibus Hermericus illius gentis Rex pacem Gallæcis reformavit [a]. Discere hinc Cardosus poterat non è Suevorum, sed è vernacula Hispaniarum gente Gallæcum fuisse Idatium. Ille autem Censorius ipse cum Fretimundo anno CDXXXVIII. [b] iterum redeuntes ad Suevorum Reges Gallæcorum parti, cui Rex adversabatur, pacem restauravere.

[z] Olymp. CCCII. 3.

[a] Olymp. CCCIII. 2.

[b] Olymp. CCCIV. 2. & 3.

83. Anno CDXLV. in Asturicensi urbe Gallæciæ deprehensis quibusdam Manichæi (Priscillianæi semper intelligere possumus) dogmatis reliquiis, Idatius noster ac Turibius (Asturicensis) Episcopi rei acta ad Antoninum Emeritensem direxere. A quo forsan, sive potiùs à Turibio ipso per diaconum huius Pervincum certior factus Leo Pontifex, cùm acta illa de Manichæis per provincias spargere, tum quoque ad Hispaniarum Episcopos per eundem Turibii diaconem Pervincum scripta sua contra Priscillianistas deferri curavit. Exstat quidem Leonis epistola ad Turibium data Coss. Alypio & Ardabure, anno scilicet CDXLVII. quâ eum veluti legatum Apostolicæ constituit Sedis, ad cogendum ex omnibus Hispaniæ provinciis Concilium, in quo examinari iubet secundum ea quæ ad Turibii scripta responderat, an essent aliqui Episcopi quos nefandum huius hæresis contagium pollueret. *Si autem aliquid, quod absit, obstiterit quominus possit celebrari generale Concilium; Gallæciæ saltem in unum conveniant sacerdotes, quibus congregatis* (ait) *fratres nostri Idatius & Ceponius imminebunt, coniunctâ cum eis instantiâ tuâ, quo citiùs vel provinciali conventu remedium tantis vulneribus afferatur.*

84. Idatium autem & Ceponium quare præcipuos habuerit Pontifex, maior in eis Fidei zelus doctrinæque vires in causa fuerint. Cui confirmandæ rei non parum deservit eiusdem Turibii epistola ad eosdem Idatium & Ceponium directa, quam primus edidit ex MS. codice monasterii Æmilianensis Benedictinorum regius historicus Ambrosius Morales lib. 11. *Historiæ suæ Hispanæ* cap. 26. Scripta fuit ea, ut colligimus, cùm primùm Turibio in mentem incidit huius pravæ sectæ suspicio: quâ conceptâ Idatium statim & Ceponium, quibus scilicet ante alios deferebat, Episcopos de eo admonuit, scriptum à se opusculum contra blasphemias quæ in libris quibusdam ab huius sectæ hominibus confictis continerentur insurgens, examini eorum subiiciens. De quo postea nos in Turibii rebus opportuniore loco agemus. Quâ excitatus, aliundeve, Idatius examinandæ rei & ad Antoninum Emeritensem examinatæ deferendæ, uti iam ex eodem docuimus, animum appulit. De huius Leoninæ delegationis fructu in Turibio tractabimus. Manentibus autem inter Suevos adhuc & Gallæcos atque item Romanos duces (quorum partibus Gothi adhærebant) discordiæ seminibus: anno CDLXII. [c] Idatius noster in Aquiflaviensi Ecclesia (*Chaves* hodie dicunt in provincia Interamnensi) à Frumario Suevorum duce instinctu quorundam delatorum captus fuit, tribusque mensibus detentus, donec contra votum & ordinationem ut ait eorundem delatorum, restitutus fuisset eidem oppido Aquiflaviensi.

[c] Olymp. CCCX. 2.

85. Nostrum tandem Idatium decessisse sub Leone Imperatore *ultima iam penè senectute*, ait ille Anonymus qui XII. *Scriptorum vitas* Isidori & Ildephonsi catalogis subiunxisse videtur. Qui cùm Leo anno CDLXXIV. hoc est Olympiadis CCCXIII. secundo, diem suum obierit; nostrique Idatii Chronicon Olympiadis CCCXII. initium, annum scilicet CDLXIX. non excedat: à vero non abludit hoc ipso anno decessisse nostrum, continuatumque à se perenni cura singulis annis opus è vivis exemtum abrupisse. His qui prætulerit Pseudo-Iuliani nugas, Idatii vitam quinque alios & viginti annos usque ad CDXCIV. prorogantis, planè dignus erit cui falsator ille magnus Apollo sit.

86. Chronicon quidem Eusebii Idatius, quod S. Hieronymus è græco transtulerat, locupletaverat simulque continuaverat, in manus sumens: *Chronicon* illud ei appendit, quod à primo anno Theodosii, quem annum Hieronymus tantùm non

non tetigerat, exordio sumpto, totis...... (1) annis, usque ad Leonis octavum prosecutus est. Ita enim auctor ille cui elogium Idatii debemus, quem (an rectè?) Isidorum Vossius [d] Schotusque [e] dixere. Quod quidem vero magis conforme est, quàm, ut Sigebertus ait [f], progressum eum usque ad annum CDXC. Quem, Vossii rectissimo iudicio, exinde suscepisse errorem videtur, quòd in aliquem indicisset codicem, ubi Idatiano textui aliquod anni ab alio adiecti fuissent. Certè id, quod in manibus habemus, Chronicon, ultra Leonis VIII. (redemti orbis CDLXIV.) extendit se usque ad Leonis XII. aut XIV. Anthemiique tertium aut quartum, Olympiadis CCCXII. annum secundum. Nec ultrà protenditur is auctor, qui sub emendicato Idatii nomine datus nobis ab Andrea Schoto in *Hispaniæ illustratæ* fuit systemate: qui non tam breviator quàm deformator Idatii appellari debuit. Qui quidem ipse ille est Gallus, cuius sub Carolo Magni imperio factam *collectionem historicam ex Idatio*, secundo volumine *lectionum antiquarum* [g] Henricus Canisius edidit: quantumvis Canisianus hic auctor, utpote qui ex Idatio & aliis ut ipse ait [h] opus suum confecerit, ad Iustinianum usque pertigerit.

[d] Lib. 2. *De H. L.* cap. 17.
[e] In edit. Idatii tom. 4. *Hisp. illustr.* pag. 208.
[f] In *Chron.* ad ann. CDXC. cui credidit Vasæus in *Chron. Hisp.* cap. 4.
[g] Pag. 601. & 640.
[h] Pag. 601.

87. Id verò Chronicon ab initio usque ad Valentiniani III. Placidiæ filii tertium annum, qui fuit CCCXXVII. vel ex Scriptorum stilo, vel ex relationibus indicantium se confecisse ait [i]; reliqua iam factum Episcopum, rebusque ipsis immistum, propriâ innuit experientiâ doctum literis commendâsse. Planè ex hoc Suevicæ in Hispaniarum regione Gallæcia dominæ gentis propriùs quàm universali Chronici, hi qui res nostras huiusce ætatis perco, hi qui res nostras huiusce ætatis persecuti sunt, veluti Isidorus aliique adeò profecerunt, ut huius verbis ferè utantur. Quare ut oculatum veracemque inter optimos illius ævi Scriptores meritò esse numerandum Papirius Massonus iure ait [k]; meminereque olim eius huiusce operis, præter Anonymum & Sigebertum laudatos, Fredegarius Scholasticus in *excerptis ex Gregorio Turonensi*, cuius mox meminimus, & in Chronico; uti & Rigordus Philippi Galliarum Regis chronologus. Excerpta ex hoc Chronico à quodam Gallo Caroli Magni æquali primus dedit foras Henricus, ut dictum fuit, Canisius volumine secundo *Antiquarum lectionum*.

[i] In præfat.
[k] In libello *De calamit. Galliæ* suprà laudato.

88. Auctor hic opus quoddam quatuor libris distinctum, *Collectionem* dictum *historicam chronographicam*, ex variis collegit: quorum tertius ex Idatio præsefert collectus specialiter, quartus ex Toromacho, sive ut legendum est *Toronaco*, idest Gregorio Turonico seu Turonensi Episcopo, ut monuit alicubi Andreas Duchesnius [l]: in cuius quarti principio etiam Idatii meminit Fredegarius Scholasticus huius partis, seu quarti libri auctor, ut nuper diximus. Hæc est mera deformatio Idatiani germani Chronici, quod nondum eo tempore lucem viderat: cui adiunctam videas apud Canisium præfationis quandam umbram, ex ea quæ suo tempore integra publicata fuit, ineptissimè compactam. At hæc omnia vitia compendii præfationisque in editione sua Eusebiani Chronici Iosephus Scaliger, nisi fallor (codex enim sub oculis non est) retinuit. Hanc enim & Canisii *Antiquas lectiones*, non sine utriusque editionis collatione, secutus est Andreas Schotus in ea, quam dedit in *Hispaniæ* suæ *illustratæ* quarto volumine, à Francisco eius fratre publici iuris facto.

[l] Tom. 1. *Histor. Franciæ* in *præfat. ad excerpta Fredegarii ex Gregor. Turon.* pag. 722.

89. Sed, quod mirêre, post *Chronographicam* illam Galli *collectionem ex Idatio* usque ad Iustiniani tempora, non quidem tribus quatuorve libris ut apud Canisium, sed duobus dumtaxat comprehensam [m], quorum secundus ea omnia quæ Canisianus tertius ex Idatio deformato continet: Schotus quasi daturus novum aliquid sub titulo *Idatii Lemicensis in Galæcia Episcopi Chronici*, eandem ipsam Galli collectionem cum Canisiana præfatiuncula parum advertenter nobis iterum ingessit [n]: annotans se ex chirographo Frederici Lindembruchii Hamburgensis, qui Lutetiæ exscripsit ex veteri codice, descripsisse. Animadvertendum tamen est, in his duabus Canisii Schotique editionibus col-

[m] Pag. 160.
[n] Pag. 208.

(1) LVII. summùm LVIII. annis. Totidem enim effluxerant à primo Theodosii Iunioris anno, sive à Calendis Maii CCCCVIII. ad annum CCCCLXV. sive octavum Leonis, quem constat anno CCCCLVII. die XVII. Februarii Imperium auspicatum fuisse. At Noster, *num.* 85. *præcedenti*, dixerat: *Idatii Chronicon Olympiadis CCCXII.*[a] *initium, sive annum CCCCLXIX. non excedere*: quod de primigenio Idatii Chronico intelligi non debet; hoc enim (ut ait auctor libelli *De XII. Scriptoribus Eccl.* Isidoro & Ildefonso appensi), ultra VIII. Imperii Leonis annum, seu Christi CCCCLXV. & Olympiadis CCCXI. primum non extenditur; sed de vulgaribus, atque eo qui Nostro obtigit codice, in quo usque ad XII. aut XIV. Leonis, Anthemii tertium aut quartum, Olympiadis autem CCCXII. annum secundum Historiæ continuantur, ut Noster hoc eodem num. 86. At hinc videtur elici, non anno CCCCLXIX. ut Idem paulo antè scripserat; sed CCCCLXV. quo primigenium Chronicon desinit, Idatium diem suum obiisse.

collectionis huius ex Idatio, quandam fini rhapsodiam adiungi, quæ abest ab Scaligeriana, merasque fabulas de Theoderici Gothorum Regis, gente Macedonis, ortu, Idatioque patricio eius alumno, Belisario, Iustiniano, & aliis continet.

90. Primùm ergo post tres istas malè breviati Chronici Idatiani publicationes, Canisianam, Scaligerianam & Schotinam, prodiit tandem integrum & sanum Idatii Chronicon à Theodosii senioris initio usque ad Leonem productum, cum pulcherrima eiusdem auctoris præfatione, in Romana urbe Ludovici S. Laurentii (vulgò *San-Llorente*) Cordubensis curâ, anno MDCXV. ex codice, uti ait ille, Parisiensi desumtum; triennioque ferè exacto iterum Iacobi Sirmondi eruditissimi viri operâ ex Sebastiani Cramoysi officina Parisina anno MDCXIX. in 8.° Cui adiunguntur eiusdem Idatii *Fasti consulares* (de quibus postea) & Marcellini Comitis alterum Chronicon, Sirmondique ad eos Notæ. Qui quidem eundem codicem unde Romanus profecit editor, non quidem Parisiensem, sed verè Metensem, scilicet Metis scriptum, eumque antiquum, archetypon se habuisse fatetur. Huius MS. Labbeus meminit in *Bibliotheca librorum manuscriptorum* [o]. Alterum ad manus habuit ante annos septingentos exaratum Papirius Massonus [p]. Deinde conformavere duas alias eiusdem Chronici editiones; ad exemplar quidem Romanum Prudentius Sandovalius Benedictinus Pampilonensis Episcopus, qui eodem aut sequenti quo Romana prodiit anno, Idatii hoc, unà cum Sebastiani, Sampiri & Pelagii Hispanorum Episcoporum antiquis Chronicis, Pampilone; ad exemplar verò Sirmondianum Andreas Duchesnius tomo I. *Historiæ Franciæ coætaneorum Scriptorum*, anno MDCXXXVI. Parisiis recoxerunt. Laudatur quoque alia Parisiensis ex eadem Cramoysiana officina, quæ nuper dictam dedit anno MDCXXXI. [q] Confer cum his, Lector veri amans, inventum recentioris cuiusdam Gallæci Scriptoris [r]: qui ut Theodosii Imperatoris natales ad Gallæcos suos traheret ut apud Idatium legitur, non uno contentus Idatio teste, tres non minùs pro uno Idatios, Chronicorum fabricatores singulorum, somniavit: quo trium testimoniorum nodo difficiliùs rumpendo ingenia deliberantium, cuinam parti fides adhibenda esset, Idatio uni an ceteris omnibus Italicam Bæticæ huiusce Imperatoris patriam dicentibus, adstringeret.

91. *Fastos* etiam *Consulares* scripsisse Idatius dicitur. Hos in codice quo usus fuit, integros (à primis nempe urbis Consulibus ad secundum Anthemii consulatum continuantes) habuit Sirmondus; nec tamen, editurus cum Idatii Chronico, integros dedit; sed excerptum ex iis à consulatu Antiochiani & Orphiti quo Aurelianus dictus fuit Imperator, usque ad Mariniani & Asclepiodori, quibus Coss. decessit Honorius. At huius defectum supplevit Philippus Labbeus in *Bibliotheca librorum manuscriptorum* [s], toto opere, quantum est, ex codice Collegii Iesuitarum Claromontano publici usus facto. Fastos autem hosce Idatii esse auctoris, non ullo veteris codicis testimonio, sed solâ Sirmondi coniecturâ nititur; neque tamen eâ tenui aut contemnendâ. Pertingunt quippe fasti ad Anthemii imperium, in quo & Chronicon desinit (1). Præterea utitur in fastis epochâ eræ Cæsaris, quæ Hispaniensis propriè est. Quæ duo vellunt aures, ut his Idatium, nedum ut Hispanum aliquem adscribamus auctorem.

92. Adiungimus nos Sirmondianis hisce coniecturis pro patria Hispania Cynegii v. c. Orientis præfecti obitûs factam curiosissimè magnaque cum laude mentionem [t]: quem Hispanum existimamus, dignumque ut inter Hispanos hìc laudetur iisdem civis Idatii verbis: *His Consulibus* (ait) *defunctus est Cynegius, præfectus Orientis, in consulatu suo Constantinopoli. Hic universas provincias longi temporis tabe deceptas in statum pristinum revocavit, & usque ad Ægyptum penetravit, & simulacra gentium evertit. Unde cum magno fletu totius populi civitatis deductum est corpus ad Apostolos die* XIV. *Cal. Aprilis. Et post annum transtulit cum matrona eius Acanthia ad Hispanias pedestre.* Quod quidem ad natales Hispanos Acanthiæ & Cynegii coniugum admittendos animum nostrum non leviter pungit.

93. Ab Idatio hoc diversus fuit, quod initio capitis monebamus, Idatius alter cognomento Clarus, Priscilliani & sequacium eius hyperaspistes clarissimus, Episcopus Emeritæ urbis, de quo fusè egimus superioris libri cap. 5. ex S. Isidoro & aliis. Hos autem malè confundunt Trithemius [u], Alphonsus Garsias Matamorus [x], & si qui alii.

94. Non tanti est ut advertamus, quod ne verbo quidem uno fieri debuit, Ithacium

[o] Pag. 2.

[p] Uti refert ipse in *Hist. calamitat. Galliæ* pag. 98.

[q] Edidimus tandem nos in nostra *Collect. Max. Concil. Hisp.* tomo 2. pag. 168. Romæ anno proximè præterito MDCXCIV. CARDINAL. DE AGUIRRE.

[r] Fr. Philippus de la Gandara *Nobiliario, armas, y trofeos de Galicia* lib. I. cap. 21.

[s] Tomo I.

[t] *Coss. Theodosio Aug.* 2. & ipso *Cynegio* an. CCCLXXXVIII. sive erâ CDXXVI.

[u] *De Script.*

[x] In *Apologetico.*

(1) Nempe ad annum CCCCLXVII. qui fuit Olympiadis CCCXI.[us] tertius; eo enim anno Anthemius Imperium auspicatus fuit.

cium Ossonobensem Episcopum tertium ab his ac diversum fuisse; cùm claram utriusque simul habeat mentionem Sulpicius Severus [y], ab iisque ambobus accusatum, pertinaciterque usque ad gladii sententiam exagitatum Priscillianum referat.

[y] Lib. 2. *Histor. Eccles.*

95. Ab his autem diversum quoque alium Idatium constituit Amb. Morales [z], & ex eo Cardosus [a], centum annis hoc nostro qui Chronicon scripsit inferiorem, brevisque Chronici Regum Suevorum auctorem: quasi hoc opus aliud à Chronico sit Idatiano; nisi alteram illam brevem *Suevorum historiam*, quæ S. Isidori germanus foetus est, significare voluerint. Planè ea quæ ex Chronico hi laudant in hac desideratur. Pertinet forsan huc nota Garsiæ Loaysæ in Concilio apud Lucum [b], ubi ait se descriptionem quandam dioecesum Hispaniæ ex libro dare Ovetensis, seu forsan Toletanæ Ecclesiæ *cuius titulus est* Itacius, *in quo historia Regum Wandalorum & Alanorum in Gallæcia, & postea Suevorum, & demum Gothorum scribitur.* In qua id legitur, quod ex Idatii hacce historia Morales se ait [c] habuisse, nempe [d] Lucum Augustum à Wandalis conditum.

[z] Lib. II. c. 57. & 59.
[a] Dicto tomo 3. *Hagiol.* die VI. Maii. pag. 102.
[b] In *Collect. Concil. Hisp.* pag. 135.
[c] Lib. II. c. 59.
[d] In *collectione* pag. 137.

96. Ab Idatio proclivis est ad TURIBIUM transitus, qui non solùm ætate pares sed munere & zelo in extirpandis Gnosticorum & Priscillianistarum erroribus fuere. Hic primus de malo isto latenti admonuit Idatium & Ceponium Episcopos scriptâ epistolâ, quam publicavit Ambrosius de Morales lib. II. cap. 26. cum hac inscriptione: *Incipit epistola de non recipiendis in auctoritatem Fidei apocryphis scripturis, & de secta Priscillianistarum;* indeque *Annalibus Ecclesiasticis* Baronius intulit [e]. Ea quidem eleganti stilo (contra id quod alicui ex nostratibus excidit [f]) scripta continet plura memoratu digna. Primum, Turibii peregrinationes ex quibus ait opimos Fidei doctrinæque se collegisse fructus: quam intra Hispaniæ provincias cur restrinxit Baronius? Secundum, reperisse eum in patriam reversum *nihil poenitùs imminutum* fuisse *ex illis traditionibus, quas olim catholica Ecclesia* damnaverat, *quasque iam dudum abolitas esse* credebat. *Immo etiam* (ait) *pro uniuscuiusque studio & voluntate prava dogmata velut quibusdam hydrinis capitibus pullulare cognosco. Cùm alii veteri errori blasphemiarum suarum augmentum contulerint; alii verò integrum eum usque adhuc retentent; alii verò, quos ex parte aliqua ad respectum sui contemplatio veritatis adduxit, ex illius sensibus retinendo nonnulla, reliquis vinculentur.* Mali huius nondum extirpati causam adiungit, quam tertio loco observamus. *Quod quidem per mala temporis nostri, Synodorum conventibus decretisque cessantibus, liberiùs crevit, & impiissimè, quod est cunctis deterius, ad unum altare diversis fidei sensibus convenitur.* Monet inde, vernaculorum suæ huius Gallæciæ partis hæreticorum libris apocryphis, quos ad vicem sacrorum Evangeliorum legerent, multas blasphemias contineri; ne de aliis loquatur, quos occultos fortè servabant, *solis ut ipsi aiunt perfectis patentes.*

[e] Tomo 6. ad ann. CDXLVII. num. 3.
[f] Padillæ cent. 5. cap. 20. fol. 351.

97. In quarto hoc articulo observatione digno, *S. Thomæ* (Apostoli) *actorum* meminit, ubi dicitur sanctum Apostolum non baptizâsse in aqua sed in oleo: *Quod quidem* (ait) *isti nostri non recipiunt, sed Manichæi sequuntur: quæ hæresis eisdem libris utitur, & eadem dogmata, & his deteriora sectatur.* Meminit item aliorum, scilicet *S. Andreæ actorum*, illorumque qui *S. Joannis* vocantur: *quos sacrilego Leucius ore conscripsit*; atque item alterius libri *qui vocatur memoria Apostolorum*, ex quibus *Manichæi & Priscilliani, vel quæcumque illis est secta germana, omnem hæresin suam confirmare nituntur*; specialiterque de dicto libro *Memoriæ Apostolorum* ait, destruere *totam legem veteris Testamenti, & omnia quæ sancto Moysi de diversis creaturæ factorisque divinitus revelata sunt.* Quamvis enim *mirabilia illa atque virtutes* (quæ in his libris scripta sunt) *sanctorum Apostolorum, vel esse, vel potuisse esse non dubium sit: ita disputationes assertionesque illas sensuum malignorum ab hæreticis constat insertas.*

98. His è scripturis subiungit: *diversa testimonia blasphemiis omnibus plena* (quod quinto loco observamus) *sub titulis suis adscripta digessi, quibus etiam ut potui, pro sensus mei qualitate respondi. Quod ideo necesse habui paulò latiùs vestris auribus intimare, ut vel posthac nemo quasi inscius rerum dicat se simpliciter huiusmodi libros vel habere vel legere.* At Turibius opus suum ita descriptum Idatio & Ceponio dirigens, eos precatur ut cum aliis fratribus communicent, & quæ sint veræ Fidei principiis solidata sic amplectantur, ut contrariam ignorantiæ excusationem *spirituali gladio resecare, & ignota divini verbi virtute compescere* possint. Quæ omnia digna quidem scitu nec passim obvia, quia non aliunde magis liquidò haberi possunt, veluti descriptione aut paraphrasi comprehendimus. Videtur tamen nondum Turibius ad Episcopalem Asturicensis urbis dignitatem hoc tempore ascendisse; siquidem ad Episcopos scribens, non quidem fra-

fratres eos, nec se aliter quam Turibium nuncupavit [g].

99. Hinc nata examinis cura de quibusdam Manichæis sive Priscillianistis, ab Idatio & Turibio, iam tunc Episcopo Asturicensi, facti: cuius quidem acta sese ad Antoninum Emeritensem remisisse utriusque nomine, Idatius in Chronico reliquit scriptum [h], & nos in Idatii mentione docuimus. Quemadmodum & Leonem Papam qui tempore isto sacris præerat literis Turibii monitum, eam ad hunc epistolam scripsisse, quæ inter Leonis XCIII. loco nunc legitur. Ex qua quidem noscimus Turibium, diaconum suum ad Papam cum literis destinâsse, quibus adiunxit Commonitorium quoddam, & diversum ab hoc uti videtur libellum. In his scriptis *fideli, quantum potuit, diligentia* (ut Leonis verbis utar) *damnatas olim opiniones decem & septem capitulis comprehendit.* Hos laudat Turibii libros Montanus Episcopus Toletanus in epistola ad fratres & filios Palentini territorii scripta, cuius infrà redibit mentio.

100. Quibus quidem strictim pertractatis, eleganterque argumentorum pondere afflictis, docet apocryphos libros istos [i], in quibus Dictinii (corrupté *Dicticinii* legitur) tractatum quendam comprehendit, debere ab Episcopis omnino interdici, atque ignibus concremari [k]; adiungitque se fecisse ad publicam pervenire notitiam Manichæorum quorumdam, quorum cum Priscillianistis *unum prorsus nefas est, una obscœnitas, & similis turpitudo*, ut ipse loquitur, solicitissimis inquisitionibus, suique ipsorum oris confessionem deprehensam convictamque turpitudinem. Cui quidem conveniunt Idatii hæc [l]: *Per Episcopum Romæ tunc præsidentem gesta de Manichæis per provincias diriguntur.*

101. Pergit inde Leo Turibio imponere, ut literis Apostolicis, quas se direxisse ad Episcopos Tarraconenses, Carthaginienses, Lusitanos, atque Gallæcos (excidit Bæticorum quæ alibi est [m] mentio) de generalis Concilii celebrando congressu ait susceptis: eas solicitè ad eorum manus pervenire faciat, ministrum in hac re Pontificium destinans. Nec aliter intelligendi sunt Concilii Bracarensis patres, cùm Leonem Papam *per Turibium notarium Sedis suæ ad Synodum Gallicię contra impiam Priscilliani sectam scripta sua* direxisse aiunt [n]: de cuius vocabuli & muneris ratione curiosè agit, alia quævis suggerens magnus Annalista [o]; aut notario quidem suo ante Episcopatum Asturicensi iam præsule usus etiam Leo fuit, præferens eum aliis, quòd sibi ob hunc titulum familiaritatis plusquam aliis obnoxius fuisset.

102. Quare minùs audiendi sunt, qui à Turibio Episcopo diversum alium Sedis Apostolicæ notarium comminiscuntur [p], per quem literas ad Turibium Episcopum Leo transmiserit. Id enim per Diaconum Turibii Pervincum fuisse adimpletum Idatius disertè refert, paulò pòst laudandus: unde falsitas deprehenditur Luitprandini *Adversarii 17.* Turibium hunc notarium laudantis, à Ceponio factum Tudensem archidiaconum, eiusdemque Ceponii in eadem Ecclesia Tudensi successorem. Quem tamen Bivarius [q] accipit de Episcopo Asturicensi, huic uni archidiaconatûs Tudensis, deinde eius urbis Episcopatûs, tandem Asturicensis, muneribus consignatis: intolerabili errore, & in viro ita diligenti egregieque in Turibii rebus exponendis versato, vix dissimulando. Turibium enim, qui vivo Ceponio erat Asturicensis Episcopus ut ex Leonis constat epistola, eiusdem Ceponii Tudensis præsulis facit in hac ultimò dicta Ecclesia successorem ex Tudensi archidiacono.

103. Sequitur in Leonis epistola: *Si autem aliquid, quod absit, obstiterit, quominus possit celebrari generale Concilium: Gallæciæ saltem in unum conveniant sacerdotes: quibus congregatis, fratres nostri Idatius & Ceponius imminebunt, coniunctâ cum eis instantia tuâ, quo citiùs vel provinciali conventu remedium tantis vulneribus afferatur.* Hæ datæ fuere literæ Alypio & Ardabure Consulibus, hoc est anno CDXLVII. Quo anno, scilicet tertio CCCVI. Olympiadis, Idatius id ipsum contigisse docuit. *Romanæ Ecclesiæ* XLIII. *præsidet Episcopus Leo. Huius scripta per Turibii Episcopi diaconem Pervincum contra Priscillianistas ad Hispanienses Episcopos deferuntur. Inter quæ ad Episcopum Turibium de observatione catholicæ Fidei, & de hæresum blasphemiis disputatio plena dirigitur: quæ tamen* (subnectit) *ab aliquibus Gallæciæ subdolo probatur arbitrio.* Quo Idatii testimonio, post Baronii tempora publici iuris facto, egregiè confirmatur rem ita gestam.

104. Sed tamen Idatio nihil acceptum debemus de executione iussorum Leonis in Hispania, Turibiique legationis effectis. Immo rem subdolè ab aliquibus innuit peractam in Gallæcia. Bracarensis tamen Concilii, quod *primum* audit, in ea urbe anno DLXI. sub Ariamiro Suevorum rege habiti, actis [r] docemur, non so-

[g] Observat Bivar. *ad Maxim.* ann. CDXLVIII. num. 6. §. 30.

[h] Olymp. CCCVI. ann. I. Christi CDXLV.

[i] Eiusdem *Epist.* cap 16.

[k] Cap. 15.

[l] Olymp. CCCVI. num. I.

[m] In *Concilio Bracar.* I. de quo infrà.

[n] Ita censet Padilla cent. 5. cap. 23. in fine.

[o] Tom. 6. ad ann. CDXLVII. num. 12.

[p] Morales lib. 11. cap. 26. Loaisa in *Notis ad epist. Montanii ad Turibium*, Concilior. editionis pag. 91. Tamaius in *Mart. Hisp.* t. 2. die XVI. Apr. pag. 663. Marieta lib. 5. *De los santos de España*, cap. 9. Quos improbat Bivarius *ad Maximum* anno CDXLVI. num. 6. §. 16. pag. 154.

[q] Ad Maximum anno CDXLVIII. n. 6. §. 22. pag. 157. & §. 30. pag. 159.

[r] In *Collectione Loaisæ* pag. 116.

solùm Gallæciæ Synodum istam, sed & veluti nationalem alteram cæterarum quatuor quas diximus provinciarum coactas: ex qua ultima (*Gallæcia*) ad Balconium Bracarensem *Fidei regulam contra Priscillianam hæresin, cum aliquibus capitibus* directam fuisse tradunt: quo scilicet alteri Gallæciæ Synodo seorsum habito conformem Pontificiis capitibus Fidem se profiteri reliqua contestaretur Hispania. Disserteque Bracarensis hæc Synodus, integris XVII. Leonis Papæ capitibus in compendium redactis, Priscillianam hæresin adhuc non omnino exstinctam de novo improbans, Dictinii illius tractatuum meminit, *quos ipse* (ait) *antequam converteretur scripsit.* Is nempe est Dictinius Episcopus, cuius in Toletano congressu retractationem, veræque Fidei professionem inter alia continent confusa & ex variis contexta Toletani primi Concilii acta [s]: quæ & *Fidei* hanc, de quo dicimus, ad Balconium directam ex Toletano alio longè diverso Concilio *Regulam*, primi illius actis immistam habent. De quo Dictinio alibi nos docuimus [t], quum de Priscilliani sectatoribus & hyperaspistis egimus. Adeò quippe altas insania hæc fixerat in ea præsertim Hispaniæ provincia radices, ut non importunum huic malo remedium se apportare huius temporis Episcopi existimarent.

[s] In editione Loaisæ pag. 47.

[t] Lib. 2. cap. 5.

105. Quinimmo hoc ipso sexto sæculo quo habita est Bracarensis Synodus, in Palentino etiam Tarraconensis Hispaniæ territorio perditissima ista Priscilliani secta *tam actis quàm nomine* adhuc laudabatur: ut verbis ac testimonio utar Montani Toletani Episcopi, qui Toletanæ Synodo anno DXXVII. sub Amalarico celebratæ pro munere præfuit, ex epistola eius ad eiusdem *Palentini territorii fratres* (ut præsefert) *& filios* inscripta, & cum actis laudatæ Synodi ad nos transmissa [u]. Libenter enim huius hìc meminimus; quia scilicet Montanus eo præcipuo argumento damnatæ sæpius hæresis laudatores urget, quòd ignorare ii non possent *beatissimi ac religiosissimi viri Theoribii* (ita vulgò editur) *Episcopi ad sanctum Papam urbis Romæ Leonem libros editos, in quibus* (ait) *hanc sordidam hæresin explanavit, aperuit, & occultam tenebris suis, perfidiæque nube velatam, in propatulo misit.* Quæ quidem verba Montani tam clara sunt pro Turibii nostri navata in re opera, & conscriptis libris, ut mirer, quî possint oculis utentes [x]; hunc de quo loquitur Leonis æqualem quinti sæculi Turibium cum illo confundere, ad quem inscripta est alia eiusdem Episcopi Montani epistola [y]: quantumlibet de eadem secta loquentis, ac Turibii huius alterius sui temporis, hoc est sæculo sexto florentis, meritum in profligandis Palentini territorii Priscillianistarum reliquiis commendantis [z]. De quo nos cùm ad hanc eius ætatem devenerimus, iterum mentionem faciemus.

[u] In editione Loaisæ post Concil. Tolet. II. pag. 88.

[x] Loaisa in notis ad hanc epistolam in hac sua editione pag. 91.

[y] In editione Loaisæ pag. 89.

[z] Rectè distinguit Morales lib. 11. cap. 26.

106. At cuncta hæc veræ historiæ irrefragabilibus documentis roborata, meræ fabulæ erunt si Pseudo-Iulianum aliquo pretio habebimus. Hic namque non solùm distinguit [a], quod & alii faciunt, Turibium Episcopum Asturicensem à Turibio Leonis Papæ notario; sed absurditatibus ferè totus constans, Leonis ad Turibium, eiusdemque Turibii ad Idatium & Ceponium epistolas, integramque Leonis legationem, non Asturicensi illi sed notario attribuit [b]: quem monachum postea fuisse dicit & patria Brigantinum in Gallæcia: cuius quidem posterioris, ex longa peregrinatione in Hispanias reditum, datamque ab eo ad Idatium & Ceponium epistolam, non ante annum CDLXXII. ponit. Cum ex suprà notatis certissimum sit anno CDXLVII. aut circiter hæc omnia per. Episcopum Asturicensem Turibium Leonis nomine expedita; & Concilia duo illa, sive unum (ut interim id quibusdam demus [c]) coacta Leonis auspiciis adversus Priscillianos fuisse: quæ quidem Concilia, & Leonis epistolam ad Turibium, necessariò præcesserat alia Turibii ad Idatium & Ceponium; siquidem in hac nullam is facit, quod maximè debuit, nec Leonis ad se datæ epistolæ, nec celebratarum antea Synodorum mentionem.

[a] In Chron. n. 230. & 247.

[b] Num. 247.

[c] Unius Concilii Nationalis meminere Garibaius lib. 8. c. 7. Mariana lib. 5. cap. 4.

107. Præterea qua fronte Pseudo-Iulianus ait [d] Toletanæ isti Synodo auspiciis Leonis habitæ Idatium præfuisse Bracarensem Episcopum; cùm ex eadem Synodo directa illa *Fidei professio*, cuius supra meminimus, ad Balconium Bracarensem Episcopum fuerit? Duo nempe, si hunc nugatorem sequimur, Bracarenses Episcopi: alter assidebat fratribus in Concilio, alter præsidebat domi filiis. Nihil hìc Tamaius noster martyrologus in Turibii mentione [e], nisi sequitur cæcus cæcum; & quia tamdiu post Leonis obitum Turibii monachi sui reditum planus collocat: ausus fuit Tamaius dicere, quòd S. Leonis notarius in Hispaniam missus, peregrinationibus tempus terens, Leone iam è vivis sublato in eam appulerit. Fidelis forsan, & prudens minister Leonis Pontificis Tamaio visus fuit, qui ante CDLXI. quo Leo decessit annum in Hispa-

[d] Dicto num. 247.

[e] XVI. April. tom. 2. *Martyr. Hisp.* pag. 663.

ſpaniam miſſus, pluſquam decennium peregrinando contriverit; demumque anno CDLXXII. aut circiter, Leonis tot ante annis vitâ functi de rebus urgentiſſimis ad Turibium reliquoſque omnes Hiſpaniarum Epiſcopos datas olim literas, ſtrenuiſſimus, ac muneris ſui diligentiſſimus notarius advexerit. Nos tamen libenter ſinimus iudicium Tamaii approbare eos, qui ſuo uti nequeunt.

108. Turibii demum commemorationem inſertam habent dierum Eccleſiaſticorum faſtis plures olim Hiſpaniarum Eccleſiæ [f]. Unde iam ſic in Romano legitur Martyrologio XVI. die Aprilis: *Palentiæ S. Turibii Epiſcopi Aſturicenſis, qui ope S. Leonis Papæ hæreſin Priſcilliani ex Hiſpania pœnitus profligavit, claruſque miraculis in pace quievit.* Quod fortè ex additionibus Molani ad Uſuardi Martyrologium magnus vir deſumſit. Nollent aliqui ex noſtris [g] Palentiæ hanc memoriam à Baronio adſcriptam, quæ Aſturicæ propria eſt. Turibius enim Palentinus, non Epiſcopus ſed monachus [h] ab Ildephonſo laudatus [i], diverſus omnino eſt ab Aſturicenſi noſtro; diſtinguitque Ildephonſus ipſe, qui & miraculum ab eo vectarum abſque ullo detrimento veſtis ardentium prunarum, *donec coram Sedis ſuæ ſacro altari totius Miſſæ celebritatem per ſemetipſum expleret*, quo exprobratum ei falsò impuritatis crimen fuit dilutum: non quidem alicui ex duobus Turibiis, ſed Montano urbis Toletanæ attribuit præſuli. Iccircò vereor ne verbis Ildephonſi perperam intellectis, qui de Turibio & Montano in eodem capite ac ſimul loquitur: poſterioris Toletani miraculum priori Aſturicenſi; duove ſimilia eorum ſingulis (quod parum veriſimile eſt) recentiores nonnulli [k], citatis etiam actorum in legendariis ut vocant Eccleſiarum antiquis extantium teſtimoniis, temerè attribuant. Ildephonſi enim Archiepiſcopi Toletani de Montano, eius ante unum ſæculum deceſſore, quod exſtat, præ aliis omnibus haberi debet.

109. Item alteriuſne, monachi videlicet Palentini an noſtri ſit Aſturicenſis Epiſcopi, alterum illud miraculum excreſcentis ad nutum & preces ſancti Dei eccleſiaſtæ Carrionis fluminis, Palentinæque quam alluit urbis partem, ſimulque protervos Priſcilliani ſectatores fœda inundatione obruentis: examinare noſtrum non eſt, qui bibliothecam, non Martyrologium ſcribimus. Præſtò ſunt [l], ex quibus dubiæ rei momenta peti, & in examen vocari poterunt. De venerabili autem Dominicæ crucis fragmento, ſeu potiùs brachio ut refertur integro, quod à Turibio Aſturicenſi ab Hieroſolymis portatum magna veneratione uſque nunc colitur in monaſterio S. Turibii Libanenſis, ſeu *de Lievana* in Aſturiis dicto, latè quoque à noſtris agitur [m].

110. Priuſquam hinc abeam animadverſione non indignum exiſtimo minus rectè dici ſucceſſiſſe Turibium in Sede Aſturicenſi Dictinio Epiſcopo. Hic enim anno CD. quo habitum fuit Toletanum quoddam Concilium, perperam primum dictum, è vivis iam ſublatus, atque ideo cum titulo *bonæ memoriæ* appellatus fuerat; cùm è diverſo Turibius noſter ante annum CDXLVIII. vix potuerit Pontificales infulas eiuſdem urbis adipiſci. Abſolvam de Turibio utroque hucuſque dicta, ſi tantùm oſtendero Pſeudo-Maximi, qui ſe imprudenter fingit iam dictarum ambiguitatum conſcium, putidiſſimæ ſimulationis notâ inſigne teſtimonium quod ſequitur: *S. Turibii Palentinæ Sedis Epiſcopi ex monacho Benedictino, cuius anniverſarius dies eſt* I. *Novembris, memoria celebris habetur in monte Libanenſi, ubi corpora ſanctiſſimi monachi, & Epiſcopi non monachi, iacent.* Sapiuntne iſta alium quàm Toletanum huius temporis calamum?

111. Nec maior habenda fides ei, qui nuper pro certo poſuit Turibium Aſturicenſem auctorem epiſtolæ ad Idatium & Ceponium de quo agimus, Italum Taurinenſem fuiſſe ex nobili de Becutis, etiam nunc exſtante familia. Hic eſt Andreas Roſotus à Monte-regali Ciſtercienſis monachus, in *Syllabo Scriptorum Pedemontanorum* anno MDCLXVII. Monte-regali edito: teſtem rei producens unum Guilielmum Baldezanum in *Eccleſiaſtica hiſtoria*, quæ MS. exſtat in Ducis Sabaudiæ bibliotheca. Sed non legerunt hi laudatam ad Idatium & Ceponium epiſtolam, ubi apertiſſimè patriam Hiſpaniam Turibius profitetur.

112. CEPONII iam laudati Epiſcopi carmen illud eſſe exiſtimatur *De fabula Phaetontis*, ad Satanam de cælo detruſum relata, ut obſervavit noſtri temporis Thomas Reineſius epiſtolâ 83. ad Chriſtianum Daumium, eruditorum Germaniæ, ut audit, flos. Barthius monachum fuiſſe Ceponium credidit: cui adverſatur hic Reineſius, atque iterum epiſt. 86. & epiſt. 90. Ceponii carmen iſtud vulgaturus erat ſi vixiſſet laudatus Barthius lib. 109. *Adverſariorum*, uti Daumius refert epiſt. 89. neſcio quid adiiciens de commentario eiuſdem ad Papinium, in quem forſan & id

[f] Aſturicenſis, Palentinæ, Burgenſis, Seguntinæ, Segovienſis, meminit Padilla cent. 5. c. 23. fol. 367.

[g] Bivarius *ad Maximum* ann. CDXLVIII. n. 6. pag. 154. §. 15.

[h] Ita Iepes in *Chron. Bened. ordin.* cent. I. ann. DXXXVII. cap. 3.

[i] *De Script. Eccleſ.* cap. 3. *de Montano.*

[k] Tamaius die XVI. Maii pag. 667.

[l] Marieta lib. 5. cap 9. Garibai lib. 8. cap. 7. Padilla cent. 5. cap. 23. Baſilius Sanctorus in *Flore SS. Hiſpan.*

[m] Iepes in *Chronic. Ord. Benedictini* cent. I. anno DXXXVII. cap. 3. Sandoval in *Fundationibus monaſter. Ord. S. Bened.* Bivarius ad Maximi annum CDXLVIII. n. 6. §. 21. pag. 156.

id coniecit. Idem Daumius epist. 93. non totum Ceponii carmen à Barthio Adversariis ineditis commendatum fuisse ait; immo reliquum in alios tomos aut libros reservatum; qui tamen versu 136. & sequentibus ætatem suam indicare videtur his verbis:

. . . . . Vincit, ovat Ecclesia Christi,
Quæ quadringentis toties luctata sub annis,
Incipit in quinto latè florescere sæclo (1).

CAPUT V.

Falsò adscribi nostræ genti CLAUDIANUM *poetam huius quinti sæculi Alexandrinum, suffragantibus Pseudo-Dextro, & confictitio Hauberto Hispalensi. Eorundem temeritas in Hispaniæ* SEDULIUM *Scotum, & Pseudo-Luitprandi* CEREALEM *Afrum, attribuendo. Castulensis Episcopus unde is dictus?* LEPORIUS *item Afer aliunde fuit, non Hispanus.* PROSPERI *Aquitani natales à nonnemine Hispaniæ malè adscripti, sicuti etiam* FULGENTII *Ruspensis Episcopi.* SEVERUS *Lamecensis Episcopus commentum est pseudo-historicorum recentium. De Haubertinis Scriptoribus Hispaniæ temerè adscriptis: scilicet* BERGUDIO AULO, STEPHANO *diacono*, GAUDENTIO *diacono*, LUCIO MARCO *oratore*, AURELIO *philosopho*, MAURICIO, MARIANO *poeta*, ANTONINO *diacono*, CAMARIANO ÆLIO, *&* LABARINO *poeta.* VERUS, vitæ Eutropii *auctor*, *non Hispalensis, sed Arausicanus in Gallia Episcopus fuit. Trithemii error.*

113. LAUDAVIMUS eos Scriptores, qui ex hoc quinto sæculo verè nostri sunt. Nunc ad suos permittemus abire, immo usurpatæ civitatis damnabimus, quos aut inadvertenter aut adulatoriè in censum Hispanæ gentis quidam coniecerunt recentiores.

114. CLAUDIANUS poeta celeberrimus, Theodosii filiorum æqualis, hoc est ineuntis huius sæculi, in primis remittendus est Ægyptiæ suæ genti & Alexandrinæ urbi, quam eius patriam, cùm Apollinaris Sidonius [n] qui eum *Pelusiaco satum* dixit *Canopo*, tum Suidas ceterique ab iis noviores [o] laudant. Florentini quidem cives [p] arrogant urbi suæ parentem eius sive originem, nullo autem vetustatis documento. Aliis [q] Ægyptium eum natalibus, Florentiæ habitâsse excidit. Genere tandem Hispanus audit apud Blondum [r], cui statim credidit noster Tarafa, dum Theodosii res persequitur in tractatu suo *De Hispaniæ Regibus* [s]; eaque res iam aliquibus videtur maximè certa, ex quo Pseudo-Chronico Dextri Toletani fuit insertum: *Claudianus poeta ex Hispania oriundus Romæ floret.* Poetæ originem civi eius & æquali Dextro crederemus utique; novitio & abortivo Toletanæ urbis partui cras credemus. Sed neque hic substitit Thrasonica mentiendi audacia. Nam quod ante aliquot annos erumpere fecit è lethæa abysso Gregorius Argaizius Lucroniensis Benedictinus Hauberti Hispalensis Chronicon, patriam quoque Claudiani apud nos constituit [t]: *Claudianus poeta Iuliobrigæ natus Romæ floret.* Quod interpretatur Argaizius Lucroniensis: *Iuliobrigæ*, idest *Lucronii*: ut hinc verti in dubium possit, inventorisne Antonii Lupiani an scholiastis Argaizii Haubertus ita primùm conceptus fuerit. At egregiam se navâsse operam in re comprobanda tam Bivarius quàm idem Argaizius putant, quòd Hispaniæ laudes apud Claudianum sæpius recurrentes collegerint; cùm verè Hispanis Imperatoribus Arcadio & Honorio Augustæque familiæ id urbanè & obnoxiè, ne dixerim adulatoriè, datum fateri satius sit. Adeò ut ex his qui ethnicum & idolorum cultorem cum Augustino [u] & Orosio [x] Claudianum iure credunt, non nemo existimet [y] carminis illius in Christi laudem, quod incipit: *Christe potens rerum* &c. auctorem quoque eum fuisse in Christiani Imperatoris gratiam compositi (2): quemadmodum de Triboniano dicitur, tam recta & plura de religione Christianorum in *Pandectis* Iustiniani Im-

pe-

[n] *Carm. ad Felicem.*

[o] Parrasius vitâ eius. Bergom. lib 9. *Chronic.* Sabellicus *Ennead.* 7. lib. 9. Vadianus *De Poetica.* Vives ad S. Aug. *De civ. Dei* lib. 5. cap. 26. Pet. Mexia in *vita Theodosii.* Salmasius *præf. in exercit. Plin.* & alii à Barthio laudati in sua edition. Stan Kius *De Rer. Rom. Script.*

[p] Politianus, Petrarcha, Londinus, Collutius apud Barthium in *Claudiani vita.* Quos taxat Io. Ludovicus Brassicanus *notis* ad *Politiani Nutriciam.*

[q] Bergom. lib. 9. Hartm. Schedel. in *Chron.*

[r] Lib. 7. *Romæ triumphantis.*

[s] *Hisp. Illust.* tom. 1.

[t] Ann. cccxci. num. 1.

[u] *De civ. Dei* lib. 5. cap. 16.

[x] Lib. 5. *Hist.* cap. 35. Attamen Thomas Mazza Dominicanus, vitæ huius poetæ adnexuit *Apologiam pro eius Christiana religione.*

[y] Io. Ludov. Vives in D. Aug. lib. 5. *De civ. Dei* c. 26.

(1) Præter hos versus quibus Ceponii indicatur ætas, exstat aliud eius Poematii *De Phaetontis fabula* fragmentum XXIII. versuum apud Gasparem Barthium *Animadverf. ad Papin. Stat. IV. Thebaid. vers.* 729. *Tom. II. pag.* 1225. quos iure censet *non contemnendos.* Invitus eos huc non transfero, cum obvii non sint Exstat item Ceponii HEXAEMERON sive *De sex dierum opificio*, metricum ut coniicio opusculum, de quo idem Barthius ad *Papin. Stat. Silvar. lib. II. Silv. IV.* quæ inscribitur *Psittacus Atedii melioris*, exponens hunc versum

Occidit aeriæ celeberrima gloria gentis,

ait: *Aeriæ gentis*] *Volucrum quibus aer colendus assignatus. Vide Ceponium* IN HEXAEMERO, *quem nos auctorem* Vitæ *asserimus suo loco*, *hactenus nemini*, *nec fando perceptum. Vide* (pergit) *& Dracontii eius titulo librum*: quibus diversum hoc à Dracontii Hexaemero scimus. At quis sit VITÆ AUCTOR; aut quid sibi velit adiunctum *Vitæ*? Plane non capio. Christianus Daumius *Epist.* 84. *ad* Th. Reinesium (*inter huius Epistolas Edit. Ienæ* 1670. *pag.* 212.) Ceponii HEXAEMERON, GENESIN vocat. Videndus in *De causis amissar. Ling. Lat. radic. pag.* 77. Consonat Ioan. Alb. Fabricius *Biblioth. Lat. Lib. IV. cap.* 2. *Tom. II. p.* 252.

(2) Diximus de hoc suprà *lib. II. cap.* 6. *n.* 211. de Damasi scriptis loquentes.

peratoris Christiani, quantumvis paganum, inseruisse.

115. SEDULIUS quoque sacrorum carminum, *Paschalis* inquam *operis*, poeta, si aures Toletani Dextri præstamus fabulis, Oretanus Episcopus in Hispania fuerit. Is enim hæc habet [a]: *Fætadio Pontifici Toletano succedit Isicius monachus Palæstinus, qui Sedulium amicum suum & Oretanum Episcopum prædicationis gratiâ Toleti detinet, qui dono Dei in poesi oratoriaque præclarus multos libros componit* (1). Eadem ferè in Chronico suo ad annum CDXXVIII. Pseudo-Haubertus effutivit. Proclivis sum ut credam, Episcopali munere in Hispania tributo, Hispanos quoque natales subindicare voluisse auctorem. Sed tam falsum est ortum apud nos Sedulium, quàm Episcopum alicubi fuisse. Scoticam eius in Hibernia originem quidam agnoscunt Scriptores; alii [a] non liquere sibi aiunt. Nec si Hispanus fuisset, Isidorus dissimulâsset [b] catalogum paucorum Scriptorum scribens: cuius etiam testimonio nusquam sacris eum præfuisse contendimus. Presbyterum enim dumtaxat vocat, æquè ut Gelasius Papa *venerabilem virum* tantùm, non Episcopum. Asterius item Consul, qui demortui poetæ carmina inter chartulas ut ait dispersa collegit ac vulgavit (ut ex epigrammate codicis cuiusdam Remensis Sedulianis carminibus subiecto perque Iacobum Sirmondum publici iuris facto liquet), Sedulium præsulem *Iusti Sedulii* tantùm titulo vix appellâsset, Pontificalibus ornatum infulis virum laudaturus [c].

[a] Anno CDXXVIII. n. I.

[a] Labbeum vide in Differt. *De Script. Eccles.* verbo *Sedulius*.

[b] Cap. 9.

[c] Labbeum vide ubi suprà, ubi de Sedulio satis multa.

116. CEREALEM, quem Anonymus laudat [d] Isidoriano & Ildefonsino Scriptorum Ecclesiasticorum catalogis subiunctus, æquè falsò Pseudo-Luitprandus *Castulonensem*, hoc est in Hispania Episcopum, vocat [e]. Huius meminit præter memoratum Anonymum Gennadius, quibus fidem adhibere quàm supposititio illi præstat. Gennadius, *Cerealis* (ait [f]) *Episcopus natione Afer, interrogatus à Maximiano Arianorum* (aliàs *Africanorum*) *Episcopo, si paucis posset, vel divinæ Scripturæ testimoniis, absque disputationis dumtaxat assertione, Fidem catholicam assignare. Quam ille in nomine Domini, suffragante sibi veritate, non paucis testimoniis sicut Maximianus irridens petierat sed copiosis, tam veteris quàm novi Testamenti indiciis approbavit, & libello edidit.* Anonymus autem explicitè magis, *Cerealis* (inquit) *Castulensis Ecclesiæ Episcopus. Hic dum apud Carthaginiensem Africæ provinciæ urbem venisset, de Fide S. Trinitatis cum Maximiano Ammonitarum* (loco *Arianorum*, seu *Africanorum* Gennadii) *Episcopo concertatus est, respondens propositionibus eius, non eloquiorum argumentis, sed testimoniis sanctarum Scripturarum. Extat hoc ipsum idem opusculum* XIX. *responsionum capitibus præsignatum.* Quod quidem Cerealis opus adhuc superest in *Bibliothecis Sanctorum & veterum PP.* legendum.

[d] Cap. 10.

[e] In *Chronic.* ad annum CMLX. seu erâ CMXCVIII.

[f] *De Script. Eccles.* cap. 96.

117. At quem Afrum natione fuisse è Gennadio novimus æquali tamque idoneo Scriptore, cur tribuemus ei Hispanam Ecclesiam, eaque relictâ in Africam & Carthaginem navigationem; eique uni extero tot inter Africanos antistites adversantem super Fide sanctæ Trinitatis, eiusque propugnandæ forma, & ad certamen provocantem Arianum Episcopum? Non quidem id statim persuasisset germanus Luitprandus; immo scripturam tentaremus, & criterio panderemus ingenii vela, ne parum verosimile auctor dixisset. Aut enim Gennadius, qui nationem Cerealis Africanam & Episcopatum expressit, munus istud ab eo peregrè gestum non tacuisset; aut Anonymus, qui non gentis sed Episcopatûs meminit, gestorum à Cereali in Africa mentionem facturus, si aliunde huc advenisset id minimè dissimulâsset. Deest quidem in Africanæ Ecclesiæ monumentis, præsertimque in *collatione Carthaginiensi* Catholicos inter & Donatistas (quæ verè albus est Africanarum Ecclesiarum) *Castulensis* nomen. Abest tamen, nec parum, hoc à *Castulonensis* nomine quod Cereali imputatur. Quare si admovendus est correctorius stilus, quærendaque domestica hominis Africani Ecclesia: *Castellana* non una propè est, quarum alicuius Severinus Episcopus eidem collationi subscriptus legitur [g]. In *notitia* autem *Episcoporum Africæ* à Sirmondo cum *opusculis* quinque *dogmaticis* veterum Scriptorum Parisiis MDCXXX. edita, inter Episcopos Numidiæ Honoratus; itemque Petrus inter Mauritaniæ Cæsareensis; necnon & Felix inter Mauritaniæ Sitifensis, omnes cum *Castellani* titulo recensentur: præter alios Ecclesiarum Castro-Seberianensis, Castelli-Mediani, Castelli-Tatroportensis, & Castello-Ripensis, eiusdem Mauritaniæ Cæsareensis. Cùm enim à Castello dicta sit necessariò Castellana Ecclesia; non minùs gramma-

[g] Cap. 180. primæ cognit. in edit. ultima Labbeana tomo 2. Concil. col. 1399.

(1) Totidem hæc atque ipsis verbis & eodem prorsus ordine leguntur in Pseudo Dextri exemplo Regiæ Bibliothecæ Matritensis.

maticè *Castellensis* quàm *Castellanus* appellari potuit eius Episcopus.

118. Eiusdem audaciæ & propositi gemellorum istorum omnium pseudo-historicorum communis fuit, LEPORIUM quem è Pelagianismo reduxit S. Augustinus, Uticensem in Bætica Episcopum à Pseudo-Dextro fingi [h]. Quem verè Afrum domo, ut ex S. Augustino ipse fatetur Bivarius [i], neque Scriptorem, sinamus alibi extra Bibliothecam Hispanorum Scriptorum de Episcopatus sui Uticensis loco causam agere (1).

[h] Ad annum CDVI. I.

[i] In comment. huius loci.

119. Miror tamen quòd istorum aliquis PROSPERI AQUITANI nomen in hoc nostrorum Scriptorum censu nondum sit professus. Cùm aliquando auditum sit natalibus eum fuisse Hispanum. Lilii Gregorii Gyraldi dialogo v. *De poetis* hæc sunt verba: *Quo eodem Leonis tempore in Italia Prosper claruit, qui ex Hispania originem duxit, vel (ut rectiùs alii tradunt) ex Aquitania*, &c. Verùm cùm ille à Gennadio audiat [k] *homo Aquitaniæ regionis*, & ab Isidoro lib. 6. originum ubi de Cyclo Paschali *natione Aquitanus*; nec ullus, quem viderim, alius funem contentionis cum Gallis seu Aquitanis trahere velit, nec nos trahemus.

[k] *De Script.* cap. 84.

120. Impudentius verò mendacium fingi non potuit eo quod in FULGENTIO Ruspensi Episcopo dictum fuit à Iuliano archidiachono Toletano hypobolimæo. *S. Fulgentius Episcopus Ruspensis in Africa* (in Chronico ait num 159.) *natus civitate Toletana, patribus, avis, & proavis Toletanis, qui cum Regibus Wandalorum traiecerat, in Africa obiit minor octogenario, lumen Ecclesiæ.* Non sic audacter eius collactaneus Maximus, qui originem non verò patriam in Hispania Fulgentio assignavit, scribens in Chronico ad annum CDLXXXIX. *Fulgentius oriundus Toleto natus Lepte, patribus tamen Hispanis ex ordine senatorio ad Africam transmigratis, monachus, & pòst Episcopus factus Ruspensis, multa pro Fide patitur.* Bivarius autem in Commentario, ut Iuliano hunc conciliet apud istum legit: *natus in civitate Leptand*, loco *Toletanæ*, quod editum fuisse supponit: quod verum non est; nec improbat parentes Fulgentii seu avos una cum Wandalis olim venisse in Africam è Toleto, ubi Duumviri, seu è Duumviris (sic enim interpretatur eos è senatorio fuisse ordine) Carthagineque Africana domum fixisse, ubi & eadem sanguinis prærogativâ gavisi, Leptim inde Byzacenæ provinciæ transmigrantes Fulgentium ibi filium genuere. Fucus hic Bivarii quo obducere voluit fœdissimum, si quod unquam, mendacium.

121. Cui quidem, ut excusemus aliquo modo errorem recentioris horum Chronicorum architecti, ansam porrexit ille qui sæpiùs aliàs decepit eum in foveam erroris secum præcipitans, Equilinus Episcopus *catalogi Sanctorum auctor*, apertè docens *in civitate Toleto Hispaniæ* Fulgentium natum. Quocum cæspitavit etiam Cabilonensis [l] & Maurolycus Abbas [m], & hos duces secuti, qui è nostris absque examine omnia credunt [n]. His si præ antiquis Scriptoribus fides habita fuit à suppositítiis Iuliano & Maximo, ineptæ hi quidem stoliditatis convitio traduci; si autem ab iis non inadvertentibus renuntiatum veritati dolo fuit, & noviorum error sponte admissus & commendatus ut etiam non bona fide partibus adhærerent: perversæ ac præposteræ caritatis in patriam titulo notari merentur. Præstâsset utique ab Isidoro [o] non discedere qui Afrum palam Fulgentium vocavit, uti & Honorius Augustodunensis [p]. Immo Ferrando, aut si quis est alius, vitæ auctori plusquam centum Equilinis & Maurolycis cunctæque catervæ noviorum credere. Quo sanè viso & ad rem adducto, Bivarius nîl retardari debuit famæ suæ prospiciens, quin contestatum ab æquali & discipulo Fulgentii genus eius & patriam ex animi sententia contra falsæ originis assertores propugnaret, & inventis frugibus velle adhuc glandibus pasci desineret. Verbis Ferrandi non potuit quicquam luculentius & expressius concipi. *Beatus igitur & verè Fulgentius, nobili secundum carnem genere procreatus, parentes habuit ex numero Carthaginiensium senatorum. Avus denique eius nomine Gordianus, dum Rex* [q] *Geisericus memoratam Carthaginem victor invadens* (acta sunt hæc anno CDXXXIX. [r]) *senatores plurimos, immo cunctos, amissis omnibus bonis ad Italiam navigare compelleret, inter ceteros etiam ipse impositam peregrinationem libenti voluntate suscepit, volens saltem facultatibus perditis non perdere libertatem. Post cuius obitum duo ex filiis eius spe recuperandæ hereditatis Africanam pro-*

[l] Topographiâ, verbo *Ruspa* & *Carthago nova.*

[m] *In martyr.* 1. *Ianuarii.*

[n] Marieta de SS. Hispan. lib. 5. cap. 93. Pisa Hist. de Toledo lib. 5. cap. 36.

[o] *De Script.* cap. 14.

[p] *De Script.* cap. 16. lib. 3.

[q] Aliàs Gensericus.

[r] Chifletium vide in Notis.

(1) In Estepáno Pseudo-Dextri fragmento sub finem secundi huius Bibliothecæ voluminis edito, cui Noster nigrum theta præfigere ausus non fuit, nihil prorsus de hoc Leporio reperi; Regius tamen Matritensis Codex ad annum CCCCV. hæc habet: *Leporius Episcopus Uticensis in Bætica prius monachus ex familia sancti Augustini mutat perditam suam priorem sententiam admonitus à sancto Augustino præceptore suo*: quæ sese ipsa Hispanici saporis, herique aut nudiustertius conficta produnt.

provinciam repetentes, manere iam intra Carthaginem minimè potuerunt, domo propria donata sacerdotibus Arianis. Sed possessionibus suis ex parte per auctoritatem regiam repetitis, ad Byzacium perrexerunt; ibique in Tellepte civitate unus eorum nomine Claudius, ex coniuge nomine Mariana (aliàs *Marriana*) *christiana scilicet & honesta femina, istum cui tanta gloria debebatur* (Fulgentium) *feliciter genuit.* Itaque *Tellepte* (non *Toleti*, nec item *Lepti* quod habet Maximus & Bivarius credidit) Byzacenæ provinciæ metropoli, ignota quidem & indicta Geographis antiquis sed è conciliaribus Ecclesiæ Africanæ monumentis notissima, natus Fulgentius fuit: avus Gordianus ex senatoribus Carthaginiensis urbis à Wandalis patriâ pulsus in Italiam transiit; inde pater Claudius in Africam rediit, & cùm Carthagine manere non posset in Telleptensem se recepit urbem. Anne ulla rima in his per quam ad Fulgentii res à discipulo commemoratas penetrare Toletum possit? Cæci ipsi viderint.

122. Sed non contentus transformator multiplex noster Scriptores vertere solùm facere, ac transportare de loco in locum: SEVERO Malacitano Episcopo à S. Isidoro inter Scriptores laudato [s], cognominem alterum comminiscitur Lamecensem Episcopum eundemque Scriptorem, cui prioris illius librum *De virginitate ad sororem* tribuit, verbis sui Dextri [t] *Severus Episcopus Malacitanus* (Bivarius vellet Lamecitanus) *scripsit librum ad sororem de virginitate;* atque item sui Maximi: *Severus Episcopus Lamecensis floret scriptis: interfuit primo Concilio Toletano.* Quibus comitem se dedit novioris alterius foeturæ Haubertus in Pseudo-Chronico suo ad annum CDXXXII. quem florere ait XLIV. annis postquam scripsisset Episcopus ad sororem laudatum opus. Severus quidem unus fuit, isque Malacitanus, auctor libri *De virginitate ad sororem*; nullus autem & nusquam homo alter Lamecensis cui obtruditur idem opus. Quod perfunctoriè hìc dictum, ad Severi Malacitani tempora devenientes, sedulâ magis operâ persuadere curabimus.

[s] Cap. 30.

[t] Ad ann. CCCLXXXVIII. 5.

123. Desunt hic pro colophone merces aliæ ex Hauberti eiusdem Hispalensis penu: ex quo ad hoc sæculum hæc pertinent:

BERGUDIUS AULUS *civis Calagurritanus, vir eloquens, obiit Romæ.* Ad annum CDXVIII.

Cæsariæ in Vardulis obiit STEPHANUS *diaconus rhetoricus.* Ad annum CDXXIX. 6.

GAUDENTIUS *Tirasonensis diaconus cancionator* (sic lego pro *concionator*) floret. Ad annum CDXXXI. 8.

Hispali nascitur LUCIUS MARCUS *orator.* Ad annum CDXXXI. 13.

AURELIUS *philosophus Iuliobrigæ nascitur.* Ad annum CDXXXV. 15.

Successit (Ioanni Episcopo Flaviobrigensi) MAURICIUS *cancionarius.* Ad annum CDXLVII. 2.

MARIANUS *poeta patriâ Calagurritanus discessit è vita.* Ad annum CDL.

Obiit Dertusæ ANTONINUS *diaconus cancionarius.* Ad annum. CDLVIII. 2.

CAMARIANUS ÆLIUS *cancionarius obiit Cutandæ.* Ad annum CDLIX. 3.

LABARINUS *poeta moritur Maviæ.* Ad annum CDLXII. 2.

Sed has merces habe tibi, Lector, si quis præstigiatoribus aures commodas.

124. Huic quoque sæculo imputandus esset VERUS, auctor vitæ S. Eutropii, quamvis duplici errore Ioannes Trithemius, & hominem & qua vixit ætatem, ignoraverit. Hunc Hispalensem fuisse antistitem existimavere laudatus Trithemius [u], qui addit sub Pipini Regis Francorum tempus eum vixisse: Ioannes Eisensgreinius [x], Lucius Marinæus Siculus [y], Frisiusque [z]: falsi quidem ex eo quòd Eutropium istum cuius gesta Verus descripsit, eundem cum eo crediderint qui Servitanus Abbas & ex Abbate Valentinus in Hispania Episcopus fuit, de quo nos alibi. Sed, si verum amamus, Verus iste ac Eutropius unus post alium [a] Arausicani in provincia Gallica Episcopi fuere. Sigebertus qui inter Scriptorum collectores primus Veri meminit: *Verus Episcopus* (ait [b]) *vitam Eutropii Episcopi Arausicæ Galliarum urbis, illustrem virtutibus ac miraculis, descripsit luculento sermone.* Nihil potuit expressius de Eutropio, cuius ad diem XXVII. Maii Beda, Usuardus, Ado mentionem fecere: quorum posteriores duo, ut iam nullus ambigere hac de re valeat, hunc fuisse Eutropium annotârunt cuius vitam Verus descripsit.

[u] *De Script.*

[x] *In catalogo test. veritat.*

[y] *In descript. Hisp.* lib. 6.

[z] In *Bibliothec. philosophica.*

[a] *Gall. Chr.* tom. 2. pag. 198.

[b] *De Script. Eccles.* cap. 73.

125. Configemus & hic Lusitanorum forsan persuasionem eorum qui hagiologo suo Georgio Cardoso nihil non credunt, viro quidem probo ac diligenti, sed quem Dextro & huius farinæ inventis haud fidem præstare piaculum fuit. RUFINUM hic Aquileiensis Ecclesiæ in Italia presbyterum, quem studia sacrarum literarum & versiones in Latinum plurium Græcorum patrum operum antea satis commendaverant, Origenis autem defensi errores & cum Maximo doctore Hier-

Hieronymo super his contentio plurimum postea depressere; quique ante annum huius quinti sæculi vicesimum quo idem S. Hieronymus obiit decessisse creditur: hunc, inquam, Rufinum patriâ fuisse Lusitanum affirmat [c]. Scilicet ex *Concordia* oppido, unde & Paulus inde dictus *Concordiensis* fuit, senex ille centenario maior ad quem S. Hieronymus *vitam Pauli eremitæ* à se conscriptam cum literis suis direxit. Cùm verè tam Paulus quàm Rufinus Itali ex Concordia Carnorum colonia oriundi fuerint.

[c] *Hagiolog.* tomo 3. die xx. Iunii.

126. Quisnam autem ansam erroris hagiologo Lusitano porrexerit, si nescis, ille est qui fucis ac dolis suis historiæ nostræ sinceritatem corrupit Dexter. Nempe hic alicubi effutiverat [d], Paulo Concordiensi Lusitano S. Hieronymum scripsisse. Quo semel admisso (hunc scilicet Paulum Lusitanum fuisse) pronum ac proclive fuit ad Rufinum porrigere manus Lusitanum hagiologum; cùm ex S. Hieronymi epistola quadam ad Florentium constet, utrumque, & Paulum & Rufinum, eandem patriam agnovisse. *Scripsit* (inquit) *mihi & quidam de patria supradicti fratris Rufini, Paulus senex, Tertuliani suum codicem apud eum esse.* Quos eosdem esse de quibus loquimur, nullus ambigas. Sed etsi nihil adversus huiusce rei auctorem Dextrum excipere haberemus, cui hic inter alios fallendi locus plurimum placuit ut geographicam rem æquivocis nominibus hac illac adplicatis bona ex parte convelleret: falsum esse quod de Paulo toties improbatus blateravit Scriptor, quodque de Rufino eius cive atque utroque Lusitano Cardosus bona fide collegit, res ipsa loquitur. Quamvis enim demus in Lusitania *Concordiam* Ptolemæo [e], & *Concordienses* stipendiarios, qui & *Boccori*, Plinio [f] fidem habentes: ad alteram Italiæ *Concordiam*, eamque celebriorem, atque in Italia degentibus inque ea gestas res enarrantibus, notiorem vocamur, dum de Aquileiensis Ecclesiæ presbytero, qualis fuit Gennadii [g] & aliorum testimonio Rufinus, quæritur. Concordia etenim in Carnis populis & Aquileia, Romanorum utraque colonia, simul nulloque interiecto, à Ptolemæo [h], necnon & à Plinio [i] & Mela [k] & Venantio Fortunato [l] similiter laudantur. Cùm verò propinquam Aquileiæ habeamus huius nomenclaturæ urbem, insanum esset ex orbis terrarum fine & ultima Hispania presbyterum, non ex usu eorum temporum, matrici Ecclesiæ adscribendum corrogare.

[d] In Chronic. ad annum CDXVIII. n. 4.

[e] Lib. 2. Geog. cap. 5.

[f] Lib. 4. cap. 22.

[g] *De Script. Eccles.* cap. 17.

[h] Lib. 3. cap. 1.

[i] Lib. 3. cap. 18.

[k] Lib. 2. cap. 4.

[l] Lib. 4. de vita S. Martini.

127. Nec de PAULO aliter credere nos irrefragabilis Hieronymi permittit auctoritas. Quem ex Italiæ Concordia esse apertissimis his docet verbis de Tertuliano loquens [m]: *Vidi ego quendam Paulum Concordiæ (quod oppidum Italiæ est) senem, qui se beati Cypriani iam grandis ætatis notarium, cum ipse admodum esset adolescens Romæ vidisse diceret, referreque sibi solitum, nunquam Cyprianum absque Tertuliani lectione unam diem præteriisse.* &c. Quid clarius potuit de Pauli patria dicere? aut se de eo Paulo loqui, quem toties senem & grandævum & centenario adhuc maiorem, quique Cypriani notarium grandiorem ipse adhuc adolescens Romæ videre potuisset, literis ad eum & alios datis appellat. Quid verò ad ostensum hoc lumen ab ore Hieronymi promanans, noctuæ nostræ, quæ meridie mero tenebras sibi ipsæ clausis oculis faciunt? Pseudo-Dextro uni credunt de Pauli natali loco: qui & alibi Concordiæ in Lusitania, *quæ nunc Besulci dicitur* (1), Donatum ait [n] & eius socios fuisse martyrium passos. Cùm martyrologiorum antiqui codices clament Concordiæ in Italia hos esse martyres, tabulæque huius Ecclesiæ; quæ post coloniæ veteris excidium ab Attila perpetratum ab anno superioris sæculi LXXXVI. ad portum Gravarium in litore translata fuit: de qua re sedulè agunt Februarii *Acta sanctorum* Antuerpiensia [o], & cum eis Martyrologi omnes [p]. Et nihilominus Lusitaniæ suæ Cardosus, atque Hispanæ genti Tamaius adscripsere. Neque Bivarius Dextri propugnator negat S. Hieronymum de Paulo dixisse, Concordiæ in Italia à se visum; coniectatur tamen potuisse Paulum Concordiæ in Lusitania ortum conferre se in Concordiam Italiæ & ab hac appellari; eo quòd parochiam in ea regeret. Cui rei comprobandæ operam ludit Cardosus, plura exempla eorum qui alicubi degerent non inde oriundi, quasi huius observationis aliquod esset opus, ex historiis colligens; & tamen in Lusitania Paulum fuisse quo tempore ad eum scripsit Hieronymus, contendit.

[m] *De Script. Eccles.* cap. 53.

[n] Ad annum CXLV. num. 2.

[o] Die XVII. Febr.

[p] Vide Ferrarium *De sanctis Italiæ* XVII. Febr. Lubinum in *Notis ad Martyrolog.* ea die.

128. Omnia hæc scilicet auctoritate unius Pseudo-Dextri stant aut cadunt: quæ cu-

(1) Desunt hæc in Estepáno Pseudo-Dextri fragmento; in Codice autem Regio Matritensi pro *quæ nunc Betulci*, legitur: *Anno CXLV. Concordiæ in Lusitania* (*quæ nunc Riulei dicitur*) *Sancti Christi Martyres Donatus, & socii eius etiam passi.*

cuius sit pretii non omnibus adhuc perpendere locus aut voluntas fuit. Quare hìc nos è sancti Hieronymi aliis testimoniis Italum Concordiensem Rufinum fuisse, contra id quod è Dextro se colligere Lusitani existimant, comprobabimus. In epistola ad Rufinum directa [q]: *Diu te Romæ* (ait) *moratum sermo proprius indicavit. Nec dubito spiritualium parentum ad patriam revocatum desiderio, quem matris luctus ire prohibebat; ne magis coràm doleres, quod absens vix ferre poteras.* De qua autem patria intelligat, ipse infrà ostendit: *Frater meus Paulinianus* (inquit) *nondum de patria reversus est, & puto quòd eum Aquileiæ apud sanctum Papam Chromatium videris. Sanctum quoque presbyterum Rufinum* (eiusdem nominis alium ut infrà dicemus) *ob quandam causam per Romam Mediolanum misimus, & rogavimus ut nostro animo & obsequio vos videret.* Degebat ergo Rufinus in patria, quò è Roma traxerat eum parentum spiritualium caritas; nec nisi in ea regione Italiæ ubi eum Aquileiam pertransiens Paulinianus videre, & ad quam Rufinus alter per Romam venturus Mediolanum facilè declinare potuisset. Aliàs Hieronymus qui Romanæ Rufini moræ priùs, & Aquileiæ urbis inde meminit, tam longæ in Hispaniam usque intermediæ peregrinationis, si patria hæc Rufini esset, mentionem non utique prætermisisset. Necnon & idem Hieronymus adversarium sibi iam expertus quem hucusque tam benevolè complexus fuerat, in apologia contra eum scripta excusationem accusans quâ usus fuit Rufinus ne Romam veniret, ab Anastasio Papa vocatus (ex Aquileia, aut quod magis credimus Concordia) hæc ait: *Et nisi post triginta annos* (in Hierosolymitana seu Orientis peregrinatione consumtos) *parentibus redditus, nollet eos deserere, quos tam tardè viderat; ne inhumanus putaretur aut durus; & tam longi itineris labore fragilior, ad iterandos labores esset infirmus, ipsum venire noluisse.*

[q] Epist. 66.

129. Quam non veniendi obiectam causam ironicè traducit postea Hieronymus, locum, ubi Rufinus degeret, & unde divelli ne parentibus dolori esset recusaret, apertè significans. *Illud verò ridiculum, quòd post triginta annos ad parentes se reversum esse iactat homo, qui nec patrem habet nec matrem, & quos viventes iuvenis dereliquit, mortuos senex desiderat; nisi parentes militari vulgarique sermone cognatos & affines nominat: quos quia non vult deserere, ne inhumanus putetur aut durus, iccircò patriâ derelictâ Aquileiæ habitat.* Et tamen non continuè; nam & Concordiæ in patria egisse, cùm vocatus Romam venire noluit, hæc alia suadent: *& rogantem Romam, ut eam illustrares præsentiâ tuâ, oppiduli tui amore contemseris.* At ne ignoraretur quo loco esset oppidulum eius à quo Romam accedere vocatus abnuerat: *Periclitatur* (inquit Hieronymus) *Romæ illa probatissima fides eius; & hic supinus & lassulus post triginta annos per mollissimum Flaminiæ iter essedo venire non potest; sicque prætendit longi itineris lassitudinem, quasi triginta annis semper cucurrerit, aut biennio Aquileiæ sedens præteriti itineris labore confectus sit.*

130. Collige nunc Lector veri amans quæcumque è Hieronymi ore audisti, nec tibi dubium erit Rufinum è tricennaria per Orientem peregrinatione vocatum in patriam desiderio parentum, Romæ priùs fuisse; deinde cum ad Aquileiæ viciniam, ubi patriam habebat Concordiam, venisset: partim in hoc, quod oppidulum eius vocat, partim in ipsa urbe Aquileia per biennium commoratum. Unde recusavit Romam redire, prætendens adhuc post biennium lassitudinem reditu ab Oriente contractam, cuius causa neque etiam mollissimum per Flaminiam (hodie *Romagna* est) iter tolerare potuisset. Adeò quidem hæc sunt perspicuè significata, ut nec resurgens verus Dexter hiscere contrà fuerit ausus. Sed removeamus qui restat scrupulum circa Rufini patriam. Inter Marii Mercatoris, sancti Augustini æqualis & discipuli, quæ ante paucos annos in lucem edita sunt opera, *Commonitorium* est *adversus hæresin Pelagii & Cœlesti*: cuius ferè principio Rufini fit mentio his verbis: *Hanc ineptam & non minus &c. quæstionem Rufinus quidam natione Syrus Romam primùm invexit.* At quamvis alter illustratorum Mercatoris Rigberius multum sudet in conciliando cum aliis hoc de patria Rufini testimonium: facilè sese expedit alter Garnerius, Mercatorem de alio Rufino intelligens, cuius suprà ex Hieronymo iam meminimus (1).

BI-

(1) Apud Montfauconium *Bibl. Biblioth. in Claravallensi Tom II. pag.* 1367. *col. I. C.* hæc legi: *Sancti Prosperi Notarii B. Leonis Papæ, & Episcopi Hispalensis liber responsionum ad excepta quæ de civitate Genuensi sunt missa*: quæ quo pertineant, quisve hic Prosper Hispalensis fuerit, plane ignorare me fateor. Abest certe ab eius Ecclesiæ Æmilianensi Præsulum catalogo, atque à Cl. Florezio *T. IX. Hisp. Sacr.* in quo de Hispalensis Ecclesiæ rebus agit.

BIBLIOTHECÆ VETERIS HISPANÆ

LIBER QUARTUS.

DE SCRIPTORIBUS SÆCULI SEXTI.

CAPUT PRIMUM.

De ORENTIO *sive* ORIENTIO. *An hic* ORESIUS, *ad quem Sidonius scripsit. De sale Hispano, & Egelesta Plinii. Fortè idem cum* ORONTIO, *qui inscriptus legitur in duobus Hispaniensibus Conciliis. Orentii* Commonitorium. *Quale hoc vocabulum? Venantii Fortunati de hoc nostro carmen. De quatuor fratribus Episcopis,* ELPIDIO, IUSTO, NEBRIDIO, *&* IUSTINIANO. *Iustiniano scilicet Valentino: in quo quæritur de tempore habitæ in hac urbe Synodi; ac de nomine* Theudi, *an sit idem cum* Theoderici, *adiuncta terminatione* ric, *sive* ricus *Gothorum propriâ. In Conciliis Episcopos omnes secundum ordinationis tempus sedisse. Ioannes Baptista Perezius laudatur. Iustiniani* Responsiones ad Rusticum *periere. De Iusto Urgellitano, eiusque* in Cantica Canticorum expositione: *Pseudo-Maximo non Urgellitano, sed Ausonensi Episcopo. De Nigridio sive Nebridio Egarensi, & Elpidio alterius urbis Episcopis. Pseudo-Iuliani & Pseudo-Liberati fabulæ.*

SEXTUM sæculum hoc libro percurrendum est, quod & multos & celeberrimis conferendos, Hispaniæ nostræ Scriptores, ac viros clarissimos peperit. Horum primum ORIENTIUM colloco, cuius *Commonitorio* fruimur versibus exarato. Sunt qui credant [r] hunc *Oresium* esse ad quem direxit Sidonius Apollinaris eam epistolam [s] quæ incipit: *Venit in nostras* &c. Unde colligi poterit eum cui inscribitur sive Tarraconensem patriâ fuisse, sive Tarracone aut in eius urbis agro tunc temporis commoratum. Ait enim Sidonius: *Venit in nostras à te profecta pagina manus, quæ trahit multam similitudinem de sale Hispano in iugis cæso Tarraconensibus. Nam recensenti lucida & salsa est, nec tamen propter hoc ipsum mellea minùs: sermo dulcis, & propositionibus acer.* Nisi *Tarraconensia iuga*, non de urbi huic vicino, sed de Tarraconensis totius provinciæ, hoc est citerioris Hispaniæ, aliquo intelligamus monte. Quamvis enim Hispaniæ in genere salem hunc fossilem seu salitos montes Solinus, Agellius, Vegetius, Cato, Petrus Venerabilis cum Plinio attribuant [t]: videtur tamen Sidonius Plinii hunc locum habuisse ante oculos: *In Hispania quoque citeriore* (ait [u]) *Egelesta cæditur glebis penè translucentibus, cui iam pridem palma à plerisque medicis inter omnia salis genera perhibetur.* Si Bernardino Gomezio Miedes [x] & Ambrosio Morali [y] credimus, *Egelesta* Conchensis diœcesis, dictæ scilicet Hispaniæ citerioris, oppidum *Iniesta* est (1).

2. Sed *Oresio*, non *Orientio*, scripsit Sidonius; ita enim habere omnes libros tam vulgatos quàm manuscriptos admonuit Ioannes Savaro. Quare Vossio [z] non videtur idoneè id probari. Neque ego causam meam faciam. Proxima tamen hæc duo sunt nomina, idemque studium poeseos. Pe-

[r] Baronius ad annum CDLXXXIV. n. 126.

[s] Lib. 9. ep. 12.

[t] Testimoniis videndis apud Savaronem in notis ad hanc epistolam, & Bivar. *ad Maximum* pag. 240.

[u] Lib. 31. cap. 7.

[x] In Comm. *De sale.* lib. II. n. 81.

[y] In fine *Description. Hispaniæ*, 2. par. *Hist.* sive post lib. 12.

[z] *De vet. poetar. tempor.* 2. par. *De poet. latin.* cap. 5. pag. 65.

(1) Egelestani Plinio *III.* 3. Conventus Carthaginensis oppidum. Harduinus *in Notis*, itidem ut nostri Gomesius Miedes & Moralius, *Vniestam* sive *Yniestam* hodie dictam putat *prope Concham in Castella nova*; idque post laudatum *lib. III. pag.* 160. Strabonem, qui eo loco *Egelastam* in medio Spartario seu Carthaginensi campo manifestissimè collocat. Agens enim de itinere ex Italia in exteriorem Hi-

Petit enim à Sidonio epistolæ auctor nova quædam sibi carmina mitti: qui poetæ proprius amor. Nec id quo tandem utitur Vossius argumentum Oresium Sidonii excludit; sed tantum difficile quodammodo reddit, quod Oresius Sidonii & Orientius noster, Orontius ille sit Illiberitanæ civitatis Episcopus, qui cum hoc muneris titulo Tarraconensi, & sine eo Gerundensi subscriptus Conciliis legitur. Quod itidem Baronius Cardinalis prioris sententiæ auctor existimavit, & cum eo ex nostris plures. Quò verè propendisse video Toletanum pseudo-chronographorum ficulneorum parentem [a].

3. Negari non potest quin persuadere arduum sit, tria hæc *Oresius*, *Orientius* & *Orontius*, unius hominis esse nomina. *Oresii* Abbatis librum *De sex cogitationibus sanctorum* vulgavit Canisius [b]: *Oriesii*, sive *Orisiesii* monachi Gennadius meminit [c], libri *De institutione monachorum* auctoris, qui inter Patrum scripta editus est [d]. De cetero ad hæc duo tempora, & id quo scripta fuit Sidonii epistola, & id quo habitum utrumque fuit Concilium, unum eundemque hominem pertinuisse nîl absonum continet. Sidonius enim, ut bene putavit rationem temporis Baronius [e], anno CDLXXXIV. epistolam ad Oresium dedit nondum Episcopum, quod ex nuncupatione constat: quem annum inter & DXVI. quo Tarracone, & DXVII. quo Gerundæ conventum ad Concilium fuit, triginta duo tresve anni dumtaxat numerantur: quos quid impedit eum superfuisse, qui iuvenis potuit cum Sidonio commutare literas? Sed incerta pro certis affirmare recta mens non patitur (1).

4. Debemus quidem Orientii notitiam è laudatoribus Scriptorum uni Sigeberto, qui hæc de nostro breviter [f]: *Orentius* (ita vocat, non *Orientium*) Commonitorium *fidelibus scripsit metro heroico, ut mulceat legentem suavi breviloquio*. Vocabulo scilicet ævi sui, immo à Christianis faciliùs usurpato, *Commonitorium* inscribens: quod ex veteribus glossis idem est ac ὑπομνηστικὸν Græcorum. Ὑπομνηστικὸν *commonitorium*, ut observavit Barthius lib. 18. cap. 7. Sirmondi glossæ aliter interpretabantur [g], ἐπιστολὴν scilicet προςακτικὴν, *epistolam quâ aliquid præcipitur*: quod exemplis codicis Theodosiani & Zenonis Papæ epistolæ confirmat. Sidonius quasi mandatum daturus Musæ Phœbi nomine,

Dilectæ nimis & peculiari
Phœbus commonitorium Thaliæ

carminis fronti affixit [h]. Gelasius Papa ad Faustum magistrum Constantinopoli legatum eius agentem *Commonitorium*, quasi mandatum dedit, instruens eum de his quæ agenda essent: quæ est eius Papæ epistola 4. Et Lanfrancus Cantuariensis in Anglia præsul epist. 26. *nec si licuisset* (ait) *commonitorium, quod in festivitate S. Martini habere voluistis, fieri potuisset*. Ceterùm *commonitoria* à commonendi officio propriùs dicta, tum Vincentius Lirinensis, tum Orosius ad Augustinum, & Marius Mercator ad Theodosium Imp. scripsere. Quare his omnibus non una significatione *commonitorium* esse, annotavit ad Mercatoris opus Notis Ioannes Garnerius [i].

5. Quod autem hodie habemus Orentii *Commonitorium*, contra quod Sigebertus monuit, non totum heroicis hoc est hexametris versibus constat; immo & elegiacis hoc est distichis permiscetur. Unde suspicabatur Barthius lib. 18. cap. 7. quicquid elegis conceptum est, posse legitimum auctoris non haberi; ac in promtu sibi esse ait alia argumenta quæ id docere possint. Scriptorem autem *eruditum* censet & *nitidum* alibi de eo loquens [k], cui nempe illustrando duo integra *Adversariorum* eruditissimorum dedit capita [l]. Ad eumque referri debet Venantii Fortunati hoc dictum in *De vita S. Martini. Episcopi* lib. 1.

Hinc quoque conspicui radiavit lingua Sedulî.
Paucaque perstrinxit florente Orientius ore.

6. Latebat quidem adhuc in schedis opus,

[a] In Iuliani Advers. 433.

[b] Vol. 5. *Antiq. lection.*

[c] Cap. 9.

[d] Tomo 4. Bib. VV. PP.

[e] Ad ann. CDLXXXIV. n. 137.

[f] *De Script. Eccles.* cap. 34.

[g] In *Notis ad Sidon.* lib. 8. ep. 11. pag. 90.

[h] Lib. 8. *epist.* 11. *Lupo.*

[i] In editione Paris. MDCLXXIII. pag. 5.

[k] Lib. 43. n. 9.

[l] Cap. 6. lib. 27. & cap. 9. lib. 43.

Hispaniam sive Bæticam, post Dertosam, Saguntum, Sætabim, ait iter hoc loco non nihil à mari recedere & Spartario campo applicari; pergitque: πρότερον μὲν οὖν διὰ μέσου τοῦ πεδίου καὶ Ἐγελάστας συνέβαινεν εἶναι τὴν ὁδὸν, χαλεπὴν καὶ πολλὴν· id est ex Is. Casauboni versione: *Et antea quidem per medium campi & Egelastæ* (via) *ducebat longa & difficilis*. Nec dissentit loco citato Plinius qui *Egelestanos* inter Dianium & Ilorcin collocat, hoc ordine eos recensens: *Consaburenses*, *Dianienses*, EGELESTANI, *Ilorcitani*, *Laminitani*, *Mentesani* &c. Straboni itaque, ut ego coniicio, *Egelesta* non procul ab hodiernis oppidis *Lebrilla*, *Alhama*, *Totana* sita fuit. Cellarius in *Egelesta* sive *Etelesta T. I. pag.* 97. *n.* 74. neque Strabonis meminit. At Ptolemæus *Stelestam* in extremo Carpetanorum versùs septentrionem collocat limite ad sinistram Durii ripam inter Ilurbidam & Ilarcurim è regione Cluniæ coloniæ (*Coruña del Conde*) quæ in adversa ripa est; ea tamen ab hac de qua agimus diversa est.

(1) Auberti Miræi Scholium ad hunc Gennadii locum adducit Ioann. Alb. Fabricius *Biblioth. Eccl.* in Gennadio de *Oriesesi*, sive *Oriesesio* monacho loquente: *Porro* (inquit Miræus) *ne quis erret, moneo ab isto longe alium esse Orientium seu Orentium à Sigeberto cap.* 34. *laudatum*: quod mihi ex utriusque Instituti ac scriptorum diversitate vero videtur simile.

opus, cum insisteret *Annalibus* suis formandis Baronius [m]. At inter priorem & alteram editionem emicuit foras Orentii *Commonitorium* è Martini Antonii Del-rii viri clarissimi manu, cum brevibus eius Notis Antuerpiæ apud Trognesium MDXCIX. aliàs MDC. in 12.° Unde iam Annalibus Ecclesiasticis [n] adiunxit auctor huius editionis mentionem. Sed prodiisse iterum cum Laurentii Ramirez de Prado Notis nos docuit Miræus [o], quas non vidimus. Fortasse eadem hæc est cum editione Salmantina anni MDCIV. in 4.° cuius mentionem alicubi factam invenio. Legitur sanè iam in editione ultima Coloniensi *Bibliotheca veterum PP.* volumine quinto, & in ea posterioribus. (1) Habuit quoddam huius operis exemplum ad manus in bibliotheca Galesiana repertum Philippus Labbeus, cogitabatque dum viveret, librorum helluo, cum editis conferre [p].

[m] Vide ad an. CDLXXXIV. n. 138.

[n] Ibidem.

[o] In Biblioth.

[p] Novæ Biblioth. MS. pag. 63.

7. Iustiniani Imperatoris tempore, Theudiique sive Theudis Gothorum in Hispania Regis, qui ab anno DXXXI. ad DXLVIII. imperium produxit, ELPIDIUS, IUSTUS, NEBRIDIUS, & IUSTINIANUS, fratres uterini floruere, omnes Episcopi & literis ad posteritatem clari. Quorum chronographum S. Isidorus egit [q]. IUSTINIANUS (ait) *de Hispania Ecclesiæ Valentinæ Episcopus, ex quatuor fratribus & Episcopis eadem matre prognatis unus, scripsit librum* Responsionum ad *quendam* Rusticum *de interrogatis quæstionibus: quarum prima responsio est* De Spiritu sancto: *secunda est* Contra Bonosiacos *qui Christum adoptivum & non proprium dicunt: tertia responsio est* De baptismo Christi *quem iterare non licet: quarta responsio est* De distinctione baptismi Ioannis & Christi: *quinta responsio*, Quòd Filius, sicut Pater, invisibilis sit. *Floruit in Hispaniis temporibus Theudæ principis Gothorum.*

[q] *De Script.* cap. 20. & 21.

8. In primis natales Hispanos ex una & eadem matre [r], Pontificalesque insulas in omnibus quatuor fratribus (tribus nempe illis quos iam laudavimus cum Iustiniano, quod proximum huic Iusti elogium manifestum reddet) apertissimis verbis nos docuit Isidorus. Quare qui Valentinæ urbis originem disertè iis tribuunt [s], Isidori testimonium laudare nequeunt; multoque minùs qui eodem patre genitos, sive germanos fratres affirmant [t]. Valentinum Episcopatum huic nostro Iustiniano contigisse Isidorus certè ait. Franciscus Bivarius eundem credidit cum eo qui Valentino Concilio interfuit erâ DLXXXIV. sive anno DXLVI. (ut præsefert titulus) coacto: in quo inter alias subscriptio legitur *Iustini* Episcopi post *Celsinum*, quem *Celsum* existimavit esse Toletanum primæ Sedis antistitem. Tempus quidem convenit: floruit enim Iustinianus sub Theude, qui hoc anno Gothis ut vidimus præerat.

[r] Vasæus in *Chronico* ad an. DXL. rectè id expressit.

[s] Ioannes Marieta lib. 5. cap. 11. Escolanus lib. 2. *Hist. Valent.* cap. 9. §. 7.

[t] Gaspar Escolanus ibidem, Mariana lib. 5. cap. 7. qui germanos fratres vocat.

9. Sed nondum in tuto res. Nam *Iustinus* & *Iustinianus* diversa sunt inter se nomina, quemadmodum *Celsus* & *Celsinus*. Nec Celsus eo anno qui refertur aut Episcopus Toletanus, aut in vivis erat; cùm successor eius Montanus anno DXXVII. aliàs DXXIV. [u] Toleti habuerit Concilium sub Amalarico Rege Theudis decessore. Quid quod & Valentinum istud Concilium *anno decimo quinto Theodorici Regis* habitum dicitur? Nullus enim huius nominis Rex Gothorum post Theodericum Italiæ, qui pro tutore Amalarici nepotis Hispanias tenuit, annoque DXXVI. fato functus est [x]. Quare affixum eræ numerum improbans, Valentinum hoc Concilium ad huius Theoderici tempora, id est ad annum eius imperii in Hispania XV. Christi DXXIV. Binius retrotraxit, reddita in Notis ratione: quem imitatus fuit in editione sua Philippus Labbeus [y]. Eandem Theodericianæ ætatis notam secuti, anno DXXV. adscripserunt Concilium Ambrosius Morales lib. 11. cap. 45. & Ioannes Vasæus in *Chronico* [z].

[u] Vide Loaisæ præfationem *De codicibus MSS. quibus fuit usus* in edit. *Concilior. Hisp.*

[x] Vide quæ notavimus ad hoc Concilium in *Collect. max. Concil. Hisp.* tom. 2. pag. 290. CARDINAL. DE AGUIRRE.

[y] Tomo 4. col. 1617.

[z] Ad ann. DXXV.

10. Ego tamen nondum video, cur ab

(1) Commonitorii Orientii Del-rius, Bibliotheca VV. PP. & alii ante annum MDCC. unicum, hoc est priorem tantum librum vulgavere. Edmundus Martene posteriorem alterum è pervetusto insignis Ecclesiæ Sancti Martini Turonensis DCCC. annorum exemplari typis primùm commisit Rothomagi 1700. 4°. Continet autem poemata: *De vana laude: De cavendo mendacio: De gula: De ebrietate:* quibus adiunxit ex eodem Codice alia Orientii carmina: *De nativitate Domini: De epithetis Salvatoris nostri: De Trinitate: Explanationem nominum Domini: Laudationem* (Eiusdem): Præterea *Orationes numero XXIV.* quarum prima tantum & postrema exstat. Vario metri genere. Itemque *Tom. V. Thes. nov. Anecdot.* Meminit huius *Commonitorii* Barthius, *Lib. XVIII. Adverf. cap. 7. sub Orontii Poetæ* nomine. *Illiberitanusne* autem, id est *Granatensis*, an *Caucoliberitanus*, sive Urbis *Coblliure* dictæ ad radices Pyrenæi montis ad Mediterraneum vergentis Antistes fuerit, sunt qui dubitent. Tarraconensi anni DXVI. Synodo subscribit septimo loco *Orontius Episcopus Illeberitanæ civitatis* ap. Aguirr. T. II. p. 235. quo loco è regione in margine legitur: *Eliberitanæ.* Et Gerundensi anni sequentis seu DXVII. *Orontius Episcopus*, indictâ Sede. Loaisa tamen in *Not. ad Subscriptiones* huius Concilii apud Aguirr. T. II. p. 243. init. *Orontius* (inquit) *Illiberitanæ. Hæc est Cauco-Illiberis ad radices Pyrenæi montis vergentis ad mare Mediterraneum.*

ab affixa era diſcedere propter Theoderici nomen debeamus: maximè cùm codex MS. *Conciliorum Hiſpaniæ* Lucenſis, qui alios omnes bibliothecæ Regiæ (uti Loaiſa ait [a]) antiquitate ſuperat, quique deſcriptus fuit & Romam miſſus cùm decreto Gratiani emendando Gregorius XIII. Pontifex operâ uſus doctiſſimorum virorum incumberet, disertè habeat [b] *Theudis* (ita enim appellat) non *Theoderici* nomen. Fortaſſeque inter Gothos duo hæc nomina promiſcuè accipiebantur [c]. *Theodim* certè Procopius [d], *Thiodim* Iornandes [e], quem *Theudem* alii appellant: incrementum id, ſeu terminationem nominis, videntur Gothi adiunxiſſe, uti in Eurico, Alarico, Amalarico, Athanarico, Giſerico, & aliis. *Ric* enim huic genti *divitem* ſignificabat [f] (1). Accedit firmandæ rei, quod (*annus*) XV. Theudis concurrit omnino cum era DLXXXIV. ſive anno DXLVI. Amalarico enim, cui Theudis ſucceſſit, quinquennium dominationis, hoc eſt ab era DLXIV. uſque ad DLXIX. ab anno ſcilicet DXXVI. ad DXXXI. S. Iſidorus in *Chronico* attribuit: quo anno ingreſſus Theudis decimum quintum imperii agebat anno DXLVI. ſive erâ DLXXXIV. Quam quidem Concilio præfigunt omnes MSS. codices; & re ſedulò examinata Gaſpar Eſcolanus in *Valentini regni hiſtoria* [g], & alii [h].

11. At erit tunc Iuſtinianus noſter idem ille qui Iuſtinus audit in ſubſcriptione? Nullus dubito eundem eſſe. Quamvis enim Valentinus eius Concilii Epiſcopus Celſinus ille videri poſſit primo loco poſitus, qui utpote in Sedis ſuæ Eccleſia præeſſe aliis debuerit; quod hinc perſuaſi nonnulli ex noſtris hiſtoricis credidere: veroſimilius eſt ab antiquitate ordinationis locum omnes nullo excepto ſortiri Epiſcopos conſueviſſe: uti & placuiſſe Ioanni Baptiſtæ Perezio Epiſcopo Segobricenſi, ſummæ induſtriæ purgatiſſimique iudicii viro, novimus [k]. Nec morari nos debet, uti Eſcolanum [l], quòd Celſinus Valentinus Epiſcopus Toletano tertio Concilio interfuerit. Hic enim ab iſto alius omnino eſt, qui poſt quadraginta tres à Valentino Concilio tranſactos annos, recentiores inter Epiſcopos Toletano ſubſcripſit. Planè *Reſponſionum ad Ruſtici interrogata*, Iuſtiniani opus, cum aliis conſumſit ætas; immo, abſque Iſidoro eſſet, memoriam quoque eius tenebris damnaviſſet. Ruſticum verò cui directus liber, eum eſſe Lugdunenſem Epiſcopum Ruſticum, quem in huius Eccleſiæ cathedra circa annum CDXCIV. floruiſſe Baronius ex Ennodio Ticinenſi diacono ad hunc annum [m] obſervavit, non facilè perſuadebit Bivarius (cui Iulianus conſonat [n]) iis qui apud Iſidorum nullam huius dignitatis mentionem, ſed Ruſtici nudum tantùm nomen legerint; cùm neque vero ſit conſentaneum directas ei adhuc privato reſponſiones fuiſſe, qui ſemiſæculo ferè integro antequam Iuſtinianus noſter literis munereque clarus haberetur, Lugdunenſibus antiſtes præerat.

12. Pergit S. Iſidorus reliquos Iuſtiniani fratres laudare, IUSTUM præſertim. *Iuſtus* (ait [o]) *Urgelitanæ Eccleſiæ Epiſcopus Hiſpaniarum, & frater prædicti Iuſtiniani, edidit libellum* Expoſitionis in Cantica Canticorum, *totum valdè breviter atque apertè per allegoriarum ſenſum diſcutiens. Huius quoque fratres* NEBRIDIUS *&* ELPIDIUS *quædam ſcripſiſſe feruntur, è quibus, quia incogniti ſumus, magis reticendo fatemur.* Hæc Iſidorus. Hic eſt Iuſtus, qui Ilerdenſi ſuæ Provinciæ Tarraconenſis Concilio anno DXLVI. interfuit, & abſque Sedis mentione ſecundo poſt Sergium metropolitanum loco ſubſcripſit; necnon & ſecundo, ut vulgò audit, Concilio Toletano anno DXXVII. expreſſo dignitatis nomine: Toletano inquam Concilio, non ut Epiſcopus huiuſce provinciæ, ſed occaſione ut ſuſpicor adventus ſui in curiam regiam.

13. Unde in more fuiſſe antiquo gentis noſtræ confirmari non ægrè poteſt, ad ſubſcribendum ſynodalibus decretis præſules etiam alterius provinciæ fortè advenientes invitari conſueviſſe. Quod quidem, cùm Iuſto Urgellenſi, tum eius fratri Nebridio Egarenſi tunc temporis contigiſſe, inſcriptiones huius Toletani Concilii oſtendunt. *Iuſtus* (inquit) *in Chriſti nomine Eccleſiæ catholicæ Urgelitanæ Epiſcopus, hanc conſtitutionem conſacerdotum meorum in Toletana urbe habitam, cùm poſt aliquantum temporis adveniſſem, ſalva auctoritate priſcorum canonum, relegi, probavi, & ſubſcripſi.* Quod & fecit profeſſuſque eſt iiſdem prorſus verbis Nebridius Egarenſis. Huic ergo Synodo Toleti ſub Montano habitæ Iuſti mentionem, non ve-

(1) ריק, *rik* Hebræis *inane, vanum, vanitatem* ſonat. *Ps.* II. v. 1. יהגו ריק *iehgû-rik.* Vulgat. *Meditati ſunt inania.* Hiſpana Ferrarienſis: *Fablarán vanidad.* An non idem divitiæ? *Ps. LXXV.* 6. *Nihil invenerunt omnes viri divitiarum in manibus ſuis.* Sed moralis hic locus eſt. A Gothico *Ric*, dives, fortaſſis Hiſpanica: *rico, riqueza, enriquecer* &c.

[a] In *præfatione* ſupradicta.

[b] Loaiſa in dicta *præfatione* in Conciliorum ſerie n. 9. Ioannes Baptiſta Perezius Segobricenſis Epiſc. vir rerum Hiſpanarum doctiſſimus, in *Brevi Cronologia Gothorum Hiſp. Regum* apud me MS. ex qua Loaiſa profecit.

[c] Sic videtur Eſcolano *Hiſt. Valent. regni* lib. 2. cap. 9.

[d] Lib. 1. *De bello Gothico.*

[e] Lib. *De bello Getico.*

[f] Vide Menagium in originibus linguæ Francicæ V. *Riche.*

[g] Lib. 2. cap. 9. §. 9.

[h] Puiades *Hiſtor. de Cataluña* lib. 6. cap. 46. dum loquitur de Ilerdenſi Concilio eodem anno celebrato.

[k] Beuter. *Hiſtor. Valent.* Morales lib. 11. cap. 45. Vaſæus in *Chronic.* ad ann. DXXV. Mariana lib. 5. cap. 7.

[l] Apud Eſcolanum lib. 2. c. 10. §. 4.

[l] Ibidem.

[m] Num. 45.

[n] Chron. n. 273.

[o] Cap. 21.

verò, quod Labbeo excidit [p], Montani ad Theoribium epistolæ debemus. Pariter atque Ecclesiæ fastis sanctitatis eius testimonium, diem ei XXVIII. Maii assignantibus.

[p] *Dissert. de Script.* 1. tom. pag. 671.

14. Porrò *Commentarius, sive mystica expositio in Canticum Canticorum Salomonis, à* Menrado Moltero restitutus, Hagenoæ MDXXIX. in lucem prodiisse dicitur. Habemus quoque eum inter *Orthodoxographa veterum Theologorum opuscula* Basileæ anno MDLI. recoctum, & in editionibus *Bibliothecæ veterum Patrum* (1).

15. Præmittuntur operi una & altera epistola: prior ad Sergium, qui dubio procul ille est qui Ilerdensi Concilio iam laudato [q], in quo intervenit & noster Iustus, præfuit; quique in canonibus Barcinonensibus [r], circa idem tempus ut creditur in aliqua alia Synodo eius urbis decretis, *Metropolitanus*, hoc est Tarraconensis audit Episcopus. Edidit hanc Epistolam & in *Spicilegio* suo Lucas Dacherius volum. 3 inter *Miscellaneas* pag. 119. sub nomine Iusti ad Sirgam Papam [s]. Altera est ad Iustum diaconum, cuius postulatis ut morem gereret operi se accinxerat. *Breve* quidem opus, sed *elegans* & *eruditum* ac *pium*, ut cum Xysto Senensi, Possevino, & Labbeo loquar. *Urgellum* sive *Orgellum*, aliàs *Urgelo* & *Urgela*, *in descriptionibus provinciarum Hispaniæ* [t]: *Urgel* Episcopalis vel nunc Cataloniæ urbs est, quæ *la Seu d'Urgel*, sive Sedes Urgellensis etiam audit. Inde *Urgelitanus* Iustus ab Isidoro & in Conciliis nuncupatus; quandoque & *Urgelitaneus* [u]. Apud veteres non ullam reperi huius loci mentionem (2).

[q] Editionis Loaisæ pag. 100.

[r] Ibidem pag. 93.

[s] Et nos tomo 2. *Collection. Max. Concil. Hisp.* pag. 273. cum Notis CARDIN. DE AGUIRRE.

[t] Plures adducit Loaisa ex MSS. in editione *Concil.* pag. 132. & sequentibus.

[u] In Conciliis Tolet. XIII. & XV.

16. Quid tamen de Maximo censebimus, apud quem ad annum DXL. tam in editis quàm in fragmento Estepano, Iustus non *Urgelitanus*, sed *Ausensis* sive *Aucensis* laudatur? Unde occasio Bivario in *Commentariis* [x] data prolixiùs contendendi nil contrarium à Maximo hìc dictum. At quidem novum, & hactenus ignotum, Ausensem, sive Ausonensem (*Solsona* hodie) (3) urbem, Urgelitanæ ditionis seu diœcesis fuisse. Extortum scilicet homini erudito & ingenioso commentum rectè dixeris, ut auctorem suum sive iure sive iniuriâ tueatur. Aquam tamen cribro fert. Si enim Ausona (*seu Solsona*) urbs nondum gaudebat Episcopali cathedra, minimè potuit ab ea nuncupari Episcopus Iustus. Quare vel Tamaius ab eo hìc discedit [y]. In fragmento Estepano sic legitur: *Iustus Episcopus Aucensis floret* erâ Cæsaris DXLI. Hic est annus DIII. Non ita legitur Sedis nomen in editionibus Cæsaraugustana & Hispalensi, quas Bivariana sequitur, sed *Ausensis*. At hæ adiunxerunt *in Hispania*, iuxta malè sanum auctoris turbandi omnia propositum. Sed Iustus hic, si aliquis fuit nec Estepanus nos decepit Maximus, *Auscensis* in Vasconia Gallica Episcopus fuit: in cuius Ecclesiæ catalogis [z] Iustinus quidam hoc tempore sedisse dicitur. Hic potiùs videtur, aut certè *Aucensis*, quàm *Ausonensis* significatus. Notæ sunt è divisionibus Hispanarum Ecclesiarum [a] in Tarraconensi provincia tam *Ausona* quàm *Auca*, urbes Episcopales.

[x] Pag. 261.

[y] In *Martyr. Hisp.* ad diem XXVIII. Maii.

[z] Apud Oihenartum in *Notit. Vasconiæ* lib. 3. c. 8. pag. 449. San-Marthanos fratres in *Gallia Christiana* tom. 1. pag. 98.

[a] Apud Loaisæ edition. *Concilior.* pag. 133. 135. 139. 143.

17. Nec laboriosa Bivarii disquisitio de Ausonensi & Urgelitana urbibus olim ab eodem Episcopo ut contendit administratis, verum attigisse nobis videtur. Promiscuè enim in Conciliis, sive huius sive illius, sæpe & utriusque laudantur Episcopi. Neque alicuius eorum absentia satis probat ei urbi Episcopum tunc temporis defuisse. Præterea ineptum esset ab ea urbe in qua Sedes non erat, appellari Episcopum; ab alterutra enim appellari tantum contigit, quum unitæ duæ Ecclesiæ sunt. Non ergo Ausonensis & Urgellitanus pro arbitrio appellari Iustus potuit, nisi utramque olim fundatam Ecclesiam in unam tempore eius coaluisse dicamus. Quod obstinatè negabunt ii qui Hauberti Hispalensis *Ecclesiarum Hispaniæ seriem* (& plures quidem sunt nondum fraudis conscii) continere aliquid veræ historiæ censebunt. Ibi namque & Ausonensium & Urgelitanorum à primo aut secundo Ecclesiæ usque sæculo derivatorum antistitum catalogus prostat, & in utroque *Iustus*.

18. Tertius ex fratribus ab Isidoro NEBRIDIUS laudatur, quem ab eodem [b] scimus Episcopum fuisse, non autem cuius ur-

[b] Cap. 20.

(1) Exstat in Regia Bibliotheca Matritensi, atque in Toletana Ill. Canonicorum Collegii in pervetusto membranaceo Codice. Inc. *Domino meo vere piissimo & præcipua Dei gratiâ copioso semper & in Christo Beatissimo Domino Sergio Papæ. Iustus Episcopus in Domino.* S.

(2) Apud Ptolemæum *Orgia*, alias *Orcia* legitur (variant enim vulgati Codices) in Ilergetibus: ex qua fortassis aliquis hodiernum *Orgelli* sive *Urgelli*, cognominisque urbis nomen deducat. Viderint quos hæc originatio propius tangit.

(3) Humani nonnihil passus est hoc loco Noster, dum *Ausensem* sive *Ausonensem* urbem, *Solsonam* hodie dictam putat; cum sit quem Indigenæ *Vicum*, & sermone patrio *Vich d'Ossôna*, communi autem Hispanorum seu Castellanorum *Vique* nominant in Authetanis.

urbis. Sed Egarensis in eadem Catalonia Ecclesiæ antistes ex Conciliis apparet, Nibridius tamen vocatus. In Tarraconensi anni DXVI subscriptus legitur *Nibridius minimus sacerdotum sanctæ Ecclesiæ Egarensis minister.* Nec dubito quin iam tunc Episcopus; hoc enim *sacerdotis* appellatione ævo isto significabatur. Aliàs si pro Episcopo Egarensi intervenisset, minimè id prætermittere debuit. Quod magis apparet ex Gerundensi anno sequenti DXVII. coacto, cui *Nigridius Episcopus* (quis enim alius?) subscriptus legitur. Idem post decem alios annos Toletanæ sub Montano habitæ Synodo interfuit cum titulo iam *Egarensis Ecclesiæ Episcopi*, quo fortè ob humilitatem priùs abstinuerat. Huic successisse videtur Taurus, qui anno DXLVI. Ilerdensi subscripsit, *Agarensis*, pro *Egarensis*, appellatus. Præmortuus ergo Iusto & Iustiniano fratribus, qui anno isto superstites adhuc erant, ut vidimus.

19. Turbat aliquantulum, quòd in canonibus Barcinonensibus quos Loaisa edidit [c] absque temporis quo promulgati sunt notatione, *Nibridius Barcinonensis* convenisse ad eos statuendos cum aliis dicitur. Loaisa his assignavit eram DLXXVIII. sive annum DXL. Certè huius temporis esse dubitare non sinunt eorundem Episcoporum, Sergii metropolitani, Nibridii nostri, Casotii (aliàs Casonii) Staphili, Ioannis, utrobique nominatorum subscriptiones. Mihi tamen vix dubium est quin pro *Barcinonensis* nuncupatione Nibridio attributa, *Egarensis* emendari debeat; aut saltem inter exscriptorum manus *Barcinonensis* Episcopi (Paterni forsan qui Ilerdensi interfuit) nomen, Egarensisque titulus quo Nebridius fuit nuncupandus interciderint. Egarensem Episcopum diximus, uti ex tot insignibus MSS. codicibus Loaisa edidit, cùm antea in excusis & alibi legeretur, sive Agragensis [d], sive Bigerrensis [e]. Unde turbæ inter nostros, qui editionem istam præcesserunt. Ioannes Vasæus [f] *Agagrensem*, quod nihili vocabulum est: Ambrosius Morales alicubi [g] de *Biguerra* in Occitania, alibi [h] autem *Agathensem* in eadem provincia vocat: quod posterius & Ioanni Marianæ [i] & Miræo [k] placuit (1).

20. Certè Galli [l] Tigridium quendam in albo habent Agathensis suæ Ecclesiæ, quæ *Agde* nunc est in Occitania; sed quem alium à nostro Nibridio fuisse necessariò fateri debent. Tigridius enim hic anno DLXXXIX. Narbonensi Concilio, eodemque anno magno illi Toletano quo abrogata & damnata fuit Arianorum hæresis interfuit. Nigridium autem de quo loquimur, ab anno DXVI. usque ad DLXXXIX. hoc est plusquam septuaginta annos Ecclesiæ suæ qualiscumque ea sit præfuisse, vix naturæ ratio, nedum historiæ, admittit.

21. Quartus sequitur ELPIDIUS, quem & Nebridium nonnulla scripsisse Isidorus tantùm noverat. Idem reticuit nescivitve quo loco egisset Episcopum. Et nos contenti esse debemus ignorare id quod magnus ille huiusmet sæculi vir ignotum habuit. Pseudo-Iulianum autem sibilo interim excipiamus, qui Elpidium hunc Nebridii fratrem (ne dubitaremus de alio eum loqui) Lugdunensem fuisse Episcopum ausus est fingere [m]; & quod videri magis mirum debet, Bivario persuasit. Qui tamen proprio ipse telo se confodit, Elpidium ex catalogis Lugdunensis Ecclesiæ [n] quendam statuminandæ Iuliani fidei advocans: qui vel Bivario ipso verbis disertis affirmante, in ea Ecclesia circa annum CDXXV. sedit antistes. Et hunc tamen fratrem Bivarius credidit Nebridii, qui ad annum DXXVII. Iustique & Iustiniani, qui ad DXLVI. vitam saltim perduxere. Parum scilicet famæ suæ prospexit, qui tam absurdis admissis anachronismis Maximi sui famam servare quomodocumque voluit.

22. Pseudo-Iulianum locupletare Pseudo-

[c] Pag. 93.

[d] In *Toletano* pag. 85. edit. Loaisæ.

[e] In *Tarracon.* pag. 71.

[f] In *Chron.* anno. DXL.

[g] Lib. II. cap. 47. & 49.

[h] Lib. II. cap. 43.

[i] Lib. 5. cap. 7.

[k] Notis ad Isidor.

[l] San-Marthani fratres in *Agathens. Episc.*

[m] In *Chronic.* num. 274.

[n] Apud San-Marthanos fratres *Galliæ Christ.* tom. I. pag. 293.

(1) Quisnam autem Episcopatus *Egarensis* fuerit? Consuluerat olim de hoc Hieronymus Romanus Higuera ὁ ψευδοπλάστης Hieronymum Blancam Aragoniæ Regni Historicum per literas quæ exstant in Hispanico opere inscripto *Censura de Historias fabulosas* anno 1742. Valentiæ edito *pag.* 691; idque cum pridem Ipse, seu Dextrini Pseudo-chronici auctor, *Egaram* hodiernum Cataloniæ oppidum *Bèrga* indigenis dictum esse, ac nihil tum hærens, diiudicasset, ut in eiusdem *Censuræ libro VI. cap. 4. pag.* 329. legitur. Franciscus tamen Diagus nostras (*Histor. Comitum Barcinonen. lib. I. cap.* 18. *à fol.* 42. *pag.* 2. *fin. & seq.*) invictis rationibus ostendit non *Bèrgam* sed *Terráciam* esse oppidum vernacule *Terrása* dictum, quatuor à Barcinone leucis versus Septentrionem: idque longe ante Philippum Ferrarium Alexandrinum, quem Stephanus Baluzius Tutelensis (*Diatrib. de Episcopatu Egarensi ad Philippum Labbeum, ap. Card. Aguirr. T. II. Concil. Hisp. Edit. ant. Roman. pag.* 459.) unicum rei auctorem laudat: indicto prorsus Diágo è cuius fundo messem manipulosque in Diatriben suam plena manu sinuque transtulit. Conferenda profecto cum præcitato Diági loco Steph. Baluzii Diatribe, ac suum cuique tribuendum. Diágus opus suum edidit Barcinone anno 1603. apud Sebastianum de Cormellas; Lexicon autem Geographicum Phil. Ferrarii prodiit primùm Mediolani apud Iacobum Comi 1627. ut legitur in eiusdem prologo editionis Isenacensis ann. 1677. sumtibus Ioannis Petri Schmidt cum not. Mich. Baudrandi.

do-Liberatus voluit (chimæricus, seu veriùs portentosus alius omnis certæ historiæ iuratus hostis) qui & Gerundenses natu, Wifredique & Hermesendæ Gothorum parentum filios: Nebridium ex Egarensi Barcinonensem; atque Elpidium (item ut Iulianus) Lugdunensem, Episcopos, omnesque Benedictinos monachos fuisse, reliquit facilè credulis scriptum [o]. Apage has, non dixerim nugas, sed Hispanarum antiquitatum atque ingenuitatis dehonestamenta: ob quæ priùs imprudenter admissa pertinaciterque inde retenta, ab exteris; immo à sagacioribus nostræ gentis tam malè audimus. Tempus erit quum immane hoc dictuque mirabile monstrum Scriptoris, ad tenebras suas, è quibus ante aliquot annos emersit, detrudemus.

[o] In Pseudo-Chronico ad ann. DXLVII.

CAPUT II.

De APRIGIO *sive* APRINGIO *Pacensi præsule. Pacis-Iuliæ, an Augustæ? Andreæ Resendii laus. Aprigii* in Apocalypsin commentarius *ex parte exstans, cui insuta est bona pars ex Victorini cuiusdam in eundem librum commentario. De* LICINIANO *Carthaginiensi antistite, & eius epistolis. Ambrosii Moralis religiosa & utilis expeditio in Gallæciam & Asturias iussu Philippi II. Regis. Liciniani epistola ad Epiphanium ansam dedit Pseudo-Maximo fingendi hunc esse Euphemium Toletanum Episcopum. Eiusdem duæ aliæ, altera germana, ut videtur, altera secus. Martinus Vasquius Siruela portionarius Ecclesiæ Hispalensis laudatur. Pseudo-Iuliani, atque eiusdem Pseudo-Maximi fictiones de Liciniani rebus. In Dominico Carthaginiensi Africæ Episcopo error Ambrosii Moralis ex Panvinio malè intellecto, ac Pseudo-Maximi insolens temeritas. De* SEVERO *Malacitano præsule, & fictitio alio* SEVERO *Lamecensi. Franciscus Bivarius à Pseudo-Dextro deceptus. S. Isidori phrasis exponitur. De* EUTROPIO *Valentino Episcopo.*

23. EIUSDEM Theudis Gothorum Regis ævo in vivis & in honore APRIGIUS erat, quem alii APRINGIUM vocant, Pacensis Episcopus, de quo hæc S. Isidorus [p]: *Aprigius Ecclesiæ Pacensis Hispaniarum Episcopus, disertus linguâ & scientiâ eruditus, interpretatus est Apocalypsin B. Ioannis Apostoli subtili sensu atque illustri sermone, meliùs penè quàm veteres ecclesiastici viri exposuisse videntur. Scripsit & nonnulla alia, quæ ad notitiam nostræ lectionis minimè pervenerunt. Claruit temporibus Theudi principis Gothorum.* Eadem habet Honorius Augustodunensis [q]. *Pax* ista, à quo Pacensis Episcopus Apringius, *Pax-Iulia* olim dicta in Lusitania vetus Episcopalis Sedes [r]: è cuius à Mauris exstinctæ cineribus alibi renata est sacerdotii dignitas, nempe in ea urbe quam *Badaxòz* ad Anam fluvium in Estremadura provincia nunc appellamus. Sed hanc *Pacem-Augustam* priùs, quæ ab Strabone *Pax-Augusta*, deinde corrupto à Mauris vocabulo, *Bax-augùs* initio, sequiori autem ævo *Badaxòz* appellatam nonnulli è nostris [s] credunt. Alii posteriori huic Paci-Augustæ Pacenses omnes quicumque in veteribus exstant monumentis Episcopos, Pace aliâ insuper habitâ, tribuere non verentur [t]. Andreas autem Resendius, vir eximiæ eruditionis & iudicii, hanc *Paz-augustam* Strabonis, eandem fuisse cum Pace-Iulia Ptolemæi [u], Itinerarii ab Antonino dicti, & inscriptionum validissimè contendit. Quæ ad rem nostram non valdè res pertinet (1).

24. De *Commentario in Apocalypsin*, cui Isidorus non dubitavit alias inter eius libri interpretationes eo antiquiores palmam concedere, nihil dum certi hactenus fuit intimatum. Nam quod in Apocalypsin vastæ molis opus exstare in quibusdam Hispaniæ bibliothecis è Vaticano codice exscriptum, plures è nostris adnotant: non Apringii, sed Beati eo longè inferioris, quippe qui decimo floruit sæculo Apringiumque in eo laudat, opus esse vulgò iam existimatur. De quo nos alibi. Verum autem & germanum ut credebat Apringii commentarium, ex codice quodam Barcinonensi desumtum, Ludovicus de S. Laurentio Cordubensis, Ecclesiæ Hispalensis portionarius, vir doctus, editioni dum viveret paratum habebat. Quod

[p] De Script. cap. 17.

[q] De lumin. Eccles. cap. 19. ex Isidoro.

[r] Ita Morales lib. 11. cap. 49. Mariana lib. 5. cap. 7. Resendius *epist. ad Vasæum de Colon. Pacensi.*

[s] Anton. Nebriss.

[t] Io. Genes. Sepulveda.

[u] Gaspar Barreiros in *Itinerario* suo Lusit. lingua scripto, ab urbe ista usque ad Mediolanum, initio.

(1) Late de hoc argumento Cl. Florezius *Hisp. Sacr. T. XIV. Tract.* 51. *c.* 1. qui Coloniam Pacensem (hodie *Beja* Lusitaniæ Transtaganæ urbem) *Iuliam*, eandemque *Augustam* cognominatam fuisse existimat: qua de re cum in eadem urbe ante hoc triennium suavissimo Amplissimi Doctissimique Viri Fratris Emmanuelis à Cœnaculo eius Ecclesiæ meritissimi Præsulis alloquio fruerer (à quo & perhumaniter exceptus & nullo non officii genere cumulatus ægrè tandem discessi); frequensque ibidem de Andrea Resendio eiusque ad Ioannem Vasæum epistola *De Colonia Pacensi* sermo incidisset: exhibita mihi ab Eodem Ampliss. Præsule fuit *Pacensis Coloniæ Historia* manuscripta ac propediem edenda, auctore Felice Cayetano de Silva cive Pacensi superstite, atque, ut mihi in familiaribus quæ inter nos habita sunt colloquiis semper visus fuit, iudicii ac doctrinæ minime vulgaris viro: in qua de unius Pacensis Lusitaniæ urbis peculiaribus *Iuliæ* & *Augustæ* cognomentis, invictis rationibus agit.

Quod eius exemplum cum præfatione adhuc in liturariis posita, Hispali transcripsimus ex Martini Vasquii Siruelæ amici nostri virique eruditissimi codice, qui ut credo D. Emmanuelis Sarmiento de Mendoza eiusdem Ecclesiæ Hispalensis canonici magistralis olim fuerat, illi forsan à Ludovico S. Laurentii relictus. In hac præfatione hic ait se desumsisse suum exemplum ex Barcinonensi codice pergameno literis Goticis exarato: quod quidem ipsum ex vetustissimo alio MS. codice Barcinonensis Ecclesiæ exscriptum fuisse annotaverat exscriptor in fine libri. Commentarius ipse hanc habet præfatiunculam: *Biformem divinæ legis historiam duplicis sacramenti mysterio disserendam non nostræ humanitatis fragilitas aliter poterit enarrare, nisi ab eo auctore suæ legis Domino Iesu Christo modum dicendi, & sermonem sumat eloquii. Unde Apocalypsin S. Ioannis expositurus, habitatorem eius invoco Spiritum sanctum: ut qui illi secretorum suorum arcana revelare voluit, nobis in terris viam pandat, ut possimus quæ scripta sunt inculpabiliter disserere, & vera etiam Deo magistrante depromere. Initium itaque libri, de quo agitur, ita scribitur.* Hoc eodem initio hunc commentarium conceptum se vidisse innuit Labbeus in *Novæ Bibliothecæ* MS. parte 1. pag. 25. (1).

25. Sciendum tamen est hanc expositionem nostri codicis non eundem habere auctorem. Quod nobis iudicium diligens fecit integri operis consideratio. Planè ad quinque priora & quinque postrema libri capita explanatio accurata est, & omnibus numeris (quod dici solet, & inpræsentiarum simpliciter & sine proverbii figura, propter numeros sive sectiones capitum sacri libri usurpamus) absoluta; media autem alia undecim, à sexto ad decimum septimum, non sic; sed saltuatim nullaque ordinis & absolutionis habitâ, quæ in ceteris uti iam diximus bene sibi constat, ratione concepta sunt. Quæ quidem omnia, seu veriùs à numero 7. cap. 5. usque ad num. 3. cap. 17. quicquid crasso hoc filo consutum Aprigianæ legitur telæ, apud Victorini nescio cuius *commentarium in* eundem *Apocalypsis librum* reperiri observavimus: qui Parisiis apud Mauricium de Porta editus est anno MDXLV. unà cum Theophylacti *Commentario in Prophetas maiores*, exindeque cum aliis veterum Patrum lucubrationibus in *Bibliotheca*. Hinc in eam suspicionem ducor, ex ista Pseudo-Victorini (nam præiudicata iam doctorum hominum [x] persuasio est non esse hunc librum Victorini Petabionensis in Pannonia Episcopi à S. Hieronymo laudati [y]) qualis ea est paraphrasi, commentarium Apringii in hac parte mancum & hiantem ab aliquo codicis possessore suppletum, seu potiùs infarctum fuisse. Nullus enim noster Apringius pulcherrimo & omnibus suis sensibus integro capiti, corpus adeò macrum informeque subiecisset, quod deinde sic validis & affabrè elaboratis pedibus niteretur.

[x] Baronii in *Notis ad Martyrol.* 11. Novembris, Bellarmini, Labbei *De Scriptoribus*, aliorumque.

[y] *De Script. Eccles.* cap. 74. ubi *Pictaviensis* malè editum est.

26. Scripsisse autem nostrum non modò in Apocalypsin sed & in Cantica, Ioannes Trithemius ex eoque Xystus Senensis docuere: quod certè Isidorus eos non docuit; si non is commentarius comprehendatur inter alia illa quæ *ad notitiam lectionis* suæ (ut eius utar verbis) non pervenisse sanctus ille præsul adiunxit. Hæc habuimus de Apringio dicere.

27. LICINIANUS, SEVERUS, & EUTROPIUS, triga Episcoporum sibi invicem amicitiâ & literarum consuetudine coniunctorum, paulò inferioris temporis est: scilicet Mauricii Imperatoris ævi, cuius initium in annum DLXXXII. cædes in DCII. incidit: quo tempore Leovigildus & Recaredus Gothorum in Hispania Reges vixere. De LICINIANO, quem & LUCINIANUM aliàs audire infrà videbimus, hæc Isidorus [z]: *Licinianus Carthaginis Spartariæ Episcopus, in Scripturis doctus, cuius quidem nonnullas epistolas legimus:* De sacramento *denique* Baptismatis *unam, & ad Eutropium abbatem postea Valentiæ Episcopum plurimas. Reliqua verò industriæ & laboris eius ad nostram notitiam minimè pervenerunt. Claruit temporibus Mauricii Augusti. Occubuit Constantinopoli, veneno ut ferunt exstinctus ab æmulis. Sed, ut scriptum est,* iu-

[z] *De Scriptor.* cap. 29.

(1) Exstat in Regia Bibliotheca Matritensi membranaceus magnæ molis Codex ἀδέσποτος Era MLXXXV. seu Christi anno MLVII. exaratus, expositionem Apocalypseos & Danielis continens; in quo eadem hæc præfatio *Biformem Divinæ legis historiam* (Apocalypseos scilicet & Danielis) *duplicis sacramenti mysterio* &c. initio legitur: quam tamen expositionem non Pacensi Apringio, sed Beato Etherii Uxamensis Episcopi Presbytero tribuit antiqua eiusdem inscriptio. Atque Apringii non esse, ostendit Gregorii atque Isidori mentio *fol.* 30. *pag. I. col.* 2. è quorum testimoniis necnon ex Hieronymi, Augustini, Ambrosii suam telam texuisse profitetur Auctor. Meminisse autem videtur huius ipsius Codicis Noster infra *Lib. VII. cap.* 2. *n.* 41. in Beato. Binos item alios eiusdem exempli atque ætatis, nimirum sæculi XI. Codices, & recentiorem alterum, in Regia Escurialensi Bibliotheca vidi ac recensui, Apringio Pacensi inscriptos: de quibus infra ubi de Beato Uxamensi egerimus.

iustus quacumque morte præoccupatus fuerit, anima eius in refrigerio erit. Hæc tantùm certa & comperta de Liciniano haberi debent: quibus prava fingendi ac de historia ludendi cacoethes nostrorum temporum plura addidit, quæ à prudentibus viris iusto pretio hoc est nullo habentur. Sed antequam iis referendis ac refellendis accingamur, ea quæ Isidorus commemoravit exornanda sunt novioribusque monumentis conferenda.

28. Periit quidem Liciniani epistola *De sacramento Baptismatis.* Librum vocat suo more Trithemius. Respondit nempe istâ ad epistolam Eutropii, in qua (ut idem Isidorus ait [a]) *petit ab eodem pro qua re baptizatis infantibus Chrismatis unctio tribueretur.* Similiter desiderantur plurimæ aliæ ad Eutropium abbatem (de quo paulò pòst agemus) quas omnes vidisse se ait Isidorus.

[a] Cap. 32.

29. *Epistola B. Liciniani de libro regularum ad S. Gregorium Papam* fuit quondam in MS. codice Ovetensis Ecclesiæ, in quo scriptum est *Pastorale* Gregorii huius Papæ sanctissimi: cui subiectum folium titulum hunc tantùm hodie habet, ipsius autem operis spem involavit nobis temeraria illius manus qui reliquis foliis codicem spoliavit: de quo Ambrosius Morales pro merito lamentatur. Verba eius vernacula: *En la libreria de la Iglesia de Oviedo está un codice del* Pastorale S. Gregorii, *y al cabo está un titulo para solo lastima; pues dice:* Epistola B. Liciniani de libro Regularum ad S. Gregorium Papam. *Esto era muy bueno, y de autor Español, y nunca impresso; mas no hay mas de una hoja; todo lo demas falta.* Hæc ille in sacræ illius expeditionis, quam Philippi II. Regis iussu & auspiciis in Gallæciam & Asturias ac Legionense regnum fecit, *relatione* apud me manuscripta [b] (1). Ioannes Baptista Perezius quem in superioribus merita commendavimus laude, in Notis ad Isidori hunc locum ubi de Liciniano agit (quæ quidem Notæ eius sunt [c], non Garsiæ Loaisæ cui minùs rectè eas Bivarius tribuit [d]) hæc inquit: *Huius Luciniani* (ita enim appellat promiscueque, ait, tam sic quàm Licinianum appellatum se reperisse) *epistola ad Papam Gregorium edita est cum ipsis Moralibus.* Tum inde: *Ego vero præterea habeo & huius Liciniani, atque Severi eius collegæ, doctissimam scriptam ad Epiphanium diaconum, ubi angelos probat esse incorporeos.*

[b] Hanc epist. edidit Dacherius tomo 2. *Spicileg.* pag. 368. è duobus MSS. bibl. Floriacensis. Nosque recudimus collatam cum MS. Toletano, adiecta ad marginem lectionum varietate, tomo 2. *Collect. Max. Concilior. Hisp.* pag. 427. CARDIN. DE AGUIRRE.

[c] Grialis in *Præf. ad S. Isidori hæc opera.*

[d] *Ad Maximi Chronicon* pag. 575. §. 51.

30. De priore illa ad Gregorium Papam epistola, quam si aliqua sancti Pontificis operum editio quam Perezius viderit repræsentavit aliæ subduxerunt, interque eas ultima Parisiensis, monendus es, Lector, exstare eam secundo tomo Dacheriani *Spicilegii* inter *Miscellaneas* pag. 368. hoc principio: *Librum Regularum*, &c. (2). in ea librum *Pastorale* Gregorii, quem *Regularum* appellat, se legisse ait, summeque probâsse; necnon & *De Moralium*, sive *Homiliarum super Iob*, eiusdem opere ex S. Leandro Episcopo Spalensi de urbe Regia (Constantinopoli) illac prætereunte audivisse: quod & alia moralia opera, quorum ipse auctor in isto libro meminit, transmitti ad se ab eo enixè precatur. Inter alia, occasione *Homiliarum in Iob*: *Habemus* (ait) *libellos sex S. Hilarii Episcopi Pictaviensis, quos de Græco Origenis in Latinum vertit; sed non omnia secundum ordinem libri S. Iob exposuit. Et satis miror hominem doctissimum & sanctum, ut de stellis nænias Origenis transferret. Mihi, sanctissime pater, nullo pacto suaderi potest, ut credam astra cæli spiritus rationales, quæ neque cum angelis neque cum hominibus facta esse Scriptura sancta declarat.*

31. Hæc Licinianus, unde confirmatur dubia hucusque res inter eruditos neotericos, an scilicet Origenes ad Iobi libros quicquam commentatus fuerit; aut eiusdemne sint *in Iobi librum tractatus tres*, aut ab his diversa commentaria à Ioachimo Perionio latinè reddita, quibusde Labbeus videndus aliique. Cùm ex hac Liciniani epistola rectissimè colligatur sex non minus confectos fuisse ab Origene hoc super Propheta libellos, quos S. Hilarius ex græco verterit. Neque enim S. Hilarius falsus fuisse credendus est in alienis libris Origeni tribuendis: qui & eiusdem commentaria in plerosque Psalmos, Erasmi iudicio, in latinum convertit. Hi autem sex libelli à Liciniano visi, an iidem cum iis aliquo modo sint qui inter Origenis nunc leguntur opera, non facilè est diiudicare. Sed ad aliam eiusdem Liciniani ad Epiphanium epistolam cuius Perezius meminit devenientibus, hìc iam representare opus est ex fronte ista, scilicet Perezii his verbis quæ de hac epistola iam produximus erupisse, &c. aut saltem his conformia esse fragmenti nostri Estepani hæc verba è Maximi Chronico [e]: Ex-

[e] Ad annum DLXXVII.

(1) Exstat hæc relatio Matriti edita 1765. à Cl. Florezio, apud Antonium Marin f.°

(2) Habetur itidem apud Cl. Florezium *Hisp. Sacr. Tom. V. Append. IV. à pag.* 421. atque apud Steph. Baluzium *T. II. Edit. Lucensis* 1761. *pag.* 13. *col.* 2.

Exorto errore quòd nulli essent spiritus : Epiphanius Toletanæ Ecclesiæ . . . . scribit ad Licinianum & Severum Episcopos, qui illi respondent [f].

[f] Edita à nobis est primùm hæc epistola ex MS. Eccl. Tolet. tom. 2. *Collect. Max. Concilior. Hisp.* pag. 429. CARDINAL. DE AGUIRRE.

32. Dixi, é Perezii nota desumi potuisse hunc Pseudo-Maximi, si iam talis in fragmento est, locum; aut si aliquid germani & certi hoc fragmentum continet, de qua re alibi agendum est : convenire omnino inter utrumque auctorem in designando ei, qui de argumento isto cum Liciniano & Severo contulit, Epiphanii nomine. Hinc autem si ad vulgares Maximi editiones recurramus, statim oculos diversitas ferit, subitque animum detestatio impostoris, qui pro Epiphanio Euphemium, & in locum ignoti muneris ab eo in Ecclesia Toletana gesti, quod lacuncula illa absorpserat, Pereziusque *diaconatum* è codice suo vocaverat : *Episcopatûs* honorem subrogavit. Audi sîs Toletanum partim phrygionem, partim correctorem aut corruptorem potiùs veteris, sive à se primùm elaboratæ, Maximi telæ [g]: *Exorto errore quòd nulli essent omnino spiritus : Euphemius sanctæ Ecclesiæ Toletanæ præsul scribit ad Licinianum Episcopum Carthaginis Spartariæ, & Severum Malacitanum Episcopum, viros doctissimos; ipsique Severus & Licinianus respondent Euphemio.* Epiphanius nempe diaconus, sive Toletanæ sive alterius Ecclesiæ, Toletanus Episcopus Euphemius repentè factus, nonne ficulneum transformatorem & ludionem de impudentissima falsitate palam convincit?

[g] Ad annum. DLXXIX. n. 5.

33. Perezius addit habere se *alteram* (epistolam) *ad Vincentium, non Cæsaraugustanum sed Ebusitanæ insulæ Episcopum, credentem epistolas quasdam de cælo cecidisse.* Hæc edita est unà cum Luitprandi operibus à Domino Laurentio Ramirezio à Prato regio senatore viro clarissimo [h], sub titulo *Epistolarum quorumdam præsulum, quas collegit scholiisque illustravit Iulianus archipresbyter S. Iustæ, addiditque notas D. Laurentius Ramirez de Prado*; iterumque [i] in commentariis posthumis Francisci Bivarii ad Maximi Chronicon [k]. Quæ quidem satis prodit rebus & stilo vetustatem quam præsefert.

[h] Pag. 529.

[i] Ac in nostra *Collectione Max. Concilior. Hisp.* pag. 428. CARDINAL. DE AGUIRRE.

[k] Pag. 581.

34. Non ita quidem altera eiusdem Liciniani nomine ad eundem quoque Vincentium Ebusitanum inscripta, quæ in utraque hac Luitprandi Maximique editione superiori epistolæ subiicitur : quæ quidem palato cuivis, id quod est statim sapit : servans nempe confictæ ab aliquo, qui (ut genium logo-dædali Toletani secundaret pro Pseudo-Dextri & sequacium de Iacobi maioris epistola canonica novo dogmate) novum producere testem & assertorem voluit, signa & lineamenta omnia: de quo ad iudicium eorum provocamus, qui non præiudicio aliquo priùs occupati, duarum epistolarum inter se collationem facere non gravabuntur. Habemus nos utriusque exemplum ex libro descriptum qui Francisci Bivarii olim fuit, & in Eminentissimi domini ac venerabilis memoriæ viri D. Balthassaris de Moscoso & Sandoval S. R. E. Cardinalis ac Toletani antistitis, tunc verò Giennensis adhuc Episcopi, post eiusdem Bivarii obitum, operâ Petri Xalon Abbatis Nucalensis monasterii eiusdem Cisterciensium Ordinis, cùm literis XXVII. Novembris MDCXXXIX. pervenit manus. Ex quo libro Martinus Vasquius Siruela portionarius Hispalensis Ecclesiæ qui tunc in laudati magni præsulis familia erat, permissu illius has transcripsit cum aliis epistolas, à quo nos postea habuimus : ex Siruelæ nota exemplo suo affixa observantes ipsa Bivarii manu scriptas ibi esse; ne aliquis veterem aliquem sibi codicem seu archetypum fingat. Ambrosius quoque Morales lib. 11 cap. 70. se vidisse affirmat in vetustissimo codice Gothico Complutensis Sancti Ildefonsi collegii maioris eiusdem nostri Liciniani quicquam operis *adversus Vincentium Cæsaraugustanum Episcopum* Arianismo infectum, contra quem & Severus scripsit, ut infra dicetur (1). Li-

(1) Legitur quidem in eo Codice, atque apud Cl. Florezium *Hisp. Sacr. Tom. V. Append. IV. pag.* 425. Liciniani Epistola ad *Vincentium Ebositanæ Insulæ Episcopum directa contra eos qui credunt epistolas de cælo cecidisse in memoriam Sancti Petri Romæ*; neutrubi tamen, ac nec alicubi unquam, ad *Vincentium* (quod Noster ait) *Cæsaraugustanum* : id quod è Complutensi Moralii Codice in Regiam Bibliothecam Escurialensem postea delato, atque ibidem ad hanc diem exstante *Digrammate* &. *Plut. I. num.* 14. repetere altiùs placuit. Viderat hunc Codicem Compluti Moralius, inque eo *Liciniani ad Vincentium Cæsaraugustanum Epistolam* exstare falsò sibi persuasit, atque hoc præiudicio abreptus hæc in Historiam suam retulit *Lib. XI. c. 70. T. II. p.* 83. *Tambien escribió Liciniano contra el Apostata Vincencio* (Cæsaraugustano) : *que yo he visto esta su obra en un libro antiquissimo de letra Gothica que está en la librería del insigne Colegio de San Ilefonso, aquí en Alcalá de Henares.* Proclive fuit viro, si quis unquam alias, ingenuo ac veritatis amantissimo ex Liciniani cum Severo Malacitano (qui verè adversus Vincentium Cæsaraugustanum scripsit) familiaritate & consortio, cuius & Isidorus meminit; & maxime ex datis communi utriusque nomine ad Epiphanium literis in eo Codice exstantibus, ut inter minutiora eiusdem alia, Severi scilicet Malacitani, Fructuosi, Sisebuti Regis, Cæsarii Patricii, Bulga-

35. Licinianum ex Isidoro novimus Carthaginis Spartariæ fuisse Episcopum: unde Hispanos natales non temerè colligimus. At Securæ ortum quis credet quantumvis Adversariis Pseudo-Iuliani fascinatus? quæ quidem talia sunt, ut sorex se suo ipsius indicio prodat. Lege sîs quingentesimum sexagesimum tertium cum duobus sequentibus. Ex eodem Isidoro scimus in Constantinopolitana curia diem suum obiisse, veneno, ut fama fuit, sublatum.

36. Nec temerè suspicantur auctores historiæ nostræ [l] qui non aliis quàm certis antiqui illius ævi documentis innituntur, exsilium ei, cum aliis summis antistitibus, Leovigildo Ariano Regi propter catholicam professionem doctrinæque dignitatem perosis, fuisse indictum. Nam & Leander & Fulgentius, inter se ac Reginæ fratres germani, Massonaque Emeritensis, Ioannes Biclarensis Abbas aliique, pars ab Hispania expulsi, pars relegatione omnium, præter certum locum, damnati exsilium pertulere. Leander quidem Hispalensis Episcopus contulit se Constantinopolin, quò & Licinianum venisse ex Isidoro constat. De illo quidem ex præfatione librorum Moralium super Iobum S. Gregorii Papæ ad eum directa certissimum haberi debet, Constantinopolin eum perductum ab *iniuncta sibi pro causis Fidei Regis Wisigothorum* legatione: quo non Leovigildum Arianum ac Fidei hostem, sed Hermenegildum eius filium catholicum significatum auctores nostri iure quidem existimant. Cuius quidem nomine tunc iam parenti Leovigildo adversantis, potuit Leander in exsilio suo apud Imperatorem Tiberium Fidei causam agere; sed quominus Pseudo-Maximo [m] libentes credamus, tam Leandrum quàm Licinianum uti legatos plebium catholicarum Constantinopolin se contulisse, ipsa auctoris nondum idonea reputata fides facit.

37. Præterea quem Licinianum rectè Isidorus Carthaginis Spartariæ Episcopum, falsissimè nuncupavit Pseudo-Maximus fragmenti nostri [n] *Carthaginensem metropolitanum*, aut vulgaris Bivarianæ editionis [o] *Carthaginis Spartariæ metropolitanum*: ubi reliquæ *Carthaginis* rectiùs habent. Aut enim Licinianus Toleti fuerit præsul, quæ metropolis aut semper fuit aut saltem tunc temporis erat Carthaginensis provinciæ [p] (quod nullus hucusque dixit); aut ambitio hæc nominis ficulnea restringenda est ad Isidorianam phrasin: ita ut Licinianus Carthaginis Spartariæ Episcopus, Euphemius verò Carthaginensis provinciæ metropolitanus audiant. In quo mihi consentientes Toletanarum rerum vindices me habiturum spero. Nihilominus tamen Toleto quantumvis favens Bivarius [q] admittere non dubitavit secessionem aliquando fecisse à Toletano metropolita quosdam eius provinciæ Episcopos, ipsumque Carthaginis præsulem pro metropolitano agnovisse; Licinianumque primum Carthaginensium Episcoporum hoc iure usum credidit: quem quidem novum hierarchiæ in Hispaniarum his Ecclesiis ordinem non fabulosis sed veracibus antiquitatis testibus confirmare debuit. Quandoquidem ex Gundemari Regis decreto nullum ad huiusmodi divisionem argumentum idoneum confici alibi contendimus [r]. Id saltem Bivarius iure improbat Licinianum è Carthaginensi ad Valentinam, aliàs ad Malacitanam Ecclesiam translatum fuisse: quod scribunt Vasæus [s] & Morales [t] S. Isidori testimonium laudantes; falsò etenim hoc uterque Isidoro imputat.

38. Liciniano Dominicum successisse, ne id omittamus, Pseudo-Maximus & alii huius sectæ chronologi vanissima temeritate finxere. *Cui suffectus est Dominicus* (ille ait [u]) *ex presbytero Hispalensi, homo iam ætate ingravescens. Hic sanctus vir subscripsit tertio Concilio Toletano, in quo hæresis ab universis Gothis est abiurata.* Duo hìc notanda. Prius est: Dominicum vocavit Hispalensem presbyterum Maximi artifex, Ambrosio Morali credens qui ipse errorem admisit ex malè intellecto quodam Onuphrii Panvinii testimonio, ut observavit ad hunc locum Franciscus Bivarius [x]: sagax ille quidem in deprehendendo Moralis errore atque eius occasione; non ita sagax aut ingenuus, ut annotaret, sicuti deceperunt malè intellecta verba Onuphrii Moralem, ita Moralis præiudicium Pseudo-Maximum decepisse. Posterius est: ad confirmandam Carthaginis

[l] Morales lib. 11. cap. 70.

[m] Ad annum DLXXXI. n. 3.

[n] Ad annum DLXXXI.

[o] Ubi proximè, & ad ann. DLXXXVIII. n. 6. & de Dominico Liciniani successore ad ann. DXC.

[p] Vide Bivar. *ad Maximum* pag. 286. §. 49.

[q] Ibid. §. 50.

[r] In *Dextri censura*, ubi de Episc. Tolet. & Pentadio.

[s] In *Chron.* ad an. DXCI.

[t] Lib. 11. cap. 19.

[u] Ad annum DLXXXVIII. n. 6.

[x] Pag. 665. §. 40.

garani, Evantii, Aviti, ipsiusque Liciniani opuscula, hanc quoque *Eiusdem ad Vincentium Cæsaraugustanum epistolam* exstare in eo crederet; cum res ita non habeat, me quidem qui Codicem diligentissime evolvi vade nec facile vadimonium deserturo. Præterea Isidorus hanc quade agimus *adversus Vincentium Cæsaraugustanum Epistolam sive libellum*, uni Severo Malacitano adscribit in *De vir. illustr.* c. 29. prorsus ut nullus supersit de eo ambigendi locus. Consonat Ioannes Baptista Perezius noster *Not. ad Isidor. de vir. illustr. c.* 42. & Cl. Florezius T.V. pag. 83. n.63. apud quem ibidem Append. IV. pag. 426. legesis: *Liciniani & Severi Malacitani ad Epiphanium* communi utriusque nomine directam *Epistolam*, in qua ostenditur *angelos & animas rationales esse spiritus sive totius corporis expertes.*

urbis metropolin quæ aliunde nequit comprobari; Pseudo-Maximum quo loco refert [y] quinam primarum Sedium Episcopi Concilio Toletano III. interfuerint, *Dominici Carthaginis Spartariæ metropolitani* nomen in actis Concilii ipsius nusquam apparens callidè inseruisse.

[y] Ad annum DXC.

39. Cuius quidem Dominici fingendi occasio & fundus, uti diximus, error Moralis fuit. Panvinius nempe scriptum reliquerat anno Christi DXCV: *Synodus Toletana, quâ Ariana hæresis ex Hispania auctore Ricardo Rege expulsa est, & Hispalensis. Dominicus, Carthaginis Episcopus, vir sanctus.* Hic dubio procul Dominicus est Carthaginensis in Africa Episcopus, familiaritate ac literis S. Gregorii Papæ celebratissimus [z]. Malè autem intellectis Panvinii his verbis Morales [a] Dominicum ad Hispaniæ historiam pertinere existimans, sic de eo retulit, ex vulgari latinus [b]: *Frater Onuphrius Panvinius laudat in historia sua Ecclesiastica, uti virum huius temporis valdè conspicuum sanctitate Dominicum Hispali natum, & Carthaginis in Africa Episcopum. Ego id quod de hoc viro sancto dicitur, non satis intelligo, neque habeo unde quicquam ultrà sciam.* Displicuit sanè Toletano Maximo ingenua ista docti æquè ac probi hominis confessio; eiusque de Hispalensis vocabulo, quod Synodo Panvinius; Dominico autem Morales falsò attribuit, erroris securus: è Dominico Carthaginis uti Onuphrius, sive Africanæ Carthaginis uti Morales habent Episcopo: Hispalensem Dominicum Carthaginis Spartariæ antistitem fabrefecit, nemini hucusque notum; decipereque volens, simul ipse miserabiliter fuit deceptus.

[z] Plures *epistolas* Gregorii ad eum scriptas collegit Bivar. hic pag. 665. §. 39.

[a] Lib. 12. cap. 3. in fine.

[b] *Fr. Onufrio Panvinio pone en su historia Eclesiastica en este tiempo por varon muy señalado en santidad á Dominico natural de Sevilla, y Obispo de Cartago en Africa. Yo no entiendo bien lo de este santo, ni tengo de donde dar mas noticia del.*

40. SEVERUS (apud Isidorum sequitur [c]) *Malacitanæ Sedis antistes, collega & socius Liciniani Episcopi, edidit libellum unum adversus Vincentium Cæsaraugustanæ urbis Episcopum, qui ex catholica Fide in Arianam pravitatem fuerat devolutus. Est & alius eiusdem* De virginitate ad sororem *libellus, qui dicitur* Annulus. *Cuius quidem fatemur cognovisse titulum, ignorare eloquium. Claruit temporibus prædicti Imperatoris* (Mauricii) *quo etiam regnante vitam finivit.* Hæc ille: quibus utique laudatum nos clarum ævo suo Episcopum dimitteremus, cuius nullum ex duobus his libris hodie superest, nisi remoraretur ad alia properantes malus ille fabularum genius quem toties ab historia nostræ gentis fugare nitimur.

[c] Cap. 30.

41. Hic ex uno Severo Malacitano duplicem Severum ridiculo ausu finxit. Apud Dextrum legitur ad annum CCCLXXXVIII. in editione Cæsaraugustana: *Severus Episcopus Malacitanus scripsit librum ad sororem* De virginitate. Ita & Carus edidit in sua Hispali; non dissimulato in huius loci nota errore illius qui Dextro inseruisset id quod plusquam ducentis post eius mortem annis contigit. Bivarius retinuit *Malacitani* lectionem; sed in ora libri monuit de altera, nimirum *Lamecitanus.* Confirmatque ita scriptum à Dextro fuisse, adducto Maximi testimonio isto de eodem ut credit Severo: *Severus Episcopus Lamecensis floret scriptis. Interfuit primo Concilio Toletano*: ad annum scilicet Christianum CDXXXII.

42. Monitus verò à quodam viro docto qui commentaria eius ad Dextrum legerat Bivarius, animadversoque Cari hac de re iudicio cùm ad Maximum commentaretur; duplicem nisus fuit Severum asserere: priorem seu seniorem Lamecensem in Lusitania: alterum seu iuniorem, Malacitanum in Bætica Episcopum; seniorisque Dextrum & Maximum, posterioris Isidorum meminisse ait. Opponentibusque huius Isidori testimonium de Severi Malacitani, sui temporis æqualis, opere *De virginitate ad sororem*, quod ipsum Dexter sui sæculi Severo attribuit; sic inauspicatò absurdeque respondit, ut planè quidvis agere aliud videatur, quàm latina Isidori verba sensu suo qui apertissimus est, donare voluisse. Supponit nempe Isidorum de libro isto sic loqui, ut Malacitani Severi quantumvis ei inscriptum, opus esse non crederet. Sed sancti doctoris sermo ita perspicuus est, ut vim sibi tam absurda interpretatione fieri non patiatur: *Est* (inquit) *& alius eiusdem* De virginitate ad sororem *libellus, qui dicitur* Annulus: *cuius quidem fatemur cognovisse titulum, ignorare eloquium*: hoc est Severi hunc librum qui verè eius esset, titulo tenus sibi cognitum, nunquam vidisse. Hæc phrasis Isidori est. In epistola quadam ad Braulionem: *quia non fui dignus tua perlegere eloquia*; Et infrà: *quia non perlegi eloquium tuum.* Et in alia ad eundem: *per eum eloquia tua suscipiens*, hoc est literas.

43. Accede nunc, vel è trivio Grammatice, & nobis dic recténe Bivarius interpretatus Isidorum his verbis fuerit: *Nam tametsi dicat librum sub Severi nomine suo tempore circumferri* De virginitate ad sororem; *tamen non solùm ipse vulgare placitum non approbat, verùm ex phrasi eiusdem esse negat.* Vix credo Bivarium, hominem verè doctum nec iudicii inopem ea

ea sibi persuasisse quæ aliis dum sæpe sæpius his nugis credit persuadere voluit. Nec dissimile est, quod Maximi verba hæc *Severus Episcopus Lamecensis floret scriptis*, eo quod anno CDXXXII. affixa sint (quo iam existere Idatium huius Ecclesiæ Episcopum ex Chronico eiusdem constat), sic interpretatur, ut florere scripta eius non verò superesse adhuc eo anno ipsum, Maximus dixerit. Quas latebras passim quærere opus est ei, cui falsa verorum specie semel imposuere.

44. EUTROPIUS sequitur, duobus iam laudatis Liciniano ac Severo æqualis, quem & sic describit Isidorus [d]: *Eutropius Ecclesiæ Valentinæ Episcopus, dum adhuc in monasterio Servitano degeret & pater esset monachorum, scripsit ad Episcopum Licinianum, cuius suprà fecimus mentionem, valdè utilem epistolam, in qua petit ab eodem pro qua re baptizatis infantibus Chrismatis unctio tribuatur.* De hac epistola in Liciniano diximus. Adiungit Isidorus: *Scripsit & ad Petrum Episcopum Irtabicensem* (*Ercavicensem* legendum) De districtione monachorum *sermone salubri compositam epistolam, & valdè monachis necessariam* (1). Ioannes Biclarensis in Chronico [e]: *Eutropius abbas monasterii Servitani, discipulus sancti Donati clarus habetur.* Idem in referendis Concilii Toletani III. sub Reccaredo Gothorum Rege actis, damnataque in eo Ariana impietate: *Summa tamen Synodalis* (ait) *negotii penes sanctum Leandrum Hispalensis Ecclesiæ Episcopum, & beatissimum Eutropium monasterii Servitani abbatem, fuit.* Quo quid illustrius atque Eutropio honorificentius dici potuit? Summa enim apud universam gentem auctoritate, doctrinæque ac sanctitatis merito vigere opportuit eum, qui cùm abbas tantùm esset cuiusdam monasterii, tot inter totius Hispaniæ præsules unus Leandro metropolitano Hispalensis Ecclesiæ, doctissimo, sanctissimo, ac Regis avunculo æqualis visus fuerit, qui cum eo summam rerum conciliarium gubernaret, ac pestilentissimæ sectæ ab Hispaniæ limitibus generalis exturbationis modum & formam præscriberet. *Beatissimi* quidem sicut & *sancti* elogium, quo Biclarensis de Eutropio loquens utitur, viventibus adhuc, sed Episcopis, vix autem aliis tributum videas. *Beatissimi sacerdotes* in Concilio isto tertio à Reccaredo appellantur ii qui interfuerunt Episcopi. Extra hos de Eutropio dictum, eo tempore quo Leander *sanctus* dumtaxat audit, *beatissimi* præconium, eximium quid planè continet.

[d] Cap. 32.

[e] Anno III. Mauricii.

45. In excusis Conciliorum editionibus, & in codicibus aliquod MSS. quos Morales consuluit [f] subscriptiones deerant, cùm Leandri, tum Eutropii. In ea autem quam è pluribus manu exaratis libris diligenter à Loaisa correctiorem & locupletiorem habemus, Leander iam visitur, Eutropius adhuc desideratur: quod me parum movet, cùm videam hoc tempore usque ad Concilium Toletanum VIII. anno DCLIII. habitum, in omnibus huiusmodi sacris congressibus non aliorum quàm Episcoporum legi nomina. Pseudo-Maximum scio longam hic texere abbatum, presbyterorum, diaconorum seriem, Eutropiique inter alios qui Concilio interfuere. Nunc verò de subscriptionibus agimus.

[f] Vide lib. 12. Hist. cap. 3.

46. Valentinum autem Eutropii præsulatum, absque Isidoro esset, ignoraremus. Qui omnino constituendus est post laudati Concilii huius tempora, scilicet annum DLXXXIX. & ante annum DCX. quo iam inter alios Martinus, aliàs Marinus, Valentinus Toletanæ Ecclesiæ in tota provincia Carthaginensi primatum agnovit [g]. Longius enim vix est ut producamus, inter Marinum & qui anno DCXXXIII. & sequentibus quarto, quinto, sextoque Toletanis interfuit, Musi-

[g] In edit. Loaisæ pag. 259.

(1) Noveram ego pridem inter Bibliothecæ Vaticanæ codices olim Sereniss. Christinæ Suecorum Reginæ sub num. 140. exstare hanc Eutropii ad Petrum Ercavicensem epistolam, quam æque ac Noster, ut eius hoc loco silentium indicat, omnino ineditam putabam; eàque occasione ad Virum clarissimum Regium Consiliarium Regioque nomine generalem in Urbe negotiorum Hispaniæ Curatorem D. Nicolaum Azaram, cuius non semel aliàs benevolentiam expertus fueram, literas dedi rogatum, ut nisi maximæ molis epistola esset eius exemplum describi mihi procuraret. Annuit illico votis meis Vir Humanissimus literarumque ac patrii decoris amantissimus, eaque Eminentissimo Domino S. R. E. Cardinali Francisco Xaverio Zeladæ Sedis Apostolicæ Bibliothecario, eximio studiorum olim meorum Fautori exposuit: qui nulla interiecta morà epistolæ apographum è Vaticano quem prædixi Codice desumi iussit & cum archetypo collatum Domino Azaræ ad me quantocius remittendum tradidit: ut intra bimestre spatium desiderati desiderii mei compos abunde fierem. Pro insigni itaque & nunquam intermorituro beneficio, grates ego ut referam, nihil habeo, nisi si prolixam beneficamque Utriusque, & ob amplissimos quibus honestantur honores, & maxime ob præclara in Christianam atque Hispanam Remp. merita spectatissimi Viri, in literas earumque cultores voluntatem ubique deprædicem seræque posteritati consecrem: quod & facio libentissimè. Vulgaverat eam olim tamen ac longe ante Nostri tempora Lucas Holstenius in *Codice Regular. Monasticar. Paris.* 1633. *in Append. pag.* 82.

tacium collocantes. Abstineo autem de Eutropii monachatu [h], quod res alterius argumenti est, deque Servitani monasterii [i] loco nunc disserere, intentis ad fontes historicorum nostrorum contentus digitis.

CAPUT III.

Quòd DONATUS *Servitanus abbas nihil scripserit, alteriusque sit Donati* Regula ad virgines *: in quo erravit Aubertus Miræus. De* MARTINO *Dumiensi abbate, Bracarensi Episcopo, qui, quamvis è Pannonia, apud nos floruit. Venantius Fortunatus de Martini nomine, & sanctus Isidorus de patria expositi.* Pannonia Quiris, *pro Pannonia Romanis subdita apud eundem Venantium. Synodi apud Lucum acta corriguntur. Bracarensis idem aliquandò & Dumiensis Episcopus. Leovigildi Gothorum Regis adversus catholicos persecutionis tempus. Pseudo-Maximi insignia mendacia de Martino & Suevorum Regibus. Commenta quoque de eodem Luitprandi & Iuliani taxantur. Diptychon Toletanæ Ecclesiæ ab huius ultimi impostura vindicatur. Liber Martini* De diferentiis virtutum, *seu* De formula honestæ vitæ, *& alii tributi olim Senecæ. Epistolæ, Capitula ex græcis Synodis. Opuscula alia, quasi eiusdem essent, à Ioanne Tamaio edita, quoddamque eius parùm christianum.*

47. SED Eutropius, quem Hispanum non temerè credimus, dum in Hispania tum abbatem tum Episcopum, nusquam aliunde ad nos venisse constat, à præceptore seu decessore suo DONATO separari nollet, si uti iactatur Scriptor ille esset. Quantumvis enim Afer natu aut educatu, in Hispaniam se contulit cum septuaginta monachis copiosisque librorum codicibus, in eaque auctor fuit Servitani monasterii in eo tractu qui Valentinum hodie regnum est, ususque hac regula observantiæ monasticæ, ibique apud nos vixit & mortuus fuit, miraculis clarus. Quod totum Ildefonsi [k], & Ioannis Biclarensis [l] elogia continent.

48. Hic tamen nullus pertinet ad Hispanam Bibliothecam. Non enim rectè Aubertus Miræus in notis ad Ildefonsi locum istum collegit Donati nostri esse *Regulam ad virgines*, quam ex vetusto codice Coloniensis monasterii canonicorum regularium Corporis-Christi descriptam se habuisse ait: cuius hoc initium *Sanctis à me plurimum venerandis Christi virginibus Guastrudæ, omnique suæ Congregationi in cœnobio à famula Dei Flavia constructo, Donatus.* Hæc enim est Donati Vesontinæ urbis in Burgundia Episcopi, Flaviæ illius filii quæ monasterium condidit: quod constat ex Iona monacho in *vita S. Columbani* cap. 13. quæ inter venerabilis Bedæ opera reperitur [m]; subque eius nomine edita hæc *Regula* est in *Codice regularum* [n], quem à doctissimo viro Luca Holstenio editioni quum è vivis abiit Romæ paratum, Eminentissimus Card. Franciscus Barberinus post mortem eius typis mandari curavit.

49. Donatum utique, si auctor fuisset huius Regulæ, non recusaremus albo nostro inscribere. Nam & Martinum Pannonium, eo quod inter nos doctrinæ & sanctitatis veluti flos tempore suo fuit reputatus, eo libenter admittimus. MARTINUS hic DUMIENSIS à monasterio cui præfuit abbas & Episcopus, seu BRACARENSIS ab Ecclesia quam deinde administravit, & *Galliciensis* à provincia [o], hoc meruit à S. Isidoro Hispalensi elogium: *Martinus Dumiensis monasterii sanctissimus Pontifex, ex Orientis partibus navigans in Galæciam venit* (malè in aliis [p] *Galliam*) *ibique conversis ab Ariana impietate ad Fidem catholicam Suevorum populis, regulam Fidei & sanctæ religionis constituit, Ecclesias confirmavit, monasteria condidit, copiosaque præcepta piæ institutionis composuit. Cuius quidem ego legi librum* De differentiis quatuor virtutum, *& aliud volumen epistolarum, in quibus hortatur vitæ emendationem, & conversionem Fidei, orationis instantiam, & eleemosynarum distributionem, & super omnia cultum virtutum omnium, & pietatem. Floruit regnante Theodemiro Suevorum Rege, temporibus illis quibus Iustinianus in Republica* [q], *& Athanagildus in Hispaniis imperium tenuerunt.* Adiungerem pro ævi more *Martini* nomini aliud *Martii* nomen, adductus his Venantii Fortunati ad eum scribentis [r]: *alterum ad Occasum Deus plantâsset Elysium, in quo fortior Adam, idest Martius Martinus, inexpugnabilis accola Christi* &c. Nisi Martium allegoricè à Martiali virtute dictum potiùs existimarem.

50. Præstat singulis lucem aliunde immittere. Ex Pannonia [s] (Regnum Hungariæ nunc est) fuit Martinus; nec aliud importat, quod ex Orientis partibus venisse ad nos dicatur; cùm istis Isidori verbis prorsus significetur, quum ad Hispanias se contulit, in Oriente & Palæstina diu peregrinatum fuisse. Gregorii Turonensis verbis id confirmabimus totamque Isidorianam historiam. *Hoc tempore* (ait lib. 5. *Hist. Francor.* cap. 38. de Leovigildi in catholicos sævientis agens tempore) *& Beatus Martinus Galliciensis Episcopus obiit,*

[h] Videndi Morales lib. 11. cap. 60. Escolanus lib. 9. *Hist. de Valencia* c. 20. §. 7. Ioannes Mabillon. in *præf. ad Acta SS. Ord. S. Benedicti* §. 6.

[i] Mariana lib. 5. cap. 11. Morales lib. 11. c. 60. Vasæus ad ann. DLXIX. Benter lib. 1. *Hist. de España* cap. 27. Malvenda *De Antichristo* lib. 16. Escolanus ubi proximè §. 8.

[k] *De Script. Eccles.* cap. 4.

[l] In *Chron.* ad ann. v. Iustini.

[m] Tom. 3.

[n] Parte 3. pag. 78.

[o] In hoc hallucinatus fuit Baronius die XXI. Iunii lit. H. tres Martinos ex unico faciens.

[p] In edit. *Biblioth. Eccles.* Miræi.

[q] Republica pro Rom. Imperio. Ioannes Biclarensis anno II. Mauricii in Chron. *Leovigildus Rex filio Hermenegildo ad Rempublicam commigrante, Hispalim pugnando ingreditur.*

[r] Lib. 5. *Carmin.* in princip.

[s] Somniant quidam Pannonias in Hispania propter Stephani locum, quem corruptum esse docuit Ludovicus Nonius *Hispaniæ* suæ c. 1. Vide Cardosum in *Hagiologio Lusitano* 2. tom. die XX. Martii pag. 246.

obiit, magnum populo illi faciente planctum. Nam Pannoniæ ortus fuit, exinde ad visitanda loca sancta in Orientem properans, in tantum se literis imbuit, ut nulli secundus suis temporibus haberetur. Exinde Gallæciam venit, ubi cùm B. Martini reliquiæ portarentur, Episcopus ordinatur, In quo sacerdotio impletis plus minus xxx. annis, plenus virtutibus migravit ad Dominum. Versiculos, qui super ostium sunt à parte meridiana in basilica sancti Martini, ipse composuit. Hæc Turonensis. Eadem ferè Aimoinus monachus lib. 3. *Hist. Francorum* cap. 39. adiuncto tamen ordinatum eum Episcopum in *Basilica quæ prima apud Hispanos in honore S. Martini dedicata est.* Patriam asserit quoque Venantii Fortunati carmen 1. lib. 5. ad eundem nostrum, quo celebrat eius Apostolicum in Gallæcia munus, & florescentem sub eo catholicam ibi religionem, ubi inter alia:

Pannoniæ, ut perhibent, veniens ex parte Quiritis,
Est magis effectus Galli-Sueva salus.

Pannoniam Quiritem dixit pro ea quæ Romanis suberat, uti *Rempublicam* absolutè pro Romanorum ditione, ut vidimus. Immo ipsum epitaphium quod plures laudant [t] Pannoniis favet:

Pannoniis genitus, transcendens æquora vasta,
Gallæciæ in gremium divinis nutibus actus, &c. (1).

[t] Tamaius xx. Martii in *Martyr. Hisp.* pag. 315. & 329. Mabillon. in *Actis SS. Benedictin.* 1. tom. pag. 261. Ioannes Bapt. Perezius in *scholiis ad S. Isid. De Scriptor.*

51. Professus fuerat olim catholicæ Ecclesiæ Fidem Recchiarius Suevorum Rex, qui anno CDXLVIII. regnare cœpit. Sed Remismundi tempore circa annum CDLXIV. Aiacis Galatæ Ariani qui de Gallicana Gothorum regione venerat dolosis artibus, Arianæ perfidiæ labem tota Suevorum gens contraxerat [u] usque dum Theudemirus, seu Ariamirus, regni habenas suscepit: *Qui confestim* (ait Isidorus in brevi *Suevorum historia*) *Arianæ impietatis errore destructo, Suevos catholicæ Fidei reddidit, innitente Martino monasterii Dumiensis Episcopo, fide & scientia claro, cuius studio & pax Ecclesiæ ampliata est, & multa in Ecclesiasticis disciplinis Gallæciæ regionibus instituta.* Idem in Chronico floruisse ait sub Iustino minori apud Gallæciam Bracarensem Episcopum *prudentia & doctrina catholicæ Fidei clarum.* De constructione monasterii Dumiensis memoria fit in Toletano Concilio x. [x]

[u] Isidorus in *Hist. Suevorum*, Idatius anno IV. Severi, seu Olymp. CCCXI. anno III.

[x] In edit. Loaisæ pag. 500.

52. Valdè autem miror quòd in Concilio Bracarensi primo, anno DLX. hoc est Theudemiri seu Ariamiri tertio, celebrato, nulla huius conversionis mentio fiat; sed Priscillianæa tantùm condemnentur dogmata, Ecclesiasticæque disciplinæ quædam regulæ constituantur. Huic certè subscriptus quinto loco Martinus noster Dumiensis monasterii Episcopus est: qui non unum hoc dumtaxat eo iam tempore condiderat [y], cùm in eodem Concilio de monasteriorum consuetudinibus perspicua mentio habeatur, Isidorusque in *Suevorum historia* multa fuisse ab eo monasteria condita annotatum reliquerit. Post novem item annos [z] Synodus apud Lucum coacta sub eodem Rege designavit unicuique Episcopo suam diœcesin, ubi *ad Dumio familia servorum* VI. spectare dicitur [a]. Mendum ego existimo, pro *familia Suevorum Regum* [b]. Nam aliàs in Wambæ Gothorum Regis divisione earundem diœcesum vetus hæc Suevorum inserta [c] ita concipitur: *Ad Sedem Dumiensem familia regia.* Erat enim prope regiam urbem Bracarensem monasterium, Regiæque ipsius parochia.

[y] Plures numerant Tamaius xx. Martii pag. 313. Cardosus in *Hagiolog. Lusitan.* die xx. Martii pag. 247.

[z] Era DCVII. anno DLXIX.

[a] In edit. Loaisæ pag. 129.

[b] Multa morosè de his verbis Tamaius in *Martyrol.* xx. Martii pag. 315.

[c] In eadem edit. pag. 137.

53. Ascendit postea ex Dumiensi ad metropolitanam Sedem Bracarensem Martinus ante annum DLXXII. quo munere isto mactus secundo Bracarensi Concilio interfuit [d]. Post cuius obitum Bracarensis & Dumiensis Episcopi seorsum laudati Conciliorum in actis leguntur. Ioannes autem Vasæus notavit, in Concilio Toletano XVI. Felicem Bracarensem simul & Dumiensem Episcopum in historiæ Roderici Toletani MS. codice se vidisse: quo loco vulgares editiones Conciliorum, & inter eas Matritensis Loaisæ *Bracarensem* & *Portucalensem* cathedras huic Felici adscribunt. Eundem verò esse Martinum Bracarensem & Dumiensem ex Concilio x. Toletano constat paulò antè laudato: in quo fit mentio testamenti eius, quod succedentibus ex ordine Regibus exsequendum commiserat. Qui ob conservatam Dumiensis dignitatem ut creditur cum Bracarensi, non ab alio quàm à Dumiensis monasterii Pontificatus munere nuncupatus apud Isidorum legitur. Iccircò & abest in Bracarensi secunda Synodo Dumiensis Episcopi mentio; quia idem cum eo erat is, cuius fit, Bracarensis.

[d] In eadem edit. pag. 171.

54. Mors eius, si Gregorio Turonensi huius temporis æquali fidem non dene-

(1) In Codice Bibliothecæ Vallis-Lucensis apud Montfauconium *Bibl. Biblioth. T. II. pag.* 1346. *col.* 2. *C. Scotus* appellatur: patriâne an Sede? Codicis titulus est: *Libellus Martini Episcopi Scoti ad Mironem Regem dictus: Formula honestæ vitæ.* At quo sponsore?

negamus, ad Leovigildi annos, quibus in catholicos ille sæviebat referri omnino debet; immo ad Childeberti iunioris Francorum Regis quintum, qui Baronio annus fuit Christianus DLXXXIII. [e] aliis DLXXX; sive ad Childeberti VII. qui fuit Chilperici atque Gruntani XXI. ut disertè ait Aimoinus [f], hoc est annum DLXXXII. iuxta Labbeanum computum. Sed operæ pretium est ex serie annorum Leovigildi ostendere non ante hos annos persecutionem catholicorum contigisse in Hispania. Cœpit is regni habenas anno Iustini iunioris III. qui est redemti orbis DLXVIII. ut ex Isidori [g] & Ioannis Biclarensis [h] liquet Chronicis. (*Anno*) DLXXII. Liubane fratre atque regni consorte defuncto, toti Hispaniæ præesse cœpit: (*Anno*) DLXXIX. devictis tyrannis requiem sortitur: DLXXX. Hermenegildus Leovigildi filius uxorem ducit & adversus parentem insurgit: DLXXXI. habuit Toleti Leovigildus Concilium Episcoporum sectæ arianæ: DLXXXIII. Adversus filium copias contrahit: DLXXXV. capta Hispali filium exsilio Valentiæ urbis deputat: DLXXXVI. Suevorum regnum extinguit & provinciam facit. Eodem anno Hermenegildus occiditur: DLXXXVII. regni sui XVIII. Mauricii imperatoris IV. Leovigildus obit. Sequimur in his chronologiam Ioannis Biclarensis, atque in novioribus Labbei.

[e] Labbeo in *Conc. Chronol.* hoc anno.
[f] Lib. 3. *De gestis Francor.* cap. 19.
[g] Erâ DCV.
[h] Anno Iustini III.

55. Leovigildum ergo ampliando bellis imperio exstirpandisque externis hostibus occupatum usque ad annum DLXXIX. verisimile est tunc primùm, occasione rebellantis (ut Veteres loquuntur) sequenti anno Hermenegildi filii, catholicos persequi cœpisse. Neque hîc tergiversabuntur qui Pseudo-Maximo credunt. Hic enim exsilia Ioannis eiusdem Biclarensis & Massonæ Emeritensis anno DLXXIX. aliorum autem antistitum catholicorum anno DLXXXI. immo & obitum Martini nostri Bracarensis dicto anno DLXXIX. assignata habet; convenitque Pseudo-Iulianus [i]. Quocum stare nequit series gestorum vitæque Martini apud nos actæ ab eodem Pseudo-Maximo constituta. Ponit hic auctor (vulgaris quidem editionis, non fragmenti nostri quod Martini nusquam meminit) huius adventum in Hispanias anno DXXXI. [k] Recchiarii Suevorum Regis tempore.

[i] Ad ann. DLXXIX.
[k] In *Chron.* ad hunc ann. num. 4. & 5.

56. Hunc Rechillanis vocat filium, aitque institutum in Fide catholica eum fuisse à nostro Dumiensi, Suevosque hoc ipso anno (hoc est Recchiarium & eius filium Ariamirum cum palatinis & populo) Arianæ hæresi in Concilio quodam, quod Autbertus Bracarensis Episcopus collegit, renuntiâsse. Hoc tam insanum est mendum ut refelli ex proposito vix dignum sit. Pseudo-Maximi verba in ora legi possunt [l]. Consultò enim eò reiecimus ne lectorem stupidissima fictione gravaremur. Rechilla Suevorum Rex anno CDXLVIII. ut suprà annotavimus Recchiario filio vacuam regni sedem reliquit moriens, centum ferè annis ante Martini Dumiensis ætatem. Isidorus disertè [m]: *Erâ CDXXCVI.* (annus est Christi quem priùs diximus) *Recchiarius Rechillanis filius catholicus factus succedit in regnum annis IX. acceptâ in coniugium Theuderedi Regis Gothorum filiâ.* Hic Theuderedus ille est qui prœlio obiit cum Attila commisso. Recchiario extincto, partim Maldra, partim Franta, hisque Rechimundus, unaque Frumarius successere. His subrogatus Remismundus anno CDLXIV. [n] Aiace Galata Ariano hæretico instillante bibit hanc hæresin cum tota gente. Isidorus iterum: *Multis deinde Suevorum Regibus in Ariana hæresi permanentibus, tandem regni potestatem Theudemirus suscepit, qui confestim Arianæ impietatis errore destructo, Suevos catholicæ Fidei reddidit, innitente Martino monasterii Dumiensis Episcopo* &c.

57. Post Theudemirum regnâsse Mironem postea ait, qui Leovigildo Hermenegildum Hispali obsidenti suppetias ivit: quæ res anno DLXXXV. contigit. Unde vulgaris Hispaniæ historicorum observatio est [o], periisse Regum Suevorum qui Ariana tabe marcuere plusquam centum annorum memoriam: cuius observationis ipse (mirum!) meminit Franciscus Bivarius, qui ad locum hunc Maximi nîl non audet ut hanc eius historiam ostendat vero consonam. De hoc tamem hiatu & prochronismo plusquam centum annorum, qui à Recchiario ad Suevorum sub Theuderedo Martini Dumiensis operâ conversionem intersunt, ne γρῦ quidem locutus. Eruditionem hominis & industriam, quas semper amplectimur, infelicissimè impensas! Nota autem dignum est, Maximi Estepanum fragmentum in Suevorum Regum successione rectâ incedere, atque Isidoro prorsus convenire. Post Maldram anno CDLX. & Remismundum CDLXX. laudatos, nullam alterius facit quàm Theudemiri electionis anno DLVIII. mentionem. Unde rectè colligas ad hos fontes, si qui nondum infecti sunt, recurri debere.

58. Nec solùm in eo fallit planus. Falsum enim est Martinum anno DXXXI. ad nos

[l] Ad ann. DXXXI. *Martinus post Dumiensis Episc. venit cum reliquiis S. Martini Turonensis Episc. in Hispaniam ad Gallæciam ad Ricciarium Richillanis hæretici successorem, quem Ricciarium in Fide instruit in urbe Auriensi regia, prius Obobrigi dicta. Tunc Suevorum fit solemnis renuntiatio & abiuratio hæresi Arianæ, & Fidei catholicæ confessio, ut post facta est sub Reccaredo Rege Gothorum catholico cum eisdem cæremoniis. Abiuraverunt primùm Rex & Regina, & Ariamirus eorum filius, deinde hæretici Episcopi, post palatini, & populares in Concilio, quod collegit Regis imperio Autbertus Episc. Bracarensis, antequam proficisceretur in Belgium cum aliis Episcopis.*
[m] In *Histor. Suevorum.*
[n] Erâ DII. Isid. *Hist. Suevorum.*
[o] Loaisa in *Notis ad Concil. Lucense* pag. 130.

nos venisse; cùm triginta nec plus annos Hispaniensis incolatûs tribuere ei debeamus: quibus quidem ab anno DLXXX. aut DLXXXIII. uti diximus quo diem obiit suum deductis, prope DL. in Hispaniam primùm appulisse credendus est. Triginta Hispaniensis incolatûs annos diximus, quot scilicet in Pontificatu vixit, Gregorio Turonensi teste. Nam quo tempore advenerunt in Hispaniam reliquiæ S. Martini, hoc est statim atque Martinus noster eò quoque venit, Episcopus ordinatus fuit, ut idem Turonensis ait. Fallit ergo Maximi formator, qui totos novem annos monachum, nondum tamen abbatem Dumiensem nedum Episcopum, fingit semisæculum integrum in Hispania vixisse.

59. Falsum quoque est Martinum in Gallæciam venisse cum reliquiis S. Martini Turonensis Episcopi: *Venit cum reliquiis S. Martini Turonensis in Hispaniam*, ille ait. Cui adversatur res ipsa uti gestam retulit Gregorius Turonensis lib. 1. *De miraculis Sancti Martini* cap. 11. *Tunc commonitus à Deo Beatus Martinus, de regione longinqua qui ibidem nunc sacerdos habetur* (vivo enim eo hæc scribebat) *advenit. Sed neque hoc credo sine divina fuisse providentia, quòd ea die se commoverat de patria, quâ beatæ reliquiæ de illo loco* (Turonis, ubi corpus eius) *levatæ sunt; & sic simul cum ipsis pignoribus Gallæciæ portum ingressus est.* Quorum verborum ille necessarius est sensus, eodem die quo Regis familiares portum Gallæciæ cum S. Martini reliquiis sunt ingressi, Martinum alterum ex Orientis partibus, hoc est Palestina (quod aiunt [p] Isidorus ac Turonensis ipse Gregorius) venientem in eundem portum appulisse. Confirmat Venantius Fortunatus in epistola ad Martinum, è Turonis ut videtur scripta, quæ initio lib. 5. eius operum legitur. Precatur eum, ut pro se ad S. Martinum oret: *Est enim* (ait) *vobis ratio consequens, ut per vos illinc nobis redeat spes patrocinii, quia ad vos hinc prodiit pars patroni*, hoc est sancti patris reliquiæ. *Ad vos*, non *vobiscum*, verè dixit.

60. Nec minus temerè dicitur à Pseudo-Maximo [q] nostrum hunc fuisse Benedictinum monachum, sive *Benedictini ordinis monachorum patrem*. Nam prætérquamquòd Maximi germani sæculum hanc loquendi formam nondum admiserat (quod nec Bivarius latè hac de re agens diffitetur [r]): Martinus ex Pannonia egressus ad visitanda loca sancta in Orientem profectus fuit, exindeque Gallæciam venit, ut ex Turonensi & Isidoro constat. Unde haud potuit institutum vitæ, quod ea in parte orbis ignotum adhuc fuerat, ad nos portare [s]. Fateor pro Benedictinis adduci à Ioanne Mabillone ad *Acta SS. ordinis S. Benedicti* doctissima præfatione [t] Bonifacii IV. Papæ testimonium ex Ivonis decreto: quo Martinus Pannoniensis ita laudatur Episcopus simul & monachus, cum Gregorio Papa, & Augustino Anglorum Apostolo, statimque S. Benedicti monachorum præceptoris regula; ut de eodem horum omnium instituto & familia Bonifacius sensisse videatur. Quare abstinemus sermonem alterius otii controversiis [u], annotâsse contenti Martinum ab Isidoro dici *copiosa præcepta piæ institutionis* (monachis forsan) *composuisse*.

61. Supposititii quoque Luitprandus & Iulianus licere sibi somniare aliquid in Martini rebus credidere. Luitprandus Britoniensem seu Mindoniensem cathedram ante Dumiensem ei attribuit [x], Alphonsi Veneri Dominicani errorem [y] asserturus qui Mindoniensem vocavit Episcopum: quòd putaverit forsan idem importare Dumiensis ac Mindoniensis Episcopatuum appellationem: quòd non ita esse observavit inter alios Ioannes Vasæus in *Chron. Hisp.* capite 20. Aubertus quoque Miræus in *Auctario Bibliothecæ* cap. 146. Trithemium laudans Mindoniensem dixit Martinum fuisse Episcopum. Malè quidem, cùm Trithemius id non dixerit [z]. Britonium scilicet in Gallæcia urbem intellige, non alteram cognominemque in Asturiis [a]. Quæ si alicuius momenti essent, ne Maximi vacillaret fides, statuere oporteret Martinum è Britonensi Episcopo Dumiensem abbatem, è Dumiensi abbate Dumiensem Episcopum devenisse.

62. Insolenter magis Iulianus, *In Missa Sancti Iacobi* (ait *Adversario* 397.) *post Hilarium fit mentio Athanasii Episcopi Cæsaraugustani, & Hilarii Gumerensis, & Martini Dumiensis.* De diptycho Toletano loquitur, quod sic habet: *Pro spiritibus pausantium, Hilarii, Athanasii, Martini, Ambrosii, Augustini, Fulgentii, Leandri, Isidori*, &c. Noti sunt isti heroes Ecclesiæ, & ubicumque Christiana Fides viguit ore omnium celebrati. At Iulianus pro Athanasio Magno Alexandrino, Martinoque Turonensi & Hilario Pictaviensi Episcopis, Athanasium quendam S. Iacobi supposititium discipulum Cæsaraugustæ ab eo relictum, Hilarium nescio quem Guimarensem, ac Martinum nostrum Dumiensem in diptycho laudatos asserere non erubuit. Ita de sacris hodi-

[p] Locis suprà laudatis.

[q] Ad ann. DXL. 5.

[r] In *Comm. ad epist. nuncup. Maximi* pag. 75. & seqq.

[s] Pugnant tamen pro Benedictinorum hac colònia Ioan. Mabillonius *Ad Acta SS. Benedictin.* tom. 1. pag. 261. Cardosus in *Hagiol. Lusitano* xx. Martii.

[t] §. 8. n. 94.

[u] Benedictinum existimant Prudentius Sandovalius in *Fundationibus* suis *Monasteriorum S. Benedicti in Hispania* fol. 10.

[x] *Adv.* 70.

[y] In *Enchiridio*.

[z] Vide eum *De viris illustribus ordinis S. Benedicti.* & hunc Pseudo-Luitprandi errorem taxantem Tamaium in *Martyrol. Hispan.* xx. Martii p. 329. & Garibaium l. 8. cap. 19. Cardosum die xx. Martii p. 247.

[a] De quo latè pluribus *Adversariis* à 67. ad 71. De Britonia Asturum latè D. Antonius Calderon *De las excelencias de Sant-Iago* lib. 1. cap. 3. num. 24. Iepes *Chron. de S. Benito* tom. 1. anno DLXIII. fol. 242. Cardosus in *Hagiol. Lusit.* 11. Martii.

die ludere quorundam hominum ludus est. Diem mortis eius anniversarium, xx. scilicet Martii mensis, celebrant aliquot Gallæciæ & Portugalliæ Ecclesiæ: quod Morales docet lib. 11. cap. 62. Inventionis sancti corporis & translationis dies colit Bracarensis Ecclesia, teste Hagiologo Lusitano.

63. Deveniamus iam ad Martini Dumiensis, seu Bracarensis, opera.

Primum est *De differentiis quatuor virtutum cardinalium* liber quem Isidorus laudat, ad Mironem Regem Theudemiri successorem (Trithemio [b] ad ipsum Theudemirum) scriptus, creditusque olim Senecæ philosophi, uti de eo loquentes annotavimus [c]. Sed Martini nostri esse concors iam doctiorum sententia est: qui prodiit solus Venetiis ex officina Francisci Ziletti anno MDLXXXVI. *De formula honestæ vitæ* inscriptus: quo nomine auctor ipse donavit, ut ex epistola nuncupatoria, de qua mox dicemus, constat, in 12.° Hunc titulum agnovit & Ioannes Trithemius [d]. Exstat & in *Bibliotheca VV. PP.* tomo 6. item Basileæ curante Gilberto Cognato Nozoreno & alibi excusus; itemque cum Boethii Eponis Frisii *heroicis quæstionibus*, ait Labbeus in dissertatione *De Scriptoribus Eccles.* [e] Huic operi metricum veluti proloquium habes in Ioannis Tamaii *Martyrologio Hispano* [f]. Epistolam verò ad Mironem Regem Gallæciæ quæ desiderabatur in omnibus editionibus, in lucem protulit è MS. cod. Uticensis in Gallia monasterii Ioannes Mabillonus; editamque habemus in *Spicilegii* Lucæ Dacherii volum. 10. [g] de qua agit ipse in præfatione ad lectorem [h]. Alter ab hoc est eiusdemque auctoris, atque existimatus idem Senecæ,

64. II. *De moribus* liber, qui Parisiis prodiit cum Leodegarii à Quercu libro commentario; simulque alius liber *De paupertate*, nescio cuius, MDLVI. in 4.° apud Viduam Petri Attaignant: quod in *Bibliotheca* sua *Gallica* Verderius monet. Confundunt cum superiore libro nonnulli, nuperque Labbeus, ut ibidem diximus.

65. III *Epistolarum* librum cuius Isidorus mentionem habet desideramus, propter nobilissimum & piissimum quod continebat argumentum, ac propter hominis ingenium & elegantiam stili meliore fato dignum. Unam ex his mirè extollit ad se missam Venantius Fortunatus in principio lib. 5. ad nostrum scribens cum *Gallicia Episcopi* titulo. De qua inter alia: *Quid loquar de periodis, epicherematibus, enthymematis, syllogismisque perplexis, quo laborat quadrus Maro, quo rotundus Cicero. Quod apud illos est profundum hìc profluum, quod illic difficillimum hìc in promtu.* Domesticum esse illi deinde ait, corrupto & manco quantumvis loco, quicquid Plato Aristoteles Chrisippus Pittacus philosophi docuere; præseferre magis autem eius stilum Hilarii, Gregorii (non quidem Magni Pontificis Romani, sed aut Nazianzeni aut Nysseni) Ambrosii, Augustinique dogmata. Reliqua vide [i].

66. IV. *Capitula collecta ex græcis Synodis* ad Nitigesium, aliàs Nigesium atque item Netigium, Lucensem Episcopum [k] (qui in Concilio Toletano III. laudatur à Pantardo Bracarensi pro eo subscribente) vel universum Concilium Lucensis Ecclesiæ. Non quidem Græcus Martinus, ut pars credidit & nos suprà tetigimus; sed in Oriente diu versatus, ita se *literis* (ait Gregorius Turonensis, hoc est græcis) *imbuit, ut nulli secundus suis temporibus haberetur.* Videns ergo canones veterum illius gentis & linguæ Conciliorum vitia quædam, sive malæ sive obscuræ sive tandem haud integræ interpretationis ab latinis translatoribus contraxisse: novam post Dionysium Exiguum & Ferrandum diaconum Carthaginensem aggressus est versionem è græco latinam: quâ ea *quæ per Scriptores* (ipse ait in epistola ad Nitigesium) *immutata* essent, *simpliciùs & emendatius restauravit*, novoque ordine res quasque digessit, nonnullaque ex Hispanis Conciliis Toletano I, & Bracarensibus adiunxit. LXXXIV. capita sunt, quæ passim à Gratiano & aliis decretorum collectoribus ex hac Martini versione afferuntur; non tamen quasi ab eius collectione & interpretatione, sed quasi *ex Concilio Martini Papæ* desumta; sic enim fert titulus quamplurium canonum [l]. Ratio huius æquivocationis ea est, quòd *Episcopi* & *Papæ* nomina eo promiscuè accipiebantur tempore, vereque Martinus ad Concilium Lucense hoc direxit opus. Quod quidem exstat in Conciliorum quotquot factæ sunt editionibus post Hispanam Loaisæ collectionem ad calcem Bracarensis II. Synodi, & in appendice tomi I. *Bibliothecæ iur. canon.* Iustelli, exhibitis è regione græcis fontibus [m].

67. V. *Sententiæ* quoque *Ægyptiorum patrum*. Ex incerti græco in latinum etiam hæ ab eodem translatæ. Has Heribertus Rosveidus in appendicem libri sui *De vitis patrum* conjecit è Toletanæ Ecclesiæ altero, & monasterii S. Floriani in Germania altero codicibus antiquis desumtas. Alium vidit ante annos CD. manu scriptum in Nuca-

[b] *De Script. Eccles.* cap. 19.

[c] Exstat in Vaticano cod. sub M. Tullii Ciceronis nomine. CARDIN. DE AGUIRRE.

[d] *De Script. Eccl.* cap. 19.

[e] Hoc opus penes nos habemus ex codice Toletano exscriptum, ac collatum cum MS. Vaticano optimæ notæ sub num. 634. annorum circit. DC. antiquitatis: quod, simul cum aliis eiusdem Martini operibus, aliquando forsan, multis erroribus expurgatum, puriorem lucem videbit. CARDIN. DE AGUIRRE.

[f] Die xx. Martii pag. 313.

[g] Pag. 626.

[h] Pag. 24.

[i] Quædam à nobis primò edita est eiusdem Martini epistola *De trina mersione*, ad Bonifacium Episcopum scripta, tom. 2. *Collect. Max. Concil. Hisp.* pag. 506. CARDINAL. DE AGUIRRE.

[k] Notat Loaisa in *Notis ad Concil. Lucense* pag. 130.

[l] Cap. *Episcopum* dist. 64. cap. *Non debet.* dist. 65. cap. *Si quis ordinatus.* dist. 92. cap. *Episcopus* 7. 9. quæst. 2. & aliis, quæ collegit Loaisa in edit. huius libri; notatque Anton. Augustinus in *Iudicio de Collectoribus canonum* par. 2. *epitomes iuris Pontif.* & Roder. da Cunha ad *decretum*, in cap. *Si quis presbyter.* dist. 24.

[m] Porrò in *Collect.* nostra *Concil. Hisp.* tomo 2. pag. 327. & seqq. CARD. DE AGUIRRE.

calensi Benedictinorum monasterio Franciscus Bivarius [n]. Incipit: *Abbas Joannes dicebat ad discipulos suos.*

[n] Meminit *ad Maximum* anno DLXXIX. pag. 577. num. 53.

68. Fecit quoque *vitas patrum Græcorum* Paschasii cuiusdam opera, in Dumiensi cœnobio degentis, é græco transferri. Exstant hæ libro 7. *De vitis patrum*, capitibus XLIV. contentæ: in quarum prologo ad nostrum directo Paschasius auctorem sibi operæ his impensæ Martinum fuisse docet.

69. Quod ipsum existimare pronum est de altera eiusdem simili translatione illius operis, quod in eadem Rosveidi collectione totum eius quintum absolvi librum, qui *interrogationes & responsiones patrum* continet *monachorum*: de quo Sigeberti hæc intelligenda veniunt [o]: *Martinus Episcopus transtulit per manum Paschasii diaconi interrogationes & responsiones plurimas SS. Ægyptiorum patrum in Dumiensi cœnobio.* Recte id Bivarius annotavit: qui Paschasium hunc eundem cum eo arbitratur qui Eugypio presbytero mittenti ad se libellum de S. Severini Noricorum Apostoli vita, rescripsit ea epistola quam Vitæ eiusdem S. Severini à se anno MDXCV. publicatæ Marcus Velserus Augustanus præfixit; atque adeo Pannonium, uti Martinum & Eugypium, fuisse. Cum aliis Cardosus Lusitanus eundem quoque cum eo iudicat, cuius S. Gregorius meminit lib. 4. Dialog. cap. 40. & 41. cuiusque memoriam in Fastis suis habet Ecclesia die XXXI. Maii. Aliis aliter placet [p].

[o] *De Script. Eccl.* cap. 117.

[p] Miræo *in Notis ad Sigebertum* cap. 27. *De Script. Eccles.* & in *Auctario* cap. 159.

70. Quinque etiam alia Martino tributa opuscula primus edidit [q] Joannes Tamaius ex codice qui olim fuit Garsiæ à Loaisa, quem cum fere aliis centum à manu eius heredum se redemisse ait [r], & ad bibliothecam Excellentissimi Domini D. Didaci de Arce Reinoso Placentini Episcopi & Generalis Hispaniarum Inquisitoris transtulisse. Hæc sunt:

[q] In *Martyrologio Hisp.* die XX. Martii pag. 317. & sequentibus.

[r] Pag. 329.

VI. *Pro repellenda iactantia liber.* Incipit: *Multa sunt vitiorum* &c. cujus continuatio veriùs quàm diversus est alter

VII. *De superbia*, qui incipit: *Qualis electus* &c.

VIII. *Exhortatio humilitatis.* Incipit: *Quisquis nutu Dei* &c.

IX. *De ira* ad Vitimirum Episcopum. Incipit: *Dum simul positi* &c.

X. *De Pascha.*

Inter quos libellos verè pulcherrimos ita eminet *De ira* ille ad Vitimirum Episcopum & stili elegantiâ & sententiarum acumine, ut non dubitem excerpta continere eum è libris Senecæ eiusdem argumenti; quod quidem, cui conferre otium sit reddere sibi notum poterit. Nullis ad hoc ibi utitur sacræ Scripturæ testimoniis ut in aliis solet, ut ethnicum verè non christianum audire tibi videaris. Certeque non christianum est, quod excusationem offensæ illatæ his verbis prætendit: *Amicus est; fecit quod noluit. Inimicus est; fecit quod debuit.* Postremum enim hoc longè abludit à christiano dogmate.

71. XI. *De correctione rusticorum* opusculum plures laudant (1) [s]; & Joannes Tamaius vidit carmen pro eius quasi præfatione scriptum: quod quidem & alia Martini nostri actis ab eo inserta non quidem eius commatis sunt, nisi nos iudicium fallit, cuius alia passim ab eo, ut antiquitatis monumenta, vanè iactata; cum satis ipsa suum auctorem prodant. Et in iisdem actis aliam quam Tamaii elegantiam & iudicium plura redolent.

[s] Morales lib. 11. cap. 62. Garibay lib. 8. c. 19. *Breviar. Bracar.* in S. Martini lectionibus apud Cardosum die XX. Martii pag. 248.

72. XII. *Carmina* denique Martini quædam unà cum Dracontii & Eugenii Sirmondus edidit Parisiis MDCXIX. *Versiculi*, (Turonensis ait) *qui super ostium sunt à parte meridiana in Basilica Sancti Martini, ipse composuit* (2).

Oo Dis-

(1) Hunc eundem titulum *De correctione rusticorum* opusculo indidit qui primus omnium id publici iuris fecit Cl. Florezius *Hisp. Sacr. T. XV. Append. III. à pag.* 425. è vetere ut ibidem ait Bracarensi Breviario desumtum. Toletanus Codex *Martini* tantum titulum præsefert. Loaisa in *Not. ad Concil. I. Bracar. ap. Aguirr. T. II. Conc. Hisp. pag.* 299. *n.* 46. *De castigatione rusticorum* inscribit. Fabricius *Biblioth. med. & inf.* in Martino Pannonio: *Epistolam adversus superstitiones*; nec dubito quin idem sit opus, quod ad annum 1756. in Vaticanis Christinæ olim Suecorum Reginæ Codicibus sub num. 460. reperi hoc titulo: *Sancti Gregorii Papæ ad Reccaredum Regem Epistola*; *Et Martini Episcopi Epistola ad Polemium pariter Episcopum, De origine idololatriæ*: idem certe scopus est omnium, nimirum ut Ethnicæ superstitionis reliquias è Suevorum animis stirpitus evellat; Polemius autem is, Asturicensis Episcopus fuerit qui cum Martino iamtum Bracarensi subscribit eiusdem Provinciæ Synodo sub Mirone Suevorum Rege habitæ anno Christi DLXXII.

(2) Martini Dumiensis MSta. opera atque opuscula nullibi non exstant in Hispaniæ Bibliothecis Regia Matritensi, Escurialensi, Toletana, Hispalensi &c. Cardinalis Aguirrius animo præceperat coniunctim omnia secundo Conciliorum Hispaniæ volumini inferre, ut ipse ait *Tom. II. p.* 323. *Not.* 46. *ad subscript. Concil. II. Bracar.* deterritus tamen fuit libri mole quam iusto maiorem, ea si adiicerentur, fore verebatur. Inedita autem quæ supererant, ut Epistola *De trina mersione ad Bonifacium*; atque ex editis rariora, nimirum *Formulam honestæ vitæ ad Mironem*: *Pro repellenda iactantia*: *Exhortationem humilitatis*: *De ira ad Witimirum*: *De Paschate*, ac *De moribus*, cum opusculo *De correctione rusticorum* è Bibliothecis Regia Matritensi & Toletana in unum collecta correxit ac typis evulgavit

73. Diffusius nos quàm pro exteri elogio. Sed Suevorum, hoc est magnæ Hispaniarum plagæ, verè Apostolum germano civi æquiparamus. Plura alii docent [t] quos consulere lector poterit.

[t] Collegerunt omnes Tamaius, & Cardosus die xx. Martii.

CAPUT IV.

De LEANDRO *Hispalensi Episcopo. Quale eius genus. Vix Gothicum. Theoderici Gothorum & Ostro-Gothorum Regis adventus in Hispaniam incertus. De Theodora Leandri matre falsò exponi quasdam inscriptiones Hispalenses. Frequens error Bivarii. De Leandri patria, & circa eam cæcutientibus Xisto Senensi & Trithemio. Monachum fuisse, Hispalensibus datum antistitem, & Constantinopolin ablegatum; non quidem interfuisse eiusdem urbis V. Generali Concilio, quod à Luca Tudensi deceptus ait Morales. At in Toletano III. ducem Reccaredo fuisse ad renuntiandum Arianismo. De amicitia & ad eum epistolis S. Gregorii Papæ, & de mortis anno. Ejusdem opera. De trina aut unica baptizandorum mersione S. Gregorii verbum quoddam ex Concilio Toletano castigatur. Psalterium pro officio diurno Ecclesiastico. Joannes Mariana defenditur à reprehensione Cardinalis Baronii.*

74. SUEVORUM Apostolum Martinum Dumiensem iure LEANDER sequitur, Gothorum & ipse Apostolus, cuius ope & industria factum fuit ut Arianæ hæresi olim in ipsis foribus Christianismi desponsatæ, libelli repudium ea gens mitteret. Natus hic Severiano patre *Carthaginensis provinciæ Hispaniæ*, ut Isidorus frater loquitur [u]. Rodericus Toletanus & Lucas Tudensis addidere Ducem fuisse hunc Severianum provinciæ Carthaginensis: quod fuerit iuxta morem illius ætatis & gentis, quo *Lusitaniæ* Claudius, aliusque *Provinciæ* apud Ioannem Biclarensem, Paulus item *Narbonensis* Duces, hoc est harum provinciarum administratores [x] cognominantur. Quod autem uterque adiungit, Severiano Theodoricum Amalum Ostro-Gothorum Regem parentem fuisse: illum scilicet qui cum in Italia dominaretur, pro Amalarico nepote suo Gothicum simul Hispaniæ sceptrum aliquot annis tenuit: non omnibus probatur; quærentibus nempe cur hic Theodericus, si masculam habuit hanc ex matrimonio uti dicemus prolem, Amalasuntha filia & Athalarico ex ea nepote relictis heredibus decesserit? Ambrosius Morales [y] in his est (& hunc alii sequuntur [z]) qui & contendit nunquam in Hispaniam venisse Theodericum; atque adeo, neque Santinam Severiani matrem ut volunt in Hispania uxorem ducere potuisse. Sed S. Isidori *Gothorum historia* adventum saltem innuere videtur [a]. Quo & aliis argumentis validè insurgit adversus Moralem Bivarius [b].

[u] *De Script. Eccles.* cap.29.

[x] Morales lib. 12. cap. 4. fol. 100. Pantinus, sive Loaiià in *Notis ad Concil. Toletanum* VIII. pag. 454. & *Hisp. Illustr.* tom. 2. pag. 195.

75. Regio autem Gothorum sanguine ortos Severiani filios S. Ildephonsus forsan scriptum reliquit in supplemento seu continuatione Isidoriani Chronici apud Lucam Tudensem lib. 3, si verè Ildephonsi est. Certè nihil Gothici ego video in Severiani Turturisque uxoris, eorumque filiorum Leandri, Fulgentii, Isidori, Florentinæ, Theodoræ nominibus: quæ omnia Romano-Hispanæ sunt formæ & originis; cum è contrario Gothicum iam sonent Leovigildi ex Theodora filii Hermenegildus, Reccaredusque. Quamvis pro Leandri origine Theodericique adventu in Hispaniam, quæ duo præter Rodericum Toletanum & Lucam Tudensem Alphonsus à Carthagine [c], Rodericus alter Palentinus [d], Laurentius Padilla [e] & quidam alii [f] disertis verbis tradunt, alii non difficulter admittunt, in quibus Andreas Resendius est in epistola ad eundem Moralem: pseudo-historici Toletani toto agmine depugnant: Maximus nempe [g] tam vulgaris quàm fragmenti nostri [h], Luitprandus [i], Iulianusque [k]: adiungentes ex penu sua fabularum abundantissima *Sanctinæ*, aliàs *Sanctivæ* aut *Sanciæ* nomen, ejus nobilissimæ Toletanæ urbis feminæ, quam duxisse Theodericum Lucas unus Tudensis affirmaverat; & construxisse hanc Benedictinis Caradignense S. Petri monasterium. Sed posterius hoc Annalium Benedictinorum auctor ex ipsa temporum serie refutat [l], benefactricem istam sui Ordinis Theudis, qui Amalarico successit, potiùs quàm Theoderici Amali uxorem coniectatus. Interim quàm ridicula est Pseudo-Hauberti affectatio *Principem Leandrum* laudantis [m], quum de eius forsan ortu verba facit!

76. Severiani autem coniugem Theodoram appellavit, nescio unde doctus, Rodericus Palentinus Episcopus [n]. Quo arrepto nomine blaterones nostri Luitprandus & Iulianus mutos pro more suo moverunt lapides, ut pro Theodoræ huius prosa-

[y] Lib. II. c. 40.
[z] Antonius Iepes *Annal. Benedictin.* ad ann. DXXXVII. fol. 88. Mariana lib. 5. cap. 7. Padilla cent. 6. cap. 2. Pellizerius in *Maximo* suo fol. 10.
[a] Erâ DXLIX. his verbis: *Inde Italiam repetens* &c.
[b] *Ad Maximum* ann. DIX. pag. 270.
[c] In *Anacephal. Reg. Hisp.* cap. 26.
[d] Par. 2. *Hist. Hisp.* cap. 19.
[e] *De Sanctis Hisp.* fol. 24.
[f] Beuter. lib. 1. *Hist. Hisp.* cap. 27. Sandovalius in fundat. monaster. ord. S. Benedicti, & fundat. S. Petri de Cardeña fol. 36.
[g] In *Chron.* annis DIX. n. 2. & 3. DXVI. n. 6. DXVIII. num. 2. DXXXIV. n. 6.
[h] An. DVII. DXIV. & DXXXVIII.
[i] Adv. 244. 250. 252. & aliis sequentibus, aliàs 219. 224. 226.
[k] Adv. 559. 561. & in Chron. n. 259.
[l] Ant. Iepes ubi proximè.
[m] In *Chron.* anno DXXXIV. *Leander Princeps filius Severiani Ducis*, &c.
[n] Ubi suprà.

Cl. Florezius *Hisp. Sacr. T. XV. in Append.* à pag. 343. Terna vero Martini Poematia *In Baselica*, *In Refectorio*, & *Epitaphium* à Sirmondo vulgata *Edit. Paris.* 1619. in Toletano Ruizio-Azagrensi Codice Martino, nescio cui, Gerundensi importunissime tribuuntur. En præmissam ibidem iisdem rubricam: *Stationum versus Martini Gerundensis Episcopi.* Vetus Toletanus Codex Gothicus pro *Stationum*, *Tutionum* diserte habet, obscure plane significatu.

sapia rogarentur à neotericis testes. Sed quonam patratæ fraudis successu iudicium lectoris esto. Superiori sæculo egesti sunt de terra in suburbio quodam Hispalensis urbis *S. Bernardi* nuncupato, sepulcrales duo hisce titulis rescripti lapides:

[o] PAVLA CLARISSIMA FEMINA
FAMVLA CHRISTI VIXIT ANNOS
XXIIII. MENSES DVOS RECESSIT
IN PACE XVI. KAL. FEBRVARIAS
ERA DLXXXII

[p] CERVELLA CLARISSIMA FEMINA
FAMVLA CHRISTI VIXIT ANNIS
PLVS MINVS ANN. XXXV. RECESSIT
IN PACE III. KAL. FEBRVARIAS
ERA DC.

77. Dictum, factum. Pseudo-historicus statim Toletanus Maximi personâ sibi adaptata, Theodoram istam Severiani coniugem *Cervelam* cognominavit [q] (*Cervilia* est in fragmento nostro [r]), atque iterum sub Luitprandi larva hæc effutivit [s]: *Paula de genere clarissimo Gothorum mater fuit Theodosiæ Cervelæ conjugis Severiani, parentum Leandri* &c. Et intra [t]: *Flavius Marcus Cervela Dux Gothus splendidissimo genere duxit uxorem Paulam feminam clarissimam, ex quibus nata est Flavia Theodora Cervela uxor Ducis Severiani femina clarissima. Obiit Hispali uterque*, &c. Quibus præstigiis ludificati Bivarius [u], & si qui alii scalpunt sibi his nugis aures, optimè, cum istis vetustis monumentis convenire Luitprando, invicemque lucem ac robur sibi mutuare iactant; cùm potius debuisset suspicari Luitprandum ad speculum vetustatis servatæ his lapidibus, vultum sibi finxisse corporaque hisce umbris ab eo quæsita. At quàm inanè ac infeliciter! *Flavius Marcus Cervela* is esse à Bivario dicitur, qui Dux Theodorici senioris cum Gothorum exercitu ad Hispanias contra Suevos fuit missus, Idatio teste [x]: qui Paulâ istâ cuius epitaphium Hispalense iam vidimus uxore ducta, Theodoram Cervelam Severiani genuit coniugem, Hispali tandem fato functam.

78. Somnia hæc sunt quæ nos statim, Tertullianus uti loquitur, evacuabimus. Primò, Dux ille Gothus ab Idatio laudatus non *Cervela* (quod nomen distortum fuit ut lapidi adaptaretur) sed *Cyrila* uti editum est ab Scaligero [y], aliàs Cyrilla [z] dictus: quod quantum à *Cervella*, Romanæ potiùs quàm Gothicæ originis, abest? *Cyrila* nomen barbarum est. Nam & huius nominis Arianus antistes, qui confessus fuit nescire latinè cum catholicis congressurus, ex lib. II. Victoris Tunonensis *De persecutione Wandalica* bene notus est. Alterius quoque *Cyrilæ* sive *Cyrolæ* impostoris in Hispania meminit Gregorius Turonensis *De gloria confessorum* cap. 12. Secundò, hic Theoderici senioris Dux qui Olimpiadis CCCX. anno I. hoc est orbis redemti CDLXI. iuxta Idatii computum in Hispania bellum administrabat, Paulam lapidi inscriptam habuisse uxorem dicitur, quæ non ante annum DX. quinquaginta scilicet postquam ementitus coniux iam summus erat belli Dux in Hispaniis, nata est. Ætatis enim hæc habens XXXV. erâ DLXXXII. sive anno DXLIV. uti ex lapide constat, è vita decessit. Tertio, Theodora Cervella Paulæ huius uti credi volunt filia, Severiani Ducis uxor, sanctorum Leandri & fratrum mater: si ea Cervella est cuius sepulcri titulum continet alter lapis, erâ DC. sive anno DLXII. si verò Pseudo-Maximus non falsus est [a], anno DLXVIII. in vivis esse desiit; & quidem annis tantùm XXXV. ut inscriptio habet nata, hoc est, anno DXXVII. aut DXXXIII. in lucem edita. Cum autem Leander, testimonio Maximi, ortus fuerit anno DXXXIV. [b]: alterutrum esse oportet verum; aut quòd inscriptio ad Leandri matrem non pertineat, aut quòd ea filium primo ætatis anno septimove pepererit. Hoc Bivarius considerans, ne ad hunc lapidem famæ cymbam frangeret, recessit alibi [c] à priori dictato, & hanc lapidi inscriptam suspicatus fuit Theodoræ Cervelæ pseudo-historicorum, aut sororem aut neptem esse.

79. Notâ quoque dignum est, in Maximo fragmenti nostri obitum poni Theodoræ huius *Cerviliæ* (ita habet exemplum quo utimur, non *Cervellæ*) anno DLXII. quem ipsum lapis inscriptum habet; in vulgato autem Pseudo-Maximo, anno DLXVIII. uti iam diximus; cùm ut inconstantiam formatoris uterque prodat, tum quò in prioribus curis eum ad inscriptio-

[o] Apud Moralem lib. II. cap. 53.
[p] Apud eundem cap. 56.
[q] Ad ann. DLXVIII. n. 1.
[r] Ad ann. DLXII.
[s] Adversf. 242. aliàs 216.
[t] Adv. . . . . aliàs 227.
[u] *Ad Maximum* an. DIX. pag. 276.
[x] Anno II. Maioriani.
[y] Unà cum Eusebii Chronico.
[z] In editione Prudentii Sandovalii Pampelonensi.
[a] Ad ann. DLXVIII. n. 1.
[b] Ad eundem ann. pag. 497.
[c] Ad hunc ann. num. 6.

ptionem oculos habuisse coniectari valeamus. Tandem horum lapidum argumentum pro confictis Leandri *Cervella* matre, & *Paula* avia, diruit funditùs observatio Gregorii Argaizii [d] & aliorum: scilicet *Famulæ Christi* appellationem in vetustis christianorum epitaphiis virginem, aut saltem viduam iam Deo sacram indicare. Quod malè convenit Paulæ Theodoræ matri, multoque minùs Theodoræ ipsi Leandri ac tot filiorum parenti. Quam, si post viri mortem votis Deo se obstrinxisset, non utique omisisset Leander filius in *Regula ad Florentinam sororem* directa, communem genitricem cuius uti iam dicemus meminit, in exemplum religiosi status ei proponere, uti proposuit quidem in aliarum virtutum.

[d] In *Comment. ad Pseudo-Haubertum Hispal.* sive *Poblacion Eclef. de España* tom. I. par. I. ad ann. mundi MMCCLIX. pag. 328.

80. Credamus itaque nos potiùs Leandro ipsi de matre sua referenti, *Turturem* eam appellatam [e]. *Simplicitatis filia es* (ad sororem ait in fine *Regulæ* [f]) *quæ Turture matre nata es. In eadem una persona complurium necessitudinem uteris officio. Turturem pro matre respice. Turturem pro magistra attende, & quæ te quotidie Christo affectibus generat, cariorem quà nata es reputa matrem. Ab omni procella, ab omni mundano turbine, in eius te finibus conde. Sit tibi suave eius lateri adhærere, sit tibi dulce eius gremium iam provecta, quod erat infanti gratissimum.* Non potuit clariùs. Quare Bivario, pervicaci aliàs in horum auctorum inventis constanter asserendis, Maximi edita *Theodoræ* cognomento *Cervellæ* displicuit lectio [g]; pro eaque *Turturam cognomento Cerulam* ubique substituendam existimavit.

[e] Cui consentiunt Hispanarum Ecclesiarum *Breviaria* quæ vidit Bivarius pag. 280. in princ.

[f] De qua infrà.

[g] Pag. 497.

81. Carthagine Leander natus creditur, in qua parens dominabatur. Quare de patria excisa loquens ad Florentinam, eam omnino significare urbem videtur. Unde, quasi unica in orbe terrarum Carthago esset Africana, Leandrum nostrum existimavere Afrum Xystus Senensis [h], & ante eum Joannes Trithemius [i], mero meridie caligantes: æquo iure cum Ioanne Eisensgreinio & Magdeburgensibus Centuriatoribus in hoc sphalmate coniungendi, quibus Isidorus frater Leandri Archiepiscopus Hispalensis, germanus audit. At non Carthaginem, sed Bigastrum seu Murciam locum fuisse Leandri natalem, Pseudo-Maximo qui velit credat. Certè in fragmento nostro ita legimus ad annum DXXXVIII. *Leander Severiani filius Murciæ in Hispania nascitur ex matre Theodosia.* Pro quibus vulgaris, habitior iam & doctior in ficulnea officina factus, hæc habet ad annum DXXXIV. *Leander Severiani Ducis filius, & Fl. Sanciæ nepos, Murcia, quæ Bigastrum Gothis dicta est, natus ex matre Theodora femina nobilissima, in æde S. Mariæ suburbana tingitur.* In quibus non ægrè deprehendas mangonis artificium, sive olim suas, sive alterius merces ut pluris venderet ementito fuco polientis. Ego verò nil video cur recedendum sit nobis à Carthagine: quam sub Agilane anno DLII. hoc est diu post Leandri ortum excisam fuisse, Bivarius non improbabiliter contendit [k].

[h] In *Bibliotheca* lib. 4.

[i] *De viris illustribus ord. S. Benedicti* lib. 2. cap. 9.

[k] Ad Maximi ann. DIX. pag. 287. & 288.

82. Fratres habuit Fulgentium & Isidorum, de quibus suo loco erit agendum, Florentinam quoque ac Theodoram, quarum prior sacra Deo virgo, sacrarumque Deo virginum parens fuit; posterior Leovigildo antequam Rex Gothorum creatus fuisset nupta, binam ei prolem seu cæli gemmam potiùs, Hermenegildum Christi martyrem, Reccaredumque patris in regno successorem, catholicumque primum Gothorum regem peperit. Hoc affinitatis vinculum, non aliud, credimus Severiani soboli cum Gothicis Regibus intercessisse. Vix enim est ut Severianus ipse, etiam si discesserit à Gothica nomenclatura, non ullum ex tot liberis Theodericianam originem nomine reddere sustinuerit. Quam observationem nostram libentes iterum inculcamus, quia nusquam venisse aliis in mentem credimus.

83. Professione monachus fuit Isidori fratris testimonio. Maximi fragmentum brevissimè ad annum DLIX. sive erâ DXCVII. *Reccaredus Hispali nascitur. Leander fit monachus.* Quæ est germana huius primùm inventi lectio. Quam disertis verbis & sub eiusdem eræ nota laudat Prudentius Sandovalius [l], iis testimoniis ex Chronico Maximi ab Higuera ad se transmissis utens, quæ ad Ordinem suum Benedictinum & fundationes veterum Gothici temporis in Hispania monasteriorum pertinerent. Vulgatus ac recoctus Maximus his non contentus alia addidit: *Reccaredus Leovigildo Hispali commoranti nascitur. Leander ibidem fit ex palatino monachus Benedictinus:* idque ad annum DLXII. sive eram DC. Ita priores editiones, ad palatum magis auctoris sui. Bivarius autem in sua, τὸ *Benedictinus* subduxit verecundiâ ductus, quâ inventor caruit; & tamen alibi reliquit [m]. Obscurum enim & incompertum hucusque est monachatus Leandri institutum. Silent enim veteres non sublestæ fidei memoriæ. Unde porrecta Benedictinis coniectandi ansa [n] huiusce Ordinis monachum fuisse: non temere quidem, uti de re in medio posita & à nemine interim

[l] *De las Fundaciones de la Orden de S.Benito* fol. 26.

[m] Ad ann. DLXXIX. n. I.

[n] Ant. Iepes *Ann. de S. Benito* cent. I. Sandoval. *Fundaciones de S.Benito*. Bivar. *ad Maxim.* ann. DLXII. num.16. Const. Caietanus in *Tribus Bened. Ord. luminibus* pag.22. à quibus non dissensit Morales lib. 12. cap. 5. & Ioannes Tamaius in *Martyr. Hisp.* die XXVII. Feb.

rim vendicata contendentibus; nisi Pseudo-Maximi malè fido patrocinio ad agendam fortè non malam causam, uti pertinaciter velint. Quibus tamen aliàs resistitur [o]. Nos ad alia properantes serram reciprocare contentionis nolumus: quod & de Leandro agentes fecerunt docti viri & prudentes, qui *Acta Sanctorum* edere pergunt [p].

[o] Vidend. Hermenegildus à S. Paulo *Defensa por la Religion de S. Geronimo de España* tit. 9. cap. 8.

[p] Tomo 2. Mart. die XIII.

84. Ad Archiepiscopatum Hispalensem Leandrum fuisse assumtum, notius est quàm quo anno. Habebat hanc urbem Leander veluti alteram patriam, si verum est Severiano patri iam natam prolem huc simul cum eo in exsilium venisse: de quo nihil constanti fama dicitur. Vero mihi videtur simile Leovigildo iam rerum domino, & quia Regi affini quantumvis Ariano grata res futura erat, hanc viri aliàs sanctissimi doctissimique electionem placuisse. Divinoque nutu præcipuè id factum videtur, ut Hermenegildum ex sorore nepotem ea urbe ut credimus à Leovigildo patre ut habitaret ibi cum Ingundæ uxore donatum, ex Arianismi orco ad vivificam hauriendam veræ Fidei auram extrahere posset. Gregorius Turonensis ait [q] dedisse Ingundi & Hermenegildo viro eius Leovigildum (novercæ Gosvinthæ, ni fallor, ut subtraheret odio) *unam de civitatibus in qua residentes regnarent. Ad quam cùm abiissent* (ait) *cœpit Ingundis prædicare viro suo, ut relictâ hæresis fallaciâ catholicæ Fidei veritatem agnosceret. Quod ille diu refutans, tandem commotus, ad eius prædicationem conversus est ad legem catholicam.* At cùm [r] Gregorius Pontifex & Isidorus [s] eandem conversionem Leandro, quod rationi magis congruum videtur, attribuat: necessarium est Ingundem Leandrumque unà cum Hermenegildo eodem loco fuisse, quam Sedem Leandri Hispalensem hoc argumento ducti non temerè dixisse videmur. Quod nobis adhuc ampliùs confirmat Hermenegildum in eadem hac urbe à patre obsessum, in eamque maximam belli molem, uti Biclarensis scribit [t], conversam fuisse.

[q] Lib. 5. *Histor. Franc.* c. 38.

[r] *Dialog.* lib. 3. cap. 31.

[s] In *Chron.* Era DCXXVIII.

[t] Anno Mauricii primo.

85. Hinc cùm primùm excitata est inter Hermenegildum catholicismo recens addictum & Leovigildum patrem discordia, apertumque deinde bellum, in Hermenegildi gratiam zeloque religionis ardens Leander, creditur Constantinopolin ad Tiberium Imperatorem, qui unus iam post Iustiniani expeditiones Italiamque obtentam totius Romani orbis imperio præerat, navigâsse. Aliis Mauricius videbitur, quem hoc anno vitâ functo Tiberio successisse, posterioribus curis Baronius docuit [u]. Nam ea in urbe in Gregorium tunc diaconum Cardinalem Pelagii II. Apocrisiarium, nec diu post Pontificem Ecclesiæ summum, incidens præcipuoque amicitiæ vinculo eum complexus: reportavit ab eo in *Moralium* librorum in *Iob*, quos Leandro iam factus Pontifex nuncupavit, præfatione hanc veteris Constantinopolitanæ consuetudinis memoriam: *Dudum te, frater beatissime, in Constantinopolitana urbe cognoscens, cùm me illic Sedis Apostolicæ responsa constringerent; & te illuc iniuncta pro causis Fidei Regis Wisi-Gothorum legatio perduxisset: omne tuis auribus, quod de me displicebat, exposui.* Quæ indicant non ab alio quàm à catholico principe Leandrum eò missum fuisse: ut apud Græcum Imperatorem catholici principis causam ageret, ab eoque Romanorum apud nos ducum copias, quæ magno numero & pluribus locis erant, in afflictæ Hispaniarum Ecclesiæ auxilium exposceret. Quod in annum DLXXXIII. Annalium Ecclesiasticorum auctor coniecit. Res successu caruit; immo conniventibus ipsis Romanis seu Græcis, uti Gregorius Turonensis rei auctor vocat [x], Hermenegildus in parentis manus devenit, & post aliquot carceris menses, quòd veritati renuntiare nollet, morti traditus est.

[u] Vide *Annal.* tom. 7. ad ann. DLXXXVI. num. 10. ubi retractat quod priùs dixerat de anno mortis Tiberii.

[x] Lib. 5. *Hist. Francor.* c. 39.

86. Cavendum interim à Luca Tudensi moneo, qui Gothorum historiæ Isidori verbis sua intexens, transmeâsse Leandrum in regiam urbem ait [y] ad *Constantinopolitanum præsulum cœtum.* Cui credens Morales addidit [z], quintum generale id fuisse Iustiniani anno XXVII. celebratum: quò veniens Gregorius Leandro innotuit. At cùm anno DLIV. habitum id Concilium fuerit, triginta ferè annorum intervallo discessum fuit ab utriusque horum Constantinopolitana peregrinatione, dum fidem Tudensis Morales sequitur, nullumque aliud ab hoc in ea urbe celebratum scit Concilium.

[y] Sub erâ DCXXVIII. *Hisp. illust.* tom. 4. pag. 50.

[z] Lib. 12. c. 5.

87. Nondum liquet an Leander ante Leovigildi obitum, qui anno DLXXXVI. aut sequenti contigisse dicitur, à Constantinopoli ad nos redierit. Si autem aliqua fides esset Maximo quem repræsentat fragmentum nostrum, ab anno DLXXXI. quo cum aliis exsilio pulsus ab Hispania perrexisse dicitur Constantinopolin [a], in ea urbe mansit usque ad DLXXXVIII. [b] ac Leovigildi mortem. Cui consonat vulgaris Maximus. Resque videtur ita contigisse; cùm nec Rodericus Toletanus [c]; nec Lucas Tudensis [d] aliter sentiant. Moriens ergo Leovigildus, aut verè quod à quibusdam [e] creditur, aut imperfectè *nec usque ad*

[a] D. anno DLXXXI.

[b] Dict. anno DLXXXVIII.

[c] Lib. 2. cap. 14. & 15.

[d] Sub era DCX.

[e] Turonen. lib. 8. cap. ult.

ad obtinendam salutem, quomodo S. Gregorius loquitur, pœnitens: saltem obtestatus Reccaredum filium dicitur, ut non alios morum & vitæ duces quàm Leandrum & Fulgentium fratres sequeretur: quod Toletanus disertè reliquit scriptum, licet unum Leandrum Tudensis expresserit.

88. Tunc ergo revocatus ab exsilio noster cum aliis catholicis Episcopis, Reccaredum Fide sibi & propinquitate, tum etiam parentis præcepto obnoxium eò induxit, ut congregato Gothicæ totius ditionis Toleti Concilio Arianam hæresin proscriberet, quod factum est anno DLXXXIX. aut DXC [f] quod ex Isidori Gothorum historia colligitur, in eo quod *tertium Toletanum LXXII. Episcoporum* audit. In quo ait Biclarensis [g]: *Summa synodalis negotii penes S. Leandrum Hispalensis Ecclesiæ Episcopum, & beatissimum Eutropium monasterii Servitani abbatem, fuit*. Eidem nostro Leandro totam Gothorum conversionem Isidorus frater attribuit [h]: cuius *fide atque industriâ* factum esse ait, *ut populi gentis Gothorum ab Ariana insania ad Fidem catholicam reverterentur*. Quibus ferè verbis utitur Martyrologium Romanum [i]. Præsedisse autem eum uti Apostolicæ Sedis legatum Tudensis scribit, Baroniusque absque controversia credi debere ait [k]. Sed cum extra Gothorum hoc fuerit morem in ceteris Conciliis adeò apud nos frequentibus observatum; neque Gregorius ad Leandrum de Reccaredi conversione certiorem eum facientem post habitum Concilium rescribens, verbum quidem ullum de hac legatione habeat: verosimilius est, in eo Concilio quod in aliis factum [l]. Iccircò non primo ante alios uti Legatus Apostolicæ sedis debuit loco, sed post Massonam Emeritensem, Euphemiumque Toletanum tertio subscriptus in editione Loaisæ legitur. Neque enim dubito quin vir diligens manuscriptorum codicum fidem secutus in eo fuerit; præsertim cùm & ipse agnoverit quod & alii [m] animadverterunt, deesse in excusis Leandri nomen. In eo Concilio habuit sermonem, de quo paulò pòst dicemus.

[f] De Concilii anno vide Moralem lib. 12. cap. 3. Loaisam in *Notis*. Auctores *De actis SS.* tom. 2. Martii ad diem III. pag. 277.

[g] Anno VIII. Mauricii Imp.

[h] *De Script. Eccles.* cap. 28.

[i] Die XXVII. Febr.

[k] Ad annum DLXXXIX. n. 9.

[l] Morales videndus lib. 12. cap. 3. fol. 95. Mariana lib. 5. in fine.

[m] Morales ubi proximè fol. 97. Baron. ad ann. DLXXXIX. num. 44.

89. In idem sanè tempus incidit Gregorii assumtio in Pontificalem thronum, ad quem statim de vera Reccaredi conversione, ac super baptismo quædam Leander scripsit, epistolamque ab sancto Pontifice responsoriam eam habuit, quæ lib. 1. *Regesti* num. 41. hodie legitur, tenerrimi erga se amoris testem: quo impulsus Gregorius post alia ait, *quamvis absentem corpore, præsentem* eum sibi *semper* se intueri: *quia vultus eius imaginem intra cordis viscera impressam* portabat. *Morales in Iobum commentarios*, quos eidem Leandro nuncupaverat, iccircò nondum se remittere ait; quod cùm priùs per homilias digessisset opus, in librorum ductum id permutare meliori postea consilio decrevisset. Hos ipsos paulò pòst misit per Probinum presbyterum, unâ cum libro *Regulæ Pastoralis*, quem in Episcopatus sui Romani exordio se scripsisse refert. Est apud Gregorium 46. lib. 4.

90. Nec dubito quin eiusdem temporis sit alia ad Reccaredum gratulatoria de eius conversione scripta epistola 127. lib. 7. in qua eiusdem Probini meminit; quamvis hæc ad epistolas indictionis II. quæ in annum incidit DXCIX. (transacto decennio inquam à Reccaredi conversione, & post Leandri fortè obitum) maximâ digestoris incuriâ transvolaverit [n]. Idem dicimus de tertia illa, quæ hodie est 126. eiusdem libri 7. ad Leandrum nostrum. Continet ea quidem eximias eius laudes. *Sanctitatis tuæ suscepi epistolam* (ait) *solius caritatis calamo scriptam. Ex corde enim lingua tinxerat quod in chartæ pagina refundebat. Boni autem sapientesque viri cum legerentur affuerunt, quorum statim viscera in compunctione commota sunt. Cœpit quisque amoris manu in suo corde te rapere, quia in illa epistola tuæ mentis dulcedinem non erat audire, sed cernere. Accendebantur & mirabantur singuli, atque ipse ignis audientium demonstrabat qui fuerit ardor dicentis. Nisi enim priùs in se faces ardeant, alium non succendunt. Ibi ergo vidimus quanta caritate tua mens arserit, quæ sic & alios accendit*. Adiungit tamen: *Vitam verò vestram, cuius ego semper cum magna veneratione reminiscor, minimè noverant; sed eis altitudo vestri cordis patuit ex humanitate sermonis*.

[n] Observant auctores *De actis SS.* in vita Leandri cap. 15. die III. Martii.

91. Pertexui lubens tot epistolæ verba, quibus nonnisi vera, & absque ullo fuco, loqui sanctum de sancto decuit. In fine ait se ad eum *ex benedictione B. Petri Apostoli pallium* transmittere *ad sola Missarum solemnia utendum*. Cuius rei meminit in paulò antè laudata epistola ad Reccaredum: *quod & antiquæ consuetudini* (ait ille) *& nostris moribus, & eius bonitati atque gravitati debeamus*. Nec mirum videri debet, Leandro à tot annis iam metropolitano nunc primùm à Gregorio pallium decerni. Hic enim honos non, ita ut hodie, prisco illo sæculo quibuscumque metropolitanis recèns electis concedebatur; sed aut ob egregia merita, aut Regibus postulantibus. Idem enim Gregorius ait lib. 7. epist. 5. unde desumtus fuit canon

Pri-

Prisca consuetudo 100. distinct. *Prisca consuetudo retinuit ut honor pallii, nisi exigentibus causarum meritis, & fortiter postulantibus, dari non debeat* [o].

92. Paulò post Toletanum celebratum, habuit in Bætica sua Leander illud Concilium quod *Spalense primum* nominant, in cuius cap. 3. *decretum nunc editi Concilii Toletani* super clericorum uxoribus laudatur, quod Concilii III. Toletani cap. 5. est. Sed quod ex eo nunc superest [p], pars quædam tantùm videtur, ad Pegasium Astigitanum Episcopum absentem, quòd eius nempe Ecclesiæ res tangeret, missa: cuius Pegasii, sive ætate sive ægritudine gravati nomine Concilio etiam Toletano Servandus interfuerat diaconus. Coactam hanc Synodum erâ DCXXVIII. hoc est anno DXC. sive altero post habitam Toletanam, ex subscriptionibus liquet. Egregium in paucis virum; propriis eius virtutum coloribus veluti depingit Breviarium quoddam Romanum pervetustum, quod in bibliotheca Vallicellensi Congregationis Oratorii asservatur; videruntque auctores doctissimi operis de Actis Sanctorum [q]. *Fuit enim vir timore plenus, prudentiâ summus, eleemosynis deditus, in iudiciis æquus, in sententia parcus, in oratione iugis, & divinis laudibus mirabilis, in dubietate divinorum officiorum ad corrigendum facillimus, omnium Ecclesiarum defensor eximius, in comprimendis superbis erectus, in pietate multùm affluens, in vivis caritatis ita se earum exhibens, quod ex caritate nulli postulanti aliquid denegavit. Floruit sub Reccaredo viro religioso*, &c. *vitæ terminum Hispali clausit die* III. *Idus Martii erâ DCXL.* (errorem paulò pòst notabimus) *atque intra Ecclesiam sanctarum Iustæ & Rufinæ, in qua diu Deo deservierat, tumulatur. Ubi multa beneficia ipsius & beatarum virginum meritis præstantur.* Hæc Breviarium. Servatur hodie sanctum corpus in capella *Regum dicta*, in templo maximo [r].

93. Leandri autem mortis annus omnino ignoraretur, nisi ex Isidori successoris in Ecclesia Hispalensi Pontificatûs & mortis tempore, non obscurè colligeremus in annum huius sæculi XCVI. aut circiter, incidisse [s]. Nempe Isidorus obiit erâ DCLXXIV. sive anno DCXXXVI. ut scribit Redemtus vitæ eius auctor. Tenuit autem is Hispalensem Ecclesiam ferè XL. annis, ut S. Ildephonsus ait [t]: qui, si ab eo demantur quem nuper diximus, restabit annus DXCVI. aut DXCVII. pro ingressu eius ad Episcopatum. Forteque tunc temporis vacabat Ecclesia quum celebratum fuit hoc anno DXCVII. quartum Concilium Toletanum; iccircoque abest Hispalensis in eo subscriptio; cum ex metropolitanis interfuerint Massona Emeritensis, Migetius Narbonensis, & Adelphius Toletanus. Unde colligi potest totius Hispaniæ & Galliæ Gothicæ Concilium fuisse, quantumvis sedecim tantùm Episcopos ad id convenisse in actis legatur. Et huc inclinâsse videtur Pseudo-Maximi formator.

94. Qui autem ad annum DXCIX. Leandri vitam prorogant [u] eo moventur, quòd epistola illa quam diximus Gregorii Papæ ad Leandrum, indictione secunda scripta dicatur, quæ in hunc annum incidit, Paulò tamen antea monuimus necesse esse ut epistolarum Gregorianarum digestorem incuriæ aut erroris in hoc admissi postulemus. Pseudo-Haubertum, qui annum DC. adscripsit Leandro fatalem, non moramur. In die obitûs fasti Ecclesiæ non conveniunt. Exteri omnes, scilicet Beda, Usuardus, Ado, Notkerus, Wandelbertus, diem XXVII. Februarii: Hispanæ omnes Ecclesiæ diem XIII. Martii huic assignant, de quo auctores videndi *De Actis SS.* dicta die XIII. Martii.

95. Scripsit Leander, ut Isidorus ait, in exsilii sui peregrinatione *Adversus hæreticorum dogmata* duos libros *eruditione sanctarum Scripturarum ditissimos: in quibus vehementi stilo Arianæ impietatis confodit atque detegit pravitatem: ostendens scilicet quid contra eosdem habeat catholica Ecclesia, vel quantum distet ab eis religione, vel Fidei sacramentis.*

96. Item (Isidorus idem subiicit) *aliud laudabile opusculum adversus instituta Arianorum, in quo propositis eorum dictis suas responsiones opponit.* Quæ duo opera edax absumsit ætas.

97. *De institutione virginum & contemptu mundi* libellum ad Florentinam sororem, *titulorum distributionibus* (idem ait) *prænotatum.* Qui hodie iisdem titulis sive capitibus distinctus superest: idem & unus bifariam inscriptus; instituit enim virginem, adhortatus eam præcipuè de mundanarum omnium rerum contemptu; non duo opera: quod (præiudicio forsan Honorii Augustodunensis, qui non rectè Isidorum expressit, fidem habentibus) Francisco Bivario & aliis visum fuit [x]. Isidorus enim apertissimis verbis, quæ non admittunt aliam interpretationem enuntiavit Leandrum scripsisse *unum ad Florentinam sororem* De institutione virginum & contemptu mundi *libellum*: ut necessarium non sit recentiores [y] appellare idem sentientes. Hunc librum Hieronymus de Torres Pincia-

[o] Plura alia collegit Alteserra *Notis ad epist. S.Gregor.* 53. lib. 4. pag. 179.

[p] Notat Loaisa ibidem.

[q] Vide diem XIII. Martii pagina 280.

[r] Vide Rodericum Caro lib. 2. *de las antiguedades de Sevilla.* Quintanadueñas *de los Santos de Sevilla.*

[s] Auctores *De actis SS.* die XIII. Martii pag. 280.

[t] *De viris illustribus* cap. 8.

[u] Ioan. Bapt. Perezius in *Notis ad Isidorum De Script.*

[x] Bivario in *Notis ad Maximum* ad ann. DLXXIX. n. 4. pag. 578. idem credidit Venerus in *Enchiridio.*

[y] Arn. Uvion in *Ligno vitæ* lib. 5. cap. 75. Morales lib. 12. cap. 5. Marieta *De los SS. de España* lib. 5. cap. 21.

cianus edidisse in 4°. refertur (1); is, ut credimus, qui B. Cyrilli *De adoratione in spiritu* septemdecim librorum indicem concinnavit, ac Toleti foras emisit. Postea verò Christophori Broveri operâ anno MDCXVI. ex officina Gregorii Albini in lucem prodiit. Item in Collectione seu *Codice Regularum*, collectum olim à S. Benedicto Anianensi abbate, & à Luca Holsthenio V. Cl. bibliothecæ Vaticanæ primo custode digestum, anno MDCLXI. Vitalis Mascardus typographus Romæ edidit [a]. Prodiit etiam vernaculâ Hispaniæ linguâ è Prudentii Sandovalii Benedictini monachi, Tudensis postea ac Pampelonensis inde præsulis interpretatione cum hoc titulo: *Instruccion que S. Leandro Arzobispo de Sevilla dio à su hermana santa Florentina de la vida y observancia de las monjas, sacada de la Regla de san Benito*, Pinciæ MDCIV. in 8°. quamvis nîl habeat libellus iste unde colligere possimus hanc originem. Manuscriptus exstat in codice Ovetensis Ecclesiæ [a], item in Toletanæ [b], Regiæ Escurialensis, & S. Æmiliani Benedictinorum monasterii [c]; fuitque olim in bibliotheca Olivariensi (2).

[a] Parte 3. pag. 152.

[a] Laudat Perezius in *Notis ad Isidor*.

[b] Pluteo 30. num. 16. ex eius *Indice*, quem habemus.

[c] Bivar. *ad Maximum* ubi suprà.

98. *Scripsit* (Isidorus paulò inferiùs persequitur) *epistolas multas ad Papam Gregorium*, De baptismo *unam*. Librum appellat Gesneri epitomator [d], aitque credere se apud Matthæum Gresserum exstare: quò alludit Possevinus [e], in Germania servari MS. se legisse, referens. Huic epistolæ S. Gregorius respondit eâ quæ in lib. I. *Registi* [f] hodie legitur. Unde possumus argumentari materiem Leandri epistolæ eam fuisse, quam suppeditabat Gothorum vetus in Arianismo ritus, ter pueros in baptismali aqua mergendi; quæstioque idemne an aliter in posterum observari satius esset. Nescimus Leandri in re sententiam; placuisse tamen eam Gregorio hæc eius ostendunt verba: *De trina verò mersione baptismatis nîl responderi verius potest, quàm quod ipsi sensistis. Quia in una Fide nihil officit sanctæ Ecclesiæ consuetudo diversa*. Suspicari tamen ex his possumus Leandrum sensisse abrogandum esse trinæ, ac subrogandum unicæ mersionis morem. Quod confirmant sequentia Gregorii: *Nos autem quòd tertiò mergimus, triduanæ sepulturæ sacramenta signamus, ut dum tertiò infans ab aquis educitur, resurrectio triduani temporis exprimatur. Quòd si quis fortè etiam pro summæ Trinitatis veneratione æstimet fieri, neque ad hoc aliquid obsistit baptizando semel in aquis mergere: quia dum in tribus personis una substantia est, reprehensibile esse nullatenus potest infantem in baptismate in aquam vel ter vel semel immergere: quando & in tribus mersionibus personarum Trinitas, & in una potest divinitatis singularitas designari.* Indifferenter scilicet ad utrumque se habet ritum ter aut semel mergendi. Sed quia Arianismi tempore trinæ usus erat apud Gothos mersionis: ideo adhærens, ut credimus, Leandri sententiæ concludit sanctissimus Pontifex: *Sed quia nunc hucusque ab hæreticis infans in baptismate tertiò mergebatur, fiendum apud vos esse non censeo; ne dum mersiones numerant divinitatem dividant; dumque quod faciebant faciunt, se morem nostrum vicisse glorientur.*

[d] Verbo *Leander*.

[e] In *Apparatu* tom. 2. verbo *Leander*.

[f] Epist. 41.

99. De sententia Gregorii constat. Verba autem hæc ultima obscuri sensus verè sunt. At ea aliquantulum expeditiora erunt, si *morem vestrum* legamus, quomodo in Concilii Toletani IV. cap. 6. transcriptum hoc Gregorii testimonium exstat. Confirmavit enim decrevitque tenendum & observandum id, quod olim ad S. Leandrum S. Gregorius rescripserat, Concilium hoc Toletanum sub Sisenando habitum erâ DCLXXI. sive anno DCXXXIII. cui S. Isidorus Leandri frater præfuit, his verbis: *Propter vitandum Chrismatis scandalum, vel hæreticis dogmatis usum, simplam teneamus baptismi mersionem; ne videantur apud nos qui tertiò mergunt, hæreticorum probare assertionem, dum sequuntur & morem.* Quæ satis explicant verborum Gregorii allatorum sensum. Fortè catholici inter Gothos degentes semel tantùm infantem aquæ immergebant, ab aliis oc-

(1) Hieronymi Torresii Pinciani autographum huius Leandri libelli exemplar Laurentio Suarezio de Figueroa & Corduba Episcopo Seguntino nuncupatum & propediem edendum exstat in Regia Matritensi Bibliotheca, cui subditur: *Eiusdem Leandri Homilia ad Synodum tertiam Toletanam*: utrumque, è binis Conciliorum Codicibus Gothicis Ecclesiæ Toletanæ, cuius Bibliothecæ Præfectus erat Torresius. Homiliæ meminit Rodericus Toletanus *De reb. Hisp. Lib. II. c.* 15. In alio autem eiusdem Regiæ Bibliothecæ *De Institutione Virginum* exemplari, post titulum *Ut peculiare in cœnobio non habeat virgo*, subditur quasi Leandri rubrica *De viduis*. Inc. *Viduarum multa exempla sunt*: desinit *Quæ autem in deliciis agit, vivens mortua est*: nescio unde hausta. Exstat item in eadem Regia Bibliotheca vetus aliud ineuntis sæculi XI. exemplar Gothici plane saporis. Cl. Florezius *Hisp. Sacr. T. IX. Append. V. pag.* 355. extremum huius Leandri regulæ caput cum binis Codicibus Regio Matritensi & Æmilianensi, necnon cum edito Lucæ Holstenii *Regular. Monasticar.* exemplo collatum evulgavit, & variantes lectiones addidit.

(2) Habetur in eius Bibliothecæ autographo Fratris *Lucæ de Alaejos* Monachi Hieronymiano Escurialensis MStorum. Indice *L. M. S. pag.* 204. Penes me.

occidentalis Ecclesiæ populis in hoc diversi: quorum morem ad eos, qui ex Arianismo conversi essent extendi æquius esse ait Gregorius, quàm ut abrogata unica catholicorum antiquorum mersione, & in trinam Arianorum (quamvis & illa esset ferè in Occidente communis) transformatâ: gloriarentur novi ex Arianis catholici, aut qui adhuc remanerent Ariani, morem illorum se vicisse. Agunt de hoc diverso inter alias & alias gentes & Ecclesias ritu plures viri doctissimi [g], quos super argumento istarum Leandri & Gregorii epistolarum consulere lector poterit. Nec prætereundum est eò inductum per idem tempus fuisse Ioannem Constantinopolitanum Episcopum, virum abstinentiâ & eleemosynis inæstimabilem, ut græcè scriberet *De sacramento baptismatis*, & ad Leandrum nostrum dirigeret, S. Isidoro teste [h]: in quo *nihil* (ait) *proprium posuisse*, *sed tantummodo antiquorum Patrum* replicâsse *de trina mersione sententiam.*

100. Subiungit Isidorus: *Alteram* (epistolam) *ad fratrem*, *in qua præmonet cuiquam mortem non esse timendam.* Trithemius, Eisensgreinius, & Arnoldus Uvion, *De contemptu mortis*, seu *De contemnenda morte* librum vocant. Frater ad quem directa est, nisi Isidorus ipse sit [i], Fulgentius erit, Astigitanus postea Episcopus: de quo Leander ipse in fine libelli ad Florentinam sororem, deprecatus eam ne se reditus in patriam olim destructam (Carthaginensem urbem capere debemus) cogitatione percelli permitteret, hæc ait: *Miserum me doleo*, *qui ibidem communem fratrem transmisi Fulgentium*, *cuius pericula iugi formidine pertimesco. Tutior tamen erit, si tu securior & absens pro illo oraveris.* Latebat fortè in paterno aliquo prædio Fulgentius, eò ab Leandro missus cùm Ariana sæviret persecutio: quem solari frater, & animare ad mortem contemnendam epistolâ istâ voluisse videtur.

101. *Ad ceteros quoque Coepiscopos* (Isidorus prosequitur) *plurimas promulgavit familiares epistolas*, *& si non satis splendidas verbis*, *auctas tamen sententiis.* In eo quod à Leandro habemus *Instructionis virginum* opusculo, inaffectatum certè at ingeniosum eloquentiæ genus emicat, quod acumine delectat & pungit, fucumque omnem dum rem assequatur spernit.

[g] Ioan. Azor in *Opere morali*, Casalius *De vet. sacr. Christian. ritib.* part. 2. cap. 5. pag. 42. Iosephus Vicecomes *De Baptismo* lib. 4. cap. 8. Arcudius *De concord. utriusque Eccl.* lib. 1. c. 9. Loaisa in *Notis ad Conc. Tolet. IV.* pag. 367.

[h] *De Script. Eccl.* cap. 26.

[i] Quod credidit Laurentius Padilla *De los SS. de España* fol. 25.

102. *In Ecclesiasticis officiis* (ut cum eodem sanctissimo Encomiaste loquamur) *idem non parvo elaboravit studio. In toto enim Psalterio duplici editione orationes conscripsit. In sacrificii quoque laudibus*, *atque psalmis multa dulcissimè composuit.* Incurrimus in eum qui existimaret [k], Isidorum his docuisse à Leandro formatas ad duplicem Psalmorum editionem orationes. Alii [l] super Psalmis orationes, sive [m] pro Psalterio integro confecisse eum duplicis formæ orationes, interpretantur. *Psalterii* autem nomine officium Ecclesiasticum diurnum, propter Psalmis insumtam maiorem eius partem ita dictum, ab Isidoro significatum fuisse nos magis credimus. Appellavere id veteres tum *cursum*, & *synaxin*, & *collectam*; necnon *Missam*, tum quoque *psalmodiam*, uti docet in opere suo *divinæ psalmodiæ* [n] vir dignitate dum viveret, ingenio, eruditioneque præstantissimus Ioannes Bona S. R. E. Cardinalis amplissimus mihique multis nominibus venerabilis. Ideo adiunxit Isidorus mancipatæ diurno officio Leandri operæ aliam illam *sacrificio*, hoc est *Missæ*, impensam. Unde coniectari rectè possumus [o], sancti huius antistitis plura esse ex his, quæ in utroque libro Missalis & Breviarii Gothici sive Mixt-Arabici, ab Isidoro fratre formati vel nunc leguntur (1). Valdè autem à vero exorbitant [p], qui verbis Isidori malè intellectis, quæ tandem produximus, diversum ab aliis *De laude sacrificiorum* opus Leandro attribuunt.

103. Exstat quoque aliis deperditis *Homilia* seu sermo ab eo habitus in Toletano Concilio III. [q] Incipit *Festivitatem hanc* &c. Qui quidem Baronii [r] iudicio, *stilo inculto sed erudito*, *veluti rudi rastro vertit auri fodinam.* Et alibi [s]: *Simplici & impolito stilo (ut sæculi huius barbarie silvescen-*

Pp

tis

[k] Laurentius de Padilla *De SS. Hisp.* fol. 25. *Hizo oraciones à dos ediciones del Psalterio.*

[l] Alphonsus Venerus in *Enchiridio.* Trithemius.

[m] Morales lib. 12. cap. 5.

[n] Lib. 1. cap. 2. §. 2.

[o] Quod & fecit Morales dicto cap. 5.

[p] Venerus ubi proximè, Trithemiusque.

[q] In editione Loaisæ pag. 229. Et in nostra *Concil. Hispan.* tom. 2. pag. 351. CARDIN. DE AGUIRRE.

[r] Ad ann. DLXXXIX.

[s] Ibid. n. 20.

(1) Cl. Florezius *Hisp. Sacr. T. IX. tract. 29. c. 6.* peculiariter Leandro adtribuit Ecclesiasticum Sancti Vincentii Levitæ & martyris officium, quale in Missali & Breviario Mixtarabicis legitur; immo & Sermonem sive homiliam in eiusdem Sancti Martyris natali, cuius initium est: *Cunctorum licet, Dilectissimi, gloriosas &c.* quæ hactenus sub Leonis Magni nomine circumlata prodiit: ansam videlicet ei præbente Paschasii Quesnelii coniecturâ, qui *in priore Appendice Operum Sancti Leonis*, huius homiliæ auctorem Hispanum fuisse, atque è vocabuli *Leandri* compendio, aut è solitaria initiali eiusdem litera, *Leonis* nomen factum suspicabatur: quam coniecturam idem Florezius aliis argumentis fulcit atque adiuvat *T. VIII. tract. 27. append. I.* Regio Escurialensi Codici *Lit. M. Plut. III. n. 3.* assutus est quaternio Gothicus ineuntis, ut videtur, sæculi XI. in quo habetur *Missa Sancti Vincentii Martyris* omnino ab ea quæ in Missali Mixtarabico exstat, quæque à Cl. Florezio l. c. Leandro Hispalensi tribuitur, diversa. Inc. *Deus bonitatis auctor & bonorum omnium dispensator: qui temporalia bona per misericordiam etiam non merentibus donas: æterna per iustitiam non nisi promerentibus recompensas: ista deputans beneficio, illa iudicio &c.*

tis conditio ferebat) sed divinâ scientiâ valdè referto, & sapientiâ mirificè exornato instar arboris, licèt cortice durioris, tamen pomorum pendulorum fœcunditate pulcherrimæ. Repertam à se hanc Homiliam in codice bibliothecæ Sfortianæ idem ait Baronius. Fuit & in codice alio MS. apud Resendium, ut ille in epistola ad Quevedum refert: quem editum habemus in collectione etiam Garsiæ Loaisæ & in *Actis Sanctorum* Bolandi & sociorum [t], & in *Hispano* Tamaii *Martyrologio* [u]. Improbavit quidem Baronius [x] Ioannis Marianæ factum transferendi hunc sermonem cultiori stilo, ut historiæ suæ intexeret. Sed verè is morem non fuit eorum transgressus, qui idem ac sibi ubique simile corpus historiæ architectantur, non aliud genus magis liberum, ex variisque coævorum auctorum testimoniis, velut in centonis formam (quales sunt admirabiles summi viri Annales) perductum; longiorem quoque sermonem, qui alibi legi poterat, ad mensuram operis sui contraxit. De Leandro iam satis multa propter viri excellentiam (1).

[t] Die XIII. Martii pag. 277.
[u] XXVII. Februarii.
[x] Dicto n. 11.

CAPUT V.

De IOANNE BICLARENSI *Scalabitano, atque de eius Constantinopolitana peregrinatione, altera ex duabus S. Isidori testimonii probatur lectio. De eius monachatu Ioannis Mabillonis ingenua confessio. Ab eo scriptam monachis* Regulam *specialem atque item* Chronicon. *Hallucinatio Antonii Possevini & Gerardi Ioannis Vossii confundentium hunc cum Ioanne Gerundensi* Paralipomenon *auctore. De eius Gerundensi pontificatu & morte. Concilii Barcinonensis tempus. De monachatu Ioannis Agaliensi Pseudo-Maximi impostura. Neutiquam hunc Hermenegildi principis præceptorem fuisse. Philadelphi Mugnosii Siculi levitas in credendis fabulis. De* TARRA *monacho. De* PELAGIO *Tyrassonensis Ecclesiæ archidiacono. Suppositii Pseudo-Hauberti Scriptores* SEVERUS *poeta,* FELIX *diaconus,* ORONTIUS *orator,* FABRICIUS *Episcopus,* AULODIUS *presbyter,* RUFINUS *diaconus,* PETRUS *presbyter,* AMANUS *item presbiter,* GUDESTIANUS *similiter. Eiusdem Pseudo-Hauberti de* IULIANO POMERIO *Toletano Episcopo fabula.* VICTOR TUNNUNENSIS *falsò Hispaniæ adscribitur.*

104. CUM Leandro, & aliis catholicæ Hispaniarum Ecclesiæ luminibus, maximè floruit hoc sæculo IOANNES, cùm à monasterio cui præfuit BICLARENSIS, tum ab Ecclesia quam rexit GERUNDENSIS vocatus. Natione is Gothus non cognomento fuit, quod alicubi legitur [y]; patriâ Lusitanus Scalabi (quod *Santaren* hodie est Portugalliæ municipium in paucis nobile) in lucem editus. Cum ad ætatis iustæ hoc est adolescentiæ annos pervenisset, Constantinopolin quasi ad doctrinarum omnium mercatum sese contulit. Qua in urbe restitit usque dum *græca & latina eruditione* (ut Isidorus ait [z]) *nutritus, septimo demum* [a] *anno in Hispanias reversus est eodem tempore quo incitante Leovigildo Ariana fervebat insania.* Locutus de eo tempore Isidorus nonnulli videbitur, quo Arianorum Episcoporum Concilio Toletum vocato, Leovigildus stabiliendis blasphemæ huius sectæ rationibus prospiciebat: quod in annum huius sæculi primum super octogesimum [b] incidit. Saltem ex eiusdem Ioannis infrà laudando Chronico liquidum redditur [c] anno DLXXII. qui fuit Iustini Imp. iunioris septimus, iam Constantinopoli eum fuisse, in qua se vidisse ait multorum hominum millium inguinali quadam plaga exstinctorum stragem. Qui annus cùm per novennium integrum alterum illum præcesserit quo habitam diximus Arianam Toleti Synodum: plusquam septem oportebit annos Constantinopolitanæ Ioannis peregrinationi cum Isidoro assignare. Idque sine temerarii ausus nota committemus, alteram quæ in plerisque codicibus [d] atque editionibus prostat lectionem præferentes: quæ non *septimo demum anno*, sed *post decem & septem annos* in Hispanias reversum esse Ioannem nostrum habet. Quod ferè omnes historici nostrates credunt [e], & exterorum quidam [f]. Nec difficilis est lapsus exscriptorum in numerali nota. Quæ lectio verosimilior est. Qui enim *adolescens*, quod Isidorus ait, sedecim aut cir-

[y] Tamaius *cognomento Gothum* appellat in *Martyr. Hispan.* VI. Maii, Actis quibusdam nullius fidei laudatis.
[z] *De Script. Eccles.* cap. 31.
[a] Ita habent editiones Isidorianæ, Parisiensis Sonnii MDLXXX. Antuerpiensis Miræana anni MDCXXXIX. & Coloniensis Suffridi Petri *Libelli de Script. Eccles.* anni MDLXXX. quas secuti sunt Baronius anno DLXXXIV. n. 8. Bivarius *ad Maximum* an. DLXVI. pag. 495. Hier. Puiades *Histor. Cataloniæ* lib. 8. cap. 62. Ant. de Purificatione in *Chronic. ord. eremit. Portug.* lib. 2. tit. 6. §. 5.
[b] Tiberii IV. Leovigildi XII. in quo videndus ipse Biclarensis.
[c] *Ad annum Iustini VII.*
[d] Ita editum est in accuratissima omnium aliarum editione Matritensi anni MDXCIX. & Parisiis à Iacobo de Breul in non una editione, quarum ultimam vidimus anni MDCXVII.
[e] Morales lib. 12. c. 18. Mariana lib. 5. cap. 13. Vasæus in *Chronic.* anno DLXXXIX. Garibai lib. 8. cap. 24. Cardosus in *Hagiol. Lusit.* VI. Maii. Domenec *De SS. Cataloniæ* lib. 2. Maii VI.
[f] Miræus in *Notis* ad hunc locum.

(1) Cum hæc typis ederentur exeunte anno MDCCLXXXVI. prodiit Matriti è typographia Regia tomus alter *Bibliothecæ Hispanicæ fol.* auctore D. Iosepho Rodriguez de Castro Regiæ Bibliothecæ Matritensis Subcustode, in quo de Hispanis Scriptoribus qui à primo ad decimum tertium ab orbe redemto sæculum floruere è variis auctoribus atque è Regiis Codicibus Matritensibus atque Escurialensibus (cuius Bibliothecæ confectos à me ante hoc vicennium & in quinque maioris formæ volumina distributos MStorum. Hebræorum, Græcorum, Latinorum, atque Hispanorum catalogos ultro Ei ac libens evolvendos atque excerpendos permiseram; quosque Ipse codices præsens postea lustravit), ac præcipue è Nostro, qui universi operis fundus est, plurima non pœnitenda neque vulgaria collegit, vernaculoque sermone typis commisit, quibus Hispanorum Scriptorum series non parum iuvari atque ornari potest. Ex hoc igitur fonte haurire licebit si quid in notulas nostras conferre posse existimavero; ac de novi operis dignitate & pretio nonnihil adiungam in huius voluminis prologo.

circiter nempe annis natus *Constantinopolim perrexit*, septennii dumtaxat elapso tempore, vix potuit in primæ iuventæ annis ita robore constantiaque animi atque doctrinæ vallatus reverti, quem Leovigildus inter tot viros catholicos, eosdemque literis & dignitate conspicuos, ut renuntiaret veræ Fidei, veluti peculiari appeteret cura, propositique pervicacem odio & pœnis prosequeretur. Quod quidem tricennario maiori optimè congruere videbitur, atque item decem aliis annis in exsilio, cui destinatus fuit ab eodem Leovigildo, transactis, iam quadragenario maiorem Gerundensi Ecclesiæ præpositum à Reccaredo fuisse.

105. Ita id contigit: quod licèt à nobis quadantenùs præsumtum, Isidori nunc verbis integrè referimus: *Ioannes Gerundensis Ecclesiæ Episcopus, natione Gothus, provinciæ Lusitanæ, Scalabitanus. Hic cùm esset adolescens, Constantinopolin perrexit, ibique græca & latina eruditione nutritus, post decem & septem annos* (fortè *septimo decimo demum anno*; quòd ab altera lectione minus distet) *in Hispanias reversus est, eodem tempore quo incitante Rege Leovigildo Ariana fervebat insania. Hunc supradictus Rex cùm ad nefandæ hæresis credulitatem compelleret, & hic omnino resisteret; exsilio trusus, Barcinonem relegatus, per decem annos multas insidias & persecutiones ab Arianis perpessus est.* De relegationis in aliquam urbem pœna egimus quondam nos lib. 1. *De exsilio* cap. 14. *Qui postea* (Isidorus prosequitur) *condidit monasterium quod nunc* Biclaro *dicitur*. Huius vel hodie superest cùm nominis, tum antiqui templi vestigium, in oppido *Vall-clara* Cataloniæ principatûs, duabus leucis ab nobili municipio *Mont-blanch* dissito, nec procul à Populetano Cisterciensium amplissimo eiusdem tractus monasterio: quod ex Hieronymi Puiades [g], docti ac industrii Catalanorum historici, observatione didicimus. *Ubi congregata monachorum societate* (ait Isidorus) *scripsit regulam ipsi monasterio profuturam, sed & cunctis Deum timentibus satis necessariam.*

106. Hinc iam sibi Benedictinus ut plurimùm Ordo pridem persuasit rem suam in Ioanne & monasterio Biclarensibus agi; nulloque alio, quàm factæ monachorum mentionis argumento utuntur, ut aliis persuadeant [h]. Supposititius quoque Maximus Agaliensi adscripsit monasterio, emissum inde studiorum causâ Constantinopolin confingens [i]. Sedet aliis [k] Augustinianum fuisse Dumiensis monasterii, huius familiæ ab iis existimati, monachum. Alii tandem [l] continentes se in vestigiis veterum, nec de monachatu dubitantes, formam eius ignorare se innuunt, quorum nos nullis obnoxii partibus castra sequimur. Id quod è Benedictinis ipsis vir doctissimus Ioannes Mabillonus Congregationis S. Mauri in Gallia monachus nuper fecit, quum *Acta SS. Ordinis* sui à Luca D' Acherio collecta ipse integris quatuor voluminibus iuxta sæculorum ordinem digessit, notisque suis & observationibus illustriora reddita in vulgus emisit. Cùm enim syllabum præmitteret *Sanctorum prætermissorum in primo Benedictino sæculo* seu tomo primo, quorum quidem nomina in Calendario eius ordinis reponi consuevere; supposititios tamen ipse eiusdem ordinis existimaret: Ioannem inter alios Biclarensem abbatem eò intulit, Pseudo-Maximi testimonio liquidissimè denegata fide: cuius viri modestiam, de qua ipse in præfatione operis sectione 12. rationem sanctè reddit, amplecti atque imitari satiùs esset eos qui non ex dubiis tantùm certa, sed ex falsis quoque vera fingere, præpostero rerum domesticarum amori obsequentes, amant.

107. Id tamen prætermittere animus non est quod ad bibliothecam pertinet. Isidorus ait Ioannem congregata monachorum societate *Regulam ipsi monasterio profuturam* scripsisse. Quod quidem *Regulæ* vocabulum aversantes, neque admittentes aliam in illo monasterio quam Benedicti parentis regulam à Ioanne introduci, & observari potuisse Benedictini Scriptores Trithemius, Uvion, Menardus & externi alii [m] qui hos sequuntur: *exhortationes*, sive *exhortatorium ad monachos* librum vocant. Quos iure volunt Isidoro & Honorio Augustodunensi, qui *Regulam* disertè vocant, posthabitos Morales noster [n] aliique. Et in more huius etiam temporis fuisse, non sub illius alteriusve iam notæ regulæ instituto haberi monachos; sed utcumque asceterii præfecto placuisset, plurimæ ac diversæ quas servaverunt nobis veteres libri ostendunt regulæ. Permansisseque vel ad hoc sæculum, quod Cassianus de suo ait lib. 11. *De institutis cœnobiorum* cap. 11. *tot propemodum typos ac regulas, quot monasteria cellæque essent.* Ut iam neque Eremitarum, neque Benedictinorum, neque aliorum religiosorum cœtuum sodales, in monachi nomenclatura solidi quicquam fundamenti sibi olim iactum existimare posse videantur.

108. *Chronicon* item scripsit, sive historiam brevem XXII. annorum, ab anno scilicet primo Iustini iunioris usque ad Mauricii octavum, hoc est à DLXVII. ad DLXXXIX. Isidorus: *Addidit & in libro*

[g] Lib. 6. *Chronic. univ. Cataloniæ* cap. 62. in fine.

[h] Ita censent Trithemius *De vir. illust. Benedict.* lib. 2. cap. 15. Arn. Uvion in *ligno vitæ*, Menardus, Sabellicus *Enneade* 2. lib. 8. Domenec ubi suprà, Mariana lib. 5. cap. 13. Puiades, Cardosus, Tamaius iam laudati, Iepes in *Benedict. Chronici* tomo 1. ad ann. DXCIX. cap. 2. Bivar. *ad Maximum* anno DLXVI. pag. 496.

[i] Ad ann. DLXVI.

[k] Hier. Roman. *Hist. Eccles. Hisp.* lib. 3. cap. 10. apud Iepes, & Bivarium ubi proximè, Ant. de Purificatione *Hist. Erem. Portugalliæ* lib. 2. tit. 6. §. 5.

[l] Eisensgreinius in *Catal. test. verit.* Platina in *Bonif.* IV. Tarafa *De Regibus Hisp.* in *Sisebuto*, Vasæus in *Chron.* ann. DLXXXIX. Morales lib. 11. cap. 70.

[m] Venerus in *Enchirid. temporum*. Eisensgreinius, Domenec, Puiades.

[n] Dicto lib. 11. c. 70. Ant. à Purificatione ubi suprà.

Chronicorum (scilicet Eusebii, quem S. Hieronymus, Prosper, Victorque Tunnunensis ordine continuavere) *ab anno primo Iustini iunioris principatûs usque ad annum octavum Mauricii principis Romanorum, & quartum Reccaredi Regis annum, historico compositoque sermone valdè utilem historiam.* In hoc se scribere auctor ait quæ temporibus eius acta essent, *ex parte quæ oculata fide* providisset, & *ex parte quæ ex relatu fidelium* didicisset. Andreas Schotus id primus è Toletanæ Ecclesiæ bibliotheca, unà cum Victoris Tunnunensis Episcopi Chronico alio exscriptum Germanis, hoc est Marco Velsero Reipublicæ Augustanæ senatori clarissimo, communicavit. Quo ut credimus exemplari Henricus Canisius usus est in editione sua *Antiquarum lectionum*, inter quas hodie legitur; atque item in *Hispaniæ illustratæ* quarto volumine, quod Franciscus Andreæ frater Schotus publicitus dedit [o]. Valdè autem ab isto Chronico diversum est Ioannis Gerundensis *Paralipomenon Hispaniæ* opus, de quo aliter existimasse magnum historicorum historicum Gerardum Ioannem Vossium [p] mirarer magis, nisi apud Possevinum servari hoc in Vincentii Pinelli bibliotheca cum *De origine rerum Hispanicarum* alio titulo manuscriptum legisset.

109. *Et multa alia scribere dicitur* (Isidori ultima verba audis) *quæ ad nostram notitiam minimè pervenerunt.* Ita est (non *scripsisse*, quod alicubi legitur [q]) in editionibus Isidorianis pluribus [r]. Quæ si vera est, indicat lectio adhuc fuisse in vivis Ioannem nostrum, quum bonas horas Isidorus Scriptoribus recensendis collocabat. Hoc autem factum oportuit non diu post annum sequentis septimi sæculi XXI. aut circiter, quousque eiusdem Ioannis Gerundensis Episcopi facti vitam extendimus. Fuit enim à Reccaredo aut eius imperii tempore, cùm restitutus, tum Gerundensis Ecclesiæ infulis ornatus. Quod quidem veluti in altera iam patria munus gerens, Cæsaraugustano II. & Barcinonensi Conciliis anno DXCII. interesse potuit; esseque Ioannes ille, qui absque ulla Sedis nota subscriptus eis ultimos inter, quasi recèns creatus antistes legitur (1). Nisi aliò nos avertere faciat Galani mentio, quæ in Barcinonensi præfertur, in Cæsaraugustani autem postponitur Ioannis mentioni. Non alius certè est *Ioannes peccator de Gerunda* in Barcinonensi altero anni DXCIX. cum aliis nomen suum professus. Idem Concilio Toletano, sive Toleti solemniter confirmato Gundemari Regis de Toletanæ Ecclesiæ dignitate decreto anno DCX. statim post metropolitanos subscripsit.

110. At quominus interfuisse eum credam Egarensi post quadriennium celebrato, Ioannis subscriptio facit Mumio in eius actis postposita: quem Mumium Calagurritanum Episcopum in superiori Toletano Concilio Ioannes noster Gerundensis multis locis præcesserat (2). Nec iccircò interca-

[o] Nosque in *collect. max. Concil Hispan.* tom. 2. pag. 421. cum Notis quibusdam, sive monitu ad lectores, apprimè necessario. CARDINALIS DE AGUIRRE.

[p] *De H. L.* lib. 2. cap. 23.

[q] In Parisiensi Sonnii ann. MDLXXX.

[r] Parisiensi Breulii, Matritensi emendatissima, & in editionibus libelli *De Script. Eccles.* Miræana, & Suffridi Petri.

(1) *Cæsaraugustano II. & Barcinonensi Conciliis* (inquit Noster) *anno DXCII. interesse* (Ioannes Biclarensis) *potuit; esseque Ioannes ille qui absque ulla Sedis nota subscriptus eis ultimos inter, quasi recens creatus antistes* (Gerundensis) *legitur.* Hæc meo quidem iudicio lucem, & fortassis τὴν ἐπανόρθωσιν desiderant. Primò enim seiungit hoc loco Noster Concilium secundum Barcinonense à secundo Cæsaraugustano Erâ DCXXX. seu Christi anno DXCII. regni autem Reccaredi VII. habito; atque ita de utroque agit quasi diversa fuerint Concilia, diversisque in urbibus, eodem tamen anno celebrata. Præterea Artemii Metropolitani Tarraconensis triumque Comprovincialium qui cum decem aliis Episcopis secundo Cæsaraugustano Concilio subscripsêre, Decretum ad Numerarios Fisci seu patrimonii Regii in civitate Barcinonensi directum (quod in vulgatis Conciliorum collectionibus prædicto Concilio Cæsaraugustano subiici solet, cuique Ioannes Episcopus postremo omnium loco, atque indesignatâ Sede subscribit): Concilium secundum Barcinonense appellat; eaque in urbe, eodem Christi anno DXCII. celebratum fuisse existimat: quæ nimium quantum à vero discrepant. Nullum enim Barcinone aut alibi in Hispania Concilium, præter secundum de quo agimus Cæsaraugustanum, anno Christi DXCII. celebratum fuisse constat. Artemii autem Tarraconensis triumque Comprovincialium ad Fisci Regii Numerarios Decretum, appendix quædam eius Concilii est; nihilque cum eiusdem decretis commune habet; nec ad reliquos qui Cæsaraugustam Concilii celebrandi causa confluxerant Coepiscopos eorumve Vicarios quicquam pertinet: qui proinde ei minime subscribunt; neque demum Barcinone, sed Cæsaraugustæ confectum fuit, ut ex una eiusdem epoches cum epoche Concilii collatione manifestum fit; cum enim Concilium *sub die Calendarum Novembrium*, Decretum vero *pridie Nonas eiusdem mensis*, editum fuisse dicatur: nullo pacto huius auctores, qui triduo antè Concilio subscripserant, Barcinonem convenire potuêre. Quod autem Ioannes hic de quo agimus, novo Ecclesiæ Gerundensis pontificio auctus, secundo Concilio Cæsaraugustano, Decretoque Artemii ad Regii Fisci Numerarios anno Christi DXCII. editis interfuerit subscripseritque, quod Noster subtimide & quasi sibi diffidens innuit: mihi quidem extra dubitationis aleam videtur positum; cum & restitutionis Ioannis, eiusque in Episcopum ordinationis, & Concilii ac Decreti tempora optime concordent. Nihilominus tamen Garsias Loaisa (*Not. ad Conc. Cæsaraug. II. ap. Aguirr. T. II. Conc. Hisp. Ed. ant. pag.* 415.) Ioannem qui Concilio subscribit, Mentesanum Episcopum facit; Didacus autem Dormerius (*ap. eund. Aguirr. l. c.*) Helenensem: non alio, ut videtur indicio, nisi quod bini cognomines *Ioannes Mentesanus*, & *Helenensis* triennio antè tertiæ Toletanæ Synodo interfuerint subscripserintque: quod quam lubricum atque infirmum sit nemo non videt.

(2) Ioannem hunc Gerundensem Egarensi anni Christi DCXIV. Concilio interfuisse ac subscripsisse non

capedine ista quatuor annorum fuisse eum fato functum temerè contendimus; posuit enim alterius quàm Gerundensis Ecclesiæ Episcopus, à nostro alius, Mumio tunc locum cedere.

111. Nec verum est quod à quibusdam [s] affirmatur Ioanni successisse Staphylium, & interfuisse hunc Barcinonensi Concilio, quod paulò post Toleti anno DCX. confirmatum à patrum cœtu Gundemari decretum, celebratum fuisse temerè iactant. Concilium enim hoc Barcinoni adscriptum, cuius x. canones brevi cum præfatione, quæ Staphylii Gerundensis meminit in editione Matritensi [t] ex unico Hispalensis Ecclesiæ codice [u] desumtos legimus; non huius est, sed superioris temporis quo nondum fortè natus erat Ioannes, nedum Gerundæ præsul, aut vitâ functus. Sergius enim metropolitanus Tarraconensis tam huic quàm Ilerdensi Eræ DLXXXIV. sive anni DXLVI. Concilio præfuit, Casonius item, sive Casotius Empuritanus, Ioannesque Cæsaraugustanus utrique interfuere. Non ergo Ioannis nostri Staphylius, sed Nonnitus successor fuit in Gerundensi Sede: quod S. Ildephonsus disertè nos docet [x]. Qui Nonnitus, cùm Toletano IV. anno DCXXXIII. suum nomen inter antiquiores Synodi patres decimo loco affixerit: non solùm iam eo tempore sed & pridem Ioanni successisse credendus est. Eoquè magis quòd Conantius Palentinæ Ecclesiæ antistes, qui ipse post Nonnitum subscriptus legitur, Gundemari decretum ante XXIII. confirmaverit.

112. Quamvis enim inde arguamus subscribentium nomina inversa quandoque esse, nec locum suum servare, ut vel ex his Nonniti & Conantii subscriptionibus palam fit (præcedere enim debuit Nonnitum Conantius non è converso, cùm anno DCX. posterior hic iam Palentinus, prior autem ille nondum Gerundensis Episcopus, sed Ioannes noster fuerit): nihilominùs tamen Nonniti hoc inter antiquiores patres subscriptum nomen, haud utique novum sed multorum annorum Episcopum fuisse eum indicat. Nonnitum S. Ildephonsus ait *Svinthilani & Sisenandi Regum temporibus* floruisse. Svinthilæ regni initium in annum incidit huius sæculi XXI. Circiter ergo hunc annum diem suum obiisse Ioannem credimus, vacuumque locum successori Nonnito reliquisse, non anno DCXXXI. Svinthilæ ultimo, ut Ioanni Tamaio placuit Hispaniæ martyrologo, adductâ ex quodam Garsiæ Loaisæ MS. codice actorum historiâ. Nam præterquamquòd

..... *timeo Danaos, & dona ferentes*

uti apud Virgilium Troiani; eiusdemque fili acta & quod subsequitur carmen in Ioannis laudem videntur: huius hoc anno XXXI. defuncti successor Nonnitus minimè potuit biennii ferè spatio transacto, antiquiores inter muneris Episcopos Toleti sedere. Planè vitæ eius, contestata etiam miraculis [y], sanctitas locum sibi fecit in Ecclesiæ fastis, quorum dies Maii sextus [z] vulgò ei assignari solet.

113. Pseudo-Maximum scio inter eorum nomina, quos Toletanum tertium Concilium sub Reccaredo habitum inter Episcopos admisisse contendit, *Ioannem monachum Agaliensem, abbatem postea Biclarensem, & Episcopum* collocâsse [a]. Quis autem non videt formatorem Toletanum suppositione ista non huius tantùm monachi, sed & aliorum abbatum, presbyterorum, diaconorum in Concilio præsentium, veterum omnium codicum constanti de his silentio insultare voluisse: ut Benedictinum nomen sic aliàs venerabile, nec ornandum seu veriùs onerandum fabulis, sonare omnes conciliarium cœtuum, domorumque religiosarum angulos faceret? Is tamen dum vel diaconos appellat & monachos, atque item abbates Benedictino ordini falsò adscriptos; non utique debuit, si germanus esse auctor videri voluit, Episcopos, quorum præcipuè recordari debuit, prætermittere; sed fatum hoc impostorum est,

[s] Puiades lib. 6. cap. 94.

[t] Pag. 93.

[u] Loaisa affirmat in *præfatione de codicibus MSS. quibus usus fuit* pag. 9. num. 7.

[x] *De Script.* cap. 10.

[y] Domenec VI. Maii.

[z] Uvion lib. 3. *ligni vitæ*, & Benedictini alii, Tamaius, Cardosus hac die.

[a] In *Chron.* ad ann. DXC. pag. 669. edit. Bivarii.

non minus mihi certum videtur, quam quod Cæsaraugustano II. & Barcinonensi annorum DXCII. & DXCIX. Conciliis interfuerit subscripseritque: quod & Garsias Loaisa (*Not. ad Conc. Egaren. ap. Aguirr. T. II. Edit. antiq pag.* 458. *n.* 5.) calculo suo comprobat, nihil moratus subscriptionum eius Concilii ordinem. Quamvis enim in Conciliorum subscriptionibus maxima ordinationis consecrationisque Episcoporum ratio habita fuerit, ut qui alios ordinatione præcederent ante eos nomen suum scripto profiterentur: hunc tamen ordinem plus vice simplici neglectum atque inobservatum, proindeque perpetuum non fuisse constat. Ne longius evagemur. Concilio Cæsaraugustano II. cuius paulo ante meminimus, subscribit decimo loco Ioannes (*Gerundensis*), & post eum ἀμίσως Galanus, sive Gaianus (*Emporitanus*); Decreto autem Artemii Tarraconensis ac trium Comprovincialium Episcoporum ad Numerarios Fisci Regli Barcinonensis, quod post triduum ab eius Concilii publicatione editum fuit, tertio loco Galanus, Ioannes autem quarto & omnium postremo subscriptus legitur apud Aguirrium *T. II. pagg.* 414. *seq.* Item, in Concilio Barcinonensi sub Reccaredo, anno Christi DXCIX. habito, *Ioannes peccator de Gerunda* non Galano tantum, sed & Mumio Calagurritano, itidem atque in Egarensi, quode Noster hoc loco agit Concilio, postponitur. Agnovit & Idem paulo inferius, nimirum *cap. V. nn. CXI. & seq.* sæpius inobservatum subscriptionis Episcoporum in Conciliis ordinem; & apertius *L. V. C. II. n.* 34. *in fin.*

est, non sic posse verum assimilare, quin fraudem incuriâ ipsâ fallendi prodant. Eodem sanè habendum loco auctores sumus, id quod sine ullo veteri testimonio scriptum alicubi legere est [b], Ioanne nostro usum præceptore fuisse Hermenegildom principem. Is enim ex Oriente, quò se adolescens contulerat, non ante illud rediit tempus quo Leovigildus pro Ariana secta catholicis omnibus, ac vel ipsi filio severa quæque minabatur, belloque persecutus est, aut vinculis iam constrictum habebat.

[b] Apud Escolanum 1. par. *Hist. Valent.* lib. 2. cap. 11. num. 6. Cardosum in *Hagiol. Lusit.* VI. Maii Escolanum reprehendit Ioan. Tamaius eodem die pag. 84.

114. Misereor planè hominis vices, cùm in *Theatri genealogici regni Siciliæ* volumine 1. & familia de *Castellet*, D. Philadelphi Muñoz scriptum lego meminisse Ioannem Biclarensem quorundam nobilium Gothorum Barcinone atque Tarracone suo tempore degentium, adductis quoque ex lib. 11. fol. 85. his eius verbis: *Inter alios claros viros provinciæ Tarraconensis erat cum ceteris iam suprà nominatis in aula regia nobilis de Castellet.* Quæ ab aliquo excepta sunt, qui se Biclarensem, ut palpum huic & aliis familiis obtruderet, mentitus est.

115. Vixit quoque sub Reccaredo Rege TARRA monachus quidam, cuius ad eundem Regem directam epistolam se reperisse in duobus antiquis codicibus Ambrosius Morales lib. 12. cap. 22. admonuit [c] (1).

[c] Hæc epistola penes nos est ex codice Toletano descripta, sed adeò, aut exscriptorum incuriâ, aut sæculorum vitio deformata, ac erroribus scatens, ut vix aliqua eius sententia elici possit. CARDINAL. DE AGUIRR.

116. PELAGIUS Tyrassonensis Ecclesiæ archidiaconus scripsit vitam S. Prudentii patrui sui, eiusdem Ecclesiæ Episcopi; quam exstare MS. in quibusdam insignioribus Hispaniæ bibliothecis docent nos Alphonsi Ciaconii schedæ ad *Bibliothecam universalem*; sed publicavit demum Franciscus Bivarius ad Maximi Chronicon, & Ioannes Tamaius die XXVIII. Aprilis in *Martyrologio Hispano*. Bivarium consule in commentario ad dictum Maximi Chronicon ann. DLXXII. pag. 538. ubi de Pelagio isto & exemplis huius ab eo scriptæ Prudentii vitæ.

117. Patitur & hoc sextum sæculum à fabularum mangonibus, ut quod non fuit, productor dicatur Scriptorum quorundam, in malè sano eorum cerebro tamquam in Iovis capite apud mythologos Minerva verè natorum. Pseudo-Haubertus enim & hic producit suas copias chimæricorum militum, quos à sacramento sibi dicendo longè habet historica veritas. Anno DXXIV. *Belliforamine in radice montis Iubaldæ obiit* SEVERUS *poeta insignis & doctus, qui scripsit carmine Regum Gothorum & Suevorum vitas.*

Anno DXXXVII. num. 26. *Cæsaraugustæ obiit* FELIX *diaconus Ecclesiæ S. Salvatoris. Fuit cancionarius, & valdè doctus.*

Anno DLXVIII. num. 15. *In urbe dicta Orcelis obiit* ORONTIUS *orator.*

Anno DLXXVI. FABRICIUS *Episcopus in Gallæcia per hoc tempus librum Gothorum Regum scribit.*

Anno DLXXXV. num. 16. *Barcinone obiit* AULODIUS *presbyter valdè cancionarius.*

Eodem anno num. 24. *Valeriæ inter Carpetanos obiit* RUFINUS *diaconus valdè orator.*

Eodem anno num. 48. *Romeniaoæ in Carpetania floret* PETRUS *presbyter valdè cancionarius.*

Eodem anno num. 52. *Toleti obiit* AMANUS *presbyter. Fuit valdè cancionarius, simul theologus.*

Anno DXCVI. num. 2. *Pampilone in Vasconibus obiit* GUDESTIANUS *presbyter, filius Andalini civis. Fuit valdè cancionarius.*

Nugatorem insulsum omnes, credo, risu & sibilo excipient, qui non lolio victitant.

118. Sed hæc sunt prorsus vana & absque ullo rei fundamento. At quod & ipse ait de JULIANI POMERII Toletano apud nos Pontificio, veri hominis falsam historiam continet, à qua vel Pseudo-Maximus abstinuit calamum. *Iam successerat* (hic ait [d]) *in Toletana Sede primaria Montano viro celeberrimo Iulianus.* Hucusque fragmenti nostri Maximus. Sed assuta fuit huic forsan veteri panno lacinia ista è Toletana seu ficulnea textrina: *Cuius patruus Iulianus cognomento Pomerius in modum dialogi librum composuit. Hic Iulianus habuit amicitiam cum Vero presbytero, cuius alterius Iuliani mutuis interrogationibus librum, quem suprà dixi, Iulianus cognomento Pomerius natione Gallus composuit.* Reddidit nempe Isidorum [e], qui Gallum & ipse vocat; cùm Maurus gente & ortu fuerit, in Galliis tamen presbyter, Iulianus Pomerius: teste Gennadio [f], & Cypriano in *vita S. Cæsarii Arelatensis.* [g] Obtinuit quidem error quondam

[d] Ad annum DXXXIV. num. 1.

[e] *De Scrip.* cap. 12.

[f] *De Scrip.* cap. 98.

[g] Apud Surium XXVII. Aug. tom. 4.

(1) Exstat quoque in Regia Bibliotheca Matritensi huius Epistolæ exemplum è Toletana Cl. Ioannis Bapt. Perezii monumentorum collectione, non melius habitum, ut frustra fuerim in eo utcumque restituendo. Purgare autem videtur se Tarra Monachus apud Regem Reccaredum de crimine pessimo quod ei à Caulinianensis prope Emeritam Cœnobii fratribus objectum fuerat: meminit se diu Emeritæ atque in Lusitania & laicum & uxoratum, semper tamen innoxium, commoràsse; uxoreque defuncta monasticam cucullam induisse. Vulgavit eam epistolam primus quod sciam Cl. Florezius *Hisp. Sacr. T. XIII. pag.* 414.

dam confundentium hunc Pomerium cum Iuliano Toletano antistite, sequenti septimi sæculi Scriptore celeberrimo: quem dissipavit lumine distinctionis immisso, Ambrosius Morales noster [h] & alii: de quo nos in Iuliani Toletani rebus cùm eò sit perventum. Sed nihil horum compescuit Pseudo-Hauberti licentiam quin alicubi de successore Montani loquens hæc diceret [i]: *Iulianus cognomento Pomerius monachus Benedictinus succedit in Sede Toletana Montano. Fuit historicus insignis, natione Gallus.*

[h] Lib. 12. c. 58.

[i] In Chron. anno DXXXIV.

119. In quibus verbis dicere non ausim, impostórne Iulianum Pomerium illum intellexerit de quo Gennadius & S. Isidorus loquuntur; an alium eiusdem nominis & patriæ Archiepiscopum Toletanum, & hunc à Iuliano sequentis sæculi eiusdem Sedis præsule distinctum. Ad hanc verò posteriorem partem magis inclino. Qui enim potuit ad Iulianum Pomerium illum respicere eique anno DXXXIV. Episcopatum adscribere Toletanum: quem constat à Gennadio, viventem quidem adhuc, sed circa annum CDXCIV. quo is scripsisse catalogum suum iuxta veriorem chronologiam creditur [k], laudatum; quemque Isidorus post eius mortem iterum de eo referens, non potuit non, si Toletanus idem fuisset Episcopus, huius dignitatis munere ornatum agnoscere. Quamvis cum fabulatoribus ratione agere, id verè sit cum ratione insanire. Attamen cùm in catalogis Toletanorum præsulum Iulianus quidam successor appelletur Montani, vero magis consentaneum est Pseudo-Haubertum nugis Pseudo-Maximi adhærere voluisse, atque his verbis confirmâsse Iulianum Toletanum esse illum ex cuius & Veri mutuis responsionibus (ut ille alter ait) Iulianus senior Pomerius, istius Iuliani patruus, librum *Dialogorum* composuit. Hoc admisso, habendæ quidem Pseudo-Hauberto maximæ gratiæ sunt, qui Toletanæ Sedi Gallum Episcopum, eumque monachum Benedictinum, historicumque insignem, nomine tenus hucusque notum, ostenderit & constituerit; sed utique eæ gratiæ quas Luciano habere luna debet, qui tot gentium colonias, non ullo senatusconsulto triumvir creatus, in eius orbem deduxit.

[k] Ex cap. 91. de Theodulo, id colligit Iacobus Userius *De Britann. Eccles. primordiis* cap. 13. pag. 461. & 462.

120. Post dissipatam superiorem à malignitate immissam genti nostræ fabulosorum heroum plagam, nollem utique gravem ac sincerum historicum commissi non sponte erroris taxare. Sed quæ admoneri æquum est ne alii decipiantur non silebimus: quemadmodum nec sileret ille aut retractare erubesceret, si dum superstes fuit lapsum se esse animadvertisset. Stephanus Garibaius lib. 8. *Hist. gener. Hispaniæ* cap. 24. de VICTORE Tunnunensi Episcopo loquens, qui ubi Prosper reliquerat historiam prosecutus est, Hispanum natione fuisse eum temerè ait. Constat quidem de loco Episcopatûs in Africa ex Isidori *Catalogo Scriptorum* [l]: quamquam verum eius loci nomen mirè variantibus manuscriptis codicibus ignoretur: quod Vossius docet [m]. Sed natales ei apud nos fuisse, unus Garibaius, quin aliquem laudare possit rei auctorem, affirmavit.

[l] Cap. 25.

[m] *De H. L.* lib. 3. cap. 3.

121. Ut alium etiam suspectum huius sæculi vel nullius auctoramenti Scriptorem subiiciamus, ARTUAGUS Gothus monachus ut noviores iactant sine ullo antiquo vade ordinis S. Augustini, scripsisse dicitur, cùm ea omnino perierit, *Gothorum Regum historiam*: cuius meminit Ambrosius Morales lib. 12. *Hist. Hispanæ* cap. 18. in fine (ex quo alii); monens tamen huius notitiam se desumere ex *Chronicis ordinis S. Augustini.* Huius autem Artuagi vindicibus sive assertoribus in examen vocatis, principem inter alios postulant locum ii qui (si Deo placet) antiquiores sunt. Quo in ordine præcedit Maximus qui audit Cæsaraugustanus Episcopus, aut potiùs verum amantibus chimera ficulnea, Toleti ante octoginta annos concepta, de qua latè iam in superioribus egimus. In eius Pseudo-Chronico ad annum Christi DLXXXIV. legitur: *Artuagus, cognomento Gothus, ex ordine S. Augustini monachus, Toleti floret opinione sanctitatis.* In Luitprandi similis farinæ Chronico ad annum DCXXXIII. (nempe integris quadraginta novem annis postquam florere iam eum nos docuit Maximus) *Prima die Maii moritur sanctè compositeque Artuagus monachus Augustinianus Cislæ Toletanæ.* Nonnihil & apposuit addiditve iam priùs inventis Iulianus Petri ex eodem cerebro cum duobus iam appellatis natus: specie quidem ut calculum adderet mendacii suffragatoribus, re autem ut sibi ipsi mentiretur iniquitas, iuxta sacrum elogium, fratrumque suorum everteret fidem. Hic ad annum DCLIX. num. 325. *Hoc tempore primâ Ianuarii moritur Toleti Artuagus monachus Augustinianus, vir apprimè fervens zelo Fidei.*

122. Nimirum, si Maximum sequimur, florebat opinione sanctitatis sub finem sexti sæculi anno DLXXXV. Vixit tamen adhuc, si Luitprando aures damus, usque ad sequentis sæculi tricesimum sextum; si autem Iuliano, usque ad eiusdem quinquagesimum nonum. Primo item die Ianuarii obiit, Iuliani, primâ verò Maii, Luit-

Luitprandi testimoniis. Quæ formarum diversitates eiusdem officinæ instrumentis passim datâ operâ sunt impressæ, ut fictionis suspicionem inter se variantia quodammodo dispellerent; nisi dicas mendacem sui immemorem, quod non oportuit, alio & alio loco diversa & contraria posuisse.

123. Item apud Iulianum habemus de Artuagi scriptis quicquam aliud, neque illud pauci dummodo non illudamur habendum. *In collectione* etenim *variorum carminum* ad calcem monstrosorum operum posita, *nunc vero* (ait) *post hæc carmina sequuntur quædam epistolæ, quarum prior est Artuagi monachi Gothi ad D. Isidorum, quæ sic incipit: Reverendissimo domino Isidoro* &c. nec ultrà aliquid. Quid autem rei sit detruncatum hoc loco Iulianum apparuisse, ac subductam oculis promissam epistolam, indagâsse mihi videor. Toletanus horum omnium artifex audierat (seu, uti suspicor, quod Hieronymum Romanum Augustinianum in historia huius ordinis legerat) Salmanticæ in Eremitarum bibliotheca quandam asservari epistolam ad Isidorum Hispalensem directam, huiusque Artuagi nomine inscriptam, cum isto initio sive nuncupatione: cuius rei notitiam hucusque sibi datam, Iuliano suo, cùm domi formaretur, annuntiandam aliis commisit, cùm tenorem epistolæ ipsius quo carebat non posset. Notam confirmandæ huic suspicioni adiungam Hieronymi Higueræ, quem semper intelligimus quum Toletanum inventorem taxamus. Lumen is quasi daturus pseudo-scriptorum suorum mysteriis, Luitprando breviores notulas infixit: quarum una ad huius auctoris verba ista ad annum DCXVI. *Extruso per vim Isidoro Episcopo Hispalensi, viro doctissimo sanctissimoque, Gordianus in Sede Hispalensi per vim intruditur. S. Isidorus Malacæ exsulat. Papa Deus-dedit scribit epistolam ad Gordianum intrusum.* Ita habet, unà cum aliis D. Laurentii Ramiresii Pratensis, in Antuerpiensi Luitprandi operum editione: *Ex epistola Deus-dedit Gordiano Hispalensi. Hoc manifestè patet ex libris epistolarum summorum Pontificum Romæ impressis; nec mirum aliqua tacuisse Scriptores, quæ in dies magis tempus retegit. Idque confirmatur ex epistola Gothica* MS. *quam habent Patres Augustiniani Salmanticenses Artuagi Gothi Toletani monachi Augustiniani ad eundem Isidorum. Id credo factum per vim factiosorum Arianorum, & restituitur anno sequenti operâ & potentiâ Regis Sisebuti. Credo durâsse in exsilio paucuIos quosdam menses, post verò restitutum.* Hucusque Higueræ ad Luitprandum nota.

124. Ex qua deducitur non ignotum sibi olim esse hanc epistolam Salmanticæ penes Augustinianos exstare dici, deque Gordiano intruso ad Isidorum exsulem verba facere: non tamen totam illam se vidisse aut exemplum eiusdem adeptum se esse ait: quo cùm careret ille, minimè potuit per Iulianum suum aliis communicare. Res autem ipsa docet neque ad Gordianum Hispalensem Episcopum directam illam Papæ Deus-dedit epistolam fuisse; neque Artuagi alteram, quâ hìc asseritur Gordiani Episcopatus & Isidori expulsio, ullam fidem mereri. Notabimus quidem nos in S. Isidori mentione lib. 5. cap. 3. Gordiani hunc Episcopatum Isidoro in exsilium abeunte sub catholico Rege Sisebuto, absonum vero prorsus esse: neque aliquo alio quàm huius epistolæ Deus-dedit Papæ argumento fictionem inniti, quam (ut semper solent absque ullo examine Toletani alii pseudo-historici) gestiens amplexus fuit Luitprandus. Hanc autem epistolam, quantumvis *Gordiano Hispalensi* apud Gratianum, qui eâ utitur cap. 1. causa 30. quæst. 1. Decreti legatur inscripta: *Hispaniarum* aliàs, vel *Hispaniensi* præ se ferre, tum in Anselmi ac Burchardi Decretis, tum in fragmento epistolæ quod est in collectione Conciliorum, iam annotatum voluere ii qui notulas ad laudatum Decretum Gratiani post eius emendationem composuerunt [n]. Et hac lectione usi narraverunt factum alii [o].

125. Planè tenor huius epistolæ vix stat cum perpetua Ecclesiæ totius persuasione, facto coniugum dissolvi matrimonium neutiquam posse; cùm hìc sancitum legatur, eorum qui susceperunt proprios filios in baptismate non tantùm separari coniugium debere (propter cognationem spiritualem contractam), sed post annum restituta dote virum aliam feminam ducere, uxoremque alii viro nubere posse. Qua è difficultate malè se expediunt veteres huius libri declaratores, Hugo & Ioannes Turrecremata, & è novioribus Basilius Pontius Legionensis lib. 7. *De matrimonio* cap. 40. ex num. 8. Garibaius autem nuper laudatus alio prorsus sensu, cùm legitimo non ausus fuisset, parum aptè donavit epistolam dicto loco.

126. Aliis placuit cum Alexandro secare gladio nodum hunc Gordianum glossemate reiecto, ut Baronius ad annum DCXVII. negans hoc ultimum in Gratiano reperiri. Sed ne haud necessariis nos misceamus, enervando argumento, quod ex epistola Deus-dedit ad adstruendum sit Gordiani (S. Isidoro repulso) Episcopa-

[n] De fide huius epistolæ disseruimus in *Collect. maxim. Concil. Hisp.* tomo 2. pag. 461. ubi ostendimus supposititiam esse, aut saltem vitiatam. CARDINAL. DE AGUIRRE.

[o] Garibaius lib. 8. cap. 28. Spondanus in *epit. Baronii* anno DCXVII.

patum Hispalensem: satis superque virium suppeditat inscriptionis epistolæ incertitudo; cùm alii esse potuerint per id tempus Hispaniarum, sive Hispanienses, Gordiani nomine præsules; ac Pseudo-Luitprandus nullius momenti Scriptor sit, huic soli ut id credamus. Fato enim contigisse, ut regnante Sisebuto optimo Gothorum Rege vir Ecclesiæ nostræ primas, intruso per vim alio, Sedis suæ exsilium pati coactus fuerit; intrusoque summus Pontifex tam humanè, *fratrisque carissimi* appellatione donato, rescripserit, fidem omnem excedit.

127. Unde pronum est suspicari, immo & absque hæsitatione ulla credere, alteram Artuagi epistolam, quâ consolatus dicitur is in exsilii sui calamitate S. Isidorum, supposititiam & falsam esse nulliusque auctoris, nedum Artuagi. Verus enim si uspiam fuisset Artuagus atque eius sanctitatis homo, Hispalensi magno antistiti atque item S. Ildephonso Toletano æqualis, Toleti degens ipse & scribens: quî potuit non inter Scriptores ab eodem S. Isidoro laudari, apud quem Maximus Cæsaraugustanus Episcopus propter unam *Gothorum* conscriptam *historiam* locum sortitus fuit; aut saltem ab Ildephonso qui prætermissos ab Isidoro collegit ætatis suæ viros illustres, & postquam decesserat Artuagus ipse diem suum obiit? Sed aiunt laudari hunc, si minus ab antiquis quorum testimoniis nos deferimus, saltem ab Augustinianis Scriptoribus, qui postquam confirmatus fuit Eremitarum ex diversis congregationibus coagmentatus ordo, de rebus suis & illustribus viris commentati sunt: in quibus inter alios numeratur Iordanus à Saxonia dictus sæculi XIV. in libro *Vitæ Patrum* inscripto, ac Romæ anno MDLXXXVII. edito. Hunc testem appellat Bivarius [p], *Iordanum Saxoferratensem* perperam pro *de Saxonia* vocatum; non tamen quòd hunc auctorem, cuius ne quidem patrium cognomen habebat notum, viderit; sed ex Hieronymi Romani Augustiniani Chronico huius sui ordinis, quod MS. reliquit. Falsò autem dicitur à Iordano Artuagum alicubi laudatum. Quicquid enim is de antiquo ordine usque ad unionem scriptum posteris dedit, exhibuit in Chronico suo Augustiniani eiusdem ordinis [q] Iosephus Pamphilus: qui & ipse observationes quasdam adiècit [r]. Nulla autem apud eos mentio de illo fit.

128. Ambrosium Coriolanum, huiusmet religiosæ familiæ generalem præfectum, qui *De viris eius illustribus* librum scripsit, alterum Artuagi assertorem ex eodem Romano appellat Bivarius. Quem cùm nos sub oculis non habeamus auctorem (esto ille, & qui nostrâ & parentum ætate Augustinianas res literis tradiderunt Artuago suffragentur, quos significâsse Ambrosius Morales voluit, dum ex *Augustinianis Chronicis* huius memoriam se ait excerpere): noviorum sanè positio hæc, nullis munita veterum testimoniis, imbecillior est quàm ut rem ante mille annos gestam fuisse sanis hominibus persuadere possit.

[p] In *Notis* ad *Maximi Chronic.* ann. DLXII. n. 8. pag. 490.

[q] Rom. edit. MDLXXXI. fol. 25. & 26.

[r] Fol. 27.

BIBLIOTHECÆ VETERIS HISPANÆ

LIBER QUINTUS.

DE SCRIPTORIBUS SÆCULI SEPTIMI.

CAPUT PRIMUM.

De FULGENTIO *Astigitano præsule, SS. Leandri & Isidori germano fratre. S. Leandri verba de eo obscura exponuntur. Nihil compertum de Fulgentii Episcopatu Carthaginensi. Confundi solere hunc cum Fulgentio Carthaginensi, Episcopo Ruspensi. Huius, non Fulgentii nostri, mentionem fieri in Concilio Toletano XV. adversus Pseudo-Iulianum, & in Hispalensi II. Pseudo-Maximi de Fulgentio nugæ. Hispalis non inverosimiliter Fulgentii patria. Breviaria tantùm Hispana de scriptis eius agere, non Scriptorum laudatores. Breviariis non facilè credi debere, quæ in Fulgentio plura absurda continent. Cuiusnam fuerit è Fulgentiis liber* De incarnatione ad Scarilam. *Alia opuscula nostro adscribere recentiores.* Mythologicum opus *utrum horum habeat auctorem, an nullum. A Bivario inadvertenter dictum caruisse Ruspensem græcis literis. Iudicium Eruditorum de hoc opere. Epitaphio cuidam SS. Leandri, Isidori, ac Florentinæ insertam fuisse à Pseudo-Iuliano mentionem S. Fulgentii ostenditur. De* CONANTIO *Palentino antistite, & qualia eius opera.* Melos, melodus, melodæ, *&* melodima *quid?* Psalmi *nova significatio.*

In Conciliaribus huius ineuntis sæculi conventibus, quod ab anno DC. usque ad DCC. pertinet, sanctitate morum ac doctrina conspicui plures Ecclesiarum præsules, totidem veluti super candelabrum ardentissimæ ac fulgentissimæ faces emicuere: Isidorus nempe Hispalensis, Fulgentius eius germanus frater Astigitanæ, Conantius Palentinæ, Maximus Cæsaraugustanæ, Pontifices (1). At quòd Isidorus ceteris supervixit, præmittemus ei fratrem Fulgentium natu maiorem, deinde Conantium, & Maximum.

2. FULGENTIUS, Leandri, Isidori, Theodoræ Reginæ Gothorum, & Florentinæ sacræ Deo virginis frater, Severiani Carthaginensis provinciæ Ducis ex Turtura, seu Turture filius, de quorum stirpe satis multa in Leandri mentione dicta sunt. Astigitanus fuit Episcopus ante annum DCX. saltem creatus, quo anno Synodo Toletanæ sub Gundemaro Rege ad confirmandum huius decretum habitæ, decimo tertio loco; deinde Hispalensi secundæ celebratæ anno huius sæculi XIX. quarto loco subscripsit: in cuius secundo capite de controversia inter eum & Cordubensem Episcopum agitur. Hucusque Fulgentii ex sacris istis monumentis procuditur mentio. Persuasio quidem vetus iam est urbis & Ecclesiæ Carthaginensis translatum eò ex Astigitana Sede nonnunquam fuisse; immo & adiungit aliquis rediisse tandem ad veteris sponsæ thalamum relicta Carthagine. Nos quicquid veteris ævi documenta de Fulgentio nostro continent uti certa proferemus; ceteroqui non facilè admittentes omnia passim, quæ absque his ore dumtaxat feruntur hominum, tandemque falsa & supposititia palam arguentes.

3. Sanctorum Leandri & Isidori fratrem Fulgentium fuisse, non solùm ex Braulionis Cæsaraugustani Episcopi vita, seu elogio Isidori, quo ait huius duos *officiorum* libros *ad germanum suum Fulgen-*

(1) Item Aurasius Toletanus, cuius Epistolæ *Frogani* cuidam inscriptæ exemplum exstat in Bibliotheca

gentium Astigitanum Episcopum fuisse ab eo directos; sed ex Leandro ipso constat in Florentinæ sorori scripta regula, quæ manibus omnium teritur. Exsulaverant nempe olim cum communibus parentibus è loco in locum translati uterque, Florentina & Leander. Monet ergo hic sororem ne de reditu in patriam, unde eam olim Deus eiecerat, cogitet: quod de tempore illo quo sedatus iam fuerat ab Arianis timor intelligo: matremque in exemplum ei adducit, quæ visuram se nunquam eam patriam esse unde causâ salutis exierat, sæpius obtestari solitam ait: *Tu quæso* (infert) *cave soror Florentina quod mater timuit, & malum quod illa experta fugit, tu prudenter evita.* Ac statim de Fulgentio subiungit: *Miserum me! doleo, qui ibidem communem fratrem transmisi Fulgentium, cuius periculi iugi formidine pertimesco. Tutior tamen erit, si tu securior & absens pro illo oraveris.* Fateor me in huius exsilii causis & historia plurimum semper hæsisse. Innuit quippe sanctus vir Leander capite isto *Regulæ* ultimo, matrem inde, unde exsul abiit, causâ salutis exiisse, in peregrinationeque Deum agnovisse. An quæ Arianæ sectæ olim adhæserat in calamitate exsilii errorem suum detestata est? Vix affirmare audeam hoc solo motus, quod ad pietatis maiorem quàm priùs habuisset sensum non absurdè referas, testimonio.

4. Quale autem id exsilium fuerit, & à quo in quem locum, vix certò dicitur. Carthagine Spartaria cui Severianus Dux veluti limitaneus præerat, expulsos utrumque coniugem cum filiis Leandro & Florentina (de aliis non temerè affirmaverim) aliò se contulisse vulgaris fama est. Urbis relictæ calamitatem describit idem Leander, deploratque his verbis: *Ego tamen expertus loquor sic perdidisse statum & speciem illam patriam, ut nec liber quisquam in ea superfit; nec terra ipsa solita sit ubertate fœcunda; & non sine Dei iudicio. Terra enim, cui cives erepti sunt, & concessi extraneo, mox ut dignitatem perdidit, caruit & fœcunditate.* Franciscus certè Bivarius, si demas quæ is è suppositititiis adstruere pergit auctoribus, de hac exsilii re ceteris luculentiùs egisse mihi videtur; sed non undique dum rei obscuræ lux ab eo immissa.

5. Nec procul specie veri est, Leandri enuntiatum hoc de Fulgentii reditu in patriam (Carthaginensem scilicet urbem) occasionem dedisse, ut Episcopus eiusdem fuisse urbis, quæ excisa tunc temporis ac sine Episcopo erat uti alibi diximus [s], crederetur. Cuius moris transeundi Episcopos in aliam ex alia Ecclesia non multa eo tempore apud nos exempla ostendi possunt. Quare civi potiùs quàm præsuli cultum ei datum Carthagine affirmantibus non habent valida, quæ opponant, argumenta Carthaginensis pontificatus assertores [t]. Quibus tamen secundare Pseudo-Maximus [u] volens, Fulgentium admisit utrobique sacris præfuisse; non tamen ex Astigitana in Carthaginensem, sed è converso è Carthaginensi in Astigitanam transferri se permisisse. Id ipsum confirmare videtur [x] alibi Pseudo-Iulianus [y], alibi negare.

6. Sed quia & mendacium famæ instar vires acquirit eundo, Pseudo-Luitprandi Adversario quodam [z] intimatur credulis S. Fulgentium bis fuisse Episcopum Carthaginensem [a]. *S. Fulgentius bis fuit Episcopus, Carthaginensis primò, inde Astigim translatus, & postremò Carthagine, ubi paucos annos vixit, videlicet in Episcopatu.* Quamquam enim Delio natatore opus sit ad expiscandum plani sensum: perspicuò tamen affirmat, postquam Carthagine functus esset Episcopi munere, Astigitanæ Ecclesiæ, tandemque iterum Carthaginensi præfuisse. Confirmavit Pseudo-Iulianus de Liciniano loquens Adversario 563. *Præcessit in Sede Dominicum, & Fulgentium bis Episcopum Carthaginis.* Quæ somnia sunt hominum Fabulino deo litantium, controversiisque seu differentiis inter noviores natis conciliationis lumen inferre gestientium. Sunt enim è nostris qui [b] Astigitanum priùs, Carthaginensem deinde Episcopum; sunt & qui [c] ordine inverso fuisse aiunt.

7. Nata etiam fortasse est persuasio hæc de Fulgentii Episcopatu Carthaginensi, occasione alterius Fulgentii Ruspensis in Afri-

ea Toletana *T. I. Collectionis MS. Monumentor.* Cl. Ioannis Bapt. Perezii pag. 62. hoc initio: *Aurasius Episcopus Frogani. Cognosce te, propter quod Ecclesiam Dei non solum verberasti &c.* Est autem acris in Froganem invectiva, quòd deserto Christianorum dogmate ad Hebræorum partes transierit, Toletique, ut videtur, Synagogam eius gentis erexerit: ob quod flagitium eum ἀφορίζει anathematizatque ac diris devovet. Exstat huius Froganis seu Froyanis memoria in Epistola Taionis Cæsaraugustani ad Quiricum Barcinonensem apud Mabillonium in *Analectis pag.* 62. & ap. Cl. Riscum T. XXXI. p. 171. *Vixit Aurasius in Sacerdotio* (ait Ildefonsus De Script. Eccl cap. V.) *temporibus Witerici, Gundemari, & exordiis Sisebuti Regum.* At eidem Ildefonso, Aurasius *post Adelphium in Toletanum Sacerdotium adscitus* dicitur; Æmilianensis autem Catalogus post Conantium eum recenset hoc ordine: *Exuperius, Adelphius, Conantius, Aurasius, Helladius* &c. Vid. Io. Alb Fabric. Biblioth. Eccl. *Not. ad Ildef. de Script. Eccl. cap.* 5.

[s] In *censura Dextri*, dum de Toletanis Episcopis, & in his Pentadio, ageremus.

[t] Primus Cabilon. in *Topogr.* verbo *Carthago nova.* Ab eoque Maurolycus 1. Ianuarii. L. Marinæus *De præconiis Hisp.* lib. 6. Padilla *De los SS. de España* fol. 24. Tarafa *De rebus Hisp. in Liuba* 2. Garibaius lib. 3. *Comp. Histor. Hisp.* cap. 20. Franc. Padilla tom. 2. *Hist. Eclesiast. de España* centur. 7. cap. 13. Vasæus in *Chron.* ann. DXCI. Breviaria, de quibus postea, & Dominicanum.

[u] Ad ann. DXCII. & ad annum. DC. n. 2.

[x] In *Chron.* num. 316.

[y] Num. 319.

[z] 240. aliàs 214.

[a] Aliàs *S. Fulgentius bis fuit Episcopus Carthaginensis, inde translatus Astigim, & postremò Carthaginem: ubi paucos annos, duos videlicet, vixit in hoc Episcopatu.* Ita in editione Ramireziana. Quæ autem textui inseruimus, è Thomæ Tamaii sunt.

[b] Vasæus ubi proximè, Laur. de Padilla iam laudatus: Maurolycus, Breviaria quædam apud Roam proximè laudandum, & Bivar. ad Maxim. 492.

[c] Roa lib. 2. *De Ecija y sus Santos* cap. 5. fol. 92.

Africa Episcopi [d]. Gente hoc est avorum origine Afer, hic Carthaginensis, natus tamen ipse Lepti Byzacenæ provinciæ metropoli. Hunc alicubi Carthaginensem nuncupatum offendentes ignari antiquitatis homines facili lapsu ex Africana in Hispanam Carthaginem, éque patria seu originis loco in gestum præsulis munus, éque Fulgentio Carthaginis Africæ cive in Fulgentium Carthaginis Hispanæ Episcopum excidere potuere. Mirum enim de Fulgentio utroque quàm passim iactentur quæ falsissima sunt. Equilinus Episcopus Fulgentium Ruspensem ait [e] *in civitate Toleto in Hispania* natum: quem Maurolycus sequitur [f], de quo nos alibi. Ambrosius Morales, diligentissimus aliàs historicus, eum qui Ruspensis tantùm Ecclesiæ fuit Episcopus, credidit [g] & Carthaginensi Ecclesiæ præfuisse [h]. In Fulgentio quoque Astigitano non facilè dixerim quidnam deceperit Alphonsum à Carthagine Burgensem Episcopum, ut in *Anacephalæosi* post agnitum eius Astigitanum Episcopatum, Tingitanum quoque in Africa, *illius civitatis quam hodie* (ait) *Tanger vocant* postea tribuerit [i].

8. Eiusdem imprudentiæ est de Fulgentio nostro interpretari mentionem (quod enixè quidam contendunt ex nostris) apud Toletanum xv. Concilium factam his verbis [k]: *Tertium sanè, quartumque capitulum* (epistolæ scilicet Benedicti Papæ II. de Iuliani Toletani præsulis, qui huic præerat Concilio, libro *De tribus substantiis* ad eundem misso, de quo agit Rodericus Toletanus lib. 3. cap. 13.) *contuentes, non solùm sensum, sed & ipsa penè verba ex libris beatorum Ambrosii atque Fulgentii nos prælibâsse monstravimus, quibus ea prædictos viros dogmatizâsse scimus. Quos quia celebres in toto orbe doctores feriata Ecclesiarum Dei vota percensent: non illis est succensendum, sed potiùs succumbendum; quia omne quod contra illos sapitur, à rectæ Fidei regula abhorrere sentitur.* Ignoramus quidnam hæc duo continuerint capitula. Quare nec dignoscere possumus quænam hìc Ambrosii & Fulgentii Ruspensis testimonia significentur. Hic autem Fulgentius unà cum Ambrosio laudatus, absque dubio Fulgentius est Ruspensis, quantumvis Pseudo-Iulianus noviorum errori velificatus testimonium suum his exhibeat [l]: cui Martinus de Roa pro Astigitanis sanctitate claris agens viris sine delectu credidit [m]. Uterque enim æquo iure *celebres in toto orbe doctores* audire meruere. Nam & eiusdem Fulgentii Ruspensis, nomine tenus, cum eadem ferè laude meminit [n] Concilium Hispalense secundum, S. Isidori ut creditur his verbis qui ei præfuit: *Sanctus quoque Fulgentius* (ait) *in libro, quem* De incarnatione Domini *nostri Iesu Christi scripsit, inter alia sic intulit: Dico itaque vobis* &c. Quæ verba sunt ex cap. 2. operis eius *De incarnatione & gratia* desumta. Nisi ad nostrum Astigitanum vel etiam hoc testimonium pertinere velint, qui huic ipsi Concilio interfuit. Nam & huic inscriptum *De incarnatione* librum in quodam Cordubensis Ecclesiæ codice extare Moralius scriptum reliquit [o]. Quo viso idem confirmavit Pseudo-Iulianus Advers. 562. ut infrà dicemus.

9. Conspirat silentium de Fulgentii huius nostri scriptis, quæ ipsa sunt, quibus doctoris celebris nomen quæritur apud Isidorum, Ildephonsum, Honorium, Sigebertum, ac veterum reliquos: qui non tacuissent, si tantus doctor audire meruerit. Antiqui ferè omnes chronologi Hermannus Contractus [p], Lambertus Schafnaburgensis [q], Marianus Scotus [r], Sigebertus iterum in Chronico, Hugo Floriacensis [s], martyrologi omnes [t] Ruspensis meminere; nullus verò eorum nostri. Hæc de his quæ de utroque Fulgentio perperam iactantur. Cùm itaque Fulgentius Hispanus non alio quàm Astigitani Episcopi appelletur ubique nomine [u]: vero est similius huius solius Ecclesiæ præsulem fuisse.

10. Quædam alia de Fulgentio apud Pseudo-Maximum legas, utpote Hispali fuisse parentibus in exsilio natum [x], ibique presbyter cùm esset, postulatum coadiutorem à Dominico Carthaginensi Episcopo, ea dignitate auctum à Reccaredo Rege [y]: Astigitanum deinde factum præsulem ut seditio exorta in ea urbe sedaretur: quæ omnia non maiorem fidem quàm auctor eorum habent. De quo quum ad Maximi censuram deveniemus plura suppeditabit amplum hoc argumentum. De Dominico autem Episcopo, cui successor fingitur S. Fulgentius in Sede Carthaginis, etiam per hoc tempus conficta, Pseudo-Maximi lapsum ex Onuphrio Panvinio malè intellecto suprà ostendimus, cùm de Liciniano Carthaginensi ageremus, lib. 4. cap. 2.

11. Ne tamen Hispalensis meæ urbis gloriæ incuriosus audiam, estne unde sibi hunc civem Hispalenses arrogent? Maximus quidem fragmenti nostri hæc habet ad annum DLIV. *Fulgentius Hispali nascitur.* Vulgaris autem hæc ad annum DLIX. *Fulgentius nascitur Hispali patri exsuli in ea urbe excissa Carthagine.* Nec abludit à vero; siquidem Hispalim designatum exsilii locum Severiano, aut saltem aliunde su-

[d] Ita credidit Morales lib. 12. cap. 5.

[e] Lib. 2. *Catalogi Sanctor.* cap. 32.

[f] 1. die Ianuar.

[g] Lib. 12. c. 5.

[h] Quem errantem secutus est Anton. Quintanadueñas in *S. Hispalensibus* apud auctores *De Actis SS.* die xv. Ianuar. ipse tamen VIII. Ianuar.

[i] Idem error est auctoris *Valerii historiarum* lib. 4. tit. 4. cap. 7. & Roderici Sancii par. 2. *Hist. Hisp.* cap. 19.

[k] In edit. Loaisæ pag. 671.

[l] Num. 310.

[m] Santos de Ecija lib. 2. cap. 5. fol. 91.

[n] Can. XIII. pag. in edit. Loaisæ 320.

[o] Lib. 12. c. 5.

[p] Ann. DIV.

[q] In *Anastasio.*

[r] Ann. DXIII.

[s] In *Zenone.*

[t] 1. Ianuar.

[u] Ita in Conciliis, ut apud Braulionem, ubi suprà, Roder. Toletanum lib. 2. cap. 2. cap. 14. Lucam Tudensem erâ DCX. Marianam lib. 6. cap. 1. Sandovalium *Traduccion de la Regla de S. Leandro.* Alph. à Carthagine in *Anacephal.* c. 26.

[x] Post ann. DLVI.

[y] Ann. DXCI.

fugatum eò se recepisse fama est: quam Leandri & Isidori ea in urbe contingens pontificatus quodammodo iuxta morem veterem confirmare videntur, quo assumebantur è clero aut claustris propriis Ecclesiarum Episcopi. Reclamat autem Hispalis huic honori Carthago nova, carmine S. Ildephonsi quodam producto in S. Fulgentii laudem, unde sunt hi versus:

Fulgenti, nova Carthago quem reddidit auris,

Teque nimis felix postmodum patre fuit.

Sed merces hæ sunt supposititiæ è Iuliani ficulnei penu in ea *collectione carminum* [z], quam Fuldam se misisse in prologo ait, ex libro Gothico membranaceo transcriptorum productæ.

12. Resistitque Carthaginensibus Fulgentii natalibus Leander frater in fine *Regulæ*, dum Florentinam utriusque sororem ait ea ætate abstractam fuisse à patria scilicet Carthagine, ut quamvis ibidem nata fuerit recordari eius haud posset. Natu autem eam Fulgentio maiorem vulgus auctorum credit. Nec negabunt qui ficulneos auctores ore semper & corde gerunt. Pseudo-Maximus enim ait in meo fragmento [a]: *Severianus excisa iterum Carthagine nova, eiusque agro vastato, Hispalim in exsilium mittitur, antè natâ Florentinâ filiâ.* Quæ quidem in vulgari Maximo desunt. At Pseudo-Iulianus non omisit ortum S. Florentinæ anno DXLV. adsignare in Chron. num. 264. sicut & Pseudo-Maximus Fulgentii natales anno DLIX. adscripsit, hoc est XIV. annis iuniorem eum sorore docentes. Infirma tamen omnia hæc sunt, quæ non solida auctoritatis basi nituntur.

13. Fulgentii obitum post annum DCXIX. necessariò ponimus, quo Hispalensi Concilio interfuit, & ante DCXXIII. quo subscriptus legitur Toletano IV. Abentius Astigitanus. Planè ex octo Episcopis quibus Hispalensis provincialis Synodus constitit, duo tantùm superstites erant quum nationalis hæc Toletana coacta fuit, nempe Isidorus Hispalensis qui utrique præfuit, Fidentiusque Tuccitanus. Certè in hoc patrum sexaginta duorum cœtu Abentius tricesimum octavum obtinuit locum: unde fit, non recèns sed ante plures annos ordinatum fuisse Episcopum, qui viginti quatuor alios post se creatos præcederet. Obloquantur licèt ii qui ab Astigitano Fulgentium repedâsse in Carthaginensem pontificatum Pseudo-Luitprando credunt, nos quidem in Ecclesia hac Astigitana dissertam successoris Fulgentii mentionem; Ecclesiæ verò aut Episcopi Carthaginensis sive Fulgentii sive alterius, nullam legimus. Breviaria Ecclesiarum quarumdam Hispaniæ [b] LXVI. annis vixisse eum affirmant.

14. Iisdem Breviariis tantùm [c] (quod mirère) acceptam Fulgentii multiplicis eruditionis peritiæque linguarum, atque item quorumdam eius operum notitiam ferimus. Quo nimirum capite ad bibliothecam is pertinet [d]. Breviarium Palentinum ita habet: *Peritus namque in græco, hebræo, arabico, syro, latinoque sermone*, &c. Ita & Salmantinum, & Hispalense, quod Martinus de Roa in *Astigis urbis & Sanctorum Astigitanorum historia* [e] sese vidisse affirmat, laudatque Bivarius. Hæc utique Breviaria χῶμα suum Pseudo-Maximo expedivere, apud quem legitur: *Linguarum græcæ, syriæ, hebraicæ, arabicæ, latinæque peritissimus Fulgentius habetur*, in vulgari editione, non in meo fragmento. His iisdem Breviariis fidem præstiterunt ex nostris historicis plurimi [f]; atque item in eo quod adiungunt de scriptis ab eo libris: *Fecit expositiones luculentissimas in sacra Evangelia, in Isaiam, & duodecim Prophetas, in Genesin, & Pentateuchum; ac Regum mysteria subtiliter tractavit*: ut legitur in iisdem Palentino Salmantinoque Breviariis.

15. At iure quidem optimo Franciscus Bivarius, necnon & Ioannes Bollandus in *Actis sanctorum* tom. I. die XV. Ianuarii mirantur hunc tantum eruditionis, doctrinæque sacræ ac tot editarum lucubrationum in sacra Biblia merito virum, silentio fuisse damnatum ab Scriptorum Ecclesiasticorum omnibus encomiastis; nec ab Isidoro tantùm fratre natu minore qui Fulgentio tot annis supervixit, & in catalogo Leandro fratri neutiquam subduxit laudis munus, viventemque adhuc Maximum Cæsaraugustanum, fortasseque Ioannem Biclarensem commendavit; sed nec ab Ildephonso, Isidori & aliorum præcipuè Hispanorum succenturiato antiquioribus Eusebio, Gennadio, atque huic eidem Isidoro celebratori; neque tandem ab Anonymo, qui tredecim aliorum appendicem adiunxit (si tamen hic alius ab Isidoro est, de quo in Isidoro) ut omittamus ceteros non huius temporis Scriptorum collectores [g].

16. Ea certè mihi hoc in silentio crux figitur, ut non verear de relatione Breviariorum dubitare, qui quidem fontes sunt è quibus historici recentiores biberunt. Solemnis quidem recitatio harum historiarum in Ecclesiis aut foris, admissioque in Ecclesiasticos libros, non eatenus quicquid continent vero mancipant; quin sæpissimè incerta immo & falsa quædam ab

[z] In edit. Iuliani Petri Matritensi pag. 151.

[a] Ann. DLIII.

[b] Palentinum & Salmanticense à Bivario laudata *ad Maximum* p. 452. & aliud Hispalense à Roa in *Astigi* sua lib. 2. c. 5. fol. 96. & 97.

[c] Iunge superioribus Seguntinum, quod laudat Morales lib. 12. cap. 5.

[d] A Bivario adductum pag. 452. *ad Maximum.*

[e] Lib. 2. cap. 5. fol. 92.

[f] Marinæus Siculus *De laudib. Hisp.* lib. 6. Vasæus ann. DXCI.

[g] Trithemium, Bellarminum, Gesnerum, Labbeum.

absurdaque in iis legantur. Quem insigniter ac ut viros probos iudicioque subacto utentes decuit locum pertractârunt, Ludovicus Vives [h], Melchior Canus [i], Papirius Massonus [k], Ambrosius Morales [l], aliique huius commatis. Nec extra has ipsas nostrorum Breviariorum de Fulgentio lectiones quærendæ sunt suspicionis adversus easdem causæ, cùm falsissimum id quidem eò admissum fateri oporteat [m], Leandrum nempe Fulgentio fratri morienti adstitisse; cùm diu post decessum Leandri unà cum Isidoro altero fratre atque eiusdem Leandri successore, Fulgentius Conciliis duobus Hispalensi Toletanoque uti diximus interfuerit [n].

17. Nec item vero videtur simile Braulionem (alii Laurum [o] vocant) è Cæsaraugusta quod ibidem annotatur Episcopum, ad Carthaginem usque Spartariam ab eodem morti se præparante invitatum venisse. Immo neque Braulio Episcopus erat Cæsaraugustanus, cùm Fulgentius circa annum DCXX. ut ibi quoque notatur, decederet. Hic enim, Ildephonso teste, *duravit in regimine* Ecclesiæ suæ *temporibus Sisenandi* (qui anno DCXXXI. regnare cœpit) *Cinthilæ, Tulganis, & Cindasvinthi Regum.* Falsissimum quoque est vixisse, hoc est floruisse Fulgentium Iustiniani tempore [p]. Is enim, si de primo huius nominis quærimus, obiit anno DLXVI. Secundus autem, *Rhinotmetus* dictus, non ante DCLXXXV. Constantino Pogonato successit. Quid tandem de linguæ arabicæ notitia Fulgentio tributa dicemus, quæ nullis forsan à libris eo tempore, sed ex commercio tantùm gentis quâcum nullum habuit addisci potuit? Breviarium ordinis Dominicani habet Reccaredum Regem interfuisse Fulgentii exsequiis, qui Reccaredus multis antè annis obierat. Non ergo iniurii erimus Ecclesiarum traditioni, si non statim, tot inter lapsus, referentem de Fulgentii operibus lectionum auctorem recto talo incessisse credimus.

18. In Cordubensis verò Ecclesiæ bibliotheca plusquam quingentorum annorum codex librum Fulgentii nostri *De Fide Incarnationis Dominicæ*, ac de aliis quæstionibus sibi à Scarila quodam propositis conservari dicitur [q]. Ambrosius Morales primus rei auctor est, qui cùm Cordubensis patriâ esset virque in paucis ingenuus & verax, firmum quidem & quantum potis est grave pro inscriptione libri testimonium perhibet. Quid autem si ea non recta sit? Potuit enim Scriptor alterum pro altero Fulgentium capere, abiudicareque germano parenti opus; cùm verè id iam ediderit tamquam Fulgentii Ruspensis Guillielmus Camerarius, & Scotus cum aliis veterum Patrum monumentis apud Sebastianum Huré in 12. cum præmissa epistola operis præambula sic inscripta: *S. Fulgentii Ruspensis Episcopi responsio ad interrogationes Scarilæ de mysterio Incarnationis, & vilium animalculorum auctore.* Immo & Petrus Franciscus Chiffletius Iesuita editionis huius Camerarianæ inscius, tredecim ex eo tamquam inedita adhuc, nec minus existimato Ruspensi, fragmenta, simul cum aliis Fulgentii eiusdem è libris *adversus Fabianum*, Alcuini *confessione Fidei*, Rhabani Mauri libro *Adv. Iudæos*, & Anonymi commentariolo *De damnatione Berengarii*, Divione anno MDCLVI. in lucem edidit. Neque obest quòd non hic inter alios eius libros, cùm ab Isidoro, tum à Ferrando vitæ eius Scriptore laudetur. Plura enim Isidori notitiam fugisse testatur ipse his verbis: *Hæc tantùm ex pretiosis doctrinæ eius floribus carpsimus. Sors melior, cui delicias omnium librorum eius præstiterit Deus.* Ferrandus quoque: *Aliaque multa digessit* (ait) *quæ si quis scire voluerit, in eius monasterio veraciter scripta reperiet.*

19. Pseudo-Iuliani auctoritate quæ nulla est prudens nemo hîc utetur aientis [r] Carthagine Fulgentium nostrum scripsisse librum De Incarnatione, *dedicatum Scarilæ monacho Benedictino abbati S. Leocadiæ* (1).

In

[h] *De caus. corrupt. art.* lib. 2. & *De trad. discipl.* lib. 5.

[i] Lib. 11. cap. 6. *De locis theolog.*

[k] *Hist. calamit. Galliæ* 1. tomo *Historiæ Franciæ.*

[l] *In locis histor.* ante lib. 9. *Hist. Hisp.*

[m] Ita in Hispalensi Breviario referri docet Roa ubi suprà, & in transcribendo Palentino Bivarius agnovit. Quamvis enim Isidori nomen pro Leandri subrogâsset in textu, aliter editum esse annotavit in ora pag. 453. Notantque errorem uterque Roa & Bivar. item in Dominicano.

[n] Fulgentium obiisse ante Leandrum simili errore dixit Venerus in *Enchiridio.*

[o] Apud Moralem lib. 12. cap. 5.

[p] In eodem Palentino apud Bivarium, & in Dominicano.

[q] Morales dict. cap. 5. Roa dict. cap. 5. fol. 92. Bivarius pag. 655. Franc. Padilla dictâ cent. 7. cap. 13. Mariana lib. 6. cap. 1.

[r] Adv. 562.

(1) Tractatum *De Incarnationis mysterio ad interrogata Scárilæ* &c. non *Astigitani* sed *Ruspensis* Fulgentii esse, lippis iam tonsoribusque nedum Criticis notum est: ut mirer Marianam nostrum, acris si quis alias iudicii Historicum, inexplorato Ambrosii Moralii testimonio (qui eum olim Cordubæ in veteri D. annorum Codice *Astigitano* adscriptum se vidisse affirmaverat) eius Scriptoris fidem secutum, eodemque atque ille præiudicio abreptum. Samson Abbas Cordubensis sæculi IX. Scriptor in Apologetico pro se adversus Hostigesium *Lib. II. cap.* 22. *n.* 4. meminit *Fulgentii Ruspensis libellorum, quos ad Petrum & Scárilam destinavit.* Vidend. Cl. Florezius *Hisp. Sacr. T. X. in Fulgentio, pag.* 92. *num.* 65. Exstant quoque in Bibliotheca Escurialensi *Lit. L. Plut. III. n.* 15. *sub tit. Isidori Hispalensis: Sancti Fulgentii* Ruspensis *responsiones ad interrogata Scárilæ de mysterio Incarnationis Domini nostri Iesu Christi, ac de viliorum animalculorum creatione.* Gesneri Epitomator inter Fulgentii *Ruspensis* scripta recenset: *De mysterio Incarnationis librum unum.* Consonant Io. Alb. Fabricius *Bibl. med. & inf. T. II.* in Fulg. *Ruspensi:* Phil. Labbeus *T. II. De Script. Eccl.* & Bibliographi. De *Scárila* vero, quod Noster paulo inferius, *Benedictino Monacho Abbateque Sanctæ Leocadiæ* (*Toletanæ* scilicet), proindeque Hispano Scriptore atque in Hispanæ Bibliothecæ Scriptorum album, si Deo placet, referendo;

20. In monasterio etiam S. Salvatoris de Oña in Castella veteri exstare ait [s] Sandovalius Pampilonensis Episcopus Fulgentii *Expositionem in totum Psalterium* Gothicis characteribus exaratam. [t] Quod si vero constat, unde tanta iis monachis honesti & laudabilis incuria, qui latere hunc apud se thesaurum, cuiuscumque Fulgentii sit, hactenus toleravere?

21. Præterea Franciscus Bivarius ex diversis Ecclesiarum Breviariis sermones quinque se producere ait [u], ne pereant. Primus est *De sancto Stephano protomartyre* ex Breviario Salmantino, qui alius verè est, eodem licèt initio insurgat, à Ruspensis sermone de eodem protomartyre qui editus inter eius opera legitur. Secundus *De communi Apostolorum* ex Breviario Conchensi qui incipit: *Delectat tantorum*, &c. Sed hic, fragmentum est eius, qui Ruspensis nomen præsefert in editione huius operum. Tertius item *De communi Apostolorum* ex Salmantino & Palentino, incipit: *Apostolicæ dignitatis.* Quartus ex eodem Breviario Salmantino *De communi Confessorum*, incipit: *Catholicæ Ecclesiæ operarios.* Quintus in *Purificatione B. Virginis Mariæ*, incipit: *Si subtiliter à fidelibus.* Cuius principium tantùm Bivarius edidit, quoniam editus est in Laurentii Surii *Homiliario* sub Ambrosii Ausberti seu Autberti nomine à Sigeberto laudati [x]. *Conchense item Breviarium* (subiungit idem Bivarius) *in lectionibus festivitatis Purificationis beatissimæ Virginis lectione* IV. *elegans in eius laudem testimonium S. Fulgentii recenset his verbis:* Exsurgat in medio Doctorum egregius Fulgentius, & dicat: Quid autem putas, qualis enim fuerat, vel nunc sit ista persona, quæ sanctis omnibus proponitur imitanda. Hoc autem instruere fas est, quod anima eius & caro quam delegit & habitaculum sibi fecit sapientia Dei Patris, ab omni malitia & immunditia fuerit purissima, &c. *Quæ sanè verba* (infert ille) *cùm in operibus S. Fulgentii Ruspensis minimè reperiantur, tametsi & ipse de laudibus Mariæ ex partu Salvatoris sermonem habuerit: restat ut Carthaginensis nostri esse credatur, excerpta forsan ex libro* De Fide incarnationis D. N. IESU CHRISTI, *quem in bibliotheca Cordubensis Ecclesiæ Ms. servari diximus.*

22. Sed cùm hæc Bivarii collectio non multum urgeat, sermonesque hi omnes eodem stilo quo Fulgentii Ruspensis ii quos habemus concepti sint, de quo ad Criticorum iudicium provocare possum: nil video cur Breviaria, eo solùm quòd Fulgentium laudant Episcopum, sive Carthaginensem Episcopum lectionum earum auctorem, de Fulgentio nostro intelligenda sint; cùm Carthaginense hoc illius pontificium qui asserat nullus fide dignus ac vetus auctor appelletur. Ioannes enim, vulgò dictus *Primus*, Episcopus Cabilonensis primus rei auctor est, qui anno MCDL. opus suum *Topographiæ* scribebat ut in ea dicitur verbo *Cabalium.* Unde Breviaria nisi antiquiora sint desumere id potuere; atque è contrario Fulgentius Ruspensis, Carthaginensis quoque Episcopus falsò creditus nonnumquam fuerit, uti iam diximus.

23. Præterit quoque Fulgentii nomen opus *Mythologicum* sive *Mithologiarum* libri tres, de quorum auctore iam olim dubitatur. Fulgentium Ruspensem credidere Ioannes Trithemius [y], Lilius Gyraldus [z], Petrus Equilinus [a], Gesnerus [b], & antiquior his Sigebertus Gemblacensis [c], qui quidem hæc addit in laudem operis: *Hic certè omnis lector expavescere potest acumen ingenii eius, qui totam fabularum seriem secundum philosophiam expositarum transtulerit, vel ad rerum ordinem vel ad humanæ vitæ moralitatem.* Sed adversatur maior pars Eruditorum, credentes nihil iis libris contineri Theologo, nedum Fulgentio isto dignum: quod censent Ioannes Molanus [d] & Antonius Possevinus [e]. Iccircò

[s] In Hispana interpret. quam edidit, *Regulæ* S. Leandri.

[t] Expositionem hanc nuper nos per literas postulavimus ab illius monasterii Præfecto: quam si quando adepti fuerimus, animo hæret in lucem emittere, simul cum aliis ineditis opusculis apud nos exstantibus; si nobis facultatem præstiterit *ὁ ἀπαράβροντος θεός*. CARDINAL. DE AGUIRRE (1).

[u] Ad Maxim. pag. 655.

[x] *De Script.*

[y] *De Script.*

[z] Dial. 5. *De Poetis.*

[a] Lib. 1. *Catal.* 55. cap. 32.

[b] In *Bibliotheca.*

[c] *De Script.* cap. 28.

[d] In *præf.* ad edit. Plantin. *Oper. S. Fulgentii* §. 10.

[e] In *Apparatu.*

...dò: quis quæso risum teneat, aut potius contineat sese quin Pseudo-Iuliano subiratus ambas in eum buccas inflet? Atqui non desunt, hodieque, qui veterem hanc litem ad nostra usque tempora protractam velint, existimentque adhuc esse sub iudice. In Alcobacensis Monasterii MSS. Codd. Bibliotheca *Scárila* longe ante Pseudo-Iuliani tempora *Abbatis Sanctæ Leocadiæ* titulo mactus legitur. En eius Bibliothecæ Catalogi anno 1775. Olisipone editi verba pag. 89. *Codex CCVII. Membranaceus in fol. maximo scriptus Gothicis clarisque characteribus circa sæcul. XIII. à Fr. Duarte de Nazareth Monacho Alcobacensi fol.* 150. *Complectitur epistolam Scaritæ* (in Indicib. pagg. 198. & 113. *Scarilæ*) *Abbatis Sanctæ Leocadiæ ad B. Fulgentium* &c. At quo sponsore?

(1) Præstitit id quoque Cl. Florezius ab Oniensibus Monachis curiosè inquirens, extaretne in eorum Cœnobii Bibliotheca *Fulgentii Astigitani in Psalterium expositio?* Cui responsum fuit, ut Ipse (*Hisp. Sacr. Tom. X. pag.* 98. *seq. n.* 67.) affirmat, minime exstare; ac ne Codicem quidem in quo exstitisse ferebatur, neque eius inibi memoriam superesse ullam. Cardinalis autem Aguirrius, ut ex præmissa Nota elicitur, falsò sibi persuasisse videtur *Psalterii expositionem* qua de agimus à Fulgentio Astigitano conscriptam fuisse: quam, cum *ineditis aliis opusculis penes Ipsum exstantibus*, olim in publicum emittere sperabat. Fuerintne hæc autem ipsius etiam Fulgentii (quò nos quasi manuducit orationis filum), alteriusve, aut aliorum, prorsus non indicat.

cò Ioannes Cochlæus in principe Fulgentii operum Norimbergensi editione anni MDXIX. hoc opus non inclusit: quam, exceptis quibusdam, secutæ sunt ceteræ.

24. Fulgentio autem Astigitano Episcopo id tribuere non dedignantur nostri quidam Historici [f]. Et favet, quod vulgò inscribantur, ut Molanus ait [g], *Fulgentio Episcopo Carthaginensi* qualem credunt fuisse nostrum; item quòd in bibliotheca Medicea [h] simile huic opus, quod eiusdem auctoris esse existimatur uti mox dicemus, *Flavii Fulgentii expositio antiquorum sermonum* audiat: quod *Flavii* nomen ad originem nostri Fulgentii ut volunt regiam facile est applicare. Nec non & disertis verbis harum partium est Toletanæ figlinæ Maximus [i]. *Librum Mythologicum componit Fulgentius Episcopus Carthaginis Spartariæ.* Quod tamen deest in fragmento nostro. Considerat ad hæc Bivarius hìc versatus, tam græcum libri nomen quàm materiem eius indicare artificem *omnium linguarum*, *& consequenter græcarum fabularum peritissimum.* Neque enim ut noster Fulgentius, Afer ille literarum humaniorum (ait) studiis fuit delectatus. Parum quidem advertenter; cùm apud Ferrandum Ruspensis Vitæ auctorem legere potuisset hunc à matre græcis literis imbuendum in primis traditum; *& quamdiu totum simul Homerum memoriter reddidisset, Menandri quoque multa percurreret, nihil de latinis* permisisse *literis edoceri*; subiungitque, *quoties ei græcè loqui placebat* sic aptè verba eum proferre, *ut quasi quotidie inter Græcos habitare putaretur.* Nec aliâ quam grecâ doctrinâ quò se ab eo argumento expediret, opus habuit Mythologus. Ioannes item Bollandus, sive auctores *De actis Sanctorum* die XV. Ianuarii, quædam ex opere isto loca expendunt, ex quibus colligere se putant Astigitano id potiùs convenire quàm Ruspensi. Inde verò maximè, quòd *Galageticos impetus* dicat auctor se olim quassavisse: quos interpretantur de bello Gallos, sive Francos inter & Gothos. Fulgentius tamen Carthagine aut Hispali degens procul erat à bellico à Gallis, aut è Gallo-Francis timore.

[f] Bivarius *Ad Maximum* pag. 710. Roa dict. cap. 5. fol. 92. Nec Theophil. Raynaud. *De bon. & mal. libris*, part. 1. erot. 10. n. 220. contradicit.

[g] Editio Basil. MDXXXV. Plantiniana MDLXV. in 8. cum N. Marcello cura Hadr. Iunii.

[h] Ut est in catalogo huius bibliothecæ pluteo 33.

[i] Ad annum DCIII. num. 4.

25. Nolim ergo his tantùm coniecturis Fulgentio Hispano adscribere, ne dicam intrudere, nostros homines parum attentè id opus, quod aliàs non multum honoris, reclamante licèt Sigeberto, valeat auctori suo conferre. Malè enim accipitur *Mythologiarum* hic auctor à viris limati ac subacti iudicii. Beroaldus ad Appuleium notis: *Non probo eruditionem* (ait) *perinde atque parum conducibilem, parumque apud Eruditos plausibilem.* Floridus Sabinus rigidè nimis appellat eum *omnium Afrorum ineptissimum, atque magis saxeum quàm lapideam Nioben, cuius orationem solutam, æquè ac pessimi poetæ carmen* deridendum arbitratur. Utrumque vidit Iacobus Gaddius Florentinus, & in librum suum *De Scriptoribus non Ecclesiasticis* admisit.

26. Frequentior tamen his est in deprimendo Mythologo simulque libelli *De prisco sermone* auctore qui idem existimatur, nec moderatior Gaspar Barthius. Hic enim alibi [k] *curiosæ diligentiæ hominem vocat, memoriæ verò prorsus infelicis.* Alibi [l]: *utiliorem, quàm eloquentiorem.* Alibi [m]: *tanta documenta suæ stultitiæ hoc uno libello* (*De prisco sermone* scilicet) *dedisse, ut nec minimam partem auctoritatis meritò habeat* (1).

27. Tandem de *Mythologiarum* opere, cum laudasset quosdam exinde versus: *utinam* (ait [n]) *plura scripsisset talia Fulgentius præ fatuis illis Mythologiarum libris, qui ratione nulla, solo acumine reguntur*: atque item *magnam vim futilium & verborum & rerum* in iis contineri. Stilus item asper & horridus æque distat à Ruspensis lacteo, ac à nostri Fulgentii eo qui in his sermonibus, quos ei Bivarium adscribere diximus, apparet. Nec movere nos debet, quòd Episcopo Carthaginensi tributum ab editoribus fuerit opus: cuius erroris causam suprà ostendimus; nec item quòd Flavii nomine appelletur auctor in bibliothecæ Mediceæ codice. Id enim, si verum sit, scriptum pro *Fabio Flavium* fuisse suspicari possumus. *Fabius* enim *Fulvius Fulgentius Placiades* vulgo appellatur *Mythologiarum* Scriptor (2). Quæ tot nomina unde Fulgentio Astigitano? Neque enim eam se vocandi ambitionem alibi gentium circa hæc tempora vigentem nostris Hispanis placuisse video. Præcipuè exi-

[k] Lib. 16. *Adv.* cap. 8. in fine.

[l] Lib. 17. cap. 7.

[m] Lib. 24. cap. 3.

[n] Lib. 56. cap. 17.

(1) Eadem inculcat *Lib. XIII. cap.* 11. *pag.* 710. barbarum *Bampli* vocabulum pro celoce aut modico navigio exponens, quo loco Fulgentium, apud quem id exstare dicitur, *Iuniorem* appellat: *Sequitur* (inquit) *mox apud Fulgentium, non quidem illum priscum, si dubitare per doctos licet, sed alium* Iuniorem, *& omnium mortalium obliviosissimum & incogitantissimum.* Idem paulo inferius repetit in vocibus: *contentus*, *& symbolones.*

(2) *Fulgentius* quoque V. C. auctor operis inscripti: *De ætatibus mundi & hominis* in XXIII. libros distributi, *Fabius* Claudius Gordianus audit apud Io. Alb. Fabricium *Bibl. med. & inf.* In eo autem Codice quem Sanderus laudat *Part. II. Bibliothecæ Belgicæ MS. pag.* 23. non *Fabius* sed Flavius Claudius Gordianus Fulgentius appellatur.

eximii fratres non ultrà quàm Leander, Isidorus, Fulgentius, æquè ut cæteri Ildephonsus, Eugenius, Iulianus, Braulio, Maximus audivere. Certius ergo est, neque Africanum neque Hispanum Fulgentium his nugis stili quem Mythologus affectavit delectatum, auctorem esse operis; sed grammaticum aliquem *Fulgentium Placiadem*, aut *Fabium Fulvium Fulgentium Placiadem* nomine: quorum priore appellatum eum se vidisse in Gemblacensis bibliothecæ quodam codice Molanus scripsit.

28. Habemus tandem quod opponere nonnullus valeat Scriptoris titulo, quo nostrum condecorant. Walafridus Strabo sæculi noni Scriptor literas dedit metricas ad Gotteschalcum monachum, quæ leguntur in editione Coloniensi *Bibliothecæ veterum PP.* tomo 9. col. 999. ubi eum alterum vocat Fulgentium, seu Fulgentium secundum, sive quòd ita vocaretur, sive quòd obtinuisset hoc nomen ob eximiam doctrinam:

Velox Calliope viam frequenta,
Qua Fulgentius invenitur: illum
Post cunabula longiùs meantem
Quæsisti, &c.

Atque item:

Addita sunt, Fasti, Fulgentî dona secundi,
Quod tua suspensis ingessit epistola nobis.

Unde colligi datur, Fulgentio primo Ruspensi secundum hunc qui dat, alterum medii temporis Scriptorem non cognovisse. Reperiuntur quoque literæ in *Collectione Scriptorum qui nono sæculo* De prædestinatione & gratia *elucubrârunt*, volum. 2. pag. 47. Alios qui de mythologici huius operis auctore censuerunt collegit Vincentius Placcius *De Scriptoribus pseudonymis* pag. 197.

29. Agnoscimus quidem doctrinæ commendationem in Fulgentio nostro. Nam Rodericus Toletanus lib. 2. cap. 14. Leovigildum Regem ait, *dum infirmitate acriter torqueretur præcepisse filio Reccaredo ut Episcopos ab exsilio revocaret, & Leandrum Hispalensem, & eius germanum Fulgentium Astigitanum, qui in doctrina Ecclesiastica fulgebat insignis, tamquam patres audiret, & eorum monitis obediret.* Et Lucas Tudensis: *Tunc temporis Fulgentius Astigitanus Episcopus in nostro dogmate claruit.* Quæ quidem propria Tudensis verba sunt, non ex Isidori Chronico desumta, quod aliàs transcribit. Sanctitatem quoque eius confirmat perpetuus quamplurium nostrarum Ecclesiarum cultus, quantumvis in die multum varians. Octavo enim & XIV. XV. XVI. tandemque XIX. Ianuarii mensis celebrant eius festum, præter alias Ecclesia Hispalensis, cuius dioecesis *Astigi*, vulgò *Ecija*, urbs hodie est: Carthaginensis, vel quia natalis urbs vel quia existimata etiam Sedes: Placentina quia in eius territorio scilicet in *Berzocana* oppido inventa sub Alphonso XI. tam eius quàm sororis Florentinæ corpora: Benedictinus etiam Ordo.

30. Absolvam de Fulgentio dicere, si priùs monuero epitaphium quoddam sanctorum S. Fulgentii fratrum circumferri, in quod cùm incidisset Pseudo-Iuliani architectus, Fulgentii mentionem intrusit, reclamante ipso veteri monumento. Editum id reperies in *Collectione variorum carminum* quæ *à Iuliano facta* dicitur, ad calcem huius auctoris operum quæ Parisiis prodiisse anno MDCXXVIII. typî expresserunt. Sed integram & puram ex MS. codice Gothico Nicolai Fabri, à se ut asserit habitam, diu antea Romæ ediderat Constantinus Caietanus in *sanctorum trium Episcoporum religionis Benedictinæ luminum* (Isidori, Ildephonsi, & Gregorii Ostiensis *) *vita & actis.* Alteram è regione alterius dabimus, ut Pseudo-Iuliani dolus statim feriat candidorum lectorum oculos, & quidem caracteribus id in quo discrepant distinguentes (1).

* Pag. 10.

31.

CAIETANI.	IULIANI.
Crux hæc alma gerit sanctorum corpora fratrum	*Crux hæc alma gerit geminorum corpora fratrum*
Leandri, Isidorique, priorum ex ordine vatum:	*Leandrum, Isidorum pariterque ex ordine vatum*
Tertia Florentina soror Deo vota perennis,	*Tertia Florentina soror, devota perennis.*
Et posita consors sic digna quiescit......	*O quam compositè concors hæc digna quiescit!*
Isidorus in medio disiungit membra duorum.	*Isidorus medius disiungit membra priorum.*
Hi quales fuerint, libris inquirito lector,	*Hi quales fuerint, libris inquirito lector,*
Et cognosces eos bene cuncta fuisse loquutos:	*Cognosces & eos bene cuncta fuisse loquutos:*
Dogmatibus sanctorum cerne crevisse fideles,	*In quibus hic recubat* FULGENTIUS: *inspice tres hos.*

(1) Non præstitit Editor nisi in uno FULGENTII nomine quod Noster hoc loco pollicetur: ut utrumque epigramma conferenti manifestum fiet.

Ac re . . . domino, quos impia iura tenebant.
Utque viros credas sublimes vivere semper,
Aspiciens sursum pictos contende videre.

Obiit felicis memoriæ Leander Episcopus die III. Cal. Martias erâ DCXLI.
Obiit sanctæ memoriæ Isidorus Episcopus die II. Non. Apriles erâ DCLXXIV.
Obiit piæ memoriæ Florentina Deo vota Cal. † Septembris erâ DCLXXI.

Spe certa, plenosque fide, super omnia charos,
Dogmatibus cernes horum crevisse fideles
Ac reddi domino, quos impia iura tenebant,
Atque viros credas sublimes vivere semper
Aspicies puros, rursus contende videre.

32. In Fabri codice deerat S. Fulgentii mentio, tam in carmine quàm in subiecta nota sepulcralium uniuscuiusque memoratorum diei & anni: quæ quidem inter Pseudo-Iuliani manus de novo emicuit in duplici illo versu reliquis malè cohærente. Etenim tria tantùm subiecta huic inscriptioni fuisse corpora evidenter exinde apparet, quòd *Isidorus medius* distinguere dicitur *membra duorum* [p] iam laudatorum Leandri & Florentinæ fratrum. Quem ergo Fulgentio locum assignabimus? Præterea si Fulgentium laudaturus erat poeta, cur præcedere id fecit

Hi quales fuerint, libris inquirito lector, &c.

quasi è libris non esset etiam dignoscendus cum aliis Fulgentius? Male autem qui cum aliis convenit, peius sibi binus constat versus. Quid enim sonant hæc Latinis auribus?

In quibus hìc recubat Fulgentius: inspice tres hos.
Spe certa, plenosque fide, super omnia charos.

Profectò indigna sunt quæ S. Ildefonso tribuantur, uti Pseudo-Iulianus attribuit; immo totum epitaphium barbariora, quàm Ildephonsinum fuit septimum scilicet hoc quod pertractamus, redolet sæcula. Hactenus de Fulgentio.

[p] *Priorum* edidit, qui vulgatâ lectione restiti dolosæ intrusioni animadverterat.

33. Sequitur CONANTIUS Palentinus Episcopus de quo vix aliud habemus quàm S. Ildephonsi hoc elogium: *Conantius post Murilam Ecclesiæ Palentinæ Sedem adeptus est; vir tam pondere mentis quàm habitudine speciei gravis, communi eloquio facundus & gravis, Ecclesiasticorum officiorum ordinibus intentus & providus. Nam melodias sonis multas noviter edidit. Orationum quoque libellum de omnium decenter conscripsit proprietate Psalmorum. Vixit in Pontificatu ampliùs triginta annos, dignusque habitus fuit ab ultimo tempore Witterici, per tempora Gundemari, Sisebuti, Svintilæ, Sisenandi, & Cinthilæ Regum.* Hæc Ildefonsus. Sedit ergo in Palentina Ecclesia ab anno DCIX. aut DCX. quo Wittericus obiit, usque DCXXXIX. sequentemve, quo Cinthila.

34. Anathematizavit inter alios Arianam hæresin Murila Episcopus Palentinus in Toletano Concilio III. cui diem suum circa id quod annotavimus tempus obeunti, subrogatus Conantius subscriptus legitur Toletano alii (quo confirmatum est Gundemari decretum anno DCX) loco nono inter eos qui ex Carthaginensi provincia, ante universalem patrum totius Gothorum ditionis conventum, Toletani antistitis maiestatem ac metropoliticam auctoritatem descripto sunt professi [q]. Item Toletano quod quartum vulgò audit anno DCXXXIII. undecimo loco, sive infra metropolitanorum ordinem quinto; ac post triennium anno primo Cinthilæ Regis, Toletano V. provinciali statim post Eugenium metropolitam eius urbis præsulem; tandemque Toletano VI. nationali DCXXXVIII. secundus in Episcoporum ordine post Protasium Valentinum; quantumvis huius tam antiqui præsulis nulla fiat in anterioribus sacris conventibus [r] mentio, sed Musitatii [s] cum Valentini Episcopi appellatione, eiusque Conantio multo inferioris in subscribendi ordine. Quo magis confirmor in turbato ab exscriptoribus, aut olim minus observato, proedriæ tenore.

[q] In editione Loaisæ pagin. 259.

[r] In Tolet. Gundemari, ac Tolet. IV. & V.

[s] Tolet. IV. & Tolet. V.

35. Edidit Conantius *melodias sonis multas.* Μέλος *carmen est*: Persius in Prologo:

Cantare credas Pegaseium melos.

Inde Μελῳδὸς, *melodus*, *modulator*; atque etiam adiectivum *melodus, modulatus, a, um*, Latinis. *Modulatis impulsibus* Sidonius dixit [t]. *Melodes* femininum Ausonius [u]

Te fabulantem non Ulixes linqueret,
Liquit canentes qui melodas virgines.

Hinc *melodia* passim in usu, & *melodima*, pro cantu seu modulatione [x]. Formavit ergo noster ad Ecclesiastica officia, sive hymnos sive alia metrica aut prosaica, musicisque adaptavit modulis ut in Ecclesia canerentur; utramque enim & poeticam & musicam artem videtur Ildephonsus ei tribuere, uti & Ioanni Cæsaraugustano [y]: In *Ecclesiasticis officiis quædam eleganter & sono & oratione composuit.*

[t] Lib. 9. ep. 15.

[u] In *Professor. Nepotiano gram. carm.* 16.

[x] Vossius *De vitiis sermonis.* lib. 3. c. 25.

[y] Cap. 6.

36. Præterea *libellum orationum* decenter composuisse ab eodem dicitur, *De omni proprietate Psalmorum.* Quod interpretari possumus, de singulis ad singulos psalmos orationibus ab eo compositis, sive de

de orationibus ab eo adaptatis in officio Ecclesiastico iis quæ priùs canerentur. *Psalmus* enim intelligi potest id omne quod cantatur ad organum, Isidoro teste lib. 6. *Originum* cap. 19. nisi orationes non de eo quod Christianis sonat intelligamus; sed de quibuscumque compositionibus aut sermonibus ad Ecclesiastica officia spectantibus: quæ multa ac prolixa sunt in libris nostris antiqui ritus Isidoriani, uti locutum nuper observabimus in Ioanne Cæsaraugustano (1).

CAPUT II.

De MAXIMO *Cæsaraugustano Episcopo. Huius scripta, & in his* Chronicon Gothorum *periisse. Monachatus ei falsò tribuitur. Distinguuntur, eorum etiam confessione qui hunc adstruere amant, duo Maximi qui Concilio Toletano* III. *interfuisse dicuntur, alter monachus, alter archidiaconus, inde Episcopus Cæsaraugustanus. Maximo prænomen* MARCI *unde inditum à pseudo-historicis. Marci discipuli S. Benedicti à Maximo diversitas: quod & veterum testimoniis & historicis rationibus palam fit. S. Benedictum sacerdotio haud ordinatum. Angelus de Nuce Archiepiscopus Rosanensis laudatur. Item D. Iosephi Pellizerii consilium & industria in affligenda hac fabula Marci utriusque in unum coagmentatione, utilitatis & magnæ diligentiæ nomine laudatur.*

37. AD MAXIMUM Cæsaraugustanum præsulem deventum est, cui præparamus quandam prolixiorem lucubrationem, unde præcipienda sunt nobis aliqua pro rei necessitate: ut producto in medium vero Maximo, abiiciamus cetera quæ ei superinducta sunt, confictitia omnino & fabrefacta in eorum cerebro, qui vera aut falsa sive adulatoria dicere ac scribere, sinceritate lectorum abutentes, pariter habent.

38. Verus ergo Maximus ille est, quem commendavit posteris S. Isidorus in fine libelli sui *De Scriptoribus Ecclesiasticis* adhuc superstitem. *Maximus* (ait) *Cæsaraugustanæ civitatis Episcopus, multa versu prosaque componere dicitur. Scripsit & brevi stilo historiam de his quæ temporibus Gothorum in Hispaniis acta sunt, historico & composito sermone. Sed & multa alia scribere dicitur, quæ nondum legi.* Hæc Isidorus. Habentur Maximi subscriptiones in Conciliis Barcinonensi anno DXCIX. Toletano Gundemari anno DCX. Egarensi DCXIV. celebratis. Nec diu postea vixit; nam Ioannes eius successor duodecim annis eidem Ecclesiæ præfuit Sisebuti ac Svinthilæ regum tempore, qui Sisebutus anno DCXII. regnare cœpit. Braulio autem Ioannis frater & successor anno DCXXXIII. Concilio Toletano IV. interfuit Episcopus.

39. Periit omne id quod versu prosaque scribere Maximum docuit nos Isidorus, & quod aliis desiderandum magis esset *Historia Gothorum* ab eo conscripta. Nisi quòd fragmento Chronici, Dextro (uti cùm de eo ageretur monuimus) in codice Adami Centurionis Estepani Marchionis adscripto, integrum ac nulla ex parte mutilum, idemque Maximo Cæsaraugustano tributum, aliud Chronicon sive continuatio prioris subiicitur. Quod quidem ab anno Christi CDXXX. sive erâ CDLXVIII. usque ad annum DCVI. hoc est eram DCXLIV. annuatim historiam omnem duo-

(1) Præceperam egò quidem ánimo *Conantium* hunc Palentinum, facili unius literulæ mutatione aut μεταθέσει, *Tonantium* sive *Constantium* illum esse, ad quem & ad Vitalem in Vaticana quæ olim Christinæ Suecorum Reginæ fuerat Bibliotheca sub num. 562. Capreoli Episcopi Carthaginensis Rescriptum exstare noveram, hoc titulo: *Capreoli Episcopi Carthaginensis Epistola ad Vitalem & Tonantium sive Constantium;* eamque ob causam de *Tonantio* agere hactenus distuleram. Commodùm tamen in Card. Aguirrium incidi, qui exhibitis Vitalis & Tonantii ad Capreolum epistolà huiusque àd eos Rescripto, mentis meæ nebulas momento dispulit eventilavitque. Consuluerant Vitalis & Tonantius Capreolum, misso ad eum speciali nuntio Numiniano, *de fide nativitatis Christi, veri Dei verique Hominis*, occasione Nestorianæ hæreseos quæ *Hominem tantùm, non Deum ex Maria Virgine natum* effutiebat; quæque ad ultimam usque Hesperiam nostram perlata nonnullos è popularibus veneno suo infecerat: ad quos Capreolus doctissima atque eloquentissima epistolà respondet, utrumque in Evangelico, quod tenebant tuebanturque, *de Dei filio, vero Deo veroque Homine* dogmate confirmans. Exstant Epistola & Rescriptum *Tom. II. Concil. Hisp. edit. antiq. pag.* 195. *seqq.* quæ præcedunt excipiuntque eiusdem Cardinalis notæ; Capreoli autem Rescriptum primus omnium Baronius è Petri Pithœi MS. mutilum, Sirmondus integrum protulerat, ut Ipse nos docuit *in Not. n.* 39. *pag.* 201. *Quinàm autem Vitalis & Tonantius fuerint* (inquit idem Aguirrius *pag.* 194. *n.* 1.) *non facile haberi potest; cum nulla alibi memoria eorum antiqua exstare videatur;* Presbyteros tamen aut Monachos fuisse verosimillimum arbitror: cum quod *Servi Dei* in Epistolæ epigraphe dicantur, *fratremque* Numinianum vocent; & Capreolus hunc Numinianum *Religiosum virum*, Vitalem autem & Tonantium *dignos Evangelicæ frugis operarios* appellet; tum quod in Sacris Scripturis non vulgariter eruditos exercitosque sese produnt. Hispanos autem & Scriptores fuisse, quod ad propositum nostrum attinet, ac proinde in Bibliothecæ Hispanicæ Scriptorum album referendos, idque circa Ephesini Concilii tempora, id est circa annum Christi CDXXXI. ne-

duorum ferè sæculorum prosequitur. Priora autem eius usque ad annum CDLVI. ex Prosperi Tironis Chronico, paucissimis exceptis, desumta sunt.

40. Id tamen quale est, quode nos alibi, fundus utique sive area est, cui Pseudo-Dextri vulgaris Chronici formator, eodem temeritatis ac petulantiæ filo in manus sumto, vulgare etiam nomine Maximi signatum Chronicon superstruxit. Oculis subiectum opus quod in fragmento nostro legitur in calce huius voluminis, & cum vulgari collatum, ipsum se cuicumque prodet quamvis pertinacissimè reluctanti, embryon esse olim conceptum, quod additis seu mutatis faciei ac totius corporis lineamentis, abortivum adhuc vereque monstrosum enixa est tandem audacissima fallendi ac de rebus etiam sacris ludendi cupiditas. Non tamen hic est locus singula quæque mendaciorum capita coarguendi, aut quatenus alterum alteri contrarium sive ab illo diversum sit exponendi. Id enim maioris molis opus tempore alio indiget ad sui absolutionem (1). Nec tamen generalia quædam capita refutationis, quod velut specimen & fundus integræ ac solidæ sit, à lectoribus desiderari hunc in locum venientibus permittemus.

41. Tria verò in primis circa Maximum ipsum, huius argumenti quod Bibliotheca tractat prorsus germana necessariò admonenda sunt, ne hic desiderentur. Primum est, Maximum Cæsaraugustanum Episcopum Benedictinum non fuisse monachum, qualis Pseudo-Maximus Toletanus sæculo nostro apparuit. Secundum, neque appellatum fuisse Marcum Maximum. Tertium, diversum consequenter ab nostro esse Marcum S. Benedicti discipulum, qui carmine quodam virtutes almi parentis exposuit.

42. In primis non fuisse monachum satis innuit S. Isidorus de monachatu tacens, quod in ceteris, quos laudat monachis nunquam commisisse legitur, ut videre est in Martino Dumiensi, Leandro fratre, Ioanne Biclarensi, Eutropioque. Quod quidem S. Ildephonsus exemplum secutus, idem de Donato, Ioanne Cæsaraugustano Maximi fratre ac decessore, Helladio, Iusto, duobusque Eugeniis Toletanis, Nonnitoque Gerundenti, Episcopis, adnotare non omisit. Prætereà Ioannes Trithemius, qui libris IV. *De viris illustribus ordinis S. Benedicti*, eorumque secundo *De doctoribus & Scriptoribus* egit; & Arnoldus Uvion qui *ligno vitæ* suo eundem lapidem volvit; & Antonius de Iepes, qui in *Chronico Benedictini ordinis* locupletissimo Hispanâ linguâ scripto Benedictinorum omnium virorum illustrium res gestas & commendatione dignas diligenter collegit, nullam huius fecere mentionem. Quamvis enim alicubi [a] Trithemius fateatur se non omnes laudasse propter ingentem eorum multitudinem: vix tamen prætermittere eum potuisse dicas, quem in celeberrimo Isidoriano Scriptorum catalogo non potuit non sub oculis habere.

43. Ad hæc, qui laudant, omnes antequam fermentum Toletanum massam totam corrumperet Episcopatûs dignitatem, nullus autem ei monachi professionem attribuit. Plures [a] oræ libri affigimus. Quibus omnibus eum se ipsum Hieronymum Romanum de la Higuera Toletanum, quem multiplicis ac multicipitis huius fabulæ auctorem vulgaris fama fert, iure optimo præferimus. Hic enim primus inventor Chronicorum Dextri & Maximi, quum in eo se iactat & Maximi meminit, altùm de monachatu silet. Exstat quippe eius *Historia* adhuc inedita *Toletanæ urbis & regni* vernaculo sermone concepta, ac pluribus voluminibus comprehensa, de qua dum illustraremus Dextri res notitiam dedimus: unde nobis in rei testimonium verba quædam huc transferre non parvum operæ pretium duximus: quibus de Concilio III. Toletano agens, eos omnes qui post Episcoporum ordinem ei interfuerunt, memoriæ advertit. *Interfuerunt quoque* (ait [b]) *Concilio Rex & Regina, atque ii qui subiiciuntur abbates: Eutropius Servitanus ordinis (ut iam dictum fuit) Augustiniani, Exsuperius Agaliensis, Aurasius SS. Cosmæ & Damiani, sive (ut alii legunt) S. Crucis: qui duo abbates postea exstiterunt præsules Toletani,* MAXIMUS *abbas Cæsaraugustanus sanctarum Massarum, Emila S. Eulaliæ Barcinonensis postea eiusdem urbis Episcopus, Theochristus abbas S. Eulaliæ Toleti. Omnes hi abbates erant Benedictini. Artuagus cognomento Gothus, Prior Cistæ Toleti, ordinis S. Augustini, qui valdè opus hoc iuvit suis sermonibus. Fulgentius item, &* MAXIMUS *is qui Chronicon scripsit, archidiaconus Cæsaraugustanus, Eugenius dia-*

[a] Cap. 144.

[a] Matamorus *Apologetico*, Morales lib. 12. c. 7. Genebrardus in *Chronic.* ann. DCVII. Anton. Augustinus *ad Blancam epist.* tom. 3. *Hispan. Illust.* Loaisa *Notis ad Concilium Barcin.* pag. 247.

[b] In lib. . . . cap. 11. *Otrosi hallàronse presentes en el Concilio el Rey y la Reyna, y los abades siguientes. Eutropio Servitano de la orden (como queda dicho) de San Agustin, Exuperio Agaliense, Aurasio de S. Cosme y San Damian, ó (como otros leen) de Santa Cruz: los quales dos abades despues fueron Arzobispos de Toledo, Maximo abad de Zaragoza de las Santas Massas, Emila de Santa Eulalia de Barcelona, que despues fue Obispo de la misma ciudad, Theochristo abad de Santa Olalla de Toledo. Todos estos eran abades de S. Benito. Artuago, por sobrenombre el Godo, Prior de la Cista de Toledo, de la orden de San Agustin, que ayudó mucho con sus sermones, á que se efectuasse. Otrosi Fulgencio, Maximo, el*

nemo deinceps erit qui dubitet. Noster utrumque indictum præteriit. Capreoli ad Vitalem & Tonantium Epistolæ meminit Casim. Oudinus *Comm. de Script. Eccl. Sæc. V. ad ann.* 431. *in Capreolo.* Guill. Caveus *Sæc. Nestor.* Cellierius *Tom. XIII. cap. XVI. n. IV. pag.* 498.

(1) Prodiit, ut alibi notavimus, Valentiæ nostræ sub titulo: *Censura de Historias fabulosas* curante Cl. Gregorio Mayansio Siscario vernaculè fol. MDCCXLII.

que escribió el Chronico, Arcediano de Zaragoza, Eugenio diacono de la Iglesia de Toledo, Isidoro diacono de la Iglesia de Sevilla, Juan monge Benito del monasterio Agaliense, que despues fue abad de Valclara.

diaconus Ecclesiæ Toletanæ, Isidorus diaconus Ecclesiæ Hispalensis, Ioannes monachus Benedictinus monasterii Agaliensis, postea abbas Biclarensis.

44. Hæc totidem Hispanis verbis (quæ vernacula è regione dedimus) *Historiæ Toletanæ* auctor, qui Chronicon istud primus è Germania accepit & inter nos publicavit. Quibus dissertissimam fecit distinctionem inter duos Maximos, alterum Cesaraugustæ *abbatem sanctarum Massarum ordinis Benedictini*, alterumque *archidiaconum* eiusdem *Ecclesiæ Cæsaraugustanæ, qui Chronicon scripsit*. Unde autem hanc inter utrumque differentiam integramque Concilii relationem auctor didicit, scire aves? Non aliunde, nisi à Maximi Chronico, quem & Ioannem Biclarensem paulò pòst laudat his verbis [c]: *Totum hoc debetur diligentiæ, quâ usi sunt in scribendo Biclarensis, & Maximus Cæsaraugustanus.* Quisnam autem Maximus? Non ille quidem vulgaris quem viritim terit publicus usus; sed ille quem reservavit nobis codex Estepani Marchionis, vix dixerim germanus, aut sincerus, propriave loquens verba; sed tamen is quo Higuera tunc temporis uti vero Maximo utebatur. Utriusque nos producemus hìc testimonium, ut statim dignoscatur cuinam duorum *Toletanæ Historiæ* auctor notitiam Toletani Concilii patrum acceptam referat; quinamque duorum eum instruxerit, aut ab eo instructus sit.

[c] *Todo esto se debe á la buena diligencia que tuvieron en escribir Valclara, y Maximo Cæsaraugustano.*

MAXIMUS.

45. Ex codice Estepano.

Item interfuerunt Rex Reccaredus, & Regina Badda, & abbates Eutropius Servitanus, Exsuperantius [d] Agaliensis, Aurantius [e] Sancti Cosmæ & Damiani, qui postea fuerunt Episcopi Toletani, MAXIMUS *Abbas Cæsaraugustanus sanctarum Massatum, Emila S. Eulaliæ Barcilonensis qui postea fuit eiusdem urbis Episcopus, Elias abbas S. Leocadiæ Toleti, postea Episcopus Salmanticensis, Terechristus abbas S. Eulaliæ Toleti. Omnes isti ex ordine S. Benedicti. Item Fulgentius presbyter,* MAXIMUS *Cæsaraugustanus archidiaconus, Eugenius diaconus Toletanus, Isidorus diaconus Hispalensis, Ioannes monachus Agaliensis, postea Biclarensis. Ex Palatinis verò Helladius &c.*

[d] Exsuperius.
[e] Aurasius.

Ex vulgari editione.

Item interfuerunt eidem gloriosus Reccaredus Rex, & Badda gloriosa Regina, & abbates, videlicet Eutropius Servitanus, Exsuperius Agaliensis, Aurasius SS. Cosmæ & Damiani, M. MAXIMUS *abbas priùs Benedictinus sanctarum Massarum Cæsaraugustæ, nunc archidiaconus Cæsaraugustanus, Stephanus abbas Reatensis, Emila S. Eulaliæ Barcinonensis, qui fuit postea eiusdem civitatis Episcopus. Omnes isti ex ordine S. Benedicti. Elias abbas S. Leocadiæ Toletanæ. Item Fulgentius presbyter, Eugenius diaconus Toletanus, Isidorus diaconus Hispalensis, Ioannes monachus Agaliensis, abbas postea Biclarensis, & Episcopus.*

46. Iam vides, Lector, incorporationem duorum in unicum archidiaconum, eundemque abbatem, Maximum; prioremque, auctorem Chronici ab Higuera existimatum, repentè factum Benedictinum monachum. Inde natum oportuit discrimen inter epistolam Luitprandi Estepani codicis, fragmenti sui sive continuationis ad Maximi Chronicon præambulam, atque eam quæ edita fuit. In hac enim laudatur *Maximus monachus Benedictinus, postea Episcopus Cæsaraugustanus*; in illa verò antiquioris creationis *Maximus* tantùm *Episcopus Cæsaraugustanus*. Pariter ad annum DXCVI. Estepanus codex habet: *Simplicio Cæsaraugustano successit qui hoc Chronicon scripsit.* Quod quidem testimonium de anno consecrationis Maximi in editis deest.

47. Nec dicas, Luitprandum hunc Ticinensem in continuatione huiusmet Maximi Chronici, quæ habetur in fragmento paulò antè dicto nostro, sive Estepano codice ad annum DCXXII. hæc habere: *Maximus ex monacho Cæsaraugustanus Episcopus habetur clarus.* Et ad annum DCXXIV. *Maximus Episcopus Cæsaraugustanus moritur.* Hæc enim huius, ceterorumque ficulneorum auctorum, quos eadem gallina eduxit, enuntiata retorquemus optimo iure nos ad redarguenda in gemellis eorum vitia & convincenda mendacia; non autem eos in veritatis auctoramentum admittere sanè possumus. Immo ex eodem hoc de Maximi obitu testimonio iterum apparebit prioris, & eius qui è nova fœtura posteriùs prodiit, diversitas. In codice enim seu fragmento nostro, divisa est ut vidimus memoria vitæ seu celebritatis, mortisque Maximi inter duos an-

annos. At verò in vulgato Luitprando semel hæc nec parum diversè concepta verba, aliud prorsus valdeque diversum opus clamant. Ad annum nempe DCXXII. *Marcus Maximus* (ait) *monachus priùs Benedictinus*, *& post Episcopus Cæsaraugustanus*, *celebris post mortem habetur*: ille ipse nimirum, qui alterius Luitprandi fide post biennium, nec antea, obiit.

48. Æquè falsum est appellatum fuisse MARCUM. Quod iisdem argumentis persuademus iis qui præiudicio occupati ad partes non abierint. *Maximus* in primis, nec aliter audit in Conciliis subscriptus laudatusve ab Isidoro, Ildephonso, & Honorio ceterisque suprà adductis incorruptæ adhuc historiæ, etiam Benedictinæ, Scriptoribus, atque aliis innumeris. Hieronymus item Higuera in *Toletana historia* non alio passim quàm hoc unico *Maximi* appellat nomine, ut è verbis eius antea relatis; consultoque opere ipso, ab iis, quibus copia eius ab exemplorum possessoribus facta erit, omnibus ferè paginis constare poterit. Consonat Estepanus codex in Chronici nempe ipsa nuncupatione, quæ ita habet: *Epistola Maximi Cæsaraugustani Episcopi ad Argebatum Episcopum Portugalensem pro suo Chronico. Sancto & venerabili fratri Episcopo Argebato Maximus. Chronicon Maximi Episcopi Cæsaraugustani ab anno CDXXX.* Nec aliter ipse vocat utrumque Maximum in mentione eorum qui Toletanis patribus adfuerunt, sicuti nec Luitprandus in additamenti seu continuationis paulò antè laudatis testimoniis. Tandem nusquam dictum auditumve fuit hominis hoc nomen, seu prænomen potiùs, usque dum Toletano-Fuldensis nomenclator auribus id Recentiorum insufflavit.

49. Cuinam autem, dices, antiquitatis monumento innixus *Marcum* sic repentè apparere fecit eum qui nudo tantùm *Maximi* nomine, ex quo floruit ævo ad nos usque signatus venit? Incredibili equidem atque insana temeritate imposuit emissariis suis, ut Marcum quendam S. Benedicti discipulum, qui brevi poematio almi parentis laudes paulò post eius obitum comprehendit, Maximumque Cæsaraugustanum Episcopum, Chronici de quo loquimur auctorem in unum eundemque hominem à se coagmentatum bonis ac doli securis ævi sui mortalibus ostentarent, à quibus ad eorum posteros infelix eadem securitas propagaretur. Quod tertium fuit nostræ oppositionis caput. Interrogabuntur hìc sigillatim testes ab Impostore subornati pro re hacce historiæ albo adscribenda. Pseudo-Maximus ipse in epistola nuncupatoria ad Argebatum: *Vitam S. Patris nostri Benedicti versibus heroicis expolitam primò quoque ad Beatitudinem tuam* (ait) *transmittam.* Et ad annum DCXII. num. 15. *Euphemium ego quoque monachus Benedictinus, & in mea pueritia S. P. Benedicto carus, Archiepiscopum Toletanum de facie novi.* Nihil horum in fragmento nostro.

50. Braulioni etiam, qui & ipse fuit Cæsaraugustanus præsul, tributum carmen de eodem Maximo [f].

Maximus hìc situs est, dictus cognomine
Marcus.
Nobilis historicus, præco, poeta, vigil.
Qui Benedictinæ soboles clarissima gentis,
Cæsaris hìc fulgens præsul in urbe fuit.
Ambitione procul, meritis & grandibus
auctus,
Suscipit invitus pontificale decus.
Vita gravis, mores nivei, præstantia vultûs
Dignum fecerunt præsulis officio.
Larga manus, doctrina decens, & lingua
diserta,
Ingenium præstans, eloquiumque grave.
Confectus senio superas revocatur ad arces,
Cuius membra tenet dicta Columna domus.
In qua Pontificis præclari munere functus,
Iudicii extrema luce resurget ovans.

Hic requiescit
in pace famulus Dei
M. MAXIMVS
Cæsaraug. Episcopus.
Obiit XIIII. Kal. Octob.
erâ DCLIV. anno V.
gloriosiss. Sisebuti Regis.
Vixit annis circiter LXXII.

51. Alterum quoque, Helecæ eiusdem Sedis Episcopo adscriptum, pro sepulcro eiusdem Maximi, quæ ex Ioannis Tamaii Hispani martyrologi [g] similium frequenti mercatu fallax & adulterina merx est, prodens ipsa sui auctoris stribiliginem.

In tumulo iaces hoc, Marce, sed Maxime
vatum
Hesperiæ nostræ nomine & epitheto.
Cæsaris Augustæ qui natus, lumen eremi
Occidui quæris, munia sancta capis.
Tu Benedicti patris .... carus, eius ab ore
Suxisti regulam quam das & ipse tuis.
Tu monachus, diacon, abbas, & præsul,
ubique
Carmine prosâque notus, in astra cluis.
Heleca te rogat antistes successor ut urbem
Nostram protegere, nec sine fine sinas.

52. Auxiliares huic tuendo mendacio subrogavere copias Luitprandus & Iulianus eiusdem farinæ historici. Prior in episto-

[f] In edit. *Oper. Maximi* Bivariana in *Additionibus* pag. 8.

[g] Tom. 5. die XVIII. Sept.

stola ad Tractamendum Pseudo-Chronici sui nuncupatoria (non tamen codicis Estepani) qui ait: *ut quæram tibi Chronicon Dextri, quod M. Maximus monachus Benedictinus, postea Episcopus Cæsaraugustanus, prosecutus est*. Idemque ad annum DCXVI. in Chronico ipso: *M. Maximus Cæsaraugustanus Episcopus ex monacho S. Benedicti, Scriptor Chronicorum, eximius concionator, vir pius & doctus, qui vitam S. Benedicti scripsit carmine, & multa prosâ & versu, sanctè moritur*. Idem Adversf. 33. aliàs 32. *Marcum Maximum vocat Benedictinum monachum, sapientissimum poetam, & Episcopum Cæsaraugustanum*. Posterior Iulianus in Chronico num. 304. & 306. quibus locis Marci nomen bis tribuit *Maximo*, gemelli omnes in id intenti ut semel sibi ipsis dictam à parente eorum communi fallendi legem observarent, Maximumque transformandi propositum enixè prosequerentur. Sed, bone Deus, quod simul umbræ unico veritatis lumine ictæ cadent & in tenebras suas propellentur!

53. Marci monachi Casinensis S. Benedicti discipuli omnes ferè, qui de sancti patris rebus gestis olim in literas aliquid retulere, mentionem faciunt, carmen ab eo conscriptum laudantes, quo Gregorianæ eiusdem sancti Patriarchæ historiæ quædam adiunxit. Idque carmen iam sæpiùs [h] typis vulgatum fuit. Nullus tamen eorum agnomen *Maximi*, aut Cæsaraugustana abbatis, archidiachoni, Episcopive munera, usquam unquam ei adscripsit. Consulantur Paulus diaconus lib. 1. *De gestis Longobardorum* cap. 26. cuius verbis Adrevaldus utitur lib. 1. *De miraculis S. Benedicti* cap. 4. [i] Petrus diaconus libello *De viris illust. Casinensibus* cap. 3. [k] Leo Marsicanus sive Ostiensis, lib. 3. *Hist. Casinensis* cap. 21. [l] Qui quidem, utpote eiusdem monasterii alumni, multoque magis hic postremus Ostiensis viris eius illustribus laudandis addictus ignorare haud potuere; nec dissimulare debuere, hunc tam carum parenti discipulum atque eius encomiasten celeberrimum, in Hispaniam se contulisse ibique tam præclaris fuisse honoribus parem existimatum. Cùm verè, si ita res contigisset, primus agnoscendus esset è Benedictina familia desumtus Episcopus, quod in laudem hominis & ordinis oppidò illustrem cederet.

54. Adiunge similiter, de Marco Casinensi tantùm monacho loquentes Aimoinum Floriacensem in sermone quodam de S. Benedicto [m] cui carmen eius intexuit, & in procemio lib. 2. *De miraculis eiusdem sancti patris Benedicti* [n]. S. Petrum Damianum serm. 8. *de S. Benedicto*, Sigebertum Gemblacensem *De Script. Eccles.* cap. 33. recentiorumque sæculorum Ioannem Trithemium, qui quidem in opere *De Scriptoribus Ecclesiasticis*, Marci monachi & Maximi Cæsaraugustani Episcopi seorsum meminit; in altero autem opere *De viris illustribus ordinis sancti Benedicti*, nec Marci, nec Maximi; prioris quidem forsan quòd paucorum versuum poeta vix annumerari dignus ei visus inter Scriptores fuerit quos in librum secundum conieicit; nec inter Episcopos, quorum catalogum quartus continet, potuit eum laudare, cuius Episcopatum Cæsaraugustanum cum omnibus aliis familiæ suæ ac superiorum temporum Scriptoribus ignorabat. Posterioris verò Maximi, quia nondum ex ficulnea lege dictum fuerat, ut qui nusquam talis auditus fuisset, Maximus Cæsaraugustanus Episcopus, monachus esset. Arnoldus item Uvion [o] Benedictinos monachos, Lilius Gyraldus poetas laudans, Baronius Cardinalis [p], Ioannes Gerardus Vossius [q], Antonius Possevinus [r] (& quis non?) aut de uno Marco, aut de utroque distinctè loquuntur.

55. Anne ergo tot sæculorum, non silentio solùm sed & clarissimæ significationi denegabimus fidem, ut paucis heri & nudiustertius Toleti natis pseudonymis Scriptoribus, qui omnes eâdem arant vitulâ & ex uno disci omnes possunt, viliter mancipemus? Tacent veteres, ais, non negant. Immo negant dum tacent. Ea enim vis est silentii quum debuit res non sileri, ut infectam iure dicamus. Quid enim si Scriptor vitæ aut encomiastes SS. Gregorii Magni, Athanasii, Basilii, Leandri, aliorum, laudatis eorum tirociniis contentus, gesta ab iis prætermisisset munera Ecclesiæ maxima? Quid si sodalis sodalem eiusdem ferè temporis ob paucorum versuum confectionem posteris commendaret, de aliis autem taceret virtutibus quarum is meritò nixus ad illustre quoddam dignitatis fastigium ascendisset? Siccine hominis, cuius carmen aureis litteris in vestibulo Casinensis maximæ domus attestante Leone Ostiensi fuit inscriptum, decoxit statim apud Casinenses ipsos memoria, ut non de eo aliter quàm de uno ex monachis eo loco demortuis sint locuti? quem ita conspicuum, ita celebrem longissimæ ætatis beneficio gestis honoribus, præsentiâ in Conciliis, lucubrationibus historicis, magnisque virtutibus, historiæ nostræ lucumones depinxere? Insani simus si ita nos ludificari ac duci tanquam bubalos, fune naso inserta, permittimus.

[h] In *Bibliotheca Floriac.* Ioann. à Bosco pag. 281. In edit. *Carmin.* Prosperi Martinengi 3. tom. Romæ MDXC. in *Comment.* Franc. Bivarii *ad Maximum* pag. 89. In *Comment. ad Leonis Ostiensis Casinense Chronic.* Angeli à Nuce *Appendicis* pag. 3.

[i] In *Bibliotheca Floriac.* pag. 18.

[k] Editus Romæ cum notis Io. Bapt. Mari MDCLV.

[l] Parisiis tandem editus cum notis Angeli à Nuce MDCLXVIII.

[m] In eiusdem *Biblioth. Floriacensi* pag. 281. & 283.

[n] Ibidem pag. 80.

[o] In *ligno vitæ* lib. 2. c. 72.

[p] *Notis ad Martyrol.* XXI. Martii.

[q] *De Histor. lat.* lib. 2. c. 24.

[r] In *Apparatu*.

O-

56. Omnino & argumentis uti affirmantibus possumus. Marcus post S. Gregorium de S. Benedicti rebus scripsit. Ita nos censere debemus, si antiquioribus credimus. Sigebertus ait [s] vitam à Gregorio descriptam eum *desloràsse heroico breviloquio, & pauca superaddidisse.* Aimoinus itidem apertè docet principem huius argumenti Gregorium fuisse, & post eum aliqua exaràsse versibus Marcum & Paulum Casinenses. Sanctus autem Gregorius vitam S. Benedicti, hoc est secundum dialogorum librum qui eam continet, iam Pontifex scribebat, circa annum sui muneris quartum, Christi DXCIII. quod ex libri 4. cap. 36. 47. & 55. liquidum est. Scripsit ergo & Marcus, si Maximus fuit, de Benedicto carmen non adhuc Casini, sed cùm ex monacho & abbate archidiaconus Cæsaraugustanæ Ecclesiæ, forsanque iam Episcopus, in conspectu esset universæ Hispaniæ. Namque anno DXCIX. hoc est sex annis post scriptam à S. Gregorio Papa S. Benedicti vitam, erat iam præsul Cæsaraugustæ Maximus: quod ex Concilii Barcinonensis priùs laudata subscriptione constat. Quod quàm malè convenit cum celebrato à Casinensibus tam siccè ieiuneque Marco monacho auctore carminis, omnes vident.

[s] Cap. 33.

57. Præterea Marcus levita S. Benedicti audit ab eodem Aimoino, diaconus scilicet: qualem eundem fuisse Benedictum parentem clarissimis documentis demum ostendit vir in paucis doctus ac prudens, mihique semper colendus, dominus Angelus de Nuce, ex Casinensi abbate Rosanensis hodie Archiepiscopus in eruditissimis suis ad historiam Leonis Ostiensis Casinensem Notis [t]. Verba Aimoini [u]: *Dehinc Marcus quidam poeta ad eundem venerabilem Benedictum veniens, eiusque magisterio se committens, aliqua in eius laude, levita ipsius, versibus exaravit.* Levitæ autem munus maximè distat ab Episcopali dignitate Maximi. Tandem id faciunt Hispanarum rerum hi buccinatores, Marcum confundentes cum Maximo, ut de natalibus huius Hispanis dubitari possit. Qui enim disciplinæ se dedit almi parentis Casinum habitantis & in ea domo mansit, Italus credendus est potiori iure quàm nostras. Benedictinis scilicet monachis talium cupidis (viros semper excipio huius familiæ, quos continuò creat, subacto atque purgato iudicio utentes) obiecit quidem mendacissimæ historiæ architectus hanc, ut cum Virgilio parum loquar mutato,

[t] Ad *Vitam S. Bened.* à Gregorio M. scriptam c. 24. pag. 45.

[u] Ubi suprà, scilicet *serm. de S. Bened. in biblioth. Floriac.*

Melle soporatam & medicatis fraudibus offam
Cæsaraugustani præsulis Maximi, tum Marci, tum monachi huiusce ordinis; ne virorum intra claustra eius degentium passim doctissimorum ea, quæ obtrudendo aliorum palpo simul dicta sunt, palato non saperent.

58. Qui autem de re plura, commentarium adire duplex ac forsan triplex poterit amici olim dum ante paucos annos viveret nostri D. Iosephi Pellizerii Iacobæi equitis, regii chronographi, *De duobus inter se diversis Marco & Maximo* [x]: ex quo pauca hæc decerpsisse fas & æquum fuit, ex vernaculis nempe latina ut vulgaria magis fierent, satisque nos proposito faceremus nostro. Adversus quem nescio quis larvatus olim insurrexit (1), eorum secutus morem, qui ut Seneca eleganter ait *personam quàm faciem malunt,* scriptoque libello sannarum magis quàm rationum pleno, arguti atque dicacis potiùs quam docti hominis laudem aliquam reportavit. Eruditi enim opusculi ante alia propositum naso suspendens, quasi huic tantùm distinctioni Marci atque Maximi stabiliendæ accinctus *araverit littus arenarum cultor*, ut ait Ausonius [y], hoc est rem inutilem vanamque sit sectatus, risui se totum derisuique omnium dedit. Hæc nempe latenti, seque prodere erubescenti Aristarcho res inutilis & vana est occursu primo conficere monstrum falsitatis; & ementiti quod præfert nominis redargutione, dicta eius omnia & fidem evertere, qui pro viro maximo sese venditans novam quasi, non solùm profanarum, sed & sacrarum quoque Hispaniæ totius rerum historiam, ipsamque mendaciis scaturientem, nobis nuper ingessit. Operam & oleum Pellizerius ludit, gigantem hunc uno & altero ictu lapidis prosternens; magnum autem operæ pretium facit is, qui fabulosarum quarundam originum detectarum invidiâ ferox, lapidem quo ictus fuit veluti canis mordet.

[x] Libri Hispanæ linguæ vernaculi hæc est inscriptio: *Maximo Obispo de Zaragoza distinguido de Marco levita, y monge del Casino.* Matriti editi MDCLXXI. in 4. Eandem diversitatem comprobat in Præfatione ad librum 1. *De las Antiguedades de España* D. Laurentii de Padilla.

[y] *Ad Theonem.*

59. Huic deinde suo Maximo attribuit Pseudo-Iuliani ore ficulneus transformator, quòd auctor fuerit *Officii S. Iacobi Apostoli.* In *Collectione* scilicet *variorum carminum* ita habet [z]: *Officium S. Iacobi Apostolo.*

[z] Pag. 156.

(1) *Didacus* hic fuit *Antonius de Barrientos* Augustinianus assumto nomine *Ludovici Iosephi Aguilar de Losada.* Vernaculum autem nomen *Frai Diego Antonio de Barrientos*, tegitur Latino anagrammate: *Do tibi fontes ire: onera grana odi.* Opusculum inscribitur: *Censura á las distinciones entre Marco y Maximo, el Beroso de Caldea y Viterbo; y á la poblacion y Lengua primitiva de España publicada por Don Joseph Pellicer de Tovar y Ossau. Toledo año de 1674. fol.*

stoli est compositum à Maximo Cæsaraugustano Episcopo. Præfatio est S. Isidori & hymnus. Quàm hìc inculcari dignum est, mendacem memorem esse oportere! Idem enim ipse auctor in *Chronico* num. 17. Missam S. Iacobi *à B. Isidoro ait expurgatam, à Melantio editam, & à Serrano Asturio* Episcopis Toletanis *auctam* fuisse. Sed iam nos ad alia. Hic aliis capitibus examinandus est Maximus.

CAPUT III.

De S. ISIDORO *Hispalensi Episcopo. Patria eius forsan Hispalis. Germanorum quorumdam crassus error natu Germanum hunc fuisse contendentium. Vita eius à Luca Tudensi scripta. Quàm Leandro fratri carus. De eius sub hoc educatione, & falsò imputato ei monachatu, ex cellæ forsan nomine aliis quàm monachis communi: item quòd S. Gregorii auditor fuerit, ex æquivocatione cum alio Isidoro Siculo. Apocryphum quiddam de eius in Romam miraculosa transportatione. Hispalensem creatum fuisse Archiepiscopum. De Acephalorum hæresi. Venisse Isidorum Romam ad Concilium parum certa res. Neque Malacæ eum exsulem, neque Gordianum in eius locum intrusum fuisse. Falsa inscriptio epistolæ Deus-dedit Papæ ad Gordianum Hispalensem Episcopum. De certo tempore eius mortis, & in Legionensem urbem corporis translatione, contra Bononiensium traditionem. Fabula de Machometi ex Hispania Isidori metu fuga à pseudo-historicis credita, ex certissima falsi istius prophetæ gestorum narratione, refellitur. Francisci Bivarii obnoxium his fabulis ingenium, quamvis aliàs perspicax. Isidori doctrinæ laudes ab antiquis & recentioribus reportatæ. Ratramni Corbeiensis interpretatio Isidoriani testimonii adversus Hincmarum Rhemensem. Gratiano & Canonici Iuris Scriptoribus magni habitum Isidorum. Martini Poloni testimonium de SS. Isidori & Ambrosii loco in patribus Ecclesiæ constituendis controverso incerta historia. In huius Martini Chronicon supposititia multa se intrusisse.*

60. SANCTISSIMI Patris ISIDORI Hispalensis Archiepiscopi Hispaniarum doctoris gestæ res vix poterunt brevi circumscribi commentario. Adeò autem uber est campus, ut etiam post magnos tot fertilissimæ segetis messores spicarum collectorem aliqua laus maneat. Sequemur nostrum etiam hìc morem, ut de patria, educatione, gesto Pontificali munere, obituque non nimis prolixè monentes, doctrinam atque eius documenta impressa libris exquisitè magis persequamur.

61. ISIDORUS (aliter in manu exaratis codicibus nomen hoc scribitur sed malè [a]) Severiani ac Turturæ filius, quibus parentibus (Hispano-Romanis, ut credimus, non Gothis) Leander natu maximus, Fulgentius, Florentina, Theodora Hermenegildi ac Reccaredi ex Leovigildo mater, germani fratres procreati sunt. Hispali natus vulgò creditur. In eam enim urbem fama est exsulem venisse, nondum eo nato, Severianum. Qui cùm è nova Carthagine, ubi Ducem agebat, profectus fuisset: indidem fortè oriundum Isidorum nonnusquam legitur [b]. Qui verò Germanum natione asserit Ioannes Eisensgreinius [c], Hispanos taxans quòd suum velint, cui ferè crediderunt Centuriatores [d]: ipse sibi forsan, quia Gothum existimavit, proprios fascinare oculos voluit.

62. Oris specie à puero commendatus, quod Ildephonsus non dissimulat de eo scribens [e], in cunis adhuc omen accepit ut olim S. Ambrosius, aliique [f], doctrinæ atque eloquentiæ claritudinis tempore suo emicaturæ, in apum examine, quod visum fuit in os eius ingredi atque ex inde egredi in cælumque evolare: cuius rei auctorem Lucam Tudensem in eiusdem vita [g], quum hæc scribimus iam in Aprili *Actuum Sanctorum* à clarissimis viris Godefrido Henschenio Danieleque Papebrochio, ad quos misimus, edita, laudare possumus. Fama est ab eodem auctore confirmata, puerulum adhuc, sub Grammatista forsan, cùm abiecta immaturè spe in literis proficiendi è propria domo extra urbem aufugisset: incidisse in cuiusdam putei lapidem frequenti stillicidio perforatum, canalesque in ligno attritu funis aquam haurientis factos: quibus consideratis, & à superveniente quodam de causa rei admonitum, confirmâsse animum, hilaremque in domum rediisse, eo naturæ documento ad confringendas labore improbo quascumque studiorum difficultates persuasum.

63. Quanta autem caritate eum devinctum sibi cùm parentes tum Leander, à quo domi educabatur, habuerint, suavissima hæc ad Florentinam utriusque sororem de eo concepta huius ostendunt verba: *Postremò* (ait [h]) *carissimam te germanam quæso, ut mei orando memineris, nec iunioris fratris Isidori oblivíscaris: quem, quia sub Dei tuitione, & tribus germanis superstitibus* (Leandro nempe ipso, Fulgentio, ac Florentina; at cur nihil de Theodora Leovigildi uxore?) *parentes reliquerunt communes, læti, & de eius nihil formidantes infantia, ad Dominum commearunt. Quem cùm ego ut verè filium habeam, nec temporale aliquid eius caritati præponam, atque in eius pronus dilectione recumbam:*

[a] *Hisidorus, Hisydorus*; & *Ysidorus*. Vide Constant. Caietan. in *SS. trium ord. S. Bened. luminum* pag. 47.

[b] In *Breviario Hispano*, & *Quignonii* apud eundem Caietanum pag. 14.

[c] In *Catal. test. veritatis.*

[d] Cent. 7. cap. 10. §. 8.

[e] *De Script.* cap. 9.

[f] Vide Berneggerum *Miscellan. observat.* 5.

[g] Unde hauserunt Vasæus ad annum DCXXXVII. Mariana lib. 6. c. 7.

[h] In fine *Regulæ*.

bam: tanto eum cariùs dilige, tantoque Iesum exora pro illo, quantò nôsti eum à parentibus terrenis fuisse dilectum.

64. Profecit verò sub Leandro tanto doctrinæ multiplicis, quàm virtutum iis heroicarum dotibus, quas sequens vitæ sanctitas, singularisque facundia, ac per tot libros bonæ frugis plenos sparsa cumulatissimè eruditio, impressumque iis ingenium cunctarum rerum capax, mirabilis copia, nullique alii comparanda encyclopædiæ totius cognitio, ad posteritatem omnem propagavere. Sacris & profanis literis hebræis, græcis, latinis instructum opera clamant, monumentaque aliàs & Breviaria nostra [i] in lectionibus exprimunt. Quamquam ob ignorationem græcæ linguæ nonnulla in etymis peccâsse à Bonaventura Vulcanio excusetur [k].

65. Duos autem educationem sanctissimi ac prudentissimi Leandri insignes adolescenti fructus attulisse novimus. Sub Leovigildi nempe, atque Arianorum sævitia & odio liberè permissus ab eo fuit [l] eloquentiæ doctrinæque viribus Evangelii hostes palam impetere, non sine vitæ, quam Hermenegildus eidem prœlio impendit, discrimine præsentissimo. Re autem Religionis sub Reccaredo in portum deducta, inclusus ab eodem Leandro fratre in cellulam fuisse memoratur, seu potiùs in domesticum carcerem, ad quem cunctarum disciplinarum magistri admittebantur instruendo iuveni, & à sæculi blanditiis in ea ætate, in eaque ab hæreticis pace adhuc magis cavendis, custodiendo. Sequimur in his eiusdem vitæ auctorem. Breviaria autem cohibitum à Leandro fuisse aiunt in propugnatione catholicæ doctrinæ, atque in eidem prosperiora servatum; ne absque ulla profectûs spe fulgentissimum illud, tamdiu Ecclesiæ futurum lumen, quo minùs tempore debuit extingueretur.

66. Sed an à cellæ hac inclusione persuasum fuit nonnullis Isidorum in monachatu vixisse? Nam instituto suo asserunt Benedictini [m], immo & Carmelitani [n]. Atque hi quidem nullo, illi colore aliquo. Regulam enim scripsisse fertur monachis, quæ non alia est nisi Benedictina, *pro patriæ usu, & invalidorum animis decentissimè* (ait Braulio) *temperatam.* Negantque aliis quàm religionem professis, usu olim venisse ut religiosorum legislatores fierent. Attamen ut pro suo agnoscerent, haud sibi persuasere Ioannes Trithemius, Antonius de Iepes [o], alii; nec Arnoldus Uvion [p] ex animi sui sententia, sed ex aliorum relatione in partes ivit. At neque cæteri nostrarum rerum historici [q]. Immo anonymus in *S. Fructuosi abbatis & Episcopi Bracarensis elogio* quodam à Constantino Caietano edito [r], religionis propositum Fructuoso, minimè autem Isidoro, attribuit: quos inter se ibi comparare intendit. Confirmatque Lucas Tudensis [s] his verbis: *Præterea pater exstitit clericorum, doctor & sustentator monachorum ac monialium.* Quibus docuisse eum & aluisse monachos, præfuisse autem clericis non obscurè significat. *Patris* enim appellatio præfecto adaptari solet, uti abbatibus in can. x. Concil. Hispal. II. atque item can. xi. & alibi. Nec *cellæ* quod initio diximus nomen intra claustra restringendum est, cùm ex Redempti relatione quem infrà laudabimus, constet Isidorum iam moriturum è cellula sua, hoc est camera domûs Episcopalis, se fecisse in Ecclesiam deportari; *cellulæque presbyterorum, & levitarum* in can. xxiii. Concilii Tolet. iv. mentio fiat.

67. Braulioni tamen Cæsaraugustano Episcopo attributum alicubi legimus epitaphium SS. Leandri & Isidori, quod scriptum exstare aiunt ad finem *Etymologiarum* S. Isidori in libro Gothico monasterii S. Dominici de Silos: de quo nos suprà meminimus S. Fulgentii res persequentes cap. i. Atqui è literis D. Antonii (*Lupian*) Zapata & Aragon ad Rever. Patrem F. Ludovicum de Mier Benedictinorum Hispanæ Congregationis Romæ Procuratorem xi. Februarii die anni MDCLVII. ex S. Æmiliani monasterio datis, distichon illud:

Crux hæc alma gerit sanctorum corpora fratrum.
Leandri Isidorique, priorum ex ordine vatum,

ita legi in laudato Exiliensi codice comprobare possumus:

Crux hæc alma gerit.... corpora fratrum
Leandri Isidorique parum ex ordine abbatum &c.

Quas literas eiusdem Zapatæ manu scriptas penes me habeo. Nihil tamen id nos removet à saniore iudicio; cùm è manu ista tot male sanæ fictiones prodierint; ordoque abbatum vix est ut imputari præ pontificali dignitate quâ functi ambo sunt, sanctissimis viris ab ineptissimo & rusticissimo poeta, qui Braulio certè non est, mereatur. Quinimmo potiùs monachatui resistit adverbium illud negans, *parùm ex ordine abbatum*. Breviter de his, ne hìc hæreamus cum aliorum invidia.

68. Nescio autem unde originem habuerit scripsisse Marinæum Siculum [t], Arnoldum Uvionem [u], Ioannem Eisensgreinium [x], Sancti Gregorii auditorem Isidorum aliquando exstitisse. Fortean quòd in utriusque operibus magna sit consensio non senten-

[i] Auctor vitæ laudatus. *Brev. Hispan.* apud Caietanum pag. 14. *Cæsaraug.* anni MDLVI. iussu D. Ferdinandi ab Aragonia editum.
[k] Infrà laudando ubi *De etymologiis.*
[l] Vitæ auctor.
[m] Sandoval, Leander à S. Thoma in *Benedictinæ Lusit. additionib.* cap. 3. Caietan. suprà laudatus pag. 18. Quintanadueñas in *SS. Hispalensib.* iv. Aprilis, & uti audio, Ioannes de Cisneros in *Vita* nondum edita *Isidori*, Tamaius in *Martyr. Hisp.* iv. Aprilis pag. 485. & 495.
[n] Casanate in Paradiso suo Carmelitici decoris. Lezana in Annal. Carmelit. ad ann. DLXXVIII. n. 4.
[o] In *Annal. Benedictin.* ad annum DXCIX. cap. 1.
[p] *Ligni vitæ* lib. 2.
[q] Egregiè pro hac parte depugnans Fr. Hermen. de S. Paulo, *Defens. ordin. S. Hieronymi* tit. 9. c. 8.
[r] Pag. 6. in opere suprà laudato.
[s] Chron. lib. 3. in principio.
[t] Lib. 5. *De rebus Hisp.*
[u] Lib. 2. *Ligni vitæ* cap. 24.
[x] In *Catalog. test. veris.*

tentiarum tantùm, sed & verborum. Observavit iam Lucas Tudensis lib. 2. *contra Albigenses* cap. 4. ad extraordinariamque Spiritus Sancti operam id referre non dubitavit. Quo alusisse videbitur fortasse aliquibus Prudentius Trecensis *Adv. Erigenam De prædestinat.* cap. 2.[y] Frustra[z]; cùm nec iccircò plagiarius sit qui frequenter alterius flores decerpere amat, uti Isidorus aliorum præcipueque Gregorii fecit, quem in paucis reveritus fuit. Nec dissimulavit ipse, dum præfatur in *commentaria* sua *in vetus Testamentum*, sumsisse ea se *ex Origine*, *Victorino*, *Ambrosio*, aliis, *ac nostris* (ait) *temporibus insigniter eloquenti Gregorio.* Itidem Braulio, *sententiarum* tres libros *floribus* (inquit) *ex libris Papæ Gregorii moralibus* eum *decorâsse*. Fortè quia Isidorus alius Siculus auditor S. Gregorii fuisse dicitur, ut ex Constantii Felicis Calendario, & Ferrario in Notis sui sanctorum catalogi die XV. Ianuarii constat: ad Sanctum Isidorum nostrum, uti ad notiorem altero, converterunt se huius rei auctores. Auctor quidem Vitæ refert cognitum Gregorio Isidorum ex epistola quam *De beatitudine*, Leandro instigante, ad eum direxit; adiungitque prodigium quoddam; ad Gregorii sive ipsius Isidori preces miraculo hunc portatum Romam nocte ipsa Dominicæ Nativitatis, dum officium matutinum à S. Pontifice in Ecclesia perageretur; & post commissos inter utrumque suavissimos amplexus, eâdem nocte ad Ecclesiam Hispalensem reversum, clericos suos canere adhuc matutinas laudes invenisse[a]. Quod miraculum, nisi fideli nitatur alio testimonio antiquitatis, fidem non facilè inveniet.

69. Ex iis autem quas diximus providentissimæ custodiæ latebris, diem suum Leandro obeunte, ad successorem eius in Ecclesia Hispalensi Episcopum, non sine vi, Isidorus fuit extractus. Quam cathedram quadraginta ferè annis tenuit, Ildephonso teste[b]. Unde cùm anno DCXXXVI. vitam cum morte commutârit: fateri cogimur circa DXCVI. vacuum ei locum fratrem Leandrum reliquisse (1). Præfuit quidem noster Toletano illi, quod pro confirmando Gundemari decreto coactum fuit, Concilio[c], anno huius sæculi X. deinde Hispalensi II.[d] sub Sisebuto DCXIX. Cuius Concilii canon decimus tertius (occasione cuiusdam eò intromissi Syri Episcopi ex Acephalorum secta, quem huic errori in eodem renuntiâsse patrum cœtu superiùs retulerat canon): invectivam adversus eandem sectam continet, ab Isidoro, ut verosimile est, dictatam: quâ mirabili perspicuitate, copia & vi doctrinæ, argumentorum ex sacris libris & sanctorum Ecclesiæ patrum testimoniis, hæresin istam duarum in Christo naturarum proprietatem abnegantem, deitatemque passibilem asserentem, Doctor eximius refutavit. Huius sectæ inde appellatæ quòd ignoraretur eius auctor, idem Isidorus præter alios meminit lib. 8. *Etymolog.* cap. 5. Qui & præfuit IV. Toletano Concilio Episcoporum LXX. aut circiter, anno DCXXXIII. sub Sisenando Rege celebrato.

y In edit. eorum auctor. qui nono sæculo *De prædest.* scripserunt tom. 2. pag. 215.

z Vide Theophilum Raynaudum *De bon. & malis libris* partit. 1. erotem. 10. n. 275.

a Referunt Ægid. Gonzalez in *Theat. Hisp.* p. 20. Tamaius IV. Aprilis pag. 493. Quintanadueñas in *SS. Hisp.* pag. 150.

b Ubi suprà cap. 9.

c Edit. Loaisæ pag. 265.

d Ibidem pag. 294.

70. Confirmâsse verò eius in Episcopum electionem, atque eundem in Sedis Apostolicæ legatum & primatem creâsse Gregorium Papam, vereor ne absque sufficienti fundamento in Breviario quodam[e], & à Luca Tudensi[f] scriptum sit. Demus tamen postremum hoc Breviariis nostratibus, & natali loco Hispali, quod & Baronius admisit[g]. Increbuit quoque apud Breviaria quædam nostra[h] opinio, venisse aliquando Romam Isidorum à summo Pontifice Gregorio evocatum cuidam ut Concilio interesset, ibique tanta auctoritate ac pondere sententiam dixisse, ut uni ei ceteri patres detulerint. Id quod Vitæ auctor, sive Tudensis sive alius sit, confirmat, miracula in reditu ab eo patrata in literas referens; admittuntque ex parte historici recentiores nostri[i]. Quæ non minus quàm superiora probabili (iudicio nostro) ratione deficiuntur; cùm S. Gregorii postremis annis, quibus æqualis fuit Isidorus, atque item eiusdem successorum Sabiniani, Bonifacii III. Bonifacii IV. Deus-dedit, Bonifacii V. & Honorii I. sub quo exstinctum est lumen hoc Hispaniarum, temporibus; non ullum generale Concilium in urbe celebratum fuerit, quò debuerit evocari præsul Hispalensis.

71. Nec mirum has persuasiones passim induere veritatis vultum in Ecclesiasticis etiam voluminibus, cùm & inter Decretales epistolas locum sibi quædam fecerit Deus-dedit Papæ ad Gordianum Hispalensem[k] Episcopum inscripta (qui Deus-dedit ab anno vixit in Romano pontificatu DCXIV. usque ad DCXVII. dumtaxat, in me-

e Apud Caiet. p. 14. Referunt Ægid. Gonzalez in *Theat. Hisp.* Tamaius IV. Apr.

f Chron. lib. 3. in principio, & *vita Isidori.*

g Ad annum DCXXXVI.

h *Brev. Cæsaraugust.* ann. MDLVI. Alterum Hispanis generale apud Caietan. pag. 15. Refert Padilla cent. 7. cap. 22.

i Morales lib. 12. cap. 21. Negant tamen Io. Marieta *De SS. Hisp.* lib. 5. cap. 24.

k Aliàs est *Hispaniensem* apud Anselmum, Burchardum, & Luitprandum. Vide notam Th. Tamaii *ad Luitprandum* pag. 37.

(1) Remigius Cellierius (*Hist. des Auteurs Sacr. & Eccl. Tom. XVII. cap. 29. in Isidoro, pag. 622. n. 2.*) è binis quæ exstant Gregorii M. ad Leandrum & ad Reccaredum Regem literis anno DXCIX. directis: superstitem tunc Leandrum fuisse, ac proinde Isidorum non antè Fratri in Episcopatu successisse affirmat. Urget tamen Ildefonsus apud quem (*De Script. Eccl. c. IX.*) legimus: *annis fere quadraginta tenens pontificatûs honorem.* Existimarem τὸ *fere* biennii trienniive spatium complecti, rotundumque numerum pro fracto ab Ildefonso poni. Braulio *in Prænotatione* Isidori Episcopatûs annos non exprimit.

medio ipſo (fere quadragenario) Hiſpalenſi Iſidori pontificatu) neque Gordianus aliunde quàm ex iſta falſæ inſcriptionis epiſtola ſuis, ut præfert, notus ſit Hiſpalenſibus antiſtes. Temerè enim Iſidoro tribuitur aliquanti temporis Malacæ exſilium, quo (aiunt [l]) Gordianus eius occupavit locum: quaſi aliquam veri habeat ſimilitudinem tam Iſidorum quàm Eccleſiam Hiſpalenſem calamitatem hanc perpeti ſub catholiciſſimis Regibus potuiſſe, aut Romanum Pontificem cum Gordiano huius Sedis uſurpatore ſic benignè commutâſſe literas.

72. Obiit abſque ulla controverſia ſexto ſupra triceſimum huius ſæculi anno. Eram enim DCLXXIV. quácum iſte concurrit, aſſignavit Redemptus eius clericus, ſive archidiaconus (ad quem ipſius exſtat Iſidori alias inter epiſtola [m]) in ſanctiſſimi præſulis aſſumtæ ante obitum pœnitentiæ atque eiuſdem obitus expoſitione lectu digniſſima, atque eo quidem certiſſimo antiquitatis monumento. Hic primus fuit Chintilæ Regis annus; quare temporibus Heraclii & Chintilæ ſeu Chintilani deceſſiſſe, Braulio rectè annotavit. Nec diverſâ it Ildephonſus, qui floruiſſe eum temporibus Reccaredi, Liubanis, Witterici, Gundemari, Siſebuti, Svinthilani, & Siſenandi Regum, Chintilano, ait, prætermiſſo; vix enim ad eius ætatem pertinere Iſidorum credidit, ſub cuius regni exordium ad ſuperos abiit. Convenit quòd deceſſerit pridie nonas Aprilis, & poſt quartum à Paſchate diem, quod eo anno pridie Calendas eiuſdem menſis fuiſſe obſervavit vir doctiſſimus Ioannes Grialius [n], & poſt eum, immemor tamen illius operæ, Conſtantinus Caietanus [o].

73. Qui ab hoc anno diſcedunt, Tudenſis nempe & Cæſarauguſtani Breviarii auctor, qui eram DCLXX. ſeu annum DCXXXII. Breviarium commune Hiſpaniæ antiquum, qui annum DCXXXV. Scriptor iam laudatus eius Vitæ qui DCXXII. Arnoldus Uvion qui DCXLII. vel circiter, conſtituêre Iſidori poſtremum; in rectam, quam oſtendimus, viam reducendi ſunt. Nam & è Conciliorum actis liquidò conſtat vixiſſe adhuc anno DCXXXIII. quo Toletano IV. Concilio interfuit; diemque suum ante annum DCXXXVIII. obiiſſe, quo habitum fuit ſextum Toletanum, Honorato iam Sedis Hiſpalenſis antiſtite [p]. Ambroſius quidem noſter Morales anno uno mortem anticipat, ſcilicet DCXXXV. quoniam ſequenti celebratum credit Toletanum Concilium ſextum. Hiſpali autem ſepultus, poſt aliquot ſæcula tranſlatus Legionem fuit, & in templo ab eius nomine dicto magna cum religione, & miraculorum oſtentis, Ferdinando I. Caſtellæ ſimul & Legionis Rege, in reſurrectionis ſpem depoſitus.

74. Id cùm ſit certiſſimum, quærendus eſt Bononienſi urbi ampliſſimæ Iſidorus alter, quem in ſua Cæleſtinorum ſacra æde in poſterum veneretur. Quamvis enim huius Scriptores [q] conſtanter affirment Iſidorum noſtrum Româ redeuntem Bononiæ obiiſſe, Benedictini cuiuſdam monachi Chronico circa annum MCLXXX. in eadem Eccleſia relicto fidem habentes: non eius notæ hic auctor eſt, qui perpetuæ tot ſæculorum quæ nobis favent confeſſioni contrà ſtare audeat; viderive dignus poſſit, quem tot ſic magni nominis concedant hiſtorici. Rem à Caietano [r] actam non iteramus: qui quidem auctor ad alium Italo-Siculum Iſidorum Epiſcopum ſuprà à nobis memoratum, qui XV. die Ianuarii ſuum in faſtis [s] habet locum, Bononienſes homonymiâ deceptos manuducit: cui eius germanus frater Octavius Caietanus in *Vitis ſanctorum Siculorum* [t] vix conſentit: aliter atque Ferdinandus Ughellus in *Italia ſacra* [u]. Patres Ieſuitæ doctiſſimi qui *Acta Sanctorum* edere pergunt adeundi ſunt ad IV. Aprilis diem.

75. Sed quia Iſidorianæ hiſtoriæ enarratoribus libenter ea quæ de eo comperta ſunt exponenda relinquimus, eò ferè intenti ut de falſo aut non ita certè iactatis, quod non ſic vulgò agitur, hæc legentes bona fide moneamus: explodenda ſuccedit nunc, antequam ſtilum enumerandis Iſidori operibus accingamus, de Machometo in Hiſpaniis Cordubæ aut alibi ab eodem viſo fugatoque, quorumdam hominum traditio, quibus de antiquis rebus diiudicandi ac cenſendi non ſumma fuit ſagacitas. Lucas Tudenſis Epiſcopus, qui duodecimo ſæculo vixit, niſi fallor traditionis prora, & puppis eſt. Hic in Chronico ſuo, quo Iſidorum eiuſque Ildephonſinam appendicem interpolavit, ſub era DCLXXIV. Machometum in exordio ſuæ prædicationis adiiſſe Hiſpaniam, Cordubæque ſuæ perditionis ſectam docuiſſe refert; Iſidorum autem revertentem è Romana curia de hac re certiorem factum quoſdam præmiſiſſe qui eum caperent; Machometum verò à diabolo admonitum aufugiſſe, & per Africam ad propria repedâſſe. Idem ſub era DCLIII. & Siſebuto Rege, *Mahomet ab Hiſpania turpiter fugatus* (ait) *in Africa nequitiam nefariæ legis ſtultis populis prædicavit.* Hanc ipſam pſeudo-hiſtoriam reperire eſt in vita Iſidori quam ſæpiùs laudavimus incerti auctoris, aut forſan eiuſdem Tudenſis, qui collo-

[l] Ægid. Gonzalez in *Theat. Hiſpal. Eccleſ.* p. 27. Tamaius IV. Aprilis, & alii ex Luitprandi quiſquiliis ad annum DCLIX. num. 323. & in *collect. carmin.* p. 152.

[m] In edit. Pariſ. Iacobi de Breul. pag. 488.

[n] In Notis ad Redempt. hanc *Relationem* editionis Matrit. Pariſ. Breulii ante operum elenchum.

[o] Ubi ſuprà pag. 38.

[p] In hoc obitûs anno DCXXXVI. conſentiunt cum Redempto Baronius tom. 8. ad hunc ann. Padilla cent. 7. cap. 22. fol. 218. Ribadeneyra in *Flore SS.* IV. Aprilis. Auctor *catal. Regum Gothorum* in edit. Concil. Loaiſæ.

[q] Donatus Puniellus in *Chron. Eccleſ. S. Stephani Bonon.* Uvion lib. 2. *Ligni vitæ* cap. 24. & alii in *Actis ſanctorum* laudati die IV. April. in comment. prævii §. 2. num. 6.

[r] Ubi ſuprà pag. 39. & ſequentibus.

[s] Uvion lib. 3. *Ligni vitæ* Conſtant. Felix in *Calend.* Ferrarius in *catal. SS.* hoc die.

[t] Tomo. 1. pag. 225.

[u] In *Epiſc. Bononienſ.* tomo 2. tit. 1. fol. 11. in *Petro Epiſc.*

loquium Machometi cum diabolo satis prolixum, tamquam si præsens tunc iis adfuisset, aliaque non minus absona & incongrua intexit.

76. Nec mirum si tam novæ ridiculæque & absurdæ rei calculo suo ficulneo Toletana pseudo-historicorum tribus faverit. Maximi hæc sunt [x]: *Machumetus, homo impius & flagitiosus, grassatur per Hispanias.* Quæ quidem in fragmento nostro desiderantur. Luitprandus sæpe [y]: *Machumetus, qui virus erroris sui fundens per Hispaniam, Cordubæ, Hispali, Toleti cœpit seminare, ab Aurasio Toleti Archiepiscopo Toletano* (*Toleto* potiùs) *pulsus; catholicique doctores verbo & scripto nefarium errorem persequuntur.* In fragmento nostro paulò aliter conceptus hic locus exstat, desuntque omnino quæ de catholicorum Doctorum scriptis audivimus. Item alibi post octennium transactum [z]: *Machumetus pseudo-propheta Cordubæ prædicat.* Desunt in fragmento. Tandemque innuit Hispanias reliquisse morosum hunc tot annorum hospitem, & ad annum DCXIX. libros erroris sui in Arabia vulgâsse. Tudensem secutus fuit, ut solet, auctor *Historiæ generalis* [a], cui Alphonsus noster X. sapiens nomen dedit.

77. Hac via pergunt fabulæ huic plaudentes è recentioribus nonnulli [b]. Ex quibus omnibus, aut nullius prorsus aut saltem lubricæ plerumque fidei, testimoniis, cinnus hic fabularum colligitur: pseudo-prophetam illum nequissimum plusquam septennii spatium errores suos docentem apud nos contrivisse, Toletoque ab Aurasio Episcopo eiectum anno DCVII. adhuc tamen anno DCXV. Corbubæ prædicâsse, atque Africam inde petivisse. Adiungunt alii [c], cùm ocurrisset is Isidoro nostro prognosticum ab hoc ex vultu eius factum, pestem aliquando illum hominem Ecclesiæ futurum. Unde Iurisconsultorum filii ad firmandum ex oris fœditate iudicium delicti exemplo isto passim utuntur [d]. Quas tamen historiæ tenebras oriens veritatis sol statim dissipabit.

78. Pseudo-propheta hic postumus Abdallæ patri ortus est anno DLXVIII. aliis DLXX. in valle, ut appellant, *lapidosa*, urbis Mecchæ Arabiæ Felicis. Usque ad octavum ætatis, DLXXVI. sive DLXXVIII. scilicet, educatus fuit ab avo Abdelmutalib, deinde hoc decedente, à patruo Abutalib. Adolescens, ut alere se atque uxorem ducere posset, locavit operas Chadighæ feminæ diviti: à qua impositus curæ camelos pascendi, sive & caravanam, seu caphilam (ita vocant camelorum expeditionem aliò portantium onera mercimonii causa) ducendi, Chadighæ adeò placuit, uti & ei ætatis annum XXV. agenti, nempe DXCIII. aut DXCV. nuberet, ex quo septem peperit liberos; vixitque in matrimonio eius XXIV. annis, usque ad DCXVII. sive DCXIX. Priusquam autem Machometus huic coniungeretur, occasione in Syriam aliasque regiones propinquas vehendi merces, cum Iudæis & Christianis de religionis re contulit; nec tamen usque ad ætatis annum quadragesimum, Christi DCVIII. aut DCX. spiritu diabolico abreptus pseudo-prophetare cœpit. Novem tamen ei tantùm homines per quadriennium crediderunt. Anno autem DCXII. aliàs DCXIV. ætatis XLIV. manifestavit se, adversùs eos qui dictam sibi legem aversarentur vi admota. Sequentibus usque ad DCXXII. cum Coraisitis, hoc est idololatris, continuò decertans, parvo tamen Islamismi seu sectæ suæ profectu, hoc tandem anno migravit, aufugitve potiùs, ex Meccha Medinam, annum agens ætatis LIV. sive LII. postquam contra eosdem Coraisitas, Iudæos, aliosque intra Arabiam prosperè bellum ferè semper gerens, exstinctus demum est anno Hegiræ, hoc est fugæ in Medinam, undecimo, Christi DCXXXIII. aliàs DCXXXI. Sisenandi Gothorum Regis primo tertiove. Constant hæc omnia ex arabibus, græcis, latinisque Scriptoribus. Annum exitûs à Meccha in Medinam, hoc est Hegiræ, primum constituunt omnes accuratè id pertractantes vicesimum secundum supra sexcentesimum Christi à Iulii die XV. [e] Undecimo autem Hegiræ obiisse eum tradit Elmacinus (qui Muhamedis Abugiafaris antiquiorem aliam defloravit) in *historia Saracenica* lib. I. cap. I. quod tempus mortis anno concurrit DCXXXIII. aut circiter, habito ad Arabicorum vulgarium annorum diversitatem respectu. Unde annis Arabicis sexaginta tribus, seu vulgaribus LXI. quos eum vixisse idem refert Elmacinus, detractis; eadem diversitate annorum considerata, quorum Arabicus undecim diebus minor vulgari est, sexagintaque Arabici totidem vulgaribus ferè biennio minores sunt: annus Christi DLXXII. Machometo natalis deducitur.

79. Quadragesimo verò ætatis, hoc est intra spatium quod intercedit inter annum DCVIII. & DCX. instillare nefaria dogmata quibusdam tantùm clamque cœpisse, & profectu quidem adeò exiguo ut intra novem constiterit, ferè omnes domesticos; vocationis autem, ut loquuntur Arabes, seu furoris potiùs, quarto anno palam efferentem se & ad legis promulgationem vi & armis usum, per singulos usque ad sexcentesi-

[x] Ad ann. DCVI. num. 2.

[y] In Chron. ad ann. DCVII.

[z] Ad ann. DCXV.

[a] I. par. c. 40.

[b] Alph. Spina, Warnerus de Rolevink, Quintanadueñas Bleda, Vasæus, & quædam Breviaria apud Tamaium IV. Apr. pag. 493.

[c] S. Antoninus in Hist. tit. 13. cap. 2. §. 6.

[d] Vide Mascard. *De probat.* tom. 2. conclus. 831. n. 29.

[e] Cum pluribus Ricciolus in *Chronol. reform.* lib. I. c. 24. Iacobus Golius in notis ad Alfergani elementa astronomica pag. 55.

ſimum viceſimum ſecundum, ſive Hegiram aut fugam, partim ſermone inducendis, partim gladio cogendis ad Islamiſmum (ſectam hanc ita vocant perfidi Machometani) dediſſe operam, idem narrat Elmacinus [f]: cui ferè in omnibus convenit Georgiùs Abulfaraius in *Hiſtoria Dynaſtiarum*, quam Thomas Erpenius vulgarem dedit ex Arabica [g]. Immo & ipſe Machometus in Alcorano expreſſit [h] ſe uſque ad hunc annum in patria manſiſſe. *Utique tranſegi apud vos* (ad Mecchenſes ait) *tempus aut ætatem*: nempe, ut interpretatur Beidavi Arabum doctiſſimus, *ſpatium quadraginta annorum*; indeque proverbium apud eoſdem invaluit Arabas: *Non ſuscitatur propheta, niſi poſt annos quadraginta.* Idem ex Ben-Caſem tradit Gabriel Sionita *De urbibus & moribus Orientis* cap. 8 [i]. Exſtant in publicis bibliothecis plures falsi prophetæ rerum deſcriptores, Seid Muſtapha filius Haſenis, aliàs Genabi, Mirchondi, ſive Emir Choand auctor *Muhàmedim*, ſive vitæ Muhamedis, & alii.

[f] Eodem c. 1. n. 4. & ſequentibus.

[g] *Dynaſtia* IX. pag. 101. & ſequentibus.

[h] Sur. *Ionæ* pag. 340. verba affert Hottingerus in *Hiſt. Orientalis* lib. 2. c. 4. pag. 398.

[i] Apud eumdem Hottingerum p. 440.

80. Conſulantur hæ à peritis hiſtoriæ. Nîl, credimus, de peregrinatione hac ſive expeditione Hiſpanica, angulis excuſſis omnibus invenient. Laudat quoque Petrus Bellonus libro 3. *Memorabilium* cap. 1. Turcicum librum magni apud eos habitum, *Aſear* nomine, totius vitæ Machometi ordinem continentem: in quo non alibi peregrinatus ille extra Arabiam, quàm in Syria, Palæſtina, Ægypto, Perſiaque fuiſſe legitur. Hinc excluditur cùm prædicatio Machometi in Hiſpaniis ante hanc ætatem, tum quòd iam id egerit anno DCVI. ut ait Pſeudo-Maximus. Quod autem ſequitur tempus uſque ad fugam anni DCXXII. Mecchæ, aut in locis vicinis, operi manſiſſe intentum; idem Elmacinus ſatis innuit, & è noſtris Rodericus Toletanus in *Hiſtoria Arabum* [k]. Narrant inde Elmacinus & Abulfaraius res eius geſtas ſingulis annis uſque ad decimum, aliàs undecimum Hegiræ, quo deceſſit. Quo temporis intervallo minus potuit ab ea regione, in qua bellum gerebat præſens, abſcedere. Similiter græci cum Theophane hiſtorici res geſtas Machometi omnes intra Arabiæ fines conſtituunt, non alibi graſſatum referentes; ipſi tamen in errorem, quandoquidem Arabibus credere de ſui prophetæ rebus ſatiùs exiſtimamus, delapſi: dum obtinuiſſe nefariam hanc ſectam vivo Machometo XXIX. annis, primus Theophanes in *Chronographia* [l] ſcriptum reliquerit. Cuius verba ferè deſcripſerunt è Græcis Cedrenus in *Compendio* [m], & Conſtantinus Porphyrogenneta [n]: è Latinis Anaſtaſius Bibliothecarius [o], & Paulus Diaconus [p]. Sic nempe partiti hoc tempus, ut Anaſtaſii verbis latinis hæreſis hæc tenuiſſe dicatur partes Ethribi, ſub eius promulgatore, *primùm occultè annis decem, & bello ſimiliter decem, & manifeſtè novem*, hoc eſt, XXIX. annis. Cùm verè à pſeudo-prophetiæ initio, ſeu quadrageſimo ætatis Machometi anno, ad ſexageſimum tertium aut quintum, quos ei Elmacinus aſſignat, nonniſi XXIII. aut XXV. effluxerint.

[k] Cap. 3. 4. 5. & 6. in corpore *Hiſpan. illuſtr.* tom. 2. pag. 162. & cum Elmacino.

[l] Edit. Pariſ. pag. 278. anno Heraclii XXI.

[m] Edit. Pariſ. pag. 421.

[n] *De admin. Imp.* cap. 17.

[o] In *Hiſtoria* edit. Pariſ. pag. . . .

[p] *Hiſtor.* lib. 18.

81. Sed eſto, nullus Machometanis expeditionibus fines præſcripſerit. An non à ratione ipſa ducimur aut veriùs cogimur ad eliminandam longè ab hiſtoriæ caſtris Hiſpanienſis eius expeditionis fabulam? Quo enim linguæ commercio niſus Machometus Arabs camelarius, non græcæ, non latinæ gnarus, Hiſpanam gentem Arabicæ inſciam, dudum Chriſtianam & iam catholicam, ſub Reccaredo Rege victorioſiſſimo æquè ac piiſſimo, literis & armis florentem, ſagaciſſimam ac propoſiti tenaciſſimam, ſtupidis dolis ſuis & machinationibus, Gabrielis archangeli ſibi apparentis legemque dictantis, abſurdiſſimarumque aliarum inventionum, quæ in Alcorano continentur, præſtigiis, vix penes Arabes barbaros [q] nulliuſque religionis doctrinæ compotes, fidem habituris, decepturum ſe, & ad ſuam, beſtiarum potiùs quàm hominum perverſiſſimam ſectam, è Chriſtianæ legis throno præcipitaturum ſperaverit?

82. Inhiabat ille Chadighæ uxoris divitiis, quæ nupta ei manſit ab anno ante inſpirationem, ut loquuntur Arabes, quinto decimo, uſque ad annum poſt eam nonum (uti Abunazarus ſcribit [r]) ſcilicet ab ætatis viceſimo quinto ad quadrageſimum nonum, ſive ut rationi chronologiæ communis iuxta differentiam paulò antè aſſignatam inſiſtamus, ab anno DXCIII. uſque ad DCXVII. aut circiter. Inhiabat libertati aſſerendæ gentis ſuæ, inhiabat imperio, & quidem occaſionem nactus provinciæ tot inter Idolatrarum, Iudæorum, Neſtorianorum, Iacobitarum, Melcitarum, ſive Græcorum, & Orthodoxorum diſſidia fluctuantis; bellorumque inter Coſroam Perſarum & Heraclium Romanorum Imperatores tum temporis ſævientium: non temerè potuit rebus turbatis fruiturum ſe ſperare. Ac decipient nos vaniloqui dicentes, Machometum, ſive conſilio proprio ſive diabolica perſuaſione, invitanti è proximo huic ampliandarum rerum ſuarum ſpei ſic temerè inepteque renuntiâſſe; derelictiſque patria & gente ſibi nota ac devota apud quam divitiis & cognatione florebat, populum alium in ultimo Occidente poſitum,

[q] Videnda deſcriptio huius gentis eo tempore apud Greg. Abulpharaium in *Hiſtor. Dynaſtiarum* iam laudata, *Dynaſtia* 9. pag. 100.

[r] Apud Hottingerum lib. 1. cap. 1. pag. 318.

tum, nullis viribus, nulla hiſpani ſermonis, aut morum, aut nationis cognitione tentare nugivendulum animo ſuo propoſuiſſe, novennalique intervallo temporis fruſtrà, veluti Ixionem alterum, lapidem hunc versâſſe? Apage, ut Scriptoribus ſive ſuppoſititiis ſive ex antiquitatis ignoratione ſibi ipſis facilè illudentibus, qui tam abſurda hæc nobis admittenda propinant, in meridie literarum ac doctrinæ omnis perſpicaciter iam videntibus aſſurgamus; & non potiùs cum viliſſimis his mercibus ſuis illuc eos amandemus, ubi homines plumbei & væcordes habitant,

Vervecum in patria craſſoque ſub aere nati.

83. Franciſci quidem Bivarii hominis eruditione præſtantis miſeratione ſæpiùs tangor, qui ſagax neque vulgariter inſtructum ingenium ita his obnoxium terriculamentis habuit, ut vel non leviter ab huius fabulæ abſurditate permotus, non auſus tamen fuerit hoc in manus arrepto Ariadnæo filo aliquando ſeſe in lucem è labyrinthæis ficulneo-Toletanæ hiſtoriæ his tenebris vindicare. Aliter prorſus ii de hac cenſent fabula, quorum ingenia (ut cum Iuriſconſultis loquar) in tutelam ſuam iam venerunt [s] (1).

[s] Ambr. Morales lib. 12. c. 21. fol. 128. Franciſcus Padilla cent. 7. c. 22. fol. 218. Mariana lib. 6. cap. 3. Rodericus Garus *ad Maximum* folio 215. & mirum quòd Ioannes Tamaius IV. Apr. pag. 493.

84. Doctrinam ſanctiſſimi patris Iſidori opera eius produnt tot retrò ſæculis & uſque nunc clariſſima: quæ omnis poſteritas, directis ad ſæculum quo vixit oculis admirata, & nunquam non admiratura eſt. Hinc theologi, iuriſprudentes, philologi, grammatici, perennem aquam ad areolas ſuas derivavere. Immenſam eius eruditionem, ac ſingularem pietatem omnes pari loco eoque ſummo habent. Veteres, ſibique æquales, & quos ſequiora tempora protulerunt, hiſtoricos, conciliares congregationes, ſummos Eccleſiæ antiſtites, & ſummos quoſque omnium gentium, & quarumcumque diſciplinarum Scriptores adeò ſibi devinxit veneratione ſui, fructuoſæque operæ nunquam limitatâ aut ceſſante beneficentiâ noſter Iſidorus: ut vix alius, è primi etiam ſubſellii & dignitatis patribus, nomen ſuum frequentioribus omnium ordinum laudibus commendatum ad poſteros propagaverit. Potuitne magnificentius quicquam his Concilii Toletani VIII. decem & ſeptem dumtaxat poſt eius obitum annis celebrati verbis de eo concipi? *Noſtri quoque ſæculi doctor egregius, Eccleſiæ catholicæ noviſſimum decus, præcedentibus ætate poſtremus, doctrinæ comparatione non infimus, & quod maius eſt, in ſæculorum fine doctiſſimus, atque cum reverentia nominandus Iſidorus*, &c.

85. Quid verò de eiuſdem eloquentia S. Ildephonſus [t], eius ut fama eſt in Hiſpalenſi collegio diſcipulus? *Vir* (inquit) *decore ſimul & ingenio pollens. Nam tantæ iucunditatis affluentem copiam in eloquendo promeruit, ut ubertas admiranda dicendi ex eo in ſtuporem verteret audientes, ex quo audita bis* [u], *qui audiſſet, nonniſi repetita ſæpius commendaret.* Quid Braulio [x] Cæſaraugustanus Epiſcopus, eius & ipſe ut creditur auditor? *In quo quiddam ſibi antiquitas vindicavit, immo noſtrum tempus antiquitatis in eo ſcientiam imaginavit, vir in omni locutionis genere formatus, ut imperito, doctoque ſecundum qualitatem ſermonis exiſteret aptus, congrua verò opportunitate loci incomparabili eloquentia clarus. Quem Deus* (inferiùs ait) *poſt tot defectus Hiſpaniæ noviſſimis temporibus ſuſcitans* (*credo ad reſtauranda antiquorum monumenta, ne uſquequaque ruſticitate veteraſceremus*) *quaſi quandam appoſuit deſtinam* [y], *cui non immeritò illud philoſophicum* [z] *à nobis aptatur. Nos, inquit, in noſtra urbe peregrinantes, erranteſque tamquam hoſpites, tui libri quaſi domum reduxerunt, ut poſſimus aliquando, qui, & ubi eſſemus, agnoſcere. Tu ætatem patriæ, tu deſcriptiones temporum, tu ſacrorum iura, tu ſacerdotum, tu domeſticam publicamque diſciplinam, tu ſedium, regionum, locorum, tu omnium divinarumque humanarumque rerum, nominum genera, officia, cauſas aperuiſti.* Quod, Marco Varroni datum olim à Cicerone elogium, quàm noſtro Chriſtiano Hiſpaniarum Varroni conveniat propter maximum præcipuè *Etymologiarum* opus, deinde videbimus.

[t] Libro *De Script.* ſeu *De viris illuſtrib.* cap. 9.

[u] Ita legitur pro *is* in pluribus exemplaribus.

[x] In *elogio*, ſeu *vita* eius una cum operibus S. Doctoris.

[y] *Fulcimentum*, aut *ſubſtructionem* credo. Ita Chorippus loquitur, ubi ad eum viri docti, & Vitruvius habere hoc verbum in MSS. dicitur lib. 5. *De architect.* cap. ult. ut notat Philander. Hic autem *vincula* interpretatus diſplicuit Barthio lib. 15. *Adverſ.* cap. 13. Huius vocabuli mentio eſt in *Chron. Fontanellenſi* apud Dacherium. to. 3. *Spicileg.* pag. 193. immo apud ipſum Iſidorum lib. 2. *Sentent.* 40. in antiquis exemplaribus quos vidit Loaiſa. Vide huius notas lit. G. & Fulgentium epiſt. 1. cap. 2. quem videtur Braulio expreſſiſſe.

[z] Ciceronis lib. 1. *Acad. quæſt.*

86. Britanniæ Epiſcopi ad Leonem IV. qui Romæ ſedit anno DCCCXLVII. & ſequentibus, teſtimonia Auguſtini, Hieronymi, & Iſidori noſtri ſcribentes, laudaverant. Quibus ille reſpondit [a]: *Tunc ſi illorum, quorum meminiſtis, dicta Hieronymi, Auguſtini, Iſidori, vel ceterorum ſanctorum Doctorum ſimilium, reperta fuerint, magnanimiter ſunt retinenda ac promulganda.* Quam Leonis approbationem iure extollit mirè Iſidorum commendans Hiſpanus quoque Prudentius Trecenſis Epiſcopus in li-

[a] Epiſt. 2. ad Epiſcopos Britanniæ, quæ verba deſumſit Gratianus in c. *De libello* 20. diſt.

(1) Nimis hæc prolixe, ut vel Fabium valeant delaſſare; cum ad exſufflandam de Mahometi in Hiſpaniam itinere atque adventu næniam ſatis eſſent ſuperque adducta à Noſtro Elmacini, Abulfaraii, Mahometique ipſius teſtimonia, ad quos Lectorem oportuit manuducere. Sed neque ad rem Bibliothecæ Hiſpanicæ attinebat quicquam res à Mahometo geſtas tam curioſe inquirere, eiuſque hiſtoriam ab ovo quod aiunt gemino exordiri. Atque exiſtimo quæ de Mahometo Noſter hoc loco tradit ab Eodem ſupprimenda, ſi longius ipſi ævum obtigiſſet propriis laboribus expoliendis atque evulgandis.

libro *De prædestinatione adversus Ioannem Scotum Erigenam* cap. 11. cuius verba infrà dabimus. Sub idem tempus Hincmarus Rhemensis Episcopus *De prædestinatione* similiter scribens cap. 9. Isidorum quodammodo taxavit, *virum* quantumvis *doctum* fateatur, *& legentibus in multis proficuum*; de assensu dato eorum operibus, adversus quos olim Prosper Aquitanus scripserat: eò quod in libris *Sententiarum* dixerit geminam esse prædestinationem, sive electorum ad requiem, sive reproborum ad mortem: quasi prædestinationi favens qui ante merita aliquos ad mortem, eodem modo atque aliquos ad vitam, prædestinari dicebant. Iniuriam autem sanæ catholicissimi doctoris doctrinæ famæque illatam ab Hincmaro ratio ipsa dispulit; eaque fultus Ratramnus monasterii Corbeiensis monachus *De prædestinatione* ad Carolum Calvum lib. 2. sub eandem Hincmari ætatem scribens, non solùm Isidorum de prædestinatione malorum ad poenam propter prævisa peccata, ex more loquendi sanctorum patrum, latissimè ac liquidissimè interpretatur; sed & ipsum *sanctum vitæque meritis & sapientiæ lumine præclarum* appellat.

87. Prudentius uti diximus Trecensis, seu Tricassinus, antistes eidem argumento, & explicandæ Isidori sententiæ addictus in laudato *adversus Erigenam* opere [b], B. Isidorum ait *sicut doctrinæ & Fidei, ita dignitatis atque officii* S. Gregorii Papæ magni *socium*, eius doctrinam *in causa Fidei catholicis omnibus congruentem multa annositate temporum, & probabilem & susceptam*; & à Leone Papa noviter commendatam, eiusque auctorem cum sanctis patribus eodem honore & dignitate annotatum referens. In Conciliis pluribus Gallicanis eiusdem ferè temporis, quod Caroli magni & Ludovici Pii Cæsarum religio prosperavit, laudatur, eiusque testimonia referuntur [c]. Præcipueque Aquisgranense sub Ludovico Pio anno DCCCXVI. celebratum verbis ac documentis clarissimi nostri doctoris magna ex parte constat. Isidori Pacensis nostri, aliàs iunioris, testimonio iam ante sæculum integrum scribentis, *magnus Hispaniæ* vocatus *doctor* fuerat. Rhegino item Prumiensis abbas decimi sæculi historicus *Chronicorum* libro suo ad annum DLXXII. *Sub his etiam Regibus* (ait) *Isidorus Hispalensis Ecclesiæ Episcopus floruit, nulli modernorum Doctorum postponendus, qui multa de Fide, regulis, Ecclesiasticisque disciplinis disputavit.* Lucæ Tudensis Episcopi *Chronicon* [d] elogium eius continet amplissimum, qui versus affert casci sanè sæculi, quibus ille appellatur,

Sidus honestatis, lux morum, & sol probitatis.

Meminit quoque cum laude magna Rodericus Toletanus [e] *doctorem nullius scientiæ expertem* vocans lib. 1. cap. 9.

88. Iam Gratianus Decretorum compilator Ecclesiasticæ disciplinæ regulas ordine descripturus, populoque Christiano veluti album sanctarum legum propositurus, non auctor, sed collector tantùm selectissimorum veterum patrum documentorum ac sententiarum: ex nullo alio plures quàm ex Isidoro nostro decerpsisse flores deprehenditur à viris nempe diligentibus: qui cùm curiosè id observâssent, *Indicem* [f] eorum Isidori locorum, quos Gratianus in *Concordantiam* suam *discordantium canonum* (nomen id fecit olim Decreto suo) coacervavit (*confecere.*) Quin immo Gregorius IX. Papa in Decretalibus suis Isidoro sæpiùs utitur [g]. Meminere alii Chronicorum Scriptores, ad Isidori ætatem devenientes. Hermannus Contractus ad annum DCXX. Sigebertus ad DCXXVII. Guilielmus Malmesburiensis [h], Vincentius [i], Antoninus [k], Petrus Equilinus [l], & omnia Martyrologia: Romanum ante alia his verbis [m]: *Hispali S. Isidorus Episcopus sanctitate & doctrinâ conspicuus, qui zelo catholicæ Fidei & observantiâ Ecclesiasticæ disciplinæ Hispanias illustravit.*

89. Atque egregiam ante omnia laudem continet, quod Martinus Dominicanus Guenensis in Polonia Episcopus indeque Polonus dictus, Innocentii IV. Pontificis poenitentiarius, circa annum MCCL. Chronicon suum de summis Pontificibus scribens ait, Bonifacio VIII. Romano Pontifice deliberante de his qui Doctorum Ecclesiæ numero & nomine essent cohonestandi, fuisse qui Ambrosio Isidorum præferendum, aut quatuor certè aliis quintum adiiciendum iudicarent. Quod quidem Ioannis Marianæ verbis retulimus lib. 6. cap. 7. *Hispanæ historiæ*. Cui opinioni (subiungit ille) *fidem tanti viri eruditio facit in omni literarum genere excellentis; & quoniam in eo numero duo patres Italici generis sunt, nullus ex Occidente.* Non utique laudat auctorem rei Polonum Ioannes Mariana (1). Fertur tamen ab aliis rei auctor; quamvis re-

[b] Habemus editum, cùm alibi in *Bibliotheca veterum Patrum* tum in Parisiensi edit. an. MDCL. *Eorum qui nono sæculo De præd. & gratia scripserunt* 1. tomo pag. 230.

[c] Vide Margarin. Bignæum in *epist. nuncupat.* editionis suæ Parisiensis operum S. Isidori.

[d] Lib. 3. in principio.

[e] Lib. 1. c. 9. & lib. 2. cap. 17.

[f] Exstat in editionibus Parisiensibus Bignæi, & Breulii & in Matritensi, & apud Constant. Caiet. in *Triade Epis. Benedict.* pag. 35.

[g] Vide Bignæum in dict. *epist. nuncupat.*

[h] Lib. 2. *De gest. Angl.* cap. 10.

[i] Lib. *Spec. hist.*

[k] ......

[l] Lib. 4. *Catal.* 55. cap. 30.

[m] Die IV. Aprilis.

(1) In novissimis Ioannis Marianæ editionibus, Matritensi apud Ioachimum Ibarram MDCCLXXX. fol. & Valentina apud Benedictum Monfort MDCCLXXXV. legitur: *Martino Polono en su Cronicon dice, que como el Papa Bonifacio Octavo tratásse de nombrar los quatro Doctores de la Iglesia para que se les hiciesse fiesta particular: no faltaron personas que juzgaron, debia San Isidoro ser antepuesto á San Ambrosio; á lo menos era razon que con los quatro le contassen por*

revera hocce testimonium in Antuerpiensi Suffridi Petri anni MDLXXIV. editione quam ad manum habeo, & nescio an in aliis, desideretur.

90. Nec novum est, ut in id Chronicon (fortène an per malitiam, non dixerim) supposititia multa sese immiserint, quæ in antiquioribus, & incorruptioribus MSS. libris non leguntur: uti fabella de Ioanne Anglico Papa, sive Ioanna Papissa, tot argumentis ac veterum codicum documentis debellata, præter alios à Blondello acri aliàs hoste catholici nominis, & à Labbeo viro doctissimo; tum etiam quasi per transennam à Petro Lambecio præstantissimo huius ætatis Germanicarum rerum præsertimque Austriacarum, Cæsareæque bibliothecæ illustratore lib. 2. *Comm. de bibliotheca Cæsarea* cap. 8. [n] Laudavissemus utique huius ipsius rei auctorem Luitprandum ex *Adverf.* 169. editionis Matritensis Thomæ Tamaii, si is verus Luitprandus esset, & non stupidæ adeò mentis nugator, ut Luitprando decimi sæculi Scriptori mentionem eius facti, quod Bonifacio VIII. sæculi decimitertii Pontifici adscribitur, appingere non sit veritus. Iccircò forsan prætermisit hoc Adversarium D. Laurentius Ramirez de Prado in altera editione Plantiniana.

[n] Pag. 860. & seqq.

91. In recentioribus Iacobus Gaddius Florentinus *Scriptorum non Ecclesiasticorum* [o] descriptor, cùm *exemplar Episcopi numeris omnibus absoluti*, tum *doctrinæ multiplicis eruditionisque immensæ virum* vocat. Xystus Senensis [p], *eximiæ sanctitatis & eruditionis, divinarum Scripturarum peritissimum, & in legendis, colligendis, coaptandisque dictis ac sententiis & rapsodiis veterum patrum ex innumeris & immensis eorum voluminibus desiderium habentem inexplebile, & vires omnino inexhaustas.* Andreas Resendius [q] *virum magnum* appellat, & *rerum multarum bene peritum, nec elegantiorum tam expertem literarum, ut insolenti fastidio sit à dicendi testimonio ablegandus.* Quod propter vellicatum à non paucis Isidorum ob aliquas minùs feliciter deductas origines in vasto *Etymologiarum* opere, de quo nos infrà dicemus. Idem alibi iure meritoque *multæ tum eruditionis, tum diligentiæ hominem* vocat. Raphael autem Volaterranus, *non tam doctrina, quàm vita philosophum, & in dicendo non tam rudem quàm inexaratum*, haud omnino rectè, censuit. Stilum enim eius sæculi quis in eo reprehenderit? Aut cuinam videbitur is non doctrinâ philosophus, qui moribus & pietati præscripsit regulas universis Ecclesiæ sæculis meritò suscipiendas? Quantum verò favet Iosephus Scaliger [r]! *Isidorus multa* (ait) *ex veterum libris, quibus hodie caremus, eaque optima transcripsit. Ideo illum velim habere. Doctis utilissimus est.*

[o] Tomo I.

[p] In *Biblioth. Sanctæ* lib. 4.

[q] Lib. 2. *Lusitan. antiquitat.*

[r] In *Primis Scaligeranis* pag. 65.

CAPUT IV.

S. ISIDORI *operum editiones referuntur. Ioannes Grial quàm de iis benemeritus.* Etymologiæ, *seu* Origines, *à Braulione digestæ. Martini de Roa abnorme de auctore harum iudicium. Excipiuntur & avertuntur iacula Grammaticorum adversus hoc opus. Etymologias quibusdam ineptas alii excusant. Etymologiarum duo genera. Plura ex ora librorum in eos admitti, & ex negligentia exscriptorum prævalere potuisse: quod in Isidorianis etymologiis factum insignibus exemplis manifestatur. Laudari impensè has ab iisdem Grammaticis. Operis excellentia editionesque; & illustratores Alvarus Gomezius, Antonius Augustinus, Petrus Ciaconius, Antonius Covarrubias, Ioannes Grial.* Differentiarum *duo libri.* De natura rerum, *seu* De mundo, *aliàs* Rotarum, *quî explicetur titulus.* Chronicon *unum, non duplex, Isidori. Reiicitur Bivarii ex Pseudo-Dextro assertum de Isidoris duobus Episcopis Cordubensibus, eorumque seniore Chronici auctore. Isidoriani huius editiones.* De viris illustribus *liber, cuius portio est Anonymi appendix de tredecim Scriptoribus.* De ortu & obitu Patrum *librum certissimè nostri Isidori esse, uti &* De Regibus Gothorum, Wandalorum, & Suevorum historiam; *obnitatur licèt contrà D. Iosephus Pellizerius cuius argumentis satisfit; maximeque Pelagii Ovetensis testimonio, cuius relationis fides plurifariam enervatur. Braulioni prænotationem S. Isidori librorum non iure abiudicari. De Pellizerianis Chronici & Gothorum historiæ auctoribus curiosè exquiritur. Isidori & Biclarensis verba de Hermenegildi principis tyrannide probo sensu donantur.* Tyrannus *idem quod* Rex *apud Veteres. Libri* Sententiarum. Quæstiones in vetus Testamentum. *His usum Bedam, non Eucherium ut falsò invaluit. De Bedæ quæstionibus in Scripturæ quosdam libros observatio.* Allegoriarum *liber falsò adscriptus Isidoro Cordubensi.* De Fide catholica *liber ad sororem. Quædam de psalterio Romano in usu olim Hispaniæ, immo & sacrorum librorum translatio à vulgari diversa. Libri alii.* Synonyma, epistolæ. *De usu panis azymi in Eucharistia quædam notantur. Regu-*

el quinto. Latina Francofurtensis MDCIII. *Hisp. Illustr. T. II. pag.* 363. suppresso Martini Poloni nomine: *Sunt qui scribant* (inquit) *Bonifacio VIII. Pont. Rom. deliberante* &c.

gula monachorum. De conflictu vitiorum & virtutum *librum, uti neque sanctorum Leonis, Ambrosii, Augustini, quorum operibus adiungi solet; ita neque Isidori esse, forteque Ambrosio Hautperto attribuendum. De incertis aliis, itemque illo* De ordine creaturarum *ad Braulionem Episcopum urbis Romæ. Inquiritur in hunc titulum.* Roma *qualibet forsan regia urbs dicta, uti Hierusalem qualibet Ecclesia cathedralis. Falsò adscripta Isidoro à Constantino Caietano in Regulam S. Benedicti commentaria.* De institutione ieiunii quadragesimalis, *opus à Boxhormio laudatum. S. Æmilianus Vercellensis Episcopus ex Aragonia. De missalis & breviarii, quæ vocant* Isidoriana, *auctoribus. De lege Wisigothorum seu libro iudicum, Hispanè* Fuero juzgo. *De collectione epistolarum decretalium malè nostro Isidoro adscripta. Ambrosii Moralis lapsus in recognoscendo Escurialensi Codice. De* Mercatoris *&* Peccatoris *nominibus huic inditis collectori. Quisnam is fuerit ex Blondelli coniectura.* Glossaria *Isidoro tributa. Figmenta de Avicena, & Isidori libris medicis, & Theodiscli facinore, ac de translatione primatialis dignitatis ab Hispalensi in Toletanam Ecclesiam.*

92. Clarissimi Hispaniarum doctoris opera, quorum iam seorsum aliqua repræsentaverant viri bonorum studiorum amantes, & inter hos Secerus Hagenoæ MDXXIX. ut constat ex Gesneriana *Epitome*; primus quòd sciam in unam compagem contulit ac publici usus fecit Margarinus Bignæus Gallus, theologus doctor Parisiensis, in regia illa urbe anno MDLXXX.[a] cum docta satis atque eleganti præfatione. Parisiensem istam editionem secuta est altera Matritensis anni MDXCIX. quam procuravit Ioannes Grial Ecclesiæ Calagurritanæ canonicus; hancque ante multos annos Philippi II. Regum prudentissimi iussu à viris totius Hispaniæ doctissimis atque eruditissimis per partes adornari cœptam, quorum unus tandem superstes Grialius defunctorum adiutus, necnon suis perfunctus laboribus, diem suum ante editionis tempus obeunte Philippo rei auctore, sub eius filii & successoris Philippi Regis III. auspiciis in publicum emisit. Huic tertia successit sive altera Parisiensis anno MDCII. quam iterum, nempe quartùm, repræsentavit anno MDCXVII. Antonius Hierat Coloniensis typographus. Editionis huius Parisiensis secundæ curam habuit Iacobus du Breul monachus S. Germani à Pratis, qui Margarino Bignæo quem nuper laudavimus in nondum olim perfecto correctionis munere succedens, manuscriptisque nonnullis Pauli Petavii, Papiri Massoni & aliorum codicibus ad rem bene gerendam adiutus; Margarinianæ editionis veluti exemplum, correctius tamen & luculentius, necnon quibusdam de novo editis libellis locupletatum, in vulgus dedisse videri potest (1). Quare nos editioni nostræ Hispanæ quam Breulius non vidit, quamque tot viri præstantes, quot singulos partibus singulis incubuisse, eosque quampluribus ex tota Hispania & Italia conquisitis exemplaribus manu exaratis usos loco suo annotabimus, adhærere in subnotando operum elencho satius duximus. Hæc nempe illa sunt:

[a] Apud Michaelem Sonnium.

93. *Etymologiarum* libri xx. Quo quidem immensæ molis opere adhuc magis quàm ceteris aliis notior ac celebrior est Isidorus. Hinc enim exordium sumit editio nostra, quamvis ultima hæc fuerit viri maximi lucubratio, eique nondum ut videtur absolutæ immortuus fuerit. *Scripsit* (S. Ildephonsus ait[t]) *quoque in ultimo ad petitionem Braulionis Cæsaraugustani Episcopi librum Etymologiarum, quem cùm multis annis conaretur perficere, in eius opere diem extremum visus est conclusisse.* Librum quidem rectè; nam Braulioni debemus quòd in libros digesserit: *Etymologiarum codicem* (Braulionem ipsum audimus) *nimia magnitudine distinctum ab eo titulis, non libris: quem quia rogatu meo fecit, quamvis imperfectum ipse reliquerit, ego in viginti libros divisi* (2). De quo quàm exiliter modesteque existimavit auctor Braulioni librum nuncupans? *En tibi, sicut polli-*

[t] De Script. cap. 9.

(1) Prodiit nuper Matriti, anno nimirum MDCCLXXVIII. quinta Isidori operum editio, cum Grialianæ MDXCIX. notis integris, novisque aliis, haud quidem cedro linendis, duobus voluminibus fol. quibus adiungitur, quasi Isidori sit, *Quartus sententiarum liber*, qui tamen maxima ex parte Taionem Cæsaraugustanum auctorem habet, ut suo loco dicemus; item Martini Bracarensis opusculum continens *Sententiarum capitula*: *Expositio in Missa*, quæ forsan Isidori est; aliaque bene multa è variis ut asseritur antiquis Codicibus Regiæ præsertim Bibliothecæ Escurialensis, absque vanno tamen & cribro. D. Ios. Rodriguez de Castro novissimæ Bibliothecæ Hispanæ auctor *Tom. II. pag.* 334. aliam omnium Isidori operum editionem laudat, Basileæ MCDLXXVII. fol.

(2) Braulionem Isidori Etymologiarum opus in libros XX. divisisse, pervetus est & vulgaris Eruditorum persuasio ex Braulionismet *Prænotatione*, sive Isidoriano elogio, quale hodie circumfertur, descendens; non tamen usque adeo certa. Braulio non in XX. sed in XV. libros Isidori Etymologiarum opus discrevit: testibus vetustis, quotquot viderim, Codicibus ante annum Christi millesimum exaratis; vi-

licitus sum, misi opus de origine quarumdam rerum ex veteris lectionis recordatione collectum, atque ita in quibusdam locis annotatum, sicut exstat conscriptum stilo maiorum. Unde *Originum* titulo plures *Etymologiarum* hoc opus laudantes uti gaudent; & in his Baronius Cardinalis [u], præter innumeros, errare non neminem [x] ex nostratibus fecit, diversumque ab isto alium *Originum* commentarium ab Isidoro elucubratum existimare. Sed cùm *Etymologias* tam Ildephonsus quàm Braulio auctoris æquales appellaverint, non est cur hinc recedamus.

94. Invaluisseque hanc annotationem inde colligere possumus, quòd auctor *Chronici Fontanellensis* cœnobii Normanniæ in Galliis provinciæ quem Lucas d'Acherius edidit [y], vixisseque nono sæculo existimatur, donâsse huic loco Ansegisum sui temporis abbatem Isidori *Etymologiarum* codicem unum, inter alios libros, tradiderit [z]. Fortâssisque hanc appellationem Braulio affixit operi à se editioni parato & sicuti membra secrevit, ita caput adaptavit, paululum ab auctore qui *Origenes* sese mittere reliquit scriptum deflectens, aut ab Isidoro nondum appositum titulum ipse supplevit. Cùm autem de auctore huius operis ita clarè constet, Martinus de Roa vir eloquens doctusque quidnam in mente habuit, cùm Isidoro Cordubensi adscribere non fuit veritus [a]? Sed *Etymologiarum* ad nomen totumque opus attenti Grammaticorum, quos cura hæc solicitat, filii, dudum immaniter exclamant, Isidorumque multis accusationum iaculis petunt. Eos in quinque capita Ioannes Grial collegit, strenueque aliorum exemplis usus quos præ oculis habuit Isidorus refellit, aut saltem declinavit. Quem lector, operæ magnum pretium facturus, adire poterit.

95. Scio Ioannem Kircmannum [b] *feretri* etymon [c] suspendisse naso, quod tamen non improbat Vossius [d]: Nicolaum Rigaltium negligentiæ cùm aliàs Isidorum, tum in eo culpâsse [e] quòd *scorpion* sagittam dixerit [f]: quæ potiùs machina est sagittas proiiciens; cui tamen calculo suo favet Stewechius [g]: Ioannem Schefferum [h] reprehendisse quòd Pharum Egyptiam ab usu navibus igne prælucendi, hoc est à φῶς *lux*, & ὁρᾶν *videre*, dictam crediderit [l]; quod tamen non spernendum etymon vocavit Martinius [k]. Fuit & qui *cretionem* in re legali à decretione, seu decernendo quod ille ait [l] dictam haud admiserit. Et tamen à Iuris ipsis auctoribus [m] duo hæc nomina *cernere* & *decernere* promiscuè sumuntur, observante in iis Alciato. De aliis taceo. Sed cùm, ut idem Martinius in præfatione sui Lexici annotavit, duo sint etymorum genera, alterum eorum quæ talia sunt δυνάμει hoc est *potentiâ*, à quibus potuerit nomen duci; alia verò ἐνεργείᾳ sive *actu*, ad quæ vocabulorum auctores verosimiliter respexerunt: Isidorus sanè posteriora hæc ut plurimùm consectatus, si quæ veterum aliquis docuit, aut ipse proprio studio colligere potuit; cum tamen scire *omnium nominum etymologiam* (ut ipse ait lib. 1. cap. 28.) non reperiri, eò quod multa *ad arbitrium humanæ voluntatis, non secundum qualitatem, quâ genita sunt,* nomina acceperint; ad posterioris quoque generis etyma non improbabiliter eliciendа divagari mentem permisit. *Qui cùm* (ait sapienter Grialius) *omne Scriptorum genus diligentissimè pervolutaret, optimum ratus, si parum eruditi sæculi hominibus brevem facilemque viam ad disciplinas omnes aperiret: ut simul & rerum & verborum notitiam traderet, quaque liceret, in ipsis vocibus hærere omnia ostenderet; nihil aptius visum, quàm si vocum enucleandis notionibus & proprius earum usus ostenderetur, & rerum iisdem subiectarum, audito sono, obversaretur ante oculos, maneretque veluti spectrum quoddam atque simulacrum.* Quod à nullo alio post exstincta illa veteris ac florentis philologiæ lumina,

[u] Ad annum DCXXXIII. num. 70. tom. 8. *Annal.*

[x] Franciscum Padilla cent. 7. *Histor. Eccles. Hisp.* cap. 22. fol. 227.

[y] Tomo 3. *Spicilegii vet. Script.*

[z] Pag. 241.

[a] *De principatu Cordubensi.*

[b] Lib. 2. *De funere Roman.* cap. 9.

[c] Apud Isidorum lib. 18. c. 9. & lib. 20. c. 11.

[d] In *Etymologico.*

[e] In *Notis ad Tertull. Scorpiacon*, in princ.

[f] Lib. 18. c. 8.

[g] In *Comm. ad Vegetii* lib. 4. cap. 22. *De re milit.*

[h] *De re navali in addendis* ad lib. 3. pag. 337.

[l] Lib. 15. c. 2.

[k] In *Lexico*, verbo *Pharus.*

[l] Lib. 4. c. 24.

[m] In leg. *Is qui heres* §. penult. & leg. *Pupillus. De adquir. hered.*

vidi autem non paucos. Binos suppeditat Bibliotheca Regia Escurialensis, alterum *Lit. Q. Plut. II. n.* 24. Erâ DCCLXXXI. seu Christi anno DCCXLIII. alium item antiquissimum Ecclesiæ olim Ovetensis *Lit. b. Plut. III. n.* 14. atque in utroque *in Braulionis Prænotatione* de Etymologiarum opere legitur, *distinctum ab Isidoro titulis non libris, quem Ego* (inquit Braulio) *in XV. libros divisi.* Consonat Hispana eiusdem operis, sæculi XIV. versio in eadem Bibliotheca Escurialensi exstans *Lit.* b. *Plut.I. num.* 13. de qua nos alibi, in qua itidem: *Et aun comenzó* (San Isidoro) *el mui grand libro de las Etymologias; & departiòle el mismo en titulos & non en libros: el qual porque le fiso por mio ruego, maguêr que Él non lo acabò, empero departiólo Yo en quince libros.* Cautè Caveus & Fabricius *in Isidoro* de Etymologiarum opere: *Braulio in libros digessit*, indesignato numero. Inquis tamen: iidem ipsi vetusti quos laudavimus Codices non *quindecim* sed *viginti* libros exhibent. Quid tum? Potuit curiosior aliquis statim aut non longe à Braulionis morte, potuere Librarii nonnullos è quindecim libris subdividere, aut priorem operis œconomiam refingere, quin ipsi aliquid addiderint: id quod vetustissimo omnium Cæsenatensi Malatestarum sæculi VII. Codici accidisse Fabricius tradit *Bibl. med. & inf. in Isidoro num.* 25. nam cum XXV. omnino libris constet, nihil tamen continet quod in vulgatis Codicibus non exstet.

na, nec sæculo suo nec posterioribus aliquot, Beda etiam incluso qui encyclopædiæ operam dedit, profectò sperari potuit.

96. Quid quòd in hoc Isidoriano opere plus sibi forsan quàm in aliis licere cuiuscumque ætatis lectores existimavere, atque oræ libri, quem, ut cornucopiam aut compendium certè omnium librorum è manibus elabi vix sinebant, obvia quæque hinc inde affigentes exscriptores verosimiliter seduxerunt, ut & ipsi marginales quandoque ineptas notas in contextum saltare permiserint? Quid quòd absque huiusmodi culpa, negligentiâ quoque manu scribentium, laudatissimorum etiam auctorum famam scopulo absurditatis illidere plerumque solet? Scripserat nimirum noster lib. 2. cap. 23. *in breviculis militum, nominibus defunctorum* Θ, *superstitum à prælio* T. *literam adscripsisse veteres.* Lipsio is error visus [n]; neque enim T. sed V. Latinum notam superstitis, hoc est vivi fuisse, cuius literæ in re usûs vetera monumenta testes sunt.

[n] *De recta pronunt. L. L.* cap. 14.

97. At non deerrâsse auctorem, sed leviter emendari debere eorum qui transcripserunt errorem, Thomas Reinesius monuit, vir in his literis præstantis iudicii doctrinæque, lib. 1. *Var. lectionum* cap. 7. ut Isidorus scripserit, *superstitum à prælio* Y. *literam adscripsisse veteres*, nempe Ypsilon Græcum: quæ vocis Υ'γίας, *sanitatis, incolumitatis*, æquè ac Θ. θανάτυ, *mortis* initialis litera est. Quod quidem Y. demissis corniculis, exscriptorum inter manus in T. facillime transire potuit. Sed nos Reinesii observationem, quam Galeni testimonio confirmat insigni, Rutgersio quoque apud Isidorum T. retineri volente in ordinem reducto, hìc non transcribimus. Legebatur lib. 9. cap. 4. quòd Chanaani filius *decimus* fuerit *Amaræus*, *à quo Syriæ nobilis civitas, quæ vocatur Cœlis.* Quibus dicam erroris iure impegit vir eruditione magnus Samuel Bochartus *Geographiæ sacræ* 1. parte lib. 4. cap. 36. pag. 347. Sed Scriptorum defectum facilè suppleverunt nostri editionis Matritensis auctores, qui noverant ex S. Hieronymo id hausisse Isidorum, apud quem à Samaræo conditam Edesam Cœlesyriæ urbem legitur. Plurima ergo propter quæ Grammaticis Isidorus displicet, vel auctorem in antiquis habent, vel à germana lectione olim decidere, vel tandem ex ingenio auctor ad verisimile respiciens (uti sæpe doctissimus quisque amat veterum etymologorum Plato, Stoici è Græcis, Varro à Quintiliano reprehensus [o], Verrius Flaccus à Festo Pompeio resecatus, Plinius ob imperitiam linguæ græcæ, è Latinis) consinxit.

[o] Lib. 5. *Instit.* cap. 6.

98. Et planè hoc deducendarum originum opus ita arduum ac difficile est, ut si virum eximiè eruditum Ægidium Menagium [p] consulas, nullus hucusque argumenti huius enarrator, quantumvis præstantissimæ sive in antiquis sive in recentioribus famæ, rem acu tetigerit. *Secus equidem quàm quisquam putaret, Isidorus quædam enarrat, nec tamen ineruditè nec inscitè*, Turnebus ait lib. 26. *Advers.* cap. 22. Planè utilem eum præstitisse operam, & hasce etymologias ex optimis quibusque Scriptoribus plerisque etiam Ecclesiasticis compilâsse, Gerardus Ioannes Vossius censuit *De philologia* scribens [q]. Claudius Salmasius, quamvis aliàs præ arrogantia & philautia sua parum Isidoro propitius, notis ad Vopisci Aurelianum [r] in hoc auctore *multa sæpè bonæ notæ, nec alibi reperiunda* se reperisse fatetur. Barthius encyclopædiam prope integram suo ævo complexum Scriptorem appellat [s]. Bonaventura quoque Vulcanius Brugensis, qui quandoque huic emendando atque edendo incubuit commentario, duos haberi auctores ex antiquis ait [t] qui totum orbem scientiarum, hoc est Græcorum ἐγκυκλοπαιδείαν, scriptis suis complexi sunt, nempè Isidorum nostrum & Marcianum Capellam. Hunc tamen in *De philologiæ & Mercurii nuptiis* opere septem tantùm quas liberales appellamus artes; Isidorum verò præter has & medicinam, & Ius, & theologiam, philosophiam naturalem, & historicen, ac denique omnia quæ in communem vitæ usum veniunt pertractâsse, non utique nudas vocum derivationes consectantem, sed & rerum ipsarum origines demonstrantem, artiumque omnium fundamenta iacientem. Nec non scita hìc & fragmenta veterum qui periere auctorum contineri, maioremque ex his libris quàm ex Varronis, Nonnii Marcelli, Verrii Flacci, & aliorum similium lectione utilitatem ad Christianam Rempublicam pervenire posse; aliaque in commendationem totius operis lectu iucunda. His nos adiungimus plura quoque magnorum auctorum obscura ex Isidori his libris lumen accipere, ut è Turnebo lib. 6. *Adv.* cap. 19. & lib. 11. cap. 5. & lib. 20. cap. 5. colligimus. Ignoratione tamen linguæ græcæ non rarò falsum fuisse credit Vulcanius, quod, uti diximus, Plinio contigisse admittit & ipse.

[p] In *epist. nuncupatoria Originum linguæ Gallicæ.*

[q] Cap. 5. §. 14.

[r] Pag. 411. col. 2.

[s] Ad lib. 12. Theb. v. 812.

[t] In *epist. nuncupat.* suæ editionis Isidori *Etymologiarum*, & *Marciani Capellæ.*

99. Verè igitur non Isidoriani, hoc est iam semibarbari temporis, *Etymologicon* hocce videtur opus, sed planè mira-

raculo comparandum, præcipuè in sacro homine, atque studio pietatis & gerendo pro dignitate muneri usque adeò intento. Perpetuum quidem Servii exscriptorem Barthius vocat [u]. Quis autem primus Etymologias ediderit, nondum compertum habeo. Laudantur editiones Parisiensis MDXX. [x] Hagenoensis cum aliis eiusdem libris à Secero curata anno MDXXIX. Basileensis apud Petrum Pernam unà cum Marciano Capella anno MDLXXVII. quam Vulcanius is quem nuper laudavimus, excusorum & manuscriptorum codicum ex Hispania & Belgio conquisitorum inter se collatione, à veteribus mendis repurgatam, græcisque vocabulis sæpiùs auctam, ac duplici indice, in publicum prodire fecit (1).

[u] Ad lib. *Theb.* 6. v. 241.

[x] Principem hanc existimat D. Iosephus Pellizerius, qui penes se habet, in libro suo *Maximo Obispo de Zaragoza*, & in præfatione.

100. At quæ in Hispania totis ferè viginti annis navata ab iis, quibus adornandi hanc Spartam iniuncta cura fuit viris doctissimis, opera digna quidem est uberiore adhuc laude. Namque Alvarus Gomezius, cui ad gerendam strenuè rem propter insignem eius eruditionem vocato magna veterum codicum tradita copia fuit, Antonium Augustinum Tarracone ubi erat antistes, Petrumque Ciaconium Romæ degentes consulere in mandatis habuit: quod & fecit. Sed Augustinus XII. libro immortuus est; Ciaconius autem dici vix potest quantum opis attulerit, cùm de restituendo hoc opere in primis olim cogitâsset. Alvarus ergo istorum laboribus & Antonii Covarrubiæ Toletani scholarchæ, magni Didaci Covarrubiæ iurisconsultorum phoenicis germani fratris, *nostrorum omnium, quot sunt quotque fuere* (ait Grialius [y]) *undecumque doctissimi atque elegantissimi*; aliorumque communicatione adiutus, *annotationum in omnes* XX. *libros magnæ molis corpore relicto* (ait idem) *defunctus est. Sed quia in enumeranda* (ut subiungit) *scripturarum, coniecturarumque varietate* (triginta aut eò pluribus MSS. libris omnes eos qui intervenere fuisse usos constare ait) *multus ubique esset* Alvarus; *tamen contextum ipsum, cuius gratiâ labor omnis susceptus fuerat, inemendatum* reliquisset: *huic latifundio perpurgando, conferendoque colonus* ipse (Grialius) *datus* fuit. Tantorum virorum lucubrationibus hæ notæ constitere, quas primùm dedit Matritensis editio, quasque iure meritoque *minimè ambitiosas, tamen eruditissimas notas*, in *animadversionibus ad Gulielmi Brittonis Philippida* [z] Gaspar appellat Barthius. Prodierunt quoque eædem notæ in editione Parisiensi Iacobi de Breul.

[y] Epist. ad lectorem oper. S. Isidori.

[z] Lib. 5. v. 558. pag. 344.

101. Specialem in lib. 4. qui de medica re agit, commentarium edidisse Symphorianum Camperium alicubi legimus. Nec non quendam totius *Etymologiarum* operis secundum alphabeti literas, incerti auctoris in bibliotheca ut suspicamur Vaticana ac septimo latinorum voluminum pluteo, asservari, acceptum referimus manu Alphonsi Ciaconii exarato codici *Variarum annotationum*, qui cum aliis ad S. Isidorum Hibernorum ordinis Minorum Romæ custoditur. Nec indignum observatione est, in catalogo quodam græcorum librorum apud Antonium Verderium in *Supplemento Gesnerianæ Bibliothecæ* Isidori Hispani *de theologia Etymologicum* comprehensum conspici: quod de ea parte ubi theologicæ tractantur origines intelligere possumus. Sed cuiusnam frugis Græcos docere latina etyma? *Excerpta etymologiarum* quædam conservat codex Bibliothecæ Cæsareæ, uti apud Petri Lambecii lib. 2. commentariorum de ea cap. 8. pag. 934. legitur.

102. Manuscripti codices *Etymologiarum* plures passimque reperiuntur in bibliothecarum angulis. In S. Ildephonsi Complutensis [a] septingentorum ferè annorum (2): in [b] S. Benedicti Pinciano monasterio, in Medicea [c], in Renati Moreau medici Parisiensis [d], in Patavina S. Ioannis canonicorum Lateranensium [e], in Veneta S. Antonii [f], in Mediolanensi Ambrosiana longobardicis literis maiusculis descriptus (3). Sed de *Etymologiis* iam satis. Secuntur in eadem Matritensi editione

103. *Differentiarum*, sive *De proprietate sermonum* libri duo. Totidem enim Brau-

[a] Morales in prologo 2. tomi sub tit. *De los libros antiguos.*

[b] *Idem en el santo viage* MS.

[c] Apud Spizelium in *Arcan. Biblioth. detectis* pag. 95.

[d] Labbeus in *Biblioth.* MS. pag. 217.

[e] Spizelius ubi suprà pag. 225.

[f] Thomasinus pag. 13.

(1) Io. Alb. Fabricius *Biblioth. med. & inf. T. IV. in Isidoro* prodiisse affirmat in Italia Etymologiarum opus *ex veteri editione sine loco & anno.* Gesneri Epitomator in Isidoro *Edit. Tigur.* 1574. *pag.* 435. *Originum* (inquit) *libri XX. impressi in Italia.* Fueritne autem hæc fortassis editio quæ in Catalogo librorum Ducis de la Valliere *T. II. pag.* 12. *num.* 2185. *circa annum* 1470. *absque loci notatione* prodiisse, inque eodem Catalogo exstare dicitur? Maittairius *Annal. Typogr. T. I. Part. I. pag.* 100. meminit è Caillio Editionis Augustæ Vindelicorum per Gonterium Zainer de Reutlingua 1472. in fol. Venetæque alterius apud Benetum Locatellum 1493. fol. *ibid. pag.* 322. Fabricius *Bibl. med. & inf.* Basileensis 1489. Binæ nobis ad manum sunt, altera Veneta, cum libris *de Summo Bono*, per Petrum Loslein de Langencen 1483. fol. Parisiensis alia 1499. per Mag. Georgium Wolff & Thielmanum Kerver. D. Ios. Rodriguez de Castro *Biblioth. Hisp. noviss. in Isidoro pag.* 334. Parisiensem demum aliam memorat 1500. in 4°.

(2) Migravit Codex hic eximius in Regiam Bibliothecam Escurialensem; habeturque in ea *Digramm. & Plut. I. num.* 14. quem nos ad annum 1762. recensuimus.

(3) Veteres Etymologiarum Isidori Codices tum apud

Braulio agnovit. Ildephonsus librum appellavit. Malè qui tres numerant (1). In his *subtili discretione* (ait Braulio) *ea quæ confusè usu proferuntur, sensu discrevit.* Exemplum se Catonis secutum qui primus de his scripsit, Isidorus ipse ait. Prior liber grammaticus ferè, alter & philosophicus & theologicus est. Quare in *Chronico Fontanellensi* [g] superiùs laudato *Differentiarum spiritualium & carnalium liber* audit. Ad editionem regiam Matritensem, ut Grialius notat, prioris libri cura demandata fuit Petro Pantino; posterioris Rolando Vicelio, regiis capellanis, quorum singuli duorum MSS. codicum ope adiuti notulas addiderunt. Apud Gasparem Barthium codex alius fuit manu exaratus in membranis, quem is dum viveret edere cogitabat, de quo in cap. 1. lib. 32. & cap. 6. & 14. lib. 39. *Adversariorum* admonemur (2). Barthius tamen, si editionem Matritensem vidisset, pleraque aut omnia illorum quæ in isto eius codice vitiosa mancave reperta sanare aut supplere intendit, sana & integra reperire potuit. Tanti plerumque constat in malæ notæ libris ingenium exercere, aut potiùs defatigare velle. Optimè autem censuit Barthius [h], non pauca in commentario isto, vel de Catone, ut præfatio docet, vel de aliis maiorum gentium Scriptoribus ducta esse; proindequé servari, blattarumque imperio eripi ac subduci dignum. Nescio tamen unde Fulgentio id opus à S. Isidoro fratre inscriptum è nostris cuidam constiterit [i].

[g] Apud D'Acherium *Spicilegii* tomo 3. pag. 220.

[h] Lib. 39. cap. 14.

[i] Auctori libri ita inscripti: *Valerio de las historias escolasticas* lib. 8. tit. 6. cap. 6. (3)

104. *De natura rerum* liber ad Sisebutum Regem. Braulio: *De natura rerum ad Sisebutum Regem librum unum, in quo tam de Ecclesiasticorum Doctorum, quàm etiam de philosophorum indagine obscura quædam de elementis absolvit.* Meminit & Ildephonsus. Idem est cum *Cosmographiæ* opere, quod laudat cum aliis Trithemius, & præseferre Pithœanum codicem Scriverius monuit in Animadversionibus ad Vegetium [k]. Aliter *De mundo* inscribitur. Sed, quòd mirere, in MS. Pauli Petavii quem idem Scriverius laudat *Rotarum liber* appellatur. Quo etiam titulo insignis est apud Anonymum auctorem *Chronici Fontanelensis* [l] inter libros ab Ansegiso abbate eidem relictos. *Eiusdem* (Isidori) *Rotarum ad Sisebutum Regem codicem unum.* Quare non est cur in *Notarum* transformemus, quam Scriverius suspicatus fuit germanam esse appellationem, codici Petaviano restituendam, cùm Chronicon non viderit. Si scalpello quidem agendum esset, præferrem ego ut *Rotarum*, ex *Natura rerum* compendiosè scripto eruperit. Temperandum tamen censeo, & à rotis seu circularibus figuris, quibus multis auctor ad mensium tempestatumque ac cælorum ordinem, nec non plagas veterum utitur designandas, *Rotarum* titulum ab ineptissimo aliquo exscriptore fabricatum existimo. Hinc verò multa Nigidii, Varronis, Suetonii Tranquilli deperditorum librorum fragmenta posse hauriri; dignumque opus viri docti censurâ, idem Scriverius nos docet. Huius emaculandi & ad editionem Matritensem disponendi tota cura fuit Ioannis Grialii, qui notat scholiis bene longis ab eo cui commissum fuerat auctum sibi in manus datum: *quæ quia emendationi parum serviebant, placuisse iis qui hæc Regio iussu curabant, illis reiectis, librum ex quatuor co-*

[k] Vesaliensis ultimæ editionis anni MDCLXX. tom. 2. post Stewechii commentarium pag. 54.

[l] Tomo 3. *Spicilegii* Dacheriani pag. 241.

apud nostrates, Toleti, Hispali atque in Regio Escurialensi Cœnobio, tum in Italiæ Bibliothecis Vaticana, Laurentiana Medicea, Ricardiana Florentina, Ambrosiana Mediolanensi, Bononiensi Sancti Salvatoris, Veneta Sancti Marci, Patavina, Taurinensis Academiæ & aliis ultra quadraginta me vidisse atque evolvisse memini. Una Escurialensis denos minimum exhibet, quorum nonnulli milliarium Ecclesiæ sæculum, sive annum Christi M. antiquitate superant. Præterea ad annum 1752. Toletanum sæculi IX. aut incuntis X. Codicem plurimis Arabicis notis respersum, aliumque item antiquum, contuli cum Grialii edito: quam collationem αὐτοχειρὶ descriptam ad manum habeo; exstatque in Bibliotheca Regia Matritensi: ex quo labore non pœnitenda mihi variantium lectionum succrevit seges. Veteres autem antemillenarii Etymologiarum Codices sub libri primi titulo XXIII. exhibent syllabum notarum Iuridicarum, quas, ut ibidem Isidorus ait, *novitii Imperatores* (vidend. Iustinianus in Præfat. ff. & Cod.) *à Codicibus legum abolendas sanxerunt, quia multos per has callidi ingenio ignorantes decipiebant.* Sunt autem persimiles Valerii Probi compendiis quæ vulgo circumferuntur.

(1) In his Grialius est, & quæ hunc κατὰ πόδας secuta est novissima Matritensis MDCCLXXVIII. editio. Pro rerum autem diversitate de quarum differentiis Isidorus agit, videtur è simplici priore libro geminus à Braulione factus. Cellierius (*Tom. XVII. in Isidoro num.* 7.) binos priores libros indiscretos primitus fuisse coniicit. *Tertius* (inquit Fabricius *Biblioth. med. & inf.*) *primo longe plenior digestus ordine literarum* De proprietate sermonum *inscribitur: in cuius præfatione notat Isidorus Veteres subtilius verba & verba distinxisse. Quicquid tamen illud sit* (ita Oudinus *Sæc. VII. in Isidoro* de tribus libris pronuntiat): *Opera ista Isidorum sapiunt, atque Veterum testimonio statuuntur.*

(2) Plurimi exstant in Bibliotheca Regia Escurialensi *Differentiarum* Isidori, sive *De proprietate sermonum* Codices, *Lit. E. Plut. IV. n.* 14.: *Lit. F. Plut. IV. n.* 9. *Lit. Q. Plut. II. num.* 25. ac sæpius alibi.

(3) Non quidem Ferdinando Perezio de Guzman, qui vulgo perhibetur eius operis auctor, cuiusque nomen in fronte gerit vetus eius editio Murciæ 1487. sed Didaco Rodriguez de Almella Murciensi, patriæ urbis Canonico, cui ut vero parenti fœtum hunc restituit Noster infra *Libr. X. cap.* 14. *num.* 759. *seqq.*

codicibus, inter quos erat ex Ovetensi Ecclesia Longobardicus pervetustus (1), *à se reformari, notisque quæ ex usu essent affigi.* Servatur MS. in bibliotheca Ambrosiana Mediolani.

105. *Chronicon*, ab origine rerum usque ad sua tempora: in quo Iulii Africani, Eusebii Cesareensis à S. Hieronymo aucti, aliorumque Continuatorum, præcipuè Victoris Tunnunensis Episcopi vestigia relegens, in breve compendium MMMMMDCCCXIV. annorum historiam, usque ad annum scilicet Heraclii Imperatoris quintum, & Sisebuti Gothorum Regis quartum, sive eram DCLIV. redegit. Nam quod huius ipsius Chronici anacephalæosis sive summarium *Etymologiarum* libris [m] insertum adusque Heraclii XVII. sive aliàs XVIII. extendatur; aut etiam Chronicon ipsum duodecim tredecímve istorum annorum (qui à quinto ad XVII. sequentémve Heraclii annos intercesserunt) auctario, non in uno aut altero codice locuplex ostendatur: non quidem alteram & alteram ab auctore factam editionem, multoque minùs ex *Etymologiis* desumtum fuisse hocce Chronicon, ut Bellarmino [n] placuit, improbante Labbeo [o]; aut quod alii temere censuerunt, alterum & alterum Chronici auctorem, diversumque opus indicat. Potuit enim Isidorus *Etymologiis*, post omnia alia ut ex Braulione iam notavimus opera, intentus adiungere olim editis brevem illam diversi, quodque interim transcurrisset, brevis temporis notulam; aut alius fortè: quod & verosimilius credit Vossius [p], exinde quòd in veteribus suis optimæ notæ MSS. extrema lib. 5. verba, quæ in Breuliana editione legas, desiderantur. Indeque, hoc est, à codicibus *Etymologiarum* eadem accessio curiosæ alicuius manus operâ ad Chronici exemplum aliquod transvolâsse. Unde factum credas, quod vel ipsum Chronicon aliâ & aliâ conclusione absolutum in diversis MSS. codicibus ad posteros venerit.

[m] Lib. 5. c. 37.

[n] *De Script. Ecclef.* in *Isidoro.*

[o] Differt. *De Script. Ecclef.* tom. 1. pag. 645.

[p] Lib. 2. *de H. L.* cap. 25.

106. Diximus quidem Chronica duo nec unius auctoris hæc esse, ab aliquo temere existimatum. Franciscus Bivarius hic est, quem, ut suus eius Dexter vel semel falsum sese quod erat proderet, dura coegit necessitas inviam hanc viam duce illo ingredi. In Pseudo-Dextro nempe legitur [q]: *Isidorus senior Cordubensis continuat Chronicon à primo consulatu Theodosii.* Quæ quidem in fragmento nostro Estepani codicis de quo sæpe meminimus nusquam apparent. Nimirum excidit parum cauto inventori, ut *senioris* titulo Isidorum Cordubensem Episcopum qui Dextrum ætate præcessisse dicitur, quemque verus Dexter laudare poterat, cohonestaret. Ita enim vocari solet à distinguentibus hunc ab Hispalensi nostro Episcopo, qui *iunior* vulgò audit. Nec tamen ita vocare Dexter potuit, cui iunior hic noster utpote duobus inferior sæculis haud notus fuit.

[q] Ad ann. CCCLXXXIV. n. 8.

107. Gordianus certe nodus: quem tamen Bivarius ne scinderet novis difficultatum nexibus maiorem in modum implicuit [r]. Binum quippe Isidorum Cordubensem, notum utrumque Dextro, quorum iunioris respectu senior is quem hoc loco laudat fuerit: tertium ab his duobus nostrum Hispalensem, quartumque Isidorum Pacensem, Chronici & ipsum ut loco suo dicemus auctorem, editis omnes libris claros, constituit. Primum scilicet Isidorum natu quidem non munere ibi gesto præsulis Cordubensem, scripsisse seu continuâsse Chronicon à primo consulatu Theodosii, à Dextro his quæ dedimus verbis significatum ait. Secundo, non civi tantùm sed Episcopo eiusdem urbis, *Allegoriarum* libros, Hispalensis inter opera vulgares factos, *super annum CCCLXXX. ad Orosium opusculum*, *&* *super libros Regum* atque *Evangelium Lucæ commentaria* deberi, eandem Dextri fidem secutus existimat: inde iam colligens tres non minùs Isidoros Chronicon scripsisse: primum nempè illum ex Cordubensibus *continuationem Eusebii & Hieronymi*, quam & fecerunt Prosper, Victor, Idatius, Marcellinus Comes à principio Theodosii usque ad suam ætatem; atque id censet à Luca Tudensi Episcopo, quasi Hispalensis esset non Cordubensis Isidori, ut putat Bivarius, Chronico suo insertum.

[r] In Comment. ad hunc Dextri locum pag. 405.

108. Movetur inde ad id credendum, quòd scribere se Isidori Hispalensis Chroni-

(1) Exstat hodieque pervetustus hic Ovetensis olim Ecclesiæ Codex in Regia Escurialensi Bibliotheca *Lit.* r. *Plut. II. n.* 18. constatque partim cursivo charactere Longobardico (quem nos *Ataulphicum* dicimus), partim quadrato seu vulgari Romano. Videtur autem sæculo VIII. eoque non multum adulto scriptus: ex quo ineditum eatenus Isidori *Caput XLVII. de partibus terræ* in novissimam Matritensem anni 1778. editionem permanavit; necnon Anonymi *De Sole* poemation hoc initio: *Tu forte in lucis lentus &c.* ellipticum tamen & miserè defœdatum. Exstant in eadem Bibliotheca Escurialensi bini Isidoriani *De natura rerum* Codices, *Lit. K. Plut. I. num.* 12. *&* *Lit. E. Plut. IV. n.* 13. atque in Toletana *Plut. XV. num.* 11. qui *De astris cæli ad Sisebutum* inscribitur. Quod autem ad Bibliothecam attinet, neminem vidi hactenus qui de hoc opere litem Isidoro intendat.

nicon Tudensis affirmat; cùm tamen ea quæ is profert longè ab Isidorianis diversa sint. Ac verè quidem atque maximè diversa sunt (ut id iam Bivario demus); animadvertendum tamen eo modo inter se Chronica hæc differre, uti integrum opus à compendio sive uti germanum opus ab eo differt quod interpolatum aut ampliatum ab altero quodam est auctore. Ampliatio autem hæc an Tudensis, an alterius sit quærentibus, liberè dicam Tudensis calamum mihi non sapere quæ Isidoriano Chronico apud eum inseruntur, sed sæculi latinioris & cultioris auctorem. At cùm Isidoriana ferè omnia in hoc ut ita dicam interpolato exstent Chronico: vero magis consentaneum videtur Isidori Hispalensis germanum Chronicon illud esse quod in omnium est manibus; alterius autem eo junioris operâ in eam formam redactum, quam totam Isidorianæ manus esse Tudensis credidit. Hoc inquam vero similius est, quàm quòd alius existimare possit Bivario adhærens, Isidorum Cordubensem scriptum reliquisse id Chronicon quo usus Tudensis fuit; atque idem defloratum sive excerptum ab Isidoro Hispalensi hoc esse Chronicon, quod eius nomen præsefert.

109. De Isidoro Cordubensi, quem primus Sigebertus laudat Gemblacensis, Dexter autem unus Chronici auctorem finxit, quod suprà commodiore loco dictum nunc non repeto: contentus hoc solum annotare hìc, adiungereque olim de Cordubensi ac seniore ut audit Isidoro dictis, Ioannem Ægidium Zamorensem Franciscanum, qui innumera vidit & annotavit de Hispanis rebus & in *Adversaria* sua adhuc inedita coniecit; nonnisi duos Isidoros tractatu laudatorum Adversariorum sexto agnovisse laudâsseque; nostrum scilicet Hispalensem seniorem ut vocat, alterumque iuniorem à se dictum, qui Pacensis est, qui ad Arabum in Hispanias irruptionem rerum in orbe gestarum memoriam continuavit (1).

110. Supersedemus & isto in loco amici nostri ac viri clarissimi D. Iosephi Pellizerii regi chronographi sententiam de auctore huius Chronici Isidoro alio Pacensi Episcopo in medium adducere & examinare; paulò pòst facturi lectoribus satis, quum de historia Gothorum agemus. Celeberrimum sanè Isidorianum hocce Chronicon, quod cum *Chronologiæ* titulo Basileæ anno MDLXXVII. in 8.º Thomas Guarinus, ferèque ante integrum sæculum, anno scilicet MCDLXXIV. cum titulo *De temporibus*, ut apud Labbeum [a] legitur, alius ediderat (2): Notis suis illustrius Matriti cum *Sententiarum* de quibus iam dicemus libris, de novo publicavit Garsias Loaisa, cùm Philippi III. dum adhuc pater magnus viveret in literis magister esset, nondum Sedi Toletanæ Ecclesiæ, quam postea

[a] In *Biblioth.* MS.

(1) De Isidoro Cordubensi quem *Seniorem* vocant, quique aliis *Commentarios in quatuor Regum libros*, aliis *De interpretatione quorundam nominum Veteris ac Novi Testamenti*, sive *Allegoriarum expositiones ad Orosium* scripsisse memoratur, dictum à nobis suprà *Lib. III. cap.* 2. *num.* 53. *pag.* 250. *Not.* quo loco plura forsan in *Iuniore* seu Hispalensi Isidoro subiecturos polliciti sumus; res autem monet ut obstrictam fidem liberemus. Et primo quidem sistere oportet Ioannis Marianæ *De tribus Isidoris* testimonium à Cl. Florezio *Hisp. Sacr. T. VIII. tract. XXVII. append.* 2. *pag.* 267. primùm evulgatum, nimirum: *Tres Isidoros in Hispania fuisse nobiles cum primis*, (nedum) *communi vulgi, sed Eruditorum opinione receptum est:* CORDUBENSEM, *quem vixisse Trithemius ait sub Honorio, circiter Salutis ann.* 420. HISPALENSEM *Gregorii Magni æqualem; atque* PACENSEM, *qui quo tempore vixit dubitatur. Cordubensis*, SENIOR *vulgo vocatur;* IVNIORIS *appellatio, duobus posterioribus Antiquioris comparatione vulgo datur, Hispalensi frequentius.* CORDUBENSIS (pergit) *nihil scripsit quod exstet, tametsi quædam illi Trithemius attribuit;* HISPALENSIS *multa; atque ab exordio mundi usque ad quintum Suinthilæ Gothorum Regis summa brevitate Chronicon* &c. Quæ quamvis argumentum quode agimus plenè meo iudicio exhauriant; quia tamen nimis pressè ab Auctore traduntur, aliquanto fusius explicanda, rationumque momentis comprobanda sunt. Ac de CORDUBENSI quidem seu SENIORE Isidoro, *nihil*, ait, *scripsisse quod exstet.* Scripsisse itaque aliqua innuit, ea tamen nobis ævum invidisse affirmat: quod utrumque verissimè dici existimo. Nisi enim SENIOR quoque Isidorus sui memoriam scriptis propagasset ad posteros, nullus post eum exstiturus esset Isidorus IVNIOR, *Scriptor* scilicet; in hoc enim uterque invicem & cum Isidoro PACENSI comparantur. Atqui longe ante Sigebertum Gemblacensem in Escurialensibus sæculi X. atque ineuntis XI. Codicibus *Lit. Q. Plut. III. n.* 7. & *Digramm.* &. *Plut. I. n.* 3. atque aliis passim, Isidorus Hispalensis IVNIORIS titulo à cognomine antiquiore alio, eoque Scriptore discernitur. *Eorum* autem quæ SENIOR Isidorus scripserit *nihil exstare*, quod alterum dilemmatis Ioannis Marianæ membrum est: ex eo mihi videtur confici, quod nec Sigebertus nec Trithemius, neque è Recentioribus Sixtus Senensis, Caveus, aliusve quem viderim; neque veteres demum Codices, quicquam SENIORI seu Cordubensi Isidoro tribuant præter *Commentarios in IV. Regum libros, & Veteris Novique Testamenti Allegoriarum expositiones ad Orosium;* utrumque autem opus non SENIORIS sed Hispalensis Isidori esse, invictis nos argumentis ostendemus ubi de iis singulatim egerimus.

(2) Atque etiam anno MCD.LXXVII sub eodem titulo, si Io. Alb. Fabricio credimus *Bibl. med. & inf. T. IV. pag.* 186. n. 11. *in Isidoro.* Maittairius in Catalogo operum editorum ann. 1474. & 1477. *T.* 1. *Ann. Typ. pag.* 105. & *pag.* 122. *seqq.* nullius harum editionum meminit.

stea obtinuit, initiatus. Deinde cum iisdem notis in Matritensi editione omnium operum, & in Brauliana Parisiensi prodiit.

111. In bibliothecarum latebris [t] frequentia reperire est huiusce operis exempla (1). Quæ ad unum auctorem Isidorum nostrum omnia referri debent, quamvis in senioris & iunioris Isidori nuncupationibus auctori attributis subsistant hæreantque viri docti, quorum in albo Ioannes Vasæus est; qui tamen industriè se ab his vadis expedivit [u]. Notâ verò dignum est, quòd Fredegarius Scholasticus qui Gregorii Turonensis Episcopi continuavit historiam, Isidoriani huius Chronici factâ mentione, vix de eius auctore certum se esse ostenderit: *Itaque* (ait [x]) *B. Hieronymi, Idatii, & cuiusdam sapientis, sive & Isidori, immoque & Gregorii* (an *Georgii*, hoc est, monachi?) *Chronica à mundi origine diligentissimè percurrens* &c. De Roderici autem Toletani testimonio ex libri 2. *Historiæ* suæ *De rebus Hispaniæ* fine, alibi, cùm de Isidori Pacensis Chronicis agemus, lectorem monebimus. Attamen eo superior monachus auctor Chronici cuiusdam adhuc manu exarati, quod *Exiliense* vulgus vocat, optimæ quidem fidei, sub Alphonso VI. sive sæculo undecimo conscriptum: qui auctor agens de Constantini Imperatoris rebus, quod *in Chronico* (inquit) *lucidè deolaratur, quod Isidorus Christi famulus Hispalensis Ecclesiæ Episcopus ab exordio mundi ad usque Heraclii Romani Imperatoris & Sisebuti Hispanorum religiosissimi principis tempus compendiosè scripsit*. Habemus nos editionem Italicam huius Chronici cum hoc titulo: *Chronica de sancto Isidoro menore, con alcune additioni cavate del Texto & Istorie de la Bibia & del libro de Paullo Orosio, & de le Passioni de li Sancti*. Editum fuit opus in civitate Friuli anno MCDLXXX. in 8.º Sed interpolat multa Isidoriano textui, continuatque opus interpres usque ad Frederici II. Imperatoris obitum annumque MCCL.

[t] In Vaticana, ni fallor, cod. 698. ut in schedis Alph. Ciaconii legimus.

[u] In *Chron. Hisp.* cap. 4.

[x] In prologo.

112. *De viris illustribus*. S. Braulio agnoscit *De viris illustribus librum unum, cui nos ista subiunximus*: nempe Isidori ipsius elogium. Hunc ad librum brevissimè auctor ut solet sic præfatus est: *Quamvis superius plurimi veterum tractatorum inter græcos & latinos Scriptores doctissimi annotentur; tamen reor ipse etiam paucorum memoriam facere, quorum lectionem recolo me attigisse*. Matritensis editio hanc primùm nisi fallor præfationem, atque item hunc librum XLVI. capitibus constantem dedit: qui aliàs XXXIII. tantùm absolvitur. Nempe tredecim, totidemque auctores, *Xystus videlicet Papa, Macrobius, Philastrius, Theodorus Mopsuestenus, Tyrannius Rufinus, Vergundus, Victorinus, Idatius, alter Idatius, Eusebius, Cerealis, Ferrandus, Petrusque*, & *Marcellinus*: quos liber incerti auctoris Isidoro & Ildephonso appendi solitus comprehendit, in editione ista Matritensi huic Isidori *De viris illustribus* libro initium dant, ceterisque XXXIII. editionum aliarum præponuntur. Excepto tamen quòd quintum caput de Hosio est Cordubensi, decimum quartum de Marcellino. Quæ duo capita editiones aliæ in unum confuderunt. De Hosio & iis quæ de eo Marcellinus scripsisset consutum. Cetera conveniunt. Unde non iam opus erit quare hunc Anonymum, cùm Isidorum possimus æquumque sit, laudemus. Quam restitutionem acceptam ferre Isidorus noster debet uni MS. codici *Montis-Sancti* Galistæi oppidi Cauriensis dioecesis, ut in notis legimus viri doctissimi cui liber hic fuit commissus Ioannis Baptistæ Perezii Episcopi aliquando Segobricensis; cùm autem de his ageret adhuc Toletani canonici. Addidit idem Perezius Annotationes, quas Philippus Labbeus *doctissimas* vocat [y]. Huic libro S. Isidori appensum à Braulione habemus eiusdem sancti viri elogium.

[y] In dissert. *De Script. Eccles.* pag. 646.

113. Editus est cum aliis operibus nec non & in collectionibus [z] eorum qui *De Scriptoribus Ecclesiasticis* catalogos confecerunt in quibus post Hieronymum & Gennadium, tertius Isidorus, atque huic annexi Honorius Augustodunensis, & Sigebertus Gemblacensis monachus, ac tandem Henricus de Gandavo Tornacensis archidiaconus, conspiciuntur. Neque absque

[z] Auctore Suffrido Petro Cartusiano Colon. ann. MDCLXXX. Auberto Miræo Antuerpiæ MDCXXIX.

Vv

(1) Terna minimum, ac non vulgaris antiquitatis, suppeditat nobis una Escurialensis Regia *Lit. B. Plut. I. n.* 9. = *Lit. T. Plut. I. n.* 2. = *Lit. Q. Plut. III. n.* 8. Præterea Oudinus *in Isidoro Hispal.* pervetustum Chronici huius Isidoriani codicem ex Phil. Labbeo laudat Collegii olim Claromontani Parisiensis Soc. Iesu, sæculo, ut ipse ait, septimo exaratum; itemque alium Corbeiensem, nunc Bibliothecæ Sancti Germani Parisiensis se vidisse affirmat, qui *cum priore antiquitate certat*, *estque* vel *sæculo septimo scriptus, vel saltem octavo*. Consonat Cellierius, de eodem ut videtur Sancti Germani à Pratis codice loquens, *Tom. XVII. cap.* 29. *n.* 14. quodque omnium caput esse debet, meminit eiusdem Chronici disertis verbis Braulio in *Prænotatione* Operum Isidori: ut frustra sint qui illud Sancto Doctori abiudicant Theoph. Raynaudus, Ioann. Harduinus & fortassis alii apud Vincentium Placcium *Theatr. Anon. & Pseudon. in Isidor. Hispal. num.* 1484.

que fructu erit moneri horum catalogorum lectores, Gemblacensi Sigeberto incognitum fuisse Isidori hunc libellum, æquè ac Honorii alterum; unde plures ab Isidoro dicti apud Sigebertum laudati etiam leguntur. Quod Suffridus Petrus Cartusianus in editione sua non semel observavit [a], confirmantque apud utrumque memorati Hosius Cordubensis, Iulianus Pomerius, Proba Adelphi uxor, Possidius, Proterius, Eughipius, Fulgentius Ruspensis, Iustinianus Imperator, Martinus Dumiensis sive Gallicienfis, Gregorius tandem Pontifex. S. Ildefonsi verò appendicem cum suis mantissis, Iuliani qui Ildephonsi, ac Felicis qui Iuliani elogia formavere, de qua suo loco, ex editione Matritensi S. Isidori operum, omnes qui ab ea hos de novo recuderunt auctores, addidere. Exstare in schedis MSS. hunc librum Isidori, tum Cantabrigiæ in collegio S. Benedicti, tum Oxonii in collegio Mertonensi scribit Vossius [b] (1).

[a] In dedicatoria epist. & ad Gennadii c. 98.

[b] *De H. L.* lib. 2. cap. 25.

114. *De ortu & obitu patrum qui in scriptura laudibus efferuntur*, Braulione teste, qui ait: *De ortu & obitu patrum librum unum, in quo eorum gesta, dignitatem quoque & mortem eorum, atque sepulturam, sententiali brevitate subnotavit.* Quæ verba is desumsit ex præfatiuncula vel hodie huic libro præfixa. Meminit quoque Ildephonsus, atque item Sigebertus Gemblacensis qui neque Braulionem neque Ildefonsum viderat, ut ex collatione horum trium inter se auctorum planissimè cunctis constare poterit. Ex novioribus idem opus nostro adiudicant Ferdinandus Perez de Guzman in *Valerio historiarum* (2) sub Ioanne II. Castellæ Rege elucubrato, Equilinus Episcopus [c], Ioannes Eisensgreinius, Ioannes Tritemius, Lipomanus, Surius, Philippus Bergomas, Possevinus, Andreas Schotus (3) [d], quem appellamus ante alios huius scripti vindicem; quippe qui *De scriptis SS. PP. in dubium revocatis ac vindicatis* editurum se opus promisit [e]. Agnoscunt omnes Isidori editiones, & inter alias ea quæ antiquissima ut reor Hagenoæ prodiit apud Secerum MDXXIV. cum *De nativit. Domini, allegoriis, & prooemiis.*

[c] Lib. 4. *catal.* 55. cap. 30.

[d] In *Notis ad catalog. Isidori, De Script. Eccles.* tomo 2. *Hisp. illustr.*

[e] In *scholiis ad Photii Biblioth.* cod. 1.

115. Habent inter alia eius opera codices antiquissimi manu exarati in bibliotheca Parisiensi S. Germani à Pratis. Vetustissimum ante annos DCCC. scriptum, in quo hic tractatus cum aliis S. Præsulis libris continetur, se vidisse testatur in epistola ad Henricum Valesium *De tempore quo primum in Galliis suscepta est Christi Fides*, vir clarissimus Petrus de Marca Parisiensis antistes. Plusquam quingentorum annorum alium laudat Hieronymus Zurita in *Annalibus Aragonensibus*. Alius membranaceus annorum CCL. fuit in bibliotheca MS. Antonii Augustini, ut ex eius apparet edito indice. In bibliotheca Cæsarea alius anno MCDLXXV. descriptus Petro Lambecio teste, viro eruditissimo [f]. Duos alios antiquissimos codices ante oculos habuit is qui Hagenoensi uti diximus editioni præfuit. In Ambrosiana bibliotheca hic etiam cum aliis MS. asservatur. Octo non minus MSS. libros contulit in emendando libello isto ad editionem Matritensem Petrus de Fuentidueña Salmanticensis canonicus, de quo multis in bibliothecæ huius posteriore parte (4).

[f] Lib. 2. *Commen. de Bibliothec. Cæsarea* cap. 8. cod. 57. pag. 874.

116. Conspirant cum his veterum Scriptorum ineluctabilia ferè testimonia, Bedæ in primis qui sæculo octavo floruit, fe-

(1) Exstat quoque in Bibliotheca Escurialensi *Digramm. &. Plut. IV. num.* 23. Vulgavit eum Cl. Florezius *H. S. Tom. V. à pag.* 440. in cuius exemplo Hosius Cordubensis quinto loco legitur; apud Fabricium autem *Biblioth. Eccl. in Isidor.* primo; itidem atque in Escurialensi Conciliorum Codice quem vulgo. Æmilianensem vocant Era MXXXII. sive anno Christi DCCCCLXXXXIV. fol. 346. pag 2. *Hucusque Gennadius: ex hinc Isidorus Spalensis. Inc. I. Osius Cordobensis &c.* Apud Gesneri Epitomatorem: *Isidori & Ildefonsi de Scriptoribus Ecclesiasticis libri in Bibliothecis Vaticana, Fulvii Ursini, Petri Pithæi* exstare aut exstitisse dicuntur.

(2) Eâdem oberrat chorda Noster Ferdinando Perezio Guzmano Hispanum opus inscriptum *El Valerio de las Historias*, quod Didaci Lopezii de Almella esse non ita pridem diximus, rursum appingens. Vid. Noster infr. *Lib. X. cap.* 14.

(3) Addesis Gesneri Epitomatorem *in Isidor. Bellarminum De Script. Eccl. ad ann* DCXXX. Io. Ger. Vossium *De H. L. Lib. II. c.* 25. Guill. Caveum *Script. Eccl. sæc. VII. in Eod. T. I. pag.* 548. Cas. Oudinum *Sæc. VIII. T. I. col.* 1591. Io. Alb. Fabricium *Bibliothec. med. & inf. T. IV. pag.* 187. *n.* 17. Auctorem vitæ Isidori *T. I. Act. Sanctor. Aprilis.* Cellierium *Tom. XVII. cap.* 29. *n.* 19. Quid quod adversus Isidorum Libri *de Ortu & obitu* auctorem Placcius ne hiscere quidem audet, *Theatr. Anon. & Pseudon. in Isid. Hisp. n.* 1484.

(4) Binos exhibet Bibliotheca Regia Escurialensis, non tamen usque adeo antiquos *Lit. B. Plut. III, n.* 4. & *Lit. C. Plut. IV. n.* 24. Octonos Parisiensis Regia, ut liquet ex eiusdem Catalogis; nec dubito quod in nostratium Bibliothecis Toletana, Hispalensi, Salmantina, Complutensi &c. supersint alii, ac non infrequentes. Quoniam autem Baronius *ad ann. DCCXVI.* & in *Notis ad Martyrol. Rom. Cal. Maii. XXV. Iul. & XXV. Aug.* Natalis item Alexander, Cayetanus Cennius Presbyter Romanus, & quotquot adventui & prædicationi Sancti Iacobi in Hispania refragantur, libellum hunc *confictum falsoque Isidoro tributum; corruptumque atque interpolatum* suspicantur: placuit iis quæ ex Beda, Fulberto Carnotensi, Monastico Anglicano, & aliis pro eiusdem libelli γνησιότητι Noster (*num. seq.* 116.) adducit, Ascarici cuiusdam Hi-

fereque centum annis post Isidori mortem ad superos & ipse abiit. Scripsit ille paulò ante obitum, teste eius discipulo qui magistri vitam elucubravit, *de libris Isidori Episcopi excerptiones quasdam.* Exstant quidem venerabilis viri etiam nunc *collectanea, seu excerpta ex probabilissimis Ecclesiæ Doctorum sententiis collecta*, ut Xystus Senensis ait [g], volumine tertio eius operum edita: quæ *excerptiones* illæ *ex Isidoro* coniectæ videntur: in quo libro quædam sunt iisdem verbis enuntiata, quibus auctor utitur libelli nostri præsertim capite *De divisione Apostolorum*, & quod S. Iacobus ad annuntiandum Evangelium in Hispanias venerit. Auctor quoque sermonis *De Assumtione Mariæ Virginis*, inter sancti Augustini alios ab editionibus repræsentati, qui creditur Fulbertus esse Carnotensis undecimi sæculi Scriptor, de gladio qui Mariæ Virginis animam Simeone prophetante pertransire debuit, hæc habet: *Hinc & Isidorus, incertum, inquit, per hoc dictum, utrum gladium spiritûs, an gladium significet persecutionis.* Legitur autem apud Isidorum in huius libro cap. 67. aliis licèt concepta verbis eadem sententia: *Quod quidem incertum est utrum pro materiali gladio dixerit, an pro verbo Dei valido, & acutiori omni gladio ancipiti.* Eiusdem planè temporis testimonium est relictum nobis in monumentis Exoniensis in Anglia Devoniensis agri cœnobio apud Scriptores *Monastici Anglicani* [h]. Unde constat inter libros huic monasterio donatos à Leofrido loci Episcopo reperiri legique

[g] Biblioth. sacræ lib. 4. in Beda.

[h] Tomo 1. pag. 223.

Hispani Episcopi locum hactenus ut puto ineditum addere, in quem incidi recensens Escurialensem Isidori Etymologiarum Codicem *Digramm. &. Plut. I. n.* 3. Erâ, ut in eius fine legitur, MLXXXV. sive Christi anno MXLVII. XII. Cal. Septembris à Dominico Presbytero exaratum: in cuius initio habetur Ascarici Episcopi ad Tuseredum Dei famulum epistola, hoc titulo:

Directa Ascaricus ad Tuseredus Dei famulus. De ipsis Sanctorum dormientium qui cum Christo surrexerunt corpora. quid exinde continet gesta. nempe in gloria.

In ea primo loco gratulatur Ascaricus Tuseredo quod *post ergastula. post evulsionem. post iacturam. post innumera contumelia* quæ perpessus fuerat, indicto tamen à quibus, tandem liber atque incolumis evasisset; dein pergit:

Illa sane solummodo qua nuper pullulant scismata in histis partibus germina vestre curavi reverentie insinuanda.

Nam pene omnes ab hinc asturianis usque in oris qui in clericatus persistunt officia, uno seu vel quasi ex ore probrosa de illa qua cum Christo dormientium sanctorum surrexere corpora in morte Christi nibificata. nituntur inpudenter spargere verba! Et licet omnium non sint uno eodemque sensu fugate. omnium tamen coniectura una terminare sententia. Nam plerique ea non gloriosa resurrexisse credunt sed corrupta. neque ad hoc ea suscitata quasi cum Christo perpetim uibentia. hominibus sed ut incredulis Christi hostenderent resurrectionem gloriosam. & non in coelesti ut beatus refert Iheronimus Iherusalem sanctam. sed in illa iudeorum apparere dicunt terrena! & sicut Lazarus & alia corpora ante domini passionem ab ipso domino suscitata in pristina ea subiisse exitia. ad propriaque remeasse busta. & ad adventum usque domini requiescere suscitanda. Illud (*pergit*) quasi ebetes beati Ysidori edicto in medium proferentes. id est de adam tresque patriarcis quod eos in locum arbe propriis narret requiescere in sepulcris. non intellegentes stolidi & lirantes quod ille si patria vel quum (*aut* quorum, *seu* quoniam: *sic omnino* ꝗ ꝗm) nesciret domini iussu suscitata illa corpora essent. neque propriis ea uidisse oculis si sint in suis aut non sint sepulcris. sed antiquam solummodo de patrium uitam uel obitum genesis proferat storiam &c.

Quæ cum dubio procul ad ea referantur quæ de Adami ac trium Patriarcharum sepulcris in priore omnium libelli *De ortu & obitu Patrum* capite leguntur, nimirum: *Sepultus est* (Adam) *in loco Arbee, qui locus nomen à numero sumsit, hoc est* quatuor; *nam tres Patriarchæ ibidem sunt sepulti, & hic quartus Adam:* omnino conficiunt Ascarici huius ævo libellum quode agimus pro γνησίῳ germanoque Isidori fœtu habitum fuisse ab Hispanis Patribus. Mitto alia ex eadem epistola amice in idem coniurantia, ne officii mei fines egredi videar. Quisnam autem hic Ascaricus fuerit, quo tempore vixerit, cuique Sedi præfuerit, non facile divinare est. Et subiit extemplo *Ascarius*, sive *Ascaricus* (ut in margine apud Aguirrium *T. II Conc. Hisp. Ed. ant. p.* 548. legitur) *Palentinus*, qui VIII. Toletanæ Synodo anno Christi DCLIII. sub Recesuintho habitæ quadragesimo tertio loco subscribit; arridebantque Ascarici illa *abhinc Asturianis usque in oris*, quæ non longe à Palentino tractu distant. Verum in Tuseredi ad Ascaricum de quo agimus responso habetur locus *è libro* Ἀντικειμένων *Beati Iuliani Toletani*, quem ad annum DCLXXX. Pontificatum iniisse constat; eo autem anno Palentinum Ascaricum omnino in vivis esse desiisse credendum est: quandoquidem ab anno DCLXXV. ad DCLXXXVIII. Toletanis Synodis XI. XII. XIII. ac XV. subscribit *Concordius Palentinus* apud Aguirr. *pagg.* 668. 688. 720. 728. XIV. autem eius nomine *Gravidius Diaconus pag.* 720. Mitto *Arcaricum* sive *Ascaricum* (facili unius atque affinis literulæ mutatione) incertæ Sedis Episcopum, cuius exstat mentio in Elipandi Toletani literis ad Fidelem Episcopum: quod multò præ *Ascarico* de quo agimus antiquior sit. Hoc tamen parum ad nos attinet; illud potius, si ex incomto atque horrido Latini sermonis ad Hispanum plane declinantis Ascarici epistolæ habitu, elicimus eum & ὁμήλικα Tuseredum sæculo IX. aut ineunte X. vixisse; ac proinde utriusque ævo libellum *De ortu & obitu Patrum* pro vero & germano Isidori Hispalensis fœtu ab Hispanis Patribus absque controversia receptum atque habitum. Plura de hoc Cl. Hispaniæ Sacræ Continuator *T. XXX. Tract.* 66. *c.* 6. *num.* 12. quique argumentum plene exhaurit singularis amicus noster D. Benedictus Clemens de Aroitegui in Regio Auditorio Granatensi stlitibus iudicandis XXIV. Vir *Diss. de Apostoli Iacobi maioris in Hispania prædicatione* Neapoli MDCCXLIII. 4.° a pag. X. Vid. inf. nostra in *Ascarico*.

in donationis instrumento, quod anglicè priùs atque inde latinè producitur, *librum Isidori etymologiarum, & passiones Apostolorum*: quod ultimo dictum opus hic ipse, nec alius, liber est *de obitu patrum*. Obiit autem Leofridus, ut ibidem annotatum legitur, anno MLXXI.

117. *Historia de Regibus Gothorum, Wandalorum, & Suevorum.* Quam nemo hactenus Isidori nostri Hispalensis esse in dubium vocavit. Braulionis certè præfatio seu *prænotatio in sancti doctoris opera*, seu mavis *vita* eius aut *elogium* ab eodem Braulione formatum, ut quemadmodum inibi legitur Isidori libro *De viris illustribus* subiungeretur, inter alia hoc opus agnovit. *De origine Gothorum* (ait) *& regno Suevorum & etiam Wandalorum historia librum unum.* Cui conspirant veteres libri omnes, nec dissentit ullus; prodiitque in lucem primum ut credimus ex bibliotheca Petri Pithæi cum libris XII. *Legum Wisi-Gothorum* Parisiis apud Sebastianum Nivellium MDLXXIX. in folio. Quare nollem Regium historicum mihique amicissimum D. Iosephum Pellizerium, hac tritissima nostrorum & exterorum hominum viâ relictâ, difficilem & avium calcare locum, ut nimis aliquando ingenio indulgere coniecturisque solet, maluisse [i]. Cùm ægrè ac ne vix quidem præstare possit, valida quamvis & evitatu difficillia tela contorquens, hoc posse præscribi sæculo communi omnium præteritorum persuasioni, quæ Isidoro favet Hispalensi. At quia maximè huic quæ nunc à nobis agitur causæ interest impressionem viri sanè efficacis ac præiudicatæ tot illustribus monumentis famæ, non indiligenter excipere: agedum videamus quibus utatur machinis ad aheneum antiquitatis hunc murum impetendum.

[i] In libro vernaculæ linguæ inscripto: *Maximo Obispo de Zaragoza distinguido de Marco Monge de Monte Casino* edito Valentiæ MDCLXXI. in 4. lib. I. n. 29.

118. Habet is uti certum, neque Chronicon, neque historiam hanc Gothorum, Suevorum, & Wandalorum Isidori præsulis Hispalensis esse. Redditque suæ huius existimationis has causas. Prima est. S. Ildephonsus in libro *De viris illustribus* Isidori opera recensens horum non meminit. Secunda. Braulionis non est id, quo ad contrarium asserendum, vindicandaque Isidoro quæ verè eius sunt opera toties utimur, *elogium.* Nisi enim hoc admittamus, Ildephonsum eodem Braulione iuniorem Scriptorem & qui ab eo haurire potuit Isidorum talia scripsisse, quomodo de silentio excusabimus? Accedit tertia, quam existimavit plus quam ceteras evincere rem, Isidoro Pacensis Ecclesiæ Episcopo, qui proximè sequenti sæculo Mahometanis iam rerum dominis in Hispania vixit, disertissimis verbis adscribi ab antiquissimo quodam Scriptore; & in vetustissimo manu exarato codice saltem Chronicon historiamque Wandalorum & Suevorum. Hic est Pelagius Ovetensis Episcopus duodecimi sæculi sub Alphonso VI. Rege Castellanorum & Legionensium Scriptor, seu compilator potiùs cuiusdam Chronici ex variis aliorum eo antiquiorum: quod ille rerum ad suum usque tempus gestarum perbrevi locupletavit augmento. Liber est penes Pellizerium ab ipsomet Pelagio uti suspicatur, scriptus, quem & nos apud eum vidimus. Inscriptio hæc est: *Liber Chronicorum ab exordio mundi usque erâ MCLXX.* Præfatur inde auctor Pelagius: *Carissimi fratres. Si Chronicam hanc, quam aspicitis, bono animo eam legeritis, invenietis quomodo iunior Isidorus Pacensis Ecclesiæ Episcopus, sicut in veteri Testamento & novo legit, & per Spiritum sanctum intellexit, ita ab Adam usque ad Noe, & usque ad Abraham, Moysem & David, & usque ad adventum nostri Redemptoris, & de Iudicibus & Regibus in Israel, & de Romanis Regibus sive Imperatoribus, & de Evandalis, & Alanis, sive & Suevis Hispanis Regibus, sicut à maioribus & prædecessoribus suis inquisivit & audivit, plenissimè scripsit. Et B. Isidorus, de quo nunc Legionensis gaudet Ecclesia, De Regibus Gothorum à primo Athanarico usque ad catholicum Regem Wambanem Regem Gothorum, prout potuit plenissimè scripsit.* Hucusque is apud Pellizerium laudato iam loco.

119. Sed aliunde scimus eiusdem Pellizerii testimonio [k], ita Pelagium continuâsse: *Et à prædicto Rege Wambane usque ad catholicum Pelagium Regem Gothorum B. Iulianus Toletanæ Sedis Archiepiscopus, qui arcam cum sanctorum pignoribus, quâ nunc Ecclesia Ovetensis gloriatur, cum Rege Pelagio sæpiùs in Asturias translulit, & sicut à maioribus & prædecessoribus suis inquisivit & audivit, prout potuit plenissimè scripsit. Et à Pelagio Rege usque ad Adephonsum Castum, & catholicum Regem Gothorum Sebastianus Salmanticensis Episcopus, sicut à maioribus & prædecessoribus suis inquisivit & audivit, plenissimè scripsit. Et ab Adephonso Casto usque ad Weremundum Regem podagricum Sampirus Ecclesiæ Asturicensis Episcopus, sicut à maioribus & prædecessoribus suis inquisivit & audivit, de Gothis Regibus, prout potuit plenissimè scripsit. Et à Weremundo podagrico usque ad Adephonsum Regem filium Ray-*

[k] In alio libro. *Chronic. de España de Dulcidio Obispo de Salamanca con observaciones.* Barcinone MDCLXIII. n. 4. in *observationibus* fol. 15.

Raymundi Comitis & Urracæ Reginæ Pelagius Ovetensis Ecclesiæ Episcopus, sicut à maioribus & prædecessoribus suis inquisivit & audivit de Gothis & Arragonensibus Regibus, prout potuit plenissimè scripsit.

120. Hoc ex testimonio unum tantùm è duobus quæ assumsimus comprobari videtur, Chronicon haud Isidori esse Hispalensis Episcopi, sed alterius Isidori Pacensis; alterum verò, scilicet nec eiusdem esse *Gothorum historiam*, adeò non probatur, ut eius eam esse clarissimè hinc doceamur. *Et B. Isidori, de quo nunc Legionensis gaudet Ecclesia* (inquit, ad translationem sancti eius corporis ab Hispali ad urbem usque Legionensem tempore Ferdinandi I. cognomento *Magni*, Alphonsi VI. patris, respiciens) *de Regibus Gothorum à primo Athanarico usque ad catholicum Regem Wambanem* &c. *scripsit*. In quibus verbis, quod de historiæ continuatione usque ad Wambanem Regem prodidit, Isidoro Hispalensi adscribens, errorem intolerandum continet: in quem non minus incurrit epistola Adephonsi Regis Magni, quam Sebastiano directam Salmanticensi Episcopo præambulam is voluit cuiusdam à se formati Chronici, de quo postea dicemus: quam in editione Dulcidiani à se publicati Chronici Pellizerius in lucem protulit [l]. Isidorus enim Hispalensis obiit anno DCXXXVI. Wamba autem non ante annum DCLXXII. inauguratus fuit Rex Gothorum.

121. Iam ut appareat debiliora hæc esse quàm ut rem tantam conficere, hoc est Chronico suo Isidorum Hispalensem spoliare possint, argumenta hæc tria, hinc ab ultimo ordiemur: contendentes hoc Pelagii testimonio abdicantis Isidoro Hispalensi Chronicon & Suevorum & Wandalorum historiam, atque Isidoro Pacensi adiudicantis: nihil enorme magis & exosum (quod pace doctissimi nobisque carissimi capitis dictum volumus) inveniri potuisse. Nullam enim prorsus in hac parte præstandam esse fidem auctori huius præliminaris epistolæ (qui nec Pelagius forsan Ovetensis, sed alius est), nec ipse Pellizerius inficiari debebit: apud quem ceterorum omnium eiusdem epistolæ circa Chronicorum, quæ in unum ibi compilata sunt, auctores enuntiatorum omnino decoxit fides.

122. Primò namque Isidorum Hispalensem, quod paulò ante annotavimus, putat epistolæ auctor usque ad Wambanis qui tot annis post eius obitum potitus fuit rerum Hispanarum tempora, historicum egisse. Secundò B. Iulianum Toletanæ Sedis Archiepiscopum à prædicto Rege Wambane usque ad Pelagium primum Saracenorum domitorem historiam continuâsse: quod quidem absurdissimum est mendacium; revera enim S. Iulianus res Wambanis in Gallia gestas tantùm literis mandavit, uti Felix in eius vita scriptum reliquit [m]. Immo ipse Iulianus tertio Egicanis Regis anno, Christianæ salutis DCXC. vitâ concessit: quod idem affirmat Felix: tantum abest ut ad Pelagii Regis potuerit etiam tempora stilo pertingere. In quo Pellizerius noster [n], epistolæ vitia dum recenset, minus quàm solet perspicaciter vidit.

123. Tertio, huic Iuliano qui tot ante annos ad superos abiit, sanctarum Hispaniæ reliquiarum exportationem in Ovetensem Ecclesiam unà cum Pelagio procuratam, epistola tribuit; cùm certè *Urbanus* ille dictus fuerit non *Iulianus*, præsul Toletanus qui huic translationi præfuit, ut apud Roderici historiam lib. 4. cap. 3. legitur: cuius etiam Urbani per id tempus invasæ ac debellatæ à Mahometanis Hispaniæ doctrina & sanctitate florentis, Pacensis Isidorus in ea quæ certò eius est epitome historiarum meminit. Pelagius autem, sive alius qui Salmanticensis Episcopi Sebastiani iis quæ de Weremundo scribebat, relationem, tamquam pictacium importunissimè assuere voluit [o] *De arca reliquiarum è Toleto in Asturias translata*, qui Iulianum pro Urbano hunc pium sacrorum pignorum exportatorem vocare visus fuit, in vitio cubat, rectæque lectioni restituendus est: quod ante nos Ambrosius Morales observavit [p].

124. Quarto, ibidem tribuitur Sebastiano Salmanticensi quem nuper appellavimus, continuatio rerum Hispanicarum à Pelagio usque ad Adephonsum cognomento Castum, huius nominis secundum: in quo & labi eum Pellizerius existimat [q]; cùm hæc pars verè auctorem habeat Adephonsum III. aliàs Magnum, Legionis Regem, qui ad Sebastianum eam direxit. Huic uni epistolæ tot fœdæ erroribus, totiesque in designandis Chronicorum quæ laudat formatoribus aberranti, nullo quidem iure contendit Pellizerius fidem aliquam in Isidoriano Chronico ab Hispalensi in Pacensem transferendo, priorique illi Wandalorum & Suevorum abiudicanda historia nos præstare [*debere*] (1). Præterea

[l] E regione ipsius Chronici primo folio.

[m] Appenditur *viris illustribus* Isidori, & Ildephonsi post appendiculam Iuliani.

[n] In observ. prædictis ad Dulcidii Chronicon fol. 16.

[o] Uti est in editione Sandovalis Pampilonensis pag. 50. Quamvis non uti Sebastiani assumentum, sed uti Sampiri textum agnovit Morales lib. 12. cap. 71. fol. 206.

[p] Lib. 12. c. 71. fol. 206.

[q] In iisdem observat. ad Dulcidii Chronic. fol. 14.

(1) Ellipticus dubio procul hic locus est: quem supplendum duximus addito τῷ *debere* uncinis inclusο atque è cursivo charactere.

ea non æquo iure nobiscum ab eo agitur, pertendente constare sibi ac veritati epistolam in asserendo Pacensi alteri Isidoro alterius Hispalensis existimato ad hunc diem Chronico; sibi autem non constare in adscribenda eidem Hispalensi nostro (quod Pellizerius inficiatur) Gothorum historiâ.

125. Habemus enim Braulionem utrumque opus inter Nostri alia recensentem. Quî enim approbabimus non scripsisse hunc eam prænotationem S. Isidori librorum, quod in animum sibi priùs inductum, alterum adversus possessionem Hispalensis telum Pellizerius vibravit? Primùm (ita est) *Prænotatio* ista in editione Matritensi lucem vidit; sed ex antiquis libris [1], quos optimæ notæ consuluerunt hi qui apud nos curam editionis habuere (1). Stilus quoque, istius quâ vixit Braulio ætatis auctorem prodit; nec dissimilis est ab eo, quo scripta ab eodem Braulione habemus, cùm vitam S. Æmiliani [2], tum hymnum in eiusdem laudem quod breviario Gothico sive Isidoriano insertum legitur, & epistolas quæ cum Isidorianis editæ sunt. Quale autem illud est quod ex adverso nobis opponitur? Braulionem, si auctor esset *Prænotationis*, minimè accomodaturum (in more enim hoc non habent Christiani encomiastæ) sancto Isidoro ethnicum illum seu philosophicum ut vocat elogium, quod nempe Tullius de M. Terentio Varrone *Quæstionum* primo libro *Academicarum* usurpat, & superiori capite adduximus. Braulionis sanè ipsius studia & genius convincunt planè uti eum potuisse disciplinarum sæcularium testimoniis, quas in præfatione vitæ S. Æmiliani ex parte se attigisse modestè agnoscit; nec minùs in usu habuisse: qui in eadem vitæ præfatione utitur versu isto cuiusdam (ut ait) veterum poetarum:

Hoc opus, hoc etenim forsan me subtrahet igni.

Appositissimum præterea est, Isidoroque applicari sanctissimo Christianorum Varroni prorsus dignum vetus illud, Romano olim dictum à Cicerone: par utriusque studium indagandarum originum, par & circa idem argumentum sese prodens doctrina (2).

126. Nec urget quòd S. Ildephonsus horum operum, tam Chronici quàm historiæ mentione cæterorum Isidori operum non auxerit catalogum. Unde duo sibi Pellizerius exsculpit quæ nobis opponat. Alterum est, non prætermissurum Ildephonsum laudare talia opera si Isidorus auctor eorum esset, quæ eo plausu pretioque tunc temporis quo recèns scripta fuerant excipi debuere quo vel nunc habentur. Alterum est, Braulionis non esse *Prænotationem* superiùs laudatam, inde etiam colligi, quòd cùm Braulio præmortuus Ildephonso fuerit, & post illius mortem libellum Ildephonsus suum *De viris illustribus* (quorum & ipse Braulio pars est) ediderit: non potuit non Ildephonsus ex Braulionis hac *Prænotatione* si ab eo scripta esset, utriusque huius tam utilis commentarii notitiam haurire, atque ad elogium Isidori suum derivare. Cùm ex contrario Ildephonsi silentium, tam Isidorum ut hisce libris decedat historicis, quàm Braulionem ut *Prænotatione* ista, constringere videatur. Quibus tamen deterreri non debemus. Facilè enim contingere potuit brevissimam hanc *Prænotationem* in schedis Braulionis relictam ad Ildephonsi manus ante scriptum

[1] Ita in Notis ad librum *De viris illustribus* Isidori, cui hæc prænotatio subiicitur, affirmavit Ioannes Bapt. Perezius.

[2] Edita est in *commentar.* Bivarii *ad Maximum* pag. 475.

(1) Si alii deessent omnes, unus Escurialensis Codex *Lit. Q. Plut. II. num.* 24. Erâ DCCLXXXI. sive Christi anno DCCXLIII. scriptus, in quo Braulionis *Prænotatio*, & in ea Chronici de quo agimus Isidoro Hispalensi attributio totidem atque apud Grialium ipsisque verbis legitur, plenè rem conficeret. Casimirus quoque Oudinus peculiari Dissertatione *De scriptis Sancti Isidori Hispalensis*, *sæculo VII. T. I. col.* 1583. *Ad iudicandum* (inquit) *rectè de operibus veris & indubiis Sancti Isidori Hispalensis Archiepiscopi, necessarium duxi hic præmittere Prænotationem librorum illius à Braulione Cæsaraugustano Episcopo editam*: quam integrè describit. Gerardus autem Ioannes Vossius *De Hist. Lat. Lib. II. cap.* 25. *condidit quoque Historiam de origine Gothorum, regno Suevorum & Wandalorum: cuius operis meminit Braulio Episcopus Cæsaraugustanus in præfatione ea quæ Isidoro præmittitur.* Et paulo inferius de anno Isidori obitus loquens: *Obiit* (inquit) *Isidorus anno Christi DCXXXVI, ut Redemtus Clericus qui & morienti adfuit testatur ::: & antè memoratus Braulio: cui* (addit) *præ omnibus fides haberi debet.* Sed neque de hoc Chronico sive *Gothorum Suevorum & Vandalorum historia* Placcius in *Theatr. Anon. & Pseudon.* litem Isidoro intentat. Mitto alia.

(2) Exstat *I. Acad. Quæst.* 9. Tullianum Terentii Varronis elogium, quod præter rem à Braulione Isidoro accommodatum Pellizerius censet. Atqui longe superius existimandum est, quod à centum fere Hispaniæ Patribus & Proceribus unanimi omnium consensione in VIII. Toletana Synodo *Tit. II. n.*32. eidem Sancto Doctori iure ac merito tributum legimus. Quid quod Varronem Cicero in Academicis præsentem præsens alloquitur; Braulio exstinctum nuper Isidorum dolet, quem viventem unicè dilexerat. Quis vero tam cari capitis desiderio pudor esset aut modus? Illud tamen, inquis, ab Ethnico profectum. Esto. Sed cur non idem in Basilio, Nazianzeno, Hieronymo, immo & in Paulo reprehendimus?

.... Habitarunt Dî quoque silvas,
Dardaniusque Paris.

ptum Isidori elogium non pervenisse; cùm neque etiam omnium Isidori operum notitiam ille habuerit. Certum enim est de pluribus eum tacuisse, quæ certè illius sunt: puta libello *De viris illustribus*, duobus *De officiis Ecclesiasticis*, necnon quibusdam epistolis.

127. Dispulsis Pellizerii contra veterem Isidoro Hispalensi propitiam suisque viribus satis armatam persuasionem machinationibus: iam videamus, quò hinc ille abiens mentis ictum iniecerit. Fortè ingenuum æquè ut doctum hominem sic urgebimus, ut & abscedere isthinc ceu ab iniquo loco satius ducat. Varius quidem ille neque iudicii constans, tam Isidoro Pacensi [t] cum Pelagii suo codice, quàm [u] Isidoro alteri secundo Hispalensi & Cæsaraugustano Episcopo, hactenus ignoto: Chronicon asseveranter, historiam autem Gothorum Cæsaraugustano Episcopo Maximo [x], ex coniectura tantùm adscribit. Quam posteriorem partem in Maximi rebus disquirendam nunc relinquentes, de Chronici hoc gemino auctore pauca dicemus.

[t] In lib. de Maximo Cæsaraugustano fol. 29. versâ paginâ.

[u] In observat. ad Dulcidium fol. 16.

[x] Libro de Maximo fol. 29.

128. Isidorus equidem Pacensis Episcopus, cui Pelagii Ovetensis codex MS. & huic plus æquo fidens Pellizerius Chronicon Isidorianum attribuit: ipse Isidorus est Pacensis, cuius exstat *epitome Imperatorum & Arabum* à Prudentio Sandovalio edita [y] cum ceteris Hispaniæ antiquis aliorum Episcoporum Chronicis. Quod opus confer, sodes lector, cum Chronico; & ipse tibi facillimo negotio eiusdem non esse auctoris utrumque persuadebis. In Chronico enim nihil est quod scabrositate & barbarie latinas offendat aures; sed omnia ævum doctrinâ & facundiâ subactum redolent. Epitome verò plena est iis ubique verborum & orationis vitiis, ea barbari iam sæculi & sub Maurorum dominatione gementis Hispaniæ vestigia passim ostendit: ut qui cum Chronico velit comparare atque ad eandem Scriptoris manum utrumque opus referre, profectò is omnem sibi priùs abiudicare latini sermonis sensum debeat. Immo iniurii sumus, quum magis favemus eidem Pacensi: qui ipse adversus blandientes sibi, testimonium pro suo Chronici auctore S. Isidoro luculentissimum reddit. Loquens enim de anno nativitatis Christi versus finem epitomes, quum epochas colligit: *& anno præfato* (inquit) *Octaviani XLII. Christum natum secundum historiam Ecclesiasticam domini Eusebii Cæsareensis Episcopi in libro* I. *erâ VI. vel nunc secundum Chronicam Domini Isidori adseverant* &c. Qui quidem XLII. Augusti Octaviani annus in Isidoriano vulgari Chronico huic almo natali assignatus legitur [z].

[y] Pampilonæ in folio.

[z] Principio VI. ætatis.

129. Non puto desideraturum ulterius quid claritatis aut fidei Pellizerium nostrum, ut Pelagio Episcopo suo aut eius ut arbitror prælocutori dicam erroris & inflictæ Isidoro Hispalensi offensionis impingat; nisi Pelagii tot sæculis posterioris affirmationem præ Isidori Pacensis ferè Hispalensi æqualis habeat. In qua eadem navi Alphonsum vehi Regem Magnum, laudatæ priùs epistolæ ad Sebastianum Salmanticensem auctorem, non temerè dixeris. Omittimus inpræsentiarum examini subiicere distinctionem duplicis Isidori, quorum alterum *Pacensem*, alterum *de Beja* vocat doctus vir (quasi diversæ sint Ecclesiæ *Pax* & *Beja* (1)) proprio loco discutiendam.

130. Quisnam verò alter ille est Isidorus Hispalensis, qui pellexit ad se mentis aciem viri aliàs oculati & sagacis, cùm à sanctissimo huius Ecclesiæ antistite profectus esset? Remittit quidem se is pro huius quæsiti solutione ad ea quæ dicturus fuit, cùm in observationibus ad Dulcidium istis ad seriem Gothorum, qui unus ex titulis sive partibus illius est, accederet: quò editæ quæ sunt hactenus non pertingunt. Hispalensis certè Ecclesia non alium cognoscit, facileve admittet Isidorum inter suos Episcopos: quod verò ad Cæsaraugustanam pertinet, ipsa viderit. Habemus planè adducta recens Isidori Pacensis verba, qui altero post Hispalensem floruit sæculo: quæ quidem non alium ab eo, qui celebratissimus erat Hispanorum Scriptor, *Domini*que ob venerabilem viri famam compellatione præ quolibet alio dignus, Isidorum significare posita nemo sanus neget.

131. Dicam semel quod res est, & ansam dedit nostrorum recentis ævi historicorum frequentibus in laudandis Chronicis veterum horum Episcoporum æquivocationibus. Horum nempe omnium hoc fuit propositum, ut his quæ iam ab alio descripta essent, ea tantùm adiungerent quæ ad suum usque ævum in Hispania contigêre. Sed ne eo membro tantùm historiæ à se formato, reliqui à legentibus artus caputque maximè desiderentur: initio ducto ab Isidori Chronico quod res omnes mundanas usque ad Sisebutum continet, subiunxere unusquisque uno atque eodem filo historiæ veluti ducto, tum quæ

(1) Dictum de his à nobis suprà *Lib. IV. c. 2. n. 23.*

quæ Ildephonſus ſi id admittimus, & quæ Iulianus Toletanus antiſtes uſque ad Wambanem, tum quæ alii telam proſequentes ante ſe conſcripſiſſent. Qui codices ita ex variis variorum compacti hiſtoriis, unum tamen compilatoris & ultimi continuatoris, ſive ab eo, ſive ab aliis nomen & nuncupationem in fronte ſortiebantur: puta Sebaſtiani Salmanticenſis is codex, quem Sebaſtianus: Pelagii Ovetenſis alter is, quem Pelagius, cum ſua quiſque eorum continuatione, deſcripſiſſent. Quos cùm ſeparatos vidiſſent codices primi qui eos in ſchedis MSS. conſuluere, facilè decepti ſunt: exiſtimantes unumquemque eorum Epiſcoporum codicibus inſcriptorum, non poſtremam Chronicorum illam partem ſeu continuationem, ſed integram à principio rerum, aut ſaltem poſt Iſidoriani Chronici tempora, reliquam telam pertexuiſſe. Unde eſt quòd Ambroſius Morales qui ante alios his Epiſcoporum Chronicis fuit uſus, ſæpius de iiſdem rebus & regibus loquens duos treſve eorum in teſtimonium adducat, quaſi de iiſdem omnes rebus ac tempore ſcripſerint. Sed quia de his quæ decerpſit Ambroſius Morales & laudavit Epiſcoporum Chronicis opportunior nos exſpectat locus, cùm ad Iſidori Pacenſis res commentarius noſter appulerit: videamus iam quiſnam *hiſtoriæ Gothorum*, *Wandalorum*, *Suevorum* auctor Pellizerio fuiſſe videatur.

132. *Gothorum hiſtoriam* ſuſpicatur [a] eandem fuiſſe cum ea quam ſcripſiſſe Maximum Cæſarauguſtanum S. Iſidorus annotavit [b]. In quam coniecturam facilè deſcendit, ex quo Iſidori non eſſe opus præiudicio quodam ſibi perſuaſit. Nec non ut Pſeudo-Chronicon hoc ſæculo vulgatum quod Maximi auctoris titulo ſeſe venditat, ſubrogato eo quod germanum putavit loco iſto quem credulorum hominum facilitate non contemnendum occupavit, faciliùs deturbaret. Sed nihil nobis uſquedum neceſſitatem iniicit quærendi alium hiſtoriæ Gothorum auctorem; cùm Iſidoro hanc apertè unà cum Wandalorum & Suevorum Braulio & perſuaſio vulgaris omnium tribuat. Nec tanti ſit ut vidimus ea præfatio MS. codicis hiſtoriæ Pelagii Epiſcopi Ovetenſis, ut Iſidoro Pacenſi & hanc Gothorum & aliarum gentium hiſtoriam adſcribamus cui præfatio illa non minus quàm Chronicon adſcribit. Satis enim iam debilitata manet huius fides, quæ revera Iſidorum iuniorem Pacenſem Epiſcopum ævo, ſermone, operibus ab Iſidoro Hiſpalenſi toto cælo diverſum, non eo iudicio quo res pertractari debuit diſtinxiſſe videtur. Stilus enim hiſtoriæ huius cum ſtilo Chronici cæterorumque Iſidori operum & cum genio eius quo ſanctiſſimus Scriptor floruit ævi, maximè convenit. Pacenſis autem barbariem tan longè poſt ſe relinquit, ut in proverbio eſt [c],

Ὡς αἰγύπιος τοῖς πτεροῖς τὰς ἐμπίδας νικᾷ

Quantum aquila culicem vincit alâ præpeti.

133. Eſto igitur Iſidori noſtri unus & idem liber ut ex Braulione colligimus harum trium nationum hiſtoria: *De origine Gothorum* (ille ait) *& regno Suevorum*, *& etiam Wandalorum hiſtoria librum unum.* Similiter auctor in præfatione ad Siſenandum Regem: *Quia de origine Gothorum Hiſpanorum* (ſic lego coniunctim) *Suevorum, Wandalorum*, *& Alanorum*, *& qualiter rexerunt Hiſpanias*, *tibi fieri notitiam poſtulâſti* &c. quam editam in Tudenſis Lucæ Chronico initio libri ſecundi, quartum *Hiſpaniæ illuſtratæ* volumen exhibet [d]. Neque reſiſtat aliquis adhuc, eo quòd de Hermenegildo principe ita loquatur auctor [e]. *Hermenegildum deinde filium imperiis tyrannizantem*, *obſeſſum* (Leovigildus) *exſuperavit*. In quo ſibi crucem fruſtrà figunt, qui de Chriſti martyre eoque ex ſorore nepote, Iſidorum non *tyrannidis* verbo uſurum exiſtimant.

134. Excuſat enim exemplo è Roderico Toletano [f] qui hunc locum exſcripſiſſe videtur Ioannes Grialius [g]. Sed cùm non inde ſequatur Iſidori hiſtoriam eſſe, quod vindicare debet (potuit enim Rodericus, quin pro Iſidoriana haberet, verba exinde iſta ſumere): convenientius eſt, ut Iſidorum tueamur uſitatâ vocabuli tam apud Græcos quàm apud Latinos, acceptione, qui *regis* & *tyranni* nomine promiſcuè uſi ſunt. *Tyrannum* pro iuſto principe à Platone poſitum annotavit Beſarion Cardinalis lib. 4. *Adv. calumniatorem Platonis* cap. 10. idem ex Ariſtotele eiuſque *Iſagoge* à Boethio verſa confirmat Loenſis lib. 5. *Miſcellaneorum* cap. 1. Virgilius lib. VII. v. 266.

Pars mihi pacis erit dextram tetigiſſe
tyranni.

Horatius lib. 3. carm. 17.

Litoribus tenuiſſe Lyrim
Latè tyrannus.

Avienus in deſcriptione orbis v. 665.

Hanc ſuper eſt tellus Ithaci vetus aula
tyranni.

Plura dabunt exempla Voſſius in *Rhetorica* [h], & Dauſquius ad Silium Italicum [i]. Pro omnibus tamen, ad rem Iſidori habeo Ioannem Biclarenſem, qui non aliter locutus fuit de Hermenegildo anno III. Tiberii Imp. *Filius eius Hermenegildus factio-*

[a] In *Maximo Cæſaraug.* lib. 1. num. 29. & 32.

[b] *De viris illuſtr.* ſeu *De Script. Eccleſ.* cap. ult.

[c] Philetis de *animalibus* græci Script. apud Eraſmum in *Adagiis*.

[d] Pag. 40.

[e] Erâ DCVI.

[f] Lib. 2. cap. 14.

[g] In præfat. ad lect. ſuæ Matrit. edition.

[h] Lib. 1. pag. 39.

[i] Lib. 4. pag. 194.

ctione Gosvinthæ Reginæ tyrannidem assumens in Hispali civitate rebellione facta se recludit. Improbavit fortasse principis factum Biclarensis qui tunc in Hispania florebat, quamvis à Rege hæretico malè multatus, ut supra diximus.

135. Surgit autem ex adverso alius, vero haud simile esse Isidorum omisisse Hermenegildo principi testimonium tribuere, cùm tam idoneè posset, martyrii. Grialius suspicatur deesse aliquid huc pertinens. Quicquid sit de omissione ista, qualiscumque fuisset historiæ auctor dummodo catholicus, expostulari dignus est. Ea tamen brevitate constat opus, ut summa tantùm capita quæ ad res gestas Regum pertinent, attingere voluisse videatur. Certè has omnes historias Isidori nomine inter opera in omnibus editionibus legimus; prostantque post veterem Parisinam editionem, cuius suprà mentio facta fuit, in
[k] Pag. 847. *Hispaniæ illustratæ* semel volumine 3. [k] iterumque in Chronico Lucæ Tudensis lib. 2. volum. 4. Necnon à Philippo Labbeo editæ sunt longè auctiores ut ait & emendatiores hactenus editis, ex codice MS. Collegii Claromontani Parisiensis Societatis Jesu, in *Novæ bibliothecæ manuscriptæ*
[l] Pag. 61. volum. 1. [l] cum præfatione quadam, in aliis editionibus non apparente eaque legi dignissima, *De laude Spaniæ*; ita enim illius ætatis homines loquebantur.

136. Quas quidem tres editiones non parum alias ab aliis discrepare observavimus. Prima illa, quam ex editione alia præcedenti, ut existimo Petri Pithoei, harum historiarum & *Codicis legum Wisi-Gothorum*, Ioannes Pistorius 3. voluminis Scriptorum *Hispaniæ illustratæ* compilator descripsit, ita incipit: *Gothorum antiquissimum esse regnum* &c. Apud Tudensem sic: *Gothorum antiquissima origo de Magog* &c. Labbeana, hoc est ultima trium editionum quarum meminimus, paulò aliter: *Gothorum antiquissimam gentem certum est, quorum originem quidam de Magog* &c. quæ quidem absolvitur *capitulatione* quadam de Gothorum rebus gestis ac virtute quæ quidem apud Lucam Tudensem initio historiæ Gothorum collocata sunt. Pithoeana quoque editio ad eram pertingit DCLI. hoc est ad Sisebuti Regis mortem: Tudensis & Labbeus Svintilæ successoris elogium adiungunt, & hic postremus Riccimiri mentionem, quem parens Svintila socium sibi regni delegerat, de quo altum aliàs silentium. Eadem inter duorum Regum memoriam, differentia est (*quæ*) Chronici ab *Etymologiis*, quod iam de hoc opere agentes notavimus. Wandalica non minus differt Pithoeanæ editionis historia ab aliis duabus, saltim in principio. *Suevica* ubique eadem est. Unde colligi æquum est exscriptores in describendis his S. Isidori monumentis mirè sibi indulsisse. Planè monachus Anonymus Scriptor Chronici quod Exiliense vocat sæculo undecimo, ubi de Paulina adversus Wambam rebellione loquitur, magnum errorem admisit, Isidori historiam hanc in testimonium adducens: qui ante Wambanis imperium decesserat, cuiusque non utique, sed Iuliani Toletani præsulis ea est, quam innuere voluit relatio. Verba Exiliensis monachi: *Scripta sunt in libro B. Isidori, quem inter alios quatuordecim à se editos, de Wandalorum, & Suevorum Gothorumque gestis diligenter composuit.* Quæ quidem aliàs reprehendenda in Iulianæis ab Isidorianis non distinguendis, quæ simul atque eodem quasi texu scripta habuit: in id saltem adduximus, ut confirmaremus sæculo undecimo credi, ac certum haberi, Isidorum has historias confecisse. Nec indignum observatione est, quòd quatuordecim tantum libros Isidorum scripsisse referat.

137. *Sententiarum* libri III. Braulio quidem *tres*: Ildephonsus *librum* expressit. *De summo bono* id etiam opus aliquando nuncupatum ab his illius primis verbis, ut Hebræi solent, *Summum bonum Deus est.* Quem titulum Parisiis apud Ioannem Petitum sortitum fuit anno MDXIX. in 12°. & apud Petrum Rainauld MDXXXVIII. Quomodo nuncupatum exemplum exstat in bibliotheca canonicorum Lateranensium S. Ioannis in viridario Patavii, Tomasino teste in *Bibliotheca Patavina* MS. & alterum in cœnobio S. Francisci Pincianæ urbis, uti refert Morales in suo libro MS. *Del santo viage* (1). Sed secundum

(1) Sigeberto Gemblacensi *De Script. Eccl. n.* 55. *Sententiarum Isidori* Opus inscribitur: *Liber Ecclesiasticorum dogmatum*, teste Io. Alb. Fabric. *Bibl. med. & inf. T. IV. in Isidoro n.* 22. In novissima autem Editione Matritensi 1778. tertio Sententiarum libro subditur quartus eiusdem argumenti ac tituli, quasi Isidori sit; cum maxima ex parte Taium sive Taionem Cæsaraugustanum & Gregorium Magnum auctores habeat, ut non ita pridem diximus; liquetque ex eius libri collatione cum quinis *Sententiarum Taionis* libris à Cl. Hispaniæ Sacræ Continuatore T. XXXI. à pag. 178. editis: quod vel Editor, ubi se misere delusum sensit, palam professus est. Et quidem in Escurialensi sæculi XII. aut ineuntis XIII. codice *Lit.* r. *Plut. II. n.* 7. unde is liber desumtus fuit, *Quartus Sententiarum* tribus Isidori de eodem argumento libris continuato scriptionis filo subiicitur: ut cuivis proclive sit in eundem

sententiarum librum laudaverunt patres Toletani Concilii VIII. Decretorumque omnes Collectores & MSS. codices [m] non alio appellant opus nomine: quod exstat & in Ratramni *De prædestinatione* lib. 2. [n] & *Chronico Fontanellensi*, quod Lucas d'Acherius edidit [o]; & in Ionæ Aurelianensis lib. 1. *De institutione laicali* cap. 10. apud eundem [p].

[m] Vide Loaisam in Notis in principio.
[n] Pag. 75. & seqq. in editione *Eorum qui sæculo IX. de prædestinatione scripserunt*.
[o] Tomo 3. *Spicileg.* pag. 221.
[p] Tomo 1. *Spicil.* pag. 27.

138. Pluribus veteribus manu exaratis libris usus est ad correctionem atque editionem Garsias Loaisa, quæ Augustæ Taurinorum unà cum Chronico, & ad utrumque opus doctissimis eiusdem Loaisæ Notis, anno MDXCIII. in 4.° procurata fuit; indeque Matriti & Parisiis iterum tertioque repræsentata. Gothicos duos codices præsertim iis laudat [q], alterum Ecclesiæ Toletanæ erâ CMLIII. exaratum, qui etiam nunc ibi asservatur ut ex catalogo qui penes me est MS. constat; alterum adhuc isto antiquiorem Ovetensis Collegii Salmanticæ (1). Ambrosius Morales in *Itinere* suo se vidisse testatur duos alios in monasteriis S. Facundi & S. Isidori Legionensis. Est etiam exemplum quoddam in Ambrosiana bibliotheca. Magna ex parte hoc opus constat ex S. Gregorii sententiis; sed & Augustino, & aliis utitur. Quod quidem prodiisse Lipsiæ anno MCDXCIII. & Venetiis MDLXXXIII. Gesneriana monet epitome (2).

[q] In Notis ad lib. 1. cap. 19. lit. R.

139. *Mysticorum expositiones sacramentorum*, seu *Quæstiones in vetus Testamentum*. Scilicet in quinque *Pentateuchi*, *Iosue*, *Iudicum*, *Regum*, & *Esdræ* libros (3). Ildephonsus: *Sacratorum expositiones sacramentorum, qui dicitur, Quæstionum liber*. Braulio: *Quæstionum libros* duos appellat. Ioannes Grialius videtur distinguere, sed nulla ut credimus congrua ratione. *In Pentateuchum* inscriptum habent codex bibliothecæ Mediceæ, teste mihi Spizelio [r], aliusque S. Isidori urbis Legionensis, quem vidit Morales [s]. Ibidem separatum est in alio codice, quod ad libros Regum pertinet. Eadem est, ut credo, *Explanatio in historiam Divinæ legis*, saltem ea pars quæ Pentateuchum exponit: cuius cum titulo isto libri mentionem reperi in schedis Alphonsi Ciaconii, quæ Romæ in cœnobio S. Isidori Minorum fratrum Hibernorum à Luca Wadingo eò illatæ custodiuntur: quas Rever. Pater Franciscus Haroldus *Annalium Franciscanorum* continuator, doctus vir & mihi valdè carus, benignè ostendit. *Quæstionum* titulum in uno Olivæ monasterii codice Grialius reperit; cùm octo ille non minùs libris manuscriptis usus sit in emaculando isto opere. In Ambrosiana bibliotheca Mediolanensi legitur MS. codex *super Pentateuchum, Iesu Navê, & Regum interpretationes S. Isidori* inscriptus (4). *Glossam* (ita vocat) Isidori ex hoc libro ad illud 4. Regum 2. *Ascende calve* puerorum Israelitarum ad Elisæum, laudat Raymundus Martini Dominicanus XIII. sæculi Scriptor in *Pugionis Fidei contra Iudæos* 2. part. cap. 3. §. 12. Quædam scilicet Isidorus persequitur in opere isto ex iis quæ in Scriptura figuratim dicta vel facta sunt, & sunt plena mysticis sacramentis, ut ipse ait [t]. Nam quæ ad literam pertinet, iam aliàs contexuerat, ut infrà dicemus.

[r] In *Arcanis bibliothecar. retectis* pag. 95.
[s] Refert in lib. *Del santo viage*.
[t] In *præfat.*

140. Vir doctissimus Ioannes Grialius animadvertit primus, opus hoc ut creditur Isidorianum vagari iam cœpisse, non solùm inter Bedæ, sed etiam inter S. Eucherii Lugdunensis Episcopi S. Augustini æqualis opera. Ita est revera. Nam quæ Eucherio falsò tribuuntur *in libros Regum commentaria* literalia, & mystica, seu allegorica, quæque fortasse Bedæ sunt: quicquid allegoricum literali enarrationi subiectum habent, eædem ipsæ sunt *mysticorum sacramentorum* Isidorianæ *Expositiones*: ex quibus auctor subtemen telæ suæ fecit, ut historicum ac mysticum sensum simul in eodem commentario haberet. Diximusque Bedæ videri hoc opus, nisi alius detur

scopulum allidere. Plura nos infra in Taione Cæsaraugustano. Placcius *Theatr. Anon. & Pseudon.* in *Augustino num.* 284. §. VIII. Librum *De Ecclesiæ dogmatibus male Beato Isidoro tribui* asserit ex Rob. Coco p. 131: quod num ad *Sententiarum* Isidori opus retulerit, incertum est.

(1) Octonos minimum *Sententiarum Isidori* codices possidet Laurentiana Bibliotheca Regia Escurialensis; inque iis terni annum Christi millesimum antiquitate superant quos omnes olim evolvi ac recensui; sed proprias eorum sedes designare operæ pretium non est.

(2) Prodierat septennio antè, nimirum MCDLXXXVI. 4.° Lovanii apud Ioannem de Westphalia, ut notat Fabricius *T. IV. med. & inf.* in *Isidoro n.* 22. & MCDXCI. Parisiis apud Philippum Pigouchet 8.° teste Rodriguezio de Castro *Biblioth. Hisp. T. II. sæc. VII. pag.* 335.

(3) Atque etiam in *Libros Machabæorum*, ut in Codd. Escurialensibus *Lit. r. Plut. III. n.* 21. & *Lit. L. Plut. II. n.* 8. è quibus nonnulla Grialius *T. II. pag.* 236. & *in Canticum Canticorum* teste Fabric. *in Isidor. n.* 14. Immo Sigebertus Gemblacensis: *Totum* (inquit) *vetus Testamentum simpliciter exponendo percurrit*. De Script. Eccl. n. 55. Et ante eum Honorius Augustodunensis: *Totum vetus Testamentum dupliciter exposuit, Historicè & Allegoricè*. De Script. Eccl. n. 40.

(4) Quini nobis ad manum sunt Escurialenses Isidoriani *Mysticarum expositionum*, seu *Quæstionum in Vetus Testamentum* codices, è quibus binos in superiore nota propriis sedibus adscripsimus. Tertius exstat *Lit. r. Plut. II. n.* 14. Quartus *Lit. C. Plut. III. n.* 17. Quintus *Lit. E. Plut. IV. n.* 19.

tur nobis Anglus eo superioris, hoc est septimi sæculi Scriptor: his eius commentarii verbis credentes, quæ tum Eucherianam inscriptionem planissimè falsam convincunt, tum huius quam posuimus ætatis auctorem produnt. Ad lib. 3. *Regum* illud cap. 7. *Et quatuor rotæ per bases singulas*, &c. *Rotæ basibus* (inquit) *suppositæ ad portandum luterem templi à terra sustollebant. Cùm nostris nuper temporibus B. Papa Gregorius evangelicis roboratus eloquiis Romanam rexit Ecclesiam. Rotæ eædem curribus Dei subnixæ longè portabant, cum reverendissimi PP. Augustinus, Paulinus, & ceteri socii eorum iisdem evangelicis confirmati eloquiis, iubente illo, venêre Britanniam, & verbum Dei incredulis dudum commisêre gentibus.* Ad quæ advertere debuerunt qui editionem Eucherii Romanam (Manutii credo, anni MDLXIV.) & quæ ab illa emanârunt procuravere. Satis verò his indicatur verbis Britannum de Gregorii Magni, & Augustini Britanniæ Apostoli, hoc est de suo ferè sæculo Scriptorem loqui. Quod cui tribuendum sit, si à Beda discesseris qui non ampliùs uno sæculo post Gregorium floruit, haud facilè invenias. Nec parum confirmat quæ de Anglo auctore tradita sunt, id quod de Tyle insula ad Britanniæ septentrionem posita, occasione retroactæ umbræ in horologio Achaz Regis ab Isaia Propheta cap. 20. lib. 4. *Regum*, quasi ab auctore rei gnaro, atque ab inde venientibus certiore facto referuntur. Hæc per transennam de Pseudo Eucheriano isto opere Isidori mysticis gemmis distincto.

141. Bedæ etiam operibus contribui solent *Quæstiones in Genesin*, reliquosque *Pentateuchi* libros, atque item in *Iosue*, *Iudicum* & *Ruth*; necnon & in quatuor *Regum*: quæ volumine eorum operum octavo editæ leguntur. Eæ tamen, si *Genesin* demas, nîl aliud continent quàm Isidorianas quibusde loquimur *Expositiones*, exceptis brevissimis præfationibus in singulos biblicos libros. Quas quidem ab alio esse auctore inde colliges, quòd in ea, quæ Deuteronomio præponitur auctor annotat quosdam ex Hebræis pro quinque *Legis* nonnisi quatuor libros agnoscere; quia *Deuteronomium* (ait) *repetitionem eorumdem præcedentium quatuor librorum, & quasi quoddam legis mediatorium dicunt*. Quæ eadem verba primo statim capite repetuntur: quam vix commisisset tautologiam auctor si præfationis idem auctor fuisset. *Genesis* autem (*liber*) aliâ formâ enarratus ibidem legitur: nempe explicationibus literalibus & allegoricis ex Augustino, Ambrosio, Gregorio, sæpiùsque ex Isidoro desumtis: quem quidem, uti alios, disertè vocat quandoque & sub titulo *Recapitulationis*, seu *Recapitulationis spiritualis*, quo nonnisi Isidorianas has *Expositiones* intelligit.

142. Quid ergo dicemus? Bedam, seu alium huiusce, quâ Genesin, formæ commentario ceteros percurrere libros proposuisse, nec tamen ulteriùs promovisse? Sic videtur. Nam quæ sequentes libros enarrant, Isidori nostri, vel ipsius Bedæ testimonio, sunt. Theophilus Raynaudus in opere *De bonis & malis libris* [u], quem Placcius [x] sequitur, non ita distinctè de his loquitur, sed omnino Bedæ adiudicat. In bibliotheca monasterii de Spina Cisterciensis Ordinis apud nos, insigne volumen est *Expositionis super Pentateuchum*, sive catenæ ex diversis plerumque ignotis auctoribus, quos inter sæpius Isidorus (ex his ut credo commentariis) adducitur [y]. Falsò autem existimavit [z], ne id omittamus, Ambrosius Morales hoc *Mysticorum sacramentorum* sive *Quæstionum*, idem esse opus cum altero *De summo bono*. Nec minus omiserim, quòd quidem *Prologus in Machabæorum libros* Hieronymi operibus contribui solitus, Isidori esse dicatur à Roberto Coco Anglo, ut refert Vincentius Placcius *De Scriptor. pseudonymis* pag. 209.

[u] Parte 1. erotem. 8. pag. 146.

[x] *De scriptis, & Scriptoribus anonymis & pseudonymis* pag. 215.

[y] Ambrosius Morales in lib. *Del santo viage* Ms.

[z] Lib. 12. c. 21. fol. 126. pag. 2.

143. *Allegoriarum quarumdam sacræ Scripturæ* liber. In hoc opere Isidoro Hispalensi asserendo Braulionem ducem sequimur, qui ait eum scripsisse *De nominibus Legis & Evangeliorum librum unum, in quo ostendit quid memoratæ personæ mysterialiter significent*. Quod germanum argumentum operis est, quod laudamus. Negant alii, sed *parieti inclinato*, ut sic dixerim psalmi verbis, & *maceriæ depulsæ* Pseudo-Dextri innixi: cuius supposititium Chronicon ad annum CDXXIII. hæc habet: *Scribit per hæc tempora Isidorus iunior Cordubensis Episcopus* Allegoriarum *librum Paulo Orosio Tarraconensi*. Quæ tamen nihili esse habenda, iam superiùs cùm de Isidoro isto Cordubensi ageremus nî fallor, demonstravimus, de Orosio ad quem directus fuit liber probabilia suggerentes (1). Stilus certè & œconomia operis non dissidet ab Isidori aliis.

Xx 2 De

(1) *De Allegoriarum Veteris & Novi Testamenti* opere Isidoro *Hispalensi* vindicando (quod non ita pridem, cum de Seniore seu *Cordubensi* sermo esset, ad nos recepimus): præter Braulionem quem Noster hoc loco laudat, sistimus Honorium Augustodunensem, qui in *De Script. Eccl. c.* 40. Isidorum Hi-

144. *De Fide catholica ex veteri & novo Testamento libri duo contra Iudæos ad Florentinam sororem.* Marinæus Siculus malè *Floram* vocavit. *Florentiam* æquè malè princeps editio, de qua infrà. Ildephonsus: *Libellos duos ad Florentinam sororem contra nequitiam Iudæorum.* Braulio: *Contra Iudæos, postulante Florentinâ germana suâ proposito virgine, libros duos, in quibus omnia quæ Fides catholica credit, ex Legis & Prophetarum testimoniis approbavit.* Inscriptionem tamen hanc quam posuimus Ioannes Mariana cuius hæ partes fuere, è duobus codicibus Gothicis ante sexcentos annos descriptis prætulit: ut è Notis constat, quas breves sed oppidò eruditas ad editionem Matritensem subiunxit. Eandem inscriptionem præsefert codex de quo statim Barberinæ Bibliothecæ. Necnon *Testimoniorum de Christo & Ecclesia* olim nuncupatum videtur ex Chronico Fontanellensi [a], ubi inter alios ab Ansegiso Abbate eo in monasterio relictos libros S. Isidori, unà cum *Etymologiarum*, & *Rotarum* (hic est *De natura rerum*, ut suprà notavimus) huius tituli codex laudatur. Manuscriptus exstat in amplissima & selectissima Francisci Cardinalis Barberini Romana bibliotheca inter MSS. codices numero 230. detrito per antiquitatem titulo. Inscriptum quoque opus *S. Isidorus contra Iudæos*: idque antiquissimè scriptum servatur Thomassino teste in Veneta S. Antonii. Quo titulo insignitum opus prodiit Venetiis MCDLXXXIII. in 4.° apud Petrum Loslein, scilicet ex duobus prior tantùm liber mutilus, & non parùm varians. Appenduntur que Iudæorum quædam blasphemæ fabulæ de Christo & Maria ex libris Thalmud, quæ edi minimè debuere.

[a] In *Spicileg.* d'Acherii tom. 3. pag. 241.

145. Duo sanè addiscenda ex hoc opere suggessit nobis doctissimus annotator. Alterum est [b], Isidorum in referendis psalmorum locis quædam ex Psalterio Romano quod Gothorum tempore apud nos, & in usu erat omnium Hispaniæ Ecclesiarum, desumsisse. Hoc illud est psalterium ex quo psalmi recitantur etiam nunc Romæ in Basilica principis Apostolorum,

[b] Notis ad c. 2. lib. 1.

Me-

Hispalensem *totum Vetus Testamentum* ALLEGORICE *exposuisse* affirmat. Item Sigebertum Gemblacensem *De Script. Eccl. c.* 55. apud quem *Allegoriarum* opus inscribitur: *De significationibus nominum ad Orosium*; & in Cotelerii Codice *De significationibus Veteris & Novi Testamenti*, apud Fabricium *in Isidor. Hispal. n.* 15. Et quidni *Secretorum* librum, cuius Ildefonsus *in Isidoro c.* 9. meminit, eundem cum Allegoriarum opere esse suspicemur? Præterea Trithemium, qui inter Isidori Hispalensis opera *Allegorias*, diverso tamen initio, recenset, apud Fabricium *Biblioth. Eccl. in Isidoro pag.* 63. atque è Recentioribus Oudinum qui in *priore T. col.* 1590. *Nullus est* (inquit de Allegoriarum opere) *qui id ab Isidoro Iuniore auferre valeat:* Cellierium apud quem T. XVII. sub fin. n. XVI. legimus: *On a voulu contester à saint Isidore les Commentaires sur les quatre Livres des Rois, & les attribuer à Isidore de Cordove: mais ils sont dans le même goût & du même style &c.* Pergitque num. XVII. *Il y avoit encore moins de raison d' attribuer à Isidore de Cordove les Allegories sur l' Ancien & le Nouveau Testament, puisque Braulion & Sigebert les donnent à Saint Isidore de Seville:* Fabricium, alios. Neque qui negotium nobis facit Caveus *Allegorias* prorsus Isidoro Hispalensi abiudicat, sed eas Cordubensi probabiliter tribui existimat: *eo quod* (inquit *ad ann. CCCCXX. p.* 402.) *ad Orosium Cordubensis σύγχρονον scriptæ sint.* Pergitque: *Certe huiusmodi Commentarii allegorici neque à Braulione neque ab Ildephonso inter Isidori Hispalensis opera recensentur* (quod postremum ex supradictis falsi manifestissime convincitur); atque Idem *ad ann. DXCV. p.* 548. Allegorias inter exstantia Isidori Hispalensis opera recenset. Neque abludit ab Isidori nostri genio atque ævo stili in Allegoriarum opere simplicitas: quæ & ipsa è contrario sæculi quinti initia, seu Cordubensis ætatem respuit, non minus quam operis nuncupatio: *Domino Sancto ac Reverendissimo Fratri Orosio*, è mitiore comtioreque, quam quintum Christi fuit, sæculo, atque è decrepita Latini sermonis ætate profecta. Quid quod nec Cordubensis Episcopus Orosium Presbyterum *Fratris* honore atque appellatione dignaturus esset. Atque ut video unum *Orosii* nomen tot turbas Eruditis viris peperit; qui cum Isidori Hispalensis ævo nullum nossent cognominem: *Allegoriarum* libri epigraphen ad Orosium Tarraconensem retulerunt; atque huic proinde quærendus æqualis Isidorus fuit nempe Cordubensis: cuius alioqui ætas, id est absque Orosio, ad hanc usque diem inexplorata foret. Nugæ quidem, ut mihi semper visæ sunt; ac propterea non semel in mentem venit suspicari, num *Orosii* nomen pro affini alio in *Allegoriarum* libri epigraphen Exscriptorum vitio irrepserit? cumque aliàs in subscriptionibus Conciliorum Hispaniæ, quæ magno numero maximaque Patrum frequentiâ ab inito Isidori Hispalensis Pontificatu ad eius obitum, atque ad annum sæculi VII. quadragessimum habita fuêre, aut alibi, nullus exstet *Orosius*: illud coniecturæ meæ adiiciebam, *è Theodosio Arcavicensi* qui ad annum DCX. Toletanæ Synodo sub Gundemaro septimo loco subscribit apud Aguirrium *T. II. pag.* 433. *Orosii* nomen factum; ac pro eo *Theodosii*, sive *Ad Theodosium* in Allegoriarum libri epigraphe reponendum. Sed quid tum de Vaticano Suecorum olim Reginæ Codice dicimus, qui *Orosio Presbytero Tarraconensi* inscribitur? Exscriptorum oscitantia, aut eius qui catalogum confecit præiudicio, *Presbyteri Tarraconensis* titulum Orosio, seu potius *Theodosio* importunè adiectum.

De Commentariis vero in quatuor Libros Regum quos Th. Raynaudus, Caveus & alii apud Placcium *in Isidor. Hisp. n.* 1484. *p.* 398. Seniori seu Cordubensi Isidoro adscribunt, nos vero Hispalensi asserendos assumsimus: sufficiat ostendisse hunc Isidorum non solum eam Bibliorum Sacrorum partem, sed & reliquos Veteris Testamenti libros Commentariis illustrasse: quod suprà *in Not. ad n.* 139. sive ad *Mysticorum expositiones Sacramentorum* seu *Quæstiones* in *Vetus Testamentum* præstitimus.

Mediolanique, & ubicumque in usu est Ambrosiani ritus officium, in Occidentalibus olim Ecclesiis ferè vulgare: de quo eruditè ut solet vir clarissimus D. Ioannes Bona S. R. E. Cardinalis dum viveret, mihique multis nominibus excolendus *Rerum Liturgicarum* lib. 2. cap. 3. & æqua doctrinæ atque eruditionis laude inclytus Iosephus Maria Suarezius Exepiscopus Vasionensis, in principe totius orbis templo S. Petri de Urbe, dum viveret & ipse vicarius, speciali quadam observatione agunt. Alterum est, etiam in aliis sacris libris aliam quam vulgarem nunc in Ecclesiæ usu versionem ante oculos Isidorum habuisse; cùm præsertim lib. 2. cap. 19. verbis illis utatur ex propheta nescio quo, de Iudæis non cognoscentibus pastorem suum, *facti sunt mihi in sagittam reciprocam* (1): quod nusquam apud Prophetas testimonium his verbis exstat. Cuius varietatis alia exempla idem Ioannes Mariana in Notula huius capitis quadam collegit: suspicatus tamen alludi ad illud Oseæ cap. 7. num. 16. *Reversi sunt, ut essent absque iugo, facti sunt quasi arcus dolosus.* Potuit & ad simile, & quasi proverbiale illud Davidis Prophetæ ex Psalmo 77. v. 57. *Et averterunt se, & non servaverunt pactum: quemadmodum patres eorum conversi sunt in arcum pravum.* Hic enim est sensus verborum Hebræorum נהפכו כקשת רמיה *Nehpecû cekéscheth ramiiâh:* sive Græcorum μετεστράφησαν εἰς τόξον στρεβλόν, ut Isidorus clariùs interpretatur: *In arcum pravum* (ait), *vel dolosum, qui scopum non petit, sed fractus percutit eum qui tetendit* (2). Eadem ista sunt apud Oseam Hebraica verba; idemque est *sagitta reciproca* veteris versionis & Isidori. Editum fuit hoc opus cum aliis sancti doctoris Hagenoæ apud Secerium MDXXIX (3).

146. *Procemia in libros veteris ac novi Testamenti.* Braulio: *Procemiorum librum unum, in quo quid quisque liber sanctæ contineat Scripturæ, brevi subnotatione distinxit.* Idem Sigebertus [c]. In Ildephonso de eo nihil (4). Secutus in hoc fuit argumentum S. Hieronymi in *Prologo Galeato.* Emendavit, & ex septem codicibus inter se collatis, editioni maturavit idem qui superiores *De Fide* duos libros, Ioannes Mariana Societatis Iesu, Hispaniæ decus singulare. Manuscriptus est in Ambrosiana bibliotheca Mediolanensi (5).

[c] *De Script. Eccl.* cap. 55.

147. *De Ecclesiasticis officiis* libri duo ad Fulgentium fratrem Episcopum. Nec huius recordatus est Ildephonsus, cùm ex inscriptione satis liqueat germanum Isidori opus esse, quod agnovit quidem Braulio his verbis: *Ad germanum suum Fulgentium Episcopum Astigitanum Officiorum libros duos, in quibus originem Officiorum, cur unumquodque in Ecclesia Dei agatur, interprete suo stilo non sine maiorum auctoritate elicuit.* Nec sine consilio, Braulionis verba subiungimus, pro expositione argumenti Isidorianorum operum. Meminit & Sigebertus. Huius operis caput 29. ad opus suum *De Divinis* item *officiis* integrum transcripsit Alcuinus, uti observavit Possevinus in *Apparatu sacro*, & Caroli Magni mentione. Meminit & Ionas Aurelianensis Episcopus lib. 11. *De institutione laicali* cap. 1. quem d'Acherius edidit [d]. Hos edidit primus anno MDX. ut reor, Ioannes Cochlæus cum titulo *De Divinis officiis* è vetusto codice, in quo & erant Amalarii Trevirensis eiusdem argumenti libri, ut ipse ait in epistola ad Robertum Ridleium, artium ac theologiæ doctorem Gutheberti Episcopi Dunelmensis à secretis, editionis suæ nuncupatoria: quam epistolam conservavit in omnium operum à se adornata editione Margarinus Bignæus. Prodiit quoque cum aliis eiusdem argumenti Scriptoribus *De Divinis* similiter *officiis* inscriptus, Coloniæ MDLXVIII. Ex duobus codicibus MSS. opitulatus fuit accuratè horum librorum emendationi Ioannes Grialius (6).

[d] Tomo 1. *Spicilegii* pag. 64.

148. *Synonymorum de lamentatione animæ peccatricis* libri duo. Ildephonsus: *Librum lamentationum, quem ipse Synonymorum*

(1) Nimirum, non eam tantum quæ scopum non attingit aut ab eo oberrat; sed quæ in proiicientem convertitur atque adversus eum retorquetur: ut clarius mox.

(2) Accedit ad proxime notata de *sagitta reciproca*, seu *dolosa*, quemadmodum Pagninus ad hunc locum. Ferrariensis versio: *como arco engañoso*; atque item Oseæ VII. v. 16.

(3) Habetur in Laurentiana Regia Escurialensi *Lit. B. Plut. III.* sub *num.* 14.

(4) Excidit Nostro Ildefonsi locus apud quem *De Script. Eccl. c.* 9. legitur: *Scripsit* (Isidorus) *librum Procemiorum.*

(5) Bina huius *Procemiorum* libri exempla exstant in Bibliotheca Escurialensi *Lit. B. Plut. III. nn.* 4. & 14.

(6) Isidori libros *De Ecclesiasticis officiis* Baronius supposititios censet, *De Script. Eccl.* in Isidoro ad annum DCXXX. pag. 2,9. Eos Braulio atque Ildefonsus inter Isidori scripta recensent; & præter Sigebertum Gemblacensem, Alcuinum, & Ionam Aurelianensem à Nostro laudatos: eorum meminêre Beda, Fulbertus Carnotensis, Freculfus Lexoviensis, apud Guill. Caveum; atque è Recentioribus Gesnerus, Possevinus, Oudinus, Fabricius; & quis non? Cellierius *T. XVII. à n.XXI.* utrumque hunc Officiorum Isidori librum analytice atque exactissime describit, *idque opus, quod ad Ecle-*

rum vocavit (*Synonymam* vitiosè olim hìc legebatur: fortè *Synonyma*) Braulio *Synonymorum libros duos, quibus ad consolationem animæ, & ad spem percipiendæ veniæ, intercedente orationis exhortatione, erexit.* E decem codicibus, quibus ad reddendam quàm potis fuit correctissimam huius operis editionem usus est Ioannes Mariana, unus *Dialogum inter rationem & appetitum*, tres *Soliloquia*, reliqui omnes *Synonyma* appellant. Ita & vocatur in Concilio Toletano VIII. cap. 2. & apud Gratianum non semel [e]. Ita vocat ipse auctor in quadam ad Braulionem epistola. Et confirmat prologus auctoris. *Venit nuper* (ait) *ad manus meas quædam schedula, quam* Synonyma *dicunt, cuius formula persuasit animo quoddam lamentum mihi vel miseris condere: imitatus profectò non eius operis eloquium, sed meum votum* (1).

[e] Cap. *In malis* 5. 22. quæst. 4. cap. *Omne genus* 16. 22. quæst. 2. cap. 1. dist. 11.

149. Ciceronis quidem nomine ad Lucium Veturium inscriptus circumfertur libellus, in quo voces synonymæ colliguntur: ad quem respexisse Isidorum codices duo ex prædictis Ioannis Marianæ indicant, ita legentes in prologi initio isto: *quædam schedula Ciceroni*; sed magis est ut glossema sit ab eo, qui libellum iam laudatum Ciceronique tributum legisset, Isidoro affixum. Sed nec *Soliloquiorum* nuncupatio comtemnenda est; hæc enim videtur caussa cur Gratianus in cap. *Inanis* 12. *De pœnitentia* dist. 3. quasi ex S. Augustini *Soliloquiorum* libro, hæc verba desumserit, *Inanis est pœnitentia, quam sequens culpa coinquinat*, & quæ sequuntur: quæ & Petrus Blesensis in libello *De confessione* eidem sancto doctori attribuit; cùm non eius, sed Isidori in fine prioris horum librorum sint. E contrario Ionas Aurelianensis Isidori Synonymis tribuit quæ Augustini sunt lib. 11. *De institutione laicali* cap. 18. nisi utriusque sint. Imitatus forsan est Boetii librum *De consolatione philosophiæ*: ut tamen pietati simul & eloquentiæ facultati de tam salutari negotio congruenter copioseque loquendi prodesset. Italicè *Synonyma* hæc leguntur versa per Iosephum Alchainum Venetiis MDLXX. cum aliis (2). Sequuntur in nostra editione

150. *Epistolæ* quædam, quarum neque Braulio, neque Ildephonsus, neque Sigebertus meminere, utpote vix inter opera reputandarum. At quæ aliis longior est,

Prima est *ad Leudefredum* Episcopum: De muneribus, scilicet, in Ecclesia & in monasterio ex ordine adimplendis. Hanc Isidoro adscribentes laudant Gratianus in cap 1. 75. distinctione, Ivo Carnotensis epistolâ 73. Edidit hanc Garsias Loaisa in Conciliorum Hispanorum Collectione ex Laurentinæ regiæ bibliothecæ MS. codice perantiquo (3). Hic fortè est qui in subscriptionibus Toletani Concilii IV. *Leudeficus* audit *Cordubæ Episcopus*.

II. *Braulioni archidiacono.*

III. *Ad eundem.*

151. IV. *Ad Massonam* [f] Emeritensem antistitem gravissimum eius ætatis virum. Explanat hæc Ancyritani Concilii sententiam, & an post lapsum restituenda sit, an non, Episcopo sua dignitas. Eâdem utitur, cùm Burchardus lib. 19. cap. 73. & Ivo lib. 3. tit. 11. cap. 17. suorum Decretorum; tum Algerus præfatione in librum *De misericordia & iustitia*, in *Analectis* Ioannis Mabillonii, ubi malè editum est ad *Mesanum Episcopum*; tum Gratianus in cap. *Domino* 28. distinct. 50. ubi *Massanus* quoque pro *Massona* perperam legitur, & in cap. *Hoc ipsum* 11. 33. quæst. 11. Cuius capitis titulus quicquam ampliùs continet. Legitur enim ibi descriptum esse *ex Isidoro ad Massonem Episcopum in præfa-*

[f] Aliàs *Masona* vocatur, de quo nomine Ant. August. ad Rhabani *Pœnitentiale*. Tamaius de Vargas in Notis ad *Paulum Emeritensem* cap. 9. Caietan. infrà citandus.

clesiæ disciplinam attinet, omnium quæ Isidorus scripsit utilissimum semper habitum fuisse affirmat. Mirum autem Nostro excidisse, quod horum Isidori librorum *Ildefonsus recordatus non fuerit;* cum in illius vita primo omnium loco ac dissertissime legantur: *Scripsit* (Ildefonsus de Isidoro loquens c. 9.) *opera eximia & non parva, id est librum de genere Officiorum.* Memini me olim vidisse Bononiæ in Cel. Sancti Clementis Hispanorum Collegio insignem Officiorum Ecclesiasticorum Isidori codicem, qui vulgatis aliquanto auctior ferebatur. Exstat quoque in Laurentiana Escurialensi Bibliotheca *Lit. C. Plut. IV. n.* 23. hoc titulo: *De genere & origine Officiorum Ecclesiasticorum ad Fulgentium, Libri duo.* Ioannis Cochlæi editio cuius Noster hoc numero meminit, anno demum MDXXXIV. Lipsiæ prodiit, ut notat Fabricius *in Isidoro n.* 20. *p.* 188. non anno MDX. ut Noster existimabat.

(1) *Synonymorum* seu *Soliloquiorum* bini minimum exstant Codices in Bibliotheca Regia Escurialensi nimirum *Lit. B Plut. III. n.* 14. & *eâdem Lit. Plut. IV. n.* 17. Nec diversum ab hoc opus esse existimo quod *Isidori tractatus de spirituali consolatione* inscribitur in Catalogo librorum Ducis de la Valliere sub n. 4405.

(2) Prodiit Isidori *De spirituali consolatione*, seu *Synonymorum* opus, anno MCCCCLXXIII. typis Ioannis Veldener indesignato loco, ut in Catalogo librorum Ducis de la Valliere sub n. 4405. legitur. Exstat in eodem Catalogo num. 787. *Liber Soliloquiorum Ysidori episcopi Palatinensis* (pro *Hispalensis*) *urbis: impressus circa* 1472. *in fol.* absque Loci, ac Typographi notatione: Io. Alb. Fabricius *in Isid. Hisp.* n. 3. meminit editionis Antuerpiensis 1488. 4. D. Ios. Rodriguezius de Castro, Daventriensis 1491. 4. apud Ricardum Paffroed, *Bibl. Hisp. T. II. p.* 334.

(3) Cellierius *T. XVII. n. XXVII.* hanc Epistolam epitomen esse ait eiusdem Isidori librorum de Ecclesiasticis Officiis, ac de Altari inservientium ministeriis.

fatione ad librum De summo bono. Cuinam nuncupaverit *Sententiarum*, sive *De summo bono* libros, an Massonæ, an alii, nondum liquet; attamen epistola hæc nihil quo præfationi assimiletur continet. Fragmentum inde legitur in *Pœnitentialis* Rhabani Mauri cap. 1. quod Antonius Augustinus edidit; & in eiusdem epistolæ ad Heribaldum Antisiodorensem Episcopum (quam edidere cùm Petrus Stevartius, tum ad calcem Reginonis *De Ecclesiasticis disciplinis* Stephanus Baluzius) cap. 10. Integram dedere Ioannes Grialius, & Iacobus Breulius, atque item Henricus Canisius *Antiq. lectionum* 5. volumine; tandemque Constantinus Caietanus. Extat quoque inter S. Bonifacii martyris Episcopi Moguntini epistolas [g]. Comprehendit quoque eam in Vita S. Isidori eius auctor, quem sæpè laudavimus: ubi tamen pro *Nicetio* Massonæ famulo & epistolæ eius gerulo, *Vincentium* habet liber MS. noster. Est quidem notula hæc addita epistolæ, datam fuisse *sub die* XI. *Cal. Martii anno* III. *regnante nostro Victerico glorioso Rege*: quæ si ex vero est, annum designat DCVI. nam Wittericus seu Victericus anno DCIII. regnare cœpit (1).

[g] Edit. Mogunt. à Nicolao Serario procuratæ anni MDCXXIX. epist. 72.

152. V. *Helladio ceterisque cum eo congregatis*, ut de Cordubensis Episcopi in crimen carnale delapsi causa agerent (2). Hic est Helladius Toletanus Episcopus, qui nostro Isidoro æqualis vixit sub Sisebuto, Svinthila, & Sisenando regibus, eiusque præcipuè cura fuit Concilium cogendi in suffraganei præsulis dirimendo negotio. Quòd vero Isidorus rem à se non alienam existimaverit, poterit eo quis reducere, ut Apostolicam sibi delegationem, seu primatis iura, commissa innuere aliquo modo videatur.

153. VI. *Claudio* duci clarissimo eius temporis, noto ex historiis nostris, & ex S. Gregorii Magni epistolâ 124. lib. 7. De obediendo eum Isidorus monet quibuscumque prælatis in rebus quæ non manifestè mala sunt; ac de non communicando hæreticis, etiam sub specie eis salutis viam commonstrandi (3).

154. VII. *Redempto archidiacono*, de usu panis azymi in occidentali Ecclesia ad conficiendam Eucharistiam. Quæ Isidori epistola quantæ esset auctoritatis ad perpetuum hunc panis azymi Ecclesiæ Hispanæ usum asserendum, contra id quod ex Conc. Tolet. XVI. cap. 6. coniectabatur olim doctissimus Cardinalis Ioannes Bona in *Liturgicarum rerum* lib. 1. cap. 23. nemo non videt; si non ille hanc ut supposititiam configeret; similiterque Ioannes Mabillonus Benedictinus, qui azymi causam adversus eum egit [h], hoc aliàs validissimum futurum ab epistola argumentum inter alia dubiæ fidei coniecerit; epistolamque suspectam, pæneque spuriam merito videri, ob iniectam controversiæ inter utramque Ecclesiam super azymo & fermentato, quæ non ante XI. sæculum orta fuit mentionem, affirmare non dubitaverit. Hic ille Redemptus fuerit archidiaconus Ecclesiæ Hispalensis, qui obitum S. Isidori brevi narratione, quam ad nostra usque servatam habemus tempora, descripsit. Agebat forsan eo tempore

[h] In Differt. *De pane Euchar. azymo, & fermentato*. cap. 6. edita Parisiis anno MDCLXXIV. in 8.

(1) Ioannes Morinus *de Pœnit. lib. IV. c.* 17. Oudinus *in Isid. Hisp. col.* 1586. Cellierius *in eod. n. XII.* Du-Pinius, alii apud Placcium, *n.* 1484. atque item Aguirrius *T. II. Conc. Hisp. à p.* 589. *Diss. de discipl. Eccl. Hisp. circa Clericos lapsos in peccatum carnis*, hanc Epistolam falsò Isidoro tributam existimant; cum eius doctrina aperte Isidoro contrarietur, aienti *Lib. II. de Off. Eccl. c.* 5. *Si enim is qui iam in Episcopatu vel Presbyterio positus mortale aliquod peccatum admiserit retrahitur ab officio: quanto magis ante ordinationem peccator inventus non ordinetur.* Et adhuc apertius *in Epistola ad Helladium & ceteros cum eo Cordubæ congregatos Episcopos*, in qua veteris Ecclesiæ disciplinæ de Clericis lapsis vel post pœnitentiam in pristinum gradum non restituendis, retinentissimum se Isidorus ostendit. Vid. tamen Innocentii I. Epist. ad Episcopos Toletanæ Synodi, qualem Iacobus Sirmondus, & post eum Aguirrius *T. II. pag.* 153. *Ed. ant.* protulit §. 1. necnon Concilii Ilerdensis anno Christi DXLVI. habiti Canonem V. Quoniam autem Noster *hoc num.* Massonam Emeritensem Antistitem *gravissimum eius ætatis virum* appellat: sistere iuvat quæ in vetusto sæculi XII. aut ineuntis XIII. Escurialensis Bibliothecæ Breviario *Lit. L. Plut. III. n.* 4. de Ecclesiastico eiusdem, insimul cum Damaso, cultu observavi, atque in Adversaria retuli, nimirum in eo post festa Sanctorum Laurentii, Nunilonis & Alodiæ, Servandi & Germani, Asciscli & Victoriæ, atque Eulaliæ Emeritensis, hanc extare orationem: *Misericordiam tuam Domine nobis quæsumus interveniéntibus sanctis Confessoribus atque Pontificibus tuis Damaso* & MASONA *clementer impende, & nobis peccatoribus ipsorum propitiare suffragiis*: quæ ansam coniiciendi præbent ad Emeritensem olim Ecclesiam, cui Massona præfuit, hoc Breviarium pertinuisse; Damasi autem in eadem Ecclesia, Lusitaniæ olim provinciæ Metropoli, memoria, nonnihil Lusitanis eius natalibus favere videtur. Plura de hoc Massona eiusque gestis & miraculis Paulus Diaconus Emeritensis *De Vit. Patr. Emerit. c.* 9. *ad* 14. ap. *Aguirr. T. II. Conc. Hisp. p.* 647.

(2) Hanc Epistolam Cellierius, Fabricius, Oudinus, Du-Pinius videntur agnoscere suppresso quamvis nomine: Bellarminus & Caveus eius non meminere; neque Grialius in Operum Isidori prologo indicat, unde eam & reliquas quæ sub Isidori nomine circumferuntur epistolas Ioannes Baptista Perezius noster collegerit.

(3) Hanc ad Claudium fere omnes Bibliographi spuriam censent.

re in curia regia Isidorus, ut ad Hispali existentem archidiaconum convenienter scripserit. Eius autem in curia versantis testimonium in epistola quadam ad Braulionem exstat, quæ 10. est Isidorianarum (1).

155. VIII. *Eugenio Episcopo* Toletano, qui Helladio & Iusto successerat. De auctoritate summi Pontificis tractat. Huius fragmentum *Historiæ suæ de Albigensium hæresi* Lucas Tudensis olim inseruit: quod & Ioannes Mariana hoc sæculo fecit lib. 6. cap. 6. (2).

156. IX. *Braulioni Episcopo*: cui subnectitur Braulionis alia *ad Isidorum*, de qua & aliis eius in Braulione agemus. X. & XI. *Eidem*. Subiungitur harum priori Braulionis altera, quâ Isidoro respondet librumque *Etymologiarum* ab eo flagitat. Cui Isidorus posteriori satisfacit. De aliis Epistolis, quum absolvemus quæ Matritensem editionem componunt, mentionem habebimus.

157. *Regula monachorum*. Braulionis testimonium pro ea est. *Monasticæ regulæ librum unum, quem pro patriæ usu & invalidorum animis decentissimè temperavit*. Huius recognitio Petro Ciaconio viro cl. contigit, de quo atque huius, & sua opera Ioannes Grialius: *Regulam* (inquit) *monachorum in codice tantum uno prius repertam admodum depravatam Petrus Chacon ex Smaragdo & libro Sententiarum patrum bona ex parte direxerat: cuius operam nos alterum codicem nacti, & quidem longobardicum sed & ipsum tamen mendis oppidò deformem, permultùm proveximus*. Quam, cùm ex hac editione Hispaniensi unà cum notulis ad suam Parisiensem derivaverit Breulius: quanam de causa inter ea quæ primùm tunc prodirent, asterisco notavit in operum elencho? Plura quidem sunt unde Regulam istam ab Isidoro esse descriptam novimus. Conveniunt hìc non solùm res sed verba, cum aliis eius libris, de quo in notis brevissimis admonemur. Smaragdus quoque in *Diademate monachorum* seu *Expositione in S. Benedicti regulam*, decimi sæculi Scriptor, Isidori hanc laudat, & in eiusdem argumenti opere Petrus diaconus Casinensis; Gratianusque eius verbis utitur in cap. *Cum excommunicato* 18. 11. quæst. 3. Ante hos S. Benedictus quoque Anianensis abbas in *Regularum* sua *concordia* ab Hugone Menardo in lucem edita, noni sæculi auctor.

158. Exstat apud nos gothicis characteribus exarata, inter alias *PP. Regulas*, in monasterio Sancti Petri Caradignensis; & in alio Sancti Petri *de Arlanza*, uti affirmant domestici testes Benedictini [i]. Ex Coloniensi Domûs canonicorum regularium codice, qui exscriptus fuerat ex alio S. Maximi prope Trevirensen urbem antiquissimo, habuit exemplum suum, quod in *Codice regularum* eiusdem S. Benedicti Anianensis edidit [k] eruditione vir inter paucos celebris Lucas Holstenius, bibliothecæ Vaticanæ dum viveret vice-præfectus & ad S. Petri canonicus, quem nos adhuc superstitem nacti Romæ sumus. Incertum verò an huc pertineant ex epistola ad Braulionem hæc Isidori verba: *Quater-*

nio-

[i] Vide Bivar. *ad Maximum* pag. 85.

[k] Secundæ partis pag. 196.

(1) Eâdem falsitatis notâ inurunt Isidori ad Redemtum Epistolam, præter laudatos a Nostro, Labbeus apud Caveum *pag*. 548. Oudinus *col*. 1593. Cellierius n. XXXI. Du-Pinius *T. VI. p*. 4. Acta Eruditorum, *Supplem. T. II. sect. X. p*. 475. alii ap. Placcium *n*. 1484. Fabricius *in Isid. n*. 23. *suspectam viris doctissimis haberi* ait. Et quidem eius stilus hodiernum disputandi in scholis morem sapere videtur; verbaque illa *pannos autem lineos, quos corporalia dicimus*, sequius præ Isidoriano sæculum redolent. Præterea de pane azymo ac fermentato differit longe antè quam de hoc argumento lis inter Latinos Græcosque oborta esset, ut cuivis tempora conferenti notum est, docentque Ioannes Mabillonius & Cardinalis Bona in locis à Nostro laudatis. Atque hi quidem viri eximii, ut hoc obiter moneam, alteram tantum è tribus Leonis Acrideni Archiepiscopi Bulgariæ ad Leonem IX. de hoc argumento epistolis, apud Baronium ad annum 1053. Latine editam, legisse videntur, quamque non semel posterior eorum laudat; mihi autem ternæ περὶ τῶν ἀζύμων καὶ τῶν σαββάτων è veterè Græco Escurialensi Antonii olim Augustini Codice ante annos aliquot ἀυτοχειρὶ descriptæ, atque integræ ad manum sunt: quas attente relegi ac libens, si quid forsan esset in iis quod Isidoro ansam præbuisse potuit ad Redemtum scribendi; frustra tamen fui. Verum quidnî hæc Epistola ante utriusque Ecclesiæ de pane azymo aut fermentato litem, occasione scrupuli, ut in eadem legitur, de eo aliisque Ecclesiasticæ disciplinæ articulis Redemto oborti, scribi ab Isidoro potuit? Neque in ea, ut Mabillonio persuasum fuit, controversiæ inter utramque Ecclesiam mentio, ac nec vola quidem, aut vestigium exstat. Consuluerat Redemtus Isidorum (si vere huius Epistola est) *de pane azymo aut fermentato ad conficiendam Eucharistiam: de pannis sericis aut lineis pro eiusdem usu & custodia: de vase seu calice ligneo fictili aut metallino; ac demum de incongruitate Grammaticæ locutionis in Veteri ac Novo Testamento*: cui respondet, quisquis demum auctor Epistolæ est, utriusque Ecclesiæ usum describens; & quamquam super priore dubio reprehensos obiurgatosque à Græcis Latinos asserat, nihil reponere audet, inquiens *dictis* utriusque Ecclesiæ *consuetudinibus minime eum opponere reprehensionis obstaculum, quamdiu eas Romana Ecclesia duxerit tolerandas*. Quæ nihil absonum aut Isidoro indignum continent; doctrina autem Epistolæ mirificè cum Catholico dogmate consentit; neque demum stilus prorsus ab Isidoriano abludit. Viderint hæc tamen quibus veteris Ecclesiæ disciplinæ studium animo hæret.

(2) Hanc quoque ad Eugenium epistolam supposititiam censent locis supra citatis Du-Pinius, Oudinus, Cellierius, Acta Eruditorum; atque apud Fabricium n. 23. Dallæus, Tentzelius & fortassis alii.

nionem *Regularum per Maurentionem primiclerum direximus*. Hanc regulam conformem non esse Regulæ S. Benedicti notavit Benedictus Haftenus lib. 10. *Disquisit. monasticarum* tract. 6. disq. 3. (1).

159. *De conflictu vitiorum & virtutum* liber, cuius meminit unus Sigebertus. Hunc (ex quot aut qualibus veteribus libris ambigitur) Cyprianus Suarez Iesuita emendavit, atque editioni apparavit; sine illa tamen appendice, sive epilogo ut vocant quo liber absolvitur, sæpe alias editus. In quo facta mentio Anglicorum, non Isidoriani ævi nominis; & Mediolani, qua in urbe agere se qui scribit, non obscurè significat: Isidorum huius saltem partis non esse auctorem plenè comprobat. Profectò libellus hic, non sancto Leoni solùm Papæ, inter cuius opera editus fuit Parisiis anno MDXI. Venetiisque MDLIII. sed & S. Augustino, cuius etiam operum tomo nono legitur, à Lovaniensibus iustâ censurâ confixus; & S. Ambrosio in editione Romana MDLXXXV. falsò adscribitur; cùm nullius eorum stilum sapiat, nedum eorum alicuius esse possit *Appendix* illa quæ Sancti Benedicti etiam meminit [l]. Verisimile est S. Ambrosii Autperti esse Abbati S. Vincentii ad Vulturnum in Benevento: cui quidem Anonymus auctor Chronici huius monasterii sæculo XI. scripti librum *De conflictu vitiorum* tribuit [m]. Unde forsan error hunc Ambrosio Mediolanensi adscribendi. Ioannes Grialius [n] coniectabatur eundem hunc latinum in hanc linguam conversum, cum græco esse S. Ioannis Chrysostomi eiusdem inscriptionis: quem ipse Isidorus noster ei tribuit libro, recisa appendice. Arnoldus Uvion [o] S. Gregorio adiudicare satius duxit. Constantinus tandem Caietanus Benedictinus [p] *Appendicem* ex MSS. Casinensi & Mantuano approbans, propriumque operis limbum credens, Mediolanensi alicui Scriptori adiudicat. Nos ampliamus. Sequitur tandem in Matritensi nostra editione (2).

[l] Vide Bellarminum & Labbeum *De Scriptor.*
[m] In *Actis SS. ord. S. Benedicti* sæcul. III. part. 2. pag. 263. & in *Notis præviis* Ioann. Mabillonis ad *vitam S. Ambr. Autperti* paginâ 259.
[n] In *præfat.* toties laudata.
[o] Lib. 5. *Ligni vitæ*, cap. 12.
[p] In SS. trium Episcoporum vitis, pag. 31. & sequent.

160. *Expositio in Cantica canticorum Salomonis*. Brevissima quidem ea, sed pulcra, & satis apta. Quam Isidorianis idem Cyprianus Suarez, alicuius MS. libri secutus fidem contribuere non dubitavit: auctoritatem quoque Braulionis illius *prænotationis* ad Isidori opera in quam offenderat, & uberiorem quidem eam quàm hucusque edita fuit perplexis obiiciens, ubi *Cantica canticorum facunda expositione* Isidorum *elucidâsse* scriptum se legisse ait (3). Quæ sic brevi paraphrasi congruenter adaptari verba Grialius non credidit.

161. Est tamen prolixior quàm ut in brevioris huius locum subrogemus; *Commentarius* alius *in cantica*, cuius ignoratur quidem verus auctor: is scilicet, qui operibus Gregorii Magni ab aliquo tempore unà cum aliis in *Regum* libros & in psalmos inseri solet; quem tamen eius non esse, contra vindicantium aliorum sententiam, Petrus Gussanvilæus Carnotensis presbyter in exornatæ à se postremæ S. Gregorii operum Parisiensis editionis præfatione ad tertium volumen & ad hanc Canticorum explanationem acriter defendit. Quocum stat idem hoc opus in MSS. codicibus tributum S. Isidoro legi Iacobum Pa-

(1) Exstat in Codice Escurialensi *Lit. B. Plut.* 1. *n.* 12. cum eodem Isidori commate: *Quaternionem Regularum per Maurentionem Primiclerium direximus*. Item ibidem in Codice Gothico sæculi, ut videtur, IX. aut ineuntis X. *Lit. A. Plut. I. n.* 13. inscripto: *Vetus collectio Regularum Monasticarum, & sacrarum Deo virginum*, hac epigraphe: *Incipit regula Sancti Patris Isidori;* sed additur *Abbatis*.

(2) Unus è Recentioribus Caveus è Sigeberto & aliunde, ut ipse ait, *pag.* 548. opusculum *De conflictu vitiorum & virtutum* Isidoro adscribit. Du-Pinius, Placcius, Cellierius, Oudinus, & Fabricius, itidem ac Noster, Ambrosio Auberto Sancti Vincentii ad Vulturnum in Benevento Abbati: Bellarminus inter apposita Isidoro recenset, indesignato tamen unde id hauserit fonte. Non exstat in Bibliotheca Escurialensi.

(3) Aqua mihi hoc loco hæret. Trithemius apud *Fabric. De Script. Eccl. p.* 63. hanc Expositionem Isidoro tribuit; itemque Du-Pinius, *Nov. Bibl. Eccl. T. V. p.* 5. Sigebertus Isidorum *Totum Vetus Testamentum simpliciter exponendo percurrisse* ait; itemque Gennadius, ut paulo ante dicebamus; & Fabricius *n.* 14. Præterea in Escurialensi Codice Gothico sæculi IX. *Lit. A. Plut.* 1. *n.* 13. legitur: *Incipit Prologus Beati Isidori in Canticis*: quæ ad *Procemiorum*, vel ad *Quæstionum libros in Vetus Testamentum* ab Isidoro editos, potius quam ad peculiarem Cantici Canticorum quade agimus expositionem pertinere videntur. Bellarminus hanc *inter supposita Isidoro*: Oudinus *inter maxime dubia* recenset, T. I. col. 1594. Notkerus *De ill. vir. c.* 2. in his qui Cantica Canticorum exposuerunt, Isidori non meminit. Caveus nudè titulum operis exhibet, Cellierius nihil definit. Præterea uberior illa Braulionis præ vulgatis Isidori Operum *Prænotatio* quam Cyprianus Suarezius se vidisse, inque ea legi ait, Isidorum *Cantica Canticorum facunda expositione elucidasse*, incertæ prorsus originis dudum mihi visa fuerat; in eam tamen casu incidi in Regio Matritensi Codice *Variarum lectionum Roderici Toletani*, à Ioanne Lopez de Leon anno MDLXVI. compilato; habeturque in eo fol. 114. pag. 2. totidem atque ipsis verbis atque apud Grialium in Operum Isidori Prologo; nisi quod pro *quartam editionem Psalterii* ut in Grialii edito, *quartam translationem* in Regio Matritensi Codice legitur. Eam, quanti demum facienda sit, Lector æstimet; à Ioanne tamen Mariana *in duobus certe vetustis codicibus inventam*, nec vulgari in pretio habitam, Ipse sibi testis est *in Not. ad Isidori lib.* 1. *contra Iudæos c.* 2. *ap. Grialium T. II. p.* 258.

Pamelium observâsse : de quo testis est Vincentius Placcius *De Pseudonymis Scriptoribus* [q].

[q] Pag. 203.

162. Præter superiora, quæ habet Matritensis editio, sunt & alia tributa Isidoro, sive edita iam, sive in schedis adhuc, opuscula. Iacobus de Breul hæc adiecit in Parisiensi:

163. *De contemtu mundi.* Quod idem est opus cum *Synonymis*, aliquantulum licet varians, ut ferè sunt quæcumque ex antiquis ad nos pervenerunt.

164. *Norma vivendi.* Idem de hac dicendum, videlicet excerpta continere ex *Synonymis* : quod vidit ipse Breulius, & Bellarminus admonuit (1).

165. *Exhortatio pœnitendi cum consolatione & misericordia* (legerim *ex misericordia*) *Dei ad animam futura iudicia formidantem.* Quam ex MS. codice bibliothecæ S. Mauri Fossatensis Nicolaus Faber transcribi curavit. Nec abhorret ab stilo & instituto, ac more nostri piissimi Scriptoris. Auctor vernaculus libri *Valerio de las historias* inscripti meminit, inter alia Isidori opera, *De consolatione animarum* libri 6.

166. *Lamentum pœnitentiæ, duplici alphabeto editum, exceptis tribus literis, idest A. B. N. in quibus aliquantis versibus multiplicatur, ubi exorat pro indulgentia peccatorum.* Metricum opus more ætatis, quæ sonum tantùm, non strictas prosodiæ leges observabat: cuius hoc initium

Audi Christe tristem fletum,
Amarumque canticum,
Quod perculsus & contritus
Modulatur spiritus,
Cerne lacrymarum fluxus,
Et ausculta gemitus.

Omnia sunt cx. huius tenoris hexasticha. Quod ipsum carmen, multis tamen strophis mutilatum, sexaginta duas nempe continens, habemus nos in opere illo quod vitam sancti Isidori Lucas Tudensis Episcopus inscripsit : cuius exemplum (uti iam monuimus) ante aliquod annos ad clarissimos Sanctorum illustratores Godefridum Henschenium, Danielemque Papebrochium, quarto diei Aprilis inserendum, quod factum fuit, transmisimus. Illic Tudensis hæc leguntur verba : *Præterea futurorum providens utilitati, innumerabiles ferè sententiis & verbis præclaros edidit libros, quos enumerare longum est. Tamen eos B. Braulius Cesaraugustanus Episcopus in parte enumerat. Scripsit postquam edidit alphabetum rudium, alphabetum verbalium, alphabetum theologicarum distinctionum, atque alphabetum librorum, oratione finem faciens, orationis : scripsit, alphabetum futuros plangens Gothicæ gentis errores, simul eversionem in quo quotidie Domino psallebat : quod in hoc opere duximus annotandum.* Sequiturque carmen iam dictum, sub hoc tamen titulo : *Incipit alphabetum orationis ad temptamenta repellenda adversarii, & Dei gratiam promerendam, editum à sanctæ recordationis Isidoro Hispalensis Ecclesiæ Archiepiscopo.* Huius hymni Morales meminit, seque in libro manuscripto collegii S. Ildephonsi Complutensis hunc legisse ait [r]. Quo magis mirari subit, desiderari eum in editione regia Matritensi. Exstare etiam in Tigurina bibliotheca, tum *Synonyma*, tum *Exhortationem pœnitentis*, tum demum alphabetum hoc, & orationem, de qua iam dicimus, Conradus Gesnerus in *bibliotheca* sua scriptum reliquit (2).

[r] Lib. 12. cap. 21. fol. 127.

167. *Oratio : pro correptione vitæ flenda semper peccata.* Utitur quidem in hac oratione auctor Psalmorum interpretatione vulgata : quod non aliàs Isidorus solet, uti notavimus. Pœnitentiæ autem etymologia descriptioque iisdem verbis hìc & in cap. ultimo sexti libri *Etymologiarum* legitur. Eiusdem sane auctoris hæc omnia cum Synonymis esse facilè mihi cum Breulio persuadeo (3). Appenditur huic alia perbrevis *contra diaboli insidias* oratio. Quæ alia editio hæc Breulii Parisiensis, quasi tunc primùm edita essent asterisco notavit. Cuncta habet Matritensis quæ præcesserat, & ex qua Breulius profecerat, nostra. Præter hæc omnia hucusque edita duo alia opera prænotatio Braulionis laudat, scilicet,

168. *De numeris* librum unum. *in quo* (ait) *Arithmeticam propter numeros Ecclesiasticis scripturis insertos ex parte tetigit disciplinam* (4). Item

169. *De hæresibus* librum I. *in quo maio-*

(1) Consonant Cellierius, Bellarminus, Du-Pinius, Caveus, Placcius, &c. Exstat in Bibliotheca Escurialensi *Lit. m. Plut. III. n.* 3.

(2) Habetur duplici exemplo in Bibliotheca Escurialensi *Lit. B. Plut. III. nn.* 1. & 14.

(3) Huius orationis, & trium quæ præcedunt affinis argumenti opusculorum, meminere Fabricius, Caveus, Oudinus, Du-Pinius, Cellierius : qui *n. XI.* ait, *nihil iisdem inesse quod non Isidoro dignum sit.*

(4) Hæc ad literam è *Braulionis Prænotatione.* Silent tamen de hoc opere Bellarminus, Du-Pinius, Oudinus, alii. Cellierius *n. XXXIX.* & Caveus *pag.* 549. id inter deperdita Isidori recensent ; Fabricius *in iis scriptis quæ in novissima Operum Isidori editione desiderantur.* Exstat in Bibliotheca Regiæ Academiæ Taurinensis, in Codice, ut mihi visus fuit, sæculi XIII. inscribiturque : *De numeris* ; ac *De quadragenario numero* : ex quo mihi ad annum 1754. apographum desumere licuit, indulgentibus ac nullo non officii genere conatus meus iuvantibus viris clariss.

iorum ſecutus exempla (inquit) *brevitate quâ potuit diffuſa collegit*. In quo ultimo facta eſt ut exiſtimare datur non parva iactura. Lucas d'Acherius Benedictinus in *Spicilegio* ſuo *veterum aliquot Scriptorum* primo volumine S. Iſidoro tributum edidit

170. *De ordine creaturarum* librum XV. capitibus comprehenſum, quem ait [a] ſe habuiſſe è codice non procul ab auctoris ævo exarato Rhemenſis S. Remigii Benedictini ſui ordinis monaſterii. At quod ibidem in ora libri monet, citatum hunc librum ſe anno MDCLXV. reperiſſe ab Æneа Epiſcopo Pariſienſi in tractatu *contra Græcos*, ſed ſub alio titulo, nempe *Iſidorus in Fide catholica*: vereor ne referendum potius ſit ad libros *De Fide catholica contra Iudæos* ad ſororem directos, quos ſæpiùs laudavimus. Stilus quidem ævum Iſidori ſapit; quædam tamen ſunt de ſtatu animarum poſt mortem, ac de purgatorio igne in fine operis, quæ non omnino mihi arrident (1).

[a] In *Præfatione ad lectorem*.

171. Nuncupatio autem illius *ad Braulium Epiſcopum urbis Romæ* concepta, ſuſpicionem ſuppoſitionis iam Labbeo movit. Sed è contrario hæc ipſa dedicationis novitas advertere animum facit, ſi quod in rerum noſtrarum antiquis literis relictum ſit huius rei veſtigium. Videtur enim in quo veriſimilitudo apparet nulla, conſilium fallendi, quod veriſimilia quærit inde abfuiſſe. D'Acherius addidit explicationis gratiâ (ut ipſe fatetur in præfatione) *urbis Romæ*, hoc eſt, Cæſarauguſtæ. Planè Romæ urbis in Hiſpania meminit *legum Gothicarum* liber, *Forum Iudicum* apud nos appellatus: quod in vernaculam antiquiſſimo habemus ſermone convertum. In eius enim prooemii lege II. hæc verba ſunt: *Doncas eſtablecemos que de aqui adelante debenſer eſleidos en la ciudad de Roma*, ò

riſſ. D. Ioſepho Paſino Bibliothecæ Præfecto, & DD. Berta & Rivautela eiuſdem Curatoribus, quorum proinde pergrata mihi recordatio eſt. Fuit olim is Codex Philiberti Pingonii, & cl. I. C. Iacobi Cuiacii, ut in eiuſdem περιφύλλῳ legitur. *In Biblioth. Taurin. Cod. LIII. d. IV.* 30.

(1) Plus nimio meticuloſum ſe prodit hoc loco Noſter; cum, niſi vehementer ego fallor, plana ſint omnia, ac ſine offendiculo. Agit Iſidorus in huius opuſculi cap. XIII. quod inſcribitur: *De diverſitate peccantium &c.* de iis *qui Fidei ſortem non meruerunt, nec gratiam Baptiſmi conſecuti ſunt; dein de adulteris, fornicariis, ebrioſis, avaris &c.* quibus Apoſtolus I. *Cor.* 6. *v.* 9. interminatur regnum Dei nunquam poſſeſſuros; quique iis aut ſimilibus flagitiis immerſi atque obruti uſque ad mortem, *abſque medicamento*, id eſt impœnitentes, è vita migrant; & cap. XIV. quod eſt *De igne Purgatorio*, de iis *qui viventes pro Chriſto pauperes effecti, in labore & fatigatione perſeverant; quique perſecutiones hominum propter iuſtitiam ſuſtinent*; ac de prioribus ait, eorum infidelitatem aut crimina futurum quodammodo iudicium & damnationem antevertere; eoſque iam iudicatos eſſe, neque in iudicio ſurrecturos, ſed indiſcuſſos abituros in locum ſuum, eo quod non crediderunt in nomine Unigeniti Filii Dei, neque dignos fecerunt pœnitentiæ fructus; idque Davidis *Ps. I. v.* 6. & Ioannis *III v.* 18. verbis: quaſi diceret, horum ſuperfluum atque otioſum examen ac iudicium eſſe: non ſecus atque in rebus humanis eorum eſt, qui definitam lege ætatem menſuramve ad militiam vel ad obeunda munera ſive ad pœnam manifeſte exæquant aut ſuperant; hi enim indiſcuſſi probantur aut puniuntur. De poſterioribus autem, iis non modo regnum cælorum in futura vita promitti, ſed in præſenti donari ait; neque olim eorum fore, ſed vel adhuc in terra commorantium eſſe, ut per Matthæum *V. v.* 3. 10. 11 12. edicitur; & per Lucam *XVII. v.* 21. regnum Dei intra eos eſſe. Ab his non multum videtur abludere, quod vulgo dici ſolet, eos nimirum qui abnegantes impietatem & ſæcularia deſideria ſobrie & iuſte & pie vivunt in hoc ſæculo, quodammodo ſibi regnum cælorum præcipere; reliquos vero de quibus Paulus *I. Cor.* 6. *v.* 9. vel viventes cruciari conſcientiæ ſtimulo, qui & exſtinctos perpetuo rodet atque acrius torquebit, parſque æterni eorum ſupplicii futurus eſt. Prioribus enim ex Aſceticorum ſententia quominus in hoc ſæculo beatâ viſione perfruantur unum obeſt velamen carnis, quod tamen, dum quotidie in virtutibus proficiunt ac Deo propiores fiunt, ſenſim attenuatur & rareſcit, donec interluceat: ut quodammodo in carne poſiti Deum videant, per ſpeculum ſcilicet in ænigmate ut Apoſtolus *I. Cor.* 13. *v.* 12. ait. Poſteriores vero in peius aſſiduè ruentes, ac poſtremo in criminum barathrum delapſi, longiſſime in dies à Deo recedunt: de quibus per Pſalmiſtam *LXXII.* 27. dicitur: *Ecce qui elongant ſe à Te peribunt: perdidiſti omnes qui fornicantur abs Te: perdidiſti*, inquit, præteriti verbo, quaſi vel viventes damnaſſet; atque è contrario de iuſtis ac verè pœnitentibus Pſalm. *XXXI.* 5. *Dixi: confitebor Domino:::: & tu remiſiſti impietatem &c.* Ac ſi par eſſet præſentis & futuræ ſive æternæ vitæ beatitudo, ſit licet

. . . . ultima ſemper
Expectanda dies homini; dicique beatus
Ante obitum nemo

debeat atque ſuprema funera, ut olim Ovidius *III. Metam.* 135. de viro tamen Sapiente Tullius *III. de Finib.* 22. *nullum ætatis tempus exſpectare*, ait, *ut tunc denique iudicetur, beatuſne fuerit, cum extremum vitæ diem morte confecerit*. De igne vero Purgatorii, de quo Iſidorus eodem capite XIV. nihil non apud eum legitur & ſecum, *Libro* ſcilicet I. *Eccl. offic. cap.* 18. & cum Catholico dogmate conſentiens, ut notat Cellierius in Iſidoro num. XXXIIX. Plane omnium qui poſt primum editorem D' Acherium *Spicileg. T. I. à pag.* 268. huius libri meminere, ſive eum Iſidoro tribuant ſive abiudicent, nemo hactenus in eius doctrina hæſit; abiudicantibus autem aliunde enata dubitatio eſt, nimirum ex decurtata aut male intellecta libri epigraphe, de qua Notâ ſequenti. Quare nihil moramur hoc opus Iſidoro adſcribere, reclamante licet noviſſimæ Editionis Matritenſis Prologo. Exſtat eius exemplum in Bibliothecæ Eſcurialenſis codice *Lit E. Plut. IV. n.* 13. ſæculo ut videtur XIII. exarato, ſed ex antiquiore alio & plane Gothico deſcriptum, ut liquet, è frequentibus quibus reſperſus eſt Gothiciſmis. Conſtat au-

ò en aquel lugar, donde murio el otro Rey con consejo de los Obispos &c. hoc est, *stabilimus ergo quòd in futurum* (Reges) *eligi debent in urbe Roma, sivè in loco illo, ubi defunctus Rex obierit, cum consilio Episcoporum* &c. Hæc est illa Wisi-Gothorum lex quæ cum aliis similibus edita est, prostatque item in *Hispaniæ illustratæ* volumine 3.[t] Deest tamen in his editionibus proœmium illud, adiunctum forsan ab eo nostræ recuperari. iam per partes cœptæ à Mauris Hispaniæ Rege, cuius auspiciis iussuve, unà cum Gothorum iurisprudentiæ codice, cui adhuc adhærere consilium fuit nova illa de Regis electione sanctio fuit promulgata.

[t] In fine.

172. Romam vero pro regia curia, sive urbe in qua Imperii sedes erat dictam existimo. Proinde ibi, aut in eo loco ubi defunctus Rex obiisset, electionem fieri novi Regis debere placuit. Eodem planè sensu *Sedis Romuleæ* nomine usum legimus Cixilanem Toletanum Episcopum in vita S. Ildephonsi. *Cuius statim virtus enucleata cluens in Sede Romulea refulsit, & veluti facula ardens omnem Hispaniam perlustravit.* Quibus verbis fulsisse Ildephonsum priùs Toleti in urbe regia, deinde per totam Hispaniam aptissimè significavit: quod & Ioannes Mabillonus Benedictinus, vir eruditione præstans, ad oram in editione huius Vitæ inter *Acta SS. ordinis Benedictini* à se observatum significare voluit. Nempe uti *Roma* in profanis antonomasticè regia urbs quælibet: sic in sacris *Hierusalem* dicta metropolitana quælibet inter nos Ecclesia, ut apparet ex principio Conciliorum, Hispalensis II. Emeritensisque sub Reccesvindo[u].

[u] Observant Franc. Padilla cent. 7. cap. 12. & 47. Thomas Tamaius in *notis* ad *Paulum diaconum Emeritensem*, pag. 97.

173. Quid hoc tamen ad Cæsaraugustæ Ecclesiam quæ nunquam tempore Gothorum, nedum Braulionis, regia urbs fuit? Quare inscriptionem istam *ad Braulionem urbis Romæ Episcopum* Rhemensis codicis merito suspectam habuit Lucas d'Acherius in proœmio ad lectorem huius primi *Spicilegii* sui voluminis. Nisi dixeris eas quoque urbes, quæ aliqua Romæ urbis prærogativâ sive sacrâ sive profanâ quandoque functæ essent, *secundæ*, sive *alterius Romæ* appellationem ab obnoxiis aut officiosis hominibus promeruisse. In epitaphio Ivonis Cardinalis apud Treviros sepulti hic versus legitur:

Roma secunda mihi dedit exsequias venerandas.

apud Browerum lib. 14. *Annal. Trevirensium*. Gerardus in *De miraculis S. Adelhardi* cap. 6. *Exinde* (ait) *huiuscemodi fama ita longè lateque cœpit vulgari, ut Corbeia* (Corbeiense monasterium) *meritò duceretur altera Roma appellari.* Exemplum aliud de urbe Turonensi, *secunda Sede Romanæ urbis*, in quodam codice MS. nuncupata, Ioannes Mabillonus Benedictinus affert in *Analectis* suis *veteribus*[x], quibus & superiora duo accepta ferimus. Perplacet quidem coniectura doctissimi Henschenii dum de Isidoro nostro agit die 4. Aprilis, & hoc libro in commentario prævio num. 9. suspicantis, siquidem hunc Isidoro non abnegemus, inscribi potuisse Bonifacio Papæ eius temporis; contundique cum hoc in MS. codice Braulionis nomen, errore ducto ex initiali litera B. quâ erat exaratum. Certè si ita esset, facillimo negotio ex his salebris emergeremus (1).

[x] Pag. 16.

174. *Exegesin in Missæ canonem*, Parisiis

autem XV. capitibus, iisdemque ipsis rubricis quæ habentur apud D' Acherium; ea vero excipit operis peroratio seu nuncupatio quæ aliquanto uberior in codice nostro est. Eam propterea sistere placuit, adiectis ad oram è regione variantibus D' Acherii lectionibus, ut ex utriusque collatione restitui, atque integra haberi possit.

Escurialensis Codex.

Ecce Venerabilis Pater de ordine creaturarum Tibi proponenti iuxta ingenioli mei modulum compendioso sermone summatim respondi. Cuius[a] opusculi mercedem orationibus tuis compensabo. Non quod exiguitatis meæ obsequium[b] tuæ venerationi & auctoritati conferre possit digna! sed obedientiæ conatus & ea quæ non valet[c] assequi implet omnia. Ecce in gazophylacio templi[d] pauperis eris exiguum munus multorum divitum auro copioso præfertur. Et in aurato tabernaculo ubi argentum & gemmarum pretiosarum bysi & purpure & iacincti cocci dona conferuntur. Et eorum qui pelles caprarum deferunt[f] diligentiam non despicitur. Haut igitur tu dissimili modo meæ parvitatis obedientiam placido pectoris tui portu recipere non dedignare & contra garrientium instabile fructus tuæ timore auctoritatis præsentis opusculi naviculam[g] non pigeat gubernare. Ego enim bonis & catholicis lectoribus consentiens. invidorum[h] non curo querelas. qui sine pennis in terra reptantes. Volatu ranarum avium nidos irrident. Contra quos[i] tuæ orationis scuto protectus & domini. cuius suffragio armatus ad patriam festinare tutus utroque latere curabo. Deo enim placere curantes minas hominum penitus[k] non timemus. Laborem magnum in opere Deo adiuvante petimus & habemus. In isto tamen ut mercedem huius opusculi reddat secundum misericordiam eius & secundum voluptatem eius id est in regno cœlorum cum angelis sanctisque amantibus Deum. Benedictus Deus qui finem laboris condidit. EXPLICIT YSIDORUS DE ORDINE CREATURARUM.

D'Acherianus.

[a] Munusculi.
[b] In obedientia, tuâ veneratione & authoritate.
[c] Adsequi implet: omnia esse.
[d] Pauperis vidulæ æris.
[e] Conferentur; etiam.
[f] Deferunt diligentia non despicitur. Hanc igitur & tu simili modo, meæ parvitatis obedientiam placido pectoris tui portu non dedignare, & trans garrientium instabiles fluctus timore tuæ authoritatis
[g] Non te pigeat.
[h] Invidorum non curo queriolas, vel querelas, qui sine pennis in terra reptantes volatu (forte veluti) ranarum nidos avium irrident.
[i] Tuæ rationis scuto protectus & Domini pergam suffragio armatus, ad patriam.
[k] Non timemus. Deo gratias. Amen.

His desinit D'Acherius.

Postquam hæc scripseram succurrit in pervetusto Escurialensi sæculi summum VIII. ineuntis Miscellaneorum Codice, quadrato charactere constante, *Lit. r. Plut. II. n.* 18. haberi quoque Isidori *De ordine creaturarum librum*.

(1) De *Bonifacii* nomine pro *Braulionis*, uti hactenus lectum fuit, sub solitaria initiali litera B. subrogando, ut plena germanaque opusculi de quo agimus inscriptio fuerit: *Bonifacio Episcopo urbis Romæ* (quæ Cl. Henschenii coniectura fuit *Act. Sanctor.* ad

ſiis editam per Carolum Guillard MDXLVIII. in 8.° vidimus in bibliotheca ſapientiæ Romanæ (1).

175. *De prælatis* librum, unà cum Valeriani Cimelienſis *De bono diſciplinæ* ſermone, & Doſithei magiſtri libro continente *Hadriani Imperatoris ſententias & epiſtolas*, Melchior Goldaſtus Haiminſeldius emendata à ſe omnia & illuſtrata Genevæ anno MDCII. in 8.° ediſiſſe dicitur: quem non vidimus. Barthius tamen laudat lib. 28. cap. 13. *Adverſariorum.*

De

ad IV. Aprilis) : ſubtimide item Noſter ; cum ſi retineamus *Braulionis* nomen nihil non ſuo loco movendum ſit ; & ſubrogato *Bonifacii*, mire omnia ſecum & cum hiſtorica veritate cohæreant. Oudinus *T. I. col.* 1595. Henſchenium nulla probabili ratione coniecturam ſuam fulciiſſe ait. Contra Cellierius *n. XXXVIII.* unam, ſi alia deſint, ſtili huius opuſculi cum Iſidoriano conformitatem, ſatis eidem conſolidandæ ſuperque fore exiſtimat. Du-Pinius *T. V. pag.* 11. opuſculum Iſidoro tribuit, Fabricius *n.* 25. nihil definit; Bellarminus, Caveus, Placcius altum de eo ſilent. Verum ſi attente rem perpendimus, quis non videt *Epiſcopi urbis Romæ* titulum, quem præſefert opuſculi inſcriptio, unius Romani Pontificis proprium eſſe, neque ulli mortalium alteri accommodari poſſe? D' Acherii præterea de *urbe Roma, hoc eſt Cæſarauguſta*, commentarium; quæque ipſi Noſter & (quod mirêre) Cl. Florezius *T. V. pag.* 512. *n.* 15. ſuperſtruit, meras eſſe utriuſque divinationes, & ſi libere philoſophari licet, ineptias ineptiſſimas? Ac niſi *Bonifacium urbis Romæ Epiſcopum* legimus, ubinam nobis quærendus in terris erit tantæ auctoritatis vir, cui Iſidorus tam demiſſe ac reverenter opuſculum nuncupet: quem *Venerabilem Patrem* appellet: cuius *timor invidos garrienteſque in officio contineat:* cuiuſque deſignando nomini ſolitaria inſcriptionis litera B. tam appoſite quadret? Librario demum, cum tot vidiſſet Iſidori literas Braulioni inſcriptas, quid proclivius, quam ut idem nomen ſub ſolitaria illa contineri exiſtimaret, idque plene deſcriberet? Præterea Gregorio Magno, cui cum Leandro Hiſpalenſi Iſidori fratre ac deceſſore maxima neceſſitudo intercesſit, poſt duodecennium, nimirum anno Chriſti DCXVII. ſuffectus fuit Bonifacius Quintus, qui ad annum uſque DCXXV. Pontificatum tenuit; potuitque hoc tempore, quo maxime Iſidori doctrinæ fama per orbem inclaruit, eum de nonnullis conſulere, ad quæ Iſidorus edito opuſculo noſtro reſpondet. Id certe alieno potius ſuaſu aut imperio quam ſponte Auctoris propriâ ſcriptum fuiſſe, oſtendunt *obſequii, & obedientiæ* vocabula, quæ in Nuncupatione ſæpius inculcantur. Sed quid ſi Iſidorus Bonifacium de facie noverit, eumque Romæ præſentem præſens allocutus fuerit? Videndus de hoc Anonymus eius vitæ auctor Cœnobii Sancti Iſidori Legionenſis alumnus, Lucas Tudenſis à nonnullis creditus, apud Hagiographos Antuerpienſes *ad diem IV. Aprilis.* Suboluit quoque nonnihil de Romano Iſidori itinere Ioanni Marianæ qui *VI. de reb. Hiſp.* 7. ſub Gregorio Magno confectum exiſtimari à nonnullis ait. Verba autem nuncupationis opuſculi noſtri *contra quos* (ſcilicet invidos queruloſque) *tuæ orationis ſcuto protectus & Domini ſuffragio armatus ad patriam feſtinare tutus utroque latere curabo*, ſimul cum ſolitaria litera B. *Bonifacii* vocabuli principe: de Romano Iſidori itinere ſub aliquo è tribus Bonifaciis qui ineunte ſæculo VII. Romanam Sedem tenuere, & maxime ſub eorum poſtremo, qui ad annum DCXXV. Eidem præfuit, vix locum ambigendi ſinunt. Diu autem manſiſſe in Urbe Iſidorum, ſuadet opuſculi noſtri labor non extemporalis neque vulgaris (niſi eum in patria ſuſceptum dicimus); eundemque in patriam cogitantem à Bonifacio ob viarum diſcrimina detentum fuiſſe, innuunt extrema nuncupationis verba: *Deo autem placere curantes minas hominum penitus non timemus.* Vid. Cl. Hiſp. Sacr. Florezii Continuator *T. XXX. p.* 36. *n.* 19.

(1) Bini huius Exegeſeos codices exſtant in Regia Eſcurialenſi Bibliotheca, alter *Lit. L. Plut. III. n.* 8. anno, ut in eodem manu coævâ legitur, DCCCLIV. exaratus ſub hac rubrica *Expoſitio in Miſſa*, indeſignato tamen auctore; alter *Lit. F. Plut. IV. n.* 9. ſæculi, ut videtur, XIII. inclinantis aut exeuntis, cum expreſſo Iſidori nomine: ut non immerito Trithemius, Eiſenſgreinius, Geſnerus, Fabricius & alii eam Iſidoro adſcribant; & maximè cum præter non vulgarem prioris Eſcurialenſis codicis auctoritatem, doctrina & ſtilus operis ab Iſidorianis non abhorreant. Unde cum plurima, quæ aut Iſidori non ſunt aut bis terve Eidem ſub diverſis titulis, quaſi diverſa ſint opera, tribuuntur, in Ipſius operum collectiones irrepſiſſe videam: mirari ſubit cur in Matritenſi Grialij editione non exſtet. Prodiit primum ſeorſim Pariſiis anno MDCXLVIII. & recuſa in noviſſima Iſidori operum editione Matritenſi 1778. ex antiquiore Eſcurialenſium quos indicavimus codicum mutuata; exſtatque *Tom. II. in Append. à pag.* 54. abſque Iſidori tamen nomine, immo adiecta notulà: *Videtur repugnare hanc expoſitionem eſſe Sancti Iſidori: quia hæc Liturgia ſuo tempore non erat in uſu:* quæ longe Latinior, neque tamen propterea verior, legitur quoque in eiuſdem Editionis Prologo. Nôrunt enim quotquot res Liturgicas a limine ſalutarunt poſt Petri, Matthæi, Marci ac Dionyſii, immo & poſt Leonis Magni, quæ vulgo circumferuntur, lubricæ atque incertæ auctoritatis, Liturgias, Gelaſium I. ad annum Chriſti CCCCXCV. *Sacramentorum Præfationes* (id eſt Liturgiam) *cauto*, ut Anaſtaſius Bibliothecarius in *De Vit. Pont.*, ait, *ſermone* compoſuiſſe; poſt quem Gregorius Magnus exeunte ſæculo VI. *Gelaſianum Codicem de Miſſarum ſolemniis, multa ſubtrahens, pauca convertens, nonnulla vero ſuperadiiciens in unius libri volumine coarctavit*, teſte Ioanne Diacono in eius vita. Hunc autem ſacræ Liturgiæ Gregorianæ uſum ab omnibus fere Occidentis Eccleſiis, unà excepta Mediolanenſi veteris Ambroſiani ritûs retinentiſſima, receptum fuiſſe, docet nos Ill. Cardinalis Bona *Lib. I. Rerum Liturg. c.* 7. *n.* 4. indeque a Beato Iuliano Toletano circa annum DCLXXXV. à *nonnullis quæ in eo vetuſtatis incuriâ vitiata aut ſemiplena erant* purgatum ſuppletumque, ad miſerandam uſque Hiſpaniæ cladem perſeveraſſe; dein vero à Mixtarabibus nonnihil immutatum; ac tandem ad annum Chriſti MLXXX. Gregorii VII. P. M. auctoritate reſtitutum: à quo deinceps tempore in Occidente, & maxime in Hiſpania perpetuo obtinuit, & uſquè obtinet: ut conferenti hodiernum Miſſæ ordinem cum hac de qua agimus Exegeſi, & cum Sacramentarii Gregoriani exemplo è Vaticano DCCCC. & amplius annorum codice a Cl. Muratorio *Tom. II. Liturg. Rom. vet. à pag.* 1. edito manifeſtum fiet. Exſtat præterea penes me in vetere D. annorum codice eadem Gregoriana Liturgia, totidem atque ipſis fere verbis quibus Exegeſis noſtra conſtans, Græcè tamen verſa, pro uſu fortaſſis unius alicuius ex Orientis Eccleſiis hoc titulo: Ἡ θεία λειτουργία τοῦ ἁγίου Γρηγορίου τοῦ Διαλόγου, qua Græci notione Gregorium Ma-

176. *De miraculis Christi* librum Isidori præ se aliquando tulisse nomen auctoris liquet ex monumento quodam anglicè scripto, sed latinè translato: quod in *Monastico Anglicano*, & memoria Exoniensis agri Devoniensis monasterii, olim Benedictinorum, prostat [y]. Hæc est donatio eidem facta à Leofrido Episcopo eiusdem loci prædiorum, ornamentorum, librorumque: è quorum numero est disertis verbis nominatus *liber Isidori de miraculis Christi.* Obiit hic Leofridus anno MLXXI.

[y] Pag. 223.

177. *Commentarios literales*, sive in maiorem partem sacrorum librorum, sive in Pentateuchon seu quinque libros legis scripsisse eum ostendere forsan possumus ex his quæ ad *Mysticorum expositiones sacramentorum* præfatus posuit, verbis: *Et quia iam pridem iuxta literam à nobis sermo totus contextus est: necesse est ut præcedente historiæ fundamento allegoricus sensus sequatur.* Ioannes Grialius in Notis hìc de horum iactura conqueritur, *nisi fortè id* (ait) *glossæ sunt, quæ vocantur ordinariæ.* At Straboni Fuldensi glossa hæc ordinaria communiter tribuitur. Isidori hæc verba sic non malè intelligimus forsan, ut scribere fecerit per amanuenses suos Biblia sacra, hoc est textum sacrorum librorum; & in fine cuiusque capitis sive sectionis *expositiones* suas has *mysticas*, veluti glossam, subtexi. Quo videntur ea ex initio capitis 1. respicere: *Creatura cæli & terræ quomodo historialiter ab exordio principii condita sit, legimus; sed qualiter in Ecclesia spiritualiter à Doctoribus accipiatur intelligamus.* Ioannes quidem Trithemius commentariorum in omnes sacros libros auctorem facit: quod ad procemia seu procemiorum librum, sive ad *Mysticorum expositiones sacramentorum* referri posse iam animadverterunt alii [z]. Neque enim tam amplum & illustre, ut sonat, opus Ildephonsus Braulioque illaudatum reliquissent. Idem habemus dicere de *Commentariis in Evangelia & Pauli epistolas* doctissimis, quorum Eisensgreinius disertè recordatur.

[z] Morales lib. 12. cap. 21. fol. 126. Bellarminus *De Script. Eccl.* Padilla.

178. Similiter Trithemius aliorum, quæ nusquam aliàs innotuere, operum Isidori meminit, quem Eisensgreinius ferè transcribit. Nempe

De sancta Trinitate. lib. 1.

De officio Missæ. Nisi his *Missale* sit Gothici ritus, de quo infrà dicemus (1).

Sermonum. lib. 1.

De astronomia. Hic fortè est liber *De natura rerum.* Attamen in Medicea bibliotheca *Isidorus de astris* reperitur [a].

[a] Vide eius catalogum pag. 41.

De grammatica & vocabulis. Idem forsan cum *differentiarum* libris aut *Glossariis*, quæ Isidoro tribuuntur, de quibus mox agendum.

De hæresibus. Iam ex Braulione fuisse hoc opus ac periisse, collegimus.

De corpore & sanguine Domini lib. 1. (2).

Decretum Canonum. Loquitur fortè de *collectione epistolarum decretalium*, quæ ei falsò tribuuntur, ut mox videbimus.

De proprietate rerum. lib. 1.

Ecclesiasticorum dogmatum lib. 1. Opus hoc S. Augustino, & Alcuino, & Fulgentio, & Gregorio Papæ præter Isidorum tribui solitum docet Vincentius Placcius *De scriptis & Scriptoribus anonymis & pseudonymis* [b]. Nec his contentus, *alia quidem* (ait) *multa scripsit, quæ ad notitiam meam non venerunt.* Certè Braulio eodem ferè modo locutus videtur: *Denique de his* (ait) *quæ ad notitiam nostram venerunt, ita commemoravi.* Ioannes Eisensgreinius ad Trithemii catalogum addidit *Historiam Longobardorum*, è Lucio Marinæo, ut credimus: qui *Gothorum* aut *Vandalorum historias* per errorem ita significavit [c].

[b] Pag. 155.

[c] *De laudibus Hispaniæ* lib. 4.

179. In Ambrosiana Mediolanensis urbis amplissima bibliotheca hæc alia, indicta hactenus, inveniri opera legimus:

Soliloquia de institutione bonæ vitæ. Non aliud existimamus ab *Synonymorum* libris.

De regulis canonicorum. Fortè liber 2. *De Eccles. officiis*, qui de personis tractat Ecclesiæ.

De sapientia liber secundus. Ita hoc opus designatur in catalogo.

Dialogus de conscientia sumentis corpus Christi.

180. Auctor *Valerii historiarum* suprà laudatus duo alia Isidoro attribuit, quæ Hi-

Magnum à cognominibus *Theologo*, *Nysseno*, & aliis distinguunt. Latinè autem habetur in Laurentiana Medicea apud Montfauconium *Biblioth. Bibliothecar. T. I. p.* 300. *col.* 1. hoc titulo: *De ordine Missæ, & expositione verborum eius;* describiturque in novissima eiusdem Bibliothecæ MSS. editione 1775. *Tom. II. Plut. XXIX. n.* 39. *col.* 57. Nec Liturgiæ tantum, sed & Psalterii Romani usus Gothorum tempore in omnibus Hispaniæ Ecclesiis obtinebat, ut ex Breviario Mozarabico tradit Joannes Mariana *Not. ad Isidor. Lib. I. contra Iudæos cap.* 2. *apud Grial. T. II. p.* 258. Sed ut Notatori dederimus Liturgiam quade agimus Isidori ævo in Hispania receptam atque usitatam non fuisse: an non potuit Isidorus Romanæ Ecclesiæ Liturgiæ exegesin in privatum sive in aliorum usum conscribere?

(1) Fuerit fortassis idem, quod *De Ordine Missæ* inscribitur in Laurentianæ Bibliothecæ Mediceæ Codice cuius paulo ante meminimus.

(2) Exstat hic Sermo in Escurialensi sæculi XIII. Codice *Lit. A. Plut. II. sub n.* 5. hac epigraphe: *Isidori Episcopi Sermo de Corpore & Sanguine Christi: in Paschate.*

Hispano sic sermone quo scripsit, effert: *Del proposito de la perfeccion de la virginidad*, ad sororem Florentinam. In quo deceptus fuit, ut videtur, S. Leandri libro *De institutione virginum* eidem Florentinæ directo.

De los nombres de las Leyes. Neque hic alius est ab *Allegoriarum* libro, è cuius præfatione hæc sunt quæ dedere ansam errori: *Quædam notissima nomina leguntur Legis, Evangeliorumque* &c.

181. *In martyrologio Hispano* Ioannis Tamaii [d] nunc denuò producta videmus quædam S. Patris carmina, quæ ex MSS. se dare ait. Cuius liberalitati occinere libet Virgilianum illud:

——— *timeo Danaos & dona ferentes.*

Non enim tales sunt quales videri volunt manuscripti Tamaii codices. Quod quidem à me haud calumniosè dici sæpiùs testatum facimus (1).

[d] Die IV. Aprilis in actis S. Isidori pag. 491.

182. Tribuit quoque Constantinus Caietanus Benedictinus in libro quem inscripsit: *Sanctorum trium Episcoporum Religionis Benedictinæ luminum vitæ & actiones* [e], Isidoro nostro ex tribus uni, ultra *Regulam monachorum*, huiusmodi aliud maioris adhuc molis opus: scilicet in *Regulam S. Benedicti commentaria*, ut eò magis sanctissimum præsulem ordini ac professioni Benedictinorum vindicare possit. Sed verè fragmenta illa, quibus, tamquam sectiones horum commentariorum fuerint, (ut Caietanus credit) Petrus Diaconus Casinensis & Smaragdus S. Michaelis in Lotharingia abbas, in *Expositionibus* eiusdem *regulæ* usi sunt; quæque idem Caietanus in unum collegit [f]: non aliunde quàm ex *Regula monachorum* desumta esse nemo utrumque textum columnatim ibi, & quasi παραλλήλως adductum, conferens inficiabitur. *Non quidem* (Caietani verbis) *illorum breviarium quoddam, aut illis stilo subiectoque similia*; *sed*, uti demum ille ait, *veriùs eadem cum Regulæ monachorum* verbis. Quamvis enim tria quatuorve horum segmentorum sine parallelo ex regula sint: ea ex aliis S. Isidori libris partim habita, nec diffitetur ipse Caietanus: partim ex *Regula* ipsa esse *monachorum* locupletiore his capitibus apud eos qui citant Smaragdum Petrumque Casinensem, ratio ipsa persuadet; quin Isidorum, Regulæ peculiaris formatorem, Benedictinæ explanandæ muneri se addixisse, nullum aliud ab his fragmentis fundamentum rei producentibus statim credamus. Nam & quod in præfatione commentarii sui Petrus diaconus posuisse dicitur (habere se ex bibliotheca Casinensi MS. Caietanus ait [g]) breviter se Regulam expositurum, *quia in huius rei negotio operam dederunt* (inquit) *Paulus Casinensis diaconus, Rhabanus Maurus, Doctor Isidorus, Stephanus, ac Paulus, abbates*: commodè possunt intelligi; quatenus ad Isidorum pertinent, de *monachorum Regula* ab eo descripta, unde nec aliunde testimonia desumit auctor, quæ ad illustrandum & instruendum monachi propositum in Regula Benedictina contentum, ei deservire poterant; quantumvis ad Benedictum nihil Isidorus, nec huius ad istius Regulam respectus ullus fuisset. Potuit quoque Petrus Casinensis in hoc cum aliis decipi, ut ex *Regula* ab Isidoro præscripta monachis interpretem eum Benedicti egisse suspicaretur.

[e] Pag. 19.

[f] Pag. 56. & sequentibus.

[g] Pag. 20.

183. Idem Constantinus Caietanus quasi prætermissa post editiones omnes eiusdem S. Doctoris septem alia opuscula, unà cum eius vita & actis produxit, nempe:

Sermonem brevissimum *S. Isidori in die nativitatis Domini.* Legi eum in Alcuini *Homiliario* Caietanus monet Gesneri fide in *Bibliotheca.*

184. *Sermonem de sanctis angelis;* è duobus codicibus bibliothecæ Vaticanæ, quorum alter antiquior signatus numero 3836. hanc habet inscriptionem: *Incipit sermo S. Isidori in S. Archangeli*; alter verò recentior signatus numero 1269. hunc habet titulum: *Sermo S. Isidori Episcopi in S. Michaelis Archangeli.* Atque utrobique divisus est in tres sectiones, seu lectiones, pro nocturnorum usu. Vidit & in aliis Casinensis monasterii MSS. lectionariis Caietanus.

185. *Fragmenta commentariorum in Regulam sancti Benedicti.* de quibus paulò antè quæ scire opus fuit annotavimus.

186. *De conversis* ad monachos librum. Edidit hunc Henricus Canisius [h] ex MS. co-

[h] Tomo.. *Antiq. lectionum.*

(1) Ea sunt quæ olim in Isidori *Bibliotheca* legebantur Epigrammata inscripta Origeni, Hilario, Ambrosio, Augustino, Chrysostomo, Cypriano, Prudentio & aliis quorum exstabant in eadem volumina; necnon in eiusdem Isidori *Pigmentario*, in quo thus & odores, balsama, unguenta, tum patria tum etiam peregrina; flores item atque herbæ, & medicamina varia servabantur: edita à Tamaio Salazario, Fabricio, Muratorio, Florezio, & novissime in Matritensi Isidori operum collectione MDCCLXXVIII. *Tom. II. Append. à pag.* 67. In Escurialensi Codice, anno ut in eodem manu coæva legitur MXIV. exarato, *Lit. Z. Plut. II. n.* 2. inscripto *Forum Iudicum* seu *Wisigothorum Leges*, post librum tertium habetur poemation: *De gradibus consanguinitatis* sub hac rubrica: *Versiculi Domini Isidori de adfinitate vel gradus hominum*, Inc.

Aspice pendentes ex Iuris arbore natos &c.

codice monasterii S. Galli apud Helvetios, laudatus ob id à Possevino [i]. Sed utrumque falli Caietanus monuit; cùm liber hic *De conversis* inscriptus, pars quædam sit libri primi *Sententiarum*, nempe undecim priora huius opusculi capita è totidem dicti libri I. *Sententiarum* capitibus à septimo nimirum usque ad decimum septimum; nec non caput 12. *De superbia*, & 13. *De fornicatione*, è tricessimo octavo ac tricessimo nono desumta sint.

[i] In *Apparatu*.

187. *Epistolam ad Masonam Episcopum De restauratione sacerdotis.* Ait se hanc edidisse, licèt à Grialio & Breulio priùs integram editam, ut varias lectiones è diversis codicibus, quorum lectionem secuti sunt editores, observaret.

188. *Prologum & argumentum quoddam libri Synonymorum*, ex MS. codice Vaticanæ bibliothecæ signato numero 628. Prologus deest in Breuli editione. Utrumque autem in Matritensi, sed inverso prostat ordine. Neutrum putat Caietanus Isidori esse; sed quàm non rectè id de eo quod incipit: *Venit nuper ad manus meas* existimet, quilibet iudex esto.

189. *Orationem, vel confessionem S. Isidori Episcopi & Doctoris*, è codice Sublacensis bibliothecæ: similem eam ceteris huius argumenti superioribus opusculis, & à poenitentibus in ore & corde habendam. Hanc iterum edidit, integramque ut ait ex codice Gothico Garsiæ de Loaisa, volumine 2. *Martyrologii* sui *Hispani* Ioannes Tamaius Salazarius. Latet adhuc eidem tributus.

190. *De institutione ieiunii quadragesimalis* liber. Dè quo hæc Marcus Zuerius Boxhornius in Notis ad Scriptores *Hist. Aug.* in *Clodio Albino* Spartiani. *Non possum* (ait) *eruditum & Ecclesiasticæ antiquitatis studiosum lectorem hoc loco gaudium meum celare; repertum nempe à me esse superioribus diebus illustre & bene longum Isidori Hispalensis Episcopi fragmentum* De institutione ieiunii quadragesimalis *: quod alibi, & commodiore loco, si vitam Deus dederit, publici iuris faciam.* Hæc ille. Inter sermones quoque S. Isidori, quorum Sigebertus & ex eo Trithemius recordati sunt, cur non collocabimus

191. *Sermonem in natali S. Æmiliani Episcopi Vercellensis*: qui incipit: *Vir Ecclesiasticus & crucifigi mundo per mortificationem propriæ carnis debet* &c? Nam reperiri hunc in tabulario antiquissimo Ecclesiæ Vercellensis affirmant Ioannes Stephanus Ferrerius, huius urbis & ipse Episcopus, in *S. Eusebii Vercellensis, eiusque in eo Episcopatu successorum, vita & rebus gestis* [k]: dum res gestas narrat istius S. Æmiliani, quem undecimum facit eius Ecclesiæ antistitem, & hunc ex *Lybio* Aragoniæ oppido oriundum fuisse ait, atque interfuisse Conciliis Romanis III. IV. & VI. sub Symmacho Papa annis DI. DII. & DIV. & quod eius corpus inventum fuit ac translatum in cathedralem Ecclesiam anno MCLXXXI. XVI. Cal. Iunii, eiusque diem festum in eadem Ecclesia III. Idus Septembris quotannis celebrari. Hæc omnia Ferrerius. Quæ quidem Aragoniæ regni, peculiarisque eiusdem sancti præsulis loci natalis, cives non ignorare æquum est.

[k] Romæ edito libro ann. MDCII. apud Aloisium Zanettum in 4.

192. *De partibus* quoque *orationis* librum Isidoro adscriptum reperiri cum aliis aliorum in cod. 99. bibliothecæ D. Caroli de Montchal Tolosani præsulis refert Labbeus in *Specimine antiquarum lectionum*, seu *Bibliotheca nova* MS. [l] Præterea extra editiones Isidorianas, leguntur aliæ non minoris ponderis & fructus lucubrationes, quarum Doctor sanctus auctor dicitur. Et est certè auctor

[l] *Supplem.* 4. pag. 198.

193. *Orationis synodalis in Concilio Hispalensi secundo dictæ*, de qua Braulio: *Quo verò flumine eloquentiæ, & quot iaculis divinarum scripturarum seu patrum testimoniis, Acephalitarum hæresin confoderit, synodalia gesta coram eo Hispali acta declarant: in qua contra Gregorium præfatæ hæresis antistitem eam asseruit veritatem* (1). Tribuitur quoque ei

194. *Missale* & *Breviarium* quibus Ecclesiæ Hispaniarum in sacris celebrandis, & quotidianis precibus persolvendis usæ fuere ex Concilii Toletani IV. decreto illo (ut creditur) quod canon secundus continet, *De uno ordine in ministeriis vel officiis in cunctis Ecclesiis celebrando*. Cùm enim hæresis Arianorum non potuisset non ordinem omnem rectum in Ecclesiastica disciplina observandum turbare, varietatemque erroris sequelam ubique inducere: nihil magis curandum fuit catholicis præsulibus quàm sacrum omnem ritum & cæremonias, tum Fidei rectæ conformes, tum universis Gothicæ ditionis tam in Hispania

(1) Nullum ex his opusculis, nimirum quæ à n. 182. Noster inter dubia, aut non prorsus explorata Isidori opera recenset, exstat sub eiusdem nomine in Regia Bibliotheca Escurialensi; neque alibi in ea incidi. Videndus de his Fabricius *in med. & inf. n.* 25. sub titulo: *Scripta quæ in novissima operum Isidori editione desiderantur*, quibus & nos alia subiungemus.

nia quàm in Gallia provinciis uniformiter observandas præscribere. In quo vix dubitari potest, quin Leander dum vixit Arianismi exturbator, muneri suo satisfecerit. Sed cùm Isidorianum communiter hocce audiat *Missalis & Breviarii Gothici* officium: denegare non possumus Isidoro nostro præcipuum aliquem huius fabricæ, doctissimæque atque gravissimæ, simul & piissimæ compositionis, honorem & laudem. Quod confirmat Guitmundus lib. 3. *adv. Berengarium*, cuius hæc verba: *In quodam Missali Hispano, quod dicunt sanctum dictâsse Isidorum* &c. Elipandus quoque eo longè superior in epistola quadam ad Albinum, seu Alcuinum, orationem quandam in vigilia Paschatis cani solitam eidem sancto viro tribuit.

195. Quamquam, ut verum fatear, nollem ex Concilii decreto isto supra dicto factum admittere, ut hæc Isidoro conficiendi perpetui ritus sacri (quod vulgò existimant [m]) cura demandaretur; ne eam & quod inde natum est haud exigui laboris & contentionis opus intra sic breve tempus, quod à celebrato Concilio usque ad sancti præsulis intercessit obitum, necessario restringamus. Verò etenim mihi similius est, pridem iam eum, post antiquiorem aliorum operam, incubuisse huic rei conficiendæ, cùm Concilium celebraretur; sive in usum iam tempore Concilii hunc ritum venisse Isidorianum; eò autem direxisse sanctionem suam Toletanos patres, ut per universam Gothici nominis ditionem eundem *orandi ordinem atque psallendi* (Breviarium indicatur) eundem *in Missarum solemnitatibus modum* (Missalis significatur liber) observari præciperent. Nisi enim iam promulgatus, aut in usu esset ritus aliquis approbatus quo uti deberent sacri homines: frustrà fuisset de evitanda diversitate, atque ex ea scandalo legem dicere. Eminentissimus tamen S. R. E. Cardinalis Ioannes Bona vix auctorem admittere vult Isidorum lib. 1. *Rerum liturgicarum* cap. 11. eo quòd inter libros ei tribui solitos, & ab Ildephonso & Braulione laudatos huius mentio absit laboris: tum quòd in Missæ S. Martini quadam oratione, confessoris sanctissimi ætate eam fuisse confectam satis indicetur: tum demum, quòd & Leandro, & Ildephonso, & Iuliano Toletano, & Petro Ilerdensi Missæ & orationes, sive earum libri, tribuantur. Ad quod minimè applicuissent animum sancti viri & Episcopi, si iam ex conciliari decreto publicis privatisque sacris quem transgredi fas non esset præscriptus ordo fuisset. Accedit, diversum esse Mixtarabici Missalis quod idem vulgò cum Isidoriano creditur ordinem, ab eo quem libri 1. *De Ecclesiasticis officiis* cap. 15. Isidorus servari tempore suo apud universum orbem prodidit. Quod tum Iacobus Pamelius, indicatis iis in quibus differrent partibus, in *latinis suis liturgiis* [n]; tum Ioannes Grialius in notis ad istud Isidori testimonium quod nuper laudavimus annotaverunt. Quæ omnia sanè cum iudicio excogitata, quantumcumque solidam incepti & absoluti officii laudem Isidoro nostro denegent: Isidorianum vulgò datum iis libris, & ab ultima antiquitate derivatum nomen id saltem conficere apud omnes recta ratione utentes debet, ut inter alios huic negotio deditos non ultima Isidori laus habeatur.

[m] Baronius ad ann. DCXXXIII. cum nostris historicis infrà laudandis.

[n] Tomo 1. pag. 642.

196. Quod autem post præscriptum semel ordinem sacramentorum, orandi atque psallendi necnon & Missarum, & quotidianarum precum per horas recitandarum ex Concilio sanctionem, adhuc sancti doctique antistites formandis orationibus atque Missis vacarent, sibique viderentur operæ pretium facere: ita interpretari possumus, ut id ipsum quod nunc solet eo tempore acciderit. Romana enim hodierna Ecclesia nil turbato in substantialibus regulis ordine tandem à B. Pio V. sanctissimo Pontifice stabilito, plures Missas, officiaque integra, aut eorum partes, pro diversis Ecclesiis, aut pro universo fidelium cœtu, frequenter postquam approbata sunt, vel permittit recitare, vel præcipit.

197. Quare inter Elipandum, & qui cum eo contenderunt olim Francofordiensis Concilii antistites, è diversis Toletanæ præsertim Ecclesiæ præsulibus, præter Isidorum Hispalensem, derivata olim Gothici ritus fuisse dogmata planè convenit. Ex libello Elipandi Toletanæ Sedis Episcopi, hæc sunt quæ recitant Francofordienses PP. in epistola eidem directa: *Item prædecessores nostri Eugenius, Ildephonsus, Iulianus, Toletanæ Sedis antistites, in suis dogmatibus ita dixerunt in Missa de Cœna Domini*: qui per adoptivi hominis passionem dum suo non indulsit corpori. *Item in Missa de Ascensione Domini* &c. Sed quia hic locus non est de hoc insigni sacræ vetustatis monumento pluribus agere (quod captivitatis tempore inter Mixtarabes, hoc est Christianos Arabibus subditos semper retentum, & promiscuè in tota Hispania diu in usu habitum, vel hodie in Toletanæ Ecclesiæ cathedralis capella quadam ab inclytæ famæ viro D. Francisco Ximenio Cisnerio Hispaniarum prima-

mate conſervandæ huius rei memoriæ causâ ædificatæ; atque item alia Eccleſiæ Salmantinæ capella ſolenniter ex præſcripto uſurpatur): frequenter id argumentum exornantes auctores [o], cùm noſtri, tum quoque exterorum nonnulli adiri poterunt.

198. *Codex* item *legum Wiſigothorum*, ſeu *Gothica lex*, aut Gothicum Ius. Quod iuſſu Siſenandi Regis à Toletanis ſexaginta duobus patribus in eodem Concilio Toletano quarto, cuius præſes Iſidorus & pars magna fuit, ordinatum & promulgatum falsò creditur, errore hauſto ab inſcriptionibus veterum codicum, qui opus Siſenando tribuunt. Cùm enim duodecim libri, quibus totum continetur opus, maiorem partem Cindaſvinthi ac Receſvinthi eius filii legibus conſtet, qui Siſenando atque Iſidoro ætate poſteriores fuere: omnino tenendum eſt, aut Egicanis tempore confectum volumen (quod Ambroſius Morales exiſtimat [p]), aut eius filii Wittizæ, cuius eſt lex 3. tit. 1. lib. 6. Nam quòd ad Alphonſum Caſtum ab quibuſdam deſcenditur, congrua nulla ſuſtineri ratione poteſt. Porrò collectionem iſtam, quam latinam, tum in *Veterum legum Septentrionalium populorum* codice qui editus eſt Francofurti anno MDCXIII. duobus voluminibus comprehenſam, tum in *Hiſpaniæ illuſtratæ* tertio volumine [q] à Ioanne Piſtorio cum inſcriptione *codicis legum Wiſigothorum* editam habemus; quæque *Liber Iudicum* apud nos audivit, quo nomine in quodam Concilio ſub Ferdinando Rege I. Legionis & Caſtellæ in Caſtro *Coianza* prope Ovetum habito appellatam legi Morales idem refert [r].

199. Aliquando noſtri maiores in vernaculum gentis ſermonem convertentes, pro latino *Libri Iudicum*, hiſpanum *Fuero Judgo* ſeu *Juzgo*, titulum inſcripſere: quaſi *Forum* (id eſt leges; ita enim quodcumque legum ſyſtema, quod ſervandum promulgaretur, appellabant) *Iudicum*, hoc eſt quod ſequi deberent Iudices. Potuit ſanè Iſidorus auctor eſſe quarumdam eius codicis legum, quas æquales ei Reges in publicum edidiſſent. Unde Lucas Tudenſis potuerit *Hiſpaniarum legiſlatorem* vocare [s]. Atque hæ fortaſſe illæ ſunt, quæ ſub *antiquarum* epigraphe, ſine ulla promulgatoris mentione, per totum ubique opus ſparſæ conſpiciuntur. Sed, ne certum aliquid hac re ſuper ſtatuere poſſimus, iis quæ Siſenandi Regis ſub quo Iſidorus floruit nomen fronte gerunt, inſcriptionibus fidem habentes, ipſa partium è quibus corpus coagmentatum eſt totum inſpectio perſuadet. De hoc *Foro* ſeu *lege Wiſigothorum* laudare interim contenti erimus eos qui peculiariter de re iſta differunt, ſcilicet ante alios Ambroſium Moralem lib. 12. cap. 20. & 61. Ioann. Marianam lib. 6. cap. 5. Bernardum Alderete lib. 2. *Del origen de la lengua Caſtellana* cap. 2.

200. Magis adhuc certum eſt Iſidorum noſtrum non eſſe illum Iſidorum Peccatorem qui auctor *Collectionis epiſtolarum decretalium* vulgò laudatur. Cui præfigitur *Ordo* quidam *de celebrando Concilio*. Huius falſæ perſuaſionis fundamentum poſuit Hincmarus Rhemenſis Epiſcopus in epiſtolæ illius, ſeu libri potiùs, ad Hincmarum Laudunenſem Epiſcopum cap. 24. [t] *Cùm de ipſis ſententiis plena ſit* (inquit) *iſta terra, ſicut & de libro collectarum epiſtolarum ab Iſidoro, quem de Hiſpania allatum Riculphus Moguntinus Epiſcopus in huiuſmodi, ſicut & in capitulis regis, ſtudioſus obtinuit, & iſtas regiones ex illo repleri fecit.* Clariuſque ſignificans de quonam Iſidoro loquatur, in opuſculi *De presbyteris criminoſis, de quibus approbatio non eſt* cap. 21. [u] *Scriptum namque eſt in quodam ſermone* (ait) *ſine exceptoris nomine de geſtis S. Silveſtri excepto, quem Iſidorus Epiſcopus Hiſpalenſis collegit cum epiſtolis Romanæ Sedis Pontificum à ſancto Clemente uſque ad B. Gregorium.* Hincmarus autem fide auctor in primis dignus videtur, qui ferè ducentis annis poſt Iſidori obitum florebat. Quare ultra Ioannem Gerſonem, plures cum eo ſenſere [x]. Quorum ſententiam in *Apologetico adverſus Blondellum* pro his epiſtolis & collectione Bonaventura Malvaſia Bononienſis Franciſcanus tueri prolixè conatur lib. 1. pag. 35. & ſequentibus. Reſiſtunt alii [y] Iſidorum Hiſpalenſem diſtinguentes ab Iſidoro Mercatore, ſeu Peccatore, quomodo aliàs audit qui collectioni nomen ſuum inſcripſiſſe fertur. Eo magis quòd ſanctiſſimo Epiſcopo, ſuique ævi fulgentiſſimo lumini, vix tribuere has merces audeant [z], quæ aliis ſuſpectæ, aliis omnino falſæ ac ſuppoſititiæ bonâ ex parte ſunt.

201. Attamen diſtinguere poſſumus utrumque extremum declinantes, Iſidorum Hiſpalenſem eſſe quidem auctorem *Collectionis epiſtolarum decretalium* quæ eius præſefert nomen, ſed non eius formæ & extenſionis, quam revera à quocumque alio poſtea induiſſe videtur. Dionyſius quidem Exiguus ante ſæculum ediderat ſuam illam principem *Decretorum compilationem*, in qua *Apoſtolorum canones*, *græca Concilia* in latinum converſa, tum *Africana* latina, tum denique *Pontificum Romanorum à Syricio uſque ad ævum ſuum decreta*

[o] Vaſæus in *Chron. Hiſp.* ad ann. DCCXVII. Mariana lib. 6. cap. 5. Morales lib. 12. cap. 19. Alvarus Gomez *De rebus geſtis Ximenii* lib. 2. in fine, Villegas in *vita S. Iſidori.* Eugenius de Robles *Del oficio Mozarabe*. Card. Bona *Rer. Liturgic.* lib. 1. cap. 2.

[p] Lib. 12. c. 61.

[q] Pag. 841.

[r] Lib. 12. cap. 20.

[s] Lib. 3. *Chron.* in principio.

[t] In editione Hincmari operum Pariſienſi anni MDCXIV. tomo poſteriore pag. 476.

[u] Pag. 793. eodem tomo.

[x] Vincent. Bellovac, & ex eo Equilinus lib. 4. *catal. SS.* cap. 30. Ioachinus Vadianus in *Farragine antiquitatum* tomo 3. *Script. rer. Alemanic.* Goldaſti pag. 12. ubi & Annotator Bartholomæus Scobingerus, Genebrardus in *Chronic.* anno DCXVIII. alii apud Malvaſiam pag. 37.

[y] Baronius tomo 1. ad ann. CII. num. 2. & ad annum DCCCLXV. n. 5. 6. 7. & 8. in *Notis ad martyr.* IV. Aprilis. Voſſius *De H. L.* lib. 2. cap. 25. Morales lib. 12. cap. 21. fol. 127. Mariana lib. 6. cap. 5. Thomas Tamaius *ad Luitprandum* pag. 83. Labbeus *De Script. Eccl.* tom. 1. pag. 648. Gonzalez in introduct. ſeu *Apparatu ad decretales* num. 45.

[z] Baronium, Antonium Auguſtinum, Antonium Contium, Perronium Cardinalem, Petrum Marca, Sirmondum, harum reprobatores laudat Philippus Labbeus in *Differt. hiſtorica ad Bellarmini Script.* in *Iſidoro Hiſpalenſi* de qua re nos in Iuliano Hypobolimæo ſect. . . . . . ubi de primatu Toletano n. . . . .

ta eum comprehendisse novimus. Vestigia Dionysii per me fuerit Isidorus secutus in germana sua (si quæ illa fuit) collectione, ubi Dionysianis illis addidisse videri potest *Africana*, *Gallicana*, & *Hispana Concilia*, *epistolasque Romanorum Pontificum*, qui post Damasum universali Ecclesiæ præfuere. Namque huiusmodi collectionis exemplar, absque illis epistolis quæ ab antiquis ante Damasum & Syricium Pontificibus conscriptæ feruntur, cùm Antonius Augustinus magnus Apollo harum literarum alicubi se vidisse affirmavit; tum in Ecclesiæ Urgellensis bibliotheca etiam nunc adservari Stephanus Baluzius præfatione ad Reginonis *De Ecclesiasticis disciplinis* libros, docet. Escorialensis quoque alterius codicis qui monasterii S. Æmiliani priùs fuerat, Ambrosius Morales meminit [a], quem pro usu Alphonsi Regis VI. ante sexcentos ferè annos scriptum, Isidorianam istam continere collectionem existimari vulgò ait, eo præsertim argumento quòd nulla ibi epistola decretalis legatur quæ Isidori ætatem excedat.

[a] Lib. 12. c. 25. fol. 127.

202. Hic tamen postremò dictus codex, illasne epistolas veterum Romæ Episcoporum quæ sibi adhuc fidem frustrà quærunt, gremio exceperit, Morales non dixit: in quo vellem eum accuratione fuisse maiori usum (1). Sed nondum eius doctissimi viri ævo in mentem venerat eruditis antiquorum monumentorum censoribus, ut de auctoritate harum epistolarum dubitarent. Apponam tamen brevem auctoris eius collectionis seu libri, quem se vidisse Morales ait, prologum, unde expiscari possimus, cuiusnam operis auctorisve specimen sive indicium faciat. *Sedis Apostolicæ præsulum constituta, quæ ad Fidei regulam, vel ad Ecclesiasticam pertinent disciplinam, in hoc libro diligenti cura collecta sunt; ita ut singulorum Pontificum quotquot decreta à nobis reperta sunt, sub uniuscuiusque epistolæ serie propriis titulis prænotarentur. Eo modo, quo superiùs priscorum patrum canones nostro studio ordinati sunt. Quatenus lectoris studium faciliùs intelligere possit, dum capitulis propriis distincta intendit.* Hæc ibi. Quæ cùm legissem, & ad veteres alios similium Decretorum collectores oculos intendissem, si fortè aliquis eorum ita præfatus fuisset: inveni iisdem ferè verbis conceptam præfationem Dionysii Exigui ad suam Decretorum collectionem [b], sive ad Iulianum epistolam tituli S. Anastasiæ presbyterum.

[b] In *Biblioth. iuris canon. veteris* Iustelli tomo 1. pag. 183. & in *Collect. Concilior. Biniana, & Labbei.*

203. Quòd autem ad Gregorii Papæ tempora Escorialensis codicis collectio illa pertingat, nos non movet. Nam licèt Dionysius Exiguus Syricii tantùm, & Innocentii, Zosimi, Bonifacii, Cœlestini, Leonis, Gelasii, & Anastasii constituta, usque ad annum scilicet CDXCVI. libro suo comprehenderit: alius tamen his adiunxit Hilari, Simplicii, Felicis, Symmachi, Hormisdæ, atque Gregorii decreta: quem *iuniorem Gregorium* appellans auctor, abundè significat loqui se de præsenti Pontifice. Quare oportet renuntiare nos coniecturam suam Ambrosio Morali; & de Escorialensi codice nihil deduci ad Isidorianam collectionem posse, pro certo agnoscere. Eius sanè auctor, tum *Isidorus Mercator* (in codice quodam bibliothecæ Vaticanæ, quem existimo citare Alphonsum Ciaconium in schedis suis à me suprà laudatis, notato numero 608. non *Mercator*, sed *mercatus servus Iesu Christi* legitur); tum etiam *Isidorus Peccator* audit in libris manu exaratis [c]; atque ultimum quidem, sæculi fortè sui more; nam & Fulbertus Gemeticensis in *vita B. Aichadri* eiusdem monasterii abbatis *Fulbertum se peccatorem* vocavit. Similiter Rhabanus libro *Pœnitentium* se inscripsit. Eodem modo Concilii Parisiensis III. aliorumque Gallicanorum patres maiori ex parte sese actis *peccatores* subscripserunt: sicuti Willelmus abbas Metensis ad Gregorium VII. Papam epistolâ in *Analectis* Mabillonis [d]. (2).

[c] Vide Malvasiam apolog. contra Blondellum pag. 32.

[d] Pag. 247.

(1) Nec in *Æmilianensi* Regiæ Bibliothecæ Escurialensis Conciliorum ac Decretalium Epistolarum Codice Era MXXXII. seu Christi anno CMXCIV. exarato; neque in antiquiore eiusdem Bibliothecæ alio, qui Era MXIV. seu Christi anno CMLXXVI. scriptus dicitur, & vulgo *Albeldensis*, seu à Scriptore *Vigilanus* audit, habentur Decretales ante Damasum & Syricium Epistolæ: me qui utrumque Codicem sæpius vidi ac recensui sponsore ac præde. Immo neque in Hispano-Lucensi, qui omnium fertur antiquissimus. In eo enim CIII. non plures, Epistolæ Decretales numerantur, quarum agmen ducunt Damasi II. Syricii III. Innocentii XXII. Zosimi II. &c. teste qui eum Codicem recensuit, earumque Epistolarum confecit indicem Ioanne Vasquio del Marmol in Epistola ad Didacum Gratianum Alderetum Philippo II. Hispaniarum Regi à Secretis IV. Non. Martii MD.LXXIII. in Regia Matritensi Bibliotheca superstite. De Ecclesiæ Urgellensis Codice idem testatur Stephanus Baluzius apud Nostrum num. præcedenti seu 201. Sed neque in Codicibus Monasterii Rivipullensis, atque Ecclesiæ Gerundensis, quos ad annum MDCCL. Matritum allatos sæpius evolvi, Ante-Syricianarum Epistolarum exstat mentio: ut vel hinc pronum sit coniicere hunc fructum non in Hispanico solo natum fuisse.

(2) Immo & Barcinonensi Concilio Era DCXXXVII. seu Christi DXCIX. sub Reccaredo, Ioannes olim Biclarensis Abbas subscribit: *Ioannes peccator de Gerunda*, apud Aguirrium *T. II. Edit. ant. pag.* 419. quodque eòdem recidit, Concilio Toletano VII. anno Christi DCXLVI. sub Cindasuintho habito Basco-

204. Si ergo Isidorus noster alicuius *Decretalium ac Decretorum* auctor est *collectionis*, abscindi omnino ab ea oportet quicquid suspectum suppositionis est; & ut magnus Baronius loquitur [e] *germano rectæ rationis temporis signo minimè signatum.* Quomodo enim ferri potest hoc eius esse Isidori qui anno DCXXXVI. vitâ decessit opus cuius in præfatione [f] mentio fit Agathonis, non ante annum eiusdem sæculi LXXIII. Papæ Romani: quemadmodum & in *Ordine Concilii celebrandi*, qui eidem præfationi subiicitur connectiturque atque omnino eiusdem auctoris est, Concilii XI. Toletani anno DCLXXV. celebrati, quidam designatur canon ab Archidiacono recitandus. In quo antiquitatis monumento, scilicet *Ordine* isto, observamus pro canone seu capite usurpatum *eræ* vocabulum: legenda nempe indicit de Conciliis agendis capitula ex canonum codice, *id est ex Concilio Chalcedonensi erâ XVIII.* (reperitur lex de Concilio singulis bienniis celebrando canone XVIII. eius Concilii) *Item ex capitulis Orientalium PP. quæ Martinus Episcopus Bracarensis de græco in latinum vertit erâ XVIII.* (respondet in ea collectione idem caput) *Item ex Concilio Toletano IV. erâ III.* (similiter hoc respondet caput in hoc Concilio) *Item ex Concilio Agatensi erâ XVI.* Sed hìc corrigendum est *erâ XL* Nam in capite seu canone XL. hoc est, ultimo huius Concilii, necessitas indicitur singulis annis colligendæ Synodi. Fortè dicta *era* seu *æra*, quasi divisio seu sectio nam Græcis αἵρεσις secta est.

[e] Ad ann. DCCXXXVI.

[f] In hanc præfationem prolixè nos commentati sumus tomo I. *Collect. max. Conc. Hisp.* à pag. nempe 32. usque ad 162. ubi quæcumque ab Isidori Hispalensis eversoribus adduci solent, maturè diluuntur, ac penitiùs enucleantur. CARDINAL. DE AGUIRRE.

205. Sed, ut revertamur, ea quæ Isidoriani temporis non sunt, superaddi postea forsan potuere. Quod mihi pronum est credere, cùm videam *Ordinem Concilii celebrandi* ex can. IV. Concilii Toletani IV. cui præfuit Isidorus, maiorem partem formatum fuisse; desintque ibi quæ de inferioris ævi sacris monumentis, veluti additamenta, recentior aliquis in eundem Ordinem coniecit. Fuerit ergo huius Ordinis, quomodo primùm conceptus fuit, auctor Isidorus noster, reliqua verò alterius. David Blondellus, damnatæ apud orthodoxos omnes vir memoriæ, exactissimus tamen harum *Decretalium epistolarum à Clemente I. usque ad Syricium*, quas Isidorus hic primus foras protulit, inspector & censor: multis probat decretalium hunc collectorem minimè fuisse Isidorum nostrum [g], neque alium ullum Hispalensem Episcopum [h] tum etiam nec Hispanum [i], ut os iis obstruatur, qui Rhemensi credentes Hincmaro genti nostræ hoc mangonium improperant. Coniectatur inde non improbabiliter Germano-Francum vel Gallo-Francum esse [k], forteque Benedictum illum Levitam [l], qui Autgarii Moguntini præsulis iussu Gallicano *Capitulorum Ansegisi Abbatis* operi postremos libros tres adiunxit, Ludovicoque, Lothario, & Carolo Ludovici Pii filiis circa annum DCCCL. dedicavit.

[g] In *Prolegomenis Pseudo-Isidori* cap. 2.

[h] Cap. 3.

[i] Cap. 4.

[k] Cap. 5.

[l] Ibid. pag. 23.

206. Ac demum in *Mercatoris* titulum defigens mentis aciem, suppositas ab eodem Benedicto seu quovis alio has merces Isidoro cuidam Hispano suspicatur [m], qui cùm frater Eulogii Toletani Episcopi, ac incliti postea martyris, esset, Saracenorum fugiens tyrannidem unà cum altero germano fratre Alvaro usque ad ulteriorem Franciam, Moguntiæ aliquamdiu exsulavit mercaturam exercens, circa id ipsum tempus quo Benedictus ille diaconus cum Autgario suo eiusdem urbis Episcopo in vivis erant. Quæ omnia ex Eulogii iam laudati martyris quadam *ad Willesindum Pampilonensem præsulem epistola*, circa annum DCCCLI. exarata; necnon & quibusdam compertæ fidei Chronicis & monumentis alia convenire aliis accuratè confirmat. Huius inquam Isidori Mercatoris, sed nihil aliud quàm liberam à Saracenorum iugo vitam sibi è peregrinatione Moguntina quærentis, doloque aut inscii aut conscii nomine, abusum fuisse istius Collectionis, decretaliumque epistolarum in ea contentarum auctorem, ut inde increbuerit fama, *de Hispaniis* (quod Hincmarus ait) *allatam*: à verò existimat non abludere.

[m] Cap. 6.

207. Aliquantulum tamen obstat, quòd Hincmarus ut vidimus Ricolphum Moguntinum Episcopum eum fuisse ait, qui collectarum epistolarum librum ex Hispania allatum obtinuit & Gallias eo replevit. Ricolphus autem annum huius noni sæculi decimum quartum, aut decimum quintum prætergressus non fuit: quod idem Blondellus agnoscit [n]. Quocum stare vix posse videtur ab Isidoro Eulogii martyris fratre, post aliquot annos [o] à Ricolphi obitu in eam regionem veniente inditum formatoris dolo fuisse nomen huic operi, atque id pro Hispana merce venditatum. Aut fateri quidem compellemur, si Blondelli coniecturam ceteroqui sagacem non improbamus, Hincmarum perperam Ricolpho adscribere, quod successoris eius Autgarii alteriusve factum fuerit. Minimè

[n] Cap. 5. pag. 22.

[o] Scilicet anno DCCCXXVII. ut Blondellus admisit p. 30.

sconius Lucensis, Gottomarius Iriensis, Farnus Visensis, & Sona Britanensis Episcopi subscribunt assumto sibi *Indigni* titulo apud eundem Aguirrium *pag.* 525.

mè quidem, ait ad aurem aliquis, & quòd importunè fundimus verba. Nam Luitprandus, antiquitatum ille inter vindices Hispaniarum, apertè docet quisnam Isidorus fuerit huius collectionis auctor: *Isidorus Setabitanus* (ait ille in Chronico [p]) *qui interfuit Concilio XVI. Toletano, composuit ordinem Concilii & collectionem Conciliorum, quæ dicitur Isidori Peccatoris, seu Mercatoris, quo cognomento vocatus est super Isidori nomen.* Quo nihil potuit expressiori ad fictionis vultum stilo veluti ungue duci; aut quod hoc tempus nostrum, quo ambigi cœptum fuit de auctore collectionis, ac de *Mercatoris* & *Peccatoris* agnominibus, magis referret. Planè simplicitatis vultus innato statim se colore prodit, cerussam & purpurissum omne respuit, nec incrustari amat sed apparere. Germanus certè Luitprandus nihil dixisset ultra quàm Isidorum Setabitanum epistolas decretaque Pontificum collegisse. Et cur potiùs interfuisse hunc Isidorum uni decimo sexto Concilio Toletano à Pseudo-Luitprando annotatur, quàm & interfuisse decimo quinto, cùm utrique subscripserit? Planè collectio ista primùm forsan prodiit Parisiis ex officina Francisci Regnault MDXXXV. in 8.° hoc est tomo primo editionis Conciliorum, quam fecit [q] (1).

[p] Erâ DCCXIX, sive ann. Christi DCLXXXI.

[q] Adi, Lector, *Collectionis* nostræ *Concilior.* tomum I. cuius bona pars in discutiendis iis quæ Isidoro opponi solent, insumta est. Invenies forsan quæ animum tuum confirment, atque inter implicita ac prærupta iter expediant. CARDIN. DE AGUIRRE.

208. Præsefert & Isidori nomen *Glossarium* quoddam, seu *Glossæ* liber dictus Isidori, qui frequens in manibus Eruditorum est. Hunc tamen compilationem esse à pluribus, nec semel aut simul factam Criticis placet sagacioribus. Cuius tamen aliquam partem quin Hispalensi attribuam, hoc est, prima operis elementa, & quod antiquissimè in eum librum coniectum novis accessionibus fundamentum præstruxit, ægrè inducar. Thomam Reinesium consule sîs lib. I. *Variarum lectionum* cap. 8. & lib. 2. cap. 14. quibus locis plura ex eo *Glossario* restituit acutè ac eruditè, ceterorum omnium id existimans opinatissimum, lectionisque minus impeditæ. Immo & Gasparem Barthium lib. 16. *Adversariorum* cap. 24. ubi Isidori alterius cuiusvis, non inhumani auctoris, opus prorsus necessarium ad dignoscenda gothica verba, quæ in latinam linguam irrepserunt, censet; & lib. 19. cap. 22. quo loco ex iis glossis si accuratè inspiciantur multa dici posse ait, aliis locis *minus obvia aut frustra quærenda:* qui & lib. 26. cap. 15. multa esse, inquit *in Glossario* isto *Isidori iunioris egregia, multa ridiculè corrupta, omnia non negligenda iis qui latinitatis, præcipuè cadentis, intellectui student*; tandemque lib. 4. cap. 9. ubi ad Isidorum Hispalensem, auctorem Glossarii primum uti nos inclinat: quibus omnibus locis par istud celeberrimorum huius ævi Criticorum pluribus huius libri plagis desperatis salutem & medicinam, ex coniectura tantùm quæ, sæpè viros etiam sagacissimos fallit, attulerunt. Editum hoc exstat *Glossarium* in *Auctorum linguæ latinæ* corpore postrema editione Coloniensi anni MDCXXII (2). Antea tamen admiserat in suam S. Isidori operum editionem Breulius, non item in Matritensem Grialius. Est & in *Glossariis* Vulcanii. Ut

(1) De Isidori *Mercatoris* seu *Peccatoris Decretalium Epistolarum Collectione* præstat silere quam pauca loqui. Ac de Epistolis *Ante-Syricianis*, in nullo è veteribus Ecclesiarum aut Monasteriorum Hispaniæ Codicibus exstare, paulo ante diximus; immo nec Isidorianæ Decretalium Epistolarum collectionis, qualem Iacobus Merlinus Parisiis anno MDXXIV. Tomis Conciliorum intulit, memoria; ac neque Isidori *Mercatoris* seu *Peccatoris* nomen ad Hispanos transiit nisi sesquisæculo ab *Hispalensis* morte, id est circiter Caroli Magni aut Ludovici Pii tempora. Et novimus quantum in concilianda Ante-Syricianis epistolis fide Malvasia primum & Turrianus insudaverint; quantoque postea nisu atque animi contentione Cardinalis Aguirrius adversus Magdeburgenses & Blondellum pro asserenda Isidoro Hispalensi earundem collectione depugnaverit: quorum tamen laborem periisse irritum, una fere est omnium Literatorum consensio. Interea Lectores mittimus ad Ioannem Alb. Fabricium *Biblioth. Græcæ T. XI. à pag.* 12. *n. VIII.* ad Claudium Fleurium *Dissert. præv. ad T. XVI. Hist. Eccl. à pag.* I. præcipue vero ad singularem dum viveret Amicum nostrum Andream Marcum Burrielium, qui in literis doctissimis ad Cl. Petrum Castrum Canonicum Hispalensem item Amicum ac superstitem, 30. Decembris 1754. argumentum plene exhaurit. Sistimus earum gustum *No es* (inquit) *esta Coleccion Goda la publicada con nombre de* ISIDORO MERCATOR *ò* PECCATOR, *que el Cardenal Aguirre pretendio lavar en vano de falsedad, y fingimiento contra el uniforme dictamen del Orbe Literario, ilustrando largamente su apocrifa prefacion, defendiendo la legitimidad de sus piezas, y pretendiendo probar que esta era obra legitima, y cierta de San Isidoro: empeño por cierto pasmoso en un varon tan sabio y diligente &c.* Et paulo inferius: *Coleccion abominable, llena de fingimientos, y atribuida sin embargo clara y expresamente à* SAN ISIDORO *bajo el nombre de* ISIDORUS PECCATOR *ò sea* MERCATOR: *leccion errada que ha prevalecido, queriendo el fingidor dar à sus perniciosissimas fabulas color de autoridad con la reputacion que ya lograba el Santo Doctor Español con sus obras esparcidas en toda la Iglesia &c.* Vulgavit primus has literas D. Iosephus Rodriguezius de Castro *T. II. Biblioth. noviss. Hispan. à pag.* 202. In Bibliotheca Cottoniana, quod nollem nobis hoc loco excideret, in CLAUDIO *Lit. E. n. V, pag.* 45. habetur hæc rubrica: *Canones Apostolorum & Conciliorum, una cum Decretis Romanorum Pontificum per* ISIDORUM MERCATOREM EPISCOPUM.

(2) Alias huius Glossarii Editiones laudat D. Iosephus Rodriguezius de Castro *T. II. Biblioth. Hisp. noviss. pag.* 336.

209. Ut finiamus, quid à vero potuit abnormius excogitari quàm quòd in fragmento seu continuatione Isidoriani Chronici, quæ S. Ildephonso attribuitur Episcopo Toletano, Tudensisque Lucas inseruit suo, ita legitur: *Successit beatissimo Doctori Isidoro Theodisclus, natione Græcus, varietate linguarum doctus, exteriùs locutione nitidus, interiùs autem, ut exitus demonstravit, sub ovina pelle lupus voracissimus. Nam libros quosdam* De naturis rerum, & arte medicinæ; *necnon &* De arte notoria, *quos pater Isidorus facundo stilo composuerat, & nedum ad publicum venerant, in odium Fidei corrupit, resecans vera & inserens falsa, atque per quendam Arabum nomine Avicennam de latino in arabicum transtulit. Hic in his & aliis pluribus infidelis inventus, & erroneus in articulis Fidei comprobatus, per Synodum ab Archiepiscopali dignitate degradatus est. Asserebat enim Dominum nostrum Iesum Christum cum Patre & Spiritu sancto non esse unum Deum, sed potiùs adoptivum. Hic, ut dictum est, privatus honore sacerdotii ad Arabes transiit, & sectæ pseudo-prophetæ Machometi adhæsit, & plura docuit detestanda sub Imperatore Heraclio. Tunc temporis dignitas primatiæ translata est ad Ecclesiam Toletanam.*

210. Profectò indigna hæc sunt quæ gravem suorum temporum antistitem Lucam, uti ab Ildephonso profecta deceperint, ut Historicis melioris commatis nostris placet [r]. De Avicennæ hac fabula dicemus infrà cùm lib. 8. cap. 2. ad eos auctores deventum à nobis erit, qui è sæculo undecimo Hispaniæ perperam adiudicantur. Ridiculumque prorsus est Theodisclum in libris *De medicina & rebus naturalibus* in odium Fidei vera resecâsse, atque inseruisse falsa; cùm hoc potiùs ad scriptos ab eo de rebus sacris libros esset referendum. Quid enim medicina, aut ars illa quam appellat *notoriam* (superstitiosissimam illam intellige [s] quam sub *Salomonis claviculæ* nomine explanavit integro libro Cornelius Agrippa) cum Fide, & contra eam erroribus? Aut qua fronte Lucas *admittere* potuit, exsecrandæ doctrinæ librum *notoriæ* huius artis sanctissimo Isidoro absque iniuria maxima posse adscribi? Nisi *De arte notaria* legendum sit, hoc est quæ per notas scribere docet: quam præter Latinos Hebræi etiam inferioris sæculi cognoverunt: de qua re Mullerus lib. 2. *Miscellan.* cap. 13.

[r] Morales lib. 12. cap. 21. fol. 127. Mariana lib. 6. cap. 7.

[s] De qua plures agunt. Delrius *De magia* lib. 2. quæst. 24. Torre-blanca lib. 1. cap. 14. Io. Alberghinus in *Manuale Qualificatorum* c. 18. sect. 3. §. 1.

211. Theodistum sanè, sive Theodisclum, Honorati Hispalensis post S. Isidorum Episcopi successorem, sinodali sententia sub Cindasvintho Rege in exsilium missum, dignitatemque primatiæ quam ab antiquo habuerat totius approbatione Concilii Toletanæ Ecclesiæ confirmatam, Rodericus Toletanus antistes docuit lib. 2. cap. 21. Nil tamen de falsatis ab eo Isidori operibus. Immo Græcum, hoc est Romanæ ditionis hominem, eo tempore, quo recèns sub Sisebuto & Svinthila Romanum in Hispania imperium omnino disiectum fuerat, recuperatæque, omnes eorum à Gothis urbes, quod Isidorus ipse in Chronico, & *Gothorum historia*, necnon & alii affirmant: in Sedem Hispaniarum nobilissimam, primatiæque dignitate fulgentem irrepere potuisse aut vocatum fuisse, ut statim credamus vix eò tam magnus auctor duxerit. Inter enim annum DCXXXVIII. quo sexto Concilio Toletano Honoratus, & DCXLVI. quo septimo Antonius Hispalenses interfuere antistites, tragoediam hanc recitatam fuisse oportet, quæ duo Concilia Cinthilæ & Cindasvinthi temporibus, hoc est post integram Hispanam ditionem à Svintila Gothis vindicatam, coacta sunt.

212. Increbuit hæc forsan de corruptis Isidorianis libris fama, ob ei aliquando ab Hincmaro Rhemensi calumniosè atque iniuria obiectum, de quo suprà nos opportunè monuimus, in prædestinationis negotio errorem. Quamvis directè altera de Christo adoptivo Dei filio hæresis apostatæ huic imputetur à Luca Tudensi. Quod nec sine difficultate mihi est. Quî enim potuere recèns damnatum in Theodiscli causa exsecrationeque conciliaris decreti sententiâ errorem, paulò pòst aliquo tolerabili prætextu suadere ac tueri Elipandus Toletanus, Felixque Urgellensis Episcopi, quorum hæc de adoptione Christi abominanda, & ex Arii sive Nestorii rogo excitata hæresis fuit? Quorum quidem tota historia vix admittere posse videtur præiudicium id quod refertur in Theodiscli causa non ita pridem factum. Cur enim, si Elipandus & Felix dissimulaverunt recenter iudicatæ rei conscientiam, nullus eorum, qui sumtis in manus orthodoxæ Fidei armis perniciosissimam & in Hispaniis redivivam hæresin opportunè conati sunt exscindere, argumento isto & exemplo confirmatæ demum rei conciliari canone apud Hispanos ipsos, fortasseque Toleti, cuius Ecclesiæ Elipandus præerat, & in qua celebrabantur iam eo tempore vulgò Concilia, & abdicatione Theodiscli tam celebris Ecclesiæ præsulis memoriæ posterorum commendatæ, usus unquam fuit?

213. Exstat enim hucusque licèt inedi-

ditum in aliquot bibliothecis nostræ Hispaniæ opus insigne vastumque adversus Elipandum, eiusque hanc de adoptione Christi hæresin Beati presbyteri, Heteriique Uxamensis Episcopi: ex quo nusquam comprobatum legi Theodisclum huic eidem luto hæsisse, pœnamque impietati suæ consentaneam luisse. Præterea, non solùm Ragenspurgensis, seu Ratisponensis in Baioaria anno DCCXCII. cuius Alcuinus paulò pòst laudandus meminit; verùm etiam Franco-fordiensis anno DCCXCIV. coactæ Synodi sub Hadriano I. Papa & Carolo Magno Francorum Rege, eidem huic impietatis prosternendæ belluæ laudabiliter incubuere. Unde ad posteros emanârunt epistolæ plures, vel nunc in corpore Conciliorum exstantes, Hadriani videlicet I. Papæ, Paulini Aquileiensis, Petrique Mediolanensis cum ceteris Italiæ Episcopis; necnon Galliæ & Germaniæ Episcoporum ad Hispaniæ directæ Episcopos qui Felicianam istam luem contraxerant tandemque ipsius Caroli Regis nomine alia ad Elipandum eosdemque Hispaniæ Episcopos directa. Nec in ulla harum tamen Synodi huius Hispanæ adversus eundem in Theodisclo Hispalensi compressum errorem celebratæ vola aut vestigium exstat.

214. Alcuinus item Caroli eiusdem Magni magister, librum inscripsit seu epistolam ad Elipandum, necnon & *contra Felicem Urgellitanum* libros VII. qui sub nomine Paulini Aquileiensis vulgati in *Bibliotheca Patrum* fuere; aliaque sunt eiusdem Alcuini huc spectantia in eius operum editione Parisiensi; immo & in eorum appendice Paulini iam laudati Aquileiensis *contra Felicem* libri III. aliusque *adversus Elipandum* libellus continentur. Quos omnes in tam controversa & famosa eius ævi quæstione, latere potuisse Felicis & Elipandi causam iam olim fuisse præiudicio Theodiscli causæ in Concilio, quod aiunt, damnatam, incredibile prorsus videtur. Latuisse autem, obstinato isto universorum quæ contentio hæc peperit monumentorum silentio persuadetur. Elipandus autem & Felix, ut suprà tetigimus, qua fronte adversus Concilii hanc sanctionem iudiciumque, nulla eius mentione, vel ad interpretationis aliquo eludendum colore, habitâ, coram tota Hispaniarum Ecclesia insurgere, libellumque doctrinæ suæ, Ildephonsi etiam, Eugenii, Iulianique, Toleti Episcoporum testimoniis munitum, ad Carolum dirigere ausi sunt: quo eodem Eugenio, ut Toleti Episcopo, Concilium illud Theodisclo infensum fuisse habitum, rationem temporum secuti affirmare cogimur?

215. Tandem movet salivam quominus Pseudo-Ildephonsi, seu quod verius credimus Lucæ ipsius Tudensis, relationi de Theodiscli impietate atque exitio credamus [t], id quod in fine audimus: *Tunc temporis dignitas primatiæ translata est ad Ecclesiam Toletanam*. Quæ ipsa legitur rei causa apud Rodericum Toletanum lib. 2. cap. 21. Unde Lucas Tudensis per me desumserit. *Hinc* (Cindasvinthus Gothorum Rex) *perfidum* ([u] *Theodisclum Hispalensem*) *Episcopum synodali sententia in exsilium misit, & dignitatem primatiæ, quam ab antiquo habuerat, totius approbatione Concilii Toletanæ* (ait) *Ecclesiæ confirmavit*. Nam, ut antea docuerat, Rex ille à Romano Pontifice privilegium obtinuit, ut secundum beneplacitum Pontificum Hispanorum primatiæ dignitas esset Toleti, sicut fuerat ab antiquo. Suspecta enim quodammodo hæc mihi sunt è Roderici calamo venientia, qui perpetuam hanc Toletanæ primatiæ prærogativam ita acriter omni tempore tutatus fuit, ut brevissimo etiam quod laudavimus capite, bis eam, neque necessariò, expresserit. Ecclesiæ quidem Toletanæ aliqua maior aliis, citra primatialem, dignitas à Regum in ea urbe regiam suam habentium accessit præsentia. Inde ibi crebrò acta Concilia, quæ aliquo modo erant regni totius comitia; interveniebantque his Reges & curiæ magnates; non à primatiæ munere: quod neque nomine tunc in Hispania notum. *Primas* enim pro metropolitano, non pro metropolitanorum principe, ubicumque in Conciliis eius dignitatis mentio est, accipitur. Nec si revera esset, metropolitani antiquiores recentioribus antistarent sedendi ordine; sed omnes Toletano antistiti, si talis fuisset, loco cederent.

216. Pariter honori regiæ curiæ atque eius antistitis datum, quòd convicinos Toletanæ Sedis Episcopos (è suffraganeorum numero scilicet) singulis per annum mensibus in eadem urbe commorari debere statutum fuerit, can. 5. Toletani Concilii septimi: quòd item Toletani Episcopi Reges ungerent; & quòd Episcopis in propriis Sedibus decedentibus, quos iis successores elegissent Reges, eos non exspectata uniuscuiusque provinciæ Concilii, quod in more antea fuerat, approbatione, ne plus æquo electiones protelarentur, salvo tamen uniuscuiusque provinciæ iure, Toletani deinceps ordinarent Episcopi: quam ei prærogativam Toletani XII. Concilii patres canone 6. decrevere. His saltem delati Ecclesiæ huic honoris gradibus veluti muni-

[t] Hanc de Theodisclo fabulam sibilo nos olim explodimus in *Collect. Max. Concil. Hisp.* tom. I. pag. 85. & seqq. ubi totum negotium ad exactam criterii trutinam examinavimus. CARDINAL. DE AGUIRRE.

[u] Desunt hæc parenthesi contenta in quibusdam libris.

nita est via, qua recuperatæ à Mauris Toletanæ urbis tempore in eam emersit primatialem totius Hispaniæ dignitatem, quam divinæ Incarnationis anno MLXXXVIII. Urbanus ei Pontifex Romanus tandem concessit. Dicta hæc sunto liberè ab studio partium *, ac saltem ne inflictæ ob indignum eius antistitem Ecclesiæ Hispalensis urbis pœnæ famam, à Luca Tudensi & Roderico Toletano Episcopis propagatam, absque ullo examine susciperemus (1).

* Uti fecit Franciscus Padilla *Hisp. Eccl. hist.* cent. 7. cap. 31. & 32. & post eum Rodericus Caro *De las antiguedades de Sevilla* lib. 2. cap. 14.

CAPUT V.

De BULGARANI *Comitis epistolis* MSS. *De* REDEMPTO, *qui de obitu S. Isidori scripsit; et de* SISEBUTO *Gothorum in Hispania Rege, atque item* IOANNE *Cesaraugustano Episcopo, Braulionis fratre. De canonibus paschalibus.* ARTHUAGI *monachi incerta memoria.* IUSTUS *Toletanus Episcopus diversus à Iusto diacono apud Isidorum. Pseudo-Luitprandi oscitantia in exscribendis sancti Ildephonsi verbis.* PAULUS *diaconus Emeritensis.* BRAULIO *Cæsaraugustanus præsul. Ad hunc epistola sancti Isidori explicatur. Anceps quæstio de quonam sancto Æmiliano is scripserit. Additionum Braulionis nomine ad Maximi Chronicon confictarum insigne documentum.* EUGENII *duo Toletani, quorum iunior Scriptorum album ornat. Figmentum de Itinerario Antonini ab Eugenio correcto.* FRUCTUOSUS *Bracarensis Episcopus an Benedictinus. Huius regula à Benedictina multùm differt. Ioannes Mabillonius taxatur.* FRUCTUOSUS *alter senior fictitius. Pseudo-Iuliani de Fructuoso nugæ. Anonymi carmen.*

217. TEMPORIS quo Isidorus Hispalensis floruit æquales aliquot, ex quocumque lucubrationum genere dignos qui recenseantur, nunc subiiciam.

218. BULGARANUS Comes sub Gundemaro Rege (biennium hic Gothis, usque ad annum DCXII. imperavit) Galliæ Narbonensis præfectus, plures epistolas ad diversos direxit, quæ ad nostram usque ætatem adhuc ineditæ in quodam Ovetensis Ec-

(1) Prælaudatis Isidori operibus nonnulla adiungimus in quæ, Escurialenses nostros & aliarum Bibliothecarum catalogos præterlegentes, incidimus. Sintne autem re ipsa, aut titulo tenus à superioribus diversa, iureque aut iniuriâ Isidoro adscripta, Lectorum iudicium esto; nos peculiares singulorum titulos & gnorismata in medium afferemus. Primo igitur in Bibliotheca Escurialensi *Lit. b. Plut. III. n.* 14. habetur: *Isidori oratio quam sacrum viaticum ante obitum suscepturus in templo Beati Vincentii Martyris habuit;* nisi tractus ille est qui apud Redemtum exstat in narratione Isidori obitûs; cum enim hæc scribimus, Escurialensem Codicem ad manum non habemus. Item, *Lit. f. Plut. IV. n.* 9. post librum *Differentiarum Isidori*, continuo legitur: EIUSDEM *liber Genealogicus dictus*, sive *De cognominibus.* Incipit: *Duo sunt Adam: unus protoplastus, alius filius Bardæ. Duo sunt Enos: unus de Cain, alter de Seth. Duo sunt Cainan: alter de Cham, alter de Seth &c.* pergitque usque ad Marias quas decem fuisse ait. Eiusdem argumenti sub titulo *De Genealogiis*, atque eodem fere ac noster initio, exstat inter Pauli Alvari Cordubensis opera libellus à Cl. Florezio. *T. XI. pag.* 50. *n.* 69. laudatus; quem tamen ipse Paulo abiudicat. Rursum *Lit. m. Plut. II. n.* 23. & *Lit. L. Plut. II. n.* 8. habetur: *Isidori Collectum De lacrymis*, diversum ut videtur ab aliis affinis argumenti opusculis. Incipit: *Dilecte fili, dilige lacrymas: noli differre eas &c.* Desinit: *Vide quisquis hæc legeris, ne quod legendo respicis, vivendo contemnas:* quod & ipsum, eodemque initio ac fine, ac sub titulo: *Collectum Sancti Isidori*, exstat quoque in Bibliothecæ Monasterii Alcobacensis Catalogo Olisipone MDCCLXXV. edito, *Cod. XXIX. pag.* 25. à Tamaio Salazario *T. I. Martyr. Hisp. XXV. Febr. pag.* 252. Sancto Valerio Bergidensi tributum. Ulterius in Codice *Lit. L. Plut. III. n.* 8. anno Christi DCCCLIV. exarato, post *Missæ Exegesin* quam Isidoro adscripsimus, habetur Opusculum: *De Baptismi officio, ac de ordine venientium ad Fidem*, in quo de quatuor eorum gradibus, nimirum Competentium, Catechumenorum, Baptizatorum, & sacro chrismate Inunctorum: non secus ac de Pœnitentium ordine in quo Flentes, Audientes, Substrati, & Consistentes ex veteri Ecclesiæ disciplina numerantur: quod maxima ex parte ex eiusdem Isidori libris *De Off. Eccl.* & præcipue è II. cap. 21. & seqq. desumtum videtur; nisi is fuerit *singularis libellus* DE CONVERSIS, quem Isidoro tribuit Barthius *Adverf. Lib. XVIII. c.* 1. *in fin. pag.* 894. Demum in Escurialensi librorum Indice ad annum MDLXVII. ad Philippum II. Hispaniæ Regem misso, cuius exemplum exstat in eadem Bibliotheca *Lit. K. Plut. I. n.* 19. habetur: *Isidorus De adversa fortuna:* quem titulum nusquam alibi me legisse memini. Ac si verè Braulionis est vetus atque uberior illa Isidori Operum Prænotatio cuius Cyprianus Suarezius meminit apud Grialium *in Prologo*, quamque Ioannes Mariana *in duobus certe vetustis codicibus* invenisse testatur in *Not. ad Isidor. lib. I. contra Iudæos c.* 2: omnino adscribenda Isidoro est *Quarta Psalterii translatio*, nimirum (ut Ipse l. c. pergit) *post tres illas famosas quas Divus Hieronymus adornavit auctore Sigeberto*; quamque Ipse *Psalterium Hispanicum* appellare nihil dubitat. Mitto *Hispaniæ nostræ elogium* à Labbeo primùm, mox à Cl. Florezio, atque in novissima editione Matritensi vulgatum *T. II. Append. pag.* 66. Apud Montfauconium *Biblioth. Bibliothecar. in Laurentiana Medicea T. I. pag.* 300. *col.* 1. inter alia Isidori opera legitur: *De quodam Filentulo qui omnem substantiam suam erogavit pauperibus; neque tamen à fornicatione cessavit usque ad mortem.* Exstat in noviss. eius Bibliothecæ editione 1775. *T. II. Latinor. Plut. XXIX. Cod.* 39. In Bibliotheca Cottoniana *in* IULIO *Lit. F. n. VII. pag.* 14. exstat: *Catalogus virorum illustrium*, sive *Ecclesiasticorum Scriptorum, à passione Christi, usque ad XIV. annum Theodosii: ex Isidoro Hispalensi.* Nonnulli Isidoro tribuunt *Epistolam* sive *Tractatum de institutione novæ vitæ*; sed ea potius S. Valerii Montensis esse creditur, ut nos infra in Valerio *Lib. V. c. VII. n.* 370.

Ecclesiæ codice membranaceo ante quingentos annos iussu Pelagii Episcopi ad usum Alphonsi Castellæ ac Legionis Regis VI. exarato ; atque in alio codice Complutensis sancti Ildephonsi collegii , Ovetensi isto antiquiore , servatæ sunt. Quibus quidem epistolis , quarum una ad Regem , duæ ad Episcopum quendam nomine *Illustrem* (1),

Aaa aliæ

(1) Illustrem hunc Franciæ , seu potius Austrasiæ, Episcopum vocavit Moralius quasi id *proprium* eius nomen fuisset, deceptus , uti ego existimo, vulgari compendio *Ill.* quod in Complutensi (nunc Escurialensi (*Digramm.* &. *Plut. I. num.*14.) codice viderat; cum id in veteribus codicibus ante annum Christi M. exaratis, indicando *Incerti* , quod ignoramus aut reticere volumus nomini adhibeatur: quemadmodum apud Græcos δεῖς & δεῖνα, apud Hebræos פלוני *pelonì*, & contractius *plonì* , unde Hispanicum *phulano* , eodem prorsus Incerti, aut Innominati significatu. Latini id per *quidam* exprimunt. Recentiores codices eius loco substituunt N. Aliud dicendum de compendio INL. & maxime cum decussata L , hoc modo INL : quod in Codicibus Gothicis aut Gothici saporis Inlustrem sive Illustrem valet , ut sæpius periculo facto didici. *Eporæ*, sive ut apud Plinium III. 3. *Ripeporæ Fœderatorum* (hodie *Montôro*) ad Bætis lævam XXVIII. à Corduba milliari , apud virum doctum D. Ferdinandum Lopezium de Cardenas Presbyterum in tabula lapidea quam ante hoc triennium vidi ac descripsi:

☧ VVILIVLKVS VIR INL
NLVS DEI VIXIT AN
PLVS MINVS SEPTV
GINTA RECES
SIT IN PACE SVP
PRID ID IVL
ERA DC

id est: XPUS. WILIULKUS VIR INLUSTRIS &c.

Item Granatæ in arce *Alhambræ* , in exteriore muro Ecclesiæ Sanctæ Mariæ meridionali plagæ obverso in tabula lapidea INL GUDILL:: sive INLUSTRIS GUDILLÆ mentio exstat : quam ego tabulam quod plurima contineat scitu dignissima nec facile aliunde mutuanda ; quodque à nemine quem legerim Granatensium Historicorum hactenus edita sit (Bermudezius enim Pedraza *Histor. Granat. P. I. cap.* 17. initium tantum eius exhibet) : hoc loco repræsentandam duxi accurate à me ex autographa descriptam. ; pro cuius planiore captu notandum , consulto erasas linearum quartæ , sextæ , sequentisque integræ literas ; tùm quod quinta quintæ lineæ X. in dextro superiore decussis cornu nonnihil incurvanda, atque horizontali linea finienda sit , ut in L. quodammodo desinat atque ita quadragenarium numerum conficiat, hac , scilicet figurâ X : nempe ut consecrationis Ecclesiæ Sancti Stephani epoche sit Era DCXLV. sive Christi annus DCVII. qui Wittirici regni quintus fuit ; alias enim Era DCXV. quæ illico in tabula legentibus occurrit , incidet in annum Leovigildi decimum , seu Christi DLXXVII. Demum , quadram quæ in tabulæ extremo visitur scrobem, data item operâ in eadem excavatam , condendis ut coniicere est , Sanctorum Martyrum lipsanis. En illam , ubere sane atque illustri commentario dignam.

Granatæ, in arce Alhambræ in exteriore muro Ecclesiæ Sanctæ Mariæ, versus Meridiem.

L DI NSI IHV XPI CONSACRATA EST E
CLESIA SCI STEFANI PRIMI MARTIRIS Y
N LOCVM NATIVOLA A SCO PAVLO ACCITANO PONTFC
AN DNI NSI GL VVITTIRICI REGS
ER DCXV, ITEM CONSACRATA EST ECLESIA
SCI IOHAN BTISTE
ITEM CONSACRATA EST ECLESIA SCI VINCENTII
MARTIRIS VALENTINIA SCO LILLIOLO ACCITANO PONTFC
AL FEBR AN VIJ GL DNI RECCAREDI REGS ER DCXXXII
C SCA TRIA TABERNACVLA IN GLORIAM TRINITATIS
CO HOPERANTIB SCIS AEDIFICATA SVNT AB INL GVDILLV
CVM OPERARIOS VERNOLOS ET SVMPTV PROPRIO

Scri-

aliæ ad alios ſcriptæ leguntur [y], nonnulla illius temporis geſta, nec aliunde nota, manifeſtari, Ambroſius Morales, rei auctor, & oculatus teſtis, lib. 12. cap. 11. Hiſtoriæ ſuæ nos docuit.

219. Eiuſdem Iſidori clericus fuit REDEMPTUS, qui brevem *Narrationem beatiſſimi Pontificis obitûs* nobis reliquit: ad quem, cum additamento *Archidiaconi* directa legitur epiſtola quædam eiuſdem Iſidori *De uſu panis azymi in occidentali Eccleſia*: quam tamen aliqui eapropter non admittunt, quia res iſta inter utramque Eccleſiam diu poſt Iſidori ætatem agitari cœpta eſt. Conſervata fuit *Narratio* hæc *obitûs* in eo, quo de nuper locuti ſumus, Ildephonſiani apud Complutum collegii ſeptingentorum annorum, ut creditur, codice: cuius Ambroſius Morales cum rei notitia meminit lib. 12. cap. 21. [z] Exſtatque in editionibus Iſidorianis Matritenſi ac Breulii Pariſina (2).

220. SISEBUTUS quoque Rex Gothorum, non minus quàm dignitatis culmine, armorumque præſtantia, literis atque eruditione, latinæque linguæ peritiâ inclytus, inter Scriptores loco ſuo donandus eſt. *Etenim fuit* (Iſidorum audis [a]) *eloquio nitidus, ſententiâ doctus, ſcientiâ literarum magna ex parte imbutus.* Quare idem Iſidorus libro ſuo *De natura rerum* ad eundem directo ſic præfatur: *Dum te præſtantem ingenio, facundiaque, ac vario flore literarum non neſciam, impendis tamen ampliùs curam, & quædam ex rerum natura vel cauſis à me tibi efflagitas ſuffraganda.* Iſidorus alter Pacenſis Epiſcopus in Chronico ſeu *Epitome Imperatorum & Arabum* [b] vocat eum *virum ſapientem, & nimium literaturæ deditum.* Quæ Rodericus Toletanus lib. 2. cap. 17. verba exſcripſit. Anonymus Benedictinus in *Chronico abbatiæ S. Remigii Divionenſis* [c] ad annum XII. Regis Theoderici (quantumvis *Siſebodum* nuncupet) *viri* quoque *ſapientis, & in tota Hiſpania laudabilis, valdeque pietate pleni* elogio commendatum dimittit. Gundemaro hic ſuffectus regnum Gothorum octo cum dimidiò annis uſque ad DCXXI. tenuit, belli & pacis artibus, religione, iuſtitiâ, & benignitate, clementiaque in paucis clarus. De rebus eius geſtis nunc diſquirere non eſt præſentis argumenti.

221. Quòd enim ad bibliothecam eius pertineat nomen, unus & alter vetus codex apud nos ſervatus, in iiſque aliquot ab eo auctore profectæ, cùm epiſtolæ, tum alia contenta opera, in cauſa ſunt. Ii ſunt toties laudati libri Ovetenſis Eccleſiæ, & Complutenſis collegii, quos vidit Morales, lib. 12. cap. 3. & in epiſtola ad Andream Reſendium [d], & in prologo ad ſecundum hiſtoriæ ſuæ volumen, ubi de libris antiquis agit, conſulendus. Tertium adiungo, quem reperiri aiunt [e] in Toletanæ Eccleſiæ bibliotheca. In his omnibus exſtant Siſebuti Regis Epiſtolæ ad Cæcilium Menteſanum Epiſcopum: ad Cæſarium Patricium Romanum, ſub quo fuiſſe tunc videtur quicquid intra Hiſpanias Romanæ erat, hoc eſt, Imperatorum, ditionis: ad Euſebium Barcinonenſem antiſtitem: ad Theudilam & Sandrimerum quoſdam, eius argumenti omnes, quod apud eundem Moralem interim videri poteſt, dum prætenitæ incuriæ noſtræ vindex aliquis ſacra hæc antiquitatis monumenta luci non ultrà invidet [f].

Le-

[y] Bulgarani epiſtolarum ἑπτάδα apud nos habemus, ex codice Ovetenſi exſcriptarum: quarum prima eſt ad Epiſcopum quendam Franciæ. II. ad eundem. III. ad Epiſcopum neſcio quem. IV. & V. ad Agapium Epiſcopum. VI. ad Gundemarum Regem. Quas omnes, ſimul cum aliis diverſorum, quas inter ἀνέκδοτα ſervamus, publici iuris aliquando faciemus. CARD. DE AGUIR. (1)

[z] Pag. 125.

[a] *Hiſt. Gothorum* erâ DCL.

[b] In *Heraclio* erâ DCL.

[c] A d'Acherio edito tom. 1. *Spicil.* pag. 377.

[d] Tomo 2. *Hiſp. illuſtratæ* pag. 1022.

[e] Martinus Ximena in *Annalibus Eccleſ. Gienn.* pag. 35.

[f] Ita nobis animo hæret, ſi aliquando licuerit accuratiùs ea conferre cum MSS. Gothicis biblioth. Toletanæ, unde nævis ac ſphalmatis deformata, craſſiſſimâ exſcriptorum inſcitiâ, ad nos pervenerunt. Epiſtolarum inſcriptiones ſunt: I. *Ad Epiſcopum Menteſanum, qui ſe recluſit in monaſterio.* II. *ad Cæſarium Patricium, reſcripta per Anſemundum.* III. *ad Euſebium Epiſcopum.* IV. *ad Tudilanem, cùm ex laico habitum in monaſterio accepiſſet.* V. *ad Advalicaldum Regem Longobardorum & Theudolindam Reginam, pro Fide Chriſti, per Totilanem directa.* CARDINAL. DE AGUIRRE.

Scripturæ genius & univerſa inſcriptionis indoles illico Gothicam prodit, aut Gothici ſaporis; extrema autem eius verba *cùm operarios vernolos*, id eſt, ut ego interpretor, *cum ſervis domeſticis, domive natis, ſive adſcriptitiis*, indicant binis minimum ſæculis poſt Reccaredi ac Wittirici ætatem exaratam fuiſſe, atque eo demum tempore inſtauratam ab Illuſtri Gudilla trium Eccleſiarum conſecrationis memoriam. Nondum enim Regum quos prænominavimus ævo, ac neque toto ſæculo VII. Latinus apud Hiſpanos ſermo in eam calamitatem devenerat, quam ſequentibus ſæculis expertus eſt; retinebatque inflexiones nominum ſeu varias pro diverſis eorumdem caſibus terminationes: quæ Maurorum deinceps incurſibus & Scriptorum infrequentiâ ſenſim neglectæ diuque intermiſſæ, ac tandem à vulgi uſu, quem penes arbitrium loquendi eſt, penitus ſemotæ atque obliteratæ, prima Hiſpanici ſermonis ſemina noſtratium animis ingeſſere. Exſtant innumera huius rei exempla in eius ævi codicibus, & maxime in Miſſali Mixtarabico, atque in antiquis Monachorum regulis, in quibus paſſim legas: *Pro ſpiritus pauſantium*, id eſt, *pro animabus defunctorum: De diverſas Monachorum ordines: De altera Monaſteria: Poſt innumera contumelia: Liceat Abbati dare nova querela &c.*

(1) Exſtat in Regiæ Bibliothecæ Matritenſis Codice non ἑπτὰς modò, ſed ἑβδομὰς Bulgarani Epiſtolarum, ſi binis quas Cardinalis Aguirrius habuit ad Agapium, aliam ad Eundem directam adiungimus, quæ in Codice noſtro, atque item in Eſcurialenſi *Lit. b. Plut. III. n.* 14. ordine ſeptima eſt. Aguirrius fidem de iis edendis videtur non liberaſſe. Ternas priores *ad Incertum Franciæ*, ſive *Auſtraſiæ, Epiſcopum*, quia nonnihil ad Hiſpaniæ hiſtoriam conferunt, primus omnium evulgavit Cl. noviſſimæ editionis Valentinæ Ioannis Marianæ Hiſtoriæ Hiſpanicæ Curator D. Vincentius Noguera & Ramon alibi à nobis laudatus, vol. II. quod anno MDCCLXXXV. prodiit, à pag. 548.

(2) Habetur quoque in Regio Matritenſi Codice inſcripto *Scintillarum Alvari Cordubenſis*, ex quo eam Cl. Florezius in Hiſp. Sacr. T. IX. p. 366. tranſtulit; exſtatque in Eſcurialenſi ſæpius laudato, *Digramm.* & *Plut. I. n.* 14. qui idem Complutenſis ſeptingentorum annorum codex eſt à Moralio laudatus; atque in Toletana Ioannis Baptiſtæ Perezii opuſculorum collectione.

222. Legitur cum his etiam *Vita & martyrium sancti Desiderii Viennensis in Gallia Episcopi*, quem Theodericus Rex, instigante Brunichilde eius avia, ab exsilio insulæ quò missus antea fuerat reductum, lapidibus obrui fecit Lugduni XXIII. die Maii anno DCXII. Cuius Sisebuto æqualis martyris Beda, Usuardus, Ado in Martyrologiis, Romanumque II. die Februarii post Sigebertum [g] & Fredegarium Scholasticum [h], meminere. Ioannes tamen Mariana noster eò inclinare videtur, ut magis esse alterius Sisebuti hanc Vitam putet, nullâ tamen huius sui iudicii ratione proposita. Quæ cùm in antiquissimo non uno codice, ut iam diximus, ad Regem Gothorum referatur; illeque doctrinam suam & pietatem & eloquentiam gravissimorum Scriptorum ore posteris commendaverit: nihil est cur de alio auctore soliciti simus [i]. Scripsisse autem eum ulteriùs aliquid historicum, aut geographicum, inde colligere posse videmur, quòd Ioannes Ægidius Zamorensis Franciscanus in Adversariis (qui liber vastus inmensæque lectionis in schedis adhuc bibliothecarum latet ineditus) seu in tractatu I. *De præconiis Hispaniæ*, de Carpetania provincia loquens: *quæ tamen* (inquit) *sicut referunt Plinius & Sisebutus, ad Carthaginensem provinciam pertinet* (1).

[g] In *Chronic.* ann DCVIII. & DCXII.

[h] In *Append. ad Greg. Turonensem* anno Theoderici Regis VIII.

[i] In apographo nostro ex Toletano autographo transcripto, *à Sisebuto Rege composita* dicitur Vita hæc S. Desiderii. Quapropter non est cur Sisebuto huic nostro opus hocce invideamus. CARDINAL. DE AGUIRRE.

223. Sub Sisebuto, & Svinthilane eius successore vixit IOANNES Cæsaraugustanus Episcopus, Maximi successor, Braulionis fratris decessor, de quo S. Ildephonsus: *Ioannes* (ait [k]) *in pontificatu Maximum secutus, Ecclesiæ Cæsaraugustanæ Sedem ascendit, primò pater monachorum, & ex hoc præsul factus in regimine populorum: vir in sacris literis eruditus, plus verbis intendens docere quàm scriptis: tam largus & hilaris dato, quàm hilaris etiam vultu. Unctionem namque Spiritûs Dei, quâ fovebatur intrinsecus, tam largitate muneris quàm habitudine vultus adeò præferebat, ut & datum gratia commendaret, & non datum gratia excusaret. In Ecclesiasticis officiis quædam eleganter & sono & oratione composuit*: Hoc est, non solùm duxit stilo, sed & musicam modulationem cantui præscripsit. *Annotavit inter hæc* (subiungit) *inquirendæ Paschalis solemnitatis tam subtile atque utile argumentum, ut lectori & brevitas contracta, & veritas pateat patefacta.* E Concilii Toletani IV. canone 5. constat, solere *in Hispaniis de solemnitate Paschali varietatem existere prædicationis* hoc est publicationis; *diversa enim observantia laterculorum paschalis festivitatis interdum errorem parturit. Proinde* (eidem Concilio) *placuit, ut ante tres menses Epiphaniarum Metropolitani sacerdotes literis invicem se inquirant, ut communi scientiâ edocti, diem resurrectionis Christi & Comprovincialibus suis insinuent, & uno tempore celebrandum annuntient* [l].

[k] De *Script. Eccl.*

[l] Confirmant Concil. Bracar. II. cap. 9. Arelaten. I. cap. I. Carthagin. III. cap. I. & V. c. 7.

224. Vulgarius est, quàm ut hìc inculcare sit necesse, cùm Græcorum, tum Latinorum veterum hanc circa rem studium, Hippolyti Portuensis, Prosperi, Anatolii Laodiceni, Theophili Alexandrini, Victoris Aquitani, Dionysii Exigui, aliorumque: de quibus latè huius argumenti enarratores, atque inter alios Ægidius Bucherius Iesuita in *De doctrina temporum*, seu *in Victoris & aliorum canones paschales commentario*, egit. In difficili ergo & controversa re, cuius post tot doctissimorum hominum vigilias nondum tota constabat ratio: nonnullam, atque adeò laudabilem posuisse operam Ioannes Cæsaraugustanus videri debet. Ildephonsus inde ait: *Duodecim annis tenuit Sedem honoris, adeptus vitam gaudii, ad quam anhelavit desiderabili voto. Substitit in sacerdotio temporibus Sisebuti & Svinthilanis Regum.* Inter annum scilicet DCX. quo Maximus tunc Cæsaraugustæ Episcopus Toleti decretum Gundemari Regis confirmavit, ac DCXXXIII. quo Braulio Ioannis nostri frater & successor Toletano IV. Concilio interfuit. Sisebutus quidem anno DCXII. Svinthila (ut Reccaredi II. trimestre imperium cum Ildephonso nunc omittam) anno DCXXI. regnum obtinuit, DCXXXI. vitâ functus (2).

225. ARTHUAGUM quendam, cognomento GOTHUM, usque ad Svinthilanis tem-

(1) Sisebuti Gothorum Regis epistolæ: I. Ad Cæcilium Mentesanum Episcopum. II. Ad Cæsarium Patricium per Ansemundum. III. Ad Eusebium Episcopum. IV. Ad Theudilanem. V. Ad Adualicaldum (al. *Advalvaldum*, ut apud Cl. Florezium T. VII. p. 330.) Regem Longobardorum, & Theodelindam: cum insertis Cæsarii Patricii ad Sisebutum *pro Cæcilio* (id est *per Cæcilium*); & *per Ansemundum*, & *Ursellum*: simul cum *Desiderii Episcopi Viennensis & Martyris vita vel Passione* eodem Sisebuto auctore: habetur apud nos in Bibliothecis Regia Matritensi, Toletana, Escurialensi; neque uno tantùm exemplo. Ex his quæ ad Cæcilium Mentesanum spectant, vulgavit ex parte Martinus Ximena *Annal. Mentesan.* pagg. 34. 35. 36.: reliqua è supra memoratis Bibliothecis corrasit primus omnium Cl. Florezius atque in Hispaniæ Sacræ Tomum VII. intulit à pag. 318.

(2) De Ioanne Cæsaraugustano Braulionis fratre ac decessore nihil succurrit, nisi conscriptum eiusdem iussu ab Eugenio, postea Toletano Præsule eius nominis *Tertio* (aliis *Secundo*), poemation in quo Canonici utriusque Fœderis libri suo ordine recensentur.

pora sanctitate ac literis floruisse, scriptamque reliquisse *Gothorum historiam*., ex Augustiniani ordinis Chronicis Ambrosius Morales lib. 12. cap. 19. refert. Cislæ monasterii, olim Augustinianorum ut aiunt nunc Hieronymianorum, Toletani fuisse alumnum credi voluit Pseudo-Maximus [m]: cuius quidem verba in Estepano codice ita concepta: *Arthuagus* [n] *cognomento Gothus, ex ordine sancti Augustini floret*: (quæ si aliquo probabilitatis solo nitantur, hæc saltem *ex ordine sancti Augustini*, uti glossema omnino erunt furcillis reiicienda) ita leguntur in Bivariana editione: *Arthuagus cognomento Gothus, ex ordine sancti Augustini, Toleti floret opinione sanctitatis.* Alias: [o] *Scislæ Toleti floret sanctitate.* Pseudo-Luitprandus item [p]: *Prima die Maii moritur sancte compositeque Toleti Arthuagus monachus Augustinianus Scislæ Toletanæ.* Tandemque Pseudo-Iulianus ferè iisdem verbis [q].

226. Et hanc, similemque aliam ex his fontibus derivatam, alterius Artinodi eiusdem Cislæ domus cœnobitæ notitiam iactant Augustiniani [r]: cum quibus nunc non agimus; sed solùm quod in hac historia salebrarum & vadorum est significare intendimus. Arthuagum anno DLXXXIV. sanctitate floruisse (quod Maximus ait) iam monachum, quibus saltem virilis ætas seu tricennaria innuitur, vix convenire cum eo ad quem prorogâsse dicitur ætatem, hoc est, DCLIX. anno, inficias nemo iverit, qui non in macrobiorum Dextri & sequacium reipublicæ constitutionem, cum eorum auctorum iuratis defensoribus conspiraverit. Nam ætatis plusquam centenariæ tempus hi duo anni, quorum postremum eius vitæ ultimum Pseudo-Iulianus prodit [s], includunt. Necesse est ergo ut testimonium hoc refutantes conferamus nos ad Pseudo-Luitprandi chronologiam, qui anno DCXXXII. emortualem Arthuago dixit. Sed Luitprandus, si germanus aliquis Chronici auctor, in Estepano fragmento servatus non ultra annum DCXXX. progreditur; quare frustra, eum uti veri anni Arthuagi obitûs sequestrem & arbitrum consulemus. Deinde prima die Ianuarii decessisse eum Iulianus ait; prima die Maii Luitprandus. Quæ conciliare inter se ipsa invicem pergant qui solidi quicquam horum hominum præstigiis atque umbris attribuere non verentur.

227. Fertur & huiusmet Arthuagi epistola ad Isidorum Hispalensem Episcopum data ab Augustinianis Salmantinæ urbis haberi. De qua hæc Hieronymus Romanus de la Higuera Iesuita, in suis ad Luitprandum Notis, quæ in Ramireziana Antuerpiensi huius operum omnium editione leguntur [t]: *Ex epistola Deusdedit Gordiano Hispalensi hoc* (Isidorum nempe extrusum à Sede sua, Gordianumque hunc intrusum fuisse) *manifestè patet ex libris epistolarum Romanorum Pontificum Romæ impressis. Nec mirum aliqua tacuisse Scriptores, quæ in dies magis tempus retegit. Idque confirmatur ex epistola gothica manuscripta, quam habent PP. Augustiniani Salmanticenses, Arthuagi Gothi Toletani monachi Augustiniani ad eundem Isidorum.* Quid autem *gothicæ* adiecto significare de epistola ista voluerit Romanus rei auctor unicus, ἱεροκρίτης aliquis interrogandus erit. Nam si gothica linguâ scriptam fuisse eam accipiamus, quisnam eius interpretem Augustinianis Salmanticensibus aut Romano Higueræ præstitit? Vix enim est ut è contrario credam de gothica scriptura seu charactere, doctum latinitatis hominem sic locutum.

228. Præterea ex domesticis nullus, quod sciam, neque Thomas de Herrera [u], qui cœnobii Salmanticensis tabularia omniaque vetera monumenta consuluit, huius epistolæ meminerunt. Unum Higueræ conformare Iulianum, hoc est, vas figulo suo noveris. Nam in huius *Collectione variorum carminum* importuno satis loco hæc leguntur: *Nunc verò post hæc carmina sequuntur quædam epistolæ, quarum prior est Arthuagi monachi Gothi ad D. Isidorum, quæ sic incipit: Reverentissimo domino Isidoro &c.* Sequuntur tamen post hanc notam adhuc alia carmina, nec deventum unquam fuit ab auctore ad præmissas epistolas. Extra hos duos, qui mutuò sibi morem gerunt, nullam huius epistolæ notitiam invenias.

229. Sisenando, qui Svinthilæ successit, Gothorum Rege, IUSTUS Helladii successor in Episcopatu Toletano, à S. Ildephonso elogium hoc promeruit [x]: *Iustus post Helladium discipulus eius, illique successor innexus est, vir habitudine corporis ingeniique meritis decorus atque subtilis, ab infantia monachus, ab Helladio ad virtutem monasticæ institutionis affatim educatus pariter & instructus, in Agaliensi monasterio tertius post illum rector est factus. In Pontificatu autem mox illi successor inductus, vir & ingenio acer, & eloquio sufficiens, magna spe profuturus, nisi hunc antè longævam vitam dies abstulisset extrema.* Quid verò hæ dotes ad bibliothecam si quæris, audi iam elogii clausulam: *Scripsit ad Richilanem Agaliensis monasterii patrem epistolam debita & sufficienti prosecutione constructam, in qua patenter adstruit susceptum gregem re-*

[m] In *Chron.* ad ann. DLXXXIV. num. 2.

[n] Abbreviatum ita *coc.* legitur in codice isto.

[o] Ita citat. Ramirezius in *Notis ad Luitprandum* anno DCXXXII. n. 46.

[p] In *Chron.* ad ann. DCXXXII. num. 46.

[q] In *Chron.* ad ann. DCLIX. num. 325.

[r] Marquez *De origine eremitarum* cap. 11. §. 2. & 3. Hier. Roman. in *Augustinian. histor.* cent. 3. Vide Bivarium *ad Luitprandi* an. DLXII. num. 8. & DLXXXIV. n. 2. Ramirez *ad Luitprandum* anno DCXXXII. n. 46. & ante eos Iordanus Saxoferratensis, & Amb. Coriolanus, quos Romanus laudat.

[s] Num. 325.

[t] Ad annum DCXVI. n. 24.

[u] Auctor *Historiæ cœnobii S. Augustini Salmanticensis*

[x] In libello *De Script. Eccl.*

relinquere penitùs non debere. Exstitit rector (hoc est Toletanus præsul) *annis tribus, & tempore Sisenandi obiit, qui Rex post hunc die nono decimo defunctus abscessit.*

230. Concilio IV. Toletano Iustus eius urbis iam Episcopus interfuit, quod sub Sisenando habitum fuit anno DCXXXIII. Hunc iterum sanctus Ildephonsus laudat in *procemio* suæ *ad Isidorum* De viris illustribus *additionis*, Gerontii presbyteri ei adversantis facinus horribili pœna vindicatum à Deo memorans; Iustumque Toletanum Episcopum ab altero Iusto, Helladii eiusdem Ecclesiæ antistitis diacono, qui æquè Episcopo suo haud impunè insultavit, apertè distinguens: ut in tam aperta re Higueræ prolixa quadam ad Luitprandi id ipsum confirmantis quoddam segmentum [y] notâ non multùm indigeamus. Paulisper tamen manendum est in alio eiusdem Luitprandi testimonio [z] de Iusti nostri Toletani præsulis pontificatu, quod convincendæ imposturæ huius Chronici unum satis mihi videtur: *Eligitur* (ait) *præsul Toletanus sanctus Iustus monachus Benedictinus ex monasterio Agaliensi, rector patrimonii. Hic longe alius à sæculari, qui vir sanctus, pius, innocens, & optimis moribus instructus, præest tres annos suis monachis.* Potuitne stupidè magis Ildephonsi de Iusto intelligi ac exponi relatio? *Rectorem* eum Ildephonsus dixerat in Agaliensi monasterio factum ab Helladio tertium, exstitisseque rectorem (Toletanæ Sedis intellige) annis tribus. At *rectorem patrimonii* Luitprandus exposuit, tribusque annis monachis suis præfuisse. *Patrimonii rector* inter Gothos nullus, sed *Comes patrimonii* seu *patrimoniorum*, ut ex Conciliorum liquet subscriptionibus [a]. Demus tamen rectorem aliquando dictum, qui revera patrimonium regebat principale; hoc tamen nihil proficit Iusti causæ, qui ab infantia monachus, Ildephonso teste, neutiquam potuit huic muneri præesse. Rexisse item annis tribus (suam scilicet Ecclesiam) ita refertur à Luitprando, quasi de præfectura monasterii sanctus Ildephonsus sit locutus. Quo nihil potuit ab eius excogitari mente magis devium (1).

[y] Anno DCXXXII. n. 48.

[z] Eodem ann. DCXXXII. n. 51.

[a] *Reccilæ Comitis patrimoniorum* in Concil. VIII. & IX. *Vituli Com. patrimonii* Conc. XIII. & XVI.

231. Huius temporis PAULUS ille est EMERITENSIS diaconus, qui *De vita & miraculis patrum Emeritensium* librum nobis reliquit. Hunc à multis desideratum primus edidit Barnabas Moreno de Vargas Emeritensis urbis Decurio, qui eiusdem quoque historiam conscripsit, Matriti anno MDCXXXIII. in 4.° Deinde iterum D. Thomas Tamaius de Vargas vir clarissimus ad veteres, cùm gothicæ tum latinæ scripturæ membranas collatum, ac propriis notis illustratum, Antuerpiæ apud Ioannem Meursium MDCXXXVIII. in 4.° Octo scilicet exempla is ad manus habuit, quatuor gothicis literis, totidem latinis exarata. Ambrosius Morales in scholiis ad sancti Eulogii Toletani Episcopi & martyris caput primum libri 2. *Memorialis sanctorum*, alterius quoque eiusdem operis meminit. *Paulus hic Emeritensis* (ait [b]) *diaconus, cùm Emeritensis Ecclesiæ & antistitum eius historiam scripsisset, tum etiam de aliis sanctis viris quædam adiunxit. Exstat etiam eiusdem confessio catholica* (2). *Quæ duo opera* MSS. *non parum antiqua, in S. Ecclesiæ Toletanæ bibliotheca habentur. Eadem multo vetustiora in nonnullis aliis bibliothecis conspeximus.* Laudant Pauli hanc historiam, cum idem Morales aliis locis [c], tum alii, tam nostri quam exteri Scriptores [d]. Inter quos Hieronymus Romanus Augustinianus *De republica Christiana* agens lib. I. cap. 15. in suis *Mundi rebuspublicis*, quoddam huius operis exemplum MS. se redemisse ait, & veluti ex orci faucibus eripuisse à quodam bibliopola Complutensi, dum perdere id iam vellet; atque cum aliis libris Toletanæ Ecclesiæ donâsse. Eaque eo videtur proposito ab auctorem, quisquis ille est, in Proverbia quoque (forsan Salomonis) expositionem conscripsisse. Parum mihi arrident. Huic Iusto tribui posse existimat Rodriguezius de Castro *Biblioth. noviss. Hisp. T. II. pag.* 348. Sermonem sive Homiliam quæ habetur *T. XXVI. Biblioth. PP. Ed. Lugd.* 1677. hoc titulo: *Iusti Abbatis sermo in conventu multorum Abbatum & Episcoporum Ordinis Cisterciensis*; ipse tamen Sermonis titulus manifeste Rodriguezii coniecturam reiicit.

[b] *Hisp. illust.* tom. 4. pag. 282

[c] In *Prolegom.* tom. 2. sub titulo *Las ayudas que tuvo*, & lib. 11. c. 72.

[d] Baronius ad ann. DLXXXIX. tomo 7. Mariana lib. 5. cap. 13. Padilla cent. 7. cap. 17. pluresque alii, quos Tamaius collegit in principio *Notarum*.

(1) Exstat in Regia Bibliotheca Matritensi exemplum recens è Toletano, ut in eo legitur, codice desumtum, hac rubricâ: *Iusti Episcopi Toletani. De ænigmatibus Salomonis* octo non amplius foliis constans: quod cùm à nemine Bibliographorum Iusto tributum videam, num eius germanum sit plane dubito. Incipit: *Sunt autem in Salomonis carminibus ænigmata multa, sunt & proverbia, sive parabolæ &c.* quæ non usque adeo congruunt tractationis initio, sed illico videntur ex alio opere divulsa. Desinit: *Tria sunt quæ bene gradiuntur: quartum quod incedit feliciter. Leo fortissimus bestiarum ad nullius pavebit occursum: Gallus succintus lumbis, & aries. Nec est Rex qui resistat eis. Huius ænigmatis textum iam supra exposuimus in libro proverbiorum*: quæ indicant,

(2) Diligenter evolvi Cl. Andreæ Marci Burrielii excerpta è Bibliotheca Toletana quæ in Regiam Matritensem concessere; tum nostra, atque Escurialenses MSS. Catalogos, si forte in hanc Pauli Emeritensis *Confessionem Catholicam* inciderem. Sed frustra fui.

ab auctore formata, ut exemplis rerum domi, hoc est in urbe Emeritensi mirabiliter patratarum fidem eorum confirmaret, quæ de Italiæ suæ miraculis sanctus Gregorius libris IV. dialogorum collegerat. Quos libros non alium habuisse auctorem, præter alia argumenta [e], non Isidorus tantùm in libello *De Scriptoribus Ecclesiasticis*, sed & in prologo Paulus noster, eius sancti Pontificis æqualis, egregiè comprobant. Latè agit de aliquot Emeritensium Pontificum, præsertim Pauli, Fidelis, & Massonæ, rebus gestis.

[e] De *Dialogorum* S. Greg. lib. 5. Labbeus *De Script.* tomo 1. pag. 391. Mabillon. *Præfat.* ad *acta SS. Benedict.* §. 2. tomo 1.

232. Diaconum se ipse appellavit cap. 1. *Ego indignus & omnium peccatorum primus, Levita Christi* &c. diversusque fuit à Paulo Emeritensi Episcopo, cuius ipse cap. 4. meminit. Scriptorem autem nostrum hoc vixisse tempore inde vulgò colligitur [f], quòd in Renovato Emeritensium antistitum seriem absolverit, qui Innocentio, ut in eodem Pauli ultimo capite docemur, ei quem Gundemari decreto anno DCX. subscripsisse novimus successit, locumque suum reliquisse videtur Stephano, qui Concilio Toletano IV. anno DCXXXIII. interfuit. Non tamen video cur Paulum sub hoc Stephano potiùs quàm sub alio vixisse & scripsisse, necessario admittere debeamus. Fortè enim in Renovati successoribus non eam animi virtutem is invenit, quæ decessorum virtutibus æquiparari digna esset. Non enim historiam Emeritæ urbis præsulum quæ omnes comprehendere debuit, sed *De vita & miraculis patrum Emeritensium*, ut habent omnes ferè MSS. codices, scribere voluit. Et forsan inferiorem aliquando ætatem significare videtur auctor ipse, cùm de Leovigildi loquens tempore [g], *ante multa iam curricula annorum* id contigisse dicat. Nos tamen à coniectura doctorum virorum non facilè discedentes, Paulum hoc sistimus ævo Stephani Emeritensis præsulis, & Sisenandi Regis, Conciliique Toletani IV. cui uterque interfuit. Ambrosius tamen Morales sancti Fructuosi res gestas memorans [h], qui Bracaræ Episcopus factus fuit anno DCLVI. in Toletano decimo Concilio, Paulum hunc Emeritensem diaconum auctorem laudat miraculorum eiusdem sancti viri, tot postea annis adhuc florentis. Sed errorem hunc puto magni huius historici. Paulus enim *De vitis* tantùm *Emeritensium patrum* scripsit ut vidimus; nec ullum in hoc eius libro verbum de sancto Fructuoso repræsentant editiones. Qui autem miracula sanctissimi Bracarensis antistitis literis tradidit, auctor vitæ eius est, quem idem Morales sanctum Valerium monasterii sancti Petri de Montibus abbatem fuisse suspicatus est, ut in sancti Fructuosi mentione infrà monebimus.

[f] Padilla dicta cent. 7. cap. 17. fol. 203. Tamaius in fine *Scholiorum* pag. 116.

[g] Cap. 3. principio.

[h] Lib. 12. cap. 35.

233. Laudatur apud sanctissimum Scriptorum historicum Ildephonsum BRAULIO, frater Ioannis suprà laudati, cuius *in Cæsaraugusta decedentis* (Ildephonsus ait [i]) *adeptus est locum, vir, sicut germanitate coniunctus, ita non minimùm ingenio memoratus. Clarus & iste habitus canonibus & quibusdam opusculis. Scripsit vitam Æmiliani cuiusdam monachi, qui & memoriam huius, & virtutem illius sancti viri suo tenore commendat pariter & illustrat. Habuit sacerdotium ferè viginti annis, quibus expletis clausit diem vitæ præsentis. Duravit in regimine temporibus Sisenandi, Cinthilæ, Tulganis, & Cindasvinthi.* Subscriptio eius legitur in Conciliis omnibus huius, quo vixisse refertur temporis, Toletanis IV. V. & VI. In VII. sub Cindasvintho anno DCXLVI. deest Cæsaraugustani Episcopi nomen. In VIII. sub Recceswintho anno DCLIII. Taio Episcopus Cæsaraugustanus iam apparet. Quantum eius de Ecclesia meritum in iis fuerit cœtibus, Isidorus Pacensis Episcopus satis docet, qui de quarto loquens quem Sisenandus coegerat: *huic sanctæ* (inquit [k]) *Synodo inter ceteros Braulio Cæsaraugustanus Episcopus claruit: cuius eloquentiam Roma urbium mater & domina postmodum per epistolare alloquium satis mirata est.* Et paulo inferiùs de Concilio Toletano VI. sub Chintilane: *Huic Synodo Braulio Cæsaraugustanus Episcopus præ ceteris illustris excellit, atque piam doctrinam christianis mentibus decenter infundit, cuius & opus nunc usque Ecclesia relegit.* Quæ duo testimonia in unum redegit ea exscribens Rodericus Archiepiscopus Toletanus lib. 2. cap. 19. *Huic Synodo* (sextæ, iuxta nostrarum editionum ordinem, quam ipse tamen quintam vocat) *Braulio Cæsaraugustanus Episcopus præ ceteris illustris* (alt) *effulsit, atque piam doctrinam christianis mentibus decenter infudit: cuius & opuscula nunc usquè Ecclesia veneratur. Huius eloquentiam Roma, urbium mater & domina, per epistolare alloquium est mirata.*

[i] Cap. 12.

[k] In *epitome Imp. vel Arabum* sub Sisenando.

234. Nihil verò aliud infusione illa doctrinæ significatum nobis existimo, quàm quòd sextæ huius Synodi canones Braulionis stilo sint formati. Fuit enim, ut ex aliis eius apparet, notatque Andreas Resendius ad Quevedum scribens [l], *non paulò castigatioris, ac limatioris* ævi illius aliis *stili*. Et fatetur ipse versùs finem præfationis sancti Æmiliani vitæ de qua statim agemus, *disciplinarum sæcularium stu-*

[l] *Epistolâ* quæ edita est inter Resendii *opera* pag. 177. & *Hisp. illust.* tomo 2. pag. 1009.

studium ex parte se adtigisse (1). Archidiaconus hic erat, cùm sanctus Isidorus literas ei direxit: quæ inter Isidorianas leguntur Cæsaraugustanæ urbis, ut credimus, & Ioannis germanus frater, ut contra (*Thomam*) Truxillum nostrum censuit is, qui in magno opere *De actis Sanctorum* die XVIII. Martii *Synopsin de Braulione historicam* formavit: cuius & coniecturam de quibusdam in errore cubantibus sancti Isidori huius epistolæ ad Braulionem directæ verbis, ferè est ut probemus, *Postulavi te* (ait Isidorus) *ut mihi decadem sextam sancti Augustini trasmitteres;* & statim subiungit: *Posco ut quoquo modo me cognitum ei facias.*

235. Quæ cùm nequeant de sancto Augustino ante duo sæcula vitâ functo intelligi, necessarium videtur ut ita corrigantur: *Posco ut quoquo modo mihi cognitam eam facias.* Attamen libentiùs ea intacta relinquerem, cùm *cognoscendi* sive *incogniti* verbum idem Isidorus ita usurpare amet. De Iusto enim Urgellitano ait cap. 21. *Huius quoque fratres Nebridius & Elpidius quædam scripsisse feruntur, è quibus* (malim *de quibus*) *quia incogniti sumus, magis reticenda fatemur.* Sicut enim *incognitum* hoc loco pro nondum docto sese dixit, ita & *cognitum* se sancti Augustini sextæ decadi ut faciat Braulionem rogavit. Nisi hoc eodem sensu levior ista alia mutatio placeat: *quibus quia incogniti sumus* in Iusti elogio, aut *me cognitum de ea facias*, in ad Braulionem epistola. Cùm esset ergo iam Episcopus Cesaraugustanus scripsit

236. *S. Æmiliani presbyteri vitam* (qui anno DLXIV. centenario maior ad superos abiisse dicitur) cum epistola dedicatoria ad Fruminianum presbyterum, quem *dominum* suum & *germanum* appellat (2). Unde Bivarius rectè collegit [m], non solùm Ioannem decessorem in Episcopatu, sed & hunc Fruminianum fratres Braulionem habuisse. Quod significâsse in principio eiusdem vitæ is videtur, Ioannem *germanum maiorem natu communem* [n], hoc est, suum & Fruminiani appellans (3). Edita hæc primùm vita fuit, ut credimus, à Prudentio Sandovalio Benedictino, Tudensi ac Pampilonensi postea Episcopo, Regio chronographo in libro [o] *Fundationum Benedictini ordinis in Hispania sub Gothorum imperio*, sive Originum Hispaniæ Benedictinarum, cùm de Monasterio S. Æmiliani cucullati (vulgò *De la cogulla*) ageret. Quem hac Braulionis historiâ descriptum communis Castellanorum persuasio est [p]; quamquam Aragonenses [q] non hunc Æmilianum, cuius corpus in monasterio dicto asservatur eique monasterio nomen dedit; sed alterum Aragoniæ regni eremitam, cuius sacra pignora in oppido *Torre-la paja* diœcesis Turiasonensis exstant, Æmilianum Braulionis esse contendant.

237. Quam utique magnis animis decertatam hucusque controversiam non est instituti nostri ut propriam faciam, aut cum Pseudo-Maximi gladio nodum solvam: qui post ortam controversiam ab inventore suo formatus aut deformatus, ut morem utrique parti gereret, alterum & alterum Æmilianum laudâsse ad annum DLXII. & ad annum DLXXVIII. non contentus: hæc addidit postremo isto loco, ubi de Æmiliano Aragonensi agit, quæ novitatem suam apertissimè produnt: *Fuit alius antiquior etiam presbyter & abbas sancti Benedicti* (Maximùmne ita locutum credis?) *de quo suprà dictum est.* In fragmento sanè nostro, seu Estepano, ita semel, fit Æmiliani mentio ad annum DLIII. *S. Æmilianus monachus & presbyter in Cantabria moritur.* Supposititium Helecanem pariter habeo, qui huic etiam dis-

[m] *Ad Maximum* ann. DLXII. n. 7. pag. 475. in margine.

[n] Aliter hoc verbum alii accipiunt. Vide Bivar. ibid. ad ann. DLXXVIII. n. 2. pag. 565.

[o] *Primera parte de las fundaciones de los monasterios de S. Benito.* Matrit. MDCI.

[p] Venerus in *Enchiridio*, Morales lib. 11. cap. 58. Mariana lib. 5. cap. 9. Marieta *Santos de España* lib. 6. cap. 6. Santoro, Villegas, Tamaius plures laudat, Bivarius *ad Maximum* ann. DLXII. pag. 468. Mabillon. in *actis SS. Benedictin.* tom. 1. pag. 205. in *observ. præviis* ad hanc *Vitam*, Padilla cent. 6. cap. 31. & in *addendis* huic centuriæ, in principio volum. 2.

[q] Michael Martinez del Villar *Del Patronato, antiguedades, varones ilustres de Calataiud, y su Arcedianato* fol. 128. Lanuza *historias de Aragon* tom. 2. lib. 4. cap. 3.

(1) Braulionem sæcularia studia non leviter attigisse; neque illectos ei fuisse Virgilium, Nasonem, Flaccum; neque Iuvenalem ac Terentium, reliquosque aureæ ætatis Poetas: evincit eiusdem ad Taium Presbyterum Epistola, apud Cl. H. S. Florezii Continuatorem, exstans T. XXX. à pag. 331. Est autem ex illarum genere quas Græci ἀποκομπάιας vocant; lacesserat enim eum scripto Taius: cui Braulio, *Fixum apud Te* (inquit) *habeas, me posse remordere si velim: posse genuinum* (dentem scilicet, κραντῆρα) *læsus infigere: quia & nos iuxta Flaccum didicimus literulas, & sæpe manum ferulæ subtraximus; & de nobis dici potest: Fœnum habet in cornu, longe fuge. Immo illud Virgilianum*

Et nos tela, pater, ferrumque haud debile dextrâ
Spargimus, & nostro sequitur de vulnere sanguis &c.

(2) Exstat in Escurialensi Codice Era DCCCCXCII. sive Christi anno DCCCCLIV. ut in eodem legitur, exarato *Lit. A. Plut. II. n. 9.* hac epigraphe: *Dei viro domnoque meo* & germano Fronimiano *presbytero. Braulio Episcopus inmerito.* Et continuo. *Incipiunt capitula de vita vel mirabilibus sancti ac beatissimi Emiliani sacerdotis vel confessoris Christi, edita à beato Braulione Cæsaraugustane sedis Æpiscopus.* (sic) Constat XXXI. capitibus, quorum postremum, cum penultimi parte deest in Codice.

(3) Fruminianum, seu potius Frunimianum ut in Legionensi Codice de quo mox, germanum Braulionis fratrem non fuisse, evincunt inscriptiones duarum Braulionis ad eundem Epistolarum, in quibus tantum legitur: *Braulionis ad Frunimianum Presbyterum & Abbatem;* cum in Epistolis ad Basillam, & ad Pomposam legatur: *Braulionis ad Basillam germanam suam;* &: *Braulionis ad consanguineam suam Pomponiam Abbatissam.* Exstant omnes apud Cl. Hisp. Sacr. Continuatorem *T. XXX. pagg.* 335. 337. 339. 343.

dispellendæ quæstioni intentus, Vercellensem Episcopum eum esse garrit qui apud Aragonenses colitur: vel à Bivario [r] ipso malè acceptus.

[r] Ad Maximum anno DLXXVIII. n. 2. pag. 562.

238. De Æmiliano agunt quidem ac de eius vita à Braulione conscripta, Usuardi, & Romanum, martyrologia. Prodiit secundò in commentario Francisci Bivarii ad Maximi Chronicon [s]: tertiò in *Martyrologii Hispani* Ioannis Tamaii de Salazar sexto volumine die XII. Novembris [t], tandemque in *Actis sanctorum ordinis S. Benedicti* Lucæ d'Acherii & Ioannis Mabillonii operâ collectis & evulgatis volumine seu sæculo I. [u] *Hymmum* quoque *in eiusdem sancti viri laudem* composuit Iambico senario metro, ut in huius vitæ nuncupatoriæ epistolæ fine auctor ait. Transivit hymnus, hic ut creditur, ad Isidorianum Breviarium festumque huius sancti viri Æmiliani, ubi & nunc legitur: Incipit:

[s] Ad ann. DLXII. num. 7. pag. 478.

[t] Pag. 111.

[u] Pag. 205.

O magne rerum Christe rector inclyte,
Parens Olympi, perpetim cui sidera, &c.

Editus exstat in Bivarii ad Maximum commentario post Æmiliani vitam prædictam.

239. *Vitam SS. MM. Vincentii, Sabinæ, & Christetidis.* Huic enim ea tribuitur, quæ aliàs absque auctoris nomine circumfertur, in codice quodam Toletanæ Ecclesiæ quem *Smaragdinum* appellant: de quo Bartholomæus Quevedo eiusdem canonicus, vir planè doctus, Andream Resendium olim monuit, ut ex Resendii ad eum responsoria constat epistola [x] tali viro dignissima, cuius paulò antè meminimus. Resendii verba: *Age, Braulio sanctus Cæsaraugustæ Pontifex, ut ais, horum trium martyrum historiam posteritati mandavit, & Braulionis nomen liber Toletanæ Ecclesiæ*, Smaragdinus *appellatus, ostentat. De auctore certi nihil habebam, nec Ecclesiæ nostræ Eborensis Lectionarius, sanè ante annos trecentos viginti scriptus, nomen auctoris præfert. Credo tamen libro isti Smaragdino oppidò non invitus.*

[x] Laudatis suprà locis.

240. In bibliotheca monasterii S. Æmiliani cucullati servatur ingens codex MS. *Vitæ patrum* inscriptus, cuius fini hæc nota affixa legitur *Explicitus est liber iste à Braulione Episcopo Cæsaraugustano erâ sexcentesimâ septuagesimâ quartâ.* Hic est annus DCXXXVI. Quamplures veterum patrum tam græcorum quàm latinorum vitas continet, quorum maior pars in Rosweidi huius argumenti syntagmate iam publicata fuit.

241. Inter alia est libellus *De adventu SS. Apostolorum Iacobi, Petri, & Pauli in Hispanias.* Item *De vita vel mirabilibus sancti ac beatissimi Æmiliani presbyteri & confessoris, qui obiit Vergegii pridie idus Novembris.*

242. Sequitur aliud opusculum, seu carmen, *De vana sæculi sapientia*, eiusdem forsan auctoris (1). Immo omnia in eo codice contenta, paucis exceptis quæ suis quæque auctoribus disertè adscribuntur, Braulionis esse existimabat is qui de codice isto Æmilianensi monuit olim nos oculatus testis D. Antonius Zapata & Aragon, vir antiquis literis exercitatus, plurisque habendus si obtinuisset à se è manu sua non emittere quædam Chronica uti in schedis reperta, quorum fides apud eruditos nulla omnino est.

243. *Passionem sanctorum innumerabilium Cæsaraugustanorum martyrum, qui passi sunt sub Diocletiano & Maximiano Imperatoribus die* III *Kalendas Novembris*, ante paucos annos unà cum commentario ad leg. 12. Cod. *De religiosis & sumtibus funerum* Cæsaraugustæ edidit Ioannes Ludovicus Lopez Iurisconsultus Cæsaraugustanus exculti iudicii doctrinæque quam habuit ab amico nostro D. Ioanne Luca Cortesio ex codice eius membranaceo quingentorum, & ampliùs ut videtur annorum, gothicis literis scripto. Hanc septimi sæculi redolere stilum affirmatè, & Braulionis nostri sibi videri, ex coniectura existimat laudatus D. Ioannes Lucas: cui consentit Ioannes Ludovicus *Passionis* editor, in præludio secundo, & in notis quibus eruditè hoc opusculum germanamque antiquitatis gemmam illustravit. Id quod vel tantorum virorum præiudicio nobis arridet. Planè Ioannes Tamaius *Acta* hæc *innumerabilium MM.* die III. Novembris, prorsus tamen diversa, depromsit (2).

244. De epistolis Braulionis ad Isidorum

(1) Opusculum *prosaicum*, non *carmen*, inscriptum *De vana sæculi sapientia* Valerium Abbatem Monasterii Sancti Petri Montensis apud Astures auctorem habere, infra dicemus, in *Valerio.* Fabricius *Bibl. med. & inf. Lib. II.* non iure id Braulioni tribuit.

(2) Braulionis, uti à nonnullis doctis viris existimantur, *Acta seu Passionem Innumerabilium Martyrum Cæsaraugustanorum* vulgavit nuper è pervetusto Ecclesiæ Legionensis Codice Cl. Hispaniæ Sacræ Continuator Fr. Emmanuel Risco Augustinianus T. XXX. à pag. 305. cum ubere atque erudito commentario; de Braulione tamen eius Passionis auctore nihil definire audet, immo in alium propendet. Legionensem Codicem descripsit vir egregiè doctus & incorruptæ fidei D. Carolus Espinos eiusdem Ecclesiæ Canonicus, non ita pridem fato functus, atque apographum sine invidia nonnullis per Hispaniam viris Eruditis com-

rum & Isidori ad Braulionem, aliqua diximus cùm in Isidoro versaremur. Exstat quidem inter Isidorianas Braulionis una & altera ad eum scripta, quæ varia continent; & in his præcipuè urgentissimam expostulationem, urbanis tamen verbis conceptam, ut *Etymologiarum* librum, iam ut fama sparserat absolutum, ad se mitteret; cessaretque post sex annos, quibus exspectaverat opus hoc cuius promotor fuerat, ultrà se frustrari. Inter epistolas & ea venit laudanda quæ ad summum eius temporis Pontificem, Isidoro Pacensi & Roderico Toletano testibus, scripsisse dicitur; quamque, illorum verbis iam adductis, *Roma urbium mater & domina satis mirata est* (1). Qui quidem Pontifex necessariò erit Honorius, qui ab anno DCXXVI. usque ad annum DCXXXVIII. Romanam rexit Ecclesiam, si de rebus in Concilio IV. Toletano, quod anno DCXXXIII. celebratum fuit, peractis concepta fuit epistola, ut subindicare Pacensis videtur; sive aliquis ex tribus Honorii successoribus, Severinus puta, Ioannes, Theodorusve, qui æquales inde Braulioni vixere. Eiusdem aliam ad Fructuosum Bracarensem presbyterum datam se vidisse in archivo S. Iustæ Toletanæ finxit more suo Pseudo-Iulianus Advers. 488.

245. De labore huius magni præsulis in Etymologiarum S. Isidori magistri eius opere exantlato, diximus iam in Isidoro. *Etymologiarum* (ait) *codicem nimia magnitudine distinctum ab eo titulis, non libris: quem quia rogatu meo fecit, quamvis imperfectum ipse reliquerit, ego in viginti libros divisi*, in præfatione ad sancti Pontificis opera. Præter hæc reliquisse Braulionem & alia opuscula, non solùm Ildephonsus, sed & Isidorus Pacensis ex eoque Rodericus Toletanus referunt (2).

246. Circumfertur etiam Braulionis nomine inter ficulneas merces Toletani Chronicorum pseudonymorum auctoris, ad calcem illius quod Marci Maximi titulo inscribitur, appendix quædam veluti additionum potiùs quàm historiæ continuationis, additionibus aliis similibus, quæ Helecanem seu Helecam eiusdem Cæsaraugustanæ urbis nonò sæculo Episcopum præseferunt auctorem, ita commistarum, ut Bivarius ipse fateatur in Maximi editione, difficile admodum sibi fuisse de uniuscuiusque auctore diiudicare. Planè non hæc torsit difficultas editores Cæsarau-

communicavit. Inerant autem ei quamplurimæ hactenus ineditæ Braulionis ad varios Epistolæ, nimirum *Binæ ad Iactatum Presbyterum: Ad Taium Presbyterum: Ad Floridium Archidiaconum: Ad Fruminianum Presbyterum & Abbatem, binæ: Ad Basillam Germanam suam: Ad Apicellam: Ad Wiligildum Episcopum: Ad consanguineam suam Pomponiam Abbatissam: Ad Hoionem & Eutrociam, binæ: Ad Honorium I. Papam nomine Concilii VI. Toletani: Ad Eutropium Episcopum: Ad Unianimum Valentinum Episcopum, binæ: Ad Æmilianum Presbyterum & Abbatem, binæ: Ad Ataulfum: Ad Gundesindam & Agivarium: Ad Wistremirum: Ad Cindasuinthum Regem, binæ: Ad Nebridium: Ad Eugenium Primatem Toletanum: Ad Cindasuinthum Regem alia, Braulionis & Eutropii Episcoporum, & aliorum nomine: Ad Reccesuinthum Regem, binæ: Ad Taium Presbyterum & Abbatem*; ac demum ad *Fructuosum Presbyterum*: quas omnes Cl. Hispaniæ Sacræ Continuator optimo sane consilio volumini eius XXX. intulit à pag. 328. Sunt enim in iis plurima cùm ad Ecclesiasticam eius ævi historiam, tum præcipue ad eam quæ tunc in Hispania vigebat circa mores ritusque Ecclesiæ disciplinam dignoscendam apprime utilia, nec facile aliunde haurienda. In Escurialensi Codice recenti quidem, sed è vetere alio descripto, *Digramm.* & *Plut. IV. n.* 23. exstat: *Braulionis Cæsaraugustani additio ad librum Isidori de Viris illustribus.* Fabricius *Bibl. med. & inf. Lib. I. p.* 273. *Vitam Sanctæ Leocadiæ Toletanæ Virginis* Eidem tribuit.

(1) Ea omnino Epistola est quam Braulio nomine universi Concilii Toletani VI. Erâ DCLXXVI. seu Christi anno DCXXXVIII. V. Idus Ianuarii congregati ad Honorium I. Papam direxit: in qua purgat se Hispanosque & Galliæ Narbonensis Patres de nonnullis quæ in eos calumniose sparsa, ipsisque ab Honorio obiecta fuerant. Exstat apud Cl. H. S. Continuatorem T. XXX. à pag. 348.

(2) *Prænotationis Isidori Operum*, quam uno quasi ore Bibliographi Braulioni adscribunt, videtur hoc loco Noster non meminisse. Atqui nunquam minus prætereunda quam nunc est, cum litem de ea movet vir eximius, civis ac singularis, dum vixit, amicus ac studiorum meorum fautor Gregorius Mayansius Siscarius: qui in Nicolai Antonii vita, immortali *Fictitiarum Historiarum* Eiusdem *Censuræ* præmissa §. 125. *falsò eam Prænotationem Braulioni tributam* asserit; *idque pluribus à se, ubicumque locus aut occasio ferat, probatum iri pollicetur.* Quæ si ad veterem atque uberiorem illam à nobis alibi memoratam Braulionis Prænotationem referantur, quam à Cypriano Suarezio repertam Grialius ait in suæ Editionis Prologo, Ioannes autem Mariana in *Not. ad Isidori lib. I. contra Iudæos c.* 2. in duobus *certe vetustis codicibus à se visam* testatur: non usque adeo solliciti erimus; cum de ea Prænotatione nunc agamus quæ manibus omnium teritur, quæque Isidori operum collectionibus præfigi vulgo solet. Ac de hac, ut verum fatear, nihil mihi unquam accidere potuisset iucundius, quam à tanto viro rationes edoceri quibus in hanc sententiam pertractus fuit (non enim gratis aut pro lubidine quæ ex Eo retulimus iactata fuisse existimandum est), si quid forsan in tenui nostra penu esset quo dilui aut elevari utcumque possent. Interea vero dum eas in apricum ætas profert, unam veterum quotquot viderim codicum, ac Bibliographorum fere omnium (quibus Braulionis quade agimus Prænotatio ad internoscenda germana Isidori opera veluti fax & Cynosura semper fuit) consensionem, satis superque fore existimo, ut nullo pacto a gradu quem hactenus apud Criticos obtinuit, eam removeamus.

gustanum & Hispalensem: quibus præter segmenta seu Adversaria sex priora quæ Braulioni, cetera usque ad finem omnia Helecani adscribuntur. Mirè autem variat Matritensis Bivariana à duabus istis prioribus in collocatione Adversariorum: ut videantur planè non ex uno fonte exempla fuisse omnia derivata: sed ab eodem auctore, seu inventore, ad diversos, eo ordine qui sibi placuisset distributa, promanâsse.

247. Conficta hæc omnia sunt ab eo qui cogitationes suas plerumque temerarias, sive potiùs insanas, ne frustra vænales proponeret, eis titulum affixit veteris alicuius nominis quod pretium his conciliaret, curiososque abstrusarum rerum provocaret. Evangelicorum nempe hominum genealogias, propinquitates, peregrinationes, ordines, dies mortis, formasque, quasi memorata ab aliis, quæ somniavit ipse, falsò & absurdè prodit. Aliorum sanctorum virorum historias ad arbitrium suum fingit. Ut natas de aliis, hinc inde urgentibus documentis, quæstiones resecandi sibi palmam arroget, ex uno duos homines compingit. Denique is, gemellus Dextri atque Maximi, omnes eorum artes fallendi atque mentiendi gnavus exercet. Cuius experimentum rei unicum hìc exstare velim, interim dum copia non datur hos veritatis hostes stili clavâ conficiendi. Helecanis verè ad segmenta hoc pertinet quod nunc exagitare intendimus; sed in Helecane Braulionem, qui cum eo coagmentatus est & commistus, sive unus & idem cum eo est, urgemus.

248. Agitatur apud nos & Gallos iam diu quæstio de S. Vincentii Levitæ ac martyris Hispani, Valentiæ priùs tumulati, hodierno sepulcro. Lusitani Ulyssippone se id habere, Galli se in Castrensi Aquitanorum oppido iactant. Qua super re, ne sim prolixus, Andream Resendium adeas, Lector, in epistola doctissima ad Quevedum data, cuius non ita pridem mentionem fecimus. Utrobique cùm sacra colantur pignora, Vincentio martyri cognominum aliorum celeberrimo adscripta: credidit sibi laudi futurum Pseudo-Braulio hic, de quo agimus, si unius & alterius Vincentii, Valentiæ olim terræ conditi & asservati, indeque prioris ad promontorium sacrum Lusitaniæ; posterioris ad Gallias translati, compositâ ad historiæ similitudinem fabulâ, partes dudum sine missione invicem adversantes in concordiam redigendi sibi consilium succederet. Eò tendunt ea quæ num. 7. Bivarianæ editionis de duobus Vicentiis referuntur, altero Oscensi ex Hispania, Agennensi altero ex Gallia, sub eodem Valerio Cæsaraugustano præsule archidiaconis, utroque autem post martyrium in Valentia Hispaniæ nostræ sepulto. Quibus adiungit *Hispanus priùs allatus est ad promontorium sacrum; hic verò* (Gallus) *ad Gallias ad monasterium Castrense anno circiter DCCCL. Hispanus DCCLVII. obsidente Valentiam Abderegmane.* Annum audis, quo ex Valentia urbe Vincentius Agennensis ad Castrense oppidum fuit exportatus. Et tamen huius translationis mentionem Iuliano Archiepiscopo Toletano, qui ante ducentos annos ferè vixerat, paulò post attribuit. *Toleti fuit à Gundemaro ædificatum* (templum) *in laudem S. Vincentii Hispani Levitæ; & à Iuliano Archiepiscopo Toletano alterum in honorem S. Vincentii Agennensis in edita parte urbis regiæ; cuius devotissimus fuit, & fecit illi hoc carmen:*

Vincenti, pateris constans qui martyr Agenni,
Et levita sacer sanguine ad astra volas,
Mucro tibi caput eripuit funestus; at illo
Laurea sacra tibi non moritura datur.
Gallia te genuit, docuitque Augusta ministrum
Cæsarea, & Valerî sub pietate viges.
Gallia teque iterum recipit sacra verba docentem;
Maximianus inops mentis at ense necat.
Post cineres te præsul amans quoque Murila vectat.
Ipse Valentinus ad sua tecta vigil.
Tandem te ad patrios revocat volventibus annis
Andualdus ovans, iussus & ipse, lares.
Ora pro nobis, Vincenti &c.

249. Hæc illa translatio est ad Castrense oppidum ex Valentia, sive ex Cæsaraugusta, quam fecit Audaldus monachus Gallus monasterii *Conkittas*, aliàs *Okatas* nuncupati, post annum DCCCLV. regnante in Galliis Carolo Calvo: cuius translationis historiam ab Aimoino monacho [y] qui hoc ipso tempore vixit, & ab ore ipsius Audaldi quæ retulit se accepisse ait scriptam: Iacobus Breulius monachus S. Germani à Pratis primus publicavit, exstatque iterum edita in magno *De Actis sanctorum* opere XXII. Ianuarii [z]. Idem Aimoinus eandem historiam carmine composuit, in cuius initio annum sic expressit:

Bis quadringentis decies quinisque volutis,
Quatuor inque super cyclis à præsule Christo,
Virgineo semperque sacro de germine nato,
Au-

[y] Diverso ab Aimoino Floriacensi ætatis inferioris, de quo Labbeus multis altero volum. *De Scriptor. Eccles.*

[z] 2. tomo Ianuar. pag. 400.

Audaldus fuerat tali de nomine notus
In Caſtro monachus (1).

250. Ceſſaſne adhuc, Lector, impoſtorem peſſimè in fingendo cautum, & anachroniſmo duorum ſæculorum riſui ſeſe dantem, naſo ſuſpendere? Iulianus Toletanus Epiſcopus Quirici ſucceſſor, qui *Prognoſticum futuri ſæculi* ac *De ſextæ ætatis comprobatione* librum, aliaque ſcripſit, anno III. Egicanis Gothorum Regis florente adhuc in Hiſpaniis eorum imperio, erâ DCCXXVIII. (hoc eſt anno Chriſti DCXC.) diem vitæ clauſit extremum: quod Felix, eius in eadem Eccleſia Toletana ſucceſſor, prodidit [a]. Et hic, ſi ficulneis Braulioni aut Helecani bibulas commodamus aures, de tranſlatione S. Vincentii reliquiarum ab Audaldo carmen fecerit, quam anno DCCCLV. uti Aimoinus, aut circiter annum DCCCL. ut hic ipſe rei abſurdus & incautus enarrator agnoſcit, contigiſſe compertum eſt. Reliqua huius appendicis additionum, ſive Braulionis ſive Helecanis præſeferant nomen, hoc pede, Lector, moduloque metiri debebis, faterique non iniuriâ dictum ab auctore Synopſis hiſtoricæ ex *Actis ſanctorum* iam laudatæ: *Multo autem magis indubitanter audemus aſſerere illas decem annorum* (ab era CCCXLII. ad eram CCCLII.) *additiones, ficititio, quod ſub Maximi Cæſarauguſtani nomine prodiit, Chronico ſubtextas, ab eadem prodiiſſe officina, unde & Pſeudo-Dexter, & alia ſimilis figmenti portenta prodiere.* Nos ad alia. Dies S. Braulionis feſtus agitur XVIII. Martii in Cæſarauguſtana Eccleſia, uti nos docent Aragonenſes ipſi [b], non XXVI. eiuſdem menſis ut per errorem primus ſcriptum reliquit Thomas Truxillus qui & errare fecit Baronium, hic autem Pſeudo-Luitprandum, Pſeudo-Luitpranduſque demum Ioannem Tamaium, ut notatur in *Synopſi hiſtorica* iam laudata n. 20. Plura addunt noſtri hiſtorici de regio Braulionis ſanguine, miraculis in electione & obitu; ſed quæ vetuſtatis fundamento deficiuntur.

[a] Exſtat cum S. Ildephonſi libello *De Scriptor. Eccleſ.*

[b] Carrillo *Hiſtor. de S. Valero, y catalogo de los Prelados de Zaragoza* pag. 231.

251. EUGENIOS duos, Toletanæ Sedis alterum poſt alterum præſules, S. Ildephonſus miris extulit laudibus, quorum prior Cinthilæ, Tulganis, ac Cindaſvinthi Regum tempore huic præfuit Eccleſiæ. Non hic prior Eugenius Scriptor fuit, quamvis ſcientiâ clarus & ingenio callens; *Numeros enim, ſtatum, incrementa, decrementaque, curſus recurſuſque lunarum tantâ peritiâ novit: ut conſiderationes diſputationis eius auditorem in ſtuporem verterent, & in deſiderabilem doctrinam inducerent.*

252. Primum Gothis inter Toletanos antiſtites hunc Eugenium (eo enim antiquiorem alium haud noverunt) ſecutus eſt alter ſive ſecundus Eugenius, vulgò tertius. Quem ita deſcribit Ildephonſus: *Item Eugenius alter poſt Eugenium Pontifex ſubrogatur. Hic cùm Eccleſiæ regiæ clericus eſſet egregius, vita monachi delectatus eſt. Qui ſagaci fugâ urbem Cæſarauguſtanam petens, illic martyrum ſepulcris inhæſit, ibique ſtudia ſapientiæ, & propoſitum monachi decenter incoluit.* (Monaſterium incoluiſſe innuit S. Engratiæ, aliàs *ſanctarum Maſſarum* XVIII. martyrum Engratiæ ſociarum, quod tunc temporis præcipuo cultu frequentabatur (2). Vide Anton. de Iepes cent. 2. ord. Benedictini ad annum DCLVII. cap. 1.) *Unde principali violentia reductus, atque in Pontificatum adſcitus, vitam plus virtutum meritis quàm viribus egit. Fuit namque corpore tenuis, parvus robore; ſed validè ferveſcens ſpiritûs virtute.* Deinde refert eius opera, quibuſde nos poſtea, & abſolvit his caput: *Clarus habitus fuit temporibus Cindaſvinthi & Receſvinthi Regum, ferè duodecim annis tenens dignitatem ſimul & gloriam ſacerdotis; ſicque poſt lucis mundialis occaſum in baſilica ſanctæ Leocadiæ tenet habitatione ſepulcrum.* Erâ nempe DCLXXI. hoc eſt anno DCXXXIII. Toleti adhuc ſedebat Iuſtus, cùm celebraretur quartum Toletanum Concilium, Siſenandi tempore. In-

(1) Exſtat huius Audaldi, atque Illeberti revelationis, ac reliquiarum Sanctiſſimi Levitæ & Martyris Vincentii è Valentia noſtra ad Caſtrenſe in Aquitania monaſterium tranſlationis narratio in vetere Eſcurialenſi Breviario ineuntis ut videtur ſæculi XIII. *Lit. L. Plut. III. n.* 4. contractior tamen quam in Actis Sanctorum ad diem XXII. Ianuarii: quo loco univerſa eius itineris hiſtoria, patrataque ubique à Sancti Martyris reliquiis miracula accurate deſcribuntur, eorumque occaſione Eiuſdem parentes *Euticius*, & *Enola* nominantur, perinde quaſi hæc itidem Audaldo & Illeberto revelata fuiſſent: quæ non parum ab hiſtoriæ genio & ſimplicitate abhorrent, ac propterea ab Andrea Reſendio *Epiſt. ad Barth. Quevedum*, cum aliis eiuſmodi quæ de hoc argumento circumferri ſolent, ad aniles fabellas ablegantur. In antiquiore alio eiuſdem Bibliothecæ, ſæculi XII. Codice *Lit. L. Plut. III. n.* 3. in Matutini Sanctiſſimi Levitæ officii lectione IV. hæc ulterius de eiuſdem genere & alterius parentis patria leguntur: *Exſtitit enim* (Vincentius) *patre Euticio progenitus, qui fuit Agreſſi nobiliſſimi conſulis filius! Mater vero eius Enola ex Oſcha urbe dignoſcitur procreata!*

(2) Videtur hoc loco Noſter *Sanctas Innumerabilium* (ita enim vocantur) ſed Innominatorum *Martyrum Cæſarauguſtanorum maſſas*, confundere cum Duodeviginti eiuſdem Urbis Martyribus quorum laudes panxit, & nomina quæ metro claudi poterant expreſſit Prudentius *Periſteph. Hymn. XVIII. MM. Cæſaraug.*

Inter hunc annum & DCXXXVI. necessariò ei successit prior Eugenius, qui Toletano V. provinciali præfuit, sextoque nationali anno DCXXXVIII. tertio loco subscribens interfuit. Diem autem suum ante annum DCXLVI. obiens vacuum iam hoc anno reliquerat Eugenio nostro locum: quo scilicet, tertius etiam ordine subscribendi, septimi Toletani pars fuit. Falsus ergo Pseudo-Luitprandus, qui ad annum DCXLIX. Eugenii prioris mortem constituit. Patet autem non hunc sed posteriorem esse huius Concilii Eugenium, ex eo quòd in sexto posterior Eugenio legitur Honoratus Hispalensis; in septimo verò Antonius Hispalensis Eugenium præcedit: quod, nisi decedente post Antonii creationem priore Eugenio, contingere haud posset. Ordo enim inter metropolitanos iuxta ordinationis ætatem servabatur proedriæ. Interfuit quoque Toletano VIII. anno DCLIII. Reccesvinthi tempore. Præfuit nono provinciali DCLV. decimoque nationali DCLVI. sub eodem Rege. De his omnibus agit Rodericus Toletanus Episcopus lib. 2. cap. 22. Isidorus autem Pacensis, quamvis crebra memoret facta sub Eugenio Concilia: unum tamen octavum descripsisse videtur; licèt de Episcoporum numero inter eius Chronici & Conciliorum editiones aliquantulum intersit.

253. Die XIII. Novembris, quo obiisse dicitur, celebrat viri clarissimi sanctitatem Ecclesia Toletana, eius olim Sedes, ab anno MDCXIII. [c] Habeturque eius memoria in additionibus ad Usuardum, in Romano martyrologio, & aliis quæ noviores laudant [d]. In Divorumque numerum eum relatum fuisse Vasæus annotavit in Chronico ad annum DCLI. cuius rei auctorem producere debuit, ne Ambrosio Morali, qui sciebat nondum ætate sua festum de eo in Toletana Ecclesia diem agi, temerè ac sine auctore ullo id scripsisse videretur. Idem Ioannes Mariana observat lib. 6. cap. 9. sed nonnisi ad memoriam eius sancti à martyrologis factam Vasæus respexit: recentioribus nempe, Maurolyco & aliis nostratibus, non primo Cabilonensi, aut Equilino, aut Galesinio. Exstat quidem in Romani martyrologii ab Alexandro de Peregrinis facta editione Veneta anni MDLX. Natum quoque Eugenium è regiæ stirpis parentibus avunculumque S. Ildephonsi fuisse, iis credendum relinquimus, qui Pseudo-Iuliani nænias [e] alíquo pretio habent, aut quicquid alicubi scriptum est, è larario ipso veritatis desumtum existimant.

[c] Quintanadueñas *Santos de Toledo* siglo 7. dia XIII. de Nov. pag. 291.

[d] Idem Quintanadueñas & Tamaius hoc die.

[e] In *Collect. veter. carm.* ad finem edit. eius operum. Vide Moralem lib. 12. cap. 34. principio, Marian. lib. 6. cap. 9. Padilla centur. 7. cap. 45.

254. De operibus verò sic prosequitur Ildephonsus: *Studiorum bonorum vim persequens, cantus pessimis usibus vitiatos melodiæ cognitione correxit; officiorum omissos ordines curamque discrevit. Scripsit* De sancta Trinitate *libellum, & eloquio nitidum, & rei veritate perspicuum, qui Libyæ & Orientis partibus mitti quantociùs poterat* (ubi forsan Arianorum hæresis aliave Trinitati sacrosanctæ inimica etiamtum serpebat) *nisi procellis resultantia freta incertum pavidis iter viatoribus distulissent. Scripsit & duos libellos: unum diversi carminis metro, alium diversi operis prosâ concretos, qui ad multorum industriam eius ex hoc tenaciter sanctam valuerunt commendare memoriam.* Cuncta hæc periere. Nisi ex aliquo eorum sint testimonia illa quæ de resurrectione carnis & beatitudinis statu, S. Iulianus eiusdem Ecclesiæ Toletanæ præsul *egregio & sacro præceptori* suo Eugenio adscribit lib. 3. *Prognosticorum futuri sæculi* cap. 17. & 24. Unum autem exstat, de quo tandem Ildephonsus: *Libellos quoque Dracontii* De creatione mundi *conscriptos, quos antiquitas protulerat vitiatos, ea quæ inconvenientia reperit subtrahendo, immutando, vel meliora coniiciendo,* (*conficiendo* melius est) *ita in pulcritudinis formam coegit, ut pulcriores de artificio corrigentis, quàm de manu processisse videantur auctoris. Et quia de die septimo idem Dracontius omnino reticendo semiplenum opus visus est reliquisse: iste & sex dierum recapitulationem singulis versiculis renotavit, & de die septimo, quæ illi visa sunt, eleganter dicta subiunxit* [f]. Cuius viri sanctissimi iudicio de utroque poeta non parum detrahit αὐτοψία ipsa: quæ docet affatim quantum valuerit unusquisque eorum facultate pangendi carminis, ætatisque barbaræ sub qua natus Eugenius fuit, consideratio.

255. Dracontium temerè aiunt gente Hispanum fuisse nonnulli, credentes auctoribus heri & nudius tertius confictis: quorum ex numero Haubertus Hispalensis fabulosissimus omnium ceterorum ad annum Chronici sui CDXXX. num. 24. *S. vir Dracontius* (ait) *Oscæ Celtiberorum obiit, ubi erat presbyter.* Pertinet ad eundem poetam Iulianus archipresbyter Toletanus Adversario 498. Dracontii autem hoc opus inventum videtur fuisse anno MCDXCIV. in Bobiensi cœnobio Longo-

[f] Epistolam Eugenii ad Regem (Reccesvinthum fortè aut Chindasvinthum) de emendatione Dracontii inter apographa nostra habemus ex codice Gothico bibliothecæ Toletanæ. Item præfationem ad idem opus versibus scriptam, licèt ἀκέφαλον. Ac tandem recapitulationem septem dierum, ad finem libri Dracontii appensam. CARD. DE AGUIR. (1).

(1) Habetur in novissima Matritensi Sanctorum Patrum Collectione MDCCLXXXII. de qua mox T. I. pag. 34. *Cindasuintho*, non *Reccesuintho* inscripta.

gobardiæ, si non aliud est *Dracontii varium opus*, quem inter alios ibi tunc repertos libros Raphael Volaterranus in *Geographia sua*, sive *Commentariis* versùs finem enumerat. Meminit sanè Dracontii noster Isidorus, operisque eius *De creatione mundi*, cap. 24. *De Scriptor. Eccles.* Multa de *Hexaemero* Dracontii Gaspar Barthius lib. 7. cap. 20. lib. 9. cap. 7. & lib. 23. cap. 19. *Adversariorum*. Quem quidem poetam ad incertæ ætatis auctores minimè debuit Vossius referre [g]; cùm ex versibus eius constet sub Theodosio iuniore, qui ad quinquagesimum quinti sæculi annum vitam produxit, ipsum floruisse.

[g] Ult. cap. *De ætate poetar. latin.*

256. Editum fuit duobus libellis constans, cum Eugenii recognitione, & septimi diei appendice, aliisque eiusdem poematiis. Ex bibliotheca S. Victoris Parisiensi primùm prodiit auctore Gesnero, deinde Basileæ cum *poetis Christianis* aliis Georgii Fabricii operâ, & in *Bibliotheca veterum patrum* editionis secundæ anni MDCXXIV. quam præcessit altera editio Iacobi Sirmondi Parisiensis anni MDCXIX. Horum aliqua carmina inseruit actis Eugenii ad diem XIII. Novembris Ioannes Tamaius Salazarius. Poetica sanè eius facultas [h] pro captu illius temporis tam ex his apparet, quàm ex carmine quodam artificiose elaborato, quod ex MS. codice Michaelis Ruizii Azagrii dedit nobis Ambrosius Morales lib. 12. cap. 34. in quo singulorum versuum initiales & postremæ literæ EUGENIUS MISELLUS conficiunt [i].

[h] Habemus penes nos, ex codice suprà laudato, poematiorum Eugenii sesquicenturiam; inter quæ lepidissima multa, & nullo non sale condita: quæ aliquando è tenebris situque, in queis tamdiu latuerunt, emersura speramus. Simulque epistolam quandam ad Protasium Episcopum. CARDINAL. DE AGUIRRE (1).

[i] Habemus & nos acrostichidem hanc inter Eugenii poematia, cum epitaphii titulo. CARDIN. DE AGUIRRE.

Excipe Christe potens discretam corpore mente M
Ut possim picei pœnam vitare barathr I
Grandis inest culpa, sed tu pietate redunda S
Elue probra, pater, & vitæ crimina toll E
Non sim pro meritis sanctorum cœtibus exsu L
Iudice te prosit sanctum videre tribuna L
Uis, Lector, uno qui sim dignoscere vers U
Signa priora lege, mox ultima, nôsse valebi S

257. Michael enim Ruizius Azagra paraverat olim editionem horum Dracontii & Eugenii carminum ex codice gothico ante septingentos annos, ut ipse credebat, scripto: quæ quidem cum epistola eius ad Decanum & Capitulum Toletanæ Ecclesiæ Calendis Aprilis MDLXXVII. data, vidimus in MSS. bibliothecæ Villumbrosanæ tomo 7. *Miscellaneorum*. Adiunxerat & breves notulas: non utique à veteri proposito edendi deterritus notitiâ duarum editionum quæ præcesserant, Gallicæ & Germanicæ: de quibus certior factus fuit ex Belgio à Benedicto Aria Montano; cùm exemplum Parisiense ad se transmissum agnoverit mutilum sanè & incorrectum editum fuisse, ac in eo alterum Dracontii librum, & epistolam Eugenii, præfationemque deesse; sed omnia hæc supplevit editione sua Sirmondus, correctiore, ut existimo, quàm illa esset ab Azagra promissa. Nescio autem an Sirmondianam hanc præcesserit Ioannis Weitzii, alia adiectis eius notis, cuius ipse meminit ad S. Hilarii Pictaviensis *Genesim* Francofurti anno MDCXXV. editam. Thomas sanè Reinesius, vir singularis eruditionis, hanc editionem alicubi [k] laudans, Sirmondianâ priorem facit.

[k] Epist. 7. ad Daumium pag. 18.

258. More autem suo Pseudo-Iulianus, hoc est incautus & immemor, id quod priori Eugenio Ildephonsus, posteriori ipse attribuit [l]: dum non solùm *magnum poetam* in quo se continere debuit; sed & *magnum astrologum* vocat, confundens utriusque inter se laudes. Posterior enim poeta, prior autem astrologiæ doctrinâ insignis fuit.

[l] In Chronico num. 320.

259. *Missam S. Hippolyti martyris* scripsisse etiam dicitur instante Protasio Tarraconensi metropolitano: ad quem data epistola xx. Maii erâ DCLXXXVI. hoc est anno DCXLVIII. exstare dicitur in codice gothico MS. S. Æmiliani cucullati, qui hodie ad regiam Scorialensem bibliothecam pertinet [m] (2).

[m] Quintanadueñas ubi suprà pag. 291.

260. Meræ autem nugæ impostoris Pseu-

(1) Poematium Eugenii III. Toletani sesquicenturiam cum triplici eiusdem Epitaphio, præter EVGENII MISELLI acrostichida; necnon cum Epistola ad Protasium, atque alia ad Braulionem Cæsaraugustanum, è pervetusto Legionensis Ecclesiæ codice à Cl. Fr. Emm. Risco Augustiniano Hispaniæ Sacræ Florezii Continuatore ab anno MDCCLXXV. primum evulgata; cumque aliis bene multis è Toletano Ruizio-Azagrensi codice & aliunde haustis, corrasisque; & cum eruditis notis primus omnium splendidis typis edi curavit Excellentissimus atque Illustriss. Dominus Franciscus Antonius de Lorenzana & Butron Archiepiscopus Toletanus Hispaniarum Primas in amplissima Sanctorum Patrum Toletanorum Collectione Matritensi anno MDCCLXXXII. & MDCCLXXXV. Eiusdem iussu atque impensis procurata, duobus voluminibus *fol.* Eugenii III. Toletani Poemata emaculare tentavit Barthius *Adversar. Lib. LI. c.* 5. ibique nonnulla expendit eiusdem loca, fontesque unde hausta sunt indicat, hæc insuper de Ipsius ingenio ac lectione addens: *Fuit autem apud Eugenium aliquod ingenium & lectio quoque non pœnitenda; quæ tamen ambo gurges barbariæ sæculi fæce pæne oblimavit.* Felicior mihi in Iambicis & Trochaicis, quam in Epicis visus semper est. Exemplo sint frustum in Lamento de adventu propriæ senectutis: *Crudelis ætas* &c. atque in De brevitate vitæ: *Criminum mole gravatus* &c.

(2) Exstat item in Regia Bibliotheca Matritensi huius Eugenii ad Protasium Epistolæ exemplum è To-

Pseudo-Iuliani hæ sunt, quæ his verbis eiusdem suppositititii Chronici continentur [n]: *S. Eugenius correxit Itinerarium provinciarum factum iussu Traiani Antonini Augusti, & senioris Theodosii Imperatoris.* Nam quicquid de Itinerarii istius auctore, inter varios omnium ætatum Scriptores nunquam non controverso [o], divinare huic fabulatori eruditum antiquitatis hominem ridiculè ostentanti licuerit: nullo tamen veteri monumento, sive inciso, sive fuso, sive scripto, usquam unquam auditum lectùmve fuisse credimus Antoninum aliquem, sive Pium sive Philosophum, multoque minus iis inferiores Traiani sibi adaptâsse nomen. Leguntur quidem passim inscripti lapides Pii [p], quibus sese *Hadriani filium, Traiani nepotem, Nervæ pronepotem* Philosophique [q], quibus *Antonini Pii filium, Hadriani nepotem, Traiani pronepotem, Nervæ abnepotem* vocant: hoc tamen fuit familiam, seu adoptionis honorem iactare ac posteris transmittere; non tamen ita sese nuncupatos ostendere velle.

[n] Num. 329. ad ann. DCLIX.

[o] Flodoardus lib. I. *Histor. Rhemens.* cap. I. Æthico tribuit. Videndi Vossius *D. H. L.* lib. 3. pag. 691. Barthius lib. 45. *Advers.* 13. Userius *De Britann. Eccl. origin.* cap. 5. pag. 78. Simlerus ad Æthici *Itiner.* Schotus ad hoc *Antonini Itiner.* à Surita illustratum.

[p] Apud Onuphrium lib. 2. *Fastor.* pag. 339. & seqq. & in Thes. Gruter.

[q] Apud eundem Onuphrium pag. 345. & in Thes. Gruter.

261. Suppar fuit Eugenio, huic à quo iam discedimus, S. FRUCTUOSUS, qui Bracarensis cùm esset Ecclesiæ metropolitanus, unà cum Eugenio interfuit Concilio Toletano X. Editus hic è nobilissimo, immo & regio sanguine, ducis cuiusdam exercitûs Hispaniæ proles (1), spreto mundi fastu monachale institutum amplexus, primùm sese Conantio Palentino Episcopo viro sanctissimo spiritualibus disciplinis imbuendum tradidit. Condito hinc monasterio Complutensi (vulgò *de Compludo* non longè ab Asturica Castellæ veteris urbe, in regione illa quæ *Bergidum* olim, nunc autem *el Bierzo* audit [r]) in honorem SS. MM. Iusti & Pastoris, non ibi solùm accurrentes undique ad portum religionis viros saluberrimis ordinationibus innocentissimæque vitæ exemplo viam salutis docuit; sed & plura alia monasteria construxit, quæ vitæ eius auctor *Rufinianense, Visumense, Pheonense, Gaditanum, Nonum, ac Turonium* (2) disertis, plurimaque alia generalibus verbis appellat; neque

[r] Ambrosius Morales lib. 12. cap. 26. qui instrumentum fundationis, à Cindasvintho Rege confirmatæ laudat anno DCXLVI. formatum.

Toletana veterum opusculorum Cl. Ioannis Baptistæ Perezii collectione mutuatum: in qua totidem verbis atque in novissima Poematiun Eugenii editione legitur: *Missam Sancti Hippolyti vel orationes, si nobis oratu vestro vita comes adfuerit, ut potuero pro vestra iussione parabo.* Fugisse tamen videtur Clarissimi Matritensis Editoris diligentiam Eugenii poemation inscriptum *Epitaphium* (id est *Epigramma*) *coniugale* in vetusto Escurialensi *Fori Iudicum* codice *Lit. M. Plut. III. num.* 2. anno MCLXXXVIII. ut in eodem legitur, exarato exstans, nimirum:

, *In nomine Domini incipit Epitaphium coniuga-*
, *le à Beato Eugenio editum Glorioso Domino*
, *Reccesuintho Regi*
, *Rex Regum, Rex imperii, Rex iuris honesti*
, *En coram Te stat humane stirpis origo.*
, *Letetur se constare Te iudice* (*f.* vindice) *certo:*
; *Ut quod lex sacra tali de temate narrat*
, *Elatum Sceptrum terrenti robore firmet.*

IDILION.

, *Quisquis coniugii nexum contingere querit*
, *Humanam stirpem hec sibi forma notet.*
, *Sic clar... genere tota de parte manebit*
, *In mundo mundus sanguine cum fuerit.*
, *Non ergo iungat vicina* [t] *origine fedus*
, *Qui vult letari prolis amore pius.*
; *Nam si confinem ducat de sorte iugalem*
, *Incestu turpi commaculat sobolem;*
, *Sicque quod inlustri nature luce refulsit*
, *Ad tenebras sceleris sordida culpa trahit,*
, *Hac mox census honor libertas gloria compos*
, *Fedo lesa toro cuncta simul perient.*

[t] Videtur rest. *vicina* (ab) *origine*

Item in Londinensi Poetarum Latinorum Sylloge MDCCXIII. pag. 1574. prioris numerationis, col. 2. habetur elegans Hexadecastichon elegiacum *De Scæva, Rufino & Ati*, in quo eorum patria, genus, ætas, mors, resque ab iisdem gestæ pulcre describuntur, sub hac rubrica: EVGENII V. C. (*Viri Consularis*, seu *Clarissimi*). Hic autem EVGENIVS ex mea coniectura NOSTER quode agimus, sive TOLETANVS est: itidem ac DOMINVS EVANTIVS V. C. cui continuo in eadem Sylloge inscribitur Heptastichon *De ambigenis*, in Toletano quoque Ruizii-Azagræ codice exstans, & in novissima SS. PP. Toletanorum Editione T. I. pag. 30. inter EVGENII NOSTRI poematia relatum, EVANTIVS proculdubio ille, sive EFANTIVS Toletanus Archidiaconus est, Ildefonsi eiusdem Ecclesiæ Præsulis coævus patratorumque ab eo miraculorum testis, cuius postea mentio incidet. Ac si carmen *De ambigenis*, licet EVANTIO inscriptum, TOLETANO EVGENIO tribuimus: cur non potius Eidem poemation *De Scæva, Rufino & Ati* tribuamus, cum expressum EVGENII nomen in fronte gerat? Demum in Bibliothecæ Cottonianæ Historia eidem præfixa pag. XXXV. col. 2. memoratur codex *Psalterii Davidici* ante mille & amplius annos exaratus, eique assutus dicitur quinternio satis antiquus cum hac epigraphe: *Oratio Eugenii Toletani, versibus*; cuius initium:

Rex Deus inmense quo constat machina mundi,
Quod miser imploro Tu Christe perfice clemens &c.

Quæ certe non abludunt ab Eugenii Toletani genio.

(1) Ita legitur in Fructuosi vita à Divo Valerio Sancti Petri Montensis Abbate conscripta apud Cl. Florezium *T. XV. pag.* 451. *n.* 2. atque in Privilegio Cindasuinthi Regis XV. Cal. Novembris Era DCLXXIX. sive Christi anno DCXLI. Monasterio Sanctorum Iusti & Pastoris Complutensi (*De Compludo*) ab eodem Fructuoso erecto fundisque patrimonialibus ditato: cuius exemplum è Toletana Cl. Ioannis Baptistæ Perezii Collectione descriptum exstat in Regia Bibliotheca Matritensi, cum eiusdem confirmatione à Ramiro II. Legionis Rege die III. Septembris Era DCCCC.LXXXIV. seu Christi anno DCCCCXLVI: quod tamen Privilegium nonnullis suspectum habetur.

(2) *Rufinianense* seu *Rufianense* quod hodie *Sancti Petri de Montibus*, in Bergido, non procul Oppido *Ponferrada* ad caput fluminis Ozæ (vulgo *Veza*), mutuata scilicet vetere nomenclaturâ à vicino

que solùm virorum hæc, sed & fœminarum aliud cœnobium ædificavit (1).

262. Evectus è monacho ad pastorale munus, Bracarensi metropolitanæ Ecclesiæ imponitur in locum Potamii, auctoribus Toletani decimi Concilii, quod habitum fuit anno DCLVI. sub Reccesvintho Rege, patribus: in quorum decreto vocatur ipse iam Dumiensis Ecclesiæ Episcopus, quamvis de hac eius Sede in actis eius altum silentium. Ad quam quidem præambulam metropolitæ dignitatem non ita pridem ascendere potuit; cùm in octavo Toletano ante triennium celebrato, Avianchimari Dumiensis Episcopi nomine subscriptus legatur Osdulphus eius procurator. Floruit sub Recesvintho & Wambane, locum ut apparet Leodicisio relinquens, qui Bracarensi tertio præfuit, quod anno DCLXXV. celebratum novimus. Magnis virtutibus atque insignibus miraculis per totam Hispaniam vixit clarissimus: obiitque ob sanctitatis famam dignus ut à Bracarensibus, apud quos primùm habuit sepulturam; & à Compostellanis, ad quos post aliquot sæcula exportata eius venerabilia ossa fuere, decima sexta Aprilis die quotannis colatur.

263. Vita eius exstat ab Anonymo scripta, qui res quas narrat à Bene-nato & Iuliano presbyteris, & à Cassiano abbate primo eius discipulo se excepisse ait. Quem quidem S. Valerium esse, monasterii S. Petri de Montibus abbatem, de quo postea acturi sumus in sæculi sequentis Scriptoribus, ex eo quòd cum aliis huius operibus hæc Vita legatur: Ambrosius Morales, cùm eoque Sandovalius, & Tamaius, non temerè coniectantur [s] (2). Scabrosa quidem ea est, & gothicum sonans; quòd verò contra latinæ grammaticæ regulas peccat, ad exscriptores libens retulerim; nec omnino similis est aliis S. Valerii, quæ exstant in *Concordia regularum*: notante viro nostri temporis planè docto Ioanne Mabillone in *Actis SS. Benedictinorum* [t], qui post Prudentium Sandovalium [u] & Ioannem Tamaium hanc vitam in iis actis tertiò edidit [x]. Miraculorum autem eius enarratorem non hunc qui vitam scripsit eaque exactè refert, seu Paulum Emeritensem diaconum laudavit, quod mirum est, Ambrosius Morales lib. 12. cap. 35. deceptus forsan eo quod in eodem codice monasterii Carracedani Cisterciensis ordinis, qui subministravit ei laudatam S. Fructuosi ab Anonymo, sive à S. Valerio conscriptam vitam [y], Pauli etiam Emeritensis liber *De vitis PP. Emeritensium* simul fuerit: unde æquivoco ansa data. Certè ea omnia miracula, quæ è Paulo is refert, legimus apud vitæ auctorem: quem cur clarissimus Historicus ante oculos habens, non eius, sed Pauli, in quo nihil horum occurrit, testimonio usus fuit? Paulusne etiam præter Emeritensium patrum vitas de Fructuoso quicquam scripsit? Ego neque affirmare neque negare ausim: præcipuè cùm ex eodem Paulo Morales referat Fructuosum carmina quædam scripsisse, de quibus postea, quæ quidem in auctore vitæ non invenimus laudata.

264. Benedictini suo asserunt Fructuosum ordini: quod vellem, ut amplissimæ & religiosissimæ familiæ res sponte omnium feliciter cedere, solidioribus & ab antiquitate venientibus fundamentis innixum [z]. Liber enim eius, qui exstat unicus, regula monachis data, diversa prorsus est à Benedictina. Quæ frustra fuisset sic prudenter copioseque à sancto parente Benedicto formata, si sub eius vexillo militantes ita citò aliam vivendi normam sibi præscribere & arrogare præsumturi erant. Ac profectò aerem verberant qui has illorum, quos huic ordini addictos vixisse contendunt, Isidori nempe, Leandri, ac Fructuosi nostri regulas, veluti ad-di-

[s] Morales lib. 12. cap. 35. Sandoval. *Fundaciones de los monasterios de España del orden de S. Benito* 1. parte, Tamaius in *Martyrol. Hisp.* die XVI. Aprilis.

[t] Secul. II. pag. 581. in *observatione prævia.*

[u] Ubi proximè.

[x] Habemus quoque ea in magno opere *De Actis sanctor.* XVI. April.

[y] Ut ipse ait ubi proximè.

[z] Quod & Henschenii votum est XVI. Aprilis ad vitam Fructuosi.

no Castro *Rupiana*, cuius Valerius meminit num. 6. apud Cl. Florezium T. XV. p. 142. & 453. *Visumense*, Valerio *Visuniense*, Sancto Felici sacrum ad lævam fluvii *Visonia* dicti, in ipso Bergidi & Gallæciæ collimitio, ut idem Valerius n. 6. *Pheonense* sive *Peonense*, *ex alia parte Gallæciæ in ora maris*, eodem Valerio teste n. 7. *Gaditanum* suo nomine satis notum, cuius & Valerius n. 15. meminit. *Nonum*, non procul ut coniicere est ab Insula Gadium, *in abdita*, ut Valerius ait n. 16. *vastaque atque ab humana habitatione remota solitudine*: cui quod IX. passuum millibus à mari distaret, NONI nomen inditum. *Turonium* denique inter *Bracarensem urbem*, ut Valerius n. 21. & *Dumiense Cœnobium in cacumine modici montis*. Videndus de horum Monasteriorum situ Cl. Florezius T. XV. à pag. 143. & T. XVI. in charta chorographica Diœcesis Asturicensis.

(1) Nimirum cui *Benedicta* præfuit, octoginta sacrarum Deo virginum: incertum quo loci, *sed in alia*, ut Valerius n. 17. ait *solitudine*. De communibus autem virorum & feminarum cœnobiis quæ *Duplicia* olim vocabantur, paulo uberius nos infra hoc eodem cap. num. 267.

(2) Nullus iam de hoc superest ambigendi locus; cum in codicibus Ovetensi, Carrazedensi, Arlanziensi & aliis, Fructuosi vita primo omnium loco inter germana Valerii scripta recenseatur; itidem atque in vetere Toletano codice unde desumtum fuit Regiæ Bibliothecæ Matritensis apographum, quod nunc nobis ad manum est. Stilus præterea non similis modo, sed unus atque idem ac reliquorum Valerii operum: quod Cl. Florezius T. XV. pag. 139. observavit, nosque periculo facto didicimus.

ditionum seu commentationum Benedictinæ regulæ loco habent[a]. Quid enim importat hanc cum illis in uno aut altero convenire, cùm plurima & ferè omnia diversa sint? Inurbanè omnino aut inciviliter, ne dicam arroganter & irreligiosè, Fructuosus, Leander, atque Isidorus parentem sectæ suæ providentissimum tractâssent, si vel ea quæ Benedictus præscripserat aliis verbis efferentes, vel ab iis quæ præscripserat discrepantia commendantes, tam verba eius quàm præceptiones, parvipendere se palam significâssent.

[a] Mabillon. in præfatione *ad SS. Benedictin. Acta* tomo 1. pag. 36.

265. Ad *regulam* (ais) *patrumque instituta* Fructuosus provocat[b]. Non statim hæc regula Benedictina est, sed forsan veterum monachorum documenta, quos imitatus & æmulatus, vel auctoris vitæ eius testimonio, Fructuosus apparet. Audi illum ab initio ipso: *Postquam antiquas mundi tenebras supernæ veritatis nova inradiavit claritas, & à Sede Romana, prima sanctæ Ecclesiæ cathedra, Fidei catholicæ dogmatum fulgurans rutilaret immensitas; atque ex Ægypto orientali provincia excellentissima sacræ religionis præmicarent exempla, & huius occiduæ plagæ exigua perluceret extremitas: præcipuæ claritatis egregias divinas duas illuminavit lucernas, Isidorum reverentissimum scilicet virum Spalensem Episcopum, atque beatissimum Fructuosum ab infantia immaculatum & iustum; ille autem oris nitore clarens, insignis industriâ, sophisticæ artis indeptus primitias, dogmata reciprocavit Romanorum; hic verò in sacratissimo religionis proposito Spiritus Sancti flammâ succensus, ita in cunctis spiritualibus exercitatus, omnibusque operibus sanctis perfectus emicuit, ut ad patrum se facilè, quorum æquaret* (forsan legendum *ut & patrum se facilè coæquaret*) *antiquorum meritis Thæbeorum* Ægyptiorum ergo monachorum exemplar, non Benedicti noster secutus dicitur: aut *regulæ* nomen non semel in Fructuosi hac sed sæpius repetitum, non aliam ab ipsa regula, quam insinuare pergit, significare positum est.

[b] Cap. 8. prioris *Regulæ* & 15. posterioris.

266. In prioris partis cap. 1. *regularis traditio* ea vocatur. Cap. 3. *institutum esse regulariter* dicitur nullum omnino monachum in secessu loqui debere. In 5. *contra sanctionem regulæ usumque veterum* agere eum, qui comederit carnes, quibus nimirum eodem regulæ capite abstinere iubentur monachi. In 8. verba sunt quæ perpendit ad Benedictinam regulam huc immittendam Mabillonius[c]. *Obedientia præceptum est regulæ, ut impossibilibus quoque rebus opere atque affectu ostentetur & teneatur, usque ad mortem videlicet: sicut & Christus factus est obediens usque ad mortem.* Quæ, quamvis importuna parenthesi ab eo divaricata: non alium sensum à communi, quem tot aliis ex ea regula locis comprobamus, habent. Convenit autem caput hoc de obedientia sic stricta cum sexagesimo octavo *Benedictinæ regulæ* capite, cuius lemma est, *Si fratri impossibilia iniungantur*, ait idem Mabillonius. Sed quid inde? Tum nullus prohibuerit Fructuosum, quin ex Benedicti aut aliis regulis, flores ad suam decerperet sicuti & Benedictus aliis usus fuit: quod quidem *Concordia regularum*, hoc est Benedictinæ cum ceteris, à Benedicto Anianensi abbate scripta, & ab Hugone Menardo ante aliquot annos publicata, quemlibet abundè docere potest. Idem quoque reperitur in S. Columbani regulæ cap. 1.[d] quam nemo dixerit è Benedictina excerptam. *Obedientia* (ait) *usque ad quem modum definitur? Usque ad mortem certè præcepta est: quia Christus usque ad mortem obedivit patri pro nobis.* Convenit S. Basilii regula interrogatione 65.[e] & 69.[f] Quæ satis pro argumento quo utitur Mabillonius (1).

[c] Ubi suprà tomo 1. pag. 36.

[d] Exstat in *Codice regularum* Holstenii tom. 1. parte 2. pag. 154.

[e] In eiusdem Codicis tom. 1. par. 1. pag. 223.

[f] Pag. 225.

267. In eodem cap. 8. regulæ Fructuosi multa præfixa esse dicuntur *regulari sententia*, multa quoque *diuturna consuetudine* iussa: quæ quis dixerit ad Benedicti regulam respicere? In 6. quoque posterioris partis regulæ capite legitur: *qualiter debeant viri cum uxoribus ac filiis absque periculo vivere in monasterio:* quod quidem lemma eius est, ac respondet quæsito: *Cùm venerit quisquam cum uxore vel filiis parvulis, id est infra septem annos: placuit sanctæ communi regulæ, ut tam parentes quàm filii in potestatem se tradant abbatis*

(1) Unus Escurialensis sæculi X. codex, *Lit. A. Plut. III. n.* 13. inscriptus: *Vetus collectio Regularum Monasticarum & sacrarum Deo Virginum* conficit, peculiarem ac diversam omnino fuisse Sancti Fructuosi regulam à Sancti Benedicti. In eo enim hic habetur Regularum Monasticarum ordo. I. *Præfatio regule Domni Benedicti Abbatis;* & continuo: *Item Kapitule eiusdem regule Domni Benedicti Abbatis;* atque in fine: *Explicit regula Patris nostri Domni Benedicti Abbatis.* II. *Incipit regula Domni Fructuosi.* III. *Incipit regula Sancti Patris Isidori Abbatis instituti.* IV. *Incipit vita Sancti Pachomii, sive regula eiusdem.* V. *Incipit regula Domni Augustini Episcopi sanctis Virginibus Christi in monasterio consistentibus* &c. Exstat præterea in alio Escurialensi codice sæculi X. *Lit. r. Plut. III. n.* 25. *Sancti Fructuosi Regula Monachorum.*

tis (1). Quibus quidem verbis Benedictinam ſignificari, quæ nihil de huiuſmodi re cautum habet, dicere nemo audebit. Præterea de iiſdem rebus diverſiſſima utrobique, ſcilicet in Fructuoſi & Benedicti regulis, ſanciuntur: quod per ſingularia demonſtrare capita facillimum eſſet. Ex quibus omnibus hucuſque adductis contrarium potiùs ei ſententiæ, quam Benedictini recentiores propugnant de Fructuoſi monachatu, colligere debemus. Quod ſimiliter de his dicimus qui ad Auguſtinianum

Ccc or-

(1) Fructuoſum pro feminis quoque Monaſteria inſtituiſſe didicimus ex eius vita à Valerio ſcripta; neque tantum pro ſacris Deo virginibus, quale illud fuit cui Benedictam præfuiſſe paulo ante dicebamus, ſed & pro viduis, atque iis etiam feminis quæ ſimul cum viris, cumque filiis & filiabus ultro ſe Abbatum diſciplinæ atque imperio committebant, ut ex adducto à Noſtro loco è Fructuoſi Regula manifeſtum fit. Fuerintne autem hæc Monaſteria, quæ à Græcis *Dipla* à Latinis vero *Duplicia* vocabantur, nimirum in quibus viri & feminæ ſub eodem ac communi tecto (ne alias duo potius cœnobia eſſent) diverſis tamen diſcretiſque cellulis atque ædificii partibus, immo & Oratoriis ſive Eccleſiis, ut Cellierius *in Fructuoſo T. XVII. pag.* 747. atque apud eum Mabillonius docent, ſub unius Abbatis regimine abſque periculo (ut Fructuoſus ait) conviverent: mihi videtur vero ſimillimum. Atque horum in Hiſpania Monaſteriorum vel ante Fructuoſum veſtigia quædam exſtare mihi videntur in Canone XI. Concilii II. Hiſpalenſis anno DCXIX. ſub Iſidoro habiti. *Undecimâ* (aiunt Concilii Patres) *actione conſenſu omnium decrevimus ut Monaſteria Virginum in Provincia Bætica condita Monachorum adminiſtratione ac præſidio gubernentur::: ea tamen circa Monachos diſciplinæ cautelâ ſervata, ut remoti ab earum peculiaritate, nec uſque ad veſtibulum habeant accedendi familiare permiſſum* &c. Quæ quamquam pro ſacris Deo virginibus ſcripta ſint, nonnullam tamen *Duplicium Monaſteriorum* ideam nobis ingenerant. Huc etiam facere videtur quod in Eſcurialenſi ſæculi X. ineuntis codice *Lit.* r. *Plut. III. n.* 25. poſt Monaſticas Pachomii & Urſieſii, ſive Urſi (qui alter è tribus primis in Thebaide Monaſteriorum conditoribus fuiſſe perhibetur) Regulas, habetur: *Sententia pro Regulis Devotarum, id eſt Sanctimonialium feminarum*, hoc initio: *Nemo ad eas vadat viſitandas* &c. & continuo ſubditur ſecundi Hiſpalenſis Concilii canon XI. quem modo retulimus. Quod autem conficit exſtitiſſe in Hiſpania hunc *Monaſteriorum Duplicium* uſum, perduraſſeque minimùm uſque ad ſæculi XII. initia, Paſchalis II. reſcriptum eſt ad Didacum Gelmirezium primum Archiepiſcopum Compoſtellanum directum, exſtanſque in Hiſtoriæ Compoſtellanæ libro I. cap. 13. quod eſt *De Cardinalibus* (apud Cl. Florezium *T. XX. pag.* 33.) cuius verba hæc ſunt: *Illud omnino incongruum eſt, quod per regionem veſtram Monachos cum Sanctimonialibus habitare audimus: ad quod reſecandum Experientia Tua immineat, ut & qui in præſentiarum ſimul ſunt, diviſis longe habitaculis ſeparentur, prout arbitrio tuo & religioſorum virorum conſilio melius viſum fuerit; nec in poſterum conſuetudo huiuſmodi præſumatur.* Ignoſcet, ſpero, Lector ſi quæ de horum in Hiſpania Monaſteriorum uſu in Eſcurialenſi olim ſæculi X. ineuntis codice *Lit.* A. *Plut. I. num.* 13. legi atque extempore obſervavi, totidem ipſiſque verbis atque in Adverſariis meis Eſcurialenſibus habentur, parergi loco huc transfero. Exſtat in eo Codice, *Regulæ Monachorum* inſcripto, pactum mutuæ obligationis inter Sabaricum Abbatem, & eius cui præerat Monaſterii (fortaſſis Sancti Petri Montenſis in Bergido) monachos: in quo hi Sabarico gubernandos, & ſi quid deliquerint admonendos, corrigendos, proque delicti qualitate puniendos ſeſe ſponte committunt; & viciſſim Sabaricus iuſtè eos temperateque ac ſine imperio aut perſonarum acceptione habiturum & gubernaturum pollicetur. Huic autem conventioni ſimul cum viris feminæ ſubſcribunt. Iuvat eam, quia non admodum longa eſt, ac minime vulgaris, integram deſcribere.

Abſque rubrica.

, Et ſecundûm editum Apoſtolorum & regula mo-
, naſterii ſancta patrum precedentium ſancſcit autori-
, tas uno in cenobio Chriſto nos precedente hauite-
, mus. & quicquid pro ſalutem animarum noſtrarum
, adnuntiare. docere. arguere. increpare. impetrare. ex-
, communicare. vel emendare volueris. humili corde.
, intenta mente. deſiderio ardente. divina gratia opi-
, tulante inexcuſabiliter. domino ſabente adimplebi-
, mus. Quod ſi aliquis ex nobis contra regulam &
, tuum preceptum murmurans. ſuſurrans. contumax.
, inobediens. vel calumniator fuerit. tunc habeas po-
, teſtatem omnes in unum congregare. & lectam quo-
, ram omnibus regulam puplicum probare. & flagel-
, lare. uel excommunicare ſecundum intuytu culpe.
, unuſquiſque noſtrum reatu ſuo conuinctus ſuſcipiat.
, Si quis ſane ex nobis. quod ualde execratur regu-
, la. uel omnis ſcriptura. aliquis occulte conſilium
, cum parentibus. iermanis. filiis. cognatis uel pro-
, pinquis adprehenderit ſine conſilio abbati uel ſan-
, cte communi regule. habeas poteſtatem in nos in
, unumquenque qui hoc temtaberit per ſex menſes in-
, dutum tecmen raſum aut cilicio diſcintus & diſcal-
, ciatus in ſolo pane & aqua in cella obſcura opus
, exerceat excommunicatus. Quod ſi aliquis ex nobis
, iſta prona ſua uolumtate noluerit agere pœnitentiam.
, extenſus nudo corpore ſeptuaginta & dua flagella
, quoram omnibus accipiat. & depoſita veſte mona-
, ſterii indutus aliquod ſciſum laycale captans. denſas
, in tenebras nocte cum confuſione & nota à ceno-
, bio excommunicatus euellatur. Promittimus etiam
, deo & tibi patri noſtro ſabarico abbati. ut ſi ex no-
, bis aliquis. ſine benedictionem de fratres aut tuo
, imperio per uitium ad aliqua loca ad hauitandum
, tranſire uoluerit! habeatis poteſtatem incautam eius
, perſequi uoluptatem qui hoc temtaverit. & compræ-
, henſum ad regule cenſum reducere! & ſi aliquis eum
, defendere voluerit aut presbyter aut monachus aut
, quilibet layci. & ueſtram munitionem. aut ita ulte-
, rius apud ſe eum retinere voluerit. communicatio
, illius irrita ſit à diabolo. & participatio illius cum
, iuda traditore ſit in inferno! Et in preſenti ſeculo
, excommunicatus permaneat ab omni cætu chriſtia-
, norum qui hoc fecerit! Certe ſi quod credi nefas
, eſt! tu domnus quod deus fieri non patiatur. ſi ali-
, quis ex nobis iniuſte. aut ſuperbe. aut iracunde. aut
, certe unum diligere & alterum liboris odio conte-
, mnere. hunum imperare & alterum adolare blanditiæ
, excuſare! tunc & nos habeamus poteſtatem non ſu-
, perbe non iracunde per unumquemque decania pre-
, poſito noſtro querimonia inferre! & prepoſitus tibi
, domno noſtro pedes deobſculare & noſtra humiliter
, querella ſugerere. & tu nos patienter iubeas abſcul-
, tare & communi regule conſtitute cerbice humi-
, liare & corripere & emendare. Quod ſi corri-

,pe-

ordinem referunt [g]. Sed iam ad opera.

268. Præcipuum hæc regula est sæpiùs laudata, quam fecisse eum monachis in Complutensi seu Compluticensi monasterio à se susceptis indicare id videtur, quòd Quadragesimam quandam pro festivitate sanctorum Iusti & Pastoris, quibus hocce dicatum fuit monasterium indixerit [h]. Divisa hæc est in duas partes, quarum posterior speciatim dicitur *Regula monastica communis*, in editione quam *Regularum codicis* à S. Benedicto Anianensi abbate collecti è Romana Vitalis Mascardi officina anno MDCLXI. Lucas Holstenius vir clarissimus exire fecit [i]. Qui titulus ex illis quæ adducta nuper sunt, ex capite sexto huius partis verbis: *placuit sanctæ communi regulæ*, comprobari videtur. Menardum tamen [k], alteri & alteri Fructuoso priorem & posteriorem regulam tribuere scimus quam utique mentem instilâsse ei videtur Pseudo-Maximi locus ad annum Christi DLIX. [l] constituentis *Constantinæ in agro Bracarensi sanctum* quendam *Fructuosum Benedictinum abbatem*, *S. Romani discipulum*. Sed quicquid de hoc antiquiore Fructuoso & Romano eius magistro, in Hispaniis diem suum obeunte, cuius alibi meminit idem Pseudo-Maximus [m], ab eoque Menardus, non omnino tamen rei sive auctoris fidei certus, habuit: commenta sunt vanissimi capitis, quæ & in codice Estepano, seu fragmento, quod ad calcem excudemus, Dextri, Maximi, & Luitprandi primordiali illo, desiderantur, & iis quæ de S. Romano in Galliis abbate Gregorius Turonensis [n] æqualis eius in viri eiusdem sancti vita, qui uno ante S. Benedictum sæculo vixit, ut Martyrologi omnes [o] referunt, contraria sunt.

269. Pro omnibus adi sîs, Lector ingenue & veritatis amans, Godefridi Henschenii commentarium prævium ad S. Romani Iurensis abbatis acta die XXVIII. Februarii; & confer cum Bivarii ad Maximum, Tamaii, Cardosique in Martyrologiis Hispano & Lusitano, aliorumque huius sectæ hominum, quorum idola Dexter, Maximus aliique ficulnei sunt historici, rationibus, conciliationibus, tergiversationibus, hæsitationibus, in Romani historia, futilitatis & vanitatis plenis: quo luto hærere oportet eos qui, quamvis aliàs docti ac probi sint, horum pseudonuminum

Conspergunt aras, adolentque altaria donis. [p]

270. Fragmentum quoque exstat quoddam *De diversitate culparum super regulam S. Benedicti*: quod in nonnullis libris MSS. Fructuoso adscribi solet. Indignum tamen id Fructuoso esse Mabillonius rei auctor fatetur.

271. Paulo Emeritensi diacono acceptam referre nos debere quorumdam carminum S. Fructuosi notitiam apud Moralem legimus [q]: duorum scilicet epigrammatum in laudem Narbonensis Episcopi cui Petro nomen, Regisque Sisenandi, & cuiusdam diaconi (1).

272. Exstare quoque àit in Complutensis maioris collegii libro MS. epistolam ad Reccesvinthum Regem [r] scriptam: quâ precari eum videtur, ut cum quibusdam nocentibus clementer se habeat: in quo eiusdem temporis res agi videtur, quam Concilii octavi Toletani patres toto secundo capite satis prolixo expedire sunt conati. Edita fuit epistola hæc à D. Laurentio Ramirez de Prado in Luitprandi operum collectione Antuerpiæ ex officina Plantiniana Balthassaris Moreti anno MDCXL. sed

, pere te minime uolueris. tunc habeamus & nos po-
, testatem de altera monasteria abbates de conlatione
, nostra inuitare. & quoram eos te corripias. & tu
, nobis accepta regula perficias. & nos tibi discipuli
, subditis & adoptibi filii humiles ouedientes in omni-
, bus recognoscas. & Christo sine macula nos offeras.
, Amen. Hæc sunt nomina qui manus suas subscri-
, ptione vel signum in hoc pactum fecerunt.

Subscribunt autem huic pacto bini supra octoginta, in quibus *Alostus Presbyter : Manuel Confessor : Sarra... (f. Sarracenus) Presbyter : ::: ntudiyus Presbyter & Confessor : Bretus Diaconus : Recesindus Abba : Fundilani Subdiaconus* : reliqui Monachi atque inter eos : *Leobilli monacha : Luziana monacha : Eras monacha* ; & paulo inferius: *Teodildi manu mea monacha : Alia Teodildi manu mea monacha : Maria manu mea monacha: Froils manu mea monacha : Euaeza manu mea monacha : Sontrildi manu mea monacha : Adosinda cum filia mea Fñe. maria ubi nos trademus cum omne nostra facultate monache.*

Videtur autem hoc pactum è *communi* Fructuosi *Regula*, cuius bis meminit, descendere. Certe in eo sunt plurima tum ad Monasticam eius ævi in Hispania disciplinam spectantia; tum ad Monasteriorum conlationes, Abbatumque seu Præpositorum iisdem hierarchiam, & maxime ad prima vagientis tunc Hispani sermonis crepundia, quæ non facile alibi invenias. Quis autem hic Sabaricus fuerit? Dicam verbo. Ex Monacho & Abbate, Dumiensis primum Præsul, eaque Sede à Mauris dirutâ ad Mindunienſem Ecclesiam translatus, quam rexit ab anno DCCCCVII. ad DCCCCXXII. eius nominis secundus. Fuit etiam Sancti Rudesindi Episcopi postea Mindunienſis Institutor; exstatque eius memoria in Epigrammate consecrationis Ecclesiæ Sancti Petri Montensis apud Cl. Florezium T. XVI. pag. 132. & fusior T. XVIII. à pag. 70.

(1) Habentur bina hæc Epigrammata in Codice ἀνεπιγράφῳ Regiæ Bibliothecæ Matritensis, è quo ea Tomo XV. Hisp. Sacr. p. 152. seq. Cl. Florezius intulit.

[g] Ant. à Purificatione in *Chronol. monastica* Ulyssippone edita MDCXLII.

[h] Cap. 18. prioris partis.

[i] MS. exstat pluribus in locis. Codicem monasterii *de Carracedo* Cisterc. ord. Morales vidit. Alterum *S. Petri de Aslanza* Sandovalius: alterum Nucalensis monasterii Bivarius, uti refert ipse ad Maximum pag. 531.

[k] In præfatione secunda ad *concordiam regularum*.

[l] In editione Bivariensi pag. 512.

[m] Ad ann. DLXVIII. n. 13. pag. 495. & 510.

[n] *De Vitis P.* cap. 1.

[o] Die XXVIII. Feb.

[p] Regulæ S. Fructuosi, huius meminerunt Egbertus Eboracensis Archiepiscopus, Burchardus Wormatiensis, Benedictusque Anianensis abbas, locis ab Henschenio adductis in *præfatione ad Vitam S. Fructuosi* XVI. Aprilis.

[q] Lib. 12. c. 36. fol. 51.

[r] Penes nos habemus ex codice gothico olim Ecclesiæ Ovetensis, nunc autem Bibliothecæ Toletanæ. Quam in collectione nostra τῶν ἀνεκδότων. (quamvis à Ramirezio luce donatam) cultiorem ac emendatiorem iterum forsan luci publicæ committemus. CARDINALIS DE AGUIRRE.

sed tamquam ex collectione Iuliani S. Iustæ Toletanæ archipresbyteri quarumdam veterum præsulum epistolarum (1). Iulianus nempe nostræ ætatis, eas quas in MSS. codicibus, quorum copiam habuit, lectu dignas existimavit, in unum à se coactas, Iuliano illi antiquo, si verè aliquis fuit, supposuit (2).

273. At quàm impudenter idem Pseudo-Iulianus, præfractæ audaciæ bipes, nostri Fructuosi historiam suis fœdare fabulis ausus fuit! Pertinent huc ex portentoso *Adversariorum* eius opere, quingentesimus decimus cum duobus sequentibus numeris: in quibus hoc in primis falsum est [s], Conantium Episcopum, sub quo ut in eius refertur vita Fructuosus aliquo tempore vixit, non Palentinum fuisse illum cuius S. Ildephonsus meminit Episcopum; sed Agaliensem Toleti abbatem, ex quo ad eiusdem urbis Sedem ascendit [t]. Conantium, fateor, aliquem, aliàs Venantium, inter Adelphium & Aurasium, Toletanum Episcopum habet Loaisæ catalogus, largeque Pseudo-historici ficulnei huic nomini favent [u]. Sed cùm S. Ildephonsus disertissimis verbis Aurasium post Adelphium referat [x] huic Ecclesiæ datum Episcopum fuisse: non est cur ei fidem derogemus. Et cuinam alii credas Conantio tributum fuisse viri sanctissimi elogium ab auctore vitæ S. Fructuosi quàm Palentino Episcopo, quem elogio suo Ildephonsus commendavit [y]? Accedit vicinitas Bergidensis territorii, unde se Fructuosus ad Conantii Episcopi disciplinam proripuit, longè maior cum Palentina, quàm cum Toletana urbe.

274. Nodum quoque plusquam Gordium continet, non quidem ficulneo scindendum gladio, Fructuosum anno DCVII. fuisse monachum sub Conantio monacho Agaliensi Toletano præsule [z]: qui Conantius (si revera fuit aliquis Toleti huius nominis præsul) anno DC. iuxta Maximum, Adelphio successerit, eodemque anno aut sequenti sive ut plurimum tertio, iuxta Iulianum [a] martyr in Gallia Narbonensi factus, locum Aurasio vacuum reliquerit. Falsissimum quoque est Recesvinthum Regem dedisse multa Complutensi monasterio: ac si huius fuerit privilegium quod *de Compludo* vocant, anno DCXLVI. indultum; & non Cindasvinthi, de quo Morales lib. 12. cap. 26. exstatque apud Tamaium die XVI. Aprilis [b]. Deinde num 511. Pseudo-Iulianus Sisenandi tempore floruisse refert Episcopum Bracarensem S. Petrum, postea Narbonensem, ad annum DCXLVI. mortuum: quod factum celebrare ait epigrammate quodam latinè S. Fructuosum nostrum. Hocce carmen illud est, de quo nos suprà.

275. Sed Petrum illum Narbonensem Episcopum à Fructuoso celebratum, Bracarensem antea Episcopum, floruisse Sisenandi tempore merum somnium est. Nam vel floruit Sisenandi tempore adhuc Bracarensis, vel Narbonensis iam Episcopus. Narbonensem si dixeris, opponam Selvam huius Sedis antistitem altero post Isidorum Hispalensem loco sedisse, quatuorque alios metropolitanos præcessisse in Concilio Toletano IV. quod habitum fuit anno tertio Sisenandi Regis: quam proedriæ prærogativam ex antiquiori ordinatione provenientem, incredibile est tricennali recentiorem, hoc est eiusdem Sisenandi Episcopum, consequi potuisse. Aliter enim non potuit quatuor aliis antistare, quàm si quatuor illi intra sic breve temporis intervallum omnes metropolitæ ordinati fuissent. Si autem Bracarensem adhuc Episcopum sub Sisenando vixisse credideris: admitto nihil contrarium ex eiusdem Concilii ordine subscriptionum paulò antè considerata insurgere; nam quod in eo Iulianus Bracarensis Episcopus interfuerit, duosque alios metropolitanos, Iustum Toletanum & Audacem Tarraconensem post se habuerit: non omnino evincit Iulianum veterem iam tunc fuisse Bracaræ Episcopum, neque intra idem Sisenandi triennium tam ipsum quàm Petrum à Fructuoso decantatum præesse Bracaræ haud potuisse. Ex S. Ildephonso enim certum est [c] Iustum Toletanum trium annorum dumtaxat Episcopum, eiusdem Regis

[s] Advers. 510.

[t] Quamvis hoc credat Mabillonius in *notis ad S Fructuosi vitam.*

[u] Maximus ad ann. DC. num. 1. Iulian. in Chronico num. 312.

[x] Cap. 5. *De Script. Eccles.*

[y] Ita censuere Morales lib. 12. cap. 35. Loaisa ad Conc. Tol. X. pag. 504. Acuña *Hist. de los Obispos de Braga* 1. par. cap. 86. Sandoval in *Fundationibus* fol. 16. Bivar. ad Max. pag. 705.

[z] Uti dicitur in eodem *Advers.* 510.

[a] In Chron. num. 313.

[b] Pag. 677.

[c] *De Script. Eccles.* cap. 8.

(1) Exstat item in Codice Escurialensi sæculi X. *Digramm.* &. *Plut. I. n.* 14. sub hac rubrica: *Epistola Domni Fructuosi à Domno Recesuindo Rege directa pro culpatos quos retinebatur de tempore Domni Scindani* (id est Scindasvinthi, ut τὸ *vvinth* Gothicâ dialecto quasi appendix & cauda fit nominum *Scinda* & *Recces*). Incipit: *Vereor ne sæpe suggerendo gloriæ vestræ*, &c.

(2) Apud Cl. Hisp. Sacr. Continuatorem T. XXX. pag 383. exstat *Fructuosi Presbyteri Epistola ad Braulionem* hoc initio: *Scripturæ Sacræ &c.* Videtur autem Fructuosi nostri esse atque in Bergidensi Monasterio scripta: *Supplex* (inquit) *suggero ut pro mercede tua de Collationibus Casiani illumines Monasteria ista*; & paulo inferius: *Nos longe positos & Occidentis tenebrosa plaga depressos non despiciatis &c.* Consonat Braulionis responsum in quo legitur p. 387. *Felix tu* (Fructuose) *qui huius mundi contemnens negotia præelegisti otia sancta ::: Felix illa eremus & vasta solitudo, quæ dudum tantum ferarum conscia, nunc Monachorum per te congregatorum laudes Deo præcinentium habitaculis est referta &c.*

gis Sisenandi tempore, novendecimque ante eum diebus obiisse; & consequenter sub eodem Rege, qui tres annos & undecim menses regno præfuit, creatum fuisse. Quo cum bene stat Iusto Toletano antiquiorem vel paucis diebus Iulianum Bracarensem, tertio Sisenandi anno, fuisse; atque in Petri sub eiusdem Sisenandi principia florentis locum succedere potuisse.

276. Attamen inde, ne in præceps sese dent, statim pedem revocare debent Pseudo-Iuliani defensores. Fateri enim his necessarium erit Petrum ex Episcopo Bracarensi Sisenandi tempore translatum fuisse ad Narbonensem Ecclesiam: quod præterquam quòd Bracarenses malè habebit, sanctissimumque, qualis audit, Episcopum parum deceat nulla spe maioris fructus æqualem pro æquali commutare Sedem: impossibile factu est; cùm Concilii IV. Toletani tempore Narbonensem Selva habuerit vetus antistes, Iulianusque Bracarensem, & adhuc Petrus in vivis fuerit. Vixit enim, eodem Pseudo-Iuliano teste, usque ad DCXLVI. Quonam ergo abiit Petrus, quum sub annum DCXXXI. aut circiter, & Sisenandi initia, locum fecit in Bracarensi Ecclesia Iuliano? Nam plena tunc temporis erat Narbonensis cui iam diu præfuerat, præfuitque etiam usque ad DCXXXVIII. annum quo sexto Concilio Toletano interfuit Selva. His salebris cùm se extricaverint, Achillem eorum nonnihil habebimus. Et iam satis multa. Sed tanti constare solet ea, quæ antiquitatis specimine sese venditant, fide quam fortè invenerunt exauctorare.

277. Neque dedecet laudare hìc poetam ANONYMUM qui nomine Chintilanis nostri Gothorum Regis carmen formavit, quod cum velo ab eodem Romam destinato legeretur. Produxit carmen id, hactenus invisum, ex codice monasterii Elnonensis in Belgio Ioannes Mabillonius Benedictinus, Gallus, nunquam sine præcipuæ laudis elogio nominandus, inter *Analecta* sua [d] *vetera*. Quod ita incipit sub hoc lemmate: *In velo, quod à Chintilane Rege Romam directum est.*

[d] Edita Parisiis ann. MDCLXXV.

Discipulis cunctis Domini prælatus amore
Dignus Apostolico primus honore coli:
Sancte tuis, Petre, meritis hæc munera supplex
Chintila Rex offer: pande salutis opem.

Sed quod advertere debuit vir eruditissimus, hactenus pertinet carmen tetrastichon velo scribendum. Cetera alterius telæ & argumenti sunt: nempe illius poetæ, qui planè voluit sub exemplis rerum inter se disparatarum significare adhuc difficilius esse ac indecentius Rusticum Euceriæ coniungi.

CAPUT VI.

De S. ILDEPHONSO *Toletano præsule, atque eius rebus gestis & scriptis.* De virginitate S. Mariæ contra tres infideles *liber. Quinam hi* infideles. *Laudatur Alphonsus Vasquez de Miranda Abbas S. Anastasiæ. Plura de his operibus Ildephonsi. Missæ quædam in codice Toletano; & quidnam huius temporis* Missa. *Epigrammatum Ildephonso adscriptorum quædam supposititia & falsa; immo & germana alia corrupta & adulterata. Pseudo-Iuliani adulatoria levitas in formanda S. Ildephonsi stirpe. De Bonito Arvernensi Episcopo eiusdem ac Pseudo-Luitprandi somnia. Additio ad Chronicon S. Isidori quale opus. Roderici Toletani locus depravatus corrigitur. Ioannis Gerundensis Episcopi error notatur. Francofordiensis Concilii non æqua de S. Ildephonsi doctrina opinio. Liber adversus eos qui disputant de perpetua virginitate Mariæ, non est Ildephonsi. Huius & aliorum sui temporis in Hispania scribentium phrasis & eloquentia describitur. Paschasio Ratberto hic liber iam hoc tempore adiudicatur. Pseudo-historicorum licentia in assignanda Ildephonso huius scripti occasione multis refellitur. De modo parturitionis Deiparæ anceps etiam inter catholicos iudicium. S. Amando Traiectensi antistiti falsò tributa in Hispaniam adventus & munus Episcopi. Francia non de tota Gallia tunc dicta. De Genesiis duobus, Arvernensi Episcopo & Corbeiensi abbate, eorumdem Pseudo-historicorum figmenta.*

278. SANCTUS ILDEPHONSUS Toletanus antistes sequitur, qui sub iisdem Regibus Cindasvintho & Reccesvintho maximè floruit, cuiusque postremi *nono anno* (ut Iulianus ait, Episcopus & ipse Toletanus, in brevi eius elogio) *ascitus in Pontificatum, noven annis & duobus fere mensibus clarus habitus, vitæ meritis, & retentatione* [e] *regiminis, expleto octavodecimo eiusdem principis anno decimo Calendarum Februariarum viam universæ carnis fuit ingressus.* Ordinatus igitur anno DCLIX. ad superos abiit anno DCLXIX. die Ianuarii XXIII. ad quem diem refertur eius memoria in Romano Martyrologio: quam & reperiri apud vetustissimum Adonis Martyrologii exemplar Ioannes Mabillonius prodit [f]. Planè ea quæ de rebus sanctè ac laudabiliter ab eo gestis dicuntur, conservantque libri recentiores, omnia è duobus celeberrimi sui temporis viri encomiis derivata sunt: quorum auctores fue-

[e] Aliàs *veneratione*: sed nihil mutandum, *Retentatio* pro retentione; frequentativum pro simplici. Sic alibi *renotare* pro *notare* in *Prologo*: *retemperare* pro *temperare* in Montano.

[f] *De Actis SS. Benedictin.* sæculo II. in *vita S. Ildephonsi.* pag. 516. lit. d. in *notis*.

fuere, prioris quidem Iulianus is quem diximus post Quiricum Ildephonsi successorem Toletanus antistes, ei quem descripsit coævus; posterioris Cixilla (1), & ipse aliquando hoc est sub Maurorum tyrannide eiusdem Ecclesiæ præfectus, qui è coævis audivit. Nonnihil etiam S. Eugenii III. de quo locuti iam sumus, quædam carmina præstant. Luitprandum, Iulianumque, & si quos alios pseudonymos adorat cæca noviorum superstitio, pariter cum his haberi debere auctores sumus, qui nec unius quidem sæculi ætatem habent, neque ipsi auctoritatem olim notis præstare possunt; sed ab ipsis, quum in ordine suo sese continent, mutuò accipere contenti esse debent.

279. Natum Toleti ex nobilissimis parentibus Stephano & Lucia Ildephonsum fama fert: sub Rege nimirum Witterico, anno huius sæculi septimo [g]. Lucia soror germana dicitur fuisse Eugenii III. Toletani præsulis, qui puerum Ildephonsum, primis à se literis ac pietatis amore [h], cùm adhuc ipse in Ecclesia Toletana, priusquam Cesaraugustæ induisset monachum, Ecclesiastico munere distineretur, imbutum, ad S. Isidorum Hispalim disciplinis omnibus instruendum remisit. Hinc ille evadens qui iam inde apparere cœpit, vir omnibus doctrinæ & sanctitatis numeris absolutus, Toletum rediit; & sub Helladio antistite monachale institutum in SS. Cosmæ & Damiani monasterio, quod & Agaliense audiit, eiusdem urbis amplexus fuit. Helladius Levitæ ordinem ei contulit sub vitæ suæ finem, qui Sisenandi principio, hoc est circa annum DCXXXI. contigit: quod Ildephonsus ipse de Helladio loquens [i] sibi testimonium præstitit. Abbas deinde electus sui monasterii, non alterius, (aliis aliter placet [k]) quod à Iuliano apertè dicitur: è monachorum præfectura, Eugenio eius avunculo diem suum obeunte, ad Toletanæ Ecclesiæ regimen invitus, principalique (uti Iulianus idem vocat) violentiæ cedens transfertur. Abbas adhuc interfuit monasterii Complutensis à S. Fructuoso erecti dotationi, sæculi huius anno sexto super quadragesimum [l]; inde Toletano Concilio VIII. anno quinquagesimo tertio; necnon & IX circa annum DCLVII. ut è subscriptionibus constat.

280. In pontificio Toletano, cui post biennium initiatus creditur, veluti *facula ardens*, ut Cixila loquitur, *omnem Hispaniam* castimoniæ scilicet, prudentiæ, christianæque universæ doctrinæ, heroicarumque omnium virtutum radiis *perlustravit.* Ut dignus habitus sit, stupendis duobus sibi à Deo collatis beneficiis signatam & consecratam sui memoriam posteris transmittere. Sacrum enim celebranti coram Recceswintho munus, Leocadia virgo & martyr apparuit, locumque sepulturæ hactenus frustra quæsitum ostendens, gratias viro sanctissimo pro defensa Deiparæ matris virginitate, quòd paulò ante libris editis præstiterat, eius nomine habuit. Cuius martyris sanctissimæ, civis suæ, veli segmentum cultello [m] raptim à Rege ministrato ab Ildephonso præcisum, servari apud Ovetum in arca sancta reliquiarum constans fama est (2). Nec diu pòst in Ecclesiam die festo Exspectationis partus B. Mariæ Virginis ad peragendum matutinum officium veniens, eandem filii Dei matrem in Episcopali cathedra sedentem oculis mortalibus conspicere, sibique benignè alloquentem audire; ac de thesauro cœlesti acceptam vestem, quâ ipse in hoc solemni festo solus uteretur, sibi porrigentem, adorare promeruit, quod cum aliis per eum ab Spiritu sancto peractis miraculis retulisse sibi Urbanum & Evantium Cixila testatur: quorum prior ab Isidoro Pacensi [n] dictus Toletanæ Ecclesiæ veteranus melodicus, hoc est cantor; Evantius autem eiusdem Ecclesiæ archidiaconus, *doctrinâ, & sapientiâ, sanctitateque, & in omni secundum Scripturas spe, fide, & caritate, ad confortandam Ecclesiam Dei Hispanam*, iam sub captivitate gementem; uterque clarus. Hos auctores Cixila habuit, quorum testimonio fidem rei adstrueret: quantumvis de ea siluerint Iulianus [o], & Isidorus Pacensis [p].

281. Egregiè autem confirmat famam rei ubique vigentem duodecimi sæculi Scriptor Hermannus monachus, quem historicum Vossius ignoravit, *De miraculis sancta*

[g] VI. visum Pseudo-Luitprando in Chronic. erâ DCXLIV.

[h] Animadvertit hoc Morales. lib. 12. cap. 39. confirmantque Acta Breviarii Asturicensis. MS. apud Tamaium XXIII. Ian. pag. 247.

[i] *De Viris illust.* cap. 7.

[k] Tamaio I. tomo *Martyr. Hisp.* die XXIII. Ian. pag. 255. & 256.

[l] Morales lib. 12. cap. 26.

[m] In prosa quadam facti olim officii, quod adducit Tamaius pag. 260. *ganipulo* Regis id factum dicitur. *Ganivete de mesa* vocabulum est nostræ gentis antiquatum.

[n] In Chron. ad eram DCCLVII.

[o] In elogio laudato.

[p] In Chron. ad eram DCCXXI. ubi de Ildephonso.

(1) Ildefonsi vitam Cixilani assertam, & cum pluribus Codicibus collatam vulgavit Cl. Florezius T. V. à pag. 504. quæ in novissima SS. PP. Toletanorum collectione Matritensi T. I. à p. 96. sub eiusdem Cixilanis nomine recusa est. Toletanus tamen sæculi XII. aut ineuntis XIII. codex hunc titulum præsefert: *Incipit vita vel gesta Sancti Hyldefonsi Episcopi Toletanensi Sedis Metropolitani à Beato Elladio Episcopo eiusdem Urbis, edita decimo kalendis Febroarii*: cui consonat Vaticanus olim Christinæ Suecorum Reginæ n. 563. & Galliarum Regis alius T. III. pag. 269. n. 2359. Falsò. Litem verbo dirimit Æmilianensis Codex anno Christi DCCCCXCIV. exaratus in quo fol. 230. legitur: *Incipit vita vel gesta Sancti Ildefonsi Toletani ::: à Cixiliani eiusdem urbis Episcopo edita &c.*

(2) Servatur is cultellus Toleti hodie in amplissimo Illmi. Canonicorum Collegii Cimeliarchio, summa eius populi ac vicinorum frequentia ac veneratione cultus habitusque.

ctæ Mariæ Laudunensis, in epistola ad Bartholomæum eiusdem Ecclesiæ Episcopum [q]. *Cùm dudum* (inquit) *in Hispaniam ad videndum gloriosum Regem Ildephonsum* (Alphonsus hic Aragoniæ Rex, atque item Castellæ per Urracam uxorem) *Feliciæ* [r] *matertera vestræ filium, profectus, felicissimum ab eo promissum suscepissemus, quòd si secundò ad eum videndum reverteremini, daret vobis corpus B. Vincentii Levitæ & martyris; necnon & casulam pretiosissimam, quam B. Dei genitrix S. Ildephonso Toletanæ civitatis Archiepiscopo dederat ob remunerationem trium libellorum, quos de virginitate sua composuerat*, &c. Sed de hac re commentaria [s] nostrorum hominum quæso adeas Lector; ne nos ampliùs ea quæ ad bibliothecæ argumentum ex Ildephonsi rebus gestis pertinet differamus.

282. *Scripsit* (Iulianus ait) *quamplurimos libros luculentiore sermone potissimos, quos idem in tot partibus censuit dividendos, idest:*

283. *Librum prosopopoeiæ imbecillitatis propriæ*: qui deperditus fuit.

284. *De virginitate S. Mariæ contra tres infideles libellum.* Hic liber primùm, quod sciam, editus est ab æque pio ac docto viro Michaele Alphonso Carranza Valentino, instituti Carmelitarum: qui quidem collatis inter se duobus MSS. codicibus, altero Gregorii Mirandensis Valentini Fidei rerum iudicis, altero Hieronymianorum Gandiensium, prodire eum fecit Valentiæ anno MDLVI. in 8.° ita inscriptum: *Sanctissimi patris nostri Ildephonsi Toletanæ Ecclesiæ Archiepiscopi libellus* De illibata ac perpetua virginitate sanctæ ac gloriosæ genitricis Dei Mariæ ἀντὶ τριῶν ἀπίςων, *adversus tres infideles* (haud credimus græca ista ab Ildephonso esse, sed à noviore aliquo, qui græcissare importunè (1) voluit) *ordine synonymorum conscriptus.* Adiunxit & vitam, quam & emisit Hieronymus Welæus Lovanii anno MDXLIX. cum eodem hoc libro. Anno sequenti MDLVII. à Basilio Melanio, Congregationis Casinensis monacho, Basileæ in 8.° etiam publici iuris iterum factum hunc eundem libellum scio.

285. Post aliquod tempus Franciscus Fevardentius Minorita cum aliis Ildephonso, non ita rectè, adiudicatis, Parisiis apud Nivellium MDLXXVII. & Bignæus nono volumine *Bibliothecæ veterum PP.* MDLXXXIX. recuderunt. Inscriptio tamen in his variat. Nam quæ *De illibata* est apud Carranzam *& perpetua virginitate*, &c. in Fevardentii & Constantini Caietani libris MSS. *De laudibus* erat *B. Virginis Mariæ*. In quodam eiusdem Caietani codice annotavit is, qui olim exscripserat [t], *se Gomesanum abbatem Ildensem* (2) *in finibus Pampiloniæ esse: qui libenter conscripserit libellum à S. Ildephonso Toletanæ Sedis Episcopo dudum luculentissimè editum, in quo continetur De laude virginitatis sanctæ Mariæ perpetuæ virginis.* Sed infrà de hac nota iterum.

286. Tres hi infideles quinam fuerint, compellatio ipsa eos arguentis extra dubium ponit. Iovinianus nempe Helvidiusque, noti admodum superioris ævi hæresiarchæ & à maximo doctore Hieronymo peculiaribus libris confutati; ac tertio loco Iudæus quidam, sectæ suæ tantùm appellatus nomine, hìc sistuntur, & ex adverso maxima vi atque impetu sermonis doctrinæque impugnantur. Primus olim negaverat [u] Mariam Deiparam in partu virginem permansisse. [x] Secundus post partum semper virginem fuisse. Tertius verò integritatem in puerpera omni tempore sacrilegus respuebat. Iovinianum igitur primo capite (*libellos* appellat Hermannus monachus suprà adductus), Helvidium altero, Iudæum tertio, & his quæ tertium sequuntur, refutat. Hic enim postremus hostis profligandus fuit maioribus copiis argumentorum, in quo etiam Iovinianus & Helvidius seorsum priùs impetiti de novo prosternerentur.

287. Verè enim in hoc versari debuit Marianæ integritatis tota defensio, ut verum Dei filium ex ea natum disputatio stabiliret: hoc enim uno dato, quis deinde sanus inficiaretur potuisse Deum in claustra se penetrare incorruptæ matris, atque inde formatum sibi corpus æquè inviolato pudore virginis in dias luminis oras educere? Hoc ergo inculcandum prolixiùs fuit Iudæo infideli, quod sectæ eius maximè repugnabat; & per Iudæi corpus ceterorum cæcæ mentis Antidicomarianitarum, quomodo Epiphanius in *Panario* appellat, iugula petendum. Hi enim poste-

[q] Apud Sanmarthanos fratres in *Gallia Christiana* in Episcopis Laudunensibus fol. 620. pag. 2.

[r] Felicia Sancii Ramirezii Regis uxor, Alphonsi parens, filia fuit Hilduini Rociensis in Gallia Comitis, ut ex eodem Hermanno lib. 1. cap. 2. cuius verba legi possunt apud Sanmarthanos; unde apparet Suritæ error qui lib. 1. *Annal. Arag.* cap. 19. Feliciam Urgellensis Comitis natam fuisse credidit, quem secutus fuit Hieron. Blancas in Aragon. rerum commentariis, & Sancio IV. Rege.

[s] Integer huius argumenti liber exstat Francisci Portocarrero Iesuitæ; latèque Petrus Salazar de Mendoza in *vita S. Ildephonsi.* Collegit omnes Tamaius hac die XXIII. Ianuarii, & XXIV. sequentis.

[t] In *SS. trium Episc. Benedict. ord. vita* à Constantino Caietano edita pag. 141.

[u] Ioviniano hanc hæresin S. Augustinus adscribit, quam vir S. Hieronymus in libris adv. eum scriptis non meminerit, ut Erasmus notat in argumento horum librorum.

[x] Helvidius affirmabat Deiparam post editum Salvatorem à Iosepho cognitam, ut è libro Hieronymi adv. eum constat, volum. 2. eius oper.

(1) Habetur in Escurialensi sæculi ut videtur decimi inclinantis codice *Lit. A Plut. I. n.* 9. hac rubricâ: *Ildefonsi libellus de Virginitate Sanctæ Mariæ Antitriapistos* (quæ vox Latinis Literis constat) *id est, contra tres infideles, ordine synonymarum conscriptus*: ut non vulgarem Græcum epigraphes vocabulum antiquitatem sibi conciliet.

(2) Pro *abbatem Ildensem*, lege *Albaildensem* (sive *Albeldensem*) non Abbatem sed Monachum, eius scilicet Monasterii cui *Dulquitus*, seu *Dulcatus* præerat in finibus Pampiloniæ. E notis MSS. Cl. Andreæ Marci Burrielii in Regia Bibliotheca Matritensi exstantibus, qui primus Constantini Caietani errorem detexit *in SS. trium Episc. Bened. vit. p.* 141.

steriores Christum in ore Christianismumque habentes, ferè ab omnibus Mariæ propugnatoribus, Ambrosio præsertim epistolarum lib. 10. epist. 79. & 81. Hieronymoque *Adversus Helvidium*, tamquam asseclæ Hebraicorum dogmatum traducuntur. Ita nempe de his tribus veri hostibus hoc libro debellatis rectè sensit Alphonsus Vazquez Mirandensis, defæcati iudicii ac plurimæ doctrinæ, Mercenariorum sodalis, abbas cum viveret S. Anastasiæ in regno Siciliæ, conscripto vernaculo libello *De S. Ildephonso eiusque scriptis* agens cap. 4. libri 4. Idem Gabrieli Vasquio Iesuitæ venit in mentem in commentario ad tertiam S. Thomæ partem disp. 121. cap. 11. nisi quòd Cherintum aut Carpocratem, qui ambo satum ex Iosepho & Maria Iesum Dominum nostrum Iudaica persuasione olim docuerant, ut ex Epiphanio 1. *Adv. hæreses* libro, & aliis constat, in persona Iudæi, quem hic appellat Ildephonsus, configi asseveravit. Verum hæc eius sententia planè impugnatur ex huiusmet operis cap. 3. & 4. in quorum utriusque principio de Diva Virgine ad Iudæum dicitur, ex stirpe sive gente ipsius eam esse: quod non bene accommodes ei, qui verè non est Iudæus origine, sed sectâ aut hæresi dumtaxat. Ego magis puto non privatum aliquem, sed totam sectam Iudæorum, confictо sibi ex iis uno, quem argueret, tot capitibus ab Ildephonso refutari. Nec aliter rectum sensum habere capitis septimi verba hæc possunt: *Nam de passione, contumeliis, cruce, clavis, morte, & sepultura, quid tibi iam loquar? cùm te fecisse illa non dubites.* Et mox: *Quando de homicidio innocentis reus teneris, & hanc mortem eius à te quidem crudeliter illatam, ab illo autem sponte susceptam*, &c. Quod vidit etiam Gomesanus (1) ille transcriptor libri huius, *De virginitate*, quo usus est Caietanus, iam à me vocatus ad testimonium, sæpèque vocandus.

288. Hi ergo sunt tres illi infideles, quibuscum in hoc libro congredi voluit Ildephonsus. Sive quòd ex devotione in beatissimam Dei genitricem novos sibi hostes ex veteribus etiam profligatis suscitare voluerit, quo stilum pietatis, veluti declamatores solent, exerceret. Quò quidem vocâsse eum genius videtur proprius, ut in laudandis paulò infrà epistolis eius clarebit; atque item è testimonio Quirici Barcinonensis tunc adducendo, & ex Gomesani presbyteri verbis infrà producendis; demumque ex testimonio fragmenti *De translatione reliquiarum è Toleto in Asturias*, quod inferiùs quoque à nobis sistetur: sive quia impudens horum hæresis novos aliquos sortita esset, sive in Hispania sive extra Hispaniam hoc tempore sectatores (2). Planè hanc posteriorem partem ii qui ficulneis adhærescunt Chronicis, mordicùs tenebunt. Frequenter enim horum Luitprandus & Iulianus inculcare amant [y], Ildephonsum cum Theudio & Helladio Gothis hæreticis Narbonâ venientibus congressum scriptis fuisse. Quibus dedit fundamentum Rodericus Toletanus lib. 11. *De rebus Hispaniæ* cap. ult. his verbis: *Huius tempore cùm Helvidius & Pelagius à Gallis venientes plerasque partes Hispaniæ infecissent, virginitatem B. Virginis infamantes, B. Ildephonsus illis occurrens, sacrarum Scripturarum testimoniis, & linguâ mellifluâ, & gratiâ in labiis suis* dif-

[y] Luitprandus in Chron. anno DCLXI. n. 101. & ann. DCLXVIII. num. 111. Iulianus in Chronico num. 337. & 338.

(1) Escurialensis paulo ante laudatus sæculi X. codex *Lit. A. Plut. I. n.* 9. explicans vocem *Triapistos: Tres* inquit *Triapisti sunt Iovinianus, Helvidius & Iudæi.* Gomesani autem verba in codice Toletano hæc sunt: *Ioviniani perfidiam* (Ildefonsus) *vulneravit, & pugione verissimæ rationis Helvidii errorem destruxit; Iudæorum quoque duritiam non solum à stipulatione* (leg. *adstipulatione*) *Angelorum & hominum; sed etiam dæmonum prolata confessione iugulavit.*

(2) Vix credibile est Ildefonsum Beatissimæ Virginis MARIÆ honori, si quis unquam mortalium, addictissimum solius stili exercendi gratia novos sibi hostes è sepulcris excitare, declamatoremque in eo argumento agere voluisse, cuius occasione inflicta olim Eidem Beatissimæ Virgini á Ioviniano & Helvidio vulnera omnino refricanda erant, ut opportune monet novissimæ SS. PP. Toletanorum Editionis Matritensis Curator *in Oper. Ildef. Prolog. T. I. p.* 104. Neque id è Quirici ad Ildefonsum Epistola, nec ex Gomesani narratione, neque demum è fragmento translationis Reliquiarum, quæ Noster pro coniectura sua adducit, ullo modo videtur elici. Immo cum in Ildefonsi libello telorum aciem præcipue ac tantum non unice in Iudæos intentam videam: existimo rem Ildefonso cum Hispanis aut Hispaniensibus eius sectæ popularibus fuisse; idque occasione virulenti alicuius in Beatissimam Virginem scripti per ea fortassis tempora evulgari. Nec ante Ildefonsum Isidorus in libris *Contra Iudæos*; neque Iulianus post eum Toletanus in *Comprobatione sextæ ætatis* cum larvis, sed cum veris Iudæis conflictasse existimandi sunt. An verecundiores Ildefonsi ævo, quam postea fuerint aut etiam nunc sint, eius Gentis doctores credimus? A sæculo XII. ac deinceps ad avorum memoriam & nostra fere tempora horrendas in Beatissimam Virginem infrunito ac pestilenti ore blasphemias evomere nusquam destitisse, docent nos eorum libri נצחון *nitzachón*: חזוק אמונה *chazók emunâh*: תולדות ישו: *tholdóth iescû*, & alii, quos collegit, & cum confutationibus edidit Ioannes Christoph. Wagenseilius in *Telis igneis Satanæ* Altdorfii Noricorum MDCLXXXI. Vid. Monitum in S. Ildefonsi Opera Edit. noviss. SS. PP. Toletanor. *T. I. p.* 105. Et Nostrum infra *n.* 346. Rodericus Toletanus ad Helvidium & Pelagium (falso, pro *Iovinianum*) id factum refert, quem secutus postea fuit Cl. Florezius *Tom. V. pag.* 279. *n.* 112.

diffusâ, eorum dogmata confutavit, & ab Hispania confusos abegit. Quod sequitur *Historia generalis* Alphonso X. Regi communiter attributa. Neque id tenentibus cum Roderico enixè adversabor: de quo tamen opportunior alius hanc rem expediendi locus paulò postea occurret.

289. Iam ut confirmemus aliis testimoniis hoc opusculum S. Ildephonsi esse, Ambrosius Morales alicubi testatur se vidisse manu exaratum codicem, in quo exscriptus erat hic liber *De virginitate Deiparæ virginis*, manu ipsa Atilani Senticæ, sive Zamoræ Episcopi, viri sanctissimi, de quo præfixa ibi admonuit eum notula (1). Porrò is liber, quo usus fuit Caietanus, perantiquo eo, manuque exarato, non sine exscriptoris nomine consignatus venit ad posteros. Exstat enim ad calcem adnotatio, ut iam indicavimus, prolixior ea quàm ut hìc integra referatur [z]; sed quæ id continet Gomesanum abbatem Ildensem (2) rogatu Gothiscalci Episcopi illac (in finibus Pampiloniæ, ut iam diximus) ex Aquitania in Gallæciam invisendi sancti Iacobi corporis gratiâ transeuntis conscripsisse hunc libellum; eundem verò Episcopum transtulisse eum ex Hispania in Aquitaniam erâ CMLXXXIX. (sive anno CMLI.) tempore hyemis, diebus cœptis Ianuarii mensis, quibus ipsis diebus obiit Gallicianensis Rex Ranimirus. Hæc ferè Gomesani notula. Hic est Ranimirus, seu Ramirus II. Legionis Rex, qui obiit Ianuario mense anni CML. Quare ad hunc numerum reformanda est era, seu annus notulæ, ne clarissimis refragetur documentis à Morali adductis [a].

[z] Exstat in laudata *vita trium Episcop. Benedictinor.* pag. 141.

[a] Lib. 16. c. 20.

290. Membranaceum alium codicem literis gothicis ante DXL. annos exaratum servari ad Sanctæ Trinitatis Toletanum cœnobium Hieronymus Higuera testatur in notis ad Luitprandum [b]: nempe à Salomone archipresbytero, ut credimus Toletano, erâ MCV. sive anno MLXVII. quod idem alibi monet [c] in iisdem notis (3). Meminit eiusdem libri Isidorus Pacensis in Chronico [d] his verbis: *Quod prænitente præsidente tunc sanctissimo Ildephonso, mellifluæ os aureum in libris diversis eloquentiæ, atque de virginitate nostræ dominæ Mariæ semper virginis, nitido politoque eloquio ordine synonymo* (sic lego, pro *synonymè*) *perflorentem* [e], &c. Corrupta & improprio loco posita sunt, ut ex Roderico Toletano lib. 2. cap. ult. & lib. 3. cap. 12. inter se collatis his quæ ex Isidoro, ut in more habet, utrobique scripsit, liquet.

[b] Ad annum DCLXVIII.

[c] Ad annum CMXXXVII.

[d] Erâ DCCXXIII. ut in editis à Sandovalio, revera erâ DCCXIII.

[e] Ita Sandovalius ex codice, ut videtur, corruptissimo edidit. Aliter Miræus.

291. Auctor *historiæ translationis reliquiarum è Toleto in Asturias*, quæ Sebastiani Salmanticensis (sive ea sit Alphonsi III. cognomento Magni, de quo nos suo loco) historiæ inserta legitur apud Sandovalium editorem, in mentione harum quæ in arca sancta conditæ sunt apud Ovetum reliquiarum: inter alias *pallium* laudat, *quod dedit ipsa Regina cæli Ildephonso Toletanæ Sedis Archiepiscopo pro laudibus in honore sanctæ ipsius virginitatis celebratis, ubi ipse sanctus Episcopus gloriosus contulit adversus hæresiarchas Heliudium atque Lovinianum*, &c. ubi *Helvidium* atque *Iovinianum* legi debere manifestissimum est. Ms. exstabat in Ecclesiæ Eborensis Bibliotheca, teste Resendio in epist. ad Quevedum [f]; item in cœnobio *de la Mejorada* ordinis S. Hieronymi prope Ulmetum. Alium codicem fuisse ad S. Franciscum Pinciæ urbis Morales alicubi refert [g]. Antiquissimo alio usus fuit Constantinus Caietanus [h].

[f] *Hisp. illust.* tom. 2. pag. 224.

[g] *En el santo viage.* MS.

[h] Refert ipse ubi suprà pag. 139.

292. Culpabunt forsan aliqui synonymorum coacervationem in hoc libro, cùm ex rhetorum regulis dedeceat eandem rem pluribus idem significantibus verbis exprimere. At in hoc secutus fuit Ildephonsus Isidorum magistrum. Et licet quandoque in magna animi commotione non satiari loquentem priùs quam omni, quo potis est, modo & verborum differentiâ, quæ concepit intùs foras producat. Talia patiebatur Ildephonsus, quum exorbitavit à frequenti loquendi usu, amoris erga beatam Dei matrem ignibus extra se veluti posi-

(1) Longe hoc Atilani codice antiquior Regius Escurialensis est *Lit. A. Plut. I. n. 9.* paulo ante laudatus, in cuius fine legitur: *In Iesu Christi nomine explicitus est Codex iste à Notario Ioannes indigno in Era DCCCC. & nonagessima secunda* (seu Christi anno DCCCCLIV.) *VIII. Idus Martius. Regnante Rex Ordonio in Legione. Comitem vero Fredenando Gundisalviz in Castella. Deo gratias.* Atilanum autem Zamorensem ei Ecclesiæ ab anno DCCCCXC. ad MIX. præfuisse constat è Catalogis Præsulum eiusdem ap. Cl. Florezium T. XIV. pag. 337.

(2) Rursum: *Gomesanum Abbatem Ildensem*: pro *Gomesanum Albaildensem*, ut supra n. 285.

(3) Exstat hodiedum Toleti in Sanctissimæ Trinitatis Cœnobio: eiusque exemplum cum Edito Michaelis Carranzæ à Cl. Andrea Marco Burrielio collatum, in Regia Bibliotheca Matritensi: in cuius fine legitur: *Ego miser Salomonis Archipresbyter servus Dei indignus & peccator scripsi hoc libellum de Virginitate Sanctæ Mariæ Virginis & Genitricis Domini ad finem usque, complebit: in civitate Toleto in Eglesie Sancte Marie Virginis sub Metropolitane Sedis Domno Paschalis Arciepiscopi. Notum sub die VI. feria ora III. in diem Sancti Cypriani Episcopi XVIII. Kal. Octubres in Era Millesima centena quinque.*

ſitus. Qualibus agitati affectibus chori aliquot in Euripidis tragœdiis leguntur. Pergamus ad reliqua opera cum Iuliano.

293. *Opuſculum de proprietate perſonarum Patris, & Filii, & Spiritus ſancti.* De ſancta Trinitate vocat Eiſenſgreinius (1).

294. *Opuſculum adnotationum in ſacris* & *Opuſculum adnotationum in ſacramentis.* Quæ duo opera disertè Iulianum diſtinxiſſe confirmat MS. Caſinenſis codex, quem vidit Caietanus, vitæ huius, & ſic edidit Mabillonius; agnovitque utrumque Vincentius Bellovacenſis [i]. At Pariſina editio, & Matritenſis S. Iſidori operum, quæ hanc & exhibent cum Iſidori & Ildephonſi catalogis, unum dumtaxat *Annotationum in ſacris* librum; Francofordienſis [k] pro eo alterum tantùm *Annotationum in Sacramentis*, cui Henſchenius calculum addit, agnovere (2).

[i] *Spec. hiſt.* lib.7. cap.120.

[k] Tomo 2. *Hiſp. illuſt.*

295. Librum *De cognitione baptiſmi* unum. Hunc MS. exſtare in bibliotheca Carmelitarum excalceatorum Claromontenſium in Arvernis, cum libris quibuſdam Ferrandi diaconi, ex Ludovico Iacobo à S. Carolo refert Labbeus in bibliotheca MS. pag. 207. *De gubernatione baptiſmi* Francofordienſis editio habet. Alii omnes *De cognitione* habent (3).

296. *De progreſſu ſpiritualis deſerti* alium (4).

297. *Opuſculum annotationum actionis diurnæ.* Fortè diurni temporis exercitia ſpiritualiter impenſi. Francofordienſis habet: *actionis divinæ*: quomodo edidit Henſchenius. Mabillonius hunc librum omiſit (5). *Quod totum* (ait Iulianus) *partis primæ voluit volumine connectendum. Deinde* (ait) *partis ſecundæ*

298. *Liber epiſtolarum* eſt, *in quo diverſis ſcribens, ænigmaticis formulis egit, perſonaſque interdum induxit: in quo etiam à quibuſdam luculentiora Scriptorum reſponſa promeruit.* Exſtat quidem ad calcem Pſeudo-Iuliani ſyſtematis [l] *Variorum carminum collectio* ab eo facta, in quo ait quaſdam epiſtolas & carmina ex libro gothico membranaceo S. Iuſtæ Toletanæ ſe collegiſſe, atque Fuldam (fundus hic fictionis) miſiſſe. Deſunt quidem eæ in hac editione, nec ultra carmina & eorum explanationem ab eodem Pſeudo-Iuliano factam, quicquam aliud. Sperabam promiſſorem hunc fortè aliquid Ildephonſinum è penu illa ſua S. Iuſtæ commentitiæ bibliothecæ locupletiſſima depromere voluiſſe; maximè poſtquam in expoſitione epitaphii S. Iſidori eundem Iulianum referentem ſe ad quaſdam Iſidori ad Ildephonſum, huiusque ad illum, aliquot epiſtolas legiſſem. Sed cùm in editione operum Luitprandi à D. Laurentio Ramirezio procurata [m], eaſdem, ut credo epiſtolas quarum ſpes nobis facta fuerat, ſub *epiſtolarum præſulum à Iuliano collectarum* titulo vidiſſem: excidiſſe me curioſitatis voto comperi.

[l] Parte 2. *Adverſariorum* pag. 143.

[m] Pag. 515.

299. Delevit ergo invidia ætatis clariſſima futura ſanctiſſimi doctoris monumenta, è quibus hiſtoria eius temporis apprime illuſtraretur. Attamen exſtant ex his duæ ad Cyricium, ſive Quiricum, Barcinonenſem Epiſcopum, quarum priore reſpondet illius gratulatoriæ ob ſibi remiſſum *De virginitate virginis Mariæ* opus; alterâ verò ſuaſoriæ eiuſdem epiſtolæ de edendis ſimilibus aliis operibus reſpondet. Quatuor has Cyriaci, ſeu potiùs Quirici, & Ildephonſi, è bibliotheca Corbeienſis in Gallia monaſterii, primus, ni-

ſi

(1) Inter deperdita Ildefonſi opera recenſetur à Fabricio *Bibl. med. & inf. T. III. p.* 260. Guillelmo Caveo, *in Ildefonſo ad ann. DCLVII.* Cellierio *T. XVII. cap.* 37. *pag.* 713.

(2) Item inter deperdita Ildefonſi opera. Binane, autem, an ſimplex de affini, ut videtur, argumento ſcriptum fuerit, incertum. Iulianus ut in paulo ante laudato codice Eſcurialenſi anni DCCCCLIV. *Lit. A. Plut. I. n.* 9. *Opuſculum* inſcribit *Adnotationum in Sacramentis*: noviſsima SS. Patrum Toletanorum Editio Matritenſis pag. 95. *Adnotationum in Sacris.* Trithemius *De Script. Eccl. c.* 55. *Adnotationum in ſacris librum unum: Adnotationum in Sacramentis librum unum.*

(3) Habetur in noviſsima SS. PP. Toletanorum Editione Matritenſi *Tom. I. p.* 163. è MS. codice Patrum Dominicanorum Baiocenſium, , è quo primus omnium in lucem id protuliſſe Baluzius dicitur, hoc titulo: *Adnotationes de cognitione Baptiſmi.* Et in Baluzii Miſcellaneorum Edit. Lucenſis MDCCLXI. *T. II. pag.* 15.

(4) In eadem SS. PP. Toletanorum editione *T. I. à pag.* 232. Sub titulo: *De itinere Deſerti.*

(5) Inter deperdita, immo & inter dubia Ildefonſi opera. Licet enim exſtet in *Iuliani* Elogio noviſſimæ SS. PP. Toletanorum Editionis Matritenſis *T. I. p.* 95. atque apud Trithemium *De Script. Eccl. c.* 55. Fabricium *T. III. pag.* 260. Cellierium *T. XVII. c.* 37. *n.* 2. Cl. Florezium *T. V. p.* 483. abeſt tamen ab eodem *Iuliani* opuſculo, ſive Ildefonſi Elogio, quale habetur in antiquiore omnium prælaudato Eſcurialenſi anni DCCCCLIV. operum Ildefonſi codice *Lit. A. Plut. I. n.* 9. Siſtimus eius verba: *Scripſit ſane* (Ildefonſus) *quamplurimos libros luculentiore! ſermone potiſſimos ::: Id eſt librum proſopopeie inuecillitatis proprie. Librum de uirginitate ſanctæ mariæ contra tres infideles. Opuſculum de proprietate perſonarum patris & filii & ſpiritus ſancti. Opuſculum adnotationum in Sacramentis. Librum de cognitione baptiſmi unum; & de progreſſu ſpiritali* (per) *deſertum alterum. Quod totum partis primeve voluit volumine conectendum &c.* indicto *Annotationum actionis diurnæ* opuſculo; niſi id mihi olim inter deſcribendum exciderit.

si fallor, in lucem protulit Lucas d'Acherius in *Spicilegio* suo [a]. E prima sanè Quirici constare videtur, libro, de quo ad se transmisso gratias habet Ildephonso, nihil præsentis cum præsentibus æqualibusve hæreticis congressus occasionem dedisse. Verba eius hæc nonne aperti sensus? *Atque, ut ita dicam, ea quæ opaca videbantur pro sui quantitate mysterii luce clarius manifesta, ac nota pusillis & magnis effecerit ita ut ex hoc hebetescat Iovinianus, dissipetur Helvidius, simulque, & incredulus ac mente perfidus decidat Iudæus*(1). QUIRICUS hic Barcilonensis Episcopus Toletano X. Concilio interfuit anno DCLVI. quo adhuc abbas Ildephonsus erat. Huc refero epistolæ huius primæ hoc initium: *Cùm à vobis remeans* (hoc est à Toletano isto congressu) *ad ovilis crediti loca rediissem, ita laboris magnitudine fessus*, &c. Unde titulum ei epistolæ inscriptum hunc, *Rescriptum Cyricii Episcopi Barcilonensis ad Ildephonsum Toletanæ Sedis Episcopum pro opere De virginitate S. Mariæ*, germanum auctoris non esse, sed exscriptoris, præter insolitam designandi hoc loco argumentum epistolæ formam: id planè convincit, hoc nondum fuisse tempore Toletanum antistitem Ildephonsum. Quod mihi confirmat secundæ, quâ Quirico Ildephonsus respondet, & quartæ similiter responsoriæ epistolarum inscriptio: *Sanctissimo* ac *honorabili domino Quirico Episcopo Ildephonsus famulus vester*. Non enim se famulum, sed potiùs fratrem alterius Episcopi Episcopus Ildephonsus dignitatis suæ memor, quamtumvis humillimus, appellâsset. Fateor inveniri hunc *servuli* demissum nomen in Quiricii tertiæ epistolæ titulo, reciprocamque *domini* appellationem in hacce, & quarta Ildephonsi. Sed excusabilius est Barcinonensem Episcopum se submisisse Ildephonso superioris ordinis metropolitano, quàm vice versa; ac *domini* compellatio alterius ad alterum in vulgari consuetudine semper fuit.

[a] Tomo pag. 308.

300. Quarta quidem Ildephonsi epistola truncata ad nos pervenit eo quo minùs debuit loco, ubi nempe excusat Quiricio quòd necessitate temporum, & incumbentium malorum metu scriptioni non incumberet (2). Ne autem id prætermittamus, aliam Quirici Barcinonensis Episcopi ad Taionem Cæsaraugustanum epistolam protulit ex bibliotheca Thuanæa Ioannes Mabillonius *Analectorum* secundo volumine: quâ is Taioni respondet, & gratias habet pro remisso ad se *Collectaneo* quodam *ex operibus SS. Gregorii & Augustini*, de qua in Taionis rebus mentio iterum occurret. Prosequitur Iulianus:

301. *Partem sanè tertiam Missarum esse voluit hymnorum atque sermonum*: unde in albo isto operum collocamus.

302. *Missas* aliquot. Solemne erat tunc temporis Missas confici pro aliquo festo die Christi Domini, Mariæ Deiparæ, aut Sanctorum. Meminit quidem duarum Cixila, *ubi statim in officio* (abbatis) *clarens, duas Missas in laudem ipsorum dominorum* (SS. Cosmæ & Damiani martyrum, quibus monasterium dedicatum) *quas in festivitate ipsorum psallerent, miro modulationis modo perfecit, quas Missas infrà adnotatas habemus*, ait. Item alterius paulò post meminit Missæ de sancta Leocadia. *Ipse verò manibus* (inquit) *statim complexans & astringens, talia fertur depromere vota, vociferans cum omni populo, & clamans*: Deo gratias. Vivit Domina mea per vitam Ildephonsi. *Et id ipsum repetens clerus vehementer psallebat*, alleluia; *& Canticum, quod ipse dominus Ildephonsus nuper fecerat*: Speciosa facta es, alleluia; & odor tuus ut balsamum non mistum; *& alia quæ in ipsa Missa subter adnotata in laude eius depromserat*. Unde videmus non verba esse Leocadiæ martyris, ea quæ vulgo ei tribuuntur [o]: *Vivit domina mea per vitam Ildephonsi*; sed populi acclamantis eidem martyri è tumulo veluti resurgenti.

[o] Ab auctoribus nostris, Morali lib. 12. cap. 39. Mariana lib. 6. cap. 10.

303. Idem paulo pòst cuiusdam *Missæ de Maria Virgine*, sive de eius *Annuntiatione* meminit. Præstat verba audire gravissimi Historici, ad quem oportet veluti ad fontem sæpiùs recurrere. *Superveniente verò die sanctæ & semper Virginis Mariæ* (hic est à Gothis in X. Concilio Toletano institutus dies B. Mariæ Virginis, aliàs Incarnationis Verbi divini in eius sacro utero; cùm non aliud sit, aiunt Patres Concilii *festum matris, quàm incarnatio Verbi*, xv. Cal. Ianuarii in tota Hispania, post tot alios Deiparæ sacros dies, vel nunc celebris sub titulo *Exspectationis partûs*: aliàs *de nuestra Señora de la O*, ut vulgus loquitur propter antiphonas ab hoc die, quarum principium ab *O.* litera, seu vocandi interiectione concipitur, usui præscriptas) *ante tres dies tribus diebus litanias peregit, & Missam suprascriptam* (fortè subter-

(1) Nihil hæc conficiunt neque probant contra ea quæ paulo ante dicebamus *num. scilicet* 288. *Not.*

(2) In novissima SS. PP. Toletanorum editione *T. I, à pag.* 256. binæ nimirum Quirici, & binæ Ildefonsi ad Quiricum ἀμοιβαῖαι.

terſcriptam, huius enim non priùs meminerat) *quæ in eius laude decantaretur perfecit, quæ eſt ſeptima.* Hunc autem habueritne in iis, quæ de B. Virgine, an in omnibus de aliis ſolemnitatibus ab eo formatis Miſſis numerum, non ſatis explicuit.

304. Adiungemus tamen nos opportunam notitiam libri MS. Eccleſiæ Toletanæ, qui, ut ex eius indice quo utimur apparet, plutei xxx. viceſimus nonus eſt. *Breviarii Muzarabis* hic partem continet, & ab ea titulum habet. In pagina autem eius nona moderno charactere hæc habentur partim latino, partim vulgari Hiſpaniæ ſermone: *Hic liber continet ſequentia.*

(1) 3.
4.
5. *Miſſæ de B. Virgine Maria.*
6.
7.

Officium Annuntiationis menſe Decembri. Mas largo que en el Mozarabe [p].

Officium in Aſſumtione B. Mariæ.

Officium in Nativitate Domini.

Officium S. Stephani. No tiene principio, y otras dos hojas ſuyas eſtan atras enquadernadas entre la Miſſa: *Qui non.* De nueſtra Señora [q].

Officium S. Ioannis Evangeliſtæ.

Officium Circumciſionis Domini.

Officium in Capite anni.

Officium in Apparitione Domini, ſive Epiphania. Y en medio del hay ſeis hojas, que ſon de arriba de la Miſſa 2. ò 3. de nueſtra Señora [r].

Sequitur ad hæc, latina hæc nota Ioannis Baptiſtæ Perezii, olim bibliothecarii, viri doctiſſimi ac diligentiſſimi, quod ex eius ſubſcriptione manifeſtum redditur: *Hic liber in magno pretio habendus; nam ſeptem Miſſas de B. Maria credo eſſe compoſitas à D. Ildephonſo: primùm ex ſtilo, deinde quia Cixila Archiep. Toletanus in vita D. Ildephonſi ait illum edidiſſe ſeptem Miſſas de B. Maria. Vocant autem Mozarabes Miſſas, non totum officium, ſed quædam quaſi præambula* [s], *ſive adhortationes ad celebrandum tale officium.*

Perez.

[p] Hoc eſt, *Longiùs quàm in Breviario Mixtarabico.*

[q] Hoc eſt: *Principium non habet, ac duo alia eius folia per errorem ligata fuere inter Miſſam:* Qui non &c. *Deiparæ Virginis.*

[r] Hoc eſt: *Inque eius medio ſex folia inſerta ſunt, quæ ad Miſſam S. Mariæ Virginis ſecundam tertiámve pertinent.*

[s] Quæ *Miſſæ* nominis acceptio adiungenda eſt his, quas doctiſſimus vir Ioannes Bona S. R. E. Card. poſt alios collegit lib. 1. *Rer. Liturgic.* cap. 2.

De quo antiquarum rerum, præcipueque ſacrarum, curioſos, Divique Ildephonſi devotos admonere hìc operæ pretium duximus.

305. Quibus nec ignotum eſt quid ſcriptum reliquerit Franciſcus Portocarrero Societatis Ieſu in libro vernaculo *De S. Mariæ Virginis deſcenſu in Eccleſiam Toletanam* [t], ſcilicet viſam fuiſſe Wormatiæ à Thoma de Torralba eiuſdem Societatis in quodam Miſſali Gothico Iuliani Petri manu deſcriptam Miſſam quandam *compoſitam ab Iſidoro Hiſpalenſi, & modulatam cantu per dominum Ildephonſum præſulem.* Merces tamen has Fuldo Wormatienſes, Torralbæque, & qui cum eo habuit Germanicum hocce commercium, Hieronymi Romani de la Higuera, nomina, toto hoc opere proſcripta volumus iureque tam ſeverè cum iiſdem agi, quotieſcumque occurrit occaſio (& occurrit ſæpe) contendimus.

306. *Hymnos.* Meminit Cixila, ut vidimus, *Cantici*, quod Ildephonſus fecerat in Leocadiæ virginis laudem: fortè eius [u] qui immiſſus fuit in Breviarium Gothicum, vulgò dictum Iſidorianum.

307. *Sermones.* Præſeferunt aliquot Ildephonſi nomen qui eius non ſunt, ut mox dicemus (2). Iulianus iam loquitur: *Ulterioris denique partis liber eſt quartus, verſibus proſaque concretus, in quo epitaphia & quædam ſunt epigrammata æquè adnotata. Scripſit autem & alia multa, quæ variis rerum ac moleſtiarum occupationibus impeditus, aliqua cœpta, aliqua ſemiplena reliquit.* Cuius fide affigimus ſcriptorum, quod continuamus, albo:

308. *Epitaphia & epigrammata quædam.* Quorum nonnullis gaudere datum poſteris eſſet, ſi germanam obtuliſſet poetæ magis pii quàm terſi & facundi prolem *Collectio* illa *variorum carminum* à Iuliano (archipresbytero S. Iuſtæ, & Chronici auctore) facta & ſcholiis explanata, quam editioni eiuſdem Chronici, & Adverſariorum, libellique *De eremitoriis* Ramirezius ſubiecit [x]. Continet ea collectio carmina ſive epigrammata, & epitaphia decem & ſeptem, ex quibus duodecim Ildephonſo tribuuntur. Ea nunc ad obruſſam examinabimus, quam Hieronymus Romanus

[t] Cap. 12.

[u] Exſtat apud Bivar. in *comm. ad Dextrum* pag. 345.

[x] Pariſ. MDCXXVIII. apud Sonnium.

(1) Prima & ſecunda Miſſæ quæ deſunt ſeptenario implendo numero, ſunt ſanctorum Coſmæ & Damiani ab Ildefonſo editæ, quarum Cixila meminit ſuprà n. 302. Vidend. Cl. Florezius *T. V. pag.* 511. *n.* 14.

(2) Idem Florezius *T. V. à p.* 490. ternos, quaſi Ildefonſi ſint, ſermones primus edidit: binos quidem è ſæculi XIII. qui ei obtigit codice *De Virginitate Sanctæ Mariæ*, inſcriptos I. *Sermo in diem Sanctæ Mariæ.* Inc. *Exhortatur nos Dominus &c.* II. *Eiuſdem.* Inc. *Rabbi: Filius Dei ſine tempore &c.* III. è membranaceo codice Toletano (Plut. XV. n. 13.) *De perpetua Virginitate Beatæ Mariæ*, hoc titulo, *Item Sermo de Sancta Maria.* Inc. *Creator omnium & auctor vitæ &c.* Hæret tamen nonnihil. Ac prioris quidem ſtilus phraſiſque, præſertim à num. 4. & deinceps, non multum mihi ab Ildefonſianis diſtare videntur in *Cap. III. IV. & V. de perpet. Virgin. S. Mariæ.* Videndum tamen eruditum ſane ad Sancti Ildefonſi Opera dubia Monitum in noviſſima SS. PP. Toletanorum editione *T. I. à pag.* 291.

nus de la Higuera, huius collectionis ut contendimus ceterarumque Iulianarum fabularum, sive auctor, sive propola, in *historia* sua *Toletanæ urbis & regni* opportunè suppeditavit. Is cùm historiam hanc scriberet: inciderat iam in hæc epigrammata, ut fatetur ipse lib. 12. cap. 5. sibi ostensa à Prædicatorum quodam sodali; necnon & ad se ex Germania transmissa. Verba Higueræ vulgaria oræ affiximus [y]. Descripsit quoque ea, quæ ex his germana & vetera sunt, Ambrosius Morales ex codice quodam Michaelis Ruizii de Azagra, cuius sæpè meminit [z]. Hic tamen ea tantùm laudat, quæ S. Eugenium auctorem præseferunt, Ildephonsi autem nullum, quod viderim (1). Higuera Ildephonsina quædam, sicut & Eugeniana alia, historiæ inseruit: quæ nobis dux viæ erit ad pertingendum quò veritatis vocat amor.

[y] *Assi lo hállo en un libro antiguo, que me dió el P. Fr. Domingo de Medellin, gran siervo de Dios, y P. Maestro de la orden de S. Domingo, que vive en el monasterio de S. Pedro Martyr de esta Ciudad: lo qual fue tomado de unos versos que me truxeron de Alemania con titulo de S. Ildefonso, y dicen de esta manera*, &c.

[z] Tomo 2. ante lib. 2. sub titulo: *De las ayudas para lo de à qui adelante* fol. 10. pag. 2. & lib. 12. cap. 34. fol. 147. pag. 2. in fine.

309. Primum quod incipit:

Lucæ sacravit supplex Euantius ædem &c.

supposititium est, continetque cogitationes omnes, quas de S. Ildephonsi stirpe & cognatione conceperat artifex: indignum ut imputetur sanctissimo viro, à quo omnis mundanæ superbiæ & arrogantiæ fastus abesse debuit. Parentum enim & avorum, & fratrum, atque sororum meminit. Aviam Blesillam illustri de sanguine Gothorum natam, patrem suum Stephanum, unà & Ophilonem materteræ suæ Evantiæ coniugem, Athanagildi Regis filios fuisse ait. Athanagildum quoque uti diximus avum, qui Arianus vixit, nulli pietate secundum vocat; construxisseque ait alterum Eulaliæ, alterum Iustæ martyribus templa. Verbo dicam: Ervigii meminit, qui Rex Gothorum inauguratus anno DCLXXXI. duodecim nempe annis post Ildephonsi obitum, fuit [a] (2). Consequitur scholium Pseudo-Iuliani, in quo priùs dicta confirmare secundo ac tertio epigrammate, quæ S. Eugenii germana proles sunt, contendit.

[a] Morales lib. 12. cap. 52. in fine, & cap. 53.

310. Inseruit duo hæc suæ historiæ Toletanæ Hieronymus de la Higuera. Aliter tamen in laudata historia, aliter à Pseudo-Iuliano contrectata loquuntur. Namque, ut alia omittam parvi ad rem momenti, sesquidistichon hoc:

Hanc in honore Dei supplex Euantius ædem
Sacravi, fabricans hanc in honore Dei.
Hìc patrios cineres præciso marmore clausi:

quod ita effert *historia Toletana*, necnon exemplum quod nos habemus ex schedis D. Ioannis de Fonseca (qui & ipse descripsit ex eo exemplo, quod Ambrosius Morales ex codice Azagrii exculpsit) mutatis in tertiam primæ personæ verbis sic protulit Pseudo-Iulianus:

Hanc in honore Dei supplex Euantius ædem
Sacravit fabricans hanc in honore Dei.
Hìc patrios cineres præclaro marmore clausit:

magna hàc inter utrumque differentiâ, quòd in priore ac vera forma, Eugenius patrem suum Euantium loqui facit, compellareque Nicolaum parentem in eo versu:

Nicolae genitor pro te devotio summa est.

In posteriore autem & adulterata loqui Eugenius fingitur, laudareque Euantium, uti avum forsan; Nicolaum verò certè ut patrem: quem se ex his versibus exsculpsisse sensum in subiecto scholio Pseudo-Iulianus ostendit (3).

311. Qui autem vera Eugenii corrupit, aut corrupta inventa commentariis aucta edidit, idem S. Ildephonso primùm hoc falsò imputavit carmen, eo quòd certissimum nobis est consilio, ut ad Euantiam Ildephonsi materteram & Ophilonem eius coniugem, Athanagildi Regis filium, Toletanorum procerum & Hispaniæ magnatum; ad Euantium verò eiusdem Ildephonsi avunculum Barrosorum, claræ apud eandem Toletum urbem familiæ, origines referret, ut constat ex Pseudo-Iulianæo subiecto hoc stemmatismo:

EUAN-

(1) In Toletano certe Ruizii-Azagræ codice, cuius exemplum ad manum nobis est, nullum exstat poemation Ildefonso adscriptum neque inscriptum.

(2) Inter Ildefonsi supposititia in novissima SS. PP. Toletanorum Editione *T. I. p.* 443.

(3) In prælaudato Toletani Ruizii-Azagræ codicis exemplo accuratissime à Cl. Andrea Marco Burriello cum autographo collato, omnino legitur: *Sacravi &c.* atque integre:

Hanc in honore Dei supplex Evantius aulam
Sacraui fabricans hanc in honore Dei.
Hìc patrios cineres præciso marmore clausi &c.

ut in Higueræ Historia Toletana, atque in exemplis Ioannis Fonsecæ & Ambrosii Moralii a Nostro laudatis. Pro horum autem omnium pleniore captu sciendum est, in Toletano Ruizii-Azagræ codice terna Poematia, scilicet I. Decastichon, elegiacum inscriptum *Epitaphium Nicolai* (in Toletanis PP. pag. 77. *Nicolao Avo*) incipiens: *Quisquis Romulidum &c.* II. Ogdoastichon epicum ἀκροτελειόςιχον inscriptum: *Item* (in Toletanis PP. p. 36. *Domni Evantii.*) incipiens: *Nobilis & magno &c.* cuius initiales singulorum versuum literæ conficiunt vocem NICHOLAO, finales vero EVANTIUS; ac III. denique Decastichon elegiacum inscriptum: *Item* (ut etiam in Toletanis PP. p. 77.) incipiens: *Ecce patet aditus &c.* terna inquam hæc poematia in prælaudato Ruizii-Azagræ codice continenter legi, nimirum ab Eugenio Toletano Evantio Parenti & Nicolao Avo consecrata; in novissima autem PP. Toletanorum editione, nescio quo iure, disiunguntur; & ἀκροτελειόςιχον sive: *Nobilis & magno &c.* habetur in priore Opusculorum Eugenii parte pag. 36. n. XVII; bina vero reliqua: *Quisquis Romulidum &c.* & : *Ecce patet aditus &c.* in eorumdem Opusculorum parte altera, pag. 77. nn. LXXXVI. & seq. Hæc autem disiun-

ctio

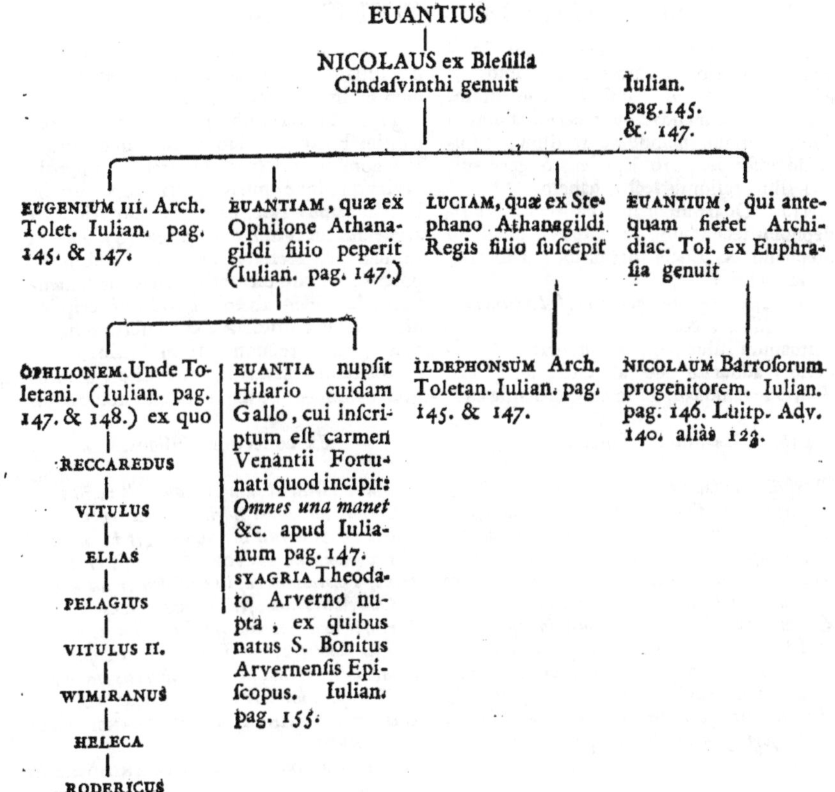

GUTERIUS RODERICI, sub Comite Ferdinando Gundisalvi Castellæ Comite, qui Guterius ex coniuge sua Roderici Armildez filia procreavit Quirinorum Toleti urbis familiam, qui Rodericus ipse etiam ex Ophilone & Athanagildo veniebat, ut alibi monet idem Pseudo-Iulianus [b]. Alia est hæc Quirinorum (vulgò *Chirinos*) familia, cui obtrudere voluit, regiam Gothorum propaginem ei appingens.

[b] In Chron. num. 379.

312. Arbor hæc è cerebro auctoris huius Collectionis germinavit, ramis suis latissimè luxurians, quæ, quo tempore formabatur ab eodem (si Deo placet) *Historia Toletana*, intra brevem hanc, neque ambitiosam sanè pompam, quam stemmatismus alter hic subiectus præsefert, se continebat; atque eam quidem, à primigenia exorbitantem, seu potiùs ei contrariam.

NICOLAUS, qui subscripsit Concil. Tolet. III.

EUANTIUS Comes Scantiarum Cindasvinthi Regis, qui ex Blesilla genuit

EUGENIUM III. Arch. Toletanum

LUCIAM, quæ ex Stephano procreavit

S. ILDEPHONSUM Archiep. Toletanum.

EUANTIUM Comitem.

CAXILONAM Cindasvinthi Regis uxorem.

Pri-

ctio longissime à Ruizii-Azagræ codice recedit, & non parum Lectores interturbat. Præterea poematii *Ecce patet aditus &c.* versus tertius & bini sequentes in Toletanis PP. p. 77. ita leguntur

Hanc

313. Primam ergo Ildephonsini stemmatis descriptionem carmine illo primo (1), scholiisque ad eum subiectis contentam, pro nothis & mendacibus; carmina autem duo, secundum nempe ac tertium (2) Eugenio adscripta, pro legitimis & germanis ævi illius reliquiis lector habeto.

314. Quartum ordine carmen, sive Ildephonsi secundum, de hospitali domo ab Stephano & Lucia parentibus ædificata, quod incipit:

Lucia cum Stephano genitrix, sed avunculus
illam, &c.

germanum illius, quem ostentat, esse videtur; adduciturque ab auctore *Historiæ Toletanæ* tamquam ad se ex Germania cum aliis remissum, non ut partem collectionis Iuliani, quam ut architectaretur nondum ei in mentem venerat (3).

315. Prætermisso quinto, quod Venantius Fortunatus idoneum, in quo *Evantiæ* nomine collector abuteretur, suppeditavit; quodque miris modis truncatum in hoc habemus systemate, de quo alio loco arguemus incautum Scriptorem (4): sextum carmen pro Helladii Toletani præsulis sepulcro, verum est antiquitatis monumentum; id tamen ab eo, quod fuit scriptionis Toletanæ historiæ, cui insertum habemus [c], tempore non parum declinasse inter collectoris manus deprehenditur. Utrumque dabimus, ac diversitatem notabimus.

[c] Lib. 12. cap...

316. Ex historia Toletana.

Præsulis Helladii tumba requiescit in ista
Corpus, at illius spiritus astra tenet.
Toleti RECTOR *fuit hic dum degit in aula,*
Ex monachoque ABBAS *Agaliensis erat.*
Hinc Toletanam rapitur violenter ad urbem
Confectus senio, sed pietate vigens.
Corporis exuvias martyr Leocadia cepit.
Ista domus Reges Pontificesque capit.
Unde die extremo surget redivivus ad auras,
Ut capiat meritis præmia digna suis.
Ildephonsus ego, quem fecerat ille ministrum,
Persolvi sancto carmina pauca seni.

Ex collectione Iuliani.

Præsulis Helladii tumba requiescit in ista
Corpus, at illius spiritus astra tenet.
Toleti LECTOR *fuit hic dum degit in aula:*
Ex monacho LECTOR *Agaliensis erat.*
Hinc Toletanam rapitur violenter ad urbem
Confectus senio, sed pietate vigens.
Corporis exuvias martyr Leocadia cepit.
Ista domus Reges Pontificesque capit.
Unde die extrema surget redivivus ad auras,
Ut capiat meritis præmia digna suis.
IAMQUE OCTOGINTA SENIOR TRANSEGERAT ANNOS:
GLORIA PONTIFICUM, FAX ANIMOSA DEI.
Ildephonsus ego, quem fecerat ille ministrum.
Persolvi sancto qualiacumque seni.

317. Quæ insurgunt maiori charactere, ea sunt, in quibus alterum discrepare ab altero observari debet. Integrum distichon de Helladii ætate novit unus collector. Quod autem notâ, seu potiùs risu dignum iudicamus, RECTORIS nomen & munus est in LECTORIS mutata, quarto nempe carminis illo versu:

Ex monacho Lector Agaliensis erat.

Nam in tertio, quin scribere is voluerit *Rector*, erroremque typorum esse minimè dubitamus. At ex monacho Lectorem Agaliensem factum Helladium fuisse, credi eundem collectorem voluisse, huius affixum scholion palam facit; siquidem hoc Lectoris officium apud Benedictinos idem esse

Hanc in honore Dei supplex Evantius aulam
Sacram fabricans hanc in honore Dei.
Hic patrios cineres præciso marmore *clausit*.

quæ Pseudo-Iuliani Chronico, potius quam Ruizio-Azagrensi codici, ad quem collata Eugenii Opuscula dicuntur in eorundem limine, conveniunt. Mitto spretas metri leges in secundo versu, cum in Ruizii Azagræ codice appositè legatur:

Sacravi fabricans &c.

(1) Nimirum quod incipit: *Lucæ sacravit supplex Evantius ædem &c.* quo de suprà n. 309.

(2) Nimirum quæ incipiunt: *Ecce patent aditus &c.* & *Sparge rosas Lector &c.* quæ Eugenii proculdubio sunt; habenturque in Ruizio-Azagrensi codice; & in novissima SS. PP. Toletanorum editione nn. 87. 88. pagg. 77. seq.

(3) Æque mihi suspectum videtur ac prius illud *Lucæ sacravit &c.* quamquam nihil absoni aut absurdi contineat. Hæret SS. PP. Toletanorum editionis Curator in *Not. T. I. p.* 443.

(4) Venantii nimirum Fortunati *Epitaphium Hilarii Presbyteri*, quod exstat *Lib. IV. n. XII.* Lepida autem præ aliis est postremi eius Epigrammatis distichi metamorphosis, quod Pseudo-Iulianus Toletanæ Quirinorum (*Chirinos*) genti, quade in eiusdem Chronico n. 379. egerat, gratificaturus, ita sistit in collectione carminum pag. 147.

Funeris officio lacrymas Evantia CHIRO
Contulit hæc GENERO &c.

quasi CHIRUS hic, sive QUIRINUS, aut CHIRINUS, gener esset Evantiæ; cum ex epigrammate constet hunc *Hilarium* appellatum fuisse, qui rapta, ut ibidem legitur, coniuge ad clericalem militiam transiit & Presbyter ordinatus fuit. Apud Venantium sic legitur:

Funeris officio lacrymans Evantia charo
Contulit hæc genero &c.

esse cum arcarii aut oeconomi; idque ex Isidoro in libro *De officiis* constare ait. Sed impostura est quæ veræ fit lectioni. *Rector* enim pro abbate apud eundem Ildephonsum significare consuevit [d]; *Lectoris* autem pro arcario aut oeconomo, neque Isidorus in libro *De officiis*, neque alius, credo, aliquis mentionem habuit. Equidem insani esset hominis memorare Helladium arcæ, non autem toti monasterio præpositum fuisse (1).

d in *Iusto*

318. Septimum pro Eugenii sepulcro factum germanum videtur Ildephonsi, quantumvis Morali invisum; agnovitque purus adhuc labis Toletanus historicus. Nec adeò totum germanum dicimus, sed qua parte ab eodem historico uti tale agnitum olim fuit. Tetrastichon ille vocat, quod octastichon apud collectorem apparuit [e]; quare secundum & quartum disticha vix in censum aliorum duorum retulerim (2).

e ...tat quo- ...n *Notis* ...zii ad ...andum ...o.

319. Octavum pro SS. Leandro & Massone metropolitanis Hispalensi & Emeritensi. Nonum de S. Fulgentio. Decimum de S. Isidoro. Undecimum de S. Florentina. Duodecimum de S. Leocadia martyre Toletana, pro supposititiis habeo.

320. De carmine decimo tertio, quod incipit,

Crux hæc alma gerit geminorum corpora fratrum:

hoc est de Leandro, Isidoro, & Florentina eâdem sepulturâ conditis, neque Ildephonsi, nec alterius antiqui esse, quâ formâ apud collectorem apparuit, ab ea quæ ex codice Nicolai Fabri propria forma fuit, non parum diversâ, diximus iam, cùm de Fulgentii rebus ageremus [f].

f ... 5. cap.

321. Decimo quarto tandem factum videtur, ut si quæ aliis præstita, hunc demum venientes omnem fidem, qui ratione utuntur, abrogarent. Eò enim direxit mentem confictor carminis, ut S. Bonitum Episcopum Arvernensem, cui sicut & Ildephonso Deipara Maria cappam miri candoris apparens ei donâsse dicitur: ex eadem quâ Ildephonsus gente & familiâ, hoc est Ophilonis & Euantiæ S. Ildephonsi materteræ, nepotem fuisse. Forsan ut cappæ cælestis à Deipara Virgine semel Ildephonso concessæ donum, si quidem in altero repetendum fuit, de familia tamen, quæ est lex fideicommissorum, non exiret. Constat quidem ex Boniti actorum historia ab æquali conscripta [g], Theodato & Syagrio parentibus editum eum fuisse *è senatu Romano dumtaxat nobili prosapia* ut illius Anonymi utar verbis. Quæ quantum distent à gothica stirpe, & Athanagildo Rege Gothorum proavo, nullus non videt. Et nonne ridiculum est ac demens, ut Ildephonsum credamus, Syagriæ sororis matruelis nomine hos versus pangentem, ob prænuntiatam olim Bonito, dum adhuc in ventre matris esset, à sacerdote quodam sanctitatem, hæc inter alia concepisse?

g Apud Surium & Bollandum xv. Ianuarii. Item Franciscum Lanovium *De SS. Franciæ Cancellariis*.

Mira canunt puero sæclis volventibus ævi
Eventura. Deus sospitet ista mihi.

Femineo levi sexui facilè id concederemus, gravissimo ac prudentissimo Ildephonso minimè possumus. Neque stetit hic de Bonito fingendi licentia. Ille enim ipse, qui apud Iulianum in scholio isto, cùm à Virgine Dei genitrice vestem accepit Arvernorum erat Episcopus: Toletanus idem Episcopus, non Arvernorum, sed patriâ dumtaxat Arvernus, apud eundem Iulianum, necnon & Luitprandum in Pseudo-Chronicis suis [h] publicatur. Hæc tamen huius loci propria non sunt, sed eius quo Iulianus legitimitatis causam dicet (3).

h Iulian. num. 440. 441. 442. Luitprand. ad ann. DCCCLIX.

322. Præter hæc attributa Ildephonso à Iuliano encomiaste, duo alia exstant opuscula, quorum is non fuit recordatus fortè quòd non iusta opera sed veluti additiones essent, ut revera sunt scilicet

323. Libellus *De viris illustribus*, aliàs *De Scriptoribus Ecclesiasticis*, sive additio ad eiusdem argumenti librum S. Isidori. Cuius in præfatione ipse se prodit auctor, successorem se alterius Eugenii in Sede gloriosa Toletanæ urbis referens. Sequitur tamen animadversione isthæc ampliatio dignissima *Quam* (inquit) *non ex hominum numero gloriosam dico, cùm hanc etiam gloriosorum illustret præsentia principum; sed ex hoc quòd coram timentibus Dominum iniquis atque iustis habetur locus terribilis, omnique veneratione sublimis.* Id propter exhibitam sibi ea in Ecclesia, sive Leocadiæ martyris, sive Deiparæ Mariæ præsentiam dubio procul innuens tantùm ait. Unde colligas libellum hunc post alteram ex duabus his apparitionibus, hoc est sub vitæ finem exaratum ab eo fuisse. Quiquidem editus est, atque edi semper solet, cum laudato S. Isidori libello. MSS. eius exempla ha-

(1) Hoc carmen quale in Higueræ Historia Toletana legitur, *verum esse antiquitatis monumentum* existimat Noster: cui adstipulatur SS. PP. Toletanorum editionis Curator T. I. pag. 444. in Not. Vel integrum, parum mihi arridet.

(2) Nimirum quod incipit: *Præsulis Eugenii &c.* Interpolatum Noster: SS. PP. Toletanorum editionis Curator, *dimidia* sui *parte confictum* & spurium censet *P. I. pag.* 444. mihi omnino suspectum videtur, atque

Ense resecandum, ne pars sincera trahatur.

(3) Nimirum in *Fictitiarum Historiarum censura.* passim; præcipue vero *Lib. II. c. IV. §. 6. seqq. ad* 9.

habuere Romæ Cæsar Cardinalis Baronius & Alphonsus Ciaconius, apud quos vidit Arnoldus Uvion [l]. Caietanus item habuit ex bibliotheca Casinensi: qui & refert [k] in Vaticana, sine auctoris tamen nomine, reperiri. Andreas quoque Resendius aliud penes se habuit [l] (1).

[l] Refert ipse in *Ligno vitæ* lib. 5. cap. 63.

[k] In *Vitis trium* &c. pag. 140.

[l] Epist. ad Quevedum pag. 224.

324. *Supplementum* item seu *continuationem Chronici eiusdem S. Isidori* usque ad sua tempora, deinde edidit cum Lucæ Tudensis Chronico Franciscus Schotus Andreæ frater, huius operæ succenturiatus in publicandis *Hispaniæ*, ut vocant, *illustrate* auctoribus [m]. Lucas enim Tudensis Ecclesiæ Episcopus Berengariæ Reginæ iussu scripturus mundi Chronicon iecit pro fundamento huius operis id quod ab Isidoro scriptum noverat. Est quidem aliquantò diversum hocce quod Tudensis pro Isidoriano nobis dedit, ab eo quod vulgò ei tributum circumfertur. Sed aliqua de hoc diximus, cùm in Isidoro versaremur. Differunt quoque hæc duo in conclusione; nam Isidorianum vulgare Heraclii quintum annum, ac Sisebuti quartum, hoc est eram DCLIV. non prætergreditur; Tudensis autem alterum Sisebuti reliqua, & qui post eum regnavit, Svinthilæ totum Imperii ac vitæ tempus adiecit. De qua differentia quid sentiendum sit non facilè dixerim. Planè huic existimato à se Isidori Chronico hucusque pertingenti, quod duobus ipse Lucas divisit libris, tertium appensurus: incipere hinc ait *Continuationem Chronicorum B. Isidori per B. Ildephonsum Archiepiscopum Toletanum compositam.* Isthæc ab initio Sisenandi usque ad Reccesvinthi mortem extenditur.

[m] Volum. 4.

325. At si revera Ildephonsi est aliqua ex parte, (quod non aliâ quàm Lucæ eiusdem Tudensis auctoritate affirmare possumus) certè plura sunt novæ & alienæ manus antiquis consuta, quæ Ildephonsi non esse pro comperto habemus: utpote primo Machometi Pseudo-prophetæ in Hispanias adventum & prædicationem, eiusdemque expulsionem S. Isidori operâ. Hoc enim præterquam quòd insipidum esse figmentum loco suo demonstravimus [n]: minimè Isidorus ipse tacuisset in Chronico, aut Gothorum historia: quorum illud ad annum DCXVI. hæc verò usque ad DCXXVI. quos quidem tempus huic anili fabulæ Machometi in Hispanias expeditioni præscriptum iam præcesserat. Nam quòd apud eundem Lucam Tudensem libri primi fine, & intra cancellos, ut significatur, laudati Chronici Isidoriani ad eram DCLIII. legatur, Sisebuti tempore Machometum ab Hispania turpiter fugatum, in Africa nequitiam nefariæ legis stultis populis prædicâsse: eiusdem commatis est cum Ildephonsinis assumentis eiusdem Tudensis sive alterius, rumores vulgi, non veras huius perversi hominis historias secuti. Nec aliter hi censebunt de hac additione, qui perpetuò exercitam Ecclesiæ Toletanæ super alias primatialem dignitatem, tamquam Palladium Hispaniæ quoddam, tuentur. Hìc enim disertè enuntiatum legimus Hispali Sanctum Isidorum primatiæ dignitate floruisse (2).

[n] Ubi de S. Isidoro lib. 5. cap. 3.

326. Paria sunt commenta quæ adiunguntur de corruptis ab Avicena sancti Doctoris *De medica arte* libris, translatâ ob apostasiam Theodiscli ab Hispalensi Toletanam in Ecclesiam primatiali Sede, & obtento per Cindasvinthum à Romano Pontifice privilegio, ut secundum beneplacitum Hispanorum Pontificum primatiæ ista dignitas vel Hispali vel Toleti esset quam idem Rex Toletanæ adiudicavit: cuius rei tam seriæ, & quæ ex beneplacito, uti dicitur, Pontificum Hispanorum, simul intelligo congregatorum, expediri debuit, ne minima quidem nota aut vestigium in Cindasvinthi & Reccesvinthi, necnon Wambanis, & successorum, Conciliis Toletanis relicta est.

327. Demum Ildephonsus moriens decimo octavo Reccesvinthi Regis anno, ut vidimus, (*id est DCLXVI.*) nisi Pythagorica usus aliqua metempsychôsi, minimè potuit additionem hanc Reccesvinthi obitus relatione concludere, quod Tudensis credidit. Hanc enim sequitur hæc huius auctoris nota: *Hucusque B. scripsit Ildephonsus.* &c. Aliter Rodericus Toletanus, cuius hac re super verba corruptissima sunt in vulgatis editionibus [o]: *Et cùm B. Isidorus scripsisset Gothorum originem usque ad annum quintum Regis Svinthilæ: S. Ildephonsus scripsit tempora Gothorum, Alanorum, Wandalorum, & Suevorum, à quinto anno Svinthilæ usque ad octavum decimum Reccesvinthi* [p], [*at Isidorus iunior, qui à principio mundi incipit Chronica usque ad octavum decimum Reccesvinthi*] *annum fideliter prosecutus, & usque ad destructionem Hispaniæ per Arabes ipse scripsit.* Quæ ita

[o] *Hisp. illust.* tom. 2. pag. 52.

[p] Quæ sic leguntur intra ansulas, deesse in MSS. Schotus adnotavit in margine suæ editionis Francofurtensis. Similiter errat historia generalis 2. parte cap. 50. & Ioannes Ægidius Zamorensis MS. verbis Roderici corruptis usus.

(1) Habetur in Bibliotheca Escurialensi *Digramm.* &. *Plut. IV. n.* 23. atque apud Florezium *T. V. à pag.* 473.

(2) Eadem de hac *Chronicorum continuatione* sentit SS. PP. Toletanorum editionis Curator, in Monito eidem præfixo *T. I. p.* 435. Habetur tamen in Escurialensi Codice *Lit. b. Plut. I. n.* 9. hoc titulo: *Beati Ildefonsi Archiepiscopi Toletani continuatio Historiæ Gothorum a temporibus Sisenandi ad Reccesuinthum.*

ita corrigenda esse censeo: *Et cùm B. Isidorus scripsisset Gothorum, Alanorum, Wandalorum, & Suevorum originem usque ad annum quintum R. Svinthilæ: S. Ildephonsus scripsit Gothorum tempora à quinto anno Svinthilæ usque ad octavum decimum Recessvinthi annum; & Isidorus iunior prosecutus usque ad destructionem Hispaniæ per Arabes ipse scripsit.* Quæ sic lecta recto currere talo, aliter sibi non constare nemo non videt. Hæc nos de hac additione habuimus dicere: quam quidem admittunt præter laudatos Episcopos Toletanum ac Tudensem Historiæ generalis auctorem, Ioannem Ægidium Zamorensem in fragmentis suis MSS. Ioannes Gerundensis in prologo *Anacephalæosis Hispaniæ*: qui quum de eius historiographis tractat, addidisse ait Isidoriano operi de Gothorum successibus aliqua Ildephonsum Toletanum & Sulpicium. Qui emendandus est, ut pro Sulpicio Iulianum, sive Isidorum iuniorem scripsisse credendus sit. Alii hoc totum quod sub Ildephonsi nomine sese venditat, Lucæ Tudensi attribuunt: quorum è numero est Laurentius de Padilla in vita S. Isidori [q].

[q] In opere *de los Santos de España*.

328. Ad Officium seu libros Ecclesiasticos Isidoriani ut vocant ritus, Breviarium scilicet ac Missale, nonnulla contulisse Ildephonsum, inde colligere possumus, quòd in epistola synodali quam ad Hispaniarum Episcopos Francofordiensis Concilii sub Carolo Magno habiti patres undique eò collecti pro damnanda hæresi Felicis Urgellitani atque Elipandi Toletani antistitum nuncupavere, allegatis ab eodem Elipando pro se in libello fidei suæ ad Carolum eundem magnum directo sanctorum Eugenii, Ildephonsi, atque Iuliani testimoniis, sic reponitur: *Sequitur in eodem libello vestro: Item prædecessores nostri Eugenius, Ildephonsus, Iulianus, Toletanæ Sedis antistites, in suis dogmatibus ita dixerunt in Missa de Cœna Domini:* Qui per adoptivi hominis passionem &c. Sequuntur testimonium unum atque alterum ex hac Missa, & ex alia de Ascensione Domini, quibus adiungitur: *Et cetera quæ ex parentum vestrorum dictis posuistis: ut manifestum sit quales habeatis parentes; & ut notum sit omnibus, unde vos traditi sitis in manus infidelium.*

[r] Vindicavimus nos olim S. Ildephonsum ab ea labe, quâ inustus fuerat à patribus Concilii Francofordiensis, à Felice & Elipando per errorem facti deceptis. Vide tom. II. *Collect. Max. Concil. Hisp.* pag. 669. & 670. CARDINAL. DE AGUIRRE.

[s] Tom. 9. ad ann. DCCXCIV. ex n. 6.

329. Iniuriâ exprobrant [r] calamitatem captivitatis, tamquam pœnam falsæ doctrinæ ab antiquis patribus, qui verè sanctissimi & catholicissimi fuere, traditæ: quos datâ operâ tuetur Baronius [s] ab impressione hac synodalis censuræ in tales Hispaniæ doctores, una tantùm fide Elipandi eorum doctrinâ abutentis, tam acriter factâ. Id quod censendum pariformiter est de iis quæ adiungunt Francofordienses patres: *Et melius est testimonio Dei Patris credere de suo Filio, quàm Ildephonsi vestri, qui tales vobis composuit preces in Missarum solemniis, quales universalis & sancta Dei non habet Ecclesia. Nec vos in illis exaudiri putamus. Et si Ildephonsus vester in orationibus suis Christum adoptivum nominavit: noster verò Gregorius Pontifex Romanæ Sedis, & clarissimus toto orbe doctor, in suis orationibus semper eum Unigenitum nominare non dubitavit.* Quibus quod æquum fuit, Baronius & alii è nostratibus responderunt, aliis sancti præsertim Ildephonsi nostri laudatis testimoniis, quæ adoptionem carnis eo modo quo Elipandus sentiebat, & Francofordienses patres intellexere, ab eius mente doctrinaque omnino excludunt. Quæ cùm Elipandus sæculo suo hoc est sequenti in stilum venerit, retractanda erunt. Interim enim adduximus eo consilio tantùm, ut ostenderemus Ildephonsum in rituales & Ecclesiasticos libros nonnihil operæ contulisse.

330. His tamen quæ verè ei tribuuntur, adiunxit nostra ætas quædam alia, quæ vel nec eius nec alterius unquam fuere, vel nulla congrua ratione eius esse evincere possumus. Franciscus quidem Fevardentius Gallus ordinis Minorum, Ecclesiasticæ totius historiæ sacrarumque disciplinarum peritissimus, merito suo pietatis doctrinæque à magno Baronio laudatus [t], superiore sæculo Parisiis edidit anno MDLXXVI. è Nivelii officina S. Ildephonso adscriptos, primò librum *contra eos qui disputant de perpetua virginitate S. Mariæ, & de eius parturitione* II. Homiliam *contra eos qui mendosè affirmant Mariam Virginem contra legem Dominum peperisse.* III. Sermones sex *de Assumtione B. Mariæ.* IV. Sermonem duplicem *in Nativitate B. Mariæ.* V. Sermonem *de eiusdem Purificatione.* Quod opusculum editum quoque inter veterum patrum opera habemus [u].

[t] Ubi suprà ad ann. DCCXCIV. num. 10.

[u] 9. volum.

331. Nec non Petrus de Alba & Astorga eiusdem Franciscanorum ordinis, Hispanus, in magno opere à se tantùm initiato, *Bibliothecæ virginalis*, hoc est eorum auctorum collectione, qui peculiaria in laudem Deiparæ matris opera scripsere, *Coronam B. Mariæ Virginis* Ildephonsi nomine in lucem edidit. Pseudo-Iulianus quoque vitam S. Eugenii decessoris sui, hoc est iunioris, scripsisse eum credi voluit [x] (5). Nu-

[x] In *explicatione epigram. Ildephonsi de Eugenio, seu in Collectione Var. carm.* pag. 150.

Eee

(5) Hanc Eugenii vitam *in gratiam Toletani populi* scripsisse Ildefonsus à Pseudo-Iuliano dicitur.

Nuper vir doctissimus Ioannes Mabillonius Benedictinus *Revelationem* quandam Ildephonso cuidam Hispano Episcopo tributam, unà cum dissertatione *De pane Eucharistico azymo & fermentato*, Parisiis anno MDCLXXIV. in lucem emissa, publicavit. Quæ omnia singillatim absque ulla verisimilitudine adscribi ei, aut eius esse credi, iam persuadere contendam.

332. Certè, ut ordine agamus, eaque præstruamus quæ legitimitatem comprobare videntur, librum *contra eos qui disputant de perpetua virginitate S. Mariæ, & de eius parturitione*, olim pro Ildephonsi commentario agnovit Vincentius Bellovacensis Episcopus lib. 7. *Speculi Histor.* cap. 120. Necnon & Michael Alphonsus Carranza Carmelita Valentinus, is qui libros *De virginitate perpetua B. Mariæ* iam laudatos in lucem primus edidit, in eo tractatu, quo de eodem mysterio neophytum instruere voluit, superiorique subiunxit, aliquo exinde utitur Ildephonso adscripto testimonio. Ac præstò est huic suffulciendo iudicio historia, quæ scripto isti porrexisse occasionem dicitur. Rodericus enim Toletanus lib. 2. cap. ultimo hæc ait: *Huius tempore cùm Helvidius & Pelagius* (pro Iovinianus) *à Gallis venientes plerasque partes Hispaniæ infecissent, virginitatem B. Virginis infamantes: B. Ildephonsus illis occurrens, Sacrarum Scripturarum testimoniis, & linguâ mellifluâ, & gratiâ in labiis suis diffusâ, eorum dogmata confutavit, & ab Hispaniis confusos abegit.* Deinde narrat B. Mariæ factam ei apparitionem, & gratias habitas ob defensam eius virginitatem.

333. Sed plura, & graviora sunt argumenta, quibus persuademur, quominus librum hunc in album Ildephonsinorum operum admittamus. Primum & masculum quidem ex stilo est, quæ vera & germana doctissimorum iudicio auctoris censetur sui nota. Verè enim sermo is, quo Ildephonsus utitur in opere *De virginitate*, quod indubitatè eius est, tam distat ab illo alterius libelli adversus disputatores editi, ut mirari subeat homines eruditissimos nunquam huius differentiæ sensum ad animi sui examen reduxisse. Illius quidem stilus characterem eius ætatis, & gothicæ Latinitatis, quâ vixit & quâ imbutus fuit Ildephonsus, præsefert manifestissimum: nempe latinæ orationis iam declinantis ad ruditatem & scabrositatem genus quoddam, longè discedens ab antiquæ veræque Romanæ dictionis puritate ac facilitate. Hoc genus, scilicet quod verbis aut insolentibus aut impropriè usurpatis maximè delectatur, phrasi horret, dictioneque in suaviori, numerosque non tam in structura totius quod oportebat orationis, servat, quàm in exitum periodi cuiusque laboriosa anxietate compingit. Verbis consonis, aut certè eiusdem naturæ & generis nisi orationes cadant, mutuoque respondeant, sermo frigescere, ac sine lumbis esse, prorsusque ἀνάρυθμος, creditur.

334. Accedit affectata etiam verborum congeries, inopsque ut sic dicam copia, cuius negotium in eo totum fuit positum ut circumloquendo, anxiaque molitione quicquid pervium esset ac simplex dictuque facile, verborum cumulus involveret. Hic istius ævi eloquentiæ characterismus fuit, quo Ildephonsus, & pares ferè omnes in Hispania maximè usi sunt. Ævum nos, non homines carpimus. At verò ductum libelli *Adversus disputatores* nulla affectatio, sed forma illa simplex & aperta dicendi quæ apud alias gentes & inferioris sæculi Scriptores invaluit, eaque perpaucis verbis insolentioribus aspera, comitatur.

335. Sed ne huius argumenti pondus intimatio hæc generalis extenuet, age, videamus singularia ista in exemplis clara. Primo loco verba ex libello *De virginitate* parum latina, latinève usurpata, hæc notamus *Connectatio* pro copula, ut credimus: *fatuissimus*: *fœtosa* pro fœta (quod S. Isidori exemplo in quodam hymno dixit): *rememoratus*, quasi recordatus, aut reminiscens: *inconstabilis*: *tantundem* pro tantùm: *ducare* pro ducere: *vetustatus*, quasi antiquatus: *plausibilis* pro libens: *audientia* pro audiendi sensu: *monitationes* pro monitiones: *almificus*, pro sanctificans: *impudoratus* pro eo qui pudore caret, quem Isidorus in glossis *expudoratum* dixit: *evadens* passive pro evadibili: *implenitudo*, & *impromtissimus* haud negant hìc plenitudinem aut promtitudinem, aliaque.

336. Sequuntur affectatè dicta & redundanter. *Quid copiosæ frugis infamis?* (nam sic malo quàm *iugis*) *audientiæ tuæ intulisse*: de Anna prophetissa ait, *comitatu, coniugis non longæva, duodecies septies viduitatis annositate longinquâ & obsecrationibus opulentâ*. Item: *Licèt ego non explicaverim omnes talium & tantorum innumeros & innominabiliter existentes veridicos testes* &c. *Stellam novo nativitatis exordio, novo processionis apparatu prolatam.* Hæc notatu digniora sunt, quibus paria respersa alia per integrum librum facilè quivis observabit. Quæ quidem omnia hucusque dicta volui, ut stili hoc genus, quæ il-

illius temporis elegantia fuit, Divo nostro, istius operis fabro, consignarem. Quod piorum omnium veniâ dictum sit, virique sanctissimi, cuius hæc vel impolita sermonis vestigia relegens avido ore pronus exosculor. Planè in opusculo altero adversus eos qui disputarent de Mariæ parturitione, diversa omnia: genus scriptionis prorsus alterum, oratio liquidior & simplicior, vix ullum quod offendat aures verbum, nulla omnino affectatio aut circumducendi res, aut versus pariformiter absolvendi.

337. Secundò, movet huius operis apud Iulianum aliorum descriptorem silentium. Vix enim credibile est adeò sedulum & curiosum recensitorem librorum, quos quidem absolutos & integros reliquisset, nostri Ildephonsi, absolutum hunc & integrum, in eoque periclitantis in beatam Virginem pietatis articulo emissum ignorâsse aut prætermisisse. Unum enim laudat is libellum *De virginitate S. Mariæ contra tres infideles*, qui manifestissimè alius ille est, & ab hoc diversus. Nec Isidorus Pacensis divagatur ab isto unico opere, laudans eum quem *De virginitate nostræ Dominæ Mariæ semper Virginis nitido politoque eloquio*, *ordine synonymo* (vides quod eloquatur) *perflorentem libellum*. Pelagio similiter Ovetensi, aut Sebastiano Salmanticensi nullum aliud opus cognitum dixeris: quo scilicet meruit sanctissimus Doctor cappæ cœlestis Marianum donum, quàm id quo *contulit* (verba eius audis) *adversus hæresiarchas Helvidium atque Iovinianum*, qui verè hostes sunt ab Ildephonso sibi in eo, quem unicum contendimus eiusdem esse librum, ad concertationis exercitationem propositi. Quibus iisdem notis deprehenduntur haud quidem ad aliud opus eidem Ildephonso scribens Quiricus [y], necnon & Hermannus monachus ad Laudunensem Episcopum directis [z] literis respexisse.

[y] ... epistola ...ud d'A... ...n 1. to... ...icil. pag.

[z] ...gitur apud ...num lau... loco, & Mabillo... laudato volum. 2. *Actis SS.* ... *dictin.* ...20.

338. Tertiò, Ildephonsumne tam peregrinum existimabimus hærentemve in dimetiendo carmine, cuius artis tam studiosus nobis à Iuliano describitur, cui hæc exciderint? *Hinc est sanè quòd Ecclesia ex auctoritate sanctorum patrum, canit de nativitate eius:* (Christi Domini) & gaudium matris habet cum virginitatis pudore: *ubi alii quam egregii viri emendaverunt*, cum virginitatis honore. Agnoscis versum ex *Paschalis Operis* Sedulii secundo libro, nempe illius hymni, quem sanctæ Dei genitrici Ecclesia canit *Salve sancta parens* &c.
Versus hic est, nec aliter constare potest:

Gaudia matris habens cum virginitatis honore.

Quid ergo dicemus de illo vitio? an existimâsse auctorem qui carmine utitur hanc labem apud Sedulium ipsum contractam, an secus? Utrum videbitur, absurdum dixeris. Planè Ildephonso artis non ignaro poeticæ, sedere non potuit, lapsum fuisse adeò turpiter Sedulium.

339. Rursus è contrario, quis prudens & sanus credat ab Ecclesia, hoc est universo Christiano orbe tot literis ac disciplinis præstantium virorum, sive vitiatum, sive vitiosum susceptum in usus suos hunc versum: eo quidem tempore quo nondum exstincta erant, vel in Hispania ipsa, poeticæ artis lumina? Præterea quòd Ecclesiam dixerit *ex auctoritate SS. patrum* hunc hymnum seu hymni versum canere: si loquatur Ildephonsus, de eo Ecclesiæ ritu, & psallendi consuetudine locutus videri debet, quæ ex constitutione duorum Toletanorum quarti & quinti Conciliorum, tam in Hispania, quàm in Narbonensi provincia Gothorum ditionis (unde ii quos improbâsse liber dicitur hæretici venere) constanter viguit, non de Ecclesiastici officii nempe Romani extra eos limites vulgata forma. Atqui in gothico Missali libro nunquam fuit iste Sedulii receptus hymnus.

340. Quartò, hunc librum de quo loquimur non Ildephonsi, sed Paschasii Ratberti Corbeiensis abbatis qui sub Ludovico Pio vixit partum esse, Ioannes Mabillonius & Lucas d'Acherius Benedictini, sæpe iam præconio solidæ virtutis à nobis excepti, certissimis alter ut putat [a] argumentis, coniecturis alter [b] usus, contendunt. Orta nempe fuit Ratberti tempore in Germaniæ partibus nova sententia de modo nativitatis Christi Salvatoris ex utero Deiparæ Virginis, *dogmatizans Christi infantiam per virginalis ianuam vulvæ, humanæ nativitatis verum non habuisse ortum; sed monstruosè de secreto ventris incerto tramite luminis in auras exiisse: quod non est nasci, sed erumpi*, ut Ratramnus inquit, Corbeiensis & ipse monachus Ratberto æqualis in libro *De eo quòd Christus ex Virgine natus* contra ita sentientes elucubrato, & à Luca d'Acherio primo *Spicilegii* sui volumine in lucem edito [c]. Adversus hunc Ratramni librum, sive alium alterius qui virginitatem quidem asserebat Mariæ in partu cum catholicis, sed malè interpretabatur, *id ipsum*, *quod confitetur negans*, dum diceret *eam communi lege naturæ puerperam filium edidisse*: quæ verba eius sunt opusculi nostri, cui in-

[a] In *observationibus de quibusdam Ildephonsi scriptis* tom. 2. *De Actis SS. Benedictin.* pag. 519. & in præfatione partis 2. sæculi III.

[b] In præfatione ad lectorem primi tomi *Spicilegii*.

[c] Pag. 318.

si-

sistimus ; auctor calamum strinxit.

341. Descriptum hunc in bibliothecæ Corbeiensis apographis Mabillonius vidit cum hac inscriptione [d]: *Venerabili matronæ Christi unà cum sacris virginibus Vesona* (legendum *Suessona* Mabillonius existimat) *monasticè degentibus P. R. monachorum omnium peripsema. Quæstionem, Carissimæ, de partu B. Mariæ Virginis mihi nuper allatam vobis persolvere decrevi, quoniam vos eam plurimum amare non ambigo: ut ex hoc sciatis, quantum vos diligam longè diu ab utero vester alumnus, multo iam senio confectus.* Grandioribus nempe his in literis P. R. Paschasii Ratberti nomen latere Mabillonius certè iudicat. Immo d'Acherius ait, binos eiusdem bibliothecæ Corbeiensis codices MSS. Paschasii Ratberti nomen præfixum habere. Extra verò rem concertationis cum hæreticis, quod volunt hi quibus Ildephonsus videtur auctor, librum consistere, inde is collegit, quòd fratres, non hostes in eo impetantur. Verba eius audis ex eadem præfatione: *Sed quia quorundam nunc fratrum rursus impudica quasi percunctando laborat temeritas: decrevi ad vos, matronæ Christi, de his scribere, quæ ipsi curiosiùs* (verbum attende) *contra eius pudicitiam, quàm religiosiùs conantur explorare.* Sed quæ sequuntur infrà, extra controversiam ponunt, opere isto, non Ildephonsi, sed Paschasii, sive alterius (ut nos interim hoc demus refragantibus huic posteriori de Paschasio auctore iudicio) impeti ac refutari Ratramnum eiusque istum *De eo quòd Christus ex Virgine natus est* d'Acherianum librum. Quod manifestissimè ex his utriusque similibus notis & sententia constat.

[d] Edidit eam d'Acherius in laudata præfatione ad lectorem 1. tomi *Spicil.*

342. Prioris illius *De parturitione, sive adversus eos qui disputant* &c. hæc sunt: *Dicunt enim non aliter B. Virginem Mariam parere potuisse, neque aliter debuisse, quàm communi lege naturæ, & sicut mos est omnium feminarum, ut vera nativitas Christi dici possit; aliàs autem, inquiunt, si non ita natus est ut ceteri nascuntur infantes, vera nativitas non est; & ideo ne phantasia putetur, aut ne sicut aqua per alveum transisse, ita per uterum Virginis absque nascentis ordine credatur natus: pium est sentire sic eum lege naturæ natum fuisse, quomodo nascuntur ceteri infantes, & eam sic peperisse, sicut reliquæ pariunt mulieres. O cæca pietas!* (infit) *quæ tam impiè sentit de Maria Virgine, & cæca præsumtio, quæ tam impiè loquitur de Christo!*

343. Audi nunc Ratramnum cap. 1. postquam Germanorum sententiam retulisset: *Iam ergo* (infert) *nec verè natus Christus, nec verè genuit Maria.* Et mox: *Ita nec ipsa mater diceretur integra, nec Salvatoris nativitas ex matre perfecta.* Et cap. 2. *Non peperit autem, si partus aliter quàm per naturæ ianuam processit. Siquidem iam talis ortus non Virginis est partus, sed proprius videlicet ipsius infantis egressus.* Liber totus hoc ferè argumento urget adversarium. Perpetua multorum sæculorum diversitas inter auctores catholicos hoc super articulo de Christi Domini nativitatis & Mariani partus modo, huic dedit controversiæ locum inter Germanos illos, Ratramnum & Paschasium, hoc sæculo motæ: quam pars maior nostrorum theologorum cum D. Thoma eorum Principe tandem diffinivere [e].

[e] 3. parte q. 28. art. 2. iunge 1. part. q. 98. art. 2. ad 4. Suarez in 3. par. tom. 2. q. 25. art. 8. disp. 13. sect. 1. Vasquez in 3. part. tom. 2. q. 28. art. 3. disp. 121. cap. 5. Durandus in 4. sent. dist. 44. q. 6.

344. Quintò, cùm Hermannus monachus ad Bartholomæum Laudunensem scribens referat, se auspiciis eius quæsivisse, & in Catalaunensi urbe reperisse tres libellos, quos *De virginitate Virginis Mariæ* Ildephonsus composuerat, & ob quorum remunerationem casulam pretiosissimam ab eadem Dei genitrice acceperat: satis innuit non aliud esse huius argumenti opus Ildephonsinum, novoque huic invento libros eius multiplicandi, quos *De virginitate, & parturitione* diversos scripsisse fingitur, antiquam eius ævi persuasionem præscribere.

345. Sextò, plena sunt erroribus, cùm in Historia, tum in Theologia commissis, quæ de hocce libro referuntur apud eos auctores qui recèns erupère, ut quamplurimos veterum in libris nodos incidere, vel falsa pro certis venditare ausi, tamquam Dei è machina prosilientes acclamarentur. Nec enim contenti Roderici Toletani vestigia sequi, nova ipsi posuere, quibus sufflaminandis iam insistimus. Huius tempore (ait Rodericus [f]) *cum Helvidius & Pelagius* (Iovinianus) *à Gallis venientes plerasque partes Hispaniæ infecissent, virginitatem B. Virginis infamantes: B. Ildephonsus illis occurrens, sacrarum Scripturarum testimoniis, & linguâ mellifluâ, & gratiâ in labiis suis diffusâ, eorum dogmata confutavit, & ab Hispaniis confusos abegit. Unde & in festo gloriosæ Virginis* &c. Quibus prosequitur de Virginis sanctissimæ apparitione, Ildephonsoque ab eadem Virgine Maria cælesti veste ob eius virginitatem defensam remunerato.

[f] Lib. 2. c. 22.

346. Planè nullus dubito, quin hæc historia vera sit, perversique è Gallis hæretici Helvidianum virus iam ab Hieronymo dissipatum per Hispanias disseminare conati sint. Nullo enim operæ pretio, aut potiùs temerè Ildephonsus hæresin exstinctam

ctam etiam ut stilo configeret, è tumulo excitare, atque hominum advertere mentibus præsumsisset (1). Sed quòd Helvidium & Pelagium propriis hos nominibus fuisse Rodericus scripserit, errore factum existimamus. Nomine veterum Deiparæ virginitatis allatrantium hæreticorum, Helvidii nempe & Ioviniani, proposuit sibi arguenda, iterumque damnanda Ildephonsus: ut sub utriusque Antidico-Mariani hæresiarchæ larva, nova illa, quæ proprio vocare nomine fuit dedignatus, hominum excinderet monstra. Facem præbet Pelagius Ovetensis: *Contulit adversus hæresiarchas Helvidium atque Iovinianum.* Quibus Ildephonsus adiunxit innominatum tertium hostem, sub Iudæi appellatione, in communionem triumphi ut in cunctis suis propugnatoribus impudentem illam hæresin debellaret. Hinc Roderico in mentem venisse credimus, quòd hæreticum alterum ex Gallis illis quibus noster occurrit Ildephonsus, Helvidium appellatum crediderit.

347. Quod item Pelagium pro Ioviniano dixerit, errore id factum suspicamur. Hoc sensu accepisse videtur eum Ioannes Magnus Archiepiscopus Upsalensis in *Gothorum & Suevorum historiæ* ab Olao fratre ac successore ante sæculum editæ lib. 16. cap. 21. *In cuius tempore* (ait) *duæ hæreses Pelagiana & Helvidiana, ex Galliis in Hispanias irrumpentes, maximam Hispaniarum partem corruperunt* [g]. Historici autem plerique [h] nostri videntur in Roderico legisse pro *Helvidio Helladium*, propriaque non rectè putant recentium nomina hæc, quibus ille usus fuit: quamquam alii Helvidium retineant [i].

348. Aliter autem qui Luitprandi & Iuliani nomina ætate nostra subiit, ut vetustatis mantellum fabulis sive cogitationibus suis obduceret. Hi enim non *Helvidium* & *Pelagium*, sed *Theudium* & *Helladium* appellant. Luitprandus [k]: *Hæreticos Narbonâ venientes, natione Gothos, Theudium & Helladium, per Hispanias teterrimè vagantes, & de virginitate B. Mariæ Virginis temerè sentientes, quod more ceterarum mulierum dilatatis claustris virginalibus peperit Christum Dominum verum Deum & hominem filium suum, sermonibus, & quatuordecim editis libris* (ita habet Thomæ Tamaii editio Matritensis; at Ramirezii Parisina loco eorum, *sermonibus quatuordecim, & editis libris*) *Ildephonsus diversis ab illo* (soliloquiorum) *incipiente:* Domina mea, *viriliter confutat, & castigatos iussu Regis Reccesvinthi catholici serenissimique principis totâ Hispaniâ cogit exsulare.* Nec semel tantùm, sed & iterum post septennium ex Hispania quo redierant, signateque ab Elbora eiectos (quod in gratiam Carpetanorum suorum, ac Talaveræ urbis civium dictum puta) Pseudo-Luitprandus refert [l]. Eadem ferè Pseudo-Iulianus [m]: *Hæreticos Gallos Theudium & Helladium loquentes de parturiendi modo B. Virginis Mariæ, editis libris quos ad moniales Deliviensis (Deibiensis aliàs) monasterii in agro Toletano positi dedicârat, confutat. Concilium multorum Episcoporum contrahit, in quo interfuit ipse Ildephonsus & multi Episcopi, inter quos fuit unus S. Amandus primus* [n] *Episcopus Traiectensis, deinde verò Castellonensis in Hispania, vir doctus & sanctus.* Et infrà [o]: *Multis habitis concionibus sanctus Ildephonsus defendit mirabilem parturitionis modum B. Mariæ Virginis, contra illos hæreticos, dicentes more ceterarum mulierum peperisse; nihilominus permansisse virginem: quod fieri non potest.*

349. Somnia hæc sunt in cerebro eius nata, quem toties damnamus. Helladium nempe vocavit hæreticorum alterum, eò quod in Roderico Toletano ita pro Helvidio, quæ vera lectio est, alicubi legitur; Theudium verò alterum, sua unius fide, quæ nulla est: quasi facto ex parte sibi bono nomine in Roderici auctoritate, quod reliquum assis fuit mendacio commodare tutò posset. Ad hæc iniustè agunt ficulnei historici cum supposititiis suis Theudio & Helladio, hæreticos eos vocantes propterea quòd B. Mariam ceterarum more feminarum peperisse Christum Salvatorem, absque tamen virginitatis suæ detrimento, contenderent. Nam neque ipsius libri auctor (Ildephonsus) eis ampliùs quàm impudicam in percontando temeritatem, eamque eorum, quos fratres (quantum ab hæreticis compellatio hæc distat!) sugillare ausus est: clarissimè hanc distinguens ab hæreticorum causa, & Helvidiana iam ab Hieronymo debellata hæresi.

350. Neque defensoribus catholicis tam antiquæ quàm nostræ ætatis sententia hæc destituitur. Planè ita existimasse videntur Tertullianus *De carne Christi* cap. 4. & *Adv. Marcionem* lib. 3. cap. 11. & 16. Hieronymus epist. 22. ad Eustochium *De custodia virginitatis*: Leo Pontifex ad Leonem Augustum epistol. 97. cap. 3. Gregorius Nazianzenus orat. 51. sive ad Chelidonium epistolâ 1. Epiphanius hæresi LXXVIII. [p] Damascenus item in oratione *De dormitione Mariæ*. Durandus ex Schola-

[g] Perperam pro nominibus Luitprandianis horum hæreticorum laudat Io. Magnum Thomas Tamaius in Notis ad Luitprandi Chronic. anno DCLXI. pag. 62.

[h] Morales lib. 12. cap. 39. Padilla cent. 7. c. 48. Vasæus in Chron. ad ann. DCLXII. Mariana lib. 6. cap. 10. Portocarrerus *De Descensione Deip. in Eccles. Toletanam.* Vazquez in suo *Ildephonso* lib. 4. cap. 3. necnon & Vazquez Theologus in 3. par. disp. 121. c. 2.

[i] Marieta lib. 5. *de SS. Hisp.* cap. 50. Higuera in *Notis ad Luitprandi* an. DCLXI. n. 113.

[k] In Chron. ad ann. DCLXI.

[l] Ad ann. DCLXVIII.

[m] In Chron. num. 338.

[n] Immo *prius*, ne calumniosè audiamus, legendum.

[o] Num. 341.

[p] Præter hos duodecim ex SS. PP. laudat impius Rivetus in *Apolog. pro Deip. Virg.* lib. 1. cap. 16.

(1) Recole superius dicta de hoc argumento n. 288. in Not.

lasticis [q], Gregorium & Ambrosium laudans. Huncque parturiendi modum, laxatis, sicut & concipiendi, non luxatis membris, & absque eo quòd læderetur integritas, in statu innocentiæ S. Augustinus admisit, ex quo S. Thomas 1. parte quæst. 98. art. 2. ad quartum, Riccardus in secundum sent. distinct. 20. quæst. 4. & alii recentiores [r]. Ratramnus certè Corbeiensis monachus, cui oppositum diximus hunc Ildephonsi existimatum, verè Paschasii Ratberti, librum, aliter sentiens de nativitate Christi Domini, quàm de solemni & communi (attamen integra) parturitionis forma, *veneni novæ perfidiæ* appellatione notare non dubitavit. Verè articulus Catholicis semper incontroversus quòd servata fuit, sicut in conceptione ita & in partu, Mariæ integritas; de miraculi autem forma, quâ divinus fœtus è claustro virginali fuit solutus, liberum fuit unicuique argutari; quamvis hodie iam Recentiorum calculo prævaluerit sententia de miraculo penetrationis, de quo ad Scholasticos [s] recurrere te Lector moneo.

[q] In 4. sent. dist. 44. quæst. 6.

[r] Vives ad August. *De civit. Dei* lib. 14. cap. 26. Guilielmus Estius in 2. sent. dist. 20. sect. 2.

[s] Suprà citatos.

351. Quàm verò sapiunt recentem manum, putidaque affectatione ea turgent, quæ Luitprando imputantur? Ildephonsum nempe [t] sermonibus quatuordecim, atque editis libris diversis ab illo Soliloquiorum, incipiente: *Domina mea*, hæreticos illos viriliter confutâsse. Ad Fevardentii editionem S. Ildephonsi operum respicere hìc nugatorem, in qua tredecim ei sermones adiudicantur hactenus invisi, nonne vides? Quamvis enim non omnes hìc editi mysterium hoc agant intemerati & purissimi partus, sed vel assumtionis, vel nativitatis, ut iam dicemus non adeò strictè ponendæ sunt cum eo rationes, qui nullâ aliâ, quàm libidinis suæ, ratione circumagi se passus fuit. Numerum autem decimum quartum pro decimo tertio typographo libenter imputamus. Item [n] composuisse S. Ildephonsum ad privatam devotionem suam *Soliloquiorum* librum, sive *Synonymorum* ac postea *Sermones*, ac *libros elegantiori sermone* (ut declinaret telum à diversitate stili) *contra hos hæreticos.*

[t] Num. 101.

[n] Num. 103.

352. Quod autem de Concilio additur ac super re Toleti habito, falsissimum est, non ea solùm ratione quòd cum aliis superioris ac inferioris sæculorum Toletanis in veteribus libris servatum non habeamus; nullaque eius mentione apud Scriptorem aliquem integræ fidei, neque etiam in his falsò creditis Ildephonsi libris & sermonibus, eo tempore celebratum comprobetur; sed præsertim quia ex Concilio Toletano XI. Wambanis anno quarto, idest redemti orbis DCLXXV. sexto autem post Ildephonsi obitum coacto, totis antea XVIII. annis nunquam convenisse Hispanos patres manifestissimè constat: quo intervallo temporis, præter Wambanis quadriennium, Ildephonsini Pontificatus novennium contineri quis non videt? Et tamen id non animadvertentes, pro Iuliani Concilio stant adhuc ex nostris quidam [x], eo solùm moti quòd parum verisimile iis videatur, toto Ildephonsi tempore, talis Pontificis, lucem Conciliorum exstinctam fuisse. Vero tamen hi, non coniecturis fidere suis, debuere.

[x] Higuera in Notis ad Luitprandum anno DCLXI. n. 101.

353. Cuius farinæ historicis credere quando desinent tot experimentis edocti? Cùm vel unum hoc satis deberet esse, quòd Amandum, Traiectensem priùs Episcopum, deinde verò Castellonensem in Hispania, virum doctum & sanctum, interfuisse huic Toletano Concilio insulsus idem fabulator Iulianus [y] effutire non dubitaverit. Planè sæculo isto S. Amandus floruit, vitamque usque ad annum eius octogesimum quartum (alii [z] septuagesimum nonum præferunt) produxisse creditur [a]. Episcopus tamen hic fuit dumtaxat urbis Traiectensis in Belgio sub Sigeberto Austrasiæ Rege; ac post triennium, circa annum DCXLIX. annuente, ut creditur, Martino Papa, ei renuntiavit [b], privatæ, sed actuosissimæ persanctæque actæ vitæ deditus, nunquam extra Galliam, Vasconesque à meridie, Belgium à septemtrione, Romam ab oriente pervagatus: nedum ut in Hispania (ubi Castellonensis collocetur Sedes [c]) humeros olim oneri subductos inconstanter iterum supposuerit.

[y] Num. 338. in Chronico.

[z] Mabillonius in Notis ad vitam S. Amandi pag. 723.

[a] Vide *Acta SS.* Antuerp. edit. VI. Februarii in *S. Amando* §. 2.

[b] Ibid. §. 2.

[c] Disputant Tamaius Salazarius 1. tomo Martyr. Hisp. VI. Febr. Franciscus Ruspuerta in *Hist. Eccles. Giennensis* sec. 7. cap. 2.

354. Nullus forsan Amando plures sortitus fuit vitæ ac rerum à se gestarum Scriptores. Baudemundus abbas Blandiniensis qui testamentum eius scripsit, Alanus, Harigerus abbas Lobiensis, Philippus Bonæspei abbas, prosa oratione; Milo autem presbyter Elnonensis versu, in his enumerantur: qui hodie omnes exstant, & in *Actis sanctorum* Antuerpiensibus, ac *Benedictinorum* Parisiensibus Ioannis Mabillonii, vel primùm vel iterum prodiere. Cùm autem horum nulli Hispaniensis huius habitationis, habitæque in ea gente dignitatis mentionem debeamus: profectò stipes truncusve is fiet, quem tot admonitum testibus, ipsaque rei incongruentiâ, dolis tamen adhuc Toletani præstigiatoris ludificentur.

355. Allucinatus forsan vir fuit, occasiones undique captans ornandi, vel fabu-

bulis, suam Spartam, (Hispaniam nostram scilicet) ex eo quòd præsul sanctissimus Amandus sacram quandoque expeditionem in Vasconas fecerit. Quam interpretantur noviores [d] Pseudo-Iuliani dicto audientes, de gesto in Hispania Castellonensis Episcopatus munere (*Castellon de Empurias* in Catalonia); atque interim coacto Toletano, & ab eodem Amando eodemque subscripto, Concilio. Sed res non obscurè narratur ab eius historicis. Baudemundus: *Audivitque ab eis gentem quam Vaccaiam* [e] *appellabat antiquitas, quæ nunc vulgò nuncupatur Vasconia, nimio errore deceptam; ita ut auguriis vel omni errori dedita, idola etiam pro Deo coleret. Quæ gens erga Pyrenæos saltus per aspera & inaccessibilia diffusa erat loca, fretaque agilitate pugnandi, frequenter fines occupabat Francorum.* Hæc de situ gentis, quam aggressus fuit gladio armatus veritatis Amandus. Cui cùm prædicâsset Evangelium, nec proficeret, brevi ad fines Francorum ait reversum. Similiter ceteri. Hæc illa est peregrinatio in Hispania, ut visum fuit: in cuius brevi circulo Pontificatum pacificè gestum Castellone, curamque purgandi novo errore Hispaniam, ita longè hinc, Toleti nempe, convocato Concilio, belluli nostræ antiquitatum Ecclesiasticarum gentis vindices comprehenderunt. Profectò alia cura fuit Amandi, Vascones nempe suos (Aquitanus enim is patriâ) ut ab idolorum ac dæmonum cultu averteret; non ut peregrinam gentem, Hispanos, Marianæ parturitionis formam, quæ inter adiaphora est, eo conatu doceret.

356. Nec fallaris cum Pseudo-Iuliano, rem intra Hispanias & ad saltus Pyrenæos, qui ad nos pertinent, gestam credens: eo maximè quòd *Francorum fines* occupâsse *frequenter* hos Vasconas Baudemundus; atque idem cum aliis, remeâsse hinc Amandum *in fines Francorum* sive in Franciam, scripserint. Francia enim eo ferè tempore Francis Regibus subiecta ditio audiebat, quorum imperio Vascones vix paruere; immo frequenter in eorum fines impetus faciebant: quod ex Arnaldi Oihenarti *utriusque Vasconiæ notitia* [f] liquet. De Rictrude abbatissa Marcianensi, in Vasconia edita, *quæ causa ei fuerit in Franciam veniendi* dicturum se auctor vitæ eius [g] Hucbaldus Elnonensis annotat monachus. Unum hoc expressimus de ista *Franciæ* acceptione testimonium, ne innumeris lassaremus legentes.

357. Duplex fuit (non negamus) Vasconia, cis Pyrenæum Hispanica, ultra illum Gallica: quod notum Geographis. Sed Baudamundum de hac posteriore agere, neque extra illam se extendisse Amandum monachus Milo clarissimè significat. Narrans enim hanc ipsam Amandi expeditionem ait:

Eia, age, Vacceiam latè, mea Musa, vagantem
Fidentem frenis, torquentem tela lacertis,
Pande, rogo, & vulgo vulgari voce notato.
Si demas, mutesque apices, Vasconia fertur.
Quæ gens dura satis, variis incursibus instans,
Ictibus ac telis hostilia tela rependens,
Extremis fuerat Francorum finibus hostis.

Amandi nempe tempore: eadem autem postea subacta; nam subiungit:

Sed nunc vulnificis substrata est pacifica armis,
Frenaque consilio tandem conducta salubri,
Non laniat morsu, sed pacis in oscula tractat.

Quod ad Vascones Gallicani limitis pertinere, non verò ad Hispanici, qui nunquam Francis subiecti fuere, certissimum est. Dagoberti tempus fortè respicit Milo, qui *ferocissimos* etiam *Vaccæos ditioni suæ hostili gladio* subegisse in *actis S. Eligii Noviomensis Episcopi* à S. Audoeno Rothomagensi conscriptis refertur [h]. Notum quid de Vaccæis, in cuius nomen Vascones successisse, præter Baudamundum, Fredegarius [i], & alii produnt, & *Vaccâ*, sive *Vaccæâ*, eorum urbe, Isidorus scriptum reliquerit [k] (1): in cuius testimonium plura conferunt viri eruditi [l].

358. Non ergo ad nos pertinet Hispanos S. Amandi illa brevis atque irrita expeditio Vasconica; quantumvis duplex for-

[d] Tamaius VI. Febr.

[e] Aliàs *Vaceiam.*

[f] Lib. 3. cap. 1. & 2.

[g] In *Actis SS. Benedictinorum* Mabillonii tom. 2. pag. 941.

[h] *Rer. Francicarum* 1. vol. pag. 631.

[i] In Chron. ad ann. DCCLXVI. eodem volum. *Rer. Francicar.* pag. 778.

[k] Lib. 9. *Orig.* 2.

[l] Marca *Hist. de Bearn.* lib. 1. cap. 12.

(1) Iuvat Isidori locum *IX. Orig.* 2. sistere: *Vacca* (inquit) *oppidum fuit iuxta Pyrenæum, à quo sunt cognominati Vaccæi: de quibus creditur dixisse Poeta:* Lateque vagantes Vaccæi. *Hi Pyrenæi iugis &c:* quemadmodum apud Grialium legitur. Falsò; *Vaccæi* enim vocabulum nusquam apud Poetam exstat; neque Isidorus terna hæc verba *lateque vagantes Vaccæi* è Poeta retulit, sed bina tantum priora, quæ habentur *Georg. III. v.* 477.

Pastorum & longe saltus lateque vagantes.

Atque eòdem respexisse videtur Milo Monachus in versu *Eia age* Vacceiam late, *mea Musa*, vagantem quem Noster adducit hoc numero. Exstat quoque apud Virgilium *IV. Æneid* 42.

.... lateque furentes
Barcæi...

quem locum Hieronymus *Epist. ad Marcellin.* & *Anapsychiam* legit

.... lateque vagantes
Barcæi:

unde Grialianus error enasci potuit; Barcæi tamen Africæ populi sunt, ac proinde huc non pertinent. Re-

forsan ea fuerit: prima cùm à Dagoberto in exsilium amandatus, sanctæ Rictrudis (hoc est Vasconiam) *aggressus est patriam*, uti Hucbaldus in huius vita loquitur: quod circa annum DCXXXIV. ex sententia fuit Henschenii [m]. At eo tempore Castellonensis in Hispania Episcopus Perseverantius erat, qui anno DCXXXIII. Concilio quarto Toletano præsens, anno DCXXXVI. quinto per procuratorem interfuit. Ante hunc autem annum Amandus ab exsilio revocatus fuit, & in curiam à Dagoberto vocatus [n]. Non ergo huius prioris Vasconicæ expeditionis tempus acu tangit, ut fallat, Toletanus impostor. Nec item posterioris: quàm licèt alius Castellonensis Episcopus, Marcus nomine, qui ab anno DCXLVI. usque ad DCLVI. Conciliis septimo, & sequentibus, usque ad decimum subscriptus legitur, non excludat admittentibus Amandum circa annum DCLXV. (quod observat idem Henschenius [o]) ad Vasconas rediisse, ibique Evangelium prædicâsse: re tamen ipsa & successu istius prædicationis, uti suprà monuimus, convincitur non potuisse huius temporis esse somniatum hoc Amandi Pontificium. Unde hanc fabulam de Castellonensi eius Sede in Hispaniis meritò refutat Henschenius [p].

[m] Die VI. Feb. §. 10. *De Amandi rebus* pag. 831.

[n] Ut ibidem Henschenius monet.

[o] §. 14. pag. 835.

[p] §. 22.

359. Sed neque finem sibi fallendi præscribens ullum Pseudo-Iulianus, eundem S. Amandum anno etiam DCL. (sic enim admittimus legi verba eius debere) Castellonensi iam præesse apud nos Ecclesiæ iactat. *S. Amandus* (ait [q]) *Episcopus Castellonensis in Hispania per id tempus floret ad quem literas mittit S. Martinus Papa.* Certè hic Pontifex ad Amandum, Traiectensem tunc Episcopum, deprecantem ut huic Ecclesiæ renuntiare sibi liceret, literas misit, quas Philippus abbas in *vita Amandi* [r], necnon & Milo eiusdem biographus [s], conservavere. Pergit tamen is auctor: *Contrahitur Amando impulsore Concilium contra Monothelitas anno Domini DCL.* Hæc illa est Lateranensis Synodus statim à Martini Papæ I. inauguratione convocata, non impulsu Amandi, quod fingit Pseudo-Iulianus, ipsaque iam laudata evertit epistola; sed Maximi abbatis, ut scribit Theophanes, atque ex eo Baronius [t].

[q] In Chronic. num. 336.

[r] Tom. 2. *De Actis SS. Februarii* die VI. pag. 866.

[s] In *Actis SS. ord. S. Benedicti* Mabillonii sæculo seu tom. 2. pag. 719. Exstat quoque tomo 6. *Concil.* edit. Labbei columnâ 383.

[t] Tomo 8. ad ann. DCXLIX. num. 5. & 6.

360. Nondum tamen finis. Nam quod dicimus ex Luitprando, præter *Synonymorum* libros scripsisse Ildephonsum libros alios & sermones elegantiori stilo adversus hos hæreticos, constare idem ait [u] *ex literis Genesii, secundi huius nominis, Lugdunensis (qui dictus est etiam Abelardus) abbatis Corbeiæ priùs pòst Episcopi Urcitani.* Hunc Luitprandi locum unum ex his noveris, Lector, qui inter manus figuli sui Toletani aliam & aliam vultûs formam induit. Apud enim Franciscum Portocarrerum Iesuitam in libro *De descensione Beatæ Virginis in Ecclesiam Toletanam* cap. 14 [x]. hæc è Luitprandi Chronico verba transcripta sunt, quæ vel ex illis quæ præmisimus non parum mutatis, erupêre; vel Luitprandus idem nunc ait, nunc negat. *Genesius primus Episcopus Arvernensis admonet D. Ildephonsum per literas de hæresi Iovinianí per quosdam excitata Arvernis, qui dicebant beatam Virginem in partu corruptam mansisse; & eos tendere in Carpetaniam, ut urgentem* (seu potiùs *ut gentem*) *in sanctissimam Virginem suis falsissimis rationibus labefactarent, & omnino perderent.* Quæ cùm in MSS. suis Luitprandini Chronici libris Thomas Tamaius non haberet: iure ait nescire se unde ista Portocarrerus hauserit. Et bene est quòd recentem alicuius manum subodoretur. Recens quidem ea, sed eiusdem auctoris Chronici est, iam hoc iam illud cogitantis, codicique quæcumque in mentem venirent committentis, nec rarò ad aliquem amicum, ita nunc, postea ad alium aliter, concepta transmittentis.

[u] Num. 103.

[x] Quem reperies apud Thom. Tamaium in Notis Luitprandi pag. 63.

Restituenda est igitur Grialii lectio, isque Isidori locus ita interpungendus: *De quibus* (id est Vaccæis) *creditur dixisse Poeta* lateque vagantes. *Vaccæi. Hi Pyrenæi iugis &c;* vel potius expungendum τὸ *Vaccæi*, quasi in Isidori textum irrepserit. De his igitur Vaccæis Pyrenæi accolis Isidorus Poetam dixisse putat: *lateque vagantes,* quamvis eos non nominet: nimirum de Vasconibus in Galliam vergentibus. Præcesserat enim versus 474.

Tum sciat aerias Alpes &c.

quas Servius & Philargyrius ad hunc locum *Galliam* interpretantur; *Nam Gallorum* (inquiunt) *Linguâ alti montes* Alpes *vocantur*: quod & Prudentius confirmat, *Peristeph. in hymn. S. Laurentii.* Ab his autem Vaccæis Galliæ Aquitanicæ obversis, qui antea vagi & palantes Pyrenæi incolebant iuga, postquam Cn. Pompeius subactos in unum compulit, Convenarum urbs in Galliæ subalpinis ad fluminis Garumnæ caput nomen accepit, ut paulo inferius Isidorus, & ante eum Hieronymus libello adversus Vigilantium dixerat. Vaccæorum è contrario Hispaniensium terminos definiunt Ptolemæus, iisdem includens urbes *Intercatiam, Portam-Augustam, Viminacium, Lacobricam, Segisamam Iuliam, Pallantiam, Caucam, Pintiam, Raudam &c.* Appianus *in Iberic. pag.* 284. *seqq.* Antonini Itinerarium in *Ab Asturica per Cantabriam, Cæsaraugustam*; atque è Recentioribus Arn. Oihenartus *Not. utr. Vascon. lib. I. c.* 7. Christoph. Cellarius *Lib. II. c.* 1. §. 65. *seqq.* Videnda Dominici Vallarsii notata in Hieronymi Epistolam ad Riparium: *Acceptis primum literis &c.* quæ in editione Veronensi MDCCXXXIV. ordine est CIX. & habetur *T. I. col.* 719.

361. Vides unum & eundem S. Ildephonsi monitorem, apud unum & eundem rei Scriptorem Luitprandum, iam Genesium Abelardum Corbeiæ abbatem, sive Lugdunensem Episcopum huius nominis secundum, Urci tamen deinde apud nos antistitem: iam Genesium primum Episcopum Arvernensem fuisse. Genesius quidem, Ildephonsi æqualis [y], Arvernorum Ecclesiam rexit; sed neque ordine primus, neque altero eiusdem nominis prior. Quò igitur tendant insanæ hæ molitiones, haud facile est diiudicare. Nam & Lugdunensis hic idem fuisse Episcopus, nisi fallor, dicitur à Luitprando: quò quidem per me Iulianus respexerit, Genesios duos Lugdunenses Archiepiscopos fuisse referens [z], alterum altero antiquiorem. Planè quod iactatur de Genesii literis ad Ildephonsum, ad Laurentii Surii hæc respicit in S. Boniti vita XV. Ianuarii: *Hunc autem locum* (de Magnilocensi monasterio loquitur, *Manlieu*, hodie, diœcesis Claromontensis) *iam pridem Genesius nobilissimus Pontifex* (Arvernorum) *in solo proprio voluit esse monasterium* &c. *Qua tempestate hæresis Novatiana, sive incuriâ sive ignorantiâ quorundam, in Arvernorum irrepsit urbem: impurum quoque Ioviniani dogma illic exstitit. Contra quas hæreses in eodem Magnilocensi monasterio edita exstat epistola* (cuius non dicit) *quam fortassis operæ pretium fuerit quandoque in lucem proferre.* Hæc parum diversa in prototypo Anonymi apud Bollandum XV. Ianuarii, quem Surius more suo reformavit. Atqui ea est epistola, quam innuere voluit Pseudo-Luitprandus [a], ad Ildephosum à Genesio directam.

362. De Amando autem & Genesio huc ista congessimus, ut constaret quanta hinc inde moverit, quanta invicem sibi opposita incautè ac stolidè infelicibus his lucubrationibus fabulator intulerit, eo dumtaxat fine, ut Ildephonso librum hunc *De parturitione Virginis Deiparæ* vindicaret. Quem eius non esse, primus ut credo Ioannes Baptista Poza, ingenio vir atque eruditione singulari, aliàs studiis infelicissimus, observavit [b]; atque hunc secutus est Theophilus Raynaudus [c], uterque Iesuita, rationibus agentes; tandemque rationibus & scriptis libris, qui Paschasio Ratberto disertè adiudicant, Lucas d'Acherius [d], & Ioannes Mabillonius [e], Benedictini (1); quantumvis Baronius [f], Bellarminus, Possevinus, & alii, Fevardentii editionem admiserint.

363. Eiusdem Fevardentianæ editionis sunt, æqueque Ildephonsi nostri non sunt, sermones XIII. scilicet I. *De parturitione ac purificatione S. Mariæ.* II. *Contra eos qui mendosè affirmant Mariam Virginem contra legem Dominum peperisse.* III. IV. V. VI. *De Assumtione B. Virginis,* VII. *De eadem Assumtione, super illa verba Lucæ cap.* 10. Intravit Iesus in quoddam castellum. VIII. *&* IX. *De eadem Assumtione.* X. *De Nativitate.* XI. *&* XII. *De eadem.* XIII. *De Purificatione, super illa verba Lucæ cap.* 11. Postquam impleti sunt dies purgationis Mariæ. Audi Ioannem Baptistam Pozam, cuius verba damus [g], quia *Elucidarium Deiparæ*, unde hæc sunt, in censuram incurrit sacrosanctæ Fidei patrum, neque in manibus omnium est. Reddit ille causas, quare Ildephonso abiudicet hos sermones. *In sermone* I. *de Assumtione* (ait) *minus cautè de adoratione corporis est locutus. Ibidem voces sunt peregrinæ, & inconcinna phrasis, à legitimo spiritu Ildephonsi aliena. Sermone* II. *ait, de carnis incorruptione iam me suprà satis in priore tomo dixisse credo* &c. *Ecce ubi non sermo ad plebem, sed fragmentum alicuius scripti. Sermo* III. *ex centonibus compilatus ab Ambrosio & Augustino desumtis. Sermone* IV. *insinuat B. Virginem necdum corporis resurrectionem obtinuisse. Et tandem sermone* IV. *hunc errorem expressè profitetur. Sermone* V. *ait: Non audent ministri tartarei hodie attingere suos captivos, quos recolunt redemtos illius sanguine, qui pro mundi salute est dignatus nasci de Virgine. Sermo* VI. *eum habet errorem, quem diximus suprà in sermone quarto; & ex fragmentis Augustini est. Sermo* I. *&* II. *De nativitate Virginis nihil ferè habent, quod ad ortum Mariæ pertineat. Plura capit ex Augustini sermone secundo* De Assumtione, *cuius nomen dissimulat. Sermone de Purificatione peculiaria quædam scribit de peccato originis; & tamen erroneam illam doctrinam sectatur, quæ negat Christi corpus in momento perfectum & absolutum. Quadraginta* (inquit) *dierum numero corpus Dominicum in utero Virginis formatum credimus: cuius oppositum scripserat* in Synonymis. *Quæ omnia persuadent non esse opuscula Ildephonsi.* Hæc ille, cui nos suffragamur (2). Iam ex

[y] Gallia ... 2. Episc. ...stanis

[z] ...versar.

[a] ... 103.

[b] ...cida... Vir... ...iæ lib. 4. cap.

[c] ...nis & libris ... ero... num.

[d] ...ræfat. ...picile...

[e] ...tis SS. ... præ... 2. sæ... ...ag. 13.

[f] Ad ann. DCXCIV. num. 8. & 10.

[g] Elucidarii Deip. lib. 4. tract. 4. cap. 6.

(1) Eadem de hoc: *De partu, seu de parturitione Deiparæ Virginis* opusculo, sentit novissimæ SS. PP. Toletanorum Curator in Monito ad Sancti Ildefonsi opera dubia, *T. I. pag.* 291. nimirum Paschasii Ratberti esse; sicut & fragmentum quod eidem assuitur *à pag.* 318. nam posterius aliud è Fevardentio & Ameliano codice eidem à pag. 328. subiectum, omnino ἀδέσποτον est. Consonat Cellierius *T. XVII. p.* 714. *n.* 5. Cave, in Ildefonso *T. I. p.* 590.

(2) Exstant horum omnium sermonum exempla in Re-

ex aliis, quæ falsò attribuuntur eidem nostro Pontifici Toletano, vita est S. Eugenii, eius decessoris, quam solus ei tribuit supposititius Iulianus [h].

[h] In varior. carmin. collect. pag. 150.

364. *Coronam* quoque *B. Mariæ Virginis* inter Mariana alia depromtam è codice MS. Toletanæ Ecclesiæ vulgavit ante aliquot annos Petrus Alva & Astorga Franciscanus, in *Bibliotheca virginali*, S. Ildephonsi nomine: eo argumento maximè motus [i], quòd in eodem codice alia sint Ildephonsi hactenus inedita opuscula sub eius expresso titulo & nomine: quæ fœtum eius esse, neminem, qui sapiat, dubitaturum ait. Fidem insuper obstringit, se in lit. I. Ildephonsi initiali (alphabeti enim ordinem sequitur) tomo 4. hæc editurum opuscula. Miror quidem Ildephonsi tot amatores & illustratores, Toletum frequenter adcurrentes aut ibi commorantes, Toletanæque bibliothecæ custodes, hæc latere potuisse. Planè in catalogo penes me MS. huius bibliothecæ ita habetur: *Corona B. Virginis cum eius psalterio parvâ formâ.* Et in ora libri annotatur: *Titulus psalterii est. Incipit psalterium B. Mariæ semper Virginis, editum ab Ildephonso Toletano Archiepiscopo, unaquaque die devota mente canendum.* In margine signantur dies, in quibus dicendum est. *In Dominica die, feriâ* IV. *feriâ* VI. *& in die sabbathi.*

[i] Ut ex præfat. constat.

365. Est in eodem catalogo alius codex *Corona B. Mariæ* inscriptus; reperiunturque simul, nisi nos numeri fallunt, pluteo I. num. 13. & 14. inter MS. theologicos. Attamen *nemo est qui ignoret* (ait Baronius [k]) *qui antiquorum codicum habet usum, sæpe sæpius solere contingere, ut non unum vel duos, sed & tres, quatuorve, & ampliùs habeat idem volumen diversorum auctorum tractatus; & aliquos ex illis inveniri sub nomine unius auctoris exscriptos: ut, nisi quis oculos lynceos habeat, sæpe accidat, ut inscripto auctori tribuatur quicquid inferiùs eodem codice continetur.* Quare non inde quod *Psalterium* sit Ildephonsi, *Corona* eiusdem erit. Sunt, fateor, in *Corona* ista, non minùs quàm in germano & certo Ildephonsi fœtu *De perpetua B. Mariæ virginitate* libris, vocabula quædam eiusdem formationis, à puritate latinæ linguæ exorbitantis, gothicumque sapientis: uti inter alia *nectura*, pro *nexu*, quam *connectationem* vocant laudati libri *De virginitate.* Sed plura alia sunt, quibus magis deferendum est quàm huic indicio, aliis etiam Scriptoribus, non tantùm illius, quàm sequentium etiam sæculorum communi.

[k] Ad annum CDXLI.

366. Carmina interserit, aliena etiam, plerumque prosæ orationi: quod secundum Ildephonsi stilum non est, quamvis editor non distinxerit. Talia sunt de nomine Mariæ [l]. De nomine Mariæ (ait quidam) *Mariæ nomen aurum-fragrans & aromaticum-velut pigmentum cœlicum-ut sol est, luce fulgidum-& mortuis vivificum-& monachis mellifluum-sanctum & anagogicum-divinum & exstaticum.* Et alibi [m]: *Porta clausa pòst & antè-via veris invia* [n] *- fusa rore cæli tellus-fusum Gedeonis vellus-deitatis pluvia-placa maria maris stella-ne involvat nos procella-& tempestas omnia.* Tota itidem capitis noni oratio metrica est, quantumvis malè sibi constantibus versibus. Et auctor: *Hos* (inquit) *quos tibi offero versus, domina digneris suscipere: ut nec sonus constet, & aurium iudicium falli possit.* Quæ rhythmica poesis ævi non est Ildephonsini. Utitur aliorum testimoniis frequenter, quos haud nominat; nec difficile fuerit cum cura legentibus observare unde illa sint. Ut cap. 11. *Cuius stellæ patrocinium quidam servitor tuus, & laudator devotus, in suis opusculis nos corde attento flagitare admonet, dicens:* In periclis, in rebus dubiis, respice stellam, invoca Mariam, non recedat à corde, non recedat ab ore (1).

[l] Cap. 5.

[m] Cap. 6.

[n] Editum tamen est *via veris in via*; aliaque malè distincta. In fine pro *omnia* fortè legendum *obruat.*

CAPUT VII.

De S. VALERIO *abbate, & eius operibus. De* S. IULIANO *Toletano antistite, non quidem Pomerio cognominato, nec monacho. Eius opera. Reprehensus propter quoddam eius opus Romæ Iulianus, validè se alio scripto defendit; cuius rei historia curiosè enodatur. Baronii Cardinalis erratum è Petri Siculi prava versione. Pseudo-historicorum de eadem re nugæ.* Ἀντικειμένων *liber, usurpato aliis scriptionis titulo. Alia opera.* IDALIUS *Barcinonensis,* FELIX *Toletanus, &* TAIO *Cæsaraugustanus, Episcopi. Carmen sepulcrale Hispalense suppletum à Pseudo-historicis. Libri quinque* Sententiarum ex S. Gre-

Regia Matritensi Bibliotheca accuratissime cum Toletanis Codicibus, cumque Fevardentii edito collata à Cl. Andrea Marco Burrielio, qui strenuam in eo navavit operam, lectionesque variantes collegit: hæret tamen in iis Ildefonso adscribendis, non secus ac SS. PP. Toletanorum Editionis Curator *T. I. p.* 329. Cellierius *T. XVII. p.* 717. *n. VIII.* Cave *T. I. p.* 590. eos Ildefonso abiudicant; itemque Oudinus *T. I. col.* 1683.

(1) Habetur etiam in eadem Regia Bibliotheca opusculum inscriptum *Corona Beatæ Virginis Mariæ* cum edito Petri Alvæ & Astorgæ exemplo ab eodem Cl. Burrielio collatum: quod nemo sanus Ildefonso tribuit. Consonat SS. PP. Toletanorum Editionis Curator *T. I. p.* 392.

Gregorii operibus *Taioni tributi. Quando scripti. Carmen quoddam huius operis præfationi ab eo affixum.*

367. ACCEDIMUS ad Wambæ Gothorum victoriosissimi & catholicissimi Regis tempora, qui LXXII. huius sæculi anno electus, LXXXI. vitam cum morte commutavit, Ervigio locum vacuum relinquens. Sub hoc maximè floruisse scimus S. VALERIUM, abbatem vulgò dictum celebris monasterii S. Petri de Montibus. De quo insignis hæc memoria in eodem usque nunc legitur marmori inscripta [o].

368. *Insigne* [p] *meritis B. Fructuosus postquam Complutense condidit Cœnobium* (diximus de eo in mentione Sancti Fructuosi cap. 5.) *sub nomine S. Petri, brevi opere in hoc loco fecit oratorium. Post quem non impar meritis Valerius sanctus opus Ecclesiæ dilatavit. Novissimè Gennadius presbyter cum duodecim fratribus restauravit. Erâ CMXXXIII.* [q] *Pontifex* [r] *effectus à fundamentis mirificè, ut cernitur, denuò erexit, non oppressione vulgi, sed largitate pretii, & sudore fratrum huius monasterii. Consecratum est hoc templum ab Episcopis quatuor, Gennadio Astoricensi, Sabario* (*al. Sabarico*) *Dumiensi, Fruminio Legionensi, & Dulcidio Salmanticensi, sub era* [s] *novies centena decies quaterna & quaterna*, IX. *Calendarum Novembris* (1). Videndi de eo Ambrosius de Morales lib. XII. cap. 51. Mariana lib. VI. *Hist. Hisp.* cap. 8. & 14. Arnoldus Uvion lib. 2. *De ligno vitæ* cap. 79. Tamaius die XXV. Februarii. Sandoval in *Fundationibus Benedictinis*, ubi de monasterio S. Petri de Montibus. Scripsit hic sanctus abbas, inter alia opera,

369. *De vana sæculi sapientia* [t] librum: in cuius fine verba de se ipso faciens, ex Asturicensis urbis territorii quodam loco se esse oriundum ait, eremiticam egisse vitam vicennio integro variis persecutionibus agitatam; demumque in cellula pedem fixisse, quam S. Fructuosus iuxta oratorium Sancto Petro Apostolo in Bergidensi eremo à se dicatum olim construxerat. Manet ibi nunc sub Benedictinorum regula Sancti Petri de Montibus dictum, totaque Hispaniâ inclytum monasterium: ex oratorio nempe in Ecclesiam, ut in monumento iam laudato legitur, dilatatum. Cui Ecclesiæ adhæsisse etiam tunc operâ eiusdem monasterium, ex quo abbas in ea Ecclesia Valerius dicitur, vero simile est. Inde eum honoris causâ deducere & in Toletanum orbem secum perducere conatus fuit eius Episcopus, Isidorus scilicet Asturicensis (interfuit is Bracarensi Concilio Wambanis tempore anno DCLXXV.); pervicissetque precibus iussioni paribus ut ab amatæ Rachelis suæ amplexibus avelleretur, nisi Deus ad se vocato Episcopo (2) quieti & solitudini servi sui opportunè prospexisset. Hæc in compendio sunt quæ ex eo opere Valerius de se communicatum posteris voluit. Fortè huius *De vana sæculi sapientia* libri fragmentum est illud in quo de hypocrisi quorundam sui temporis monachorum altè conqueritur, à Tamaio adductum in Martyrologio Hispano die XXV. Februarii, qui & typis mandavit (3).

[t] Exstat id opus in apographo nostro ex codice monasterii Carracedi exscripto. CARD. DE AGUIRRE.

(1) *Sub Era novies centena decies quaterna & quaterna*: ut hoc loco, & apud Moralium *Lib. XII. c. XXXV.* qui lapidem descripsit αὐτόπτης, non nihil tamen humani passus in eo fuit. Restitui itaque omnino debet: *Era novies centena decies quina, terna & quaterna*, seu DCCCCLVII. ut respondeat anno Christi DCCCCXIX. in quo sub die XXIV. Octobris consecratum fuit Templum Cœnobii Sancti Petri Montensis, ut invictis rationibus ostendit Cl. Florezius *T. XVI. pag.* 132. & *T. XVIII. pag.* 71. *n.* 6. Nec Sabaricus Dumiensis nisi ab anno DCCCCVII. Pontificatum iniit, quam Sedem in Minduniensem translatam usque ad annum DCCCCXXII. tenuit, eius nominis secundus; isque idem est quem *Duplici*, id est virorum & feminarum Monasterio præfuisse, ac Sancti Rudesindi, qui post Recaredum ei in Episcopatu successit, institutorem fuisse non ita pridem diximus.

(2) Quem tamen Isidorum Valerius in *Ordine querimoniæ*, seu *Præfatione discriminis* n. 36. *pestilentissimum virum* vocat: *qui* (pergit) *dum sic veniret immissus ab inimico, ut me mitteret in commotionis interitum & aliorum fratrum pessimum scandalum: recto videlicet Omnipotentis Domini iudicio, lacum quem nobis aperuit, ipse repente ingressus est &c.*

(3) Dictum superius, nimirum *huius libri V. c.* 5. opusculum: *De vana sæculi sapientia* à nonnemine Braulioni Cæsaraugustano tribui, sed falso; cum dubio procul Sancti Valerii Montensis sit. Exstat in codice Monasterii Carracedensis, atque in Æmilianensi; necnon in duobus Toletanis, quorum alter ineunte sæculo X. exaratus fuit, ut ex nota eiusdem fini subdita liquet, nimirum: *Explicit liber in Era DCCCCXL.* (Christi DCCCCII.) *regnante Domino Adefonsum Princeps. Armentarius indignus & grave onus peccatorum depressus scripsit. Hora pro me. sic inveniad requiem anime tue. Amen.* Utrumque hunc Toletanum Codicem ad annum 1752. contuli cum Carracedensi olim Cl. Ioannis Baptistæ Perezii exemplo in Bibliotheca Toletana servato; & variantes lectiones observavi, quas nunc ad manum habeo. Cl. Florezius universa Valerii gesta è Toletanis, Carracedensi, & Æmilianensi codicibus strictim, sed clare ac dilucide expressit *T. XVI. à pag.* 324. primusque omnium nonnulla Valerii opera in eundem Tomum intulit à pag. 366. nimirum: *Epistolam de Beatissimæ Echeriæ laude conscriptam &c.* de qua mox seorsim: *De vana sæculi sapientia*, cui insunt minores rubricæ: *Dicta Beati Valerii ad Beatum Donadeum: Item alia de Bonello Monacho: Item De cælesti revelatione facta Bal-*

370. *Epistolam* sive *tractatum de institutione novæ vitæ*, ex quodam MS. codice, in cuius ora notaretur, hanc non Isidori Hispalensis, cui adscribitur, sed potiùs Valerii esse (1). Scripsit item

371. *Vitam S. Fructuosi* abbatis Dumiensis, posteaque Archiepiscopi Bracarensis. Hanc edidit primus è codice monasterii. S. Petri de Arlanza anno Christi DCCCCXII. manu exarato Prudentius Sandovalius Pampilonensis Episcopus [u], atque exinde in Martyrologium suum Hispanum [x] Ioannes Tamaius misit. Tertiò habemus editam, nec parum emendatiorem, à Ioanne Mabillone in *Actis SS. Benedictinorum* [y]. Tandem in *Actis Sanctorum* die XVI. Aprilis. Valerii autem nostri esse creditur ex coniecturis tantùm. Unà enim cum aliis eiusdem operibus prostat, non solùm in codice illo Arlancensi, sed & in alio monasterii Carraceti Cisterciensis ordinis, non procul à S. Petri de Montibus dicto, quem Morales vidit [z], scripta. Consonat & stilus utriusque operis, uti visum Morali; item quòd Benenati & Iuliani, atque item Casliani, S. Fructuosi familiarium, ac discipulorum testimonio sic utitur vitæ auctor, ut & ipse familiares eos in eodem Bergidensi tractu, in quo monasterium S. Petri est, habuisse facilè appareat. Reperiuntur in iisdem codicibus, atque in alio Ovetensis Ecclesiæ, quem & vidit Morales [a], sub S. Valerii iam nomine,

[u] *De las fundaciones de S. Benito en España.*

[x] Tomo 2. die XVI. April.

[y] Sæculo II. pag. 581.

[z] Uti refert lib. 12. cap. 35.

372. *De vita & sancta peregrinatione* fœminæ cuiusdam, sanctæ Eucheriæ [b] nomine ad Bergidenses monachos prolixa epistola (2).

373. *Historia brevis Donadei abbatis* [c] (3).

374. Item *De quibusdam miraculis & revelationibus duorum monachorum Maximi & Bonelli, cuiusdamque S. Fructuosi* [d] *famuli.*

375. Poetica quædam alia opera se reperisse in eodem codice Ovetensis Ecclesiæ Morales ait (4).

376. *In psalmos* fortasse scripsit; si quidem prologum ad eos Valerii nostri se vidisse in codice illo Ecclesiæ Ovetensis Morales scriptum reliquit in libro cui titulus est: *El santo viage*, agens de libris Ecclesiæ Ovetensis MSS.

377. In *Concordia regularum* S. Benedi-

[a] Lib. 12. c. 51.

[b] *Etheriæ* est in codice Carracedi, unde nos exscriptam habemus hanc epistolam, lucem aliquando, unà cùm aliis monumentis, visuram. CARDINAL. DE AGUIRRE.

[c] Habemus etiam hanc historiam inter ἀνέκδοτα ex eodem codice. CARDIN. DE AGUIRRE.

[d] Huius exemplar apud nos est ex eodem codice Carracedi. CARDIN. DE AGUIRRE.

Baldario : De Monachorum pœnitentia : Dicta Sancti Valerii de genere Monachorum : Ordo querimoniæ, sive *Præfatio discriminis : Item, Replicatio sermonum à prima conversione*; ac demum: *Quod de superioribus querimoniis residuum sequitur.* Rectè autem Noster hoc loco suspicatus fuit fragmentum *De hypocrisi quorumdam Valerii ævi Monachorum* à Tamaio Salazario *Martyrol. T. I. ad XXV. Februarii adductum*, partem esse huius quode agimus *De vana sæculi sapientia* Opusculi; totidem enim atque ipsis verbis apud Tamaium & Florezium legitur.

(1) Exstat apud Tamaium Salazarium *Martyrol. ad d. XXV. Februarii T. I. p.* 252. in codice Gothico hoc titulo : *Tractatus S. Isidori Hispalensis* de *Institutione novæ vitæ*; cui tamen in margine manu coæva adiecta est nota : *Alii hanc Epistolam tribuunt S. VALERIO Abbati Virgitensi, quam ad Iustum Presbyterum scriptam autumant : quod est verius.* Inc. *Dilecte Fili, dilige lacrymas : noli differre eas &c.* quod idem initium est opusculi inscripti *Collectum de lacrymis* supra à nobis c. IV. huius libri n. 216. in Not. inter Isidori opera relati; sed fortasis, quamvis ab eodem fonte descendant, diversa opuscula sunt. Certe *Collectum de lacrymis* in duobus codicibus Escurialensibus exstans, *Lit. M. Plut. II. n.* 23. & *Lit. L. Plut. III. n.* 8. (è quorum altero id olim descripsimus, estque nobis ad manum eius exemplum) longe uberius ac duplo minimum auctius præ Tamaii *De institutione novæ vitæ* edito est : ut ex utriusque collatione nobis constitit. Guillelmus Cave Epistolam sive Tractatum *De institutione novæ vitæ* Isidoro à quibusdam tributum Valerio vindicat, ad annum DCLXXX. *in eo*; Cl. tamen Florezius, Tom. XVI. p. 345. eum Valerio abiudicat.

(2) Habetur in Escurialensi Codice anno Christi DCCCCLIV. exarato *Lit. A. Plut. I. n.* 9. hac rubrica *Vita & Epistola Beatissime Eiherie* (sive *Etherie*) *laude conscripta fratrum Bergendensium à Valerio conlata.*

(3) Immo Donadeo Abbati inscriptæ seu nuncupatæ revelationes Monachorum Maximi, Bonelli, & Baldarii; nulla vero de Donadeo historia.

(4) Valerium humaniora studia excoluisse innuunt Eiusdem verba in *Ordine querimoniæ* sive in *Præfatione discriminis*, nimirum : *Dum olim ego indignissimus peccator : : : intra adolescentiæ tempora mundialibus illecebris occupatus, lucrisque terrenis inhians, vanis disciplinis intentus &c.* Genio autem fuisse ad Poeticen proclivi, atque à Musis non abhorrente, sparsa ubivis in eius opusculis hemistichia & carmina; nec ea solum quæ in *De vana sæculi sapientia* στιχηρῶς sive lineis discreta leguntur, nimirum:

Ipse iubere nefas ipse perhibetur amare
Qui prohibere valet, nec prohibere volet;

Item:

Gaudia post luctum veniunt, post gaudia luctus,
Ploratum sequitur risus, & cantica planctus;

sed permulta alia in prorsa oratione quasi neglecta & sponte fluentia. In *Ordine querimoniæ*:

.... Quia nemo retrorsum
Noxia contemti vitans discrimina mundi
Aspiciens salvandus erit; nec debet arator
Dignum opus exercens vultum in sua terga referre:

Referre inquam, ut in antiquiore Toletano Codice; non *vertere*, ut apud Cl. Florezium *pag.* 392. Item paulo inferius:

Frons picea nigrior proprio se prodit amictu;

cuius loco apud Florezium pag. 393. prorsa oratione legitur : *Frons picea nigrore proprio depromitur amictu*; in utroque Toletano, soluta item oratione: *Frons picea nigriore proprio depromit amictu*; necnon quæ sequuntur:

...... velut sævissima bestia frendens,

et:

Is novit cui (quem) *nulla latent absconsa...*

& alia passim quæ longum esset recensere.

dicti Anianenſis abbatis, quam vir doctiſſimus Hugo Menardus publicavit[e] cap. tertio, quod eſt *De generibus monachorum* §. 7. *Dicta*, hoc eſt, fragmentum S. Valerii *De genere monachorum* inſertum legitur: quod ſeptimum genus quoddam eorum, & quidem prioribus peius, deſcriptum it, quo ſatis oſtendit ſex alia ſe antea deſcripſiſſe. An verò ex aliquo eorum operum quæ iam memoravimus hoc ſit fragmentum, illi viderint qui MSS. codices habent ad manum (1). Mabillonius certè aliquantulum variare huius ſegmenti ſtilum ab eo quo utitur vitæ Fructuoſi auctor admonuit[f]; ſed ſolœcis quibuſdam, quæ tribui exſcriptoribus poſſunt, è vita iſta ſublatis & in rectum ſenſum reductis, quod Mabillonius ipſe fecit: in quonam autem alter ab altero auctore differat, non facilè invenio. Saltem de legitimitate inſcriptionis fidem faciunt hæc eius fragmenti verba: *& cum in iſta ultimæ extremitatis Occiduæ partis confinia, rara videlicet & exigua pullularent ſacræ religionis crepundia*: quibus ultimi Occidentis Scriptorem ſe eſſe ſatis prodit, hoc eſt Gallæciæ terrarum ultimæ finibus incluſum, quod obſervavit &[g] Menardus[h] (2).

378. Iacet ſanctum eius corpus, non quidem in ſuo S. Petri de Montibus monaſterio, ſed in Eccleſia quatuor ferè milliaribus inde diſſita S. Michaelis Archangeli: ubi magna religione & peregrinationibus frequentibus, uti & ſolemni feſto die XVI. Aprilis in Aſturicenſi Eccleſia, rite colitur (4).

379. Valerio ſubiungimus celeberrimum ſuæ ætatis virum, orbique Chriſtiano bene notum, IULIANUM Toletanum antiſtitem, quem Felix, & ipſe aliquando eidem Sedi præfectus, graphicè deſcripſit eo elogio quod Ildephonſi *De Scriptoribus Eccleſiaſticis*, libello ſubiici conſuevit. Diſtinctum eſſe hunc à Iuliano Pomerio, quem cùm laudâſſet ſub nudo *Pomerii* nomine Gennadius[i]; revocavit iterum in Scriptorum catalogum ſub integro *Iuliani*, cognomento Pomerii, nomine S. Iſidorus[k]: quinti ſæculi Scriptorem, Mauritanum, ſed in Galliis florentem, nemini dubium eſt[l]. Attamen non pauci contendunt, Iulianum quoque Toletanum de quo agimus *Pomerium* ſimiliter fuiſſe cognominatum, quos inter Bellarminus[m], & Labbeus[n], & Barthius lib. *Adverſar.* 19. cap. 14. Innituntur nempe Roderici Toletani teſtimonio, qui & lib. 3. cap. 13. ſic appellat; & libri 4. capite 3. detuliſſe ait Urbanum pariter Toletanum Epiſcopum ad Aſturias ob Maurorum metum *ſcripta B. Ildephonſi & Iuliani Pomerii*: quo nomine veriſimilius eſt non alium quàm noſtrum intelligi. Sed planè Rodericus, aut falli æquivoco nominis, aut gloſſemate aſcititii cognominis à tranſcriptore aliquo fœdari potuit. Saltem is auctor in cauſa videtur fuiſſe aliis[o], ut ex duobus eundem facerent: in quo errore confirmati ſunt ex inde quòd alter *Prognoſticum* ſcripſerit *futuri ſæculi* ut ex Felice, alter *Prognoſticos tres de futuræ vitæ contemplatione libros*, ut ex Honorio, poſt Iſidorum, conſtat. Planè nullus dubito, quin ſi Toletano huic noſtro præſuli *Pomerio* nomen fuiſſet, id Felix vitæ Scriptor non reticuiſſet. Quinimmo tertium *Pomerium* obtruſit Pſeudo-Iulianus in Chron. n. 369. duobus non contentus. Fruſtrà tamen iacitur rete ante oculos pennatorum, ut ſacro utar eloquio.

380. Increbuit apud poſteros fama, Iulianum ex traduce Iudæorum, uti idem Rodericus Toletanus loquitur, productum fuiſſe: quod cùm annotare idem vitæ auctor omiſerit, ſubdubitari à quibuſdam[p] video. Plures tamen Roderico credunt[q], nec temerè; cùm Iſidorus ei Pacenſis[r] iiſdem verbis auctor rei fuerit. Natus autem,

[Left margin notes, partly cut off:] ...s apud ...m Be... ...XXVIII. — ...ſervat. ad S. ...i vitam SS. or... Bened. — ...e præ... De con... aucto... ...ag. 66. ...oſtichi... ...andam ...s opera ...s habe... ...us ſum... ...e ſunt: VALE... ...ius ali... copiam ...ciemus. ...AL. DE ...E (3).

[i] *De Script.* cap. 98.
[k] *De Script.* cap. 12.
[l] Rationibus tamen agunt Morales lib. 12. cap. 58. Voſſius *De H. L.* lib. 1. c. 27. Baronius ad VIII. Martii. Vaſæus in *Chronic. Hiſp.* ad ann. DCLXXXV. Padilla *Hiſt. Eccl. de Eſpaña* centur. 7. cap. 66.
[m] *De Script.* ad annum DCLXXX.
[n] Diſſert. *De Script.* tom. 1. pag. 652.
[o] Trithemio *De Script. Eccleſ.* &, ut videtur, Matamoro *De Academiis* &c. Roderico Sanchi Palent. Epiſ part. 2. *Hiſt. Hiſp* c. 43. Alph. a Carthagena *Anacephal. Reg. Hiſp.* cap. 40. Lucio Marinæo Siculo *De reb. Hiſp.* lib. 5. Padillæ *De los ſantos de España* fol. 30. Eſtengreinio in catal. teſtium verit.
[p] Vaſæo ad ann. DCLXXXV. Piſa *Hiſt. de Toledo* lib. 2. cap. 24. Thoma Tamaio *Verdad de Dextro* pag. 125. Ioanne Tamaio ad diem VIII. Martii.
[q] Mariana lib. 6. cap. 18. Morales lib. 12. cap. 58. Did. Rodriguez de Almela *Valerio de las hiſtorias* lib. 1. cap. 5. tit. 1.
[r] Ad eram DCCXXVIII. in rebus Ervigii Regis.

(1) Abeſt hoc fragmentum à Toletanis codicibus; atque à Carracedenſi eiuſdem Bibliothecæ exemplo.

(2) Legitur hic tractus totidem verbis in Cl. Florezii edito pag. 388. Verum plura inſuper alia Valerium ſcripſiſſe, liquet ex eiuſdem verbis in *De vana ſæculi ſapientia*. *In Ordine querimoniæ* ſive *Præfatione diſcriminis* apud Florezium pag. 393. n. 30. *Nam libros* (inquit) *quos* De lege Domini, & de Sanctorum triumphis *pro conſolatione peregrinationis meæ, atque correctionis diſciplinæ vel ſcientiæ induſtria ipſe conſcripſeram, mihi prius cum ingenti contumelia* (Flamus Pſeudo-ſacerdos) *abſtulit*. *In Replicatione ſermonum à prima converſione*, pag. 403. n. 45. *Cum in eodem* (pergit) *neceſſitudinis locò quendam Bonoſum filium enutrirem; & illi pro eruditione præcipuum conſcripſiſſem libellum &c.* Demum in *Reſiduo ſuperiorum querimoniarum* pag. 414. n. 66. *Librorum vero volumina, tam quæ pro quotidiano officio, quam pro Sanctarum feſtivitatum pro ordine pertinet anniverſario; vel etiam diverſarum Sanctarum Scripturarum, quod ad ædificationis profectum atque induſtriæ documentum proficit animarum, utraque altariorum Sanctorum iuvante Domino plenarium adcelebravi* (reſt. *acceleravi*) *compendium &c.* quæ ad Eccleſiaſtica officia, id eſt ad Altaris, & Chori ſervitium ſpectare videntur. Vid. de his Florezius *T. XVI. p.* 345.

(3) Exſtat apud Florezium T. XVII. p. 370. hoc titulo: *Epitameron conſummationis huius Libri.*

(4) Cl. Florezius T. XVI. pag. 342. n. 36. & 37. omnino Noſtrum ſiniſtra aliorum relatione deceptum; & Valerium, ſicut ipſe vivens è Deo poſtulaverat, in Sancti Petri Montenſis Cœnobio ad Dominum migraſſe, ibique venerandum eius corpus ad hanc diem religioſe coli aſſerit.

tem, baptizatus, & educatus Toleti, tam literarum, quàm veræ sapientiæ studiis, sub Eugenio secundo Ildephonsi decessore, unà cum Gudila diacono, quem strictissimo amicitiæ vinculo habuit obstrictum, mirè profecit. Avebant ambo sese addicere monasticæ vitæ; sed frustratam fuisse eorum devotionem apertissimis verbis ait Felix. Quare impotentia quadam favendi rebus suis actos iure dixeris, qui catalogo Benedictinorum Iulianum adscribunt [s].

[s] Arn. Uvion. in *Ligno vitæ*. Menardus lib. 1. *Observat. ad Martyrologium Benedictinum* fol. 206.

381. Atque ideo alium fuisse oportet Iulianum S. Michaelis abbatem, qui Toletano Concilio undecimo inter alios subscriptus legitur in eadem Ecclesia Toletana. Levita fuit, presbyter, ac demum post Quiricum, qui anno obiit DCLXXXI. electus antistes; iisque in sacerdotio isto virtutibus verè pastoralibus instructum se prodidit, quas vitæ Scriptor sigillatim enumerat, usque ad Egicanis tertium scilicet annum, redemtionis verò humanæ DCXC. Pontificii eius ultimum. Interfuit, & ante alios subscripsit quatuor Conciliis Toletanis, duodecimo anno DCLXXXI. decimo tertio, anno DCLXXXIII. decimo quarto, anno DCLXXXIV. Ervigii Regis primo, quarto, & quinto; necnon decimo quinto, Egicanis primo, redemtionis autem Christianæ DCLXXXVIII. Sanctorum legitur albo adscriptus, non solùm in *Breviario Toletano* die VIII. Martii, & aliis nostrarum Ecclesiarum [t]; sed & apud Usuardum VI. eiusdem ita: *Civitate Toleto depositio Iuliani Episcopi, qui apud eiusdem loci incolas famosissimus habetur.* Lipomanum, Suriumque XXIII. Iunii, & recentiora Martyrologia cum Romano die octavo.

[t] Vide Tamalum hac die pag. 125.

382. Plurima is reliquit doctrinæ suæ monumenta posteris commendata, quæ tamen magnam partem periere. Et ex illorum serie, quam Felix accuratè persecutus fuit, scripsisse eum *Sancti Spiritus ubertate repletum, & irrigui fontis affluentiâ præditum*, ut idem ait Felix, latino, & ultra vires illius ætatis eleganti sermone, *ingenioque facili, copioso, atque suavi*, quod Ioannes Mariana censuit, novimus.

383. *Prognosticorum futuri sæculi librum*, ad B. Idalium Episcopum (Barcinonensem) directum, habentem in capite epistolam, quæ ipsi est directa, & orationem. Superest quidem hoc *Prognosticon futuri sæculi*, quomodo id ab auctore appellatum ex epistola constat Idalii Barcinonensis Episcopi, eius ad cuius preces sese operi accinxit Iulianus: quam nobis conservavit codex monasterii Corveiensis, indeque d'Acherius in *Spicilegium* suum immisit [u]. Quæ ipsa, credo, est epistola ipsi (hoc est Iuliano nostro) ab Idalio directa, cuius meminit Felix. Ac descripsit quidem is germanis notis Prognosticum. *Cuius codicis opus* (ait) *discretum in tribus libris habetur, ex quibus primus de origine mortis humanæ est editus: secundus de animabus defunctorum, quomodo sese habeant ante suorum corporum resurrectionem: tertius de suprema corporum resurrectione.* Non hæc divisio ab alio quàm ab auctore, quantumvis Felix id subindicare videri possit, quod ex Idalio hac de toto opere censura, quam subiecimus, constat. *In quo quidem quàmlibet primus liber quadam ex parte peccantibus asperitatem metumque incutere videatur: duo tamen subsequentes libri maximâ fiduciâ Christicolarum relevant corda ob spem futuræ resurrectionis, & regni, quod se fidelibus Christus daturum promisit.*

[u] Tomo 1. pag. 313.

384. Editum est hoc *Prognosticon* in Bibliothecæ VV. PP. volumine nono; olim tamen Lipsiæ in Germania publicatum per Michaelem Blum anno MDXXXVI. in 4.° secundò Parisiis MDLIV. cuius editionis Morales meminit [x]; & ad hanc Andreas respexit Resendius, quum in ad Quevedum epistola doctissima, eoque viro dignâ, sublatum sibi refert à Parisiensi quodam hospite ante annos viginti suum huius libri codicem: quem librum postmodum ait se recepisse typis excusum, non tamen à mendis, quibus scatebat repurgatum. Tertiò inde Duaci MDLXIV. per Ludovicum de Winde, auspiciis tamen & operâ Boethii Eponis Belgæ doctissimi qui tamen ignorâsse mihi videtur superiores editiones. Manu exarati operis huius codices asservantur apud nos in monasterio Spinæ Cistercensium, quem vidit Morales [y], ubi præponi huic aliud opus *De doctrina novitiorum* inscriptum asseverat. Vidimus nos unum & alterum in 4.° & in 8.° penes Martinum Vasquium Siruelam Hispalensem Portionarium, eruditissimum virum. Exstat & alius in bibliotheca Basileensi, de quo Spizelius testis est [z]. Alius ille est, quem Resendius sibi involatum dolebat.

[x] Lib. 12. cap. 58.

[y] Refert in *Relatione sui itineris* inedita.

[z] In *Arcanis Bibliothecarum retectis* pag. 40.

385. *Responsionum item librum, ad quem suprà (Idalium) directum, in defensionem canonum & legum, quibus prohibentur Christiana mancipia dominis infidelibus deservire.* Cautum id Toletano Concilio III. cap. 14 & IV. c. 66. lege 13. & 14. (quæ Sisebuti sunt) tit. 2. lib. 12. *Legum Wisigothorum.* Pòst hæc omnia Ervigius Rex primo regni sui anno prohibitionem eandem instauravit; pœnâ tamen capitis, quam

quam Sisebutus transgressoribus indixerat, sublatâ & in molliorem transformatâ, leg. 22. & 13. & 16. tit. 3. eodem lib. 12. Quam spero illustratum & confirmatum ivisse Iulianum veterum testimoniis & congruis argumentis in his *responsionibus*.

386. *Apologeticum Fidei, quod Benedicto Romanæ urbis Papæ directum est* (1). Et occasione huius scripti

387. *Aliud* item *Apologeticum De tribus capitulis, de quibus Romanæ urbis præsul frustrà visus est dubitâsse*. Res sic se habet. Sub Agathone Papa & Constantino Pogonato Imperatore Constantinopoli habita fuit sexta Oecumenica Synodus contra Monothelitas, qui negabant in Christo esse duas voluntates, duabus naturis divinæ atque humanæ correspondentes, anno DCLXXX. & sequenti. Cuius præcipuam actorum partem, idest diffinitionem, Leo II. Pontifex, qui Agathoni diem suum obeunti anno DCLXXXII. post septem menses eodem anno successerat, ad Hispaniarum Ecclesiam solemniter misit, ut prædicta synodalia instituta, auctoritate etiam huius nostratis Ecclesiæ suffulta manerent, ut loquuntur PP. Toletani decimi quarti Concilii capite secundo. Leonis epistolas ad Episcopos Hispaniæ unam, ad Quiricum tunc adhuc in vivis agentem Toleti præsulem alteram, Simplicio quoque Comiti tertiam directam, Garsias Loaisa noster ex codice Cœnobii Sancti Ioannis Regum Toletani publicavit in notis eiusdem Concilii [a]. Quarta ad Ervigium Regem adiecta est ab aliis. Exstantque omnes in communibus editionibus Conciliorum [b]. Quas iniuriane excluserit Baronius [c] à Leoninis compertæ fidei monumentis inquirendi non est hic locus.

[a] Pag. 650.

[b] Noviss. Paris. tomo 6. columnn. 1246.

[c] Ad ann. DCLXXXIII. n. 16. tom. 8.

388. Allatæ sunt Leonis hæ literæ ad Hispanias hyeme exeuntis anni DCLXXXIII. aut ineuntis DCLXXXIV. post nuper dimissum Concilium Toletanum decimum tertium, quod Novembri mense anni DCLXXXIII. sub Ervigio Rege, & Iuliano iam tunc præsule Toletano habitum fuit: ut colligi datur ex canone tertio sequentis decimi quarti Concilii. Cùm autem importunum esset dimissos è Toletana urbe & nationali Concilio patres adhuc hyemali strictâ gelu terrâ, ut aiunt, singulos provinciarum conventus iterum convocare: placuit interim Iuliano nostro *Apologeticum* scriptum ad eundem Romanum Pontificem, Constantinopolitanæ fidei confirmatorium, dirigere, interim dum cogendæ Synodi ex diœcesis suæ Episcopis opportunitas adveniret. Huius *Apologetici* mentio exstat in eiusdem decimi quarti Toletani Concilii capite quarto. *Placuit proinde illo tunc tempore* (aiunt PP.) *apologeticæ responsionis nostræ responsis satisfacientes Romano Pontifici ea ipsa gesta* (Constantinopolitana) *firmare* &c. Sed cuinam Pontifici? Non Leoni, qui paulò post datam epistolam, cuius antea meminimus, eodem scilicet anno DCLXXXIII. Iunio mense obierat; sed Benedicto II. eius successori, qui post decem à Leonis obitu menses anno DCLXXXIV. fuit creatus Pontifex [d]. Ita expressè Felix in huius *Apologetici* mentione.

[d] Baronius hoc anno DCLXXXIV. n. 2.

389. Paulò pòst eodem anno convocata Diœcesanorum provinciæ Carthaginensis Synodus ab eodem Iuliano (quod est inter Toletana decimum quartum Concilium), cui & Vicarii ceterarum provinciarum metropolitanorum suorum nomine interfuerunt: Constantinopolitana eadem acta [e], necnon & Apologeticum super iisdem præmissum [f], plenè laudavit & approbavit. De Apologetico autem hocce Iuliani scripto non ita solidè placuit Benedicto Pontifici. Quinimmo Iuliano rescribens, cuidam eius homini nonnulla verbis intimavit, quæ in laudato Apologetico exorbitare quidem à recto Ecclesiæ dogmate sibi viderentur: nempe quòd dixisset auctor, *voluntatem genuisse voluntatem in divinis*; sicut & *sapientiam sapientiam*: item *tres substantias in Christo esse*, corpus scilicet, animam, atque deitatem; duoque alia, quæ ignoramus. De quibus omnibus explicatè magis proditis ac recto sensu donatis, veterumque patrum testimoniis confirmatis, Iulianus ipse statim ad Benedictum responsionem adornavit, cuius meminit ipse, Toletanorum, qui Concilio decimo quinto interfuerunt, patrum ore; atque ipsum est alterum, sive secundum Apologeticum, cuius Felix meminit, *De tribus capitulis, de quibus Romanæ urbis Præsul frustrà visus est dubitâsse*; cuiusque tenorem contextumve, patres iidem Toletani si actis eiusdem xv. Concilii intexerent, operæ pretium sese facturos existimavere [g]. Quode rectè, ut solet, Ambrosius Morales lib. 12. cap. 58. aliique [h].

[e] Cap. 5. & seqq.

[f] Cap. 11.

[g] Vide quæ consequuntur Symbolum §. *Post huius*, in edit. Loaisæ pag. 662.

[h] Baronius ad ann. DCLXXXV. num. 5. 6. 7. Loaisa in notis ad xv. Conc. Toletanum. Binius ex Baronio, ut solet, in notis ad Benedicti Papæ vitam. Vazquez in 3. part. dist. 37. cap. 3. in fine. Padilla cent. 7. cap. 65.

390. Rem quoque narrat Rodericus Toletanus lib. 3. cap. 14. *Eius in tempore* (Ervigii Regis) *librum de tribus substantiis* (ab uno è tribus capitulis, quod maiores forsan turbas dederat, ita denominatum) *quem*

(1) Non exstat; eius tamen argumentum, quaque occasione scriptum fuerit, exprimit SS. PP. Toletanorum Editionis Curator T. II. in Not. ad vitam sive Elogium Sancti Iuliani *pag. XIX. n.* 9.

quem dudum Romam miserat Primas sanctissimus Iulianus, & minus cautè tractando Benedictus Papa Romanus indixerat reprobandum (non eo usque perductam rem fuisse Concilium innuit), *ob id quòd* [i] *voluntas genuit voluntatem : sanctus Iulianus veridicis testimoniis in hoc Concilio ad exactionem præfati principis per oracula eorum* [k] *quæ Romam transmiserat, verum esse firmavit ; & Apologeticum fecit, & Romam misit per suos legatos presbyterum, diaconum, & subdiaconum, viros eruditissimos & in omnibus Dei servos & in divinis scripturis imbutos, cum versibus etiam acclamatoriis, secundum quod & olim transmiserat, De laude Romani Imperatoris. Quod Roma dignè & piè recipiens, cunctis legendum indixit, atque Imperator acclamando* : Laus tua Deus in fines terræ, *lectum sæpiùs notum fecit. Qui & rescriptum Domino Iuliano per suprà fatos legatos cum gratiarum actione, & cum honore remisit; & omnia quæcumque scripsit iusta & pia esse depromsit* (1).

[i] Deesse aliquid videtur.

[k] Quos forsan.

391. Cæsar Baronius [l] increpat Rodericum, eo quòd durè nimis expresserit Benedicti Papæ de Apologetico sententiam, reprobationis usurpato nomine ; quodque minùs cautè hanc eum interposuisse, inconsultè idem scripserit. Sed duriùs planè concepta sunt Concilii XV. Toletani hæc de eadem re verba, quæ tacito Benedicti nomine, quod decuit, cetera Rodericianis longè magis aculeata sunt. *Iam verò si post hæc, & ab ipsis dogmatibus patrum, quibus hæc prolata sunt, in quocumque dissentiant : non iam cum illis est amplius contendendum ; sed maiorum directo calle inhærentes vestigiis, erit per divinum iudicium amatoribus veritatis responsio nostra sublimis : etiamsi ab ignorantibus æmulis censeatur indocilis.* Quæ aliquantò liberiora, quàm ut Iuliani modestiam (fuit absque dubio is auctor) erga Romanum Pontificem decerent, Ioanni Marianæ visa sunt [m] (2). Non autem dubito quin in errore cubet eiusdem Roderici lectio vulgaris:

[l] Ad ann. DCLXXXV. n. 5. 6. & 7.

[m] Lib. 6. cap. 18.

(1) Longe aliter postrema hæc apud Loaisam in *Not. ad Concil. Tolet. XV. pag.* 682. leguntur. Noster autem in describendo hoc tractu videtur ob oculos habuisse Roderici Toletani Historiam *L. III. c.* 14. qualis exstat *T. II. Hisp. illustr. p.* 61. Cl. Florezius *T. V. p.* 298. Isidorum Pacensem secutus nonnihil discrepat : de quo mox aliquanto fusius.

(2) *Eam Iuliani disputationem* (inquit Mariana De reb. Hisp. VI. 18.) *Sergius Romanus Pontifex, Benedicto interea defuncto, magnis laudibus celebravit, ut Rodericus Præsul est auctor : nobis aliquanto liberior visa est, quam ut Iuliani modestiam erga Romanum Pontificem Summum Ecclesiæ Rectorem deceret. Et nimirum de ingenii laude qui cuiquam concedat rarus est ; & in ardore disputandi modum tenere difficile. Erat enim Iulianus eruditionis laude ea ætate celebris &c.* Quibus vide quanta superstruat Caveus ad annum DCLXXX. *in Iuliano Toletano*, quem falso *Pomerium* cognominat, inquiens *T. I. p.* 596. *In postrema hac Synodo* (nimirum XV. Toletana) *libri sui* De tribus substantiis, *quem in Italiam perlatum minus orthodoxum censuerat Benedictus Papa, vindicias operosè egit* Iulianus, *Benedictum tamquam stupidum quemdam & è trivio petitum doctorem Concilii Patribus deridendum propinans, ac frivolas eiusdem Pontificis cavillationes insuper habendas esse demonstrans* : in quibus tot fere sphalmata dixeris esse quot verba ; sed ea nîl moror. Acrius me pungit allatus Marianæ locus, in quo si Virum eximium miserè lapsum & Iuliano nostro insigniter iniurium dixero, non ego id gratis neque sponte mea, sed unius veritatis amore compulsus faciam. Res narranda est ordine, & primum omnium è Felice notandum, duplex Apologeticum à Iuliano scriptum fuisse, cuius utriusque & Iulianus meminit in Actis XV. Synodi c. 9. si subobscura eius verba bene perpendimus : primum scilicet, in quo Leoni II. qui ad Eum definitionem & acclamationem sive Prosphoneticum Sextæ Generalis Constantinopolitanæ Synodi ab universis Hispaniæ Patribus subscribenda direxerat, privato respondet nomine, Concilii quidem definitionem amplectens, modeste tamen se excusans à cogendis denuo in Synodum Patribus, qui nuper, mediaque ac sævissima hyeme à Toletana XIII. cui interfuerant dimissi, vix dum ad proprias Sedes redierant. Hoc primum Apologeticum, quod propriùs *excusationem* dixeris (nam utramque significationem vocabulum Græcum recipit), Iulianus autem sæpius *librum responsionis Fidei suæ* vocat : inclinante salutis anno DCLXXXIV, per Petrum Notarium Regionarium, qui Constantinopolitanæ Synodi definitionem & Prosphoneticum in Hispaniam detulerat, Romam perlatum fuit : quo tempore in Leonis mense Iulio eiusdem anni defuncti locum Benedictus II. iam suffectus aut propediem sufficiendus erat. In eo autem Apologetico Iulianus Constantinopolitani dogmatis uberius explicandi gratiâ scripserat *Voluntatem* in Divinis *gignere Voluntatem, sicut & Sapientia gignit Sapientiam.*

Eodem anno DCLXXXIV. sub die XVIII. Cal. Decembrium coacta per Iulianum fuit XIV. Toletana provinciæ Carthaginensis Synodus XVII. Episcoporum, cui etiam interfuere Vicarii Metropolitanorum Tarraconensis, Narbonensis, Emeritensis, Bracarensis & Hispalensis Ecclesiarum ; & in ea Sextæ Synodi Constantinopolitanæ definitio & Prosphoneticum unanimi Hispanorum Patrum consensione, tamquam Nicænæ & generalibus quæ præcesserant Synodis in omnibus consona, admissa, subscripta, debitoque post Concilium Chalcedonense honore, loco & ordine collocata sunt. Huius Concilii Toletani Acta Iulianus ineunte Salutis anno DCLXXXV. Romam deferri curavit, misso ad Benedictum speciali Nuntio, quem Ipse *hominem nostrum* vocat, cum literis, ut credibile est, in quibus ut Apollinarem & latentes, ut Idem ait, Manichæos confutaret, *tres in Christo substantias fuisse* edixit. Atque in Vrbe quidem Concilii Toletani XIV. Acta summo Romani Pontificis atque omnium ordinum plausu & acclamatione recepta fuere ; Iuliani autem Nuntio in Hispaniam cogitanti nonnulla Benedictus ex eius ore excipienda atque ad Iulianum perferenda dictavit, de eo nimirum quod in priore ad Leonem II. epistola per Petrum Regionarium transmissa, & novissime ad Eundem scripserat, *de Voluntate* in Divinis à *Voluntate genita ; ac de tribus in Christo substantiis*, quasi utraque minus caute à Iuliano prolata essent : subdens

ris: dum Imperatori (Constantino scilicet Pogonato, aut Iustiniano (*Secundo*) eius successori) Constantinopoli degenti, id quod Romæ factum fuit, nempe Apologetici à Iuliano transmissi, lectionem & approbationem (quæ quidem non alii quàm summo Ecclesiæ præsuli ad quem directum fuerat, competebat) incongruenter attribuit (1).

392. Clarissimus vir mihique pro Theseo

Ggg

dens optare sese ac Iulianum hortari, ut ab Eodem *quibus posset* Sacræ Scripturæ ac Patrum testimoniis *munirentur*, *ac solida fierent*: id quod è vestigio atque abunde à Iuliano præstitum fuisse Concilii Toletani XV. Acta nos docent. Atque hoc est alterum Iuliani Apologeticum sive responsum, cui Benedictus, atque eo prædefuncto Romana postea Sedes videtur acquievisse; periit autem funditus, non secus ac præcedens ad Leonem II. per Petrum Regionarium transmissum; atque utriusque Apologetici nihil præter titulos exstare Cellierius docet T. XVII. pag. 738. n. XI.

Hæc nos è XV. Toletanæ Synodi actis, in quorum Cap. IX. hæc legimus: *Post huius igitur piæ confessionis prolatam devotis vocibus regulam, ad illa nos illico convertimus contuenda capitula, pro quibus muniendis, ante hoc biennium, beatæ memoriæ Romanus Papa Benedictus nos literarum suarum significatione monuerat. Quæ tamen non in scriptis suis annotare curavit, sed homini nostro verbo renotanda iniunxit: ad quod Illi iam eodem anno (DCLXXXV.) sufficienter congrueque responsum est. Nos tamen nunc eandem renotationem hominis nostri studiosius relegentes, invenimus quod in libro illo responsionis Fidei nostræ, quem per Petrum Regionarium Romanæ Ecclesiæ miseramus, id primum capitulum iamdicto Papæ incaute visum fuisset à nobis positum, ubi nos secundùm Divinam Essentiam diximus*: Voluntas genuit Voluntatem &c.

Interea vero reverso in Hispaniam Iuliani Nuntio, cum innotuisset Iulianum de binis quæ prædiximus capitulis à Benedicto admonitum fuisse: non pauci adversus eum Toleti atque in Provincia rumores *ab ignorantibus*, ut Ipse ait, *atque æmulis* excitati sunt: quos ut comprimeret atque ut omnem à se levitatis aut erroris suspicionem amoveret, curavit ut in XV. Toletana Nationali LXI. Episcoporum Synodo, quæ anno DCLXXXVIII. sub die V. Iduum Maiarum coacta fuit, bina de quibus ambigebatur capitula denuo discuterentur, *& Synodicâ* (ut Ipse ait) *iterum examinatione decocta, si orthodoxæ Fidei per omnia consona invenirentur, à Patribus definita, subscriptaque, salubri etiam divulgatione in agnitionem plebium transirent*: quod ab universa Synodo præstitum continuo fuit.

Ex quibus elicimus I. Marianam in adducto loco de Apologetico quod nunquam viderat adversus Iulianum nihil tale meritum pronuntiâsse. II. Ad Sergium, qui exeunte tandem anno DCLXXXVII. Pontifex electus fuit, retulisse XIV. Toletanæ Synodi acclamationem, & alia quæ solido ante eum biennio à Benedicto gesta fuerant. III. Non iure Rodericum Toletanum laudasse quasi is Apologetici encomium Sergio tribuerit; cum in vulgatis Roderici exemplis, atque in vetustis Eiusdem codicibus, Benedictus eius encomii perhibeatur auctor.

Ac de Sergio & Roderico inquirere non vacat unde ea Mariana hauserit. De Iuliano autem, existimo falso sibi Virum eximium persuasisse, quæ in Actis XV. Synodi de binis quæ prædiximus capitulis leguntur, partem esse sive fragmentum Iuliani ad Benedictum Apologetici; ac totidem ipsisque austeris & aculeatis verbis quæ hodie in eius Synodi Actis exstant, olim in Apologetico extitisse: quo posito, nil iam mirandum, si debitum summo Ecclesiæ Pastori honorem & reverentiam, immo si modestiam in Iuliano desideravit. Atque eodem præiudicio non modo Nostrum hoc loco, sed & Cl. SS. PP. Toletanorum editionis Curatorem abreptum fuisse existimo: qui XV. Toletanæ Synodi acta *pro integro fere Iuliani Apologetico* habuit edititque (T. II. pag. XX. in Not.); atque ut duriorum ex iisdem actis verborum invidiam (quæ nulla omnino est aut unquam fuit) ab universa Synodo arceret, in unius Iuliani caput immerentis atque innoxii transtulit. (*Monit. ad Apolog. pag.* 77.)

Ac de Patrum quidem sententiis & Sacræ Scripturæ testimoniis, necnon de rationum momentis quæ pro Iuliano in Actis XV. Synodi afferuntur, nihil dubito quin omnia in eius Apologetico olim exstiterint; sed quàm sine felle & aculeis à Viri, qualem Iulianum describit Felix, modestissimi atque abiectissime de se sentientis ore prodiisse, Summoque Ecclesiæ Pastori exposita fuisse existimanda sunt! An qui se, in epistola ad Idalium, *indignum Toletanum Episcopum*, Idalium autem *Dominum* & *Fratrem sanctissimum* vocat: qui eius prudentiæ, si quæ in Prognosticorum libris aliter quam dici oportuit dicta repererit, *corrigenda*, *elucidanda*, atque *exornanda* permittit, parciorem cum Benedicto Ecclesiæ universalis Præsule Christique in terris Vicario fuisse, ac minus liberaliter atque urbane cum Eo egisse credendus est? Longe tamen aliam Eiusdem dicendi vim atque energiam fuisse oportuit, dum in generali Hispanorum Patrum cui præerat concione creditos sibi populos in Fidei dogmate instrueret, & maxime dum impactam sibi ab æmulis atque obtrectatoribus levitatis aut erroris suspicionem & maculam elueret. Nam & Paulus cum infirmantibus coinfirmus, quique vix discipulos ad horam contristari sustinet, non tantum ipsi sibi, sed & Angelo de cælis anathema interminatur, si quis iisdem aliter quam ipse evangelizaverit. Atque hunc etiam in rebus Fidei disputandi morem ab Ecclesiæ Patribus Athanasio, Hieronymo, Augustino & aliis perpetuo observatum scimus. Quæ nos non tantum pro instituti nostri ratione, sed & pro asserenda atque ad posteros illibatè propaganda memoria Sanctissimi Doctissimique Præsulis Toletanæ Ecclesiæ, cui olim Cimeliarchæ & Canonici Sacerdotiis honestati, libenter inservivimus, susius aliquantò quam par erat persecuti sumus.

(1) Allata Roderici à Nostro verba hæc sunt: *Apologeticum fecit* (Iulianus) *& Romam misit*::: *cum versibus etiam acclamatoriis secundum quod & olim transmiserat* De laude Romani Imperatoris. *Quod Roma digne & pie recipiens, cunctis legendum indixit, atque Imperator acclamando*: Laus tua Deus in fines terræ *lectum sæpius notum fecit &c.* Loaisa: *Apologeticum fecit & Romam misit*::: *cum versibus etiam acclamatoriis secundum quod & olim transmiserat* De laude Romani Imperatoris. *Quod Romanus Pontifex Benedictus digne & pie recipiens cunctis legendum indixit; atque acclamando* Laus tua Deus in fines terræ *lectum sæpius notum fecit.* Not. ad Conc. Tol. XV. pag. 682. Quæ quamquam prioribus tolerabiliora sint, nævis tamen non carent, ac propterea incudi denuo reddenda ac repurganda sunt. Ad Constantinum autem Pogonatum, cuius hortatu Leo II. Definitionem & Prosphoneticum sextæ Generalis Synodi ad Episcopos Hispaniæ transmiserat subscribenda,

[n] Lib. 12. c. 58.

seo nostratis historiæ Ambrosius Morales [n], ad hunc locum veniens, observavit plura in libris Roderici vulgaribus menda contra veterum, quos se vidisse testatur, manuscriptorum codicum fidem, atque inter alia istud quod nunc arguimus, de Imperatoris importunè facta hoc loco mentione, cuius loco mentionem Pontificis laudati codices disertè habent, inolevisse. In duobus etiam codicibus Toletanis, altero Cœnobii S. Ioannis Regum ordinis S. Francisci, altero bibliothecæ Templi maximi, ex quibus variantes lectiones curiosissimè olim decerptas apud me habeo, pro illis: *atque Imperator acclamando* &c. constanter legitur: *atque Imperatori* (1) *acclamando*: quam lectionem absurdi nihil continere contendimus; si nempe summus Pontifex lecti & approbati Iulianæi opusculi exemplum (2), cum acclamatione seu elogio: *Laus tua Deus in fines terræ*, ad Imperatorem Constantinum religiosissimum principem, qui Constantinopolitanæ magnæ Synodi congressum, & Monothelitarum damnationem promoverat, testimonio ei futurum, ultimæ orbis terrarum Hispanæ Ecclesiæ, cum Græca & universali conspirantis, transmiserit.

393. Nisi placeat Rodericum ex Isidoro Pacensi, è cuius ore verba sæpiùs capere amat, corrigere: ut *atque Summo Imperatori acclamando*, quomodo editum est in Sandovalis Isidoro, legatur. Sergium quidem Papam laudant Morales & Mariana, atque hic Rodericum in re laudans, ad cuius manus iam Petri regentis cathedram liber pervenerit. Ego in Roderico Sergii nomen haud invenio. Item cùm hic post Benedicti, & qui Benedicto successerunt Ioannis V. & Cononis obitum, non ante annum DCLXXXVII. exaltatus fuerit: vix admittendum existimo, alii quàm Benedicto (3) Apologeticum directum, quod ait Felix; aut ab alio quàm à Ioanne eius successore, qui Novembri mense DCLXXXVI. in Pontificatum ascendit, receptum fuisse. Quòcum bene convenit quòd Iulianus ipse inter patres Toletanos anno DCLXXXVIII. Concilium xv. celebrantes, ante biennium sese scriptum illud ad partes direxisse asserit. *Has sane* (inquit [o]) *quatuor specialitates capitulorum* (tria tantùm libri titulus apud Felicem cur expresserit scire aveo) *quæ ut à nobis solida efficerentur, hortati sunt, quid à quo fuerit doctore prolatum, congesto in uno responsionis nostræ libro catholicorum dogmate patrum, ante hoc biennium parti illi porrexissemus dignoscendum.*

[o] Edit. Loaisæ pag. 671.

394. Unum autem & alterum, antequàm ab Apologetici huius mentione discedamus, annotare opus. Primum est Pseudo-Iulianum falsa dicere in supposititio Chronico [p], quum ita ait: *S. Iulianus mittit Apologeticum cum expositionibus ad Papam Sergium; & carmine ad Imperatorem Heraclium Iustinianum in laudem ipsius. Respondent illi eleganti epistola* [q]. Similia Pseudo-Luitprandus ad annum DCLXXXIX. Sergius, uti iam monuimus, anno DCLXXXVII. cathedræ Petri fuit impositus. Iulianus verò in Synodo Toletana sequenti anno DCLXXXVIII. habita, professus fuit se ante biennium Romam direxisse. Non ergo ad Sergium nondum eo tempore Pontificem, quod ait Iulianus, mittere potuit, nisi ter scripsisse Romam asseramus antistitem Iulianum: semel quidem cum confessione Ecclesiæ Hispanæ, seu Constantinopolitani dogmatis approbatione: iterum privata destinatione Benedicto dirigens Apologeticum (4) iam dictorum, tandemque tertiò eundem Concilii nomine & auctoritate præsignatum, cùm Sergius iam esset Pontifex. Quod quidem innuere videtur Isidorus Pacensis.

[p] Num. 361.

[q] *Epistolæ* forsan.

395. Planè tamen à verò abit in eo quòd Iustinianum II. cognomento *Rhinotmetum*, hoc est, *naso truncatum*, Constantini Pogonati filium, Heraclium Iustinianum appellat. Silent enim de hoc agnomine Græci omnes & Latini: quo tamen ali-

da, nullum è binis Iuliani Apologeticis perlatum fuit, nec quicquam ad Eum attinebant; sed Acta tantum XIV. Toletanæ Synodi, in qua Hispani Patres Definitioni & Prosphonetico sextæ Generalis Synodi unanimi omnium consensione subscripsere.

(1) Escurialenses Codices iam nobis ad manum non sunt; Regius tamen Matritensis circa annum ut videtur MCCC. exaratus sic habet: *Atque Imperatori adclamando.* Tractus eius integer hic est: *Cum versibus etiam adclamatoriis, secundum quod & olim transmiserat, de laude Romani Imperatoris: quod Roma digne & pie recipiens cunctis legendum indixit, atque Imperatori adclamando*: Laus tua &c. Pro: *De laude* autem *Romani Imperatoris*, restitui debere existimo: *Et laude. Versus* item *acclamatorios*, ut apud Isidorum Pacensem & Rodericum, subscriptiones Episcoporum intelligo, quæ singularibus lineis ut versus, seu στιχηρῶς scribi solebant.

(2) Non *Iulianei opusculi*, sive *Apologetici*, quod nihil ut paulo ante innuimus ad Constantinum pertinebat; sed Actorum XIV. Toletanæ Synodi, in quibus & subscriptiones Hispanorum Patrum sextæ Generalis Constantinopolitanæ *Definitioni* & *Prosphonetico*, quod Imperator optaverat, continebantur.

(3) Dictum late de hoc superius n. 391.

(4) An *privatâ* Iulianus *destinatione* Apologeticum *De tribus in Christo substantiis* ad Benedictum miserit, incertum est. Concilii XV. Toletani Acta nihil habent nisi: *Ad quod Illi* (Benedicto) *iam eodem anno sufficienter congrueque responsum est.*

alicubi, scilicet apud Lucam Siculum veterem Historicum, appellatum fuisse Constantinum saltem Pogonatum patrem, testimonio contendi potest Baronii Cardinalis [r]. Hic est Petrus Siculus, non Lucas, *De vana & stolida Manicheorum hæresi* Scriptor: quem cum latina versione publicavit primus Ingolstadii Matthæus Raderus [s]; quemque laudatus Cardinalis nunc Lucam, nunc Petrum, annotante Vossio in *De Historicis græcis* [t] vocat. Sed fefellit summum virum is, qui ei græca Siculi latinè subministravit. Quæ enim latinè apud Baronium sonant, *de singulis è vestigio refert* (Episcopus Coloniæ Armeniæ) *ad Imperatorem Iustinianum Augustum, qui post Heraclium Constantinum imperii sceptra gubernavit*: græcè aliter habent, scilicet ἀνήγαγε περὶ τούτου βασιλεῖ Ἰουστινιανῷ, τῷ μετὰ Ἡράκλειον βασιλεύσαντι. Quæ Raderus vertit: *De singulis è vestigio refert ad Iustinianum Augustum, qui post Heraclium imperii sceptra gubernavit*. Minimè quidem Heraclii nomine Constantinum Iustiniani iunioris patrem, ac in imperio antecessorem, significare voluit, quod existimavit Baronius, græcus auctor; sed cùm Iustinianos duos, alterum ante alterum post Heraclium imperio præfuisse nôsset: posteriorem hunc intellexit subindicavitque. Nec novum est aut infrequens, cum bono illo Homero, Pseudo-historicos dormitare nostros.

[r] Ad ann. DCLXXXV. n. 2.

[s] Ann. MDCIV.

[t] Lib. 4. cap. 19.

396. Prosequitur idem hypobolimæus Iulianus, misisse Iulianum Toletanum unà cum Apologetico & eius expositionibus, carmen ad Imperatorem in laudem ipsius. Quinimmo & ad Sergium Papam carmen aliud. Isidorus Pacensis ansam dedit. *Apologeticum factum Romæ* (*Romam* dicere voluit) *per suos legatos* &c. Iterum: *cum versu acclamatorio* [u], *secundum quòd & olim transmiserat, De laude Imperatoris, mittit.* Hac super Isidori area (bone Deus!) quàm sumtuosè ædificavit Pseudo-Iuliani architectus! Prolixam quidem totius rei narrationem cum duplici carmine, altero ad Iustinianum Imperatorem, altero ad Sergium Papam, tamquam Chronici partem, ab Hieronymo Higuera in notis ad Luitprandum [x] exhibitum legimus. Quæ quidem olim ut coagmentaretur postea corpori formata, prætermissa est tamen eò immitti; & in armariis Toletani Promethei tamquam truncus iners relicta: è quibus tandem à Ramirezio [y] educta, insignem oppidò figlinæ Toletanæ indicem atque vestigium chartis impressit. Tota enim illa, quæ uti Iulianæi Chronici portio ab Higuera laudatur, è Chronico nunc abest. Quare nec præstabimus ei fidem, quæ & auctori ipsi parum digna & inepta etiam Iulianæis quisquiliis commisceri, visa est.

[u] Malè apud Sandovalis editionem: *versus acclamatorios.*

[x] Ad ann. DCLXXXVIII. pag. 369.

[y] Edidit hic Luitprandi opera cum Hieronymi Higuera Notis ad Chronicon, Antuerpiæ MDCXI.

397. Qua in censura, interim dum nobis de codice Iuliani Archiepiscopi carminum aliquo præiudicatæ auctoritatis non aliàs constat, duo illa carmina, ad Imperatorem, & ad Sergium Papam, comprehensa velim, tamquam supposititia & recentioris manus (1). Non enim alia, quàm è Iuliani Pseudo-Chronico excerpta verba producere voluit notæ auctor Higuera; quantumvis partem eius rotundo, uti vocant, partem vero cursivo charactere, quasi non eiusdem auctoris verba essent, typographus per errorem ediderit. Quod enim se è manuscripto libro sanctæ Iustæ carmina ista depromsisse auctor ait: non ad Higueram, qui nullâ fuit unquam S. Iustæ bibliothecâ aut codice usus; sed ad eum, qui simulavit se Iulianum S. Iustæ archipresbyterum, absque dubio referri debet. Sed iam pergamus ad alia opera.

398. *De remediis blasphemiæ* libellum, cum *epistola ad Adrianum Abbatem* (2).

399. *De sextæ ætatis comprobatione* (aliàs *demonstratione*) adversus Iudæos: *qui habet in capite* (ait Felix) *orationem & epistolam ad dominum Ervigium Regem.* Describit & ipse argumentum & partitionem operis: *Est tamen* (ait) *idem codex tribus libris distinctus. Nam primus eorum habet Veteris Testamenti quamplurima documenta quibus absque aliqua supputatione annorum Christus Dei filius, non nasciturus, sed iam natus, patulè declaratur. Secundi verò series libri decurrit per ostensam Apostolorum doctrinam, quæ dilucidè monstrat Christum in plenitudine temporis de Maria Virgine natum, non in annis à principio mundi collectis. Tertii quoque libri excursus sextam ætatem, in qua Christus natus est, haud dubiè adesse veris documentis ostendit: in quo quinque præteritæ ætatis sæculi, non in annis, sed præfixo generationum limite, distinguuntur.* Huc usque Felix.

400. Exstat opus inter *Veterum Patrum opera* volumine quarto, quod & olim, ac primùm lucem viderat Hagenoæ per Ioannem Secerium MDXXXII. in 8.° unà cum

(1) Exstant bina hæc Epigrammata in *noviss. SS. PP. Toletanor. collectione T. II. pag.* 387. seq. inter Supposita Iuliano. Quinam autem *acclamatorii* in Synodis *versus* fuerint suprà n. 392. diximus.

(2) Omnino hunc Iuliani libellum periisse monet novissimæ SS. PP. Toletanorum collectionis Curator *T. II. in Not. ad Felicis de Iuliano elogium pag.* XX. & Cellierius T. XVII. pag. 738. *n. XI.*

cum *Testamento* XII. *Patriarcharum filiorum Iacobi*, per Robertum Lincolnienſem Epiſcopum è græco in latinum converſo. Suam huic editioni commodavit operam Menardus Moltherus Auguſtanus, vetuſto exemplari uſus Laurentii, monaſterii Eberbacenſis in Phenigoia Abbatis, præfationemque multa cum operis commendatione adiecit. Laudavit quoque olim Iſidorus Pacenſis in fine ſui Chronici, *Sic enim* (ait) *ſanctiſſimus Iulianus Toletanus Epiſcopus in librum* [z], *quem contra Iudæos de ſex ætatibus ſæculi ſcripſit, dicens* &c. Sequuntur verba ipſius Iuliani, ac poſt integrum eius teſtimonium: *denique* (ait) *ſanctiſſimus, & valdè in hoc operæ pretium* [a] *doctiſſimus Iulianus ſic in libello inquit, quem ſuprà fati ſumus.* At quæ libro tertiò huius *demonſtrationis* continetur, annorum ſupputationem, paulò aliter digeſtam & emendatiorem eâ, quæ apparet in editionibus Bibliothecæ SS. PP. Pariſienſi & Colonienſi, inventam à ſe in MS. exemplari, annotatum voluit Philippus Labbeus in *Nova bibliotheca* MSS. *librorum*, ſive *ſpecimine antiquarum lectionum* [b]. Poſſevinum conſule in *Apparatu* [c], Barthium lib. 19. *Adverſariorum* cap. 14. ubi & multis aliis operis vaſti ac doctiſſimi locis quædam eius ſanat, explicat, illuſtratve teſtimonia. Abſolutum ſanè hoc à ſe opus fuiſſe anno Domini DCLXXXVI. ſub Conone Pontifice Romano, iuſſuque Ervigii Regis, teſtatur ipſe auctor in epiſtola præliminari ad Ervigium, & in fine libri tertii.

[z] *Libro.*

[a] An *pretioſo*?

[b] Pag. 2. edit. Pariſ. MDCLIII.

[c] Tom. I. pag. 986.

401. *Librum carminum diverſorum, in quo ſunt hymni, epitaphia, atque de diverſis cauſis epigrammata numeroſa.* Ita Felix. Andreas noſter Reſendius ad Bartholomæum Quevedum ſcribens [d] ait, ſe in Germania vidiſſe carminum Iuliani libellum, ſed apud hominem, qui neque unius diei uſuram præſtare voluerit. Venetiis in bibliotheca S. Antonii, quæ fuit Cardinalis Grimani, opuſculum quoddam Iuliani Toletani Eccleſiæ Epiſcopi exſtare docet Thomaſſinus [e]: *cui annectitur* (ait) *opuſculum carminibus exaratum antiquiſſimo charactere.* Quæ verba an huc pertineant, Lectoris iudicium eſto. De carminibus ad Sergium Papam, & ad Iuſtinianum Iuniorem Cæſarem directis, interim abſtinemus, dum non oſtendatur nobis unde ad poſteros ea pervenerunt, cenſuram adiicere.

[d] Exſtat epiſtola bene docta tom. 2. *Hiſp. illuſtratæ.*

[e] *Bibliothecæ Venetæ* pag. 9.

402. *Librum epiſtolarum*, plurimarum, ut ait Felix.

403. *Librum ſermonum; in quo* (idem ait) *eſt opuſculum modicum de vindicatione domûs Dei, & eorum qui ad eam confugiunt* (1). De eodem argumento eſt liber *Reſponſionum*, de quo infrà.

404. Ἀντικειμένων librum, de quo Felix: *Item librum* (ait) De contrariis, *quod græcè* ἀντικειμένων *voluit titulo adnotari: qui in duobus diviſus eſt libris, ex quibus primus diſſertationes continet Veteris Teſtamenti, ſecundus Novi.* S. Iſidorus lib. *Originum* 2. cap. 31. *Contrariorumque genera quatuor ſunt, quæ Ariſtoteles anticimena, ideſt oppoſita*, vocat. Sive τὰ κείμενα apud Græcos ii ſunt loci, ſive Sacræ ſcripturæ, ſive aliorum auctorum qui explicandi proponuntur, quos vulgò dicimus *Textus*. S. Ioannes Chryſoſtomus homiliâ 39. *in Geneſin*: Εἴδετε ἀγαπητοὶ πῶς οὐδὲν ἀργὸν τῶν : παρὰ τῇ θείᾳ γραφῇ κειμένων· hoc eſt, *vidiſtis, dilectiſſimi, quo modo nihil eſt otiosè in divina ſcriptura poſitum.* Ex quo præcipuè teſtimonio hunc vocabuli uſum aliud agens confirmavit vir doctiſſimus ac diligentiſſimus Petrus Lambecius Cæſareus Leopoldi I. Imperatoris chronographus & bibliothecarius, *Commentar. de bibliotheca Cæſarea* lib. 6. [f] Ἀντικείμενα igitur *contrapoſita*, ſive *oppoſita*, utriuſque Teſtamenti ſunt, quæ explanantur, teſtimonia.

[f] Pag. 71.

405. Editum fuit iam olim abſque auctoris nomine Ioannis Alexandri Braſſicani Iuriſconſulti operâ Baſileæ MDXXX. Deinde ex officina Colonienſi Cervicorni in 8.° anno MDXXXII. ex codice, nî fallor, Fuldenſi longè antiquiſſimo. Pariſiis quoque cum Iunilio Africano *in Geneſin* prodiit. Sed Andreas Schotus Iuliano Toletano reſtituit, ut insereretur cum eius nomine magnæ Veterum Patrum bibliothecæ Colonienſi, in cuius XV. volumine nunc legitur. Felicis quippe fidem ſecutus, habuit & alium rei ſponſorem, Samſonem abbatem in libro adhuc inedito, ſed à Garſia Loaiſa in bibliotheca Toletanæ Eccleſiæ reperto, adverſus Hoſtigeſium Malacitanum Epiſcopum, qui ſub annum DCCCLXIV. ſcriptus fuit.

406. Xyſtus tamen Senenſis [g] hoc Ἀντικειμένων opus, quod incipit: *Cur in Geneſi ſeptem*, Richardo tribuit Cluniacenſi monacho, qui floruit XII. ſæculo ſub Adriano IV. Papa, & Imperatore Frederico I. cui tamen unicum, quod exſtaret, hiſtori-

[g] Libro 4. *Bibliothecæ.*

(1) Terna hæc quoque *Carminum*, *Epiſtolarum*, & *Sermonum* opuſcula, inter deperdita Iuliani recenſet SS. PP. Toletanorum collectionis Curator *T. II. in Not. ad Felic. elog. p. XX. Not.* 13. atque item Cellierius *XVII. p.* 738. *n. XI.*

In *supplemento* lib. 12. an. MCXLIX. *Anthropologiae* lib. 20. sub *Benedictus, usque ordo multiplex.* Lib. 4. *Adv. hereses.*

ricum opus Philippus Bergomas [h], & Raphael Volaterranus [i] tribuêre. Alphonsus Castrensis [k] Salviano Massiliensi eadem adscribit Ἀντικείμενα. Necnon & similiter inscriptum opus edidisse olim Bertharium Casinensem Abbatem, testes sunt Leo Ostiensis lib. 1. cap. 33. *Chronici Casinensis*, & Petrus Diaconus *De viris illustribus Casinensibus* cap. 12. quod Berthario huic adscriptum possedisse olim D. Constantinum Caietanum, testis est Leo Allatius in *Apibus Urbanis*; & vel nunc exstare in Casinensi bibliotheca, D. Angelus de Nuce Rosanensis Archiepiscopus amicus noster vir optimus & eruditissimus, in Notis ad Leonis Chronicon [l] monitum voluit. Fortasse tamen hic diversus liber est à superiore, quamtumvis similiter inscriptus. Utut sit, procul dubio esse debet, Ἀντικειμένων opus Iulianum Toletanum scripsisse (1).

Cap. 33.

407. *Librum item historiæ* (prosequitur Felix) *de eo quod Wambæ principis tempore in Galliis exstitit gestum.* Inseruit historiæ suæ hanc historiam Lucas Tudensis; ediditque cum nota diversi auctoris Franciscus Schotus in quarto volumine *Hispaniæ illustratæ*; seorsumque, & Duchesnius postea inter *Scriptores historiæ Francorum* tomo 1. [m] in multis autem diversè. Incipit: *Solet virtutis esse animorum incitamentum* &c. Vestigiaque exstant, vel in principio ipso, æqualis eorum temporum gestorumque Scriptoris. *Hac de re* (inquit) *ut timidis & pigris mederi possit, relationem præteritæ rei nostris temporibus gestam inducimus per quam ad virtutem subsequentia sæcula provocemus. Affuit in diebus nostris Wamba* &c. Quam quidem Iuliani historiam in Wambanis in Toletanam urbem ingressu triumphali, & illis verbis *æternis proscriptionibus recognoscat*, tam priore Schoti, quàm posteriore Duchesnii editione concludi, non rectè, iudicio meo, existimabimus. Iulianæum enim prorsus est, quod ad finem hunc in utraque edi-

Pag. 821.

tione præscriptum sequitur; deestque in Duchesniana, exstat verò in Schoti alia, sed tanquam Lucæ Tudensis iam scriptura sit; incipitque: *Perfidorum denotata transgressio* &c. Quod cuicumque, vel minùs attentè legenti, statim liquidò apparet. His quidem nunc primùm à nobis Iuliano restitutis, Lucas prædictus sermonis sui tenorem ibi tandem attexit: *Et quia præpediente malignitatis auctore* &c. Et historiam hanc publici eo tempore quo dicimus iuris factam esse non animadvertit, cùm *De Historicis latinis* scriberet, Vossius: dum ignorare an lucem viderit, attamen propediem visuram sperare se ait [n].

[n] Lib. 2. *De H. L.* cap. 27.

408. Hìc & Pseudo-Luitprando argutari in mentem venit; sed quàm frigidè & incogitanter [o]! *Sanctus Iulianus scripsit vitam S. Ildephonsi. Felix præterea scripsit vitam S. Iuliani Toletani Episcopi. Idemque adiecit Chronico, quod sic incipit*: In nomine Domini incipit Chronicon, quod S. Iulianus composuit. *Illud*: Natus est autem Witiza; *alii tribuunt Gunderico. Nihil de additione certè hactenus reperitur.* Falsus est & stupiditate sua se prodit planus. Iulianus non scripsit Chronicon, sed de uno Regis Wambanis bello Gallico historiam. At in quo historia & Chronicon differant, germanus Luitprandus ignorare non potuit, quod pueri sciunt.

[o] In Chronic. ad ann. CMLX. num. 361.

409. Hìc non tamen moratur in huius loci notis pater Higuera. Ait enim: *Chronicon quod nomine Wulsæ circumfertur, etiam est Iuliani; nisi quòd illud de Witiza additum est à Gunderico, quamquam hoc ultimum tamquam incertum relinquit.* Scripsit igitur, si fidem huic habemus, Chronicon Iulianus noster. Ita videtur is censuisse de Wulsæ Chronico, & hanc suam sententiam ut proferret, imposuisse huic suo Luitprando, necnon gemello eius Iuliano ad annum DCXCII. num. 359. de quo nos alibi. Verba etenim illa, quæ Felicis esse aut Gunterici annotat, in Iuliani hac qua de loquimur historia, non legun-

(1) Præter Scriptores à Nostro laudatos, Cellierius T. *XVII. pag.* 738. *n.* 10. Du-Pinius T. V. pag. 128 seq. & fortassis alii Librum Ἀντικειμένων Berthario Abbati Casinensi adscribunt. Novissimæ SS. PP. Toletanorum collectionis Curator T. II. p. 141. id opus ex Felice & Samsone Cordubensi adversus Caveum & Fabricium Iuliano asserit & vindicat. In codice autem Escurialensi Erâ MLXXXV. sive anno MXLVII. ut in eodem legitur exarato, *Digramm.* &. *Plut. I. n.* 3. exstat Tuseredi cuiusdam ad Ascaricum incertæ Sedis Episcopum Epistola hactenus, ut putamus, inedita & à nobis suo loco evulganda, in qua interroganti de nonnullis circa Resurrectionem Christi dubiis Ascarico respondet, inquiens: *Illi vero qui contradicunt* (nimirum qui affirmabant surrexisse quidem cum Christo resurgente multorum corpora, neque tamen cum eo ad cælos ascendisse; sed in terris permansisse iterum moritura) *dicentes*: Nemo ascendit in cælum, nisi qui descendit de cælo Filius Hominis: *legant librum Beati Iuliani, non Pomerii sed Toletani, qui vocitatur* Anticimêna: *qui patratus est de his rebus que contraria in Scripturis resonant, sed non contraria ab his qui uigili sensu Scripturam rimandam inquirunt*::: *Si* Anticimêna *abest, currant ad Agustinum* in libro *Omeliarum catà Ioannem* &c. ad cap. nimirum, sive interrogatum XXIII. Libri II. Ἀντικειμένων ex Novo Testamento & Sancti Ioannis Evangelio Ascecticum manuducens: quo loco de hoc argumento agitur.

guntur. Fortè autem in illa sunt quæ Wulsæ adscribitur, neque hactenus prelo subiecta fuit; sed tamen proprium hoc fuisse nomen illius, qui perbrevem Gothorum usque ad Hispaniæ excidium sub quo vixisse creditur historiam scriptam reliquit, & absque ulla causa Iuliano attribui, loco suo, ubi de Wulsa nobis agendum erit, confirmabimus. Profectò hæc Iuliani historia, veluti continuatio Isidorianæ de Gothorum Regibus historiæ, atque Ildephonsi appendicis, habita fuisse videtur; immo & cum Isidorianis confusa. Chronici etenim Exiliensis auctor anonymus Isidoro tribuit, & Gothorum ab eo scriptæ historiæ Wambanis adversus rebellem Paulum gesta, uti iam diximus in Isidoro (1).

410. *Librum sententiarum ex decade Psalmorum B. Augustini breviter summatimque collectum.* Ita Felix obscurâ sententiâ. Nisi decadem tantùm primam Psalmorum innuere voluerit (2).

411. *Excerpta de libris S. Augustini contra Iulianum hæreticum collecta.* Hi sunt elaboratissimi illi Augustini, vel ipsius iudicio [p], *contra Iulianum* Eclanensem Episcopum libri sex, de quibus post alios Henricus de Noris Augustinianus noster agit lib. I. *Historiæ pelagianæ* cap. 21.

[p] Lib. 2. *Retract.* cap. 62.

412. *De divinis iudiciis libellum ex sacris voluminibus collectum, in cuius principio* (inquit Felix) *est epistola ad dominum Ervigium Comitatûs sui tempore* (hoc est cùm sub Wambane Comes adhuc & privatus esset, ut constat ex fine, quem assignavimus historiolæ Iuliani de Wambane Rege in Lucæ Tudensis Chronico) *pro eodem libello directa.* Hic postea Ervigius adversus Regem conspirans, exauctoravit eum, & monasterio inclusit iudiciorum divinorum securus; Casilone autem filiâ & hærede in uxorem datâ Egicæ Wambanis consobrino, iustaque regnandi formâ pii quidem atque modesti principis appellationem obtinuit.

413. *Librum responsionum contra eos qui confugientes ad Ecclesiam persequuntur.* Oportet diversum opus hoc esse ab eo, quod appellavit Felix *De vindicatione domûs Dei, & eorum qui ad eam confugiunt*, de quo suprà, eiusdem tamen argumenti. Quæ quidem duo scripta pro sacrarum ædium immunitate occasionem forsan dedere Concilii Toletani XII. patribus quos inter fuit Iulianus noster, de hac re, canone nempe decimo, cavendi; cùm scilicet Reccesvinthi Regis quadam lege, (quæ nunc decima sexta est quinti tituli sexti libri *Legis* ut liber audit *Wisi-Gothorum*) minùs ad religionem templorum attentè aut piè sancitum non ita pridem fuisset.

414. *Librum Missarum de toto circulo anni in quatuor partes divisum, in quibus aliquas vetustatis incuriâ vitiatas ac semiplenas emendavit atque complevit, aliquas verò ex toto composuit.* Hæc Felix. Pars igitur fuit Iulianus integri corporis *Isidoriani* (quod nomen vulgò assumsit) *libri Missalis*, quo Mixtarabes usi postea sunt de quo egimus in Isidori & Ildephonsi monumentis.

415. *Librum item* (Felix tandem ait) *Orationum de festivitatibus, quas Toletana Ecclesia per totum circulum anni est solita celebrare, partim stilo sui ingenii depromtum; partim etiam inolita antiquitate vitiatum, studiosè correctum, in unum congessit, atque Ecclesiæ Dei usibus ob amorem reliquit sanctæ religionis* (3). Hunc librum, & vasto quidem volumine, in Toletanæ Ecclesiæ bibliotheca servari docuit me olim Hieronymus Romanus de la Higuera, historiam eius adhuc ineditam Toletanæ urbis & regni in schedis legentem. In eo autem, qui penes nos est, accuratissimè transcripto eiusdem bibliothecæ catalogo, nihil quod ad hunc Orationum librum respicere videatur, offendimus.

416. Adiicienda sunt ad Felicis hanc librorum Iuliani enarrationem, quæ aliàs de

(1) Germanam Iuliani de Wambane Historiam hoc titulo: *Liber de Historia Galliæ, quæ temporibus Divæ memoriæ Principis Wambæ à Domino Iuliano Toletanæ Sedis Episcopo edita est* è vetustis Toletanæ Ecclesiæ codicibus, cum eadem à Luca Tudensi interpolata, collatam; necnon *Iudicium in Tyrannorum perfidia promulgatum*, cum Opusculo inscripto: *Insultatio vilis Storici in tyrannidem Galliæ* hactenus inedito, exhibet novissima SS. PP. Toletanorum editio T. II. à pag. 330.

(2) Sanctus Augustinus peculiare Psalterium, seu perbreve opusculum è variis Psalmorum versibus consarcinatum pro Monicæ matris usu & spirituali consolatione composuisse dicitur: quod tamen ad supposititia aut saltem ad dubia Sancti Doctoris scripta novissimi eorundem Editores Benedictini reiiciunt. Fortassis huc respexerit Felix in recensione Iuliani operum. Cellierius *T. XVII. p.* 738. *n. XI.* ac Du-Pinius *T. V. p.* 124. Opusculum inscribunt: *Collectum Sententiarum è commentariis Augustini super Psalmos.* Inter deperdita Iuliani scripta; sicut & terna quæ sequuntur, nempe I. *Excerpta de libris S. Augustini contra Iulianum &c.* II. *De Divinis iudiciis &c.* III. *Liber responsionum contra eos qui confugientes ad Ecclesiam persequuntur.*

(3) *Missarum libri de toto anni circulo;* atque alterius: *Orationum de Festivitatibus &c* quarum utriusque Felix meminit, si quæ in Missali Mixtarabico aut alibi exstant, vix internosci potest Iulianumne, an Isidorum aut alium auctorem habeant. Fragmenta sive eorum gustum vulgavit Cl. SS. PP. Toletanorum editionis Curator *T. II. à pag.* 326.

de his legitur. Huius namque esse pro certo habetur:

417. *Appendix ad librum sive additionem S. Ildephonsi De viris illustribus*: sive potiùs unicum eiusdem sancti viri elogium. Quod tamen Cardinalis Baronius Iuliano alteri, hoc est Toletanæ Ecclesiæ, non quidem Episcopo, verùm diacono, attribuit [q]; exstareque ait loco præfationis in volumine S. Ildephonsi operum, quæ in lucem protulit Franciscus Fevardentius. Manuscripti libri, vel Iuliano diacono, vel Iuliano Episcopo adscribunt. Nec diversi sunt inter se. Iulianus enim quum Ildephonsus ad superos abiit, diaconus adhuc fuisse refertur, unde potuit elogio inscribere Iulianum diaconum. Patet id quod assumimus ex Felice. *Post decessoris sui obitum divinæ memoriæ Ildephonsi à decimo septimo fermè anno Reccesvinthi principis; necnon & per omne Wambanis imperii tempus, usque ad tertium regni gloriosissimi Egicanis Regis annum, in Levitici, Presbyterii, ac Pontificatûs honore consistens celebre nomen obtinuit.* Sunt & codices, qui Felici duo hæc elogia, & Ildephonsi & Iuliani, attribuunt [r]. Ediderunt hanc appendicem Lipomanus & Surius die XXIII. Iunii. Quæ & exstat in catalogo Scriptorum Ecclesiasticorum, qui editus fuit in S. Isidori operum Matritensi editione, unde Miræus ad suam transtulisse videtur (1).

[q] Tom. 8. ad DCLVII. n.

[r] Notas con-e Io. Bap. rezii ad hoc ephonsi clo-m in edit. trit. Oper. S. dori tomo I. g. 137.

418. Henricus Canisius ex codice bibliothecæ Bavaricæ MS. publicavit I. tomo *Bibliothecæ SS. PP.* Bignæi, Iuliano nostro adiudicans,

Commentarium in Nahum Prophetam; attamen mutilum, aut vix cœptum: quatuor enim tantùm expositionem Prophetæ versuum laudatus codex continebat. Sed de Iuliano hæc satis (2).

419. Ad Idalium Barcinonensem Episcopum direxisse Iulianum iam audivimus cùm *Prognosticum futuri sæculi*, tum quoque *Responsionum* quendam librum. Qui quidem IDALIUS, & ad nos pertinere videtur, si vera sunt quæ de eo Hieronymus Paulus, vir doctissimus ducentis ab hinc ferè annis, & Franciscus Tarafa, Hieronymi Puiades testimonio [s] scriptum reliquere; plura nempe ipsum elucubrâsse opera, è quibus pauca exstant.

[s] Lib. 6. *De la corona de Catalunya.* c. 132.

420. Habemus certè unam & alteram epistolam, quarum prior ad Iulianum directa est, cuius suprà mentionem fecimus in *Spicilegio* d'Acheriano [t] conservata ex MS. libro Corbeiensis monasterii (3). Posterior hanc sequitur in eodem *Spicilegio* ad *Sunifredum Narbonensis primæ Sedis Episcopum*, mittens ad eum Iuliani Toletanæ primæ Sedis Episcopi, hoc est metropolitani, *Prognosticon futuri sæculi.* (4) In qua epistola notandum est parvam tunc fuisse urbem, quæ nunc adeò increbuit, Barcinonem; siquidem ait, *cùm devotus essem in hac civitatula, cui indignus præsideo.* Hunc Narbonensem antistitem Sunifredum vocat Rodericus Toletanus lib. 3. *Histor. Hisp.* cap. 12. & 13. ex eoque *Galliæ Christianæ* auctores. Concilio quidem is interfuit Toletano decimoquinto primus post metropolitanos: quod Concilium cùm celebratum fuerit anno DCLXXXVIII. Idalii in eo locus satis indicat antiquioris ordinationis prærogativâ ceteros præcessisse. Certè in huic proximè antecedenti Nationali, quod inter Toletana decimumtertium audit, ante quinquennium habito: Laulfus diaconus eiusdem Idalii vices egit. In XII. similiter totius Hispaniæ, quod in annum DCLXXXI. incidit, eius nomen desideratur; sed neque ullius Barcinonensis exstat Episcopi. Quare ab anno DCLXXIV. successisse Raymundo Idalium credit Puiades [u], vixisseque usque ad annum DCXC. vel circiter [x].

[t] Tom. I. pag. 313.

[u] Lib. 6. cap. 123. & 127.

[x] Cap. 132.

421. Eundem Iulianum Toletanum antistitem laudavit sive elogio ornavit FELIX, & ipse Toletanus post Hispalensem (quod ex Concilii XVI. hac in urbe celebrati constat actis) præsul. Subiicitur vulgò id elogium Ildephonsi libello *De Scriptor. Ecclesiast.* & Iuliani eiusdem *De Ildephonso* appendici (5). Erat in vivis adhuc anno DCXCIV. quo celebratum fuit Concilium Toletanum XVII. cui hunc interfuisse, subscriptiones licèt interciderint, Rode-

(1) Exstat in Escurialensi sæculi X. Codice *Lit. A. Plut. II. n.* 9. atque in recentiore alio *Digramm.* &. *Plut. IV. n.* 23.

(2) Recusus est hic in Prophetam Nahum Commentarius T. II. pag. 268. novissimæ SS. PP. Toletanorum collectionis sub Iuliani nomine: quem ut Ipsi adscribat atque asserat Cl. eius editionis Curator nullum non movet lapidem adversus Natalem Alexandrum & alios. Videndus.

De Wisigothorum Chronico quod Wulsæ nomine circumfertur, necnon de quatuor Ildefonsi & Quirici Toletanorum Præsulum, & Gudilæ ac Wambæ Regis Epitaphiis, quæ Pseudo-Chronicorum Iuliani & Luitprandi figulus Iuliano adscribit, agit idem Cl. Editor T. II. pag. 385. eaque omnia ut spuria & Iuliano supposita reiicit.

(3) Exstat in noviss. SS. PP. Toletanorum collectione *T. II. pag.* 6.

(4) Edidit hanc quoque Epistolam Cl. Matthæus Aymericus in Catalogo Barcinonensium Præsulum Barcinone MDCCLX. *pag.* 461. qui & plura de Idalio, pag. 262. seq.

(5) Habetur in Escurialensi sæculi XIV. Codice *Digramm.* &. *Plut. IV. num.* 23.

dericus Toletanus docet. Hunc Felicem Pseudo-Luitprandus Iriensem fuisse ante alia Episcopum, Iulianique Chronicon nonnihil auxisse, concionatorem magnum, necnon acerrimum Fidei defensorem ac B. Virginis Mariæ clientem exstitisse, credere nos voluit [y]. Iriæ fuit revera Episcopus Felix quidam, ut ex subscriptionibus Conciliorum Toletanorum XII. anno DCLXXXI. XIII. DCLXXXIII. XV. DCLXXXVIII. novimus. Hunc tamen Felicem Iriensem, Hispalensibus inde mactum infulis, ut credamus, aliis testimoniis pervincendum est (1). Quale autem Iuliani Chronicon idem continuaverit Felix, edoceri cupimus: qui nec fidem habemus Pseudo-Iuliano eundem libelli de XII. Scriptorum Vitis auctorem iactanti [z].

[y] Chronico ad an. DCXCIII. & DCC.

[z] Chronico num. 363.

422. TAIUS Cæsaraugustanus antistes S. Braulionis successor, notior est quàm ut necesse nunc sit referre, missum vulgò iactari eum à Cindasvintho Rege, sive à Concilii VII. Toletani patribus Romam, cui tunc præerat Pontifex Theodorus, venisse pro quærendis S. Gregorii *Moralium in Iobum* libris, qui olim ab auctore ad Leandrum Hispalensem antistitem remissi iam non invenirentur: revelationem ei Romæ in Ecclesia S. Petri factam, locumque ab eodem Sancto Gregorio digito monstratum, in quo exemplar Romanæ bibliothecæ consignatum latebat. Cuius rei historia vulgò edi solet inter sanctissimi doctoris opera in *Moralium* limine; atque apud auctores rerum Hispanarum [a] celebris est, de qua nos infrà.

[a] Roderic. Toletan. lib. 2. c. 20. Mariana lib. 6. cap. 8. Morales lib. 11. c 25. Padilla cent. 7. cap. 36.

423. Huius carmen in sepulcro apponendum Honorati, quem *germanum suum, Cæsaraugustanumque* vocat atque insuper *Hispalensem Archiepiscopum*, in additionibus ad Maximi Chronicon [b] legimus. Epitaphium certè quoddam in lapide Hispalensi semeso atque divulso servatum fuit mutilum à Benedicto Aria Montano; posteaque à Ioanne de Torres, uti refert in Notis ad hocce carmen Rodericus Carus; sed neque in illo Honorati nomen, nec Hispalis urbis mentio ulla. Insuper, non omnino conveniunt epitaphium hocce lapidi insculptum in iis quæ legi possunt, & epitaphium quod Taioni tribuitur: quod utique necessarium esset, unum ut existimaretur idemque Taionis carmen Honorati sepulcro destinatum. Quare potiùs credimus fabricatum hoc Taionis nomine carmen sepulcrale ab eo, qui vidisset Hispali, aut exemplum habuisset, mutilæ illius inscriptionis ab Aria Montano inventæ; atque deletas & fugientes literas ex coniectura eum supplevisse, ut inscriptio esset Honorati Episcopi Hispalensis sepulcro adaptata. Cuius cogitationis nostræ censuram eruditis viris relinquimus examinandam. Certè Rodericus Carus in Nota ad hocce epitaphium suppositionem & imposturam clarissimè arguit.

[b] Edit. Hispal. fol. 232. Matrit. Bivarii pag. 56.

424. Huic eidem Taioni adscriptos fuisse scio ab Ioanne Mabillone Benedictino in Notis ad *Analecta* sua *vetera* [c], *libros quinque Sententiarum ex S. Gregorii operibus*. Hos aliàs vocari *Collectaneorum* constat; nam exstare in bibliotheca Parisiis antiquissimo & optimæ notæ codice exaratum *Collectaneum ex operibus Sancti Gregorii* à Taio Cæsaraugustano Episcopo anno DCL. compositum, docuit nos Petrus Gussanvillæus Carnotensis presbyter in præfatione ad tertium tomum operum magni Doctoris editionis ultimæ Parisiensis anni MDCLXXV. Post quam laudatus nuper Mabillonius altero in publicum dato *Analectorum* volumine publicavit *Taionis Episcopi Cæsaraugustani præfationem ad Quiricum Barcinonensem antistitem, in quinque libros Sententiarum à se collectos ex operibus Sancti Gregorii Papæ*, cum initio ipsius operis. Quod quidem pretiosissimum antiqui illius ævi fragmentum haberi debet; cùm in hac præfatione mentio fiat cuiusdam Froie rebellionis adversus Recceswinthum Regem; & Vasconum è Pyrenæis montibus à tyranno promotorum in Hispaniam præcipuè Tarraconensem proximam, incursionis, victoriæque de his à quodam Regis duce reportatæ: de quibus Rodericus Toletanus breviter lib. 11. cap. ultimo. Quo quidem tempore ait se in urbe Cæsaraugusta inclusum ob hostium metum per nocturnum otium S. Papæ Gregorii Romensis Sententiarum capitula in quinque libros discreta uno codicis textu colligendo decerpsisse: ita ut ab ipsa protoplasti formatione, Hierusalem & Babylonis cives, electos scilicèt ac reprobos, virtutibus ac vitiis deditos, discreto rationis ordine protulerit; monetque se ubi ad supplenda titulorum capitula in Gregorii opusculis reperire minimè potuit, ex libris S. Augustini pauca congerere curâsse.

[c] Tom. 1. pag. 317.

425. Hæc totidem ferè verbis ille: cuius & affixum præfationi carmen hoc edidit Mabillonius:

Quisquis amas sacram lector addiscere legem,
Hunc nostri studii librum percurre legendo:
Repperies facilè quicquid cognoscere malis.

Flo-

(1) Eius certe non meminit Æmilianensis Præsulum Hispalen. Catal. quem ad manum habemus autographum.

Florea cuncta gerit [tum] prata virentia gestat.
Pascit amantis oves sincera animalia Christi,
Ostendit patriam celsam, regnumque potentem,
Tartareos ignes, & tristia non finienda.
En tibi Christus adest regnum conferre beatis,
Impiis è contrà horrenda suplicia confert.
Sublimis anima conscende ad regia cæli:
Impiger adcurre, careas ne præmia tanta;
Et picei fontis horrendas despice flammas.

426. E quibus utique constat non virum tantùm doctum, sed & poetam idoneum Taium fuisse. Sequitur principium & primus titulus primi sententiarum libri, *Quòd Deus incommutabilis, summus, & æternus existat*; paucaque è textu verba, necnon & Quirici responsoria epistola: de qua in Quirico dicimus. Mirum autem videri debet, nullam occasione laudandi Gregorium atque eo utendi, factam ab eo mentionem repertorum à se miraculosè Romæ librorum *Moralium* sancti doctoris; cùm id contigisse Cindasvinthi auspiciis feratur, hæc autem iam Reccesvintho Rege scripserit. Subnectit omnibus his notam Mabillonius, admonens se opus istud in codice illo Thuaneæ bibliothecæ vidisse; primumque sibi videri Taionem, ad cuius exemplum alii cum Petro Lombardo collectiones huiusmodi aliàs condiderint; commendatque hanc præfationem uti rebus Hispanis illustrandis utilem (1).

427. *Tagii sententiarum volumen*, quod Fontanellensi monasterio donâsse Ansegisum eiusdem abbatem circa annum DCCCXXIII. ex Fontanellensi Chronico d'Acheriano constat, de hoc eodem opere intelligendum est.

428. Nihili autem sunt fragmenta, ut iactant, huiusmet Taionis, quæ cum aliis Braulionis & Helecæ Cæsaraugustanorum præsulum Pseudo-Iulianus laudat in Chronico num. 414. alludens ad epitaphium Honorati Hispalensis, de quo suprà diximus (2).

CAPUT. VIII.

Falsò attribui Scriptoribus nostris VERECUNDUM, *seu* VERGUNDUM *Episcopum Africanum à Pseudo-Luitprando*, RECCESVINTHUM *abbatem ab eodem*, GAUDIOSUM *Turiasonensem Episcopum à Pseudo-Braulione. De hoc & S.* VICTORIANO *eius magistro quædam annotantur. Venantii Fortunati carmen ad Victorianum hunc pertinens producitur.* Spata *verbum. Pseudo-Hauberti fabula impudens de* BONIFACII IV. *Pontificis Hispanis natalibus. Argaizii contumacia & temeritas. Pseudo-Haubertini huius sæculi Scriptores*, LIBERATUS & BERITUS *monachi. Eiusdem Pseudo-Hauberti in* SOPHRONIO *Hierosolymitano Patriarcha impudens mendum.*

EXSTAT, in septimo isthoc sæculo non unus alterve, qui nomen invaserit Hispanum, in ordinem suum reducendus auctor.

429. Primus est VERECUNDUS, aliàs VERGUNDUS, cuius recordatur Anonymus (quem

Hhh

(1) Exstant *Quinque Taionis Sententiarum libri* é Gregorii Magni Moralium opere maxima ex parte collecti; & à Cl. Hispaniæ Sacræ Florezii Continuatore è veteri codice Sancti Æmiliani de la Cogolla nunc primum evulgati *T. XXXI. Hisp. Sacr. à pag.* 171. præmissa eiusdem Taionis ad Eugenium Toletanum Epistola, ac præfatione Operis ad Quiricum Barcinonensem, in qua & Froiæ, seu Froianis adversus Reccesvinthum rebellantis habetur mentio; necnon Quirici ad Taionem responso; nisi quod libro V. deest finis capitis XXXIII. quod est: *De æternis suppliciis reproborum*; & integrum caput XXXIV. *De sempiternis remunerationibus electorum*: quæ duo capita indicantur in præfixo eidem libro syllabo. Taionis quoque ad Eugenium Epistola exstat in insigni Toletano Moralium Sancti Gregorii codice Gothico Erâ DCCCCLXXXIII. III. Eid. Aprilis exarato.

Apud eundem *Cl. Hisp. Sacr. Continuatorem T. XXX. pag.* 377. habetur: *Fragmentum Epistolæ quam Taius Presbyter & Abbas scripsit ad Braulionem.* Existimo autem utrumque eundem Taium & Taionem fuisse.

Videtur autem excidisse Nostro promissam *hoc num.* Quirici Barcinonensis mentionem, quæ nullibi alias, quod sciam, apud Eum exstat. Atqui præter Epistolam qua Taionis in Quinque Sententiarum Gregorii libros ad eum directos Epistolæ seu Præfationi respondet, cuius initium est: *En Beatissime virorum, &c.* de qua superius dictum: binas insuper à D' Acherio & Mabillonio primum editas, recudit Cl. Matthæus Aymerichus *Catal. Barcin. Præsul.* ad S. Ildefonsum Toletanum directas, quarum prior eucharistica est pro misso ad Eum exemplo libelli *De perpetua Virginitate Sanctæ Mariæ.* Inc. *Cum à vobis remeans ad ovilis crediti loca &c.* exstatque ap. Aymerichum *pag.* 449. posterior deprecatoria, in qua pro matris adhuc viventis utilitate Ildefonsum rogat ut nonnulla de Sacræ Scripturæ arcanis dignetur Eidem reserare. Inc. *Cum ad omnia nova ut nosti &c. pag.* 452. Plura idem Aymerichus de Quirico *à pag.* 261.

(2) Huc commode referri posse existimo Bracarium Hispalensem Antistitem, qui post Isidorum, Honoratum, Antonium, & Fugitivum ei Sedi præfuisse dicitur in Æmilianensi Hispalensium Episcoporum Catalogo; idque exeunte sæculo VII. ut Cl. Florezius ex optimis coniecturis eruit *T. IX. p.* 221. *n.* 25. Scripsisse autem: *De animabus hominum non initio inter ceteras intellectuales naturas, neque semel creatis*, adversus Origenem; *neque cum corporibus per coitum seminatis*, contra Luciferianos: elicitur è Ioannis Hispalensis sæculi IX. Scriptoris literis ad Alvarum Cordubensem, quas primus evulgavit Florezius T. XI. & præsertim è VI. inter Alvari opera pag. 144. *n.* 5. Videndus idem Florezius de Bracario Hispalensi multis agens *T. IX à pag.* 220.

(quem Isidorum, nec alium, diximus) *de* XII. *Scriptoribus Ecclesiasticis*, qui Isidoriano & Ildephonsino syllabis appendi solet. *Vergundus* (ait) *Africanus Episcopus studiis liberalium literarum disertus, edidit carmine dactylico duos modicos brevesque libellos: quorum primum* De Resurrectione & iudicio *scripsit; alterum verò* De pœnitentia, *in quo lamentabili carmine propria delicta deplorat*. Posteriorem hunc vidit in codice Ovetensis Ecclesiæ Ioannes Baptista Perezius, cuius hoc erat initium:

Quis mihi mœsta dabit lacrymosis imbribus ora?

ut monet ipse in Notis ad hunc locum, quas cùm crederet Garsiæ Loaisæ esse Aubertus Miræus, falsò hunc auctorem rei laudat [d]. Hunc ipsum *De pœnitentia* librum cum scholiis Ioannis (Michaelem dicere debuit) Ruizii Azagrii à secretis Bohemiæ principum, viri doctissimi, possidere se, in nota quadam ad Luitprandi Chronicon, cuius statim nova mentio incidet, Hieronymus Romanus de la Higuera nos docuit (1).

[d] In Notis ad hunc Anonymum cap. 6.

430. At eundem fuisse Vergundum istum cum Verecundo Nicensi, provinciæ Byzacenæ Episcopo trium capitulorum defensore, qui iussu Iustiniani Imperatoris exsul Chalcedone diem suum obiit, Victore Tunnunensi referente [e]: idem Perezius, necnon & Azagrius is, quem scholia ad hunc auctorem scripsisse ex Higuera annotavimus, non temerè existimaverunt (2). Quem quidem bene potuit Isidorus eo posterior (si auctor is fuerit huius operis) laudare; non autem Verecundum monachum, S. Eugenii Toletani præsulis diaconum, quem postea fuisse Uticensem in Africa Episcopum, huiusque præconii argumentum, cum Pseudo-Luitprando suo idem Hieronymus Romanus finxit. Pseudo-Luitprandum audi sìs [f]: *Verecundus Episcopus Uticensis in Africa, vir magnus ingenio & piis editis libris, moritur*. Qui priùs scripserat [g]: *Floret Toleti archipresbyter Verecundus, cuius meminit S. Isidorus. Fuit postea idem Episcopus Africanus*. Iuxta quæ duo testimonia Hieronymus Romanus de la Higuera in Nota ad prius istud, archipresbyterum Toletanum hunc, & Uticensem Episcopum fuisse contendit, atque eundem cum laudato in appendice *De viris illustribus* Vergundo. In Isidori *De viris illustribus libello* dicere debuit cum Luitprando suo.

[e] In Chronico post Consul. Basilii anno undecimo & duodecimo.

[f] Ad ann. DCXLVII.

[g] Ad ann. DCXXXVI.

431. Sed mirare iam viri docti crassissimum errorem. *Hunc* (Michael Ruizius Azagra) *putat fuisse illum, cuius meminit in Chronico Victor Uticensis. At fallitur. Utica in Italia est, non in Africa. Felix* (quem Auctorem credit appendicis) *vocat Episcopum Africanum*. Fallitur quidem ille adeò, ut vix credibile fiat ignorâsse virum talem Geographiæ amantissimum celeberrimam Africæ urbem Uticam, à quo Uticensis, quod ibi sibi manus intulerit, Cato. Maximè cùm alibi in schedis eius legerim non eapropter reprehensum ab eo Azagram, quòd Uticam, sed quod Niceam & Nicensem urbem in Africa dederit, ut Victori Tunnunensi secundaret, qui hanc Sedem Vergundo tribuit: ut iam dicimus. Conveniunt ergo in assignanda Episcopatûs plaga Pseudo-Luitprandus cum auctore appendicis, & Tunnunensi Victore. At primus ille *Uticensem*, Victor (uti diximus) *Nicensem*, quod vulgò editur [h], sive *Iuncensem*, uti legisse videtur in MSS. codicibus, quibus utebatur, Ioannes Baptista Perezius, vocant. Quicquid sit, transmigrationis huius auctor ex Toletana Ecclesia ad Uticensem Vergundi seu Verecundi unicus assertor Higuera est, ficulneæ, immo falsissimæ, rationi subnixus.

432. Maiori opera contentum fuit, ut crederemus de RECCESVINTHO abbate. Pseudo-Luitprandus [i]: *Reccesvinthus abbas Benedictinus Bracarensis floret*. Pseudo-Iulianus ambitiosè magis [k]: *Reccinsvinthus abbas Bracarensis patriâ ex Benedictinis floret. Poeta & orator egregius, cuius ad Ildephonsum exstant epigrammata, & nonnullæ epistolæ spirantes pietatem. Scripsit etiam in laudem* XVIII. *martyrum, & S. Ucatridis Bracarensis, qui SS. MM. omnes priùs iacuerunt in B. Virgine de Pilari*. Hæc ille Iulianus, qui lucem post Higueræ obitum vidit; non verò ille, quem sub oculis eidem erat Higueræ, quum *Toletanam* formabat *historiam*. Urgemus frequenter iureque fictitios auctores istos, eius Higueræ testimonio, qui primus excepisse eos, laudâsse, atque aliis communicâsse, totius Hispaniæ iudicio & existimatione verè creditur. Meminit is lib. 13. cap. 6. Reccesvinthi abbatis his verbis, quæ ex vernaculis latina dedimus [l]: *Hoc tempore floruit quoque Reccesvinthus abbas ordinis S. Benedicti urbis Bracarensis, magnæ vir existimationis ac doctrinæ, quem Iulianus ait ar-*

[h] In *Thesauro* Scaligeriano, & 4. tomo *Hisp. illust.* & alias.

[i] Ad ann. DCLXVIII. num. 117.

[k] In Chronic. num. 349.

[l] Vulgaria hic in margine apponere placuit. *En este tiempo floreció tambien Recesvindo abad de la orden de S. Benito de la ciudad de Braga, persona de mucha cuenta, y letras; de quien dice el arcediano Julian, que floreció en estos dias. Fué muy devoto de algunos Santos, y como tal les hizo cierto epigrama que anda con los epigramas de S. Eugenio tercero. Embióle Liuba metropolitano de Braga por su principal Embaxador à este Concilio*, &c. Et postea: *Esto he dicho por la obligacion deste abad, que era grande, y mayor si eran el y ellos naturales de Braga, que no lo he yo podido averiguar*. Tandemque post hymni seu carminis mentionem: *Ambrosio de Morales* (ait) *hace estos versos de S. Eugenio. Yo no los hallé sino entre los de Recesvintho, entre otros que compuso à Santos*.

(1) Exstat penes me huius Verecundi poematii *De pœnitentia* exemplum αὐτοχειρὶ è Toletano Ruizii-Azagræ codice descriptum, eodem atque apud Nostrum initio. Postremus omnium versus est

Ante fugit pressos requies quam tangat ocellos.

(2) Et Loaisa in *Not. ad Anon. De viris Ill.* ex quo Fabricius ibid.

archidiaconus his diebus floruisse. Devotissimus fuit quorundam Sanctorum, fecitque in eorum laudem quoddam epigramma, quod unà cum aliis S. Eugenii III. circumfertur. Misit hunc Liuba Bracarensis metropolitanus uti præcipuum suum vicarium ad Concilium istud Toletanum. Intelligit XIV. sub Ervigio anno huius sæculi octogesimo quarto.

433. Inde ait, composuisse eum in laudem S. Encratidis, sive Engratiæ, atque eius sociarum martyrum Cæsaraugustanarum, eo nempe motum, quòd sibi concives, hoc est Lusitanæ, fuissent. Infit inde: *Hoc diximus propter abbatis debitum, quod magnum fuit, atque eò maius, si tam illæ quàm hic Bracarenses natu fuere, quod nondum certò scire potuimus.* Hymnum deinde producit, absolvitque his de Reccesvintho mentionem: *Ambrosius Morales credit carmen hoc S. Eugenii esse. At ego illud reperi cum aliis Reccesvinthi, quæ in Sanctorum laudem composuit.* Ex qua Higueræ confessione colligimus Iuliani adhuc puri & incorrupti, si talis aliquando fuit, verba Higueræ laudata, pauca illa esse, quæ postmodum turbatis rebus in Pseudo-Luitprandi viciniam migravere; totumque illud, quod Iuliano affictum fuit Reccesvinthi elogium, ex Higueræ coniecturis quas ex ore ipsius nuper excepimus fabricatum postea fuisse. Cur autem de Reccesvinthi carminibus fidem ei habebimus, qui adeò inhonestè suam ipsius fidem his postea fictionibus decoxisse creditur; & Morali denegabimus, asserenti carmen id, Encratidi atque eius sociis martyribus dicatum, S. Eugenii esse, utpote inter eius alia repertum opera, quod nec Higuera ipse negat? Fuerit ergo Reccesvinthus saltem abbas, Liubanisque Bracarensis in Toletano XIV. Concilio vicarius, interim dum ad hæc nota & comperta, poetam quoque illum, & hymni laudati auctorem exstitisse, atque adeò bibliothecæ nostræ albo inferri dignum, alius quam Higuera, etiam Luitprando atque Iuliano symmystis suis expoliatus, persuaserit.

434. S. GAUDIOSUS Turiasonensis Episcopus discipulus fuit S. Victoriani abbatis eius monasterii, quod ab eodem fundatore nomen habuit, totius regni Aragoniæ celeberrimi & antiquissimi: qui Victorianus quinto sæculo, aut sexto ineunte, ex Italia ad Celtiberos veniens, intra idem sæculum ad superos abiit; sanctus autem Gaudiosus, aiente etiam ex novorum incompertæ originis auctorum agmine Maximo Cæsaraugustano [m], utpote S. Victoriani eiusdem discipulus, hoc eodem tempore floruit. Et tamen ausus fuit anachronismi securus Pseudo-Braulio in additionibus ad eundem Maximum hanc de S. Gaudioso crudæ & indigestæ fictionis offam evomere [n]: *Miraculis multùm fulget S. Gaudiosus Episcopus Turiasonensis S. Victoriani in teneris annis discipulus; postea adultior uxorem duxit, gratissimus Mauricio Augusto factus est præfectus prætorio Africæ. Postmodum relicta uxore Syrica, electione populi clerique Turiasonensis, ac Gundemari gloriosissimi Gothorum Regis, Stephano sufficitur. Vivens mortuusque multis miraculis nobilitatur. Obiit in pace sanctus vir erâ DCLXVIII.* [o] *Fuit adhuc sæcularis Gregorio Magno carissimus, ad quem scribit epistolam, & eius perhonorificè meminit.*

435. Sed quid nobis cum Braulione hic & Gaudioso, qui de Scriptoribus commentamur? ais. Mane, quæso, & quæ adiunguntur audiens, ipse tibi responsum dabis. *Exstant Gaudiosi literæ ad Isidorum Hispalensem, Maximum, Braulionemque Cæsaraugustanum, & Fulgentium Astigitanum, de rebus sacris, & quædam poemata; contraque eorumdem ad ipsum etiam responsiones.* Putidissimum hoc de sancto isto Turiasonensi præsule commentum oppugnavit iam D. Iosephus Pellizerius amicus noster in opere suo [p] *De Maximo Cæsaraugustano Episcopo distincto à Marco Levita Casinensis monasterii*, vernacula Hispaniæ linguâ scripto [q], cui nos aliqua non inutilia adiungemus. Sufficere quidem posset redarguendo mendacio ætas Victoriani atque eius discipuli Gaudiosi, si hæc satis appareret. Neque enim quinti, aut saltem sexti sæculi, homines naturâ possunt ad septimum pertinere, nisi res ad primæ ætatis Mosaicos patriarchas deducatur. Sive enim sequimur veterem quandam relationem vitæ eius, quæ servatur in tabulario eiusdem S. Victoriani monasterii: inde habebimus venisse eum in Hispanias regnante Theoderico Rege anno CDXLII. octogenariumque obiisse.

436. Duæ tamen istæ anni & Regis notæ malè inter se cohærent; atque ideò, aut pro *Theoderico* corrigendum est *Theodoredo*, qui in Catalaunico cum Attila Hunnorum Rege quinquagesimo primo anno huius sæculi commisso prœlio cecidit; aut si Theodericum servare malumus, pro anno CDXLII. annus CDLXII. levi mutatione restituendus. Quo cum optimè conveniet S. Gaudiosi, qui discipulus fuit S. Victoriani, parentem, Guntham nomine Theoderici Regis (huius scilicet de quo loquimur) Protospatharium fuisse: uti epi-

[m] In Chron. ad an. DXXXIV.

[n] Num. 33.

[o] Ann. DCXXX.

[p] Valentiæ, edito MDCLXXI. per Benedictum Macè in 4.

[q] Fol. 64.

epitaphio S. Gaudiosi ab eo tempore, quo facta fuit ultima eius corporis ad S. Victoriani monasterium translatio, inscriptum repererunt ii, qui anno MDLXXIII. Gregorii XIII. P. M. auspiciis, ut ad Ecclesiam Turiasonensem venerabilia transportarent ossa, eiusdem sepulcrum aperuere [r]. Sive communem nostrorum historicorum opinionem approbamus, qui anno DCVI. exstructum S. Victoriani laudatum monasterium existimant à Geselaico Rege Gothorum. Sive tandem aliâ viâ progredimur, quâ nos ducit, in *Actis sanctorum Benedictinorum* & mentione S. Victoriani, Ioannes Mabillonius doctissimus eorum historicus & illustrator: existimantes Venantii Fortunati epitaphium, quod inscribitur [s], *Victoriani abbatis monasterii Agaunensis*, ad nostrum pertinere. Notatur quidem ad oram libri à Browero editore inscriptum aliàs sic: *Abbatis de monasterio Asanæ*: quomodo & se deprehendisse in membranaceis poetæ libris Mabillonius confirmat. *Asanæ* autem, sive *Asanense monasterium* [t], id est, de quo loquimur, ab Asanio Aragoniæ regni vico iuxta flumen Cinga olim dictum, prius quàm S. Victoriani, à quo ampliatum est, appellationem sortiretur.

[r] Vide Pellizerium *De duobus Maximis* lib. 2. n. 34. fol. 64.

[s] Inter Venantii opera libri 4. carmen undecimum.

[t] Franciscus Didacus de Ainsa in *Historia Oscensis urbis* lib. 2. versus in Latinum apud Bollandum *De Actis SS.* die XII. Ianuar. pag. 740. Zurita lib. 1. *Annal. Aragon.* cap. 13.

437. Epigramma sic habet Venantii.

Quisquis ab occasu properas huc, quisquis ab ortu,
Munus in hoc tumulo, quod venereris, habes.
Respice ditatum cælesti dote talentum,
Cuius semper habet pectoris arca Deum.
Religionis apex, vitæ decus, arma salutis,
Eximius meritis Victorianus adest.
Dignum opus exercens, qui fructificante labore,
Cunctis, non soli vixit in orbe sibi.
Plurima per patriam monachorum examina fundens,
Floribus æternis mellificavit apes.
Lingua potens, pietas præsens, oratio iugis,
Sic fuit, ut iam tum totus ad astra foret.
Plura salutiferis tribuens oracula rebus,
Sæpe dedit signis vita beata fidem.
Bis senis rexit patrio moderamine lustris
Ritè Deo placitas pastor opimus oves.
Calle sequens recto sacra per vestigia Christum,
Nunc fruitur vultu, quem cupiebat amor.

438. Suadet verò non unum argumentum, Asanensem abbatem Victorianum illum esse, de quo Venantius hoc egit carmine. Nam inter Agaunensis monasterii abbates quos præsefert vulgaris lectio, nullum habent Victorianum illius tabulæ: ut ex catalogo abbatum apud Sanmarthanos fratres constat [u]. Deinde Venantio adeò notum Victorianum, quem Gallus homo in Hispanis florentem dieque suo functum celebraret, mirum non est; cùm sanctus vir ex Italia dicatur [x] in Gallias priusquàm in Hispanias venisse; atque apud Gallos in magna fama diu vixisse, pluraque monasteria ædificasse. Ad hæc Mabillonius existimat sibi haberi debere ab Hispanis gratias, eo quòd ignotum hactenus nobis civem restituerit VICTORIANUM. Talem enim esse & non Italum, ut vulgò creditur, innuere Venantium autumat dum *plurima per patriam monachorum examina* fudisse eum, *bisque senis* oves rexisse *patrio moderamine lustris* ait. Nondum tamen id nobis persuadet vir doctus: qui scimus nonnisi unius Asanensis apud nos monasterii auctorem sive ampliatorem ferri Victorianum; unde plura monachorum examina per patriam Hispanam fudisse is non verè dici poterit. Nec rectè ad patriam Hispaniam refertur à Mabillonio, quòd *patrio*, hoc est paterno (ita credimus) *moderamine* id monasterium Asanensem nimirum in quo vitâ functus fuit, rexerit. Forsan Venantius virum famâ in Galliis clarum civem Galliarum existimavit, & ad plura in his structa, uti iam diximus, cœnobia respexit.

[u] In *Gallia Christ.* tomo 4. pag. 14.

[x] Apud Bollandum ubi proximè in *Actis* cap. 2. pag. 740.

439. Floruit verò, ut ad argumentum S. Victoriani ætatis transeamus, sub Iustino Iuniore circa annum DLXXV. quo anno Sigebertus eius meminit, Venantius Fortunatus: quem exeunte hoc sæculo sexto Pictaviensem Episcopum obiisse idoneis rationibus Browerus existimat [y]. Quo igitur tempore Venantius hocce ad superos translati iam Victoriani epitaphium scripsit, necesse est Gaudiosum eius discipulum monachatui iam addictum fuisse. Nihil enim aliud significare credendum est id quod de Gaudioso dicitur, Victoriani videlicet discipulum fuisse, nisi quòd sub eius institutione & regula monachum & ipse sit professus. In epitaphio suprà laudato in sepulcro S. Gaudiosi reperto, quod semigothice scriptum erat, ita habetur: *Ab eisdem parentibus B. Victoriano infra annos pueriles docendus est traditus: qui pii patris priùs alumnus crescente merito, Tirasonensi Ecclesiæ præficitur Episcopus.*

[y] Vitæ eius. cap. 6.

440. Memini hoc ita interpretari ficulneos auctores, ut puerilem in schola non religiosam in claustro educationem Gaudiosi à Victoriano curatam intelligant. Quocum stat, ut post tempestivam à discipulatu Victoriani dimissionem, Gaudiosus

fus ſæculo addictus uxorem duxerit, civilibus & inter hæc Prætorii Africæ præfecturæ functus ſit muneribus, tandemque Turiaſonenſis creatus antiſtes deceſſerit: quæ omnia ſive Helecæ, ſive Braulionis ſuppoſititiorum verbis, tam in eo quod antea de Gaudioſo depromſimus quàm in præcedenti de S. Victoriano fragmentis, repræſentant nobis fabuloſiſſimæ huius hiſtoriæ auctorum editiones [z].

[z] In Addition. Maximum n. 32. & 33.

441. Diſpellemus mox offuſam hanc errorum & falſarum aſſumtionum de Gaudioſi vitæ ſic vario tenore caliginem. Parùm autem veriſimilia aut inter ſe conformia de ætate ab his iactari, nunc contendimus. S. Victorianus obiit, horum fragmentorum fide, anno ſeptimo Regis Athanagildi, hoc eſt DLX. [a] ab hinc ad DCXXX. quo obiiſſe dicitur S. Gaudioſus ſeptuaginta intercurrerunt. His verò nunc eos annos addere opus eſt, quos S. Gaudioſus in ætate habebat, quum S. Victorianus ad ſuperos fuit vocatus. Certè ad id prodendum nonniſi coniecturis agere poſſumus, iis tamen ſobriis ac veroſimilibus. Si Gaudioſus parentem habuit (cur enim epitaphio ſic antiquo, & ignota priùs nomina ſancti viri parentum, aliaque eiuſdem geſta præſeferenti fidem non habebimus?) Guntham Theoderici Regis Spatharium, hoc eſt corporis cuſtodem, ſive corporis cuſtodum aut prætorianorum, quos Romani vocabant, militum Præfectum & Comitem, ut videre eſt in Concilii XIII. Toletani ſubſcriptionibus (ab *Spatha* Germano, ſeu Gothico verbo [b], aliis Gallico, ſive etiam Græco, cuius meminit non ſolùm Tacitus, Vegetius, Iſidorus, Apuleius, & è Græcis Diodorus; ſed & Anaſtaſius Bibliothecarius in Gregorii II. rebus) ab quo Guntha & eius uxore filius Gaudioſus in diſciplinam Victoriano traditus ibidem dicitur: res ergo agitur ſub Theoderico acta Oſtro-Gothorum Rege in Italia, qui pro Amalarico ex filia nepote regnum Wiſi-Gothorum in Hiſpaniis & Galliis dominantium, diu, ſcilicet uſque ad annum DXXVI. quo obiit, Ducum ſuorum operâ uſus rexit.

[a] Vide Mora- lib. 11. cap.

[b] Loaiſa in ...tis ad Con... VIII. Tolet. ... 461. Spel...nus in *Gloſ...io*. Stewe...us ad lib. 3. ...*getii* cap. 14. ...nagius in *Ori...ibus linguæ ...llicæ*.

442. Ab huius Theoderici morte, Gunthæque apud eum exercito munere, anni plus centum uſque ad Gaudioſi obitum Gunthæ filii intermedii, ſuſpicionem ſtatim cuique iniiciunt, malè ſibi veram ætatem ſancti Epiſcopi, & Braulionis pſeudohiſtoriam convenire. Accedit quòd in epitaphio etiam dicitur ſuperfuiſſe Gaudioſo matrem, à qua & marito eius Guntha traditum olim fuiſſe in diſciplinam S. Victoriano audivimus. Qui ergo potuit Neumantia, uxor eius, qui Theoderici Regis ineunte ſæculo ſexto familiaris fuit, uſque ad triceſimum ſexti (*ſeptimi*) ſæculi annum, quo è vivis abiit filius Gaudioſus, vitam extendere? Immo non ita ſenem obiiſſe eum, hymnus in miſſali quodam antiquo monaſterii S. Victoriani verſibus ut appellant Leoninis confectus indicat: nempe verſu iſto:

Donatus ſub Agila, translatus ſub Petronilla.

Agilam intellige Gothorum Regem, qui occiſus fuit à ſuis anno DLIV. [c] ſub quo Gaudioſum obiiſſe veroſimile eſt. Petronillam verò, ſub cuius regno translatio facta dicitur, illa erit, quæ cùm unica eſſet proles Ranimiri cognomento monachi, anno MCXXXVII Remondo Berengario Comiti Barcinonenſi nupta, regnum Aragonenſe in domum illius tranſtulit; ipſa tamen ſola regium nomen & auſpicia retinens, ut hiſtoriæ tradunt huius gentis. Ideoque in Diptycha Turiaſonenſis Eccleſiæ, & apud Aragoniæ hiſtoricos [d] vulgò dicitur ſanctus Gaudioſus Epiſcopatui ſcilicet anno DXXX. initiatus. Quo tempore anno DXXXIII. eum floruiſſe, apud Maximum (non eum ſolùm qui editus fuit, ſed & Eſtepanum noſtrum) legimus. Ad quem locum Bivarius hæret neſcius modi Maximum cum Braulione conciliandi.

[c] Morales lib. 11. cap. 55.

[d] Suritam lib. 2. cap. 1.

443. Epitaphium ſubiunximus, ne hic deſideretur, aliàs quærendum in parum noto extra Hiſpaniam libro Pellizerii noſtri de duobus Maximis: *In nomine noſtri Ieſu Chriſti. In hoc loco clauduntur oſſa glorioſi Gaudioſi Epiſcopi, cuius ſpiritus in manſionibus ſummi Patris feliciter ſpatiatur. Hic genere Ibèrus, nobiliſſimo patre Guntha nomine progenitus, qui fuit Theoderici Gothorum Regis Spatharius, non minus illuſtri matre procreatus, Neumantiâ nomine. Ab eiſdem parentibus B. Victoriano infra annos pueriles docendus eſt traditus. Qui pii patris priùs alumnus, creſcente merito Tiraſonenſi Eccleſiæ præficitur Epiſcopus. In quo regimine poſt multa temporum ſpatia causâ viſendæ matris ad proprios lares revertens, incumbente ægritudine diem clauſit extremum ſexto Cal. Novembris, ſepultuſque eſt in Eccleſia B. Mariæ in proprio prædiolo, quod* Scurrius *nominatur. In quo loco invadentibus omnem Hiſpaniam infidelibus Mauris diu ſub neglectu delituit. Poſtea Dei virtute, inimicis Chriſti à Pyrenæis montibus longiuſculè expulſis, quidam vulgares homines ruſticana præſumtione, fideli tamen animo, inde effoſſum ad propriam Eccleſiam detulerunt, quæ eſt in villa Foſſatenſi, ſub* ho-

honore S. Martini Episcopi fundata. Unde multis emersis annis, præmissa divina revelatione à tribus religiosis monachis ad monasterium S. Victoriani nocturno silentio est delatum VII. *Cal. Octobris, & hoc vasculo collocatum; quatenus ubi cineres magistri honorificè coluntur, ibidem discipuli eiusdem honoris participio fruantur; & cum magistro sit præsens precantium exauditor, qui magistri virtutum cùm viveret fuit promtus imitator. Amen.*

444. Haberi certè hæc pro certiore aliis S. Gaudiosi historia, quam scripturæ antiquitas, & inventionis locus non parum commendant, & ad eius obrussam apocrypha quæque de eo iactata dirigi debent. Unde cadit fabula illa de S. Gaudiosi cum S. Gregorio Pontifice familiaritate: quæ fabulatori venit in mentem ob lectam huius sancti Papæ ad Gaudiosum quandam epistolam, quâ impunè se abusurum credidit ad transformandos alios in alios homines Chemiæ suæ artificio. Legebatur olim hæc inscriptio epistolæ 74. libri primi Gregorianarum, indictione IX. hoc est anno DXC. aut sequenti scripta, hoc modo: *Gregorius Gaudioso maternæ Africæ.* Manifestissimo errore. Sed in Romana, & aliis, quæ secutæ sunt, restituta fuit vera lectio: *Gregorius Gaudioso magistro militum Africæ.* Nugator ad hanc respexit, ut statim liquet, quum ait Gaudiosum adhuc sæcularem Gregorio Magno carissimum fuisse, perhonorificamque sui mentionem ab eo in quadam epistola meruisse.

445. Prorsus hic Gaudiosus tam alius fuit à Turisonensi Episcopo, quàm ab utroque alius ego sum. Sed hoc est germanum horum auctorum cacoethes, ut plures aliarum gentium, aliarum conditionum & generis mortales in unum coagmentare iis ludus sit. Noster Gaudiosus in Hispania natus, ut in epitaphio legitur; Africanus alter, ad quem literas dedit Gregorius, ut ex illis verbis constat: *Et quidem maximas Deo gratias referimus, cùm tales habere proprios provincias habitatores agnoscimus, qui ingenita nobilitate polleant, & potentibus viris adhæreant, provincialibusque suis ad remedium adepta temporum opportunitate consistant.* Nec verba hæc exprimere nata sunt præfecti prætorio munus, quo gavisum à Mauritio Imperatore Gaudiosum nostrum fuisse blateravit Braulionis simia. Adhærere enim potentibus viris, consiliumque ut & in superioribus refertur, administratoribus eius provinciæ dare, non est eius qui cum summo imperio rebus Africanis præesset. Et in hoc dignoscendo munere, & ab alio magistri militum distinguendo misere decepit fabulatorem sua ipsius somnolenta securitas.

446. Magistris militum cura data est militum à Constantino Magno, relictâ provincialium curâ prætorio præfectis, ut ex Panciroli ad Notitiam commentario [e] constat. Consistere autem, seu adsistere, quod idem hìc significat, provincialibus suis adepta temporum opportunitate proprium fuit pietatis munus, ab eo exercitum, qui non ipse præerat iis, sed pro iis apud prætorio præfectum officia interponere opportuna consueverat. Et fruebatur quidem huius præfecturæ dignitate Gennadius quidam, cuius forsan Theophilactus Simocatta lib. 7. cap. 6. historiæ suæ meminit, hoc ipso tempore quo Gaudiosus militum fuit magister; quamquam non iam sub latino isto præfecti nomine, sed Exarchi, quod idem sonat, græco, cui inscriptas eiusdem libri primi, sive eiusdem anni, septuagesimam secundam, & septuagesimam tertiam epistolas, *Gennadio patricio & Exarcho Africæ* nimirum, legimus. De qua muneris appellatione, & à Iustino Imperatore usu, non hic Eruditorum compilamus scrinia [f]. Non ergo vel ipsa Pseudo-Braulionis narrata inter se cohærent; nec aliqua verisimili inductione confirmatur Gaudiosum Turiasonensem Episcopum sæcularia munera obiisse, aut coævum Gregorio, Isidoro, Fulgentio, atque vero Braulioni fuisse, cum iisdemque commutâsse literas, poemataque scripsisse.

447. Diximus iam sæpius Braulionis hæc & aliorum supposititia monumenta Hieronymum Romanum de la Higuera nominare auctorem debere. Quod nunc in Gaudiosi rebus insigni alio argumento persuasissimum faciam. Exstant eiusdem Higueræ opuscula multa manu exarata: in quibus vitæ sanctorum quorumdam, & inter alias, S. Gaudiosi huius vita, ex tabulis ut ait Turiasonensis Ecclesiæ deducta, quampluribus autem propriis cogitationibus, in quibus expressissimè suum, aliàs notum genium ostendit, formata. Ibi ex hoc Braulionis, quod olim fabrefecerat, immo potiùs Valderedi cui quidem id tribuit fragmento, non solum munus istud præfecturæ ab eo gestum comprobat; sed & profectum eum ab Hispania uxorem duxisse Syricam nomine, quâ relictâ, non dubitavit bonus vir Pseudo-Valderedus asserere Gaudiosum in Hispanias rediisse, & in Episcopum Turiasonensem inaugurari se permisisse. Verba fragmenti: *Postmodum relicta uxore Syrica, electione populi clerique Tu-*

[e] Parte I. *Orientali* c. 30.

[f] Post alios Petri Gussanvillæi in Notis ad epist. 32. lib. 2. in ultima Parif. editione anni MDCLXXV. Sancti Gregorii operum.

Turiasonensis, ac Gundemari gloriosissimi Gothorum Regis, Stephano sufficitur.

448. Hominis inventum quæris iam noscere quò respexerit? Et iure quidem. Solet enim horum commentitiorum librorum artifex non ex nihilo chimæras suas struere. Exstat nempe inter S. Gregorii epistolas quædam Anthemio subdiacono directa, quæ libri primi quinquagesima tertia est. Fundus hæc fictionis. Refert ibi sanctus Pontifex, huius epistolæ latorem Gaudiosum quendam sibi insinuâsse quòd filios suos vellent sibi vindicare sanctæ Romanæ Ecclesiæ actores, quasi nati ei fuissent ex eiusdem Ecclesiæ ancilla Syrica nomine: quam tamen documentis probaverat à domina sua fuisse per literas manumissam. Committit ergo Anthemio ut hominem tueatur, nec permittat Ecclesiam revocare, quas defendere potiùs debebat libertates. Hæc summa Gregorianæ huius epistolæ, quam de Gaudioso nostro gravissimo & sanctissimo viro conceptam fuisse, Hieronymus Higuera cum Valderedo, sive Braulione, suis, contendit: dummodo Gaudiosi omnes qui hoc tempore ubivis gentium vixerint in unum & eundem Gaudiosum Turiasonensem antistitem compingantur: quid decuerit magis de tanto viro credere susque deque habens. Gaudiosus ergo nobilissimo patre genitus Theoderici Spathario, & qui natalium splendori præfecturæ Africanæ dignitatem addidisse fingitur, Syricam libertinam, hoc est paulo antè mancipium, duxerit; adeoque abiectæ conditionis fuerit, ut actores Ecclesiæ Romanæ litem ei de filiis ex Syrica genitis, quasi de eiusdem Ecclesiæ servis, moverint, si has nugas sequimur. Quæ quidem nec tempori convenientia concipiunt, ut sibi caveant. Nam epistola hæc anno DXC. indictione IX. (cuius sunt omnes libri primi) data est: quo anno vindicias egisse suorum filiorum Gaudiosum credemus, qui, ut diximus, ante annum eiusdem sæculi LIV. Episcopus iam Turiasonensis è vita decesserat? Hæc de Gaudioso, ut rem obscuram quomodocumque illustraremus, nec extra rem Scriptorum, quorum albo temerè adscriptum à Pseudo-Braulione indicare & comprobare opus fuit.

449. Sed & huic sæculo merces suas supposititiorum Hispaniæ Scriptorum intrusit fictitius ille & ridiculus Haubertus Hispalensis, dehonestamentum historiæ nostræ, nisi figmenti fraus iam apparuisset, paulò pòst futurum. BONIFACIUM planus hic Papam huius nominis IV. quorundam operum auctorem existimatum [g], Hispanum ex Toleto, sive Valeria urbe, fuisse, impudenter finxit. *Bonifacius* (ait [h]) *prius presbyter in Ecclesia Valeriensi in Carpetania, pòst monachus Agaliensis, creatur Papa. Fuit filius Ioannis medici Toletani, & Ildibildis uxoris eius.* Ad quem locum deveniens Argaizius interpres & annotator, arroganter se iactat; præque hoc uno stramentitio Hauberto saniores ac certiores Historiæ atque Geographiæ veteris auctores, antiquissimosque pontificalium rerum enarratores, quibus tota credit Ecclesia Christiana, nauci habet. Cùm enim nescio ubi legisset Bonifacium patriâ Valeriensem fuisse: de Valeria Italiæ provincia id negat posse intelligi; cùm neque de urbe possit, quæ in eadem Italia hoc tempore nusquam fuit. Quamvis enim Valeriæ urbis Ptolemæus meminerit, Plinii tempore ea iam non exstabat; siquidem eius deest apud eundem mentio. Iccircò recurrendum esse ad Valeriam Hispaniæ ait, fidemque Hauberto, & plurimas gratias habendas.

450. Huic plumbeo gladio scutum veritatis ferreum opponimus. Anastasius Bibliothecarius, *Bonifacius* (ait [i]) *natione Marsorum de civitate Valeria, ex Ioanne medico* &c. Et postea: *Hic domum suam monasterium fecit, quod & ditavit.* Luitprandus, sive alius in eiusdem argumenti libro, *Bonifacius* (inquit) *natione Marsus ex civitate Valeria, ex patre Ioanne medico.* Et quidem Valeriæ urbis Marsorum apud Strabonem (non Ptolemæum, ut Argaizius ait) lib. 5. mentio est; uti & viæ Valeriæ, quæ à Tiburtinis Marsos usque & Corfinium Pelignorum metropolin ducebat. *In ea* (via Valeria) *latinæ urbes sunt, Valeria, & Carseoli, & Alba*, inquit ille. Sed Plinius non meminit Vespasiani tempore, cùm Marsorum urbes recenseat lib. 3. cap. 12. At non statim inde fit non fuisse; cùm eius iterum factam inveniamus mentionem in Anastasio Bibliothecario, qui sæculo vixit nono; hodieque ostendantur vestigia eius, lacu forsan Fucino (hodie *de Cellano* in Aprutio) cui adiacebat, uti olim Archippe oppidum, cuius rei meminit Plinius [k], haustæ. Quod produnt Itali descriptores Leander Albertus [l], & Ferdinandus Ughellus [m]. Aliis, ut Cluverio, aliter placuit, *Vicovaro* nempe Ursinorum oppidum, Valeriæ succenturiatum: in quo assentientem habet Sabellicum [n], quamvis eum non laudet; immo *Variam* pro *Valeria*, apud Strabonem Cluverius idem prætulisset, nisi Anastasius obstaret, cui maiorem, quàm Argaizius, adhibebat fidem vir doctissimus. Quic-

[g] De quibus Biblioth. Pont. auctor in Bonifacio IV. pag. 28.

[h] Ad ann. DCVI.

[i] De Vitis Pontificum.

[k] Lib. 3. cap 12.

[l] Lib. . . . . *Italiæ suæ.*

[m] *Italiæ Sacræ* tomo I. in *Marsicanis Episcopis.*

[n] Ennead. VIII. lib. 3.

451. Quicquid autem de Valeria urbe credamus, complexio illa nationis Marsorum, & Valeriæ apud Anastasium & Luitprandum, minimè potest, nisi obtorto collo ad Hispaniam, & Valerienses nostros, quorum recordatur Plinius [o], sive Valeriam urbem trahi. Unus ergo Haubertus vera dixerit, Argaizio fide iubente ceteri tamquam umbræ prætervolabunt, Sabellicus [p] nempe, Equilinus [q], Stella & Platina [r], Volaterranus [s], Gobelinus Persona [t], Onuphius Panvinius [u], Baronius [x], Genebrardus [y], Donatus Bossius [z], Trithemius [a], alii: quos Italos, rerumque suarum gnaros, Hispani sequuntur omnes, qui de Bonifacio & Pontificum vitis scripserunt. Ludebatur nempe hæc fabula inter Benedictinos ab eo qui Bonifacium IV. Benedictinum fuisse monachum, Ioanni Trithemio & aliis, contra saniorum [b] opinionem facilè credens gratam rem his, quorum vivebat quadra, se facturum censuit, si & eum civitate Hispana donaret, Toletanisque & Agaliensi monasterio civem & sodalem quoquo modo assereret.

452. Sequuntur alii Haubertini literarum pseudo-heroes, totidem supposititiæ historiæ segmentis laudati, quorum verba huc transferre libuit.

453. Anno DCXIV. LIBERATUS *monachus Benedictinus Pampilone obiit. Fuit valde historicus.* Hic ille est Liberatus, qui pro tuenda Dextri Maximi & Hauberti desperata causa, nuper è tenebris caput extulit: de quo erit infra tractandi locus.

454. Anno DCXCVII. *Florebat hoc eodem anno* BERITUS *monachus, qui scripsit vitas Regum Gothorum & Suevorum.*

At, quod impudentissimum & absurdissimum est mendacium, sequens continet nota.

455. Anno DCXXXIII. SOPHRONIUS *monachus Æmilianensis Romæ consecratur Episcopus Hierosolymitanus.* Pertinet quidem is ad Scriptores, utpote qui præter *Vitam S. Mariæ Ægyptiacæ*, *SS. Cyri & Ioannis martyrum*, quasdam epistolas & orationes græco elucubravit sermone: de quibus Bellarminus, Possevinus, Labbeus. Hic celeberrimus Asiæ suæ vir Damasci in Phœnicia natus, quod omnis comprobavit paulò pòst antiquitas, eo solùm ut hanc fabulam luderet, Hauberto in mentem venit, quia in vita S. Æmiliani presbyteri à Braulione Cæsaraugustano conscripta Sophronii cuiusdam monachi habetur mentio: à quo inter alios viri venerabilis res gestas se didicisse fatetur auctor. Patria quidem eius adeò fuit Græcis, cuius linguæ & Ecclesiæ erat, nota, ut vel in fastis suis Ecclesiasticis, quorum tabulis, ob sanctitatem vitæ, & in Ecclesiam universalem insigne viri meritum, inscripserant, annotatum habuerint.

456. Menologium Græcorum ex interpretatione Cardinalis Sirleti XI. die Martii: *Eodem die S. Patris nostri Sophronii Patriarchæ, Hierosolymitani ex regione Phœnicia urbe Damasco, multiplici eruditione, divinarum literarum scientiâ, & pietate insignis.* Res eius gestas, eorundem cum natalium mentione, tam Græcorum Menæa, quàm novum eius Ecclesiæ Anthologium, continent. Menæorum elogium in magno opere *De Actis Sanctorum* die XI. Martii [c] habetur. Nos ex Anthologio hæc damus. Latinè reddita: *Sophronius, qui inter Sanctos est, pater noster, natus in regione Phœnicia, & urbe Damasco, piorum & prudentum genitorum* (patri Plintas, matri autem Myro fuere nomina, uti Menæa habent) *proles fuit. Cùm autem ingenio polleret, Ethnicas & Christianas omnes literas didicit. Inde cœnobium magni Theodosii ingressus, omnem ibi percurrit Scripturam. Postea in Alexandriam venit plenioris doctrinæ cupidus; ac propter scientiam & excellentem virtutem Hierosolymitanus Episcopus fieri meruit. Alma autem ista urbe obsidione cinctâ, iterum in Alexandriam ad Ioannem sanctum Eleemosynarium se contulit, ac post eius obitum denuò Hierosolymam rediit. Post plures libros scriptos, diversosque Sanctos encomiis celebratos, compositamque supra humanam vitæ sanctæ Mariæ* (Ægyptiacæ) *narrationem, & Christi Ecclesiæ gregem pulchrè gubernatum, directumque, in pace ad Dominum è corpore abiit.* Hucusque græci libri Ecclesiastici, quamvis non uno anachronismo à vera historia deviantes [d].

457. Magnus quidem hic fuit Sophronius, qui adhuc privatus, & monachus Alexandriæ manens, Cyro Alexandrino Patriarchæ, Monothelitarum hæresin quæ Christo unicam tribuit voluntatem suscitanti, deinde Sergio Constantinopolitano etiam Patriarchæ, eadem labe infecto, cùm ipse iam esset factus Hierosolymorum antistes, validissimè usque ad mortem restitit: de cuius rebus gestis agunt Theophanes [e], Cedrenus, [f] Nicephorus Calistus [g], Maximus martyr [h], Græci omnes, & cum eis Baronius Cardinalis multis locis [i], Franciscus Combefisius in *Hist. hæresis Monothelit.* disp. 1. §. 8. auctores *De Actis SS.* die XI. Martii. Quæ omnia ita contraria sunt Haubertinæ absurdissimæ de Sophronii monachatu apud Hispanos, immo & patria (nam & id subintelligere voluit)

[o] Lib. 3. cap. 3.

[p] Ennead. VIII. lib. 6.

[q] Lib. 4. *Catal.* cap. 161.

[r] In *Bonif. IV.*

[s] Lib. 22. *Comm. urb.*

[t] *Cosmodromiæ* ætate VI. cap. 35.

[u] *De Pontif. Romanis* pag. 27.

[x] Ad ann. DCVII. tomo 8. *Annal.*

[y] In Chronog. lib. 2.

[z] In Chronic. usque ad ann. MCCCCLXXXIX. scripto.

[a] Lib. 4. *De viris illustribus ordin. S. Bened.*

[b] Vide Mabillonium *ad Acta SS. Benedictin.* tomo seu sæculo 2. in *indice prævio SS. prætermissorum.*

[c] In fine *Actorum S. Sophronii* tom. 2. Martii.

[d] Ut observatur ab auctore *De Actis SS.* cap. 4. n. 42.

[e] In *Chronog.* anno DCXXVII.

[f] In *Comp. hist.* anno XXV. & XXVI. Heraclii.

[g] Lib. 17. cap. 5.

[h] *Disp. cum Pyrrho.*

[i] Tomo 8. ad ann. DCXXXIII. num. 8. & seqq. ann. DCXXXVI. & num. 3. ann. DCX. n. 9.

luit) & consecratione in Episcopum Romæ factâ inventioni, ut ferè pudeat in refellendis his tempus terere. Sed respondendum stulto est iuxta stultitiam eius, ne fortè his qui omni spiritui credunt, suam ipsius affricare insipientiam possit. Planè tantum abest ut à nostris oris & Hispanis natalibus & commoratione transierit sanctus & inclytus vir Sophronius ad Hierosolymorum insulas, ut de omni vita eius in Oriente gesta omnino liqueat.

458. De patria Græcos audivimus. In studiis sacris, præter alios, Ioannis Moschi, sive aliàs Evirati, fuit discipulus: qui Moschus in Theodosii monasterio, uti Sophronius, monachali instituto nomen dederat. Theodosium verò hunc abbatem & archimandritam omnium, quæ sub Hierosolymis sunt, cœnobiorum, vocat elogii prædicti Moschi auctor [k]. Quiquidem Moschus λειμωνάριον, vel *Pratum*, suum, sive utriusque, ut credunt plures [l], opus eidem Sophronio inscripsit.

459. Sanctus item Ioannes cognomento Eleemosynarius in Patriarcham Alexandrinum anno DCX. hoc est Heraclii Imperatoris primo electus; cùm ab initio ipso suæ administrationis singulis duobus hebdomadæ diebus omnes qui supplicare ab eo aliquid vellent ad se admitteret, atque aliquando accedente nullo tristis & lacrymans vespere recessisset: præstò fuit Sophronius, qui iam tunc Alexandriam venerat, & unà cum Ioanne Moscho consiliarius ac domesticus erat Patriarchæ, eundem sanctissimum præsulem consolaturus. Quod iis verbis Leontius Neapolis Cypri Episcopus, S. Ioannis huius Eleemosynarii vitæ Scriptor, atque æqualis, narrat [m]. *Nullo verò audente rogare causam, cur esset tristis, divinus qui aderat Sophronius: Quid est, inquit, ò vir divine, quod te afficit molestia* &c. Et postea: *Cùm itaque sacrosanctus intellexisset Sophronius, quid sibi vellet quod ab eo dictum fuerat, Te potius, inquit, lætari oportet, ò beatissime domine, quòd tibi commissum gregem feceris vivere in tanta pace, ut nullus de re aliqua cum vicino habeat controversiam.* Dixerat idem priùs, *misisse ei Deum viro sapientes, & semper memorandos Ioannem & Sophronium, quibus tamquam patribus indiscretè obediebat* [n]: Ioannem Moschum scilicet, & Sophronium nostrum, eius contubernalem, & individuum comitem. Idem Leontius in principio vitæ amborum meminit, uti eiusdem Ioannis Eleemosynarii clararum actionum post eius obitum celebratores.

460. Rursus de eodem adhuc etiam monacho sensisse videtur (ne quidem abnuente nuper laudato viro huius nostræ ætatis à græcis patribus, & totâ doctrinâ, optimè merito, Francisco Combefisio [o]) S. Maximus martyr horum temporum, & Sophronii æqualis, in epistola quadam [p]. *Ceterùm habetis* (ait) *apud vos benedictum dominum meum patremque ac magistrum abbatem Sophronium, hominem verè pro nominis ratione sobrium, & castum, sapientemque veritatis patronum, atque invictum divinorum dogmatum defensorem, qui adversus omnes hæreses opere simul atque sermone strenuè defungi certamine valeat: cui etiam præter alia omnia ornamenta ingens divinorum librorum copia in promtu sit* &c.

461. Idem adhuc monachi gerebat schema, quum Cyro Alexandrino unius Christi voluntatis hæresin pro concordia aliarum in Ægypto vigentium hæresum stabilire cogitanti catholicum opposuit dogma. Nec eo contentus, ad Sergium Constantinopolitanum Patriarcham cum literis eiusdem Cyri, sermonemque de re ipsa cum eo habiturus accessit. *His itaque præordinatis* (ait Sergius ipse ad Honorium Papam scribens [q]) *Sophronius venerabilis monachus, qui (ut ex nunc auditis didicimus) Hierosolymorum præsul est ordinatus (nedum enim hactenus eius ex more synodica suscepimus) apud Alexandriam tum temporis positus cum præfato sanctissimo Papa* (Cyro) &c. *adversatus est.* Et quæ de veniente ad eum, & coram de his agente Sophronio annectit. Convenit Maximus martyr ad Pyrrhum Sergii successorem datis literis [r], ubi ait Sophronium admonuisse Sergium *humilitate, quæ eius habitum decebat, ad eius vestigia provolutum,* ne vocem hæreticorum renovaret.

462. Post redditum à Constantinopolitana urbe, cùm scilicet ad Honorium hæc scriberet Sergius, Hierosolymis promotus fuit *à clericis, & reverendis monachis, & fidelibus laicis universis sanctæ huius civitatis Christi manu & violentiâ eum cogentibus:* quæ verba eiusdem Sophronii sunt ad Honorium Papam, sive ad eundem Sergium Constantinopolitanum (nam directâ modò uni, modò alteri epistola legitur) scribentis [s]. Sophronius ergo, si totius veræ historiæ ac monumentorum veterum auctoritati fides præstanda sit, Damascenus patriâ, Theodosiani iuxta Hierosolymam cœnobii monachus, Ioannis Moschi discipulus, & omnium ferè eius peregrinationum, ut ex *Prato* liquet, comes: Alexandriæ diu commoratus, græcè, uti vernaculo sermone, non solùm ad Græcos, quibuscum semper vixerat; sed & ad Latinos, qualis Ho-

[k] Quem scripsit Photius cod. CXCIX. sed leniùs in *Vitis PP.* Rosveidus edidit.

[l] De auctore *Prati* plura in opere de *Actis SS. in Sophronio* XI. Martii cap. I. Labbeoque *De Script.* in *Ioan. Moscho.*

[m] Apud Baronium eodem tomo 8. ad ann. DCX. num. 9.

[n] Verba reperies in *Actis SS.* cap. 2. n. 17.

[o] In *Notis S. Maximi*, pag. 712. tom. 2.

[p] *Ad Petrum illustrem* poster. volumine Operum S. Maximi Paris. editionis anni MDCLXXV. pag. 306.

[q] Apud Baronium tomo 8. ad ann. DCXXXIII. num. 19.

[r] Exstat apud eundem ibidem num. 53. & in S. Maximi oper. tom. 2. pag. 182.

[s] Apud Baron. eodem anno num. 11.

Honorius Pontifex erat, scribens, non quidem ab eo, sed à Clero & Hierosolymorum tota Ecclesia in Patriarcham sanctæ civitatis admotâ vi promotus.

463. Si autem præ his omnibus Hauberti sint quisquiliæ, nihil horum, sed in Hispania natus: certè monachus Æmilianensis monasterii, Romæque in Patriarcham consecratus fuerit. Quod vel audacissimis huius pseudo-historiæ propugnatoribus admittere nec in mentem veniet. Immo hunc Sophronium Asiæ suæ, sicut & Ioannem Constantinopolitanum Patriarcham, græcis natalibus restituere satius videbitur: de quo ultimo hæc apud eundem ridiculum Haubertum anno DCLXXII. S. IOANNES *monachus Benedictinus, & abbas S. Mariæ (de Valvanera, ut interpres explicat) Episcopus Constantinopolitanus, natione Hispanus, floret.* Ad illum fortè manus porrexit avidas, qui post Thomam anno DCLVIII. huic Ecclesiæ præfectus dicitur. Sed hic syncellus, & custos vasorum in ea Ecclesia ante pontificatum fuit. Cur non (inquis) Benedictinus monachus gerere ista potuit munera? Cedo unum huius sectæ hominem inter græcos florentem; & auctore me Haubertus saltem loco isto non desipuerit.

BI-

BIBLIOTHECÆ VETERIS HISPANÆ

LIBER SEXTUS.

DE SCRIPTORIBUS SÆCULORUM OCTAVI, NONI, AC DECIMI.

CAPUT PRIMUM.

Subiugatâ à Mauris hoc sæculo Hispaniâ, infrequens literis & Scriptoribus locus datus. GUNTHERICO, SINDEREDO, CONCORDIO, *Toletanis præsulibus relictis,* CIXILA *eiusdem urbis Episcopus laudatur, vitæ S. Ildephonsi auctor. Pseudo-historicorum de Egilane Eliberitano Episcopo curiosum figmentum.* PETRUS PULCER *incertus auctor.* SERVANDUS *Auriensis præsul, quale opus historicum & genealogicum reliquisse dicatur.* IULIANUS *diaconus,* LUCAS *cognomento, græcus Thessalonicensis, à Floriano de Ocampo laudatus, quanam fide subnitatur; atque item Bernardi Britti* LAIMUNDUS, *horum temporum historici.*

AGGREDIMUR fatale atque infelicissimum Hispaniæ nostræ octavum sæculum, quo vix ineunte, ira divini numinis ad vindictam sui, atque erratorum Gothico-Hispanæ gentis punitionem, quæ ab antiqua illa morum doctrinæque integritate, tot Conciliis ac legibus confirmatâ, sub Witiza & Roderico iniquissimis Regibus miserrimè præcipitaverat, è vicina Africa accitos Mauros, seu Arabes Mahometi asseclas, nobis intulit, hostes teterrimos; vultumque omnem felicissimi regni, atque Gothici sic ad eum diem florentis imperii, ad exterminationem usque lacrymabiliter defoedavit. Quod hostium Christianæ Fidei iugum octavo isto cervicibus suis impositum, multis deinde sæculis Hispania tulit, vixque tandem decimo quarto excussit. Nec miraberis, Lector, magnæ huius calamitatis defuisse tempore viros illos doctrinâ olim inter nos ac toto terrarum orbe inclytos, quorum nomina huic albo insereremus. Raras igitur Scriptorum spicas, quibus malignum ab Austro & Oriente veniens pepercit sidus, ac tritura Saracenorum non decussit, legere nunc erit nobis opus; ac veluti disciplinæ ignis ferè exstincti stricturas quasdam historiæ huius gremio, ne pereant, confovere.

2. Numerantur in his Toletanæ urbis quidam antistites, Gunthericus, Felicis de quo sæculo diximus [t] superiore successor, Sinderedus, Concordius, Petrus Pulcer, Cixilla, Elipandusque; sed numerantur, & sic ordinantur fide sola Pseudo-historicorum nostri sæculi.

3. GUNTHERICUS nempe, aut Gundericus, ab Isidoro Pacensi [u] & Roderico Toletano [x] sanctitatis morum ac mirabilium supra naturæ vires operum nomine laudatus, tamquam auctor epitaphii decessoris sui Felicis: de quo epitaphio distichis novem comprehenso, atque ipsius Gunderici rebus, multis blaterat Pseudo-Luitprandus [y].

4. SINDEREDUS Romanus, olim eiusdem Guntherici archidiaconus Toletanus, composuisse dicitur apud eundem Pseudo-Luitprandum [z] Gunderico epitaphium: notus aliàs ex catalogis Toletanæ Ecclesiæ præsulum [a], & ex Isidoro Pacensi [b], malè ab eo habitus ob derelictum gre-

[t] Cap. 7. lib. 5.

[u] In Chronic. erâ DCCXXXIX.

[x] Lib. 3. c. 14.

[y] Ann. DCC. DCCI. DCCIV. DCCVII.

[z] An. DCCVII.

[a] Morales lib. 13. cap. 7.

[b] Erâ DCCI.

gregem suum Arabum hostium metu.

5. CONCORDIUS item, quasi scripserit homiliam in laudem S. Toribii ex monacho Palentini Episcopi, eiusdem malè confuti Luitprandi testimonio [c]. Omnes quidem hi præsules fuere Toletani; sed quòd eos inter Scriptores recensenti falso & stramentitio auctori denegemus fidem à doctis & prudentibus viris, ut spero, iniquitatis non arguemur. Aliter cum Cixila, Petro Pulcro, atque Elipando agemus, qui non modò Pontificum eiusdem Ecclesiæ, sed & Scriptorum albo iam olim, & ante nugatoria ista Chronica, quæ suis unde exierunt damnamus sæpè atque addicimus tenebris, immissi laudantur.

[c] An. DCCIX.

6. CIXILA, Concordii successor, aliàs [d] CIXILANES, cuius nomen, ut omittamus interim supposititios Luitprandum [e] & Iulianum [f] in catalogis exstat, atque item in hymnis Isidoriani officii: auctor est brevis *Vitæ*, *seu gestorum S. Ildephonsi Episcopi Toletanensis Sedis metropolitani*, quo titulo descriptam in antiquissimo S. Æmiliani cucullati codice ante sexcentos annos manu exarato legi aiunt [g]; adiectumque: *à Cixilane Episcopo eiusdem urbis edita* x. *Cal. Februarii*: quomodo scriptum in eo libro, unde emanavit hoc apographum, fuisse videtur. Exstat item eodem modo, atque ab eodem auctore appellata, in schedis Toletanæ Sedis bibliothecæ [h]. Concurrunt vestigia ætatis ab auctore ibi relicta; nam audivisse ea se quæ de Ildephonso scribit, ab Urbano & Evantio, quorum circa eram DCCLXXV. sive annum Christi DCCXXXVII. Isidorus Pacensis meminit, refert (1).

[d] In MSS. *Conciliis codicis S. Æmiliani.*

[e] An. DCCLII. DCCLXXV.

[f] In Chronic. num. 390. & seqq.

[g] In editione quæ facta fuit post Iuliani Chronicon ad oram libri. Portocarrero in lib. *De descensu Deip. in Ecclesiam Tolet.* cap. 18. Morales lib. 12. cap. 39. in principio.

[h] Pluteo 70. num. 15.

7. Toto autem cælo errant illi codices, quos ad manus habuerunt Constantinus Caietanus, & Franciscus Fevardentius, quorum alterius, Caietani nempe, MS. codex [i] pro *Cixilæ* nomine præferebat *Helladii* nomen; alter scilicet Fevardentius, in editione sua S. Ildephonsi operum Iuliano Pomerio Toletanæ Sedis diacono hanc vitam adscribere, libro forsan aliquo deceptus, non dubitavit. Cùm Helladius Toletanus Episcopus Ildephonsum præcesserit; Iuliani autem, non Pomerii, sed hoc tantùm noti nomine, scriptum de Ildephonso elogium diversum prorsus sit ab Cixilanis de vita & gestis eiusdem opusculo, cuius initium est: *Ecce dapes mellifluæ*, &c. atque huic Iuliano convenire nequeat Siseberti Episcopi mentio in hac vita facta, qui Iuliano posterior fuit. Editum hoc post Pseudo-Iuliani Chronicon à viro eximio D. Laurentio Ramirezio à Prato habemus; & in Constantini Caietani in *De SS. trium Episcoporum, Isidori, Ildephonsi, & Gregorii Ostiensis vita & actionibus.* Sed pridem ante hos unà cum laudati Ildephonsi libro *De laudibus B. Virginis* Basilius Melanius Casinensis monachus Basileæ anno MDLVII. publici iuris fecerat (2).

[i] Meminit ipse in vita S. Ildephonsi.

8. Hæc de Cixilane certa & comperta. Quibus autem libuerit ex cœnosis pseudo-historicorum ficulneæ scaturiginis fontibus haurire de eo alia, meras fabulas discent. Cuiusmodi sunt [k], Carolum Francorum Regem magnum desponsâsse Toleti uxorem Galianam Galafri Regis filiam, à Cixilane Christiana Fide priùs imbutam: cui confutandæ putidissimæ fictioni alia forsan opportunior occasio dabitur [l]: consecrâsse Toleti sancti martyris Thyrsi templum, quod ut civibus suis persuaderet olim factum, occasione usus cæmentorum quorundam veterum à fossoribus aliud agentibus inventorum Hieronymus Romanus de la Higuera, fabulosæ huius totius historiæ ac ficulneorum historicorum, ut creditur, artifex, nihil non movit. Attamen re comperta, deridiculo auctor habitus, &. in ora libri hac super inventione ab eo confecti (qui vel hodie servatur in Ecclesiæ Toletanæ bibliotheca), iussu Collegii eiusdem sacri monendæ posteritati notata impostura fuit: de quo etiam nos alibi proprio loco dicemus [m]. Habuisse item Cixilanem anno DCCLXXVI. Toleti Concilium ex mandato literisque Adriani Papæ contra Egilanem Episcopum Eliberitanum, nolentem die sabbathi à carnibus abstinere, ad quod ex omnibus Hispaniæ partibus fuit concursum: in quo etiam, Iuliani testimonio, actum est de canonibus pœnitentialibus Theodori Anglorum Archiepiscopi.

[k] Luitprand. ann. DCCLXXV. sive erâ DCCCIX. Iulianus n. 395.

[l] Luitprand. ibidem. Iulian. num. 397.

[m] Luitprand. ibidem. Iulian. num. 394. & 396. & 399.

Sci-

(1) Exstat *Cixilani* nomen in Æmilianensis codicis Toletano Episcopologio, *fol.* 360. *pag.* 2. hoc ordine post Iulianum: *Felicis, Sisiberti, Gunterici, Sinderedi, Sunieredi, Concordii*, Cixilani, *Elipandi, Gumesindi, Wistremiri, Boniti, Ioannis*, qui omnium postremus est usque ad Eram DCCXCIV. sive annum octavi sæculi LVI. In serie autem iconum Toletanorum Præsulum, quæ exstat in Aula Capitulari amplissimi Canonicorum eius Ecclesiæ Collegii; atque in duobus Catalogis Cl. VV. Ioannis Baptistæ Perezii & Gasparis Loaisæ *T. V. Hisp. Sacr.* à P. Florezio editis, *pag.* 403. *Sisibertus* ante *Felicem* legitur.

(2) Irrepsit dubio procul *Helladii* nomen pro *Cixilanis* in nonnullis Codicibus, ut in Toletano sæculi XII. *Plut. XV. n.* 14. cuius titulus est: *Incipit vita* vel *gesta Sancti Hyldefonsi Toletanensis Sedis Metropolitani à Beato Helladio Episcopo eiusdem Urbis. Edita Decimo Kal. Februariis.* Incip. *Ecce dapes mellislui* &c. Antiquiores codices *Cixilanem* perpetuo habent, ut Æmilianensis fol. 230.

9. Scire aves, Lector, undenam arripuerit hæc omnia confingendi ansam? Nempe Baronius Cardinalis [n], dum scriptarum ab Adriano I. huius nominis Papa, quæ vel nunc exstant, epistolarum meminit: deperditarum quarundam aliarum summaria tantùm in Vaticana bibliotheca servari docuit; unde novimus scripsisse eum *ad Egilam in Hispania Episcopum, ipsumque hortatum fuisse de Fide orthodoxa tuenda. Pro ieiunio sextæ feriæ ac sabbatho celebrando.* Item ad eundem, *seu Ioannem presbyterum, De conservatione continentiæ in Hispaniæ partibus epistolam scripsisse, ac de Paschali celebritate ut eo tempore celebretur, quando à Romana celebratur Ecclesia.* Item eum (inquit nota hæc) *monuit de prædestinatione hominis, sive ad bonum sive ad malum: de coinquinatione eorum tam in escis quàm in potu: de diversis erroribus, & eorum pseudo-sacerdotibus, qui vivente viro* [o] *sortiuntur uxores: de libertate arbitrii, atque aliis multis capitibus in partibus illis contra Fidem catholicam exortis. In fine ipsos hortatur, ut omnes sint conformes, ut canones sciant, ut omnes non obedientes salubribus præceptis excommunicent.*

[n] ...om. 9. ad DCCXCV. 9.

[o] ...ta legitur.

10. Verùm tot inter Hispanæ Ecclesiæ sub Saracenorum iugo tunc gementis, & ignorantiæ tenebris circumseptæ, vitia nostris pastoribus ab Adriano imputata: nîl aliud prorsus Toletanum doluit figulum, quàm Egilæ nomen duabus his epistolis Adriani inscriptum; ne fortè aliquis suspicari posset eundem cum Cixilane nostro hunc esse Egilam, qui quidem ita promeruit de tot capitibus violati pastoralis muneris, habitæque negligenter curæ gregis admoneri. Id quod nonnulli iam in mentem venisse, moderno, ut ait, ac docto homini, conqueritur ipse, quode loquimur Hieronymus Romanus *Toletanæ historiæ* adhuc ineditæ lib. 14. cap. 11.

11. Inde huic evertendæ coniecturæ, quæ quidem aliorum [p] etiam animis sedit, omnes intendit mentis nervos in historia quidem ista Toletana, rationibus dumtaxat usus quæ rem parum aut ne vix quidem promovent; quarum tamen levitati pondus dare aliquod muneris sui esse existimans, quanto dein molimine, ut dedecus hoc Toletanæ Ecclesiæ tollere procurarent, Luitprando & Iuliano emissariis suis imposuit! Nimirum Egila quidam fuit vivis, ne res dubia esset, coloribus describendus [q], ut in urbe *Tadera* sive *Secura* natus, Agaliensis abbas & Eliberitanus tandem creatus Episcopus existimaretur; non Cixila Toletanus, is qui dedit reprehensioni aut saltem epistolis causam (1).

[p] Thomæ Tamaii *Novedades antiguas* fol. 126.

[q] A Luitp. ad ann. DCCLXXXVI. Iulian. in Chronic. num. 388. 391. ac 396.

12. Attamen observatione dignum puto, nihil eorum in quibus Hispani exorbitabant præter unum de sabbathino carnium esu, cùm tam multa ex Baronii relatione constent, Luitprandum Iulianumque inculcâsse. Nondum enim ad manus eorum formatoris Baronii Annalium volumen hoc nonum, cùm distringeretur his plasmandis, forsan pervenerat. Nuncupatus enim ab eximio Annalista hic tomus fuit Henrico Galliarum Regi IV. circa annum sæculi anterioris ultimum, quo Mariam Mediceam, ut ex ipsa nuncupatoria epistola colligere pronum est, coniugem duxit. Certè cùm Toletanam scriberet historiam ante hunc annum aut circiter Higuera, nondum Baronium viderat; nec vidisse item tunc videtur, cùm dabat aliis suis libris operam, qui tam longè ab Adriani epistolarum scopo dirigere eos ictum fecit (2).

13. PETRUS, cognominatus ab oris specie PULCER, descriptusque à nonnullis [r] in

[r] Vasæus Chron. ad ann. DCCXLVII. Morales Vasæo laudato lib. 13. cap. 7. Loisa *ad decret. Gundemari* pag. 280. *Concilior. Hispaniæ.* Pisa in *Hist. Tolet.* lib. 3. cap. 5. Tamaius de Vargas *Novedades antiguas* fol. 126. & ad Luitprandum pag. 132.

(1) Exstat quidem Egila circa annum DCCLXXXX: in Æmilianensi Eliberitanorum Præsulum catalogo: binæque ad eum habentur Hadriani I. Papæ Epistolæ aqud Cl. Florezium *T. V. à pag.* 527.

(2) Non disiungendus à Cixilane est indictus, ut videtur Nostro, *Evantius* sive *Efantius* Toletanæ Ecclesiæ circa annum DCCXX. Archidiaconus, vir, quemadmodum eum describit Isidorus Pacensis in Chronico ad Eram DCCLVII. *doctrinâ & sapientiâ, sanctitate quoque, & in omni secundum Scripturas spe, fide, & caritate ad confortandam Ecclesiam Dei clarus;* atque ad Eram DCCLXXV. sive Christi annum DCCXXXVII. in quo, aut per id tempus, obiisse creditur, *Doctor & sanctimoniæ studio satis pollens*, alterque è binis atque oculatis patratorum ab Ildefonso Toletano mirabilium testibus, è cuius atque Urbani Toletani Melodici ore excepit Cixila quæ in vulgato ab eodem Ildefonsi elogio narrantur, ut Ipse, in *eod. num.* 5. Scripsit autem Epistolam adversus eos *qui dicunt immundum fieri hominem alicuius animalis sanguinem comedentem*: quem morem *Iudaicum, in quibusdam Cæsaraugustæ partibus inter Christianos inolevisse* ait. Est autem epistola satis elegans, plenaque bonæ frugis; incertum tamen ad quem directa fuerit. Vulgavit eam primus Henricus Canisius *Evantii Abbatis* nomine, dubius tamen fueritne hic Evantius cuius Venantium Fortunatum meminisse ait *Lib. III. Epist. ad Euphronium* (in qua tamen Epistola seu potius Epigrammate, quod Libri III. omnium primum est, nullam Evantii mentionem reperi); Cardinalis autem Aguirrius Evantio Toletano assertam ex eiusdem Sanctæ Ecclesiæ codice denuo in lucem emisit *T. II. Conc. Hisp. p.* 87. Atque hic forsan *Dominus* ille *Evantius V. C.* fuerit, cui in Poetarum Choro Londinensi 1713. pag. (prioris numerationis) 1574. Heptastichon epicum *De animantibus ambigenis* sub Eugenii Toletani nomine vulgo circumlatum inscribi alibi diximus.

in Toletanorum præsulum albo, ut Cixilæ successor, aliis decessor (qui tamen in catalogis quæ apud hanc Ecclesiam servantur deest) (1) scripsisse dicitur *De paschatis recta celebratione ad Christianos Hispali habitantes, qui à vero computo deerrabant, libellum elegantem*, uti apud Vasæum legimus, qui nullo alio nititur antiquo rei auctore. Quantumvis enim Morales noster Vasæo imputet Isidoro Pacensi laudato id affirmâsse: nullum tamen nos apud Vasæum Isidoriani testimonii ad hanc rem adducti vestigium deprehendimus. Quòd enim paulò ante Pacensem in testem appellaverit, ad visos Cordubæ hoc anno tres soles omnino pertinet. Verumque est quod Morales Vasæo modestè opponit, in codice suo Isidoriani huius Chronici bene antiquo desiderari huius scripti mentionem. Nec item ea fit in Sandovaliana eiusdem editione. Unde Ioannes Mariana [s] præstaretne fidem rei, ambiguum habuit. Pseudo-historicos nostros [t] ad hunc librum iniecisse oculos, cùm Petrum Pulcrum, Scriptorem nobilem doctrinaque præclarum appellavere, certum haberi debet. Ceterùm Elipandus, quem inter Scriptores Toleti præsules revera dicendum esse antea affirmavimus, quia ferè ad sæculi finem vixit, post alios paulò antiquiores infrà describetur.

[s] Lib. 7. cap. 6.

[t] Luitpr. ann. DCCXLVI. Iulianus num. 384.

14. SERVANDUM Auriensem Episcopum fama est non satis certa, Roderico Gothorum ultimo Regi à Confessionis sacramento ministrum fuisse, eiusque lateri hæsisse in eo prœlio quo à Saracenis debellata fuit Hispania; immo & historiam, sive *Hispanicarum rerum* usque ad ætatem suam (vixisse autem dicitur post fatale hoc prœlium quatuor supra viginti annos) ex Idatio præsertim, *Historiæ compendium* scripsisse. Exstat quidem, qualis ea est, adhuc in schedis manu exaratis: cuius exempla in magno pretio non ante multos annos apud eos haberi qui in describendis nobilibus ab antiquitate venientibus familiis operam ponunt [u], rectè memini. Adiunctum enim legitur, veluti historiæ appendix, domorum quarundam, seu palatiorum ad quæ veteres referuntur sive referri amant, familiæ (*Solares*, à solo vulgus vocat) quoddam summarium.

[u] Videndi D. Iosephus Pellizer en el *Memorial de la casa, y servicios del Marques de Ribas D. Joseph de Saavedra*: Ægidius Gonzalez de Avila *in Theatro Ecclesiæ Auriensis* tom. 3. *Theat. Eccles. Hispan.* pag. 383. & in *Eccles. Compost.* tom. 1. cap. 2. pag. 30. Cardoso *in Hagiologio Lusitano* die IV Maii lib. 6. Gandara *Nobiliario de Galicia* lib. 2. cap. 1.

15. Liber qui exstat non ille latinus est quem Servandus composuisse dicitur, sed interpretatio eius vernacula, hoc est, proprio Gallæciæ sermone, à Petro quodam Seguino eiusdem Auriensis Ecclesiæ antistite anno MCL. facta. Qui Seguinus suæ interpretationi tractatum & ipse addidit de iisdem familiis, tesseras conferens sive stemmata gentilitia & successiones earum aliarumque ad suam usque ætatem. Deferbuit tamen iam apud eosdem qui olim auro contrà carum non habuere, utendi eo in genealogiis, ut vocant, deducendis amor & cupiditas [x]; pluraque observata fuere, tam in Servandi quàm in Seguini scriptis, vel parum vero similia, vel eventibus ipsis aliàs certis eorum ætate à quibus referuntur, posteriora. De quo tamen quia librum non vidimus, iudicium nostrum abstinemus. Nihilominus & ipsi eius propugnatores [y] fatentur, fœdatum iam exstare ac deturpatum additionibus & commentis pluribus ineptis (2).

[x] D. Iosephus Pellizer in *Bibliotheca suorum librorum* fol. 145.

[y] Gandara ubi proximè.

16. IULIANUS, præter alia cognomina, diaconus Toletanus, huius temporis reputatur auctor fuisse cuiusdam alterius historiæ, seu *Hispanicarum antiquitatum*, rerumque apud nos, & à Pelagio quoque primo post captivitatem Rege olim gestarum *commentarii*. Id omnes notum habent Historici nostri, pars obnoxii, pars ambigui. Unus enim Florianus Docampius Caroli V. Cæsaris & Hispaniarum Regis chronographus, eius scripto isto usus fuisse dicitur, quod aliis commendavit; nulli verò codicem, requisitus etiam hoc super ab amicis, ostendit. De quo Ambrosius Morales iure eum expostulat lib. 13. cap. 7. ut postea dicemus. Floriani verba de hoc auctore latina è vulgaribus dabimus, syllabumque eorum omnium locorum eius, ubi Iuliani testimonium pro rebus à se narratis laudat, subiiciemus. Qui velut quædam erit argumenti eius quo de agimus operis tabella è disiecta vi tempestatis nave, si quæ fuit, servata.

17. Hæc nempe Floriani ex prologo *Generalis Hispaniæ Chronici* [z] vernaculè scripti, seu potiùs incœpti, verba sunt, Hispanis ad oram collocatis respondentia: *Post dictum Iulianum rerum Hispanicarum seriem prosecutus fuit, ceteris melior, Iulianus alter, diaconus & ipse Toletanus, huiusce urbis civis, quantumvis natione Græcus, quod ipse*

[z] In prologo fol. 5. *Despues del Juliano sobredicho prosiguió la relacion de los hechos Españoles, mucho mejor que todos, otro Juliano diacono, tambien Toledano, morador en aquella misma ciudad, puesto que Griego de nacion, segun el parece declarar en el principio de su Chronica: dentro de la qual, primero que trate los acontecimientos de sus tiempos, recapitula sumariamente muchas antiguedades Españolas, donde se muestra leido, y muy exercitado en letras, y ciencias de la gente griega. Despues de lo qual viene á contar la mayor parte de los trabajos, y victorias del santo Rey D. Pelayo, en cuya edad el dize que fue, con la entrada de aquellos Alarabes, y Moros Africanos, que diximos arriba.*

(1) Sunt quidem bini huius nominis Toletani Præsules in Æmilianensi eorundem albo, sed longe Cixilane antiquiores. Cixilanem in eo excipiunt Elipandus, & post eum Gumesindus. Consonant terni Toletanorum Antistitum Catalogi apud Cl. Florezium *T. V. à pag.* 403.

(2) Nugæ prorsus ac meræ sunt præstigiæ quæ de Servandi Auriensis Latino scripto, deque eiusdem vernacula Petri Seguini versione circumferuntur, fascinandis nimirum illorum animis qui genus & proavos strepere amant. Vid. de utroque hoc scripto Cl. Florezius *T. XVII. pag.* 47. *num.* 2. & *pag.* 92. *n.* 10. & Franckenau (seu Ioannes Lucas Cortesius) *Biblioth. Herald. pag.* 360.

ipse in principio Chronici sui indicare videtur : quo quidem, antequàm temporis sui res gestas aggrediatur, antiquitates Hispaniæ plurimas summariè colligit, non parum se in doctrina & literis græcis versatum ostendens. Pòst inde is Pelagii Regis sancti, sub quo vixisse dicitur, laborum ac victoriarum maiorem partem, Arabicorumque & Maurorum Africanorum, de quibus diximus, ingressum narrat. Hoc illius operis argumentum hinc fuisse novimus.

18. Testimonio autem eiusdem Iuliani diaconi Florianus sæpe utitur; nempe

Lib. 1. cap. 38. ait Iulianum prædictum de origine *Calpes*, in freto Herculeo antiquissimæ urbis, multa narrare.

Lib. 2. cap. 31. in *Turdetanorum* gentis etiam nostræ mentione.

Lib. 3. cap. 32. Dum legationem Hispanorum ad Alexandrum Macedonem destinatam refert.

Cap. 41. Quum de *Astyrum* sive *Asturum* populo, atque eius rebus gestis agit.

Lib. 4. cap. 5. Hamilcarem Annibalis patrem in Sicilia bellum adversus Romanos gesturum, ex Balearibus insulis, cum Hispanorum duobus millibus, atque earundem insularum trecentis fundibulariis solvisse, ex eodem Iuliano memorat.

Cap. 9. Distinguere eum ait *Carthaginem*, cognomento *veterem*, ac *Dertusam* urbes : quas nonnemo inter noviores confundere voluit, quasi una eademque esset Ilercaonum urbs, *Tortosa* hodie dicta (1).

Cap. 10. Dum de *Turdeto* urbe à Turdetanis sub Hamilcare militantibus ædificata mentionem habet.

Cap. 14. Eundem Iulianum, dum de *Barcinonis* fundatore agit Hamilcare cognomento *Barcino*, plura collegisse ait latinorum poetarum de hac re carmina.

Cap. 44. Quum de anno agit, quo Annibal cum exercitu Pœnorum & Hispanorum Italiæ expeditionem aggressus fuit.

19. Novem his, nec aliis, ut credo, locis Iuliani diaconi Florianus meminit. In eorum autem quibusdam recordatur etiam alterius Iuliani, quem *Pomerium* in prologo appellat, earundem Hispanicarum antiquitatum illustratoris; quemque eundem esse cum eo existimavit qui res sub Wambane Gothorum Rege contra Paulum rebellem gestas luculenter enarravisse scimus. De quo suprà diximus quæ de hac re scire oportuit, cùm de Iuliani Toletani Archiepiscopi, huius de Wambane historiæ vulgò existimati auctoris, rebus ageremus.

20. Sed vide sis nunc de Iuliano isto, & eius hoc à Floriano laudato Chronico, quid Ambrosius Morales, probitate non minori quàm doctrinâ & industriâ vir, quem Floriano ante tempus defuncto in continuandæ *Generalis Historiæ* cura Philippus Rex secundus subrogavit, libri 13. cap. 7. existimaverit. Verba eius vulgaria in ora posita latinè ita sonant [a] : *Florianus de Ocampo ait in suo prologo, quandam historiam horum temporum penes se habuisse Iuliani Thessalonicensis, qui florebat tunc Toleti, sanctæque eius urbis Ecclesiæ erat diaconus. Habeo tamen de hac re dicere, mecum plures Floriani amicos videre hunc librum desiderasse, quem numquam nobis ostendit, nec postea visus ab aliquo fuit. Quinimmo in eiusdem Floriani schedis non unquam extitisse hunc librum, vestigia plurima deprehendi.*

21. Nescio culpæ quid in his verbis D. Laurentius Ramirezius de Prato, cetera vir doctissimus, spiritui tamen (quod veniâ eius dixerim) cuicumque credens invenerit : cuius nomine probitate conspicuùm & pietate virum, quarum virtutum in omni vita sua, & quæ supersunt ab eo scriptis documenta clarissima ostendit vivus, posterisque reliquit, ob hoc sincerè interpositum de Iuliani Chronico iudicium deridiculo habuerit [b]. Si enim Historicis non licet de rebus dubiis ambigere, & nullo præiudicio etiam doctorum hominum impediri, quominus id quod mente conceperint eloquantur : frustra calamum in manu arripimus, & veritati, proprio historiæ genio, sacramentum dicimus. De hoc sanè Iuliano Thessalonicensi quicquid habent auctores nostri [c] ex Floriano hauserunt; cetera ignotus ivit per omnem ætatem, & cum assertore suo interiit. Petrus unus de Medina in libro *Grandezas de España* inscripto, Iulianum Lucam vocans laudat eum, quod scripserit Medinam Sidoniam, quæ *Assido* vetus fuit in Bætica, ex antiquissimis fuisse nostri regni urbibus : quod in Floriano nondum reperi.

22. Neque enim morantur nos Pseudohistoricorum ficulneorum ea testimonia [d], quæ potiùs succollandæ Floriani fidei apud Mo-

[a] *Florian de Ocampo dice en su prologo, como tuvo una historia destos tiempos de un Juliano Tessalonicense, que florecia agora en Toledo, y era diacono en la santa Iglesia. Lo que se decir desto es, que muchos de sus amigos de Florian deseamos ver este libro, y nunca nos lo mostró, ni despues ha parecido; antes hallé yo en sus papeles señas hartas de no haber habido tal libro.*

[b] In *Notis ad Luitprand. Adversaria* n. 36. aliàs 34.

[c] Garibay lib. 9. cap. 3. Mariana lib 7. cap. 6. Paulus Espinosa, *Historia de Sevilla* 1. par. lib. 2. c. 1.

[d] Luitprandi in Chronic. an. DCXCVIII. & Adver. 34. aliàs 36. Iulian. in Chron. n. 234. & 385.

(1) Longe antè Ptolemæus (& quis non Geographorum veterum?) hæc oppida distinxerat, hoc ordine recensens præcipuas Ilercaonum urbes *Carthaginem veterem, Biscargin, Theaniam, Adebam, Tiariuliam, Sigarram, Dertosam. Carthaginem* autem *veterem*, novus hic Floriani Iulianus forsan ad hodiernum Aragoniæ oppidum *Cantavieja* indigenis dictum, in ipso eiusdem & Valentiæ Regni confinio, retulit : quæ summi viri Antonii Augustini Tarraconensis Archiepiscopi olim opinio fuit, apud Petrum de Marca *Marc. Hisp. Lib. II. cap.* 8.

Moralem vacillanti, quàm asserendo huius sæculi Scriptorum albo Thessalonicensi Iuliano Toleti diacono nata, facta fuere. E quibus est Luitprandi illud [e]: *Floret Toleti Iulianus Lucas, qui multa de utroque Beroso collegit & continuavit.* Et Iuliani quoque hoc [f]: *Hinc auspicatur suam historiam Iulianus Lucas Thessalonicensis, & in sancta Ecclesia Toletana celeberrimus archidiaconus: qui vixit sæculo sanctissimi Regis & reparatoris Hispaniæ Pelagii.* Quasi non contentus fuerit horum verborum artifex uno fabulis dolisque consuto Beroso Anniano, quin & alterum nobis hoc loco intrudere voluerit. Tamaius autem suspicatur posse intelligi pro altero Beroso Lucium illum Valerium Hispanum à Pseudo-Dextro laudatum [g], qui Berosi fragmenta in quinque partes digessit. Sed frustrà lavat Æthiopem. Potiùs credo Luitprandum voluisse præstigiis suis fallere eos, qui sciunt Annianum Berosum ab eo Beroso, cuius in veterum scriptis fragmenta conservata sunt, toto cælo differre; idque memoratis duobus, hactenus inauditis, pro uno Beroso. Hæc enim est eius & similium fallendi ars, Salomonico, sed pravo iudicio infantem, hoc est veritatem dividere, ut partium rixas quoquo modo sedare possint.

[e] Ad ann. DCXCVIII.

[f] In Chronic. num. 234.

[g] Ad ann. ccc. pag. 316. in Bivariana editione.

23. Adiungimus pro arguenda Iuliani etiam apud suum Florianum fide, D. Iosephum Pellizerium regium chronographum, virum scriptis suis perennaturum, affirmare alicubi [h] habere excerpta, seu eclogas, ex Iuliani huius Chronico ipsa Floriani manu scripta: quorum tamen, sive in iis contentorum, nullam habitam ab eo in Chronico Hispaniæ mentionem Pellizerius tradit, simul & miratur. Quasi huius mercis pretium apud ipsum etiam Iuliani proxenetam viluerit.

[h] In libro *Troféo de la verdad* fol. 86. horum quoddam excerptum affert. fol. 88.

24. Iuliani Lucæ diaconi in *Historicis Latinis* suis Vossius ex Floriano meminit. Quem Iulianum eundem cum Iuliano Petri archidiacono S. Iustæ Toletanæ urbis à Petro Marca in *Historia Benearnensi*, ut ait, laudato fuisse, non rectè censuit Christophorus Christophori Sandius in Notis & Animadversionibus ad dictum Vossii opus [i].

[i] Pag. 276.

CAPUT II.

De FELICE *Urgellensi Episcopo, atque eius hæresi Christum Dei filium adoptivum blasphemè appellante: cui consensit* ELIPANDUS *Toletanus Episcopus. De Migetii errore circa celebrationem Paschatis. De Concilio Francofordiensi sub Carolo Magno. Elipandi & Felicis hæresis quibusnam Conciliis & scriptis refutata fuerit.* BEATI *presbyteri, &* HETERII *Uxamensis Episcopi commune opus de hac re.* Levana *hodie* Lievana *in Asturiis. Beatus an monachus. Paulinus Aquileiensis exponitur. Hesperia etiam Italia dicta. Pseudo-historicorum Luitprandi & Iuliani ad excusandum Elipandum stultæ machinationes. Ludovicus Pius Caroli Francorum Regis ex Ildegarde filius, non ex Galiana Toletani Regis nata. Concilium Toletanum huius temporis fictitium. Ficulnei generis, sive Higuerarum Toletanorum civium, iacta fundamenta.* ARCARICI *Bracarensis Episcopi suppositititiæ literæ ad Elipandum.*

25. ENATUS verò, cùm exiret hoc sæculum, novus ob ignorantiam gementis sub iugo Saracenorum Hispanæ gentis error de persona Christi Domini nostri, puriorem Christianitatis aera, quo illius ætatis Fides vivebat infecit. Quæ tamen ansam dedit aliter ac rectè sentientibus cudendi monumenta doctissima, scriptisque suis pudendas, si brevi non succurreretur, futuras maculas extergendi. FELIX URGELLENSIS atque ELIPANDUS TOLETANUS antistes mali fundus occasioque. Deceptus enim uterque contagione forsan insidentium cervicibus aut è proximo blasphemantium Mahometanorum, Iesum Christum adoptivum Dei filium appellare ac docere non erubuerunt. Quorum primus Felix in Concilio Ratisponensi semel: idemque iterum cum Elipando, sive eorum hæresis in Francofordiensi damnata fuit.

26. Rem luculentius aliis Ionas Aurelianensis in libris *Adversus Claudium Taurinensem* statim in limine his verbis narrat, nec sine eximia quadam nostræ gentis laude: *Disertissimos viros, & eloquentissimos, atque Catholicæ & Apostolicæ Fidei invictissimos defensores Hispaniam protulisse, manifestum est: quorum imitanda exempla, & documenta sequenda, quia in promtu habentur, & Ecclesiæ amplectuntur, ab eis, Christo favente, non abs iure sancta salubriter instruitur & fovetur Ecclesia. Sed quoniam sæpissimè, & hæresiarchas simplicitatem catholicæ Fidei perversis dogmatibus commaculare conantes, & multifariis superstitionibus auctoritati sanctæ Dei Ecclesiæ contraeuntes creavit, & hactenus creare non cessat: cunctis valdè fidelibus dolendum est. Ut igitur ceteros omittam, emersit ex eadem Hispania tempore sanctæ memoriæ Caroli piissimi atque invictissimi Augusti quidam Felix nomine, actu infelix, Urgellitanensis civitatis Episcopus: qui iuncto scelerato errori Elipando Toletanæ urbis Episcopo, secundum humanitatem non esse*

eſſe proprium filium Dei, ſed adoptivum prædicare auſus eſt; & hac virulenta doctrina uterque Hiſpaniam magna ex parte infecit.

27. Narrat inde Felicem propinare Gallis & Germanis conatum veneni huius hauſtum: Caroli eiuſdem Magni iuſſu, & Adriani I. Papæ auctoritate congregatam Synodum (Ratisbonæ, ſive Raiginsburgi; nam ita vocat Alcuinus [k]) cum erroris ſui auctore Neſtorio præſentem condemnâſſe. Quando hæc habita Synodus fuerit obſervavit Iacobus Sirmondus [l], nempe anno DCCXCII. Immo ductus inde Felix Romam, coram Adriano in Baſilica S. Petri hæreſin confeſſus, eam abdicavit; libereque redire in urbem ſuam fuit permiſſus, uti refert Eginhardus in Annalibus ſuis, ſub Ludovico Pio conſcriptis [m]: quem auctorem, quia ignotus antea fuit [n], non ullo nomine Baronius [o] & alii appellant. Qui & ſcripſiſſe de errore ſuo libros ad Elipandum directos ait [p]. *Orgellis eſt* (inquit) *civitas in Pyrenæi montis iugo ſita, cuius Epiſcopus nomine Felix, natione Hiſpanus, ab Elipando Toleti Epiſcopo per literas conſultus &c. valde incautè ac inconſideratè, & contra antiquam catholicæ Eccleſiæ doctrinam adoptivum non ſolùm pronuntiavit* (Chriſtum Dei filium); *ſed etiam ſcriptis ad memoratum Epiſcopum libris pertinaciſſimè pravitatem opinionis ſuæ defendere curavit.*

28. Ex quibus verbis natales Hiſpanici Felicis adeò indubitati eſſe debent, ut fruſtrâ ſit proſapiâ eum fuiſſe Gallum Ioannes Tamaius volens. Ab eo enim interpolata vita fuit Beati, in qua hoc legimus edita die XIX. Februarii, quamquam affirmet ſe eam ex Legendario Aſturicenſi deſumſiſſe. De quo iterum quum de Beato agemus. Exſtant quidem in appendice operum Alcuini *epiſtolæ & confeſſiones Felicis Epiſcopi Urgellenſis & Elipanti Archiepiſcopi Toletani* (quam confeſſionem etiam Lalandus edidit in *Supplemento Conciliorum Galliæ* Sirmondi [q].) Item *Epiſtola Felicis ad filiam in Chriſto chariſſimam.* Nec non *epiſtola Elipanti ad Felicem nuper converſum.* Demumque *Elipanti ad Alcuinum,* ſive Albinum. Alia *reſponſiones continens prioris epiſtolæ eiuſdem.*

29. Neque tum recèns natus error hic; namque ab anno DCCLXXXIII. (ſi rectò it calculus talo, ac nota numeri nos non fallit) in quodam codice MS. Toletanæ Eccleſiæ, in quo, uti & in aliis, conſervatur magnum quoddam adverſus Elipandi hunc errorem Beati atque Heterii quibuſde ſtatim agemus opus: epiſtola quædam legitur ab Elipando Toletano Epiſcopo ad quendam abbatem *Fidelem* appellatum, cuius loci ignoramus, ſed in Aſturiis manentem, Octobri menſe huius nuper laudati anni Toleti, ut videtur, ſcripta: quo anno [r], Silone Rege Aſturiarum defuncto, Mauregatus Alphonſi Catholici nothus, Alphonſo Caſto eiecto regnum uſurpavit. Argumentum huius epiſtolæ apud Ambroſium Moralem [s] vide ſis; quæ tamen hactenus in ſchedis latet (1). Hoc autem primum ſcriptum fuit quo Elipandus pro væſana ſua ſententia ſtilum ſtrinxit, Beatum incuſans eum quem nuper laudavimus, unaque Heterium Oxomenſem nuncupatum Epiſcopum, eius amicum & aſſeclam: eo quòd inconſulto præſule Toletano, immo contrà ſentiente, Aſturiarum incolæ ipſi, quod veluti opprobrii loco iacit, quæ ſibi viderentur, docerent populos; laudanſque Arcarium quendam Epiſcopum prudentiæ & obſequii nomine, qui ſuper utriuſque Beati atque Heterii doctrina officioſè eum conſuluiſſet. Refert inibi ſe errorem alium circa celebrationem Paſchatis, cuiuſdam Migetii [t], unà cum aliis præſulibus Hiſpali ſerpentem extinxiſſe (2); ſperareque ſimiliter extincturum *Beatianam* (ſic à Beato appellat) in Aſturiis hæreſin. Huic ſanè epiſtolæ repoſuere ii quos diximus Beatus & Heterius, de quo paulo poſt dicemus, veræ ſententiæ apologema.

30. Neque admonitus aut repreſſus Elipandus Felicis pœnitentiâ, immo eandem huiuſce erroris cauſam iterum ipſe tueri ſatagens, ad Carolum Francorum Regem, immo & ad quoſdam dedit Epiſcopos literas, *in quarum* (ait ipſe Carolus [u]) *ſerie non ſatis elucebat, an quaſi ex auctoritate magiſterii nos veſtra docere diſpoſuiſtis, an ex humilitatis diſcipulatu noſtra diſcere deſideratis.* Certè in his quæ Carolo Regi ſunt directæ, ab eo petiit ut libelli ſui de re conſcripti (idem eſt cum epiſtola) textus in præſentia eius legeretur (3). Quod Carolus exſecutum

[k] Adverſ. Elipandum, lib. 1.

[l] In Notis Conciliorum Galliæ tom. 2. pag. 160.

[m] Editus fuit inter Germaniæ Scriptores abſque nomine à Iuſto Reubero, deinde ſub Eginhardi à Ducheſnio tomo 2. Script. Franciæ pag. 233.

[n] Ante editionem auctor. coætan. Galliæ Ducheſnii.

[o] Tom. 9. ad ann. DCCXCII. n. 10. Morales lib. 13. cap. 26.

[p] Ad ann. DCCXCII.

[q] Pag. 89.

[r] Morales lib. 13. cap. 25. & 26.

[s] Cap. 26.

[t] Meminit huius Adrianus Papa in epiſt. ad omnes Hiſpaniæ Epiſcopos contra Elipandum, quam Sirmondus edidit 2. tomo Concil. Galliæ pag. 161. quamque poſtrema editio Pariſienſis omnium Conciliorum exhibet.

[u] In epiſt. de qua infrà.

(1) Edita ex parte à Cl. Florezio eſt *T. V.* pag. 555. Neque enim exſtat niſi eius fragmentum inſertum Beati & Heterii epiſtolæ, ſive Apologetico adverſus Elipandum, quode nos ſuo loco. Elipandi autem ad Fidelem epiſtola ſcripta ibidem à Florezio dicitur Chriſti anno DCCLXXXV.

(2) Exſtat *Elipandi adverſus Migetium Hæreticum epiſtola*, ſeu potius Invectiva, è Toletano ſæculi XI. codice *Plut. V. num.* 16. à Cl. Florezio primum edita Hiſp. Sacr. *T. V. à pag.* 543.

(3) Hanc etiam Elipandi ad Carolum Magnum Epiſtolam, è Toletano quem prædiximus Codice, vulgavit primus omnium Florezius eod. T. V. à pag. 558. in qua numero 2. hæc leguntur: *Contra cuius* (Beati ſcilicet) *veſaniam nos indigni & exigui iuxta tenuitatem noſtri ſenſûs Sacerdotibus Veſtro Regi-*

tum sese ait, ex omnibus suæ ditionis Ecclesiis vocatis ad Concilium Episcopis, coramque iis recitatâ epistola. Hoc est Concilium illud Francofurtense, seu Francofordiense, anni DCCXCIV. celeberrimum, at non omni ex parte beatum: in quo sanctè quidem anathematizata fuit *impia ac nefanda hæresis Elipandi Toletanæ sedis Episcopi, & Felicis Orgellitani eorumque sequacium, qui malè sentientes in Dei filio asserebant adoptionem*, ut canón primus loquitur: temerario autem ausu catholicum de adoratione imaginum, Nicænæ secundæ Synodi generalis [x] tunc forsan haud satis in græco fonte intellectum dogma, in canone secundo damnatum.

31. Unde emanavere ad Elipandum, simulque generaliter ad Hispaniæ Episcopos, qui non omnes tamen luto isti hæsisse verosimilius est, refutatoriæ epistolæ: prima, quæ Episcopis dumtaxat Italiæ eo in Concilio coeuntibus adscripta, & *ad provincias Galliciæ ac Spaniarum* directa: secunda Episcoporum Germaniæ, Galliæ, & Aquitaniæ *Præsulibus Hispaniæ* inscripta: tertia verò Caroli ipsius ad Elipandum responsoria, cuius ad eundem, & ceteros *in partibus Hispaniarum consacerdotes* nuncupationem esse voluit. Quæ omnes in Concilii huius actus conjectæ sunt [y]; uti & Adriani Papæ I. alia [z], non iam ad Elipandum sed contra eum, *Galliciis Spaniisque* (ita legitur) *Ecclesiis præsidentibus* inscripta; & ante Concilii iam dicti celebrationem, statim atque de missis ad se ab Elipando literis Carolus ipsum admonuit, exarata. Leguntur & aliæ eiusdem Pontificis tertio volumine collectionis Duchesnianæ *Historiæ Francorum*.

32. Strinxit & contra Elipandum calami aciem, multisque cum eo super dogmate isto Alcuinus egit. Alcuinus, inquam, Caroli Magni magister, quem ille hoc ipso tempore propter doctrinæ existimationem è Britannia evocaverat. Leguntur namque in huius operibus Parisiensis editionis [a] ab Andrea Duchesnio procuratæ, tum eius *epistola ad Elipandum Toletanum Episcopum cohortatoria in catholica Fide*; tum alia *Elipandi ad Alcuinum continens responsiones prioris alterius* (1) (de qua iam suprà diximus); item *libelli duo Alcuini contra epistolam sibi ab Elipando directam, quibus evacuat pravas illas assertiones*. Nec non ibidem exstant *contra Felicem Urgellitanum* libri VII. sub nomine Paulini Aquileiensis, in *Bibliotheca veterum Patrum* vulgati, quos idem Duchesnius Alcuino asseruit [b].

33. Sunt enim diversa, quæ adversus hunc errorem Paulinus eiusdem temporis Scriptor Caroloque valdè carus exaravit: nempe *libellus de sanctissima Trinitate adversus Elipandum Toletanum & Felicem Urgellitanum antistites, dictus sacro-syllabus* (hæc est epistola superiùs memorata huius Paulini, aliorumque Italiæ Episcoporum nomine ad provincias Hispaniæ destinata); atque item *libri tres contra eumdem Felicem Urgellitanum Episcopum*, cum *epistola ad Carolum Magnum*, quos iam laudatus Andreas Duchesnius ex codice MS. Puteanorum fratrum cum Alcuini operibus emisit in publicum. Agobardus etiam Lugdunensis præsul *contra Felicem Urgellitanum* ad Ludovicum Imperatorem directum librum emisit.

34. Tantæ molis fuit redivivi apud nos erroris, ut iactabatur, Nestoriani machinationes, & falsissimas duorum Episcoporum assertiones veritatis malleo confringere. Et tamen post conciliare ac pontificium anathema (laudantur hac re super celebrata Concilium Narbonense [c], Romanum [d], Urgellense [e], Aquisgranense [f] apud varios): movebat adhuc in Hispaniis caput excetra erroris in discipulis quibusdam Elipandi, quos sese in Asturiis cognovisse; & quia post trinam admonitionem adhuc etiam in eodem errore permanebant, ut hæreticos devitâsse, Ionas prodit Aurelianensis. Videantur tamen ab iis qui Elipandi errorem quodammodo excusari vellent, Franciscus Suarez, Gabriel Vasquez in *Commentar. Theologicis*; & post eos

[x] Rem forsan acu tetigit post diversas hac super differentia utriusque Concilii coniecturas Ludovicus Maimbourg Societatis Iesu Gallus in *Historiæ Iconoclastarum* volum. 2. lib. 5. ad an. DCCXCIV. & plura confert doctè animadversa post Sirmondum ad hoc Concilium Francofordiense Notis Ioannes Mabillonius in præfatione ad primam partem sæculi quarti *De Actis SS. Benedictinorum* §. 3.

[y] Edit. Paris. ultimæ tom. 7. columnâ 1022.

[z] Ibidem col. 1014.

[a] Anni MDCXVII.

[b] Notat & Placcius *De Script. Pseudonymis* pag. 235.

[c] Anno DCCLXXVIII. in *Galliæ Christiana* tomo I. pag. 368. Synopsi Labbei pag. 373.

[d] Apud eundem Labbeum sub Leone III. anno DCCXCIX.

[e] Apud Baluzii append. ad Agobardum.

[f] Apud Lalandum in supplem. Concil. Galliæ pag. 89.

mini subditis epistolam relegendam atque tractandam, & vestris sacris obtutibus præsentandam direximus: poscentes vos per eum qui pro te in cruce manus innoxias extendit, & pro te sanguinem pretiosum effudit, & pro te mortem pertulit & sepulcrum, & ad liberandos electos ad infernum descendit, & pro te resurgens tibi viam ad cælos revertendi, scilicet ad cælestem patriam demonstravit: ut per te ipsum arbiter redeas ::: casto & salubri iudicio dirimas, & absque adolationis oleo æquo pondere sententiam promas &c. Elipandi autem *ad Galliæ, Equitaniæ, atque Austriæ* (sive Austrasiæ) *Episcopos* epistola, cuius Noster meminit hoc num. habetur prima omnium in eodem Toletano Codice *Plut. V. n.* 16. in cuius fine legitur: *Perscribtus est liber iste Deo auxiliante sub die XIX. Kalendas Februarias Era MCVIII.* (Christi MLXX.) *Orate pro Vincentio Presbytero Scribtore. Si Christum Dominum habeatis protectorem. Amen.*

(1) Et hanc Elipandi ad Alcuinum sive Albinum Epistolam ex Alcuino ipso *edit. Paris.* 1617. *col.* 910. mutuatam intulit Tomo V. à pag. 562. Cl. Florezius; necnon Eiusdem aliam ad *Felicem* (Urgellensem) *nuper conversum* seu resipiscentem à Du-Cangio in *Præfat. Glossar. med. & inf. Lat. nn.* 29. & 31. quæ exstat eod. *T. p.* 577.

eos Ioannes Eusebius Nierembergius in epistola [g] ad D. Laurentium Ramirezium de Prato scripta, & cum Luitprandi operibus ab hoc publicata.

35. Nulli autem fuit inferius BEATI Hispani de nostris Ecclesiis super eadem re atque his ipsis diebus meritum, cuius, & HETERII (fuit hic Oxomensis Episcopus) liber exstat *Adversus Elipandum.* Opposuit sese, uti iam diximus, novo Elipandi dogmati Libaniensis in Asturiis Beatus, doctus vir, ac testimonio Alcuini tam vitâ quàm nomine sanctus; & quia cum Heterio sibi erat intima consuetudo, eius etiam nomen inscripsit operi, quod sub hac inscriptione officii plena in Toletanæ Ecclesiæ codice quodam nuper à nobis memorato legitur: *Eminentissimo nobis & Deo amabili Elipando Toletanæ Sedis Archiepiscopo, Heterius & Beatus in Domino salutem.* Tantum abest, ut veritatis amantes viros irritaverit superba illa supra à nobis dicta Elipandi ad Fidelem abbatem, utriusque horum operæ reprehensoria epistola.

36. Primus, quod sciam, in lucem protulit antiquitatis hoc monumentum Petrus Stevartius in *Collectione insignium auctorum, tam græcorum quàm latinorum, de rebus Ecclesiasticis* [h], hac scilicet inscriptione: *Heterii Episcopi Uxamensis & Beati presbyteri adversus Elipandum Episcopum Toletanum de adoptione Christi filii Dei libri duo.* Deinde in *Bibliotheca Patrum* editionis quartæ Parisiensis tomo 4. & aliis. Ms. exstat in duobus codicibus Ecclesiæ Toletanæ [i], quorum alterum vidit Morales uti iam diximus, & Franciscus Pisa [k] (1). Meminit huius operis ad Carolum scribens, ipse Elipandus, ut constat ex his Carolinæ responsionis verbis [l]: *Exemplum mihi Constantini Imperatoris proposuistis, cuius initium Beatum Isidorum laudâsse dicitis, & finem doluisse, quod ne mihi accidat per quendam Beatum* (male *beatum* in editis) *quem Antiphrasium cognominâstis, benignè suadetis.* Hac *Antiphrasii* compellatione quasi irrisoriâ, usus fuerat Elipandus: (*contradictorem* latinè dixeris) Beatum significaturus. Immo & in eo conspirans Felix, qui Alcuino rescribens *Reverentissimo fratri Albino diacono, non Christi ministro, sed Antiphrasii Beati fœdissimi discipulo* (2) epistolæ inscripsit, uti Ioannes Mabillonius rectissimè emendavit [m]: qui & de hoc ipso Antiphrasii nomine duo alia testimonia, epistolæ scilicet Elipandi ad Felicem, & Vitæ Alcuini, produnt Beati.

37. Laudat quoque idem opus Beati Alvarus Cordubensis, hactenus ineditus sequentis sæculi Scriptor, variis in locis suorum operum, ut ait Morales; ibique eum notare, Beatum impeditiore lingua fuisse iccircoque ad scribendum quàm ad disputandum habiliorem & promtiorem. Nos hunc eius locum non vidimus quo ita de Beato censet; sed tantùm quod in epistola 1. ad Aurelium Flavium Ioannem inter alia SS. PP. testimonia argumentum eiusdem epistolæ promoventia, *Item* (ait) *ex libro Beati Heterii contrà Helipandum* (lege sîs *Beati & Heterii*, nam duo sunt; & *Heterium* & *Helipandum* cum nota aspirationis non incusamus) *quum dicit: qui me misit, mecum est* &c. Confirmatque emendationem, eundem laudans statim: *Item superiùs nominatus Livanensis Beatus. Quod si discutere volueris* &c. Et in alia ad eundem: *Sed ut Beatus Libaniensis presbyter dixit.* Ibidemque mox: *Penè temporis nostri Beati Livaniensis presbyteri.*

38. Quibus locis sive patriam sive locum commorationis eius indicat. Apud Sebastianum Salmanticensem Episcopum, sive Alphonsum Regem, in Chronico: inter alios terræ tractus (quò immissi denuò sunt sub Alphonso Catholico Pelagii genero fideles Hispaniæ populi, Asturiarum quibusdam angulis ob Saracenorum metum usque ad eum diem restricti), *Levanam* nominatam legimus. *Eo tempore populantur* (ait) *Primorias, Levana, Transmera, Supporta, Carranza, Burgis, quæ nunc appellatur Castella, & pars maritima Gallæciæ.* Hodie non ullum certum oppidum, quod sciam, sed pars quædam Asturum inter Oveti & Sanctæ Iulianæ sive *Santillanæ*, ut vocant, Asturias, totius provinciæ altissima & asperrima, novem longa quatuor autem leucis lata, provincia *de Liebana* nuncupatur sub Ducis Infantatûs ditione. In eo tractu oppidum est, *Vallemcavatam* [n] vocant iuxta *Saldaña*, in cuius Ecclesia corpus quoddam sancti viri, quem *Santo-Vieco* populares corruptè, ut videtur, pro *Santo Beato* appellare amant, religiosè asservatur; seorsumque alterum ex eius brachiis colendum palam ostendi plures affirmant [o]. Monachum suum Benedictini [p] Iepes, Uvion, & Menardus, immo hy-

[g] In edit. *Oper.* [Lu]itprandi [pa]g. 518.

[h] Inglostadii [MD]CXVI. in 4.

[i] Pluteo 30. [nu]m. 13. sub [no]mine *Eterii* [ad]v. *Elipan*[du]m.

[l] Vide *Hist.* [To]let. fol. 137.

[k] Edit. Paris. [an]. 1051.

[m] Præfatione [in] primam partem sæculi IV. Actis SS. Benedictinorum §.

[n] *Valcavada* vulgò.

[o] Morales lib. 13. & 27. Lobera in *Histor. Legion.* cap. 33. Tamaius in *Martyr. Hisp.* x. Feb.

[p] Iepes in *Chron. Bened.* ad annum DCCLXXXIII. tomo 3. & ad ann. DXXXVII. c. 3. tomo 1. Uvion in *Ligno vitæ* lib. 2. c. 63. Menardus in *Appendice Martyr. monastici* lit. B.

(1) Utrumque hunc codicem sæpius vidimus atque invicem contulimus; atque ex antiquiore, qui exeunte sæculo X. aut sub sequentis initia exaratus videbatur, exemplum desumsimus quod nobis nunc ad manum est.

(2) Totidem atque ipsissimis verbis inscribitur *Elipandi ad Albinum* sive Alcuinum *Epistola* ap. Cl. Florezium *T. V. pag.* 562.

[q] In *Actis SS. Bened.* ſæculi III. parte 2.

[r] Morales lib. 13. cap. 26. Mariana lib. 7. cap. 8. Tamaius in *Martyr. Hiſp.* die XIX. Feb. pag. 184. Bollandus *De Actis SS.* eadem die.

hypobolimæus Haubertus in Chronico ad annum DCCXCII. Mabillonius [q] autem aliquando, & alii omnes [r] non eius inſtituti, presbyterum tantùm fuiſſe aiunt. Sed retractavit iudicium ſuum Mabillonius quum ad Beati acceſſit res geſtas priore parte ſæculi quarti, monachum & abbatem ex Alcuini, atque eiuſdemmet Beati libris, oſtendens. Ex legendario quodam Aſturicenſis Eccleſiæ Beati huius actus ſeu vitam, ad Februarii diem XIX. quo vir ſanctus colitur, Io. Tamaius produxit. Sed qui parvam aut nullam fidem huic habent martyrologo, non faciunt ei ullam iniuriam. Quode infrà agemus. Quibus aliter viſum fuerit, Beati obitum anno DCCXCVIII. inde docti aſſignabunt.

39. Quod verò ibi, & apud eundem Haubertum anno DCCXCII. annotatum legitur, Heterium & Beatum pro Catholicis Hiſpanis miſſos Francofordienſi Concilio interfuiſſe: iiſdem ſuprà laudatis patrum eò vocatorum, & Caroli Regis præcipuè literis ad Hiſpaniæ Epiſcopos directis, redarguitur [s]. Nulla enim Beati, uti præſentis, cùm verè fiat, uti adverſus Elipandum Scriptoris inibi mentio. Et ex eodem Carolo novimus convocatos in hunc cœtum omnes eius ditionis, quæ tunc Francorum Regi parebat, Epiſcopos; necnon & ex Britanniis aliquos, tandemque ex Italia Petrum Mediolanenſem, Paulinum Aquileienſem, & ex Germania, Gallia, Aquitania alios, quin adiungat ex Hiſpania aliquos. Paulinus [t] autem Aquileienſis quod *ex Heſperia* addit [u], *Liguriaque, Æmilia, & Auſtria provinciis*, potiùs ad Italicam, quàm ad Hiſpanicam Heſperiam pertinet. Nam & ipſe Sedem ſuam Aquileienſem, ſive Foro-iulienſem, quæ pars Italiæ vel nunc eſt, *Heſperiis oris accinctam* paulò priùs appellaverat.

[s] Conſentit Mariana dicto cap. 26. & Tamaius ibidem.

[t] In *ſacroſyllab.* ſeu epiſt. iam laudata Epiſcop. Italiæ contra Elipandum.

[u] Liguriæ, Hiſtriæ, Heſperiæ, Æmiliæ, vel Hiſtriæ, Venetiæ, Æmiliæ vellent alii legere.

40. Ex eadem certè conſtat Felicem ſcriptæ huius ſynodalis Paulini ſtilo epiſtolæ, hoc eſt Concilii Francofordienſis tempore, nondum verè pœnituiſſe, ſive ad hæreſin ſuam unà cum Elipando tuendam denuò lapſum fuiſſe; immo impœnitentem vitâ functum in Lugdunenſi relegatione, Ado Viennenſis auctor eſt. De Elipando aliter vulgò ſentiunt [x]. Profectò, ſi germana eſt Archarici Bracarenſis Epiſcopi ad eum epiſtola, quam Tamaius ex MS. codice ſe deſumſiſſe ait [y], revera autem inter epiſtolas præſulum, quas collegit & notis illuſtravit Iulianus (omnia officinæ Higuerianæ merces) à D. Laurentio Ramirezio edita iam fuerat: certè inibi Toletani Concilii ab Elipando coacti, retractatique coram patribus veteris erroris mentionem legimus: quæ omnia more ſuo amplificavit Pſeudo-Luitprandi artifex, ac Pſeudo-Iuliani, pluribus in locis [z]: de quibus mox aliqua dicenda ſunt, poſtquam annotabimus Beati præter dictum opus adverſus Elipandum (in quo notandum eſt cum Ioanne Mabillonio [a] acta S. Andreæ, quæ recentiora creduntur, laudari), exſtare adhuc inedita *in Apocalypſin commentaria*, ſive catenam, ut vulgari ſimilis formæ ſcribendi verbo utar, ex ſanctis patribus, quorum aliqui iam non exſtantes ibi laudantur; atque iccircò magnum operæ pretium eſſet ea in publicum poſt tam longum ſilentium exire [b]: quod idem Mabillonius deſiderabat (1).

[x] Morales dicto cap. 26. Mariana dicto c. 8.

[y] Die XIX. Feb. pag. 187.

[z] Luitp. ad ann. DCCXCV. & DCCCX. Iulianus in Chronic. num. 402. 411.

[a] In obſerv. prævia ad Beati vitam pag. 734.

[b] Vide Ludovicum Alcazar in *Apocalypſin* pag. 89.

41. At hoc eſſe Beati opus, quamquam deſit omnibus in exemplis auctoris nomen, ambiguum haud eſt apud noſtros. Argumenta ſunt, primùm Heterio nuncupatum fuiſſe quocum Elipando Beatus obſtitit, verbis his quæ indicant vitæ conſuetudinem & amicitiam: *Hæc ego, ſancte pater Heteri, te petente ob ædificationem ſtudii fratrum tibi dicavi, ut quem conſortem perfruor ordinis, coheredem etiam faciam mei laboris.* Secundum, ſervari codicem in Eccleſia Vallis-cavatæ membranaceum, in quo deſcripta ſunt ante ſeptingentos annos commentaria iſta; famamque ibi perpetuò viguiſſe, eius ea eſſe auctoris, cuius eſt ſepultum ibidem ac religioſè cultum ſancti viri corpus. Codex hic deſcriptus fuit erâ MVIII. hoc eſt anno Domini CMLXX. ſed hunc ſe vidiſſe apud privatum quendam Hieronymus Romanus de la Higuera *Hiſtoriæ Toletanæ* adhuc MS. lib. 14. cap. 17. ſcriptum reliquit (2). Qui auctor ibidem coniectatur hunc eundem eſſe Beatum, cuius mentio fit in *Martyrologio Romano* & Uſuardi

(1) De Beati γνησίῳ in Apocalypſin Ioannis inedito hactenus commentario, inferius ſermo redibit. Arcarici autem ſive Archarici Bracarenſis ad Elipandum Epiſtola, cuius Noſter hoc loco meminit de eius fide dubitans, ſeſe ipſa commentitiam herique aut nudius tertius confictam prodit. *Mirifice* (incipit) *me delectaverunt literæ Paternitatis veſtræ, quibus mihi ſignificatis vos coram Patribus ad Concilium Toletanum congregatis ſtetiſſe ſententiæ S. M. E. R. & iuſſibus S. D. Apoſtolici Hadriani benevolas & faciles aures adhibuiſſe* &c. Riſum teneatis? Apud Tamaium *Martyrol.* Hiſp. T. I. ad diem XIX. Februarii.

(2) Confundere videtur hoc loco Noſter Toletanum Beati & Heterii codicem *Plut. XIV. n.* 23. qui epochen adſcriptam non habet, cum Elipandi eiuſdem Bibliothecæ codice *Plut. V. num.* 16. Era MCVIII. à Vincentio Presbytero conſcripto, in quo Elipandi Epiſtolas ad Galliæ Epiſcopos, ad Carolum Magnum & ad Migetium legi paulo ante dicebamus.

di die IX. Maii *In castro Vindecino depositio S. Beati Confessoris*. Beda, & ex eo Galesinus, *Romæ* habent. Sed *castrum Vindecinum* seu *Vindocinum*, in Gallia est urbs *Vendome*, in qua parœcia est Beato dicata; & spelunca ostenditur, in qua vixit & sepultus fuit, Augustino Lubino teste in suo *Martyrologio illustrato* [c]. Dies quoque diversa est. Similis alius codex fuit in monasterio S. Isidori urbis Legionensis, descriptus & is erâ MLXXXV. sive anno MXLVII. qui nunc est penes Excellentissimum Marchionem de Mondexar. Exstant & duo alia huius operis exemplaria: prius satis antiquum in bibliotheca S. Ecclesiæ Ovetensis, & alterum in monasterio regio divæ Virginis *de Guadalupe*: quos omnes vidit Ambrosius Morales [d]. Fuit & aliud in bibliotheca Eminentissimi domini D. Antonii S. R. E. Cardinalis de Aragonia ut nobis retulit Martinus Vazquez Siruela, amicus noster doctissimus; & aliud adhuc est in bibliotheca Toletanæ Ecclesiæ, ut ex eius catalogo, quem MS. servamus, liquet [e].

42. Diximus multos esse in excusando Toletano antistite Elipando, aut amplificanda eius pœnitentia rebusque eius enarrandis, Toletanæ creationis pseudo-historicos, Iulianum scilicet Luitprandumque, ex quibus aliqua hìc dabimus, ut vanitatem eorum auctoris ostendamus. Archidiaconus Iulianus ait [f] fuisse Toletanum sub Cixilane archiepiscopo Elipandum, quo tempore Carolus Magnus Toleti fuit, desponsavitque Galianam Galafri eius urbis Regis filiam: ex qua, ut quidam auctores aiunt Ludovicus Pius Imperator natus fuit. Hæc magni Iuliani eruditio est, quam stupent nostri homines, unum veteres omnes contrà niti & credi velle. Nihil certius est [g], quàm Ludovicum Carolo Regi ex Hildegarde Sueva uxore procreatum, prope cuius sepulcrum Metis apud S. Arnulphum iacere dicitur; nihilque à veritate magis absonum, quam Toleti Carolum aliquando fuisse Galianamque in uxorem duxisse. Hæc enim posterior una est ex anilibus fabulis quæ temerè in aliquot ex nostris historiis [h] prorupere; iureque prudentiores abiudicant [i].

43. Texit deinde [k] gesta Elipandi, aitque eum Toletanum fuisse civem, sed ex genere Gothorum (Gracchorum corrupte, ut credimus, editum fuit [l]) deceptumque à Felice, Vincentioque scripsisse de adoptione Christi ad Carolum Magnum sibi amicissimum. Vellem quidem in epistola Caroli ad eum directa vestigium huius amicitiæ exstare aliquod. Sub Elipando refert [m]

Tabula v. 3. 108.

Vide eum . 13. cap. 27.

Num. 30. 13.

In Chronic. m. 395.

Eginhartus *Vita Caroli*, rsus finem, ulus diaco- s in *fragmen- de Caroli aioribus & eris* tomo 2. *ist. Franco- m* pag. 202. n-Marthani tres *Histoire la Maison de ance*. tom. 1. . 3. cap. 6.

Hist. gene- l Alphonsi gis, Beuter, alii ex Turpi- fabulosa hi- ria, in cuius). 1. & 12. & s hæc habita- Caroli Tole- a cum aliis itur.

Morales lib. . cap. 20. Ga- ay'us lib. 37.). 15. Mariana . 6. cap. 10. à in *Historia 'etana* lib. 1.). 17. Barrei- in *Itinera-* fol. 98. Va- is in Chron. ann. DCCLVII.

Num 401. eqq.

In edit. unica if. MDCXXVIII.

Num. 402.

Muzarabes sub Saracenorum iugo vehementissimè passos fuisse. Et tamen paulò pòst [n] (quod in altissima quiete ac rebus prosperis Christianorum obtinere à Mauris arduum fuisset) Elipandus in eadem Toletana urbe Concilium plurium Episcoporum habuisse dicitur; atque eo quidem tempore quo (ait idem Iulianus alibi [o]) *Muzarabes vehementissimè passi sunt iniuriis Saracenorum provocati, propter quod multi ad Asturias, alii ad Gallias fugere coacti sunt*: ut eius telo Iulianum petam, quo cum Luitprandus, eius ævi homo, ut fingit, conspirat omnino [p], de his iisdem annis Concilio adscriptis loquens.

44. Postea idem Iulianus missos ait ad Carolum Magnum cum Elipandi legatione & literis Gumesindum eius archidiaconum, & Lupum Andreæ ficulnei: cuius Andreæ, Lupi patris, memoranda ibidem facinora & originem familiæ suæ *De la Higuera* (cui ficulnei latinum cognomen convenit), & aliarum Hispanarum eiusdem stemmatis, Hieronymus Romanus de la Higuera, Pseudo-Iuliani architectus (ut creditur) conglomeravit: de quibus nos alibi [q]. Mox [r], Heterio Episcopo dumtaxat, nulla Beati veri auctoris habita mentione tribuit *Apologeticum adversus Elipandum*. Immo Archaricum Bracarensem Episcopum literas ad eundem dedisse, & ab eo accepisse super quæstione de adoptione Christi, paulò pòst refert [s].

45. At quia huius ARCARICI, sive ARCHARICI epistolæ duæ ad Elipandum in eam collectionem epistolarum coniectæ sunt, quas Iulianus noster auctor procurâsse ac notis illustratas in schedis reliquisse dicitur, hodie iam cum Luitprandi operibus à D. Laurentio Ramirezio à Prato iuris publici factam: hìc sistendum paulisper est; ne illaudatus à nobis hic Scriptor Hispanus, si verè Scriptor fuerit, dimittatur. Epistolæ quidem ab Archarico quodam præsule ad se scriptæ super Beato & Heterio Elipandus meminit in ea, quam superiùs laudavimus, ad Fidelem abbatem data. Multa tamen sunt, quæ novitatem & suppositionem in his epistolis, de quibus nunc agimus, redolent. In prima *eminentissimi* titulus Elipando tributus ab Archarico, fastus sæcularis eo tempore potiùs quàm Ecclesiasticæ modestiæ proprius; quantumvis Ramirezius laudatus uberi nota hìc præstò esse curaverit. Habemus enim Isidori, aliorumque, immo & Alvari Cordubensis ferè æqualis epistolas, quæ socco isto non ambulant.

46. Metropolitanorum item Hispalensis, Emeritensis, Tarraconensis mentio, quos

[n] Num. 411.

[o] Num. 402.

[p] Ad ann. DCCLXXXII. num. 241. & DCCLXXXVI. n. 251.

[q] In Iuliano hypobolimæo sect....

[r] Num. 406.

[s] Num. 409. & 410.

quos consuluisse se Archaricus ait. De Tarraconensi etenim debellata à Mauris ab anno DCCXIX. ac funditus excisa urbe, quod vulgò scribitur apud Cataloniæ auctores [t]: ægrè id credimus, durâsse Ecclesiam, nedum Sedem metropolitanam. Emeritensis verò Episcopi post Maximum, qui florente adhuc Gothorum imperio Conciliis duobus Toletanis XV. & XVI. interfuit, nulla ulterior mentio. Eversa fuit à Mauris urbs, ut apud Rasim [u] Arabem historiographum legitur; eaque sub iugo illorum passa est, quæ in epistola quadam Ludovici Francorum Regis Pii Caroli Magni filii, quæ inter Eginharti est epistolas, ad Emeritensem universitatem data, recensentur [x]. De Hispali certum est Ioannem sacra rexisse adhuc proximo huic nono sæculo, magni apud omnes, atque etiam Mauros, habitum: de quo nos suo loco ob doctrinæ ac monumentorum eius laudem plura dicemus. Sed quicquid de durante in his urbibus Episcopali dignitate dicendum sit: quòd tamen duraret adhuc inter captivitatis & perpetui belli turbas illa sacræ politiæ vetus œconomia, & metropolitanorum inter se tot parasangis divisorum communicatio; & non potiùs super religionis capitulis promtiùs & expeditiùs inter vicinos antistites conferretur, vix mihi persuadeo.

[t] Icart *Grandezas de Tarragona* cap. 9. & cap. 21. Beuter *Hist. de España* part. 1. cap. 28. Puiades *Hist. de Cataluña* lib. 6. cap. 148. Zurita lib. 1. *Annal. de Aragon.* c. 28.

[u] In *Hisp. descriptione.*

[x] Apud Sirmondum post Notas ad *Capitula Caroli Calvi*, & apud Thomam Tamaium in *Apospasmatio de rebus Emerit.* cum Pauli diaconi libro *De Vitis PP. Emer.* edito pag. 151.

47. Tertiò movet, Archaricum dicere se Hadrianum Pontificem consuluisse; idque de eo tempore dicere, quo iam Hadrianus ad Hispaniæ Episcopos, & Carolus Rex ad Elipandum epistolas, quæ vel hodie exstant, (de aliis quippe nîl scimus) scripsissent. Qua tamen in epistola Hadriani opportuit utique non prætermitti, Archaricum ad eundem hac super re dedisse literas. Quod minimè factum ostendit Hadrianus, qui epistolam suam ita inscripsit: *Consacerdotibus nostris Gallicis Spanisque Ecclesiis præsidentibus.* In quibus dubio procul, & ante plures venit intelligendus Bracarensis. Immo universos, nullo demto, statim ab initio, *non sinceris sensibus eius Fidei communioni sociatos*; ac totâ epistolâ *temeritatis dementiâ delusos*, *querulos*, *obtrectatores*, *Deo odibiles*, *cæcos*, *scelestos*, *immites*, & *incompositos* esse ait; tandemque, nî resipuerint, extremum omnium malorum anathema imponit. Nolim utique iniuriosus esse magno viro & Pontifici. Certè apparet magnâ eum iniuriâ Arcaricum Gallæciæ Episcoporum primatem effecisse: si ab eo consultus, nulla eiusdem facta mentione, generaliter universis eius provinciæ Episcopis eandem erroris notam impingere non dubitavit.

48. Quartò, has dedit epistolas bibliotheca S. Iustæ Toletanæ, ut legitur in Iuliani Nota ad primam epistolam: quæ mera est mendaciorum, quæ ficulneus Iulianus architectatus fuit, officina. Quare album calculum adhuc his denego, dum fontes legitimi desiderantur.

49. Persequamur iam quæ Iulianus temerè de Elipando finxit, quibusque suam ipse fidem evertit. Actum fuisse ait [y] in Toletano Concilio isto, quod nobis nullum fuit, de mutando officio Gothico; eo quòd patres Concilii Italiæ perperam intellexissent, aut veriùs imposuissent ea quæ de adoptione Christi non dixere, sanctissimis Ildephonso & Iuliano Toletanis patribus. Cespitavit hæc referens planus. Hæc enim sugillatio doctorum Ildephonsi & Iuliani quorum testimoniis peragere rem suam Elipandus atque eius asseclæ contendebant: non in Italiæ ea quam dicit, sed in Galliæ & Germaniæ Episcoporum ad Hispaniæ Episcopos altera epistola leguntur. Neque hi imposuere aliqua Ildephonso & Iuliano; sed tantùm illa eorum testimonia sibi non visa quæ pro se adducebat Elipandus, non eo quo sanè oportuit loco habuere: uti habuit Cæsar Baronius [z] hac nostra ætate & alii, qui ut has imputatas ab Elipando sanctissimis Pontificibus maculas ab opinione hominum abstergerent religiosè ac prudenter elaboraverunt.

[y] Num. 411.

[z] Ad ann. DCCXCIV. n. 8.

50. Quòd ergo pœnituerit Elipandum in Concilio isto, sic solemniter videntibus & consentientibus Mauris congregato, hìc nobis aqua hæret. Scio in actis seu vita S. Beati, quam ex legendario Asturicensis Ecclesiæ ut ait deductam Ioannes Tamaius XIX. Februarii, atque ex eo actis Sanctorum inseruere viri clarissimi operis magni compilatores, huius Concilii Toletani mentionem haberi. Sed Ioannis Tamaii hic mos fuit præposteri quidem iudicii & abominandæ audaciæ, actis genuinis legendariorum ac Breviariorum inventa pseudo-chronicorum, quibus adhærebat, inserere: tamquam hæc eiusdem texturæ & auctoritatis essent cum Ecclesiasticis illis, quæ traditiones nostræ gentis antiquas conservabant veteribus monumentis. Cuius sic temerarii ausus securi. Henschenius in commentario huius *Beati vitæ*, atque item Ioannes Mabillonius Benedictinus *De Actis Sanctorum* istius ordinis agens priore parte sæculi quarti, acta hæc seu vitam, ut germanum historiæ scriptum acceptavere. Quo præiudicio ductus Henschenius, credidit Ioannem Marianam ex hac vita à se visa quædam verba mutuâsse;

tuisse; cùm certiùs sit confectorem vitæ Tamaium Marianæ verbis usum fuisse. At inter ea quæ sunt Tamaianæ manûs omnia hæc haberi debere censeo, quæ de præsentia Heterii & Beati in Francofordiensi Concilio, ut iam diximus; & quæ de Toletano altero (ex Luitprando scilicet & Iuliano) hìc dicuntur; atque itidem quòd Felicem audimus *Gallum prosapiâ*, qui vero Eginharti testimonio cui debemus potiùs quam Tamaii credere, Hispanus fuit. Mabillonius acutum huc deveniens, ut solet, vidit, Eginhartum opponens Gallicæ huius Felicis patriæ; notansque Ioannem Marianam asserere id non ausum (tam à vero abest profecisse eum à vita ista, quod Henschenio excidit). Non iure tamen in nos invectus quasi omnes Hispani has adoremus fabulas, hisce verbis: *Festivi verò sunt Hispani, qui si quos habent nebulones, Francis aut Gallis adscribunt; quos autem insigniores habemus sibi vindicant, ut multis exemplis patet in Martyrologio Hispano.* Meretur hocce scriptum ut hæc & acriora adhuc audiat; sed non omnes Hispani cum eo consentimus; immo & pudet nos quotiescumque id in manus sumimus, enixeque cupimus Martyrologium Hispaniæ verum huic Tamaiano, innumeris fictionibus fœdo, in quo vera falsis interpolata passim leguntur, à viro aliquo veritatis & boni gentis nostræ nominis amante subrogatum iri. Et nos hanc Galli viri eruditissimi & modestissimi sugillationem, quam expressit ei nostra credendi quæque facilitas, chartis his illinere voluimus: documento fore cupientes, quàm oporteat & nostra intersit, ut non ita malè audiamus, vindicare gentem in pristinæ sinceritatis ac bonæ fidei famam, nîl parcentes labori & operæ, quam debellandis nostræ pseudo-historiæ monstris optimus ac doctus quisque impendere debet.

51. At quantâ operâ Elipandianæ huic pœnitentiæ, obnoxioque animo erga Carolum Regem, ab eodem Iuliano Fuldensis imponitur & quasi succollatur inventio illa & effosio, tot vel Crœso invidendorum thesaurorum, quot inde fuisse ad se missa volumina Hieronymus Romanus de la Higuera olim iactavit! Eo enim fundamento nititur tota machina: Elipandum scilicet officii memorem tunc temporis misisse ad Carolum plura Hispanorum hominum omnis generis monumenta, & in his *Chronica Dextri & Maximi: fragmenta Braulionis, Helecæ, Taionis, & aliorum*, ut ait ille [a]. Quod quidem tam ipse alibi [b], quàm Luitprandus eius gemellus [c] putidè inculcant, ita ut suppositio ac dolus non prorsus obesæ naris hominibus sese ipsa prodant. Obiisse autem Elipandum in pontificatu ferè iam XXX. annorum, id est quod tandem Iulianus sui admiratores docuit [d]: in quo non discedit à Luitprandi calculo [e]. Sed iam nos ad alia.

[a] Num. 414.
[b] [In] epistola ad [...]ertum Fur[...]em Chroni[... p]ræliminari.
[c] In epistola [ad] Tractemun[dum], cui Chro[nico]n dedicat.
[d] Num. 401.
[e] Ad annum DCCLXXXII.

CAPUT III.

De ISIDORO *Pacensi Episcopo, & eius Chronico seu epitome: quod corrigitur in annorum epocha. Moralis error circa huius ætatem. Chronicon is non vidit, quamvis Isidoro utatur. Rodericus Toletanus id transcribit sæpè. D. Iosephus Pellizerius, Marchio Acropolitanus, & D. Ioannes Lucas Cortesius laudantur. Pelagii Ovetensis Episcopi error, confundentis hunc Isidorum cum Chronici ab initio mundi, qui Hispalensis est, auctore. Pellizerii sententia de septem Isidoris examinatur.*

52. SI quid aliud in rebus nostris, & inter auctores nostros, implicatum & obscurum est, id quod ad Isidorum Pacensem Episcopum attinet haberi debet. Fuit quidem inter alios cognomines (septem non minùs Scriptores sic appellatos (rectè ne?), Pellizerius constituit). ISIDORUS vulgò dictus PACENSIS à Pace Lusitaniæ urbe (*Beja* hodie vocant) cui adhuc Mauris subiectæ [f] antistes præfuit: cuius nomen præsefert in codicibus MSS. Complutensi & Oxomensi sic appellatum Chronicon quoddam, barbarum quid sonans ab inscriptione ipsa, nempe *Epitoma Imperatorum vel Arabum ephemeridis unà cum Hispaniæ Chronico.* Ita in editione unica, quam habemus, huius Chronici à Prudentio Sandovalio Pampilonensi Episcopo, unà cum *Idatii, Sebastiani, Sampiri, & Pelagii*, Hispaniæ Episcoporum, aliis Chronicis, procurata.

[f] Morales lib. 12. cap. 40.

53. Hæc historia (quæ veluti continuatio est Isidori Hispalensis præsulis Chronici, ut rectè observavit Petrus de Marca vir doctissimus lib. 2. *Hist. Benearniæ* cap. 1.) incipit ab Era DCXLVIII. (sic emendandum est pro *Era DXLIX.*) sive anno DCX. quo exstincto Phoca Heraclius imperium suscepit; pertingitque usque ad eram DCCXCII. sive annum Christianum DCCLIV. Constantini Copronymi imperii, non X. uti editum est, sed XIV. Aliæ epochæ annorum Arabicorum, & Mundi, eadem in editione, non huic anno, sed superiori conveniunt DCLIII: nempe annus mundi Eusebianus MMMMMCMLIV. & Arabum, seu Hegiræ, CXXXVI. Quod chronologicis relinquimus.

54. Hoc verò tempore scriptam fuisse hanc,

hanc, ut auctor vocat, *Epitomam*, ex his illius verbis patet: *Fiunt igitur* (versûs finem ait) *ab exordio mundi usque in Eram cœptam septingentesimam nonagesimam secundam* &c. Prius autem eodem sensu, quamvis obscuriore aliquantulùm propter incorrectam lectionem ac stribiliginem stili, sententiâ, *Erâ DCCLXXXII. completâ, atque incipiente iam tertiâ* (dicere vult DCCLXXXIII.) *Romanorum sexagesimus octavus* (Imperator) *Constantinus Leonis filius post patrem imperio coronatur, regnans annis. Tot* (corrige, *regnans annis tot*; neque enim potuit aliter, quot regnaturus esset annis vivus adhuc princeps cùm auctor hæc scriberet significare; ideoque ibi relictam ab eo fuisse lacunam credimus, aut eius loco adverbium illud *tot*, quasi numerum postea subrogaturo) *peractis à principio mundi usque in anno Constantini X.* (iam diximus XIV. corrigendum) *peragente V. M. DCCCCLIV. annum peragentem*: hoc est, qui tunc currebat, opposuit annis *peractis*, barbaro, nempe suo, more. At quæ minus attendit vir cetera industrius, si quis alius inter Historicos nostros, Ambrosius Morales, quem honoris causâ semper nominamus, dum ad inferiorem ætatem, hoc est ad Garsiæ Regis tempora qui anno nongentesimo duodecimo [g] Legione regnare cœpit Isidorum hunc refert [h]: Sebastianoque Salmanticensi, alio eiusdem commatis historico, iuniorem facit. Nec mirum, cùm revera is Isidori hocce Chronicon quod Sandovalius publicavit eius nomine inscriptum nusquam viderit. Attribuit quippe huius operis seu epitomes quædam Sebastiano nuper laudato Salmanticensi: quod qui attentè observabunt non semel deprehendent [i].

55. Aliàs ea quæ in Chronico leguntur Sebastiani, pro Isidorianis laudat [k]. Sæpissimè verò Roderici Toletani, aut Lucæ Tudensis, aut Rhasis Arabis aliorumve testimonio utitur [l], ea referens, quæ in Chronico seu epitome Isidori nunc habemus: quod utique non levi culpæ ei fuisset, si antiquiore & æquali Scriptore prætermisso, quatuor ferè sæculis iuniores historicos dicendo testimonio sisteret. Tandem aliqua, Isidorum laudans, memorat [m], quæ ab eius hac epitome disparuere. Exempla horum omnium in ora libri dedimus, ne retardaremus properantes. Ioannes Vasæus vidit certè Chronicon hocce, atque passim ex eo, quæ quidem edita habemus, refert [n]; desinitque eo uti ubi id absolvitur. Decerpsit quoque inde quædam fragmenta ad Galliarum res pertinentia Andreas Quercetanus, & primo volumine *Gallia Historicorum* edidit, pag. 785. nempe ex Sandovalii editione. Rodericus certè Toletanus præsul adeò usus fuit Isidori hac historia, ut integra passim exscribat inde capita [o]: cuius cum Isidorianis verbis collatio haud parum sanandis Chronici huius vulneribus conducere poterit. Nec solùm in Hispaniæ, sed & in Arabum historiam huius verba transtulit, computo eius adhærens, quod apud Isidorum, demtis scripturæ erroribus, exactissimum est, ut Petrus Marca iam laudatus observavit [p]. Extant quidem in Hispania huius historiæ, seu epitomes Isidorianæ aliquot MSS. exempla.

[g] Morales lib. 15. cap. 34.
[h] Lib. 12. cap. 40. in fine.
[i] Lib. 12. cap. 53. & cap. 54.
[k] Lib. 13. c. 9.
[l] Lib. 12. cap. 68. 69. 72. 75. 58. 65. 40. 48. 25.
[m] Lib. 12. cap. 40. 57. 59. 64. 65. 66. lib. 13. cap. 2. 3. 4. 5.
[n] In *Chronic. Hisp.* an. DCXII. DCXVII. DCXXI. DCXXXI. DCXXXIII. DCXLI. DCXLII. DCXLVI. DCXLVII. DCLIII. DCLXXVIII. DCLXXXI. DCLXXXV. DCCII. DCCX. DCCXIV. DCCXVIII. DCCXIX. DCCXXVII. DCCXLI. DCCXLVII.

56. Sandovalio, uti diximus, prestò fuere codices duo [q], alter Oxomensis Ecclesiæ, absque auctoris nomine [r], alter Complutensis: quorum posterioris, atque item tertii iussu Francisci Cardinalis Ximenii descripti ope, D. Iosephus Pellizerius regius chronographus, vir diligentissimus, exemplum quoddam suum se correxisse alicubi [s] ait. Quartum vidit Petrus de Marca in bibliotheca Parisiensis Navarræ collegii, ut ipse refert *Benearniensis hist.* lib. 2. cap. 1. Fortasse & in Lusitaniam penetrârunt alii; cùm Andreas Resendius in *Antiquitatibus Lusitanis* [t], Isidori Pacensis opuscula *horrido, parumque culto sermone, eaque imperfecta, & mendis senticosissimis scatentia circumferri*, de Pace urbe loquens adnotaverit. Vereque ita est; cùm auctorem hunc non minùs propria & innata, quàm ab exscriptoribus inflicta vulnera miserrimè debilitaverint.

57. Cur ergo accuratiorem aliam, & luculentiorem huius operis editionem invident nobis ii, qui otio & industriâ inter nostros valent, habentque ad manus, unde in publicum prosint, inutilia alia, aut quidem non sic utilia, prætermittentes. Exspectari quidem hoc posset à laudato Pellizerio, amico nostro, qui potiori labore collationis & correctionis iam se esse functum ait (sed hic iam fato cessit quum hæc in incudem revocamus); aut à D. Gaspare Ivañez de Segovia Marchione Acropolitano (& nunc Mondexarensi); aut à D. Ioanne Luca Cortesio cive meo, quum hæc scribimus uno ex iudicibus, qui in regia Matritensi curia criminibus vindicandis invigilant: qui cùm de harum antiquarum literarum & Hispanæ totius historiæ sit callentissimus, optimosque codices MSS. sive penes se, sive in amplissima & horum instructissima Excellentissimi Comitis *de Villa-Umbrosa* Castellæ magni Senatus præsidis (nunc iam Excellentissimæ Comitissæ eius viduæ) bibliotheca ad manum

[o] Lib. 2. cap. 17. cap. 19. 20. 22. lib. 3. cap. 12. cap. 13. 14. 15. & aliis, & in *Hist. Arab.* cap. 11. & aliis.
[p] Lib. 2. *Hist. Benearniæ.* c. 1.
[q] Meminit Sandovalius in epigraphe editionis.
[r] Ut idem ait in Notis pag. 359.
[s] In *Annal. Hisp. post Maurorum irruptionem* MSS. quorum partem vidimus, & in *Biblioth. Pellizeriana* fol. 146.
[t] Lib. 4.

num habeat: si per negotia publica ei liceat, debebit utique, ut genio suo obsequatur, hæc & alia vetustatis monumenta in publicum industriâ suâ, hoc est, quàm potest, integra & à mendis purgata, depromere (1).

58. Et quidem Isidorianum hoc si quod aliud è nostris Chronicon, operâ istâ indiget, ut propriis tantum suis stili plagis fœdum, quod erit sibi ipsi constare, in conspectum hominum iterum veniat. Propriis tantùm suis stili plagis diximus; cùm ambigi nequeat tale è manu auctoris exiisse, *portentum potiùs quàm Chronicon* (ait Ioannes Vasæus [u]) *Adeò prodigiosè scribit, & gothicè potiùs quàm latinè*. Quocum convenit, uti audivimus, Resendius, qui tamen barbaro auctoris sermoni superaddita ac foris venientia agnoscit menda.

[u] *Chron. Hisp.* cap. 4. num. 11.

59. Sed quod de Isidori ætate diximus, verbis huius eiusdem operis confirmatum, præter Moralis iam laudati opinionem, in controversiam fortè venire faciunt codices, qui Isidoro iuniori hanc epitomen adscriptam habent: quo ipso *Iunioris* titulo appellatur aliàs Isidorus Chronici alterius universalis ab initio mundi Scriptor, quem Hispalensem adstruximus loco suo præsulem exstitisse. Unde non tam hunc, quàm Pacensem, (quem respectu Isidori Hispalensis eo senioris *Iuniorem* dictum existimabant), utriusque historiæ, tam universalis quàm particularis, auctorem fuisse sibi persuasere ii, quibus Isidorus Cordubensis Episcopus Hispalensi antiquior, atque iccircò dictus *senior* minùs fuit notus. Quem incurrisse errorem eos qui *Generalem historiam* iussu Alphonsi Regis X. cognomento *Sapientis*, composuere [x]; atque item Ioannem Ægidium Zamorensem Franciscanum sæculi XIV. Scriptorem [y], qui *Historiam* istam *generalem* ducem erroris habuit, minus mirandum est, quàm hoc eodem hæsisse vado Pelagium Ovetensem Episcopum, duodecimi sæculi historicum; siquidem hic auctor est eius operis sive Chronici, ex variis Chronicis coagmentati & usque ad ætatem suam continuati, cuius & suprà habuimus, & de rebus huius Pelagii agentes mentionem habebimus. Qui sanè auctor in præfatione ita scribit: *Carissimi fratres, si Chronicam hanc, quam aspicitis, bono* (non dono, ut excusum est [z]) *animo eam legeritis, invenietis, quomodo iunior Isidorus Pacensis Ecclesiæ Episcopus, sicut in veteri Testamento & novo legit, & per Spiritum sanctum intellexit: ita ab Adam usque ad Noe; & usque ad Abraham, & David; & usque ad adventum nostri Redemtoris; & de Iudicibus, sive & de Regibus in Israel; & inde de Romanis Regibus, sive Imperatoribus, & de Wandalis, & Alanis, sive & Suevis Hispaniæ Regibus, sicut à maioribus & prædecessoribus suis inquisivit & audivit plenissimè scripsit.*

[x] 2. par. cap. 50. pag. 242.

[y] Tract. 6. *Adversariorum* MSS. qui est *De philosophorum, & Hispaniæ doctorum perspicacitate.*

[z] A Pellizerio in *observation. ad Chron. Dulcidii Salmant.* fol. 15. Barcinone MDCLXIII.

60. Quibus verbis non tantùm generale S. Isidoro Hispalensi attributum ab exordio rerum Chronicon, sed & *Wandalorum, Alanorum, & Suevorum historiæ* eidem sanctissimo Hispalis præsuli adscriptæ, Pacensi Episcopo, seu iuniori Isidoro, adiudicantur. Quinimmo cùm *particularis* huius, de qua nunc agimus, Pacensis epitomes, tot inter chronographos, ex quibus systema suum historicum se confecisse Pelagius Ovetensis prodidit, nusquam meminerit: simile vero est quandam partem generalis Chronici iam laudati fuisse ab eo hanc epitomen existimatam. Profectò quidem nec oculos nec mentem habent qui ab eodem pectore atque eodem calamo *Generale* illud mundiale, ut ita dixerim, *Chronicon*, è nullo sermonis dehonestamento turpe, sed bene latinum, simulque barbarum hocce aliud, vix semilatinum, Pacensis Isidori nomine publicatum, derivare potuisse, sive aliorum sive suis oculis credunt.

61. Huic errori proximus error est vulgaris typis factæ Roderici Toletani historiæ. Hæc enim fine libri 2. cùm Beato Isidoro, hoc est Hispalensi Gothorum originis usque ad quintum annum Svinthilæ Regis historiam adscripsisset; & S. Ildephonso eorundem Gothorum, Alanorum, Wandalorum, & Suevorum, à quinto Svinthilæ anno usque ad XVIII. Reccesvinthi rerum gestarum continuationem: subiunxisse creditur: *Et Isidorus iunior, qui à principio mundi incipit Chronica, usque ad octavum decimum Recesvinthi annum fideliter prosecutus, & ad destructionem Hispaniæ per Arabes ipse scripsit.* Ita enim concluditur hic liber Roderici secundus in editionibus. Quod quidem glossema est, furcillisque hinc eiiciendum, idque à MSS. libris abest: quod in ora Francofurtensis huius historiæ editionis in *Hispaniæ illustratæ* annotatur systemate. Cùm præsertim Hispalensem scripsisse Chronicon ab initio rerum, non utique Gothorum tantum temporis, iam quum de eo egimus liquidò ostensum fuerit; Isidori verò huius

(1) Isidori Pacensis Chronicon utcumque melius habitum vulgavit Matriti Franciscus Berganza Benedictinus 1729. & post eum Cl. Florezius cum nonnullis vetustis codicibus collatum T. VIII. à pag. 274.

Pacensis operum nullo, ad quæ ipse refert se, nedum in hac epitome, qua de agimus, significetur ab illo usque primordio rerum historiam eum pertexuisse. Legerem planè libens Roderici testimonium istud inverso parùm ordine, ut constet sibi, & sustineri possit: *Et Isidorus iunior, quod à principio mundi incipit Chronicon, usque ad XVIII. Recesvinthi annum fideliter prosecutum* (ab Ildephonso scilicet), *& ad destructionem Hispaniæ per Arabes ipse scripsit.* Quod verum est (1).

62. Æquè, sed aliâ quidem viâ, deerrâsse mihi videntur, qui tot Isidoros multiplicant, quot fermè opera huius nomine sciunt inscripta. In quorum numero habeo D. Iosephum Pellizerium chronographum regium, mihique, sine præiudicio tamen veritatis amicissimum (dum viveret) caput. Qui in observationibus ad Chronicon, quod superioribus annis primus edidit, existimabatque Dulcidii esse Salmanticensis Episcopi [a], septem non minus agnoscit. Primum Isidorum Cordubensem circa annum CD. ad libros quatuor Regum commentarii, & utriusque Testamenti allegoriarum auctorem. Hunc Pseudo-Dexter in duos divisit [b], Cordubensem utrumque Episcopum, qui fortè nullus usquam unquamve fuit, uti de quinti sæculi Scriptoribus loquentes suspicari nos diximus: Pellizeriusque Hispalensi est iniurius, qui *Allegoriarum* librum ei abiudicat.

[a] Fol. 16.

[b] Ad annum CCCLXXXIV. n. 8. CDXXIII. n. 5. CDXXX.

63. Secundus eiusdem Isidorus est Hispalensis nuper laudatus, *Etymologiarum* Scriptor. Tertius verò alius eiusdem Sedis Episcopus, eo iunior, idemque Cæsaraugustanus antistes. Et huic quidem non tantùm Chronicon Isidori nomine inscriptum, & ab exordio rerum usque ad Wambanis primum annum continuatum; sed & historiam Alanorum, Wandalorum atque Suevorum Isidoro Hispalensi æquè tribui solitam, adiudicat. In quo inflictam Hispalensi magno Isidoro alteram à Pellizerio iniuriam depulsavimus, dum de huius viri sanctissimi rebus & libris commentaremur. Eoque magis quòd non alium nisi hunc Isidorum Ecclesia Hispalensis, nullumque Cæsaraugustana in catalogis suorum Episcoporum annotatum habeant. Remittit quidem huius dicti sui probationes ad ordinem Gothorum Pellizerius: de quo nihil scripsit, neque eo loci, neque alibi; saltem Chronicon, de quo loquitur, id esse ait, quod, tamquam si Isidori Pacensis esset, Pelagius Ovetensis Episcopus centoni suo paulò antè laudato intexuit; ac Lucas Tudensis, tamquam si magni Isidori esset, continuavit, hoc initio conspicuum: *Brevem temporum seriem per generationes & regna primus ex nostris Iulius Africanus* &c. quæ quidem præfatio est ad Chronicon, non ipsum Chronici initium. De his tamen satius erit eò Lectorem nos remittere, ubi de sancto Hispalensi Archiepiscopo, & eius Chronico abundè egimus.

64. Quartus Pellizerii Isidorus ille est, qui *Peccatorem* sese appellans, collectionem epistolarum Decretalium & Conciliorum edidit. Sed neque hunc fuisse usquam forsan apud nos revera huius operis auctorem, in Isidorianis quoque rebus annotatum relinquimus. Quintus eiusdem Isidorus est Sætabitanus Episcopus (2): cuius esse inquit librum *De significatione nominum.* Sed estne hic idem cum *Allegoriarum* libro, quem *De nominibus legis & Evangeliorum* Braulio appellat; an glossarium quod Isidori, seu Isidorianarum glossarum adnotatur titulo? Ampliamus interim ab aliquo qui eius schedis utatur, docendi. Sanè auctor huius Sætabitani Episcopi Luitprandus est ad annum DCLXXXI. cui tamen ille collectionem Conciliorum attribuit. Mirorque Pellizerium in hoc homine constituendo, quod aliàs minimè solet, Luitprando detulisse.

65. Sextus illi Isidorus Pacensis, de quo

(1) Sistimus Roderici verba quibus secundus de Rebus Hispaniæ liber clauditur, qualia in Regiæ Bibliothecæ Matritensis codice circa annum MCCC. exarato leguntur, nimirum: *Et cum Beatus Isidorus descripsisset Gothorum originem usque ad quintum annum Regis Suynthile. Sanctus Ildephonsus descripsit tempora Gothorum. Alanorum. Vandalorum. & Sueuorum à quinto anno! Suynthile usque ad octauum decimum Recensuyndi. & Ysidorus iunior. qui à principio mundi incepit Cronica! usque ad octauum decimum Recensuyndi annum! fideliter prosecutus etiam usque ad destructionem Hispanie per Arabes! ipse scripsit:* Quo loco verba saltem illa *usque ad octavum decimum Recensuyndi annum* otiosè repetuntur, neque Iuniori seu Pacensi Isidoro quadrant; uti nec præcedentia *qui à principio mundi incepit Cronica.*

(2) Uter autem fuerit inter cognomines? Nam binos per hæc tempora Sætabitanos Episcopos Isidoros Toletanis Synodis interfuisse reperi: priorem nimirum qui XII.æ anno Christi DCLXXXI. celebratæ decimoquinto loco subscribit: cui successit Asturius, exstatque eius subscriptio XXXIV. ordine in Synodo XIII.a anno Christi DCLXXXIII. celebrata: in sequenti autem seu XIV.a Sætabitana Sedes vacat; & posteriorem, qui duabus quæ consecutæ sunt Synodis XV. & XVI. annis DCLXXXVIII. & DCXCIII. habitis interfuit, & priori quidem LV. loco; posteriori autem XLII. subscripsit. Neutrius autem horum inter Scriptores meminere Iulianus, Felix, Honorius &c.

quo nunc sermo, qui scripsit *Chronicon Arabum* anno DCCLIV. quod verissimum est. Septimus tandem Isidorus alter *de Beja* Episcopus (cur non *Pacensem* & hunc dixerit ignoro, cùm Pax sive Pax-Iulia *Beja* sit), quem semper hoc dignitatis nomine Ambrosius Morales passim huius historiam laudans appellare solet. Cuius esse ait Pellizerius Chronicon, quod sic incipit: *Sex diebus rerum omnium creaturam formavit Deus*: quasi hæc non essent ex initio illius Chronici verba, cuius præfationem esse diximus illam antea, uti Chronici ab hoc diversi principium, laudatam. Saltem hoc ultimum, duos nempe Isidoros eiusdem Pacis-Iuliæ Episcopos fuisse, alterum epitomes Imperatorum & Arabum, quâ utimur, auctorem: iunioremque alterum qui hanc continuaverit, quaque nos caremus, ex indicio tantùm Moralis notum, ut admittamus persuadet bona fides candidi huius Historici; & quod is Arabum istum chronographum Isidorum non vidit, posteriorem verò in manibus semper habuit. Nec prior ille vivens & scribens Erâ DCCXCIII. sub Constantino Leonis filio Imperatore Orientis pertingere vitâ aut commentariis potuit ad Garsiam Legionis Regem atque Eram CMXL. sive annum CMII. Si ergo Pseudo-Dextro ac Pellizerio aures dabimus: Isidori duo Cordubenses, duo Hispalenses, duo denique Pacenses erunt, Scriptores omnes, ultra illum Sætabitanum. Sed ego cras fortè, ut in proverbio est, hodie nihil credam.

66. Multiplicatione ista nunc afflictâ; duplicique Isidoro, Hispalensi altero, Pacensi altero, iunioreque isto respectu illius senioris contenti (1), ad alia eiusdem Pacensis opera nos conferamus. Meminit ipse unius, duorumve, ab hac Epitome diversorum, nempe alterius *Epitomæ*, sive *epitomæ temporalis*, ut ex his eius verbis patet, cùm de orientalium Arabum duce Belgi, & occidentalium ductore Humeia Abdelmelici filio, inter se prœliis ageret. *Sed quia nequaquam* (ait [c]) *eam ignorat omnis Hispania: ideo illa minimè recensere tam ystraica* (2) (sic editum est) *bella ista decrevit historia; quia iam in alia epitoma, qualiter cuncta exstiterunt gesta, patenter & paginaliter manent nostro stilo conscripta.* Et postea [d]: *Quisquis ergo huius rei gesta cupit scire, ad singula ad* Epitoma temporalia, *quod dudum collegimus, cuncta reperiet enodata: ubi & prœlia Maurorum adversus cultum* (Christianum scilicet) *dimicantium, cuncta reperiet scripta, & Hispaniæ bella eo tempore imminentia releget adnotata.* Ex quibus videtur in hac eum historia prolixè & specialiter de Maurorum cum Gothis, & inter seipsos prœliis, tractâsse.

[c] Erâ DCCLXXX. pag. 21. editionis Sandovalis.

[d] Erâ DCCLXXXI. pag. 22.

67. Aliud ab hoc opus, *Verba dierum sæculi* nuncupatum, significari ab eodem de Arabum adhuc mutuis cædibus agente his verbis videtur: *Reliqua verò gesta eorum, qualiter pugnando; & nonne hæc scripta sunt in libro* Verborum dierum sæculi, *quem Chronicis præteritis ad singula addere procuravimus?* Dicas paraleipomena, seu prætermissa quædam in superiorum ætatum Chronicis hoc libro contineri. At habuerene ex duobus his aliquem, aut Morales qui toties Pacensi ea tribuit [e] quæ in eius edita Epitome non leguntur; aut Ioannes Mariana, qui ex Isidoro eodem Pacensi constare ait [f] Reges nostros à Reccaredo descendere, ac [g] postremum Regum Gothorum Rodericum exstructum à Witiza parente eius prope Cordubam urbem palatium amplificâsse? quæ duo etiam in Epitome frustrà quæsieris. Nîl aliud, respondebo, quàm, ut rem acu tangere possis, exempla illa, quibus uterque auctor olim fuit usus, consuli oportere. Hæc autem de Isidoro Pacensi habuimus dicere.

[e] Uti suprà notavimus.

[f] Lib. 6. c. 1.

[g] Lib. 6. c. 21.

CAPUT IV.

Huius octavi sæculi Scriptoribus falsò adiudicantur à Pseudo-historicis VENANTIUS *monachus*, IOANNES Hispalensis antistes, GUDILA *sive* GULLITA *Toletanus*, ISIDORUS *Sætabitanus Episcopus*, SEVERUS *monachus*, & LAIMUNDUS *cognomento de* ORTEGA. *Huius opus* De antiquitatibus Lusitanorum. *Quando, & à quibus inventum. Eius suppositio detegitur pluribus argumentis.* Bracara *unde dicta.*

68. MISIT quoque huic sæculo manum cacoethes fingendi Scriptores Hispanæ gentis. Pseudo-Luitprandi hæc sunt [h]: *Sub Egila floruit Toleti* VENANTIUS

[h] Erâ DCCLXXXVI.

(1) Alibi protulimus è Cl. Florezio Ioannis Marianæ *de tribus Isidoris testimonium*: nimirum de Cordubensi sive *Seniore* qui ad annum CDXX. sub Honorio vixisse, & nonnulla scripsisse creditur, quæ tamen non exstant: de *Iuniore* sive Hispalensi; ac de Pacensi (qui itidem nonnullis *Iunior* respectu priorum audit) Chronici quode agimus auctore. Exstat apud Florezium *T. VIII. p.* 267.

(2) *Ystraica bella*, pro *tragica*. In vetusto Etymologiarum Isidori Toletano Codice quem olim cum recentiore alio, & cum Grialii Edito contulimus, exstant in membrana vacua Musarum nomina & officia, in quibus, legitur:

Tertia Melpomene traicos *fert flendo boatus* pro *tragicos*. In Florezii edito *T. VIII. pag.* 308. *num.* 65. *tam tragica bella.*

TIUS *monachus, qui fecit* Homiliam S. Adelphii Toletani Pontificis, *quæ falsò adscribitur Petro Episcopo Ravennati.* Significare nempe voluit sermonem CXXVI. eorum qui S. Petri Chrysologi Ravennæ Episcopi nomine circumferuntur, ingeniosissimi & elegantissimi. Incipit: *Habet hoc Adelphii antistitis sanctus animus.* Atque hunc quidem sermonem, Adelphiique nomen in cuius laudem conceptus fuit, ad Toletanum Adelphium referri non improbabiliter posse credidit Toletanus Pseudo-Luitprandi ac similium profligatæ fidei librorum architectus. Sed quamvis non perfunctoriè hanc Episcopo urbis suæ laudem asserere, corrogatisque undique officinæ suæ auctorum testimoniis confirmare sit conatus: miserè is suis ipsius probationibus adeò se illaqueavit, ut non aliunde opus sit refellendo huic falso argumenta colligere. Inde enim constat eundem Venantium qui Adelphii laudes eo sermone compilâsse dicitur, & circa annum DXCVIII. florente adhuc sub Reccaredo Rege Gothorum imperio; & post annum DCCLXXI. adulta iam captivitatis calamitate, Adriani Pontificis tempore, hoc est duobus ferè pòst integris sæculis, vixisse.

69. Primum sic probo. Adelphius, & Sermonis auctor æquales fuere; nam hic grates ibi Adelphio habet, quod in domum ipsius venerit atque eius *audientiam* (hæc eius verba) *concupierit.* Adelphius autem Toletanus factus fuit Episcopus anno DXCVIII. referente Maximo ad hunc annum. Qui ipse Maximus Venantii meminit [l]. *In cuius laudem* (Adelphii) *Venantius Toletanus composuit homiliam, quæ incipit*: Habet hoc Adelphii Pontificis sanctus animus, *quæ falsò inscribi solet Petro Ravennati cognomento Chrysologo.* Et in fine Chronici [k]: *Venantius Toletanus eximius fuit concionator, quem rediens* (Metis quò transierat, Toletum) *optavit audire sanctus Adelphius Episcopus. Is ex Metensi civitate Toletum misit ad Venantium tunc Toletanum Archiepiscopum* &c. Gerræ, gerræ. Sed quæ ad minus evincunt, Maximi saltem huius fide quem dedit Fuldensis inventio, Venantium Adelphio, atque utrique Maximum fuisse æquales. Maximus autem obiisse dicitur anno DCXVI. [l] Huic autem concordat etiam Pseudo-Iulianus, qui Venantium notat [m] anno DCIII. Toletanam sedem Aurasio vacuam reliquisse.

[l] Eodem anno DXCVIII. §. II.

[k] Ad ann. DCXII. §. 16.

[l] Luitprandus ad hunc annum.

[m] *Chronico* n. 312. & 313. & *Adversario* 452.

70. Alteram propositionis partem, nempe post ducentos ferè annos eundem auctorem homiliæ, hoc est Venantium, vixisse, Pseudo-Luitprandus nos docet. *Sub Egila* (inquit [n]) *floruit Toleti Venantius monachus* &c. Hunc autem Egilam seu Egilanem, abbatem priùs Agaliensem, Episcopum deinde Eliberitanum, eum esse ad quem Adrianus Papa, scilicet huius nominis primus, scripsit epistolam, idem testatur auctor [o]. *S. Papa Adrianus scribit ad Egilanem Episcopum Iliberitanum Ex-abbatem monasterii Agaliensis Toletani.* Adrianus autem in Pontificatum non ante annum DCCLXXI assumtus, viginti quatuor annos administravit. Si ergo sub Egila Adriani Papæ æquali monachum adhuc octavo iam exeunte sæculo egisse in monasterio Agaliensi Venantius dicitur: nec potuit Adelphium domi suscipere, nec Maximo esse notus: quæ omnia sub finem sexti sæculi contingere debuerunt. Hæc autem mala conditio est mendacis, vestigia sæpe sui, quibus deprehendatur, incautum relinquere.

[n] Ubi suprà erâ DCCLXXXVI.

[o] Erâ DCCLXXXVI. ann. DCCXLVIII.

71. Huius commatis, hoc est falsi, in Luitprando est, quòd sæculo isti IOANNEM adiudicat Hispalensem archiepiscopum arabicæ linguæ callentissimum, & Bibliorum sacrorum in hanc linguam interpretem; cùm vel proximè sequentis, vel eo adhuc inferiorum revera sit: quode loco suo videbimus.

72. Fingit etiam larvatus alter historicus eiusdem farinæ Iulianus, GUDILAM sive GULLITAM Toletanum, historiam quandam sub captivitatis tempora conscripsisse. *Obsessa mansit civitas* (de Toleto inquit [p]) *plusquam tres annos; eveneruntque utrimque res magnæ, quas Gullita Toletanus historiæ mandavit ad posteritatem: quæ manet adhuc in tabulario S. Iustæ, unde hæc ego descripsi.* Valdè suspicor pro *Gullita* substituendum *Gudilam*: scilicet ficulneum, cuius paulò antè meminerat Hieronymus Higuera, genus suum ficulneorum, sive (quod idem sonat vulgari lingua) *Higuerarum*, ut sic dicam, omnibus numeris absolutum, antiquissimum, patriæque proficuum describere voluit. Tabularium verò S. Iustæ Toletanæ Lararium fuit prorsus Deæ Fabulinæ, cui nullus qui sapiet ut spero litare cupiet.

[p] Num. 386.

73. Eidem auctori affigere lubuit huic sæculo ISIDORUM quendam Sætabitanum Episcopum eundemque cum eo, qui collectionem dedit epistolarum Decretalium, & Conciliorum, cognomento *Mercatorem,* seu *Peccatorem,* comminisci. *Florebat Isidorus* (inquit [q]) *Mercator, venitque ad annum DCCCVIII. fuitque Episcopus Sætabitanus* (male editum *Sæsabitanus*): *scripsit amico suo fideli* (an *Fideli*?) *monacho Benedictino, qui fuit collector eiusdem Isidori. Vi-*

[q] Num. 378. in Chron.

Vixit plusquam CXVIII. annos, scilicet, ut dixi, ad annum DCCCVIII. die xv. *Maii.* Huic testimonio prӕterquam quòd veriora & solidiora, de rebus agentes S. Patris Isidori, & hac Isidoriano sub nomine vulgari collectione Conciliorum, opposuimus: repugnat quoque collactaneus Iuliani Luitprandus, qui anno DCLXXXI. hoc est annis CXXVII. ante eum annum, quo vitâ functus à Iuliano dicitur, Episcopum iam urbis suӕ Sӕtabis Toletano Concilio XVI. interfuisse ait (1). Nempe hi terrӕ filii sic se ipsi debellant.

74. Scurra item pseudo-historicorum Haubertus centenario annorum huic SEVERUM [r] contribuit monachum Cӕsaraugustanum: qui cùm *valdè concionator* (verbo eius) esset, anno huius sӕculi DCCLIX. Romӕ obiit.

[r] Ad ann. CLIX.

75. Sed LAIMUNDUS dici ante alios debuit inter huic sӕculo temerè adscriptos historicӕ rei auctores. LAIMUNDUS, cognomento de ORTEGA Lusitanus, omnibus antè ignotus auctor nec ulli unquam visus, venit in posteritatis cognitionem, & è latebris emersit Alcobaziensis monasterii Portugalliӕ amplissimi bibliothecӕ, operâ Bernardi Britti eiusdem ordinis ac domûs Cisterciensis monachi, & Portugalliӕ clarissimi historiographi: qui primùm in vestibulo *Monarchiӕ* suӕ *Portugalliӕ* vulgaris linguӕ, quasi viam prӕstruendӕ fidei rebus his quӕ testimonio huius dicendӕ erant, prudenter muniens: repertum à se in laudata bibliotheca Laimundi huius multis libris constans opus de *Antiquitatibus Lusitanorum* latinâ linguâ scriptum, gothicisque characteribus in membranis crassioribus exaratum, tabulisque vaccina pelle alba coopertis, ӕneisque ornamentis exteriùs munitis compactum, non sua ipsius dumtaxat sed & cuiusdam Hieronymi de Souto, districtûs eius Auditoris ut vocat sive Iuridici; nec non & Francisci à S. Clara eiusdem domus Alcobaziӕ Abbatis, simulque Generalis ordinis sui Cisterciensis per Portugalliam Reformatoris attestationibus in publica instrumenta deductis comprobare curavit; posterisque rei novitatem haud ӕquo forsan animo suscepturis, quomodo posset, commendare.

76. Ex his autem instrumentis deducitur inscriptum fuisse operi undecim libris contento: *Laimundum De Antiquitatibus Lusitanorum*, cuius principium: *Lusitaniӕ initium &c.* finisque: *Lusitaniӕ gentes sub Mauris annis pluribus quievere*; ostendique ex ipso codice scriptum fuisse eum anno Christi octingentesimo septuagesimo octavo. Huius verò auctorem Laimundum tempore eo vixisse ac scripsisse, cùm Hispaniarum regnum gothicum in Maurorum ditionem miserabiliter sub Roderici Regis tempora conversum fuit: cuius Regis capellanum se fuisse eundem ostendere videri alibi, nempe altera parte *Monarchiӕ Lusitanӕ* lib. 7. cap. I. Brittus annotavit. His notis Brittus conspicuum reliquit novum suum atque illaudatum anterioribus sӕculis Laimundum, qui ante octo sӕcula floruerat: eum nempe, qui ab initio rerum & conditura Hispaniarum populi, immissisque huc post diluvium Noachi nepotibus initium historiӕ sumsit; & ad ӕtatem usque suam, hoc est, usque ad Hispaniӕ excidium perduxit.

77. Nec dubitari debet, hoc Laimundo adscriptum opus in laudata monasterii Alcobaziӕ bibliotheca aliquando exstitisse; eo quòd Antonius Brandanus, & is Cisterciensis eiusdem domûs, qui Bernardo Britto in scribendӕ Lusitanorum historiӕ munere aliquando successit, liquidò id affirmat: adiungens, visum quandoque librum ibi à D. Fr. Augustino à Castro Bracarensi Archiepiscopo, cuius tunc adhӕrebat lateri Gaspar Alvari à Losada Portugalliӕ archivi custos, à quo ipse certior de re factus fuit Brandanus. Et, quod potiori loco habeo, testis oculatus Franciscus Macedo à S. Augustino Lusitanus horum temporum, multorum omnis generis librorum confector insignis, vir multiscius & eloquens, qui ante paucos annos Patavinus professor sub Venetis in eorum urbe principe, aut Patavii degebat, in quadam responsione ad Notas nobilis critici Anonymi, (is est N. Sparverius Veronensis, in *Apologia* Thomӕ Mazzӕ Dominicani *pro Ioanne Annio Viterbiensi* Veronӕ anno MDCLXXIV. excusa pagina 41.) *In Lusitania nostra* (inquit) *nobilis quidam fuit Regum chronologus, monachus Cisterciensis* (*S. Bernardi vocant ordinis*) *dictus Ber-*

(1) Iuniorem è Sӕtabitanis Isidoris XVI. Toletanӕ Synodo anno Christi DCXCIII. habitӕ interfuisse paulo antè diximus. Si ergo vitam ad annum Christi DCCCVIII. ut Iulianus ait, produxit, CXV. annis Concilio cui interfuit subscripsitque supervixisse dicendus est. Illud tamen in hoc Isidoro, quem Pseudo-Iulianus *Chron. ad ann.* 378. Mercatorem cognominat, Pellizerius autem sub *Peccatoris* nomine *Collectionem Epistolarum Decretalium* edidisse ait, obiter repetendum: in nullo è veteribus Hispanis Conciliorum codicibus Lucensi, Vigilano-Albeldensi, Ӕmilianensi, Rivipullensi, Urgellensi, Gerundensi &c. Isidori *Mercatoris* nec *Peccatoris* nomen uspiam legi; neque Decretalium Epistolarum quӕ ab ipso editӕ circumferuntur in iis mentionem exstare aliquam.

Bernardus Britto. Hic multa in suis libris retulit cuiusdam Scriptoris antiquissimi (Laimundum appellabant): quæ quia inaudita antea fuerunt & auctor ignotus, putabantur vulgò commenta; idque multi Britto cum sanna exprobrabant, quasi ille auctorem illum confinxisset. Quinetiam contrà scripserunt nonnulli eruditi [a]. *Pupugit hoc dictum quendam eiusdem Instituti monachum* [b], *qui honorem & fidem Britti scriptâ quadam apologiâ vindicavit; probavitque Laimundum inveniri manuscriptum in regia bibliotheca insignis conventus Alcobaziæ, ubi ego eum ipsemet vidi, quem etiam reddiderant ambiguum illæ cavillationes criticorum; ac exinde didici minus temerè de Scriptoribus iudicare.* Huc usque Macedo. Quantumvis mirum videri debeat Antonio Brandano eiusdem Cœnobii sodali, atque eius bibliothecæ libros quotidie contrectanti Laimundi codicem latuisse, ut pro eo asserendo aliorum fide opus ei fuisset uti; ipsum autem codicem hoc nostro tempore Francisco Macedo ibidem repræsentatum, quasi è tenebris iterum emersisse (1).

[a] Didac. Paiva *Exame de Antiguedades.*
[b] Bernardinum de Sylva *Defensa de la monarchia Lusitana.*

78. Quicquid autem sit, librum contendimus ementito nomine antiqui auctoris qui novæ sit conditura, in album legitimorum veteris ævi fœtuum, quo tempore ignoratur, intrusum: eum minimè, aut non facilè admittendum videri. Quod multa neque eludenda persuadent. Primùm fabulas Berosianas de antiquis Hispaniæ Regibus ab operis sui initio asserit, quæ primùm ab Anniana Berosi publicatione auditæ sunt, & communi Eruditorum omnium qui aures aceto lotas habent exceptis paucis, qui novo invento parum providè idque in examen nondum vocantes crediderunt, suffragio damnantur. Adeò ut necesse sit, huic si credimus, quisquilias Berosi cœno iam demersas, quærere iterum, & aliquo existimationis loco habere. Quæ adeò indigna hoc erudito sæculo rerum catastrophe non multos ab orchestra sortietur plausores. Tam enim ille adhæret Berosiano confictorum Regum catalogo, ut & Laimundus & Berosus verax uterque, aut mendax & commentitius haberi debeat. Quid quòd siccam & ieiunam Berosi, qualis ille est, relationem, ea rerum singularitate atque expositio-

(1) Exstat in Bibliothecæ Alcobaciensis Cœnobii Manuscriptorum Catalogo Olisipone MDCCLXXV. edito pag. 159. Laimundi codex ordine CCCLIII. ita descriptus: *Membranaceus in 8. exaratus, Literâ sæculi XIII. fol. 97. Complectitur Historiam Imperatorum & Pontificum ab Octaviano & Lino usque ad annum* 1270. *Desunt priora & ultima folia, unde quis sit eius auctor colligi nequit. In medio Codicis diversa literâ* (quod maximè notandum), *sed antiqua, compositus dicitur à Laimundo Pacensi Capellano Witisæ & Roderici Regum Gothorum.* Hæc Anonymus Catalogi auctor. At hic Laimundus longe à Bernardi Britti Laimundo, de quo Noster hoc loco agit, diversus est: quem Britti ipsius fide *De antiquitatibus Lusitanorum inscriptum: undecim libris discretum: integrum, annoque Christi* DCCCLXXVIII. exaratum fuisse constat: *Berosi præterea recoxisse fabulas, Bracarumque ac Lusitaniæ origines ab ipsis Noachi nepotibus ad suam usque ætatem*, id est ad miserandam Hispaniæ à Mauris cladem continenti filo deduxisse: quorum nihil exstat in superstite anepigrapho & utrimque mutilo Alcobaciensi codice, cuius auctorem quatuor minimum sæculis priore Laimundo recentiorem fuisse liquet; quippe qui Romanorum Pontificum & Imperatorum Historiam ad sæculi XIII. exitum perducit. Plurimum hæc mihi monstri videntur alere. Ut autem quid de utroque hoc Laimundo sentiam libere edicam: existimo exstitisse aliquando in Alcobaciensis Cœnobii Bibliotheca prioris illius Laimundi *De antiquitatibus Lusitanorum* codicem, integrum quidem, quique sæculo IX. inclinante scriptus diceretur, atque iisdem omnino insignitum notis quibus à Bernardo Britto descriptum diximus; sed ab eodem, aut à Veteratore aliquo recèns confictum (cur enim Hispani Lusitanis unum item & alterum Higueram invideamus?): detectam illico ab Eruditis fraudem, fœtumque adulterinum mature inde subductum atque in cunis suffocatum ne Britto aut parentibus probro esset. Interea vero cum novi codicis famâ divulgata plurimi Alcobaciam eius visundi studio confluerent: ubi se spe ac voto frustratos experti sunt, tum vero maxime adversus Brittum de convicto Laimundi codice rumorem inter Eruditos increbuisse. Ei autem malo quod latius indies serpebat, hac ratione Alcobaciensibus Monachis occurri utcumque posse visum fuisse, si uni alicui è malc laceris atque adespotis eius Cœnobii Bibliothecæ codicibus, nomen ac titulus conficti prioris Laimundi codicis *in eiusdem medio*, ut Anonymus ait, aut ad oras cuiusvis paginæ adscriberentur, quasi iis Brittus inconsultè lectis deceptus fuisset; eoque colore inustam eatenus, quæque deinceps eiusdem nomini inuri posset impostoris ac nugivenduli maculam elueret: id quod præstitum continuo fuit. Atque ita peractam *Laimundi Pacensis Witisæ ac Roderici Regum Capellani*, seu potius Bernardi Britti fabulam suspicabar. Aliàs enim, nisi Brittum delirum dicimus, quî fieri posset ut Laimundum, qui ineunte VIII. sæculo vivere omnino debuit, cum mutili ac subdititii illius codicis parente, quatuor minimum sæculis recentiore, confunderet? Aut undenam, quæso, tam diversi argumenti atque ætatis codici, qualis hodiernus Laimundus Alcobaciensis est, conficti prioris Laimundi Pacensis nomen ac titulus, ætas quoque & Capellani Witisæ & Roderici munus tam apposite aptari, atque obvenire possent, nisi data operâ atque importunissime subdititio quem diximus codici appicta fuissent, fucum videlicet improvidis lectoribus factum? His adde quæ de inventis ab eodem Bernardo Britto in Bibliotheca Alcobaciensi *Angelo Pacensi, Petro Allardio, Magistro Menegaldo*, nemini tamen hactenus mortalium visis, rerum Lusitanarum Scriptoribus Noster infrà in Bibliotheca Hisp. Scriptorum incerti temporis T. II. pag. 257. & pag. 270. in *Mendo Gomez & Menegaldo.* Quin etiam Catalogi Alcobaciensis Auctor bis in Indicibus hunc codicem Pseudo-Laimundum vocat *pag.* 203. & 211.

tione adiuvat & auget: ut Berosum alium eo quem dicimus antiquiorem aut facti rerum lucupletiorem, ante oculos habuisse videatur, quem viæ ducem in ultimæ antiquitatis dirumpendis tenebris secutus sit.

79. Huic parti adiungimus, quòd & Fabium Prætorem sequitur ex libello de *Aureo sæculo* quem dedit quoque nobis Annius, ut idem Brittus lib. 1. cap. 10. observavit: quem libellum quo loco habeat Vossius post innumeros è cap. 3. libri 1. *De Historicis Latinis*, docebere. Urget secundò Laimundi fidem rarum illo sæculo quo vixisse is dicitur cognomen *de Ortega*: quod ei nescio unde calculo Britti accessit, propinquum illi *de Salazar* quo (ridentes dicimus) Laurentium inclytum Aragoniæ regni ac tertii Ecclesiæ sæculi martyrem indigitare ausus fuit gallus quidem Scriptor; eique nimio plus in re adeò antiqua atque impersuasibili deferens è nostris aliquis novæ cuiusque rei sectator ardens, magni nominis aliàs historicus & philologus, cuius nomen, quod in hoc non probamus, silentio involvere satiùs duximus (1).

80. Pertinet ad rem itidem, quòd cùm antiquissima & princeps Lusitanorum appellatio non ad totam, quæ à Romanis ita dicta fuit, in provinciarum distributione Lusitaniam pertinuerit; sed hæc à Lusitanis quodam huius plagæ sive occidentalis Hispaniæ populo, ut Bætica à Bæti fluvio, & à Tarracone urbe Tarraconensis dicta postmodum fuerit: Laimundus in enarrandis antiquissimis Hispaniæ rebus, describendoque mythico illo Regum Berosianorum ævo, Lusitaniæ suæ quam laudare pergit totum Lusitaniæ Romanæ tamdiu postea natæ tractum attribuat. Lusitanos autem peculiarem populum Lusitaniæ integræ, quam hi non soli sed cum aliis habitabant nomen peperisse, non difficile est è Ptolemæo colligere. Apud quem inter Lusitaniæ iam tunc Romanæ populos, cùm *Lusitani*, tum post Anæ fluvii ostia *Turdetani* usque ad *Salaciam* & *Cetobrigem*, *Sacrum* ultra *promontorium*, quæ hodie *Alcazar do Sal*, *Setubal*, & *Cabo de S. Vicente*, in meditullio nunc Portugalliæ, immo & Lusitaniæ Romanæ vocant, *Celtici* item, *Vergonesque*, quos *Vettones* intelligo, descripti habentur. Non ergo debuit Lusitanorum res veterrimas Laimundus describens, Lusitaniæ vocabulum, sic suo tempore extensum, iam tunc ad populum finibus contentum haud paulò brevioribus significandum usurpare. Ut colligere inde audeam Lusitaniæ seu Lusitanorum hunc laudatorem non temporis Gothorum esse, ut iactant, quo iisdem Regibus Gothis integra Hispania (hoc est, tres eius prioris divisionis provinciæ, sive posterioris quatuor aut quinque) omnes penè indistinctè subiacebant. Eo enim quid opus fuit aut quo exemplo, unius partis Hispaniæ cum aliis iam confusæ, historiam subtexere? immo eius sanè temporis fuisse Laimundum inde colligas, quo hæc eius portio sub Portugalliæ nomine, iam in particularem Regum ditionem à Maurorum manibus ereptam iverat: quo tempore opportunum ac decens fuit propriæ gentis seorsum regnatæ laudes, resque olim gestas colligere ac literis consignare.

81. In hoc eodem Lusitaniæ nomine alio argumento Laimundum premimus. Regio Interamnensis quam vocant, inter Durium & Minium amnes sita, Portugalliæ iam hodie portio, non utique ad Lusitaniam olim, sed ad Tarraconensem priùs, atque inde ad Gallæciam pertinuit: quod intelligi debet non solum de eo tempore quo Romanis paruimus Hispani; sed etiam de eo, quo Gothis Regibus. Nec nisi restaurata ea regione Interamnensi à Maurorum imperio, stabilitoque peculiari Portugalliæ regno, auditum lectumve fuit Lusitaniæ vocabulo Interamnensem istam regionem comprehendi. Portugalliæ enim novum regnum eius incolæ, ut latino verbo appellarent, Lusitaniam, à maiori eius parte quam Portugalliæ regnum comprehendebat tunc primùm vocavere.

82. Quod cùm ita sit, nonne debuit Laimundus tempore Gothorum de Lusitaniæ sive Lusitanorum rebus tantùm scribens, ea solùm in literas referre, quæ Lusitanæ tunc dictæ gentis propria essent? profectò id fines fuerit sibi præscriptos non transilire, & propositum exsequi. Contrarium tamen per omnes huius historiæ suæ

(1) Ego vero data id operâ quæsivi; & facile inveni Ioannem esse Tamaium Salazarium, qui in Martyrologio Hispano T. IV. ad diem X. Augusti pag. 458. Milesiis eiusmodi fabulis incautorum credulitati illudere, aut verius se ipsum cordatioribus illudendum exhibere amat. Gallus autem Scriptor unde hanc næniam Tamaius hausit Petrus Rossetus est, seu potius Nicolaus Puteanus Bonaspes Trecensis, qui Petri Rosseti Laurentiadi ad Tristanum Salazarium Archiepiscopum Senonensem, Parisiis anno 1518. à Iodoco Badio Ascensio editæ, carmen subdidit in quo hæc leguntur:

Præterea ipse SALAZARIA *de gente requiras* &c.
Post ingens crevit genus: hinc LARENTIVS *ortus*
Qui prunas in crate tulit &c.

Videndus dicto loco Tamaius, atque omnino Maittairius *Ann. Typ. T. I. part. II. pag.* 291. & *in Not.*

suæ libros agere eum dicet, qui Brittum attentè legerit. Non minus enim res Interamnensium qui Gallæci tunc erant, quàm suorum Lusitanorum prosequitur, atque iis insistit: ut iam iterum inde coniectari pronum sit, non Laimundum Gothorum temporis, sed Pseudo-Laimundum eius, quo Interamnenses iam in Portugalliæ ditionem coniecti fuerant, huius historiæ auctorem fuisse.

83. Sed persequamur tandem hunc leporem quærere, vestigia eius colligentes quæ quidem nobis ut capi posset apud Brittum reliquit. Adducit enim hic per totam historiam aliquot è libris Laimundi testimonia, in quæ nobis inquirere relictus est locus. Primum est è libro eius *Antiquitatum Lusitanarum* secundo [u]. Audi sîs, Lector, gothici temporis stilum: *Celtis enim, quicquid patriæ nostræ hac ætate boni evenit, deberi necesse est. Illi enim turres fracassatas, si fortè erant, levaverunt.* Et postea: *Quasi enim de novo Lusitaniam nostram ipsi fecerunt, & à populis alienigenis, qui tunc Wandalaziam tenebant, armis defenderunt non semel.* Canterius (ut dici solet) in porta. *Fracassare* verbum italicum, & *fracasser* gallicum, unde nos Hispani *fracaso* dicimus, gothicus Scriptor sagacium narium securus usurpavit. Necdum inveni hoc annumeratum his, quæ corrupta latinitas, aut exterarum gentium colluvies tribus his linguis novioribus infudit, quæ multi collegerunt viri eruditione ac inexplebili lectione clarissimi [x]. Deinde Wandaluziam tunc temporis & ante Maurorum ingressum (qui, & non Wandali, huius vocabuli auctores sunt, ut alibi dicimus) loco Bæticæ positam, si testimonio aliquo idoneo Laimundi assertores confirmare possunt, Laimundus ipse verus & magno in pretio habendus per me Scriptor esto: quo quidem verbo is, non hìc tantùm utitur [y].

84. In alio etiam testimonio, cuius idem auctor verba affert [z], novitatis suæ indicium Laimundus præstat. *Bracadam, vel Bragadam* (ait lib 11.) *ut alii malunt, fundaverunt Afri, qui undis iactati huc appulerunt, & inito fœdere cum Graviis postulavere sibi locum urbis: quo dato Bragada exsurgit, indito illi nomine à fluvio Bragada, & oppido unde originem traxerant.* Hoc planè est Ioannis Episcopi Gerundensis somnium, quod ante eum nullus somniavit, unde Laimundus tam absurdam rem haurire posset. Bracarios hic posuit Libycam gentem Bracadæ fluminis riparum incolam; Bracariosque istos Carthaginensium milites huc appulsos Bracaram constituisse urbem: cuius rei testem Ptolemæum laudat versus finem lib. 3. *Paralipomenon Hispaniæ.* Quam opinionem in medio relinquit Vasæus [a], alii iure reiiciunt. Sed nec Ptolemæus Bracarorum gentis Libycæ; nec nisi *Bagradæ* (non *Bragadæ*) fluvii meminit [b], quomodo frequentiùs appellant veteres [c]. Callaicorum Bracariorum (non Bræcariorum, uti alicubi editum ait) recordatur quidem Ptolemæus lib. 11. (quem Gerundensis laudat) cap. 6. inter Durium & Minium gentis.

85. At hoc quid pertinet ad coloniam Bracarorum Libycorum hìc positam? Coniecturâ ergo hæc pars nititur unius Gerundensis, qui nimium sanè in originibus nostris deducendis ingenio suo & patientiâ lectorum eruditorum abusus est. Planè Bracares nomen græcum: cuius nationis tota hæc Hispaniæ plaga, quod frequentia eiusce linguæ ostendunt nomina, incolatus fuit [d], sive à Braccathis Gallis dicti, quod Florianus & Garibaius censent [e]; sive à græco nomine βράκος seu βράκα quo velum, quod pudenda cooperit, significatur. *Bracaram* urbem Galli hodie *Bragues*, quomodo femoralia, appellant (1). Scio ab originum studiosis *brachas* gallicum esse vocabulum [f].

86. Existimat autem Vossius antiquissimum videri sibi Orientalis linguarum divisionis nomen. Unde tam ad Hispanos, quàm ad Gallos (omnes enim Europæ incolæ inde venere) derivatum qui dixerit, non ineptè censebit. Nihilominus tamen Brittus Laimundo suo adhærens, & Florianum secutus, (qui Himilconis Pœnorum ducis *Periplum*, sive meridialis & occidentalis Hispaniæ oræ maritimæ lustrationem, quam Carthaginensibus navibus fecisse dicitur lib. 3. cap. 11. descripsit), Florianææ huic narrationi alia quædam addit; & inter ea Pœnorum ab Himilcone in Interamnensi provincia relictorum cum provincialibus pacem ictam, atque inde natam Bracaræ urbis conditionem à populis Bragadis nuncupatam. Planè Hannonis & Himilconis Carthaginensium fratrum *Periplos* seu navigationes habuit

[u] Apud Brittum lib. 1. c. 23.

[x] Vossius *De vitiis sermonis*, Menagius *De originibus linguæ gallicæ*.

[y] Vide Britti lib. 1. cap. 27.

[z] Lib. 2. c. 6.

[a] Chron. c. 11.

[b] Lib. 4. cap. 3. & lib. 4. c. 6.

[c] Bochartum vide lib. 1. Chanaam cap. 24. pag. 532.

[d] Iustinus lib. 44.

[e] Florianus lib. 3. cap. 26. Garib. lib. 5. cap. 10.

[f] Vossius lib. 1. *De vitiis sermonis* cap. 2. Menag. in *Orig. lingu. gall.* Merula *Cosmog.* part. 2. lib. 3. cap. 14.

(1) *Bragam* vernaculè Hispani urbem, & *Bragas* femoralia, atque *Zaraguëlles* dicimus: utrumque tamen vocabulum pæne iam exolevit; quamquam posterius hoc à Chaldæis descendat, quibus τὸ סרבלים *sarballim*, idem quod femoralia Latinis valet, *Daniel. III. vv.* 21. & 27. Hieronymo *brachas*: Pagnino *Saraballa*, Ferrariensi Hispanicæ versioni *Calzas*.

buit Antiquitas literis punicis consignatas, unde ad græcas transire potuerunt. Nam Hannonicæ Pomponius Mela [g] & Plinius [h] sæpè, at verò alterius ab Himilcone descriptæ, Plinius idem [i] & Festus Avienus [k] meminere. Quarum duarum solius prioris fragmentulum quoddam exstat non semel Basileæ excusum [l], italiceque à Ramusio in suis *Navigationibus* [m]; quodque exspectare debemus insigniter ab Isaaco Vossio Gerardi filio, uti ad Melam promisit illustratum. Himilconis verò illa omnino periit: adeò ut fabulis annumerandam esse Camdenus censuerit, quem iccircò Bochartus [n] reprehendit, cùm eam se legisse in *Punicorum annalibus* idoneus sanè testis Avienus tradat. Quem Avienum si demas, vix est ut ab aliis quicquam de Himilconis re geographica exsculpere possis; & tamen Florianus Avienicis aliquid nescio unde superstruxit, quem Ioannes Mariana exscripsit latinè lib. 1. cap. 21. Atque adhuc plura Brittus Laimundo huic, incertis (Florianus ut solet) auctoribus. De quo admoneri lectorem huius Laimundi testimonii occasione, non importunum existimavimus.

[g] ... 3. c. 9.
[h] ... 2. cap.
[i] ... 5. cap. 1.
... cap. 32.
[k] ... 3. cap. 9.
... *ora ma-*
...
[l] Testatur Vossius ...um Me...latum.
[m] ...l. 1. fol.
[n] ...aam lib. ... 39. pag.

87. Alia innumera sunt Laimundi fragmina in utroque *Monarchiæ Lusitanæ* volumine per Brittum historiæ huic intexta partem è latinis antiquis Scriptoribus desumta, quos haud semel non capit, (è quibus est Ælii Spartiani locus in *Vita Hadriani* de delectu Tarracone habito apud Brittum lib. 5. cap. 13. qui non potuit aliter magis contra huius latini historici mentem concipi, de quo lectori iudicium relinquimus); partim incertum unde deducta, totque gestis rebus Lusitanorum, indictis hactenus & inauditis, sive rerum circumstantiis, ut barbaro isto utar verbo, locupletia & ornata: ut otio suo non perfunctoriè abuti opus ei fuerit, qui Laimundum se finxit. Sed hanc rem admiraremur hodie magis si Dextros, Maximos, Luitprandos, Iulianos, Haubertos, Liberatos, & huiusmodi monstra, nondum passi essemus.

88. At sistamus aliquantisper Laimundum excusantes, qui potuit quidem plura veterum auctorum iam nunc deperditorum monumenta per ætatem adipisci, de quorum iactura noviores exquisitè queruntur; ut inde instructus historiam texeret Lusitanam integram, & non laceram aut ieiunam, utpote ex Romanorum, qui ad hoc tempus supervixere, libris dumtaxat confectam. Sed anne Laimundus, ut alibi veteres Scriptores, quorum studium fuit antiquissimos rerum eventus in commentariis suis præsentes reddere, fidei suæ consulentes consuevere, aliquos rerum Hispaniensium enarratores antiquos, quorum relationibus ipse nitatur, in his suis *De Lusitanorum antiquitatibus* laudare solet? Passivum hoc enim est in quibuscumque historicorum vel geographorum lucubrationibus priscos appellari rerum auctores, ne lubrica maneat narratorum auctoritas. Legimus sanè omnia huius, à Britto passim perque omnes paginas adducta testimonia; nihilque invenimus huiusmodi, excepto quòd alicubi secutum se ait [o] regestum quoddam antiquitatum à Reccaredo Gothorum Rege confici iussum, collectâ ex pluribus Hispaniarum locis materiâ: quod quidem adhuc Roderici tempore, cui à confessionibus fuit, superstes erat.

[o] Apud Brittum lib. 4. cap. 26.

89. At hoc certè mera fabula est ad arbitrium formata, tamque facilis reiici quàm confingi. Quod palmari argumento evincimus, imputata Laimundo ipsi altera veteris monumenti allegatione, quo miserè deceptus, nihilque in tenebris suæ fictionis videns, se profecisse loco alio affirmat [p]. Nempe dum res apud nos gestas eo tempore, quo de Romano Imperio Iulius Cæsar Antoniusque decertabant, referre Brittus pergit: nihil se è Romanis Scriptoribus exculpturum. His enim annis cùm res alibi gererentur Reipublicæ, altùm de Hispanis silent, sed ex uno Laimundo suo, lectores admonet. Hunc tamen belli cuiusdam tunc temporis inter Gallæcos & Interamnenses gesti memorem fidem sequi ait Catonis operum: quod ipse de se affirmat Laimundus. Quæ verè affirmatio absurditatem continet enormis cuiusdam parachronismi. Sive enim Catonem Censorinum intelligat, cuius & *Historiarum* sive *Originum*, atque item *De re militari* ab eo conscripti laudantur [q], neque iam exstant libri; sive Catonem Uticensem à quo nihil in scripta redactum fuit, intelligat: uterque ante Octaviani imperium ac Triumviratûs tempora. Et quidem Censorinus CVI. ferè annis, hoc est, belli Punici tertii exordio, ut Plutarchus refert in eius vita, urbis nimirum conditæ DCIV. Uticensis verò anno eiusdem urbis DCCVII. obiere. Vade nunc, & Laimundo (Britte) fidem præsta, qui Catonem eius rei auctorem laudat & sequi se ait quæ sæculo integro post Catonis Scriptoris, Censorii scilicet, fereque triennio post alterius, qui nihil scripsisse legitur, mortem contigit.

[p] Apud eundem Brittum lib. 4. cap. 24.

[q] Vossius *De hist. lat.* lib. 1. cap. 5.

Hæc sufficiant pro necessitate de Scriptore isto censendi, dum alios nondum amor corripit veram historiam ab his abomiminabilibus malè feriatorum hominum fictionibus distinctius & enucleatiùs expiandi.

CAPUT V.

De CLAUDIO *Taurinensi in Italia Episcopo, ac de eius erroribus, præsertim negantis imaginum sacrarum cultum. Adversus eum qui scripserint. Claudius hic diversus à Claudio Clemente Scoto. De tribus Claudiis Clementibus Thomæ Dempsteri opinio; & qualis in historia Dempsterus.* ANONYMUS *quidam* Floris Sanctorum *Scriptor. De* RODERICO LUCENSI. *Historia* De memorabilibus Hispaniæ *huius forsan non est. Ægidii Gundisalvi lapsus.* THEODULPHUS *Aurelianensis Episcopus ex non vana coniectura Hispaniæ adscribitur. Carmen eius circa hoc expenditur. De huius Theodulphi operibus.*

90. SCRIPTORES sæculi noni caput hoc, & quæ sequentur elucidabunt. Primus verò ætate & contemporalis adhuc Carolo Magno, qui anno DCCCXIV. vitâ decessit, CLAUDIUS fuit TAURINENSIS Episcopus, pudendum genti nostræ, plusquam literis celebrandum, hominis Hispani nomen. Sed ita postulat bibliothecæ formandæ negotium, quæ non minùs pravè quàm innocuè aut utiliter sapientibus, dummodo Scriptoribus, constat. Iconoclasta hic obstinatissimus, sive imaginum sacrarum hostis, Felicis Urgellitani præsulis de quo iam antea egimus discipulus, ex Hispania nostra unde ortum habuit ad Italos venit Ludovici Pii destinatione, ut sacram, quâ vigebat, doctrinam Italos doceret, factus in eum finem Augustæ Taurinorum in Gallia Subalpina sive Pedemontana regione Episcopus.

91. Ionas Aurelianensis præsul, quem antagonisten Claudius habuit, cuncta hæc indubia reliquit in opere adversus eius blasphemias conscripto. *Quo feliciter* (ait) *imperante* (Ludovico Imperatore Caroli filio) *idem Felix* (Urgellitanus) *in quodam discipulo suo, nomine Claudio, utpote* (*ut verbis B. Hieronymi utar*) *Euphorbus in Pythagora, renascitur: qui utique etsi non Fidei catholicæ regulam* (uti Felix præceptor Nestorianus hæreticus) *Ecclesiasticas tamen traditiones quàm venenatis telis per eundem discipulum suum iaculari nisus est.* De eius patria & educatione & in Italiam profectione, atque infulis Taurinensibus, idem paulò post: *Is itaque, de quo agitur, exortus ex eadem Hispania, eiusdemque Felicis discipulatui ab ineunte ætate inhærens, per aliquod temporis in palatio memorati gloriosissimi ac serenissimi, Deoque amabilis Augusti* (Ludovici) *in officio presbyteratus militavit. Sed ut aliorum utilitati doctrinâ prædicationis Evangelicæ, quæ illi admodum inesse videbatur, consuleret: ipsius piissimi principis piissima devotione præsul Taurinensis subrogatus est Ecclesiæ.* Ibi reprobâsse eum, serioque damnâsse sacrarum imaginum crucisque salutarium signorum usum, Sanctorum reliquias, sepulcraque, prosequitur. Quibus auditis, Theodemirum quendam patrem monachorum ut ab iis desisteret, literis eum admonuisse ait. Theodemirum hunc postea fuisse Calagurritanum Episcopum Pseudo-historici nostri contendunt [r]; verè tamen is fuit pars Gallicanæ Ecclesiæ, ut ex Ionæ verbis lib. 1. Ioannes Mabillonius, vir eruditissimus, in annotationibus ad *Analecta vetera* [s] prudenter vidit.

[r] Luitpr. ad annum DCCCXI. Iulian. n. 431.

[s] Pag. 45.

92. Claudium tamen ad has aliis literis sic insolenter respondisse Ionas prosequitur, ut Gallos omnes & Germaniæ fideles idololatriæ vanarumque superstitionum laqueis irretitos esse iactaverit. Falsus tamen ipse Ionas, & in contrarium è via recta devians: qui imaginum usum non ad adorationem, sed ad instructionem tantùm cum Francofordiensi huius temporis Synodo permittebat [t]. Huius Claudii literas hasce in grande ac prolixum scriptum transiisse hæc eiusdem Ionæ convincunt: *Fertur interea in suggillatione eiusdem abbatis, totiusque Gallicanæ Ecclesiæ tantæ prolixitatis evomuisse libellum, ut magnitudine sua quinquagenis psalmis Davidicum superârit psalterium, de quo nonnisi quoddam excerptum in manus parvitatis nostræ est perlatum, cuius hoc est exordium: Titulus libri: Apologeticum atque rescriptum Claudii Episcopi adversus Theodemirum abbatem.*

[t] Baron. tomo 9. ad ann. DCCCXXV. n. 61.

93. Hoc scriptum Ionas refutavit tribus libris, *De cultu imaginum* in editionibus antiquioribus nuncupatis; revera autem primo *De imaginum cultu crucisque adoratione.* Secundo specialiter atque iterum *De crucis cultu.* Tertiò autem *De peregrinationibus in urbem conceptis.* Quorum totus tenor, præcipueque iam dicta testimonia, & præfatio integra primi libri ad Carolum Regem Calvum Ludovici Pii filium, cuius Ludovici iussu rem aggressus fuerat directa ostendit perniciosissimum Ecclesiæ hostem Claudium fuisse; neque illum tamen vivere cùm hæc in publicum ederet (præmortuus enim fuerat superstite adhuc Ludovico Pio, qui anno DCCCLX. obiit, aut paulò post eius mortem; nam pervenisse ad annum DCCCXXXIX. saltem habetur ex monumento quodam Herigarii Se-

Secusiæ Marchionis, cuius Ferdinandus Ughellus meminit [u]); sed tamen reliquias eius hæresis exstirpatum ire sese ait, adiungens de aliis eius operibus æternâ infamiâ damnandis: *Sed quia, ut relatione veridica* (inquit [x]) *didici, non modò error, de quo agitur, in discipulorum suorum mentibus reviviscit; quin potiùs eo docente hæresis Ariana pullulare deprehenditur, de qua fertur quædam monumenta librorum congessisse, & ad simplicitatem & puritatem Fidei Catholicæ & Apostolicæ oppugnandam in armario Episcopi* (fortè *Episcopii*) *sui clandestina calliditate reliquisse: non sum ausus quin monitu & hortatu filiorum sanctæ Dei Ecclesiæ, opus quod prætermiseram enucleatim discutiendum repeterem.* Hæc Ionas.

[u] *Italiæ sacræ* tomo 4. inter *Taurin. Episcopos*, col. 1432.

[x] In Præfat. 1. libri.

94. Eiusdem temporis Scriptor Walafridus Strabo simile quid de Claudii obitu suo ipsius iudicio, etiam priùs quàm adversis Scriptorum catholicorum telis confoderetur *damnati*, refert. At quia in Apologetico ipso Claudii hæc verba ad Theodemiri, quod præcesserat, scriptum referenda leguntur, *hoc dixisti, inquis, de Paschali Ecclesiæ Romanæ Episcopo, qui præsente iam corruit vita*: necesse est Theodemirum ante annum huius sæculi vicesimum quartum, qui ultimus vitæ Paschalis fuit, dedisse ad Claudium admonitorias suas literas; Claudiumque paulò pòst, Eugenio iam Pontifice huius nominis II. ad nefandum Apologeticum scribendum se accinxisse. Cuius hominis falsa dogmata, præter Ionam, Dungalus presbyter eiusdem temporis (*Dugalus* aliis, & in his Barthio lib. 19. *Advers.* cap. 12.), & Eginhardus ipse *Caroli Magni vitæ* auctor illustris, scriptis suis convellere curârunt. Prioris liber, *pro cultu sacrarum imaginum adversus insanas blasphemasque nænias Claudii Taurinensis Episcopi* Ludovico Pio eiusque filio Lothario Imperatoribus dicatus, exstabat olim in Petri Pithœi bibliotheca [y], editus iam inter veterum PP. monumenta tomo IV. bibliothecæ. Eginhardi autem libelli iam hodie non exstantis, *De adoranda Cruce* quem cultum Claudius reprobabat, meminit Lupus Ferrariensis Abbas epist. 4. ad eundem Eginhardum directa [z].

[y] Baronius to... 9. ad ann. ...ccxxv. n. 62. ...bbeus *De ...ipt. in Du...o.*

[z] Inter eius ...ra à Baluedita ann. ...clxiv. Pari... post veteres ...iones.

95. Hactenus Claudius Dei ac veræ Fidei hostis. Sed nonne & quædam catholicè scripsit idem, priusquam bonam exuisset mentem? Utique, si vera certaque dixerit vir diligentissimus Philippus Labbeus in dissertatione *De Scriptoribus Ecclesiasticis* [a], à Bellarmino suo recedens. Nempe Labbei sententiâ idem fuerit Claudius Clemens, quem Bellarminus laudat uti catholicum plurium operum in sacros libros Scriptorem, cum Claudio Taurinensi hoc Episcopo de quo nunc agimus. Peccat autem valdè Labbeus; nam Claudium Clementem hunc Scotum natione fuisse agnoscit, qui alterum Taurinensem ex Hispania fuisse ex Ionæ scriptis liquidissimè constare, ante oculos habere debuit. Et hunc quidem Claudium Clementem Scotum, à Claudio Taurinensi Episcopo distinguere vulgò solent [b]. Sed quicquid sit, inde ansam arripuit multorum error, qui Claudium Iconoclastam hæreticum, non Hispanum quod fuit sed Anglum [c], quandoque & Scotum [d], cum altero Claudio Scoto confundentes appellant. Philippus quoque Labbeus in *Nova bibliothecæ manuscriptæ* primo volumine Claudii cuiusdam quoddam *Chronicon breve* ab initio mundi ad Christi nativitatem pertingens, imperfectum tamen, edidit: quod Claudii huius Taurinensis esse suspicabatur.

[a] Tomo 1. in ...udio Scoto 227.

96. Thomas utique Dempsterus, ut largus fuit in constituendis Scoticæ suæ gentis illustribus famâ viris, tres non minùs similiter appellatos, ex Scotia omnes, e usdem temporis, librorumque Scriptores laudavit. Primum S. Claudium Clementem Benedictinum monachum Alcuini collegam, qui in Academiis Parisiensi ac Ticinensi erigendis navavit operam: cuius Trithemius [e], Paulus Langius [f], Possevinus [g], Arnoldus Uvion [h], aliique apud eundem Dempsterum videndi, Cæsar quoque Egasius Bulæus in *Historia Universitatis Parisiensis* non semel [i], meminere. Ad quem iudicio meo spectant quæ ex MS. *Indice Fuldensium Abbatum* communicavit nobis Christophorus Browerus in scholiis ad Rhabani carmen XIII. de Brunone, Einardo, Modesto, & Candido *ad Clementem Scotum Grammaticæ studendæ gratiâ* destinatis; licèt aliter Dempsterus existimaverit. Nam primi hi reviviscentium literarum instauratores encyclopediam profitebantur, uti Beda, Alcuinus, alii, non dedignati Grammaticam quâ intrandum est ad scientiæ & sapientiæ arcem docere. Labbeo autem in hoc displicet, quòd unum ex fundatoribus Academiæ Parisiensis eum plerique dixerint, quæ nulla tunc fuit; nec nisi aliquot pòst sæculis emersit. Displicet etiam aliquòd Benedictinus monachus & Altisiodorensis Episcopus ab iisdem audiat. Nos Gallis disputandum relinquimus de amplissimi sui gymnasii origine. Cæterùm Clementis (si hic est Claudius Clemens) & Alcuini monachatum, San-Gallensis monachus *De gestis Caroli M.* sub Carolo Calvo eius nepote Scriptor, quem Henricus Canisius edidit [k], subindicare videtur,

[b] Xystus Senen. lib. 4. *Bibliothecæ*. Possevinus in *Apparatu*. Bulæus, tomo 1. *Hist. univers. Paris. in catalogo Academicorum*.

[c] Amb. Cassin. in *Triumpho cathol. verit.* Verbo *Adoratio* Francisc. August. ab Ecclesia in *Hist. Chron. Cardin. Episcopor. Pedemont.* post Prateolum in libro *De hæreticis*.

[d] Laudatus Labbeus, Th. Dempsterus in *Hist. Eccles. Scotor.* c. 304.

[e] Lib. 2. *De Viris illust. Bened.* cap. 28.

[f] In *Chronic. Citizensi* ad finem.

[g] Suprà laudatus.

[h] In adiunctis ad *Lignum vitæ*.

[i] Tomo 1. ad ann. DCCCXV. pag. 146. & in *Catal. illustrium Academicorum.* pag. 568.

[k] Tomo 1. *Ant. lection.*

tur, præter suprà iam laudatos eo recentiores.

97. Hunc Clementem ex Hibernia Scotum, atque Alcuinum, seu màvis Albinum, *in sæcularibus & in sacris Scripturis incomparabiliter eruditos* eiusdem San-Gallensis elogio, honorificentissimè à Carolo M. exceptos fuisse ut iuventutem gallicam sapientiam docerent, cùm idem monachus auctor sit: proclivis sit aliquis ad credendum huius esse, non Taurinensis Claudii Hispani (cuius nullum de literis sacris meritum in memoria hominum perduravit) quicquid commentariorum ad sacra Biblia sub Claudii laudatur nomine: scilicet, in epistolam Pauli ad Galatas, Drunteranno Abbati dicata [l], Parisiisque anno MDXLII. in 8.° indeque in Bibliotheca VV. PP. edita; item ad Romanos, duarumque ad Corinthios, in Evangelium S. Matthæi [m]: quæ in aliquibus Galliarum museis MSS. asservantur; &, si vera Trithemius retulerit de eius operibus, etiam in Genesin, Exodum, Numeros, Deuteronomium, libros Iudicum, & Ruth, & in libros Iosue, sive commentaria, sive explanationes; tractatum item super Leviticum, cuius præfationem & epilogum præ manibus se habere Labbeus retulit [n].

[l] Consentit Bulæus in *Catal. Academic. Parif.* laudato.

[m] Consentit idem Bulæus, ibidem.

[n] *De Script.* tomo 1. pag. 228. & in *Novæ Biblioth. specimine* parte 1. pag. 24.

98. In quo tamen hæremus, Claudiique Taurinensis esse opus cum Labbeo contendere possumus, ideò quòd directus dicatur anno DCCCXXIII. ad Theodemirum abbatem, qui esse videtur ille, quocum concertationem *De imaginum cultu* Taurinensis noster paulò pòst habuit. Exstat quidem hoc iam tempore à Ioanne Mabillione Benedictino, viro industriæ atque eruditionis singularis, edita in *Analectis veteribus* Claudii Episcopi Taurinensis præfatio iam priùs laudata *in libros informationum literæ & spiritus super Leviticum*, Theodemiro abbati directa: in qua Claudius noster manifestissimè iudicio meo sese prodit auctorem operis. Lamentatur enim apud carissimum, ut vocat, fratrem prædictum Theodemirum, cruciari se malorum hominum perversitate, ut sibi tædium sit vivere; & in ipso opere, cuius memoratæ præfationi appenditur quoddam fragmentum, adductis S. Augustini verbis ex libro *De vera religione*, De non colendis angelis, subiungit auctor: *Hoc Fidei nostræ munitissimum atque altissimum sacramentum, & cordi nostro firmissimum caracter impressum: hanc adstruendo & defendendo veritatem, opprobrium factus sum vicinis meis & timor notis meis, in tantum, ut qui videbant nos non solùm deridebant, sed etiam digito unus alteri ostendebat.* Ex quibus iam apparet homo sanctorum spirituum adorationi cultuive infensus. Videtur autem hæc ante Apologeticum eidem Theodemiro directum scripsisse, cùm inciperet de cultu beatorum præposterè sentire.

99. Idem verò in præfatione memorat sese ad eundem Theodemirum *Expositionum atque informationum literæ & spiritus in Exodo* libros quatuor ante biennium misisse, quorum initium fuit: *Post expositionem libri Geneseos.* Meminit quoque ibidem huius *Expositionis in librum Geneseos* ante octo annos ex *dictis SS. PP. de litera & spiritu tribus libris* comprehensæ. Quæ quidem opera duo non usquam exstare audivimus.

100. *Levitici* autem *commentarium* sese in codice Remigiano habere ait Mabillonius in annotationibus ad hæc Analecta [o].

[o] Pag. 46.

101. Quidnî & suspicabimur eundem hunc auctorem habere *Commentaria in epistolam Pauli ad Galatas*, eius nomine iam olim vulgata; item *In epistolam ad Ephesios, & ad Philippenses*, cuius præfationem Ludovico ipsi Augusto nuncupatam edidit quoque Mabillonius? In hac quidem superioris *Commentarii ad Galatas epistolæ* meminit præterito anno à se elaborati. Expositiones verò in S. Pauli has, & fortasse alias omnes epistolas, asservari in Floriacensi bibliotheca idem Mabillonius testatur (1).

102. Fragmentum itidem præfationis in S. Matthæum in lucem emissum à Iacobo Usserio inter *Hibernicas epistolas* idem refert. E præfatione sanè superiùs dicta *in epistolas ad Ephesios & ad Philippenses*, illa quidem ad vexationes Claudio propter eius dogmata exhiberi cœptas pertinere videntur: *De ceteris verò epistolis licèt plurima penes me teneantur excerpta, multa tamen adhuc supersunt perquirenda. Sed quia me anno præsenti præpedientibus peccatis meis graviter obligâstis, & nimiis anxietatibus deditus mihi vivere non libet, neque Scripturas perscrutari licet.* Hæc ille.

103. In Vaticano etiam codice, cui affixus est numerus 5775. inter MS. Claudii Taurinensis nomine inscriptus est *Tractatus in epistolam ad Corinthios*, qui incipit: *Præcepto Domini admonitus* &c. & folio 97. incipit ad eosdem secunda cum hoc principio: *Sciens sanctus Apostolus.* Præ-

(1) Raptim percurri Floriacensem Bibliothecam Veterem operâ Ioannis à Bosco Cælestini, Lugduni anno 1605. in 8.° editam; neque tamen in Claudium Taurinensem incidi.

Præcedit utrumque præfatio cum hoc titulo : *Venerabili in Christo, sinceraque caritate diligendo, Theudemiro Abbati Claudius inspirante gratia Dei Episcopus* &c. Sequitur epistola Theodulphi Terdonensis Ecclesiæ indigni Episcopi, qui ut ait fecit scribere; & prosequitur: *Offero eum pro amore Dei & avunculi mei Ioannis venerabilis Episcopi, qui huic Ecclesiæ ubi ego presideo præfuit Episcopus; & pro remedio animæ meæ B. Columbano confessori Christi, quatenus eum & præsentes & futuri monachi inibi commorantes in sua habeant potestate*, &c. *Actum est anno ab incarnatione Domini Iesu Christi octingentesimo sexagesimo secundo indictione decima. Theodulphus Episcopus.* Nota sequitur recentioris characteris ante CC. aut CCC. annos vulgaris. *Iste liber est monachorum S. Iustinæ de observantia ordinis S. Benedicti, residentium in monasterio S. Columbani de Bovio, scriptus sub anno XLVII.* Ex quibus constat librum fuisse seculo isto nono quo in vivis Claudius erat scriptum, quo quidem ignorari haud potuit hunc eius fœtum germanum esse.

104. Secundus Dempsteri Claudius Clemens Scotus alter est, cui Taurinensi Episcopo, ac Ionæ libris dilacerato is tribuit commentaria in epistolam ad Galatas, Ludovici Pii tempore scripta: cuius in Nortmanos susceptæ expeditionis recordatur auctor in præfatione. Hunc & ait inter latinos poetas à Lilio Gyraldo Ferrariensi laudatum. Sed, nisi fallor, unius Clementis poetæ Gyraldus meminit [p]; hunc autem Appuleii familiarem, quem in *Floridis* suis idem laudat. *Sententiarum* quoque *Theologicarum* auctorem ait Dempsterus, contra quas scripsit Dungalus; item commentariorum in Matthæum libris tribus, *quem primus* (ait) *exposuit Baronius tom.* x. *Annalium*; quæque mihi meræ tenebræ sunt. Deinde accumulat eidem lucubrationes in Pentatheucum, Iudices, Ruth, Psalterium, Pauli epistolas omnes; *De Evangelistarum* item *concordia* libros XIV. *Memoriale historiarum*, *summam* quandam, ac tandem *homilias*: quod Bostonum tradere ait. Sed scimus quid de Thoma Dempstero censuerint viri eruditissimi [q]: cui scilicet (Usserius ait [r]) *familiaris fuit librorum, qui nunquam scripti sunt, ex ipsius otioso depromta cerebro recensio*: qui alibi [s] *hominem multæ lectionis, sed nullius planè iudicii*, appellat.

[p] *De poetis* [dial]ogo 4. pag. 187.

[q] [L]abbeus in [Bib]liotheca bi[bli]othecarum [pag.] 159. Hal[v]ordius in [...]im. de La[...] Hist. pag. 8.

[r] De Britan. Eccles. [Pri]mordiis cap. [...] pag. 463.

[s] Ibidem cap. 1. pag. 11.

105. Iam tertius & ultimus Claudius Clemens Dempsterianus, eiusdem & ipse cum duobus superioribus ætatis & nationis, ille est Clemens Scotus in Francia orientali hæreticus, qui Bonifacio martyri Moguntino Antistiti & Germanorum apostolo, molestus & adversarius fuit in propagando Evangelii semine [t]. Sed hic non æqualis, sed multò est antiquior duobus aliis; damnatus quippe à Zacaria Pontifice in Concilio Romano anni DCCXLV. Nec ad hunc sed ad Clementem illum Alcuini collegam pertinent quæ in indice Fuldensium abbatum Christophorus Browerus legit, ut suprà iam annotavimus.

[t] Vide Baronium tom. 9. ad ann. DCCXLV. num. 21. 24. 28. 37.

106. Ut finiamus tandem, Claudio Hispano Episcopo Taurinensi, quem unicum huius ætatis ita vocatum existimamus, alias etiam quàm nefarias de suis hæresibus lucubrationes non denegamus; quantumvis omiserit Ionas, qui adversus eum fato iam functum scripsit, quemadmodum & Dungalus, aliquam ab eo pridem derivatorum operum catholicorum mentionem habere. Quod planè debuere, ut vel sic castrorum Fidei desertorem iniquissimum validiùs premerent (1).

107. Alterum fortè dedit Galliæ non Cisalpinæ cùm Episcopum tum Scriptorem Hispania, sub eodem Caroli Magni ac Ludovici Pii tempore, quo se iactare atque efferre, quemque Galliis præ Claudio imputare possit. Is est Aurelianensis præsul Ionæ decessor, THEODULPHUS, sive THEUDULPHUS, quem cùm Hispanæ genti ex coniectura non imbecilli asseruero, rerum gestarum & operum editorum nomine laudabo. Italum fateor, credit fama vulgatior, cui Iacobus Sirmondus operum eius postremus editor, & Philippus Labbeus [u] assensit. Remque confirmare videtur vetus Chronicon à Quercetano editum. *Floruit etiam* (verba huius legis) *his temporibus apud urbem Aurelianensem Theodulphus Episcopus, qui propter scientiæ prærogativam quâ pollebat, à memorato Imperatore Carolo Magno ab Italia in Gallias adductus, & Floriacensem ab eo abbatiam, & Aurelianensem simul meruit episcopatum.*

[u] *De Script. Eccles.* tom. 2. pag. 406.

108. Ceterùm Ioannes Mabillonius Gallus Benedictinus monachus hac ætate nostra

(1) Claudii Taurinensis quæ ætatem tulerunt fragmenta tum edita tum manuscripta, quibusque in locis singula olim exstiterint aut nunc existent, indicat Io. Alb. Fabricius *Biblioth. med. & inf.* in *Claudio Hispano* T. I. p. 388. Fuere etiam qui Claudium Arianismi insimularent, quod calumniosè in eum dictum idem Fabricius existimat; & à Richardo Simone in censura Bibliothecæ Ecclesiasticæ Du-Pinianæ *T. I. p.* 286. *& alibi*, novam viro alioqui docto inflictam plagam detersam & sanatam fuisse ait.

ſtra ſingularis eruditionis, qui in *Analectis* ſuis *veteribus* hanc de Theodulpho quæſtionem primus ut credimus excitavit Anonymi hoc teſtimonio, quod nos eius indicio tomi quarti Francorum hiſtoriæ pag. 36. minimè invenimus, adducto. *At his obſtat* (ait [x]) *quòd Theodulphus ipſe ſe ex Hiſpania ortum eſſe non obſcurè innuit in Parænesi ad iudices, his verſibus:*

[x] Pag. 433. edit. Pariſ. an. MDCLXXV.

Mox ſedes, Narbona, tuas urbemque decoram
Tangimus, occurrit quo mihi læta cohors.
Relliquiæ Getici populi, ſimul Heſpera turba
Me conſanguineo ſit duce læta ſibi.

ubi Theodulphus conſanguineos vocat Heſperiæ populos in Septimania degentes, qui ex Hiſpania eò confluxerant. Sed addit: *Niſi conſanguineos dicit hoc nomine, quòd ex eadem gente tam Gothi illi Septimaniæ populi, quàm Oſtro-Gothi in Italia degentes, ex quibus procreatus eſſet Theodulphus, proceſſiſſent.* Hæc pro utraque parte Mabillonius.

109. Nec dubium tollit epitaphium Theodulphi apud eundem [y]:

[y] Pag. 426.

Illius cineres ſaxo ſervantur in iſto,
Qui quondam populis præſul & abba fuit.
Non noſter genitus, noſter habeatur alumnus,
Protulit hunc Speria, Gallia ſed nutriit.
&c.

Nam Speria ſive Heſperia utramque & Italiam & Hiſpaniam ſignificat (1). Nobis autem noſtram cauſam agentibus quidni Hiſpanum agnoſcemus Theodulphum? Qui duarum gentium populos occurriſſe ſibi Narbonæ ait, nempe Getici populi reliquias, hoc eſt Gothos, qui à Mauris expulſi Septimaniæ aſylo ſe commiſerant; ſimulque Heſperiam turbam, origine videlicet Hiſpanos, non Gothici ſanguinis, qui eodèm confluxerant. Utrumque populum, & Gothicum, & Hiſpanum ſe conſanguineo duce lætatos, haud poterat Italus dicere, quantumvis ex ſanguine Oſtro-Gothorum in Italia olim dominorum procreatus fuiſſet.

110. Quicquid rei ſit, *virum ſui temporis undecumque doctiſſimum*, uti eum appellat auctor incertus *vitæ Ludovici Cæſaris* [z], volentes non abdicabimus. Fuit is Floriacenſis abbas, & ex monacho Sedi Aurelianenſi à Carolo præpoſitus. Nec inveriſimile eſt hunc ipſum Theodulphum fuiſſe Epiſcopum, quem à Carolo miſſum ad Adephonſum III. Gallæciæ & Aſturiarum Regem, apud Sampirum in eius hiſtoria legimus. *Sicut prædictus* (ait) *Magnus Carolus per Theodoſium* (2) *Epiſcopum nobis ſignificavit.* Incurrit poſtea, Ludovico Pio rerum domino, in calamitatem carceris & exauctorationis; eò quod cum Bernardo Italiæ Rege adverſus Ludovicum patruum conſpiràſſe diceretur, uti narrant Francici annales [a].

[z] Ad ann. DCCCXIV. tom. 2. *Hiſt. Franc.* pag. 294.

[a] Apud auctores *Galliæ Chriſt.* in *Aurelian. Epiſcopis* pag. 238.

111. Reſtitutus demum Eccleſiæ ſuæ à Ludovico, ſive antequàm reſtitueretur, ut aliàs dicitur, veneno ſublatus fuit [b]. Ante annum DCCXCIV. Aureliis præerat Epiſcopus; hoc enim anno Francofordienſi Concilio interfuit ſubſcripſitque; immo ante annum DCCLXXVII. ſi Theodulphus fuit ille ad Alphonſum miſſus; hoc enim anno erecta eſt Ovetenſis Eccleſia in metropolitanam, de qua re Theodulphus cum Alphonſo egerat. Quemadmodum & anno DCCCXI. Caroli teſtamento ſubſcripſit, & ante DCCCXXIII. deceſſit, ſucceſſore Iona, qui conventui Pariſienſi de imaginibus hoc anno interfuit, uti Labbeus obſervat, auctores omnes qui de eo meminerunt è veteribus colligens. Opera Theodulphi primus omnia edidit Sirmondus anno MDCXLVI. in 8.° metricaque in ſex libros diſtinxit, notiſque illuſtravit. Quædam priùs ſeorſum prodierant. Eccilla.

[b] Mabillonius ubi ſuprà pag. 434.

112. *Capitula* ad presbyteros parochiæ ſuæ, hoc eſt Eccleſiæ ſeu diœceſis Aurelianenſis. Quæ Baronius ſub lemmate epiſtolæ tantùm, utpote quæ multa contineret notatu digniſſima, Annalibus ſuis inſerere non dubitavit, anno quidem DCCCXXXV. num. 5. cùm citiùs debuiſſet, aliquo ex his annis quo Theodulphus adhuc ſuperſtes erat. Ioannes item Buſæus cum quibuſdam Hincmari epiſtolis Moguntiæ anno MDCII. Sirmondus iterum tomo 2. Conciliorum Galliæ, & cum Labbeo Coſſartius tomo 7. poſtremæ collectionis Conciliorum omnium [c] edidere. Legitur & in codice Vaticano Palatinæ bibliothecæ num. 485.

[c] Col. 1136.

113. *De ordine baptiſmi* ad Magnum ſeu Magnonem Senonenſem Archiepiſcopum.

In

(1) Raro tamen *Heſperiam magnam* ſive Italiam cum Gallia, quæ numquam *Heſperia* dicta eſt, commiſſam videas; multoque rarius *Speriam* ut hoc loco. Hebræi iiſdem fere literis abſque adſpiratione Hiſpaniam ספרד *ſepharád* ſive *ſphardd* nominant. Videndus Cl. Xaverius Lampillas *Saggio Stor. Apol. della Letter. Spagn. T. II. in Theodulpho*, cuius Hiſpanam patriam ſtrenue tuetur. Mirum autem, cum Theodulphus ſex non minus carminum libros vario argumenti ac metri genere ſcripſerit, à Iac. Sirmondo & Io. Mabillonio vulgatos, in Poetarum chorum à Michaele Mattairio admiſſum non fuiſſe.

(2) *Theodoſium* olim apud Noſtrum legebatur. Subſtitui *Theodolphum*, ut apud Sampirum in Edito Pampilone 1615. p. 61.

In codice eiusdem bibliothecæ Palatinæ num. 278.

114. *De Spiritu sancto* ad Carolum Magnum Imperatorem præfatio metrica, cuius facultatis nomine ab Hincmaro [d] promeruit, ut *orthodoxus & insignis poeta*, licèt innominatus, audiret.

[d] *De divortio Lotharii*, & *Tatbergæ* tom. 1. operum pag. 602.

115. Carmina sunt ad diversos, & de diversis argumentis, inter quæ *Parænesis* ad iudices, seorsum edita anno MDCXIV. *Elegiæ* ad Aigulphum Bituricensem Archiepiscopum, & alios, in carcere scriptæ, quas & Henricus Canisius volum. 5. *Antiquarum lectionum* vulgaverat. *Hymnus*, ut in die Palmarum caneretur, compositus, unde est ille versus:

Fruge, ope, nundinis, pulcris & rebus abundans.

Ad quem Lupus Ferrariensis abbas, Theodulphum laudans, allusit epist. 20. ad Alcuinum, & alia ibidem videnda.

116. Quædam tamen Sirmondianis his adiunxit ex bibliothecæ monasterii S. Vitoni codice Ioannes Mabillonius in laudatis *Veteribus Analectis* [e]. Scripsisse Theodulphum Annales Caroli Magni & Ludovici Pii, Arnoldus Uvion in *Ligno vitæ* ait. Sed & Vossius annotavit *De historicis latinis* [f] referens. Eius rei nec Sigebertus meminit, nec Trithemius in *Catalogo*, nec Philippus Bergomensis in *Suplem. Chronicorum* lib. 11. nec, quod sciam, veterum aut noviorum ante Arnoldum Uvionem ullus.

[e] Pag. 376. & seqq.

[f] Lib. 3. par. 4. cap. 4.

117. Sub Alphonso cognomento *Casto* Rege Oveti ANONYMUS quidam *Florem Sanctorum* scripsit, quem laudat Franciscus Bivarius in commentario ad Maximi Chronicon [g] (1).

[g] Anno CDXLVIII. n. 6. pag. 153. in principio.

118. Anno huius sæculi quadragesimo secundo Alphonsus iam dictus obiit, cui successit Ranimirus primus. Ab hoc obtentam fuisse iuxta *Claviium* oppidum, à quo denominata venit ad posteros, clarissimam de Saracenis victoriam, Hispanicarum rerum enarratores memorant. Huic prœlio post biennium Ranimiri commisso RODERICUS Episcopus LUCENSIS interfuisse dicitur, scripsisseque *De memorabilibus Hispaniæ* quandam historiam. Auctorem rei laudare possum Ægidium Gundisalvi de Avila in *Theatro Lucensis Ecclesiæ*. Sed quum idem alterius Roderici Lucensis Episcopi, qui prœlio interfuit sub Alphonso VIII. Castellæ ac Legionis Rege ad *Navas* Tolosanas cum Mauris ad internecionem usque eorum anno MCCXII. commisso, quem similiter historiæ cuiusdam auctorem ait: virum optimum hìc, ut sæpe aliàs, lapsum credimus; cùm præcipuæ nullus alius è nostris compertæ diligentiæ Scriptoribus Roderici huius historiæ meminerit.

CAPUT VI.

De s. EULOGIO *martyre Cordubensi, vitâ eius, & scriptis, Alvaro Cordubensi auctore. Causa huic scribendi* Memoriale Sanctorum, & Apologeticum, *aliaque. Petri de Alba error tribuentis ei tractatum* De Scriptoribus Ecclesiasticis.

119. AD sanctum Christi martyrem EULOGIUM devenimus, qui sub eodem Ranimiro atque eius filio Ordonio I. huius nominis, Oveti Regibus, præcipuè floruit. Huius vitâ & rebus gestis nihil desiderari certius potest; scripta quippe ab Alvaro Cordubensi eius persamiliari, qui *non incerta, & quorumcumque hominum narratione comperta, sed secum gesta & per se cognita narrare* se ait. *Quia sicut de incertis temerè referre sententiam periculosum fore profiteor* (subiungit): *ita de cognitis supprimere ea quæ nosci debent, vacuum periculis esse non reor.* Et mox (quæ memoriâ tenere omnes, qui sanctorum hominum vitas hodie proferunt, ante omnia deberent): *Quoniam melius est de multis præclaris nihil facinoribus dicere, quàm ex parvis bonis multa falsa disserere; tutiusque est omnia quæ gesta sunt præterire, quàm ea quæ non fuerunt, aliqua fingere.*

120. Eulogius Cordubæ natus è clara & senatoria stirpe, ad S. Zoili templum presbyter, *multis & clarissimis virtutibus* (ait Alvarus) *floruit, magnis & laudabilibus operibus viguit.* Sub doctrina, tum aliorum, tum etiam Spera-in-dei abbatis sanctissimi unà cum Alvaro domum eius frequentans, evasit non solùm in literis valdè doctus, sed & in moribus, nunc clericum in Ecclesia nunc inter cœnobitas monachum agens ante alios probatus. Monachum Benedictinum quidam temerè crediderunt: quod nec placet huius familiæ prudentioribus [h].

[h] Iepes tomo 4. *Hist. Ben.* ad ann. DCCCLIX. cap. 1. Vide *Acta SS.* edit. Antuerp. tom. 2. Martii die XI.

121. Itaque ingruente persecutionis turbine, qui Christianis sub Habdaraghmane II. Rege Cordubæ, instigatione cuiusdam Reccafredi Episcopi anno huius sæculi quinquagesimo excitatus fuit, contumelias, terrores plurimos, carcerem quoque

(1) Habetur in Escurialensi codice *Lit. h. Plut. I. n.* 14. hoc titulo: *Anonymi Hispani Flores, seu vitæ, gesta & obitus Sanctorum & solemnitatum Iesu Christi & Beatissimæ Virginis Mariæ, per anni circulum*, Hispano idiomate.

que infractus ipse sustinuit: magno animi robore invictos martyres, qui eum ad palmam præcesserunt, utriusque sexus, non solùm ad martyrii subeundum agonem incendit, sed & decollatorum cadavera collegit, ac tumulo composuit. Seges hæc sanctorum Christi athletarum per reliquum Habdaraghmanis regnum usque ad Mahomadis filii tempora Cordubensem urbem prædictam lætissimo proventu fœcundavit; ac inter tot decussa propinquorum amicorumque capitum culmina stetit ipse, dono Dei servatus, ut victorum triumphalia gesta stilo suo ad posteritatem omnem propagaret. Passus tandem ipse fuit anno, ut creditur [l], DCCCLIX. Martii die XI. caput scilicet ei solemni gentis more amputatum.

[l] Morales lib. 14. cap. 30.

122. Inscripserunt albo martyrum eius nomen Romanus Martyrologus hac die, Usuardus, sive aliquis alius qui eum auxit, die XX. Septembris: falsus ex eo forsan, quòd Eulogium alterum antiquiorem presbyterum eremi cultorem, & in vitis Patrum [k] laudatum hac die obiisse ibidem legerit. Qui & errare post se alios recentiores fecit. *Erat ille vir* (ait Alvarus) *in omnibus professionibus principaliter, & non mediè decoratus, cunctis ex æquo deserviens, & cum præiret omnes scientiâ, humilior certè etiam infimis videbatur. Clarus vultu & honore præcipuus, eloquentiâ fulgidus, & vitæ operibus luminosus: incitator martyrum & laudator: tractator peritissimus & dictator. Quis ardorem ingenii, quis decorem eloquii, quis fulgorem scientiæ, quis affabilitatem usualem officii, quocumque potuit prudentiæ dicere flumine? Quæ enim illi non patuere volumina? quæ potuerunt eum latere ingenia catholicorum philosophorum, hæreticorum, necnon & gentilium? Ubi libri erant metrici, ubi prosatici, ubi historici qui eius investigationem effugerent? ubi versus, quorum ille ignoraret canora? ubi hymni, vel peregrina opuscula, quæ eius non percurreret pulcerrimus oculus? Quotidie enim nova & egregiè admiranda, quasi à ruderibus & fossis effodiens, thesauros elucidabat invisos. Quanta docibilitas tam pretioso munere ornatæ inesset animæ, quanta & inexhausta cura solertiæ, nullus sapiens comprehendere poterat. Et (ô admirabilis suavitas mentis!) nunquam privatè scire aliquid volens, nobis omnia præstabat vitiata corrigens, fracta consolidans, inusitata restaurans, antiqua repriorans, neglecta revocans, & quæque poterat ex antiquis viris gesta competere, satagebat operibus adimplere. Severitatem Hieronymi, modestiam Augustini, lenitatem Ambrosii, patientiam Gregorii in corrigendo errores, in sustentando minores, in demulcendo maiores, in sufferendo horrores* (1)*, unus idem se multipliciter varium exhibebat.* Hactenus ex Alvari descriptione, verbis eius potiùs quàm nostris doctissimum ac sanctissimum doctorem & martyrem ob oculos ponere animus fuit.

[k] Rufino lib. 2. *De vitis PP.* cap. 14. Palladio Lausiacæ hist. cap. 75. Acta SS. die XI. Martii pag. 89.

123. His virtutibus quoque inter homines meruit, ut etiam peregrinus, hoc est alterius urbis civis, famâ autem notissimus, à comprovincialibus Episcopis decedenti Wistremiro Toletano subrogaretur. Cuius tamen exercitio muneris eum arcuêre, tum nata quædam obstacula, quæ non satis declarat Alvarus; tum maius omni dignitate atque excellentius à Deo ei per eosdem dies opportunè impositum martyrii diadema.

124. At huius illustrissimi martyris operum inventionem lectissimo ac eruditissimo præsuli D. Petro Pontio de Leon & Corduba Placentinæ urbis Episcopo; emendationem verò, expositionem, ac tandem editionem, summo viro Ambrosio Morali, magno Philippi Regis II. historico, atque Hispanarum rerum illustratori debemus. Reperit ille in Ovetensis Ecclesiæ codice adeò antiquo, ut (quemadmodum ipse ait in latina quadam & eleganti Ecclesiæ civitatique Cordubensi directa epistola [l] inventionis huius nuntia) eo cum aliis, quos ante sexcentos penè annos scriptos fuisse constabat, collato, paucis retrò annis illi prorsus scripti fuisse viderentur. Ambrosius autem Morales hæc omnia opera, unà & *S. Eulogii vitam & martyrium*, ab Alvaro descripta, aliaque similia, cum scholiis propriis oppidò eruditis eidem Episcopo nuncupavit, Complutique in lucem emisit anno superioris sæculi septuagesimo quarto. Deinde Franciscus Scotus Iurisconsultus, ab Andrea fratre instructus, post eius obitum in *Hispaniæ illustratæ* systematis volumen quartum coniecit [m]. Præcedit opera

[l] Tomo 4. *Hisp. illustrata* pag. 342.

[m] Pag. 217.

125. *Vita S. Eulogii* per Alvarum Cordubensem descripta. De qua nos in rebus Alvari. Vitam hanc S. Martyris vidit in codice MS. septingentorum & ampliùs anno-

(1) *Horrores.* Ita omnino, & apud Cl. Florezium *T. X. p.* 550. *n.* 8. Vitiatum tamen hunc locum existimo. Alii, *errones*, pro *errantes* legunt. Ruizii Azagræ Toletanus codex: *In sufferendos orores*: id est: *In sufferendo sorores*: ad quem locum Cl. Andreas Marcus Burrielius: *forte sorores*, pro *æquales*. Forsan: *In sufferendo sorores*, pro: *In sustinendis patienterque tolerandis querulis atque importunis sororum precibus.*

norum Michael Ruizius Azagra, cuius verba ex epistola eius nuncupatoria Dracontii & Eugenii Toletani præsulis carminum ad Decanum & Capitulum Toletanæ Ecclesiæ in rei testimonium dabimus. *Admirabili quidem certè fato pervenit ante aliquot annos ad manus meas volumen satis magnum & vetustissimum, literis gothicis in charta pergamena (ut vocant) conscriptum, quod vel solius antiquitatis nomine est profectò venerandum, cùm non ex coniecturis, sed fide argumentisque planè certissimè constet ante septingentos & ampliùs annos fuisse descriptum. In eo continentur varia opera diversorum auctorum eius ætatis, quâ iam imperium Romanum declinare, barbariesque latè omnia occupare cœperat; eaque præter unam D. Eulogii Cordubensis martyris vitam, carmine conscripta* &c. Quæ cùm scripta sint anno MDLXXVII. paulò post martyris obitum exaratum fuisse librum, si coniectura sua de antiquitate eius Azagram non fefellit, oportet (1). Sequuntur deinde Eulogii ipsius monumenta (ut Baronius ait [n]) *præclarissima, quæ Apostolicum spiritum redolent, & purissimam pristinam illam sinceritatem præseferunt.*

[n] In Notis ad *Martyrol.* die XI. Martii.

126. *Memoriale Sanctorum*, tribus libris: primo in eum finem formato, ut ora eorum occluderet, qui martyribus quorum gesta narrare proposuerat martyrii gloriam adimere non verebantur, eo quòd propria se ipsos voluntate discrimini offerrent, non ullâ violentiâ fidem suam negare compellerentur. Secundo refert agones eorum qui sub Habdaraghmane usque ad annum (*DCCCLII*) passi sunt; cui tertium post intervallum aliquod temporis adiunxit novâ superadditâ materiâ eorum, quos Mahomad Habdaraghmanis filius usque ad annum DCCCLVI. martyrio affecit: sive (ut Alvarus ait) *passiones sigillatim martyrum claro fonte locutionis explicuit, & prosecutione sufficienti quæcumque acta sunt in martyribus Domini & dicta, secuturis generationibus propalavit.* Nec notatu indignum est Ambrosium Moralem editorem ex primo libro, atque item ex secundo, aliquot versus demsisse, ubi sanctus martyr quæ pessimè de Christo Salvatore & sacratissima eius matre Mahometus tradidit ex nefando Alcorano persequebatur: quod ex sapientissimorum consilio se fecisse in scholiis [o] ait, non æquè ob id reprehensus à viro doctissimo Thoma Maluenda lib. 1. *De Antichristo* cap. 24. versus finem, quem laudat in notis & animadversionibus ad Vossium *De historicis latinis* Christophorus Sandius pag. 294. (2).

[o] Ad lib. 1. num. 4. & ad lib. 2. cap. 1. n. 7.

127. Ex omnibus his quinque tantùm, Aurelii scilicet, Felicis, Georgii, Sabigotonis, ac Liliosæ martyrium ex libri 2. cap. 10. *Memorialis* Laurentius Surius, nonnullis aliunde additis, exscripsit XXVI. die Augusti. Desumsere autem ab Eulogio quorundam ex his sanctorum martyrum memoriam Breviaria Ecclesiarum Hispaniæ aliqua, ut notat Morales lib. 14. cap. 20. qui pius æquè ac disertus Scriptor omnem horum trium librorum laudati *Memorialis* materiem distinctè & eleganter paraphrasticè in historiam suam à cap. 4. usque ad 26. libri 14. coniecit. Ex his iisdem Breviariis (nam Eulogii non meminit) Laurentius Padilla eorundem quinque martyrum, quorum Surius, atque item Nunilonis & Alodiæ sororum, martyria exscripsisse videtur [p]. Sequitur

[p] De SS. Hisp. fol. 33.

128. *Liber apologeticus SS. martyrum*: quo non solùm Roderici & Salomonis novum post absolutum *Memoriale* triumphum commemorat; sed & rursus ultroneam sui exhibitionem, & Fidei confessionem sanctissimorum heroum, à quibusdam reprehensam, meritoque evacuatam, tum iisdem quibus in *Memoriali*, tum novis aliis argumentis validè tuetur (3). Laudati martyres erâ DCCCXCV. hoc est anno DCCCLVII. coronati sunt, ut ex libri fine constat. Deinde scripsit

129. *Documentum martyrii, quod in carcere positus virginibus Christi Floræ & Mariæ ergastulo mancipatis dicavit*, uti conceptus exstabat in veteri libro titulus. *Documentum martyriale* appellat Alvarus [q]: in quo SS. Virgines Floram & Mariam pro fide comprehensas *ad martyrium verbis tenacibus solidavit* (4). Sequuntur in editionibus

[q] Num. 7.

Nnn Epi-

(1) Dictum sæpius de hoc codice, cum quo Eulogii Vitam *T. IV. Hisp. Illustr.* à pag. 223. à Francisco Schoto Andreæ fratre editam contulit Cl. Andr. Marcus Burrielius & variantes lectiones adnotavit, quas ad manum habemus. In eo codice notatur *Era DCCCXCVII.* sive Christi annus DCCCLIX.

(2) Late de hoc *Memorialis Sanctorum* opere, deque occasione loco & tempore quo conscriptum fuit, nimirum ab anno DCCCLI. ad DCCCLVI. Cl. Florezius T. X. à pag. 431. n. 58. quo loco & n. 57. plura de Cordubensibus Monasteriis Tabannensi, Cuteclarensi, Armilatensi, Sancti Christophori &c.

(3) Non suo loco Eulogii *Apologeticum SS. Martyrum* ante eiusdem *Documentum Martyriale* &c. à Nostro atque item à Moralio collocatur; cum *Apologeticum*, postremum sit omnium Eulogii operum, quod è carcere iam eductus, anno minimum DCCCLVIII. aut sub præcedentis exitum scripsisse creditur; cum in eo Roderici & Salomonis, qui mense Martio anni DCCCLVII. agonem suum feliciter expleverant, passiones memorentur: ut notat Cl. Florezius *T. X. p.* 440. *seq. nn.* 67. 68. 69.

(4) *Documentum Martyrii* &c. anno DCCCLI. atque ante diem XV. Novembris ab Eulogio scriptum

130. *Epistolæ*. Prima *ad Wiliesindum Pampilonensem Episcopum* è carcere data, ubi detinebatur, anno DCCCLI (1). In hac meminit duorum suorum fratrum Alvari & Isidori, qui olim apud Ludovicum Baioariæ Regem (Ludovici Pii filium, Caroli Calvi fratrem) peregrinati fuerant mercaturæ causâ. Hic Isidorus est, cui suppositam à Gallis fuisse sub *Isidori Mercatoris* (aliàs *Peccatoris*) nomine *Collectionem epistolarum decretalium & Conciliorum*, suspicatus olim solerter fuerat David Blondellus, de quo nos alibi (2). Meminit item Iosephi fratris iunioris, Niolæ & Anullonis sororum, atque Elisabeth matris. Huius epistolæ mentionem facit in vita Eulogii Alvarus.

131. Attamen non tam ambiguum sese esse de huius epistolæ fide, dum viveret & *Annalibus Hispaniæ* tandem edendis vacaret, quiquidem imperfecti remanserunt, D. Iosephus Pellizerius (lib. 5. num. 52. & 53.) ostendit: quinimmo certò sibi suppositam constare ait ab eodem qui Iuliani Chronicon supposuit auctore: spondens id à se probandum clarissimè, cùm ad Eulogii tempora historia descenderit; hæc enim anticipat occasione quadam data. In quo quidem præter argumenta quibus hanc censuram superioribus auctoribus contrariam egregius historicus Petrus Abarca Iesuita in *Regibus* suis *Aragoniæ* non dudum afflixit de Eneco Arista loquens [r]: is certè qui Iuliani formator non temerè creditur, Hieronymus Romanus ab Higuera, diu post hanc Eulogii operum inventionem, & annum superioris sæculi septuagesimum quo in publicum prodiere, animum applicuit edendis fabulosis auctoribus contra quos sæpius agimus (3).

[r] Fol. 52.

132. Secunda *ad Alvarum* prædictum, cum qua remisit ei librum iam laudatum *documenti martyrii* (4).

Tertia *ad* eundem *Alvarum*, in qua gratias agit pro libro ab illo ad se misso, scilicet ut existimamus *Indiculo* (quomodo nuncupavit auctor Alvarus) *luminoso*, de quo nos opportuno tempore (5).

Quarta est *ad* hunc ipsum *Alvarum de martyrio SS. Floræ & Mariæ*. De qua in vita hæc legimus: *Exstat super hoc inlustriore stilo confecta, & mihi his diebus directa epistola, passionem earundem virginum & ereptionem sacerdotum ipsarum virginum meritis continentem. Ibi metricos, quos adhuc nesciebant sapientes Hispaniæ, pedes perfectissimè docuit, nobisque post egressionem suam ostendit*. Quæ ad orationis harmoniosum, & quasi metricum tenorem, referri possunt; aut cum Morali significare hymnos eum in carcere, Hispanis tunc temporis nondum in usu, composuisse (6).

Quinta *ad Baldegotonem*, Floræ iam laudatæ martyris sororem.

Sexta *ad Alvarum*, quem *arbitrum* vocat *scientiolæ suæ iustissimum*, mittens ei atque censuræ eius subiiciens *Memoriale Sanctorum* ante alia opera memoratum. Subnectitur epistola Alvari responsoria. Hæc Eulogii sunt scripta, quæ usque ad superius sæculum in schedis delitescentia, Petrus Pontius laudatus Placentinus Episcopus (cuius elegans ad Philippum Regem II. directa epistola de inventione huius veri thesauri cum iisdem edita est), & Ambrosius Morales Hispaniæ decus, & ornamentum pietatis, curiosæ posteritati laudabiliter communicârunt (7).

133. Nescio tamen ubi oculos habuit Petrus Alba & Astorga Franciscanus sodalis

ptum fuisse notat Florezius *T. X. p.* 439. *num.* 64. exstatque T. XI. à *p.* 292.

(1) Exceperat benigne Eulogium hospitio Wiliesindus, ad quem Eulogius beneficii memor reliquias Sanctorum Martyrum Zoili & Aciscli transmisit eodem anno DCCCLI.

(2) Nimirum Lib. V. c. IV. num. 206. Verum si cum Blondello hunc Isidorum Eulogii fratrem, qui sub medium sæculi IX. vixit, auctorem facimus Collectionis Decretalium Epistolarum & Conciliorum quæ sub Isidori *Mercatoris* aut *Peccatoris* nomine circumfertur: quid tum Pellicerius cum Isidoro suo Sætabitano eiusdem, ut ipse existimat, Collectionis auctore, quem XVI. Toletanæ Synodo anno DCXCIII. celebratæ interfuisse ac subscripsisse constat? Mihi, ut verum fatear, uterque hac in re longissime à scopo aberrare, & plane divinare videtur.

(3) Hanc Epistolam invictis argumentis Eulogio asserit Cl. Florezius *T. X. pag.* 441. Exstat in novissima SS. PP. Toletanorum Collectione *T. II. pag.* 336.

(4) Exstat apud Florezium *T. XI. pag.* 290. inter Alvari Cordubensis opera.

(5) Hanc non Eulogii ad Alvarum, quod Noster, deceptus forsan hoc eiusdem initio: *Luminosum* &c. existimavit, sed Alvari ad Eulogium, ut Florezius docet *T. X. pag.* 449. *n.* 89. Habetur autem *T. XI. p.*291.

(6) Apud Florezium *T. XI p.* 292.

(7) Trium Eulogii Epistolarum, nimirum: *Ad Alvarum de martyrio Sanctarum Floræ & Mariæ: Ad Baldegotonem Floræ martyris sororem*, atque *Ad Alvarum cum Memoriali Sanctorum*: meminit etiam Florezius *T. X. à pag.* 449. cui subiungit Chronologiam omnium Eulogii Operum. Exstant in noviss. SS. PP. Toletanor. Collectione: prima quidem *T. II. pag.*533. secunda, *pag.* 335. tertia, *pag.* 419.

Barthius *Favonii* nescio cuius *Eulogii* Somnii Scipionis explanatoris laudatissimi meminit, *Advers.II.* 19. & *V.* 7. & *VII.* 16. Item lib. XXXV. c. 20. distichon profert ineditum *Eulogii Eulogiani* veteris, ut ipse ait, Poetæ *De Vulcano à Iove in terram deiecto*, nimirum:

Iuppiter in terram Vulcanum deiicit, hoc est,
Fulmina cum cælo præcipitata cadunt.

lis ex operibus suis sat notus, dum in *Sole* suo *veritatis*, notante Philippo Labbeo in *Bibliotheca Bibliothecarum* [s] (neque enim apud eum vidimus), ait se in bibliotheca S. Ecclesiæ Toletanæ Eulogii tractatum *De Scriptoribus Ecclesiasticis* MS. vidisse. Qui valdè in hoc errat: verumenim si esset, non utique latuisset hactenus, hoc literarum meridie, inter tot eruditissimorum hominum qui bibliothecæ præfuerunt eamque contrectaverunt manus, liber luce dignissimus; neque in prædicta bibliotheca invenitur: quod asseverare possum; habeo enim penes me catalogum diligentissimè formatum librorum illius omnium, tam manu exaratorum quàm typis editorum, anno MDXCI. primùm scriptum, postea anno MDCXIV. recognitum, denique anno MDCXXIV. denuò recognitum & auctum.

[s] Pag. 24.

134. Elogia resque gestas S. martyris ac celebratoris martyrum Eulogii reperies apud Constantinum Ghinium in *Natalibus sanctorum canonicorum*, Martinum de Roa *De sanctis Cordubensibus*, Ioannem Marieta lib. 2. *De SS. Hispan.* cap. 83. ac duobus sequentibus, apud Toletanorum præsulum descriptores [t], & eos qui Acta Sanctorum publici iuris fecerunt [u].

[t] Pisa in *Hist. Tolet.* lib. 3. cap. 8. Castejon *De prim. Toletan.* tom. 2. part. 3. cap. 1. §. 6.

[u] Tamaius, Bollandus & socii 11. Martii.

CAPUT VII.

De SPERA-IN-DEO *Cordubensi*, *&* SAMSONE *Malacitano*, *abbatibus*: LEOVIGILDO *presbytero*, *&* CYPRIANO *Cordubensi*, *cui falsò tribuuntur plura carmina. Veri eius fœtus recensentur, suppostitii carbone notantur. Ioannis Tamaii passivæ locutiones in his omnibus occurrunt. Impudentes Pseudo-Iuliani & Pseudo-Cypriani de Ioanne & Paulo Hispanis martyribus, & aliorum cum hoc Pseudo-historicorum de Rutilio martyre & aliis fictiones.*

135. DIXIMUS Eulogium consuetudine doctrinaque sancti *Spera-in-dei* abbatis multum Cordubæ profecisse: qui & ipse inter Scriptores numerandus pone eundem Eulogium opportuno venit loco. SPERA-IN-DEUS, sive SPERANDEUS, in Cordubensi hac urbe vocatus abbas, absque eo quòd sciamus an monachorum & qualium, an verò clericorum fuerit præfectus, his venit notis ab Alvaro Cordubensi iam memorato in vita Eulogii martyris dignoscendus: *Nam & abbatem bonæ recordationis & memoriæ* (mortuum ergo iam, quum sic aiebat) *Spera-in-deum, opinabilem & celebritate doctrinæ præconabilem virum, sæpiùs invisebat, auditorioque more ex illius ore disertissimo dependebat, qui ipso tempore totius Bæticæ fines prudentiæ rivulis dulcorabat.*

136. Hic tantus vir, vel inter Mahometanos & sub iugo eorum positus, haud veritus fuit (quod unum Christianis minimè permittebatur) adversus Coranum, seu Saracenorum legem scribere. Cuius commentarii cum eius & auctoris eiusdem recordatione elogium, conservavit nobis primus liber *Memorialis Sanctorum* Eulogii martyris discipuli. *Quam quæstionem* (ait) *vir disertissimus, magnum temporibus nostris Ecclesiæ lumen, Spera-in-deo abbas, cùm contra nugas huius nefandi* (Mahometi) *stilum admoveret, & uno opusculo ex eius deliramentis nonnulla niteretur arguere: in sexto ipsius libelli capitulo, quasi ex voce cultorum eius obiectionem inducens, ac deinceps suam proponens sententiam, ita disseruit dicens*, &c. Sequitur inde locus, quo Coranicum voluptatum in Paradiso beatis suis præparatarum articulum acriter atque eleganti præ aliis æqualibus stilo urget ac refutat.

137. Alibi eundem vocat [x] Eulogius *doctorem illustrissimum*, quum scripsisse eum docet Adulphi & Ioannis martyrum triumphalem obitum, & de matre eorum Artemia obiter loquitur. *Quæ & ipsa* (ait) *geminum pignus per martyrialem obitum olim cœlo præmiserat* (editum est *promiserat*) *Adulphum scilicet & Ioannem, qui in primordio regni principis huius* (Habdaraghmanis scilicet, circa annum DCCCXXV.) *viriliter de hoste triumphârunt. Quorum, instar siderum cœli, gesta micantia ad emolumentum Ecclesiæ sanctæ, & exemplum debilium, senex & magister noster, atque illustrissimus doctor* (*de quo in libro* 1. *meminimus*) *beatæ recordationis & memoriæ Spera-in-Deo abbas stilo latiore composuit.* Pepercit ergo Eulogius calamo, ne rem ipsam repeteret: quo factum fuit ut deperdito sancti abbatis nostri commentario, nihil de iis SS. martyribus Hispalensibus [y] (quorum lib. 3. cap. ultimo *Memorialis* iterum fit mentio) ex Eulogii commentariis discere possemus. Quamvis non prorsus exstincta sit eorum memoria. Ea enim ex Usuardi ab alio quodam aucti, ex Adonis aliorumque iis recentiorum Martyrologiis, XXVII. die Septembris [z] festumque eorum apud plures Hispaniæ Ecclesias celebratur.

[x] Lib. 2. *Memor.* cap. 8.

[y] Tamaius tomo 5. *Martyr. Hisp.* XXVII. Septembr.

[z] Morales lib. 14. cap. 4. & in Notis ad Eulogii lib. 2. *Memor.* cap. 8.

138. Exstat quoque in Ecclesia Cathedralis Cordubensis bibliothecæ antiquissimo manuscripto volumine *Alvari ad Spera-in-Deum* huiusque *ad Alvarum* duplex epistola, quarum cum aliis Alvari exemplum apud nos habemus. Poposcerat Alvarus à doctissimo præceptore, quem, ait, *ab omni-*

mnipotenti & præscio Deo, eorum in quæ devenissent temporum, ac verbi eius (ita vocat) *esuriei, validam* appositum fuisse *destinam* (1), ut contra resurgentem illis diebus multiplicem hæresin, cuius præcipuum & ferocissimum omnium aliorum erat caput Trinum in Unitate & Unum in Trinitate Deum negare, Christumque Deum ac dominum nostrum hominem tantùm asserere, aciem stili, ut in aliis solebat causis stringeret. Respondet Spera-in-deus graviter & modestè, recusans quodammodo, S. Hieronymi verbis, Dei inenarrabilia scrutari velle; aut saltem prætendens Alvaro ipsi potiùs id competere qui verè ad id sufficiebat, nullamque tribulationem adversitatemve fuerat passus; cùm è contrario ipsum multis modis eius sæculi acerbitas contrivisset. Aggreditur tamen *humiliter ea proferre quæ* credit, *ac suppliciter* enarrare *in quæstionibus suscitatis quæ sentit*. Malo tamen doctissimi commentarii fato contigit, ut trunca hoc loco remanserit.

139. *Epistola.* Ab Alvaro scripta sic incipit: *Præscius & omnipotens Deus* &c. Sancti verò abbatis responsio ista: *Dum à tribulationibus validissimis* (2). Reparare tamen sese hanc nobis iacturam credi voluit Ioannes Tamaius è legendario Asturicensis Ecclesiæ quodam, productâ *martyrii SS. Adulphi & Ioannis relatione*; in qua tamen videre mihi videor plura Tamaianæ telæ, de quo testes voco eos, quorum palato non alienus sit huiusmodi dapsilium epularum gustus. Quod ipsum de Cypriani Cordubensis epigrammate, quod Relationi adiungitur, sentire nos, in mentione eiusdem Cypriani, quæ paulò pòst sequetur, admonebimus. De Spera-in-deo agit Morales lib. 14. cap. 3.

140. SAMSON quoque abbas vocatus, rectorque anno DCCCLXIII. S. Zoili Ecclesiæ urbis eiusdem Cordubensis factus, his diebus, longoque postea annorum tractu, usque ad finem penè huius sæculi, doctrinâ catholicâ Bibliorum sacrorum & philosophiæ studiis floruit. Scripsit hic Apologeticum tribus libris distinctum pro se *adversus Hostigesium Malacitanum præsulem*, qui lupi gerens non pastoris vices, lucro deditus, & ut faciliùs à Christiana plebe numos extorqueret, cum Saracenis conveniebat contra Christianos ipsos sibi subditos, suggerebat iis artes opprimendi hos vectigalibus, & iam satis odio Fidei adversus fideles Christi oves inflammatis Mahometi asseclis, novas ipse indignationis faces admovebat. Rem huius defensionis, perpessasque, instigantibus Hostigesio atque item Servando quodam Cordubæ Comite, à Christianis vexationes, multaque alia de Concilio Episcoporum Cordubæ coacto, & producta ibi Samsonis quadam Fidei confessione, Hostigesii tamen vi & impotentia ab ceteris inique tunc reiecta, licèt paulò pòst à pœnitentibus & ad se reversis laudatâ & approbatâ Samsonisque eiusdem Tucitana (*Martos* hodie est) relegatione, hic liber prosequitur; qui in vetustissimo codice [a] Toletanæ Ecclesiæ, in quo & *Heterii* seu *Beati adversus Elipandum* liber est ineditus adhuc, luceque dignissimus, conservatur [b]. Luculenter ea omnia quæ in eo continentur ceteraque ad Samsonem pertinentia, non uno aut alio loco apud Moralem tractata reperiuntur [c].

141. Vixit enim Samson usque ad eræ annum CMXXVIII. ut in quodam sepulcrali carmine, quod inter Cypriani Cordubensis alia superest, annotatum legitur, qui annus est huius sæculi nonagesimus (3). Sepulcrale hoc etiam carmen & in Notis ad Eulogium [d], & in *Hispanica historia* [e] idem produxit auctor. Sed Anthropomorphitarum quoque hæresin, quæ veram Christi Domini humanitatem respuebat, incurrisse hos Christianorum quos diximus malè Christianos hostes; consequenterque hunc errorem hoc ipso apologetico libro Samsonis doctè non minùs quàm efficaciter everti scias. Hæc certiora sunt, quàm damnatam, in Concilio iam dicto Cordubensi hanc hæresin fuisse, quod in mentione Samsonis abbatis, quem Benedictinum existimavit, Arnoldus Uvion scripsit [f]; cùm è contrario Fidei hostes in eo prævaluisse ab eodem Samsone habeamus.

142. Necnon & quædam eiusdem Samsonis epigrammata in eodem legi codice Martinus de Ximena Iurado in *Giennensibus annalibus* [g] annotatum reliquit, sive *epitaphia* [h] *& epigrammata*, quomodo hæc effert è codice suo datis ad me literis D. Ioannes Lucas Cortesius amicus meus, in paucis doctus (4). Falsum sanè est & ridiculum quod Pseudo-Luitprandus de Samso-

[a] Arcâ 30. num. 13.

[b] Morales lib. 14. cap. 3. & 31. & in Notis ad S. Eulogii lib. 1. num. 9. Roa *Santos de Malaga* fol. 41. Martinus Ximena *Annales de Jaen* pag. 49.

[c] d. lib. 14. cap. 3. & 31. lib. 15. cap. 7. & 21. videndi Mariana lib. 17. cap. 15. Baronius tom. 10. ad ann. DCCCXC. num. 10.

[d] Lib. 1. n. 9.

[e] Lib. 15. c. 21. legitur quoque in Notis ad Luitprandi ann. DCCCLIX. num. 301. edit. Ramirezianæ.

[f] Lib. 2. *Ligni vitæ* c. 77.

[g] Pag. 50.

[h] Tria apud nos exstant ex Toletano codice sæpius laudato, quorum primum est *super sepulcrum Ofilonis abbatis*, secundum *Athanagildi abbatis*, tertium *Valentiniani presbyteri*. CARDIN. DE AGUIRRE.

(1) Dictum alibi è Du-Cangio *Gloss. med. & inf. lat.* ea voce significari fulcrum parieti inclinato & ruinoso adhibitum ut eum sustentet.

(2) Exstat utraque hæc Epistola apud Florezium *T. X. p.* 147. *seq.*

(3) Epitaphium Samsonis à Cypriano compositum in Toletano Ruizii Azagræ codice sic clauditur:

Discessit longe notus plenusque dierum
Sextilis namque mensis die vicessima prima
Sextilis namque mensis primo & vicessimo sole
ERA DCCCCXXVIII.

Superfluit in postremis versibus τὸ *namque*; immo priorem ex iis posterioris glossema esse existimo.

(4) Fuse de Samsonis Abbatis vita, gestis, obitu, epi-

[i] Ad annum DCCCLIX.

ſone finxit [i], abſolutum eum literis Toleti datis à Bonito præſule Toletano, nempe, ut credimus ſignificatum, à damnatione Cordubenſis conventus prædicti aliquot Epiſcoporum. Perpetuum etenim ſanctiſſimæ iſtius Eccleſiæ adulatoris conſilium fuit, nunquam ceſſantem aut controverſum eiuſdem Primatum ſupra alias omnes Hiſpaniæ, etiam captivæ, Eccleſias frequenter aſſerere, factiſque ipſis quantumvis commentitiis conſtabilire. Quod itidem hic fecit ore Iuliani ſcribentis in Pſeudochronico [k], noluiſſe Bonitum Toletanum *intereſſe Concilio Cordubenſi, in quo graviter erratum eſt contra Samſonem abbatem.* Iterumque [l] Iulianum Boniti ſucceſſorem *coegiſſe Synodum in defenſione Samſonis cum Concilio.*

[k] Num. 440.

[l] Num. 444.

143. Emendicatis his à fictione ſuffragiis minimè indiget Eccleſia Toletana; verè enim, ut ex eodem Samſone liquet, viciniores tantùm Cordubæ Epiſcopi eò tunc ad Concilium convenere, ut ex his colligitur qui ſuis vocantur ab eo notis Valentio Cordubenſi, Reculpho Egabrenſi, Beato Aſtigitano, Ioanne Baſtenſi, Geneſio Urcitano, Theudeguto Ilicitano, Mirone Aſidonenſi, hoc eſt *de Cordoba*, *de Cabra*, *de Ecija*, *de Baza*, *de Almeria* (1), *de Elche*, *de Medina-Sidonia*, ut vernaculis urbium utar nominibus. At libentes etiam Iuliano nos remittimus Samſonis atque eius Apologetici mentionem à Corduba Toletum Cypriani operâ tranſportati. In officina enim huius Bibliothecæ mercibus iſtis licitator deeſt.

144. Æqualis & civis Samſonis, Eulogii, Sperandei, & Alvari Cordubenſium, LEOVIGILDUS fuit presbyter, qui *De habitu clericorum*, *atque eius ſignificatione* libellum edidit. Supereſt hic adhuc non publici iuris factus, malo antiquitatum noſtrarum fato, in libro magnæ vetuſtatis gothicis characteribus exarato qui regia in bibliotheca Laurentina exſtat [m]. Atque hunc eundem eſſe cum eo Leovigildo, qui in Samſonis toties dicto Apologetico laudatur, Ambroſius Morales prudenter exiſtimavit. Ego autem nullus dubito, quin ad hunc ſpectent verſus Alvari Cordubenſis, quos ſub hoc lemmate habet codex meus: *Verſi in bibliotheca Leovigildi eiuſdem Alvari.* Initium hoc: *Sunt hîc plura ſacra*, &c (2). Abſtinuerunt certè ab hoc manus logo-dædali Toletani.

[m] Morales lib. 14. cap. 3.

145. His omnibus convixit CYPRIANUS [n], Cordubenſis Eccleſiæ archipresbyter, poeta ſuo tempore nonnullius nominis, cuius aliqua exſtant etiamnum germana, ſive epigrammata, ſive epitaphia, ſive hymni, aliaque carmina in libris MSS. aliqua eidem ſupponuntur ab eis, qui larvam antiquitatis ſibi adaptantes, nihil magis quàm fallere ac de hiſtoria ludere amant. Vir literis & probitate magnus, ac mihi perfamiliaris, quem nuper appellavi, D. Ioannes Lucas Corteſius Hiſpalenſis, regius nunc Matritenſis in cauſarum criminalium dicaſterio iudex, codicem quendam habet, qui fortè idem cum eo eſt qui olim fuit Michaelis Ruizii Azagræ, viditque Ambroſius Morales [o], in quo carmina hæc Cypriani leguntur tantùm, ſub hoc lemmate:

[n] Morales lib. 10. cap. 23. & lib. 14. cap. 3.

146. *Incipiunt epigrammata domini Cypriani Cordubenſis Sedis archipresbyteri* [p].

I. *De bibliis ſacris repoſitis à Comite Adulpho Cordubæ in Eccleſia S. Aciſcli.*

II. *Item eiuſdem ad petitionem Zoili filii ſui in finem bibliothecæ, quam ſcripſerat Saturnino archidiacono.*

III. Aliud epigramma ſine titulo.

IV. Epigramma *ad Comitem Guifredum, & illius coniugem Guiſindam.*

V. *Item aliud eiuſdem in flabellum eiuſdem Guiſindis Comitiſſæ.*

VI. *Epitaphium, quod idem in ſepulcro domini Samſonis edidit metro heroyco.* Editum fuit ab Ambroſio Morali lib. 15. *Hiſtor. Hiſp.* cap. 21.

VII.

[o] Refert in Notis ad lib. 1. *Memor. SS.* Eulogii in præfationis num. 6. & lib. 15. cap. 21.

[p] In exemplari noſtro ex codice Toletano tranſcripto aliquantò latiùs, ſcilicet: *Incipiunt epigrammata domini Cypriani Cordubenſis archipresbyteri ſedis, ad petitionem Adulphi edita.* CARDIN. DE AGUIRRE.

epitaphio, ſcriptis, Latinitate, orthographica ratione, atque idiotiſmis Cl. Florezius; qui & binos ſuperſtites è tribus Apologetici adverſus Hoſtigeſium libros, ternaque item eiuſdem Epigrammata ſuper Offilonis & Athanagildi Abbatum, & Valentiniani Presbyteri ſepulcra, cum Toletano Ruizii Azagræ codice diligenter collata vulgavit *T. XI. à pag.* 300.

(1) *Urcitanum* Epiſcopatum, *de Almeria* Noſter interpretatur, tutus, ut videtur, & intra ſpem veniæ cautus. Cautior at Florezius *T. XI. p.* 311. *num.* 21. Geneſium *de Urci*, indeſignato hodierno eius urbis nomine, vertit. Idem *T. I. p.* 22. *n.* 10. *Urcin* aut *Virgin* Urbem (à qua Virgitanus in Mediterraneo ſinus à Charidemo ad Scombrarium Promontorium) ad Almeriæ, veteribus *Portûs Magni*, Orientem collocat: fortaſſis quo nunc loco Portus *Acle*, indigenis *Puerto de Aguilas*.

(2) Leovigildus Presbyter *Anſefredi filius*, à Leovigildo item Cordubenſi atque eiusdem ætatis, *Habadſalomes* cognominato, diverſus. De utroque Cl. Florezius T. XI. à pag. 517. n. 1. ac de hoc ſignanter *p.* 521. *n.* 14. Prioris illius Prologum tantùm libelli *De habitu Clericorum* ab eodem editi vulgavit, *pag.* 522. reliqua decem eius Operis capita lucem expectant; habentur autem in Bibliotheca Eſcurialenſi *Lit b. Plut. III. n.* 14. *Verſi in Bibliotheca Leovigildi*, quorum Noſter hoc loco meminit: *Sunt hic plura ſacra &c.* Exſtant item inter Alvari Cordubenſis poematia à Florezio edita *T. XI. à pag.* 275. eodem ſcilicet initio atque olim exſtitere in Iſidori Hiſpalenſis Bibliotheca: ut videatur Alvarus Iſidorum imitari ſtuduiſſe, quemadmodum Toletanum Eugenium in *Philomelaico*, de quo nos paulo inferius.

VII. *Item epitaphium ab eodem editum super sepulcrum Hermildis famulæ Christi.*

VIII. *Item super tumulum Sancti Ioannis Confessoris.* Unicum est distichon apud Moralem legendum [q].

[q] In Notis ad lib. *Memor.* S. Eulogii præfationis, num. 6.

IX. *Hymni duo eiusdem in festivitate Sanctæ Leocadiæ virginis & martyris, civis & patronæ urbis Toleti.* Hos tamen desiderari in suo isto codice Cortesius adiunxit (1).

147. Hæc Cypriani carmina [r] sunt quæ pro germanis eius haberi debent, nisi producantur aliunde alia minimè suspecta. Qualia sunt ferè omnia, his exceptis, quæ in *Martyrologio Hispano* Ioannis Tamaii passim leguntur. Quorum elenchum hìc damus, ex codice quodam MS. carminum Auli Hali, & aliorum, quo ferè omnibus utitur paginis, uti ait, desumtorum.

[r] Omnia apud nos servantur ex codice Toletano (licèt ob exscriptoris inscitiam aliquibus mendis desformia) præter hymnos, quorum in exemplari nostro nulla mentio. CARD. DE AGUIRRE.

TOMO III.

Die Iunii III. Carmen quoddam producit *De S. Isaaco monacho & mart. Cordub.* quod ex coniectura tantùm, aut Cypriano, aut Alvaro tribuit pag. 430.

XV. *In tumulo S. Benildis mart. Cordub.* pag. 533. *Blasii Toletani Pontificis epitaphium*, pag. 534.

XXV. *Pro S. Gallicano Ovino, viro consulari, mart.* pag. 604.

XXVI. *In SS. Ioannem & Paulum martyres Hispanos*, pag. 620.

TOMO IV.

Die Iulii XVI. *De S. Sisenando M. Cordubensi*, pag. 144.

XX. *De S. Paulo diacono & martyre Corbubensi*, pag. 182.

XXV. *De S. Theodemiro abbate & mart. Cordub.* pag. 254.

Augusti II. *De S. Flavio Rutilio M. Africano*, pag. 340.

XXI. *Epitaphium S. Samsonis abbatis*, pag. 536.

Hoc est illud germanum ab aliis laudatum sacri poetæ carmen, iccircò eximendum huic suspectorum notæ.

XXV. *Ad S. Genesium M. Cordubensem*, pag. 570.

TOMO V.

Die Septembris III. *Pro S. Sandalio mart. Cordub.* pag. 39. *Pro SS. Habundo, Marco, & sociis martyribus Cordubensibus*, pag. 43. quod à se ait desumtum ex codice hymnorum SS. Cordubensium, non iam ex codice carminum Auli Hali, & aliorum, uti diximus.

XV. *De SS. Emila & Hieremia mart. Cordub.* pag. 190.

XVI. *De SS. Rogelio & Leovigildo mart. Cordub.* pag. 204.

XVII. *In tumulo S. Columbæ Virginis & mart. Cordub.* pag. 223.

XIX. *De S. Pomposa virg. & mart. Cordub.* pag. 272.

XXVII. *Pro SS. Adulpho & Ioanne fratribus mart. Cordub.* pag. 342.

Octobris XIV. *De Lupo & Aurelia eius coniuge mart. Cordub.* pag. 525.

XIX. *De S. Laura vidua & mart. Cordub.* pag. 585.

TOMO VI.

Decembris IX. *Hymni duo in officio S. Leocadiæ antiquo Ecclesiæ Toletanæ* Cypriano tribuuntur pag. 430 (2).

XX. *De S. Gregorio Illiberitano Episcopo* pag. 491.

XXI. *De S. Amasindo abbate*, pag. 524. Quod carmen seu epitaphium ex parte publicavit Ambrosius Morales in postremo folio tomi tertii.

148. Fatetur quidem Ioannes Tamaius habere se beneficio D. Martini de Ximena Iurado, ea omnia carmina, quæ habet codex quidam Toletanæ Ecclesiæ quem vidit Morales. *Et licèt in illis* (ait [s]) *hæc desiderentur elogia, in alio meo codice* MS. *Auli Hali inter aliorum epigrammata recensentur cum titulo superiùs scripto. Non enim in illo codice Toletano omnia Cypriani carmina inseruntur; sed tantùm octo epigrammata diversis scripta successibus, cùm tamen alia plu-*

[s] Tomo 3. die XV. Iunii pag. 534.

(1) Exstant hæc, eodemque ordine ac sub iisdem titulis in Toletano Ruizii Azagræ codice, è quo Florezius in *T. XI. pag.* 524. ea transtulisse videtur. Desunt itidem, ut apud Nostrum *Hymni duo in festo Sanctæ Leocadiæ V. & M. civis & Patronæ Urbis Toleti.* In alio tamen eiusdem Ecclesiæ Toletanæ codice Gothico post modo recensitos Cypriani versus, habentur continuo alii, quasi ad eundem pertineant, sub his titulis: *Epitavium Paulæ: Titulum sepulcri:* Eiusdem *Exameter:*

Scipio quā genuit Paule fuere parentes,
Gracchorum soboles, Agamemnonis inclita proles,
Hoc iacet in tumulo Paulam dixere priores,
Eustocio genetrix Romani prima Senatus,
Pauperiem Christi & Bethlemitica rura secuta est.

Item: *In foribus speluncæ.* Inc. *Respicis angustum* &c. Insuper: *Item alius.* Inc. *Verbis crede meis* &c. atque alii, incertum an ad Cyprianum referendi.

(2) Fuerint hi fortassis bini illi *In festivitate Sanctæ Leocadiæ* hymni, quos paulo antè in Toletano Ruizii Azagræ codice deesse diximus: an potius à Ioanne Tamaio ex asse confícti? En utriusque gustum:

Ad Matutinum.
Lætare Toletum
In hoc sacro festo
Cui totum lætum
Precibus adesto &c.

Ad Vesperas.
In festo Leocadiæ
Quod celebratur hodie
Hymnum canamus
Regi cælestis curiæ &c.

plurima scripserit, ut ex huius operis tabulis suis locis manifestè constabit. At cùm probare hoc esset ei opus, adiungit, ut patet ex relatione Iuliani archipresbyteri Toletani (idonei scilicet in causa testis) qui dicto num. 284.[t] recenset hunc Cordubensem Cyprianum scripsisse hymnum, qui incipit: *Lætare Toletum.* Et hic haudquaquam in Toletano codice reperitur.

[t] *Adversariorum.*

149. Putabam egere testibus probatissimis Iulianum ut sua illi fides constaret, potiùs quàm sufficere eius testimonium, ut de re aliqua nonnullam fidem faceret. Sed conferentibus duo germana, quæ iam edita sunt, Cypriani carmina cum ceteris de Tamaii penu depromtis: non ægrè apparebit, prædicta duo quæ subiicimus temporis sui & auctoris lineamenta prodere; Tamaianis verò illis omnibus novitatis impressas durare notas.

[u] *Epitaphium quod idem* (Cyprianus) *in sepulcro domini Samsonis edidit metro heroico.*

Quis, quantusve fuit Samson, clarissimus abba,
[x] *Cuius in una manent hac sacra membra sub aula*
Personat Hesperia illius famine [y] *fota.*
Flecte Deum precibus, lector, nunc flecte, peroro,
Æthera uti culpis valeat [z] *conscendere tersis.*
Discessit longè notus, plenusque dierum:
Sextilis namque mensis die vicesima prima,
Sexti namque mensis primo & vicesimo sole.
Erâ CMXXVIII.

[a] *Item super tumulum Sancti Ioannis Confessoris.*

Carceres, & dira Ioannes ferrea vincla
Christi amore tulit. Hac functus in aula quiescit.

[u] Apud Moralem lib. 15. cap. 21.

[x] In nostro exemplari aliter: *Cuius in urna manent at sacra membra in aula.* CARDIN. DE AGUIRRE.

[y] *Faminis* verbo utitur Alvarus in *Carmin. pro bibliotheca Leovigildi.*

[z] *Valeas* fortè.

[a] Apud Moralem in Notis ad lib. 1. *Memorialis SS.* Eulogii martyris num. 9. præfat.

150. Proprium in his duobus unius hominis, eiusque ævi sermonem agnoscis. *Aula* utrobique pro sepulcro, sive sacra æde, in qua sepulcrum. *Functus* in posteriore horum carminum pro defuncto. Alvarus enim coævus ita verbum usurpat[b], *aut functum telluri reddam humandum.* Adamussim ergo reliqua examinare oportet Cypriano falsò tributa. Quæ quidem, sive de martyribus Cordubensibus captivitatis tempore concepta sunt, sive de aliis quorum verè Hispanorum in obscuro gesta remansere, sive de aliis tandem quorum natales ad Hispaniam non iure refert grex ille historicorum, quos toties evertimus: ab omni veritatis via sunt, ut cum Lucretio loquar, *seiuncta seque gregata.* Nullum eorum carminum, si laudata demas Cordubensium sub Mahometanis martyrum elogia, confirmandis germanis olim cognitorum, & nunquam non à nobis susceptorum martyrum, sive aliàs sanctorum, quorum notitia clara est & constans, actibus formatum offendes; sed illis tantùm quæ intrusit nobis præpostera, immo damnanda prorsus ficulnei Toletani ars per emissarios suos Dextrum, sequacesque, Dextri suffulciendis commentis. Quæ certissima nota est suppositionis, omnibus his profundissimè inhærens auctoribus, qui ea ex officina, & quacumque alia ad eius imitationem & exemplum deinde adaperta prosiluere. Quasi præviderint inventores & talium mercium propolæ, clara aliàs gesta nullis egere testimoniorum, ut ita dixerim, substructionibus; illa tantùm egere, quæ finguntur.

[b] In epistol. ad Ioann. Hispal.

151. Necnon & in martyrum Cordubensium celebrandis agonibus id fuit Pseudo-Cypriani consilium, ut S. Eulogii verissimam narrationem, aliis ipse, sed falsis eventibus, locupletare videretur. Exempli causâ, Eulogius de Benilde martyre pauca hæc dixerat[c]: *Denique hos* (Anastasium & socios martyres, de quibus paulò priùs) *sequens Benildis, femina ætate iam provecta, &, ut ferunt, non mediè*[d] *timorata, sub professione ceterorum occubuit* XVII. *Calendas Iulii, erâ quâ suprà* (DCCCXCI) *quorum cadavera post aliquot dies ingenti concremata incendio, ad ultimum fluvii proiecta dispersa sunt.* Obscura hæc & pauca Pseudo-Cypriano sorduere. Deo igitur plenus, sed illo deo qui furorem insanum, non autem sanam inspirat poesin: rudere illi potiùs quàm canere de Benilde carmen illud placuit, quod martyrologus noster Iunii xv. die protulit. En primum distichon, ut ex ungue leonem discas:

Corduba me genuit nascens, me Corduba vivens
Edocuit Christi dogmata sacra, fidem.

Affirmare ausim nullam prorsus vel afflictissimæ latinitatis licentiam admittere potuisse ut *nascens* pro *nascentem*, *vivens* pro *viventem*, usurparet: hoc tamen, quod ruditatem omnem & imperitiam grammaticæ artis ex æquo provocat, in Martyrologi grammatica peregrinum non est.

[c] Lib. 3. *Memor.* cap. 9.

[d] Pro *mediocriter.*

152. Alterum exemplum. S. Eulogius de Sisenando martyre Cordubensi agens, ex Pacensi oppido eum ortum dixerat[e]. Quod non iniquè de Pace-Iulia Lusitaniæ urbe interpretantur saniores[f]. At cùm sedis-

[e] Lib. 2. cap. 5.

[f] Ambros. Morales lib. 14. cap. 9. & in Notis ad Eulogii hunc locum. Marieta lib. 2. cap. 71. Roa *De SS. Corduben.* fol. 117.

disset nostro Tamaio quicquid ad Pacem (hodie *Beja* oppidum) Portugalliæ spectare posset, Paci-Augustæ Castellanorum & Extremadurensis suæ provinciæ (*Badajoz* hodie) adiudicare: more suo hìc egit Cypriani gerens personam, in carmine, quod ex parte dedimus, aliàs apud eundem Tamaium [g] quærendum.

Sisenande, tuos custodit theca, Levita,
Artus sacratos Acisceli in limine sancto,
Quos pia feminei iunxit audacia sexus.
Pax-Augusta (1) *Dei nutu te provida nobis*
Concessit, &c.

153. Tertium exemplum. De sancto martyre Paulo Eulogius egerat [h]. Quem quidem sui ordinis monachum fuisse quidam Benedictini asseruere [i], reclamantibus aliis [k]. Tamaius voluit Benedictinis occludere os carmine Pseudo-Cypriani, ubi *clericus*, non *monachus* Paulus ille asseritur.

154. Quartum exemplum. Pauli huius cadaver cum beati Theodemiri Carmonensis monachi corpore apud Sanctuarium martyris Zoili conditum fuisse, (qui & ipse iuvenis pòst sexta die qua sanctus decedit Paulus, idest VIII. Kal. Aug. fer. VII. erâ quâ suprà, occubuit) nîl ultrà de eo referens, scribit Eulogius [l]. Calagurritanum verò hunc aliquando fuisse antistitem, atque eum prorsus quem vera de imaginum sacrarum religione admonentem Claudius Taurinensis impiissimo Apologetico excepit, Pseudo-Iuliano [m] credens Antonius Quintanadueñas *Sanctorum Hispalensis diœcesis* historicus scriptum reliquerat. Quod cùm iure displicuisset Tamaio, ad Pseudo-Cypriani sui cucurrit hoplothecam, unde telum desumeret quo feriret contrà sententis iugulum, carmen scilicet [n], quo nulla Episcopalis muneris, sed martyrialis tantùm palmæ, habetur mentio.

155. Quintum exemplum. Adulphi & Ioannnis MM. Eulogius per transennam meminit lib. 2. cap. 8. Ideo eguêre prorsus hi Pseudo-Cypriani eo carmine, quod XXVII. Octobris legimus.

156. Sextum. De Emila & Hieremia Eulogius egerat [o]. Quorum prior aliis *Emila*, *Emilianus* aliis audiebat. Neutrubi consistere amavit Tamaius; sed novum, & nullius linguæ nomen adinvenit *Emiliam*, quo sanctum vocaret martyrem primo isto carminis versu, quod Cypriani esse persuadere nobis voluit:

Emilias sequitur Levita ex sanguine primus
Cordubensis.

Sed sequitur, ut grammatici rectè loqui vel hinc iam discant,

——— *Hieremias, qui gentibus unà,*
Et quoque nobilibus Christi admirabile nomen
Extollunt sanctum.

Abusus iste *quoque* adverbii unà cum *&* coniunctione, atqui aliàs malè collocati hyperbatonque intolerandum, & stribiligo mera prioribus verbis contenta (quasi dicere vellet Hieremiam quoque, uti Emilam, genere nobili Cordubæ natum) omnia sunt, ita ut ovum ovo, similia Tamaianæ, atque illorum eloquentiæ, quibus frequenter è MS. suo *codice diversorum carminum* gemellis versificatoribus Tamaius utitur. Quod ex horum quibusdam repræsentatis hìc opportunè locis, patebit; indeque omnia ferè sub tot capitibus producta unius tantùm cerebri unicam hydram esse.

157. Miraberis, lector, quantum sibi placuerit bellulus homo in hocce vitio sæpè atque sæpiùs barbarè utendi *quoque* adverbio. Iuliani carmen *de SS. Socrate & Stephano MM.* die XVII. Septembris:

Per quoque verbera Christum.

Alterum eiusdem XV. Octobris *de S. Carithina V. & M.*

Quam quoque virgo favet.

Aliud IV. Novembris *de S. Claro M.*

Ardua carpenti dum quoque voce premit.

Aliud I. Decembris *de S. Evasio* Episcopo & martyre.

Quos quoque cruce capit.

Aulus Halus non aliter loquitur VIII. Novembris *de SS. Castorio & sociis.*

Claudius adhæret, cui quoque turba sequens.

Item primo Septembris *De Vincentio & Læto MM.*

Hos colit ut proprios Toletum regia sedes,
Hos & Aquensis amat, ut quoque matre suos.

Non alius sermo est incerti cuiusdam, unius, sive plurium qui omnem ferè paginam Martyrologii complent. Sept. XXIV. de S. Firmino.

Dum vita civis, dum quoque præsul agit.

Octobris IV. de Iuliano Urbano præsule Toletano:

Qua quoque in astra volat.

XIII. eiusdem de S. Petro Episcopo Bracarensi:

Quos quoque stipe foves.

III.

[g] Tomo 4. die Iulii XVI. pag. 144.

[h] Lib. 2. c. 6.

[i] Uvion & Menardus.

[k] Iepes *Ann. Benedict.* cent. 4. ad ann. DCCCLI.

[l] Eodem cap. 6. lib. 2.

[m] In Chron. num. 418.

[n] Eodem tom. 4. die Iulii XXV. pag. 254.

[o] Lib. 2. c. 12.

(1) Diximus alibi nimirum *Lib. IV. c. 2. n. 23.* de Apringio Pacensi loquentes, Coloniæ Pacensi, sive hodiernæ urbi *Beja*, in Lusitania Transtagana, utrumque & *Pacis Iuliæ* & *Pacis Augustæ* nomen convenire. Vid. Resendium *De colon. Pacensi*: Florezium *T. XIV. Tract. LI. c. 1.*

III. Decembris de S. Anthemio Episcopo & M.

Qui quoque membra secat.

Tamaius tandem non magis est elegans, quum proprio loquitur nomine III. Novembris de imagine S. Dominici:

——— Sed undique fulges
Signis, vel vivens, vel quoque pictus eas;

& alibi pluribus locis. Idem dicimus de S. Columbæ epitaphio die XVII. Septembris apud Tamaium, cuius martyris Eulogius meminit lib. 3. cap. 10. alteroque S. Pomposæ die XIX. Octobris, memoratæ similiter ab Eulogio lib. 3. cap. 11. in quo non unum emicat signum Tamaii eloquentiæ.

158. Sunt & alia Pseudo-Cypriani carmina vestiendis nudis Sanctorum verè Hispanorum historiis excogitata. Huius rei exemplum esto primum

S. Sandalius, quem Cordubæ celebrari martyrem eiusque acta excidisse vulgò refertur [p]. Præstò igitur fuit Pseudo-Cyprianus huic defectui actorum supplendo in carmine illo, cuius lemma est: *Pro S. Sandalio M. Cordubæ die* III. *Septembris.*

[p] Baronii Martyrol. III. Sept. & plures alii apud Tamaium eodem die.

159. Alterum. Lupus & Aurelia Cordubæ in Hispania Octobris XIV. die laudantur in Martyrologiis Bedæ atque Adonis: quibus recentiores nîl ultrà de his addentes consentiunt. Apertus invitavit campus Tamaium, ut liberè sub Cypriani persona divagaretur, eorumque conditionem, tempus martyrii, & quod maximè fuit pretii habitationem martyrum, in Illipa urbe Tamaii patria his versibus comprehenderet:

Corduba, Lupe, tuos veneratur provida sacros
Artus, & Aureliæ coniugis ultrò simul.
Insidias fugiens fallacis uterque Neronis,
Italiam linquens quæris in urbe lares.
Illipa vos capit alumnos Beturica, sed pòst
Corduba vos felix martyrioque rapit.
Quælibet urbs simul exhinc computabitur ingens,
Illa prout cuna, ista prout tumulus.

Natus in *Zalamea* oppido, quod Illipam olim fuisse credebat Ioannes Tamaius [q] (cum revera *Iulipa* fuerit, de quo nos alibi) Lupum & Aureliam quoquomodo illuc advocans, in solo suo ædificavit palpumque civibus suis obtrudere voluit.

[q] Vide tom. 5. die XIV. Sept. pag. 183.

160. Tertium. *SS. Habundus, Marcus, & socii*, Cordubæ celebrati iam diu martyres, quorum ex tabulis huius Ecclesiæ Ferrarius meminit die XI. Iulii. Horum quoque Pseudo-Cyprianus vestivit nudam aliàs memoriam apud Tamaium die III. Septembris.

161. Cæterorum carminum Cypriano suppositorum causa & origo fuit eadem illa, quæ communis aliorum plurium, Tamaii credulitas & fides habita Pseudo-historicis Toletanæ officinæ: quibus ut maiorem in modum auctoritas conciliaretur, non dubitavere dolis & inventionibus eò obniti plumbei cordis homines, & in id tantùm nati, ut quemadmodum sepia solet [r], ne veritas deprehendi posset, effuso atramento historiæ aquam infuscarent. Ad rem veniamus.

[r] Plin. lib. 9. cap. 29.

162. In primis notissimi sunt Romanæ urbis MM. Ioannes & Paulus, quorum natalis dies Iunii vicesima sexta est; item Gallicanus vir consularis, duxque Romanî exercitus contra Persas & Scythas qui sub Iuliano Apostata, uti & memorati Ioannes & Paulus, qui eum ad Fidem converterunt, Alexandriæ tamen ipse Ægypti, XXV. eiusdem mensis passus fuit. Quorum acta martyrii quidam Terentianus, qui Ioannem & Paulum capite cædi iussit, in scripta redegit, & usque nunc apud Surium aliosque die XXVI. Iunii legimus. Hos tres habendi furiosa cupido incessit quondam bipedum omnium levissimum hominem Iuliani artificem, quem verbis his litare mendacio fecit, *Adversariorum* num. 8. *SS. Ioannes & Paulus* (ait) *& Ovinus Gallicanus vir consularis, quorum hic Alexandriæ, illi Romæ passi sunt: Hispani, Saguntini, & in aula Cæsarum diu versati.* Idem num. 399. *Eodem tempore* (dum Bracaram cum Archiepiscopo Toletano Bernardo venisset) *cognovi sanctos Ovinum Gallicanum martyrem virum consularem, & Ioannem & Paulum cognatos eiusdem, natos Bragantii non procul admodum Bracarâ, Romam delatos martyres fuisse clarissimos.*

163. Quod mera fabula est, ipsa sibi invicem, eodem ipso quo nata fuit auctore litem falsi intendens. Neutiquam enim & Saguntinos, & Bragantinos, natu scilicet, esse potuisse palam est. Ideo conciliatio eorum quæ temerè effudisset blaterro, statim quæsita [s]: Bragantiæ scilicet natos martyres originem suam ad Saguntum urbem retulisse. Cumque nec Terentianus actorum Scriptor, nec alius aliquis, post Adonem & Usuardum, è recentioribus quicquam de Hispana horum patria expresserit: asserendo, ut sic dixerim, Iulianæo mendacio Cypriani hoc statumine uti opus fuit:

[s] Sic apud Tamaium XXV. Iun. pag. 602. Pater Higuera in Martyrol. Hispano MS.

In tumulo hoc iacet almus Gallicanus Ovinus [t],
Qui fuit Hispanus, grandi ex & origine quondam
Saguntina, cuius urbs memorabilis actus

[t] *Ovinius Gallicanus* in inscript. apud Gruter. pag. 284. & Onuphrium in *Fastis* ad annum MLXVII.

Vidit, & illustres, Consul bis [u], *Roma triumphos:*
Cuius & ostia post Fidei durâsse trophæa
Cognovit &c.
Item de sanctis Ioanne & Paulo [x]
Paule decus nostri [y], *nec non venerande Ioannes,*
Hispani proceres, Romani martyres almi,
Amboque progeniti [z] *Sagunta & origine* (1), *fratres*
Opibus illustres, Fide & insuperabiles ambo.
Vestri Hispania vestra cupit consortia semper,
Et licèt ossa tenet Roma, hìc in corde iacetis.

[u] Grammatica Tamaii.

[x] XXVI. Iunii.

[y] *Nostrum* dicere debuit.

[z] *Progeniti Sagunta ex origine.*

164. Aliud carmen Cypriani ex his, in quibus cum Pseudo-historicis conspirat, de Rutilio est martyre Africano, cuius Tertullianus unus meminit in libro *De fuga in persecutione* cap. 5. *Rutilius sanctissimus martyr* (inquit) *cùm totiens fugisset persecutionem de loco in locum, etiam & periculum, ut putabat, nummis redemisset: post totam securitatem, qua sibi prospexerat, ex inopinato apprehensus, & præsidi oblatus, tormentis dissipatus* (credo pro fugæ castigatione) *aein ignibus datus, passionem quam vitârat, misericordiæ Dei retulit.* Ne quidem ullum verbum Tertullianus de locis fugæ martyris. Restabat ergo argutandi, aut somniandi potiùs de his licentia: quod Pseudo-Dextri [a] & Pseudo-Maximi [b] quaduplici testimonio ab eorum architecto fuit procuratum, Cordubam venisse Rutilium exsulem affirmantium. Nec deesse hìc sibi Pseudo-Cyprianus voluit, fictionem fictione cumulans, & Italum natu eum affirmans in carmine, quod Augusti die secunda apud Tamaium legitur, incipitque:
Italus en nostras Rutilius corpore casas
Traiani metu invisit &c.

[a] Ad ann. CX. num. 5. & ann. CXVI. n. 5.

[b] Ad ann. DCXII. num. 22.

165. Aliud carmen est de S. Genesio M. Cordubensi, ut persuadere nobis eadem turba Pseudo-historicorum voluit; ne S. Genesii titulo Ecclesia eius urbis apud Eulogium & alios celebris, martyre cive cassa & vacua esset. Eò igitur, quasi uno capite & uno ore, concursum ab his fuit [c], ut novus martyr Cordubensis sub Nerone, nusquam aliàs dictus, fingeretur: quasi religio esset non civibus aut exteris martyribus dicari templa; cùm verè non Cordubæ tantùm, sed & Toleti quoque, Matriti, & Hispali, Salmanticæque & fortè alibi, Genesii martyris (Arelatensis, ut credimus, propter maiorem viciniam, Galliæque gothicæ, & Hispaniæ sub eodem dominii iugo antiquæ unionis) ædes sacræ olim constructæ sint. Huic ergo novi martyris inventioni suffragium suum conferre Cyprianus suppostitius non dubitavit in eo carmine, cuius hoc est principium:
Corduba te genuit, Genesi, post martyr, & ipsa
Te quoque martyrio sublatum novit &c.

[c] Luitprandus ann. DCLXVIII. Iulianus n. 376. in principio, & *Advers.* 149. 389 481. Videndus Bivarius in *epist. ad Ramirezium* in editione Luitprandi operum pag. 345. Tamaius XXV. Augusti.

166. De S. Laura martyre etiam Cordubensi carmen habemus Cypriani die XIX. Octobris; ne solus esset Luitprandus asserendæ huic nobilissimæ urbi novæ protectrici, utinam certæ! Luitprandum lege sìs *Adversario* 281. [d] de huius Lauræ corporis inventione in hac ipsa urbe.

[d] In editione Ramirezii: nam in altera Thomæ Tamaii multa, idque inter alia, desunt.

167. Tribuit etiam Cypriano Tamaius hymnos duos, qui in veteri aliquo Toletanæ Ecclesiæ de S. Leocadia V. & M. officio legebantur, ut Iuliano testimonium diceret, qui priùs id notaverat *Adversario* 284. ubi & composuisse refertur Cyprianus alterum eorum, qui incipit: *Lætare Toletum*, ad petitionem Adulphi Comitis, Athanagildi abbatis, & Valentiniani presbyteri Toleto oriundorum, anno MCXX. Certè in elencho huius poetæ carminum ad nos transmisso, cuius suprà meminimus, hi duo hymni laudantur (2). Quare interim pro ei suppositis non habemus.

168. Et sanè Adulphi Comitis mentio est in primi, è germanorum serie, carminis lemmate; nisi sumta inde sit fallendi occasio. At, si Iuliano aliqua haberi fides deberet, non quidem nos opportuno loco duodecimi sæculi poetam sæculi noni Scriptoribus adscripsissemus, cùm ponè verba superius ex isto *Adversario* eius adducta, hæc sequantur: *Obiit ipse Comes* (Adulphus) *anno MCIV. Cyprianus MLX. iacent Cordubæ.* Sed malumus nos cum Morali è via discedere, quàm cum larvis istis ficulneis rectum tramitem sequi. Prius enim errori, posterius autem stoliditati atque insipientiæ imputaretur.

169. De Gregorio Eliberitano Episcopo, quem celebrat aliud Cypriani carmen apud Tamaium die XX. Decembris, satis multa iam dicta sunt cùm de Gregorio isto ageremus, quæ huc reduci possunt ad evertendam huius carminis fidem.

Ex-

(1) Hodie Saguntini Sanctum Martyrem Gallicanum Ovinum ut civem suum colunt; ipsique hoc nomine in Templo eius Oppidi maximo peculiaris ara nuper exstructa est, ad quam quotannis eius memoria solemniter instauratur cum Sancti Martyris elogio, cuius non ultima laus est, asserere eum ibi natales hausisse; quæ tamen persuasio vel ipso in Oppido (quod alterum est è præcipuis ac nobilissimis Valentini Regni,) vix obtinet, nisi apud profanum vulgus.

(2) Ego utrumque hunc hymnum vel nuce cassâ non emero. Atque absunt a Toletano Ruizii Azagræ codice.

170. Extra ordinem huius ultimæ classis eorum carminum, in quibus auctoris temeritas cum Pseudo-historicorum conspiravit temeritate, ponimus ultimum in laudem Amasindi abbatis conscriptum Cypriani suppositii carmen: quod Ioannes Tamaius sigillo suo munivit, ut veluti germanum exciperetur, XXI. die Decembris [a]. Hic est Amansvindus ille monachus, cuius repertum in montibus Malacitanis superiore sæculo epitaphium produxit primus Ambrosius Morales in annexo folio ultimi libri suæ *Hispaniarum historiæ*; deinde Bernardus Alderetus lib. 3. *Originis linguæ Castellanæ* cap. 18. & Martinus de Roa *historiæ Malacitanæ* cap. 14. Huius quasi paraphrasin dedit auctor carminis, quod incipit:

[a] Pag. 524.

Hac & Amasindi iacet urna corporis almi
Compago insignis &c.

Desinitque:

Cui posui Cyprianus ego hoc in marmore carmen,
Impetret ut mihi iam veniam cælestis amicus.

Quod si verè Cypriani nostri esset, cùm Amansvindum erâ MXX. hoc est anno DCCCCLXXXII. ad superos abiisse lapis ostendat: iam haberemus inde compertum, non huius, sed undecimi saltem sæculi æqualem Cyprianum fuisse, & Amansvindo posteriorem. Sed planissimè hæc Tamaii merx est, quam profitetur ipsa eius facilitas barbarè quicquid in mentem venerit in versus fundendi. Sed satis iam de Cypriano poeta Cordubensi, & Ioannis Tamaii eidem suppositis carminibus.

CAPUT VIII.

De ALVARO PAULO *Cordubensi. An sit ex stirpe Gothorum, an Hebræorum? Studia eius & cum Eulogio martire amicitia. Omnia eiusdem opera adhuc manuscripta. D. Thomas Tamaius laudatur.* Indiculi luminosi *non alius auctor. Phrasis huius scripti, & aliorum Alvari. D. Iosephi Pellizerii coniectura de Eulogio auctore improbatur. Alvari quædam epistola corrigitur, ceterarum notitia exhibetur. Ioannis Tamaii levitas.*

171. SYNCHRONUS omnibus his fuit ALVARUS CORDUBENSIS, de quo memoriæ quicquid est, compilavit Ambrosius Morales lib. 14. cap. 3. Nobis tamen non omnia placent quæ de eo uti comperta referuntur. Ait Morales, illustri eum genere ortum Cordubæ fuisse, atque iccircò *Serenitatis* & *Serenissimi* vocabulo compellatum ab Eulogio eundem putat [f]. Sed, si non alius est auctor epistolæ cuiusdam inter alias Alvari ad Eleazarum sectâ Iudæum ex idololatra, quæ incipit: *Confectam mendacio* &c. fateri opus est, de genere Hebræorum esse eum, qui hæc de se ad Eleazarum: *Quia ex ipsa stirpe Israelitica orti parentes olim fuerunt nostri; sed ubi desideratus cunctis gentibus venit, illicò iam venisse cognovimus.* Et clariùs expressiùsque infrà: *Et hæc dicimus, ut vestra frangatur superbia, & retundatur assertionis versutia. Ceterùm liberior mihi responsio & brevior, immo clarior exstat, eò quòd ex Israelis stirpe descendens cuncta mihi glorior dicta, quæ tibi tu applaudis excerpta. Prudenter intellige, & collige sapienter, & æquus arbiter esto. Quis magis Israelis nomine censeri est dignus, tu qui diu ex idololatria ad summi Dei cultum reversus es, an ego, qui & fide & genere Hebræus sum? Sed ideo Iudæus non vocor, quia nomen novum mihi impositum est, quod os Domini nominavit. Nempe pater meus Abraham est, quia maiores mei ex ipsa descenderunt traduce. Exspectantes enim Mesiam venturum, & recipientes venientem magis illi videntur Israel esse, quàm qui expectabant, & venientem respuerunt nec tamen eum exspectare cessârunt.*

[f] Eodem argumento Higuera utitur in Notis ad Luitprandum anno DCCCXLVI.

172. Aliquo autem modo videtur & mihi Gothum se esse affirmare ad eundem Eleazarum rescribens epistolâ, quæ mutila est in postremo loco, & incipit: *Quæ stilus tuæ prosecutionis*, nempe his verbis: *Sed ut me, qui sim ipse cognoscas, & ampliùs me tacendo devites, Virgilium audi* [g]:

Mortem contemnunt laudato vulnere Getes.
Necnon & illud:
Getes (inquit) quo pergit equo;
Unde & illud exstat poetæ:
Hinc Dacus premat, inde Getes, occurrat.

[g] Falsò tribuuntur hi versus Virgilio.

Ego sum, ego sum, quem Alexander vitandum pronuntiavit, Pyrrhus pertimuit, Cæsar exhorruit. De nobis quoque & noster Hieronymus dicit: Cornu habet in fronte, longè fuge. Quæ nisi ad genus scribentis referantur, quasi ludens iactaverit gothicam ferociam provocanti adversario pertimescendam, nescio quem alium idoneum sensum habeant. Ceterùm quod de *Serenitatis* salutatione Alvaro attributa priùs dictum fuit, alius omnino quàm hodiernus est stilus erat illius temporis: quo tam isto quàm *Excellentiæ* & *Sublimitatis* honore sese invicem non præcipuæ alicuius dignitatis homines excipiebant.

173. Exempla habemus in his ipsis Alvari & aliorum ad eum, epistolis. Cuiusdam inscriptio talis est: *Serenissimo omnium catholicorum domino meo Romano*: quem

Romanum medicum vocat lemma epistolæ. Ad eundem: *Anteriorum meorum* (inquit) *exordiens, serenissime domine erga vos* &c. Paulò infrà *sublimissimum* hunc ipsum vocat. Ac deinde: *Mi sublimissime domine, dilectionem meam erga vos* &c. Eiusdem generis fuit *Excellentiæ* compellatio. Spera-in-deus ad Alvarum: *Et ad ea quæ vestra excellentia posuit, revertam.* Animadvertendum est tamen quòd, sive à gothica origine, sive aliam ob causam, videtur is *Flavii* & *Aurelii* cognominibus ab his, qui literas ei dabant, compellatus; sed proprio nomine *Alvarum Paulum* se ipse vocat in plerisque epistolis.

174. Sed quicquid de stirpe sit gothica, an hebræa, modestè ipse in *Indiculo luminoso*, cuius auctor fuisse creditur, de suis studiis loquitur: *Quia nec in liberalium artium disciplina* [h] *non excultum proprium ignoro studium, & nescientiam meam ipse non nescio; & quod magisterio humano non didici, exhibere aliis, utpote ignarus, non valui.* Sed licèt eloquentiam desideremus in viro densis captivitatis tenebris immerso; ingenium doctrinamque suspicimus. Sub Spera-in-deo, unà cum Eulogio martyre, bona mente & seriis cogitationibus admodum profuisse eum aliàs novimus.

[h] Fortè *disciplina excultus.*

175. Calamitates etiam ab adversariis passus dicitur, de quibus ipse ad Romanum medicum: *Omnes adversantes mihi amicissimos feci, & quibusdam pacificis nexibus utens solertiâ animi, manu dilectionis contrarios amplexavi, humilitate leniens, & affectione demulcens.* S. Eulogii martyris amicitiâ in primis claruit, scriptisque eius vita & martyrio: cuius scripti frontem hac inscripsit notâ, conditionemque status sui laicalis & sæculo hærentis omnibus notum reliquit. *Profiteor* (inquit) *me non audita & dubia, sed visa & per me probata retexere* (de Eulogio): *quoniam gratia Dei cooperante à primævo adolescentiæ flore caritatis dulcedine, & Scripturarum amore uno vinculo concordi innexi huius vitæ, licèt non pari ordine, tamen pari affectu, in cunctis quæstionibus duximus iugum. Sed ille sacerdotii ornatus munere, pennis virtutum in sublime evectus altiùs evolabat, ego luxuriæ & voluptatis luto confectus, terrâ tenùs repens hactenus trahor.* Coniugio autem adstrictum fuisse Alvarum, Ioannes Hispalensis ei scribens innuere his videtur: *Salutare præsumo per os vestrum omnem decorem domus vestræ. Salutat vos domina Froisinda* &c.

176. Plura ex eodem vitæ Eulogii exordio de communi utriusque sub Spera-in-dei abbatis ductu consuetudineque subiicere, quia de studiis concepta sunt, libet. *Agebamus* (ut alia prætercam in editis videnda) *utrique Scripturarum delectabilem* (inquit) *lusum, & scalmum in lacu nescientes regere, Euxini maris credebamur fragori. Nam pueriles contentiones pro doctrinis, quibus dividebamur* (fortè in Philosophorum placitis) *non odiosè, sed delectabiliter epistolatim in invicem egimus, & rhythmicis versibus nos laudibus mulcebamus. Et hoc erat exercitium nobis melle suavius, favis iucundius, & in ante nos quotidie extendentes multa inadibilia tentare in Scripturis puerilis immatura docibilitas egit. Ita ut volumina conderemus, quæ postea ætas muta abolenda, ne in posteros remanerent, decrevit.*

177. Opera huius Alvari nobis feliciter conservavit codex quidam Ecclesiæ Cordubensis à septingentis, ut colligere datur, annis scriptus, quem vidit Morales, laudatque non uno loco [l]. Codicem alium Toletanæ Ecclesiæ Thomas Tamaius laudat [k]. Nos inde dimanans omnium quæ ibi exstant habemus exemplum, transcriptum ex altero nobis communicato ex amplissima Francisci S. R. E. Cardinalis Barberini Romana bibliotheca, in qua asservatur: olim eidem purpuratorum magno decori, & literatorum ac literarum protectori beneficentissimo, Matriti, dum eò sanctæ memoriæ Urbani VIII. à latere venisset legatus, ab eodem Thoma Tamaio de Vargas regio chronographo, unà cum aliis antiqui ævi monumentis Hispanis, ex apographo suo scriptum & oblatum.

[l] In præfatione ante lib. II. *Hist. Hispan.* sub epigraphe: *las ayudas para lo de aqui adelante*, & lib. 14. cap. 3.

[k] In Notis ad Luitprandum ann. DCCCLXIX. pag. 209.

178. Huius conspectum hìc dabimus, quemadmodum ex eo, quod fuit laudati Thomæ Tamaii, exemplo prodiit: *Aurelii Flavii Alvari viri inlustris, patricii Cordubensis, S. Eulogii Archiepiscopi Toletani martyris amici, & studiorum collegæ, opera omnia, quæ in bibliothecis Hispaniæ exstant, à multis hactenus desiderata, nunquam edita è codice pervetusto Ecclesiæ Cordubensis literis gothicis exarato, bona fide primùm transcripta, tandem è bibliotheca D. Thomæ Tamaii de Vargas historiographi regii, libenter communicata.* Nempe hac inscriptione insignitum habebat vir ille doctissimus, quod editioni præparabat, Alvari operum corpus, quo hæc continentur.

179. *Indiculus luminosus.* Incipit: *In defensione servorum tuorum Domine*, &c. Scriptus ab auctore anno DCCCLIV. ut ex his liquet: *Siquidem in hoc* (ait) *Incarnationis Domini anno octingentesimo quinquagesimo quarto, & erâ, quæ currit, octingentesimâ nonagesimâ secundâ, anni Arabes*

bes lunares ducenti computantur quadraginta, solares verò anni ducenti . . . . ex qua summa supersunt anni solares sexdecim. Opus non est in computum hocce diligentiùs inquirere, dum Incarnationis, eræ Hispanæ, Arabumque seu Hegiræ annos habemus. Alvari esse hoc opus negaverat olim Morales [l] ex eo maximè, quòd nullum in eo verbum de Eulogio factum reperiatur, Alvari amicissimo capite: quod vix committere hic potuerit, idem cum illo argumentum tractans. Attamen postea renuntiavit huic opinioni, cùm historiam scriberet [m], & ex animi sententia hunc nostro librum adiudicavit. Iure quidem; ipse enim stilus & verbis & compositione ceteris Alvari scriptis simillimus, eædemque res, idem utriusque tempus Eulogii & Alvari; necnon & mentio in Eulogii vita exstans scripsisse Alvarum aliquod opus, quod ad historiam illius persecutionis pertineret, in tuto ponere videntur, non alium esse libri auctorem.

[l] In Notis ad vitam Eulogii in fine.

[m] Lib. 14. cap. 3.

180. Quare has partes sequuntur frequenter nostri [n], excepto uno usque ad suum tempus Hieronymo Romano de la Higuera; eâ tamen ipsa inconstantiâ, quæ in aliis eius operibus apparet, & maximè in præstituendo Indiculi huius auctore. Nam si Luitprandum [o], Higueræ opus, consulas, Bonitus Episcopus Toletanus; si autem eiusdem Iulianum, Wistremirus & idem Toleti præsul fuerit. Necnon & unus idem Iulianus id posterius in Chronico effert, & in epistola Chronici præambula pro Bonito stat. Et hunc hominem suspiciunt plures, de quo aptè cum Ennio dixeris: *Imus hinc, imus illinc: cùm illuc ventum est, iri illinc lubet;* aut cum græco alio: *Aio, negoque, quidque dicam nescio.* Cuius quidem nihili auctoritas hærere tamen fecit Thomam Tamaium, virum falli præstigiis hisce minimè dignum qui demum post inculcatam omnem viam, ad Alvarum flectit. Eoque movetur maximè, quòd *luminosi* hoc epitheton *Indiculo* adaptatum, quasi proprium, & uti tunc loquebantur scriptorum aliorum Alvari verna sit. Huius rei aliquot is exempla adducit, ex vita nempe Eulogii, & ex ad eundem epistola quadam.

[n] Petr. Pontius apud Moralem in Notis ad Eulogii vitam, ubi proximè. Ramirezius ad Luitprand. ann. DCCCLXVI. n. 309. Tamaius huc magis inclinat ad ann. DCCCLXIX. pag. 208.

[o] Anno DCCCLXVI. n. 309.

181. Ultra hæc, in alia ad Ioannem Hispalensem in fine: *Atque luminositer cuncta nobis oris vestri aperta sententia revelet.* Nec auctor Indiculi contentus fuit usurpâsse tantùm in lemmate hoc vocabulum, quinimmo passim eo utitur. *Eleazarus* (alicubi ait) *in lib. 2. Machabæorum luminositer docet.* Et alibi: *Et B. Ioannes in sua epistola prima luminositer docet.* Nec minus Indiculi nomen Alvarus usurpat in epistolis, *& desideratum nobis amici Indiculum misit.* Ad hæc *Invectionis* nomine, quasi sermonem ad aliquem factum dixeris, sæpissimè tam Indiculi auctor quàm Alvarus aliàs utitur. In Indiculo hæc legas: *Cui rectè convenit illa in Israelitica gente exaggerationis invectio.* Et paulò pòst: *Et licèt invectio accurata exerto* [p] *opere in campum tota producat.* Et iterum post pauca: *Illecebrosa invectio non puduit.* Atque item: *Et contra reprehensionis invectionem stolidam.* Vix alius quàm Indiculi huius auctor sic sæpe locutus fuerit quemadmodum in epistolis Alvarum locutum legimus. In una earum quas ad Ioannem scripsit: *Ut tota contra hæc certet invectio vestra.* Et in alia ad eundem Ioannem bis intra pauca verba: *Nunquam enim sedatur responsio, nisi priùs* [q] *convincatur invectio.* Et: *Sit flexuosa catenula, & catenatîm contentio flexuosa, que nec invectionibus eluditur, nec responsionibus terminatur.* In epistola quoque ad Romanum medicum: *Et invectiones adversariorum apologetico retunderem opere.*

[p] Fortè *excerto opere.*

[q] In MS. nostro legitur, *converscatur*, malè.

182. Quamplurima sunt, in quibus idem utrobique sibi respondet auctor, quæ ut de re qua de agimus non ultrà dubitetur, subiungere operæ pretium est. *Sequipedi* nominandi casu, & plurativo numero, indiculo sunt ii, qui sequuntur pedibus: *Et pro dogmate eruditis, & Christi sequipedis.* Et infrà: *Nos verò Evangelici servi Christi discipulorum rusticanorum sequipedi.* Item de Mahometi sectatoribus: *Quam impurissimi sectam impurissimè sequipedi ampliantes* &c. De iisdem mox: *Sequipedes fidei suæ.* Eodem modo loquitur una ex epistolis ad Anonymum Episcopum quendam: *Et ideo mî sublimissime domine, Apostolorum vicariæ, & rerum opificis Christi sequipede* [r] &c. Phrasis est Indiculi, opus *præcidere* pro *finire. Fine debito opusculum præcidamus.* Quemadmodum & epistolarum, quartæ scilicet ad Ioannem Hispalensem, *quo fine talia præcidit dicta.*

[r] In nostro cod. est *sequippede.*

183. Adverbio seu præpositione *tenus* sæpè utitur hic, quem eundem credimus Scriptor. De beatis visione Dei fruentibus Indiculus ita loquitur: *Quietitudine iam lætantes æterna, & Regi suo facie tenus servientes.* Item *cælo tenus*, pro, usque ad cælum: *Ita hi hodie abundantia perfectiori ut sibi videntur, cælo tenus perferunt.* Pari modo *facie tenus*, pro apparenter. De Mahometanis: *Pietatis speciem facie tenus ostendunt.* Et postea: *Facie tenus pietatem prætendentem.* Similiter in Eulogii vita, quæ

quæ certè est Alvari, *Terra tenus repens hactenus trahor*. Et in epist. 2. ad Ioannem: *Verbo tenus narrat*. Et in 4. ad eundem: Et *ipso nomine, facie tenus quid sit apertius indagetur:* quasi dicat, patenter. Et in 5. ad eundem: *A terra altiùs cælo tenus extendamus*. Et paulò pòst: *Astrologi cælo tenus voluerunt pennis volare*, pro, usque ad cælum.

184. Simillimi etiam commatis sunt in Indiculo: *ut conatus adfuit*. Et in epist. 4. ad Ioannem: *quantum posse mihi exstitit*, pro, ut potui. Deponentia verba, *opinari, adversari, præconari* & alia huiusmodi, utrobique legimus activè formata. Indiculi hæc sunt: *Fortasse aliquis opinat fuisse vitandum*. Et mox: *Opinaverint multa*. Epistolæ 4. hæc sunt: *Tam leviter opinâsse*. Auctor Indiculi ait: *Veluti furiosi præconant*. Et mox: *Clamant, replicant, & præconant*. Alvarus in confessione: *Peccata detestas*. Et infrà: *Adversare conetur*. Indiculus: *Ex numero eius revertent*. Epist. 2. *Deus hominem non dedignat*. Epist. 4. *Et nec dum apprehendisse conquerunt*. Et postea: *Per regulas non ordivit Donati*. *Euphrasiæ* græco vocabulo Indiculus utitur: *Euphrasiâ suâ milleno sectarum ritu conflavit*. Sicut Alvarus initio epist. 4. ad Ioannem Hispalensem, quod corruptum est in meo exemplari, sed non in *euphrasiæ* nomine: *Emperiæ vestræ sumentes euphrasia*.

185. Verbo *innumerositatis* tam Indiculi auctor his, *innumerositatis licentiam tribuit*, de licentia plures uxores habendi Mahometanis concessa, quàm Alvarus epist. 15. ad Eleazarum: *Per diversitatum innumerositates utuntur*. *Domui pro domûs* in gignendi casu retinendum utrobique credimus; in Indiculo nempe: *Pudet namque insaniam illius domui sigillatim exponere*; & in epistola secunda: *Decorem domui vestræ*. Alterius generis substantiva cum alterius adiectivis iuncta, ut finiamus, passim, ita ut in epistolis in Indiculo etiam leguntur. Ex Indiculo hæc selegimus: *Imitare decuit factum probabilem*. Item *coniugium quem* &c. Ex epistola 5. hæc: *Ad illum flectere articulum congruit, quod mentem macerat* &c. Ex 7. *Apostoli eum dictum* Epist. 9. *Abundantiorem pretium*. Quæ grammatica est Alvari, difficillimè cum aliis omnibus iam annotatis duobus auctoribus communis; ut iam de Indiculi auctore ampliùs quærendum non sit.

186. Neque novæ amici nostri D. Iosephi Pellizerii opinioni deferendum, qui ex eo tantùm quod Alvarus in quadam epistola ad Eulogium scripta sic incipit: *Luminosum vestri operis documentum:* suspicatur ad hoc Eulogii opus, quod *Indiculus luminosus* audit respexisse videri. Planè errat vir eximius, mihique præcipuo semper honore excipiendus; nam de *documento martyriali* Floræ & Mariæ sororibus virginibus nuncupato, quem librum Eulogius ei cum proxima retrò epistola invisendum remiserat, Alvarus solemni suo *luminosi* vocabulo utens loquitur. Nec facilè in Eulogio talem sermonis, quæ in Alvaro est, licentiam reperiemus. Nec tanti ponderis est ut nos urgere debeat, auctorem Indiculi haud meminisse Eulogii talis viri, quique eandem olim navaverat operam; cùm potuerit Indiculus hic ab Alvaro scribi antequàm Eulogius *Memoriale* suum *Sanctorum* confecisset. Constat enim formatum Indiculum anno DCCCLIV. uti priùs annotatum fuit; *Memorialis* autem tertium saltem librum post DCCCLVI. Suum autem Indiculum modestè Alvarum suppressisse ut nec ad Eulogii notitiam perveniret, non impossibile est.

187. At quod de Toletanis Episcopis Bonito & Wistremiro audivimus, Higueram ipsum, atque eius ut Alvari verbo utar sequipedes torquebat maximè, tam utilis & docti opusculi auctorem alium à Toletano fuisse Episcopo; &, dummodo huic assererent, Wistremirus fuerit an Bonitus pariter habuere. Mutilus certè Indiculus ad nos pervenit; cùm non tantùm illius partis quam habemus finis; immo totus alter, sive secundus liber, desideretur, ut ex his constat: *Et quam hæc universalis sit nostra credulitas in secundo huius operis libro maiorum firmavit auctoritas*. Et alibi: *Ac in secundo libro doctorum sententias congregemus, nostrasque operosas fabellas veracium stillatione firmemus*. Argumentum operis, defensio illorum qui Cordubæ sese martyrio non perquisiti obtulerunt, pro quibus & Eulogius decertavit; dein prophetiarum de Mahometo & eius nefanda hæresi explicatio. Sequitur in codice Cordubensi

188. *Confessio* eiusdem Alvari quæ incipit: *Excelse Deus, ineffabilis*, &c. ad exemplum Isidorianæ, demississimi ac vero pœnitentiæ malleo contriti animi signa præseferens manifestissima.

189. *Liber epistolarum*: quarum

I. Inscribitur *ad Ioannem, seu Flavium Ioannem Paulus Alvarus*. Initium est: *Nôsti, dilectissime, fomitem dulcedinis*.

II. *Ad Ioannem*, quem hìc primùm vocat *Spalensem*. Lemma: *Aurelio Flavio Ioanni Paulus Alvarus*. Incipit: *Hactenus amicorum more*.

III.

III. Est *Ioannis Spalensis* cum hac epigraphe: *Aurelio Flavio Alvaro illustrique viro minimi Ioannis suggestio.* Vides, ut Ioannes & Alvarus invicem se *Aurelium* & *Flavium*, honoris ut credere pronum est causâ, non quòd ita appellarentur, vocent. Initium: *O magne domine.*

190. IV. *Ad eundem Ioannem* Alvari est cum iisdem nominibus. Exordium corrupit vetustas. In meo exemplo legitur, non procul à vera lectione: *Enclocæ, emperiæ vestræ sumentes euphrasia, immo energiæ percurrentes epitoma, iucunda facta est anima.* Libens legerim: *Englocæ empeiriæ vestræ sumentes euphrasiam*, hoc est, *dulcifluæ peritiæ vestræ sumentes* (in manibus) *eloquentiam.* Græcis ἐγγλύσσα est *indulcoro* (1), *dulcedinem affero*, ἐμπειρία *peritia, prudentia.* Et forsan his tribus græcanicæ linguæ verbis exordiri epistolam, languescente iam eloquentia, non putidum fuit. Longior autem aliis hæc est epistola.

V. *Ad eundem* similiter inscripta. Incipit: *Post disputationem inscientiæ nostræ.*

VI. Est *Ioannis ad Alvarum*, cuius hæc inscriptio: *Illustri, eximio, celsoque Alvaro, Ioannes minimus omnibus, in cunctis extremus.*

VII. *Alvari* ad *Spera-in-deum abbatem*, cum hoc titulo: *Domino dilectissimo, & in Christo patri Spera-in-deo abbati, Alvarus cliens.* Initioque isto: *Præscius & omnipotens Deus* &c. Diximus in superiori capite 7. quisnam Spera-in-deus abbas fuerit, quantumque eo magistro tam Alvarus quàm Eulogius martyr Cordubæ in iuventute profecerint.

191. VIII. *Responsio Spera-in-dei abbatis* mutila cum hac nuncupatione: *Illustrissimo mihi domino, ac venerabili, seu omni affectione Christi in caritate amplectendo, inclyto Alvaro Spera-in-deo.* Initium epistolæ: *Dum à tribulationibus.* De ea iam diximus in Spera-in-deo.

IX. *Alvari Romano medico*, cum hac epigraphe: *Serenissimo omnium catholicorum domino meo Romano Alvarus.* Exorditur sic: *Anteriorum meorum.* In hac epistola mentio Romanorum Cordubæ, cuiusdamque principis, necnon & Servandi Comitis.

X. Sine titulo est, & videtur scripta cuidam Episcopo, quem vocat *Apostolorum vicarium, & rerum opificis Christi sequipedem* (2).

XI. *Alvari Saulo Episcopo*, cum hac epigraphe: *Sanctissimo domino meo Saulo Episcopo (Sauli* [s] *Episcopi) Pauli Alvari* [t] *suggestio.* Post acceptam in extremo vitæ periculo absolutionem, ut iure debuit, iam liber ægritudine ad Saulum Episcopum absolvendus iterum à censuris, nescio quibus, canonico ritu per hanc recurrit epistolam.

[s] Repetitio videtur eiusdem rei.

[t] *Suggressio* non recte in codice meo.

XII. *Rescriptum Sauli Episcopi Alvaro.* Incipit: *Multa nobis erant.* Abnuit absolvere Alvarum, remittitque eum ad eos à quibus pœnitentiam in morbo susceperat: quod negat rectè factum præsente in urbe Episcopo sine eius licentia. Insuper Pseudo-Episcopi cuiusdam partibus adhæsisse Alvarum innuit.

192. XIII. *Epistola Alvari Saulo Episcopo directa.* Exordium hoc: *Epistolam ex nomine vestro.* Improperat Saulo, quod cuiusdam homunculi, pacis perturbatoris & hæresum satoris persuasione ac verbis, postulatum ab eo absolutionis officium negaverit. Item quòd in pluribus veri Dei ministri partes non egerit.

XIV. *Alvari transgressori directa.* Lemma est: *Dilecto mihi Eleazaro Alvarus.* Principium: *In primis, mî dilecte.* Gallus Eleazar fuit natione, sed Hebræus fide ex Christiano; quare eum transgressorem appellat. Totaque est de promissionibus & prophetiis iam adimpletis venturi Mesiæ.

XV. *Rescriptum transgressoris Alvaro directum*, cum hac salutatione: *Dilecto mihi Eleazar.* Initium: *Scripsisti mihi.* Huius tamen paucissimos versus superesse fecit alicuius forsan religio superstitioni proxima ne Iudæi scriptum legeretur. Verè enim quatuordecim versus, qui in pagina sequebantur, cancellavit possessor libri, foliumque integrum subsequens exsecuit; tandemque quatuor aliis versibus epistolam absolventibus paginam, quæ volumen continuabat, mulctavit.

XVI. *Alvari* alia *Eleazaro directa. Dile-*

(1) Simplicius *enclocæ* sive *englocæ* à Græco & Latino ἐγλογὴ, *egloga*: id est *Opusculum*, *libellus epistola.* Græci enim τὸ γ *Gamma* similiter efferunt atque Hebræi τὸ ע *háin*, quasi Latinorum literæ *g* liquidum præponant *n*, & ex utroque veluti duplex confletur litera *ng.* Ad hunc modum efferri à Gallæcis observo vernacula nomina in *ón*: *sermón, oración, confesión* &c. quasi dicant *sermóng, oracióng, confessióng.* Nec alias apud Græcos facilis est transitus τοῦ Υ, seu ὑψιλὸν, in o parvum sive *ómicron*, ut ἀπὸ τοῦ ἐγγλύσσω, *enclocæ* sive *englocæ* descendat.

(2) Hæc non Pauli Alvari est, sed *Incerti Episcopi* (Sauli fortasse Cordubensis) *ad Incertum* item *Episcopum* directa. Leguntur in ea statim ab initio nostri verba: *Et ideo, mî sublimissime Domine, Apostolorum Vicarie, & rerum opificis Christi sequippede* &c. quæ fumum aliquem suspicionis iniiciunt fueritne ad Romanum Pontificem scripta. Exstat apud Florezium *T. XI. à pag.* 156.

lecto Eleazaro Alvarus. Initio isto: *Responsionis tuæ.* Retundit hæc Eleazari pro synagogæ erroribus argumenta. Scripta fuit anno DCCCXL.

XVII. Fragmenta duo epistolæ alterius Alvaro opposita ab eodem Eleazaro; cùm ea quæ inde potuit sine dispendio aliarum Alvari, similiter hìc oblivioni sacrificaverit libri possessor.

XVIII. *Alvari alia transgressori directa.* Exorditur: *Confectam mendacio.* Lectu omnia in re Christianæ veritatis adversus perfidiam Iudæorum dignissima.

XIX. *Transgressori Alvaro* alia brevissima.

XX. *Reciprocatio Alvari transgressori directa.*

193. Ante has epistolas in codice nostro carmina quædam sunt post hanc inscriptionem: *Incipiunt versi.* Sequitur *carmen filomelaicum in filomelæ laudem. Fragmen alterius carminis. Disticha de gallo. Versi* (ita semper vocantur, non *versus*) *laudis vel precis. Versi Epimenides, ægritudinis propriæ. Lamentum metricum proprium. Versi in bibliotheca Leovigildi. In Crucis laudem. Versi heroici in laudem B. Hieronymi.* Omnia hæc in exemplari nostro, & in codice Cordubensi. Præterea scripsit Alvarus, uti iam vidimus,

194. *Vitam vel Passionem beatissimi martyris Eulogii presbyteri & doctoris, qui passus est erâ DCCCXCVII. anno Incarnationis Domini DCCCLIX. sub Rege Mahomad die* v. *Idus Martii*, quam ex codice MS. Ecclesiæ Ovetensis, hoc titulo insignem, & quasi operum Eulogii prodromum, Morales edidit, & post eum Schotus in *Hispaniæ illustratæ* quarto volumine [u], cum notis eiusdem Moralis.

[u] Pag. 223.

195. Hanc consequuntur in eodem codice & editionibus, *Hymnus in diem S. Eulogii.*

Almi nunc redeunt
Festa polifera.

atque item epitaphium eiusdem. Omnia hæc, excepto postremo hocce vitæ Eulogii, latent adhuc (1). Neque D. Laurentius Ramirezius, neque D. Thomas Tamaius, nostrarum rerum diligentissimi, qui olim editionem meditati sunt, fidem suam liberaverunt. Fortè nos, si otium suppetat scholiis conficiendis, id præstabimus. Tribuitur quoque nostro Alvaro

196. *Liber scintillarum*, in codice membranaceo bibliothecæ monasterii S. Facundi (*Sahagun* vulgò) in Hispania: ubi post S. Gregorii *Expositionem in Ezechielem* hic liber exstat cum hac inscriptione: *In Christi nomine, incipit liber Scintillarum Alvari Cordubensis collectus de sententiis sanctorum patrum. Scriptus dicitur* v. *Cal. Octobris Erâ MCCXIII.* Opera exscriptoris hìc laudatur, non tempus auctoris. Exempla duo alia Morales, qui & primùm hoc vidit, laudat in relatione adhuc inedita sua expeditionis regio nutu ad visitanda tabularia & cimelia Gallæciæ, Asturiarum, & Castellæ veteris initæ, & in Historia [x]. Alterum exemplum servari ait gothicæ scripturæ antiquissimum in monasterio *de la Espina* Cisterciensis ordinis quinto decimo à Pincia urbe lapide: alterum in Mindoniensi urbe. Editum opus fuit Basileæ absque auctoris nomine (2) anno.....

[x] Lib. 14. c. 3.

(1) Habentur hæc omnia apud Florezium *T. XI. à pag.* 275. immo nisi fallor duplici poematio aucta, nimirum altero à capite mutilo, quod videtur esse de Pavone reliquas aves & præcipue Philomelam superbe despiciente, à qua tamen cantu vincitur: alio, in quo florum colores cum lapillorum coloribus comparantur. Prius horum exstat pag. 277. n. 111. posterius vero *pag.* 278. *seq. n. V.* Videtur autem in his poematiis Alvarus, quod paulo ante innuimus, Isidorum Hispalensem atque Eugenium Toletanum imitari studuisse, ut liquet ex affinibus eorum rubricis atque argumento. Ac de Epigrammate *In Bibliothecam Leovigildi*, paulo antè diximus, eodem initio nimirum *Sunt hic plura sacra* &c. legi in Bibliotheca Isidori. Addimus nunc *Lamentum metricum*, cui simile est Isidori *Lamentum pœnitentiæ* rhythmicum *Audi Christe tristem fletum.* In *Ephemeridibus autem ægritudinis propriæ* videtur Eugenii Toletani eiusdem fere argumenti titulum seu *Querimoniam ægritudinis propriæ* pressis vestigiis secutum; atque item *in Philomelaico*, quod apud utrumque hoc initio ter repetito legitur: *Vox Philomela tua* &c.

(2) Bini exstant in Regia Matritensi Bibliotheca Pauli Alvari *Scintillarum* codices quorum alter Gothicus est, videturque ineunte sæculo XI. exaratus; alter tribus minimum sæculis recentior. Meminit utriusque Florezius T. XI. *pag.* 47. *à n.* 68 necnon aliorum opusculorum in celebri Cordubensi sæpius à Nostro memorato codice contentorum, quæ tamen ipse Paulo Alvaro abiudicat. In his apud Florezium n. 69. quarto loco memoratur: *Liber de Genealogiis.* Incipiens: *Duo sunt Adam: unus est protoplastus, alius est secundus Adam Christus*: quod nos, aut affine aliud, cum de Isidoro Hispalensi ageremus, inter eius opera retulimus, nihil tamen certi de eius auctore statuentes. In Galliarum Regis Bibliotheca *Part. III. p.* 281. cod. 2444. notatur hunc *Scintillarum* Pauli Alvari tractatum in aliis codicibus Venerabili Bedæ tribui. In Alnensi, *Classi IV. Decur.* 6. *p.* 245. à Bousquiero tribuitur Ioanni Defensori. In Bodleiana, *Class. IV. codd.* 1383. & 1393. Cassiodoro. In Escurialensi Etymologiarum Sancti Isidori codice, sæculo, ut videtur, XI. exarato, *Digramm.* & *Plut. I. n.* 14. quo loco: *De Angelis* in Isidori textu lib. VII. legitur, *Novem esse ordines Angelorum Sacræ Scripturæ testantur*: in margine autem habetur hæc nota antiqua manu & Gothici saporis: ALVARUS. *Nunquam legisse me in nullo anticorum doctore recolo, novem ordines Angelorum nisi in Sancto Gregorio, & à Domno Isidoro*, quæ forsan ex Alvaro nostro descendit. Et observandum in ea Gregorium *Sancti*, Isidorum vero *Domni* titulo honestari.

197. Periere alia, scilicet ad Eulogium literæ, seu cum eo velitationes scholasticæ, quas tamen, & rhythmicos versus, *ætas* (ut iam ex eo posuimus) *muta abolenda ne in posteros remanerent*, *decrevit*.

198. Meditabatur quoque adversus Alcoranum ex proposito scribere, ut ex his Indiculi datur colligi: *Quæ omnia in alio opere enucleatiùs & limatiore* [y] *invectione, si Deus vitam concesserit, disseremus.* Et postea: *Pudet namque insaniam ipsius domui* [z] *sigillatim exponere, nec expedit breviter aliqua ex multis deridenda iaculis impetere; cùm nostris teneatur in mentibus tota quandoque fidelibus publicare.*

[y] Editum non ...è, *limita-* ...*e*.

[z] Ita pro *do-* ...*s*, de qua ...rà egerat, ...li nimirum ...usdam.

199. De Alvari obitu nihil habemus certi (1). Neque enim vel titivilitio quidem æstimari debet quod Pseudo-Luitprandus dixerit [a], obiisse Cordubæ sanctum virum patricium Alvarum IV. die mensis Maii, erâ CMVII. Christi verò DCCCLXIX. Quantumvis ei temerè credens Ioannes Tamaius, Martyrologio Hispano hac die uti sanctum invexerit. Hæc sunt Toletanæ apotheôses; nam & nuper dictus Luitprandus [b], & symmysta eius Iulianus [c], sanctum & sanctitatis opinione Cordubæ florentem ore rotundo appellant. Oscitantiam Ioannis Tamaii nunquam satis demirari possum, qui cùm in elogio dixisset de Alvaro, fuisse ut quidam credunt S. Eulogii fratrem: inde in Notis, seu actis eius, hunc nostrum confundere non dubitavit cum Alvaro Eulogii fratre, qui unà cum altero utriusque fratre Isidoro in Germania peregrinati sunt: de quibus Eulogius in epistola ad Wiliesindum Pampilonensem, ut in Eulogio diximus.

[a] Anno ...CCLXIX.

[b] Anno ...CCXLVI. n. ...

[c] In Chronic. n. 433.

200. Cæcus utique est qui non videt Alvarum ipsum fateri, se non ullo sanguinis sed uno familiaritatis & mutuæ consuetudinis vinculo, Eulogium habuisse sibi obnoxium. Clarissimè in vita: *A primævo adolescentiæ flore caritatis dulcedine & Scripturarum amore, uno vinculo concordi innexi huius vitæ* &c. *duximus iugum.* Et infrà, cùm dixisset consuevisse Eulogium abbatis Spera-in-dei frequentare domum: *ibi eum* (inquit) *primitus videre merui, ibi eius amicitiæ dulci inhæsi, ibi illi individua sum nexus dulcedine.* Et quæ sequuntur. Putasne germanos fratres sic potuisse fortè fortuna invicem sibi notos fieri? Sed nonne ipse Alvarus peregrinationis meminit fratrum Eulogii? *Nec ei suffecit monasteria patriæ suæ* (ait) *invisere, quin potiùs occasione fratrum suorum, qui ipsis diebus in Franciæ finibus exsulabant, indemptam viam arripuit.* Hæc in Tamaium non sine bile, cùm actis Alvari colophonem ab eo hunc impositum mirabundi ad animum advertimus: *Unum notabis, quòd licèt fratres vocentur B. Eulogii Alvarus & Isidorus: non carnis nexu, sed contubernii vinculo fuere.* Iudicium hominis nugacitatibus dediti! qui verè semel in eas angustias detrusus, unum eundemque de duobus Alvaris conficiendi, videns fortè superiora quæ laudavimus Alvari nostri Pauli cum Eulogio amicitiæ, non utique consanguinitatis, testimonia: fratrem verè germanum Eulogii alterum Alvarum abdicare, & à cognatione illius eiicere non dubitavit.

201. Eulogii autem hæc, quæ subiicimus, vindicias secundum naturalem utriusque, & Isidori & Alvari, cum Eulogio fraternitatem decerni præstabunt. In epistola ad Wiliesindum, in qua de eorum in Togatæ Galliæ partes arrepto itinere agit: *adeò ut in exsilio meo* (inquit) *nihil præter affectuosam peregrinorum fratrum, & destitutæ familiæ præsentiam suspirarem.* Cuiusnam familiæ? ostendit infrà: *Igitur cùm proprium revisere arvum, piæ matris Elisabeth, seu sororum suarum Niolæ & Anulonis, iuniorisque fratris Ioseph urgeret affectus: cogis ut adhuc remaneam, nec sinis abire mœrentem; sed utroque vulnere percussum cor meum tu iam mederi non poteras, cui & peregrinatio fratrum, & desolatio domesticorum, quotidianum afferebant lamentum.* At quantumvis demus *fratres* ab eo utrumque appellari potuisse caritatis ob nexum, uti *patrem*, aut *matrem*, *sororesque*, nec minus *fratres* sæpe alios, hoc tantùm respectu, Eulogius idem vocâsse legitur: hæc excusatio ad alium non pertinet, scilicet Alvarum, qui de Eulogio loquens in eius vita, uti iam diximus, *fratres* Eulogii Isidorum & Alvarum ineptè, nisi germanos, appellâsset.

CAPUT IX.

De IOANNE *Hispalensi. Verba Isidori Pacensis Episcopi, & Roderici Toletani eum exscribentis rectâ interpretatione ac declaratione donantur. An ille qui cum Alvaro Cordubensi literas commutavit? Transtulit optimo consilio Biblia in Arabicum. Nullæ hoc tempore in Hispania vernaculæ, nisi latina, gothica aut arabica, linguæ. Ex occasione de altero* IOANNE *Hispalensi plurium arabicorum operum interprete. Confunditur magnâ iniuriâ Ioannes Hispalensis hic Episcopus cum Toletano. Pseudo-Iuliani novitas &*

(1) Cl. Florezius *T. XI. pag.* 30. *n.* 33. ad annum Christi DCCCLXI. aut circa id tempus Alvari exitum refert.

& oscitantia à Thoma Tamaio observata. Vanitas hæc sederat Hieronymo Higueræ Pseudo-Iuliani architecto. Cacit Almitrân *quidnam significet, nomen ab Arabibus Ioanni tributum apud Rodericum Toletanum. Thomæ de Leon è Societate Iesu eruditissima circa hanc rem epistola.*

202. Quo tempore vixerit magnus vir IOANNES Hispalensis Episcopus, non satis compertum habemus. At cùm Alvari nuper memorati æqualis & familiaris quidam, cui nomen *Ioannes*, & cognomentum à patrio forsan loco *Hispalensis* fuit, qui cum eo plures commutavit literas, inter Alvari opera MSS. usque nunc superstites, non absque fundamento idem cum eo, de quo agere intendimus, existimari possit: placuit post dictum Alvarum viri celeberrimi memoriam hoc loco habere, ut aliquo habeamus. Notus is è Roderici Toletani historiæ lib. 3. cap. 4.

203. Sed priusquam eius verbis utamur, Isidorum Pacensem audire oportet, cuius testimonium Rodericus exscripsit, atque iis, quæ Isidorus per ætatem non fuit adeptus locupletavit: forsan inde documentum aliquod temporis, quo vixit Ioannes, exsculpere valebimus. Recens à captivitate Saracenica, hoc est erâ DCCLVII. vel anno DCCXIX. florentes literis & sanctitate quosdam viros historicus ille, qui semisæculo post hæc tempora vixit & scripsit, laudaturus, hæc habet: *Per idem tempus Frodoarius* (ita legendum pro *Fredericus*, quod Sandovalius edidit) *Accitanæ Sedis Episcopus, Urbanus Toletanæ Sedis urbis regiæ Cathedralis veteranus melodicus, atque eiusdem Sedis Melantius archidiaconus, nimium doctrinâ, & sapientiâ, sanctitate quoque, & in omni secundum Scripturas spe, fide, & caritate, ad confortandam Ecclesiam Dei clari habentur.* Hæc Isidorus. Qui, qua ætate huic incumbebat operi, non alios adiungere potuit à Roderico deinde adiunctos, ut semel occasione data, magna quædam doctorum & sanctorum hominum per aliquot sæcula micantia in tenebris captivitatis sidera posteritati relinqueret consignata: *Eo & tempore, quo Urbanus in urbe regia præsidebat,* (ait) *Ovantius archidiaconus Toletanus doctrinâ, sapientiâ, & sanctitate secundum Scripturas, spe, fide, & caritate præcipuus habebatur; & Frodoarius Accitanæ urbis religione & sapientiâ prædicabatur insignis, & usque ad tempora Almohadum, qui Imperatoris Adephonsi tempore incœperunt, in pace instituta Evangelica servaverunt.*

204. Sistendum hìc, ut viam sternamus futuræ de tempore Ioannis Hispalensis, quem statim Rodericus ad partes vocat, disquisitionis. Hæc eadem repetit in *Historiæ Arabum* cap. 11. Rodericus adhuc magis Isidori verbis inhærens: *Post idem tempus Frodoarius Accitanæ Sedis Episcopus, & Urbanus Toletanæ Sedis veteranus melodius, & Evantius eiusdem Toletanæ Sedis archidiaconus, doctrinâ, sapientiâ, sanctitate, in fide, spe, & caritate ad confirmandam captivam Dei Ecclesiam clari habentur.* Planè, ut hæc tria testimonia sibi & inter se conveniant, fateri oportet Isidorum in errore cubare, dum Toletanum archidiaconum *Melantium*; & Rodericum in *Historia Hispaniæ*, dum *Ovantium* pro *Evantio*, quod gothicum & vulgare nomen fuit, & rectè constitutum fuit in *Arabum historia*, nuncupant. Deinde ambiguum nobis haud est, minimè Isidorum vel Rodericum de Urbano dicere, quòd *veteranus Melodicus*, cantor nempe antiquus Toletanæ fuerit hoc tempore Ecclesiæ, qui ad Episcopalem postea dignitatem ascenderit, quomodo Roderici verba ex *Arabum historia* Morali nostro significare visa sunt [d]. In eo quippe respondere aliis alia hæc debent testimonia, ut de Urbano loquantur Toletano tunc temporis præsule. Rodericus enim ita intellexit Isidorum dum ait: *Eo & tempore, quo Urbanus in urbe regia præsidebat, Evantius* &c. Quò trahi possunt recta interpunctione donati tum Isidorus, si *per idem tempus Frodoarius Accitanæ Sedis Episcopus, Urbanus Toletanæ Sedis urbis regiæ Cathedralis*, scilicet & ipse Episcopus; tum in *historia Arabum* Rodericus, si *Frodoarius Accitanæ Sedis Episcopus, & Urbanus Toletanæ Sedis*, legatur. Tunc enim temporis, hoc est sub Maurorum ingressum, ac recenti captivitate, Urbanum Toleti Episcopum fuisse, quantumvis in catalogis desit, compertum aliunde habemus [e].

205. Sequitur apud Isidorum, *veteranus melodicus, atque eiusdem Sedis Evantius* (non Melantius) *Archidiaconus* &c. Suspicabar aliquando de *Veterano* quodam ita nominato, qui Melodicus seu cantor esset Toletanus, hìc agi; sed verè intelligendum esse hoc de eodem Urbano munus certissimum est: quasi dixerit Isidorus, Toleti præsulem agere Urbanum, qui priùs fuerat cantor in eadem Ecclesia; nam si novus aliquis homo significatus his verbis fuisset ab Isidoro, Rodericus eum exscribens proculdubio laudâsset. Proprieque de eo, quod exercuisset munere ante Episcopatum, *veteranum* appellavit: uti miles multorum stipendiorum, postquam militare

[d] Lib. 13. c. 7.

[e] Morales lib. 12. cap. 71. Mariana lib. 6. cap. 24. Garibaius lib. 9. c. 3.

re desinit, veteranus audit. Lucanus lib. I.

Quæ sedes erit emeritis, quæ rura dabuntur
Quæ noster veteranus aret?

Melodicus à melodia dictus cantor, seu præcentor, aut primicerius: uti hodie variis in locis variè munus vocant, quia cantorum choro præesset, aut cantum dirigeret. *Melodimate* usus est Glaber Rodulphus [f]. Pari distinctione notandus Rodericus est [g], *& Urbanus Toletanæ Sedis veteranus melodius*, seu *melodicus*: hoc est, tunc Episcopus, olim cantor Toletanus (1).

206. Pergit idem referre, horum antiquorum patrum institutionem & exemplum profuisse ad salutem Toletanis, & quarumcumque aliarum, quæ sub Maurorum iugo gemerent, Hispanarum urbium civibus usque ad Almohadum imperium: qui Alphonsi VII. nuncupati Imperatoris tempore, hoc est circa annum centesimum & quinquagesimum supra millesimum [h] Hispaniæ invecti novæ sectæ homines, & in Christianos Mistarabes grassatores, veræque religionis exstirpatores sævissimi. Hæc est Roderici sententia de quatuor, & ultrà sæculorum statu fidelium inter Saracenos loquentis; *& usque ad tempora Almohadum, qui Imperatoris Adephonsi tempore incœperunt, in pace instituta Evangelica servaverunt.* Tunc ait: *Et in isto medio fuit apud Hispalim gloriosus & sanctissimus* IOANNES *Episcopus, qui ab Arabibus* Cáiet (sic legendum ex MSS.) Almatrán *vocabatur; & magnâ scientiâ in lingua arabica claruit, multis miraculorum operationibus gloriosus effulsit, qui etiam sacras Scripturas catholicis expositionibus declaravit, quas in formationem posterorum arabicè conscriptas reliquit.*

207. Nullum ergo ex his quatuor sæculis constituere certò possumus Ioannis ætati, sed ex his aliquod tantùm. Quamvis proclivius sit existimare, non aliud ultra primum (quod pluribus placuit [i]) sive secundum servientis Hispaniæ sæculum Ioannem produxisse; atque ei animum iniecisse, ut arabicâ Bibliorum versione Christianis iam ferè arabizantibus, propriæque linguæ oblitis, præstò esset. Facilè enim desuescit usus vernaculi sermonis populo ei, qui alterius idiomatis populo subest; naturaque dominæ gentis linguam, sive necessitate sive adulatione subiecta gens addiscere, tractuque non longi temporis vulgarem sibi facere solet. Præterea, ut Saracenis ipsis lumen sacrarum accenderet Scripturarum, quo arrepto possent suæ sectæ densissimas tenebras veritatis face perrumpere atque dispellere.

208. Præterea Ioannes Hispalensis, Alvari amicus, hoc sæculo quod fuit captivitatis secundum doctrina floruit multiplici: quod ex epistolis eius ad Alvarum, & Alvari ad eum responsis, constat, apud nos MSS. uti in Alvaro iam diximus. In secunda epistola sic ad Ioannem Alvarus: *Numquid deest tibi Rhetorum faceta facundia, aut Dialecticorum, quæ ego novi, spineta contorta? ubi est liberale illud ingenium quasi tecum congenitum literarum? Excidерunt tibi Philosophorum præcepta, & à mente elapsa est tot tantaque artium, quæ te excoluit disciplina: ut nec iratus fortè valeas conceptum intrinsecus lævigare furorem?* Idem alibi [k]: *Virum prudentissimum & romanæ dialecticæ caput.* Necnon alio loco [l]: *Scientiâ & liberalibus artibus illustratum appellat.* Ut minimè dubitari possit quin Ioannes doctus vir fuerit, dignusque ad quem Ioannis Hispalensis præsulis elogium à Roderico reportatum referri possit; cùm ex conditione huius temporis, quo amœbæis epistolis cum illo certabat Alvarus ut videtur adhuc privata, sublimiorem alteram Archiepiscopatûs iam adeptus fuisset.

[k] Epist. 4.

[l] Ibidem.

209. At, ut nihil dissimulem, contendi ab aliquo iure posset, Ioannem quando literas cum Alvaro commutabat uxorem habuisse; si vera sunt quæ in Alvaro isto notabamus, eum scilicet non cœlibem fuisse, idque significari ex eo quòd ad eum scribentes salutari suo nomine decorem eius domus desiderent. Similiter enim ad Ioannem Alvarus [m]: *Opto per te decorem domus vestræ salutari.* Ad quæ Ioannes: *Salutare* (respondet) *præsumo per os vestrum omnem decorem domus vestræ. Salutat vos domna Froisinda cum filiis suis, qui sunt*

[m] Epist. 2. in fine.

(1) In Toletana Hispaniârum Primate Ecclesia præter Præcentoratum seu Primiceriatum (quæ altera est è primariis eiusdem Dignitatibus *Capiscól* vernaculè nuncupata), & vulgarium musicalium modorum Præfecturam, quam sub *Magisterii Capellæ* titulo (vulgò *Maestro de Capilla*) unus è Portionariis obtinet: est insuper antiquissimæ & peculiaris alterius eius Ecclesiæ modulationis Præfectus item è Portionariorum cœtu *Melodicus* sive (*Maestro de Melodia*) dictus: cui præter alia incumbit ephœbos huic modulationi destinatos eius artem edocere, cumque iis in Missis solemnibus unum & alterum è Gradualis versibus, alternis cum Choro dietim psallere. Quem morem longe supra hominum memoriam esse, atque ab ipsis S. Eugenii III. Toletani temporibus derivari, communis est & receptissima ibidem traditio: eumque S. Ildefonsus itidem Toletanus in *De vir. illustr.* quodammodo videtur confirmare, cum de Eugenio III. loquens: *Studiorum* (ait) *bonorum vim persequens, cantus pessimis usibus vitiatos* Melodiæ *cognitione correxit &c.*

sunt sani & incolumes, & tritici multitudine locupletes. Vix credam de sorore aut propinqua femina, quæ Ioanni aliqua commoraretur, sermonem hìc haberi. Quare aut dicendum est, præmortua uxore sacris Ioannem initiatum, ob virtutis ac doctrinæ meritum in antistitem fuisse Hispalensis patriæ suæ cooptatum; aut fortè alium Ioannem quærendum huius temporis, cui utique non ineptè possit ex coniectura saltem, pontificale munus adaptari. Certè ad eum non inviti pergimus Ioannem, cuius uterque, & Alvarus & Ioannes hic de quo agimus sub nomine *communis parentis* recordantur. Alvarus [n]: *Patrem nostrum communem domnum Ioannem salutari exspecto*. Ioannes ad Alvarum similiter: *De trium verò ancillarum vestrarum migratione, ex ore patris communis audivi integrè*. Omnia tamen hæc suspicari quàm asserere malumus; & in re obscura, facem aliquam, unde possit immitti lux accuratioris indagationis, accendere.

[n] Epist. 3.

210. Quantus autem vir fuerit Ioannes hic Hispalensis, tum sacrarum & arabicæ doctrinæ peritiâ, tum quoque innocentiâ & sanctitate vitæ usque ad miraculorum experimenta probatæ (quas virtutes existimatio & fama etiam inter Fidei hostes comitabatur) Rodericus noster Toletanus sublimibus verbis, & re dignis posteritati notum fecit. Duo ergo hìc disquiremus. Primum de eius operibus, præsertimque Bibliorum translatione: alterum de adscripto ei à Mauris *Cáiet Almatrán* cognomento.

211. Circa primum optimo consilio id factum consideramus, evanescente in dies linguæ latinæ, hoc est vernaculæ Hispanorum, usu apud eos qui Saracenis arabicè loquentibus in captivis urbibus convivebant, Ioannem nostrum translatione Bibliorum in hanc linguam facta opportunè cavisse; ne aliquando sacris libris, quorum intellectum haberent, Mistarabes nostri Christiani carere possent. Miraberis forsan, lector, me vernaculum gentis nostræ latinum sermonem appellâsse. Certè hunc, aut gothicum fuisse eum oportuit, qui Saracenorum adventus tempore in vulgari usu erat; nam quod solet de proprio & antiquissimo Hispanæ gentis, etiam post latinæ seu romanæ linguæ introductionem nondum eradicato & abolito, inter nos iactari: suffragio id contendentibus nonnullis Pseudo-Luitprandi [o], qui decem linguas & inter eas *veterem hispanam*, immo *Celtibericam* (bone Deus), *Catalaunicam* & *Valentinam*; & Pseudo-Iuliani [p], qui locutos Mistarabes cum Saracenis arabico, inter se autem *hispano consueto* seu *vetusto* sermone aiunt: nullis idoneis rationibus nullis ævi illius exstantibus documentis suadetur. Quicquid autem testimoniorum de hispanæ gentis lingua conceptorum producitur ab iis qui aliter iudicant [q], ad sua tempora referendum est, quibus nondum latina lingua hispanæ usum detriverat: quod sensim oportuit factum, non repentè, aut lata de eo lege. Et si Turdetani, hoc est Bætis accolæ, iam Strabonis tempore romanis moribus ita assueverant, ut ne sermonis quidem vernaculi memores essent, ut ille tertio libro ait: quingentis & ampliùs postea annis subdita, vel Romanis, vel Gothis gens, quî potuit vernaculam illam partim iam obliteratam retinere? Non autem hic est locus ultrà de re inquirendi.

[o] Ad ann. DCXC.

[p] Ad ann. DCCXIX.

[q] D. Thoma Tamaio *ad Luitprandum* ubi suprà, D. Iosepho Pellizerio....

212. Existimamus ergo, contigisse potiùs Gothis dominatoribus, ut latino-hispanum gentis nostræ sermonem præ gothico suo in vulgarem assumerent (quod Concilia, Leges, & pristina quæque monumenta eorum ostendunt), quàm genti nostræ hispanæ, quantumvis Gothis subditæ, ut relictâ latinâ vernaculâ cum dominatore mallent populo gothicè loqui. Non tamen potuit inter Arabes linguæ suæ retinentissimos prævalere id, quod cum Gothis nuper factum diximus. Oportetque idem nos de Christianis eius temporis Arabes inter degentibus existimare, quod de commorantibus in Christianorum urbibus Hebræis oculis & auribus credimus; vernaculum nempe illis esse prædictarum urbium linguam non hebraicam, quæ tantùm in scholis arte & industria ab his qui curiosi sunt legis addisci consuevit.

213. Hoc ergo Ioannis Hispalensis fuit propositum, ut Christianis arabizantibus Bibliorum arabica versione opitularetur. Quod eodem sæculo factum novimus à Rabbi Saadia, Gaon, sive *excellenti*, cognominato; & ab incerti nominis ac ævi alio: qui duo totum Bibliorum corpus, tum ab aliis ex parte, qui aut Legem (uti Harit Ibn-Sina, qui in Laurentiana Regia bibliotheca est), aut singulares libros, sive ex hebræo, sive ex septuaginta duorum virorum græca versione, interpretati sunt. De quo adiri possunt qui de translationibus huiusmodi indagationes suas in publicum edidere [r]. Quorum tamen nullus nostri Ioannis operæ notitiam habuit. Sed hi omnes è græco, aut ex hebræo, Ioannes autem noster è vulgari latino, uti credimus, in arabicum, transtulere (1).

[r] Hottingerus in *Thesauri philolog*. lib. 1. cap. 3. sect. 7. & in *Dissertat. theologico philologicis*, dissert. 3. §. 56. Christ. Kortholt. *De variis Script. sacræ editionibus* cap. 16. qui alios citat.

Ani-

(1) Saadias Gaon è Iulii Bartoloccii sententia *Part. IV. pag*. 256. *in Legem*, sive in *Quinque libros* Mo-

214. Animum tamen cogitatio subit; affirmaveritne Rodericus fecisse Ioannem Scripturarum versionem, an expositiones in Scripturas. Verba enim illius in æquivoco laborare quis non videt? *Qui etiam* (ait) *sacras Scripturas catholicis expositionibus declaravit, quas in formationem posterorum arabicè conscriptas reliquit.* Si enim ut vulgò existimatur [s], posteriora hæc verba de conversis in arabicam linguam sacris libris intelligamus: fateri omnino necessarium videtur expositionum quoque in sacram Scripturam diversum à translatione opus, tribuere ei prioribus verbis Rodericum. Quod facit, duo inter se distinguens opera is, qui ante duo sæcula scripsit *Valerium historiarum* vulgaris linguæ, Didacus de Almela noster.

[s] Vasæus in hronico ad ın. DCXVII. ariana lib. 7. p. 3.

215. Ad translationem quod attinet, eius exempla ad nostram ætatem conservata fuisse atque non uno loco in Hispania exstare, Ioannes ait Mariana [t]. Hispalensis Ecclesiæ armariis consignatam agnoscit Paulus Espinosa in huius urbis historia [u]. Vellem tamen eos nobis dixisse, quibusnam arabicæ linguæ peritis auctoribus hanc interpretationem in schedis istis repertam Ioannis illam, neque aliam esse, ab impressis ei notis aut nomine Interpretis asserere non dubitaverint. In Regia tamen Escurialensi exstare catalogus eius refert *librum Evangeliorum versum in linguam arabicam à Ioanne Episcopo Hispalensi qui ab Arabibus appellatur* Zaid Almatrud *tempore Regis Alphonsi Catholici*: Hunc autem minimè volumus confundi per nos cum Ioanne Hispalensi, notissimo quidem ob interpretationes quasdam ex arabico in latinum factas, astrologicorum maximè librorum, cuius tamen ætatem conditionemve ignoramus, inter ætatis incertæ auctores inveniendi (1).

[t] Dict. cap. 3. fine.

[u] Lib. 7. cap. 3.

216. Ut ad posteriorem observationem de titulo *Cáiet Almatrán*, quem Ioannes adeptus fuit à Mauris, transeamus: removendus in primis est quorundam error, qui hunc antistitem, Ecclesiæ Hispalensis decus maximum, cum Ioanne alio Toletanæ Sedis confundunt [x]. Verè enim Ioannes hic *Servusdei* cognomento, ultimus ut existimatur Toleti Episcopus [y], non tempore tantùm sed & sanctitatis opinione cum Hispalensi concurrit nostro. Errorem autem agnovit D. Franciscus Pisa *Historiæ Toletanæ* Scriptor, Alphonsum Morgadum *Hispalensis historiæ* Scriptorem ob id quod in catalogo huius Sedis antistitum Ioannem prætermiserit, incuriæ expostulans.

[x] Auctor *Compendii historiarum* vulgaris lib 8. tit. 6. cap. 7. Alvarus Gomezius apud Pisam in *Hist. Tolet.* fol. 140. Higuera in *Histor. Tolet.* MS. lib. 15. cap. 5.

[y] De quo Loaisa Notis ad Gundemari decretum in corpore Concil. Hisp. pag. 281. Tamaius ad Luitpran. anno CMXLVI.

217. In hoc æstu variantium de Ioannis Sede auctorum, quonam Toletanus Logo-dædalus [z] sese arripi consenserit vento, scire aves? Hæsit quidem, nec toto alarum remigio derelinquere ausus fuit veritatem in Roderici verbis manifestam. Cupidine tamen ea præpostera in quoquo modo faventem Toletanis rebus sententiam pedibus & manibus eundi, minimè à se impetrare potuit, quin aliquem ventosissimæ fabricæ suæ angulum hocce mendacio conspurcaret. Cùm enim recta tuens Pseudo-Luitprandus [a], Ioannem Episcopum Hispalensem sacras Scripturas de latino in arabicum transtulisse confessus fuerit: Pseudo-Iuliano impositum fuit munus spargendi pulverem in cæcutientium oculos, ne clarè viderent. Legitur enim apud eum [b]: *Apud S. Lucam Toleti sepultus est Ioannes, non presbyter sed Archiepiscopus Toletanus, dictus arabicè Almetrán* (de quo loquatur hac nota prodit) *idest Primas. Habet epitaphium in pariete linguâ arabicâ. Dicitur sanctus vir.* Hanc autem ad S. Lucæ Toleti templum inscriptionem Ioannis cuiusdam sepulcralem ad sæculum decimum tertium pertinere, ipsâ ex eræ affixæ notâ convincit Notis ad Luitprandum Thomas Tamaius [c].

[z] Hier. Romanus de la Higuera.

[a] Ad ann. DCCXLVIII.

[b] *Adversario* 519. Consonat Chronic. num. 516.

[c] Ad ann. CMXLVI. pag. 231.

218. Plane adulator profligatissimus Toletanæ Ecclesiæ concoquere non potuit, alii quàm Toletano datum olim Primatis nomen. Ita enim ei arabicus *Caiet Almetrán* sonabat titulus: de quo postea dicemus. Certè hic auctor, dum Toletanæ urbis & regni historiam conscriberet [d], quæ inedita adhuc in quibusdam Hispaniæ bibliothecis asservatur: valdè sibi placuit in te-

[d] Dict. lib. 15. cap. 5.

Mosis commentarium Arabicè scripsit, intacto Hebraico textu. Ioann. Christoph. Wolfius *Biblioth Hebr. T. I. n.* 1753. *Legem, Prophetas & Hagiographa*, id est totum Hebræorum Codicem sacrum in Arabicum sermonem transtulisse ait, testibus Th. Erpenio *Præf. ad Pentateuch Arab.* & Eduardo Pocockio *Specim. Arab. p.* 362. Ipse tamen existimat hanc operam à Saadia in Pentateucho tantum Hebraico Arabicè interpretando collocatam; præcipue cum Aben Esra *in Parascham I.* & *in Schalscheleth pag.* 38. *Legis* tantum (id est *Pentateuchi*) ab eo Arabicè redditæ meminerit. Videndus de his D. Iosephus Rodriguez de Castro *T. I. noviss. Biblioth. Hisp. Harit* autem *Ibn-Sinam*, cuius Noster hoc loco meminit, frustra quæsivi in Bibliotheca Arabica Escurialensi Cl. Michaelis Casiri.

(1) Notissimus recentior hic *Ioannes Hispalensis* è Gesneri Epitomatore *in eo*, & *in Alchabitio*, cuius *Isagogem ad magisterium iudiciorum astrorum*, ac *De coniunctionibus Planetarum librum* interpretasse dicitur, Venetiis annis MCDXCI. & MDXXI. typis evulgata. Exstant itidem in Vaticana olim Christinæ Suecorum Reginæ, in Regis Galliarum, atque in Escurialensi & aliis passim Bibliothecis alia eiusdem opera: *Quadripartitum: Astrolabium; Messahallách* sive *De electionibus: Centiloquium: Algorismus &c.*

tenendis Ioannis Toletani partibus. Id tamen nonullo veteris auctoris testimonio, cùm Iuliani posset, confirmavit; sed rationibus tantùm, quas nihili habendas, ipsa earum ostensio demonstrabit.

219. Primò, verba Roderici Toletani sermone vulgari hispano ita vertit, ut non fuisse Hispali, sed in eam urbem venisse Ioannem Episcopum, sonent. Si autem id non est insciis ac simplicibus fucum facere deformareque in alienum sensum auctoris sententiam, verboque de historia ludere: minimè quidem iniuriam ei à nobis factam deprecari audebimus. Rodericus hunc respuit interpretem, cùm apertè dicat: *Et in isto medio fuit apud Hispalim gloriosus & sanctissimus Ioannes Episcopus, qui ab Arabibus* Cacid Almetrán *vocabatur*. Ridiculum verè, atque homine latinè docto indignum dicerem, si, *fue à Sevilla* hispanum, & *fuit apud Hispalim* latinum, unum atque idem Higueræ significasse contenderem: quo tamen hæc eius translatio persuasionem quorundam forsan adiget.

220. Sed hanc tamen à se confictam, falsaque verborum Roderici versione munitam, Ioannis à Toleto ad urbem Hispalim profectionem, inani alia & vacua rei consideratione potiùs evertit quam confirmavit. Servabatur (inquit) Hispali Bibliorum codex à quodam Servando Hispalensi presbytero emendatissimè scriptus, qui nunc in Toletana est Ecclesia. Hunc Servandus dono dedit cuidam Ioanni, Archiepiscopi Hispalensis, ut nostro ac declinantis Romanorum Iurisprudentiæ verbo utar sobrino, qui postea fuit Carthaginensis, indeque Cordubensis Episcopus. Qui, Cordubensis cùm iam esset antistes, ad Hispalensem Ecclesiam xx. die Decembris anni CMLXXXVI. misit eundem codicem, eâ dictâ conditione, ut nulli esset dareturve inde eum aliò deducendi facultas. Totum id ex nota eidem codici affixa constat quam apud Higueram ipsum in Notis ad Luitprandi eram CMLXXV. sive annum CMXXXVII. aliud agentem legere est.

221. Hoc nempe ut consuleret, ac sequeretur sic emendatum Scripturarum sacrarum exemplum, venisse Hispalim suspicatur Ioannem Toletanus historicus. Suspicionem utique non improbaremus, si venisse eum aliunde constaret. Sed nec ea vero aliquo fundamento nititur. Immo nota ista, cui soli coniecturam suam superstruxit, ipsa est quæ eam emolitur. Diu enim antequam Servandianum id quod laudamus Bibliorum volumen Ecclesiæ Hispalensi datum fuisset à Ioanne Cordubensi Episcopo sub ea non alienandi mutuove dandi aut extrahendi conditione: Ioannes Servus-dei Toletanus Episcopus, quem arabicum sacræ Scripturæ interpretem fuisse Higuera vult, mortem cum vita commutaverat. Creatus nempe Toleti præsul, sive iuxta eiusdem Higueræ computum [e] anno CMXL. sive iuxta Luitprandi [f], anno CMXXXVII. sive iuxta Iuliani [g], (adeò non conveniunt testimonia hæc) anno CMXLVI. obiit [h], aut CMLVI. aut [i] CMXLVII. aut tandem [k] CMLVII. Inter hunc autem ultimò dictum, atque eum annum quo missus est liber Hispalim, triginta non minus alii intercesserunt. Ante quos defunctum vitâ Ioannem Toletanum resurrexisse atque Hispali Bibliorum versioni vacâsse, fateri oportet eos qui notam libro affixam Higueræ suspicioni favere contenderint.

[e] Lib. 15. *Hist. Tolet.* c. 4. in fine, & cap. 5. in princ.
[f] Era CMLXXV. sive hoc anno.
[g] In Chron. num. 502.
[h] Ita Higuera d. lib. 15. c. 8.
[i] Luitpran. ad hunc ann.
[k] Iulian. num. 502.

222. Secundò ait, Ioannis non ullam fieri mentionem in Episcoporum Hispalensium catalogis (1). Sed neque hoc urgeri nos argumento maximè à Toletanis facilè permittemus, cuius Ecclesiæ præsulum catalogus in Ioanne isto Servo-dei appellato deficit; cùm aliunde constet plures ei Ecclesiæ præfuisse [l]. Deficit certè in Davide, aliàs Daniele, Hispalensium captivitatis tempore Episcoporum albus; quin meminerit Recafredi cuius in Eulogii martyris vita mentionem fecit Alvarus; quin etiam Stephani, quem in nota illa codicis Bibliorum Toletanæ Ecclesiæ memorati laudatum novimus, uti Paulus Espinosa [m], & ante eum Franciscus Paciecus Hispalensis canonicus, eruditione vir præstanti, quem ipse laudat, observaverunt, ceteris ob incuriam omissis adiungendum omnino hunc Ioannem huius Ecclesiæ præsulem optimo iure contendentes.

[l] Thom. Tamaius ad Luitprand. anno DCCCLXII. pag. 205.
[m] Lib. 3. *Hist. Hispalensis* c. 3. in fine.

223. Producit tertiò verba cuiusdam nostræ gentis Historici, qui *Compendium* (hic libri titulus) *historiarum* decimo quinto sæculo composuit, cumque eius testimonio Alvari Gomezii viri eximiè docti atque facundi, Toletani canonici, huc inclinantis non levis mihi ponderis auctorita-

(1) Æmilianensis Hispalensium Præsulum Catalogus in his desinit:

Aspidii
Humiliani
Meudulani
David. Iuliani;

Toletanorum, in

Gumesindi
Wistremiri
Boniti
Ioannis

Indicto Eulogio; & additur: Era DCCCCLXXXXIV.

tatem. Hæc tamen, & antiquioris eo ſed minùs exculti ſæculi, auctoris opinio cedere omnino debet manifeſtiſſimo Roderici Toletani, qui fundus eſt rei teſtimonio: cui pro merito aſſurgunt, ita ut nos, intelligentes, præter paucos iam dictos, omnes ceteri [a], cum *Hiſtoria generalis Hiſpaniæ*, Alphonſi Regis cognomento ſapientis iuſſu formatæ, Anonymo auctore. Apud quem verba hæc hiſpana legimus: *Otro ſi, en Sevilla era Obiſpo D. Ioan, home de Dios y de buena y ſanta vida*, &c.

[a] Vaſæus ad ann. DCCXVII. Morales lib. 13. cap. 7. & lib. 15. cap. 31. Mariana lib. 7. cap. 3. Piſa *Hiſtoria de Toledo* fol. 140.

224. In regia Eſcurialenſi bibliotheca vetus aſſervatur, uti diximus, codex cum hoc titulo: *Liber Evangeliorum verſus in linguam arabicam à Ioanne Epiſcopo Hiſpalenſi, qui ab Arabibus appellatur* Zaid Almatrúd (ita legi aiunt) *tempore Regis Alphonſi Catholici*. Nec ſpernendum eſt quod Ambroſius Morales huic rei confirmandæ ex ſcriptura & pictura cuiuſdam Conciliorum codicis eiuſdem bibliothecæ lib. 15. cap. 31. adducit. Advocandus etiam adverſus Higueram ſaltem, eius emiſſarius Luitprandus, *Ioannem Epiſcopum Hiſpalenſem qui ſacras Scripturas ex latino tranſtulit in arabicum*, diſertè laudans [o] (1). In quo tamen teſtimonio reprehendendum eſt quòd Frodoarium Accitanum Epiſcopum Toleti floruiſſe contenderit cum aliis, quos in ordinem reducit Ambroſius Morales libro 13. cap. 7. Iam tempus eſt ad arabicum Ioanni datum honoris ac dignitatis cognomentum tranſeundi.

[o] Erâ DCCLXXXVI. ſive anno DCCXLVIII.

CARTA DEL P. TOMAS DE LEON DE LA COMPAÑIA DE JESUS de Granada al Doctor Martin Vaſquez Siruela Racionero de la ſanta Igleſia de Sevilla: en que ſe trata del nombre de Cacid Almitrán, *que dieron los Arabes à Juan Arzobiſpo Hiſpalenſe en tiempo de la captividad.*

225. No ſabrè encarecer quanto he eſtimado ſu carta de V. m. tan llena de ſingulares noticias, y brotando por todas partes las luces de ſu inſigne erudicion. Yo he acreditado mucho el acierto de mi eleccion; y ſi no me hallára con el reſguardo de quien llega à aprender, temiera el eſcribir en eſte punto. Pero con el ſeguro de que aun errando no errarè, pues es para ſer enſeñado: me atreverè à decir lo que ſiento acerca de ſus doctiſſimas interpretaciones de V. m. del nombre que los Arabes dieron al Arzobiſpo de Sevilla Juan, llamandole *Cacit Almitrán*. Luego dirè lo que juzgo de la obra que eſte Arçobiſpo eſcribio en arabe; y ſi hizo traduccion de la Biblia: ya que nueſtra deſgracia ha querido, que perdiendoſe el libro, quedaſe eſto expueſto à la conjetura. Y concluirè ſuplicando à V. m. como maeſtro en todo, ſe ſirva de darme mas luz y noticia de algunos autores que cita, y yo no he viſto, por haver carecido del calor de perſonas de ſu mucha leccion y eleccion.

226. Comenzando por el nombre *Almitrán*, pareceme que V. m. ſiente muy acertadamente; y que ſin duda alguna ſignifica lo miſmo que *Metropolitano*. Expréſalo aſi el autor del *Nomenclador Copto-Arabico* intitulado السلم الكبير (*aſſulam alkebir*) *Scala magna* que publicò en dos lenguas Orientales con tranſlacion latina el Padre Athanaſio Kirchero nueſtro amigo. En la باب, (*Báb*) ò puerta ſeptima, cap. 22. pone el orden de la Hierarchia Ecleſiaſtica entre los Orientales, como ſe ſigue:

ⲡⲓⲡⲁⲧⲣⲓⲁⲣⲭⲏⲥ	البطريرك (*Albatriárch*) Patriarcha.
ⲡⲓⲓⲉⲣⲟⲫⲁⲛⲧⲏⲥ	كبير الانبيا (*Kebir Alanbía*) Antiſtes. Maior Prophetarum. Hierophantes.
ⲡⲓⲡⲣⲱⲧⲟⲥ	الاول. الراس (*Alauál, Arrás*), Primus. Caput.
ⲡⲓⲙⲉⲧⲣⲟⲡⲟⲗⲓⲧⲏⲥ	المطران (*Almetrán*) Metropolita. Decanus.
ⲡⲓⲉⲡⲓⲥⲕⲟⲡⲟⲥ	الاسقف (*Alaſkóph*) Epiſcopus, &c.

227. Del lenguage copto, tan vecino al griego, ſe conoce la interpretacion cierta del arabe; y del contexto ſe conoce que la primera perſona que nombra deſpues

(4) Periiſſe videtur inſignis hic Arabicus Evangeliorum codex: ſaltem eum in vulgata Arabico-Eſcurialenſi Bibliotheca non reperi. Exſtare dicuntur Evangelia Perſicè reddita *T. I. p.* 543. *col.* 1. & *T. II. p.* 343. *col.* 1. Ambroſii Moralii locum in quo de hoc Conciliorum Eſcurialenſi (amiſſo quoque ut videtur) codice ſiſtere hìc iuvat. Dixerat pridem *Lib. XV. c. XXXI.* ſcriptum eum codicem fuiſſe à Ioanne quodam Diacono pro Ioanne Epiſcopo Erâ CMXLIX. ſive anno Chriſti CMXI. die XXIX Iulii quæ Eræ ac Scriptoris notatio in Codicis fine legebatur; atque his de ſuo addit, *videri ſibi in urbe Hiſpali codicem*

pues del Patriarca, llamandola *Kabir Alanbía*, es el Protofyncello, que en lo antiguo tenia la futura fuccesion del Patriarca, como el Rey de Romanos en el Imperio. A cuya imitacion los Califas de Bagded y Damafco ufaron tambien en fu vida feñalar fuccefor, llamando à eftos tales *Serifes*, como nota Zonaras. Todos aprendieron el eftilo de los Hebreos: entre los quales el fumo Pontifice elegia fu Vicario, ò fuccefor: cuya jurifdiccion y autoridad era la fegunda en aquella Iglefia: como consta del 4. de los Reyes 25. 18. *Saraiam tulit facerdotem primum, & Sophoniam facerdotem fecundum.* Y en Jeremias cap. 29. 25. *Dominus dedit te facerdotem pro Ioiade, ut fis dux in domo Domini fuper omnem virum arreptitium, & prophetantem, ut mittas eum in nervum & in carcerem.* Siente Efcaligero *Prologo ad Eufebium*, y con èl Cafaubono, que al tiempo de la Pafion Anas, que fe llama Principe de los facerdotes, era Vicario fuccefor, y como Πρωτοσύγκελλος de Caiphas; y añade: Πρωτοσύγκελλος *apud Patriarchas Alexandrinum, Antiochenum, & Conftantinopolitanum fecundum proximè à Patriarcha locum obtinet; & olim ante Turcarum imperium erat Patriarcha defignatus.* Y en los Chronicos Turcicos año MDLXXXIV. *Meletius Protofyncellus, Calogerus Græcus, & montis Sanctæ Catharinæ frater, qui Alexandrinus Patriarcha fperatur crediturque futurus.* El llamar à efte Protofyncello el autor de la Scala citado الانبيا (*alanbía*), es por la amplitud de la palabra arabe, que llama con nombre de Profeta al predicador, y al que explica lo oculto de la ley, como es notorio.

228. Defpues en el texto citado fe pone en tercero lugar al que nombra en Copto ⲡⲓⲡⲣⲱⲧⲟⲥ, y en Arabe الاول. الراس, (*alauál, arrás*) y fin duda ninguna, fi no me engaño, es el Primado, y primero de los Metropolitanos: como dà à entender la palabra copta, y tambien la arabe en fus origenes. Confirma efto Fr. Pedro de Alcala en fu Vocabulifta. *Primado. Alavili.* Y aunque efte autor comunmente ufa del lenguage vulgar arabe, porque fue fu profesion; no por efo dexa de faber el efcolaftico y Eclefiaftico; como mueftra en las palabras de Patriarca, Obifpo, Dean y otras. Confiftia el fer Primado entre los Orientales en preceder à los Obifpos y Metropolitanos de fu Provincia; y en participar algunos honores y preeminencias de los Patriarcas. En los canones arabes del Concilio Niceno, traducidos y comunicados por Juan Bautifta Elias al P. Francifco Turriano, el qual los publicò, fe dice en el canon x. del Arzobifpo y Primado de Cefarea de Paleftina (no de Philipo junto à Damafco, que hoy llaman Balbec) *vocetur ille Exarchus; ideft maior quàm Archiepifcopus.* Tengo para mí, que en el original por *Exarchus* està الاول (*alauál*). Y del Arzobifpo de Seleucia de los Parthos, ò Mozal, en el canon XXXIII. dice: *Honoretur qui tenet fedem Seleuciæ, quæ eft de civitatibus orientalibus: qui debet etiam appellari nomine catholico: & poffit is ordinare Archiepifcopos, ficut faciunt Patriarchæ.* Y igualmente en el canon XXXVI, fe le concede al Primado de los Ethiopes, que pueda apellidarse *catholico*; pero niegafele la poteftad de elegir Metropolitanos. Y al Obifpo de Hierufalem por reverencia de la ciudad fanta, aunque eftaba fujeto al Primado de Cefarea, fe le dà el titulo de *Patriarca* y *catolico*. De donde fe colige, que el nombre de catolico y Patriarca es uno mifmo: y que con èl, igualmente que con el *Abuna Papa*, ò بابا (*Babá*) fe honran los Orientales: como confta de la carta de los Neftorianos efcrita en mozal, y embiada con embaxada al Pontifice, y traducida del firiaco por Andres Mafia: el qual à la margen de las palabras *Patriarca*, ideft *catholicus*, dice: *Syri indifferenter utrovis vocabulo utuntur, Patriarcha & catholicus. Ceterùm Archiepifcopos vocant Metropolitas, à Græcis mutantes nomina.* Y lo mifmo nota Mireo in *Notitia Epifcopatuum.* Parece que el doctiffimo Kirchero en el fin del Lexico Copto eftrañò el nombre *catholico* efcrito en arabe: porque donde el efcribiente del original MS. pufo وناقله غبريال ابن الرسيين عرف بكاتب قطليك (*uanakalaho*

cem exaratum fuiffe, ex eo quod in capitali litera, qua Hifpalenfe Concilium incipit, depicta eft Urbs Hifpalenfis, & qui eam interfluit Bætis fluvius cum expreffo intra eam utriufque nomine; *Y efta novedad* (pergit) *parece hizo por efcreuir alli* (Hifpali), *no hauiendola hecho en ninguna otra ciudad de los dichos Concilios. Tambien fe debe creer que el*

Obifpo Juan para quien efte libro fe efcriuio, fueffe Juan de Sevilla, eftimado mucho por los Moros, y llamado Cacid Almatrán, que quiere decir principal hombre de Dios, *como efto, y mucho mas celebra en èl el Arzobifpo Don Rodrigo. Y ya de aqui fabemos como florecia en efte tiempo &c.*

*ho gabriel ebn Arrasid * oreph bicateb katlic* interpreta: *Et transtulit eum Gabriel filius Rescid cognitus in libro Kadlica*, debiendo decir: *Patriarchæ*, vel *Patriarchali.*

229. Infierese lo segundo de lo dicho, que el nombre de Patriarca no solo le tienen los tres principales del Oriente; sino tambien otros Metropolitanos, como el de *Cesarea*, ò *Caisar*. Al de Hierusalem llaman los Jacobitas Santo Patriarca. Y suele residir en Damasco, ò *Scham*. Y aun suele ser Arzobispo de Damasco el mismo que de Hierusalem. Y assi se ha de entender lo que dice Pedro Bellonio lib. 1. *Observ.* cap. 21. *Iam dictum est Patriarcham, qui Alexandriæ præest, Memphi habitare, alterum Damasci esse, tertium Constantinopoli, cui omnes Caloieri montis Athou per omnia obsequuntur.* No advirtiendo esto Escaligero, cuyas son las Notas à este autor, que imprimio Carolo Clusio; llegando aqui dice: *Nihil falsius quàm Patriarcham esse Damasci. Isti sunt tantùm Patriarchæ in toto orbe terrarum, Constantinopolitanus*, Ῥωμάιων Πατριάρχης, *Antiochenus*, τῶν Σύρων καὶ τῶν Μαρωνειτῶν, *Alexandrinus*, τῶν Κοφθιτῶν *Armenius catholicus, & Papa Romanus.* Claro es que no habita en Damasco Patriarca que originalmente lo sea, como tampoco el Catolico ò Patriarca de Armenia mayor es mas que Primado con el renombre de Catolico, como el de Ethiopia, de Seleucia, y otros. Y aun juzgan algunos, que las dos Armenias en lo antiguo no tenian mas que Metropolitanos, à quienes consagraba el Arzobispo de Seleucia.

230. El autor citado de la *Scala Copta*, pone en quarto lugar del orden y Hierarquia Eclesiastica à los Metropolitanos ⲙⲉⲧⲣⲟⲡⲟⲗⲓⲧⲏⲥ y interpreta en Arabe المطران *Almetrán*, con que salimos de qualquiera duda en la interpretacion deste vocablo; y aun yo vengo à conjeturar que en el lugar que V. m. cita de la paraphrasis al canon VI. Niceno, (no he visto el libro) ha de escribirse no مطرابا *Metraba*, sino مطرانا *Metrana*. Y es grande la autoridad que tienen en la Iglesia Oriental, pues no puede el Patriarca consagrarse, sino por mano de tres Metropolitanos. Y quando al pueblo de los Nestorianos, que son los del Patriarcado Antiocheno, falta este numero de Almetranes, embian al Pontifice Romano à pedir la consagracion de su Patriarca; como sucedio año MDLII. y refiere Andres Masia citado.

231. Aunque esta dicha es la primaria y principal significacion del vocablo *Almitrán*, pero tiene tambien deducida y derivada desta primera la significacion de *anciano*, *decano*. Y assi el traductor latino en el lugar alegado de la Scala Copta vuelve: المطران (*almetrán*) *Metropolitanus, decanus*. Y un Lexicon Arabe MS. que yo tengo, contesta المطران هو الشيخ (*almetrán hua' lschaig*) *Almetran, idest Senior*. Y me parece que con esta significacion se engañò el autor (juzgo que es moderno, y supuesto) que anda encubierto con titulo de Juliano Arcipreste. Dixole alguno que sabia arabe, que *Archiepiscopus Almitrán* era *senior inter Archiepiscopos*; y con la pasion de la Primacia de Toledo añadiò este testimonio, siendo asi que el vocablo Eclesiastico, con que en arabe se nombra el primado es *Alavili*, como habemos dicho, y no Almitran. Ni yo creo que haya habido Arzobispo Toledano celebre nombrado asi. Acuerdome de semejante interpretacion de Miguel de Luna en la que hizo del pergamino que se hallò aqui en la Turpiana (1): porque hallò على جميع الموكل (*ala giamía almaucal*) Prefecto, Prelado sobre todos, interpretò Patriarca de la Iglesia Santa. Y

(1) *El Pergamino que se hallò aqui* (scribebat Granatæ) *en la* Turpiana. Turrem hac voce intelligit, quæ areæ partem in qua maximum urbis Granatensis Templum ad annum MDLXXXVIII. exstruebatur occupabat. Ea vero, dum staret, cymbalorum seu campanarum inserviebat usui, communique *Veteris turris* nomine appellabatur: donec septennio pòst, ad annum scilicet MDXCV. detectis, sesquimilliario à Granata urbe in loco in quo insignis Ecclesia Canonicorum Sacri Montis Granatensis postmodum erecta fuit, libris quibusdam laminisque plumbeis ab Innocentio demum XI. confixis; ac præcipuè, invento, ut ferebatur, in pago *Puliánas* dicto, ad tertium à Granata lapidem, *Antistii* nescio cuius *Turpionis*, monumento (quo vix scio an quicquam imperitius atque à Latinæ linguæ & inscriptionum Romanarum genio alienius unquam uspiamve literis consignatum sit): *Turpianæ* nomen, Granatæ eatenus inauditum, gratis eidem aptatum, communique omnium ordinum plausu exceptum fuit. In huius igitur Neo-Turpianæ turris fastigio, dum eodem anno MDLXXXVIII. mense Martio dirueretur, detecta ab operariis fuit membrana seu pergamena charta, quade hoc loco agitur, plumbeæ thecæ inclusa, Arabicè, Latinè, atque item Hispanicè ab ipsis, si Deo placet, nascentis Ecclesiæ primordiis, nimirum Cæcilii Martyris primique Granatensis Episcopi ævo exarata. Eius exemplum accuratissime ex autographo desumtum atque ad verum, ut aiunt, expressum, eàdem scilicet membranæ magnitudine, eodem li-

Y hizo Patriarcal la Iglesia de Athenas.

232. Pasando de la significacion al etymo y origen de la palabra *Almetrán*, tengo por cierto que se deduce del Griego, y está cercana la palabra *μητρὶς*, con que estos denotaban la ciudad metropolitana, como los Latinos con la de *Matrix*, *Matrex*, *y Matra*. Veo en el chaldaïco usada la palabra מטרופולין (*metropolín*), como la pone Munstero en su *Trilingue*: pero no veo imitada la brevedad que buscò el Arabe por los Rabinos: los quales llaman מתרין (*metrin*) al lugar ò ciudad cabecera de algun dominio: ממשלתומקום (*mamsaltomokóm*), como dice el Aruch. No se si tiene alguna conformidad el significar el syro con el vocablo ܡܝܬܪܐ *Mithra* lo mas noble y grande con esta misma derivacion. Pero tengo por totalmente superfluo recurrir al lenguage persiano; quando vemos que del griego se deducen los nombres casi todos, que usa el arabe en el orden Eclesiastico, como البطريرك *Albatrirch*, *Patriarcha*. اسقف *Escop*, *Episcopus*. الاغنستس, *Alagnostes*, *lector*. الزيباقن *Aldiacon*, *diaconus*. الارشدياقن *Alarsch diacon*, *Archidiaconus*. Y otros muchos que pone el Nomenclador Copto-Arabico citado. Y del ultimo se puede corregir un vocablo que està viciosamente escrito en el Arzobispo D. Rodrigo lib. 4. cap. 3. *Et quidam archidiaconus sanctissimus, pro quo etiam Dominus miracula operabatur, qui Archiques arabicè dicebatur*. La general vuelve: *Y llamabanle los Moros por su arabigo Archiqus*. Assi se imprimiò. Ha de dezir: *qui Arsch diacon arabicè dicebatur*. Y con esto no me difundirè mas en el sentido de la palabra *Almitran*: que ya està pidiendo perdon lo prolixo deste discurso.

Pa-

linearum numero atque œconomia, eisdem literarum figuris colorumque quibus depictæ erant varietate, ad Philippum II. Hispaniarum Regem exeunte Iulio eiusdem anni MDLXXXVIII. delatum fuit, cum trium Interpretum Arabicæ linguæ peritorum, quatuorque insuper è Granatensi Canonicorum Collegio testimoniis: qui omnes aut eidem exscribendo aut cum autographo conferendo interfuere. Servatur insigne hoc atque unicum elevandæ Granatensium monumentorum fidei documentum in Regio Escurialensi Cœnobio extra ordinem, in secretiori superioris Bibliothecæ scrinio, intra cancellos ligneos: cuius quantum accurate possem in privatum usum describendi laborem haudquaquam pœnitendum ante hoc vicennium ad me recepi. Insunt autem ei plurima non puerilia modò sed risu quoque & sibilis explodenda, perpetuoque Hispani nominis dedecori futura, quæ vel referre piget tædetque. Quis enim nisi plane delirus tessellatas laterculorum tabulas iis persimiles quibus in scachiludio utimur, singularesque literas singulis laterculis inclusas, quas ludimagistri è trivio *Labyrinthos* appellare amant atque in deliciis habent, primo iam tum Ecclesiæ sæculo in usu fuisse existimaverit? Quis arcanam atque ænigmaticam scribendi rationem, id est meros logogriphos ac puerorum nænias, idoneam Divo Cæcilio Martyri visam fuisse crediderit, qua Divini Evangelistæ Ioannis de mundi exitu vaticinium propagaret ad posteros? Quis demum, nisi Palæographiæ plane rudis, Patricii de reliquiis simul cum membrana in eadem Turpiana turri inventis scripturam heri aut nudiustertius ab imperitissimo veteratore confictam (cuius specimen mox edemus) ad primum Ecclesiæ sæculum retulerit? Levia tamen hæc sunt si cum vaticinii Ioannis Evangelistæ sermone conferantur, quem putum putum Hispanicum esse, nec minus, quam hodiernus Matritensis (1) aut Toletanus est, purgatum limatumque, nemo non agnoscet. Iuvat membranæ partem in qua id vaticinium continetur; necnon characteris scripturæ, qua Patricii relatio constat, specimen, qualia in archetypo exemplo habentur sistere.

☞ *Huc refer tabulam.*

Atque in tessellato vaticinio si solitarias laterculorum literas alternatim excerpas à nigris exorsus, in prioribus lineis omnino leges

1. La hedad de la luz ia començada
2. por el maestro e con su pasion
3. rredemida con dolor del cuerp
4. o i los profectas pasados q̃ al
5. umbrados de la tercera perso
6. na esperaron &c.

sicque continenti eiusdem sermonis & narrationis filo usque ad lineam vigesimam nonam, quæ omnium postrema est, continetque

29 (E) n setas i con la otra iũtada el

Hinc rursum á capite si rubras literas colligas, conficies

1 mundo ocuparan i de las oci
2 dentales partes saldran los
3 tres enemigos su malicia an
4 mentando i por su maestro la
5 sensualidad trairan i con le
6 pra &c

Mitto frequentes recentis scripturæ Hispanicæ idiotismos, orthographicam rationem, vocum compendia, & alia plane Hispanica, nimirum: *hedad*: *rredemida*: *rretirar.in*: q̃ pro *que*: *iũtada* pro *iuntada*: *Xpo*, pro *Christo*: caudatam literam C hac figurâ Ç, aliaque bene multa quæ ab Historica & Chronologica ratione illico adversus membranæ fidem exsurgunt dubia; atque hoc unum ab eius assertoribus doceri cupio, nimirum exceperitne contentam in ea Ioannis prophetiam è Divini Evangelistæ ore Cæcilius, an Eidem Athenis à Dionysio Areopagita, ut nonnulli existimant (*Pedraza Hist. de Granada Part. II. cap. 5. pag. 50.*) contraditam secum in Hispaniam detulerit? Atque Hispanice iam tum versam, an Græce aut Hebraicè exaratam? Liberam denique atque unicolorem, an variam, tessellatisque, ut nunc visitur, laterculis interclusam? Nam quisquis demum ludicro atque ineptissimo rubro-nigras literas his claustris sæpiendi alternoque ordine intercalandi labori tempus aut operam impenderit, seu Ioannes, sive Dionysius aut Cæcilius fuerit: is profectò otioso in otio occupatus, magnoque molimine magnas nugas egisse dicendus est. De Patricii vero relatione, si quis post Mabillonium, Placentinum, Rodriguezium, Tassinum, id est, in hoc rei Palæographicæ meridie, cæcutire adhuc amat, cum eo amplius contendendum non esse existimo.

(1) *Cæcilius Santos Urbina & Dusfuera*, detractaque larva *Ludovicus Franciscus de Viaña & Bustos* Sacri montis Illipulitani Granatensis Abbas prætractè negat applicitam Ioanni Evangelistæ in membrana turris Turpianæ prophetiam Hispanico idiomate constare. Sistimus eius verba, *Dissertacion Ecclesiastica Critico-Historica en que el Catholico Reino Granadino vindica la religiosa piedad de su constante culto à las sagradas Lypsanas de la Torre Turpiana y Sacro monte* &c. edita Pampilone apud *Stephanum Pertau* 1752. 4.° §. *VIII. n.* 93. *pag.* 66. nimirum: *Ni se lee* (in Bulla Innocentianæ proscriptionis) *la Prophecia de S. Juan Evangelista, que vertida en Hebreo, volviò San Cecilio en lengua, por entonces usada en la Bètica, y la dexò arcanamente cifrada entre escaques, en un Laberintho de caracteres proprios de ella en aquel tiempo* „ (no „en dicciones formadas Castellanas como ignorantemente escribieron y pensaron muchos): quæ cum tessellata mox sistenda prophetiæ tabula iuvabit contulisse.

MEMBRANAE

MDLXXXVIII. die XVIII. *Martii Granatæ detectæ in diruta turri, quæ areæ partem in*
um eius urbis maximum extruebatur occupabat, cuique pro antiqua et germana
is *nomenclatura recens* Turpianæ *nomen appictum postea fuit.* FRAGMEN-
uo Prophetia *de* mundi exitu *Ioanni Evangelistæ attributa, et Patricii*
De sacris quibusdam lipsanis relatio *è primævo ac fidissimo omnium exem-*
egia Escurialensi Bibliotheca superstite, quod eodem anno MDLXXXVIII. *ab*
ranatensium Canonicorum Collegio ad Philippum II. Hispan. Regem
um fuit, iisdem quibus primitus in archetypa membrana depictæ fuerant
ac linearum seu versiculorum œconomia repræsentantur.

e	d	d	o	a	o	d	c	d	u	e	p	l	a	a	r	l	a	n	u	z	Δ	i	i	a	d	c	e	o	l	m	a	e	s	n	o	c	c	a	i	dª	©
t	e	a	l	l	m	e	a	s	e	p	s	a	t	r	r	t	o	e	l	s	c	s	o	a	n	l	s	d	u	r	p	a	a	n	s	l	i	c	o	s	n
e	s	m	e	i	n	d	e	a	Φ	m	c	t	o	g	n	c	d	s	o	s	l	u	o	m	r	a	d	l	e	i	l	c	c	i	u	a	e	a	r	u	p
n	o	t	s	a	p	n	r	d	o	o	f	i	e	p	c	o	t	r	a	s	s	u	p	m	a	a	s	e	a	s	d	t	o	r	s	o	q̃	i	a	a	l
s	r	u	a	a	d	l	o	i	s	d	d	a	e	d	l	t	a	r	t	a	e	i	r	r	c	a	e	n	r	i	a	o	p	o	e	n	r	l	s	c	o
n	s	u	p	n	e	c	r	a	a	u	r	i	o	s	n	t	s	a	u		b	e	e	l	n	m	i	u	d	n	a	Δ	d	d	o	e	s	l	e	m	i
o	c	e	i	l	o	a	n	c	n	a	a	b	r	a	a	m	l	i	a	e	l	n	u	t	z	o	c	q	n	u	p	i	a	e	r	r	t	o	c	c	d
a	n	r	u	p	t	o	a	r	d	b	e	o	l	c	a	a	l	d	i	e	e	s	rr	t	a	e	s	m	e	a	rr	[illegible]	e	s	t	t	i	r	r	o	w
d	a	o	m	n	i	d	s	e	e	c	r	o	i	n	c	n	o	a	r	u	d	ſ	i	r	a	a	p	g	r	i	e	o	ſ	s	e	s	r	u	i	s	d
n	a	t	s	a	s	d	e	a	i	ſ	ſ	ſi	e	g	r	l	a	o	e	ſ	n	c	e	u	l	m	a	p	b	l	r	i	i	d	g	a	o	ſ	d	d	e
a	o	d	l	b	u	e	n	n	a	i	d	m	e	i	s	e	u	n	p	t	i	o	Φ	e	p	d	o	r	r	a	p	c	e	o	c	n	a	e	d	s	e
a	s	u	c	e	ñ	ſ	a	e	l	n	e	e	s	l	p	m	r	u	o	n	d	d	i	o	g	q̃	i	c	o	o	s	m	a	e	s	t	t	i	o	d	t
e	q̃	r	e	a	l	n	ž	c	t	i	i	e	n	l	i	o	e	m	b	o	l	s	a	t	ſ	r	ſ	a	e	r	l	a	e	e	u	l	a	g	n	c	t
o	n	v	m	m	u	a	i	n	e	o	ſ	s	c	e	u	r	r	a	a	a	ſ	Δ	m	e	e	n	n	l	a	a	z	ſ	a	o	d	r	o	i	i	e	e
l	p	e	e	ſ	c	p	i	a	a	r	l	t	e	e	l	ſ	ſ	i	a	a	c	l	e	a	r	ſ	d	o	o	c	c	i	i	d	o	e	i	n	a	t	n
ſ	c	ſ	i	e	a	e	n	ſ	d	t	o	e	e	n	l	d	a	e	n	r	t	a	e	n	©	x	p	p̄	o	o	r	q	m	u	i	e	n	ſ	i	ſ	e
ſ	r	ſ	e	u	b	r	e	i	l	o	u	ſ	b	o	e	ſ	n	q̃	i	e	d	n	a	e	c	ll	o	a	n	ſ	q	ſ	u	e	e	r	e	a	ſ	n	t
a	o	d	ſ	o	e	ſ	Φ	e	c	i	o	a	n	s	q̃	e	l	c	a	u	l	m	u	p	z	l	d	i	e	r	n	a	u	i	e	e	ſ	l	t	ſ	r
l	i	ſ	o	e	f	e	i	c	n	l	a	i	l	p	ſ	ſ	e	a	a	r	c	a	e	i	r	e	c	l	a	t	r	e	a	m	q	p	u	l	a	o	n
m	e	a	m	e	a	ſ	n	t	i	r	f	o	e	i	ſ	ſ	t	u	a	ſ	r	ee	a	g	a	r	l	a	m	u	u	e	d	ſ	o	p	e	e	ſ	t	ſ
c	r	i	d	o	a	n	d	e	u	ſ	e	p	r	a	d	d	a	e	d	c	u	e	e	r	r	a	d	n	Φ	a	i	d	l	e	ä	u	ſ	p	q	l	u
d	e	c	ſi	l	g	m	l	e	o	d	ſ	i	c	o	u	d	m	i	p	a	l	ſ	i	a	d	l	o	d	ſ	r	p	a	o	e	r	l	l	j	o	u	ſ
t	c	i	l	n	a	a	u	z	e	e	r	ſ	d	c	a	o	d	r	q	a	u	c	a	o	n	n	d	e	o	ſ	l	e	e	n	p	d	l	u	a	r	z
d	Φ	o	a	ſ	b	ſ	t	i	l	g	o	u	o	n		d	d	a	a	s	s	t	t	i	i	n	n	i	i	e	e	b	b	l	l	a	a	ſ	ſ	ſ	ſ
u	u	a	a	n	n	t	t	a	a	r	r	a	a	n	n	e	e	n	n	l	l	a	a	ſ	ſ	p	p	a	a	r	r	t	t	e	e	ſ	ſ	d	d	e	e
i	i	l	l	o	o	n	n	j	j	d	d	e	e	ll	ll	a	a	ſ	ſ	v	v	n	n	d	d	r	r	a	a	g	g	o	o	n	n	ſ	ſ	a	a	l	l
q̃	q̃	p	p	o	o	r	r	ſ	ſ	u	u	b	b	o	o	c	c	a	a	a	a	rr	r	o	o	j	j	a	a	r	r	a	a	ſ	ſ	i	i	m	m	i	i
e	e	q̃	q̃	ſ	ſ	e	e	m	m	b	b	r	r	a	a	l	l	a	a	ſ	ſ	ee	ee	d	d	i	i	u	u	i	i	d	d	i	i	r	r	a	a	e	e
t	t	a	a	ſ	Δ	ſ	i	j	c	c	o	o	n	n	l	l	a	a	o	o	t	t	r	r	a	a	j	j	u	u	t	t	a	a	d	d	a	a	e	e	l

tricij. sacerdotis, serbus dei cecilius episcopus granatensis cum in iberia esset e
et. dierum suorum finem oculis mihi dixit se habere procerto suum martyrium
cuare et ut pote qui ille qui in deo amabat tesaurum. suarum reliquiarum
endauit et me admonuit ut ocultem haberem et in loco locarem et
ciam martyrum antiquam beniter affirmans esset tesaurum salutis
ite terrae et plurimum laborase et iter fecise terra marique et de uere
alio loco donec deus uelit illum manifestare et ego melius quam in
hoc loco clausi ubi iacet de proganus ut eum obstruet et reliquiae que nunc
t sunt
diuj ioanes euangelistae circa finem mundj
annus quo uirgo maria ulterit ab oculis lacrimas in passio sui filij
uan primi martyris deo gratias

233. Pasando à lo que entiendo del vocablo *Cacit*, daráme V. m. licencia para proponer à su erudicion las razones que me persuaden à no asentir à lo que en la suya discurre con tan lindas noticias. Y generalmente no creo que el vocablo قيد (*caid*), ò قايد (*caied*) de donde el español *Alcayde*, se use en lo Eclesiastico entre los Arabes: y no quisiera que los lugares que V. m. trahe para comprobar lo contrario padecieran la equivocacion que yo imagino. Y primeramente de los originales, ò impresos ò manuscritos, del Arzobispo D. Rodrigo, que leen *Cacit*, y tiene vecindad con que se llame el Arzobispo de Sevilla Juan *Caied Almitran*, hago poca confianza por la viciosa escritura que à cada paso usan en el arabe, como en lengua que no entendian los escribientes: y quando la entendieran, no era posible sin amphibologia ajustar su pronunciacion à las letras latinas, por la cortedad destas. Lo mismo digo de la historia general que mandò recopilar el Rey D. Alonso el Sabio, ò como quieren otros, D. Alonso el onceno: y estraño que diga V. m. trasladò della el Arzobispo D. Rodrigo, siendo al revès, que ella trasladò de D. Rodrigo.

234. Los demas lugares, donde se interpreta *Alcadius*, lo mismo, ò equivalente, à la palabra *Episcopus*, *Pontifex summus*, *Sacerdos*, recogidos de varios autores, que estan en el libro intitulado *Gesta Francorum*, padecen la equivocacion que aqui dirè. *Alcadi*, ò *Cadi*, es entre los Turcos y Arabes orientales el *Juez* que sentencia las causas segun sus leyes, remitiendo la execucion al *Bassà*, ò Prefecto. Estos *Cadies* son como Eclesiasticos, y los eligen de los *Muderes*, ò doctores; y hay dellos varios grados y ordenes, y son superiores à todos: en los reynos y provincias, como Grecia y Natolia, hay un *Cadi Lescher*, que en turquesco quiere dezir, *Juez supremo*. Y para esto hay apelacion de los jueces inferiores, y elige con plena potestad à los jueces inferiores de su distrito: como consta de Nicolao Nicolai del Delfinado lib. 3. cap. 14. Y dice que su dignidad entre los Turcos corresponde à la de los metropolitanos entre los Griegos. El supremo de todos estos juezes es el *Muphti*. Y asi no interpreta mal Megisero en su Diccionario Turcico-Latino, *Muphti*, *Papa*. Y George Douza en su Itinerario fol. 27. *Muphti eam apud Turcas auctoritatem obtinet*, *quam Papa apud Latinos*. Esta es la hierarquia del juzgado y estado Eclesiastico entre estos infieles. Entre los Africanos hay otro orden.

235. Acercandonos al punto, el *Alcadi*, ò *Cadi*, no tiene que ver, ni en la palabra, ni en su sentido, con *Caiad*, porque *Cadi* se escribe en Arabe y Turquesco قضى (*cadi*), y segun varios grados se puede traducir, *quasi Episcopus*, *Pontifex*, &c. pero el قايد (*caied*) siempre es dignidad secular, *gobernador*, *general de guerra*, ò *consejero*. Y asi todos los Lexicos distinguen estas voces: y aunque escritos con letras latinas tienen afinidad alguna, en el arabe no tienen homonymia. Fr. Pedro de Alcalà aun con la cortedad de las letras latinas los distinguiò bastantemente: *Alcayde*, *Caiad*. *Juez*, *Cadi*. Y el Autor del libro intitulado *Perdida de España* por Aben-Tarich, que compuso, ò interpretò Miguel de Luna, distingue bien y à cada paso entre *Alcaydes* y *Cadies* Arabes lib. 2. cap. 2. hablando de Abilgualit: *Quando iba à la Mesquita*, *salia el Alguacil mayor; luego el consejo de guerra*, *y el consejo de gobierno de sus reynos. El Cadi*, *que es justicia mayor suya*, *el Alcayde capitan general de la mar*, *el Alfaqui mayor.* Y en el capitulo 3. hablando de Almanzor: *Ninguno osaba pedir ante èl*, *ni ante los Alcaldes de su gobierno*, *cosa injusta: y el sabado*, *pasada una hora del dia*, *se asentaba en su audiencia real en su estrado: y su Cadi ò justicia mayor se asentaba un escalon mas abaxo con los memoriales que habia recibido*, *teniendolos vistos*, *y llamando à las partes que proponian su justicia; y juzgaba el Cadi.* Y en el cap. 13. donde pone una carta de Abilgualit: *Hacemos saber à los Alcaydes gobernadores de nuestros reynos*, *y à los Caudillos*, *Virreyes*, *gobernadores de la gente de guerra*, *Alfaquies*, *Cadis*, *Muphties mayores y menores de las Mesquitas*, *ermitaños de las religiones de nuestra ley.* Segun esto el autor del libro *Gesta peregrinantium* no interpreta mal *Alcadium*, *quasi Episcopum.* El que interpreta *Summum Pontificem* yerra: si no es que fuesse *Cadi Muphti.* Los *Califas*, como el *Walid*, mas son principes supremos seglares, capitanes generales, que no Eclesiasticos. Y asi concluyo que nunca he visto usada la palabra قايد *Caiad* en lo Eclesiastico, sino قضى *Kadi.* Y no siento que està bien fundado el deducir deste vocablo el *Cacit Almitran.*

236. Lo que V. m. en la suya añade, de que el vocablo قايد *Caiad* se halle *denotando santidad*, lo estrañè aun mas. Y pare-

receme que en la prueba que ſe trahe de Conſtantino Porphyrogenneta, hay equivocacion, como en la paſada. Trata eſte autor, ò Theophanes, à quien alega, de Ali-Ben Abir Taleb, que casò con Fatima hija de Mahoma, y llamale unas veces *Alem*, otras Ἀλῆ, *Ali;* con que el letor imagina que ſon dos ſugetos, y ſon uno miſmo. Pone la contienda de Ali y ſus hijos con Moabia Califa; y el que hacia las partes de Ali dice que era de los que llaman los Arabes Καδῆς τούτεςι πιςοὺς καὶ ἁγιασμένους. Καδῆς *hoc eſt fideles*, *ſanctos*. Pero quien no ve luego que eſte Καδῆς es el Arabe قديس (*cadis*) como quando ſe dize: قديس انطونيوس. *Cades Anthunius*, *ſanctus Antonius*; ò aſimiſmo قديس مرقوريس *Cades Marcuris*, *ſanctus Mercurius*. Y en el vocabulario Copto-Arabigo lit. C (Buſcaſe en eſte Vocabulario, como en muchos Arabes, comenzando por la ultima letra del vocablo, como en los nueſtros por la inicial) ⲀⲄⲒⲞⲤ, ἅγιος: قدس (*cades*). Y eſte vocablo, aſi proprio nombre como apelativo, es hebreo: y ſignifica ſiempre *ſantidad*; en que no me detengo.

237. Solo quiero advertir una correccion facil de un lugar del Nomenclador Copto-Arabigo, que arriba citámos: y es en la puerta 8. cap. 24. donde pone la interpretacion de algunos nombres hebreos que ſe encuentran en la Biblia, como *Salim*, *Themam* &c. ⲔⲀⲖⲆⲎⲤ. القدس قدس (*alcades cades*). y el interprete vuelve: *Caldas*, *ſanctitas*. Sin duda debe leerſe: ⲔⲀⲆⲎⲤ قدس (*cades*). Por que en la Biblia, ni en hebreo, no hay *Caldas*, ni *Caldes*, que ſignifique *ſantidad*, ſino *Cades*. De aqui ſe infiere que del lugar del Porphyrogenneta no tenemos argumento de que la palabra *Caied*, ni *Cadi*, en arabe denote *ſantidad*. Es verdad que Juan Meurſio pag. 20. de las notas que hizo al Conſtantino, confundio el Καδῆς *ſanctus*, قديس (*cadis*), con Καδῆ قضى (*cadi*) *Judex*: y aſi en conformidad de lo primero, y como una miſma coſa con èl, trahe un lugar del Chronico conſtantinopolitano, en que ſe dice que el Turco καςῆρας φύλακας καὶ καδῆν πόλει. *Conſtituit in urbe gubernatores & iudicem*. Y otro de Melaxas en ſu hiſtoria de los Patriarcas, en que hace mencion del *Cadi*. Lo qual no tiene que ver con el vocablo de que uſa Conſtantino, y ſignifica ſantidad. Y todas las veces que ſe eſcriben nombres hebreos ò arabes con letras latinas, eſtà expueſto à muchas equivocaciones, como es ſabido.

238. De todo eſto colijo que el nombre con que los Moros llamaron al Arzobiſpo de Sevilla Juan en ſu lengua, no fue *Caied Almitran*: porque *Caied* no es voz que ſe podia aplicar à un pobre ſacerdote captivo: y tampoco da à entender concepto de ſantidad. Y aſi me perſuado que le llamaron قسيس المطران *Cacis Almitran*, ſacerdote Arzobiſpo. Y fue facil en el texto original de *Cacis* hacer *Cacid*. Y à eſto mirò el autor del Juliano Arcipreſte en ſus Adverſarios num. 519. *Apud ſanctum Lucam Toleti ſepultus eſt Ioannes*, *non presbyter* (eſte presbytero, ò *Cacis*, es el de Sevilla) *ſed Archiepiſcopus Toletanus*, *dictus arabicè Almitran*, *ideſt Primas*. Y aſi eſte autor diſtingue entre el que ſe decia *ſacerdote Almitran*, y *Arzobiſpo Almitran*. Y en el que ſe llamò ſacerdote, ò *Cacis*, denota al de Sevilla. Y aunque eſte es mi parecer, ſiempre eſtarà ſujeto al que es tanto mejor, como el de V. m. Y eſto lo he eſcrito para amigable conferencia. Y en la materia no hablarè mas.

239. En quanto à lo que eſcribio en arabe eſte ſanto Arzobiſpo, yo no me perſuado que haya verſion de la Eſcritura, ni que la traduxeſe en arabe: porque eſto eſtaba hecho mucho antes, y la uſaban las Igleſias orientales de las Arabias: y ſe ha ido difundiendo con el imperio deſta nacion. Y era ſuperfluo emplearſe en nueva verſion. Antes del falſo Profeta Mahoma habia eſtas tranſlaciones aſi del viejo, como del nuevo Teſtamento: y hace dellas mencion en ſu Alcoran. Y los Arabes, aun Mahometanos, las han tenido ſiempre en mucha veneracion. Y aſi me parece que el *Almetran* de Sevilla haria algunas expoſiciones en arabe ſobre eſta verſion tan antigua, en orden à inſtruir los Chriſtianos: y eſto me parece denota el Arzobiſpo D. Rodrigo, *ſacram Scripturam catholicis expoſitionibus declaravit*; ſin decir palabra de verſion. Y ſi permaneciera el libro con la abundancia que dice Mariana, pues dice que habia muchas copias en Eſpaña, ſalieramos de duda.

240. Bien veo que Luitprando y Juliano dicen que hizo verſion: pero eſtos dos libros los tengo por modernos partos de un ingenio miſmo, ſin mas autoridad. Los demas ſe ſiguieron por mala inteligencia del Arzobiſpo D. Rodrigo, à que dio pie la hiſtoria general del Rey D. Alonſo el Sabio. Los modernos que vieron la Bi-

Biblia Arabe, y con notas, se persuadieron que asi estas como aquella eran de un mismo autor. Sucediome ver aqui caso semejante. En S. Francisco, donde fue Guardian y murio, busquè algunos papeles de F. Francisco de Guadix. Dixeronme, con mucho gusto mio, que habia un libro grande en arabigo. Traxeronmele, y luego en lo exterior vi una testificacion firmada de persona que fue compañero del dicho Padre Guadix; y daba fe como compuso aquel libro hallandose en Roma. Abierto, hallome con los Evangelios de la Imprenta Medicea de Roma. Lo mismo pudo pasar Καὶ περὶ μὲν τούτων ἅλις.

241. Mucha envidia tengo de la abundancia de libros modernos que me dicen tiene V. m. El Antonio Giggeio, cuyo Tesoro de la lengua arabe cita V. m. no le hè visto: quisiera saber donde està impreso, y de que nacion, para diligenciar el verlo, ò haberlo. Tampoco hè visto la parafrasis del Concilio Niceno, ò sus canones: como ni otro librito arabe con notas de Juan Seldeno, contra la supremacia Romana; de que me ha dado noticia el señor D. Nicolas Antonio. Pareceme tambien que tiene V. m. Lexico y Gramatica persiana. Yo los deseo: y estoy aguardando el Pentateucho persiano del Tavosio, y arabe de Saadias. Y asi le suplico se sirva de avisarme donde estan impresos, y por que autor.

242. Una Roma entera de perdones y remision ha menester carta tan larga como esta: y si μέγα βιβλίον ἐστὶ μέγα κακόν; que serà carta tan prolixa? respuesta tan dilatada? por el tiempo y σπερματολογία. De la una dilacion han sido la causa mis ocupaciones, de la otra tiene la culpa mi insuficiencia. Bien veo que la correccion debida ha de ser de las de una *litura delere potest*. Pero de mano de tan grande maestro mio, como reconozco en V. m. serà aliento para la enmienda, y espuela para aprender. Guardeme Dios à V. m. como deseo y he menester. Granada y Octubre 28. de 1653.

D. Thomas de Leon.

He hallado para el proposito desta carta que dize el señor Obispo presidente D. Diego de Castejon en la Primacia de Toledo tom. 2. parte 3. c. 1. §. 1. pag. 546. hablando de Seniosredo, ó Sunieredo, segundo Obispo de Toledo despues de la captividad de la ciudad, que Salazar de Mendoza en un papel MS. hablando deste Prelado dice que los Moros le llamaron *Ceid Mudarrahim*, que significa en lengua Arabiga: *el señor Primado.*

CAPUT X.

ALPHONSO *Regi cognomento Magno adiudicatur Chronicon, quod Sebastiani Salmanticensis nomen præsefert, Ioannis Marianæ, D. Iosephi Pellizerii, Ioannis Tamaii, necnon & verborum ipsius Chronici auctoramento. Error & licentia in eo Pelagii Ovetensis.* DULCIDII *Salmanticensis Episcopi memoria, cui imputatur Chronicon, quod Emilianense, sive Annales Complutenses, sive ex codice Albeldensi desumtum vocare solent. Ad quod credendum nulla quidem necessitas; immo nec probabilis invitat coniectura. Carmen de Episcopis huiusce temporis in hocce Chronico servatum illustratur. Quædam de Castellæ veteris appellatione. D. Iosephi Pellizerii cogitatis non assentimur.*

243. ANNO huius sæculi (IX.) sexagesimo tertio habenas Hispanici, quod Christianorum tunc temporis erat, Imperii ALPHONSUS huius nominis tertius, cognomento *Magnus*, à rerum gestarum claritudine id promeritus, in manus sumsit [p]; tenuitque ad duodecimum usque sequentis [q], quadraginta quinque annorum Rex victoriosissimus (1). Scriptor & hic non temerè creditur, & historicus: auctor nempe cuiusdam brevis Chronici Sebastiano cuidam directi, quod ab Hispaniæ per Mahometanos excidio usque ad Ordonii I. Regis mortem, quæ anno DCCCLVI contigit (2); quique Alphonsum hunc de quo loquimur filium successorem habuit, sesqui-sæculi ferè res non inepto sermone prosequitur. Vulgò id Chronicon fuit non huic Regi sed Sebastiano Salmanticensi Episcopo ab illis attributum, qui primi manibus schedas quibus continetur tractavere, moxque foras cum aliis misère.

[p] Morales lib. 15. cap. 1.
[q] Idem c. 33.

244. Primus, quod sciam, è recentioribus qui hispanas res illustraverunt Se-

(1) Videtur hoc loco Noster secum pugnare. Si enim Alphonsus anno sæculi IX. sexagesimo tertio regnum auspicatus fuit, idque ad annum usque sequentis seu X. duodecimum tenuit: non annos tantum XLV. sed XLIX. regnasse dicendus erat. Sciendum tamen Ordonium Alfonsi patrem senio ac morbis graviter afflictum quadriennio ante mortem, id est ab anno DCCCLXII. Alfonsum quode agimus collegam regni quodammodo instituisse, permissa ei ex parte regni administratione, indultoque ut Regis nomine ac titulo uteretur: ut elicitur ex Alfonsi Privilegio Era CM. sive anno Christi DCCCLXII. in favorem Ecclesiæ Compostellanæ cuius Moralius *Lib. XV. cap.* 9. & Mariana *Lib. VII. cap.* 16. meminêre, cui subscribit *Alfonsus Rex*. Hoc posito, qui Alfonsi regnum à tempore quo cum Patre regnare cœpit enumerant, XLIX. regni annos ipsi tribuunt; qui vero à morte Parentis quæ contigit VI. Cal. Iunii Eræ CMIV. sive anni DCCCLXVI. ut mox dicemus, XLV. ut hoc loco Noster.

(2) Cl. Ioannes Mariana *Lib. VII. c.* 16. *n.* 20. in alia it omnia, putatque indubium esse Ordonium Legionis Regem Christi anno DCCCLXII. decessisse. Fefellit dubio procul virum doctissimum atque in paucis cautum inscriptio Crucis aureæ ab Alfonso eius filio & Scemena Regina Ovetensi Ecclesiæ oblatæ in qua legitur: *Et operatum est* (Crucis opus) *in*

Sebaſtiani Salmanticenſis, ut Chronici cuiuſdam auctoris, meminit Florianus Docampus [r]. Eum tamen à Pelagio ad Alphonſum II. Caſtum geſta conſcripſiſſe ait; ceteraque eius Chronici, quæ ab Alphonſo iſto uſque ad Ordonium ſunt, ei quod ſequitur Sampiri Aſturicenſis Epiſcopi, quem Zafirium ait aliàs dictum, Chronico adiudicat. Idem Florianus lib. 2. cap. 32. cum irruptionem quandam Pœnorum & Gaditanorum in Turdetanos refert, horum ducem Baurium Caropum ait vocatum, ſive, ut eum appellat Sebaſtianus electus Epiſcopus Salmanticenſis in prologo ſuarum hiſtoriarum, Bocium Capetum. Qui prologus, & cum eo huius hominis memoria, hodie nuſquam eſt: uti alia quæ Florianus vidit unus. Ambroſius Morales, qui Floriani continuavit hiſtoriam, ſæpiùs monet uſum ſe Chronico Sebaſtiani Salmanticenſis; eique cuncta iſta accepta fert, quæ in Chronico iſto ſub Sebaſtiani nomine typis uti iam dicemus edito continentur. Quod quidem dedit in publicum tandem è codice Ovetenſis Eccleſiæ ſub eiuſdem Sebaſtiani nomine Prudentius Sandovalius Pampilonenſis Epiſcopus, unà cum Iſidori Pacenſis, Sampiri Aſturicenſis, & Pelagii Ovetenſis Epiſcoporum Chronicis.

[r] In Prologo *Hiſt. Hiſpan.*

245. Nec novus hic error, aut falſa perſuaſio de Sebaſtiano auctore; cùm vel Pelagio Ovetenſi Epiſcopo XII. ſæculi chronologo, quo de ſtatim dicemus, iam olim inſederit. Noſtris tamen diebus cùm ad manus diligentiſſimi ac æquè doctiſſimi Regii chronographi D. Ioſephi Pellizerii de Oſſau & Tovar Cæſarauguſtani, codex ille perveniſſet manu exaratus, quem Sandovalius vidit unicum ad editionem ſuam conficiendam, fuitque olim ampliſſimi viri Garſiæ de Loaiſa Toletani præſulis, necnon & Eccleſiæ Ovetenſis, poſteaque in ſummi quondam literis, pietate, integritate, prudentiâ viri D. Didaci de Arce Reinoſo Placentini Epiſcopi, atque Hiſpaniarum Inquiſitoris Generalis bibliotheca, quæ domi eius relicta fuit, & à domino D. Ferdinando de Arze, ſummi Caſtellæ ſenatus conſiliario, Didaci ex fratre nepote, Matriti poſſeſſa exſtitiſſe dicitur: animadvertit minùs rectè adiudicari Sebaſtiano id Chronicon, in quo nihil aliud Sebaſtianus quàm nuncupationis ei ab auctore factæ honorem habuit. Quicquid enim ex Chronico iſto, à Pelagii regno ad Ordonii I. regnum pertingente, inſertum legitur *collectioni*, ſive, ut appellavit Pelagius Ovetenſis Epiſcopus auctor nuper laudatus, *libro Chronicorum ab exordio mundi uſque eram MCLXX.* quo ipſe in vivis erat, quem librum codex ille MS. continet, hac præambula Regis Alphonſi Magni, Ordonii filii & ſucceſſoris epiſtolâ ad Sebaſtianum inſignitur: quam hìc ſubiici non parvum operæ pretium exiſtimamus.

246. [s] *Adephonſus Rex Sebaſtiano noſtro ſalutem.*

Notum ſit tibi de hiſtoria Gothorum, pro qua nobis per Dulcidium presbyterum notuit, pigritiæque veterum ſcribere voluerint, ſed ſilentio occultaverint. Et quia Gothorum Chronica uſque ad tempora glorioſi Wambani Regis Iſidorus Hiſpalenſis Sedis Epiſcopus pleniſſimè edocuit; & nos quidem ex eo tempore, ſicut ab antiquis & prædeceſſoribus noſtris audivimus, & vera eſſe cognovimus, tibi breviter intimabimus.

[s] Edita fuit priùs à Ioanne Tamaio in *Martyr. Hiſp.* tomo 3. die XIII Maii, poſteaque à D. Ioſepho Pellizerio in fronte Dulcidii Salmanticenſis Chronici, Barcinone anno MDCLXIII. editi.

247. Huius fide epiſtolæ Sebaſtianum cedere Alphonſo Regi, atque ei conſcriptæ huius partis hiſtoriæ laudem reſtituere debere, tum Pellizerius, tum Ioannes Tamaius iure contendunt [t]. Quos verè præceſſit in agnoſcendo Magno auctore Ioannes Mariana, qui contenta in eo Chronico Alphonſo Regi attribuit, libro nempe 7. cap. 16. *Alphonſi Regis* (inquit) *Chronicon ædificâſſe ait, & Alveldam nominâſſe.* Ad hæc reſpiciens Chronici verba in Ordonio Rege: *Et ad civitatem, quam ille* (Muza Maurus) *noviter miro opere inſtruxerat, & Alvelda nomine impoſuit, Rex cum exercitu ad eam venit* &c. Item paulò inferius Mariana: *Amaiam, quam Alphonſi Chronicon Amagiam-Patriciam vocat.* Ita dicta in eo legitur, dum urbes memorat quæ olim ab Alphonſo I. Catholico Mauris ereptæ, incoliſque nudatæ, ſub Ordonio hoc Rege denuò habitari cœperunt. Similiter fecit aliis locis [u], Al-

[t] Tamaius dicto loco, Pellizerius in obſerv. ad Ducidii Chron. fol. 1. & ſeqq.

[u] Lib. 7. c. 7. & cap. 12. in fine.

in Caſtello Gauzón. Anno regni noſtri XVII. Diſcurrente Era DCCCCXVI. Hæc Era nongenteſima decima ſexta, reſpondet anno Chriſti DCCCLXXVIII: à quo ſi demas annos XVII. quos iam tum regnaverat Alfonſus, incides in annum Chriſti DCCCLXII. atque in eiuſdem regni initium: quod tamen Mariana falsò exiſtimabat prædefuncto Ordonio contigiſſe; atque adeo Ordonium eodem anno DCCCLXII. diem obiiſſe ſuum. Moralius vero, qui in eodem ac Mariana pridem luto hæſerat, ut ipſe ingenue agnoſcit *Lib. XV. c.* 9. re maturius diſcuſsâ, invictis argumentis oſtendit Ordonium anno demum DCCCLXVI. è vivis exceſſiſſe, prolato eiuſdem epitaphio *Lib. XIV. c.* 36. in quo diſertiſſimè legitur: *Obiit ſexto Kal. Iunii Era DCCCCIIII.* ſeu quod eòdem recidit: *XXVII. Maii Anno DCCCLXVI.* ſubdens quod paulo ante diximus è *Lib. XV. c.* 9. Ordonium quadriennio ante mortem ſive anno DCCCLXII. Alfonſum regni Collegam inſtituiſſe: à quo anno Crucis aureæ Ovetenſis artifex videtur Alfonſi imperii annos computaſſe.

Alphonsi testimonio rebus narratis quæsita auctoritate, præsertim cùm de victoria in Pyrenæis saltibus à Caroli Magni Regis Francorum copiis, quod fama fert, Alphonsi Casti auspiciis reportata dicendum ei fuit; negandumque è Gallorum historiis id comprobari posse; nec ex vita Caroli ab Eginharto conscripta, *quod ex malitia inde detractum* (ait [x]) *crederem, nisi idem contigisset Alphonsò Regi, cui Magno cognomen fuit, in eo Chronico quod Sebastiano Salmanticensi Episcopo paulò post hæc tempora nuncupavit.* Nec tacet eo usum codice Ovetensis Ecclesiæ, quod ipsum credimus à Sandovalio exscriptum. *Praviæ sepultus* (de Mauregato ait [y]) *in D. Ioannis, ut Chronici, quod Alphonsi Magni nomine vulgatum est, Ovetense exemplum habet.* Vulgatum dixit de nondum edito, cuius rei causam ignoramus. Ioannes item Baptista Perezius, vir in paucis eruditus & diligens, in quadam *Chronologia Regum Gothorum Hispaniæ*, quam præfixit collectioni à se factæ Conciliorum Hispaniæ ex MSS. codicibus desumtorum, ut Gasparis Quirogæ, cuius erat domesticus, Conchensis præsulis nomine ad Gregorium Papam XIII. mitteret, ad lectorem præfatus: notat se priores Reges ex Isidori, posteriores ex Wulsæ Episcopi Chronicis desumsisse; & tamen de Wambanis morte, sequentiumque ad Rudericum usque Regum rebus gestis dicturus, Alphonsum III. Ovetensium Regem in Chronico auctorem adducit (1).

[x] Lib. 7. c. 7.

[y] Lib. 7. c. 7.

248. Pro Alphonso sunt & alia argumenta præter laudatam epistolam. Nullum scilicet Salmanticæ Episcopum nomine Sebastianum hoc sæculo vixisse; integroque eo desolatam iacuisse urbem, donec anno sæculari CM. à Magno nostro restaurata fuit, Dulcidioque in sacris subiecta: quicquid de Sebastiani ætate Prudentius idem Sandovalius exquirat in *fundationibus Benedictinorum monasteriorum*, dum in S. Æmiliani versatur. Item initio Chronici, de quo loquimur, auctorem se non obscurè Alphonsus Rex prodit. Initium dicimus, non ad Sandovalii editionem respicientes quæ acephalum protulit Alphonsi hoc, aliàs Sebastiani, Chronicon; sed ad MS. Pellizerii, & aliorum qui usi sunt codicem, in quo à Roderici, Witizæ filii, Gothorum ultimi Regis, regno caput historiæ sumitur. Ibi de Roderici mortis loco hæc legimus: *De Roderico verò Rege nulli cognitum manet causa interitûs eius. Rude namque nostris temporibus, cùm Viseo civitas & suburbana eius à nobis populata essent in quadam basilica monumentum est inventum, ubi desuper epitaphium sculptum sic dicit: Hic requiescit Rudericus ultimus Rex Gothorum.* Quid clarius potuit? Constat enim ex Sampiri continuatione, Alphonsum inter alias Visensem urbem restaurâsse. *Urbes namque* (ait de eius Imperio loquens) *Portugallensis, Bracarensis, Vesensis, Flavensis, Tudensis, Christianis populantur.*

249. Neque enim Sebastianus præfuisse dicendus inde est deducendis in hanc urbem colonis: quod falsa opinione præoccupatus Morales credidit [z]. Certè occasionem errandi tam ei quàm Sandovalio peperit, tum effigies Sebastiani infulati, Chronici huius principio è regione positi à Pelagio Episcopo in eo libro Chronicorum laudati MS. codicis; tum multò magis auctoritas Pelagii ipsius Ovetensis, qui tribus sæculis Sebastiano & Alphonso inferior, hallucinatus & ipse fuit in existimatione veri auctoris: quem errorem etiam in aliis reddendo auctoribus, quod eorum esset in enarratione partium è quibus collectionem hanc suam coagmentavit, sæpiùs commisisse deprehenditur. Memini me alibi de Isidoro Pacensi commentantem verba præfationis eiusdem Pelagii, quâ unde quæque membra formati à se universalis historiæ corporis exsculpserit suum lectorem admonet, in medium adduxisse, sphalmataque eius opportunè notasse. Quæ vero huc pertinent hæc sunt: *& à Pelagio Rege usque ad Adephonsum Castum & Catholicum Regem Gothorum Sebastianus Salmanticensis Episcopus, sicut à maioribus & prædecessoribus suis inquisivit & audivit, plenissimè scripsit. Et ab Adephonso Casto usque ad Weremundum Regem podagricum Sampirus Asturicensis Ecclesiæ Episcopus, sicut à maioribus* &c. *de Gothis Regibus, prout potuit, plenissimè scripsit.* Quibus verbis, aliter quàm in editis est, dividi Sebastianum inter, veriùsve Alphonsum & Sampirum, videmus. Cùm præter Alphonsi Casti, etiam Ramiri & Ordonii res gestas Sebastiano tribuat Sandovalii editio, quorum utriusque

[z] Apud Pellizerium ubi supra.

(1) In Regia Bibliotheca Matritensi habetur Complutensis olim Codex membranaceus sæculi XII. Ambrosii Moralii notis per oras adspersus in quo ab initio folii 32. ad priorem folii 34. columnam exstat: *Excerptum huius Alfonsi Magni Chronici ab anno eius regni XXX.* usque ad *Ordonii* (Secundi) *Regis mortem.* Legitur quoque in eo *fol.* 33. *pag.* 1. ac totidem fere verbis locus de Muza, seu Munuza Mauro à Nostro hoc numero adductus, nimirum: *Adversus quem Ordonius Rex exercitum movit, & ad civitatem quam ille noviter miro opere instruxerat, & Albeilda nomine imposuit Rex cum exercitu suo ad eam venit.*

que horum auctorem Sampirum Pelagius laudat. Verè autem aiente Alphonso se ab eo tempore, quo Isidori Hispalensis Chronicon desinit, historiam formâsse: consentaneum est haud prætermisisse eum Ranimiri avi, atque Ordonii patris gesta literis tradere, suoque commentario includere.

250. Ut redeamus ad auctorem, Pelagio potius est ipsius Alphonsi de se testimonium, non in epistola tantùm, sed & in textu ipso historiæ non obscurè præstitum. Nec ideo quòd isto in loco huius scriptionis eius meminimus, cogitandum est nos existimâsse factam ab eo circa hæc tempora. Ad initium quippe eius regni, quod his annis contigit quos prosequimur, & Chronici materiam Ordonii excessu absolutam, dumtaxat respeximus. Immo scriptum Chronicon, postquam Visensis urbs novis colonis ab Alphonso donata fuerit, quod factum ipse sibi iam arrogat in eius vestibulo, dubitari non debet. Initio regni contigisse id Mariana prodit [a]. Morali post annum huius sæculi XCVII. aut sequentem, quorum altero recuperata fuit à Maurorum manibus urbs Conimbrica, videtur [b]. Nos ampliamus, contenti nunc admonere lectores, non integrum Alphonsi Chronicon esse id quo utimur, sed bona sui parte (hoc est rerum Imperii Gothici ab Wambane per Ervigium, Egicanem & Witizam continuatarum) à Pelagio Ovetensi mutilatum; ne, ut de eius consilio suspicamur, narrata licèt ieiunè ab Isidoro Pacensi de his Regibus in Chronico quod huic Alphonsi præmisit in collectione seu centone suo, replicare videretur. Convenitque cum eo quod dicimus de eius historiæ iactura, testimonioque ei præbito ab ipso Alphonso auctore codex ille quo usus fuit huiusmet Chronici Ioannes Baptista Perezius suprà laudatus; nam eo utitur Alphonsum advocans de Wambanis morte, ac de Egicæ, Witizæ, ac Ruderici tempore & vitæ annis agens.

[a] Lib. 7. c. 19.

[b] Lib. 15. cap. 24. & 27.

251. Quod attinet ad opus ipsum, quod exstat, non satis certus sum Alphonsi esse telam, an Pelagii collectoris assumenta, quæ ibi statim à principio multa de arca reliquiarum sub ipsum Saracenorum ingressum Ovetum exportata, posteaque de Ecclesia S. Salvatoris aliisque in eadem urbe ab Alphonso Casto ædificatis, prolixè narrantur. Planè autem id quod de Pelagii martyris corpore in quandam earum Ecclesiarum præcursori Ioanni Baptistæ dicatam solemni translatione relationi illi inseritur, quæ edita fuit sub hoc lemmate: *De arca Reliquiarum è Toleto in Asturias translata*: Alphonsi esse non potest, cuius tempore nondum puer hic Beatus fuerat passus; martyr enim factus fuit anno CMXXV. Quare Pelagii glossema putamus. Nisi dicendum potiùs sit omnia hæc Pelagii esse, Chronico Alphonsino ab eo inserta præ caritate illa, quâ, præsul Ovetensis cùm esset, thesaurum arcæ illum ibi servatum posteris intimare desiderabat (1).

252. Sed an de Chronico isto Alphonsi Regis, an de alio quovis sive latino sive hispano Prudentius idem Sandovalius intelligendus est, cùm in historia fundationis monasteriorum sui ordinis Benedictini, loquens de monasterio S. Petri Caradignensis fol. 37. antiquissimam, quæ vix intelligatur, *Regis Alphonsi Magni historiam* laudat? Vereor quidem ne isthæc fuerit integra, de qua soliciti sumus, eiusdem Alphonsi historia. Certè illam Prudentius in Compostellana Ecclesia exstare ait.

253. Ne ab historicis discedamus, famâ clarus sub eodem Alphonso Rege Magno DULCIDIUS fuit Salmantinus antistes. Hic, dum adhuc Toleti esset presbyter, missus anno DCCCLXXXIII. fuisse legitur ab Alphonso ad Abub-Alithum Saracenorum ducem, qui auspiciis Almundaris Cordubæ Regis, aliàs Mahomad, verè Mahomadis filii, Christianorum limites ingressus, pacis tamen conditiones idem offerebat. Cordubam usque venisse is dicitur, & icto pacis fœdere, corpora beatorum martyrum Cordubensium Eulogii & Leocritiæ secum in Ovetensem urbem transportâsse: cuius rei exstat Samuelis cuiusdam eiusdem urbis civis relatio [c]. At cùm sequentibus annis Dulcidii Salmanticæ Episcopi memoriam quædam eius ætatis monumenta conservaverint, vero quidem videtur simile, è presbytero eum in istius urbis Episcopum evectum fuisse.

[c] Morales lib. 15. cap. 14. & 15.

254. Plura de Dulcidio amicus noster D. Iosephus Pellizerius in opere paulò pòst laudando. Sed quod suspicatur, presbyterum Toletanum, quomodo in Chronico iam proferendo audit, fortè significare Toleti Episcopum: vix est ut vulgaris eo tempore stilus loquendi confirmet. Cumque Salmanticensibus infulis aliquando credamus de-

(1) Exstat item in Complutensi quem prædiximus Pelagii Ovetensis (ut Noster iure existimat) codice appictus Alfonsi Magni historiæ tractus: *De arca Reliquiarum a Pelagio Rege, atque à Toletano Antistite in Astures translata*; ac de Pelagii pueri Cordubensis sub Abderrahmano Martyris allatis eòdem lipsanis & in sacra Beati Ioannis Baptistæ æde collocatis; sed *post multorum decursus annorum*, ut fol 30. pag. 1. legitur.

coratum, non absque iniuria Toletana-
m insularum hanc translationem admi-
imus. Neque exempla ab eodem addu-
a Episcoporum legationibus impensorum
gere nos debent, ut à propria verbi si-
ificatione recedamus. Intertuit Salmanti-
nsis præsul Dulcidius [d] consecrationi tem-
i maximi Compostellani, quo servatur
Iacobi Maioris corpus venerandum; &
vetensi Concilio, in quo indulgentiâ Ioan-
s Papæ VIII. Sedes huius urbis in me-
opolitanam erecta fuit: quæ circa annum
culare CM. aut huic proximum CMI. con-
gere: cuius rei Sampirus Asturicensis Epi-
opus testis est in Chronico.

255. At cuius nullum usque dum no-
ramus, Dulcidii huius scilicet, à poste-
ate & historia meritum asserere hac no-
a ætate voluit, antea iam sæpeque lau-
tus D. Iosephus Pellizerius historicus Reus, edito antiquo & optimæ notæ Chro-
co huic Dulcidio primùm ab eo adscri-
o, cum hac epigraphe vulgaris linguæ
ispanæ: *Chronica de España de Dulci-
o presbytero de Toledo, Obispo de Sala-
nca, y Embaxador del Serenissimo Rey
Alphonso el Magno tercero deste nombre, al
lifa de Cordova el año DCCCLXXXIII.
n las observaciones de D. Joseph Pellizer de
au y Tovar &c.* Barcinone MDCLXIII.
4.° Codex MS. unde fuit exsculpta hæc
itio, Pelagii toties dicti Ovetensis Epi-
opi manu exaratus, à Pellizerio, qui pe-
s se habet, creditur: quippe qui scriptus
no MCXLII. quo is florebat, characte-
ous gothicis, quandoque ob ligaturam
rum obscuris seu imperceptibilibus. Huic
nilem alium possidet Iosephus Moretus
uita, clarissimus hac nostra ætate *Na-
rrensium historiarum* Scriptor: quem, eò
uòd S. Æmiliani Benedictinorum monarii olim fuerit, *Chronicon* ipse vocat,
oties id laudat, *Æmilianense*.

256. Tertium ex eiusdem monasterii ar-
ivo habitum Matriti servat D. Gaspar
añez de Segovia Marchio Acropolita-
is noster in paucis amicus, eruditionis
quisitæ laude omnibus notus. Idque pas-
n allegare Ambrosium Moralem sub di-
rsis appellationibus sive notis, iam *An-
lium Complutensium*, iam *codicis Albeldensis* nomine, observat idem Pellizerius [e].
Titulum hunc præsefert Chronicon: *Incipit liber Chronica, seu Fabularium.* Initium: *Ab Adam usque ad diluvium anni
MMCCXLII.* &c. Et post summariam
omnium mundi generationum usque ad Alphonsi Regis, Ordonii filii, annum XVIII.
Incarnationis Dominicæ DCCCLXXXIII.
ætatumque sex mundi recensionem, orbis-
que totius brevissimam descriptionem, dividitur totum opus in *quatuor*, uti vocat,
ordines, scilicet *Romanorum*, *Gothorum*,
Asturianorum, & *Saracenorum* (1).

257. Sed cum venia doctissimi viri, ac
de universa hispana historia optimè meriti, non ullum video argumentum, quod
moveat, ne dum cogat assensum nostrum
ad conveniendum de Dulcidio auctore. Nullum quidem, ut fatetur Pellizerius ipse,
ab scriptura istorum codicum quos iam
diximus in quibus absque auctoris nomine
Chronicon hoc legitur. Atque idem dixeris de duobus codicibus unde Ambrosius
Morales hanc rem mutuare se ait lib. 15.
cap. 14. Immo auctor in fine illius de
Dulcidii ad Cordubensem Regem ab Alphonso missi legatione, uti de quodam
alio, loquitur; cùm si Dulcidius ipse esset auctor, iuxta sinceritatem illius sæculi potiùs sese missum fuisse qui ista scriberet, quàm aliter significaturus rem videatur. Sed, quod præcipuum apud me est
ea quæ in fine leguntur *ordinis Asturianorum*, de hac legatione excludunt mihi
non obscurè hinc Dulcidium auctorem.
Propter quod etiam & Rex noster (ait) *legatum nomine Dulcidium Toletanæ urbis
presbyterum cum epistolis ad eos* (Regis Cordubensis duces) *direxit Septembrio mense
discurrente. Supradictus quoque Ab-Abdella*
(Cæsaraugustanæ urbis dominus, qui à
Cordubæ Rege defecerat) *legatos pro pace
& gratia Regis sæpiùs dirigere non desinit.
Sed adhuc perfectum* (lego, *non perfectum*)
est quod Deo placuerit.

258. Dulcidius Cordubæ aliquot mensibus, scilicet à Septembri usque ad finem
anni mansisse, nec nisi confecto negotio
inde creditur discessisse [f]. Siquidem sanctorum martyrum Eulogii & Leocritiæ
corpora secum è Corduba exportavit, quæ
Ove-

[e] In Notis ad Dulcidium fol. 18. & in biblioth. propriorum operum n. 131. fol. 73.

[f] Morales lib. 15. cap. 14. & 15.

(1) Idem omnino titulus Complutensis prædicti à
bis in notis superioribus codicis, nimirum: *Inci-
Liber Cronica seu Fabularium. Ab Adam us-
e ad diluvium &c.* totidemque atque ipsis ver-
conceptus fol. 8. p. 2. eademque prorsus Chro-
i œconomia nimirum *post mundi generationes &
mum XVIII. regni Adefonsi Principis filii Glo-
si Ordonii Regis:::: ab Incarnatione Domini
que nunc annum DCCCLXXXIII.* ut legitur fol.
9. pag. 1. Eadem item quatuor ordinum divisio, scilicet *Romanorum*, *Gothorum*, ante, & post Hispaniæ cladem (qui *Asturianorum est*) & *Saracenorum*, usque ad fol. 25. pag. 1. prorsus ut idem iste
sit codex à Moralio nunc sub *Annalium Complutensium*, nunc sub *Codicis Albeldensis* nomine laudatus;
quemque Noster Marchionis Acropolitani seu Mondexarensis olim fuisse asserit: à cuius morte pronum est coniicere in Regiam Bibliothecam Matritensem concessisse.

Oveti excepta sunt nona Ianuarii die anni sequentis DCCCLXXXIV. qui dies anniversario ritu iam ab eo tempore translationis eorum solemni festo addictus est; in quo antiqui Breviarii Ovetensis lectiones testimonium Samuelis cuiusdam gestæ rei præsentis adhibent. Nunc, rogo, quandonam ista scripserit de Dulcidii profectione in Cordubam auctor Chronici: num antequam ab ea ad Christianos rediisset, an post reditum? Si prius dixeris, qui Dulcidium credis auctorem, fatearis necesse est Cordubæ eum hæc scripsisse dum exitus rei penderet, nec eum exspectâsse, quò magis certa proderet, in patriam reditum: quod parum est verosimile. Si posterius, cur non dixit quo mense redierit ac rei successum, qui Septembri mense profectum sese Cordubam fuisse priùs expresserat?

259. De alio igitur, non de se agit Scriptor Chronici, cui durante Dulcidii absentia, quominus in historia progrederetur, nescio quæ res impedimento fuerit. Sed nec argumentum, quo tamquam Achille suo amicus noster utitur, epistolæ Alphonsi Regis ad Sebastianum Chronici sui nuncupatoriæ, adeò validum est, ut eo solo statuere, quod aliàs non ulla iuvat ratio, debeamus. Alphonsus ait: *Notum sit tibi de historia Gothorum, pro qua nobis per Dulcidium presbyterum notuit, pigritiæque veterum scribere noluerint, sed silentio occultaverint.* Fatemur sensum esse obscurum, luxataque verba esse aut corrupta; sed quid vetat sic interpretari, à Dulcidio monitum fuisse Regem deesse post Isidori tempora, qui res Gothorum gestas literis consignâsset, idque pigritiæ veterum apud eundem Alphonsum tribuisse.

260. Nec ultrà, scilicet ad aliquod Dulcidii opus hæc referri verba posse, reliqua Alphonsi persuadent. *Et quia Gothorum* (inquit) *Chronica usque ad tempora gloriosi Wambani Regis, Isidorus Hispalensis Sedis Episcopus* (erravit hic Alphonsus; appendices enim Ildephonsi & Iuliani Toletanorum præsulum Isidori Chronicon usque ad Wambanis continuavere tempora) *plenissimè edocuit. Et nos quidem ex eo tempore sicut ab antiquis & prædecessoribus nostris audivimus, & vera esse cognovimus, tibi breviter intimavimus.* Si enim superiora de Dulcidio verba planè significarent, ut Pellizerio visum fuit, quicquam operis Dulcidiani de historia Gothorum scripti: quidnam, quæso, Alphonsum movit, ut antiquorum incuriam, cui iam suppetias Dulcidius ierat, iisdem propè rebus narratis supplere is contenderet? Quare retorquenda est epistola adversus eos, magis quàm excipienda pro iis, qui Dulcidio hic favent.

261. Sed quoquomodo id sit, Anonymus auctor Chronici hoc anno DCCCLXXXIII. id formavit: aliquis fortè, ex his Episcopis, (nam & horum erat eo tempore hoc munus) qui in carmine seu *Notitia Episcoporum*, cum Sedibus suis, quæ in eodem, de quo dicimus, Chronico, post æræ CMXV. res habetur, nominibus suis appellantur; his scilicet:

Regiamque Sedem [g] *Hermenegildus* [h] *tenet,*
Laianus Bracaræ, Luco Episcopus arce [i]
Recaredus (1),
Rudesindus [k] *Dumio, Monduneto* [l] *degens,*
Sisnandus Iriæ [m], *sancto Iacobo pollens,*
Naustusque [n] *tenens Conimbriæ Sedem,*
Candericus [o] *quoque locum Lamecensem,*
Sebastianus [p] *quidem Sedem Auriensem,*
Iustusque [q] *similiter in Portugalense.*
Alvarus [r] *Velegiæ, Velemirus* [s] *Oximæ,*
Maurus [t] *Legione, Ranulphus* [u] *Astoricæ,*
CA-

[g] *Ovetum*, curiam tunc Regum.

[h] Qui interfuit consecrationi Ecclesiæ Compostellanæ anno DCCCLXXVI. aliàs CM. nam Morales lib. 15. c. 20. factam ait anno CM. Sandovalius anno DCCCLXXVI. in Notis ad Episcop. pag. 245.

[i] Subscripsit anno CM. cuidam regiæ donationi. Morales lib. 15. cap. 25.

[k] Non hic S. Rudesindus Episc. Iriensis sequentis sæculi. Morales lib. 15. cap. 29. & lib. 16. c. 36.

[l] Rudesindo *Villæ Mindunienfis nuper laudatæ* Episcopo concessit Alphonsus III. locum *de Dumio*. Donationis verba adducit Gonzalez Davila in *Theatro Eccles. Mindoniensis* pag. 412. Idem est *Briconiæ Episcopus*.

[m] Interfuit eidem consecrationi Compostellanæ Ecclesiæ anno CM. teste Sampiro Astoricensi.

[n] Sic emendavi pro *Austus*. Vide Sampirum, & Moralem dicto c. 25.

[o] Anno CM. iam præerat Argimirus, qui interfuit eidem consecrationi.

[p] Vide Davila in *Theat. Eccles. Auriensis*.

[q] Cui fortè Gumaldus successerat, de quo Sampirus, & Morales ubi suprà.

[r] Hunc Episcopum Alvarum restituere se ait, hucusque ignotum, Burgensi Ecclesiæ Pellizerius; putatque Castellam, à qua Burgenses Episcopi olim audiebant *Castellæ Episcopi*, dictam *Velegiam*, indeque per corruptionem verbi dictum *Castilla la vieja*. Viri doctissimi & ingeniosissimi cogitata magni habemus: hoc autem omnino improbamus. *Castilla la Viega* ad *Novæ* differentiam, dum à Maurorum manibus sensim recuperaretur, dictam, certissimum omnibus haberi debet. Nec à Gregorio Argaizio in hoc discedimus, qui *Velegiam* in Gallæciæ locum in monumentis Benedictinorum S. Martini Compostellæ urbis monasterii laudatum se invenisse ait; eumque locum hoc tempore donatum Sede fuisse Episcopali ex carmine isto, quod percurrimus, viso à se in Chronico, uti appellat, Æmilianensi, eo quòd servetur in huius monasterii tabulario, non malè coniectatur, volum. 1. *Populationis Hispaniæ Eccles.* pag. 192. Nec satis capio, quem sensum habeant illa Pellizerii, *Brigæ* nomen hispanæ linguæ antiquæ vernaculum corruptum in *Velegiæ* fuisse. Quænam enim soni vicinitas aut similitudo huic ansam dederit corruptioni? Adducit quoque is privilegium, ut vocant, Sancii Ramirezii Aragoniæ & Navarræ Regis ann. MLXXVI. sive æræ MCXIV. in qua regnare dicitur hic Rex *in Aragonia, & in Naxara, & in Castella, Velegia, & in Ripacurzia.* Hic Pellizerii eruditionem & iudicium desidero. Licèt enim demus Sancium Regem à Naxaræ urbis dominio, quam cum toto regno possidebat tunc temporis Castellæ Rex Alphonsus VI. ne iuri suo ad Naxarense regnum, quod Navarrensi adhæserat, renuntiare videretur, se appellasse; nullo quidem prorsus regnare se in Castella Alphonsi legitimo regno, iactare potuit. Planè olim iam *Castellæ* nomen vulgare fuisse è *Chronic.* Sampiri novimus, in quo legitur adstitisse Alphonso Magno Legionis Regi, dum ann. DCCC. aut circiter, Ovetensis Ecclesia in Metropolitanam constitueretur, & ibi Concilium haberetur, Ordarium *Castellæ & Ausca* (legimus *Aucæ*) Comitem. Morales interpretatur lib. 15. c. 25. *Castellæ & Visei*, quasi de Visensi urbe agatur. Sed *Auseæ* est in editione Sandovalii, à qua lectione quantillum distat *Aucæ*? quæ verè urbs in eo tractu quæ *Castella* tunc audire poterat, ubi fuit Episcopus eodem tempore Ioannes, cuius idem Sampirus meminit. A qua urbe *Auca*, uti Sede, Burgensis urbs Castellæ primaria, eò magis appellationem, & non à Velegia obscura, & nullius nominis, tota Castella mutuare debuisset.

[s] Vereor ne hic mendum subrepserit in *Oximæ* (si Uxama, sive *Osma* hodierna est) vocabulo. Hæc enim urbs hoc tempore nondum sub ditionem venerat Christianorum Regum; nec nisi sub Ramiro II. qui anno CMXXVII. regnare cœpit, incolis eam habitandam Gundisalvus Telliz dedit Sampiro auctore, cùm Alphon us Catholicus, à Pelagio tertius, cives ab ea omnes, cùm à Maurorum cœpisset manibus, ad montana deduxerit, ut Sebastianus, seu potiùs Alphonsus Magnus, in Chron. narrat.

[t] Decessor Vincentii, qui Conc. Ovetensi interfuit ann. CM. ex Sampiro.

[u] Anno CM. iam erat Astoricæ Episc. Gomerus; ex eodem Sampiro.

(1) In prælaudato *Annalium Complutensium* Moralii Codice, deest in secundo versu *Recaredi* nomen, legiturque tantùm

Regiamque Sedem Ermenegildus tenet.
Laianus Bracare. Luco Episcopus arce
Rudesindus Dumio Mendunieto degens &c.

CAPUT XI.

ɛ PRUDENTIO, *seu* GALINDONE PRUDEN- *ɔ Trecensi in Galliis Episcopo. Galindo- ʂ nomen hispanum. Huius doctrinæ lau- ʂ, quam Hincmarus Rhemensis Episcopus ɪgnâ iniuriâ tamquam hæreticam damna- ɛ. Gotescarchi hæresis. De prædestinationis gotio controversia ingens inter Gallos huius ɔi Episcopos. Lupi duo, Servatus, & Fer- riensis. Nulla Prædestinati, aut Prædesti- torum hæresis contra Sirmondum causam suam agentis. Prudentii opera nunc tandem edita.*

ɔ62. EIUSDEM Alphonsi Magni Regis tempore, & sub Carolo Crasso alliis imperante PRUDENTIUS, hispanus ıtalibus, Trecensem in ea gente, ut Hi- ıni, aliàs alii, Ecclesiam obtinuit. GA- NDONEM, seu GALINDUM, cognomento UDENTIUM, vocant eum Annales Berti- ani [x] ad annum DCCCLXI. ut inde ma- s confirmetur natione hispanum fuisse: ıod in iisdem legitur Annalibus, au- oris ferè æqualis, qui ad annum usque CCCLXXXII. res in Francia gestas per- cutus est. Hispaniensem quippe hanc fuis- appellationem, Galindus Aragoniæ Co- es II. Azenarii filius, è monumentis ıiusce regni antiquis affatim notus [y], du- tare nos haud sinit. Quid verò impedit eadem progenie cum Galindo nostro rudentio fuisse? nam & vixisse pares, obi- s Galindi Comitis post annum sæcula- m octingentesimum ut fama est contin- ns, evincit manifestè. *Galindo* item *Ene- nis* apud Eulogium martyrem in epist. Wiliesindum Pampilonensem Episco- ım istius regionis homo fuit: ad quem ulogium scriptis scholiis Ambrosius Mo- les in tabularii Compostellanæ Ecclesiæ ibus vetustissimis diplomatibus affixum alindonis nomen sese vidisse ait.

263. De patria incertus auctor *Rerum rodoberti abbatis*, quem Barthius *Advers.* b. 18. cap. 11. laudat: *Erat* (inquit) *r idem tempus præfata Sedis antistes Pru- ntius nomine, natione hispanus, pontifi- ılis vitæ institutione clarissimus, in divi- 's rebus undecumque non mediocriter eru- tus.* Immo & ipse Prudentius in carmi- quodam ad codicem Evangeliorum præ- o *Hispaniâ genitum se*, ac *Celtas dedu- um*, ibique *altum* ait. *Apprimè literis eru- tum virum* anonymus idem Bertinianus ctor appellat. Audivimus nuper Anony- mi elogium. Multus quoque est Lupus Ferrariensis in eo laudando. Inter recentiores Barthius *sui sæculi literatorum facilè principem* vocat lib. 44. *Adv.* cap. 19. ubi & subiungit: *Eruditissimum eum Episcopum fuisse clamant coætanei omnes, & imitatio optimorum auctorum eo ævo admodum rara.* Et lib. 18. cap. 11. *Cordatum, & scientem antiquitatis* vocat.

264. Interfuisse legitur pluribus Galliarum Synodis Episcopus, Parisiensi anno DCCCXLVI. Turonensi IV. (aliàs Parisiensi ex observatione Philippi Labbei [z]) anno DCCCXLIX. Suessionensi II. DCCCLIII. Ad eum directam S. Leonis Papæ IV. epistolam habemus in Conciliorum editionibus [a]; meminitque Baronius non uno loco [b]. Alia autem, quæ ad Nominoium Priorem, uti vocant, Comitem scilicet Britannicæ gentis, à pluribus Episcopis è quorum numero Prudentius Tricassinorum est Episcopus, directa, quæ inter alias Servati Lupi edita demum à Baluzio fuit: ipsa est synodalis Concilii Turonensis sive Parisiensis, cuius antea mentionem fecimus. Sed & eiusdem Lupi ad Prudentium aliam [c] indidem habemus: ex qua destinatum à Carolo utrumque novimus visitandis ac reformandis regni sui cœnobiis: quæ quidem summæ amborum dignitatis, & apud Regem existimationis præcipua quædam nota est. Scribit & idem Prudentius cum Senonensis provinciæ aliis præsulibus epistolam 99. inter Lupi iam dictas, ad clerum & monachos Ecclesiæ Parisiorum de Æneæ Episcopi electione ab iis facta. Habitæ inter nostrum atque Rhemensem antistitem Hincmarum huius ævi celeberrimum consuetudinis memoria exstat in Flodoardi Rhemensis historiæ lib. 3. cap. 21.

265. De scriptis verò eius calumniosè & iniquè censuit iam laudatus auctor Annalium Bertinianorum. *Galindo cognomento Prudentius* (inquit) *Tricassinæ civitatis Episcopus, natione hispanus, apprimè literis eruditus, qui ante aliquot annos Gotescalcho Prædestinatiano restiterat: pòst felle commotus contra quosdam Episcopos secum hæretico resistentes, ipsius hæresis defensor acerrimus, indeque non modica inter se diversa & Fidei adversa scriptitans, moritur. Sicque, licèt diutino labore fatigaretur, ut vivendi, ita & scribendi finem fecit* (1). Pensanda hæc sunt quæ de doctrina & scriptis præsumit: quæ quidem, uti diximus, ca-

[z] Tomo 8. Concil. edition. Parisiensis ann. MDCLXXI. col. 58. & 61.

[a] Ibidem col. 30.

[b] Tom. 10. ad ann. DCCCXLVII. num 23. & DCCCLV. n. 19.

[c] Epist. 63.

(1) Annalium Bertinianorum partem quæ ad res Hi- niæ præcipuè Historicas pertinet, vulgavit Cl Flo- ius *T. X.* à pag. 570. è Duchesnio *T. III. Hist. Francor. Script.* Elegiam integram de Prudentii patria & scriptis Barthius *Adversar. XVIII. c. XI. col.* 911. 912.

calumniosè & inique dicta contra Prudentium, Gilbertus Maguinus [d] infrà laudandus, & veritas ipsa iam explananda satis convincent.

[d] *Vindiciarum dissertatione historica*, seu *Vindiciarum de Prædestinatione* c. 44.

266. Gotescalchus certè monachus monasterii Orbei diœcesis Suessionensis hoc tempore quosdam doctrinæ de prædestinatione Dei, redemtioneque Christi articulos in medium proposuit, multosque sectatores habuit, usque dum in Moguntino Concilio, cui Rhabanus præfuit eius urbis antistes auditus fuit, atque damnatus [e]. Idem à Galliæ Belgicæ Episcopis in conventu apud Carisiacum anno DCCCXLIX. denuò in iudicium vocatus, iterumque condemnatus, ad Hincmarum tunc Rhemensem Archiepiscopum fuit remissus ut in custodia detineretur, ut ex epistola Hincmari eiusdem constat ad Nicolaum Papam I. quæ apud eundem Flodoardum legitur [f]. Suscitâsse hîc dicitur ab Hincmaro Gotescalchus Prædestinatianorum antiquam hæresin, in Africa olim Galliaque damnatam, hoc est, Pelagianæ membrum, de qua idem multis agit Hincmarus *De Prædestinatione Dei & libero arbitrio* ad Carolum Calvum scribens. Cuius Prædestinatianorum sectæ, quam Gotescalchus propugnare credebatur Hincmaro, isthæc erant præcipua capita: I. *Deum prædestinasse quosdam ad vitam, pariterque alios ad mortem æternam.* II. *Deum non velle omnes homines salvos fieri, sed eos tantùm quos ad vitam prædestinavit.* III. *Christum non fuisse mortuum pro omnibus, sed pro his dumtaxat qui salvantur.* Tria hæc unius commatis sunt & ordinis; sed & quartum addidit, *quòd Deitas triplex sit*.

[e] Exstat Rhabani de hoc epist. apud Hincmarum *de Prædestinatione* c. 2.

[f] Lib. 3. cap. 13. *Hist. Rhemensis*, & apud Baron. tom. 10. ad annum DCCCXLVIII. n. 5. & sequentibus.

267. Adversus has hæreses Hincmarus prædictus calamum strinxit duabus editis lucubrationibus, quarum prioris pro defensione capitulorum Carisiacensis Synodi adversus Gotescalchum, quæ Lugdunenses scriptis suis impugnaverant, nuncupatoriam epistolam servavit Flodoardus lib. 3. c. 15. Altera lucubratio integra exstat inter huius Hincmari opera, cuius etiam Flodoardus capite proximè sequenti recordatur. In his Prudentium nostrum carpit eò quòd Gotescalchanis de prædestinatione capitibus consentanea senserit in quadam epistola ad Wenilonem Senonensem atque huius provinciæ Episcopos, de ordinando Ænea Parisiorum Episcopo: quam epistolam in præfatione huius sui *De prædestinatione Dei* commentarii Hincmarus protulit, passimque toto opere traduxit.

268. Sed verè catholicæ sunt Prudentii sententiæ, indignæque Hincmari censurâ. Dicit enim. I. *Quosdam à Deo fuisse gratuitò prædestinatos ad vitam, quosdam imperscrutabili iustitia prædestinatos ad pœnam.* Sed statim id explicat: *Ut id videlicet, sive in salvandis, sive in damnandis, prædestinaverit: quod se præscierat esse iudicando facturum, dicente Propheta:* Qui fecit quæ futura sunt. Consule Suarezium lib. 1. *De prædestin.* cap. 5. Macedum in *doctrinæ S. Thomæ & Scoti* collat. 11. differ. 3. sect. 1. II. *Sanguinem Christi pro omnibus fusum credentibus; non verò pro his qui nunquam crediderunt, nec hodie credunt, nec unquam credituri sunt.* Vide Lupum Ferrariensem, in collectan. quæst. 3. *De sanguine Christi*, editum à Maguino cum aliis *De prædestinatione* auctoribus: qui Maguinus videndus etiam in *dissertatione histor.* cap. 29. III. *Deum omnipotentem omnes quoscumque vult salvare; nec aliquem posse salvari, nisi quem ipse salvaverit; & qui non salvantur, non esse Dei voluntatis ut salventur.* De voluntate antecedenti & subsequenti S. Thomas ad 1. *Sent.* dist. 46. quæst. 1. art. 1. & in 1. parte quæst. 19. art. 6. ad 1. Scotus 1. parte in 1. dist. 46. quæst. unic. §. ad primum. Macedus ubi proximè collat. 12. dissert. 2. sect. 1. Quæ omnia rectum sensum & catholicum habent (1).

269. Planè inter Galliarum Episcopos, atque alios doctrinâ eximios theologos, magnis undique animis decertata hoc nono fuit sæculo *De prædestinatione Dei* disquisitio ista Gotescalchi, atque eius causæ & confessionum occasione, commisitque parti eorum partem, provincias provinciis, viros viris. Hinc Rhabanus Moguntinus, Hincmarus Rhemensis, Pardulus Laudunensis, antistites, excitatusque à duobus ultimis ad dicendam de scripto sententiam tum Amalarius quidem, tum Ioannes Scotus, cognomento Erigena, Caroli Regis gratiâ florens, stetere. Illinc Prudentius noster Tricassinus Episcopus, Lupus Servatus Moguntinus presbyter, alter Lupus Ferrariensis abbas (duo enim sunt, non unus [g], quod Baluzius credidit) Ratramnus Corbeiensis monachus, S. Amolo, & S. Remigius eius successor, Lugdunenses Archiepiscopi, Florus magister cum Lugdunensi tota Ecclesia, quorum sententiam Concilium Valentinum III. anno DCCCLV. [h] & Lingonense paulò pòst celebratum [i], confirmavere.

[g] Maguinus in dissert. hist. de qua infrà cap. 10. & *Vindiciarum* parte altera pag. 10.

[h] Idem dissertat. cap. 36.

[i] Idem c. 40.

(1) De tribus his Prudentii capitulis eorumque ὀρθοδοξίᾳ vid. Cellierium *T. XIX. pag.* 28. *à n.* 2. atque item, de eiusdem doctrina, eloquentia & sanctitate.

At

270. At huius controversiæ omnes quot-
ot sunt, Scriptores, & utriusque par-
propugnatores, si Hincmarum demas
ui ex operibus eius à Iacobo Sirmondo
ı editis innotuerat) cum *Veterum aurum qui sæculo nono* De prædestinatione
'pserunt titulo Gilbertus Maguinus Gal-
rum Regi à consiliis, & in suprema mo-
arum curia præses, duobus volumini-
s anno MDCL. à se collectos in publi-
n dedit: quorum posterius ita inscri-
ım voluit: *Vindicias prædestinationis &
atiæ, continentes historicam & chronicam
opsin, cum gemina dissertatione, & pa-
ca operis coronide.* Nempe doluerat eum,
alios Galliæ doctos viros, Iacobum Sir-
ndum Hincmari partibus addictum, in
o recentiorum Societatis suæ *De gratia
auxiliis eius*, seu *De prædestinatione* do-
inam adiuvare sibi visus fuit, *Præde-
atum, sive Prædestinatorum hæresis,
libri S. Augustino temerè adscripti re-
ationem*, tamquam ab auctore qui an-
annos MCC. vixisset editam, anno
DCXLIII. publici fecisse usus; & post
nnium Hincmari *De prædestinatione*
us; anno autem XLVII. *Historiam Præ-
linatianam*, & alia inde similia adiun-
ſe.

271. Meram enim fabulam esse hanc
ædestinatorum hæresin, ac Semi-Pela-
norum inventum, integris lucubratio-
ous contenderunt Sirmondo respondentes
m Avuræus Theologiæ doctor Sorboni-
s, gallicè conscriptâ *Censura Prædesti-
ti* Sirmondiani: quæ in latinum postea
it translata, annoque MDCXLV. edita
m *Prædestinato* ipso; tum nuper lauda-
Maguinus in *Gotescalchanæ controver-
historica & chronica*, cuius memini-
ıs, dissertatione: in qua prolixè docte-
e Gotescalchum ab omni hæresis nota
erum contendit [k], Prædestinatianam hæ-
sin Hincmari fuisse commentum asserit [l],
incmarum accusat obstinationis, calum-
arum, crudelitatis [m]; Prudentioque san-
itatem, nec minùs catholicæ doctrinæ
æconium, in his quæ hac in causa elucu-
avit, multis consignat [n].

272. Scripta verò hæc Prudentii, absque
lo esset iam laudato Maguino, in teneis adhuc latuissent: adeò ut neque sum-
a Gerardi Ioannis Vossii industria in col-
gendis huius controversiæ Gotescalchanæ
i Pelagianæ historiæ appendicis momen-
s & monumentis omnibus adepta sit na-
atæ à Prudentio alicuius in re operæ no-
tiam [o]; nullus ex Scriptorum Ecclesiasti-
orum celebratoribus tam antiquis quàm
centibus huius viri recordatus sit; neque (ut de Magdeburgensibus Centuriatoribus, apud quos de nostro altum silentium, nunc taceam) inter sæculi noni
(cui, atque decimo, illustrandis, peculiarem commentarium panxit Boeclerus)
aliquem inter eius ævi literis aut famâ illustres viros Prudentio locum dederit. Immo
Nicolaus Faber, sive Andreas Duvallius
Trecensem Episcopum cum Floro magistro
confundit [p].

273. Planè, ut huius doctrinæ meritum
ab Annalium Bertinianorum & quorumcumque aliorum similiter de re obscura
diuque per Gallias decertata, pro ingenio
aut partium amore scribentium imputatio-
ne & impressione longè habeamus: abundè erit sanctitatis Prudentii Episcopi communis famæ testes advocare Democharem,
Camuzatum, Ferrarium, Bollandum, Saus-
saium, Trecensemque ipsam eius quondam Ecclesiam, quæ in catalogis suorum
præsulum *sanctum* vocat, & uti mirabilium operum à Deo impetratorem cultu atque officio prosequitur [q]. Adiungimus Hincmarum ipsum adversarium, qui vel mortuum Prudentium, ante quàm is posteriorem *De prædestinatione* commentarium qui
superest scribere aggressus esset: etiam quum
doctrinæ eius derogare intendit, *dominum
Prudentium* cum elogio honoris sæpiùs vocat. Sed Bertinianus Anonymus Hincmari
metropolitæ sui velificatus partibus, non
cum hoc tantùm Prudentio, sed & cum Ro-
thado Suessionensi Episcopo, atque cum ipso
Nicolao I. sanctissimo Pontifice, quos omnes Hincmarus sibi adversantes habuit, in-
dignissimè atque iniquissimè agit [r]. Nec verum est Prudentium Gotescalcho obstitis-
se unquam, diversave aut Fidei contraria scripsisse, quod aiunt calumniosi annales prædicti. Quod satis, ne actum à Maguino agamus.

274. Scripsit ergo Prudentius de hoc argumento ea quæ subiicimus,

I. *Opusculum ad Hincmarum Rhemensem, & Pardulum Laudunensem*, scriptum
anno DCCCXLIX. quod sua manu Iacobus Sirmondus descripsit ex MS. codice S.
Arnulphi Metensis; nec tamen edidit, contentus data Maguino supradicto facultate
exscribendæ ex isto eius apographo præfationis, quam ipse publicavit [s]. Incipit:
Dominis prædicabilibus. Meminit huius
opusculi Rhabanus ad Hincmarum epistolâ [t], & Prudentius ipse auctor in opere
statim laudando, Hincmarusque *De prædestinatione* cap. 34. Agit de hoc Maguinus *Vindiciarum* parte 1. cap. 13. Ceterùm excitato, Hincmari impulsu, ad scribendum contra Gotescalchum Ioanne Scoto,

[p] In *Notis ad lib. Ecclef. Lugdun. De tribus epistolis Vindiciarum* Maguini parte 2. pag. 170.

[q] Vide D. Maguinum d. cap. 44.

[r] Ad ann. DCCCLVIII. DCCCLXI. DCCCLXV. DCCCLXVII.

[s] Parte 2. *Vindiciarum* pag. 6. & parte 1. pag. 107.

[t] *Veterum auctorum* &c. tomo 1. pag. 5.

to, seu Erigena, cuius *De divina prædestinatione* librum Maguinus idem primus in lucem protulit: idem noster Prudentius reposuit (1).

275. II. *De prædestinatione contra Ioannem Scotum cognomento Erigenam, seu librum Ioannis Scoti correctum à Prudentio sive à ceteris patribus, videlicet à Gregorio, Hieronymo, Fulgentio, atque Augustino* (ita concepta est epigraphe) *ad Guenilonem seu Wenilonem Archiepiscopum Senonensem.* Incipit: *Blasphemias tuas, Ioannes*, &c. Quæ duo Ioannis & Prudentii scripta ex antiquissimo & integerrimo bibliothecæ Corbeiensis MS. codice Maguinus publicavit, desideratum à Barthio, ut videre est lib. 18. *Adversar.* cap. 11. Scripsit opus suum Prudentius anno DCCCLII. de quo Maguinus *Vindiciarum* part. 1. cap. 19. (2).

276. III. *Tractoriam* epistolam, quam per vicarium suum Arnaldum misit ad Senonensem Synodum pro ordinatione Æneæ Parisiensis Episcopi. Incipit: *Quantum ad meritum peccatorum.* Ordinandus nempe à patribus fuit Episcopus Parisiensis Æneas, quem debere priusquàm ordinaretur profiteri, & subscribere quatuor propositionibus contendit & obtinuisse creditur Prudentius: quarum contrarias Hincmarus in palatio Carisiaco à Rege Carolo & quibusdam Episcopis subscribi curaverat. Meminit Hincmarus ipse *De prædestinatione* cap. 5. Deque eius historia consulere eundem Maguinum cap. 34. pretium erit operæ qui hanc *Tractoriam* edidit *Vindiciarum* parte alterâ [u]. De *tractoriæ* epistolæ vocabulo vide sîs post Franciscum Ferrarium, Philippum Priorium *De literis canonicis* dissertatione, cum appendice *De tractoriis & synodicis*, ubi de hac Prudentii loquitur [x].

[u] Pag. 176.

[x] Pag. 166. edit. Parif. MDCLXXV.

277. Omnia dogmata hæc confirmasse Nicolaum Papam in annalibus Bertinianis legimus, auctoris licèt Hincmaro addictissimi, nec minùs Nicolao & Prudentio infensi, ad annum DCCCLIX. Necnon & ipse confirmat Prudentius in annalibus. Nam ad alia opera non dogmatica ut iam transeamus, scripsit etiam noster

278. IV. *Annales*, seu *annale Regum Franciæ*, teste Hincmaro in epistola 24. ad Egilonem Senonensem Episcopum. *Qui etiam dominus Prudentius* (ait) *in annali gestorum nostrorum Regum, quæ composuit ad confirmandam suam sententiam, gestis anni Dominicæ Incarnationis DCCCLIX. indidit dicens: Nicolaus Papa Pontifex Romanus De gratia Dei & libero arbitrio, De veritate geminæ prædestinationis, & De sanguine Christi, ut pro credentibus omnibus fusus sit, feliciter confirmat, & catholicè decernit. Quod per alium* (Hincmarus infit) *non audivimus, nec alibi legimus.* Et mox: *Ipsum autem annale quod dico Rex habet; & ipse est liber, quem coram vobis in Ecclesia ubi vos nobis commendavit, coram vobis ab illo mihi præstitum ei reddidi.* Periit opus tamen, aut latet adhuc.

279. V. *Præcepta* quoque *ex veteri & novo Testamento* in usum & utilitatem publicam excerpta servari MS. in bibliotheca Petaviana, testis est laudatus toties Maguinus *Vindiciarum* priore parte cap. 44. [y]

[y] Pag. 348.

280. VI. *Poemata* quædam & alios versus, quos ex MS. codice Evangeliorum Tricassinæ eius Ecclesiæ publicavit Nicolaus Camusatius in catalogo Episcoporum Tricassinorum sive Trecensium [z], dum de nostro ageret. Quoddam horum carminum, ut in codice prædicto Evangeliorum legeretur ab eo scriptum, Gaspar Barthius illustrat lib. *Adversar.* 18. cap. 11. hortatus Camusatium, & exoptans ut quæ alia huius nostri cum blattis hactenus rixantia haberet, publico non diutiùs invideret bono. Ab eodem habemus quoque

[z] Fol. 163.

281. VII. *Vitam beatæ Mauræ virginis Trecensis* (cuius Maurolycus, Felicius, & Ferrarius in Martyrologiis meminere die XXI. Septembris) prorsa oratione: quam idem Barthius vidit, emendationibusque atque explanationibus nonnullis exornavit lib. 44. *Adversar.* cap. 19. Ob hanc, non propter annales, de quibus non audierat Vossius, Historicis annumeravit Prudentium lib. 3. par. 4. *De hist. latin.* cap. 4.

282. Servantur MSS. in bibliotheca Regis Galliarum [a] Prudentii cuiusdam *Collectanea ex CL. Psalmis*, quod non est alienum à nostri Prudentii more argumentum (3). Obiit

[a] Labbeus in *Biblioth.* MS. pag. 308.

(1) Exstare in Escurialensi Bibliotheca *Lit. r. Plut. II. n.* 7. sub Anonymi titulo, indicat specimen characteris ex eo codice desumtum in quo legitur: *De prædestinatione. LVI. Gemina est prædestinatio sive electorum ad requiem, sive reproborum ad mortem. Utraque &c.* In hoc verbo desinit.

(2) Exstat in Bibliotheca Regis Galliarum *Part. III. Tom. III. pag.* 281. *n.* 2445. in codice sæculi X.

(3) Habentur in eius Bibliothecæ *Part. III. T. III. p.* 453. *sub n.* 3761. hoc titulo: *Prudentii Tricassini Flores CL. Psalmorum.* Cellierius hos Psalmorum Flores Psalterio Ven. Cardinalis Thomasii Romæ MDCCXLI. edito, *T. II. part.* 2. *pag.* 464. subditos fuisse ait; atque eidem tribuit *Instructionem pro iis qui ad sacros Ordines promovendi sunt;* additque sub Prudentii nomine citari *Pœnitentiæ canonem*, aliaque plurima quæ ad nos non pervenerunt. Fabricius *Bibl. med. & inf. T. VI. pag.* 19. Tractatum *Super ædificium*, sive: *Descriptionem Domûs Dei in Apocalypsi propositæ*, seu: *Commen-*

Obiit diem suum Prudentius, uti ex Bertinianis annalibus discimus, anno huius sæculi sexagesimo primo.

CAPUT XII.

De RASI, *seu* RASE *Cordubensi. Eius historia, & Hispaniæ descriptio. Duplex huius translatio.* MAHOMETUS, *seu* MAFAMEDUS, ÆGIDIUS PETRI, *&* ANONYMUS *quidam, incertæ ætatis Scriptores.* ABOBACAR, MAHOMAD, *&* ALTUS BUCAR *historiæ apud Hispaniam Scriptores arabici. Ætas Rasis non plane certa. Diversus hic à Rhase Persa, sed Hispaniæ incola; & Almansor libri auctore medico.*

283. NONO sæculo micare fama è literarum studiis, vel inter Saracenos, qui iam Hispaniæ cives & propago facti fuerant, coepit. Primus enim eorum, quibus ex hac secta contigit (contigit autem pluribus) nomen suum albo Scriptorum, quorum habemus opera consignandum offerre, RASIS fuit, seu RASES, Cordubensis, Dalharabi, Marochii, seu Africæ Miramolini (quomodo vocari coepere ii qui ex Arabia venientes Africanum constituere imperium), sive [b] proprio verbo Amirolmumenini, quod *Imperator credentium* interpretatur, historicus, ut vulgò fertur. Hunc eo præcipuo argumento ad hocce tempus referri debere existimamus, quòd, Ambrosii Moralis testimonio in fine cap. 68. lib. 12. ex eius historia, de qua postea dicemus, constet vixisse Rasim Cordubæ sub Abderraghmane: qui circa annum DCCCXXI. susceptis regni habenis ad DCCCLII. [c] vixit; & Mahomad eius filii, qui exinde regnans ad annum usque imperii XXXV. superstes fuit [d].

284. An autem id Morales ex eo collegerit, quòd non ultra hos Cordubæ Reges historiam suam prosecutus sit noster Rases, his examinandum relinquimus, qui librum viderunt. Certè is nusquam eorum quæ post hæc tempora contigere, auctor laudatur. Saltemque nobis sufficit non aliunde constare liquidò ulteriorem eius ætatem. In quo cum eodem Morali convenit Roderico Dosma Delgado Pacensi canonico, Philippique Regis II. chronographo, viro linguarum Orientalium peritissimo [e]. Quocum stare nequit eorum existimatio qui ad proximum huic decimum Christi sæculum Rasim, atque eius obitum etiam ad undecimum reiiciunt. Cuius rei examini præferenda est notitia eius operis, quo famam suam posteris commendabilem reddidit.

285. *Historia* hæc est, seu *Annales Regum Saracenorum, qui in Hispania rerum potiti sunt.* (commentarios *De rebus Hispaniæ* Ioannes Mariana vocat lib. 8. cap. 8.) Quam præcedit, sequiturve Hispaniæ ipsius descriptio, auro contrà non cara, si fontes arabicos quâ linguâ scriptum opus fuit adire possemus. Iudicio enim eorum qui translationes viderunt, pleraque optima & alibi non reperienda nobis hoc opus conservavit, præsertim (Morales ut ait [f]) de tempore & eventibus Saracenorum in Hispaniam ingressus, totiusque terrè Gothorum regni devastationis. Distinctè magis Andreas Resendius, qui libro usus fuit, eumque bene notum habuit. *Is igitur Rases* (ait ad Bartholomæum Quevedum Canonicum Toletanum scribens [g]) *De montibus, fluminibus, & urbibus Hispaniæ, de priscis Hispanorum Regibus ante Romanos, de Romanis ac Gothis nonnulla commodè, permulta ineptè: quo pacto ethnici Scriptores atque poetæ de rebus sacris divinæ Scripturæ quasi per somnium locuti sunt, omnia fabulis involventes. Ut tamen ad Saracenorum Regum compertiora sibi tempora devenit, non contemnendus Scriptor iudicandus est.* Hæc scitè Resendius.

286. Periit tamen, si non in aliquo angulo adhuc obscurus latet, historiæ textus Arabicus [h]: incompertus etiam iis, qui arabicè intelligentes ubique seduloque conquisivere. Eius autem duæ exstant interpretationes, altera lusitana, & altera castellana. Prioris meminit Resendius nuper laudatus. *Versus est* (inquit [i]) *in linguam lusitanam ex arabica per magistrum Mahometum Saracenum nobilem architectum.* Ut constat ex ipso quo usus fuit codice, ubi & interpres adiungit: *Et scribebat mecum Ægidius Petri clericus domini Petri Ioannidæ Portellensis, patris domini Ioannis Avolini*, aliàs *Avoimi*, eius qui Marmellarium oppidum equestri militiæ Divi Ioannis attribuit: quod ex genealogico Petri Comitis, Dionysii Regis Portugalliæ filii opere constare, idem ait Resendius in libelli *De Eboræ antiquitatibus* cap. 11. Quorum utriusque, ut videtur, operâ, Mahometi arabica exponentis, & Ægidii Lusi-

[f] In *Prologo* tomi 2. *Hist.* tit. *De los libros antiguos* &c. fol. 11.

[g] Exstat epist. inter alia eiusdem Resendii opera Coloniæ edita MDC. sumtibus Mylii pag. 151. tomi 2. testimonium vero, quo utimur, pag. 164. & in *Hispan. illustr.* tomo 2. pag. 1006.

[h] Uti notat Ludov. de la Cueva *en los dialogos de las cosas notables de Granada.* Thomas Tamaius *ad Luitprand.* pag. 140.

[i] Ubi supra.

mentarium in Poema cui Prudentius (& subdit *nescio quis*) *titulum ædificii præfixerat*: exstare ait in Bibliotheca Sancti Martini Sagiensis (*de Seéz.*) Item Prudentii cuiusdam *librum de VII. peccatis mortalibus, & septem virtutibus oppositis* inter MSS. Quodlimburgenses Eckarti: quem tamen Scriptoris Prudentio recentioris esse censet.

ſitani explicantis, hæc verſio prodiit : quam & vidit Thomas Tamaius. At caſtellanam cum ipſe, tum Morales ante eum habuere. Laudat hic exemplum ſuum alicubi [k], anno MCCCXII. ſcriptum è luſitano, ut ſuſpicatur, converſi operis.

[k] In prologo ad hiſt. tomo 2. fol. 11. & lib. 12. cap. 68.

287. E quorum teſtimoniis æquum eſt ut Scriptoribus noſtris non tantum accenſeamus tres hos interpretationis utriuſque MAHOMETUM ſcilicet, ſive ut alibi (quod in idem recidit) appellat Reſendius [l], magiſtrum MAFAMEDUM ; atque ÆGIDIUM PETRI, ſeu PIREZ, luſitanæ ; & ANONYMUM caſtellanæ, auctores: quorum ætas longè inferior hoc ſæculo eſt, incerta tamen.

[l] *De antiquit. Eboræ* cap. 11.

288. Sed & alios tres hiſtoriæ Arabico-Hiſpanæ Scriptores, è quorum libris ſe profeciſſe Raſes ipſe non tacet. Hi ſunt ABOBACAR filius Naranca, magiſter MAHOMAD, & ALTUS BUCAR : quod Ambroſius Morales itidem nos de hiſtoria iſta docet [m], hunc poſtremum magni haberi apud Mauros adiungens. Quamvis verear, ne magiſter iſte Mahomad & ille interpres ſimiliter appellatus, unus atque idem homo ſit ; & caſtellanus auctor anonymus luſitanæ interpretationis partiarium auctorem citaverit.

[m] Dict. lib. 12. cap. 68.

289. At ex inſcriptione ipſa libri manu exarati qui apud Reſendium fuit, obſcurum ac dubium redditur id quod ſuprà de ætate Raſis diximus ; immo abire hinc iubemur ad ſequens ſæculum. Ita enim habet ex luſitano latinè converſa : *Incipit liber Raſæ, hiſtorici Dalharab Marochiorum Miramolini, Cordubæque Regis, quem ipſius iuſſu compoſuit* : quomodo & in codice Moralis legebatur [n]. Hunc autem regnâſſe ſequenti ſæculo, ſcriptumque circa annum CMLXXVI. hunc librum fuiſſe iuſſu eiuſdem Dalharabi, ut rerum in Hiſpania à Mauris geſtarum notitiâ imbueretur, Ludovicus Marmolius [o], Africanarum hiſtoriarum bene gnarus, & cum eo Ioannes Mariana [p] ſcriptum reliquere. Immo Reſendius ipſe disertè docet [q], regnare cœpiſſe hunc Mauroſiorum Miramolinum, ut vocat, Dalharab anno Arabum CCCLXVI. qui reſpondet anno Chriſtiano CMXC. Vocatur forſan Africanus Rex Maurorum Cordubæ etiam Rex in titulo libri, more conſueto eius temporis ; ne videretur iuri ſuo in Hiſpanias cedere, quantumvis iam à primis factæ expeditionis temporibus ii, qui olim duces auſpiciis vel Califæ Babylonis vel Africæ Regis provinciam ſibi ſubiecerant, iugo excuſſo veteri plenam eius dominationem uſurpaviſſent. In his vadis hærere neceſſe eſt nobis, dum alius hanc ſolvat contradictionem. Neutiquam enim potuit homo idem Abderraghmanis & Mahomadi Cordubenſium, & Dalharabi Marrochiorum Regum, qui pluſquam centum annis diſparati vixere, tempora contingere (1).

[n] Lib. 12. cap. 68.

[o] *Hiſt. Africæ* lib... cap...

[p] Lib. 8. c. 8.

[q] Epiſt. ad Quevedum pag. 174. editionis eius operum.

290. Planè Raſes noſter Cordubenſis, hiſtoricus alius eſt à Rhaſi ; ſive proprio nomine Abubecar Muhamed filio Zachariæ, qui vulgò quoque Rhaſis, ſeu Razis, à *Rei* vel *Rai*, vel *Raia*, Perſiæ urbe, in qua natus fuit, vocari ſolet [r]. Cuius vitam alias inter arabicorum Scriptorum deſcripſit Leo Africanus, quem publicavit Hottingerus [s]. Hic tamen & ad nos pertinet ; magnam enim vitæ partem egiſſe dicitur Cordubæ, non verò in ea natus eſt uti credidit Petrus de Medina, libro *De las grandezas de España*, falſus nomine quod noverat hiſtorici Cordubenſis eſſe. Cùm enim, ut Leo refert, à patria cum patre in Bagdad civitatem veniſſet ſtudii causâ, ibi remanſit, & *in medicina & philoſophia* ...

[r] De quo nomine Golius in Notis ad Alfragani elementa aſtronomica pag. 213.

[s] In *Bibliothecario* pag. 253.

lo-

(1) Cl. Michael Caſiri noſter, *Biblioth. Arab. Hiſp. Eſcurial. T. II. à pag.* 329. accurate *de Raſis Cordubenſis hiſtoriæ veritate, ac de genuino eius auctore* diſquirit ; atque è teſtimonio Alhomaidæi Scriptoris Balearici in eiuſdem *Bibliotheca Arabico-Hiſpana MS.* conficere ſibi videtur, Raſem, *magnum edidiſſe volumen quod Hiſpaniæ Regum res domi militiæque, ſive ſecundo ſive adverſo Marte geſtas complectitur* : præterea ſcripſiſſe *Cordubæ Hiſtoriam & Chorographiam* ; atque item : *De Hiſpaniæ viris illuſtribus* ; obiiſſeque tandem ineunte quarto Hegiræ ſæculo, id eſt circa annum Chriſti DCCCCXII. ad DCCCCXX. fuiſſeque *in rebus Hiſpanicis verſatiſſimum atque accuratiſſimum* ; adeoque *Hiſtoriam quæ ſub eius nomine Hiſpanicè verſa circumfertur, illo prorſus indignam, ac meram eſſe inepti* (ut ait) *neſcio cuius Excerptoris farraginem, tum ex Latinis tum ex Arabicis commentariis male conflatam, & falſis conſperſam, celeberrimique Auctoris nomine editam, quo magis, lenocinante, ut fieri ſolet, titulo in vulgus probaretur*. Pergit ſubinde plurimis editis exemplis theſium eius Hiſtoriæ falſitatem, parachroniſmos, pudendaque mendacia, præſertim ubi de Romanorum Gothorumque rebus agit, oſtendere ; rurſumque ſuppoſititium opus pronuntiat : idque Cl. Viri Gregorii Maianſii noſtri præiudicio, qui ea de re ad Michaelem Caſiri copioſam atque elegantem diſſertationem *De ſcriptis Mauro Raſi tributis* inſcriptam præmiſerat. Huius Raſis hiſtoriæ codicem in Bibliotheca Sanctæ Eccleſiæ Toletanæ me vidiſſe memini, ſæculo, uti apparebat, XIV. exaratum ; exſtatque in Eſcurialenſi Regia *Digramm. & Plut. II. n.* 1. hoc titulo : *Raſis Mauri deſcriptio atque Hiſtoria Hiſpaniæ, atque eius vaſtationis per Mauros*, cum notulis Ambroſii Moralii ; atque etiam in Regia Matritenſi : in quibus tamen exemplis, ut maxime interpolata mendiſque deformata ſint, nihil dubito ſincera alia non facile aliunde mutuanda contineri, quibus Hiſpaniæ ad eius tempora Hiſtoria, & præcipuè Geographia plurimum iuvari poſſet ; eſſet modò qui ea internoſceret atque à falſis ſegregaret.

losophia singularissimus (verba Leonis ex arabico latina audis) *effectus est. Post hoc profectus est ad Chairum, ubi per aliquot annos ægrotavit. Cuius famam cùm intellexisset Elmansor, secretarius maior Pontificis Cordubæ, qui in omni facultate & scientia doctissimus erat, vocari iussit hunc Rhasim, promittens ei mercedem magnam.*

291. Antequam ultrà progrediamur, notâ dignum est quod idem Leo alibi [t] *Vice-cancellarii*, *Consiliariique maioris* in civitate Bagdad, seu Califæ Arabum principis meminit: quod munus diversumne ab isto sit *secretarii maioris*, iuxtà cum ignarissimis novimus. Planè Hottingerus in notulis unicuique paginæ subiectis, Vice-cancellarii, & Consiliarii maioris hocce munus *primum Visirem* interpretatur. Valdè tamen suspicor pro *Pontificis Cordubæ*, legendum, *principis Cordubæ.* Nec enim tantæ auctoritatis esse potuit Secretarius eius qui Maurorum Cordubensium sacris præesset, cuius nutum longè positus, atque eius famæ medicus, relictâ patriâ sequeretur. *Cùm autem Rhasis recepisset literas* (Leo subiicit) *profectus est, & navim in Alexandria ingressus, ad Cordubam tandem pervenit. Elmansor verò lætatus est, dictumque Rhasim magno affecit honore, eique habitationem, possessionem, ac servitores, & famulos tradidit. Eo tempore Rhasis famosum librum composuit, quem* Elmansor *nominavit, & usque nunc vocatur*, Elmansoris liber. *Dixit Ibnu-Haian Lusitaniæ chronista, quod Rhasis in suis causis nimis fortunatus exstiterat: adeoque permultas acquisivit facultates.* Hinc refert quandam eius factam in homine, qui cecidisse mortuus videbatur, curationem, caputque his verbis absolvit: *Et mortuus est Rhasis anno CDI. in civitate Cordubæ, ætatis suæ circa nonagesimum.*

292. Meminit huius Rhasis Gregorius Abulfaraius in *historia Dynastiarum* [u], quam ex arabico latinam fecit Eduardus Pocockius [x], *singulare sui temporis decus, & sui sæculi Phœnicem* appellans; *inque omnibus disciplinis veterum versatissimum*, precipuè *medicina. Principem Arabum* alii vocant [y]. At obiisse ait anno Arabum CCCXX. qui respondet circumcirca anno Nativitatis Domini (*DCCCCXXXII*) (1). Scimus autem, inter hæc duo tempora annorum CCCXX. & CDL. eræ Arabum, Cordubæ rebus præfuisse, vicario quidem Issem Regis nomine sed plena auctoritate, Mahomadum, Abenhamiri filium Alhagib, hoc est *Pro-regem* priùs, postea autem *Almansor*, hoc est *Defensorem*, propter decertata multa feliciter prœlia, nuncupatum.

293. Vicarius hic factus fuit anno CCCLXVII. & post præfecturam annorum XXVI. obiit anno CCCXCIII. uti docet Rodericus Toletanus in *Historiæ Arabum* cap. 32. Principatus hic cum regno Veremundi II. qui Legionis regnum ab anno CMLXXXV. usque ad CMXCIX. tenuit, magna ex parte concurrit. Et quid vetat hunc esse Almansorem, cuius auspiciis excellens iste medicus Rhasis Cordubæ commoratus dicitur, librumque præstantissimum exarâsse, inscriptum eiusdem *Almansoris* nomine? Convenit enim quod non ipse Rex, sed Regis vicarius fuit: quod quidem munus Ioannes Leo forsan *secretarii maioris*, nomine intellexit. Convenit etiam, quòd Almansor hic à quo liber inscribitur, Rex appellari solet ab iis, qui de opere tractant; cùm revera imperium ipse administrârit, reclusi Regis Issem illibata maiestate munitus. Res mira! Vix est ut de Rhasis ætate, rebus gestis, ac mortis anno, duo veterum aut recentiorum testimonia conveniant. Zacutus in præfatione *De principum medicorum historia* refert Ottonem Heurnium per epistolam eum admonuisse, Rhasim CXX. annos vixisse, curâsse autem centum. Quod ipsum de longæva eius ætate admittit Ioannes Antonius Vanderlinden *De scriptis medicis* [z]. Sed Pœnum vocat eum, nisi pro *Persa* error subrepserit; & floruisse ait circa annum MLXX. Potuit quidem huc pertingere, si tam longævus decessit. Renatus Moreau [a], sub Almansore Rege vixisse ait circa annum CMLXVI. Theodorus Spizelius in *Specimine bibliothecæ universalis* [b], refert eum à Manzore in Bagdad ablegatum, eo quòd in experimentis Chymicæ artis fidem huic promissam decoxisset.

[z] In *Abubeter Rhazes.*

[a] Ab eodem Vanderlinden citatus.

[b] Edito in *bibliothecarum arcanis retectis.*

294. Guido de Cauliaco in *prœmio* ad *Chirurgiam*, an *Rhasis*, & *Albucasis*, & *Azoram* (credo *Abenzohar*) unus sit & idem homo, dubitare se ait. Planè insignis philosophi & medici opus hoc *Almanzor* inscriptum, decem tractatibus seu libris constans, unà cum eius aliis Basileæ prodiit ex officina Henrico-petrina anno MDXLIV. Hocce transtulit, ut credimus, ex arabico in latinum Gerardus Carmonensis hispanus: quem errore ferè vulgari Cremonensem vocant, de quo suo loco (2).

Sss Ce-

(1) Herbelotus *Biblioth. Orient. in eo*, anno Hegiræ CCCX. immortuum fuisse, id est Christi anno DCCCCXXI. aut circiter.

(2) Immo verè *Cremonensem*, quæ urbs Italiæ in Insubria nobilissima est: quam in rem describere placet quæ ante hoc vicennium & ultrà in recensione Escu-

295. Celeberrima quoque sunt opera eiusdem Rhasis, *Continens*, hoc est arabicè *Helchavi*, sive *Elhavi*, aut *Achavi*, quod *totum continens* sonat: quod quidem *Medicorum fundamentum* Ibem-Calicam historicus Arabs vocat [c], correctum (an & translatum?) ab Hieronymo Suriano Faventino, Brixiæ & Venetiis editum anno MCDLXXXVI. & MDIX. duobus voluminibus (1).

[c] Apud Spizelium loco citato.

296. *De pestilentia*, ex Syrorum lingua in græcam translatum, & à Georgio Valla in latinam.

297. *Aphorismi* sex libris, & alia apud Lindanum & Spizelium videnda.

298. Poterit & consuli in bibliotheca Leidensi catalogus librorum, quos composuit Ibn-Zacharia Raieus, qui vulgò Rhasis dicitur; item Gadamfer Taurisius *De Rhasis doctrina & scriptis*, inter libros quos ex Oriente advexit Golius quærendi (2).

299. Adiungimus opus contra Galenum; quod laudat Raimundus Martini in *Pugione Fidei* 1. parte cap. 14. Nos enim ex occasione moræ, ac fortasse obitûs Cordubensis, Rhasem hunc medicum quoquomodo descripsimus; atque item ut ab historico distingueremus. Diversus ab his duobus est Rasis Abenzohar filius Hispalensis medicus, decimi tertii sæculi Scriptor, de quo loco suo erit sermo.

CAPUT XIII.

BENTO *Episcopus Cæsaraugustanus, commentitius Pseudo-Iuliani auctor vitæ S. Magni Famensis abbatis. Huius fabulosa in Hispania pseudo-historicorum mentio.* BONITUS *Toletanus Episcopus nullius operis auctor.* NICANDER *Toletanus, Ambrosius est Nicander sæculi superioris Scriptor: cuius carmen de Lauretana sacra domo dum Anconæ ageret scriptum, producitur.* GOTVILLA *hibernus, noster autem civis, nullus homo. Francisci Cardinalis Barberini bibliotheca, quam Romæ habet, amplissima laudatur.* HELECANIS, *seu* HELECÆ *Cæsaraugustani Episcopi fragmenta commentitia.* WISTREMIRO, *&* GUMESINDO, *Toletanis Episcopis, &* THEODEMIRO *monacho adscripta falsò opera. Histo-*

Escurialensis Bibliothecæ codicis *Lit. O. Plut. II. n.* 10. nobis occurrebant. Continet inter alia is codex CLXXII. Gerardi *Tabulas, seu praxin inveniendi annos Christi, Persarum, Græcorum, Arabum &c.* Item *Tabulas in quibus continentur diversitates ascensionum universæ terræ; & præcipue ad civitatem Toleti: Tabulas medii motûs Solis in annis Arabum ad Meridiem Toleti*, & alia pæne innumera: quibus hæc è penu nostra subdidimus *T. III. Catalogi Latinorum à pag.* 109. *Unum hoc interea in his Tabulis observavimus, quod Bibliothecam nostram iuvare utcumque poterit, scilicet ad internoscendam veram Gerardi Cremonensis (an Carmonensis?) patriam, quæ mire exercuit Nicolaum Antonium nostrum, nimirum ut Gerardum Carmoni Bæticæ Provinciæ urbi, atque adeo Hispaniæ, ut ait, ereptum restitueret* (nimirum *hoc loco*; & *T. II. Biblioth. vet. in Scriptor. incerti temp p.* 263.) *Qua in re virum oculatissimum dum patriæ gratificari studet, nonnihil humani passum fuisse existimo; tam enim Gerardus ille Insuber, & miseræ illius Cremonæ, quam nimium Mantuæ suæ vicinam Virgilius olim querebatur civis est, quam ego Valentinus.*

Tabula XXII. huius Codicis, quem sæculo XIV. scriptum fuisse inferius dicemus, sic inscribitur:

Tabula elevationum signorum ad civitatem CREMONÆ, *idque plenis literis; cum alibi & fere perpetuo* C̄MONÆ *&* C̄MONENSIS *per compendium legatur. Parum hoc est.*

In Tabulis XX. & duabus sequentibus, ad demonstrandam diversitatem ascensionum signorum per universam terram, indicantur. exempli causâ, eorum elevationes accomodatæ ad situm urbium TOLETI *&* CREMONÆ, *quin ullius alterius urbis eo in opere mentio fiat. Quid ita? Nimirum* TOLETI *meminit, cuius urbis Gerardus incola erat, & in eadem opus istud & alia bene multa conscripsit, quod & Gesnerus & Nicolaus Antonius tradidere;* CREMONÆ *vero, quia in ea urbe natales hauserat. Iam vero* TOLETO XXXIX. *Latitudinis gradum cum nonnullis quadrantibus seu minutis perpetuo attribuit;* CREMONÆ *autem* SUÆ *in tribus Tabulis prædictis* XLV. *gradum, cum minutis aliquot: quæ omnino* CREMONÆ *Insubrum non* CARMONIS *Bæticæ gradatio est; nam hanc XXXVII. circiter Latitudinis gradum tenere in comperto apud Geographos est.* Hactenus in Adversariis nostris Escurialensibus. Raphael Volaterranus apud Gesnerum in Gerardo, *Suclonetam* hunc vocat *ab Oppido eius natali in Cremonensi agro.*

(1) In ea Bibliothecæ Vaticanæ parte quæ olim ad Christinam Suecorum pertinuit, Rhasis Medici opus inscriptum *Continens* sive *De universa Medicina*, Arabicè *El-Havy* à Feragio Iudæo filio Salem iussu Caroli utriusque Siciliæ Regis ex Arabico in Latinum conversum dicitur duobus voluminibus: nimirum XI. priores libri *num.* 237. reliqui usque ad XXV. (seu XXVI.) qui omnium postremus est *num.* 239.

(2) In Bibliothecæ Leidensis MStorum Orientalium catalogo *pag.* 448. *sub n.* 956. habetur: *Birounii, Catalogus librorum quos composuit Muh. Ben Zakeria Razæus, dictus vulgo Rhasis. Et num.* 957. *Gadamfar Taurisii, Animadversiones in eundem catalogum Birounii.* In Collectione autem MStorum. Arabicorum Iacobi olim Golii Lugd. Batav. 1668. apud Viduam & heredes Ioann. Elsevirii 4. inter Codd. Mathematicos reperi n. 8. *Astronomiam auctore Razi Arabicè*: inter Medicos in *fol. n.* 2. *Compendium Medicinæ Rasis, Arabicè; & n.* 3: *Pandectas Rhazis de prognosticis & simplicibus, Arabice.* Et n. 12. *Librum secundum Rhâzis ad Almanzorem.* Inter Medicos in 4. n. 3. *Librum nonum Rhâzis ad Almanzorem cum commentariis Hebraicis, Arabicè.* Plurima alia ac diversi longe argumenti Rhasi Medico tribuit Herbelotius, & præsertim Casirius noster *Biblioth. Orient. & Arab. Hisp. Escurial.*

storia Gregorii Turonensis libri undecimi quisnam auctor. De CLAUDIO BELLATORE *&* LEANDRO AGALIENSI *Pseudo-Iuliani inventiones. Eiusdem S. Boniti Toletani distincti à Benito Arvernensi fabula impudens, miserque cum Galesino lapsus. Haubertini Scriptores*, COSTUS, *seu* COSTINUS *poeta*, ROMANUS *monachus*, *&* MARINUS. *Hieronymi Romani de la Higuera quoddam laudatur opus levissimum : unde optimè colligi potest, eum Toletanorum pseudo-historicorum nec alium architectum fuisse. De Romanis Toletanis, & Marinis Gallæcis absurdæ huiusmet Higueræ cogitationes. De duobus* SEBASTIANIS, *Salmanticensibus Episcopis, falsò huic sæculo adscriptis.*

300. HABET non minus aliis hoc sæculum, quos è Scriptorum Hispanorum albo quò temerè admissi sunt deleri nostra interest; ne vel falsis præstare fidem, vel alienis ditari velle videamur. Ex ficulno-Toletanis mercibus huc pertinent

301. BENTO (credimus scriptum fuisse LANTO, propter ea quæ infrà notabuntur) Cæsaraugustanus Episcopus. Iulianus in
447. Chronico ad annum DCCCLXX. [d] *Bento Episcopus Cæsaraugustanus vel Augustanus auctoritate Adriani Papæ refert in numerum sanctorum S. Magnum in oppido Lusitaniæ, ad Fauces. Scripsit autem hic vir Dei eleganti stilo contra Iconoclastas hæreticos.* Vix intelligas mentem impostoris, Magnusne an Bento scripsisse adversus imaginum hostes dicatur. Nos ambigentibus opitulabimur, super utrumque exclamantes : periit frons de rebus? apud simplices quosdam vera discere, ac impudentissimis mendaciis oppleri aures tantundem est. S. Magnus S. Galli discipulus, aliàs Magnoaldus, Faucensis in Alemannia ad pedes Alpium Iuliarum conditi à se monasterii, quod vel nunc exstat, abbas : quem sæculo septimo vivis exemtum Lanto Augustanus Episcopus, Simperti successor, consilio inito cum Otkario Maguntiocensi Archiepiscopo metropolitano suo, & ceteris suffraganeis, ex inferiori in sublimiorem & honorificentiorem locum transtulit, & in cuius honorem Nitkarius Lantonis successor Ecclesiam B. Magni à fundamentis erexit.

302. Is, inquam, notissimus Germaniæ & Faucium Alpinarum abbas à Lantone Augustæ in Suevia clarissimæ urbis Episcopo, honore quem diximus ob sanctitatis famam religiosè mactus; de quo monumentis quamplurimis ab antiquitate venientibus admonemur, vestigiaque etiam nunc his locis servata irrefragabilia testimonia sunt, ad Lusitanos, & in iis confictum quod nunquam fuit, *Faucium* locum transfertur. De Lantone Augustano antistite fit Lanto Cæsaraugustanus; Scriptorque, sive is Lanto sive Magnus qui nunquam fuit contra Iconoclastas fingitur. Huius Magni vitam à Theodoro quodam monacho eius discipulo scriptam, cui adiunxisse quædam dicitur Ermericus Elewangensis monachus, edidere Canisius [e], Surius [f], Goldastus [g]. Quam tamen non in omnibus probat, sanctorum Benedictinorum res gestas cum iudicio exornans Mabillonius [h]. Meminit & in vita S. Galli Walafridus Strabo [i], Ioannes Trithemius [k], & ex Martyrologiis VI. Septembris Notkerus, Molanus in additionibus ad Usuardum, Maurolycus, Galesinusque, & Ferrarius. Omnes ferè ii *Faucium* Cœnobii & loci recordantur : qui *Fuessem* hodie audit, olim *Fuazim*, hoc est *pedes*; quòd ad pedes Alpium Iuliarum sit, notante Haiminsfeldio [l] huius tractus, atque item Ferrario, totius Geographiæ viris peritissimis.

303. Lanthonis, alias Lanchonis aut Danthonis, Augustani præsulis XVI. Gaspar Bruschius meminit *De Episcopatibus Germaniæ*, atque ex eo Molanus ubi proximè. Minimè gentium, Pseudo-Iulianus ait [m] : falsa hæc omnia : in oppido Lusitaniæ *ad Fauces* apotheôsis hæc facta fuit à Lantone Cæsaraugustano, aliàs Augustano Episcopo. Augustam Emeritam significari ait Higuera in Notis ad Luitprandum [n]. Nam & Luitprandum fabulæ huius vadem habemus, ridiculo isto & novitatem suam prodente si recta videmus testimonio.

304. *Ad Fauces Hispaniæ in Lusitania, vulgò Garganta-la-olla, Magnus, cognomento Ioannes, abbas floret.* Thomas Tamaius inverso ordine nomen expressit in editione Matritensi : *Ioannes abbas, cognomento Magnus.* In cuius loci Nota vir optimus & eruditus statim vidit vocabuli novitatem, quare eradendum *τὸ Garganta-la-olla* monuit; sed non animadvertens, quemnam intellexerit Magnum Luitprandi artifex; eò quòd Iuliani alterum de eo testimonium fortè non viderat. Ioannem hunc Magnum Ioannem existimavit *Biclarensem* dictum, de quo nos suprà.

305. Novitatem quoque illud sapit in Iuliani adductis verbis, quòd auctoritate Adriani Papæ relatum à Lantone in numerum sanctorum Magnum ait abbatem. Nullam quippe intercessisse Romani Pontificis auctoritatem, sed solùm metropolitani Moguntinensis, & suffraganeorum eius diœcesis Episcoporum, auctor vitæ prodit.

[e] Tomo 5. *Antiq. lection.*
[f] VI. Sept.
[g] *Alemannicarum rerum* tomo I.
[h] In *Actis SS. Benedictin.* sæculo II. pag. 505.
[i] Loca collegit Mabillonius pag. 508.
[k] Lib. 3. *De viris illust. S. Bened.* c. 107.
[l] In notis ad Ekkchardi casus cap. I. *Rer. Aleman.* tom. I. pag. 107.
[m] Num. 447.
[n] Ad ann. DCXXI.

dit. Non quidem Theodorus ille, cuius non in omnibus fidem constare Mabillonius nos docuit; sed Ermenricus Elewangensis monachus, qui supplementum ad Theodorum Lantonis ipsius Augustani Episcopi iussu, sese confecisse ait in editione Goldasti: quod supplementum frustrà in Canisii & Surii quæras. Vero magis id videtur simile, quàm ut, non ex more illius ævi, Pontificis Romani oraculum consuleretur. Præstabant id enim Episcopi in sua quisque diœcesi: quod iam ante aliquot sæcula fuit optimo consilio ad iudicium Episcopi Episcoporum evocatum. Gaspar Bruschius adiunxit primus id, quod de Pontificis auctoritate hac in re interveniente, ab eodem Galesinus desumsit; & ab hoc ultimo Pseudo-Iulianus, Adrianum Papam disertè nominans, qui eo anno DCCCLXX. quo canonizatum (sic loquitur) S. Magnum ait Bruschius, universali Ecclesiæ præerat. Deliramenta helleboro curandi capitis de Bentone Cæsaraugustano Episcopo, & Magno in Faucibus hispanis abbate, cum tædio, quia munus urgebat nos, tractata lubenter iam absolvimus.

306. Monuimus in superioribus huius sæculi opus *Indiculi luminosi* nuncupatione ab auctore donatum, Alvari esse, aut saltem videri, Cordubensis; cuius iudicii nostri rationem octavo capite huius libri ostendimus. Quare Bonitum Archiepiscopum Toletanum huius fuisse operis auctorem, & Luitprandum, qui sequaces suos id credere voluit, verum Luitprandum esse: uno atque eodem negandi verbo excipi debere asseveramus. Planus hic ait [o]: *Toletum fertur* Indiculus luminosus, *quem S. Bonitus scripsit Cordubæ*. Similiter Iulianus in prologo sui Chronici; qui tamen intus Chronicon ipsum [p] Wistremiro etiam Toletano id attribuit: mendax is, atque eorum quæ finxerat, quod minimè oportuit, immemor. Rem iam expedivimus in Alvaro.

[o] Ad ann. DCCCLXVI.

[p] Ad ann. DCCCLVII.

307. At alterius cuiusdam operis auctor sit Bonitus, si verum est quod alicubi legimus [q], in bibliotheca Toletanæ Ecclesiæ servari *Apologeticum* Boniti *in Samsonis abbatis Cordubensis* adversus Hostigesium Malacitanum Episcopum *defensionem*. Sed non hic solus error est eius viri, qui primatialem perpetuam Toletanæ almæ Ecclesiæ dignitatem propugnare fuit conatus; cùm *Apologeticum* hocce nonnisi eiusdem Samsonis esse illud ipsum exemplum, quod eius pars bibliothecæ est, confirmet. Non est hic locus refellendæ, immo exsibilandæ ficulneæ [r] de Bonito eodem Toletano & Arvernensi Episcopo (cui Arvernis, seu Claromonte in Galliis cùm esset, cappa de cælo donata fuit) absonæ ab omni veri specie inventionis. Huic namque rei alias præparamus lucubrationes.

[q] *Primacia de Toledo* 3. par. cap. 1. §. 16. pag. 564.

[r] Iulianus in Chronico num. 440 441. 442. Luitp. ad ann. DCCCLIX.

308. NICANDRUM quoque Toletanum quendam impingunt nobis, ad initium sæculi huius, iidem isti duo mendaciorum & fabularum diribitores largi & liberales Luitprandus & Iulianus. Ille ait [s]: *Hoc tempore Nicander poeta hispanus Toleti floret*. Posterior autem sic [t]: *Nicander poeta Toletanus in Hispania in pretio habetur*. Admonebimus tamen in altera Bibliothecæ huius parte [u], Nicandrum hunc nono sæculo imputatum ab eo, qui se sub veterum nominum velo latere posse credidit, non alium esse, quàm Ambrosium quendam Toletanum, qui de *Victoriæ* forsan cognomine hispano *Nicandrum* se appellare amans, Florentiæ atque Anconæ in Italia, nostrorum avorum tempore, humaniorum literarum ac poeticæ artis studio claruit. Facinus eo, quo debuit, irrisionis modo nos ibi excepimus: ut exinde lectorem nostrum hac super re doceri satius sit.

[s] Ad ann. DCCCXVIII.

[t] Chronic. num. 421.

[u] In Ambrosio Nicandro.

309. Adiungemus tamen hoc loco Ambrosii huius Nicandri quoddam carmen *De sacra æde Lauretana*, lectum nobis in MSS. schedis quæ Alphonsi Ciaconii Dominicani *Pontificalis historiæ* Scriptoris, olim fuere; servanturque hodie in archivo Cœnobii S. Isidori Fratrum Minorum hibernorum in hac Romana urbe: quod mihi Franciscus Haroldus amicus noster, eius custos bibliothecarius, & ordinis sui chronographus, benignè reseravit. Cùm autem præstet remanere hoc typis editum, tineisque ac blattis subduci, ut ostensum redarguat ipso argumento suo paucorum sæculorum ætatis quid de Nicandri auctoris ætate sentire debeamus: non abuti nos patientiâ lectoris huc inserentes arbitramur. En illud lectu sanè dignum ob elegantiam & argumenti pietatem.

310. [x] *Hecastichon ædis Laurentinæ.*

Litore quà Adriaco surgit super æthera moles,
Est ubi perpetuo celebratum in sæcula cultu
Templum augustum, ingens, opulentum, & numine matris
Ætheriæ exposcit divini carmen Homeri.
Sed nos interea hæc gracili modulamur avena.
Pervigiles lychnos, foribusque adfixa trophæa,
Hospes qui cernis, venerare, ac pronus adora;
Et crede hìc habitare Deum, qui numine terras
Qui cælum, & stygii (regit) *abdita regna profundi.*

[x] Fortè *Hecatonstichon*. Licèt enim nonaginta & octo tantùm versus hìc legantur, vero simile tamen est, duos ex iis vel temporis, vel exscriptorum iniuria excidisse. CARDIN. DE AGUIRRE.

Nam-

que ferunt prisci (fama est certissima) patres
ra Palæstinæ quà se confinia terræ
Solymas vertunt, tenui muro undique cinctum
dum, & angustis rara esse mapalia tectis.
quondam humanam celato nomine formam
umsisse Deum, & superum commercia prima
a homini; non antè datum nam dicitur unquam
hereas homini mortali ascendere sedes.
etiam eligitur regali ex stirpe parentum
o decora nimis, &..... pulcherrima vultu,
Pater omnipotens natum demittat alendum:
quam stellato præmisit vertice cæli
m ex aligeris, quibus est mandata tonantis
a sequi, interpres tanti qui fœderis esset.
volat per inane secans vaga nubila pennis,
inis angustam donec descendit in aulam:
postquam ætherei, turbato pectore, Patris
ntium, & æternæ accepit communia vitæ,
grantes accensa genas, suffusa decore,
inventa Dei mater, cui gaudia menses
a novem tulerunt; dehinc partuque salubri
dit indutum mortali tegmine natum,
regit immensi qui molem continet orbis.
tamen obscuro texit velamine nostro
mina sacra Dei, dum se puerilibus annis
nensus cohibet, tenerisque sub artubus, illam
usit mentem, totum quæ complet Olympum.
etiam castæ dum pendet ab ubere matris,
nonstrat verum esse Deum; nam littore ab Indo
felix sua vertit Arabs sola pinguia glebæ,
virtute viros claros, qui gentis Eoæ
erium tenuere, trahit duce sidere ad ipsas
antis cunas, quem flexo poplite adorant.
ltaque præterea divina oracula vatum
ita complentur, quæ quondam numine pleni
puero cecinere. Latet tamen ille, peregit
nec iuncta tribus tria lustra. Hinc protinus omni
e Deum varia ostendunt miracula mundo.
c minùs interea matri parebat, & ultrò
sequium nati præstabat, cuius in ævum
e dedit cunctis nomen venerabile terris.
us ab auxilio tellus & sidera pendent;
gerum & variæ species super atria cæli.
amite à mortali completo hanc substulit, atque
Corpore in astra tulit, ne tanti claustra pudoris,
Neve Dei domus ulli sint obnoxia tabi,
Virginem ab adsueta terreni labe sepulchri
Intactam esse, cinis sacrum ne corpus haberet;
Sed nullo ut vivens fuit unquam crimine læsum,
Sic in morte foret melioris origine vitæ.
Inde aliud maius miseris mortalibus addit
Mirandumque magis, sese vertentibus annis:
Limina nam sacra, & subducto cardine portas,
Angustamque domum, matris mysteria tanta,
Cumque sua mole (auditu mirabile!) totam
Abstulit, inque alias super aera transtulit oras.
Fœda ibi relligio tota regione suborta
Tenebat sacra celebrandam Virginis aulam,
Inque alios usus vertebat: turpiter esset
Ut vanis domus ampla Deis, quos impia quondam
Gens coluit, ritu celebrans simulacra nefando.
Non tulit hoc Deus ipse malum, sed dedecus arcens,
Ad populos tulit ille suos, radicibus imis
Parietibusque suis convulsam protinus ædem.
Prætereo, quibus ipsa locis consederit, alto
In Ricini donec Laureto constitit. Hæc est,
(Ne dubita) domus hæc, ubi tot miracula quondam
Fulsere, atque Dei fuit olim filius infans.
Ergo alacer lætusque hoc sanctum limen adora
Cernuus, & templi iam postibus oscula fige,
Dum licet hanc spectare oculis, quæ vera videtur
Virginis effigies, sacro de stipite factam.
Quò magis id credas, neque me figmenta referre
Fortè putes, sincera fides si pectori inhæsit,
Verte oculos quocumque libet; nam adfixa videbis
Nunquam audita priùs miracula. Syrtibus ille
Naufragus evasit fluctus, huic ensis adactus
Pene animam abstulerat, crucis effugit ille periclum
Fune ter abrupto excutit hic cervice securim,
Solvitur hic magno religatus pondere ferri;
Ast alius flammis ereptus, at ille per altum
Aera præcipitans illæso corpore terram
Attigit; hic æstu febris fit liber, at illum
Eripuit miserum rabidarum à dente ferarum.
Sed neque quàm multæ species, quæ nomina cunctis
Est numerus, nemo hæc numero comprehendere posset;

Quem

Quem qui scire cupit, fulgent quot nocte serena
Astra polo, quot vere rosæ, quot dicere tentet
Autumno poma, & quot spicis horreat æstas.

311. GOTVILLA hibernus huc pertinet, exterus quantumvis homo, hispanus tamen incolatu, ac nostratis historiæ scribendæ merito, si verè is usquam inter mortales vixerit. Non enim nemo è nostris [y] ait Gotvillæ, qui anno DCCCL. florebat hiberni, apud nos degentis, opera duo exstare, alterum, *Historia Ranimiri I. Legionis seu Oveti Regis*; alterum *De religione Gothorum*. Subiunxitque in rei fidem apud amicum nostrum D. Iosephum Pellizerium Regium historicum, à quo id accepimus, asservari hæc Romæ in bibliotheca Cardinalis Antonii Barberini, unà cum Iuliani diaconi Toletani *Antiquitatibus Hispaniæ*; & quidem eo ipso pluteo & loculo, ubi Bibliorum cantabrica quædam interpretatio custodiretur typis edita. Cùm autem commorantibus Romæ nobis nihil antiquius fuisset quàm certiores de hac re fieri; & tamen existimantibus, uti experientia nos docuit, errore quodam ad Antonii, pro Francisci Cardinalis Barberini, celeberrimam bibliothecam, nos dirigi: sedulò ibi accuratissimorum indicum memoriæque Caroli Moroni bibliothecarii doctissimi, ad S. Laurentium in Damaso canonici, operâ adiuti, omnibusque excussis angulis: in biblicum quidem opus, hoc est, Novum dumtaxat Testamentum, cantabricâ seu Vasconum vernaculâ conversum linguâ incidimus; Gotvillæ autem tam insignis historici, neque volam neque vestigium invenimus.

[y] D. Ant. Fern. Alvarez de Miranda Legion. canonicus hæc duo opera citat in libro, *De la antiguedad de la milagrosa imagen de Campo sagrado*.

312. Estne autem eadem larva hominis GULLITA Toletanus ille, cuius in deditionis urbis Toletanæ Mauris factæ relatione utitur Pseudo-Iulianus [z], quam in tabulario sanctæ Iustæ apud eandem urbem ait servatam? Vix credo. Hunc tamen Gullitam, incertum aliàs ætatis cui adscribere eum voluit, chimæricis atque confictis à Iuliano auctoribus nunc contribuimus.

[z] In Chron. num. 376. pag. 89.

313. HELECANIS Cæsaraugustani Episcopi memoriam, non eo quo decuit iure, sed ut eâ abuteretur hominis famâ, renovavit superiore sæculo inventor aut corruptor. Maximi Cæsaraugustani similiter præsulis Chronici, appensis eidem Braulionis, & huius Helecanis Maximi eadem in Sede aliquando successorum quibusdam additionibus: formatis quidem reverâ iis ad persuadendum veterum testimoniis antistitum, quicquid fabulæ auctor de antiquis Ecclesiæ rebus, seu de ambiguis existimaret ipse, seu de planè falsis aut inverosimilibus existimare alios, præcipueque nostræ gentis homines, avidissimè cuperet. Ceterùm Heleca sub Alphonso magno Oveti Rege floruit (1), à Sede sua, ut videtur, exsul, quæ Mauris suberat. Ferè enim omnis eius viri memoria his monumentis continetur, quæ in ditione Christiani resurgentis in angulo Hispaniæ isto regni exstant. Compostellanæ Ecclesiæ consecrationi eum cum aliis interfuisse (anno [a] CM.) Sampirus Asturicensis annotavit, apud quem *Elecca* editum est. Qui & priùs, nempe DCCCXCIII. Ecclesiam sacraverat cœnobii, nunc Cisterciensium sodalium *Vallis Dei* [b] nuncupati, Asturiarum regionis, unà cum Rudesindo Dumiensi, Nausto Conimbricensi, Sisenando Iriensi, Ranulpho Asturicensi, Algimiro Lamecensi, & Reccaredo Lucensi, cuius dedicationis eodem in loco durat monumentum lapidi incisum [c].

[a] Uti docet Morales lib. 15. cap. 20.

[b] *Val de Dios.*

[c] Apud Moralem lib. 15. cap. 23. Bivar. ad Maximi additiones pag. 2.

314. Pseudo-Braulionis ac Pseudo-Helecanis additiones istas alio & alio modo partitioneque edidere Hispali Rodericus Carus, Cæsaraugustanam principem Ioannis Calderonis editionem secutus, & Matriti Franciscus Bivarius. Prior nempe omnia quæ sex primis segmentis, sive, ut loqui amant noviores, paragraphis subiiciuntur, Helecanis præseferre nomen fecit; sex tantùm illis in capite additionum Braulioni attributis. Posterior Bivarius saltuatim, nunc Braulionis, nunc Helecanis, prout res maiori aut minori ab antiquitate in memoriam reductæ alterutrum fuisse eius partis auctorem suadere videbantur, discessione à prioribus duabus editionibus pro arbitrio facta, nominibus consignavit.

315. Iure autem quod de Ioannis Cæsaraugustani Episcopi sepultura §. 38. refertur, cùm ibi eum fratrem suum Scriptor appellet, non alio quàm Braulionis notari debuit nomine, qui verè Ioannis germanus frater fuit. At omnia ista utriusque Episcopi sub titulis vænalia, è mercimonio sunt ficulno-Toletano, vereque, ut poeta inquit, *canoræ nugæ*; desuntque in exemplo, quod habere nos è bibliotheca Marchionis Estepani, Maximi Chronici, cuius esse finguntur additiones, iam sæpiùs, cùm de Dextri Chronico ac de altero isto Maximi pro munere ageremus, lectores veri amantes monuimus.

316. WISTREMIRUM Toletanum Episcopum Gumesindi successorem scripsisse *adver-*

(1) Nimirum ab anno DCCCLXVI. sive ab Ordonii patris obitu ad annum DCCCCXII.

ersus Claudium Taurinensem Iconomachum, ·ferenti Luitprando [d] crederemus, si fides ·us pridem non decoxisset.

317. THEODEMIRUM monachum literis ·onuisse, ut ab ea hæresi desisteret, eun- ·m Claudium Taurinensem, certa res est, ·cap. 5. diximus; sed eum nostratem fuis- & apud nos Calagurri antistitem [e], Iu- ·anus & Luitprandus nequaquam iis per- ·adebunt [f], qui cras illis, hodie nihil cre- ·re certi sunt. Planeque deridendum sese ·eo dat nobis, quod Theodemirum hunc ·laudii hyperaspisten abbatem vocat, si- ·ulque Cordubæ martyrio ait coronatum: ·uod & apud Pseudo-Haubertum legimus [g], ·ui adiungit martyrii diem xx. Iulii anni ·CCCLI; cùm Theodemirus is qui hac ·e Cordubam suâ nobilitavit coronâ, mo- ·achus tantùm & iuvenis audiat à claris- ·mo eius Saracenicæ persecutionis histo- ·co Eulogio Cordubensi martyre lib. 2. ·ap. 6.

318. Nugivendulus idem auctor de GU- ·ESINDO Toletano antistite hæc habet [h]: · *Gumesindus Archiepiscopus Toletanus ad- ·cit Chronico S. Gregorii Turonensis, quæ ·icuntur appendices*. Nempe hispanus ho- ·o, inter Mauros ferè captivus, galli- ·anarum rerum ita fuit gnarus & amans, ·contemtis propriis gallum historicum ·ontinuaret. Præterea hæc appendix, liber ·t undecimus, qui non ullo notatus au- ·toris nomine, decem *Historiæ gentis Fran- ·rum* Gregorii Turonensis libris olim an- ·exus legebatur. Certum quippe est Gre- ·orium hos tantùm scripsisse, ut & ipse ·fine ultimi, & Sigebertus Gemblacen- ·s [i] docent. Nondum autem, cùm Iulia- ·um architectatus est figulus Toletanus, de ·uctore huius appendicis erat aliquid inti- ·atum. Quem quidem esse Fredegarium ·cholasticum vulgò hodie creditur. Consu- ·e sis Vossium *De Hist. lat.* lib. 2. cap. ·2. & lib. 3. sub titulo *De anonymis incer- ·æ ætatis* [k], & ultimam huius appendicis ·ditionem in corpore *Scriptorum Franciæ ·istoriæ* [l], quam Andreas Chesnæus procu- ·avit: ubi prologus ipse auctoris ostendit ·llum Gregorii historiam, quæ in Chilpe- ·ico Rege desinit, usque ad sua tempo- ·a continuare voluisse, hoc est Francorum ·egum res gestas prosequi.

319. Quamvis enim nonnulla de Go- ·his Hispaniæ Regibus, quod & Grego- ·ius fecerat, ipse quoque admisceat Fran- ·icis, hoc ex occasione, breviterque ac ·er transennam, quod dici solet, corru- ·tisque miserabiliter nostrorum Regum no- ·ninibus, exsequitur: uti cap. 33. & ali- ·i, *Sisebondum*, pro *Sisebuto*; cap. 73. *Sen- cilam*, pro *Svinthila*; *Torremodum*, pro *Turismundo*; cap. 82. *Tolgam*, & *Chinda- sindum*, pro *Tulga* & *Cindasvintho*; item *Richisindum* pro *Reccesvintho* appellat. Eorundem item Regum famam non semel maledictis onerat, ut hæc omnia Francum auctorem, à Gothisque alienæ gentis, non Gumesindum hispanum liquidè ostendant.

320. Nondum tamen mentiendi finis. Ludionem adhuc audiamus nostrum [m]. CLAUDIUS BELLATOR *presbyter Bigastrensis, vel Murciensis, Scriptor nobilis*. At hunc quoque nos albo chimæricorum Scriptorum inseramus.

321. LEANDRUM item Agaliensem abbatem Scriptoribus annumerare opus esset, si vera de eo scripsisset planus noster. Hic de Bonito Episcopo Toletano, quem fingit natione gallum fuisse atque Arvernensem civem, anno huius sæculi quinquagesimo nono Ecclesiæ isti præfectum: *Petit Arvernos*, (inquit [n]) *ibi per annum prædicat & cappa cælesti propter humilitatem in æde S. Michaelis donatur. Fuit alter Bonitus Arvernensis, vir sanctus, cuius memoria colitur* XV. *Ianuarii, hoc anterior* CXL. *annis. Et huius recentioris vitam, plenam signis, scripsit Leander abbas Agaliensis; & alterius Ægidius, & Gallus, qui nihil de donatione cappæ cælestis meminerunt, quia iunior donatus est post S. Ildephonsum ferè* CC. *annis; Galli duos in unum Bonitum contrahunt*. Habemus iam hinc Leandrum historicum S. Boniti Toletani, non Arvernensis Episcopi, patriâ tamen ex hac urbe quæ Clarus-mons (*Clermont*) hodie audit, in Galliarum regno. Cuius Leandri meminit iterum dicens [o]: *Leander abbas Agaliensis, vir eximius, Toleti floret*.

322. Consonat in BONITI re Luitprandus [p]. At hoc novum est & evidens falsitatis & suppositionis horum auctorum, Luitprandi & Iuliani, quod ipsi nobis incauti adversus sese ipsos exhibent, argumentum. Verè unus fuit Bonitus Arvernensis, isque suæ huius urbis Episcopus; nîlque ad aliquem Toletanorum præsulum, quibus idem nomen fuisse dicitur, è miraculosa Deiparæ Virginis apparitione, cappæve cælestis dono pertinet. Gallis quidem constat Bonitum suum Arvernensem antistitem hoc munere ornatum fuisse, cuius natalem XV. die Ianuarii celebrant. Famæ in hoc, & non vanis documentis credunt [q]. Verum est, nunquam in actis ab æquali conscriptis huius rei mentionem haberi. Sed aliàs refertur. Legerat quidem apud Surium [r] acta prædicta noster planus; cumque ab iis separatam videret apparitionis Marianæ relationem, nempe Vincentii Bello-

[m] Ad ann. DCCCXLVIII. num. 437.

[n] In Chron. num. 441.

[o] Num. 443.

[p] Ad ann. DCCCLIX.

[q] Collegit auctores huius rei Bollandus *De Actis SS.* tom. I. Ianuarii pag. 1069.

[r] XV. Ianuarii.

lovacensis Episcopi [a] testimonio nitentem: cupidinem usurpandi Arvernensi Ecclesiæ, Toletanæque adscribendi celeberrimum hoc miraculum facilè concepit: futurum sperans non ægrè se nostratibus persuasurum, quod æquivoco nominis, & ipsâ sibi ambiguitatem quodammodo ingenerante rerum à Bonito gestarum historiâ, niteretur.

[a] Lib. 7. *Spec. histor.* cap. 97.

323. Bonitum igitur duplicem, Arvernensem utrumque civem, sed priorem in patria Episcopum, alterumque centum quadraginta annis eo posteriorem Toletanum antistitem finxit; Arvernensique spoliato in possessionem gloriæ, quem miraculum cappæ cælestis exceptori suo pepererat, Episcopum Toletanum intrusit. At quia in relatione ipsa de miraculi loco monemur, Ecclesiâ scilicet S. Michaelis urbis Arvernensis in qua apparitio Deiparæ contigit: neque eo retardatus fuit insignis præstigiator, quin rem posse expedire sibi videret: scilicet conducto ad Arvernos usque Toletano antistite, ac per biennium in patria urbe detento: parum quidem animadvertens indignum prorsus sic eximio dono atque honore cælitus dispensato eum videri, cui tamdiu derelictæ, fidelium Toletanorum gregis, pabulo eius doctrinæ & curâ regiminis, tot inter ærumnas discriminaque, scandalaque à commistione Saracenorum venientia omnino egentis, nullam noxiè aut incuriosè administrati muneris Pontificalis conscientiam iniecerat.

324. Planè autem hæc potuit, non omnino infeliciter, attentare impostoris rapacitas; quamquam tota ferè Gallorum de re existimatio, Bellovacensis auctoritas, atque eo adhuc antiquioris Anonymi de sancto Bonito hymnus à Ioanne Bollando adductus [t], contrà sit. In quo tamen miserrimè luto hæsit, caudamque ut perdix solet occultato tantùm capite, omnium oculis qui aucupio huius generis nugarum delectantur, discoopertam reliquit, insignis æquivocatio est in laudandis auctoribus vitæ S. Boniti Arvernensis Episcopi admissa. Ægidium quippe ait & Gallum hanc scripsisse. Imbibit miser à Galesino errorem, qui hæc habet [u]: *Arvernis S. Boniti Episcopi & Confessoris, cuius vita virtutum splendore insignis, beatorum patrum Adelphi & Eucherii iussu ab Ægidio & Gallo literarum monumentis consignata est.* Malè quidem is intellecto quod de Ægidio & Gallo in actis dicitur, in eandem secum erroris foveam sequacem præcipitavit. Non enim ea mens actorum, cùm de his loquitur, sed hæc potiùs. Anonymus actorum Scriptor iussis se in scribenda Boniti vita, Adelphi & Eucherii (aliàs Eutherii) obsecundare ait, conquerentium hanc eo iustiùs desiderari, quòd iam luculento stilo scriptæ ab aliis *Vitæ Elidii & Galli*, eiusdem sedis Arvernensis Episcoporum, exstarent.

[t] In *Actis SS. Ianuarii* tomo 1. die XV.

[u] Die XV. Ianuar.

325. Verba ipsa præfationis actorum subiicere res ipsa postulat: quam quidem Surio invisam, à Galesino visam, sed non intellectam, Ioannes Bollandus cum actis ipsis primus edidit [x]: *Cùm dies S. Theophaniæ immineret, & vigiliarum iam solemnia celebrarentur, imperio vestro nostræ imputâstis segnitiæ* (ita legi velim pro nullius sensus his: *imperii vestri nostræ imputantes segnitiæ*) *ô beatissimi PP. Adelphi & Euteri, cur beati sacerdotis & confessoris Boniti prætermissa haberentur luce clariora, cùm antistitum Sedis confessorumque Elidii* (ita, non *Ægidii*) *& Galli luculento sint stilo prolata; & hæc dicentes iussistis, ut quamquam simplici & inculto sermone, meo eliciam stilo.* Videlicet ita clara sunt, singularem actorum descriptorem non duos hìc loqui, itemque exemplo descriptarum olim à nonnemine Elidii & Galli Episcoporum Arvernensium vitarum, Adelphium Heteriumque apud hunc anonymum usos, quo stimularent eum ad elucubrandum de Boniti vita: ut qui statim non agnoscat fateaturque Galesinum deerrâsse, Prometheumque Toletanum hunc caligantem viæ ducem incautè secutum fuisse, indignus sit adversus quem ratione agamus.

[x] Ubi suprà.

326. Noti enim sunt Arvernenses Episcopi Bonito antiquiores, *Illidius* (sic vocat) ex Gregorio Turonensi *De vita patrum* cap. secundo. *Gallus* autem ex eodem eiusdem operis cap. 6. & *historiæ Francorum* lib. 4. cap. 5. Qui Gregorius, Elidii & Galli encomiastes, sæculo sexto vixit. Tam à vero exorbitat hos Elidium & Gallum octavo saltem sæculo quo Bonitus floruit [y] æquales fuisse, ac vitam eius literis consignâsse. Hæc sunt procacissimi veræ historiæ conturbatoris, immo religionis, adversus quam introductor sanctorum suppositorum graviter peccat, non obscuri contemtoris facinora, iustâ potiùs eorum, qui eidem religioni tuendæ invigilant, censurâ configenda, quam critico tantùm carbone notanda nasóve suspendenda.

[y] Bollandus videndus in Notis ad Boniti vitam die XV. Ianuar. pag. 1069.

327. Sed & fictitius ille Haubertus Hispalensis, quem nostra hæc ferax huiusmodi suppositionum ætas è fæce sua eduxit, Heroas quoque aliquot literarum suppositios, huic tamen sæculo adscriptos, commendare ausus fuit; è quorum numero est, quem vellet in chorum Christianorum

rum poetarum intrusum, his verbis, anno DCCCXXI. COSTUS, *vel* COSTINUS, *poeta floret Flaviobrigæ*.

328. Ceterùm Haubertum percurrens, in quendam incidi ROMANUM Benedictinum, ut aiunt, monachum, quem huic sæculo adiudicari oportebit, si revera is scripserit, non verò tantùm exscripserit, *Psalmorum* quandam *explicationem*, quæ in archivo monasterii Æmilianensis, sive S. Æmiliani Benedictinorum, apud nos exstare, Gregorius Argaizius eiusdem instituti sodalis auctor est [z]. Ad cuius operis gothicis literis in pergamena charta exarati finem ita legi ait: *Explicitus est liber iste à Romano præposito sub era CMXIX.* Sed (bone Deus!) quantum sibi visus fuit Argaizius è codice isto profecisse, ut Hauberti sui somnia quæ Luitprandus quoque Iulianusque viderunt, ipse, ut Tertulliani verbo utar, non evacuaret.

329. Romanus certè hic, si & somniare quoque nobis lubet, Romanus ille erit supremus Ecclesiæ Pontifex, qui post infelicem Stephani VI. (aliàs VII.) mortem Romanorum factione adversus Adelbertum Thusciæ Marchionem anno CM. creatus fuit, quatuor mensium Papa. Immo & Luitprandus meminit Marini & Romani Gallæcorum à Papa Ioanne ad Adephonsum missorum, ad annum DCCCXCVI. Sed Iulianum audi: *Marinus & Romanus* (ait [a]) *natione Gallæci in Hispania, mittuntur ad Adephonsum Legionensem Regem & à Ioanne Papa Romensi venientes Legionem comiter excipiuntur à Rege.* Et paulò pòst [b]: *Romanus Papa Galliciensis* (ita lego pro *Galviensis*, quod nihili verbum est ad auctoris propositum) *hispanus, quatuor menses sedet in solio S. Petri ex presbytero Cardinali: qui cùm legatus esset in Hispania attulit ex Gallæcia multos equos Gallæcianos; eosque Papæ Ioanni poscenti obtulit.* Eademque vitulâ arantem Haubertum [c]: *Romanus monachus Æmilianensis Romæ creatus est Cardinalis.* Et infrà [d]: *Romanus monachus Æmilianensis in Gallæcia natus, valdè dominus meus, consecratur Papa. Sedet menses quatuor & dies* XIX.

330. Morem nempe gerere auctori & creatori suo Luitprandus Iulianusque debuere. Hieronymum Romanum de la Higuera Toletanum intelligo, qui genus suum antiquis imaginibus ornare satagebat. Cuius rei firmissimum dat mihi testimonium ipsius quædam in schedis relicta lucubratio quæ in eo tota est, ut in quatuor familiarum quas ille contingebat sanguine, (*Higueras* scilicet, *Romanos*, *Peñas*, & *Cuellares*) origines inquireret. Huius autographum apud se habet amicus noster D. Iosephus Pellizerius, ipsa Hieronymi Romani auctoris manu per libri oram auctum & annotatum, cuius nobis benignè copiam fecit.

331. Rem tamen aliam ageremus, si præter id quod ad Romani Papæ huius notitiam pertinet, refellendis huiusce genealogici commentarii nugis ulteriorem operam impenderemus. Nempe Baronium legens de Romani & Marini eius, qui Ioannem inter octavum & Adrianum III. sacris Romanis & universi orbis præfuit, Gallesianâ patriâ: nescio quid subodoratus ad Romanorum familiam suam referri aptum, si non hi Pontifices è *Gallæsio* Italiæ oppido, quod re ipsâ contigisse credendum est, sed è *Gallæcia* provincia Hispaniæ orti fingerentur: statim quicquid mortalium quibus Romanis nomen fuisset ex utraque orbis Christiani parte, latina græcaque in memoria hominum esset, Romanorum Toletanorum stirpem augere atque ad ultimam antiquitatem deducere posse sibi persuasit.

332. Ex ungue leonem disce Romanum. Imperatorem Constatinopolitanum, qui nono sæculo vixit, è Gallæcia oriundum fuisse ait, cognominatum *Lecapenum* à *Lecapeno* municipio, cuius in Hispana inscriptione quadam mentio est; atque huius Romani filium nothum Basilium ab Stephano fratre fugatum ad nos venisse, dum Ramirus Rex Legionis III. rerum potiretur; necnon Toleti, sub Maurorum scilicet ditione hærentem, matrimonio sibi in ea urbe, è Gallæcia tamen perductam iunxisse sibi nobilem feminam, unde Toletana effluxerit Romanorum propago. Et tamen è græcis historiis constat Basilium hunc Romani generis in exsilio suo Hispano auctorem, non priusquam à Constantino Porphyrogenneta iussus fuerit castrari, permissum fuisse aliò abire.

333. Huius Romani Lecapeni, ait postea, propinquos fuisse de Romanorum & Marinorum Gallæcorum genere, supradictos Marinum & Romanum Pontifices, quorum posterior Constantinum habuit parentem, Marini fratrem, qui duo Constantinus & Marinus, è Palumbo presbytero nati sunt. Palumbum ergo hunc suspicatur circa annum DCCCXL. Romam profectum, in aliquo Thusciæ oppido (ad *Gallesium* respicit) mansisse; ibique Constantinum & Marinum, & ex Constantino Romanum atque alium Marinum natos, cui Romano impositum fuerit familiæ nomen. Atque ideo Panvinius dixerit, Marinum fuisse *Gallecensem Thuscum*, hoc est,

Ttt è

[z] ...ro in- *Pobla-* ...*lesiast.* ...*aña y* ...*n de* ...*o part.* ... pag.

[a] *Chron.* ...3.

[b] ... 460.

[c] ...l ann. ...VIII.

[d] ...l ann.

è Gallæcia oriundum, in Thuſcia tamen ortum: quod neceſſariò credendum eſſe ait, cùm nullum in Thuſcia Gallæciæ nomine fuerit oppidum.

334. Marinorum inde longa deducta ſerie, ad genus hoc pertinere credit Marinum Gallæciæ XVIII. Iulii, Marinum Cæſareæ Cappadociæ de quo Euſebius lib. 7. cap. 13. Marinum in Scythia V. Auguſti, & alium in Africa X. eiuſdem menſis; alium item Anazarbenſem VIII. Auguſti; necnon Marinum Leonis ſodalem, aliumque Alverniæ XXV. Ianuarii, alium Romæ XXVI. Decembris, omnes martyres. Præterea & Marinum Mathematicum, Marinumque tempore Valeriani & Gallieni, & alium Iuſtiniani tempore, præfectos; tandemque Marinum I. Papam, cum Romano, eius ex fratre nepote; atque item Marinum ſecundum, Romani fratrem germanum, qui & ipſe anno CMXLIII. ad ſummum Eccleſiæ Pontificatum aſcendit, ex eodem Gallæco ſanguine, Romanorumque ac Marinorum familiis fuiſſe affirmat. Vide hominis facilitatem, qui vel quod pueri ſciunt, ipſe neſcit, Marinum nempe & Romanum propria virorum nomina eſſe, non autem familiarum cognomina; nec maiorem inter omnes, qui Ioannis aut Petri nomine vocantur quam inter Marinos & Romanos cognationem debere conſiderari: quod multis comprobare exemplis ſuperſedemus.

335. Planè ex *Galleſio*, quæ olim Faliſca, & Faliſcorum fuit metropolis in Thuſciæ partibus ad Tiberim ſita urbe, hodie *Galeſe*, quæ Ducatus familiæ Altempſiorum titulus eſt, utrumque oriundum fuiſſe Papam communis eſt traditio. Cuius rei teſtis ex eodem oppido clarus ſæculo ſuperiore vir Antonius Maſſa *De origine & rebus Faliſcorum* eruditus auctor, in fine libri; nec aliud ſignificare Onuphrius voluit, quum *Galleċienſem Thuſcum* vocavit Marinum; & Baronius, quum hunc *Galleſio* oppido oriundum [e], Romanum verò *patriâ Galeſianum* [f] appellat (1). Marinum autem II. Romanum patriâ fuiſſe refert. Nec prætereundum eſt, quòd Raphael Volaterranus [g] Marinum I. nullum agnoſcit, nec Marinum ſecundum, uti neque Platina; ſed hos duos Martinum II. ac III. vocant. Quorum priorem uterque Gallum, poſteriorem Romanum patriâ, atque ex eadem hac urbe Romanum fuiſſe ſcribunt.

[e] Tom. 10. ad annum. DCCCLXXXII. n. 11.

[f] Tom. 10. ad ann CM. n. 8.

[g] Lib. 22. *Anthropologiæ*.

(1) Eſt & in Calabria Galæſus fluvius qui Tarentinum agrum irrigat, & pro Tarento urbe uſurpari ſolet. Horat. *II. Carm. Od. VI.*

Dulce pellitis ovibus Galæſi
Flumen.

336. De Romano Lecapeno Imperatorè Gallæco nonnihil dicemus, eiuſque filio Baſilio. Romani Imperatoris patriam ſubticuere græci auctores, non verò Luitprandus verus ille, cuius exſtat opus *De Rebus Imperatorum & Regum* ſui temporis. Hic enim lib. 3. cap. 9. humili proſapia Romanum, ex Armeniorum gente oriundum fuiſſe refert. Nec Lecapenus fuit, ut ad Lecapenſe pertinere poſſit Gallæciæ municipium, ſed *Lecapenus* cognomento: quod græcè à verbo λακεῖν quod *ſonare*, *reſonare*, aut *loqui*; & ἀπηνὴς nomine, quod *immitem*, *ſævum*, *inhumanum* ſignificat, formatum videtur, ut complexum hoc λακαπηνός, *duriter* aut *horriſonè loquentem* ſonet.

337. De caſtratione Baſilii hæc Zonaras de Conſtantino Porphyrogenneta loquens [h]: *Filium autem Imperatoris Stephani Romanum iuniorem, itemque Romani ſenioris filium Baſilium ex ancilla procreatum, caſtravit.* Cedrenus item [i]: *Romanum Stephani filium caſtravit, eum qui poſtea Auguſtiſer factus eſt; itemque Baſilium Romano ſeni è ſerva natum.* Ioannes Curopalates: *Exſecuit Romanum Stephani filium qui poſtea Sebaſtophorus fuit, itemque Baſilium è ſerva natum Romano ſeni.* Tribus hiſce græcis hiſtoricis teſtibus de Baſilii huius Magni Romanorum Toletanorum propagatoris conditione præſtaturum fidem ſperamus lectorem, potiùs quam Romano Higueræ: qui apud Onuphrium lecto, inter Romani Imperatoris filios, Baſilii nomine, hunc ſtatim abſque alio examine aptum natum exiſtimavit, quem generis ſui auctorem confingeret: tyranni nempe filium, atque è ſerva natum, &, quod portentum magnum continet, virilibus exſectum. Sed nugarum ſatis. Occaſione tamen hæc dicta ſunto Romani Præpoſiti, à quo ſcriptus aut exſcriptus liber *Explicationis Pſalmorum*, in archivo monaſterii Æmilianenſis aſſervatum (2).

[h] T. pag. 15.

[i] Pag. 524.

338. Inter falsò dictos Scriptores & huic ſæculo imputatos, duos ponimus Sebaſtianos Epiſcopos Salmanticenſes: priorem eum qui vulgò inſcribitur auctor Chronici, quod revera eſt Alphonſi Magni, ut ſuprà diximus [k]: poſteriorem alium qui non rectè dicitur hiſtoriam ſcripſiſſe Ranimiri Regis II. Profluit æquivocatio hæc à Prudentio Sandovalio, qui in libro *Fundationum monaſteriorum ordinis S. Benedicti in Hiſpania* [l], verba quædam in medium af-

[k] Huius libri cap. 10.

[l] In monaſterio S. Æmiliani fol. 54. §. 26.

(2) Quicquid ubique mendaciorum fuit aut nunc eſt dixeris in hanc quaſi ſentinam confluxiſſe. Verum eiuſmodi non ſunt, in quibus tantum boni contereretur otii.

affert è MS. historia, quam vulgus Sebastiano adiudicat Episcopo Salmanticensi, quæ quidem narrationem continet memorabilis Ranimiri II. iuxta Septimancam urbem reportatæ à Mauris victoriæ. Qui Sebastianus ab eo diversus necessariò fuerit, cui falsò imputatur Chronicon Alphonsi Magni; hic enim anno Christiano DCCCXCVIII. iam obierat. Fredesindus enim legitur hoc anno in publico instrumento quodam istius Ecclesiæ Episcopus; cùm Sebastianum alterum, de quo nunc loquimur, non ante annum CMLXXXV. vitâ functum, ex aliis antiquis monumentis Prudentius ipse Sandovalius comprobet. Quem tamen ut evincat historiæ huius Ranimiri auctorem, vitam ei plusquam centum annorum adscribere cogitur. Et hunc eius errorem secutus est in historia Salmantinæ urbis lib. 2. cap. 3. Ægidius Gundisalvi Davila. Sed cùm hæc ipsa ab utroque oblata verba de prœlio illo Septimancensi concepta, in Chronico Sampiri Asturicensis Episcopi, qui res gestas Ranimiri huius II. Chronico isto comprehendit, hodie legamus: omnino dicendum est Prudentium Sandovalium nondum hocce Sampiri Chronicon, quod cum aliis postea edidit, tunc temporis attentè legisse, cum revera eius in *Fundatione S. Benedicti de Sahagun* §. 11. mentionem faciat.

CAPUT XIV.

De Scriptoribus decimi sæculi. RAGUEL *presbyter martyris Pelagii historicus: quod & præstitit Rosvitha virgo Saxonica.* PETRUS DE MONSONCIO *Compostellanus Episcopus an auctor orationis* Salve Regina. *Imbecillibus argumentis id contendere D. Laurentium Ramirezium à Prato. S. Bernardus adiunxit:* ò clemens, ò pia &c. D. PETRUS GRAÑON *monachus S. Æmiliani.* SALVUS *abbas Albeldensis.*

339. ILLUSTRE fecere hoc decimum sæculum non tam victoriæ plures aperto campo Saracenis ereptæ, quam Cordubensis triumphus almi pueri Pelagii martyris sub Abderraghmane Rege die Dominica sexto Cal. Iulias eræ CMLXIII. qui annus est Christianus vicesimus quintus supra nongentesimum, reportatus. Ermoigii Tudensis in Gallæcia Episcopi nepos hic, pessimo secundum sæculi prudentiam consilio, sed caligante hac ad maioris luminis divinæ providentiæ conspectum obses relictus fuit puer decem natus annos in Cordubensi urbe loco Ermoigii, iam captus olim in prœlio, quo cum eodem Abderraghmane duo Reges, Legionis scilicet Ordonius II. Alphonsi Magni, Garsiasque Pampilonis Sancii filii, iuxta *Iuncarias* [m] infeliciter prœliaverunt. Post triennium autem ærumnarum & carceris invitatus à Saraceno Rege blanditiis, & spe temporalem vitam prosperrimè transigendi, si nuntium veræ Fidei remittere vellet, Pelagius sævè blandientes assultus eâ constantiâ repulit, ut paulò pòst ab efferato Rege membratim discerpi, atque in flumen proiici iussus fuerit.

[m] *Junquera* vulgò.

340. Martyrium hoc descripsit RAGUEL presbyter, fortè Cordubensis, qui ab iis, quorum in carcere sodalis martyr fuerat ea se quæ narrat audivisse innuere videtur. Accedit alia causa scriptum hoc & Scriptorem huic ætati accensendi: quod scilicet is referat *corpus* (1) martyris, quo tempore literis hæc mandabat, in Ecclesia S. Genesii, *corpus* autem in S. Cypriani eiusdem Cordubensis urbis requiescere. Quæ ante annum huius sæculi sexagesimum sextum, Ranimiri III. primum [n], à quo receptum fuit à Cordubensis Regis manu venerabile corpus, scribi debuere.

[n] Morales lib. 16. cap. 31. ex Sampiro Asturicensi Episc. in Ranimiro III.

341. Habetur relatio hæc Raguelis in codice membranaceo ante sexcentos, ut creditur, annos scripto, qui olim S. Petri Caradinensis monasterii fuit, nunc verò in regia Laurentina bibliotheca asservatur, eò ab Ambrosio Morali translatus. Qui & in *Smaragdino*, sic vocato, Toletanæ Ecclesiæ *Sanctorali*, atque in alio Tudensis Ecclesiæ, eandem se vidisse ait [o], dum venerandum hoc antiquitatis monumentum unà cum S. martyris Eulogii operibus in publicum primus proferret. Auctor quidem nusquam sese in contextu prodit; in eo tamen, quem diximus, Caradinensi codice affixa libri oræ hac nota: *Raguel presbyter doctor fuit huius Passionis Cordubensis*, affatim indicatus. Cuius quidem notulæ antiquitatem, tum scripturæ forma, tum quòd pro auctore seu Scriptore, *doctor* sit extra usum latinitatis positum, confirmat (2).

[o] In præfatione ad hanc vitam, unà cum S. Eulogii operibus, & *Hisp. illust.* tomo 4. pag. 247. & lib. 16. *Hist.* c. 5.

Ttt 2 Sed

(1) Ita omnino apud Nostrum. Luxatus dubio procul hic locus est, nec tutò restituendus absque alicuius veteris codicis auxilio, qui nunc ad manum non suppetit. Coniicerem in altero è locis quibus in eo τὸ *corpus* legitur, substitui debere τὸ *cor.*

(2) Utrumque hunc codicem Toleti, atque apud Regium Sancti Laurentii cœnobium olim me vidisse memini. Escurialensis exeunte sæculo X. aut sub initium sequentis exaratus videtur, exstatque *Lit. b. Plut. I. num.* 4. hoc titulo: *Passionarium pervetus olim Monasterii Sancti Petri de Cardeña*; & in eo inter alias Sanctorum Passiones num. XXIX. legitur: *Vita vel Passio Sancti Pelagii Martyris qui pas-*

342. Sed invicti martyris encomiasten alium, peregrinum licèt, huc advertere non extra lineam erit saltare. Rosvitham sive Rosvidam intelligimus, è Saxonia clarissimam virginem, in Candersheimensi, aliàs Gandeshemensi non longè ab *Hildesheim*, cœnobio Deo sacram, quæ martyris almi agonem eleganti carmine circa hæc ipsa tempora comprehendit: docens se ab iis, qui affuissent, ea quæ in versus fideliter coniecerat, didicisse. Huius clarissimæ feminæ omnia opera Conradus Celtes edi curavit Noribergæ anno MDI. scilicet *Ottonis Imperatoris Panegyricum*, quem & in quodam *Germanicarum rerum* volumine Iusti Reuberi curâ edito habemus: *De laudibus Deiparæ Virginis*, & de aliis sanctis, atque inter alia Pelagii nostri Passionem. Meminit Vossius *De Hist. latinis* lib. 2. cap. 41. post Trithemium in catalogo.

343. Ranimirus II. Rex Legionis anno huius sæculi tricesimo quarto insignem à Mauris & Abderraghmane Cordubæ Rege victoriam reportavit: cui quidem prope Septimancense oppidum ad Durium amnem situm commisso prœlio interfuisse dicitur, atque eiusdem Ranimiri res gestas descripsisse, SEBASTIANUS Salmanticensis Episcopus, alter huius nominis, ex Benedictino monacho & S. Æmiliani cucullati abbate post memoratum prœlium renuntiatus. Huius verba vulgaria facta ex hac *Ranimiri rerum historia* Ægidius adducit Gundisalvi Davila in *Theatro Salmantinæ Ecclesiæ* [p], quam nusquam vidimus (1). Ægidius verò Prudentio utitur Sandovalio in hoc asserendo Episcopo: quem propè centenarium obiisse anno CMLXXXV. diversumque esse, ac recentiorem Sebastiano altero, cui adiudicari falsò consuevit breve Chronicon Alphonsi Regis III. Magni (2).

[p] Pag. 233.

344. Regnante in Legionensi nostro regno Veremundo (vulgus *Bermudo* appellat) secundo, Ordonii tertii filio, claruit & Compostellæ factus fuit Episcopus, sanctus vir PETRUS, Martini filius, cognomento DE MONSORO, aliàs DE MONSONCIO, cuius hæc habetur mentio in *Historia Compostellana* adhuc MS. sive eius tertia parte, cuius Girardus quidam auctor fuit. *Qui Beremundus* (ait [q] de Rege eius nominis quem nuper laudavimus) *magnorum consilio accepto, prædictum Pelagium* (Compostellæ Episcopum) *à Sede proiecit, & loco ipsius Petrum cuiusdam Martini filium, monasterii Monsoncii sapientem monachum, Ante-altaris archisterii abbatem venerabilem, à cunctis senioribus eligi decimum Episcopum, & con-*

[q] Apud Ramirezium in Notis ad Luitprandum ann. CMLX. n.364. pag.453. Antuerp. edit.

passus est Cordoua civitate sub Abderrahman Rege die VI. Kalendas ::: Et in margine manu antiqua & fere codici coæva: *Raguel Presbyter doctor fuit huius passionis cordobensis.*

(1) Ægidii verba hæc sunt: *Quando se dió esta batalla* (agit de Septimancensi prœlio) *no era Obispo, sino Abad Sebastiano. Frai Prudencio Sandoval dice que murió de casi cien años; y el último que da de memorias suias es el de* DCCCCLXXXV. &c. *Theatr. Eccl. Salm. in Sebastiano II. pag.* 233.

(2) Huc referri debere existimo, id est ad sæculi X. initium, indictos Nostro *Ascaricum* incertæ Sedis *Episcopum*, & *Tuseredum Dei famulum*: quorum prioris exstat Epistola, seu potius ad Tuseredum consultatio: *De modo resurrectionis Sanctorum qui dormierant, Christo scilicet à mortuis resurgente*; posterioris autem egregium ad Ascaricum responsum de eodem argumento in XI. articulos seu capita discretum. Servatur utrumque in Regia Escurialensi Bibliotheca in Isidori Etymologiarum codice Erâ MLXXXV. sive anno Christi MXLVII. exarato *Digramm.* &. *Plut. I. n.* 3. Ac de Ascarico eiusque ad Tuseredum Epistola nonnulla retulimus in Isidoro, cum de huius libello *De ortu & obitu Patrum* ageremus, scilicet *Lib. V. c. IV. n* 114. tantumque superest addendum, præter duos qui eo loco memorantur *Ascaricos* longe nostro antiquiores, tertium exstare inter Monachos qui Sabarici Abbatis regulæ in eiusdem Regiæ Bibliothecæ sæculi X. codice *Lit. A. Plut. I. n.* 13. adservatæ, quade nos suprà *Lib. V. cap. V. num.* 267. egimus, subscribunt: qui forsan hic de quo agimus fuerit, è cœnobio ad Episcopale munus promotus. Concordant enim Sabarici & Ascarici, atque utriusque codicis ætas. De Tuseredo vero iuvat, XI. eius responsi rubricas, omnino ut in Escurialensi codice exstant sistere, nimirum:

I. *Quod ante adventum Mediatoris Dei & Hominis omnes & boni & mali ad inferni claustra descenderint.*

II. *Quod bonorum animæ quamvis ad inferna descenderint. pœnas non luebant.*

III. *Quod electorum animas solummodo Dominus ab inferni claustra eruit! non reproborum.*

IV. *Quod Sancti qui cum Christo surrexerunt. gloriosa id est spiritualia percepti sunt corpora. qualia nos excepturos in futura resurrectione expectamus.*

V. *Quia glorificata illorum sanctorum de quos agimus surrexerunt corpora.*

VI. *Quia Iherusalem uvi visi sunt! celestem illam deuemus intelligere.*

VII. *Item de eadem Iherusalem! ut utramque intellegamus celestem atque terrenam.*

VIII. *Quod non omnes sancti quos ab inferni claustra eruit Christus in carne resurrexerunt. sed ut sanctum ayt euangelium. multi.*

IX. *De eo quod in apocalypsim dicitur. hac resurrectione prima. & cetera.*

X. *De eo quod euangelium ayt! Nemo ascendit in cælum! nisi qui descendite cælo. filius hominis.*

XI. *De gloriosa uirgine maria quod nulla storia eam doceat passione aut qualibet morte multari.* Laudat in hac Epistola *Iuliani, non Pomerii, aut Pemerii, sed Toletani Librum Anticeiménωn*, quem locum supra pro Iuliano adduximus.

consecrari praecepit. Paulò tamen aliter in versione huiusmet historiae Compostellanae vulgaris Gallaeciae linguae, quam penes se habuit D. Thomas Tamaius de Vargas Philippi IV. chronographus, ut ipse refert, verbis adductis in Notis ad Luitprandi Chronicon [r], ubi appellatur, *D. Petro Martiz de Monsoro monge muy sabidor, y de boa vida, que era abbad de S. Payo* (1).

345. Hunc Petrum Compostellanum antistitem, vel Monsoncium, vel Monsorium, in quo malè concordant nostri auctores [s]; eundemque cum eo, quem multis virtutibus & miraculis clarum decima Septembris die Martyrologia exceperunt, Usuardi nempe, & Romanum Baronii, auctorem fuisse vulgaris at suavissimae ad Mariam Virginem Deiparam directae orationis, sive antiphonae *Salve Regina*, nescio unde docti, alios docuere Claudius de Rota [t], Antonius Demochares [u], & his antiquior Guilielmus Durandus [x]; quamvis aliis placeat ea sententia, quae Hermanno Contracto Suevo atque chronographo saeculi sequentis notissimo favet [y]. Pro Compostellano in aciem descendit Pseudo-Iulianus [z], sed neque hìc dissimulans genium sui auctoris: *Hymnus* (ait) Salve Regina, mater misericordiae, *graecè ab Apostolis compositus, translatus est de graeco in latinum à sanctissimo viro Petro Episcopo Compostellano.* Cui tamen enuntiato velificari (post alios [a]) Ramirezius credidit, complexum illud *mater misericordiae*, pro matre misericordi positum: quae substantivi nominis gignendi casus pro adiectivo usurpatio, cùm Hebraeorum & Graecorum sit, inde fulciri censuit è graeco aut hebraico fonte orationem descendere. Quasi latinus auctor non potuerit latinam utriusque Testamenti versionem ob oculos habere, unde hanc, quamvis ab orientalibus linguis venientem, phrasin in ea frequentissimam imitari posset.

346. Nec validius hoc est alterum Ramirezii argumentum pro Pseudo-Iuliani vanitate. Bernardum ait Toletanum Archiepiscopum, quem auctorem existimat quatuor Sermonum super *Salve Regina* sancto Bernardo attributorum, seorsum tamen inter eius opera, utpote alîus Bernardi, à Gillotio Parisiis editorum: Apostolicam huius cantici originem agnovisse, dum ita loquitur: *Dulce canticum ac nobilissimum melos, quod in honorem S. Mariae quater in anno ordo noster devotissimè concinit, ad devotionem nostram discutiendam, fratres assumsimus; quia speciali dulcedine multa refectum masticatione continua repetimus. Nam à summis labiis canticum illud effusum venit. Habet enim fundamentum. Fundamentum eius in montibus sanctis. Fundamentum eius in terra dulcedinis suavitas est. Et ubi haec, nisi in montibus sanctis! hoc est, in mentibus nostris, à sanctis compositum, à sanctis institutum dignè etiam frequentabitur à sanctis.* Haec Bernardus.

347. Nihil apertius dici potuit. Nempe hanc orationem, sive canticum, non à summis labiis precantium effundi (quare corrigenda illa sunt: *nam non à summis labiis* &c. pro eo quod editur: *nam à summis labiis*), sed fundamentum habere in montibus sanctis, hoc est in interiori dulcedine, sive in mentibus nostris dulcedine perfusis. Quod quidem à sanctis, hoc est à iustis viris compositum (quales illi sint) à iustis etiam viris frequentari, hoc est monachis ad quos loquitur, decet. Frustrà ergo Ramirezius *de montibus sanctis*, idest Apostolis, plura hìc coacervavit, vim etiam verbis inferens, & pro *in mentibus nostris*, subrogari debere *in montibus nostris* existimans; nec, quod de sanctis dicitur ad Hermannum Contractum, similesve alios; sed ad Apostolos tantùm pertinere contendens, verè ut à caeco ductus ipse in foveam caderet: quae de viro eruditissimo, sed his partibus nimium addicto, sine ullo animi livore, sed ob unum veritatis studium, dicta sunto.

348. Adiungo libens: si canticum hocce Apostolicum opus credidisset S. Bernardus, vix ausus fuisset ea verba: *O clemens, ò pia, ò dulcis Maria* adiungere: quod ab eo factum in Spirensi Ecclesia, cùm Spirenses clerici hanc antiphonam coram eo, Apostolico tunc temporis ad Germanos legato, decantarent, Guilielmus Eisensgreinius in Chronico refert Spirensi. Eodem

fe-

(1) Historiam Compostellanam in scriniis Eruditorum adhuc latentem integram vulgavit Cl. Florezius T. XX. à pag. 1. in qua adductum à Nostro locum: *Qui Beremundus magnorum consilio* &c. frustra quaesivi. Haec tantum habentur de Pelagio Compostellano *Lib. I. c. 2. pag. 13. n. 7. Pelagius autem filius Comitis Ruderici Velasqui, & post Sisnandum dignitatem huius Pontificatus saeculari potentia suscipiens, nec suscepti honoris curam gessit :::: unde Divina dispensatione Ecclesiam iniuste ab eo diutius nolente occupari, à Domino Rege Veremudo expulsus est.* Num. 8. *In cuius equidem honorem* Petrus de Mosontio *videlicet Abbas de Antealtaria Divinae Providentiae gratiâ subrogatus* &c. Et post pauca: *Rex igitur* (Veremundus) *superni amoris stimulo excitatus in hanc urbem* (Iriam) *curiosâ intentione venit, & huius Apostoli Ecclesiam quam dirutam invenit, cum eodem Episcopo Domino Petro, Deo adiuvante restauravit. Post restaurationem consecrata equidem Ecclesiâ Petrus idem Episcopus obdormivit in Domino.*

ferè respectu ausus est hucusque nemo Dominicæ orationi quicquam vel pio conatu superstruere, aut in Symbolo Apostolorum nisi in consessu Nicæno totius Ecclesiæ pro rei necessitate quædam extensiùs exponere.

349. Neque opponas, quòd Salutationi angelicæ quam vocant, Ecclesia addiderit colophonem illum: *Sancta Maria, mater Dei*, &c. Ecclesia enim, sive aliquis, quem postea secuta est Ecclesiæ approbatio, ut gratissima & convenientissima oratione Mariam Deiparam precaretur angeli Gabrielis & Elisabethæ sacris verbis quibus olim eandem Dei matrem salutavere in unum compactis, subiecit precandi formam; ut non solùm salutationem & laudes, sed cum iis opem eius apud Deum atque intercessionem invocaret. Quod nequit de oratione *Salve Regina* dici; quippe quæ absque conclusione illa invocatoria à S. Bernardo adiuncta, salutationem laudesque divæ matris, tandemque auxilii eius atque intercessionis flagitationem contineat. Hæc dicimus propositum nostrum sequentes removendi è medio præiudicia omnia, quæ à Pseudo-Chronicis ficulneis veræ historiæ nostræ fieri possunt. Nam quin, hoc pseudo-auctore è medio sublato, adhæreamus interim eorum sententiæ qui Petro nostro hanc laudem tribuunt (quod Ioannes Tamaius facit in Martyrologio x. die Septembris) nihil moramur. De eodem Compostellano Episcopo Petro locutus, ac intelligendus mihi esse videtur Iacobus Philippus Bergomensis, improprio quamvis loco, nempe ad annum MCXX. *Supplementi* sui *Chronicorum*, & sub Callisto II. Papa, huius mentione habita; huc enim pertinere credimus, quod nonnulla eum in laudem B. Mariæ Virginis composuisse adiunxerit: quod iterum infrà notabimus.

350. Ante annum millesimum aut circiter, dominus PETRUS DE GRAÑON cœnobita erat in S. Æmiliani ut vocant monasterio, quo tempote Castellæ præerat [b] Comes dominus Garsias Ferdinandi, aut eius filius dominus Sancius; Legionensibus autem Alphonsus V. Veremundi II. filius. Reliquisse hunc Petrum in eo monasterio nuntiatum nobis fuit volumina duo, *Leges Gothorum & Regum* inscripta, quorum prius LXIII. posterius verò LXVII. capitibus absolvitur. In principio *elogium* posuit auctor *legum* XII. *Tabularum*, quas omnes carmine latino comprehendit; deinde Imperatorum Romanorum, tandemque Gothorum Regum leges, quod *Forum iudicum* vulgò appellant adiecit. Codex præ nimia vetustate aliquod iam foliis non legitur: quod iniuria temporis malum antiquis libris inferre solet. Habemus id totum ex relationibus ad nos missis ab eodem monasterio.

[b] Morales lib. 17. cap. 36.

351. Huius quoque sæculi pars fuit, neque illaudabilis, SALVUS abbas Albeldensis monasterii: cuius breve elogium, unà cum Ecclesiasticorum Scriptorum collectoribus, ad calcem Ildephonsi & Iuliani editum legitur [c]. Quod hìc transcribemus, addere contenti quæ ultrà dicere habebimus.

[c] In editione Miræi pag. 102. & in editione Conciliorum Hispaniæ Loaisæ pag. 774.

352. *Vita Salvi abbatis Alveldensis, alias* [d] *Albaildensis, incerto auctore.*

[d] Deest hoc in editione Loaisæ.

Salvus abbas Albaildensis monasterii, vir linguâ nitidus, & scientiâ eruditus, elegans sententiis, ornatus verbis, scripsit sacris virginibus regularem libellum, & eloquio nitidum, & rei veritate perspicuum. Cuius oratio nempe in hymnis, orationibus, versibus, ac missis, quas illustri ipse sermone composuit, plurimam cordis compunctionem, & magnam suaviloquentiam legentibus audientibusque tribuit. Fuit namque corpore tenuis, parvus robore, sed validè fervescens spiritus virtute. O quanta illius ex ore dulciora super melle manabant verba, cor hominis quasi vina lætificantia! Obiit temporibus Garseani Christianissimi Regis & Theodemiri Pontificis, IV. idus Februarii, erâ millesimâ [e]*, sanâ doctrinâ præstantior cunctis, & copiosior operibus caritatis. Ac sic in prædicto cœnobio iuxta basilicam S. Martini Episcopi & Confessoris Christi est tumulatus forte sepulcrali. Ad cuius pedes discipulus Velasco Episcopus quiescit in pace.* Hucusque vita, sive elogium Salvi (1).

[e] Anno CMLXII.

353. Albelda locus est à Lucroniensi urbe duabus leucis distans, ubi monasterium S. Martino Turonensi Episcopo dicatum Sancius Rex Navarræ Abarca dictus anno CMXX. construxit [f]. *Albaida* dictum olim à Mauris, scilicet à Muza fundatore oppidum, ait Sebastianus Salmanticensis Episcopus, sive is Alphonsus Magnus Oveti Rex fuerit, in Chronico, de qua re locuti sumus in libri secundi cap. 3. ubi

[f] Iepes tom. 4. *Annal. S. Bened.* ann. CMXX. Morales lib. 15. cap. 49.

(1) Exstat totidem verbis in Æmilianensi Conciliorum codice Era MXXXII. sive Christi anno CMXCIV. exarato, *fol.* 347. *pag.* 2. Cave autem ne hunc Salvum Albeldensem seu Albaildensem cum Salvio Albiensi Episcopo confundas. Exstat huius Salvii mentio in Escurialensi sæculi XIII. codice *Lit.* r. *Plut. II n.* 7. cuius fini subditur *Legendarium de Sanctis*, & in eo post Sanctum Maurilionem Episcopum Andegavensem Idibus Septembris, legitur: *Natale Sancti Salvii Episcopi Albiensis & Confessoris.*

i de Gregorii Bætici Pseudo-Martyrogio egimus. Dulcidius, sive alius in ronico à Pellizerio edito, *Albailda* vo: unde non ex nihilo est, quòd ita conptum loci nomen hoc in elogio Salvi lemus.

354. Obiisse hunc erâ millesimâ, vel no Christiano CMLXII. Garseani huiust Abarcæ ac Theudemiri Pontificis temribus, confirmat egregiè instrumentum oddam illius ævi ex archivo Abbatiæ Prudentii Albeldæ proximæ habitum, od Antonius de Iepes in *Annalium oris* sui *Benedictini* tomo 5. edidit[g], in a hæc leguntur: *Item quia hæc nostra aditio, quæ facta est erâ nongentesimâ ogesimâ octavâ* (hic est annus CML.) *regi gloriosi principis Garsiani, & Tutæ Renæ eiusdem genitricis, sancienda erat tebus veridicis: tunc adfuerunt in margifluminis Iberi* &c. *venientes*, *idest Tumirus Nagerensis Episcopus*, *Dulquitus lbeldensis abbas*, *Didacus Siliensis abbas*, *unio de sancta Columba abbas*, *Stephanus ercensis abbas de S. Æmiliano*, *Belasco ronensis abbas*, &c.

355. Ubi duodecimo ante Salvi obim anno, Garsiani Regis Sancii, cogmento, *Abarcæ*, filii regnum, & Theumiri, sive Tudomiri Pontificatum (sciet Naxarensem) quorum duorum vitæ eminit auctor, literis videmus consigna- Velasco Episcopus, qui ad pedes Saltumulatus dicitur, fortè ille est Cironsis abbas[h], cuius mentio fit in eodem strumento, ad Episcopalem dignitatem icubi exaltatus. Sed Albeldensem hunc isse Episcopum, Salvique vitæ auctom, credat qui Pseudo-Luitprando velit edere[i], apud quem ita legimus: *Velass Episcopus Albeldensis*[k] *scripsit vitam lbi* (potiùs *Salvi*) *abbatis Albeldensis, us discipulus, ad cuius pedes iacet*: vers ab eodem Salvi elogio desumtis: quæ idem præsumsisse Velasco ipse, dum adc viveret, elogioque finem imponeret pulturæ loci, quam elegisset memor, fintur. Nunc iam de Salvi operibus.

356. *Regularis libellus* pro sanctis virnibus sive ad eas directus, ante alia proicitur. Ms. exstat alicubi. Vidit enim t novit exstare in codice quodam huius tæ Philippus Labbeus. Meminit enim *Novæ bibliothecæ librorum* MSS. parte 1.[l] huius ei affixæ inscriptionis: *Sancti Salvi abbatis Albeldensis* Regularis libellus *virginibus inclusis, capitibus* LXXVIII. *cum præfatione ad sororem*. Vidimus quidem nos in quodam exemplo huius *Novæ bibliothecæ* hanc notulam his verbis affixam à docto viro Carolo Morono Barberinæ ditissimæ bibliothecæ præfecto: *Est B. Ælredi*. Vereor tamen id minùs rectè dici; cùm opera omnia divi Ælredi Rhievallensis in Anglia Cisterciensium abbatis à Richardo Gibbono Societatis Iesu ex vetustis MSS. codicibus primùm collecta, Parisiisque anno MDCLIV. edita, in manibus omnium sint. Certè Ioannes Balæus in *Bibliotheca Scriptorum Britanniæ*, alia inter invisa Gibbono, *De institutione inclusarum librum unum*, qui incipit: *Iam pluribus annis exigis à me*, Ælredo tribuit: quo respicere Moronus potuit (1). Sed cùm constet ex eius vita Salvum nostrum hunc volvisse lapidem, librique manu exarati pro eo sint, Balæum deserere, aliàs fidei lubricæ auctorem, aut de alio Ælredi eiusdem argumenti opere interpretari, non temerè possumus.

357. *Hymni, orationes, versus, & Missæ* sequuntur magna stili dulcedine & efficaciâ ad concitandos ad compunctionem legentium animos: quorum nihil ad nos pervenit.

CAPUT XV.

De commentitiis sæculi huius decimi Scriptoribus, IOANNE SERVO-DEI *&* BLASIO, *præsulibus Toletanis. Pseudo-Luitprandi ridiculus lapsus in Ambrosii Moralis capiendo sensu. Eugeniæ martyris Cordubensis epitaphium. De* BLASIO *altero Toletano Episcopo, & eius quadam epistola.*

358. IN huius quoque sæculi Scriptorum ordinem irrupère malis quorundam artibus tres Toletani antistes, IOANNES SERVUS-DEI primus, BLASIUS, & IOANNES alter SERVUS-DEI & ipse appellatus; necnon LUITPRANDUS Ticinensis diaconus, & HAUBERTUS Hispalensis monachus: de quibus omnibus, præsertim duobus posterioribus (quod maximè oportet) distinctè atque accuratè tractabimus. Bonito præsuli Toletano diem suum anno CMII. obeunti successorem datum eius archidiaconum IOANNEM SERVUM-DEI, opere & nomine talem, prodit Luitprandus[m] (2). Adiungitque librum scripsisse eum *quod Filius Dei Christus vidit in cælo faciem Patris*. Nos nihil hodie credimus.

[m] Ad annum CMII.

(1) Thomas item Tanners *Biblioth. Britanno Hirn.* Londini MDCCXLVIII. in Præf. pag. XXVI. seq. Adelredo Rievallensi Abbati anno MCLX. rtuo opus adscribit: *De institutis Inclusarum*, dem atque apud Nostrum initio: *Iam pluribus* &c.

(2) In Catalogo Æmilianensi Toletanorum Præsulum *fol.* 360. *pag.* 2. Bonito qui penultimus est succedit Ioannes, cui subdita est hæc nota: *Era DCCCCXCIV. obiit.*

359. Ad BLASIUM Toletanum quod attinet, in suppositititiis eidem Luitprando ascriptis *Adversariis* num. 39. hæc de eo leguntur: *In tabulario S. Iustæ reperi carmen hoc compositum à domino Blasio Toletano Pontifice, præstantissimo illius sæculi poeta, quod iis addam:*

Eugenia hoc posita est tumulo celeberrima virgo,
Sanguine quæ Christi est testificata Fidem.

& post XXII. distichorum carmen, quod Eugeniæ Pelagiique martyrum Cordubensium laudes personat, alia hæc pro colophone subnectit: *Obiit sanctissima virgo & martyr Eugenia* VII. *Cal. Aprilis, feriâ* IV. *hebdomadæ dictæ in Passione: quam post duos annos assequitur sanctissimus iuvenis Pelagius, ut creditur, natione Gallæcus, qui ducem & magistram habuit ad martyrium sanctissimam Eugeniam erâ CMLXI. anno* XII. *Abderramenis huius nominis quarti, dicti cognomento Almanzoris, hegirâ verò* CCCXII. *Sævissimus fuit hic Imperator, & multas in Christianos edidit strages, ac Fidei Christianæ fuit hostis infensissimus. Sunt qui credant tum occisam Toleti Mariam Servam-dei.*

360. Sed, ut quicquid huc pertinet simul in conspectum demus lectoribus veritatis amantibus, muniverat auctor ad tricesimum nonum hoc *Adversarium* viam *Adversario* proximè præcedenti, cuius tenorem subiicimus: *Ætate parentum meorum anno Domini CMXXIII. Martii* XXVI. *passa est martyrium virgo sanctissima Eugenia, filia Christianorum Muzarabum, in municipio Uticensi, quod in conventu Cordubensi vocârunt Marmoleios, iussu Regis & Miramamelini Abderramenis ferissimi tyranni, Fidei Christianæ causâ; & post carceres & supplicia datis cervicibus martyr effecta est Cordubæ sub Blasio vel Basilio Toletano Pontifice. Martyr est honorificè sepulta cum versibus acrostichis in marmore cælatis, & mirificè culta est, & etiam in Oveto, Toleti, & in Gallæcia celebratur. Huius sanctissimæ virginis & martyris hispanæ reliquiæ delatæ sunt ad varias Hispaniarum partes, ubi conditæ sunt illi Ecclesiæ.* Hactenus ille.

361. Pars hæc vera sunt; pars veris superinducta, & imposturæ meræ. Aream explanavit Ambrosius Morales, monitis piis quibusque viris de martyrio sanctæ huius Eugeniæ Cordubensis in fine editionis S. Eulogii martyris operum [a], & lib. 15. *Hist.* cap. 54. Narrat is circa annum Domini MDXLVI. Cordubæ propè vicum cui nomen est *los Marmolejos*, erutum lapidem candidum marmoreum è terra ab iis qui scrobes iaciendis cuiusdam domus fundamentis effodiebant, eumque tredecim versibus insculptum, quorum initiales literæ ab auctore huius narrationis observatæ, *Eugeniæ martyris* nomen formabant; integræ ferè omnes, quantumvis bona versuum pars attritu forsan pedum olim consumta fuisset. Hìc præterquam quod ... GENIA MARTI ... dictæ initiales literæ quæ supersunt præseferebant, tribus elapsis facilè supplendæ: ipsa è contextura de martyre femina conceptam inscriptionem fuisse satis ostenditur. Aliquantisper autem remoratur lectoris assensum clausula carminis quæ talis est:

Idèm sub era novies centum iugulatur
... Sexagies & uno, septem de Calendis Aprilis.

Cui lacunulæ *rursus* adverbium aliquando Morales intulit. Sed non constat versus. Dices non debuisse veram martyrialis diei notitiam versificatoriæ legi cedere. Admittimus libenter, quamvis Morales ipse in *Historia*, inspecto diligentius lapide, non parum meliùs, correctiorem inscriptionem secutus, de ea iudicavit. Sed *idem* (hoc est masculus) si *iugulatur*, quas hìc Eugenia femina partes habebit? Puto scriptum *item* non *idem*; aut utrumque adverbium eandem rem poetæ significasse rudiore isto sæculo. Quicquid sit, sanctæ Eugeniæ martyrio era nongentesima sexagesima prima, sive annus CMXXIII. dies autem septimo Calendas Aprilis, in lapide assignatur.

362. Hucusque res vero nititur. Hinc iam in arena supposititius auctor, qui Luitprandum se finxit, ædificare cœpit. Morales dixerat repertum sepulcri lapidem Cordubæ prope vicum cui nomen est *los Marmolejos*. At incuriosus horum lector existimavit oppidum propè Cordubam, cui *los Marmolejos* vulgaris nuncupatio est quæque antiquæ Geographiæ *Utica* esse creditur, significatum. Idque non melius intellexit Pseudo-Iulianus in *Adversariis* [o]: quo verè non potuit error alius manifestior & absurdior committi; ut res ipsa recentis, & ad verba Moralis cæcutientis oculi novitatem ostenderet. Quis inde non statim videt epitaphium à Morali publicatum ob oculos eius fuisse, qui annotavit honorificè sepultam fuisse martyrem *cum versibus acrostichis in marmore cælatis*. Iam autem facile fuit fingere Blasium Toletanum eius temporis præsulem laudatæ martyris triumphum celebrâsse alio carmine, quod is, qui hæc simulabat ut fucum faceret, domi composuisset. Palpum ergo sibi ipsi obtrusit auctor, dum præstantissimum sui sæcu-

[a] *Hisp. illust.* tom. 4. pag 345.

[o] Num. 333.

poetam huius carminis nomine Blasium ellavit.

363. Sed ne id prætermittamus, addi- *Adversario* 333. Pseudo-Iulianus, S. geniæ corpus *ab Utica ad oppidum Corvillam* delatum per Rodericum Didaci nomento Campiatorem fuisse, ibique *Ecsiam per Paschalem Episcopum Burgensem em sanctæ consecratam.* Magno plausu exiet hæc aliquis, quem forte fortunâ non ugerit titulus dedicationis lapidi insculp-, ac repertus hodie in Ecclesia S. Eugeniæ, æ est prope oppida *Cordovilla* & *Aguilar Campó*, in Burgensi diœcesi, hic scilicet: *honorem Salvatoris, & S. Eugeniæ, & erorum Sanctorum, quorum reliquiæ con- æ sunt, Paschalis Episcopus Burgensis secravit istam Ecclesiam* XVIII. *Calend. bruarii, sub era MCI.* quasi ea sit una his, quibus refragari nemo possit, comobationibus, Iuliani fidem vindicantis.

364. Sed si falli nolumus, quis non vi- impostoris hanc fuisse mentem & conium, ut ore suorum auctorum ea quanque diceret, quorum lapideæ huiusmo-, chartaceæve, aut quæcumque aliæ conmationes in veteris ævi superstitibus ad c usque tempus monumentis exstarent? oinde is, qui hoc argumento utuntur, ius esset cum viris cautis & prudentis sapere, quam insulsa huiusmodi & ssa nuce vaniora sectari. Et fortè vero agis consentaneum est, ædem hanc sacram Eugeniæ martyri Romanæ, cuius parn corporis in monasterio S. Mariæ Bedictinorum sodalium Naxaræ urbis adserri, è tabulariis Ecclesiæ ipsius Morales cet, obstruens eorum ora, qui ad par- Cordubensis huius alterius martyris acdere voluissent.

365. Blasio huic Pontifici successisse in oletana Sede Bonitum III. (1) huic aum Ioannem Servum-dei cognominatum, tripode sua nos docuit Pseudo-Luitprans [p], falsi postulato Pseudo-Iuliani collaanei sui oraculo [q], cui Blasii successor Vianus fuit. Huic IOANNI SERVO DEI, aliàs to iis omnibus qui Toletanæ Ecclesiæ ontificum catalogos in manibus habue- [r], Luitprandus hic, quem diximus, liarium quicquam attribuit [s]; cui & Iuanus consentit [t]. Prior ait: *Sub hoc* (Bla-) *& in hoc anno, multi martyres passi nt in Hispania, & nonnulli degeneravent à Fide, qua de re exstat epistola eleantissima, zelo & fervore Dei plena, quam scripsit sanctus Ioannes Servus-dei Toletanus Primas ad omnes Hispaniæ Muzarabes. Ut Primas & Patriarcha totius Hispaniæ, scripsit ad omnes Ecclesias Hispaniarum. Quem ego subdiaconus Toleti cognovi, ac virum sanctum, & spiritu Dei ferventem expertus sum Toleti. Epistola incipit*: Multorum relatu. *Scripsit & ad Marinum antequam esset Pontifex Toletanus; respondit que ei Marinus Papa, missis etiam literis amoris & benevolentiæ plenis.* Similia omnino Iulianus [u].

366. Certè mihi dubium non est, quin epistola ista ad nos pervenerit, cùm Hieronymus Higuera in Notis ad Luitprandi hunc locum servari eam affirmet in archivo Ecclesiæ S. Clementis sanctimonialium Cistercensium Toletanæ urbis. Qua enim fronte ausus esset, quod statim suppositionis convinci posset, fingere? Immo in historiæ eiusdem urbis & regni adhuc ineditæ lib. 15. cap. 6. epistolam ipsam producit, bonæ quidem notæ, quam cum aliis huiusmodi in bibliotheca laudatis Hispanorum opusculis in appendicem huius partis coniicere mihi animus est. Silent de ea alii, cuius tamen fidem non convellimus, si ea, ubi est, fidem sibi adstruit. Quod à me non ægrè obtinebitur, si ea desint in apographo, quæ de primatu Hispaniarum, non huius temporis titulo, bis repetuntur. Non ex eo tamen Luitprando & Iuliano recèns natis, eaque eructantibus, quæ iis in os architectus eorum ingessit, suffragari intendimus.

367. Luitprando iam & Hauberto examinandis diiudicandisque maior quædam adhibenda est opera in sequentibus capitibus.

CAPUT XVI.

LUITPRANDUM *Ticinensis Ecclesiæ diaconum & Cremonensem Episcopum, huius sæculi decimi, hominem Italum, magnâ impensâ Toletani Higueræ factum Ecclesiæ Toletanæ subdiaconum fuisse nostrarumque rerum Scriptorem. Quædam vitæ eius ostenduntur comparatione eorum, quæ* Chronicon *&* Adversaria *falsò ei conficta continent. De quibus latè in sequentibus capitulis.*

368. LUITPRANDUS diaconus Ticinensis Ecclesiæ, & qui postea fuit Cremonensis in Italia Episcopus, unus ex illis est, quorum auctoritatis & nominis velamento usus Protheus multiformis Toletanus fictitiam historiam nostræ gentis sinceræ ac veræ locum occupaturam, con-

u Dict. num. 467.

(1) Tertius ordine minime esse Bonitus potuit, m nullus hoc nomine inter Toletanos Præsules eum præcesserit, ut ex Æmilianensi liquet Catalogo.

ficere se posse in animum induxit. Sed cùm, ex divino proloquio, ante oculos pennatorum frustrà rete iaciatur; quantumvis bonæ fidei nonnullis & patriæ amantibus, lenocinioque rerum allectis, dolosum aucupium, non sine quadam Hispanæ gravitatis iactura quondam imposuerit: accenso iam hoc tempore defæcati iudicii lumine, proposito ac spe sua cadere cœpit; monitique tensarum insidiarum prudentiores, avertunt se alio; hosque Sirenarum, ut sic dicam, cantus, veritatis malo ligati, surda aure prætereunt.

369. Fuit quidem Luitprandus non incelebris hoc sæculo historiarum Scriptor; sed qui ex ipsis eiusdem libris necessariò comprobetur alius ab eo fuisse, quem Chronici cuiusdam, sive Chronicorum Dextri & Maximi continuationis auctorem, Toletanum subdiaconum, Toletique vitâ functum nobis venditant. Atque, ut hinc aggrediamur veritatis vindicias, germanum Luitprandum à supposititio distinguentes: age, videamus quid de seipso Scriptor Chronici, quid tum de eo Iulianus narraverint.

370. Apud Luitprandum legitur ad annum CMXXXVII. Bonito III. Toletano præsuli Ioannem Servum-dei successisse, & ad annum CMXLIV. velut ea continuans quæ ante septennium facta præmiserat: *Quem ego* (ait) *subdiaconus Toleti cognovi ac virum sanctum & spiritu Dei ferventem expertus sum Toleti.* Iulianus item in Chronico num. 503. sub anno CMXLVI. de Ioanne Servo-dei & ipse loquens: *electus erat autem* (ait) *Bonitus III. ante hunc* (Ioannem) *sed non inierat pontificalem dignitatem. Sub hoc* (Ioanne) *fuit subdiaconus Eutrandus, vel Luitprandus, archidiaconus Ticinensis, historiarum Scriptor haud ignobilis, & pariter poeta excellens.* Cui Iuliani testimonio in Chronico eius edito id ipsum conferre, quomodo Hieronymus Higuera in prooemio ad Luitprandi Chronicon id protulit, operæ magnum pretium erit. Ita scilicet: *Anno CMXLVI. Bonitus Toletanus Episcopus annis duobus. Sub hoc floruit Eutrandus sive Luitprandus, Ticinensis diaconus, Toletanus subdiaconus, & Tractemundus presbyter post Episcopus Iliberitanus, ab eodem Bonito missus.* Viden'ut prævaricetur testis aliusque in editione, alius in ore sit Higueræ? Sed transeamus ad alia.

371. Luitprandus item ait *Adversario* 48. se anno CMLX. per Tarraconem urbem transivisse, carmineque lusisse in laudem S. Theclæ virg. & mart. cuius pars corporis in ea servatur; quo in carmine ita de se ait:

Ecce Luitprandus iam non novus incola terræ
Hispanæ, externam carmine lætus adit.

Iulianus item post peregrinationem Toletum rediisse archidiaconum Luitprandum, atque ibi mortuum ait [*]. *Eodem anno* (CMLXXIII.) *venit Toletum Eutrandus subdiaconus, qui aliàs ibi fuerat, nobilis historicus; nec multò pòst moritur. In Ecclesia S. Iustæ honorificè à Felice* (Episcopo) *sepelitur.* Distinctiùs autem de Luitprando Tractemundoque actum fuit nobiscum in duabus epistolis quæ præponuntur supposititio Chronico, non minùs supposititiæ ipsæ, ut loco suo videbimus, quum de Chronico censoriè agemus. Prior est dicti Tractemundi Episcopi Iliberitani ad Luitprandum. Regimundi aliàs legitur. Posterior autem responsoria Luitprandi ad Tractemundum ex Fuldensi Germaniæ monasterio. Consolatur Luitprandum Tractemundus in ærumna germanicæ eius peregrinationis, & ad patienter eam ferendam cohortatur. Berengarii enim Italiæ Regis sævitiam fugiens, ab Italia eò venerat. Inde ait degere se in oppido Granatensi, Iliberitanæ civitati proximo, inter fideles Muzarabes, eos confortantem, doctrinæque pabulo reficientem.

[*] Num. 113.

372. Accepisse item adiungit librum eius, idest, *rerum gestarum in Europa historiam*; & præterea *Antapodosin* (quasi distincta essent opera) *carmine prosaque contextam, ut fecit olim* (ait) *sapiens Boetius in libro* De consolatione philosophica: *quem librum Boetii Severini* (memini) *diligenter nos duo percurrimus Toleti, cùm ego presbyter essem, tuque subdiaconus illius sanctæ Ecclesiæ Toletanæ: quæ semper verè fuit filia primogenita Ecclesiæ sanctæ Romanensis, & cum Patriarchalibus post Romanensem meritò comparanda; cuius pastor totius est Hispaniæ primas & Patriarcha.* Importuna & putida adulatio impostorem prodit.

373. Obsecratur tandem Luitprandum, ut mittat inde ad se quosdam libros, scilicet, *Vitam S. Iacobi Hispani in Piceno sanctè mortui* 1. *Novembris*, ab omnibus martyrologiis illaudati. *Metasthenis* item *Persæ librum* De monarchiis, (iam diu est quòd viri docti observaverunt *Megasthenem*, non *Methastenem* hunc Scriptorem appellatum, abortivumque Ioannis Annii, sive alterius ovum hunc esse, qui cum Beroso & aliis fuit editus) *ubi in Persarum* (supple *ordine*, aut *Regibus*; deest enim) *ponit Darium, Cyrum, Cambysem, Artaxerxem, post alterum Darium Longimanum. Et, sicubi in Germaniæ bibliothecis delitent, Dex-*

Dextri, Marcique Maximi scripta membranis Chronica (cur non & chartâ?) *quæ nunquam in Hispaniis reperire potui.* Petit hæc ad se ab eo descripta quamprimùm mitti, ac, ut de suo adderet *ab anno DCXII. ubi finivit Maximus* (unde nam id noverat qui Maximi opus non viderat?) *usque ad sua tempora, hoc est ad annum CMLX.* Usque ad *nostra tempora*, sive ad *hunc annum*, verus auctor dixisset, de re præsenti loquens; fictitium verò ac recentem ostendit inepta hæc anni mentio. Hæc summa Tractemundi epistolæ. Sed quæ Luitprandi sequitur, non huius tantùm, sed suam quoque fidem evertit, ut suo tempore constabit.

374. Quod ad rem præsentem attinet, dolet Luitprandus, quòd à Mauris durè haberetur Granatæ Tractemundus. *Neque enim ita duriter,* (addens) *sed paulò meliùs agebamus quum Toleti quondam conviximus. Leniebat enim feroces barbarorum animos hinc præsulum Toletanorum singularis auctoritas, illinc verò mirabilis bonitas & patientia* &c. Et intrà: *Porrò Chronicon quod petis, in huius bibliothecæ reperi vetusta membrana descriptum, adieci que, ut iussum est à te annorum seriem ad hæc usque tempora, idest ad annum CMLX. Et gratulor mihi, quòd cùm Toleti, ubi sub sanctissimo præsule Toletano Bonito subdiaconus fui, in Italiam proficiscerer, aliquot historiæ libros mecum asportavi: in quibus ordine erat series collecta multorum Hispaniæ Episcoporum, quos & in hac bibliotheca reperi iussu, ut credo, S. Caroli Magni Imperatoris ex Hispania allatos: quos, ut aiunt, sibi obtulerat sanctissimus Elipandus Episcopus Toletanus, postquam illum erroris sui de adoptione Christi serio & verè pœnituit.*

375. Hæc de habitatione Toletana Luitprandi, subdiaconatuque in hac Ecclesia sub Bonito III. & eius successore Ioanne Servo-dei, Archiepiscopis, gesto. Quorum utique testimoniorum fidem secutus Franciscus Bivarius Cisterciensis, in ea quam ad Laurentium Ramirezium dedit, *censurâ Luitprandi operum*, editionis Plantinianæ præambulâ, obiectis sibi ferè omnibus iis, quæ pro veris Italicis eiusdem Luitprandi genere & natalibus, transactaque ferè semper in patria vita, mox producimus: Hispanum tamen esse eum contendit genere, hoc est Hispani hominis filium, qui captivitatis pertæsus in Italiam concesserit; allectum tamen patriæ desiderio Luitprandum Toletum venisse, quo loco Tractemundum familiarem habuerit. Censet quoque pro Hispano eius genere eo motus, quòd Abderraghmanem Saracenorum in Hispania, hoc est Cordubæ Regem alicubi vocet *Regem nostrum* nempe suum ac Tractemundi. Verba eius audi *rerum in Europa suo tempore gestarum* lib. 5. cap. 1. *Hoc tempore* (ait) *ut ipse pater bene nôsti, sol magnam & cunctis terribilem passus est eclipsim, sextâ feriâ, horâ diei tertiâ. Qua etiam die Abdaram* (pro *Abdarraghmam*) *Rex noster, à Radamiro Rege Christianissimo Galliciæ in bello superatus est.*

376. Hoc verè aliquid est, quod è noto eius historiarum opere deducitur. Cetera vana, & sine cæmento aliquo, arenæ inædificata. Attamen & istud facillimo ruit nisu, si levi utamur correctione, *Rex vester*, pro *Rex noster*, legentes: quomodo scriptum fuisse ostenditur similibus ex initio historiæ his verbis [y]: *Sicut ab ipsis qui vestri sunt tributarii Regis Abderraghmanis, potestis coniicere.* Ineptum enim, immo impium, fuisset à Luitprando Regem suum Regem Saracenum dici, ex eo solùm quod Toletanorum, apud quos olim is fuerat, Rex ille esset. Quin immo dominum suum vocat Ottonem alibi Luitprandus [z].

[y] Lib. 1. c. 1.

[z] Lib. 6. c. 2.

377. Neque peregrinationis hispanæ quicquam nedum generis, admittere videtur series rerum quas de se ipse narrat, non illiberalis earum dispensator. Anno CMXXIV. incendium contigit urbis Ticinensis, in qua natum credimus, quod is deplorat lib. 3. cap. 1. & 2. Anno CMXXIV. Hugo Provinciæ, sive Arelatensium Comes regnum Italiæ suscepit: qui aliquo ex sequentibus non diu tamen ab ingressu suo in Italiam, inter alios principes, quos conciliare sibi studiosè procuravit, Romanum Lecapenum Græcorum Imperatorem legatione adiit. Legatus his pater fuit Luitprandi, quem quidem nomine suo haud appellavit filius de re loquens. Subiungit tamen lib. 3. cap. 5. *Post reditum verò eius, paucis interpositis solibus, languore correptus monasterium petiit, sanctæque conversationis habitum sumsit, in quo post dies quindecim mortuus, me parvulo derelicto, migravit ad Dominum.* Post coniugis mortem Luitprandi mater secundo viro nupsit quem Hugonis eiusdem nomine post aliquot annos nuntium ad eundem Lecapenum ivisse his verbis refert: *Quoniam meus vitricus, vir gravitate ornatus, plenus sapientiæ, Regis Hugonis fuerat nuntius: pigrum non sit mihi inserere, quod eum de Imperatoris sapientia & humanitate, & qualiter Russos vicerit, audivi sæpiùs dicere.* Contigisse hoc anno CMXLIV. ex Ioanne Curopalate Baronius notat [a].

[a] Hoc anno num. 3.

378. Anno CMXLV. Hugo regno Italiæ cessit, Lothario filio suo pro se relicto, nomine tenus, revera in Berengarii manus regno tradito. Hugonis huius in magna gratia Luitprandus vixit ob canendi peritiam, quâ pueros alios sibi æquales superabat, atque in eius curia & comitatu semper versatus fuit: quod ipse satis innuit, dum initio lib. 4. *Hactenus quæ dicta sunt* (inquit) *sacerdos sanctissime, sicut à gravissimis, qui ea creverant, viris audivi, exposui. Ceterùm quæ narranda sunt ut qui interfuerim, explicabo. Ea siquidem tempestate tantus eram, qui Regis Hugonis gratiam vocis mihi dulcedine acquirebam. Is enim euphoniam magnopere diligebat, in quo me coæqualium puerorum nemo vincere poterat.* Quæ quidem consuetudo in aula, unde sibi præsentem rerum notitiam, quæ narraturum se deinde ait quærere potuit ab anno CMXXXII. aut sequenti, regni Hugonis sexto septimove initium proculdubio cœpit. Horum enim priore anno (ut ex Sigeberto constat [b]) Arnoldus Baioariæ Dux à Ratherio Veronensi Episcopo invitatus Italiæ, Regem Hugonem aggressus fuit, qui non solùm Arnoldum fugavit, sed & Ratherium cepit. Quod cùm Luitprandus bellum fini consignâsset libri tertii, exinde quæ narraverit, ut qui interfuisset iis, explicaturum se ait.

[b] Hoc anno in Chronico.

379. Hoc iacto fundamento, nimirum interfuisse Luitprandum his omnibus quæ deinde narrat, ab hoc scilicet anno usque ad CMXLVI. quo legationem Constantinopolitanam Berengarii nomine ad Constantinum Imperatorem ipse inivit, cuius narratione germanus historiæ eius textus absolvitur, cap. scilicet 5. lib. 6. notantibus viris eruditissimis [c]: rectè colligimus, non alibi quàm in curia Hugonis, aut saltem Ticini vel in Italia ad minus, toto hoc tempore eum fuisse. Nec minus patenter idem Luitprandus innuit cap. 1. lib. 6. se domi sub vitrici cura usque ad Constantinopolitanam istam expeditionem continuisse. Unde & consequens fit minimè verum esse, quod sub Servo-dei Toletano Episcopo, qui ab anno CMXXXVII. usque ad CMXLVII. (auctore, si credimus, ipso Luitprando [d]) Episcopatum tenuit, subdiaconum in Toletana Ecclesia egerit; aut (quod Luitprandus ipse suppositititius diserte ait) anno CMXLIV. sese Toleti laudatum Episcopum cognovisse.

[c] Baronio ad ann. CMLXIII. n. 3. Bellarmino *De Script. Eccl.* Vossio *De H. L.* lib. 2. cap. 40.

[d] Dict. anno CMXXXVII.

380. Sed germani Luitprandi res gestas prosequendo ab initio ipso Berengarii, quod anno contigit huius seculi XLV. servitio huius Luitprandum parentes eius mancipavere: cuius secretorum conscium, epistolarumque signatorem egit, donec post longi temporis servitium ingratissimè ab eo, ut plures alii, atque inhumaniter fuit tractatus, ut libri 5. cap. 14. ipse refert. Quo etiam confirmatur præsentia Luitprandi per annos subsequentes annum CMXLVI. in Italia & curia Berengarii. Sed anno CMLI. [e] venit in Italiam Otto Magnus Imperator adversus dictum Berengarium; sequentique [f] denuo ei tradidit Italiæ regnum sub fidelitate eius administrandum: quod is tenuit plures adhuc annos, donec tyrannidis eius impatientes Itali Ottonem iterum vocavere anno CMLXI. Qui quidem facillimo negotio Berengarium regno spoliavit [g]; annoque sequenti Romæ à Ioanne XII. Papa solemni ritu coronatus fuit Imperator.

[e] Baronius hoc anno n. 1.

[f] Baronius num. 2.

[g] Baronius dicto ann. n. 1.

381. Sed paulò pòst, desciscente ab Imperatoris partibus Ioanne, venit Otto iterum Romam, Ioannemque ibi comparere nolentem, coacto Episcoporum totius Italiæ Concilio Romana Sede per sententiam pepulit. In quo quidem Concilio, quod celebratum fuit anno CMLXIII. [h] inter alios Luitprandus factus iam Episcopus Cremonensis subscriptus legitur. Acta servavit Scriptor quidem Anonymus, qui Luitprandi eiusdem historiæ narrationis suæ telam subtexuit; aperteque, uti suprà monuimus, alium se ab eo prodit: quæ quidem acta ex eo Baronius ad Annales suos transtulit [i]. Qui quidem Luitprandus, cùm à Berengario ipse domusque eius & familia & cognatio, sævè atque impiè vexata essent, quod refert ipse in prologo libri 3. in Germaniam ad Ottonem se recepit, & apud eum in magna gratia fuit. Immo factus postea Cremonæ Episcopus, ivit legatus eiusdem Ottonis ad Nicephorum Phocam Græcorum Imperatorem, anno scilicet CMLXVIII. Quam ipse legationem peculiari libello descripsit, ab Henrico Canisio in *Antiquis* suis *lectionibus*, posteaque cum ceteris eius operibus Antuerpiæ edito.

[h] Baron. eodem anno.

[i] Luitp. Cremon. memoriam lege dicto anno num. 12.

382. Nihil autem plus extra coniecturæ aleam positum haberi debet, quam unum atque eundem esse Luitprandum Ticinensem diaconum cum Luitprando Cremonensi Episcopo [k]. Idem enim historiæ quam diaconus, & legationis quam Episcopus exaravit, stilus: idem amor græca verba quædam latinis importunè, ut Græculus appareret, prosæ item orationi carmina, non ex lege historiæ inserendi. Præterea *legationis* auctorem se ipse prodit, dum ad Nicephorum hæc se verba direxisse ait: *Temporibus inquam beatæ memoriæ Constantini Imperatoris huc veneram, non Episcopus sed*

[k] Ita docent Vossius *De H. L.* lib. 2. cap. 40. Miræus in *Auctario de Script. Eccles.* cap. 290. Baronius ad ann. CMLXXIII. n. 3. Bellarminus *De Script.* ad ann. CMXLVI.

l diaconus; nec ab Imperatore aut Rege l à Berengario Marchione missus (ita per ontemtum Italiæ tyrannum vocat) *& multo plura, & pretiosiora pallia emi* &c.

383. Hæc cùm ita sint, Luitprandum ilicet Cremonensibus Episcopum datum nte annum CMLXIII. fuisse: qui fieri otest ut Pseudo-Iulianum non sibilo acipiamus, qui scribere sustinuit anno eom CMLXIII. venisse Toletum Luitprandum, sive Eutrandum subdiaconum, *qui ias ibi fuerat*, nobilem historicum, & ulò pòst ibidem mortuum & sepultum isse? Absque hoc etiam, quis credat Itam hominem nulla coactum vi aut cupitate allectum, relictâ patriâ urbem Sacenorum habitatum venisse; nec semel aidem, sed iterum post tot annos redfe, amore, ut credas, ductum subeundi gum quod necessitate cives compulsi vix lerare poterant?

384. Ipsa quoque *Eutrandi* nomenclara dissonat, quam unus Trithemius, fideae Trithemii novator Toletanus, tribuit qui verè germanico aut longobardico omine *Luitprandus*, sive *Liutprandus*, cubi etiam *Litobrandus*, audit [l] in ombus MSS. atque editis codicibus, tam eius erum, quam Sigeberti *De Scriptoribus cclesiasticis* libelli: excepto uno MS. monarii Viridis-vallis, quem Suffridus Petrus editione Coloniensi eiusdem Sigeberti, aliorum similis argumenti Scriptorum adat [m]; cùm Eutrandi nomen græcum oddam, Luitprandi verò seu Liutpran-, longobardicum sonet. Quibus affatim mprobatum ivimus utriusque Luitpran-, germani & nothi, res minimè inter se nvenire.

385. Huius verus foetus est *Historia ren ab Imperatoribus & Regibus Europæ larum*, cuius pars est *Antidosis*, nisi hoc men integro adaptemus operi, de quo rà; atque item *Legatio ad Nicephorum nstantinopolitanum Imperatorem pro Ottous Augustis & Adelhaida*, eorum uxo- & matre, ab eo suscepta. Et, si Deo cet, liber *De Romanorum Pontificum is*. Quod plures non credunt. Huic tan homini Italo, ex eo tantùm quod toriam suam inscripserit Iliberitano in spania Episcopo, imputatum sponte crenus ab his, quibus propositum fuit sub tiquorum hominum persona hodierno theatro fabulam veteris pseudo-historiæ nuntiare, quod in Hispaniam venerit, letique in ea cum laudato Iliberitano iscopo familiariter vixerit; &, quod ioris operæ est, de rebus hispanis momenta quædam, eaque insignia, & coram quibus vilia sint aurum gemmæque, conscripserit. Chronicon (inquam) quod continuatio esse dicitur alterius Chronici Maximi Cæsaraugustani Episcopi, & *Adversaria*.

386. Utrumque opus Matriti primus edidit D. Thomas Tamaius de Vargas Regius historiographus, adiunctis, ad Chronicon saltem, eruditis notis. Deinde D. Laurentii Ramirezii à Prato curâ & industriâ Luitprandus totus quantus est ex veteri & novo coagmentatus, ex officina Plantiniana fuit emissus, & per Europam communicatus. Esse tamen Chronicon & Adversaria recentioris manus opera, & ab eodem qui Pseudo-Dextrum cum Pseudo-Maximo, gemellos, uno eodemque abortu edidit, inventa: iamdiu est hominibus, tam nostris quam exteris, qui semel ad animum reduxere fraudem, persuasissimum. Id tamen rationibus evincere, cùm aliunde, tum ex ipsa horum operum tela deductis, argumentum erit sequentis & subiectorum illi capitum: dum interim & veluti per transennam id innuamus amicitiam Luitprandi ac Tractemundi (qui vere Recemundus est, gothico nomine) tunc fuisse contractam, quum hic ab Abderraghmane Cordubæ Rege ad Ottonem fuit missus legatus, uti ex Germano Scriptore Ioanne S. Arnulphi abbate eruditè ostendit altero *Dissertationum Ecclesiasticarum* volumine D. Gaspar Ibañez de Segovia Marchio Mondexarensis & Acropolitanus, convellendis & stirpandis fabulis veluti natus.

CAPUT XVII.

Præliminares duæ epistolæ ad Chronicon Pseudo-Luitprandi dupliciter oppugnantur: tum è contentis in eis erroribus, affectationibus, & parum verosimilibus. Primi generis sunt in priore Tractemundi ad Luitprandum. Tractemundi nomen Eliberitani Episcopi, ad quem directum legitur, pro Regimundo. Antapodosis *titulus libri cuiusdam Luitprandi* pro Antidosi; *atque huius ab historia distinctio falsa: cuius occasione locus difficilis Luitprandi historiæ huius explanatur. In Adriani I. Papæ tempore lapsus. S. Iacobi Piceni supposita mentio. Affectationes notantur plures, novitatis indices. Inter absurda esse, ab extero & longe posito homine continuationem historiæ rerum Hispanarum expetere. Prioris huius epistolæ non meminit Higuera in Historia Toletana, posterioris Luitprandi ad Tractemundum meminit. Confertur edita hæc epistola cum ea, quam in eadem historia Toletana, & in* MS. *quodam nostro ineditam legimus: ex qua varietate fraudem colligimus. Similibus ac prior vi-*

vitiis hæc posterior Luitprandi responsoria scatet. Falsum commissum Servi-dei Toletani curæ & Heronii Bracarensis, Episcoporum, extra suum tempus maximè. Absurdis aliis & affectationibus premitur epistola.

387. IN Chronicon quod vocat nunc inquirimus, atque in primis epistolas ei præmissas. Harum altera est, ut nuper diximus, Tractemundi Episcopi Iliberitani ad Eutrandum sive Luitprandum, altera huius ad Tractemundum, eiusdem utraque stili recentis. Has duplici quassabimus ac evertemus impressione. Priorem nobis suppeditabunt eæ ipsæ res quas continent; posteriorem verò investigatio, excussio, & collatio eorum inter se locorum unde non ita pridem istæ merces infaustis avibus erupêre. Et quidem res ipsæ clamant, non illi tempori quod iactant, auctorive, quem præseferunt, congrua & convenientia dici; sed aut commissi erroris, aut affectatæ quorundam articulorum quos falsos veræ historiæ impingere animus fuit, mentionis, aut inverisimilitudinis & absurditatis optimo iure postulanda.

388. Erroris inquam (de priore nunc Tractemundi ad Luitprandum loquimur) primò. Regimundus enim, non utique Tractemundus, Iliberitanus ille Episcopus appellatus legitur, apud Sigebertum [n], Trithemium [o], reliquos, qui huius nuncupationis meminere. *Raimundum*, quod idem nomen est, edidit Reuberus in *Germanicarum rerum* suis auctoribus, quos inter Luitprandi hæc historia: unde hoc nomen servavit in editione sua Ramirezius. Quod & habeo in MS. meo fragmentorum Dextri, Maximi, atque huius Luitprandi ex bibliotheca Estepani Marchionis: quo purum, aut sanè puriori proximum, ad nos pervenisse id, quod ex his superfuit Chronicis, existimari posse non semel aliàs diximus.

[n] *De Script. Eccles.* c. 127.
[o] *De Script. Eccles.*

389. Tratemundum, sive Tractemundum unus habere dicitur quidam catalogus præsulum Iliberitanorum, in quorum locum Granatenses successere, apud quos manet. In quem cum incurrisset Toletanus harum novitatum inventor, magnum antiquitatis vindicem existimandum inde se credidit, si corruptum, ut verosimile est, Episcopi nomen suorum assereret auctorum fide; & vulgare omnium aliorum Tractemundi, uno contentus teste, damnaret. Unde enim huic catalogo tantum fidei, cui veterum quicquid monumentorum est, decedere debeat? Neque enim ullus nobis iactatur codex venerandæ antiquitatis catalogi huius custos & conservator. Et si fabulis credimus, quæ tamen oracula sunt Apollinea, his quos oppugnamus, cùm quadragesimus à S. Cæcilio primo Episcopo in eo collocetur catalogo Tractemundus, qui fit, ut in altero Hauberti Hispalensis quinquaginta tres non minùs ab eodem S. Cæcilio ad Samuelem secundum, hoc est usque ad annum CMX. & aliquot annos ante Tractemundi Pontificatum, recenseantur; & in novissimo Ioannis Tamaii Martyrologi nostri [p], Tractemundus septuagesimus primus à Cæcilio martyre numeretur? I nunc, catalogis crede, quorum ignoratur auctor tempusque. Certè nos magno exemplo peccabimus, qui Haubertum Tamaiumque Granatensi catalogo fidem denegandi duces sequimur (1).

[p] Tom. 4. die XVII. Aug. pag. 494.

390. Secundò, cùm *Antidosis* nomine Luitprandus, aut historiam integram *Rerum in Europa gestarum*, aut illius partem appellatam voluerit: epistolæ huius maximus ac duplicatus error est, non solùm *Antapodosim* pro *Antidosi* enuntiare; sed & opus istud ab historia distinguere. De nomine ab auctore proposito credamus ei, non alii, oportet. In prologo enim tertii historiæ libri: *Operis huius titulum* (ait), *pater sanctifice, satis te mirari non ambigo; ais enim: Cùm virorum illustrium actus exhibeantur, cur* Antidosis *ei inseritur titulus? Ad quod respondeo. Intentio huius operis ad hoc respicit, ut Berengarii huius, qui nunc in Italia non regnat, sed ty-*

(1) In Catalogo Illiberitanorum Præsulum codicis Æmilianensis *fol.* 360. *pag.* 2. *Tretemundus* dicitur, ordineque à Santo Cæcilio *quadragesimus primus est*. In serie autem chronologica iconum Granatensium Præsulum æneis tabulis incisa, quam ad manum habemus, item *Tretemundus*; sed ordine à Cæcilio *quadragesimus quartus*, annoque Christi DCCXIV Episcopatum iniisse dicitur. Bermudezius Pedraza *Hist. Gran. Part. II. c.* 25. quinquagessimo eum loco à Cæcilio numerat, & Granatensi Sedi ante Hispaniæ cladem præfuisse affirmat. Sistimus horum catalogorum seriem

ÆMILIANENSIS CODICIS	ICONUM GRANAT. PRÆSULUM	BERMUDEZII PEDRAZÆ
39. Iohannis	Ioannes abest	48. Ioannes A. C. 684.
40 Ceteri	42. Centurio A. C. 693.	49 Centerius circ. A. C. 690.
41 Tretemundi	43 Eleutherio A. C. 708.	50 Tructemundus circa A. C. 714.
42 Dadilanis	44 Tretemundo A. C. 714.	
43 Adicani	45 Dadilano A. C. 744.	

innitzat, atque uxoris eius &c. actus
ignet, ostendat, & clamitet. At ne in
co verbo contractum suspicari aliquan-
errorem possemus: *Sit igitur* (inde ait)
præsens pagina Antidosis, *hoc est* retri-
io: *dum pro calamitatibus meis* τὴν ἀσέβειαν
um, idest impietatem, *præsentibus fu-*
isque mortalibus denudavero. Nec mi-
etiam sanctissimis & fortunatis viris
collatis in me beneficiis antidosis erit.
errore cubant Sigeberti editiones, quem
contraxit Ioannes Trithemius, *antapo-*
in subrogantes, nihili verbum ad aucto-
propositum: quod & fatetur Thomas
naius [q], convincitque ipsa apud Sige-
tum verbi explanatio; excusatione li-
utatur Franciscus Bivarius, contendens
ımque *Antidosis* & *Antipodosis* voca-
um in idem recidere; nam *Antipodosis*
etorum est figura, quæ fit cùm media
nis & ultimis respondent, & *correspon-*
tiam sonat. Atqui nunc non quærimus,
d appellare potuerit opus, sed quid
ellaverit.

91. Præterea distinxisse ab historia
c *Antidosin* epistolæ auctorem ex his
bis constat: *Gratanter accepi librum tuum*
Rerum gestarum in Europa *historiam,*
præterea Antapodosin tuam carmine pro-
e contextam &c. Distincta autem non
opera Sigebertus disertè ait, histo-
n scilicet eum scripsisse *De gestis Re-*
& Imperatorum sui temporis, quam at-
lavit Antapodosim, idest retributionem.
iliter Trithemius. Constatque ex lau-
libri 3. prologo; quem tamen, nisi
or, ineptè affixere huic libro transcri-
res, cùm quinto debuissent. Ratio pa-
est. Nihil enim de Berengarii rebus
tinet vel tertius vel quartus historiæ
r, quibus retributum Berengario pro
efactis, sive retaliatum ab auctore dici
eat. Quinti aliqua, & sexti ea quæ
rsunt capita usque ad quintum, o-
no Berengarium sonant. Quare acepha-
, ut ex principio satis perspicuum est,
oriam remansisse quoque, aut saltem
nos pervenisse mutilam, fine videlicet
catam, certo certius est: quemadmo-
& continuisse eam, quæ in fine desi-
tur, partem, scelera omnia Berengarii
e ad eius postremam ab Italia eiectio-
, & Ottonis coronationem.

92. Sed quod in prologo ad *Antidosin*
tur de loco exaratæ à se huius histo-
, certè mihi crux est, nec video hic
e ullum Luitprandi rerum descripto-
. *Denique quod in captivitate seu peregri-*
ne libellus hic conscriptus dicatur, præ-
indicat exsulatus; cœptus quippe in
Franconovord (*Francfort* hodie Franconiæ civitate) *qui est viginti milliariis locus à Moguntia distans, in Paxu insula nongentis, & eò ampliùs à Constantinopoli milliariis, usque hodie* (inquit) *exaratur.* Insula hæc *Paxu*, sive insulæ *Paxæ*, iuxta Corcyram insulam in Ionio mari sunt [r], *Paxu* maior, *Antipaxu*, minor, dictæ: quò appellere navim potuit qui Constantinopolim navarchus Luitprandum vectabat.

[r] *Lexica geographica* Ferrarii & Baudrandi consule.

393. Sed qualinam ex duabus legationibus eò directis hocce conveniat quo scriptioni vacabat tempus: hoc opus, hic labor. Neutri enim convenit. Priori namque intentus Luitprandus in gratia vigebat Berengarii, cuius nempe nomine Constantinum adierat: tantum abest ut sub hoc tempus dehonestare queat (quod in prologo facit *Antidosis*) honorem huius muneris exsilii nomine, aut dominum adhuc beneficum tyranni compellatione. Posteriorem ad Nicephorum Phocam, creatus iam Cremonensis præsul, obivit Ottonis nomine, post pulsum regno ac fortasse in orbitate mortuum, Berengarium anno CMLXVIII. cuius dignitatis nec vola apparet vestigiumve in hoc prologo. Et huic tempori adhuc minùs convenit lamentatio eiusdem prologi adversus Berengarium, tanquam præsentem, atque etiamnum rerum potientem tyrannum. Quare si prologum hunc, signataque in eo, cùm cœptæ, tum continuatæ historiæ loca non improbamus: necesse est mediam, inter duas priùs memoratas, saltim usque ad Græciæ occidentales plagas ac mare Ionium Luitprandi peregrinationem, quo tempore Berengarium fugiebat, hoc est circa annum sæculi quinquagesimum quartum, admittere; eo enim anno extinctus fuit Albericus Marchio Romæ tyrannus, cuius recentis obitus libri 3. cap. 13. auctor meminit.

394. Tertiò, legi se facere, Tractemundus ait, inter afflictos Muzarabes Granatenses S. Pontificis Adriani epistolam, quam de hoc argumento ad Egilonem Iliberitanum Episcopum olim dederat. Quandonam? anno DCCXLVIII. respondebit hic ipse Luitprandus. Nam id contigisse hoc anno disertis in Chronico verbis monet [s]. Tu verò huic nugatori nuntium remittes, quandocumque animo adverteris Adrianum Papam huius nominis primum non ante annum DCCLXXII. creatum Pontificem fuisse. Quem anachronismum hìc taxamus, licèt non sit epistolæ; quia epistolæ auctor unus idemque cum Chronici auctore, etsi duo videantur, eadem vehuntur navi.

[s] Anno DCCXLVIII. n. 224.

Quar-

395. Quarto erroribus attribuo, quod S. Iacobi hispani confessoris in Piceno prima die Novembris sanctè mortui vitam à Luitprando exscriptam ad se mitti Tractemundus exoptet. Huius enim sancti Iacobi confessoris nulla vel in antiquis vel in recentibus Sanctorum catalogis mentio.

396. Affectatio autem inculcandi absque idonea ratione ulla res, epistolæ novitatem, atque impotens desiderium auctoris eius clamant asserendi ac stabiliendi momenta historiæ quædam, quæ vulgò credi summè voluit. Huiusmodi sunt distinctio facta inter municipium Eliberitanum atque oppidum Granatam, Cæcilii primi eius Episcopi mentio, Primatialis & Patriarchalis Toletani Episcopi dignitatis importuna intimatio, lecti à se unà cum Luitprando Boetii *Consolationis* libri, dum alter presbyter, subdiaconus alter Toleti agerent.

397. Et nonne talis nota illa est, pro asserendo vulgari Luitprandi nomine inscripto Chronico ineptè adiuncta, qua petit ab eo Tractemundus ut Dextri & M. Maximi Chronica exscripta ad se quamprimum è Germania transmittat, quæ nunquam in Hispania reperire poterat? *Et de tuo* (inquit) *addas ab anno DCXII. ubi finivit Maximus, usque ad tua tempora, hoc est ad annum CMLX.* Potuítne designari expressius, addo & cum putidiori affectatione, Pseudo-Chronicon ad hunc usque annum à ficulneo artifice continuatum? Certè verus Tractemundus, usque ad nostra, vel tua tempora, dixisset tantùm, uti supra notavimus.

398. Quid autem absurdi non continet à Luitprando extero homine tam longeque ab Hispania dissito, hispanum atque Hispaniæ incolam Tractemundum desiderare ac petere, ut Chronicon Hispaniæ plusquam trecentorum annorum, hoc est Maximi continuationem, tam citoque conficeret; cum præsertim ille civium Toletanorum veterum amicorum ope etiam Granatæ positus thesaurum illum ditissimum Bibliothecæ templi S. Iustæ, quem adeò frequenter laudare solet iactareque Iulianus, excutere posset; sibique & aliis, præ quovis peregrino, quem penu istud Toletano-ficulnum instruere haud poterat, morem gerere ac satisfacere?

399. Nec sine censura transigi debet quòd Tractemundus inscribat epistolam Luitprando diacono Ticinensi & subdiacono Toletano, quasi aliquid apponeret diaconatûs ordini subdiaconatûs ordo, novæ neque tacendæ dignitatis. Subscriptio item illa: *Ecclesiæ Iliberitanæ peccator Episcopus* inepta, nec in usu fuisse videtur; cùm vulgaris plurium illa esset, potius personæ respectu non dignitatis. *Tractemundus peccator, Iliberitanæ Ecclesiæ episcopus*, aut *indignus episcopus*, quomodo frequenter in Conciliis legitur.

400. Adiungo his, Hieronymum Romanum de la Higuera huiusce tam operosæ ac multiplicis fabricæ, ut contendimus, architectum, nullam huius prioris epistolæ mentionem fecisse in *Toletanæ urbis & regni historia* adhuc inedita; cum posterioris Luitprandi ad Tractemundum responsoriæ non solùm meminerit, sed eam quoque vulgari sermone translatam libri ... capiti inseruerit. Neque item codicem meum Estepanum illam habere, qui hanc habet, eâ formâ, quam statim ostendemus.

401. Iam enim, ad responsionem Luitprandi venientibus ea manifestioribus adhuc signis falsam, sive, quod temperantissimè dicimus, maiori ex parte auctam & adulteratam sese prodit. Si quid enim ex ea germanum, & Germanum, hoc est è Germania missum, superest: id totum è latino vulgare fecit Hieronymus Romanus iam laudatus, partemque historiæ suæ Toletanæ esse voluit. Quibus hispanis eius translationis verbis omnino respondet epistolæ codicis mei Estepani textus: fortissimum ut hinc argumentum nascatur, hunc primum esse conceptum sive Luitprandi ipsius, sive quod magis est, eius qui Luitprandum fingens sub larva ista posteritatis exhibere se ausus fuit. Quod cùm repræsentari omnium oculis magnum rei præiudicium contineat: age, hic triplici columnari ordine hispanam primo loco Higueræ translationem: secundo latinum simplex Estepani codicis: tertiò demum adulteratum & auctum Luitprandi vulgarium editionum textum dabimus. Quoque magis etiam non accuratè collaturis, statim diversitas & in ea patescat dolus: quicquid vulgaris textus tertio loco ponendi à duobus aliis non abscedit, eodem charactere; quod verò abscedit, diverso alio edi curavimus.

Ex

402. Ex *Historia Toletana* lib. 15. cap. 11. translatio hispana epistolæ.

Al santo Padre y señor Agismundo (ita nomen legitur) *Obispo de Iliberia, toda salud.*

Gusto recibi (*benditissimo padre, y señor digno de ser muy reverenciado*) *que haya venido à sus manos nuestra* Antipodosis, *en la qual unas veces uso de verso, otras de prosa. Y no menos me fue agradable lo que al presente me mandays, que en la libreria del monasterio de Fulda, à donde desterrado me detengo, busque el Chronicon de Dextro, que continuò Maximo Arzobispo de Zaragoza à ruego del Obispo Agebado, y si me pareciese, lo continuase hasta nuestros tiempos. Porque me decis que teneis gran falta de algunos libros, y que viviendo entre Sarracenos barbaros è inhumanos à duras penas alcanzais lo necesario para el sustento de la vida. Dolìme de vuestra suerte, que paseis la vida con tanta aspereza; mas puesto en tantas angustias y apreturas, una cosa sola os consuela, que como buen pastor, estais para consolar y socorrer vuestras ovejas, y que cada dia traheis el alma en*

Codicis Estepani Dextri, Maximi, & Luitprandi Chronicorum epistola latina.

Eutrandi Ticinensis Diaconi, & subdiaconi Toletani. Sancto patri Regimundo Episcopo Eliberitano Eutrandus inutilis servus S....

Gratum mihi fuit (beatissime Pater, ac domine) quòd *Antapodosis* nostra, in qua nunc carmine nunc prosa ludimus, tandem ad manus tuas pervenerit. Nec minùs iucundum est quod modo iubes, ut in Fuldensis monasterii bibliotheca, ubi nunc exsul commoror, quærerem tibi Chronicon Dextri, quod Maximus Cæsaraugustanus Episcopus rogatu Argebati Episcopi (*deest* continuavit) & si vacaret, ad nostra tempora producerem. Nam dicis laborare vos maxima quorumdam librorum penuriâ; inter barbaros enim & inhumanos Saracenos non suppetit copia rerum ad vitam necessariarum, nedum ut habeatis bonorum librorum copiam. Dolui quidem vicem tuam, quòd ita duriter vitam exigas. Sed solatur in tantis angustiis constitutum, quòd sicut bonus pastor ovibus tuis es solatio, & auxilio, qui quotidie mortem subis omnium causâ. Chronicon quod petis, in hac bibliotheca reperi in vetusta membrana descriptum; adiecique, ut iussus sum, annorum seriem ad hæc usque tem-

Vulgaris Luitprandi Chronici latina epistola.

Admodum Reverendo, & totius sanctitatis pleno Tractemundo Episcopo Iliberitano *in Hispania Luitprandus, non meis meritis Ecclesiæ Ticinensis levita*, salutem, *& omnimodam observationem.*

Gratum mihi fuit (beatissime *Papa*, ac domine *multùm observande*) quòd Antapodosis nostra, in qua nunc carmine, nunc prosa *ludo*, tandem ad manus tuas pervenerit. Nec minùs *meo sedet animo, quòd meam rerum gestarum in Europa historiam perlegeris, quæ mihi quodammodo placere incipiunt, cùm tibi viro recto doctoque quodammodo probari video. Sequererque tuam in hac parte sententiam, nisi scirem amorem interdum cæcutire; quamquam te tam cæco iudicio liberum faciunt integritas vitæ tuæ & amor veri, qui semper tuis intimis hæsit sensibus ab adolescentia. Postremò* non minùs iucundum *mihi fuit* quòd modo iubes, ut in Fuldensis monasterii bibliotheca, ubi nunc exsul *bibliothecarius* immoror, quæram tibi Chronicon Dextri, quod *Marcus* Maximus, *monachus Benedictinus, postea* Episcopus Cæsaraugustanus prosecutus. *Et insuper obnixè petis*, ut ad nostra tempora *seriem annorum perducam*. Nam dicis maximâ vos laborare quorumdam librorum penuriâ; etenim inter barbaros & inhumanos Saracenos copia non suppetit rerum ad vitam *transigendam* necessariarum, nedum, ut habeatis bonorum librorum *supellectilem*. Dolui quidem vicem tuam (*reverendissime pater*) quòd adeò durè vitam exigas *in hac urbe Bæticæ non infima. Nec enim ita duriter, sed paulò meliùs agebamus, quum Toleti quondam conviximus. Leniebat enim feroces barbarorum animos, hinc præsulum Toletanorum singularis auctoritas, illinc verò mirabilis bonitas & patientia: auctoritas, (ut bene nôsti) partim amplitudinis antiquæ adhuc remanente nitore, partim quòd ea niteretur favore Regum Ovetensium catholicorum, qui literis crebris commendabant Toleti rem, auctoritatem, bonamque tractationem, tum fidelium omnium, tum maximè Toletanorum antistitum. Eratque hoc (ut bene nôsti) velut quoddam frenum, ne, quod libêret, illis omnino licere putarent. Quod non accidit Episcopis in Bætica constitutis, quibus omnibus potentissimus Imperator præsidet.* Sed soletur te (*pater optime*) in tan-

en los dientes por su causa. El Chronicon, que me pedis, hallè en esta libreria de Fulda escrito en un libro de pergamino antiguo; y añadile, como mandais, las cosas que sucedieron en nuestros tiempos, esto es hasta el año de CMLX. Y huelgome, que quando partì de Toledo para Italia, à donde fui subdiacono en tiempo del santo Arzobispo de Toledo Bonito, truxe conmigo algunos libros de historia, en los quales estava por su orden la succesion de muchos Obispos de España, los quales tambien hallè en esta libreria, que segun creo fueron traidos de España aqui por mandado del santo Emperador Carlo Magno, que le ofrecio el santo Arzobispo de Toledo Elipando despues de haber hecho de veras y con efecto penitencia del error que tuvo cerca de la adoption de Jesu Christo hecho hombre. Encomendad à Dios à este vuestro siervo desterrado.

Finis epistola.

tempora, hoc est usque ad eram CMLX. Et gratulor mihi, quòd cùm Toleto, ubi sub sanctissimo præsule Toletano Bonito subdiaconus fui, in Italiam proficiscerer, aliquos historiæ libros mecum asportavi, in quibus ordine erat series collecta multorum Hispaniæ Episcoporum, quos in hac bibliotheca, iussu, uti credo, S. Caroli Magni Imperatoris ex Hispania allatos, quos, ut aiunt, illi obtulerat sanctissimus Elipandus Archiepiscopus Toletanus postquam illum erroris sui de adoptione Christi seriò poenituit. Feci quod iussisti, beatissime Pater. An verò conatus responderit, tu videbis qui iussisti. Vale, & servum hunc exsulem exsul Deo commenda.

Finis epistolæ.

tantis angustiis constitutum, quòd tu, ut bonus pastor, ovibus tuis & solatio & auxilio es, qui quotidie *libenter* mortem subis *illorum* causâ. *Fac, obsecro, ut libros eos Conciliorum & Epistolarum Decretalium, & nomina sanctorum martyrum hispanorum ad sanctissimum Pontificem re & nomine verè Servum dei transmittas.* Porrò Chronicon, quod petis, in huius bibliothecæ reperi vetusta membrana descriptum, adiecique, ut iussum est abs te, annorum seriem ad hæc usque tempora, idest ad annum CMLX. Et gratulor mihi, quòd cum Toleto, ubi sub sanctissimo Præsule Toletano Bonito subdiaconus fui, in Italiam proficiscerer, aliquot historiæ libros mecum asportavi, in quibus ordine erat series collecta multorum Hispaniæ Episcoporum, quos & in hac bibliotheca reperi, iussu, ut credo, Caroli Magni Imperatoris ex Hispania allatos, quos, ut aiunt, sibi obtulerat sanctissimus Elipandus Episcopus Toletanus, postquam illum erroris sui de adoptione Christi seriò & *verè* poenituit: *ad quem manifestandum Concilium Episcoporum suffraganeorum & abbatum collegit, & coram omnibus, abiurato publicè errore, Fidem S. R. E. confessus est, ut tu meliùs nôsti. Igitur* feci quod iussisti (beatissime pater) an voto conatus responderit, tu videbis qui iussisti, & servum hunc exsulem *in oratione* Deo commenda. Vale.

Incipiam tamen ab anno DCVI. erâ DCXLIV. & ordinem in scribendo sequar, quem secutus est Maximus. Hinc per eras Hispanorum more, illinc per annos Christi: nihil de Consulibus, aut de Egiris Maurorum; perducamque hoc Chronico nostrum usque ad annum CMLX.

Finis epistolæ.

403. Hucusque triplex epistolæ Luitprandianæ textus, Higueræ hispanus ex latino, latinusque, tum codicis nostri Estepani, tum vulgatus editionum. Vides iam, lector veri amans, hispanam translationem non vulgatis, sed Estepanis latinis adhærere semper, paucissimis exceptis. Unde necesse est ita primitus à recenti conceptu seu inventione epistolæ quam Higuera servabat, eam fuisse formatam; immanè autem distare ab his latinum duabus editionibus repetitum eiusdem epistolæ contextum: quo liquet manifestè secundarum hunc esse auctoris sui curarum, sive reformatæ compositionis foetum à prima sui editione verè alterum. Non coniecturâ hic opus est, sed oculorum examine his, qui *Toletanam* hanc *historiam* MS. in Toletano Jesuitarum collegio servatam adire velint; aut qui consulere exempla eius, quorum aliquot Matriti in excellentissimi Comitis Villumbrosani non ita dudum demortui, magni Castellæ senatûs præsidis, bibliotheca est; aliudque apud Comitem de Mora olim fuit.

404. Egregieque id confirmamus ex eo quòd

quòd Didacus Murillo Franciscanus, *Historiæ Deiparæ Virginis de Pilari* auctor, qui ante publicatum Luitprandi Chronicon, paulò post sparsam apud nos inventionis famam, communicataque à Hieronymo Romano inventore quibusdam eius familiaribus amicis, & inter hos laudato Murillo, ex eo nonnulla, historiam prædictam in publicum edidit: non hanc laxiorem & longiorem, quæ postmodùm edita fuit, epistolam, sed breviorem illam, & pressiorem, quam ex codice Estepano nostro produximus, de Luitprando agens, & hoc eius opere, apologetico suo prologo intexuit. Quam inde Rodericus Carus in Notas ad Dextri Chronicon [t], & Franciscus Bivarius in commentarium suum ad idem Chronicon transtulere: id quod revera fuit sequentes, non decepti; neque mutilam, quasi integram (quod Thomas Tamaius ait [u]) repræsentantes.

405. Manifestatâ iam epistolæ huius à se ipsa diversitatis, indeque resultantis falsi suspicionis aut veriùs comprobationis exceptione, verbis eius censoriam admovere virgam non gravabimur. Planè iisdem ea urgetur vitiis falsò, affectatè & absurdè dictorum, quibus altera. In primis falsa sunt, *Antipodosis* nomen, diversitasque ab *Historia*, uti iam diximus. Falsum quòd precetur Tractemundum, ut, quod ait, *libros hos Conciliorum & epistolarum decretalium, & nomina sanctorum martyrum hispanorum ad sanctissimum Pontificem, re nomineque vere Servum-dei, transmittat.* Nam si Servus-dei (ex testimonio ipsius Luitprandi supra posito [x]) anno CMXLVII. in vivis esse desiit, Luitprandus autem hæc scribebat in Germaniæ exsilio, post historiam conscriptam, legationemque Constantinopolitanam priorem, contractamque Berengarii adversus se indignationem: quæ omnia, ut è superiori vitæ ac rerum eius narratione constare cuivis poterit, annus ut minimùm, nongentesimus quinquagesimus quartus præcessit. Si duo hæc, inquam, uti verissima admittimus, alterutrum affirmare nos oportet: aut supposititiam & falsam esse epistolam, aut Servo-dei tamdiu post mortem consignari hos quos memoravit libros Luitprandum voluisse. Neque enim eo idoneè recurret aliquis, ut ignoraverit Luitprandus Servi-dei mortem post tam longum tempus; siquidem ipse in Chronico, cuius anteambula est epistola, Servi-dei obitum anno prædicto, & Visitani loco eius subrogationem referat. Meridiana luce clariora hæc sunt.

406. Falsum quoque & contradictorium est quod ait in fine: *Post hæc misi hæc Heronio* (sive *Heromo* [y]) *Episcopo Bracarensi.* Additionem ad Chronicon Maximi usque ad annum CMLX. intelligo. Quidnam enim aliud? Confirmat quidem id dictum idem Luitprandus in *Adversario* 32. *Ego Chronicon meum* (inquit) *quod miseram Tractemundo, etiam transmisi partem illius Heronio Bracarensi seni Pontifici sanctissimo, & scripsi illi sequentem epistolam.* Sed & ipse (quod cæcitatem & incogitantiam clamat impostoris) tenore ipso epistolæ ad Heronium directæ, quam subiungit, sese falsum & immemorem planissimè ostendit. Epistolam Toleti datam erâ CMLXXXI. finis eius docet. Hic est annus huius sæculi quadragesimus tertius, quo in vivis erat Ioannes Servus-dei Episcopus Toletanus, cuius nomine salvere iubet Heronium. Hic tamen annus tot annis præcessit exsilium Luitprandi Germanicum, & inventionem in Fuldensi bibliotheca Chronicorum Dextri & Maximi, continuatæque ab hinc, ubi finivit Maximus, ab eo historiæ: ut nonnisi à væcordi & insano homine annus iste subscribi potuerit epistolæ, cum qua tum prædictam continuationem ad Heronium mittit, tum quoque remissæ iam eiusdem ad Tractemundum meminit. Miserum, qui nec verum dicere, nec fallere novit!

407. Absurda & incredibilia sunt, Luitprandum in responsione ipsa epistolæ Tractemundi misisse ad eum trecentorum annorum non breve ieiunumque aut unius gentis, sed prolixum, & exterarum quoque rerum successibus locuples Chronicon: quod non sine iugi studio ac diligentia confici valuit multorum mensium. Absurdum, quòd *Oveti* Reges adhuc appellatos finxerit: qui vel *Gallicia*, vel *Legionis* ferè ante sæculum appellabantur, ut constat ex Ioannis Papæ epistola ad Alphonsum Magnum apud Sampirum, & ex his quæ Ambrosius Morales non semel cum aliis notavit [z]. Absurdum, ac temerè dictum est, iccircò vexari à Mauris Granatenses Christianos, quia potentissimus Imperator, cùm hæc Luitprandus scriberet, Episcopis omnibus in Bætica constitutis præsideret: quasi Abderraghman Almanzor, de quo intelligit, sub ditione sua non haberet omnes Hispaniæ urbes quæ Mauris in Bætica & eo, quod nunc est Castellæ regnum, parebant. Absurdum est, quòd mittere se ait ad Tractemundum cum aliis *nomina sanctorum Martyrum hispanorum*: quasi hoc aliud, alicuiusve pretii futurum esset, misso Dextri Chronico, quod merus albus est hispanorum martyrum. Nec iniuriosus

[y] Ita editum fuit Antuerpiæ, cùm in Matrit. editione hæc clausula desit.

[z] Lib. 15. c. 37. & 42.

sus audiam, absurdis iam prædictis aliud subiungens, quòd scilicet in continuatione sua secuturum se ait annos Christi, & eras Hispanorum, *nihil de consulibus*, aut Hegiris Maurorum adiecto: quasi consulum ratio & computum eo adhuc tempore, quo ipse sumit in manus Maximi telam, hoc est anno Domini DCVI. adhuc in usu esset.

408. Affectationes intolerandæ sunt, & impotentiam genii auctoris produnt, sub persona ipsa manifestare se quodammodo gestientis. Evincunt id cuncta quæ veteri telæ, ut vidimus, assuuntur: quòd scilicet, ubi Maximus Cæsaraugustanus Episcopus Chronici auctor olim laudabatur, adiecta fuere *Marci* prænomen & *monachi Benedictini* conditio, iuxta perpetuum infixumque Toletano ludioni propositum de Marco Benedictino cum Cæsaraugustano antistite Maximo, uti iam loco suo notavimus, coagulando. Item importuna Toletanorum præsulum pristinæ auctoritatis & nitoris mentio, quæ Maurorum etiam dominantium ferocitatem quodammodo leniebat. Nec minus, quòd fingat ad Tractemundum unà cum ceteris transmissum Conciliorum & epistolarum decretalium volumen: ad id respiciens, quod sub Isidori Mercatoris collectione pro antiquo & germano diu venditatum fuit; cuique iam hodie ab aliquo eruditorum, quasi legitimo antiquitatis monumento vix applauditur. Denique putidissimè inculcatur Elipandi pœnitentia & Concilium ab eo Toleti coactum: quod non ignorare Tractemundum insulsâ illa, sæpiusque totâ epistolâ repetita parenthesi (*ut tu melius nôsti*) Luitprandus ipse agnoscit. Sed iam ad ipsum Chronicon impressionem transferamus.

CAPUT XVIII.

Chronicon ipsum, ut in fragmento manuscripto quodam nostro exstat, viginti trium annorum tantùm, cum edito & vulgari confertur: unde additiones & interpolationes deinde factæ falsi convincuntur, sublata & mutata notantur. Historiæ Toletanæ auctor Higuera usus fuit, cum hanc scriberet, fragmento nostro non Chronico integro vulgato.

409. Animadvertendum est ante omnia, in codice meo Estepano, qui iudicio nostro vera aut vero proxima Dextri, sive alterius, Maximique Chronica repræsentat (qui ille ipse est quo Hieronymus Higuera, cum *historiæ Toletanæ* incumbebat formandæ, unico fruebatur & utebatur, toties ut inculcamus): legi fragmentum satis breve continuationis eius ad Maximi Chronicon, quæ Luitprando tribuitur.

Nempe incipit ab anno DCVI. hoc modo:

ERA CÆSARIS.	ANNUS CHRISTI.
DCXLIV.	DCVI.

Toleti nascitur præclaris parentibus Ildephonsus, qui postea fuit Toletanus Episcopus. Toleti Synodus cogitur.

DCXLV.	DCVII.

Mahometus virus erroris sui infusurus in Hispanias venit. Cordubæ, Hispali, Toleti incipit seminare. Ab Aurasio pellitur Toleto. Victericus catholicos persequitur, &c. usque ad annum DCXXIX. & quam subiicimus clausulam.

DCLXVII.	DCXXIX.

Svinthila regno pulsus moritur, sublatoque Helladio, Rege iam Sisenando, succedit Iustus archidiaconus, & Ioanni Cæsaraugustano Braulio.

410. Quibus verbis fragmentum Maximo appensum, viginti trium annorum tantùm, absolvitur. Idque maxima ex parte à prioribus his vulgatæ editionis annis diversum; quippe in quo vel singula capita, pluribus demptis, additis, mutatis interpolata, vel ex integro intermista alia, leguntur. Quod facilè is deprehendet, qui in calce huius partis bibliothecæ appendices veterum aliquot monumentorum, & in his hocce cum Dextri & Maximi Chronicis Estepani exempli consulere velit.

411. Exhibebimus autem hìc, lectoris compendio, unum aut alterum exemplum, interpolatorum scilicet primum esto caput ipsum fragmenti.

In Estepano est	In vulgatis verò
Toleti nascitur præclaris parentibus Ildephonsus, qui postea fuit Toletanus Episcopus.	*Toleti nascitur S. Ildephonsus clarissimis parentibus Stephano & Lucia* XVIII. *die Decembris, in domo quæ nunc est Toleti Muzarabum nobilium. Ille verò postea fuit Toleti Episcopus.*

Quæ quis non videt eo consilio addita fuisse ad simpliciorem narrationem, ut fides epigrammatis de Stephano & Lucia parentibus S. Ildephonso à Iuliano tributi [a]; utque fama [b] de Mendozarum Comitum *de Orgaz* ab Ildephonsina stirpe descendentium origine testimonio isto Luitprandi confirmarentur?

[a] In *Collect. carminum* ad calcem operum pag. 146.

[b] Tamaius in Notis ad hunc locum.

In

12. In Estepano.
Erâ DCLII. anno DCXIV.

rtuo Aurasio invitus sufficitur in Sede tana Helladius.

In vulgaribus.
Erâ DCLI. anno DCXIII.

Mortuo Aurasio, sanctissimo doctissimoque pontifici succedit in Sede Toleti S. Helladius, vir eximius, & pius, monachus Benedictinus. Ætate iam ingravescente ad superos evocatur.

'iden' ut monachatum Helladii & quocumque aliorum summorum hominum edictinum vindicandi cupiditas, toto Chronico, & consecraneorum Luitprandi Chronicis perpetua & emicans, vestigia sui manifesta huic loco impresserit?

13. In Estepano.
Erâ DCLX. anno DCXXII.

ximus ex monacho Cæsaraugustanus Epius habetur clarus.

In vulgaribus.
Erâ DCLX. anno DCXXII.

Marcus Maximus monachus priùs Benedictinus, & pòst Episcopus Cæsaraugustanus, celebris post mortem habetur.

rius ignorabatur Maximum prænomen rci habuisse, monachumque ordinis Beictini fuisse, atque isto anno adhuc vi; quippe qui anno DCXXIV. mortuus sit, ut infrà ad hunc annum refertur. Quibus omnibus posteriores curæ (utinam sapientiores!) renuntiavere.

14. In Estepano.
Erâ DCLXII. anno DCXXIV.

versus Hispali Ildephonsus. Eum Hella- diaconum facere volebat. Ille vero ce- sæculo vitam agit in cœnobio Agaliensi, d in suburbio Toleti est, ut nôsti, septemnem versus, non procul à flumine Tago, à Prætoriensi templo S. Leocadiæ circi- 300. passus distat, quod ego dum fui ti frequenter invisi.

In vulgaribus.
Eâdem erâ & anno.

Reversus Hispali cùm esset Ildephonsus Toletum, eum archidiaconum suum Helladius facere volebat. Ille verò secedens sedulò vitam agit in monasterio Agaliensi, quod in suburbio Toleti est septemtrionem versus, non procul à Tago flumine, & à Prætoriensi templo S. Leocadiæ extra muros in planitie; quod ego, dum Toleti fui, frequenter invisi. Est etiam alterum, Agaliensis huius quasi colonia, ad pagum Benalgoviam à Mauris dictum, tribus milliaribus à Toleto distans. Sed in priori, quod non procul eremitorio S. Susanæ prope Tagum fuit, S. Ildephonsus vitam egit. Quod, ut dixi, invisi, quum fui subdiaconus Toleti sub Bonito I. huius nominis Toletano Archiepiscopo, priùs abbate Agaliensi.

15. Insignem factam accessionem vi-, lector, restrictiori de Ildephonso & nasterio eius narrationi. Legebatur scit priùs: *diaconum facere volebat*, hoc est, is ordinibus eum initiare. Placuit post-: *archidiaconum facere volebat*, hoc, eâ dignitate in Toletana eum Eccleornare. Legebatur priùs: *cedens sæcu-* quasi diceret, religioso statui tunc prim se mancipâsse Ildephonsum postquam etum rediit. Placuit postea hæc verba mutare: *secedens sedulo*, fortasse ut inigeremus, à puero in urbe Hispali, 1 apud S. Isidorum detineretur, iam olim monachum esse professum. Quam item ea quæ deinde sequuntur de Agaliensi monasterio, & eius colonia quodam altero, utrobique Tractemundo ingesta qui conscius rei erat, putida sunt & inepta! Nimirum inculcata, ut recens harum nugarum artifex sententiam suam de antiquo loco huius monasterii sub mangonio Luitprandini nominis venditaret.

416. Plura quoque veteris scripturæ iussa sunt loco cedere, nusquamque apparere: exempli gratiâ:

Ex erâ DCXLV. anno DCVII.
Victericus catholicos persequitur.

Erâ

Erâ DCXLVII. anno DCIX.
Synodus Lucensis in Hispania. Illi præfuit Aurasius.
Erâ DCLXII. anno DCXXIV.
Tonantius Palentinus Episcopus moritur.
Erâ DCLXIV. anno DCXXVI.
Kalendis Ianuarii Fulgentius Astigitanus moritur.

Erâ DCLXVII. anno DCXXIX.
Svinthila regno pulsus moritur, sublatoque Helladio, Rege iam Sisenando, succedit Iustus archidiaconus, & Ioanni Cæsaraugustano Braulio. Et alia his similia præteriri indigna.

417. Quædam & in alium ferè sensum, quàm olim fuerant, reformata observabis.

Erâ DCLII. anno DCXIV.
Sanctus vir Vincentius Episcopus Carthaginensis Romæ moritur.

In vulgatis.
Vincentius Carthaginis Spartariæ Episcopus moritur.

Era DCLVI. anno DCXVIII.
Civitas Assota Episcopis destituitur. Et postea erâ DCLXI. *Sedes Assotæ Bigastrum transfertur.*

In vulgatis editionibus.
Assota civitas in Contestanis, & in confinio Batestaniæ, quæ quondam Sedes Episcopalis fuit, destruitur. Et mox: *Sedes Assotana Bigastrum, quæ Murcia est* (in Tamaii editione, quæ *Mentua*) *transfertur.* Sed de his satis.

418. Alio etiam ariete non minùs robusto & valido quassatur Chronicon, atque eo quidem eiusdem Luitprandi vi & humeris librato. Illum intelligo Luitprandum, qui primùm è Germania in Hieronymi Romani pervenit manus, quoque usus hic fuit in exornandis *Toletanæ* suæ *historiæ* rebus. Planè huius historiæ cap. 1. libri 11. hæc verba leguntur de Maximi Chronico, & Luitprandi continuatione, quæ è vernaculis latina damus [c]: *Et his finem imposuit Chronico suo Maximus Cæsaraugustanus. Utemur autem nos, quousque pertinget, continuatione, quam Eutrandus fecit Toletanus subdiaconus, ac Ticinensis almæ Ecclesiæ diaconus multâ vir doctrinâ & literis; quamvis hæc valdè sit, ab eo quod is reliquit, deficiens ac diminuta.* Non potuit magis aperte designari fragmentum nostri codicis, nec reprobari vulgatum Chronicon, omnibus idem numeris, si approbâsset fidem suam, absolutum. Et iam sæpiùs monuimus, cùm hæc Higuera scriberet, supellectilem omnem Chronicorum & Adversariorum quatuor auctorum Dextri, Maximi, Luitprandi, & Iuliani, è Germania & forsan aliunde ad se transmissorum, in sinu & ulnis fovere; atque eorum, per totam hanc historiam testimonia producere. Colligemus & ea loca eiusdem historiæ, quibus vel silentur ea quæ in vulgatis sunt, minimè verò in codice nostro; vel quæ ex Luitprando referuntur, non secundum vulgarium editionum, sed secundum nostri codicis tenorem.

[c] Hispana verba: *Y con esto da fin á su Chronico Maximo Cesaraugustano. Serviremonos, en lo que alcanzare, de la continuacion que hizo Eutrando subdiacono de Toledo, y diacono de la S. Iglesia de Pavia, persona de muchas letras y doctrina, aunque esté muy falto y diminuto de lo que él lo dexó.*

419. Lib. 11. cap 2. mentionem facit habiti Toleti Concilii tempore Witterici Gothorum Regis [d], *cuius* (ait) *Eutrandus, sive Luitprandus, meminit, absque eo quòd ultrà quicquam adiungat.* Verba eius accipe quæ repræsentat codex meus: *Toleti Synodus cogitur*, ad eram nempe DCXLIV. sive annum DCVI. Huius autem rei non ullum vestigium in vulgaribus.

[d] *Se juntaron á Concilio en la ciudad de Toledo, del qual hace mencion Luitprando, ó Eutrando, sin decir cosa particular de él.*

420. Paulò pòst in eodem capite 2. de Gundemari electione in Regem Gothorum ac Witterici successorem agens [e], *Electionem* (ait) *diximus, quia S. Isidorus & Luitprandus ita simpliciter de huius successione loquuntur, ut nec notare prætermisissent, si is per vim aut tyrannidem intrâsset. Habeo quoque pro certa re coronatum eum in Toletano templo ab Aurasio Pontifice, utì decessores eius duo fecerant.* Ecce Luitprandi verba ad eram DCXLVIII. *Mortuo Toleti Witterico subrogatur Gundemarus.* Simplicius nihil enuntiari potuit. At quod Higuera, dumtaxat ex more antecessorum Regum, circa coronationem colligit, id ipsum iam in vulgato expressum legitur Luitprando: *Mortuo Witterico succedit Gundemarus. Ab Aurasio Toletano, ut olim Imperatores Græci à Patriarchis Constantinopolitanis, inungitur in æde SS. Petri & Pauli Toleti.*

[e] Hispana verba: *Y he dicho esto de la eleccion, porque S. Isidoro y Luitprando hablan tan sencillamente de su succession, que si fuera por tyranía ó fuerza no lo dexaran de decir. Y tambien tengo por cosa cierta se coronó en la santa Iglesia de mano de Aurasio, como sus dos antecessores habian hecho.*

421. Nec ultra dictam eram DCLXVII. sive annum DCXXIX. ab auctore huius historiæ ulla fit Luitprandi mentio, cuius nempe fragmentum apud eundem existens ad hunc annum usque pertingebat. Nusquam autem historia meminit earum rerum ad Toletanam urbem pertinentium, quæ in vulgatis nunc præsentia, in nostri tamen codicis fragmento desiderantur. Nempe erâ

erâ DCXLIV. S. Adelphii Toletani & Metensis Archiepiscopi mentio. Erâ DCXLIX. A-deo-datæ monialis Benedictinæ Toletanæ ad quam S. Gregorius scripsit. Erâ DCLX. templi S. Thyrso martiri à S. Leandro Hispalensi Toletana in urbe dicati. Huc usque è laudata historia, & ex eo quod fuit apud historicum Luitprandi fragmento desumta, à nobis contra vulgare huius Chronicon, ut logici loquuntur, ad hominem argumenta.

CAPUT XIX.

Topicis quibusdam locis genius & propositum Pseudo-Luitprandini ostenditur Chronici. Primum æquivoco nominum vel virorum aut locorum abusus, exteros homines, Conciliaque Hispaniæ attribuit. Exempla in SS. Magno, & Columbano, & Gallo, in S. Fara Galliarum moniali. In Concilio Augustano. Quandoque etiam sine occasione æquivoci. Exempla in Verano & Ostano Episcopis, A-deo-dataque, ex epistolis S. Gregorii Papæ nota virgine.

422. DABIMUS nunc veluti quodam specimen totius Chronici, atque eius inventoris consilium tamquam in speculo repræsentabimus, capita colligentes, sive topicos quosdam locos credulis imponendis lectoribus: quos maximè auctor persuadere voluit, sartosque tectosque ab omni recentiorum oppugnatione, iudicio suo, veluti quodam trabali clavo affixo, relinquere.

423. Audisti sæpiùs cùm circa Dextrum & Maximum nostra hæc lucubratio versaretur, de præcipuo consilio Hieronymi Romani de la Higuera. Consilium, inquam, magnificandi Toletanam omnem rem, in primisque Ecclesiasticam: primatialem perpetuam & Patriarchalem amplissimæ, suisque contentæ opibus Ecclesiæ, dignitatem, collatis undique argumentorum copiis vindicandi atque asserendi: Hispaniam quoque honoribus & viris illustribus, quomodocumque quæsitis, atque aliunde extortis, ditandi atque illustrandi; Benedictinumque omni laude maiorem ordinem, sive iure sive iniuriâ, mirisque modis extollendi. Nec enim commodiùs & aptiùs poterat ei, quam procurabat Toletanis rebus à se confictis haberi fidem, consulere, quàm prodigalitate ista spargendi atque eiiciendi per omnium provinciarum, urbium, locorum, sodalitatum, ut ita dixerim, sinum, vetera ista & pretiosa virorum eminentissimorum, rerumque olim piè aut magnificè gestarum gaza. Huic scilicet consilio intentus multipliciter sibi munire hanc viam contendit. Locos iam ostendimus, ad quos inventiones & cogitata eius omnia facilè reducuntur.

424. I. Virorum sanctitate illustrium, qui alio natales referunt, in Hispania constituit, sicuti & res gestas, equivoco nominum aut locorum abusus. Quod ipsum facit in exteris Conciliis Hispaniæ tribuendis.

II. Etiam absque æquivocis, locorum aut nominum prætextu, virorum sanctitate illustrium in fastis Ecclesiasticis celebratorum patriam, aut mortem Hispaniæ adiudicat.

III. Rebus apud nos in historia controversis ambiguisque solvendis ac determinandis iudicem sese invocatus & importunus ingerit, affectationem ubique novitatemque manifestans.

IV. Iis autem quæ non satis expressa sunt in veteribus monumentis lucem declarationemque gestit inferre: quò locis personisque à se nominatis honorem & splendorem, sibique fidem ab obnoxiis conciliet.

V. Eventibus, quorum in veteribus inscriptionibus apud nos exstantibus obscurior aliqua memoria superest, clariorem pseudo-historiæ facem immittere conatur.

VI. Carmina à se composita pro sustinendis suis fictionibus, nomine antiquorum inscripta signataque commendat, quò tutiùs fallat.

425. Uniuscuiusque horum locorum seu capitum exempla quædam, non omnia, sed conspicua magis, subiicere est animus. Ludit, inquam, in æquivoco nominum, vel virorum, vel locorum, ut aliarum gentium homines sanctitate celebres in martyrologiis laudatos, ad nostram gentem referat.

426. Primum exemplum S. Magnus estò, S. Galli discipulus. Locus huic datus fuit in fastis Ecclesiæ die Septembris VI. Bedæ scilicet in antiquis, Maurolyci, Galesini, Ferrariique in recentioribus. Galesinus adiunxit: *Ad Fauces S. Magni confessoris* &c. *Fauces*, hodie *Fuessen*, oppidum est Sueviæ, non obscurum, aiente Philippo Ferrario [f] geographiæ totius peritissimo *ad Lycum fluvium ad montium angustias constructum, inter Campidoniam, à qua quinque millibus passuum Germanicorum distat, & Laude cum opp. Tirolensis Comitatûs occurrens, ubi cœnobium Faucense celebre Constantiensis diœcesis.* Unde hic in elogio suo ita: *Apud Fauces in Suevia S. Magni primi Faucensis abbatis.* Et Ioannes Trithemius [g]: *Abbas, ut fer-*

[f] In Notis ad hunc diem in martyrologio suo.

[g] *De vir. illustr. ord. Bened.* lib. 3. cap. 107.

fertur, *in Faucibus* &c. Sed quid adhuc his duorum sæculorum egemus testibus, cùm vita exstet S. Magni à Theodoro scripta eius sodali, & ab Hermenrico Elewangensi monacho emendata & distincta [h]: in qua disertè narrat historicus cap. 7. lib. 2. B. Magnum ab Episcopo Augustanæ urbis Wichperto rogatum, quo in loco morari vellet, *domino auxiliante*, respondit: *directus sum ad locum qui vocatur Fauces, ubi propè sunt fontes alpium Iuliarum* &c.

[h] *Rerum Alemannicarum*, tom. I. pag. 190. & apud Benedictum Gononum in *Appendice vitarum PP. Occidentis* pag. 456.

427. Ibi construxisse monasterium, eique præfuisse constat ex his quæ sequuntur. Nam & cap. 12. eiusdem 2. libri ita incipit: *Beato itaque Magno morante in cœnobio, quod sibi paraverat ad Fauces, per viginti quinque annos magnas virtutes ibi operatus est.* Nec inde discessit toto vitæ tempore, ut ex cap. 13. apertè constat. Hanc vitam à se scriptam unà cum Magni cadavere Theodorus discipulus sepulcro indidit. Cui quidem appendicem adiunxit Hermenricus Elewangensis monachus, Lantonis Episcopi Augustani iussu, qui B. Magni corpus multis venerandum signis suo tempore cum libro vitæ inventum, sublimiorem ad locum transtulit. Hæc veritas est ab æquali Scriptore posteris tradita. Confirmat Ekkhardus San-Gallensis monachus in libro *De casibus monasterii S. Galli* [i], his verbis: *In quam* (Ecclesiam) *S. Magni brachium Adalberone Episcopo dante, & prosequente, de Faucibus sumtum* &c. Ad quem locum Melchioris Haiminsfeldii notam consule. Quam quidem veritatem impetere frustrà conatus fuit Luitprandus, ista concipiens [k]: *Ad Fauces Hispaniæ in Lusitania, vulgò Garganta-la-olla, Magnus, cognomento Ioannes, abbas floret.*

[i] Tom. I. *Rerum Alemannicarum* pag. 13.

[k] Erâ DCLIX. anno DCXXI.

428. Nec eo contentus auctor, Lantonem etiam Augustanæ in Suevia urbis nobilissimæ decimum sextum Episcopum in Cæsaraugustæ seu Emeritæ-Augustæ Episcopum transformare voluit, Iuliani auctoris Luitprando gemelli his verbis usus [l]: *Bento* (potiùs *Lanto*) *Episcopus Cæsaraugustanus, vel Augustanus, auctoritate Adriani Papæ* (nulla huius rei in vita mentio, nec illius temporis hæc fuit solemnitas) *refert in numerum Sanctorum S. Magnum in oppido Lusitaniæ ad Fauces.* Et tamen corruptum hodie legi hoc testimonium ex Higueræ nota ad Luitprandi superiùs liquet. Eo enim laudato, Lantonem hunc Emeritæ-Augustæ fuisse Episcopum tempore captivitatis monet. Hæc tamen suspiciunt qui exornandis hisce nugis se addixerunt, viri aliàs doctissimi, Thomas Tamaius ac Laurentius Ramirezius, nec hiscere contrà audent. Ioannes quoque Tamaius, qui curiosè omnia collegit, nihilque doli suspicatus, quicquid scriptum reperit Sibyllæ folium credit, & in meris fabulis cum vero conciliandis ingeniosulum se ostendere satagit: dum ait, utriusque oppidi, & Suevici & Hispanici, *ad Fauces* dicti, fines Magnum lustrâsse, acta eius in hunc sensum compingens.

[l] In Chronic. num. 447.

429. Æquè tamen falsum est id quod de SS. Columbani, & Galli, quos magistros secutus fuit S. Magnus, in Hispanias adventu, appulsuque ad Brigantinum portum Gallæciæ, quæ tunc parebat Gunzoni Duci; visitataque ab iis Ecclesia in castro Arbone, Lucensique Episcopatu à S. Gallo repudiato, quæ tunc *urbs Martia Constantiensis* à Constantio Augusto dicta est, uti etiam montes Asturum *alpes Rheticæ*, ex Iuliani ludicris Adversariis [m] refert. Omnia enim hæc auctor ex actis S. Magni extorta fabulæ suæ deservire voluit. In cap. 4. libri I. fluvii, oppidique quod *Brigantium* olim nuncupabant; postea *laci Brigantini*, & *Arbonæ* loci mentio fit. *Perrexerunt ergo ad lacum Brigantinum*, (auctor vitæ ait) *in cuius litore invenerunt locum antiquum destructum, qui vocatur Arbona* &c. Et cap. 8. *Non post multum verò temporis beatus Gallus divina pietate convalescens, postquam filium Ducis Gunzonis à dæmonio liberavit, oblatumque sibi ab eodem principe Constantiensis Ecclesiæ Pontificatum humiliter recusavit* &c. Omnia hæc leguntur non minus disertè in vita S. Galli abbatis auctore Walafrido Strabo apud Surium XVI. Octobris.

[m] Num. 268. 269. 270. 271.

430. Alphabetariis pueris nota dicimus, sed quæ inculcari oportet. Brigantinus, sive Acronius lacus, nunc *de Constanza*, & ipsa celebris urbs Constantia, sicut & Brigantium (hodie *Bregentz*) & Arona (nunc *Aron*) oppida ad eius oram, ipsa illa sunt, quorum in S. Magni actis memoria exstat; quin ad Brigantinum nostrum portum, *la Coruña* nunc seu *Betanzos*, & Aronæ fictitium hispanicum locum recurrere opus sit, aurésque dare fabulæ. Lucum-Augustam Gallæciæ urbem in Martiam Constantiensem, & Asturum montes in *Rheticas alpes* [n], transformant. Quod

[n] *Alpes* de quibuscumque montibus ac de Pyrenæis dici notavere Lipsius ad *Traiani Panegyr.* Scaliger. lib. 2. *lect. Ausonian.* cap. 16. Ioseph Maria Suarezius in *Diat. de synonymia diversor. locorum & fluminum* pag. 44. Quid tamen id ad Rheticas (1)?

(1) Apud Auctores nostros *Alpes* communi nomine excelsi quicumque montes vocantur. Sampirus apud Sandovalium in eius Historiæ columna penultima: *Normanni* (inquit) *totam Gallæciam depræ-*

od nonnisi Iulianææ geographiæ peri-
ſciunt ac refellere ſupervacaneum.

431. *Fara*, aliàs *Burgundo-fara*, ſan-
nonialis gallica, illuſtris eſt in me-
riis huius gentis omnibus. Sigebertus °.
*go Chriſti Fara claret in Francia, cuius
ctitatem imitatus frater eius Faro, ex
nite clericus, & ex clerico factus Mel-
ſium Epiſcopus, claret.* Ideo Galliæ,
ldenſique territorio frequenter Marty-
ogi Faram aſſignant, Uſuardus [p], Vin-
tius Bellovacenſis [q], Equilinus [r] Tri-
mius [s], Andreas Sauſſaius [t], & in pri-
Romanus die VII. Decembris: *In pago
ldenſi S. Pharæ virginis.* Omnes vide-
t acta eius & S. Faronis germani fra-
Meldenſis Epiſcopi; atque hæc ulti-
apud Surium XXVIII. Octobris. Item-
S. Euſtachii Luxovienſis monaſterii
atis, à Iona Bobienſi monacho æqua-
cripta, ut mox dicemus.

432. Ex omnibus his monumentis li-
dum redditur, Faram, aliàs Burgundo-
am, uti ſe ipſa in teſtamento vocat,
nerici Burgundionis ac Leodegundæ
iliſſimorum patrum prolem, germanos
uiſſe, ſi S. Faronis acta ſequimur, Fa-
em ipſum, Walbertum, & Chalnoal-
n; ſi teſtamentum ipſius Faræ, quod è
ulario Fare-monaſterienſis (vulgò *Fa-
onſtier*, ſeu *Farmontier*) monaſterii ex-
tum San-Marthani fratres publicave-
[u], Faronem, Chagnulphum (eundem
n Chalnoaldo) Burgundum (fortè eun-
n qui Walbertus) & Agnetrudem. Fa-
autem Deo ſponſo ſibi electo, contrà
t nitente Agnerico patre, in religioſo
itu ſeſe tradidit, Euſtachio, ſive Eu-
io abbate Luxovienſi, S. Columbani
cipulo, magnæ doctrinæ & ſanctitatis
o conſilium & auxilium præbente. Ipſa-
ſibi & ſodalibus, quas magno nume-
undique collegit, monaſterium Ebo-
cum ædificavit in Briegio pago (unde
ige cœnobium vocavit Beda lib. 3. *Hiſt.
cleſ. Anglorum* cap. 8.) quod hodie ex-
., abbatia ordinis Benedictini in diœce-
Meldenſi provinciæ *Briæ.* Omnia ex
is conſtant.

433. Monaſterium verò ita deſcribunt
dati San-Marthani fratres [x], & Augu-
us Lubinus [y]. Meldenſis autem urbs,
ldi Plinio, Melda etiam ad Matro-
nam, ſeu *la Marne* fluvium, *Meaulx*,
ſive *Meaux* hodie: à quo pagus (territorium ſignificat) Meldenſis, non ab Uſuar-
do tantùm, ne diverſum iiſſe eum ex-
iſtimes, ſed & in teſtamento iam laudatæ
ſanctæ virginis Faræ, *Meldicenſis* audit
civitas. Cuius quidem fratres eius germani Walbertus, & poſt eum Faro, Epiſcopi fuere, *urbs Melodorum* eadem dicitur à Iona in vita S. Euſtachii Luxovienſis. Ionas hic Seguſianus patriâ, monachus
fuit Bobienſis monaſterii à S. Columbano
fundati, in quo vixit ſub Attala Columbani ſucceſſore & aliis abbatibus: de quo
plura Bollandus, ſive Antuerpienſes Ieſuitæ, Sanctorum ſtrenui vindices, in vita
S. Attalæ X. & S. Euſtacii XXIX. Martii.
Idem enim ſcripſit acta SS. Columbani,
Euſtacii, Attalæ, Bertulphi abbatum, &
ſanctæ noſtræ Burgundo-faræ, perperam
Bedæ attributa, & in huius operum tomo 3. edita. Cuncta hæc ſuis diebus edidere memorati patres. Vitam autem Burgundo-faræ ex editionibus Bedæ ac Surii
emendatiorem dedit Ioannes Mabillonius
inter *Acta Sanctorum ordinis Benedictini* [z]:
qui potiùs eſt liber *De virtutibus & rebus mirabilibus in Eboriacenſi monaſterio à
Fara fundato tempore illius factis.* Id quod
indicat eâ adhuc in vivis agente ſcriptum
à Iona fuiſſe. In vita autem S. Euſtacii
refertur monaſterium ab illo ædificatum
Faræ in paterno eius ſolo inter Mugram
& Albam fluvios, de quibus Mabillonius
in Notis. Meminit horum omnium fratrum Carolus Le-Cointe in Annalibus
Eccleſiaſticis Francorum [a].

434. Huic tamen æqualium Scriptorum roboratæ monumentis, recentiorumque nulli non certæ hiſtoriæ Burgundo-
faræ, ſeu Faræ virginis in Gallia natæ,
in Gallia ſub Luxovienſi abbate Euſta-
cio monaſterii Eboriacenſis non longè à
Meldenſium urbe fundatricis, & in Gallia
tandem ad ſuperos evocatæ, opponere
auſus fuit nomina ſuppoſita Luitprandi &
Iuliani. Audi ſîs lector hominis inventum.
Luitprandus ait ad eram DCLXXVII. [b]
*S. Fara virgo Benedictina fugiens patrem
Tudem venit. Ab Epiſcopo Tudenſi Ana-
ſtaſio ædificatur monaſterium. Moritur anno DCL.* Et Iulianus in Chronico [c]: *In
Gallæcia oppido Meladenſi, vel Melducenſi,*
Yyy *ſan-*

[z] Sæculo II. pag. 438.

[a] Tomo 3. ad ann. DCLXXII. à num. 12.

[b] Anno DCXXXIX.

[c] Num. 326.

daverunt, uſquequo pervenerunt ad ALPES
tes Ezebrarii: quem hodie tractum Hiſpani *El
rêro* dicimus. Lucas Tudenſis *Hiſp. ill. T. IV.*
. 90. *Cum ipſe* (Rex Sanctius cognomento Abar-
eſſet in Pyrenæis montibus ultra ALPES
ÇIDAE VALLIS (hodie *Ronces Valles*). Et
86. Ad ALPES *montis Zebrarii.* Nec Recentiores tantum, ſed & Prudentius *Periſteph.* in hymn.
S. Laurentii

Nos Vaſco Iberus dividit
BINIS *remotos* ALPIBUS,
Trans COTTIANORUM *iuga,*
Trans & PYRENAS *ninguidos.*

sancta Fara virgo Benedictina monialis sub Heraclio Imperatore. Et alibi [d]: *Monasterium sanctæ Faræ prope Tudem ad Aquas-calidas diruitur à Mauris anno DCLXX.* ubi Meldensem Galliæ urbem in Meladense, seu Melducense Gallæciæ oppidum, Eustacium Lexoviensem abbatem in Anastasium Tudensem Episcopum, eo fine inter subscriptiones Conciliorum Toletanorum huius ævi quæsitum, veluti Circes virgulâ transformata legimus.

[d] Adducitur à Thoma Tamaio in Notis ad locum Luitprandi pag. 56. non tamen apparet in edito Iuliani Chronico.

435. Cui statuminando multiplici errori cùm idem Higuera, tum Ioannes Tamaius, symbolam unusquisque suam contulere. Prior scilicet laudato Placentinæ Ecclesiæ pervetusto martyrologio, ex eoque his verbis: *Tudæ in pago Meladensi S. Faræ virginis.* Ad hunc codicem sese referuntur Sandovalius in *Historia Tudensi* [e], & Ioannes Tamaius in martyrologio [f], & in vita S. Epitacii [g]; atque item Thomas Tamaius in Notis ad Luitprandum. Nullus autem vidit, sed à solo Higuera hoc laudatum Placentinum fuisse martyrologium constare poterit ex notatis alibi [h] ab eodem Sandovalio, qui in fontibus ipsis Higueræ ipsius viventis ebibit hos latices. Mos autem fuit illi, dicta sua commendatis huiusmodi manuscriptis libris hispanarum Ecclesiarum confirmare. Sed utinam soli. Nam & Ioannes Tamaius è libro suo Auli Hali poematum, qui omnes *Martyrologii Hispani* (quàm nobis pudendi!) paginas implet; quique illi cuncta, quæcumque voluit, subministrare consuevit, epigramma nobis protulit, quo Faram gente Gallæcam, Tude monacham, Anastasio Tudensi Episcopo cœnobium eidem construente, atque eius in eo gloriosam mortem, adstruere voluit eiusdem farinæ cum historicis nostris poeta. Adi, si tanti est, Sandovalii & Tamaii loca & nomina in Gallæcis quæsita, de quibus ne labasceret omnino dictorum fides, Luitprandianis & Iulianæis conformia illa esse argutati sunt. Verè enim tædet nos hìc ultrà morari.

[e] Fol. 34.
[f] Tomo 6. die VII. Decemb. pag. 566.
[g] Cap. 2. n. 24. fol. 137.
[h] Hist. Tudensis fol. 18.

436. Nec dum finis Luitprando in ludendo & ludificando lectores uno spectro nominis. Erâ CMLXXXIX. ita legimus: *Concilium habitum in Hispania in urbe Cæsaraugustana, dictum vulgò Augustanum, viginti quinque Episcoporum.* Insanum hoc est prorsus, nedum falsò ac ridiculè excogitatum: quode cùm non auderet ultrà loqui addictus partibus, sic Thomas Tamaius censuit: *De quo seriè & verè veterem iudiciorum formulam pronuntio, N. L.* (*Non liquet*). Audiamus tamen Higueræ notam. Manuducet ea nos quò tendimus: *Concilii Cæsaraugustani* (ait) *cuius hic meminit Luitprandus, meminit Onuphrius anno Domini CMLI. & sic gestum fuit sub Ioanne Toletano Pontifice.* Onuphrius sanè ipsi his verbis non spontè illusit (*In Chronico Ecclesiastico.*) Augustanum Concilium, hoc est in Augusta Germaniæ urbe coactum intelligens, de quo sic Hermannus Contractus eodem anno CMLI. *Synodus viginti quinque Episcoporum apud Augustam Vindelicam coram Ottone Rege colligitur.* Meliùs anno CMLII. uti est in Chronica, ut vocant, *Austriali* Matthæi Marescalci de Bappenheim Canonici Augustani, quam edidit Freherus [i]. *Synodus XXV. Episcoporum sub Ottone Rege colligitur.* Exstatque eadem Synodus in Conciliorum editionibus [k] cum præfatione, in qua nomina eorum qui interfuerunt, Italiæ, Galliæ, Germaniæque Pontificum sub ditione Ottonis degentium referuntur. Incauto tamen homini visum fuit licere sibi ex Augustana Cæsaraugustanam conficere, quasi unico Panvinii testimonio ita brevi fides eius, & loci, quo celebrata fuit, constituta esset.

[i] Inter alios *German. rer. auctores* pag. 311.
[k] In ultima edit. Paris. volum. 9. col. 635.

437. Eiusdem commatis est, quòd S. Veranum episcopum Tarraconensem laudat in Carpetania tractuque Aurelianensi exsulem erâ DCCLXXXII. [l] Cui consonat Iulianus in Chronico [m]. Ad quæ Annotatores tractum Aurelianensem territorium oppidi *Oreja* in regno Toletano intelligunt; eque Tarracone, vexationes Maurorum evitaturum Episcopum Veranum, in Toletum urbem, tamquam in asylum se contulisse aiunt; aliaque apud Ioannem Tamaium videnda [n], cum solemni Auli sui Hali carmine. Inde autem fabulæ locus, quod XIX. Octobris die in Martyrologio Romano sic legatur: *In territorio Aurelianensi depositio S. Verani Episcopi.* Quem inter plures huius nominis indicare ausus non fuit Baronius [o]. Sed quid *Aurelianensis tractus* nomen cum *Oreja* oppido? cùm Aureliæ in Hispania nullus meminerit Geographorum, neque in priscis monumentis ullum vestigium exstet?

[l] Anno DCCXLIV.
[m] Num. 381.
[n] Tomo 5. *Mar.* die XIX. Octob.
[o] In Notis ad hunc diem.

438. Similiter S. Ostanus Episcopus fingitur Aucensis in Hispania, interfuisseque Concilio Ovetensi, ac decessisse in tractu Bivariensi XXX. Iulii. Luitprandus erâ CMXXXIII. [p] Quibus adiungit glossographus eius Iulianus, *Bivar* (*Oppidum*) intelligendum esse, Didaci Roderici cognomento Campiatoris patriam. Unde occasio, quæris? Quòd scilicet hac die apud Usuardum, ex quo Romanus desumsit, legatur memoria *in territorio Vivarien-*

[p] Anno DCCCXCV.

ensi Ostani presbyteri & confessoris. De
ео Galesinus & Molanus ad Usuardum,
i ait eius exstare acta. Equilinus certè
n presbyterum, sed Episcopum appel-
as in fine catalogi q, ubi catervatim de his
it, quibusde nil ultrà quàm nomen mi-
mè vero res gestas noverat: occasionem
dit fabricandi apud nos Aucensem Epi-
opum, qui nunquam fuit, eum ipsum
em presbyteri tantùm titulo notum,
suardus octavi sæculi auctor posteris com-
endavit. Nec Ovetensi Concilio, quod
lebratum fuit sub Alphonso III. Rege
no CMI. interfuit Ostanus aliquis Au-
nsis episcopus; omnes enim eò venientes
minat Sampirus Astoricensis, atque inter
os Ioannem Ocensem, qui dubio pro-
l Aucensis est.

439. Eodem hæc ambitio præpostera de
ortalibus exteris Hispaniæ formandi ci-
s, impulit ad S. Gregorii epistolarum
ros; cumque ibi habiles & paratas huic
i nuncupationes quasdam invenisset: mo-
suo egit, tumque A-deo-datam, nec non
ulcidium, ad quos literas dedit sanctissi-
us Pontifex, alio idest ad Italos pertinen-
, genti nostræ inseruit. A-deo-data femina
it Deo devota, cui inscriptæ sunt libri
epistola quinquagesima quinta, & libri
sexagesima secunda, quemadmodum
mmendatoria eius est ad Venantium
nensem Episcopum libri 7. epistola vi-
sima octava. In hac ultima Venantium
hortatur Gregorius, ut apud matrem
dentiam causam agat Adeodatæ, ut
licet (quod innuitur) alimenta subsi-
ave alia ei præstet, ut in habitu reli-
oso se exhibere possit; sin minùs spon-
facere velit, A-deo-datam in iudicio
eatur, eamque in omnibus habeat com-
endatam.

440. Luna urbs in Thusciæ Liguriæ-
e confinio ad Macram fluvium hodie
cisa, in cuius locum Sarzana successit,
emadmodum Lunensis vicem iam intra-
t Sarzanensis Episcopus. Unus ex his Ve-
ntius fuit, agnitus uti talis ab Ughello
Italia sua *sacra* r: ad quem Gregorius
pa, tamquam ad proprium Fidentiæ,
rtasseque & eius filiæ A-deo-datæ an-
titem, officii excitatorias dedit prædi-
as literas. Sed certum quoque est A-deo-
tam in Sicilia, in urbe scilicet Lilybe-
na (urbs episcopalis olim fuit Lilybæum
promontorium eiusdem nominis, nunc
arsala) monasterium fundâsse, atque in
abbatissam egisse. Id enim constat ex
abus aliis epistolis 63. & 64. eiusdem
regorii, quarum prior ad Decium Episco-
m Lilybetanum, & altera ad Hilarium
notarium inscripta legitur. Accedit, quod
ad A-deo-datam Gregorius ait s se commisisse causam Decii Episcopi (cuiusnam
alîus quam eiusdem Lilybetani?) Ioanni
Episcopo & Leontio glorioso: qui mihi
Ioannes Syracusanus, aut alter Panormi-
tanus est Episcopus, & Leontius Ex-con-
sul in Sicilia per hoc tempus ius dicens,
ad quos frequentes sunt Papæ sanctissimi datæ literæ t. Abi nunc, & aures Luitprandi nugis præbe. *A-deo-data virgo sanctissima Toletana* (inquit u) *monialis Benedictina floret, ad quam hodie S. Gregorius scripsit.* Simile credimus, quod de Dulcidio
ait paulo inferius x. *Dulcidius diaconus Cæsaraugustanus floret, quem S. Gregorius in
epistolis mirum in modum commendat.* Nulla
quidem ad Dulcidium Gregorii epistola;
nec vacat utrumne aliqua de Dulcidio sit,
quærere.

s Epist. 55. lib. 7.

t Vide indicem epistolarum.

u Ad ann. DCXIV. sive erâ DCLII.

x Erâ DCLII. sive anno DCXIV.

CAPUT XX.

Luitprandus pro nostratibus venditat eos qui famâ sanctitatis alibi claruere. Exemplum primum in S. Babila martyre. Higueræ & Ioannis Tamaii codices suspectissimi. Secundum in Raymundo Metellinensi pastore, qui Raymundus verè fuit ordinis Calatravensis institutor, Cisterciensis monachus. Tertium in Anacirardo Augiæ-divitis monacho. Quartum in Cornelio Proculo & Cornelio Basso, qui ex lapidibus inscriptis noti dumtaxat sunt. Quintum in Genesio martyre. Arelatensi Genesio dicata, non alicui Hispano qui non fuit, videri omnia huius nominis apud nos templa.

441. Taxabimus aliis adhuc hominis cupiditatem, in adscribendis hispanorum Sanctorum albo iis qui verè nostrates non sunt. Solet enim eos, quibus Hispani veteres locum aliquem dicavere sacrum, Hispaniæ cives statim asserere. Babilas Pontifex fuit Antiochenus & martyr die Ianuarii XXIV. græcorum omnium patrum, nec semel latinorum, monumentis celebratissimus; apud nonnullos tamen distinctus ab altero *Babila* ludimagistro: de quibus, ne actum agam, adiri Baronius y & Bollandus hac die poterunt. Babilam certè Pontificem S. Eulogius noster in his laudat (*Memorialis Sanctorum* lib. 1.) qui sponte martyrio se obtulerunt: quemadmodum & SS. Sebastianus, Thyrsus, Adrianus, Eulalia, & alii. Hunc, nec alium, exstitisse Babilam Baronius contendit.

y XXIV. Ianuarii.

442. Sed cùm novisset prope *Odòn* oppidum agri Matritensis eremitoriolum *de san Babilès* nuncupatum exstare: gratum se

se oppidi huius incolis facturum existimans si anxietate illa res quærentium gestas Babilæ Antiocheni, & alterius fortasse ludimagistri, abusus, postremum hunc, nothum à Baronio martyrem reputatum, vindicaret; notisque loci ac temporis modique martyrii illigatum assereret: his verbis imposuit, quicquid intimabitur, facilè credituris [a]: *Per hæc tempora S. Babilas Episcopus Virinensis & Pampilonensis (utrobique enim prædicavit) animo videndi captivos & miseros Muzarabes Toletum venit & inde ad Odonem oppidum, & prope in eremitoriolo* (audisne?) *pueros docet primas literas; & venit cum duobus fratribus, qui fiunt eremitæ, & postea omnes martyrium patiuntur.* Malè editum fuit *Virinensis*, pro *Iruniensis*, quomodo appellatum fuisse aliquando Pampilonensem Episcopum, ab *Iruna* vernaculæ linguæ appellatione, quæ *bona urbs* sonat, certa res est [a]. Iulianus eandem ludens fabulam [b]: *S. Babilas Episcopus Pampilonensis capta Pampilone venit in Carpetaniam, & prope populum Odonem docet pueros; & cum illorum* LXXX. *à Saracenis patitur martyrium* XXX. *Octobris.*

[a] Chron. ad ann. DCCXV.

[a] Oihenartus in *Notitia Vasconiæ* lib. 2. cap. 2. pag. 77. Garibay lib. 23. *Comp. Histor. Hisp.* cap. 9.

[b] Chron. n. 413.

443. Vellent ita factum, qui larvatis his auctoribus non minus quàm Pythagoræ auditores eius deferre amant, ac duplici argumento pro Babila hoc hispano utuntur. Primum est [c] sanctum Eulogium nostrum *Memorialis Sanctorum* lib. 1. hunc inter eos laudâsse, qui martyrio sponte se obtulerunt. Sed hoc plumbeum est telum; nam & Sebastianus, & Adrianus & Thyrsus exteri MM. unà laudantur. Secundum est, cultum olim proprio ut vocant officio Babilam in Hispania, quod in Breviario Isidoriano legitur. At nos id quoque argumenti in contrarium torquemus; cum hymnus officii prædicti ad Antiochenum episcopum Babilam dirigatur, uti notavit Ioannes adversus Thomam Tamaium [d]. Ait enim:

[c] Utitur 1. Tamaius *Martyr. Hisp.* tom. 1. die XXIV. Ianuarii pag. 277.

[d] Ibidem pag. 275.

Formam exempli Babilas antistes &c.
Et postea:
Hic vir virtute fidei munitus
Antiochenam rexerat arcem,
Sprevit profanum atriis à sanctis
Numerianum.

Unde proclive est credere, huic, quem peculiari memoria Ecclesiæ nostræ fasti dignati sunt, eremitorium istud, quo de locuti sumus, fuisse olim dicatum; frustraque alium nos quærere nostrum civem, quem antiquitas ignoravit; nec si fuisset Antiocheno, idest extero, postposuisset. Huic etiam sponte adiudicamus Ecclesiam *de san Babîl*, iuxta oppidum *Sanguesa* in regno Navarræ cuius meminit Garibaius lib. 21. *Hist. Hispan.* cap. 6.

444. Contendit tamen ut solet Ioannes Tamaius uno partium studio, tertium Babilam apud nos fuisse, ab Antiocheno episcopo qui cum tribus, & ludimagistro eiusdem urbis qui cum octoginta quatuor pueris mactatus fuit (quorum utriusque Menologium Græcorum quarta Septembris die meminit) diversum: eundem tamen cum LXXX. pueris martyrio impensum; profertque & hic manuscriptum suum codicem, atque ex eo hymnum, qui pro omnibus Luitprandi Iulianique mendaciis fideiubet, versibus stribiligine sua verum auctorem suum prodentibus. Falsus quoque est Luitprandus in distinguendo, tamquam diversi fuerint loci, *Pampilonem* ab *Iruna*, si vera scribit Garibaius, Cantabricarum & Navarræarum originum callentissimus, lib. 22. cap. 16. & alibi. Nullam igitur, spero, fidem his nugis præstabunt qui semel animadverterint consilium hominis occasione sibi data sacræ alicuius ædis obscuræ ambiguæve nuncupationis, pro insinuandis fabulis suis pia impietate, ut sic dicam, turgentibus, abutendi.

445. Eodem ille confisus æquivoco nominis è duobus sanctis unum atque eundem facere pro ludo habuit. Celebratur nempe apud Bellovacensem Ecclesiam Apostoli, ut vocant, sui atque primi Episcopi S. Luciani, qui cum S. Dionysio in Galliam venerat, octava die Ianuarii martyrium [e]. Nunc non quærimus quisnam Dionysius annuntiaverit Gallis, aut quo tempore, Christianum Evangelium. Quicquid enim sit, acta Luciani martyris ab Odone I. eiusdem urbis Bellovacensis præsule, ut fama est, sub Carolo Calvo scripta, dubitare non sinunt de eiusdem, cum agone, tum agonis sociis, nempe Maximiano (aliàs *Messiano*) & Iuliano, de quibus accuratè Bollandus in Notis diei VIII. Ianuarii; qui & XV. Septembris, & XVI. Octobris factam fuisse horum trium sociorum corporum quandam translationem ex veteribus MSS. martyrologiis observat.

[e] Beda, Usuardus, Ado, Martyrol. Roman. & alii à Baronio laudati die VIII. Ianuarii, & à Bollando eâdem. Saussay in *Martyr. Gallic.* Vincentius Bellovacensis lib. 10. *Spec. Histor.* cap. 25. & 26.

446. Diversus omnino est ab hoc Luciano Bellovacensi Lucianus martyr Vicensis Cataloniæ urbis, qui cum Marciano sodali triumphavit in Decii persecutione. Quorum similiter acta germana, ut videtur, sincereæque antiquitatis, ac solemnis tunc temporis formæ in conscribendis huiusmodi religionis causis consignata notis, in Vicensis eiusdem Ecclesiæ breviario, & in

antiquissimo libro *Sanctorali*, veteri ntis lingua, quâ utuntur & Galli Pro- nciales, conscripto; & alia valdè an- ua relatione in archivo Ecclesiæ iam di- e conservata ad manum habuit, quæ in storia sua *Cataloniæ Sanctorum*[f] repre- ntaret vir æquè doctus ac pius Antonius incentius Dominicus ordinis Prædicato- m, ex eoque Hieronymus Puiades in ronico suo eiusdem Principatus lib. 4. p. 55.

447. Et tamen haud veritus fuit, tam- iam omnes umbra essemus, hæc Pseu- -Luitprandus effutire verba[g]: *Sancti uciani Pontificis & martyris, comitis san- Dionysii Areopagitæ, ossa Bellovaco urbem Vicensem translata sunt.* Eodem licet fallendi genio, quo gemellus eius eudo-Dexter animabatur, quum scri- um reliquit ad annum CCCVIII. *Reli- iæ sancti Luciani Episcopi Vicum* (1) *ansferuntur*: sexcentis tamen & amplius nis ante memoratam à Luitprando trans- tionem. Hæ sunt, quibus mendaces de- ehenduntur, notæ. Frequenter enim *ntiri solet iniquitas sibi*, de quo sacræ s literæ admonent.

448. Neque contentus annominationis c velamento abuti, absque ullo etiam stræ gentis cælites ex alienarum gen- m cælitibus facit, aut qui nusquam no- sunt, pro notis laudat. Paulum scilicet cetanum Episcopum. *Memoria* (inquit[h]) *Pauli Episcopi Iaccetani, qui Romam m visitat, cum aliis duobus sub Decio rtyrium patitur sexto Idus Februarii.* culos nempe habuit ad hunc diem VIII. bruarii in martyrologio Romano, in o Romæ SS. martyrum Pauli, Lucii, Cyriaci memoriam ex codice monaste- S. Cyriaci restituit Baronius. Quem ulum Galesinus Episcopum fuisse addi- t. In Florentini antiquo martyrologio mæ legitur, *Depositio S. Pauli Episco-* Vide sîs ibi Florentinum, & in opere gno *De Actis Sanctorum* Bollandum. Qui nes conqueruntur nusquam de loco Epi- patûs significari. Quâ data porta ruit ster, & Iaccetanam urbem (*Jaca* nunc Pyræneis, & Aragoniæ regno) tamquam cortina pronuntiavit.

449. Cælestinum, SS. Saturnini & eopoli Romanorum martyrum socium, dat Baronius, & Galesinus III. die Maii. ibi tacetur locus, nempe in Martyrologio Florentini, de quo plura hic in Notis. Hunc fingit Pseudo-Luitprandus[i] in Hispania fuisse consularem, eiusque memoriam apud nos floruisse.

450. *Anacirardum* (ait[k],) *eremitam ex Germania venisse in Lusitaniam, & in ripa fluminis Tagi prope civitatem Scalabim sanctè vixisse, reversumque ad Italiam, non longè à lacu Tigurino vulneribus confectum, & martyrizatum* IV. *Februarii.* Fingit hìc se huius rei haud conscium Higuera, & Anacirardum eundem facit cum Lietphardo, cuius Molanus die IV. Februarii meminit; aut certe alterius quam Higueræ illa nota est huic loco affixa. Nam Luitprandi gemellus Iulianus[l], parum mutato nomine *Hancarardum* vocat, atque eadem de illo refert, adiiciens singularia hæc: *Manent aliqua vestigia adventûs huius sancti abbatis in Lusitaniam in oppidis eiusdem provinciæ Ataugia & Meinardo.* Cuius observationis interpretationem si quærimus, Ioannes Tamaius succurrit, *Atouguia* oppidum propè Scalabim, sive *Santarèm* civitatem Tago adiacere: in quo subodoratus fuit *Augiæ maioris*, sive *Reichenaugiæ*, quod Germanicè *divitem insulam* sonat, insignis monasterii, hoc vestigium nominis, quod insinuaverat falsus ille chronologus, atque item ait prope idem oppidum esse vallem *de Bollardo* dictam, hoc vocabulum vix distare à *Meinardo* subiungens, quod verum & vulgare magis sancti eremitæ nomen fuit.

451. Sed relinquo libens non insanis lectoribus Tamaianam hanc coniectationem alpinis frigidiorem nivibus diiudicandam. Planè huius sancti Helvetici eremitæ ac martyris Meinradi, aut Meginradi, monachi prius in Augiæ-divitis monasterio, deinde eremi Nigræ-sylvæ viginti sex annorum incolæ, tandemque à duobus latronibus interfecti, supersunt acta Anonymi auctoris, quem Bennonem, secundum huius eremi incolam, non temerè iudicavit Bollandus. Hæc acta, cùm Surius aliquantulum mutata, tum Christophorus Hartmannus in annalibus suis Einsidlensis S. Meinradi monasterii, quod in eodem loco eius martyrii postea fuit erectum; tum demum Bollandus nuper laudatus in actis sanctorum XXI. Ianuarii die, publicavere. In quibus disertis verbis habemus notatum, eremitam nostrum priorem à se petitum iuxta Tigurinum, seu Tu-

[i] Ad eram DCLX. ann. DCXXII.

[k] Ad eram DCCCLXXXVIII. ann. DCCCL.

[l] In Chron. num. 436.

(1) Nec *Vici*, aut *Urbis Vicensis*, nomen persequente ristianos Decio, nec nisi ad Ludovici Pii tempora gnitum usquam fuit: qui *Ausonam*, sive *Ausam* em à Mauris eversam utcumque restauravit; & quod impar esset ob civium paucitatem atque infrequentiam sustinendo *Urbis* nomini, *Vicum* Ausensem, sive *Ausonensem* appellavit, ut alibi à nobis dictum. Hodie Indigenis *Vich d' Osona*, vulgo *Vique*.

Turicinum lacum, eremi locum ſeptem annis habitâſſe; indeque interius per quatuor milliarium ſpatium seceſſiſſe in aliam eremi vallem, in qua uſque ad mortem ſolitarius vixit. Verba hæc ſunt [m]: *Ibi dum per ſeptem annos ſuperni Regis militiam exegiſſet, multitudinem populi ad ſe venientis ferre non valens, mutavit locum; atque à prædicti laci litore quatuor millibus diſtantem reperit planitiem inter montes acceſſu valdè difficilem. Ibi adiuvantibus viris religioſis, & maxime quadam abbatiſſa Heiluviga nomine, neceſſaria voti ſui conſtruxit habitacula, atque in eodem loco quod erat reliquum vitæ permanſit.* Quam ſit hoc veroſimilius migratione Luitprandiana & Iulianæa Meinradi ad Luſitaniam, in qua tunc temporis Chriſtiani Gallæciæ ſive Oveti Reges Alphonſus Caſtus, aut Ranimirus I. aut Ordonius I. qui æquales Meinrado vixere, cum Saracenis bellum gerebant, inter quos vix ſperare potuit Chriſtianus homo vitæ quietæ ac ſolitariæ copiam, prudentes iudicent.

[m] Cap. 2. vitæ, ſeu actorum.

452. Eadem temeritate quovis famæ detrimento coercenda, è priſcis Romani ritus ac temporis ethnicorum inſcriptionibus excitat Chriſtianos & Apoſtolicos viros, & martyres Toletanus fabulator. Nonne enim talia ſunt, Cornelium Proculum, & Cornelium Baſſum à diſcipulis S. Iacobi converſos Pontifices martyreſque factos celebrari Antiquariæ in Bætica, quod in Luitprando legitur [n]? In quo habitus fuit reſpectus ad inſcriptionem duplicem, quarum alteram M. Cornelius Proculus Liviæ Auguſtæ, alteram Cornelius Baſſus Caio Cæſari Pontifex uterque Cæſarum, quomodo ſe appellant, dedicavere; quaſque vel nunc gemini præſeferunt lapides Antiquariæ urbis [o] (1).

[n] Ad eram DCCXXIV. ann. DCLXXXVI.

[o] Tamaius in Notis huius loci.

453. Et cuinam alii noti ſunt SS. Maria, Ioſeph, Victor, & Theodorus, Caſtri Octaviani in Catalonia MM. quorum ad annum DCCLXXXV. [p] & Geneſius Cordubæ paſſus ſub Nerone, cuius ad annum DCLXVIII. [q] Luitprandus mentionem habet? Certè hunc ſecundum enixe admodum, propter frequentem Geneſii martyris nuncupationem in hiſpanis quibuſdam Eccleſiis, non iure abrogata ſive Arelatenſis ſive Romani Geneſiorum memoriâ, hiſpanum aſſerere civem & martyrem Higuera contendit. Nam & ad partes venit non ſemel Iulianus [r] laudata æde ſacra Toletana Geneſii martyris Cordubenſis, à quo habemus hiſpanum fuiſſe & militem legionarium in caſtello Nunetenſi (*Nuez*, iuxta Toletum, ad radicem montis *de Altamira* dicti); celebrarique eius feſtum XX. ſive, ut legendum eſt, XXV. die Auguſti; corpus autem eius è Corduba Alarcurrim, indeque Toletum fuiſſe tranſlatum.

[p] Sive eram DCCCXXIII.

[q] Sive eram DCCVI.

[r] In Chron. num. 376. & Adv. 149 389. 481.

454. Hæc omnia in *Adverſariis* [s]. Quibus apertè hunc diſtinguit à Geneſio alio Anaſtaſii ſocio, XI. die Octobris in Rutenio Hiſpaniæ (Dexter *Mantuæ Carpetanorum* ait ad annum CCCLIII.) martyre. Cuius in *Adv.* 326. meminit. Atque iccircò non debuit vir clariſſimus D. Laurentius Ramirezius à Prato ad Franciſcum Bivarium de Geneſiis ſcribens, omnia hæc Iuliani teſtimonia de eodem Geneſio accipere, differentiamque diei martyrii corrigere velle: de quo Bivarius in reſponſione eum admonuit, variationem Iuliani ad conditionem *Adverſariorum* quæ tumultuariam obſervationum formam continent, reiiciens. Quicquid tamen is dicat de quatuor Geneſiis, I. Arelatenſi, II. Romano, III. Barcinone nato, Mantuæque Carpetanorum cæſo, cuius acta profert, IV. demum Cordubenſi, de quo nunc agimus: certiſſimum haberi debet, non alteri quàm I. Arelatenſi Exceptori ſive notario publico oblatum ab Hiſpanis cultum in dedicatione Eccleſiarum fuiſſe. Quod maximè de Toletanæ urbis ac territorii, quo Mantuo-Carpetana, ſeu Matritenſis curia comprehenditur, ſacris ædibus à Geneſio martyre nuncupatis, fateri oportet. Ad Toletanorum enim res & uſum præcipuè ſpectare quicquid in Gothicos Eccleſiaſtici ritus libros ab Iſidoro Hiſpalenſi Hiſpaniarum doctore vulgò appellatos, cum ab ipſo, tum ab aliis Toletanis Epiſcopis fuit coniectum; indeque deſumendum antiquorum in ſolvendis ſacris his officiis propoſitum, nemo inficiabitur.

[s] 149. & 481.

455. Atqui non de alio quàm de Geneſio Arelatenſi in breviario & miſſali Gothico ad viceſimum quintum Auguſti diem fit mentio: ubi proſtat officium proprium huius martyris cum hymno, unde hæc ad rem noſtram exſcripſimus:

Ge-

(1) Antiquarienſes quotquot hodie ſuperſunt lapides vidi ac deſcripſi ante hoc triennium; Corneliorum autem *Proculi* aut *Baſſi* cognomina nullibi reperi. In extimo veteris Templi maximi, eiuſque cœmeterii muro verſus flumen exſtat M. CORN. mentio

GENIO
MVNICIPI . ANTIK
IVLIA . M . F . CORNELIA
MATERNA . MA::ER
M . CORN. :::::::::::: IA
TESTAMEN::::::::::::::
IVSSIT

Genesius igitur ille iuvenculus,
Civis eximius Arelatis oppidi,
Ætatis peragens floscula primulæ
Iniuncto paret ordini.
Exceptor igitur dum nitesceret,
Ac iussa tabulis publica scriberet,
Afflatus subitò munere cœlico,
Quò vota cumulat pia,
Extemplo officium abnuit impium,
Et ceris renuit imprimere manum,
Cælestis cupiens effici accola
Vitâ, votisque, moribus. &c.

Et putas ne ad alterum olim directum cultus solemnis officium, alteri autem Genesio dicata fuisse sacra templa, non Matriti tantùm, Toletique, aut Cordubæ; sed & Hispali, & Salmanticæ, ac forsan alibi? Credant Bivarius, Ramirezius, Tamaius (qui carmen quoddam Cypriani sui Cordubensis hypobolimæi adducit), Argaiziusque superstitiosè his falsis historiæ numinibus assurgentes; non ceteri, quibus intimatum iam sæpiùs fuit devitare hos scopulos, quibus iam ferè universæ antiquitatum nostrarum auctoritatis navem allisimus.

CAPUT XXI.

Luitprandus in dubiis quibuscumque apud nos historiæ articulis, personarum obiectâ plerumque distinctione, iudicem se controversiarum, & Apollineum oraculorum auctorem venditare solet. Exempla.

456. Alia etiam fuit mens & propositum personati Luitprandi, quæ attentè considerantibus non raro se prodit. Videlicet ut quædam historiæ nostræ dubia controversaque, nec satis distincta, vel declaratione vel multiplicatione personarum resolveret. Quo callido consilio consecuturum se speravit, ut veluti alter Deus historiæ, in hoc vindice dignis, iuxta Horatii præceptum, appareret nodis (1) (2) . . . . . .

CAPUT XXII.

De PSEUDO-HAUBERTO *Hispalensi. Gregorii Argaizii Benedictini in hoc, atque item Dextro & Maximo illustrandis, & in lucem promulgando Liberati alio Chronico, frustrà impensa opera. Pseudo-Haubertini Chronici auctor quis. Non statim & omnibus quæ in lucem uti vetera mittuntur, credendum. Germana nostrorum historicorum opera; nonnisi è publicis archivis aut antiquis libris qui prostant exsculpta, aliter ac Dextri, Maximi, & similium, Haubertique & Liberati. E codice ipso quem pro Hauberti Chronico venditabat confictor, suppositionem eius apparere. Catalogus Haubertinus Episcoporum Hispaniæ examinatur. Desunt in hoc illi, quorum in Conciliis Hispaniæ conservata fuit memoria: quod exemplis Valeriensis, Seguntinæ, Complutensis, ac Legionensis Ecclesiarum comprobatur. Quædam de Legionensis huius Ecclesiæ Episcoporum tempore. Item exemplo Iriensis Ecclesiæ, cuius Episcopos curiosè collegit Compostellana historia. Aliarum item, quarum Episcopos in Chronico laudatos in catalogo prætermittit. Additiones ad Hauberti catalogum in simile examen vocantur.*

457. Altera fabula est, Luitprandianæ similis, quam lusit ætate nostra famæ gentis suæ hispanæ sibique ipsi æquè inimicus homo. Atque ea quidem digna visa est, cuius inventionem & promulgationem solicitè atque adeo plenè referamus; simulque falsitatis, documenta aliqua (siquidem omnia velle, Augiæ esset stabulum purgatum velle) in medium producamus.

458. Apparuit ante aliquot annos novum, invisum hactenus atque inauditum ac velut è cimmeriis tenebris caput extulit Chronicon HAUBERTI HISPALENSIS monachi Benedictini, duabus partibus, quarum prior à creatione mundi usque ad gratiam; posterior à Virginis partu ad annum CMXIX. inscribitur. Edidit hoc Chronicon Gregorius Argaizius Benedictinus sacræ Theologiæ Magister Ordinisque sui chronographus, duabus quoque partibus, 1. & 2. quas unum tomum seu volumen conficere voluit. Sed neque his contentus, quasi fabulosarum omnium historiarum cinnum dare illis, qui huiusmodi nugas consectantur, enixè proprieque susceplsset: Hauberto alligavit veteres illos in criticum theatrum iam eductos, & à doctis traductos quasi supposititios & ficulneos rerum hispanicarum temeratores, Pseudo-Dextrum, Pseudo-Maximumque, ac demum alium similem his Liberatum: quos omnes loco quemque suo, in examen vocavimus. Nempe titulo usus generali vulgaris linguæ: *Poblacion Eclesiastica de España*, iam quatuor iustis voluminibus, sive duabus partibus, in quatuor tomos divisis.

459. Primo volumini hanc affixam legimus inscriptionem: *Poblacion Eclesiastica de España, y noticia de sus primeras honras, hallada en los escritos de S. Gregorio*

(1) Hæc nobis exserto digito indicant veterem hanc Bibliothecam exasciatam nec prelo maturam fuisse cum Clarissimus Auctor è vivis sublatus est.

rio Obispo de Granada, y en el Chronicon de Hauberto monge de S. Benito, ilustrado por el Maestro Fr. Gregorio de Argaiz, &c. [u] Continet hæc in primis vitam & notitiam Hauberti atque eius scriptorum [x]; deinde *Catalogum martyrum qui in persecutione Diocletiani & Maximiani in Hispania sunt passi*, ordinatum à Gregorio Granatensi (Iliberitanum dicere interpres voluit) Episcopo, cum Argaizii Notis seu Commentario. De quo catalogo Gregorii, ut fingitur Bætici, satis multa nos in Scriptoribus quarti sæculi quo Gregorius floruit, nec inutiliter, observavimus. Sequitur iam in hoc volumine, quod descriptum imus [y], *Catalogus Ecclesiarum Hispaniæ cathedralium, & notitia Episcoporum qui eis præfuerunt* auctore Hauberto monacho, aucto tamen eorum numero ex aliis auctoribus, scripturis, & Conciliis. Adiunguntur [z] *Additiones ad Hauberti catalogum* ex eius Chronico desumtæ. Subiicitur inde [a] *Hauberti Hispalensis Chronicon, pars I. à creatione mundi usque ad gratiam.* Incipit: *Deus trinus in personis*, &c. Sequuntur Notæ Argaizii prolixæ.

[u] Matriti apud Gregor. Rodriguez MDCLXVII. fol.

[x] Pag. 1.

[y] Pag. 77.

[z] Pag. 117.

[a] Pag. 212.

460. Secundo volumine altera pars Chronici eiusdem *à Virginis partu usque ad annum CMXIX.* & appendicis loco *Walambosi Merii additio*, ad superius Chronicon, & ad utrumque auctorem Notæ, comprehenduntur.

461. Tertium volumen, totius ut ludicri systematis conspectum demus, *Dextri Chronici translationem hispanam cum Notis.* Quartumque tandem similem aliam Chronici Marci, ut appellant, Maximi versionem, & ad hanc Notas; & post apologetica quædam auctoris adversus hæc omnia impugnantes scripta, Chronicon *De rebus Hispaniæ* novissimè inventum *Liberati Gerundensis monachi & abbatis Pampilonensis S. P. N. Benedicti*, duabus partibus, ab anno scilicet mundi usque ad annum DCX. de quo iam antea egimus, continent.

462. Ut ordine procedamus, opus erit de Hauberto in primis agere, inde in opera huius inquirere. Haubertus ab iis, quibus obscurum nomen luci vitæque consignare cura fuit, Hispalim patriam habuisse dicitur, idem Germanis parentibus ortus: qui cum Caroli Magni auspiciis hispaniensem adversus Mauros expeditionem secuti essent, in hac urbe sub infidelium iugo inter Christianos mansere. Unde tamen Haubertus ibi natus anno DCCCXL. eiusque fratres germani post parentum obitum, ob evitandas iniquas Maurorum vexationes sese proripientes, & in Gallæcia, sub Alphonsi III. cognomento Magni tempora veluti in portu suscepti, Benedictinum ordinem amplexi omnes sunt in Dumiensi monasterio: quorum Gaudebertus ætate aliis grandior Dumiensis Episcopus, Guilielmus eiusdem monasterii abbas, Haubertus autem insignis chronographus, deperditarumque Hispaniæ historiarum verè restaurator & vindex, fuere. Totum id voluit artifex Pseudo-Hauberto credi, cuius Chronicon his, quæ sequuntur, verbis absolutum legimus: *Cùm hæc scriberem regnabat in Legione Ordonius, Cordubæ Abderachmen, in Castella & Aucæ Didacus senex, concurrente era Cæsaris CMLVII. Et ego Haubertus Hispalensis monachus Dumiensis in monasterio Dumiensi accepi habitum Benedictinum anno Domini DCCCLXXVII. Fui patriâ Hispalensis ex genere Germanorum, qui venerunt ad Hispanias in societate Imperatoris Caroli Magni. Scripsi istud Chronicon in monasterio meo in Gallæcia ætatis meæ* LXXIX *annorum.* Hæc de se ille, qui spectari in scena sub Hauberti persona voluit.

463. Iam ad opera eius venientes ac de iis quærentes admoneri opus est, tam Chronicon Hauberti, quàm eius catalogum, è manibus prodiisse D. Antonii de Lupian Zapata, ut quondam iactabat, Valentini, Segobricensis (1), qui ante aliquot annos in Ebuso insula (*Ibiza* vulgò) obiit Ecclesiæ, quæ ibi est, præfectus. Hunc quasi erubesceret, atque ominosum esset, proprio appellare nomine Argaizius veritus fuit; descripsit tamen referens [b], curiosum quendam fuisse hominem, cui impositum fuerat Burgensis almæ Ecclesiæ antiquitates literis consignare, qui Burgis ipsis commorabatur. Quem cùm sibi valdè obnoxium, beneficiisque devinctum haberet Ioannes Samaniegus Benedictinorum S. Ioannis eiusdem urbis abbas: facilè ab eo trium horum veterum monumentorum, quæ ab originali (sic loquitur) codice is exscripserat, exemplum impetravit: à quo Ioanne Samaniego id ipse Argaizius rei auctor habuit (2).

[b] In *vita & notitia Hauberti* initio primi tomi.

Quæ

(1) Dictum alibi falso ac per summam iniuriam Valentinis nostris imputari nebulonem hunc impurissimum; veramque istius propudii patriam fuisse oppidum Tuyr in Comitatu Ruscinonensi; neque apud Valentinos altum educatumve aut literis imbutum. Habeant eum sibi, qui infelices fœtus abortienti obstetricati sunt.

(2) De hac triga: *Alter mulget hircum &c. Et hic mihi quisquam* (ut cum Sallustio loquar) *mansuetudinem & misericordiam nominat? Misereamini censeo P. C. Deliquêre homines adolescentuli per ambitionem: Parcite dignitati Lentuli: ignoscite Cethegi adolescentiæ* &c.

464. Quæ quàm ſicca & ieiuna ſint de :am gravi, & cui fidem omnino haberi ·uit, nemo non videt. Exemplum nem- ignoti nec auditi hactenus operis hiſto- i, ſacris, Eccleſiaſticis, politicis even- us, ſanctorum hominum, aut Chriſti rtyrum antea ignoratorum, religioſo- n ordinum originis & progreſſum, in- ræque tot ſæculorum hiſpanæ hiſtoriæ itiâ illuſtris, unius anonymi teſtimo- , qui extractum à ſe ab originali tan- n dixit, nec unde extraxiſſet locum :m excutere, aut codicem, quem con- :re poſſemus, indicavit. Exemplum :, inquam, nobis pro germani ac veri iptoris vetuſtate commendato, & in ar- vi alicuius codice diu ſervato exempla- cui veritas ipſa teſtimonium dicat, qua- er vim intruditur. Et impii, & ma- ni, & antiquitatis hoſtes ſunt, qui no- , nec ullo fidei ſigillo commendatas rces pro adulterinis averſantur. Quem rtendæ calumniæ locum Hauberti causâ, egro ac benè docto opuſculo [c] Andreas rſias de Molina Iuriſconſultus (latêre hoc nomine verum auctoris nomen, D. Franciſcus Andreas de Palacios & lina eſt, Argaizius ipſe agnovit [d]) ad- ſus aſſertorum præſumtionem tractavit. i quidem Argaizius idem, inter alias nominis & Hauberti defenſiones, quæ umini quarto ſyſtematis memorati le- itur, neſcio quæ ludicra magis & uni- ſalia, quàm ſtricta & ſucci plena, mo- tiæque viro religioſo & hiſtorico di- , repoſuit [e].

465. Cùm enim Hauberti accuſator le- mè poſtulâſſet monſtrari ſibi & omni- veri amantibus, ſtudioſiſque patriæ, æ, & honoris, quiſnam homo, & è bus latebris proceſſiſſet, quanam te- noniorum probabili ſaltem fide, qui- namque ſignis documentiſve, ſive con- ationibus venerandæ eius quam iacta- ætatis, ſe illum eſſe, quem præſefere- , oſtenderet; idque iure à ſe peti gra- ſimis & firmiſſimis ex utroque iure pe- s argumentis confirmâſſet, nîl ultrà Ar- zius Hauberti defenſor, quàm mode- m accuſationis tenorem dicacitate & fa- tiis, hiſtorico non minùs quàm orato- magnopere fugiendis excipere; & cùm oſita ſolvi fuit neceſſe, paralogiſmis ; nec unquam ad rem devenire, ſed gis iterum ſtrepere, dicteriiſque omnia turbare. Nihil harum ſolemnitatum, iure expetuntur in editione legiti- inſtrumentorum cauſis deſervientium, ideratum fuiſſe ait in publicatione ve- um illorum auctorum, quos edidere in lucem, inſtrumentorumve, quibus in tabulariis monaſteriorum repertis noſtræ hiſtoriæ vindices Stephanus Garibaius, Ambroſius Morales, Hieronymus Zurita, Ioannes Mariana, Antonius Iepeſius, uſi fuere. Atque ideo editorem Hauberti non ferendam iniuriam pati, cui fides, niſi ea præſtiterit quæ nuſquam ab aliis expoſci conſueviſſent, abrogatur.

466. Deinde tamen, ne videretur ſilentii expoſtulatus celare adhuc velle hominem à quo Hauberti accepit Chronicon, alibi fatetur [f], D. Antonium Lupian Zapata eum eſſe, qui è bibliotheca monaſterii S. Dionyſii Pariſienſis codicem originalem, in quo deſcriptum id Chronicon fuerat, dolo clepſiſſet; quique anxio ſe eſſe animo reſtitutionis cum Argaizio ipſo non diſſimularet. Ab hoc ſingularia priùs quædam Chronici fragmenta, poſtremoque integri exemplum, quod typis editum dedit, habuiſſe ait. Nec dum tamen inventoris bonam fidem auctoriſve legitimitatem in tuto poſitam animadvertens; accepto commodùm è Gerundenſi urbe Liberati cuiuſdam alio Chronico per eos dies invento, in quo Haubertus liberque hic eius laudantur, tamquam ad triarios rediiſſet res, atque admodum laboraretur, defenſionem inſtaurat. Sed hac una impreſſione contentus inanem victoriæ triumphum canit. Hæc tota vis Argaizii, quâ excepit ea quibus Hauberti cauſa premitur argumenta.

467. Quæ quàm infirma ſit ac debilis, paucis oſtendam. Liberatus, ut hinc initium fiat, ſuppoſititius eſt auctor; nullamque ſibi, ne dum aliis, fidem exſculpere adhuc potuit, rectè ſentientium iudicio, ut loco ſuo notavimus. Hac igitur commendatione & auctoritate depulſum Chronicon nîl aliud quàm tot ſæculis inauditi atque illaudati auctoris nomen, furtoque ſublati ab inventore ſuo Pariſienſis codicis unde origo ei confeſſionem, quamplurimaque inſerta inveriſimilia, incredibilia, certis & compertis adverſa, plenaque omnia ferè affectationis & aſſentationis, paucis aliàs certis & iam notis, ut & falſa vera crederentur, admiſta, retinet.

468. Et magnâ quidem iniuriâ Argaizius queritur ſe, quàm alios ſimilium librorum publicatores, ſeveriùs tractari. Omnes enim illi quos in exemplum appellavit, vel priſcos rerum noſtrarum auctores in tabulariis Eccleſiarum & monaſteriorum repertos in dias luminis oras pertraxerunt, vel ſchedas veteres, aut regia diplomata in iiſdem contenta confirmandis

[f] In Appendice quadam tomi 4. cui titulus: *Imposturas, y engaños del P. Fr. Hermenegildo de S. Pablo contra Dextro, Maximo, Hauberto, y Luitprando*, &c. pag. 19.

dis iis quæ proposuissent sincerè laudaverunt. Codices tamen, unde sunt auctores ceteraque documenta ab iis descripta, vel in iisdem locis, vel in Laurentina regia bibliotheca servati, adiri possunt, omnemque falsi suspicionem à videntium & contrectantium mentibus expellere. Archiva publica ii nominavere, quò ire possent, qui nonnisi oculis credunt, & aliqui forsan hoc iure usi sunt. Non ierunt? Iuri suo quilibet renuntiare potest; interim tamen præsumptio stat pro iis, qui eam conditionem incredulis obtulerunt. Nemoque tam suæ famæ prodigus credendus est, quem citandi falsos testes, qui interrogari possunt ipsi, væsania impetat. Hæc omnium, qui anecdota in vulgus dant, præcipua & anticipata cura est fidei promulgatis quærendæ laudare locum, sive hominem, à quibus acceperunt, eorumque auctoritatem sinceritatemque in primis commendare; ne aut in locum facilè subrepere, aut ab homine exire mendacia & falsa potuisse videantur.

469. Edita fuere primùm in lucem à Sandovalio quinque Episcoporum Chronica, seu totidem hispanæ historiæ fontes; sed viderant ea priùs in eodem, ex quo deducta sunt, codice antiquissimo, atque in aliis, seniores nostri, quæ ipsa sibi testimonium antiquitatis & sinceritatis perhibent. Edidit Morales S. Eulogii martyris opera, à D. Petro Poncio de Leon Placentino Episcopo in codice quodam Ovetensis Ecclesiæ vetustissimo reperta, sibique ab eo communicata: quibus utpote nulla ex parte non germanum sui auctorem præseferentibus, omnes nostrates, exteri, docti, indocti, statim acquievere. Dedit foràs Dulcidii, ut credidit, Salmantini Episcopi Chronicon Pellizerius veterem librum, quem ostendit omnibus, manu exaratum describens. Esto auctoris eius non sit; attamen nullus hucusque eorum, qui Pellizerio nomini sunt infensi, Chronico ausus est notam suppositionis aut interpolationis impingere. Exiit è manibus D. Thomæ Tamaii Paulus Emeritensis diaconus, sed ad octo non minùs exemplaria gothica, latina, collatus, ipseque suæ præstruendæ auctoritati sufficiens. Prætermitto alia.

470. Secus omnia in his, qui ab uno fermè sæculo protruduntur nobis alius post alium auctores. Dextrum, hydræ huius pseudohistoricæ princeps caput, quibusdam suis amicis Higuera primus ostendit. Addidit inde Maximum. Quos duos Ioannes Calderonius Cæsaraugustæ foràs dedit, sponte forsan Higueræ ipsius, qui tamen ausus non fuit ostentare se horum editorem. Et nullus quidem poterat citari locus, quò rem nusquam visam videre cupientibus eundum esset. Fingitur ergo Fuldensis codex ab ea bibliotheca olim subreptus venisse in nescio cuius Wormaciensis manus, indeque descriptum exemplum Thomam Torralbam habuisse; ne Fuldam peti, aut aliò quovis posset pro veritate examinanda. Immo nullus exemplum germanicum ad Higueram missum vidit unquam, aut ab eo in aliqua ordinis sui bibliotheca relictum legimus, ut saltem id in causa interrogaretur. Dexter olim notus fuit, constanterque historici operis Scriptor; deperditum tamen hoc fuisse, sæcula omnia silentio clamant. Et tamen nuper inventum ac resurgens cordati ex omni gente & lingua ferè omnes iam loco monstri habent.

471. Luitprandum D. Thomas Tamaius edidit, deinde D. Laurentius Ramirezius, viri magni; sed Higueræ fidem, & Wormaciensis illius inventionis fabulam secuti; atque eum Luitprandum, qui à vero & germano, quantum Ortus ab Occidente, distat.

472. Iulianum Petri diaconum Toletanum adiunxit paulò pòst idem vir doctissimus Ramirezius, sed ex eadem ficulnea penu, ut latè propriis locis annotavimus.

473. Eodem animatus præclara Hispaniæque decora fingendi genio Ioannes Tamaius Salazarius, primo loco Auli Hali *De adventu S. Iacobi* carmen ex Alvari Gomezii *Talichristiæ* optimis, suisque, alteriusve rus olentibus versibus interpolatum (quod cùm ad Auli huius tempora deveniemus, palam omnibus fiet) publici iuris malis avibus fecit.

474. Deinde Martyrologium hispanum fabulis eorum, quos nuper appellavimus, auctorum ferè constans, aliis adhuc è gothico libro (qui nusquam inter eius, aut excellentissimi viri D. Didaci de Arce Reinoso schedas aut libros fuit post amborum mortem inventus) descriptis versibus Iuliani, Cypriani, & aliorum; & Legendariis variarum Ecclesiarum, quæ penes se esse iactabat, magna bonorum omnium offensione ac veritatis iniuriâ, atque adeò gentis nostræ duraturo ad posteritatem omnem, nisi è medio tollatur causa, dedecore, totum quantum est oppletum & suffarcinatum adiecit.

475. Hunc ponè sequens Lupianus Zapata, furtivi codicis experta olim in Dextro vanitate subnixus, Haubertum, nec nomine notum, prodigiosi huius Chronici

uctorem domi suæ fingere ausus : eo n antiquitatis testimonio commenda- à se ad Argaizium dimisit, quòd è iotheca sancti Dionysii Parisiensis olim subreptus fuisset. Et tamen ad huius- i inventionibus fidem præstandum, quam invidi & irreligiosi, quinimmo atriæ ferè hostes, urgemur ; sed ab qui animam pro sale habent, & quid tatorem & amicum, favorabile ac m suffragium intersit, planè distin- e nesciunt.

76. Hæc illa causa est Hauberti, quam oris & calami, Tertulliani ut verbo , contumeliâ, toties & adversus tot ersarios Argaizius orat, assertoremque indicem veræ hispanæ gloriæ sese ma- ice venditat. Sed bonum factum. Hi- a gens diu his adulatorum delinimen- quasi effeminata iam movet lacer- èque in libertatem sentiendi, & quæ non sunt respuendi, vindicare amat. e isto ad famam niti, non Hauber- aut similium vestigia prementes, de- us[g].

77. His generaliter de vanitate inven- is præmissis, nos iam accingi opus est Hauberti *Catalogum Hispaniæ Ecclesia-* , & *Episcoporum notitiam* è catalogo rum Scriptorum deturbandam. Hoc maiorem partem chimæra est, & in bro editoris natum, nullo habito ad similitudinem respectu, omissis ple- que his Ecclesiarum Episcopis, quos uando his præfuisse, liquidò, nempe onciliorum subscriptionibus, aliisque ssimis monumentis, constat. Immo, ut falso ipso Haubertum falsi accusemus ermissis etiam his Episcopis, quorum llius auctores, & quos præ oculis sem- habuit Dexter atque eius asseclæ me- erunt.

78. De conciliaribus patribus visne quod primo loco diximus, experiri? lector decimum septimum caput, quod *Valeria sive Valeriensi Episcopo* tractat, destructa à Mauris Sede pridem defe- Videbis laudatos

Favilam anno Domini DXCIII. Intellige electum.

Sebastianum monachum Gallum, anno DCXXI.

Gregorium anno DCXLIX.

Gaudentium anno DCLXXX.

t ex Conciliorum constat subscriptio- ibus Magnentium interfuisse Concilio Toletano sub Gundemaro Rege anno DCX.

usebium interfuisse Concilio Toletano IV. anno DCXXXIII. Sisenandi Regis tempore, & V. anno DCXXXVI.

Tagontium Concilio Toletano VIII. anno DCLIII. sub Reccesvintho.

Stephanum Concilio Toletano IX. sub eodem, anno circiter DCLV. ac X. sub eodem, anno sequenti.

Quatuor hi desunt in Hauberti catalogo, qui verè Valerienses Pontifices fuere. Immo Gaudentius, qui dicitur anno DCLXXX. Pontificatum suscepisse, subscriptus legitur XI. Concilio Toletano anno DCLXXV. aut circiter, sub Wambane congregato; necnon & iam inter antiquiores duodecimo, quod habitum fuit anno DCLXXXI. sub Ervigio.

479. Sume nunc in manus Seguntinos præsules è cap. 18. leges huic Ecclesiæ præfuisse

Audericum anno DLXXXVIII.
Protogenem anno DCX.
Ioannem anno DCXLVI.
Undericum anno DCLVI.
Ioannem anno DCCXI.

Consule nunc subscripta Conciliis Seguntinorum Episcoporum nomina, & colliges intermedio isto tempore centum & viginti trium annorum

Protogenem interfuisse Concilio III. Toletano sub Reccaredo anno DLXXXIX. (qui ab Hauberto non ante annum DCX. collocatur in Sede) ; & alii Concilio sub Gundemaro anno DCX. (quem primum eius Haubertus constituit)

Isdisclum[h] Conciliis IV. V. & VI. ab anno DCXXXIII. ad annum DCXXXVIII.

Ubidericum Conciliis VII. VIII. IX. ac X. ab anno DCXLVI. ad annum DCLVI. qui primus ei ab Hauberto assignatur obitæ dignitatis annus.

Egicam Concilio XI. anno DCLXXV.

Ellam Concilio XII. XIII. & XIV. ab anno DCLXXXI. ad annum DCLXXXIV.

Gundericum Concilio decimo quinto anno DCLXXXVIII.

480. Hactenus Conciliorum ætas, quæ stare possit contra catalogi fabulosos Episcopos. At qui Protogenem præcesserunt nullis aliis documentis egent ad ostendendum se non minùs quatuor dictis Haubertinis eius collegis suppositities esse. Sed observatione haud indignum est, anno DCCXXXIX. Eulogium martyrem, & post hunc anno DCCLXIX. Sacerdotem ultimum Episcopum Seguntinorum ab Hauberto laudari. E quibus duobus Eulogius martyr non est Cordubensis ille, qui Toletanus præsul electus in patria coronatus fuit. Contigit enim eius martyrium anno sequentis sæculi LIX. At Sacerdotis Haubertina laus, quantum (bone Deus!) repu-

[h] *Aliàs* Idisclum.

pugnat magno historico & antiquario Iuliano!) In Chronico is[i]: *Venit sanctus Pontifex Sacerdos Lugdunensis* (ait) *ad Regem Athanagildum Wisigothorum missus à Regibus Gallis, & factus est Segontinus ab eodem Rege. Vir sanctus obiit* III. *Idus Septembris anno Domini DLXX. Eius caput asservatur ab eadem Sede, corpus vero Lugduni.* Sed plane tam falsum est Sacerdotem Lugdunensem antistitem, de quo agit Gregorius Turonensis in *Vitis Patrum* cap. 8. [k] tempore isto in Hispania factum Seguntinum Episcopum, de quo aliàs [l], quam aliquo tempore aliquem fuisse, cui nomen esset *Sacerdoti*, huic Ecclesiæ impositum.

[i] Num. 299.

[k] Vide *Galliam Christianam* tomo I.

[l] In censura nostra ad Iulianum.

481. Capite 20. de Complutensibus agitur Episcopis. Primum eorum Iulianum ponit, secundum Petrum, tertiumque Asturium anno CD. Huicne, an S. Ildephonso fidem præstabimus, qui de Asturio ait, propter devotionem erga sanctorum MM. Iusti & Pastoris reliquias à se inventas, cum Toletanus esset Pontifex, Sedem suam Compluti fixisse? Inde adiungens: *ut antiquitas fert, in Toleto sacerdos nonus, & in Compluto agnoscitur primus.* Maiorem ego uni Ildephonso, quam centum Haubertis fidem præstari debere aio. Sequuntur in catalogo Haubertino alii, quos inter quærens Toletanorum Synodorum patres, frustrà eris. Desunt enim

1. Præsidius, qui synodo sub Gundemaro interfuit anno DCX.
2. Hilarius, qui Concilio IV. anno DCXXXIII. & V. anno DCXXXVI. & VI. anno DCXXXVIII. & VIII. anno DCXLVI.

482. Davila, alias Dalila, collocatur quidem sub nomine Dadilæ, sed quo non debuit tempore; nam initium eius ponitur anno DCLV. cum ante biennium, hoc est anno DCLIII. Concilio subscripserit Toletano VIII. idque vicesimo secundo loco, cùm non minùs quinquaginta duo Episcopi ei interfuerint. Unde certo colligitur iam dudum huic Ecclesiæ præfuisse.

3. Acisclus, qui Concilio XI. anno DCLXXV.
4. Gildemerus, cuius locum tenuit in Concilio XII. anno DCLXXXI. celebrato Annibonius presbyter.
5. Agricius, qui XIII. anno DCLXXXIII. ac XIV. anno sequenti.
6. Spasandus, qui XV. anno DCLXXXVIII. ac XVI. anno DCXCIII.

483. Deest quoque præter hos sex, qui duo ferè sæcula vixere, fuisseque Complutenses Episcopos ambiguum nemini esse potest, Venerius quoque, cuius meminit S. Eulogius martyr in epistola ad Wiliesindum Pampilonensem Episcopum, ubi ait: *Et cum ab antistite Complutensi Venerio dignè susciperer* &c. Quamvis enim duos Venerios in catalogo videre sit, neuter eorum ad nos pertinet. Primus enim anno Domini DLVIII. multò superiori ætate; secundus verò Venerius aliquot post conscriptam Eulogii epistolam annis creatus dicitur præsul, scilicet anno DCCCLVIII. cùm constet datam fuisse epistolam anno huius sæculi LI. ut ex nota ei subiecta liquet. Nec dicas latuisse Haubertum Toletanorum Conciliorum codices; duo enim reponam: primò, ex ignorantia ista excusaretur quidem, si hos tantum non memorâsset. Nequit tamen excusari, quod ab his, qui certò Episcopi fuere, eodem tempore alios memoravit. Non enim potuere simul Conciliares & Haubertini Ecclesiis præfuisse. Secundo, negamus latuisse eum Toletanorum Synodorum notitiam. Eâ enim utitur, & Conciliares omnes laudat auctor in quibusdam Ecclesiis: veluti in Segoviensi cap. 25. Aucensi cap. 52. & aliis.

484. Legionensis Ecclesiæ præsules recensentur cap. 57. quod operæ pretium erit percurrere. Unus fortè Decentius ex Haubertinis veritati congruit historiæ. Eius enim nominis Episcopus interfuit Eliberitano Concilio sub Sylvestro Papa & Constantino Imperatore. Ad Ecclesiam Legionensem quod attinet, quamvis in codicibus Ecclesiarum Toletanæ atque Ovetensis sub Wambanis Gothorum Regis nomine *Descriptio Sedium Hispanicarum* referat Episcopali dignitate Legionem floruisse, nec ulli metropoli unquam suppositam fuisse; eique proprios, scilicet veteres à Suevis Regibus præscriptos, assignat limites: nobis valdè dubium redditur quod cathedra illic Episcopalis fuerit sub Gothorum saltem imperio. Nec enim vel uni ex Toletanis Conciliis nationalibus, quibus nullus non Episcopus intererat, subscriptus legitur Legionensis aliquis. Concilium item apud Lucum [m] anno DLXIX. hoc est, erâ DCVII. quo Gallæciæ, sive Suevorum ditionis Ecclesiis omnibus designati limites fuere, adeò nullam habet Legionensis mentionem, ut potiùs *Legio* (nisi alia sit) quam super Urbico Wambanis divisio appellat, inter ea oppida quæ Asturiensi seu Asturicensi Episcopo subiicerentur, locum sortita fuerit.

[m] In *Collect. Concil. Hisp.* pag. 128.

485. Deest etiam Legionensis præsulis & Ecclesiæ memoria in quadam divisione Constantino tributa, quæ servatur in codice Ecclesiæ Toletanæ, & in collectione Con-

nciliorum edita fuit à Loaisa[n]: quam dem Toletanus antistes, ut Valentinam em recens sub Iacobo Aragoniæ Rege Mauris recuperatam suæ metropoliticæ onis olim fuisse comprobaret, in causa duxit. Nam quæ descriptioni memora- Ecclesiarum & diœcesum nota subiici-, nempe huius tenoris: *& sub uno Se- Hispanienses absque provincia Tingita- usque ad mare Oceani, qui eas circun-, Sedes* LXXXII. *exceptis Legione & ·to, quæ nulli unquam metropoli fuerunt dita*: affigi potuit à recentiore aliquo vetus hocce monumentum descripsit. eti enim nomen tunc natum & auditum, cum ædificari hæc urbs à Froilane in loco *Oveto* nuncupato cœpit: de Ambrosius Morales lib. 13. cap. 19. emtionis autem prærogativa excusare potuit Legionensem Episcopum, quo- ius in Synodis nationalibus interesset. si hunc excusaret, Lucensem quoque ilis exemtionis honore mactum à Sue- um tempore, ut in eadem divisione iscopatuum[o] Wambani Regi attribu- refertur, excusare debuisset. Quod se- contigisse videmus; nam Lucenses Epi- pi, Euphrasius Conciliis XII. XIII. & Potentiusque XVI. Toletanis interfue- Nec ignoro duplicem Lucum fuisse, gusti dictum unum, *Asturum* alte- 1, à Ptolemæo, de quo alibi erit agendi us.

486. Obstat hucusque dictis quod apud udo-Maximum legitur initio Chronici annum CDXXXII. Isidorum Seniorem licâsse hoc anno librum *Allegoriarum sio Episcopo Legionis septimæ Geminæ Hispania.* Sed hic Episcopus mera est ula Pseudo-Maximi. Quem tamen Hau- tus omittens, qui Maximum Dextrum- anteambulones & magistros habuit, se incuriositatis & negligentiæ, vel ximum suum falsitatis insimulat. Ob- t inde quod Adaulphus Legionensis Epi- pus interfuisse Lucensi Concilio, Theo- nundi Suevorum in Gallæcia Regis tem- re coacti, referatur in divisione ista ambanis Regis apud Lucam Tudensem[p]. l hæc non esse ex divisionis tenore, sed cæ ipsius qui eam Chronico suo inte- it, probare possumus ex vero exemplo sdem divisionis: quam ex libris Tole- æ atque Ovetensis Ecclesiarum uti dixi- s Loaisa edidit, ubi hæc Adaulphi me- ria desideratur.

487. Obstat item quòd in eadem, ut letur, divisione legimus: *Legio, quam diderunt Romanæ legiones, quæ antiqui- Flos fuit vocata, & per Romanum Papam gaudet perpetua libertate, & à nostris prædecessoribus exstat Sedes regia, atque alicui metropoli nunquam fuit subdita, teneat per suos terminos antiquos per Pyrenæos montes, & per Penam Ubeam* &c. Sed & ista non esse Wambanis divisionis, sed alterius recentioris è Legionensium Regibus, exinde liquet, quod nonnisi post Sedem regiam in Legionensi urbe firmatam, scilicet ab Ordonio II. Rege, scripta sint; nullus enim Suevorum aut Gothorum, quos Wamba laudare potuit, ac prædecessores suos appellare, huic civitati hunc honorem detulit. Et quis non observat barbarismum latini sermonis, seu potiùs hispanismum, ibi *teneat per suos terminos*: quæ non fert sermo latinus Gothorum temporis, sed hispana pura puta est phrasis barbari temporis: *tenga por sus terminos.*

488. Deveniendum ergo est ad recentiora Asturiarum & Oveti, hoc est renatæ à captivitatis excidio Hispaniæ Regum tempora, si Legione quærimus Episcopos, quorum in diversis ævi veteris monumentis memoria superest. At neque horum catalogus Haubertinus, vel non rectè, meminit. Sed antequam eos notemus, Haubertinum catalogum Mirono, Cypriano, Syriano, Felice, Quirino, Zunidio Episcopis Legionensibus, iure multabimus. Hi enim ab anno DCCLXIII. usque ad DCCCXLVI. vixisse ibi dicuntur. Quo annorum spatio Legio urbs non modò absque Episcopali dignitate, sed & absque civibus fuit. Constat id quod dicimus ex Sebastiani seu Alphonsi Magni Regis Chronico, ubi de Alphonso I. Catholico (regnare hic cœpit anno DCCXXXIX.[q]) legitur plurimas civitates à Mauris oppressas, in hisque Legionem, cepisse; cumque o- *mnes Arabes supradictarum civitatum interfecisset, Christianos secum ad patriam,* hoc est ad Asturias, & finitima loca unde processerat, duxisse.

489. Desolatæ ergo urbes istæ mansere usque ad Ordonii huius nominis I. regnum, cuius initium ab anno DCCCL. desumendum est[r]: quod idem auctor ait de Ordonii expeditionibus agens, *civitates desertas, ex quibus Adephonsus maior Chaldæos eiecerat, ille repopulavit, idest Tudem, Astoricam, Legionem, Amaiam-Patriciam.* Scio de hac re contendisse olim cum Mauro Castella historiæ vulgaris S. Iacobi Apostoli auctore Prudentium Sandovalium Pampilonensem Episcopum[s], cuius partes iure sequimur cum antiquis. Non enim Cixila Episcopus in suburbio Legionensi degens, cuius in donatione quadam cuiusdam Hermigildi eidem anno

[q] Morales lib. 13. cap. 9.

[r] Morales lib. 13. cap. 55.

[s] In Notis ad Episcopos, ubi de prœlio apud Clavigium pag. 211.

no DCCCXXXVI. facta, & ab utroque visa, fit diserta mentio, deturbare nos ab statu debet. Cùm neque in ea discatur, cuiusnam esset is Ecclesiæ Episcopus; neque suburbium Legionense vicina urbi ædificia, quos burgos hodie, aut hispano vocabulo *arravales* dicimus, sed quicquid esset in territorio, etiam in longè dissitum iuxta illius ætatis usum, significat: quod pluribus adductis exemplis Sandovalius confirmat. Nec dicas Legionenses duràsse Episcopos excisa etiam Sede. Quorsum enim defuncto ei, qui cùm desolaretur urbs in vivis erat nec dignitatis titulo spoliandus fuit, alium & alium subrogari, nomine tenus & absque urbe aut populo antistitem?

490. Sed veniamus iam ad eos, qui in Hauberti desiderantur albo, aliunde noti, sive eos etiam qui non suo tempore ab eo laudantur.

Pelagius, qui erâ CMVI. sive anno DCCCLXVIII. obiit, in Ecclesia S. Claudii eiusdem Legionensis urbis sepulcrum habet cum hac inscriptione [t]: *Hic requiescit fidelissimus Christi servus Pelagius Legionensis Episcopus erâ CMVI. in mense Augusti.* Qui primus post reparationem urbis forsan fuit.

491. Maurus (Pelagii an successor?) in carmine illo antiquo laudatur, quod in Chronico Dulcidii Salmanticensis præsulis nomine inscripto legitur, quò de multis supra egimus [u]. Eius auctor in carmen retulit eos qui Sedibus tunc temporis exstantibus, hoc est anno DCCCLXXXIII. præerant; è quo hic versus est:

Maurus Legione, Ranulphus Astoricæ.

492. Hunc, si placet, Maurum Vincentius excepit, qui anno CMI. Alphonsi III. Magni tempore Concilio interfuit Ovetensi pro consecratione huius Ecclesiæ convocato. Cuius Sampirus in Alphonsi rebus meminit. Nisi Concilium hoc Ovetense, non anno isto, quod Morales credidit [x], sed anno DCCCLXXVII. quod Sandovalius [y], celebratum fuerit. Hoc enim posterius si admittimus, Maurum Vincentius præcesserit.

493. Horum ei, qui ultimo vixerit, successerit per me Sisnandus, qui anno CMV. more illius sæculi, donationum instrumenta publica confirmabat [z]. Sisnando autem Frunimius, qui cum provincialibus suis Episcopis, ut idem Sampirus ait [a], consecrari fecit novam Legionensem Ecclesiam in palatio intra urbem, Ordonii II. Regis iussu, anno circiter CMXVII.

494. Sed Mauri quidem catalogus Haubertinus haud meminit, Sisnandi congruè meminit. Non ita de Vincentio Frunimioque. Ait enim Vincentium factum Episcopum anno DCCCLXXVII. Non autem hic potuit hoc anno iam Episcopus, Maurum, qui anno DCCCLXXXIII. eidem Ecclesiæ præerat, successorem habere; siquidem ipse Vincentius ad annum usque CM. superfuisse dicitur.

495. Capite 63. Irienses enarrantur Episcopi, quorum qui monumentis aliis conveniunt, minùs aptè collocati reperiuntur; pluresque desiderantur, aliunde noti. Ait Haubertus: *Episcopi Iria-flavienses incœperunt* (affectatum simulatoris barbarismum!) *tempore Romanorum. Primus eorum sedit Amandus monachus solitarius anno Domini CCCXCVIII. cui successerunt, Felix eius archidiaconus anno Domini CDXIX. Acatius anno Domini CDXLIX. Abundantius anno Domini CDLXV.* Quæ male constant. Hic Acatius sepulturam habet in Ecclesia huius oppidi, *el Padron* hodie nuncupati, sic inscriptam: *Acatius Episcopus Iriensis erâ CDLXXXVIII.* [b] Qui annus est CDL. significatque obiisse hoc anno. Falsus ergo est Haubertus, qui successorem eius Abundantium non ante annum CDLXV. huic Sedi præfectum prodit.

496. Deest apud Haubertum Lucretius, cuius meminit Iriensis hæc inscriptio [c]: *Domus Episcoporum inchoavit Lucretius septimus Episcopus Iriensis, perfecit Andreas Miro regnante, erâ DCX.* [d] Haubertus Andreæ mentionem habet, Lucretii autem minimè. De Andrea sic: *Andreas Barcarius græcus monachus Benedictinus in monasterio Dumiensi anno Domini DLXII.*

497. Arduum opus est persuaderi nos velle Dumiensi monasterio à Martino Dumiensi exstructo convenire Benedictinum institutum, uti observavimus in eiusdem Martini notitia [e]. Andreas tantùm audit, absque ullo cognomine, inter subscriptiones patrum Concilii Bracarensis vulgò I. cui interfuit anno DLXI. atque item II. anno DLXXII. Sed & hic, quem revera fuisse Iriensem Episcopum aliunde noscitur, pessimè & ipse collocatur ab Hauberto: quasi munus suum anno DLXII. occœperit; cùm ante annum prædicto Bracarensi Concilio I. tempore Theodemiri Regis Suevorum celebrato, tertius ordine subscribendi, octo inter præsules Galleciæ, hoc est unus ex senioribus, & iam aliquot annorum Episcopus, nomen suum apposuerit. Et quid, si non hocce, sed anno DXXXVI. Synodus ista qua de loquimur Bracarensis habita sit, quod quibusdam pla-

[t] Teste Ægidio Gundisalvi Davila in *Theatro Ecclesiæ Legion.* tom. I. *Theatri Eccles.* pag. 382.

[u] Ubi de Dulcidio lib. 6. cap. 10.

[x] Lib. 15. cap. 21.

[y] In Notis ad Episcopos pag. 245.

[z] Apud Sandovalium ibid. pag. 249.

[a] In Ordonio II.

[b] Apud Davilam in *Theatro Compostellanæ Ecclesiæ* tom. I. pag. 30.

[c] Ibidem pag. 31.

[d] Anno DLXXII.

[e] Lib. 4. cap. 3.

ɛt [f]? Sed annum verum Synodi con-
Moralem [g], Marianam [h], & Baro-
ı [i], qui DLXIII. credidere, rectè de-
ſſe mihi videtur Franciſcus Padilla in
ria ſua *Eccleſiaſtica Hiſpaniæ* cent. 6.
32.

3. Poſt Andream ponitur Didacus Ru-
s, initiatus muneri anno DLXXXVIII.
oſt hunc Amatus anno DXCVIII. Sed
hos fuit annus DLXXXIX. coacti
Reccaredo Gothorum Rege nationa-
Concilii Toletani III. in quo Arianæ
ſi dictum à tota Gothorum ditione
ium fuit. Huic tamen non Dida-
(inauditum hiſce temporibus homi-
nomen) neque Amatus, ſed Domi-
s Irienſis legitur Epiſcopus ſubſcri-
tricesimo octavo loco inter octo &
ginta.

19. Sequitur in Haubertino catalogo
us monachus Benedictinus, deinde Sa-
l abbas, quaſi anno DCXXXVII. ſuſ-
o munere. Attamen anno DCXXXIII.
eſt ante quatuor annos, interfuerat
uel Concilio IV. Toletano ſub Siſenan-
Rege.

o. Catalogus proſequitur: *Eodem anno*
iomaro intruſus. Hic Gotumarus, ſive
omarius, interfuit anno DCXXXVIII.
odo VI. Toletanæ; & anno DCXLVI.
DCLI. Synodo eiuſdem urbis VII.
m autem videtur ſimile vero ſub ca-
icis & piis principibus Cinthilane &
daſvintho intruſioni Gotumari tot an-
aſſenſum præſtitum fuiſſe.

01. Inde catalogus: *Sindigus mona-*
anno Domini DCXLVI. Ignorantia
tupiditate magnâ hic homo contribu-
fuit huius Eccleſiæ Epiſcopis, qui an-
DCLIII. ut procurator & diaconus Vin-
lis Epiſcopi Eccleſiæ Irienſis inter ſub-
entes Toletano Concilio octavo no-
ſuum profeſſus legitur.

2. Hunc excipit in catalogo *Adulphus*
omento Felix anno DCLXXXVIII.
eram. Ildulphus, qui cognomento Fe-
, interfuit Bracarenſi Concilio III. Sed
cilium hoc habitum fuit ante tredecim
os, nempe DCLXXV. Immo, ſi idem
hoc Ildulpho Felix ille ſit qui ſub-
pſit Toletano XII. neque ei convenit
ıbertinus in hanc Sedem illius ingreſ-
ſus anni prædicti; cum Synodus hæc habita fuerit anno eius ſæculi octogeſimo primo. Hic ipſe Felix tertiæ decimæ Synodo anno DCLXXIII. interfuit, ac decimæ quintæ anno DCLXXXVIII. In quo rumpitur Toletanorum Conciliorum filum, ne ultrà progredi hoc poſſimus duce. Sed eorum qui poſt Felicem in catalogo recenſentur notitia, falſi & ipſa convincitur è legitimo inſtrumento, cui nemo fidem abnuere poterit.

503. Anno DCCXCVI. hanc ſuſcepiſſe gubernandam Eccleſiam dicitur Theodemirus, cum appellatione *ſanctiſſimi & doctiſſimi monachi Benedictini.* Poſt hunc Andreas, alius Theodemirus, Ioannes, Athaulphus, Baſius, Siſnandus, Petrus, alius Siſnandus, Hauberto æqualis & amicus, omnes ferè monachi, uſque ad annum CM. Mera ſomnia. Verum namque Irienſium Epiſcoporum poſt Hiſpaniarum excidium ordinem & ſucceſſionem ex hiſtoria ſeu Chronico Compoſtellano habemus nota (1). Hanc ſub Veremundo II. circa annum milleſimum, Epiſcopi duo Nunnius Mindonienſis, & Hugo Portuenſis compoſuere. Quos rerum Irienſis & Compoſtellanæ, in quam Irienſis tranſlata eſt, Eccleſiarum Scriptores acceſſiſſe ad volvendum hoc penſum, eius argumenti cui ſeſe addixerant inſtructiſſimos, nemo ſanus ambiget.

504. Planè hiſtoria hæc eſt optimæ apud nos fidei, de qua ſuo nobis loco erit agendum. E qua, inedita etiam nunc, fragmentum ſubiecimus quod veluti oriens ſol Haubertinas tenebras, non eius tantum partis quæ captivitatis hæc tempora continet, ſed & quodammodo ſuperiorum etiam Gothicæ ac Romanæ ætatum in catalogo enarratarum, diſſipat ac reſolvit. *Tunc Pelagius Faſilaz Aſturias invaſit*, (contigit hoc circa annum DCCXVIII. [k]) *ſub quo Emila Hyllienſis* (corruptè ſcriptum pro *Irienſis*) *decimus Epiſcopus fuit.* Hinc iam catalogi Haubertini redarguitur fides, apud quem uſque ad Pelagii tempora, ſive annum DCCXX. Irienſes antiſtites non minùs viginti laudantur. *Poſtea* (ſequitur) *Regibus nominatis Aſturias obtinentibus, ſcilicet eius filio Faſila, & Adephonſo Petri Ducis filio, & Froila filio eius, & Au-*

[k] Morales lib. 13. cap. 2. in fine.

Nimirum (ut initio eius Chronici quale à Cl.
ozio *T. XX.* editum fuit *lib. I. c. 1. pag. 7. n. 3.*
ır): *Miro bonæ memoriæ Rex primus Pontifi-*
Sedes per Hiſpaniæ Provincias iuxta Ro-
æ Eccleſiæ normam Divina gratia inſpirante
ituit; & Andream in Epiſcopum eligens
ſi Cathedra primitus ſublimavit. Huic equi-
hos inferius ſubſcriptos ordine ſucceſſiſſe le-
gimus (quorum nullam profecto præter nomina habemus notitiam) Dominicum, Samuelem, Gotomarum, Vincibilem, Ilduilfum, Selvam, Theodeſindum, Bemilam, Romanum, Auguſtinum, Honoratum, Quendulfum, item Quendulfum; cui ſucceſſit, Theodemirus, cui revelatus eſt Sancti Iacobi Apoſtoli corporis locus.

Aurelio, & Silone, & Mauregato, & Veremundo, cunctis defunctis, Adephonsus Castus in regno eligitur in era DCCCXXVIII. [l] Scripturæ hoc mendum videtur, cùm aliunde constet sequenti anno Alphonsum electum [m]. *Post Emilam Romanus undecimus Episcopus fuit. Post Romanum Augustinus duodecimus Episcopus fuit. Post Augustinum Honoratus decimus tertius Episcopus fuit. Post Honoratum Kindiulphus quartus decimus Episcopus fuit. Post Kindiulphum Theodemirus quindecimus Episcopus fuit, tempore Regis Adephonsi Casti. Sed cum Dominus voluit revelari & notificari sepulcrum beatissimi Iacobi Apostoli Theodemiro viro nobilissimo & sanctissimo, notum fuit Regi Adephonso clarissimo viro & sanctissimo, & tota sponte cum summa reverentia venit caussâ orandi ad beatum Iacobum Apostolum & ibi cum lacrymis & assiduis orationibus multa obtulit dona; & tamen cautum ei fecit per Siaoniam, & per Lesteum, & per villam Astrueci secus Ecclesiam S. Michaelis, & inde in Tamare; & honorem & dignitatem Hylliensis Ecclesiæ B. Jacobo, & Theodemiro, & successoribus suis perpetualiter contulit; & Theodemirus quindecimus, factus est primus Pontifex in Sede B. Iacobi Apostoli diebus Caroli Regis Franciæ & Adephonsi Hispaniæ Casti Regis.*

[l] Ann. DCCXC.

[m] Morales lib. 13. cap. 29.

505. Caremus nos huius historiæ exemplo; hoc tamen eius pictacium dedimus ex eo quod D. Josephus Pellizerius, amicus dum in vivis esset noster, atque historicus regius possidebat [n]. (1) Sed quò magis appareat Hauberti falsitas, opponemus hic Haubertinos Iriæ-Flaviæ Episcopos iis, de quibus nos docuit Compostellana historia.

[n] Produxit ille in observat. ad Dulcidii Chronicon fol. 30.

Ex Hauberto.	*Ex Compostellana historia.*
Leonosindus anno DCCXIII.	Emila
Torcatus DCCXX.	Romanus.
Felix DCCXLV.	Augustinus.
Sagisimundus anno DCCLIX.	Honoratus.
Iulianus DCCLXXXI.	Kindiulphus.
Theodemirus anno DCCXCVI.	Theodemirus, cui revelatus fuit S. Iacobi corporis locus.
Andreas DCCCXV.	
Theodemirus alius anno DCCCXL.	

506. Hìc, præterquamquòd utriusque veræ ac falsæ Iriensis Ecclesiæ præsulum historiæ diversitas Haubertum damnat, unus etiam, in quo utraque convenit, Theodemirus ineptè ab eo collocatus indiligentiæ arguit impostorem. Corpus enim sanctissimi Apostoli Iacobi à Theodemiro repertum Iriæ fuit anno, uti diximus DCCCXXXV. quo anno nondum fuisse huius Sedis Episcopum, sed nonnisi post quinque alios creatum, Hauberto credere debemus, si fidem ei habemus.

507. Parum quoque vidit confector catalogi in Sisnando Episcopo Iriensi, qui revera fuit, præeratque anno DCCCLXXXIII. ut constat ex quadam donatione Alphonsi III. Magni [o], necnon & anno DCCCLXXXV. & anno DCCCXCIII. Horum namque priore anno laudatur in Dulcidiano, sive alterius carmine, ad medium eius Chronici, quo notati sunt Episcopi, qui hoc tempore in vivis erant sic:

Sisnandus Iriæ S. Iacobo pollens;

posteriore autem interfuit consecrationi Ecclesiæ monasterii Vallis-dei in Asturiis, quod antiquissimis characteribus portæ eiusdem inscriptum fuit [p]. Duos autem Sisnandos Haubertus laudavit: quorum nulli convenit id quod ex memoratis instrumentis compertissimum est, nec negari potest. Nam prior Sisnandus per biennium, ab anno DCCCLXXVII. ad DCCCLXXIX. posterior non ante annum CD. ultrave, Sedi præfuisse dicitur.

[o] Apud Sandoval. in Notis ad Episcopos pag. 247.

[p] Sandovalius ibidem pag. 191.

508. Percurremus hinc leviter, ac veluti suspenso pede, quosdam notatos à nobis aliud agentibus defectus valdè notabiles in catalogo isto Haubertino, cum Chronici eiusdem auctoris, & cum pseudo-historicorum, quibus adhæret, semper, enuntiationibus comparato, necnon & ad verorum monumentorum obrussam examinato.

509. Cap. 1. Toletanos inter Episcopos Dursius deest: quem sororum novem, Catelii & Calsiæ filiarum, à Dextro & Iulia-

(1) Raptim Chronicon sive Historiam Compostellanam percurrimus; neque *in Siaoniam*, *Lesteum*, *Villam Astrueci secus Ecclesiam Sancti Michaelis*, *aut Tamaram* (quæ Castrorum aut oppidorum, Villarumve nomina videntur propria) incidimus; neque in subiectis Chronico Indicibus ulla eorum exstat mentio.

liano tot locis celebratarum, fratrem germanum, Toletique Pontificem atque martyrem, idem Haubertus in Chronico ad annum CLIII. fuisse refert (1); ignoratum certè ficulneis illis, qui (*novem*) Sorores tantùm commendaverunt, laudatoribus.

510. Deest quoque S. Spiridion, quem tam Pseudo-Dexter [q], quàm Pseudo-Gregorius Bæticus [r] Toletanum antistitem (quantumvis Argaizius criticum agere velit [s]) apertè profitentur. Et hic est ille inclytæ famæ Cyprius Episcopus, qui Conciliis Nicæno ac Sardicensi, diu post exantlatum Oreti apud nos anno CCC. martyrium, interfuit. Vide in commentario Dextri, quonam modo hunc contradictionis æstum Bivarius eluctari frustrà conetur.

511. Cap. 14. In Valentinis præsulibus desiderat Pseudo-Iulianus Pantaleonem & Marcellum suos, de quibus in Chronico circa annum DCCXV. [t]

512. Cap. 27. In Tarraconensium albo Felix Haubertinus in Chronico ad annum CXXV. cum *magnanimi virique Apostolici* laudatus elogio, nomen suum adhuc quærit.

513. Cap. 28. In Barcinonensibus Frodoinus non conspicitur, ad quem S. Cyprianus martyr scripsit.

514. Cap. 32. Primus Gerundensis Episcopus S. Narcissus ponitur martyr ad annum CCLXX. Et nihilominus anno LXXII. Cuthalitum Gerundensem Episcopum obiisse Tritii in Vasconibus, apud Chronicon Hauberti legimus; itemque Paulum anno CXXXIX. martyrium subiisse.

515. Cap. 42. In Dertusensibus cur inter Rufinum atque Eutychium MM. S. Quartus locum non meruit, quem Haubertus ipse ad annum CXXIV. diem suum obiisse refert?

516. Cap. 43. Cæsaraugustanorum numerum augere debuit ante alios Heleca, qui circa annum DCCCXCIII. in vivis agebat: qui numerum auget, magno compendio historiæ fabulosæ, quam admiratur Haubertus, eorum Scriptorum, qui ficulnei proprio nomine, hoc est paterno, audiunt.

517. Cap. 47. Pampilonenses recensentur antistites, à quorum serie Basilius abest, aliàs in Chronico laudatus ad annum CXXIX.

518. Caput 50. Calagurritanis assignatum memoriâ caret S. Nolati, Ovidii, ac S. Tolerantii martyris: quos Hauberti Chronicon ad annos CXXVII. CXXXIV. & CXXXIX. adiudicavit Episcopos Iuliæ Nassicæ, quam eandem cum Calagurri existimasse Haubertum Argaizius admonet [u].

519. Caput 52. de Aucensibus est: qui quidem ab Asterio ad Ioannem per tria ferè sæcula iidem ipsi sunt, quos Prudentius Sandovalius, priusquam Hauberto hanc molam versare placuisset, curiosè collegerat [x]. Et tamen Ovecus alias deest, quem ab anno DCCCL. usque ad CM. floruisse idem observavit, alibi tamen [y], Sandovalius.

520. Caput 54. Uxamensium Episcoporum est. Ibi tamen frustrà quæsieris Astorgium in Chronico laudatum ad annum XC. Pertinet enim ad hanc Ecclesiam, iuxta id quod Argaizius notavit.

521. Capite 58. de Britoniensibus agitur. Hæc olim fuit in Asturibus aut Gallæcis Sedes Episcopalis, in cuius locum Mindoniensis subrogata dicitur [z]. In ea claruit sanctitatis & mirabilium operum laude [a] Gundisalvus præsul circa annum DCCCLXXXVIII. Reticetur tamen in catalogo Haubertino.

522. Capite 61. Asturicenses enumerantur. Deestque Marinus, cuius Chronicon meminit ad annum CXX. Ranulphus item in carmine Dulcidiano Episcoporum anni octingentesimi octogesimi tertii memoratus [b]; necnon Gundisalvus, qui anno CMV. in vivis agebat [c].

523. Cap. 64. Auriensium ordinem augere debuere Adulphus anno DCCCXX. [d] & Sebastianus anno DCCCLXXXIII. [e] huius Ecclesiæ præsules: quod ex veteribus scripturis constat.

524. Caput 65. Tudenses continet: quorum primus Identius ad annum reiicitur CCCXCVI. cùm in Chronico iam ad CXL. *Trogus Episcopus Tydiensis* laudétur.

525. Cap. 66. Inter Portuenses Dulcidianum, aliàs memoratum, carmen suum requirit Iustum anno DCCCLXXXIII. Portuensem Episcopum.

526. Cap. 67. Dumiensibus datum Rudesindo caret, eodem anno DCCCLXXXIII. iuxta Dulcidianum carmen in vivis agente.

527. Caput 68. Bracarensium continens longissimam seriem, Potamii initium anno DCLVII. constituit pessimè, qui superiore DCLVI. in Concilio Toletano X. depositus fuerat, subrogato in locum eius Fru-

[u] In Notis ad annum DCCXXVII. pag. 160. col. 2.

[x] *Histor. del Rey D. Alonso el VI.* fol. 43.

[y] In Notis ad Episcopos pag. 138.

[z] Sandoval. Notas *à los Obispos* pag. 114.

[a] Idem pag. 247.

[b] Sandoval. ibid. pag 191. & 248.

[c] Sandoval. pag. 249.

[d] Idem pag. 170.

[e] In carmine Dulcidiano.

(1) Abest hic Dursius ab Æmilianensis codicis Catalogo Toletanorum Præsulum.

Fructuoso Dumiensi. Desideratur etiam Laianus ex carmine Dulcidiano nobis iam notus, nondum tamen, cum Haubertus in tam seria re ludebat.

528. Cap. 69. de Lamecensibus agitur: è quorum numero fuit Canderius hìc prætermissus, at in eodem carmine Dulcidiano nomen suum professus. Argimirus item monachus omnium postremus, anno DCCCXCVIII. initiatus falsò dicitur, qui iam anno DCCCXCIII. huic Sedi præerat [f].

529. Cap. 71. Inter Conimbricenses Naustus desideratur, cuius Dulcidianum Carmen, & quædam vetus inscriptio meminit [g].

530. Cap. 79. Cauriensium ordo caret Iacobi mentione, quem anno CMV. vixisse contestantur veteres memoriæ [h].

531. Caput 80. magnâ iniuriâ é catalogo Abulensium Quiricus & Paulus exemtos se fuisse clamant: quos inter primos eius Ecclesiæ antistites primi Christiani sæculi Haubertus in Chronico laudavit [i].

532. Cap. 85. In Italicensibus Eulalius deest, qui Concilio Toletano III. subscripsit; item Cambra deest, cuius mentio est in Concilio Hispalensi II. canone tertio, quod celebratum fuit anno DCXIX. Epartius quoque Toletano quarto subscriptus anno DCXXXIII. & aliis usque ad octavum anno DCLIII. post viginti integros annos creatus perperam dicitur. Spera-in-deus interfuit Toletano XII. anno DCLXXXI. ab Hauberto intactus. Cuniuldus, qui subscriptus legitur decimo tertio sequenti post biennium, ac decimo quinto, quinquennio ab hinc habitis, post Mancium, qui electus dicitur anno DCC. pessime collocatur.

533. Cap. 88. Malacitanorum Theodulphus desideratur, qui Concilio Hispalensi II. anno DCXIX. interfuit.

534. Cap. 90. Astigitanorum numerum augere debuit Deus-datus: quem anno Christiano LXXVI. migrâsse de vita in Chronico ait Haubertus.

535. Caput 91. ad Cordubenses pertinet: in quo legitur *S. Agapius monachus Benedictinus anno Domini DLXXXVII.* is nempe, qui Toletano III. & Hispalensi I. interfuit; cuius tamen monachismo Haubertinæ relationis validè resistunt verba hæc Hispalensis Concilii secundi anno DCXIX. celebrati: *Septimo examine relatum est nobis venerandissimum quemdam Agapium Cordubensis urbis Episcopum frequenter presbyteros destinâsse, qui absente Pontifice altaria erigerent, basilicas consecrarent. Quod quidem non est mirum id præcepisse virum Ecclesiasticis disciplinis ignarum, & statim à sæculari militia in sacerdotale ministerium delegatum.* Quandonam etenim monachus fuit, qui è milite creatus Episcopus fuisse dicitur? Nec non è catalogo deest Honorius, qui eidem Hispalensi secundo subscripsit. Et hæc de Episcoporum Haubertino catalogo, in quem inspicere ii poterunt, quibus cupidini hanc adornare Spartam, neque Augiæ purgare stabulum tædio fuerit.

536. Sed audio iam Argaizium operæ nostræ his impensæ genuinum infigere, meque inlectæ *Additionem ad catalogum præfationis* accusare. Ibi enim admonuit Haubertum, post hunc absolutum usque ad annum CMXIX. Episcoporum catalogum, novas curas & industriam applicuisse formando Chronico: cuius occasione non modò Episcoporum, sed & Ecclesiarum ingentem, præter sibi iam notum & enarratum, invenisse numerum. Unde sibi quasi Adversaria, seu rhapsodiam fecit, tam intactarum prioribus curis Ecclesiarum, quàm ignotorum etiam earum, quas tetigerat, præsulum. Harum ergo Argaizius *Appendicem* formavit *additionum ad Hauberti catalogos* titulo inscriptam, veluti supplendis his ex auctore ipso catalogis, & satis iis faciendo, qui defectus eorum animadvertissent.

537. Sed hæc responsio nihili est. Cùm enim tam catalogus Ecclesiarum, quàm Chronicon, ad annum decimi huius sæculi undevicesimum æquè pertingat; eosdemque utrique commentario temporis fines auctor præscripserit: non ulla congrua reddi potest ratio, cur secundis curis inventum, dum navaret operam Chronico, locupletiorem Sedium atque antistitum ordinem veteri catalogo inserere prætermiserit; maximè cùm tres alios annos post undevicesimum prædictum, supervixerit, si fides habenda est eius continuatori ac discipulo Walamboso Merio Dumiensi monacho, qui Hauberti obitum anno CMXXII. contigisse ait. Demus tamen prætermisisse. Age nunc, Argaizi, ostende nobis vel unum Episcopum earum Ecclesiarum, quas catalogus continet, ordini adiungendum è novis curis. Fallor, aut non dabis.

538. Novis igitur curis contigit Ecclesias hactenus inauditas, fereque dixerim fictitias, observare plurimas; earum verò quæ notæ essent, & in catalogum contributæ, nec ullum fortè deprehensum, aut ea studii contentione de novo observatum, quo veterem catalogum locupletare posset, Epi-

[f] Ex inscriptione apud Sandoval. in Notis ad Episcop. pag. 191.

[g] Sandoval. ibidem.

[h] Sandoval. pag. 249.

[i] Ad ann. DXXVI.

Episcopum annotare. Quod omni caret veri specie; ipsaque sua imputata Hauberto nova & maior industria fidem ei derogat. Impossibile enim est, quin Chronico incumbens, dum Conciliorum hispanorum materiem ac tempora refert, ex eorum subscriptionibus nomina patrum nota habuerit, qui in catalogo Episcoporum plerumque desiderantur. Uti impossibile est, quin ea falsa sint, quæ in catalogo notata veris historiis adversantur. Excuset ergo, quicquid volet, Haubertum suum Argaizius. Numquam eius industriam iure commendabit, qui in medio posita & cuicumque obvia omisit; aut fidem asseret, qui, ut loco suo observatum fuit, contraria veris historiis certisque atque irrefragabilibus antiquorum monumentorum testimoniis in referendis Ecclesiarum hispanarum suis Episcopis, uti vera & certa narravit.

539. Sed sigillatim ex Appendice ista observare & examinare aliqua lubet, nonnullo operæ pretio.

540. Sub titulo *Agon*, & *Agonzillo* docet nos Argaizius oppidum hocce esse Calagurritani sacri territorii ad Iberum flumen, in quo Paulus Apostolus, atque eius discipulus S. Quartus, Evangelium ethnicis annuntiarunt, cathedralemque Ecclesiam constituerunt; huiusque rei auctorem Dextrum laudat. Planè nihil de hoc loco aut Ecclesia is, quem pro Dextro venditant. De sancto Quarto hæc tantùm in eius Pseudo-Chronico leguntur [k] ad annum L. *Manet in Hispania S. Quartus, qui obiit anno LXXVI.* Et ad annum CV. num. 4. [l] *S. Quartus Apostolorum discipulus bis Hispaniam peragrat, semel post Iacobum, iterum relictus à Paulo. Beretæ (quæ nunc Bætyrus, aliis Bætica, vel Gonciolum in Hispania dicitur) in Bætonibus, miraculis nunc claret.* Forsan Sedes Quarti, S. Pauli discipuli (quæ revera Berythus Phœniciæ urbs fuit aiente Dorotheo in Synopsi ex Hippolyti libello *De* LXXI. *discipulis Domini* [m]) non solùm Berela, & Bætyrus, & Gonciolum; sed & Agon, eodem tempore, hoc est Romanorum apud nos dominantium, priusquam urbium vocabula barbarorum inundatio evertere posset, appellata est.

541. Neque aliquis dixerit, Gonciolum, cuius oppidi Ptolemæum meminisse in Bætonibus propè Salmanticam Franciscus Bivarius alicubi notat [n], idem esse cum Agone, sive *Agoncillo.* Nam in primis deceptus fuit Bivarius; cùm Ptolemæus neque Gonciolí, neque Salmanticæ, neque Betonum usquam meminerit. Præterea ex Gonciolo, si fuisset, Ptolemæi, non utique *Agon* corruptè derivâsset, quo nomine semper Haubertus utitur; sed potiùs *Agoncilium*, quod usurpare Haubertus debuit, quò magis Gonciolo, Dextri potiùs quàm Ptolemæi verisimilia tribueret. Mirè quidem in hoc sancto Apostolorum discipulo ludit Iulianus [o]: cuius verba mirè etiam Argaizius alibi deformat [p]. Planè Dextro Argaizius imputat quod in eo non legitur.

542. Huius Agonensis Ecclesiæ primum quem novit Haubertus antistitem, Ugerinum fuisse deinde ait Argaizius, laudatis his Hauberti ex Adversariis seu rhapsodiæ illius verbis [q]: *Ugerinus Episcopus Agonensis vel Muriliensis obiit.* Aliam sanè appellationem eiusdem Sedis, quæ Bætyrus, & Bætica & Gonciolum, & Agon audiit, Muriliam existimarem; nisi me doceret Argaizius quatuor in Hispania Ecclesiis cathedralibus Quartum præfuisse [r]: Barytensi, quam *Alberiti*: Agonensi, quam *Agonzillo*: Vareanæ, quam *Varea*; & Muriliensi quam *Murillo*, interpretatur. Quartus enim qui vocaretur, quater esse debuit Episcopus. Ad populum phaleras. Fortè Argaizius Lucroniensis, potiùs quàm Pseudo-Haubertus Hispalensis, pium esse gnarus patriam colere, per totam urbis suæ viciniam Episcoporum Sedes spargere voluit. Namque *Agon*, *Alberite*, *Clavijo*, *Lecora*, *Murillo*, *Viguera*, *Varea*, quibus oppidis hunc honorem adiudicat, duabusve, tribusve, aut quatuor ad summum leucis à Lucronio urbe distant.

543. Et estne hoc *secundum sanctorum patrum divinitùs inspirata decreta* (ut Leo Magnus ait Pontifex [s]) quæ vetuêre *ne viculis, & obscuris, & solitariis municipiis tribueretur sacerdotale fastigium, ne honor, cui debent excellentiora committi, ipse sui numerositate vilesceret?* Quod in conciliaribus explicatur constitutionibus [t], *ne in vico aliquo, aut in modica civitate, cui sufficiat unus presbyter*, ordinetur Episcopus. Decreta SS. Patrum à Leone laudata, non solùm ordinationes Nicænæ atque aliarum Œcumenicarum Synodorum sunt, de quo haud dudum viri docti disputârunt [u]; sed potiore iure quicquid viri Apostolici recenti adhuc Ecclesia, & ab Apostolis ipsis instructi stabiliverunt. Quorum è numero S. Quartus, minimè Pauli magistri sui præceptum non exsequi potuit, qui ad Titum scribens, *reliqui te Creta* (ait) *ut ea quæ desunt corrigas, & constituas per civitates presbyteros* (hoc est, Episcopos), *sicut & ego disposui tibi.*

Quis

[o] In *Chronico* num. 84.

[p] In hac *Appendice* sub titulo *Varea* sect. 214. pag. 195.

[q] Quasi ad ann. CCCVIII. pertinentibus.

[r] Vide sectiones harum *Additionum*. 97. 164. & 214.

[s] Epist. 87.

[t] Concil. Laodic. cap. 56. Concil. Africano cap. 42. Sardicensi cap. 6.

[u] Vide Card. Brancacci *Dissertationem* inter alias *De Regulis SS. PP.* Romæ MDCLXXII.

544. Quis autem audebit civitatis, ampliorisve alicuius, quàm obscurissimorum vicorum appellationes iis locis tribuere, quorum Geographicorum, Historicorum, Ecclesiasticorum librorum nullus, præter unum Haubertum nullius fidei hominem, unquam meminerit? Prætereo quod de Vincentii martyris Ecclesia Muriliensi, prima inter Hispanias Collegiata, quamque Petrus huius Ecclesiæ Episcopus anno CCCLXXXI. fundâsse dicitur, in iisdem *Adversariis* legitur Hauberti, magni nostri Apollinis: cui planè in doctissimo sæculo, & post excisa & incensa omnia ferè à Mauris vetustatis monumenta, perspicacissimum esse obtigit minutissimarum quoque rerum, quæ olim apud nos accidissent, indagatorem ac præconem clarissimum.

545. De Concilio Agone habito adversus Vigilantii hæresin, non adversus Priscillianistarum, ut Argaizius vulgari verbo interpretatur, anno CCCXCIII. nihil dicere opus est; cùm æquius & proclivius sit sola refutatione unicum, atque eum luxatæ, immo nullius fidei, testem repellere.

Finis Tomi Primi.

SY-

SYNOPSIS HISTORICA
)E CONFICTIS GRANATENSIBUS MONUMENTIS
ANNO MDCCLIV.
AC DEINCEPS DETECTIS ATQUE IN LUCEM PROLATIS.

ocus me admonet ut de nuper Granatæ apud nos erutis tum sacris sive Ecclesiasticis, m etiam profanis monumentis nonnulla extra dinem subiungam: quod et libens exsequor, m ut obstrictam in fine prioris omnium huius bliothecæ libri fidem liberem, tum præcipue veritati historicæ & patrio decori consulam; que eò maxime quod inustam ab Exteris Hisno nomini eorum occasione notam à nemine stratium publice hactenus depulsam aut occutam sciam (1).

Prodiêre primùm nonnulla ex iis monumen- Granatæ ad annum MDCCLIV. plumbeis ideisque tabulis incisa, nuperque, ut fereur, in Alcazabensi eiusdem urbis arce effostur, in Alcazabensi eiusdem urbis arce effos-, partim Romano atque usitato habitu, par- peregrino atque insolenti, neque ulli eaus mortalium cognito charactere, quem nonli Celticum, alii obsoletum Græcum, alii philano Gothicum aut Runicum coniiciebant; mo tamen illorum sententiam non assequi mo-, sed ne divinare, ac ne literarum quidem mas nosse poterat. Brevi hæc monumenta rgi coepta crebrisque manu exaratis exems per Hispaniam divulgata; nullibi tamen liorem dissimilemve atque in patria fortunam perta sunt. Itaque ut mihi, qui tunc Romæ gio iussu diversabar, ab Hispania nuntiatum t, tamdiu ἀπερίληπτα atque illecta iacuere, do- : Granatæ surrexit Œdipus sui ipsius, id est oniorum propriorum, interpres: qui prolatis ile literarum exoticarum nominibus et porate, expeditisque non maiore operâ difficillis, quibus monumenta scatebant, vocum comodiis, planam fere omnium lectionem et sentiam reddidit.

Iam tum plerisque, qui hunc Œdipum Granatæ à puero noverant, mira eiusdem in his logogriphis extricandis sagacitas nonnihil suspicionis iniecit (2); & maxime postquam animadversum fuit, in altero è monumentis, quæ sub exitum eiusdem anni MDCCLIV. in Alcazabensi arce detecta fuere, mentionem inculcari *thesauri turris Turpianæ*, *montis prope Illiberiam*, *librorum Concilii* (3), et aliorum, de quibus in proscriptis olim ab Innocentio XI. libris laminisque plumbeis agebatur, quæque dudum ab Eruditis in dubium vocata fuerant; nihil tamen horum morata interea fuit vana atque inconsulta æstuantis vulgi credulitas.

Anno sequenti, seu MDCCLV. ac deinceps amplissima monumentorum succrevit seges, cui cum iteratis exemplis describendæ vix suppeterent librariorum manus: placuit detectorum ad eam diem syllogen publici iuris facere, quod et sine mora præstitum fuit. Ac tunc primum eorum nonnulla è tenebris in lucem emissa sensim increbrescere terique coepere Eruditorum manibus; donec tandem centum et amplius æneis tabulis incisa ac pervulgata venumque exposita sunt, cum interiectis Latinis eiusdem officinæ aliis amicè in obsoletorum sententiam coniurantibus; unoque item et altero germano atque incorrupto, quò nimirum sublesta reliquorum fides sustineretur.

Nec pòst multò caput extulere variæ exoticarum inscriptionum lectiones ex eiusdem, ut credibile est, Œdipi officina (4); lentè tamen ac pedetentim, quasi ab auctore qui non satis sibi fideret exploratum præmissæ, manuque tantum exaratæ: donec ad annum MDCCLXI. earum famosiores in apricum protulit Latineque et Hispanice vulgavit Editor operis inscripti *Literæ Æditui Pinensis* (*Cartas del Sacristan de Pi-*

) Celebris huius causæ Acta, quem *Processum licialem* vocant, prodiere quidem Matriti 1781. ad Ioachimum Ibarram spisso volumine in fol. sed nacule ac forensi stilo, magisque pro nostran quam prò exterarum Gentium usu atque inmatione.

) Æditus Pinensis (*El Sacristan de Pinos*) Epist. . pag. 44. num. 48. *Un hombre* (inquit de hoc dipo loquens) *que ayer no conociamos, que ninno lo cuenta su condiscipulo en las Aulas, estar jugandola de Maestro: leyendo plomos dificie: deletreando lapidas peregrinas: descifrando racteres exoticos: penetrando arcanos sublimes: ndo en fin un Edipo de quanta escondida anuedad se descubre* &c.

) Nimirum quod in Actis causæ habetur pag. 177. num. LXXVII. §. 238. detectum 15. Novembris 1754. estque huiusmodi:

Flavius gratia Christi Episcopus Illiberiæ custos librorum concilii salutem.
Deus eripiet hos libros Imperatorum manibus, simul thesaurum turris Turpianæ
Montem prope Illiberiam, & corpora Sanctorum Martyrum Cecilii & Discipulorum II.

(4) Æditus Pinensis (*El Sacristan de Pinos*) Epist. III. pag. 132. num. 103. de Œdipo loquens: *Leyó* (inquit) *el primero::: la plancha literata plumbea que se descubrió en la Alcazaba en Noviembre de* 1754. *Con esta luz, y formacion de varios alfabetos y colecciones de otros, ha sido uno de los Oedipos de sus arcanidades y siglas dificiles.*

Pinos), Granatæ apud heredes Iosephi de la Huerta, 8.º adiecto perpetuo earundem commentario, quem dignum patellâ operculum meritò appellaveris.

Inerant iis monumentis præcipua Fidei nostræ dogmata, non parum tamen in verborum ordine luxata (1); necnon alia quibus eximia Hispanorum erga Beatissimam Virginem MARIAM pietas, religiosique Eiusdem cultus amplificandi studium, primo quidem aspectu mirificè promoveri videbantur; satisque hoc fuit arrigendis populorum animis, ut vel inexplorata monumentorum fide ac sententiâ, proni atque alacres iisdem acquiescerent, idque sibi palmarium ducerent. Itaque non Granatæ mòdò, sed et in Regia Matritensi Curia, atque ubivis per Hispaniam, incredibili omnium ordinum plausu atque acclamatione excepta, tantoque in pretio atque honore habita sunt, ut ex iis nonnulla (2) primariorum Granatæ civium atque incolarum manibus atque humeris è summa urbis arce, quam *Albaecinum* vocant, ad Regii eiusdem Conventûs Præsidis ædes certatim adsportarentur.

In tanto tamen ac tam vulgari de his monumentis præiudicio, non defuére qui unius veritatis eruendæ studio sedulò in eadem inquirerent, literarum formas, nexûs, vocum compendia atque universam scripturæ indolem, phrasin quoque et sententiam otiosius observarent, atque ad iustam trutinam exigerent; cumque nihil in ipsis non et secum et cum Palæographica atque Historica ratione Latinique sermonis genio manifeste pugnans; disiectaque præterea omnia salebrarumque et anfractuum plena undique circumspicerent: ne momento quidem temporis hæsêre, quin à perditissimo atque impurissimo nebulone conficta esse apud se statuerent ac pronuntiarent: quod et scripto testati sunt (3). Fuere insuper quibus de iisdem monumentis censendi cura Regio iussu demandata fuit, viri doctissimi totiusque Antiquitatis callentissimi, qui et ipsi uno quasi ore atque indubitanter nigrum eis theta præfixere (4). Et quis, quæso, non statim secum reputet, in urbe primaria et civium frequentissima nec parum literarum studiis exculta, qualis Granata est, in ipso Alcazabensium effosionum æstu exstituros fuisse non paucos, qui detectis eatenus monumentis adversarentur, qui conficta crederent, quique iisdem, modò tutum id consilium fuisset, aperte bellum indicturi essent?

Et sane ad ostendendam eorum falsitatem satis fuisset supèrque Marcellini Papæ (5), Flavii Illiberitani (6), Hosii Cordubensis (7), Felicis Accitani (8), quæ in iisdem leguntur, lite-

(1) Acta pag. 126. §. 163. num. I. *Qui* (Iesus) *descendit & incarnavit in Maria Virgine* &c. Pag. 129. §. 165. num. IV. *Deus Altissimus ::: incarnatus: natus: circuncisus: adoratus: præsentatus: aprehensus: flagelatus: coronatus: mortuus: sepultus: descendit inferos* &c. Pag. 130. §. 167. num. V. *Hic est sanguis meus remissio peccatorum* &c.

(2) Nimirum in quibus conficti Concilii Illiberitani canones continebantur; habenturque in Actis Pag. 145. & seq. §§. 196. 197. 197. numm. XXXIV. XXXV. XXXVI. *Ephemer. Granatens.* 13. *Maii* 1757.

(3) *D. Thomas Andreas Gúseme* Lexici Numismatici auctor, *D. Andreas Mendiola*, *D. Iosephus Carbonellus*: quorum testimonia habentur in Actis *pag.* 196. *à n.* 285. *& pag.* 216. *à n.* 317. *& pag.* 383. *n.* 621. *D. Ioseph de Hermosilla*: *D. Vincentius Garcia de la Huerta* ap. Acta pag. 308. nn. 524. seq.

(4) *Frater Henricus Florez* Augustinianus Hispaniæ Sacræ auctor, *Frater Emmanuel Sarmiento* Benedictinus. Exstant utriusque iudicia in Actis; prioris quidem *pag.* 192. *n.* 275. posterioris autem *pag.* 194. *n.* 279.

(5) Act. pag. 175. §. 235. num. LXXIV. *Marcellinus Episcopus urbis Romæ & totius Ecclesiæ Flavio Episcopo Illiberitano salutem. Desiderio desideravi hoc Concilium antea quam moriar: quia prope est etiam vobis persecutio magna. Plaudo te. Habete pacem, constantiam, patientiam & fidem. Auferte à vobis superbiam & omnem nequitiam Satanæ. Tolerate persecutiones, fames, contrarietates, carceres, verberaque usque ad mortem. Melior est Deus quam homines. Nolite timere mala mundi, nec cogitare quid loquimini ante Iudices; dabitur vobis sicut Discipulis Domini os, sapientia & fortitudo maxima. Ego autem oravi pro vobis. Christus Deus non deficiet si feceritis quæ præcipio vobis. Qui seminant in lacrymis, in exultationibus metent. Etiam stote vigilantes, prudentes, & simplices. Itaque super vos veniet Sanctus Spiritus, & illuminavit corda vestra; eritisque ex illis electis, quibus dicet Agnus Divinus: Venite benedicti Patris mei percipite regnum quod vobis paratum est ab origine mundi. Vale. Decimo Kalendas Augusti. Titiano & Nepotiano Consulibus.*

(6) Acta, pag. 168. §. 228. num. LXVII. Convocatoria Flavii pro Concilio Illiberitano. *Nomine Patris, Filii, & Spiritus Theu, sive Divini, & Pontificis Ecclesiæ, Marcellini Flavius Episcopus Illiberiæ convocat nostro Municipio Liberitano disciplinæ tractandæ anno Christi trecentessimo quarto Martii prima (id est die) Nationales Magistros, Pater, Filius, Spiritus Sanctus eripiet à Diocletiano Imperatoribus & Consulibus.*

(7) Acta pag. 128. §. 165. num. III. Hosii ad Flavium responsum: *In nomine Iesu Nazareni Quarto Idus Ianuarii Flavio Episcopo Elliberiæ Osius Episcopus Cordubæ. Tuas vidi; pergam Elliberiam, Christus Iesus Nazarenus sit nobiscum: tamen veniet amicus noster: multa habeo loqui tecum pro salute Fidei: laudo te & fidem tuam; pro tuis fratribus facis ea quæ Deus iubet: ipse eripiet nos usque in finem.*

(8) Acta pag. 169. §. 232 num. LXXI. Respondet Flavio ad Concilium invitanti: *Pater, Filius, Spiritus Sanctus: Deus sit nobiscum: Flavio Episcopo Illiberitano salutem. Iterum congratulata fuit mihi Epistola tua, obediam cito: multum desideravi hoc Concilium quia prope est persecutio, & mors: scis bene, plura dicam tibi de fide & de disciplina Domini nostri Iesu Christi. Sicut ait Dominus in die iudicii separandos esse iustos de iniustis, ita primum oportet segregare Christianos de Ethnicis. Episcopus noster & servus Dei Marcellinus scit omnia: letatus sum: scripsit tibi mihi tamen præclarum fuisse Deum pro*

teras, inter se et cum Melanii Toletani et Camerini Tuccitani subscriptionibus (1); necnon cum Darii Illiberitani relatione *De libro thesaurorum Dei* (2) committere. Unus omnium orationis sonus, idem stilus, elumbis, fractus, sine nervis: impura dictio, soloeca, atque è media barbariei fæce: iuges Hispanismi, perpetuus sermonis Latini neglectus. Tantumne verò impudentissimi nebulonis animo stuporem insedisse, ut diversos longeque inter se dissitos Ecclesiæ Patres unius labii crederet: tantam confidentiam atque audaciam ut foetidis hircosisque sermonibus ingenua eorum ora pollueret ac conspurcaret!

Inerant præterea iisdem monumentis alia cum ad profanam, tum ad Ecclesiasticam Sacramque Historiam et Chronologiam pertinentia, ab ipso fere mundi exordio usque ad Wisigothorum Hispaniæ Regum tempora (3): de certo atque explorato Granatæ urbis anno natali (4): de primævis eiusdem nominibus (5): de peculiaribus annuisque ipsius Consulibus, et prodigiosa eorum epoche (6): de geniis ac diis tutelaribus Lilit, Alota, Osza, aliisque id genus portentis (7): de Octavio, vel post aditam Iulii hereditatem et postquam Augustus salutatus fuit, eo nomine appellato (8): de Antonino *Heliogabalo* (9): de Caio *Caligula* (10), deque eius commatis aliis: quæ ad profanam historiam, immo verius ad mythologiam, spectant.

Ad Sacram autem sive Ecclesiasticam quod attinet, inerat iisdem monumentis nova et chronologica XXXVIII. Illiberitanorum Præsulum series, à Cæcilio nimirum atque ab anno Christi

Aaaa 2 sti

pro omnibus Episcopis, & Presbyteris aliisque sicut mos est ut habeamus fidem, & pacem, ambulemusque in via veritatis uti Magister noster docet. Constantiam tuam plaudo: Christus Iesus retribuat tibi: Amen. Quintodecimo Kalendas Martias sub Herculeo, & Iovio Imperatoribus: eodem anno Christi 304. Felix Episcopus Accitanus.

(1) Habentur in Actis pag. 133. §. 272. num. X. *Melanius Episcopus Toleti. Camerinus Episcopus Tucci.*

(2) Exstat in Actis pag. 174. §. 235. num. LXXIV. hoc titulo: *Liber thesaurorum Dei*; & pergit: *Senior Iacobus docuit mihi Cecilio hoc. Repleti Spiritu Sancto Apostoli, postea quam Maria Virgo assumpta fuit in cœlum virtute Divina ab Angelis, iuncti in unum in Ierusalem, dixerunt, statueruntque: Ipsam Deiparam conceptam fuisse absque ulla labe ideoque peccatum Adami, sicut omnes, non tangit eam in æternum; & qui crediderit sic, salvabitur. Ita scripsit Cecilius Episcopus Illiberiæ caracteribus Salomonis, Darius Episcopus Illiberitanus.* Et continuo: *Ex libro Thesaurorum Dei. Cum Spiritus Sanctus illuminasset Apostolos, qui erant in Ierusalem iuncti in unum post elevationem in cœlos Mariæ Virginis virtute Divina dixerunt, & statuerunt: Ipsam Deiparam conceptam fuisse absque ulla labe; ideoque peccatum Adami, sicut omnes, non tangit eam: & ita dixit mihi Senior Iacobus. Cecilius Episcopus Illiberiæ. Patricius Episcopus Malacitanus vertit.* Ac de eodem *Thesauro Ecclesiæ* Darius tunc Presbyter Gaditanus Act. pag. 170. num. LXXII. dixerat: *Deus liberet thesaurum hoc Ecclesiæ de manibus Ethnicorum qui oderunt nos.* Idem reliquorum monumentorum genius: soloeca fere omnia, barbara & Hispanico quam Latino sermoni propriora. Pag. 125. num. I. *Respiciens persecutionem quam iam imminebat* :: Pag. 138. n. XXI. *Iuncti in unum* (Episcopi) *in Domo Domini antea Templum Apollinis* :: Pag. 146. n. XXXV. *Libri semper sint in Illiberia non longe templo* ::: Pag. 154. n. XLV. *Sic consummatum est quintus dies* ::: Pag. 167. n. LXVI. *Caro mea & sanguis meus do vobis* ::: Ibidem: *Quod Deus iunxit non secernavit: homo & mulier* (*pro* vir & uxor) *sunt duo in carne una & ob hanc relinquet patres & matres suas: homines amate mulieres vestras* ::: Pag. 168. eod. n. LXVI. *Quis in vobis languetur, inducat sacerdotes in Ecclesia & super eum precent* ::: Pag. 174. n. LXXIV. *Thesaurum magnum Ecclesiæ Dei hic invenietur* ::: Atque alia pænè innumera, quæ referre pudet pigetque.

(3) Pag. 180. nn. LXXVI. seqq. *Segericus Rex Gothorum Pius Remmon* (*hoc est Granatæ*) *Cives Elliberiæ in honorem dedicaverunt Secundus Rex Spaniæ fuit post victoriam Imperatorum Romanorum: Magnus Rex Reccaredus Catholica Religione anno* ::

(4) Acta pag. 173. n. LXXIV. *Anno mundi* 5583. *à nativitate Domini* 254. *ab hoc Municipio Illiberitano condito* 3062. &c. quasi anno ante Christi nativitatem bis millesimo octingentesimo octavo Granata urbs condita fuerit.

(5) Acta pag. 135. n. XV. *Divi Cecilii Martyris primi* Remon *vel* Granatæ *Episcopi* ::: Pag. 142. n. XXXI. *Divi Cecilii Episcopi* Illipulæ ::: Pag. 144. n. XXXII. *Sedes cecilii Illiberia sive* Illipula ::: Pag. 144. n. XXXIII. *Nostri Municipii* Remmon ::: Pag. 150. n. XLIII. *Divi Cecilii martyris huius municipii* Garnatæ *Episcopi* ::: Pag. 152. n. XLV. *Augustulus Episcopus* Garnatensis ::: Pag. 158. n. LI. *Decurioni perpetuo* Garnatæ ::: Pag. 163. n. LXIV. *Servorum Dei Episcoporum* Garnatæ, Illiberiæ, *sive* Illipulæ ::: Pag. 168. n. LXVII. *Nostro municipio* Liberitano ::: Pag. 182. n. XCII. *Herculi Patri* (*vel Patrono*) *Municipii* Liberini :::: ut meritò Granata πολυώνυμος dici possit.

(6) Acta pag. 147. n. XL. *Minas Consulum & Decurionum huius Municipii* ::: Pag. 149. n. XLII. *Sub Valerio Cornelio & P. Vetilio* Consulibus *Illiberiæ* ::: Pag. 152. num. XLV. *Iussu* Consulum ::: Pag. 156. num. XLVII. *Lucio Bruto & Antistio Turpione Senatoribus*, *vel* Consulibus ::: Pag. 157. num. L. *Iuso* Consulum & *Magistratuum Illipulæ* &c. atque alibi passim; huius autem Consulatûs epoche sive initium, est annus ante Christi natale millesimus quingentesimus octogesimus quartus ::: Pag. 173. n. LXXIV. *Ab hoc Municipio Illiberitano condito* 3062. Consulatus eius 1584. ::: Ex quo conficitur octo minimum sæculis ante Consulatum Romanum, atque adeo longe ante Romam conditam fuisse Granatæ Consules.

(7) Acta pag. 159. n. LI. *Magnæ Deæ Libertatis* (*vel Lucinæ* Lilit) &c. :: Pag. 192. extra ordinem §. 272. *Municipium Florentinum Illiberiæ dedicat* Alotæ &c. Pag. 159. n. LI. *Ob donationem ter mille sextertiorum sanctissimo* Oscæ &c. Pag. 184. n. XCV. Oszæ *Dive & sacrum* &c.

(8) Acta pag. 156. num. XLVII. Octavius *Cæsar* Augustus *Pater Patriæ* &c.

(9) Acta pag. 181. n. XCI. *Imperator* Antoninus Eliogabalus *Cæsar Augustus* &c.

(10) Suppressa hæc inscriptio fuit in Editis, sed eam mihi manu exaratam, & ut recens Granatæ detectam ostendit alter è Reis Toleti ad ann. 1765. inerat autem ipsi CAIVS·CALI·IMPE.

sti LII. ad Flavium, sive ad annum CCCV. (1): inerant noviter detecti canones Concilii Illiberitani (2): nova Granatensis Ecclesiæ Liturgia (3): novus sacri Hexaemeri textus (4), aliaque permulta: nova inquam omnia, atque, ut mox eventus docuit, ab impurissimis veteratoribus pro lubidine confi&ta: quibus id videtur propositum fuisse, ut limpidas et salutares Utriusque Foederis aquas sordidis et lutulentis sermonibus inficerent et commacularent.

Et quidem quæ in his monumentorum larvis ad profanam historiam chronologiamque spectant, illico sese produnt ab imperitissimis eorum architectis è lenonio luro commictoque sterquiliniorum coeno hausta, aut è collectis corrasisque anilium fabellarum næniis temere consarcinata; quæ vero ad Sacram sive Ecclesiasticam, è plumbeis iam olim ab Innocentio XI. proscriptis Montis Illipulitani libris ac membranis, quæ solidis duobus sæculis incredibiles doctis per Europam viris labores et molestias peperêre, atque eo consilio recocta fuisse ut laboranti ac diffamatæ illorum fidei utcumque suppetias ferrent (5): quam etiam in rem non pauca ex iis ab ipsis eorundem artificibus aut interpretibus sub idem tempus commentariis illustrata prodiere.

Atque his demum aliisque id genus præstigiis solido fere vicennio à maleferiatis capitibus in rebus adeo seriis impune grassatum atque Hispano nomini ludificatum fuit, necquicquam inclamantibus doctis religiosisque per Hispaniam viris, quòd domesticam historiam tot tamque putidis mendaciorum monstris inquinari ac conspurcari viderent.

Verum cum ad annum MDCCLXXIV. Œdi-

(1) Exstat in Actis pag. 163. num. LXIV. quam si cum Æmilianensi Illiberitanorum Antistitum catalogo contuleris, non diversam modo, sed plane contrariam invenies. En utriusque specimen.

Illiberitana	*Æmilianensis*
Cæcilius.	Cicilius
Mesithon.	Leuberindus
Leuberindeus	Ameantus
Ameantus.	Ascanius
Ioannes	Iulianus
Valerius.	Agustulus
Cornelius	Marturius
Ascanius.	Gregorius
Turilus	Petrus
Titus &c.	Fabianus &c.

(2) Acta pag. 145. n. XXXIV. *Statuit* (Concilium): *prohibendum est ut liberti quorum patroni fuerint in sæculo ad Clerum proveantur. Statuit: Si qui inventi fuerint libellos famosos in Ecclesia ponere, anathematicentur. Statuit: errorem placuit corrigi ut omni Sabbato ieiuniorum superpositionem celebremur. Statuit: si forte Sacerdotibus Idolorum filias suas iunxerint placuit ne fine eis dandam esse communicationem.* ITEM eâdem pag. 145. n. XXXV. *Statuimus Episcopi, Presbyteri, & Diaconi libros hos fundamentum Ecclesiæ & Essentia Dei, & viginti septem ferri à Flavio in Montem cum corporibus Sanctorum Martyrum Cæcilii, & Discipulorum: ne Iudices infideles inveniant eos, & alii sint semper in Illiberia non longe Templo in quo scripti fuere* ::: ITEM pag. 146. n. XXXVI. *Caput primum. Episcopi universi, iugiterque Presbyteri, & alii coram Deo Trino & uno congregati gratia Iesu docuerunt & statuerunt: ut Maria est Virgo Mater Dei peccatumque Adae non tangere eam in aeternum, sicut omnes, est confitendum necesse. Patricius Episcopus Malacitanus: Flavius Episcopus Illiberiæ. Petrus Presbyter Illiberiæ.* Atque his addenda quæ supra ex libro *Thesaurorum Dei* retulimus.

(3) Sistimus integram qualis exstat in Actis pag. 165. n. LXV. Titulus: Liber Missæ. Incipit: *Deus Pater, Filius, Spiritus Sanctus sit nobiscum, & parce populo tuo, & miscrere mei, peccataque mea dimitte Amen. Deus noster! ecce adstamus in conspectu tuo; miserere igitur peccatis nostris, & exaudi orationes, deprecationes precesque nostras; & suscipe à me Sanctum Sacrificium tuum per Messiam Dominum nostrum, qui est Iesus Spiritus tuus, & passionem eius pro nobis; ac refice corpora nostra, animasque nostras, corpore & sanguine eius; & suscipe illud à me tibi oblatum; respicque nos oculis magnæ misericordiæ tuæ, ac beneplaciti, & ne permittas nos relabi in transgressionem decem Mandatorum, & septem Sacramentorum tuorum Amen. Deus vobiscum, tecum nobiscumque omnibus: Benedictio Patris, Filii, & Spiritus Sancti Amen. Deus noster dirige negotium nostrum, & opus nostrum ad beneplacitum tuum: Benedictio Patris, Filii, & Spiritus Sancti Amen. Deus noster dirige negotium nostrum ad beneplacitum tuum. Hoc est Corpus meum. Hic est Sanguis meus remissioni peccatorum. Deus noster suscipe à me Sacrificium tuum & oblationem meam tibi per Messiam Dominum nostrum, qui est Iesus Spiritus tuus; & dimitte per ipsum peccata, & scelera nostra, & libera nos a malo mundi, & alterius vitæ; & quia tu es misericors, & omnipotens, introduc nos in gloriam sanctam tuam Amen. Deus refugium, & virtus fac nos obedientes tibi, & cultui tuo devotissimo, perseverantesque in tua lege Amen. Deus fortis & sanctus complevimus igitur actionem, ut dirigatur lex tua in cordibus paganorum, & eos deduces ad te per magnam gratiam tuam Amen. Deus noster benedicat vos omnes Amen. In nomine Sanctissimæ Trinitatis Patris, Filii, Spiritus Sancti Amen.*

(4) Habetur novum Hexaemeron in Actis à pag. 152. num. XLV. longius tamen est quam ut hic subiici oporteat, aut id nôsse magnum operæ pretium sit.

(5) Acta pag. 127. num. II. *Quorum uni* (libri) *iacent in cavernis Municipii huius* ::: *alterique* Illipulit ::::: ITEM pag. 128. n. III. *Libri Concilii nostri* ::: *Deus liberet eos de potestate eius, simulque existentes in* Monte Illipulitano ::: *sanctasque reliquias turris antiquæ Turpianæ* &c. ::: Pag. 131. n. VII. *Ego Flavius Episcopus Illiberiæ custos horum & aliorum quæ sunt abscondita in* Monte Illipulitano &c. Pag. 145. n. XXXV. *Statuimus* ::: *libros hos ferri à Flavio* in Montem &c. Pag. 163. n. LXIV. *Ego Titus* ::: *sciens persecutionem fidei, & destructionem templi Iesu librorumque Concilii per medium ignis; & ut non pereat tamen penitus memoria illius incomparabilis thesauri* Sancti Montis &c. Pag. 177. n. LXXII. *Deus eripiet hos libros Imperatorum manibus: simul thesaurum turris Turpianæ* Montem prope Illiberiam &c.

Œdipo illi quem prædiximus Alcazabensium monumentorum interpreti dies à Iudice dicta esset, quasi novis confictisque sigillis et subscriptionibus fucatam vetustatis speciem indidisset, iisque publica urbis Granatensis tabularia commaculasset; cumque interea unus aliquis ex iis qui eidem Œdipo operam suam locaverant, ultrò se ipsum aliosque sceleris populares apud circumspectum Ecclesiastici ordinis virum detulisset, potestate eidem facta indicium Regiæ Maiestati aperiendi, modò capiti ac fortunis suis prospiceretur: re ad CAROLUM III. Religiosissimum, tuendæque veritatis Historicæ studiosissimum Principem delata, illico Augustali edicto VII. Iunii MDCCLXXVII. in Granatensia noviter detecta monumenta inquiri coeptum; reique universæ summa Duumviris sacrarum cognitionum Iudicibus, Regio scilicet Iuridici Conventûs Granatensis (*Cancellariam* vocant) Præsidi, et Supremo eiusdem urbis Ecclesiæ Antistiti (1) permissa fuit: nimirum ut servato Iuris ordine, detentisque primum in liberis custodiis, aut alibi pro reorum qualitate, qui ex fama aut ex aliis argumentis indiciisve monumentorum auctores interpretesve esse ferebantur; & sacramento adactis ut de eorum origine, inventione, tempore, loco et aliis, quid tandem res haberet ex fide edicerent: universa et singula ad eam diem in Alcazabensibus latebris aut alibi detecta monumenta oculis atque animo perlustrarent, invicemque et cum reorum dictis conferrent: ut ex omnium commissione & conflictu rei veritas elici, quidque tandem de universo negotio statuendum esset decerni posset.

Atque ita quidem initio à Duumviris geri coeptum; ubi tamen ad iudicium ventum est, frustrà omnia fuere, neque fraudum architecti Iudicum conspectum ferre valuerunt; immo eorum princeps atque antesignanus, idemque monumentorum Œdipus et interpres, vel rei exitum veritus, vel propriæ, ut aiebat, conscientiæ stimulis agitatus, cùm priori scrutinio præstituta dies appeteret, uni alicui ex iis qui è proximo eum observabant significavit, esse sibi quod maximè cum Iudicibus communicatum vellet (2); cumque præsto adfuisset eorum alter cum Tabellione qui dictata eius exciperet, nihil moratus omnium fere de quibus agebatur, seu plumbea sive ærea lapideave aut membranacea essent, monumentorum parentem sese atque auctorem ultro professus fuit: socios, adiutores, fraudis conscios popularesque edixit: officinas, loca, item instrumenta quibus percussi numi, tornati lævigati atque inscripti lapides; tum quo pacto, quibusque artibus atque administris latenter omnia in Alcazabenses cuniculos intromissa essent, palam ac libere Iudici aperuit: subdens paratum se esse quibus maximè vellet argumentis omnium quæ ab ipso narrata erant seriem comprobare (3).

Planum iam tum Duumviris iter fuit ad iudicium ceteroquin impeditissimum, si á reis obstinate pernegantibus rei veritas invictis rationibus elicienda aut extorquenda esset. Et fuere qui crederent, hoc uno, sed domestico et supra omnem suspicionis aleam posito, testimonio universam monumentorum Alcazabensium fabricam mole suâ ruituram; neque cunctaturos Iudices in eadem eorumque auctores condemnationis sententiam ferre.

Verum aliter Ipsis visum fuit, viris prudentissimis iureque subverentibus ne qua nova simulatæ confessioni subesset fraus, eludendo scilicet aut prolatando iudicio. Accitum itaque denuo ad se Œdipum, iuratumque ac de iis quæ rogaretur sententiam edicere iussum, in aliud conclave transferunt in quo archetypa omnia ad eam diem in Alcazabensibus latebris detecta monumenta publicè exposita erant; ibique rogante conceptis solemnibusque verbis Eorum altero, num ea omnia, ex iisve aliqua, & quænam ex eius officinis manuque prodiissent: tum quibus artibus, qua ope atque instrumentis ea confecisset, dolasset, cudissetque; ac demum, quod omnium caput erat, paratusne esset pro tribunali ac pro Iudicum arbitrio eadem aut consimilia, ubi res postularet, denuo edere ac refingere: nihil hæsit, præstoque sese fore atque esse edixit, modo idonea iisdem conficiendis instrumenta suppeditarentur.

Admissa à Duumviris conditione dies rei experimento comprobandæ præstituta fuit, allatisque in idem conclave iis ipsis quæ detectorum eatenus monumentorum instrumenta fuisse ferebantur, paratisque insuper ad Œdipi votum ærariis furnulis, vasis conflatoriis, stilis, cælo, scalpris, plumbi ærisque ramentis; necnon psimythio, purpurisso, stibio, glutino, aliisque tum graphicæ, tum etiam pigmentariæ artis auxiliis: ductiles plumbi laminæ tabulæque lapideæ ac membranæ puræ recènsque in bibliopolarum tabernis comparatæ aut è latomiis excisæ, confesso, quique omnes iam verecundiæ fines transiisse videbatur, Œdipo contraditæ fuere, obsoletis videlicet characteribus inscribendæ atque in antiquarum speciem conformandæ: quod ab ipso sine mora geri coeptum, ac non maximo, ut res docuit, negotio præstitum ex parte fuit: mirantibus præstigiasque subverentibus peritis æris plumbique conflatoribus, latomisque, ac pellium membranarumque subactoribus infectoribusque, qui è proximo eum observabant.

Admotis enim igni vasculis æneis, ebullire

(1) Ill.^mis^ nempe D. Emmanueli Dóz Supremi nunc Castellæ Dicasterii XXX. viro, & D. Petro Antonio Barroeta & Angel, in cuius ante causæ exitum defuncti Sedem suffectus fuit ad annum MDCCLXXVI. Ill.^mus^ D. Antonius Georgius Galbán, qui hoc anno MDCCLXXXVII. eidem Metropolitanæ Granatensi Ecclesiæ meritissimè præest.

(2) Act. pag. 90. à num. 124.

(3) Act. pag. 90. num. 124. & pag. 98. fin. atque init. seq. sub num. 125.

re primùm quò oppleta fuerant liquor, mox ubi deferbuit atque in tenue glutinum concretus est, adspersæ eodem leviterque óblitæ aut intinctæ chartæ ac membranæ nativum sensim colorem amittere luteumque ac subpallidum induere coeperunt, qui tandem in buxeum resolutus fuit; plumbeæ autem laminæ mucorem subalbidum sive lanuginem quæ diutino situ in humidis præsertim locis contrahi solet. In transmutandis vero lapidibus, ut pote solidioris materiæ, biduum, triduum, atque item octiduum expectandum fuit, plusque vice simplici teter hic baptismus repetendus, donec tandem ægre cedentibus adscititiis obsoletusque color et vetustatis fucus impactus fuit (1).

Neque his contenti Iudices accuratam singularium quæ conficta essent monumentorum seriem Actis causæ inserendam censuerunt: de quibus rogatus pro tribunali Œdipus, expositisque in supramemorato conclavi monumentis omnibus, longum confecit eorum catalogum quæ ab impura eiusdem officina prodierant, in quo et *novi Concilii Illiberitani canones* (2), et *eiusdem Concilii subscriptiones* (3), et *Marcellini ad Flavium epistola* (4), et *Granatense Episcopologium* (5), et *nova Liturgia* (6), et *novus Hexaemeri textus* (7), atque alia pæne innumera tum profana, tum sacra sive Ecclesiastica exsecrandæ impietatis monstra continebantur.

Demum, ne quid deesset ad solemnes forensis iudicii formulas, decrevere insuper Duumviri ut reorum confessiones, quas ratihabitiones sive *ratificationes* vocant, itidem in Acta referrentur, quod et sine mora præstitum fuit (8). Iis autem continenter subdita est insignis alterius eorum palinodia, qui cum eatenus summus fuisset detectorum monumentorum hyperaspistes, atque ex munere *Theologus Interpres* (9): cùm miris eadem mactasset elogiis, Latineque atque Hispanice typis edita et commentariis illustrata sæpius sparsisset in vulgus: è libera in qua detinebatur custodia sententiam suam edicere iussus, lepido sane commento subterfugiendi iudicii sibique utcumque prospiciendi viam invenisse ac præmuniisse visus est. Itaque oblato Iudicibus libello supplici exposuit *archetypa de quibus agebatur Alcazabensia monumenta sibi, quamtumvis avide id desideranti, eatenus commonstrata non fuisse; seque oblatis ab eorum auctoribus exemplis, quasi sincera atque authentica essent, inconsultè fidem adhibuisse: optare proinde ac petere copiam sibi eadem archetypa inspiciendi fieri, ut quid tandem de iis sentiret ingenue ac simpliciter ediceret* (10).

Non latebat Iudices quam lubricum præposterumque hoc subterfugium esset; cum non ita pridem postularis contraria ex eiusdem rei ore excepissent (11); cumque idem ipse in Æditui Pinensis epistolis tertio quoque verbo ad monumenta archetypa provocet (12). Nihilominus tamen eius desiderio acquiescendum censuere, ne quid reo apologiam apparanti denegatum diceretur; simul quod ambo curiosius exspectarent, quorsum tandem hæc evasura essent.

Admisso igitur libelli supplicis auctori in monumentorum conclave, liberum deinceps fuit eadem otiose inspicere, ac perlustrare: quo in opere dies non paucos, bonumque contrivit otium, nimirum ut quam telam improbo plurium annorum labore texuerat manibus ipse propriis retexeret.

Iussus enim à Iudicibus quid tandem de archetypis quæ exhibita ipsi erant monumentis apud se statuisset edicere: mutata repente sententiâ, quasi una oculorum fides illorum phrasi

(1) Acta pag. 103. à num. 130. ad 138. Item pag. 241. §. 376.

(2) Acta pag. 245. num. I. X. XXXIV. XXXV. & pag. 133. num. X.

(3) Acta pag. 245. num. X. & pag. 133. §. 172.

(4) Acta pag. 245. n. LXXIV. & pag. 175. eod. num. §. 235.

(5) Acta pag. 245. num. LXIV. & pag. 163. eod. num. §. 225.

(6) Acta pag. 245. num. LXV. & pag. 165. eod. num. §. 226.

(7) Acta pag. 245. num. XLV. & pag. 151. eod. num §. 207.

(8) Habentur apud Acta pag. 94. num. 125. & pag. 333. n. 556. Item pag. 335. n. 557.

(9) Act. pag. 362 n. 615. *Le habia nombrado la Junta de las Excavaciones* por Teologo interprete, &c.

(10) Act. pag 335. n. 559. *Rogó ::: que se le permitiera dentro de la misma tela del juicio reconocer los originales para que en vista de ellos se certificase de su valor, simplicidad, buenas ó malas calidades, que declararía ingenuamente* &c.

(11) Act. pag. 269. n. 435. *Y asi* (respondet alteri è Iudicibus interroganti) *habia defendido* (los monumentos Alcazabenses) *en seguida de la fé de una Real Junta*, y la inspeccion ocular de los mismos documentos: *lo que no han hecho* (pergit) *los mas de los famosos Eruditos que los confutan* &c.

(12) Epist. I. pag. 128. n. 116. *Quien le ha dicho* (inquit) *á ese Señor critico que los plomos de la Alcazaba estan vaciados? Qué bien los ha visto! Esto si que es hablar por boca de ganso, y* á són, *y sin* trón. *Los plomos están tan corroidos, tan destituidos de su natural consistencia, tan envegecidos, tan pasados del tiempo, y tan vegestorios* à natura &c. ITEM Epist. I. pag. 130. num. 117. *Vayan* (inquit) *á la Alcazaba: vean muy de espacio sus monumentos, examinen su extraccion ::: Vean antes estas y otras muchas cosas incapaces de suplantar; y luego hablen, dificulten, alterquen.* ITEM Epist. IV. pag. 50. num. 54. *No sabe* (inquit) *cómo están los originales quien tal discurre: eso es hablar al vuelo sin consultar con el hecho las especies; y así dexémos despropositos* &c. Et pag. 53. num. 58. *Venga* (pergit) *el artifice á Granada para cotejarlo con nuestros plomos: pués á menos de tenerlos presentes no se puede sentenciar la causa* &c Mittimus huius generis alia; immo & ipse Epistolarum auctor III.ª Epistolæ fronti *oculatam pennam* pro lemmate aptavit, in cuius peripheria legitur VENI VIDE ET SCRIBE.

si atque argumento præhabenda esset, triplicem discrevit eorundem classem, CONFICTORUM scilicet, in quam tria supra quinquaginta monumenta retulit, et in iis *Concilii Illiberitani canones: convocatorias Flavii literas: Osii ad Flavium responsum: Felicis, Melanii, et Camerini subscriptiones: Liturgiam: Episcopologium: Hexaemeron* de quibus supra dictum. Item *Librum sacrum magni arcani* (1): passionem et sepulturæ Patricii Malacitani locum: sacras Leuverindei, Cornelii, Ameanti, Ioannis, Darii Gaderitani dedicationes: Marturii, Ioannis, Clementis, Luparii Presbyterorum passiones, aliaque pæne innumera, saltem non sine tædio huc describenda. Atque hæc prima classis monumentorum fuit.

In secundam, sive DUBIORUM, eorum scilicet quorum, ut ipse ait (2) *veritas non satis liquida est*, retulit unum supra viginti: in quibus item occurrunt *Flavius Illiberitanus librorum Montis Illipulitani custos: Patricius Malacitanus: Petrus Presbyter Illiberiæ: Turris Turpiana cum nomenclatore Antistio*, aliaque eius generis propudia; item ridiculum *Felicis Accitani responsum ad convocatoriam Flavii pro celebrando concilio*: prodigiosæ *natalis anni Granatæ urbis eiusque consulatus epochæ: Marcellini Papæ ad Flavium Epistola: Cæcilii è Senioris S. Iacobi ore excepta relatio de Hierosolymitano Apostolorum concilio*, atque iis similia quæ referre pudet pigetque; dena autem ex his monumentis (quod sane lepidum est) Œdipus ille quem prædiximus eorundem interpres et plastes, calculo iam suo prædamnaverat, atque ex impura ipsius officina prodiisse apud Iudices iuratus edixerat (3).

In tertia demum monumentorum classi SINCERA et GERMANA collocavit, inque hanc alia circiter triginta retulit: quorum, si pauca vere Romana (vulgaria tamen, quæque nihil cum Granatensibus figmentis commune habent) excipias, reliqua meras quisquilias esse dixeris, lucernas videlicet fictiles, canales plumbeos, fragmenta maximam partem ἄγραφα, eiusque generis alia; atque ex iis ipsis quatuor, ut ab Œdipi ore Iudices paulo ante didicerant atque in Acta retulerant, ab ipso novissimè conficta (4).

Atque hùc tandem rediit insignis auctoris libelli supplicis palinodia, quam si quis cum toties alibi ab eodem de hoc argumento iactatis plusque vice simplici prelo commissis contulerit, næ ille varias temporum rerumque humanarum vices emirabitur. Sed et illud eiusdem iudicii levitatem atque inconstantiam insigniter prodit, quod in diiudicando de monumentorum quæ respuit falsitate, non ea tantum quæ sub oculos et conspectum cadunt (quemadmodum factum oportuit), sed et monumentorum phrasim atque sententiam, neglectas scilicet in iisdem Latini sermonis, orthographiæ, historiæ, chronologiæ leges pro fundamento habuerit; quæ tamen omnia in exemplis non minus quàm in archetypis monumentis animadvertisse potuit debuitque (5); tum etiam, quòd cum encyclicas Flavii Illiberitani pro celebrando concilio literas in tantum reiecerit, ut pudere ipsum asserat erroribus atque ineptiis in iisdem contentis inconsulte olim aures assensumque præbuisse (6): Felicis nihilominus Accitani

ad

(1) Habetur in Actis pag. 167. num. LXVI. §. 227. estque huiusmodi: *Liber sacer magni arcani quem D. Patricius Episcopus Malacitanus posuit in sua naturali lingua ex Arabi: sicut scripsit Divus Cæcilius Episcopus huius Municipii Florentini Illipulitani Divi Iacobi Apostoli Discipulus* &c. & post absurda alia atque à communi Ecclesiæ sensu & praxi remotissima, his verbis clauditur: *Non Deus, nisi Deus Messias Spiritus Dei finis an: manu peccatoris Abenathar, Patricius Episcopus Malacitanus. Flavius Episcopus Illiberitanus. Osius Episcopus Cordubensis. Linus E. A. & Petrus Illiberitanus.*

(2) Acta pag. 359. n 609. *Los motivos* (inquit) *de juzgar iliquida la verdad de estas piezas* &c.

(3) Libelli supplicis auctor inter monumenta dubia refert quæ designantur numeris VII. XVI. XXVI. XXXVIII. XLIV. LII. LIII. LXXIV. LXXVII. LXXVIII. ut legitur in Actis causæ *pag.* 354. *n.* 591. Atqui Œdipus, idemque monumentorum figulus, designata iisdem ipsis numeris monumenta è novissima eius officina prodiisse non ita pridem affirmaverat, atque apud Iudices obtestatus fuerat, *Act. pag.* 245. *num.* 378.

(4) Nimirum quæ numeris XXIII. XXVII. XL. & XCI. designantur *Act. pag.* 360. *n.* 614. & *pag.* 245. *n.* 378.

(5) Acta pag. 339. §. 561. ad num. III. *Los relatos* (huius monumenti) *le parecen fingidos por autor moderno, y de poca ó ninguna cultura en el idioma Latino.* Et paulo inferius eod. §. pag. 340. *Y se desacreditan tambien por la mala y viciosa Latinidad.* ITEM pag. 340. §. 562. ad num. IV. *El relato* (inquit, huius monumenti) *es inutil ::: es cosa pueril ::: que no está el symbolo arreglado á las formulas de los Apostoles.* ITEM pag. 341. §. 563. ad num. VI. *Que no es util* (inquit) *su narrativa para la posteridad.* ITEM pag. 342. §. 566. ad num. X. *Su principal contexto* (inquit) *es indigno de la sabiduría de los Padres Conciliares ::: que la mala Latinidad indica la suposicion.* ITEM pag. 343. §. 568. ad n. XII. *Sus locuciones* (inquit) *repugnan al gusto de los Romanos: sin tener el laconismo y perspicuidad que les era propria: que la palabra* Illiberiæ *es un barbarismo intolerable.* ITEM pag. 345. §. 571. ad n. XVII. *La cronologia* (inquit) *que señala es erronea.* ITEM pag. 346. §. 574. ad nn. XXI. & XXVI. *El Latin* (inquit) *baxo con Hispanismos y yerros de ortografia.* ITEM pag. 347. §. 576. ad n. XXVII. *Su contenido* (inquit) *es repugnante á las Sagradas Letras:* & sexcenta huius generis alia quæ non minus in monumentorum exemplis quam in eorum archetypis legebantur.

(6) Act. pag. 353. §. 590. ad n. LXVII. de encyclicis Flavii Illiberitani ad Hosium, Felicem, & alios literis loquens: *No puedo menos* (inquit) *de admirarme de la ignorancia y preocupacion con que todos hemos admitido estos inventos: que mirados ya con regular indiferencia están manifestando el engaño, fiado el inventor de nuestra buena fee, y que pasariamos, como sucedió, absurdos irrisibles;* subditque continuo: *y que se corre del asenso que prestó á tales errores y puerilidades* &c.

ad easdem literas responsum, et Marcellini Papæ pro eodem Concilio celebrando veniam (quæ duo monumenta eiusdem omnino stili, argumenti & fabricæ sunt) inter dubia, id est, inter eà quorum adhuc veritas non satis explorata est, collocare nihil hæsitet; et maxime cum Marcellini Epistolam, quæ Num. LXXIV. continetur; Œdipus à se confictam (1), Felicis autem ad Flavium responsum in furtivis aliis horum monumentorum officinis conflatum fuisse apud Iudices confessus atque obtestatus pridem fuerit (2). Atque his quæ modo dicta sunt addere possem plurima non minoris momenti ac ponderis,

...... quæque ipse miserrima vidi,
Et quorum pars magna fui,

ut cum Poeta loquar, nisi de me ipso dicendum esset.

His iam Duumviri, quæ omnem longe dubitationem ac scrupulum de falsitate monumentorum Granatensium, deque veris eorundem atque universæ fraudis architectis, amovere omnino videbantur: de utrisque pronuntiare ac sententiam ferre nihil veriti sunt. Itaque pridie nonas Martii MDCCLXXVII. pro tribunali sedentes, uno ore OMNIA ET SINGVLA MONVMENTA ærea, plumbea, lapidea, lutea, vitrea et ex quacumque alia materia, GRANATÆ IN ALCAZABENSI ARCE AVT CIRCVM EAM IN CAVERNIS SVBTERRANEIS ANNO MDCCLIV. AC DEINCEPS EFFOSA DETECTAVE, ærique incisa atque editis exemplis divulgata, perpaucis exceptis quorum specialis mentio exstat in Actis, FICTA, SVPPOSITITIA, FALSÆ ATQVE ADSCITITIÆ VETVSTATIS, OMNIQVE PRORSVS FIDE INDIGNA ESSE AC FORE declararunt (3); ac propterea in minuta frusta comminuenda atque in pulverem demum redigenda ut ne minimum quidem illorum vestigium superesset (4). ITEM: omnia et singula scripta apologetica ad eadem monumenta quoquomodo spectantia, seu typis iam edita auctorumque nomen præseferentia, sive inedita atque ἀνώνυμα, aut sub alienis confictisque titulis evulgata; et signanter quæ ab altero è reis ab anno MDCCLX. in publicum vernaculè emissa fuerant, nimirum inscripta: *Vespillo Sancti Nicolai* (5): *Literæ Æditui Pinensis* (6): *Fictus Dexter ab eodem convictus* (7); atque alia nondum typis ut videtur commissa, scilicet *Alcazabensium monumentorum Apologiam duobus voluminibus fol.* (8): *Præviam pro iisdem monumentis notitiam* (9): *Responsum ad dubia D. Thomæ de Gúseme* (10): *Granatam sacro-profanam* (11): *Illiberiam subterraneam* (12): *Episcopologium Granatense* (13); necnon *æri incisas monumentorum Granatensium icones* (14): *Descriptionem Apologeticam monumentorum Alcazabensium* (15), atque alia eiusmodi, quocumque titulo aut nomine inscripta, ultricibus flammis committerentur in cineres demum redigenda; idque sub expressis auctorum nominibus, in quos ut falsi manifestarios aut convictos pariter animadversum est, aliis per octennium, aliis vero per quadriennium religiosis Monachorum Domibus addictis, ibidemque occlusis, ac sub interminatione exilii ab universa Hispaniarum Regis ditione, si rursus de nuper erutis Granatensium monumentorum larvis quicquam in vulgus emittere auserint, appulerintve ad scribendum animum (16).

Quod tamen Duumvirorum arbitrium, vel ipsi Clementissimo CAROLO III. REGI attenta delicti qualitate mitissimum primùm visum, ut Regiis ad eosdem Duumviros literis XVIII. Aprilis MDCCLXXVII. legitur (17), innata mox EIVSDEM in omnes, ac præsertim in viros Ecclesiastici ordinis, benignitas atque indulgentia, quod ad reorum personas adtinet, lenire ac mitigare dignata fuit, ut habetur in Iudiciali Actorum celebris huius causæ processu, Matriti anno MDCCLXXXI. Hispanicè edito apud Ioachimum Ibarram Regium Typographum fol. hoc titulo, *Razon del juicio seguido en la Ciudad de Granada ante los Ilustrissimos Señores Don Manuel Doz Presidente de su Real Chancilleria, Don Pedro Antonio Barroeta y Angel Arzobispo que fue de esta Diocesis, y Don Antonio Jorge Galbán actual successor en la Mitra, todos del Consejo de Su Magestad, contra varios falsificadores de escrituras publicas, monumentos sagrados y profanos, caracteres, tradiciones, reliquias, y libros de supuesta antiguedad*: idque reorum sumtibus, qui insuper in universas litis expensas damnati fuere.

Atque huc demum post tot per Europam excitatos literarios tumultus evasit novissima Granatensium monumentorum historia, seu potius suffosionum et cuniculorum Alcazabensium fabula.

(1) Act. pag. 245. num. 378.
(2) Act. pag. 246. num. 379.
(3) Act. pag. 370. num. 619.
(4) Act. pag. 382. num. 621.
(5) *El Enterrador de S. Nicolas.*
(6) *Las quatro cartas del Sacristan de Pinos de la Puente.*
(7) *El fingido Dextro convencido de tal por su pluma.*
(8) *Apología por los monumentos de la Alcazaba.*
(9) *Prevenciones criticas para la segura inteligencia* &c.
(10) *Respuesta á las desconfianzas criticas* &c.
(11) *Granada sacro-profana.*
(12) *Illiberia subterranea.*
(13) *Episcopologio de la Santa Iglesia de Granada.*
(14) *Coleccion de estampas.*
(15) *Descripcion Apologética Histórico-Topografica* &c.
(16) Act. pag. 370. num. 619. ad 622.
(17) Habentur ap. Acta pag. 390. num. 629.

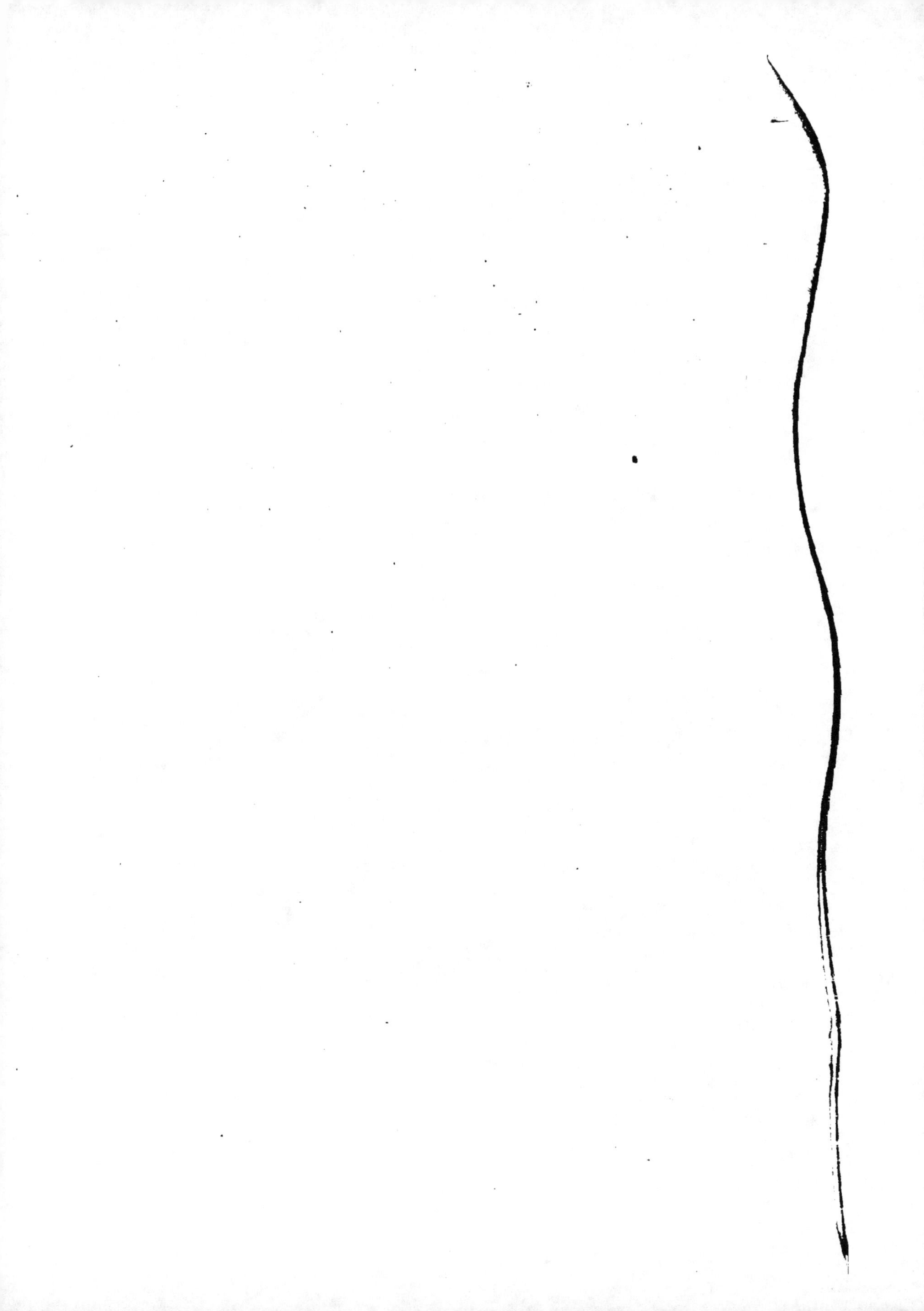

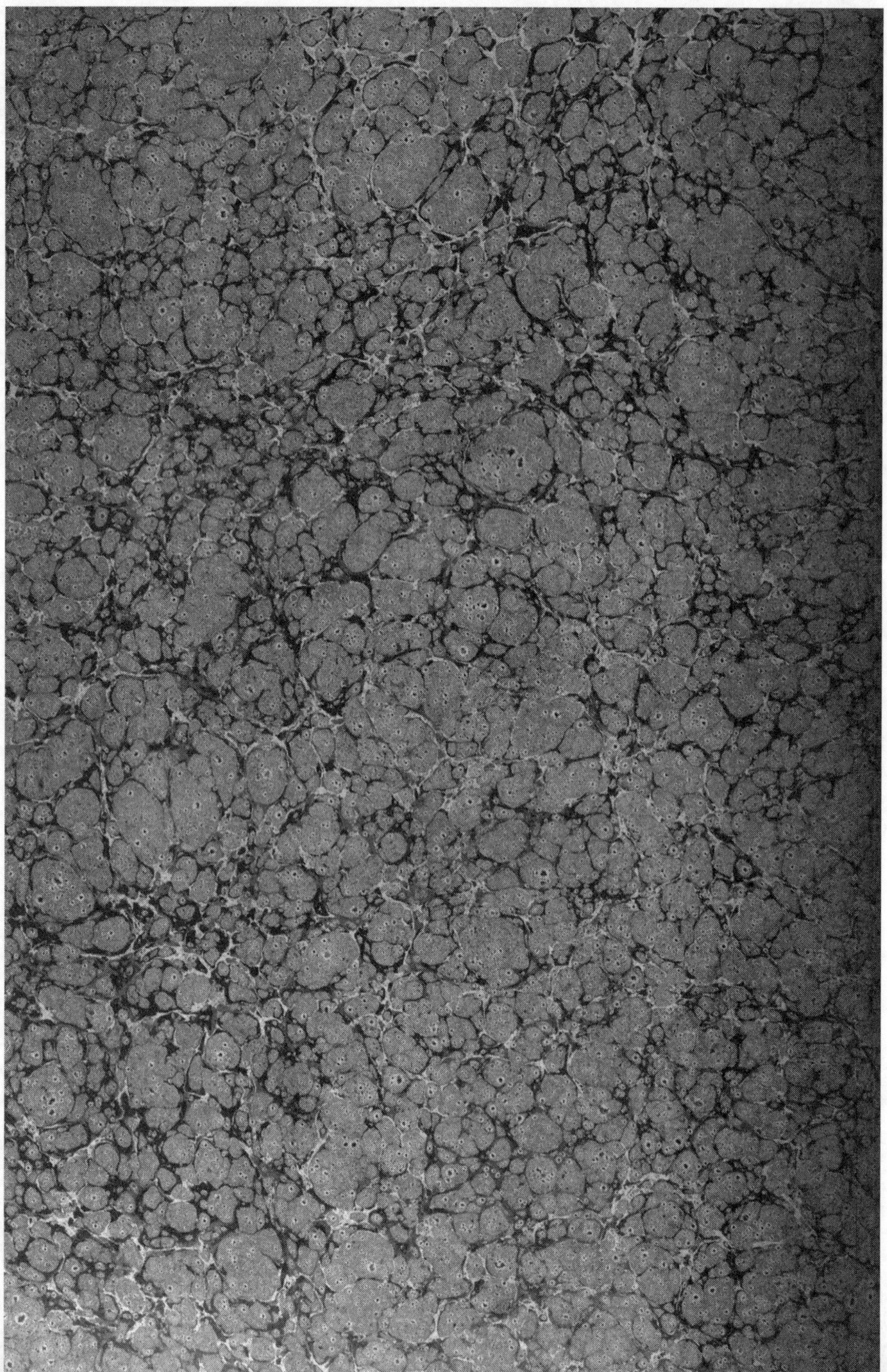

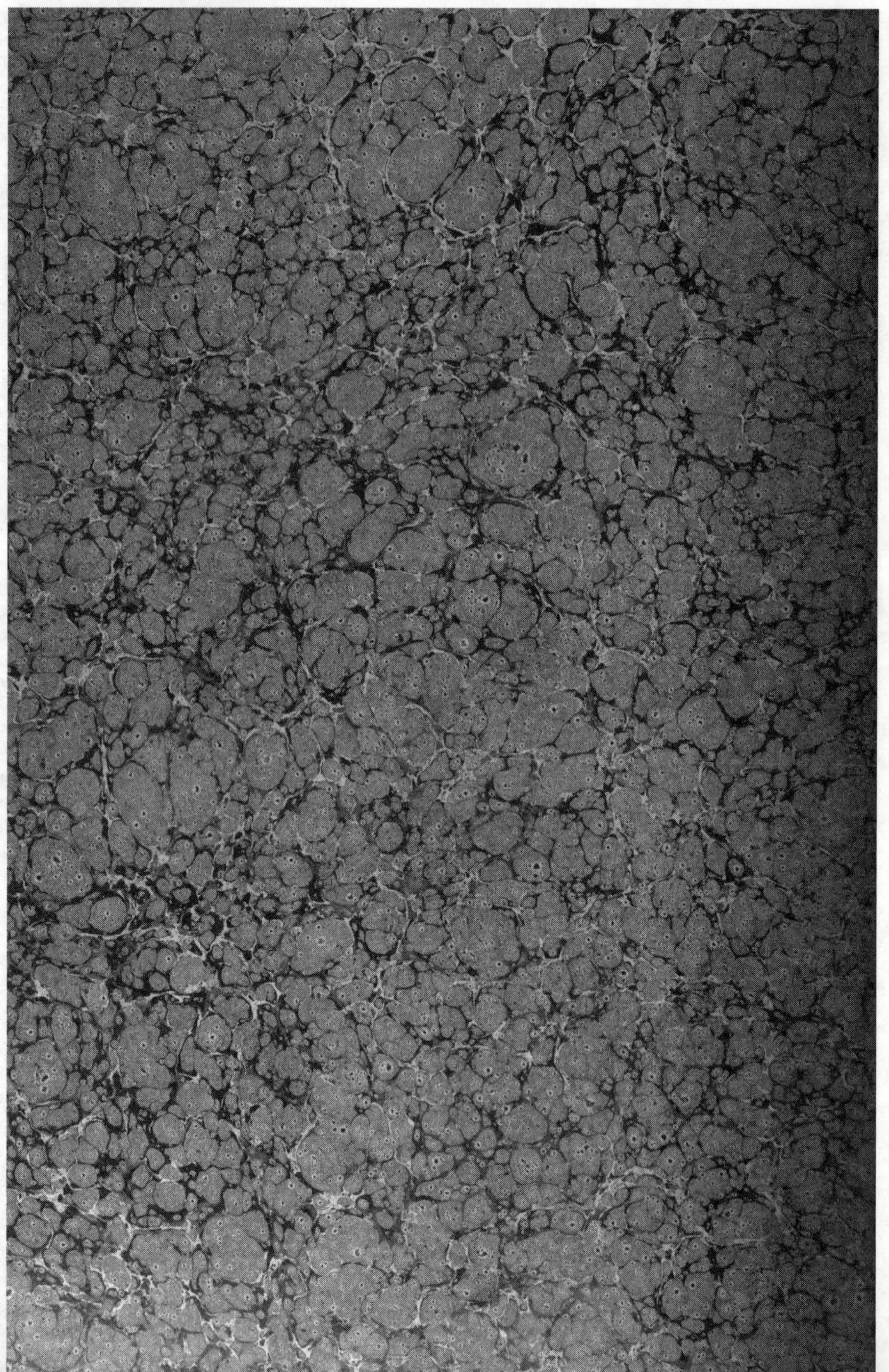

CPSIA information can be obtained
at www.ICGtesting.com
Printed in the USA
LVHW05s1339230718
584643LV00016B/430/P

9 781247 167992